r Valois

W0174089

Isabeau, † 1435 ∞ Karl VI., † 1422   Ludwig II., † 1417

atharina, † 1438   Karl VII.   Ludwig III.   René
König Heinrich V.   † 1461   † 1434   † 1480
von England   König 1422–1461   Herzog   Herzog
2. Owen Tudor   von Anjou   von Anjou
                                            Titularkönig   Titularkönig
                                            von Neapel   von Neapel

                          Ludwig XI.   Margarete ∞ Heinrich VI.
                          † 1483   von Anjou   König von
                      König 1461–1483   † 1482   England

Anna ∞ Peter II.   Anna, † 1514 ∞ 1. Karl VIII.
1522   v. Beaujeu   Erbin   † 1498
         † 1503   der Bretagne   König 1483–1498
         Herzog von
         Bourbon

Katharina von Medici ∞ Heinrich II., † 1559
        † 1589   König 1547–1559

              Karl IX.   Heinrich III.
              † 1574   † 1589
          König 1560–1574   König 1574–1589

Cornelia Wusowski

KATHARINA VON MEDICI

Roman

Weltbild

Für Elke Bast

Inhalt

Besuchen Sie uns im Internet:
www.weltbild.de

Genehmigte Lizenzausgabe für Verlagsgruppe Weltbild GmbH,
Steinerne Furt, 86167 Augsburg
Copyright © 2001 by Schneekluth Verlag GmbH, München,
ein Unternehmen der Verlagsgruppe Droemer Weltbild
Umschlaggestaltung: Studio Höpfner-Thoma, München
Umschlagmotiv: AKG, Berlin / Artothek, Weilheim
Gesamtherstellung: Freiburger Graphische Betriebe GmbH & Co. KG,
Bebelstraße 11, 79108 Freiburg
Printed in Germany
ISBN 3-8289-7244-6

2006   2005   2004   2003
Die letzte Jahreszahl gibt die aktuelle Lizenzausgabe an.

Erster Band
Im Schatten der Lilie

1519–1559

Erstes Buch
Kindheit und Jugend
(1519–1533)

1

Am frühen Abend des 28. April 1519 herrschte in Florenz auf dem Ponte Vecchio das übliche emsige Leben: Die Metzger, Gerber, die Barbiere, Kürschner, Schuhmacher, Hufschmiede, Chirurgen, Notare und ein Goldschmied priesen ihre Waren und Dienstleistungen an und arbeiteten emsig, nur geschützt durch Wetterdächer, Zelte oder Auskragungen von Häusern. Einige Geldwechsler standen hinter ihren Bänken und hielten sich ein Tuch vor die Nase wegen des üblen Geruchs, den die Gerber verursachten, die nun – nachdem sie die Häute monatelang eingeweicht hatten – diese mit Pferdeharn gerbten. Als die Glocken des Domes Santa Maria del Fiore den Abend einläuteten, betrat ein Mann die Brücke am unteren Ende und bahnte sich langsam seinen Weg durch die Menschenmenge nach oben. Er trug die Kleidung der ehrwürdigen älteren Männer, den so genannten *lucco*, ein langes Gewand aus schwarzem Tuch mit weiten Ärmeln und Kapuze, das vorne geknöpft und ohne Gürtel getragen wurde. Auf dem Kopf trug er einen schwarzen, wollenen *mazzochino*; dieses Tuch rollte man wie eine Krone zusammen und ließ den Zipfel hinten herabhängen.

Jeder, der ihn sah, grüßte respektvoll, und er dankte freundlich und liebenswürdig. Auf der Mitte der Brücke angekommen ging er in den kleinen, bescheidenen Laden des Goldschmiedes, dessen Inhaber ein Meister seiner Zunft war und erst wenige Monate zuvor aus der Stadt auf die Brücke übersiedelt war.

»Willkommen, Signor Bicci!«, rief der Goldschmied. »Wie geht es der Signora? Man erzählt, dass sie die Krise überstanden hat.«

Eduardo Alessandro Biccis Miene verdüsterte sich. »Gott hat es anders gewollt, Signor Leonardo«, erwiderte er leise. »Meine Mutter ist vor wenigen Stunden gestorben.«

Der Goldschmied starrte den Besucher erschrocken an und vergaß vor

Betroffenheit, sein Beileid auszusprechen, was Signor Bicci allerdings nicht bemerkte. Er holte ein kleines, ovales Medaillon hervor, auf welchem die Madonna mit dem Kind abgebildet war, betrachtete es nachdenklich und gab es schließlich dem Goldschmied.

»Dieses Medaillon, Signor Leonardo, hat meine Mutter stets bei sich getragen, es war ein Talisman …« Er zögerte etwas. »Sie wissen, dass sie mit dem zweiten Gesicht begabt war, manche Ereignisse vorhergesehen hat. Vielleicht hing es mit diesem Medaillon zusammen, wer weiß. Nun, ich möchte, dass sie es mit in ihr Grab nimmt, und damit das Bild erhalten bleibt, sollen Sie es mit purem Gold umschließen und mit Brillanten, Smaragden, Rubinen und Saphiren besetzen, das bin ich meiner seligen Mutter schuldig.«

Signor Leonardo holte zwei Goldbarren und legte sie auf den Tisch.

»Wünschen Sie Gelbgold oder Rotgold?«

»Rotgold.«

»Sehr wohl, Signor Bicci. Morgen Abend werde ich Ihnen das Medaillon schicken.«

Er begleitete den Bankier bis zur Tür und ging zusammen mit ihm hinaus, um einige Minuten das Leben und Treiben auf der Brücke zu beobachten.

Der Bankier sah hinauf zu dem wolkenlosen Himmel und sog die Frühlingsluft ein.

»Wie warm es noch ist.«

»Sie werden sicherlich viele Trauergäste einladen.«

»Nein, meine Mutter hat immer ein schlichtes Begräbnis im Familienkreis gewünscht.«

Der Goldschmied, der jede Gelegenheit nutzte, um seinen Kunden zu schmeicheln, erwiderte: »Ihre Familie wird bald so reich und mächtig sein und die Künstler fördern wie einst die Medicis.«

»Sie irren, Signor Leonardo. Uns genügt der Reichtum, wir streben nicht nach Macht, zumal die Florentiner schwierig zu regieren sind. Die Förderung der Künste ist bestimmt reizvoll und interessant, aber wo sind die Künstler? Botticelli, Donatello und all die andern sind tot, Andrea del Sarto und Leonardo da Vinci leben in Frankreich, Michelangelo arbeitet in Rom. Nur Lorenzo di Credi und der jüngere della Robbia sind noch hier. Man muss es einmal offen sagen: Die Blütezeit von Florenz ist vorüber. – Doch sehen Sie, wer da kommt.«

Vom oberen Ende der Brücke näherte sich ein Reiter, der von einigen

Bewaffneten, Dienern und einem Priester begleitet wurde, die ihre Reit- und Gepäckpferde am Zügel führten.

Der Reiter war ein großer, schlanker Mann in mittleren Jahren, dessen Gesichtszüge angenehm wirkten. Wer ihn indes genauer betrachtete, erkannte, dass seine Augen kühl und berechnend die Umgebung musterten.

Die Florentiner traten zwar zur Seite und grüßten, viele hingegen betrachteten ihn feindselig. Als er nun ein purpurnes, seidenes Tuch hervorzog und es vor die Nase hielt, ging ein empörtes Raunen durch das Volk, und einer der Gerber sagte zu seinem Nachbarn: »Er ist ein Medici und hält sich die Nase zu. Waren die Medici nicht immer dem Volk verbunden, haben sie sich nicht immer für die Interessen der kleinen Leute eingesetzt?«

»Sieh an«, sagte der Goldschmied mit spöttischem Unterton. »Giulio von Medici im purpurnen Kardinalsgewand. Was will der in Florenz? Warum ist er nicht in Rom geblieben bei seinem Vetter Giovanni, dem jetzigen Papst Leo X.?«

»Er wird wahrscheinlich die Herzogin und ihre kleine Tochter besuchen, die sie am 13. April zur Welt gebracht hat.«

»Ein Mädchen, mein Gott, ein Mädchen ist also der letzte legitime Nachkomme Lorenzos des Prächtigen. Mit ihr stirbt diese Linie aus. Nach allem, was man hört, wird die Herzogin wohl keine Kinder mehr bekommen. Na ja, sic transit gloria mundi.« Seit dem Tod Lorenzos des Prächtigen war der Glanz der Medicis verblasst. Zwar hatte mit der Wahl des Kardinals Giovanni ein Medici den Papstthron bestiegen und seinem Neffen Lorenzo die Herrschaft über Florenz gesichert, doch die Überschreibung des Herzogtums von Urbino an denselben war auf unrechtmäßige Weise zustande gekommen.

Lorenzos Unbeliebtheit im Volk war sprichwörtlich, sein ausschweifender Lebenswandel weithin bekannt. Daran änderte auch die sanfte Anmut seiner Gattin nichts, die sofort nach ihrer Ankunft die Herzen der Florentiner gewonnen hatte.

Im Vorbeireiten erinnerte sich Kardinal Giulio, wie oft der Papst und er Lorenzo wegen seines lasterhaften Lebensstils getadelt hatten. Doch der hatte alle Ermahnungen in den Wind geschlagen und wurde nun, noch nicht dreißigjährig, von der Lustseuche zerstört und hinweggerafft.

Beim Palazzo Medici in der Via Larga angekommen, befahl er dem Priester, mit dem herzoglichen Haushofmeister die Unterbringung zu

11

regeln. Während die Pferde an den schweren Eisenringen der Hauswand festgebunden wurden, betrachtete Kardinal Giulio das festungsartige Gebäude aus massivem Mauerwerk. Sein Großvater Cosimo hatte es von dem berühmten Baumeister Michelozzo errichten lassen. In der Vergangenheit haben die Patrizier sich entweder gegenseitig bekämpft, oder sie mussten vor Volksaufständen Zuflucht suchen. Siebzig Jahre ist der Palazzo alt, dachte er. Lorenzos kleine Tochter ist die sechste Generation, die hier wohnt … Wie lange noch …? Das Gebäude wird die Jahrhunderte überdauern, die Familie Medici hingegen …

Er trat durch das Tor des schmalen, hohen Vorhofs und ging weiter zum Innenhof, wo sich vom Frühjahr bis zum Herbst das Leben der Hausgemeinschaft unter freiem Himmel abspielte. An jenem Abend jedoch standen nur einige Diener in den Ecken herum, einige Wachsoldaten gingen gelangweilt in den Kolonnadengängen auf und ab, und das leise Klirren ihrer Schwerter war das einzige Geräusch, das die Totenstille durchschnitt. Und auf einmal wusste der Kardinal, warum er den Palazzo an jenem Tag als besonders düster und abweisend empfand: Hinter diesen Mauern gab es kein Leben mehr, und etwas wehmütig erinnerte er sich an seine Kinderjahre. Hier, im Innenhof und in dem sich anschließenden Garten, hatte er mit Cousins und Cousinen gespielt, Dienstboten waren die Treppen hinauf und herab gelaufen, im Sommer hatten hier Bankette, Bälle und Maskeraden stattgefunden. Hier war sein Onkel, Lorenzo der Prächtige, plaudernd mit dem jungen Michelangelo auf und ab gegangen.

Er sah hinauf zum ersten Stock und dachte daran, dass dort oben zwei Menschen den Tod erwarteten und es ungewiss war, ob das kleine Mädchen die nächsten Wochen und Monate überlebte … Ich muss meiner Familie die Herrschaft über die Stadt Florenz sichern, sinnierte er, es gibt nur noch einen männlichen Medici, der würdig ist, hier zu regieren …

Er winkte einen Diener herbei und befahl ihm, ihn zu den privaten Gemächern des herzoglichen Paares zu führen, die im westlichen Flügel des Palazzos lagen. Ich werde zuerst die Herzogin besuchen, entschied er sich, während er die Treppe hinaufging, ich muss das kleine Mädchen sehen.

Als er das Schlafzimmer der Herzogin betrat, blieb er an der Schwelle stehen und ließ seine Augen zu dem großen Fenster wandern, durch das die kühle Abendluft hereinstrich. Zur Linken stand eine reich verzierte

Wiege aus Ebenholz, an deren Kopfende eine dunkelhaarige Amme sass. Sie sang mit leiser Stimme ein Kinderlied.

Er blickte hinüber zu dem riesigen ausladenden Prunkbett, das von einem kunstvollen Baldachin aus rotem, mit Goldbrokat besetzten Samt überspannt war. Es dauerte einige Sekunden, bis er in der seidenen Pracht die Herzogin entdeckte, und er näherte sich zögernd dem Bett.

Magdalena von Medici, Herzogin von Urbino, eine geborene de la Tour d'Auvergne, lag blass, schmal und zerbrechlich in den Kissen. Die dunkelblonden Haare waren feucht vom Schweiß, und als der Kardinal den Ausdruck der graublauen Augen genauer betrachtete, spürte er, dass sich das Leben der jungen, noch fast kindlichen Frau zu Ende neigte.

Magdalena versuchte zu lächeln, doch der hagere Mann, dessen kalte Augen wachsam alles beobachteten, flößte ihr Furcht ein. Trotz seiner geistlichen Maske ahnte sie, dass sie für ihn und seinen päpstlichen Vetter nur eine Schachfigur in den Beziehungen des Vatikans zu Frankreich war.

»Ich danke Ihnen, Onkel Giulio, dass Sie gekommen sind. Mein Brief muss wie ein einziger Hilferuf geklungen haben, aber ich sah keine andere Möglichkeit … Mein Kind wird bald eine Waise sein … Ich bitte Sie, kümmern Sie sich um meine Tochter, sie hat nicht viele Verwandte in Florenz, nur ihre Großmutter Alfonsina Orsini und Maddalena Cibo, eine Tante meines Mannes … Bei ihrer Tante, Clarissa Strozzi, wäre sie am besten aufgehoben, aber Clarissa lebt in Rom. Sie werden sich um mein Kind kümmern, nicht wahr?«

»Selbstverständlich, Magdalena«, sagte er und sah verlegen hinüber zu der Wiege, weil er die flehenden Augen der jungen Frau nicht länger ertragen konnte. »Ich will noch einige Zeit hier bleiben und mich um die Angelegenheiten der Stadt kümmern, es liegt vieles im Argen.«

Bei den letzten Worten verfinsterte sich seine Miene, und die Herzogin spürte, dass Florenz ihn mehr interessierte als ihr Kind. Die Kleine wäre wahrscheinlich bei den Verwandten in Frankreich besser aufgehoben, dachte sie, aber die Reise war zu weit …

Der Kardinal unterbrach ihre Gedanken. »Was ist mit der jüngeren Linie unseres Hauses? Man könnte deine Tochter auch der Obhut Giovannis und seiner Frau Maria Salviati anvertrauen.«

»Nein. Glauben Sie wirklich, Onkel Giulio, dass Giovanni an der Urenkelin Lorenzos des Prächtigen interessiert ist? Er wartet wahrscheinlich schon auf den Augenblick, dass seine Nachkommen über Florenz regieren werden.«

»Nein, Magdalena, Giovanni ist mit Leib und Seele Soldat. Überdies gibt es auch in der älteren Linie noch männliche Medicis.«

»Ich weiß, Onkel Giulio«, erwiderte sie leise, sah ihn prüfend an, und er spürte, dass sie ahnte, was in ihm vorging. Er schwieg, und während er hinüber zur Wiege ging, kam es Magdalena vor, als begutachtete er ihre Tochter wie eine Ware.

»Katharina«, murmelte Giulio, »Katharina von Medici.« Gütiger Himmel, dachte er, was für ein hässliches Kind – bräunliche Haut, dunkle Haare … und das bei einem Mädchen … Warum hat sie nicht die blonden Haare und die weiße Haut ihrer Mutter geerbt? Hoffentlich erschweren diese Mängel nicht ihre Verheiratung!

Magdalenas Mutter, eine geborene Johanna von Bourbon-Vendôme, war königlichen Geblüts und konnte ihren Stammbaum bis zu Ludwig dem Heiligen zurückführen.

Die durch geschickten Geldhandel reich und mächtig gewordene Bankiersfamilie der Medicis, in die sie hineinverheiratet worden war, hatte Ehre und Einfluss durch die eheliche Verbindung mit der Aristokratie vermehrt.

In diesem Augenblick öffnete Katharina die Augen und sah den Kardinal fragend an. Giulio seufzte unhörbar, auch das noch, dachte er, sie hat die dunklen, etwas vorstehenden Augen der Medicis, wahrscheinlich hat sie die abstoßende Hässlichkeit Lorenzos des Prächtigen geerbt …

Er schlug die Decke zurück, hob das Kind vorsichtig hoch, und dabei fiel ihm ein, was der Dichter Ariost, der in jenem Frühling in Florenz weilte, anlässlich Katharinas Geburt geschrieben hatte: »Ein winziger Zweig wird grün mit einigen Blättern; und ich schwebe zwischen Furcht und Hoffnung, ob ihn der Winter mir erhalten oder mir entreißen wird.« In diesem Augenblick begann das Kind leise zu weinen.

»Ich glaube, sie hat Hunger«, sagte er zur Amme.

»Nein, Eminenz, ich habe sie erst vor einer Stunde gestillt.«

Der Kardinal betrachtete ratlos das Kind, das nicht aufhörte, leise vor sich hin zu weinen. »Du magst mich wohl nicht«, sagte er halb scherzhaft, halb verärgert. »Du wirst dich an mich gewöhnen müssen.« Er legte sie zurück in die Wiege, woraufhin das Weinen aufhörte, und ging zur Herzogin. »Hat ein Astrologe ihr Horoskop erstellt, Magdalena?«

»Ja, Onkel Giulio.« Sie zögerte etwas und beschloss, ihm nur die beiden

14

ersten Voraussagen anzuvertrauen und die dritte für sich zu behalten. Sie wusste nicht, warum, hielt es aber für besser, weil ihre Tochter wahrscheinlich irgendwann diese Voraussagen erfahren würde – und die dritte Prophezeiung, überlegte Magdalena, wird sie nur belasten.

»Der Astrologe hat geweissagt, dass sie fern von Florenz leben und viele Kinder zur Welt bringen wird.«

»Gütiger Himmel!«, rief Giulio. »Ist das alles, was er aus dem Stand der Sterne gelesen hat? Das ist weiß Gott nicht viel, jede gesunde Frau hat viele Kinder, und sie wird natürlich fern von Florenz leben, es ist unwahrscheinlich, dass sie in dieser Stadt ihren künftigen Gatten findet.«

»Onkel Giulio, wenn Katharina viele Kinder zur Welt bringt, so bedeutet dies, dass sie die ersten Jahre überleben wird.«

Während dieser Worte dachte sie an die dritte Prophezeiung: »Der Tod wird das Leben Ihrer Tochter begleiten, sie wird die Ursache großen Unglücks sein«, der Tod, mein Gott, der Astrologe hatte Recht, der Tod begleitet sie schon jetzt. Lorenzo liegt im Sterben, ich liege im Sterben … der Tod … Welche Menschen wird Katharina im Laufe ihres Lebens noch verlieren? Den Tod ihrer Eltern bemerkt sie nicht, aber sie wird wahrscheinlich Menschen verlieren, die sie liebt, vielleicht auch einige, die sie nicht liebt …

Die Stimme des Kardinals unterbrach ihre Gedanken.

»Du hast Recht, Magdalena, viele Kinder … das bedeutet auch, dass sie heiraten wird. Nun, man muss zur rechten Zeit eine vorteilhafte Ehe für sie arrangieren.«

»Vorteilhaft, wie meinen Sie das?«

»Eine vorteilhafte Ehe bedeutet eine politisch vorteilhafte Ehe. Du weißt, dass in wenigen Wochen der künftige Kaiser des Heiligen Römischen Reiches gewählt wird; drei Kandidaten haben sich beworben: Heinrich VIII. von England, Franz I. von Frankreich und Karl I. von Spanien. Meine Agenten glauben, dass der Engländer nur geringe Chancen hat, der Kampf um die Kaiserkrone wird sich zwischen Franz und Karl entscheiden, zwischen den Häusern Valois und Habsburg. Im Augenblick sieht es für Franz I. recht günstig aus – mir persönlich wäre ein Wahlsieg des französischen Königs am liebsten. Das Haus Habsburg besitzt jetzt schon eine bedenkliche Vormachtstellung in Europa, der junge König Karl, er ist erst neunzehn Jahre alt, herrscht über Spanien, die Niederlande und die österreichischen Erblande, hinzu kommen die überseeischen Eroberungen. Wenn er jetzt noch Kaiser wird, besitzt er eine Vormachtstellung, die nicht nur für Frankreich, sondern auch für die italienischen Staaten bedrohlich werden kann. Aber warten wir die Entwicklung in Ruhe ab, Valois oder Habsburg …«

»Valois oder Habsburg. Onkel Giulio, bedenken Sie, dass die Medici nicht fürstlichen Geblüts sind.«

»Gewiss, aber die Medici besitzen Geld, und Geld regiert immer mehr die Welt; vor ein paar Tagen hörte ich, dass das Augsburger Bankhaus Fugger den jungen König Karl bei der Kaiserwahl finanziell unterstützt.«

»Onkel Giulio, Katharina ist erst zwei Wochen alt. Ist es nicht verfrüht, schon jetzt über eine eheliche Bindung nachzudenken?«

»Nein, Magdalena, ich denke stets an die Zukunft des Hauses Medici.«

Die Zukunft des Hauses Medici, dachte Magdalena, das allein ist für ihn wichtig, nicht die Zukunft meiner Tochter.

»Onkel Giulio, ich bin müde und möchte ruhen.«

»Selbstverständlich, Magdalena.« Er verbeugte sich, verließ das Zimmer, und die Herzogin atmete auf.

Sie ließ sich von der Amme das Kind geben und erinnerte sich noch einmal an die schönsten Tage ihres Lebens, ihre prunkvolle Hochzeit auf Schloss Amboise an der Loire …

Anfang des Jahres 1518 hatte sie erfahren, dass König Franz I. von Frankreich und Papst Leo X. eine Ehe zwischen ihr und dem Neffen des Papstes, Lorenzo von Medici, arrangiert hatten; sie wusste damals, dass außenpolitische Gründe dabei eine Rolle spielten, interessierte sich aber weiter nicht dafür. Sie war nur neugierig auf den zukünftigen Gatten, und als er im Frühjahr zusammen mit den Hochzeitsgeschenken in Frankreich eintraf, hatte sie sich sofort in den charmanten, ritterlichen Mann verliebt. Er war nicht schön, aber er plauderte geistreich und machte eine gute Figur bei den Turnieren, die anlässlich der Hochzeit stattfanden, wobei seine Leistungen bescheiden waren, weil er an einer Verwundung litt.

Die Geschenke, die er mitgebracht hatte, waren überwältigend: dreihunderttausend Golddukaten für sie selbst, Schmuck für das Königspaar und zwei Gemälde von Raffael – Die Heilige Familie und Sankt Michael, den Drachen erschlagend. Das Geschenk, das alle am meisten beeindruckt hatte, war das Brautbett aus Schildpatt, das mit Edelsteinen und Perlen besetzt war. König Franz schenkte ihr ein Gehalt von zehntausend Goldstücken jährlich, Lorenzo erhielt eine Kompanie Soldaten und die Kette des Sankt-Michael-Ordens.

Am 25. April 1518 – eine Woche vor ihrer Hochzeit – war der zwei Monate alte Dauphin Franz getauft worden, und Lorenzo hatte, stellvertretend für den Papst, den Paten des künftigen Königs von Frankreich, das Kind über das Taufbecken gehalten. Nach der Hochzeit am 2. Mai war zehn Tage lang gefeiert worden, und König Franz hatte weder Kosten noch Mühen gescheut: Da es im Schloss keinen Saal gab, der groß genug war, um alle Gäste aufzunehmen, hatte man den Schlosshof in ein Zelt verwandelt und an die Wände kostbare Gobelins gehängt; dort fanden die Bankette, Bälle und Maskeraden statt.

Das beeindruckendste Schauspiel war die Inszenierung einer Belagerung: Man errichtete eine hölzerne Festung und beschoss sie mit echten Belagerungsmaschinen, die Leonardo da Vinci konstruiert hatte … Leonardo da Vinci … Am Tag nach den Feierlichkeiten hatten sie und Lorenzo den König nach dem nahe gelegenen Clos de Luc begleitet, wo der Künstler wohnte; er hatte hinter der Villa im Garten gesessen, an einem Platz, von wo aus man das Schloss sehen konnte, und hatte die wuchtige, mittelalterliche Festung gezeichnet. Der König, erinnerte sie sich, wartete respektvoll, bis der Meister sein Werk vollendete, erst dann unterhielt er sich mit ihm auf seine leutselige, liebenswürdige Art.

Der König, dachte sie, der Sieger von Marignano, ist der Mittelpunkt des Hofes, alles dreht sich um ihn, nicht nur wegen seines Ranges, sondern auch, weil er ein stattlicher, schöner Mann ist, der schönste Mann am Hof, der ritterlichste, galanteste. Er liebt die Frauen und die Frauen lieben ihn, allen voran die unscheinbare, sanfte, gutherzige, allgemein beliebte Königin Claudia. Sie ist ihm aufrichtig zugetan – und König Franz?

Er liebt sie nicht besonders, aber er achtet sie, behandelt sie in der Öffentlichkeit liebenswürdig und zuvorkommend, vor allem erfüllt er seine ehelichen Pflichten, sie war bis jetzt jedes Jahr schwanger …

Welche Frau ist die Schönste am französischen Hof? Die Mätresse des Königs, die olivenhäutige Françoise de Foix? Nein – und die Damen der Königin? Vielleicht die junge, stolze Engländerin, die zwölfjährige Anna Boleyn … Sie ist nicht ausgesprochen schön, aber apart, und sie behext die jungen Männer, sie wird am meisten umworben. Nein, die schönste Frau am Hof Franz I. ist die junge Gattin Louis' de Brézé, des alternden Groß-Seneschalls der Normandie, Diana von Poitiers.

Anfang September kehrten sie nach Florenz zurück, sie war schwanger und er freute sich auf das Kind. Einige Wochen später erfuhren sie, dass Lorenzo krank war. Er ließ sich in einer Sänfte in seine Villa nach Montughi bringen, wo die Luft besser war als in der Stadt und verbrachte dort den Winter. Anfang April gaben die Ärzte die Hoffnung auf und er kehrte nach Florenz zurück, um bei der Geburt in ihrer Nähe zu sein. Die Niederkunft war ohne Komplikationen verlaufen, aber drei Tage später hatten die Fieberanfälle begonnen …

Sie betrachtete das Kind und fragte sich, was aus ihm werden würde. Die Königin Claudia war ungefähr zur selben Zeit wie sie schwanger geworden und hatte am 31. März einen zweiten Sohn geboren, Heinrich, den Herzog von Orléans. Der junge Herzog wird eine sorglosere Kindheit verleben als meine Tochter, dachte sie bekümmert, dann winkte sie die Amme herbei und gab ihr das kleine Mädchen.

»Mingo, Katharina wird bald keine Eltern mehr haben, ich weiß nicht, in wessen Obhut der Kardinal sie geben wird. Ich möchte, dass du bei meinem Kind bleibst, verlasse Katharina nicht! Ihre Verwandten werden sie nicht lieben, weil sie deren ehrgeizigen Plänen im Wege steht, und ob der Mann, mit dem man sie verheiratet, sie lieben wird? Ich sterbe beruhigter, wenn ich weiß, dass es einen Menschen gibt, dem sie sich anvertrauen kann.«

»Gewiss, Hoheit, ich verspreche es Ihnen. Sie wissen, dass ich die Duchessina wie ein eigenes Kind liebe, zumal mein Sohn tot geboren wurde … Aber Hoheit, Sie werden nicht sterben, ich kenne Frauen, die das Kindbettfieber überlebt haben.«

»Es ist nicht nur das Kindbettfieber, Mingo. Lass mich jetzt ein wenig schlafen. Wenn der Kardinal noch einmal kommt, soll man ihm sagen, dass ich ihn nicht empfangen kann … Ich will ihn nicht mehr sehen.«

»Ja, Hoheit.«

Mingo trug Katharina zum Fenster und zeigte ihr die untergehende Abendsonne.

Die junge Frau war so alt wie die Herzogin, entstammte der florentinischen Mittelschicht und war mit dem Verwalter des mediceischen Landgutes Poggio a Caiano verheiratet. Mingo konnte lesen, schreiben und rechnen, besaß einige Kenntnisse in der Geografie, spielte die Laute recht gut und war eine geschickte Näherin. Überdies nahm sie wissbegierig alles auf, was sie hörte. Einst hatte eine weise alte Frau ihr erzählt, dass es für die Entwicklung eines Kindes förderlich sei, wenn man bereits mit dem Säugling viel rede. Das Kind verstünde natürlich den Inhalt noch nicht, merke aber, dass man sich mit ihm beschäftige, und das sei wichtig. So hatte sie sich angewöhnt, viel mit dem Kind zu sprechen.

»Dort drüben im Westen liegt Frankreich, es ist ein großes Land und wird von einem König regiert. Frankreich ist die Heimat deiner Mutter.« Inzwischen war es kühl geworden. Mingo legte Katharina in die Wiege zurück, setzte sich daneben und fing wieder an, sie langsam zu schaukeln.

Unterdessen führte der Kardinal ein ernstes Gespräch mit dem Leibarzt des herzoglichen Paares. Giulio von Medici musterte einige Minuten lang den Mann in dem weiten, weißen, fußlangen Mantel, der mit Fehwerk verziert war. Er betrachtete die rote Mütze und dachte, dass Medizin und Jurisprudenz die beiden sichersten Wege waren, zu Wohlstand zu kommen. Die Ärzte sind reiche Leute, überlegte er, auch wenn sie ihren Patienten je nach Erfolg die Höhe ihres Honorars überlassen.

»Nun, Messire, was haben Sie mir zu sagen?«

»Eminenz, Seine Hoheit, der Herzog, wird nur noch wenige Tage leben, die ›französische Krankheit‹ ist in der letzten Phase …« Er zögerte etwas und fuhr fort. »Ich weiß nicht, wie lange Ihre Hoheit, die Herzogin, noch leben wird, vielleicht ein paar Tage, vielleicht ein paar Wochen. Eines aber weiß ich: Die Ursache ihres Todes ist nicht nur das Kindbettfieber, sondern auch die ›französische Krankheit‹ – ihr Gatte hat sie infiziert.« Bei den letzten Worten verfinsterte sich die Miene des Kardinals. »Das habe ich befürchtet, aber reden wir von den Lebenden. Ist die Duchessina gesund?«

Der Arzt sah Giulio erstaunt an. »Wie meinen Sie das, Eminenz? Die Duchessina ist vollkommen gesund und wird wie jeder Säugling während der ersten Jahre sterben oder überleben.«

»Nun, ist es möglich, dass sie im Mutterleib mit der ›französischen Krankheit‹ infiziert wurde?«

Der Arzt überlegte und erwiderte: »Nein, Eminenz, das ist völlig unmöglich, Sie können beruhigt sein. Die Duchessina ist völlig gesund.«

Als der Arzt gegangen war, blieb der Kardinal noch eine Weile im Vorraum von Lorenzos Appartement, dachte über die ärztliche Diagnose nach und wusste nicht recht, ob er sich darüber freuen sollte oder nicht. Falls die Duchessina das heiratsfähige Alter erreicht, überlegte er, ist sie natürlich eine wertvolle Figur im politischen Spiel, andererseits … Nun, man musste abwarten. Er ging in das herzogliche Schlafzimmer.

Lorenzo lächelte matt, als er den Kardinal erblickte. »Ich danke Ihnen, Onkel Giulio, dass Sie gekommen sind.«

»Ich habe nur meine Pflicht erfüllt«, erwiderte er kühl.

Es entstand eine Pause.

Der Kardinal dachte verärgert darüber nach, dass letztlich Lorenzo daran schuld war, dass die außenpolitischen Pläne des Papstes, nämlich ein Bündnis mit Frankreich, sich in Luft auflösten, wenn die Herzogin starb. Allerdings, überlegte er, Leo ist auch nicht ganz unschuldig an der verfahrenen Situation. Warum hat er nach dem Tod seines jüngeren Bruders, des Herzogs von Nemours, die Herrschaft von Florenz nicht für eine Übergangszeit mir übertragen? Ich hätte dafür gesorgt, dass das Ansehen unserer Familie erhalten bleibt.

Vor seinem inneren Auge erschien die rundliche Gestalt des Papstes, wie er umgeben von Künstlern, Dichtern und Gelehrten über Philosophie, Literatur, Malerei und Architektur disputierte. Religiöse Probleme interessierten ihn nur wenig. Er ist zu behäbig, dachte Giulio. Wie kann ein Papst behaupten, die Thesen dieses unverschämten deutschen Augustinermönchs und die dadurch entstandene religiöse Kontroverse sei ›Mönchsgezänk‹!

Mönchsgezänk! Unglaublich, er will das Problem lösen, wenn der neue Kaiser gewählt ist – er ist zu langmütig, aber es passt zu ihm. Was soll er nach seiner Wahl zum Papst gesagt haben? »Lasst uns das Papsttum genießen, da Gott es uns gegeben hat.«

Wenn ich Papst wäre, würde ich anders gegen Luther vorgehen. Leo unterschätzt den Mönch.

Lorenzo spürte den Unmut des Kardinals und schwieg. Schließlich brach Giulio das Schweigen. »Lorenzo, du weißt, wie es um deine Frau steht. Ich habe Magdalena versprochen, für eure Tochter zu sorgen. Ich werde sie sorgfältig erziehen lassen und zur rechten Zeit eine vorteilhafte Ehe arrangieren.«

»Unsere Tochter«, erwiderte der junge Mann kleinlaut, »warum habe ich keinen Sohn gezeugt? Nun wird diese Linie unserer Familie aussterben.«

»Du vergisst, dass es in dieser Linie noch männliche Medicis gibt, zum Beispiel Ippolito.«

»Ippolito ist illegitim.«

Giulio zuckte unmerklich zusammen und erwiderte gereizt: »Was heißt illegitim? In unserer Familie wurden illegitime Kinder so erzogen und behandelt wie legitime Kinder.«

»Die Florentiner würden sich nie von einem Bastard regieren lassen, obwohl Ippolito ausgesprochen intelligent und für seine acht Jahre auch sehr klug ist, genauso klug wie sein Vater, mein Onkel Giuliano«, entgegnete Lorenzo.

»Er ist zu klug«, erwiderte der Kardinal. »Sei unbesorgt, Ippolito wird nicht Florenz regieren, dafür sorge ich.«

»Sie müssen Katharina mit einem angesehenen Florentiner Patrizier verheiraten, um ihre Regierung über Florenz zu sichern.«

Der Kardinal lächelte spöttisch. »Mein lieber Lorenzo, mache dir darüber keine Gedanken. Wenn es so weit ist, werden Leo und ich die passende Ehe für deine Tochter arrangieren. Und jetzt entschuldige mich bitte, ich will noch einige Briefe diktieren.«

Er begab sich hinunter in den Innenhof, ging nachdenklich auf und ab und sann darüber nach, wie es weitergehen sollte.

Er würde Katharina möglichst bald unter der Obhut ihrer Großmutter die beste Erziehung angedeihen lassen, damit sie an fremden Höfen dereinst mehr durch Können als durch Abstammung brillieren konnte. Dazu würden die alten und zeitgenössischen Sprachen ebenso beitragen wie Philosophie, Rhetorik, Literatur, Mathematik, Geschichte, Musik, Zeichnen, Nähen, Tanzen, Reiten, Bogenschießen und die Falkenjagd. Was fehlt noch? – Richtig, sie muss auch in Religion unterwiesen werden. Nun – die anderen Fächer sind wichtiger. Sie muss zu einer guten Katholikin erzogen werden, aber sie darf natürlich nicht zu fromm sein. Ein fremder Hof, ja, für eine Verwandte des Papstes müsste dies möglich sein, ihre Heirat muss dem Vatikan außenpolitische Vorteile bringen. Katharina, weit weg von Florenz …

Er lächelte und seine harten Augen glänzten weich und zärtlich, als das Bild eines etwa achtjährigen dunkelhäutigen Jungen mit wolligem schwarzen Haar und wulstigen Lippen vor seinem inneren Auge erschien.

»Der Maure«, sagte er leise und ging hinauf in sein Appartement.

Als es im Schlafzimmer der Herzogin dämmerig wurde, stand eine der Dienerinnen auf, schloss das Fenster, entzündete die Kerzen und stellte einen der Leuchter auf das Tischchen neben ihre schlafende Herrin.

Sie wollte eben wieder zum Erker zurückgehen, betrachtete die Herzogin genauer und schrie leise auf. »Mingo, rasch, ich glaube …«

Mingo trat zum Bett und drehte sich erschrocken zur Dienerin um.

»Sie ist tot, hole den Arzt.«

Lorenzo von Medici, Herzog von Urbino, überlebte seine Frau nur um wenige Tage. Er starb am 5. Mai, und nachdem die Beisetzungsfeierlichkeiten vorüber waren, übergab der Kardinal Katharina ihrer Großmutter.

Am 28. Mai 1519 wählten die Kurfürsten nicht Franz I. zum Kaiser des Heiligen Römischen Reiches, sondern Karl I. von Spanien, der sich nun Kaiser Karl V. nannte. Papst Leo und Kardinal Giulio waren enttäuscht, mussten sich aber damit abfinden.

Im Sommer 1519 starb Katharinas Großmutter Alfonsina Orsini, und Katharina wurde in die Obhut ihrer Tante Maddalena Cibo gegeben.

Diese starb im Frühherbst 1519, und so beschlossen Kardinal Giulio und der Papst, dass Katharina nach Rom gebracht werden müsse, zu ihrer Tante Clarissa, die mit dem wohlhabenden Bankier Filippo Strozzi verheiratet war. Clarissa, die selbst vier Söhne hatte und auch die halbverwaisten Kinder Ippolito und den ›Mauren‹ erzog, war sofort bereit, die Duchessina, wie Katharina inzwischen allgemein genannt wurde, in ihrem Haus aufzunehmen. Sie fand, dass es besser war, wenn ein Kind zusammen mit anderen Kindern aufwuchs.

Am 13. Oktober 1519 bei Sonnenaufgang bestieg Mingo mit Katharina im Arm die Sänfte, die sie nach Rom bringen sollte.

Auf dem Ponte Vecchio angekommen, befahl Mingo den Sänftenträgern zu halten, hob Katharina hoch und ließ sie durch die linken Brückenbogen flussabwärts über den Arno blicken. »Du verlässt jetzt deine Vaterstadt, aber du wirst zurückkehren, eines Tages kehrst du nach Florenz zurück.«

2

Am 13. April 1525 stand der vierzehnjährige Ippolito von Medici morgens früher auf als sonst, weil er in den Gewächshäusern, die hinter dem Palazzo Strozzi lagen, einige Blumen holen und seiner Cousine Katharina zu ihrem sechsten Geburtstag überreichen wollte. Er hatte ihr noch nie etwas zum Geburtstag geschenkt, aber die Vollendung des sechsten Lebensjahres war in seinen Augen ein besonderes Ereignis, weil nun der Ernst des Lebens anfing. Am nächsten Tag würde für Katharina der Unterricht in Fremdsprachen beginnen, und Ippolito wusste aus eigener

Erfahrung, dass dies lernen, lernen, lernen bedeutete; zum Spielen würde sie kaum noch Zeit haben. Ab jetzt behandelte man sie wie eine Erwachsene.

Während er sich ankleidete, überlegte er, dass er ihr hin und wieder etwas schenken könnte, um ihr eine Freude zu bereiten. Ihr bisheriges Leben war wenig glücklich verlaufen.

Nun wollte er ihr eine Freude machen mit den roten Lilien, dem Symbol für ihre Vaterstadt Florenz.

Allerdings war es den vier Söhnen und den drei Pflegekindern von Clarissa Strozzi streng untersagt, in den Gewächshäusern Obst oder Blumen zu holen, weil die Zucht und Pflege in den Treibhäusern kostspielig war. Schließlich gab es einen weitläufigen Garten hinter dem Palazzo.

Ippolito zupfte sein Wams zurecht, trat vor den hohen Spiegel und betrachtete sich zufrieden. Er sah einen hoch gewachsenen, schlanken Jungen mit kurz geschnittenen brünetten Haaren, großen, dunklen Augen, und er lachte leise auf, als ihm einfiel, dass sein Onkel, Filippo Strozzi, schon etliche Male gesagt hatte, dass in wenigen Jahren alle römischen Mädchen sich in seine Augen verlieben würden …

Er ging noch ein bisschen näher an den Spiegel, strich mit der rechten Hand vorsichtig über die untere Gesichtshälfte und betrachtete prüfend den dunklen Flaum, der vor einigen Tagen angefangen hatte zu wachsen. Er war fest entschlossen, einen Bart zu tragen, das war männlicher. Er konnte sich noch gut an das runde, bartlose, weiche Gesicht seines päpstlichen Onkels Leo entsinnen, der im Dezember 1521 plötzlich verstorben war. Der neue Papst, sein Onkel Clemens, trug einen langen, spitz zulaufenden Bart.

Zu Giulio von Medicis großer Enttäuschung war nach Leos Tod nicht er, sondern der Lehrer Kaiser Karls V., Adrian von Utrecht, gewählt worden, aber Hadrian VI. starb bereits am 14. September 1523, und am 19. November des gleichen Jahres ging Giulios sehnlichster Wunsch in Erfüllung, seine Wahl zum Papst. Er entschied sich für den Namen Clemens, und weil die jüngste Medici-Generation noch unmündig war, übertrug er die Regierung von Florenz dem Kardinal Silvio Passerini und eilte nach Rom, fest entschlossen, als Papst Clemens VII. die europäische Diplomatie zu beeinflussen. Ippolitos Miene verdüsterte sich, als er an seinen Onkel Clemens dachte. Er mag mich nicht besonders, ging es ihm durch den Kopf, und er hat auch nicht viel für Katharina übrig …

In diesem Augenblick betrat einer der Diener den Innenhof, und Ippolito sah entgeistert, dass er einen großen Strauß roter Lilien brachte, die er sorgfältig in einer silbernen Vase ordnete und auf den Tisch stellte.

Rote Lilien, die Blume der Stadt Florenz; er selbst hatte Katharina, weil nun ihr siebtes Lebensjahr begann, sieben rote Lilien schenken wollen und dabei vergessen, dass an den Geburtstagen der Familienmitglieder ein Blumenstrauß die Tafel zierte. Er hätte sich denken können, dass Tante Clarissa an Katharinas sechstem Geburtstag die Blume von Florenz als Tischschmuck wählte. Hoffentlich waren noch einige Lilien übrig geblieben …

Auf dem Weg zu den Gewächshäusern traf er Signor Rosso Ridolfi, den Privatlehrer der Strozzis. Dieser ließ ihn wissen, dass Katharinas Unterricht schon am heutigen Nachmittag begänne.

Der Papst selber, den die Kinder Onkel Clemens nannten, hatte diesen vorzeitigen Unterrichtsbeginn eigens verfügt. Überhaupt machte er auf die Kinder einen sehr strengen und kühlen Eindruck. Ausgenommen davon waren die Söhne von Clarissa. Der besondere Liebling von Onkel Clemens war Alessandro.

»Jeden Tag darf der ihn im Vatikan besuchen«, beklagte sich Ippolito bei Signor Ridolfi. »Ich bin immer froh, wenn er weg ist, er tyrannisiert die Dienerschaft und Tante Clarissas jüngere Söhne, Lorenzo und Piero. Aber am meisten hat Katharina unter ihm zu leiden, sie quält er seelisch.«

»Seelisch, wie meinen Sie das?«

»Nun, er versteckt nicht nur ihre Spielsachen oder stellt ihr ein Bein, dass sie hinfällt. Er droht, dass er sie eines Tages im Tiber ersäufen wird wie eine Katze, und vor einigen Tagen hörte ich, wie er zu ihr sagte: ›Du bist eine garstige kleine Hexe. Weißt du, was man mit Hexen macht? Sie werden gefoltert und bei lebendigem Leib verbrannt.‹ Tante Clarissa versucht zwar, ihn zur Räson zu bringen, schimpft ihn aus und züchtigt ihn, sie schickt ihn ohne Abendessen ins Bett und bestraft ihn mit Hausarrest, aber es nützt nichts. Onkel Filippo redet auch hin und wieder ein ernstes Wort mit ihm, aber er hat natürlich zu wenig Zeit, sich um häusliche Probleme zu kümmern.«

»Gütiger Himmel, was für ein kleiner Teufel! Im Unterricht ist Alessandro doch ein braver, fleißiger Junge.«

»Natürlich, er weiß genau, dass Onkel Clemens, wenn wir ihn besuchen, sich mit uns eine halbe Stunde auf Lateinisch und eine halbe Stunde auf Griechisch unterhält, und da möchte er natürlich glänzen.«

»Was sagt der Heilige Vater denn zu den Ungezogenheiten?«

»Er behauptet, dass Tante Clarissa übertreibe und Alessandro zu negativ beurteile.«

»Die arme, kleine Duchessina! Wie reagiert sie? Sie kann sich wahrscheinlich gar nicht wehren.«

Ippolito lachte. »Oh, Katharina versteht es, sich zu behaupten. Einerseits hat sie Angst vor Alessandro, andererseits hasst sie ihn aus tiefster Seele, und ihr Hass siegt oft über die Angst. Sie wird nie handgreiflich, sie wehrt sich subtiler: Alessandro ekelt sich vor Spinnen, Ratten, Mäusen, Kröten, Fröschen, Eidechsen. Vor ein paar Tagen hat sie einen Feuersalamander in sein Zimmer geschmuggelt. Als er das Tier sah, schrie er laut um Hilfe. Er hat natürlich erfahren, wer ihm den Streich gespielt hat; wahrscheinlich brütet er jetzt darüber nach, wie er sich rächen kann. Hin und wieder schreit sie ihn auch an, sagt ihm, dass sie ihn hasst, verabscheut, verachtet.«

Rosso Ridolfi sah Ippolito erstaunt an. »Die Duchessina ist doch so ein freundliches, liebenswürdiges Kind! Ich kann mir überhaupt nicht vorstellen, dass sie schreit.«

»Bei Alessandro geht eben der Zorn mit ihr durch. Es wäre besser, wenn sie sich beherrschen würde. Ich bin überzeugt, dass er sich bei Onkel Clemens über sie beklagt. Mingo, Tante Clarissa und auch ich haben ihr schon etliche Male gesagt, sie solle sich zusammennehmen, es sei in ihrem eigenen Interesse. Bis jetzt haben die Ermahnungen nicht viel genützt. Aber wir reden und reden, die Zeit vergeht, ich muss noch etwas besorgen. Entschuldigen Sie mich, Signor Ridolfi.«

Während er über den Innenhof und den sich anschließenden Wirtschaftshof zum Garten eilte, ging der Lehrer nachdenklich hinauf in den ersten Stock zu Clarissa Strozzi.

Im Gewächshaus lief Ippolito zu den Lilienbeeten und blieb enttäuscht stehen: Nur eine rote Lilie war übrig geblieben. Er dachte nach, ging kurz entschlossen zu den weißen Lilien und schnitt mit dem Taschenmesser vorsichtig sieben Blütenstängel ab.

In diesem Augenblick betrat der weißhaarige Gärtner Carlo das Gewächshaus und beobachtete entsetzt, wie der junge Mann die Blumen ordnete.

»Signor Ippolito, wenn die Signora sieht, dass die Blumen ohne ihre Erlaubnis abgeschnitten wurden, bekomme ich weniger Lohn!«

»Sei unbesorgt, Carlo, wenn meine Tante etwas merkt, nehme ich die

Schuld auf mich. Die Lilien sind für Katharina, sie hat heute Geburtstag.«

»Aber, Signor Ippolito, weiße Blumen sind Todesblumen, Ihr Strauß muss farbiger werden, warten Sie einen Augenblick …« Er schnitt die rote Lilie ab, sah sich suchend um, ging zu einem der Rosenbeete, wo er eine voll erblühte, dunkelrote Rose abschnitt und sorgfältig die Dornen entfernte. Dann arrangierte er beide gefällig zwischen die weißen Blumen und gab Ippolito den Strauß.

Nachdem eine Dienerin unter Mingos Aufsicht Katharina gebadet, angekleidet und frisiert hatte, lief das Kind vor den hohen Standspiegel im Ankleidezimmer und betrachtete sich kritisch: Sie sah ein kleines, mageres Mädchen in einem blutroten Seidenkleid, das mit Goldborten gesäumt und mit weißer Spitze besetzt war. Die etwas vorstehenden dunklen Augen wanderten vom Kleid zu dem runden Kindergesicht, verweilten einen Augenblick auf der bräunlich-gelben, makellosen Haut und den brünetten, leicht gelockten Haaren, die zu einer kunstvollen Frisur hochgesteckt und mit Perlenschnüren zusammengehalten wurden. Dann presste Katharina die schmale Oberlippe fest auf die volle Unterlippe und senkte den Kopf.

»Nun, Hoheit«, sagte Mingo, die das Kind beobachtet hatte, »gefallen Sie sich?«

»Nein«, erwiderte sie leise, »ich gefalle mir überhaupt nicht.«

»Sie wollten doch das neue rote Kleid heute anziehen.«

»Ja …« Katharina sah Mingo an, und dabei fiel ihr zum ersten Mal auf, dass ihre Amme stets schwarze Kleider trug – es musste einen Grund dafür geben.

»Das Kleid gefällt mir, aber warum habe ich nicht blonde Haare, blaue Augen und eine weiße Haut? Blonde Mädchen sind viel hübscher.«

Mingo seufzte unhörbar; diese Frage stellte Katharina mindestens einmal wöchentlich und sie antwortete ihr jedes Mal, dass es der Wille Gottes sei.

»Hoheit, der liebe Gott hat seinerzeit entschieden, dass Sie nicht blond und blauäugig, sondern brünett und dunkeläugig sind. Überdies ist äußere Schönheit nicht wichtig. Benehmen Sie sich immer bescheiden und liebenswürdig, lächeln Sie die Menschen an, vermeiden Sie Streit, dann wird man Sie um Ihrer selbst willen lieben und Ihre Haar-, Augen- oder Hautfarbe gar nicht mehr beachten. Ein blondes Mädchen, das kühl,

hochmütig und stolz auftritt, wird auf die Umgebung bald hässlich wirken. Ein dunkelhaariges Mädchen, das freundlich lächelt und sich demütig und bescheiden gibt, wird sich Sympathie und Zuneigung erwerben.«
Katharina hörte aufmerksam zu, prägte sich die Worte ein und betrachtete eine Weile nachdenklich ihr Spiegelbild. »Ich glaube, du hast Recht, Mingo.«
In diesem Augenblick wurde Ippolito gemeldet, und Katharina eilte freudestrahlend zu ihm. Sie wollte sich wie gewöhnlich in seine Arme werfen, als sie die Blumen sah und überrascht stehen blieb.
»Guten Morgen, Katharina«, sagte er lächelnd, »herzlichen Glückwunsch zum Geburtstag.« Er überreichte ihr den Strauß.
Es dauerte einige Sekunden, bis sie sich von der Überraschung erholt hatte. »So viele Lilien … danke, Ippolito, vielen, vielen Dank!« Sie lächelte ihn glücklich an.
»Eine reizende Idee«, sagte Mingo. Wahrscheinlich hat er die Blumen im Gewächshaus stibitzt, dachte sie im Stillen, trotzdem, er ist ein guter Junge …
»Sie dürfen der Signora nichts von den Blumen sagen«, sagte sie dann zu Katharina.
»Ja, Mingo.«
»Nun, Katharina«, begann Ippolito, »die sieben weißen Lilien sind von mir, weil heute dein siebtes Lebensjahr beginnt. Kennst du die Bedeutung der weißen Lilie?«
»Natürlich, die weiße Lilie ist die Blume meiner Familie, der Medicis, und die rote Lilie ist die Blume der Stadt Florenz.«
In diesem Moment eilte ein Diener herbei. »Endlich finde ich Sie, Signor Ippolito, Sie sollen sofort zur Signora kommen!« Während er in den ersten Stock hinunterlief, begab Mingo sich in ihr Zimmer, um eine Vase und das Geburtstagsgeschenk, ein kostbares Federmesser, für Katharina zu holen.
Allein geblieben, ging Katharina zum Spiegel, betrachtete sich und die Blumen, ordnete sie, beugte ihr Gesicht über die Lilien und atmete den Blütenduft ein.
Sie war zum ersten Mal in ihrem Leben mit Blumen beschenkt worden, fühlte sich glücklich und beschloss darauf zu achten, dass sie gut gepflegt wurden und täglich frisches Wasser bekamen.
Sie war so beschäftigt mit den Lilien und der Rose, dass sie die leisen Schritte nicht hörte, die sich langsam der Zimmertür näherten; als sie

den Kopf hob und in den Spiegel sah, erstarrte sie. Auf der Türschwelle stand ein ungefähr vierzehnjähriger, untersetzter, stämmiger, dunkelhäutiger Junge mit schwarzen, wolligen Haaren und wulstigen Lippen, die ein bösartiges Lächeln umspielte, während seine kleinen, dunklen Augen sie mit einem giftigen Blick beobachteten.

Der Maure, dachte sie erschrocken, presste die Blumen fester an sich und versuchte, sich nichts von ihrer Angst anmerken zu lassen.

»Guten Morgen, Alessandro, was möchtest du?«

Er trat einen Schritt näher.

»Guten Morgen, Katharina, ich möchte dir zum Geburtstag gratulieren, wie es sich ziemt.«

»Danke, das ist nett von dir.« Ihre Hände begannen leicht zu zittern, weil sie instinktiv spürte, dass seine ungewohnte Freundlichkeit falsch war.

»Was für hübsche Blumen«, sagte er und trat noch einen Schritt näher, »hat Mingo sie dir geschenkt?«

»Nein, Ippolito.«

»Ippolito, sieh an, der schöne Ippolito.«

Er schwieg, und Katharina merkte, dass er sich an ihrer Angst weidete. Sie sah hinüber zum Baderaum, dessen Tür halb offen stand, aber die Dienerin eilte geschäftig hin und her und tat, als bemerke sie Alessandro nicht. Wo bleibt Mingo, dachte Katharina verzweifelt, er führt bestimmt etwas im Schilde. Ich bin allein mit ihm, bin ihm ausgeliefert.

Sie nahm ihren ganzen Mut zusammen, drehte sich um und sah ihn fest an. »Alessandro, ich habe mich über deinen Glückwunsch gefreut, aber du solltest jetzt wieder gehen. Mingo kann jeden Augenblick kommen, du weißt, sie mag es nicht, wenn einer von euch Jungen im Ankleidezimmer ist.«

Alessandro grinste, ging einen Schritt auf Katharina zu, und sie wich vor ihm zitternd zur Seite aus.

»Ich verlasse das Zimmer nur, wenn du mir die Blumen schenkst.«

Mingo, komm, lass mich nicht allein mit ihm, dachte sie verzweifelt … Sie musste irgendwie Zeit gewinnen …

»Nun, Katharina, ich warte.«

»Ich soll dir also die Blumen schenken? Lass mich nachdenken … Was gibst du mir dafür?«

Er sah sie erstaunt an, ihre Reaktion überraschte ihn, er hatte fest damit gerechnet, dass sie zu weinen anfing und ihm die Blumen verweigerte.

28

»Was ich dir dafür gebe?! Nichts, was soll ich dir geben?«

»Süßigkeiten zum Beispiel.«

Er war sprachlos ... Dieses unverschämte Frauenzimmer, dachte er, und plötzlich überkam ihn eine Zerstörungswut wie noch nie zuvor, er musste dieses Gefühl ausleben.

»Gib die Blumen her!«

Sie trat einen Schritt zurück, presste den Strauß noch fester an sich, wusste gleichzeitig, dass er ihr die Blumen mit Gewalt nehmen würde, und war fest entschlossen, sie zu verteidigen ... Vielleicht kommt Mingo, ehe es zu spät ist, dachte sie verzweifelt.

»Du bekommst die Blumen nicht. Ippolito und Carlo haben sie mir geschenkt, und ich werde sie nie hergeben.«

»Du gottverdammte kleine Hexe«, zischte er, »her mit den Blumen!«

»Nein!«, schrie Katharina, »nein, nein, nein!«

»Na, warte ...« Im nächsten Augenblick war er bei ihr, zog die rote Lilie aus dem Strauß, riss die Blüten ab, warf sie auf den Boden und trampelte auf ihnen herum.

Katharina beobachtete ihn entsetzt, und es dauerte einige Sekunden, bis sie sich gefasst hatte. »Hör auf.« Ihre Stimme zitterte vor Angst. »Was machst du?«

»Du wirst nie über Florenz herrschen, nie!«

Fast im gleichen Augenblick war er wieder bei ihr, nahm die Rose, warf sie auf den Boden und zertrat sie.

Katharina rannte zur offenen Tür, aber er versperrte den Weg, zog sein Taschenmesser, und während er sie mit dem Messer bedrohte, musste sie hilflos zusehen, wie er eine weiße Lilie nach der anderen nahm, auf den Boden warf und zertrat.

Als nur noch zwei Lilien übrig waren, begann sie zu weinen.

»Alessandro, lass mir diese beiden, bitte.«

Da kam er zur Besinnung und steckte das Messer wieder ein.

»Meinetwegen. Du sagst zu Tante Clarissa kein Wort, sonst verprügele ich dich bei nächster Gelegenheit, dass dir Hören und Sehen vergeht.«

Er eilte hinaus, und dabei ging ihm durch den Kopf, dass Ippolito die Blumen wahrscheinlich aus einem der Gewächshäuser geholt hatte. Wenn Tante Clarissa von seiner Schandtat erfuhr, kam auch Ippolitos Diebstahl heraus und er wurde ebenfalls bestraft ... Der Gedanke befriedigte ihn, und er begann leise vor sich hin zu pfeifen.

Katharina presste die beiden Lilien an sich und weinte leise.

Da kam Mingo zurück und blieb entsetzt auf der Türschwelle stehen, als sie die zertretenen Blumen und das weinende Kind sah.

»Hoheit, mein Gott, was ist passiert?«

Sie stellte die Vase auf den Tisch, legte ein Päckchen daneben, ging zu dem Kind und trocknete die Tränen.

Katharina schluchzte noch einige Augenblicke und erzählte dann, was vorgefallen war.

»Unglaublich!«, rief Mingo, »unerhört!« Sie ging in den Baderaum und herrschte die Dienerin an. »Du hast doch den Streit gehört, warum hast du der Duchessina nicht geholfen?«

»Verzeihung, Signora, aber … ich habe Angst vor Signor Alessandro.«

»Angst?! Dummes Ding, los, räume die Blumen weg und säubere den Boden.« Der gottverdammte Bastard, dachte sie, als sie nun die Vase mit Wasser füllte und die zwei Lilien hineinstellte; dann ging sie mit Katharina in den Baderaum und wusch ihr das Gesicht mit kaltem Wasser.

»Sie werden der Signora nichts von Signor Alessandro erzählen.«

»Warum nicht? Er hat nicht nur die Blumen zertreten, er hat mich auch mit dem Messer bedroht!«

»Gewiss, aber er hätte Ihnen nichts getan aus Angst vor dem Papst; er weiß, dass Sie für den Heiligen Vater wertvoll sind; wenn die Signora von den Blumen erfährt, wird herauskommen, dass Ippolito sie wahrscheinlich aus dem Gewächshaus geholt hat, und dann wird er dafür bestraft. Wollen Sie das?«

»Nein, Mingo, aber es ist ungerecht, dass Alessandro nicht bestraft wird.«

»Seien Sie unbesorgt, eines Tages wird er für seine Untaten büßen müssen, und was Sie betrifft, so werden Sie nachher die Signora lächelnd begrüßen und sich nichts anmerken lassen.«

»Das kann ich nicht, Mingo.«

»Sie müssen lernen zu heucheln. Was glauben Sie, wie oft Sie sich noch im Laufe Ihres Lebens werden verstellen müssen. Manchmal überlebt man nur, wenn man heuchelt, also lächeln und freuen Sie sich über das Geschenk, das die Signora hat anfertigen lassen. Sie werden überrascht sein. Ach mein Gott, ich habe ja auch etwas für Sie.« Sie gab Katharina das Päckchen.

»Danke, Mingo.« Sie packte das Geschenk behutsam aus und betrachtete fasziniert das goldene Federmesser, dessen Griff aus Ebenholz mit kleinen Perlen besetzt war, in den Griff war aus Gold ihr Name eingraviert: Katharina von Medici.

»Es ist wunderschön, Mingo, ich danke dir, vielen Dank.« Sie schlang die Arme um die Taille der Amme.

»Ich habe es bei einem Florentiner Goldschmied anfertigen lassen, bei Signor Leonardo auf dem Ponte Vecchio. Sie werden künftig viele Federn schneiden müssen.«

Katharina betrachtete das Messer und vergaß dabei allmählich den Streit mit Alessandro und die zertretenen Blumen.

Während Ippolito in den ersten Stock hinunterging, überlegte er, warum die Signora ihn rufen ließ.

Gewöhnlich sprach sie nur unter vier Augen mit ihm, wenn sie seine Lernfortschritte kontrollierte. Dieses Gespräch fand einmal im Monat statt und lag erst wenige Tage zurück.

Hatte die Signora vielleicht von seinem Ausflug zu den Gewächshäusern erfahren?

Als er das Zimmer betrat, waren zu seiner Überraschung auch der Lehrer und Filippo Strozzi anwesend.

»Guten Morgen«, sagte Ippolito, blieb unschlüssig an der Tür stehen und beobachtete verunsichert seine Tante, deren strenger Gesichtsausdruck ihn stets von neuem einschüchterte.

Clarissa Strozzi war eine mittelgroße, hagere Frau, die ihrem Großvater Lorenzo dem Prächtigen ähnlich sah. Ihr Gesicht war blass, die Nase lang und platt, und ihre Stimme klang schrill wie bei Lorenzo. Die dunklen Haare waren straff zurückgekämmt und wurden von einem Perlennetz zusammengehalten. Sie trug ein olivgrünes Samtkleid, das üppig mit Goldborten besetzt war, und sie funkelte von Edelsteinen am Hals, am Ausschnitt und an den Fingern. Sogar der kleine Spiegel, das Stundenbuch und der Fächer, die sie am Gürtel trug, waren mit Edelsteinen besetzt.

Filippo Strozzi war ungefähr Anfang vierzig, groß und schlank, mit angenehmen Gesichtszügen. Das Bankhaus Strozzi war sein Lebensinhalt.

»Gestern Abend«, begann Clarissa, »erhielt ich einen Brief vom Papst mit der Bitte, alles für eure Abreise aus Rom vorzubereiten. Er wünscht, dass du mit Katharina und Alessandro nach Florenz zurückkehrst, und zwar so rasch wie möglich – Ende April oder Anfang Mai. Eure Anwesenheit in Florenz soll die Herrschaft der Familie Medici festigen.«

31

Sie hielt kurz inne und fuhr dann fort:

»Die plötzliche Abreise bringt meine Unterrichtspläne für Katharina völlig durcheinander, aber dieses Problem ist inzwischen gelöst. Signor Ridolfi wird euch begleiten und weiterhin unterrichten.«

Sie schwieg und glättete die Falten ihres Kleides. Dann legte sie ihre rechte Hand auf Ippolitos Arm.

»Du bist ein kluger und verständiger Junge, und ich möchte dich um etwas bitten: Ihr werdet zusammen mit dem Kardinal Passerini und der Dienerschaft allein im Palazzo leben. Der Kardinal ist vollauf mit städtischen Angelegenheiten beschäftigt, so dass ihr ihn wahrscheinlich nur bei den Mahlzeiten und während der Messe sehen werdet. Der Tag ist für euch zwar ausgefüllt mit Unterricht und Katharina wird sich zusätzlich jeden Tag eine Stunde lang mit Musik, Malerei, Nähen, Sticken, Tanzen oder Bogenschießen beschäftigen, und am Sonntag wird sie nach der Messe eine Stunde lang religiös unterwiesen. Aber es bleibt immer noch viel freie Zeit – die tägliche Siesta, die Sonn- und Feiertage, wo ihr ohne Aufsicht seid … Und nun meine Bitte. Versuche mit allen Mitteln zu verhindern, dass Katharina und Alessandro sich streiten. Überzeuge Katharina davon, dass sie sich auf keinen Zank mit Alessandro einlassen soll. Du weißt, dass es in ihrem eigenen Interesse ist.«

»Ja, Tante Clarissa, ich werde versuchen, Ihren Wunsch zu erfüllen.«

»Gut, dann besuchen wir jetzt das Geburtstagskind.« Sie wandte sich zu dem Diener, der in der Ecke stand. »Meine Söhne und Alessandro können jetzt kommen.«

Gütiger Himmel, dachte Ippolito, was erwartet sie von mir? Alessandro lässt sich doch von mir nichts sagen, er wird machen, was er will. Und Katharina ist ein Kind, man kann doch von ihr nicht erwarten, dass sie souverän über den Dingen steht …

In diesem Augenblick kamen Alessandro und die Söhne des Hauses, die alle älter als Katharina, aber jünger als ihre Vettern waren. Abgesehen von dem siebenjährigen Piero wussten seine drei älteren Brüder bereits, welche Berufe sie erlernen würden. Der dreizehnjährige Leo wollte Soldat werden, unter dem französischen König dienen und es bis zum Konnetabel von Frankreich bringen. Seine Eltern bestärkten ihn in seinem Plan, weil sie fanden, dass Ehrgeiz wichtig war, wenn man vorankommen wollte. Der elfjährige Roberto sollte Bankier werden wie sein Vater, der neunjährige Lorenzo war für den geistlichen Stand bestimmt. Man erwartete, dass er es bis zum Bischof oder Erzbischof bringen würde, und Clarissa träumte insgeheim von einem Kardinalshut für ihren Sohn.

Sie stand auf, nahm Piero an die Hand und verließ in Begleitung der übrigen das Zimmer.

Filippo Strozzi hatte während des Gespräches zwischen seiner Frau und Ippolito keine Miene verzogen. Auf der Galerie verlangsamte er seinen Schritt und sagte leise zu Ridolfi, der neben ihm ging: »Ich bitte Sie, sorgen Sie dafür, dass die beiden jungen Herren so viel lernen müssen, dass ihnen keine freie Minute mehr bleibt.«

Der Lehrer sah den Bankier erstaunt an.

»Mit Verlaub, Signor Strozzi, ich bezweifle, ob dies richtig ist. Jeder Mensch benötigt eine gewisse Zeit der Muße und Erholung, um sich dann wieder voll auf seine Pflichten konzentrieren zu können.«

»Gewiss, indes … es ist so, Signor Ridolfi: Die jungen Herren interessieren sich für Mädchen, das ist völlig normal in diesem Alter. Aber während Ippolitos Interesse sich im üblichen Rahmen bewegt – er ist zurückhaltend, würde nie ein Mädchen aus einer Laune heraus verführen oder gar vergewaltigen –, während Ippolito sich benimmt, wie es sich ziemt, liegen die Dinge bei Alessandro völlig anders. Er neigt zu Ausschweifung, zu Verschwendung und Gewalttätigkeit. Hier, in Rom, kann er keine Dummheiten machen, weil er ständig unter Aufsicht ist. In Florenz hingegen wird er bestimmt ein liederliches Leben führen, und niemand kann ihn daran hindern. Passerini wird sich hüten, ihm Vorschriften zu machen oder ihn zu tadeln. Ein liederliches Leben indes wird dem Ansehen der Familie Medici den Todesstoß versetzen. Dies möchte ich verhindern, im Interesse der Duchessina.«

»Ich verstehe Ihre Sorge, ich kann versuchen, auf Alessandro einzuwirken, aber ich fürchte, meine Ermahnungen werden nicht viel fruchten. Andererseits glaube ich nicht, dass jugendlicher Übermut das Ansehen der Familie Medici zerstört.«

»Es ist bereits zerstört«, erwiderte der Bankier zögernd. »Der Papst hat zwar von 1519 bis 1523 die Stadt zur Zufriedenheit der Bürger regiert, Passerini indes hat sich während der kurzen Zeit seines Wirkens völlig unbeliebt gemacht. Seit seinem Amtsantritt sind jeden Monat neue Hiobsbotschaften über seine Misswirtschaft und die Empörung der Florentiner im Vatikan eingetroffen. Der Heilige Vater sieht nur noch eine Möglichkeit, die Situation zu retten, nämlich die Anwesenheit der jungen Medicis. Er hofft, dass sie die Zuneigung der Florentiner gewinnen.

Er möchte den Medicis wenigstens Florenz erhalten, nachdem Hadrian VI. Urbino wieder an den rechtmäßigen Herzog gegeben hat. Die Duchessina besitzt nur noch den Titel, aber kein Land mehr.«

Ridolfi überlegte. »Ich wusste nicht, dass Kardinal Passerini so unbeliebt ist. Wäre es unter diesen Umständen nicht besser, noch einmal mit dem Heiligen Vater zu sprechen und ihn zu bitten, dass Alessandro in Rom bleibt?«

»Nein, das ist leider nicht möglich, der Papst wünscht Alessandros Anwesenheit in Florenz.«

Unterdessen waren sie bei Katharinas Zimmer angekommen, und nachdem Clarissa das Kind begrüßt und im Namen der Familie zum Geburtstag gratuliert hatte, nahm sie die Kleine an die Hand und ging mit ihr, gefolgt von Mingo und den anderen, in den Garten, um ihr das Geschenk zu zeigen.

Unterwegs betrachtete Katharina hin und wieder bewundernd die mit Edelsteinen besetzten Accessoires der Tante und die parfümierten Handschuhe, die sie trug.

In einigen Jahren würde auch sie einen kleinen Handspiegel, Fächer, Handschuhe und ein Stundenbuch besitzen und vor allem Masken …

Hin und wieder, wenn Clarissa ausging, bedeckte sie die obere Gesichtshälfte mit einer schwarzen Maske, und als Katharina sie nach dem Grund fragte, hatte die Tante geantwortet:

»Ich möchte mein Gesicht vor dem Straßenstaub schützen, und außerdem finde ich es manchmal angenehm, wenn man mich nicht erkennt. Dann muss ich nicht dauernd Grüße erwidern oder stehen bleiben und mir dummes Geschwätz anhören.«

Sie verschwieg dem Kind, dass sie sich als junges Mädchen, das Gesicht unter einer Maske versteckt, heimlich mit ihren Verehrern getroffen hatte. Solche Tricks würde die Nichte noch früh genug lernen …

Katharina merkte sich, dass man unter einer Maske nicht erkannt wurde und beschloss, wenn sie erwachsen war, sich viele Masken zu kaufen und jeden Tag eine andre aufzusetzen. So zeigte sie ihrer Umgebung jeden Tag ein neues Gesicht, und man würde sie nie erkennen.

Sie gingen in den hinteren Teil des Gartens. Dort sah Katharina eine halbrunde, hohe Steinmauer, und als sie durch das geöffnete Tor trat, befand sie sich inmitten einer Stadt, einer Spielzeugstadt, denn die Häuser reichten ihr nur bis zur Taille.

Sie blieb überwältigt stehen, ging dann zaghaft eine Straße entlang und

34

weiter, bis sie zu einer großen Kirche kam, blieb erneut stehen, drehte sich um und sah ihre Tante fragend an.

Clarissa lächelte und ging zu dem Kind.

»Nun, Katharina, was du siehst, ist eine Nachbildung deiner Vaterstadt Florenz. Dort drüben ist der Ponte Vecchio, wo die Handwerker arbeiten und die Händler ihre Ware anbieten, und wir stehen jetzt vor dem Dom Santa Maria del Fiore. Nun komm!« Sie führte das Kind einige Straßen weiter und blieb vor einem Gebäude stehen, das einer Festung ähnlich sah.

»Jetzt sind wir in der Via Larga. Dies ist dein Vaterhaus, der Palazzo Medici, hier wurdest du geboren, hier starben deine Eltern kurz nach deiner Geburt.«

Sie schwieg und blieb mit Katharina noch einige Minuten dort stehen, damit das Kind in aller Ruhe Florenz auf sich wirken lassen konnte.

»Nun, gefällt dir deine Heimat?«

»Ja, Tante Clarissa. Darf ich jeden Tag hierher kommen?«

»Natürlich, ich erwarte, dass du allmählich eine innere Beziehung zu Florenz entwickelst. Du musst anfangen, diese Stadt zu lieben, das ist der Grund, warum ich sie hier nachbauen ließ.«

Sie gingen zurück zum Tor, wo die Familie und Mingo in stummer Bewunderung das Kunstwerk betrachteten.

»Katharina«, begann Clarissa und sprach absichtlich so laut, dass alle es hören konnten. Alessandro vor allem sollte hören, was sie sagte. »Als ich die Nachbildung von Florenz bauen ließ, dachte ich, dass du noch einige Jahre in meinem Haus leben würdest. Dein Onkel, der Papst, wünscht aber, dass du noch im April nach Florenz zurückkehrst. Mingo wird dich natürlich begleiten, ebenso Signor Ridolfi, Ippolito und Alessandro.«

Katharina sah Clarissa überrascht an.

»Gehen Sie auch nach Florenz, Tante Clarissa?«

»Nein, Kind, ich muss hier bleiben, wegen meiner Familie. Aber ich besuche euch hin und wieder. Ansonsten wird Kardinal Passerini, der jetzt im Palazzo lebt, euch beaufsichtigen.«

»Werden Sie Piero mitbringen, wenn sie uns besuchen?« Von Clarissas Söhnen mochte sie den kleinen, zartgliedrigen Piero am liebsten.

»Gewiss, aber du willst doch nicht nur Piero sehen, sondern auch seine Brüder?«

»Ja …« Sie zögerte etwas, und dann kam jene Frage, die Clarissa erwartet hatte.

»Warum sollen Ippolito, Alessandro und ich nach Florenz zurückkehren?«

»Der Papst möchte die Herrschaft unserer Familie in dieser Stadt
stärken. Sieh, wenn du erwachsen bist, wirst du einen reichen Florentiner Patrizier heiraten, wer weiß, vielleicht sogar einen Medici aus
der jüngeren Linie. Es gibt einen entfernten Vetter, Cosimo, er ist so alt
wie du. Jedenfalls wirst du eines Tages mit deinem Gatten in Florenz
regieren. Schließlich bist du die einzige legitime Erbin Lorenzos des
Prächtigen, und du sollst bereits jetzt auf diese Aufgabe vorbereitet
werden. Das bedeutet, dass du viel lernen musst, hast du mich verstanden?«

»Ja, Tante Clarissa.«

Die Söhne der Strozzis lauschten gespannt und hätten gerne noch mehr
erfahren, wagten es aber nicht, Fragen zu stellen.

Mingos Gefühle waren gespalten. Einerseits freute sie sich auf Florenz,
andererseits empfand sie ein ungutes Gefühl bei dem Gedanken, dass
Alessandro sie begleiten würde. Sie betrachtete ihn verstohlen von
der Seite und überlegte, was in ihm vorging. Er hatte die wulstigen Lippen aufeinander gepresst, sah trotzig zu Boden, und je länger Clarissa
sprach, desto mehr verfinsterte sich seine Miene.

Als sie zum Palazzo zurückgingen, blieb Katharina etliche Male stehen,
sah zu ihrem Geburtstagsgeschenk zurück und überlegte, was die Worte
»in Florenz regieren« bedeuteten … Sie erinnerte sich, dass Mingo hin
und wieder sagte, die Signora Strozzi regiere im Palazzo … Sie regiert,
dachte Katharina, Tante Clarissa regelt das tägliche Leben im Palazzo.
Wenn ich in Florenz regiere, regele ich das Leben in der Stadt.

Der Gedanke beschäftigte sie noch, als sie im Innenhof an der Familientafel ihren Platz einnahm.

Die Sitzordnung bei den Mahlzeiten wurde nur unterbrochen, wenn
Gäste geladen waren. Dann führte Clarissa die Tradition ihres Großvaters, Lorenzos des Prächtigen, fort: Jeder durfte, unabhängig von Rang
und Stand, Platz nehmen, wo er wollte. Sie lud auch nie mehr als neun
Gäste ein, damit gute, erbauliche Gespräche geführt werden konnten.

Nachdem der Hausherr das Tischgebet gesprochen hatte, servierten die
Diener eine dampfende Suppe aus Eiern, geriebenem Käse und Semmelmehl, die auf der Basis von Fleischbrühe gekocht und mit Safran gelb gefärbt wurde. Diese Suppe, die durch die geronnenen Eier leicht körnig
war, hieß *zanzarelli*. Dazu gab es Weißbrot und als Getränk für die Kin-

der Most, für die Erwachsenen einen trockenen weißen Falernerwein, der mit Wasser verdünnt wurde.

Katharina mochte die *zanzarelli* und aß gewöhnlich zwei Teller, aber an jenem Morgen rührte sie mit dem Löffel nachdenklich in der gelben Flüssigkeit herum, was Clarissa eine Weile beobachtete. Schließlich fragte sie gereizt: »Warum isst du nicht, Katharina, schmeckt die Suppe nicht?«

»Ich habe keinen Hunger, Tante Clarissa.«

»Mein Gott, bist du krank?«

»Nein, ich muss immer daran denken, dass ich eines Tages in Florenz regieren werde. Was bedeutet ›regieren‹?«

Clarissa überlegte. »Eine Stadt oder ein Land regieren bedeutet, dass man Maßnahmen trifft, die den Frieden sichern und den Wohlstand der Einwohner fördern. Aber dies alles wirst du beizeiten lernen, du solltest dir jetzt darüber keine Gedanken machen. Versuche, während der kommenden Jahre viel zu lernen, solide Kenntnisse sind eine wichtige Grundlage für eine gute Regierung.«

Katharina atmete erleichtert auf und begann ihre Frühstückssuppe zu verzehren. Nach einer Weile sagte sie zu Piero: »Wenn ich in Florenz regiere, kommst du und hilfst mir.«

Während des Gesprächs zwischen Clarissa und ihrer Nichte hatte Alessandro auf seinen Teller gestarrt und nur mühsam seine Wut unterdrückt. Als Katharina nun Piero aufforderte, nach Florenz zu kommen, konnte er sich nicht länger beherrschen und zischte zu ihr hinüber: »Du wirst nie in Florenz regieren, nie!«

Ehe Katharina etwas erwidern konnte, rief Filippo: »Alessandro, sei still und rede keinen Unsinn!«

»Ich rede keinen Unsinn, sie wird nicht in Florenz regieren!«

»Ich werde in Florenz regieren!«, schrie nun Katharina.

»Das wirst du nicht! Florenz muss von einem Mann regiert werden. Ich werde in Florenz herrschen!«

»Schweig, Alessandro!«, donnerte der Bankier. »Kein Wort mehr, oder du verlässt die Tafel!«

Ippolito merkte auf. Etwas stimmt nicht, dachte er. Ein flüchtiger Gedanke streifte ihn, den er jedoch sofort verdrängte.

Clarissa sah den Gatten mit einem erstaunten Seitenblick an. So zornig hatte sie ihn noch nie erlebt.

Während der restlichen Mahlzeit wurde kein Wort mehr gesprochen.

Nach dem Tischgebet wandte sich Clarissa an Katharina:

»Signor Ridolfi wird dich jetzt bis zum Mittagessen unterrichten, und nach der Siesta wiederholt er mit dir die Lektionen vom Vormittag.«

Katharina glaubte, nicht richtig zu hören. Sie sollte während des ganzen Tages lernen?

»Darf ich heute überhaupt nicht spielen, Tante Clarissa?«

»Nein, mein Kind, die Zeit der Spiele ist vorbei. Du wusstest doch, dass ab heute der Ernst des Lebens für dich beginnt. Du musst jetzt sehr konzentriert lernen, damit du dich als Regentin von Florenz der Familie Medici als würdig erweist! Nimm dir deinen Urgroßvater Lorenzo den Prächtigen zum Vorbild und dessen Großvater, Cosimo Pater Patriae!«

Sie wandte sich an Ippolito: »Wie willst du den heutigen Tag verbringen?«

»Ich werde heute Vormittag und am Nachmittag lesen.« Clarissa fiel ein, dass sie Ippolito während seines Aufenthaltes in Florenz eine gewisse Verantwortung übertragen wollte und so erwiderte sie:

»Du kannst am Vormittag ausreiten, aber am Nachmittag beschäftigst du dich mit der Geschichte der Medicis und fertigst einen Stammbaum an! Du sollst nämlich in Florenz Katharina von ihren Vorfahren erzählen, denn sie soll mit ihrer Ahnenreihe vertraut werden.«

Sie wandte sich an Alessandro: »Was hast du heute vor?«

»Ich werde heute Vormittag Onkel Clemens besuchen, was ich am Nachmittag mache, weiß ich noch nicht.«

»Dann wirst du lernen! Hat der Papst dich eigentlich aufgefordert, in den Vatikan zu kommen?«

»Onkel Clemens sagte vor ein paar Tagen, ich könne ihn während meiner Freizeit besuchen, wann immer ich wolle.«

»Du kannst mich begleiten«, warf Filippo ein. »Ich habe nachher eine Audienz beim Papst.«

Clemens VII. stand am Fenster seines Arbeitszimmers. Er fragte sich, wie Kaiser Karl V. in Madrid wohl sein Bündnisangebot beantworten würde. In diesem Augenblick wurden Filippo Strozzi und Alessandro gemeldet.

»Willkommen, Signor Strozzi, willkommen, mein Sohn. Hast du heute keinen Unterricht?«

»Nein, Onkel Clemens, Tante Clarissa hat angeordnet, dass Signor Ridolfi den ganzen Tag lang Katharina unterrichtet.«

»Ach so, nun ja, es ist wichtig, dass sie viel lernt. Sie soll schließlich vorteilhaft verheiratet werden, und ihre mangelnde Schönheit muss eben durch Wissen ausgeglichen werden. Geh in meine Bibliothek, ich muss mit Signor Strozzi etwas besprechen.«

»Gerne, Onkel Clemens.« Dies war aufrichtig gemeint, weil es in der päpstlichen Privatbibliothek einige Regale mit erotischer Literatur gab. Und während Alessandro Boccaccios *Decamerone* suchte, führte Clemens den Bankier in einen kleinen Nebenraum, wo er private Besucher empfing. Der Papst wusste, dass es in diesem Zimmer keine »Lauscher an der Wand« gab, hier konnte er offen seine Meinung äußern, und Filippo Strozzi genoss das päpstliche Vertrauen, weil er verschwiegen war.

»Ich hoffe«, begann Clemens, »dass Ihre Gattin nicht zu sehr schockiert ist über die plötzlich angeordnete Abreise der Duchessina und ihrer Vettern. Aber ich sah keinen anderen Ausweg. Seit Passerinis Ankunft in Florenz vor mehr als einem Jahr erhalte ich regelmäßig Berichte über seine Misswirtschaft, seine sture, unflexible, autokratische Art zu regieren, und sowohl im Volk als auch in der *Signoria* mehren sich die Stimmen, die eine Rückkehr zur Republik fordern und es ablehnen, monarchisch regiert zu werden. Ich hoffe, dass die Anwesenheit der jungen Medicis die Lage entschärft und entspannt.«

»Gewiss, Heiliger Vater. Die Duchessina ist ein reizendes, anmutiges kleines Mädchen; Ippolito ist ein ritterlicher, liebenswürdiger junger Mann – sie werden die Herzen der Florentiner bald zurückgewinnen. Allerdings …« Er zögerte etwas, er musste seine Worte jetzt sorgfältig wählen.

»Wäre es nicht besser, wenn Alessandro in Rom bliebe? Er und Katharina vertragen sich überhaupt nicht. Dies könnte sich nachteilig auswirken.«

»Alessandro geht mit nach Florenz. Die Duchessina wird im Laufe ihres Lebens noch häufiger Menschen treffen, mit denen sie sich nicht verträgt. Sie muss lernen, sich zu arrangieren. Überdies sollen die Florentiner sich an Alessandro gewöhnen.«

Filippo Strozzi sah überrascht auf. Er hob zu einer Frage an, doch der Papst kam ihm zuvor.

Dieses Thema war für den Papst wohl damit abgeschlossen, denn er holte jetzt zu minutiösen Erläuterungen der politischen Lage im europäischen Raum aus. Vor allem lag ihm das Schicksal von König Franz I. am Herzen, der sich seit der Schlacht am 23. und 24. Februar in der Gefangenschaft des Vizekönigs von Neapel, Lannoy, befand. Der gefangene König strebte nun angeblich eine Begegnung mit Kaiser Karl V. in Madrid an und wollte mit Lanoys Einverständnis, im Geleitschutz der französischen und spanischen Flotte, nach Madrid reisen.

»Wir sollten auf die Gesundheit und das Wohl des Königs von Frankreich trinken«, sagte Clemens und erhob sein Glas.

»Ich finde, es ist ein mutiger Schritt, schließlich begibt er sich direkt in die Höhle des Löwen.«

Clemens lächelte maliziös. »Ihr Vergleich hinkt, Signor Strozzi. Der Valois begibt sich nicht in die Höhle des Löwen, sondern eher in eine Schlangengrube; bei einem Löwen weiß man, woran man ist, bei einer Schlange nicht. Ich studiere die Berichte meiner Gesandten über den Kaiser sehr genau, und je mehr ich über den Habsburger lese und höre, desto mehr gewinne ich den Eindruck, dass er listig, hinterhältig und ein kühler Rechner ist. Ich befürchte, dass Franz ihn falsch einschätzt. Er glaubt wahrscheinlich, dass der Sieger den Besiegten mit ritterlicher Großmut behandeln muss, und dabei vergisst er, dass die Welt des Rittertums längst untergegangen ist. Franz lebt anscheinend noch in dieser Welt. Die französische Niederlage bei Pavia hat nun das europäische Kräfteverhältnis eindeutig zu Gunsten des Habsburgers verschoben.«

»Eine tragische Niederlage«, kommentierte Filippo Strozzi die Ausführungen des Papstes. »Wenn Kaiser Karl wirklich ein kühler Rechner ist, wird er sich den Sieg teuer bezahlen lassen, mit Burgund, mit Mailand … Noch schlimmer aber ist die Vorherrschaft des Habsburgers, in seinem Land geht die Sonne nicht unter, er ist inzwischen der mächtigste Herrscher Europas.«

»Territoriale Vorherrschaft muss nicht unbedingt gleichbedeutend sein mit Macht, denken Sie an Franz I. von Frankreich oder an Heinrich VIII. von England: Ihr territorialer Besitz ist wesentlich kleiner als der des Kaisers, aber sie herrschen über ein einziges Volk und sind bei ihren Untertanen beliebt. Das verleiht ihnen eine Macht, die man nicht unterschätzen sollte. Karl hingegen? Gewiss, in seinem Reich geht die Sonne nicht unter, aber bei welchem seiner vielen Völker ist er beliebt? Die Einwohner in den überseeischen Besitzungen mögen ihn nicht, weil sie ausgebeutet werden; für die Spanier ist er kein Spanier, sondern ein Deutscher; die Anhänger Luthers in Deutschland mögen ihn bestimmt nicht, überdies sehen die Deutschen im jeweiligen Landesherren eher ihren Fürsten als im Kaiser: die Bayern lieben die Wittelsbacher und die

Brandenburger ihre Hohenzollern. Wahrscheinlich wird Karl nur in den Niederlanden geliebt, wo er aufgewachsen ist, und vielleicht noch in den österreichischen Erblanden. Aber abgesehen von seiner Beliebtheit oder Unbeliebtheit birgt ein großes Territorium stets die Gefahr innerer Zwistigkeiten in sich. Denken Sie an den Aufstand der deutschen Bauern im vergangenen Jahr. Nun, der Habsburger besitzt die territoriale Vorherrschaft in Europa, und das kollidiert mit den Interessen der italienischen Staaten. Jetzt kann er die italienischen Stadtrepubliken und Fürstentümer gegeneinander ausspielen, und vor allem kann er sie gegen mich ausspielen. – Nun ja, ich werde versuchen, mich mit Karl zu verbünden. Schließlich will ich unserer Familie die Herrschaft in Florenz sichern; ich hoffe, dass der arme König Franz sich von der Niederlage bald erholt. Ein Glück, dass die Königin Claudia dies nicht mehr erlebt hat, sie starb im richtigen Augenblick, im Juli des vergangenen Jahres … Der König könnte sich noch in diesem Jahr neu vermählen. Am vorteilhaftesten für ihn wäre eine Habsburgerin – eine familiäre Verbindung mit dem Kaiser würde vielleicht die Friedensbedingungen mildern.«

»Wer regiert denn während der Abwesenheit des Königs in Frankreich?«

»Die Königinmutter, die tüchtige Louise von Savoyen. Ihre diplomatische Heiratspolitik, die Vermählung ihres Sohnes mit der ältesten Tochter Ludwigs XII., hat entscheidend dazu beigetragen, dass Franz jetzt König von Frankreich ist. Vielleicht gelingt es ihr, einen annehmbaren Frieden auszuhandeln. Wie gesagt, ich glaube nicht, dass des Königs Reise nach Madrid ein großer Erfolg wird. Nun, verehrter Strozzi, ich würde mich gerne noch länger mit Ihnen unterhalten, doch meine Pflichten rufen mich. Alessandro allerdings möchte ich noch über Mittag hier behalten, ich möchte ihm noch einige Instruktionen für Florenz erteilen.«

»Wie es Ihnen beliebt, Ihre Heiligkeit, ich möchte in Kürze wiederkommen; wir sollten uns einmal über die künftigen Kredite und die steigenden Zinssätze unterhalten.«

»Sehr wohl, werter Strozzi, und nun leben Sie wohl.«

Filippo Strozzi machte sich auf den Weg nach Hause, wo das Geburtstagsmahl noch in vollem Gange war.

Im Palazzo Strozzi waren Mittags- und Abendtafel stets gedeckt wie bei den Mitgliedern der florentinischen Regierung. Zum Erstaunen der Kinder trugen die Diener an jenem Tag nicht die üblichen Vorspeisen auf, wie Salat, Oliven oder kaltes Gemüse, sondern Orangen, Mandarinen und Melonen aus den Gewächshäusern.

Clarissa und ihr Gatte amüsierten sich im Stillen über die fragenden Blicke, und dann erklärte Clarissa Ippolito und Katharina:

»In Florenz ist es üblich, die Mittags- und Abendmahlzeit nicht mit Salat, sondern mit frischen Früchten zu beginnen. Bis zu eurer Abreise wird als erster Gang Obst serviert, damit ihr euch daran gewöhnt.«

Katharina nahm zögernd eine Orange und begann sie langsam zu schälen.

Während die Diener den zweiten und dritten Gang des opulenten Menüs servierten, erzählte Filippo von seinem Besuch beim Papst, wobei er dessen Äußerungen über Karl V. und das geplante päpstliche Bündnis mit dem Kaiser für sich behielt. Derlei vertraute er nur Clarissa unter vier Augen an.

Katharina hörte ihrem Onkel gerne zu. Einmal, weil er jeden Tag Neuigkeiten mit nach Hause brachte, zum andern, weil er auch die alltäglichste Begebenheit anschaulich schildern konnte.

Während der Hauptgang, der Braten, serviert wurde, erfuhr sie, dass der ritterliche König Franz von Frankreich wegen seiner Ritterlichkeit die Schlacht bei Pavia verloren hatte und nun Gefangener des Kaisers sei.

»Gott gebe, dass König Franz bald wieder in sein schönes Frankreich zurückkehren kann«, sagte Filippo. Dann trat eine Gesprächspause ein, weil alle sich dem gebratenen Fleisch widmeten.

»Heute ist endlich einmal mehr Knoblauch am Braten als sonst«, sagte Katharina nach einigen Bissen.

»Das bildest du dir ein«, erwiderte Clarissa, »ich habe dem Koch heute ausnahmsweise erlaubt, mit etwas Knoblauch zu würzen, weil du Geburtstag hast. Ansonsten ist es ihm streng untersagt, Knoblauch zu verwenden, ich mag diesen Geruch nicht.«

Katharina sah ihre Tante erstaunt an. »Ich habe immer geglaubt …, dann hat man mir nicht die Wahrheit gesagt …«

»Daran werden Sie sich gewöhnen müssen, Hoheit«, sagte Ridolfi freundlich. »Eine kleine harmlose Lüge, die niemand schadet, ist nicht das Schlimmste. Selbstverständlich soll man auch kleine Lügen vermeiden. Viel schlimmer als eine kleine Lüge ist der Verrat. Verrat kann das Schicksal eines Menschen und sogar eines Volkes verändern.« Und zu dem Ehepaar Strozzi: »Vielleicht wäre die Schlacht bei Pavia anders verlaufen, wenn der Konnetabel von Bourbon nicht seinen König verraten hätte und zur kaiserlichen Seite gewechselt wäre.«

»Vielleicht ja, vielleicht nein«, erwiderte Filippo. »Verrat ist schlimm. Indes sollte man stets fragen, warum ein Mensch zum Verräter wird. Es gibt zwei Motive: Rache oder Eigennutz und Habgier. Beim Konnetabel von Bourbon war es eindeutig Rache, wahrscheinlich auch Enttäuschung darüber, wie König Franz ihn behandelte: Zunächst brüskierte er ihn, entzog ihm im Oktober 21 das Kommando über die Vorhut, was Bourbon als dem Kronfeldherrn zustand. Vom Feldzug des Jahres 22 schloss er ihn aus. Damit nicht genug, konfiszierte er mit juristischen Tricks das Vermögen des Konnetabels.«

»Gütiger Himmel!«, rief Ridolfi. »Das sind natürlich Gründe, um die Seite zu wechseln. Woher wissen Sie dies alles?«

»Der Papst verfolgt sehr aufmerksam die politische Entwicklung in Europa und ist immer bestens informiert. Vor einigen Wochen, als die Niederlage des Königs bei Pavia bekannt wurde und ich ihn bedauerte, weil ausgerechnet der Konnetabel zu den feindlichen Oberbefehlshabern gehörte, da hat der Heilige Vater mir die Vorgeschichte des Verrates erzählt. Vordergründig ist es eine Erbschaftsstreitigkeit, dahinter aber verbirgt sich die Angst des französischen Königs, dass sein mächtigster Vasall ihm die Krone rauben könnte.«

Katharina hatte staunend zugehört, nun lächelte sie den Bankier an.

»Onkel Filippo, bitte erzählen Sie die Geschichte vom Verrat des Konnetabels von Bourbon.«

»Katharina«, mahnte Clarissa, »sei nicht so vorlaut. Vielleicht darf dein Onkel gar nichts erzählen.«

»Man hat mich nicht zum Schweigen verpflichtet, also: Karl von Bourbon wurde im Jahre 1490 geboren. Seine Familie besitzt Thronansprüche wie die Valois-Orléans und die Valois-Angoulême, die beiden Nebenlinien des Hauses Valois. König Franz hat ihn – auf Wunsch der Königinmutter Louise von Savoyen – zum Konnetabel ernannt, also zum Oberbefehlshaber der französischen Armee. Dieser Rang bedeutet, dass Bourbon Vorrang hat vor allen Hofherren, den Marschällen und Prinzen von Geblüt. Außerdem war er unermesslich reich, er besaß fast ganz Zentralfrankreich, war Herzog von Bourbon, der Auvergne und von Chatellerault, Graf von Clermont-en-Beaujolais, von Combrailles, von Mercœur, von Annonay, von Roche-en-Rainier, von Bourbon-Lancey, Prinz von Dombes. Diese Ländereien verwaltete er mit einer eigenen

Kanzlei, als Reich im Reich. Kurz, neben der Familie Albret im Béarn, im Südwesten Frankreichs, war er der letzte große Lehnsherr und dem König zwangsläufig ein Dorn im Auge, weil Franz die königliche Zentralautorität weiter ausbauen wollte.

Der König wusste, dass dieser reiche Vasall ihm eines Tages gefährlich werden konnte, weil die Großvasallen in der Vergangenheit immer die Könige bekämpft hatten. Außerdem gab es einige Herren im Kronrat, die ihm empfahlen, die Macht dieser Feudalfamilie zu brechen – aber keiner wusste, wie.

Der Konnetabel war mit Suzanne de Beaujeu verheiratet, einer Enkelin Ludwigs XI. Ende April 1521 starb Suzanne kinderlos, und die Urkunden, worin sie den Gatten zum alleinigen Erben einsetzte, lieferten den juristischen Vorwand, um dem Konnetabel einiger Ländereien zu berauben.

Suzanne war ein ›Königskind‹, ihr Eigentum stand ihr zu, konnte indes nur auf ihre eigenen Kinder vererbt werden. Ludwig XII. annullierte alle königlichen Ansprüche. So war es dem König infolge dieser Erbschaftsregelungen schließlich gelungen, die Güter und Ländereien von Bourbon zu Gunsten der Krone zu konfiszieren, sehr zum Ärger der Königinmutter, die in zweiter Erbschaftslinie ihre diesbezüglichen Ansprüche erhoben hatte.«

Der Bankier schwieg, und eine Weile sprach niemand ein Wort.

»Das Verhalten des Königs hat den Konnetabel also zum Verrat getrieben«, sagte Ridolfi nachdenklich. »Aber wie soll man mit mächtigen Vasallen umgehen?«

»Die eleganteste Lösung ist immer eine eheliche Verbindung, wobei natürlich der Ehevertrag die Klausel enthalten muss, dass nach dem Tod des Partners seine Ländereien an die Krone fallen – wie bei der Gemahlin Ludwigs XII. Nachdem Königin Anna gestorben war, fiel die Bretagne an Frankreich.«

Katharina hatte aufmerksam zugehört, doch nun war sie offensichtlich müde und gähnte. Während dieses langen Tages hatte sie die ersten Lektionen ihrer sehr frühen Initiation in das Erwachsenenleben hinter sich gebracht.

An jenem Abend beendete Ridolfi den Unterricht früher als geplant, weil er seine Schülerin nicht überanstrengen wollte und mit ihren Leistungen ohnehin sehr zufrieden war.

Katharina verließ das Zimmer und eilte über den Innenhof zum Garten, hinüber zu ihrer Spielzeugstadt.

Sie hatte beschlossen, jede freie Minute dort zu verbringen und sich die Straßen und Gebäude einzuprägen, damit sie sich in ihrer Vaterstadt sofort nach ihrer Ankunft zurechtfinden konnte.

Während sie näher kam, sah sie, dass die Pforte geöffnet war und Ippolito in den Straßen umherging.

Er kam auf sie zu: »Endlich, Katharina, ich habe schon so lange hier gewartet, wie war der Unterricht?«

»Sehr anstrengend, und in Florenz werde ich noch mehr lernen müssen. Aber Signor Ridolfi ist ein netter Lehrer. Zwischendurch gab es Pausen, dann ging er mit mir im Innenhof auf und ab und erzählte Geschichten. Wo bist du heute Vormittag hingeritten?«

»Ich war in der Via Appia – einst gehörte sie zu den wichtigsten Heerstraßen des Römischen Reiches – wenn ich dort reite, denke ich über die Entwicklung des Römischen Reiches nach, und manchmal habe ich den Eindruck, dass Ereignisse sich wiederholen.«

Katharina sah Ippolito erstaunt an. »Das verstehe ich nicht.«

»Das Ereignis selbst wiederholt sich natürlich nicht, es wiederholt sich nur in veränderter Form – wie soll ich es dir erklären? … Die Christenverfolgungen während der ersten drei Jahrhunderte nach der Geburt von Christus sind vielleicht ein gutes Beispiel: Die Christen wurden damals verfolgt, weil sie nicht bereit waren, den römischen Kaiser als Gott anzubeten. Für sie gab es nur ihren Gott, er war für sie der einzige Gott. Aber trotz der grausamen Verfolgung bekannten sie sich zu ihrem Glauben … Diese Verfolgung – sie wurden bei lebendigem Leib verbrannt – unter Kaiser Nero wurden sie während der Spiele im Amphitheater wilden Tieren zum Fraß ausgeliefert. Immer, wenn ich etwas darüber lese, überläuft es mich kalt! Man trieb die Christen in der Arena zusammen, und dann hetzte man die Löwen auf sie, die diese unschuldigen Menschen zerfleischten.«

»Hör auf, Ippolito, davon will ich nichts wissen!«

Er schwieg, betrachtete sie nachdenklich.

»Katharina, du musst es wissen und dich damit auseinander setzen«, sagte er langsam. »Du darfst die Augen vor den Realitäten des Lebens nicht verschließen. Unsere heutige Welt ist nicht besser als die Welt vor 1500 Jahren.«

»Warum? Die Christen werden heute nicht mehr verfolgt.«

»Gewiss, sie sind inzwischen aus Verfolgten zu Verfolgern geworden. Die Päpste rufen zu Kreuzzügen gegen die Moslems auf, es finden Pogrome gegen die Juden statt, und wer weiß, ob die Christen sich nicht irgendwann untereinander bekämpfen? Onkel Clemens beurteilt die Entwicklung der neuen Glaubensrichtung in Deutschland sehr pessimistisch, er befürchtet langfristig eine Spaltung der Kirche.«

»Was ist das für eine Glaubensrichtung?«, fragte Katharina.

Ippolito überlegte und erwiderte: »Ich werde versuchen, es dir zu erklären. Der verstorbene Papst Leo X. plante einen Neubau der Peterskirche in Rom und wollte das dafür notwendige Geld durch einen so genannten ›Ablass‹ aufbringen, das heißt, Gläubige konnten einen Ablassbrief kaufen, der sie von ihren Sünden entband. Im Jahre 1517 gab es in Deutschland einen Bettelmönch, Johann Tetzel, der schon seit einigen Jahren, unterstützt vom lokalen Klerus, erfolgreich den Ablasshandel betrieb. Im Herbst 1517 hielt er sich in der Nähe von Wittenberg auf. Der Kurfürst dieses Landes, Friedrich von Sachsen, hatte dem Tetzel verboten, Ablasspredigten zu halten, aber er verkaufte dennoch einige Ablassbriefe an Wittenberger Bürger, die sie einem Professor an der Wittenberger Universität zeigten, mit der Bitte, die Ablässe zu bestätigen, was dieser verweigerte, woraufhin Tetzel eine flammende Rede gegen den Professor hielt. Dieser Professor hieß Martin Luther; er war Augustinermönch und im Jahr 1517 Generalvikar der Ordensprovinz. Er lehrte nicht nur an der Universität, sondern er predigte auch in der Pfarrkirche.«

Ippolito schwieg, überlegte, wie er Katharina leicht verständlich Luthers Gedanken erklären konnte, und fuhr fort: »Luther ist gegen den Ablasshandel, hat keine hohe Meinung von Reliquien und Wallfahrten, er bezweifelt, dass die Heiligen überirdische Kräfte besitzen. Die wichtigsten Gedanken des neuen Glaubens sind folgende: Es gibt keinen Unterschied zwischen Klerus und Laien, jeder Christ wird durch die Taufe ein Priester, da er Priester ist, darf er die Heilige Schrift nach seinem Ermessen auslegen. Die Bibel muss für jeden Christen die höchste Autorität sein. Luther bestreitet, dass sich bei der Messe Brot und Wein in Leib und Blut Christi verwandeln. Er behauptet, Christus sei bei der Kommunion nur geistig gegenwärtig. Und nun der wichtigste Gedanke von allen: Nicht die guten Werke, sondern einzig und allein der Glaube ist maßgebend für einen Christen, nur der Glaube rettet die Seele vor der Hölle, der Glaube an Christus ist es, der den Menschen gut macht, aus diesem Glauben erwachsen die guten Werke, kurz: jeder Christ ist durch die

Taufe befähigt, seinen Glauben selbst zu gestalten, unabhängig von der päpstlichen Doktrin. Diese neue Auffassung führte natürlich zu heftigen Disputen. Am 15. Juni 1520 erließ Leo X. Die Bulle *Exsurge Domine*, worin Luther aufgefordert wurde, binnen sechzig Tagen seine Irrtümer einzugestehen, andernfalls werde er exkommuniziert. Luther kümmerte sich nicht darum; einmal, weil sein Landesvater ihn schützte, zum anderen, weil seine Ideen in Deutschland begeistert aufgenommen wurden. Leo X. war nachsichtig und hoffte auf eine friedliche Lösung.

Im Januar 1521 berief Kaiser Karl V. eine Versammlung der großen weltlichen Herren, der Kirchenfürsten und Delegierten der reichsunmittelbaren Städte nach Worms ein. Auf diesem Reichstag wurde Luther bald zum wichtigsten Diskussionspunkt.

Der Reichstag beschloss, ihm Gelegenheit zur Verteidigung zu geben und lud ihn nach Worms, mit dem Ergebnis, dass Luther zwar kam, es aber ablehnte, seine Lehre zu widerrufen. Daraufhin wurde die Reichsacht über ihn verhängt, man erklärte ihn für vogelfrei und seine Bücher durften verbrannt werden.

Während der Rückreise nach Wittenberg verschwand er spurlos, wahrscheinlich wurde er von Freunden versteckt. Nach zehn Monaten tauchte er wieder auf. Er hatte die Zeit genutzt und die Bibel in die deutsche Sprache übersetzt. Er kehrte nach Wittenberg zurück und nahm seine Arbeit als Pfarrgeistlicher und Universitätsprofessor wieder auf.

Der Kaiser hat bis jetzt darauf verzichtet, ihn festnehmen zu lassen, der Papst findet sich mit ihm ab – vielleicht, weil er nicht verhindern kann, dass Luthers Lehre sich in Deutschland allmählich durchsetzt.«

Katharina dachte angestrengt nach. »Ich habe nicht alles verstanden, was du über diesen Luther erzählt hast«, sagte sie nach einer Weile, »aber warum glaubst du, dass die Anhänger des alten und des neuen Glaubens einander bekämpfen werden?«

»Auf beiden Seiten wird es religiöse Fanatiker geben, die ihren Glauben für den richtigen halten. Fanatiker hat es immer gegeben und wird es immer geben – ein gutes Beispiel für Fanatismus ist Savonarola in Florenz.«

»In Florenz? Erzähle.«

»Es ist Zeit für die Abendtafel. Wenn wir in Florenz leben, erzähle ich dir von Savonarola. Er hat auch das Schicksal der Familie Medici beeinflusst.«

»Das war kein schöner Geburtstag, Mingo«, sagte Katharina, nachdem sie gemeinsam das Nachtgebet gesprochen hatten. »Zuerst hat Alessandro meine Blumen zerstört, dann musste ich den ganzen Tag lernen, und schließlich hat Ippolito erzählt, dass vor vielen hundert Jahren die Christen von Löwen zerfleischt wurden, und er befürchtet, dass sich dergleichen wiederholt, wenn der neue Glaube sich von Deutschland aus in andere Länder verbreitet.« Sie schilderte Mingo die Unterhaltung mit Ippolito. »Glaubst du, dass er Recht hat?«

Mingo überlegte. »Ich weiß zu wenig über diesen neuen Glauben. Eines indes ist leider wahr, die Menschen neigen zu Grausamkeiten und sind bereit, andere Menschen unter einem Vorwand zu töten, weil sie sich vor ihnen fürchten. Das beste Beispiel sind die Hexenverbrennungen.«

Da setzte Katharina sich mit einem Ruck auf. »Warum werden Hexen verbrannt? Alessandro droht immer, er würde dafür sorgen, dass ich als Hexe verbrannt werde.«

»Dummes Zeug, es gibt keine Hexen. Die Frauen, die man der Hexerei bezichtigt, die man anklagt, dass sie mit dem Teufel im Bunde stehen, diese Frauen besitzen gewisse Kenntnisse über ihre Fruchtbarkeit, und sie geben ihr Wissen weiter, mit der Folge, dass früher eine Frau nicht jedes Jahr ein Kind zur Welt brachte. Das hat sich seit etwa hundert Jahren geändert, weil man jetzt diese weisen Frauen systematisch verfolgt und ausrottet. Die Mächtigen, also die Fürsten und auch der Papst, möchten natürlich, dass viele Kinder zur Welt kommen, weil sie für ihre Kriege und Kreuzzüge Soldaten benötigen. Die Frauen, die man der Hexerei bezichtigt, sind unschuldig.«

Katharina legte sich wieder in die Kissen zurück und sah nachdenklich zum Betthimmel empor. »Hast du keine Angst, dass man dich der Hexerei bezichtigt, Mingo?«

»Nein, ich lebe mit vernünftigen Menschen unter einem Dach, und Sie sollten auch keine Angst haben. Überdies bietet das Leben viele erfreuliche, angenehme Augenblicke. In einigen Jahren werden Sie Bälle besuchen, tanzen, die jungen Kavaliere werden Sie umwerben und Ihnen den Hof machen, irgendwann wird man Sie verheiraten. Eine Hochzeit ist immer ein prachtvolles Fest, das mehrere Tage dauert. Ich hoffe, dass man Sie mit einem Mann vermählt, der Sie liebt und den Sie lieben.«

»Kann ich mir den Mann aussuchen?«

»Gütiger Himmel, nein, der junge Mann kann sich seine Gattin auch nicht aussuchen. Die Eltern des Paares arrangieren die Ehe, vereinbaren die Mitgift, regeln alle finanziellen Fragen in einem Ehevertrag. Da Sie elternlos sind, wird der Papst den Gatten für Sie aussuchen. Die Signora darf natürlich ihre Meinung äußern, aber die Entscheidung liegt beim Heiligen Vater, weil er Ihr Vormund ist.«

»Angenommen, der Mann liebt mich nicht, und ich liebe ihn auch nicht, müssen wir dann trotzdem heiraten?«

»Selbstverständlich, aber darüber sollten Sie sich keine Gedanken machen. Die Liebe kommt während der Ehe, und die meisten Paare leben zufrieden und glücklich nebeneinander her. Jetzt müssen Sie aber schlafen. Gute Nacht.«

»Gute Nacht, Mingo.«

Als die Amme das Zimmer verlassen wollte, rief Katharina: »Mingo, darf ich dich noch etwas fragen?« »Gewiss.« »Warum trägst du immer Schwarz? Ich habe dich noch nie in farbigen Kleidern gesehen.«

Mingo ging langsam zum Bett zurück, und als Katharina die traurigen Augen sah, wusste sie, dass sie besser nicht gefragt hätte, aber nun war es zu spät.

»Vor einigen Jahren starb mein Mann, man kann sagen, von einem Tag auf den anderen«, sagte Mingo leise. »Wir waren glücklich verheiratet, wie haben uns geliebt. Sein plötzlicher Tod war ein furchtbarer Schock für mich … Damals beschloss ich, die schwarze Witwentracht bis an mein Lebensende zu tragen und nicht mehr zu heiraten.« Sie verließ das Zimmer.

Katharina aber lag noch lange wach und dachte über alles, was sie an diesem Tag erlebt und gehört hatte, nach …

Ihre Eltern waren tot, Mingos Mann war tot. Sie hatte schon hin und wieder gehört, dass Kinder starben, die so alt waren wie sie oder auch jünger. Unschuldige Menschen wurden getötet, weil sie Christen waren oder im Besitz gewisser Kenntnisse. Sie dachte an Alessandros Zerstörungswut, an den König von Frankreich und den Konnetabel von Bourbon, sie dachte daran, dass der Papst darüber entschied, wen sie einmal heiraten würde, und während sie langsam in den Schlaf hinüberglitt, fühlte sie, dass das Leben nicht heiter und unbeschwert, sondern traurig und bedrückend war.

Unterdessen saßen Ippolito, Alessandro und Filippo wie gewöhnlich im Wohnraum der Signora und lasen, während Clarissa sich über den Stickrahmen beugte und über die Reisevorbereitungen für ihre Pflegekinder nachdachte. Sie musste dem Kardinal Passerini mitteilen, wie der Tag eingeteilt werden sollte, die halbwüchsigen Jungen durften nicht ohne Aufsicht durch Florenz streifen. Passerini sollte den Kontakt zu den verwandten Medici pflegen.

Besaß Katharina genügend repräsentative Kleider? Vielleicht sollte sie für das Kind noch Hauben, Unterkleider, Strümpfe und Schuhe anfertigen lassen. Wie viele Diener waren als Begleitung während der Reise notwendig? Am nächsten Tag musste sie einen Termin mit dem Papst für den Abschiedsbesuch vereinbaren …

Während dieser Überlegungen ging ihr immer wieder eine bestimmte Frage durch den Kopf: Warum schickt Clemens Katharina jetzt nach Florenz, warum wartet er nicht, bis sie noch einige Jahre älter ist? Eine Zehn- oder Zwölfjährige kann schließlich besser repräsentieren als eine Sechsjährige.

Als es zehn Uhr schlug, legten Ippolito und Alessandro ihre Lektüre zur Seite, wünschten angenehme Ruhe und gingen in ihre Zimmer.

Auf diesen Augenblick wartete Clarissa jeden Abend mit einer gewissen Ungeduld, weil sie jetzt endlich mit ihrem Gatten die Probleme besprechen konnte, die sie bewegten.

»Ich verstehe nicht«, sagte sie und zog einen neuen Faden durch das Nadelöhr, »warum Clemens zum jetzigen Zeitpunkt unsere Schützlinge nach Florenz schickt. Dort oben wimmelt es doch bestimmt von kaiserlichen Truppen, wer weiß, vielleicht überfallen die Generäle Florenz. Ich traue diesen Deutschen alles zu.«

Filippo sah erstaunt auf. »Meine liebe Clarissa«, und er legte seine Lektüre zur Seite, »erstens führt der Kaiser nicht gegen die italienischen Staaten Krieg, sondern gegen Frankreich, zweitens sind die kaiserlichen Oberbefehlshaber, Lannoy, Bourbon und Pescara, keine Deutschen, sondern Franzosen und Italiener, drittens versucht Clemens, sich mit dem Kaiser zu verbünden. Unsere Schützlinge sind also nicht in Gefahr.«

»Aha, er will sich mit Karl verbünden. Und Frankreich? Das ist typisch Clemens, er schaukelt nach allen Seiten … Aber warum schickt er Katharina nach Florenz? Es muss doch einen Grund geben!«

»Der Grund ist die schlechte Regierung des Kardinals Passerini. Er ist wohl noch unfähiger, als wir bisher dachten. Clemens ist davon überzeugt, dass nur die Anwesenheit von Medicis die Herrschaft der Familie über die Stadt sichern kann.«

»Warum ersetzt er Passerini nicht durch einen anderen Kardinal?«
»Wen soll er nach Florenz schicken? Die tüchtigen Prälaten benötigt er als Gesandte und bei seinen außenpolitischen Verhandlungen.«
»Du hast Recht, aber warum schickt er auch Alessandro nach Florenz? Katharina und Ippolito werden bei der Bevölkerung bald beliebt sein – wer weiß, vielleicht geht des seligen Leo Wunsch, die beiden zu vermählen und gemeinsam über die Stadt regieren zu lassen, doch noch in Erfüllung? Nun, die Beliebtheit, die Katharina und Ippolito erwirtschaften, anders kann man es wohl nicht nennen – wird Alessandro bald verspielt haben, wenn er sich in Florenz so aufführt wie in unserem Haus.«
»Ich glaube, ich weiß, warum er Alessandro nach Florenz schickt. Heute Vormittag machte Clemens die Bemerkung, die Florentiner sollten sich an Alessandro gewöhnen; vor einigen Wochen sagte er sinngemäß das Gleiche, und ich befürchte, dass er langfristig Alessandro die Herrschaft über Florenz sichern möchte.«
»Wie bitte?«, rief Clarissa empört, warf den Stickrahmen zu Boden, sprang auf und ging erregt einige Male auf und ab.
»Der Bastard einer Dienstmagd soll in Florenz regieren? Das ist unmöglich, Clemens kann Katharina doch nicht einfach ihres Erbes berauben!« »Du vergisst, dass der Papst seinen Sohn abgöttisch liebt. Überdies denkt er wahrscheinlich, dass ein Mann besser regieren kann als eine Frau.« »So, denkt er dies? Warum kann nicht Ippolito regieren? Vom Stammbaum her hat er berechtigtere Ansprüche als der Maure. Ippolito ist der illegitime Enkel Lorenzos des Prächtigen, Alessandro nur der illegitime Großneffe, außerdem ist Ippolito klüger und intelligenter als der Bastard der Dienstmagd.«
»Gewiss, aber auch dies wird kein Grund sein, weshalb Clemens seinem Sohn die Herrschaft sichern will; Alessandro in Florenz, das bedeutet die faktische Herrschaft des Papstes über die Stadt. Ippolito hingegen würde eine eigene Politik verfolgen, die vielleicht die Interessen des Vatikans durchkreuzt. Ich glaube, er hat Ippolito für den geistlichen Stand bestimmt, und Katharina – nun ja, soweit ich Clemens kenne, ist die Duchessina für ihn eine wertvolle Figur im außenpolitischen Spiel, er wird bestimmt eine für den Vatikan vorteilhafte Ehe arrangieren. Glaube nicht, Clarissa, dass ich über diese Entwicklung erfreut bin, aber was sollen wir machen? Clemens ist Katharinas Vormund.«
»Ich werde verhindern, dass der Bastard einer Dienstmagd Katharina verdrängt, ich werde nie dulden, dass man sie ihres Erbes beraubt, nie!

Das schwöre ich bei allen Heiligen! Der Maure wird nicht in Florenz regieren!«

»Wie willst du dies verhindern?«

»Ich werde den geeigneten Augenblick abwarten und dann handeln, das bin ich meinen Vorfahren schuldig.«

3

Als Katharina am nächsten Tag nach dem Unterricht zu ihrer Spielzeugstadt lief, sah sie von weitem das geöffnete Tor.

Sie blieb überrascht stehen, spürte eine unerklärliche Angst, rannte hinein nach Florenz und erstarrte: Vor ihren Augen lag ein Trümmerfeld, die Brücken waren zerstört, die Häuser halb abgerissen, viele Straßen nicht mehr begehbar wegen der Steinhaufen …

Das ist nicht wahr, dachte sie und schloss die Augen, weil sie zu träumen glaubte. Aber als sie sie nach einigen Sekunden wieder öffnete, sah sie dieselbe Verwüstung.

Das ist Alessandros Werk, ging es ihr durch den Kopf. Fast gleichzeitig hörte sie ein Hämmern und Klopfen, und als sie in die Richtung des Geräusches blickte, sah sie erstaunt, dass ihre kleinen Freunde, der siebenjährige Piero und der neunjährige Lorenzo, ihr Vaterhaus, den Palazzo Medici, mit dicken Hämmern in Trümmer schlugen.

Sie beobachtete einige Sekunden lang fassungslos die beiden Jungen, dann näherte sie sich langsam dem Palazzo. »Piero!«

Die beiden Jungen erschraken, als sie Katharina sahen.

»Gütiger Himmel«, flüsterte Lorenzo, »Alessandro hat doch gesagt, dass sie heute nicht kommt.«

»Was macht ihr? Was soll das? Warum zerstört ihr Florenz?« Sie begann heftig zu weinen, und es dauerte eine Weile, bis sie sich wieder beruhigte.

Die Brüder sahen verlegen zu Boden, schließlich hob Piero den Kopf und sagte: »Wir wollten es nicht, aber wir mussten es tun. Gestern Abend kam Alessandro zu uns und sagte, der Papst wünsche die Zerstörung von Florenz und wir sollten dies ausführen. Als wir nach dem Grund fragten, erwiderte Alessandro, das ginge uns nichts an. Als wir uns weigerten, sagte er, dass wir nie die Kommunion empfangen würden – nun ja, dann haben wir uns eben bereit erklärt. Er sagte auch, du kämst heute nicht in die Stadt. Wir dürften mit niemand darüber reden, und er gab jedem von uns ein Goldstück, einen Florin.«

Der Maure hat sie mit Drohungen zu dieser grässlichen Tat gezwungen, dachte Katharina entsetzt, er hat ihnen Geld gegeben, damit sie schweigen, er hat ihnen gesagt, ich käme nicht, sie sollten auf frischer Tat ertappt werden, er wollte mir weismachen, dass sie die Übeltäter sind …

»Dummkopf«, sagte Lorenzo halblaut zu seinem Bruder, »warum erzählst du ihr alles? Du weißt doch, wie sehr sie Alessandro hasst, jetzt wird sie ihn zur Rede stellen, und dann rächt er sich an uns.«

Katharinas Augen wanderten zwischen den Brüdern hin und her, sie mochte die beiden. Alessandro hatte sie missbraucht, um ihr zu schaden. Die zwei Florini – mit diesem Geld könnte sie sich etwas kaufen, was sie sich schon lange wünschte … Sie überlegte, schließlich sah sie Lorenzo an.

»Ich werde euch nicht verraten«, sagte sie langsam und ruhig, »unter einer Bedingung: Ihr müsst mir die Florini geben.«

»Gerne!«, rief Piero erleichtert.

Da suchte auch Lorenzo in seiner Tasche nach dem Goldstück und gab es seiner Cousine.

»Danke. Geht jetzt.«

Während die Brüder hinauseilten, betrachtete Katharina die Goldstücke. Auf der einen Seite war das Bild Johannes des Täufers, des Stadtpatrons, zu sehen, auf der anderen Seite war die Lilie, das Symbol von Florenz, abgebildet.

Sie versteckte die Florini in der Tasche ihres Kleides, sah sich in der zerstörten Stadt um und begann erneut zu weinen. Warum, dachte sie, warum gönnte ihr der Maure dieses Geschenk der Tante nicht? Aber sie würde sich an ihm rächen! Er ekelt sich vor Spinnen, Mäusen, Ratten, Kröten, Fröschen, roten Schnecken, er hat sogar Angst vor diesen harmlosen Tieren, fiel ihr ein. Diese Angst musste sie ausnutzen. Ippolito würde ihr bestimmt dabei helfen! Der Gärtner Carlos konnte die Tiere leicht beschaffen, und Ippolito war geschickt genug, um sie am Abend in Alessandros Schlafzimmer zu verstecken. Nein, dachte sie, er muss sie auf oder unter die Bettdecke legen …

Sie malte sich aus, wie der Maure die Bettvorhänge auseinander zog und große, langbeinige, schwarze Spinnen erblickte, die über das weiße Laken liefen. Sie sah ihn erbleichen und zittern, sie hörte ihn laut schreien und um Hilfe rufen … Er quiekt immer wie ein Ferkel, dachte sie, und während sie sich die Szene ausmalte, versiegten ihre Tränen allmählich.

Sie war so stark mit ihrer Rache beschäftigt, dass sie die raschen Schritte nicht hörte, die sich näherten. »Katharina, es ist Zeit für die Abendtafel.« Sie fuhr zusammen, drehte sich um und sah Ippolito und Mingo im Toreingang stehen, die entsetzt die zerstörte Stadt betrachteten.

»Gütiger Himmel!«, rief Ippolito. »Was ist denn hier passiert?«

»Das siehst du doch«, und Katharina begann erneut zu weinen.

Da beugte sich Mingo zu ihr herab, trocknete die Tränen und strich dem Kind über die Haare. »Beruhigen Sie sich, die Signora wird den Täter schon finden und ihn bestrafen.

»Ich werde ihr nichts erzählen!«, rief Katharina, »und ihr werdet auch schweigen.«

»Wieso?«, fragte Mingo. »Sie haben die Stadt doch nicht zerstört. Überdies wird die Signora die Verwüstung bemerken, wenn sie morgen oder übermorgen hier spazieren geht. Auch wirkt es merkwürdig, wenn Sie die Angelegenheit vor ihr verschweigen.«

Katharina erwiderte nichts und rannte zum Palazzo zurück.

Ippolito dachte im Stillen, dass wahrscheinlich Alessandro der Übeltäter war und beschloss, seiner Tante von dem Vorfall zu erzählen.

Im Palazzo angekommen, eilte Katharina in ihr Appartement und versteckte die Florini hastig in der Truhe, wo sie ihre Spielsachen aufbewahrte. Dann ging sie in den Baderaum, wo stets kaltes Wasser bereit stand und tauchte ihr Gesicht immer wieder hinein.

Während Mingo ihr beim Umkleiden half und die Frisur richtete, betrachtete Katharina sich kritisch im Spiegel, fand, dass sie trotz des kalten Wassers immer noch verweint aussah und schämte sich. Während sie langsam und zögernd hinunterging, überlegte sie, wie sie sich verhalten sollte.

Die Familie war bereits um die Abendtafel versammelt, und als sie sich rasch an ihren Platz setzte, sah Clarissa die Nichte missbilligend an, woraufhin Katharina leicht errötete und verlegen auf ihren Teller sah.

»Du weißt, dass ich Wert auf Pünktlichkeit lege«, sagte Clarissa streng. »Wenn du noch einmal zu spät kommst, gibt es nichts zu essen.«

»Verzeihung, Tante Clarissa.«

Während die Vorspeise serviert wurde, betrachtete die Signora ihre

Nichte genauer und wunderte sich über die verschwollenen Augen. »Du hast geweint, Katharina. Ist etwas passiert?«

Ehe die Kleine antworten konnte, rief Ippolito: »Ja, man hat ihre Spielzeugstadt zerstört!« Er schilderte, was er gesehen hatte.

Clarissa hörte fassungslos zu, und je länger er sprach, desto mehr stieg Zorn in ihr hoch. »Es ist unglaublich!«, rief sie. »Wie kann man nur von so blinder Zerstörungswut besessen sein? – Ich werde die Angelegenheit untersuchen, und wenn ich den Täter gefunden habe, wird er streng bestraft, wer auch immer es war!«

Während der restlichen Mahlzeit wurde kein Wort mehr gesprochen.

Als Mingo nach dem Nachtgebet Katharina fragte, welche Geschichte sie ihr erzählen oder vorlesen solle, antwortete die Kleine: »Werden wir Ostern schon in Florenz sein? Erzähle mir über das Osterfest.«

»Karneval und Ostern sind leider vorbei, wenn wir ankommen. Ihr Urgroßvater, Lorenzo der Prächtige, hat übrigens viele Karnevalslieder geschrieben. Und an Ostern gibt es ein besonderes Spektakel: Die *Scoppio del Carro*: Pazzo de' Pazzi, einer der ersten Kreuzritter, brachte im Jahr 1101 drei Steine vom Grab Christi mit. Aus diesen Steinen schlug man dann die Funken, um am Ostersonntag das heilige Feuer zu entzünden. Am Ostersonntag pflegt man vor dem Dom einen geschmückten, mit Feuerwerk bestückten Wagen in Brand zu setzen. Ein Zünder schießt über ein Seil vom Domaltar zum Wagen; entzündet sich der Wagen nicht beim ersten Mal, ist das ein schlechtes Omen. Außerdem gibt es das *Giostra del Sarazino*, bei dem die als Ritter gerüsteten Spieler eine Holzfigur, den *Sarazenen*, am Kopf oder ins Herz treffen müssen. Das *Calcio Storico* ist ein Fußballspiel aus der Antike, das auf den Straßen und Plätzen anlässlich großer Hochzeiten oder auch nur zur Volksbelustigung gespielt wird. Dann gibt es noch Pferderennen mit Berberpferden, und nicht zu vergessen den *Calendimaggio*, das Frühlingsfest. Hier treten Sänger und Tänzer auf beleuchteten Wagen auf; später wetteifern sie untereinander im Gesang oder dem Spielen der Laute.«

Mingo schwieg, und während sie sich wehmütig an die Feste ihrer Kindheit und Jugend erinnerte, dachte Katharina über die Explosion des Karrens am Ostersonntag nach. Das Letzte hatte sie nicht ganz verstanden. »Mingo, was ist ein schlechtes Omen?«

»Ein schlechtes Omen bedeutet, dass in der Zukunft ein schreckliches

Ereignis passiert. Für eine Stadt wie Florenz kann es eine Seuche bedeuten, eine Überschwemmung durch den Arno, schlechte Geschäfte oder Krieg.«

In diesem Augenblick betrat Clarissa das Zimmer, ging zu Katharinas Bett und betrachtete das Kind mit ernsten Augen.

»Alessandro hat die Zerstörung angestiftet«, sagte sie nach einer Weile. »Ich habe ihn nach dem Abendessen befragt, weil ich so etwas vermutete; er hat mir alles gebeichtet.« Sie schilderte Katharina das Gespräch.

Als Clarissa die Goldflorini erwähnte, bekam die Kleine Herzklopfen und spürte, dass sie errötete.

»Ich forderte meine Söhne auf, mir das Geld zu geben, um es aufzubewahren, da erklärten sie mir, sie hätten es dir gegeben, damit du Alessandro gegenüber schweigst. Nun, inzwischen haben alle drei Prügel bezogen, Alessandro und Lorenzo dürfen überdies drei Tage lang das Haus nicht verlassen. Lorenzo ist alt genug, um zu wissen, wann der Papst exkommuniziert und wann nicht. Ich habe ihn, weil er Priester werden soll, besonders sorgfältig auf seine erste Kommunion vorbereiten lassen. Piero wurde der Hausarrest erlassen, weil er Alessandros Drohung mit der Exkommunikation noch nicht einordnen konnte. Aber nun zu dir, mein Kind, und den Florini: Hast du versprochen, zu schweigen, unter der Bedingung, dass du die Florini bekommst?«

Katharina erkannte, dass Leugnen zwecklos war und erwiderte leise: »Ja, Tante Clarissa.«

»Du hast nicht richtig gehandelt, man erpresst Menschen nicht; obwohl ich zugeben muss, dass Erpressung zum täglichen Leben gehört. Trotzdem ist es moralisch verwerflich. Versprich mir, dass du nie mehr Menschen erpressen wirst.

Nun«, fuhr Clarissa fort, »eine strenge Ermahnung soll für heute genügen, du kannst das Geld behalten, aber wenn ich dich noch einmal bei einer Erpressung ertappe, wirst du bestraft werden und das Geld den Bettlern geben, hast du mich verstanden?«

»Ja, Tante Clarissa.«

Als die Signora das Zimmer verlassen hatte, begann Mingo zu lachen und sagte: »Gütiger Himmel, Sie sind ja geschäftstüchtig, eine richtige Medici!«

»Warte, Mingo, nimm die Florini aus der Truhe und kaufe mir morgen zwei Masken: eine schwarze, mit Silberperlen besetzt und eine rote mit Goldperlen.«

»Masken?«, fragte Mingo verblüfft. »Was wollen Sie mit Masken? Masken sind ein Accessoire für erwachsene Damen.«

»Ich habe mir schon so oft vorgestellt, wie ich aussehe, wenn ich eine Maske trage. Wenn ich die Maske wechsele, wechsele ich mein Gesicht und man erkennt mich nicht.«

»Masken, ich weiß nicht …«

»Bitte, Mingo.« Sie lächelte ihre Kinderfrau an, und diese konnte dem Lächeln der Kleinen nicht widerstehen. Sie erhob sich seufzend, ging zur Truhe und nahm die Florini heraus.

Katharina hatte nicht vergessen, dass sie sich an Alessandro rächen wollte. Am nächsten Tag rannte sie kurz vor der Mittagstafel zu den Gewächshäusern und besprach mit dem Gärtner Carlo ihren Plan. Der alte Mann war der Meinung, man solle Ippolito nicht in die Affäre verwickeln. Alessandro sei bei den Dienern so unbeliebt, dass jeder mit Freuden heimlich die von der Duchessina gewünschten Tiere auf sein Bett legen würde.

Als Katharina an jenem Abend nach dem Unterricht in ihr Appartement lief, überreichte Mingo ihr zwei Masken; eine schwarze, die mit Silberperlen, und eine blutrote, die mit Goldperlen besetzt war.

Das Kind stieß einen Freudenschrei aus, stellte sich vor den Spiegel, setzte erst die schwarze, dann die rote Maske auf und nahm sie enttäuscht wieder ab.

»Sie sind zu groß, Mingo.«

»Natürlich sind sie zu groß. Ich sagte Ihnen bereits, dass nur erwachsene Damen Masken tragen. Aber seien Sie unbesorgt, in einigen Jahren werden sie Ihnen passen und wie eine zweite Haut Ihr Gesicht bedecken.«

»Verwahre sie gut, bis ich sie tragen kann!«

Beim Abendessen wurden als Vorspeise wieder Früchte serviert, und als Katharina den Apfel auf ihrem Teller betrachtete, ohne mit dem Schälen anzufangen, sah Clarissa sie missbilligend an und fragte: »Was ist los, warum isst du nicht?«

»Verzeihung, Tante Clarissa, werde ich in Florenz nie Salat, Oliven oder eingelegtes Gemüse als Vorspeise bekommen?«

»Du musst lernen, dich den Sitten und Gebräuchen eines anderen Landes anzupassen. Nur wenn man sich anpasst, wird man im Laufe der Zeit von den Einheimischen akzeptiert und bleibt kein Fremdling. Überdies waren die Medici sehr volksverbunden«, fügte sie hinzu, »daran musst du denken, wenn du dich den Florentinern zeigst. Du darfst sie nie hochmütig oder arrogant behandeln, sei freundlich, liebenswürdig, rede mit jedem, lasse die Bevölkerung von Florenz spüren, dass du die Metzger und Gerber genauso schätzt wie die Bankiers, Wollhändler und Goldschmiede. Wenn du dich so verhältst, wird man dich bald ebenso achten und lieben wie deinen Urgroßvater Lorenzo den Prächtigen. Was ich eben gesagt habe, gilt natürlich auch für Euch«, sagte sie zu Ippolito und Alessandro. Inzwischen war der nächste Gang serviert worden und eine Weile war jeder mit den Ravioli beschäftigt, die in Fleischbrühe schwammen.

Alessandro sah hin und wieder verstohlen zu Katharina hinüber. »Es gibt ein florentinisches Kartenspiel«, sagte Clarissa, um das Thema zu wechseln, »das möchte ich euch dreien nachher erklären, und dann spielen wir es jeden Abend bis zu eurer Abreise. Ihr müsst die Regeln beherrschen, weil es in Florenz in fast jedem Haus gespielt wird.«

Als Katharina und die beiden Jungen später das Zimmer der Signora betraten, war diese damit beschäftigt, die Spielkarten auf dem Tisch auszubreiten.

»Das Spiel heißt *Minchiate*«, erklärte sie. »Es ähnelt dem Tarot und kann von drei bis vier Personen gespielt werden. Es besteht aus achtundsiebzig Karten, wobei die einzelnen Figuren unterschiedliche Werte haben. Hier seht ihr zum Beispiel den Kaiser, die Kaiserin, den Papst, den Gehenkten, das Haus, die Sonne, den Mond, die Sterne. Wer zuerst einhundert Punkte erreicht hat, ist der Sieger.«

Sie erläuterte die Spielregeln, dann mischte sie die Karten und verteilte sie.

»Tante Clarissa«, sagte Ippolito, während er seine Karten ordnete, »kann man bei diesem Spiel ebenso wie beim Tarot aus den Karten die Zukunft lesen?«

»Ja. Ich persönlich glaube allerdings nicht daran. Astrologie und Wahrsagerei sind für mich ein amüsanter Zeitvertreib, mehr nicht.«

Katharina horchte auf und betrachtete ihre Karten. Sie hatte den Papst, das Haus, sieben Sterne … Sie äugte vorsichtig hinüber zu Alessandro, der sein Blatt so ungeschickt hielt, dass sie Kaiser und Kaiserin erkennen konnte, den Mond, den Gehenkten …

Sie spielten sieben Partien, die Katharina alle gewann.

»Genug für heute«, sagte Clarissa. »Katharina, du bist ja eine richtige Spielernatur.«

»Tante Clarissa –«, sie zögerte etwas, »heute Abend habe ich jedes Spiel gewonnen. Hat dies irgendeine Bedeutung für die Zukunft?«

Die Signora lachte. »Gütiger Himmel, nein, wo kämen wir da hin?«

»Mit Verlaub, Tante Clarissa, ich bin anderer Meinung«, sagte Alessandro und lächelte Katharina höhnisch an. »Weißt du, was es bedeutet, wenn man Glück beim Spiel hat, Katharina?«

Sie sah ihn unsicher an. »Nein.«

»Nun, Glück beim Spiel bedeutet Pech in der Liebe.«

»Wie meinst du das?«

»Man wird dich mit einem Mann verheiraten, der dich nicht liebt. Wenn du ihn auch nicht liebst, ist alles in Ordnung. Aber es kann dir auch passieren, dass du dich in ihn verliebst, wenn du ihn siehst, und unerwiderte Liebe ist entsetzlich, es ist die Hölle, das Fegefeuer!«

»Alessandro, schweige!«, rief Tante Clarissa. »Höre nicht auf ihn, Katharina, mein Kind, die meisten Paare lieben sich nicht, wenn sie sich heiraten. Die Liebe kommt erst während der Ehe.«

Katharina schwieg. Sie spürte, dass Alessandro die Wahrheit sagte, ohne dass sie verstand, worum es letztlich ging. Nun, in wenigen Minuten würde er in seinem Schlafzimmer die Bettvorhänge auseinander ziehen, und dann, ihre Rache …

Als Alessandro sein Zimmer betrat, befahl er dem Diener, der im Waschraum beschäftigt war, ihm beim Entkleiden zu helfen. Dann ging er zu Bett, zog die Vorhänge auseinander und erstarrte. Unzählige dicke schwarze Kreuzspinnen krabbelten über die weiße seidene Decke.

»Hilfe!«, schrie er, rannte zur gegenüberliegenden Wand und stemmte sich dagegen. »Hilfe!«

Da kam der Diener aus dem Waschraum. »Signor Alessandro, mein Gott, was ist passiert?«

»Spinnen, dort auf dem Bett – Spinnen – schafft sie weg!«, keuchte er und stürzte aus dem Zimmer hinaus auf die Galerie, wobei er ständig um Hilfe rief.

Aus den benachbarten Räumen kamen die Söhne des Hauses, Ippolito, Mingo, Katharina, die sich vorsichtig im Hintergrund hielt, und aus dem ersten Stock eilten Clarissa und Filippo herbei.

»Um Gottes willen, was ist passiert?«, rief Clarissa.

»Auf meinem Bett sind Spinnen!«, jammerte Alessandro.

»Spinnen! Ist das der Grund für den Lärm?«

Sie ging in das Zimmer, betrachtete die Bettdecke und befahl dem Diener, die Spinnen zu entfernen und das Bett frisch zu beziehen.

»Du solltest dich schämen, Alessandro«, sagte sie beim Hinausgehen. »Wie kann man wegen ein paar harmloser Tiere einen derartigen Lärm veranstalten!«

Beim Hinuntergehen sahen sie und Filippo sich viel sagend an – beide vermuteten, dass Katharina hinter diesem Streich steckte, aber man konnte es ihr nicht beweisen, und die Diener würden schweigen.

»Reg dich nicht auf, Alessandro«, sagte Ippolito. »Verstehst du keinen Spaß?«

»Spaß?«, tobte Alessandro. »Wenn ich den erwische, der mich so erschreckt hat, den bringe ich um!«

Ippolito lachte und ging zurück in sein Zimmer. Nun, dachte er, die Duchessina rächt sich subtil!

Inzwischen war Katharina, gefolgt von Mingo, lautlos in ihr Zimmer zurückgehuscht. Sie empfand eine unendliche Genugtuung, dass der Streich geglückt war. Mingo hegte im Stillen einen ähnlichen Verdacht wie die Strozzis, hielt es aber für besser, diesen für sich zu behalten.

Am nächsten Abend begab Filippo sich zeitiger als sonst zur Ruhe, weil er einen anstrengenden Arbeitstag hinter sich hatte. Als Clarissa das eheliche Gemach betrat, schlief der Gatte bereits. Sie ging auf Zehenspitzen zum Ankleideraum und wollte diesen eben betreten, als im zweiten Stock ein grauenhafter Lärm begann. Sie sah erschrocken nach oben und es dauerte einige Sekunden, bis sie Alessandros Stimme erkannte. Inzwischen war Filippo erwacht und starrte ebenfalls entgeistert zur Decke.

»Der Maure heult wie ein wildes Tier«, sagte er schließlich, »es wäre vielleicht besser, wenn du nachsehen würdest, was passiert ist.«

Clarissa überlegte kurz, eilte in den zweiten Stock, scheuchte unterwegs die Söhne, die neugierig auf der Galerie herumstanden, in ihr Appartement zurück und betrat Alessandros Zimmer. Der junge Mann lehnte kreidebleich und zitternd an der Wand und stierte auf das Bett, neben dem Katharina, Ippolito, Mingo und ein Diener standen und etwas betrachteten.

»Was ist passiert, Alessandro?«, fragte Clarissa streng.

»Ein Salamander«, stammelte er.

Clarissa glaubte, nicht richtig zu hören.

»Hast du etwa wegen eines harmlosen Salamanders diesen Lärm veranstaltet?«

»Er ist nicht harmlos.«

»Rede keinen Unsinn.«

In diesem Augenblick nahm Katharina den Salamander vorsichtig von der Decke und ging auf Alessandro zu, wobei sie spöttisch lächelte.

»Verschwinde!«, schrie er. »Hilfe! Hilfe!«

»Katharina!«, rief Clarissa. »Es ist genug!«

Die Kleine gehorchte, blieb stehen, betrachtete den Salamander, strich mit dem Finger leicht über die schuppige Haut; dann sah sie Alessandro an.

»Ist er nicht wunderschön? Sieh, wie er schillert, betrachte seine Farben, schwarz und gelb, er ist ein besonderes Tier. Er ist das Tier Franz I., des Königs von Frankreich. Das Tier seines Vorgänger, Ludwigs XII., war das Stachelschwein.«

Clarissa sah ihre Nichte erstaunt an. »Salamander und Stachelschwein sind nicht die Tiere der Könige, sondern ihre Embleme. Aber woher weißt du dies alles, Katharina?«

»Von Signor Ridolfi.«

»Aha, es ist interessant, was Signor Ridolfi dir alles erzählt. Lernst du bei ihm auch Grammatik und Vokabeln?«

»Gewiss.« Sie überlegte einen Augenblick, lächelte Clarissa an und sagte: »Aimer heißt lieben, j'aime, ich liebe … Je vous aime, ma tante, bonne nuit, ma tante, bonne nuit, Ippolito, bonne nuit, Alessandro.« Sie wollte hinauseilen, wurde aber von Clarissa zurückgehalten.

»Gib dem Diener den Salamander, damit er ihn in den Garten zurückbringt.«

»Ich möchte ihn behalten.«

»Keine Widerrede, Katharina.«

Da gehorchte sie, warf Ippolito lächelnd eine Kusshand zu und eilte in ihr Zimmer.

»Sie ist bezaubernd«, sagte Ippolito, »man kann ihr einfach nicht böse sein, nicht wahr, Tante Clarissa?«

»Du hast Recht, Ippolito.«

Alessandro lag noch lange wach und versuchte, den Salamander zu vergessen, aber er sah stets Katharina mit dem Tierchen im Zimmer stehen – und plötzlich fiel es ihm wie Schuppen von den Augen: Die kleine Hexe hatte dafür gesorgt, dass die ekelhaften widerlichen Tiere auf seiner sauberen Bettdecke lagen! Warte nur, du Biest, dachte er wütend, warte nur, bis wir in Florenz sind, dann werde ich mich rächen!

Er musste Geduld haben. In wenigen Jahren, wenn er volljährig war, würde er, der Sohn des Papstes, über Florenz regieren. Das hatte sein Vater ihm versprochen. Und dann, dachte er triumphierend, dann wird sie leiden, ich werde sie unterjochen. Ich könnte sie in eine der Villen auf dem Land einsperren, sie von der Außenwelt isolieren – sie darf keine Besuche empfangen, weder lesen noch musizieren. Hin und wieder würde er plötzlich auftauchen, sie vergewaltigen oder vergewaltigen lassen und dabei zusehen … Vielleicht konnte er sie auch in ein Kloster sperren. Oder sollte er sie mit einem Mann verheiraten, der sie nie lieben würde, ein Mann, der sie schlecht behandelte, vernachlässigte, sie schlug und mit anderen Frauen betrog? Noch besser wäre es, dieser künftige Gatte würde sie nur mit einer Frau betrügen, einer, die er liebt … Oh, wenn er erst in Florenz regierte, gab es viele Möglichkeiten, ihr das Leben zur Hölle zu machen.

»Alessandro hat einen Salamander auf seinem Bett gefunden«, sagte Clarissa zu Filippo, während sie den Schmuck ablegte. »Bis jetzt habe ich Katharina ihre kleine Rache durchgehen lassen. Aber wenn der Maure morgen Abend wieder einen solchen Lärm veranstaltet, werde ich mit ihr reden.«

Filippo lächelte. »Eines muss man der Duchessina lassen, sie rächt sich gründlich, subtil und wirksam, aber nicht brutal.«

Clarissa überlegte und erwiderte: »Du hast Recht.« Sie zögerte und fuhr fort. »Manchmal kann ich ihre Verhaltensweisen nicht einordnen. Vor ein paar Tagen hat sie von Piero und Lorenzo die Goldflorini erpresst, womit Alessandro unsere Söhne bestochen hat«, und sie schilderte ihrem Gatten, was vorgefallen war. »Ich habe ihr gesagt, dass ich ihr Verhalten nicht billige und dass sie, wenn ich sie noch einmal dabei ertappe, das erpresste Geld den armen Leuten auf der Straße geben muss.«

Filippo lächelte erneut. »Unsere Duchessina ist geschäftstüchtig, das hat sie von ihren Vorfahren geerbt. Sie wird diese Fähigkeit für ihr künftiges Leben benötigen, also muss sie früh anfangen, die Diplomatie zu erlernen. Sie wird entweder mit ihrem künftigen Gatten Florenz regieren, oder – das halte ich für wahrscheinlicher – Clemens verheiratet sie ins Ausland – in beiden Fällen muss sie sich sehr geschickt verhalten, wenn sie ihre Situation meistern will.«

»Ich werde Giovannis Frau einen Brief schreiben und sie bitten, den Mauren im Auge zu behalten. Sie soll darauf achten, dass er dem Ruf der Medici nicht schadet. Wenn die Florentiner hinter uns stehen, werde ich es schon irgendwie schaffen, Katharina ihr Erbe zu sichern.«

Die folgenden Tage bis zur Abreise, sie war auf den 1. Mai festgesetzt, verliefen ruhig, ohne besondere Vorkommnisse.

Katharina verbrachte die Stunde vor der Abendtafel im Garten, ging zusammen mit Mingo spazieren und schilderte begeistert und ausführlich den Unterricht bei Signor Ridolfi.

»Welche Fremdsprache lernen Sie am liebsten?«, fragte Mingo an einem Abend.

»Französisch«, erwiderte Katharina, »es ist die Sprache meiner toten Mutter. Vielleicht besuche ich einmal meine Verwandten in Frankreich. Französisch klingt elegant und melodisch. Du solltest auch Französisch lernen, Mingo.«

»Gütiger Himmel, warum?«

»Signor Ridolfi sagt immer, je mehr Sprachen man beherrscht, desto unabhängiger wird man, man ist nicht abhängig von Dolmetschern, Verhandlungen sind einfacher, wenn man die Sprache beherrscht. Wenn ich nach Frankreich reise, wirst du mich begleiten, und dann musst du dich natürlich mit meinen Verwandten unterhalten können. Außerdem hast du jetzt Zeit, du musst nicht mehr den ganzen Tag auf mich aufpassen, weil ich mit Lernen beschäftigt bin. Du könntest sehr gut an Signor Ridolfis Unterricht teilnehmen.«

Mingo überlegte; sie erinnerte sich, dass sie der Herzogin versprochen hatte, Katharina nicht zu verlassen, und vielleicht besuchte sie eines Tages tatsächlich die französischen Verwandten, vielleicht blieb sie in Frankreich. Es war bestimmt nützlich, außer Italienisch noch eine weitere Sprache zu beherrschen …

»Ich werde Ihre Tante um Erlaubnis bitten.«

Clarissa war einverstanden, und bereits am nächsten Tag saß Mingo neben Katharina im Unterrichtsraum und versuchte, sich die verschiedenen Artikel einzuprägen, die Orthografie und die davon unterschiedliche Aussprache. Während der Siesta wiederholte sie die Lektionen, sie hatte den Ehrgeiz, so gut wie möglich Französisch zu sprechen, falls sie die Duchessina einmal nach Frankreich begleitete.

Am späten Nachmittag des 30. April kehrten Katharina, Ippolito und Alessandro in Begleitung Filippos vom Abschiedsbesuch beim Papst zurück. Was hatte Onkel Clemens zu ihr und Ippolito gesagt?
»Auf Wiedersehen, gute Reise, lernt fleißig.«
Und zu Alessandro?
»Auf Wiedersehen, mein Sohn, und gute Reise.«
Als er den Mauren verabschiedete, ging es Katharina weiter durch den Kopf, klang seine Stimme weicher, der Blick seiner Augen wurde wärmer, fast zärtlich! Am merkwürdigsten aber war Alessandros Reaktion: Statt zu antworten: »Auf Wiedersehen, Ihre Heiligkeit«, antwortete er. »Auf Wiedersehen, V…«, schluckte das Wort herunter, zögerte den Bruchteil einer Sekunde und sagte: »Heiliger Vater«.
Irgendwann, wenn sich eine Gelegenheit ergab, musste sie ihre Beobachtung Ippolito erzählen und ihn nach seiner Meinung fragen.

Nach dem Abendessen wurden einige Partien *Minchiate* gespielt, die Alessandro alle gewann.
»Genug für heute«, sagte Clarissa nach der fünften Partie und sammelte die Karten ein. »Ihr begebt euch jetzt zur Ruhe. Morgen lasse ich euch beim ersten Hahnenschrei wecken.«
Katharina, die sich ärgerte, dass der Maure alle Spiele gewonnen hatte, lächelte ihn an und sagte: »Was hast du neulich behauptet, Alessandro? Glück im Spiel bedeutet Pech in der Liebe? Nun, heute hast du alle Partien gewonnen, folglich wird man dich mit einer Frau verheiraten, die dich nicht liebt, sondern hasst und verabscheut.«
»Katharina«, mahnte Clarissa, »sei jetzt still und rede keinen Unsinn.«
Ehe die Kleine etwas erwidern konnte, sprang Alessandro auf und lief zur Tür. Dort drehte er sich um und funkelte Katharina böse an. »Man sollte dir die Zunge ausreißen, du widerlich kleine Hexe!«
Er verließ fluchtartig das Zimmer, und Clarissa fragte sich besorgt und bekümmert, wie es in Florenz weitergehen würde.

Am nächsten Morgen wirkte Katharina merkwürdig verstört. Mingo fragte sie besorgt: »Was haben Sie, Hoheit?«

»Ich hatte einen entsetzlichen Traum, Mingo. Ich sah in den Straßen von Florenz und im Arno Leichen! Was soll das bedeuten?«

»Ich glaube, Sie sind überreizt, das viele Lernen seit zwei Wochen, die bevorstehende Abreise und dazu noch der ewige Streit mit Alessandro, das ist zu viel auf einmal für ein so junges Mädchen.«

Das zweite Gesicht, überlegte sie, nein, das ist bei der Duchessina bestimmt nicht der Fall. Sie hat sich alles eingebildet, Gespenster ...

Als Rosso Ridolfi am nächsten Morgen bei Sonnenaufgang in den Vorhof des Palazzo Strozzi ritt, herrschte dort ein geschäftiges Durcheinander. Alessandro, Mingo und Ippolito bestiegen ihre Pferde, einer der Bewaffneten, die die Reisegesellschaft begleiten sollten, hob Katharina zu Ippolito aufs Pferd, weil es für sie noch zu anstrengend war, stundenlang selbst ihre kleine weiße Stute zu reiten, die Ippolito am Zügel neben sich führte.

Einige Diener beluden die Gepäckpferde mit Truhen, Kisten und Ballen, ein Küchenjunge schleppte riesige Körbe herbei, die mit Brot, Kuchen, Fleischpasteten, Schinken, Würsten und Früchten gefüllt waren, ein anderer brachte Korbflaschen mit Wein und Most und Lederschläuche mit Wasser.

Als Ridolfi abgesessen war und sich zum Hausherrn begeben wollte, erschien das Ehepaar, begleitet von den vier Söhnen im Vorhof.

Während die Kinder sich lärmend von den Verwandten und Mingo verabschiedeten, wobei der kleine Piero anfing laut zu weinen, überreichte Clarissa dem Lehrer zwei Briefe.

»Das eine Schreiben«, erklärte sie, »ist für den Kardinal Passerini, den anderen Brief geben Sie bitte meinem Verwandten, Giovanni delle Bande Nere, oder, falls er nicht in Florenz ist, seiner Frau bei Ihrem ersten Besuch.«

»Ippolito, warum heißt er ›delle Bande Nere‹?«, fragte Katharina, die alles um sie herum aufmerksam verfolgte.

»Das erkläre ich dir unterwegs.«

Inzwischen verabschiedete Clarissa sich von Alessandro und Mingo, ermahnte den jungen Mann, sich in Florenz anständig zu benehmen und bat Mingo, gut auf die Duchessina Acht zu geben.

Dann ging sie weiter zu ihrer Nichte und Ippolito. »Katharina, mein Kind, und du, Ippolito, denkt daran, euch in Florenz eurer Vorfahren würdig zu erweisen. Ich werde versuchen, euch so bald wie möglich zu besuchen.

Eines noch, Katharina. Versuche, dich mit Alessandro zu vertragen, es ist in deinem eigenen Interesse.«

»Ja, Tante Clarissa.«

Als die kleine Reisegesellschaft den Hof verlassen hatte, sah Clarissa den Gatten an.

»Ich habe kein gutes Gefühl, wenn ich daran denke, dass Katharina und die beiden Jungen zusammen mit dem Kardinal allein in dem riesigen Palazzo leben, selbst wenn Ridolfi sie den ganzen Tag unterrichtet. Irgendwie fehlt die Aufsicht. Passerini wird kaum Zeit haben, sich um die drei zu kümmern.«

»Bei Alessandro wird die Aufsicht fehlen … Wir können nur abwarten.«

Nachdem sie Rom verlassen hatten und auf der Landstraße nach Norden ritten, fragte Katharina erneut nach Giovanni delle Bande Nere und der Bedeutung von Wechseln. Ippolito überlegte kurz.

»Giovanni ist siebenundzwanzig Jahre alt«, erwiderte er. »Da er dem jüngeren Zweig der Familie entstammt, hat er keinen Anspruch auf das politische und finanzielle Erbe der älteren Linie.

Er ist ein hervorragender Söldnerführer und Soldat mit Leib und Seele. Seine Soldaten nennt man *Bande Nere* (schwarze Scharen), weil sie, wie er, immer eine schwarze Rüstung tragen. Er steht im Dienst des Vatikans und wurde am 14. Februar in der Schlacht von Pavia von einem Geschoss am Schenkel verwundet, nach Piacenza gebracht und dort behandelt. Ich weiß nicht, ob er inzwischen wieder in Florenz ist.«

Die Reise verlief ohne Zwischenfälle; zu Mingos und Ippolitos Überraschung gab es auch keinen Streit zwischen Katharina und Alessandro. Der junge Mann ritt meistens an der Spitze des Zuges neben dem Anführer der Bewaffneten und träumte von einer glänzenden Zukunft, die ihn am Arno erwartete.

Katharina, die abwechselnd auf Ippolitos Pferd saß oder ihre eigene Stute ritt, war vollauf damit beschäftigt, nach links und rechts zu schauen, während der Siesta schlief sie meistens, und abends gab es in den Stadt- oder Landhäusern, wo sie übernachteten, genügend Abwechslung.

Am späten Nachmittag des 5. Mai erreichten sie die Weinhügel südlich von Florenz. Oben angekommen, zügelten sie die Pferde, und Katharina schaute gebannt hinunter auf die Türme und Dächer, auf die Kuppel des Domes Santa Maria del Fiore, den Fluss und die Brücken. Dann schweiften ihre Blicke weiter, hinüber zu der hügeligen Landschaft, aus der hin und wieder eine Gruppe von Pinien herausragte, sie sah hinauf zum Himmel, dessen zartes Blau zum Horizont hin immer heller wurde …

»Ist das Florenz?«, fragte sie leise.

»Ja, Hoheit«, antwortete Mingo, »das ist Ihre Vaterstadt.«

4

Die Nachricht von der Ankunft der Duchessina verbreitete sich an jenem Abend wie ein Lauffeuer durch Florenz.

Als sie über den Ponte Vecchio ritt, unterbrachen die Handwerker für einen Augenblick ihre Arbeit und betrachteten Katharina, die sich neugierig umsah und freundlich die Grüße erwiderte, teils wohlwollend, teils gleichgültig, hin und wieder allerdings begegneten ihr auch feindselige Blicke und sie fühlte sich verunsichert.

Als Katharina den Palazzo Medici betrat und über den wie ausgestorben wirkenden Vorhof zum Innenhof ging, wo nur einige Diener und Bewaffnete träge und schweigend herumstanden, da empfand sie die Stille in diesem Haus genauso bedrückend wie sechs Jahre zuvor ihr Onkel, der Papst.

Sie blieb stehen und sah sich einen Augenblick scheu, aber aufmerksam um: Sie betrachtete die weißen Wände, die mit allegorischen Darstellungen aus grauem Stein geschmückt waren, den Kolonnadengang, dessen schmale schmucklose graue Säulen nur am oberen Ende, bevor sie in den Rundbogen mündeten, reich verziert waren. Dann schweifte ihr Blick zu dem rosa und weißen Oleander, der in rötlichen Tonkübeln zwischen Säulen stand; auf dem Fries über den Kolonnaden entdeckte sie das Medici-Wappen, das sie schon einmal im Palazzo Strozzi gesehen hatte. Im Stillen dachte sie, dass dieser Innenhof eleganter und vornehmer aussah als der Hof im Palazzo Strozzi. Sie fragte sich, woran das wohl lag, und auf einmal fiel ihr auf, dass es in diesem Hof keine Treppe gab, die nach oben führte. Aber es musste doch einen Aufgang geben …

Sie sah sich verwirrt um, und dabei entdeckte sie rechts neben dem Eingang eine Innentreppe zu den oberen Stockwerken; eine Innentreppe – so etwas hatte sie noch nie gesehen … das also war der Grund, warum der Hof auf drei Seiten von Arkaden umgeben war!

Ihre Augen wanderten nach links die Arkaden entlang und plötzlich stutzte sie erneut: Gegenüber dem Eingang zum Innenhof sah sie eine verschlossene Gittertür und dahinter einen Garten – ein Garten hinter dem Hof?

»Das ist Ihr Vaterhaus«, sagte Mingo leise, »hier wurden Sie geboren, hier starben Ihre Eltern.«

»Es ist so ruhig, lebt hier niemand?« Sie griff Hilfe suchend nach Mingos Hand.

»Der Kardinal Passerini wohnt seit einigen Monaten im Palazzo.« Zu einem der Diener sagte sie: »Melde Seiner Eminenz die Ankunft Ihrer Hoheit.«

In diesem Augenblick betraten Ridolfi und Ippolito den Innenhof und fast im gleichen Moment erstarb ihre lebhafte Unterhaltung über die ersten Eindrücke von Florenz. Sie gingen schweigend bis zur Mitte, blieben stehen und sahen sich unsicher um.

Nun kam auch Alessandro, und er war der Einzige, den die Stille offenbar überhaupt nicht beeindruckte.

Er marschierte mit festen Schritten von einer Ecke zur anderen, berührte mit der Hand die Steinwände, betrachtete die Kolonnaden, sah nach oben zur Galerie. Mingo, die ihn indigniert beobachtete, weil sie sein Verhalten unschicklich fand, hatte den Eindruck, dass sich in seinem Gesicht und in seinen Augen Besitzerstolz spiegelte, und sie legte schützend ihren Arm um Katharina.

»Donnerwetter!«, rief Alessandro so laut, dass alle zusammenzuckten. »Welch großartiger Palazzo, der alte Cosimo hat wahrhaftig keine Kosten gescheut!«

Der alte Cosimo, dachte Mingo empört, was fällt dem Bastard ein!

Katharina aber rief: »Es ist nicht der alte Cosimo, so etwas darfst du nicht sagen, Tante Clarissa nennt ihn immer ›Cosimo Pater Patriae‹!«

Alessandro fuhr herum und starrte Katharina wütend an.

»Halt den Mund, kleine Hexe«, zischte er.

»Alessandro, Katharina!«, mahnte Ippolito halblaut, und in diesem Augenblick erschien eine purpurne Gestalt auf der Treppe: Kardinal Passerini schritt gemessen und feierlich die Stufen hinunter.

Er war ein großer hagerer Mann in mittleren Jahren, und Katharina fand, dass sein schmales Gesicht einem Raubvogel ähnlich sah.

Sie betrachtete die kleinen, dunklen, stechenden Augen, die lange Hakennase, das fliehende Kinn; sie fand den Kirchenfürsten unsympathisch und fragte sich beklommen, wie viele Jahre sie wohl mit diesem Mann unter einem Dach leben müsse?

Mingo und Ippolito gingen ähnliche Gedanken durch den Kopf. Ridolfi empfand dem Kardinal gegenüber Gleichgültigkeit, und Alessandro dachte daran, dass er sich bei Passerini irgendwie beliebt machen musste, weil dieser wahrscheinlich regelmäßig Briefe nach Rom schickte und berichtete, wie er, Alessandro, der Sohn des Papstes, sich in Florenz benahm.

Passerini blieb am Fuß der Treppe einen Augenblick stehen, musterte die neuen Hausbewohner und dachte unbehaglich an die Unruhe, die mit dem kleinen Mädchen und zwei halbwüchsigen Jungen nun in den Palazzo einziehen würde, aber die Wünsche des Papstes waren für ihn stets Befehle. Der Papst hatte im letzten Brief auch angedeutet, wie die jungen Herrschaften behandelt werden sollten. Er, Passerini, sollte Rang und Stand, vor allem aber die Abkunft berücksichtigen, das Verwandschaftsverhältnis zum Papst selbstredend. Nun denn, er war bestens informiert über die Blutsbande der jungen Herrschaften zum Heiligen Vater …

Er verzog den schmalen Mund zu einem säuerlichen Lächeln und ging langsam auf Katharina zu, die instinktiv einen Schritt vor ihm zurückwich.

»Ah!«, rief er, »die Duchessina. Willkommen im Palazzo, Hoheit.«

Seine hohe Fistelstimme klang unangenehm in den Ohren der Anwesenden, und Katharina trat unwillkürlich noch einen Schritt zurück. Aber da sie intuitiv wusste, dass es besser war, ihre Abneigung zu verbergen, brachte sie ein schwaches Lächeln zu Stande und sagte: »Guten Tag, Eminenz. Ich werde mich hier bestimmt wohl fühlen.«

Passerini nickte beifällig, übersah Mingo geflissentlich und wandte sich nun, liebenswürdig lächelnd, an Alessandro: »Willkommen in Florenz, willkommen im Palazzo Medici, Signor Alessandro. Ich hoffe, dass Ihnen alles konveniert.«

»Ihre Eminenz kennen mich?«, fragte der junge Mann erstaunt.

»Gewiss, der Heilige Vater hat Sie genau beschrieben.«

Mingo und Ippolito horchten erstaunt auf und dachten das Gleiche: Wie ehrerbietig die Stimme des Kardinals auf einmal klingt, fast schon devot …

Er ist zu dem Mauren viel freundlicher als zu mir, dachte Katharina. Tante Clarissa war immer gleich freundlich oder gleich streng zu uns allen …

69

Zum ersten Mal in ihrem Leben fühlte sie sich zurückgesetzt, in den Hintergrund gedrängt, und wieder griff sie nach Mingos Hand.

Der gestrenge Asket war Alessandro gegenüber von ausnehmender Höflichkeit.

Die übrigen Ankömmlinge wunderten sich über sein nahezu devotes Verhalten einem pubertierenden Jüngling gegenüber.

Nachdem der Kardinal Ippolito mit wenigen höflichen, kühlen Worten begrüßt hatte, wandte er sich an Ridolfi: »Sie sind sicher Signor Ridolfi, der die jungen Herrschaften unterrichten soll? Der Heilige Vater erlaubt Ihnen, hier im Palazzo zu wohnen, bis Sie eine angemessene Unterkunft gefunden haben.«

»Ich danke dem Heiligen Vater für seine Güte. Ich habe für Ihre Eminenz einen Brief von Signora Strozzi.« Er überreichte ihm das Schreiben.

Passerini erbrach das Siegel, überflog die Seiten und sagte herablassend zu Mingo: »Die Signora wünscht, dass Sie an unserer Tafel speisen sollen. Sie sollen auf die Manieren der Duchessina achten.« Und zu den anderen: »Ich bitte, mich zu entschuldigen, ich habe noch viel Arbeit, wir sehen uns bei der Abendtafel. Auf Wunsch Seiner Heiligkeit habe ich die Räume neben den herzoglichen Gemächern im ersten Stock für die Duchessina und Signor Alessandro renovieren und neu einrichten lassen; Signor Ippolito und Signor Ridolfi wohnen im zweiten Stock.«

»Mit Verlaub, Eminenz«, sagte Mingo, »die Duchessina möchte gerne die Wohn- und Schlafräume ihrer Eltern sehen. Der Heilige Vater hat sie seinerzeit, nach dem Tod des herzoglichen Paares, abschließen lassen. Könnte man vielleicht …«

»Nein«, unterbrach der Kardinal, »Seine Heiligkeit wünscht, dass die Räume verschlossen bleiben, die Duchessina soll nicht an die Vergangenheit erinnert werden, sie soll in die Zukunft blicken.«

Als Katharina wenig später zusammen mit Mingo die Zimmerflucht im ersten Stock betrat, kam ihnen ein zierliches schmales Mädchen von ungefähr fünfzehn Jahren entgegen, das ehrerbietig vor Katharina knickste und sich dann vorstellte.

»Willkommen in Florenz, Hoheit. Mein Name ist Isabella, ich habe bisher im Palazzo Ihrer Angehörigen als Zofe bei der Signora gearbeitet und bin auf Wunsch des Kardinals Passerini von der Signora in diesen Palazzo geschickt worden, um Ihrer Hoheit als Zofe zu dienen.«

Katharina betrachtete das ovale blasse Gesicht, die straff zurückgekämmten dunklen Haare, die von einem weißen Netz zusammengehalten wurden: sie fand ihre neue Dienerin sympathisch und lächelte sie freundlich an.

»Guten Tag, Isabella. Meine Amme Mingo wird dir sagen, was zu tun ist.«

Auch Mingo fand das Mädchen angenehm, sie wirkt offen und ehrlich, ging es ihr durch den Kopf, sie ist ein Lichtblick in diesem düsteren, menschenleeren Palazzo.

»Du kannst die Kleider auspacken, während ich die Duchessina bade, Isabella. Ab morgen wirst du die Körperpflege der Duchessina übernehmen.«

Sie wollte Katharina im Baderaum unter vier Augen noch einige Ermahnungen erteilen, wie sie sich im Palazzo benehmen sollte.

»Zeige uns jetzt unsere Räumlichkeiten, Isabella.«

Das junge Mädchen führte sie in den Schlaf- und Wohnraum, ein hohes, geräumiges Zimmer, das üppig möbliert war. An den Wänden standen schwere Truhen aus Buchenholz, deren plastisches Dekor biblische Szenen darstellte. Zwischen den Truhen standen hohe Lehnstühle, Klappstühle und Bänke aus Pinienholz. Jedes Möbelstück war mit kunstvollen Schnitzereien und Einlegearbeiten verziert.

Katharinas Augen wanderten über die Gobelins an den Wänden zum Kamin und von dort zu dem runden Tisch in der Mitte des Zimmers. Sie betrachtete die hohen, mit Blattgold verzierten Kerzenständer, die Zinnleuchter auf dem Tisch und dem Kaminsims, wandte dann ihre Aufmerksamkeit dem Schlafbereich zu und betrachtete verwundert das mit Schnitzereien verzierte Prunkbett aus Kirschbaumholz, das an der Stirnseite des Zimmers stand. Es hatte weder einen Baldachin noch Vorhänge, und es war auch nicht von Sitztruhen umgeben. Sie ging zögernd näher und betrachtete das Möbelstück aus der Nähe.

»Ich habe noch nie in einem Bett ohne Baldachin und Vorhänge geschlafen, Mingo. In diesem Bett werde ich bestimmt nicht einschlafen können, und ohne Vorhänge werde ich frieren.«

»In Rom haben sie die Vorhänge auch nicht immer zugezogen.«

»Mit Verlaub, Hoheit«, sagte Isabella, »in allen vornehmen florentinischen Häusern gibt es seit einiger Zeit diese Betten. Man schläft darin besser, weil es luftiger ist. Wenn Ihre Hoheit aber ein Bett mit Baldachin und Vorhang wünschen, dann …«

»Nein, nein«, unterbrach Katharina hastig, »wenn es hier so Sitte ist, schlafe ich natürlich in einem solchen Bett. Zeige mir die anderen Räume.«

Isabella führte sie in den kleinen Andachtsraum nebenan und in die Bibliothek, die gleichzeitig das Unterrichtszimmer war. Von dort gingen sie durch das Schlafzimmer zurück zum Ankleide- und Baderaum.

Auf einem Tisch standen eine große türkisfarbene Schüssel und ein orangegelber Krug mit gedrehten Henkeln.

Katharina berührte vorsichtig die leicht glänzende Oberfläche und betrachtete neugierig die mythologischen Szenen auf dem Krug.

»Was für hübsches Porzellan.«

»Es ist kein richtiges Porzellan, Hoheit, sondern Keramik, die in Cafalaggio, einem Landsitz der Medicis, hergestellt wird. Am beliebtesten sind die Farben Blau, Grün, Orange, Sonnengelb und Türkis. Diese Farben werden bei sehr starker Hitze mit Zinnglasur gebrannt. So entsteht ein glänzender Überzug, der an Porzellan erinnert. Auf vielen Tellern, Krügen, Vasen, Bechern und Schalen werden Sie das Wappen Ihrer Familie finden, nämlich fünf rote Kugeln auf goldenem Grund, und über den Kugeln drei weiße Lilien auf blauem Grund.« Und zu Mingo: »Ihr Zimmer ist neben dem Baderaum.«

»Danke, Isabella, wir sind sehr gut untergebracht.« Und zu Katharina: »Gefällt Ihnen das Appartement?«

»O ja, es ist größer als im Palazzo Strozzi. Am besten gefällt mir das Unterrichtszimmer, hast du die vielen Bücher gesehen?«

Während Isabella im Ankleideraum mit Katharinas Garderobe beschäftigt war, wurde die Kleine von Mingo gebadet und ermahnt, sich in Florenz vorbildlich zu benehmen.

Auch wenn der Kardinal eher unsympathisch wirke, solle Katharina ihm doch gehorchen und sich mit seiner Anwesenheit arrangieren. Katharina gefiel nicht, dass der Kardinal Alessandro so offensichtlich bevorzugte, und fragte sich immer wieder nach dem Grund dafür. Doch nicht einmal Mingo konnte oder wollte ihr darauf eine schlüssige Antwort geben.

Im Speisesaal stellte Passerini ihnen seinen Sekretär vor, einen kleinen rundlichen Mann in mittleren Jahren mit einem offenen, freundlichen Gesicht und gütigen Augen.

»Pater Camillo ist auch der Hauskaplan und Beichtvater«, erklärte Passerini. »Er hält die Morgen- und Abendandacht und wird die Duchessina religiös unterweisen.« Dann setzte er sich an das obere Ende der rechteckigen Tafel und wies den anderen ihre Plätze an.

Zu seiner Rechten saß Katharina, neben ihr Mingo und Ridolfi, zur Linken des Kardinals saß Alessandro, daneben Ippolito und Pater Camillo. Katharina erstarrte; das bedeutete, dass sie sich mit Alessandro das ganze Menü teilen musste! Schon bei der Zuteilung der Früchte, die der Kardinal selbst vornahm, fiel ihr auf, dass der Maure die größten und dicksten Stücke erhielt.

Inzwischen schenkte ein Diener Wein ein, und Katharina sah erstaunt, dass es Rotwein war; im Palazzo Strozzi hatte man nur Weißwein getrunken.

»Dieser Wein«, erklärte Passerini, »wird auf den Hängen und Hügeln zwischen Florenz und Siena angebaut. Die Einheimischen trinken den *Chianti* – so nennt man ihn – am liebsten. Wir haben zwar auch einen sehr schmackhaften und süffigen Weißwein, den *trebbiano*, aber zu den herzhaften, um nicht zu sagen deftigen florentinischen Gerichten schmeckt Rotwein einfach besser.«

»Gibt es Speisen, die Ihre Eminenz besonders empfehlen können?«, wollte Ridolfi wissen.

»Selbstverständlich, ich habe für die Abendtafel einige florentinische Spezialitäten zubereiten lassen, nämlich *ribollita*, das ist ein Gemüseeintopf, der vor allem aus kleinen weißen Bohnen besteht. Diese neue Bohnensorte wurde erst kürzlich hier eingeführt und erfreut sich großer Beliebtheit. Außerdem gibt es heute Kaldaunen mit Kräutern und Gemüse; zudem Rinderfilet, genannt *bistecca alla Fiorentina*, in Olivenöl und Kräutermarinade vorbereitet. Zum Dessert gibt es florentische Schürzkuchen und anschließend ein Glas *hippokras* mit Kardamom, Anis und Ingwer.«

Inzwischen waren zwei Schüsseln *ribollita* aufgetragen worden, der Kardinal nahm den Schöpflöffel, füllte Katharinas Teller bis zur Hälfte, den von Alessandro bis zum Rand und den von Ippolito ebenfalls nur halb.

Er denkt vielleicht, dass ich nicht viel essen kann, weil ich die Jüngste am Tisch bin, beruhigte sich Katharina, aber warum gibt er Ippolito so wenig?

Sie vermutete Absicht dahinter, und verärgert beobachtete sie, dass Passerini selbst sich großzügig mit *ribollita* bediente.

Sie löffelte langsam den Eintopf, der ihr köstlich schmeckte. Als sie fertig war, sah sie sehnsüchtig zur Suppenschüssel, aber diese war längst von Alessandro geleert worden.

Wenn sie bei den folgenden Gängen ebenfalls nur winzige Portionen bekam, würde sie hungrig vom Tisch aufstehen, und wehmütig erinnerte sie sich an die Tafel im Palazzo Strozzi. Tante Clarissa hatte zwar stets ermahnt, mäßig zu essen, aber bei ihr war sie immer satt geworden.

Als Alessandro seine Portion *ribollita* bewältigt hatte, leerte er den Becher *Chianti* in einem Zug und lehnte sich behaglich seufzend in dem hohen Lehnstuhl zurück.

»Köstlich, Eminenz, einfach köstlich, diese kleinen weißen Bohnen sind eine Delikatesse!« Er rühmte die Künste des Kochs und erfuhr, dass Andrea, wie dieser hieß, Mitglied einer zwölfköpfigen Kochakademie war. Alessandro forderte ihn auf, ihm die Zubereitung florentischer Spezialitäten zu erklären. Dieser fühlte sich offensichtlich geschmeichelt und holte weit aus, erklärte mit ausladenden Gesten die Zubereitung des gesamten Menüs, was eine geraume Zeit in Anspruch nahm.

Weiterhin erläuterte er den Brauch der *mageren Tage*, Fastentage ohne Fleisch, und der *fetten Tage*; damit waren opulente Bankette mit verschiedenen Fleischsorten und allen Raffinessen gemeint.

Als der Koch gegangen war, wurden die Nudeln aufgetragen, und zum dritten Mal musste Katharina erleben, dass Alessandro eine größere Portion bekam als sie und Ippolito, und sie schlussfolgerte, dass es kein Zufall war, sondern Absicht.

Während sie die Nudeln mit der Sauce vermischte und um die Gabel wickelte, versuchte sie wieder einmal herauszufinden, warum Alessandro dem Kardinal so am Herzen lag. Fand er ihn sympathischer als Ippolito und sie? Er kannte den Jungen ja noch gar nicht! War es ein Wunsch ihres Onkels Clemens? Immer wieder grübelte sie über jene geheimnisvolle Ursache nach, die Alessandros Gegenwart in Florenz rechtfertigen mochte.

Während sie auf die Kaldaunen warteten, sagte Passerini zu Ridolfi: »Ich habe vorhin den Brief der Signora Strozzi gelesen. Sie wünscht, dass Sie erst in der nächsten Woche mit dem Unterricht beginnen; während der ersten drei Tage sollen die jungen Herrschaften die Stadt kennen lernen und sich zwanglos einleben. – Für morgen ist am Vormittag ein Stadtrundgang geplant. Ich habe den Diener Peppino, der schon seit Jahrzehnten in diesem Haus arbeitet, gebeten, die wichtigsten Gebäude und Plätze zu zeigen; nachmittags sollen die Duchessina und Ippolito durch das Viertel um die Kirche Santa Croce reiten und sich dem Volk zeigen. Die Signora legt Wert auf Santa Croce, weil dort die armen Leute wohnen, die vor allem im wollverarbeitenden Gewerbe arbeiten, also die Kardierer, Wollkämmer und Färber.«

Katharina horchte auf, sie sollte sich dem Volk zeigen, zusammen mit Ippolito, und ihre dunklen Augen streiften Alessandro mit einem halb verächtlichen, halb triumphierenden Blick: Soll sich der Maure doch den Wanst mit Leckerbissen voll schlagen, die Passerini ihm zuschiebt, dachte sie, er ist kein Medici, er gehört nicht zur Familie, er ist unwichtig, bedeutungslos. Ich hingegen werde eines Tages in Florenz herrschen …

Der Kardinal fuhr fort: »Ihnen, Signor Ridolfi, ist es freigestellt, ob sie am Stadtrundgang teilnehmen wollen. Vielleicht möchten Sie den Vormittag nutzen und sich nach einer Wohnung umsehen? Die Signora Strozzi wünscht, dass am Samstag der Antrittsbesuch bei den Verwandten stattfindet; auch die Erzieherin der Duchessina und Sie, Signor Ridolfi, sollen dabei sein. Ich habe vorhin einen Boten zu Signora von Medici geschickt und anfragen lassen, welche Tageszeit ihr genehm sei. Die Signora bittet uns zur Mittagstafel und lädt uns ein, auch den Nachmittag und Abend bei ihr im Haus zu verbringen. Für den Sonntag ist – nach der Messe und religiösen Unterweisung der Duchessina – ein Ausflug nach Poggio a Caiano geplant. Die Signora Strozzi wünscht, dass die Sommermonate auf diesem Landsitz verbracht werden, weil Lorenzo der Prächtige sich dort gerne aufgehalten hat. Das sind die Wünsche der Signora. Gibt es hierzu noch Fragen?«

»Der Besuch bei den Verwandten und der Ausflug nach Poggio a Caiano sind mir genehm«, sagte Alessandro, »aber am Stadtrundgang möchte ich nicht teilnehmen, ich will Florenz allein erkunden, und morgen Nachmittag will ich Ippolito und die Duchessina auf dem Ritt durch die Stadt begleiten. Warum werde ich ausgeschlossen? Ich …« Er schwieg unvermittelt, als ihm einfiel, was er seinem Vater beim Abschied versprochen hatte: absolute Diskretion über die päpstlichen Pläne. In zwei Jahren, also 1527, sollte er alle formellen Ehrentitel erhalten und durfte sich *Magnifico* nennen; Passerini würde ihn allmählich in die Regierung der Stadt einarbeiten und er sollte an den Sitzungen der gesetzgebenden Körperschaft, der *Signoria*, teilnehmen. Niemand durfte im Augenblick von diesem Plan wissen, auch Passerini nicht …

Der Grund für diese Diskretion war die chaotische Situation der städtischen Parteien. Die Medici-Anhänger waren in zwei Gruppen gespalten: Die eine wollte die Medici als Haupt einer Oligarchie, die andere als erbliches Oberhaupt einer konstitutionellen Regierung. Eine dritte Partei dachte nur an die eigenen ehrgeizigen persönlichen Ziele. Unter diesen Umständen hielt sein päpstlicher Vater es für angebracht, abzuwarten und im richtigen Augenblick die Parteien gegeneinander auszuspielen. Die Anwesenheit der Duchessina sollte die Situation entspannen und das Ansehen der Medici stärken …

Passerini zögerte. Er hatte den Eindruck, dass die Signora Strozzi aus irgendwelchen unbekannten Gründen Alessandro von diesem Ritt ausschloss. Andererseits hatte sie seine Teilnahme nicht verboten, und so antwortete der Kardinal: »Ich habe nichts dagegen, dass Sie die Duchessina und Signor Ippolito begleiten, Signor Alessandro.«

»Danke, Eminenz.«

Er sah sich triumphierend in der Tafelrunde um. Katharina versuchte, gleichgültig zu wirken, der Maure sollte nicht merken, dass sie sich ärgerte.

Nun wurden die Kaldaunen serviert, und als ihr Teller und der von Ippolito wiederum nur halb gefüllt war, während auf Alessandros Teller die Kutteln einen kleinen Hügel bildeten, da lächelte Katharina den Kardinal an und sagte in bescheidenem Ton, der fast schon unterwürfig klang: »Verzeihung, Eminenz, ich bin furchtbar hungrig und Ippolito bestimmt auch. Könnten wir nicht noch etwas Fleisch bekommen?«

»Fleisch?«, fragte Passerini irritiert und musterte Katharina einige Sekunden lang.

Sie ist ein nettes Kind, dachte er, im Brief des Papstes war keine Rede davon, dass sie und Ippolito hungern sollten … Er füllte ihren und Ippolitos Teller wortlos bis zum Rand mit Kaldaunen.

»Danke, Eminenz«, sagte Katharina.

»Vielen Dank«, murmelte Ippolito. Sie wird auf ihre Art mit Passerini fertig, dachte er belustigt. Auch Mingo lächelte viel sagend in sich hinein.

Während der folgenden Gänge bemühte sich Passerini, die Portionen gerecht zu verteilen; ansonsten verlief die Mahlzeit schweigend.

Alessandro überlegte, wie er gegenüber der Bevölkerung auftreten sollte, am besten herrisch und unnahbar, sie mussten spüren, dass er nicht irgendwer war. Außerdem musste er einen Genossen finden, der ihm Mädchen zuführte; es gab bestimmt ein Viertel mit Freudenhäusern.

Meistens trieben sich dort Straßenjungen herum, die für ein paar Heller oder Goldpfennige jede Gefälligkeit erwiesen …

Passerini dachte über das päpstliche Schreiben und Clarissas Brief nach und kam zu dem Ergebnis, dass seine Lage nicht beneidenswert war.

Alessandro ist der Sohn des Papstes, überlegte er. Für die Signora ist natürlich nicht der Maure wichtig, sondern die Duchessina.

Der Papst war das Oberhaupt der Medicis, seine Wünsche musste er berücksichtigen. Andererseits hatte die Signora angekündigt, dass sie in gewissen Abständen nach Florenz kommen werde, um nach dem Rechten zu sehen. Nun, er würde darauf achten, dass der Sohn des Papstes regelmäßig am Unterricht teilnahm und ihn ansonsten gewähren lassen. Um Ippolito würde er sich überhaupt nicht kümmern, und die Duchessina hatte Gott sei Dank ihre Erzieherin mitgebracht, die auf sie Acht gab.

Ein Diener meldete, dass im Nebenraum *hippokras* und Gewürzkonfekt aufgetragen waren, und Passerini trank ausnahmsweise drei Gläschen Gewürzwein nach diesem anstrengenden »fetten Bankett«.

Am andern Tag fragte Katharina während der Morgentoilette Isabella über die unbekannten Verwandten aus.

»Ist meine Tante Maria, die Gattin von Giovanni delle Bande Nere, eine strenge Frau?«

Isabella überlegte. »Nein, das kann man nicht sagen. Sie ist klug, gebildet, schön, gewinnend, und sie ist, wenn es um die Interessen ihres Mannes geht, kühn und unternehmend. Nach der Schlacht bei Pavia erhielten Giovannis Soldaten keinen Sold mehr, weil er sich wegen seiner Verwundung um nichts mehr kümmern konnte. In dieser Situation hat die Signora Maria von ihrem eigenen Vermögen den Sold gezahlt, um zu verhindern, dass die Truppe sich auflöste. Sie ist eine mutige Frau. Von ihren Kindern hat leider nur der kleine Cosimo die ersten Jahre überlebt.«

»Ist er verträglich?«, wollte Katharina wissen.

Isabella lächelte. »Das hängt vom Verhalten Ihrer Hoheit ab. Cosimo möchte immer seinen Willen durchsetzen. Er befiehlt und neigt zum Jähzorn, er ist herrisch – aber man kann mit ihm auskommen. Im Palazzo lebt noch ein Vetter von Giovanni mit seiner Frau und vier Kindern. Lorenzino ist elf Jahre alt, Laudomia ist sieben Jahre, Giuliano fünf Jahre alt, und Maddalena liegt noch in den Windeln. Laudomia und Giuliano sind nette, harmlose Kinder, aber vor Lorenzino müssen Sie auf der Hut sein. Er ist intrigant, biedert sich an bei den Menschen, von denen er sich einen Vorteil erhofft und schmeichelt ihnen. Er ist ehrgeizig und neigt zu Brutalität. Ich glaube, er leidet darunter, dass seine Familie in Florenz nur die armen Verwandten der Medicis sind.«

»Wie sieht er aus? Ist er hässlich?«

»Nein, er ist groß gewachsen und schlank, hat ein hübsches Gesicht.«

»Am Samstag besuchen wir die Verwandten, Tante Maria hat uns zur Mittagstafel gebeten.«

»Zur Mittagstafel? Dann sollten Sie heute den ganzen Tag fasten, sonst bewältigen Sie die Delikatessen nicht, die aufgetischt werden. Seit einigen Monaten ist Giacomo, der bisherige Gehilfe des verstorbenen Küchenmeisters, Chefkoch im Haus Ihrer Tante. Sein Backwerk ist einmalig und unübertroffen in Florenz, er ist ein wahrer Künstler – kein Wunder, er hat hier im Palazzo, bei Andrea, gelernt. Er ist kaum zwanzig Jahre alt und gehört schon zur Kochakademie …« Sie zögerte etwas und fuhr leicht errötend fort: »Ihrer Hoheit will ich es anvertrauen, Ihre Hoheit sind bestimmt verschwiegen: Giacomo und ich, wir wollen irgendwann heiraten; die Signora von Medici ist einverstanden und unsere Eltern auch.«

»Fein«, rief Katharina, »wenn ich erwachsen bin und hier im Palazzo bestimmen kann, wird Giacomo mein Küchenmeister. Die Tafel meines Hauses muss so erlesen sein wie bei meinem Urgroßvater.«

Nach dem Frühstück verschwand Alessandro unauffällig. Mingo begab sich, mit der Erlaubnis des Kardinals, zu ihren Verwandten. Ippolito, Katharina und Ridolfi ließen sich vom Diener Peppino zunächst den Palazzo zeigen.

Während des Stadtrundgangs wollte sich Ridolfi nach einer angenehmen Wohngegend umsehen, zunächst aber nahm er an der Besichtigung des Palazzos teil.

Abgesehen von der Innentreppe war die übrige Raumaufteilung die gleiche wie in anderen florentinischen Patrizierhäusern: Im Erdgeschoss befanden sich die Räume für geschäftliche Verhandlungen und die Gästezimmer; im ersten Stock waren die Wohnräume des Hausherren und seiner Familie; im zweiten Stock gab es weitere Wohn- und Lagerräume. Peppino erklärte, dass die oberen Loggien sich gut eigneten, um Wäsche oder Korn zu trocknen.

In der Hauskapelle verweilten sie etwas länger und bewunderten die

Fresken von Benozzo Gozzoli, die den Zug der Heiligen Drei Könige darstellten.

»Benozzo«, erklärte Peppino, »hat die Kapelle um das Jahr 1460 aus-
gemalt. Auf den Fresken sieht man auch die Mitglieder der Familien
Medici – hier links Cosimo Pater Patriae und seinen Sohn Piero den
Gichtigen – und hier, in der Mitte, der in Goldbrokat gekleidete junge
Mann auf dem Schimmel, das ist Lorenzo der Prächtige.«

Zuletzt führte er sie in den Garten.

»Warum ist der Garten neben dem Innenhof?«, wollte Katharina wissen.

»Nun, Hoheit«, erwiderte Peppino, »es war eine Idee des seligen Cosimo
Pater Patriae. Das Grundstück war sehr groß, und er wollte einen Ort
der Ruhe und der Erholung in unmittelbarer Nähe haben. Soviel ich
weiß, ist unser Palazzo der einzige mit einem Garten neben dem Innenhof.«

Katharina lief auf den mit Steinplatten gepflasterten Wegen umher, betrachtete die Skulpturen, die Zitronenbäume, die Blumenbeete, den kleinen Springbrunnen, die gelblich getünchte Hausfassade und den Balkon,
der um den ersten Stock herum gebaut war.

»Der Garten gefällt mir, Peppino. Hier ist es hell und freundlich.«

Der Diener lächelte und führte seine Begleiter durch das große schmie-
deeiserne Tor in eine stille Seitenstraße, bog nach links ab und blieb nach
wenigen Schritten am Ende der Straße stehen. Er wies stumm auf ein
lang gestrecktes Gebäude aus beigem Stein, dessen Fassade noch im
Rohzustand war. Über dem hohen Sockelgeschoss erhoben sich zwei
weitere Stockwerke wie Stufen, dahinter sah man einen schmalen Glockenturm und etwas tiefer eine Kuppel, die mit roten Ziegeln gedeckt
war.

»Das ist die Kirche San Lorenzo«, erklärte Peppino. »Sie wurde bereits
um 400 nach Christus durch den Bischof von Mailand geweiht und um
die Jahrtausendwende im romanischen Stil umgebaut. Ab etwa 1418
wurde sie erneut umgebaut, dieses Mal im Stil unserer Zeit. Das Besondere an diesem Umbau war, dass ein Teil der ansässigen vornehmen Familien übereinkam, die Kosten für die Arbeiten gemeinsam zu
tragen.«

Er schwieg einige Sekunden, sah Katharina an und fuhr dann in feierlichem Ton fort: »Diese Kirche, Hoheit, ist die Kirche der Familie Medici.
Mehrere Generationen der Medicis ließen die besten Künstler, von

Donatello bis Michelangelo, an diesem Bau arbeiten. Sie stifteten eine Kapelle und die ›Alte Sakristei‹ – Giovanni di Bicci, der Vater von Cosimo Pater Patriae, beauftragte Brunelleschi mit der Ausführung. Der Hochaltar wurde erst 1461 geweiht, die Fassade ist bis heute noch nicht fertig gestellt; vor sieben Jahren beauftragte Papst Leo X. Michelangelo mit der Vollendung der Grabkirche seiner Familie, auch sie ist noch nicht fertig. Michelangelo hat bis jetzt etliche Grabdenkmäler geschaffen, die ich Ihrer Hoheit zeigen werde. Sie befinden sich in der ›Neuen Sakristei‹. Ich bitte, mir zum Eingang zu folgen, der an der Piazza Madonna degli Aldobrandini liegt.«

Sie gingen die Straße hinunter, vorbei an den Längsseiten der Basilika, und betraten den Kuppelbau. Peppino führte sie zum Altar, und alle betrachteten eine Weile schweigend die Sarkophage und die auf ihnen liegenden Figuren.

»Diese Kapelle und die Gräber«, sagte Peppino leise, »sind das Werk Michelangelos. Im Sarkophag gegenüber liegen die sterblichen Überreste Lorenzos des Prächtigen und seines jüngeren Bruders Giuliano. Aus irgendeinem Grund wurde darauf verzichtet, die Sarkophage mit Monumenten zu verzieren. Im Sarkophag links von uns ruht Lorenzos jüngster Sohn Giuliano, der Herzog von Nemours; die beiden Figuren auf dem Sarg symbolisieren den Tag und die Nacht. Der junge Mann, der über ihnen sitzt, ist der Herzog selbst.«

Der Herzog von Nemours, dachte Ippolito, mein Vater …

Er ging zögernd näher zum Grabmal und versuchte, die Gesichtszüge zu erkennen, aber die Gestalt war zu weit von ihm entfernt. Er ging langsam weiter zum Grabmal seines Großvaters und blieb nachdenklich davor stehen.

»Hoheit«, sagte Peppino zu Katharina, die anfing, in dem kühlen Raum zu frösteln. Unsicher sah sie von einem Sarkophag zum andern; sie dachte daran, dass sie inmitten ihrer toten Vorfahren weilte und spürte Angst in sich aufsteigen. Es war unheimlich in dieser Grabkapelle …

»Hoheit, im Sarkophag auf der rechten Seite liegt der selige Vater Ihrer Hoheit, Lorenzo, der Herzog von Urbino. Die beiden Grabmonumente symbolisieren Morgen und Abend, und die Gestalt über ihnen ist der selige Herzog selbst.«

Katharina betrachtete scheu die Figur, die, den Kopf auf die linke Hand stützend, hinüberblickte zum Sarkophag Lorenzos des Prächtigen. Mein Vater, durchfuhr es sie. Nun, sie hatte ihn nicht gekannt, und im Palazzo

Strozzi war er nur selten erwähnt worden. Ihre Tante hatte immer nur von Cosimo Pater Patriae und Lorenzo dem Prächtigen erzählt …

Sie ging zu Ippolito, schob ihre kleine Hand in seine und fühlte sich auf einmal geborgen und nicht mehr so verloren zwischen den Toten.

Peppino betrachtete das Paar vor dem Sarkophag, dann seufzte er und sagte leise zu Ridolfi: »Ich wünschte, die beiden würden eines Tages heiraten und dann gemeinsam Florenz regieren.«

Von der Neuen Sakristei führte Peppino sie zurück zur Kirche und in die Alte Sakristei und zeigte ihnen die Särge Giovanni di Biccis und seiner Frau Piccarda, die unter einem Marmortisch standen.

»Jetzt kommt der Höhepunkt von San Lorenzo«, sagte Peppino geheimnisvoll lächelnd.

Sie verließen die Kirche, gingen an der Vorderfront vorbei zum Kreuzgang und hinauf in den ersten Stock. Dort wies Peppino auf eine riesige Kuppel aus roten Ziegelsteinen, die aus dem Labyrinth von Dächern herauswuchs und sagte zu Katharina: »Dies ist die Domkuppel, Hoheit, die von Brunelleschi errichtet wurde; von diesem Platz aus hat man einen der schönsten Ausblicke zum Dom. Ich habe Ihre Hoheit allerdings noch aus einem anderen Grund hierher geführt: Cosimo Pater Patriae und seine Nachkommen liebten Bücher über alles, und Lorenzo der Prächtige gab ein Vermögen aus für den Erwerb griechischer Manuskripte. Seine Bibliothek umfasste zuletzt Tausende von Manuskripten. Papst Clemens VII. beschloss, einen Bau für diese wertvolle Sammlung zu errichten und beauftragte Michelangelo damit. Seit letztem Jahr wird hier an einer Bibliothek gebaut, bis jetzt ist nur das Vestibül halb fertig.«

»Nun sehen wir uns den Dom an«, sagte Peppino und bog mit seinen Begleitern, nachdem sie San Lorenzo verlassen hatten, nach rechts ab. Es dauerte nicht lange, so standen sie auf einem Platz und sahen linker Hand einen Gebäudekomplex aus weißem, grünem und rosa Marmor, dessen reiche Schnitzereien, Muster und zahlreiche, mit Säulen verzierte, schmale Fenster die Augen fast blendeten.

»Das schmale hohe Gebäude vor uns ist der Campanile, der Glockenturm. Ja, und jetzt der Dom … Die Florentiner sind stolz auf ihn, nicht nur, weil er zu den größten Kirchen der Christenheit zählt, sondern auch, weil der Bau nicht ganz einfach war. Im vierzehnten Jahrhundert wurden zahlreiche Häuser abgerissen, um Platz für den neuen Dom zu schaffen. Sogar der Futter- und Kräutermarkt musste verlegt werden; dennoch wirkt der Dom immer noch wie eingeschlossen zwischen den Häusern. Erst wenn man um ihn herumgeht, merkt man, welch ungeheure Ausmaße er besitzt.

Gegen Ende des vierzehnten Jahrhunderts war der Dom fast fertig erbaut, bis auf die Kuppel. Pisa und Siena besaßen bereits große Kuppelkirchen, und Florenz wollte nicht nachstehen. Nun, die Florentiner mussten lange auf ihre Kuppel warten, weil eine ungeheure Fläche zu überdecken war. Die Kuppel unseres Domes war für einen Baumeister die größte architektonische Herausforderung aller Zeiten. Im Jahre 1418 entwickelte Brunelleschi einen kühnen Plan: Er schlug vor, eine doppelschalige Kuppel zu errichten und hierzu ein bewegliches Gerüst zu verwenden, das von der emporwachsenden Kuppel selbst getragen werden sollte. Ich verstehe nichts von Architektur, aber man erzählt, dass Brunelleschi, da es für seine Idee kein Lehrgerüst gab, bis ins Detail den Platz und die Neigung jedes einzelnen Steines berechnen musste – es durfte ihm nicht der kleinste Fehler unterlaufen. Er musste neuartige Werkzeuge und Geräte entwickeln und er ließ sogar in der Kuppel einen Küchenbetrieb zur Verpflegung der Arbeiter einrichten, damit keine Zeit durch Auf- und Absteigen verloren ging. Nach achtzehn Jahren war die Kuppel vollendet, im Jahre 1436 konnte der Dom endlich geweiht werden.«

Peppino schwieg, ließ den Bau eine Weile auf seine Begleiter wirken und führte sie dann langsam um den Dom herum.

Ridolfi betrachtete interessiert die Architektur, Ippolito war überwältigt von den Farben, während Katharina der Weg um die Kirche wie eine Ewigkeit vorkam.

Im Mittelschiff blieb Ippolito stehen und sah überrascht nach oben.

»Mein Gott, das ist ja reine Gotik, das hätte ich nicht vermutet – eine gotische Kirche sieht doch von außen ganz anders aus.«

»Gewiss«, erwiderte Ridolfi, »aber dieser Dom ähnelt von außen einer Basilika, und die Kuppel als optischer Anziehungspunkt lässt im Innern keine Gotik vermuten. Haben Sie auf der Kuppel die Laterne bemerkt? Sie ähnelt einem griechischen Tempel. Dieser Dom ist ein gelungenes Beispiel für den Übergang vom gotischen zum jetzigen Baustil.«

Katharina hatte sich inzwischen umgesehen und war etwas enttäuscht vom Innern der Kirche. Sie hatte eine ähnliche Pracht aus weißem, grünem und rosa Marmor erwartet, aber stattdessen sah sie nur weißes und graues Mauerwerk. Sie blickte nach oben und stutze: Dort, an einem der Strebepfeiler sah sie das Wappen von Florenz, die rote Lilie …

»Ich bitte Ihre Hoheit, mir zu folgen«, sagte Peppino und ging langsam zum Hochaltar. Bei einer halbhohen Mauer aus Marmor blieb er stehen.

»Hoheit, in diesem Dom versuchte man am 26. April 1478 Lorenzo den Prächtigen und seinen jüngeren Bruder Giuliano zu ermorden. Giuliano wurde erdolcht, Lorenzo konnte sich in die Sakristei flüchten.«

»Warum wollte man sie ermorden?«

»Das erzähle ich dir später, Katharina«, erwiderte Ippolito. »Sieh hinauf zur Kuppel und betrachte die Gemälde. Sind sie nicht wunderbar?«

Sie sah staunend hinauf und fühlte sich überwältigt von einer farbigen Bilderpracht, deren Bedeutung sie jedoch nicht verstand. Sie ließ ihre Augen an den Pfeilern entlang wandern und stutzte: »Ippolito, bei jedem Fenster ist eine andere Farbe vorherrschend. Die blauen Fenster wirken vornehm, die grünen abweisend, die roten hingegen – dort fühlt man sich geborgen, nicht wahr?«

Ridolfi hatte sich inzwischen in dem Seitenschiff, das vom Hochaltar aus gesehen rechts lag, etwas umgesehen und kam nun ziemlich erregt zu Ippolito und Katharina.

»Ich möchte Ihrer Hoheit etwas zeigen.«

Er ging mit ihnen einige Schritte in das Seitenschiff hinunter und blieb vor einem Gemälde stehen. Katharina sah in der Mitte des Bildes einen großen, schlanken Mann mit einem hageren Gesicht; er war in ein langes, rotes Gewand gekleidet, auf dem Kopf trug er eine rote Kappe, um die sich ein dunkler Lorbeerkranz wand. Die rechte, ausgestreckte Hand wies auf eine Gruppe nackter Menschen, die wehklagend herumstanden; in der linken, etwas erhobenen Hand hielt er ein geöffnetes Buch. In der rechten Bildhälfte sah man die Domkuppel von Florenz, im Hintergrund eine Pyramide mit nackten Menschen.

»Der Mann auf dem Gemälde«, sagte Ridolfi feierlich, »ist Dante Alighieri, einer der bedeutendsten Dichter, die in Florenz und in Italien je gelebt haben. Das Gemälde wurde 1465 von Domenico de Michelino geschaffen. Merken Sie sich den Namen dieses Dichters, Hoheit, Sie werden noch mehr über ihn erfahren.«

Sie verließen den Dom und folgten Peppino, der nach links in eine breite Straße abbog und wenig später vor einem Platz stehen blieb. »Hier ist der *mercato vecchio*, der Markt der Stadt.«

Sie sahen Lebensmittelhändler, Apotheker, Ärzte, Notare, Trödler,

Glücksspieler, Händler, die elegante Stoffe anboten, Bildhauer, Schneider, Marktschreier, Akrobaten; Geistliche, die für billiges Geld Reliquien anboten und Bettler, die ihre Verstümmelungen zeigten. Katharina beobachtete fasziniert das Leben und Treiben, bis sie einige Männer entdeckte, die einen runden Hut trugen und an deren Brust ein rundes Stück Stoff festgenäht war.

»Was sind das für Leute?«, fragte sie Peppino.

»Es sind Juden, Hoheit, sie müssen als Abzeichen den Judenhut und den Judenfleck tragen. Seit dem vierzehnten Jahrhundert sind sie in Florenz ansässig; sie wurden hierher gerufen, um den hiesigen Wucherern Konkurrenz zu machen. Die Juden sind von den Zünften ausgeschlossen, aber es gibt viele gute Ärzte unter ihnen.«

Inzwischen waren zwei junge Männer einander gegenübergetreten, blockierten mit einem Fuß den Fuß des Gegners und begannen einander zu ohrfeigen.

»Sehen Sie, Hoheit«, sagte Peppino, »das ist das *civettine*, das Ohrfeigen-Spiel. Sie werden sehen, dass die Spieler bei dem Versuch, den Ohrfeigen auszuweichen, sich derart erhitzen, dass sie ein Kleidungsstück nach dem anderen ablegen und am Ende des Spiels oft nur noch Hemden und Strümpfe tragen.«

Während Katharina mit großen Augen das Spiel verfolgte, sagte Ippolito leise zu Peppino: »Ich möchte meiner Cousine als Erinnerung an ihren ersten Tag in Florenz ein Schmuckstück schenken. Können Sie mir einen guten Goldschmied empfehlen?«

»Gewiss, der beste Goldschmied der Stadt ist Signor Leonardo. Seinen Laden finden Sie auf dem Ponte Vecchio, auf der rechten Seite auf halber Höhe.«

Als das *Civettine*-Spiel beendet war und Katharina sich suchend nach Ippolito umsah, betrat ein junges, feingliedriges, dunkelhäutiges, schwarzhaariges Mädchen in Begleitung eines halbwüchsigen Jungen, der eine Laute und ein Tamburin trug, den Platz. Die allgemeine Aufmerksamkeit wandte sich dem Mädchen zu und einige riefen: »Die Zigeunerin, die Esmeralda, tanze für uns, Esmeralda!« Und eine junge Frau rief: »Lies in meiner Hand, Esmeralda, und weissage mir die Zukunft!«

Katharina betrachtete das junge Mädchen in den Gewändern aus schwarzem und rotem Tuch und fühlte sich magisch angezogen. Sie näherte sich der Zigeunerin und beobachtete gebannt, wie der junge

84

Körper sich geschmeidig zu den Klängen der Laute drehte und bog. Sie verfolgte das Spiel der exotischen Schönheit mit dem Tamburin. Besonderen Gefallen fand sie daran, wie diese die Arme hob und das Tamburin über dem Kopf mit den Fingern trommelte. Zwischendurch lauschte sie dem Klang der Glöckchen, die an Esmeraldas Hand- und Fußgelenken befestigt waren.

Nach dem Tanz sah die Zigeunerin sich um und fragte: »Wem soll ich die Zukunft vorhersagen?«

Fast im gleichen Augenblick eilte die junge Frau zu ihr und zeigte Esmeralda die innere Fläche ihrer rechten Hand. Das Zigeunermädchen beugte sich über die Hand, betrachtete sie prüfend, murmelte einige Worte, und die Frau rannte freudestrahlend zu einem großen, gut aussehenden jungen Mann mit brünettem Haar und Bart.

»Enrico, Enrico, wir bekommen ein Kind, einen Erben!«

Katharina hatte staunend die Szene beobachtet, nun sah sie Ridolfi an und fragte: »Wer ist die junge Frau, was hat sie zu der anderen Frau gesagt?«

»Hoheit, die Esmeralda ist eine Zigeunerin. Das fahrende Volk kommt von weit her, aus dem Osten, aber man weiß nicht genau, wo ihr Herkunftsland liegt. Sie hat der jungen Frau wahrscheinlich prophezeit, dass sie bald ein Kind haben wird; viele Menschen glauben, dass Zigeuner bestimmte Ereignisse vorhersagen können. Abgesehen davon gibt es Männer, die bei der Geburt eines Kindes ein Horoskop erstellen, das heißt, sie versuchen, aus dem Stand der Sterne bei der Geburt die Zukunft des neugeborenen Kindes zu deuten. Bei der Geburt Ihrer Hoheit wurde bestimmt auch ein Horoskop erstellt, Mingo wird wahrscheinlich mehr darüber wissen.«

»Ein Horoskop? Glauben Sie an Horoskope, Signor Ridolfi?«

»Ich kann die Frage nicht beantworten, Hoheit. Einerseits weiß ich, dass solche Voraussagen zutreffen können, andererseits habe ich auch schon das Gegenteil erlebt. Der Blick in die Zukunft hat die Menschen schon immer fasziniert. Denken Sie nur an die Römer und Griechen. In den alten Mythen spielt die Weissagung eine große Rolle. Ödipus, zum Beispiel: Als er durch das Orakel erfuhr, dass er seinen Vater töten und seine Mutter heiraten würde, versuchte er, seinem Schicksal zu entgehen, aber es erfüllte sich doch.«

Katharina hörte gespannt zu und beschloss, am Abend Mingo nach ihrem Horoskop zu fragen.

Peppinos Stimme unterbrach ihre Gedanken.

»Ich werde Ihre Hoheit jetzt zum politischen Zentrum von Florenz führen, zur Piazza della Signoria und zum Palazzo Vecchio.«

Sie gingen eine breite Straße entlang, bogen nach links ab und standen auf einem großen Platz.

»Dies ist die Piazza della Signoria – das hohe Gebäude mit dem schmalen Turm ist der Palazzo Vecchio, die Halle rechts daneben der Schauplatz für öffentliche Versammlungen der Stadtregierung. Hier werden der *gonfaloniere* und die *priori* in ihre Ämter eingesetzt.«

Katharina betrachtete den Palazzo und fühlte sich plötzlich einsam. Das Gebäude war so hoch, durch den Turm wirkte es noch höher. Über dem Untergeschoss gab es zwei weitere Stockwerke mit rundbogigen Fenstern, am imposantesten aber war das Obergeschoss mit Fenstern, die Löchern ähnelten, und Zinnen. Aus diesen Zinnen wuchs der schmale Turm heraus in den Himmel …

»Peppino«, sagte sie nach einer Weile, »über dem zweiten Stockwerk sind Bilder, was bedeuten sie?«

»Es sind die Wappen der vornehmen florentinischen Familien, Hoheit.«

Ippolito streifte den Palazzo nur mit einem flüchtigen Blick und betrachtete dann nachdenklich den Platz. »Katharina, vor ein paar Tagen erwähnte ich Savonarola. Er wurde am 23. Mai 1498 hier, auf der Piazza della Signoria, verbrannt.«

»Gott sei Dank«, sagte Peppino. »Der Dominikanermönch Girolamo Savonarola war für Florenz kein Segen, sondern ein Fluch. Gewiss, er war redegewandt, seine Predigten und Prophezeiungen faszinierten die Florentiner. Er behauptete, die Kirche werde in naher Zukunft für ihre Sünden bestraft werden, auch die Gesellschaft, die in der Sucht nach Profit und Vergnügen versumpfe, müsse bestraft werden. Er forderte Sittenstrenge, ersetzte den Karneval durch religiöse Prozessionen, und Hochzeiten durften nur noch in einfachem Rahmen stattfinden. Am schlimmsten aber war die ›Verbrennung der Eitelkeiten‹: Hier, auf diesem Platz, wurde ein riesiger Scheiterhaufen errichtet, auf den Schmuck, Schleier, Spiegel, Bücher und Bilder geworfen wurden. Die Künstler mussten zusehen, wie ihre Werke verbrannten, weil sie Gott nicht genügend priesen oder zu heidnisch wirkten. Savonarola ermutigte sogar Kinder zur Denunziation von Spielern und Einwohnern, die, seiner Meinung nach, unsittlich lebten. Er war ein entsetzlicher Fanatiker«, schloss Peppino seinen Bericht.

»Was ist das, ein Fanatiker?«, wollte Katharina wissen.

»Ein Fanatiker«, erklärte Ridolfi, »ist ein Mensch, der glaubt, dass seine Meinung die einzig richtige ist, und der versucht, diese Meinung seiner Umgebung aufzuzwingen. Lehnt die Umgebung des Fanatikers dessen Meinung ab, so kommt es zum Konflikt.«

»Ich bin müde«, sagte Katharina, »meine Füße schmerzen und außerdem habe ich Hunger und Durst.«

»Eine Pause würde uns allen gut tun.« Peppino sah sich um. »Dort drüben ist eine *osteria*, man hat von ihr aus einen schönen Blick über den Platz, und den Wirt kenne ich schon lange.«

Der Wirt wusste, dass Peppino im Palazzo Medici arbeitete, und da Katharinas Ankunft sich inzwischen herumgesprochen hatte, empfing er die Gäste sichtlich erfreut und mit zahlreichen Verbeugungen.

»Es ist eine große Ehre für mich«, sagte er zu Katharina, »dass ich die Urenkelin Lorenzos des Prächtigen in meinem einfachen Haus bewirten darf.«

Er stellte zwei Tische so zusammen, dass die Gäste zum Palazzo blicken konnten, und während Ippolito Wein und Most bestellte, wanderten Katharinas Augen begehrlich über die Speisen auf der Theke: Es gab Brot, verschiedene Käsesorten, Butter, Olivenöl, eingelegtes Gemüse und gebratene Fische. Sie vermisste Wurst und Schinken, bis ihr einfiel, dass Freitag war, ein Fastentag …

»Darf ich Ihrer Hoheit frisches Knoblauchbrot anbieten?«, fragte der Wirt. »Es ist eine Delikatesse, besonders, wenn man es in Olivenöl tunkt.«

»O ja!«, rief Katharina, und während sie genüsslich das Brot in Öl tunkte, erklärte Peppino die politische Verfassung von Florenz.

»In vielen italienischen Städten wird das politische Leben vom Bischof bestimmt; dort befinden sich Dom, Bischofspalast und die öffentlichen Gebäude an einem Platz. Es gibt in Italien aber drei Städte, die einen Platz haben, der öffentlichen Versammlungen vorbehalten ist: Bologna, Siena und Florenz. Die heutige Piazza della Signoria wurde im vierzehnten Jahrhundert entscheidend vergrößert und verschönert. Der Platz wurde mit mehr Sorgfalt gepflastert als alle übrigen Plätze der Stadt; er sollte vornehm wirken, und deshalb wurden alle so genannten ›entwürdigenden‹ Gewerbe von ihm fern gehalten, also Bettler und Prostituierte; sogar Glücksspiele durften auf ihm nicht stattfinden. Gegen Ende des dreizehnten Jahrhunderts war die wirtschaftliche Lage der Stadt einzigartig, was einen Aufschwung der Bauvorhaben bewirkte: Die Straßen wurden beleuchtet, verbreitert und gepflastert, vor den Kirchen Santa Maria Novella und Santa Croce wurden große Plätze angelegt, auf den Hügeln um die Stadt wurden Villen gebaut. Im Jahre 1282 entstand die bürgerliche Macht. Die *priori* hatten nun entscheidenden Einfluss; vorher waren sie nur Vorsteher der Zünfte gewesen, doch ab 1282 vertraute man ihnen das höchste Amt der Stadtrepublik an. Ihre Zahl erhöhte sich im Laufe der Jahre von drei auf sechzehn, je nach der politischen und wirtschaftlichen Situation. Ab 1293 wurde ihnen der *gonfaloniere* als oberster Gerichtsherr zur Seite gestellt. So hatten die Zünfte die Herrschaft über den Stadtstaat übernommen, der damit zu einer bürgerlichen Stadtrepublik wurde. Ausgeschlossen vom Amt der *priori* waren die Adeligen, sofern sie nicht zur bürgerlichen Geschäftswelt gehörten, und das einfache Volk. Nur die Mitglieder der Zünfte waren wählbar; der Dichter Dante Alighieri gehörte zur Zunft der Ärzte und Apotheker und war von Mitte Juni bis Mitte August 1300 *prior*. – Die *priori* lebten während ihrer zweimonatigen Amtszeit Tag und Nacht zusammen, zunächst in einem Haus der Familie Cerchi, ab 1301 dann im Palazzo Vecchio. Besucher konnten sie nur offiziell in Audienzen empfangen, den Palazzo durften sie nur zu Amtsgeschäften verlassen. Die Florentiner waren aus Sicherheitsgründen so sehr bemüht, die Personen an der Spitze stets auszutauschen, dass die *priori* nur für zwei Monate gewählt wurden und sich in den drei auf ihre Amtszeit folgenden Jahren nicht erneut zur Wahl stellen durften; dafür waren sie gegen Folter, Inhaftierung und Exilierung geschützt, obgleich diese Immunität in der Praxis vielfach nicht respektiert wurde – ein Beispiel ist das Exil des Dichters Dante Alighieri.«

Peppino schwieg, und eine Weile betrachteten seine Zuhörer den Platz. »Wir könnten jetzt sofort zum Ponte Vecchio gehen«, sagte Peppino. »Wenn es Ihrer Hoheit recht ist, machen wir einen kleinen Umweg durch den ältesten Teil der Stadt.«

Katharina, nunmehr gesättigt und ausgeruht, war einverstanden, und so überquerten sie die Piazza della Signoria und gingen eine Straße hinunter bis zu einem kleinen Platz.

»Dies ist die Piazza San Firenze«, erklärte Peppino. »Rechts von uns ist der Palazzo Gondi – er ähnelt dem Palazzo Medici –, und hier links, das ist der *bargello*; zurzeit befindet sich hier das Zivil- und Strafgericht mit den Amtsräumen, Gefängnissen und Folterkammern. Als er um die

Mitte des dreizehnten Jahrhunderts gebaut wurde, war er der Palast des *capitano* und *podesta*.«

Inzwischen waren sie beim *bargello* angekommen, betraten den Innenhof und blieben staunend stehen. Der Hof war sehr groß mit wuchtigen Arkaden im Erdgeschoss und eleganten Loggien im ersten Stock. Eine breite Steintreppe führte nach oben, auf halber Höhe wölbte sich ein viereckiger Torbogen, wodurch der Aufgang noch prachtvoller wirkte; an den grau-beigen Mauerwänden waren die Wappen der *podesta* und der Richter angebracht.

Sie verweilten einige Minuten in stummer Bewunderung, dann führte Peppino sie ein Stück die Straße hinauf, bog links in eine Gasse ab und blieb nach wenigen Minuten vor einem turmartigen Gebäude stehen.

»Jetzt sind wir im ältesten Stadtviertel von Florenz. Vor dreihundert Jahren wohnten die adeligen Familien in diesen Turmhäusern; die Türme sollten die Macht des Adels symbolisieren – je höher der Turm, desto reicher und mächtiger war die Familie. Um die Mitte des dreizehnten Jahrhunderts wurde der Einfluss des Adels zurückgedrängt und gesetzlich bestimmt, dass die Türme nur bis zu einer bestimmten Höhe gebaut werden durften. In dem Haus, vor dem wir jetzt stehen, wurde zwischen Mai und Mitte Juni 1265 der größte florentinische Dichter geboren: Dante Alighieri. Seine Familie gehörte zum alten Adel und stand politisch auf der Seite der *Guelfen*, die gegen die *Ghibellinen*, also die Anhänger der Staufer kämpften und für eine Stadtrepublik eintraten.«

Peppino schwieg ergriffen, und nach einer Weile wandte sich Ridolfi zu Katharina.

»Dante wurde zuerst bei den Franziskanern in Santa Croce, später in Bologna ausgebildet. Bereits in jungen Jahren interessierte er sich für Politik und schrieb sich in die Zunft der Ärzte und Apotheker ein, um in Ämter gewählt werden zu können. Im Jahre 1300 – er war als Botschafter nach San Gimignano geschickt worden und gehörte zur Partei der *weißen Guelfen*, die energisch gegen die Einmischungsversuche des Papstes in die Stadtpolitik protestierten – im Jahre 1300 wurde er zum *prior* gewählt. 1301 unterwarf Karl von Valois, der Bruder des französischen Königs und Verbündeter des Papstes, Florenz. Dante wurde verbannt und in Abwesenheit zum Tode verurteilt; damit begann sein Leben im Exil. Zunächst ging er nach Verona und über weitere Stationen schließlich nach Ravenna, wobei er die Hoffnung nicht aufgab, doch noch einmal nach Florenz zurückkehren zu können. Als Heinrich VII.

1310 nach Italien aufbrach, sah Dante seine Rückkehr vor Augen, aber der Tod des Kaisers im Jahre 1313 vernichtete seine letzten Hoffnungen; er starb am 14. September 1321 in Ravenna. Sein dichterisches Hauptwerk ist die *Divina Commedia*. In ein paar Jahren werden Sie dieses Werk lesen.«

Während sie die engen, verwinkelten Gassen durchstreiften, wies Peppino immer wieder auf einzelne Turmhäuser hin und nannte die Namen der Familien, die einst darin gewohnt hatten: Ricci, Ghiberti, Lapi, Cerchi.

Ridolfi betrachtete die hohen, schmalen, schmucklosen Gebäude aus grauem Stein und überlegte, ob er nicht in diesem alten Viertel nach einer Wohnung suchen sollte. Hier gab es Läden, kleine Schenken, wo man abends einen Becher Wein trinken konnte; hier war der Lebensunterhalt wahrscheinlich billiger als in der Gegend um San Lorenzo oder im Viertel der Kaufleute, das östlich des Marktplatzes begann und sich bis hinunter zum Arno erstreckte. Andererseits wohnte man dort in den Hofhäusern wahrscheinlich bequemer und ruhiger; er wog die Vor- und Nachteile ab: In einem Hofhaus war es geräumiger, die Arkaden-Loggia zur Straßenfront schützte vor dem Lärm, eine bequeme Außentreppe im Hof führte zu den oberen Etagen.

Als sie das Labyrinth der Gassen verließen und über die Piazza della Signoria zum Arno gingen, beschloss Ridolfi, in einem der alten Turmhäuser zu wohnen.

Als sie am Fluss angekommen waren, blieb Katharina stehen und betrachtete erstaunt die Brücke, die aus kleinen Häusern bestand, die dicht aneinander und sogar übereinander gebaut waren. Nur von der Mitte aus konnte man den Fluss sehen.

»Kann man in diesen Häusern wohnen?«, fragte sie Peppino.

»Gewiss, Hoheit. Die meisten Handwerker und Händler, die auf dem Ponte Vecchio arbeiten, wohnen auch dort. Diese Brücke wurde bereits in der zweiten Hälfte des zwölften Jahrhunderts erbaut; im Jahre 1333 war sie das Opfer einer entsetzlichen Überschwemmung, aber nachdem man die Ufer des Arno mit Kaimauern gesichert hatte, wurde sie 1345 wieder aufgebaut.«

Inzwischen hatten sie das untere Ende des Ponte Vecchio erreicht und bahnten sich langsam den Weg nach oben, wobei Ippolito besorgt Katharinas Hand nahm, damit sie in der Menschenmenge nicht verloren ging.

»Wenn es Ihrer Hoheit genehm ist«, sagte Peppino, »gehen wir zunächst die rechte Seite hinauf und die linke Seite hinunter. Von dort aus hat man einen wundervollen Blick auf den Fluss.«

Als sie sich der Mitte der Brücke näherten, zeigte er Ippolito diskret die Werkstatt von Signor Leonardo und ging dann mit Ridolfi langsam weiter, während die jungen Medici den Laden betraten.

Der Goldschmied stand überrascht auf, als er die beiden Kunden erblickte, dann verbeugte er sich ehrerbietig.

»Guten Tag, Hoheit, es ist eine Ehre für mich, die Herzogin von Urbino in meinem bescheidenen Laden empfangen zu dürfen.«

Katharina sah ihn erstaunt an, dann fiel ihr ein, dass er sie wahrscheinlich am Tag ihrer Ankunft auf der Brücke gesehen hatte.

»Womit kann ich Ihrer Hoheit dienen?«

Ehe die nun völlig verwirrte Katharina etwas sagen konnte, antwortete Ippolito.

»Ich möchte meiner Cousine ein Schmuckstück kaufen, das sie stets an ihre Rückkehr nach Florenz erinnern soll – der Preis spielt keine Rolle.«

Er trug sein erspartes Geld bei sich und hoffte, dass die Goldstücke reichen würden, um den Schmuck zu bezahlen.

Katharina glaubte nicht richtig zu hören.

»Ein Schmuckstück? Für mich? Das ist sehr teuer!«

Ippolito lächelte. »Für dich ist nichts zu teuer. Nun suche dir einen hübschen Goldschmuck aus.«

»Ich danke dir, Ippolito, du bist immer so gut zu mir.«

Leonardo hatte inzwischen einige Stücke zusammengesucht und breitete sie vor Katharina aus.

»Was darf es sein, Hoheit? Eine Kette, Ohrringe, eine Brosche, ein Armreif, ein Perlenschmuck für die Haare? Ein Ring allerdings wäre weniger angebracht, weil er nach kurzer Zeit nicht mehr auf die Finger Ihrer Hoheit passen würde.«

Katharina betrachtete geblendet die funkenden Edelsteine und konnte sich nicht entscheiden. Einerseits gefiel ihr alles, andererseits suchten ihre Augen nach einem besonderen Schmuckstück, das nicht jeder trug …

»Wähle du für mich, Ippolito«, sagte sie nach einer Weile.

Leonardo hatte Katharinas unschlüssigen Blick genau beobachtet, und auf einmal umspielte ein feines Lächeln seinen Mund.

»Ich habe noch ein besonders kostbares Schmuckstück, das Ihrer Hoheit vielleicht gefallen würde.« Er ging zu einem Schrank im Hintergrund des Ladens und brachte eine silberne Kassette, wo er besonders wertvolle Schmuckstücke aufbewahrte. Er öffnete das Geheimschloss und zeigte Katharina den Inhalt der Truhe. Dort lag, auf schwarzem Samt, ein ovales, rotgoldenes, mit Rubinen, Saphiren, Smaragden und Brillanten besetztes Medaillon, das an einer Goldkette befestigt war.

Katharina betrachtete fasziniert die Edelsteine, dann sah sie Leonardo an. »Dieses Schmuckstück ist wundervoll, einmalig, etwas Derartiges habe ich gesucht.«

Der Goldschmied lächelte erneut, öffnete das Medaillon und zeigte ihr das Bild der Jungfrau mit dem Kind. »Das Medaillon ist kein gewöhnlicher Schmuck, sondern ein Talisman. An einem Aprilabend, vor sechs Jahren, kam ein reicher Florentiner Bankier zu mir …« Er schilderte das Gespräch mit Eduardo Alessandro Bicci über das Medaillon. »Als der Schmuck fertig war«, fuhr Leonardo fort, »gefiel er mir so gut, dass ich ein zweites Madonnenbild besorgte und es – genau wie für den Bankier – mit rotem Gold umschloss und mit Edelsteinen besetzte. Ich wollte es natürlich irgendwann verkaufen, aber es sollte ein besonderer Anlass sein – und ein besonderer Kunde.«

Inzwischen hatte Ippolito beschlossen, falls sein Geld nicht reichte – und es würde bestimmt nicht reichen –, die Strozzis zu bitten, ihm den Rest zu leihen. »Was kostet das Medaillon?«, fragte er.

Da lächelte der Goldschmied zum dritten Mal.

»Es ist unverkäuflich.« Er nahm den Schmuck und legte ihn der überraschten Katharina um den Hals. »Ich schenke Ihrer Hoheit das Medaillon. Möge es Ihnen Glück bringen.«

»Vielen Dank«, stammelte Katharina, noch ganz benommen.

»Vielen Dank, Signor Leonardo«, flüsterte Ippolito sehr bewegt.

Auf der Brücke legte Katharina schützend die rechte Hand auf den Schmuck. »Ich darf das Medaillon nicht verlieren, Ippolito. Ich werde es jeden Tag tragen, bis ich sterbe. Glaubst du, dass es Glück bringt?«

»Gewiss, es ist mit einer hübschen Geschichte verknüpft: Der Geschichte einer verwitweten Mutter, die ihre unmündigen Kinder großzieht und der Familie und dem Bankhaus zu Ansehen verhilft.«

Katharina überlegte eine Weile. »Glaubst du, dass ich auch einen Sohn haben werde, der dafür sorgt, dass ich das Medaillon in mein Grab mitnehme?«

»Du wirst bestimmt einen solchen Sohn haben. Aber du solltest jetzt nicht an den Tod denken, das Leben liegt noch vor dir.«

Während sie langsam die eine Seite hinauf- und die andere Seite hinuntergingen, überlegte Ippolito, wo Alessandro sich herumtrieb. Er musste mit Katharina noch einmal ernsthaft über den Mauren reden.

Als sie die Mitte der Brücke erreicht hatten, standen Peppino und Ridolfi etwas abseits und unterhielten sich mit den Handwerkern.

Ippolito hob Katharina hoch und setzte sie auf die Mauer, damit sie einen besseren Überblick hatte, und dann genossen sie den Blick über den Fluss zu den Lagerhäusern auf der linken Seite und weiter zum Turm des Palazzo Vecchio, der die Dächer überragte.

Nach einer Weile sah Katharina hinüber zum anderen Ufer und weiter hinauf zu den Weinhügeln. »Ippolito, haben wir gestern nicht von dort oben aus die Stadt gesehen?«

Er sah flüchtig hinüber. »Ja.«

Dann betrachtete er verträumt die Brücke weiter unten, und vor seinem inneren Auge erschien die Gestalt eines schlanken, jungen Mannes, der dort auf einen Menschen wartete. Vom Ponte Vecchio aus näherte sich eine hoch gewachsene, weiß gekleidete Frau in Begleitung zweier Dienerinnen …

Katharina sah unterdessen auf den Fluss und verfolgte das Spiel der Wellen. Täuschte sie sich, oder floss der Arno hier abwärts?

So standen sie eine lange Zeit, vernahmen weder etwas von dem Lärm ringsum, noch merkten sie, dass die Sonne höher und höher stieg.

Irgendwann sagte Ippolito zu Katharina: »Auf der Brücke vor uns stand vor ungefähr zweihundertfünfunddreißig oder zweihundertvierzig Jahren der Dichter Dante Alighieri. Er war in ein langes, schwarzes Gewand mit reichem Faltenwurf gekleidet, und eine rote Zipfelkappe bedeckte seinen Kopf. Er stand dort, halb an die Mauer gelehnt, und wartete geduldig auf Beatrice Portinari, die Tochter eines Florentiner Adligen; sie war seine große Liebe, er hatte sie schon als Kind geliebt. Er wusste, dass sie unerreichbar für ihn war, weil schon lange feststand, dass er Gemma Donati heiraten würde, da ihre Familien es wünschten. Er stand dort und wartete – und dann kam Beatrice, begleitet von zwei Dienerinnen, die Uferstraße entlang. Sie war hoch gewachsen, schlank, trug ein langes, weißes Kleid, ihre braunen Haare waren zu einer kunstvollen Frisur hochgesteckt. Beatrice war dem jungen Mann schon öfter begegnet, sie ahnte wohl, was in ihm vorging, und um die Angelegenheit nicht unnötig zu verwirren, erwiderte sie nur flüchtig seinen Gruß und eilte vorbei, während die Dienerinnen den Dichter neugierig betrachteten. Dante indes war glücklich, dass er Beatrice an jenem Tag gesehen hatte.«

Katharina hörte aufmerksam zu und versuchte, sich die Szene vorzustellen …

»Woher weißt du, dass Dante und Beatrice an dieser Brücke einander begegnet sind?«

»Ich weiß es nicht, ich habe mir nur vorgestellt, dass es so gewesen sein könnte. Obwohl, ich weiß nicht, ob diese Brücke damals schon erbaut war, aber irgendwo in dieser Stadt sind sie einander bestimmt begegnet … Beatrice starb schon 1290, und nach ihrem Tod verfasste er die *Vita Nova*, das sind Verse über die Liebe zu Beatrice. Jedem Vers fügte er einige Zeilen erläuternde Prosa bei; diese Dichtung ist die Beschreibung der idealen Liebe. In seinem Hauptwerk, dem allegorischen Gedicht *Divina Commedia*, wandert Dante durch die Jenseitsreiche *Inferno*, *Purgatorio* und *Paradiso*. Zur Führung durch die ersten beiden Bereiche hat Beatrice ihm den römischen Dichter Vergil geschickt, sie selbst übernimmt Dantes Führung im Paradies.«

»Er hat Beatrice sein ganzes Leben lang geliebt?«

»Ja.«

Beide schwiegen lange. Schließlich nahm Katharina das Gespräch wieder auf:

»Wie dumm von Alessandro, an unserem Stadtrundgang nicht teilzunehmen, er hat viel versäumt … Ach, da ist etwas, das wollte ich dich schon während der Reise fragen: Warum hat Onkel Clemens, als wir uns von ihm verabschiedeten, zu Alessandro ›mein Sohn‹ gesagt? Onkel Clemens hat nie geheiratet, weil er dem geistlichen Stand angehört; da er unverheiratet ist, kann er auch keine Kinder haben.«

Ippolito überlegte kurz, wie er diese heikle Frage beantworten sollte – am besten wahrheitsgemäß. Irgendwann würde sie sowieso erfahren, wer der Vater des Mauren war. »Katharina, man kann auch Kinder haben, ohne verheiratet zu sein. Solche Kinder sind illegitim. Meine Eltern zum Beispiel waren auch nicht verheiratet, die Eltern von Onkel Clemens übrigens auch nicht. Heute Abend zeige ich dir den Familienstammbaum, da kannst du sehen, wer von den Medici legitim oder illegitim ist … Nun, Alessandro ist ein illegitimer Sohn von Onkel Clemens, der leibliche Sohn des Papstes. Verstehst du nun, warum Tante Clarissa dir beim Abschied den Rat gab, dich mit Alessandro zu vertragen?«

Katharina starrte Ippolito entgeistert an. Der Maure war der Sohn des

Papstes? Sie sah bedrückt auf den Fluss. »Jetzt verstehe ich alles«, sagte sie leise. »Jetzt verstehe ich, warum Onkel Clemens den Mauren uns beiden immer vorgezogen hat, jetzt verstehe ich, warum Alessandro sich immer Frechheiten herausgenommen hat; er weiß bestimmt, wer sein Vater ist, und er glaubt wahrscheinlich, dass er sich aus diesem Grund alles erlauben darf … Warum hat Onkel Clemens ihn nicht bei sich in Rom behalten? Er liebt ihn doch anscheinend sehr.«

»Darüber habe ich während unserer Reise hierher oft nachgedacht. Ich hatte bereits in Rom eine Vermutung, die sich verstärkte, als ich gestern beobachtete, wie Passerini um Alessandro herumscharwenzelte, anders kann man es wohl nicht nennen …«

Er zögerte, jetzt kam der heikle Punkt: »Katharina, es ist nun einmal so, dass Eltern für ihre Kinder das Beste wollen. Die Kinder sollen es einmal besser haben, sie sollen reich, mächtig, glücklich werden, man versucht, ihnen den Weg zu ebnen, so weit es möglich ist. Onkel Clemens will für seinen Sohn natürlich auch das Beste. Ich vermute, dass er Alessandro mit den Florentinern bekannt machen will, er soll sich hier einleben, die Florentiner sollen sich an seine Person gewöhnen … Wahrscheinlich will Onkel Clemens dem Mauren irgendwann die Herrschaft über Florenz verschaffen; es ist nur eine Vermutung von mir, aber ich habe im Augenblick keine andere Erklärung für die Anwesenheit des Bastards in unserem Palazzo.«

»Wie bitte?«, rief Katharina, sprang von der Mauer herunter, stellte sich vor Ippolito und funkelte ihn zornig an. »Der Maure soll Florenz regieren?! Und was wird aus mir?! Ich bin die rechtmäßige Erbin, ich bin die Urenkelin Lorenzos des Prächtigen und meine Eltern waren verheiratet! Nein, nein, nein! Er darf nicht über Florenz herrschen, er ist zu dumm, zu hochmütig!«

Ihre Stimme bebte vor Empörung, und einige Handwerker sahen erstaunt von ihrer Arbeit auf und hörten der Kleinen interessiert zu.

»Katharina«, sagte Ippolito halblaut, »komm, wir müssen nach Hause, man erwartet uns an der Mittagstafel.«

Er nahm ihre Hand und ging langsam mit ihr die Brücke hinunter und ein Stück am Fluss entlang. Als sie außer Hörweite waren, blieb er stehen und sah Katharina ernst und eindringlich an.

»Du musst lernen, deine Gefühle zu beherrschen. Du darfst sie nie wieder in der Öffentlichkeit zeigen. Und was Alessandro betrifft, versuche dich nicht mehr mit ihm zu streiten, verbirg deinen Abscheu, begegne ihm freundlich und liebenswürdig, verstelle dich, verstecke deinen Hass unter einer lächelnden Maske; es ist in deinem eigenen Interesse! Angenommen, meine Vermutung ist richtig und er regiert eines Tages Florenz, angenommen, du lebst dann auch noch hier, so bist du ihm ausgeliefert. Du darfst ihm ab jetzt keinen Anlass liefern, der seine Antipathie dir gegenüber verstärkt; er wird dir nie sehr wohl gesonnen sein, weil du legitim bist und weil er spürt, dass du klüger bist als er. Also, denke an deine Zukunft, provoziere ihn nicht, und wenn er Streit anfängt, so ignoriere es einfach. Onkel Clemens wird sicher versuchen, eine glänzende Heirat für dich zu arrangieren, dann wirst du Florenz wahrscheinlich verlassen und bist Alessandro nicht mehr ausgeliefert; aber das weiß man nicht. Deine Zukunft hängt davon ab, wie lange Onkel Clemens lebt. Abgesehen von mir ist er der einzige Medici, der Interesse an dir hat, weil du für ihn eine wichtige Figur in seinem politischen Spiel bist. Hast du alles verstanden?«

Sie nickte stumm, und dann gingen sie zurück zum Palazzo Vecchio und über die Piazza della Signoria; kurz bevor sie in die Straße einbogen, die zum Dom führte, blieb Katharina stehen und blickte noch einmal zurück zum Palazzo und der Halle mit den drei Rundbogen.

»Du hast Recht, Ippolito, ich werde künftig in Gegenwart des Mauren eine freundliche Maske tragen, und ich hoffe, dass er nie in Florenz regieren wird.«

Sie drehte sich abrupt um und ging rasch die Straße entlang zum Dom. Ippolito fühlte sich einen Augenblick lang eigentümlich berührt … Wie sie da stand und über den Platz sah, das war fast wie ein Abschied von Florenz …

Auf dem Rückweg versuchte Katharina, sich auf die neue Situation einzustellen. Bis jetzt war es für sie selbstverständlich gewesen, dass sie ihr Leben in Florenz verbringen würde, und nun war dies auf einmal nicht mehr sicher. Um sich von ihren trüben Gedanken abzulenken, stellte sie sich vor, wie sie Alessandro gegenüber eine unsichtbare Maske aufsetzen würde, um ihre wahren Gefühle zu verbergen. Er wird erstaunt sein, dachte sie, verwirrt, und der Gedanke, dass er ihre Freundlichkeit eines Tages für die Wahrheit hielt, belustigte sie; je länger sie über das Versteckspiel nachdachte, desto besser gefiel es ihr.

Beim Betreten des Palazzo Medici nahm sie das Medaillon vorsichtig ab und versteckte es in der Tasche ihres Kleides. Es war nicht notwendig, dass Passerini oder der Maure das Schmuckstück sahen. Mingo würde sie es am Abend zeigen. Sie wollte das Medaillon zwar stets bei sich tragen, aber so, dass niemand es sah; zumindest solange ihre Zukunft ungewiss war …

Bei der Mittagstafel ließ Passerini sich von Ippolito berichten, was sie am Vormittag besichtigt hatten, dann fragte er Alessandro, was er in Florenz gesehen habe.
»Ich war im Stadtteil Santa Croce und habe die Kirche besichtigt, Eminenz.«
»Die Kirche? Das ist lobenswert.«
Santa Croce, dachte Mingo, in diesem Viertel gab es auch verrufene Straßen und Freudenhäuser, wahrscheinlich hat der Maure sich vor allem dort herumgetrieben …

Nach der Siesta ritten die drei jungen Medici, begleitet von dem alten Peppino und einigen Bewaffneten, zur Piazza Santa Croce. Auf dem Platz vor der Kirche hielt Peppino an.
»Hier und auf der Piazza della Signoria wird jedes Jahr an San Giovanni der *Calcio Storico* gespielt. Dieses Fußballspiel in alten Kostümen ist ein einmaliges Spektakel: Kurz vor Anbruch der Nacht wird ein Umzug in Kostümen abgehalten, angeführt von den Garden folgen Fanfaren, Zünfte und Reiter. Beim Abfeuern einer Kanone verlöschen die Lichter, und wenn das Licht wieder entzündet wird, beginnt das Fußballspiel in Kostümen.«
Sie ritten rechts eine Straße hinunter bis zu einer Kreuzung und bogen dann nach links ab auf den Corso dei Tintori.
»Hier leben und wohnen die ärmsten Einwohner der Stadt«, erklärte Peppino. »Es sind vor allem Arbeiter der wollverarbeitenden Industrie, also Kardierer, Wollkämmer und Färber. Sogar in den Untergeschossen der Paläste der reichen Kaufleute werden große Bottiche aufgestellt, in denen man die Wolle färbt. Die Lebensbedingungen der Färber sind erbärmlich: Das Gelände ist sumpfig und die Holzhäuser baufällig; bei einer Epidemie beginnt hier stets das Massensterben, aber die Saisonarbeiter nehmen immer schnell die Stellen der Verstorbenen ein. Die Färber besitzen keinerlei Rechte, vor allem ist es ihnen verboten, sich zu Zünften zusammenzuschließen.«
Inzwischen waren einige Arbeiter auf die Gruppe aufmerksam geworden und liefen herbei.

»Die Duchessina, es lebe die Duchessina, es lebe die Familie Medici, *palle, palle, palle!*«

»Was heißt *palle*?«, fragte Katharina.

»Das war der Schlachtruf der Medici-Anhänger«, erklärte Ippolito. »Mit *palle* sind die Ornamente auf unserem Wappen gemeint, die von den Florentinern *palle*, also Kugeln genannt werden, obwohl es in Wirklichkeit byzantinische Münzen waren.«

Von der Straße der Färber aus ritten sie um die Kirche herum und von der Piazza Santa Croce zurück in die Altstadt durch den Borgi de Greci, eine der ältesten Straßen von Florenz.

Das Ergebnis dieses ersten engeren Kontaktes der jungen Medici zu den Florentinern war für Katharina und Ippolito erfreulich, für Alessandro enttäuschend. Die Passanten, Händler und Handwerker ließen die Duchessina und den Sohn des Herzogs von Nemours hochleben, während sie Alessandro nur erstaunt musterten oder ignorierten. Katharina saß in ihrem lindgrünen Kleid kerzengerade auf der kleinen, weißen Stute, lächelte und grüßte nach allen Seiten, fühlte sich glücklich und vergaß an diesem Nachmittag für einige Stunden die pessimistischen Vermutungen Ippolitos. Sie würde Florenz gut regieren und den wirtschaftlichen Aufschwung fördern, sie würde dafür sorgen, dass es den Färbern besser ging …

»*Palle, palle, palle!*«

Der Ruf begleitete sie bis zur Via Larga.

Ippolito hatte während des Rittes seine kleine Cousine mit Genugtuung beobachtet, und als sie nun absaßen, sagte er zu ihr: »Schade, dass Tante Clarissa dich nicht gesehen hat, sie wäre stolz auf dich gewesen. Du bist wie eine Königin durch die Stadt geritten.«

»Wie eine Königin?«, fragte Katharina erstaunt.

Da sagte Alessandro: »Rede keinen Unsinn, Ippolito, sie wird nie eine Königin werden.«

Katharina spürte einen feinen Stich und erinnerte sich wieder an die vormittägliche Unterhaltung auf der Brücke. Ihre gehobene Stimmung verflog, aber sie versuchte, sich nichts anmerken zu lassen und sah Alessandro freundlich an. »Gefällt dir Florenz?«

Er sah sie überrascht an, er hatte eine unwirsche Reaktion erwartet, stattdessen war sie freundlich. Nun, vielleicht hatte man ihr angedeutet, dass er, der Sohn des Papstes, der Herr im Palazzo und über die Stadt war. Wenn sie sich bescheiden im Hintergrund hielt, würde er ihr gnädig-herablassend begegnen, und so erwiderte er: »Ich weiß noch nicht, ob mir Florenz gefällt. Die Piazza della Signoria und der Palazzo Vecchio sind recht eindrucksvoll, aber die engen Gassen und die hohen Turmhäuser finde ich abscheulich.«

»Du musst einmal auf dem Ponte Vecchio stehen und über den Arno blicken.«

»Der Ponte Vecchio? Was denkst du dir? Ich mische mich doch nicht unter das gemeine Volk. Außerdem soll es auf der Brücke entsetzlich stinken.« Er rümpfte die Nase, nickte Katharina und Ippolito hoheitsvoll zu und ging gemessenen Schrittes die Innentreppe empor.

Das fängt ja gut an, dachte Ippolito, sein arrogantes Benehmen wird uns noch in Schwierigkeiten bringen.

Nach der Abendtafel ging er mit Katharina in sein Appartement und entrollte einen großen Pergamentbogen.

»Das ist der Familienstammbaum, den ich in Tante Clarissas Auftrag anfertigen musste.«

Katharina betrachtete die Namen und Lebensdaten, das Wappen, die drei weißen Lilien und fühlte sich völlig verwirrt.

»In diesem Stammbaum werde ich mich nie zurechtfinden, Ippolito.«

»Du musst dir nicht alle Namen merken, es waren letztlich nur wenige Vorfahren, die unsere Familiengeschichte entscheidend beeinflusst und gestaltet haben. Betrachte zunächst die weißen Lilien: Im Jahre 1464, beim Tod Cosimos Pater Patriae, gewährte der französische König Ludwig XI. Cosimos Sohn Piero das Privileg, drei weiße Lilien in seinem Wappen zu führen. Der König von Frankreich muss unsere Familie sehr geschätzt haben. Die Medicis sind schon seit ungefähr dreihundert Jahren in Florenz ansässig, ihr Aufstieg zur Macht begann indes erst in der ersten Hälfte des fünfzehnten Jahrhunderts unter Giovanni di Bicci von Medici. Er ist der Stammvater unseres Hauses; er lebte von 1360 bis 1429, war mit Piccarda Bueri verheiratet und hinterließ zwei Söhne: Cosimo Pater Patriae und Lorenzo. Lorenzo ist der Ahnherr der jüngeren Linie unseres Hauses; hier rechts siehst du seine Nachkommen: Seinen Sohn Francesco, seinen Enkel Giovanni und seinen Urenkel Giovanni delle Bande Nere – aber mit dieser Linie wollen wir uns nicht weiter beschäftigen. Zurück zu Giovanni di Bicci: Von seinem Vater hatte er ein beträchtliches Vermögen geerbt, das er klug und vorsichtig verwaltete. Im Jahre 1402 wurde er zum *prior* der Gilde der Bankiers gewählt, 1421, im Alter von einundsechzig Jahren, wurde er zum *gonfaloniere* gewählt, zum Bannerherren; dies war das höchste Ehrenamt der Republik. Giovanni besaß wertvolle Eigenschaften wie Anspruchslosigkeit, Großmut, Nächstenliebe, er war weder habsüchtig noch rachsüchtig, er förderte das Gemeinwohl, indem er für eine wirksamere Besteuerung des Grundbesitzes sorgte, er war für Frieden und gegen Krieg, er sorgte für die Verschönerung der Stadt, als er zusammen mit sieben anderen Familien Brunelleschi mit dem Neubau von San Lorenzo beauftragte.«

Ippolito überlegte einen Augenblick, bevor er fortfuhr.

»Bevor ich dir jetzt etwas über Giovanni di Biccis Nachkommen erzähle, musst du einiges über die Republik Florenz und das Verhältnis zwischen den Florentinern und unserer Familie erfahren. Florenz war und ist eine Stadtrepublik; allerdings war das Regierungssystem immer unübersichtlich und wurde ständig verändert, entweder zum Nutzen der jeweiligen Machthaber oder um frühere Änderungen wieder aufzuheben. Es gab eine Anzahl Körperschaften und Beamte, die in einer Weise gewählt wurden, dass ein repräsentativer Querschnitt der Bevölkerung Gelegenheit hatte, sich öffentlich zu betätigen. Es gab viele Wege, die Anhänger der mächtigsten Gruppen durchzubringen, und es war das Geschick, mit dem man diese Einrichtung zu handhaben verstand, das der Familie Medici den politischen Vorrang sicherte. Am Beginn des fünfzehnten Jahrhunderts bestand die gesetzgebende Körperschaft, also die *Signoria*, aus neun Mitgliedern; es waren dies der *gonfaloniere di giustizia*, er war der oberste Verwaltungsbeamte, der *capitano del popolo*, der die Interessen der sieben Zünfte vertrat, und sieben *priori*, deren Aufgabe es war, die Gesetzgebung vorzubereiten und die Politik zu leiten. Unabhängig von der *Signoria* bestand das Amt des *podesta*, das einem Auswärtigen jeweils für ein Jahr übertragen wurde. Der *podesta* war der oberste Richter der Stadt und der Anführer des Heeres im Krieg. – Es gab auch Körperschaften, die das Volk als Ganzes repräsentierten, wie den *consiglio del popolo*, der aus Wahlen hervorging, und den *parlamento*, eine Versammlung sämtlicher Bürger, die von der großen Glocke des Palazzo Vecchio zusammengerufen wurde. Die Stadtrepublik Florenz war immer schwierig zu regieren, denn diese Republik war in Wirklichkeit eine Plutokratie, in der die jeweilige Herrschaft dauernd in Frage gestellt war durch die Gilden, die Organisation der Handwerker und Händler der Stadt. Die Medicis waren schon seit dem dreizehnten Jahrhundert Bankiers, und über das Bankgeschäft kamen sie allmählich zu politischer

Macht. Städte, an denen sie interessiert waren, unterwarfen sie nicht mit Waffengewalt, sondern schlossen Verträge, die den Florentinern dort Handelsvorteile sicherten.«

Ippolito überlegte. »Katharina, die Medicis waren nie adelig, sie verbündeten sich stets mit dem Volk. Der florentinische Adel hasste unsere Familie, weil in dem Maße, in dem er selbst an Macht einbüßte, die Macht unserer republikanischen Familie zunahm, bis sie der eines Fürstenhauses gleichkam. Die Medici zogen immer geschickt Nutzen aus den Bewegungen des Kapitalmarktes, und ebenso geschickt verstanden sie es, aus jedem Stimmungswechsel des Volkes ihren Nutzen zu ziehen. Sie versuchten niemals, dem kleinen Volk der Handwerker und Arbeiter ihren Willen mit Gewalt aufzuzwingen, sondern richteten es so ein, dass ihre administrativen Fähigkeiten, die Feste, die sie arrangierten und großzügig finanzierten, allgemein als Voraussetzung des Wohlstandes und Garantie der bürgerlichen Freiheit anerkannt wurden. Die Autorität unserer Familie blieb jahrzehntelang unangefochten, weil die Florentiner den Eindruck hatten, die Medici handelten immer in Übereinstimmung mit den Wünschen des Volkes, was unter der Herrschaft Lorenzos des Prächtigen gar nicht mehr zutraf, weil er Verfassung und Wahlen geschickt manipulierte. Aber die Florentiner waren zufrieden und glücklich unter seiner Regierung, und das ist wohl die Hauptsache.«

Katharina überlegte. »Unsere Vorfahren haben nach außen hin eine Maske getragen und ansonsten so gehandelt, wie sie es für richtig hielten, das muss ich mir merken. – Nun erzähle endlich von Giovannis Nachfahren.«

»Giovannis Sohn, Cosimo Pater Patriae, führte die väterliche Überlieferung fort. Er lebte von 1389 bis 1464 und war mit der Contessina von Bardi verheiratet, der Erbin einer berühmten Florentiner Familie. Als Mitgift brachte sie unter anderem auch die Leitung der Bank mit in die Ehe. Cosimo war zu Lebzeiten seines Vaters viel gereist und so ein ausgezeichneter Kenner des europäischen Finanzmarktes geworden, der Zweigunternehmen unseres Bankhauses in Brügge, Venedig, London, Genf und Avignon gründete. Im Jahre 1433 wurden die Medicis zum ersten Mal aus Florenz vertrieben; eine Verschwörung des Adels raubte Cosimo die Macht, er wurde sogar einige Zeit in einen winzigen Raum ganz oben auf dem Turm des Palazzo Vecchio eingekerkert, musste Florenz schließlich verlassen und ging nach Venedig ins Exil, wo er sich seinen Bankgeschäften widmete. Bereits ein Jahr später kehrte er im

Triumph nach Florenz zurück, wurde zum *gonfaloniere* gewählt und herrschte dann dreißig Jahre lang, bis zu seinem Tode im Jahre 1464, unangefochten über Florenz. Genau betrachtet war seine Regierung eine Diktatur, auch wenn er peinlich darauf achtete, dass die demokratischen Formen gewahrt blieben. Aber diese dreißig Jahre waren eine Zeit des Friedens und des Wohlstandes wie noch nie zuvor in dieser Stadt. Er regierte mit Hilfe von Vertrauensleuten und denjenigen, die ihm verpflichtet waren, indem er heimlich Wahlen manipulierte, die Besetzung wichtiger Posten überwachte und auch vor Erpressung nicht zurückschreckte. Er führte eine Finanzreform durch, die bewirkte, dass die reichsten Bürger die höchsten Steuern zahlen mussten. Er pflegte den Kontakt zum Volk und versuchte, sich bei der Masse beliebt zu machen, indem er sich einfach kleidete und nach außen hin seinen Reichtum nicht zur Schau stellte. Er arrangierte häufig Festlichkeiten, um das Volk gefügig zu machen und von der Politik fern zu halten. Er stiftete Schulen, Krankenhäuser, unterstützte die Armen – vor allem aber förderte er die Künste und ließ Brunelleschi, Michelozzo, Donatello und Verrocchio für sich arbeiten. Im Jahre 1444 beauftragte er Michelozzo mit dem Bau unseres Palazzo, wobei er auch hier peinlich darauf achtete, nicht durch übermäßigen Prunk den Neid der Mitbürger zu erregen. Bei seinem Tod im Jahre 1464 verlieh die *Signoria* dem Verstorbenen in Anerkennung seiner Verdienste den Ehrentitel eines »Pater Patriae«, das Volk – vertreten durch die *Signoria* – erkannte die Medici de facto als Herrscher über Florenz an. – Cosimos Nachfolger war sein Sohn Piero, genannt ›der Gichtige‹, er starb bereits nach fünf Jahren im Jahre 1569. Über seine Regierung gibt es nicht viel zu sagen, er besaß nicht den politischen Scharfsinn seines Vaters, aber er war rechtschaffen und herzensgut; ihm verlieh der König von Frankreich das Privileg, drei weiße Lilien im Wappen zu führen. Einige Monate vor seinem Tod verheiratete er seinen ältesten Sohn Lorenzo mit Clarissa Orsini; diese Verbindung mit einer altrömischen Adelsdynastie war zwar unpopulär in Florenz, aber man verzieh Piero, weil er milde regiert hatte.« Hier schwieg Ippolito, um seine Gedanken zu sammeln. Katharina betrachtete den Stammbaum.

»Jetzt ist endlich Lorenzo an der Reihe«, sagte sie nach einer Weile.

Ippolito lächelte. »Dein Urgroßvater regierte dreiundzwanzig Jahre lang, von 1469 bis 1492. Während dieser Zeit erlebte Florenz eine einzigartige kulturelle Blüte und war auf fast allen Gebieten der abendländischen Kunst führend, vor allem im Bereich der bildenden Künste. Botticelli, Leonardo da Vinci und Michelangelo arbeiteten in Florenz. Michelangelo schuf die Skulptur des *David* für die *Signoria* und leitete den Umbau der Stadtmauern, aus Urbino kam Raffael nach Florenz … Dein Urgroßvater war der Inbegriff des Medici-Fürsten; er umgab sich mit Künstlern und Literaten und förderte eine aufwändige Festkultur. Als Geschäftsmann war er weniger erfolgreich: Die Filialen in London und Brügge machten 1478 Bankrott. Hingegen war er ein außerordentlich geschickter Diplomat, dem es gelang, das Machtgleichgewicht in Italien zu wahren. Er beeinflusste die Politik so stark, dass die Demokratie faktisch abgeschafft wurde. Im Jahre 1480 führte er eine neue Verfassung ein, wodurch die politische Macht einem Rat von siebzig Mitgliedern übertragen wurde. In diesem Ausschuss wurden verstorbene Mitglieder nicht durch öffentliche Wahlen, sondern durch Kooption ersetzt, und so bestand der Rat im Laufe der Jahre immer mehr aus Klienten und Anhängern der Medici. Merkwürdigerweise nahm das Volk die Abschaffung der Demokratie hin, ohne aufzubegehren, aber Lorenzo war ausgesprochen beliebt bei den Florentinern, und die missglückte Pazzi-Verschwörung im Frühjahr 1478 hatte zwischen dem Volk und den Medicis eine Atmosphäre des Vertrauens geschaffen wie noch nie zuvor. Dieses Vertrauen wurde von Lorenzos Nachfolger aus Unklugheit zerstört – doch zurück zur Pazzi-Verschwörung: Zwischen Lorenzo und Papst Sixtus IV. gab es Unstimmigkeiten über die politische Form Italiens; der Papst wollte Italien unter die Herrschaft des Kirchenstaates bringen, Lorenzo hingegen fand, dass Bündnisse der italienischen Einzelstaaten untereinander die beste Lösung waren, um den Übergriffen auswärtiger Mächte zu widerstehen. Sixtus versuchte, durch Bündnisse mit italienischen und fremden Staaten Florenz politisch zu isolieren; vor allem aber wollte er die Medicis vernichten und sicherte sich die Unterstützung der Familie Pazzi, die den Medici feindlich gesonnen war. Man beschloss, am 26. April 1478 Lorenzo und seinen jüngeren Bruder Giuliano während der Messe im Dom zu töten, und zwar in dem Augenblick, als die Hostie geweiht wurde. Pazzi und ein gewisser Bandini durchbohrten Giuliano mit dem Degen den Kopf, Lorenzo wurde nur an der Schulter verletzt und flüchtete in die Sakristei. Als die Pazzi dann auf der Piazza della Signoria versuchten, das Volk gegen die Medici aufzuwiegeln, da richtete sich die Volkswut auf einmal gegen die Pazzi, man war empört über den Mordanschlag. Es gab ein Blutbad unter den Pazzi-Anhängern und die Anführer des Komplotts wurden später hingerichtet. Dies misslungene Attentat steigerte Lorenzos Beliebtheit derart, dass er während der folgenden Jahre die Demokratie abschaffen konnte. Das Verhältnis zum Vatikan besserte sich zusehends, als im Jahre 1484 Innozenz VIII. neuer Papst wurde.«

Ippolito schwieg erneut, damit Katharina alles verarbeiten konnte. Nach einer Weile fuhr er fort. »Jetzt kommt der traurige Teil der Familiengeschichte. Unter Lorenzo dem Prächtigen hatten die Medici den Zenit an Macht, Ansehen und Popularität erreicht. Der Zenit ist kein Dauerzustand, es ist wie mit der Sonne: Wenn sie am höchsten steht, fängt sie gleichzeitig an, langsam unterzugehen, wobei der Untergang nach außen nicht sichtbar wird, es dauert eine ganze Weile – bei der Sonne mehrere Stunden –, bis man ihn bemerkt. Was unsere Familie betrifft, so begann der Untergang noch zu Lorenzos Lebzeiten. Es war seine Toleranz gegenüber einer bestimmten Person, die zum Niedergang unserer Familie und zum Niedergang von Florenz führte; bis zum heutigen Tag haben sich weder die Medicis noch die Stadt völlig davon erholt. – Toleranz ist eine durchaus positive Eigenschaft, aber man muss sie im richtigen Augenblick üben, und bei Lorenzo kam sicher hinzu, dass er sich seiner Macht so sicher war, dass er glaubte, nichts könne je das Vertrauen des Volkes zu den Medici erschüttern. Der Niedergang dauerte ungefähr zwölf Jahre und sollte sich erst nach Lorenzos Tod auswirken. Die Geschichte beginnt mit einem banalen äußeren Ereignis: Im Jahre 1482 kam ein Mönch namens Girolamo Savonarola aus Ferrara nach Florenz und trat in das Dominikanerkloster San Marco ein, das von jeher von den Medici unterstützt und gefördert wurde. Savonarola war damals ungefähr dreißig Jahre alt, sehr hässlich, aber ein brillanter Redner, um nicht zu sagen ein Demagoge, der bei seinen Zuhörern eine wahre Begeisterung entfachte. Er pries die frühchristlichen Tugenden, wollte die Kirche reformieren und vor allem auch die Lebensweise der Menschen; sie sollten ihr moralisches Bewusstsein ändern. Savonarola prangerte Kunst und Kultur als Seelenverderber an und forderte die ›Diktatur Gottes auf Erden‹. Im Jahre 1483 hielt er seine erste Fastenpredigt in San Lorenzo, und bei dieser Gelegenheit griff er die Medici und besonders Lorenzo an. Er beschimpfte ihn, nannte ihn einen Barbaren und Tyrannen und drohte mit göttlicher Vergeltung. Lorenzo ließ ihn während der neun Jahre, die er noch lebte, gewähren, und der fanatische Mönch konnte ungestört predigen, das Volk zum Aufruhr anstacheln und ganz Florenz zur Buße aufrufen. Obwohl zu Lebzeiten Lorenzos das Vertrauen des Volkes zu den Medici unerschüttert blieb, so wirkten Savonarolas fanatische Predigten im Laufe der Jahre doch wie ein schleichendes Gift und bewirkten allmählich jenen Gesinnungswandel, der zur Vertreibung der Medici und zur Zerstörung wertvollen Kulturgutes führte. – Als Savonarola Prior in San Marco geworden war, lud Lorenzo ihn zu einem Besuch in die Via Larga ein, wie es seit Jahrzehnten üblich war. Der Mönch gab keine Antwort und weigerte sich auch, Lorenzo zu empfangen, als dieser ihn besuchen wollte. Die beiden Männer sind sich nur ein Mal begegnet, nämlich am Sterbebett Lorenzos im Jahre 1492. Der Mönch beschimpfte den Kranken, befahl ihm, seine Sünden zu bekennen und dem Volk die Freiheit zurückzugeben. Man erzählt, dass Lorenzo der Prächtige dem Fanatiker keine Antwort gab, sondern ihm schweigend und verächtlich den Rücken zuwandte. Lorenzos Erbe und Nachfolger war sein ältester Sohn, der einundzwanzigjährige Piero, der später den Beinamen ›der Glücklose‹ erhielt. Piero war zwar ehrgeizig, besaß aber nicht die politische Klugheit seiner Vorfahren. Er misstraute den Florentinern und versuchte, seine Macht mit fremder Hilfe zu festigen. Er soll ein schöner Mann gewesen sein, aber hinter seinem würdevollen Auftreten verbarg sich ein hinterhältiger Charakter; hinzu kam, dass er sich wie ein Wüstling benahm und durch zahlreiche Liebschaften einen Skandal nach dem anderen hervorrief. In dieser Situation war es für Savonarola leicht, die Florentiner gegen die Medici aufzustacheln; der religiöse Staatsstreich lag in der Luft, und es bedurfte nur noch eines Tropfens, um das Fass zum Überlaufen zu bringen. Das geschah zwei Jahre nach Lorenzos Tod im Jahre 1494.«

Ippolito starrte gedankenverloren vor sich hin.

Katharina, die die ganze Zeit genau zugehört hatte, wurde nach einer Weile ungeduldig. »Was geschah nach Lorenzos Tod, Ippolito?«

Ippolito sah auf. »Nach Lorenzos Tod?« Er sammelte seine Gedanken und fuhr fort.

»Frankreich besaß oder besitzt Ansprüche auf das Herzogtum Mailand und das Königreich Neapel. Als der französische König Karl VIII. anfing, die Alpen zu überqueren, begrüßte Savonarola den Einmarsch als Strafgericht über Italien und als ›Züchtigung der italienischen Gottlosigkeit‹. Als die Franzosen sich Florenz näherten und man im Rat debattierte, ob man kämpfen oder sich unterwerfen solle, wobei der Gedanke an eine ausländische Besatzung den Florentinern verhasst war, in dieser Situation lieferte Piero Pisa und verschiedene andere Orte an die Franzosen aus, in der Hoffnung, sie dadurch von einer Plünderung der Stadt Florenz abzuhalten. Das Volk empfand dies als Verrat und verjagte Piero, seine Familie und seine beiden jüngeren Brüder, den Kardinal Giovanni und meinen Vater Giuliano aus der Stadt; unser Palazzo wurde natürlich bei dieser Gelegenheit geplündert. Piero floh nach Venedig, die übrige Familie nach Rom. Während der folgenden Jahre versuchte Piero, die Herrschaft über Florenz zurückzugewinnen, aber er hatte keinen Erfolg und kam im Jahre 1503 bei einem Schiffbruch ums Leben. Das finanzielle Erbe und die politischen Ansprüche fielen an seine verbannten jüngeren Brüder. – Nach der Vertreibung der Medici konnte Savonarola ungehindert seinen ›Gottesstaat‹ errichten, die Stadt weihte sich Christus und ernannte ihn zum König von Florenz. In einer Orgie masochistischer Zerknirschung errichtete das Volk einen ›Scheiterhaufen der Eitelkeiten‹, wo wertvolle Bücher und Kunstwerke verbrannt wurden. Savonarola erlaubte sogar Kindern und Halbwüchsigen, in die Häuser einzudringen, um seidene Kleider, Schminkutensilien, Perücken und Masken zu zerstören. Auf politischem Gebiet sorgte er für die Wiederherstellung der demokratischen Rechte und schuf den ›Großen Rat‹. In seinen Predigten attackierte Savonarola auch Papst Alexander VI., was diesen veranlasste, den Mönch zu exkommunizieren. Im Laufe der Jahre verlor Savonarola seine Anhänger in Florenz, da Rom mit wirtschaftlichen Sanktionen drohte, falls gegen den fanatischen Prediger nichts unternommen würde. Schließlich gab man dem päpstlichen Druck nach: Savonarola wurde verhaftet und am 23. Mai 1498 auf der Piazza della Signoria verbrannt. Die Führung der Republik übernahm nun Piero Soderini, der im Jahre 1502 zum *gonfaloniere* auf Lebenszeit gewählt wurde. Während der ersten zehn Jahre unseres Jahrhunderts marschierten immer wieder französische Heere in Italien ein, um ihre Ansprüche auf Mailand und Neapel durchzusetzen. Da Soderini profranzösisch war, Papst Julius II. die Franzosen aber vertreiben wollte, beschloss er, die Herrschaft der Soderinis zu brechen und die Medici wieder an die Macht zu bringen. Dein Großonkel, Kardinal Giovanni – der spätere Papst Leo X. –, verbündete sich mit dem Vizekönig von Neapel, dessen Truppen in ganz Italien gefürchtet waren, auch in Florenz. So beschlossen die Florentiner, Soderini zu vertreiben, dem Papst hunderttausend Florini Tribut zu zahlen und die Medici willkommen zu heißen. So kehrte unsere Familie im Jahre 1512 nach Florenz zurück. Die Stadt war ruiniert, aber unter der klugen und wohlwollenden Regierung meines Vaters ging es rasch wieder aufwärts. Mein Vater kleidete sich betont einfach, suchte den Kontakt zum Volk, wahrte die demokratischen Gesetze, kümmerte sich um das Bankhaus und förderte die Künste. Als der Kardinal Giovanni Papst wurde, gewährte er Florenz die Oberhoheit über die Städte Parma, Modena und Piacenza. Im Jahre 1516 reiste mein Vater als päpstlicher Gesandter nach Frankreich. Dort gelang es ihm, die Schwester der Königinmutter Louise von Savoyen zu heiraten, die als Mitgift das Herzogtum Nemours mit in die Ehe brachte. Im Jahre darauf starb mein Vater, ohne legitime Erben zu hinterlassen. Der Papst beauftragte nun seinen Neffen – deinen Vater –, die Herrschaft in Florenz zu übernehmen. Im Jahre 1518 wurde zwischen Papst Leo X. und König Franz I. von Frankreich die Heirat deines Vaters mit deiner Mutter Magdalena de la Tour d'Auvergne arrangiert.

Wie es weiterging, weißt du inzwischen; deine Eltern starben kurz nach deiner Geburt, und Onkel Clemens regierte die folgenden Jahre in Florenz. Nachdem er zum Papst gewählt worden war, beauftragte er den Kardinal Passerini mit der Führung der Regierung.«

Ippolito schwieg, und Katharina betrachtete lange die Namen der noch lebenden Medici: Clemens VII. (1478 – ?), Clarissa Strozzi (1493 – ?), Alessandro (1511 – ?), Ippolito (1511 – ?), Katharina (1519 – ?), Giovanni delle Bande Nere (1498 – ?), Cosimo (1519 – ?) …

»Ippolito«, sagte sie schließlich, »mein Name steht ganz unten, am Ende des Pergamentbogens. Das sieht so aus, als ob es nach mir keine Medici mehr gibt.«

»Aber nein, du wirst heiraten und Kinder bekommen, der Stammbaum pflanzt sich natürlich fort.«

»Cosimos Name steht in der Mitte, hinter ihm ist noch viel Platz – warum?«

»Das hat nichts zu bedeuten, schließlich musste ich den Pergamentbogen doch irgendwie einteilen.«

Katharinas Augen glitten noch einmal über die Ahnenreihe. »Du hast mir so viel erzählt, Ippolito«, sagte sie dann leise. »Ich hoffe, dass ich mir alles merke. Der Fanatiker Savonarola, die Kämpfe um die Macht in Florenz, die Rückkehr unserer Familie … Ich dachte immer, alle meine Vorfahren wären bedeutend gewesen, aber es waren nur zwei: Cosimo Pater Patriae und Lorenzo der Prächtige.«

»Das ist völlig natürlich, Katharina. In jeder Familie, in jeder Dynastie gibt es eine Generation, die entscheidend zum Aufstieg beiträgt, zwei, manchmal auch drei Generationen erleben den Zenit, halten das Erworbene, eine Generation erlebt den Beginn des Niederganges, die folgende erlebt den Niedergang selbst. Fünf bis sechs Generationen – vom Sonnenaufgang bis zum Sonnenuntergang.« Katharina rechnete. »Wenn es stimmt, was du sagst, dann haben die Medicis den Zenit schon lange hinter sich, und ich … ich bin die sechste Generation, die in unserem Palazzo wohnt, also die letzte Generation.«

Ippolito überlegte, wie er auf diese Worte reagieren sollte, ohne die kleine Cousine zu verletzen, sie hatte die Situation ganz richtig erkannt …

»Katharina, es ist richtig, dass unsere Familie den Zenit überschritten hat, aber das muss nicht negativ sein. Das Ende einer Entwicklung bedeutet gleichzeitig die Möglichkeit, neu anzufangen, etwas Neues aufzubauen.«

Katharina überlegte. Ippolitos Worte klangen vernünftig, aber eigentlich wollte sie am liebsten in Florenz bleiben und die Stadt regieren, wie sie es für richtig hielt. Warum, zum Teufel, sollte sie dem Bastard, dem Mauren weichen?

Nach dem Nachtgebet hatte Katharina endlich Zeit, Mingo von dem Stadtrundgang zu erzählen. Als sie beim Ponte Vecchio angekommen war, zögerte sie etwas und überlegte, ob sie von dem Medaillon erzählen sollte, aber es sprach nichts dagegen, und so schilderte sie detailliert die Begegnung mit dem Goldschmied Leonardo.

»In der Truhe an der Wand ist ein Kästchen aus Ebenholz, Mingo, hole es bitte.« Sie öffnete es und zeigte ihrer Amme das Medaillon. »Du musst mir versprechen, dass du keinem Menschen von dem Schmuck erzählst.«

»Ich werde schweigen wie ein Grab, Hoheit. Mein Gott, was für eine Kostbarkeit!«

»Glaubst du, dass es mir Glück bringen wird?«

»Selbstverständlich, Hoheit.«

Da erinnerte sich Katharina an Ridolfis Worte über das Geburtshoroskop und fragte Mingo, ob sie etwas darüber wisse. Diese überlegte: Sie kannte die drei Prophezeiungen, weil die verstorbene Herzogin sie ihr anvertraut hatte. Sie war nicht zum Schweigen verpflichtet worden, sie konnte Katharina davon erzählen, wenn sie es für angebracht hielt, sie konnte natürlich auch schweigen.

Es war vielleicht besser, wenn sie dem Kind von dem Horoskop erzählte, wobei es genügte, wenn Katharina zunächst nur eine der drei Prophezeiungen erfuhr; so erwiderte sie:

»Ihre selige Mutter hat kurz nach Ihrer Geburt von drei seriösen Astrologen Ihr Horoskop erstellen lassen. Sie hat mir das Ergebnis anvertraut, und ich entsinne mich, dass einer der Gelehrten weissagte, Sie würden viele Kinder haben.«

»Was haben sie noch vorausgesagt?«

»Das habe ich vergessen, Hoheit«, log Mingo, »vielleicht fällt es mir irgendwann ein.«

»Schade, dass du dich nicht erinnern kannst. Es gibt bestimmt noch andere Astrologen, die auch vorhersagen können, wie mein Leben verlaufen wird, nicht wahr?«

»Gewiss, aber Sie müssen vorsichtig sein, Hoheit – es gibt unter diesen gelehrten Herren auch viele Scharlatane.«

Katharina erzählte weiter und schilderte zuletzt das Gespräch mit Ippolito über Alessandro.

»Ist es wahr, dass der Maure der Sohn des Papstes ist?«

»Ja, aber er ist natürlich illegitim, der Papst war mit Alessandros Mutter nicht verheiratet.«

»Ich finde es schrecklich, dass ich mit dem Mauren verwandt bin.«

»Es ist nur eine entfernte Verwandtschaft, Hoheit, mit Ippolito sind Sie näher verwandt.«

»Was meinst du zu Ippolitos Vermutung, dass eines Tages der Maure in Florenz regieren wird und nicht ich?«

Mingo überlegte – sie musste jetzt jedes Wort sorgfältig abwägen und alle Möglichkeiten offen lassen.

»Ich kann die Pläne des Papstes nicht beurteilen, Hoheit. Ich weiß auch zu wenig über die politische Lage in Florenz. Es ist wahrscheinlich am klügsten, wenn Sie sich auf jede Situation einstellen. Aber Sie sollten nicht zu viel darüber nachdenken, sondern lernen, lernen, lernen. Manche Probleme lösen sich im Laufe der Zeit von selbst.«

Im nächsten Augenblick war die Kleine eingeschlafen.

Mingo blieb noch eine Weile neben dem Bett sitzen, betrachtete das schlafende Kind und dachte über die ungewisse Zukunft nach. Ippolito ist ein kluger, verständiger Junge, überlegte sie, er schwatzt kein dummes Zeug. Wenn er der Duchessina seine Gedanken über die päpstlichen Pläne anvertraut, wird er seine Gründe haben. Sie musste bei Besuchen oder Spaziergängen durch die Stadt Augen und Ohren offen halten und hören, was über die drei jungen Medici geredet wurde …

Sie betrachtete das Medaillon. Es sollte der Duchessina Glück bringen. Sie schloss das Kästchen aus Ebenholz, stellte es zurück in die Truhe und verließ leise das Zimmer.

5

Der nächste Tag war reich an Entspannung. Der Besuch bei Maria von Medici erwies sich als willkommene Gelegenheit, üppigen Gaumenfreuden zuzusprechen.

Katharinas Verwandte hatte alles bis ins kleinste Detail vorbereitet. Wie Katharina feststellte, war Maria von Medici – eine geborene Salviati – eine große, schlanke Frau von etwa 25 Jahren mit einem fein geschnittenen Gesicht, das Heiterkeit und eine weichherzige Freundlichkeit ausstrahlte.

Leichtfüßig eilte sie die Treppe herab den Ankömmlingen entgegen. »Willkommen in meinem Haus. Endlich lerne ich Lorenzos und Magdalenas Tochter kennen! Willkommen, Katharina!« Sie beugte sich hinunter zu dem Mädchen und strich ihr über die Haare. »Wie schade, dass mein Mann heute nicht dabei sein kann. Seine Verwundung heilt langsamer, als wir dachten, aber es geht ihm von Tag zu Tag besser, und er wird in Piacenza ärztlich bestens versorgt.«

Da waren nun auch endlich die angekündigten Cousins Cosimo und Lorenzino; der eine überaus selbstbewusst, mit der etwas altklugen und herrischen Art eines stellvertretenden Hausherren, der andere, hübsch anzusehen, wusste wohl auf andere Art auf sich aufmerksam zu machen. Wie sich herausstellte, hatte Lorenzino die verwandtschaftlichen Beziehungen und Bedeutsamkeiten sofort erkannt und wandte sich sehr schnell und fast ausschließlich Alessandro zu. Er erhoffte sich auf längere Sicht Vorteile und Einfluss. Tatsächlich wurden seine Kenntnis und Schläue in speziellen Sachverhalten von diesem umgehend in Anspruch genommen.

Während der ungemein ausladenden Mittagstafel, die ihresgleichen noch nicht kannte, wurde Lorenzino in einem »exklusiven Männergespräch« von Alessandro beauftragt, nach weiblichen Rockschößen Ausschau zu halten.

Dieser hatte schon seit einiger Zeit ein ausgeprägtes Bedürfnis nach erotischer Zerstreuung. Nun dürstete es ihn nach »etwas Exotischem«, da er Jungfrauen im Übermaß auch langsam langweilig fand.

Seine Mutter war schließlich Sarazenin – sicher gab es doch hier Nordafrikanerinnen oder Türkinnen?

Lorenzino hatte sofort die zündende Idee. Esmeralda, die Zigeunerin, schien ihm für ein Liebesabenteuer wie geschaffen. Er wies den Mauren darauf hin, dass Diskretion und gute Bezahlung für dieses Vergnügen allerdings eine wichtige Voraussetzung seien.

Alessandro jedoch verwarf mit großspuriger Geste alle diesbezüglichen Hinweise. Abschließend wandte er sich an Lorenzino: »Ich danke dir für deinen gut gemeinten Rat, aber er ist völlig überflüssig. Ich werde in Florenz so leben, wie ich will, und niemand wird mich daran hindern. Du musst wissen, ich bin der künftige Herrscher von Florenz; mein Vater, der Papst, hat es so bestimmt.«

Nach der Mittagstafel hatte Cosimo Katharina mit bestimmender Geste in den Garten gebeten und befand sich jetzt mit ihr im Disput über die schönen und hässlichen Seiten von Florenz. Während Katharina den Ponte Vecchio hervorhob mit seinem zauberhaften Blick über den Arno zur Stadt und auf der anderen Seite zum Palazzo Vecchio und den grünen Hügeln, bekundete Cosimo lautstark seinen Abscheu vor dem gemeinen Volk, das dort ungehindert seinen täglichen Geschäftigkeiten nachgehe. Seiner Ansicht nach war überhaupt er der geborene Herrscher über Florenz. Er beschrieb Katharina genau den Palast, den er später bauen würde, um darin zu wohnen. Katharina befahl er im Folgenden einen Besuch im Kloster *Santissima Anunciata delle Murate*. Es befinde sich direkt an der Stadtmauer und biete einen wunderschönen Blick vom Garten aus über den Arno zu den Bergen. Er verwies auf seine Mutter, die von der Freundlichkeit und Hilfsbereitschaft der frommen Benediktinerinnen so beeindruckt sei.

Katharina hakte nach: »Was bedeutet der Name ›delle Murate‹?«

»Es gibt im Kloster eine alte Sitte: Für jede Novizin bricht man ein Loch in die Mauer, das man wieder zumauert, wenn sie es durchschritten hat.«

»Mein Gott, das klingt, als ob man lebendig begraben wird.«

»O nein, die Benediktinerinnen widmen sich ihren Schulen und Hospitälern und dem ruhigen, besinnlichen Gebet. Außerdem singen sie wunderbar, wie die Engel. An großen Festtagen sind ihre Kirchen überfüllt, weil jeder ihren Gesang hören will. Überdies sind sie unserer Familie freundlich gesonnen, das kann man nicht von allen Orden behaupten. Die Dominikanerinnen im Kloster Santa Lucia mögen uns nicht, sie sind ›republikfreundlich‹, verstehst du, was das bedeutet?«

»Nein, ich werde Ippolito fragen. Ich würde mir das Kloster *delle Murate* gerne ansehen, aber übermorgen beginnt wieder der Unterricht, da werde ich keine Zeit mehr für Ausflüge haben. Schade.« Sie stand auf und strich das Kleid glatt. »Es ist mir zu heiß hier, Cosimo. In diesem Garten gibt es doch bestimmt einen kühlen schattigen Platz?«

»Gewiss!« Er sprang eifrig auf. »Komm!« Er nahm sie wieder an die Hand. »Wir gehen zum Pavillon im hinteren Teil des Gartens, dort will ich dir etwas zeigen.« Er führte sie durch ein Labyrinth versteckter Pfade zu einem Rundbau aus weißem Carrara-Marmor, der einem antiken Tempel ähnelte. Cosimo erklärte, dass dieser Pavillon eine Nachbildung der Laterne auf der Domkuppel sei.

Katharina ging hinein und sah sich um. In der Mitte sprudelte Wasser aus einem kleinen Springbrunnen, und an den Wänden standen Steinbänke und ein Ruhebett mit Kissen und Polstern. »Hier gefällt es mir«, sagte Katharina. »Hier werde ich bleiben bis zur Abendtafel!«

Als sie zu dem Ruhebett ging, nahm Cosimo energisch ihre Hand, eilte mit ihr hinaus und führte sie zu einer Steineiche, die hinter dem Pavillon stand. »Katharina, diese Eiche ist mein Baum, den wollte ich dir zeigen. Dort oben habe ich mir einen geräumigen Sitzplatz eingerichtet, von wo aus ich alles beobachten kann. Vor allem kann ich sehen, was sich im Pavillon abspielt.«

»Was spielt sich dort ab?« Ihre Neugier war durch seine letzten Worte plötzlich geweckt worden.

Cosimo lächelte geheimnisvoll. »Das wirst du sehen, wenn wir oben im Baum sitzen. Während der Siesta kommt manchmal ein Liebespaar, der junge Gärtner und ein Wäschermädchen. Das ist der Grund, warum wir den Pavillon verließen.«

»Jetzt erzähle endlich, was im Pavillon passiert!«

Cosimo grinste süffisant. »Das verrate ich nicht. Dumme kleine Mädchen müssen nicht alles wissen – überdies wirst du es später sehen. Komm, steig hinter mir hinauf.« Er nahm die herabbaumelnde Strickleiter, begann zu klettern und verschwand bald in den Zweigen.

Katharina sah ihm nach, ärgerte sich über sein herablassendes Benehmen und verspürte wenig Lust, auf den Baum zu klettern; wahrscheinlich würde sie ihr seidenes Kleid dabei zerreißen. Sie hatte auch etwas Angst vor der Kletterei, aber Cosimo sollte merken, aus welchem Holz dumme kleine Mädchen geschnitzt waren. Überdies war sie neugierig geworden, was es im Pavillon zu sehen gab, und so fing sie an, die Strickleiter hinaufzuklettern. Oben angekommen, machte sie es sich auf dem Hochsitz bequem. Sie fühlte in ihrer Tasche nach dem Medaillon und stellte erleichtert fest, dass sie es nicht verloren hatte; jetzt genoss sie schattige Kühle.

Cosimo schob einige Zweige zur Seite. »Siehst du, jetzt kannst du alles beobachten, und man hört hier oben auch jedes Wort, das im Pavillon gesprochen wird.«

»Wann kommt denn dein Liebespaar?«

»Das weiß ich nicht, sie kommen nicht jeden Tag hierher.«

Katharina presste verärgert die Lippen aufeinander. Das passt zu ihm, dachte sie, erst lockt er mich auf diesen Baum hinauf, und dann gibt es nichts zu sehen. Ihre Gedanken schweiften sehnsüchtig zu dem Ruhebett im Pavillon. Plötzlich stutzte sie: Von ferne näherte sich ein Paar, ein Mann und eine Frau. »Cosimo, sie kommen!«

Während Lorenzino den Mauren umschmeichelte, spazierten die Signora und Ridolfi langsam durch den Garten.

»Was für ein Anwesen«, sagte der Lehrer nach einer Weile bewundernd.

»Der Garten der Familie Strozzi in Rom ist auch weitläufig, aber er ist nicht so groß wie dieser.«

»Der große Garten ist ein Wunsch meines Mannes; er möchte einen Ort der Ruhe vorfinden, wenn er aus dem Feldlager zurückkehrt, und im Palazzo herrscht ständig Unruhe.«

Sie gingen weiter. Plötzlich blieb Ridolfi stehen und holte Clarissas Brief hervor. »Das habe ich völlig vergessen! Die Signora Strozzi bat mich, Ihnen dieses Schreiben zu geben.«

Maria las den Brief, verwahrte ihn in der Tasche des Kleides und sagte zu Ridolfi: »Wir gehen jetzt zu dem Pavillon am anderen Ende des Gartens, dort kann man sich ungestört unterhalten.«

»Cosimo, sieh, dort kommt kein Liebespaar, sondern deine Mutter und mein Lehrer. Sie gehen direkt auf den Pavillon zu.«

Sie beobachteten, wie Maria und Ridolfi auf den Steinbänken Platz nahmen. Dann holte Maria erneut den Brief hervor, las ihn noch einmal und legte ihn seufzend neben sich.

Das muss Tante Clarissas Brief sein, dachte Katharina, und sie beugte sich etwas vor, damit ihr kein Wort der Unterhaltung entging.

»Meine Cousine«, begann Maria, »erlauben Sie mir, Sie über den Inhalt des Briefes zu informieren. – Sie macht sich Sorgen wegen Alessandro, befürchtet, dass er durch sein Benehmen dem Ansehen der Medicis schaden wird. Sie bittet mich, ihn zu beaufsichtigen, soweit es möglich ist. Ich kann die Sorgen meiner Cousine verstehen, aber ich werde ihr nicht viel helfen können. Eine Überwachung des jungen Mannes würde nicht viel nützen. Seit der Ankunft Passerinis hat sich in der Stadt eine starke Partei gegen die Medicis entwickelt, nämlich die Republikaner. Sie fordern, dass Florenz nicht mehr von einer Familie, sondern, wie einst, demokratisch regiert wird. Die Stimmung gegen unsere Familie hängt natürlich auch mit Passerinis Misswirtschaft zusammen, aber es gibt noch einen tieferen Grund: Man hat nicht mehr das Vertrauen zu den Medicis wie vor hundert Jahren. Manchmal denke ich, unsere Glanzzeit in dieser Stadt ist abgelaufen. Wenn die Medicis an der Macht bleiben, dann in einer anderen Form.«

Ridolfi sah Maria erstaunt an. »Eine andere Form? Wie meinen Sie das?«

»Das weiß ich nicht, aber« – ein spöttisches Lächeln umspielte ihre Lippen – »dem Papst wird schon etwas einfallen.«

Ridolfi konnte die letzten Worte nicht einordnen, wollte aber keine weiteren Fragen stellen. So saßen sie schweigend nebeneinander.

Irgendwann faltete Maria den Brief zusammen und sagte zögernd: »Meine Cousine hat noch etwas angedeutet, Sie können es ruhig wissen: Clarissa und ihr Gatte vermuten, dass der Papst seinem Sohn Alessandro die Herrschaft über Florenz sichern will und ihn aus diesem Grund hierher geschickt hat.«

»Alessandro ist …?«, fragte Ridolfi verblüfft.

»Ja, wussten Sie das nicht?«

»Nein, ich dachte immer, er sei ein entfernter Verwandter von Ippolito! Nun, die Vermutung der Strozzis ist unter diesen Voraussetzungen durchaus realistisch. Aber wie will der Heilige Vater bei der gegenwärtigen Stimmung gegen die Medicis sein Ziel erreichen? Solange Passerini regiert, wird die Stimmung sich wahrscheinlich nicht ändern, sondern eher noch verschlechtern.«

»Seien Sie unbesorgt, Signor Ridolfi, wenn Clemens etwas erreichen will, ist ihm jedes Mittel recht! Denken Sie an Esau, der sein Erstgeburtsrecht für ein Linsengericht verkaufte, oder an Judas, der Jesus für dreißig Silberlinge verriet.«

Ridolfi sah verlegen zu Boden. »Sie haben keine gute Meinung vom Heiligen Vater.«

»Wie sollte ich, Clemens und Leo haben beide das militärische Talent meines Mannes skrupellos für ihre politischen Ziele ausgenutzt. Aber kommen Sie jetzt, wir wollen die Kinder suchen.«

Katharina und Cosimo beobachteten schweigend, wie das Paar zurückging, und dann sagte Cosimo: »Jetzt hast du es gehört, du wirst nicht in Florenz regieren.«

»Das muss man abwarten«, erwiderte Katharina spitz und begann hinunterzuklettern.

Auf dem Rückweg wurde kein Wort gesprochen. Cosimo träumte von dem Palazzo, den er erbauen wollte, und Katharina dachte über das Gespräch zwischen Maria und Ridolfi nach. Wenn die Florentiner die Medici ablehnen, ging es ihr durch den Kopf, dann lehnen sie auch Alessandro ab. Sie beschloss, die Zuneigung ihrer Landsleute zu gewinnen und nicht an die Zukunft zu denken. Sie überlegte, ob sie Mingo von dem belauschten Gespräch erzählen sollte und beschloss, vorerst alles für sich zu behalten.

Die Sommervilla Poggio a Caiano lag am Ortsausgang auf einer Anhöhe und gefiel Katharina sofort, als sie am Tor absaßen und dann langsam den breiten, kiesbestreuten Weg entlang auf das zweistöckige ockerfarbene Haus zugingen. Um das Erdgeschoss waren Kolonnaden gebaut, die an einen Kreuzgang erinnerten, und im ersten Stock war das Gebäude auf allen Seiten von einer Terrasse umgeben. Vor dem Eingang blieb Katharina stehen und betrachtete fasziniert die Loggia im ersten Stock, die einem antiken Tempel ähnelte. Über vier schlanken, schmucklosen Säulen war ein Fries von weißen Figuren auf blauem Grund, und darüber erhob sich ein Dreieck aus braunem Stein, das die Illusion eines Tempels hervorrief. Auf dem flachen, roten Ziegeldach erhoben sich nur wenige, niedrige Schornsteine, dafür fiel der hohe Uhrturm über der Loggia umso mehr auf.

»Die Villa sieht elegant aus«, sagte Katharina. »Was ist auf dem Fries dargestellt, Peppino?«

»Es sind Szenen aus der antiken Mythologie, Hoheit, merkwürdigerweise keine biblischen Szenen.«

»Warum ist das merkwürdig?«

»Nun, Papst Leo X. hat den Fries anfertigen lassen, und ein Papst … ich meine …«

»Ich verstehe. Sehen wir uns die Villa an.«

Durch einen Vorraum gelangten sie in einen großen, allerdings ziemlich düsteren Speisesaal.

Katharina überlegte, ob der dunkelrote Steinfußboden an der fehlenden Helligkeit schuld war, dann sah sie, dass es im ganzen Raum nur zwei schmale Fenster gab, nämlich hoch oben neben der runden Tür, die zum Garten führte.

»Warum gibt es hier so wenig Fenster?«, fragte sie.

»Der Raum soll möglichst kühl bleiben, Hoheit«, erwiderte Peppino und öffnete die Tür zum Garten. »Man hat den Speisesaal im Erdgeschoss eingerichtet, um den Weg zur Küche zu verkürzen; die Küche ist nämlich bei den Wirtschaftsgebäuden untergebracht. Bei großer Hitze tafelt es sich hier angenehm, und die Siesta kann man dann im Garten unter den Bäumen verbringen.«

Neben dem Speisesaal lagen drei kleinere Wohnräume, die ebenso dunkel und düster waren wie der Saal. Im ersten Stock waren die Zimmer heller und freundlicher. Peppino führte sie zunächst in den Audienzsaal und von dort zur Loggia. Katharina blickte hinunter zum Eingangstor, und dann wanderten ihre Augen weiter in die grüne hügelige Landschaft der Toskana. Sie beschloss, ihre Mußestunden in dieser Loggia zu verbringen; von hier aus konnte sie auch sehen, wer durch das Tor kam oder ging, sie konnte das Leben und Treiben bei den Wirtschaftsgebäuden beobachten … Hinter dem Audienzsaal lag der Tanzsaal, dessen Wände mit prachtvollen Gemälden geschmückt waren; an der Decke sah sie das Medici-Wappen.

»Auf den Gemälden«, erklärte Peppino, »sind Szenen aus dem Leben Lorenzos des Prächtigen und Cosimos Pater Patriae dargestellt. – Hier links überreicht der Sultan von Ägypten Lorenzo dem Prächtigen Tiere als Geschenk. Dieses Gemälde wurde übrigens von zwei Künstlern gemalt: Die rechte Hälfte von Andrea del Sarto im Jahre 1512, wer die linke Bildhälfte gemalt hat, weiß ich nicht. Auf dem Gemälde gegenüber ist die Rückkehr von Cosimo Pater Patriae nach Florenz dargestellt, und dort drüben Lorenzo der Prächtige in Verona. Im Saal daneben halten sich die

Gäste auf, die nicht tanzen wollen. Von den beiden Prunksälen kommt man in die privaten Wohnräume.«

Nachdem sämtliche Zimmer besichtigt waren, fragte Passerini Katharina, ob sie in einem Appartement, das zur Gartenseite lag, wohnen wolle, oder lieber zur Hofseite.

»Ich möchte den Blick zum Hof haben, Eminenz, das ist interessanter.«

»Wo wollen Sie wohnen, Signor Alessandro?«

»Im Erdgeschoss, Eminenz, in den Räumen neben dem Speisesaal.«

»Wie?«, fragte Passerini erstaunt. »Sie wollen in diesen düsteren, abgelegenen Zimmern wohnen?«

»Ja, Eminenz, je abgelegener, desto besser. Da habe ich wenigstens meine Ruhe.«

»Nun gut.« Er ließ den Verwalter holen und befahl ihm, die Villa bis Ende Juni herzurichten.

Am Montag begann für Katharina und ihre Vettern der Alltag im Palazzo mit Morgenandachten, viel Unterricht, Hochamt im Dom an den Sonn- und Feiertagen und wenig Freizeit. Passerini erschien nur zu den Mahlzeiten, die meistens schweigend verliefen, und zu Mingos und Ippolitos Erleichterung herrschte zwischen Katharina und Alessandro eine Art Waffenstillstand oder Burgfrieden. Bei Tisch ignorierten sie einander, ansonsten sahen sie sich kaum, und nach der Abendtafel verschwand Alessandro regelmäßig, was Katharina, Ippolito und Mingo nicht bedauerten. Rosso Ridolfi fand nach wenigen Tagen eine Wohnung in der Altstadt, ließ seine Familie nach Florenz kommen und übersiedelte in die Nähe von Dante Alighieris Geburtshaus.

Katharina, Mingo und Ippolito schrieben regelmäßig an Clarissa Strozzi und schilderten ihr das monotone, friedliche Leben im Palazzo. Katharina berichtete stolz über ihre Lernfortschritte, und Mingo, die viel freie Zeit hatte und jeden Tag durch die Stadt spazierte, sich mit alten Bekannten unterhielt oder ihre Verwandten besuchte, teilte der Signora mit, dass Ippolito und Katharina bei den Florentinern ausgesprochen beliebt waren, während man Alessandro gleichgültig begegnete.

Katharina war so beschäftigt mit Unterricht und Lernen, dass sie die Unterhaltung mit Ippolito auf der Brücke und das belauschte Gespräch zwischen ihrer Tante und Ridolfi allmählich vergaß. Die Vermutung, dass Alessandro eines Tages in Florenz herrschen könne, trat in jenem

Mai für sie in den Hintergrund, weil sie sich auf die Gegenwart konzentrierte. So verging ein Tag nach dem anderen.

Als Mingo am letzten Maisonntag wie üblich die drei Medicis nach dem Gottesdienst durch die Stadt begleitete, fiel ihr auf, dass die Florentiner sich anders verhielten als sonst. Katharina und Ippolito wurden nicht weiter beachtet, die Aufmerksamkeit des Volkes konzentrierte sich auf Alessandro – allerdings in einer Weise, die Mingo beunruhigte. Sie sah die hasserfüllten Blicke der Passanten, und sie beobachtete, dass man hinter den Medicis die Köpfe zusammensteckte und tuschelte. Sie hörte, wie jemand leise sagte: »Diesen fremdländischen Hurensohn soll der Teufel holen!« Inzwischen hatten sie die Piazza San Firenze erreicht und Mingo beschloss, nicht wie sonst nach links zum Bargello abzubiegen und durch die Altstadt zur Via Larga zu gehen, sondern Katharina und die Vettern während des ganzen Rittes zu begleiten. Sie wusste, dass der Weg stets durch den Corso dei Tintori führte und dass Katharina in dieser Straße, wo die ärmsten Leute wohnten, Süßigkeiten, die sie ihr jeden Sonntag für den Ritt mitgab, vom Pferd aus unter die spielenden Kinder warf. Als sie in den Corso dei Tintori einbogen, bekam Mingo Herzklopfen und spürte eine unerklärliche Angst in sich aufsteigen …
Die Bewohner der Straße standen zu beiden Seiten vor den Häusern und betrachteten die Medicis finster und drohend; die Kinder sprangen nicht herum und spielten, sondern wurden von den Müttern besorgt festgehalten. Auf dem Corso dei Tintori war kein Laut zu hören … Es ist wie die Ruhe vor dem Sturm, dachte Mingo.
Katharina zügelte die kleine, weiße Stute, sah sich unsicher um und warf den Kindern zögernd das Zuckerwerk zu. Aber keines versuchte die Bonbons zu erhaschen wie sonst, und als ein kleiner Junge versuchte, eine Süßigkeit aufzuheben, wurde er von seiner Mutter daran gehindert. Katharina sah sich verwirrt um und versuchte zu begreifen, was vorging.
»Ippolito, warum verhalten sich die Leute so seltsam?«, fragte sie leise.
»Ich weiß es nicht.«
In diesem Augenblick schrie einer der Männer: »Hurenbock!«, und warf Alessandro ein faules Ei an den Kopf. »Verrecke, du Sohn einer Hure! Untersteh dich, meine Tochter noch einmal anzufassen, du hast sie behandelt wie den letzten Dreck!«
Katharina verstand nur so viel, dass der Maure sich bei diesen armen Leuten irgendwie unbeliebt gemacht hatte, und klammerte sich ängst-

lich an die Zügel. Mingo und Ippolito glaubten nicht richtig zu hören, und Ippolito flüsterte Alessandro zu, dass sie rasch weiterreiten sollten, aber als sie antrabten, brach solch ein Tumult los, dass die Pferde von selbst anfingen zu galoppieren.

»Er hat meine Tochter geschändet und entehrt!«

»Meine auch, jagt ihn fort, kein Mädchen ist vor ihm sicher!«

»Wer ist er überhaupt? Kein Medici hat sich je so aufgeführt! Man sollte ihn steinigen!«

Mingo beobachtete entsetzt, dass tatsächlich kleine Steine nach Alessandro geworfen wurden, aber auch faule Eier und verdorbenes Obst. Gütiger Himmel, hoffentlich vergreifen sie sich nicht an der Duchessina! Sie raffte ihre Röcke und eilte so rasch sie konnte hinter den Fliehenden her. In dem Tumult wurde sie nicht weiter beachtet, erreichte unbehelligt das Ende des Corso und bog in eine Seitengasse ab, wo sie die jungen Medicis traf, die sich von dem unfreiwilligen Galopp und dem unerfreulichen Vorfall erholten.

»Mingo!«, rief Katharina. »Hast du alles miterlebt? Warum waren die Leute so wütend? An den vergangenen Sonntagen haben sie Alessandro nicht beachtet, und zu mir waren sie freundlich.«

»Ich weiß es nicht, Hoheit.«

»Bist du verletzt, Alessandro?«, fragte Ippolito.

»Nein, aber künftig könnt ihr allein nach dem Gottesdienst durch die Stadt reiten, ich habe es nicht nötig, mich vom Pöbel beschimpfen zu lassen.«

»Die Florentiner«, erwiderte Ippolito ruhig, »werden nur aufsässig bei einem konkreten Anlass, man muss nur richtig mit ihnen umgehen. Es ist übrigens besser, wenn du dich dem Volk nicht mehr zeigst.«

Auf dem Rückweg wurde kein Wort mehr gesprochen. Mingo überlegte, wann und wo der Maure die Mädchen entehrt hatte, er war doch den ganzen Tag unter Aufsicht, und den Sonntagnachmittag hatten sie bisher immer bei den Verwandten verbracht. Allerdings, nach der Abendtafel war er immer verschwunden. Gütiger Himmel, sollte er etwa im Palazzo der Via Larga …?

Je mehr sie sich dem Palazzo näherten, desto mehr steigerte sich Alessandros Wut über die Beschimpfungen und die faulen Eier, die man ihm nachgeworfen hatte. Aber er würde sich rächen; wenn er erst Herr über die Stadt war, würde er den florentinischen Pöbel die Furcht lehren …

119

In der Via Larga angekommen, nahm Ippolito Alessandro zur Seite, während Mingo Katharina in ihr Appartement brachte.

»Was fällt dir ein, Alessandro? Du kannst doch durch dein Privatleben das Volk nicht derart gegen unsere Familie aufbringen! Die Medicis haben immer mit dem Volk paktiert!«

»Ja, leider! Überdies geht mein Privatleben dich nichts an!«

»Es geht mich sehr wohl etwas an! Wenn du durch deine Hurerei unsere Popularität zerstörst, zerstörst du Katharinas Zukunft!«

»Katharinas Zukunft?« Er lächelte süffisant. »Die Zukunft der kleinen Hexe hängt nicht von der Gunst des Pöbels ab, sondern einzig und allein – Gott sei es gedankt – von Onkel Clemens' Plänen. Und in diesen Plänen ist für dich und die Duchessina kein Platz, zumindest nicht, was Florenz betrifft. Onkel Clemens wünscht nämlich, dass ich eines Tages hier regiere, zwar wollte ich es dir noch nicht sagen, aber ich denke, nach dem Aufruhr des Pöbels auf dem Corso dei Tintori ist der Augenblick gekommen, dich in Kenntnis zu setzen.« Er nickte Ippolito herablassend zu und schritt hoheitsvoll die Innentreppe empor. Ippolito starrte ihm verblüfft nach, und es dauerte einige Sekunden, bis er die Tragweite von Alessandros Worten begriff. Seine Vermutung war also richtig gewesen! Arme kleine Cousine, dachte er; nun, noch war nicht aller Tage Abend, bis zum Regierungsantritt des Mauren konnte noch viel passieren … Katharina durfte vorerst nicht erfahren, dass er richtig vermutet hatte … Der Maure soll in Florenz regieren? Auf einmal spürte er einen feinen Stich von Eifersucht. Bis zur Ankunft in der Stadt hatte er nie daran gedacht, dass auch er als männlicher Medici das Erbe antreten konnte, schließlich war er illegitim. Seit seiner Ankunft hörte er jedoch immer wieder von der Dienerschaft und von Mingo, dass die Florentiner ihn gerne als Gatten der Duchessina sehen würden und sie beide als Herrscher über Florenz. Er hatte sich geschmeichelt gefühlt, aber nicht weiter darüber nachgedacht … Auf dem Weg zu seiner Wohnung blieb Ippolito eine Weile stehen. Er überlegte, dass binnen weniger Jahre Katharina eine junge Frau war, eine intelligente und kluge Frau; eine Frau, die den künftigen Gatten, wer immer es auch sein würde, mit wertvollen Ratschlägen unterstützen konnte … Er schob den Gedanken an eine eheliche Verbindung mit ihr zur Seite, dieser Gedanke war unrealistisch, eine Träumerei, der Papst schmiedete wahrscheinlich längst andere Pläne bezüglich ihrer Verheiratung. Aber die Herrschaft über Florenz? Wenn Katharina ausgeschaltet wurde, dann war er doch zumindest

genauso berechtigt, diese Herrschaft zu übernehmen, wie Alessandro!
Während er langsam die Treppe hinaufging, wurde ihm blitzartig klar,
dass ihn nichts daran hindern würde, Alessandro eines Tages zu stürzen.
Das wäre natürlich erst nach dem Tod des Papstes realisierbar … Es war
ein langer Weg, und bis es so weit war, konnte viel passieren. Er musste
diplomatisch vorgehen …

Als er sich zur Mittagstafel begab, war er fest entschlossen, Alessandros
Herrschaft mit allen Mitteln zu untergraben.

Am anderen Vormittag zog Mingo ein altes, abgetragenes Kleid an und
begab sich mit gemischten Gefühlen zum Corso dei Tintori. Sie wollte
den Färber, der am Tag zuvor als Erster das faule Ei nach Alessandro geworfen hatte, aufsuchen, sich als Erzieherin der Duchessina vorstellen,
ihm sagen, dass sie den Tumult am Sonntag miterlebt hatte und ihn bitten zu erzählen, was vorgefallen war. Sie riskierte natürlich, dass er ihr
die Tür wies, aber sie hatte vorsorglich einige Florini mitgenommen,
vielleicht würde Geld den Mann besänftigen.

Der Färber sah erstaunt auf, als Mingo auftauchte, sich vorstellte und ihr
Anliegen vortrug. Er musterte sie misstrauisch, aber sie wirkte auf ihn
Vertrauen erweckend, und so ging er mit ihr in die Küche, die gleichzei-
tig als Wohnraum diente, und bat sie Platz zu nehmen.

»Meine Tochter begleitet meine Frau zum Markt, sonst hätte sie selbst
Ihnen alles erzählen können. Die Duchessina ist ein reizendes Kind und
Signor Ippolito ein vernünftiger junger Mann, die Leute hier im Viertel
mögen die beiden sehr. Die Frauen …«, er lachte leise auf, »die Frauen
reden davon, dass die Duchessina eines Tages den Sohn des Herzogs von
Nemours heiratet und dass dieses Paar dann in Florenz regieren wird –
der Enkel und die Urenkelin Lorenzos des Prächtigen. Na ja, bis es so
weit ist, fließt noch viel Wasser den Arno hinunter. Aber der andere,
dieser Teufel mit dem dunklen Wollkopf, dieser Alessandro, er wird hier
im Viertel gehasst und verabscheut. Er war uns von Anfang an unsympathisch, weil er so arrogant und hochmütig auftritt. Ist er wirklich ein
Medici?«

»Ja«, antwortete Mingo zögernd, »er ist ein entfernter Verwandter,
einer seiner Vorfahren war, so habe ich es gehört, Giuliano, der jüngere
Bruder Lorenzos des Prächtigen, der damals bei der Pazzi-Verschwörung ermordet wurde.«

»Er ist also ein Medici? Ich glaube es Ihnen, obwohl er sich weiß Gott nicht wie ein Medici benimmt! Vor sechs Wochen tauchte hier in der Straße ein großer, hübscher Junge von elf oder zwölf Jahren auf, spazierte auf und ab und beobachtete die jungen Mädchen, die aus den Fenstern sahen, in kleinen Gruppen zusammenstanden und schwatzten, Kinder beaufsichtigten oder am Brunnen Wasser holten. Meine Tochter saß vor dem Haus und sortierte Kräuter, die getrocknet werden sollten. Der Bursche musterte sie von oben bis unten – nun ja, sie ist das schönste Mädchen in der Straße –, dann kam er zu mir und sagte, sie könne viel Geld verdienen, wenn sie ihn begleite; er werde sie in ein reiches, vornehmes Haus bringen. Wenn sie dem jungen Herren gefalle und er mit ihr zufrieden sei, werde sie nicht nur gut bezahlt, sondern dürfe öfter zu ihm kommen.« Der Färber schwieg eine Weile, bevor er fortfuhr. »Ich willigte ein; es war nicht das erste Mal, dass meine Tochter einem reichen jungen Herren zu Willen war, und ich muss gestehen, sie wurde stets anständig behandelt und gut bezahlt. Das Geld, das die Mädchen hier auf diese Weise verdienen, trägt dazu bei, dass die Familien ausreichend zu essen haben und einen Notgroschen zurücklegen können. Im Palazzo Medici wurde sie zum ersten Mal schlecht behandelt. Er vergewaltigte sie – nun gut, das muss ein Mädchen sich in dieser Situation gefallen lassen. Aber dann schickte er meine Tochter fort, ohne ihr auch nur einen Goldpfennig zu geben; als sie ihn daran erinnerte, dass man ihr gute Bezahlung versprochen hatte, schlug er sie ins Gesicht, schimpfte sie Hure und warf sie hinaus! Er hat nicht nur meine Tochter so behandelt, sondern auch andere Mädchen im Viertel von Santa Croce. Als der halbwüchsige Junge – er heißt übrigens Lorenzino – in einer Seitenstraße auftauchte und von uns wegen der schlechten Behandlung der Mädchen zur Rede gestellt wurde, antwortete er frech, er wisse von nichts, überdies sollten wir nicht wagen, gegen Signor Alessandro vorzugehen, sonst verlören wir unsere Arbeit. Und dann deutete er an, dass Signor Alessandro eines Tages über Florenz herrschen würde. Verstehen Sie nun unseren Zorn und unsere Wut?«

»Ich verstehe Sie vollkommen! Ich bin entsetzt über Alessandro, er entehrt den Namen Medici … Das Schlimmste in dieser Situation ist unsere Ohnmacht, wir sind den Mächtigen ausgeliefert, und hinter dem Ungeheuer Alessandro steht eine ungeheure Macht! Ich werde noch heute an die Signora Strozzi schreiben und ihr alles berichten, vielleicht kann sie erreichen, dass Alessandro nach Rom zurückkehrt. Ich danke für Ihre Offenheit.« Sie öffnete den Beutel, um die Florini herauszunehmen.

»Eines noch, Signora. Es gibt Leute in diesem Viertel und auch in den anderen Bezirken der Stadt, die fordern, dass die Medici entmachtet werden sollen und Florenz wieder eine Republik wird wie in alten Zeiten.«
Mingo sah den Färber erschrocken an, gab ihm zwei Goldflorini und verließ das Haus.

»Gott schütze Sie!«, rief der Mann hinter ihr her. »Gott schütze Sie, die Duchessina und Signor Ippolito!«

Auf dem Rückweg beschloss Mingo, der Signora über Alessandros Betragen zu berichten. In der Via Larga ging sie, einem Impuls folgend, zum Nebeneingang und fragte den Torwächter, ob er hin und wieder am Abend junge Mädchen einlasse. Der Wächter sah sie zögernd und unsicher an. »Ja, es ist ein Befehl von Signor Alessandro.«

»Weiß der Kardinal davon?«

»Ja, aber es interessiert ihn nicht.«

»Zustände ...«, murmelte Mingo, ging nach oben und erzählte Isabella von dem Vorfall am Sonntag nach der Messe, ihrem Besuch bei dem Färber und ihrem Gespräch mit dem Torwächter.

»Wir werden nicht verhindern können, dass der Maure den Palazzo Medici in ein Freudenhaus verwandelt, aber wir müssen verhindern, dass die Duchessina merkt, was hier vorgeht – sie ist noch zu jung für diese Dinge. Beobachte an den kommenden Abenden den Seiteneingang und berichte mir, wie oft ein Mädchen kommt, wie lange es bleibt und ob es jedes Mal eine andere ist. Ich möchte der Signora Strozzi einen detaillierten Bericht schicken; sie kann dann reagieren, wie sie es für richtig hält, sie kann den Papst über die Zustände hier informieren oder auch nicht.«

Isabella war entsetzt und versprach, ihr Bestes zu tun.

Am gleichen Tag schickte Mingo einen Brief an Clarissa Strozzi, worin sie Alessandros Lebenswandel schilderte und die Signora bat, möglichst bald nach Florenz zu kommen.

Es ging schon auf Mitternacht zu, als Isabella sich diskret zu Mingo begab und erzählte.

»Der Wächter hat die Zigeunerin, die Esmeralda, eingelassen; sie blieb ungefähr zwei Stunden und ging dann wieder fort.«

Mingo überlegte. »Die Esmeralda? Sie tauchte vor sieben Jahren hier auf, als die Eltern der Duchessina in Amboise heirateten. Nun, wenn er die Esmeralda schlecht behandelt, so wird sie sich zu wehren wissen.«

123

Während der folgenden zwei Wochen beobachtete Isabella, dass ungefähr jeden zweiten Abend ein Mädchen kam, jedes Mal ein anderes, das ungefähr eine Stunde blieb. Sie beobachtete auch, dass alle beim Weggehen mit den Tränen kämpften oder weinten – nur die Zigeunerin nicht, die sechs Mal kam. Mingo beschloss, sie nach dem nächsten Besuch ein bisschen auszufragen. Sie schien dem Mauren zu gefallen, und vielleicht konnte sie etwas über seine Zukunft sagen. Als das dunkelhäutige Mädchen das siebte Mal kam, trat Isabella ihr beim Verlassen des Palazzo entgegen und bat sie, ihr zu folgen – die Erzieherin der Duchessina wolle sie sprechen. Das junge Mädchen sah Isabella erstaunt an und folgte ihr wortlos. Sie knickste vor Mingo und blickte ihr dann selbstbewusst und auch ein wenig stolz, aber nicht hochmütig in die Augen. Mingo betrachtete Esmeralda und war angenehm überrascht. Die schwarzen und roten Kleider sahen sauber aus, die dunklen Haare glänzten frisch gewaschen und das Mädchen roch angenehm nach Seife und Duftwasser.

»Ich weiß, dass du die Geliebte von Signor Alessandro bist«, begann Mingo. »Wie behandelt er dich? Bekommst du wenigstens Geld für deine Dienste?«

»Nein, Signora. Ich bekomme kein Geld, aber das ist auch nicht nötig, ich verdiene meinen Lebensunterhalt recht gut mit Wahrsagen und Tanzen. Hin und wieder gibt er mir ein paar Goldpfennige, damit ich mir Bänder, Tücher und Gürtel kaufen kann, und wenn ich sein Zimmer betrete, stehen auf einem Tischchen immer ein Imbiss und Wein bereit.«

»Hat er dich schon einmal geschlagen?«

»Nein, ich glaube, das wagt er nicht.«

»Warum wagt er es nicht?«

Esmeralda überlegte. »Er weiß«, sagte sie nach einer Weile, »dass ich Zigeunerin bin, und manchmal habe ich den Eindruck, dass es ihn einerseits fasziniert und ihm andererseits auch Furcht einflößt.«

Mingo zögerte, jetzt kam die heikle Frage nach Alessandros Zukunft. Aber vielleicht war das, was Zigeunerinnen weissagten, alles Unfug. Sie hatte allerdings auch schon gehört, dass diese Voraussagen eingetroffen waren …

»Esmeralda, hast du in Signor Alessandros Hand gelesen?«

»Ja, Signora, aber das erfährt nur der Betreffende selbst, kein Außenstehender.«

»Ja, natürlich.« Das hätte ich wissen müssen, dachte Mingo verärgert.

»Signor Alessandro weiß also, wie sein Leben verlaufen wird?«

Esmeralda zögerte. »Er weiß nicht alles.«

»Warum hast du ihm nicht alles gesagt?«

Da schwieg die Zigeunerin und sah zu Boden.

»Warum gibst du dich überhaupt mit ihm ab?«

Esmeralda zögerte einige Sekunden, dann sah sie Mingo ernst an. »Er ist ein armer, sündiger, bedauernswerter Mensch.«

Mingo sah die Zigeunerin einige Sekunden verblüfft an. »Du kannst jetzt gehen.«

Esmeralda knickste und eilte hinaus.

»Verstehst du, Isabella, warum sie den Mauren als armen, bedauernswerten Menschen bezeichnet?«

Isabella überlegte. »Vielleicht denkt sie, dass Menschen mit einem schlechten Charakter wie der Maure bedauernswert sind, weil sie gehasst und gefürchtet werden? Vielleicht hat sie etwas in seiner Hand gelesen, was sie ihm offensichtlich verschwiegen hat und dies ist der Grund, weshalb sie ihn einen armen, sündigen, bedauernswerten Menschen nennt.«

»Ich werde der Signora morgen noch einmal schreiben und sie bitten, so bald wie möglich nach Florenz zu kommen und hier für Ordnung zu sorgen.«

Zu Mingos und besonders zu Katharinas Enttäuschung traf Ende Juni ein Brief von Clarissa Strozzi ein, worin sie mitteilte, dass ihre Söhne an einem Fieber erkrankt seien und der Arzt ihr für die nächsten Wochen eine Reise untersagt habe wegen der Ansteckungsgefahr. Sie lebe zurzeit mit den Kindern ganz zurückgezogen auf einem ihrer Landgüter. Sie hoffe, dass sie im Laufe des Herbstes nach Florenz kommen könne, bezweifele aber, dass es in Bezug auf Alessandro viel nützen werde, weil der Papst sie hinsichtlich Alessandros Lasterhaftigkeit nicht unterstütze. Er behaupte, Mingos Bericht sei übertrieben; die Leute im Viertel Santa Croce seien schon immer besonders schwierig und aufsässig gewesen. Eine Rückkehr Alessandros nach Rom habe er strikt abgelehnt. Sie hoffe, dass die Ausschweifungen des Papstsohnes während seines Aufenthaltes in Poggio bei den Florentinern in Vergessenheit gerieten. Am Schluss des Briefes versprach sie, im Herbst nach Florenz zu kommen, weil sie Ippolito und Katharina wiedersehen wolle.

Anfang Juli übersiedelten sie nach Poggio a Caiano. Der Unterricht wurde auch hier fortgesetzt, allerdings in verringertem Umfang, weil die Fiesta fast bis zum Abend dauerte und Ridolfi sich hin und wieder für einige Tage nach Florenz begab, um häusliche Angelegenheiten zu regeln.

Katharina verbrachte die freie Zeit meistens unter den schattigen Bäumen im Garten und las die *Märchen aus Tausendundeiner Nacht*, die Ridolfi ihr besorgt hatte, oder sie ließ sich von Ippolito das Schachspiel beibringen. »Es ist wichtig«, erklärte er ihr, »dass du immer einige Züge voraus denkst.« »Wie meinst du das?« »Du musst dich in den Gegner hineinversetzen und überlegen, wie er reagieren könnte. Es ist leichter, als du glaubst, weil der Gegner meistens nur zwischen zwei oder drei Möglichkeiten wählen kann. Versuche es einmal – welche Figur willst du jetzt bewegen?« »Den Springer.« »Warum?«

»Ich mag den Springer, weil er – abgesehen von der Dame – die beweglichste Figur im Spiel ist.«

»Wenn du ihn hierhin setzt, und eine andere Möglichkeit hast du im Moment nicht, dann nehme ich ihn dir beim übernächsten Zug mit dem Läufer weg.«

Katharina betrachtete das Schachbrett und überlegte. »Du hast Recht.« Sie schob vorsichtig einen Bauern nach vorne, da ging sie kein Risiko ein. »Mein Gott, ist das ein schwieriges Spiel.«

»Du wirst es lernen, es ist nur eine Sache der Übung. Du kannst auch gegen dich selbst spielen, wenn du einmal keinen Partner hast.«

An einem Vormittag unterrichtete Ridolfi sie über die Geschichte der Stadt Florenz, und dabei fiel ihr ein, dass ihre Tante Maria die Dominikanerinnen im Kloster Santa Lucia als »republikfreundlich« bezeichnet hatte. Am Nachmittag fragte sie Ippolito, was dies bedeutete und schilderte ihm die Unterhaltung mit Cosimo über die beiden Klöster.

»Der Ausdruck ›republikfreundlich‹ bedeutet, im Hinblick auf die politischen Verhältnisse in Florenz, dass man der Familie Medici feindlich gesonnen ist und ihre Herrschaft über die Stadt ablehnt.«

Alessandro ging seiner eigenen Wege, aber jeder im Haus, Katharina ausgenommen, wusste, dass er an den Nachmittagen und Abenden meistens eines der Dorfmädchen in seinem Appartement hatte.

Passerini kam immer am Samstag gegen Mittag und ritt am frühen Sonntagabend nach Florenz zurück; seine Anwesenheit fiel nicht weiter auf, weil er nur zur Messe und den Mahlzeiten erschien.

Sein Verbleiben in Florenz während der heißen Sommerwochen begründete er mit viel Arbeit. In Wirklichkeit war er froh, dass im Palazzo für einige Wochen Ruhe eingekehrt war.

Katharina dagegen nutzte die Zeit in Poggia zum Lernen, denn sie hatte inzwischen einen enormen Ehrgeiz entwickelt. Ihre Leistungen waren überdurchschnittlich. Signor Ridolfi war voll des Lobes in seinen Berichten an Clarissa Strozzi und an Papst Clemens.

Ridolfi legte Wert darauf, dass die historischen Hintergründe und zeitgenössischen wirtschaftlichen und sozialen Gegebenheiten sowie deren Bedeutung in und außerhalb von Florenz einen guten Anteil am Unterrichtsstoff ausmachten.

So wurden die Schüler auch in den heißeren Sommermonaten auf dem Landgut nicht geschont, wenn auch der Unterrichtsstoff in dieser Zeit sich auf die Kernfächer Latein, Geschichte und Mathematik konzentrierte.

Katharina wusste also jetzt, dass Florenz zum ersten Mal 1154 durch Kaiser Barbarossa eine eigene Rechtsprechung erhalten hatte. Sie erfuhr auch, dass die *Guelfen* ursprünglich Herzöge von Bayern waren, die sich gegen die *Ghibellinen*, das Kaiserhaus der Staufer, gestellt hatten. Später wurden diese Namen auf die in Florenz konkurrierenden Adelsgeschlechter übertragen, die sich hinfort in Florenz in der Regentschaft ablösten. Um 1250 übernahm Florenz die Guelfenfahne mit der roten Lilie auf weißem Grund.

Auch über das florentinische Zunftwesen war sie inzwischen bestens informiert. Sie wusste, dass dieses sich aus der Zunft der Kaufleute entwickelt hatte, die sich gegen Ende des 12. Jahrhunderts in »höhere« und »untere« Zünfte spezifiert hatten.

Die älteste, die *Calimala*-Zunft, beinhaltete auch Wechsel- und Bankgeschäfte. Daraus entwickelte sich die Geldwechsler-Zunft, und so wurde Mitte des 13. Jahrhunderts der europäische Finanzmarkt von florentinischen Bankiersfamilien beherrscht. Alberti, Antinori, Capponi, Pazzi, Strozzi und viele andere gehörten dazu. Zu den höheren Zünften gehörten auch Wollhändler, Seidenhändler und Goldschmiede, Ärzte, Apotheker, Richter und Notare und ebenfalls Kürschner und Pelzhändler.

Mitte des 13. Jahrhunderts wurden auch die »unteren« Züfte gebildet: Leinenweber, Trödler, Schuhmacher, Zimmerleute, Steinmetze, Schmiede; Metzger, Weinhändler, Gastwirte, Ölhändler, Salz- und Käsehändler.

Auch von den prägenden Köpfen florentinischer Kultur hatte Katharina inzwischen erfahren.

Da war Francesco Petrarca, der 1304 in Arezzo als Sohn eines Exil-Florentiners geboren wurde und später in seiner Dichtung das antike Rom verehrte. Weithin berühmt wurde er durch den *Canzoniere*, eine volkssprachliche lyrische Dichtung.

Eine andere Größe war der ursprüngliche Schüler und Biograf Petrarcas namens Giovanni Boccaccio, der, 1313 geboren, Petrarca nur um ein Jahr überlebte: Er starb 1375. Seine bekannteste Dichtung ist die Novellen-sammlung *Il Decamerone* und außerdem eine Sammlung von Biografien berühmter Frauen.

An diesem Tag beendete Katharina ihre Hausausgaben früher als sonst. Sie lief zu Mingo und erzählte ihr das unfreiwillig belauschte Gespräch zwischen Maria und Ridolfi. Als sie fertig war, sah Mingo nachdenklich vor sich hin. Sie dachte an die zweite Prophezeiung bei Katharinas Geburt.

»Warum schweigst du, Mingo?«

»Während Sie erzählten, habe ich mich an eine weitere Weissagung erinnert, die der Astrologe bei Ihrer Geburt aus dem Stand der Sterne las. Er sagte, Sie würden Ihr Leben fern von Florenz verbringen.«

Katharina sah Mingo erstaunt an. »Fern von Florenz … viele Kinder und fern von Florenz … das bedeutet also, dass Alessandro hier regieren wird.«

»Der Papst wird bestimmt eine glänzende Heirat für Sie arrangieren, wer weiß, vielleicht vermählt er Sie mit einem Fürsten, dann werden Sie nicht hier, sondern an seiner Seite in einem anderen Staat regieren.«

»Wenn ich mit einem Fürsten vermählt werde, wird er regieren, nicht ich.«

Während Katharina zur Terrasse zurückging, sagte sie leise zu sich selbst: »Ich werde viele Kinder haben, ich werde fern von Florenz leben und ich werde vielleicht irgendwann regieren. Letzten Endes ist es nicht so wichtig, wo ich regiere, aber ich möchte regieren.«

Die Tage und Wochen vergingen in beschaulicher Eintönigkeit. Katharina hatte manchmal das Gefühl, dass die Zeit still stand, aber als der Juli sich dem Ende näherte und der August anfing, wurden die Tage merklich kürzer. Dann war auch der August vorbei, es wurde September, und die jungen Medicis kehrten nach Florenz zurück.

In der Via Larga begann wieder der normale Alltag mit viel Unterricht und wenig Freizeit. Am Sonntag ging man zum Hochamt im Dom, anschließend ritten Ippolito und Katharina durch die Straßen und Ippolito bemerkte erleichtert, dass er und die kleine Cousine sich großer Beliebtheit erfreuten – Alessandros ausschweifendes Leben hatte ihnen also bisher nicht geschadet. Nach dem Ritt erwartete sie ein »fettes« Bankett, und nach der Siesta besuchten Ippolito, Katharina und Mingo die Verwandten. Alessandro schloss sich ihnen nur selten an und Passerini nie – er war froh, wenn er seine Ruhe hatte.

So vergingen die Monate September und Oktober.

Am letzten Sonntag im Oktober war es noch einmal sommerlich warm. Katharina spielte mit Cosimo, Laudomia und Giuliano unter Mingos Aufsicht im weitläufigen Garten der Verwandten, während Ippolito und Maria unter den Bäumen spazieren gingen und sich über dies und jenes unterhielten.

»Wann kommt Giovanni wieder zu einem längeren Besuch?«, fragte Ippolito, der den *condottiere* zu gerne persönlich kennen gelernt hätte.

»Vorläufig nicht. Er war den ganzen August hier, und seine Anwesenheit bei der Truppe ist dringend erforderlich, um die Söldner wieder an Zucht und Ordnung zu gewöhnen. Nun, wir haben jetzt wenigstens Frieden und ich muss nicht um sein Leben bangen.«

»Der Friede ist teuer erkauft. Onkel Clemens wird das Herz geblutet haben, als er die Städte Parma, Modena und Piacenza an den Kaiser abtreten musste.«

»Nun ja, er denkt bestimmt schon darüber nach, wie er sie zurückerobern kann. Es wird ihm schon etwas einfallen.«

»Der König von Frankreich ist immer noch in Spanien. Man hört nicht, wie es ihm geht – ist das ein gutes oder ein schlechtes Zeichen?«

Maria überlegte. »Ich glaube, es ist ein schlechtes Zeichen.«

Sie gingen eine Weile schweigend nebeneinander her, und dann sagte Maria: »Alessandro war schon lange nicht mehr hier.«

»Er geht seiner eigenen Wege«, erwiderte Ippolito verlegen.

»Ich weiß. Alessandro ist wegen seines Lebenswandels noch verhasster bei den Florentinern als Katharinas Vater und Großvater.«

»Das erzählt Mingo auch, wenn sie aus der Stadt zurückkehrt. Aber was soll man machen, Passerini hält sich aus allem heraus.«

»Ich wünschte, Clarissa Strozzi käme endlich nach Florenz, vielleicht könnte sie Alessandro zur Räson bringen.«

»Das bezweifele ich. Überdies wird Tante Clarissa in den kommenden Monaten nicht reisen können …« Er zögerte etwas und fuhr dann fort: »Sie ist guter Hoffnung, aber die Schwangerschaft bereitet ihr viele Beschwerden, der Arzt hat ihr längere Reisen verboten, bis sie das Kind geboren hat; die Niederkunft ist im kommenden Frühjahr. Katharina war ganz unglücklich, als sie hörte, dass ihre Tante den Besuch erneut verschieben muss.«

»In guter Hoffnung, ich beneide sie. Aber wir sollten jetzt umkehren und nach den Kindern sehen.« Auf dem Rückweg blieb Maria plötzlich stehen und sah Ippolito ernst an. »Erzählt Passerini hin und wieder etwas über die Sitzungen der *Signoria*?«

»Nein, er ist ein Schweiger.«

»Nun ja, vor ein paar Tagen hörte ich, dass die Republikaner sich inzwischen zu einer starken Opposition in der *Signoria* entwickelt haben und auch in der Bevölkerung immer mehr Anhänger finden.«

»Bedeutet diese Entwicklung … wird es ein zweites Jahr 1494 geben?«

»Ich weiß es nicht, Ippolito, wir können nur abwarten. Ich berichte deiner Tante regelmäßig über die politische Lage in der Stadt. Sie äußert sich allerdings nie dazu.«

Der November brachte Regen und einen so starken Temperatursturz, dass die Diener jeden Tag im Palazzo die Kamine heizten.

Ende November erschien Passerini sichtlich erregt bei der Mittagstafel. Kaum war das Tischgebet gesprochen und die Früchte – Trauben, Äpfel und Birnen – serviert, sagte er zu Ridolfi und Pater Camillo: »Heute Vormittag erhielt ich einen Bericht des päpstlichen Gesandten aus Madrid, das heißt, der Heilige Vater schickte mir eine Abschrift des Berichtes. Der Gesandte schildert darin ausführlich, wie man den König von Frankreich in Spanien behandelt – es ist einfach skandalös, der Heilige Vater ist empört über den Kaiser.«

Katharina, die angefangen hatte, einige Trauben zu essen, schob den Teller zur Seite und sah Passerini gespannt an, was dieser aber nicht bemerkte. Während er einen Apfel schälte und zerteilte, fuhr er fort:

»Die Ankunft in Spanien war viel versprechend; als König Franz am 19. Juni in Barcelona eintraf, wurde er von der Bevölkerung wie ein Souverän empfangen; er stieg im Palast des Erzbischofs ab und empfing die

Räte Kataloniens. Als er sich am nächsten Morgen durch die Stadt zur Messe begab, jubelte ihm das Volk zu und die Skrofulösen strömten massenweise herbei, weil sie an die heilende Macht glauben, die allein dem Nachfolger des Heiligen Ludwig gegeben ist; auch der katalanische Adel war begeistert von König Franz. Von Barcelona aus segelte er weiter nach Valencia; auch dort wurde er jubelnd empfangen; er residierte im Schloss des Gouverneurs und ging auf die Jagd. In Guadalajara nahm der König an Stierkämpfen und Turnieren teil, in Alcala de Henares strömten ihm die Einwohner der Stadt und die elftausend Studenten entgegen; so erreichte er, umjubelt und verehrt, Ende August Madrid. Die Königinmutter und Regentin, Louise von Savoyen, hatte inzwischen Abgesandte zum Kaiser nach Toledo geschickt; der empfing sie zwar Ende Juli, delegierte die weiteren Verhandlungen aber an seinen Rat. Das beweist, welch geringe Bedeutung er dem König von Frankreich beimisst. Man vereinbarte einen Waffenstillstand und begann mit den Friedensverhandlungen, die bis jetzt noch nicht abgeschlossen sind.« Er schwieg einen Augenblick, weil der nächste Gang – Kürbissuppe und in Gewürzen gedünstete Champignons – serviert wurde und erzählte dann von der Gefangenschaft des Königs von Frankreich in Madrid. »Der Kaiser war empört und beunruhigt über die Begeisterung, mit der die Spanier den besiegten französischen König empfingen und befahl, dass man ihn in Madrid im *Los Lusanes* unterbringen solle; dieses Gefängnis befindet sich im Festungsturm des Alcazar und wird schwer bewacht. Das Fenster des Turmes ist doppelt vergittert, das Mobiliar besteht aus dem Bett, Kleidertruhen, Tischen und Stühlen; die Mauern sind nackt, kein Wandvorhang bedeckt sie. Der König darf sein Gefängnis nicht verlassen. Er, der seinen Körper regelmäßig beim Ringkampf, der Jagd, bei Turnieren und auch im Krieg trainiert, ist zur Bewegungslosigkeit verdammt. Er hat dem Kaiser mehrere Briefe geschrieben und um eine persönliche Unterredung gebeten, aber Karl ignorierte die Bitte. Der Gesandte hat beobachtet, dass der Kaiser sich stets lange mit seinen Ratgebern unterhält, ehe er entscheidet, und er vermutet, dass die Räte versuchen, eine persönliche Begegnung ihres Herrn mit dem Franzosen zu verhindern, weil allgemein bekannt ist, welchen persönlichen Charme der König von Frankreich ausstrahlt. – Das Gefängnis, die mangelnde Bewegungsfreiheit und wahrscheinlich auch die Enttäuschung, dass der Kaiser nicht antwortet, diese Faktoren haben wahrscheinlich dazu geführt, dass der König ernstlich erkrankte. Bereits im Juli hatte er den Kaiser um einen Passierschein für seine Schwester Margarete gebeten, wahrscheinlich wollte er der Schwester mündliche Nachrichten und Anweisungen für Louise von Savoyen anvertrauen. Im Sommer hatte der Kaiser diese Bitte ignoriert; als er jetzt von der Krankheit seines Gefangenen erfuhr, gab er in diesem Punkt nach und gewährte Margarete – allerdings nur für einen sehr knapp bemessenen Zeitraum – freies Geleit nach Madrid. Als sie beim Bruder in Alcazar eintraf, reichte man ihm gerade die Sterbesakramente. Sie schaffte es irgendwie, dass der Kaiser sie empfing, schilderte ihm den schlechten Gesundheitszustand des Bruders, berichtete von den Sterbesakramenten und bat ihn, dem Bruder die Freiheit zu schenken und ihn nach Frankreich zurückkehren zu lassen. Karl hörte sie an, entließ sie ohne Antwort, und da ihr Aufenthalt wegen des freien Geleits begrenzt war, eilte sie zurück nach Frankreich. Waren es die Fürbitte der Schwester oder die alarmierenden Berichte der Ärzte und Kerkerwärter? Der Kaiser war jedenfalls beunruhigt und galoppierte von seinem Jagdlager bei Segovia nach Madrid. An einem Septemberabend sahen sich die Souveräne von Angesicht zu Angesicht. Zwar blieb es bei einer höflichen Konversation, aber der Gesundheitszustand des Königs besserte sich plötzlich. Am Tag nach dem Besuch des Kaisers platzte der Abszess in der Nase, der Eiter quoll wie ein Sturzbach heraus und das Fieber sank. Der König ist jetzt auf dem Weg der Genesung. Karl V. hat tatsächlich im letzten Moment erkannt, dass ein toter König von Frankreich wertlos für ihn ist.«

»Wieso, Eminenz?«, fragte Alessandro. »Ein toter König ist ein Gegner weniger!«

»Gewiss, aber Franz I. hat drei Söhne, die Thronfolge ist also gesichert. Außerdem würde für den unmündigen König seine Großmutter, Louise von Savoyen, die Regentschaft führen, und diese Dame ist, zusammen mit dem Kanzler Duprat, ein gefährlicher Gegner, der sich nicht übertölpeln lässt, das weiß der Kaiser. Er weiß auch, dass es sich mit Franz leichter verhandeln lässt; überdies hat Louise inzwischen ein Arrangement mit England erreicht. Heinrich VIII. ist erbost über den Kaiser, weil dieser die Verlobung mit des Königs kleiner Tochter Maria gelöst hat, überdies hört man seit geraumer Zeit immer wieder, dass der englische König sich von seiner Gemahlin Katharina von Aragon trennen will, weil von ihr keine Kinder und männliche Erben mehr zu erwarten sind. Katharina aber ist die Tante des Kaisers, ein Umschwenken Englands unter diesen

Umständen ist nur eine Frage des Geldes, weil Heinrich immer an klingender Münze, nicht aber an territorialem Gewinn interessiert ist. Jedenfalls hat Louise inzwischen ein Abkommen mit England vereinbart: Das Inselreich erklärt, keine Gebietsansprüche an Frankreich zu haben, ein Waffenstillstand auf unbegrenzte Zeit soll beginnen und Frankreich zahlt an den Tudorkönig eine Kriegsentschädigung von jährlich einhunderttausend Kronen und zwei Millionen in vierteljährlicher Zahlung von fünfzigtausend Kronen; damit nicht genug, hat Louise auch schon Kontakt zu Venedig und …« Passerini hüstelte und fuhr fort: »… und zu anderen italienischen Staaten aufgenommen.« Beinahe hätte er verraten, dass sie auch mit dem Papst über ein Bündnis gegen den Kaiser verhandelte, aber das sollte vorerst geheim bleiben. Erst jetzt bemerkte er, dass Katharina weder die Suppe noch die Champignons gegessen hatte.

»Wollen Sie nicht essen, Hoheit?«

Sie löffelte gehorsam etwas Kürbissuppe und schob den Teller zur Seite. Ihre Gedanken weilten bei dem gefangenen König, und während der nächste Gang – Hase am Spieß mit schwarzer Pfeffersauce und Hammel in Petersilie mit rosa Knoblauchsauce – serviert wurde, malte sie sich den Kerker im Alcazar aus …

»Ich kann verstehen«, sagte Ridolfi, »dass der Sieger dem Besiegten einen harten Frieden diktiert, aber einen gesalbten, gekrönten König so entwürdigend gefangen zu halten, ihm keine persönliche Unterredung zu gewähren, das ist … das ist kleingeistig. Was verspricht der Kaiser sich davon?«

»Nun, der Habsburger ist in Brüssel und Antwerpen inmitten flandrischer Kaufleute groß geworden, das hat ihn wahrscheinlich geprägt – er verhält sich also nicht wie ein Fürst, sondern wie ein Wucherer, der versucht, so viel wie möglich herauszupressen. Die Haft des Königs soll wahrscheinlich bewirken, dass er langsam, aber sicher zermürbt wird und die unverschämten Friedensbedingungen akzeptiert, die bei einigen Punkten zu endlosen juristischen Streitereien führen werden. Der Habsburger stellt folgende Forderungen: die Herausgabe Burgunds, die Grafschaft Artois, Tournai und sein Land – dies alles an den Kaiser; was England betrifft, hat Louise sich mit Heinrich inzwischen geeinigt; der Konnetabel von Bourbon soll seine konfiszierten Güter zurückbekommen, er soll die Provence als eigenes Königreich erhalten und eine Schwester des Kaisers heiraten; Franz soll auf Mailand, Neapel, Genua und Asti verzichten, sein Sohn, der Dauphin, soll die Nichte des Kaisers, Maria von Portugal, heiraten. Man verhandelt noch, aber ich befürchte, dass der König die Bedingungen akzeptieren muss, wenn er sein schönes Frankreich jemals wiedersehen will.«

»Burgund?«, fragte Ridolfi erstaunt. »Burgund ist Eigentum der französischen Krone, ganz Frankreich wird sich gegen den König stellen, wenn er Burgund an den Habsburger abtritt! Wie kommt der Kaiser dazu, Burgund zu verlangen?«

»Der Kaiser betrachtet Burgund wahrscheinlich als Familienbesitz. Seine Großmutter väterlicherseits, Maria, war die Tochter und Erbin Herzog Karls des Kühnen von Burgund und hat seinerzeit dem Kaiser Maximilian das Herzogtum in die Ehe eingebracht, folglich leitet Maximilians Enkel daraus Erbansprüche ab.«

»Wie lange wird der König noch in Spanien bleiben müssen?«, fragte Katharina.

»Das weiß man nicht, Hoheit. Irgendwann wird der Kaiser seinen Gefangenen entlassen müssen, weil nur der König persönlich die Forderungen des Kaisers beim Kronrat durchsetzen kann. So traurig das Los des Königs von Frankreich im Augenblick ist, aber solange er in Madrid weilt, gibt es keinen neuen Krieg.«

Inzwischen waren noch italienisches *blanc-manger*, Käsekrapfen, eine Pastete aus rohen Birnen, Marzipan, *hippokras*, Kardamom und Anis serviert worden, und sowohl Passerini als auch Mingo beobachteten erstaunt, dass Katharina von jeder Speise nur wenig gegessen hatte, was bei ihrem gesunden Appetit erstaunlich war.

»Fühlen Sie sich nicht gut?«, fragte Mingo. »Sie haben ja kaum etwas gegessen.«

»Ich musste immer an den armen König von Frankreich denken!«

Weihnachten, Neujahr und die Karnevalszeit kamen und gingen, und auf einmal schrieb man den 13. April 1526 und Katharina vollendete ihr siebtes Lebensjahr.

Sie hatte im Stillen gehofft, dass ihre Tante nach der Niederkunft zu ihrem Geburtstag nach Florenz kommen würde, aber am 12. April trafen die Geschenke aus Rom ein – Bücher und Spielsachen – und ein liebevoller Brief, worin Clarissa Strozzi schrieb, dass es sie sehr schmerze, Katharina erneut vertrösten zu müssen; aber das Kind sei zu früh geboren worden und nach wenigen Stunden verstorben, sie selbst habe ein heftiges Fieber bekommen, es sei ein Wunder, dass sie noch lebe und der Arzt habe ihr verboten, während der kommenden Monate zu verreisen …

Katharina war den Tränen nahe, als sie den Brief gelesen hatte. »Manchmal glaube ich, Tante Clarissa kommt überhaupt nicht mehr nach Florenz«, sagte sie zu Mingo.

»Beruhigen Sie sich, Hoheit. Eines Tages taucht die Signora plötzlich und unverhofft hier auf.«

Am nächsten Morgen führte Mingo Katharina in das Unterrichtszimmer, wo sie Ippolito, Isabella und einen Geburtstagstisch mit Blumen und Geschenken vorfand, den Mingo am Abend zuvor hergerichtet hatte, um die Kleine über die Abwesenheit der Tante ein bisschen zu trösten.

Ippolito und Isabella gratulierten, und dann zeigte Mingo ihr die Geschenke.

»Die Bücher und Spielsachen haben Sie gestern bereits gesehen; die Frühlingsblumen und die grüne Maske sind von Ippolito, das Konfekt ist ein Geschenk von Isabella und Giacomo – er hat es persönlich für Sie hergestellt, und von mir bekommen Sie Ihr erstes Paar parfümierte Handschuhe.«

»So viele Geschenke habe ich noch nie bekommen!«, rief Katharina und umarmte stürmisch nacheinander Mingo, Isabella und Ippolito, dann naschte sie von dem Konfekt, setzte die Maske auf, die natürlich noch zu groß war, zuletzt streifte sie entzückt die weißen Handschuhe über und atmete genießerisch den Duft des Lilienparfüms ein, den sie ausströmten.

»Sei vorsichtig, Katharina«, sagte Ippolito, der sie lächelnd beobachtete, »parfümierte Handschuhe können auch vergiftet sein.«

Katharina betrachtete erschrocken die Handschuhe.

»Was fällt Ihnen ein, Signor Ippolito!«, rief Mingo empört. »Ich kenne den Parfumeur seit meiner Kindheit, er ist ein zuverlässiger, rechtschaffener Mann, der nie einen Menschen vergiften würde!«

»Verzeihung, Mingo, so war es nicht gemeint. Katharina, Mingos Handschuhe kannst du natürlich unbesorgt tragen, aber du musst, wenn du erwachsen bist, vorsichtig sein; es gibt Parfumeure, das sind die reinsten Giftmischer!«

»Da haben Sie allerdings Recht, Signor Ippolito. – Katharina, Sie müssen später Ihren Parfumeur sehr sorgfältig wählen. Achten Sie darauf, dass er ein integerer Mann ist, dem Sie vertrauen können; er muss vor allem unbestechlich sein, Ihnen treu ergeben, ein Mann, der sich weigert, Ihre Parfüms, Lippenpomaden, kurz alles, was Sie für Ihre äußere Schönheit verwenden würden, zu vergiften.«

Katharina sah Mingo erschrocken an. »Glaubst du, dass es Menschen gibt, die mich vergiften wollen?«

Inzwischen hatte Alessandro das Zimmer betreten und die Unterhaltung über die Giftmischerei mitgehört. »Wie klug du bist, Katharina«, sagte er, noch ehe Mingo etwas erwidern konnte, und ging auf die kleine Cousine zu, wobei er spöttisch lächelte.

Katharina sah ihn unsicher an und überlegte, was er wohl im Schilde führte.

»Du kannst«, fuhr Alessandro fort, »deinen dir ergebenen Parfumeur natürlich auch beauftragen, die Menschen, die dir nicht genehm sind, die du hasst, die deinen Plänen im Wege stehen, zu vergiften. Es ist die eleganteste und unauffälligste Art, gewisse Personen zu beseitigen.«

Katharina starrte Alessandro entgeistert an. Waren seine Worte ernst gemeint? Hielt er sie für eine Giftmischerin?! »Nein!«, rief sie, »nein! Ich werde nie, niemals den Befehl geben, andere Menschen zu vergiften!«

Alessandro lächelte spöttisch. »Man soll niemals ›nie‹ sagen, kleine Cousine«, erwiderte er maliziös, »das Leben ist voller Überraschungen. Aber ich bin nicht gekommen, um mich mit dir über die Giftmischerei zu unterhalten, ein Geschenk kann ich dir leider nicht überreichen, weil ich nicht genügend Geld habe.«

»Ein Geschenk ist nicht wichtig, Alessandro, ich danke dir für deinen Glückwunsch.«

Später gratulierten der Kardinal, Pater Camillo und Ridolfi, und dann verlief der Tag wie alle anderen mit Unterricht und Lernen.

Da Ridolfis Frau mit den Kindern in einer Familienangelegenheit für ein paar Tage nach Rom gereist war, blieb der Lehrer auch zum Abendessen im Palazzo. Katharina hatte darauf bestanden, da sich, wenn Ridolfi anwesend war, hin und wieder eine Unterhaltung mit dem Kardinal entwickelte und die Mahlzeit weniger eintönig verlief.

An diesem Abend sollte ihre Hoffnung auf eine interessante Unterhaltung nicht enttäuscht werden.

»Es ist erstaunlich und unbegreiflich, wie scharfsinnig und realistisch Frauen eine politische Situation einschätzen können, zum Beispiel Louise von Savoyen, die Mutter des französischen Königs. Sie hat klar erkannt – das geht eindeutig aus dem Bericht des päpstlichen Gesandten in Frankreich hervor –, dass die Abwesenheit des Königs für das Land schädlicher ist als die Klauseln eines noch so harten Vertrages. Sie hat ihren Sohn in ihren Briefen anscheinend überredet, die Forderungen des Kaisers zu akzeptieren. Der gesalbte, gekrönte ›König von Gottes Gnaden‹ ist der Einzige, der seinen Untertanen die kaiserlichen Forderungen abringen kann. Das hat Karl V. inzwischen wohl auch erkannt und dem König gestattet, in sein Reich zurückzukehren. Aber um welchen Preis! Der Allerchristlichste König von Frankreich muss nicht nur schwören, die Bedingungen des Friedensvertrages zu erfüllen, er muss seine beiden ältesten Söhne als Geiseln an den Kaiser ausliefern, er muss außerdem die Schwester des Kaisers, Eleonore, die verwitwete Königin von Portugal, heiraten, und er muss in die Gefangenschaft zurückkehren, falls er diese Vereinbarungen nicht erfüllt.

Am 14. Januar wurde der Friedensvertrag in Madrid unterzeichnet: Burgund und Tournai wurden an Karl V. übergeben. König Franz verzichtete auf seine Ansprüche in Italien, er rehabilitierte den Konnetabel von Bourbon und dessen Mitverschwörer, er solle seine Alliierten, den König von Navarra, den Herzog von Geldern und Robert de la Marck verlassen, er stelle dem Kaiser eine Flotte für dessen Italienfeldzug zur Verfügung und werde an einem Kreuzzug gegen die Türken teilnehmen. Fünf Tage nach Unterzeichnung des Vertrages hat der König von Frankreich die Schwester des Kaisers *per procurationem* geehelicht.

Am 21. Februar wurde der König aus dem Alcazar entlassen. Man sollte es nicht für möglich halten, aber die beiden Souveräne feierten öffentlich ihre Versöhnung, tafelten gemeinsam, gingen gemeinsam zur Messe und tauschten brüderliche Küsse. Seit dem 17. März ist Franz I. wieder in seinem *douce France*.«

Katharina hörte am aufmerksamsten zu, und je länger Passerini sprach, desto mehr wurde sie von ängstlicher Spannung erfüllt und vergaß, ihre Suppe zu löffeln, die langsam erkaltete.

Während die Diener den nächsten Gang auftrugen, sagte Ridolfi:

»Die Anwesenheit des Königs in seinem Reich ist natürlich wichtig und wohl auch notwendig, aber ich verstehe nicht, wie man die eigenen Kinder dem Sieger als Geiseln ausliefern kann. Hat der König keine Angst, dass seine Söhne die Gefangenschaft seelisch nicht verkraften? Überdies ist der Dauphin der künftige König, da besteht die Gefahr, dass er sich eines Tages rächt, was wahrscheinlich zu neuen blutigen Kriegen führt.«

»Der König hatte keine andere Wahl, Signor Ridolfi. Man kann es auch anders formulieren: Wie subtil grausam muss der Kaiser sein, wenn er dem Besiegten dieses Opfer abverlangt; der Heilige Vater und auch ich, wir sind davon überzeugt, dass der König von Frankreich seine Söhne nur schweren Herzens nach Spanien geschickt hat. Man muss natürlich auch bedenken, dass es keine gewöhnlichen Kinder, sondern Prinzen sind, ihr besonderer Rang erfordert manchmal auch besondere Opfer.«

»Wie alt sind die Prinzen?«, fragte Katharina.

»Der Dauphin Franz ist acht Jahre alt, und sein Bruder Heinrich, der Herzog von Orléans, hat Ende März das siebte Lebensjahr vollendet.«

»Sieben Jahre … er ist so alt wie ich … sieben Jahre und ein Gefangener des Kaisers … es ist schrecklich. Wenn ich jetzt Florenz verlassen müsste, um in einem fremden Land als Gefangene zu leben … hätte ich furchtbare Angst. Gefangene leben immer in einem finsteren Kerker ohne Licht und Sonne, sie sind angekettet, bekommen nur Wasser und Brot, niemand darf mit ihnen sprechen, auf dem Steinboden laufen Ratten herum, im Winter müssen sie frieren –«

»Mit Verlaub, Hoheit«, unterbrach Passerini, »man sollte die Angelegenheit nicht dramatisieren! Die Knaben sind die Söhne des Königs von Frankreich, sie werden in Madrid oder Toledo genauso leben wie in den Schlössern Blois oder Amboise. Man wird sie gemäß ihrem hohen Rang behandeln, sie werden unterrichtet wie bisher, sie dürfen spielen und ausreiten, mit dem Unterschied, dass sie strenger bewacht werden als in Frankreich.«

»Mit Verlaub, Eminenz, der Kaiser hat den König von Frankreich während seiner Gefangenschaft so schlecht behandelt, dass er krank wurde. Glauben Sie, dass er die Prinzen besser behandeln wird?«

Passerini sah Katharina verwundert an. Sie hat Recht, überlegte er und erwiderte leicht verunsichert: »Die Prinzen sind Kinder, Hoheit, gegenüber Kindern wird der Kaiser Milde walten lassen, das ist seine christliche Pflicht.«

Nach diesen Worten herrschte eine Weile Schweigen in der Tischrunde. Dann fuhr Passerini mit seinem Bericht fort. »Der Heilige Vater hat mir auch eine Kopie des Berichtes seines Gesandten in Frankreich geschickt; der Gesandte hat detailliert die Ankunft des Königs und die Übergabe der Prinzen am Fluss Bidassoa geschildert. Am 17. März stand der König am spanischen Flussufer, seine Söhne auf der gegenüberliegenden Seite.

Die Boote des Königs und seiner Söhne legten bei einer Insel in der Mitte des Grenzflusses an. Die Prinzen traten auf den Vater zu und küssten ihm die Hand, der König kniete nieder und umarmte seine Kinder; dann übernahmen die Spanier die Knaben, der König setzte an das französische Ufer über. Vor der Begegnung des Königs mit seinen Kindern hat der päpstliche Gesandte die Prinzen genau beobachtet: Der Dauphin Franz wirkte ziemlich gefasst, aber sein jüngerer Bruder Heinrich, der Herzog von Orléans, hat bitterlich geweint – da trat plötzlich eine junge Dame der Hofgesellschaft auf den Prinzen zu, strich ihm über die Haare und küsste ihn zum Abschied auf den Mund. Nach diesem Kuss versiegten die Tränen des Prinzen … Der Gesandte konnte die Hofdame leider nicht erkennen, weil er zu weit entfernt war.«

»Wie lange müssen die Prinzen in Spanien bleiben?«, fragte Katharina.

»Das weiß im Augenblick niemand, Hoheit.«

»Ich denke immer noch an die gefangenen Prinzen, Mingo«, sagte Katharina nach dem Nachtgebet. »Sie müssen bestimmt viel leiden, und der Herzog von Orléans ängstigt sich wahrscheinlich. Glaubst du, dass sie bald nach Frankreich zurückkehren werden, wenn ich für sie bete?«

»Das weiß ich nicht, aber ein Gebet schadet nie.«

Da setzte sich Katharina auf, faltete die Hände und sagte ernst und feierlich: »Lieber Gott, beschütze den Dauphin Franz von Frankreich und seinen Bruder Heinrich, den Herzog von Orléans.«

Anfang Juni übersiedelten die jungen Medicis erneut nach Poggio a Caiano, und jeder genoss den Sommer auf seine Weise.

Alessandro vergnügte sich wieder mit den Dorfmädchen und spielte sich vor ihnen als künftiger Herrscher von Florenz auf. Ippolito grübelte viel über seine Zukunft nach; er hatte kurz vor der Abreise nach Poggio einen Brief des Papstes erhalten, worin dieser fragte, ob Ippolito nicht Lust hätte, zum Kirchenfürsten aufzusteigen, er könne sich den Neffen gut als Kardinal vorstellen …

Kardinal, dachte Ippolito, er will mich also mit Purpur abspeisen, abschieben – er verspürte nicht die geringste Lust, Kardinal zu werden. Er war bereit, als Gesandter ins Ausland zu gehen oder sich dem Kriegshandwerk zu widmen, wie Giovanni delle Bande Nere – aber Geistlicher, Kardinal?

Nein, dachte Ippolito, ich würde immer heucheln müssen, und er grübelte stundenlang darüber nach, wie er dem verhassten Kardinalshut entgehen könnte, aber er fand keine Lösung.

In diesem Sommer beachtete Katharina die mitgenommenen Spielsachen überhaupt nicht mehr, sie las oder spielte mit Ippolito Schach. Sie hatte inzwischen gelernt, mehrere Züge vorauszudenken, aber sie verlor immer noch jede Partie an den Vetter, was ihre Freude und ihr Interesse an diesem Spiel indes nicht minderte.

Auch in diesem Sommer kam Passerini nur am Wochenende und tauchte nur zu den Mahlzeiten auf.

Ende Juli erschien er an einem Samstag in Begleitung von Pater Camillo mit sorgenvoller Miene bei der Abendtafel und verkündete nach dem Tischgebet, dass der Krieg zwischen dem König von Frankreich und dem Kaiser erneut ausgebrochen sei. »Man muss leider zugeben, dass die europäischen Mächte den Krieg gegen den Kaiser geradezu provoziert haben. Am 21. Mai wurde ja in Cognac der so genannte ›clementinische Vertrag‹ unterzeichnet und die ›Liga von Cognac‹ gegründet. Zu dieser Liga gehören Frankreich, der Papst, Genua, Venedig, Mailand, Florenz und England. Der König von England ist der Schutzherr dieses Bündnisses, das offiziell ein Defensivbündnis ist mit dem Ziel, die europäischen Fürsten zu einem Kreuzzug gegen die Türken zu vereinen. Selbstverständlich kann jeder europäische Fürst, also auch der Kaiser, der Liga beitreten. Unter der Federführung des französischen Kanzlers Duprat haben die Verbündeten dem Kaiser folgenden Vorschlag unterbreitet: Man wünsche nichts mehr als seine Mitgliedschaft; wolle Seine Majestät der Allianz beitreten, sei es notwendig, die Unabhängigkeit der italienischen Staaten zu garantieren und die französischen Prinzen gegen eine angemessene Entschädigung freizulassen; sollten Seine Majestät wider Erwarten diesen Vorschlägen nicht zustimmen, so wäre die Liga gezwungen, eine Armee aufzustellen und Mailand und Genua von der kaiserlichen Besatzung zu befreien.

Die Liga hoffte, dass der Kaiser ihren Vorschlag akzeptiere, weil er einen neuen Krieg mit den Verbündeten vermeiden wollte, im Hinblick auf die türkische Gefahr. Suleiman der Prächtige ist im Anmarsch auf Ungarn, und des Kaisers Schwester Maria ist mit dem König von Ungarn verheiratet. Karl V. ist indes nicht zurückgewichen, sondern bereit, gegen die Liga zu kämpfen. Inzwischen sind die Truppen der Liga in die Lombardei einmarschiert, und die militärische Lage ist im Augenblick für den Kaiser sehr ungünstig: Die achttausend kaiserlichen Soldaten, die Mailand verteidigen, sind im Herzogtum verhasster, als es die Franzosen je gewesen sind; überdies haben sie lange keinen Sold mehr erhalten. Die Liga hat eine beachtliche Streitmacht zusammengebracht: siebenundzwanzigtausen *hommes d'armes,* das ist eine Kampfgruppe, die ein Edelmann mit seinem Gefolge bildet, viertausend Reiter und sechsunddreißigtausend Fußsoldaten. Es sieht so aus, als ob die Liga dem Kaiser militärisch überlegen ist! Nun, hoffen wir das Beste.«

Er schwieg plötzlich, und eine Weile widmeten sich alle der Kräutersuppe. Als die Kaldaunen serviert wurden, sah Pater Camillo den Kardinal an.

»Ihre Eminenz scheinen vom Sieg der Liga nicht überzeugt zu sein.«

Passerini zögerte etwas, bevor er antwortete.

»Sie haben Recht, Hochwürden, die zahlenmäßige Überlegenheit allein wird für einen Sieg nicht reichen. Um einen Sieg zu erringen, bedarf es kriegerischer Begeisterung und fähiger Heerführer, und hier sehe ich Mängel bei den Truppen der Verbündeten. König Franz reist zurzeit durch sein schönes Frankreich, statt sich an der Spitze seines Heeres nach Italien zu begeben. Der päpstliche Gesandte schreibt in jedem Brief: *Die angenehmen Sachen löschen in seinem Geist die ernsten Probleme aus, sodass für uns nur die Worte bleiben, seine Tätigkeit sich aber den Vergnügungen zuwendet.* Damit nicht genug, hat die Liga Gian Maria della Rovere, den Herzog von Urbino, an die Spitze ihrer Truppen gestellt. Der Herzog ist meiner Meinung nach ein Fehlgriff, weil er für sein Zaudern und seine Entschlusslosigkeit bekannt ist, jedenfalls bewegt er sich im Augenblick nur im Schneckentempo nach Mailand. Der Heilige Vater ist zwar begeistert von diesem Krieg und hat dem tüchtigen Giovanni delle Bande Nere ein Kommando übertragen, aber er allein wird sich schwerlich gegen zwei Heerführer wie den Konnetabel von Bourbon und Pescara behaupten können. Wir müssen abwarten.«

Katharina genoss die stillen, sommerlichen Tage in vollen Zügen, wobei sie manchmal das Gefühl hatte, dass sich im Herbst in ihrem Leben etwas ändern würde, ohne dass sie wusste, was dies sein könnte.

Vom Kriegsschauplatz trafen während der folgenden Wochen keine beunruhigenden Nachrichten ein, und den Gedanken an eine Herrschaft des Mauren über Florenz hatte sie erneut verdrängt.

Jenes ungute Gefühl, das sie während des Sommers manchmal empfunden hatte, bestätigte sich im September bei ihrer Ankunft im Palazzo Medici. In ihrem Appartement fand sie einen Brief von Filippo Strozzi vor und erschrak. Seit sie in Florenz weilte, hatte sie immer nur Briefe von ihrer Tante erhalten, nie von dem Onkel, und während des Sommers hatte Clarissa ihr stets geschrieben, dass es ihr gut gehe und dass sie hoffe, sich bald völlig von der Geburt erholt zu haben.

Katharina betrachtete den Brief unschlüssig von allen Seiten und öffnete ihn schließlich zögernd.

Filippo schrieb, dass Clarissa sehr krank sei und so geschwächt, dass sie nicht selbst schreiben könne; sie freue sich, dass Katharina fleißig lerne und hoffe, dass sie im nächsten Jahr im Frühjahr nach Florenz reisen könne …

Katharina las den Brief mehrmals und begann leise zu weinen.

Mingo fand ebenfalls einen Brief von Filippo Strozzi vor, und bei ihr schrieb der Bankier offen, dass die Ärzte keine Hoffnung mehr hatten, dass Clarissa noch einmal gesund würde, Mingo solle aber nichts zu Katharina sagen …

Mein Gott, dachte Mingo, wenn die Signora stirbt, ist die Duchessina völlig dem Papst ausgeliefert!

Während der folgenden Wochen trafen schlechte Nachrichten vom Kriegsschauplatz ein: Die Liga hatte vergessen, den Hafen von Genua für die Kaiserlichen zu sperren, und so konnten sechs Schiffe und achthundert Soldaten dort landen; der Herzog von Urbino hatte zwar noch mehr Truppen als zuvor, weil Franz I. siebentausend Schweizer und viertausend Fußsoldaten geschickt hatte, aber der Herzog holte nicht zum entscheidenden Schlag aus, sondern vertrödelte die Zeit bei Cremona und beschloss, Mailand nicht anzugreifen, sondern auszuhungern.

Ende November strömten zwölftausend deutsche Landsknechte unter Georg von Frundsberg über die Alpen, aber Urbino verhielt sich erneut defensiv.

Einige Tage vor Weihnachten erfuhr Maria von Medici, dass ihr Gatte Giovanni bei Governola tödlich verwundet worden sei, ein Geschoss habe dasselbe Bein getroffen, das schon bei Pavia verwundet worden war. Man habe ihn in das feindliche Mantua gebracht, weil es am nächsten liege, und der Gouverneur habe ihm Asyl gewährt.

Maria eilte mit Cosimo sofort nach Mantua, um dem Sterbenden beizustehen.

Am Spätnachmittag des 1. Januar 1527 begaben sich Passerini und die jungen Medicis zu der Witwe, um ihr zu kondolieren. Man sprach über den Toten und den Kriegsschauplatz.

»Die militärische Lage ist für den Heiligen Vater fast aussichtslos; der König von Frankreich hat zwar zwanzigtausend Livres und seine Schiffe nach Neapel geschickt, aber Frankreichs Flotte verfügt über keine Landtruppen, und die in den Abruzzen angeworbenen Männer reichen zur Attacke auf Neapel nicht aus; überdies löst die päpstliche Armee sich mangels Geld und Nahrungsmitteln allmählich auf. Der Heilige Vater befindet sich in einer verzweifelten Situation: Im Norden bedroht der Konnetabel von Bourbon den Kirchenstaat, im Süden wird er von Lannoy angegriffen. Es wäre am besten, wenn der Heilige Vater mit dem Kaiser über einen Waffenstillstand verhandeln würde.«

Katharina hörte zu und dachte im Stillen, dass das Jahr 1527 nicht sehr erfreulich begann.

Der Palazzo ihrer Tante ähnelte einem Totenhaus, und aus Passerinis Worten schloss sie, dass auch Florenz bedroht war, wenn der Krieg weiterging.

Einige Tage später traf die Nachricht ein, dass zwischen dem Papst und dem Kaiser Verhandlungen begonnen hatten.

In Florenz und im Palazzo Medici atmete man auf: Verhandlungen – das bedeutete, dass die Waffen schwiegen und die kaiserlichen Truppen nicht weiter nach Süden marschierten.

6

Eine Woche nach der anderen verging; die diplomatischen Verhandlungen schleppten sich hin, die Tage wurden länger und wärmer, und im Garten neben dem Innenhof begannen violette Krokusse, gelbe Schlüsselblumen und weiße Narzissen zu wachsen.

Anfang März ließ Mingo Katharina die Sommerkleider vom vergangenen Jahr anziehen und stellte entsetzt fest, dass sie im Herbst und Winter so stark gewachsen war, dass kein Kleid und Unterkleid mehr passte. Also verbrachte sie ihre Tage bei Tuch- und Seidenhändlern, wo sie kaufte und vor allem feilschte, und die meisten Händler waren tatsächlich bereit, ihre Ware billiger zu verkaufen, weil der Stoff oder die Seide für die Duchessina bestimmt war. Das erfüllte Mingo mit

Genugtuung, weil dies bewies, dass Katharina bei den Florentinern beliebt war.

In jenen Tagen traf die jüngere Schwester des Kardinals, die in Rom lebte, mit ihrem Gatten in Florenz ein.
Das Ehepaar reiste nach Venedig und übernachtete im Palazzo Medici.
Während der Abendtafel war das Paar sehr schweigsam, und anschließend zog sich Passerini mit Schwester und Schwager in sein Appartement zurück.
Als Mingo sich kurz vor Mitternacht zur Ruhe begab, sah sie von ihrem Fenster aus, dass in den Räumen des Kardinals noch Licht brannte und die Gäste noch bei ihm weilten.
Worüber unterhalten sie sich so lange, fragte sie sich, die Verwandten müssten doch todmüde von der Reise sein …
Am nächsten Tag reisten die Gäste nach dem Frühstück ab, und das alltägliche Leben ging weiter.

Ungefähr drei Wochen später wurde Ridolfi, als er nach dem Unterricht den Palast verlassen wollte, von Pater Camillo zurückgehalten.
»Mit Verlaub, Signor Ridolfi, Seine Eminenz möchte Sie sprechen, sofern es Ihre Zeit erlaubt.«
Ridolfi sah den Pater erstaunt an. Solange er im Palazzo unterrichtete, hatte der Kardinal stets nur an der Mittagstafel mit ihm geredet. Vielleicht ist Alessandro mit meinem Unterricht nicht zufrieden, überlegte Ridolfi …
»Meine Zeit erlaubt eine Unterredung mit Seiner Eminenz.«
Während sie in den ersten Stock gingen, flüsterte Camillo dem Lehrer zu, dass die Unterhaltung auf Lateinisch geführt werde, weil die Dienerschaft den Inhalt nicht erfahren solle.
Das wird ja immer mysteriöser, dachte Ridolfi, um Alessandro kann es sich nicht handeln …
In seinem Arbeitszimmer ging Passerini unruhig mit verdüsterter Miene auf und ab, und Ridolfi überlegte, dass der Kardinal entweder Schwierigkeiten mit der *Signoria* hatte oder dass schlechte Nachrichten vom Kriegsschauplatz eingetroffen waren.
»Ich danke Ihnen, dass Sie gekommen sind, Signor Ridolfi.« Er führte ihn und den Pater zu einer Sitzecke, wo er sich mit wichtigen Besuchern zu unterhalten pflegt.

»Ich habe«, begann Passerini, »während der vergangenen zwei Wochen schon öfter mit Pater Camillo über die Angelegenheit gesprochen, aber ich kann keine Entscheidung treffen, weil ich völlig ratlos bin. Meine Schwester hat mir neulich etwas erzählt, was ich noch nicht wusste und was die schwierige politische Lage des Heiligen Vaters und damit auch die Lage von Florenz verschärft. Sie müssen wissen, dass meine Schwester schon lange mit Vittoria Colonna, der Gemahlin des kaiserlichen Feldherren Pescara, befreundet ist. Die beiden Damen besprechen miteinander alles, was sie bewegt; meine Schwester schweigt natürlich über die Dinge, die Vittoria ihr anvertraut. Als sie mich neulich besuchte, hat sie jedoch ihr Schweigen gebrochen, weil sie dachte, dass es für mich wichtig ist, von der Angelegenheit zu wissen.«

Er schwieg einen Augenblick und fuhr dann fort.

»Als die militärische Lage sich für die Liga von Cognac im letzten Herbst immer mehr verschlechterte, hat der Heilige Vater Pescara folgendes Angebot unterbreitet: Falls Pescara bereit ist, die Seite zu wechseln und für die Liga zu kämpfen, und falls es ihm gelingt, die kaiserlichen Truppen aus Italien zu vertreiben, dann bekomme er als Dank für seine Unterstützung die Krone Neapels. Pescara nahm das Angebot des Heiligen Vaters zur Kenntnis und informierte den Kaiser. Karl V. war empört über diesen Versuch, seinen Feldherrn zum Verrat zu bewegen und befahl dem Konnetabel von Bourbon, mit seinen Truppen nach Rom zu marschieren, die Stadt zu erobern und zu plündern. Als der Heilige Vater merkte, dass sein Versuch, Pescara auf die Seite der Liga zu ziehen, misslungen war, begann er mit dem Kaiser über einen Waffenstillstand zu verhandeln, und Bourbon erhielt den Befehl, zunächst nicht weiter nach Süden zu marschieren. Zurzeit wird verhandelt, und ich bin leider nicht über den Stand der Dinge informiert.«

Passerini hielt kurz inne, bevor er fortfuhr.

»Und nun zu dem Problem, das mich bewegt und wozu ich Ihren Rat erbitte. Wenn die Verhandlungen scheitern, wird der Kaiser den Papst die Pescara-Affäre teuer bezahlen lassen – dann wird der Konnetabel nach Süden marschieren und seine Truppen werden Florenz und Rom plündern. Falls die Parteien sich einigen, und ich vermute, dass sie ernsthaft versuchen, sich zu einigen: der Papst, weil er die kaiserlichen Truppen fürchtet, denn mindestens die Hälfte der Söldner sind deutsche Protestanten, die nur darauf warten, Rom plündern zu dürfen; der Kaiser muss wegen der türkischen Gefahr an einer Einigung interessiert sein.

Falls es also zu einem Waffenstillstand kommt, wird der Konnetabel den Befehl zum Rückmarsch erhalten. Aber ich weiß aus zuverlässiger Quelle, dass er Schwierigkeiten hat, die Truppen zu disziplinieren, weil sie schon seit Monaten keinen Sold mehr erhalten haben; der Konnetabel und seine Heerführer haben schon ihre Juwelen, Ringe und Ketten verkauft, um den Söldnern wenigstens etwas Geld geben zu können. Im Augenblick kann auch die Disziplin noch aufrechterhalten werden, weil die Soldaten hoffen, dass sie in wenigen Wochen Rom plündern können. Ich befürchte, dass beim Rückmarschbefehl die Soldaten meutern und trotzdem nach Rom marschieren. Ich befürchte ferner, dass sie bei dieser Gelegenheit auch vor Florenz nicht Halt machen, und ich habe Angst um die jungen Medicis; wenn der Duchessina und Signor Alessandro etwas zustößt, wird der Heilige Vater mich dafür verantwortlich machen. In der augenblicklichen Situation kann ich nicht mehr für die Sicherheit der jungen Herrschaften bürgen; die Stadt Rom – ich denke zum Beispiel an die Engelsburg – bietet bessere Schutzmöglichkeiten. Sofort nach der Abreise meiner Schwester habe ich an den Heiligen Vater geschrieben und ihn gebeten, mir Anweisungen hinsichtlich der Verteidigung von Florenz und des Verbleibs der jungen Herrschaften zu geben. Vor einigen Tagen traf die Antwort des Heiligen Vaters ein. Er schrieb, ich würde die Lage zu pessimistisch sehen und die jungen Medicis sollten in Florenz bleiben; meine Fragen bezüglich der Verteidigung der Stadt – die Befestigungsanlagen müssten zum Beispiel erneuert werden – blieben unbeantwortet. Am liebsten würde ich die Duchessina und ihre Vettern auf eigene Verantwortung unter sicherem Geleitschutz nach Rom schicken, hier sind sie nicht mehr sicher aufgehoben, weder im Palazzo noch in einem der Klöster und auch nicht auf den Landgütern der Medicis. Was raten Sie in dieser Situation, Signor Ridolfi?«

Der Lehrer hatte Passerini, während dieser redete, genau beobachtet, und er fand, dass der Kardinal auf merkwürdige Weise nervös und unsicher wirkte. Irgendetwas, dachte Ridolfi, hat ihn in Panik versetzt …

Er überlegte einen Augenblick, bevor er antwortete.

»Ihre Eminenz können sicher sein, dass der Heilige Vater das Leben der Duchessina und Signor Alessandros nicht leichtfertig aufs Spiel setzen wird; wenn der Heilige Vater wünscht, dass die jungen Herrschaften in Florenz bleiben, wird er seine Gründe haben, er sieht zumindest keine unmittelbare Gefahr für sie. Wer weiß, vielleicht haben der Kaiser und er sich inzwischen geeinigt, und was die mangelnde Disziplin bei den

Truppen des Konnetabels betrifft, nun, Charles de Bourbon ist ein fähiger Feldherr, er wird seine Söldner zur Räson bringen. Sie sollten sich nicht unnötig sorgen und sich nach den Wünschen des Heiligen Vaters richten.«

Passerini sah nachdenklich vor sich hin.

»Sie haben wahrscheinlich Recht, man muss die weitere Entwicklung abwarten … Ich danke Ihnen für Ihren Rat, Signor Ridolfi, Pater Camillo wird Sie hinunterbegleiten.«

Im Innenhof blieb Ridolfi stehen. »Ich habe den Eindruck, Hochwürden«, sagte er zögernd, »dass meine Worte Seine Eminenz nicht ganz überzeugten und er die Duchessina und ihre Vettern am liebsten aus Florenz entfernen würde. Aber warum? Selbst wenn der Fall eintritt, dass der Konnetabel nach Süden marschiert, so kann der Kaiser kein Interesse daran haben, dass eine blühende Stadt wie Florenz zerstört wird; in einem Friedensvertrag wird er sie wahrscheinlich annektieren – aber zerstören? Nein, das halte ich für ausgeschlossen.«

»Ich teile Ihre Meinung. Unter uns …«, nun sprach der Pater so leise, dass Ridolfi ihn nur mit Mühe verstand, »… der Kardinal fürchtet sich nicht vor den Truppen des Konnetabels, sondern vor der *Signoria* und dem Volk von Florenz. Dort fordert man seit einigen Monaten offen die Abschaffung der Herrschaft einer einzigen Familie – der Medicis – und die Rückkehr zur Republik der alten Zeit, als die Wahl der Stadtregierung eine echte Wahl war. Die Stimmung im Volk kennen Sie besser als ich … die Duchessina und Signor Ippolito erfreuen sich persönlich großer Beliebtheit, dafür sind der Kardinal und Signor Alessandro inzwischen so verhasst, dass auch ein großer Teil des Volkes die Herrschaft der Medicis ablehnt und eine Rückkehr zur Republik wünscht. Die Stimmung in der *Signoria* ist augenblicklich so erregt, dass ein Umsturz nur eine Frage der Zeit ist – der geringste Anlass genügt, um das Fass zum Überlaufen zu bringen, das weiß der Kardinal sehr gut, und er befürchtet natürlich, dass bei einer Revolte die jungen Herrschaften als Geiseln gegenüber dem Papst benutzt werden; bei Signor Alessandro muss er sogar um dessen Leben fürchten – das sind die wahren Gründe, warum er die jungen Medicis in Sicherheit bringen will.«

»Mein Gott, sind wir so weit gekommen? Wäre es nicht besser, wenn der Kardinal den Heiligen Vater über die Stimmung in Florenz informiert? Vielleicht lässt der Papst Nichte und Neffen dann nach Rom kommen?«

»Das wagt der Kardinal nicht, ich habe ihm diese Lösung auch schon vorgeschlagen, aber die Berichte nach Rom werden stets positiv formuliert. Der Kardinal hat Angst vor der Ungnade des Heiligen Vaters, wenn er ihm die wahre Situation schildert – wir können im Augenblick nur abwarten.«

Am nächsten Tag traf in Florenz die Nachricht ein, dass am 15. März zwischen Papst und Kaiser ein Waffenstillstand geschlossen worden sei und dass der Konnetabel von Bourbon den Befehl zum Rückmarsch erhalten habe. Die Florentiner jubelten, und am Abend wurde das Ereignis mit Freudenfeuern und Tanz in den Straßen gebührend gefeiert.

In der Sitzung der *Signoria* teilte Passerini mit, dass der Papst an den Kaiser 60.000 Dukaten zahlen müsse. Die Herren nickten wohlwollend, und Passerini hatte den Eindruck, dass die Atmosphäre im Palazzo Vecchio entspannter war als während der vergangenen Monate.

»Jetzt haben wir also Frieden«, sagte Katharina zu Ridolfi, »jetzt werden der Dauphin und der Herzog von Orléans bestimmt bald nach Frankreich zurückkehren können.«

»Das bezweifle ich, Hoheit, der Krieg zwischen Kaiser Karl und König Franz ist noch nicht beendet. Erst wenn die beiden Monarchen einen Friedensvertrag geschlossen haben, wird der Kaiser bereit sein, die Prinzen in die Freiheit zu entlassen.«

»Haben Sie einmal gehört, wie man sie behandelt?«

»Nein, Hoheit.«

»Onkel Clemens weiß bestimmt Einzelheiten.«

»Das mag sein, aber ich glaube nicht, dass ihn das Schicksal der französischen Prinzen sehr interessiert.«

Unter dem hoffnungsvollen Vorzeichen des Waffenstillstandes kam das Osterfest.

Katharina freute sich auf dieses Fest immer besonders. Ostern bedeutete das Ende der schrecklichen fleischlosen Fastenzeit, ab jetzt durfte sie wieder Braten, Geflügel, Schinken und Wurst essen; Ostern bedeutete aber auch Frühling, die Tage wurden immer wärmer und länger, alles grünte und blühte.

Ostern war für sie auch gleichbedeutend mit Geburtstag; in ihrer Erinnerung war er immer nach dem Fest gewesen, und jedes Jahr hatte sie das Gefühl, ein bisschen größer und erwachsener zu werden. Sie wurde zwar schon seit zwei Jahren wie eine Erwachsene behandelt, aber sie durfte sich noch nicht schminken oder die Haare färben, sie musste sich zeitig zur Ruhe begeben, sie durfte noch keine Bälle besuchen und an keiner Jagd teilnehmen, und sie sehnte die Zeit herbei, wo ihr dies alles erlaubt war.

Im Jahr zuvor hatte sie erstmals das Spektakel des *scoppio del carro* erlebt und war zutiefst beeindruckt gewesen. Sie hatte nach der Messe am Ostersonntag vor dem Dom auf der Plattform gestanden und zusammen mit der Menge einige Augenblicke lang den mit bunten Bändern und Frühlingsblumen geschmückten Wagen betrachtet, der von oben bis unten mit Feuerwerk bestückt war.

Sie hatte das Seil betrachtet, das vom Domaltar zum Wagen gespannt war und auf die *colombina*, den Zünder, gewartet, dessen Form der einer Taube ähnelte und der über das Seil vom Altar aus zum Wagen geschossen wurde. Sie erinnerte sich, dass die *colombina* plötzlich und unerwartet herausschoss, den Wagen berührte und dieser binnen weniger Sekunden explodierte.

Die Zuschauer waren in lauten Jubel ausgebrochen, weil es als ein gutes Omen galt, wenn der Wagen sofort explodierte, und der ohrenbetäubende Lärm hatte schließlich in den Ruf »*Palle! Palle! Palle!*« gemündet.

Als sie am Ostersonntag des Jahres 1527 nach der Messe, neben Ippolito und gefolgt von Mingo und Isabella, den Dom verließ und auf die Plattform hinaustrat, wurde sie von der erwartungsvollen Volksmenge freudig begrüßt.

»Es lebe die Duchessina! Es lebe Signor Ippolito! Gott schütze die Duchessina und Signor Ippolito! *Palle! Palle! Palle!*«

Sie lächelte, winkte den Florentinern zu und spürte plötzlich eine merkwürdige Nervosität in sich. Sie sah hinüber zu dem geschmückten Wagen … In wenigen Minuten war es so weit und er würde explodieren …

»*Palle! Palle! Palle!*«

In diesem Augenblick erschien Passerini, begleitet von Alessandro, dem Priester und einem Messknaben. Bei ihrem Anblick erstarben die Rufe und ein eisiges Schweigen erfüllte den Platz. Passerini blickte hochmütig über das Volk und gab dem Messknaben einen Wink, woraufhin dieser in den Dom zurückeilte.

Alle schwiegen und warteten gespannt auf den großen Augenblick, nur noch wenige Sekunden …

Katharina begann leise zu zählen. »Eins, zwei, drei …«

In diesem Augenblick schoss die *colombina* aus dem Dom heraus auf den Wagen zu und in das Feuerwerk hinein ...

Katharina betrachtete verblüfft den Wagen, der unversehrt zwischen Dom und Baptisterium stand, und es dauerte einige Sekunden, bis sie und die anderen Zuschauer begriffen hatten, dass an diesem Ostersonntag der Wagen nicht explodiert war.

Katharina wusste, dass dies für die Florentiner ein schlechtes Zeichen war und eine unerklärliche Angst stieg in ihr hoch. Es kann kein schlechtes Zeichen sein, überlegte sie, wir haben doch Frieden ... Sie griff Hilfe suchend nach Ippolitos Hand. In diesem Augenblick hörte sie, wie jemand in ihrer Nähe sagte:

»Der Wagen ist nicht explodiert, das ist ein böses Omen.«

Die Stimme kam ihr bekannt vor, und als sie in die Richtung des Sprechers blickte, sah sie den Goldschmied Leonardo, der sich ehrerbietig vor ihr verbeugte und sie anlächelte, als wollte er sagen: »Das böse Omen gilt nicht Ihnen.«

»Ich möchte in den Palazzo zurückkehren, Ippolito.«

Das Volk trat ehrerbietig zur Seite, als sie nun – gefolgt von Mingo und Isabella – über den Domplatz zu der Ecke gingen, wo ein Reitknecht mit den beiden Pferden wartete.

»Signor Leonardo meint, die misslungene Explosion sei ein böses Omen«, sagte Katharina auf dem Rückweg zu Ippolito. »Was kann das für Florenz bedeuten?«

»Die Explosion des Wagens ist ein alberner Aberglaube, man soll dem Spektakel nicht zu viel Bedeutung beimessen.«

»Ich glaube an diese Dinge, an gute und schlechte Vorzeichen.«

Ippolito schwieg, weil er wusste, dass es keinen Zweck hatte, mit der Cousine über dieses Thema zu diskutieren.

Mingo und Isabella, die in einiger Entfernung zu Fuß folgten, unterhielten sich ebenfalls über das Spektakel und stellten beide fest, dass es, so lange ihre Erinnerung zurückreichte, das erste Mal war, dass der Wagen nicht explodierte.

Inzwischen war Passerini in die Sänfte gestiegen, worin er sich stets zum sonntäglichen Hochamt bringen ließ, und da er die feindseligen Blicke der Florentiner nicht ertragen konnte, zog er die Vorhänge zu, was höhnisches Gelächter hervorrief.

»Er versteckt sich vor uns!«

150

»Sie werden bald noch mehr Angst bekommen, Eminenz!«

Passerini spürte, dass ihm der kalte Schweiß ausbrach. Die Kanaille, dachte er empört, der Pöbel …

»Schneller!«, zischte er den Sänftenträgern zu und atmete erleichtert auf, als er merkte, dass sie tatsächlich schneller liefen. Der Pöbel ließ ihn wenigstens ungehindert in die Via Larga zurückkehren …

Er ahnte nicht, dass die Aufmerksamkeit des Volkes sich auf Alessandro konzentrierte, der inzwischen sein Pferd bestiegen hatte und unschlüssig vor der Menge verharrte, die eine undurchdringliche Mauer bildete und keine Anstalten machte, den Weg freizugeben.

Er sah die finsteren, hasserfüllten Augen des Volkes drohend auf sich gerichtet, er spürte, wie Wut in ihm hochstieg, gleichzeitig aber auch Angst. Er blickte sich vorsichtig um, sah seine Diener in einiger Entfernung stehen und wusste, dass er der Masse ausgeliefert war.

»Er ist schuld, dass es keine Explosion gab und Unglück über Florenz kommen wird!«, rief eine ältere Frau in der vordersten Reihe.

»Er hat schon Unglück über uns gebracht!«, schrie ein junger Mann. »Er hat meine Schwester entehrt und geschändet, man sollte ihn hängen wie einen gemeinen Verbrecher!«

Alessandro begann zu zittern, woraufhin einige Frauen zu lachen anfingen.

»Er hat Angst, der Feigling!«, rief eine, und eine andere: »Man sollte ihm die Kehle durchschneiden!«

»Die Kehle?«, schrie eine Greisin. »Ihr dummen Weiber, ihr solltet ihm andere Dinge abschneiden, dann sind eure Töchter wenigstens sicher vor dem Wüstling!«

Alessandro glaubte vor Angst ohnmächtig zu werden. Die Masse indes, die wusste, dass er ihnen ausgeliefert war, geriet in Hysterie und Mordlust.

»Tötet ihn!,« rief jemand. »Tötet ihn, hier und jetzt!«

»Hilfe!«, brüllte Alessandro. »Hilfe!«

Fast im gleichen Augenblick wurde er von einigen kräftigen Armen vom Pferd heruntergezerrt. Zwei Frauen hielten ihn fest, während eine dritte, eine stadtbekannte Hure, sich ihm grinsend näherte.

»Man sollte dich entmannen! Wer hat ein Messer, um ihn zu verstümmeln?«

In diesem Augenblick trat der Goldschmied Leonardo dazwischen.

»Seid ihr alle von Sinnen?«, rief er. »Alessandro von Medici hat sich in unserer Stadt Florenz wie ein Wüstling benommen, das ist leider wahr, aber das gibt euch nicht das Recht, ihn zu ermorden! Bedenkt, dass er ein Medici ist – wenn ihr ihn tötet, wird der Papst, der im Augenblick das Familienoberhaupt ist, die Stadt dafür büßen lassen!«

Die Menge wich zurück und kam allmählich zur Besinnung.

»Signor Leonardo hat Recht«, sagte einer der älteren Männer. »Gebt den Hurensohn frei, ihr Weiber!«

Die Frauen gehorchten widerwillig, Alessandro kletterte zitternd auf das Pferd und galoppierte eilig davon.

Leonardo sah ihm nach.

»Wisst ihr nicht, was in der Bibel geschrieben steht? *Mein ist die Rache, so spricht Gott.* Seid überzeugt, dass Alessandro von Medici eines Tages für seine Taten wird büßen müssen.«

Im Palazzo angekommen, wankte Alessandro halb ohnmächtig zu Passerini und schilderte ihm, was ihm widerfahren war.

Der Kardinal sank entsetzt auf einen Stuhl und versuchte, einen klaren Gedanken zu fassen.

»Der Pöbel ist tatsächlich zu allem fähig«, sagte er nach einer Weile und fühlte sich dabei so hilflos wie noch nie zuvor in seinem Leben.

»Das Volk, die Masse … in dieser Stadt ist die Masse eine Macht.«

»Ich werde mich nicht mehr in der Stadt zeigen, Eminenz, ich bleibe im Palazzo und werde ihn nicht mehr verlassen.«

»Das ist zwar im Augenblick die beste Lösung, Signor Alessandro, aber es ist keine Lösung auf lange Sicht. Lassen Sie mich nachdenken, vielleicht – ich könnte dafür sorgen, dass Sie künftig eine Leibwache begleitet.«

»Ich verlasse den Palazzo erst, wenn wir nach Poggio übersiedeln. Bis zu meiner Rückkehr im September hat der Pöbel sich hoffentlich beruhigt.«

Einige Tage später wurde Katharina acht Jahre alt.

Auch in diesem Jahr hatte Mingo die Geschenke hübsch auf einem Tisch arrangiert: eine Schale Konfekt von Isabella und Giacomo, einen kleinen Handspiegel, ein Stundenbuch und eine goldene Maske von ihr selbst, Ippolito schenkte Blumen und die *Vita Nova* von Dante Alighieri; auch Clarissa Strozzi hatte Bücher geschickt, am meisten aber freute sich Katharina über den Brief ihrer Tante, worin sie mitteilte, dass es ihr gesundheitlich wieder besser ging und sie allmählich wieder zu Kräften komme.

Nachdem sie das Konfekt probiert hatte, befestigte Katharina Spiegel und Stundenbuch an ihrem Gürtel, dann setzte sie die Maske auf, die immer noch etwas zu groß war, streifte die parfümierten Handschuhe über, trat vor den Spiegel und betrachtete sich: Sie war mittelgroß für ihr Alter, immer noch mager, ihr gelblich-weißer Teint war makellos, aber stumpf. An jenem Morgen fühlte sie sich mit ihren acht Jahren viel erwachsener als im Jahr zuvor.

Zur Mittagstafel erschien Passerini mit umwölkter Stirn. Er schwieg, bis die Suppe serviert wurde.

»Heute Vormittag traf bei der *Signoria* eine merkwürdige Nachricht ein«, sagte er dann. »Der Konnetabel hat, trotz kaiserlichen Befehls, noch nicht mit dem Rückmarsch begonnen.«

Man sah einander erstaunt an.

»Vielleicht sind die Alpenpässe noch nicht passierbar«, sagte Alessandro nach einer Weile.

»Sie sind passierbar«, erwiderte Passerini. »Gestern kam ein Kurier von der Filiale in Antwerpen, er konnte die Alpen ungehindert überqueren, der Schnee ist inzwischen geschmolzen.«

»Befehl ist Befehl«, sagte Ippolito. »Vielleicht gibt es organisatorische Schwierigkeiten – der Konnetabel wird sich bestimmt nicht über einen kaiserlichen Befehl hinwegsetzen.«

Katharina hatte bis jetzt geschwiegen, nun sah sie sich in der Tischrunde um.

»Der Konnetabel von Bourbon hat auch den König von Frankreich verraten.«

Passerini sah Katharina entgeistert an.

»Hoheit, wollen Sie damit sagen … nein, das ist unmöglich.«

Nun mischte sich Ridolfi ein.

»Mit Verlaub, Hoheit, der Konnetabel wird einen triftigen Grund haben. Gab es nicht Schwierigkeiten mit den Söldnern?«, fragte er Passerini.

Ungefähr zwölf Tage später überbrachte ein Kurier des Herzogs von Urbino die Nachricht, dass der Konnetabel seine Truppen nicht mehr disziplinieren könne; der Befehl zum Rückmarsch habe eine Meuterei ausgelöst und der Konnetabel marschiere – unter dem Druck der Söldner – nach Süden. Der Herzog werde versuchen, ihn aufzuhalten …

In der Stadt herrschte Bestürzung, in der *Signoria* Ratlosigkeit. Schließlich befahl Passerini, die Befestigungsanlagen zu verstärken und auszubessern, soweit es möglich war; dann ließ er die Tore schließen. Niemand durfte die Stadt verlassen oder betreten; den jungen Medicis und der Dienerschaft war es sogar verboten, den Palazzo zu verlassen – nur Ridolfi und die Lieferanten durften ein- und ausgehen.

Fünf Tage lang lebten die Florentiner in Angst vor den kaiserlichen Söldnern. Am letzten Apriltag erschien der Herzog von Urbino an der Spitze seiner Truppen vor den Toren der Stadt und verkündete, es sei ihm gelungen, den Konnetabel aufzuhalten, die Kaiserlichen würden im Bogen um Florenz herum weiter nach Süden marschieren.

Die Florentiner atmeten erleichtert auf. Der vorsichtige Passerini befahl, die Tore noch drei Tage verschlossen zu halten, und auch im Palazzo Medici galt das Ausgehverbot während dieser Zeit.

Am Morgen des 4. Mai wurden endlich die Tore der Stadt und des Palazzo geöffnet.

Beim Frühstück erschien ein Bote von Ridolfi mit der Nachricht, dass der Unterricht an diesem Tag ausfallen müsse, weil der Lehrer an einer fiebrigen Erkältung erkrankt sei.

Passerini nahm es zur Kenntnis und begab sich zur *Signoria*.

Alessandro verzog sich in sein Appartement, Katharina aber sprang auf, lief zu Ippolito und zog ihn mit sich fort. »Komm, der Tag gehört uns, lass uns ausreiten! Ich möchte den ganzen Tag unterwegs sein und erst zur Abendtafel zurückkehren – ich habe das Bedürfnis nach viel Bewegung in der frischen Luft, die letzten Tage waren entsetzlich.«

»Gerne, wo willst du hinreiten?«

Sie überlegte einen Augenblick und sagte dann nachdenklich:

»Ich möchte noch einmal nach Poggio a Caiano reiten.«

Er sah sie erstaunt an. »Noch einmal? Wir werden in wenigen Wochen nach Poggio übersiedeln und den Sommer dort verbringen.«

»Ich möchte die Villa noch einmal sehen, Ippolito.«

Er gab nach, weil ihre Augen ihn in einer Weise anflehten, die ihn merkwürdig berührte, und wenig später verließen sie den Palazzo in Begleitung zweier Reitknechte, die einen großen Korb Proviant mit sich führten.

Isabella erbat von Mingo die Erlaubnis, Giacomo besuchen zu dürfen, und Mingo beschloss, den Tag in der Stadt und bei ihren Verwandten zu verbringen und erst am frühen Abend wieder in den Palazzo zurückzukehren.

Katharina und Ippolito ritten von Poggio aus bis zur nächsten Ortschaft, verspäteten sich und mussten den Rückweg in scharfem Galopp zurücklegen, um noch rechtzeitig an der Abendtafel zu erscheinen.

»Mein Gott!«, rief Katharina, als sie in der Via Larga vom Pferd stieg. »Der Ritt war herrlich, aber ich bin völlig von Schweiß durchnässt!« Sie trocknete die Stirn mit ihrem Taschentuch. »Ich muss vor der Abendtafel noch ein Bad nehmen. Vielen Dank für den Ausflug, Ippolito.« Sie eilte nach oben in ihr Appartement, wo sie Mingo und Isabella vorfand, die einander gegenüberstanden und sich ratlos ansahen, was Katharina in jenem Augenblick aber nicht bemerkte.

»Isabella, rasch, richte ein Bad und lege frische Wäsche und Kleider zurecht.«

»Mit Verlaub, Hoheit, Sie können jetzt nicht in den Baderaum«, stammelte Isabella, »es ist jemand darin.«

»Wie bitte?«, fragte Katharina entgeistert, eilte hinüber, riss die Tür auf und prallte zurück, als sie Esmeralda in dem Holzzuber sitzen sah.

»Was haben Sie in meinem Baderaum zu suchen?«, rief sie entrüstet.

Esmeralda sah Katharina erschrocken an und stammelte:

»Verzeihung, Hoheit, es ist … ich kann nichts dafür, Signor Alessandro bestand darauf, er hat mich hierher gebracht.«

Als Katharina den Namen Alessandro hörte, brach in ihr eine Wut durch, die sie lange Zeit verdrängt hatte.

»Was sagen Sie?«, schrie sie, und ihre Stimme überschlug sich fast vor Empörung. »Der Maure …«

Sie wollte der Zigeunerin gerade befehlen, den Baderaum sofort zu verlassen, als sie Mingos Stimme hörte, die rasch zu ihr getreten war.

»Beruhigen Sie sich, Hoheit, ich will Ihnen alles erklären.« Und zu Esmeralda: »Beeilen Sie sich.«

Sie ging mit Katharina zurück in den Wohnraum und schilderte, was vorgefallen war.

»Sie dürfen der Zigeunerin nicht zürnen, Hoheit, sie trifft keine Schuld. Esmeralda besucht Alessandro seit zwei Jahren, weil er es wünscht; gewöhnlich kommt sie nach der Abendtafel. Während der letzten Tage hat sie sich aus Angst vor den kaiserlichen Truppen versteckt. Sie war für

155

Alessandros Boten, den er immer schickt, wenn sie kommen soll, nicht auffindbar. Heute Nachmittag war er wieder auf der Suche nach ihr, mit dem ausdrücklichen Befehl des Mauren, sie sofort in den Palazzo zu bringen. Der Bote – es ist übrigens Lorenzino – hatte Glück. Als er den Marktplatz überquerte, sah er sie in einer Ecke tanzen. Er befahl ihr, ihn in die Via Larga zu begleiten, woraufhin sie erwiderte, sie wolle vorher kurz nach Hause, um sich zu waschen und umzuziehen, weil sie vom Tanz erhitzt und der Rock staubig war, aber Lorenzino erlaubte es nicht, und so begleitete sie ihn. Da der Maure nicht wollte, dass sie seinen Baderaum benutzte, brachte er sie hierher und befahl Violetta, die gerade Ihre Wohnung reinigte, der Zigeunerin ein Bad zu richten. Sie wissen, welche Angst Violetta vor Alessandro hat, und so gehorchte sie, obwohl sie wusste, dass es Ihnen nicht recht sein würde, wenn eine fremde Frau Ihr Bad benutzt. Isabella und ich, wir waren den ganzen Tag in der Stadt; bei unserer Rückkehr fanden wir Esmeralda in Ihrem Appartement, und sie erzählte uns, warum sie hier ist.«

Mingo schwieg und überlegte rasch, was sie antworten sollte, falls Katharina den Grund für Esmeraldas Besuche bei Alessandro wissen wollte. Es ist am besten, wenn sie die Wahrheit erfährt, dachte Mingo, irgendwann muss sie ja über gewisse Dinge aufgeklärt werden. Gespannt beobachtete sie Katharina, die offensichtlich über etwas nachdachte; allerdings nicht über den Grund von Esmeraldas Besuch; es gab da etwas, das sie viel mehr interessierte …

In diesem Augenblick kam die Zigeunerin aus dem Baderaum, eilte zu Katharina und knickste.

»Ich bitte Ihre Hoheit vielmals um Vergebung, es war wirklich nicht meine Absicht …«

»Es ist gut«, erwiderte Katharina, betrachtete Esmeralda einige Sekunden lang prüfend und sagte zögernd:

»Ich habe öfter gesehen, dass Sie auf dem Marktplatz den Leuten aus ihrer rechten Hand die Zukunft gedeutet haben, würden Sie auch mir die Zukunft vorhersagen?«

»Selbstverständlich, Hoheit, aber … nur unter vier Augen.«

»Isabella ist im Baderaum und Mingo war meine Amme, sie darf hören, was Sie sagen.«

Esmeralda zögerte noch einige Sekunden. »Nun gut, geben Sie mir die rechte Hand.«

Katharina streckte ihr mit Herzklopfen die Hand entgegen und wagte kaum zu atmen. Sie war so aufgeregt wie noch nie zuvor in ihrem Leben, und blitzartig durchzuckte sie die Befürchtung, dass die Zigeunerin vielleicht nicht alles sagte, dass sie ein Unglück, das ihr bevorstand, verschwieg; andererseits, wenn die Zigeunerin die volle Wahrheit sagte und nichts verschwieg, wenn sie wusste, welches Schicksal sie erwartete, konnte sie ihm vielleicht entgehen …

Da sagte Esmeralda: »Ihre Hoheit werden viele Kinder haben.«

Katharina horchte auf. Viele Kinder. Das hatte man schon bei ihrer Geburt prophezeit. Mein Gott, dachte sie, was sie aus der Hand liest, das ist anscheinend richtig, und sie verspürte ein flaues Gefühl im Magen. »Viele Kinder, was sehen Sie außerdem?«

Esmeraldas Augen glitten über die Handlinien und sie antwortete: »Sie haben die längste Zeit im Palazzo Medici gewohnt.«

Katharina war sprachlos. Sie erinnerte sich an die zweite Prophezeiung bei ihrer Geburt, sie werde fern von Florenz leben, nun, das waren inhaltlich die gleichen Aussagen. Sie würde den Palazzo Medici bald verlassen und fern von Florenz leben. In ihrer Aufregung dachte sie nicht daran, dass ein Verlassen des Palazzo nicht gleichbedeutend war mit einem Verlassen der Stadt, und ein Verlassen der Stadt bedeutete nicht unbedingt, dass sie fern von Florenz lebte …

Mingo gingen ähnliche Gedanken durch den Kopf wie Katharina, gütiger Himmel, dachte sie, die Zigeunerin hat bis jetzt das Gleiche vorhergesagt wie der Astrologe vor acht Jahren. Hoffentlich verschweigt sie ihr die dritte Prophezeiung, der Tod werde ihr Leben begleiten …

In diesem Augenblick fragte Katharina: »Viele Kinder, das bedeutet, dass ich heiraten werde, nicht wahr?«

»Ja, Hoheit.«

Katharina zögerte etwas, überlegte noch einmal, ob sie die Frage, die sie schon hin und wieder beschäftigt hatte, stellen sollte, aber sie wollte wissen, woran sie war. »Esmeralda, sagen Sie mir, und bitte, sagen Sie mir die Wahrheit, wird der Mann, mit dem ich vermählt werde, wird er mich lieben?«

Die Zigeunerin sah Katharina kurz an und vertiefte sich erneut in die kleine Hand. Jetzt, beim dritten Mal, betrachtete sie lange und intensiv die Linien. Katharina beobachtete sie ängstlich und hielt es vor Spannung schließlich nicht mehr aus. »Nun, was sehen Sie? Wird er mich lieben?«

Da hob Esmeralda den Kopf und sah Katharina ernst an.

157

»Ja, aber nicht sofort.«

Die Kleine atmete erleichtert auf. »Ja, aber nicht sofort«, wiederholte sie glücklich, »es ist verständlich, dass er mich nicht sofort liebt, wahrscheinlich lernen wir uns erst kurz vor der Hochzeit kennen … Ich werde Ihre Prophezeiung nie vergessen. Aber, sagen Sie, warum haben Sie so lange meine Hand betrachtet?«

»Nun, Hoheit …« Esmeralda zögerte den Bruchteil einer Sekunde und wandte die Augen verlegen ab, was Katharina in ihrer gehobenen Stimmung nicht bemerkte, wohl aber Mingo, die die Miene der Zigeunerin genau beobachtete …

»Hoheit«, jetzt sah Esmeralda Katharina wieder an, »in der Hand eines Menschen gibt es verschiedene Linien – die Lebenslinie, die Liebeslinie, die Todeslinie – ich konnte Ihre Liebeslinie nicht sofort erkennen.«

Was redet sie, dachte Mingo erstaunt, Handlinien sind doch klar erkennbar! Irgendetwas stimmt nicht …

Katharina indes war mit der Antwort zufrieden. »Ich danke Ihnen, Sie haben mir einen großen Dienst erwiesen. – Mingo, hole bitte aus der Truhe sieben Goldstücke für Esmeralda.«

»Mit Verlaub, Hoheit«, sagte die Zigeunerin, »das ist zu viel Geld, das habe ich nicht verdient.«

»Sie haben es verdient.« Sie überreichte mit strahlender Miene die sieben Florini.

Esmeralda knickste. »Ich danke Ihrer Hoheit, Gott schütze Ihre Hoheit.« Sie eilte hinaus, Katharina sah ihr nach, und dabei fiel ihr ein, dass die Zigeunerin jetzt zu dem Mauren ging …

»Mingo, warum wünscht Alessandro, dass Esmeralda ihn regelmäßig besucht? Lässt er sich ständig die Zukunft vorhersagen?«

»Gütiger Himmel, nein.« Während sie noch überlegte, was sie jetzt antworten sollte, kam Isabella und meldete, dass das Bad für die Duchessina gerichtet sei. Einmal muss es sein, dachte Mingo, jetzt ist eine gute Gelegenheit. Und so befahl sie Isabella, sich um frische Wäsche und Kleider zu kümmern, weil sie selbst ausnahmsweise das Bad der Duchessina beaufsichtigen werde.

»Sie wollen wissen«, begann Mingo und goss ein Fläschchen Duftöl in das Badewasser, »warum der Maure die Zigeunerin kommen lässt?«

Während Katharina das warme, duftende Wasser genoss und sich sorgfältig mit einem Schwamm wusch, wurde sie von ihrer Amme behutsam, taktvoll, aber auch realistisch in das Geheimnis der Erotik eingeführt. Sie erfuhr, dass es außereheliche Liebe gab, Ehen ohne Liebe und den Idealfall, nämlich Ehepaare, die sich liebten …

Katharina hörte staunend zu, in ihren Ohren klangen Mingos Worte fantastisch und ein wenig unbegreiflich und abstrakt, sie konnte den Inhalt der Sätze gefühlsmäßig nicht nachvollziehen …

Irgendwann ließ Katharina den Schwamm sinken und starrte Mingo fassungslos an. »Du meine Güte«, sagte sie nach einer Weile, »gütiger Himmel, das ist ja entsetzlich.«

»Ach was, es ist überhaupt nicht entsetzlich.«

»Ich weiß nicht. Gib mir das Badetuch.«

Als Katharina wenig später vor dem Spiegel stand und sich von Isabella die Haare richten ließ, fühlte sie sich auf einmal erwachsen. Mingo hatte sie in einen Lebensbereich eingeweiht, der den Erwachsenen vorbehalten war …

Inzwischen war Esmeralda von Alessandro mürrisch und unfreundlich empfangen worden.

Das Abendessen verlief schweigend, weil jeder, Pater Camillo ausgenommen, mit seinen eigenen Gedanken beschäftigt war.

Katharinas Gedanken weilten abwechselnd bei der Prophezeiung der Zigeunerin, »ja, aber nicht sofort«, und bei dem Gespräch mit Mingo. Ihre Augen wanderten verstohlen zwischen den Vettern hin und her, und dabei hatte sie das Gefühl, dass sich etwas verändert hatte. Sie konnte den beiden sechzehnjährigen jungen Männern nicht mehr so unbefangen gegenübertreten wie früher …

Sie betrachtete Alessandro, den sie noch nie gemocht und zeitweilig sogar gehasst hatte und empfand auf einmal körperliche Abscheu vor ihm. Wenn er mich berührte, würde ich laut schreien, dachte sie …

Während man auf den Fleischgang wartete, sah sich Passerini in der Tischrunde um.

»Ich habe soeben ausgerechnet«, sagte er, »dass die kaiserlichen Truppen nach menschlichem Ermessen heute Abend vor den Toren Roms stehen.«

Man sah einander an und dann wurde kein Wort mehr gesprochen.

Am Morgen des 17. Mai erschien Passerini nicht beim Frühstück und Pater Camillo erklärte, dass sich der Kardinal bereits bei Sonnenaufgang zu einer Sitzung in den Palazzo Vecchio begeben hatte.

»Gestern, am Spätnachmittag«, sagte Camillo zögernd, »überbrachte ein Kurier schlechte Nachrichten. Seine Eminenz teilte mir nur kurz mit, dass die kaiserlichen Truppen Rom erobert hätten – jedenfalls hat die *Signoria* die halbe Nacht unter dem Vorsitz Seiner Eminenz getagt. Seine Eminenz hat keine Einzelheiten über die Eroberung erzählt und beim Weggehen nur angeordnet, dass bis auf weiteres niemand den Palazzo verlassen darf.«

»Schon wieder?«, rief Katharina. »Warum werden wir denn jetzt eingesperrt?«

»Ich weiß es nicht, Hoheit. Seine Eminenz kehrt gegen Mittag zurück und wird dann bestimmt Einzelheiten erzählen.«

Mit dieser Auskunft musste die Tischrunde sich zufrieden geben.

Als Ridolfi zur gewohnten Stunde erschien, bestürmten ihn die jungen Medicis mit Fragen, ob er Einzelheiten über die Eroberung Roms wisse.

»Nein«, erwiderte er ausweichend, »in den Schenken und auf der Straße wird viel darüber gesprochen, man muss abwarten, wie es weitergeht.«

Er gab den Vettern einen lateinischen und einen griechischen Text, deren Übersetzung sie den ganzen Vormittag beschäftigen würde und begleitete Katharina dann in ihr Studierzimmer.

Auf Wunsch Clarissa Strozzis hatte er kurz nach Katharinas achtem Geburtstag angefangen, sie in Rechts- und Staatswissenschaft zu unterrichten. Die Jurisprudenz fand Katharina ziemlich trocken, die Staatslehre hingegen hochinteressant.

Die Monokratie war für Katharina unter den drei möglichen Staatsformen diejenige, die am besten das Wohlergehen des Volkes dank der Verantwortung eines einzelnen Herrschers garantierte. Die Aristokratie als Herrschaft einer Elite sowohl wie die Demokratie als Herrschaft des Volkes verwarf sie, weil sich beide ihrer Ansicht nach wegen der eigensüchtigen Interessen zersplitterter Gruppen nicht eindeutig dem Staatswohl unterwarfen.

Ridolfi belehrte sie, dass alle drei Staatsformen entarten konnten, und erklärte ihr, dass die politischen Verzerrungen des Gemeinwesens in Form der Oligarchie, der Herrschaft der wenigen, und in Form der Ochlokratie, der Herrschaft des Pöbels, auch vor der Monokratie nicht Halt machen würden. Auch die Letztere könne umschlagen in die Tyrannei, die Schreckensherrschaft eines Einzelnen.

Sie öffnete das Tintenfass und schnitt eine Feder zurecht, während Ridolfi zu seinem Pult zurückging, um Platons *Der Staat* zu holen und mit einer neuen Lektion zu beginnen. Dabei kam er am Fenster vorbei, von wo aus man den Garten und die anschließende Straße sehen konnte. Er blickte beiläufig durch das Fenster, stutzte, blieb stehen und fragte sich sekundenlang, ob er wache oder träume, aber es war kein Traum, es war Wirklichkeit: In der Straße hinter dem Garten hatte sich eine Volksmenge versammelt, die stumm, finster und drohend zum Palazzo sah, und soweit Ridolfi sehen konnte, stand die Menge dicht gedrängt bis zur Kirche San Lorenzo.

Er dachte an die Gesprächsfetzen, die er am Abend zuvor in der Altstadt und in seiner Schenke gehört hatte und fühlte sich unbehaglich. Die Verwünschungen, die man gegen den Papst ausgestoßen hatte, waren also keine leeren Worte gewesen …

»Was gibt es, Signor Ridolfi?«, fragte Katharina besorgt.

Sie eilte zu ihm, sah hinaus und trat erschrocken einen Schritt zurück, als sie die finster dreinblickende Menge sah.

»Was ist passiert, was wollen die Leute?«

Ridolfi zögerte etwas, bevor er vorsichtig erwiderte: »Es hängt mit den Vorgängen in Rom zusammen, Hoheit. Das Volk möchte nicht länger von der Familie Medici regiert werden, das habe ich gestern Abend in der Altstadt öfter gehört.«

Katharina starrte Ridolfi fassungslos an. »Das verstehe ich nicht, was hat die Eroberung Roms mit der Herrschaft der Medicis in Florenz zu tun?«

Ehe Ridolfi antworten konnte, wurde die Tür aufgerissen und Ippolito und Alessandro stürzten ins Zimmer, gefolgt von Mingo und Isabella.

»Gütiger Himmel!«, rief Mingo. »Ganz Florenz hat sich vor unserem Palazzo versammelt. Warum nur? Ich verstehe das alles nicht.«

»Die Florentiner«, sagte Ippolito nachdenklich, »bilden eine Mauer um uns, aber es ist keine schützende Mauer, sondern eine, die bedrohlich näher kommt.«

»Ich habe Angst«, jammerte Alessandro, »ich habe furchtbare Angst, sie werden uns töten!«

Alessandro schlich zitternd in sein Appartement und schloss sich ein.

Ippolito und Katharina beschlossen, zur Ablenkung eine Partie Schach zu spielen, und als der Mittag eingeläutet wurde, sagte Ippolito: »Dies ist die erste Partie, die du nicht verloren hast; wir haben eine Patt-Situation.«

Katharina errötete vor Freude, erwiderte aber nichts. Dann fiel ihr das Volk vor dem Palazzo ein. Sie ging zum Fenster und stellte erleichtert fest, dass die Menschen anfingen, sich zu zerstreuen. »Sie gehen nach Hause, Ippolito.«

»Das hat nichts zu bedeuten, es ist Mittagszeit, sie werden wiederkommen.«

In diesem Augenblick traf Passerini im Palazzo ein, und die Dienerschaft beobachtete erschrocken, dass er von Bewaffneten umgeben war, die ihn offensichtlich vor dem Volk schützen sollten.

Als Pater Camillo bei der Mittagstafel das Tischgebet sprechen wollte, hob Passerini die Hand. »Einen Augenblick, Hochwürden.« Er sah sich in der Tischrunde um, bevor er fortfuhr. »Ich denke, jetzt ist der Augenblick gekommen, um die Anwesenden über die Ereignisse in Rom zu informieren. Der Konnetabel von Bourbon stand am Abend des 4. Mai mit seinen Truppen ungefähr sechs Meilen vor Rom; in der Morgendämmerung des 6. Mai begann der Sturm auf die Stadt. Der Konnetabel wurde beim Angriff auf die Stadtmauer getötet; die seit langem schon vernachlässigten Befestigungen hielten nicht stand und die Soldaten fielen regelrecht über die Stadt her, die nur von wenigen Schweizern verteidigt wurde. Acht Tage lang wurde nur geraubt, gemordet, geplündert und gebrandschatzt. Man schonte weder Menschen noch Reliquien, wertvolle Kunstschätze wurden haufenweise zerstört. Die kaiserlichen Truppen sind ein Völkergemisch aus Deutschen, Spaniern, Italienern und Flamen; man erzählt, dass die Italiener vor allem der Wollust frönten, die Deutschen betrunken in den Palästen und Klöstern herumlagen und dass die Spanier sich grausamer als alle anderen benahmen. Der Heilige Vater und die Kardinäle konnten im letzten Augenblick in die Engelsburg fliehen. Dort sind sie zwar in Sicherheit und die Vorratskammern sind gut gefüllt, aber sie sind natürlich gefangen. Weder der Heilige Vater noch ein Kardinal kann es im Augenblick wagen, die sichere Engelsburg zu verlassen, wenn sie ihr Leben nicht aufs Spiel setzen wollen.« Er schwieg einen Augenblick, bevor er mit seinem Bericht fortfuhr.

»Die Nachricht von der Plünderung Roms, dem *sacco di Roma*, hat in ganz Europa Entsetzen ausgelöst, hier in Florenz indes ...« Er zögerte und sagte leise: »Die Florentiner sind nicht nur entsetzt über die Plünderung Roms, sie sind empört und machen den Heiligen Vater für die Gräueltaten verantwortlich. Sie geben ihm die Schuld am *sacco di Roma* und wollen nicht länger von der Familie Medici regiert werden. Das Volk und die Gegner der Medicis in der *Signoria* fordern eine Rückkehr zur Stadtrepublik der alten Zeit. Seit gestern Nachmittag verhandele ich mit den Parteien und versuche zu retten, was noch zu retten ist. Im Augenblick wird nur debattiert, und es wird noch Tage, vielleicht sogar Wochen dauern, bis eine Entscheidung fällt. Die Lage ist gewiss ernst, aber die *Signoria* muss auch an die Reaktion des Heiligen Vaters denken. Wir alle sollten jetzt Ruhe bewahren.«

Er schwieg, und jeder versuchte, die Neuigkeiten zu verarbeiten.

»Mit Verlaub, Eminenz«, begann Katharina zögernd, »das Volk von Florenz hat sich heute Vormittag vor dem Palazzo versammelt. Was hat dies zu bedeuten?«

»Hoheit, das Volk ist unwichtig. Soll der Pöbel sich doch vor dem Palazzo versammeln, die Entscheidung wird in der *Signoria* fallen.«

Es wäre, sinnierte Katharina während der Siesta, nach Cosimo Pater Patriae und nach meinem Großvater Piero die dritte Vertreibung aus Florenz, und dieses Mal wird es für immer sein, es wird keine Rückkehr geben … Sie erinnerte sich erneut an das Gespräch mit Ippolito über den Stammbaum.

»… *fünf bis sechs Generationen vom Sonnenaufgang bis zum Sonnenuntergang …*«

Und ich bin also die sechste Generation, die in unserem Palazzo lebt, demnach die letzte!

Wo werde ich künftig leben, überlegte sie, die Astrologen haben errechnet, dass ich fern von Florenz leben werde, fern von Florenz, in einem anderen Land?

Nach der Siesta beschäftigten Ippolito und Alessandro sich erneut mit der Übersetzung ihrer altsprachlichen Texte, während Ridolfi kurz entschlossen Katharinas Mathematikstunde auf den nächsten Vormittag verlegte und mit den Lektionen im französischen Lesebuch fortfuhr, weil er hoffte, seine Schülerin dadurch besser von den Ereignissen in Florenz ablenken zu können.

»Lesen Sie den Text laut vor, Hoheit, und übersetzen Sie ihn dann. Es ist die Geschichte eines Hirtenmädchens aus Lothringen, das vor ungefähr hundert Jahren lebte und das in dem jahrzehntelangen Krieg zwischen England und Frankreich die Stadt Orléans von den Engländern befreite und ein weiteres Vordringen des Feindes verhinderte. Das Mädchen – man nennt sie in Frankreich *La pucelle* – führte den König Karl VII. zur Krönung, schließlich … Nun, ich will nicht alles vorwegnehmen.«

Katharina begann zu lesen, und während vor ihrem inneren Auge das junge Hirtenmädchen Johanna von Arc auf den Hügeln um das Dorf Domremy die Schafe hütete, trat Ridolfi leise zum Fenster und beobachtete besorgt, dass sich die Florentiner erneut auf der gegenüberliegenden Straßenseite versammelten.

Katharina sah auf, und Ridolfi bemerkte amüsiert, dass ihre blassen Wangen sich bei der Lektüre leicht gerötet hatten. »Signor Ridolfi, ist das alles wahr, hat es sich wirklich so zugetragen, hat Johanna eine Rüstung getragen und ein Heer angeführt?«

»Ja, Hoheit.«

»Hat sie in Chinon den König unter den Höflingen erkannt, obwohl sie ihn noch nie zuvor gesehen hatte?«

»Ja, Hoheit.«

»Die Stimmen, hat sie wirklich Stimmen gehört?«

»Ja, Hoheit, so etwas gibt es, genauso wie es Menschen gibt, die die Gabe des zweiten Gesichtes besitzen, das heißt, solche Menschen sehen künftige Ereignisse voraus.«

Katharina überlegte. »Die Jungfrau Johanna hat das Schicksal Frankreichs entscheidend gestaltet. Der jetzige König verdankt ihr seine Krone.«

Ridolfi lächelte.

»Nun, Hoheit, Franz I. verdankt seinen Thron anderen glücklichen Umständen, das Haus Valois verdankt dem Hirtenmädchen die Rettung der Krone und des Landes. Vor allem aber, und das ist das Wichtigste bei der Geschichte, Johanna von Arc hat die Franzosen geeint, und die Erinnerung an sie eint die Franzosen noch heute, und das wird sich wahrscheinlich auch nicht ändern. Bei uns in Italien fühlt man sich nicht als Italiener, nein, man ist Florentiner, Venezianer, Genuese, Römer, Neapolitaner. In Deutschland ist man nicht Deutscher, sondern Bayer, Sachse, Böhme, Schwabe. In Frankreich hingegen ist man nicht Bretone, Normanne, Burgunder, Provenzale, in Frankreich ist man Franzose.«

Katharina begann mit der Übersetzung, und als sie fertig war, sagte sie: »Das war die interessanteste Geschichte, die ich bisher in diesem Buch gelesen habe. Signor Ridolfi, Dieu, est-il français?«

»Wie meinen Sie das, Hoheit?«, fragte der Lehrer verblüfft.

»Nun, für die Franzosen ist bestimmt auch Gott ein Franzose.«

Ridolfi überlegte und erwiderte:

»Das ist gut möglich.«

Bei der Abendtafel sagte Passerini, es sei noch keine Entscheidung gefallen. Nach der Mahlzeit zog er sich in sein Arbeitszimmer zurück, während Mingo, Isabella, Katharina und die Vettern einige Partien *Minchiate* spielten.

An jenem Abend hatte sich auch Alessandro eingefunden, weil er es vor Angst in seinem Appartement nicht aushielt.

Während Mingo die Karten mischte und verteilte, sah sie hin und wieder diskret aus dem Fenster und beobachtete erleichtert, dass die Florentiner, die sich nach der Siesta erneut versammelt hatten, allmählich zerstreuten.

Man spielte zehn Partien, die Ippolito alle verlor, während Katharina und Alessandro jeweils vier Spiele gewannen.

»Das ist kein gutes Zeichen«, murmelte Ippolito, während Mingo die Karten ordnete.

»Seit wann glaubst du an gute und schlechte Zeichen?«, fragte Katharina erstaunt. »Nimm es nicht tragisch, dass du verloren hast, es ist doch nur ein Spiel.«

Als Passerini am nächsten Morgen, umgeben von Bewaffneten, in seine Sänfte stieg, hörte er das unwillige Gemurmel der Florentiner, die sich seit Sonnenaufgang vor dem Palazzo versammelt hatten.

»Man sollte die scheinheilige Eminenz fortjagen!«

»Man sollte nicht nur ihn vertreiben, sondern alle Medicis!«

»Man sollte ihn und den Wüstling Alessandro vertreiben, der vernünftige Ippolito und die reizende Duchessina können in der Stadt bleiben!«

Als der Kardinal diese Bemerkungen hörte, spürte er, wie ihm der kalte Schweiß ausbrach, und er winkte den Hauptmann der Bewaffneten zu sich, der, wie er wusste, zur Medici-Partei gehörte.

»Ich bitte Sie, eilen Sie zur *Signoria*, man soll einen Trupp Soldaten schicken, die den Palazzo und die jungen Herrschaften vor der Wut des Pöbels schützen.«

Während der Hauptmann sich einen Weg durch die Menge bahnte, zog Passerini die Vorhänge zu, sank in die Polster zurück, schloss die Augen und dachte über die missliche Situation nach.

An nächsten Vormittag holte Ridolfi die Mathematikstunde vom Vortag nach und gab Katharina erstmals eine Gleichung mit zwei Unbekannten als Aufgabe. Er wusste, dass sie damit überfordert war, aber a und b, x und y würden sie bis zum Mittag beschäftigen und ablenken. Dann ging er zu Ippolito und Alessandro und begann mit der Lektüre vom Homers *Ilias*.

Katharina, deren Geist durch das Schachspiel geschult war, hatte mathematische Aufgaben bisher immer leicht gelöst. An jenem Vormittag allerdings sah sie hin und wieder durch das Fenster zu der Volksmenge, hörte das Gemurmel, das immer lauter wurde, fühlte sich zunächst unbehaglich und bekam auf einmal Angst. Sie versuchte, sich wieder auf die Gleichung zu konzentrieren – vergeblich. Sie horchte ängstlich nach draußen, wartete, ohne zu wissen, worauf, so verging eine Minute nach der anderen …

Als der Mittag eingeläutet wurde, brach auf der Straße solch ein Tumult los, dass sie zunächst wie versteinert sitzen blieb.

»Wir dulden nicht länger die Herrschaft des Papstes über die Stadt! Passerini soll Florenz verlassen, wir wollen nicht länger von der Familie Medici regiert werden, die Medicis sollen Florenz verlassen! Fort mit den Medicis! Fort mit den Medicis! Fort mit den Medicis!«

Katharina sprang auf und rannte zum Fenster.

Bis zu diesem Augenblick hatte sie die Situation und die mögliche Entmachtung ihrer Familie ziemlich gelassen hingenommen, aber als sie die tobende Menge sah, die Fäuste, die in der Luft geschwungen wurden, und als sie immer wieder den Ruf hörte: »Fort mit den Medicis! Fort mit den Medicis!«, da wurde sie von Panik erfasst und verließ fluchtartig das Studierzimmer, rannte in ihre Gemächer, vorbei an Mingo und Isabella, die stumm und angstvoll zum Fenster hinaussahen, hinüber zum Unterrichtszimmer der Vettern.

»Signor Ridolfi, haben Sie gehört? Sie wollen uns fortjagen, sie werden den Palazzo stürmen, mein Gott, ich habe Angst, furchtbare Angst!« Ridolfi beruhigte das Kind und fragte nach den Gleichungen, um sie abzulenken. Katharina war verlegen und erklärte, sie habe die Aufgaben nicht lösen können.

»Beruhige dich, Katharina«, sagte Ippolito und legte schützend den Arm um sie, »der Palazzo ist inzwischen von Soldaten umstellt, sie werden die Florentiner am Eindringen hindern.«

Ippolitos körperliche Nähe beruhigte sie etwas und sie spürte, dass ihr Herzklopfen schwächer wurde.

»Sie werden mich töten«, winselte Alessandro, »ich will nicht länger in diesem Haus bleiben, ich will nach Rom, zum Papst.« Er begann laut zu weinen.

»Signor Alessandro«, mahnte Ridolfi, wobei es ihm nur mit Mühe gelang, die Verachtung, die er in diesem Moment für den Papstsohn empfand, zu verbergen. »Signor Alessandro, nehmen Sie sich zusammen und bewahren Sie Ruhe, hier wird niemand getötet.«

In diesem Augenblick wurde der Hauptmann gemeldet.

»Signor Ridolfi, Seine Eminenz kann nicht mehr für Ihre Sicherheit bürgen, wenn Sie hier ein- und ausgehen. Der Kardinal wünscht, dass Sie sofort, begleitet von einigen Bewaffneten, durch einen Seiteneingang den Palazzo verlassen und sich in Ihre Wohnung in Sicherheit begeben. Sobald die Lage in der Stadt sich entspannt hat, können Sie die jungen Herrschaften wieder unterrichten.« Dann wandte er sich an Katharina und die Vettern.

»Seine Eminenz wird erst zur Abendtafel wieder zurückkehren.«

Einige Sekunden herrschte Schweigen, dann beruhigte Ridolfi die Kinder und verteilte Aufgaben für den Tag.

»Machen Sie sich darüber keine Gedanken, Hoheit. Wenn ich Sie wieder unterrichte, lösen wir die Gleichung gemeinsam. Überdies, merken Sie es sich für Ihr weiteres Leben: Man scheitert nicht an dem, was man falsch macht, sondern an dem, was man unversucht lässt.«

Er nickte den Vettern noch einmal zu und verließ in Begleitung des Hauptmannes den Raum.

Katharina sah ihm nach und wiederholte in Gedanken seine letzten Worte: *Man scheitert nicht an dem, was man falsch macht, sondern an dem, was man unversucht lässt.* Sie beschloss, sich diesen Satz einzuprägen und ihn nie zu vergessen.

Während der Mittagstafel fand sie endgültig wieder zu ihrem inneren Gleichgewicht und anschließend legte sie sich eine Weile auf ihr Bett, um in Ruhe über ihre Zukunft nachzudenken.

Die *Signoria* würde sie wahrscheinlich in die Verbannung schicken – aber wohin? In eine italienische Stadt? Ins Ausland? Würde sie, wie der Dichter Dante, von Ort zu Ort ziehen? Würde man ihr erlauben, bei den Vettern zu bleiben? Dies war unwahrscheinlich, wenn sie zusammenblieben, waren sie immer noch ein Machtfaktor, getrennt waren sie machtlos …

Vielleicht erlaubte man ihnen, den Ort der Verbannung selbst zu wählen? Wohin sollten sie gehen? Nach Rom, zu Tante Clarissa? Dies bedeutete allerdings auch, dass sie in der Nähe ihres Onkels lebte, sobald er wieder im Vatikan war; diese Perspektive war jedoch wenig verlockend. Wenn sie fern von ihm lebte, konnte er ihr Leben wahrscheinlich kaum beeinflussen. Aber es gab noch eine andere Möglichkeit: Sie war nicht auf Italien angewiesen, sie konnte auch bei ihren Verwandten in Frankreich leben, in der Auvergne. Finanziell war sie von ihnen unabhängig durch die Ländereien, die sie von ihrer Mutter geerbt hatte – wenn sie volljährig war, konnte sie darüber verfügen. Frankreich war eine Perspektive. Die Verwandten würden sie wahrscheinlich mit einem passenden Gatten verheiraten. Sie schloss die Augen und versuchte, sich diesen Mann vorzustellen … In ihrer Fantasie war er groß, kräftig gebaut, er hatte große, dunkle Augen und er trug einen sorgfältig gestutzten Bart wie Ippolito; er sah Ippolito ähnlich …

Der Bart des Vetters war während der vergangenen zwei Jahre stark gewachsen und wurde von Ippolito sorgfältig gepflegt, gestutzt und parfümiert; auf Katharina übte er eine merkwürdige Anziehungskraft aus, und manchmal, wenn sie mit dem Vetter allein war, geriet sie in Versuchung, mit ihren Fingern über die duftenden, leicht gekräuselten, dunklen Barthaare zu streichen, aber eine ihr selbst unerklärliche Scheu hielt sie davon ab.

Während sie so von dem künftigen Gatten und einem Leben in Frankreich träumte, schlief sie ein …

An jenem Mainachmittag hatte sie einen merkwürdigen Traum. Sie lief über einen großen Turnierplatz zu einer Gestalt, die am anderen Ende stand. Beim Näherkommen sah sie, dass es ein ungefähr achtjähriger Junge war mit dunklen Haaren und Augen; er war in weißen Samt und weiße Seide gekleidet. Sie hatte das Gefühl, dass er traurig war, und sie wollte ihn ansprechen und ihn nach dem Grund seiner Traurigkeit fragen. Da begann er zu weinen und wandte sich von ihr ab …

In diesem Augenblick erwachte Katharina, und es dauerte einige Sekunden, bis sie begriff, dass sie in ihrem Zimmer im Palazzo Medici war.

Sie setzte sich auf und dachte über den Traum nach: Es kam öfter vor, dass sie von Personen träumte, aber dann waren es Menschen, die sie kannte; sie konnte sich nicht entsinnen, den weiß gekleideten Jungen jemals gesehen zu haben, weder in Rom noch in Florenz … Nun, wahrscheinlich war sie überreizt durch die Aufregungen der letzten beiden Tage.

Sie ging in ihr Studierzimmer und versuchte erneut, die Gleichung zu lösen, mehrere Stunden lang rechnete sie geduldig verschiedene Möglichkeiten durch, und als Isabella sie zur Abendtafel rief, hatte sie die Lösung gefunden. Sie begab sich stolz und zufrieden mit sich selbst in den Baderaum, um sich die Hände zu waschen und die Haare zu richten.

Ippolito und Alessandro hatten den Nachmittag zwar in ihrem Studierzimmer verbracht und versucht, sich in die Ilias zu vertiefen, aber ihre Gedanken weilten nicht im antiken Troja, sondern in der Gegenwart.

Alessandro schmiedete unsinnige Fluchtpläne, während Ippolito daran dachte, dass durch Vertreibung und Exil ihm wahrscheinlich der verhasste Kardinalshut erspart blieb. Im Geiste sah er sich abwechselnd als Söldnerführer und als Gesandten an ausländischen Höfen. Vor allem aber empfand er, ähnlich wie Katharina, eine gewisse Genugtuung bei dem Gedanken, dass durch die unerwartete politische Entwicklung Alessandro doch nicht in Florenz regieren würde. Was mag aus ihm werden, fragte sich Ippolito. Onkel Clemens wird ihn angemessen versorgen, wenn er wieder im Vatikan ist!

Bei der Abendtafel sagte Passerini, dass die *Signoria* immer noch debattiere, dass man aber inzwischen wegen der Unruhe im Volk entschlossen sei, am nächsten Tag, also am 19. Mai, über das Schicksal der Medicis zu entscheiden.

Die Mahlzeit verlief schweigend, und anschließend zog Passerini sich in sein Appartement zurück, während die Vettern sich zu Katharina begaben.

Mingo und Isabella beugten sich stumm über den Stickrahmen, während die jungen Medicis schweigend in einer Ecke zusammensaßen.

Nach einer Weile sah Mingo unauffällig zum Fenster hinaus und flüsterte dann Isabella zu, dass das Volk immer noch um den Palazzo stehe.

»Ich will fliehen«, sagte Alessandro nach einer Weile, »ich halte es hier nicht länger aus!«

»Fliehen?«, rief Katharina empört. »Ein Medici flieht nicht, es sei denn, unser Leben wäre bedroht, aber unser Leben ist nicht bedroht. Morgen Abend werden wir wissen, wo wir künftig leben. Wenn wir unseren künftigen Aufenthaltsort wählen können, gehe ich nach Frankreich zu meinen Verwandten. Wo werdet ihr hingehen?«

»Vielleicht nach Rom«, antwortete Ippolito nach einer Weile, »oder nach Venedig oder Genua oder Neapel.«

Alessandro betrachtete Vetter und Cousine.

»Es ist heute wahrscheinlich unser letzter gemeinsamer Abend«, sagte Katharina, »wir sollten ihn friedlich verbringen und nicht streiten. Isabella, singe uns bitte etwas vor.«

Während Isabella ein altes Volkslied anstimmte, erinnerte Katharina sich auf einmal an das Gespräch zwischen ihrer Tante Maria und Ridolfi, das sie vor zwei Jahren zusammen mit Cosimo belauscht hatte, einige Sätze hatten sich ihr aus irgendeinem Grund besonders eingeprägt.

… man hat nicht mehr das Vertrauen zu den Medicis wie vor hundert Jahren. Manchmal denke ich, unsere Glanzzeit in dieser Stadt ist abgelaufen … Wenn die Medicis an der Macht bleiben, dann in einer anderen Form.

»Eine andere Form? Wie meinen Sie das?«

»Das weiß ich nicht, aber dem Papst wird schon etwas einfallen.«

»Seien Sie unbesorgt, Signor Ridolfi. Wenn Clemens etwas erreichen will, ist ihm jedes Mittel recht. Denken Sie an Esau, der sein Erstgeburtsrecht für ein Linsengericht verkaufte, oder an Judas, der Jesus für dreißig Silberlinge verriet …«

Dies ist meine letzte oder vorletzte Nacht im Palazzo, dachte Katharina. Morgen oder übermorgen beginnt wieder ein neuer Lebensabschnitt.

Als Passerini sich am Morgen des 19. Mai zu seiner Sänfte begab, eilte ihm der Hauptmann entgegen.

»Eminenz, Eminenz, bleiben Sie heute im Palazzo, ich kann nicht mehr für Ihre Sicherheit bürgen, wenn Sie sich zur *Signoria* begeben. Die Bevölkerung umlagert den Palazzo seit Tagesanbruch – ich fürchte, sie werden versuchen, hier einzudringen, aber seien Sie unbesorgt, Eminenz, der Palazzo ist von einer doppelten Reihe Bewaffneter umgeben.«

Passerini starrte den Hauptmann entgeistert an, dann drehte er sich wortlos um und begab sich in sein Arbeitszimmer, wo er ruhelos auf- und abging und vergeblich versuchte, einen klaren Gedanken zu fassen.

Während die jungen Medicis sich auf ihre Weise die Zeit vertrieben, ging Passerini ruhelos auf und ab und überdachte seine Lage.

Zwei Reihen Bewaffneter, um das Volk am Eindringen zu hindern: Er war für die Sicherheit der jungen Herrschaften verantwortlich. Gütiger Himmel, wie lange würde die *Signoria* noch debattieren?

Am späten Vormittag sah er nur noch einen Ausweg, um die Duchessina und vor allem Alessandro vor der Volkswut zu schützen: Er würde sie, unter sicherem Geleitschutz, durch einen der hinteren Ausgänge zum Palazzo Vecchio bringen lassen und der Obhut der Signoria übergeben. Dann ließ er die jungen Medicis zu sich kommen; Ippolito und Alessandro betraten nach kurzer Zeit das Arbeitszimmer, Katharina indes ließ auf sich warten.

»Wo bleibt sie?«, murmelte Passerini nervös und nahm seine Wanderung durch das Zimmer wieder auf.

Als Katharina hörte, dass der Kardinal sie zu sehen wünsche, eilte sie in den Baderaum, wusch sich die Hände, ordnete vor dem Spiegel sorgfältig die Haare, strich das Kleid glatt und verweilte noch einige Sekunden in ihrem Appartement. Jetzt, dachte sie, jetzt ist es so weit, jetzt werde ich erfahren, was die *Signoria* beschlossen hat … Schließlich verließ sie das Zimmer und eilte die Galerie entlang; kurz vor der Innentreppe blieb sie überrascht stehen und wusste sekundenlang nicht, ob sie wache oder träume. Durch einen Seiteneingang kam eine Frau in den Hof, sah sich kurz um und wollte eben zur Innentreppe, als sie ihren Namen rufen hörte: »Tante Clarissa! Tante Clarissa!«

Clarissa Strozzi blickte überrascht nach oben, sah ihre Nichte die Galerie entlangfliegen, und bevor sie sich von ihrer Überraschung erholt hatte, lag Katharina laut weinend in ihren Armen. »Tante Clarissa!«

»Katharina, mein Gott, Kind, was ist denn?«

Da hob Katharina ihr tränenüberströmtes Gesicht. »Die letzten Tage waren furchtbar«, stammelte sie, »ich bin so froh, dass Sie gekommen sind. Jetzt wird alles gut, nicht wahr? Aber warum sind Sie in Florenz, es geht Ihnen doch gesundheitlich nicht so gut?«

Clarissa Strozzi trocknete die Tränen und strich der Nichte über die Haare. »Beruhige dich, es geht mir gesundheitlich zwar nicht gut, aber ich hielt es für meine Pflicht, hierher zu kommen. Deine Tante Maria und andere Leute, Signor Ridolfi zum Beispiel und Pater Camillo, haben mich während der vergangenen zwei Jahre regelmäßig über die politische Entwicklung in der Stadt informiert. Als Rom geplündert wurde, konnte ich mir denken, wie die Florentiner reagieren würden, wenn sie davon erfuhren! Als die Lage in Rom sich entspannte und die schlimmsten Ausschreitungen vorüber waren, begab ich mich nach Florenz. Ich kam gestern Abend hier an und übernachtete bei deiner Tante Maria; sie erzählte mir von dem Aufruhr der Bevölkerung. Ich kann die Reaktion der Florentiner verstehen, und ich bin jetzt gekommen, um die Angelegenheit zu beenden. Wo ist der Kardinal? Wir haben nur wenig Zeit, das Volk will den Palazzo stürmen.«

Bei den letzten Worten spürte Katharina erneut, wie die Angst in ihr hochstieg, aber sie versuchte, sich nichts anmerken zu lassen.

»Er ist in seinem Arbeitszimmer, er hat uns vorhin zu sich befohlen. Alessandro und Ippolito sind wahrscheinlich schon bei ihm.«

Clarissa Strozzi eilte, gefolgt von Katharina, nach oben und stürmte in das Arbeitszimmer des Kardinals, der bei ihrem Anblick zurückwich und sie ungläubig anstarrte.

»Signora Strozzi?«

Ippolito und Alessandro indes brachten vor Überraschung kein Wort heraus und glaubten sekundenlang, einen Geist zu sehen. Die Worte ihrer Tante führten sie jedoch schnell in die Wirklichkeit zurück.

Sie ging auf Passerini und die Neffen zu und schrie den Kardinal an:

»Sie sind für die jetzige Situation verantwortlich, Sie und Ihr Meister Clemens! Die Medicis sind schon öfter ins Unglück geraten, aber noch niemals war ihr Name so jämmerlich besudelt wie jetzt! Wie anders waren die Zeiten, als meine Vorfahren regierten! Das waren noch echte Medici, die sich die Gunst ihrer Mitbürger durch Weisheit und Wohlwollen erwarben und sich auch durch ihre Standhaftigkeit bewährten! – Hinaus mit Ihnen allen! Verlassen Sie dieses Haus, auf das Sie Ihre Ansprüche verwirkt haben, und verlassen Sie diese Stadt, in der Sie niemand liebt! Der Palazzo Medici wurde erbaut, um ein Haus des Ruhmes und der großen Taten zu sein, aber kein Stall für unedles Halbblut!« Bei diesen Worten funkelte sie Alessandro zornig an. »Hier muss einmal sauber gemacht werden, und Sie können mir glauben, dass ich bei der Reinigung noch weniger nachsichtig bin als andere, die sich ebenfalls schon dazu anschicken!«

Passerini blickte verlegen zu Boden, weil er nicht wagte, Clarissa in die Augen zu sehen; außerdem wusste er nicht, was er zu seiner Entschuldigung vorbringen sollte.

Ippolito presste verärgert die Lippen zusammen, er fühlte sich ungerecht behandelt, fand aber, dass dies nicht der richtige Zeitpunkt war, um sich vor der empörten Tante zu verteidigen.

»Ich bin kein unedles Halbblut«, sagte Alessandro weinerlich.

»Schweig!«, schrie Clarissa. »Du hast den Namen unserer Familie am meisten besudelt! Du bist des Namens Medici nicht würdig! Verschwinde, lass dich nie mehr im Palazzo Cosimos Pater Patriae und Lorenzos des Prächtigen blicken, hinaus mit dir!!«

Katharina hatte gespannt und aufgeregt die Szene verfolgt, und je länger Clarissa Strozzi sprach, desto mehr bewunderte sie ihre Tante, die offen aussprach, was sie, Katharina, schon lange unbewusst empfunden hatte.

In diesem Augenblick kam der Hauptmann ins Zimmer.

»Eminenz, rasch, beeilen Sie sich, das Volk drängt in den Palazzo! Ich habe für Sie und die jungen Herren am Hinterausgang Pferde satteln lassen – beeilen Sie sich, jede Minute ist kostbar!«

Da erwachte der Kardinal aus seiner Apathie, raffte seine Gewänder und befahl den Vettern, ihm zu folgen.

Ippolito und Alessandro eilten aus dem Zimmer, völlig verwirrt und unfähig, eine eigene Entscheidung zu treffen.

Katharina sah ihnen betroffen nach. Sie hatte auf einmal das Gefühl, dass die Ereignisse sie überrollten und wandte sich abrupt an den Hauptmann. »Was wird aus mir?«

»Sie sollen in Florenz bleiben – es ist ein Befehl der *Signoria*.«

Ehe Katharina weitere Fragen stellen konnte, erklang vom Innenhof Tumult und Lärm herauf.

»Das Volk«, sagte Clarissa Strozzi leise und nahm Katharinas Hand.

»Komm, mein Kind, wir stellen uns den Florentinern, das sind wir unseren Vorfahren schuldig.«

Sie traten zusammen hinaus auf die Galerie und Clarissa rief: »Florentiner!«

Beim Klang der hohen, schrillen Stimme sahen alle nach oben und einige der älteren Frauen und Männer tuschelten: »Sie ähnelt Lorenzo dem Prächtigen! Sie hat die gleiche Stimme wie er, das muss seine Enkelin sein!«

Clarissa aber fuhr fort: »Bürger von Florenz, ich, die Enkelin Lorenzos des Prächtigen, habe den Kardinal Passerini, Ippolito und Alessandro fortgejagt. Die Medici haben das moralische Recht verloren, noch länger in dieser Stadt zu regieren! Und nun, Bürger von Florenz, geht wieder nach Hause. Ab heute werdet ihr von der republikanischen Partei regiert!«

Während dieser kurzen Ansprache hatte ein Mann den Innenhof betreten; diejenigen, die ihn kannten, ließen ihn respektvoll durch, bis er in der ersten Reihe stand.

Nach Clarissas letzten Worten trat er einige Schritte vor, verbeugte sich vor ihr und Katharina und rief nach oben: »Mit Verlaub, Signora Strozzi, gestatten Sie, dass ich mich vorstelle: Ich bin Silvestro Aldobrandini, der Sekretär der *Signoria*, und habe den Auftrag, dem Kardinal Passerini die Entscheidung der regierenden Körperschaft von Florenz mitzuteilen; da der Kardinal, wie ich soeben gehört habe, geflohen ist, überbringe ich Ihnen die Botschaft. – Die *Signoria* hat die Republik proklamiert und wird die demokratische Verfassung wiederherstellen; die Familie Medici darf in der Stadt bleiben, sofern sie dies möchte; man gewährt ihr für die nächsten fünf Jahre Steuerfreiheit.«

Als die Menge hörte, dass die alte Republik wiederhergestellt war, brach ein ungeheurer Jubel los, immer wieder ließ man die *Signoria* hochleben, allerdings hörte man auch hier und da Hochrufe auf Clarissa und Katharina.

Aldobrandini wartete, bis die Menge sich etwas beruhigte, forderte sie dann auf, wieder an die Arbeit zu gehen, und es dauerte nicht lange, so war der Innenhof leer.

Aldobrandini sah erneut hinauf zur Galerie, von wo aus Clarissa und Katharina beobachteten, wie das Volk sich zerstreute.

»Mit Verlaub, Signora Strozzi«, sagte er, »ich müsste noch einige Kleinigkeiten mit Ihnen besprechen. Darf ich hinaufkommen?«

»Selbstverständlich.«

Im Arbeitszimmer des Kardinals sah Aldobrandini einige Augenblicke lang unschlüssig auf den Boden, dann hob er die Augen und begann zögernd: »Es ist allen Mitgliedern der Familie Medici freigestellt, in Florenz zu bleiben oder in eine andere Stadt zu gehen – mit Ausnahme der Duchessina. Hoheit«, sagte er zu Katharina, »die *Signoria* hat beschlossen, dass Sie in Florenz bleiben müssen, da Sie die einzige legitime Erbin sind. Das heißt nicht, dass Sie Ihr ganzes Leben in Florenz verbringen müssen, aber Sie bleiben mindestens so lange hier, bis wir wissen, wie es dem Heiligen Vater geht. Haben Sie mich so weit verstanden?«

»Ja, Signor Aldobrandini«, erwiderte sie leise und griff Hilfe suchend nach Clarissas Hand. Damit hatte sie nicht gerechnet. Sie war also in der Gewalt der *Signoria*, eine Gefangene der *Signoria*?

Aldobrandini fuhr fort: »Die *Signoria* ist sehr um das Wohlergehen Ihrer Hoheit besorgt, vor allem wünscht man eine Fortführung des Unterrichtes. Deshalb hat man beschlossen, Ihre Hoheit in die Obhut der Dominikanerinnen im Kloster Santa Lucia zu geben.«

Katharina erschrak. Wie, sollte sie an einem Ort unter Menschen leben,

die den Medicis feindlich gesonnen waren? Dort würde man sie bestimmt nicht gut behandeln, man würde sie in eine Zelle sperren, sie
quälen, man würde sie vielleicht schlagen; und während ihre Fantasie
sich überstürzte, versuchte sie, die aufsteigenden Tränen zu unterdrücken. »Nein«, sagte sie und begann leise zu weinen, »nein, ich gehe nicht
nach Santa Lucia, ich habe Angst vor den Dominikanerinnen. – Wenn
ich schon in Florenz bleiben muss, dann hier, im Palazzo!«

Aldobrandini zögerte. Er war von Natur aus gutmütig und empfand
Mitleid mit dem Schicksal des kleinen Mädchens, aber er konnte und
durfte keine Entscheidung treffen, und so wanderten seine Augen hilflos
zwischen Clarissa und Katharina hin und her.

Letztere musterte unter Tränen verstohlen das Gesicht des Sekretärs,
und als sie merkte, dass er unsicher geworden war, beschloss sie, noch
ein bisschen zu weinen, in der Hoffnung, ihn durch Tränen zu erweichen. »Ich habe solche Angst vor den Dominikanerinnen«, und sie barg
das Gesicht im Kleid ihrer Tante und weinte leise vor sich hin.

Nun hielt Clarissa es für angebracht, sich einzumischen.

»Signor Aldobrandini«, begann sie, wobei sie jedes Wort sorgfältig
wählte, »haben Sie Mitleid mit dem armen Kind. Sie verlor ihre Eltern,
als sie noch in der Wiege lag, als Waise wuchs sie in meinem Haus in
Rom auf. Im zarten Alter von sechs Jahren entriss der Papst sie dieser
familiären Geborgenheit und schickte sie nach Florenz. Hier lebte sie
zwei Jahre lang mit ihren Vettern und dem Kardinal unter einem Dach,
was, wie Sie zugeben müssen, eine etwas merkwürdige Gemeinschaft
war. Nun haben die politischen Verhältnisse sich, ohne dass sie irgendwie
schuld daran ist, zu ihren Ungunsten verändert, sie verliert ihr Erbe;
damit nicht genug, soll sie sich schon wieder in eine neue Umgebung einleben. Meine Nichte, die Urenkelin Lorenzos des Prächtigen, ist bisher
nur umhergestoßen worden; ich denke, man ist es dem Andenken ihrer
Vorfahren schuldig, dass man sie human und christlich behandelt.«

Clarissa schwieg und betrachtete den Sekretär, der vor Verlegenheit
leicht errötet war.

»Signora Strozzi, ich verstehe und billige Ihre Argumente. Ich werde der
Signoria sofort Ihren Wunsch vortragen und ich hoffe, dass meine Worte die Herren gnädig stimmen werden.«

Nachdem er gegangen war, sagte Clarissa zu ihrer Nichte: »Höre, mein
Kind, wir haben nicht viel Zeit. Ich weiß nicht, wie lange ich noch bei dir
bleiben darf, vielleicht noch bis morgen früh, länger bestimmt nicht. Sie

scheinen dich von der Außenwelt isolieren zu wollen. Hast du begriffen, dass du in der Gewalt der *Signoria* bist und sie dich als Geisel gegenüber dem Papst benutzen wollen?«

»Ja, Tante Clarissa.«

»Gut – ich hoffe, du weißt, wie du dich zu verhalten hast. Füge dich den Wünschen der *Signoria*, sei bescheiden und unterwürfig, bedenke jedes Wort, das du sagst, schweige lieber, statt zu reden, versprichst du mir das? Bedenke immer, dass dein Schicksal jetzt sowohl von der *Signoria* als auch von Onkel Clemens abhängig ist.«

»Ich weiß, wie es um mich steht, Tante Clarissa, und ich verspreche Ihnen, mich so zu verhalten, wie Sie es für richtig halten. Wie lange wird Onkel Clemens noch in der Engelsburg bleiben?«

Clarissa zögerte etwas mit ihrer Antwort. »Ich weiß es nicht, mein Kind. Ich schätze, er wird abwarten, bis die Lage in Rom sich entspannt hat, und dann, soweit ich ihn kenne, wird er versuchen zu fliehen, dies ist die eine Unbekannte bei der Situation. Gelingt ihm die Flucht, wird er wahrscheinlich mit der *Signoria* verhandeln, dass du Florenz bald verlassen kannst; notfalls kauft er dich frei, denn vergiss nicht, du bist für ihn außenpolitisch wertvoll. Misslingt die Flucht, wird er dabei getötet, so bist du der *Signoria* ausgeliefert; wie sie dann mit dir verfahren, ist die zweite Unbekannte. Entweder sie zwingen dich, Nonne zu werden, um sicher zu sein, dass du später keine Ansprüche auf Florenz erhebst, oder sie lassen dich gehen, wohin du willst: das sind die Möglichkeiten, auf die du dich innerlich schon jetzt einstellen solltest.«

Eine Weile herrschte Schweigen, dann sagte Katharina: »Es ist schrecklich, Tante Clarissa. Zuerst habe ich mich innerlich darauf vorbereitet, dass ich Florenz regiere, ich habe mich sogar darauf gefreut. Dann versuchte ich mich damit abzufinden, dass statt meiner der Maure regiert. Jetzt muss ich mich darauf einstellen, womöglich Nonne zu werden. Ich will keine Nonne werden … Ich bete zu Gott, dass Onkel Clemens die Flucht, sofern er eine plant, gelingt.«

»Du hast also erfahren, dass Alessandro hier in Florenz …«

»Ja, natürlich!« Sie erzählte von dem Gespräch mit Ippolito und der belauschten Unterhaltung zwischen Maria und Ridolfi.

»Ich wurde unfreiwillig Zeuge dieses Gespräches, Tante Clarissa.«

»Das ist nicht weiter schlimm, Kind.«

Dann saßen sie schweigend nebeneinander und warteten auf Aldobrandini.

Irgendwann meldete ein Diener, dass die Mittagstafel gedeckt sei, aber weder Clarissa noch Katharina konnten etwas essen.

Am Spätnachmittag kehrte der Sekretär zurück.

»Die *Signoria* ist bereit, Ihre Bitte zu erfüllen, Hoheit. Sie dürfen im Palazzo wohnen, allerdings ist es Ihnen und der Dienerschaft untersagt, ihn zu verlassen. Er wird Tag und Nacht von Bewaffneten bewacht werden, niemand darf ihn betreten, außer Signor Ridolfi, der Sie weiterhin unterrichten wird. Signor Ridolfi wird jeden Tag von Bewaffneten hierher und wieder nach Hause begleitet werden. Die Lebensmittel werden jeden Tag frisch geliefert, alle Dienerinnen und Diener müssen ab sofort den Palazzo verlassen, nur der Koch und der Küchenjunge dürfen bleiben; außerdem Ihre Erzieherin, Ihre Zofe und eine Dienerin für die groben Arbeiten, die Sie selbst auswählen. Sind Sie damit einverstanden, Hoheit?«

»Ja, Signor Aldobrandini, ich danke Ihnen für Ihre Bemühungen.«

Jetzt bin ich eine Gefangene im eigenen Haus, dachte Katharina. Vielleicht wäre das Kloster doch die bessere Lösung gewesen, aber jetzt ist es zu spät.

»Signora Strozzi«, fuhr der Sekretär fort, »die *Signoria* befiehlt Ihnen, unverzüglich den Palazzo und die Stadt zu verlassen. Man gewährt Ihnen Begleitschutz bis Rom, für eine angemessene Unterkunft unterwegs wird gesorgt. Sie haben einige Minuten Zeit, um sich von der Duchessina zu verabschieden, ich erwarte Sie im Innenhof.« Er verbeugte sich und ging hinaus.

Clarissa und Katharina sahen ihm den Bruchteil von Sekunden nach, dann begann Katharina erneut zu weinen.

»Tante Clarissa, jetzt bin ich ganz allein.«

Clarissa Strozzi hatte mit derartigen Maßnahmen nicht gerechnet, aber sie musste Katharina trösten und ihr Mut zusprechen.

»Katharina, Kind«, und sie nahm sie in die Arme, »du bist nicht allein. Mingo und Isabella bleiben bei dir, und Signor Ridolfi kommt jeden Tag. Außerdem wirst du nicht ewig hier bleiben – ich verspreche dir, sobald ich in Rom bin und die Lage hier sich entspannt hat, werde ich die *Signoria* bitten, dass sie dir erlauben, nach Rom zu reisen, dann wirst du wieder bei uns wohnen.«

Sie glaubte zwar nicht an ihre Worte, aber das Kind musste jetzt eine halbwegs erfreuliche Perspektive haben.

Da sie nicht wusste, wann sie ihre Nicht wiedersehen würde – ob sie sie überhaupt noch einmal sehen würde –, beschloss sie, ihr zum Abschied noch einige Ermahnungen für die Zukunft zu geben.

»Mein Kind, beherzige folgende Ratschläge für dein künftiges Leben: Die meisten Menschen sind schlecht und falsch, sie denken nur an ihren eigenen Vorteil. Sei misstrauisch; es wird nur wenige Menschen geben, denen du vertrauen kannst. Die meisten Menschen sind auch käuflich; kaufe sie, wenn es nötig ist, aber vertraue ihnen nicht. Halte Augen und Ohren offen, und vor allem: bleibe bescheiden im Hintergrund, solange du von denen, die an der Macht sind, abhängig bist; falle nicht unangenehm auf, begegne stets allen Menschen freundlich und liebenswürdig, auch wenn du einige von ihnen bis auf den Grund deines Herzens hasst. Glaube mir, nur so kannst du in der heutigen Zeit überleben; du wirst von Heuchlern umgeben sein, also heuchele auch du, du hast keine andere Wahl.«

Da hob Katharina ihr verweintes Gesicht. »Ich weiß, Tante Clarissa«, sagte sie leise, »Verstellung habe ich schon bei Alessandro geübt.«

Sie sahen sich eine Weile schweigend an, dann küsste Clarissa die Nichte auf die Stirn. »Ich muss jetzt gehen. Leb wohl, mein Kind, Gott schütze dich.«

»Leben Sie wohl, Tante Clarissa.«

Clarissa Strozzi verließ das Zimmer und Katharina folgte ihr langsam bis zur Galerie. Sie sah, wie ihre Tante zusammen mit Aldobrandini über den Innenhof zum Vorhof ging, dann öffnete sich das Tor und wurde nach wenigen Augenblicken wieder geschlossen. In diesem Augenblick fühlte Katharina sich vereinsamt wie noch nie zuvor. Sechs Menschen waren außer Katharina im Palast verblieben: Mingo, Isabella, Violetta, der Koch Andrea und der Küchenjunge. Am Abend sagte Katharina zu den anderen: »Ich möchte, dass wir die Mahlzeiten gemeinsam einnehmen und auch die Abende gemeinsam verbringen – dann fühle ich mich nicht so allein.«

Bei der Abendtafel saß der Koch Andrea auf Ippolitos Platz, und während Katharina ihn für die Zubereitung der Kaldaunen lobte, überlegte sie im Stillen, wie es Ippolito inzwischen ging.

Als Ridolfi am nächsten Vormittag erschien, begann für Katharina der gewohnte Alltag, und da Mingo darauf achtete, dass sich nichts am Tagesablauf änderte, gewöhnte sie sich rasch an die neue Situation.

Sie vermisste zwar Ippolito, hin und wieder sogar Alessandro und den

Kardinal; es gab Augenblicke, in denen sie sich am liebsten auf ihr Pferd geschwungen hätte und nach Poggio geritten wäre, aber sie wusste, dass ihre jetzige Situation nur vorübergehend war und fand sich damit ab.

Jeden Morgen erwartete sie ihren Lehrer mit großer Spannung, weil er die einzige Verbindung zur Außenwelt war und ihr berichten konnte, ob der Papst immer noch in der Engelsburg weilte, und jeden Morgen war sie von Neuem enttäuscht, wenn sie hörte, dass der Vatikan noch immer verwaist sei.

»Haben Sie Geduld, Hoheit«, sagte Ridolfi hin und wieder, »Rom ist besetzt von kaiserlichen Söldnern. Es wäre für den Heiligen Vater im Augenblick zu gefährlich, die sichere Festung zu verlassen.«

Als der Mai sich dem Ende zuneigte, überbrachte er ihr eines Morgens die erfreuliche Nachricht, dass Passerini und die Vettern in Lucca ein Asyl gefunden hatten, und sie atmete erleichtert auf, als sie hörte, dass Ippolito in Sicherheit war.

Ende Juli überbrachte Aldobrandini ihr einen Brief von Clarissa Strozzi, der geöffnet und natürlich auch gelesen worden war.

Er enthielt wenig erfreuliche Nachrichten. Clarissa schrieb, dass ihre Bitte an die *Signoria*, die Nichte nach Rom reisen zu lassen, abgelehnt worden sei. Der Heilige Vater weile immer noch in der Engelsburg, und im Augenblick sei nicht abzusehen, wann er sie werde verlassen können. Ihr selbst gehe es gesundheitlich nicht gut, und sie werde sich wahrscheinlich auch noch im Herbst mit ihrer Familie auf einem der entfernten Landgüter aufhalten, weil es vor einigen Tagen in Rom die ersten Pestopfer gegeben habe …

Katharina las den Brief in Aldobrandinis Gegenwart und versuchte, sich nicht anmerken zu lassen, wie enttäuscht sie über den Inhalt war. Es klang so, als ob der Papst noch Wochen und Monate in der Engelsburg bleiben müsste, und das bedeutete, dass sie solange im Palazzo gefangen war …

»Hoheit«, sagte Aldobrandini, »die *Signoria* hat der Signora Strozzi mitgeteilt, dass sie Ihnen weitere Briefe aus Rom nicht mehr übergeben wird.«

»Ja, Signor Aldobrandini«, erwiderte Katharina leise. Ich werde immer mehr von der Außenwelt isoliert sein, dachte sie im Stillen.

Ein Tag, eine Woche nach der anderen verging. Im September traf die Nachricht ein, dass in Rom die Pest wüte und bereits viele kaiserliche Soldaten hinweggerafft habe.

Im Oktober gab es in Florenz die ersten Pestopfer.

An einem Morgen Anfang November erschienen die Bewaffneten ohne Ridolfi im Palazzo und überreichten Katharina einen Brief der *Signoria* mit der Mitteilung, man habe es Signor Ridolfi untersagt, den Palazzo zu betreten, solange die Seuche die Stadt heimsuche – die Ansteckungsgefahr sei zu groß. Sobald die Pest vorüber sei, werde der Unterricht fortgeführt.

»Signor Ridolfi lässt Sie grüßen, Hoheit«, sagte einer der Bewaffneten. »Als wir ihn heute Morgen aufsuchten, um ihm den Entschluss der Regierung mitzuteilen, bat er uns, Ihnen Glück zu wünschen für Ihr künftiges Leben; er habe Sie gerne unterrichtet und sei stolz darauf, Sie ein paar Jahre Ihres Lebens begleitet zu haben.«

Was für merkwürdige Worte, dachte Katharina, es klingt wie Abschied für immer … Nun ja, wer weiß, ob er die Pest überlebt.

An einem Dezemberabend saßen sie wie üblich in Katharinas Appartement. Mingo, Isabella und Violetta spielten *Minchiate*, Katharina grübelte vor sich hin. So verging ein Tag wie der andere und auch die Abende verliefen eintönig, bis am Spätnachmittag des 5. Dezember der Sekretär Aldobrandini gemeldet wurde.

Katharina schob das Schachbrett zur Seite und empfing ihn mit Herzklopfen und voller Erwartung, weil sie instinktiv wusste, dass sich ihre Situation jetzt ändern würde.

»Hoheit«, begann der Sekretär zögernd, »ich muss Ihrer Hoheit leider mitteilen, dass die *Signoria* beschlossen hat, Sie in das Kloster Santissima Annunziata delle Murate zu bringen. Das Kloster liegt außerhalb der Stadtmauer und man hofft, dass Ihre Hoheit dort vor der Pest sicher ist.«

Delle Murate …, die Benediktinerinnen, dachte Katharina und erinnerte sich an das Gespräch mit ihrem Vetter Cosimo. Die Nonnen in diesem Kloster waren den Medici freundlich gesonnen, das hatte sie behalten.

»Ich habe über dieses Kloster viel Gutes gehört, Signor Aldobrandini. Wann soll ich mich dorthin begeben?«

»Heute Abend, Hoheit, gegen zehn Uhr, nach der Abendtafel. Ich erwarte Ihre Hoheit im Vorhof mit einer Sänfte und Gepäckpferden. Die *Signoria* erlaubt Ihnen, alle Kleider und was Sie sonst noch persönlich besitzen mitzunehmen, außerdem ein oder zwei Bücher, die Sie besonders lieben – alle Ihre Lehrbücher befinden sich auch in der Klosterbibliothek. Die *Signoria* erlaubt Ihnen, Ihre Erzieherin und die beiden Dienerinnen mitzunehmen, um den Koch und den Küchenjungen wird die *Signoria* sich kümmern.«

Nach seinem Weggang befahl Katharina, ihre Sachen zu packen, und während Mingo aufpasste, dass Isabella und Violetta Kleider und Wäsche sorgsam und ordentlich in den Truhen zusammenlegten, begab Katharina sich in ihr Studierzimmer und überlegte, welches Buch sie mitnehmen wollte: das Rezeptbuch der Kochakademie, mit dem sie sich gelegentlich die Zeit vertrieben hatte, und natürlich die *Vita Nova* von Dante Alighieri, Ippolitos Geschenk zu ihrem achten Geburtstag …

Dann ging sie noch einmal durch alle Räume des Palazzo und stellte erstaunt fest, dass ihr der Abschied nicht schwer fiel. Sie dachte an die Prophezeiung der Zigeunerin und wusste auf einmal, dass sie nie mehr in diesen Räumen leben würde. War sie hier glücklich gewesen? Sie stand auf der Galerie und sah hinunter auf den Innenhof.

Nein, dachte sie, während der letzten zwei Jahre hatte sie immer wieder den Gedanken verdrängt, dass Alessandro eines Tages in Florenz herrschen würde. Nein, ich war nicht glücklich in diesem Palazzo. Gott sei Dank beginnt jetzt wieder ein neuer Lebensabschnitt …

Die Abendmahlzeit verlief schweigend. Katharina bedankte sich bei Andrea noch einmal für seine Treue, dann begab sie sich in den Vorhof, wo bereits die Sänfte für sie, Mingo und die beiden Dienerinnen wartete. Sie sah sich im Innenhof noch einmal um und sagte zu Aldobrandini, der sie begleiten sollte: »Warum muss ich mitten in der Nacht mein Vaterhaus verlassen?«

Der Sekretär zögerte etwas, bevor er antwortete.

»Hoheit, die *Signoria* will nicht, dass das Volk von Florenz Sie sieht.«

Das Volk von Florenz, dachte Katharina, während sie in die Sänfte stieg, das Volk von Florenz. Es gibt wohl doch noch Anhänger der Medicis in Florenz, vielleicht mehr, als der *Signoria* lieb ist …

Gegen elf Uhr abends erreichten sie das Kloster der Benediktinerinnen. Eine Nonne öffnete das Tor und brachte Katharina mit ihren Begleiterinnen zum Gästehaus, während die Bewaffneten unter Aldobrandinis Aufsicht das Gepäck abluden und in die Vorhalle des Gästehauses trugen.

Die Nonne stellte sich als Schwester Angela vor und zeigte Katharina dann die Räumlichkeiten, in denen sie und ihre Begleiterinnen wohnen sollten. Es waren drei nebeneinander liegende Zimmer mittlerer Größe, eines für Katharina, eines für Mingo, das dritte für Isabella und Violetta.

Die Räume waren sparsam möbliert mit Bett, Tisch, zwei Stühlen, einer Bank und zwei Truhen, aber an den Steinwänden hingen Gobelins, auf dem Steinboden lagen Felle, im Kamin brannte Feuer und auf dem Tisch standen Schalen mit Früchten und Gebäck und Krüge mit Most und Wasser.

An der Ostseite der Zimmer stand ein Gebetpult, eine Bibel lag darauf, und neben dem Pult war an der Wand ein Weihwasserfässchen angebracht.

Katharina sah sich in ihrem Zimmer um und fand es für ein Kloster recht komfortabel und behaglich.

»Ich hoffe, dass Ihrer Hoheit das Zimmer konveniert.«

»O ja, ich bin ganz überrascht, ich dachte, in einem Kloster gibt es nur Zellen.«

Schwester Angela lächelte. »Jedes Kloster hat sein Gästehaus, Hoheit. Sie sind unterschiedlich eingerichtet, je nach der finanziellen Situation des Klosters. Wenn Ihre Hoheit einen Wunsch haben, so wenden Sie sich an mich. – Der Baderaum ist am anderen Ende des Ganges. Die Ehrwürdige Mutter wollte Sie heute Abend noch empfangen, aber sie fühlte sich nicht gut; sie lässt Sie grüßen und erwartet Sie morgen nach der Frühmesse in ihrem Empfangszimmer. Es ist Ihnen freigestellt, ob Sie an der Frühmesse teilnehmen wollen oder nicht. – Haben Sie noch einen Wunsch, Hoheit?«

»Nein, danke, es ist alles in Ordnung. Gute Nacht, Schwester Angela.«

»Gute Nacht, Hoheit, angenehme Ruhe.«

Als die Nonne gegangen war, sank Katharina auf einen Stuhl und sah sich in ihrem neuen Heim um.

»Hier gefällt es mir, Mingo«, sagte sie nach einer Weile. »Wir werden hier keinen Prunk haben, aber Behaglichkeit und Wärme. Ich finde es sehr aufmerksam, dass die Räume geheizt sind und man uns noch einen Imbiss hingestellt hat. Wir werden jeden Tag die Frühmesse besuchen, das schulden wir unseren Gastgebern, obwohl ich, offen gestanden, wenig Lust habe, so früh aufzustehen und vor dem Frühstück die Messe zu hören.«

Als Katharina am nächsten Morgen das Empfangszimmer betrat, erblickte sie eine ältere rundliche Dame mit gütigen Augen, die in einem Lehnstuhl saß und sie freundlich anlächelte.

Neben dem Lehnstuhl stand eine kleine schlanke Frau, deren Gesicht auf den ersten Blick streng wirkte.

Katharina blieb schüchtern an der Tür stehen, aber die Äbtissin winkte sie herbei.

»Komm, mein Kind, setz dich.« Sie wies auf einen Schemel neben sich. »Wir alle im Kloster freuen uns, dass du jetzt bei uns lebst. Es ist eine Ehre für uns, dass die *Signoria* uns gebeten hat, die Urenkelin Lorenzos des Prächtigen hier aufzunehmen. Wir werden versuchen, dir den Aufenthalt so angenehm wie möglich zu gestalten. Ich hoffe, dass du dich in späteren Jahren immer gerne an unser Kloster erinnerst. Die *Signoria* legt großen Wert darauf, dass du wieder regelmäßig unterrichtet wirst; ich habe deswegen Schwester Giustina Niccolini gebeten, diese Aufgabe zu übernehmen. Schwester Giustina führt übrigens die Chronik unseres Klosters. Sie hat den Stundenplan ausgearbeitet, der dir viel Zeit zum Selbststudium lässt. Die Mahlzeiten wirst du mit deiner Erzieherin und den beiden Dienerinnen gemeinsam mit uns einnehmen. Was deine religiösen Pflichten betrifft, so erwarte ich, dass du an Sonn- und Feiertagen regelmäßig am Hochamt teilnimmst, der Besuch der übrigen Messen ist dir freigestellt. Du wirst täglich eine Stunde lang von Schwester Giustina auf deine erste Kommunion im kommenden Frühjahr vorbereitet. Hast du noch Fragen, mein Kind?«

»Nein, Ehrwürdige Mutter.«

»Eines noch, mein Kind. Falls du Kummer oder Sorgen hast, falls du über ein Problem, das dich bedrückt, mit mir reden willst, so ist meine Tür immer offen für dich.«

»Ich danke Ihnen, Ehrwürdige Mutter.«

Mehr kann ich nicht erwarten, dachte Katharina im Stillen, als sie sich in Begleitung der Äbtissin und ihrer neuen Lehrerin zum Frühstück in den Speisesaal, das so genannte Refektorium, begab.

Anschließend zeigte Schwester Giustina ihr die Bibliothek.

»Hier werde ich Sie jeden Vormittag unterrichten, Hoheit. Der Nachmittag ist für Ihr eigenes Studium reserviert. Der Unterrichtsplan der *Signoria* umfasst alte und neue Sprachen, Mathematik, Physik, Geografie, Astrologie, Philosophie, Literatur und natürlich Religion. Bevor wir heute mit dem Unterricht beginnen, möchte ich Ihnen die Klosteranlage zeigen, damit Sie sich hier rasch zurechtfinden.«

Sie verließen die Bibliothek und begaben sich zur Klosterkirche.

»Die Benediktinerklöster verstehen sich als Vorzimmer des Paradieses in dieser Welt. Unser Kloster ist eine ummauerte Stadt mit einem streng bewachten Zugang und nur einem einzigen Tor, das zu festgesetzten Zeiten geöffnet und geschlossen wird.

Das Herz beziehungsweise der Mittelpunkt eines Klosters ist die Kirche. Sie ist der Berührungspunkt zwischen Himmel und Erde. Hier kommen wir zusammen, um unsere wichtigste Pflicht zu erfüllen, nämlich im Einklang mit den Chören der Engel das Lob Gottes zu singen. Im Süden der Kirche befinden sich die zur Klausur gehörenden Gebäude. Der Kreuzgang stößt an das Kirchengebäude; an der einen Seite befinden sich Keller, Küche, Bäckerei und Vorratshäuser; auf der anderen Seite ist das Refektorium, darüber ein Platz zur Aufbewahrung von Kleidungsstücken. An der dritten Seite gibt es einen von Bädern und Latrinen flankierten Saal und darüber die Zellen der Schwestern. In vielen Mönchsklöstern gibt es inzwischen keine Einzelzellen mehr, sondern einen gemeinsamen Schlafsaal, das so genannte Dormitorium. In diesen Klöstern hat auch der Abt kein eigenes Wohnhaus mehr, sondern lebt mitten unter den Mönchen. Nun, bei uns hat die Äbtissin ihr eigenes Haus und jede Schwester ihre Zelle.

Um den eben beschriebenen Wohnbezirk gruppieren sich Gesindehaus, Ställe, Werkhaus, Malzdarre, Stampf- und Mahlmühle, ein Haus für die Handwerker und ein Gemüsegarten. An der Nordseite der Kirche und mit ihr verbunden ist das Haus der Äbtissin mit Küche, Weinkeller und Bädern. Im Nordosten ist das Krankenhaus, wo leidende Schwestern vorübergehend von der Gemeinschaft isoliert werden. Im nordwestlichen Teil, an der Klosterpforte, gibt es zwei Herbergsgebäude; das eine, unweit des Abthauses, ist für höhergestellte Gäste vorgesehen: dort wohnen Sie, Hoheit. Die andere Herberge ist für Pilger und Arme bestimmt. Die Lage der einzelnen Wohnbereiche nach Himmelsrichtungen ist nicht zufällig, sondern richtet sich nach dem himmlischen Hof: Im Zentrum ist die Kirche, rechts davon befindet sich der Abt oder die Äbtissin, links davon die Mönche oder Nonnen; die Klosterpforte ist am weitesten von der Kirche entfernt; die Gräber liegen, symbolisch für die Auferstehung, im östlichen Teil des Klosters. Besucher hingegen werden im westlichen Teil untergebracht, auf der Seite des Sonnenunterganges und der Verderbtheit der Welt.«

Katharina hörte staunend und schweigend zu, und während sie dann an der Seite ihrer Lehrerin durch die Klosteranlage ging, fühlte sie sich zum ersten Mal seit langer Zeit geborgen. Hier war alles überschaubar,

geordnet – hier war man von den Widrigkeiten der äußeren Welt abge-
schirmt.

Katharina lebte sich rasch ein und erfreute sich bald allgemeiner Beliebtheit. Das Verhältnis zur ihrer neuen Lehrerin war noch besser als zu
Ridolfi, weil die kluge Nonne Katharinas Fähigkeiten nach wenigen Tagen erkannte und versuchte, sie zu fördern, soweit sie es vermochte.
Mingo freute sich einerseits über die Zuneigung, die man ihrem Schützling entgegenbrachte, andererseits befürchtete sie, dass Katharina dadurch verdorben würde. Das Kind wurde nicht nur maßlos verwöhnt, es
hörte jeden Tag, dass es außergewöhnlich intelligent sei, dabei ernsthaft
und sanft. Man lobte ihre guten Manieren, und am ersten Sonntag gab
es als Nachtisch kleine Kuchen mit dem Wappen der Medici, und die Äbtissin verkündete, dass diese Kuchen ab sofort an allen Sonn- und Feiertagen serviert würden.
»Sie lernt so fleißig«, sagte Giustina zu Mingo, »und sie ist so ein hübsches Kind.«
Mingo war sprachlos.
»Die Duchessina besitzt viele gute Eigenschaften«, erwiderte sie vorsichtig, »aber hübsch ist sie nicht. Sie hat ein rundes Gesicht wie eine
Puppe, ihr Teint ist zwar weiß und makellos, aber stumpf, er wird nie
schimmern. Außerdem hat sie dicke Lippen, schwere Lider und vorstehende Augen. Ich bitte Sie, Schwester Giustina, setzen Sie dem Kind keine Flausen in den Kopf. Sie ist keine Schönheit und wird wahrscheinlich
nie eine werden.«
Die Nonne sah Mingo erstaunt an.
»Diese äußeren Mängel sind mir noch nicht aufgefallen. Das Kind ist anmutig und liebreizend – ist dies nicht wichtiger als eine kalte äußere
Schönheit?«
Hierauf wusste Mingo nichts zu erwidern.

Ein Dezembertag nach dem anderen verging, es wurde Weihnachten,
und Katharina hörte zum ersten Mal den Gesang der Nonnen in der Kirche, die an diesem Tag bis auf den letzten Platz besetzt war.
Sie genoss die Zuneigung und die Liebe, die man ihr im Kloster entgegenbrachte, in vollen Zügen und vergaß darüber fast die Außenwelt.
Auch das Schicksal des Papstes trat in jenen Tagen etwas in den Hintergrund.

Am Spätnachmittag des 31. Dezember wurde sie zur Äbtissin gerufen.
»Mein liebes Kind, ich kann dir zum Jahresende keine gute Nachricht mitteilen; gegen Mittag traf ein Mann aus Orvieto in Florenz ein, hörte sich um, wo du dich jetzt aufhältst und kam vorhin hierher, um eine Nachricht des Heiligen Vaters zu überbringen. Der Mann ist inzwischen nach Lucca weitergeritten, um auch den Kardinal Passerini und deine Vettern zu informieren. Also: Kurz bevor du hier im Kloster eintrafst, ist es dem Heiligen Vater gelungen, aus der Engelsburg zu fliehen. Der Mann aus Orvieto berichtete, der Heilige Vater trage zurzeit eine schreckliche Verkleidung: Er sei in Lumpen gehüllt, habe einen falschen Bart am Kinn, trage am Arm einen Korb, einen elenden Schnappsack auf der Schulter und einen Hut mit zerrissener Krempe auf dem Haupt. Bisher habe ihn niemand erkannt, und in Orvieto sei er in Sicherheit. Der Geistliche des Ortes verberge ihn in seinem Haus, und er, der Bote, sei dem Ortsgeistlichen zu Dank verpflichtet und werde schweigen wie ein Grab.« Hier schwieg die Äbtissin einen Augenblick, damit Katharina die Neuigkeit verarbeiten konnte.
»Onkel Clemens ist also in Freiheit? Ich vermag es noch gar nicht zu glauben, Ehrwürdige Mutter! Wann wird der Papst wieder im Vatikan sein, Ehrwürdige Mutter?«
»Das weiß im Augenblick niemand, mein Kind, auch der Heilige Vater nicht. Jedenfalls muss in Rom die Pest vorüber sein, die Stadt muss frei sein von kaiserlichen Söldnern. Man muss dies alles in Ruhe abwarten. Der Heilige Vater wünscht dir und uns alles Gute für das Jahr 1528; er lässt dir ausrichten, dass er dich nach Rom kommen lässt, sobald –«, die Äbtissin zögerte, was Katharina in ihrer Aufregung jedoch nicht bemerkte, »– sobald die Angelegenheiten hier in Florenz in Ordnung sind.«
»Ich werde also irgendwann wieder in Rom leben …« Sie dachte einen Augenblick über die letzten Sätze der Äbtissin nach und sah sie dann erstaunt an. »Ich verstehe nicht, warum die Angelegenheiten in Florenz nicht in Ordnung sein sollen. Florenz hat eine neue Regierung, die von der Bevölkerung bis jetzt akzeptiert wird.«
Die Äbtissin überlegte, was sie darauf antworten sollte.
»Florenz hat eine neue Regierung«, erwiderte sie zögernd, »aber, bedenke, du bist immer noch in der Gewalt der *Signoria*. Wahrscheinlich will der Papst, wenn er wieder im Vatikan ist, sich mit der *Signoria* bezüglich deiner Reise nach Rom arrangieren; ich halte es für möglich, dass der Heilige Vater ein hohes Lösegeld für dich zahlen muss.«

Katharina überlegte erneut und sagte dann: »Ja, Ehrwürdige Mutter, das hat der Heilige Vater wahrscheinlich gemeint, wenn er die Angelegenheiten hier in Ordnung bringen will.«

Die Äbtissin atmete unhörbar auf: »Nun geh wieder zu Mingo, mein Kind, wir sehen uns an der Abendtafel.«

Unterdessen hatte Katharina den Bewohnerinnen des Gästehauses freudestrahlend die gelungene Flucht des Papstes mitgeteilt, und während Mingo, Isabella und sogar Violetta anfingen, Zukunftspläne zu schmieden, ging Katharina zur Klosterkirche und von dort zum Kreuzgang, wobei sie das vergangene Jahr noch einmal an sich vorüberziehen ließ.

Am Beginn des Jahre 1527 hätte sie die Entwicklung der letzten Monate nie für möglich gehalten. Sie durchlebte noch einmal die Erleichterung, als zwischen Kaiser und Papst im März ein Waffenstillstand geschlossen wurde. Die missglückte Explosion des Wagens am Ostersonntag, dann die Angst vor den kaiserlichen Truppen. Schließlich verschonten diese Florenz, und man konnte erneut aufatmen. Dann die Begegnung mit der Zigeunerin … Schließlich die drei schrecklichen Tage im Mai, nachdem sich in der Stadt das *sacco di Roma* herumgesprochen hatte, das unerwartete Auftauchen ihrer Tante, der plötzliche Abschied, die Monate im Palazzo, die Wochen im November, wo sie von der Außenwelt völlig isoliert war und dann die Überführung in das Kloster, wo sie allmählich zur Ruhe gekommen war.

Onkel Clemens ist in Freiheit, freute sie sich. Irgendwann im kommenden Jahr wird er wieder im Vatikan sein, dann ändert sich auch mein Leben. Das Jahr 1528 wird bestimmt erfreulicher verlaufen als das vergangene Jahr. An jenem letzten Abend des Jahres 1527 fühlte sie sich glücklich.

7

Im Juli 1530 fiel der Äbtissin die undankbare Aufgabe zu, Katharina auf eine neue Unterkunft vorzubereiten. Diese wusste zwar, dass Florenz von kaiserlichen Truppen belagert war, aber die Hintergründe dieser Tatsache hatte man ihr verschwiegen. Nun sollte sie nach Florenz in das Kloster Santa Lucia gebracht werden. Die Äbtissin rief das junge Mädchen, das inzwischen elf Jahre alt war, zu sich. »Du hast während der

187

vergangenen Monate bestimmt darüber nachgedacht, warum die Stadt von kaiserlichen Truppen belagert wird.«

»Ja, natürlich, Ehrwürdige Mutter.«

Diese überlegte einen Augenblick, bevor sie fortfuhr.

»Im Sommer 1527 begann wieder ein Krieg zwischen Frankreich und dem Kaiser wegen Italien; das Kriegsglück wechselte während der folgenden zwei Jahre von der einen Seite zur anderen – schließlich wurde am 3. August 1529 der Friede von Cambrai geschlossen, man nennt ihn auch ›Damenfrieden‹, weil die Bedingungen von der Mutter des französischen Königs, Louise von Savoyen, und der Tante des Kaisers, Margarete von Österreich, ausgehandelt wurden.

Dieser Friede war für den französischen König eine schwere Bürde. Er beinhaltete den Verzicht Frankreichs auf alle italienischen Besitzungen und auf alle Hoheitsrechte über Flandern und Artois. Außerdem die Entrichtung des Lösegelds für seine Söhne, die Beseitigung des Schuldenbergs des englischen Königs Heinrich XIII. beim Kaiser, darüber hinaus die Begnadigung aller Erben des verräterischen Konnetabels von Bourbon. Zudem wurde ausbedungen, dass der König die Schwester des Kaisers heiraten solle.«

Die Äbtissin schwieg lange, denn das Folgende war für ihren Schützling schwer zu verkraften: Einzig Florenz war nach wie vor von dem Friedensschluss ausgenommen, möglicherweise der unermesslichen Kunstschätze und seines Reichtums wegen.

Sie fuhr fort: »Aber das, was am schmerzlichsten an der Sache ist, kommt erst noch: der Papst selbst hat die kaiserlichen Truppen nach Florenz geholt; er selbst ist verantwortlich für die Belagerung der Stadt.«

Katharina starrte die Äbtissin fassungslos an.

»Onkel Clemens? Das verstehe ich nicht.«

»Mein Kind, der Heilige Vater möchte natürlich, dass die Familie Medici wieder in Florenz regiert, und so hat er mit dem Kaiser einen Vertrag geschlossen: Karl V. stellt Truppen zur Verfügung, die Florenz erobern sollen; die *Signoria* wird dann entmachtet und die Herrschaft über die Stadt übernimmt dein Vetter Alessandro – er soll zum erblichen Herzog von Florenz ernannt werden, der unmittelbar dem Kaiser untersteht. Überdies ist geplant, ihn mit Margarete, einer natürlichen Tochter des Kaisers, zu verheiraten. Man muss abwarten, was daraus wird, die Kaisertochter ist erst zehn Jahre alt. Der Heilige Vater ist bereit, Karl V.

zum Kaiser zu krönen – das ist der Hintergrund der Belagerung von Florenz.«

Hier schwieg die Äbtissin.

»Der Papst hat Florenz also an den Kaiser verkauft, um seinem Sohn die Herrschaft zu sichern«, sagte Katharina nach einer Weile, und in ihrer Stimme war so viel Bitterkeit, dass die Äbtissin sich fragte, ob es richtig gewesen war, dem noch viel zu kleinen Mädchen die Hintergründe mitzuteilen.

»Katharina, ich weiß, dass es für dich ein Schock ist, aber es ist nun einmal so – jeder Mensch denkt im Leben an seinen Vorteil, auch der Heilige Vater ist nur ein Mensch … Irgendwann wirst du eine Familie haben, und dann werden deine Entscheidungen vom Gedanken an das Wohl dieser Familie regiert werden … Aber ich habe dir dies aus einem anderen Grund anvertraut: Während der Belagerung fand in Florenz eine Erhebung zu Gunsten der Medici statt.

Die *Signoria* sieht in dir eine Gefahr. Sie befürchtet, dass deine Anwesenheit hier uns gegen die Regierung aufstachelt und dass sich diese Stimmung zu Gunsten der Medici in der Stadt ausbreitet. Kurz, unser Kloster ist verdächtig, vor allem auch, weil irgendwie bekannt wurde, dass bei uns an Sonn- und Feiertagen Kuchen mit Medici-Wappen gebacken werden.

Gestern, am 17. Juli, erhielt ich einen Brief von Signor Aldobrandini, worin er mitteilt, dass die *Signoria* plant, dich von hier fortzubringen, und zwar zum Kloster Santa Lucia; er bat in dem Brief, alles für deine Abreise zu richten.«

Katharina starrte die Äbtissin einen Augenblick fassungslos an.

»Ich soll Sie verlassen? … Man will mich zu den Dominikanerinnen bringen? Wann muss ich Sie verlassen?«

»Das weiß ich nicht, mein Kind, vielleicht kommen sie noch heute, vielleicht erst morgen oder übermorgen. Ich wollte dich schonend darauf vorbereiten.«

»Ich danke Ihnen, Ehrwürdige Mutter. Darf ich mich jetzt zurückziehen? Ich muss über alles nachdenken.«

»Selbstverständlich. Gute Nacht, mein Kind.«

»Gute Nacht, Ehrwürdige Mutter.«

Als Katharina heute in ihrem Bett lag, fühlte sie sich einmal mehr einsam und verlassen wie nie zuvor. Endlich hatte sie Zuflucht und

Geborgenheit bei den liebenswürdigen Benediktinnerinnen erfahren, und nun sollte auch diese Heimstatt nur ein Durchgangstor auf ihrem Lebenspfad gewesen sein.

Katharina erinnerte sich ihrer letzten Jahre und wie lange sie Clarissa, ihre Ersatzmutter, vermisst hatte. Traurig dachte sie an den Tod von Clarissa im Jahre 1528. Dieser Tod war eine heimliche Wunde in ihrem jungen Herzen und noch ahnte sie nicht, dass dies nur der erste Bote eines ewigen Begleiters in ihrem Leben sein sollte, wie es der Astrologe bei ihrer Geburt vorhergesagt hatte.

Ihr Leben unter den Nonnen hatte sie mit all den täglichen Pflichten, den Gottesdiensten, Beichten und Gebeten auch einiges an Bedrückung ihrer frühen Jahre vergessen lassen.

Katharina vermisste auch Ippolito, der immer für sie da gewesen war, ihr Mut gemacht, ihr so vieles erklärt, sie beschenkt hatte, und sie vermisste vor allem die Freiheit.

Infolge der Pest war der Vatikan seit Herbst 1528 zwar frei von Besatzungstruppen und der Papst war mit den Vettern zurückgekehrt, aber in den Augen von Clemens schien Katharina wohl gar nicht mehr zu existieren. Die Skrupellosigkeit ihres Onkels machte sie schlaflos und sie erkannte jetzt noch deutlicher dessen gierigen Griff nach der Macht, die er durch seinen Sohn in Florenz zu festigen dachte. Dass dieser die Freiheit der Stadt seinen politischen Interessen opferte, empörte sie. Sie wollte nicht in dieses dominikanische Nonnenkloster, denn schließlich war bekannt, dass die Medicis dort nicht willkommen waren. Bei den Benediktinerinnen dagegen fühlte sie sich wohl. So dachte sie hin und wieder an ein Nonnenleben: ruhig, beschaulich, meditativ und geschützt vor den Widrigkeiten der Außenwelt. Gehorsam, Armut und Keuschheit erschienen ihr keine schweren Gelübde – könnte das nicht ein Ausweg sein?

Am nächsten Morgen ließ sie sich die Haare schneiden und nahm den Schleier, um ihr Gelübde abzulegen.

Die *Signoria* jedoch kannte keine Gnade: Am nächsten Tag erschien Aldobrandini in Begleitung zweier Räte und einiger Bewaffneter, um sie abzuholen, und Katharina begriff instinktiv, dass jeder Widerstand zwecklos war.

Nicht einmal ihre gute Mingo durfte sie mitnehmen, und lediglich Violetta als Dienerin gestand man ihr zu.

Nach einem schmerzlichen Abschied befahl ihr Aldobrandini, ihm zu folgen, wobei er ungeduldig fragte: »Sind Sie bereit, uns zu folgen?«

»Ja«, erwiderte sie leise. Sie ging in den Hof, wo ein Maultier für sie bereitstand. Dann begann der Ritt entlang der Via Ghibellina nach Norden zur Via San Gallo.

Es war ein heißer Tag, die Julisonne hatte die Straßen jeder Farbe beraubt, und Katharina sah entsetzt, was aus Florenz geworden war. In den engen Straßen lagen die Leichen durcheinander unter Torbogen hingestreckt, nur mit der vom Hunger und der Sonne ausgetrockneten Haut bedeckt. Sie konnte die Toten von den Lebenden nicht mehr unterscheiden und sagte zu Aldobrandini:

»Es ist entsetzlich! Warum gibt es so viele Tote?«

»Hoheit, das ist der Krieg, jeder Krieg fordert seine Opfer.«

Sie zügelte das Maultier und sah sich um. »Krieg … Was ich hier sehe, sind die Ergebnisse eines Krieges … Krieg? Nein, wir müssen Frieden haben, Frieden, Frieden … Ich hasse den Krieg, wir müssen Frieden haben. Mein Gott, die Leichen!« Sie verstummte, weil eine Erinnerung in ihr wach wurde … Hatte sie dies nicht schon einmal gesehen?

Sie versuchte, sich zu erinnern. Diese Bilder hatte sie schon einmal gesehen. Als sie beim Kloster Santa Lucia ankamen, wusste Katharina, dass es das war, wovon sie vor fünf Jahren, am letzten Abend in Rom geträumt hatte.

Wie merkwürdig, dachte sie, als sie im Hof des Kloster von dem Maultier stieg, dies alles, die toten Menschen habe ich vor einigen Jahren im Traum gesehen.

Im Kloster wurde sie kühl empfangen. Eine Nonne brachte sie und Violetta zu der Zelle, die sie gemeinsam bewohnen sollten.

»Die Ehrwürdige Mutter wünscht Sie nicht zu sehen«, sagte sie. »Sie dürfen weder am Gottesdienst noch an der gemeinsamen Tafel im Refektorium teilnehmen; die Mahlzeiten werden Ihnen hier in der Zelle serviert. Sie dürfen diesen Raum nicht verlassen, und Sie dürfen mit Ihrer Dienerin nur sprechen, wenn Sie Ihnen beim An- und Auskleiden behilflich ist. Folge mir in die Küche, dort gibt es genug Arbeit«, sagte sie zu Violetta.

Katharina sah sich in der Zelle um. In diesem Kloster war sie eine Gefangene. Die *Signoria* würde sie als Geisel bei Verhandlungen benützen. Wie wertvoll war sie als Geisel? War sie für den Papst so wichtig, dass er versuchen würde, ihr Leben zu retten? Sie können mich töten, ging es ihr durch den Kopf. Ich will leben, mein Gott, ich will leben.

Zu ersten Mal in ihrem Leben empfand sie Todesangst.

Die folgenden Tage verliefen ruhig und sie gewöhnte sich an ihre Klausur. Beim An- und Auskleiden flüsterte Violetta ihr zu, dass die Stadt immer noch belagert würde.

Der Juli verging, der August begann.

Am Ende der ersten Augustwoche sagte Violetta leise:

»Hoheit, ich habe gehört, dass es in der *Signoria* Stimmen gibt, die Ihre Hoheit auf die Stadtmauer stellen wollen, damit Sie von den kaiserlichen Truppen getötet werden, man redet auch davon, Sie den Soldaten preiszugeben!«

Im ersten Augenblick war Katharina völlig fassungslos. Sie sollte getötet werden! Nein, dachte sie, das wird die *Signoria* nicht wagen … Ich bin eine zu wertvolle Geisel!

An jenem Abend bat sie Gott zum ersten Mal in ihrem Nachtgebet, dass Florenz sich den Belagerern ergeben möge.

Am Spätnachmittag des 12. August wurde sie zur Äbtissin gerufen. Als sie das Audienzzimmer betrat, sah sie zu ihrer Überraschung einen Hauptmann in kaiserlicher Uniform.

Der Hauptmann verbeugte sich und sagte: »Hoheit, die Stadt Florenz hat heute Morgen kapituliert und sich den kaiserlichen Truppen Seiner Majestät ergeben. Der Befehlshaber der kaiserlichen Truppen, der Prinz von Oranien, ist leider gefallen. Ich habe den Auftrag, Ihre Hoheit sofort zu den Benediktinerinnen im Kloster San Murate zurückzubringen.«

Katharina starrte den Hauptmann an und vermochte es nicht zu fassen: Florenz war besiegt, aber sie war durch diese Niederlage gerettet!

Der Abschied von der Äbtissin verlief kurz und förmlich, und dann ritten sie und Violetta in Begleitung des Hauptmannes und einiger Bewaffneter von der Via San Gallo zurück in die Via Ghibellina.

Katharina versuchte, die Leichen und die zerstörten Häuser nicht zu sehen und fragte den Hauptmann, ob er wisse, wie es jetzt in Florenz weiterginge.

»Nun, Hoheit, es wird sich nicht viel ändern. Bevor die Stadt sich ergab, erhielt sie vom Papst das Versprechen, dass die *Signoria* auch in Zukunft regieren solle.«

»Die *Signoria*?«, fragte Katharina erstaunt. Alessandro, der heimliche Herrscher von Florenz. Jetzt ist er am Ziel, dachte sie im Stillen – Onkel

Clemens hat die Stadtväter angelogen, hinters Licht geführt, er hat die Übergabe der Stadt mit einer List erreicht. Er verhält sich widerlich, unanständig, er ist die Skrupellosigkeit in Person. Und während ihr dies durch den Kopf ging, ahnte sie zum ersten Mal, dass man gewisse Ziele nur mit Skrupellosigkeit erreichen konnte, und sie hoffte, dass ihr solche Situationen erspart blieben.

Im Kloster Murate wurde sie liebevoll und vor allem erleichtert empfangen.

»Mein Kind«, sagte die Äbtissin, »jetzt kann ich es dir ja eingestehen, ich hatte furchtbare Angst um dich. Aber jetzt ist ja alles gut.«

Am Spätnachmittag des folgenden Tages begaben sich Mingo und Isabella nach langer Zeit zum ersten Mal wieder in die Stadt, die sie seit Beginn der Belagerung im Oktober 1529 nicht mehr betreten hatten.

Mingo wollte einige Kleinigkeiten für sich und Katharina besorgen, Isabella begab sich zu Giacomo.

Während das junge Paar über den Hochzeitstermin sprach und sich schließlich auf den Januar des folgenden Jahres einigte, spazierte Mingo wie früher durch Florenz, unterhielt sich mit Bekannten und kehrte am Abend ziemlich erregt zurück.

»Hoheit, o mein Gott, Hoheit, ich vermag es noch nicht zu glauben … In Florenz wurden heute auf Befehl des Heiligen Vaters tausend Bürger hingerichtet, darunter auch der Kommandant der Stadt. Ein Mönch, der den Bürgern von der Kanzel aus Mut zugesprochen hat während der Belagerung, wurde nach Rom deportiert; er soll in die Engelsburg gebracht werden und ist zum Hungertod verurteilt. Nehmen Sie es mir nicht übel, Hoheit, aber der Heilige Vater versündigt sich an seiner Vaterstadt.«

Katharina hörte entsetzt zu und sprach lange kein Wort. »Du hast Recht, Mingo, er versündigt sich! Mein Gott, ich habe es bis jetzt nicht für möglich gehalten, wozu ein Mensch fähig ist, wenn er sich rächen will.«

Während der folgenden Tage dachte sie immer wieder über die Rache des päpstlichen Onkels nach. Er hat Florenz nie geliebt, ging es ihr durch den Kopf, er liebt nur seine ehrgeizigen Pläne und Alessandro. Für seinen Sohn tut er alles. Sie dachte daran, dass auch sie vielleicht eines Tages einen Sohn haben würde, den … Ich weiß es nicht, dachte sie. Sie konnte die Gefühle von Onkel Clemens für Alessandro nicht nachvollziehen. Jedenfalls war sie dem Papst jetzt wieder völlig ausgeliefert, und bei dem Gedanken daran empfand sie eine unbestimmte Angst.

Gegen Ende August erhielt sie einen Brief ihres Onkels, den sie nach der Lektüre mit gemischten Gefühlen zur Seite legte: Sie sollte den Winter noch bei den Benediktinerinnen in Florenz verbringen und im Frühjahr nach Rom übersiedeln. Alessandro werde im Juni oder Juli in Florenz eintreffen und dort die Herrschaft übernehmen. Bis es so weit sei, kümmere sich ein kaiserlicher Statthalter um die Regierungsgeschäfte. Zuletzt schrieb der Papst, er habe mit ihrer Tante Lucrezia Salviati, einer Schwester des Papstes Leo X., vereinbart, dass sie im Palazzo Salviati wohnen könne, dort sei auch Ippolito untergebracht.

Zwischen den Zeilen las Katharina, dass der päpstliche Onkel es für den Beginn von Alessandros Regierung nicht wünschte, dass sie, die legitime Erbin, noch in Florenz weilte.

Onkel Clemens hat mir Florenz geraubt, dachte Katharina, er weiß es genau. Wahrscheinlich ist es wirklich besser, wenn Alessandro und ich nicht in derselben Stadt wohnen. Es ist nicht sehr verlockend, in der Nähe des Papstes zu leben und von ihm wahrscheinlich dauernd beobachtet zu werden, aber ich werde ihn nicht jeden Tag sehen. Ich werde wieder wie früher jeden Tag mit Ippolito zusammen sein. Ich hätte im Mai 1527 nicht gedacht, dass ich Ippolito noch einmal sehe. Wenn wir uns wiedersehen, sind fast vier Jahre vergangen, vier lange Jahre. Sie begann, sich das Wiedersehen mit Ippolito auszumalen. Wahrscheinlich würden sie sich im Innenhof, im Beisein der Verwandten, gegenübertreten. Nach der langen Zeit würde ich ihn lieber unter vier Augen sehen, das wäre viel schöner.

»Im Frühjahr werde ich Ippolito wiedersehen«, sagte sie nach dem Nachtgebet zu Mingo und erzählte ihr von dem päpstlichen Brief.

Mingo hörte zu, beobachtete den verträumten Blick in Katharinas Augen, horchte auf den schwärmerischen Unterton in der Stimme und dachte im Stillen, dass die Kleine anfing, sich in den Vetter zu verlieben oder sich bereits in ihn verliebt hatte. Die beiden mochten sich immer, aber damals war Katharina ein Kind. Sie wird im Frühjahr zwölf, dann ist sie kein Kind mehr, sondern ein junges Mädchen.

Als Mingo sich an diesem Abend zur Ruhe begab, wurde ihr bewusst, dass Katharinas Kindheit und Jugend im Frühjahr 1531, wenn sie nach Rom übersiedelte, beendet war. In Rom würde sie nur noch ein Heiratsobjekt des Papstes sein; ihre Erziehung, dachte Mingo, ist fast abgeschlossen, aber das Ende der Kindheit bedeutet auch, dass die wahren Probleme erst jetzt beginnen. Die letzten Jahre in Florenz waren nicht einfach für die Duchessina, aber vielleicht haben sie die Kleine etwas geformt – Gott allein weiß, was ihr noch bevorsteht.

Während der folgenden Wochen und Monate genoss Katharina das beschauliche Klosterleben, lernte fleißig, dachte in den Mußestunden viel an Ippolito, und als sie an einem Morgen erwachte, war es der 13. April 1531 und sie vollendete ihr zwölftes Lebensjahr.
Sie schlug die Decke zurück, stand auf, um nach der Sonne zu sehen und erstarrte: auf dem Laken waren Blutflecken. »Isabella! Isabella!«
Isabella und Mingo erschienen gleichzeitig und betrachteten das Laken und reagierten mit einer Ruhe, die Katharina unbegreiflich fand.
»Sorge für frische Wäsche«, sagte Mingo zu Isabella. »Beruhigen Sie sich«, sagte sie dann zu Katharina. »Sie wissen doch, dass dies jeden Monat einmal passiert, heute ist es das erste Mal, und irgendwann in fünfundzwanzig oder dreißig Jahren ist es das letzte Mal.«
»Fünfundzwanzig Jahre lang, jeden Monat? Entsetzlich, ich habe schon seit Tagen Leibschmerzen, Kopfschmerzen, meine Haare lassen sich nicht frisieren. Bin ich jetzt wenigstens erwachsen, Mingo?«
Die Amme betrachtete Katharina eine Weile nachdenklich und erwiderte: »Ja, jetzt sind Sie erwachsen, Sie sind im gebärfähigen Alter. Aber merken Sie sich: Wenn man erwachsen ist, muss man sich beherrschen können. Während der vergangenen Tage waren Sie derart gereizt, dass es fast nicht zum Aushalten war. Merken Sie sich: Man darf Ihnen niemals anmerken, dass Sie sich nicht wohl fühlen.«
»Ja, Mingo, ich werde mich bemühen. Einmal in jedem Monat … entsetzlich!«
»Nun dramatisieren Sie die Angelegenheit nicht. Wenn Sie erst verheiratet sind, löst das Problem sich von selbst. Eine gesunde Frau bekommt alle zwei bis drei Jahre ein Kind, und während der Schwangerschaft haben Sie keine monatliche Unpässlichkeit.« Sie zögerte etwas. »Das Ausbleiben Ihrer Unpässlichkeit zeigt Ihnen an, dass Sie schwanger sind. Man hat Ihnen prophezeit, dass Sie viele Kinder haben werden. Nun, manchmal möchte man aus irgendwelchen Gründen nicht schwanger werden … Sie können dies verhindern …«
Und dann weihte sie Katharina in die verschiedenen Methoden ein …
Katharina hörte staunend zu und beschloss, sich alles, was sie gehört hatte, zu notieren.
Gegen Mittag überbrachte man ihr einen Brief des Papstes, worin er

ankündigte, dass ein Trupp Bewaffneter in den nächsten Tagen nach Florenz kommen würde, um sie nach Rom zu geleiten.

Sie legte den Brief zur Seite und fühlte sich glücklich.

Endlich war es so weit, endlich würde sie Ippolito wiedersehen. Sie fühlte sich zwar wohl bei den Benediktinerinnen, fand das Leben im Kloster aber manchmal doch eintönig und sehnte sich nach Abwechslung.

Am Nachmittag des 17. April traf die Reiterkavalkade ein, die sie, Mingo, Isabella und ihren Gatten Giacomo – Maria von Medici war einverstanden, dass er die Duchessina begleitete – und die bucklige Violetta nach Rom bringen sollte.

Am Morgen des 18. April verabschiedete sie sich von der Äbtissin und den Nonnen, versprach, niemals die liebevolle Aufnahme im Kloster zu vergessen, und dann ritt sie noch einmal durch Florenz und hinauf zu den grünen Hügeln. Hier hielt sie an; sie dachte daran, dass sie vor sechs Jahren ebenfalls hier gestanden und auf die noch unbekannte Vaterstadt geblickt hatte. Sechs Jahre, und jetzt begann wieder ein neuer Lebensabschnitt. Florenz war Vergangenheit …

Sie wendete ihr Pferd und galoppierte in Richtung Rom, in eine neue Zukunft.

8

Am Spätnachmittag des 18. April 1531 kehrte Franz I. von Frankreich, begleitet von seiner Geliebten Anna von Pisseleu und einem Gefolge von annähernd zweihundert Edelleuten und Bogenschützen, nach Schloss Amboise zurück. Die Gesellschaft hatte den ganzen Tag über in den Wäldern, die das Schloss umgaben, gejagt und auch einiges Wild erlegt. Man war müde, hungrig, in gelöster Stimmung und freute sich auf eine üppige Abendtafel.

Zu dieser lustigen Jagdgesellschaft gehörten auch die *filles de joie*, die offiziellen »leichten Damen« des Hofes. Es waren siebenundzwanzig junge, hübsche, aparte Edelfräulein, die zum Hofstaat der Königin gehörten, indes war es bei Hof ein offenes Geheimnis, dass sie eher im Dienst des Königs als in dem seiner legitimen Gemahlin standen. Neben diesen »leichten Damen« gab es natürlich auch fromme Hofdamen, die in der Bibel oder in einem Gebetbuch lasen oder sich karitativen Tätigkeiten widmeten.

Der König liebte die Gesellschaft schöner Frauen, die es verstanden, ihn und auch den einen oder anderen ausländischen Gesandten geistig und körperlich zu unterhalten.

Die jungen Damen empfanden es als Ehre und Auszeichnung, zur »Truppe des Königs« zu gehören, und während sie lachend und scherzend nach Amboise zurückritten, wanderten ihre Blicke hin und wieder bewundernd zum König und etwas neidisch zu seiner Favoritin Anna von Pisseleu, die natürlich neben ihm ritt.

Jede der Damen hoffte insgeheim, dass der Monarch eines Tages auf sie aufmerksam würde, wie seinerzeit auf Françoise de Foix und dann auf Anna von Pisseleu, und dass sie dann die offizielle Mätresse würde. Es war nicht nur diese Stellung, die verlockend war, es war auch die Person des Königs, die die Damen faszinierte, und insgeheim träumten sie davon, nicht nur hin und wieder das Lager mit ihm zu teilen, sondern regelmäßig.

Im Frühjahr 1531 stand Franz I. in seinem siebenunddreißigsten Lebensjahr; er war hoch gewachsen, und sein kräftiger Körper war dank der Turniere, Jagden und sonstiger Leibesübungen durchtrainiert; sein Gesicht war nicht schön wegen der etwas zu langen Nase, aber es strahlte Heiterkeit und Lebensfreude aus, und die dunklen Augen betrachteten die Umgebung spöttisch, belustigt und wohlwollend. Die glatten, braunen Haare trug er kurz geschnitten bis zum Nacken, und die untere Gesichtshälfte umrahmte ein gestutzter Bart; dieser war das Ergebnis eines Kampfspiels mit brennenden Fackeln, wobei einer der Edelleute dem König die Wange so sehr verbrannte, dass er sich, um die hässliche Narbe zu verdecken, einen Bart wachsen ließ, und es dauerte nicht lange, so trugen alle Hofherren einen solchen.

Es war indes nicht nur die äußere Erscheinung, die den Hof, die Franzosen und auch die ausländischen Gesandten faszinierte, sondern mehr noch seine Heiterkeit und Lebensfreude, seine Großzügigkeit und Toleranz und vor allem seine Liebenswürdigkeit. Er war in den Augen seiner Untertanen ein König »zum Anfassen«. Er konnte herzhaft und entwaffnend lachen und genoss das Leben in vollen Zügen; er konnte derb scherzen und sich geistreich über Literatur, Philosophie und Architektur unterhalten, er liebte glanzvolle Feste, Tafelfreuden und sportlichen Wettstreit jeder Art; er gab Unsummen aus für den Bau neuer Schlösser. Und man konnte ihm gegenüber frei aussprechen, was man dachte. Er duldete Meinungsverschiedenheiten, solange sie nicht an seine königliche Autorität rührten. Hin und wieder neigte er zu Zornausbrüchen, aber er war nicht nachtragend. *Rache beweist die Schwäche eines Königs, Großmütigkeit seine Kraft*, pflegte er zu sagen.

Er belastete seine Untertanen mit Steuern wie keiner seiner Vorgänger, aber die Franzosen liebten ihn, weil sie sich in seinen Stärken und Schwächen wiedererkannten: Franz I. war ein Franzose wie sie selbst.

Die ausländischen Gesandten, die den Hof Karls V. in Spanien und Heinrichs VIII. in England kennen gelernt hatten, staunten und priesen in ihren Berichten die französische Hofkultur, die sich durch ein Minimum an Etikette und durch ihren Frohsinn wohltuend von Spanien und England abhob.

In Spanien war das Hofleben durch strenge Etikette reglementiert, der Kaiser war meist düster, desgleichen seine Räte. Niemand wusste, was Karl V. dachte oder plante. Es war eine bedrückende Atmosphäre, und die Gesandten wogen jedes Wort sorgfältig ab, bevor sie es aussprachen.

In England war das Hofleben zwar nicht düster, sondern prachtvoll und zwanglos wie in Frankreich, aber die Lords zitterten insgeheim vor Heinrich VIII., weil er unberechenbar und launisch war. Jeder Lord wusste, dass er stets mit einem Bein im Tower stand.

In Frankreich hingegen entfaltete sich das Hofleben frei von Düsternis und Angst, der König liebte das Leben, und seine Umgebung sollte die gleiche Lebenslust empfinden wie er.

Als sie beim Landsitz Clos-Lucé ankamen, der nur eine Viertelstunde vom Schloss entfernt lag, zügelte Franz sein Pferd und befahl dem Jagdmeister Pierrot, mit der Gesellschaft zum Schloss hinaufzureiten. Dann saß er ab, half Anna beim Absteigen, und dabei ging ihm durch den Kopf, dass sie jetzt eine voll erblühte Frau von dreiundzwanzig Jahren war, die immer noch den körperlichen Liebreiz eines jungen Mädchens besaß. Sie war rank und schlank wie vor sieben Jahren, als sie ihm inmitten der Hoffräulein der verstorbenen Königin auffiel. Ihre bräunliche Haut war immer noch glatt, straff, ohne Falten, ihre dichten, brünetten Haare und die dunklen Augen erinnerten ihn stets an seine erste Mätresse, Françoise de Foix.

Sieben Jahre lang hatte er ihre körperlichen Reize genossen, aber nachdem er Anna kennen gelernt und sich mit ihr unterhalten hatte, trat Françoise immer mehr in den Hintergrund – er fand sie zu oberflächlich. Er war in jenem Jahr 1524 in einem Alter, wo er sich nach einer Partnerin sehnte, mit der er sich unterhalten konnte, die ihm zuhörte, wenn er von seinen Plänen sprach. Anna hörte ihm zu, bestärkte ihn in seinen italienischen Eroberungsplänen. Überdies war sie noch unberührt, und er hatte es genossen, ein junges Mädchen zur Frau zu formen. Im Frühling des Jahres 1524 hatte sie seine Werbung erhört, und nachdem er einige Nächte mit ihr verbracht hatte, war Françoise in den Hintergrund getreten.Er hatte ihr schonend erklärt, dass sie zu ihrem Gatten zurückkehren solle, und sie hatte den Hof schweigend verlassen.

Im Sommer jenes Jahres war er nach Italien aufgebrochen und hatte Anna regelmäßig geschrieben, bis zu seiner Gefangenschaft im Alcazar; während jener Monate hatte er ihr keine Nachrichten übermitteln können.

Anna lächelte, als der königliche Liebhaber ihr beim Absteigen half und den Arm um sie legte. Nach der Rückkehr des Königs aus der spanischen Gefangenschaft war sie faktisch Königin geworden, und die Ankunft Eleonores, der zweiten Gemahlin ihres Liebhabers, hatte ihre Stellung nicht beeinträchtigt. Königin Eleonore stand im Schatten der Lilie, während sie, die Herzogin von Etampes, die wahre Königin war.

Nach seiner Rückkehr aus Spanien vermählte der König sie mit Johann von Brosse. Er war ein Sohn des Herzogs von Penthierre, der zu den Anhängern des Konnetabels von Bourbon zählte. Franz I. gab im seine Güter zurück, ernannte ihn zum Herzog von Etampes und Chevreuse, versicherte ihn seines königlichen Wohlwollens und vermählte ihn mit Anna von Pisseleu. Der Herzog willigte ein, nach der Hochzeit fern vom Hof auf seinen Gütern zu leben, und der König erlaubte ihm eine Nacht im Bett der Gattin, um die Ehe zu vollziehen.

Seit der Rückkehr des Königs aus Spanien genoss Anna ihr Leben und ihre Stellung am Hof in vollen Zügen. Alle buhlten um ihre Gunst, weil ihre Gnade oder Ungnade gleichbedeutend war mit des Königs Gnade oder Ungnade. Eine Rivalin musste sie nicht fürchten, weil sie wusste, wie sie den König körperlich und geistig fesseln konnte. Es würde in Zukunft nur eine gefährliche Rivalin für sie geben: die offizielle Mätresse des Dauphins. Aber der Thronfolger Franz war erst dreizehn Jahre alt, es würde also noch sechs bis sieben Jahre dauern, bis eine Rivalin auftauchte. Überdies war nicht sicher, ob es eine solche geben würde; bis jetzt hatte nur ein französischer König vor Franz I. eine Mätresse gehabt, nämlich Karl VII. – Agnes Sorel. Ludwig XI., Karl VIII. und Ludwig der XII. hatten sich mit ihren legitimen Gattinnen begnügt.

Nach zwei Fehlgeburten hatten die Ärzte Anna mitgeteilt, dass sie keine

Kinder mehr bekommen könne, worüber sie im Stillen froh war, weil sie fürchtete, nach einigen Geburten ihre schlanke Figur einzubüßen und für den König unattraktiv zu werden, zumal er es mit der körperlichen Treue nicht allzu genau nahm. Hin und wieder verbrachte er nicht nur mit einer der »leichten Hofdamen« eine Nacht, sondern auch mit gesunden Landmädchen oder jungen Bäuerinnen, weil er der Meinung war, dass das königliche Blut, das in den Adern seiner Bastarde floss, zur Gesundung des Volkes beitrug. Schließlich besaß er auch als einziger Monarch in Europa die von Gott verliehene Macht, durch einfaches Handauflegen Skrofulöse zu heilen.

Anna hatte sich im Laufe der Jahre an die Seitensprünge ihres königlichen Liebhabers gewöhnt, zumal sie ihn auch hin und wieder betrog. Einmal hatte der König sie in ihren eigenen Gemächern mit einem jungen Kavalier ertappt, aber die Situation elegant überspielt. Um nicht als Hahnrei dazustehen, tat er dem jungen Mann gegenüber so, als hätte er Anna nicht erkannt und sagte: »Sie, mein Herr, der Sie es gewagt haben, hier einzudringen, um mit einer der Mägde von Madame Etampes Unzucht zu treiben, werden Gelegenheit haben, Ihre Frechheit im Gefängnis zu bereuen.«

Der junge Mann wurde tatsächlich ins Gefängnis gebracht, aber nach kurzer Zeit ließ sie ihn befreien, und der König verzieh ihr großmütig das kleine Abenteuer.

Als Anna abgesessen war, winkte Franz einen Reitknecht herbei, befahl ihm, auf die Pferde Acht zu geben, und sagte zu ihr: »Komm, ich möchte einige Augenblicke hier verweilen und etwas mit dir besprechen.«

Er führte sie durch das Tor und blieb vor einem zweistöckigen, spitzgiebeligen Haus aus Ziegel- und Haustein stehen.

Anna war in jenem April zum ersten Mal auf Schloss Amboise und wusste über das Landhaus Clos-Lucé nur, dass Leonardo da Vinci seine letzten Lebensjahre hier verbracht hatte. Sie betrachtete das zweiflügelige Gebäude mit dem sechseckigen Treppenturm und fragte sich, warum Franz ihr den Landsitz zeigen wollte.

»Dieses Haus«, unterbrach er ihre Gedanken, »ist durch einen unterirdischen Gang mit dem Schloss verbunden. Es wurde seinerzeit von Etienne Le Loup, dem Haushofmeister Ludwigs XI. erbaut, später hat Karl VIII. es gekauft. Von 1516 bis 1519 hat Leonardo da Vinci hier gelebt. Ich bin sehr stolz darauf, dass es mir gelang, ihn nach Frankreich zu holen. Ludwig XII. hatte nämlich vergeblich versucht, ihm unser schönes Land schmackhaft zu machen. 1516 zog er hier ein, begleitet von seinem Schüler Francesco Melzi und seinem Diener Battista de Villanis. Für mich ist er der bedeutendste Künstler Italiens. Er war nicht nur Künstler und Maler, er war auch Ingenieur, Architekt; er hat meine Feste durch künstlerisch konzipierte Maschinerien bereichert; er zeichnete Pläne, die die Loire begradigen und die Sologne trocken legen sollten; er hat die Schraubentreppe in Schloss Chambord angeregt. Während meiner ersten Regierungsjahre war ich oft in Amboise; immer, wenn ich von einem Ausritt oder von einer Jagd zurückkam, kehrte ich in Clos-Lucé ein und begrüßte ihn mit den Worten: ›Ich komme Sie besuchen, Vater.‹ Er wurde am Hof als Grandseigneur behandelt und genoss volle Unabhängigkeit. Er hinterließ Frankreich die Gemälde, die er aus Italien mitgebracht hatte: *Johannes der Täufer*, *Die Heilige Anna und die Jungfrau* und die *Mona Lisa*. Nach seinem Tod wohnten andere Künstler in Clos-Lucé, Andrea Solario und Andrea del Sarto zum Beispiel.«

Sie gingen weiter zum Garten, der sich hinter dem Haus erstreckte und von wo aus man einen Teil des Schlosses sehen konnte: den Hurtault-Turm auf der Südseite, den neu erbauten Schlossflügel für die Königin, der allgemein das »Logis der Sieben Tugenden« genannt wurde, weil Terrakottastatuen der Sieben Tugenden die Hoffront zierten. Dahinter erhob sich der schlanke Spitzturm der Hubertuskapelle, und noch ein Stück weiter, hinter dem wuchtigen Minoritenturm, auf dessen schraubenförmiger Rampe man bis zum Schlosshof emporreiten konnte, hinter diesem Turm, der sich über der Straße erhob, die zum Minoriten- oder Franziskanerkloster an der Loireseite führte, lagen die kühlen, von Linden überschatteten Gärten, die man von Clos-Lucé aus freilich nicht sehen konnte.

Franz betrachtete nachdenklich das Schloss.

»Von allen ererbten Schlössern war Amboise immer das Schloss, wo ich mich am liebsten aufhielt«, sagte er nach einer Weile. »Einmal, weil es größer und prachtvoller ist als die übrigen, andererseits wegen der Architektur. Ursprünglich war Amboise eine Burg, die der Verteidigung diente. In der zweiten Hälfte des letzten Jahrhunderts wurde es allmählich zu einem Lustschloss umgebaut. Hier habe ich eine glückliche Kindheit und Jugend verlebt, die ersten Regierungsjahre … Seit meiner Rückkehr aus Madrid bin ich zum ersten Mal wieder in Amboise.«

Anna sah den König erstaunt an. »Das verstehe ich nicht: Amboise ist dein Lieblingsschloss, und du meidest es. Warum?«

Franz überlegte. »Nun ja«, erwiderte er zögernd, »ich war in den letzten Jahren beschäftigt mit dem Neubau von Chambord und der Renovierung von Fontainebleau. Ich bin viel durch Frankreich gereist, um den Kontakt zur Bevölkerung zu pflegen. Überdies kann ich nicht lange an einem Ort bleiben, ich liebe Ortswechsel … Aber alle diese Gründe sind nicht der wahre Grund. Ich glaube, ich habe Amboise gemieden, weil ich nicht ständig an die glückliche Vergangenheit erinnert werden wollte. Die Gegenwart – nun ja, es könnte besser sein. Die Zukunft – Gott allein weiß, welche Zukunft Frankreich beschieden ist.« Er schwieg eine Weile, bevor er fortfuhr. »Ich habe dir viel über meine Jugend erzählt, aber das Wichtigste weißt du noch nicht, nämlich die Sorgen meiner Mutter wegen der Thronfolge. Einige Jahre vor meiner Geburt hatte meine Mutter den Eremiten Franz von Paula aufgesucht, weil sie wissen wollte, ob sie Kinder haben werde. Dieser Eremit war das Haupt einer asketischen Gemeinschaft, aus der sich der Minimenorden entwickelte. Der todkranke Ludwig XI. hatte den Mönch nach Frankreich geholt, und nach Ludwigs Tod blieb er auf Bitten Karls VIII. im Land und gründete die Klöster Amboise und Montils-les-Tours. Nicht nur Bäuerinnen, sondern auch Damen von Stand suchten ihn auf, um zu erfahren, ob sie Kinder haben würden, zum Beispiel Anna von Beaujeu, die Tochter Ludwigs XI., die für ihren minderjährigen Bruder Karl die Regentschaft führte und meine Mutter in ihrem Haus erzog, als diese mit fünf Jahren Waise wurde. Meine Mutter begab sich also zu Franz von Paula, und er weissagte ihr, dass sie einen Sohn haben werde, der eines Tages König von Frankreich sein würde. Meine Mutter glaubte dem Eremiten. Zu ihrer Enttäuschung kam zwei Jahre später, 1492, meine Schwester Margarete zur Welt, nach weiteren zwei Jahren, am 12. September 1494, wurde ich geboren, und meine Mutter begann erneut zu hoffen, obwohl es zum Zeitpunkt meiner Geburt unwahrscheinlich war, dass ich jemals König von Frankreich würde. Damals regierte Karl VIII. Er war erst vierundzwanzig Jahre alt und alle rechneten damit, dass seine Gattin, Anna von Bretagne, ihm weitere Söhne schenken würde. Die ersten zwei Knaben waren nach der Geburt gestorben. Am 8. April des Jahres 1498 inspizierte der König die Um- und Neubauten von Schloss Amboise. Als er durch ein niedriges Tor in einen Wehrgang über dem Ringgraben ging, stieß er mit dem Kopf an den Torbogen und starb an dieser Verletzung. Mit seinem Tod erlosch die direkte Linie Valois. Sein Nachfolger war Ludwig, Herzog von Orléans, aus der Seitenlinie Valois-Orléans. Er war sechsunddreißig Jahre alt und hoffte noch auf Kinder, obwohl seine Ehe mit Johanna von Valois, einer Tochter Ludwigs XI., kinderlos geblieben war. Ludwig erreichte gegen Ende des Jahres 1498 die Annullierung der Ehe mit der ungeliebten, hässlichen Gattin – sie soll einen Buckel gehabt haben und skrofulös gewesen sein. Er heiratete Anna von Bretagne, einmal aus Liebe, zum anderen, weil in ihrem Ehevertrag mit Karl eine Klausel enthalten war, die sie verpflichtete, seinen Nachfolger zu ehelichen, falls Karl vor ihr starb, ohne männliche Erben zu hinterlassen. Diese Klausel sollte dem Haus Valois nach Annas Tod den Besitz des Herzogtums Bretagne sichern.« Franz schwieg einen Augenblick und fuhr dann fort. »Im Januar 1499 heiratete das Paar, und damit begann für meine Mutter eine Periode zwischen Furcht und Hoffnung, die sechzehn Jahre dauerte. Da Ludwig bei seiner Thronbesteigung keinen Sohn hatte, war ich, aus der Nebenlinie Valois-Angoulême, der nächste Thronanwärter, und da der neue König seit dem Tod meines Vaters im Januar 1496 mein Vormund war, ließ er mich im Spätsommer 1498, begleitet von Mutter und Schwester, nach Amboise kommen, wo ich während der folgenden Jahre wie der Dauphin von Frankreich erzogen wurde.« Hier schwieg Franz erneut, in Gedanken versunken. »Von meiner Mutter und Schwester hörte ich jeden Tag, dass ich eines Tages die Krone Frankreichs tragen würde, und meine Mutter sprach von mir nur als ihrem ›Cäsar‹. Am 13. Oktober 1499 brachte Königin Anna ein Kind zur Welt, ihre Tochter Claudia, meine spätere Gemahlin, dann ihren einzigen toten Sohn. Während der folgenden Jahre wurde Anna immer wieder schwanger, und meine Mutter betete jedes Mal, dass die Königin eine Tochter zur Welt bringe, nur keinen Sohn. Anscheinend hat Gott die Gebete meiner Mutter erhört, denn die Kinder kamen tot zur Welt oder starben kurz nach der Geburt; nur eine Tochter, Renée, überlebte. Im Laufe des ersten Jahrzehnts unseres Jahrhunderts gab Ludwig allmählich die Hoffnung auf einen Sohn auf und verlobte mich im Jahre 1506 mit seiner Tochter Claudia. Diese Verbindung sicherte mir den Thron, falls der König ohne einen männlichen Erben starb. Meine Mutter triumphierte natürlich, aber Königin Anna war immer wieder guter Hoffnung; schließlich starb sie am 9. Januar 1514. Meine Mutter atmete auf und ich ebenfalls. – Ja, ich wollte König von Frankreich werden. – Am 13. Mai 1514 heirateten Claudia und ich in aller Stille im Schloss von Saint-Germain.« Franz blieb einen Augenblick stehen und hielt inne. Er sah Anna an und fuhr fort. »Mein Schwiegervater war inzwi-

203

schen zweiundfünfzig Jahre alt und etwas kränklich, was ihn indes nicht hinderte, ein drittes Mal zu heiraten. Der Hof staunte, meine Mutter und ich waren entsetzt. Seine Wahl fiel auf Maria Tudor, die jüngste Schwester Heinrichs VIII. von England. Am 9. Oktober 1514 fand die Hochzeit statt, und dann beobachteten alle gespannt, ob die junge, achtzehnjährige Königin schwanger wurde. Gegen Ende des Jahres verschlechterte sich der Gesundheitszustand meines Schwiegervaters und er konnte sein Bett nicht mehr verlassen. Inzwischen war ein neues Problem aufgetaucht: Zum Gefolge der Königin gehörte ein junger Lord namens Charles Brandon, ein Freund des englischen Königs, der ihn später zum Herzog von Suffolk ernannte. Wer den Lord und die Königin genau beobachtete, dem blieb nicht verborgen, dass die beiden ineinander verliebt waren. Ich befürchtete das Schlimmste, nämlich dass Maria von Brandon geschwängert würde, und jeder würde natürlich denken, dass ihr Gatte der Vater war. Auch bei Zweifeln an der Vaterschaft würde niemand dies beweisen können. Also befahl ich, dass die Königin keine Nacht ohne ihre Kammerfrau verbringen durfte.« Franz schwieg einen Augenblick und fuhr dann fort. »Die letzten Wochen des Jahres 1514 waren für mich eine Zeit quälender Ungewissheit. In der Nacht vom 31. Dezember 1514 auf den 1. Januar 1515 starb Ludwig XII. Nachdem ich die Nachricht erhalten hatte, begab ich mich sofort zur Königinwitwe. Mein Herz klopfte zum Zerspringen, weil jetzt der entscheidende Augenblick gekommen war: Würde sie mich als neuen König von Frankreich begrüßen, oder würde sie mir mitteilen, dass sie schwanger war? In diesem Fall hätte das grauenhafte Warten erneut begonnen … Sie erwartete mich im Audienzzimmer und begrüßte mich als neuen König von Frankreich. Irgendwann hörte ich den Ruf *Le roi est mort, vive le roi!* – Diese Neujahrsnacht war die schönste Nacht meines Lebens, die folgenden ersten Regierungsjahre waren meine glücklichsten Jahre, bis 1519, bis zur Kaiserwahl. Am 14. September 1515 mein Sieg bei Marignano über den Herzog von Mailand, Maximilian Sforza – das Herzogtum Mailand war nun wieder im Besitz Frankreichs. Im Januar 1516 begann sich jene außenpolitische Konstellation abzuzeichnen, die meine Regierung ab 1519 bis jetzt belastet: Karl von Habsburg, der Enkel Kaiser Maximilians, war bereits seit dem Tod seines Vaters Philipp im Jahre 1506 Graf von Flandern und nomineller Herrscher der Niederlande und der Freigrafschaft Burgund geworden Im Januar 1516 starb sein Großvater, Ferdinand der Katholische, der König von Spanien, und Karl, inzwischen volljährig, erbte das spanische Königreich. Ein junger Mann von knapp sechzehn Jahren herrschte über halb Europa. Ich war mit einundzwanzig Jahren König von Frankreich. Wir erhoben beide Gebietsansprüche in Italien, und jeder von uns versuchte, England als Verbündeten zu gewinnen.« Er lachte leise auf. »Die Tudors sind nur an Geld interessiert, es ist keine alte Dynastie. Heinrich VII. war ein Parvenü, vielleicht fließt etwas Lancasterblut in seinen Adern, vielleicht auch nicht. Sein Sohn jedenfalls ist immer bereit, für Geld die Seite zu wechseln. Als Karl König von Spanien wurde, begann der Kampf zwischen den Häusern Valois und Habsburg um die Vorherrschaft in Europa. Er wurde zum Kaiser gewählt, nicht ich; ich unterlag bei Pavia. Ich musste den Schmachfrieden von Cambrai unterzeichnen. Aber noch ist nicht aller Tage Abend.«

Er sah hinüber zum Schloss und Anna spürte, dass alles, was der König ihr bis jetzt erzählt hatte, nur ein langer Prolog gewesen war, eine Erinnerung und gleichzeitig eine Bilanz seiner Regierung. Er will über künftige politische Pläne mit mir sprechen, dachte sie triumphierend. Bis jetzt hatte er sie nur informiert, aber nicht um ihre Meinung gefragt.

»Anna«, sagte Franz, »hier, wo wir jetzt stehen, hat Leonardo da Vinci gesessen und das Schloss gemalt. Am 2. Mai jährt sich sein Todestag zum zwölften Mal. Zwölf Jahre, vor zwölf Jahren wurde mein Sohn Heinrich geboren und die Tochter Lorenzos von Medici. Italien … Ich sage dir, Anna, eines Tages werden Mailand und Neapel wieder zu Frankreich gehören.«

Sie sah ihn erschrocken an. »Planst du etwa einen neuen Feldzug? Dein Land braucht Ruhe, es muss sich erholen.«

»Ich weiß. Für die nächste militärische Auseinandersetzung benötige ich vor allem Verbündete, die italienischen Stadtstaaten und den Papst. Ich will die Franzosen schonen, die Italiener sollen mir helfen, Mailand und Neapel wieder zurückzuerobern.«

Anna streifte ihren Liebhaber mit einem erstaunten Seitenblick. Sie hatte manchmal den Eindruck, dass Italien für ihn zu einer fixen Idee, einem Traum, einer Fata Morgana geworden war, und im Stillen fragte sie sich manchmal, ob er nicht, was Italien betraf, unrealistische Ziele verfolgte.

»Franz, warum liegt dir so viel an Mailand und Neapel? Ist es eine Frage des Prestiges für dich?«

Der König überlegte. »Ja und nein. Es ist vor allem das außenpolitische

Erbe meiner Vorgänger, das ich übernommen habe. Im Jahre 1480 fielen die Rechte der Anjous auf Neapel an Ludwig XI., weil seine Mutter eine geborene Anjou war. Ludwig kümmerte sich um Neapel nicht weiter, ebenso seine Tochter Anna von Beaujeu während der Regentschaft für den unmündigen Karl VIII. Als dieser volljährig war, konzentrierte er sich außenpolitisch auf das süditalienische Königreich. Er wollte Ferdinand von Aragon, der auf dem Thron saß – auch das Haus Aragon glaubte, Ansprüche auf Neapel zu besitzen –, vertreiben und rechnete auf den Papst und den Herzog von Mailand als Verbündete, weil beide Ferdinand hassten. Er zog also mit einer Armee von dreißigtausend Mann im August 1494 nach Italien und konnte sich im Mai 1495 die Krone von Neapel aufs Haupt setzen. Bereits im Juli musste er den Rückzug antreten, weil sein Heer sich den Hass der Neapolitaner zuzog und auch der Papst und Mailand sich gegen ihn verbündeten. Er kehrte nach Frankreich zwar ohne Neapel zurück, aber in seinem Gefolge waren italienische Künstler, Bildhauer, Maler, Architekten, kurz, er brachte die italienische Kultur nach Frankreich. Nach seiner Rückkehr begann er mit dem Umbau von Amboise. – Ludwig XII. beschloss, die Italienpolitik fortzuführen, und fügte dem Anspruch auf Neapel seinen eigenen Anspruch auf das Herzogtum Mailand hinzu, weil seine Großmutter Valentina Visconti, die letzte Visconti, von der Familie Sforza um ihr Erbe gebracht worden war. Mein Schwiegervater zog nach Italien, eroberte, unterstützt von Venedig, Florenz und dem Papst Alexander VI., Mailand, nahm Ludovico il Moro, den Herzog von Mailand, gefangen und ließ ihn nach Frankreich bringen, wo er im Verlies der Burg von Loches starb. Im August 1501 eroberte er Neapel. Im Jahre 1511 kamen jedoch Rückschläge.

Papst Julius II. brachte ein Bündnis zwischen dem Kaiser, England, Venedig und den Schweizer Eidgenossen gegen Frankreich zu Stande; für sie alle war Frankreich inzwischen zu mächtig geworden. Die Verbündeten griffen Mailand an, und nach wechselndem Kriegsglück verloren die Franzosen am 6. Juni 1513 die Schlacht bei Novara, wurden dann Mitte August von den Engländern bei Guinegatte geschlagen und zogen sich über die Alpen zurück. – Nachdem ich König geworden war, beschloss ich, die Italienpolitik meiner Vorgänger fortzuführen und Mailand und Neapel zurückzuerobern. Natürlich reizte mich auch das Abenteuer des Krieges, der Ruhm. Nach meinem Sieg bei Marignano ernannte ich zunächst den Konnetabel von Bourbon zum Statthalter in Mailand. Er regierte gut und war beliebt. Heute weiß ich, dass es ein Fehler gewesen war, ihn abzuberufen und durch Lautrec zu ersetzen, der die Provinz auspresste, alte Freiheiten aufhob und dem Volk unerträgliche Steuern auferlegte. Bereits nach kurzer Zeit waren die Franzosen in Mailand verhasst. 1519 wurde Karl von Spanien zum Kaiser des Heiligen Römischen Reiches gewählt. Für mich war es eine furchtbare Enttäuschung, und zwischen Karl und mir begann eine latente Spannung, die sich in kleinen Konflikten äußerte: In den Monaten nach der Kaiserwahl baten mich der Herzog von Bouillon, der Herzog von Geldern und der König von Navarra um Unterstützung gegen Karl V. Am 1. April 1521 missbilligte der Botschafter des Kaisers mein Bündnis mit den beiden Herzögen und dem König von Navarra – ich fühlte mich provoziert. Das war der Beginn des Krieges, der in der Schlacht bei Pavia gegen mich entschieden wurde. Gewiss, ich habe seinerzeit die Feindseligkeiten eröffnet, es ging natürlich um Mailand und Neapel; aber wenn ich schon in der Kaiserwahl dem Habsburger unterlegen war, so wollte ich ihn wenigstens militärisch bezwingen. Wie es weiterging, weißt du.«

Er schwieg, und Anna dachte lange über das eben Gehörte nach. Männer, dachte sie, warum müssen Männer ihre Konflikte immer auf dem Schlachtfeld austragen? Es gibt weiß Gott genug andere Methoden, den Gegner zu bekämpfen, allerdings sind sie weniger ruhmreich als ein Krieg. Franz hasst den Habsburger, ging es ihr durch den Kopf. Sie konnte ihn verstehen und seine Gefühle nachempfinden, weil sie eine Dame am Hof hasste. Der Hass hatte erst vor gut einem Monat, am 15. März, während jenes Turniers begonnen, das anlässlich der Krönung der neuen Königin Eleonore stattgefunden hatte. Jenes Turnier, sie würde es nie vergessen …

Dann fiel ihr wieder die Italienpolitik des Königs ein. Er wollte offensichtlich mit ihr darüber sprechen.

»Warum bist du davon überzeugt, dass die italienischen Staaten dich bei einem neuerlichen Feldzug gegen den Kaiser unterstützen werden?«

»Ich bin mit dem Papst verbündet, und ich möchte dieses Bündnis festigen. Die beste Sicherung einer bereits bestehenden Allianz ist immer eine Heirat. Vor dreizehn Jahren versuchte ich, das Bündnis mit Leo X. durch die Ehe zwischen Lorenzo von Medici und Magdalena de la Tour d'Auvergne zu festigen, der frühe Tod des Paares vereitelte den Plan. Aber sie haben eine Tochter, sie ist jetzt zwölf Jahre alt, und ich habe einen Sohn von zwölf Jahren. Ich beabsichtige, meinen zweitgeborenen

Sohn Heinrich mit Katharina von Medici zu vermählen. Wie denkst du darüber?«

»Heinrich?«, fragte Anna verblüfft. »Das verstehe ich nicht ganz. Ist die Vermählung des Dauphins nicht wichtiger?«

»Gewiss, aber er muss natürlich eine Prinzessin aus einem regierenden Haus heiraten. Heinrich wird nie König von Frankreich werden, sein älterer Bruder erfreut sich Gott sei Dank der besten Gesundheit. Da Heinrich nach menschlichem Ermessen bis zu seinem Tod Herzog von Orléans bleiben wird, ist es nicht so wichtig, dass er eine Frau von so hohem Stande hat. Abgesehen davon sind die Medicis vielleicht bedeutender als mancher kleine italienische oder deutsche Fürst. Überdies ist Katharina blaublütig durch ihre Mutter, aber das Wichtigste an dieser Verbindung sind die außenpolitischen Vorteile.

Anna, ich werde mit den verbündeten italienischen Fürsten ein Bündnis schließen. An der Spitze dieses Bündnisses werde ich die Kaiserlichen aus Italien vertreiben und werde zuerst Mailand und dann Neapel zurückerobern. Dieses Bündnis wird der Papst arrangieren, denn er hasst seit dem *sacco di Roma* den Kaiser ebenso wie ich. Zwar hat der Papst mit diesem ein Zweckbündnis geschlossen, um den Medicis die Herrschaft über Florenz zu sichern. Sein Sohn Alessandro nämlich soll dort die Herrschaft übernehmen. Dieses Bündnis sehe ich jedoch als zeitlich sehr begrenzt an. Heinrich VIII. wird mir von englischer Seite aus beistehen, und die lutherisch gesonnenen deutschen Fürsten sowie der türkische Sultan werden meine Flanken decken. Eine eheliche Verbindung mit den Medicis ist daher die Basis meines Planes.

Verstehst du jetzt, Anna?«

Je länger er sprach, desto mehr wurde ihr klar, dass es zwecklos war, ihm die Sache auszureden. Er war so begeistert … Wenn sie sich gegen diese Verbindung aussprach, würde sie ihn verärgern, das wollte sie nicht, in ihrem eigenen Interesse. Anna war nicht ganz überzeugt, würde doch der französische Hochadel eine solche Verbindung sicher als Mesalliance deuten, wie sie vermutete. Das Schicksal Heinrichs allerdings lag ihr ohnehin nicht sonderlich am Herzen, da der Bengel sie beim letzten Turnier anlässlich der Krönungsfeierlichkeiten beleidigt hatte und so antwortete sie:

»Deine Argumente überzeugen mich, ich finde die Idee gut, den jungen Heinrich mit einer Medici zu vermählen. Die Familie gehört immer noch zu den reichsten Bankiers in Europa, sie wird eine stattliche Mitgift bekommen. Das junge Paar ist zwölf Jahre alt – da Eheverhandlungen gewöhnlich lange dauern, wirst du bestimmt in den nächsten Wochen den Kontakt zum Vatikan aufnehmen?«

Franz zögerte etwas. »Ich habe bereits Kontakt zum Vatikan aufgenommen, vor ungefähr einem Jahr sandte ich Katharinas Onkel, den Herzog von Albany, mit einem Heiratsantrag nach Rom. Clemens bat sich Bedenkzeit aus – gut, das war vor einem Jahr verständlich wegen der Belagerung von Florenz; er hat wahrscheinlich Rücksicht auf den Kaiser genommen. Aber seit letztem Sommer ist Florenz von den kaiserlichen Truppen besetzt, Alessandro von Medici wird ein Vasall des Kaisers. Warum zögert der Papst? Er hat bestimmt schon darüber nachgedacht, mit wem er Katharina verheiraten könnte, und kein Kandidat wird mit dem Prestige meines Sohnes wetteifern können. Der zweite Sohn des Königs von Frankreich für eine Medici – das ist doch ein verlockendes Angebot. Vor einigen Wochen unterbreitete ich dem Kronrat meinen Heiratsplan. Montmorency war dagegen, ausgerechnet er, mein Jugendfreund, das Oberhaupt der ersten adeligen Familie Frankreichs. Er glaubt, dass durch diese unstandesgemäße Heirat die Ehre des Königshauses und die Ehre Frankreichs gefährdet wird. Montmorency ist ein treuer Diener der Krone, ich kann seine Meinung nicht einfach übergehen. Das der Grund, warum ich dich um Rat frage. Du stimmst also für diese Heirat? Gut, ich habe inzwischen erfahren, dass die junge Katharina vom Papst nach Rom befohlen wurde, sie wird bestimmt längere Zeit dort bleiben, bis Alessandros Macht in Florenz gefestigt ist.

Ich werde nachher einen Kurier zu meinem Gesandten nach Rom senden; er soll die junge Dame beobachten und mir einen detaillierten Bericht schicken. Vielleicht ändert der Bericht die Meinung im Kronrat. Überdies, Kronrat hin und her, ich bin der König, und ich werde entscheiden. Lass uns jetzt zum Schloss zurückreiten.«

Während die Pferde von Knechten zu den Stallungen geführt wurden, sagte Franz: »Ich habe noch mal über diese Heirat nachgedacht. Der Kronrat ist dagegen, du befürwortest die geplante Ehe. Ich möchte auch meinen alten Freund Ludwig von Brézé, der anlässlich der Krönungsfeierlichkeiten für die Königin am Hof weilt, fragen, was er von dieser Verbindung hält.«

Bei den letzten Worten des Königs verspürte Anna einen feinen Stich. Sie erinnerte sich an jenes Turnier am 15. März … Sie versuchte, sich nichts anmerken zu lassen, was ihr jedoch nicht ganz gelang, und fragte mit einem halb ironischen, halb spitzen Unterton in der Stimme, der dem König nicht entging: »Wen fragst du? Den Großseneschall der Normandie oder seine Gemahlin?«

Franz sah überrascht auf, begriff aber sofort, was in Anna vorging. »Ich frage den Großseneschall und seine Gemahlin, was sie von dieser Verbindung halten«, erwiderte er leicht amüsiert. »Amboise ist nicht der richtige Ort, um sich darüber zu unterhalten. Ich werde übermorgen bei Tagesanbruch mit dem Großseneschall und einem kleinen Gefolge nach seinem Schloss Anet aufbrechen. Dort werde ich in aller Ruhe den Plan besprechen und den Ehevertrag aufsetzen. Ich will, dass mein Sohn die Nichte des Papstes heiratet.«

»Gewiss, Franz, aber warum müssen wir wegen des Ehevertrages nach Anet reiten?«

Der König schwieg einige Sekunden. »Anna, du fragst zu viel«, erwiderte er dann. »Du wirst hier in Amboise bleiben, die Königin unterhalten und auf meine Söhne aufpassen.«

Anna schwieg. Sie wusste nun, dass der König in Anet ein Liebesabenteuer suchte, und obwohl sie sich sicher sein konnte, dass einige Nächte ihres Liebhabers mit einer Frau aus dem Volk ihre Stellung am Hof nicht erschütterten, so empfand sie doch stets Eifersucht. An jenem Nachmittag aber war sie vor allem eifersüchtig auf die Gattin des Großseneschalls. Sie wandte sich abrupt ab und eilte in ihr Appartement. Er fragte nicht nur sie, Anna, um ihre Meinung, sondern auch Diana von Poitiers, die Gattin des Großseneschalls der Normandie. Warum weihte er Diana in seine Pläne ein?

Sie hatte die stolze, tugendhafte Großseneschallin, die, obwohl sie das dreißigste Lebensjahr überschritten hatte, noch immer als schönste Frau am Hof galt, nie gemocht, aber seit jenem Turnier am 15. März hasste sie Diana von Poitiers aus tiefster Seele. Das Turnier war der festliche Abschluss der Krönungsfeierlichkeiten für die neue Königin Eleonore. Um den feierlichen Tag mit einer Galanterie zu beschließen, sollten die versammelten Ritter die schönste der auf des Königs Tribüne versammelten Damen bezeichnen. Sie zweifelte keine Sekunde daran, dass die Ritter sich für sie, die Herzogin von Etampes, die Favoritin des Königs, entscheiden würden. Zu ihrem Entsetzen hörte sie den Herold ausrufen, dass die Stimmen der anwesenden Herren zu gleichen Teilen für sie und die Großseneschallin abgegeben worden seien. Sie war aufgesprungen, hatte gezwungen gelacht und den Herren zugerufen, sie könnten wohl nicht ganz bei Trost sein, dass sie ihr, der dreiundzwanzigjährigen, ein altes Weib von zweiunddreißig vorzögen.

Anfang September wird sie zweiunddreißig, dachte Anna auf dem Weg zu ihrem Appartement, aber sie ist schön wie eine Zwanzigjährige.

Dann erinnerte sie sich an die Beleidigung, die der junge Herzog von Orléans ihr angetan hatte. Ein dummer Vorfall, dachte sie, man sollte ihn nicht überbewerten. Allerdings, das ernste Gesicht des Jungen, als er in die Turnierbahn ritt, seine Huldigung vor …

Als sie ihr Appartement betrat, wusste sie instinktiv, dass die Huldigung des jungen Heinrich kein dummer Vorfall gewesen war, sondern wesentlich mehr. Indes, warum hatte sie sich darüber aufgeregt? War es nicht unwichtig, wem der Herzog von Orléans huldigte? Er war nicht der Dauphin und würde nie König werden, weil sein älterer Bruder sich der besten Gesundheit erfreute.

Der König lachte leise auf, als Anna wütend davonrauschte. Sie ärgert sich, dass sie hierbleiben muss, dachte er amüsiert, und sie ärgert sich, weil ich meinen alten Freund Ludwig von Brézé und Diana bei dieser Heiratsaffäre um ihre Meinung frage.

Es schadet nichts, wenn die Damen aufeinander eifersüchtig sind, so wird das Hofleben wenigstens nicht langweilig. Anna müsste wissen, wie sehr ich sie liebe. Ich schätze die Klugheit der Großseneschallin, ich bewundere ihre Schönheit, aber als Frau hat sie mich noch nie gereizt.

Franz blieb einen Augenblick stehen, überlegte, ob er sich sofort in sein Arbeitszimmer begeben sollte, um den Brief an seinen Gesandten in Rom zu diktieren und entschloss sich zu einem Spaziergang durch die Gärten.

Er spazierte gemächlich an der Mauer entlang, genoss den Blick über die Loire und sang leise François Villons Ballade über die Frauen von Paris.

> *Quoy qu'on tient belles langagieres*
> *Florentines, Veniciennes,*
> *Assez pour estre messagieres,*
> *Et mesmement les anciennes;*
> *Mais, soient Lombardes, Rommaines,*
> *Genevoises, a mes perilz,*
> *Pimontoises, Savoisiennes,*
> *Il n'est bon bec de Paris …*

An die beiden nächsten Strophen konnte er sich nicht erinnern, und so sang er den Schluss der Ballade:

> *Price, aux dames Parisiennes*
> *De beau parler donnez le pris;*
> *Quoy qu'on dit d'Italiennes,*
> *Il n'est bon bec que Paris.*

> Obwohl als höchst geschwätzig gelten
> Die aus Venedig und Florenz,
> Um Liebesbotschaft zu vermelden,
> sogar die lange floh der Lenz,
> Mailänderinnen, Römerinnen,
> Genueser Damen, ich wag' dies:
> Savoyens Frau'n, Turinerinnen,
> Kein Schnabel piepst wie in Paris.

> Mein Fürst, gib den Pariserinnen,
> Den Redepreis, wie ich es wies;
> Rühmt man auch Italienerinnen,
> Kein Schnabel piepst wie in Paris.

Er blieb stehen, verfolgte noch einige Augenblicke den Lauf der Loire, dann schweiften seine Augen über den Garten und er stutzte. Am Ende der Mauer stand ein Junge von ungefähr zwölf Jahren und sah ebenfalls über den Fluss. Die heitere Miene des Königs verfinsterte sich, als er seinen Sohn Heinrich erkannte, und er fragte sich, warum der Bursche sich um diese Zeit hier herumtrieb. Er kannte die Tagespläne seiner beiden ältesten Söhne nicht in allen Einzelheiten, aber er wusste, dass sie am Nachmittag entweder Lektionen wiederholten oder im Tanz unterrichtet wurden oder sich der körperlichen Ertüchtigung widmeten – Reiten, Ballspiel, Bogenschießen, Fechten. Er hatte eigens einen italienischen Fechtmeister engagiert, der seine Söhne in dieser neuen Kunst unterweisen sollte.

In diesem Augenblick wandte Heinrich den Kopf halb nach rechts, sah einige Sekunden lang in eine bestimmte Richtung, und der König gewann den Eindruck, dass der Junge auf jemanden wartete. Er ging etwas näher und überlegte, warum ihn sein Zweitgeborener, seit er laufen und sprechen konnte, in Rage brachte.

Er ist groß, kräftig gebaut, fast könnte man ihn massig nennen, dachte Franz. Er sieht nicht übel aus mit seinen dunklen Haaren und Augen. Er lernt fleißig, hat seine Muttersprache, die er in Spanien fast vergaß, ebenso rasch wieder beherrscht wie sein älterer Bruder, er liebt jede Art von körperlicher Ertüchtigung, und es sieht fast so aus, als ob Turniere seine Leidenschaft werden.

Nach jenem Turnier am 15. März hatte der jüngere Sohn immer wieder gefragt, wann das nächste stattfinden würde, und so hatte er, der König, um dem Jungen eine Freude zu bereiten, an seinem Geburtstag, am 31. März, ein Turnier arrangiert und ein zweites am 13. April, am Geburtstag der künftigen Gemahlin des Prinzen. Der Hof war auf Befehl des Königs diesen Spektakeln fern geblieben, denn Franz wollte eine Wiederholung der peinlichen Situation am 15. März vermeiden. Sein Sohn und die anderen jungen Herren hatten sich auch ohne Zuschauer köstlich amüsiert und Heinrich hatte alle Gegner besiegt.

Der König erinnerte sich noch einmal an die Szene am Abend des 15. März, als er den Sohn wegen seines ungebührlichen Benehmens gerügt hatte.

Heinrich senkte die Augen und verharrte in dumpfem Schweigen. Ja, dachte der König, das ist es, was mich immer wieder in Rage bringt, seine Schwermütigkeit, seine Dumpfheit. Ich habe ihn noch nie lachen sehen. Als kleines Kind hing er am Rock seiner Mutter und weinte bei jeder Gelegenheit, nach seiner Rückkehr aus Spanien hat er kaum ein Wort gesprochen, er schweigt, ist am liebsten allein, träumt vor sich hin. Gewiss, die Jahre in Spanien waren nicht einfach für meine Söhne, aber der Dauphin hat sie rasch vergessen. Er lacht, plaudert, macht den Damen den Hof, rauft sich mit seinen gleichaltrigen Kameraden. Er ist jetzt dreizehn Jahre alt, und als ich so alt war, habe ich mich ähnlich verhalten, und ich habe mich für Mädchen interessiert. Mein ältester Sohn interessiert sich auch schon für das andere Geschlecht – nun, das ist völlig normal. Im Laufe des Sommers werde ich ihm eine der »leichten Damen« zuführen, damit sie ihn zum Mann macht. Die Schönste und Raffinierteste ist gerade gut genug für den Dauphin von Frankreich. Heinrich hingegen wird vor seinem älteren Bruder heiraten, auch er muss von einer meiner Damen in die Erotik eingeführt werden. Die Italienerinnen, die ich kennen gelernt habe, waren alle leidenschaftlich. Vielleicht muntert die junge Dame aus dem Haus Medici ihn etwas auf …

In diesem Augenblick sah der Herzog von Orléans erneut in eine bestimmte Richtung, und der König, der dem Blick folgte, wusste plötzlich, auf welche Person sein Sohn wartete. Dort, in jenem Schlossflügel, waren die Gemächer der Großseneschallin. Flausen, dachte Franz, der Junge hat nur Flausen im Kopf, gibt sich Illusionen hin, man muss ihn in die Wirklichkeit zurückholen.

Er ging weiter, bis er nur noch einige Schritte von ihm entfernt war. »Heinrich!«

Der Junge zuckte beim Ton der väterlichen Stimme erschrocken zusammen, fuhr herum und starrte den König ängstlich an.

Franz ging noch einen Schritt auf seinen Sohn zu, und während er ihn von oben bis unten mit strengem Blick musterte, überlegte Heinrich verzweifelt, wie lange der Vater ihn wohl schon beobachtet hatte. Es war ungewöhnlich, dass der König nach der Rückkehr von einem Jagdausflug den Garten aufsuchte. Meistens begab er sich zum Ballspiel, nahm dann ein Bad und verbrachte die Zeit bis zur Abendtafel gegen sieben Uhr mit seiner Mätresse, hin und wieder diktierte er auch wichtige Briefe. Ausgerechnet heute kommt er in den Garten, dachte Heinrich und schaute verlegen zu Boden.

»Was treibst du denn hier um diese Zeit?«, herrschte Franz seinen Sohn an.

Der Junge hob ängstlich die Augen zum König empor. »Ich … ich weiß es nicht, Vater«, stammelte er.

»Was!«, schrie der König, von plötzlichem Zorn übermannt. »Du weißt es nicht? Aber ich weiß, warum du dich hier herumtreibst!« Er schwieg unvermittelt, weil er es auf einmal lächerlich und unter seiner Würde fand, sich über eine jugendliche Schwärmerei aufzuregen, aber er hatte das unbestimmte Gefühl, dass es bei dem schwerblütigen, melancholischen Heinrich nicht nur eine harmlose Schwärmerei war, sonst hätte er sich bei dem Turnier anders benommen.

An jenem 15. März waren seine beiden ältesten Söhne zum ersten Mal in die Kampfbahn geritten. Das Turnier fand vor dem Hotel Saint-Pol statt, wo sich die Rue Saint-Antoine zu einem Platz ausweitete, und da es der festliche Abschluss anlässlich der Krönung war, vermuteten die Anwesenden, dass die Prinzen natürlich die Königin zu ihrer Dame erkoren und höflich Lanze und Wimpel vor ihr neigten. Der Dauphin, dachte Franz, hat die Erwartungen erfüllt und kundgetan, dass er in den Kampf ritt, um für die Königin zu siegen. Heinrich hingegen … er huldigte weder der Königin noch seiner Großmutter, noch Anna, er huldigte auch keiner der jungen Damen, was durchaus verständlich gewesen wäre, nein, der Bursche weihte seine Waffen dem Dienst der stolzesten und unnahbarsten Frau am Hofe! Gott allein weiß, was in ihm vorgeht, soll er vor sich hin träumen. Er wird mit der jungen Italienerin verheiratet, und damit basta.

Ein spöttisches Lächeln umspielte seine Lippen, als er das ängstliche Gesicht seines Sohnes betrachtete. »Ich weiß, warum du dich hier herumtreibst, du wartest wahrscheinlich auf deine Beatrice, so wie einst Dante in Florenz auf seine Beatrice gewartet hat. Merke dir, Beatrice Portinari war für Dante so unerreichbar wie deine Beatrice für dich – er war nämlich einer anderen versprochen.«

Hier schwieg der König und beobachtete die Wirkung seiner Worte auf den Sohn. Heinrich indessen sah den Vater unsicher an und überlegte, warum dieser den längst verstorbenen florentinischen Dichter erwähnte.

»Dante … Beatrice … das verstehe ich nicht. Ich bin doch nicht Dante …«

Da stieg erneut der Zorn in Franz hoch über so viel Begriffsstutzigkeit. »Du bist natürlich nicht Dante! Wer bist du überhaupt? Wenn ich nicht wüsste, was für eine treue, tugendhafte Gattin deine Mutter war, so würde ich manchmal bezweifeln, dass du mein Sohn bist!«

Er schwieg und ärgerte sich über seine Erregung. Heinrich war der Zweitgeborene, er würde, Gott sei Dank, niemals König von Frankreich werden. »Wo ist dein Bruder Franz?«

»Er hat Fechtunterricht. Das heißt, wir haben beide jetzt Fechtunterricht.«

»So, Fechtunterricht … Der Dauphin von Frankreich übt sich also in der neuen Kunst, während der Herzog von Orléans es nicht für nötig hält, sich zum vollkommenen Hofmann zu bilden, zum *cortegiano*, wie ihn Baldassare Castiglione beschreibt. – Ich bezahle keinen teuren italienischen Fechtmeister, damit du Maulaffen feilhältst! Los, verschwinde aus meinen Augen, begib dich zu deinem Bruder! Wehe dir, wenn ich dich noch einmal am Spätnachmittag im Garten erwische!«

Während der König zurück zu seinen Gemächern ging, schlich Heinrich sich langsam an den Blumenrabatten vorbei, wobei er zum dritten Mal scheu zu den Fenstern eines gewissen Appartements hinauf sah. Er wusste, dass seine »Göttin« aus irgendeinem Grund nicht am Jagdausflug teilgenommen hatte, aber die helle, lichte, weibliche Gestalt zeigte sich nicht, und so begab er sich lustlos zu dem Platz in der hinteren Schlossanlage, wo der Fechtunterricht bei schönem Wetter erteilt wurde. Heinrich liebte diese neue, elegante Kampfart; verglichen mit der Fechtkunst waren die alten Schwertkämpfe schwerfällig. Er war auch ehrgeizig und wollte die einzelnen Degenstöße rasch lernen, aber jenen Nachmittag hätte er lieber im Garten verbracht, über die Loire geschaut und vor sich hin geträumt.

Als er den Fechtplatz betrat, waren sein Bruder und der italienische Lehrer gerade in ein heftiges Duell verwickelt, während die Königin und einige Hofdamen gespannt den Kampf verfolgten, obwohl sie nicht das Geringste von dieser neuen Kunst verstanden.

Königin Eleonore, die Schwester Kaiser Karls V., war dreiunddreißig Jahre alt und keine Schönheit: Sie war klein, üppig, und die markante Unterlippe der Habsburger raubte ihr jeglichen Reiz; ihr Gesicht wirkte durch die Lippe naiv, um nicht zu sagen dümmlich. Sie war bereits die Witwe des Königs von Portugal, als Franz in Spanien eintraf, und ihr Leben, das vom strengen spanischen Hofzeremoniell geregelt wurde, war wenig heiter und schloss sie fast völlig von der Außenwelt ab. Als der kaiserliche Bruder ihr im Spätherbst mitteilte, dass der König von Frankreich sie heiraten werde, vermochte sie es nicht zu glauben. Sie hatte schon viel von dem französischen König gehört: er sei der schönste Mann am Hof, ritterlich, galant, witzig, liebenswürdig, großzügig … Dieser Mann war bereit, sie, die unscheinbare Königinwitwe, zu ehelichen? Obwohl sie wusste, dass es eine politische Verbindung war, fühlte sie sich geschmeichelt, und als einige Monate später ein Bild des Königs, begleitet von einem liebenswürdigen Brief bei ihr eintraf, verliebte sie sich auf den ersten Blick in das Bild und den Mann. Sie ließ sich ebenfalls malen und schickte ihr Porträt und einen Brief nach Frankreich, und dann begann eine lange Wartezeit.

Irgendwann erhielt sie einen Brief des künftigen Gemahls, worin er sich für das Gemälde bedankte, dann hörte sie nichts mehr von ihm. Die Wochen und Monate vergingen bis zum Sommer 1529. Im Herbst jenes Jahres erfuhr sie von dem Frieden von Cambrai, worin auch die Höhe des Lösegeldes für die beiden Söhne des französischen Königs festgelegt war: Luise von Savoyen war es gelungen, die vom Kaiser geforderte Summe von vier Millionen Goldstücken auf zwei Millionen vierhunderttausend herunterzuhandeln. Damit nicht genug, hatte sie ihren Sohn überzeugt, dass man, wenn er sein Versprechen einlöste und Eleonore heiratete, ihre Mitgift von dem Lösegeld abziehen würde, so dass die Untertanen nicht zwei Millionen vierhunderttausend Goldstücke aufbringen mussten, sondern nur eine Million zweihunderttausend.

Die verliebte Eleonore ignorierte die Tatsache, dass der König sie nicht nur aus politischen, sondern auch aus finanziellen Gründen heiraten würde.

Im Frühjahr 1530 hatten die Franzosen das Lösegeld für den Dauphin und seinen Bruder aufgebracht; der Adel zahlte ein Zehntel der Summe, die Kaufleute, Handwerker und Bauern den Rest.

Am 1. Juli 1530 erreichten Eleonore und die Prinzen das spanische Ufer des Grenzflusses Bidassoa. Auf einer Insel in der Mitte des Flusses fand der Austausch der Geiseln gegen das Lösegeld statt, und dann begab sich die künftige französische Königin mit ihren Stiefsöhnen nach Mont-de-Marsan in der Gascogne, wo sie von Franz und seinem Gefolge erwartet wurden.

Während Eleonore den Fechtkampf des Dauphins verfolgte, erinnerte sie sich, wie schon oft nach ihrer Krönung am 15. März, erneut an die ersten glücklichen Wochen und Monate an der Seite des Königs.

In Mont-de-Marsan war sie von der Hofgesellschaft gebührend empfangen worden, Franz indes widmete sich mehr seinen Söhnen als ihr. Sie war darüber etwas enttäuscht, aber die jubelnden Einwohner der kleinen Stadt und die Trauung in der bescheidenen Abteikirche am 7. Juli 1530 verdrängten ihre erste Enttäuschung am französischen Hof, und die folgenden Nächte mit dem König erfüllten ihre hochgespannten Erwartungen.

Von der Gascogne aus wurde sie in einer Sänfte durch Frankreich bis Paris getragen, wo sie in der Abteikirche von Saint-Denis gekrönt werden sollte. Kurz vor Paris wurde das Wetter schlecht und ihre Krönung und der offizielle Einzug in die Hauptstadt wurde von Woche zu Woche verschoben, bis zum 15. März 1531.

Mit der Schlechtwetterperiode begann auch eine Änderung in ihrer Ehe: der König suchte ihr Schlafzimmer nicht mehr auf. Entweder fand er sie langweilig, oder er war enttäuscht, dass sie nicht schwanger wurde. Inzwischen hatte sie auch erfahren, dass es eine Mätresse gab. Bis zum 15. März gab sie die Hoffnung nicht auf, dass der König irgendwann seine ehelichen Pflichten wieder erfüllen würde. Gewiss, er hatte drei Söhne, aber je mehr Söhne, desto gesicherter war die Thronfolge. So kam der 15. März 1531.

Am Morgen war die Krönung in Saint-Denis, und dann begann der prächtige offizielle Einzug in Paris; in der Kathedrale Notre-Dame sollte sie – die Königin von Frankreich – dann auch als Königin von Paris begrüßt werden. Der Einzug in die Hauptstadt hatte sich ihr eingeprägt.

Sie wurde in einer mit Goldbrokat verhängten Sänfte getragen, sie war in kostbare Pelze gehüllt, mit Perlen und Edelsteinen geschmückt, auf dem Haupt die mit Diamanten und Rubinen besetzte Krone. Die beiden ältesten Söhne des Königs ritten neben ihr, die Schwiegermutter, Louise von Savoyen, folgte ihr in einer ebenfalls prachtvollen Sänfte, dann kam der Zug von Reitern und Reiterinnen, die Herren in vergoldeten Rüstungen, wehende Federbüsche auf dem Helm, die Damen in perlenbesetzten Roben auf Zeltern mit bestickten Schabracken, überall in Paris hingen farbenprächtige Tapisserien. Der Zug bewegte sich, begleitet von Gesängen und Hochrufen, langsam durch die Straßen bis zur Kathedrale.

Als er den Vorplatz von Notre-Dame überquerte, kam plötzlich jener Augenblick der Schmach und Erniedrigung, den sie nie vergessen würde: Am Fenster eines der umstehenden Häuser standen der König und Anna von Pisseleu eng umschlungen und küssten sich. Die Aufmerksamkeit der Hofleute richtete sich sofort auf den König und alle sahen zu dem Fenster. In diesem Augenblick wurde Eleonore schmerzlich bewusst, dass sie zu einem Schattendasein am Hof verurteilt war. Der König liebte seine Mätresse. Sie musste sich wohl oder übel damit abfinden, fortan im Hintergrund zu leben. An jenem 15. März ahnte sie, dass der König ihr Schlafzimmer nicht mehr aufsuchen würde.

Eine Genugtuung allerdings hatte sie an jenem Tag noch erfahren, als die Ritter nicht die Mätresse zur schönsten Frau wählten, sondern sich halb für Anna von Pisseleu und halb für Diana von Poitiers entschieden.

In diesem Augenblick war der Kampf beendet und der Dauphin schwang jubelnd den Degen durch die Luft. Er war größer als sein Bruder, aber schmaler und wirkte beweglicher. Von seinem Vater hatte er die braunen Haare, die große Nase, die pfiffigen Augen und das lebhafte, muntere Temperament geerbt.

Er war allgemein beliebt wegen seiner natürlichen Liebenswürdigkeit, und er selbst lebte in dem Bewusstsein, eines Tages die Krone Frankreichs zu tragen. Als er sich umdrehte, sah er den Bruder und eilte freudestrahlend auf ihn zu. »Heinrich, ich kann es noch gar nicht glauben, ich habe zum ersten Mal den Fechtmeister besiegt!«

»Wie schön für dich.« Der Sieg des Bruders interessierte ihn im Augenblick am wenigsten.

»Los, Heinrich, jetzt bist du an der Reihe! Zeige dem Italiener, aus welchem Holz die Franzosen geschnitzt sind!«

Heinrich ging langsam, lustlos und etwas niedergeschlagen zu dem Fechtmeister. Gewöhnlich interessierte er sich für die neue Kunst, aber an jenem Nachmittag weilten seine Gedanken bei seiner »Göttin«, ohne dass er zu sagen gewusst hätte, warum immer wieder ihr Bild vor seinem inneren Auge erschien.

Der Dauphin war so stolz und erregt über seinen Sieg, dass er die trübe Stimmung des Bruders nicht bemerkte; er stieß den Degen schwungvoll in die Scheide und sah sich um.

»Bringe mir einen großen Becher mit eiskaltem Wasser«, sagte er zu einem der herumstehenden Diener. »Ich bin am Verdursten!«

Als der Diener ihm den Becher reichen wollte, trat die Königin hinzu, nahm den Trunk und überreichte ihn dem Dauphin mit den Worten: »Trinken Sie das Wasser langsam und in kleinen Schlucken, so bekommt es Ihnen besser.«

Franz sah seine Stiefmutter erstaunt an. »Sie sind immer so besorgt um meine Gesundheit, Madame«, erwiderte er lächelnd.

»Ich muss auf Ihre Gesundheit achten. Sie sind der Dauphin, und der König liebt Sie sehr.«

Heinrich hatte inzwischen den Degen genommen und stand kampfbereit dem Fechtmeister gegenüber, als die Worte der Königin sein Ohr streiften: »Sie sind der Dauphin, und der König liebt Sie sehr.« Er ließ den Degen sinken und versuchte, die aufsteigenden Tränen zu unterdrücken. Der Vater liebte den ältesten Sohn, er hatte es schon immer gespürt und gewusst, aber noch nie war es so deutlich ausgesprochen worden.

Franz trank einige Schlucke Wasser, gab dem Diener den Becher, und dabei wurde er auf seinen Bruder aufmerksam.

»Was hat er, Madame? Er sieht so traurig aus!«

»Ich glaube«, erwiderte die Königin vorsichtig, »dass er die Gefangenschaft in Spanien immer noch nicht ganz verarbeitet hat.«

Der Dauphin sah Eleonore erstaunt an. »Das verstehe ich nicht, Madame. Wir sind seit über neun Monaten wieder in Frankreich, irgendwann muss man einen Schlussstrich ziehen und alles vergessen. Spanien ist die Vergangenheit, mein Bruder und ich sind jung, das ganze Leben liegt noch vor uns.«

»Gewiss, aber Ihr Bruder hat ein anderes Naturell als Sie, er ist anders veranlagt.«

Franz überlegte einen Augenblick, dann trat er zu Heinrich und legte ihm den Arm über die Schulter. »Ist etwas passiert? Du wirkst so bedrückt.«

Der Jüngere sah den Älteren dankbar an. Die gemeinsamen Jahre in Spanien hatten sie einander nahe gebracht und eine innere Verbundenheit geschaffen, die unter normalen Bedingungen wahrscheinlich nie entstanden wäre.

»Unser Vater hat mich erwischt, als ich im Garten weilte und über die Loire sah, anstatt am Fechtunterricht teilzunehmen.« Er schilderte das Gespräch.

Franz lächelte. »Hast du wirklich auf deine ›Göttin‹ gewartet?«

Er war der Einzige am Hof, dem Heinrich seine stille Liebe gestanden hatte.

»Ja. Ich hoffte, sie würde kommen. Nun ja, ich werde sie irgendwann sehen. Hast du schon einmal oben an der Gartenmauer gestanden und über die Loire gesehen?«

Franz sah den Bruder erstaunt an. »Nein. Was gibt es da zu sehen? Die Loire ist ein langweiliger Fluss.«

»Es gibt natürlich nicht viel zu sehen. Die Loire umfließt ihre Sandbänke, sie befeuchtet die Wiesenraine, sie lässt die aneinander gebundenen Boote hingleiten, aber der Blick über den Fluss zum Horizont ... das ist unbeschreiblich. Man kann dabei träumen, man wird von den Wellen fortgetragen, irgendwohin. Du solltest dir dieses Erlebnis nicht entgehen lassen, solange wir hier sind.«

Franz wusste nicht recht, was er darauf erwidern sollte.

»Es wird kühl«, sagte er nach einer Weile, »lass uns zum Schloss zurückgehen.«

Als sie den Hof vor dem Marstall überquerten, wurden sie fast von zwei Eilkurieren überritten, die zum Tor galoppierten.

»Herr im Himmel!«, rief der Dauphin. »Können die Burschen nicht aufpassen? Wo reiten sie hin?«, fragte er einen der Reitknechte. »Es wird bald dunkel.«

»Mit Verlaub, Hoheit, soviel ich weiß, reitet der eine nach Rom zu unserem Gesandten und der andere nach Schloss Anet. Seine Majestät will übermorgen mit kleinem Gefolge für ein paar Tage nach Anet reiten.«

»Nach Rom, nach Anet …« Er wandte sich zu Heinrich. »Verstehst du das?«

»Nein, und es interessiert mich auch nicht. Ich bitte dich, lass mich jetzt allein.«

Er überquerte langsam den Hof und begab sich in sein Appartement, während der Bruder ihm erstaunt nach sah.

In seinem Appartement angekommen, sank Heinrich auf das Bett und fing an zu weinen. Er weinte, weil der Vater den älteren Bruder mehr liebte als ihn, er weinte, weil ihm kein Mensch Zuneigung entgegenbrachte. Die Höflinge wetteiferten um die Gunst des Dauphins, nun gut. Franz war der Thronfolger, er neidete dem Bruder die Stellung nicht. Von klein auf hatte man ihm beigebracht, dass der Dauphin eines Tages die Krone Frankreichs tragen würde. Er war nur der Herzog von Orléans und würde Herzog bleiben, damit war er zufrieden. Aber er sehnte sich nach einem Menschen, der ihn liebte, bedingungslos, um seiner selbst willen. Außer seiner verstorbenen Mutter gab es nur einen Menschen am Hof, der ihm Zuneigung entgegenbrachte, der ihn beachtete – seine »Göttin«. Aber sie war unerreichbar für ihn, wie Beatrice für Dante. Sein Vater würde ihn eines Tages mit einer Frau verheiraten, die ihn wahrscheinlich nicht liebte. Er würde sie bestimmt auch nicht lieben, er liebte die unerreichbare »Göttin«. Er wusste, dass sie verheiratet und ihre eheliche Treue allgemein bekannt war. Dies hinderte ihn jedoch nicht, von ihr zu träumen. Es war stets derselbe Traum, und er begann im Spätwinter des Jahres 1526 am Fluss Bidassoa, der die Grenze zwischen Frankreich und Spanien bildete.

Er war ein kleiner Junge von sieben Jahren, und er sollte mit seinem Bruder von nun an in Spanien leben. Man hatte ihnen gesagt, dies sei die Bedingung, dass ihr Vater wieder nach Frankreich zurückkehren könne, und man hatte ihnen versichert, dass sie in Spanien genauso leben würden wie in Frankreich. Nun stand er am Ufer des Flusses und hatte Angst, weil allgemein bekannt war, dass die Spanier grausam sein konnten.

Er begann zu weinen. Plötzlich wurde sein Kinn sanft emporgehoben, und durch den Tränenschleier sah er eine junge, schöne Hofdame. Sie lächelte ihn an.

»*Weinen Sie nicht, Sie werden nach Frankreich zurückkehren*«, sagte sie leise. Sie beugte sich über ihn, küsste ihn auf die Stirn, dann auf den Mund und verschwand.

Wenig später bestiegen sie das Boot, das sie zu der Insel brachte, wo ihr Vater sie erwartete. Er erinnerte sich nur flüchtig an den Abschied vom König. Während der Gefangenschaft in Spanien hatte er jeden Abend, bevor er einschlief, noch einmal die Szene mit der Hofdame durchlebt …

Irgendwann während der spanischen Gefangenschaft hatte er dem Bruder jenes Erlebnis geschildert. Im Sommer des Jahres 1530 hatte er sie dann in Mont-de-Marsan erneut getroffen. Der Vater hatte ihn kurz umarmt und sich dann dem Dauphin gewidmet, die Hofleute waren seinem Beispiel gefolgt. Die Einzige, die ihm etwas Aufmerksamkeit schenkte, war jene Dame, die ihn vier Jahre zuvor auf Stirn und Mund geküsst hatte.

Eines Tages, dachte Heinrich, werde ich ihr meine Gefühle gestehen. Wie wird sie reagieren? Seine »Göttin« war nicht seine Mutter, seine »Göttin« war eine Frau, eine begehrenswerte Frau. Er sprang auf, trat zum Fenster und sah nachdenklich hinunter in den Hof. Sie ist unerreichbar für mich, dachte er. Irgendwann wird mein Vater mich mit einer Frau verheiraten, die ich nicht liebe und die mich auch nicht liebt.

An jenem Nachmittag fühlte sich Heinrich von Valois so unglücklich wie noch nie zuvor in seinem Leben.

Er würde als Herzog von Orléans an der Seite einer ungeliebten Gattin sein Leben verbringen.

Während Heinrich von seiner Göttin träumte, saß Diana von Poitiers in ihrem Appartement im Schloss vor dem Spiegel und ließ sich von ihrer Zofe Régine die Haare bürsten. Sie hatte an dem Jagdausflug nicht teilgenommen, weil ihr Gatte einige Tage am Hof weilte und erwartete, dass sie sich ihm widmete. Diana liebte Jagden über alles, aber ihren Gatten liebte sie noch mehr, und so war ihr der Verzicht nicht schwer gefallen.

Die Gattin des Großseneschalls der Normandie war für die Hofleute die Verkörperung der antiken Göttin Venus, weil sie alle Schönheitsmerkmale besaß: drei weiße: Hände, Haut und Zähne; drei schwarze: Augen, Brauen und Wimpern; drei rote: Lippen, Wangen und Fingernägel; drei kurze: Zähne, Ohren und Füße; drei lange, Körper, Hände und Haare;

drei kleine: Brüste, Nase und Kopf; drei dünne: Mund, Hüfte und Knöchel; drei füllige: Arme, Waden und Lenden.

Sie war schlank, hatte braune Haare, kleidete sich mit schlichter Eleganz und verzichtete auf Schönheitsmittel, die ihre Standesgenossinnen verwendeten, um attraktiv und jugendlich zu wirken, nämlich Puder, Rouge für Wangen und Lippen, Wimperntusche. Sie versuchte, ihre Schönheit auf natürliche Art zu erhalten: Nach dem zweiten Wochenbett hatte sie sich angewöhnt, bei Tagesanbruch aufzustehen und bis zum Frühstück zu reiten. Nach aristokratischer Sitte nahm sie – wie der König – ein leichtes Frühstück ein, das aus gekochter Milch mit einem rohen, verquirlten Ei, Früchten und Honig bestand. Anschließend badete sie in eiskaltem Wasser, ölte und parfümierte sich, und nach diesen Zeremonien war sie innerlich auf den neuen Tag vorbereitet.

Diana hatte am 3. September 1499 in Poitiers das Licht der Welt erblickt. Sie war eine Tochter des vermögenden Johann von Poitiers, Graf von Saint-Valliers. Im Alter von sechzehn Jahren wurde sie eine Hofdame der Königin Claudia.

Bei einem Hoffest wurde Ludwig von Brézé, der verwitwete Großseneschall der Normandie, auf das junge Mädchen aufmerksam, verliebte sich in sie und hielt bei Johann von Poitiers um ihre Hand an. Der Graf von Saint-Valliers war gerne bereit, seine Tochter mit dem Großseneschall zu vermählen. Ludwig von Brézé war zwar vierzig Jahre älter als die Braut, aber er besaß zahlreiche Ländereien und war ein Freund des Königs. Diana war einverstanden aus dem einfachen Grund, weil sie von klein auf nur gehört hatte, dass ihre Eltern eines Tages eine passende Heirat arrangieren würden.

Die Hochzeit wurde auf Schloss Anet gefeiert, ein Landsitz, der seit dem zwölften Jahrhundert im Besitz der Familie Brézé war. Diana, die vor der Hochzeit den Gatten nur wenige Male bei Hofe gesehen hatte, war angenehm überrascht von dem vierzig Jahre älteren Mann, der ihr Vater, vielleicht sogar ihr Großvater hätte sein können. In der Brautnacht erlebte sie ihn als rücksichtsvollen, zärtlichen Liebhaber, und nachdem sie einige Nächte mit ihm verbracht hatte, begann sie, ihn zu lieben, zumal er in materiellen Dingen großzügig war und ihr jeden Wunsch erfüllte, und sie hatte viele Wünsche: elegante Roben, Schmuck, edle Pferde, eine zahlreiche Dienerschaft, die ihr zu jeder Minute zur Verfügung stand. Ludwig von Brézé war großzügig und seine junge Frau konnte tun und lassen, was sie wollte. Nur in einem Punkt war er unnachgiebig: Er erwartete absolute eheliche Treue von ihr. Einige Tage nach der Hochzeit erzählte er beiläufig von seiner Mutter. Sie hatte seinen Vater betrogen und war von ihrem Gatten, als er davon erfuhr, getötet worden.

Diana erwiderte nichts, aber sie wusste nun, dass ihr Gatte auch nicht den geringsten Verdacht tolerieren würde. Abgesehen davon war sie innerlich weit von einer außerehelichen Liaison entfernt, weil sie den Großseneschall aufrichtig liebte, und sie beschloss, sich von den übrigen Hofdamen durch eheliche Treue abzuheben. So wurde sie im Laufe der Jahre immer unnahbarer, stolzer, und man bewunderte sie wie eine marmorne Göttin. Nachdem sie zwei Töchter geboren hatte, beschloss sie, keine Kinder mehr zu bekommen, weil sie ihre schlanke Figur und Schönheit möglichst lange erhalten wollte. Überdies hatte sie Stiefsöhne und Stiefenkel, der Fortbestand des Familiennamens war also gesichert.

Nach dem zweiten Wochenbett begann sie mit ihren morgendlichen Ritten, und sofern sie auf einem der Landgüter und nicht am Hof weilte, ließ sie sich am Vormittag von den Verwaltern über die Einnahmen und Ausgaben berichten und versuchte, sich in die Verwaltung von Ländereien einzuarbeiten. Sie wusste, dass der Gatte ihr im Testament ein beträchtliches Vermögen vermacht hatte, und sie wollte es selbst verwalten und nicht von Leuten abhängig sein, die sie vielleicht betrogen und sich bereicherten.

Ihr häusliches Glück wurde durch den Verrat des Konnetabels von Bourbon gestört, als der König erfuhr, dass ihr Vater in die Absichten Bourbons eingeweiht war. Der Graf von Saint-Valliers wurde zum Tode verurteilt. Diana und ihr Gatte versuchten alles, um das Urteil aufzuheben. Der König begnadigte zwar den Grafen im letzten Augenblick, aber der Besitz von Dianas Vater fiel an die Krone, und er selbst blieb in Haft als Warnung für den trotzigen Hochadel.

Nach dem Tod der Königin Claudia war Diana Hofdame bei Louise von Savoyen. Es war eine Zwischenlösung bis zur Ankunft der neuen Königin, weil niemand daran zweifelte, dass Franz I. erneut heiraten würde. Diana begleitete die Königinmutter zu den Friedensverhandlungen nach Cambrai und lernte bei dieser Gelegenheit die europäische Politik kennen.

Seit der Ankunft von des Königs zweiter Gemahlin war sie in deren Dienst.

»Welches Kleid wollen Sie bei der Abendtafel tragen, Madame?«, holte Régine sie in die Gegenwart zurück.

Diana überlegte. »Das weiße Seidenkleid, Régine. Mein Mann sieht mich am liebsten weiß gekleidet. Es ist unser letzter gemeinsamer Abend, morgen reitet er wieder zurück in die Normandie.«

»Mit Verlaub, Madame, das weiße Seidenkleid ist so schlicht, so wenig prunkvoll.«

Diana lächelte. »Wie oft soll ich es dir noch sagen, ein schlichtes Kleid kann eleganter sein als kostbare Brokatroben.«

Régine war so alt wie Diana und diente ihr sei der Heirat mit dem Großeneschall als Zofe. Seit einigen Jahren war sie mit Maurice, dem Kammerdiener Ludwigs von Brézé, verheiratet. Zwischen Régine und ihrer Herrin hatte sich im Laufe der Jahre ein gewisses Vertrauensverhältnis entwickelt, und Régine versuchte, bei Hofe alle Informationen zu erhaschen, die ihrer Herrin nützlich sein konnten.

Sie ahnte nicht, dass man sie in der Dienerschaft teils belächelte, teils ihr mit Misstrauen begegnete. Man belächelte sie, weil sie sich für schön hielt: Sie war brünett, schminkte sich auffällig, putzte sich geschmacklos heraus und ahnte nicht, dass die Diener sich über ihren Bauch lustig machten, den auch die wallenden Gewänder nicht verbargen. Man begegnete ihr mit Misstrauen, weil man sie für hinterlistig und intrigant hielt.

Diana störte die Unbeliebtheit der Zofe nicht, weil ihre eigene Stellung am Hof über jeden Zweifel erhaben war. Sie, Diana von Poitiers, war im Frühjahr 1531 am Hof Franz I. die Göttin der Schönheit und der Jagd.

»Welchen Schmuck wollen Sie zu dem weißen Kleid tragen, Madame?«

»Die Saphire, Ludwig hat sie mir zur Hochzeit geschenkt.«

»Mit Verlaub, Madame, der Saphirschmuck wirkt kühl zu dem weißen Kleid.«

»Régine, die Farbe Blau symbolisiert die Treue. Morgen werde ich mich wieder einmal für längere Zeit von meinem Gatten trennen müssen, wer weiß, ob und wann ich ihn wiedersehe. Er ist inzwischen zweiundsiebzig.«

In diesem Augenblick wurde Ludwig von Brézé gemeldet. Er war ein großer, kräftiger Mann mit einer stattlichen grauen Haarpracht und grauem Bart.

»Verzeih die Störung, Diana, aber soeben erhielt ich eine Nachricht vom König. Er möchte am 20., also übermorgen, bei Tagesanbruch mit uns und einem kleinen Gefolge nach Anet reiten. Ich habe bereits einen Kurier vorausgeschickt, damit alles für einen gebührenden Empfang hergerichtet wird. Obwohl …« Er holte ein Billett hervor und las es noch einmal. »Der König möchte ein paar ruhige Tage bei uns verbringen ohne Bälle und Festlichkeiten. Die Anwesenheit des Königs in meinem Haus war immer eine Ehre für mich, und so können wir noch ein paar Tage länger zusammenbleiben.«

Er lächelte Diana liebevoll an und sie erwiderte sein Lächeln.

»Du hast Recht, und ich freue mich sehr auf Anet. Im eigenen Schloss lebt man doch idyllischer als am Hof, und von deinen Landsitzen war Anet immer mein Lieblingsschloss. Dennoch verstehe ich den plötzlichen Entschluss des Königs nicht ganz. Ich weiß zwar, dass er unstet und unruhig ist, nie länger als zwei Wochen an einem Ort bleiben kann, aber gewöhnlich reist er in einer Richtung nach Süden oder Norden oder Osten oder Westen, oder er macht eine Rundreise durch das Land. Was soll das Hin und Her? Erst reisen wir von Paris aus nach Süden an die Loire, jetzt reisen wir zurück nach Paris, von dort aus nach Westen zu unserem Schloss und dann wieder zurück nach Amboise …« Sie schwieg plötzlich und lachte leise auf. »Ich glaube, ich weiß, warum der König ein paar Tage in Anet verbringen möchte. Er ist wie ein Kater auf der Suche nach einem neuen Liebesabenteuer. Ludwig, vor ungefähr einem Jahr weilte er ebenfalls ein paar Tage in unserem Schloss und verbrachte die Nächte mit der ältesten Tochter des Gutsverwalters. Wahrscheinlich hat er damals auch die jüngere Tochter gesehen; sie ist noch hübscher als ihre Schwester. Vor einem Jahr war sie noch ein halbes Kind, inzwischen ist sie ein junges Mädchen …«

Der Großseneschall lächelte. »Ich erinnere mich sehr gut, wahrscheinlich reizt ihn das junge Ding. Indes, der Hauptgrund für diesen plötzlichen Aufbruch ist ein anderer.« Er gab ihr das Billett.

Diana las und sah den Gatten erstaunt an. »Nun verstehe ich überhaupt nichts mehr. Er will sich mit uns über die Verheiratung seines Sohnes Heinrich unterhalten? Warum soll Heinrich vor seinem älteren Bruder verheiratet werden? Die Eheschließung des Dauphins ist doch wichtiger, schließlich ist seine Gattin die künftige Königin!«

»Unser König wird seine Gründe haben, warum er den Herzog von Orléans vor dem Dauphin verheiratet. Ich vermute, dass er zwischen verschiedenen Kandidatinnen schwankt und unsere Meinung hören will, vielleicht hat er auch bereits eine in die engere Wahl gezogen. Eines

scheint mir sicher: Wenn er wirklich an eine baldige Heirat seines Zweitgeborenen denkt, dann ist eine solche Verbindung in den Augen des
Königs mit außenpolitischen Vorteilen verknüpft.«

Diana überlegte. »Du hast Recht, aber warum fragt er dann uns um Rat?
Außenpolitische Vorteile sind außenpolitische Vorteile, wahrscheinlich
hat die Affäre einen Haken, aber wäre es in diesem Fall nicht angebrach-
ter, den Kronrat oder zumindest Montmorency, seinen Jugendfreund,
zu fragen? Montmorency ist doch inzwischen nach dem König der
mächtigste und einflussreichste Mann am Hof. Warum will sich der
König ausgerechnet mit uns über die Heirat des jungen Heinrich unterhalten?«

»Warum? Weißt du es nicht, Diana, oder willst du es nicht wissen? Der
König fragt uns, nein, er fragt um deine Meinung, weil Prinz Heinrich
bei seinem ersten Turnier an jenem 15. März dir gehuldigt hat und nicht
der Königin oder der Herzogin von Etampes.« Nach diesen Worten
herrschte einige Augenblicke lang Schweigen zwischen den Gatten.

»Man sollte den Vorfall nicht überbewerten«, sagte Diana dann.

»Gewiss, aber man sollte ihn auch nicht unterbewerten, er hat bei Hof
einiges Aufsehen erregt.«

»Aufsehen? Anna hat sich wahrscheinlich geärgert, das ist alles.«

Da begann der Großseneschall zu lachen. »Anna, mein Gott, Krönungen
sind zwar feierlich, aber auch langatmig und langweilig. Diese Krönung
jedoch werde ich bestimmt nie vergessen. Es gab drei Höhepunkte: der
König und seine Mätresse an jenem Fenster, die Huldigung des Herzogs
von Orléans vor dir statt vor seiner Stiefmutter oder Anna und schließlich die Abstimmung der Ritter, wer die schönste Dame sei. Eines muss
man dir und der Herzogin lassen; es ist euch trefflich gelungen, der legitimen Königin die Schau zu stehlen. Nun, die arme Habsburgerin wird
sich damit abfinden müssen, dass sie zur ›Schattenkönigin‹ verdammt
ist.«

»Ihre Vorgängerin war auch nur eine ›Schattenkönigin‹. Das ist eine
ganz neue Entwicklung am Hof. Wahrscheinlich wird es im Laufe der
kommenden Jahrzehnte noch mehr Königinnen geben, die im Schatten
der Lilie leben.«

Inzwischen hatte Régine das weiße Kleid zurechtgelegt und dabei aufmerksam der Unterhaltung gelauscht. Als der Großseneschall das Zimmer verlassen hatte, war sie ihrer Herrin beim Ankleiden behilflich.

»Ihr Gatte hat Recht, Madame«, sagte sie, »die Huldigung des Prinzen hat tatsächlich Aufsehen erregt. In der Gesindestube spricht man immer noch darüber und fragt sich, warum der Herzog Sie gegrüßt hat. Sein gespanntes Verhältnis zum König ist bekannt, man wundert sich, dass er nicht die Gelegenheit genutzt hat, den König gnädig zu stimmen und der Herzogin zu huldigen. Wenn Sie mich fragen, so wundere ich mich nicht – Sie sind die schönste Dame am Hof. Es ist selbstverständlich, dass der Prinz Sie zur Dame seines Herzens erkoren und für Sie im Turnier gekämpft hat.«

Diana erwiderte nichts, setzte sich vor den Frisiertisch und ließ sich von Régine den Saphirschmuck anlegen. Dann betrachtete sie sich eine Weile prüfend im Spiegel. Gewiss, sie sah nicht aus wie zweiunddreißig, aber vom Alter her könnte sie die Mutter des Prinzen sein.

»Régine, ich glaube nicht, dass meine äußere Erscheinung den Herzog so beeindruckt hat. Wahrscheinlich ist es mehr die Aufmerksamkeit, die ich ihm seit seiner Rückkehr aus Spanien entgegenbrachte. Als er und sein Bruder in Montmarsan eintrafen, umarmte der König natürlich beide Söhne, aber dann widmete er sich nur noch dem Dauphin. Der Hofstaat folgte seinem Beispiel und Heinrich stand unbeachtet in einer Ecke. Das mutterlose Kind tat mir Leid, so ging ich zu ihm, fragte ihn nach dem Verlauf der Reise, nach seinen Erlebnissen in Spanien und stellte überrascht fest, dass er seine Muttersprache nicht mehr verstand. Der Dauphin hatte übrigens ebenfalls Französisch fast völlig verlernt. Nun, dank des intensiven Unterrichts konnten die Prinzen bald wieder französisch sprechen wie eh und je. Wenn ich während der folgenden Wochen und Monate den Prinzen Heinrich sah und es sich ergab, unterhielt ich mich mit ihm; nicht lange, manchmal nur wenige Minuten. Er hat nie über die Jahre in Spanien gesprochen, dafür hat der Dauphin umso mehr erzählt. Der König war empört über die Behandlung, die seinen Söhnen zuteil wurde, und er hatte Recht: Irgendwann waren aus Madrid Nachrichten eingetroffen, dass die Prinzen unter der Härte ihrer Gefangenschaft litten. Daraufhin entsandte die Königinmutter im Jahre 1529 Monsieur Bordin, einen Pariser Notar, nach Spanien, um Erkundigungen einzuziehen. Seine Mission verfehlte jedoch ihren Zweck; die misstrauischen Spanier gestatteten Bordin nicht, die Knaben zu sehen. Sie waren in einer Festung in den kastilischen Bergen völlig von der Außenwelt abgeschnitten, man konfiszierte sogar die beiden samtenen Mützen, die er ihnen mitbrachte, weil man Zauberei befürchtete.« Diana schüttelte an dieser Stelle verständnislos den Kopf, bevor sie fortfuhr.

»Nach ihrer Rückkehr erzählte der Dauphin, sie hätten in einem Verlies der Burg gehaust, die meiste Zeit auf einem Steinbänkchen unter dem einzigen, schmalen, vergitterten Fenster gesessen, ihre französischen Diener waren von den Spaniern teils als Sklaven verkauft, teils getötet worden, sie lebten vollkommen einsam, verlernten allmählich die französische Sprache und verstanden nur wenig Spanisch. So lebten sie vier Jahre lang. Der Dauphin hat die Gefangenschaft inzwischen irgendwie verarbeitet, aber ich habe manchmal den Eindruck, dass sein jüngerer Bruder immer noch darunter leidet.«

Régine hatte aufmerksam zugehört. »Jetzt weiß ich, warum der Prinz Ihnen huldigt«, erwiderte sie dann. »Er liebt Sie, Madame.«

Diana sah ihre Zofe irritiert an. »Wie meinst du das?«

»Nun, Madame, Prinz Heinrich ist zwar ein Sohn des Königs, aber da sein Vater den älteren Bruder offensichtlich mehr liebt und ihn bevorzugt, folgt der Hof dem Beispiel des Monarchen und konzentriert seine Aufmerksamkeit auf den Thronfolger. Der junge Herzog lebt im Schatten der Krone. Auf einmal wird ihm Aufmerksamkeit zuteil von einer Hofdame, von der schönsten Dame. Ist es nicht natürlich, dass er anfängt, Sie zu lieben? Aufmerksamkeit, Anteilnahme, in Ihrem Fall mütterliche Zuwendung, erzeugen bei dem Menschen, dem sie zuteil wird, ebenfalls Zuneigung. Sie sind für den Prinzen die Bezugsperson, die ihm – seit dem Tod der Königin Claudia – am Hof fehlt.«

Diana dachte lange über die letzten Worte nach. »Ich glaube, du hast Recht, Régine«, erwiderte sie schließlich. »Aber wenn ich für den Herzog eine Bezugsperson bin, dann nur aus einem Grund: Er ist wahrscheinlich sehr einsam. Unter diesen Umständen wird jeder Mensch, der ihm Aufmerksamkeit schenkt, zur Bezugsperson. Seine Sehnsucht nach Liebe konzentriert er auf mich. Angenommen, die Herzogin würde ihm Aufmerksamkeit schenken, dann würde er sie lieben.«

Régine lachte. »Ja, er würde sie lieben, zunächst nur platonisch, aber in einigen Jahren wäre er der Rivale seines Vaters. Er ist jetzt zwölf Jahre alt und steht an der Schwelle zum Mannnesalter.«

»Ach so, daran habe ich noch gar nicht gedacht. – Lass mich jetzt alleine.«

Als die Zofe gegangen war, stand Diana auf, trat zum Fenster und sah nachdenklich hinunter in den Garten. Régine hat Recht, Heinrich ist kein Kind mehr. Was mag in ihm vorgehen?

An jenem Abend hatte sie das unbestimmte Gefühl, dass ein Stein rollte, den sie nicht mehr würde aufhalten können. Er ist nicht wie sein Vater, dachte sie, der König ist als junger Mann von einer Frau zur anderen geflattert. Heinrichs Naturell ist anders. Vielleicht ist es ganz gut, wenn er heiratet, eine junge Gemahlin wird ihn auf andere Gedanken bringen. Sie überlegte, welche Prinzessin außenpolitische Vorteile als Mitgift in die Ehe einbrachte, kam aber zu keinem Ergebnis.

Am 23. April 1531 erwachte Diana wie gewöhnlich bei Tagesanbruch von selbst. Sie verweilte noch einige Minuten im Halbschlaf und erinnerte sich, dass sie am Abend zuvor ziemlich spät eingetroffen waren. Zu ihrer und des Gatten Erleichterung hatte der Verwalter in der kurzen Zeit alles für den Empfang des Königs vorbereitet. Nach der Abendtafel hatte der hohe Gast sich in sein Appartement zurückgezogen und dort – die Diener beobachteten natürlich alles – die jüngere Tochter des Schlossverwalters empfangen. Diana wandte sich halb nach dem schlafenden Gatten um und überlegte, wie ihr Leben nach seinem Tod weitergehen würde. Der Gedanke beschäftigte sie schon seit einiger Zeit. Sie wusste, dass er ihr in seinem Testament ein stattliches Erbe vermacht hatte, dazu gehörte auch das Schloss Anet. Ihre finanzielle Zukunft war bestens geregelt, aber wie würde sich ihr privates Leben gestalten?
Sie setzte sich auf, betrachtete den Gatten, und dabei ging ihr durch den Kopf, dass sie für viele Männer am Hof eine gute Partie war. Sie konnte sich wieder verheiraten, wie es ihr gefiel. Aber genau dies wollte sie nicht. Sie war mit Ludwig von Brézé glücklich verheiratet gewesen, und keiner der Kavaliere, die im Alter zu ihr passten, konnte ihm das Wasser reichen. Musste sie nicht bei einem gleichaltrigen oder jüngeren Gatten damit rechnen, dass er sie irgendwann betrog? Der Gedanke war ihr unerträglich, Ludwig war ihr treu geblieben und sie ihm auch. An jenem Morgen beschloss sie, nach dem Tod des Gatten keine neue Verbindung mehr einzugehen. Sie würde ihre Pflichten bei der Königin erfüllen, ihre Ländereien verwalten, die Töchter gut verheiraten und das Andenken an Ludwig von Brézé pflegen. Nach seinem Tod, dachte sie, werde ich nur noch Weiß und Schwarz tragen. Weiß, weil er mich am liebsten in weißen Kleidern sah, Schwarz, weil ich ihn bis zu meinem Tod betrauern werde.
Als sie von ihrem Morgenritt zurückkehrte, verweilte sie noch einen Augenblick im Schlosshof und überlegte, wie sie das Anwesen, wenn es

einmal ihr gehörte, architektonisch verändern konnte. Gebäude und Höfe müssten vergrößert, die Gärten anders gestaltet werden. Vor allem aber wollte sie das Schloss mit kunstvollen Spielereien verzieren. Vor ihrem inneren Auge erschien eine Uhr über dem Portal, deren Stundenschläge durch das Gebell von vier Jagdhunden verkündet wurde, die einen unwillig aufstampfenden Hirsch zu verfolgen schienen. Sinnbilder der Jagd mussten ebenfalls überall erscheinen und den Besucher daran erinnern, dass sie den Namen der Göttin der Jagd trug. Ein Umbau des Schlosses kostete Unsummen, wahrscheinlich würde sie Kredite benötigen.

Sie war so vertieft in ihre Gedanken, dass sie den König nicht bemerkte, der inzwischen an ein Fenster seines Schlafzimmers getreten war und sie beobachtete. Sie ist zweifellos eine Schönheit, dachte Franz. Ich habe sie nie begehrt. Warum?

Er hatte schon häufiger darüber nachgedacht, und an jenem Morgen in Anet, als er in Muße die Gesichtszüge der Großseneschallin studierte, glaubte er, den Grund zu wissen. Sie wirkt kalt, dachte er, sie ist eine schöne Statue aus kühlem Marmor, die man bewundert und vielleicht mit dem Finger leicht berührt, mehr nicht, weil sie stolz und unnahbar wirkt. Ihre eheliche Treue ist bestimmt Berechnung, weil sie die zu erwartende Erbschaft nicht aufs Spiel setzen will. Ja, sie ist berechnend, sie betrachtet die Schlossanlage wie ein Käufer, der den Wert schätzt. Er erinnerte sich, dass der Großseneschall hin und wieder erwähnte, wie sehr seine Gattin sich für die Verwaltung der Ländereien interessierte, wie sorgfältig sie die Abrechnungen des Verwalters kontrollierte. Sie ist wahrscheinlich tüchtig, was kaufmännische Angelegenheiten betrifft, aber Kaufleute sind immer auf Gewinn bedacht. Wäre sie meine Mätresse, sie würde meine Großzügigkeit wahrscheinlich schamlos ausnutzen und sich bereichern. Nun, sie ist Gott sei Dank nicht meine Geliebte. Gewiss, Anna bettelt auch für ihre Familie und dies und jenes, aber es hält sich in Grenzen.

In diesem Augenblick betrat ein Diener das Zimmer.

»Sire, das Frühstück Ihrer Majestät ist nebenan serviert.«

Franz I. war der erste französische König, der sich mit »Majestät« anreden ließ. Seit der Thronbesteigung hatte er – sofern er nicht im Feldlager weilte – ein unstetes Leben geführt, dessen Grundregel lautete: Kein Tag sei wie der vorhergegangene, und dieser ähnele keinem folgenden an Genuss. Er konnte sich nie lange an einem Ort aufhalten und verbrachte nur den Winter in der Hauptstadt Paris. Meistens verließ er sie wieder im Februar und zog hinaus, wobei ihn das Wehklagen der Hofleute über die verschneiten oder verschlammten Straßen und über die miserablen Nachtquartiere in irgendwelchen Scheunen nicht im Geringsten störte. Schließlich war es für jeden Aristokraten eine Ehre, am Hof zu leben. Der König und seine engste Umgebung übernachteten natürlich in Schlössern, und da alle Requisiten, die Tapisserien, Kommoden und sogar eine tragbare Bibliothek mitgeführt wurden, so wechselte zwar die Kulisse, aber der Tagesablauf des Königs war stets derselbe, gleich, ob er in einem seiner Schlösser weilte oder Gast war im Schloss eines Adeligen: Sobald Franz erwachte, reichte ihm der Ranghöchste in seiner Umgebung das Hemd und die Diener brachten die prunkvollen Kleider. Während er sich ankleidete, holte ein Wachposten die Schlüssel zu dem Schloss, in dem der König wohnte, denn solange er schlief, blieben die Außentore verschlossen und die Schlüssel lagen unter seinem Kopfkissen. Inzwischen war ein leichtes Frühstück serviert worden, das aus gekochter Milch mit einem rohen verquirlten Ei sowie Früchten und Honig bestand. Nach Konsultationen mit Beratern und Botschaftern begab der König sich mit seiner Familie gegen zehn Uhr zur Messe und gegen elf Uhr zu einem frühen Mittagessen, das gewöhnlich aus fünf Gängen bestand: Suppe, Pastete, Fisch, Braten und Obst. Die königliche Familie speiste an einem separaten Tisch, zu dem gelegentlich ein Botschafter, Künstler oder ein enger Berater eingeladen wurde.

Nach der Mahlzeit ruhte der König, oder er empfing einen Berater oder Gesandten zu einem Gespräch unter vier Augen. Hin und wieder begab er sich in die Gemächer der Königin, um mit ihr zu plaudern.

Den Nachmittag verbrachte er mit der Jagd auf Wild oder der Falkenjagd. Anschließend ruhte er nicht, sondern betrieb das Ballspiel; in jedem seiner Schlösser gab es zwei Plätze – einen im Freien, einen bedeckten gegen den Regen.

Um sieben Uhr begab man sich zum Abendessen, das von italienischer Musik und den Possen der beiden Hofnarren Triboulet und Cailette begleitet wurde. Das Diner war üppiger als die Mittagsmahlzeit. Es gab gesalzenen Schinken, Räucheraal, Zunge, Salate, Kalbspastete, Wildfrikassee, Eier, Safransuppe, gekochtes Huhn oder Kalb, gebratenes Fleisch vom Schwein, Hase, Lamm und Waldschnepfe. Als Gemüse wurden je nach der Jahreszeit Artischocken, Spargel oder Erbsen serviert. Zu Forelle und Lachs gab es schwere Saucen, die mit Zitrone,

Oliven und Stachelbeeren angemacht wurden. Frische Früchte schlossen die Mahlzeit ab.

Nach dem Diner begab sich der Hof auf einen kleinen Spaziergang durch die Gärten, den restlichen Abend verbrachte man mit Maskeraden, Lautenkonzerten, Kartenspielen. Zweimal wöchentlich fand ein Ball statt, und hin und wieder zog sich Franz nach dem Abendspaziergang in seine Bibliothek zurück, um sich von dem anstrengenden Tag zu erholen oder um über ein politisches Problem nachzudenken.

Während Franz an jenem Morgen auf Schloss Anet sein Frühstück einnahm, dachte er darüber nach, wie das Ehepaar Brézé auf seinen italienischen Heiratsplan reagieren würde.

Unterdessen hatte Diana ihr Pferd einem Reitknecht übergeben und eilte in ihre Gemächer, um zu baden und sich für die Unterredung mit dem König anzukleiden. Der hohe Besuch war natürlich eine Ehre, aber er brachte auch ihren gewohnten Tagesablauf durcheinander. Nach dem morgendlichen Ritt frühstückte sie, nahm das kalte Bad, dann las sie bis mittags. Nach dem Essen ließ sie sich ankleiden und empfing Besuch oder machte selbst Besuche. Nach dem Abendessen um acht Uhr begab sie sich zur Ruhe.

Sie genoss den gemächlichen Tagesablauf, wenn sie auf Schloss Anet weilte, aber nun war der König anwesend, und sie trieb Régine zur Eile an, damit sie pünktlich um neun Uhr morgens zur Audienz erscheinen konnte.

Der König empfing das Ehepaar in der Bibliothek des Schlosses und kam sofort zur Sache.

»Ich bin fest entschlossen«, begann Franz, »irgendwann Mailand und Neapel für Frankreich zurückzuerobern. Der Erfolg dieses Unternehmens hängt von der Unterstützung der italienischen Fürsten und Stadtstaaten ab. Ein Bündnis mit ihnen kann nur vom Papst arrangiert werden, deshalb ist es notwendig, dass ich mein Bündnis mit dem Papst verstärke. Allianzen verstärkt man am besten durch Heiraten, und ich möchte deshalb meinen zweiten Sohn Heinrich mit der Nichte des Papstes, Katharina von Medici, vermählen. Sie ist die Tochter des Herzogs von Urbino und der Magdalena de la Tour d'Auvergne.«

Hier schwieg der König einen Augenblick, überlegte, ob er dem Ehepaar sagen sollte, dass der Kronrat und Montmorency gegen diese Verbindung waren und beschloss, mit offenen Karten zu spielen.

»Ich habe die Angelegenheit mit dem Kronrat und meinem Jugendfreund Anne von Montmorency erörtert; sowohl der Kronrat als auch
Montmorency sind aus zwei Gründen gegen diese Verbindung: einmal,
weil Katharina von Medici nicht von fürstlicher Abstammung ist, zum
anderen sehen sie in ihr eine Ausländerin; sie meinen, die nachgebore-
nen Söhne des Königs müssten die Töchter der französischen Hocharistokratie heiraten. Meine außenpolitischen Überlegungen scheinen weder den Kronrat noch Montmorency zu interessieren.«
Er schwieg erneut, während Diana und ihr Gatte einen erstaunten Blick
wechselten, wobei beide das Gleiche dachten: Der König will diese Heirat; es ist zwecklos, ihn vom Gegenteil zu überzeugen, aber, sinnierte der
Großseneschall, es ist meine Pflicht, den König vor dem wankelmütigen
Papst zu warnen.
Franz wandte sich zu Diana. »Nun, Madame, was halten Sie von meinen
Überlegungen?«
Diana sah ihren Gatten an und erwiderte: »Meine Meinung ist nicht so
wichtig. Was meinst du, Ludwig?«
Der Großseneschall überlegte einen Moment. »Sire, das Argument, die
Braut sei Ausländerin, ist geradezu albern; ein Fürst, der ein Bündnis
mittels einer Heirat festigen möchte, muss zwangsläufig eine ausländische Braut in seine Familie aufnehmen. Was die Herkunft betrifft …
nun ja, das junge Mädchen ist zwar nicht fürstlicher Abstammung, aber
ihre Vorfahren haben wie Fürsten über Florenz geherrscht. Ihr Vater
war der Herzog von Urbino, gewiss kein alter Adelstitel, aber vielleicht
sollten wir uns etwas von den alten Namen lösen. Der König von England geht mit bestem Beispiel voran; seine geliebte Anna Boleyn ist auch
nicht fürstlicher Abstammung, sie ist eine englische Aristokratin, und
ihre Familie gehört erst seit zwei oder drei Generationen zum Adel. –
Mit etwas gutem Willen könnte man die Herkunft der Braut ignorieren,
zumal die Medicis zu den bedeutendsten Familien Europas gehören. Ihre
Bedeutung basiert nicht auf ererbtem Adel, sondern auf Leistung. – Für
mich, Sire, ist die nichtfürstliche Abstammung der Braut unwichtig,
zumal sie, nach menschlichem Ermessen, nie Königin von Frankreich
werden wird.« Hier machte der Großseneschall eine Pause, warf einen
kurzen Blick zu Diana und fuhr fort. »Glauben Sie, Sire, dass der Papst
ein verlässlicher Verbündeter ist?«
Franz horchte auf und sah Ludwig von Brézé leicht verärgert an.
»Seit dem Beginn des Krieges zwischen Ihrer Majestät und dem Kaiser

hat der Papst sich wie ein Schilfrohr von einer Seite zur anderen geneigt. Denken Sie an das Bündnis, Majestät, das der Papst mit Karl V. schloss, um Florenz für die Medici zu retten.«

»Die Allianz des Papstes mit dem Kaiser war ein Zweckbündnis«, erwiderte Franz in gereiztem Ton. »Sie halten den Papst also für einen unzuverlässigen Verbündeten?«

»Ja, Sire.«

Der König ging im Zimmer auf und ab und wandte sich schließlich an Diana. »Was denken Sie über meine Heiratspläne, Madame?«

Diana wollte sich nicht die königliche Gunst verscherzen. »Sire, diese Heirat ist zweifellos außenpolitisch wertvoll, wobei die Sachlage sich von einem Augenblick zum anderen ändern kann. Betrachten wir England: Heinrich VIII. ist jetzt mit Frankreich verbündet wegen seiner Eheaffäre. Angenommen, er stirbt plötzlich, dann wird seine Tochter Maria aus der Ehe mit Katharina von Aragon Englands neue Königin. Unter dem Einfluss ihrer Mutter, die eine Tante des Kaisers ist, wird Maria Tudor natürlich eine Annäherung an den kaiserlichen Vetter suchen und zur Gegnerin Frankreichs werden. Was nun den Papst betrifft, er erfreut sich bester Gesundheit, aber auch er kann plötzlich sterben. Wer wird sein Nachfolger? Welche Bündnispolitik wird der neue Papst verfolgen?

Ich will damit sagen, Sire, jede außenpolitische Überlegung ist ein Risiko, aber wer nicht wagt, der gewinnt auch nicht. Was die Herkunft Katharinas von Medici betrifft, das ist für mich völlig unproblematisch: Von der mütterlichen Seite her ist sie eine halbe Französin und überdies auch von fürstlicher Abstammung. Mein Vater war ein Sohn der Johanna von la Tour d'Auvergne; sie war die Schwester des Johann von la Tour, der 1495 Johanna von Bourbon geheiratet und mit dieser Magdalena von la Tour d'Auvergne zur Tochter gehabt hat. Katharina von Medici und ich sind also verwandt. – Was mich betrifft, so spricht nichts gegen diese Verbindung. Vielleicht hat Katharina die Anmut ihrer Mutter geerbt ... sie hat bestimmt eine gute Erziehung genossen. Wenn man ihr von Anfang an klar macht, dass sie zwar die Schwiegertochter Eurer Majestät, aber eben die Herzogin von Orléans und nicht die Dauphine ist, wenn sie sich in das Hofleben einfügt, wird der Hof sie akzeptieren. Überdies ist sie die Tochter des immer noch reichsten Bankhauses in Europa. Ich vermute, dass der Papst sie mit einer stattlichen Mitgift ausstattet. – Weiß Prinz Heinrich schon von Ihren Plänen, Sire?«

»Nein, natürlich nicht. Wenn der Heiratsvertrag von beiden Seiten unterzeichnet ist, werde ich ihn informieren. Wegen des jugendlichen Alters des Paares kann die Hochzeit wahrscheinlich erst in zwei Jahren stattfinden, aber ich werde den Papst bitten, seine Nichte schon vorher nach Frankreich zu schicken. Ich will sie zusammen mit meinen Kindern erziehen lassen, und Heinrich kann sich allmählich an seine Braut gewöhnen. Vielleicht muntert ihn die kleine Italienerin ein wenig auf. Ich mache mir manchmal Sorgen um Heinrich, er ist zu wortkarg und verträumt. Vielleicht übt die Gegenwart seiner Braut einen guten Einfluss auf ihn aus … Die Italienerinnen, die ich kennen gelernt habe, waren nicht kühl, sondern warmherzig, liebevoll und leidenschaftlich zugleich. Nun, man wird sehen. Hoffentlich bringt sie ihn auf andere Gedanken. Ihre Anwesenheit ist auch notwendig, weil ich inzwischen erfahren haben, dass der Papst mit Alessandro Sforza, dem Herzog von Mailand, über eine Ehe verhandelt.«

Nach dem Mittagessen diktierte der König die Klauseln des Ehevertrages, die er schon seit Monaten festgelegt hatte.

Sein Sohn Heinrich sollte, zusätzlich zu den Einkünften des Herzogtums Orléans, jährlich fünfzigtausend Livres beziehen. Die künftige Schwiegertochter Katharina erhielt Schloss Gien als Eigentum und eine jährliche Pension von zehntausend Livres. Die Rechte und Güter aus dem Erbe der Magdalena de la Tour d'Auvergne sollten Katharina zur alleinigen Nutznießung bleiben.

Dem Papst blieb es überlassen, die Höhe der Mitgift seiner Nichte zu bestimmen.

Für Franz waren die finanziellen Vereinbarungen nur von sekundärer Bedeutung; viel wichtiger waren seine territorialen Wünsche: Als Ausgleich für die von ihm zur Verfügung gestellten Ländereien bat er um die Städte Reggio, Livorno, Modena, Parma, Piacenza und um das Herzogtum Urbino.

Die letzte Klausel enthielt den Wunsch, Katharina möge so bald wie möglich in Frankreich eintreffen, um sich bis zur Hochzeit im Jahre 1533 am Hof einzuleben.

Dann überlas er den Vertrag noch einmal und befahl dem Sekretär, drei Abschriften zu fertigen, eine für den Kardinal Gabriel von Gramont, der in Rom mit dem Papst über eine Ehe verhandeln sollte, eine zweite für sich persönlich, schließlich eine dritte für das Staatsarchiv.

Den restlichen Nachmittag verbrachte der König auf der Jagd und beim Ballspiel.

Am nächsten Vormittag, es war der 24. April, unterzeichnete Franz I. den Ehevertrag und ließ ihn von einem Eilkurier zum Kardinal von Gramont bringen mit dem Befehl, er möge sofort nach Rom aufbrechen und mit Clemens VII. über den Vertrag verhandeln.

Er blieb noch drei Tage auf Anet, genoss die Gastfreundschaft der Brézés und die Reize der jüngeren Tochter des Schlossverwalters, dann hielt es ihn dort nicht länger. Er hatte Sehnsucht nach Anna und seinen eigenen geräumigen Gemächern.

Am Morgen des 27. April verabschiedete er sich von den Brézés, dankte noch einmal für den Rat, den sie bezüglich der geplanten Heirat gegeben hatten und für die erholsamen Tage. Dann sah er Diana an, zögerte etwas und sagte: »Madame, während der vergangenen Jahre waren Sie so häufig von Ihrem Gatten getrennt; es ist mein Wunsch, dass Sie den Sommer zusammen mit ihm verbringen. Ich beurlaube Sie deshalb bis auf weiteres. Im Winter, wenn der Hof in Paris weilt, können Sie Ihren Dienst bei der Königin wieder aufnehmen.«

Diana zuckte innerlich zusammen; sie freute sich über den unverhofften Urlaub, wusste allerdings, dass er gleichbedeutend war mit einer vorübergehenden Verbannung vom Hof. Während der König mit seinem Gefolge durch das Tor hinausritt, überlegte sie, ob es mit dem Prinzen Heinrich zusammenhing. Sie erinnerte sich an die Worte des Königs, dass die junge Italienerin den Prinzen hoffentlich auf andere Gedanken bringe …

»Der König kann dich vom Hof verbannen«, sagte Ludwig von Brézé in diesem Augenblick, »aber das bedeutet noch lange nicht, dass er dich aus den Gedanken des Herzogs von Orléans verbannt, im Gegenteil. Eine äußere Trennung kann bei schwerblütigen Menschen dazu führen, dass ihre Gedanken verstärkt um den verehrten, abwesenden Menschen kreisen.«

Diana sah den Gatten überrascht an, ging langsam in das Schloss und dachte im Stillen, dass jeder am Hof der Verehrung des jungen Prinzen mehr Beachtung schenkte als sie selbst.

9

Während der König von Frankreich sich am Vormittag des 23. April mit dem Ehepaar Brézé über die geplante Heirat seines Sohnes unterhielt, wurde Katharina in einer Sänfte vom Palazzo Salviati zum Vatikan gebracht. Sie war am Abend vorher in Rom angekommen und von ihrer Großtante Lucrezia herzlich empfangen worden.

Lucrezia war die älteste Tochter Lorenzos des Prächtigen; sie hatte das sechzigste Lebensjahr überschritten und lebte seit dem Tod ihres Gatten Jacopo ziemlich vereinsamt in dem Palazzo. Von ihren Kindern hatten nur zwei Söhne und eine Tochter die ersten Jahre überlebt.

Die Söhne Giovanni und Bernardo waren zu Kardinälen ernannt worden, ihre Tochter Maria hatte Giovanni delle Bande Nere geheiratet und lebte in Florenz. Lucrezia pflegte den gesellschaftlichen Umgang mit ihren römischen Bekannten, gab kleine Gesellschaften und nahm ihrerseits jede Einladung an, aber ihr fehlte eine Familie. Als der Papst sie bat, vorübergehend Ippolito und Katharina in ihrem Haus aufzunehmen, war sie sofort gerne bereit.

Als Katharina eintraf, führte sie die Großnichte in ein geräumiges Appartement mit Blick in den Garten. Dann schickte sie einen Boten zum Papst und ließ anfragen, wann er die Nichte empfangen wolle; der Diener kehrte nach kurzer Zeit zurück mit der Nachricht, Seine Heiligkeit erwarte die Duchessina am nächsten Tag, also am 24. April, um neun Uhr morgens in seinem Arbeitszimmer.

Katharina lehnte sich in die Polster der Sänfte zurück, umklammerte das Medaillon in ihrer Tasche und betete, dass es ihr Glück bringen würde. Solange sie in Florenz weilte, hatte sie es stets vor den Augen der Umwelt verborgen.

Als sie sich im Palazzo Salviati für die Abendtafel umzog, legte sie es an. Sie freute sich auf das Wiedersehen mit Ippolito – ihm hatte sie das Medaillon zu verdanken, er sollte es an jenem Abend an ihr sehen.

Aber als sie, begleitet von Mingo, den Speisesaal betrat, war nur die Tante anwesend, und als sie nach Ippolito fragte, hörte sie zu ihrer Enttäuschung, dass er in einer diplomatischen Mission in Neapel weile und erst am Nachmittag des nächsten Tages, also am 25. April, zurückkehren werde.

Sie nahm es schweigend zur Kenntnis und versuchte, sich ihre Enttäuschung nicht anmerken zu lassen, was ihr indes bei Mingo nicht gelang.

Die Erzieherin hatte sie schon während ihrer Reise nach Rom aufmerksam beobachtet …

Am nächsten Morgen trug Katharina das Medaillon wieder in der Kleidertasche bei sich; sie wollte nicht, dass der päpstliche Onkel es sah. Der Anblick des Schmuckes sollte Ippolito vorbehalten bleiben. Als sie in Begleitung eines jungen Priesters das päpstliche Arbeitszimmer betrat, erblickte sie zu ihrer Überraschung Kardinal Passerini, der bescheiden hinter dem Stuhl des Papstes stand, dessen Miene aber jeden Besucher wissen ließ, dass er, Passerini, eine wichtige Person war. Seine glücklose Politik in Florenz hatte ihm beim Papst nicht weiter geschadet. Seit wieder in Rom weilte, war er zum engsten Berater Clemens' VII. avanciert und hatte sich auf diesem Posten bislang bewährt.

Katharina schritt langsam und etwas nervös durch das Zimmer. Als sie endlich bei ihrem Onkel ankam, das Knie beugte und seinen Ring küssen wollte, sagte Clemens: »Keine Förmlichkeiten, mein Kind, für dich bin ich nach wie vor dein Onkel Clemens. Folge mir.«

Er erhob sich und führte, begleitet von Passerini, die überraschte Katharina in sein privates Audienzzimmer, wo er sich sechs Jahre zuvor mit Filippo Strozzi über die Schlacht bei Pavia unterhalten hatte. Katharina sah jenes Zimmer zum ersten Mal und erlebte die zweite Überraschung, als sie auf dem Tisch eine Schale mit Konfekt, drei silberne Becher und eine Kristallkaraffe mit dunklem Wein erblickte. Bei ihren früheren Besuchen im Vatikan war ihr nie eine Erfrischung angeboten worden. Was plant er, dachte sie im Stillen, während sie sich setzten und ein Diener süßen Malvasier einschenkte.

Clemens hob seinen Becher und lächelte Katharina an. »Willkommen in Rom, mein Kind. Der Kardinal und ich, wir sind dankbar und glücklich, dass du die schrecklichen Jahre in Florenz unter der Pöbelherrschaft der *Signoria* überlebt hast.« Er trank einen Schluck Wein, und Katharina und Passerini folgten seinem Beispiel. Dann ruhten die Augen des Papstes wieder auf dem jungen Mädchen.

»Ich habe meine Nichte vor sechs Jahren zum letzten Mal gesehen«, sagte er dann zum Kardinal, »damals war sie ein Kind. Jetzt ist sie zum jungen Mädchen herangewachsen und wird in wenigen Jahren eine junge Frau sein.« Er schwieg bedeutungsvoll.

Passerini, der wusste, worauf der Papst anspielte, verneigte sich lächelnd vor Katharina. »In der Tat, Ihre Heiligkeit, ich habe die Duchessina vor vier Jahren zum letzten Mal gesehen. Sie hat sich vom Kind zur jungen

Dame entwickelt. Ich war im Mai 1527 in großer Besorgnis, als ich Sie allein im Palazzo zurücklassen musste.«

Es entstand eine kurze Pause.

»Nun, Katharina«, sagte Clemens dann, »der Kardinal und ich sind neugierig. Erzähle, wie es dir in Florenz erging.«

Er wusste tatsächlich keine Einzelheiten, aber er wollte bei dieser Gelegenheit überprüfen, wie Katharina in Gesellschaft auftrat, wie sie berichtete, welche Worte sie wählte. Schilderte sie die Erlebnisse sachlich oder emotional, wie beurteilte sie die damalige Lage von Florenz?

Katharina überlegte kurz und erzählte dann, was sie erlebt hatte, wobei sie es vermied, Clarissa Strozzis Auftritt in Einzelheiten zu beschreiben. Sie schilderte, dass sie sich bis zur Übersiedelung ins Kloster Murate manchmal im Palazzo etwas einsam gefühlt habe, sie lobte die Benediktinerinnen, enthielt sich eines Urteils über die Dominikanerinnen; zuletzt beschrieb sie wortreich ihre Erleichterung, als sie von der Eroberung der Stadt erfuhr und wieder zu den Benediktinerinnen zurückkehren durfte.

Clemens hörte aufmerksam zu, nickte hin und wieder beifällig. Ihm gefiel die sachliche Darstellung, die niemanden anklagte oder beschuldigte. Seine Nichte schilderte die Ereignisse neutral, und dies bewies, dass sie sich diplomatisch verhalten konnte; Clemens atmete erleichtert auf – Diplomatie würde in ihrem künftigen Leben notwendig sein. Er dachte flüchtig an die Heiratskandidaten, die er für sie im Auge hatte.

»Nun, mein Kind«, erwiderte er, »dein Bericht war noch einmal ein kurzer Blick zurück, aber ab jetzt solltest du nach vorne schauen. Du wirst noch keine Zeit gehabt haben, dir den Palazzo Salviati näher anzusehen; er ist berühmt für seine Kunstsammlung und die Bibliothek. Ich habe Ippolito beauftragt, dir den Palazzo und die Sehenswürdigkeiten Roms zu zeigen. Du wirst auf Alessandros Gesellschaft verzichten müssen; er ist zwar noch einige Wochen hier anwesend und lebt im Vatikan, aber er ist vollauf damit beschäftigt, sich in seine künftigen Aufgaben als Herzog von Florenz einzuarbeiten.«

Dies war nur die halbe Wahrheit. Clemens wollte eine Begegnung seines Sohnes mit Katharina zum jetzigen Zeitpunkt unterbinden, um sie nicht unnötig an den Verlust von Florenz zu erinnern. Katharina indes war es gleichgültig, ob sie den Mauren sah oder nicht – ihre Gedanken kreisten um Ippolito.

»Deine Erziehung«, fuhr Clemens fort, »wird hier in Rom weitergeführt und abgeschlossen werden, das heißt, du wirst auch hier am Vormittag unterrichtet, aber es bleibt dir überlassen, ob du die Lektionen am Nachmittag durch eigene Studien vertiefst. Der Unterricht beschränkt sich auf Sprachen – Latein, Griechisch, Spanisch, Französisch, ferner Literatur, Philosophie, Mathematik, Physik, Musik, Tanzen, Bogenschießen. An den Abenden wirst du allmählich in die römische Gesellschaft eingeführt. Bei diesen Gelegenheiten lernst du auch die ausländischen Gesandten kennen, und ich lege Wert darauf, dass deine äußere Erscheinung des Hauses Medici würdig ist. Ich habe deine Tante Lucrezia beauftragt, dafür zu sorgen, dass du so rasch wie möglich neu eingekleidet wirst. Bei deiner Rückkehr in den Palazzo erwarten dich wahrscheinlich Tuchhändler, Schneider, Schuhmacher und eine kleine Armee von Näherinnen; die passenden Accessoires wie Bänder, Gürtel, Handschuhe, Parfüm, Rouge, Puder, Masken und so weiter kannst du dir selbst besorgen. Mingo wird dich bestimmt dabei beraten, und Lucrezia wird dir einen seriösen Parfumeur empfehlen können.«

Katharina sah den Papst erstaunt an. »Sie erlauben, dass ich mich schminke und parfümiere wie die erwachsenen Damen?«

»Das ist keine Erlaubnis, mein Kind, sondern ein Befehl. Bei den Banketten und Bällen wirst du die Familie Medici repräsentieren, denke daran, du bist kurz vor dem heiratsfähigen Alter.«

»Ich erfülle gerne Ihre Wünsche, Onkel Clemens, aber … ich habe kein Geld, um Handschuhe oder Parfüm zu bezahlen.«

»Sei unbesorgt, ich habe dir eine monatliche Apanage gewährt, und wenn sie nicht reicht, so sage es mir. Geld spielt keine Rolle.«

»Ich danke Ihnen und ich verspreche Ihnen, dass ich sparsam wirtschaften werde.«

Clemens lächelte. »Sparsamkeit ist gewiss eine Tugend, aber jetzt ist nicht der richtige Zeitpunkt, um zu knausern. Ich wünsche, dass du die kommenden Monate in Rom genießt, dass du lebst, frei von Sorgen und Verpflichtungen. An deinem Hochzeitstag wird endgültig der Ernst des Lebens für dich beginnen, dann gibt es nur noch Pflichten. – Kehre jetzt zurück in den Palazzo Salviati, die Seidenhändler erwarten dich wahrscheinlich schon ungeduldig.«

Katharina verließ benommen den Vatikan, und während die Diener sie durch die Straßen Roms trugen, versuchte sie vergeblich, einen klaren Gedanken zu fassen. Neue Kleider, Parfüm, Rouge, die römische Gesellschaft, sie sollte die Medicis repräsentieren … Ja, sie wollte hübsch aus-

sehen wegen Ippolito, sie wollte ihm gefallen. Und während sie sich das Wiedersehen am nächsten Tag ausmalte, erinnerte sie sich an zwei Bemerkungen des Papstes: Du bist kurz vor dem heiratsfähigen Alter …
An deinem Hochzeitstag wird endgültig der Ernst des Lebens für dich beginnen, dann gibt es nur noch Pflichten …
In diesem Augenblick wusste sie, dass der Papst konkrete Heiratspläne schmiedete. Mingo hatte ihr immer wieder gesagt, dass der Onkel sie eines Tages verheiraten würde. Vielleicht war dieser Hochzeitstag näher, als sie ahnte? Sie schob den Gedanken zur Seite, im Augenblick war nur Ippolito wichtig.

Nachdem Katharina das private Audienzzimmer des Papstes verlassen hatte, wandte sich Clemens an Passerini.
»Nun, was ist Ihr Eindruck? Sprechen Sie offen, ich weiß seit ihrer Geburt, dass sie keine Schönheit ist.«
Der Kardinal überlegte eine Weile. »Heiliger Vater, äußere Schönheit ist nicht das Wichtigste. Ihre Manieren sind sanft und anmutig, sie ist liebenswürdig im Umgang, eine geschickte Reiterin, das fiel mir seinerzeit in Florenz auf. Ihre Gesichtszüge wirken etwas schwer. Sie ist ein junges Mädchen, das in ungefähr anderthalb Jahren eine Frau sein wird. Wenn sie elegant gekleidet und geschminkt ist, wird sie das Haus Medici bestens repräsentieren, zumal sie eine umfassende Bildung erhalten hat. Die ausländischen Gesandten werden erstaunt sein, wenn sie sich mit der Duchessina unterhalten, und sie wird sich in Gesprächen wahrscheinlich klug und diplomatisch verhalten; ihre Schilderung der Ereignisse in Florenz ist der beste Beweis. Sie hat Eurer Heiligkeit nüchtern und sachlich berichtet, was vorgefallen ist und dabei die Gefühle, die sie damals empfand, verschwiegen. Sie weiß anscheinend, wann sie was sagen kann, das ist eine wertvolle Eigenschaft. Sie hat sich im Palazzo Medici irgendwie im Hintergrund gehalten, aber ich glaube, man sollte sie nicht unterschätzen. Ich glaube, sie gehört zu den Menschen, die genau ihre Umgebung beobachten.«
»Ich teile Ihre Meinung. Ich möchte die Heiratsfrage noch einmal mit Ihnen besprechen. An Kandidaten mangelt es nicht, aber welche Partie ist für den Vatikan politisch am wertvollsten? In Italien haben wir drei Kandidaten: Giudobaldo della Rovere, den rechtmäßigen Herzog von Urbino; eine Ehe mit ihm würde zwar zwei bedeutende italienische Häuser miteinander verbinden, aber die Duchessina besitzt diesen Titel ja

schon als eine Art Gewohnheitsrecht. Federigo Gonzaga, der Herzog von Mantua, wäre eine akzeptable Partie, aber er hat zu viele Weibergeschichten. Eine glänzende Partie wäre Francesco Sforza, der Herzog von Mailand, aber er wird ständig von zwei Herrschern belauert – vom Kaiser und vor allem vom französischen König. In Frankreich gibt es zwei Kandidaten, den Herzog von Vaudémont, einen Bruder des Herzogs von Lothringen, und …« Hier schwieg Clemens, und einige Sekunden lang war es im Zimmer totenstill. »… der andere Kandidat aus Frankreich ist Heinrich, der Herzog von Orléans, der zweite Sohn des Königs von Frankreich. Ein Valois für eine Medici, ein Königssohn, der mein Bündnis mit einer europäischen Großmacht stärken würde. Es wäre der richtige Gegenzug zu Alessandros Verbindung mit der illegitimen Tochter des Kaisers. Der Antrag geht vom französischen König aus; er will natürlich auf diesem Umweg ein Bündnis der italienischen Staaten gegen den Kaiser zusammenbringen. – Der Kaiser, das ist der problematische Punkt bei dieser Angelegenheit. Eine Heirat der Duchessina mit dem Herzog von Orléans ist für den Vatikan außerordentlich wertvoll, abgesehen von dem damit verbundenen Prestige, aber der Kaiser darf nichts davon erfahren, solange Alessandro in Florenz noch nicht fest im Sattel sitzt. Andererseits vermag ich im Augenblick nicht zu beurteilen, ob Franz seine Werbung noch aufrechterhält, sie liegt inzwischen ein Jahr zurück. Mein bisheriges Zögern kann ich natürlich mit der damaligen Situation in Florenz begründen; inzwischen wäre es an der Zeit, sich zu dem Angebot zu äußern. Nun, ich möchte beiden Herrschern gegenüber mein Gesicht wahren. Es liegt mir daran, dem König von Frankreich gegenüber meine Zustimmung zu signalisieren, aber so, dass der Kaiser nicht misstrauisch wird. Vor allem möchte ich in Erfahrung bringen, ob Franz noch an dieser Verbindung interessiert ist.«

Hier schwieg Clemens, und Passerini wusste, dass der Papst nun Argumente von ihm erwartete, wie man das Problem lösen könne. Die Verheiratung der Duchessina war schon öfter erörtert worden, und Passerini, der wusste, dass Clemens eine Verbindung mit dem Haus Valois wünschte und dass dieser sich durch die Werbung des französischen Königs sehr geschmeichelt fühlte, erwiderte: »Eure Heiligkeit, bitten Sie den Kaiser um Rat bezüglich der Verheiratung der Duchessina, so wird der Habsburger kein Misstrauen hegen. Was nun die Meinung des französischen Königs betrifft, wird er von seinem Gesandten, dem Kardinal von Tournon, inzwischen erfahren haben, dass die Duchessina im Laufe des Frühjahrs in Rom eintrifft und längere Zeit hier leben wird. Wenn der König von Frankreich an der Duchessina noch interessiert ist, wird er seinen Gesandten beauftragen, die junge Dame zu beobachten. Wo kann man einen Menschen am besten und unauffälligsten beobachten? Bei einem Fest, einem Bankett mit anschließendem Ball. Wenn im Verlauf der kommenden Wochen, sagen wir, wenn die Duchessina bis Ende Juni eine Einladung in die französische Gesandtschaft erhält, so ist das ein Zeichen, dass der König von Frankreich an ihr immer noch interessiert ist.«

»Das waren auch meine Überlegungen, bei dieser Gelegenheit könnte man dem Gesandten signalisieren, dass wir an dieser Verbindung ernsthaft interessiert sind, allerdings darf es nur ein halboffizielles Signal sein. – Ja, das wäre die Lösung. Die Duchessina muss von einem Mann zum Fest begleitet werden, einem Mann, der in den Augen der Franzosen ein harmloser Beschützer ist. Wer wäre geeigneter als ihr Vetter Ippolito? Er ist ein Verwandter, überdies ein künftiger Kardinal. Er verspürt zwar wenig Lust, das purpurne Gewand zu tragen, aber das ist unwichtig. Wenn er aus Neapel zurückkehrt, werde ich ihm sagen, dass ich ihn noch im Laufe des Sommers zum Kardinal ernenne. Er wird Katharina zu dem Fest begleiten und mit dem Kardinal von Tournon ein diskretes Gespräch über diese Verheiratung führen.«

Als Katharina im Palazzo Salviati ankam, wurde sie von drei Dutzend Näherinnen, verschiedenen Tuch- und Seidenhändlern, einem Schneider, einem Schuhmacher und ihren Gesellen erwartet.

Sie ließ sich die Stoffe zeigen, fragte Mingo und Lucrezia um Rat und entschied sich für Samt, Seide und Brokat in den Farben Weiß, Champagner, Grün in verschiedenen Schattierungen und Rot, ebenfalls in verschiedenen Schattierungen. Dann präsentierte der Schuhmacher ihr ein Modell mit einem Absatz.

»Wenn Ihre Hoheit diesen Schuh trägt, wirken Ihre Hoheit größer, Ihr Gang verlangsamt sich durch den Absatz, wird anmutiger, raffinierter, weil Ihr Körper sich anders bewegen muss. Ich versichere, Hoheit, dass dieser Schuh die Blicke der jungen Kavaliere auf Sie lenken wird.«

Katharina streifte den Modellschuh über den Fuß und fand ihn unbequem, aber dies war unwichtig. Sie wollte Ippolito gefallen.

»Ich möchte ein Dutzend Paar Schuhe für Bälle und ein Dutzend Paar für den Alltag. Können Sie ein Paar in weißem und ein Paar in weinrotem Leder bis morgen gegen Mittag fertigen?«

»Selbstverständlich, Hoheit.«

An der Mittagstafel erzählte Katharina ihrer Großtante von dem Besuch im Vatikan.

»Onkel Clemens wünscht, dass ich mich schminke und parfümiere. Können Sie mir einen Parfumeur empfehlen, Tante Lucrezia?«

»Geh zu René, mein Kind. Sein Vater war jahrelang mein Parfumeur. Er hat lange Zeit in Frankreich gelebt und dort Renés Mutter kennen gelernt. Er verstand sein Handwerk. René hat bei ihm gelernt, er ist inzwischen ein Meister seines Fachs. Er ist der beste Parfumeur, den ich in Rom kenne.« Sie zögerte etwas. »Er ist ein guter Parfumeur, aber man sagt, er sei auch ein Giftmischer.«

Katharina überlegte. »Ein Giftmischer? Gibt es Beweise, ich meine, gibt es einen Todesfall, der ihn in Verdacht gebracht hat?«

»Nein, bis jetzt nicht.«

Katharina überlegte erneut. »Morgen werden wir René besuchen«, sagte sie dann zu Mingo und wandte sich an Lucrezia. »Ich bitte Sie, einen Boten zu meinem Onkel Filippo Strozzi zu schicken und anzufragen, wann ich ihn besuchen kann.«

»Du kannst ihn nicht besuchen, Kind. Dein Onkel ist gestern nach Florenz gereist. Er soll Alessandro unterstützen und sich um die Bankgeschäfte der Familie kümmern. Von den Söhnen sind nur noch Piero und Roberto bei ihm. Piero wird noch unterrichtet, und Roberto erlernt unter Filippos Anleitung das Bankgeschäft. Leo ist bei den Malteserrittern, und Lorenzo studiert in Bologna Theologie; er soll in den Dienst der Kirche treten.«

»Ich bedauere es, dass ich sie nicht sehen kann. Als Kinder hatten wir viel Spaß miteinander.«

Während der Siesta betrachtete Katharina ihre Kleider und überlegte, welches sie anziehen sollte, wenn sie Ippolito begegnete. Sie wollte hübsch aussehen, aber ihre Kleider waren bis auf zwei aus einfachem Tuch. Im Kloster war dies angebracht, aber jetzt?

Sie entschied sich für das weiße Seidenkleid, trat vor den Spiegel und betrachtete ihr Gesicht. Ihre Haut war blass, sie musste Rouge auflegen. Dann hob sie die Röcke und betrachtete ihre Beine. Meine Beine sind schön, dachte sie, sie sind lang und gerade gewachsen. Im Stillen bedauerte sie, dass sie ihre Beine unter langen Röcken verstecken musste. Dann ging sie in ihr Studierzimmer und notierte, was sie am nächsten Vormittag alles besorgen lassen musste: Gürtel, Bänder, Hauben, allerhand Kopfputz, also Netze und Perlenschnüre, Handschuhe, Fächer, Rouge, Lippenpomade, Puder, verschiedene Duftwässer und natürlich Masken.

Lucrezia hatte angeordnet, dass die Näherinnen während der Siesta mit der Arbeit begannen, und so konnte Katharina noch vor der Abendtafel einige Kleider anprobieren. Kurz vor dem Abendessen präsentierte ihr der Schuhmacher das erste Paar mit den Absätzen. Katharina zog die Schuhe an, ignorierte die Unbequemlichkeit und stolzierte neben Mingo langsam zum Speisesaal.

»Ihr Gang ist tatsächlich graziöser und wiegender«, sagte Mingo, die ihren Schützling kritisch musterte.

»Wirklich? Glaubst du, dass Ippolito es auch bemerken wird?«

»Das weiß ich nicht«, erwiderte Mingo kurz. »Im Übrigen sollen Sie nicht Ippolito gefallen, sondern Ihrem künftigen Gatten.«

Katharina spürte einen feinen Stich in der Herzgegend und schwieg verärgert. Mingo hat Recht, dachte sie, aber muss sie mir deshalb die Freude auf das Wiedersehen mit Ippolito verderben?

Nach dem Abendessen bat Lucrezia die Großnichte, ihr noch Gesellschaft zu leisten und von Florenz zu erzählen.

»Ich möchte dir nicht deine Abende rauben, mein Kind, aber ich würde mich sehr freuen, wenn du heute und vielleicht auch morgen von deinen Erlebnissen berichtest, es interessiert mich sehr. Schließlich bist du die einzige legitime Urenkelin meines Vaters.«

»Gerne, Tante Lucrezia. Ich werde Ihnen alles erzählen, und wenn es mehrere Tage oder Wochen dauert, so ist es nicht schlimm. Überdies, ab morgen ist Ippolito wieder hier, dann können wir Ihnen abwechselnd erzählen; was er nicht weiß, daran erinnere ich mich vielleicht und umgekehrt.«

»Ippolito wird keine Zeit haben. Er begibt sich nach dem Abendessen meistens in sein Appartement, um irgendwelche Memoranden für den Papst zu schreiben. Überdies korrespondiert er sehr fleißig mit seinen alten Freunden in Florenz.«

Katharina horchte erstaunt auf: Alte Freunde in Florenz? Wir hatten in Florenz doch keine Freunde – merkwürdig. Wahrscheinlich ist es eine

Ausrede, weil Ippolito keine Lust hat, Tante Lucrezia Gesellschaft zu leisten. Sie zögerte etwas, bevor sie ihre nächste Frage stellte.

»Wann wird Ippolito morgen zurückkehren? Am frühen Nachmittag oder später?«

»Meistens kehrt er gegen zwei oder drei Uhr zurück, wechselt die Kleider und begibt sich zum Vatikan, um dem Papst Bericht zu erstatten. Wahrscheinlich sehen wir ihn erst bei der Abendtafel.«

Gütiger Himmel, an der Abendtafel, dachte Katharina. So lange wollte sie nicht warten, sie musste ihn irgendwie vorher sehen.

Dann schilderte sie die Ankunft im Palazzo Medici, die Begrüßungsszene mit Passerini, den Stadtrundgang. Je länger sie sprach, desto öfter streifte Lucrezia die Großnichte mit einem erstaunten Seitenblick. Ippolito wurde häufig erwähnt. Sie beobachtete das Mienenspiel des jungen Mädchens, die leicht geröteten Wangen, die glänzenden Augen ... Sie ist in den Vetter verliebt, dachte Lucrezia. Nun ja, er ist ein sympathischer, gut aussehender junger Mann, aber ein junges Mädchen ihres Standes sollte sich besser nicht verlieben. Sie erinnerte sich an ihre eigene Jugend. Auch sie hatte sich verliebt, Verzicht leisten müssen und war trotzdem mit Jacopo leidlich glücklich geworden.

Zu Mingos Erstaunen musste nicht nur sie am anderen Vormittag Katharina in die Stadt begleiten, sondern auch Isabella und Violetta. »Sie sollen meine Einkäufe zur Sänfte tragen«, erklärte Katharina. »Ich habe zwei Sänften bestellt, eine für uns und eine für Isabella, Violetta und die Einkäufe. Ich soll schließlich die Medicis repräsentieren.«

Was für Allüren, dachte Mingo. Bis vor kurzem hat die Duchessina bescheiden im Gästehaus eines Klosters gelebt, und jetzt tritt sie als große Dame auf. Während sie durch die Straßen zum ersten Laden getragen wurden, streifte sie das junge Mädchen hin und wieder mit einem erstaunten Seitenblick. Seit der Ankunft in Rom hat sie sich verändert, sie scheint ihre gesellschaftliche Stellung zu genießen. Im Palazzo in Florenz hielt sie sich immer bescheiden im Hintergrund; sie war mit Lernen beschäftigt, aber sie hätte trotzdem zum Ausdruck bringen können, dass sie die Duchessina ist. Anscheinend stellt sie sich immer auf die gegenwärtige Situation ein – jetzt muss sie repräsentieren, und sie repräsentiert. Flüchtig dachte Mingo, dass Katharina vielleicht sogar gerne im Vordergrund stand.

Am späten Vormittag waren alle Einkäufe getätigt, und Katharina und Mingo betraten den Laden des Parfumeurs René. Er war ein großer, stattlicher Mann Anfang zwanzig mit einem rundlichen Gesicht, dessen Augen die Umgebung fröhlich und gleichzeitig verschmitzt beobachteten.

»Meine Tante, die Signora Salviati, hat Sie empfohlen«, sagte Katharina.

»Ah, die Signora Salviati«, und während dieser Worte wurde Renés förmliches Lächeln verbindlicher und seine Augen wachsamer.

Lucrezia hatte ihm schon einige Zeit vorher erzählt, dass sie auf Wunsch des Papstes ihre Großnichte bei sich aufnehmen würde. Katharina war also eine vornehme Kundin, die er sich erhalten musste. Er wusste, dass einige Damen der römischen Gesellschaft ihn mieden, weil sie ihn für einen Giftmischer hielten. Gewiss, er beherrschte diese Kunst, aber er war entschlossen, nur im Notfall davon Gebrauch zu machen, wobei der Notfall für ihn bislang ein abstrakter Begriff war.

Er verbeugte sich lächelnd. »Womit kann ich Ihrer Hoheit dienen?«

Sie strahlte ihn an und holte die Handschuhe hervor, die sie gekauft hatte. »Ich möchte, dass Sie sie mit dem Duft von Lilien parfümieren, es eilt nicht. Allerdings, diese weißen Handschuhe, könnten Sie sie bis mittags parfümieren, Signor … Signor?«

»Nennen Sie mich einfach Signor René, Hoheit. Selbstverständlich kann ich diese Handschuhe sofort parfümieren. Mein Bote wird sie gegen Mittag zum Palazzo bringen.« Er rief seinen Gehilfen und erteilte ihm die entsprechenden Befehle.

»Sie haben sicherlich Duftwässer, Rouge und Puder. Ich bin noch etwas unentschlossen – könnten Sie mich beraten?«

»Mit dem größten Vergnügen, Hoheit.«

Er betrachtete Katharinas ungeschminktes Gesicht, dachte im Stillen, dass sie, was die Kunst des Schminkens betraf, völlig unerfahren war und dass es bei dieser Kundin angebracht war, sie gut zu beraten und nicht alle möglichen Schönheitspräparate zu verkaufen.

»Darf ich Ihrer Hoheit eine Frage stellen: Möchten Ihre Hoheit sich anmalen oder schminken?«

Katharina sah den Parfumeur verblüfft an. »Ich verstehe Ihre Frage nicht – was ist der Unterschied zwischen Anmalen und Schminken?«

»Nun, Hoheit, vielen Damen genügt es, sich anzumalen, wobei es ihnen gleichgültig ist, ob sie natürlich oder unnatürlich aussehen. Die Kunst des Schminkens jedoch besteht darin, Mängel zu vertuschen und Vorzüge zu betonen. Das gut geschminkte Gesicht einer Dame wirkt immer natürlich, niemals angemalt.«

248

»Ich verstehe, Signor René. Erklären Sie mir die Kunst des Schminkens.«

René trat näher zu Katharina und betrachtete einige Minuten lang ihr Gesicht. »Ihre Augenbrauen sind perfekt, Hoheit, wunderbar geschwungen. Sie müssen weder gefärbt noch gezupft werden. Ihre Augen – ich würde die Lider golden tönen und am unteren Lidrand einen schmalen schwarzen Strich ziehen. Ihre Augen sind, mit Verlaub, etwas vorstehend, vermeiden Sie es, sie zu betonen. Legen Sie Rouge auf die Wangen, aber nicht zu viel, sonst wirkt es unnatürlich. Ihre Wangen sollen frisch aussehen, das genügt. Verwenden Sie den gleichen Rougeton als Lippenpomade, Ihre Lippen sollen glänzen, das genügt; es wäre verkehrt, sie zu betonen. Pudern Sie Ihr Gesicht so, dass es leicht bräunlich wirkt, das passt zu Ihrer Haarfarbe.«

Katharina seufzte. »Meine Haare, das ist auch ein Problem. Ich wäre so gerne blond.«

»Nun, man kann Haare färben.«

»Wirklich? Könnten Sie mich blond färben?«

»Gewiss, Hoheit, aber ich würde es Ihnen nicht empfehlen. Ihr Haar würde nach kurzer Zeit stumpf und brüchig werden. Sie haben dichtes, glänzendes Haar, warum wollen Sie es färben? Der brünette Ton passt zu Ihnen. – Mit Ihrer gütigen Erlaubnis werde ich Sie jetzt schminken.«

Wenige Minuten später holte er einen Spiegel, und Katharina betrachtete erstaunt ihr verwandeltes Gesicht. Sie fand sich wesentlich hübscher als vorher, hielt es aber für besser, zunächst zu schweigen. »Sind Ihre Hoheit zufrieden?«

Da sah Katharina den Parfumeur an. »Ich bin überwältigt, Signor René«, antwortete sie langsam.

Er verbeugte sich lächelnd. »Ich danke Ihrer Hoheit für das Vertrauen.«

»Schicken Sie die Schönheitsmittel, die Sie soeben verwendet haben, zusammen mit den Handschuhen zum Palazzo, meine Tante wird bezahlen. Jetzt fehlt noch das Duftwasser. Was können Sie mir empfehlen?«

»Wie wäre es mit einem Lilienparfüm, passend zu den Handschuhen? Manche Damen bevorzugen auch Jasmin oder Veilchen.« Er holte einige Flaschen und verrieb die Düfte auf Katharinas Handfläche. »Die Düfte, Hoheit, entfalten sich auf jeder Haut anders.«

Katharina entschied sich für zwei Parfüms, die nach Rosen und Lilien dufteten.

»Ich glaube«, sagte sie, während der Gehilfe von René ihre Einkäufe verpackte, »Sie haben mich gut beraten. Ich werde künftig öfter an gesellschaftlichen Veranstaltungen teilnehmen. Wären Sie bereit, in den Palazzo Salviati zu kommen, um mich zu schminken?«

»Selbstverständlich, Hoheit, es ist eine große Ehre für mich, Hoheit.«

»Gut. Halten Sie sich zu meiner Verfügung, Signor René.« Sie nickte ihm lächelnd zu und verließ den Laden.

Mingo hatte die Verhandlungen mit dem Parfumeur erstaunt verfolgt, und bei Katharinas letzten Worten verschlug es ihr die Sprache. Die Duchessina tritt auf wie … wie eine regierende Fürstin. Entweder sind ihr die wenigen Tage in Rom zu Kopf gestiegen, oder … oder besitzt sie vielleicht das Format für eine Fürstin?

»Was hältst du von dem Parfumeur, Mingo?«

»Ich glaube, er versteht sein Handwerk.«

»Gefalle ich dir mit Rouge und Lippenpomade?«

»Ich muss gestehen, Sie sehen hübscher aus.«

Eine Weile herrschte Schweigen in der Sänfte.

»Was meinst du, Mingo«, fragte Katharina dann, »werde ich Ippolito gefallen?«

Mingo schwieg einen Augenblick und überlegte, wie sie Katharina in die reale Welt zurückholen sollte – es war sinnlos, dass ihre Gedanken um Ippolito kreisten.

»Mit Verlaub, Hoheit«, begann sie vorsichtig, »seit unserer Abreise aus Florenz reden Sie nur von Ihrem Vetter und malen sich das Wiedersehen mit ihm aus und das gemeinsame Leben im Palazzo Salviati. Ich kann verstehen, dass Sie Zuneigung für ihn empfinden, aber ich warne Sie: Steigern Sie sich nicht in Gefühle hinein, die nie eine Erfüllung finden werden. Ganz abgesehen davon – wissen Sie überhaupt, ob Ippolito für Sie ebenfalls Zuneigung empfindet? Er ist ein junger Mann von zwanzig Jahren, der Sie zuletzt als Kind gesehen hat. Wer weiß, vielleicht ist er inzwischen mit einer jungen Dame der römischen Gesellschaft verlobt, vielleicht liebt er sie? Aber auch wenn er sie nicht liebt und sie nur heiratet, weil der Papst es wünscht, er wäre gebunden.«

Hier schwieg Mingo, damit Katharina das Gesagte verarbeiten konnte. Sie wusste, dass ihre Worte hart und grausam für das junge Mädchen waren, aber bittere Medizin war die beste und wirksamste Medizin.

Katharina sah Mingo betroffen an. Sie hatte bis jetzt keine Sekunde daran gezweifelt, dass ihre Gefühle für den Vetter von ihm erwidert wurden.

»Ich glaube nicht, dass er sich inzwischen verlobt hat«, erwiderte sie mit einem trotzigen Unterton in der Stimme.

»Vielleicht haben Sie Recht, es war ja auch nur eine Vermutung von mir, aber versuchen Sie, in Ihrem eigenen Interesse, die Lage realistisch zu sehen. Der Papst wird bestimmen, wen Sie heiraten, nicht Sie.«

»Ich weiß, Mingo«, sagte Katharina nach einer Weile leise. »Es wird für Ippolito und mich keine gemeinsame Zukunft geben, aber darf ich nicht wenigstens davon träumen? Ich gebe zu, dass ich in ihn verliebt bin, obwohl ich ihn seit Jahren nicht gesehen habe. Wer weiß, welchem Mann ich vermählt werde, vielleicht verabscheue ich ihn. Ich finde, man sollte einmal im Leben verliebt gewesen sein. Ippolito war in meiner Kindheit der Einzige, der nicht versucht hat, mich zu erziehen. Du hast mich ermahnt, Tante Clarissa hat mich ermahnt – er hat mich akzeptiert und behandelt wie einen erwachsenen Menschen. Ich weiß nicht, wie ich es dir erklären soll, ich habe ihn immer als Beschützer empfunden.«

Mingo dachte nach; die Worte der Duchessina klangen vernünftig.

»Vielleicht haben Sie Recht, wenn Sie Ihre Gefühle für Ippolito ausdrücken«, antwortete sie. »Es ist ganz gut, wenn es ein Traum bleibt; so werden keine Illusionen zerstört.«

»Wie meinst du das?«

»Nun«, Mingo zögerte etwas. »Es werden keine Illusionen über den Mann zerstört.«

Während Isabella und Violetta unter Mingos Aufsicht die Einkäufe auspackten, ging Katharina auf und ab und überlegte, wie sie noch vor der Abendtafel ein Rendezvous mit Ippolito arrangieren konnte. Mingos Vermutung, dass er vielleicht inzwischen verlobt war, beunruhigte sie, und sie wollte wissen, woran sie war.

»Höre, Isabella. Signor Ippolito wird am frühen Nachmittag zwischen zwei und drei Uhr zurückerwartet. Halte dich nach dem Mittagessen unauffällig im Innenhof auf, fange ihn ab und frage ihn, wo wir uns noch vor der Abendtafel treffen können.«

Mingo glaubte, nicht richtig zu hören. »Hoheit!«, rief sie entrüstet. »Was fällt Ihnen ein! Sie sind kein Kind mehr, Sie können sich doch nicht einfach heimlich mit einem jungen Mann treffen, auch wenn er Ihr Vetter ist. In diesem Palazzo gibt es tausend Augen und Ohren, denken Sie an Ihren Ruf. Der Heilige Vater wird es bestimmt missbilligen, wenn er erfährt, dass Sie eine Romanze haben.«

»Onkel Clemens hat weiß Gott nicht wie ein Heiliger gelebt. Mingo,

bitte, erinnere dich an unser Gespräch in der Sänfte. Hattest du in deiner Jugend nicht auch hin und wieder ein heimliches Rendezvous? Es ist irgendwie romantisch und aufregend, weil es nicht ganz schicklich ist.«
Katharina lächelte ihre Erzieherin an, und diese gab sich geschlagen.
»Meinetwegen, aber seien Sie vorsichtig, denken Sie an Ihren Ruf.« Sie wandte sich an Isabella. »Du wirst die Duchessina begleiten und das Paar im Auge behalten.«

Nach der Mittagstafel begab Isabella sich mit einer Näharbeit in den Innenhof, kehrte aber bereits nach einer halben Stunde zurück.
»Hoheit, Signor Ippolito ist eingetroffen, er wechselt die Kleider und begibt sich sofort zum Vatikan. Er erwartet Sie um fünf Uhr im hinteren Teil des Gartens vor dem Pavillon – er hat mir den Weg dorthin beschrieben.«
Um fünf Uhr, dachte Katharina, noch drei Stunden …
Sie ging unruhig auf und ab, schließlich vertiefte sie sich in Dantes *Vita Nova*.
Irgendwann erschien der Bote von René mit den parfümierten Handschuhen, einer Paste und einem weichen Ledertuch zum Polieren der Nägel. Er überreichte Katharina ein Billett seines Meisters, worin dieser die Duchessina bat, die Paste und das Ledertuch als Geschenk anzunehmen. Wenig später brachte der Geselle des Schuhmachers ein weiteres Paar Schuhe.
Gegen vier Uhr zog Katharina das weiße Seidenkleid an, zwängte ihre Füße in die neuen, weißen Lederschuhe mit den Absätzen, dann setzte sie sich vor den Frisiertisch und ließ sich von Isabella die Haare richten und von Violetta die Nägel polieren. Schließlich erneuerte sie das Rouge, verrieb etwas Lippenpomade, betupfte sich Schläfen, Ohrläppchen, Dekolleté und die Pulsadern mit Rosenparfüm; zuletzt legte sie den weißen Ledergürtel um, befestigte den kleinen Handspiegel und das Stundenbuch daran, streifte die neuen Handschuhe über, nahm den Fächer und trat vor den Spiegel.
Sie gefiel sich, aber irgendetwas fehlte noch … natürlich, die Maske. Sie begab sich zwar nur in den Garten, aber eine Dame war keine Dame ohne die Gesichtsmaske.
Sie betrachtete die Maskensammlung und entschied sich für die grüne, die Ippolito ihr zum siebten Geburtstag geschenkt hatte. Dann nahm sie eine schwarze, die mit roten Glasperlen besetzt war, und gab sie Isabella.

»Ich schenke sie dir. Wenn du mich begleitest, musst du künftig auch eine Maske tragen.«

»Vielen Dank, Hoheit, aber wir gehen doch nur in den Garten.«

»Das spielt keine Rolle. Irgendwann gehen wir in die Stadt, und dann muss jeder sehen, dass wir Damen von Stand sind.«

Als sie den Palazzo durch den Hinterausgang verließen, der zum Garten führte, tauchte plötzlich der Hausverwalter neben ihnen auf. Katharina erschrak innerlich und sah ihn unsicher an. Er lächelte und verbeugte sich.

»Ich wünsche Ihrer Hoheit einen angenehmen Spaziergang.«

»Danke, Signor Pozzo.« Katharina ging rasch weiter, weil sie beim Anblick des Verwalters plötzlich ein ungutes Gefühl bekam. Er war so unverhofft aufgetaucht – wurde sie bespitzelt?

Während der Monate in Lucca hatte Passerini die Vettern Alessandro und Ippolito genau beobachtet und den Eindruck gewonnen, dass Ippolito ehrgeizige Pläne verfolgte, was Florenz betraf. Damals war es zwar unrealistisch, auf eine Rückkehr der Medicis zu hoffen, aber Passerini, der über die päpstlichen Pläne unterrichtet war, erkannte, dass Ippolito die Herrschaft des Vetters nicht ohne weiteres akzeptieren würde.

Nach der Ankunft in Rom zog er diskret Erkundigungen ein und erfuhr über die Diener im Palazzo Salviati, dass der Verwalter Andrea Pozzo ständig Schulden hatte, weil er gerne auf großem Fuß lebte. Passerini schlussfolgerte, dass ein verschuldeter Mann bestechlich war, und er sollte sich nicht täuschen. Der Verwalter war sofort bereit, Ippolito zu beobachten, falls Passerini seine Schulden bezahlte und ihm monatlich eine bestimmte Summe für seine Agententätigkeit zukommen ließ.

Der Kardinal verschwieg dem Papst, dass er einen Spion beschäftigte. Er würde ihn erst unterrichten, wenn es Beweise gab, dass Ippolito Alessandro zu stürzen versuchte.

Andrea Pozzo hatte bis jetzt noch keine Spur gefunden, dass Ippolito gegen den Sohn des Papstes intrigierte, aber er hatte beobachtet, dass der junge Mann sich zu dem Pavillon begab, und nun ging die Duchessina in dieselbe Richtung. Vielleicht war es harmlos, vielleicht auch nicht … Er musste das Paar beobachten. Es war gut möglich, dass sie gegen Alessandro konspirierten.

Isabella führte ihre Herrin durch ein Labyrinth von Gartenwegen bis zu einem Springbrunnen; dort blieb sie stehen.

»Hoheit, gehen Sie jetzt den Kiespfad weiter, dann kommen Sie zu dem Pavillon. Ich warte hier auf Sie.«

»Danke, Isabella. Wenn Mingo wüsste, dass wir ihre Anordnungen ignorieren …«

Sie ging langsam weiter, und bei jedem Schritt pochte ihr Herz schneller und ihre Kehle war wie zugeschnürt. Beim Anblick des Pavillons blieb sie einen Augenblick stehen, um sich zu beruhigen, und es dauerte den Bruchteil einer Sekunde, bis sie Ippolito sah, der dort langsam und mit düsterer Miene auf und ab ging.

Er ist größer geworden, dachte Katharina, aber ansonsten hat er sich nicht verändert. Sie betrachtete die Kleider aus purpurnem Samt und fühlte sich beunruhigt. Lieber Gott, dachte sie, gib, dass er sich nicht anderweitig verheiratet. Ich könnte den Gedanken nicht ertragen. Sie atmete noch einmal tief durch und ging näher an den Pavillon heran.

»Ippolito!«

Er zuckte zusammen und starrte sie ungläubig an.

»Ippolito.« Sie nahm die Maske ab, trat vor ihn und sagte lächelnd: »Erkennst du mich nicht mehr? Habe ich mich in den vergangenen vier Jahren so verändert?«

»Katharina!« Seine düstere Miene erhellte sich. »Verzeih mir, ich habe dich im ersten Augenblick tatsächlich nicht erkannt. Nun, ich habe dich auch noch nie mit einer Maske gesehen, aber …«, und er betrachtete sie prüfend, »du hast dich auch verändert. Du bist ja eine richtige Dame! Weißt du, dass du hübsch geworden bist?«

Sie errötete vor Freude und erwiderte etwas verlegen: »Ich bin nicht hübscher als damals, Ippolito. Mein verändertes Gesicht verdanke ich der Kunst des Parfumeurs René.«

»Er versteht sein Handwerk. Du bist nicht angemalt, sondern siehst sehr natürlich aus.«

Nach diesen Worten schwiegen sie, sahen sich an und wussten beide nicht recht, was sie nun sagen sollten. Sie hatten sich vor vier Jahren zum letzten Mal gesehen, jeder hatte viel erlebt, sie hätten sich allerhand zu erzählen, aber beide wussten, dass sie sich aus einem anderen Grund hier getroffen hatten.

Ippolito betrachtete Katharinas Augen und sah die Frage, die sich in ihnen spiegelte: Hast du eine Frau getroffen, die du liebst? Bist du mit ihr verlobt? Ich könnte ihr jetzt etwas vorspielen, dachte er, aber es ist besser, wenn ich ihr die Wahrheit sage.

»Wann bist du in Rom angekommen?«

»Vorgestern.«

»Hat Onkel Clemens dich schon empfangen?«

»Ja, gestern.« Sie schilderte ihm die Unterhaltung. »Ich freue mich sehr, dass du mir Rom zeigen wirst.«

»Ja, Katharina, auch ich freue mich sehr auf unsere gemeinsamen Ausflüge.« Er lachte leise auf. Dann sagte er ernst: »Wundere dich nicht, wenn du antike Statuen und Denkmäler halb zerstört siehst. Es ist das Werk von unserem Verwandten Lorenzino, du erinnerst dich wahrscheinlich an ihn. Er lebte im Palazzo des verstorbenen Giovanni delle Bande Nere. Nun, er studiert seit einiger Zeit in Rom die antike Literatur und läuft nachts durch die Straßen, um antike Bildwerke zu entstellen oder von ihren Sockeln zu stürzen. Onkel Clemens war außer sich, als er davon erfuhr. Er befahl Lorenzino in den Vatikan und fragte ihn nach dem Grund dieser Zerstörungswut. Lorenzino erwiderte, er sehe in den Statuen die Darstellungen eines sündhaften Imperialismus und er verabscheue jede erbliche Autorität. Ich versuchte, seine Zerstörungswut mit jugendlichem Überschwang zu erklären, aber Onkel Clemens hat Lorenzino nach Florenz verbannt, und da er sich mit Alessandro gut versteht, wird er den Mauren begleiten und als privater Sekretär bei ihm arbeiten.«

»Alessandro … Ich finde es taktvoll von Onkel Clemens, dass er eine Begegnung zwischen Alessandro und mir zu verhindern versucht.«

»Man kann es auch anders interpretieren«, erwiderte Ippolito mit einem bitteren Unterton in der Stimme. »Unser Onkel versucht, die Herrschaft des Mauren in Florenz so weit wie möglich zu festigen. Er weiß, dass wir, du und ich, immer noch viele Anhänger in Florenz haben. Viele Florentiner wünschen eine Herrschaft der Medicis, aber keine Herrschaft des Mauren, also entfernt Onkel Clemens uns aus Florenz. Du wirst nach Rom befohlen, ich muss durch halb Italien reisen und sekundäre diplomatische Angelegenheiten regeln. Damit nicht genug …« Er schwieg einen Moment, überlegte, ob er es Katharina jetzt schon sagen sollte, aber es war besser, wenn sie wusste, woran sie war. Er fühlte sich ihr gegenüber zur Aufrichtigkeit verpflichtet. »Damit nicht genug, hat er mir heute Nachmittag mitgeteilt, dass ich noch in diesem Sommer zum Kardinal ernannt werde. Er meint, der Kardinalshut würde mir bei meinen diplomatischen Missionen mehr Ansehen und Würde verleihen. Ich habe mich lange dagegen gesträubt, aber ein weiterer Widerstand ist zwecklos. Du hast dich vielleicht gewundert, dass ich in Purpur gekleidet bin … nun, ich muss mich langsam an diese verhasste Farbe gewöhnen.«

»Kardinal«, sagte Katharina, »Kardinal, du wirst ein Kirchenfürst! Das bedeutet, dass du … dass du nie heiraten darfst.« Sie fühlte sich erleichtert und gleichzeitig enttäuscht, weil ihre Träume damit abrupt beendet wurden. Sie hatte gewusst, dass es keine gemeinsame Zukunft mit dem Vetter gab, aber es war ein Unterschied, ob man es wusste oder ob es deutlich gesagt wurde.

»Der Zölibat stört mich am wenigsten. Onkel Clemens hätte nie erlaubt, dass ich die Frau, die ich liebe, heirate.«

Katharina zuckte zusammen. Er liebte also eine Frau – sie spürte Eifersucht, sie musste wissen, wer die Rivalin war.

»Wer ist diese Frau, die du liebst?«

Ippolito sah überrascht auf – er hatte angenommen, dass seine Cousine die Anspielung verstehen würde.

»Katharina, es gibt nur eine Frau, für die ich so viel Zuneigung empfinde, dass ich sie um ihre Hand bitten würde. – Du bist diese Frau! Es gab eine kurze Zeit in Florenz, da hoffte ich, dass wir heiraten und gemeinsam dort regieren würden, aber diese Hoffnung wurde bald zerstört. Es wird keine gemeinsame Zukunft für uns geben, weil der Papst es nicht will.«

Nach diesen Worten herrschte eine Weile Schweigen zwischen ihnen, und Katharina war teils glücklich, dass es keine Rivalin gab, teils enttäuscht über die Zerstörung ihrer Illusionen. Sie hatte während der vergangenen Wochen das Gefühl der Verliebtheit genossen.

»Ippolito, ich wäre so gerne deine Gattin geworden, das sollst du wissen.«

Sie schwiegen lange. Ippolito überlegte, ob er Katharina jetzt schon in seine politischen Pläne einweihen könne. Sie war klug und verschwiegen, es sprach nichts dagegen.

»Ich habe den Eindruck«, begann er vorsichtig, »dass du dich mit der Herrschaft des Mauren in Florenz inzwischen abgefunden hast.«

»Ja, natürlich. Ich bin machtlos und muss alle Entscheidungen von Onkel Clemens akzeptieren.«

Ippolito überlegte. »Das verstehe ich«, erwiderte er dann. »Du bist eine Frau und musst als Frau die Entscheidung der Männer akzeptieren. Aber was mich betrifft, so bin ich nicht bereit, Alessandros Herrschaft über Florenz einfach hinzunehmen. Betrachtet man den Stammbaum unserer

Familie, so bin ich ein illegitimer Enkel Lorenzos des Prächtigen, während Alessandro nur ein illegitimer Großneffe ist.« Er zögerte etwas. »Katharina«, sagte er dann leise, »du bist die Einzige, die ich in meine Pläne einweihe. In Florenz gibt es noch viele Anhänger unserer Familie, und Onkel Filippo ist bereit, die Verbindung zwischen mir und der Medici-Partei herzustellen. Ich bin fest entschlossen, Alessandro zu stürzen und an seiner Stelle in Florenz zu regieren. Und wenn dies gelingt, Katharina, dann …« Er sah sie an und seine Stimme wurde weicher. »Katharina, wenn ich in Florenz regiere, kannst du immer auf meine militärische Unterstützung rechnen, wo auch immer du lebst, im Norden, Süden, Osten oder Westen Europas.«

Sie sah ihn erstaunt an und schwieg. Er ist ein Träumer, dachte sie, seine Pläne sind unrealistisch. Sie überlegte, wie sie ihm ihre Gedanken schonend erklären sollte.

»Ippolito, du musst vorsichtig sein, vielleicht wirst du beobachtet. Überdies, ich weiß nicht, ob dies der richtige Zeitpunkt ist, Alessandro zu stürzen. Die Florentiner sind zermürbt von der Belagerung, sie wollen jetzt in Frieden leben und ihren täglichen Geschäften nachgehen. Außerdem, wenn es dir gelingen sollte, Alessandro zu stürzen, so bedeutet dies Krieg. Onkel Clemens und der Kaiser werden Florenz erneut belagern. Ippolito, ich weiß, was eine Belagerung bedeutet. Ich werde nie vergessen, was ich während meines Rittes vom Kloster Murate zum Kloster Santa Lucia gesehen habe. Während dieses Rittes bin ich zu der Überzeugung gelangt, dass nichts so wichtig ist wie der Friede. Von allen Übeln ist der Krieg am schlimmsten. Ich bitte dich, bewahre Florenz vor einem neuen Krieg.«

Ippolito sah seine Cousine erstaunt an. »Seit wann interessierst du dich für diese Probleme?«

Katharina überlegte. »Seit meinem sechsten Lebensjahr weiß ich, dass ich eines Tages in Florenz regieren soll. Es kam alles anderes. Gut, ich habe mich damit abgefunden, aber seit der Belagerung von Florenz, seit ich weiß, welches infame Spiel unser päpstlicher Onkel spielte, interessiere ich mich für Politik, für den Kampf um die Macht.«

Sie sahen sich an, und für den Bruchteil einer Sekunde spürte Ippolito, dass die jüngere Cousine ihm überlegen war. Er schob den Gedanken weg.

»Ich werde deine Warnung würdigen, aber niemand wird mich daran hindern, den Mauren zu stürzen.«

»Sei vorsichtig, Ippolito.«

Er lächelte und legte den Arm um sie. »Sei unbesorgt, ich werde aufpassen.«

Sie gingen langsam den Weg zurück, genossen die körperliche Nähe des anderen und vergaßen für einen Augenblick alles um sich herum.

»Isabella erwartet uns«, sagte Katharina nach einer Weile und löste sich von Ippolito. Sie wusste nicht, warum es ihr peinlich war, wenn die Dienerin sie in den Armen ihres Vetters sah.

Sie gingen zu dritt zum Palazzo zurück und bemerkten nicht, dass Andrea Pozzo sie beobachtete.

Während der folgenden Tage erkundete Katharina unter Ippolitos Führung die Kunstschätze Roms. Sie besuchte Paläste, Kirchen und Gärten voll antiker Kunstwerke, sie besichtigte die Baustelle des Petersdomes und die Ruinen des Altertums.

Sie ritten zusammen aus und genossen die erotische Spannung, die zwischen ihnen herrschte. Es gab Augenblicke der Versuchung für Ippolito, in denen er seine Cousine zu gerne geküsst hätte, aber sein Verstand sagte ihm, dass es besser war, eine gewisse Grenze nicht zu überschreiten.

Katharina ihrerseits hoffte, dass der Vetter sie küssen würde, gleichzeitig wusste sie, dass es besser war, wenn ihre gegenseitige Zuneigung platonisch blieb.

So verging ein Frühlingstag nach dem anderen.

Am Spätnachmittag des 31. Mai saßen Clemens und Passerini im Arbeitszimmer des Papstes und sprachen wieder einmal über Katharinas Verheiratung.

»Ich mag es betrachten, wie ich will«, sagte Clemens, »der Sohn des Königs von Frankreich ist die beste Partie. – Ich will offen zu Ihnen sprechen, Eminenz. Die Duchessina weilt seit fünf Wochen in Rom; sie war inzwischen auf einem Fest des venezianischen und des kaiserlichen Gesandten, sie ist an den beiden Abenden auch dem französischen Gesandten, dem Kardinal von Tournon, vorgestellt worden. Gewiss, sie haben nur wenige höfliche Worte gewechselt, aber der Kardinal weiß bestimmt von der Werbung seines königlichen Herrn. Warum hat er Katharina nicht schon längst in seinem Palazzo empfangen? Ich muss daraus schließen, dass der Allerchristlichste König kein Interesse mehr an der Duchessina hat, was meinen Sie?«

Passerini überlegte. »Die Zurückhaltung des französischen Gesandten kann man auch anders deuten«, antwortete er dann vorsichtig. »Vielleicht wartet er auf genaue Weisungen aus Frankreich.«

In diesem Augenblick überbrachte der Sekretär des Papstes einen Brief des Kardinals von Tournon.

»Der Bote Seiner Eminenz wartet im Vorzimmer auf Ihre Antwort, Heiliger Vater.«

Clemens betrachtete den Brief einige Sekunden lang und öffnete ihn dann mit zitternden Fingern. Er überflog den Inhalt, legte das Schreiben auf den Tisch und atmete tief durch.

»Mein Bruder, ich wage es fast nicht zu hoffen, aber ich glaube … Der Gesandte gibt am 24. Juni, also am Johannistag, ein Sommerfest in seinem Palazzo, ein Bankett mit anschließendem Ball. Er bittet mich, meiner Nichte die Teilnahme an diesem Fest zu erlauben, aber das ist noch nicht alles. Er schreibt, gegen Mittag sei der Kardinal von Gramont in Rom eingetroffen, und er wolle mir einen Brief des Königs von Frankreich überreichen und fragt, wann ich den Kardinal empfangen könne.«

Passerini sah erstaunt auf. »Mit Verlaub, Heiliger Vater, das scheint eine erneute Werbung zu sein.«

»Ja, am liebsten würde ich Gramont noch heute empfangen, aber es ist diplomatischer, ihn ein wenig warten zu lassen.« Er ließ den Boten holen. »Richten Sie seiner Eminenz aus, dass ich im Namen meiner Nichte, der Herzogin von Urbino, für die Einladung zum Fest danke und ihr erlaube, daran teilzunehmen. Was den Kardinal von Gramont betrifft, so erwarte ich ihn morgen Vormittag gegen zehn Uhr.«

Als der Bote gegangen war, wandte er sich erneut an Passerini. »Ich habe meine Nichte zu den Festlichkeiten des venezianischen und kaiserlichen Gesandten begleitet, weil ich beobachten wollte, wie sie auftritt. Nun, ihre Manieren und ihr Benehmen waren untadelig. Ich glaube, es ist besser, wenn ich mich bei dem Fest des französischen Gesandten nicht zeige. Die kaiserlichen Agenten lauern überall, also werde ich am Johannistag an einer fiebrigen Erkältung leiden und Ippolito darum bitten, die Duchessina zu begleiten. Er kann bei dieser Gelegenheit ein unauffälliges Gespräch mit Andreossi, dem kaiserlichen Gesandten, führen.«

Passerini fand, dass nun der Augenblick gekommen war, den Papst über Ippolito aufzuklären. »Ich bitte um Vergebung, Heiliger Vater, aber ich bezweifle, ob Signor Ippolito der passende Begleiter ist. Seit seiner Rückkehr nach Rom lasse ich ihn von einem zuverlässigen Mann diskret beobachten, weil ich befürchte, dass er versuchen wird, die Herrschaft Signor Alessandros in Florenz zu untergraben. Was diesen Punkt betrifft, hat mein Agent bis jetzt nichts herausgefunden, vielleicht sind meine Befürchtungen überflüssig. Aber mein Agent hat beobachtet, dass die Duchessina und Ippolito viele Stunden zusammen verbringen. Sie fahren im Wagen durch Rom, sie unternehmen gemeinsame Ausflüge zu Pferd, kurz, sie wirken wie ein unzertrennliches Paar. Vielleicht schmieden sie ein Komplott gegen Signor Alessandro, vielleicht nicht. Mein Agent hat den Eindruck, dass sie ineinander verliebt sind und sich eine Romanze anbahnt.«

Clemens starrte Passerini entgeistert an. »Was sagen Sie? Eine Romanze? Gütiger Himmel, der Ruf der Duchessina! Was soll der französische Gesandte denken, wenn er davon erfährt …?« Er erhob sich und ging nachdenklich auf und ab. »Eine Romanze«, murmelte er, »ich halte es für unwahrscheinlich. Ippolito war immer vernünftig, allerdings macht Liebe bekanntlich blind. Sie haben sich als Kinder gut verstanden, und vielleicht kann kindliche Zuneigung sich in Liebe verwandeln. Wie dem auch sei, alle Gerüchte über eine Romanze zwischen Ippolito und der Duchessina müssen im Keim erstickt werden. Morgen, am Spätnachmittag, werde ich dem künftigen Kardinal die Leviten lesen.«

Am nächsten Vormittag empfing Clemens den französischen Kirchenfürsten in Gegenwart Passerinis, und nach dem Austauschen der üblichen Höflichkeiten überreichte Gramont das Schreiben seines königlichen Herrn.

Der Papst las und fragte sich einen Augenblick, ob er träume: der König von Frankreich hatte ihm einen Ehevertrag geschickt! Er überlas den Vertrag noch einmal und überlegte, wie er reagieren sollte. Einerseits erfüllten sich seine kühnsten Hoffnungen, aber es gab einen Kaiser, den er nicht vergrämen durfte. Noch war sein Sohn Alessandro nicht zum Herzog von Florenz ernannt. Dem König Franz liegt diese Ehe am Herzen, dachte der Papst, sonst hätte er keinen Ehevertrag geschickt. Ich kann also versuchen, Zeit zu gewinnen. Er befahl einem Diener, Wein und Früchte zu bringen.

»Es ist eine große Ehre für mich als Oberhaupt des Hauses Medici, dass Seine Majestät für den Herzog von Orléans um die Hand meiner Nichte, der Herzogin von Urbino, bittet«, sagte er dann lächelnd zu dem Gesandten. »Ich nehme den Antrag an und bin mit dem Vertrag einverstanden, bis auf gewisse, unwichtige Kleinigkeiten. Ich werde im

Sommer genügend Zeit haben, um über die Höhe der Mitgift nachzudenken, und im Herbst können wir dann in aller Ruhe über diese Frage verhandeln.«

Im Herbst, dachte der Kardinal, könnte man das nicht beschleunigen? Sein König erwartete, dass er rasch zu einem Abschluss kam, aber er konnte den Papst nicht drängen, und so erklärte er sich einverstanden. Clemens hob seinen Becher. »Auf das Wohl Seiner Allerchristlichsten Majestät, des Königs von Frankreich, und des Herzogs von Orléans.«

»Auf das Wohl Ihrer Hoheit, der Herzogin von Urbino und künftigen Herzogin von Orléans«, erwiderte Gramont und hob ebenfalls seinen Becher.

»Hatten Sie eine angenehme Reise?«, fragte Clemens aus Höflichkeit und weil er im Augenblick das Thema der Heirat nicht weiter vertiefen wollte.

Gramont zögerte einen Augenblick. »Wie man es nimmt, Ihre Heiligkeit. Meine Reise verlief zwar angenehm, allerdings fiel mir in Lyon, in Avignon und in der Dauphiné auf, dass die Zahl der Anhänger des neuen Glaubens gestiegen ist. Wir sind zwar von den religiösen Verhältnissen, die in Deutschland herrschen, weit entfernt, aber ich bin doch sehr nachdenklich geworden. Was mich beunruhigt, ist nicht die absolute Zahl der Anhänger des neuen Glaubens, sondern die Unbekümmertheit des Königs. Er toleriert nicht nur, dass ein Teil seiner Untertanen zu Ketzern wird, er toleriert die Irrlehre sogar am Hof in seiner nächsten Umgebung. Seine Favoritin, die Herzogin von Etampes, ist eine Befürworterin der neuen Lehre, ebenso die Schwester Seiner Majestät, Königin Margarete von Navarra.«

Clemens sah den Kardinal erstaunt und beunruhigt an. »Die Königin von Navarra? Das verstehe ich nicht, sie gilt als eine der gebildetsten Frauen Europas.«

»Gewiss, Heiliger Vater, aber sie denkt großzügig und freigeistig, darin ähnelt sie Seiner Majestät. Vielleicht ist es auch die Erziehung der Königinmutter, Louise von Savoyen. Überdies gibt es in der Umgebung der Königin Margarete zwei Männer, die ihren christlichen Glauben beeinflussen: Gerard Rousell und Clément Marot. Gerard Rousell ist Doktor der Theologie und ein anerkannter Gräzist, aber er gehört, neben Lefèvre und Farel, zu jenen reformwilligen Klerikern, die sich seit über einem Jahrzehnt um Briçonnet, den Bischof von Meaux, scharen, der für eine grundlegende Reform der Kirche plädiert. Rousell ist der

Beichtvater der Königin von Navarra. Der Dichter Clément Marot, der anscheinend nicht nur sie, sondern den ganzen Hof beeinflusst, war zeitweilig ihr Sekretär. Seine Übersetzungen der Psalmen ins Französische werden am Hof wie Balladen von François Villon geträllert.«

»*Le cénacle de Meaux* ist mir wohl bekannt, Eminenz«, warf Clemens ein. »Aber obwohl es Briçonnet mit List und Geschick gelang, seine Reformer in kirchliche Schlüsselpositionen zu bringen, so gelang es keinem, das reformerische Gedankengut lange aufrechtzuerhalten, sobald sie Meaux verlassen hatten. Seit einigen Jahren ist es still geworden um die Männer von Meaux. – Man muss die Entwicklung in Ruhe abwarten. Allerdings beunruhigt es mich doch etwas, dass der König von Frankreich sich so wenig über die Ausbreitung der Irrlehre beunruhigt. – Aber nun erzählen Sie von Ihrer Reise, Eminenz.«

Während Gramont von der landschaftlichen Schönheit der Toskana und den florentinischen Kunstschätzen schwärmte, überlegte Clemens, dass er, sobald Katharina verheiratet war, den französischen König diskret an seine Pflichten der Kurie gegenüber erinnern musste. Die Königin von Navarra sympathisierte mit der neuen Lehre, es war unglaublich …

Als Ippolito am Spätnachmittag das päpstliche Arbeitszimmer betrat und die Miene seines Onkels sah, wusste er, dass ihn eine unangenehme Unterredung erwartete. Er überlegte erschrocken, ob vielleicht von seinen Umsturzplänen etwas durchgesickert war.

Clemens kam sofort zur Sache.

»Ich habe gehört, dass sich zwischen dir und Katharina eine kleine Romanze anbahnt. Man hat beobachtet, dass ihr viele Stunden zusammen verbringt; ihr fahrt gemeinsam im Wagen durch Rom, ihr reitet stundenlang durch die Gegend. Was soll der Unsinn? Von dir, Ippolito, hätte ich mehr Vernunft erwartet. Du sollst Katharina die antiken Denkmäler der Stadt zeigen, damit ihre Bildung vervollkommnet wird, du sollst indes nicht ihren Ruf ruinieren.«

Im ersten Augenblick atmete Ippolito auf, weil es nicht um seine politischen Pläne ging, aber dann stieg Empörung in ihm auf wegen des unberechtigten Verdachtes, der natürlich nicht ganz unberechtigt war.

»Mit Verlaub, Onkel Clemens, die Behauptung, zwischen mir und Katharina gäbe es eine Romanze, ist eine böswillige Verleumdung. Ich will nicht abstreiten, dass wir uns mögen, schließlich sind wir zusammen aufgewachsen, aber wir wissen beide, dass unsere Lebenswege sich irgendwann trennen werden, dass es keine gemeinsame Zukunft für uns gibt.«

Clemens musterte den Neffen von oben bis unten. »Ich glaube dir, aber du hast leichtsinnig gehandelt. Der Ruf der Duchessina muss untadelig bleiben. Ab sofort gibt es weder gemeinsame Spazierfahrten noch Ausritte; du wirst Katharina nur noch bei offiziellen Anlässen begleiten. Die Sommerwochen werdet ihr getrennt verbringen; du kannst dich auf ein Landgut der Strozzis zurückziehen, Katharina wird den Sommer unter Aufsicht ihrer Großtante auf einem Landsitz der Salviatis verbringen. Überdies wirst du morgen zum Kardinal ernannt; der Kardinalshut stärkt dein Prestige bei Gesprächen mit den ausländischen Gesandten.« Hier schwieg Clemens und musterte zufrieden Ippolitos betroffene Miene. »Gestern erhielt ich vom französischen Gesandten für Katharina eine Einladung zu einem Sommerfest am 24. Juni. Du wirst sie begleiten und bei dieser Gelegenheit den Gesandten Andreossi diskret bitten, bei Kaiser Karl anzufragen, welchem Heiratskandidaten er den Vorzug geben würde. Soll ich die Duchessina mit dem Herzog von Mailand verheiraten oder mit Heinrich von Valois, dem zweiten Sohn des Königs von Frankreich?«

Ippolito war sprachlos. Alessandro Sforza, nun gut, aber Heinrich von Valois, das war etwas hoch gegriffen.

»Mit Verlaub, Onkel Clemens, ich glaube nicht, dass der Kaiser einer Verbindung mit seinem Erzfeind, dem Haus Valois, zustimmen wird.«

Clemens lächelte süffisant. »Die Zustimmung oder Meinung des Habsburgers ist völlig unwichtig. Meine Anfrage ist ein Ablenkungs- und Täuschungsmanöver. Ich muss Zeit gewinnen wegen Alessandro.«

Alessandro, dachte Ippolito wütend, es geht immer nur um Alessandro. Aber ich werde ihn stürzen, und eines Tages werde ich in Florenz regieren.

»Was ich dir jetzt anvertraue, Ippolito, bleibt unter uns, kein Wort darüber zu Katharina, jedenfalls nicht im Augenblick.« Er erzählte ihm von der ersten Werbung des Königs von Frankreich und dem inzwischen eingetroffenen Ehevertrag.

»Ich vermag es nicht zu glauben«, sagte Ippolito nach einer Weile, »Katharina wird die Schwiegertochter des Königs von Frankreich. Warum will er unbedingt sie als Gemahlin für seinen Sohn?«

263

»Nun, dem Allerchristlichsten König ist seine Italienpolitik eine Mesalliance wert. Diese Heirat ist ein Geschäft par excellence: Eine Bankierstochter heiratet in eine alte Dynastie ein, dafür unterstützt das Bankhaus den König bei der Rückeroberung von Mailand und Neapel, genauer gesagt, das Bankhaus wird versuchen, den Allerchristlichsten König zu unterstützen.«

»Bringt Sie das nicht in einen Konflikt mit dem Kaiser?«

»Das muss man abwarten. – Hier ist die Einladung zu dem Sommerfest. Katharina wird sich bestimmt freuen, sie liebt ja Bankette und tanzt gerne.«

Auf dem Rückweg beschloss Ippolito, bei passender Gelegenheit die Cousine über den Heiratsplan des päpstlichen Onkels zu informieren. Sie muss genügend Zeit haben, um sich auf ihr künftiges Leben einzustellen, dachte er.

Im Palazzo Salviati überreichte er Katharina die Einladung und erwähnte beiläufig, dass zu diesem Fest nicht der Papst, sondern er, Ippolito, sie begleiten werde. Er beobachtete schmerzlich das Aufleuchten in ihren Augen, während sie den Brief las.

»Ein Sommerfest beim französischen Gesandten – mein Gott, wie ich mich freue! Wir werden den ganzen Abend zusammen tanzen können, ich werde mich auf Französisch unterhalten … Hoffentlich sind alle neuen Kleider bis zu dem Ball fertig.«

»Katharina«, unterbrach er ihren Redefluss, »du wirst nicht mit mir, sondern mit den jungen Kavalieren tanzen. Ich werde morgen zum Kardinal ernannt.« Er schilderte ihr die Unterredung mit dem Papst, ohne die geplante Heirat zu erwähnen, und je länger er sprach, desto ernster und nachdenklicher wurde Katharina.

Sie war enttäuscht, dass sie mit dem Vetter nicht würde tanzen können, dass sie sich nur noch bei offiziellen Anlässen zusammen zeigen durften, aber jene Enttäuschung wurde noch überlagert von einer unbestimmten Furcht, die sie sich selbst nicht erklären konnte.

Sie standen sich eine Weile schweigend gegenüber.

»Wir wurden also beobachtet«, sagte Katharina nach einer Weile. »Ich hätte es mir denken können. Wir waren leichtsinnig, Ippolito, du musst sehr vorsichtig sein. Ich glaube nicht, dass man primär uns beobachtet hat, du wurdest bespitzelt, und da wir oft zusammen gesehen wurden, dachte der Spion natürlich an eine Romanze. – Du bist es, der beobachtet wird, glaube mir. Die Zeit ist noch nicht reif für deine politischen Pläne in Florenz.«

»Deine Sorgen sind rührend, aber ich weiß, was ich tue.«

Am Tag nach der Ernennung zum Kardinal wurde Ippolito vom Papst in einer diplomatischen Mission nach Genua geschickt und kehrte erst am Vorabend des Sommerfestes zurück.

Nach dem ersten Abschiedsschmerz begannen Katharinas Gedanken um das Fest in der Französischen Gesandtschaft zu kreisen, und sie trieb die Näherinnen zur Eile an, damit sie unter möglichst vielen Roben wählen konnte.

Den Vormittag des 24. Juni verbrachte sie mit Anproben und entschied sich für ein mit Goldfäden durchwirktes Kleid aus blutroter Seide und Schuhe aus Goldbrokat mit hohen Absätzen.

Jene Robe war die eleganteste und prachtvollste, für ein Sommerfest vielleicht etwas zu prachtvoll, aber Katharina fand, dass etwas Prunk beim französischen Gesandten angebracht war. Schließlich war sie eine halbe Französin.

Nach der Siesta ließ sie sich ankleiden, dann setzte sie sich vor den Frisiertisch und suchte in ihrer Schmuckschatulle nach den passenden Juwelen. Der Schmuckkasten war dank der Großzügigkeit des Papstes gut gefüllt. Überdies verfügte sie inzwischen auch über den Schmuck ihrer verstorbenen Mutter; diese hatte ihr sämtlichen Familienschmuck vermacht. Sie nahm nacheinander Ketten, Ringe, Armbänder, Broschen und Ohrringe heraus und entschied sich dann, nur wenig Schmuck zu tragen; schließlich wollte sie nicht protzig wirken.

Ich werde nur das Medaillon tragen, überlegte sie, und die acht Perlenringe, die Onkel Clemens hat anfertigen lassen, und Perlenschnüre in den Haaren.

Während Isabella die Frisur richtete und Violetta die Nägel ihrer jungen Herrin polierte, beschloss Katharina, künftig bei schlichten Kleidern kostbaren Schmuck zu tragen, dagegen bei prunkvollen Roben nur wenige Juwelen. Sie wollte es vermeiden, durch ihre äußere Erscheinung unangenehm aufzufallen. Weniger ist manchmal mehr, hatte René ihr geraten.

Der Parfumeur erschien gegen sieben Uhr, schminkte sie, und als er gegen halb acht fertig war, tauchte ein nervöser Ippolito auf.

»Das Fest beginnt um acht Uhr, Katharina, wir müssen aufbrechen. Die Sänfte ist bereit.«

»Ippolito, eines habe ich bei den diversen Empfängen und Bällen gelernt: Wer zuletzt erscheint, verschafft sich den größten Auftritt. Onkel Clemens wünscht, dass ich die Familie Medici angemessen repräsentiere. Wenn wir kurz vor acht Uhr aufbrechen, sind wir wahrscheinlich die letzten Gäste, die eintreffen.«

Ippolito sah seine Cousine erstaunt an. Es war weniger der Inhalt ihrer Worte, der ihn verwunderte, als vielmehr die Art, wie sie es vortrug: freundlich, lächelnd, liebenswürdig; ihre Stimme klang bescheiden, fast bittend, und er konnte ihr den Wunsch nicht abschlagen, obwohl er fand, dass es passender wäre, pünktlich zu erscheinen, vor allem hinsichtlich der Heiratspläne.

Der Festsaal im Palazzo des Kardinals von Tournon wimmelte bereits von Gästen, als sie ankamen. Beim Betreten des Saales hörten sie einige Fanfarenstöße und dann die Stimme des Herolds.

»Katharina von Medici, Herzogin von Urbino, Kardinal Ippolito von Medici.«

Die Gäste unterbrachen einen Augenblick ihre Unterhaltung und der Kardinal von Tournon trat liebenswürdig lächelnd auf Katharina zu.

»Willkommen auf dem Boden Frankreichs, Madame.«

Er hatte bereits einen ausführlichen Bericht über ihre äußere Erscheinung an seinen königlichen Herren gesandt. Bei jenem Fest nun wollte er beobachten, ob sie sich unterhalten konnte. Er wusste, dass sein König bei den Damen des Hofes nicht nur auf die äußere Erscheinung achtete, sondern auch großen Wert darauf legte, dass sie im Stande waren, eine geistreiche, witzige Unterhaltung zu führen. Der Brief des Königs, den er im Laufe des Mai erhalten hatte, enthielt genaue Anweisungen, wann er die Duchessina in seinen Palazzo einladen sollte, nämlich nach der Ankunft des Kardinals von Gramont.

Katharina war überrascht, als der Gesandte sie persönlich zum Bankett geleitete, und als der Kardinal rechts neben ihr den Platz einnahm, fühlte sie sich für einen Augenblick verunsichert. Ihr Platz neben dem französischen Gesandten war ein Beweis, dass sie an jenem Abend ein wichtiger Gast war, ein Ehrengast.

Der Gesandte fragte sie, welche antiken Philosophen und Dichter sie gelesen habe, welche Sprachen sie spreche, womit sie sich in ihren Mußestunden am liebsten beschäftige. Diese letzte Frage war besonders wichtig, weil die Antwort etwas über das Temperament und die Mentalität aussagte. Es gab Damen am Hof, die sich in ihr Gebetbuch vertieften, andere handarbeiteten, musizierten oder malten.

Katharina überlegte einen Augenblick. »Am Abend lese ich gerne, aber tagsüber bin ich am liebsten zu Pferd unterwegs, ich reite leidenschaftlich gerne. Ich liebe die Jagd, Feste, Bälle, Tafelfreuden, ich übe mich oft im Bogenschießen und interessiere mich für Physik.«

Die Kardinäle hörten staunend zu und dachten im Stillen, dass die künftige Schwiegertochter des Königs anscheinend nicht besonders fromm war, dafür aber lebenslustig, was Franz I. bestimmt gefallen würde.

»Nun, Madame«, sagte Gramont nach einer Weile. »Ihre Interessen ähneln denen des Königs von Frankreich. Seine Majestät liebt ebenfalls Jagden, Bälle und Tafelfreuden über alles. Madame, Sie sind im heiratsfähigen Alter, Sie haben sicherlich schon eine Vorstellung über den künftigen Gatten.«

Katharina stutzte einen Moment. Was für eine merkwürdige Frage, dachte sie, meine Vorstellungen spielen bei der Verheiratung bestimmt keine Rolle.

Sie überlegte erneut. »Ich habe über diese Frage noch nicht gründlich nachgedacht«, erwiderte sie dann vorsichtig. »Ich habe eine ungefähre Vorstellung über seine äußere Erscheinung. Mein Gatte müsste groß und stattlich sein und dunkelhaarig, aber das ist nicht so wichtig.« Sie zögerte etwas. »Ich habe meine Eltern früh verloren und habe keine Geschwister«, sagte sie dann mit leiser Stimme. »Ich wuchs bis zu meinem sechsten Lebensjahr in der Familie meiner Tante auf, danach lebte ich zusammen mit meinen Vettern und dem Kardinal Passerini allein in unserem Palazzo in Florenz. Am glücklichsten war ich im Kloster Murate bei den Benediktinerinnen, sie brachten mir Wärme und Zuneigung entgegen. Ich wünsche mir eine richtige Familie, viele Kinder und einen Gatten, der mich liebt. Ich wünsche mir, umsorgt und geliebt zu werden.«

Nach diesen Worten entstand eine längere Pause. Die Kardinäle wussten nicht recht, was sie erwidern sollten und wechselten das Thema.

Irgendwann begann der Ball, und während Katharina tanzte, die Musik und die Komplimente der jungen Kavaliere genoss, unterhielt Ippolito sich in einer Ecke des Saales diskret mit dem kaiserlichen Gesandten, während die beiden französischen Kardinäle sich in den Garten begaben, um sich ungestört unterhalten zu können.

»Was haben Sie für einen Eindruck von der Duchessina?«, fragte der Gesandte den Kardinal von Gramont.

»Sie wird eine Bereicherung des französischen Hofes sein, Seine Majestät hätte keine bessere Wahl für den Herzog von Orléans treffen können. Sie scheint klug und warmherzig zu sein, ihr Naturell passt zu unserem Hof. Der Hochadel wird zwar die Nase rümpfen wegen ihrer nichtfürstlichen Herkunft, aber wenn sie klug ist, weiß sie, wie sie diesen Vorurteilen begegnet.«

»Ich teile Ihre Meinung. Ich werde Seiner Majestät schreiben, dass sie gebildet ist und von untadeligen Sitten, dass sie fröhlich ist, Geist und Witz besitzt und somit die besten Voraussetzungen für den weltgewandten Hof Seiner Majestät mitbringt. Ich werde in meinem Bericht auch erwähnen, dass sie wünscht, umsorgt und geliebt zu werden. Das wird Seiner Majestät gefallen.«

Ungefähr eine Woche später übersiedelten Katharina und ihre Großtante in eine der Sommervillen, und in der ruhigen, ländlichen Umgebung, fernab vom gesellschaftlichen Leben in Rom, hatte Katharina zum ersten Mal Zeit und Muße, um über die vielfältigen neuen Eindrücke nachzudenken.

Sie erinnerte sich an ihre Verliebtheit in Ippolito während der ersten Wochen und stellte erstaunt fest, dass die gemeinsame Zeit mit dem Vetter für sie bereits Vergangenheit war. Sie würden gute Freunde bleiben, und ein aufrichtiger Freund, mit dem sie alles besprechen konnte, der verschwiegen war, ein solcher Freund, das wusste sie, war wichtig im Leben.

Sie erinnerte sich auch an die Bankette, Bälle, Empfänge, an denen sie teilgenommen hatte, und ihre Gedanken kehrten immer wieder zum Sommerfest des französischen Gesandten zurück. An jenem Johannistag war sie zum ersten Mal der gesellschaftliche Mittelpunkt eines Festes gewesen. Sie hatte es genossen, im Mittelpunkt zu stehen, und während die Sommertage träge dahinflossen, dachte sie über die Unterhaltung mit den beiden Kardinälen während des Bankettes nach.

Am 5. Juli 1531 zog Alessandro von Medici in Begleitung Lorenzinos feierlich in Florenz ein. Die Florentiner begegneten ihm zunächst misstrauisch, weil sie sein ausschweifendes Leben nicht vergessen hatten. Aber nach einigen Wochen stellten sie überrascht fest, dass sie den jungen Medici anscheinend falsch beurteilt hatten. Er benahm sich weder arrogant noch hochmütig, sondern schien gutmütig und hilfsbereit zu sein, und bei den gesellschaftlichen Anlässen war er gewandt und liebenswürdig.

Die Florentiner wussten nicht, dass Alessandro einmal wöchentlich einen Brief seines Vaters erhielt, worin er ermahnt wurde, sich anständig zu benehmen, weil der Kaiser ihn wahrscheinlich beobachten ließ.

Im Laufe des Sommers erfuhr Clemens zu seiner Erleichterung, dass die Mutter des französischen Königs, Louise von Savoyen, im Juni gestorben war. Franz I. würde also ohne die mütterliche Einmischung über den Ehevertrag verhandeln.

Eine Woche nach der anderen verging, es wurde Herbst, Katharina und Ippolito kehrten in den Palazzo Salviati zurück, und der Papst wartete ungeduldig auf eine Nachricht des Kaisers, dass Alessandro zum Herzog von Florenz ernannt wurde.

Anfang Dezember traf ein kaiserliches Schreiben ein, das Alessandro zum erblichen Herrscher des Herzogtums Toskana ernannte, und ein Ehevertrag, der die Mitgift der zehnjährigen illegitimen Kaisertochter Margarete beschrieb. Clemens atmete auf: Sein Sohn war Herzog der Toskana und mit der illegitimen Kaisertochter fast vermählt.

Am gleichen Tag begann er, mit den französischen Kardinälen über den Ehevertrag Franz' I. zu verhandeln.

An einem Vormittag kurz vor Weihnachten informierte Passerini seinen Herren, dass Ippolito seit einigen Wochen versuche, in Florenz einen Volksaufstand gegen Alessandro zu inszenieren. Seine Bemühungen seien jedoch bis jetzt ohne Erfolg, weil die Florentiner sich nach Ruhe und Frieden sehnten und mit der Herrschaft des Herzogs Alessandro zufrieden waren. Clemens war entsetzt und befahl den jungen Mann unverzüglich in den Vatikan. Er kanzelte ihn ab und drohte mit dem Kirchenbann, falls er sich noch einmal in die florentinische Politik einmische.

»Du wirst morgen bei Tagesanbruch Rom verlassen und dich auf unbestimmte Zeit als päpstlicher Legat nach Ungarn begeben.«

Ippolito verließ schweigend den Vatikan, kehrte in den Palazzo Salviati zurück und befahl seinem Diener, alles für die Abreise vorzubereiten. Dann ging er ziellos durch die Straßen Roms und überlegte, ob er verraten oder beobachtet worden sei. Er erinnerte sich an Katharinas Warnung, er solle vorsichtig sein. Sie hat Recht gehabt, dachte er, und er beschloss, ihr erst nach der Abendtafel seine plötzliche Abreise mitzuteilen. Er überlegte auch, dass dies der Moment war, ihr zu sagen, mit wem sie verheiratet wurde. Er beschloss, ihr zum Abschied etwas zu schenken. Schmuck, Handschuhe und sonstige Accessoires besaß sie inzwischen zu Genüge, er könnte ihr ein Buch schenken.

Er ging zu dem Laden, wo er seine Bücher kaufte und begann zu suchen. Irgendwann las er den Namen Niccolo Machiavelli und den Titel des Buches: *Geschichte von Florenz*. Er nahm das Buch, blätterte, las einige Abschnitte und vertiefte sich zuletzt in die Lebensdaten des Florentiners, die auf den letzten Seiten aufgeführt waren:

1469 Am 3. Mai wird Niccolo Machiavelli in Florenz geboren …

1492 Staatskanzlei …

1499 Gesandter bei verschiedenen Höfen, vor allem am Hof des Königs von Frankreich.

1512 aus dem Staatsdienst entlassen, schreibt *Il Principe*.

1516 Giuliano von Medici stirbt, Lorenzo nimmt seine Stelle ein, ihm widmet Machiavelli das Buch vom Fürsten.

Er hat dieses Buch Katharinas Vater gewidmet, dachte Ippolito. Dann las er weiter.

1518 wieder in Florenz …

1520 beginnt er, die *Geschichte von Florenz* zu schreiben.

1527 Medici vertrieben, Machiavelli von allen Ämtern ausgeschlossen; am 22. Juni stirbt er in Florenz.

Ippolito legte das Buch zur Seite. Während der Lektüre erinnerte er sich an eine Bemerkung des Papstes über Machiavellis Schriften, alle Werke würden jetzt neu gedruckt werden, auch die bisher noch nicht erschienenen, und auf einmal wusste er, was er seiner Cousine zum Abschied schenken würde.

Katharina und Mingo sahen erstaunt auf, als Isabella nach der Abendtafel Ippolito meldete. Sie hatte sich inzwischen daran gewöhnt, den Vetter nur noch bei offiziellen Anlässen zu sehen.

Er betrat zögernd das Zimmer und bat Mingo, sie allein zu lassen. Sie spürte, dass etwas vorgefallen war und ging wortlos hinaus.

»Katharina, ich bin gekommen, um mich von dir zu verabschieden.« Er schilderte ihr das Gespräch mit dem Papst.

»Du sollst nach Ungarn reisen?« Warum hatte er nicht auf sie gehört? Es war unklug, zum jetzigen Zeitpunkt Alessandros Sturz zu betreiben. Aber es war auch nicht der Moment, um Ippolito Vorwürfe zu machen.

»Warum hast du mir nicht heute Mittag gesagt, dass du abreist? Ich hätte mich innerlich darauf vorbereiten können.«

»Katharina, ein rascher Abschied ist manchmal besser als ein langsamer Abschied. Ich weiß nicht, wann wir uns wiedersehen werden, und deshalb möchte ich dir zum Abschied etwas schenken. – Was hast du von Niccolo Machiavelli gelesen?«

Katharina überlegte. »Die *Geschichte von Florenz*, die Lustspiele *La Mandragola* und *Clizia*.«

»Sein wichtigstes Werk, *Il Principe*, hast du noch nicht gelesen. Ich schenke dir dieses Buch zum Abschied. Onkel Clemens hat erlaubt, dass alle Schriften von Machiavelli in Rom gedruckt werden dürfen. *Il Principe* wird wahrscheinlich Anfang Januar erhältlich sein und ich möchte, dass du ihn kaufst und liest.«

Er holte einen kleinen Lederbeutel hervor, der mit Goldstücken gefüllt war und überreichte ihn Katharina.

»Ich danke dir, Ippolito. Aber warum soll ich *Il Principe* lesen, und warum wird das Buch erst jetzt gedruckt?«

»Nun, du weißt, dass Machiavelli zeitweilig von allen politischen Ämtern in Florenz ausgeschlossen war. Folglich hat man auch seine Schriften nicht gedruckt. Jetzt ist er schon über vier Jahre tot, und da er ein Anhänger unserer Familie war und *Il Principe* deinem seligen Vater gewidmet hat, hält Onkel Clemens es für angebracht, das Werk jetzt drucken zu lassen. Es soll im Januar 1532 in Rom erscheinen. Du fragst, warum du *Il Principe* lesen sollst? Machiavelli wurde 1512 aus dem Dienst der Signoria entlassen und schrieb im folgenden Jahr seinen *Principe*. Er verarbeitet darin seine politischen Erfahrungen, die er von 1494 bis 1512 gesammelt hat, und formuliert die Gesetze der Politik, die nicht an Ort und Zeit gebunden sind. Er gibt dem Fürsten, der über einen Staat herrscht, Empfehlungen, wie er regieren soll. – Katharina, vielleicht kann diese Schrift dir einmal von Nutzen sein.«

»Wie meinst du das?«

Er zögerte etwas. »Katharina, über das, was ich dir jetzt anvertraue, darfst du mit keinem Menschen außer deiner Mingo reden. Onkel Clemens verhandelt mit dem französischen Gesandten und dem Kardinal von Gramont über deine Heirat. Du wirst eine glänzende Partie machen, du sollst den zweiten Sohn des Königs von Frankreich, den Herzog von Orléans heiraten, du wirst die Schwiegertochter des französischen Königs. Es ist für mich immer noch unglaublich, aber es ist wahr: du wirst einen Königssohn heiraten.«

Katharina starrte den Vetter einige Sekunden fassungslos an.

»Ich glaube es nicht, Ippolito, du träumst. Denke an unsere Herkunft, die Medicis waren nie fürstlicher Abstammung. Warum sollte der König von Frankreich seinen Sohn mit mir vermählen?«

»Soweit ich darüber informiert bin, möchte der König das Bündnis mit Onkel Clemens festigen, um irgendwann Mailand zurückzuerobern.«

Sie sahen sich einige Sekunden lang an.

»Warum freust du dich nicht?« fragte Ippolito. »Der zweitgeborene Sohn des Königs von Frankreich, das ist doch eine glänzende Partie.«

»Auf den ersten Blick ist es eine glänzende Partie. Aber erinnere dich an die Sommerwochen in Poggio a Caiano, als du mir das Schachspiel erklärtest. Du hast damals gesagt, man müsse immer einige Züge voraus denken. Ich habe mir den Satz gut gemerkt, weil man ihn auf das ganze Leben beziehen kann. – Um auf diesen Heiratsplan zurückzukommen, betrachte die Realität: Der König von Frankreich hofft oder erwartet, dass Onkel Clemens ihm bei der Rückeroberung Mailands hilft, weil ich, die Verwandte des Papstes, zur königlichen Familie gehöre. Ich halte es für ausgeschlossen, dass unser Onkel den französischen König bei seinen italienischen Plänen unterstützen wird, denn er muss Rücksicht auf den Kaiser nehmen. Gut, Alessandro ist inzwischen zum Herzog der Toskana ernannt worden, aber er ist ein Vasall des Kaisers. Onkel Clemens wird kein zweites *sacco di Roma* riskieren. Irgendwann nach meiner Hochzeit wird der König von Frankreich merken, dass unser Onkel ihm leere Versprechungen gemacht hat. Was wird dann aus mir? Ich bin dann in der Gewalt des Königs von Frankreich. Nein, Ippolito, die Vermählung mit dem Herzog von Orléans ist für mich keine glänzende Partie, sie ist ein Glücksspiel.«

Ippolito sah verlegen zu Boden. »Du hast Recht, von dieser Seite aus habe ich die Angelegenheit nicht betrachtet. Aber wenn Onkel Clemens ein doppeltes Spiel treibt und dem König von Frankreich Zusagen gibt, die er nicht einhalten will oder kann, so wäre es ungerecht, dich darunter leiden zu lassen. Franz I. gilt als großzügig und tolerant. Ich könnte mir denken, dass er seine schützende Hand über dich hält.«

»Seine schützende Hand wird mich nicht vor dem Tratsch und der Missgunst der Höflinge schützen. Sie werden meine Abstammung kritisieren, mich verleumden ... Aber nun erkläre mir, was Machiavelli mit meiner Heirat zu tun hat.«

Ippolito lächelte. »Auch ich denke immer einige Züge voraus, Katharina, aber ich beurteile deine Situation optimistischer. Du wirst mit dem zweiten Sohn des französischen Königs vermählt. Er ist im Augenblick nicht der Dauphin, aber besteht nicht die Möglichkeit, dass seinem älteren Bruder etwas zustößt und der Herzog von Orléans Dauphin wird? Es gibt in ganz Europa genügend Beispiele für den überraschenden Wechsel in der Thronfolge. In diesem Fall kann er eines Tages König von Frankreich werden, und du bist dann die Königin. Spinnen wir den Gedanken weiter: Angenommen, er führt Krieg und fällt in der Schlacht. Solange eure Kinder noch unmündig sind, ist es dann nicht denkbar, dass du die Regentschaft für den unmündigen König führst? In diesem Fall kann Machiavellis *Principe* vielleicht eine Hilfe für dich sein.«

Katharina starrte Ippolito fassungslos an und fand, dass diese Überlegungen genauso unrealistisch waren wie seine Versuche, Alessandro zu stürzen. Er meint es gut, überlegte sie, er will mir diese Heirat versüßen.

»Ippolito, es ist reizend, dass du so intensiv über meine Zukunft nachdenkst. Aber ich glaube nicht, dass es so kommt, wie du es für mich erhoffst. In der französischen Gesandtschaft höre ich immer nur, dass der Dauphin sich bester Gesundheit erfreut. Überdies hoffe ich, dass ich, wenn ich heirate, eine halbwegs glückliche Ehe führe, und dann wäre der frühe Tod des Gatten entsetzlich für mich.«

»Verzeih, Katharina, ich rede heute anscheinend nur dummes Zeug.«

»Nein, wir beurteilen diese Ehe nur anders. – Wie lange, glaubst du, werden die Verhandlungen noch dauern?«

»Das weiß ich nicht, Katharina. Ich weiß leider auch keine Einzelheiten über die Verhandlungen.«

»Werden wir uns noch einmal sehen, bevor ich nach Frankreich abreise?«

»Ich weiß es nicht, Katharina. Ich habe dich über diese Heiratsverhandlungen informiert, damit du dich langsam auf deine Zukunft einstellst. Versuche, optimistisch zu sein. Deine Überlegungen bezüglich des Doppelspiels unseres geliebten Onkels sind richtig, aber du solltest nicht so viel darüber nachdenken. Es ist besser, wenn du dir in den kommenden Wochen und Monaten immer wieder sagst: *Ich bin eine künftige*

Schwiegertochter des Königs von Frankreich und werde am kultiviertesten Hof Europas leben. – Lebe wohl, Katharina, ich wünsche dir alles Glück dieser Welt.« Er berührte mit den Lippen ihre Hände und verließ das Zimmer.

Sie sah ihm einige Sekunden nach, setzte sich und begann, leise vor sich hin zu weinen. Sie weinte nicht nur, weil Ippolito für immer aus ihrem Leben verschwand, sondern auch, weil sie das Gefühl hatte, dass es in ihrem Leben immer wieder überraschende Wendungen gab, auf die sie sich neu einstellen musste. Die Erfahrungen der letzten Jahre hatten sie gelehrt, dass das Leben aus vielen negativen und positiven Überraschungen bestand.

Mingo hatte aufgepasst, wann Ippolito das Zimmer verließ und trat nun leise zu Katharina.

»Hoheit, mein Gott, was ist passiert?«

Sie trocknete ihre Tränen und sah Mingo hilflos an. Die Amme und Erzieherin war bis jetzt ein ruhender Pol in ihrem Leben gewesen und immer noch der einzige Mensch, dem sie sich anvertrauen konnte. Sie schilderte die Unterhaltung mit dem Vetter und begann erneut zu weinen.

Mingo hörte zu und überlegte, wie sie die Duchessina beruhigen konnte. Die bevorstehende Heirat schien Katharina mehr zu beschäftigen als der Abschied von Ippolito.

»Ich verstehe Ihre Befürchtungen, aber Sie wollten doch immer nach Frankreich, um Ihre Verwandten zu besuchen. Im vergangenen Sommer haben Sie öfter gesagt, dass Sie auch einen französischen Aristokraten heiraten würden, nun heiraten Sie sogar einen Sohn des Königs. Ich verstehe Sie nicht ganz …«

Katharina sah vor sich hin und versuchte, ihre Gedanken zu ordnen.

»Ich heirate den zweiten Sohn des Königs und bin dann zwar die Schwiegertochter von Franz I., aber nicht mehr. Ich werde wahrscheinlich am Hof keine Rolle spielen. Irgendwann wird es eine Dauphine geben, die im Rang höher steht. Wenn ich einen französischen Aristokraten oder einen italienischen Fürsten heirate, bin ich die erste Dame im Haushalt oder am Hof und kann bestimmen, was gemacht wird, wie es gemacht wird. Als Herzogin von Orléans muss ich mich unterordnen und werde im Schatten der Lilie leben.«

Mingo sah Katharina verblüfft an, mit dieser Antwort hatte sie nicht gerechnet. Sie ist wohl ehrgeiziger, als man glaubt, dachte Mingo. Sie will bestimmen, Einfluss haben, sie will die Erste sein. Als Herzogin von Mailand oder Mantua wäre sie die Erste, als Herzogin von Orléans ist sie nur die Zweite.

Am frühen Nachmittag des 4. Januar 1532 begann Katharina mit der Lektüre von Machiavellis *Il Principe*, und bald war sie so gefesselt, dass sie es bis zur Abendtafel gelesen hatte.
Sie legte es nachdenklich zur Seite und vertiefte sich nach dem Abendessen erneut in das Buch, sie überflog die Widmung:

Zueignung
An den erlauchten Lorenzo
Sohn des Piero von Medici
Die, welche die Gunst eines Fürsten zu erwerben trachten, pflegen sich ihm zumeist mit dem zu nahen, was ihnen von ihrer Habe das Liebste ist, oder wovon sie sehen, dass es ihm am meisten gefällt. ... fand ich unter meinem Besitze nichts ... was ich höher schätzte als die Kenntnis der Handlungen großer Männer ... lange Erfahrung in der Gegenwart ... emsiges Lesen der Alten ... mit großem Fleiß lange durchdacht und geprüft und jetzt in einem kleinen Buch zusammengefasst, das ich Eurer Hoheit überreiche.

Die Unbill ihrer Kinderjahre hatte Katharina in mancher Hinsicht früh heranreifen lassen. Ihr Gespür für soziale und politische Zusammenhänge war beachtlich und ihr psychologisches Einfühlungsvermögen enorm. Meist waren die Motive ihres Gegenübers sofort entlarvt, ohne dass sie dies äußerlich zu erkennen gegeben hätte. Das Schachspiel hatte diese Gabe in ihr geschärft und überdies war sie dadurch auch fähig, das Spiel ihrer Gegner zu durchschauen und deren Schwächen im richtigen Moment mit psychologisch wohl eingesetzten Mitteln zu durchkreuzen, ohne dabei selbst offensichtlich in Erscheinung zu treten oder sich eine Blöße zu geben.
Nun hatte Ippolito ihr einen dieser frühen, sehr kostbaren, Drucke von Macchiavellis *Il principe*, versehen mit einer Widmung an ihren Vater Lorenzo, geschenkt.
Sie wollte sich dessen als würdig erweisen und las darin voller Eifer. Das Thema der Macht, des klugen Gebrauchs derselben und die Taktiken,

den Verlust der Macht zu verhindern, zogen sie fast magisch an und sie sog die Botschaft förmlich in sich auf.

Einiges war ihr schon vertraut: dass Misstrauen auf dem Weg zur Macht ein wichtiger Begleiter war, dass zu viel Protektion auf dem Weg nach oben gefährlich war und Gegner schuf, die dann den eigenen Sturz vorbereiten konnten. Ebenso war es ihr geläufig, dass ein Mensch von hohem Rang vor zu viel Schmeichelei gewarnt sein solle, weil dahinter die Habgier walte und schließlich, dass zu viel Distanz zur erlauchten Person durch Feigheit bedingt sein könne, was bei leutseligem Verhalten ohne Habgier nützlich sei und instrumentalisiert werden könne.

Distanz zur erlauchten Person, die Leutseligkeit vermissen ließe, weise dagegen auf versteckte Habgier und verdeckte Gegnerschaft.

Möglich war es ja, dass diese politischen Exkurse ihr später dienlich sein konnten. Umsonst hatte Ippolito ihr dieses Buch mit seiner außerordentlichen Widmung des Autors selbst an ihren Vater Lorenzo nicht geschenkt.

Während Katharina sich mit Machiavelli beschäftigte und immer wieder über das Abschiedsgespräch mit Ippolito und ihre geplante Verheiratung nachdachte, verhandelte der Papst mit Gramont und Tournon über den Ehevertrag, und seine Vorschläge brachten die beiden Franzosen im Laufe des Winters 1532 zur Verzweiflung.

Clemens weigerte sich, Katharina bereits vor der Hochzeit – sie sollte im Jahre 1533 in Nizza stattfinden – nach Frankreich zu schicken. Als Mitgift schlug er einhunderttausend Goldstücke vor, und die Güter, die Katharina in Florenz besaß, sollten auf diese Summe angerechnet werden. Die Kardinäle fanden diese Ausstattung zu gering für die Tochter des reichsten Bankhauses Europas, aber Clemens blieb unnachgiebig. Anfang April sandten die Franzosen einen Bericht an König Franz und baten um weitere Instruktionen.

Clemens verdross die Unterbrechung. Er hatte gehofft, dass die Kardinäle seine Vorschläge rasch akzeptieren würden und befürchtete, dass bei einer weiteren Verzögerung Katharina etwas von den Verhandlungen erfahren würde. Sie sollte über die Heirat erst nach Abschluss des Vertrages informiert werden. Zum Glück war von kaiserlicher Seite keine Einmischung zu befürchten.

Karl V. hatte Clemens' Anfrage zwar nicht offiziell beantwortet, aber der kaiserliche Gesandte hatte angedeutet, dass Seine Kaiserliche Majestät eine Verbindung zwischen den Häusern Medici und Valois für unrealistisch hielt. König Franz würde seinen Sohn wahrscheinlich mit einer französischen Aristokratin oder einer Prinzessin aus einem katholisch regierenden Haus vermählen.

Mitte April beschloss Clemens, Katharina nach Florenz zurückzuschicken, wo sie das Ergebnis seiner Verhandlungen abwarten sollte. Er ließ sie holen, führte sie erneut in sein privates Audienzzimmer, ließ Wein und Früchte servieren, und Katharina hatte das unbestimmte Gefühl, dass er ihr etwas Wichtiges mitteilen wollte, weil sie zum ersten Mal seit ihrer Rückkehr unter vier Augen mit ihm war. Sie rechnete damit, dass er über die geplante Heirat sprechen würde.

»Mein liebes Kind, ich bin sehr zufrieden mit deinem Auftreten und Benehmen bei Festlichkeiten, es ist einer Medici würdig und ich bin stolz auf dich.«

Überrascht sah Katharina auf, während der Papst weitersprach.

»Mein größter Wunsch ist es, dass du gesund bleibst. Da nun in Rom während des Frühlings immer die Gefahr besteht, dass die Malaria ausbricht, möchte ich, dass du vorerst nach Florenz zurückkehrst. Du wirst dort dein Auftreten in der Gesellschaft vervollkommnen und Alessandro bei seinen Repräsentationspflichten unterstützen. Du wirst dort als erste Dame des Herzogtums auftreten.« Hier schwieg er zunächst und wartete Katharinas Reaktion ab.

Sie verzog keine Miene und fragte sich im Stillen, was der wahre Grund für die Rückkehr sein könnte.

»Ich erfülle gerne alle Ihre Wünsche, Onkel Clemens«, erwiderte sie lächelnd.

»Ich werde Alessandro noch heute über deine Ankunft Anfang Mai benachrichtigen.« Er überlegte, dass es vielleicht besser war, beiläufig die Heiratsverhandlungen zu erwähnen, ohne den Namen des Bräutigams zu nennen. »Es ist wichtig, mein Kind, dass dein gesellschaftliches Auftreten den letzten Schliff erhält, weil … nun, ich möchte nicht, dass du es aus einem anderen Munde erfährst: Ich verhandele zurzeit sehr ernsthaft über deine Heirat. Den Namen des künftigen Gatten nenne ich noch nicht, es soll eine Überraschung werden.«

Aha, dachte Katharina, die Verhandlungen mit Frankreich laufen wohl nicht in seinem Sinn, und da er befürchtet, dass ich etwas erfahre, muss ich Rom verlassen.

»Meine Heirat …« Sie versuchte, so überrascht wie möglich zu wirken. »Ich danke Ihnen für Ihre Fürsorge, Onkel Clemens, und ich verspreche Ihnen, dass ich in Florenz meine Pflichten erfüllen werde, so gut ich es vermag.«

Clemens lächelte wohlwollend. »Du wirst erstaunt sein, wie Alessandro sich verändert hat, ich erhalte nur positive Berichte über sein Benehmen und seine Regierung. Er wird allmählich beliebt bei den Florentinern. Als Kinder habt ihr euch nicht besonders gut vertragen, aber, nun ja, das ist eine Vergangenheit, die lange zurückliegt. Er wird dich deinem Rang entsprechend behandeln.«

»Ich habe ihn schon seit langem als Herzog der Toskana akzeptiert, Onkel Clemens.« Sie zögerte etwas und überlegte, ob die Frage schicklich war, aber es ging schließlich um ihre Zukunft. »Gestatten Sie mir noch eine Frage, Onkel Clemens. Wie lange werden die Heiratsverhandlungen dauern?«

Die Frage ist berechtigt, dachte der Papst und begann zu rechnen. Die Reisen der Kuriere zwischen Frankreich und Rom dauerten Wochen, wahrscheinlich sogar Monate; wenn sie noch öfter zum französischen Hof geschickt wurden …

»Ich glaube, du wirst dich noch ungefähr ein Jahr gedulden müssen, bis du den Namen deines Bräutigams erfährst. – Nun lebe wohl, mein Kind, wir sehen uns bei deiner Hochzeit. Ich möchte persönlich deinen Ehebund segnen.«

Im Laufe des April hatte er beschlossen, Katharina nach Frankreich zu begleiten, um zu demonstrieren, dass eine Macht hinter ihr stand, obwohl sie keinem regierenden Haus entstammte. Überdies wollte er sich mit dem König treffen und ihm persönlich seine Unterstützung bezüglich Mailands und Neapels versprechen.

Auf dem Rückweg überlegte Katharina, ob Alessandro sich tatsächlich gewandelt hatte oder ob er den Florentinern etwas vorspielte. Gleichviel, dachte sie, Ippolito hat auch künftig die Chance, ihn zu verdrängen, und zum ersten Mal seit dem Abschied von Ippolito war sie froh darüber, in absehbarer Zeit in einem anderen Land ein neues Leben beginnen zu können. Ippolito hatte Recht, dachte sie, ich muss mein Leben optimistisch sehen, und sie beschloss, die Monate in Florenz zu nutzen, um sich auf ihre Zukunft in Frankreich vorzubereiten. Die Valois würde sie noch früh genug kennen lernen, aber sie musste sich über Land und Leute informieren.

Am Abend des 5. Mai 1532 erreichten Katharina und ihr Gefolge die grünen Hügel von Florenz, genossen einige Minuten lang den Blick über die Stadt, und Katharina erinnerte sich, mit welchen Hoffnungen sie vor sieben Jahren hier gestanden hatte und mit welchen Hoffnungen sie in einigen Monaten ihre Vaterstadt für immer verlassen würde. Was hatte Ippolito gesagt? *Es gibt in ganz Europa genügend Beispiele für einen raschen Wechsel in der Thronfolge.* Nein, dachte sie, daran darf ich nicht denken, ich muss meine Situation realistisch sehen. Ich werde mich in Frankreich anpassen und unterordnen müssen, aber bevor es so weit ist, werde ich meine gesellschaftliche Rolle hier in Florenz genießen.

In diesem Augenblick entdeckte sie einen Trupp Reiter mit Alessandro an der Spitze. Sie hatte einige Stunden zuvor einen Eilkurier nach Florenz geschickt, der ihre Ankunft melden sollte, und nun erschien der Herzog persönlich, um sie zu begrüßen.

»Willkommen in Florenz, Katharina!«, rief Alessandro gut gelaunt; er wusste inzwischen, dass über ihre Heirat verhandelt wurde, und das bedeutete, dass sie ihm die Herrschaft nicht mehr streitig machen würde. Mit Ippolito würde er auf seine Art fertig werden …

Sie ritten langsam zur Stadt.

»Ich habe im Palazzo Vecchio einige Appartements für dich herrichten lassen«, sagte Alessandro.

»Im Palazzo Vecchio? Verzeih, aber ich würde lieber im Kloster Murate bei den Benediktinerinnen leben. Dort ist es ruhiger und beschaulicher.«

»Im Kloster? Nun gut, dein Wunsch ist mir Befehl.« Er schickte einen der Bewaffneten zu den Benediktinerinnen.

»Dein Gefolge ist recht stattlich, Katharina. Täusche ich mich, oder habe ich vorhin den Giftmischer René darunter gesehen?«

»René ist mein Parfumeur und bleibt in meinen Diensten. Ich bin sehr zufrieden mit ihm, und ein Giftmischer ist er nicht. Tante Lucrezia hat ihn mir empfohlen.«

Im Kloster Murate wurden Katharina und ihr Gefolge herzlich begrüßt und im Gästehaus untergebracht.

Während der folgenden Wochen und Monate genoss Katharina einerseits das gesellschaftliche Leben in Florenz und andererseits die klösterliche Ruhe. Sie durchforschte die Bibliothek nach Büchern über Frankreich, arbeitete sie systematisch durch und notierte das, was ihr wichtig schien, auf Pergamentbögen.

Sie erfuhr Wesentliches über Frankreichs territoriale Ausdehnung, Regierungsform, königliche Nebenlinien (Bourbon, Béarn und Navarra). Sie las, dass die Dauphiné durch Kauf erworben und die Provence erst Ende des letzten Jahrhunderts von der Krone einverleibt worden war, ebenso wie Burgund, das seit 1477 zu Frankreich gehörte.

In Bezug auf die wirtschaftlichen Faktoren fiel Katharina auf, dass Wein- und Getreideproduktion von Bedeutung waren, auch die Herstellung von Textilien, Glas und Eisen.

Die Ständestruktur der französischen Gesellschaft kannte sie bereits, auch deren absolutistische Herrschaftsform mit einem König von Gottes Gnaden an der Spitze.

Männliche Erblinien … königlicher Rat … provinziale Gerichtsbehörde … Obergerichte …

Während Katharina versuchte, sich so viel Kenntnisse wie möglich über ihre künftige neue Heimat anzueignen, dachte sie auch immer wieder über den Gatten nach. Würde er ihr gefallen? Würde sie ihm gefallen? Sie erinnerte sich auch an die Prophezeiung der Zigeunerin Esmeralda, der Gatte würde sie lieben, aber nicht sofort …

So verging eine Woche nach der anderen. Kurz vor Weihnachten erhielt Katharina einen Brief des Papstes mit Glückwünschen für ein besinnliches Christfest und der Ankündigung, dass die Eheverhandlungen im kommenden Frühjahr abgeschlossen würden. Enthalten war ebenfalls die Bitte oder Aufforderung, dem Maler Vasari Modell zu sitzen, ihr Porträt solle dem künftigen Gatten übersandt werden.

Katharina suchte nach einem passenden Kleid, entschied sich für die blutseidene Robe, die sie bei dem Sommerfest des französischen Gesandten getragen hatte, und legte auch das Medaillon an. Der künftige Gatte durfte ihren Talisman sehen. Für jede Sitzung ließ sie sich von René sorgfältig schminken – ein bräunlicher Teint und die Augenlider golden umschattet. Der Maler Vasari war begeistert von ihr. *Die Duchessina ist wohl wert, dass wir wünschen, ihr Bild als Erinnerung an ihre freundliche und bezaubernde Art hier zu behalten*, schrieb er an einen Freund. *Der Reiz ihrer Erscheinung kann freilich überhaupt nicht gemalt werden, und mein Pinsel ist außer Stande, die Erinnerung daran festzuhalten.*

Ludwig von Brézé, der Großseneschall der Normandie, starb im Jahre 1532. Seine Witwe verbrachte die Monate nach seinem Tod auf Schloss Anet, betrauerte ihn, regelte vor allem die Erbschaft – sie war nun die Besitzerin des Schlosses – und kehrte erst kurz vor Weihnachten an den Hof zurück, der sich um diese Zeit stets in Paris im königlichen Stadt-schloss, also im Louvre, aufhielt.

Diana von Poitiers trug schwarze Trauerkleidung und erwähnte bei je-der passenden Gelegenheit, dass sie nicht beabsichtige, sich erneut zu vermählen, was die Kavaliere am Hof indes nicht hinderte, Wetten abzu-schließen, wer der Nachfolger des verstorbenen Großseneschalls sein würde. Niemand glaubte, dass Diana von Poitiers, die nun im vierund-dreißigsten Lebensjahr stand, bis zu ihrem Tod wie eine Nonne leben würde.

Heinrich von Valois war glücklich, dass seine »Göttin« wieder am Hof weilte, und er war der Einzige, der daran glaubte, dass sie sich nicht wie-der vermählen würde, weil er selbst es hoffte und wünschte.

Diana bat den König, ihr zu erlauben, während des Trauerjahres nur bei offiziellen Anlässen öffentlich aufzutreten, und so sah Heinrich seine »Göttin« erstmals bei der Weihnachtsmesse am 25. Dezember.

Als er sich an jenem Abend zur Ruhe begab, fiel ihm ein, dass die folgen-den zwölf Nächte bis zum Dreikönigstag besondere Nächte waren, heili-ge Nächte. Irgendwann hatte er gehört, dass die Träume jener Nächte eines Tages Wirklichkeit würden.

In der ersten Nacht lag er lange wach und konnte nicht einschlafen, weil seine Gedanken um Diana kreisten.

Seit er Diana bei der Weihnachtsmesse gesehen hatte, fühlte er sich kör-perlich zu ihr hingezogen, und jenes Gefühl verunsicherte ihn. Er liebte sie, aber er wies den Gedanken von sich, sie auch körperlich zu lieben. Leichte Mädchen konnte man körperlich lieben, aber eine Göttin?

Gleichzeitig wusste er, dass eine Ehe die rein platonische Liebe aus-schloss, und während er zwischen platonischer Liebe und seinem sinnli-chen Begehren versuchte, einen Mittelweg zu finden, vergingen die zwölf Nächte und der Dreikönigstag, und am frühen Abend des 7. Januar 1533 wurde er zum König befohlen.

Als er das Arbeitszimmer seines Vaters betrat, sah er zu seiner Überra-schung den Hofmaler Jean Clouet.

»Mein Sohn«, begann Franz I., »du wirst ab dem heutigen Abend Monsieur Clouet Modell sitzen. Dein Porträt ist für deine künftige Gemahlin bestimmt.«

Heinrich glaubte, nicht richtig zu hören. Seine künftige Gemahlin? Die wenigen Worte des Vaters hatten ihn brutal aus seiner Traumwelt in die Wirklichkeit zurückgeholt.

»Meine künftige Gemahlin?«, stammelte er. »Ich … ich soll heiraten? Warum? Warum werde ich vor meinem älteren Bruder vermählt? Wem wollt Ihr mich vermählen, Vater?«

Der König musterte seinen Sohn von oben bis unten. »Du wirst vor dem Dauphin vermählt, weil diese Heirat außenpolitisch wichtig ist, und du wirst zur rechten Zeit erfahren, wer deine künftige Gemahlin ist«, erwiderte er langsam. Dann wandte er sich an Clouet. »Eure Wünsche bezüglich des Ambientes werden natürlich erfüllt.«

»Mit Verlaub, Sire«, erwiderte der Maler, »wäre es möglich, dass der Herzog von Orléans weiße Kleider anlegt?«

»Weiße Kleider? Ich weiß nicht … Die Farbe Weiß ist am französischen Hof die Farbe der Trauer, die Witwe des verstorbenen Königs trägt Weiß …«

»Das ist mir bekannt, Sire, indes, beim Porträt des Herzogs geht es um die farbliche Kontrastierung. Der Herzog hat dunkle Haare; wenn er weiß gekleidet ist, kann ich die Gesichtszüge besser herausarbeiten.«

»Das ist ein überzeugendes Argument.« Er wandte sich an seinen Sohn. »Kleide dich um.«

Heinrich verließ wortlos das Zimmer und ging wie betäubt durch die von Fackeln erhellten Gänge des Louvre zu seinem Appartement. Unterwegs blieb er hin und wieder stehen und sah sich vorsichtig um. Hinter verschlossenen Türen hörte er Frauen lachen und scherzen, er hörte die schweren Tritte der Wachsoldaten, und irgendwann spürte er jene unerklärliche Angst, die ihn stets von neuem überkam, wenn sie im Louvre weilten. Er fürchtete sich in dem mittelalterlichen Stadtschloss, ohne genau zu wissen, wovor, und atmete erleichtert auf, als er sein Appartement betrat.

Er rief seinen Kammerdiener Pierre und befahl ihm, die weißen Samtkleider zu holen und ihm beim Umkleiden behilflich zu sein.

Pierre war Mitte zwanzig und seit der Rückkehr der Prinzen aus Spanien in Heinrichs Diensten. Er war ein diskreter, loyaler Mann, der – wie alle am Hof – wusste, dass Heinrich die Großseneschallin von Brézé verehrte. Er wunderte sich im Stillen darüber, schließlich war sie zwanzig Jahre älter als der Herzog. Die anderen jungen Kavaliere umwarben auch ihre Damen, aber es waren junge Mädchen. Seit der Rückkehr Dianas an den Hof im Dezember 1532 war Pierre eine Art Liebesspion. Er musste in Heinrichs Auftrag ausfindig machen, wann die Witwe ihre Gemächer verließ und er ihr »zufällig« begegnen konnte.

Für Pierre war dies ein amüsanter Zeitvertreib, und alle Verliebten am Hof verhielten sich ähnlich wie der Herzog von Orléans. Der Diener ahnte nicht im Geringsten, welche Leidenschaft sein junger Herr für die verwitwete Großseneschallin empfand, weil Heinrich, was sein Gefühlsleben betraf, im Laufe der letzten beiden Jahre immer verschlossener geworden war, sogar gegenüber seinem älteren Bruder. Vielleicht würde doch eines Tages der Augenblick kommen, wo er sich offen zu Diana bekennen konnte.

Sie selbst nahm seine Huldigungen lächelnd entgegen, sie war nach wie vor freundlich zu ihm, schenkte ihm Beachtung, und er war dankbar für jeden Moment der Aufmerksamkeit, den sie ihm widmete.

Am 3. Mai 1533 schloss Clemens mit den beiden französischen Kardinälen die Verhandlungen ab. Man einigte sich, dass der Papst und Franz I. sich in Nizza treffen würden, wo die Heirat stattfinden sollte, und bei dieser Gelegenheit sollte auch die französische Italienpolitik besprochen werden. Die Reise des Papstes sollte am 17. Juli offiziell bekannt gegeben werden.

Was Katharinas Mitgift betraf, hatte man sich endlich auf einen Kompromiss geeinigt: Es blieb zwar bei den 100 000 Goldstücken, aber Clemens war bereit, zusätzlich 30 000 Goldstücke als Entschädigung für das väterliche Erbe, das in Florenz blieb, zu zahlen – allerdings erst nach der Eheschließung und in mehreren Raten. Er versicherte den Kardinälen, dass er seine Nichte mit kostbarem Schmuck ausstatten werde, der die Mitgift erhöhe. Am wichtigsten aber war die päpstliche Zusicherung, dass er der künftigen Herzogin von Orléans die Städte Pisa, Livorno, Reggio, Modena und Rubiera übergab.

Am frühen Abend des 7. Mai betrat Katharina mit klopfendem Herzen den Palazzo Vecchio. Gegen Mittag war im Kloster eine Botschaft von Alessandro eingetroffen, worin er sie zum Palazzo bat, um sie über das Ergebnis der Eheverhandlungen zu informieren und ihr das Porträt des künftigen Gatten zu überreichen.

Ich muss Überraschung heucheln, wenn ich offiziell erfahre, dass ich

Herzogin von Orléans werde, sagte sie sich wieder und wieder, während sie sich zu Alessandros Audienzzimmer begab.

Alessandro empfing sie liebenswürdig lächelnd und informierte sie über die Klauseln des Ehevertrages. Seine Worte rauschten an ihr vorüber, sie hörte beiläufig, dass sie den zweiten Sohn des Königs von Frankreich heiraten würde, versuchte, überrascht auszusehen und blickte immer wieder verstohlen zu einem der Fenster, vor dem eine Staffelei stand, die mit einem schwarzen Tuch verhängt war. Sie brannte darauf, den Herzog zu sehen.

Alessandro entging Katharinas Stimmung, weil er glücklich war, dass sie in wenigen Wochen Florenz und Italien für immer verlassen würde.

»Katharina, Onkel Clemens wünscht, dass du dich am 10. August in La Spezia einschiffst, um rechtzeitig zur Hochzeit in Nizza einzutreffen. Er bat mich, dir bis La Spezia Geleit zu geben; diese Aufgabe werde ich mit dem größten Vergnügen erfüllen. Nun komm, betrachte die Juwelen, die dir Onkel Clemens zur Hochzeit schenkt.«

Katharina ging zu Alessandros Schreibtisch, auf dem der Schmuck auf rotem Samt ausgebreitet lag. Sie sah ein goldenes Collier, das mit Rubinen und Diamanten besetzt war, einen großen, reinen, einzeln gefassten Diamanten, ein weiteres Geschmeide aus Smaragden und Perlen, darunter eine birnenförmige, und mehrere Perlenhalsbänder.

»Die birnenförmige Perle, Katharina, soll die schönste der Welt sein.«

Sie betrachtete den Schmuck und sah Alessandro an. »Ich bin überwältigt«, sagte sie leise, »ich weiß nicht, was ich sagen soll. Was für ein kostbarer Schmuck …«

»Ich finde, er ist angemessen, schließlich heiratest du einen Sohn des Königs von Frankreich. – Aber nun das Wichtigste: dein künftiger Gemahl.«

Sie gingen zu dem Fenster, und Alessandro zog mit einer elegant-schwungvollen Bewegung das Tuch von dem Gemälde.

»Voilà, liebe Cousine, das ist Heinrich von Valois, der Herzog von Orléans.«

Er trat etwas in den Saal zurück, um Katharina beim Betrachten des Bildes nicht zu stören.

Sie ging zu der Staffelei und ließ das Porträt im Licht der einfallenden Abendsonne auf sich wirken. Sie betrachtete die dunklen Augen und Haare und hatte auf einmal das Gefühl, den jungen Mann irgendwann gesehen zu haben. Die Augen, der Gesichtsausdruck erinnerten sie an jemanden, aber an wen? Ich habe ihn schon einmal gesehen, aber wann und wo? Er ähnelt Ippolito, dachte sie, aber Ippolito sieht nicht so traurig aus. Heinrich von Valois wirkt einsam. Sie empfand eine Mischung aus Mitleid, Sympathie, Zuneigung. Sie fand, dass er friedlich aussah, vielleicht etwas melancholisch. Er wirkt nicht oberflächlich, dachte sie und spürte, dass sie mit ihm würde leben können.

Inzwischen war auch Alessandro zur Staffelei getreten und betrachtete neugierig das Bild.

»Wie gefällt er dir, Katharina?«

»Er gefällt mir gut.«

Alessandro lachte leise auf. »Ich weiß, warum er dir gefällt – er ähnelt Ippolito ein wenig. Gib dich keinen Illusionen hin, Katharina, Ippolitos Wesen und Charakter sind anders. Ippolito ist kein Träumer, er handelt zielorientiert, er ist ein Mann der Tat, er ist ehrgeizig. Dein künftiger Gatte hingegen wirkt auf mich etwas weltfremd, verträumt, schwermütig … Du wirst mit einem schwermütigen Mann vermählt, Katharina.«

Sie streifte ihn mit einem verärgerten Seitenblick. Was sollten diese Sticheleien?

»Weder du noch ich konnten uns unsere Ehegatten aussuchen. Ich habe übrigens gehört, dass deine künftige Gemahlin Margarete sehr klug sein soll. Was mich betrifft, ich werde versuchen, Heinrich von Valois zu lieben.«

Im Mai des Jahres 1533 weilte der französische Hof einige Tage in Schloss Blois. Am letzten Tag des Monats wurde Heinrich von Valois ziemlich früh am Morgen von seinem Vater in das so genannte »Alte Kabinett«, ein privates Studierzimmer des Königs, gerufen, das im zweiten Stock des Schlosses über den Gemächern der Königin lag.

Während Heinrich seine weißen Seidenkleider anzog – seit er Clouet Modell gesessen hatte, kleidete er sich am liebsten in Weiß, weil der Maler gesagt hatte, dass er weiß gekleidet vorteilhaft aussehe –, überlegte er, warum der Vater ihn zu dieser ungewöhnlichen Zeit rufen ließ. Beim Gedanken an das »Alte Kabinett« fühlte er sich unbehaglich. Er hatte es nur selten betreten, aber er kannte den Weg dort hin: Er musste bis zum Ratszimmer gehen und dann durch einen schrägen dunklen Gang zum »Alten Kabinett«. Jedes Mal, wenn er den dunklen Gang passierte, empfand er Furcht, und seine Fantasie gaukelte ihm vor, dass man ihm dort auflauerte. Er wusste, dass seine Ängste albern waren. Jener Gang war nur eine Verbindung zwischen dem Ratszimmer und dem »Alten Kabinett«, es war völlig ungefährlich, dort zu gehen, aber Heinrich kämpfte vergebens gegen seine Ängste an.

Als er das Studierzimmer betrat, war er überrascht, den König allein vorzufinden. Gewöhnlich war er um diese Tageszeit von Höflingen und Gesandten umgeben. In der Mitte des Zimmers erblickte Heinrich eine von einem roten Tuch bedeckte Staffelei; er ahnte instinktiv, dass dies das Bild der künftigen Gattin war. Bevor er jedoch den Gedanken weiterspinnen konnte, wandte Franz sich ihm zu.

»Gestern Abend erhielt ich das Ergebnis der Eheverhandlungen und das Porträt deiner künftigen Gemahlin. Sie wurde von Vasari gemalt, er ist einer der hervorragendsten Künstler, die im Augenblick in Florenz leben.« Dann informierte er den Sohn kurz über den Inhalt des Ehevertrages, die Höhe der Mitgift der Braut und erwähnte zum Schluss, dass die Hochzeit im Sommer in Nizza stattfinden solle und der Papst das Paar trauen werde.

Die Worte des Königs rauschten an Heinrich vorbei, er interessierte sich nicht für den Ehevertrag, und es war ihm gleichgültig, wann und wo die Hochzeit stattfand und wer ihn traute, der Papst oder irgendein französischer Kirchenfürst. Es war alles unwichtig. Für ihn zählte an jenem Morgen nur, dass seine stille Hoffnung während der letzten Monate, irgendein Zufall könne seine Verheiratung verhindern, endgültig zerstört war.

»Mein Sohn«, fuhr der König fort, »deine künftige Gattin entstammt einer der kultiviertesten und reichsten Familien Europas. Du wirst Katharina von Medici heiraten, die Nichte des Papstes und die Urenkelin Lorenzos des Prächtigen.« Er trat zur Staffelei und zog vorsichtig das Tuch zur Seite. »Das ist deine Verlobte, mein Sohn.«

Heinrich trat zögernd näher und betrachtete das Bild. Er sah etwas vorstehende dunkle Augen, bräunliche Haut, eine schmale Oberlippe und eine volle Unterlippe, er sah brünette Haare und war entsetzt, dass er dieses hässliche Mädchen heiraten sollte. Warum war sie nicht blond, blauäugig? Warum besaß sie keine weiße Haut? Gewiss, es war nur ein Bild, aber wenn Vasari ein guter Maler war, hatte er sie so porträtiert, wie sie aussah. Dann dachte er an die Herkunft – eine Medici, eine Bankierstochter. Er hatte gehofft, wenigstens mit einer Prinzessin aus einem regierenden Haus vermählt zu werden, stattdessen mutete der Vater ihm eine Mesalliance zu, anders konnte man es wohl nicht bezeichnen.

»Vater, sie gefällt mir überhaupt nicht. Ich finde sie hässlich.«

»Rede keinen Unsinn, du kennst sie noch nicht. Gewiss, auf den ersten Blick ist sie keine Schönheit, aber sie kann reizend und anmutig sein. Wer weiß, vielleicht verliebst du dich in sie, wenn du sie kennen lernst. Mir gefällt der Gesichtsausdruck: ernst, nachdenklich, sie scheint klug zu sein.« Er trat vor die Staffelei und betrachtete nachdenklich das Bild seiner Schwiegertochter. »Heinrich«, sagte er ernst und eindringlich, ich erwarte nicht, dass du sofort in Liebe zu ihr entbrennst. Bei fürstlichen Verbindungen kann sich im Laufe der Zeit Zuneigung entwickeln oder auch nicht. Aber ich erwarte, dass du sie achtest und respektierst und dass du diese Achtung und diesen Respekt vor den Augen des Hofes zum Ausdruck bringst. Ich fürchte, als Italienerin wird sie es nicht einfach am Hof haben, sie muss sich einleben. Ich erwarte, dass du ihr dabei hilfst, das ist deine Pflicht. Und vergiss nicht: Achtung und Respekt. Sie ist zwar nicht von fürstlicher Abstammung, aber ihre Vorfahren haben jahrzehntelang wie die Fürsten in Florenz regiert. Sie waren kulturelle Mäzene wie kein Herrscher Europas. Ich persönlich schätze die Familie Medici mehr als manchen französischen Aristokraten, die Bourbonen zum Beispiel, unsere Seitenlinie … Also, Achtung und Respekt vor allem bei offiziellen Anlässen, ich denke dabei besonders an Turniere, hast du mich verstanden?«

»Ja, Vater.«

Der König verließ das Zimmer, Heinrich wandte sich von dem Bild ab und trat zum Fenster. Turniere, dachte er, Diana. Ich werde die Italienerin nie lieben, mag sie noch so anmutig sein.

Seine Augen wanderten hinüber zum Schlossgarten und dann weiter zum Horizont.

10

Am Nachmittag des 10. Oktober 1533 segelte eine Flotte von sechzig Galeonen über das Mittelmeer nach Marseille. Die goldbestickten, purpurroten Segel des Flaggschiffes zeigten, dass es eine besondere Galeone war, nämlich die des Papstes und seiner Nichte Katharina.

Clemens saß auf dem Deck in einem mit kunstvollen Schnitzereien verzierten Stuhl und betrachtete nachdenklich die Wellen, während die Kardinäle, Bischöfe und Priester, die ihn begleiteten, ehrfurchtsvoll im

Hintergrund standen und sich flüsternd unterhielten, um den Heiligen Vater nicht in seinen Gedanken zu stören.

Dieser dachte mit gemischten Gefühlen an die Gespräche über Mailand und Neapel, die er mit dem König zwangsläufig führen musste. Ich werde alles versprechen und nichts halten, überlegte Clemens, und nach meiner Rückkehr nach Rom werde ich dem kaiserlichen Gesandten Andreossi gegenüber das Bündnis mit Frankreich widerrufen. Es ist die einzige Möglichkeit, um den Kaiser zu beruhigen. Als er von dem Abschluss der Eheverhandlungen erfuhr, hat er sofort eine seiner Nichten mit dem Herzog von Mailand verheiratet. Dies bedeutet natürlich, dass er Einmischungen in die inneren Angelegenheiten dieses Herzogtums nicht dulden wird.

Seine Augen wanderten zu Katharina, die schon seit geraumer Zeit am Bug des Schiffes stand und über das Meer blickte. Sie wandte ihm den Rücken zu.

Er sah noch, dass der Kardinal von Gramont zu Katharina trat, dann schloss er die Augen, atmete genießerisch die Seeluft ein und genoss die warme Herbstsonne.

»Nun, Madame«, sagte Gramont, »ich glaube, Sie haben die längste Zeit gewartet. Jetzt dauert es nicht mehr lange, bis die Küste in Sicht kommt.«

Katharina schrak aus ihren Gedanken auf, verdrängte für einen Augenblick das Bild des künftigen Gatten und sah den Kirchenfürsten schüchtern an.

»Ich bin etwas nervös, Eminenz.«

»Das kann ich gut verstehen, Madame.« Er lächelte ihr aufmunternd zu, sah diskret hinüber zu ihrem Gefolge, das munter plaudernd an der Reling stand und dachte im Stillen, dass die künftige Schwiegertochter des Königs von Frankreich von ziemlich vielen Italienern begleitet wurde. Gegen die Erzieherin und die beiden Dienerinnen war nichts einzuwenden. Der Koch, nun ja, er war mit einer der Dienerinnen verheiratet, die jungen Mädchen, die die Braut begleiteten, waren notwendig wegen der Etikette. Aber warum brachte die künftige Herzogin von Orléans ihren Parfumeur mit? Es gab am Hof genügend Parfumeure. Warum wurde sie von den Bankiers Strozzi und Gondi von Ludovico Gonzaga, dem jüngeren Bruder des Herzogs von Mantua, dem Astrologen Cosimo Ruggieri und von dem Grafen Sebastiano di Montecuccoli begleitet?

Es ist vielleicht ein Stück Heimat, dachte er, aber ihre Heimat Italien ist für sie jetzt Vergangenheit, ihre Zukunft liegt in Frankreich. Er sah hinüber zu dem Gefolge des Papstes, und als er den jungen Kardinal Ippolito entdeckte, erinnerte er sich beunruhigt an die Gerüchte, die in Rom kursierten: angeblich plante Ippolito einen Umsturz in Florenz. Gramont fragte sich, welche Konsequenzen dies haben könnte. Würde ein Sturz des Herzogs Alessandro zu einem Konflikt zwischen Kurie und Kaiser führen?

Im Augenblick war der junge Kardinal unter der Aufsicht seines päpstlichen Onkels und repräsentierte die Familie der Braut. Zwei Medicis begleiten die Duchessina, ging es Gramont durch den Kopf, das sind die letzten Nachkommen der einst so mächtigen Familie.

In diesem Augenblick wurde die Küste sichtbar, und wenig später erklang aus der Ferne leiser Kanonendonner, der immer lauter wurde, je mehr sie sich der Hafeneinfahrt näherten.

Katharina erschrak, als sie die Kanonen hörte, und als beim Einlaufen in den Hafen zusätzlich Salut geschossen wurde, hätte sie sich am liebsten die Ohren zugehalten. Kanonen, dachte sie, ich werde in meiner neuen Heimat mit Kanonen begrüßt ... Kanonen bedeuten Krieg ... In diesem Augenblick wurde es ruhig. Sie atmete auf und sah zu der Menschenmenge an der Mole.

Während das Flaggschiff an den Liegeplatz gesteuert wurde, erschienen zwei Stallmeister, die einen weißen Zelter führten, vor dem die Menschen auf die Knie sanken, weil er auf seinem Rücken die Monstranzbüchse mit der heiligen Hostie trug.

Katharina beachtete das Paradepferd nicht weiter, sondern betrachtete neugierig eine Gruppe von drei Reitern, die sich langsam näherten und vor denen das Volk respektvoll zurückwich. Es waren ein graumelierter, hoch gewachsener Mann in mittleren Jahren, der einen Schnauzbart trug und grimmig seine Umgebung musterte, und zwei halbwüchsige, dunkelhaarige, kräftige, große Jungen mit feierlichen und ernsten Gesichtern, die Katharina auf den ersten Blick recht sympathisch fand.

»Eminenz, wer sind die drei Reiter dort? Das Volk weicht ehrfurchtsvoll zurück; sie müssen am Hof einen außergewöhnlichen Rang innehaben.«

»Ja und nein, Madame. Der Mann mit dem Schnauzbart ist Anne de Montmorency, ein Jugendfreund des Königs; ein fähiger Heerführer und der höchste Würdenträger Frankreichs. Er bekleidet das Amt des Oberhofmeisters. Die beiden halbwüchsigen Jungen sind seine Neffen;

links von Ihnen sehen Sie Odet von Châtillon, er ist ungefähr siebzehn Jahre alt; rechts von Ihnen, das ist sein jüngerer Bruder, Gaspard von Coligny, er ist vierzehn Jahre alt. Odet ist für den geistlichen Stand bestimmt, Gaspard möchte Heerführer werden.«

Katharina betrachtete die Brüder. »Die Neffen des höchsten Würdenträgers wirken aufrichtig und ernsthaft«, sagte sie nach einer Weile zu Gramont.

»Madame, Sie haben richtig beobachtet, Odet und Gaspard sind aufrichtig. Sie sagen, was sie denken, sie sind loyal und besitzen einen integeren Charakter. Das ist, mit Verlaub, eine Seltenheit am Hof von Frankreich.«

Unterdessen ankerte die Galeone, und die Besatzung richtete die Landestege.

Nun betrat Anne de Montmorency das Schiff, näherte sich dem Papst, kniete vor ihm und küsste den Ring. Dann wandte er sich zu Katharina und hieß sie höflich reserviert in Frankreich willkommen.

Er war nach wie vor gegen die Verbindung eines französischen Prinzen mit einer Ausländerin, aber da es der Wille des Königs war, machte Montmorency »gute Miene zum bösen Spiel«, was ihm nicht allzu schwer fiel, weil die künftige Herzogin von Orléans ihn entwaffnend anlächelte.

Nachdem Clemens an Land gegangen war, formierte sich der Festzug. Die Hostie wurde vorangetragen, dann folgte der Papst auf einem Sessel, der von kräftigen Männern getragen und von den Kardinälen und Bischöfen umgeben wurde, deren Pferde unter ihren wallenden Überhängen fast verschwanden. Das Volk jubelte zwar, aber Clemens beobachtete, dass die Begeisterung sich in Grenzen hielt.

Als Letzte ritt Katharina auf einer braunen Stute, umgeben von ihren jugendlichen Begleiterinnen. Sie lächelte nach allen Seiten wie in Florenz und bemerkte erstaunt und bestürzt, dass man ihr hier in Frankreich reserviert, fast ablehnend begegnete. Das Volk musterte sie schweigend, und hin und wieder hörte sie, wie jemand sagte: »Das ist die Italienerin. Warum muss der Herzog von Orléans eine Italienerin heiraten?«

»Seht nur die vielen Italiener, die sie begleiten. Sie sind bestimmt alle Giftmischer. Warum muss der Herzog von Orléans eine Frau aus dem Land der Giftmischer heiraten?«

Katharina versuchte, diese Äußerungen zu überhören, aber sie wusste, dass derlei Reden gefährlich für sie waren und ihr war klar, dass sie sich am Hof diplomatisch verhalten musste, um sich zu behaupten. Der Unmut des Volkes war wahrscheinlich ein Spiegelbild des höfischen Unmutes.

Sie ritt langsam durch die Straßen, die mit Teppichen aus Samt und Seide behangen waren, auf denen die weißen und roten Lilien von Frankreich und Florenz leuchteten. Katharina indes beachtete den Straßenschmuck nicht. Sie umklammerte unsicher die Zügel und horchte auf die Stimme des Volkes.

»Die Italienerin ist stolz, stolz auf die Geldsäcke ihrer Familie und auf die Macht ihrer Sippschaft ...«

Während jenes Rittes durch Marseille wurde Katharina bewusst, dass ihr Leben am französischen Hof schwieriger sein würde, als sie bisher geahnt hatte, und dass es wahrscheinlich am klügsten war, wenn sie sich zunächst im Hintergrund hielt.

Montmorency geleitete Clemens und die künftige Herzogin von Orléans zu einem hölzernen Schlösschen, das für den Papst erbaut worden war und von wo aus man zu dem alten Schloss der Grafen von Provence, wo Franz I. residierte, gelangen konnte, ohne sich der Witterung auszusetzen, weil die Straße zwischen den beiden Bauten mit einem Gerüst überbrückt war, das eine geräumige Galerie trug.

Dort stellte Montmorency dem Papst die französischen Kirchenfürsten vor, die während der kommenden Wochen seinen Hofstaat bilden sollten. Es waren der Kardinal Duprat, die Kardinäle von Bourbon, von Lothringen und von Gramont.

Nach dem Austausch der üblichen Höflichkeiten bat Montmorency den Papst und Katharina zur Abendtafel in seinen privaten Räumen.

Während Katharina sich erfrischte und die Kleider wechselte, dachte sie mit einigem Unbehagen an das Abendessen mit Frankreichs höchstem Würdenträger.

Während der erste Gang aufgetragen wurde, plauderten Clemens und Montmorency über das Wetter, und Katharina spürte, dass die Augen des französischen Würdenträgers hin und wieder nachdenklich auf ihr ruhten. Sie versuchte, souverän und gelassen zu wirken, aß langsam die verschiedenen Vorspeisen. Es gab Weintrauben, aber auch pikante Kleinigkeiten: gedünstete Champignons und Zucchini, Oliven, Kürbis, weißen Porree. »Ich erhielt vorhin die Nachricht, dass Seine Majestät morgen, am frühen Nachmittag, wahrscheinlich gegen zwei Uhr in

Marseille eintreffen wird.« Montmonrency hatte sich unvermittelt Katharina zugewandt.

»Das ist eine gute Nachricht, Monsieur«, sagte Katharina. »Ich freue mich auf die erste Begegnung mit meinem künftigen Gatten und seiner Familie.«

Dies war aufrichtig, obwohl ihre Vorfreude von Nervosität, Herzklopfen und der bangen Frage begleitet war, ob sie ihm gefallen würde.

»Für mich ist es ebenfalls eine gute Nachricht«, sagte Clemens. »Es gibt wichtige Angelegenheiten, die besprochen werden müssen.« Er dachte dabei an die Toleranz des Königs gegenüber der Irrlehre.

Montmorency wies darauf hin, dass der König schon am folgenden Tag mit ihm, dem Papst, über Italien verhandeln werde.

Das war eine unerwartete Wendung des Gesprächs. Der Papst war irritiert, hatte er doch vor, die pikanten Angelegenheiten – die Annektion der italienischen Stadtstaaten durch den Brautvater – nach der vollzogenen Ehe anzugehen. Er wollte es sich schließlich mit Karl nicht verderben, dem er wegen der Besatzung von Florenz verpflichtet war. Er hielt die Pläne des Königs in dieser Hinsicht für unrealistisch, denn die Schlacht von Pavia hatte das europäische Kräfteverhältnis zu Gunsten der Habsburger verschoben.

Im Übrigen wollte er seine religiöse Machtstellung demonstrieren, indem er Franz zu einem energischen Vorgehen gegen die »neue Irrlehre« verpflichten wollte. Letzteres äußerte er jetzt und Montmorency war sichtlich erstaunt darüber, da Frankreich einen der Grundpfeiler des Katholizismus in Europa bildete und neuem Gedankengut ohnehin fremd gegenüberstand. Montmorency wies darauf hin, dass die wenigen Anhänger des neuen Glaubens vollkommen unbedeutend seien, zumal in Frankreich auch die absolutistische Herrschaft des Königs die Landesfürsten von dessen Entscheidung abhängig machte. Der König sei schließlich Katholik – zudem gebe es hier auch keinen Luther.

Inzwischen war der nächste Gang serviert worden: eine Brühe mit vielen Meeresfrüchten, Krabben, Muscheln und klein geschnittenem Tintenfisch. Es entstand eine Gesprächspause, und Katharina überlegte erneut, wie sie ohne Gabel das gebratene Fleisch essen sollte.

Montmorency nahm den unterbrochenen Gesprächsfaden wieder auf. »Heiliger Vater, die religiöse Situation ist völlig unproblematisch. Seine Majestät ist ein überzeugter Anhänger des katholischen Glaubens, die königliche Familie ebenfalls.«

Er wandte sich Katharina zu. »Ihr künftiger Gatte, Madame, nimmt die religiösen Pflichten sehr ernst.«

Was will er damit sagen, überlegte Katharina. Ist Heinrich vielleicht bigott und frömmlerisch? Sie hasste Bigotterie und Frömmelei.

»Seine Majestät, Heiliger Vater«, fuhr Montmorency fort, »ist seit vielen Jahren eng mit dem Kardinal Johann von Lothringen befreundet – Ihre Heiligkeit kennen den Kardinal wahrscheinlich.«

»Selbstverständlich kenne ich ihn, er ist bekannt für seine Freigebigkeit den Armen gegenüber. Als er einmal in Rom einem armen Blinden die Hände mit Goldstücken füllte, rief dieser: *Wenn du nicht Christus selber bist, bist du gewiss der Kardinal von Lothringen!* Allerdings ist er auch bekannt für seine galanten Abenteuer – zum Glück ist er diskret«, ergänzte Clemens diese Ausführungen.

Montmorency lächelte und fuhr fort: »Ihre Heiligkeit wissen wahrscheinlich auch, dass der Kardinal ein jüngerer Bruder des Herzogs Claudius von Guise ist. Claudius ist der erste Herzog von Guise und mit Antoinette von Bourbon vermählt, einer Seitenlinie des Hauses Valois. Die Familie von Guise ist, meiner Meinung nach, sehr ehrgeizig. Claudius hat einige viel versprechende Söhne. Franz, der Älteste, ist jetzt ungefähr vierzehn Jahre alt. Ich bin überzeugt, dass Claudius von Guise hochfliegende Pläne für seine Söhne hegt, und ich habe den Eindruck, dass diese Familie anfängt, langsam, aber sicher Einfluss am Hofe zu gewinnen. Ich erzähle Ihrer Heiligkeit diese belanglosen Einzelheiten, weil die Familie von Guise zu den fanatischen Gegnern des neuen Glaubens zählt. Es ist verständlich, wenn man bedenkt, dass ein Großteil ihrer Ländereien zu den Pfründen des Kardinals Johann gehört. Der Reichtum dieser Familie gründet sich auf Kirchenbesitz. Nun ja, sie kamen erst Anfang unseres Jahrhunderts nach Frankreich, als die Witwe eines jüngeren Sohnes des Herzogs von Lothringen den französischen König bat, ihr und ihren zwölf Kindern die französische Staatsangehörigkeit zu gewähren. Die Familie von Guise hat sich bis jetzt in Frankreich erfolgreich behauptet, vielleicht auch, weil sie ein starkes Familiengefühl besitzt. Um auf den Ausgangspunkt zurückzukommen, sie sind Gegner des neuen Glaubens und sie fangen an, am Hof an Einfluss zu gewinnen. Die Befürchtungen Ihrer Heiligkeit, was die religiöse Situation in Frankreich betrifft, sind also wirklich überflüssig.«

»Das bezweifle ich«, erwiderte Clemens. »Es gibt am französischen Hof Anhänger und Gegner des neuen Glaubens – eine von den beiden Parteien wird triumphieren. Welche den Sieg davonträgt, hängt meiner Meinung nach vom König ab.«

Er sah Montmorency eindringlich an, und dieser verstand die unausgesprochene Frage: Der Papst wollte wissen, welche Position er, der höchste Würdenträger, gegenüber dem neuen Glauben einnahm.

»Was mich betrifft, Eure Heiligkeit, so bin ich gläubiger Katholik. Ich lehne die neue Lehre zwar ab, aber ich bin kein fanatischer Gegner wie die Familie von Guise.«

In diesem Augenblick wurden gebratene Rebhühner, gefüllte Wachteln am Spieß, Hase am Spieß und Rinderbraten serviert.

Katharina beobachtete, dass der Konnetabel das Geflügel mit den Fingern zerteilte und das Rindfleisch mit dem Messer in kleine Stücke schnitt, sie mit dem Messer aufspießte und zum Munde führte. Sie begann ebenfalls, mit den Händen zu essen und achtete darauf, dass ihre Ringe nicht beschmutzt wurden.

Clemens dachte über die religiöse Situation am französischen Hof nach, fand sie nach wie vor beunruhigend und beschloss, am nächsten Tag mit den Kardinälen über die Bannbulle gegen Heinrich VIII. von England zu verhandeln. Innerlich war er fest zu diesem Kirchenbann entschlossen, weniger wegen des Königs Ehescheidung, sondern weil er zuverlässige Informationen besaß, dass Heinrich sich von Rom trennen und sich zum Oberhaupt der englischen Kirche ernennen wollte. Dies bedeutete, dass Rom auf die Abgaben der englischen Bistümer würde verzichten müssen.

Während nacheinander Krapfen mit Mark, Pastete aus rohen Birnen, Käse, kandierte Früchte, Gebäck, *hippokras* und Gewürzkonfekt serviert wurden, versuchte Montmorency, die Unterhaltung von der Religion auf andere Dinge zu lenken, und erzählte von dem Bau des Schlosses Chambord.

Katharina war von dem Essen und dem schweren, samtigen Rotwein etwas müde geworden und hörte nur hin und wieder zu. Nach beendeter Mahlzeit zog Clemens sich unter dem Vorwand zurück, er müsse sich innerlich auf das Gespräch mit dem König über Italien, vorbereiten, und Montmorency war insgeheim froh darüber, dass er den restlichen Abend allein verbringen konnte, weil er wenig Lust verspürte, sich mit dem Papst noch länger über die religiöse Lage in Frankreich zu unterhalten. Er wusste genau, dass die päpstlichen Sorgen berechtigt waren – schließlich gab es an der Pariser Universität, der Sorbonne, viele Gelehrte und Theologen, die über Luthers Thesen nicht nur eifrig diskutierten, sondern sie auch für richtig hielten.

Dann dachte er über Katharina nach und versuchte, sie einzuschätzen. Auftreten und Manieren, überlegte er, sind tadellos. Bei Tisch hat sie nur wenig geredet, aber das ist verständlich in der neuen Umgebung. Er nahm wahr, wie aufmerksam ihre Augen alles betrachteten, aufmerksam, um nicht zu sagen: wachsam. Sie ist wahrscheinlich eine gute Beobachterin. Nun, man muss abwarten, wie sie sich entwickelt.

Unterdessen ging Clemens in seinem Arbeitszimmer auf und ab und überlegte, was er Katharina über die königliche Familie und das Hofleben erzählen sollte. Von Gramont und seinem Nuntius hatte er einiges erfahren, was wenig erfreulich war. Abgesehen von den frivolen Sitten waren die meisten Höflinge wohl nur damit beschäftigt, gegeneinander zu intrigieren, und zum ersten Mal überlegte Clemens, ob Katharina sich in diesem Hofmilieu zurechtfinden würde.

Er ließ Katharina holen.

»Mein liebes Kind, heute ist der letzte Abend, an dem wir uns ungestört unterhalten können.« Er führte sie zu einer Bank, setzte sich neben sie und überlegte kurz, wie er beginnen sollte. »Du wirst morgen deine künftige Familie kennen lernen. Während der Reise nach Marseille hast du mir gesagt, du wüsstest fast nichts über die Valois; ich werde dir nun erzählen, was ich weiß, obwohl es auch nicht viel ist. Mit dem Stammbaum wirst du dich im Laufe der Zeit beschäftigen, überdies ist für dich die Gegenwart im Augenblick wichtiger als die Vergangenheit. – Von den Kindern, die die selige Königin Claudia zur Welt brachte, haben fünf überlebt: der fünfzehnjährige Dauphin Franz, der vierzehnjährige Heinrich, dein Verlobter; ferner ein dritter Sohn, der elfjährige Karl, und zwei Töchter, Magdalena und Margarete, sie sind dreizehn und zehn Jahre alt. Wahrscheinlich wird auch die Schwester des Königs bei der Hochzeitsfeier anwesend sein und anschließend wieder in ihr Königreich Navarra zurückkehren. – Montmorency erwähnte bei Tisch die Herzogin von Etampes. Jetzt höre gut zu, mein Kind, die Herzogin ist die wichtigste Dame bei Hof, wichtiger noch als die Königin; man kann sagen, sie ist die wahre Königin; sie ist seit mehreren Jahren die Geliebte des Königs, und sie wird, soweit ich es beurteilen kann, ihre Stellung halten, weil Franz ihr aufrichtig zugetan ist, er liebt diese Frau. Der legitimen Königin Eleonore werden natürlich alle Ehren erwiesen, die ihr gebühren, aber sie spielt am Hof praktisch keine Rolle.« Hier schwieg er zunächst, damit Katharina seine Worte verarbeiten konnte.

Sie strich nachdenklich ihr Kleid glatt. »Ich verstehe, Onkel Clemens«, sagte sie nach einer Weile, »ich muss nicht nur die Gunst und Zuneigung des Königs gewinnen, sondern auch die seiner Mätresse, und um die Zuneigung der Herzogin zu gewinnen, muss ich ihr bescheiden gegenübertreten und sie spüren lassen, dass sie mir überlegen ist.«

Clemens atmete erleichtert auf. Gott sei Dank, die Duchessina wusste, wie sie sich verhalten musste, er konnte sie beruhigt in Frankreich zurücklassen.

Katharina dachte bedrückt an ihren Einzug in Marseille und die Äußerungen des Volkes.

»Onkel Clemens, ich glaube, vor mir liegt ein schwerer Weg, der viel Geduld erfordert. Es wird bestimmt lange dauern, bis man mich akzeptiert und mir vertraut. Ich sehe im Augenblick nur eine Möglichkeit, das Vertrauen der Höflinge und des Volkes zu gewinnen: Ich muss mich während der kommenden Monate und Jahre bescheiden im Hintergrund halten. Ich darf nicht unangenehm auffallen, vor allem darf ich meinen Rang nicht zur Schau tragen – offiziell bin ich nach der Königin, der Schwester des Königs und meinen zwei Schwägerinnen die ranghöchste Dame in Frankreich, zumindest, solange der Dauphin noch nicht verheiratet ist.«

Clemens lächelte. »Du beurteilst die Situation völlig richtig, Katharina. Nun, deine Kinder, vor allem deine Söhne, werden deine Stellung am Hof sehr festigen, und bei deiner Geburt hat man dir ja Gott sei Dank viele Kinder prophezeit.«

Viele Kinder, dachte Katharina, und wieder erinnerte sie sich an die Voraussage der Zigeunerin Esmeralda, dass der künftige Gatte sie lieben würde, nur nicht sofort.

»Die arme Königin Eleonore«, sagte sie, »es muss schrecklich sein, im Schatten einer Rivalin zu leben.«

»Wahrscheinlich hat sie sich längst daran gewöhnt. – Gute Nacht, mein Kind, der kommende Tag wird für uns beide sehr anstrengend werden.«

In ihrem Schlafzimmer trat Katharina an das weit geöffnete Fenster, sah hinaus in den Garten, genoss die warme Luft, den schweren, süßlichen Duft der Feigenbäume und ließ ihre Gedanken noch einmal zurückwandern nach Florenz. Die vergangenen Monate seit Mai waren für sie aufregend gewesen, weil sie ihre Reisepläne ständig ändern musste. Im Mai war ihre Aussteuer zusammengestellt worden, für die Prachtgewänder wurde Gold- oder Silberbrokat gewebt, schwarze und scharlachrote Seide für die Bettlaken. Im Juli traf die Nachricht ein, dass König Franz während seiner Reise nach dem Süden schwer erkrankt war. Juli und August vergingen. Inzwischen erfuhr man, dass der Herzog von Savoyen, ein Anhänger Karls V., sich weigerte, den französischen König und den Papst in seiner Grafschaft und der Stadt Nizza zu empfangen. So beschloss man, die Hochzeit nicht in Nizza, sondern in Marseille zu feiern. Ende August traf ihr Onkel, der Herzog von Albany, mit der Nachricht von der Genesung des Königs in Florenz ein. Zu ihrer Überraschung überreichte er ihr ein Geschenk ihres künftigen Schwiegervaters, das im Ehevertrag nicht vorgesehen war, nämlich ein Kästchen voll Juwelen. Ihr Schwiegervater schien tatsächlich so großzügig zu sein, wie allgemein behauptet wurde. Nachdem sie den vornehmen Familien der Stadt Florenz im Palazzo Medici noch ein Abschiedsbankett mit anschließendem Ball gegeben hatte, verließ sie ihre Vaterstadt am 1. September in Begleitung ihres Gefolges und des Herzogs Alessandro. In La Spezia verabschiedete sich Alessandro, und am 6. September lief die Flotte bei gutem Wind aus. Am nächsten Tag war sie bereits in Villefranche, wo sie einen Monat lang, bis zum 11. Oktober, auf ihren Onkel wartete. Von Villefranche aus reisten sie gemeinsam weiter nach Marseille.

Katharina schlief schlecht in dieser Nacht.

Der Morgen dämmerte schon, als sie endlich in einen tiefen, traumlosen Schlaf fiel.

Am Morgen beschloss sie, sich die Zeit bis zur Ankunft des Königs mit Bogenschießen zu vertreiben. Dabei musste sie sich konzentrieren und konnte sich gleichzeitig entspannen. Sie zog eines der älteren Kleider an, es war zufällig das blutrote, das sie seinerzeit beim Empfang des französischen Gesandten im Sommer 1531 getragen hatte. Sie war gewandt in der Kunst des Bogenschießens und traf fast immer den Mittelpunkt der Schießscheibe. Auch an jenem Morgen gelang es ihr sechs Mal hintereinander, den schwarzen Punkt zu treffen.

Sie war so beschäftigt, dass sie die Schritte nicht hörte, die sich näherten. Als sie den Bogen zum siebten Mal spannte und den Pfeil abschießen wollte, hörte sie hinter sich einen bewundernden Ausruf. »Donnerwetter!«

Der Pfeil schnellte ab und prallte, zu Katharinas Ärger, am Rand der

Schießscheibe auf. Im gleichen Augenblick wandte sie sich um und sah zu ihrer Überraschung Gaspard von Coligny, der sich ehrerbietig vor ihr verneigte.

»Ich bitte um Verzeihung, Madame, ich wollte Sie nicht stören. Aber Ihre Art, den Bogen zu spannen, finde ich faszinierend. – Erlauben Sie, dass ich mich vorstelle: Ich bin Gaspard von Coligny, ein Neffe des Monsieur von Montmorency. Ich weiß, dass Sie die künftige Herzogin von Orléans sind, ich sah Sie gestern auf dem Schiff und später bei dem Ritt durch die Stadt.«

Katharina musterte Coligny und betrachtete überrascht die einfache Kleidung. Wams und Beinkleider waren aus schlichtem, schwarzem Tuch und wurden nur durch einen weißen Spitzenkragen und weiße Hemdmanschetten aufgelockert. Sie lächelte ihn an und gab ihm den Bogen.

Dann fasste Katharina sich ein Herz und fragte ihn nach der Familie des Königs, und der junge Coligny berichtete bereitwillig von den Schwestern ihres künftigen Gatten, der kränkelnden scheuen Magdalena und der bildungshungrigen Margarete. Er erzählte vom König und dessen Großzügigkeit und dessen bescheidener, zurückgezogen lebender Gattin, vom Dauphin und Prinz Karl; schließlich kam die Sprache auf Heinrich, und Coligny beschloss aus Taktgefühl, dessen schwärmerische Liebe zur Großseneschallin zu verschweigen.

»Der Herzog von Orléans«, begann Coligny vorsichtig, »liebt, ebenso wie der König, alle Leibesübungen, die Kraft und Geschicklichkeit erfordern; er springt zum Beispiel überdurchschnittlich weit. Er liest außerdem viel, spricht fließend Italienisch und Spanisch, beherrscht natürlich die alten Sprachen, aber er ist der Schweigsamste der königlichen Familie. Er ist verträumt, redet wenig, lacht selten, er ist nicht sehr gesellig. Manchmal habe ich den Eindruck, dass er am liebsten allein ist. An diesem Hof, Madame, herrschen Lebenslust und Lebensfreude. Der Herzog von Orléans nimmt an allen Vergnügungen teil, aber nur äußerlich, innerlich ist er weit weg.«

Katharina dachte über die letzten Worte nach, erinnerte sich an Alessandros Äußerung, ihr künftiger Gatte sei schwermütig und kam zu dem Schluss, dass Heinrich von Valois vielleicht verträumt und schweigsam war, aber bestimmt nicht oberflächlich. Ein schweigsamer Mensch, der viel nachdachte, mit einem solchen Mann würde sie leben können.

»Coligny, Ihr Onkel erwähnte gestern Abend, dass mein künftiger Gatte seine religiösen Pflichten sehr ernst nimmt. Wie ist das zu verstehen? Ist er sehr fromm?«

»Fromm? Niemand weiß, was in der Seele eines Menschen vorgeht. Prinz Heinrich ist äußerlich so fromm wie alle am Hof. Allerdings macht er hin und wieder eine Bemerkung, die gegen den neuen Glauben gerichtet ist. Ich habe den Eindruck, dass er fast ein fanatischer Gegner des neuen Glaubens ist, ich weiß nicht, warum. Ich glaube nicht, dass er theologische Schriften liest, dies würde er erwähnen. Mein Onkel hat wahrscheinlich sagen wollen, dass Prinz Heinrich ein gläubiger Katholik ist.«

Dieser »neue Glaube«, dachte die junge Braut, scheint die Franzosen sehr zu beschäftigen. Katharina fragte Coligny, was er selbst davon halte, doch dieser sagte, er könne sich kein Urteil anmaßen, da er die Schriften von Luther und Melanchthon noch nicht kenne; zu einem späteren Zeitpunkt werde er sich damit auseinander setzen.

Sie setzten das angeregte Gespräch fort, wobei Coligny das freimütige Leben am Hof kritisierte und seine asketischen Ideale von fast urchristlicher Einfachheit erläuterte.

Katharina kam innerlich zu dem Schluss, dass er in dieser Hinsicht kein passender Gatte für sie wäre, sie schätzte aber seine Ernsthaftigkeit und Aufrichtigkeit.

Sie sah jetzt nach dem Stand der Sonne und erhob sich. »Es wird Zeit, dass ich zurückgehe und mich auf die Begegnung mit dem König vorbereite. Ich hoffe, Coligny, dass wir Freunde werden. Die Gespräche mit Ihnen sind sehr interessant.«

Er sprang auf und beugte sich über Katharinas Hand. »Die Aufmerksamkeit, Madame, die Sie mir schenken, ehrt mich.«

Sie lächelte ihm zu und eilte den Gartenweg zurück. Gaspard von Coligny blieb stehen und sah ihr nach.

Sie ist nicht so oberflächlich wie die anderen jungen Damen, dachte er, aber sie wäre keine Frau für mich, sie hängt zu sehr am Firlefanz. Aber sie ist anmutig und strahlt eine gewisse Wärme aus, sie ist für den Hof und die königliche Familie eine Bereicherung.

In ihrem Appartement wurde sie von Mingo bereits ungeduldig mit einem Berg von Kleidern erwartet.

Katharina musterte die Kleider und entschied sich für eines aus schwarzem Samt, das üppig mit Goldborten besetzt war, an der Taille sich öffnete und ein mit Gold durchwirktes Unterkleid aus blutrotem Samt zeigte. Das Dekolleté war mit weißer Spitze besetzt, worüber sich eine hohe steife Halskrause aus golddurchwirkter Spitze erhob.

Coligny wäre entsetzt, würde er mich in dieser Robe sehen, dachte sie amüsiert. Während Isabella die Frisur richtete, schilderte Katharina ihre Begegnung mit Montmorencys Neffen.

Mingo hatte aufmerksam zugehört. »Hoheit, wenn Ihr Gatte ein Gegner des neuen Glaubens ist, dürfen Sie Ihre Gleichgültigkeit diesen Fragen gegenüber nicht offen zeigen. Sie sollten zumindest nach außen hin Ihren Gatten unterstützen.«

Katharina fuhr herum und sah Mingo entgeistert an.

»Wie stellst du dir das vor? Ich muss mich zunächst hier einleben, muss versuchen, die Anerkennung des Hofes zu gewinnen, und während dieser Phase werde ich mich zum Thema Religion überhaupt nicht äußern. Dann kann man weitersehen. Überdies ist es nur eine Vermutung Colignys, dass Heinrich ein Gegner der neuen Lehre ist, allerdings sagt mir mein Gefühl, dass er Recht hat. Ich fürchte, das Leben an diesem Hof wird problematischer, als ich bei meiner Abreise aus Florenz vermutete.«

Nachdem René sie geschminkt hatte, trat sie vor den Spiegel, betrachtete sich und spürte, dass sie Herzklopfen bekam. Sie sah zur Uhr, fünf Minuten vor zwei, höchste Zeit, dass sie sich in den Audienzsaal des Papstes begab, wo dieser den König von Frankreich erwartete.

Wenig später stand sie leicht zitternd rechts neben dem Stuhl des Papstes und versuchte, ihre Aufregung zu bekämpfen. Ihr Herz klopfte so stark, dass sie meinte, jeder im Saal müsse es hören. Ihr Hals war wie zugeschnürt, und sie nahm die geistlichen und weltlichen Würdenträger nur schemenhaft wahr. Sie wusste, dass irgendwo im Saal auch Ippolito weilte. Florenz lag jetzt unendlich weit zurück, und vor ihr lag eine unbekannte Zukunft. Sie sah zu der Tür, die sich in wenigen Augenblicken vor dem König von Frankreich öffnen würde. Hoffentlich beging sie keinen Fehler! Hoffentlich war der Hofknicks graziös genug. Hoffentlich gefiel sie nicht nur dem Gatten, sondern auch dem Schwiegervater, von seiner Gunst hing ihr künftiges Schicksal ab, er hatte diese Ehe arrangiert. Heinrich war nicht gefragt worden, genauso wenig wie sie.

In diesem Augenblick hörte sie Fanfarenklang, und ein Herold verkündete die Ankunft des Königs von Frankreich. Die hohen Flügeltüren wurden geöffnet, und Katharina sah einen hoch gewachsenen, kräftigen

Mann, der in ein bunt schillerndes, seidenes Übergewand mit vielen Puffärmeln gekleidet war, den Saal betreten.

Heinrich begleitet ihn nicht, dachte Katharina, während Franz I. langsam zum Stuhl des Papstes schritt, das Knie beugte und den päpstlichen Ring küsste. Dann erhob er sich, sie hörte den Austausch der üblichen Höflichkeiten und spürte erleichtert, dass ihre Nervosität nachließ. Ihr künftiger Schwiegervater schien ein liebenswürdiger, umgänglicher Mann zu sein.

Nun wandte der König sich ihr lächelnd zu. »Ah, die Duchessina …«

Katharina begann mit einem Hofknicks, aber Franz zog sie empor. »Ma fille, willkommen in Frankreich, willkommen in meiner Familie.«

Seine Stimme klang so weich und liebevoll, dass Katharina ihn erstaunt ansah – mit einem solchen Empfang hatte sie nicht gerechnet. Der König betrachtete einige Sekunden lang ihr Gesicht. »Der Maler Vasari ist ein wahrer Meister, sie sieht genauso aus wie auf dem Gemälde. Erlauben Sie, Heiliger Vater, dass ich meine Schwiegertochter jetzt der Familie vorstelle, vor allem meinem Sohn Heinrich. Das junge Paar ist bestimmt neugierig, einander kennen zu lernen. Anschließend können wir uns dann über unsere gemeinsamen Pläne in Italien unterhalten.«

Während Katharina und Franz I. den Saal verließen, wurden Erfrischungen serviert, und die Würdenträger und Gesandten nutzten die Zeit für diplomatische Gespräche, wobei jeder bemüht war, viel zu erfahren und selbst wenig zu sagen.

Als Katharina an der Seite des Königs den Raum betrat, wo ihre künftige Familie versammelt war, sah sie sofort, dass Heinrich fehlte.

Trotz ihrer Nervosität versuchte sie, die Anwesenden einzuordnen. Die kleine, üppige, prunkvoll gekleidete Dame, die in der Mitte des Raumes saß, war sicherlich die Königin, und der junge Mann, das junge Mädchen und die beiden Kinder an ihrer Seite, das waren bestimmt die Schwäger und Schwägerinnen. Etwas entfernt von der Königin sah Katharina eine große, schlanke Dame in mittleren Jahren sitzen, die dem König ähnlich sah, neben ihr saß ein ungefähr fünfjähriges, dünnes Mädchen mit aschblonden Haaren und einem schmalen, blassen Gesicht.

Während Katharina überlegte, ob diese Dame die Schwester des Königs war, verbeugte sich Franz leicht vor Eleonore.

»Madame«, sagte er, und mit einer Verbeugung zu der Dame links neben der Königin, »meine liebe Schwester, meine lieben Kinder, jetzt ist der Augenblick gekommen, auf den wir alle schon lange gewartet haben.

Die junge Dame an meiner Seite ist Katharina von Medici, Herzogin von Urbino, die Verlobte meines Sohnes Heinrich und künftige Herzogin von Orléans. Komm, ma fille, jetzt sollst du zunächst deine neue Familie kennen lernen.« Er führte sie zur Königin. »Meine Gemahlin, mein ältester Sohn Franz, der Dauphin, mein Sohn Karl, meine Töchter Magdalena und Margarete.«

»Willkommen, liebe Tochter«, sagte die Königin, und Katharina spürte, dass diese Frau ihr wohlgesonnen war.

Der Dauphin lächelte, verbeugte sich, murmelte einen Gruß, und Katharina hatte das Gefühl, dass sie ihm gleichgültig war. Nun gut, Gleichgültigkeit war besser als Hass. Sie sah, dass er seinem Vater äußerlich mehr ähnelte als sein jüngerer Bruder Heinrich, konnte diesen Gedanken aber nicht weiter verfolgen, weil der kleine Karl sie inzwischen stürmisch umarmte.

»Willkommen, liebe Katharina!« Er schmiegte sich an sie. »Wirst du mir bei den lateinischen und griechischen Übersetzungen helfen?«, fragte er sie dann leise.

»Natürlich«, flüsterte sie, »niemand wird etwas davon erfahren.«

Er gab sie frei, damit seine Schwestern das neue Familienmitglied begrüßen konnten.

Die Brüder meines Mannes akzeptieren mich, dachte Katharina, Gott sei Dank. Sie sah die Prinzessinnen an: Die Töchter des Königs waren schmal, braunhaarig, die Gesichter oval, blass, ausdruckslos. Katharina fand, dass ihre Schwägerinnen langweilig wirkten.

»Willkommen in unserer Familie«, sagte Magdalena und lächelte müde. Ihre jüngere Schwester indes umarmte Katharina und rief: »Wir werden Freundinnen, nicht wahr?«

»Ja, Margarete, wir werden Freundinnen.«

Innerlich atmete sie erneut auf: die königliche Familie akzeptierte sie. Und der Gatte? Nun, in wenigen Minuten würde sie ihm begegnen. Sie spürte, dass ihr Herz erneut zu klopfen begann, und trat zu der Königin von Navarra.

»Mein liebes Kind«, sagte Margarete, und beim Klang der Stimme wusste Katharina, dass auch diese Frau ihr wohlgesonnen war. »Willkommen in unserer Familie. Mein geliebter Bruder ist zwar König von Frankreich, aber die Valois sind eine ganz normale französische Familie, wir haben die gleichen Freuden und Sorgen wie jede Familie in diesem Land. Ich bin stolz darauf, dass eine Medici zu uns gehören wird. Mein Gatte

Heinrich lässt dich grüßen. Er hätte dich gerne kennen gelernt, aber leider erkrankte er kurz vor unserer Abreise.«

Eine Medici, dachte Katharina und überlegte, was sie antworten sollte – schließlich war die Königin von Navarra nicht nur eine Königin, sondern auch eine der gebildetsten Frauen Europas.

»Madame, ich bin glücklich, dass ich mein künftiges Leben am kultiviertesten Hof Europas verbringen darf.« In diesem Augenblick sah sie zum ersten Mal bewusst das Kind, die Tochter der Königin.

Sie beugte sich lächelnd zu dem kleinen Mädchen hinunter. »Guten Tag. Wie heißt du denn?«

Die Kleine sah sie prüfend mit altklugen, grauen Augen an, wandte sich wortlos ab und verbarg ihr Gesicht im Kleid der Mutter.

Katharina sah hilflos zu der Königin von Navarra. Das erste Familienmitglied, das mich anscheinend nicht akzeptiert, ging es ihr durch den Kopf. Die Kleine ist nur ein Kind, aber der altkluge Blick …

»Johanna«, sagte Margarete tadelnd, »was soll das? Hast du nicht gehört, dass Katharina deine neue Cousine ist? Sie wird deinen Vetter Heinrich heiraten und zu unserer Familie gehören. Nun komm, begrüße sie so, wie es sich gehört.«

Johanna indes verbarg ihr Gesicht weiter im Kleid der Mutter. Margarete sah ihren Bruder fragend an, und der König, empört über diesen Affront eines Kindes gegenüber seiner künftigen Schwiegertochter, donnerte: »Johanna, sieh mich an!«

Die Kleine hob gehorsam ihr Gesicht und blickte den königlichen Onkel furchtlos an.

»Johanna, du bist die Erbin des Königreiches Navarra und wirst es nach menschlichem Ermessen auch bleiben. Als künftige Königin von Navarra musst du dich auch wie eine Königin benehmen und deine Cousine gebührend begrüßen.«

Johanna musterte Katharina von oben bis unten. Diese spürte fast körperlich die Feindseligkeit des Kindes, für die sie keine Erklärung hatte, und nachdem die Erbin von Navarra die künftige Herzogin von Orléans ausgiebig gemustert hatte, sagte sie mit hochmütiger Stimme: »Guten Tag, Katharina.«

Katharina betrachtete das unkindliche Gesicht, behielt den hochmütigen Ton im Gedächtnis und empfand instinktiv eine Abneigung gegenüber diesem Kind.

»Ma fille«, sagte der König, »du hast jetzt die Familie kennen gelernt

und bist wahrscheinlich schon sehr gespannt, deinen Verlobten zu
sehen. Folge mir, er wartet auf dich und ist wahrscheinlich genauso neugierig und ungeduldig wie du.«

Heinrich von Valois wartete auf Befehl seines Vaters in einem Saal, aus
dessen Fenstern man das Leben und Treiben im Innenhof beobachten
konnte.
Er war in weiße Seide gekleidet, trug indes erstmals schwarze Schleifen
am Ärmel, weil Diana von Poitiers nach Ablauf der Trauerzeit angefangen hatte, ihre schwarzen Kleider mit weißen Accessoires aufzulockern.
Heinrich war entschlossen, in Zukunft nur noch die Farben seiner »Göttin«, nämlich Schwarz und Weiß, zu tragen. Er ging eine Weile im Saal
auf und ab.
Bis jetzt hatte er gehofft, dass irgendein Ereignis, ein Schiffsunglück, bei
dem die künftige Gattin ertrank, ihn vor dieser Ehe bewahren würde,
aber sein Hoffen war vergeblich gewesen. In wenigen Minuten würde er
ihr zum ersten Mal begegnen.
In diesem Augenblick sah er, dass Diana, begleitet von dem Herzog
Claudius von Guise und dem Kardinal Johann von Lothringen, den Hof
betrat. Er sah, dass sie mit den beiden Herren scherzte und lachte, und
sein Herz krampfte sich zusammen. Wie gerne wäre er ihr jetzt im Hof
begegnet! Stattdessen musste er in diesem großen, kalten Saal seine ungeliebte Braut begrüßen.
Heinrich beobachtete, wie Diana und die beiden Herren durch das Tor
gingen, und vergaß den Befehl seines Vaters, in der Mitte des Saales zu
stehen und die Verlobte zu begrüßen.

Unterdessen ging Katharina an der Seite des Königs durch die Galerie
vom päpstlichen zum königlichen Schloss, umklammerte diskret in der
Tasche ihres Kleides das Medaillon, und je mehr sie sich dem Ziel näher-
ten, desto nervöser wurde sie.
Irgendwann öffnete ein Diener lautlos eine hohe Tür, sie betraten einen
Saal und erblickten an der Fensterseite einen großen, kräftigen jungen
Mann, der weiße Kleider trug und ihnen den Rücken zuwandte.
Das ist er, dachte Katharina, atmete tief durch und versuchte, ruhig und
gelassen zu wirken.
Franz indes war empört, als er den Sohn am Fenster stehen sah. Es ist
unglaublich, dachte er, der Bursche hält Maulaffen feil, statt seine künf-

tige Gemahlin zu erwarten. Er versuchte, seinen Zorn vor Katharina zu verbergen, was ihm jedoch nicht ganz gelang.

»Heinrich!«, donnerte seine Stimme durch den Raum. Der Angesprochene wandte sich erschrocken um, auch Katharina zuckte innerlich zusammen.

Sie schritt neben dem König langsam bis zur Mitte des Saales. Heinrich kam ihnen zögernd entgegen, und dann standen sie einander gegenüber. Sie sah ihren künftigen Gatten an und bemerkte, dass Heinrich zu Boden sah, und fühlte sich verunsichert.

Die Augen des Königs wanderten sekundenlang zwischen Bräutigam und Braut hin und her, und Franz ärgerte sich, dass sein Sohn sich wie ein dummer Bauernjunge benahm und die künftige Gemahlin nicht begrüßte, wie es sich ziemte.

Er beherrschte sich jedoch und sagte, so liebenswürdig er es in dieser Situation vermochte: »Mein Sohn, willst du deine Braut nicht begrüßen?«

Heinrich sah Katharina widerwillig an. »Guten Tag, Madame.«

Sie spürte einen feinen Stich und eine leise Enttäuschung über die Kälte in seiner Stimme. Der König hatte sie liebevoll begrüßt, die königliche Familie war ihr mit einer gewissen Herzlichkeit begegnet, der künftige Gatte hingegen … Ich gefalle ihm nicht, dachte sie, und für den Bruchteil einer Sekunde fühlte sie sich zum ersten Mal in ihrer neuen Heimat Frankreich unglücklich. Sie verdrängte aber jenes Gefühl und dachte sich, dass Heinrich vielleicht schüchtern und bestimmt genauso aufgeregt war wie sie.

Sie versuchte zu lächeln. »Guten Tag, Monsieur. Ich bin glücklich, dass ich am Hof Ihres Vaters leben darf.«

Der König begann schallend zu lachen. »Mon Dieu! Madame, Monsieur – förmlicher geht es wohl nicht mehr! Ma fille, in zwei Wochen wird die Königin dich zu deinem Brautbett geleiten und du, mein Sohn, wirst neben deiner Gattin liegen. Ihr habt zwei Wochen, um euch kennen zu lernen, das ist keine lange Zeit. Man lernt sich besser kennen, wenn gewisse Förmlichkeiten entfallen. Ihr werdet euch ab sofort duzen, das bringt euch einander näher. Ich lasse euch jetzt allein bis zur Abendtafel. Zeige Katharina das Schloss oder den Garten.« In diesem Augenblick bemerkte er die schwarzen Armschleifen und sah Heinrich missbilligend an, was dieser jedoch nicht bemerkte, weil er krampfhaft überlegte, worüber er sich mit Katharina unterhalten könnte.

Während der König den Saal verließ, beschloss er, noch am selben Abend dem Sohn zu befehlen, bunte Kleider zu tragen und nicht die Farben Weiß und Schwarz, die Farben der Trauer, die Farben der Diana von Poitiers.

Er beschloss, auch der verwitweten Großseneschallin einen Wink zu geben, dass sie sich bis zur Hochzeitsfeier in ihren Gemächern aufhalten solle. Es war wichtig, dass sein Sohn sich während der kommenden Tage der künftigen Gemahlin widmete und nicht von Dianas Anblick abgelenkt wurde.

Nachdem der König den Saal verlassen hatte, betrachteten Katharina und Heinrich sich eine Weile in Ruhe und Muße.

Er sieht genauso aus wie auf dem Gemälde, dachte Katharina, er gefällt mir. Sie spürte, dass sie sich körperlich zu ihm hingezogen fühlte, sie dachte an das Brautbett, senkte die Augen und bedauerte, dass sie noch zwei Wochen warten musste, bis sie in seinen Armen liegen konnte; noch zwei Wochen …

Sie ist ebenso hässlich wie auf dem Gemälde, dachte Heinrich, die etwas vorstehenden Augen, der Mund, die schmale Oberlippe, die volle Unterlippe, ihre Figur, mein Gott, sie hat keine weiblichen Rundungen wie Diana, sie ist zwar mittelgroß, aber verglichen mit Diana ist sie klein. Ich werde sie körperlich nie begehren und ich werde sie nie lieben. Das Brautbett, gütiger Himmel, bei dieser ungeliebten Frau werde ich wahrscheinlich versagen, aber ich darf nicht versagen.

Er erinnerte sich an die Winterwochen im Louvre, als Clouet ihn malte. An einem Abend erschien eine der »leichten Hofdamen« des Königs bei ihm und teilte ihm mit, der König wünsche, dass sein Sohn von ihr in die Liebeskunst eingeführt würde. Die junge Dame gab sich redlich Mühe, und da sie äußerlich Diana von Poitiers ähnelte, war es ihr gelungen, den zweiten Sohn des Königs in der dritten Nacht »zum Mann zu machen«.

Die Dame hatte Befehl, dem König über die Nächte zu berichten, und einige Tage später war er zu seinem Vater befohlen worden, der ihn rügte, weil er drei Nächte benötigte. Der Dauphin war bereits in der ersten Nacht »zum Mann« geworden. Die letzten Worte des Königs hatten sich Heinrich eingeprägt, und er wusste, dass er sie nie vergessen würde: *Ich erwarte von dir, nein, ich befehle dir, dass du deine Ehe in der ersten Nacht vollziehst, das ist juristisch wichtig. Eine vollzogene Ehe kann nicht mehr annulliert werden, und ich lege aus politischen Gründen Wert darauf, dass deine Ehe nicht mehr annulliert werden kann.*

Heinrich betrachtete Katharina, und plötzlich empfand er etwas Mitleid mit ihr. Sie gefiel ihm nicht, aber war sie nicht ebenso verheiratet worden wie er? Hatte man sie um ihre Meinung gefragt? Wahrscheinlich nicht. Vielleicht hatte sie in Italien einen Mann geliebt, wie er Diana liebte? Sie hatte vielleicht einen schmerzlichen Abschied verarbeiten müssen, er hingegen konnte Diana jeden Tag sehen. Sie waren beide Opfer der Politik ...

Katharina beobachtete das Mienenspiel ihres Bräutigams und stellte erstaunt fest, dass sein Blick etwas weicher geworden war. Sie betrachtete seine Augen und wusste, was sie fragten: Gibt es in Italien einen Mann, den du liebst? – Nein, ich liebe keinen Mann. Ippolito, das ist längst vergessen. Aber liebst du eine Frau, Heinrich? Eine der jungen Hofdamen? Nein, daran will ich jetzt nicht denken.

Sie lächelte ihn an und wartete, dass er ein Gespräch anfing. Mein Gott, wie schüchtern er war, es gab so vieles, worüber man sich unterhalten konnte, aber sie hielt es für klüger, ihm die Initiative zu überlassen. Er sollte nicht den Eindruck gewinnen, dass sie vorlaut sei.

Heinrich dachte verzweifelt über ein Gesprächsthema nach, und da ihm nichts besseres einfiel, fragte er: »War deine Reise angenehm?«

»Ja.«

»Bist du mit deinem Appartement zufrieden?«

»Ja.«

Es entstand erneut eine Pause, und endlich hatte er eine Idee, worüber er sich mit seiner Verlobten unterhalten konnte. »Weißt du schon Einzelheiten über die Hochzeitsfeierlichkeiten?«

»Nein.«

»Mein Vater richtet uns eine prachtvolle Hochzeit aus, unter anderen Vergnügungen gibt es drei stundenlange Bankette.«

»Drei Bankette?« Sie liebte Bankette, aber bei ihrer Hochzeit würde sie bestimmt vor Aufregung kaum einen Bissen herunterbringen wegen der bevorstehenden Brautnacht.

Heinrich unterbrach ihre Gedanken. »Am dritten Tag nach unserer Hochzeit, am 31. Oktober, findet ein großartiges Turnier statt, ein Turnier dir zu Ehren. Mein älterer Bruder und ich werden auch in die Bahn reiten. Ich freue mich schon jetzt auf dieses Turnier.«

Katharina sah Heinrich überrascht an. Täuschte sie sich oder war, während er von dem Turnier erzählte, eine Veränderung in ihm vorgegangen? Seine Stimme klang etwas aufgeregt, seine Augen glänzten sonderbar ... Jenes Turnier schien ihm viel zu bedeuten, und so beschloss sie, das Thema weiterzuspinnen.

»Ich habe noch nie an einem Turnier teilgenommen. Ich bin sehr gespannt, es muss aufregend sein. Du magst wohl Turniere? Ich werde beten, dass du alle Gegner besiegst.«

Heinrich sah seine Braut überrascht an. Er hatte nicht damit gerechnet, dass sie sich für das Turnier interessieren würde, und zum ersten Mal empfand er eine gewisse Sympathie für sie. Sie interessierte sich für das, was ihn interessierte, sie war bestimmt ein guter Kamerad.

»Du willst wirklich für meinen Sieg beten? Danke. – Weißt du, Turniere sind meine große Leidenschaft. Vor zwei Jahren habe ich zum ersten Mal an einem teilgenommen. Es wurde zu Ehren der Königin gegeben, an ihrem Krönungstag. Dieses Turnier werde ich nie vergessen ... Ich möchte dir gerne den Turnierplatz zeigen, jetzt, sofort – das heißt, wenn du willst.«

»Ich bin sehr neugierig, lass uns gehen.« Sie war bereit, ihm überallhin zu folgen, nur um in seiner Nähe zu sein.

Auf dem Weg zum Turnierplatz kreuzten zwei junge Herren ihren Weg, und Katharina erkannte in einem von ihnen Gaspard von Coligny.

Heinrich blieb stehen, Coligny und sein Begleiter ebenfalls.

»Katharina, erlaube, dass ich dir meine Kameraden vorstelle: Gaspard von Coligny, ein Neffe des Oberhofmeisters, und Franz von Guise, der älteste Sohn des Herzogs von Guise. Wir drei sind im gleichen Alter und verbringen viel Zeit miteinander.« Er wandte sich an die beiden jungen Herren. »Die Dame ist meine Verlobte, Katharina von Medici, Herzogin von Urbino.«

Während Coligny und der junge Guise sich verbeugten, sagte Katharina: »Heinrich, ich habe Monsieur von Coligny bereits am Vormittag kennen gelernt, wir begegneten uns auf dem Schießplatz.«

»Die Herzogin von Urbino ist eine hervorragende Bogenschützin, Heinrich, sie ist mir überlegen.«

»Du kennst sie bereits? Umso besser, ein zwangloses Kennenlernen wird ihr das Einleben am Hof erleichtern.« Insgeheim empfand er Genugtuung, dass Katharina Coligny im Bogenschießen überlegen war.

Katharina betrachtete unterdessen den jungen Franz von Guise. Er war zweifellos ein gut aussehender, junger Mann, groß, kräftig, mit dichten, dunklen Haaren, aber im Gegensatz zu seinen Kameraden war sein Blick kühn, verwegen, hart und herrisch. Katharina verglich ihn mit Coligny und Heinrich: Colignys Augen waren ernst und nachdenklich, Heinrichs Augen verträumt, melancholisch. Sie spürte instinktiv eine gewisse Abneigung gegen Franz von Guise, aber er war ein Kamerad ihres Verlobten, sie würde sich mit ihm arrangieren müssen.

»Wo wollt ihr hin?«, fragte Heinrich.

»Wir gehen zum Ballspielplatz«, antwortete Coligny. »Du weißt, dass ich neulich eine Partie Federball gegen Franz verloren habe, jetzt kommt die Revanche.«

»Stört es euch, wenn wir uns das Spiel ansehen?«

»Im Gegenteil!«, rief Franz. »Zuschauer beleben den Kampfgeist.«

»Ist es dir recht, Katharina, wenn ich dir den Turnierplatz erst morgen zeige?«

»Selbstverständlich.« Ihr war an jenem Nachmittag alles recht.

Während Coligny und der junge Guise auf dem Platz einige Bälle zum Üben wechselten, unterhielten sich Heinrich und Katharina.

»Ich hoffe, dass Franz diesen Wettkampf gewinnt, er ist nämlich mein Freund«, sagte Heinrich.

Katharina horchte auf. Er ist nicht nur ein Kamerad, ging es ihr durch den Kopf, sondern ein Freund. Das bedeutete, dass sie versuchen musste, zu dem Sohn des Herzogs von Guise ein gutes Verhältnis aufzubauen, obwohl sie ihn nicht sonderlich sympathisch fand.

»Ist Coligny auch dein Freund?«

Heinrich überlegte. »Nein. Er ist viel mit uns zusammen, weil Franz Wert darauf legt. Ich finde Coligny zwar ganz sympathisch, aber er hat merkwürdige Anschauungen. Er redet immer von Pflichterfüllung und lebt so asketisch. Jeder muss natürlich seine Pflichten erfüllen, aber das schließt nicht aus, dass man auch die schönen Seiten des Lebens genießt. – Aber jetzt müssen wir aufpassen, das Spiel hat begonnen.«

»Ich teile deine Meinung«, erwiderte Katharina und sah gehorsam zum Spielfeld.

Sie beobachtete eine Weile, wie die jungen Männer mit einem Schläger die Federbälle über ein hohes Netz einander zuspielten. Hin und wieder fiel der Ball auf die Erde, und da sie keine Systematik in dem Spiel erkennen konnte, begann sie sich zu langweilen. Sie streifte Heinrich hin und wieder mit einem verstohlenen Seitenblick und überlegte, ob er sie, unabhängig von den offiziellen Küssen, noch vor der Hochzeit einmal richtig küssen würde. Sie wusste von Isabella, was ein richtiger Kuss war. Sie hätte sich am liebsten an ihn geschmiegt, aber das war natürlich unschicklich. Sie sah wieder zum Platz und fragte sich, wie lange dieses langweilige Spiel, das sie nicht verstand, noch dauern würde. Sie sah wieder verstohlen zu Heinrich und bemerkte, dass er den Ballwechsel mit großer Spannung verfolgte.

»Verflixt!«, rief er plötzlich, und Katharina sah unwillkürlich zum Spielfeld.

»Ist etwas passiert?«

»Es sieht so aus, als ob Gaspard den Kampf gewinnen wird.«

Bis zu diesem Augenblick war es Katharina gleichgültig gewesen, wer gewinnen würde, aber jetzt, wo der Sieg für eine Seite greifbar war, wünschte sie, dass Coligny ihn errang, weil er ihr einfach sympathischer war als Franz von Guise.

Der Ball flog hin und her.

»Das ist der letzte Ball für Franz«, sagte Heinrich auf einmal. »Wenn er ihn nicht bekommt, hat er verloren.«

Katharina beobachtete den Flug des Federballes. Franz von Guise versuchte, ihn zu erreichen, machte eine ungeschickte Bewegung, so dass die kleine Kugel an seinem Rücken abprallte und zu Boden fiel. Die Gegner reichten sich die Hand.

»Satz und Sieg für Coligny«, sagte Heinrich, »nun ja, es ist nur ein Spiel.«

»Es war eine Revanche«, erwiderte Katharina, »jeder hat ein Spiel gewonnen und verloren, sie sind auf dem gleichen Stand.«

»Es tut mir Leid, Heinrich«, sagte Franz von Guise und wischte sich den Schweiß von der Stirn, »ich war heute nicht in der besten Form.«

»Mach dir nichts daraus, du hast fabelhaft gespielt. – Meinen Glückwunsch, Gaspard«, sagte er, an Coligny gewandt.

Man darf mir nicht anmerken, dass ich mich über Colignys Sieg freue, dachte Katharina, und so lächelte sie die Gegner an. »Ich bin mit den Spielregeln nicht vertraut, aber ich finde, ihr habt euch beide großartig geschlagen, herzlichen Glückwunsch.«

»Sie sind zu gütig, Madame«, erwiderte Franz von Guise.

Coligny unterdrückte ein Lächeln. Die Italienerin verhält sich sehr diplomatisch, überlegte er, sie ist fremd am Hof und möchte es sich mit niemandem verderben.

Während Coligny einem der Diener zurief, er möge sich um die Bälle und Schläger kümmern, zupfte Franz Heinrich an einer der Armschleifen und flüsterte ihm zu, er müsse ihm etwas erzählen, was ihn sicherlich interessieren werde.

So kam es, dass Katharina neben Coligny durch die Abenddämmerung zum Schloss zurückging, während Heinrich und sein Freund Franz von Guise ihnen mit etwas Abstand folgten.

»Was hat dein Vater zu den schwarzen Armschleifen gesagt?«

»Nichts, ich glaube, er hat sie gar nicht bemerkt.«

»Er hat sie bestimmt gesehen und wird dich tadeln, weil du die Farben der Großseneschallin trägst.«

»Das interessiert mich nicht. Im Übrigen gehen meine Gefühle ihn nichts an. – Du wolltest mir etwas erzählen?«

Franz verlangsamte seinen Schritt. »Gestern hörte ich zufällig, dass Diana von Poitiers eine ihrer Töchter – sie kommen allmählich ins heiratsfähige Alter – mit einem Mitglied unserer Familie verheiraten möchte«, flüsterte er. »Was sagst du dazu?«

Heinrich war zunächst sprachlos. Falls eine von Dianas Töchtern einen Guisen heiratete – wahrscheinlich einen von Franz' jüngeren Brüdern –, dann eröffneten sich für ihn ganz neue Perspektiven hinsichtlich des Kontaktes zu seiner »Göttin«.

»Kann man absehen, wann die Hochzeit sein wird?«

»Ach, das wird noch Jahre dauern, aber mein Vater steht einer solchen Verbindung positiv gegenüber, jedenfalls soweit ich es beurteilen kann.«

»Für Dianas Tochter wäre es eine glänzende Partie, deine Familie gehört zu den reichsten Familien Frankreichs. Ich glaube, ihr besitzt mehr Ländereien als die Montmorencys, zumindest habt ihr mehr kirchliche Pfründe.«

»Ja, aber Heinrich, gib mir dein Ehrenwort, dass du keinem Menschen von diesen Eheplänen erzählst. Ich habe sie dir anvertraut. Du weißt, warum.«

»Ich danke dir für dein Vertrauen, ich werde schweigen wie ein Grab. – Wie findest du meine Braut?«

Franz überlegte. Er wusste, dass Heinrich wider seinen Willen die Italienerin heiraten musste, so konnte er sich eine dosierte Kritik erlauben.

»Nun ja, um offen zu sprechen, es gibt hübschere Mädchen, aber du konntest sie dir ja nicht aussuchen. Sie scheint nett zu sein, umgänglich, verträglich – ich denke, du wirst mit ihr leben können.«

»Ja, das denke ich auch.«

Dann schwiegen sie, und jeder dachte über seine Zukunft nach.

Heinrichs Gedanken beschäftigten sich mit Diana und der geplanten

Einheirat in die Familie Guise, dann dachte er an Katharina und die schreckliche Hochzeitsnacht, die unaufhaltsam näher rückte.

Franz hingegen dachte an eine Zukunft, die noch in weiter Ferne lag. Seine Familie gehörte zwar zu den reichsten Familien im Land, aber sein Vater erwartete von ihm und den jüngeren Brüdern, dass sie ihre Fähigkeiten so nutzten und einsetzten, dass die Guisen eines Tages die mächtigste Familie Frankreichs waren, sozusagen den Valois ebenbürtig. Franz wusste, dass es ein weiter und schwieriger Weg war, aber er war schon jetzt entschlossen, diesen Weg zu gehen. Die mächtigste Familie nach den Valois – das war wenigstens ein Ziel.

Unterdessen fragte Katharina ihren Begleiter vorsichtig über Franz von Guise aus.

»Heinrich erzählte mir vorhin, dass er mit Monsieur von Guise befreundet ist. Sie sind sicherlich auch mit ihm befreundet?«

Coligny überlegte. »Wie man es nimmt, ich weiß nicht, ob er mein Freund ist, aber er legt Wert auf den freundschaftlichen Kontakt zu mir, wahrscheinlich, weil ich der Neffe des höchsten Würdenträgers bin. Er pflegt den Kontakt zu den jungen Leuten, deren Väter oder Verwandte die Gunst des Königs genießen.«

»Ich verstehe«, sagte Katharina. Seine Freundschaft mit Heinrich, überlegte sie, ist also Berechnung, aber bei kühlen Rechnern weiß man wenigstens, woran man ist. »Hat Monsieur von Guise schon Zukunftspläne?«

»Er redet immer davon, dass er ein großer Heerführer werden will. Das ist übrigens auch mein Ziel. Wahrscheinlich werden wir eines Tages zu Konkurrenten, weil jeder die Würde des Konnetabels von Frankreich anstrebt.«

»Heerführer, Konnetabel von Frankreich«, sagte Katharina, »es ist mir unbegreiflich, warum Männer immer an Krieg denken müssen. Ich habe als Kind die Belagerung meiner Vaterstadt Florenz erlebt. Glauben Sie mir, Coligny, die schlimmste Heimsuchung für einen Staat ist der Krieg. Ich hasse den Krieg. Man kann zwischenstaatliche Probleme ebenso gut durch Verhandlungen lösen.«

»Mit Verlaub, Madame, Sie sind eine Frau. Ich glaube, keine Frau mag den Krieg, weil sie befürchten muss, den Gatten, Sohn oder Bruder zu verlieren, aber es gibt Probleme, die man nicht durch Verhandlungen, sondern nur mit den Waffen lösen kann.«

Katharina schwieg, einmal, weil es ihr zwecklos schien, mit Coligny an jenem Abend weiter über dieses Thema zu diskutieren, zum anderen war sie müde von all den neuen Eindrücken.

Eines wusste sie, als sie an Colignys Seite durch die Abenddämmerung ging: Sie würde an diesem Hof nicht sorglos in den Tag hinein leben können, sondern musste immer genau beobachten, was vor sich ging, wer wessen Gunst suchte, wer ein Freund war oder sich nur als solcher ausgab.

Während der folgenden Tage verhandelten Franz I. und Clemens über die künftige Italienpolitik, wobei Clemens sich nicht festlegte, aber Formulierungen wählte, die den französischen König in der Hoffnung bestärkten, dass der Vatikan ihn bei der Rückeroberung Mailands und Neapels unterstützen würde. Clemens seinerseits versuchte, den König zu einem Kreuzzug gegen die Türken zu überreden, und bei diesem Thema wich Franz aus, weil er insgeheim ein Bündnis mit dem Sultan gegen den Kaiser plante.

Katharina versuchte, sich an das Hofleben und die vielen neuen Gesichter zu gewöhnen und bereitete sich auf ihre Rolle als Schwiegertochter des Königs vor. Am ersten Abend hatte sie beobachtet, dass Franz anscheinend sehr belesen war, was die antiken Dichter betraf, und gerne über deren Werke sprach, wobei seine Bemerkungen, nach Katharinas Meinung, auf der Oberfläche blieben und nicht in die Tiefe gingen. Dennoch hielt sie es für angebracht, sich noch einmal mit Vergil, Horaz, Cicero, Homer, Plato und anderen zu beschäftigen, um in den Gesprächen bei Tisch und im Familienkreis hin und wieder ein Zitat einzuflechten und um dem König zu zeigen, dass auch sie belesen war.

Einige Tage nach seiner Ankunft stellte Franz die künftige Herzogin von Orléans der Herzogin von Etampes vor, und diese, wohl wissend, wie wichtig für ihren Liebhaber die familiäre Verbindung mit den Medicis war, begegnete Katharina mit einer Liebenswürdigkeit und Herzlichkeit, die das junge Mädchen nicht erwartet hatte. Sie atmete erneut erleichtert auf, weil es nicht schwierig sein würde, ein gutes Verhältnis zu der Herzogin anzubahnen.

Katharinas Beziehungen zur königlichen Familie entwickelten sich nach dem herzlichen Empfang weiterhin erfreulich: Die anfänglich neutrale Haltung des Dauphin verwandelte sich in Bewunderung, und er machte ihr jeden Tag Komplimente über ihr Wissen und ihr anmutiges Auftreten; sie hatte immer Zeit für den jungen Karl, sie hörte sich geduldig Magdalenas Klagen über ihre Gesundheit an, sie plauderte mit der

Königin über das Wetter und andere belanglose Dinge; am besten jedoch verstand sie sich mit Heinrichs jüngster Schwester Margarete und mit seiner Tante, der Königin von Navarra.

Sie musste der Schwester des Königs viel über Italien und Florenz erzählen. Einmal kam Margarete auf die florentinischen Dichter zu sprechen, erwähnte Boccaccio, zögerte etwas und vertraute Katharina an, dass sie, die Königin von Navarra, schon seit einigen Jahren amouröse Geschichten, die sie höre, aufschreibe.

Katharina war fasziniert, als sie dies hörte: die Königin von Navarra war eine Dichterin.

Katharinas Beziehung zu Heinrich entwickelte sich zu ihrem Kummer weniger erfreulich, das heißt, sie entwickelte sich überhaupt nicht. Der Verlobte begegnete ihr freundlich, liebenswürdig, höflich und aufmerksam, aber sie vermisste die liebevolle Zuwendung, die sie im Stillen erhofft hatte. Sie wusste, dass sie in ihn verliebt war, aber da von ihm kein Signal kam, dass sie ihm gefiel, so behielt sie ihre Gefühle für sich, zumal sie ihn nie unter vier Augen sah, sondern entweder im Familienkreis oder in Gesellschaft seiner Kameraden Coligny und Guise.

Sie rief sich immer wieder die Prophezeiung der Esmeralda ins Gedächtnis, dass der Gatte sie lieben würde, aber nicht sofort, und sie sagte sich, dass sie eben Geduld haben müsse. Sie beobachtete auch verstohlen, ob er vielleicht in eine der jungen Hofdamen verliebt war und stellte überrascht fest, dass diese ihm anscheinend völlig gleichgültig waren, was sie beruhigte. Sie beobachtete auch Heinrichs Verhältnis zu anderen Menschen und dachte viel über seine Beziehungen zum König und zu Franz von Guise nach.

Im Familienkreis war der Herzog – im Gegensatz zu seinen Brüdern – meistens schweigsam, und Katharina fiel auf, dass der König ihn kaum beachtete und nur selten in die allgemeine Unterhaltung mit einbezog. Er tadelte ihn auch öfter als die anderen Kinder, und bereits nach wenigen Tagen verfestigte sich in Katharina der Eindruck, dass es zwischen ihrem künftigen Schwiegervater und ihrem künftigen Gatten Spannungen gab, die wahrscheinlich rational nicht erklärbar waren. Sie wusste, dass es solche Spannungen in jeder Familie gab, und sie erinnerte sich, dass Mingo ihr vor vielen Jahren erklärt hatte, dass man oft ein Kind mehr liebe als die übrigen. Es war also durchaus möglich, dass es auch ein Kind gab, das man am wenigsten liebte, und Heinrich war offensichtlich das ungeliebteste Kind des Königs.

Sie empfand das gespannte Verhältnis zwischen Vater und Sohn als Belastung ihrer eigenen Situation, weil sie wusste, dass ihre Stellung am Hof von der königlichen Gunst abhing und sie überdies den König menschlich schätzte. Dem künftigen Gatten hingegen wollte sie als Frau gefallen. Sie dachte über einen Mittelweg nach und beschloss, die weitere Entwicklung zunächst abzuwarten.

Das Verhältnis zwischen Heinrich und dem jungen Guise erschien ihr noch problematischer. Hin und wieder kam die Rede auf den neuen Glauben, und Franz von Guise äußerte sich abfällig über die Forderungen nach einer Reform der Kirche. Heinrich pflichtete ihm stets eifrig bei, während Coligny bei diesen Gesprächen schwieg.

Katharina wunderte sich nicht über die Meinung des jungen Guise. Sie war verständlich, weil ein großer Teil des Familienvermögens auf kirchlichen Pfründen beruhte. Aber sie fragte sich, warum ihr Verlobter ebenfalls gegen den neuen Glauben war, und nach einigen Tagen gewann sie den Eindruck, dass seine Opposition nicht auf religiösen Überzeugungen beruhte – sie hatte beobachtet, dass er seine Pflichten zwar gewissenhaft erfüllte, aber kein tief religiöser Mensch war –, sondern dass er nicht wagte, dem jungen Guise zu widersprechen, weil er ihn vielleicht als Freund nicht verlieren wollte. Was für eine merkwürdige Freundschaft, ging es Katharina durch den Kopf.

Heinrich seinerseits versuchte sich in jenen Tagen an Katharinas Gegenwart zu gewöhnen. Er sah in ihr einen guten Kameraden und fand auch nach einigen Tagen ihre äußere Erscheinung passabel. Sie war keine Schönheit, aber er musste akzeptieren, dass sie Charme und Liebenswürdigkeit ausstrahlte, und er fand, dass diese Eigenschaften ihre äußere Erscheinung in den Hintergrund treten ließen. Er spürte auch, dass sie in ihn verliebt war, vermied es, mit ihr unter vier Augen zu sein und dachte beklommen an die Hochzeitsnacht, die immer näher rückte. Seine Braut war ihm nicht unsympathisch, aber sein Herz gehörte für ewig und alle Zeiten Diana von Poitiers, und als er erfuhr, dass sie unpässlich sei und man nicht wisse, wann sie ihre Gemächer würde verlassen können, begann er, sich Sorgen zu machen. Das Leben am väterlichen Hof war nur erträglich für ihn, wenn er sie sah. Den väterlichen Befehl, künftig nicht mehr die Farben der Diana von Poitiers zu tragen, hatte er wortlos hingenommen, aber wenn es irgend möglich war, trug er bunte Kleider, worin auch die Farben Schwarz und Weiß eingearbeitet waren.

So verging ein Tag nach dem anderen, bis zum 28. Oktober, dem Hochzeitstag.

Katharina erwachte früh an jenem 28. Oktober, und während sie beobachtete, wie das morgendliche Zwielicht allmählich heller wurde, dachte sie daran, dass sie in wenigen Stunden nicht mehr Katharina von Medici hieß, sondern Katharina von Valois, Herzogin von Orléans. Sie versuchte, sich an die letzten Tage zu erinnern, aber die Feierlichkeiten waren schemenhaft an ihr vorübergezogen. Sie hatte sie kaum bemerkt. Der Ritt durch Marseille, die Bankette, das Ehegelöbnis … jeder Tag hatte sie der Brautnacht näher gebracht, einer Nacht, der sie mit gemischten Gefühlen entgegensah. Der Bräutigam wurde immer stiller und verschlossener, als der Hochzeitstag nahte. Vielleicht, überlegte sie, hat er Angst vor dieser Nacht. Für ihn ist die Angelegenheit natürlich problematischer als für mich; andererseits können wir uns Zeit lassen, die Ehe muss schließlich nicht in der ersten Nacht vollzogen werden.
Sie klingelte nach Isabella und befahl ihr, das Bad zu richten.
Irgendwann war sie fertig angekleidet und geschminkt, trat vor den Spiegel, betrachtete ihre Robe aus Goldbrokat und Hermelinpelzen, rückte die goldene Herzoginnenkrone zurecht und fragte sich, ob sie Heinrich in diesen prunkvollen Gewändern gefallen würde.
Mingo beobachtete sie und ahnte, was in ihr vorging.
»Ihre Hoheit sind eine schöne Braut. Sie sollten diesen Tag genießen, weil Sie heute im Mittelpunkt stehen – der Hochzeitstag ist der wichtigste Tag im Leben eines jungen Mädchens.«
Katharina schwieg und fühlte sich noch mehr verunsichert.

Einige Stunden später schritt sie an der Seite des Königs zur Tafel im großen Festsaal des Schlosses. Die Messe, der Segen des Papstes und der Austausch der Geschenke waren vorüber. Der König von Frankreich hatte dem Kardinal Ippolito einen lebendigen Löwen geschenkt, der Papst dem König ein Kästchen aus Bergkristall, das mit vierundzwanzig Szenen aus dem Leben Jesu geziert war, außerdem, einer Eingebung folgend, jenes Stück Einhorn, das den König von Frankreich vor dem Gift der lutherischen Irrlehre schützen sollte.
Im Festsaal waren an der Stirnseite und den beiden Längsseiten drei Tafeln für die königliche Familie und die geladenen Gäste aufgebaut, die übrigen Höflinge konnten das Bankett von der Galerie aus beobachten.

Katharina saß rechts neben dem König, zwischen Schwiegervater und Gemahl, links neben Franz saß der Dauphin und neben den Brüdern nahmen einige italienische und französische Kardinäle Platz.

Katharinas Augen wanderten zur Tafel an der rechten Längsseite.

Dort saßen die Königin, der Papst, Ippolito, die jüngeren Kinder des Königs, Margarete von Navarra und ihre Tochter Johanna, ausländische Gesandte, Montmorency und der Herzog Claudius von Guise.

Sie sah zur Tafel gegenüber und spürte einen feinen Stich, weil ihre Landsleute – die jungen Ehrendamen, ihr Onkel Filippo Strozzi, der Bankier Gondi und der Graf Montecuccoli – am unteren Ende der Tafel saßen; am oberen Ende erblickte sie die Herzogin von Etampes neben einigen Damen und Herren, die sie bereits gesehen hatte, ohne zu wissen, wer sie waren. Ungefähr in der Mitte der Tafel saß eine Dame, die ihr völlig unbekannt war. Katharina betrachtete die schwarz-weißen Gewänder und fand, dass diese unbekannte Dame trotz der schlichten Kleidung eleganter wirkte als die übrigen Hofdamen. Sie beobachtete, dass die Unbekannte nicht so laut lachte und scherzte wie ihre Umgebung, sondern sich nur leise mit ihrem Tischnachbarn unterhielt. Sie musterte die frische Gesichtsfarbe und überlegte, ob sie entweder überhaupt nicht geschminkt war oder von einem geschickten Parfumeur beraten wurde. Sie sah auch, dass die Augen der Dame hochmütig-gleichgültig die Hofgesellschaft musterten.

Sie zuckte zusammen, als sie ein helles Auflachen hörte – es war die Herzogin von Etampes, und Katharina verglich die unbekannte Dame mit der königlichen Mätresse; sie fand, dass die Herzogin weicher wirkte als die Unbekannte; diese war zwar schön, aber sie wirkte kalt und berechnend.

Katharina war so mit der Hochzeitsgesellschaft beschäftigt, dass sie nicht merkte, mit welch sehnsüchtigen Augen Heinrich seine »Göttin« betrachtete. Der König indes, der alles beobachtete, um im richtigen Augenblick dem Herold zu signalisieren, dass man mit dem Auftragen der Speisen beginnen könne, der König bemerkte den Blick seines Sohnes und ärgerte sich, dass dieser sogar an seinem Hochzeitstag mehr mit der Großeneschallin als mit der Gattin beschäftigt war, und überlegte, wie man dieses Problem lösen könne.

Katharina versuchte, das Alter der schönen Unbekannten zu schätzen, und kam zu dem Ergebnis, dass sie höchstens Mitte zwanzig sein konnte. Sie überlegte, ob es schicklich war, den König nach dem Namen der

Dame zu fragen. Die Tatsache, dass sie zur Tafel geladen war, war der Beweis, dass sie zu den vornehmsten Hofleuten gehörte. Sie zögerte noch einige Sekunden, aber ihre Neugier war stärker.

»Sire, wer … wer ist die wunderschöne, blonde, junge Dame in den schwarz-weißen Kleidern dort drüben?«

Heinrich zuckte zusammen und horchte auf. Bis jetzt hatte er nicht weiter darüber nachgedacht, dass seine Gattin zwangsläufig seine »Göttin« kennen lernen würde, und auf einmal wurde er mit dem Problem konfrontiert, wie Katharina sich Diana gegenüber verhalten würde.

Der König fragte sich in diesem Moment, ob es nicht doch besser wäre, die verwitwete Großseneschallin vom Hof zu verbannen. Andererseits schätzte er ihre Gesellschaft, und ihre Entfernung vom Hof würde niemand verstehen. Überdies konnte Diana nichts dafür, dass Heinrich sie schwärmerisch verehrte. Es war wohl am besten, wenn er die weitere Entwicklung abwartete – nach menschlichem Ermessen würde Katharina bald schwanger werden, und vielleicht verdrängten das erste Kind und die damit verbundenen Pflichten Dianas Bild bei seinem Sohn.

»Ma fille, diese Dame ist Madame von Brézé, die Witwe meines Freundes, des Großseneschalls der Normandie. Am Hof nennt man sie Diana von Poitiers, weil Poitiers ihre Vaterstadt ist. Sie war einige Tage krank, das ist der Grund, warum du sie heute zum ersten Mal siehst. Überdies ist sie nicht mehr jung, sie hat das dreißigste Lebensjahr bereits überschritten.«

Die letzten Worte waren für die Ohren seines Sohnes bestimmt; er musste ihn von Zeit zu Zeit daran erinnern, dass er einer Frau huldigte, die seine Mutter sein konnte.

»Sie ist über dreißig?«, fragte Katharina erstaunt und sah erneut hinüber zu Diana. »Ich habe sie auf höchstens fünfundzwanzig geschätzt, Sire, sie hat sich jung erhalten.«

Franz vertiefte das Thema nicht weiter, sondern gab dem Herold ein Zeichen, dass der erste Gang aufgetragen werden solle.

Heinrich atmete erleichtert auf, als er hörte, dass Katharina Dianas Schönheit bewunderte. Vielleicht würde sie seine Verehrung für die Großseneschallin verstehen.

Während des Banketts entspann sich an der königlichen Tafel ein Gespräch über die familiäre Situation des Königs von England.

»Im Vatikan«, sagte Passerini, »war man sehr erfreut zu hören, dass die Hure Anna Boleyn keinen Sohn, sondern eine Tochter zur Welt gebracht hat. Das ist die Strafe Gottes für die Verstoßung der armen Königin Katharina.«

»Mit Verlaub, Eminenz«, erwiderte Franz liebenswürdig lächelnd, »Anna Boleyn ist keine Hure, sondern die gekrönte Königin von England und die legitime Gattin des Königs; überdies wird sie bestimmt noch Söhne gebären. Ich hatte das Vergnügen, sie und Heinrich VIII. vor einem Jahr in Boulogne zu treffen. Königin Anna war einige Monate zuvor zur Marquise von Pembroke ernannt worden. Sie ist eine sehr kluge Frau, und Heinrich scheint sie leidenschaftlich zu lieben, das war mein Eindruck in Boulogne.«

»Ich kann verstehen«, warf Kardinal Johann von Lothringen ein, »dass der König eine junge, hübsche Frau der alternden Königin vorzieht, aber warum musste er sie unbedingt heiraten? In England gibt es kein salisches Gesetz, die Tochter aus der ersten Ehe hätte Thronfolgerin bleiben können, Königin Anna wäre die Geliebte des Königs geworden, und der Streit mit Rom, der Kirchenbann – der Heilige Vater wird den König von England exkommunizieren –, dies alles wäre unterblieben. Warum ist der König von der fixen Idee eines Sohnes besessen?«

Franz überlegte einen Augenblick. »Ich glaube, es gibt hierfür zwei Gründe: In England hat man – im Gegensatz zu Frankreich – noch keine positiven Erfahrungen mit weiblichen Regentinnen gemacht; die Königin Mathilde hat seinerzeit im 12. Jahrhundert wohl schlecht regiert. Wir haben bessere Erfahrungen, sowohl Anna von Beaujeu als auch meine selige Mutter haben die Staatsgeschäfte bestens geführt, solange der König Karl minderjährig und ich in spanischer Gefangenschaft war. Überdies ist König Heinrich ein Mann, der davon überzeugt ist, dass nur Männer regieren können. Frauen sind für ihn … Schmuckstücke. Sie müssen natürlich Geist und Witz besitzen, aber eine Frau als regierende Königin, das passt nicht in sein Weltbild.«

Nach diesen Worten herrschte eine Weile Schweigen.

»Ihre Majestät schätzen den König von England wahrscheinlich richtig ein«, führte Passerini das Gespräch fort, »aber ich habe den Eindruck, dass Ihre Majestät glauben, dass auch eine Frau einen Staat regieren kann.«

»Ja, Eminenz, ich glaube es nicht nur, ich bin überzeugt davon. Wer hat seinerzeit den Frieden von Cambrai ausgehandelt? Zwei Frauen! Zwei Männer hätten keinen besseren Frieden zu Stande bringen können.«

Katharina streifte ihren Schwiegervater mit einem erstaunten Seitenblick. Er war also überzeugt davon, dass Frauen regieren konnten. In diesem Augenblick wusste sie instinktiv, dass sie Franz I. vertrauen konnte und in ihm einen väterlichen Freund haben würde. Sie nippte an ihrem Weinbecher.

»Sire, wie heißt die neugeborene Tochter der Königs von England?«, fragte sie dann.

»Sie wurde auf den Namen Elisabeth getauft, ma fille.«

»Elisabeth«, wiederholte Katharina nachdenklich, »Elisabeth … ein schöner, klangvoller Name. Mit Ihrer Erlaubnis, Sire, und mit deiner Einwilligung, Heinrich, würde ich gerne unsere älteste Tochter auf den Namen Elisabeth taufen lassen.«

»Selbstverständlich, ma fille.«

»Unser ältester Sohn«, fuhr Katharina fort, »würde natürlich den Namen Franz erhalten, unsere zweite Tochter den Namen der seligen Königin Claudia, ein Sohn müsste natürlich Ludwig heißen, einer Karl, eine dritte Tochter würde auf den Namen Margarete getauft, und ein Sohn, ein Sohn müsste den Namen meines Gatten tragen … Heinrich.«

Dieser hörte entsetzt, wie viele Kinder er zeugen sollte. Nun ja, das waren die Träume seiner Gattin, vielleicht war die erste Niederkunft so anstrengend, dass sie auf weitere Schwangerschaften gerne verzichtete.

Franz hingegen hörte seiner Schwiegertochter amüsiert zu, sie gefiel ihm mit jedem Tag besser.

»Mon dieu, ma fille!«, rief er gut gelaunt. »Wie viele Kinder möchtest du denn?«

»Das weiß ich noch nicht, Sire, zehn oder zwölf, ich wünsche mir viele Kinder, weil ich eine richtige Familie haben möchte.«

»Meine Herren«, sagte Franz zu den Kardinälen, »ich habe drei Söhne und wahrscheinlich viele Enkelsöhne, ich glaube, der Fortbestand meines Hauses ist gesichert. – Heinrich, deine Gattin wünscht sich viele Kinder, erfülle deine Pflicht, mein Sohn.«

»Ja, Vater.« Er dachte beklommen daran, dass er in wenigen Stunden das eheliche Schlafzimmer würde betreten müssen.

Irgendwann war das Bankett beendet und der Ball begann. Während Katharina Heinrich und den König beim Tanz beobachtete, kam die Königin auf sie zu und flüsterte, es sei Zeit, dass sie sich zurückziehe. Eleonore geleitete die Schwiegertochter in das Schlafzimmer, wünschte angenehme Ruhe und überließ sie den Dienerinnen.

Katharina trat zu dem Bett und betrachtete befremdet die weißen Laken.
»Mingo, meine Bettwäsche wurde aus schwarzer und roter Seide gewebt.«

»Gewiss, Hoheit, aber es ist … nun ja, diese Nacht ist Ihre Hochzeitsnacht.«

Katharina streifte wortlos das weiße, seidene Hemd über, legte sich zu Bett und wartete auf Heinrich. Die Fenster waren weit geöffnet, weil es immer noch sommerlich warm war, die Öllampe verbreitete ein diffuses Licht und sie versuchte vergeblich, ihre Nervosität zu bekämpfen. Irgendwann öffnete sich eine Tür und Heinrich betrat das Schlafgemach. Er streifte den Umhang aus schwarzem Samt, den er über seinem Hemd trug, ab und legte sich wortlos neben Katharina nieder. Es vergingen einige Minuten, ohne dass Heinrich sich um seine Gattin kümmerte, und diese überlegte angestrengt, wie sie sich jetzt verhalten sollte. Mingo hatte ihr empfohlen, dem Mann die Initiative zu überlassen, aber er war bestimmt genauso aufgeregt und unsicher wie sie. Schweigen würde sie beide in dieser Nacht nicht näher bringen und sie beschloss, sich mit ihm zu unterhalten. »Hat dir unsere Hochzeitsfeier gefallen, Heinrich?«

»Ja, mein Vater hat uns ein prachtvolles Fest gerichtet.«

»Du bist ein guter Tänzer, ich habe dich beobachtet, bevor ich mich zurückzog.«

»Wirklich? Mein Vater behauptet immer, ich würde mich zu steif und schwerfällig bewegen.« Er freute sich über das Kompliment und begann zu überlegen, worüber sie sich freuen würde. »Die Geschenke, die dein Onkel überreicht hat, waren überwältigend. Am besten hat mir das Einhorn gefallen, und ich habe mich gefreut, als dein Onkel andeutete, er hoffe, es würde meinen Vater vor dem Gift der lutherischen Irrlehre beschützen.«

Du meine Güte, dachte Katharina, ich bin gerne bereit, mich irgendwann mit dieser neuen Lehre auseinander zu setzen, aber nicht in meiner Brautnacht. Während sie überlegte, wie sie Heinrich von diesem Thema weglocken könnte, näherten sich Schritte, die indes von beiden nicht bemerkt wurden. Plötzlich öffnete sich die Tür und der König betrat das Zimmer.

Katharina fuhr erschrocken hoch und starrte ihren Schwiegervater ängstlich an, Heinrich blieb liegen und versuchte, den prüfenden Augen des Vaters auszuweichen.

Die Augen des Königs wanderten vom Sohn zur Schwiegertochter, dann nickte er Katharina aufmunternd zu und lächelte.

»Keine Panik, ma fille, bleib ganz ruhig.« Er wandte sich an Heinrich. »*Allons, mon fils.*«

Nachdem Franz das Zimmer verlassen hatte, sank Katharina in die Kissen zurück und versuchte, sich zu fassen. »Warum ist dein Vater so plötzlich gekommen?«

»Er lässt uns wahrscheinlich von Dienern beobachten, und da die Ehe noch nicht vollzogen ist, hielt er es für angebracht, mich diskret daran zu erinnern. Dein Onkel lässt uns wahrscheinlich auch beobachten.«

Katharina glaubte, nicht richtig zu hören. »Es ist entsetzlich und irgendwie entwürdigend. Wir haben uns vor zwei Wochen erst kennen gelernt, warum lässt man uns nicht ein bisschen Zeit?«

»Du hast völlig Recht, aber eine vollzogene Ehe kann nicht mehr annulliert werden, und das ist für meinen Vater wichtig, weil diese Heirat außenpolitisch für ihn von Bedeutung ist.«

Katharina schwieg. Einerseits konnte sie den König verstehen – falls sie jemals für eines ihrer künftigen Kinder eine politische Ehe arrangierte, würde sie wahrscheinlich auch die Hochzeitsnacht beobachten lassen. Andererseits gab es eine menschliche Seite, es gab Gefühle, Sympathie, Antipathie. Während der vergangenen Tage hatte sie versucht, den Gedanken zu verdrängen, aber sie spürte seit der ersten Begegnung in dem großen, kalten Saal, dass sie dem Gatten nicht gefiel. Sie hatte sich in ihn verliebt, während er wahrscheinlich nur Gleichgültigkeit empfand.

Heinrich unterbrach ihre Gedanken. »Mein Vater hat mich sogar durch eine der ›leichten Damen‹ in die Liebeskunst einweihen lassen.«

Katharina horchte auf – er war also nicht so unerfahren, wie sie bisher angenommen hatte.

Heinrich erinnerte sich an die Begegnung mit der »leichten Dame«, sie hatte ihn ein bisschen an Diana erinnert … Diana … wenn sie jetzt neben ihm läge, wäre alles viel einfacher … Er schloss die Augen und beschwor ihr Bild herauf, es war eigentlich ganz einfach. Das Zimmer war nur schwach von der Öllampe erhellt. Er stellte sich vor, dass Diana neben ihm lag, und beugte sich vorsichtig über seine junge Frau.

Katharina zuckte zusammen, als sie zum ersten Mal seinen Mund auf ihren Lippen und den Bartflaum auf ihrer Wange spürte. Sie bekam Herzklopfen, schlang die Arme um ihn und versuchte, an nichts mehr zu denken und sich nur dem Augenblick hinzugeben.

Als sie am nächsten Morgen erwachte, schlief Heinrich noch.

Sie setzte sich auf, betrachtete die ernsten Gesichtszüge, hörte seinen ruhigen, gleichmäßigen Atem und fühlte sich glücklich. Nach den anfänglichen Schwierigkeiten war ihre Brautnacht sehr erfreulich gewesen. Er ist ein guter Liebhaber, dachte sie, er hätte ein bisschen zärtlicher sein können und weniger schweigsam, aber schließlich hatten sie noch viele gemeinsame Nächte vor sich. Sie erhob sich, trat zum Fenster, um die Morgensonne zu genießen und gestand sich ein, dass sie in der Erotik völlig unerfahren war. Sie wollte eine gute Geliebte werden, aber wie? Mingo war verheiratet gewesen, aber sie scheute sich, ihre Erzieherin nach den Feinheiten der Liebeskunst zu fragen. Es gab bestimmt viele erfahrene Frauen am Hof, aber nur wenige, denen man sich anvertrauen konnte. Vielleicht … ja, das wäre denkbar, sie musste die Herzogin von Etampes zur Freundin gewinnen, um ihre Stellung bei Hof zu festigen. Die Herzogin war eine erfahrene Frau und würde sich bestimmt geschmeichelt fühlen, wenn sie in einer so vertraulichen Angelegenheit um Rat gefragt wurde – bei passender Gelegenheit, natürlich. Überdies musste sie erst ein Vertrauensverhältnis zwischen sich und der Herzogin herstellen. Sie wandte sich um und sah, dass Heinrich inzwischen erwacht war und nachdenklich das weiße Bettlaken betrachtete. Sie ging lächelnd zu ihm hin. »Guten Morgen, Heinrich. Hast du gut geschlafen?«

»Natürlich, das war die anstrengendste Nacht meines bisherigen Lebens.« Er betrachtete erneut das Bettlaken. »Jetzt sind dein Onkel und mein Vater hoffentlich zufrieden«, sagte er mit spöttischem Unterton.

Katharina sah ihn erstaunt an, betrachtete nun ebenfalls das Laken und entdeckte die Blutflecken. »Glaubst du, dass dein Vater das Laken betrachten wird?«

»Selbstverständlich, dein Onkel ebenfalls …«

In diesem Augenblick wurde die Tür geöffnet und der König betrat das Zimmer. Katharina spürte, dass sie errötete, und senkte verlegen die Augen, während Heinrich seinen Vater trotzig anblickte.

Der König beachtete seinen Sohn nicht weiter, sondern trat zu Katharina, hob ihr Kinn zu sich empor und betrachtete sie einen Augenblick. »Ich sehe an deinen Augen, ma fille, dass du in dieser Nacht zur Frau geworden bist«, sagte er lächelnd. Er ging zur Tür und sagte beim Hinausgehen: »Ich habe angeordnet, dass ihr ab heute gemeinsam frühstückt.«

Nachdem Franz gegangen war, legte Katharina sich neben Heinrich und kuschelte sich an ihn. Sie schweigen eine Weile.

»Wieso hat dein Vater an meinen Augen gesehen, dass wir … dass wir die Ehe vollzogen haben?«, fragte Katharina.

»Das weiß ich nicht, aber er ist eben ein erfahrener Mann.«

In diesem Augenblick wurde die Tür erneut geöffnet, und Clemens betrat das Zimmer. Sie fuhr empor und versuchte, ihre Empörung zu unterdrücken, während Heinrich keine Miene verzog. Clemens lächelte, wünschte einen guten Morgen, trat an die Bettseite, wo Katharina lag und betrachtete das Paar einige Sekunden.

»Mein Kind«, sagte er zu Katharina, »stehe bitte auf, ich möchte das Laken sehen.«

Katharina spürte, dass sie errötete und gleichzeitig Wut in ihr hochstieg. Sie nahm sich jedoch zusammen, stieg aus dem Bett und legte die Decke so weit zurück, dass der Papst die Blutflecken sehen konnte. Clemens trat näher und begutachtete die Sache. »Ich bin sehr zufrieden. Ich hoffe, dass du bald schwanger wirst – du bist zwar nicht die Dauphine, aber auch deine Kinder sind wichtig für den Fortbestand der Dynastie.« Er nickte Heinrich zu, der den Papst nicht weiter beachtete, sondern ostentativ zur Decke sah und verließ das Zimmer.

»Es ist unglaublich«, sagte Katharina nach einer Weile, »was wir uns bieten lassen müssen. Man nimmt keinerlei Rücksicht auf unser privates Leben.«

»Du musst dich damit abfinden, das gehört zum Hofleben. Bei einer Fürstenhochzeit ist der Vollzug der Ehe wichtiger als bei anderen Leuten.«

»Ich nehme jetzt mein Bad und kleide mich an. Der Himmel weiß, wer hier noch auftaucht, um das Laken zu besichtigen.«

Mingo hatte die Besuche von König und Papst beobachtet und befahl Isabella und Violetta, den Baderaum zu verlassen. Sie wollte an diesem Morgen mit Katharina allein sein, um sie zu trösten oder ihr Ratschläge zu erteilen. Während sie ein duftendes Öl ins Wasser goss, betrachtete sie Katharinas nachdenkliche Miene.

»War es … war es schlimm, Hoheit? Ich meine …«

Während sie noch nach Worten suchte, antwortete Katharina: »Mingo, zu dir will ich offen sprechen. Es war nicht schlimm, im Gegenteil. Er war rücksichtsvoll, ich glaube, er ist ein guter Liebhaber. Ich … Erinnerst du dich an unser Gespräch vor sechseinhalb Jahren im Palazzo in Florenz nach dem Auftritt mit der Zigeunerin Esmeralda? Ich glaube, ich bin in der vergangenen Nacht auf den Geschmack gekommen … Mingo, als ich Heinrich vor zwei Wochen zum ersten Mal sah, habe ich mich in ihn verliebt. Und jetzt, jetzt liebe ich ihn.«

Mingo sah Katharina erstaunt an. »Hoheit, Sie haben den Herzog erst vor kurzem kennen gelernt. Wie können Sie beurteilen, ob Sie ihn wirklich lieben? Vielleicht ist es nur Leidenschaft, die nach den ersten Wochen, wenn der Ehealltag beginnt, abflaut.«

»Nein, ich weiß, dass ich ihn liebe, und ich werde ihn immer lieben. Ich kann es dir nicht erklären, Mingo, aber es ist so, und ich hoffe, dass er eines Tages meine Gefühle erwidert. Ich spüre, dass ich ihm nicht sonderlich gefalle, aber ich muss einfach Geduld haben. Die Esmeralda hat mir prophezeit, dass er mich lieben wird, aber nicht sofort. Ich würde ihm gerne sagen, dass ich ihn liebe, aber ich scheue mich. Ich weiß nicht, wie er reagieren würde …«

Mingo schwieg und erinnerte sich noch einmal an die Szene mit der Zigeunerin und an das merkwürdige Gefühl, das sie bei der Prophezeiung empfunden hatte.

Zwischen Heinrich und seinem Diener Pierre hatte sich seit dem Abend, als der Herzog für die Sitzungen bei Clouet weiße Kleider anzog, ein gewisses Vertrauensverhältnis entwickelt. Er wusste seit damals um die Liebe zu Diana. Nun fragte er:

»War es schlimm, Hoheit?«

»Es war zu ertragen. Am schlimmsten fand ich den nächtlichen Besuch meines Vaters. Ansonsten … ich habe mir vorgestellt, dass Diana neben mir liegt. Es ist für mich im Augenblick die einzige Lösung, wenn ich meine ehelichen Pflichten erfüllen soll. Ich finde Katharina nett und sympathisch, sie ist bestimmt ein guter Kamerad, und wir werden wahrscheinlich harmonisch nebeneinander leben können, aber als Frau ist sie für mich reizlos. Ich werde mich körperlich nie zu ihr hingezogen fühlen. Weißt du, Pierre, ich glaube, auch wenn Katharina eine Schönheit wäre, würde sie mich kalt lassen. Mein Herz gehört nun einmal Diana, ich werde sie immer lieben. – Das verstehst du doch, nicht wahr?«

»Selbstverständlich, Hoheit.« Gütiger Himmel, dachte der Diener, wie kann man eine Frau lieben, die zwanzig Jahre älter ist? Jetzt ist sie noch attraktiv, aber in zehn oder zwanzig Jahren?

Während er seinem Herrn beim Ankleiden half, erzählte er ihm von dem Ball, der bis in die frühen Morgenstunden gedauert hatte.

»Es ist skandalös«, sagte Heinrich. »Ich bin gespannt, was meine Frau dazu sagt.«

Beim ersten gemeinsamen Frühstück kam er sofort auf den Ball zu sprechen.

»Pierre hat mir berichtet, dass die Tanzerei bis zum Morgen gedauert hat und dass man wenig Rücksicht auf Zucht und Ordnung nahm. Einige Herren haben dafür gesorgt, dass eine stadtbekannte Kurtisane an dem Fest teilnahm. Im Laufe des Abends entkleidete sie sich, tauchte ihre Brüste in mit Wein gefüllte Pokale und bot sie den Herren zum Abschlecken an.«

»Das ist ja widerlich!«, rief Katharina.

»Ich teile deine Meinung, aber das ist noch nicht alles. Einige Damen folgten dem Beispiel der Kurtisane, mit dem Ergebnis, dass die Herren, sowohl ältere als auch jüngere, auf der Tanzfläche über sie herfielen und es mit ihnen trieben … du verstehst, was ich meine?«

»Ja. Warum duldet dein Vater derartige Ausschweifungen?«

»Mein Vater muss es dulden, weil er selbst mit bestem, nein, mit schlechtem Beispiel vorangeht. Ich kann verstehen, dass er eine Geliebte hat, schließlich war die Heirat mit meiner Stiefmutter eine rein politische Angelegenheit. Aber er schläft auch mit anderen Frauen, wenn sie ihm gefallen und er sie begehrt. Seine *petite bande*, das sind die jungen Hofdamen, die *filles de joie*, die ihn zur Jagd begleiten, sind im Grunde genommen ein Harem. Damit nicht genug, schläft er mit Frauen und Mädchen quer durch alle Bevölkerungsschichten. Ich möchte nicht wissen, wie viele illegitime Geschwister ich habe, und mein Vater weiß wahrscheinlich auch nicht, wie viele Bastarde er im Laufe seines Lebens gezeugt hat. Seine Lebensführung färbt natürlich auf den Hof ab – wenn der Herrscher seinen Gelüsten nachgibt, folgen die Damen und Herren seinem Beispiel. Du wirst dich daran gewöhnen müssen, dass es Kavaliere gibt, die die Damen wie die Hemden wechseln und umgekehrt.«

Nach diesen Worten entstand eine längere Pause, und Katharina fragte sich, ob ihr Gatte nicht übertrieb. Andererseits hielt sie es durchaus für möglich, dass der lebenslustige, temperamentvolle König es mit der körperlichen Treue auch gegenüber der Herzogin von Etampes nicht allzu genau nahm. Nun, das alles ging sie nichts an. Sie fand das Liebesleben ihres Schwiegervaters zwar nicht vorbildlich, aber dafür besaß er andere charakterliche Vorzüge; überdies sorgte er wahrscheinlich bestens für seine Bastarde. Für sie war viel wichtiger, wie Heinrich über die Treue dachte.

»Ich bin der Meinung«, sagte sie nach einer Weile vorsichtig, »dass jeder Mensch so leben soll, wie er es mit seinem Gewissen vereinbaren kann, allerdings darf sein Lebensstil anderen Menschen nicht schaden oder sie kränken, und das bedeutet für mich im Hinblick auf eine Ehe, dass ich dem Gatten treu bleiben würde. Das Ehegelöbnis ist für mich eine moralische Verpflichtung.« Sie schwieg und wartete auf Heinrichs Reaktion.

»Du hast Recht«, erwiderte er, »auch ich würde der Frau, die ich liebe, die Treue halten.«

Katharina horchte auf – er redet von der Frau, die er liebt, überlegte sie, ich habe von der Ehe gesprochen. Ich weiß, dass er mich noch nicht liebt. Sie spürte einen feinen Stich, versuchte, das ungute Gefühl zu verdrängen und wechselte das Thema.

»Heute und morgen finden keine offiziellen Festlichkeiten statt, wir haben zwei Ruhetage vor dem Turnier. Hättest du Lust zu einem Spaziergang oder Ausritt?«

Heinrich zögerte etwas. »Du kannst tun und lassen, was dir beliebt. Ich hingegen möchte mich heute und morgen auf die Wettkämpfe vorbereiten. Ich hoffe, du hast Verständnis dafür.«

Sie spürte erneut einen Stich und fühlte sich unendlich enttäuscht, dass sie während der beiden folgenden Tage nicht in seiner Nähe sein konnte – schließlich waren es ihre Flitterwochen. Aber sie nahm sich zusammen und lächelte ihn an.

»Verzeih, ich habe nicht an das Turnier gedacht, es ist natürlich wichtig, dass du dich vorbereitest. Ich hoffe, dass du der Sieger bist.«

Nachdem Heinrich das Zimmer verlassen hatte, überlegte sie, wie sie den Tag verbringen sollte. Sie hatte zu nichts Lust ohne ihn. Schließlich entschied sie sich für einen Spaziergang im Garten in Begleitung ihrer jungen Ehrendamen. Den Nachmittag verbrachte sie in ihrem Appartement, saß am Fenster, blätterte in Dantes *Vita Nova* und erinnerte sich noch einmal an ihre Hochzeitsnacht.

Er hatte sie zwar auf den Mund geküsst, aber während der ganzen Nacht hatte er sie kein einziges Mal »richtig« geküsst, so wie Isabella es ihr beschrieben hatte. Irgendwann hatte sie undeutlich gespürt, dass er mit seinen Gedanken nicht bei ihr weilte, sondern … irgendwo, vielleicht doch bei einer anderen Frau. Nein, dachte sie, er ist kein Weiberheld. Sie stand auf, nahm sein Porträt aus der Truhe und betrachtete es eine lange Zeit.

Als es dämmerig wurde, erschien ein Diener und teilte ihr mit, der König erwarte sie in seinem Arbeitszimmer.

Während sie durch die spärlich beleuchteten Gänge schritten, wo Bedienstete gerade nach und nach die Fackeln entzündeten, fühlte sie sich auf einmal merkwürdig unruhig und nervös, als ob im Arbeitszimmer des Königs eine böse Überraschung auf sie wartete, mit der sie nicht gerechnet hatte.

Der König indes begrüßte sie so liebevoll wie immer und führte sie zu dem Schreibtisch.

»Setz dich, ma fille. – Nun, wie fühlst du dich? Vertragt ihr euch?«

»Ja, Sire. Ich bin sehr glücklich. Ich liebe Heinrich.« Sie spürte, dass sie errötete und sah etwas verlegen zu Boden.

Franz betrachtete seine Schwiegertochter nachdenklich. »Ich glaube dir, dass du ihn liebst«, sagte er leise. »Hoffentlich weiß er es zu würdigen.«

Katharina sah den König erstaunt an. In seiner Stimme war ein Unterton, den sie nicht einordnen konnte.

»Ma fille, ich habe dich kommen lassen, weil ich dir noch nachträglich ein kleines Hochzeitsgeschenk überreichen möchte. Ich weiß inzwischen, dass du eine hervorragende Bogenschützin bist, deshalb habe ich deinem Wappen einen Bogen beigefügt mit dem Wahlspruch: »Sie bringt Licht und Klarheit.« Er überreichte ihr eine von Clouet gefertigte Zeichnung des Wappens, das Katharina einige Augenblicke lang stumm betrachtete.

»Sie sind immer so gütig und großzügig, Sire. Ich weiß nicht, wie ich Ihnen danken soll.«

»Ma fille, du bist in ein fremdes Land gekommen, das ist nicht ganz einfach. Ich möchte, dass du dich hier wohlfühlst. Frankreich soll für dich eine Heimat werden, wie Florenz es war, und ich versuche, dir das Einleben zu erleichtern, soweit ich es kann. – Wie hast du mit Heinrich den Tag verbracht? Habt ihr gemeinsam etwas unternommen?«

Bei diesen Worten des Königs merkte Katharina, dass Tränen in ihr aufstiegen. Sie sah zu Boden und kämpfte gegen die Tränen.

»Heinrich möchte sich heute und morgen auf das Turnier vorbereiten«, sagte sie mit erstickter Stimme. »Ich habe nichts dagegen, weil ich seinen Sieg wünsche. Ich habe mit meinen Damen den Garten besichtigt und später gelesen.«

»So«, erwiderte Franz leicht gereizt, »das Turnier ist ihm also wichtiger als seine Gattin.«

Inzwischen war es im Zimmer völlig dunkel geworden und er befahl einem Diener, alle Kerzen zu entzünden.

»Wie willst du den morgigen Tag verbringen, ma fille?«

»Ich werde die antiken Dichter lesen. – Bitte, Sire, zürnen Sie Heinrich nicht, weil er sich auf das Turnier vorbereitet. Ich habe den Eindruck, dass es aus irgendeinem Grund wichtig für ihn ist.«

»Ja, aus irgendeinem Grund. – Hast du schon einmal Ovids *Ars amatoria* gelesen, ma fille?«

»Nein, Sire.«

»Du solltest dieses Werk lesen, es ist sehr lehrreich.« Er ging zu dem Bücherschrank, suchte eine Weile und überreichte Katharina die Schrift. »Ich schenke dir das Buch, ma fille, vielleicht ist es dir von Nutzen.«

»Vielen Dank, Sire.«

In diesem Augenblick sah sie zum ersten Mal die beiden Bilder an der Wand gegenüber dem Schreibtisch. Es waren zwei Kinderporträts, und Katharina erstarrte beim Anblick des einen Porträts …

Sie wusste, dass sie dieses Bild schon einmal irgendwo gesehen hatte. Sie versuchte verzweifelt, sich zu erinnern, und auf einmal fiel es ihr wieder ein: einen der beiden Knaben hatte sie im Mai 1527, während das Volk von Florenz den Palazzo belagerte, im Traum gesehen. Sie war über einen Turnierplatz gelaufen, am anderen Ende hatte ein kleiner, in weiße Seide gekleideter Junge gestanden und sie traurig angesehen. Als sie ihn ansprechen wollte, wandte er sich von ihr ab und begann zu weinen.

Katharina starrte das Bild an und versuchte vergeblich, eine Verbindung zu ihrem Traum herzustellen.

Der König beobachtete sie und bemerkte, dass etwas sie irritierte. »Ma fille, du wirkst erschrocken. Warum? – Es sind Kinderbilder meiner beiden ältesten Söhne. Auf dem linken Porträt siehst du deinen Gatten abgebildet, als er sieben Jahre alt war. Als meine selige Mutter erfuhr, dass ihre Enkel als Geiseln nach Spanien reisen sollten, ließ sie Franz und Heinrich von Clouet malen, weil sie nicht wusste, ob ich meine Kinder noch einmal sehen würde. Nun ja, meine Kinder kehrten nach vier Jahren spanischer Gefangenschaft in die Heimat zurück, und es war mir vergönnt, zu erleben, wie aus Kindern junge Männer wurden.«

Katharina betrachtete Heinrichs Porträt erneut. Sie irrte sich nicht, der kleine Junge, den sie im Traum gesehen hatte, und der kleine Junge auf dem Bild waren ein und dieselbe Person.

»Verzeihen Sie, dass ich meinen Gatten nicht sofort erkannt habe.«

»Du konntest ihn nicht erkennen, ma fille, es ist das Porträt eines Kindes.«

Katharina ging nachdenklich zu ihrem Appartement. Sie hatte zwei Mal etwas geträumt, was später Wirklichkeit geworden war …

Bei der Abendtafel verkündete der König, er habe die Absicht, wegen des milden Herbstwetters noch einige Wochen im Süden zu verweilen. Er werde am Vormittag seines Amtes walten und den an Skrofeln leidenden Untertanen seine heilende Hand auflegen. Der Nachmittag indes sei dem Vergnügen gewidmet: Bootsfahrten, Fischerstechen, Tunfischjagd. Die Tischgespräche holten Katharina aus ihren Grübeleien über den Traum und das Kinderbild des Gatten heraus.

Heinrich erfüllte auch in der zweiten Nacht gewissenhaft seine ehelichen Pflichten, aber Katharina spürte, stärker als in der Nacht davor, dass seine Gedanken und Gefühle nicht bei ihr weilten.

Am nächsten Vormittag ließ sie Mingo kommen und erzählte ihr von dem Porträt, das sie im Arbeitszimmer des Königs gesehen hatte, und von dem Traum in Florenz, der nun schon über sechs Jahre zurücklag.

»Ich weiß nicht, wie ich dies alles deuten soll, Mingo. Anscheinend habe ich im Schlaf meinen zukünftigen Gatten gesehen. Erinnerst du dich an meinen Traum in der letzten Nacht in Rom, bevor wir nach Florenz aufbrachen?«

»Ja, Hoheit.«

»Ich sah Leichen in den Straßen von Florenz. Fünf Jahre später, während meines Rittes vom Kloster Murate zum Kloster Santa Lucia, war dieser Traum Wirklichkeit. Es war schrecklich, diese Bilder, die toten Menschen, die überall herumlagen, ich werde dies nie vergessen. – Ich weiß nicht, Mingo, wie ich meine Träume einordnen soll.«

Mingo überlegte einen Augenblick. »Hoheit«, erwiderte sie zögernd, es gibt Menschen, die das zweite Gesicht haben, die also die Zukunft vorhersehen. Ich glaube, dass Sie diese Begabung besitzen. Ihre zwei Träumen zeigen es.«

Katharina sah ihre Amme ratlos an. »Falls du Recht hast, wäre es für mich entsetzlich. Ich darf nicht daran denken, dass ich jeden Unglücksfall meines Lebens vorhersehe.«

»Hoheit, es gibt auch glückliche Ereignisse – der Traum über Ihren

330

Gatten war doch letztlich ein glückliches Ereignis, Sie sind jetzt die Schwiegertochter des Königs von Frankreich!«

»Gewiss, aber ich spüre, dass dieser Traum kein Glück prophezeit hat. Heinrich hat angefangen zu weinen und sich von mir abgewandt. Und dann der Turnierplatz, er war groß, einsam, menschenleer. Ich ging im Traum über diesen Platz unter der gleißenden Sonne. – Nein, es war kein glücklicher Traum. – Mingo, ich liebe Heinrich, aber er, er erwidert meine Gefühle nicht, das spüre ich.«

»Sie müssen Geduld haben, er hat Sie erst vor zwei Wochen kennen gelernt, was sind zwei Wochen. Haben Sie ein wenig Geduld.«

Nach dem Gespräch mit Mingo begann Katharina, den Ovid zu lesen, las das dritte Buch mit dem Titel *Anweisungen für Frauen* ein zweites Mal und legte den römischen Dichter dann enttäuscht zur Seite. Diese Empfehlungen hatte sie längst instinktiv befolgt, aber bei dem römischen Dichter wurde die Frau vom Mann umworben. Sie wusste, dass ihre äußere Erscheinung Heinrich nie fesseln würde. Sie konnte nur hoffen, dass er eines Tages ihren Charakter schätzte und sie auf diesem Weg lieben lernte. Wenn diese Hoffnung sich erfüllte, waren Ovids Ratschläge überflüssig, auch seine Empfehlungen hinsichtlich der Liebesstellungen. Wenn er sie liebte, würde er zärtlicher sein als im Augenblick. Mingo hatte Recht, sie musste Geduld haben, und sie beschloss, die Herzogin von Etampes nicht um Rat zu fragen, ihr Eheleben ging niemanden etwas an.

Am Morgen des 31. Oktober verließ Katharina das eheliche Schlafzimmer früher als gewöhnlich, weil sie in Ruhe eine passende Robe wählen wollte. Nachdem sie eine Stunde lang ihre Kleider gemustert hatte, entschied sie sich für eines aus lindgrüner Seide, das üppig mit Goldstickereien verziert war. Die Suche nach dem passenden Schmuck war noch schwieriger, und zuletzt entschied Katharina, dass zu der prunkvollen Robe ein schlichter Schmuck am besten passte, nahm ihr Medaillon und legte es um den Hals. Seit ihrer Ankunft in Frankreich hatte sie noch keine Gelegenheit gehabt, ihren Lieblingsschmuck zu tragen, weil er für die kostbaren Roben zu schlicht war. Aber jenes erste Turnier in ihrer neuen Heimat war ein gebührender Anlass, weil Heinrich aus irgendwelchen Gründen an diesem Turnier viel lag. An diesem Tag wollte sie für ihren edlen Ritter besonders schön sein. Sie wünschte seinen Sieg. Vielleicht würde das Medaillon ihm zum Sieg verhelfen, und sie entschied sich, von nun an bei jedem Turnier, an dem der Gatte teilnahm, jenes Medaillon zu tragen, das der Goldschmied Leonardo ihr vor vielen Jahren in Florenz, auf dem Ponte Vecchio, geschenkt hatte und das ihr angeblich Glück bringen sollte.

Sie setzte die Herzoginnenkrone auf, legte die Ohrgehänge aus Perlen an, streifte die Perlenringe über die Finger und begab sich in Begleitung ihrer jungen Damen und eines Dieners zur königlichen Tribüne auf dem Turnierplatz. Der Diener geleitete sie die Treppe empor, wies den jungen Damen Plätze in den hinteren Reihen zu und sagte zu Katharina: »Ihr Platz, Madame, ist in der ersten Reihe bei der Familie Seiner Majestät.«

Sie blieb einen Augenblick stehen und ließ die Szenerie auf sich wirken: der rechteckige Turnierplatz war von vier Tribünen umschlossen; gegenüber der königlichen Tribüne sah sie ein Tor und vermutete, dass die Kämpfer durch dieses Tor in die Bahn ritten; dann betrachtete sie die Anwesenden auf der königlichen Tribüne. Hier saßen die Angehörigen der französischen Hocharistokratie, ausländische Gesandte, der Papst und die Kirchenfürsten. Katharinas Augen wanderten vom rechten Teil der Tribüne, wo der Papst, Ippolito, die Kardinäle und die Italiener ihres Gefolges saßen, zum linken Teil und blieben unwillkürlich an einer Dame haften, die am Ende der zweiten Reihe saß: Diana von Poitiers. Anscheinend trägt sie immer nur Schwarz und Weiß, dachte Katharina.

Sie ging langsam die Treppe zur ersten Reihe hinunter und blieb auf einmal überrascht stehen. Die königliche Familie war – abgesehen von den beiden ältesten Söhnen, die am Turnier teilnahmen – vollständig versammelt. Aber rechts vom König saß die Herzogin von Etampes, der Platz neben ihr war frei, und daneben erblickte Katharina die Königin. Anna wandte sich lächelnd um: »Madame, kommen Sie, setzen Sie sich zu mir, von hier aus kann man das Turnier am besten verfolgen.«

Katharina ging zu ihrem Platz und sah sich vorsichtig um. An jenem Tag erlebte sie zum ersten Mal, wie sich ihr Schwiegervater öffentlich mit seiner Mätresse zeigte. Wie sie beobachtete, schien dies die Hofleute nicht weiter zu stören. Sie schloss daraus, dass der Hof an diesen Anblick gewöhnt war. Sie streifte die Königin mit einem Seitenblick und sah, dass Eleonore mit undurchdringlicher Miene auf den Turnierplatz starrte, und es wurde ihr bewusst, dass diese sich mit ihrer Statistenrolle abgefunden hatte.

Sie suchte nach passenden Worten, um mit einer der beiden Damen ein Gespräch zu beginnen, ohne unangenehm aufzufallen.

»Ich bin sehr gespannt auf den Verlauf des Turniers, ich habe nämlich noch nie daran teilgenommen.«

Die Königin schwieg.

»Mon dieu!«, rief Anna. »Dies ist Ihr erstes Turnier? Dann muss ich Ihnen noch rasch einige Regeln erklären: Die Herren reiten einzeln durch das Tor in die Bahn. Sie begrüßen zunächst den König und dann die Dame, für die sie kämpfen wollen.«

Katharina sah sich um. »Wieso wissen die Damen, welcher der Herren für sie kämpft? Auf den Tribünen sitzen viele Damen.«

»Nun, an den Turnieren nehmen immer dieselben Kavaliere teil, und die Damen wissen inzwischen, wer für sie in die Bahn reitet. Ich kann Ihnen einige Beispiele nennen: Der König grüßt mich, der junge Franz von Guise seine Mutter, Gaspard von Coligny grüßt entweder die Königin von Navarra, sofern sie am Hof weilt, oder die Königin. Wenn ein junger Kavalier für Ihre Majestät kämpft, so ist dies ein Zeichen, dass er noch keine ›Herzensdame‹ gefunden hat.«

In diesem Augenblick ertönten Fanfaren, und der Herold verkündete, dass die Söhne des Königs das Turnier eröffnen würden.

Katharinas Herz begann zu klopfen und sie verfolgte gespannt den Einzug ihres Schwagers Franz, der eine silberne Rüstung trug und einen Rappen ritt. Als er vor der königlichen Tribüne stand, sahen die Zuschauer, dass nicht nur das Pferd schwarz war, sondern auch der Sattel und die Satteldecke.

»Eine schwarze Satteldecke auf einem schwarzen Pferd«, sagte Franz zu Anna, »Goldbrokat hätte edler ausgesehen – wie monoton und trist!«

Der Dauphin grüßte den König, lenkte sein Pferd einige Schritte nach links, grüßte die Herzogin und trabte langsam die Bahn entlang.

Anna neigte sich zu Katharina. »Ihr Schwager hat zwar Liebschaften«, flüsterte sie, »aber noch keine Herzensdame. Deswegen grüßt er bei Turnieren abwechselnd die Königin oder mich – heute bin ich an der Reihe.«

»Das finde ich reizend«, erwiderte Katharina. »Mein Gatte wird auch abwechselnd Sie oder die Königin grüßen.«

Anna überlegte, ob sie diese indirekte Frage wahrheitsgemäß oder mit einer Notlüge beantworten sollte und entschied sich für den Mittelweg.

»Ihr Gatte wird heute Wimpel und Standarte vor Ihnen neigen, das weiß ich.« Sie verschwieg natürlich, dass der König ihr gesagt hatte, er habe seinem Sohn befohlen, bei diesem Turnier seine junge Frau zu grüßen und nicht Diana von Poitiers.

In diesem Augenblick ritt Heinrich auf einem Schimmel in die Turnierbahn. Er trug wie sein Bruder eine silberne Rüstung, und als er vor der königlichen Tribüne hielt, sah Franz zu seinem Ärger, dass Satteldecke und Sattel ebenfalls schwarz waren. Ein weißes Pferd und schwarzes Zubehör – Schwarz und Weiß, Dianas Farben … Es war unglaublich, was fiel dem Burschen ein! Er musterte den Sohn mit strengem Blick, was bei Heinrich innerlich Trotz hervorrief.

Katharina betrachtete verliebt den Gatten in der schimmernden Rüstung. Lieber Gott, lass ihn siegen, dachte sie. Nur noch wenige Augenblicke, und er würde Lanze und Wimpel vor ihr neigen …

Heinrich sah den strengen Blick seines Vaters und wusste, dass diesem das weiße Pferd und die schwarze Satteldecke missfielen. Verdammt, dachte er, mein Gefühlsleben geht meinen Vater nichts an! Er sah flüchtig zu Katharina, spürte fast körperlich, dass sie seinen Gruß erwartete, und auf einmal überkam ihn ein Trotz wie noch nie zuvor. Warum sollte er eine Frau grüßen, die nicht seine »Herzensdame« war? Und kurz entschlossen, von einem inneren Zwang getrieben, wendete er das Pferd, ritt nach rechts und hielt vor Diana von Poitiers.

Katharina sah Heinrich entgeistert wegreiten, hörte, wie hinter ihr erregt getuschelt wurde. »Mein Gott«, sagte sie halblaut, »was ist los? Was soll das? Ich verstehe das nicht!«

In diesem Augenblick spürte sie, wie jemand behutsam ihre rechte Hand ergriff und sanft drückte. Sie wandte ihren Kopf und begegnete den traurigen Augen der Königin.

»Armes Kind«, sagte Eleonore leise, »bleiben Sie ruhig und gelassen, Sie haben keine andere Wahl. Ich hatte gehofft, dass Sie es diskreter erfahren würden.«

Katharina starrte die Königin sekundenlang an, und allmählich begriff sie, was diese ihr sagen wollte. Nein, dachte sie verzweifelt, nein! Er liebt also eine andere Frau, und damit nicht genug, er demütigt mich vor den Augen des Hofes. Wie sehr muss er diese Frau lieben, wenn er den Mut aufbringt, sich bei diesem Turnier, dem ersten Turnier, an dem auch ich teilnehme, offen zu ihr zu bekennen und den Zorn seines Vaters herauszufordern …

Sie sah zu dem leeren Platz unter der gleißenden Mittagssonne und hörte beiläufig, was die Herzogin zum König sagte.

»Es ist ein Skandal, du musst etwas unternehmen.«

Wer ist die Frau, die er liebt, wollte die brüskierte Gattin unbedingt wissen, und ihre Augen folgten dem Gatten bis zum Ende der Reihe. Sie wusste, dass dort irgendwo Diana von Poitiers saß, hielt es indes für unmöglich, dass Heinrich die Witwe, die seine Mutter hätte sein können, grüßen würde.

In dem Augenblick, als der zweite Sohn des Königs Lanze und Wimpel senkte, verstummte des Geraune auf der Tribüne und alle Augen richteten sich auf den Herzog von Orléans.

»Madame von Brézé!«, rief er so laut, dass jeder es hören konnte.

»Ich werde in diesem Turnier für Sie kämpfen und siegen!«

Katharina hatte sekundenlang das Gefühl, als ob der Boden unter ihren Füßen weggezogen würde. Sie versuchte, gegen die aufsteigenden Tränen anzukämpfen, sah starr vor sich hin und dachte: Haltung, Contenance, ich muss gefasst bleiben …

In diesem Augenblick sprang der König wutentbrannt auf. »Nein! Du wirst nicht für Madame de Brézé kämpfen, Heinrich! Ich verbiete dir die Teilnahme an diesem Turnier! Lege die Rüstung ab und begib dich in dein Appartement!« Dann winkte er einen Bewaffneten herbei, befahl ihm, den Herzog zu begleiten und darauf zu achten, dass dieser in seinen Räumen blieb.

Katharina sah durch einen Tränenschleier, wie Heinrich den Turnierplatz verließ. Sie war ihrem Schwiegervater zwar dankbar, dass er für sie eingetreten war, aber die Tatsache, dass der Gatte sich öffentlich zu einer anderen Frau bekannt hatte, blieb bestehen. Keiner der Anwesenden würde dieses Turnier je vergessen … Nach dreitägiger Ehe war sie von dem Mann, den sie liebte, öffentlich gedemütigt worden. Er liebt Diana von Poitiers, sie ist also der Grund für seine Zurückhaltung während der vergangenen zwei Wochen, für seine Schweigsamkeit in unseren gemeinsamen Nächten. Während ihr dies innerhalb von Sekunden durch den Kopf ging, spürte sie, dass Eifersucht und Hass gegen die Großseneschallin in ihr keimten.

Während Katharina versuchte, die Situation zu begreifen und nach außen hin Haltung zu bewahren, begann das Geraune auf der Tribüne von neuem.

»Es ist ein Skandal, was fällt dem Herzog ein?«

335

»Ich kann es ihm nicht verdenken, dass er die Italienerin nicht grüßt, sondern die Großseneschallin.«

»Die Heirat des Herzogs mit dieser Italienerin niedriger Abstammung ist eine Brüskierung der französischen Aristokratie!«

Katharina versuchte, die Bemerkungen zu ignorieren, aber es gelang ihr nicht. Wieder, wie bei dem Einzug in Marseille, wurde ihr bewusst, wie schwach faktisch ihre Stellung bei Hof war, trotz ihres offiziellen Ranges als Prinzessin von Geblüt.

Unterdessen sprachen Anna von Pisseleu und der König leise über den Fortgang des Turniers.

»Der Dauphin muss gegen einen Gegner kämpfen, Anna, er soll nicht unter den Dummheiten seines Bruders leiden. Aber die Kämpfer sind eingeteilt, ich muss einen neuen Partner für ihn finden, jetzt sofort.«

»Das ist doch nicht weiter schwierig. Auf den Tribünen sitzen bestimmt junge Herren, die sich gerne mit ihm messen würden.«

Franz überlegte einen Augenblick, winkte einen Herold zu sich, sagte leise einige Worte zu ihm. Der Herold begab sich auf seinen Platz zurück.

»Ihre Majestät wird den Kavalier«, rief er, »der bereit ist, gegen den Dauphin zu kämpfen, zum Sekretär des künftigen Königs von Frankreich ernennen, unabhängig davon, ob er siegt oder besiegt wird. Welcher der jungen Herren ist bereit, gegen den Dauphin anzutreten?«

Nach diesen Worten senkte sich eine bleierne Stille über die Anwesenden, und der König sah sich etwas irritiert um. Plötzlich erhob sich auf der königlichen Tribüne ein junger Mann, der in den hinteren Reihen bei Katharinas Damen saß, begab sich nach unten und beugte vor Franz das Knie.

»Majestät, ich bin der Graf von Montecuccoli und gehöre zum Gefolge der Herzogin von Orléans. Erlauben Sie, dass ich gegen Ihren Sohn, den künftigen König von Frankreich, kämpfe.«

»Ich freue mich«, sagte Franz, »dass ein Landsmann meiner geliebten Schwiegertochter in die Turnierbahn reiten wird.«

Während der Graf die Rüstung anlegte, versuchte Katharina erneut, die Bemerkungen auf der Tribüne zu überhören.

»Ein Italiener? Wenn er den Dauphin aus dem Sattel hebt, hat er bestimmt mit unlauteren Tricks gearbeitet …«

»Ein Italiener gegen den künftigen König, es ist eine Schande!«

»Was soll man machen, der König hatte schon immer eine Schwäche für Italien …«

Nun ritt der Graf auf Heinrichs Pferd in die Bahn, grüßte den König, verneigte sich dann ehrerbietig vor Katharina, und als er Wimpel und Standarte vor der Herzogin von Orléans senkte, fühlten sich die Anwesenden merkwürdig berührt und hatten für den Bruchteil einer Sekunde den Eindruck, dass er nicht die Gattin des zweitgeborenen Sohnes grüßte, sondern die Dauphine, die künftige Königin …

Katharina verfolgte den Zweikampf mit mäßigem Interesse. Sie dachte darüber nach, wie ihre Ehe sich entwickeln würde und wurde erst wieder auf die Kämpfer aufmerksam, als ihr Schwiegervater erregt aufsprang und auf der Tribüne eine gewisse Unruhe entstand. Erst allmählich begriff sie, dass ihr Landsmann, der italienische Graf, den künftigen König von Frankreich besiegt hatte. Das hat ja gerade noch gefehlt.

Ihr Schwiegervater beglückwünschte den Grafen, ernannte ihn vor den Augen des Hofes zum Sekretär des Dauphins.

»Das ist doch kein echter Sieg, wer weiß, mit welchen faulen Tricks der Italiener gearbeitet hat!«, hörte sie wieder die Bemerkungen auf der Tribüne.

»Man sollte die italienischen Giftmischer des Landes verweisen!«

»Der Sieg des Italieners über den Dauphin bedeutet Unglück für Frankreich!«

Immer wieder hörte Katharina die Worte »Italiener«, »Giftmischer«, und sie beschloss, in den nächsten Tagen eine Strategie zu entwickeln, mit deren Hilfe sie an diesem Hof überleben würde. Vor allem musste sie im Hintergrund bleiben.

Das Turnier nahm seinen Fortgang, und die nächsten Gegner waren Coligny und Franz von Guise. Katharina sah beiläufig, dass Coligny den Sohn des Herzogs von Guise besiegte, aber dann holte der Schmerz sie wieder ein.

Warum verehrte oder liebte Heinrich Diana von Poitiers? Sie war gewiss eine Schönheit, aber immerhin über dreißig. Wie lange verehrte er sie schon? Erwiderte sie seine Zuneigung?

Als das Turnier beendet war, eilte Katharina in ihr Appartement, warf sich auf das Bett und ließ ihren Tränen freien Lauf. Nach einer Weile betrat Mingo, die inzwischen von dem Skandal auf dem Turnierplatz gehört hatte, leise das Zimmer.

»Hoheit«, sagte sie leise, »ich weiß, was passiert ist. Beruhigen Sie sich. Sie sollten die Affäre nicht überbewerten.«

Katharina setzte sich auf und sah Mingo fassungslos an. »Ich verstehe dich nicht! Mein Mann liebt offensichtlich eine andere Frau, und ich soll es nicht überbewerten? – Mingo, du hast die Situation auf dem Turnierplatz nicht erlebt! Ich muss mich irgendwie arrangieren. Im Augenblick bin ich völlig durcheinander! Diana ist nur ein Problem. Du hättest die Bemerkungen der adeligen Damen und Herren auf der Tribüne hören sollen: Man bezeichnet uns als Giftmischer! – Die Italiener sind in diesem Land nicht beliebt. Vor uns liegen schwere Jahre, Mingo ...«

Nach dem Turnier unternahm der König, nur begleitet von Anna und einigen Bewaffneten, einen Ausritt am Meer entlang. Nachdem Franz einige Meilen in scharfem Galopp zurückgelegt hatte, teils weil er das Bedürfnis nach körperlicher Bewegung verspürte, teils um seinen Ärger über Heinrich abzureagieren, zügelte er sein Pferd und begann mit Anna ein Gespräch über das merkwürdige Verhältnis seines Sohnes zu der zwanzig Jahre älteren Diana von Poitiers.

Franz beklagte sich über das unwürdige Verhalten seines Zweitgeborenen und sann auf strenge Maßnahmen. Er spielte mit dem Gedanken, Heinrichs Angebetete vom Hof zu verbannen, doch Anna hielt ihn davon ab. Wie in allen anderen Fragen stand sie ihrem Geliebten auch hier mit Rat und Tat zur Seite. Lebensklugheit war eine ihrer Stärken, und so empfahl sie dem König, die schwärmerische Verehrung der schönen Dame nicht gewaltsam zu unterbinden, das steigere nur die Sehnsucht. Sie schlug Franz vor, Heinrich durchaus Fühlung mit seiner Herzensdame aufnehmen zu lassen, weil dies mit der Zeit zu einer realistischeren Wahrnehmung der geliebten Person führe und der Idealisierung entgegenzuwirken vermöge.

Es sei nur eine Frage der Zeit, der Prozess der Entzauberung werde zwangsläufig stattfinden

Wie so oft in letzter Zeit vertraute Franz auch hier dem Rat von Anna. Er entschied sich, die Gefühlswogen seines Sohnes am weiten Strand der Gewöhnung von selbst verebben zu lassen.

Während des restlichen Weges wurde kein Wort mehr gewechselt. Als das Schloss in Sichtweite war, hielt der König sein Pferd an.

»Du hast Recht, Anna. Aber ich muss auch an Katharina denken. Ich schätze sie sehr und liebe sie wie eine Tochter. Soll ich ihr zumuten, zu beobachten, wie mein Sohn sich in Leidenschaft für eine andere Frau verzehrt? Sie hat mir gesagt, dass sie ihn liebt. Ich glaube ihr und möchte ihr weitere Demütigungen ersparen.«

Anna sah den König erstaunt an. »Sie liebt Heinrich? Wie interessant, das hätte ich nicht gedacht, weil … verzeih, Franz, aber ich halte Katharina für klüger als deinen Sohn. Ich verstehe nicht ganz, was sie an ihm fasziniert – gleichviel, Gefühle lassen sich nicht steuern. Aber normalerweise merke ich, wenn eine Frau liebt. Deine Schwiegertochter hingegen verbirgt ihre Gefühle anscheinend vor der Außenwelt. Ich glaube, du musst dir um Katharina keine Sorgen machen. Sie weiß wahrscheinlich längst, wie sie mit der Situation umgehen muss. Sie wird die Angelegenheit auf ihre Art regeln, das heißt, sie wird keinen Skandal heraufbeschwören, sich im Hintergrund halten, wie sie es bis jetzt getan hat und die weitere Entwicklung abwarten. Du solltest aber mit ihr reden und ihr sagen, was sie noch nicht weiß, zum Beispiel, wie lange ihr Gatte Diana schon verehrt.«

»Ja, ich werde offen mit ihr reden, und Heinrich wird sich in meiner Gegenwart bei seiner Frau entschuldigen.«

Als Katharina am Spätnachmittag das Arbeitszimmer des Königs betrat, sah Franz sofort die verweinten Augen, obwohl sie versucht hatte, mit kaltem Wasser und Puder die Tränenspuren zu verwischen.

»Ma fille, ich habe dich zu mir gebeten, um dir zu sagen, dass ich das Benehmen deines Gatten heute Vormittag verurteile und bedauere. Heinrich wird später kommen, um sich bei dir zu entschuldigen, aber zuvor möchte ich dir die Vorgeschichte erzählen. Ich weiß nicht, wie lange Heinrich die Großseneschallin schon verehrt, aber im Frühjahr 1531 nahm er zum ersten Mal an einem Turnier teil, das anlässlich der Krönung der Königin stattfand. Bei dieser Gelegenheit grüßte er weder die Königin noch die Herzogin von Etampes oder meine selige Mutter, wie es sich geziemt hätte, nein, er grüßte Diana von Poitiers. Diese Gewohnheit behielt er bei, und ich ließ ihn gewähren, weil ich hoffte, dass seine Schwärmerei irgendwann zu Ende sein würde, aber der heutige Tag hat mich eines Besseren belehrt. Ich hatte ihm verboten, Madame von Brézé zu grüßen, und er hat sich über meinen Befehl hinweggesetzt. Ma fille, ich bin im Augenblick ratlos. Ich hoffe nur, dass dein Gatte irgendwann zu dir findet, aber vielleicht ist es dann schon zu spät.«

Katharina schwieg zunächst und versuchte, die Neuigkeiten zu verarbeiten. Alle, die Familie und der Hof, hatten also gewusst, dass Heinrich eine andere Frau liebte. Früher oder später hätte sie es sowieso erfahren.

Vielleicht war es ganz gut, dass sie jetzt, am Beginn ihrer Ehe, davon erfuhr.

»Sire, wie soll ich das verstehen?«

»Nun«, erwiderte Franz zögernd, »glaubst du nicht, dass deine Liebe sich angesichts dieser Situation irgendwann von deinem Gatten abwendet, dass er dir verhasst oder gleichgültig wird?«

»Nein, Sire, das glaube ich nicht. Wenn meine Liebe zu Heinrich diese Belastungsprobe nicht übersteht, dann habe ich ihn nie geliebt, dann war es nur eine vorübergehende Leidenschaft.«

»Ma fille, du bist noch jung, ist deine Einstellung nicht zu idealistisch? Ich habe die Erfahrung gemacht, dass sich Gefühle im Laufe eines Lebens wandeln können. In der Jugend liebt man anders als in späteren Jahren.«

»Verzeihung, Sire, ich las kürzlich noch einmal die *Vita Nova*. Ich glaube, dass es eine ideale Liebe gibt. Ich liebe Heinrich so, wie Dante einst Beatrice liebte … Wann immer Heinrich zu mir findet, es wird nie zu spät sein.«

Franz betrachtete seine Schwiegertochter nachdenklich. Selbst wenn Heinrich sich innerlich von Diana löste, musste dies nicht bedeuten, dass er dann seine Frau liebte. An diese Möglichkeit schien Katharina gar nicht zu denken. Gleichzeitig wurde ihm bewusst, dass es an seinem Hof viel Leichtlebigkeit gab und wenig echte, aufrichtige Gefühle.

»Ma fille, hast du Heinrich gesagt, dass du ihn liebst?«

»Nein, Sire, ich fand bisher nicht den Mut dazu, und jetzt werde ich erst recht schweigen. Es würde ihn in der augenblicklichen Situation nur belasten, wenn ich ihm sage, dass ich ihn liebe.«

»Das wäre nicht weiter schlimm, im Gegenteil, wenn er weiß, was du für ihn empfindest, wird er gezwungen, sich innerlich mit dir auseinander zu setzen. Man soll es dem jungen Herrn nicht zu einfach machen.«

Katharina spielte nachdenklich an ihrem Medaillon. »Ich glaube, Sie haben Recht, Sire«, sagte sie dann leise. »Aber ich muss den passenden Augenblick abwarten. Vielleicht habe ich jetzt den Mut, ihm meine Liebe zu gestehen. Ich weiß jetzt, woran ich bin. Ich habe im Augenblick nichts mehr zu verlieren, ich kann nur noch gewinnen. Das Turnier war ein Schock für mich, aber Gewissheit ist manchmal eher zu ertragen als Ungewissheit. Seit unserer ersten Begegnung spürte ich, dass er sich mir entzieht …«

Der Herzog von Orléans wurde gemeldet.

Als Heinrich Katharina sah, empfand er eine gewisse Reue, gleichzeitig spürte er, dass sein Vater eine Verständigung herbeiführen wollte und war erleichtert, dass ihm wahrscheinlich Vorwürfe und Strafen erspart blieben.

»Mein Sohn, du hattest genügend Zeit, um über dein ungebührliches Benehmen nachzudenken. Ich erwarte jetzt eine Erklärung von dir.«

Heinrich sah verlegen zu Boden. »Ich bitte um Verzeihung, Vater, dass ich Ihren Befehl missachtete«, begann er stockend, »aber ich konnte in jenem Moment nicht anders, ich musste einfach Madame von Brézé grüßen – ich weiß nicht, wie ich es Ihnen erklären soll …«

»Schon gut«, unterbrach Franz, »gewisse Dinge kann man wahrscheinlich nicht erklären. Aber hast du jemals darüber nachgedacht, ob Madame von Brézé, die deine Mutter sein könnte, deine Verehrung erwidert oder irgendwann erwidern wird?«

Heinrich sah seinen Vater verblüfft an. »Nein, das heißt … ja, hin und wieder habe ich darüber nachgedacht, aber im Augenblick ist dies nicht so wichtig.« Er schwieg unvermittelt, weil die Bemerkung seines Vaters ihn daran erinnerte, dass seine »Göttin« seit geraumer Zeit sich ihm gegenüber sehr zurückhaltend benahm. Er hatte sie aus der Ferne verehrt, ohne ihr näher zu kommen, so wie er es eigentlich wünschte.

Der König betrachtete seinen Sohn lange Zeit sehr nachdenklich und dachte beiläufig, dass es zwischen Heinrich und Katharina, was die Intensität ihres Gefühlslebens betraf, eine Ähnlichkeit gab, und er fand es in gewisser Weise tragisch, dass beide einen Menschen liebten, der ihre Gefühle nicht erwiderte – wenigstens im Augenblick nicht. Was die Zukunft betraf, so musste man abwarten. Die Augen des Königs wanderten zwischen Sohn und Schwiegertochter hin und her, und auf einmal hatte er nur einen Wunsch, nämlich dass dieses Paar, das sich irgendwie ergänzte, zueinander finden würde.

»Im Gegensatz zu dir, mein Sohn, habe ich inzwischen darüber nachgedacht, wie es weitergehen soll. Ich könnte dich von der Großseneschallin trennen und sie vom Hof verbannen, aber ich habe mich anders entschieden: Sie bleibt am Hof, und ich werde mich künftig nicht mehr darum kümmern, ob du sie verehrst oder nicht – trage meinetwegen ihre Farben, und lerne sie kennen, lerne den Menschen in ihr kennen. Und eines weiß ich schon jetzt, Heinrich: Sie wird deine Verehrung nie erwidern. Du wirst dich eines Tages von dieser Frau enttäuscht abwenden. – Aber das ist eine Erfahrung, die du selber machen musst. Glaube mir, ich weiß, was ich sage, ich kenne Diana von Poitiers besser als du.« Hier schwieg der König und betrachtete die verschlossene Miene des Sohnes. Er ahnte, was in ihm vorging …

Soll er reden, dachte Heinrich, Diana wird mich nicht enttäuschen, und ich werde nur sie lieben, sie ist mein Leben. Am liebsten hätte er dem Vater dies offen gesagt, aber er behielt es für sich, weil er Katharina nicht erneut verletzen wollte.

»Meine Toleranz«, fuhr Franz fort, »hat natürlich ihre Grenzen. Ich erwarte, dass du vor den Augen des Hofes deine Gattin mit dem gebührenden Respekt behandelst. Ab jetzt wirst du bei jedem Turnier sie grüßen und nicht Diana.«

»Ich bitte um Vergebung, Sire«, mischte Katharina sich ein, »ich möchte nicht, dass Heinrich mich auf Befehl grüßt. Der Hof wüsste, dass wir eine Komödie vorspielen. Ich bin zwar sehr dafür, dass gewisse Regeln befolgt werden, aber ich glaube, in unserem Fall ist Offenheit, auch gegenüber dem Hof, die bessere Lösung – zumal der Hof daran gewöhnt ist, dass mein Gatte bei Turnieren die Großseneschallin grüßt.« Sie wandte sich an Heinrich. »Wir werden diese Situation nur meistern, wenn wir uns gegenseitig nichts vorspielen. Deshalb bitte ich dich, mich erst dann bei einem Turnier zu grüßen und für mich zu kämpfen, wenn du mich liebst.«

Nach diesen Worten herrschte einige Minuten lang betretenes Schweigen im Raum.

»Mein Sohn«, sagte Franz, »du wirst den Wunsch deiner Gattin erfüllen. Ich erwarte, dass du künftig alle Wünsche, die sie äußert, erfüllst, und jetzt wirst du dich bei Katharina für dein Benehmen entschuldigen.«

Heinrich spürte, dass er errötete. »Ich wollte dich nicht kränken«, stammelte er, »bitte verzeih mir.«

»Es ist gut, Heinrich. Wir wollen nicht mehr darüber reden.«

Der König atmete innerlich auf, dass der häusliche Friede vorerst wieder hergestellt war, weil er natürlich auch mit unangenehmen Fragen des Papstes rechnen musste. Nun, er würde Clemens beruhigen können, und so verabschiedete er das Paar.

»Geht jetzt und bereitet euch innerlich auf eure Ehe vor, die erst am heutigen Tag richtig begonnen hat.«

Heinrich und Katharina gingen schweigend durch eine lange Galerie zurück zu ihrem Appartement, und bei jedem Schritt fühlte Heinrich sich unsicherer seiner Frau gegenüber. Plötzlich blieb er stehen.

»Katharina, hast du mir wirklich verziehen?«

Sie sah ihn einige Sekunden schweigend an und spürte, dass jetzt der Augenblick gekommen war, um ihm zu sagen, was sie für ihn empfand. »Ja, ich habe dir verziehen«, erwiderte sie leise, »weil … weil ich dich liebe, ich liebe dich seit unserer ersten Nacht, und daran wird sich nie etwas ändern. Und jetzt lass mich bitte allein.«

Er ging zögernd weiter, Katharina aber trat zu einem der geöffneten Fenster und sah nachdenklich hinunter in den Innenhof.

In diesem Augenblick sah sie Diana in Begleitung Antoinettes von Guise, der Gattin des Herzogs von Guise, über den Hof gehen. Die Damen unterhielten sich lebhaft, und Katharinas Herz krampfte sich zusammen beim Anblick ihrer Rivalin. Sie ist schön, aber sie ist zwanzig Jahre älter als er. Ich hasse sie, ich werde sie immer hassen!

Aber das Schlimmste ist, dass ich meine wahren Gefühle vor den Augen des Hofes und vor allem vor Heinrichs Augen verbergen muss. Ich muss dieser Frau freundlich begegnen, ich muss mich beherrschen, es ist die einzige Chance, um mir wenigstens Heinrichs Sympathie zu erhalten. Lieber Gott, gib mir die Kraft, um diese Verstellung für immer durchzuhalten.

»Ich hasse sie, ich hasse sie, ich hasse sie«, sagte sie langsam und halblaut zu sich selbst.

»Ich kann Ihre Gefühle verstehen, Madame.«

Sie schrak zusammen und sah, dass die Herzogin von Etampes leise neben sie getreten war.

Anna lächelte. »Ich sah Sie mit dem Herzog die Galerie entlanggehen und bin Ihnen gefolgt. Und jetzt, wo wir allein sind, möchte ich, von Frau zu Frau, etwas sagen: Sie sollten Ihre gegenwärtige Situation akzeptieren, Sie können sie im Augenblick nicht ändern. Aber Sie sind noch jung, das Leben liegt vor Ihnen und Ihrem Gatten. Irgendwann wird die Schönheit der Großseneschallin welken, sie wird graue Haare und eine schlaffe Haut bekommen. Dies dauert natürlich noch einige Jahre, aber wenn Madame von Brézé eine Greisin ist, sind Sie eine voll erblühte Frau in den besten Jahren. Immer, wenn Sie glauben, Ihre Situation nicht länger ertragen zu können, dann denken Sie an meine Worte: Die Zeit wird für Sie arbeiten.« Sie nickte Katharina lächelnd zu, und ehe diese etwas erwidern konnte, war die Herzogin verschwunden.

Katharina ging nachdenklich weiter und musste Anna innerlich Recht geben. Ja, sie hatte eine Perspektive, das Leben lag vor ihr, während Diana anfing zu altern.

Sie eilte die Galerie entlang zur Treppe, und während sie hinunterging, sah sie eine Dame emporsteigen und erkannte beim Näherkommen Diana von Poitiers. Sie nahm sich zusammen und sah sie lächelnd an. »Guten Tag, Madame.«

Diana sah überrascht auf, als sie Katharina erblickte, und lächelte ebenfalls. »Guten Tag, Madame.« Sie zögerte den Bruchteil einer Sekunde. »Madame, es hat mir sehr Leid getan, dass Ihr Gatte nicht am Turnier teilnehmen durfte.«

Contenance, dachte Katharina und antwortete, so liebenswürdig sie es vermochte: »Madame, auch mir tat es Leid, aber es werden noch viele Turniere stattfinden, bei denen ich meinen Gatten bewundern kann.« Sie lächelte ihre Rivalin an und eilte hinunter. Gott sei Dank, dachte sie, es ist mir tatsächlich gelungen, dieser Frau freundlich zu begegnen, obwohl ich ihr am liebsten die Augen ausgekratzt hätte.

Merkwürdig, dachte Diana, während sie weiter nach oben ging. Sie scheint sich über Heinrichs Benehmen nicht weiter zu grämen. Nun ja, es ist eine politische Ehe, wahrscheinlich ist er ihr gleichgültig. Und dann dachte sie über das Gespräch mit der Herzogin von Guise nach. Die Familie Guise war durchaus bereit, einen der jüngeren Söhne mit einer ihrer Töchter zu verheiraten. Ein Guise, überlegte Diana, ist im Augenblick die beste finanzielle Partie in Frankreich.

In jener Nacht schlief Heinrich nicht mit Katharina, und sie war insgeheim sogar froh darüber, weil sie erst die Erlebnisse des Tages verarbeiten musste. Sie lag lange wach, horchte auf die regelmäßigen Atemzüge des schlafenden Gatten und sagte sich, dass nun, nach drei Tagen und drei Nächten, bereits der zweite Abschnitt ihrer Ehe begann. Drei Nächte lang war sie halbwegs glücklich gewesen, ab jetzt würde Diana von Poitiers zwischen ihr und Heinrich stehen. Wie lange? Wann würde dieser Abschnitt ihres Lebens beendet sein? Während sie langsam in den Schlaf hinüberglitt, erinnerte sie sich noch einmal an die Worte der Mätresse ihres Schwiegervaters: »Die Zeit wird für Sie arbeiten.«

Zweites Buch
Die Rivalinnen
(1534–1547)

1

Der 13. Februar 1534 war ein trüber, kalter Spätwintertag. Der Himmel über Frankreichs Hauptstadt Paris war wolkenverhangen, und in den Palästen der Aristokraten und den Häusern der reichen Kaufleute brannten bereits seit der Mittagsstunde Kerzen und Öllampen, damit die Wohnräume wenigstens etwas erhellt wurden.

Auch im Louvre, dem alten Königsschloss, das mehr Festung als ein Schloss war, wurden die Säle und Zimmer von Kerzen, die zahlreichen verwinkelten Gänge und Treppen von Fackeln erhellt.

Am frühen Nachmittag war Katharina im Arbeitszimmer ihres Appartements damit beschäftigt, Clouets Porträt von Heinrich an der Wand gegenüber ihrem Schreibtisch aufhängen zu lassen.

Dann trat sie einige Schritte zurück und überprüfte, ob das Bild an der richtigen Stelle angebracht war. Von ihrem Stuhl aus wollte sie, wenn sie von einem Buch oder einer Schreibarbeit aufsah, den Gatten betrachten.

Sie stellte zufrieden fest, dass sie den richtigen Platz für das Gemälde gewählt hatte, ging zu dem Bild, studierte die Gesichtszüge ihres Mannes und überlegte wieder einmal, wann er sich endlich innerlich von der Seneschallin lösen würde.

Die Hofleute nannten Diana von Poitiers der Einfachheit halber »die Seneschallin«, während Anna von Pisseleu »die Herzogin« war.

Katharina erinnerte sich an die Novemberwochen in Marseille. Sie hatte an den meisten Ausflügen, Bootsfahrten und anderen Zerstreuungen teilgenommen, weil sie nicht als Außenseiter gelten wollte, war allerdings stets bemüht gewesen, sich im Hintergrund zu halten und nicht unangenehm aufzufallen. Vor allem aber wollte sie Diana unauffällig beobachten. Dabei war ihr dreierlei aufgefallen: Die Seneschallin pflegte aus irgendwelchen Gründen den Kontakt zur Familie von Guise; die

Seneschallin behandelte sie ausgesprochen freundlich und liebenswürdig und schien gegenüber den Italienern keine Vorurteile zu haben. Die wichtigste Beobachtung aber war –, und Katharina dachte im Stillen erleichtert, dass ihr Schwiegervater Recht hatte, wenn er sagte, dass Diana Heinrichs Gefühle nicht erwiderte: Der Gatte nahm zwar nur selten an den Ausflügen teil, aber es gab auch andere Gelegenheiten, bei denen er zwangsläufig mit der Seneschallin zusammentraf; Katharina spürte jedes Mal instinktiv, dass die Witwe ihrem jungen Verehrer zwar freundlich begegnete, aber ansonsten kein Interesse an ihm hatte.

Gott sei Dank, dachte Katharina, irgendwann muss er merken, dass er ihr gleichgültig ist, dann findet er vielleicht zu mir.

Seit drei Monaten klammerten sich ihre Gefühle an diesen schwachen Strohhalm.

Als die Uhr anfing, die volle Stunde zu schlagen, erschrak sie und eilte durch den kleinen Andachtsraum in das eheliche Schlafzimmer – es war höchste Zeit, dass sie sich für den ersten Spaziergang durch Paris fertig ankleidete. Sie wollte ihre beiden Schwägerinnen, die sie und Mingo begleiteten, nicht warten lassen.

Als sie das Schlafgemach betrat, blieb sie einen Augenblick an der Schwelle stehen und betrachtete zufrieden ihr Werk.

Der Hof war am Abend des 9. Februar in Paris eingetroffen, und Katharina hatte die ersten Tage in der Hauptstadt genutzt, um sich im Louvre zurechtzufinden und die Einrichtung des Appartements, vor allem des Schlafgemachs, zu überwachen.

In diesen Wochen war Katharina vollauf damit beschäftigt, die gemeinsamen Gemächer, vor allem das Schlafgemach, mit allen ästhetischen Raffinessen auszustatten. An den Wänden ließ sie Gobelins aufhängen, die kalten Steinböden wurden mit kostbaren weichen Teppichen belegt; liebliche Frühlingsblumen zierten Kommoden und Tische, Düfte von Kräutern strömten aus Silberschalen, die mit farbenprächtigen Potpourris gefüllt waren, und kostbare Essenzen von Rosen und Lavendel veredelten den Raum, umdufteten den samtenen Baldachin des Bettes; alles lud zum Verweilen, zu Beschaulichkeit und Wohlgefühl ein. Im Kamin flackerte gemütlich das Feuer, auf den Tischen standen Gebäck und Obst.

Katharinas Gatte befand sich seit Tagen außer Haus und pflegte die Kunst des Müßiggangs, so dass die junge Herzogin dazu überging, ihren Tag mit Bildungsinhalten zu füllen. Sie nahm jetzt sogar wieder am Unterricht ihrer jungen Schwägerinnen teil und glänzte dort durch ihr breit gefächertes Wissen.

Mingo, die ja nun schon viele Jahre in Katharinas Diensten stand, fühlte sich verpflichtet, ihre Herrin darauf hinzuweisen, dass Heinrich nun schon seit Tagen im Hotel der Guisen übernachte und dass sie dies angesichts einer so jungen Ehe eigentlich nicht für angebracht hielte. Katharina jedoch nahm ihren Gatten gegen jeglichen noch so subtilen Verdacht in Schutz, schon um dem Schmerz der Desillusionierung zu entgehen.

Um sich abzulenken, unternahm sie viel mit ihren Schwägerinnen. An diesem Februarmorgen kamen Magdalena und Margarete früher als sonst zu ihr herüber.

»Was möchtest du heute sehen, Katharina?«, fragte Margarete.

»Ich möchte an der Seine entlanggehen bis zur Ile de la Cité und dann einige Augenblicke in der Kathedrale Notre-Dame verweilen.«

Nachdem Mingo und die Töchter des Königs ebenfalls ihre Masken aufgesetzt hatten, verließen sie den Hof und spazierten gemächlich am Ufer des Flusses entlang.

Während Mingo den Schwestern von Florenz erzählte, wanderten Katharinas Gedanken zurück nach Marseille. Am 20. November war ihr Onkel Clemens abgereist, und sie erinnerte sich noch gut an seine letzten Worte: *Mein Kind, ich hoffe, dass du bald schwanger wirst – vergiss nicht, dass Kinder deine eigene Stellung an diesem Hof festigen werden.* Dann ernannte er noch vier Franzosen zu Kardinälen, einer von ihnen war Odet von Châtillon, Colignys Bruder. Zuletzt überreichte er der Stadt Marseille verschiedene Reliquien von irgendwelchen Heiligen und dem König die Bullen mit der Mahnung, dem Fortschritt der lutherischen Häresie in seinem Reich Einhalt zu gebieten und, wenn nötig, ein Inquisitionsgericht zu schaffen. Dann reiste er, begleitet von den Kardinälen Passerini, von Tournon, Johann von Lothringen, Ippolito und anderen Kirchenfürsten nach Italien ab. Margarete von Navarra und die kleine Johanna kehrten in ihr Königreich zurück, das im Norden der Iberischen Halbinsel in den Pyrenäen lag, der Hof begab sich nach Norden. Katharina achtete von Anfang an peinlich darauf, ihren Repräsentationspflichten nachzukommen und trat bei jedem Empfang, in Goldbrokat gekleidet und mit Perlen und Pelzen ausstaffiert, an der Seite des Königs, als Herzogin von Orléans, auf. Sie beobachtete die Feierlichkeiten beim Einzug ihres Schwiegervaters in die Städte genau, jedes Mal defilierten Vertreter aller Stände vor ihm, und sie gewann den Eindruck, dass in diesem Staat jeder seinen Platz hatte, und dass alle ein Ganzes bildeten, nämlich das Königreich Frankreich. In diesem Reich herrschte eine Einigkeit, die in Italien undenkbar war – in Italien gab es nur Zwietracht zwischen den einzelnen Staaten.

Dieser Eindruck wurde Anfang Dezember in Lyon jäh erschüttert …

Katharina atmete damals auf, als der offizielle Empfang in Lyon beendet war. Die Stadt war ein wichtiges Handelszentrum, und die Reden der Stadtväter dauerten noch länger als sonst; sie kleidete sich um, ließ sich von René noch einmal schminken, und als sie an Heinrichs Seite den Festsaal des Rathauses betrat, wo das Bankett zu Ehren des Königs stattfand, hatte sie nur noch einen Wunsch: sie wollte sich den lukullischen Genüssen widmen.

Heinrich saß schweigsam neben ihr, während sie sich mit den Tischnachbarn über belanglose Dinge unterhielt.

Irgendwann erschien ein Kurier und überreichte dem König ein Schreiben. Sie hatte sich angewöhnt, die Reaktion ihres Schwiegervaters zu beobachten, wenn ihm ein Brief überbracht wurde. Der König öffnete das Schreiben, wurde blass und sprang auf.

»Der Rektor der Pariser Universität, der Sorbonne, Monsieur Nicolas Cop, hat an Allerheiligen eine Rede gehalten über die notwendige Reform der Kirche. Er hat auch die Gültigkeit einiger kirchlichen Dogmen angezweifelt. *Glücklich sind jene, die ihre Seele der Einheit zuwenden, die Streit von der Kirche wenden! Gebe Gott, dass wir in unserem unglücklichen Zeitalter den Frieden innerhalb der Kirche auf der Grundlage des Wortes und nicht des Schwertes errichten.* Diese Rede«, fuhr der König fort, »ist ein Angriff auf die Kirche, der Verfasser dieser Rede, so hat man mir berichtet, ist nicht Nicolas Cop, sondern ein Theologe, ein gewisser Johannes Calvin. Ich werde dem Pariser Parlamentsgericht die Bullen schicken, um die gelehrten Herren daran zu erinnern, dass ich sie mit Gewalt zur Raison bringen kann, wenn sie nicht freiwillig Vernunft annehmen. Die Theologen können sich meinetwegen die Köpfe heiß reden und stundenlang über die neue Lehre debattieren, aber ich werde nicht dulden, dass sie mein Reich in Aufruhr versetzen!«

Die religiöse Toleranz meines Schwiegervaters hat ihre Grenzen, dachte Katharina, ich werde mich darauf einstellen müssen.

»Ich verstehe meinen Vater nicht«, sagte Heinrich, als sie spät in der Nacht nebeneinander lagen, »er müsste viel härter durchgreifen. Ketzer müssen verbrannt werden, das ist die einzige Möglichkeit, die lutherische Irrlehre zu vernichten.«

»Warum soll nicht jeder Mensch das glauben, was er für richtig hält, Heinrich?«

»Katharina, es geht nicht nur um Glauben, sondern auch um Macht und Geld.«

»Das verstehe ich nicht.«

»Nun, seit dem Konkordat von Bologna im Jahre 1516 ist der hohe Klerus Frankreichs unter der Kontrolle des Königs. Eine Reform der Kirche, wie die Protestanten sie fordern, würde dem König eine wichtige Machtbasis nehmen, überdies würde sie zu einer Verarmung großer Adelsfamilien führen. – Ich denke dabei an die Familie von Guise; ihr Reichtum basiert auf kirchlichen Pfründen; würden sie diese verlieren und verarmen, könnten sie den König im Kriegsfall nicht mehr unterstützen, das sagt Franz von Guise immer.«

Katharina schwieg und dachte im Stillen, dass anscheinend für viele Gegner des neuen Glaubens religiöse Inhalte unwichtig waren. Für die Anhänger hingegen waren wahrscheinlich die Inhalte, zum Beispiel der Streit, ob sich bei der Kommunion Hostie und Wein in Leib und Blut Christi verwandelten oder nicht – diese Inhalte waren für die Protestanten von zentraler Bedeutung. Sie dachte flüchtig daran, dass die ersten Christen bereit gewesen waren, für ihren Glauben zu sterben und verdrängte diesen Gedanken sofort wieder.

Cop und jener Calvin waren inzwischen aus Paris geflohen, und niemand wusste, wo sie sich aufhielten.

Margaretes Stimme unterbrach ihre Erinnerungen an Lyon.

»Katharina, von hier aus siehst du die Ile de la Cité. – Betrachte einmal die kleine Insel davor, man nennt sie ›Judeninsel‹, weil dort zur Zeit der kapetingischen Könige viele Juden verbrannt wurden … Im März 1314 wurde der letzte Großmeister des Ordens der Tempelritter, Jacques de Molay, auf dieser Insel verbrannt. König Philipp der Schöne stand auf dem Balkon seines Schlosses – der König residierte damals im heutigen Justizpalast, der Louvre wurde erst 1431 königliche Residenz –, er stand dort, umgeben von seiner Familie und den Würdenträgern und sah zu, wie der Großmeister und drei weitere Templer, der Generalinquisitor, der Großpräzeptor der Normandie und der Befehlshaber von Aquitanien, verbrannt wurden.«

»Ich habe von dem Prozess gegen die Templer gehört, er hat sieben Jahre gedauert, nicht wahr? – Warum hat man ihnen den Prozess gemacht?«

»Man warf ihnen vor, zu stark von der christlichen Lehre abzuweichen, Götzendienst und Hexerei zu betreiben; aber ein wesentlicher Grund war auch ihr unermesslicher Reichtum, ihre Bankgeschäfte erstreckten sich über ganz Europa. Ihre Vernichtung bedeutete auch, dass ihr Vermögen an den König fiel und er so die Staatsfinanzen sanieren konnte.«

Katharina sah nachdenklich hinüber zu der Insel und dachte, dass für die Menschen Macht und Reichtum das Wichtigste im Leben waren, und dass sie vor keinem Mittel zurückschreckten, um diese Ziele zu erreichen. Dies galt natürlich auch für Fürsten und besonders für Kirchenfürsten – die Art, wie ihr päpstlicher Onkel Florenz verschachert hatte, war das beste Beispiel.

Margarete unterbrach erneut ihre Gedanken.

»Katharina, die Chronik berichtet, dass Jacques de Molay, während die Flammen an ihm emporzüngelten, König Philipp angesehen und ihn und sein Haus verflucht habe. Er soll gesagt haben: *König Philipp, ehe ein Jahr vergeht, fordere ich Euch vor Gottes Gericht! Verflucht sollt Ihr sein! Alle verflucht bis in die dreizehnte Generation Eurer Nachkommen!* – Der Fluch aus den Flammen hat sich erfüllt, zumindest, was König Philipp und seine Söhne betrifft. König Philipp der Schöne starb 1314, sein Nachfolger, Ludwig X., genannt der Zänker, starb 1316, ohne einen männlichen Erben zu hinterlassen, ihm folgte Philipp V., genannt der Lange, er starb 1322 ohne einen männlichen Erben, dann kam Karl IV., genannt der Schöne, er starb 1328 ohne männliche Erben – mit ihm erloschen die Kapetinger; sein Nachfolger war Philipp VI., ein Sohn des Grafen von Valois, des jüngeren Bruders Philipps des Schönen – mit ihm begann die Herrschaft des Hauses Valois.«

Katharina schauderte, als sie dies hörte.

»Es ist unvorstellbar, ein König hinterlässt mehrere gesunde Söhne, und die Dynastie erlischt trotzdem.«

Sie gingen weiter, und während sie eine Holzbrücke überquerten, die zur Insel führte, sagte Margarete:

»Mein Vater plant schon seit Jahren den Abriss dieser Brücke und den Bau einer neuen, steinernen Brücke, weil die Ile de la Cité und Notre-

Dame das Zentrum von Paris sind, aber im Moment ist er noch zu beschäftigt mit seinen Schlössern.«

Sie wandten sich nach Osten, gingen am Hôtel-Dieu, dem ältesten Krankenhaus der Stadt vorbei und weiter zu dem Platz vor der Kathedrale. Katharina blieb stehen und ließ das Bauwerk auf sich wirken. Diese Kathedrale war feierlich und erhaben, sie forderte zur Andacht heraus, zur Besinnung. Vielleicht hängt es mit dem grauen Stein zusammen, überlegte Katharina. Ihr gefiel Notre-Dame wesentlich besser als der Dom von Florenz mit seiner Zuckerbäckerfassade.

»Wann wurde Notre-Dame erbaut, Margarete?«

»Im Jahre 1163 legten König Ludwig VII. und Papst Alexander III. den Grundstein, 1250 wurde sie eingeweiht, aber erst im Jahre 1330 war sie vollendet. Betrachte die Galerie der Spitzbogen unter den Türmen genau, du siehst dort Wasserspeier in Form von Ungeheuern. Den schönsten Blick hat man vom anderen Ufer auf die rechte Langhausseite – dort siehst du eine wunderschöne Fensterrose und Strebepfeiler.«

Sie betraten den Innenraum, gingen langsam bis zum Querschiff, und Margarete wies Katharina auf die leuchtenden Farben der Fenster hin, besonders auf die Rosette über dem Hauptportal, auf der Maria dargestellt war, umgeben von den Königen von Juda, den Tierkreiszeichen und Monatsbildern. Dann zeigte sie ihr die Statue der Notre-Dame de Paris, eines Gnadenbildes, das von den Parisern hochverehrt wurde.

Katharina betrachtete die Statue, die rechts vor den Chorschranken stand und bat Margarete, sie einen Augenblick allein zu lassen.

Sie bekreuzigte sich, beugte das Knie und sagte leise:

»Heilige Mutter, ich bitte dich, ich flehe dich an, lass mich schwanger werden, ich möchte wenigstens ein Kind.«

Sie erhob sich, betrachtete noch die Inschrift, die an den Prozess erinnerte, der 1455 in Notre-Dame begann und Johanna von Arc rehabilitierte. Dann ging sie langsam zum Ausgang und dachte über ihr Eheleben nach. Heinrich erfüllte gewissenhaft seine ehelichen Pflichten – nach menschlichem Ermessen hätte sie längst guter Hoffnung sein müssen. Es geht nicht mit rechten Dingen zu, überlegte sie. Lastete etwa ein Fluch auf ihrer Ehe, weil der päpstliche Onkel vielleicht ein doppeltes politisches Spiel mit ihrem Schwiegervater trieb? – Nein, dachte sie, dieser Gedanke ist absurd. Ich bin gesund, ich müsste doch Kinder bekommen – bei meiner Geburt hat man prophezeit, dass ich viele Kinder gebären werde …

Während sie zum Louvre zurückgingen, dachte sie noch einmal über den Fluch aus den Flammen nach.

»Margarete, gibt es irgendwo im Schloss einen Stammbaum der französischen Könige? Ich weiß so wenig über deine Vorfahren.«

»Ja, in der Bibliothek, ich erkläre ihn dir gerne.«

Nach der Rückkehr führte Margarete die Schwägerin in die Bibliothek und entrollte ein großes Stück Pergament.

Katharinas Augen glitten über Namen und Jahreszahlen, und nach wenigen Sekunden war sie völlig verwirrt und bat die Schwägerin, ihr die Ahnentafel zu erklären.

Sie erfuhr von Ludwig IX., dem Heiligen, und den weiteren dynastischen Nachfolgern bis hin zu Karl VII., dem es mit Hilfe der Jeanne d'Arc aus Lothringen gelang, den jahrzehntelangen Krieg zwischen Frankreich und England zu beenden.

Dieser hundertjährige Krieg, wie man ihn später nannte, begann als Erbfolgestreitigkeit, wie Margarete Katharina erklärte. Der englische König Eduard III. war durch seine Mutter Isabella in weiblicher Linie ein direkter Nachkomme Philipps IV. von Frankreich und hatte Anspruch auf die französische Krone erhoben.

Diesen Anspruch der Engländer hatten die Franzosen unter Berufung auf das »salische Gesetz« verworfen, welches das Thronerbe in weiblicher Nachkommenschaft ausschloss.

Nach dem Erlöschen der Hauptlinie Valois kam die Linie Valois-Orléans und schließlich die der jetzt regierenden Valois-Angoulême, der auch Franz I. entstammt, auf den Thron.

Allerdings, so erfuhr Katharina, könne auch der älteste Spross aus der Nebenlinie der Bourbonen nach den Valois als »erster Prinz von Geblüt« jederzeit die Regentschaft beim Tode des Königs übernehmen, solange der Nachfolger noch nicht volljährig sei; dies wäre in dem Fall Anton von Bourbon.

Anton von Bourbon darf Regent sein, dachte Katharina und beschloss, sich diese Tatsache zu merken – vielleicht konnte ihr dieses Wissen eines Tages noch nützlich sein, das Leben lag schließlich noch vor ihr. Ohne männliche Nachkommen auf Seiten der Valois, das wusste Katharina, würden die Bourbonen die Krone Frankreichs erben.

»Nun, wenn ein König stirbt und sein Nachfolger noch nicht volljährig ist, dann ist der erste Prinz von Geblüt berechtigt, die Regentschaft bis zur Volljährigkeit des Königs zu führen.«

In ihrem Studierzimmer breitete Katharina die Pergamentrolle auf dem Tisch aus, kopierte sie sorgfältig, und bevor sie das Original wieder zusammenrollte, betrachtete sie noch einmal die Nachkommen Philipps des Schönen.

Einem Impuls folgend, begann sie die Namen zu zählen: Ludwig X., Philipp V., Karl IV., Philipp VI., Johann II., Karl V., Karl VI., Karl VII., Ludwig XI., Karl VIII., Ludwig XII., Franz I., …

Mein Gott, dachte sie erschrocken, hatte sie sich verzählt? – Nein, es war eine Tatsache, ihre Schwäger und ihr Gatte waren die dreizehnte Generation.

Würde der Fluch des Großmeisters die Söhne des regierenden Königs treffen? Würden sie keine Nachkommen haben?

Hirngespinste, dachte Katharina, aber während sie in die Bibliothek zurückeilte, konnte sie sich eines unguten Gefühls nicht erwehren und war innerlich froh, dass sie nur wenige Wochen in dem alten, düsteren Schloss blieben und dann in absehbarer Zeit nach Fontainebleau übersiedelten.

Während Katharina mit ihren Begleiterinnen an der Seine entlangging, spielten Heinrich und sein Freund Franz von Guise Schach.

Heinrich seinerseits fühlte sich seit einiger Zeit in seinem Verlangen gefangen, die Gunst der fernen schönen Dame eines Tages doch noch zu erringen.

Er pflegte darum nachhaltig den Kontakt zu dem jungen Guisen, den er als eine Art Mittelsmann empfand, denn Diana von Brézé war mit dieser Familie befreundet.

Die Guisen waren nach den Valois die reichste Familie, und Diana war stets um höchstmögliche finanzielle Sicherheit bemüht – schon aus diesem Grunde konnte eine Freundschaft zu diesem Hause nur von Vorteil sein. Sie war in letzter Zeit häufig dort zugegen, denn sie hatte Eheverträge für zwei ihrer Töchter auszuhandeln.

Heinrich nutzte die Gunst der Stunde, um über seinen Freund Franz eine Annäherung zu Stande zu bringen, und eines Tages war es schließlich so weit: Franz nahm den verliebten Heinrich mit nach Hause und es gelang diesem, seiner verehrtesten Diana einen flehentlich glühenden Blick beim Abschied hinüberzusenden.

Diese fühlte sich von dem Verlangen des jungen Herzogs peinlich berührt und eher abgestoßen, doch Antoinette von Guise, die seit ihrer

Heirat den herzoglichen Titel trug, hatte sie inzwischen auf die Nützlichkeit einer Verbindung zum Königshaus hingewiesen.

Diana versuchte also, die Situation zu entschärfen, indem sie die Sprache auf Heinrichs Gattin brachte:

»Wie geht es Ihrer Gattin? Ist sie wohlauf, hat sie sich in der neuen Heimat schon etwas eingelebt?«

»Ich glaube, ja, Madame.«

»In Marseille hatte ich das Vergnügen, sie hin und wieder bei einem der Ausflüge zu erleben. Sie ist wirklich reizend, immer freundlich und hilfsbereit, und stets hielt sie sich bescheiden im Hintergrund, was sie bei ihrem Rang gar nicht nötig hätte.«

Sie lächelte ihn an und reichte ihm die Hand.

Heinrich spürte, dass er puterrot wurde, als er sich über die schlanken, weißen Finger beugte und ärgerte sich über sich selbst. Was sollte sie von ihm denken? Warum gelang es ihm nicht, ihr gegenüber sicherer und souveräner aufzutreten? »Auf Wiedersehen, Madame.«

»Auf Wiedersehen, Hoheit, grüßen Sie Ihre Gattin von mir.«

Nachdem die beiden jungen Männer das Zimmer verlassen hatten, sagte Antoinette: »Manchmal finde ich die Verehrung, die der Herzog von Orléans dir entgegenbringt, geradezu rührend. – Mein Gott, hast du gesehen, wie aufgeregt er eben war? Du solltest den armen Jungen etwas liebevoller behandeln, er hat es wahrhaftig verdient, weil seine Gefühle echt und aufrichtig sind.«

Diana sah die Herzogin entgeistert an.

»Antoinette, wie stellst du dir das vor? Du hättest sehen sollen, wie er mich eben angestarrt hat, es war irgendwie peinlich. Ich hoffe immer noch, dass meine Reserviertheit ihn irgendwann zur Raison bringt.« Nach diesen Worten herrschte einige Sekunden ein unbehagliches Schweigen.

»Ich möchte schon seit einiger Zeit ein Gespräch mit dir über den Herzog von Orléans führen«, begann die Herzogin. »Die Heirat unserer Kinder verbindet dich ja familiär mit unserem Haus, und so ist es nur recht und billig, dass du etwas über unsere Familienpolitik erfährst. Mein Gatte ist der Meinung, dass auch die jüngeren Söhne des Königs durch irgendeinen Zufall Dauphin werden können. Es gibt bei den regierenden Königshäusern genügend Beispiele, dass der Thronfolger plötzlich stirbt, sei es, weil er schon immer kränklich war, sei es, dass er Opfer einer plötzlich auftretenden Seuche wird, auf dem Schlachtfeld oder an den Folgen eines Unfalls stirbt. Aus diesem Grund ist Claudius bestrebt, zu allen Söhnen des Königs ein gutes Verhältnis aufzubauen, und er ermahnt auch unsere Söhne, stets daran zu denken. Der Dauphin Franz erfreut sich zwar der besten Gesundheit, aber man kann nie wissen … Es ist schwierig, das Vertrauen des verschlossenen Herzogs von Orléans zu erwerben. Aber wenn du das Eisen schmiedest, so lange es noch heiß ist, wenn du dem Herzog ein Zeichen gibst, dass du seine Gefühle erwiderst, natürlich nur rein platonisch, dann bindest du ihn an dich und an uns, und diese Bindung wird uns allen zum Vorteil gereichen, auch wenn er Herzog von Orléans bleibt. Er hat Gott sei Dank ein gutes Verhältnis zu seinem älteren Bruder, er könnte also Fürsprecher unserer Interessen werden, er kann meinen Söhnen zu den entsprechenden Posten verhelfen. Du kannst mit Heinrichs Hilfe zu weiteren Ländereien kommen, ganz abgesehen von der Möglichkeit, dass er Dauphin und König werden könnte. Mit anderen Worten, wenn du die Zuneigung des Herzogs richtig nutzt, ist es zu unser aller Vorteil; vergrämst du ihn hingegen durch deine stolze Reserve, so kann es sich eines Tages nachteilig für uns alle auswirken.«

Weder die Herzogin noch Diana hatten bemerkt, dass Franz inzwischen zurückgekehrt war und die letzten Sätze seiner Mutter gehört hatte.

Er dachte an sein Versprechen gegenüber Heinrich und nutzte die Gelegenheit.

»Verzeihen Sie, Madame von Brézé«, und er trat zu den Damen, »ich bin derselben Meinung wie meine Mutter. Pflegen Sie den Kontakt zum Herzog von Orléans, lassen Sie ihn fühlen, dass Sie ihn lieben.«

Dianas Augen wanderten unentschlossen zwischen Mutter und Sohn hin und her und sie versuchte, sich zu fassen. Mein Gott, dachte sie, haben sie etwa den Ehevertrag mit diesen Hintergedanken geschlossen? War ich von Anfang an nur Mittel zum Zweck? Aber es ist müßig, darüber nachzudenken, ich muss sehen, wie ich diese verzwickte Situation meistere.

Sie lächelte Antoinette an und erwiderte:

»Deine Überlegungen sind richtig, allerdings müssen wir auch an die Reaktion des Königs denken. Es ist nicht in unserem Interesse, seine Gunst zu verlieren, und ich habe schon seit längerer Zeit den Eindruck, dass er die Zuneigung seines Sohnes mir gegenüber missbilligt. Vor drei Jahren, nachdem er den Ehevertrag auf Schloss Anet unterzeichnet hatte, beurlaubte er mich für einige Monate vom Hof; es war letztlich eine

Verbannung, damit Heinrich mich nicht sah. Kurz nach unserer Ankunft in Marseille befahl er mir, bis zum Hochzeitstag in meinen Gemächern zu bleiben. Er wollte natürlich, dass Heinrich sich der Italienerin widmete. Ich konnte den König verstehen und war froh, mich von dem Hoftrubel erholen zu können, aber ich fürchte die königliche Ungnade, wenn ich mich jetzt Heinrich nähere, zumal er inzwischen verheiratet ist und der König anscheinend ein gutes Verhältnis zu seiner Schwiegertochter hat.«

Antoinette lächelte.

»Über den König musst du dir keine Gedanken machen; während unseres Aufenthaltes in Marseille erzählte mein Schwager Johann uns von einem Gespräch, das der König einige Tage nach jenem ominösen Turnier mit ihm führte. Der König hat es inzwischen aufgegeben, seinen Sohn zur Raison zu bringen, was dich betrifft – er lässt ihn gewähren. Bei dieser Gelegenheit rühmte er übrigens die verständnisvolle Haltung seiner Schwiegertochter. Anscheinend liebt sie ihren Gatten, und weil sie ihn liebt, gestattet sie ihm, dich weiterhin bei Turnieren zu grüßen, ist das nicht komisch? Wir haben laut gelacht, als Johann uns dies erzählte.«

»Wie bitte?«, fragte Diana verblüfft. »Sie liebt ihn und hat nichts dagegen, dass er mir huldigt? Wenn sie ihn liebt, müsste sie doch eifersüchtig sein. Aber, nun ja, junge Frauen sind manchmal etwas überspannt.«

»Du siehst, meine Liebe, wir müssen auf den König keine Rücksicht nehmen, und das dumme italienische Gänschen können wir völlig ignorieren.«

Sie schwieg und wartete auf Dianas Reaktion.

Mein Gott, dachte diese, das wird ja immer komplizierter, den Guisen scheint viel an einer Liaison zwischen Heinrich und mir zu liegen. Ich muss irgendwie Zeit gewinnen, vor allem darf ich Louises Glück nicht aufs Spiel setzen – ein Ehevertrag kann auch rückgängig gemacht werden … »Ich wäre ja bereit«, erwiderte sie zögernd, »dem Herzog meine Zuneigung zu signalisieren, aber es ist nicht ganz einfach. Ich sehe ihn zwar bei Hof, aber es müsste eine demonstrative Geste sein, die er bemerkt.«

»Nichts einfacher als dies«, sagte die Herzogin rasch. Sie war froh, Diana so weit gebracht zu haben. »Ich könnte, kurz bevor wir Paris verlassen, ein Abschiedsfest oder ein Frühlingsfest arrangieren, zu dem auch die königliche Familie geladen ist. Ein Fest bietet tausend Möglichkeiten, sich diskret oder auch indiskret näher zu kommen. Allerdings, in diesem Fall müsste ich auch die Herzogin von Orléans einladen. Die florentinische Krämerstochter im Haus des Herzogs von Guise, das passt mir nicht. Vielleicht gibt es eine Möglichkeit, sie zu übergehen – obwohl, dann ist der König wahrscheinlich beleidigt. Nun, man muss über ihre niedrige Abkunft hinwegsehen und das junge dumme Ding einfach ignorieren.«

»Sie entstammt zwar nicht einem regierenden Haus«, sagte Diana, »aber ich finde, sie benimmt sich tadellos, kleidet sich sehr geschmackvoll, sie schminkt sich geschickt, ihr italienischer Parfumeur versteht sein Handwerk, und sie scheint sehr belesen und gebildet zu sein, gebildeter als viele Damen am Hof; jedenfalls war dies mein Eindruck, als ich ihr zuhörte. Antoinette, dein Vorschlag hat mich überrascht, du verstehst hoffentlich, dass ich in Ruhe darüber nachdenken möchte. Es ist für mich und für euch eine schwer wiegende Entscheidung, deren Konsequenzen man nicht absehen kann. Während der kommenden Tage habe ich Dienst bei der Königin, ich werde dir meine Entscheidung schriftlich mitteilen.«

»Selbstverständlich, meine Liebe, nur bedenke, dass jetzt ein günstiger Zeitpunkt ist, sich dem Herzog zu nähern. Die Tatsache, dass er wochenlang keinen Kontakt zu dir hatte, hat dich für ihn noch begehrenswerter gemacht. Wenn jetzt das normale Hofleben wieder anfängt und er dich öfter aus der Nähe sieht, kann dieser günstige Moment rasch vorüber sein.«

Diana dachte auf dem Heimweg und während der Abendtafel über das Gespräch mit der Herzogin nach, erwog das Für und Wider und kam zu keinem Entschluss.

Sie begab sich zur Ruhe, konnte aber nicht einschlafen. Schließlich holte sie sich den letzten Bericht des Schlossverwalters von Anet, vertiefte sich in die Einnahmen und Ausgaben und las entsetzt, dass der Kostenvoranschlag für die Erweiterung der Gartenanlagen doppelt so hoch war wie geplant … Der verstorbene Gatte hatte ihr zwar ein beträchtliches Vermögen hinterlassen, aber die Verschönerung von Anet verschlang Unsummen, und daran würde sich nichts ändern. Es sei denn, sie ließ alles beim Alten und beschränkte sich auf die notwendigen Renovierungsarbeiten.

Als Heinrich sich an jenem Abend neben Katharina legte, fühlte er sich so glücklich wie schon lange nicht mehr. Er durchlebte noch einmal die Abschiedsszene im Hôtel de Guise, erinnerte sich an Dianas Lächeln, an den herben Lavendelduft ihres Parfums, und zum ersten Mal während all der Jahre empfand er ein unbestimmtes Gefühl, dass sich in ihrem Verhältnis etwas ändern würde …

Dann fiel ihm ein, dass er schon seit einigen Tagen seine ehelichen Pflichten vernachlässigte, einfach weil er am Abend zu müde war von den Empfängen, die die Städte seinem Vater bereiteten. Das stundenlange Stehen, während die Stadtväter vorbeidefilierten, die langweiligen Reden, die Bankette, die wechselnden Unterkünfte, bei denen man oft auf engstem Raum zusammen nächtigte, all dies erschöpfte ihn.

Er sah hinüber zu Katharina, die merkwürdig ruhig neben ihm lag und traurig zu dem samtenen Betthimmel sah. Erst jetzt fiel ihm auf, dass sie während der Abendtafel fast kein Wort gesprochen und nur wenig gegessen hatte, was ihrem gesunden Appetit gar nicht entsprach. Warum war sie so still? Gewöhnlich begann sie eine Unterhaltung über die Erlebnisse des Tages. Er griff vorsichtig nach ihrer Hand – es war ein Signal, das sich während ihrer ersten Ehewochen entwickelt hatte und schlicht bedeutete, dass er mit ihr schlafen wollte. Gewöhnlich kuschelte sie sich dann an ihn und stieß einen leisen, glücklichen Seufzer aus. War sie unpässlich, so erfuhr er es beiläufig, während er in das Bett stieg. An jenem Abend hingegen blieb sie starr und stumm neben ihm liegen.

Er setzte sich erstaunt auf und beugte sich über sie.

»Katharina, was hast du?«

»Heute nicht, Heinrich.«

»Ich hatte immer den Eindruck, dass du gerne mit mir schläfst, dass es dir Spaß macht.«

Da wandte sie sich von ihm ab und begann laut zu weinen. Er betrachtete sie verwirrt und völlig ratlos und fand, dass Frauen launisch, schwierig und rätselhaft waren.

»Katharina, bitte sage mir, was dich bedrückt. Ist etwas passiert?«

Da wandte sie ihm ihr tränennasses Gesicht zu.

»Ja, es ist etwas passiert«, erwiderte sie leise. »Seit unserer ersten Nacht hoffe ich, dass ich endlich schwanger werde. Heute Nachmittag in Notre-Dame habe ich um ein Kind gebetet. Kurz vor der Abendtafel, als ich mich umzog, wusste ich, dass ich immer noch nicht schwanger bin.«

Sie presste unwillkürlich eine Hand auf ihren Unterleib, weil erneut jene allzu bekannten, krampfartigen Schmerzen begannen.

»Ach so«, sagte Heinrich ratlos und legte sich wieder hin. »Was ist denn daran so schlimm, dass du noch nicht schwanger bist? Ich habe gehört, dass es den Frauen während der neun Monate nicht immer gut geht; sie verspüren Übelkeit, dürfen irgendwann nicht mehr tanzen und reiten und lieben – du müsstest auf viele angenehme Dinge des Lebens verzichten. Geburt und das anschließende Wochenbett sind auch nicht immer einfach.«

»Ich möchte ein Kind, weil … Ach, reden wir nicht mehr darüber.«

»Warum möchtest du unbedingt ein Kind?«

»Du kannst meinen Kinderwunsch nicht verstehen, weil du ein Mann bist.«

Sie wollte ihm nicht sagen, was sie insgeheim hoffte: Ein Kind würde sie einander näher bringen und ihn von Diana entfremden; stattdessen kuschelte sie sich an ihn und sagte:

»Ich freue mich auf Fontainebleau, im Louvre ist es so düster und irgendwie unheimlich, die vielen verwinkelten Gänge und Treppen.«

Im nächsten Augenblick war sie eingeschlafen.

Heinrich legte die Arme um sie und dachte daran, wann er Diana wieder sehen würde.

Zur gleichen Zeit schob Diana die Berichte des Schlossverwalters zur Seite, begab sich erneut zur Ruhe und konnte immer noch nicht einschlafen. Sie beobachtete das flackernde Licht der Öllampe und fragte sich, welche Konsequenzen sich für sie und ihre Tochter Louise ergaben, falls sie Heinrich weiterhin ignorierte.

Den Guisen lag anscheinend viel an Heinrich, weil sie in ihm den künftigen Dauphin vermuteten. Die Überlegung, dass er Dauphin werden könnte, war zwar nicht abwegig, aber in der gegenwärtigen Situation unrealistisch, weil der älteste Sohn des Königs bei bester Gesundheit war. Ist es möglich, dachte Diana, dass die Guisen ihn aus dem Weg räumen wollen, damit Heinrich Thronfolger wird? Es gibt tausend diskrete Möglichkeiten, kaltblütig genug sind die Lothringer. Falls meine Vermutung stimmt, dann wird der Herzog Claudius versuchen, sich bei Heinrich einzuschmeicheln – er wird seine Schäfchen ins Trockene bringen, auch ohne meine Mithilfe. Mit meiner Unterstützung ist es natürlich einfacher.

Eine schreckliche Vision tauchte vor ihr auf. Sie ignorierte den Prinzen weiterhin, durchkreuzte so die Pläne der künftigen Verwandten, sie beseitigten den Dauphin, damit Heinrich Thronfolger wurde; dieser hatte inzwischen das Interesse an ihr verloren, die Guisen rächten sich an ihr, brachten den ehemaligen Verehrer gegen sie auf; ihr Vermögen wurde aus irgendwelchen Gründen konfisziert, ihre Tochter wurde schlecht behandelt. Nein, dachte Diana, nur das nicht! Es muss nicht so weit kommen, aber es kann so weit kommen. – Ich kann diese Entwicklung verhindern. Wenn ich den Vorschlag der Guisen akzeptiere, sichere ich mir auf jeden Fall ihre Unterstützung, auch wenn Heinrich eines Tages das Interesse an mir verliert. Ich habe keine andere Wahl, und vielleicht …, vielleicht gewinne ich tatsächlich in diesem Spiel. Wenn ich mich Heinrich nähere, ist zumindest die Verschönerung von Anet finanziell gesichert – er ist bestimmt bereit, alles zu bezahlen, wenn ich ihn geschickt darum bitte. Ich muss natürlich langsam und diplomatisch vorgehen.

Am anderen Morgen ritt sie bei Sonnenaufgang aus der Stadt hinaus, an der Seine entlang, und sann darüber nach, wie sie jetzt weiter vorgehen sollte. Antoinettes Idee mit dem Fest ist gut, aber nicht in ihrem Palais, sondern in dem meinigen – als Gastgeberin kann ich die Affäre besser steuern. Ein Anlass wäre zum Beispiel die offizielle Bekanntgabe der Verlobung meiner ältesten Tochter.

Am 31. März wird Heinrich fünfzehn Jahre, das Fest müsste an seinem Geburtstag stattfinden, weil dies die Gelegenheit ist, ihn vor den Gästen auszuzeichnen. Ich könnte ihm ein Geschenk überreichen.

Nach ihrer Rückkehr schrieb sie an Antoinette von Guise, teilte ihr mit, dass sie nach reiflicher Überlegung beschlossen habe, dem »platonischen Minnedienst« des Herzogs von Orléans künftig die gebührende Aufmerksamkeit zu widmen, und dass der Auftakt hierzu ein Bankett mit anschließendem Ball in ihrem Palais sein solle; sie wolle bei dieser Gelegenheit die Verlobung ihrer ältesten Tochter bekannt geben. Das Fest solle am 15. Geburtstag des Herzogs stattfinden, also am 31. März …

Sie legte die Feder zur Seite und dachte, dass das Datum nicht nur wegen Heinrichs Geburtstag gut gewählt war, sondern weil es in die Fastenzeit fiel – da musste sie nur ein »mageres« Bankett richten lassen, das auf jeden Fall preiswerter war als ein »fettes« Bankett …

Gegen Abend überbrachte ein Bote die Antwort der Herzogin. Antoinette von Guise schrieb, dass sie sich über die Entscheidung sehr freue und schlug vor, am 31. März auch die Verlobung der jungen Louise de Brézé mit dem Grafen von Aumale bekannt zu geben.

Diana atmete auf, als sie dies las. Der Vermählung ihrer Tochter stand nichts mehr im Wege, sie war nun mit der mächtigen Familie von Guise verbündet. Ein neuer Lebensabschnitt hatte für sie begonnen, und sie spürte, dass dieser Teil ihres Lebens aufregender und interessanter sein würde als die Jahre vorher.

Magdalena und Margarete freuten sich, dass Katharina an ihrem Unterricht teilnahm, und so verbrachte sie die Vormittage im Schulzimmer der Schwägerinnen und frischte ihre Kenntnisse in Latein und Griechisch auf. Ihr Lehrer war der Humanist Benedetto Tagliacarne, der seinerzeit den Dauphin und Heinrich unterrichtet hatte und nun auch den jungen Karl mit den antiken Dichtern bekannt machte.

Tagliacarne beobachtete Katharina und fand im Stillen, dass ihr Geist beweglicher und flexibler war als der Heinrichs – gewiss, er besaß ein ausgezeichnetes Gedächtnis, hatte sich die Bildung angeeignet, die er sich aneignen musste und beherrschte Latein, Griechisch, Italienisch und Spanisch – er war ein methodischer Arbeiter. Aber letztlich, dachte der Lehrer, interessiert er sich nur oberflächlich für geistige Dinge; er liebt vor allem die körperliche Ertüchtigung. – In ihm findet seine junge Frau wahrscheinlich keinen ebenbürtigen Gesprächspartner.

An einem Vormittag Anfang März sagte Tagliacarne:

»Mesdames, heute beschäftigen wir uns zur Abwechslung einmal mit der französischen Dichtung unserer Tage, mit François Rabelais. Im letzten Jahr erschien von ihm ein Roman, der sich beim Publikum großer Beliebtheit erfreut. Und er erzählte ihnen in aller Ausführlichkeit über Rabelais und dessen berühmt gewordenen Roman *Pantagruel*.

Er verbreitete sich über den außergewöhnlichen Lebenslauf des Autors, der ihn vom Geistlichen über die Jurisprudenz bis zur Tätigkeit als Arzt und Naturwissenschaftler geführt hatte.

Tagliacarne unterwies sie in Form und Inhalt des Textes, der in sich Elemente der Volksbücher, des höfischen Ritterromans, muslimischer Dichtung und zeitgenössischer Reisebeschreibung in fantastischer Erzählweise vereinigte.

»Lassen Sie mich noch eine Kleinigkeit erwähnen«, fuhr er jetzt fort: »Rabelais hat, ähnlich wie Erasmus, eine Zeit lang im Collège de Montaigu, also im Quartier Latin, studiert und in jenem Viertel der Studenten und

Künstler auch gelebt. Sein Held Pantagruel lebt ebenfalls als Student dort, und Rabelais hat in diesem Werk und auch in anderen Schriften das Leben und Treiben innerhalb der Stadtmauern von Paris trefflich geschildert, zum Beispiel Prügeleien zwischen Studenten und Nachtwächtern, die lauernden Taschendiebe, die Notare mit ihren scharfgeschnittenen Gesichtern, die pelzgekleideten Stadtväter, die Maultiere der Gerichtsbeamten, die Pagen, die auf den Stufen des Hôtels Würfel spielen, die bunt gekleideten Prozessionen, das Glockengeläute von fünfzig Kirchtürmen, die Hunde, die Sperlinge …, kurz, in seinen Schriften hat Rabelais ein Gemälde der gegenwärtigen Stadt Paris geschaffen.«

Katharina hörte fasziniert zu – bei ihren Streifzügen durch die Stadt hatte sie dies alles bereits gesehen, allerdings war sie noch nicht im Studentenviertel gewesen, das auf dem südlichen Ufer der Seine lag. Bei ihren Spaziergängen hatte sie bisher nur die Ile de la Cité, die Ile Saint Louis und die Straßen zwischen der Bastille und der Conciergerie erkundet. Sie hatte einige prachtvolle Palais entdeckt, die jedoch – ihrer Meinung nach – in dem Labyrinth der engen Gassen und Straßen, in denen sich den ganzen Tag über das Volk drängelte und Händler ihre Waren anpriesen, in diesem Gewühle von Menschen, Pferden, Maultieren, Karren und Sänften, gar nicht zur Geltung kamen. Manchmal erinnerte sie sich etwas wehmütig an den Marktplatz in Florenz, an die Piazza della Signoria mit dem Palazzo Vecchio, an den großen Platz vor der Kirche Santa Croce – solche Plätze gab es in Paris anscheinend nicht, ausgenommen der Platz vor der Kathedrale Notre-Dame. Aber in dieser Stadt mit über dreihunderttausend Einwohnern hatte ihr Schwiegervater ein neues Rathaus im italienischen Stil erbauen lassen, er hatte dafür gesorgt, dass frisches Quellwasser in sechzehn öffentliche Brunnen geleitet wurde, die Straßen waren gepflastert und an jeder Ecke musste eine Laterne brennen.

»Heute Nachmittag sehe ich mir das Quartier Latin an«, sagte Katharina nach dem Unterricht. »Kommt ihr mit?«

»Ja, gerne!«, rief Margarete begeistert, während Magdalena nur zögernd zustimmte.

Nach der Mittagstafel brachen sie auf. Zu Magdalenas Missvergnügen hatte Katharina darauf bestanden, dass sie ihre ältesten und einfachsten Kleider trugen, um nicht unangenehm aufzufallen, sicherheitshalber befahl Katharina auch einigen Dienern, ihnen unauffällig und gut bewaffnet zu folgen.

Sie bahnten sich langsam ihren Weg durch die Gassen, vorbei an diskutierenden Gruppen von Studenten, Sängern, Bettlern, sie betrachteten die Kneipen »Zur Magdalena«, »Zum Schloss«, »Zum Maulesel«, sie gingen vorbei an Druckerpressen und Kollegs; irgendwann sahen sie Garküchen, und Katharina atmete genießerisch die verschiedenen Gerüche nach gebratenem Fleisch, Fisch, Suppe, Knoblauch, süßem Gebäck und heißen Waffeln ein, während Magdalena angewidert das Gesicht verzog.

»Mir wird ganz übel von dem Geruch, lasst uns zurückgehen. Überhaupt, hier ist es so gewöhnlich, die vielen Schenken, am Abend wimmelt es hier wahrscheinlich von Betrunkenen.«

»Magdalena!«, rief Katharina und blieb stehen. »Du bist hier im geistigen Zentrum von Paris, hier ist die Universität, die Sorbonne, hier haben der Dichter Marot gelebt, Erasmus, Rabelais. Ich wünschte, ich wäre ein Mann, dann dürfte ich auch die Vorlesungen der Professoren besuchen.«

Magdalena streifte ihre Schwägerin mit einem erstaunten Seitenblick und schwieg. Margarete indes rief:

»Du hast Recht, Katharina, ich empfinde genauso! – Einen berühmten Mann indes hast du vergessen, nämlich François Villon, der arme, kleine Scholar, der Dieb und Mörder und einer der wichtigsten Dichter unseres Landes. Er hat hier im Quartier Latin den größten Teil seines kurzen Lebens verbracht.«

Zu Magdalenas Entsetzen begann Margarete mitten auf der Straße zu singen.

> *Je suis Françoys, dont il me poise*
> *Né de Paris emprès Pontoise,*
> *Et de la corde d'une toise*
> *Sçaura mon col que mon cul poise.«*

Ich bin Franzose, was mir gar nicht passt,
geboren zu Paris, das tief unten jetzt liegt,
ich hänge nämlich meterlang an einem Ulmenast
und spür' am Hals wie schwer mein Arsch hier wiegt.

»Margarete, was fällt dir ein?«, rief Magdalena entrüstet.

»Stell dich nicht so an, unser Vater liebt Villons Balladen und singt sie auch hin und wieder!«

Katharina betrachtete amüsiert ihre jüngste Schwägerin und dachte, dass sie etwas von der Lebensfreude des Königs geerbt zu haben schien.

»Villon scheint die derbe Sprache des Volkes zu bevorzugen«, sagte sie, »erzähle mir etwas über ihn – wieso war er ein Dieb und Mörder?«

»Man weiß nicht viel über ihn«, begann Margarete, »er kam in einem Pariser Elendsviertel um 1431 zur Welt. Man kennt nur seinen Vornamen François, nicht seinen Nachnamen. Nach Studium und Erwerb eines akademischen Grades und eines Gefängnisaufenthaltes wegen Totschlags lebte er für einige Zeit an verschiedenen Adelshöfen. Schließlich wurde er nach mehreren Haftstrafen einer Messerstecherei wegen gefoltert, zum Tode verurteilt und nach Umwandlung der Strafe in eine zehnjährige Verbannung der Stadt Paris verwiesen. Von da an verlieren sich seine Spuren im Dunkeln.

Margarete fuhr fort: »In jenen Jahren, bis seine Spuren sich verlieren, entstanden seine Balladen und Dichtungen: *Das Vermächtnis, Das Testament, Vermischte Gedichte*.«

»Villon ist also eine gescheiterte Existenz«, sagte Katharina nach einer Weile. »Das ist merkwürdig, er genoss doch eine gute Erziehung.«

»Ich habe fast sein ganzes Werk gelesen, Katharina. Er gibt der Gesellschaft die Schuld, wenn jemand auf die ›schiefe Bahn‹ gerät.«

»Die Gesellschaft? Der Staat und seine Gesetze? Das verstehe ich nicht. Die Geburt weist zunächst jedem seinen Rang zu.«

»Du hast Recht, Villons Gedanken sind beängstigend, er kritisiert die gottgewollte Ordnung. – Aber seine Balladen sind trotzdem unterhaltend.«

Auf dem Heimweg beschloss Katharina, noch öfter im Quartier Latin spazieren zu gehen, vor allem aber wollte sie Villon lesen; zum einen, weil der Dichter sie interessierte, zum anderen, weil seine Balladen ihrem Schwiegervater gefielen.

Ein Tag nach dem anderen verging, und Katharina gewöhnte sich allmählich an die Abende am königlichen Hof. Gegen sieben Uhr begann das Abendessen, das der König mit seiner Familie an einem separaten Tisch außer Hörweite der übrigen Hofleute einnahm. Das Diner wurde von italienischer Musik und den Possen der beiden Hofnarren Triboulet und Cailette begleitet, zwischendurch wurden Texte laut vorgelesen.

Katharina aß zunächst begeistert gesalzenen Schinken, Räucheraal, Zunge, Salate und Kalbspastete, gefolgt von Safransuppe, Wildfrikassee, gekochtem Fleisch vom Huhn oder Kalb, dann wurde gebratenes Fleisch vom Schwein, Huhn, Hase, Lamm oder Waldschnepfe serviert; als die Fastenzeit begann, gab es Forelle und Lachs mit schweren Soßen aus Olivenöl und Zitronen, am Ende des Mahls wurden frische Früchte serviert. Nach dem Abendessen gab es Maskeraden oder Lautenkonzerte, zweimal wöchentlich fand ein Ball statt; den darauf folgenden Abend verbrachte der König stets in seiner Bibliothek, um zu lesen und zu meditieren.

An solchen Abenden, wenn der König abwesend und die Familie unter sich war, wurden die Psalmen von Marot gesungen; seit der Rede von Nicolas Cop wusste man nicht, wie Franz I. darauf reagieren würde, wenn er sie hörte.

An einem Märzabend hörte der König im Vorbeigehen den Gesang, er blieb einen Augenblick stehen und überlegte, wie unglücklich Katharina an Heinrichs Seite sich wohl fühlte.
Er öffnete die Tür und betrat das Zimmer.
Katharina erschrak bei seinem Anblick, verstummte und sah ihren Schwiegervater ängstlich an.
»Singe weiter, ma fille, wer Marots Psalmen singt, ist in meinen Augen kein Ketzer – schließlich lesen wir auch die Oden des Horaz, und niemand käme auf die Idee, uns deswegen als Heiden zu bezeichnen.«
Seit jenem Abend wurden Marots Psalmen auch gesungen, wenn der König anwesend war.
An einem Abend Mitte März unterrichtete der König seine Familie, dass Madame de Brézé sie zu einem Fest in ihr Palais eingeladen habe. »Das Fest findet am 31. März statt, Madame von Brézé wird an diesem Tag die Verlobung ihrer Töchter offiziell bekannt geben.«
»Wer sind denn die glücklichen jungen Herren?«, fragte der Dauphin.
»Das geht aus der Einladung nicht hervor«, antwortete Franz und betrachtete verstohlen die Mienen von Katharina und Heinrich: Das Gesicht seines Sohnes wurde von einer leichten Röte überzogen und er leerte hastig den Becher mit Wein, während seine Schwiegertochter, ohne eine Miene zu verziehen, ihre Suppe löffelte und so tat, als interessiere sie diese Einladung überhaupt nicht.
Sie kann sich fabelhaft beherrschen, dachte Franz, dann wandte er sich zu dem Dauphin.
»Der Kronrat wird morgen über die Heeresreform debattieren; ich

möchte nachher mit dir über die Angelegenheit sprechen. – Du hast wahrscheinlich inzwischen mein Memorandum gelesen?«

In diesem Augenblick sah Katharina auf und streifte ihren Schwager mit einem sehnsüchtigen Seitenblick. Sie beneidete ihn manchmal, weil er als Thronfolger, seit er volljährig war, an den Sitzungen des Kronrates teilnehmen durfte. Wäre er verheiratet, dürfte auch die Dauphine an den Sitzungen teilnehmen, ging es ihr durch den Kopf.

»Ich habe Ihr Memorandum gelesen, Vater, und ich finde es völlig richtig, dass wir auch in Friedenszeiten künftig eine Armee besitzen werden, so sind wir immer gerüstet. Mit Verlaub, die Aufstellung einer Infanterie unter Zeitdruck und stets mit Söldnern hat sich in der Vergangenheit nicht bewährt. Künftig werden also pro Provinz eine Legion zu je 6000 Mann ausgehoben, also insgesamt sieben Legionen. Die Rekrutierung der Mannschaften und Offiziere soll erst regional erfolgen, das wird die Kampfkraft und den Korpsgeist stärken; statt Orden gibt es einen Goldreif, der zusammen mit dem Titel des ›Ehrenlegionärs‹ verliehen wird; ein tapferer Soldat kann bis zum Hauptmann aufsteigen, er kann sogar geadelt werden. Überdies können Sie zusätzlich über das Aufgebot des französischen Adels verfügen, und über Söldner aus der Schweiz und Italien. Binnen kurzem haben Sie eine Armee von etwa einhunderttausend Mann, eine Armee, die zum größten Teil aus Franzosen besteht. – Aus Franzosen, die wissen, dass sie für ihr Land und ihren König kämpfen, ein stehendes Heer und ein Offizierskorps mit einem eignen Ehrenkodex. Ein solches Heer, Vater, wird Sie vom Adel noch unabhängiger machen, es stärkt Ihre Machtposition.«

»Du hast es erkannt, Franz: Alle Macht in Frankreich gebührt dem König und niemandem sonst.«

Katharina war die Einzige an der Tafel, die das Gespräch zwischen König und Thronfolger aufmerksam verfolgte. Alle Macht gebührt dem König und niemandem sonst, dachte sie und beschloss, sich diesen Satz zu merken.

»Allerdings«, fuhr ihr Schwiegervater fort, »man braucht Geld. Ich kenne meine Schwächen, Franz. Die Versuchung, das Geld für Kunstschätze und neue Schlösser auszugeben, ist zu groß, deshalb habe ich im Turm des Louvre eine Kriegskasse installieren lassen, die nur mit vier Schlüsseln geöffnet werden kann, die gleichzeitig betätigt werden müssen. – Einen Schlüssel bewahre ich auf, die anderen werden vom Kanzler Duprat, dem Admiral Chabot de Brion und meinem Oberhofmeister

Montmorency aufbewahrt. Alle ›besonderen Einnahmen‹ wandern in diese Kriegstruhe und ich lasse genau Buch führen. Du siehst also, Frankreich ist für einen neuen Krieg in Italien bestens gerüstet. – Ich werde von Fontainebleau aus an den Papst schreiben und ihn fragen, welche italienischen Staaten inzwischen bereit sind, mich bei der Eroberung Mailands zu unterstützen. Ich hoffe, dass ich in ungefähr einem Jahr wieder nach Italien aufbrechen kann.« Dann wandte er sich an Heinrich, der sich versonnen mit seiner Fischportion und den Gräten beschäftigte. »Heinrich, du wirst mit nach Italien ziehen und dich dort bewähren; du wirst das Herzogtum Mailand eigenhändig zurückerobern.« Heinrich sah erschrocken auf.

»Ja, Vater«, erwiderte er leise.

Das Herzogtum Mailand interessierte ihn nicht besonders, zumal er als Herzog von Mailand wahrscheinlich fern von Diana würde leben müssen. Andererseits besaß er dort mehr Freiheiten als am väterlichen Hof. Vielleicht würde Diana ihm nach Mailand folgen.

Katharina sah stumm auf ihren Teller und dachte entsetzt über die Pläne des Königs nach: Er wollte in Oberitalien Krieg führen! Krieg war das Schlimmste aller Übel, und Heinrich sollte in diesem Krieg kämpfen. In ihrer Fantasie sah sie ihn bereits auf dem Schlachtfeld sterben und schloss für einen Moment die Augen. Kein Krieg, dachte sie, alles, nur kein Krieg …

Nach der Abendtafel begab der König sich mit dem Dauphin in sein Arbeitszimmer, die Königin beugte sich über den Stickrahmen, Heinrich setzte sich mit einem seiner geliebten Ritterromane vor das Kaminfeuer, und Katharina begann mit Karl und den Schwägerinnen *Minchiate* zu spielen.

Während sie die Karten mischte und austeilte, dachte sie über die Einladung der Seneschallin nach: Der Anlass war die Verlobung der Töchter, aber eine Verlobung war kein Grund, die königliche Familie einzuladen – es sei denn, der König hätte die Ehen arrangiert. Aber das war nicht der Fall. Die Verlobungen sind ein Vorwand, dachte Katharina, Diana verfolgt noch ein anderes Ziel. Sie überlegte, ob sie unter dem Vorwand, sie sei krank, fernbleiben könne, aber sie riskierte damit, den König zu verärgern. Seine Gunst durfte sie sich nicht verscherzen. Überdies würde ihr Fernbleiben Wasser auf die Mühlen der feindlich gesinnten Hofleute sein: Wenn sie an einem Fest in Dianas Haus nicht teilnahm, wusste jeder am Hof, dass sie auf die Seneschallin eifersüchtig war, und dies durfte niemand erfahren, vor allem Heinrich nicht. Sie musste, in ihrem eigenen Interesse, ihren Hass und ihre Eifersucht, die sie gegenüber Diana empfand, vorerst verbergen und sich vor der Welt und diesem Weibsbild verstellen.

Ich werde in ihr Palais gehen, weil ich keine andere Wahl habe, dachte sie und spielte eine Karte aus.

»Was ist los, Katharina?«, fragte ihr Schwager Karl. »Wir haben bis jetzt sechzehn Partien gespielt, und du hast sie alle verloren.«

»Verzeih, Karl, ich bin einfach müde heute Abend.«

»Mach dir nichts draus!«, rief Margarete. »Unglück im Spiel bedeutet Glück in der Liebe.«

»Glück in der Liebe«, sagte Katharina leise, stand auf und ging hinüber zur Königin.

»Mit Ihrer gütigen Erlaubnis, Madame, werde ich mich jetzt zurückziehen.«

»Selbstverständlich, mein Kind.« Sie wandte sich an ihre Stiefkinder. »Ihr begebt euch jetzt auch zur Ruhe.«

Katharina war es von Florenz gewöhnt, dass sie an ihrem Geburtstag Geschenke erhielt und hatte für Heinrich einen Helm aus massivem Silber anfertigen lassen, den er bei den Turnieren tragen sollte. Sie beschloss, ihm das stattliche Geschenk am Abend, kurz bevor sie zu Diana aufbrachen, zu überreichen.

Als die Familie an diesem 31. März morgens zur gewohnten Zeit versammelt war, umarmte Franz seinen Zweitgeborenen und gratulierte ihm. Das war alles. Keine Frage, was er sich wünsche. Nichts.

Katharina war mehr als befremdet über dieses Verhalten ihres Schwiegervaters. Es schmerzte sie stets von Neuem, wenn sie erleben musste, dass er Heinrich liebloser und gleichgültiger behandelte als seine anderen Kinder, und es war der einzige Zug seines Charakters, den sie im Stillen kritisierte.

Nach der Messe brachte sie Margarete gegenüber ihre Verwunderung zum Ausdruck, dass der König seinen Sohn nicht gefragt habe, ob er sich etwas wünsche und ob dies ein Privileg des Dauphins sei.

»Nein«, erwiderte die Schwägerin, »unser Vater fragt meine Brüder Franz und Karl immer nach ihrem Geburtstagswunsch, Magdalena und ich werden nicht gefragt, aber er überreicht uns immer ein Geschenk.

Meine Schwester bekommt meistens ein Schmuckstück, und ich – seit mein Vater weiß, dass Lesen meine liebste Beschäftigung ist – erhalte ein kostbar gebundenes Buch.«

Einige Stunden später trat Katharina in ihrer neuen Robe vor den Spiegel und betrachtete sich zufrieden. Die farbliche Zusammenstellung von Schwarz und Silbergrau war richtig, sie sah darin vornehm aus. Wenige Farben sind besser als zu viele, dachte sie. Die silbergraue Seide gefiel ihr besonders, weil sie bei gewissen Bewegungen leicht in einen rötlichen Farbton changierte, der genau zu dem Rouge auf ihren Wangen und der Lippenpomade passte. Ihre Augen waren silbrig umschattet, und das Grün der Smaragde harmonierte gut mit Schwarz und Silber. Sie betrachtete die große, birnenförmige Perle an dem Geschmeide – sie sollte eine der schönsten Perlen sein, die es auf der Welt gab.

Isabella und Violetta betrachteten ihre Herrin in stummer Bewunderung, und Mingo sagte: »Heute Abend werden Sie alle Damen in den Schatten stellen.«

»Es genügt, Mingo, wenn ich eine bestimmte Dame in den Schatten stelle.« Sie trat zu dem Frisiertisch, nahm das Medaillon, betrachtete es einige Sekunden und ließ es dann in die Tasche ihres Kleides gleiten, wobei sie instinktiv spürte, dass sich an diesem Abend etwas in ihrem Leben ändern würde.

Während der ersten drei Tage ihrer Ehe hatte sie von Diana nichts gewusst, während der vergangenen fünf Monate war die Rivalin im Hintergrund geblieben. Heute Abend indes … Die Zeit wird für mich arbeiten, dachte sie und besprengte sich noch einmal mit Lilienparfüm, ihrem Lieblingsduft.

Als sie ihre Perlenringe über die Finger streifte, wurde Heinrich gemeldet.

Bei seinem Eintritt wandte Katharina sich um und überprüfte mit einem Blick seine Kleidung. Pierre war zwar ein zuverlässiger Diener, aber sie legte Wert darauf, dass ihr Gatte stets untadelig gekleidet war. An jenem Abend trug er natürlich die Farben Schwarz und Weiß. Wams, Hemd, die kurze Pluderhose, Beinkleider und Schuhe waren weiß, der kurze Samtumhang war schwarz.

Heinrich blieb an der Schwelle stehen und starrte seine Frau überrascht an – er hatte sie noch nie so schlicht und gleichzeitig so elegant gekleidet gesehen.

»Warum zögerst du, Heinrich? Tritt näher. Gefällt dir mein Kleid?«

Er ging langsam zu ihr, und beim Näherkommen merkte sie erstaunt, dass er nach Lavendelparfüm duftete – ein Lavendelduftwasser hatte er noch nie benutzt, sondern andere Parfüms, die nach Zitronen oder Veilchen rochen.

Sie standen sich gegenüber und sahen sich sekundenlang schweigend an.

»Du siehst wunderbar aus – dieses Kleid – du wirkst in diesem Kleid so geheimnisvoll …«, sagte Heinrich dann.

»Ich habe keine Geheimnisse vor dir, Heinrich. Isabella, bring das Geburtstagsgeschenk für den Herzog.«

Er glaubte, nicht richtig zu hören – ein Geschenk?

»Ich habe einen Helm aus massivem Silber für dich. Er soll dich bei Turnieren schützen.«

Heinrich nahm den Helm und betrachtete ihn von allen Seiten. Sie hatte ein Geschenk für ihn, während sein Vater …

»Katharina, es ist rührend, dass du an meinen Geburtstag denkst; ich habe an diesem Tag noch nie ein Geschenk erhalten! – Ich danke dir, es ist gut gemeint, aber ich kann diesen Helm bei Turnieren nicht tragen, er ist viel zu kostbar. Bei Turnieren geht es rau zu, er kann zu Boden fallen, zerbeult werden, er kann durchbohrt werden; Silber ist nicht so widerstandsfähig wie Eisen. Ich werde ihn gut aufbewahren.«

Katharina presste enttäuscht die Lippen aufeinander.

»Ich wollte dir eine Freude bereiten. – Isabella, sage Pierre, er soll den Helm verwahren. – Nun komm, wir wollen deinen Vater nicht warten lassen.«

Er reichte ihr schweigend den Arm, und sie schritten langsam die Treppe hinunter in den Hof, wo die Sänften der Familie auf sie warteten.

Bei ihrem Anblick sah Margarete überrascht auf und sagte zum König: »Vater, betrachten Sie Katharinas Robe. – Sehen Sie nur, wie sie die Treppe hinuntergeht – man könnte denken, sie sei die Königin von Frankreich.«

Franz betrachtete seine Schwiegertochter und bedauerte insgeheim, dass er sie nicht mit dem Dauphin vermählt hatte, aber nun war es zu spät.

»Ma fille«, sagte er, als Katharina vor ihm stand, »mein Kompliment.« Dann sagte er leise, so dass nur sie es hören konnte: »Ich hoffe, dass der heutige Abend erfolgreich für dich verlaufen wird.«

»Vielen Dank, Sire.«

Während die Sänftenträger sie zum Hôtel de Brézé brachten, ging es dem König durch den Kopf, dass seine Schwiegertochter die Seneschallin sehr geschickt bekämpfte. Hoffentlich war sie irgendwann erfolgreich.

Die Gäste waren bereits versammelt, als die königliche Familie eintraf, und als Katharina neben Heinrich durch den Vorhof zum Saal ging, wo die Gastgeberin sie empfing, konzentrierte sie sich völlig auf den Moment, wenn sie Diana gegenüberstehen würde.

Sie hörte, wie der Haushofmeister den König und die Königin meldete, dann den Dauphin, jetzt waren sie an der Reihe.

»Der Herzog und die Herzogin von Orléans.«

Sie sah, dass Diana lächelte, sie sah, dass Heinrich leicht errötete, als er sich über die Hand der Gastgeberin beugte, und sie hörte Diana sagen: »Ich hoffe, Hoheit, dass Sie und Ihre Gattin in meinem bescheidenen Haus einen unterhaltsamen Abend verbringen werden.«

In diesem Augenblick merkte Katharina, dass ihre Rivalin ebenfalls nach Lavendel duftete.

Sie sah Diana an, lächelte und erwiderte: »Madame, Ihre Einladung ist eine große Ehre für mich.«

Sie gingen weiter, während der Haushofmeister die jüngeren Kinder des Königs ankündigte.

Diana begrüßte etwas irritiert die Prinzessinnen und den Prinzen Karl. Eine Ehre für mich, dachte sie … Ahnte die Italienerin etwas von ihren Plänen? – Ach was, sie ist jung, dumm, unerfahren, man konnte sie getrost ignorieren.

Im Speisesaal war am oberen Ende eine lange Tafel gedeckt, bei der die Gäste einander gegenübersaßen.

Die Herzogin von Etampes empfand es zunächst als brüskierend, dass man ihr einen Platz anwies, von wo aus sie den Saal nicht überblicken konnte, aber sie merkte sehr bald, dass dieser Platz es ihr ermöglichte, die Tafel zu überblicken, und nach einer Weile fand sie die Sitzordnung äußerst interessant. Das Königspaar saß in der Mitte, neben Eleonore war der Platz des Dauphins, dann kamen Margarete, Karl, die Herzogin von Bouillon, Claudius von Guise und weitere Damen und Herren des Hofes; Diana saß neben dem König, die vier Plätze neben ihr waren frei, und die Herzogin vermutete, dass sie für die beiden Brautpaare bestimmt waren, die bisher noch keiner gesehen hatte. Neben diesen leeren Plätzen saßen der Herzog von Bouillon, Antoinette von Guise, ihre beiden Töchter Renée und Anna sowie weitere Damen und Herren. Viel interessanter jedoch war die Reihe, in der sie, die Favoritin, saß: rechts neben Montmorency, Duprat, Damen und Herren; zu ihrer linken Seite Magdalena, so weit, so gut. Und dann, der Gastgeberin gegenüber, der Herzog von Orléans. Sie spähte vorsichtig die Reihe weiter – neben Heinrich saßen Magdalena, Franz von Guise, Katharina, Coligny, sein Bruder Odet, Damen und Herren. Die Herzogin schätzte die Gesellschaft auf ungefähr fünfzig Personen.

Ihre Augen wanderten wieder zu Diana und ihrem jungen Verehrer, und sie überlegte, ob es etwas zu bedeuten hatte, dass Heinrich der Gastgeberin gegenübersaß. Ihr war, ebenso wie Katharina, nicht entgangen, dass die Seneschallin dem Herzog ziemlich reserviert begegnete. Sie wollte eben zu Montmorency einige lobende Worte über Katharinas elegante Garderobe sagen, als sie beobachtete, dass Diana ihrem Verehrer lächelnd zunickte.

Anna von Pisseleu war sprachlos und spürte, dass es ein interessanter Abend werden würde. Sie sah sich vorsichtig um, indes schien es den anderen nicht aufzufallen, dass Heinrich der Gastgeberin direkt gegenübersaß. Sie betrachtete Katharina, so gut es von ihrem Platz aus möglich war, aber die unterhielt sich lebhaft mit Coligny und bemerkte Dianas Lächeln nicht.

In diesem Augenblick erhob Diana sich, hieß den König, seine Familie und die übrigen Gäste willkommen.

»Der Anlass für das kleine Fest am heutigen Abend ist eine Doppelverlobung: Meine Tochter Françoise wird im Spätsommer den Herzog von Bouillon heiraten, und meine Tochter Louise im kommenden Jahr den Grafen von Aumale.«

Inzwischen betraten die beiden Paare den Saal, nahmen, nach allen Seiten lächelnd, Glückwünsche entgegen, die man ihnen zurief, und gingen zu ihren Plätzen.

Der Graf von Aumale, ging es Katharina durch den Kopf, die Tochter heiratet in die Familie von Guise ein – das ist also der Grund für Dianas engen Kontakt zu dieser Familie. Eine reiche, aufstrebende Familie, mithin eine gute Partie. Die Guisen sind fanatische Gegner des neuen Glaubens; wahrscheinlich ist Diana eine strenggläubige Katholikin, sonst wäre diese Verbindung nie zu Stande gekommen. Zumindest nach außen hin wird sie sich wahrscheinlich als Gegnerin des neuen Glaubens geben, unabhängig davon, was sie wirklich denkt.

Der Graf von Aumale, dachte Franz I., sieh an. Die Witwe meines verstorbenen Freundes Ludwig versteht es glänzend, ihre Schäfchen ins Trockene zu bringen. Verbündet sich mit der ehrgeizigsten Familie meines Reiches …

Wie hat sie es geschafft, überlegte Anna, ihre Tochter mit einem Guise zu verloben? Ihre Tochter ist zwar keine schlechte Partie, aber es gibt bessere am Hof. Sie neigte sich ein wenig zu Montmorency und sagte leise: »Haben Sie eine Erklärung dafür, dass Herzog Claudius einen seiner Söhne mit einer Tochter Ludwigs von Brézé verlobt? Das Herzogspaar bildet sich doch so viel auf die fürstliche Abstammung ein.«

»Ich weiß es nicht, Madame. Vielleicht spielt bei dieser Verbindung die Liebe eine Rolle, so etwas soll es ja geben.«

Diana wartete, bis etwas Ruhe an der Tafel herrschte.

»Ich möchte nicht versäumen, daran zu erinnern, dass heute vor fünfzehn Jahren die selige Königin Claudia ihren zweiten Sohn, den Herzog von Orléans, zur Welt gebracht hat, und für einen regierenden Fürsten ist die Geburt des zweiten Sohnes genauso wichtig wie die Geburt des ersten, weil erst der zweite und die folgenden Söhne die Thronfolge und den Fortbestand der Dynastie sichern.«

Sie schwieg einen Moment. Dann lächelte sie Heinrich an.

»Ich möchte Ihrer Hoheit herzlich gratulieren und hoffe, dass sich die Wünsche, die Sie für das neue Lebensjahr haben, erfüllen werden. – Gegen Ende des Banketts lasse ich Ihnen ein kleines Geschenk überreichen – es soll Sie an Ihr erstes Turnier im März vor drei Jahren erinnern.«

Heinrich wusste nicht, wie ihm geschah. Er erhob sich etwas verlegen, weil er spürte, dass alle Augenpaare neugierig auf ihn gerichtet waren und verbeugte sich vor Diana.

»Vielen Dank, Madame«, stammelte er, »Sie sind zu gütig.«

Diana gab dem Haushofmeister einen Wink, und beim ersten Fanfarenstoß verstummten die Gespräche, weil jeder wissen wollte, welche Speisen zum ersten Gang gehörten.

Der Haushofmeister entrollte ein Stück Pergament und las vor.

»Beim ersten Gang werden aufgetragen: Salat aus gebratenen Zwiebeln, gedünstete Artischocken mit einer Sauce aus Essig und Öl, gehackter Lauch, frische dicke Bohnen mit Kräutern …«

An Katharinas Ohren rauschte die Aufzählung der Speisen vorbei, sie starrte wie betäubt auf ihren Teller und versuchte, sich zu fassen. Warum, dachte sie verzweifelt, schenkt die Seneschallin meinem Mann auf einmal so viel Aufmerksamkeit? War Mingos Vermutung richtig, dass diese Einladung primär Heinrich galt, dass sie anfing, ihn zu lieben? Nein, ihre Aufmerksamkeit hat andere Gründe … Wie geschickt sie sich an ihn heranpirscht, die Göttin der Jagd, und er glaubt wahrscheinlich, dass sie in ihn verliebt ist.

Inzwischen waren die Speisen aufgetragen worden. Sie nahm eine Artischocke, zupfte völlig appetitlos die einzelnen Blättchen ab, tunkte sie in die Sauce und hoffte, dass sie an diesem Abend nicht die Beherrschung verlor.

König Franz wunderte sich ebenfalls über Dianas Verhalten gegenüber seinem Sohn. Der Glückwunsch war vielleicht eine Geste der Höflichkeit gegenüber ihm, dem König, doch wozu ein Geschenk? Was mochte jetzt in Katharina vorgehen?

Er sah zu ihr hinüber, und empfand ein unendliches Mitleid. Wenn er ihr nur helfen könnte … In diesem Augenblick hob Katharina den Kopf und ihre Augen trafen sich mit denen des Königs.

Franz lächelte ihr aufmunternd zu und hob seinen Becher.

»Auf dein Wohl, ma fille!«, rief er.

Katharina brachte ein schwaches Lächeln zu Stande.

»Danke, Sire. Auf Ihre Gesundheit, Sire.«

Franz betrachtete seinen Zweitgeborenen, der mit geröteten Wangen und glücklichen Augen eine große Portion von den Vorspeisen aß.

Er streifte die Gastgeberin mit einem Seitenblick und stellte überrascht fest, dass diese ihren jungen Verehrer hin und wieder anlächelte.

»Madame«, wandte er sich an Diana, »es war reizend von Ihnen, meinem Sohn zu seinem Geburtstag zu gratulieren und er weiß Ihr Geschenk hoffentlich zu würdigen. Indes sollten Sie ihn nicht verwöhnen, er ist so viel Aufmerksamkeit nicht gewöhnt. Und vor allem: Setzen Sie ihm keine Flausen in den Kopf – Ihre Bemerkung über die Bedeutung der jüngeren Söhne für die Thronfolge war zwar richtig, aber, was meine Familie betrifft, so wird mein Nachfolger Franz II. sein, und nicht Heinrich II.«

»Gewiss, Sire, aber warum soll ich dem Herzog von Orléans nicht etwas schenken? Sie beschenken doch auch die Menschen, denen Sie zugetan sind.«

»Ja, natürlich – Wie weit sind denn inzwischen die Gartenanlagen in Anet gediehen, Madame?«

Während Diana dem König von Anet erzählte, ließ die Herzogin von

Etampes unauffällig ihre Augen zwischen Diana und Heinrich hin und her wandern. Es entging ihr nicht, dass Diana dem Herzog schöne Augen machte und ihre Gedanken ähnelten denen Katharinas: Wenn die kühle, stolze Seneschallin ihrem Verehrer auf einmal schöne Augen macht, so hat das einen Grund, der von Zuneigung weit entfernt ist.

Annas Augen glitten über die Tischgesellschaft, und sie gewann den Eindruck, dass die meisten in Dianas Glückwunsch einen Glückwunsch sahen, nicht mehr und nicht weniger. Schließlich versuchte jeder bei Hof, sich die Gunst des Königs zu erhalten, so gut er konnte.

Als Annas Augen bei Antoinette von Guise angekommen waren, stutzte sie. Die geborene Bourbon blickte hochmütig und selbstzufrieden um sich, und ihre Miene spiegelte eine gewisse Genugtuung wider.

Während der Haushofmeister den zweiten Gang, eine Kräutersuppe, ankündigte, durchzuckte Anna der Gedanke, ob vielleicht die von Ehrgeiz und Machthunger zerfressenen Guisen etwas mit Dianas Benehmen gegenüber dem Herzog zu tun hatten … Aber sie konnte sich die Zusammenhänge nicht erklären und beschloss, den Abend zu genießen, vor allem den anschließenden Ball und die Volta mit ihrem königlichen Liebhaber.

Coligny fand Dianas Blickkontakte zu Heinrich ausgesprochen taktlos Katharina gegenüber, und da sie still neben ihm saß und entgegen ihrer sonstigen Gewohnheit kein Gespräch mit ihm anfing, beschloss er, sie etwas aufzumuntern. Gewöhnlich machte er Damen keine Komplimente, weil er solche als albern empfand, aber an jenem Abend hielt er es für angebracht, ihr ein paar nette Worte zu sagen, zumal er sie aufrichtig meinte.

»Mit Verlaub, Madame, Sie sind heute Abend die eleganteste Dame. Ihr Kleid, die Farben sind einfach wundervoll, es sieht so vornehm aus. Ich meine, Sie sind auch vornehm, was Ihren Charakter betrifft, aber es gibt viele Damen, die nicht vornehm, sondern aufgeputzt aussehen. – Sie verstehen, was ich meine?«

Katharina sah ihren Tischherrn überrascht an. Seit wann betrachtete er die Kleider der Damen? Sie spürte indes, dass seine Worte aufrichtig gemeint waren und freute sich, zumal sie mit Komplimenten nicht verwöhnt war.

»Danke, Coligny, aber hier an der Tafel sitzen noch andere elegante Damen, vor allem hübschere Damen.«

»Ich sagte Ihnen bereits, dass äußere Schönheit für mich unwichtig ist, für mich zählt nur der Charakter eines Menschen. Und was die Eleganz betrifft, nun ja, sehen Sie sich um. – Die hochverehrte Herzogin von Etampes, die ich menschlich schätze, ist zwar elegant gekleidet, aber mit zu viel Schmuck behängt; die Seneschallin, die ich menschlich nicht schätze, weil sie zu berechnend ist, wirkt in ihren schwarzweißen Roben langweilig. Ich habe nichts gegen einfache Kleidung, aber Schlichtheit muss ein inneres Bedürfnis sein, wenn es überzeugen soll. Bei der Seneschallin ist die Schlichtheit berechnet, auf Wirkung abgestellt, sie möchte durch Schlichtheit auf sich aufmerksam machen. Sehen Sie sich Madame von Guise an«, Coligny sprach so leise, dass nur Katharina ihn verstehen konnte.

»Ich mag diese Familie überhaupt nicht, wegen ihres Ehrgeizes, ihrer Machtgier und weil sie sich einbilden, etwas Besonderes zu sein; diese Haltung spiegelt sich in der Aufmachung der Herzogin: Sie trägt zu viele Farben, zu viel Schmuck und ist zu stark geschminkt. – Damen ihres Alters sollten Puder und Rouge etwas vorsichtiger auftragen.«

Katharina, die Antoinette von Guise bisher nur aus der Entfernung gesehen hatte, musste Coligny Recht geben.

»Seit unserer Rückkehr nach Paris war mein Gatte häufig im Hôtel de Guise, aber er hat mir nie erzählt, dass er Sie dort angetroffen hat. Sie sind doch gut bekannt mit Franz?«

»Mit Verlaub, Madame, als wir in Paris ankamen, war ich froh, dem höfischen Trubel eine Weile fern bleiben zu können. Ich verspürte das Bedürfnis nach Einsamkeit und habe keine Bekannten aufgesucht, zumal die oberflächlichen Gespräche und der Hofklatsch mich langweilen. Ich habe gelesen und meditiert.«

»Was haben Sie gelesen? Antike Dichter oder Rabelais? Im Unterricht lese ich jetzt seinen *Pantagruel*.«

Coligny sah sich vorsichtig um, aber die Nachbarn waren vollauf mit Essen, Trinken und dem neuesten Hofklatsch beschäftigt. Da näherte er sich Katharina und erwiderte so leise, dass nur sie es hören konnte:

»Ich habe weder Horaz, noch Cicero oder Rabelais gelesen. Ich kann Ihnen jetzt nicht sagen, mit welchen Schriften ich angefangen habe, mich zu beschäftigen. Bedenken Sie, dass wir in einem erzkatholischen Haus zu Gast sind. Ich war übrigens hin und wieder im Quartier Latin und habe Vorlesungen bei verschiedenen Gelehrten der Theologie gehört.«

»Ich verstehe«, antwortete Katharina ebenso leise. »Ich bin an einem

Nachmittag mit meinen Schwägerinnen durch dieses Viertel gegangen. Ich beneide Sie, Coligny, dass Sie die Vorlesungen besuchen können.«
»Sie waren im Quartier Latin? Sie sind die erste Dame, die ich kenne, die sich für dieses Viertel interessiert.«
Während Katharina ihre Eindrücke schilderte, wurden nacheinander verschiedene Fische serviert, süße und salzige Torten und Pasteten, und als Käse und frische Früchte auf dem Tisch standen, gab Diana dem Haushofmeister ein Zeichen, woraufhin einige Diener Heinrichs Geburtstagsgeschenk brachten und in die Mitte des Saales stellten. Die Gäste reckten die Hälse, und bald war der Saal von Ausrufen der Bewunderung erfüllt. Das Geschenk war eine Nachbildung jenes Turnierplatzes in Paris, wo Heinrich im März 1531 zum ersten Mal in die Bahn geritten war. Der Platz, die Tribünen, die Angehörigen der königlichen Familie, die Würdenträger und ausländischen Gesandten waren aus Marzipan nachgebildet. In der Mitte des Platzes standen zwei Reiter, und Diana erklärte Heinrich, dass der Ritter in der silbernen Rüstung auf dem Rappen er selbst sei, während der andere Ritter in der schwarzen Rüstung auf dem Rappen einen unbekannten Gegner darstelle.
»Nun, Hoheit«, Diana lächelte Heinrich aufmunternd an, »betrachten Sie den Turnierplatz aus der Nähe. Alles, was Sie dort sehen, ist zum Verzehr bestimmt.«
Heinrich stand auf und ging benommen zu seinem Geschenk. Ein Turnierplatz aus Marzipan … Er betrachtete einige Sekunden lang die Figuren, er sah Diana auf der Tribüne sitzen, er hörte im Hintergrund die bewundernden Ausrufe der Gäste.
»Wie originell!«
»Ihr Küchenmeister ist ein wahrer Künstler, Madame!«
»Ist wirklich alles aus Marzipan?«
Heinrich erschrak, als er plötzlich die Stimme seines Vaters hörte.
»Mein Sohn, du hast dein Geschenk nun lange genug betrachtet. Du wirst es schwerlich allein verzehren können; es ziemt sich, dass du nun Madame von Brézé bittest, das Kunstwerk anzuschneiden.«
Ehe Heinrich etwas erwidern konnte, sagte Diana:
»Mit Verlaub, Sire, Ihnen als König gebührt die Ehre.«
Franz stand auf.
»Ich trete dieses Vorrecht gerne an meine Schwiegertochter ab«, erwiderte er. »Ma fille, wähle dir ein Stück des Kunstwerkes aus.«
Katharina stand überrascht auf und ging zögernd zu dem Turnierplatz.

Turniere schienen in ihrer neuen Heimat zu ihrem Schicksal zu gehören.

Sie betrachtete die beiden Ritter und wollte eben Heinrich nehmen, als ihr auffiel, dass der unbekannte Gegner eine silberne Lanze wurfbereit gegen ihren Gatten richtete. Sie zögerte für den Bruchteil von Sekunden und nahm, einem plötzlichen Instinkt folgend, nicht Heinrich, sondern den unbekannten Gegner.

Bereits nach kurzer Zeit war der Turnierplatz unter den Gästen aufgeteilt: Diana hatte sich Heinrich genommen, der König Anna von Pisseleu und Claudius von Guise seinen königlichen Herrn.

Dann begann der Ball.

Während die Paare sich zur Pavane aufstellten, wurden Karl und Margarete auf Befehl des Königs in den Louvre gebracht, weil sie mit elf und zwölf Jahren noch zu jung für eine Ballnacht waren.

Der König eröffnete den Tanz mit Diana, hinter ihnen schritten die Herzogin von Etampes und Montmorency, und dann folgten die übrigen Paare. Die Königin und einige Damen, darunter auch Antoinette von Guise, zogen es vor, am Rand des Saales zu sitzen und die Tanzenden zu beobachten.

Während der Pavane überlegte Diana, wie sie weiter den Kontakt zu Heinrich pflegen konnte. In Kürze sollte die Übersiedelung nach Fontainebleau stattfinden. Um ihn an sich zu binden, musste sie Gelegenheiten finden, bei denen sie sich allein unterhalten konnten. Überdies musste sie auch ihren Dienst bei der Königin berücksichtigen.

»Sire, wann wird in Fontainebleau die erste ganztägige Jagd stattfinden? Ich würde gerne mitreiten.«

Diana war von den Damen, die die dreißig bereits überschritten hatten, die einzige, die hin und wieder den König und seine *petite bande* auf einem Jagdausflug begleitete; den übrigen Damen war dieses Vergnügen zu anstrengend. Wenn sie auf ihren Landsitzen weilten, zogen es diese vor, in den eignen Wäldern gemächlich hinter dem Rotwild herzureiten oder mit dem Falken auf die Jagd zu gehen.

Franz lächelte.

»Sie machen Ihrem Namen alle Ehre, Madame. Am Tag nach unserer Ankunft wird die erste ganztägige Jagd stattfinden. Dann folgt ein Ruhetag, dann wieder eine Jagd und so fort, zumindest im April und vielleicht auch noch im Mai. Seit unserer Abreise aus Marseille musste ich auf dieses Vergnügen verzichten. Bei den gelegentlichen Jagden am Nachmittag verausgabt man sich nicht genug.«

Katharina schritt neben Coligny durch den Saal und grübelte darüber nach, weshalb Diana auf einmal Heinrich hofierte, anders konnte man es wohl nicht bezeichnen. Ob sie Coligny nach seiner Meinung fragen sollte? Aber vielleicht bildete sie sich auch nur etwas ein.

Nach der Pavane tanzte man Coranto, dann die Gaillarde, und dann gab es eine Pause, bevor die anstrengende Volta begann, bei der ein Paar sich gegenüberstand, die Arme umeinander legte, und nach einigen hüpfenden Tanzschritten musste der Kavalier seine Dame mit einem eleganten Schwung nach oben heben.

Die Volta erfreute sich bei jungen Liebespaaren großer Beliebtheit, weil man sich dabei körperlich nahe kam, und der prickelnde erotische Reiz wurde noch erhöht durch die missbilligenden Blicke mancher älterer Hofdamen, die dann die Köpfe zusammensteckten und sich über die Unmoral der Jugend entrüsteten. Katharina tanzte die Volta am liebsten von allen Tänzen, und in Marseille und während der Rückreise waren entweder Heinrich oder der König ihre Partner gewesen.

Sie sah hinüber zu ihrem Gatten, der bei seiner Schwester Magdalena stand, und wartete, dass er kam und sie zur Tanzfläche führte.

»Ich bitte um Vergebung, Madame«, sagte Coligny, »aber ich werde die Volta nicht mittanzen, ich finde diesen Tanz einfach anstößig und unmoralisch.«

»Anstößig? Unmoralisch?« Dann erinnerte sie sich, dass sie ihn bisher tatsächlich nie bei der Volta gesehen hatte.

Ihre Augen wanderten wieder zu Heinrich und sie erstarrte: Er verbeugte sich kurz vor Magdalena, steuerte dann auf die Seneschallin zu, verbeugte sich und führte sie zur Tanzfläche. Sekundenlang drehte sich vor Katharina der Saal und sie schloss für einen Moment die Augen. Haltung, dachte sie, nur nicht ohnmächtig werden. – Sie durfte jetzt nicht zum Gespött der Anwesenden werden, sondern musste so tun, als ob es ihr völlig gleichgültig war, mit wem Heinrich tanzte … Die zweite öffentliche Demütigung, dachte sie: Erst das Turnier, jetzt der Ball.

Sie öffnete die Augen wieder und betrachtete sehnsüchtig die tanzenden Paare, ihren Schwiegervater und die Herzogin, den Dauphin und seine junge Geliebte, die beiden verlobten Paare. In diesem Augenblick kam Franz von Guise auf sie zu und verbeugte sich lächelnd.

»Erlauben Sie, Madame, dass ich mit Ihnen tanze?«

Sie versuchte zu lächeln und stand auf.

»Gerne.«

Ausgerechnet ein Guise, dachte sie, aber sie konnte es sich nicht erlauben, einen Kavalier, wer auch immer es war, abzuweisen!

Während sie tanzten, betrachtete sie seine Augen genauer und stellte fest, dass sie nicht nur herrisch und verwegen blickten, sondern dass sich auch eine gewisse herausfordernde Frechheit in ihnen spiegelte. Er ist ein gut aussehender Mann, dachte sie, er wirkt männlich – aber es ist eine andere Männlichkeit als bei Heinrich oder Coligny, er wirkt so besitzergreifend. Er wirbt wahrscheinlich nicht um eine Frau, sondern verführt sie; wahrscheinlich ist er ein guter Verführer.

In diesem Augenblick hob Franz sie hoch und sie spürte, dass ein angenehmes Prickeln sie durchrieselte. Er ist ein Mann, in den ich mich verlieben könnte, dachte sie. Nun, sie liebte Heinrich und hatte überdies ihre Grundsätze, was die eheliche Treue betraf. Ob sie versuchen sollte, Heinrich eifersüchtig zu machen? Es würde nicht viel nützen, aber versuchen konnte sie es.

»Sie sind eine hervorragende Tänzerin, Madame.«

»Das kommt daher, weil ich leidenschaftlich gerne tanze.«

In diesem Augenblick verließen die beiden verlobten Paare die Tanzfläche und Katharina sah sich auf einmal neben Heinrich und Diana. Sie ließ sich nichts anmerken und lächelte ostentativ Franz von Guise an, der seinerseits zurücklächelte, wobei seine dunklen Augen frech aufblitzten.

»Ein wunderschönes Fest«, sagte Katharina so laut, dass Diana es hören musste, »ich habe mich noch nie so gut amüsiert.« Dabei sah sie unauffällig zu Heinrich, der seine Partnerin anstrahlte. Nun ja, etwas anderes war nicht zu erwarten.

Da hob Franz sie erneut hoch, drehte sie gut gelaunt, und in diesem Moment sah sie Dianas Gesicht, das sich Heinrich zuwandte, und Katharina spürte ein flaues Gefühl im Magen: Die Seneschallin betrachtete Heinrich mit verliebten Augen. Es kann nicht sein, dachte Katharina, während sie weitertanzte. Auf einmal hatte sie nur noch einen Wunsch: weg von der Tanzfläche, weg von diesem Paar. Es ist geradezu peinlich, dachte Katharina, eine Frau von fünfunddreißig Jahren benimmt sich wie ein verliebtes, junges Mädchen.

»Verzeihen Sie, können wir aufhören? Ich bin müde.«

»Selbstverständlich.«

Er führte sie wieder zu Coligny, verbeugte sich lächelnd und ging zu seiner Schwester Maria.

»Nanu, haben Sie schon genug, Madame?«

»Ja«, erwiderte sie zögernd. »Ich habe eben das Mienenspiel von Madame de Brézé gesehen – sie wirkt verliebt, ich kann es nicht glauben. Ist ihre offensichtliche Zuneigung Berechnung, verfolgt sie einen bestimmten Zweck? Haben Sie eine Ahnung, was das sein könnte?«

Coligny überlegte eine Weile. »Ich glaube auch, dass sie sich aus Berechnung Ihrem Gatten zuwendet. Aber warum, weshalb? Ich stehe vor demselben Rätsel wie Sie, Madame. – Indes, irgendwann wird der Herzog merken, dass sie mit ihm spielt, und dann wird er sich von ihr abwenden.«

»Es ist reizend von Ihnen, dass Sie mich trösten wollen.« Wieder dachte sie an die Herzogin: Die Zeit wird für Sie arbeiten …

Coligny sah sich vorsichtig um, ob auch niemand in der Nähe war.

»Madame«, sagte er dann leise zu Katharina, »Sie haben vorhin mit Franz von Guise getanzt. Seien Sie auf der Hut vor dieser Familie, begegnen Sie ihr misstrauisch – sie sind ehrgeizig und machthungrig wie keine andere Familie des Hochadels, und um ihre Ziele zu erreichen, schrecken sie vor keinem Mittel zurück.«

Sie sah Coligny erstaunt an – so offen hatte er zu ihr noch nie über die Guisen gesprochen.

»Ich danke Ihnen für die Warnung, Coligny.«

König Franz beobachtete missvergnügt, dass Heinrich die Volta mit der Seneschallin tanzte, statt mit seiner Gattin, wie es die Höflichkeit geboten hätte. Aber er hatte seinem Sohn seinerzeit gesagt, dass er sich nicht mehr um dessen Verehrung für Diana kümmern würde, und so versuchte er, sich nicht mehr zu ärgern, sondern den Tanz mit Anna zu genießen. Dann sah er erleichtert, dass der junge Guise Katharina zur Tanzfläche führte. Wenigstens musste sie nicht am Rand des Saales sitzen, zumal sie die Volta liebte.

Irgendwann kamen sie näher an Heinrich und die Seneschallin, und Franz sah erstaunt, dass die stolze, reservierte Witwe seinen Sohn wie ein junges Mädchen anlächelte. Sie scheint sich ihm aus irgendeinem Grund zu nähern, überlegte er, gab kurz entschlossen den Musikern ein Zeichen aufzuhören und führte Anna zu ihrem Armstuhl. Ein Diener brachte Wein, sie tranken einander zu und sahen sich eine Weile an.

»Was mag in Katharina vorgehen?«, sagte Franz. »Mein Sohn besitzt ein seltenes Talent für Taktlosigkeiten. Hast du Diana beobachtet?«

»Ich beobachte sie schon den ganzen Abend – sie fängt an, Heinrich zu umwerben. Vielleicht verfolgen die Guisen bestimmte Ziele, Diana wird ja künftig familiär mit ihnen verbunden sein.«

Franz überlegte.

»Das wäre denkbar«, sagte er dann. »Aber es ist unlogisch, da Heinrich nicht der Dauphin ist. Wenn sie sich beim künftigen König beliebt machen wollen, müssen sie zu meinem Erstgeborenen die Verbindung pflegen.«

»Vielleicht ist meine Vermutung nicht richtig; möglicherweise ist Dianas Tändelei nur Zeitvertreib. Vielleicht fühlt sie sich durch Heinrichs Verehrung auch geschmeichelt und als Frau bestätigt, wer weiß.«

»Für Katharina wird jetzt eine schwere Zeit beginnen«, sagte Franz nachdenklich. Dann gab er den Musikern ein Zeichen, erneut zur Volta aufzuspielen, ging zu seiner Schwiegertochter und verbeugte sich lächelnd.

»Darf ich bitten, ma fille?«

Sie sah überrascht auf, und er fühlte sich eigentümlich berührt, als er das Leuchten in ihren Augen sah.

Heinrich ist ein Dummkopf, ging es ihm durch den Sinn, er weiß den Wert seiner Frau immer noch nicht zu schätzen.

Sie tanzten schweigend, und jedes Mal, wenn ihr Schwiegervater sie emporhob, hatte Katharina das Gefühl, dass keine Intrige, die gegen sie angezettelt wurde, ihr schaden konnte, so lange er lebte.

Diana beobachtete das Paar und beschloss, Katharina stets besonders liebenswürdig zu begegnen. Sie durfte nicht riskieren, dass Katharina gegen sie beim König intrigierte und sie, die Seneschallin, in Ungnade fiel. Überdies fand sie die junge Herzogin nicht unsympathisch.

Als der König seine Schwiegertochter zu ihrem Platz brachte, sagte er:

»Ich glaube, du wirst ab jetzt viel Geduld aufbringen müssen, ma fille, aber du wirst es können.«

»Ich hoffe es, Sire.«

Nach Mitternacht begab die königliche Familie sich zurück in den Louvre.

»Dies war das schönste Fest meines Lebens«, sagte Heinrich, als er sich neben seine Frau legte, »und ich hatte den Eindruck, dass du dich auch gut amüsiert hast. Es war ja wirklich aufmerksam von Franz, die Volta mit dir zu tanzen.«

»Ja, es war auch aufmerksam von der Gastgeberin, dir zum Geburtstag zu gratulieren.« Sie zögerte etwas, und dann stellte sie die Frage, die sie schon lange bewegte. »Verzeih, Heinrich, es geht mich zwar nichts an, aber wie lange verehrst du Madame de Brézé schon?«

»Wie lange? Seit meinem siebten Lebensjahr.«

Katharina setzte sich erstaunt auf. »Seit …? Aber – da warst du noch ein Kind!«

»Ja, ich werde den Abschiedskuss, den sie mir damals am Ufer des Bidassoa gab, nie vergessen!« Er schilderte die Szene und die folgenden Jahre in der spanischen Gefangenschaft.

»Bei unserer Rückkehr im Sommer 1530«, schloss Heinrich, »war sie die Einzige, die mir Aufmerksamkeit schenkte.«

Nach diesen Worten herrschte ein langes Schweigen zwischen ihnen.

So ist das also, dachte Katharina, wenn ich ihm damals einen Abschieds-kuss gegeben hätte, würde er heute wahrscheinlich mich lieben.

Sie dachte an Ippolito. Er hatte sie von den Verwandten am liebevollsten behandelt und sie war in ihn verliebt gewesen. Ob sich dieses Gefühl ge-festigt hätte, wenn sie und Ippolito zusammengeblieben wären?

Heinrich unterbrach ihre Gedanken.

»Ich habe es meinem Vater bis heute nicht verziehen und ich werde es nie vergessen, dass er uns als Geiseln nach Spanien geschickt hat. Während unsere Altersgenossen die Welt entdeckten, haben wir hinter dicken Mauern gesessen.«

»Ich kann verstehen, dass es für dich und deinen Bruder eine schlimme Zeit war, aber du solltest deinem Vater nicht zürnen. Vergiss nicht, dass er zuerst König von Frankreich ist und dann erst Vater. Als Herrscher muss er vor allem an das Wohl seines Reiches denken, und seine Anwe-senheit in Frankreich war damals wahrscheinlich unabdingbar. Man muss auch einmal vergessen können. Glaube ja nicht, dass es für mich einfach zu verkraften war, als Onkel Clemens mich meines Erbes be-raubte, um es Alessandro zu geben.« Sie zögerte etwas. »Deine Gefan-genschaft in Spanien ist also der Grund für das gespannte Verhältnis zwischen dir und deinem Vater?«

»Ja und nein. Die Jahre in Spanien haben die Spannungen wahrschein-lich vertieft, aber ich kann mich nicht entsinnen, zu meinem Vater je ein gutes Verhältnis gehabt zu haben. Er hat mich immer kalt behandelt und meinen älteren Bruder vorgezogen. Nun ja, ich gewöhnte mich daran, ich hatte ja eine liebevolle Mutter.«

»Heinrich, willst du nicht versuchen, zu deinem Vater ein besseres Verhältnis zu bekommen? Das wäre in deinem und unser aller Interesse.«

»Nein, wozu?«

»Dein Vater ist eine große Persönlichkeit, da muss man andere Maßstäbe anlegen.«

»Ein großer Herrscher. Er gibt Unsummen aus für seine Schlösser, er wechselt die Frauen wie die Hemden – das nennst du eine große Persönlichkeit?«

»Die Erweiterung und der Neubau von Schlössern sind notwendig, überdies bekommen viele Leute dadurch Arbeit. Den verdienten Lohn geben sie wieder aus, und so verdienen auch die Handwerker und Kaufleute. Der Schlösserbau kommt also der wirtschaftlichen Entwicklung des Landes zugute. Und was die Frauen betrifft, so geht dies niemanden etwas an.« Sie schwieg unvermittelt und überlegte, dass sie jetzt versuchen könnte, Heinrich eifersüchtig zu machen. »Übrigens, dein Freund Franz ist nicht nur ein guter Tänzer, er ist ein ausgesprochen liebenswürdiger Mann, ein Mann zum Verlieben.«

»Du hast Recht, tu dir keinen Zwang an.«

»Wie bitte? Es ist dir gleichgültig, ob ich mich in einen anderen Mann verliebe?«

»Katharina, du hast einmal gesagt, dass Offenheit zwischen uns bestehen soll: Das ist völlig richtig. Du kannst tun und lassen, was dir gefällt; wenn du mit Franz eine Liaison anfängst, werde ich sie natürlich tolerieren. Ich werde nämlich auch tun und lassen, was mir gefällt, und erwarte deine Toleranz. Mein Verhältnis zu Diana war bisher rein platonisch, aber irgendwann wird dies vorbei sein, das sagt mir mein Gefühl. Diana fängt an, mich zu lieben. Also, du kannst tun und lassen, was dir gefällt.«

»Nein, Heinrich, nie, ich werde nie eine Liaison beginnen, dazu bin ich mir zu schade, ganz abgesehen davon, dass ich dich liebe. Überdies weiß ich, was ich als Schwiegertochter des Königs dem Haus Valois schulde, und an der Legitimität unserer Kinder darf später nie der geringste Zweifel bestehen. Gute Nacht.«

Er erwiderte nichts und war wenig später eingeschlafen. Katharina indes lag noch lange wach und überlegte, wie es mit ihrer Ehe weitergehen sollte. Bisher hatte sie gehofft, dass Dianas Gleichgültigkeit Heinrichs Gefühle für die Rivalin sterben ließ. Nun begann eine neue Phase, eine langsame Annäherung ihrerseits an ihn. Wie lange würde es dauern, bis die platonische Phase zu Ende war, wie lange wird er sie lieben? – Sie musste Geduld haben. Würde sie die Kraft aufbringen, sich vielleicht über Jahre hinweg zu verstellen? ... Es dämmerte bereits, als sie endlich einschlief.

Einige Stunden später griff Heinrich zu Papier und Feder und dankte Diana mit vielen Worten für das Fest und das Geschenk zu seinem Geburtstag.

Am Abend jenes Tages erhielt er einen parfümierten Brief, worin sie ihm mitteilte, dass sie die Absicht habe, an jeder Jagd in Fontainebleau teilzunehmen.

Er ließ das Schreiben sinken und sah glücklich vor sich hin. Eine Jagd bot immer Gelegenheit zu einem Gespräch unter vier Augen, bei einer Jagd konnte man sich stets unbemerkt entfernen.

An jenem Abend wusste er instinktiv, dass seine glücklichsten Jahre begannen.

2

Am frühen Abend des 6. April trafen der König und sein Gefolge in Fontainebleau ein.

Katharina, die neben ihrem Schwiegervater ritt, zügelte ihr Pferd und betrachtete fasziniert die lang gestreckte Schlossfassade aus hellem Stein, die unterbrochen war durch hohe, viereckige Bauten, die aus der Fassade herausragten und höher waren als das Dach aus grauem Schiefer; ihre Augen wanderten über die vielen Lukarnen längs des Daches. Am meisten indes beeindruckte sie die Treppe, die in Form eines Hufeisens von der Eingangstür im ersten Stock sanft geschwungen nach unten lief. Katharina dachte bei sich, dass es keine Mühe bereitete, diese Treppe hinaufzugehen; überhaupt, auf dieser Treppe ging man nicht, man schwebte hinauf.

Es ist ein richtiges Schloss, dachte sie, mit Außentreppe; wie geräumig es wirkt – hier gibt es bestimmt genügend Platz für den ganzen Hofstaat. Im Stillen verglich sie Fontainebleau mit den beiden Schlössern, die sie außer dem Louvre kannte, nämlich Amboise und Blois.

Amboise war zwar eine weiträumige Schlossanlage, aber da verschiedene Herrscher immer wieder angebaut und erweitert hatten, wirkte es uneinheitlich, unübersichtlich. Gewiss, die Rampe im Minoritenturm, auf der zwei Reiter nebeneinander hinaufreiten konnten, war imposant, der Blick über die Loire grandios, aber wenn sie von Clos-Lucé aus zum Schloss hinüberschaute, erinnerte das Gebäude stets an eine Festung, die ursprünglich der Verteidigung diente.

Das Stadtschloss Blois, das sich über den Dächern erhob, war, was die Größe betraf, geradezu bescheiden – verglichen mit Fontainebleau – und nüchtern, zumindest der Flügel, den Ludwig XII. hatte errichten lassen. Blois war ein Schloss, wo regiert und verwaltet wurde, ein Schloss, wo die Generalstände tagten; es war kein Schloss für Feste.

Fontainebleau hingegen … Allein die Lage inmitten der Natur, umgeben von wildreichen Wäldern. Hier konnte man sich wahrscheinlich hemmungslos allen Vergnügungen hingeben. Sie hatte schon öfter gehört, dass ihr Schwiegervater sich hier am liebsten aufhielt, und sie konnte es verstehen.

Der König beobachtete lächelnd Katharinas stumme Bewunderung.

»Wie gefällt dir Fontainebleau, ma fille?«

»Es ist grandios, Sire, so harmonisch. Durch die Treppe wirkt der Gebäudekomplex so elegant, sie ist so königlich. Man wagt gar nicht, dort hinaufzugehen. – Wann wurde mit dem Bau begonnen?«

»Vor über 400 Jahren. Ludwig VI., ›der Dicke‹, hat in der ersten Hälfte des zwölften Jahrhunderts ein Landhaus oder eine Burg inmitten der Wälder errichtet. Sein Nachfolger Ludwig VII. ließ 1169 die Kapelle dieser Burg vom Erzbischof von Canterbury, dem berühmten Thomas Becket, weihen, der damals in Sens in der Verbannung lebte. Philipp-August und Ludwig IX., ›der Heilige‹, kamen hierher, um zu jagen; Philipp IV., ›der Schöne‹, wurde 1262 hier geboren und starb hier im Jahre 1314. – Ab der ersten Hälfte des fünfzehnten Jahrhunderts kamen die Könige nicht mehr hierher, weil der Krieg gegen England sie zwang, sich an die Loire zurückzuziehen. Während der folgenden Jahrzehnte begann die Burg allmählich zu verfallen. Nach meiner Rückkehr aus der spanischen Gefangenschaft widmete ich mich erneut der Renovierung und dem Neubau von Schlössern; ich wollte überall dort, wo man gut jagen konnte, eine Residenz zur Entspannung haben, mit so viel Luxus wie möglich – eine Residenz, die es ermöglichte, nach einem Jagdtag die Nacht mit Musik und Tanz zu verbringen. So ließ ich aus Italien eine kleine Armee von Architekten, Dekorateuren und Malern kommen: Die neuen Schlösser sollten die französische und die italienische Architektur in sich vereinen. Es kamen Rusticci, Pellegrini, della Robbia, Rosso, Primaticcio. 1528 wurde mit dem Bau von Schloss Madrid begonnen, im Forst Boulogne nahe der Seine; im Forst von Compiègne wurde – allerdings von französischen Architekten – Villers-Cotterêts erbaut, und vor zwei Jahren ließ ich um den Turm und die Kapelle von Saint-Germain ein neues Schloss bauen, Saint-Germain-en-Laye. Die neuen Schlösser sind alle noch nicht fertig, auch Chambord nicht, mit dessen Bau vor fünfzehn Jahren begonnen wurde. Der Neubau von Fontainebleau ist am weitesten gediehen. Vor sechs Jahren, als ich hier jagte, entdeckte ich die verfallene Burg, und da die Wälder hier besonders wildreich sind, beschloss ich, hier ein Schloss zu bauen, das so groß sein sollte, dass der gesamte Hofstaat hier wohnen konnte und alle Kanzleien hier untergebracht werden können. Ich ließ die Burg abreißen, bis auf eine Mauer um den ovalen Hof und einen viereckigen Turm; in diesem Turm liegen meine Privaträume, weil Ludwig der Heilige seinerzeit dort auch seine Räume hatte. Der Bauplan ist ganz einfach: Ich habe um diesen ovalen Innenhof vier – allerdings immense – Baukörper im Viereck errichten lassen. Äußerlich wirkt das Schloss vielleicht nüchtern und streng auf dich, aber die Innenräume sind desto prachtvoller gestaltet. Rosso und Primaticcio beaufsichtigen die Dekoration – sie gebieten über ein kleines Heer von Malern, Stuckateuren, Skulpteuren und Mosaiklegern. Nachher zeige ich dir die Galerie; darunter habe ich eine Reihe zusätzlicher Badegemächer installieren lassen. Weißt du, ma fille, wenn ich in den Hof von Fontainebleau einreite, habe ich immer das Gefühl, dass ich nach Hause komme. Bei keinem anderen Schloss empfinde ich so, auch nicht bei Chambord …« Er schwieg eine Weile, betrachtete zufrieden die Fassade und die Treppe. Dann wandte er sich an sein Gefolge.

»Meine Herren, den morgigen Tag werden wir auf der Jagd verbringen. Wir brechen um acht Uhr auf, so hat jeder Gelegenheit, vorher noch die Frühmesse zu besuchen. Wir werden bei Sonnenuntergang wieder hier sein, und anschließend gibt es ein ›fettes‹ Bankett – die Fastenzeit ist ja Gott sei Dank endlich vorüber. Nach dem Bankett wird getanzt bis zum frühen Morgen, nach dem Ruhetag gehen wir erneut auf die Jagd, dann kommt wieder ein Ruhetag. Ruhetage und Jagdtage werden bis Ende April aufeinander folgen; die Herzogin von Etampes und meine *petite bande* werden uns auf jeder Jagd begleiten!«

Während die Herren in lauten Jubel ausbrachen, sahen die jungen Damen der *petite bande* einander betreten an und alle dachten das Gleiche:

Hoffentlich halte ich diese Strapazen durch – den ganzen Tag im Sattel und anschließend eine Ballnacht … Aber ich muss durchhalten, sonst verliere ich die Gunst des Königs und gehöre nicht mehr zum erlesenen Kreis der *petite bande*.

Auch Anna von Pisseleu dachte mit gemischten Gefühlen an die kommenden Tage. Es kam oft vor, dass der König nach einer Jagd und einem Ball die restliche Nacht als Liebesnacht mit ihr verbringen wollte, und dann durfte sie keine Spur von Müdigkeit zeigen, sondern musste eine temperamentvolle und leidenschaftliche Geliebte sein.

Katharina betrachtete die jungen Damen und beneidete sie, dass sie den König begleiten durften – wie gerne wäre sie ebenfalls mitgeritten, aber man hatte sie nicht aufgefordert, und sie wagte nicht, diesen Wunsch zu äußern.

Heinrich, überlegte sie, geht bestimmt zur Frühmesse, unterdessen werde ich mich ankleiden und von der Treppe aus wenigstens den Aufbruch der Jagdgesellschaft verfolgen.

»Anna, die Seneschallin wird morgen ebenfalls mitreiten – sie hat wohl die Absicht, an jeder Jagd teilzunehmen«, sagte Franz in diesem Augenblick.

»Wenn man die dreißig überschritten hat, sollte man sich etwas mehr Ruhe gönnen«, erwiderte Anna spitz.

Katharina verspürte einen Stich: Ihre Rivalin nahm also an der Jagd teil; das Weibsbild würde die Gelegenheit bestimmt nützen und sich weiter an Heinrich heranpirschen.

»Komm, *ma fille*, jetzt zeige ich dir die Galerie.«

Während sie an der Seite ihres Schwiegervaters über den Hof zur Treppe ging, fühlte sie sich eingeschüchtert von der langen Fassade – so etwas hatte sie noch nie gesehen. In Rom und Florenz gab es zwar gewaltige Paläste, aber sie waren wuchtig, hoch gebaut, ohne Eleganz; sie strahlten keine Heiterkeit aus wie dieses Schloss mitten im Wald.

Fontainebleau symbolisiert ein anderes Lebensgefühl als die Schlösser, die ich bisher gesehen habe, ging es ihr durch den Kopf, während sie andächtig auf der rechten Seite der hufeisenförmigen Treppe emporstieg. Der König von Frankreich muss sich nicht verteidigen, das Volk liebt ihn und die großen Adelsfamilien muss er nicht mehr fürchten, er ist der alleinige Herrscher – er muss keine Festungen mehr errichten, wie seine Vorgänger, er kann sich Lustschlösser leisten.

Inzwischen waren sie oben angekommen. Ein Diener öffnete die Tür,

Katharina trat ein und blieb überrascht stehen: Vor ihr lag eine unendlich lange Galerie, deren Breite es erlaubte, sie für Festlichkeiten und Empfänge zu nutzen. Sie betrachtete die Decke, die aus einer Unzahl kunstvoller Holzschnitzereien bestand. Sie ging langsam zu der rechten Wand und fühlte sich bald völlig verwirrt von den Tafelbildern, die in die Wand eingefügt waren und sich über einem fein geschnitzten Holzsockel befanden; jedes Bild war von Stuckplastik umrahmt, von Girlanden, Tieren Putten, die in einer inneren Beziehung zum Bild standen.

»Ich bin überwältigt, Sire. Die geschnitzten Eintäfelungen, die Fresken – man benötigt Stunden, wenn man hier entlanggeht und sich alles genau ansehen will.«

»Die Dekorationen, die du hier siehst, sind ein Werk deines Landsmannes, des Florentiners Rosso. Die Galerie ist auch noch nicht fertig, weil ich sie immer weiter verschönern lasse; alle Kunstwerke, die es gibt, kaufe ich nach und nach und lasse sie hierher bringen, in diese Galerie. – Statuen, Gemälde, Goldschmiedearbeiten, seltene Bücher – bei meinem Tod soll dieser Korridor eine Schatzkammer sein. Morgen Abend wird hier getafelt und getanzt; der große Festsaal ist noch im Bau, und es wird noch einige Jahre dauern, bis er vollendet ist. – Die Galerie verbindet den äußeren Hof mit dem alten, ovalen Hof.« Dann ging er mit Katharina langsam an den Wänden entlang; er erklärte ihr die Dekorationen, die ihn als König verherrlichen – als Führer im Krieg und in der Wissenschaft. Er zeigte ihr in der Mitte die beiden vorspringenden Kabinette, von denen das eine auf den Brunnenhof blickte, das andere in den Garten.

Katharina betrachtete, während der König die Bilder erklärte, die Verzierungen am Rand etwas genauer und stellte überrascht fest, dass es Gemälde waren, die aussahen wie Bildhauerarbeiten.

Sie machte ihn darauf aufmerksam und er lächelte.

»Ja, *fare piacere, fare stupore*, alles soll entzücken, soll überraschen.«

»Sire, hier in Fontainebleau würde ich gerne mein erstes Kind zur Welt bringen«, sagte Katharina im Weitergehen.

»Du kannst alle deine Kinder hier im Schloss zur Welt bringen.«

Die Appartements für Katharina und Heinrich waren geräumiger und heller als im Louvre, in Amboise oder Blois, und als Katharina durch ihre neue Wohnung ging, bedauerte sie, nur einige Wochen hier leben zu können. Wie eng war es in Blois – in ihrer Erinnerung war der Ständesaal, der zwischen dem Flügel Ludwigs XII. und dem neu erbauten Flügel ihres Schwiegervaters lag, der größte Raum gewesen.

»Ich hatte gehofft«, sagte Heinrich auf dem Weg zur Abendtafel, »dass wenigstens einmal eine Wildschweinjagd stattfindet, aber leider ist dies nicht der Fall.«

»Wie meinst du das?«

»Bei einer Wildschweinjagd dürfen keine Frauen mitreiten. Da die *petite bande* an jeder Jagd teilnimmt, gibt es folglich keine Wildschweinjagd.«

»Warum dürfen Frauen nicht an einer Wildschweinjagd teilnehmen?«

»Es ist zu gefährlich. Ein Eber, der vom Pfeil nur getroffen, aber nicht getötet wird, ist unberechenbar. Er rast umher und kann manchmal nur von mehreren starken Männern überwältigt werden.«

Am nächsten Morgen stand Katharina bereits um halb acht fertig angekleidet und geschminkt auf der Hufeisentreppe, weil sie keinen Augenblick des Aufbruchs versäumen wollte.

Nach ungefähr einer Viertelstunde füllte der Hof sich mit Bogenschützen, Edelleuten und laut bellenden Jagdhunden. Nun erschien auch der Jagdmeister Pierrot, gefolgt von annähernd fünfzig Pferdefuhrwerken, die mit Proviant, kleinen Weinfässern, Tischtüchern und Silbergeschirr beladen waren. Pierrot gab dem ersten Fuhrmann einige Anweisungen, und dann setzte die Kolonne sich in Bewegung, um auf einer Waldlichtung alles für die mittägliche Rast vorzubereiten.

Inzwischen waren auch der Dauphin, Heinrich und Franz von Guise in den Hof geritten und sahen erstaunt Katharina auf der Treppe stehen.

»Deine Frau scheint sich für die Jagd zu interessieren«, sagte Franz von Guise. Er war als Einziger seiner Familie mit dem Hof nach Fontainebleau gereist; seine Eltern und Geschwister hatten sich nach Lothringen begeben, um die Hochzeit der ältesten Tochter vorzubereiten. Auch Coligny und sein älterer Bruder weilten nicht am Hof; sie waren zusammen mit Montmorency in ihr Schloss nach Chatillon-sur-Loing zurückgekehrt, weil ihr Vater plötzlich gestorben war und sie die Mutter bei der Verwaltung der Ländereien einige Zeit unterstützen mussten.

Heinrich erwiderte nichts und hielt nach Diana Ausschau, aber zu seiner Enttäuschung kamen zunächst die Herzogin von Etampes und die *petite bande*.

»Guten Morgen, Madame!«, rief Katharina und winkte der Herzogin zu. Anna sah überrascht auf, lachte und winkte zurück.

Katharina betrachtete sehnsüchtig die jungen Damen – wie gerne würde sie dazugehören!

Nun ritt Diana in den Hof und Katharina spürte wieder jene verzehrende Eifersucht, und wieder einmal sagte sie sich, dass sie mit diesem Gefühl anders umgehen musste, wenn sie die Situation langfristig ertragen wollte.

Als die Turmuhr anfing, die volle Stunde zu schlagen, kamen der König und der Admiral und Generalleutnant von Burgund, Chabot de Brion.

Ich muss den König auf mich aufmerksam machen, dachte Katharina; es gefällt ihm bestimmt, dass ich hier stehe und ihm nachwinke.

»Guten Morgen, Sire! Waidmannsglück für den heutigen Tag!«

Franz sah zur Treppe, lächelte und rief:

»Guten Morgen, ma fille! Jagdglück können wir brauchen! – Wir reiten los!«

Der Jagdmeister und die Bogenschützen bliesen in die Hörner, und fast im gleichen Augenblick sprengte der König über den Hof und hinein in die Landschaft, gefolgt von der Herzogin, der *petite bande* und der übrigen Jagdgesellschaft.

Katharina sah der dahinfliegenden Schar fasziniert nach, sie lauschte dem Klang der Hörner und dem Gebell der Hunde, das allmählich schwächer wurde, bis es sich in der Ferne verlor.

Während sie sich zu ihren Schwägerinnen begab, überlegte sie, ob sie den König bitten sollte, ihr die Teilnahme an der Jagd zu erlauben. In Rom und Florenz hatte sie hin und wieder an einer Jagd teilgenommen, aber es waren immer nur wenige Stunden gewesen, kein ganzer Tag, und sie beschloss, am übernächsten Morgen wieder auf der Treppe zu stehen und den Aufbruch zu beobachten, weil es für sie ein faszinierendes Schauspiel war.

»Ich habe den König und sein Gefolge zur Jagd reiten sehen«, sagte sie zu ihren Schwägerinnen, während sie auf den Lehrer warteten. »Ich beneide die *petite bande*, dass sie den König begleiten dürfen.«

»Ich bezweifle, ob die Damen beneidenswert sind«, erwiderte Margarete, »sie dürfen meinen Vater nicht begleiten, sie müssen ihn begleiten, ebenso wie die Herzogin und meine älteren Brüder. Überdies … erzähle, Katharina, wie würdest du den Abend nach einem Jagdtag verbringen?«

»Ich würde den Tag ruhig ausklingen lassen, baden, mich umziehen, ausgiebig tafeln, anschließend könnte man musizieren, Schach oder Karten spielen oder einfach nur plaudern. Vor allem würde ich mich früh zur Ruhe begeben.«

»Siehst du, und genau das dürfen die Damen der *petite bande nicht*;

gewiss, sie genießen das Privileg, stets in der Nähe des Königs sein zu dürfen, sie genießen sein Vertrauen, ihre Kleider werden von meinem Vater ausgesucht und bezahlt. – Ich weiß nicht, ob dir schon aufgefallen ist, dass die Farben und die Stoffe mit der Ausstattung des jeweiligen Schlosses harmonieren und draußen abgestimmt sind auf die Kleidung meines Vaters. – Die Damen wurden übrigens nicht nur wegen ihrer Schönheit ausgewählt, sondern auch wegen ihrer Bildung; vor allem aber dürfen sie keinen Augenblick Traurigkeit zeigen, sie müssen stets lächeln und gut gelaunt sein. Man erwartet von ihnen, dass sie fließend Latein und Griechisch sprechen, tanzen können wie Salome, und nach einem Jagdtag wie heute müssen sie eine geistreiche Unterhaltung führen können wie meine Tante Margarete, und je nach der Situation gibt mein Vater einer Dame den Wink, nach dem Ball einen ausländischen Gesandten unter vier Augen zu amüsieren, du verstehst, was ich meine?«

»Ja, natürlich.« Katharina überlegte eine Weile und fragte dann vorsichtig: »Glaubst du, dass bei einem Rendezvous mit einem Gesandten die Damen auch versuchen, ihn auszuhorchen und ihm politische Geheimnisse zu entlocken?«

»Nein, als Spione werden sie nicht eingesetzt, da gibt es andere Möglichkeiten.«

Katharina schwieg und dachte im Stillen, dass die *filles de joie* auch als Agentinnen brauchbar wären. Wenn der König in Marseille eine Dame als Spionin beim Papst eingesetzt hätte, wüsste er jetzt vielleicht etwas mehr über die Absichten ihres Onkels, wobei es wahrscheinlich schwer war, dem Papst etwas zu entlocken – bei Passerini war es wahrscheinlich leichter …

Während sie noch darüber sinnierte, dass man eine solche *petite bande* sehr gut für die politische Spionage nutzen oder mit ihrer Hilfe politische Gegner ablenken konnte, wurde der Lehrer gemeldet.

»Mesdames«, begann Tagliacarne, »wir haben uns zuletzt mit der griechischen Tragödie beschäftigt.« Er wandte sich an Magdalena. »Was unterscheidet Euripides von dem fast gleichaltrigen Sophokles?«

»Bei Sophokles steht der Mensch im Mittelpunkt der Handlung, das Tragische tritt bei ihm sowohl als Schicksal in Erscheinung, gegen das der Mensch sich vergeblich aufzulehnen versucht, wie auch als Schuld des Individuums. Bei Euripides wird der Mensch, unabhängig von Schicksalsvorstellungen, zum Maßstab des Geschehens, er schildert die Leiden und die Leidenschaften der Menschen um ihrer selbst willen.«

»Was wissen Sie über Euripides?«, fragte er Margarete.

»Er führt den Prolog als Stilmittel ein, das heißt, im Prolog wird die Vorgeschichte der Handlung erzählt, die dann in ihren entscheidenden Augenblicken dargestellt wird. Überdies behandelt er oft Frauenprobleme, zum Beispiel im *Hippolytos*. Dort ist die Liebesleidenschaft einer Frau das tragische Problem. In der *Alkestis* zeigt er uns die opferbereite Frau, in den *Troerinnen* die Tragik der Mütter.«

Tagliacarne ging eine Weile nachdenklich auf und ab, schließlich wandte er sich an Katharina.

»Verweilen wir noch einen Moment bei den *Troerinnen*. Sie erinnern Sich, Madame, dass Hekates Tochter Kassandra die Gabe besaß, Ereignisse vorherzusehen. So weissagt sie in der Tragödie das Schicksal Agamemnons, der nach der Rückkehr aus Troja von der Gattin und deren Liebhaber ermordet wird, und die Irrfahrten des Odysseus. Auch heute, in der Gegenwart, gibt es Astrologen, die bei der Geburt eines Menschen seine Zukunft vorhersagen. – Was meinen Sie, Madame – ist das Schicksal eines Menschen endgültig vorherbestimmt, oder kann er versuchen, ihm zu entgehen?«

Katharina überlegte lange Zeit.

»Ich glaube, dass das Schicksal eines Menschen vorherbestimmt ist. Aber wenn gewisse Ereignisse, positive oder negative, eintreten, kommt es darauf an, wie der Mensch reagiert. Angenommen, einem armen Mann ist es bestimmt, reich zu werden, angenommen, dieser Fall tritt ein und er erhält Geld und Güter, dann hat er zwei Möglichkeiten: Er kann sein Vermögen klug verwalten oder in Saus und Braus leben und das Geld vergeuden. – Es kommt immer darauf an, was der Mensch aus seinem Schicksal macht. Er kann natürlich durch seine Handlungen auch große Schuld auf sich laden.«

»Gewiss, Madame. Aber manchmal werden unsere Handlungen auch von Entwicklungen und Umständen bestimmt, gegen die wir uns nicht wehren können. Kaiser Karl V. zum Beispiel muss sich mit den protestantischen deutschen Fürsten auseinander setzen, ob er will oder nicht. Eine solche Entwicklung hätte vor fünfzehn Jahren, als er zum Kaiser gewählt wurde, niemand für möglich gehalten.«

Der Vormittag verlief für die Jagdgesellschaft erfolglos, was indessen die gehobene Stimmung nicht beeinträchtigte, weil alle die Frühlingssonne, den wolkenlosen Himmel und die Bewegung an der frischen Luft genossen.

Heinrich behielt Diana im Auge und hoffte, dass sich irgendwann im Laufe des Tages die Gelegenheit ergab, ein paar Augenblicke mit ihr allein zu sein. Vielleicht kam es zu einem Kuss …

Diana ihrerseits überlegte, wie sie sich während der folgenden Wochen ihrem Verehrer gegenüber verhalten sollte.

In Fontainebleau und den übrigen Schlössern würden sie unter einem Dach leben, die Gelegenheit zu einem Rendezvous war günstiger als in Paris.

Ein Rendezvous, zu dem sie nicht die geringste Lust verspürte, und sie beschloss, vor den Augen des Hofes mit ihm zu tändeln, aber gleichzeitig sorgfältig darauf zu achten, dass sie nie mit ihm allein war, weil die Sehnsucht in seinen Augen ihr nicht gefiel.

Gegen Mittag erreichten sie die Waldlichtung, wo eine üppige Tafel gerichtet war mit Salaten, Früchten, geräuchertem Fisch, kaltem Braten und Geflügel, süßen und salzigen Pasteten und Torten, dazu gab es roten und weißen Burgunder, und der Kellermeister öffnete ein Fässchen nach dem anderen.

Diana arrangierte es, dass sie neben Heinrich saß, und er legte ihr glücklich die besten Fleischstücke auf den Teller und achtete darauf, dass ihr Becher stets gut gefüllt war, wobei ihm in seiner Verliebtheit entging, dass sie nur wenig trank.

»Gefällt Ihnen die Jagd?«, fragte sie nach einer Weile, schließlich musste sie sich über irgendetwas mit ihm unterhalten.

»Ja und nein, Madame. Ich bedauere, dass wir noch nichts erlegt haben, aber Ihre Anwesenheit entschädigt mich dafür.« Er zögerte etwas, nahm allen Mut zusammen und fragte: »Madame, erlauben Sie, dass ich heute Abend die Volta mit Ihnen tanze?«

»Gewiss, aber Sie müssen die Volta zuerst mit Ihrer Gattin tanzen – Sie dürfen sie nicht vernachlässigen.«

Er sah sich vorsichtig um, ob auch niemand ihr Gespräch belauschte.

»Ich finde die Italienerin zwar sympathisch«, erwiderte er leise, »aber ich liebe sie nicht.«

»Ich glaube Ihnen, dass Sie sie nicht lieben, aber Sie sind mit ihr verheiratet und haben Ihr gegenüber Pflichten, und ich werde Sie stets an diese

Pflichten erinnern. Versprechen Sie mir, dass Sie heute die erste Volta mit ihr tanzen werden?«

»Ich verspreche es Ihnen, Madame, und ich werde mein Wort halten.«

Am Nachmittag führte Margarete Katharina durch das Schloss und den Garten. Irgendwann setzten sie sich ermüdet auf eine Bank und genossen den Anblick der Fassade. Katharinas Augen wanderten langsam von der linken Seite nach rechts; sie betrachtete das goldene Tor – den Haupteingang des Schlosses – mit den zwei übereinander liegenden Loggien, den halb fertigen Ballsaal, und sie empfand auf einmal ein Gefühl innerer Leere. Wie lang ein Tag sein konnte. Es gab viele Stunden, die ausgefüllt werden mussten, aber wie?

Sie hatte sich inzwischen an das alltägliche Hofleben gewöhnt und überlegte, wie sie die Zeit in Fontainebleau und den übrigen Schlössern verbringen sollte. In Paris konnte man stundenlang das Leben und Treiben in den engen Gassen betrachten – aber hier, in der Provinz?

Ihre Teilnahme am Unterricht der Schwestern war eine sinnvolle Beschäftigung –, ja, dachte sie, Beschäftigung, das ist das richtige Wort: Man beschäftigt sich am Hof mit allerlei, man vertreibt sich die Zeit, mehr nicht.

Sie merkte nicht, dass Margarete sie beobachtete und zuckte zusammen, als sie die Stimme der Schwägerin hörte.

»Du bist so still, Katharina. Darf ich wissen, worüber du nachdenkst?«

»Natürlich, aber ich weiß nicht, ob du es verstehst. In wenigen Tagen vollende ich mein fünfzehntes Lebensjahr; falls ich die Geburt meiner Kinder überlebe, habe ich noch dreißig, vielleicht sogar fünfunddreißig oder vierzig Jahre zu leben. Ich werde die Tage mit Reiten, Bogenschießen, Tanzen, Musizieren und Lektüre ausfüllen, hin und wieder muss ich repräsentieren. Aber das kann doch nicht alles im Leben sein, man muss doch eine Aufgabe haben.«

Margarete sah Katharina erstaunt an.

»Das verstehe ich nicht, alle Damen am Hof leben so – überdies wirst du Kinder haben, das ist auch eine Aufgabe.«

»Kinder – werde ich je Gelegenheit haben, ihre Erziehung zu leiten? In den ersten Jahren werden sie von Ammen und Wärterinnen betreut, später von Erzieherinnen und Lehrern geformt und unterrichtet.«

»Du wirst sie natürlich nicht selbst erziehen, aber du hast die Aufgabe, Kinder zur Welt zu bringen, es dient der Sicherung der Dynastie. Du musst eine Seitenlinie zur Hauptlinie unseres Hauses aufbauen, das ist doch eine Aufgabe.«

»Ja, natürlich … Du verstehst nicht, was ich meine. Die Damen hier am Hof leben in den Tag hinein, sie beschäftigen sich mit irgendetwas; aber in Florenz und Rom waren meine Tanten voll damit ausgelastet, einen Haushalt zu führen, sie haben die Palazzi regiert und alles überwacht – sie hatten eine Aufgabe. Verstehst du nun, was ich meine?«

»Ja, aber am Hof gibt es dafür Beamte, ein Hof ist kein Privathaushalt.«

»Du hast Recht«, erwiderte Katharina resigniert. Es ist zwecklos, dachte sie, dass ich mich mit Margarete über solche Dinge unterhalte. Sie und niemand hier wird es verstehen, dass ich an den Sitzungen des Kronrates teilnehmen und meinen Schwiegervater gerne bei politischen Entscheidungen beraten würde. Und als sie langsam zum Schloss zurückgingen, malte Katharina sich aus, wie der König sie in sein Arbeitszimmer kommen ließ, um ihre Meinung zu diesem oder jenem Problem zu hören.

Während Margarete ihre Schwester aufsuchte, ging Katharina zur Königin. Sie verbrachte jeden Tag eine Stunde bei ihr und den Damen, damit nicht der Eindruck entstand, dass auch sie die Habsburgerin übersah, wie so viele Damen und Herren des Hofes.

Die Königin und ihre Damen waren mit Stickarbeiten beschäftigt, während eine von ihnen erbauliche Geschichten vorlas.

Katharina setzte sich etwas in den Hintergrund, hörte zu, fand die Geschichten langweilig, beobachtete die Damen und hatte das Gefühl, dass sie mit ihrem Leben zufrieden waren. Es genügte ihnen anscheinend, die Messe zu besuchen, der Königin Gesellschaft zu leisten, sich mit Handarbeiten und dem neuesten Hofklatsch zu beschäftigen. Sie dachte daran, dass sie jetzt Herzogin von Florenz wäre, wenn es Alessandro nie gegeben hätte. Das Schicksal hatte es anders gewollt. War es etwa ihr Schicksal, ein Leben des Müßiggangs zu führen?

Nach einer Weile verließ sie unauffällig den Raum, begab sich in ihr Studierzimmer und begann, Machiavelli zu lesen.

Irgendwann kehrte die Jagdgesellschaft zurück, irgendwann begann der Ball, und Katharina war freudig überrascht, als Heinrich während einer Pause zu ihr kam und sie bat, die erste Volta mit ihm zu tanzen.

»Es ist sehr aufmerksam von dir«, sagte sie, während sie zur Tanzfläche gingen.

»Es ist ein Wunsch von Diana. Sie hat mich heute gebeten, meine Pflichten dir gegenüber zu erfüllen – das ist die Bedingung, dass ich die folgenden Voltas mit ihr tanzen darf.«

Katharina glaubte, nicht richtig zu hören: Er tanzte mit ihr, der Gattin, weil Diana es wünschte … Mein Gott, dachte sie, wohin soll das führen? Er scheint sich ihr völlig zu unterwerfen, demnächst bestimmt sie, wann er mit mir schläft.

Nach der Volta begab Heinrich sich zu Diana, und Katharina bemühte sich, so gleichgültig wie möglich zu wirken, und überlegte, ob sie es wagen konnte, den Ball unter einem Vorwand zu verlassen.

Da kam Franz von Guise auf sie zu.

»Madame, Ihr Gatte bat mich, die nächsten Voltas mit Ihnen zu tanzen, er hat anderweitige Verpflichtungen.«

Die letzten Worte waren von einem spöttischen Lächeln begleitet, das Katharina geflissentlich übersah. Sie strahlte Franz an und ließ sich von ihm zur Tanzfläche führen.

Katharina stand auch an den beiden folgenden Jagdtagen auf der Hufeisentreppe, winkte der Gesellschaft nach und hörte sehnsüchtig, wie das Hundegebell und der Klang der Hörner sich in der Ferne verloren. Dann kehrte sie in das Schloss zurück und überlegte, ob sie ihren Schwiegervater nicht doch bitten sollte, sie mitreiten zu lassen.

Am Nachmittag des 12. April stand sie neben dem König und dem Grafen Montecuccoli am Rand des Ballspielplatzes und verfolgte das Federballspiel zwischen ihrem Gatten und dem Dauphin, wobei sie im Stillen hoffte, dass Heinrich gewinnen würde. Sie hatte schon öfter ein solches Spiel verfolgt, aber stets nach kurzer Zeit den Überblick verloren, wie es stand. So auch an diesem Nachmittag.

»Sire«, fragte sie, nachdem der Ballwechsel schon über eine Stunde dauerte, »wer wird wahrscheinlich gewinnen?«

»Heinrich«, brummte der König, »Franz ist heute irgendwie nicht in Form.« In diesem Augenblick war das Spiel beendet, die Gegner reichten sich die Hände und kamen dann schweißgebadet zu den drei Zuschauern.

»Verzeihen Sie, Vater!«, rief der Dauphin. »Ich habe leider verloren. – Montecuccoli, rasch, bringe mir eiskaltes Wasser, ich bin am Verdursten.«

Der König beachtete Heinrich nicht weiter, sondern strich dem Dauphin liebevoll die schweißnassen Haare aus dem Gesicht.

»Man muss auch verlieren können, Franz. Jeder Mensch verliert irgendwann ein Spiel, eine Schlacht, einen Krieg; beim nächsten Mal besiegst du deinen Bruder.«

»Ich freue mich, dass du gewonnen hast, Heinrich«, sagte Katharina leise.

In diesem Augenblick kehrte der Sekretär mit einem Pokal Wasser zurück und der Dauphin trank hastig ein paar große Schlucke.

»Franz«, rief Katharina, »trinke langsam, sonst bekommt es dir nicht.«

»Du bist genauso besorgt wie die Königin«, erwiderte er und wollte weitertrinken, als sie zu ihm trat und ihm den Pokal aus der Hand nahm.

»Entschuldige, Franz, aber du musst auf deine Gesundheit achten, du bist schließlich der Thronfolger.«

»Katharina hat Recht«, sagte der König, und zu Montecuccoli: »Los, fangen wir an.«

Während die Brüder sich ins Schloss begaben, um sich umzukleiden, beobachtete Katharina das Spiel zwischen ihrem Schwiegervater und dem italienischen Grafen. Sie überlegte erneut, ob sie den König bitten sollte, ihr die Teilnahme an der Jagd zu erlauben und beschloss, ihn um Erlaubnis zu fragen, falls er Montecuccoli besiegte.

Irgendwann reichten die Gegner sich die Hände, Katharina sah an den Mienen, dass der König gewonnen hatte und klatschte Beifall, während die beiden zu ihr kamen.

»Ihre Majestät sind beim Federball unschlagbar«, sagte Montecuccoli, »für mich war es eine Lehrstunde. Ich hoffe, Ihre Majestät haben sich nicht gelangweilt.«

»Seien Sie unbesorgt, mein lieber Graf«, erwiderte Franz gut gelaunt. »Morgen ist wieder eine Jagd, ma fille«, sagte er zu Katharina. »Ich hoffe, dass du uns nachwinkst, ich habe mich inzwischen daran gewöhnt, und die Herzogin sagte gestern, es sei allmählich ein Ritual, wenn du morgens auf der Treppe stehst.«

Katharina spürte, dass jetzt der geeignete Moment war, um dem König ihren Wunsch vorzutragen. Sie zögerte einige Sekunden und nahm dann ihren ganzen Mut zusammen.

»Sire, ich möchte Sie um etwas bitten. Darf ich morgen bei der Jagd mitreiten? Ich liebe die Jagd, ich habe sie in Italien kennen gelernt – allerdings waren es immer nur wenige Stunden, kein ganzer Tag.«

Franz sah seine Schwiegertochter überrascht an – ihr Interesse für die Jagd war neu für ihn.

»Ich würde mich freuen, wenn du mitreitest, ma fille, aber wirst du diese Strapaze verkraften? Bedenke, morgen ist nach dem Bankett noch ein Ball, ein Ball anlässlich deines Geburtstages. Ich weiß inzwischen, dass du leidenschaftlich gerne tanzt und ich möchte, dass du den Ball genießt und nicht erschöpft am Rande des Saales sitzt und zusiehst, wie die anderen sich amüsieren.«

»Sire, ich verspreche Ihnen, dass ich nach der Jagd meine Repräsentationspflichten erfüllen werde, wie es sich ziemt.«

Franz lächelte. »Gut, reite morgen mit, und wenn du die Jagd ohne Sturz vom Pferd heil und wohlbehalten überstehst, darfst du mitreiten, wann immer du willst. – Übrigens, nachher schicke ich einen Kurier nach Rom mit einem Brief für deinen Onkel, den Papst. Es geht um die Eroberung von Mailand und Neapel; er hat mir seine Hilfe zugesichert. – Wenn du willst, kannst du dem Kurier ein paar Zeilen mitgeben. – Du korrespondierst doch sicher mit deinem Onkel?«

»Nein, Sire«, erwiderte sie zögernd, »mein Onkel hat seit seiner Abreise nichts von sich hören lassen, und ich habe ihm auch nicht geschrieben. Wir hatten immer ein distanziertes Verhältnis zueinander. Mein Vetter Ippolito hat mir einmal geschrieben, er ist ständig mit diplomatischen Missionen beschäftigt; ich habe seinen Brief beantwortet und seither nichts mehr von ihm gehört. Ich glaube auch, dass es besser ist, wenn ich Italien allmählich vergesse. Gewiss, ich habe meine Landsleute, die mich hierher begleitet haben, gerne um mich, aber schließlich ist Frankreich jetzt meine neue Heimat.«

Das höre ich gerne, ma fille, dachte er im Stillen. Viel familiären Zusammenhalt gibt es nicht bei den Nachkommen Lorenzos des Prächtigen, aber vielleicht ist das so bei einer aussterbenden Familie.

Heinrich war nicht wenig überrascht, als Katharina zur gleichen Zeit wie er das Schlafgemach verließ und sich in den Baderaum begab.

»Warum stehst du so früh auf? Es ist erst halb sechs.«

»Ich begleite dich heute zur Frühmesse. Da sie um sechs Uhr beginnt, muss ich jetzt aufstehen.«

»Wieso besuchst du die Frühmesse? Du kannst doch am Vormittag zur Messe gehen.«

»Heute nicht. – Dein Vater hat mir erlaubt, an der Jagd teilzunehmen.«

Er starrte sie sekundenlang fassungslos an.

»Du reitest heute mit uns? – Wirst du … Wirst du ab heute an jedem Jagdausflug teilnehmen?«

Sie überlegte blitzschnell, dass es besser war, ihm das Versprechen des Königs zu verschweigen, dass sie – sofern sie den heutigen Tag heil überstand – bei jeder Jagd, ausgenommen die Wildschweinjagd, mitreiten durfte.

»Das weiß ich noch nicht«, erwiderte sie.

Gütiger Himmel, dachte Heinrich, wenn sie mitreitet, wird Diana sich reserviert verhalten, weil sie anscheinend Wert darauf legt, dass ich vor den Augen des Hofes den fürsorglichen Gatten spiele.

Während sie sich zum Appartement des Königs begaben, dachte Heinrich sehnsüchtig an seine Träume. Während der vergangenen Jagdausflüge hatte er im Stillen gehofft, dass sich irgendwann, wenn sein Vater einem Hirsch nachsetzte, die Gelegenheit ergab, mit Diana einige Augenblicke unter vier Augen zu sein. – Bis jetzt waren immer Hofleute um sie gewesen. Wenn Katharina mitreitet, gibt es kein Rendezvous mit Diana.

Katharina dachte daran, dass sie an diesem 13. April ihr fünfzehntes Lebensjahr vollendete und ihr Gatte ihr nicht gratuliert hatte.

Sie erwartete kein Geschenk von ihm, ein paar nette Worte, vielleicht sogar ein Kuss hätten ihr genügt –, stattdessen – nichts. Er hat meinen Geburtstag vergessen, ging es ihr durch den Kopf. Nun ja, es gibt Schlimmeres, aber es gelang ihr nicht, die Enttäuschung über sein Verhalten zu unterdrücken.

»Guten Morgen, ma fille!«, rief der König gut gelaunt, als sie sein Appartement betrat, wo die Familie bereits versammelt war.

»Ma fille«, Franz zog seine Schwiegertochter an sich und küsste sie auf die Stirn, »ich wünsche dir von ganzem Herzen alles Gute für das kommende Lebensjahr. Dies ist dein erster Geburtstag bei uns und ich hoffe, dass noch viele folgen werden. – Ich habe ein kleines Geschenk für dich anfertigen lassen.« Er winkte einen Diener herbei, der Katharina die kostbare Armbrust aus Ebenholz und Damaszener Stahl überreichte.

»Ich hoffe«, sagte Franz, »dass dich die Armbrust erfreut. Ich habe dieses Geschenk gewählt, weil du eine vortreffliche Bogenschützin bist. Heute kannst du sie auch gleich zur Jagd mitnehmen.«

Katharina ließ ihre Finger fasziniert über das Ebenholz und den Damaszener Stahl gleiten.

»Ich danke Ihnen, Sire, Sie sind immer so großzügig …«

Während die Königin, Schwager und die Schwägerinnen Katharina gratulierten, schämte sich Heinrich, dass er den Geburtstag der Gattin vergessen hatte. Er gratulierte auch jetzt nicht, weil die Familie, besonders sein Vater, denken sollten, dass er diese Pflicht bereits erfüllt hatte – für ein Geschenk war es jetzt auch zu spät.

Auf dem Weg zur Schlosskapelle sagte er leise: »Ich möchte mich bei dir entschuldigen, Katharina, dass ich deinen Geburtstag vergessen habe. Ich wünsche dir alles Gute für das neue Lebensjahr. Ich … ich habe auch kein Geschenk für dich …«

»Sind Geschenke so wichtig, Heinrich?«

»Nun, es wäre ein Gebot der Höflichkeit.«

»Was bedeuten Gesten der Höflichkeit … Du liebst mich nicht, wozu dann ein Geschenk? Ich habe dir schon einmal gesagt, dass zwischen uns Offenheit herrschen soll. An diesem Hof ist die Heuchelei an der Tagesordnung, sie gehört zum Leben.« Sie verstummte, weil sie ihm nicht sagen wollte, dass sie ja ebenfalls heuchelte, indem sie an diesem Hof alle freundlich behandelte, um zu überleben, vor allem die Guisen und Diana, dass es aber zwei Menschen gab, denen sie ehrlich begegnen wollte: ihrem Gatten und dem König.

Als Katharina in den Schlosshof ritt, war die Jagdgesellschaft, wie üblich, bereits versammelt.

Sie begab sich zu den Damen, begrüßte die Herzogin, Diana und die anderen.

»Seine Majestät war so gütig, mir zu erlauben, heute mitzureiten«, sagte sie dann.

»Ich freue mich für Sie«, erwiderte Anna. »Sie haben uns immer so sehnsüchtig nachgeschaut.« Sie stutzte, betrachtete Katharina genauer. »Sie sitzen so merkwürdig auf dem Pferd, Madame …«

Inzwischen waren auch die *filles de joie* und Diana aufmerksam geworden, und Letztere nahm erstaunt wahr, dass die Schwiegertochter des Königs im Herrensitz ritt.

Katharina lächelte die Herzogin an.

»Madame, wenn ich bei der königlichen Jagd mithalten will, muss ich im Herrensitz reiten, so habe ich einen Herrensattel auflegen lassen.«

Anna wusste nicht recht, was sie darauf erwidern sollte. Diana fragte, ob dies Katharinas erste Jagd sei.

»Nein, Madame, in Italien war ich hin und wieder auf der Jagd. Ich liebe den Hörnerklang, das Hundegebell, ich liebe es, bei der Falkenjagd den Falken nach oben zu werfen und seinen Flug zu verfolgen.«

»Werden Sie jetzt öfter mitreiten?«

»Ich weiß es noch nicht, Madame.«

»Deine Frau scheint sich wirklich für die Jagd zu interessieren«, sagte Franz von Guise zu seinem Freund Heinrich, »oder will sie auf dich und Diana aufpassen?«

»Wahrscheinlich beides«, brummte Heinrich. Katharinas Anwesenheit hatte ihm den Ausflug schon verdorben.

In diesem Augenblick erschien der König, und beim ersten Klang der Hörner sprengte die Gesellschaft zum Hof hinaus.

Sie ritten weiter in den Wald hinein.

»Sire, sehen Sie!«, rief Pierrot auf einmal. »Der Zehnender, er ist uns schon einmal begegnet und wir konnten ihn nicht stellen, vielleicht gelingt es uns jetzt.«

Franz zügelte sein Pferd und überlegte kurz. »Wir wollen ihn stellen«, entschied er.

Die Hunde wurden losgekoppelt und auf die Wildbahn geführt, dann setzte man sie auf die Fährte und die Jäger schwärmten zu allen Plätzen aus, an denen der Hirsch überwechseln konnte.

»Es ist besser, wenn wir hier verweilen, bis der König das Tier erlegt hat«, sagte Anna zu Katharina und der *petite bande*.

»Warum sollen wir hier warten, Madame?«, fragte Katharina.

»Dieser Hirsch«, erklärte die Herzogin, »trägt zwölf Geweihspitzen, er ist ein Kronenzehnender, das edelste Tier des Waldes. Überdies scheint er ein Einzelgänger zu sein, der ohne Rudel von Wald zu Wald wechselt und wahrscheinlich stärker und wilder ist als die anderen. Gewöhnlich lässt ein Hirsch sich in der Umgebung des Platzes, wo er entdeckt wurde, herumjagen, er täuscht, verwirrt seine Fährte und kehrt schließlich wieder an den Platz zurück, wo er entdeckt wurde. Dieser Hirsch indes ist uns seinerzeit entkommen, weil er direkt in den Norden lief. Überlassen Sie ihn dem König, Madame.«

Katharina indes spürte plötzlich eine unbändige Jagdlust in sich, gab ihrem Pferd die Sporen und versuchte, die Jagdgesellschaft einzuholen. Anna sah ihr verblüfft nach und sagte zu den jungen Damen: »Im Herrensitz kann man tatsächlich rascher reiten. Bei der nächsten Jagd lassen wir die Pferde entsprechend satteln. Allerdings sieht man dann unsere Beine – ich werde dafür sorgen, dass Beinkleider für uns geschneidert werden. Im Herrensitz können wir den König bei den wildesten Jagden begleiten!«

Die jungen Damen stimmten begeistert zu, und als der Jubel allmählich nachließ, sagte Diana:

»Ich finde, dass eine Dame nicht im Herrensitz reiten sollte, es ist irgendwie anstößig.«

Anna überhörte die Bemerkung und ordnete an, dass die *petite bande* beim nächsten Mal Katharinas Beispiel folgen sollte.

Diese hatte inzwischen die Jagdgesellschaft eingeholt und verfolgte an der Seite des Königs den Hirsch, der sich indessen in den Wäldern verlor. Die Herren beobachteten erstaunt die herangaloppierende Katharina.

»Deine Frau hat wunderschöne Beine«, sagte Franz von Guise zu Heinrich. Heinrich erwiderte nichts, es war ihm peinlich, dass ausgerechnet Katharina sich über Anstandsregeln hinwegsetzte und im Herrensitz ritt.

Der König sah verwundert, dass seine Schwiegertochter auf einmal neben ihm galoppierte, und als er die Verfolgung des Hirsches im Laufe des Nachmittags aufgab und sie zu den anderen zurückkehrten, fragte er, warum sie im Herrensitz ritt.

»Sire, ich möchte Sie bei den wildesten Jagden begleiten, und das kann ich nur, wenn ich genauso reite wie Sie.«

Sie weiß, was sie will, dachte Franz, sie ist mutig.

Als sie in den Schlosshof von Fontainebleau einritten, rief er der Jagdgesellschaft zu: »Meine Herren, die Herzogin von Orléans hat heute ihre Feuerprobe bei der Jagd bestanden, sie war den ganzen Tag an meiner Seite. Sie gehört ab heute zur *petite bande* und wird uns ab jetzt bei jeder Jagd begleiten.«

»Es lebe die Herzogin von Orléans!«, rief Anna.

»Die Herzogin lebe hoch!«, riefen die jungen Damen. Sie waren alle hübscher als Katharina und sahen in ihr keine Konkurrenz.

»Es lebe die Herzogin von Orléans!«, riefen die Herren, und Katharina atmete auf.

Diana beobachtete die Szene und beschloss, künftig nicht mehr bei den königlichen Jagden mitzureiten, weil sie sich für den Herrensitz zu alt fühlte. Auf Schloss Anet konnte sie schließlich so jagen, wie es ihr genehm war. Sie musste eben auf andere Weise den Kontakt zu Heinrich intensivieren. Es gab Ausritte, Spaziergänge im Garten, sie konnte beim Ballspiel zusehen.

Katharina genoss die folgenden Wochen auf Fontainebleau, weil die königlichen Jagden für sie stets eine Herausforderung waren, bei der sie sich bewähren und den Anforderungen genügen musste, die der König an die *petite bande* stellte. Sie gehörte zu diesem auserlesenen Kreis und sie wollte in ihm bleiben.

Sie war zufrieden in Fontainebleau, so weit sie es sein konnte. Und abgesehen von Heinrich und Diana gab es nur ein Problem, das sie beschäftigte: ihre Kinderlosigkeit.

Sie sprach hin und wieder mit Mingo darüber, und diese empfahl ihr, möglichst nicht auf Maultieren zu reiten, damit deren angeborene Unfruchtbarkeit sich nicht auf sie übertrage.

Mingo weihte auch René ein, und eines Tages überreichte der Parfumeur seiner Herrin ein Säckchen mit getrockneten Kräutern und empfahl ihr, um die Zeit des Vollmondes vor dem Einschlafen einen Sud bereiten zu lassen und diesen zu trinken. Er gab ihr auch ein Stück Pergament mit lateinischen, französischen und hebräischen Gebeten, das sie täglich bei sich tragen sollte. Katharina befolgte alle Ratschläge und quälte sich den bitteren Kräutersud hinunter, aber es verstrich eine Woche nach der anderen, ohne dass sie auch nur das geringste Anzeichen einer Schwangerschaft bemerkte.

Im Laufe des Juli übersiedelte der Hof nach Chambord.

Katharina hatte schon viel von diesem legendären Schloss und der doppelläufigen, durchfensterten Wendeltreppe gehört, die von den Hofleuten als architektonisches Wunder gerühmt wurde.

Als sie an einem Sommerabend im Gefolge des Königs aus den Wäldern von Sologne herausritt, erblickte sie ein weißes, von zwei dicken, runden Türmen flankiertes quadratisches Gebäude, das, im Gegensatz zu Fontainebleau, in den Himmel zu streben schien.

Sie zügelte ihr Pferd, betrachtete verwirrt die breiten Wassergräben, die das Schloss von der Landschaft abzusondern schienen, und dann wanderten ihre Augen nach oben zu den unendlich vielen Fensteröffnungen, Loggien, Pilastern, zur Dachterrasse mit ihrer unübersichtlichen Vielfalt von Schornsteinen, Lukarnen und Dachtürmchen, in deren Mitte sich ein schlanker, schmaler Turm erhob, der von der französischen Lilie gekrönt wurde.

»Wie gefällt dir Chambord, ma fille?«

»Ich bin überwältigt, Sire. Ein solches Schloss mitten in den Wäldern der

Sologne – es ist hier noch einsamer als in Fontainebleau. Wann wurde mit dem Bau begonnen?«

»Im Jahre 1519, als ich eines Tages hier jagte, entdeckte ich einen alten Landsitz, der angeblich schon sechshundert Jahre alt war. Da die Wälder hier ausgesprochen reich an Wild sind, beschloss ich, einen Palast zu errichten, der einerseits ein Jagd- und Lustschloss sein sollte, der aber auch die Macht und die Würde des Königs symbolisiert. Die doppelläufige Treppe hat eine besondere Bedeutung durch die Lichtgestaltung: Unten ist es dunkel und dämmerig, je weiter man nach oben steigt, desto heller wird es; das Ziel ist das lichtdurchflutete Treppenhaus und die Dachterrasse. Die Treppe ist das Zentrum des Schlosses, von ihr gehen vier Säle ab, wie die vier Himmelsrichtungen. Diese spindelförmige Treppe symbolisiert die Weltachse und somit den König als Mittelpunkt der Welt.«

Franz schwieg einen Augenblick, bevor er fortfuhr: »Die doppelläufige Treppe war übrigens eine Idee deines Landsmannes Leonardo da Vinci.«

Auf der Dachterrasse angekommen, empfing sie der Dauphin und führte sie von einer Ecke zur anderen, dann um die Terrasse herum, und Katharina war fasziniert von den Straßen, Gässchen, Kreuzungen und Plätzen. Sie bewegte sich von Türmen zu Schornsteinen, von dort zu Lukarnen und Türmchen, sie ging von einem Winkel und einer Nische zur anderen, sie betrachtete die Verzierungen der Türme und Schornsteine und sah Blumen, Nymphen, kleine Faune, Liebesgötter und immer wieder die königlichen Embleme: den Salamander, die Lilie und den Buchstaben »F« in allen Größen.

»Diese Dachterrasse, Franz, ist eine richtige kleine Miniaturstadt. Hier können meine Kinder wunderbar Verstecken spielen.«

Da begann der Dauphin zu lachen. »Am späten Nachmittag und am frühen Abend spielen hier vor allem die Erwachsenen ›Verstecken‹ – diese Terrasse ist ein idealer Ort für Liebespaare, wie geschaffen für ein heimliches Rendezvous. Nach meiner Rückkehr aus Spanien bin ich, wenn wir hier weilten, in der Dämmerstunde oft hier oben gewesen, habe mich irgendwo versteckt und die Pärchen beobachtet.«

Nun musste auch Katharina lachen. »War mein Mann bei diesen Ausflügen dabei?«

»Nein, es hat ihn nicht interessiert. Überdies war ihm die Terrasse damals etwas unheimlich, er fürchtete sich vor den vielen Winkeln und Nischen.«

Inzwischen waren sie an einem Punkt angekommen, von wo aus man einen weiten Blick über die Wiesen bis zum Forst Sologne hatte.

Er deutete nach rechts.

»Betrachte einmal die Gebäude dort unten, das sind Ställe und Teile des Wirtschaftstraktes. Aber dieser Teil von Chambord ist auch noch im Bau.«

Eine Weile standen sie schweigend nebeneinander und sahen hinaus in die Landschaft.

»Die Dachterrasse«, fuhr Franz fort, »ist auch wichtig bei Bällen. Jeden Donnerstag und Sonntag ist das Gelände um das Schloss von Fackeln hell erleuchtet. Der Tanz beginnt natürlich im Ballsaal, aber die schnelleren Tänze bringen die Hofleute rasch ins Schwitzen, dann zieht man sich auf die Terrasse oder in die Rosengärten zurück.«

»Hier oben ist es wirklich angenehm luftig, nicht so schwül, drückend und stickig wie im Tal. Die Aussicht ist herrlich, aber noch schöner wäre es, wenn wir von hier über einen Fluss blicken könnten, wie in Amboise über die Loire.«

»Mein Vater plant seit Jahren die Umleitung der Loire hierher, aber ich kann mir nicht vorstellen, dass es gelingt.«

Sie gingen wieder hinunter und Franz brachte Katharina zu ihrem Appartement.

Die Tage vergingen, man vergnügte sich wie üblich bei Jagden, Bällen, Maskeraden, man unternahm Ausflüge zu Pferd und Katharina hatte manchmal den Eindruck, dass die Zeit stillstand. Kein Ereignis unterbrach das einförmige Hofleben, und zu ihrer Genugtuung schien auch das Verhältnis zwischen Heinrich und Diana zu stagnieren.

Sie behandelt ihn wie einen guten Freund, dachte Katharina manchmal, vielleicht löst sich diese Beziehung schneller auf, als ich denke. Jedenfalls ist ihr Verhältnis immer noch platonisch.

Es wurde August, und an einem Abend, als der König sich von den Vergnügungen der vergangenen Tage im Kreis der Familie erholte, wandte er sich zum Dauphin.

»Ich habe dem Papst Anfang April geschrieben«, sagte er beiläufig, »du weißt, es betrifft Mailand. Bis jetzt habe ich immer noch keine Antwort. Er könnte mir doch mitteilen, wie weit seine Bündnisverhandlungen mit den italienischen Staaten gediehen sind.«

»Ja, das ist merkwürdig, Vater.«
Katharina vermied an jenem Abend eine Unterhaltung mit ihrem Schwiegervater, weil sie sich unbehaglich fühlte, wenn sie an seine italienischen Pläne dachte.

An einem Spätnachmittag Ende August saß Katharina in ihrem Appartement und las die Balladen von Villon. Es war ein besonders heißer, stickiger Sommertag, und sie wollte eben mit ihrer Lektüre auf die luftige Dachterrasse gehen, als Filippo Strozzi gemeldet wurde.
Sie sah überrascht auf, weil er seit der Ankunft in Marseille stets im Hintergrund geblieben war und sie, vollauf beschäftigt mit ihrer neuen Umgebung, hatte fast vergessen, dass er immer noch am Hof weilte. Als er nun das Zimmer betrat, sah sie ihm etwas verlegen entgegen. Er war wie ein Bote aus längst vergessenen Tagen – Kindertagen. Plötzlich fühlte sie sich von Erinnerungen überwältigt.
Sie begann zu weinen und fühlte sich einen Augenblick hilflos.
Schließlich umarmte er sie väterlich und fragte leise: »Fühlst du dich hier so unglücklich?«
»Nein, ich bin zwar nicht glücklich, aber ganz zufrieden. Land und Leute gefallen mir, an die kalten Winter werde ich mich gewöhnen, und für mich ist Frankreich meine neue Heimat. Aber Sie wissen, wie es um meine Ehe steht. Außerdem fühle ich mich oft unausgefüllt, das Hofleben ist irgendwie eintönig, und meine Kinderlosigkeit belastet mich allmählich.«
»Katharina, deine Ehe wurde arrangiert, und in solchen Verbindungen leben die Partner meistens nebeneinander her. Wärest du in Florenz geblieben, hätte Onkel Clemens eine andere Verbindung arrangiert, in der du vielleicht ebenso wenig Glück gefunden hättest. Mit dem eintönigen Hofleben musst du dich abfinden – denke an deinen Rang und schätze die damit verbundenen Vorteile und Bequemlichkeiten. Und was deine Kinderlosigkeit betrifft, so musst du Geduld haben, schließlich bist du noch jung. Was dich heute bedrückt, wird dir morgen oder übermorgen oder in vielen Jahren als lächerlich erscheinen. Angenommen, du bist glücklich verheiratet und verlierst den Gatten überraschend im Krieg, durch eine Seuche, einen Unfall, dann wärest du noch unglücklicher als jetzt. Angenommen, du würdest in Florenz als Herzogin regieren, wie oft müsstest du dich entscheiden zwischen deinen eigenen Wünschen und denen, die das Wohl des Staates betreffen. Du müsstest dich

geschickt zwischen den Parteien bewegen, unabhängig von deiner persönlichen Meinung. Stelle dir vor, dass du ein Mitglied der *Signoria* persönlich schätzt, aber dieser Mann vertritt eine Meinung, die dem Staat schadet – eine solche Konstellation würde dich in innere Konflikte bringen. Angenommen, du hast Kinder. Glaubst du, dass sich alle so entwickeln, wie du es wünschst? Angenommen, du liebst ein Kind mehr als die anderen, kann es nicht sein, dass gerade dieses Kind dich enttäuscht?« Er sah sie an. »Katharina, du solltest deine gegenwärtigen Probleme nicht überbewerten, und eines weiß ich: Deine selige Tante Clarissa hätte dir dies alles noch viel härter gesagt.«

Katharina löste sich aus den Armen ihres Onkels und sah ihn verlegen an.

»Sie haben Recht, Onkel Filippo. Ich wünsche Ihnen eine gute Reise. Grüßen Sie meine Vettern und sagen Sie ihnen, dass sie hier jederzeit willkommen sind, sei es als Besucher, sei es als … Nun, niemand weiß, wie sich die politische Lage in Florenz entwickeln wird. Falls Sie und meine Vettern aus politischen Gründen nicht länger in Italien bleiben können, so sind Sie in Frankreich jederzeit willkommen. Ich verspreche Ihnen, Onkel Filippo, für Sie und meine Vettern werde ich beim regierenden König immer Ihre Fürsprecherin sein.«

Sie sahen sich einige Sekunden schweigend an.

»Danke, Katharina«, sagte Filippo. »Ich hoffe nicht, dass es so weit kommen wird. Lebe wohl, ich werde dir von Florenz aus schreiben.«

Sie begleitete ihn zum Marstall, wo sein Diener mit den Pferden wartete. Sie sah ihm nach, wie er davonritt, und dann ging sie nachdenklich hinauf zur Dachterrasse.

Sie dachte über die Unterhaltung nach und darüber, dass Florenz immer weiter in den Hintergrund trat. Sie musste sich auf die Gegenwart konzentrieren, und dies bedeutete, dass ihr Onkel, der Papst, ihrem Schwiegervater, dem König von Frankreich, noch keine Botschaft gesandt hatte bezüglich der gemeinsamen Eroberung Mailands.

Er spielt ein doppeltes Spiel, dachte Katharina, während sie zum Forst von Sologne sah, er kann den König nicht unterstützen. Er muss ein gutes Verhältnis zum Kaiser haben wegen Alessandros Herrschaft in Florenz. Irgendwann wird der König merken, dass er vom Papst hintergangen wurde. Welche Konsequenzen wird es für mich haben?

Sie ging nachdenklich die Treppe hinunter und nahm beiläufig wahr, dass auf der anderen Seite Hofleute hinaufstiegen. Plötzlich hörte sie die

Stimmen von Heinrich und Diana und verbarg sich instinktiv in einer Fensternische. Sie beobachtete, dass das Paar dort stehen blieb, von wo aus Diana in ihr Appartement gehen konnte, und sie hörte, wie Heinrich fragte: »Wie lange werden Sie in Anet bleiben, Madame?«

Sie reist ab, dachte Katharina, Gott sei Dank …

»Ich werde erst im Oktober an den Hof zurückkehren, mein Freund.«

»Madame, Sie wollen mich so lange Ihrer Gegenwart berauben? Die Hochzeit Ihrer Tochter erfordert es gewiss nicht, dass Sie bis Oktober in Anet bleiben.«

»Sie vergessen, mein Freund, dass ich Ländereien verwalten muss, ich kann nicht alles dem Verwalter überlassen. Überdies habe ich die Absicht, den Garten neu anlegen zu lassen, und darüber muss ich mit dem Gärtner und dem Verwalter ausführlich sprechen, weil ich bestimmte Vorstellungen habe. Es soll ein außergewöhnlicher Garten werden, ein Garten wie in Villandry.«

»Villandry, wie meinen Sie das?«

»Sie kennen Monsieur le Breton, den Bauleiter der Schlösser Blois und Chambord. Er hat vor zwei Jahren die Festung Villandry erworben, will die alten Mauern abreißen und ein neues Schloss errichten lassen. Vor allem aber will er die Gärten neu anlegen. Im Frühjahr unterhielt ich mich mit ihm über seine Pläne, und sie haben mich überzeugt. – Ich werde in Anet einen Gemüsegarten anlegen lassen, dessen Farben der Jahreszeit entsprechen. Im Sommer zum Beispiel das Blau des Lauchs, das Rot des Kohls, das Grün des Karottenkrauts. Dieser Teil des Gartens wird in Quadraten angelegt, die von Blumen umsäumt sind, er liegt am Fuße des Schlosses. Auf einer Terrasse darüber erhebt sich der Ziergarten, das heißt ein Liebesgarten und Musikgarten. Im Liebesgarten werden auf vier Beeten die Merkmale der Liebe symbolisiert: die zärtliche Liebe in Form von Herzen, Masken und Flammen, die tragische Liebe durch Schwerter und Dolche, die leidenschaftliche Liebe durch ein Labyrinth deformierter Herzen, die flüchtige Liebe durch Fächer, Hörner, Liebesbriefe. Im Musikgarten werden durch Buchsbaum und Eiben Instrumente, Noten und Partituren gebildet. Nach diesen beiden Gärten kommen der Wassergarten mit einem großen Bassin, dahinter die Obstgärten, und vom Musikgarten aus kommt man in den Heilkräutergarten. In dieser Anlage, mein Freund, finden Sie alles, was Augen und Gaumen erfreuen und was der Gesundheit dienen kann: Blumen, Gemüse, Kräuter. Alle Beete sind so angelegt, dass man sie vom Schloss aus überblicken kann. Der Gemüsegarten wurde bereits im Frühjahr begonnen und wird jetzt allmählich fertig sein. – Sie verstehen hoffentlich, dass ich mich persönlich darum kümmern muss, zumal dieser neue Garten mit erheblichen Kosten verbunden ist. Gewiss, ich bin keine arme Frau, aber ich bin auch kein Krösus.«

»Ein Gemüsegarten, ein Ziergarten, ein Kräutergarten …, der Ziergarten gefällt mir am besten, Madame«, sagte Heinrich bewundernd, »ein Garten, der die Liebe in all ihren Schattierungen symbolisiert – nun kann ich verstehen, dass Sie länger in Anet bleiben müssen. Madame, legen Sie den Garten so an, wie Sie es wünschen, und scheuen Sie dabei keine Kosten. Ich bin mit Freuden bereit, alle Ausgaben zu übernehmen.«

Katharina stand wie versteinert – was sie jetzt hörte, setzte dem Fass die Krone auf: nicht nur, dass ihr Gatte ihren eigenen Geburtstag einfach vergessen hatte; er ging so weit, Diana ein halbes Vermögen als Geburtstagspräsent darzubringen!

Und damit nicht genug, er legte der Seneschallin in aller Offenheit ihrer beider Einkünfte bloß und schämte sich dabei nicht, auf den mütterlicherseits ererbten Besitz seiner Gattin in der Auvergne hinzuweisen.

Die Dame zierte sich zwar noch etwas, denn allzu unschicklich wollte sie offensichtlich auch nicht wirken, aber Katharina, die ein feines Gespür für die verborgenen Motivationen in den Handlungen anderer Menschen besaß, witterte genau, welche Berechnung hinter dem lockenden, distanziert-gefälligen Verhalten ihrer Rivalin steckte. Katharina kochte innerlich, sie musste sich zusammennehmen, um nicht laut loszuweinen, und in ihrer Fantasie stürzte sie auf die Seneschallin zu und ohrfeigte sie – links und rechts und rechts und links – wieder und wieder.

Die Seneschallin lächelte Heinrich an; sie war immer noch etwas überrascht, dass sie ihn so rasch dazu gebracht hatte, den Garten zu bezahlen und beschloss, bei nächster Gelegenheit das Spiel zu wiederholen, natürlich nicht zu oft. Problematisch wurde es, wenn er anfing, sie erotisch zu bedrängen. Sie war die Witwe des Großseneschalls der Normandie und keine Hure, die sich aushalten ließ. Nun, in Anet konnte sie in Ruhe darüber nachdenken.

»Mein Freund, ich möchte vor der Abendtafel noch etwas ruhen, wir sehen uns später.«

»Madame, wahrscheinlich haben Sie Recht, dass man einen Abschied nicht verzögern soll, aber es ist unser letzter Abend. Bitte begleiten Sie mich zur Dachterrasse, lassen Sie uns den Blick von dort oben einige Minuten lang genießen.«

Diana zögerte, überlegte, dass um diese Zeit immer Höflinge dort oben standen und sich unterhielten. Sie würde nicht mit ihm allein sein, sie konnte es wagen.

»Gerne, mein Freund.«

Katharina beobachtete, wie das Paar nach oben ging; sie war erleichtert, dass ihre Rivalin Heinrich noch immer reserviert begegnete. Wahrscheinlich ist sie froh, wenn sie Heinrich einige Wochen lang nicht sieht. Hoffentlich merkt er bald, dass sie ihn finanziell ausnutzt. Auf diese Weise könnte er ihrer bald überdrüssig werden.

Sie wollte eben zu ihrem Appartement hinuntergehen, als ihr einfiel, dass sie auf jener Seite der Terrasse vorhin ganz allein gewesen war und während der Unterhaltung zwischen Heinrich und ihrer Rivalin war niemand hinaufgegangen. Die beiden sind dort oben jetzt ganz allein, schoss es ihr durch den Kopf, und einem plötzlichen Impuls folgend, eilte sie nach oben, sah das Paar an derselben Stelle der Terrasse stehen, wo sie zuvor gestanden war, verbarg sich hinter einem Schornstein und beobachtete die beiden. Sie standen dicht nebeneinander, sahen hinaus in die Landschaft, und auf einmal konnte Katharina die Tränen nicht länger zurückhalten. Warum stand nicht sie hier neben dem Gatten? Warum war es nicht ihr vergönnt, mit ihm über ihre Probleme zu reden, zum Beispiel über die zweifelhafte Politik des Papstes? Und wieder einmal wurde ihr bewusst, wie sehr sie an diesem Hof auf sich allein angewiesen war. Sie hatte niemanden, dem sie sich rückhaltlos anvertrauen konnte – Mingo und Isabella, Violetta und René ausgenommen; aber über politische Entwicklungen, die ihr Schicksal beeinflussten, konnte sie auch mit ihnen nicht reden …

Sie trocknete ihre Tränen und sah wieder zu Heinrich und Diana.

Nun gestand der jugendliche Verehrer, wie sehr er sich seit seinem Abschied anlässlich seiner Gefangennahme immer mit diesem Kuss getröstet hatte, den sie, die »schöne, junge Fee«, ihm damals auf die Lippen gedrückt hatte.

Das flehentliche Drängen des jungen Heinrich brachte die reife Frau in Bedrängnis und schließlich antwortete sie lächelnd, aber bestimmt: »Sie dürfen mich auf die Stirn küssen, ich küsse Sie auf den Mund.«

Katharina rannte die Treppe hinunter in ihr Appartement und warf sich weinend auf ihr Lager – was sie eben gesehen hatte, raubte ihr alle Illusionen und sie konnte sich gar nicht wieder beruhigen.

Der Erste, der sie in diesem Zustand fand, war René, ihr Parfumeur. Dieser dachte sich seinen Teil beim Anblick seiner jungen Herrin. Während er sie dann für die Abendtafel schminkte, fragte Katharina plötzlich: »René, verstehen Sie sich auf die Kunst, Gift zu mischen?«

»Ja, Hoheit.«

»Sie können offen zu mir reden, René. Haben Sie irgendwann einmal einen Menschen vergiftet? Sagen Sie mir die Wahrheit, ich werde Sie deswegen nie vor ein weltliches Gericht bringen. Ich schwöre es, bei allem, was mir heilig ist.«

»Hoheit, ich beherrsche die Kunst, Gifte so zu mischen, dass ein Mensch langsam stirbt, so langsam, dass die Ärzte einen natürlichen Tod feststellen. Aber ich habe noch nie einen Menschen vergiftet.«

Es entstand eine Pause.

»Kann ich jederzeit auf Ihre Dienste rechnen, René?«

»Selbstverständlich, Hoheit, ich bin Ihr gehorsamer Diener.«

Ein Sommertag nach dem anderen verging, und Katharina empfand es als Erholung, dass Diana abgereist war und ihr der Anblick der Seneschallin für mehrere Wochen erspart blieb.

Anfang Oktober übersiedelte der Hof nach Amboise. Dort traf einige Tage später Gaspard von Coligny ein. Sein Bruder Odet, der Kardinal, betreute vorerst noch die verwitwete Mutter.

Der König, seine Familie und die Höflinge beobachteten, dass Gaspard noch stiller war als sonst. Er zeigte sich nur, wenn es notwendig war, und verbrachte die meiste Zeit allein in seinem Appartement. Man ließ ihn gewähren, weil alle glaubten, dass der junge Mann den plötzlichen Tod des Vaters noch nicht verarbeitet hatte.

Am Morgen des 17. Oktober 1534 empfing der König wie üblich Gesandte und Höflinge und plauderte mit ihnen über deren Belange. Irgendwann erschien der Kanzler Duprat, näherte sich dem König, und als eine Gesprächspause eintrat, sagte er halblaut zu seinem Herrn: »Sire, ich erhielt vorhin die Nachricht, dass Chairaddin Barbarossa in Marseille gelandet ist.« Franz sah überrascht auf und befahl den Hofherren, ihn mit dem Kanzler allein zu lassen.

Jener Barbarossa war ein gefürchteter Pirat, den Sultan Suleiman zum

Großadmiral der türkischen Streitkräfte im Mittelmeer erhoben hatte. Durch die Eroberung von Algier und Tunis hatte er die Stellung des Osmanischen Reiches an der Südflanke der christengläubigen Reiche gefestigt.

»Sire, die Türken spazieren durch Marseille, sie sind in friedlicher Absicht gekommen. Sie wollen eine Delegation zu Ihnen schicken, überdies ist der Sultan zu einem Bündnis bereit. Meine Spione haben erfahren, welche Antwort Suleiman dem kaiserlichen Gesandten Cornelius Schepper erteilt hat, als dieser den Vorschlag unterbreitete, seinen Herrn in das Waffenstillstandsabkommen des Sultans mit Ferdinand von Österreich einzubeziehen. Der Sultan soll erwidert haben: *Wenn Karl Frieden mit mir wünscht, soll er doch nicht vergessen, dass der König von Frankreich mein Bruder ist, und dass er ihm deshalb die Gebiete zurückgeben muss, die er ihm genommen und alles Geld, das er von ihm erhalten hat.*«

Franz lächelte bei den letzten Worten und ging im Zimmer auf und ab.

»Mein lieber Duprat, die Hilfe des Sultans werde ich natürlich nicht zurückweisen, allerdings sollten wir nichts überstürzen. Wir werden die Delegation gebührend empfangen, und im Laufe des kommenden Jahres werde ich einen Gesandten nach Konstantinopel schicken. Ein Bündnis mit dem Sultan bedeutet ein Bündnis mit den Heiden, den Moslems. Ich möchte verhindern, dass mein Verbündeter, der Papst, dies falsch auslegt. – Indes, ich glaube, dass die Zeit gekommen ist, dass die Fürsten Europas bei ihren Bündnissen keine Rücksicht mehr auf die Religion nehmen sollten. Seit Luthers Thesenanschlag an der Kirche zu Wittenberg ist die Christenheit gespalten. Der König von England hat sich von Rom gelöst, und ich bin mit ihm nach wie vor verbündet. Und was ist mit den lutherischen deutschen Fürsten? Ich bin an einem Bündnis mit ihnen interessiert, die Fürsten desgleichen, aber sie sind Vasallen des Kaisers. Überdies fordern sie immer Geld. Als Landgraf Philipp von Hessen im Januar hier weilte, forderte er eine finanzielle Unterstützung, damit er für Herzog Ulrich dessen Land Württemberg zurückerobern kann. Ich bin wohlweislich keine finanzielle Verpflichtung eingegangen, schließlich kann ich Vasallen nicht gegen ihren obersten Lehnsherrn unterstützen. Gott sei Dank haben sie sich inzwischen geeinigt: Ferdinand von Habsburg hat die Eroberung Württembergs durch den hessischen Landgrafen akzeptiert, Herzog Ulrich ist wieder Herr über sein Land. Ferdinand hat den Nürnberger Religionsfrieden erneuert, woraufhin die

Fürsten ihn als römischen König anerkannten, und Württemberg ist inzwischen ein lutherisches Land. Es ist verlockend für mich, ein Bündnis mit den lutherischen Fürsten, den Feinden des Kaisers, zu schließen, indes ist es heikel, weil sie Vasallen sind.«

»Sire, Sie sollten mit dem Sultan ein Bündnis schließen. Ich teile Ihre Meinung, dass man künftig bei Allianzen keine Rücksicht auf die Religion nehmen soll, zumal der Papst, mit Verlaub, sich Zeit lässt mit seinen italienischen Verbündeten. Was nun das Bündnis mit den deutschen Fürsten betrifft, so sollten Ihre Majestät bedenken, dass auch in Frankreich Protestanten leben; erinnern Sie sich an die Rede des Monsieur Cop vor einem Jahr an der Sorbonne, so etwas kann sich wiederholen; wer weiß, vielleicht sind Ihre Majestät eines Tages gezwungen, gegen die Protestanten vorzugehen. Deswegen muss das Bündnis mit den deutschen Fürsten wohlerwogen werden.«

Der König ging eine Weile nachdenklich auf und ab.

»Pflegen Sie den Kontakt zu den lutherischen deutschen Fürsten, versprechen Sie so wenig wie möglich. Vielleicht benötigen wir das Bündnis mit ihnen nicht, aber man soll immer mehrere Eisen im Feuer haben. Meine größte Hoffnung ruht immer noch auf dem Papst und dem Bündnis mit den italienischen Staaten.«

In diesem Augenblick wurde ein Kurier aus Rom gemeldet.

»Gott sei Dank!«, rief der König. »Ich hoffe, Sie bringen gute Nachrichten«, sagte er zu dem eintretenden Kurier. Er ging dem Boten entgegen, blieb plötzlich stehen und fragte: »Sind Sie nicht der Kurier des Kardinals von Lothringen?«

»Ja, Sire, und ich bringe keine gute Nachricht: Papst Clemens VII. ist am 25. September gestorben. Als ich Rom verließ, trat das Konklave zusammen, um einen neuen Papst zu wählen. Ich soll Ihrer Majestät diesen Brief des Kardinals überbringen.«

Franz starrte den Boten fassungslos an, dann befahl er einem Diener, sich um den Kurier zu kümmern. Er öffnete den Brief, las ihn, warf ihn auf den Tisch, trat zum Fenster und sah einige Minuten nachdenklich hinunter in den Hof.

Die Augen des Kanzlers wanderten zwischen seinem Herrn und dem Brief hin und her, und er fragte sich, welche Nachrichten dieser Brief außer dem Tod des Papstes noch übermittelte.

In diesem Augenblick wandte der König sich um. »Der Papst ist tot, mein geplantes Bündnis mit den italienischen Staaten ist nicht mehr realisierbar. Die Eroberung Mailands ist zunächst aufgeschoben, aber nicht aufgehoben. Wir sollten möglichst bald einen Botschafter nach Algier schicken. Wen würden Sie vorschlagen?«

Duprat überlegte.

»Jean de la Forest, er ist ein distinguierter, weltoffener Edelmann aus der Auvergne, der fließend Griechisch und Türkisch spricht.«

»Gut. Teilen Sie ihm mit, dass er in den ersten Wochen des neuen Jahres nach Algier reisen wird.«

Franz trat zum Tisch und las den Brief noch einmal. »Der Doge von Venedig scheint etliche Vermögen für seine Agenten auszugeben«, sagte er dann zu Duprat, »die Venezianer sind immer am besten informiert. Der venezianische Gesandte beim Vatikan hat dem Kardinal von Lothringen anvertraut, dass der verstorbene Papst kurz nach seiner Ankunft in Rom am 11. Dezember des vergangenen Jahres dem kaiserlichen Gesandten Andreossi gegenüber das Bündnis mit mir verraten und gleichzeitig widerrufen hat. Dies bedeutet, dass Clemens nie die Absicht hatte, mich bei der Eroberung Mailands zu unterstützen.«

Duprat beobachtete das Mienenspiel des Königs, das Enttäuschung widerspiegelte. »Sire«, sagte er nach einer Weile vorsichtig, »ich habe dies seit einigen Wochen befürchtet, das Schweigen des Papstes war irgendwie unnatürlich, mit Verlaub. Hat der Kardinal von Lothringen angedeutet, wer eventuell zum neuen Papst gewählt werden könnte?«

»Ja, es sieht so aus, dass der Kardinalbischof von Ostia, Alessandro Farnese, die besten Aussichten hat, gewählt zu werden. Er scheint ein kluger Mann zu sein, der eine Reform der Kirche befürwortet. Monsieur Duprat, ich wünsche, dass der Tod des Papstes zunächst noch nicht veröffentlicht wird. Meine Schwiegertochter ist mir nach wie vor lieb und teuer, sorgen Sie dafür, dass dies sich unter den Hofleuten herumspricht. – Lassen Sie mich jetzt allein.«

Als der Kanzler gegangen war, überlegte Franz, wann er Katharina informieren sollte. Sie ist natürlich unschuldig an der Politik ihres Onkels, dachte er, die Mitgift ist zwar erst halb bezahlt und unter den gegenwärtigen Umständen muss ich wahrscheinlich auf den Rest verzichten, aber sie soll nicht darunter leiden. Ich habe sie in meine Familie aufgenommen, und diese Tatsache müssen alle respektieren, vor allem Heinrich. Nach der Messe um zehn Uhr bat Franz Katharina in sein Arbeitszimmer und informierte sie über den Tod des päpstlichen Onkels.

Sie sah ihren Schwiegervater erschrocken an.

»Er ist tot …, er kann nicht mehr über mein Leben bestimmen. Er hat mein Leben allerdings bereits in eine bestimmte Bahn gelenkt.«

Franz horchte bei den letzten Worten auf, die Stimme seiner Schwiegertochter klang irgendwie verbittert.

»Ma fille, der Tod deines Onkels hat zwar meine außenpolitischen Pläne etwas irritiert, aber du sollst wissen, dass meine Gefühle für dich davon nicht berührt werden. Du gehörst zu meiner Familie, und ich schätze dich nach wie vor. Ich werde anordnen, dass der Hof Trauer trägt.«

»Sire, ich bitte Sie, lassen Sie den Hof keine Trauer tragen. Man würde auf mich aufmerksam werden, das möchte ich nicht.«

Franz sah seine Schwiegertochter erstaunt an. »Ich erfülle deinen Wunsch, und ich hoffe, dass du am Nachmittag an der Jagd teilnimmst.«

»Selbstverständlich, Sire.«

Sie ging in ihr Appartement, befahl Isabella, den Schwägerinnen mitzuteilen, dass sie nicht am Unterricht teilnahm und informierte Mingo über den Tod des Papstes.

»Er ist tot!«, rief Mingo. »Gütiger Himmel, jetzt sind Sie allein.«

Katharina erwiderte nichts, ging in den Garten zu der Mauer, von wo aus man die Loire überblicken konnte, sah über den Fluss und überdachte ihre Situation.

Sie trauerte nicht um Clemens, aber sein Tod bedeutete, dass keine Macht mehr hinter ihr stand. Der politische Grund, weshalb der König um ihre Hand für seinen Sohn gebeten hatte, war hinfällig, politisch war ihre Person wertlos. Es war ihr Glück, dass der Schwiegervater sie menschlich schätzte, er war jetzt ihre einzige Stütze. Der Tod des Papstes hatte für sie im Augenblick nur einen Vorteil: Falls er ein politisches Doppelspiel getrieben hatte, würde der König es nicht mehr erfahren, indes, Duprat hatte bestimmt überall Agenten, vielleicht erfuhr Franz I. doch davon.

Wie viel einfacher wäre die Gesamtsituation, wenn ihr Mann sie lieben und hinter ihr stehen würde, stattdessen – wenn sie doch nur endlich guter Hoffnung wäre! Ein Kind würde ihre Lage verbessern, es war wie verhext. Auf einmal erinnerte sie sich an die Unterhaltung mit ihrer Schwägerin Margarete in Fontainebleau: Man erwartete, dass sie Kinder bekam und so ihren Teil zum Fortbestand des Hauses Valois beitrug.

Sie sah über die Dächer von Amboise und die Loire, die langsam dahinfloss, sie sah zum wolkenlosen, klaren Himmel, sie betrachtete die rotgoldenen Blätter an den Bäumen; es war ein Herbsttag, wie geschaffen für die Jagd. Sie versuchte, sich auf den Nachmittag zu freuen, und begann zu weinen, weil sie sich so elend fühlte wie schon lange nicht mehr. Sie dachte daran, dass Diana bald zurückkehren würde und wusste auf einmal instinktiv, dass das Verhältnis zwischen der Seneschallin und Heinrich noch lange dauern würde. Sie ist eine erfahrene Frau, und sie wird diese Erfahrung nutzen, um Heinrich aus irgendwelchen Gründen an sich zu binden. Sie, die legitime Gattin, konnte sich noch so klug und diplomatisch verhalten, im Schlafzimmer würde Diana ihr stets überlegen sein. Sie ist inzwischen fünfunddreißig, und sie versteht es meisterhaft, ihre Schönheit zu konservieren, aber irgendwann muss sie altern. Sie war so mit ihren Gedanken und Gefühlen beschäftigt, dass sie die Schritte nicht hörte, die sich näherten.

Sie zuckte zusammen, sah auf und erblickte Montmorency, der sie erstaunt betrachtete. »Sie haben Kummer, Madame, kann ich Ihnen helfen?«

Sie musste irgendeinen Grund für ihre Tränen angeben. »Der König hat mir vorhin mitgeteilt«, sagte sie deshalb, »dass mein Onkel, der Papst, gestorben ist.«

Montmorency sah überrascht auf und erkannte blitzschnell, dass die Italienpolitik seines Königs in eine neue Phase trat. Er kannte Franz I. zu gut und wusste, dass dieser nichts unversucht lassen würde, um Mailand zurückzugewinnen. Der nächste Krieg gegen den Kaiser war zwar zunächst aufgeschoben, aber bestimmt nicht aufgehoben, weil Frankreich dank der neuen Heeresreform, besser gerüstet war denn je.

»Der Papst ist ... Mein Beileid, Madame, es ist wahrscheinlich ein schwerer Verlust für Sie.«

»Wie man es nimmt, Montmorency.« Sie zögerte etwas und spürte, dass sie sich diesem rauen Kriegsmann anvertrauen konnte. Er war eine integere, aufrichtige Persönlichkeit, für den Loyalität oberstes Gebot war. »Ich weine nicht nur wegen meinem Onkel; ich bin jetzt seit fast einem Jahr verheiratet, und der erhoffte Nachwuchs lässt auf sich warten. Die Hofärzte predigen Geduld, ich trage ständig ein Amulett bei mir, quäle mir einen bitteren Kräutersud hinunter; Mingo hat mir empfohlen, nicht auf Maultieren zu reiten ... Ich bin inzwischen so weit, dass ich es vermeide, Maultiere auch nur anzusehen, ich weiß nicht mehr, was ich machen soll.«

Montmorency unterdrückte ein Lächeln, als er dies alles hörte.

»Madame, die Hofärzte sind in meinen Augen Quacksalber, ausgenommen der Leibarzt Seiner Majestät, Monsieur Fernel. Amulette und Kräutergetränke helfen meistens auch nicht, und was die Maultiere betrifft, nun, ich will Madame Mingo nicht zu nahe treten, aber was sie Ihnen empfiehlt, ist schlicht falsch. Im Gegenteil, meine alte Amme empfahl Frauen, die Kinder bekommen wollten, frischen Maultierurin zu trinken.«

Katharina sah Montmorency entgeistert an. »Maultierurin? Igitt, allein bei dem Gedanken wird mir schon übel! Dann lieber gallenbitteren Kräutersud.«

»Nun, Madame, ich weiß auch noch ein anderes Mittel, das schon vielen Frauen geholfen hat. Es ist ein Pflaster, das aus pürierten Regenwürmern, geriebenem Hirschhorn und frischem Kuhdung besteht. Es muss mit in Stutenmilch gelöstem *Singün* parfümiert werden, und bei Vollmond müssen Sie es auf die intimste Stelle Ihres Körpers applizieren.«

»Ihr Rat mit dem Pflaster überzeugt mich, ich danke Ihnen von ganzem Herzen. Wenn ich guter Hoffnung bin, werden Sie, nach dem König und meinem Gatten, der Erste sein, der es erfährt.«

Nachdem Katharina gegangen war, befahl Franz seinen Zweitältesten zu sich, teilte ihm mit, dass der Papst gestorben, Mailand indes noch nicht verloren sei und ermahnte ihn eindringlich, Katharina vor den Augen des Hofes mit dem gleichen Respekt zu begegnen, wie bisher. »Vergiss nicht, Heinrich, Katharina gehört zu unserer Familie, auch wenn wir auf die restliche Mitgift verzichten müssen. Sie kann nichts für den Tod ihres Verwandten.«

Heinrich versprach, den Wunsch seines Vaters zu erfüllen. Im Übrigen interessierte ihn der Tod des Papstes herzlich wenig. Es wäre natürlich schön gewesen, eines Tages die Krone Mailands zu tragen, andererseits hätte er dann Frankreich und Diana verlassen müssen.

Allein geblieben sagte Franz leise zu sich selbst:

»*J'ai eu la fille toute nue.*«

Dann ließ er Duprat kommen und befahl ihm, die Nachricht vom Tod des Papstes am Hof und im Land zu veröffentlichen.

Nach der Mittagstafel sprachen die königliche Familie und einige Hofleute, unter ihnen auch Coligny und Franz von Guise, Katharina das Beileid aus, ansonsten kümmerte man sich zu ihrer Erleichterung nicht weiter um den Tod Clemens VII.

Die Jagd lenkte sie vorübergehend von ihren trüben Gedanken ab.

Bei der Rückkehr lief dem König ein Diener entgegen und meldete, dass Madame de Brézé am Nachmittag zurückgekehrt sei.

Franz nahm es zur Kenntnis und begab sich mit einigen Hofleuten, darunter auch Coligny, zum Ballspielplatz.

Katharina wurde bleich, als sie hörte, dass Diana zurückgekehrt war und sah verstohlen zu Heinrich, der offensichtlich überlegte, wie er sich nun verhalten solle.

Da trat der Diener zu ihm und sagte halblaut, aber so, dass die Umgebung es hören konnte: »Hoheit, Madame erwartet Sie in ihrem Appartement.«

Fast im gleichen Augenblick sprang Heinrich vom Pferd, warf einem der Reitknechte die Zügel zu und eilte ins Schloss.

Katharina saß ab und ging langsam zum Schießplatz.

Sie braucht nur mit dem Finger zu schnippen, dachte sie, und er folgt ihr wie ein Hündchen.

Sie nahm einen Bogen, spannte ihn und ließ ihn wieder sinken. Es hatte keinen Zweck, sie würde heute die Zielscheibe verfehlen.

Sie setzte sich auf die Bank, sah düster vor sich hin und grübelte wieder einmal, warum ausgerechnet sie, die Urenkelin Lorenzos des Prächtigen, ein müßiges Leben an der Seite eines Mannes führen musste, der sie nicht liebte. Ihre Mutter, Großmutter, Urgroßmutter hatten zwar nicht regiert, aber sie konnten wenigstens das gesellschaftliche Leben in Florenz gestalten. Da sah sie Coligny auf sich zukommen. Er blieb stehen, zögerte etwas und fragte, ob er störe.

»Nein, überhaupt nicht. Ist das Ballspiel schon beendet?«

Sie überlegte, ob sie ihm anvertrauen sollte, dass ihr derzeitiges Leben sie nicht ausfüllte, er war derjenige am Hof, der sie vielleicht verstand.

»Coligny, seit dem Frühjahr denke ich über mein Leben nach. Ich beschäftige mich, repräsentiere, aber es füllt mich nicht aus, verstehen Sie, was ich meine?«

»Ich verstehe Sie sehr gut. Das Leben am Hof kann einen Menschen, der ein bisschen nachdenkt und nicht nur in den Tag hinein lebt, nicht ausfüllen. »Warum beschäftigen Sie sich nicht mit der neuen Religion?«, fragte er sie dann.

»Das ist nichts für mich, für religiöse und dogmatische Fragen habe ich mich noch nie interessiert. Ich bin zwar eine gläubige Katholikin, aber wahrscheinlich nur, weil ich in diesem Glauben erzogen wurde. Wäre ich in Konstantinopel aufgewachsen, so würde ich eine gläubige Muslimin sein, und im Herrschaftsgebiet eines lutherischen deutschen Fürsten wäre ich Protestantin. Nein, auch die Beschäftigung mit Glaubensfragen würde mich nicht ausfüllen.«

»Madame, ich meine, Sie sollen sich nicht mit Dogmen auseinander setzen, sondern mit dem Glauben selbst. Wenn Sie sich Gott anvertrauen, werden Sie alle Probleme leichter lösen können.«

Was redet er nur, dachte Katharina.

»Coligny, die Probleme, die mich zurzeit beschäftigen, muss ich alleine lösen, dabei können mir weder Gott, noch der Glaube, noch Gebete helfen.«

Es entstand erneut eine Pause.

»Seit Ihrer Rückkehr leben Sie sehr zurückgezogen«, begann Katharina vorsichtig. »Sie zeigen sich nur, wenn es unumgänglich ist. Der Tod Ihres Vaters war wohl ein schwerer Verlust für Sie persönlich?«

»Ja, ich trauere um meinen Vater, er hat dem König immer loyal gedient. Indes, bei uns zu Hause hat sich einiges verändert; ich weiß nicht, ob es mit dem Tod meines Vaters zusammenhängt. Meine Mutter steht den reformatorischen Ideen Luthers sehr aufgeschlossen gegenüber, fast möchte ich sagen, dass sie sich innerlich zum neuen Glauben bekennt. Jedenfalls lässt sie meinen jüngeren Bruder François – wir nennen ihn in der Familie nur Andelot – von Monsieur Nicolas Berault erziehen. Er ist ein Freund von Monsieur de Berquins, der Luthers Schriften übersetzt hat. Mein jüngerer Bruder wird faktisch im neuen Glauben erzogen.«

Er schwieg, und Katharina spürte, dass ihn diese Entwicklung in seinem Elternhaus, nämlich die Hinwendung zur neuen Religion, beschäftigte und vielleicht auch beunruhigte.

»Ihre Mutter beschäftigt sich also mit dem neuen Glauben. – Sie sind wohl damit nicht einverstanden?«

»Nein, Madame, im Gegenteil, ich begrüße es sogar.« Er schwieg unvermittelt und sah nachdenklich hinüber zum Schloss.

»Ich verstehe nicht ganz, was an dieser häuslichen Situation für Sie so problematisch ist, Coligny. Der König denkt tolerant über den neuen Glauben, er akzeptiert es, dass die Herzogin von Etampes und die Königin von Navarra die Reformation der Kirche und die Erneuerung des Glaubens befürworten.«

Katharina spürte auf einmal instinktiv, dass er gekommen war, um ihr etwas anzuvertrauen, aber irgendwie den Mut dazu nicht aufbrachte. Sie hielt es für besser, das Thema Religion nicht weiter zu vertiefen, wartete noch einen Augenblick, ob Coligny noch etwas sagen wollte, aber da dieser schwieg, stand sie auf.

»Lassen Sie uns zurückgehen, es wird allmählich kühl, und ich muss mich noch für die Abendtafel umziehen.«

Als Katharina und Heinrich am frühen Morgen des 18. Oktober die Hubertus-Kapelle betraten, um die Messe zu hören, sahen sie erstaunt, dass weder der König noch die Herzogin anwesend waren. Bei ganztägigen Jagden pflegten sie gewöhnlich an der Frühmesse teilzunehmen.

Bei der Rückkehr in ihr Appartement wurden sie von einem aufgeregten Pierre empfangen.

»Madame, vorhin war ein Diener Seiner Majestät hier, die Jagd findet nicht statt – es ist etwas Schreckliches passiert! Der Diener, der den König gewöhnlich weckt, fand an der Schlafzimmertür Seiner Majestät ein Plakat, das unseren Glauben auf die abscheulichste Art beleidigt. Seine Majestät berät sich im Augenblick mit Monsieur Duprat.«

»Ein Plakat, Pierre?«, fragte Katharina irritiert. »Wer mag es angeklebt haben?«

»Die Ketzer, Madame, die Ketzer! Hier am Hof gibt es Ketzer! Mein Gott, an der Schlafzimmertür Seiner Majestät, das ist ja Majestätsbeleidigung!«

»Pierre«, sagte Katharina freundlich, »sorge dafür, dass unser Frühstück serviert wird.« Nachdem der Diener das Zimmer verlassen hatte, wandte sie sich an Heinrich. »Verstehst du dies alles? Ein Plakat an der Schlafzimmertür deines Vaters?«

»Es wundert mich nicht – das ist das Ergebnis von Toleranz. Ich verstehe nicht, warum mein Vater mit Duprat berät. Man muss die Schuldigen finden, und wenn es tatsächlich Ketzer waren, gehören sie auf den Scheiterhaufen!«

»Heinrich!«, rief Katharina entsetzt. »Du bist der Meinung, dass Menschen sterben sollen, nur weil ihr Glaube nicht mit den alten Dogmen übereinstimmt?«

»Natürlich, die Ketzer können nur erfolgreich bekämpft werden, wenn man sie ausrottet. Bist du etwa anderer Meinung? Verteidigst du sie etwa?«

»Nein«, stammelte Katharina, »nein, ich verteidige sie nicht, aber zwischen Bekämpfung und Ausrottung gibt es bestimmt verschiedene

Möglichkeiten. Überdies kenne ich mich in religiösen Fragen nicht aus.«
Sie schwieg unvermittelt und trank hastig einige Schlucke Milch. Mein
Gott, dachte sie, ich muss vorsichtig sein, ich muss, was die Religion be-
trifft, an diesem Hof jedes Wort überlegen. Ich bin anderer Meinung als
Heinrich, aber das darf er nie erfahren.

»Wie wirst du den Tag verbringen?«, fragte sie nach einer Weile.

»Ich werde nachher zu Franz gehen, vielleicht hat er Lust zu einer Partie
Federball. Am Nachmittag können wir ausreiten. Diana hat leider den
ganzen Tag Dienst bei der Königin.«

Katharina erstarrte: An diesem Tag, an dem der König auf seine geliebte
Jagd verzichtete, weil ihm das Plakat wichtiger schien, an diesem Tag, an
dem vielleicht eine grundlegende Entscheidung hinsichtlich des neuen
Glaubens getroffen wurde, an diesem Tag, der vielleicht für die künftige
religiöse Entwicklung in Frankreich wichtig war, an diesem Tag dachte
der Gatte an Federball, Spazierritte und Diana.

Nachdem Heinrich das Zimmer verlassen hatte, schickte sie Violetta zu
Magdalena und Margarete und ließ ihnen sagen, dass sie heute am Unterricht nicht teilnehmen würde. Dann begab sie sich kurz entschlossen
zur Herzogin, um Einzelheiten zu erfahren.

Unterwegs begegnete sie der Seneschallin, zwang sich zu lächeln, grüßte
und wollte weitergehen, aber Diana blieb stehen.

»Haben Sie schon gehört, Madame? An der Schlafzimmertür Seiner
Majestät fand man heute Morgen ein Plakat …«

»Ich weiß, Madame, Seine Majestät verzichtet deswegen auf den Jagdausflug und berät sich mit Monsieur Duprat.«

»Wissen Sie auch, wer dieses schmutzige Pamphlet, worin die Kirche
und der katholische Glaube auf übelste Art verleumdet werden, an die
Tür geklebt hat?«

»Nein, Madame.«

Diana lächelte spöttisch. »Die Herzogin von Etampes natürlich. Sie hat
es gewiss nicht selbst angeklebt, aber sie hat einem ihrer Freunde den
Auftrag dazu gegeben.«

»Die Herzogin …«, stammelte Katharina, »woher wisst Ihr dies, Madame? Gibt es Beweise?«

»Nein, aber der gesunde Menschenverstand müsste jedem hier am Hof
sagen, dass einzig die Herzogin dafür verantwortlich ist, weil sie offen
mit der ketzerischen Irrlehre sympathisiert.« Sie nickte Katharina lächelnd zu und rauschte davon.

Mein Gefühl, dachte Katharina, sagt mir, dass die Herzogin mit der Angelegenheit nichts zu tun hat. Dianas Verdächtigungen beruhen wahrscheinlich auf ihrer Antipathie gegenüber der königlichen Mätresse. Die beiden mögen sich nicht, aus irgendwelchen Gründen, aber es ist erschreckend, zu beobachten, dass der Glaube benutzt wird, um gegen einen persönlichen Feind zu intrigieren.

Wahrscheinlich gibt es an diesem Hof nur eine Möglichkeit für mich: Ich muss als gläubige Katholikin auftreten, natürlich nicht zu gläubig, falls die andere Seite die Oberhand gewinnt. Es ist ein schwieriger Balanceakt.

Die Herzogin empfing Katharina so liebenswürdig wie immer und kam sofort auf das Plakat zu sprechen. »Ich vermute, Madame, dass Sie Einzelheiten erfahren wollen. – Nun, bis jetzt kann ich Ihnen nur berichten, dass der König außer sich war. So empört habe ich ihn noch nie erlebt. – Hier, lesen Sie.«

Sie gab Katharina jenes ominöse Plakat. Dort stand: *Der Papst und all sein Ungeziefer von Kardinälen, Bischöfen, Priestern, Mönchen und anderen heuchlerischen Messelesern und wer ihnen beistimmt, sind falsche Propheten, verdammungswürdige Betrüger und verabscheuungswürdiger als der Teufel. Durch die Messe aber wird jede Kenntnis Jesu ausgelöscht, die Predigt des Evangeliums verworfen und gehindert, die Zeit ausgefüllt mit Geläute, Geheul, Geplärr, leeren Zeremonien, Lichter anzünden, Beräucherungen, Mummereien und ähnlichen Zaubereien, wodurch die arme Welt, Schafe wie Böcke, elendiglich betrogen, hingehalten und irregeführt und durch diese reißerischen Wölfe gefressen, ausgesaugt und verschlungen wird. Kurz, die Wahrheit vertreibt sie, die Wahrheit bedrängt sie, die Wahrheit verfolgt sie, die Wahrheit erschreckt sie, und durch sie wird in Bälde ihr Reich vernichtet werden auf immer.*

Katharina legte das Plakat nachdenklich zur Seite. Hinter diesen Sätzen verbarg sich nicht nur religiöse Überzeugung, sondern auch Fanatismus. Fanatismus gleich welcher Art konnte gefährlich werden. Sie nahm das Plakat und strich mit dem Finger nachdenklich über die Druckerschwärze.

»Madame«, sagte sie nach einer Weile, »dieses Plakat wurde gedruckt, daraus schließe ich, dass eine größere Anzahl davon verteilt wurde. Hat man im Schloss noch mehr davon gefunden?«

»Das weiß ich nicht, die Diener sind noch mit der Suche beschäftigt.

Überdies hat der König Boten in die größeren Städte geschickt. Er vermutet, dass die Reformierten eine Geheimgesellschaft sind, die ein Komplott schmieden, dessen Gefährlichkeit man noch nicht absehen kann. Er vermutet eine Verschwörung gegen die Regierung, gegen die Krone. Ich habe versucht, ihn vom Gegenteil zu überzeugen – bis jetzt leider vergeblich. Er toleriert theologische Diskussionen, aber wenn er den Eindruck gewinnt, dass durch neue Ideen Unruhen im Staat entstehen, dann – nun, dann wird er ungemütlich.«

»Madame, ich begegnete soeben Madame de Brézé. Sie behauptet, dass Sie für die Plakate verantwortlich sind; sie wird Sie verleumden und diese Lüge unter den Hofleuten ausstreuen. Ich sage es Ihnen, Madame, um Sie zu warnen.«

Anna lächelte.

»Sie sind wirklich reizend, ich danke Ihnen, aber sorgen Sie sich nicht um mich, ich weiß, wie ich mir die Gunst des Königs erhalten kann. – Es ist besser, wenn Sie jetzt gehen; der König soll Sie heute nicht in meinen Gemächern antreffen. Vermeiden Sie jede Äußerung zu diesem Plakat – tun Sie so, als ob nichts passiert sei.«

Katharina begab sich in den Garten und versuchte, ihre innere Unruhe zu beherrschen. Sie dachte immer wieder an die letzten Worte der Herzogin: Sie sollte das Plakat ignorieren. Es wird nie mehr so sein, wie es war, dachte Katharina und sah gedankenverloren über die Loire.

Anna verbrachte den Vormittag in ihrem Appartement und sann darüber nach, wie sie den König davon überzeugen konnte, dass jenes Plakat nicht gleichbedeutend war mit einem Komplott gegen den Staat.

Am späten Vormittag erschien Franz. Er war kreidebleich vor Wut und ging eine Weile unruhig auf und ab. »Im Schloss hat man keine weiteren Plakate gefunden, aber in Blois, an allen öffentlichen Gebäuden. Anna, die Tatsache, dass die Plakate gedruckt sind, beweist, dass diese Aktion lange vorbereitet wurde. Man hat in Blois diese Traktate gefunden, wer weiß, in welchen Städten man sie noch finden wird. Die Protestanten fangen an, sich zu organisieren, und eine solch weit verzweigte Organisation ist eine Bedrohung des Staates!«

»Franz, ich bitte dich, glaube mir, dieses Flugblatt ist nur gegen die Kirche gerichtet. Die Protestanten sind genauso loyale Untertanen wie die Katholiken, sie respektieren dich als König. Ihr Wunsch ist eine Reform der Kirche, mehr nicht.«

Der König blieb vor Anna stehen. »Ich glaube dir, aber ich glaube auch, dass die Protestanten in Frankreich ihren Glauben zur Staatsreligion machen wollen, und dies werde ich nicht dulden, nie …! Solange ich regiere, wird Frankreich katholisch bleiben!«

In diesem Augenblick wurden Kuriere aus Bourges und Tours gemeldet, die den König informierten, dass in beiden Städten jenes Plakat an den öffentlichen Plätzen angeschlagen war. Am Nachmittag berief der König den Kronrat ein, schilderte die Situation und fragte die Herren, wie man gegen die Ketzer vorgehen solle.

»Es gibt zwei Möglichkeiten«, sagte Franz, »Toleranz oder Verfolgung.«

Der Kronrat spaltete sich rasch in zwei Lager: Die eine Partei plädierte für Toleranz, wegen des Bündnisses mit den lutherischen deutschen Fürsten, die andere Partei plädierte für die Verfolgung der Protestanten, weil sie die innere Ruhe im Staat gefährdeten.

Die Debatte dauerte bis zur Abendtafel, und zuletzt dankte der König den Herren, dass sie sich so freimütig geäußert hatten und sagte, dass er die weitere Entwicklung zunächst abwarten wolle.

Am nächsten Vormittag spielte er mit dem Dauphin Federball. Für den Nachmittag war ein Jagdausflug geplant, weil der König das Bedürfnis nach Ablenkung verspürte. Er wollte nicht mehr über das Plakat nachdenken.

Irgendwann während des Spiels überbrachte ein Bote die Nachricht, dass auch in Orléans an öffentlichen Plätzen jenes ominöse Traktat angeschlagen worden war.

»Mein Sohn«, sagte Franz, »du wirst irgendwann über Frankreich herrschen. Wie würdest du dieses Problem lösen? Würdest du Toleranz üben oder die Protestanten verfolgen?«

Der Dauphin überlegte. »Mit Verlaub, Vater, ich würde innenpolitische Probleme immer der Außenpolitik unterordnen. Das bedeutet in der aktuellen Situation, dass ich wegen des Bündnisses mit den lutherischen deutschen Fürsten gegen den Kaiser nichts gegen unsere Protestanten unternehmen würde.«

»Du hast Recht, aber sie werden mir allmählich unheimlich. Nach der Rückkehr von der Jagd werde ich mich noch einmal mit Duprat beraten und dann eine Entscheidung treffen.«

Als die Jagdgesellschaft am Spätnachmittag zurückkehrte, lief ihnen Duprat aufgeregt entgegen. »Sire, vorhin erhielt ich die Nachricht, dass auch in Paris an den öffentlichen Plätzen dieses Plakat angeschlagen wurde. Damit nicht genug, haben das Parlament und die kirchlichen Gerichte die Ketzer inzwischen angeklagt. Sie werden wahrscheinlich zum Feuertod verurteilt werden.«

Katharina beobachtete, wie das Gesicht der Königs sich vor Wut verzerrte. »In Paris?«, schrie er. »In Paris, in der Hauptstadt meines Reiches! Das ist der Gipfel, ich werde die Unruhestifter nicht länger dulden!« Er sprang vom Pferd und eilte ins Schloss.

Katharina sah sich vorsichtig um: Ihr Gatte wirkte gelangweilt, Franz von Guise sah aufmerksam um sich, Coligny war kreidebleich geworden, die Herzogin wirkte unsicher. Ich muss aufpassen, dachte Katharina, ab jetzt darf mir kein Fehler unterlaufen.

Während der Abendtafel war der große Saal von einem unheilvollen Schweigen erfüllt. Alle Anwesenden wussten inzwischen, dass der König befohlen hatte, am nächsten Tag nach Paris abzureisen, wegen der ketzerischen Plakate.

Nach der Suppe sagte der König zum Dauphin: »Duprat und ich haben inzwischen auch eine Erklärung für die protestantischen deutschen Fürsten vorbereitet. Ich werde ihnen mitteilen, dass die Protestanten in meinem Reich nicht wegen ihres Glaubens verurteilt und hingerichtet werden, sondern weil sie den König beleidigt haben. Jeder Fürst, gleich welchen Glaubens, wird Verständnis dafür haben, dass eine Majestätsbeleidigung bestraft werden muss.«

Katharina erschrak, als sie die letzten Worte ihres Schwiegervaters hörte. Die Protestanten wurden also bestraft. Wie strafte man sie? Sie nahm ihren ganzen Mut zusammen. »Sire«, fragte sie vorsichtig, »weiß man inzwischen, wer die Plakate gedruckt hat?«

»Ja, die Schmähschrift ist das Werk von Antoine Marcourt, er ist Geistlicher in Lyon. Sie wurden in Neuchâtel, auf den Pressen eines Pierre Vingle gedruckt. In Paris und in anderen Städten gibt es inzwischen Sühneprozessionen. Ich habe den Befehl erteilt, dass alle Protestanten verhaftet und vor Gericht gestellt werden. Wer nicht bereit ist, dem neuen Glauben abzuschwören, wird zum Tod auf dem Scheiterhaufen verurteilt. Überdies habe ich angeordnet, am 24. Oktober überall im Land zu verkünden, dass, wer die Protestanten anzeigt, die die Plakate angeheftet haben, hundert Taler Belohnung erhält; wer die Namen verheimlicht, wird mit dem Feuertod bestraft.«

Katharina schwieg und sah auf ihren Teller. Wo wird dies enden, dachte sie, wo ist seine Toleranz geblieben? Warum lässt er die Protestanten verfolgen? Er sieht in ihnen eine Gefahr für den Staat, aber sind sie wirklich eine Gefahr?

Am nächsten Morgen ging Katharina noch einmal in den Garten zu jener Stelle, von wo aus man den schönsten Blick über die Dächer der Stadt zur Loire hatte.

An jenem Morgen war es so neblig, dass sie den Fluss nicht erkennen konnte, was sie indes nicht weiter störte, weil sie über die Worte ihres Schwiegervaters am Abend zuvor nachdachte.

Ich bin jetzt fast ein Jahr verheiratet, ging es ihr durch den Kopf. Abgesehen von meiner unglücklichen Ehe war es ein friedliches und sorgloses Jahr. Man hat in den Tag hineingelebt und sich mit dem Hofklatsch beschäftigt, man hat gejagt und getanzt. Das Leben am Hof wird weitergehen wie bisher, aber es wird nie mehr so unbeschwert verlaufen wie im vergangenen Jahr. Die Verfolgung der Protestanten ist eine Zäsur, die für den künftigen König und das Land Probleme in sich birgt, die im Augenblick noch niemand übersehen kann.

Während der Rückreise nach Paris hörte Katharina täglich, dass überall Protestanten aller Stände verhaftet wurden. Berthelot, Schumacher, Poille, Maurer, du Bourg und de la Forse, Handwerker von Paris; ein Schullehrer, angeklagt, seinen Schülern verboten zu haben, das Ave Maria zu sagen, ein Franziskaner …

In Paris erfuhr der König, dass die Dichter Marot und Rabelais nach Italien geflohen seien und dass der Gelehrte Calvin sich in Straßburg aufhalte. Im Dezember traf die Nachricht ein, dass in Rom am 31. Oktober der sechsundsechzigjährige Kardinalbischof von Ostia, Alessandro Farnese, zum neuen Papst gewählt worden sei und dass er sich für den Namen Paul entschieden habe: Paul III.

Kurz vor Weihnachten kehrte Kardinal Johann von Lothringen an den Hof zurück und berichtete Einzelheiten über den neuen Papst: Er sei ein Mann der Widersprüche; einerseits befürworte er eine Kirchenreform, andererseits plädiere er für ein »Heiliges Officium«, das Ketzer verfolge, anklage und verurteile. Er beabsichtige zusammen mit dem Kaiser ein Bündnis gegen die Türken, und er wolle endlich das allgemeine Konzil einberufen, das von vielen, vor allem vom Kaiser, schon lange gefordert wurde.

Am 13. Januar 1535 unterzeichnete der König ein Edikt, das jegliche Drucktätigkeit untersagte.

Einige Tage später, am 17. Januar, einem Sonntag, riefen alle Priester der Stadt Paris von ihren Kanzeln die Gläubigen auf, am Donnerstag, dem 21. Januar, einer großen Sühneprozession beizuwohnen, einer Prozession mit dem heiligsten Sakrament und allen Reliquien der Hauptstadt.

An jenem Donnerstag versammelten sich die Vertreter der Pariser Pfarreien und die Mönche aller Klöster in Saint-Germain-l'Auxerrois. Sie trugen Kreuze, Reliquien und Fahnen und begaben sich nach Notre-Dame.

Katharina, die an der Seite der Königin und ihrer Schwägerinnen inmitten des Zuges ritt, fröstelte. Sie betrachtete die Fackeln, die in dem Morgennebel vor jedem Haus brannten und versuchte, sich von der gespenstisch-büßerischen Stimmung abzulenken, indem sie sich die Ordnung der Prozession ins Gedächtnis rief.

Vor ihr bewegte sich ein endloses Lichtermeer, das waren die Bürger von Paris, die paarweise, nach Stadtvierteln geordnet, gingen. Jeder Pariser trug eine brennende Wachsfackel in der Hand. Ihnen folgten die Mitglieder der vier Bettelorden: Franziskaner, Jakobiner, Augustiner, Karmeliter. Nun kam die Königin mit ihrem Gefolge, hinter ihnen schritten die Gemeindepfarrer, dann Pariser Bürger mit den Reliquienschreinen, vor allem denen der Schutzheiligen der Stadt Paris: die Schreine der heiligen Genoveva und des heiligen Marcel. Hinter den Reliquien gingen die Angehörigen der Universität, die Schweizer und Herolde. Ein endloser Zug, dem schließlich allein, ohne Begleitung, ein großer Mann folgte. Er war in einfachen, schwarzen Samt gekleidet, hatte den Kopf nicht bedeckt und trug eine Wachsfackel. Dieser Mann war der König. Ihm folgten die Edelleute, die Mitglieder des Parlaments, der Magistrat von Paris und vierhundert königliche Bogenschützen. Die Prozession bewegte sich stundenlang durch die Straßen, und Katharina verlor allmählich jedes Zeitgefühl.

Irgendwann erreichte die Menschenmenge Notre-Dame, wo die heilige Messe gefeiert wurde. Anschließend speisten der König und seine Familie beim Bischof von Paris, und dann hielt Franz I. eine Ansprache vor den Ständen der Stadt, vor dem Bischof und dem Klerus, den Doktoren, Professoren, Räten und Beamten. Eine Rede, die jedem Franzosen, der mit der lutherischen Lehre sympathisierte, das Blut in den Adern gefrieren ließ. Auch Katharina stockte der Atem, als sie diese Rede ihres Schwiegervaters hörte.

… Ich will, dass besagte Irrtümer aus meinem Reich verjagt werden. Und ich will keinen entschuldigen derart, dass, wenn ein Arm meines Leibes infiziert sei, ich ihn abschneiden würde, und wenn meine Kinder davon befallen sind, so würde ich sie selbst abschlachten. – Jeder tue seine Pflicht.

Katharina senkte die Augen. Wo ist seine Toleranz geblieben, dachte sie. Seine Kinder – Er hält es für möglich, dass es auch im Adel, bei den höheren Ständen, vielleicht sogar beim Hochadel Anhänger des neuen Glaubens gibt …

Am Abend jenes Tages stand sie mit Coligny an einem der Fenster des Louvre, von wo aus man einen Blick zur Ile de la Cité hatte. Dort herrschte Helligkeit durch die brennenden Scheiterhaufen, und Katharina trat unwillkürlich einen Schritt zurück, als der Wind den Geruch des brennenden Fleisches zum Louvre trug.

»Sechs Menschen mussten heute Abend die Scheiterhaufen besteigen«, sagte Coligny leise, »Menschen, deren einziges Verbrechen darin besteht, anders an Gott zu glauben, als der König. Ich bewundere ihre Standhaftigkeit, sie bekennen sich zu ihrem Glauben, sie sind bereit, für ihren Glauben zu sterben. Der neue Glaube scheint viele Menschen ebenso zu überzeugen wie seinerzeit die ersten Christen – auch sie waren bereit, für ihre Religion zu sterben.«

Katharina sah Coligny erstaunt an, und zum ersten Mal streifte sie der Verdacht, dass auch er mit der neuen Religion sympathisierte. Hatte er ihr dies an jenem Oktobernachmittag in Amboise anvertrauen wollen?

»Coligny, seien Sie vorsichtig mit Ihren Bemerkungen. Mein Gefühl sagt mir, dass es in Frankreich für lange Zeit keine religiöse Toleranz mehr geben wird. Die Rede meines Schwiegervaters heute Mittag, mein Gott, das ist ein Wendepunkt … Gott allein weiß, wo dies alles enden wird.«

Zwei Tage nach der Bußprozession setzte Franz das Edikt vom 13. Januar, das jegliche Drucktätigkeit untersagte, außer Kraft.

Dies bedeutete jedoch nicht das Ende der Protestantenverfolgungen, im Gegenteil: Am 29. Januar 1535 wurde das Berufungsverfahren für die Verurteilten abgeschafft, und wer einem Protestanten Unterschlupf gewährte, wurde wie der Ketzer selbst bestraft.

Während der folgenden Wochen wurden zu Katharinas Entsetzen jeden Tag Anhänger des neuen Glaubens verbrannt.

Im Februar hörte sie erstaunt, dass Jean de la Forest, der Sonderbotschafter ihres Schwiegervaters, in Algier eingetroffen war, um über ein Bündnis mit der Hohen Pforte zu verhandeln. Von dort reiste er weiter nach Konstantinopel zum Sultan.

Sie dachte viel darüber nach, warum der König die Christen im eigenen Land verfolgen ließ und gleichzeitig daran interessiert war, mit dem heidnischen Sultan ein Bündnis zu schließen. Der Sultan war ein Feind des Kaisers, und da zwischen dem Habsburger und ihrem Schwiegervater Spannungen bestanden und der Friede von Cambrai sehr gebrechlich war, so schien es ihr einleuchtend, dass der König sich mit den Feinden seines Feindes verbündete, ohne Rücksicht auf deren Religion. Innenpolitik und Außenpolitik, dachte sie ... Ihr Schwiegervater handelte im Bereich der Außenpolitik pragmatisch, das bewies auch seine vorsichtige Haltung England gegenüber. Heinrich VIII. war seit einigen Monaten Oberhaupt der Kirche Englands, und sein Bruch mit Rom war irreparabel. Aber Franz hielt die diplomatischen Kontakte aufrecht.

Das Zeitalter der Kreuzzüge gegen die Ungläubigen ist vorbei, dachte Katharina. Wer sich heutzutage als mächtiger Fürst in Europa behaupten will, darf nicht an die Religion des Partners denken, sondern nur an dessen militärische und wirtschaftliche Macht. Der Kaiser hingegen denkt noch immer an Kreuzzüge – warum sonst ist seine Flotte unterwegs nach Tunis zu Barbarossa?

Der Winter verging, es wurde Frühling, und der Hof übersiedelte nach Fontainebleau.

Als Katharina am Spätnachmittag des 6. Mai 1535 von der Jagd zurückkehrte, teilte ihr Mingo aufgeregt mit, dass Lorenzo Ruggieri aus Florenz eingetroffen sei und schon seit Stunden im Vorzimmer warte.

»Ruggieri? Er soll sofort kommen.« Als der Florentiner das Zimmer betrat, ging sie ihm freudestrahlend entgegen. »Signor Ruggieri, welche Überraschung!« Ohne es zu merken fuhr sie in ihrer Muttersprache fort. »Ich freue mich, Sie hier zu sehen. Was gibt es Neues in Florenz? Ich korrespondiere zwar regelmäßig mit meinem Onkel Filippo, aber seine Briefe sind so oberflächlich. Er berichtet mir den Florentiner Stadtklatsch in allen Einzelheiten, aber ich denke, es gibt wichtigere Dinge.« Sie zögerte etwas. »In seinen Briefen ist nie von meinem Vetter Alessandro die Rede. Das finde ich immer merkwürdig. Ich will ihn schon seit Wochen fragen, wie Alessandro seit dem Tod des Papstes die Regierungsgeschäfte bewältigt, aber die innenpolitische Entwicklung in meiner neuen Heimat lenkt mich immer wieder von Florenz ab. – Von Ippolito habe ich übrigens auch schon lange nichts mehr gehört.«

Es entstand eine Pause.

»Hoheit«, sagte Ruggieri dann leise, »ich überbringe Ihnen eine mündliche Nachricht von Signor Strozzi, er hielt es für besser, sie nicht dem Papier anzuvertrauen. – Ihr Vetter Ippolito ist tot. Er wurde während einer Reise zu Kaiser Karl V. ermordet, und zwar auf Befehl des Herzogs Alessandro. Man hat zwar keine Beweise, aber die Indizien sprechen für sich.«

Katharina glaubte, nicht richtig zu hören. Sie starrte Ruggieri fassungslos an und ging einige Male im Zimmer unruhig auf und ab. Schließlich setzte sie sich auf eine Truhe und bat auch Ruggieri, Platz zu nehmen.

»Wie konnte das nur geschehen? – Gewiss, sie haben einander nie gemocht, aber seit Alessandro über Florenz regiert, habe ich nur positive Berichte über ihn gehört. Aus einem Saulus schien ein Paulus geworden zu sein.«

»Leider nein, Hoheit. Nach dem Tod von Papst Clemens wurde aus dem Paulus wieder ein Saulus in einem Maße, wie man es nie für möglich gehalten hätte. Kurz nach dem Tod des Papstes begann er, sexuelle Orgien zu veranstalten, wie man sie in Florenz noch nie erlebt hatte. Die führenden Familien der Stadt waren derart schockiert und abgestoßen, dass sie Verbindung zum Kardinal Ippolito aufnahmen und einen möglichen Regierungswechsel besprachen. Diese Entwicklung ermutigte einige unzufriedene Florentiner Verbannte in Rom, sich um den Kardinal zu scharen und sich beim Kaiser zu beschweren. Ippolito teilte dem Kaiser mit, er sei bereit, die Regierung von Florenz inoffiziell zu übernehmen, wie es auch Kardinal Giulio getan habe, ehe er zum Papst gewählt wurde. Außerdem wurde eine ansehnliche Bestechungssumme angeboten, falls er dem Regierungswechsel zustimmte. Die Antwort Karls V. ließ auf sich warten, da er auf dem Weg nach Tunis war. So begab Ippolito sich nach Süden, um den Kaiser persönlich zu sprechen. Unterwegs erkrankte er und starb nach wenigen Tagen. – Alessandro hat bestimmt etwas über den geplanten Staatsstreich erfahren und seinen Vetter kaltblütig vergiften lassen.«

Katharina schwieg lange Zeit. Sie erinnerte sich noch einmal an die Jahre in Rom, in Florenz … Dann fiel ihr ein, dass sie an jenem Maitag vor zehn Jahren mit Ippolito durch Florenz spaziert war. Auf dem Ponte Vecchio hatte der Goldschmied Leonardo ihr das Medaillon geschenkt, das sie stets bei sich trug und das ihr bisher nur wenig Glück gebracht hatte.

»Alessandro war immer ein Ungeheuer. Indes verstehe ich nicht ganz, dass er ein solch ausschweifendes Leben führt. Fürchtet er nicht den Zorn des Kaisers und die Lösung seiner Verlobung mit der Kaisertochter Margarete?«

»Er ist sich seiner Sache anscheinend sicher. Hoheit, ich möchte Sie um etwas bitten. Ich will nicht länger in Florenz leben, die dortigen Zustände widern mich an. Darf ich Sie um Asyl in Frankreich bitten, auch wenn ich nicht zu den *fuo rusciti*, den Verbannten gehöre?«

»Gerne, Signor Ruggieri, Sie stehen, genau wie Ihr Bruder, ab heute in meinen Diensten. – Zwei Astrologen sehen vielleicht mehr als einer.«

Als Ruggieri gegangen war, begab Katharina sich zu Mingo und erzählte ihr von Ippolitos Tod. Mingo begann zu weinen, und Katharina fühlte sich etwas beschämt. Sie fragte sich, warum sie selbst nicht weinen konnte. Gewiss, sie war betroffen, sie trauerte um Ippolito, aber er war ihr fremd geworden. Sie liebte ihren Mann und grämte sich, weil er eine andere Frau liebte …

Ippolitos Tod beschäftigte Katharina noch eine gewisse Zeit, das heißt, sie erinnerte sich an die einzelnen Begebenheiten ihrer Kindheit und unterhielt sich mit Mingo darüber, aber dann wandte sich ihre Aufmerksamkeit wieder der Gegenwart zu.

Im Laufe des Monats Juli trafen eine erfreuliche und eine unerfreuliche Nachricht am Hof ein. Erfreulich war das förmliche Bündnis mit dem Sultan, unerfreulich die Eroberung von Tunis durch die kaiserlichen Truppen und die Zerstörung von Barbarossas Flotte. Der Kaiser hatte persönlich den Angriff, an der Spitze der Artillerie weilend, geleitet. Franz I. hörte erleichtert, dass Karl V. auf eine Eroberung Algiers verzichtete und sich nach Sizilien zurückzog. Aber die Türken waren zum ersten Mal im Mittelmeer besiegt worden.

Im Laufe des Sommers zeichnete sich für Katharina eine eindeutige Entwicklung in der Regierungspolitik ihres Schwiegervaters ab. Am 16. Juli erließ er das Edikt von Coucy, das die laufenden religiösen Verfahren suspendierte, *unter der Bedingung, dass die Gefangenen als gute und wahre katholische Christen leben und dass sie ihren Irrtümern binnen sechs Monaten kanonisch abschwören.*

Es ist ein Pardon mit Bedingungen, dachte sie. Er erlaubt zwar vielen Verdächtigen die Rückkehr, aber Frankreich wird katholisch bleiben, der König wird versuchen, sein Land vor der Häresie zu bewahren. Sie dachte an die Scheiterhaufen und daran, dass es auch in Zukunft viele Protestanten geben würde, die nicht bereit waren, ihrem Glauben abzuschwören. Sie erinnerte sich an jenen ersten Abend in Marseille und an die Unterhaltung zwischen Montmorency und dem Papst. Montmorency hatte Deutschland und Frankreich verglichen. Im Deutschen Reich waren die Fürsten so autonom, dass sie in ihrem Land die Reformation durchsetzen konnten, sofern sie es selbst wünschten und für richtig hielten. In Frankreich hingegen gab es nur einen Willen, den des Königs. Die religiöse Spaltung der Christenheit wird Frankreich langfristig stärker belasten als Deutschland, dachte sie manchmal.

In jenem Sommer starb der Kanzler Duprat, und sein Nachfolger wurde Antoine Dubourg.

Duprat hatte, unterstützt von Montmorency, versucht, seinen Herrn zu einer Verständigung mit dem Kaiser zu überreden, was Mailand betraf, und Franz versuchte tatsächlich, Mailand auf diplomatischem Weg zurückzugewinnen: Im August kam es zu einem Treffen zwischen der Königin Eleonore und ihrer Schwester, Maria von Ungarn, die inzwischen Regentin über die Niederlande geworden war. Die Verhandlungen blieben indes erfolglos, und Franz I. und Karl V. bereiteten sich auf einen erneuten Krieg vor.

Der Sommer verging, es wurde Herbst, und der Hof übersiedelte nach Amboise. Dort dachte Katharina erneut über ihr Leben nach. Sie verbrachte viele Stunden im Garten von Clos-Lucé, sah hinüber zum Schloss und überlegte, was sie in den zwei Jahren, die sie nun schon am Hof weilte, erreicht hatte.

Insgesamt war das Ergebnis zufrieden stellend: Man hatte sich an sie gewöhnt, und Feinde würde es immer geben. Sie selbst hatte sich an Heinrichs Verehrung für die Seneschallin gewöhnt und hoffte, dass er ihrer eines Tages überdrüssig wurde. Sie hatte sich sogar an das eintönige Hofleben gewöhnt. Es gab in jenem Herbst nur ein Problem für sie: ihre Kinderlosigkeit. Sie trank inzwischen frischen Maultierurin, aber auch dieser half anscheinend nicht.

Am Vormittag des 28. Oktober, ihrem zweiten Hochzeitstag, befahl sie die Brüder Ruggieri zu sich.

»Messieurs, ich bin jetzt zwei Jahre verheiratet und immer noch kinderlos. Ich habe alle Ratschläge befolgt, um schwanger zu werden – bis jetzt ohne Erfolg. Bei meiner Geburt haben die Astrologen errechnet, dass ich viele Kinder haben werde. Kann es sein, dass damals ein Fehler unterlief?«

»Nein, Hoheit«, erwiderte Cosimo, »unser Vater war ein glänzender Mathematiker, und er hat Ihr Horoskop zusammen mit dem berühmten Mathematiker Basile erstellt.«

Katharina überlegte eine Weile.

»Ich glaube Ihnen«, erwiderte sie, »indes, erstellen Sie mir ein neues Horoskop. Ich möchte endlich wissen, ob ich Kinder haben werde.«

»Gewiss, Hoheit.«

»Die Zeit spielt keine Rolle, aber ich möchte endlich Gewissheit haben.«

Ende November erfuhr der König, dass der Herzog von Mailand, Franz II. Sforza, am 1. des Monats gestorben war und die Nichte des Kaisers als Witwe hinterließ. Franz I. ließ sofort durch seinen Botschafter die Investitur für seinen Sohn Heinrich fordern. Er war fest entschlossen, falls der Kaiser dies ablehnte, einen neuen Krieg gegen den Habsburger zu beginnen.

Am 31. Dezember 1535 fand auf Schloss Amboise ein mehrstündiges Bankett mit anschließendem Ball statt.

Da Heinrich wie gewöhnlich mit Diana beschäftigt war, tanzte der Dauphin auf Befehl seines Vaters die Volta mit Katharina.

Ungefähr eine viertel Stunde vor Mitternacht gab es eine Tanzpause. Der König begab sich zu seinem Stuhl, der etwas erhöht an der Breitseite des Saales stand.

»Meine Damen und Herren!«, rief er. »Es dauert nicht mehr lange, dann beginnt das Jahr 1536. Ich hoffe, dass es für uns und Frankreich ein gutes Jahr wird, ein Jahr ohne Missernten und Seuchen, ein Jahr des Sieges über den Kaiser. Ich hoffe auch, dass in einem Jahr Mailand wieder zu Frankreich gehört.«

In diesem Augenblick trat ein Diener zu Katharina.

»Madame«, flüsterte er leise, »die Herren Ruggieri warten im Vorraum auf Sie.«

Sie sah überrascht auf und ging hinaus. Der Dauphin nahm beiläufig wahr, dass sie sich entfernte, dann konzentrierte er sich wieder auf die Rede seines Vaters und versuchte, sich dessen Gestik einzuprägen. Irgendwann würde auch er vor den Hofleuten stehen und ihnen beibringen müssen, dass ein Krieg unvermeidlich war.

Die Brüder Ruggieri verneigten sich vor der leicht zitternden Katharina.

»Hoheit«, sagte Cosimo, »wir bitten die Störung während des Balles zu verzeihen, aber unsere Berechnungen haben bis heute gedauert, und wir wollten das Ergebnis Ihrer Hoheit nicht länger vorenthalten. – Die Berechnungen meines seligen Vaters waren richtig: Ihre Hoheit werden Kinder haben, insgesamt zehn.«

»Zehn Kinder«, stammelte Katharina, »ich kann es nicht glauben!«

»Sie können es glauben, Hoheit, die Sterne lügen nicht. Aber unsere Berechnungen haben noch etwas anderes ergeben. – Dies wird mein Bruder Ihnen sagen, weil er es errechnet hat.«

In diesem Augenblick begannen die Kirchenglocken von Amboise das neue Jahr einzuläuten.

Lorenzo wartete einige Augenblicke.

»Hoheit«, sagte er dann, »meine Berechnungen haben ergeben, dass Sie eines Tages Königin von Frankreich sein werden.«

Katharina zuckte zusammen und starrte Lorenzo ungläubig an.

»Königin? Das ist nicht möglich! Mein Schwager, der Dauphin, erfreut sich bester Gesundheit!«

»Hoheit, ich habe meine Berechnungen etliche Male überprüft, das Ergebnis war stets dasselbe: Sie werden Königin von Frankreich sein.«

Im Saal hatte inzwischen der Tanz wieder begonnen, und der Dauphin sah sich suchend nach Katharina um. Dann fiel ihm ein, dass sie in das Vorzimmer gegangen war. Er begab sich dorthin und sah sie im Gespräch mit den beiden Italienern.

Er wartete, bis die Ruggieris gegangen waren, und trat zu ihr, die nachdenklich zum Fenster hinaussah.

»Katharina, komm, lass uns tanzen.«

Sie fuhr herum und sah ihn erschrocken an. »Franz, mein Gott!«

»Katharina, was ist passiert? Warum bist du so verstört? Haben deine Astrologen dir etwas Unangenehmes gesagt?«

»Nein, Franz, im Gegenteil. Sie haben mir zehn Kinder prophezeit.« Sie sah zu Boden und versuchte, ihre Unruhe zu verbergen.

»Zehn Kinder? Was willst du mehr? Katharina, ich wünsche dir alles

Glück für das Jahr 1536 und ich hoffe, dass du dich in einem Jahr über die Wiege deines ersten Kindes beugen kannst.«

»Vielen Dank, Franz. – Ich möchte jetzt tanzen.«

Während sie in den Saal zurückgingen, dachte sie über die zweite Prophezeiung nach: Königin von Frankreich … Das bedeutete, dass ihr Schwager, der Dauphin, sterben würde. Als sie mit ihm die Volta tanzte, wusste sie nicht, ob sie sich über die Perspektive, Königin zu werden, freuen sollte. Andererseits – Königin von Frankreich – als Königin hatte sie gewisse Aufgaben. Eine Königin regierte nicht, aber eine Königin konnte das Hofleben gestalten. Königin von Frankreich; eine neue unerwartete Perspektive …

3

Am Nachmittag des 21. Juni 1536 ging Königin Eleonore in Begleitung ihrer Damen im Park des Schlosses Amboise spazieren. Die Damen genossen die Wärme und die trockene Luft, sahen hin und wieder zum wolkenlosen, blauen Himmel empor und unterhielten sich über die Roben, die sie am Abend während des Balles tragen wollten, der anlässlich der Sommersonnenwende stattfand.

Man scherzte, lachte, und so fiel es nicht weiter auf, dass die Königin und Diana von Poitiers schwiegen. Eleonore dachte bekümmert an den Krieg, der seit Anfang Februar zwischen ihrem Gatten und ihrem kaiserlichen Bruder ausgebrochen war. Diana indes grübelte über ihre Beziehung zu Heinrich nach. Ihr Verhältnis war immer noch platonisch, aber sie wusste, dass sie ihren siebzehnjährigen Verehrer nicht mehr lange mit vagen Versprechungen würde hinhalten können. Seit Anfang des Jahres fragte er hin und wieder zaghaft, wann sie ihn erhören würde. Sie erwiderte, dass ihre Beziehung sich entwickeln und festigen müsse und erinnerte ihn daran, dass eine intime Beziehung zu ihr ein Ehebruch war. Den Monat Mai hatte sie in Anet verbracht, um nachzudenken, wie es mit ihr und Heinrich weitergehen sollte, aber bei ihrer Rückkehr an den Hof war sie genauso unentschlossen wie vorher. Er bedrängte sie erneut, und sie wusste, dass sie schuld daran war, weil sie seit zwei Jahren Hoffnungen in ihm erweckt und genährt hatte.

Hin und wieder waren sie unter vier Augen, und dann erlaubte sie ihm einen züchtigen Kuss auf den Mund, einen Kuss auf ihre Hände, eine flüchtige Umarmung, aus der sie sich, sobald es schicklich war, befreite. Wenn sie sich ihm noch länger verweigerte, würde sie ihn vielleicht verlieren, und sie wusste, dass sie ihn nicht verlieren durfte wegen der Familie von Guise, und sie wollte ihn nicht verlieren. Nicht nur, weil er ihr die neue Gartenanlage bezahlt hatte, sondern auch, weil er außerdem die laufenden Kosten beglich, die mit der Pflege des Gartens verbunden waren. Dank seiner finanziellen Unterstützung konnte sie das auf diese Weise gesparte Geld für die Renovierung des Schlosses verwenden.

Die Renovierung und Erweiterung der Schlossanlage kostet Unsummen, überlegte sie. Wenn sie sich ihm hingab, würde er bestimmt noch mehr in Anet investieren. Sie schonte ihr Vermögen und konnte sich so viele Kleider, Schmuck und Pferde leisten, wie sie wollte, sie konnte Geld anhäufen, das hoffentlich die Stellung ihrer jüngsten Tochter in der Familie von Guise stärkte …

Sie dachte daran, dass Louise im Frühjahr ein totes Mädchen statt des erhofften Sohnes zur Welt gebracht hatte. Dieses traurige Ereignis war zum Glück in den Hintergrund getreten, weil die Herzogin einige Tage später einen gesunden Sohn gebar.

Ich kann Heinrich nicht länger hinhalten, dachte Diana, aber ich muss Zeit haben, um mich auf diese neue Phase innerlich einzustellen. Er ist jetzt siebzehn, ich werde im September siebenunddreißig.

Inzwischen waren sie an jener Stelle angekommen, von wo aus man die Loire überblicken konnte. In einiger Entfernung sah Diana den Dauphin, Katharina, Heinrich und Franz von Guise sitzen. Der Dauphin blätterte in Akten, Katharina las einen Brief, Heinrich und Franz spielten Schach.

Während sie durch einen Hof gingen, sagte Diana zu der Königin:

»Madame, heute Vormittag erhielt ich einen Brief meines Verwalters. Ich muss sofort nach Anet abreisen und mich persönlich um die Renovierung des Schlosses kümmern. Gewähren mir Euer Majestät einige Wochen Urlaub?«

»Selbstverständlich, Madame. Ich hoffe in Ihrem Interesse, dass auch der König Ihnen den Urlaub gewährt.«

Diana lächelte und dachte im Stillen, dass sie dem König indirekt sagen würde, weshalb sie schon wieder um Urlaub bat …

In ihrem Appartement fand sie einen Brief der Herzogin von Guise und las zu ihrer Genugtuung, dass der kleine Sohn inzwischen gestorben sei, sie selbst, die Herzogin, habe lange Kindbettfieber gehabt, aber nun sei die Krise überstanden. Sie genese allmählich, sei indes noch so geschwächt, dass sie erst Anfang August an den Hof zurückkehren könne.

Sie hat zwölf Kinder geboren, von denen zehn überlebt haben, dachte Diana. Antoinette ist inzwischen zweiundvierzig, sie wird wohl keine Kinder mehr bekommen. Sie hat zwölf Geburten überlebt – was für eine gesunde und starke Familie …

Sie beschloss, den König während des Balles um Urlaub zu bitten. Bei einem Ball war er stets gut gelaunt, und diese Stimmung musste sie nutzen.

Unterdessen hatte Katharina den Brief ihres Onkels Filippo gelesen, legte ihn zur Seite und strich nachdenklich ihr Kleid glatt. Warum, überlegte sie, kann ein Mann wie Alessandro unangefochten über Florenz herrschen? Er ist als Herrscher unfähig, und seine Lebensweise ist abstoßend, fast tierisch …

Sie zuckte zusammen, als der Dauphin halblaut sagte:

»Unglaublich, eine Unverschämtheit.«

Seine Bemerkung bezog sich anscheinend auf den Bericht, den er las, und sie wollte eben fragen, worum es ging, als sie Heinrichs Stimme hörte.

»Matt, du bist matt, Franz. Ich weiß nicht, wie lange es her ist, dass ich eine Partie Schach gegen dich gewonnen habe.«

Sie sah hinüber zu den beiden jungen Männern und beobachtete, dass Franz säuerlich lächelte. Er verliert nicht gern, dachte sie.

In diesem Augenblick sah sie Coligny herbeieilen und hörte, wie er rief:

»*Alea iacta est!*«

Die jungen Leute sahen sich erstaunt an, und als Coligny vor ihnen stand, rief er erneut: »*Alea iacta est*! Der König hat Chabot de Brion das Kommando entzogen und meinen Onkel zum Oberbefehlshaber ernannt. Wir sind auf diesen Krieg bestens vorbereitet: Vor Lyon lagern 12 000 Legionäre, 6000 Landsknechte, 3000 italienische Söldner, Gendarmerie, leichte Reiterei – insgesamt 40 000 Mann, und alle Städte längs der Rhône sind gut gerüstet.« Er wandte sich an Heinrich. »Bereite dich darauf vor, dass du in absehbarer Zeit die Krone Mailands tragen wirst!«

Heinrich sah Coligny erstaunt und etwas ungläubig an. Mailand – er sehnte sich nicht nach Mailand, er wollte in Frankreich bleiben, wegen Diana.

Montmorency führt jetzt den Oberbefehl, dachte Katharina. Er gilt als tüchtiger Heerführer, wir haben eine reelle Chance, Mailand zurückzuerobern.

»Du solltest die Situation nicht überschätzen, Gaspard«, sagte Franz von Guise. »Nachdem der König unseren siegreichen Vormarsch kurz vor Mailand unterbrach, weil er hoffte, mit dem Kaiser verhandeln zu können, hat der kaiserliche Feldherr Antonio Levya uns aus Piemont vertrieben, marschiert jetzt an unserer Küste entlang und wird von den Schiffen des Andrea Doria bestens mit Nachschub versorgt.«

»Du hast Recht, aber genau an diesem Punkt entwickelt mein Onkel seine Taktik: die Taktik der ›verbrannten Erde‹. Er wird die kaiserlichen Truppen in das Landesinnere locken und von ihrem Nachschub abschneiden, und im Land selbst wird der Feind nur abgerissene Mühlen, zerstörte Backöfen und verlassene Dörfer finden. Die Bauern werden das Wasser verseuchen, die Kornspeicher anzünden, die Wälder abbrennen, die Gemüsegärten verwüsten. Der Feind wird nur unreifes Obst und unreife Trauben vorfinden, um Hunger und Durst zu stillen, und diese Früchte werden ihm die Gedärme zerreißen und die Soldaten kampfunfähig machen.«

Nach diesen Worten herrschte eine Weile Schweigen.

»Die Taktik deines Onkels ist vielleicht erfolgreich, Gaspard«, sagte Franz von Guise dann, »aber ich finde es unverantwortlich, dass er eine der schönsten und fruchtbarsten Landschaften Frankreichs verwüsten will.«

»Du hast Recht, Franz«, mischte der Dauphin sich ein. »Indes ist es höchste Zeit, dass der Kaiser begreift, dass auch seine Macht an Grenzen stößt. Ich habe soeben einen Bericht unseres Gesandten beim Vatikan gelesen, worin detailliert der Auftritt Karls V. am 17. April, also am Ostermontag, vor dem Papst und dem Kardinalskollegium geschildert wird. Karl V. behauptet, dass mein Vater seit 1520 der Störenfried der Christenheit sei. Er weist den Vorwurf, er, der Habsburger, wolle die Welt beherrschen, von sich. Schließlich fordert er meinen Vater zum Zweikampf heraus, verkündet, er werde Paris erobern und schließt die Rede mit dem Satz: *Ich gehe morgen in die Lombardei, wo wir die Franzosen treffen und ihnen gegenübertreten werden.* – Seine Rede hat Gott sei Dank den Heiligen Vater wenig beeindruckt, Paul III. wird weiterhin neutral bleiben. Aber wir plaudern, und die Zeit vergeht. Ich muss zur Sitzung des Kronrates.«

Heinrich sah seinem davoneilenden Bruder nach und beglückwünschte sich, dass er an einem so schönen Sommertag nicht irgendwelchen langweiligen Sitzungen beiwohnen musste. Er sah hinüber zu Katharina, die ihren Brief nahm und erneut zu lesen begann.

»Gibt es Neuigkeiten in Florenz?«

»Nein, die Stadt beschäftigt sich zurzeit nur mit der Hochzeit. Alessandro heiratet die illegitime Kaisertochter Margarete.« Sie schwieg einen Augenblick und fuhr dann fort. »Margarete tut mir Leid, dass sie mit einem Wüstling wie Alessandro vermählt wird. Seine sexuellen Orgien werden anscheinend immer schlimmer.«

»Es wird so viel erzählt«, sagte Coligny, »wer weiß, vielleicht übertreibt Ihr Onkel.«

»Nein, Onkel Filippo hat immer alles sachlich beurteilt. Überdies kenne ich Alessandro seit meiner Kindheit. Ich entsinne mich noch an einen Ritt durch die Straßen von Florenz, kurz nach unserer Ankunft. Die Florentiner warfen faule Eier nach Alessandro, weil er ihre Töchter verführt hatte. Und mein sechster Geburtstag – ich werde ihn nie vergessen. Mein Vetter Ippolito hatte mir Blumen geschenkt. Als ich einen Augenblick allein im Zimmer war, tauchte Alessandro auf, nahm mir eine Blume nach der anderen weg, zertrampelte sie und bedrohte mich mit seinem Messer. Ich hatte furchtbare Angst. Alessandro ist kein Mensch, er ist ein Tier und unberechenbar.«

»Ich glaube Ihnen, Madame«, sagte Coligny, »indes, wenn er sich wie ein Tyrann aufführt, warum entledigen sich die Florentiner nicht seiner Person?«

»Wie stellen Sie sich das vor? Als Florenz noch eine unabhängige Republik war, da wurden Herrscher, wenn sie nicht zum Wohl der Stadt regierten, abgesetzt und verbannt, wie mein Großvater Piero. Aber jetzt ist Florenz ein Vasall des Kaisers. Eine Vertreibung Alessandros würde Karl V. erzürnen und die Stadt müsste es büßen. Es ist Alessandro nach dem Tod Ippolitos irgendwie gelungen, den Kaiser davon zu überzeugen, dass man ihn verleumde. – Ich weiß nicht, wie man das Problem dieser Tyrannei lösen kann.«

»Es gibt seit Urzeiten eine Lösung, Madame«, erwiderte Coligny, »Mord. Tyrannen wurden stets ermordet. Der Tyrannenmord ist ein politischer Mord und er ist legitim, weil er im Interesse des Staates verübt wird.«

Katharina starrte Coligny entgeistert an. »Mord«, sagte sie nach einer Weile, »sind Sie wahnsinnig, Coligny? Man kann einen Menschen doch nicht kaltblütig ermorden, nur weil er dem Staat schlecht dient. Man kann ihn verhaften, vor Gericht stellen, sein Vermögen einziehen, ihn verbannen, aber Mord …? Nein. – Wenn man ihn ermorden lässt, lädt man Schuld auf sich.«

»Madame, man kann einen Heerführer oder einen Kanzler verhaften und vor Gericht stellen, aber keinen Fürsten. Die Herrschaft eines Fürsten beruht auf der Gnade Gottes. Gott hat ihn eingesetzt, folglich kann man einen Fürsten nie vor ein weltliches Gericht stellen. Will man einen tyrannischen Fürsten, dessen Herrschaft dem Land schadet, loswerden, so gibt es nur eine Möglichkeit: Mord.«

Katharina schwieg betroffen. Colignys Argument des Gottesgnadentums war richtig, aber Mord war nicht die richtige Lösung.

»Gaspard«, mischte sich Franz von Guise ein, »ich bin nicht deiner Meinung. Wenn man einen Fürsten loswerden will, gibt es nur eine Möglichkeit: Krieg. Man muss seine Feinde um sich scharen und ihm offen den Krieg erklären. Ein fairer Kampf, vielleicht sogar ein Zweikampf, ist die beste Lösung. Man lädt persönlich keine Schuld auf sich und man tastet das Gottesgnadentum nicht an.«

»Das ist ja noch entsetzlicher als Mord!«, rief Katharina. »Angenommen, ein Nachfahre des regierenden Königs wäre so verhasst in Frankreich wie Alessandro in Florenz, dann würden Sie ihm den Krieg erklären und Franzosen gegen Franzosen kämpfen lassen?«

»Ja, Madame. Es wäre ein fairer Kampf, bei dem es nur einen Sieger gibt.«

Katharinas Augen wanderten zwischen Coligny und von Guise hin und her.

»Politischer Mord, Krieg im eigenen Land, Franzosen gegen Franzosen …«, sagte sie schließlich, »ich finde beide Lösungen nicht richtig. Es muss doch eine Möglichkeit geben, einen solchen Konflikt friedlich zu lösen. Ein König kann abdanken, ein Kanzler oder Heerführer wird seines Postens enthoben …« Sie sah ihren Gatten an. »Was meinst du, Heinrich«, fragte sie ihn, »soll man Fürsten, Heerführer oder Kanzler, die ihrem Land offensichtlich schaden, ermorden, bekriegen oder vor Gericht stellen?«

Heinrich hatte die Unterhaltung gelangweilt verfolgt und sich im Stillen gewundert, mit welchen Problemen sich seine Umgebung beschäftigte.

»Ich habe über diese Frage noch nicht nachgedacht, Katharina. Überdies finde ich eure Diskussion sehr theoretisch.«

»Alessandros Herrschaft ist nicht Theorie, sondern Praxis«, erwiderte Katharina und stand auf. »Entschuldigt mich, aber ich bin mit Margarete verabredet.«

»Du hast Recht, Heinrich«, sagte Franz, »wir philosophieren vor uns hin. Komm, lass uns Federball spielen.«

Coligny sah den beiden nach, wie sie zum Ballspielplatz gingen. Dann begab er sich langsam in sein Appartement, öffnete ein Geheimfach seines Schreibtisches und holte ein Buch hervor, das auf Umwegen in seinen Besitz gelangt war. Der Verfasser war Johannes Calvin und das Buch trug den Titel *Institutio Religionis Christianae*. Coligny überflog die Vorrede, die Franz I. gewidmet war.

Dem Großmächtigen durchlauchtigsten Monarchen Franziskus,
Frankreichs allerchristlichstem Könige,
seinem Fürsten und Herrn
wünschet Frieden und Heil in Christo
JOHANNES CALVINUS.

… Ich werde mich nicht scheuen, zu bekennen, dass ich hier den Inhalt ebenjener Lehre zusammengestellt habe, die jene als eine solche ausschreien, so mit Kerker, Verbannung und Feuer bestraft und zu Wasser und Land verfolgt zu werden verdienen.

Coligny blätterte weiter.

Lies den Demosthenes oder den Cicero, lies Platon oder Aristoteles oder welche du auch aus der ganzen Schar lesen magst. Sie werden dich – das gestehe ich – wundersam anlocken, ergötzen, bewegen, hinreißen. Aber wenn du dann zur Heiligen Schrift kommst, so ergreift sie dich – ob du willst oder nicht – so lebendig, dringt dir so tief ins Herz, setzt sich so im Innersten fest, dass vor der Gewalt dieser Eindrücke die Kraft jener Redner und Philosophen fast verschwindet. Man kann eben spüren, wie ein göttlicher Hauch die Schrift durchweht, wodurch sie alle menschliche Kunst, alle menschlichen Gaben weit übertrifft …

Coligny blätterte zurück zum Inhaltsverzeichnis. Das Buch war in sechs Kapitel gegliedert: Erstens die zehn *Gebote des Alten Testaments*, zweitens der *Glaube*, drittens das *Gebet*, viertens die *gültigen Sakramente Taufe und Abendmahl*, fünftens die *falschen übrigen Sakramente*; das letzte Kapitel beschäftigte sich mit der *Freiheit in der Kirche*, der *kirchlichen Gewalt* und der *politischen Verwaltung*.

Coligny legte das Buch zur Seite und sah nachdenklich vor sich hin. Calvins Stil war beeindruckend, faszinierend, überzeugend. Er würde sich damit auseinander setzen, langsam, allmählich. Seine Meinung musste langsam reifen, keine rasche Begeisterung, kein Strohfeuer. Calvin würde ihn überzeugen oder nicht überzeugen, einen Mittelweg gab es nicht.

Das festliche Bankett, das einige Stunden später begonnen hatte, war bereits in vollem Gange. Der König war bester Laune und spöttelte gerade mit Katharina über des Kaisers Aufforderung zum Zweikampf; in diesem Augenblick kam ein Diener und überreichte dem König ein Schreiben. »Der Kurier Ihres Gesandten in London wartet im Vorsaal auf Ihre Antwort, Sire.«

Franz sah den Diener überrascht an, öffnete den Brief, las ihn und erbleichte. »Sorge für den Kurier, sage ihm, er muss einige Tage hier bleiben.«

Er trank hastig einen Schluck Wein, las den Brief ein zweites Mal, ließ den Kanzler holen und befahl ihm, das Schreiben sorgfältig zu verwahren.

Inzwischen wurde eine Fleischbrühe aufgetragen, und während an den übrigen Tafeln gelacht und gescherzt wurde, herrschte am Tisch der königlichen Familie ein bedrückendes Schweigen.

Der Dauphin zögerte etwas und fragte nach einer Weile: »Mit Verlaub, Vater, was ist passiert? Hat England uns den Krieg erklärt?«

Franz sah langsam von einem Familienmitglied zum anderen.

»Am 19. Mai wurde Königin Anna im Hofe des Tower mit dem Schwert hingerichtet«, erwiderte er leise. »Am nächsten Tag hat König Heinrich Jane Seymour geheiratet. Man hat Anna vor Gericht gestellt, zum Tode verurteilt, und Heinrich hat das Todesurteil unterschrieben, obwohl er sie hätte begnadigen können …«

Magdalena unterdrückte einen Aufschrei. Sie wusste, dass ihr Vater sie mit Jakob V. von Schottland verheiraten wollte, und dachte entsetzt an die barbarischen Zustände auf dieser Insel im Norden Europas. Die Übrigen am Tisch schwiegen betroffen. Sie war Königin, dachte Katharina, sie wird hingerichtet … Warum?

Heinrich schwieg gewöhnlich bei den Mahlzeiten, und so sahen alle überrascht zu ihm hin, als er sagte: »Hat König Heinrich seine zweite Gemahlin nicht abgöttisch geliebt? Wie kann man eine Frau hinrichten lassen, die man liebt oder geliebt hat?«

Franz musterte seinen Zweitgeborenen, und gab ihm innerlich Recht.

»Seine Liebe ist wohl erkaltet, nachdem sie im Januar einen toten Sohn zur Welt brachte«, erwiderte er. »Vielleicht war er davon überzeugt, dass sie ihm keine Söhne mehr gebären würde.«

Katharina glaubte, nicht richtig zu hören. »Sire!«, rief sie. »Wenn eine Königin keine Söhne zur Welt bringt, so ist das doch kein Grund, sie hinrichten zu lassen!«

»Du hast Recht, ma fille, aber mein Vetter Heinrich ist fixiert auf einen Sohn. Weshalb sonst hat er alles versucht, um eine Annullierung seiner ersten Ehe zu erreichen? Er hat sich sogar von Rom gelöst. Offiziell wurde Anna hingerichtet, weil sie angeblich Ehebruch begangen hat – eine völlig absurde Anklage. Sie war viel zu klug, um Ehebruch zu begehen. Aus dem Brief geht hervor, dass sie versucht hat, den König gegen die Außenpolitik Cromwells zu beeinflussen, und das hat Cromwell sich nicht gefallen lassen.« Er trank erneut einen Schluck Wein. »Anna war immer profranzösisch gesinnt, vielleicht, weil sie einige Jahre in Frankreich gelebt hat. Cromwell neigte mehr zu einer Annäherung an den Kaiser, was nicht mehr so schwierig war, weil Heinrichs verstoßene erste Gattin Katharina, die Tante des Kaisers, im Januar gestorben war. Als Cromwell merkte, dass Anna den König politisch immer noch beeinflussen konnte, spann er eine Intrige, gegen die sie machtlos war: Er erzwang von Höflingen unter der Folter das Geständnis, dass die Königin ihren Gemahl mit ihnen betrogen habe. Dies ist eine Vermutung meines Gesandten, und sie ist wahrscheinlich richtig. Alles Weitere war nur noch Formsache. Der Prozess war für Heinrich die eleganteste Art, eine Frau loszuwerden, die ihm keine männlichen Erben gebar.«

Katharina hörte entsetzt zu und beglückwünschte sich, dass sie nicht Dauphine, sondern nur Herzogin von Orléans war. Welche Intrigen würden am französischen Hof gegen eine unfruchtbare Dauphine oder Königin gesponnen werden? »Sire«, sagte sie nach einer Weile, »angenommen, die Königin von England hätte im Januar einen lebenden Sohn zur Welt gebracht, dann wäre sie wahrscheinlich kein Opfer von Cromwells Intrigen geworden?«

»Du beurteilst die Situation richtig, ein lebender Sohn wäre für Königin

Anna die Rettung gewesen.« Er wandte sich an den Dauphin. »In dem Brief ist auch die Rede davon, dass die Tochter Elisabeth aus der Ehe mit Königin Anna für illegitim erklärt wird.«

»Wie ist das möglich, Vater? Elisabeth wurde legitim geboren.«

»Nun, die Erklärung, dass sie illegitim ist, erfolgt durch das Parlament, und das Parlament hat bis jetzt immer die Wünsche des Königs erfüllt. Die Trennung von Rom wurde durch das Parlament sanktioniert, das Parlament wird auch die kleine Elisabeth für illegitim erklären. Ich sage dir, Franz, das englische Parlament ist eine Farce: Nach außen hin heißt es immer, *King in Parliament*, in der Realität beugt das Parlament sich aber immer den Wünschen des Königs.«

Katharina hörte aufmerksam zu und dachte eine Weile nach. »Mit Verlaub, Sire«, sagte sie dann vorsichtig, »der König von England scheint ein starker Herrscher zu sein, der es versteht, dem Parlament seinen Willen aufzuzwingen. Angenommen, sein Nachfolger ist ein schwacher Herrscher, besteht dann nicht die Gefahr, dass das Parlament versuchen wird, dem König seinen Willen aufzuzwingen? Eine Institution, die immer um Zustimmung ersucht wird, fühlt sich vielleicht im Laufe der Jahre mächtig und unentbehrlich und will bei allen Entscheidungen mitreden.«

Franz sah seine Schwiegertochter überrascht an. Sie denkt strategisch, ging es ihm durch den Kopf.

»Deine Vermutung ist wahrscheinlich richtig, aber das ist ein englisches Problem und geht uns nichts an.«

»Eine Königin wird hingerichtet«, sagte der Dauphin, »ich verstehe nicht, was in Heinrich vorgeht. Ist er verrückt? Sie haben ihn doch persönlich erlebt, Vater. Was war Ihr erster Eindruck damals im Goldbrokatlager?«

Franz erinnerte sich:

»Diese erste Begegnung liegt jetzt sechzehn Jahre zurück, es war im Juni 1520. Politisch war die Begegnung wenig erfolgreich, zumindest für mich: Vertraglich wurde zwar die Hochzeit zwischen dir und Heinrichs Tochter Maria vereinbart, aber mein Krieg gegen den Kaiser bewog den Engländer später, seine Tochter mit dem Habsburger zu verloben. Meine Hoffnung auf ein Offensivbündnis gegen das Haus Habsburg wurde enttäuscht. Heinrich wünschte keinen Krieg zwischen dem Habsburger und mir wegen seines Handels mit den Niederlanden, aber er wünschte auch kein Bündnis zwischen Karl und mir ohne seine Mitwirkung.

Ansonsten, wir waren beide jung, wir liebten beide die Frauen, die Jagd, Kunst und Wissenschaft, die Freuden der Tafel. Bei dieser ersten Begegnung versuchten wir beide, einander an Pracht zu überbieten. Wir wollten uns an der Grenze zwischen der französischen Picardie und dem englischen Calais treffen. Da die Zeit knapp war, um mein geplantes Palais in Ardres fertig zu stellen, improvisierte ich und ließ ein prächtiges Zeltlager erstellen, jenes bekannte Goldbrokatlager. In der Mitte war eine riesige Zeltbahnkonstruktion aus vier Pavillons für meine Räte und mich. Es gab dort Kabinette, Säle und Galerien, die mit lilienübersäten Goldbrokatbahnen bespannt waren. Um die Pavillons herum gruppierten sich Hunderte von Zelten, es war ein Meer aus Goldbahnen, Samt, frisch bemalten Wappenschildern, Standarten und Wimpeln. Es gab Zelte für die Königin, den Konnetabel, den Kanzler, für die Admiräle und Kardinäle. Später hörte ich, dass viele Adelige Wälder, Wiesen und Weiher verkaufen mussten, um in meinem Goldbrokatlager den Engländern standesgemäß gegenübertreten zu können.« Franz schwieg einen Augenblick. »Heinrich ließ Schloss Guines renovieren und daneben einen Sommerpalast errichten. Auf einem gemauerten Sockel wurde ein Fachwerkgerüst errichtet, in das gemalte Tapeten gespannt wurden. Die Hälfte jenes Palastes war ganz aus Glas. Um einen Hof gruppierten sich vier große Häuser mit Sälen und Zimmern und einer mit Gold und Blau ausgemalten Kapelle, ansonsten dominierten Heinrichs Farben Weiß und Grün. Er wurde von 5172 Personen begleitet, die 2865 Pferde mit sich führten. Vor dieser Kulisse fand unsere erste Begegnung statt.« Franz schwieg erneut, trank einen Schluck Wein und überlegte einen Augenblick, bevor er fortfuhr. »Misstrauen auf der englischen Seite überschattete dieses Treffen von Anfang an. Nachdem Heinrich in Guines eingetroffen war, legten unsere Berater das Protokoll fest für unsere erste Begegnung. Jeder von uns sollte nur von 400 Wachen, einem persönlichen Berater und zwei Adjutanten begleitet werden, das restliche Gefolge sollte auf französischem und englischem Boden bleiben. – Dann kam der große Tag: Heinrich und ich ritten zum gleichen Zeitpunkt im gleichen Tempo an, die Kronfeldherrn, das blanke Schwert in der Faust, ritten uns voraus, die Wachen folgten uns. Wir ritten aufeinander zu, gaben den Pferden die Sporen wie zwei Kriegsmänner, wenn sie mit dem Schwert kämpfen wollen. Aber statt es zu ziehen, zogen wir unsere Barette herunter, umarmten uns, dann stiegen wir vom Pferd und umarmten uns erneut, schließlich gingen wir, Arm in Arm, in den eigens für uns errichteten Pavillon.« Franz lachte kurz auf. »Ich erinnere mich noch, dass seine Umarmung mich fast erdrückte. Er lachte laut und dröhnend, er war überhaupt ein Mensch, der lärmend auftrat, und ich hatte das Gefühl, dass seine Lords, auch wenn er guter Laune war, insgeheim vor ihm zitterten. Er war ein Mensch, der sich seiner Macht bewusst war und sie gnadenlos ausspielte. Ich glaube, er kann keine Kritik vertragen. Wer nicht seiner Meinung ist, ist sein Feind, auch wenn er zuvor mit ihm befreundet war. Das beste Beispiel ist Thomas More. Heinrich ging bei ihm ein und aus, behandelte ihn wie einen Freund, aber in dem Moment, als More sich weigerte, den König als Oberhaupt der englischen Kirche anzuerkennen, wurde er vor Gericht gestellt und zum Tode verurteilt. – Ich entsinne mich noch an einen unbedeutenden Zwischenfall, der indes charakteristisch für Heinrich ist. Während der drei Wochen im Goldbrokatlager lösten Bankette, Turniere und Bälle einander ab. Vordergründig herrschte eine vollendete Harmonie zwischen mir und Heinrich. Einmal forderte er mich unvermutet zu einem Ringkampf auf und, ohne mir Zeit für eine Antwort zu lassen, packte er mich um die Hüfte und versuchte, mich niederzuwerfen, ich stellte ihm jedoch ein Bein und warf ihn platt zu Boden. Er sprang auf, sein Gesicht war rot vor Wut, und er forderte unverzügliche Revanche. Die Königinnen retteten die Situation und machten uns darauf aufmerksam, dass das Festmahl bereitet sei.« Franz dachte nach. »Heinrich ist ein Machtmensch«, sagte er dann, »ihm fehlt eine gewisse Leichtigkeit. Das beweist auch sein beharrliches Werben um Anna Boleyn. Liebe hin und her, mit mir hätte eine Frau nicht so umspringen können. Wenn sie nicht will, nun gut, es gibt tausend andere. Er lässt Menschen fallen, wenn sie seine Pläne stören. Vor diesem Hintergrund muss man die Hinrichtung der Königin sehen.«

Nach diesen Worten entstand eine längere Pause.

»Werden Sie Hoftrauer anordnen, Vater?«, fragte der Dauphin schließlich.

»Hoftrauer? – Mein Gefühl sagt Ja, Königin Anna hätte es verdient. Mein politischer Verstand dagegen sagt Nein, mein Bündnis mit England ist seit der Suprematsakte etwas brüchig geworden. Heinrich muss in dem bevorstehenden Krieg zwischen dem Kaiser und mir neutral bleiben. Aus diesem Grund werde ich, so schwer es mir fällt, keine Hoftrauer für Königin Anna anordnen.«

447

Während der ersten Tanzpause begab Diana sich zum König und bat ihn um einige Wochen Urlaub.

»Die Königin, Sire, ist einverstanden. Es erstaunt Sie vielleicht, dass ich schon wieder um Urlaub bitte, aber ich möchte auf Schloss Anet in aller Ruhe über mein künftiges Leben nachdenken.«

Franz musterte Diana, dachte im Stillen, dass sie sicher über ihr Verhältnis zu Heinrich nachdenken wollte und hoffte, dass sie ihr erotisch-freundschaftliches Verhältnis zu seinem Sohn beenden würde.

»Madame«, erwiderte er freundlich, »ich gewähre Ihnen den Urlaub und erwarte, dass Sie im Laufe der ersten Augustwoche an den Hof zurückkehren.«

Die Herzogin von Etampes hatte das Gespräch aufmerksam verfolgt, und als sie mit dem König einen Augenblick allein war, sagte sie leise: »Franz, diese Wochen in Anet werden entscheiden, ob die Seneschallin das platonische Verhältnis zu deinem Sohn beendet, oder ob sie es in ein erotisches Liebesverhältnis verwandelt.«

»Ich hoffe im Interesse Katharinas, dass die Seneschallin das Verhältnis beendet, und sie wird es beenden, weil sie berechnend ist. Welche Vorteile hat sie zu erwarten, wenn sie sich Heinrich hingibt? Er ist Gott sei Dank nicht der Dauphin, sondern nur der Herzog von Orléans.«

Heinrich tanzte, weil Diana es wünschte, die erste Volta stets mit Katharina, dann überließ er sie Franz von Guise oder seinem älteren Bruder, so auch an diesem Abend.

Als Diana die zweite Volta mit ihrem Verehrer tanzte und seine glücklichen Augen sah, beschloss sie, ihm noch an diesem Abend zu sagen, dass sie am anderen Morgen abreisen würde. Ein schneller Abschied ist der einfachste Abschied, ging es ihr durch den Kopf.

Irgendwann war die Volta beendet und sie wandte sich lächelnd zu Heinrich. »Im Saal ist es so heiß und stickig – kommen Sie, ich möchte das Sonnwendfeuer sehen.«

Sie gingen in den Hof, betrachteten das Feuer, und die Diener und Mägde, die ausgelassen um die Flammen tanzten. Dann begaben sie sich zu der Mauer, von wo aus man über die Dächer der Stadt blicken konnte.

»Sehen Sie den Feuerschein dort unten«, sagte Diana, »auf dem Marktplatz hat man auch ein Sonnwendfeuer entzündet.«

»Ich liebe diese Junitage«, sagte Heinrich verträumt, »jetzt beginnt der

448

Sommer, die Abende und Nächte sind warm, das Korn beginnt zu reifen … Für mich ist der Juni die schönste Zeit im Jahr.«

»Sie haben Recht, aber ab jetzt werden die Tage wieder kürzer, wir nähern uns unaufhaltsam dem Herbst und Winter.«

»Madame, wer denkt jetzt an Herbst und Winter, wir nähern uns dem Hochsommer.«

Sie schwieg und dachte, dass nicht nur zwanzig Lebensjahre sie von Heinrich trennten, sondern vor allem ein unterschiedliches Lebensgefühl. Heinrich sieht nur den Sommer, er denkt keine Sekunde lang an den Herbst, während sie am Beginn des Sommers schon dessen Ende sah.

»Ihr Vater hat mir erlaubt, morgen nach Anet abzureisen; meine Anwesenheit ist erforderlich wegen der Renovierung. Anfang August werde ich an den Hof zurückkehren.«

Heinrich glaubte, nicht richtig zu hören. »Madame, Sie verlassen mich so plötzlich?«

»Es muss sein, mein Freund. Wir werden korrespondieren. Leben Sie wohl. Ich möchte mich jetzt zurückziehen, da ich morgen bei Tagesanbruch Amboise verlassen will.«

»Madame«, stammelte Heinrich, »Ihre Abreise …, morgen schon – erlauben Sie, dass ich Ihnen einen Abschiedskuss gebe.«

Sie wusste, dass er sie züchtig auf den Mund küssen würde und hatte nichts dagegen.

Seine Lippen berührten vorsichtig die ihren, lösten sich wieder, aber fast im gleichen Augenblick spürte sie erneut seinen Mund, diesmal fordernd. Irgendwann gab sie nach und stellte überrascht fest, dass er gut küssen konnte. Sie spürte seine Leidenschaft und dachte beiläufig, dass der verstorbene Gatte zwar ein guter Liebhaber, aber kein leidenschaftlicher Liebhaber gewesen war. Vielleicht hatte sie in ihrer Ehe etwas versäumt?

Irgendwann löste Heinrich sich von ihr und sah sie an. In seinen Augen spiegelten sich Glück und Verlegenheit gleichzeitig. »Verzeihen Sie«, stammelte er, »ich konnte nicht anders, ich musste Sie endlich richtig küssen.«

Sie schwieg eine Weile. »Ich habe Ihnen nicht erlaubt, mich so zu küssen, wie Sie Ihre Gattin küssen«, erwiderte sie.

»Meine Gattin? Madame, ich habe meine Gattin noch nie so geküsst wie Sie!«

Diana starrte ihren Verehrer fassungslos an. Ist es möglich, dachte sie, er ist fast drei Jahre verheiratet! Wenn Katharina erfährt, worauf sie verzichten muss, dann ... Sie dachte den Gedanken nicht zu Ende.

»Sie sollten Ihre Gattin etwas liebevoller behandeln«, sagte sie, wandte sich abrupt ab und lief zurück zum Schloss.

Heinrich eilte verstört hinter ihr her. »Madame, was ist passiert? ... Madame, warten Sie doch!«

In der Vorhalle kam ihm Katharina entgegen, die ebenfalls das Bedürfnis nach frischer Luft verspürte. Heinrich achtete nicht weiter auf seine Frau. Katharina indes blieb stehen und beobachtete die Szene zwischen Heinrich und Diana.

»Madame!«, rief Heinrich. »Madame!«

Da wandte Diana sich um. »Gute Nacht.«

Heinrich sah ihr resigniert nach und wollte eben in den Tanzsaal zurückgehen, als er Katharina bemerkte. Mein Gott, dachte er, sie hat diesen Auftritt miterlebt. Er sah verlegen zu Boden.

»Was ist passiert, Heinrich? Gibt es Missverständnisse zwischen dir und Madame von Brézé?«

»Nein, aber ... sie reist morgen ab und wird erst Anfang August an den Hof zurückkehren.« Er eilte zurück in den Saal.

Sie sah ihm erstaunt nach und ging nachdenklich in den Hof und zu ihrem Lieblingsplatz an der Mauer, von wo aus sie die Loire überblicken konnte. Sie genoss die frische Abendluft und dachte noch einmal über die Szene nach, die sie soeben beobachtet hatte. Es gibt ein Missverständnis zwischen ihnen, dachte sie. Diana wirkte irgendwie abweisend. Ihr Gefühl sagte ihr, dass Heinrich der Seneschallin vielleicht zu nahe getreten war. Sie reist morgen ab, ging es Katharina durch den Kopf. Vielleicht bedeutet ihre Abreise das Ende dieser Beziehung. Vielleicht findet er jetzt zu mir ... Je länger sie darüber nachdachte, desto glücklicher fühlte sie sich. Ein herrlicher Sommer lag vor ihr. Diana war weit weg in Anet, Heinrich würde sie nicht sehen und hoffentlich nicht an sie denken. Vielleicht ist dieser Sommer der Wendepunkt in unserer Ehe?

Sie stand an der Mauer, sah über den dunklen Fluss und malte sich eine glückliche Zukunft mit Heinrich aus. Es war schon lange nach Mitternacht, als sie in ihr Appartement zurückkehrte.

Als Diana am nächsten Morgen die Zügel ihres Pferdes ergriff, sah sie zufällig zu den Fenstern des Schlosses empor und erblickte Heinrich, der ihre Abreise beobachtete.

Sie überlegte, dass sie sich ziemlich brüsk von ihm verabschiedet hatte, und einem Instinkt folgend, hob sie die Hand, winkte ihm zu und sah, dass er strahlend zurückwinkte. Dann wendete sie ihr Pferd und verließ mit ihrem Gefolge den Schlosshof.

Das Problem, wie es mit uns weitergehen soll, ist zwar nicht gelöst, dachte sie, aber wir haben uns harmonisch voneinander verabschiedet. Sie dachte an die Wochen, die vor ihr lagen; sie würde so leben können, wie sie wollte, und vor allem würden Heinrichs verliebte Augen sie nicht verfolgen.

Heinrich stand noch lange am Fenster und durchlebte immer wieder von neuem Dianas Abschiedsgruß. Sie hatte ihm also den Kuss vom Vorabend verziehen.

Irgendwann legte er sich glücklich neben seine schlafende Gattin.

Seit Ausbruch des Krieges überlegte der König, ob er seine beiden ältesten Söhne an den Kämpfen teilnehmen lassen sollte, fand aber schließlich, dass Heinrich noch zu jung war, und das Leben des Dauphins wollte er nicht aufs Spiel setzen, zumal die Thronfolge noch nicht durch einen Enkel gesichert war. So blieben die Prinzen in Amboise, während Coligny und Franz von Guise den König zur Armee begleiteten, die in der Nähe von Lyon lagerte.

Während der folgenden Wochen hörte man vom Kriegsschauplatz nur, dass der Kaiser an der Küste entlangzog.

Am 8. August kehrten Antoinette von Guise und Diana an den Hof zurück. Am Abend jenes Tages vertraute Diana ihrer Freundin an, dass sie, was ihr Verhältnis zu Heinrich betraf, immer noch unentschlossen sei. Sie wisse, dass sie sich ihm nicht länger verweigern könne, aber dieser letzte Schritt koste sie eine unendliche Überwindung. Die Herzogin war der Ansicht, sie solle sich zu nichts zwingen, derlei Probleme würden sich manchmal von selbst lösen.

Am 9. August herrschte eine trockene Hitze, wie man sie in jenem Sommer noch nicht erlebt hatte. Am Nachmittag saßen die Königin, Magdalena, Margarete, Katharina, Heinrich und Diana im Schlossgarten unter den schattigen Bäumen.

Diana erzählte Heinrich von den Renovierungsarbeiten in Anet, wobei sie nicht versäumte, immer wieder die ungeheuren Kosten zu erwähnen. Die Königin und Magdalena beugten sich über eine Landkarte Europas und betrachteten Schottland, Magdalenas künftige Heimat.

»Hier ist Edinburgh, die Hauptstadt«, sagte das junge Mädchen. »In diesem Land werde ich bestimmt nicht glücklich. Das Klima soll rau und kalt sein, und die Sprache werde ich nie lernen. Ich habe versucht, mir die Namen der wichtigsten Schlösser einzuprägen: Holyrood, Linlithgow, Stirling …, Schottisch ist ein unmelodisches Kauderwelsch. Warum verheiratet mein Vater mich nach Schottland?«

»Zwischen Frankreich und Schottland bestanden immer gute Beziehungen«, erwiderte Eleonore. »Dein Vater will durch diese Heirat nicht nur das Bündnis mit Schottland festigen, sondern auch den englischen König warnen, weitere Kriege gegen Schottland zu führen. Wenn England das Nachbarland angreift, muss Heinrich VIII. damit rechnen, dass er französischen Truppen begegnet. Du solltest optimistisch in die Zukunft sehen; Jakob V. ist dreiundzwanzig Jahre alt, also ein Mann im besten Alter. Man erzählt, er sei ein gut aussehender, ritterlicher, liebenswürdiger Mann. Wenn du deinen Gatten liebst, wirst du auch Schottland lieben. Dein Porträt, das nach Edinburgh geschickt wurde, soll ihn fasziniert haben; er wird sich bestimmt in dich verlieben. Überdies ist er bereit, im Dezember nach Paris zu kommen, um dich hier zu heiraten. Du wirst dann nicht allein nach Schottland reisen, sondern in seiner Begleitung. – Mehr kannst du bei einer politischen Verbindung zunächst nicht erwarten.«

»Ich habe gehört, dass Schottland ein armes Land ist, und die großen Adelsfamilien, die Clans, sollen mächtiger sein als der König. Überdies wird auch erzählt, dass er einige uneheliche Kinder hat. Er wird mich bestimmt betrügen.«

»Warte ab und füge dich in dein Schicksal.«

Magdalena betrachtete erneut die Landkarte. Wie unendlich weit war doch Edinburgh von der Loire entfernt …

Katharina und Margarete lasen zusammen einen Brief der Königin von Navarra, die ausführlich über die Entwicklung ihrer achtjährigen Tochter Johanna berichtete.

Sie weiß genau, was sie will und lässt sich überhaupt nicht beeinflussen. Es ist zwecklos, dass ich versuche, sie zu etwas zu überreden, wovon sie nicht überzeugt ist. Am letzten Sonntag zum Beispiel hatte ich einige

Kinder unserer Höflinge ins Schloss geladen. Sie sollten Johanna bei dem schönen Wetter Gesellschaft leisten, spielen, sich vergnügen. Ich versuchte, sie zu überzeugen, dass es erlaubt sei, sich an diesem Ruhetag bei harmlosen Spielen zu erholen, jedoch war meinen Worten wenig Erfolg beschieden. Johanna blieb an diesem Nachmittag in ihrem Appartement und las in der Bibel; es ist übrigens ihr Lieblingsbuch, sie ist sehr fromm. Ich hoffe, dass ihre Frömmigkeit in einigen Jahren ein normales Maß findet. Abgesehen von der Bibellektüre lernt sie den ganzen Tag, weil sie glaubt, dass es Gott gefalle. Ich sorge mich etwas um ihre Gesundheit, sie ist so mager, wahrscheinlich weil sie bei Tisch so wenig isst. Sie verschmäht nahrhafte Fleischgerichte und begnügt sich mit trockenem Brot, Gemüse, Eiern und etwas Käse. Ich hoffe, dass diese spartanische Lebensweise eine Phase ist, die vorübergeht.

Während Katharina die Zeilen überflog, erinnerte sie sich an das altkluge Gesicht des kleinen Mädchens in Marseille. Die Erbin von Navarra scheint ziemlich verschroben zu sein, dachte sie im Stillen.

In diesem Augenblick kehrten der Dauphin und Montecuccoli von einem mehrstündigen Inspektionsritt zurück.

»Gibt es Neuigkeiten vom Kriegsschauplatz?«, rief der Dauphin.

»Nein«, erwiderte Heinrich und setzte seine Unterhaltung mit Diana fort.

»Was für ein herrlicher Sommertag«, sagte sein Bruder. »Wie kann man an einem solchen Tag müßig im Garten sitzen?« Er drehte sich um zu seinem Sekretär. »Montecuccoli, kommen Sie, ich möchte jetzt Federball spielen.«

»Es geht mich nichts an, Franz«, sagte die Königin, »aber bei dieser Hitze sollten Sie sich nach dem anstrengenden Ritt ausruhen und nicht Federball spielen. – Ich finde die Wärme allmählich unerträglich.« Sie erhob sich und ging, gefolgt von ihrer Stieftochter Magdalena, zurück zum Schloss.

»Darf ich bei dem Spiel zusehen, Franz?«, fragte Margarete.

»Natürlich!« Er eilte mit seinem Sekretär, gefolgt von der jüngeren Schwester, zum Ballspielplatz.

Diana war an dem Spiel nicht sonderlich interessiert, andererseits war sie es müde, sich mit Heinrich zu unterhalten, und da seine verliebten Augen sie belästigten, stand sie abrupt auf. »Kommen Sie, ich möchte mir das Spiel ansehen.«

Heinrich erhob sich folgsam, und als sie an Katharina vorbeigingen, fragte er: »Willst du nicht mitkommen?«

»Nein, ich bin zu müde.« Sie sah dem Paar nach und war froh, endlich einmal einige Augenblicke allein zu sein. Sie betrachtete das grüne Laub der Bäume, den wolkenlosen blauen Himmel. Sie dachte daran, dass sie Dianas Abwesenheit genossen hatte, und dass sich im Verhältnis zwischen ihrer Rivalin und Heinrich nichts geändert hatte; zwischen dem Paar herrschte die gleiche Harmonie wie eh und je.

Sie las noch einmal den Brief der Königin von Navarra, und als sie ihn weglegte, ging ihr durch den Kopf, dass diese Königin ihr Leben ausfüllte, indem sie ihre Erfahrungen und Erlebnisse in Form von Geschichten niederschrieb, die nicht nur unterhielten, sondern auch zum Nachdenken anregten. Und wiederum fragte sie sich, wie sie ihr eigenes Leben am Hof sinnvoll gestalten konnte.

Sie stand auf, ging zu der Mauer, sah über die Loire und fühlte wieder einmal ihre Kinderlosigkeit. Sie grübelte über das Verhältnis zwischen Diana und Heinrich nach, und sie spürte instinktiv, dass diese platonische Beziehung irgendwann in körperliche Liebe einmünden würde. Sie dachte an die Prophezeiungen der Brüder Ruggieri: Zehn Kinder, Königin von Frankreich. Auf einmal spürte sie eine innere Unruhe, die sie zum Ballspielplatz trieb.

Als sie ankam, war das Spiel noch nicht beendet, und Margarete flüsterte ihr zu, dass Montecuccoli wahrscheinlich gewinnen würde.

Katharina verfolgte einige Sekunden lang den Ballwechsel, dann beobachtete sie Heinrich und Diana, die offensichtlich interessiert das Spiel verfolgten. Als sie wieder zu ihrem Schwager und dem Grafen sah, war die Partie beendet und die Gegner reichten einander die Hände.

»Montecuccoli hat das Spiel gewonnen«, sagte Margarete.

»Ich bitte um Vergebung, Hoheit«, sagte der Graf.

»Keine Ursache«, antwortete der Dauphin, »ich war heute nicht in Form. Kein Wunder, bei dieser Hitze.«

Als sie bei den Zuschauern angekommen waren, befahl der Dauphin einem Diener, ihm einen großen Pokal eiskalten Wassers zu bringen, weil er am Verdursten sei. Als der Diener zurückkehrte, nahm Montecuccoli den Pokal, reichte ihn dem Dauphin und alle Anwesenden hörten, wie er sagte: »Ich bitte um Vergebung, Hoheit, aber Sie sollten diesen kalten Trunk nur in kleinen Schlucken genießen, weil Sie zu sehr erhitzt sind.«

Der Dauphin nahm den Pokal und trank hastig in großen Schlucken das Wasser. Katharina beobachtete ihn und wurde plötzlich von einer unbestimmten Angst ergriffen.

»Franz!«, rief sie, eilte zu ihm und versuchte, ihm das Gefäß wegzunehmen. Der Schwager indes wehrte ungeduldig ab und trank weiter. »Franz, bitte trinke nicht so viel kaltes Wasser!«

Margarete, Heinrich und Diana beobachteten die Szene, und während Heinrich und Margarete sich fragten, warum kaltes Wasser gefährlich sein sollte, erinnerte sich Diana, dass der verstorbene Gatte vor vielen Jahren geraten hatte, nie in erhitztem Zustand ein kaltes Bad zu nehmen, auch wenn es noch so verführerisch war, weil man dann womöglich einen Herzschlag erleiden könne.

In diesem Augenblick war der Pokal leer und Franz atmete tief durch. »Das hat gut getan.« Er reichte dem Diener das Trinkgefäß, wischte sich mit einem Tuch den Schweiß von der Stirn und wollte eben zurück zum Schloss gehen, als er strauchelte und ohnmächtig zu Boden sank.

Es dauerte den Bruchteil von Sekunden, bis die Anwesenden begriffen, was geschehen war. Katharina fasste sich als Erste, eilte zu ihrem Schwager, drehte ihn um, beugte sich über ihn und sah erleichtert, dass er noch atmete.

»Montecuccoli, was stehen Sie herum, rasch, holen Sie einen Arzt!« Sie wandte sich an die Diener. »Schafft eine Bahre herbei!«

Heinrich und Margarete blieben hilflos stehen, Diana indes ging zu dem Dauphin.

»Madame, wir sollten seinen Kopf etwas abstützen«, sagte sie zu Katharina.

Dann knieten beide rechts und links neben dem Thronfolger und hoben mit ihren Händen den Kopf etwas hoch. Irgendwann trafen sich ihre Augen und instinktiv wussten sie, dass nur eine Frage sie jetzt bewegte: Er ist ohnmächtig … Was bedeutet diese Ohnmacht? Wird er sterben?

Irgendwann kamen Diener mit einer Bahre und Montecuccoli in Begleitung eines Hofarztes. Als der Dauphin auf der Bahre lag, begann der Arzt mit der Untersuchung, die den Anwesenden eine Ewigkeit zu dauern schien. Endlich sah der Arzt auf. »Hoheit, schicken Sie sofort einen Eilkurier zu Seiner Majestät mit der Nachricht, dass der Dauphin an einer schweren Krankheit leidet«, sagte er dann zu Heinrich.

»Eine schwere Krankheit?«, stammelte Heinrich. »Was meinen Sie damit?«

Der Arzt, der von Montecuccoli inzwischen erfahren hatte, dass der vom Spiel erhitzte Thronfolger nach dem Genuss einer großen Menge kalten

Wassers zusammengebrochen war, zögerte etwas. »Nach ärztlichem Ermessen muss man mit allem rechnen«, erwiderte er.

Während die Diener, begleitet von dem Arzt und Montecuccoli die Bahre zum Schloss trugen, sahen Katharina, Heinrich und Diana sich einige Sekunden wortlos an. Margarete indes brach in Tränen aus und ergriff Hilfe suchend Katharinas Hand.

»Ich muss jetzt zum Schloss«, sagte Heinrich, »der Eilkurier …«

In allen hatte der Schock des plötzlichen Zusammenbruchs eine beklemmende Stille hinterlassen.

Der Dauphin wurde in sein Appartement gebracht, von den Hofärzten untersucht und jeder empfahl absolute Ruhe.

Katharina saß neben dem Bett ihres Schwagers und beobachtete ängstlich seine Atemzüge. Er war immer noch ohnmächtig, und als sie die Ärzte fragte, wie lange die Ohnmacht noch dauern würde, antworteten sie ausweichend, das sei abhängig von der allgemeinen Konstitution des Patienten.

Inzwischen waren auch die Königin, Magdalena und Karl in das Schlafzimmer gekommen und warteten im Hintergrund die weitere Entwicklung ab. Margarete saß auf der anderen Bettseite und beobachtete ihren Bruder, während Heinrich am Fenster stand und vergeblich versuchte, einen klaren Gedanken zu fassen.

Im Vorraum versammelten sich Würdenträger und Hofleute, darunter Diana, der Kardinal Johann von Guise, sein Bruder, seine Schwägerin und die Herzogin von Etampes. Man tuschelte, nur die Familie von Guise und Diana schwiegen, wobei sich in den Augen der Guisen ein leiser Triumph spiegelte.

Eine Stunde nach der anderen verging, es wurde dunkel. Die Hofleute im Vorraum begaben sich irgendwann zur Abendtafel, und für eine Weile waren die Guisen, Diana und die Herzogin allein. Man schwieg und sah einander misstrauisch und abwartend an. Jeder wusste, dass Tod oder Genesung des Dauphins das eigene Schicksal entscheidend beeinflussen würde.

Im Schlafzimmer des Thronfolgers sprach niemand ein Wort, die Ärzte kamen und gingen. Die Diener zündeten irgendwann die Kerzen an, und in ihrem Lichtschein beobachtete Katharina ihren Schwager, der immer noch ohnmächtig war. Sie betete, dass er erwachte, und je länger sie betete, desto mehr spürte sie, dass er nicht mehr lange leben würde.

Kurz nach Mitternacht trat Heinrich zu ihr. »Ich bin müde«, sagte er leise. »Du solltest jetzt auch ruhen, es ist zwecklos, die Nacht zu durchwachen. Wir können ihm nicht helfen.«

Katharina sah Heinrich entgeistert an. »Wie? Dein Bruder ist seit Stunden ohnmächtig und du willst schlafen? Heinrich, in dieser Nacht entscheidet es sich, wer künftig über Frankreich herrschen wird, dein Bruder oder du. In dieser Nacht willst du nicht an seinem Bett wachen? Wer weiß, vielleicht erwacht er, vielleicht will er dir noch etwas sagen, vielleicht überwindet er die Krise. – Bitte, bleibe bei mir und deinem Bruder.«

»Katharina, ich bin einfach zu müde.« Er verließ einfach das Zimmer.

Irgendwann zogen sich auch die Königin und ihre Stiefkinder zurück, und als die Kerzen allmählich erloschen und das Zwielicht des Morgens den Raum erhellte, bemerkte Katharina, dass sie mit dem Dauphin allein war.

Er atmete immer noch. Es wurde heller und heller, und sie hörte, dass sein Atem langsamer wurde. Sie sah zur Uhr, hörte sechs Glockenschläge, sah zu ihrem Schwager und erschrak. Täuschte sie sich, oder atmete er nicht mehr? Sie eilte in den Nebenraum, wo die Ärzte sich aufhielten.

Sie kamen, und einer hielt eine Feder vor den Mund des Dauphins, ein anderer befühlte den Puls, ein dritter beugte sich über das Herz. Dann sahen sie Katharina an. »Madame, der Dauphin ist tot.«

Sie erhob sich, versuchte das Unfassbare zu begreifen, und gleichzeitig wurde ihr bewusst, dass sie jetzt Dauphine war. Sie ging einige Schritte zur Tür und blieb dort stehen. Sie hörte einen der Ärzte dem anwesenden Diener etwas zuflüstern. Dieser öffnete die Tür zum Vorraum, und als Katharina die Schwelle überschritt, rief er: »*Madame la Dauphine!*«

Die Herzogin von Etampes erbleichte. Welches Schicksal würde sie nach dem Tod ihres königlichen Liebhabers erwarten? Der neue Dauphin und künftige König war ein fanatischer Gegner der Protestanten und würde überdies von Diana von Poitiers beeinflusst werden. Die Guisen sahen sich triumphierend an. Der junge Franz war mit dem Dauphin und künftigen König befreundet, Diana gehörte zu ihrer Familie, Heinrich war ihr hörig. Sie würden mächtig und einflussreich werden, sie waren die künftigen faktischen Herrscher in Frankreich. Sie würden dafür sorgen, dass der neue Glaube, der eine Gefahr für ihren Besitz und Reichtum war, ausgerottet wurde.

Diana senkte die Augen: Das Problem, wie sie sich künftig Heinrich gegenüber verhalten sollte, war gelöst. Sie würde irgendwann die faktische Königin sein, welche Perspektive! Heinrich würde ihr jeden Wunsch erfüllen.

Katharina durchschritt den Vorraum, ohne die Anwesenden zu beachten. Ich bin Dauphine, dachte sie, eine kinderlose Dauphine. Sie werden gegen mich intrigieren, wenn ich nicht schwanger werde.

Heinrich schlief noch, als sie neben das Bett trat. Sie betrachtete ihn einige Sekunden, überlegte, welche Verantwortung auf ihn zukam, setzte sich auf die Bettkante und strich mit der Hand über sein Gesicht. »Heinrich …« Er erwachte sofort und sah sie fragend an.

»Heinrich, du bist Dauphin von Frankreich. Dein Bruder ist gestorben.« Er setzte sich auf und sah sie verstört an. »Dauphin«, murmelte er, »Dauphin. Es ist Gottes Wille, aber es kommt so plötzlich, so unerwartet!«

»Auch für mich ist es unerwartet, Heinrich. Wir müssen uns langsam an unsere neue Rolle gewöhnen. Zunächst musst du entscheiden, wer deinem Vater die Nachricht vom Tod deines Bruders überbringen soll. Bedenke, dass dies kein einfacher Auftrag ist.«

Heinrich überlegte eine Weile. »Ich glaube, nur ein Mann, den mein Vater seit seiner Jugend schätzt, wird ihm die traurige Botschaft mitteilen können: Ich werde den Kardinal von Lothringen beauftragen.«

Der Kardinal war sofort bereit, seinem König die Todesnachricht zu überbringen und ritt, begleitet von einem Trupp Bewaffneter, auf den Straßen nach Lyon, die Franz gewöhnlich wählte.

Als sie gegen Mittag durch einen Marktflecken kamen, erblickte der Kardinal einige Männer der königlichen Leibwache, die vor dem Wirtshaus des Ortes die Pferde sattelten. Von ihnen erfuhr er, dass der König seit seinem Aufbruch in Lyon ohne Pause durchgeritten sei. Hier im Gasthaus habe er eine Stunde geruht und werde jetzt nach Amboise weiterreiten. Der Kommandant der Wache ging mit dem Kardinal in den ersten Stock und meldete seine Ankunft dem König.

Johann von Guise betrat zögernd das Zimmer und erschrak, als er das bleiche Gesicht seines Herrn und die verzweifelte Angst in seinen Augen sah. Während des Rittes hatte er genau überlegt, mit welchen Worten er seinem Herrn möglichst schonend die schlimme Nachricht mitteilen wollte, aber nun, als er Franz gegenüberstand, hatte er alles vergessen.

Der König betrachtete seinen Jugendfreund, wartete, was dieser ihm sagen wollte, aber der Kardinal schwieg verlegen. Dann gab er sich einen Ruck.

»Sire«, stammelte Johann von Guise, »es geht dem Prinzen sehr schlecht, man muss alles Weitere Gott überlassen.«

Franz sank in sich zusammen und las in den Augen des Kardinals, was dieser nicht ausgesprochen hatte.

»Ich verstehe«, erwiderte er tonlos. »Sie wagen nicht, mir zu sagen, dass er tot ist!«

Er wandte sich ab, barg das Gesicht in den Händen, und der Kardinal hörte, wie der König weinte. Johann von Guise sah hilflos zu Boden. Er hätte seinem Herrn gerne ein paar tröstliche Worte gesagt, aber er wusste genau, dass sie in diesem Augenblick fehl am Platze waren. Der König würde den Tod seines Lieblingssohnes ganz alleine verarbeiten müssen, und niemand konnte ihm diese Bürde abnehmen. Nach einer geraumen Zeit wandte sich Franz wieder dem Kardinal zu. »O mein Gott!«, rief er und sah zur Decke. »Ich weiß, dass ich geduldig ertragen muss, womit du mich auch immer prüfen magst. Aber wenn nicht bei dir, bei wem sonst könnte ich die Kraft zur Entsagung suchen? Du hast mich schon mit der Verkleinerung meines Königreiches bestraft, und du hast dem noch den Verlust meines Sohnes hinzugefügt. Was bleibt noch übrig, um mich gänzlich zu vernichten? Wenn es dir wohlgefällt, so gib mir wenigstens ein Zeichen und lass mich deinen Willen wissen, dass ich mich nicht gegen dich auflehne, allmächtiger Vater, der du Kraft verleihst, die menschliche Schwäche zu ertragen, die mir eingeboren ist!« Er schwieg eine Weile. »Ein Trunk kaltes Wasser …«, sagte er dann, »mein Sohn starb an einem Trunk kalten Wassers, ich kann es einfach nicht glauben!«

Während des Rittes nach Amboise sprach Franz kein Wort. Als sie spät am Abend das Schloss erreichten, wünschte er nur seinen toten Sohn zu sehen, und man führte ihn in die kalte Gruft der Schlosskapelle, wo man den Toten wegen der Hitze aufgebahrt hatte. Franz verbrachte die ganze Nacht neben dem Prinzen. Wie Feuer brannte der Schmerz in seinem Herzen. Sein ungeliebter Zweitgeborener, den er für unfähig hielt, ein Land zu regieren, würde ihm dereinst nachfolgen. Gott sei Dank hatte er eine kluge Schwiegertochter, die hoffentlich dereinst ihren Gatten bei politischen Entscheidungen würde beeinflussen können – irgendwann musste Heinrich schließlich der Seneschallin überdrüssig werden. Und immer wieder dachte er an diesen grausamen, frühen, plötzlichen Tod. Als der Morgen des 11. August heraufdämmerte, begab er sich in sein Appartement, ruhte, badete, zog sich um und begab sich gegen zehn Uhr zur Messe. Anschließend mussten nacheinander Heinrich, Katharina, Margarete, Diana, Montecuccoli und der Diener dem König detailliert den Verlauf jenes verhängnisvollen Nachmittages schildern. Franz hörte schweigend zu und ließ schließlich den Kardinal von Lothringen holen. »Alle, die an jenem Nachmittag auf dem Ballspielplatz waren, haben mir das Gleiche erzählt«, begann er. »Montecuccoli hat meinen Sohn gewarnt, das kalte Wasser zu trinken, und meine Schwiegertochter ebenfalls. Trotzdem, irgendetwas stimmt nicht … Ich kann nicht glauben, dass mein Sohn von dem kalten Wasser getötet wurde. Ich vermute, dass der Trunk vergiftet war.«

»Mit Verlaub, Sire«, begann der Kardinal vorsichtig, »der verstorbene Prinz war allgemein beliebt. Wer könnte ein Interesse an seinem Tod haben?«

»Es gibt genug Hofleute, die in ihrem eigenen Interesse einen schwachen König als meinen Nachfolger wünschen – einen König, den sie manipulieren können. Mein Sohn Heinrich wird ein schwacher König sein … Motiv genug, den Dauphin aus dem Weg zu räumen. Und deshalb werde ich noch heute eine Autopsie vornehmen lassen.«

Die Autopsie ergab, dass Franz eines natürlichen Todes gestorben war. Der König nahm es zur Kenntnis und ordnete an, dass sein Sohn am übernächsten Tag beigesetzt werden sollte. Ferner befahl er, dass bis zur Hochzeit seiner Tochter Magdalena am 1. Januar 1537 weder Festbankette, noch Bälle oder Maskeraden stattfinden sollten.

Nach den Beisetzungsfeierlichkeiten gab es ein Trauermahl. Zu den geistlichen Ehrengästen zählte der Kardinal von Lothringen, Schwager der Madame von Brézé. Dieser erkannte die Gunst der Stunde, sich beim künftigen König als besonders loyal darzustellen und alle möglichen Verdächtigungen bezüglich der Familie von Guise schon im Vorfeld auszuräumen. Schließlich war diese Familie ein wichtiger Baustein auf dem Weg zu Macht und Einfluss.

Trotz des klaren Autopsiebefundes rollte er darum die Giftmord-Hypothese wieder auf, indem er den Verdacht auf den italienischen Mentor der Prinzen lenkte, insgeheim sogar weiter die Gerüchteküche anheizte, um Katharinas Glaubwürdigkeit und Stellung bei Hof zu schwächen.

Der König vertraute arglos dem alten Freund, der in Windeseile das Gift seiner Worte schon in alle Winkel des Hofstaates ausgestreut hatte, so dass von allen Seiten gemunkelt und geargwöhnt wurde, Montecuccoli habe den Dauphin vergiftet. Schließlich war bei dem Mentor Arsen entdeckt worden.

Das Vertrauen des Königs in dieser Sache führte zu einer folgenschweren Entscheidung. Er ordnete ein »peinliches Verhör« an, das in allen Fällen »erfolgreich« war und die »Wahrheit« rasch ans Licht brachte. Montecuccoli wurde noch am gleichen Tag verhaftet. Eine Hausdurchsuchung ergab, dass er sich mit Arsen und anderen Giften beschäftigte, was indes typisch für seine Landsleute war. Unter der Folter gestand er, dass er im Auftrag des kaiserlichen Feldherrn Antonio de Levya nicht nur den Dauphin habe beseitigen wollen, sondern auch den König und den Herzog von Orléans.

Er wurde dazu verurteilt, auf dem Marktplatz von Amboise von wilden Pferden geviertelt zu werden, und zwar im Beisein der königlichen Familie. Katharina war entsetzt, als sie von dem Urteil erfuhr. Sie hielt Montecuccoli für unschuldig, aber sie wusste auch, dass es in ihrem eigenen Interesse war, keinen Einspruch zu erheben und der so genannten Gerechtigkeit ihren Lauf zu lassen.

An einem Vormittag im August stand sie, in schwarze Seide gekleidet, inmitten der königlichen Familie auf dem Marktplatz von Amboise, sah, wie der Graf auf den Platz geführt und an die Pferde gebunden wurde. Sie versuchte, zum Himmel zu sehen, sah dann zur Erde, sie versuchte, nicht zu dem Platz zu sehen, aber dann hörte sie die Schreie des Grafen.

Ich darf nicht ohnmächtig werden, dachte sie. Wenn ich jetzt ohnmächtig werde, dann glaubt man vielleicht, dass auch ich schuldig bin am Tod des Dauphins.

Irgendwann war sie in ihrem Appartement und sank weinend in Mingos Arme. »Er war unschuldig«, stammelte sie, »er war unschuldig! Mingo, ich habe furchtbare Angst. Man wird gegen mich genauso intrigieren wie gegen Montecuccoli. Mingo, die Franzosen denken, alle Italiener seien Giftmischer. Wenn ich nicht bald schwanger werde, wird man gegen mich intrigieren. Man wird versuchen, meine Ehe zu annullieren und mich vom Hof entfernen. Eine Trennung von Heinrich, auch wenn er mich nicht liebt, eine Trennung von ihm würde ich nicht überleben. Ich würde mir das Leben nehmen, auch wenn es Sünde ist …«

»Hoheit, fürchten Sie sich nicht, der König liebt Sie sehr. Ich glaube, dass irgendwelche Leute am Hof gegen Montecuccoli intrigiert haben, weil das für sie von Vorteil ist.«

Es dauerte lange, bis Katharina sich in Mingos Armen beruhigte, aber eine ungewisse Furcht blieb in ihr zurück.

Am nächsten Vormittag erhielt Franz einen Brief von Montmorency mit der Nachricht, dass der Kaiser am 10. August in Aix eingezogen sei: »Er lässt sich als Graf der Provence feiern und hat sich als König von Arles krönen lassen. Die Anwesenheit Ihrer Majestät bei den Truppen ist notwendiger denn je, um den Kampfgeist zu stärken. Der Zeitpunkt ist gekommen für die Taktik der ›verbrannten Erde‹.«

Franz legte den Brief zur Seite, dachte einen Augenblick nach und befahl den Kanzler zu sich.

»Ich reise noch heute zur Armee ab«, sagte er. »Während meiner Abwesenheit werden Sie die laufenden Geschäfte führen und den Dauphin in die Politik meiner Regierung einführen. Ich wünsche, dass er an jeder Sitzung des Kronrates teilnimmt. Der Dauphine ist es freigestellt, ob sie an den Sitzungen teilnimmt. Ihr Rang berechtigt sie zur Teilnahme, und ich glaube, dass meine Schwiegertochter an diesen Besprechungen interessiert ist. Sie schicken mir jede Woche einen Bericht über die Einarbeitung des Dauphins in seine künftigen Aufgaben. Außerdem bereiten Sie sofort eine Anklage gegen de Levya vor, ich möchte dieses Dokument noch vor meiner Abreise unterzeichnen.«

Der König ließ Diana kommen und verabschiedete sie höflich, aber bestimmt für einige Zeit vom Hof, damit der Dauphin nicht von der Einarbeitung in seine künftigen Aufgaben abgelenkt werde.

Schließlich befahl der König den Dauphin zu sich.

»Der Kanzler wird dich in den kommenden Wochen auf deine künftigen Aufgaben vorbereiten. Im Interesse deiner Einarbeitung habe ich Madame von Brézé befohlen, den Hof für einige Zeit zu verlassen. Sie würde dich nur ablenken. Du kannst dich nicht von ihr verabschieden, weil sie bereits unterwegs ist.«

Heinrich starrte seinen Vater an und fragte schließlich kleinlaut, wo die Seneschallin sich aufhalte.

»Ich weiß es nicht.«

»Darf ich mit ihr korrespondieren, Vater?«

Franz musterte seinen Sohn, überlegte, dass er ihm am liebsten eine Korrespondenz verbieten würde, wusste aber gleichzeitig, dass dies an der Zuneigung seines Sohnes für die Seneschallin nichts ändern würde. »Du darfst mit ihr korrespondieren«, erwiderte er deshalb, »aber denke an deine Pflichten als künftiger König. Wenn du deine Arbeit vernachlässigst, werde ich ihr eine Rückkehr an den Hof nicht gestatten.«

Als Heinrich in sein Appartement zurückkehrte, dachte er wehmütig daran, wie sehr er sich auf die sommerlichen Vergnügungen gefreut hatte. Stattdessen musste er seine Tage mit langweiligem Aktenstudium verbringen, an den endlosen Sitzungen des Kronrates teilnehmen, und das alles ohne Dianas Gegenwart. Nun, er würde seinem Vater keinen Anlass zum Tadel geben, schließlich wollte er Diana eines Tages wiedersehen.

Einige Tage nach der Abreise des Königs war eine Sitzung des Kronrates, an der zum Erstaunen der Räte, des Kanzlers und Heinrichs, Katharina teilnahm. Bei dieser Sitzung wurde nur über ein Thema diskutiert, nämlich über die Gesetzgebung, die schon seit Jahren in Arbeit war und worin zwei wichtige Entscheidungen getroffen wurden: Die Vorschrift, dass die Pfarrer künftig Taufen und Beerdigungen registrieren sollten, und eine weitere Vorschrift, die anordnete, künftig bei Verwaltungsakten die französische Sprache statt der lateinischen zu verwenden.

Während die Räte diskutierten, beobachtete der Kanzler Katharina und war überrascht, wie aufmerksam sie die Debatte verfolgte. Dann sah er hinüber zu dem Dauphin, der ein Gähnen unterdrückte und verglich ihn mit seinem Vater und seinem verstorbenen älteren Bruder. Aus ihm wird kein großer König, dachte er.

Nach der Sitzung eilte Katharina zur Herzogin und erzählte detailliert, worüber die Herren diskutiert hatten. »Es war so interessant, Madame, ich werde an jeder Sitzung des Kronrates teilnehmen.«

Anna lächelte. »Sie werden mir doch hoffentlich nach jeder Sitzung berichten, worüber verhandelt wurde?« Sie wollte genauso gut informiert sein wie Diana, die bestimmt von ihrem Verehrer erfahren würde, was im Rat verhandelt wurde.

»Selbstverständlich, Madame, ach, ich freue mich schon auf die nächste Zusammenkunft.«

Tage und Wochen vergingen, und vom Kriegsschauplatz trafen erfreuliche Nachrichten ein. Montmorencys Taktik bewährte sich langsam, aber sicher, jedenfalls hörte man von ständigen Verlusten beim kaiserlichen Heer, bedingt durch Hunger, Seuchen und Entkräftung der Soldaten.

Heinrich schrieb jeden Abend einen langen Brief an Diana, worin er ausführlich sein Aktenstudium schilderte. Sie antwortete in regelmäßigen Abständen und ermahnte ihn, seine Pflichten als Dauphin und Gatte zu erfüllen. Es liege an ihm, den Fortbestand des Hauses Valois zu sichern.

Katharina fand sich rasch in ihre neue Rolle als Dauphine. Sie genoss ihre Rangerhöhung, ohne dies nach außen zu zeigen. Sie erschien zu jeder Sitzung des Kronrates, sie war glücklich über Dianas Abwesenheit, und es gab in jenen Wochen nur ein Problem, das sie nach wie vor beschäftigte: ihre Kinderlosigkeit.

An einem Vormittag Ende September bat der Kanzler Katharina nach der Sitzung des Kronrates um eine Unterredung unter vier Augen.

»Madame, Seine Majestät hat, bevor er zur Armee abreiste, eine öffentliche Anklage gegen den kaiserlichen Feldherrn de Levya erhoben, weil er den Grafen Montecuccoli anstiftete, Seine Majestät und den toten Prinzen zu ermorden. Diese Anklage ist von der kaiserlichen Seite zurückgewiesen worden, damit nicht genug, hat man eine Klage gegen Sie, Madame, erhoben. Angeblich hätten Sie und der Dauphin ein Interesse an der Ermordung des Prinzen Franz gehabt.«

Katharina starrte Dubourg fassungslos an. »Es ist ungeheuerlich, Monsieur, es ist infam. Welches Interesse sollten mein Gatte und ich an der Thronfolge haben? Bedenken Sie, dass wir kinderlos sind, ich wollte nie Dauphine werden.«

»Madame, ich glaube Ihnen. Die Anklage gegen Sie ist absurd, und ich weiß, dass Seine Majestät sie entschieden zurückgewiesen hat. Ich wollte Sie nur darüber informieren.«

Katharina kehrte wie betäubt in ihr Appartement zurück. Man verdächtigte sie also des Giftmordes! In der ersten Erregung war sie versucht, sich Mingo anzuvertrauen. Dann dachte sie in Ruhe nach und beschloss, das Gespräch mit dem Kanzler für sich zu behalten. Es war nicht nötig, dass dieser Verdacht am Hof herumerzählt wurde, und obwohl sie von Mingos Loyalität überzeugt war, so wusste sie inzwischen, dass es am Hof viele undichte Stellen gab, wo etwas durchsickern konnte.

Am Nachmittag ging sie mit Margarete im Garten des Schlosses spazieren. Sie unterhielten sich über Magdalenas Heirat, die im Januar stattfinden sollte. Plötzlich blieb Katharina stehen und atmete tief durch. »Mir ist auf einmal so übel«, sagte sie. »Ich glaube, es ist der Maultierurin, den ich vorhin trank. Ich ekele mich so vor ihm und geholfen hat er bis jetzt auch noch nicht.«

Margarete sah sich suchend um. »Hinter dieser Hecke ist eine Bank. Wir sollten uns einen Augenblick setzen, vielleicht vergeht deine Übelkeit.«

Sie führte die Schwägerin den Weg ein Stück entlang, bog um eine Ecke, und dann sahen sie die Bank, die versteckt zwischen den Sträuchern stand. Während Katharina versuchte, ihre Übelkeit zu bekämpfen, sah Margarete sich um und dachte im Stillen, dass diese Bank ideal für ein Liebespaar war. Sie konnten von ihrem Platz aus den Gartenweg beobachten und hören und sehen, was dort geschah, die Bank indessen konnte vom Weg aus nicht gesehen werden.

Unterdessen näherten sich zwei Hofdamen der Königin, die sich lebhaft über die Liebesverhältnisse der anderen Hofdamen unterhielten.

»Ich fühle mich wieder besser«, sagte Katharina nach einer Weile. Als sie sich erhob, erschienen zwei Kavaliere auf dem Gartenweg, und Margarete zog, einem Impuls folgend, die Schwägerin auf die Bank zurück. Sie hörten, wie einer der Herren sagte: »Der italienische Giftmischer Montecuccoli ist zwar hingerichtet worden, aber er war sicherlich nur ein Werkzeug. Hinsichtlich seiner Hintermänner schweigt man sich aus, das heißt, man versucht nicht, diese Hintermänner oder Anstifter ausfindig zu machen.«

Katharina erschrak und konnte kaum noch atmen.

»Ein kaiserlicher Feldherr soll den Grafen angestiftet haben.«

»Wie, Sie glauben diesen Unsinn? Überlegen Sie, welches Interesse sollte der Kaiser an der Ermordung des Prinzen haben? Unser König hat drei Söhne, also wird der Zweitgeborene Dauphin. Nein, mein Freund, es gibt nur zwei Personen, die Interesse am Thron haben: der neue Dauphin und seine Gattin. Dem Dauphin traue ich einen Mord nicht zu, zumal er vor allem mit der Seneschallin beschäftigt ist. Aber seiner Gattin, dieser Italienerin: der Rang einer Herzogin von Orléans genügt ihr nicht, sie will Dauphine und Königin werden. Wahrscheinlich hat sie dem Grafen das Arsen zugespielt, das man in seiner Wohnung fand. Man erzählt, dass ihr Parfumeur, dieser René, einer der besten Giftmischer Italiens sein soll. Glauben Sie mir, die Dauphine ist nicht unschuldig am Tod ihres Schwagers.«

Die beiden Herren gingen weiter. Katharina versuchte, sich zu fassen, aber auf einmal war es mit ihrer Beherrschung vorbei und sie brach in Tränen aus. »Mein Gott, wie kommt es, dass man mich verdächtigt? Ich bin unschuldig am Tod von Franz, so unschuldig wie Montecuccoli. Ich wollte nie Dauphine werden. Was habe ich durch die Rangerhöhung gewonnen? Wenn ich nicht bald einen Sohn zur Welt bringe, wird man vielleicht meine Ehe annullieren. Ich darf nicht daran denken, wie der König reagiert, wenn er diese Verdächtigungen hört. Heute Vormittag nach der Ratssitzung …« Sie erzählte Margarete von ihrem Gespräch mit dem Kanzler.

»Beruhige dich, Katharina. Diese Verdächtigungen sind absurd, mein Vater liebt dich wie eine Tochter. Jeder, der dich verdächtigt, am Tod meines Bruders schuld zu sein, muss damit rechnen, dass er sein Leben verwirkt. Mein Vater schützt dich, du hast nichts zu befürchten, solange er lebt.«

»Solange er lebt«, wiederholte Katharina, »und nach seinem Tod? Dann können meine Feinde mich vernichten, weil mein Gatte mich nicht liebt. Margarete, dein Vater kann die Beschuldigung der Kaiserlichen, dass ich versucht habe, meinen Schwager zu töten, um selbst Königin zu werden, er kann diese Beschuldigungen zurückweisen, aber damit sind sie nicht aus der Welt geschafft. Wenn künftig an unserem Hof eine wichtige Persönlichkeit eines mysteriösen Todes stirbt, wird man sich immer an den Tod meines Schwagers erinnern und flüstern: Damals, beim Tod des Dauphins, verdächtigte man auch seine Schwägerin. Nun ja, sie hat sich immer mit italienischen Giftmischern umgeben. Margarete, mein Instinkt sagt mir, dass man mich ab jetzt immer als Giftmischerin betrachten wird, und ich bin hilflos, ich weiß nicht, wie ich mich wehren kann.«

»Katharina, du solltest die Angelegenheit nicht dramatisieren.« Aber Margarete wusste, als sie dies sagte, dass die Befürchtungen ihrer Schwägerin nicht unberechtigt waren.

Während der folgenden Wochen blieb das Kriegsglück dem König von Frankreich treu. Karl V. verlor nicht nur 20 000 Soldaten dank Montmorencys Taktik, sondern auch seinen besten Feldherrn de Levya. Im Herbst befahl der Kaiser den Rückzug und schiffte sich von Genua aus nach Spanien ein.

In Nordfrankreich hatten die kaiserlichen Truppen zunächst erfolgreicher gekämpft, doch im Spätsommer mussten auch sie sich unter der Führung des Grafen von Nassau in die Niederlande zurückziehen. Franz nutzte seinen Sieg und gliederte Piemont und Savoyen administrativ in sein Königreich ein.

Am frühen Nachmittag des 27. Oktober traf König Franz in Siegesstimmung auf Schloss Amboise ein und befahl sofort den Kanzler zu sich, der ihm über die Regierungsgeschäfte Bericht erstattete. Dann kam der König auf seine künftigen militärischen Pläne zu sprechen.

Noch sei Mailand nicht gewonnen – man wolle Karls Schwester im Norden besiegen und dafür Mailand einhandeln.

Kanzler Dubourg erinnerte Franz an das Bündnis mit dem Sultan. Suleiman rüste zurzeit sein Heer gewaltig auf, und er habe Nachricht erhalten, worin der Sultan seinen Entschluss bekundete, *den grausamsten Krieg zu Wasser und zu Lande zu führen und nicht aufzugeben, bis der Kaiser aus Italien verjagt ist.*

Auf die lutherischen und deutschen Fürsten sowie den englischen König sei kein Verlass. Magdalenas Hochzeit mit dem schottischen König schwäche das Bündnis mit Heinrich VIII., der zwar ein berechnender Kaufmann, aber kein loyaler Verbündeter sei.

Franz entschied sich dennoch für den Krieg im Norden und kam dann auf Heinrich und dessen Bewährung als künftiger Thronerbe zu sprechen.

Dubourg formulierte vorsichtig etwas über dessen organisatorische Talente und konservative Eigenschaften. Der neue Dauphin sei relativ leicht beeinflussbar und brauche unbedingt, so führte er aus, treue Ratgeber.

Der König konnte gut die unterschwellige Absicht seines Kanzlers herausspüren. Im Stillen wusste er, dass er mit Katharina eine Trumpfkarte gezogen hatte, die sich über lange Sicht ausspielen lassen würde. Sie brachte die nötige Qualifikation und Weitsicht, Urteilsvermögen, strategische Klugheit, Bescheidenheit und Vorsicht mit, ebenso wie Mut und Bestimmtheit in wesentlichen Dingen.

Nachdem Dubourg gegangen war, befahl er Heinrich zu sich.

»Der Kanzler ist mit dir zufrieden. Ich erwarte, dass du weiterhin deine Pflichten erfüllst. Überdies wirst du im kommenden Frühjahr Gelegenheit haben, dich militärisch zu bewähren. Du wirst an Montmorencys Seite an der Nordgrenze Frankreichs kämpfen. – Du kannst jetzt wieder gehen.«

Heinrich zögerte etwas und sah verlegen zu Boden. »Vater, wann darf Madame von Brézé an den Hof zurückkehren?«

Franz sah überrascht auf. Dann fiel ihm ein, dass er die Seneschallin vorübergehend weggeschickt hatte.

»Da du deine Pflichten erfüllt hast, kann sie zurückkehren.«

»Ich danke Ihnen, Vater.« Heinrich überlegte, ob es angebracht war, seine Bitte vorzutragen, aber seine Sehnsucht nach Diana war zu stark. »Vater, darf ich nach Anet reiten und Diana an den Hof zurückbringen?«

»Ich erlaube es dir, du wirst jedoch am nächsten Morgen sofort mit ihr nach Amboise zurückkehren!«

Einerseits gehobener Stimmung wegen des baldigen Wiedersehens mit seiner Angebeteten, war er doch verärgert, dass der Vater ihm nur eine Nacht auf Anet erlaubte. Er hätte genauso gut einige Tage dort bleiben und dann direkt nach Paris zurückkehren können, statt noch einmal nach Süden zu reisen, aber sein Vater wollte bei der Rückkehr nach Paris immer den ganzen Hof um sich haben. Und jetzt, überlegte Heinrich, wo ich Dauphin bin, wird er mich mehr kontrollieren und bevormunden als früher. Nun ja, auf der Rückreise kann ich noch zwei Nächte mit Diana verbringen, ohne die Anwesenheit der Höflinge.

Dann fragte er sich, wann er Katharina seine Reise nach Anet mitteilen sollte: Jetzt, sofort, kurz vor der Abendtafel, oder anschließend, im Schlafzimmer, wenn sie allein waren? Er entschied sich für die letzte Lösung.

»Ist dein Vater mit deiner Arbeit zufrieden?«, fragte sie, als sie nebeneinander lagen.

»Ja.«

»Das freut mich für dich, Heinrich.« Sie zögerte etwas. »Ich werde an jeder Sitzung des Kronrates teilnehmen. Ich möchte immer gut informiert sein, vielleicht willst du einmal über ein politisches Problem mit mir sprechen. Du sollst wissen, Heinrich, dass ich dir immer zuhören und versuchen werde, dir zu helfen, eine Lösung zu finden.«

Er setzte sich auf und sah sie erstaunt an. »Das ist nett von dir«, erwiderte er zögernd, »aber du bist eine Frau, und Frauen sollten sich nicht um Staatsgeschäfte kümmern. Du hast andere Aufgaben, du musst repräsentieren und für den Nachwuchs sorgen. Bei politischen Problemen wird die Familie von Guise mich beraten.«

Katharina schwieg betroffen. Der Nachwuchs, natürlich, er hatte Recht.

Die Familie von Guise … Wenn Heinrich König war, würde sie zur mächtigsten Familie aufsteigen, und die instinktive Abneigung, die sie gegen Franz von Guise empfunden hatte, als sie ihn in Marseille zum ersten Mal gesehen hatte, verstärkte sich und dehnte sich, ohne dass sie es merkte, auch auf die anderen Familienmitglieder aus – auf den Kardinal, die Eltern von Franz, auf seine Schwester Maria.

»Du hast Recht, ich muss für den Nachwuchs sorgen, aber dazu gehören zwei – es ist nicht nur meine, sondern unsere gemeinsame Pflicht.« Sie sprach leise, lächelte ihn dabei an, und er überlegte krampfhaft, wie er ihr sagen sollte, dass er am anderen Tag nach Anet reiste.

»Katharina, ich muss dir etwas sagen. Ich habe heute meinen Vater gebeten, mir zu erlauben, dass ich nach Anet reite und Diana nach Amboise begleite. Er hat es mir erlaubt. Ich breche morgen in aller Frühe auf und werde am Abend des 2. November wieder hier sein. Pierre bleibt in Amboise, er muss die Diener beim Packen meiner Sachen beaufsichtigen.«

Katharina glaubte, nicht richtig zu hören, und es dauerte einige Sekunden, bis sie begriff, was er gesagt hatte. Nach Anet, dachte sie, es ist also so weit. Der König hat es ihm erlaubt. Warum? – Nun, er wird seine Gründe haben. Sie war so schockiert, dass sie lange schwieg. Heinrich wusste nicht, wie er ihr Schweigen einordnen sollte, und je länger sie schwieg, desto mehr fühlte er sich verunsichert. »Du bist so still …«

»Was soll ich zu deiner Reise sagen, Heinrich? Auf diesen Augenblick habe ich mich schon lange vorbereitet. Im Augenblick ist es für mich überraschend, aber es ist auch wiederum nicht überraschend.«

»Ich danke dir für dein Verständnis. Gute Nacht.«

»Gute Nacht.«

Er drehte sich zur Seite, und es dauerte nicht lange, so hörte sie seine regelmäßigen Atemzüge.

Er schläft, dachte sie, und träumt wahrscheinlich von Diana. Ganz allmählich löste sich ihre Erstarrung und sie begann, leise zu weinen und weinte sich allmählich in den Schlaf.

Als sie am nächsten Morgen erwachte, war der Platz neben ihr leer, und sie begann erneut zu weinen. Sie dachte daran, dass es zum ersten Mal in ihrer Ehe war, dass sie aufwachte und Heinrich nicht sah, und heute war ihr dritter Hochzeitstag. Heinrich schien sich an dieses Datum nicht mehr zu erinnern, aber sie versuchte, ohne dass es besonders auffiel, diesen Tag immer ein bisschen festlich zu gestalten. Auf dem Frühstückstisch stand ein hübsches Blumenarrangement, und sie ließ zum Frühstück zusätzlich die Konfitüren servieren, die ihr Gatte besonders gern aß. Er hatte noch nie gefragt, warum am 28. Oktober auf dem Tisch Blumen standen und seine Lieblingskonfitüren serviert wurden, und sie war zunächst enttäuscht gewesen über seine Gleichgültigkeit, hatte sich indes daran gewöhnt. Nun war er also an ihrem dritten Hochzeitstag auf dem Weg zu Diana. Sie begann erneut zu weinen, ließ Mingo holen und schilderte ihr das Gespräch mit dem Gatten.

»Ich bin so unglücklich, Mingo. Ich weiß nicht mehr, was ich noch machen soll, um ihn zu halten. Er ist dieser Frau irgendwie verfallen, ich bin machtlos gegen sie …«

»Hoheit, ich weiß, dass diese Reise für Sie ein Schock ist, aber wer weiß, was in Anet passiert. Vielleicht verweigert sie sich ihm, vielleicht ist er von ihr enttäuscht. Die erste Nacht, die er mit ihr verbringt – falls es überhaupt so weit kommt –, hat vielleicht zur Folge, dass er sich von ihr abwendet und allmählich zu Ihnen findet. Sie sollten optimistisch in die Zukunft sehen.«

Mingos Worte beruhigten Katharina etwas und sie erinnerte sich wieder einmal mehr an die Worte der Herzogin, dass die Zeit für sie arbeiten werde.

Während der Messe betrachtete der König verstohlen seine Schwiegertochter, und trotz der Schminkkunst von René sah er, dass sie geweint hatte und ärgerte sich über seinen Sohn, diesen Dummkopf.

Nach dem Gottesdienst ließ er Katharina kommen. »Hättest du Lust, mich nachher zum Gut Chenonceaux zu begleiten? Das Schloss liegt an dem kleinen Fluss Cher. Seit ungefähr einem Jahr gehört es zum Besitz der Krone, aber ich hatte bisher noch keine Zeit, es zu besichtigen.«

»Gerne, Sire, der Ausflug wird mich über Heinrichs Abreise hinwegtrösten.«

Wenig später ritten sie los, nur begleitet von einigen Bewaffneten und Dienern mit Proviant, weil der König keine Zeit an der Mittagstafel vergeuden und bei Einbruch der Dunkelheit wieder in Amboise sein wollte.

Unterwegs erzählte Franz die Geschichte jenes Landsitzes.

»Zu Beginn des dreizehnten Jahrhunderts gehörte das Gut Chenonceaux der Familie Marques, die dort einen Gutshof und eine Mühle errichten ließ. Unter der Regierung Karls VIII. wurde Thomas Bohier Obersteuereinnehmer, heiratete Katharina Briçonnet aus Tours, wurde Besitzer ausgedehnter Ländereien am Cher, unter anderem auch des Schlosses von Houdes in der Nähe von Chenonceaux. Er erzählte in aller Ausführlichkeit, in der Hoffnung, seiner Schwiegertochter etwas über die schmerzliche Erfahrung hinwegzuhelfen.

Inzwischen hatte Katharina verstanden, dass das Schloss über einen Schuldenausgleich in den Besitz der Krone gelangt war.

Am frühen Nachmittag waren sie im Dorf Chenonceaux und ritten durch eine lange Platanenallee zum Schloss.

Katharina und der König sahen einen dicken Turm und dahinter ein viereckiges Gebäude.

»Der Turm«, sagte der König, »ist wohl der Bergfried des alten Schlosses.«

Er saß ab und ging mit Katharina dorthin.

»Sieh, ma fille, hier sind die Buchstaben TBK eingraviert. Es sind die Anfangsbuchstaben von Thomas Bohier und seiner Frau Katharina.«

Das Gefolge des Königs hatte inzwischen den Verwalter benachrichtigt, und dieser eilte, etwas verstört über den unerwarteten Besuch, zu seinem König und der neuen Dauphine.

»Ich bitte um Vergebung, Sire, ich hatte Sie nicht erwartet. Womit kann ich Ihrer Majestät dienen?«

»Wir möchten das Schloss sehen.«

»Gewiss, Majestät.«

Der Verwalter führte sie in das Schloss und nach links in einen großen unmöblierten Raum.

»In diesen Zimmern hat Madame Bohier gelebt.«

Er zeigte ihnen den Wohnraum und dann links davon ein Zimmer und ein anschließendes kleines Zimmer, von wo aus man den Fluss überblicken konnte. Katharina öffnete eines der Fenster, sah über den Cher und stellte erstaunt fest, dass der Cher sich kaum bewegte.

Sie versank in der Betrachtung des Flusses und spürte eine Ruhe, die sie noch nie zuvor so stark empfunden hatte. In diesem Schloss möchte ich leben, dachte sie, hier kann ich nachdenken und Pläne schmieden.

Sie zuckte zusammen, als sie die Stimme des Königs hörte.

»Ma fille, es gibt noch mehr Räume zu sehen.«

Nachdem der Verwalter ihnen die übrigen Räume des Erdgeschosses gezeigt hatte, führte er sie hinunter in die Küche, die sich inmitten des Flussbettes befand. Dann gingen sie hinauf in den ersten Stock, und bevor der Verwalter die Wohnräume zeigte, führte er sie auf den Balkon, von wo aus man weit über Wiesen und Wälder blicken konnte.

Katharina betrachtete verträumt die Wiesenlandschaft und erschrak, als der König sie ansprach.

»Ma fille, wir wollen heute noch nach Amboise zurückreiten.«

Sie gingen durch die Räume im ersten Stock und dann zurück zum Eingang. Katharina ließ das Gebäude noch einmal auf sich wirken. Sie betrachtete das Schloss, das tatsächlich im Fluss stand. Ihre Augen wanderten zur Zugbrücke, zum Vorhof und dem alten Turm. Dann sah sie hinüber zum anderen Ufer. Sie merkte nicht, dass der König sie beobachtete.

»Chenonceaux scheint dir zu gefallen«, sagte er auf dem Weg zur Wohnung des Verwalters.

»Ja, Sire. Es ist ein Ort, wo man nachdenken kann.«

In der Küche des Verwalters, die gleichzeitig der Wohnraum war, hatten die Diener inzwischen ein üppiges kaltes Mahl aufgetragen. Champignonsalat, gebratenes Rindfleisch und Hähnchen, Brot, verschiedene Käse, Trauben, Birnen und Früchtekuchen, außerdem Weißwein von der Loire und Rotwein aus Burgund.

Während Franz und Katharina sich an den Tisch setzten, ging der Verwalter zu dem offenen Herdfeuer und schürte die Glut.

»Wo sind Eure Frau und die Kinder?«, fragte der König.

»Sie besuchen die Verwandten im Dorf, Sire.«

»Wie viele Söhne habt Ihr inzwischen?«

»Ich habe vier Söhne, Sire. Meine Frau hat fünf Söhne geboren, aber einer starb nach wenigen Wochen.«

Vier Söhne, dachte Katharina, werde ich jemals vier Söhne haben?

Der König beobachtete den Verwalter, der eifrig das Feuer schürte.

»Kommt«, sagte er nach einer Weile, »tafelt mit uns, ich unterhalte mich gerne mit meinen Landsleuten. Ich mag es nicht, wenn sie untertänig herumstehen.«

Der Verwalter kam zögernd zum Tisch, setzte sich und sah unsicher zu seinem König und der Dauphine.

In diesem Augenblick erinnerte Katharina sich, wie offen sie einst den Florentinern begegnet war, und kurz entschlossen nahm sie die Fleischplatte und präsentierte sie lächelnd dem Verwalter.

»Bedient Euch, Monsieur.«

»Danke, Madame, Sie sind zu gütig.«

Franz beobachtete seine Schwiegertochter und dachte im Stillen, dass sie instinktiv wusste, wie man das einfache Volk behandeln müsste, leutselig, aber nicht plump vertraulich … Sie wird ihre künftige Rolle als Königin exzellent ausfüllen, sie ist die ideale Königin für Frankreich. Heinrich hingegen … Er wandte sich an den Verwalter. »Ist der Wald auf dem anderen Ufer geeignet für die Jagd?«

»Ja, Sire, es gibt dort viel Wild.«

»Sire«, rief Katharina, »es müsste möglich sein, vom Schloss eine Brücke zum anderen Ufer zu bauen. Über dieser Brücke müsste eine zweistöckige Galerie errichtet werden, die man für Feste nutzen kann. Die Appartements darüber sind Wohnungen für die Hofleute. Dann müsste man eine zweite Brücke bauen, um die Pferde für die Jagd auf das andere Ufer zu bringen.«

Franz lächelte, als er Katharinas Pläne hörte.

»Ma fille, ich werde nie in diesem Schloss wohnen, es ist zu klein. Irgendwann werde ich es einem Höfling schenken, der sich Verdienste erworben hat. Ich vergaß übrigens, dir zu sagen, dass du als Dauphine Anspruch auf ein eigenes Schloss hast. Ich habe inzwischen Philibert de l'Orme beauftragt, Entwürfe zu fertigen.«

»Sire, ein eigenes Schloss? Wenn es bewohnbar ist, Sire, dann werde ich für Sie ein festliches Bankett geben! Mein Koch Giacomo wird Gerichte der florentinischen und römischen Küche zubereiten.« Und ich werde Servietten und Gabeln auflegen lassen, dachte sie im Stillen.

»Ich bin neugierig, ma fille, ich kenne nur die lombardische Küche, und meine Versuche, sie in Frankreich am Hof einzuführen, waren vergeblich.«

Auf dem Rückweg sprachen der König und Katharina lange kein Wort. Franz brach schließlich das Schweigen: »Ma fille, ich weiß, wie schwer die Situation mit Diana für dich ist, die Seneschallin ist berechnend. Sie weiß, dass sie alles von Heinrich bekommen kann, wenn sie sich ihm hingibt, und der Dauphin ist für sie natürlich interessanter als der Herzog von Orléans. Nach dem plötzlichen Tod von Franz war es nur noch eine Frage der Zeit, wann die beiden ihr erste gemeinsame Nacht verbringen würden. Ich hielt es für besser, auch in deinem Interesse, wenn dies fernab des Hofes passiert, und ich hoffe, dass Heinrich Diskretion wahrt. Es ist einfach lächerlich, eine Frau als Geliebte zu haben, die seine Mutter sein könnte – er ist immerhin der zukünftige König! Ich möchte nicht wissen, wie die Herren Gesandten in ihren

Berichten über dieses Liebesverhältnis spötteln.« Er hielt kurz inne. »Indes solltest du dich über diese Reise nicht allzu sehr grämen. Es ist durchaus möglich, dass er von der Seneschallin enttäuscht ist. Bisher war sie für ihn ein Idol, fast unerreichbar, vielleicht wird sie für ihn uninteressant, wenn er am Ziel seiner Wünsche angekommen ist. Es besteht die Chance, ma fille, dass Heinrich sich nach dieser ersten Nacht von Diana abwendet und allmählich zu dir findet, das solltest du nicht vergessen.«

»Danke, Sire, Ihre Worte trösten und ermutigen mich.«

Als sie in der Abenddämmerung in den Schlosshof ritten, war Katharina davon überzeugt, dass Heinrich enttäuscht von Anet zurückkehren würde; sei es, dass er nun endlich den Altersunterschied von zwanzig Jahren bemerkte, sei es, dass Diana seiner Werbung aus irgendwelchen Gründen nicht nachgab.

Der 30. Oktober war ein klarer, sonniger Herbsttag und Diana beschloss, das gute Wetter für einen Jagdausflug zu nutzen.

Als sie am Spätnachmittag in Begleitung des Jagdmeisters und einiger Reitknechte zurückkehrte, lief ihr Maurice, der Kammerdiener des verstorbenen Großseneschalls, der inzwischen Haushofmeister geworden war, aufgeregt entgegen. »Madame, oh, Madame, endlich kehren Sie zurück, Madame! Der Dauphin traf vor ungefähr zwei Stunden ein.«

Diana glaubte, nicht richtig zu hören. »Der Dauphin? Das verstehe ich nicht!«

»Madame, ich habe den Dauphin so verstanden, dass er Sie an den Hof zurückbegleiten soll.«

»Bis jetzt konnte ich immer allein zurückkehren.«

Sie saß ab, überließ das Pferd dem Reitknecht und sah nachdenklich über den Hof.

»Madame, ich habe geregelt, was ich regeln konnte. Madame Régine überwacht das Packen Ihrer Kleider, das Gefolge des Dauphins ist im Wirtschaftstrakt untergebracht. Ich habe dem Küchenmeister gesagt, dass er statt der üblichen drei Gänge heute sieben Gänge servieren soll. Der Dauphin bewohnt das Appartement, das für den König reserviert ist. Ich habe ihm ein Bad richten und einen Imbiss servieren lassen. Er hat geruht und wartet in der Halle auf Ihre Rückkehr.«

Während der Haushofmeister redete, gewann Diana allmählich ihre Fassung zurück.

»Danke, Maurice«, sagte sie lächelnd, »danke für Ihre Umsicht. Folgen Sie mir in die Halle.«

An der Schwelle blieb sie stehen und betrachtete Heinrich, der dort, in die Farben Schwarz und Weiß gekleidet, sichtlich nervös auf und ab ging. Seit dem Tod seines Bruders habe ich diesen Tag auf mich zukommen sehen, oder besser gesagt, diese Nacht. Er ist also nach Anet gekommen. Seine Reise hat den Vorteil, dass ich die Hausherrin bin und als Gastgeberin letztlich entscheide, wie der Abend verlaufen wird.

Sie wollte Heinrich begrüßen, aber in diesem Moment sah er auf. Sie beobachtete das Aufleuchten in seinen Augen. Dann eilte er auf sie zu und beugte sich errötend über ihre Hand. »Madame, verzeihen Sie meinen Überfall, aber …«

»Ich weiß, mein Freund«, erwiderte Diana lächelnd, »Sie konnten nicht anders.«

»Ja, Madame. Als mein Vater vor wenigen Tagen aus dem Kriegslager zurückkehrte, bat ich ihn um die Erlaubnis, Sie während Ihrer Rückreise an den Hof zu begleiten.«

Diana schwieg einen Augenblick und dachte, dass der König es anscheinend tolerierte, wenn zwischen ihr und dem Dauphin ein Liebesverhältnis begann.

»Ich möchte mich jetzt ausruhen und umziehen«, sagte sie. »Maurice kann Ihnen inzwischen das Schloss zeigen. Ich erwarte Sie.« Sie überlegte eine Sekunde lang, ob sie ihn zum Abendessen in den Saal bitten sollte, denn dort hatte sie noch eine gewisse Freiheit der Entscheidung über den weiteren Verlauf, oder in ihr Appartement – das war mehr oder weniger eine eindeutige Aufforderung. Dann dachte sie an ihre Zukunft – als seine Mätresse konnte sie zunächst alles gewinnen und nichts verlieren. »Ich erwarte Sie um acht Uhr zum Abendessen in meinem Appartement.«

Sie nickte ihm lächelnd zu und ging die Treppe hinauf, während Heinrich benommen vor Glück Maurice folgte. In ihrem Appartement, dachte er, in ihrem Appartement … Er war am Ziel seiner Wünsche angekommen.

Maurice führte Heinrich nur durch die renovierten Räume, die Heinrich genau betrachtete. Überall waren Jagdmotive und Darstellungen der Jagd, was ihn nicht weiter wunderte, schließlich war Diana die Göttin der Jagd. Gleichzeitig sah er, dass alles sehr sorgfältig renoviert war, und im Stillen überlegte er, was dies wohl gekostet haben mochte.

Als Diana ihr Appartement betrat, eilten zwei Dienerinnen unter Régines Aufsicht hin und her und packten Kleider und Wäsche in Truhen.

»Madame«, rief Régine, »warum dieser plötzliche Aufbruch? Es wird Tage dauern, bis alles gerichtet ist!«

»Rege dich nicht auf. Lass ein Bad richten und achte darauf, dass der Tisch in meinem Wohnraum angemessen gedeckt wird. Ich werde mit dem Dauphin hier tafeln, nicht im Saal. Achte vor allem darauf, dass überall im Appartement gedämpftes Licht herrscht.«

»Gewiss, Madame … Mein Gott, der künftige König in Ihrem Appartement, Madame!«

»Rede nicht so viel, Régine, ich erwarte von dir und den anderen vor allem Diskretion.« Als sie wenig später das warme Wasser genoss, dachte sie noch einmal über ihre Situation nach.

Diese Nacht ist eine Zäsur. Es gibt zwei Möglichkeiten: Entweder er ist enttäuscht und wendet sich von mir ab; in diesem Fall werde ich den König bitten, mir zu erlauben, dass ich mich vom Hof zurückziehe. Die andere Möglichkeit, der Beginn eines Liebesverhältnisses, ist noch problematischer; selbst bei völliger Diskretion wird Katharina irgendwann davon erfahren. Sie wird eifersüchtig sein, weil sie ihren Gatten liebt. Ich muss verhindern, dass ihre Eifersucht mir schadet, und dies kann der Fall sein, solange ihr Schwiegervater regiert. Ich werde ihr also so liebenswürdig wie möglich begegnen.

Gegen acht Uhr betrat Heinrich mit Herzklopfen das Appartement seiner Gastgeberin, blieb einen Augenblick in der Tür stehen und betrachtete den Raum, der nur von wenigen Kerzen erhellt wurde. Er unterschied sich in nichts von den Zimmern in anderen adeligen Schlössern. Im Kamin brannte ein Feuer, an den Wänden hingen Gobelins mit Jagdszenen. In der Mitte war ein quadratischer Tisch aufgebaut. An zwei Seiten, einander gegenüber, sah Heinrich zwei Gedecke aus Silber, daneben silberne Fingerschalen zum Reinigen der Hände zwischen den Gängen. In der Mitte stand eine Kristallschale, in der gefällig bunte Astern arrangiert waren.

Heinrich ging langsam zum Tisch, und als er davor stand, merkte er, dass das Tischtuch nach Honigklee-Wasser duftete. Er sah die Nelken und Zuckersterne, die auf dem Tuch verstreut waren und die Schale mit Konfekt. Er betrachtete den Fußboden, der mit duftenden Kräutern bestreut war und sah sich verwirrt um. Was für ein Aufwand, dachte er. Wurde die Tafel jeden Tag so dekoriert, oder war es seinetwegen? Indes gefiel ihm, was er sah, und er beschloss, dereinst als König jeden Tag die Hoftafel und seine Tafel so dekorieren zu lassen wie in Schloss Anet.

Nun kamen zwei Diener, stellten Wein und Brot auf den Tisch und zogen sich in den Hintergrund des Zimmers zurück.

Einen Augenblick später erschien Diana und ging lächelnd auf Heinrich zu.

»Sie sind bestimmt hungrig, bitte setzen Sie sich doch.« Sie wandte sich an die Diener. »Schenkt Wein ein und sagt dem Koch, es soll aufgetragen werden. – Trinken Sie weißen oder roten Wein?«, fragte sie Heinrich.

»Ich bevorzuge Rotwein, Madame.«

»Ich trinke meistens Weißwein, am liebsten den von der Loire, er ist nicht so schwer wie Rotwein.«

»Die Tischdekoration ist wunderbar, Madame«, sagte Heinrich, während die Diener einschenkten.

»Ich freue mich, dass sie Ihnen gefällt. Ich finde den äußeren Rahmen genauso wichtig wie die Gerichte, die aufgetragen werden. Auf Ihr Wohl, mein Freund.«

»Auf Ihr Wohl, Madame.« Er trank einen Schluck, und einen zweiten.

»Mit Verlaub, Madame, dieser Wein ist köstlich, so vollmundig und samtig …«

»Er wird an der Rhône angebaut und ist schwerer als Burgunder.«

Inzwischen war die Vorspeise serviert worden: In Gewürzen gedünstete Champignons. Diana nahm nur einen Löffel davon und Heinrich, bemüht, einen guten Eindruck zu machen, folgte ihrem Beispiel. Sie betrachtete amüsiert die winzige Portion auf seinem Teller, die überhaupt nicht zu seiner kräftigen Statur passte.

»Madame, ich verspreche Ihnen, wenn ich König bin, werden Sie an meiner Tafel sitzen«, begann Heinrich erneut das Gespräch. »Maurice hat mir die renovierten Räume gezeigt. Ich bin sehr beeindruckt, Madame, die Renovierung muss ein Vermögen gekostet haben. Maurice hat mir auch erzählt, welche Anbauten Sie planen. Das wird ein weiteres Vermögen kosten. Madame, erlauben Sie mir, dass ich alle Kosten der künftigen Renovierung und Erweiterung des Schlosses übernehme.«

Diana sah Heinrich erstaunt an. Der junge Mann wusste anscheinend nicht, welche Ausgaben auf ihn zukamen. Das Angebot war verlockend, aber sie hielt es für diplomatischer, sich noch etwas zu zieren. In diesem Augenblick jedoch wusste sie endgültig, dass er ihr jeden Wunsch erfüllen würde, wenn sie sich ihm hingab, und sie war entschlossen, dies für sich und ihre Familie auszunutzen, solange es möglich war.

»Mein Freund, Sie sind immer so großzügig, aber ich habe immer ein schlechtes Gewissen, wenn ich Ihre Geschenke annehme. Ich glaube, ich bin ihrer nicht würdig.«

»Madame, nehmen Sie meine Geschenke an, bitte. Es ist mir ein Bedürfnis, Sie zu beschenken und zu verwöhnen.«

»Lassen Sie mich darüber nachdenken. Morgen Vormittag werde ich Ihnen den neuen Garten zeigen. Ich hoffe, dass er Ihnen gefällt.«

»Madame, dazu werden wir keine Zeit haben. Der König wünscht, dass wir spätestens am Abend des 2. November in Amboise eintreffen. Wir müssen morgen so früh wie möglich aufbrechen.«

»Der Wunsch des Königs ist für mich immer ein Befehl, aber ich hoffe, dass Ihr erster Besuch in Anet nicht der letzte war. Beim nächsten Mal haben wir hoffentlich genügend Zeit, dass ich Ihnen die Gärten zeigen kann.«

Nun wurde die Gemüsesuppe serviert, und es entstand eine Gesprächspause.

Heinrich fühlte sich glücklich bei dem Gedanken, dass er noch öfter in Anet weilen würde. Diana hingegen überlegte, worüber sie sich mit ihrem Verehrer während der folgenden fünf Gänge unterhalten sollte. Zwischen dem jungen Mann und ihr lagen Welten. Sie besaß Lebenserfahrung, er nicht, eine geistige Verbindung gab es nicht und würde es nie geben. Es war wohl am besten, wenn sie sich mit ihm über das unterhielt, was ihn bewegte. Sie würde ihn erzählen lassen und einfach zuhören.

»Sie haben sich während der vergangenen Wochen in Ihre künftigen Aufgaben eingearbeitet. War es interessant?«, fragte sie ihn, während die Diener das Kalbsragout auftrugen.

Heinrich überlegte. »Wie man es nimmt«, erwiderte er. »Das Studium der Akten ist schlicht öde. Gewiss, es gibt darunter interessante Dinge, aber die meisten Vorgänge sind langweilig. Gott sei Dank kann man Routinearbeit an den Kanzler delegieren. Viel schlimmer als das Aktenstudium indes waren die endlosen Sitzungen des Kronrates. Da wird stundenlang über Gott und die Welt debattiert, und am Ende einigt man sich, was man dem König empfehlen soll, oder man einigt sich nicht. Dann unterbreitet man dem König zwei Möglichkeiten, sich zu entscheiden, oder drei Möglichkeiten oder noch mehr. Diese Sitzungen sind absurd. Warum wird so viel geredet, wenn der König letztlich doch allein entscheidet?«

Diana lächelte. »Mein Freund, der Kronrat hat die Aufgabe, den König zu beraten. Das ist eine sehr wichtige Aufgabe. Mit Hilfe des Rates kann der König, so er will, ein Problem oder eine Entscheidung differenzierter beurteilen. Er hört verschiedene Meinungen und bildet sich dann sein eigenes Urteil.«

»Ach so, daran habe ich bis jetzt noch nicht gedacht. Wenn ich König bin, werden diese langweiligen Sitzungen nur eine Stunde dauern, und das Aktenstudium werde ich, so weit das möglich ist, an den Kanzler delegieren. Er wird gut bezahlt, dafür kann er auch arbeiten. Schließlich habe ich als König Repräsentationspflichten, und das Vergnügen darf am Hof nicht zu kurz kommen. – Übrigens, ich vergaß zu erwähnen, dass Katharina bis jetzt an jeder Sitzung des Kronrates teilgenommen hat und, soweit ich es beobachten konnte, hat sie die Debatten mit großem Interesse verfolgt. Ist das nicht merkwürdig? Gewöhnlich interessieren sich Frauen doch nicht für Staatsangelegenheiten. Haben Sie eine Erklärung dafür?«

Diana überlegte einen Augenblick. »Nein, es ist in der Tat ungewöhnlich. Vielleicht ist es für Ihre Gattin ein vorübergehender Zeitvertreib.« Im Stillen dachte sie, dass Katharina dadurch beschäftigt war und nicht ständig sie und Heinrich beobachten würde. Irgendwie ist diese Italienerin merkwürdig … »Lassen Sie Ihrer Gattin das Vergnügen.« Vielleicht, überlegte Diana, will die Dauphine wissen, was im Kronrat geredet wird. Wer weiß, wie sich alles entwickelt. Vielleicht benötige auch ich eines Tages gewisse Informationen. Ich muss allein aus diesem Grund Katharina liebenswürdig behandeln.

Inzwischen war ein gebratener Kapaun serviert worden, und Heinrichs Nervosität hatte sich allmählich so weit gelegt, dass er mit bestem Appetit eine Keule, ein großes Stück Brustfleisch und einen Flügel verspeiste. Diana trank einen Schluck Wein, beobachtete ihren Verehrer und kam zu dem Schluss, dass sie später die Initiative würde ergreifen müssen. Er ist kein Verführer, dachte sie, bei einem Verführer wäre die Unterhaltung anders verlaufen und das Mahl wäre längst beendet.

»Sie haben vorhin erwähnt, dass unter Ihrer Regierung die Sitzungen des Kronrates nur eine Stunde dauern werden. Ich schließe daraus, dass Sie schon konkrete Vorstellungen haben, wie Sie dereinst Frankreich regieren wollen.«

Heinrich legte den Keulenknochen auf den Teller, wischte sich den Mund mit dem Tischtuch ab und trank einen Schluck Wein.

»Ja, Madame, während der vergangenen Wochen habe ich oft darüber nachgedacht. Ich werde im Kronrat einige Leute entlassen und durch Adelige ersetzen, die mein Vertrauen genießen. Zu meinen engsten Ratgebern werden Sie, Madame, und die Familie von Guise gehören, und das oberste Ziel meiner Regierung wird es sein, die protestantischen Ketzer auszurotten. Unter meiner Regierung sollen in Frankreich nur Katholiken leben. Wie denken Sie darüber, Madame?«

»Ich bin völlig Ihrer Meinung, die Ketzer müssen vernichtet werden. Sie sind eine Bedrohung für das Vermögen großer Familien, deren Reichtum auf kirchlichen Pfründen beruht.« Die Guisen und ich sollen ihn beraten, dachte Diana, was für eine erfreuliche Perspektive! »Ich habe den Eindruck, dass Sie sich darauf freuen, eines Tages über Frankreich zu herrschen.«

»Ja, Madame. Bisher habe ich im Schatten der Lilie gelebt, nach dem Tod meines Vaters ist es damit endgültig vorbei. Als Herzog von Orléans wäre ich immer noch von meinem Bruder abhängig gewesen, aber als König kann ich tun und lassen, was ich will. Ich bin frei, ich allein entscheide und niemand sonst.«

Diana unterdrückte ein Lächeln und dachte im Stillen, dass er so entscheiden würde, wie sie und die Familie Guise es für richtig hielten.

»Ich verstehe, dass Sie über Ihre künftige Regierung nachdenken, aber es kann noch Jahre dauern, bis es so weit ist. Ihr Vater ist zweiundvierzig Jahre, er erfreut sich bester Gesundheit. Er kann noch zehn Jahre oder länger leben.«

»Mein Vater ist nicht gesund. Neulich hörte ich von einem der Ärzte, dass er an irgendeinem Geschwür leidet.«

Er kann es anscheinend nicht erwarten, dass der König stirbt, dachte Diana. Nun, für sie würde der Tod des Königs nur Vorteile bringen, und sie beschloss, während der längeren Pause zwischen Braten und Zwischengericht auf Heinrichs Angebot zurückzukommen, die Kosten der Renovierung des Schlosses zu übernehmen.

»Der Kapaun war köstlich«, sagte Heinrich, reinigte seine Finger in der silbernen Wasserschale, trank einen Schluck Wein und lehnte sich gesättigt und zufrieden in dem hohen Stuhl zurück.

Diana lächelte ihn an. »Ich habe inzwischen noch einmal über Ihr großzügiges Angebot nachgedacht, die Kosten für die Renovierung und

Erweiterung des Schlosses zu übernehmen. Da Sie künftig noch oft hier weilen werden, nicht als Gast, sondern als Hausherr, müssen Sie sich natürlich hier wohl fühlen. Ich werde Anet so gestalten, wie Sie es wünschen, deshalb nehme ich Ihr großzügiges Angebot dankbar an.«

Heinrich hörte nur das Wort »Hausherr« – Hausherr, dachte er …

»Madame, ich bin unendlich glücklich. Sie haben sicherlich Vorstellungen, was hier noch verändert werden soll?«

»Gewiss, ich werde Philibert de l'Orme mit der Ausgestaltung des Schlosses beauftragen. Ich möchte eine Uhr über dem Portal, die die Stundenschläge durch das Gebell von vier Jagdhunden verkündet, die einen unwillig aufstampfenden Hirsch zu verfolgen scheinen. Es ist vielleicht eine Spielerei, aber Anet soll ein besonderes Schloss werden.«

»Sie haben völlig Recht, Madame, die Idee mit der Uhr ist originell.«

Während nacheinander Omelette mit frischen Waldpilzen, verschiedene Käse, Trauben und schließlich hauchdünne, mit Apfel- und Birnenkonfitüre gefüllte Pfannkuchen serviert wurden, beschrieb Diana dem Dauphin, wie sie sich die Anlage der Gebäude und Höfe und die Gestaltung der Wasseranlagen vorstellte. Heinrich hörte andächtig zu, und als die Diener Hippokras, Kardamom und Anis servierten, war er davon überzeugt, dass das neue Schloss Anet genau seinen Wünschen entsprach.

Diana nippte an dem Hippokras und sah dabei verstohlen zur Uhr. Es war bald zehn, und sie beschloss, gegen halb elf die Tafel aufzuheben. Die erste Nacht mit Heinrich musste keine lange Nacht sein, keine Nacht mit ihm musste lang sein. Sie würde sein Begehren immer nur halb stillen, so dass er immer wieder zu ihr zurückkehrte. Solange er ihr Liebhaber war, würde sie alles von ihm erhalten, und falls ihre Beziehung den Tod des Königs überdauerte, würde sie die faktische Königin sein, so wie jetzt die Herzogin, und diese Perspektive faszinierte Diana immer mehr. Macht, Einfluss, Reichtum, dafür konnte man den Körper verkaufen und sich prostituieren. Sie würde dafür sorgen, dass sie zur reichsten Frau Frankreichs wurde.

Heinrich trank einen Schluck *hippokras*, aß ein Stück Kardamom und überlegte, wie es nun weitergehen sollte. Vielleicht wurden seine Hoffnungen enttäuscht, vielleicht zog Diana sich zurück, ohne ihn aufzufordern, ihr zu folgen.

Er bekam erneut Herzklopfen und sah verstohlen zur Uhr – noch drei Minuten bis zur zehnten Stunde. Wenn es zehn geschlagen hat, überlegte er, werde ich noch einige Minuten warten und mich verabschieden, dann muss sie irgendwie reagieren. Während er langsam das Glas Gewürzwein trank, spürte er erneut, dass er nervös wurde. Endlich begann die Uhr die volle Stunde zu schlagen. Er wartete noch einen Augenblick, dann sah er Diana an.

»Madame, es ist spät geworden. Wir müssen morgen sehr früh aufbrechen. Erlauben Sie, dass ich mich jetzt zurückziehe. Ich danke Ihnen für Ihre großzügige Gastfreundschaft.«

Diana sah überrascht auf, fasste sich indes sofort, stand auf, ging zu Heinrich und legte ihre Hände auf seine Schultern.

»Mein Freund«, sagte sie lächelnd, »Sie sind doch nicht nach Anet gekommen, um die Nacht allein zu verbringen. Wir werden uns jetzt gemeinsam zur Ruhe begeben.«

Er sah sie an und sie spürte, dass er innerlich aufatmete. Dann folgte er ihr in das Schlafgemach.

An der Schwelle blieb er überrascht stehen. In dem Zimmer gab es nur zwei Farben: Schwarz und Weiß.

Er betrachtete das breite Himmelbett aus Ebenholz, die Bettvorhänge aus schwarzem Samt. Auch das übrige Mobiliar war aus schwarzem Holz, und an den Wänden hingen Gobelins aus weißer Seide, worin Jagdszenen in Schwarz eingewebt waren. Der Fußboden war mit Teppichen aus weißer Wolle bedeckt.

Heinrich wandte sich zu ihr und zog sie an sich.

»Ich bin so glücklich. Ich habe lange von diesem Augenblick geträumt, unsere erste gemeinsame Nacht. Es ist meine richtige Hochzeitsnacht, unsere Hochzeitsnacht.«

Diana versuchte zu lächeln und überlegte, dass sie ihn am anderen Morgen ermahnen musste, wie er sich künftig Katharina gegenüber verhalten sollte.

Diana erwachte wie gewöhnlich bei Tagesanbruch. Sie stand auf, zog die Vorhänge auseinander, öffnete die Fenster und genoss einen Augenblick lang die frische, kühle Herbstluft. Sie betrachtete den leichten Nebel, der über den Dächern des Schlosses hing und war froh, dass sie bei trockenem, sonnigem Wetter zurückreiten würden.

Dann ging sie zu dem Bett zurück und betrachtete den schlafenden Heinrich. Er atmete ruhig und gleichmäßig, und sie musste unwillkürlich lächeln, als sie an die erste gemeinsame Nacht dachte. Er ist ein ganz guter Liebhaber, überlegte sie, obwohl er sich wie ein hungriger Bär benommen hat. Nun, das wird mit der Zeit vergehen, wenn nicht, musste sie ihn erziehen.

Während sie ihr gewohntes kaltes Bad nahm und sich ankleidete, dachte sie darüber nach, wie sie und Heinrich künftig am Hof einander begegnen sollten. Dann ging sie zurück in ihr Schlafzimmer und weckte ihn.

»Heinrich, wir müssen in spätestens einer Stunde losreiten. Ich möchte nicht, dass dein Vater dir zürnt, weil wir nicht rechtzeitig in Amboise ankommen.«

»Der Zorn meines Vaters ist mir gleichgültig«, brummelte er.

Diana ging zur Tür. »Wie du willst. Aber wenn wir durch deine Trödelei erst am 3. wieder am Hof sind, war dies dein letzter Besuch in Anet.«

Er erschrak und eilte durch einen Geheimgang, den sie ihm wies, in sein Appartement.

Später, beim Frühstück, sah er sie, während er die Ei-Honig-Milch trank, immer wieder an.

»Diana«, sagte er auf einmal, »ich möchte noch viele Nächte mit dir verbringen.«

Sie sah ihn überrascht an. Gewiss, sie wusste, dass sie ihn nicht enttäuscht hatte, dachte aber, er sei zu schüchtern, um derlei Wünsche zu äußern. »Ich erfülle gerne deinen Wunsch, vorausgesetzt, du erfüllst meine Spielregeln.«

»Welche Spielregeln?«

»Heinrich, höre mir jetzt gut zu. Wenn wir unter vier Augen sind, können wir uns mit dem vertraulichen ›du‹ anreden, aber in Gegenwart eines Dritten möchte ich es bei dem bisherigen ›Madame‹ und ›Hoheit‹ belassen. Nach außen hin bin ich deine mütterliche Freundin, das ist die erste Spielregel, die zweite ist indes noch wichtiger. Ich erwarte, dass du deine Pflichten als Dauphin, künftiger König und Gatte erfüllst und die Thronfolge sicherst. Katharina muss Söhne bekommen, damit Frankreich auch künftig von den Valois regiert wird, und Töchter, damit du wertvolle außenpolitische Bündnisse durch Heiraten schließen kannst. Ich werde dich regelmäßig an diese Pflicht erinnern, und wenn ich merke, dass du Katharina vernachlässigst, dann wird dir meine Schlafzimmertür verschlossen bleiben. Bist du bereit, diese Spielregeln zu akzeptieren?«

»Ja«, erwiderte er kleinlaut.

Es entstand eine Gesprächspause, und dann sah Heinrich Diana hilflos an. »Bitte, glaube mir, ich habe meine ehelichen Pflichten bis jetzt nicht vernachlässigt. Nach menschlichem Ermessen müsste Katharina längst schwanger sein, zumal sie jedes Mittel, das man ihr empfiehlt, um Kinder zu empfangen, ausprobiert. Ich verstehe es nicht.«

»Wir müssen wahrscheinlich Geduld haben, aber eure Kinderlosigkeit wird – sofern sie noch länger dauert – von vielen Hofleuten noch kritischer kommentiert werden als bisher. Ich habe es dir nie gesagt, aber es gab Stimmen am Hof, die eine Annullierung deiner Ehe forderten, als du noch nicht Dauphin warst. Diese Stimmen werden noch lauter werden, wenn Katharina nicht bald ein Kind erwartet.«

Der 2. November war ein verregneter, grauer Herbsttag. Katharina hasste Regenwetter, weil es sie zwang, sich in den Schlössern, wo der Hof residierte, aufzuhalten. Ausritte und Bogenschießen waren unmöglich, weil sie nach kurzer Zeit bis auf die Haut durchnässt war. An jenem Novembertag jedoch war ihr das schlechte Wetter sehr angenehm, denn so konnte sie die Ankunft von Heinrich und Diana beobachten.

Nach der Mittagstafel verließ sie hin und wieder ihr Appartement und ging zu einem Flügel des Schlosses, von wo aus sie die Ankunft sehen konnte. Es dämmerte bereits, als sie erneut am Fenster stand.

Plötzlich hörte sie das Getrappel und Wiehern von Pferden, und als sie sich aus dem Fenster beugte, sah sie Bewaffnete und Diener ihres Gatten, auch Maurice und Régine, die zum Gefolge von Diana gehörten, und es dauerte nicht lange, so ritten Heinrich und Diana in den Hof.

Die Diener hatten inzwischen Fackeln entzündet, und Katharina sah, wie glücklich Heinrich war, als er Diana beim Absteigen vom Pferd half.

Sie ging langsam zurück in ihr Appartement und gewahrte, dass ihre Hoffnung vergeblich gewesen war.

In diesem Augenblick wurde Heinrich gemeldet. Er blieb an der Türschwelle stehen und vermied es, Katharina anzusehen. »Guten Abend«, sagte er halblaut.

Sie beobachtete ihn eine Weile. »Ich bin froh, dass du gesund zurückgekehrt bist«, erwiderte sie dann.

Er sah auf und ging auf sie zu. »Die Reise war anstrengend.«

In diesem Augenblick hielt Katharina es nicht mehr aus, sie musste wissen, woran sie war. »Hast du mit Diana geschlafen?« Insgeheim hoffte sie auf eine barmherzige Lüge, hoffte, dass er ihre Frage verneinen würde – sie war bereit, ihm diese Lüge zu glauben.

»Ich habe mit Diana geschlafen, es waren wunderbare Nächte.«

In diesem Augenblick verlor Katharina die Beherrschung. »Schweig, Heinrich! Ich will nichts mehr hören! Du bist Dauphin, du musst für die Thronfolge sorgen! Ich kann es nicht glauben – du solltest deine Nächte mit mir verbringen, damit das Haus Valois weiterhin über Frankreich herrscht. Stattdessen verbringst du deine Nächte mit einer Frau, die sich dir nur hingibt, weil sie sich Vorteile davon verspricht!«

»Nein!«, rief Heinrich. »Diana liebt mich und ich liebe sie, und du wirst mich nicht daran hindern, mit ihr zu schlafen! – Katharina, ich schätze dich, ich mag dich, ich habe mich an dich gewöhnt, ich werde meine ehelichen Pflichten erfüllen. Aber du musst Diana akzeptieren, sie ist ›notre grande amie‹, finde dich endlich damit ab, dass wir uns lieben. Ich erwarte von dir, dass du mich in Zukunft mit Vorwürfen verschonst. Eine Szene wie eben jetzt ist unter dem Niveau des Hauses Valois.«

Sie sahen sich schweigend an, dann ging Heinrich zum Schreibpult, schrieb etwas auf ein Stück Papier und gab es Katharina.

»Dieses Monogramm habe ich mir während der Rückreise ausgedacht. Ich werde dieses Zeichen in meinen und Dianas Schlössern anbringen lassen, es wird meine Waffen, mein Tafelgeschirr und meine Kleidung zieren.«

Katharina betrachtete das Monogramm und erschrak. Es war ein H, das aus einem D und einem spiegelverkehrten D entstand, die durch einen waagrechten Strich miteinander verbunden waren. Zwei Mondsicheln, Rücken an Rücken im H … Die Mondsichel ist das Emblem der göttlichen Jägerin Diana.

In diesem Augenblick sagte Heinrich: »Ab heute werden wir getrennt schlafen. Es ist ein Bedürfnis meinerseits und es ist in deinem Interesse. Ich nehme an, dass du nicht wissen willst, wann ich eine Nacht mit Diana verbringe.«

Er wandte sich abrupt ab und verließ das Zimmer.

Katharina sah ihm fassungslos nach und fing an, hemmungslos zu weinen.

In diesem Augenblick kam Mingo. »Hoheit, was ist passiert?«

Katharina sah auf und reichte ihr den Zettel mit dem Monogramm.

»Lass mich allein, Mingo.« Sie begann erneut zu weinen.

Irgendwann versiegten Katharinas Tränen und sie versuchte, einen klaren Gedanken zu fassen. Die erste Phase meiner Ehe, dachte sie, dauerte drei Tage; drei Tage, an denen ich nicht wusste, dass mein Mann eine andere Frau verehrt. Die nächste Phase dauerte drei Jahre; drei Jahre habe ich erlebt, dass er sie in aller Öffentlichkeit platonisch liebt. Seit einigen Tagen ist sie seine Geliebte, das ist die dritte Phase meiner Ehe. Die Zeit wird für mich arbeiten, aber wie lange wird es dauern, bis er die wahre Natur von Diana erkennt? Wie viele Jahre werde ich sie ertragen müssen?

Ihr Instinkt sagte ihr, dass es noch viele Jahre sein würden, aber an jenem Abend war sie fest entschlossen, weiterhin um Heinrichs Liebe zu kämpfen.

4

Am 1. Januar 1537 wurden Magdalena von Valois und König Jakob V. von Schottland in der Kathedrale von Notre-Dame getraut. Es war Katharinas erster öffentlicher Auftritt als Dauphine, und so saß sie während der Hochzeitsmesse neben der Königin Eleonore.

Während das Brautpaar sich gegenseitige Treue schwur, fragte sich Katharina, wie lange sie wohl noch, nach der Königin, die zweithöchste Dame in Frankreich sein würde. Eine kinderlose Dauphine war den Interessen des Staates hinderlich, und die Staatsräson verlangte, dass sie die Thronfolge sicherte. Der König war ihr wohlgesonnen, aber wie lange noch? Falls er heute stirbt, dachte Katharina, wird Heinrich die Annullierung unserer Ehe einleiten.

Nach der Messe begannen die festlichen Veranstaltungen anlässlich der Hochzeit, die bis Ende Januar dauerten. Die Flitterwochen wollte das junge Paar im Schloss Saint-Germain-en-Laye verbringen und sich im Frühjahr nach Schottland einschiffen.

Am letzten Januartag umarmte Katharina ihre Schwägerin Magdalena.

»Ich wünsche dir, dass du mit dem König von Schottland glücklich wirst.«

»Danke, Katharina, ich bin bereits glücklich. Jakob ist ein faszinierender Mann.« Sie eilte zu ihrem Pferd, saß auf und verließ in Begleitung ihres Gatten und des Gefolges den Schlosshof, ohne einmal zurückzublicken.

Katharina sah ihr erstaunt nach. Ein faszinierender Mann, dachte sie. Im gleichen Moment wurden ihre Gedanken von ihrer Schwägerin Margarete unterbrochen.

»Katharina, ich muss dir etwas sagen, aber du wirst darüber schweigen, nicht wahr?«

»Selbstverständlich.«

»Ich habe mich in den König von Schottland verliebt.«

Katharina glaubte erst, nicht richtig zu hören, aber dann fiel ihr ein, dass Margarete ihr vierzehntes Lebensjahr vollendete und in dem Alter war, in dem sich junge Mädchen zu verlieben pflegten. »Margarete, es gibt Männer, die auf Frauen unwiderstehlich wirken – dein Vater gehört auch dazu. Aber du musst vorsichtig sein, du darfst dich nicht wegwerfen.«

Ende Februar erhielt Katharina einen Brief von Filippo Strozzi, worin er mitteilte, dass der Herzog Alessandro von seinem Vetter Lorenzino ermordet worden sei:

Seit der Hochzeit im Juni 1536 wurden Alessandros und Lorenzinos Ausschweifungen immer unerträglicher. Sie stürmten Klöster und Privathäuser auf der Suche nach Liebesabenteuern, niemand wagte indes, ein Wort zu sagen. In der Nacht vom 6. Januar 1537 begleitete Lorenzino den Herzog zu seinem eigenen Quartier neben dem Palast, ließ ihn dort allein und versprach ihm, mit einer Dame zurückzukehren. Alessandro schlief ein, weil er wie gewöhnlich stark betrunken war.

Nach einiger Zeit kehrte Lorenzino mit einem professionellen Meuchelmörder zurück, und gemeinsam stachen sie mit Dolch und Degen auf den Herzog ein, bis er leblos zusammensank. Dann zogen sie ein Bettlaken über die blutige Leiche, und der belesene Lorenzino befestigte daran einen Zettel mit einer Zeile aus der »Aenaeis« des Vergil:

Möge die Vaterlandsliebe die Ruhmessucht besiegen!

Dann flohen die beiden Attentäter nach Venedig. Der Senat setzte sich beim Kaiser für Giovanni delle Bande Neres Sohn Cosimo als Nachfolger ein, und Karl V. ernannte ihn zum neuen Herzog der Toskana. Cosimos Bitte, die Herzoginwitwe Margarete ehelichen zu dürfen, wurde indes abgelehnt. Margarete hat die Stadt inzwischen verlassen und ist nach Spanien gereist.

In Florenz rätselt man über Lorenzinos Motive. Ich vermute, dass sein maßloser Ehrgeiz ihn zu dieser Tat trieb. Er hat wahrscheinlich gehofft, dass er nach Alessandros Tod Herzog der Toskana werden würde; betrachtet man den Stammbaum, so hat er – in der jüngeren Medici-Linie – mehr Anrecht auf die Herrschaft, weil sein Großvater der ältere Bruder von Cosimos Großvater war. Über die Herrschaft Cosimos I. lässt sich noch nicht viel sagen; bis jetzt regiert er ziemlich autoritär.

Ein kalter Schauer durchrieselte Katharina, als sie las, wie bestialisch der Maure ermordet worden war. Sie las den Brief ein zweites Mal. Dann befahl sie die Italiener ihres Gefolges zu sich und teilte ihnen mit, dass der Herzog Alessandro von seinem Vetter Lorenzino ermordet worden sei, wobei sie die Einzelheiten der Bluttat nicht erwähnte; Lorenzino sei nach Venedig geflohen, und das Herzogtum Toskana werde nun von Cosimo I. regiert, dem Sohn von Giovanni delle Bande Nere.

Als sie schwieg, herrschte sekundenlang Stille. Die Italiener sahen einander an und wussten nicht recht, wie sie reagieren sollten. Schließlich war Alessandro ein entfernter Verwandter der Dauphine gewesen und der letzte männliche Medici der älteren Linie.

Allein geblieben, ging Katharina zum Fenster, sah hinunter zum Hof und versuchte, ihre Gedanken zu ordnen.

Alessandros Ermordung ist ein politischer Mord, der sich wahrscheinlich langfristig günstig für Florenz auswirken wird, selbst wenn Cosimo autoritär regiert. War Lorenzino wirklich ehrgeizig, oder hat er im Auftrag von Alessandros Feinden gehandelt? Ist vielleicht Cosimo der Mann im Hintergrund, hat dieser den Auftrag gegeben, den Sohn des Papstes zu ermorden? Es wäre denkbar. Die Welt und die Nachwelt werden nie erfahren, ob Lorenzino aus eigenem Antrieb oder im Auftrag gehandelt hat.

Sie erinnerte sich flüchtig an ihre erste Begegnung mit Cosimo und Lorenzino im Mai des Jahres 1525, staunte, wie genau sich ihr die Einzelheiten eingeprägt hatten. Er war schon damals autoritär, ging es ihr durch den Kopf. Jetzt wird er wohl seine Galerie über den Ponte Vecchio bauen und seinen großartigen Palast und seinen weitläufigen Garten.

Wer weiß, vielleicht ist der politische Mord doch eine ganz gute Lösung im Interesse eines Staates.

Einige Wochen später verabschiedete sie sich unter Tränen von ihrem Gatten und ihrem Schwiegervater, die sich zur Nordgrenze Frankreichs begaben, um dort eine militärische Entscheidung zu erzwingen, die ihnen Mailand zurückgab.

Der Feldzug begann erfolgreich: Der König, an der Spitze des Heeres, eroberte Hesdin, Saint-Pol, Saint-Vernant und Villiers. Dann erkrankte er an jenem Geschwür, das ihn schon seit einiger Zeit plagte und zog sich auf den Rat der Ärzte nach Fontainebleau zurück. Erneut übergab er Montmorency das Oberkommando.

Während der folgenden Wochen trafen täglich Nachrichten über die Siege der französischen Truppen ein, und immer wieder wurde Heinrichs Tapferkeit gerühmt. Diana erhielt regelmäßig Briefe ihres Liebhabers und informierte Katharina, dass es dem Dauphin gut gehe. Irgendwann sagte sie zu ihr: »Ihr Gatte, Madame, hat sich zum Bewunderer Montmorencys entwickelt; für ihn ist Montmorency der größte Heerführer aller Zeiten.«

Im Juli war die Lage der gegnerischen Truppen so verzweifelt, dass Maria von Ungarn, die Regentin der Niederlande, am 30. des Monats einen dreimonatigen Waffenstillstand unterzeichnete. Daraufhin schickte der König, zum Entsetzen Katharinas, Montmorency und Heinrich nach Oberitalien, damit sie dort die Spanier aus Piemont vertrieben und das belagerte Turin retteten.

Im August trafen zwei Todesnachrichten in Fontainebleau ein, die Katharina indes nur beiläufig wahrnahm, weil sie erneut um Heinrichs Leben bangte. Im Juli war ihre Schwägerin Magdalena von Schottland gestorben, weil sie das raue Klima nicht vertragen hatte, und im Juni war Maria von Guise Witwe geworden. Katharina war nicht weiter betroffen von diesen traurigen Nachrichten.

Mitte August erhielt sie von ihrem Cousin Leo Strozzi einen Brief aus Marseille. Sie betrachtete das Schreiben, las den Absender und erinnerte sich, dass Leo – der älteste der vier Brüder, der seinerzeit Soldat werden und unter dem König von Frankreich dienen wollte – fünfundzwanzig Jahre alt sein müsste. Sie öffnete zögernd den Brief.

Liebe Cousine,
zwischen unseren Familien und dem neuen Herzog Cosimo ist es zu politischen Differenzen gekommen, die uns zwingen, Florenz zu verlassen.
Mein Vater ist während der Reise nach Frankreich erkrankt und gestorben. Kurz vor seinem Tod hat er uns erzählt, dass du ihm seinerzeit, als er sich im Sommer 1534 von dir verabschiedete, angeboten hast, unserer Familie Asyl in Frankreich zu gewäh-

ren, wenn die Umstände es erfordern. Dieser Fall ist nun einge-
treten, und ich frage dich, ob wir in Frankreich eine neue Heimat
finden können. Sollte dies nicht der Fall sein, würden wir uns so-
fort von Marseille aus nach Genua einschiffen.
Bitte schicke uns rasch eine Nachricht, ob wir in Frankreich blei-
ben können oder nicht.

Dein dich liebender Cousin Leo Strozzi

Katharina legte den Brief zur Seite. Dann begab sie sich zum König, schilderte die Situation ihrer Verwandten und bat, ihnen Asyl zu gewähren, wozu Franz I. auch sofort bereit war. »Jeder Italiener ist in meinem Reich willkommen, ma fille. Schreibe deinen Cousins, sie sollen sich unverzüglich nach Fontainebleau begeben, dann sehen wir weiter. Weißt du, welche Berufe sie ausüben?«

»Ja, Sire. Leo ist Soldat, Roberto Bankier, Lorenzo hat die kirchliche Laufbahn eingeschlagen. Bei Piero weiß ich es nicht, Sire.«

»Nun, wir werden Posten finden. Leo und Piero werden sofort nach ihrer Ankunft das Kommando über eine Kompanie Hakenbüchsenschützen erhalten.«

»Vielen Dank, Sire.«

Während der folgenden Wochen trafen vom italienischen Kriegsschauplatz weitere erfreuliche Nachrichten ein. Turin war bald zurückerobert, und die Spanier wurden nacheinander aus allen anderen Städten vertrieben, die sie noch besetzt hielten. Die Eroberung Mailands rückte in greifbare Nähe, zumal der Sultan seine Armee auf dem Seeweg nach Oberitalien schickte.

Der September neigte sich dem Ende zu, als die Strozzis in Fontainebleau eintrafen. Katharina hatte ihre Vettern zwar zwölf Jahre nicht gesehen, aber sie erkannte sofort jeden. Sie waren zwar größer geworden, aber der Gesichtsausdruck hatte sich nicht wesentlich verändert. Gewiss, sie wirkten reifer, dennoch hatte Katharina das Gefühl, als ob die Zeit stehen geblieben war.

Leo, Roberto und Lorenzo waren größer als sie wie damals, Piero war jetzt so groß wie sie. Er versuchte, mit Hilfe hoher Schuhabsätze seine Statur zu vergrößern wie sie; er trug auch hohe Hüte, und Katharina bemerkte sogleich, dass er seine Beinkleider ausstopfte, um Muskeln vorzutäuschen, die er anscheinend nicht hatte. Bianca war recht hübsch mit ihrer makellosen, weißen Haut und den brünetten Haaren; sie war schlank und hielt sich bei der Begrüßung bescheiden im Hintergrund. Katharina fand sie sympathisch und beschloss, wenn sie irgendwann Königin war, Bianca, Leos jüngst angetraute Frau, an den Hof zu holen; sie würde wahrscheinlich eine loyale Hofdame sein.

Franz empfing die Strozzis noch am gleichen Tag und erklärte ihnen, welche Laufbahnen in seinem Königreich er für die Verwandten der Dauphine plante: Leo sollte Generalkapitän der Galeeren werden und später das Oberkommando über die königliche Levante-Flotte erhalten. Roberto sollte eine Bank in Lyon eröffnen, irgendwann später vielleicht in Rom und Venedig, und vor allem sollte er dem König Geld leihen. Lorenzo wurde zum Abt der reichen Abtei Saint-Victor in Marseille ernannt; irgendwann würde er Bischof werden, vielleicht sogar Kardinal. Dann fragte der König, welche Ziele Piero verfolge. Der junge Mann erwiderte etwas unsicher, er habe sich bisher vor allem mit Literatur beschäftigt. Franz überlegte und Katharina wandte sich mit einem Vorschlag an ihn. Sie wollte Piero in ihrem Hofstaat behalten.

Franz war mit allem einverstanden und sorgte für sofortige Integration. Während Katharina die Verwandten durch das Schloss führte, wurde ihrem Schwiegervater ein Schreiben des Kaisers überbracht. Franz las den Brief und ließ den Kanzler holen. »Der Kaiser bittet um einen Waffenstillstand. Was meinen Sie, soll ich weiterkämpfen oder seiner Bitte nachgeben? Einerseits werden wir in Kürze mit der Hilfe des Sultans den entscheidenden Sieg über die feindlichen Truppen erringen, andererseits spricht nichts dagegen, die Waffen ruhen zu lassen und Mailand über den Weg der Verhandlung zu erhalten.«

»Sire!«, rief Dubourg entsetzt. »Sie sollten dem Kaiser nicht trauen! Die Perfidie seiner spanischen Räte ist allgemein bekannt und kaum zu überbieten. Der Kaiser will Zeit gewinnen, um sein Heer zu reorganisieren, Sire. Auf friedlichem Wege werden Sie Mailand nie zurückerhalten. Lassen Sie die Waffen entscheiden!«

»Warum, Dubourg? Dies ist der dritte Krieg, den ich gegen den Kaiser führe. Er kostet Geld und Menschenleben. Ich bin nicht mehr der junge Mann von Marignano. Die Jahre, die mir noch bleiben, möchte ich nutzen, um in Frankreich gewisse Dinge zu regeln, das religiöse Problem zum Beispiel. Ich möchte die absolute Macht des Königs stärken und den Einfluss mächtiger Adelsfamilien noch weiter zurückdrängen. Das künftige Frankreich soll allein vom König regiert werden, nicht vom Adel. Ich möchte es noch erleben, dass meine Schlösser vollendet werden. Ich möchte meinem Nachfolger ein Reich hinterlassen, dessen innere Verhältnisse geordnet sind, und die Voraussetzung dafür ist ein dauerhafter Friede mit dem Kaiser.«

»Gewiss, Sire, aber ein dauerhafter Friede mit dem Kaiser ist gleichbedeutend mit einem Verzicht auf Ihre Ansprüche in Italien.«

Dubourg erinnerte an die militärische Niederlage von Pavia vor zwölf Jahren sowie den Verlust von Mailand und Neapel.

Einzig mit militärischer Gewalt seien diese Städte zurückzuerobern und das Bündnis des Sultans gegen den Kaiser aufrechtzuerhalten.

Franz ging nachdenklich auf und ab.

»Ich kann im Augenblick nicht entscheiden. Berufen Sie für morgen um acht Uhr den Kronrat ein.«

Am nächsten Morgen verabschiedete Katharina sich schweren Herzens von ihren Verwandten und wünschte ihnen Glück für die weitere Laufbahn. Leo und Bianca wollten zunächst in die Touraine und dort irgendwo einen Landsitz erwerben, an der Loire, zwischen Blois und Amboise.

»Am Fluss Cher gibt es ein wunderschönes Schloss«, sagte Katharina, »Chenonceaux. Leider ist es Kronbesitz, aber es gibt dort bestimmt noch andere Güter.«

Als sie mit Piero zu ihrem Appartement zurückging, erinnerte sie sich, dass sie immer noch keine Einzelheiten über den politischen Konflikt zwischen ihren Verwandten und Cosimo wusste, und sie fragte ihn danach.

»Der Konflikt«, erwiderte Piero zögernd, »ist eine vornehme Umschreibung der Revolte gegen Cosimo, die wir unterstützt haben. Es gibt immer noch Florentiner, die eine Republik wünschen; dazu gehörte auch mein Vater. Die Revolte wurde von Cosimos Truppen niedergeschlagen und viele Revolutionäre hingerichtet. Cosimo schonte unser Leben, aber wir mussten Florenz verlassen und unser Vermögen wurde beschlagnahmt. Die Partei der Republikaner dachte, dass die Florentiner unter Cosimos autoritärer Herrschaft unglücklich seien. Das war ihr Irrtum. Er regiert zwar wie ein Diktator, aber die Florentiner sind glücklich. Sie halten ihn für tüchtig, was nach Alessandros zügelloser Tyrannei kein Wunder ist. Er fördert den wirtschaftlichen Aufschwung, die Künste und Wissenschaften. – Alessandros Ermordung war ein Segen für Florenz.«

Katharina schwieg eine Weile.

»Piero, ich denke manchmal über das Problem des politischen Mordes nach. Glaubst du, dass er legitim ist?«

»Legitim? Bei gesalbten und gekrönten Herrschern, die von Gott eingesetzt wurden, ist es die einzige Möglichkeit, sich von Tyrannen zu befreien. Ansonsten gibt es die Möglichkeit der Anklage, Verbannung, Beschlagnahme des Vermögens. Bei Königen ist ein Mord legitim, aber nicht bei gewöhnlichen Sterblichen.«

»Du hast Recht, Piero, aber das Problem ist vielschichtiger, als du denkst. Angenommen, ein Kanzler oder Heerführer, also ein Mann, der durch seine Stellung das Schicksal eines Staates beeinflussen kann, trifft Entscheidungen, die den Staat an den Rand eines Abgrundes bringen; er versucht zum Beispiel, sein Land in einen Krieg zu verwickeln, bei dem man vorhersehen kann, dass der Gegner militärisch überlegen ist. Angenommen, der König unterstützt dieses Vorhaben, aber klügere Leute sind dagegen. Was sollen sie unternehmen? Angenommen, dieser Mann ist beim Volk beliebt, oder er hat viele Anhänger, dann kann man ihn nicht seiner Ämter entheben oder ihn verbannen, das würde vielleicht zu inneren Unruhen führen. Innere Unruhen sind für einen Staat genauso gefährlich wie ein Krieg nach außen. Glaubst du nicht, dass in einem solchen Fall der politische Mord die einzige Lösung ist?«

Piero sah seine Cousine erstaunt an. »Katharina, über diese Probleme habe ich noch nie nachgedacht. Ich weiß nicht, was in einem solchen Fall richtig ist. Indes, ich finde, dass du über merkwürdige Dinge reflektierst.«

»Ich denke über diese Probleme nach, weil sie mich interessieren und weil …, ach, Piero, ich kann nicht ständig an meine problematische Ehe und meine Kinderlosigkeit denken.«

Während dieser Unterhaltung debattierte der Kronrat erregt über Krieg oder Waffenstillstand. Franz hoffte, dass die Herren die eine oder andere Lösung empfehlen würden, aber der Rat spaltete sich in zwei Lager: Die eine Hälfte empfahl einen Waffenstillstand, die andere Hälfte plädierte für eine Fortführung des Krieges, und nach zwei Stunden war Franz es überdrüssig, die widerstreitenden Meinungen zu hören und entließ die Herren.

»Ich werde mit dem Kaiser einen Waffenstillstand schließen«, sagte er zu Dubourg, »und dann werde ich über den Frieden und Mailand verhandeln. Schicken Sie sofort einen Kurier nach Italien. Montmorency soll meinem Sohn das Kommando übergeben und unverzüglich nach Frankreich zurückkehren. Ich wünsche, dass er und der Kardinal von Lothringen nach Spanien reisen, den Waffenstillstand schließen und die Friedensbedingungen aushandeln. Teilen Sie Montmorency mit, er soll nach Moulins, der alten Hauptstadt von Burgund kommen.«

»Moulins?«, fragte Dubourg verwirrt.

Franz lächelte. »Ich möchte Montmorency in Moulins zum Konnetabel von Frankreich ernennen – er hat es wahrhaftig verdient. Überdies wird es seine Position bei den Verhandlungen mit den Spaniern stärken. Aber die Ernennung zum Konnetabel bleibt vorerst ein Staatsgeheimnis.«

Anfang November reiste der Hof von Moulins aus zurück nach Paris. Unterwegs traf die Nachricht ein, dass die englische Königin Jane am 12. Oktober einen Sohn und Thronfolger geboren hatte, Eduard, den Prinzen von Wales, und dass sie selbst wenige Tage nach der Geburt gestorben war.

Während der folgenden Tage und Wochen gab es am Hof nur ein Thema, worüber man sich unterhielt: Welche Prinzessin wird die vierte Gattin Heinrichs VIII.? Jeder war überzeugt, dass der englische König eine neue Ehe eingehen würde, allein schon, um die Thronfolge noch weiter zu sichern. Ein einziger Sohn war nicht genug.

Mitte Dezember erschien die Herzogin von Guise an einem Nachmittag ziemlich aufgeregt bei Diana.

»Ich muss mit dir darüber reden, ich halte die Ungewissheit nicht länger aus. Mein Mann verhandelt, jetzt, in diesem Augenblick darüber, wen Maria ehelichen soll, den König von Schottland oder den König von England.«

Diana benötigte einige Sekunden, um sich zu fassen. »Haben die Könige von England und Schottland um die Hand deiner Tochter angehalten?«, fragte sie dann vorsichtig.

»Ja«, erwiderte die Herzogin mit Genugtuung. »Zwei Könige. Der Schotte schreibt, Maria habe ihm schon anlässlich seiner ersten Heirat mit Magdalena gefallen, der Engländer bewundert ebenfalls ihren hohen Wuchs. Maria indes betrauert immer noch ihren Mann und möchte am liebsten überhaupt nicht mehr heiraten, aber das geht natürlich nicht. Erstens ist sie zu jung mit ihren zweiundzwanzig Jahren, zum anderen muss sie natürlich eine Ehe schließen, die im Interesse unserer Familie ist. Mein Mann und ich würden eine Ehe mit Heinrich Tudor favorisieren; er hat sich zwar von Rom getrennt, aber das ist nicht weiter wichtig. Unser König hingegen plädiert natürlich für eine Verbindung mit Jakob Stuart, um das alte Bündnis zwischen Frankreich und Schottland zu stärken. Nun ja, Königin von Schottland, Königin eines armen, rückständigen Landes, eines Landes, wo die Oberhäupter der Clans kleine Könige sind, die sich untereinander befehden und gemeinsam versuchen, die Macht des Königs so weit wie möglich zu schwächen – Maria wird dort auf viele Annehmlichkeiten verzichten müssen, die sie gewöhnt ist. Ich habe gehört, dass es dort weder Birnen- noch Pflaumenbäume gibt, und man kann nicht auf die Wildschweinjagd gehen, weil es keine Wildschweine gibt. In diesem Land fehlen Steinmetzen, Waffenschmiede, Schneider, Ärzte, Apotheker. Ich bitte dich, Diana, bete, dass Maria Königin von England wird. Durch eine Verbindung mit König Heinrich würde unsere Familie noch mächtiger werden, aber ich fürchte, genau dies wird unser König verhindern wollen. Hin und wieder macht er meinem Mann oder Johann gegenüber eine Bemerkung des Inhalts, dass nur der König regieren soll, dass die Macht des Adels zurückgedrängt werden muss. Er sei nicht bereit, allzu mächtige Familien neben sich zu dulden.«

»Von der äußeren Erscheinung her würde der englische König besser zu deiner Tochter passen«, erwiderte Diana vorsichtig. »Ich sah ihn seinerzeit in Boulogne, er ist ein hoch gewachsener, stattlicher Mann. Der schottische König ist kleiner als Maria. Übrigens, du könntest auch für uns beten, nämlich dass die Dauphine nach Heinrichs Rückkehr bald schwanger wird.«

Inzwischen verliefen die Verhandlungen in Spanien so, wie Dubourg es befürchtet hatte. Am 16. November 1537 schlossen die Parteien in Monzon, in Aragon, einen Waffenstillstand, und dann begannen in Leucate, an der spanisch-französischen Grenze am Mittelmeer, die Friedensverhandlungen. Man verhandelte vor sich hin, und immer, wenn Montmorency und der Kardinal von Lothringen auf Mailand zu sprechen kamen, wichen die beiden kaiserlichen Unterhändler, Francisco de los Cobos und Nicolas Perrenot, Herr von Granvelle, geschickt aus.

Der päpstliche Gesandte beobachtete die ergebnislosen Treffen und sandte detaillierte Berichte nach Rom. Anfang Januar 1538 schickte Papst Paul III. zwei Eilkuriere nach Paris und Madrid und bot seine

Vermittlung an. Die Verhandlungen in Leucate schleppten sich noch bis Mitte Januar hin, dann vereinbarte man eine Verlängerung des Waffenstillstandes um drei Monate vom 18. Januar ab.

Montmorency eilte zurück nach Italien, um die Armee zu reorganisieren und auf den Fortgang des Krieges vorzubereiten. Der Kardinal reiste, so rasch er konnte, nach Paris, doch war er unterwegs gezwungen, wegen der vereisten Straßen Umwege zu machen und erreichte die Hauptstadt am frühen Nachmittag des 1. März, wo er im Louvre sofort vom König empfangen wurde.

An jenem Nachmittag wollte Franz seiner Schwiegertochter die Entwürfe ihres künftigen Schlosses zeigen und hatte sie gebeten, gegen drei Uhr in sein Arbeitszimmer zu kommen. Als sie kurz vor drei Uhr im Audienzsaal erschien, hörte sie vom Türsteher, dass der Kardinal von Lothringen beim König sei und sie noch warten müsse.

Sie ging in einen kleinen Raum, der zwischen dem Saal und dem Arbeitszimmer der Königs lag und der den Mitgliedern der königlichen Familie vorbehalten war, wenn der Monarch sie sprechen wollte und sie noch einen Augenblick warten mussten.

Jener Märztag war ausgesprochen warm und überall im Louvre standen die Fenster weit offen, um die Sonne hereinzulassen, so auch im Arbeitszimmer der Königs und dem kleinen Raum daneben.

Katharina trat zum Fenster und sah hinunter in den Hof, der an jenem Nachmittag wenig belebt war. Nur einige Kuriere kamen und gingen, ansonsten war es ruhig. Sie blinzelte in die Sonne, räkelte sich entspannt und genoss die erste Frühlingswärme. Sie schreckte auf, als sie auf einmal die Stimme des Kardinals hörte.

»Sire, ich bin untröstlich, Ihnen kein besseres Ergebnis zu bringen. Der Waffenstillstand ist um drei Monate verlängert worden, dann wird der Krieg von neuem beginnen.«

Nein, dachte Katharina entsetzt, der Krieg wird weitergehen. – Und Heinrich –, mein Gott, wann werde ich ihn wieder sehen?

Dann hörte sie die Stimme ihres Schwiegervaters.

»Sie irren, Eminenz, der Krieg wird nicht weitergehen. Vor ungefähr zwei Wochen traf ein Kurier aus Rom ein; der Papst bietet sich als Vermittler an und schlägt vor, dass die Schwestern des Kaisers, Maria von Ungarn und meine Gemahlin Eleonore, sich Anfang Juni in Nizza treffen und unter dem Vorsitz des Papstes den Frieden aushandeln. Natürlich sollen der Kaiser und ich auch anwesend sein. Ich habe bereits einen Kurier nach Rom geschickt und dem Plan zugestimmt, und der Kaiser ist ebenfalls informiert, dass ich diese Friedenskonferenz befürworte. Ich warte nur noch auf die Antwort des Kaisers, dann werden wir sofort nach Süden aufbrechen. Ich bin davon überzeugt, dass Karl diesen Vorschlag ebenfalls befürwortet.«

Gott sei Dank, dachte Katharina, der Krieg wird ein Ende haben. Sie beugte sich etwas aus dem Fenster, um noch besser zu hören, was gesprochen wurde.

»Was für eine angenehme Überraschung!«, rief der Kardinal, »so wird es also einen zweiten ›Damenfrieden‹ geben. Ihre Majestät werden die Gelegenheit bestimmt nutzen und sich mit dem Kaiser treffen. In einem persönlichen Gespräch kann bestimmt manche Frage besser geklärt werden.«

»Nein«, unterbrach Franz, »ich verspüre nicht das geringste Bedürfnis, ihn zu sehen.«

Es entstand eine Pause.

»Das Wichtigste ist ein dauerhafter Friede«, sagte der Kardinal. Er zögerte etwas, bevor er fortfuhr. »Sire, als ich Frankreich verließ, war meine Nichte Maria noch in tiefer Trauer um ihren verstorbenen Gatten. Im letzten Brief, den ich von meinem Bruder erhielt, sprach er davon, dass die Könige von England und Schottland um die Hand meiner Nichte angehalten haben. Ihre Majestät wissen sicherlich, wie weit die Verhandlungen inzwischen gediehen sind?«

»Ja, im Januar wurde der Ehevertrag zwischen Ihrer Nichte und dem König von Schottland unterzeichnet.«

»Maria wird also Königin von Schottland, nun ja …«

»Ich weiß«, unterbrach Franz, »dass Ihr Bruder eine Verbindung mit England wünschte, aber eine Ehe Ihrer Nichte mit Heinrich VIII. ist nicht im Interesse Frankreichs. Ich möchte das alte Bündnis mit Schottland stärken und so den englischen König in Schach halten.«

»Gewiss, Sire«, erwiderte der Kardinal und dachte im Stillen, dass sein König gegen die Ehe Marias mit Heinrich war, weil dies die Macht der Guisen in Frankreich stärken würde. »Meine Nichte wird Königin von Schottland. Nun ja, wir müssen die weitere Entwicklung abwarten. Sie ist jung und gesund, sie wird dem König bestimmt viele Söhne gebären, die Thronfolge in Schottland ist gesichert.«

Es entstand eine Gesprächspause, die Katharina wie die Ruhe vor dem

Sturm empfand. Dann hörte sie erneut die Stimme des Kardinals. »Sire, die Thronfolge in Frankreich ist noch nicht gesichert. Der Dauphin ist jetzt seit über drei Jahren verheiratet und die Dauphine hat noch kein Kind zur Welt gebracht. Wäre es nicht angebracht, allmählich über eine Annullierung dieser Ehe nachzudenken?«

Katharina erschrak bei diesen Worten. Die Guisen wollten sie von Heinrich trennen! Warum interessierte sich diese Familie für die Thronfolge? Heinrich hatte einen jüngeren Bruder, der heiraten und Kinder zeugen konnte. Dann hörte sie wieder die Stimme ihres Schwiegervaters. »Eminenz, ich werde diese Ehe nie annullieren lassen, weil mein Sohn wahrscheinlich keine Kinder zeugen kann. Im Herbst 1536 sprach ich mit meinem Leibarzt Fernel über dieses Problem, und er erwiderte, dass der Dauphin seit Geburt an einer Hypospadie leide, also an einer angeborenen Missbildung der Harnröhre, die ihn zwar nicht am Liebesgenuss hindere, aber seine Zeugungsfähigkeit beeinträchtige. Deshalb werde ich nie eine Annullierung dieser Ehe einleiten – mein Sohn ist schuld an der Kinderlosigkeit. Außer dem Arzt und mir weiß nur die Herzogin von Etampes davon. Ich hielt es für besser, Heinrich nichts zu sagen, und ich bitte Sie, dieses Geheimnis für sich zu behalten.«

»Selbstverständlich, Sire«, antwortete der Kardinal. Meinem Bruder werde ich es natürlich erzählen, dachte er im Stillen.

Katharina war den Tränen nahe, als sie hörte, dass Heinrich keine Kinder zeugen konnte. Keine Kinder … Sie hatte so sehr gehofft, dass ein Kind zwischen ihr und dem Gatten eine Brücke bilden würde. Ein Sohn, den sie so lieben würde wie Heinrich, und der ihre Liebe erwiderte … Sie unterdrückte ihre Tränen, weil sie nun ihrem Schwiegervater gegenübertreten musste.

»Madame, Seine Majestät erwartet Sie.«

Sie betrat das Arbeitszimmer ihres Schwiegervaters und versuchte, so gelassen wie möglich zu wirken.

»Ma fille, du hast warten müssen, aber der Bericht des Kardinals war natürlich sehr wichtig für mich.«

»Selbstverständlich, Sire, ein Friedensvertrag ist wichtiger als alles andere.«

»Der Friedensvertrag wird erst im Juni in Nizza zwischen den Schwestern des Kaisers ausgehandelt; vorerst haben wir nur einen verlängerten Waffenstillstand. – Nun betrachte die Entwürfe von Primaticcio für dein künftiges Schloss. Ein Entwurf orientiert sich an den alten Festungen, er ähnelt Amboise; der zweite Entwurf ähnelt Fontainebleau. Bei beiden Entwürfen hat Primaticcio einen Flügel so gestaltet wie Chenonceaux.«

Katharina betrachtete die Zeichnungen. »Sire, der Entwurf, der sich an Fontainebleau orientiert, gefällt mir besser.«

»Gut, ma fille. In den nächsten Wochen wird der Grundstein für dein Schloss in Ancy-le-France gelegt.«

Während sie zu ihrem Appartement zurückging, dachte Katharina noch einmal über das Gespräch zwischen dem Kardinal und ihrem Schwiegervater nach. Der Guise hat beim König die Annullierung meiner Ehe angesprochen. Er wird künftig noch öfter darüber reden. Warum? Die Guisen sind ehrgeizig. Will er etwa eine seiner Nichten mit Heinrich verheiraten? Es wäre denkbar, die verwitwete Maria hat immerhin drei jüngere Schwestern. Je länger sie darüber nachdachte, desto mehr wuchs ihr Groll gegen die Guisen. Sie sind machtgierig, ging es ihr durch den Kopf, aber ich muss ihnen vorerst freundlich begegnen. Allmählich hasse ich diese Familie, aber ich muss meinen Hass in meinem eigenen Interesse unterdrücken.

Als sie ihr Appartement betrat, hätte sie sich am liebsten bei Mingo ausgeweint, aber ihr Verstand sagte ihr, dass es besser war, vorerst nichts über die unfreiwillig belauschte Unterhaltung zu erzählen.

Nach der Abendtafel zog die Königin sich sofort in ihre Gemächer zurück, weil sie unter Migräne litt. Der König, noch etwas ermüdet vom Ball des vorherigen Abends, beschloss, die letzten Stunden des Tages im Kreis der Familie zu verbringen und begann mit seinem Sohn Karl eine Partie Schach.

Margarete las Dantes *Göttliche Komödie*, Katharina beschäftigte sich mit den letzten Kapiteln von Rabelais' *Gargantua*, jenem Roman, der zwar nach dem *Pantagruel* geschrieben war, aber die Geschichte von Pantagruels Vater Gargantua schilderte. Sie war inzwischen beim dreiundfünfzigsten Kapitel angelangt, worin die Abtei der Thelemiten beschrieben wurde:

Das Gebäude hatte die Form eines Sechsecks, und auf jeder Ecke stand ein runder Turm mit einem Durchmesser von sechzig Fuß.

Alle Türme hatten die gleichen Ausmaße und sahen gleich aus.
An der Nordseite des Gebäudes floss die Loire vorbei. Dieses Ge-
bäude war hundert Mal prächtiger als Bonnivet, Chambord oder
Chantilly; es hatte 9332 Gemächer.

Katharina sah einen Augenblick auf und überlegte, dass die Architektur
der Abtei Thélème den königlichen Schlössern ihres Schwiegervaters
ähnelte.

Dann las sie das siebenundfünfzigste und vorletzte Kapitel im *Gargan-*
tua, worin die Lebensweise der Thelemiten geregelt war:

Ihre gesamte Lebensführung richtete sich nicht nach Gesetzen,
Verordnungen und Regeln, sondern nach ihrem eigenen Willen
und der freien Entscheidung. So hatte Gargantua es bestimmt.
Ihre Ordensregel bestand nur aus dieser Vorschrift: Tu, was Du
willst.

Katharina sah erneut von ihrer Lektüre auf, schlussfolgerte, dass Rabelais in den letzten Kapiteln des *Gargantua* ein Paradies auf Erden schilderte und malte sich aus, dass Heinrich sie liebte und sie gemeinsam in
diesem Paradies leben würden.

In diesem Augenblick betrat ein Diener das Zimmer und überreichte
dem König einen Brief.

»Sire, der Kurier des Dauphin wartet auf Ihre Antwort.«

Franz sah irritiert vom Schachbrett auf, nahm den Brief seines Sohnes,
öffnete, las ihn und sagte zu dem Diener: »Der Dauphin wird wohl einige Tage warten können. Sage dies dem Kurier und sorge für seine Unterkunft.«

Katharina bekam Herzklopfen – irgendetwas war passiert … »Sire, ist
Heinrich krank?«

Der König sah seine Schwiegertochter an. »Nein, ma fille«, erwiderte er
dann ruhig, »dein Mann ist gesund, er ist sogar sehr gesund.«

Die letzten Worte waren von einem merkwürdig gereizten Unterton begleitet, der Katharina aufhorchen ließ, aber sie wusste, dass es zwecklos
war, dem König weitere Fragen zu stellen. So versuchte sie, sich erneut
auf Rabelais zu konzentrieren, aber ihre Gedanken wanderten immer
wieder zurück zu dem Brief.

Der König spielte weiter Schach, schob die Figuren nach vorne und zur

Seite, und der sechzehnjährige Karl nahm ihm nacheinander Läufer, Springer und Turm weg.

»Verzeihen Sie, Vater«, sagte Karl, »Sie spielen unkonzentriert. Beim nächsten Zug verlieren Sie die Dame.«

Da sah Franz auf. »Ich bin müde, mein Sohn. Genug für heute.« Er stand auf und verließ das Zimmer.

Karl, Margarete und Katharina sahen einander erstaunt an.

»Er hat noch nie ein Schachspiel abgebrochen«, sagte Karl, »ich verstehe es nicht.«

»Ich vermute, dass Heinrichs Brief ihn beschäftigt«, erwiderte Katharina. »Ich bin müde, entschuldigt mich. Gute Nacht.« Sie eilte, von einer plötzlichen Angst ergriffen, in ihr Appartement. Auf einmal wusste sie instinktiv, dass der Brief eine schlechte Nachricht enthielt. Aber was? Heinrich war gesund, es herrschte Waffenstillstand ...

»Isabella, bereite mir einen starken Schlaftrunk. Gib die doppelte Menge Tropfen in den Rotwein.«

Anna sah erstaunt von ihrer Lektüre auf, als der König plötzlich ihr Appartement betrat und sich schwer atmend in einen der hohen Lehnstühle setzte.

»Nanu, ist die Schachpartie schon beendet?«

»Ich hatte keine Lust mehr.« Er holte Heinrichs Brief hervor, betrachtete ihn und warf ihn wütend auf den Tisch.

Anna legte ihre Lektüre zur Seite, trat zu Franz, setzte sich auf seinen Schoß und streichelte vorsichtig seinen Bart.

»Was ist passiert?«

Er zögerte und sah zu dem Brief. »Anna, vorhin erhielt ich ein Schreiben von Heinrich. Er hat in Italien eine Liaison mit einer jungen Frau aus Moncalieri angefangen. Sie heißt Philippa Ducci und erwartet ein Kind von ihm.«

Anna sah Franz verblüfft an und begann zu lachen. »Mon Dieu, wer hätte das gedacht! Heinrich betrügt seine große Liebe Diana von Poitiers mit einer Italienerin, das ist ja das achte Weltwunder.«

»Anna!«, rief Franz, und beim Klang seiner zornigen Stimme hörte sie auf zu lachen und sah ihn unsicher an.

»Anna, hast du mir nicht zugehört? Diese Philippa erwartet ein Kind von ihm – er ist also zeugungsfähig! Ich weiß nicht, was ich machen soll. Man wird nun Katharina die alleinige Schuld an der Kinderlosigkeit

zusprechen. Man wird mich bedrängen, die Annullierung der Ehe ein-
zuleiten. Ich möchte sie als Schwiegertochter nicht verlieren, schließlich habe ich noch einen Sohn. Karl hat am 22. Januar sein sechzehntes
Lebensjahr vollendet, er ist im heiratsfähigen Alter, er kann die Thronfolge ebenfalls sichern. – Anna, ich fühle mich im Augenblick völlig hilflos.«

»Verzeih, Franz, ich hatte Fernels Diagnose oder Vermutung vergessen.
Lass uns in aller Ruhe überlegen. Zunächst – ist Heinrich wirklich der
Vater des Kindes? Wer weiß, vielleicht hat diese Philippa mit verschiedenen Männern geschlafen und schiebt deinem Sohn die Vaterschaft zu,
weil sie sich Geld erhofft.«

»Nein, Heinrich schreibt, sie war noch Jungfrau beim ersten Mal. Er
weiß, dass sie von ihren Eltern streng bewacht wird. Er ist sicher, dass sie
nur mit ihm geschlafen hat, weil er sie unter Bewachung in sein Zelt und
auch wieder unter Bewachung zum elterlichen Haus bringen ließ. Dieser
Idiot! Anstatt sich direkt zu dem Mädchen zu begeben – dann könnte
man die Angelegenheit vertuschen. Aber so hat natürlich das halbe Feldlager die Affäre beobachtet, und ich bin sicher, dass nach der Rückkehr
der Armee der ganze Hof über Heinrichs Liebesabenteuer redet. Er
macht sich zum Gespött des Reiches! – Er hat übrigens dem Kurier einen
Brief an Diana mitgegeben, sie über die Angelegenheit informiert und
sie gebeten, Katharina nichts zu sagen. Er möchte, dass Philippa ihr Kind
in Frankreich zur Welt bringt und Diana die Erziehung überwacht. Er
überlässt es mir, zu entscheiden, ob, wann und wie Katharina informiert
wird.«

Anna überlegte einen Augenblick. »Ich verstehe deine Aufregung immer noch nicht. Diese Affäre war ein Seitensprung ohne Bedeutung.
Solche Affären kommen im Feldlager eben vor, weil die Männer nicht
monatelang wie Mönche leben können. Es spricht nichts dagegen, dass
die junge Frau das Kind in Frankreich zur Welt bringt und die Seneschallin die Erziehung überwacht. Ich vermute, dass Diana den Seitensprung
genauso beurteilt wie ich. Was nun Katharina betrifft – Franz, solange
du hinter deiner Schwiegertochter stehst, werden sämtliche Forderungen nach einer Annullierung wirkungslos bleiben. Du allein entscheidest, was aus der Ehe wird, und du möchtest Katharina nicht verlieren.
Wo ist das Problem?«

Es entstand eine längere Pause.

»Ich weiß nicht, ob ich langfristig die Kraft besitze, den Forderungen der

Hofleute zu widerstehen. Ich weiß auch nicht, wie ich Katharina sagen soll, was in Italien passiert ist.«

»Höre, Franz. Du wirst morgen die Seneschallin fragen, ob sie bereit ist, die Erziehung des Kindes zu überwachen. Ich werde dann einige Tage warten und mich dann mit Diana, sozusagen von Frau zu Frau, über die Angelegenheit unterhalten. Ich bin davon überzeugt, dass sie darüber nachdenkt, welche Folgen sich für sie im Falle einer Annullierung ergeben. Und danach werde ich Katharina schonend beibringen, dass Heinrich einen Bastard gezeugt hat. Dann werden wir weitersehen. Was mich betrifft, ich stehe hinter Katharina, ich werde sie gegen die Angriffe des Hofes verteidigen. – Und du, Franz?«

»Ich werde sie natürlich auch verteidigen. – Du bist eine kluge Frau. Regele du alles, wie du es für richtig hältst. Katharina ist mir als Schwiegertochter lieb und teuer.«

Während ihrer Nachttoilette ging es Anna durch den Kopf, dass eine neue Dauphine für ihr eigenes Schicksal nur nachteilig war. Nach dem Tod ihres königlichen Liebhabers musste sie von König Heinrich Repressalien befürchten, weil sie eine Anhängerin des neuen Glaubens war. Eine Königin Katharina würde sich für sie einsetzen. Eine neue Königin hingegen?

An jenem Abend hatte Diana keinen Hofdienst und beschäftigte sich nach der Abendtafel mit den Abrechnungen ihrer Verwalter. Während sie eine Zahlenkolonne nach der anderen addierte, wurde die Herzogin von Guise gemeldet.

Diana sah etwas unwillig auf; sie ließ sich nur ungern stören, wenn sie mit ihren Einnahmen und Ausgaben beschäftigt war, aber im gleichen Augenblick betrat Antoinette das Zimmer.

»Entschuldige meinen überraschenden Besuch, aber ich habe eine Neuigkeit, die dich interessieren wird.«

Diana ging lächelnd auf die Besucherin zu und führte sie zu einer Sitzecke im Hintergrund des Raumes.

»Mein Schwager Johann war heute Nachmittag beim König, um über die Mission in Spanien zu berichten. Dabei ergab es sich irgendwie, dass man über die Kinderlosigkeit des Thronfolgerpaares sprach, und mein Schwager erfuhr, dass der Dauphin wahrscheinlich keine Kinder zeugen kann. Das ist eine Vermutung von Fernel, und du weißt, dass er ein guter Arzt ist. Was sagst du dazu?«

»Ich bin überrascht. Dann wird Prinz Karl die Thronfolge sichern müssen.«

»Ja, leider. Wir haben bis jetzt gehofft, dass der König die Ehe des Dauphins eines Tages annullieren wird, aber unter diesen Voraussetzungen – nun ja, aber ich bin nicht nur deswegen gekommen. Marias Hochzeitstermin steht nun fest; sie wird am 18. Mai in Notre-Dame getraut. Lord Maxwell vertritt den König von Schottland. Du hast Jakob seinerzeit, im Januar 1537, erlebt. Welchen Eindruck hattest du von ihm?«

Diana überlegte eine Weile. »Er ist ein liebenswürdiger Mann«, erwiderte sie nach einer Weile, »der auf Frauen anziehend wirkt.«

Die Herzogin seufzte. »Er hat in Schottland eine Geliebte, mit der er einige Kinder gezeugt hat. Einem solchen Mann wird meine Tochter anvermählt, aber das ist wohl das Schicksal von Königinnen. Indes, es gibt noch etwas, das mir Sorgen bereitet: Ich habe gehört, dass Jakob labil ist und in schwierigen Situationen zu Hysterie und Nervenzusammenbrüchen neigt. In belastenden Situationen muss ein König Ruhe bewahren und kühl seine Entscheidungen treffen. Jakobs Handlungen werden bei Schwierigkeiten jedoch nicht vom Verstand, sondern vom Gefühl bestimmt. Das ist nicht gut für einen König. Ach, Diana, ich bin pessimistisch, was diese Ehe betrifft. Maria wird zwar Königin, aber sie hätte eine bessere Partie machen können. Es gibt im französischen Hochadel Verbindungen, die interessanter sind, als der König von Schottland – die Bourbonen zum Beispiel.«

»Die Bourbonen? Diese Familie ist doch vom Hof verbannt.«

»König Franz wird nicht ewig leben, und der Dauphin betrachtet die Bourbonen neutral. Irgendwann werden sie wieder eine Rolle am Hof spielen, und sie sind Thronanwärter. Angenommen, was Gott verhüten möge, der Dauphin und sein Bruder sterben ohne männliche Nachkommen, dann geht Frankreichs Krone auf die Bourbonen über.«

Die Guisen streben nach der Krone, dachte Diana. In diesem Augenblick betrat ein Diener das Zimmer und meldete den Kurier des Dauphins. Er überreichte mit einer Verbeugung den Brief.

»Mit Verlaub, Madame, Seine Hoheit gab mir zwei Briefe. Einer war für Seine Majestät bestimmt, der König hat das Schreiben bereits erhalten. Morgen Nachmittag reite ich mit der Antwort Seiner Majestät zurück. Ich könnte dann auch Ihre Antwort mitnehmen, Madame. Ich hatte den Eindruck, dass Seiner Hoheit viel an Ihrer Antwort liegt.«

Diana sah den Kurier erstaunt an und spürte, dass dieser Brief eine besondere Nachricht enthielt.

»Es ist gut, ich werde dem Dauphin morgen schreiben.«

Als der Mann gegangen war, betrachtete sie den Umschlag einen Augenblick lang unschlüssig und überlegte, ob sie ihn erst öffnen sollte, wenn die Herzogin fort war, aber ihre Neugier und eine unbestimmte Furcht waren stärker.

Die Herzogin beobachtete Dianas Mienenspiel, während diese den Brief las, und bemerkte eine leichte Nervosität. Schließlich legte Diana das Schreiben zur Seite und sah nachdenklich vor sich hin.

»Fernels Vermutung war falsch. Der Dauphin kann Kinder zeugen. Er hatte in Italien eine kurze Affäre mit einem jungen Mädchen namens Philippa Ducci. Sie ist schwanger und wird wahrscheinlich Ende Juni niederkommen. Der König ist bereits informiert.«

Die Herzogin war einen Augenblick lang sprachlos, fasste sich aber rasch. »Der Dauphin wird Vater!«, rief sie. »Mon Dieu, welche Überraschung! Indes, ist er wirklich der Vater des Kindes?«

»Er ist fest davon überzeugt, dass er der erste und bisher einzige Mann im Leben der jungen Frau war.«

»Wenn es sich so verhält, meine Liebe, dann ist ja wohl erwiesen, dass die florentinische Krämerstochter schuld ist an der Kinderlosigkeit ihrer Ehe. Ich hoffe im Interesse des Hauses Valois, dass der König nun endlich die Annullierung dieser Verbindung vorantreibt. Mit dem Vatikan dürfte es keine Schwierigkeiten geben, zumal mein Schwager ein gutes Verhältnis zum Papst hat. – Jetzt ist der Weg endlich frei für eine außenpolitisch wertvolle Verbindung oder auch für eine Verbindung mit großen französischen Adelsfamilien.«

Diana schwieg und ärgerte sich, dass sie, einem Impuls folgend, der Herzogin den Inhalt des Briefes erzählt hatte. Antoinette würde bestimmt am nächsten Tag Propaganda gegen Katharina betreiben, und Diana spürte, dass eine Trennung des Thronfolgerpaares ihre eigene Stellung beeinträchtigen konnte.

Die Herzogin verabschiedete sich bald unter einem Vorwand, und Diana wusste, dass Heinrichs Vaterschaft im Palast Guise Gesprächsstoff für die halbe Nacht bot.

Allein geblieben, las sie den Brief noch einmal in Ruhe. Dann ging sie im Zimmer auf und ab und überdachte ihre Situation. Bis zum Tod seines ältesten Sohnes konnte der König Heinrichs Kinderlosigkeit ignorieren.

Jetzt ist Heinrich Dauphin, und der König muss an die Thronfolge denken. Seit einem Jahr ist das Paar zwangsläufig getrennt, aber wenn Heinrich wieder am Hof lebt und Katharina immer noch nicht schwanger wird, wenn es sich zudem noch herumspricht, dass er einen Bastard gezeugt hat, wird der König unter dem Druck des Hofes eine Entscheidung fällen müssen. Ich muss damit rechnen, dass es zu einer Annullierung von Heinrichs Ehe kommt.

Eine neue Dauphine ist für mich nur nachteilig, wobei es keine Rolle spielt, ob es eine ausländische Prinzessin ist oder ob sie dem französischen Hochadel entstammt. Katharina ist eine bequeme, legitime Gattin, weil keine mächtige Familie hinter ihr steht. Sie wird sich immer bescheiden im Hintergrund halten und froh sein, wenn man sie am Hof duldet.

Was will ich mehr? Im Augenblick unterwirft Heinrich sich mir völlig. Wenn er König wird und mich dann immer noch liebt, kann ich vielleicht seine politischen Entscheidungen beeinflussen; ganz abgesehen davon, dass ich mein Vermögen vermehre. Ich werde Katharina verteidigen, auch beim König. Ich bin ihre Verbündete, weil es letztlich auch meinen Interessen dient.

Am nächsten Vormittag befahl Franz Diana zu sich und fragte sie, ob sie bereit sei, die Erziehung von Heinrichs unehelichem Kind zu überwachen. Diana war sofort einverstanden und man vereinbarte, dass Philippa bis Nizza reisen und dort in einem der umliegenden Klöster die Niederkunft erwarten solle. Sobald sie und ihr Kind reisefähig waren, würde man sie zu einem der Landgüter in der Nähe von Anet bringen.

Beim Verlassen des Zimmers sagte Diana vorsichtig: »Sire, ich bitte Sie, haben Sie Verständnis für die Dauphine. Sie wird bestimmt irgendwann Kinder haben – verstoßen Sie sie nicht.«

Franz sah Diana erstaunt an. Die Mätresse seines Sohnes war die Fürsprecherin seiner Schwiegertochter … Er kam zu dem Schluss, dass Frauen rätselhafte Wesen waren, die er wahrscheinlich nie verstehen würde.

»Ich werde darüber nachdenken, Madame.«

An der Mittagstafel hörte die Herzogin von Etampes entsetzt, dass die Damen über den Seitensprung des Dauphins tuschelten.

»Die Dauphine ist schuld an der Kinderlosigkeit!«

»Die Ehe muss geschieden werden!«

»Hoffentlich heiratet der Dauphin jetzt standesgemäß!«

Anna erschrak und beschloss, noch am gleichen Tag mit Diana zu reden. Sie folgte ihr, als diese sich zur Königin begab und trat ihr entgegen.

»Madame, auf ein Wort …«

Diana sah überrascht auf und blieb stehen. Ihr Instinkt verriet ihr, dass es um Heinrich und Katharina ging.

»Madame«, fuhr Anna fort, »Sie wissen wahrscheinlich, was in Italien passiert ist?«

»Ja, Madame. Ich habe mich bereit erklärt, dass das Kind unter meiner Aufsicht erzogen wird.«

»Ja, Madame. Sie haben vorhin an der Tafel sicherlich gehört, was geredet wurde?«

»Ja, Madame – Was mich betrifft, so werde ich die Dauphine unterstützen. Ich bin gegen eine Annullierung der Ehe.«

Anna sah Diana überrascht an. Sie hatte damit gerechnet, dass die Seneschallin eine Scheidung befürworten würde. Allerdings, ging es ihr durch den Kopf, bei einer neuen Dauphine muss sie damit rechnen, dass Heinrich sich verliebt und sie beiseite schiebt. Es ist logisch, dass sie hinter Katharina steht. »Ich bin erfreut, Madame, dass wir in diesem Punkt der gleichen Meinung sind; auch ich werde die Dauphine verteidigen. Ich werde sie noch heute über die italienische Affäre informieren. – Madame, darf ich ihr sagen, dass Sie eine Verbündete sind?«

»Selbstverständlich, Madame«, erwiderte Diana lächelnd. Die Tatsache, dass ich sie verteidige, verpflichtet die Italienerin mir gegenüber sogar zu Dankbarkeit, dachte sie insgeheim.

Auf dem Weg zu ihrem Appartement beschloss Anna, sofort mit Katharina zu reden. Sie darf die Neuigkeit nicht von den intriganten Hofleuten erfahren, überlegte sie.

Als Katharina das Appartement der Herzogin betrat, fühlte sie sich unbehaglich, und ihr Gefühl sagte ihr, dass diese Unterredung nicht erfreulich sein würde.

Die beiden Frauen sahen sich eine Weile lang schweigend an.

»Madame«, sagte Anna dann zögernd, »der König erhielt gestern Abend einen Brief Ihres Gatten, worin der Dauphin mitteilte, dass …, dass er in Italien eine flüchtige Liebschaft hatte. Die Liaison ist bedeutungslos, was das Verhältnis zu Ihnen und der Seneschallin betrifft, aber – die junge Frau erwartet ein Kind von Ihrem Gatten!«

Sie schwieg, damit Katharina die Neuigkeit verarbeiten konnte. Einige Sekunden herrschte Schweigen im Zimmer, und Katharina fragte sich, ob sie wache oder träume.

»Ein Kind, Madame? Wie ist dies möglich? Ich habe gestern zufällig gehört, dass er zeugungsunfähig ist, und Monsieur Fernel soll ein hervorragender Arzt sein!«

»Gewiss, aber was die Zeugungsfähigkeit des Dauphins betrifft, so war es eine Vermutung, keine endgültige Diagnose. – Es ist inzwischen beschlossen, dass Madame Ducci ihr Kind in Frankreich zur Welt bringt; wahrscheinlich wird die Niederkunft Ende Juni sein. Die Seneschallin wird die Erziehung überwachen.« Anna schwieg erneut, denn jetzt kam der schwierigere Teil des Gespräches. Katharina kam ihr zuvor und sprach leise, wobei sie nur mühsam die Tränen unterdrückte. »Ein Kind … Heinrich wird Vater, bald weiß es der ganze Hof, dann wird man mir die Schuld an der Kinderlosigkeit geben und die Annullierung meiner Ehe fordern. Der König kann diese Forderung nicht übergehen, er muss an die Thronfolge denken.«

»Madame, der Hof weiß bereits von der Affäre und redet auch schon darüber. Trotzdem sollten Sie Ihre Lage optimistisch sehen: Der König, die Seneschallin und ich, wir drei sind Ihre Verbündeten und werden für Sie kämpfen.«

»Die Seneschallin? – Nun ja, eine neue Dauphine könnte ihr Schwierigkeiten bereiten. Ich bin überzeugt, dass mein Schwiegervater mich verteidigt, aber wie lange wird er die Forderungen des Hochadels ignorieren können?«

Es entstand eine längere Pause.

»Seit dreizehn Jahren bin ich die Geliebte des Königs, und eines habe ich in dieser Zeit beobachtet: Er hört nicht auf die Meinung anderer Leute. Er hört sich ihre Meinung zwar an, aber dann trifft er die Entscheidung, die er für richtig hält. Das kann natürlich auch zu politischen Fehlentscheidungen führen, aber er allein entscheidet, niemand sonst. Er ist überzeugt von der absoluten Macht des Herrschers, der Monarch ist gleichbedeutend mit dem Staat. Er allein wird über Ihre Ehe entscheiden, Sie sollten ihm vertrauen. Er liebt und schätzt Sie, seien Sie optimistisch.«

Auf dem Weg zu ihrem Appartement dachte Katharina über die letzten Worte der Herzogin nach und kam zu dem Schluss, dass Anna den König wahrscheinlich richtig beurteilte. Aber als Herrscher musste er an die Sicherung der Dynastie denken …

Als sie ihre Räume betrat, war sie fest davon überzeugt, dass ihre Tage am Hof von Frankreich gezählt waren, und sie warf sich laut weinend Mingo in die Arme. »Sie bekommt ein Kind, Mingo, sie bekommt ein Kind! O mein Gott, warum werde ich nicht schwanger?«

»Hoheit, was ist passiert? Wer bekommt ein Kind? Etwa die Seneschallin?«

»Nein.« Katharina löste sich aus Mingos Armen und trocknete ihre Tränen. »Eine Italienerin, eine Liebschaft … Ach, Mingo, gestern Nachmittag …« Sie schilderte das belauschte Gespräch zwischen König und Kardinal, erzählte von dem Brief und der merkwürdigen Reaktion ihres Schwiegervaters, und zuletzt schilderte sie die Unterhaltung mit der Herzogin. »Was soll ich nur machen, Mingo? Ich fühle mich völlig hilflos!«

»Vor allem dürfen Sie jetzt nicht in Panik geraten. Überlegen Sie in aller Ruhe.«

»Was gibt es da zu überlegen? Wenn ich nach Heinrichs Rückkehr nicht bald schwanger werde, wird der König die Annullierung einleiten!«

Mingo dachte lange Zeit nach. »Hoheit«, sagte sie dann vorsichtig, »es gibt Situationen im Leben, da darf man nicht passiv abwarten, sondern muss das Schicksal eben selbst in die Hand nehmen. Man muss selbst eine Entscheidung herbeiführen und alles auf eine Karte setzen. Dieses Spiel ist natürlich mit einem hohen Risiko verbunden. Wer nicht wagt, gewinnt auch nicht.«

Katharina sah Mingo erstaunt an. »Wie meinst du das? Was soll ich wagen?«

»Das müssen Sie selbst herausfinden. Es gibt in diesem Spiel nur eine Karte, auf die Sie setzen können.«

Die folgenden Tage empfand Katharina als die Hölle selbst. Wenn sie durch den Louvre ging, sah sie die spöttischen, schadenfrohen Blicke der Höflinge. Sie spürte, dass hinter ihrem Rücken getuschelt wurde, und sie versuchte vergeblich, auf dem Weg zur königlichen Tafel Satzfetzen zu überhören.

»Der König muss jetzt die Annullierung einleiten …«

»Die unfruchtbare Florentinerin ist eine Schande für das Haus Valois.«

»Der Dauphin müsste eine Habsburgerin heiraten, das würde wahrscheinlich den Frieden mit dem Kaiser sichern …«

Die königliche Familie begegnete ihr so herzlich wie zuvor, aber Katharinas Stimmung sank von Tag zu Tag mehr, und schließlich verließ sie ihr Appartement nur, wenn es notwendig war.

Mitte März überbrachte ein Kurier aus Madrid die Nachricht, dass der Kaiser mit der Friedenskonferenz in Nizza einverstanden war und Anfang Juni dort eintreffen werde.

Im Louvre begann die übliche Hektik, die jede Abreise begleitete, und Katharina vergaß vorübergehend ihre Sorgen.

Gegen Ende der ersten Aprilwoche traf der Hof in Blois ein, wo der König zwei Tage bleiben wollte, um sich die Beschwerden und Bitten der Bürger anzuhören.

Katharina hatte sich seit Beginn der Reise nicht wohl gefühlt, und als sie am frühen Abend im Schloss ankamen, begann sie zu fiebern und legte sich erschöpft in ihr Bett.

Als der König dies erfuhr, schickte er beunruhigt und besorgt seinen Leibarzt Jean Fernel zu ihr. Schließlich war es seit ihrer Ankunft in Frankreich das erste Mal, dass sie ernstlich krank war.

Fernel befühlte den Puls, klopfte den Rücken ab, ließ sie husten. Schließlich holte er ein Vergrößerungsglas hervor und betrachtete lange die dunklen, glänzenden Augen.

Mingo und Isabella standen am Fußende des Bettes und beobachteten besorgt die Untersuchung.

Zuletzt bat Fernel um ein Glas Wasser, schüttete aus einem Fläschchen ein paar Tropfen hinein und reichte Katharina das Glas.

Fernel gab Katharina ein Beruhigungsmittel und später ein leichtes Schlafmittel. Er nahm Mingo beiseite und wies sie an, die Reise der Dauphine in den Süden abzusagen, das Risiko sei zu hoch. Katharina müsse den Sommer abwarten und sich regenerieren. Offensichtlich sei sie seelisch belastet durch den dynastischen Druck, endlich einen Erben zu gebären. Er werde zum nächstmöglichen Zeitpunkt die Gatten untersuchen und eine geeignete Heilmethode zur Anwendung bringen.

»Oh, Monsieur Fernel, Sie glauben also, dass die Dauphine Kinder haben wird?«

»Ja, Madame Mingo.«

Franz war enttäuscht, als sein Leibarzt ihm eröffnete, dass Katharina zu geschwächt sei, um die Reise fortzusetzen. Er hatte sich darauf gefreut, sie repräsentieren zu sehen, weil sie anmutiger und weltgewandter auftrat als die Königin. Anna verstand es zwar, zu repräsentieren, aber bei hochoffiziellen Anlässen hielt Franz es für besser, dass seine Mätresse sich etwas im Hintergrund hielt. Indes war Katharinas Gesundheit wichtiger als die Repräsentationspflichten, und so akzeptierte er die Empfehlungen seines Leibarztes.

Am Morgen des Abreisetages verabschiedeten sich die königliche Familie und die Herzogin von Katharina, wünschten gute Besserung, und Margarete versprach der Schwägerin, sie über wichtige Ereignisse zu unterrichten.

Zu Katharinas Überraschung wurde, nachdem die Familie ihr Appartement verlassen hatte, Diana gemeldet.

»Ich hoffe, Madame, dass Sie bald gesund werden. Befolgen Sie alle Ratschläge der Ärzte, Ihre Gesundheit ist unendlich wichtig für Frankreich. Soll ich Ihrem Gatten noch etwas sagen?«

»Sie sind zu gütig, Madame. Bitte sagen Sie Heinrich, dass ich ihn liebe und sehnsüchtig auf ihn warte.«

»Gerne, Madame«, erwiderte Diana lächelnd. Was geht in ihr vor, überlegte sie, sie scheint ihn tatsächlich zu lieben. Sie ist eine merkwürdige Frau. Ein Mann, der mich so behandeln würde, wie Heinrich seine Gattin behandelt, wäre für mich erledigt.

Katharina atmete auf, als die Tür sich hinter Diana schloss. Nun war sie allein, einzig ihre italienischen Landsleute leisteten ihr Gesellschaft. Nun fand sie hoffentlich bis zur Rückkehr des Hofes ihre innere Ruhe und eine Lösung für ihre prekäre, unsichere Lage.

Während der folgenden Tage erhielt sie regelmäßig kurze Briefe von ihrer Schwägerin Margarete, die den Verlauf der Reise schilderte und ihr im Namen der Familie gute Besserung wünschte. Hin und wieder trafen auch ein paar Zeilen des Königs ein mit guten Wünschen für ihre Genesung.

Katharina nahm die Briefe apathisch zur Kenntnis. Sie fühlte sich erschöpft und verließ auf Anraten der Ärzte während des ganzen April nicht ihr Bett.

Anfang Mai durfte sie aufstehen, aber noch nicht ihr Appartement verlassen. So saß sie am Fenster, sah hinunter in den Hof, schrieb an die Schwägerin und den Schwiegervater und las in den Büchern, die sie mitgenommen hatte. Es waren nur wenige, weil sie wusste, dass der König eine Bibliothek mit sich führte, die ihr jederzeit zur Verfügung stand. So las sie ihre Bücher etliche Male, bis sie sie fast auswendig kannte.

Irgendwann im Mai schrieb Margarete, dass Heinrich inzwischen eingetroffen sei, sie herzlich grüßen lasse und ihr gute Besserung wünsche. Katharina war einen Augenblick lang schmerzlich enttäuscht, dass Heinrich sich nicht die Zeit nahm, ihr persönlich einige Zeilen zu schreiben, aber dann sagte sie sich, dass er wahrscheinlich mit Diana beschäftigt war. Sie musste sich endlich mit dieser Situation abfinden.

Anfang Juni erlaubten ihr die Ärzte kleine Spaziergänge im Garten. Katharina verließ sofort ihr Appartement und begab sich auf dem kürzesten Weg in den Schlossgarten.

Jener Weg führte sie in den Ständesaal, der zwischen dem alten Schloss, das Ludwig XII. erbaut hatte, und dem neu erbauten Flügel ihres Schwiegervaters lag. Sie ging durch den Wachsaal im ersten Stock über eine geschwungene Treppe in den Saal, wo die Generalstände sich in der Vergangenheit hin und wieder versammelt hatten. Sie betrachtete den zweischiffigen, hohen Raum, die Spitzbögen, die dunkelblaue Decke mit den vergoldeten Lilien. In ihrer Fantasie sah sie Huldigungszeremonien, Bankette und politische Versammlungen vergangener Jahrhunderte. Dann betrat sie den inneren Schlosshof und begab sich von dort in die Gärten.

Es war ein heißer, schwüler Frühsommertag; Katharina blieb immer nach wenigen Schritten stehen, atmete tief durch und ging dann langsam weiter. Nach ungefähr zehn Minuten sah sie eine Bank, und dort saß Lorenzo Ruggieri und las einen Brief. Sie ging zu ihm und begrüßte ihn halblaut. Ruggieri sprang auf und verneigte sich.

»Hoheit, welche Überraschung, Sie hier im Garten zu sehen! Sie sind also gesund?«

»Ich werde allmählich gesund. Setzen Sie sich doch, Signor Ruggieri, und lesen Sie Ihren Brief.«

Sie ließ sich erschöpft auf der Bank nieder. Ruggieri setzte sich ebenfalls, überflog die letzten Zeilen seines Briefes und schob ihn dann in die Tasche seines Gewandes.

Sie saßen eine Weile schweigend nebeneinander.

»Gibt es Neuigkeiten in Florenz?«, fragte Katharina.

»Nein, Hoheit. Meine Verwandten loben in jedem Brief die Herrschaft des Herzogs Cosimo. Er fördert vor allem die Künste in der Stadt. – Mit

Verlaub, Hoheit, Herzog Alessandro war mit Ihnen näher verwandt als Herzog Cosimo. Aber die Ermordung Alessandros war legitim, weil dieser Mord den Florentinern zu einem neuen Aufschwung verhilft, die Verhältnisse stabilisieren sich. Wie denken Sie über diesen Mord, Hoheit?«

Katharina überlegte einen Augenblick. »Die Ermordung Alessandros war legitim im Interesse von Florenz. Indes, ich denke manchmal über das grundsätzliche Problem des politischen Mordes nach. Ist er immer legitim, wenn ein Mensch, der eine wichtige Position bekleidet, dem Staat schadet? Bis jetzt bin ich noch zu keinem Ergebnis gekommen.«

Es entstand eine Pause, und während Ruggieri überlegte, was er antworten könnte, sah Katharina zum Himmel und stand plötzlich auf. »Ein Gewitter naht. Wir sollten zum Schloss zurückgehen.«

In diesem Augenblick hörten sie den ersten Donner und ein Blitz zuckte auf. Sie eilten zurück, und als sie die ersten Stufen der Ehrentreppe betraten, begann ein wolkenbruchartiger Regen. Ruggieri begab sich in sein Appartement, Katharina indes verweilte noch einen Augenblick auf der Treppe und beobachtete von einer Loggia aus den Regen, der zwar schwächer wurde, aber als sie zu dem trüben, wolkenverhangenen Himmel sah, wusste sie, dass der Regen andauern würde.

Ein Spaziergang durch den Garten war unmöglich, wegen der aufgeweichten Wege, und sie überlegte, wie sie den Tag verbringen sollte. Sie hätte gerne gelesen, aber die mitgebrachten Bücher kannte sie inzwischen auswendig. Sie ärgerte sich, dass sie nicht mehr Lektüre mitgenommen hatte, aber da der König immer eine Bibliothek mit sich führte, war sie davon ausgegangen, dass es ihr an Lesestoff nicht mangeln würde.

Auf dem Weg zu ihrem Appartement erinnerte sie sich, dass sie bei früheren Besuchen in Blois in dem »Alten Kabinett« Bücher gesehen hatte. Allerdings musste sie dann jenen schrägen, dunklen Gang passieren, der vom Ratszimmer zum Kabinett führte. Sie zögerte einige Sekunden und ging dann langsam in den zweiten Stock zum Ratszimmer. Ihr Herz begann zu klopfen, als sie durch jenen Raum zu der Tür ging, die den dunklen Gang vom Ratszimmer trennte. Sie öffnete die Tür behutsam und wartete, bis ihre Augen sich an die Dunkelheit gewöhnt hatten. Wenn der Hof in Blois weilte, wurde jener Gang von einer schwachen Öllampe erhellt, aber jetzt herrschte hier völlige Finsternis …

Sie verweilte einen Augenblick und erinnerte sich, dass Heinrich ihr einmal erzählt hatte, welche Furcht er empfand, wenn er durch diesen Gang ging.

Heinrich hat Angst, überlegte sie, während sie sich langsam vorantastete. Ich habe ebenfalls Angst – wovor? Außer meinen Italienern bewohnt zurzeit niemand das Schloss. Meine Landsleute sind mir ergeben, aber ich habe immer das Gefühl, dass am Ende des Ganges ein Mensch steht, der mir auflauert, der mich erdolcht. Es ist albern, aber ich kann diese Furcht nicht besiegen.

Sie blieb stehen, horchte, dann ging sie langsam weiter bis zur Tür, stieß sie auf und atmete erleichtert auf … Es war geschafft.

Sie betrat das Zimmer, ging zu dem Bücherschrank und begann, nach Lektüre zu suchen. Sie sah zunächst nur Ritterromane, aber am Ende der Buchreihe entdeckte sie Machiavellis Werk über die Geschichte der Stadt Florenz. Sie nahm das Buch, fing an, darin zu blättern, und las die Namen ihrer Vorfahren: Cosimo Pater Patriae, Lorenzo der Prächtige …

Sie legte das Buch auf den Tisch, trat zum Fenster, sah hinaus in den Regen, dachte über den Niedergang des älteren Zweiges ihrer Familie nach und über den Aufstieg des jüngeren Zweiges. Sie überlegte, dass der Aufstieg ihres Vetters Cosimo durch Alessandros Ermordung möglich geworden war. Die Florentiner fühlten sich glücklich unter Cosimos Regierung … Ja, dachte sie, der politische Mord ist legitim; er ist immer dann legitim, wenn ein Mensch, sei es ein König, ein Kanzler oder ein Heerführer, durch seine Handlung dem Staat schadet. Der politische Mord ist legitim, wenn der Staat dadurch vor Unheil bewahrt wird. Sie ging zu dem Tisch, nahm das Buch, suchte sich noch zwei Ritterromane aus und verließ das Zimmer, wobei sie die Tür offen ließ, damit sie, wenn sie die Bücher zurückbrachte, wenigstens von einer Seite her etwas Licht hatte.

Im Laufe des Juni stabilisierte sich Katharinas gesundheitlicher Zustand so weit, dass die Ärzte ihr Ausritte erlaubten. Mitte Juli erhielt sie zwei Briefe; einer war von ihrer Schwägerin Margarete, der andere von Diana.

Margarete schrieb, Papst Paul habe am 5. Juni die Friedenskonferenz eröffnet, allerdings in Abwesenheit der beiden Monarchen. Der Kaiser habe sich auf seinen Kriegsschiffen aufgehalten, ihr Vater in Schloss Villeneuve. Trotz mehrfacher Bitten des Papstes hätten beide eine persönliche Zusammenkunft verweigert. Der Heilige Vater sei verzweifelt zwischen ihnen hin- und hergeeilt, und auch den Schwestern des Kaisers sei es nicht gelungen, zu einem Friedensabschluss zu kommen. Als Ergebnis habe man am 18. Juni einen Waffenstillstand auf zehn Jahre geschlossen; Frankreich halte Bresse und einen Teil Piemonts besetzt, der Kaiser behalte vorläufig den Rest von Piemont und Mailand; der Herzog von Savoyen, der Gastgeber der Konferenz, behalte nur die Grafschaft Nizza. Margarete schrieb weiter:

Ein Waffenstillstand ist zwar kein Friede, aber wenigstens werden die Waffen jetzt zehn Jahre lang schweigen, dann wird man weitersehen. Letztlich waren die bisherigen Friedensverträge zwischen meinem Vater und dem Kaiser auch nur Waffenstillstände, die noch nicht einmal zehn Jahre dauerten. – Wir begaben uns also auf den Heimweg. In Sablon holte ein kaiserlicher Bote uns ein mit der Nachricht, wenn mein Vater geruhe, sich nach Aigues-Mortes zu begeben, werde er dort den Kaiser vorfinden. Du wirst es nicht für möglich halten, aber mein Vater war sofort bereit, nach Aigues-Mortes zu reisen, ist das nicht komisch? Zwei Wochen lang wollen die Herren sich nicht sehen, und jetzt machen wir einen Umweg nach Aigues-Mortes! Manchmal verstehe ich die Männer nicht. – Wir werden wahrscheinlich Mitte Juli dort eintreffen und bestimmt eine Woche bleiben. Du wirst dich also bis Anfang September gedulden müssen, ehe du Heinrich wiedersiehst. Es geht ihm übrigens ausgezeichnet. – Dir wünsche ich weiterhin gute Besserung, auch im Namen der Familie. Mein Vater sendet dir herzliche Grüße. Er freut sich sehr, dass es dir besser geht, und vor allem freut er sich, dich in wenigen Wochen wieder zu sehen, das gilt auch für die Familie. Sei herzlich umarmt von deiner dich liebenden Schwägerin Margarete.

Katharina atmete erleichtert auf, als sie las, dass der König ihr nach wie vor gnädig gesonnen war. Dann öffnete sie den Brief von Diana, die ihr zwar kurz, aber sehr liebenswürdig mitteilte, dass Philippa Ducci Ende Juni eine gesunde Tochter geboren habe. Heinrich wünsche, dass die Kleine auf den Namen Diana getauft würde, ansonsten seien Mutter und Kind wohlauf und würden Anfang September das Kloster verlassen und nach Norden reisen zu einem Landgut in der Nähe von Schloss Anet. Katharina legte den Brief zur Seite und sah vor sich hin. Sie erinnerte sich an Mingos Worte: *Es gibt Situationen im Leben, da darf man nicht passiv abwarten, sondern muss das Schicksal eben selbst in die Hand nehmen; man muss selbst eine Entscheidung herbeiführen und alles auf eine Karte setzen ... Es gibt in diesem Spiel nur eine Karte, auf die Sie setzen können ...*

Eine Karte, überlegte Katharina. Dabei fiel ihr Blick auf Margaretes Brief, und plötzlich fiel es ihr wie Schuppen von den Augen. Natürlich! Die Karte, auf die sie setzen musste, war ihr Schwiegervater, der König – er würde irgendwann über ihr Schicksal entscheiden! Wahrscheinlich hatten ihre Feinde während der vergangenen Wochen den König bedrängt, ihre Ehe annullieren zu lassen. Ob sie ihn nach der Rückkehr bitten sollte, über ihr Schicksal zu entscheiden? Es war ein gewagtes Spiel. Sie riskierte, dass er sich gegen sie entschied. Sie musste in Ruhe nachdenken, aber nicht hier, sondern an einem Ort, wo sie sich wohl fühlte, vielleicht in Chenonceaux. Sie ließ Piero kommen.

»Nicht weit von Amboise, am Fluss Cher, liegt ein entzückendes Landschloss, das zum Kronbesitz gehört. Ich möchte es dir morgen zeigen. Bereite alles für unsere Abreise vor; wir werden bei Sonnenaufgang aufbrechen und auf dem Wasserweg bis Amboise fahren. Von dort reiten wir nach Chenonceaux, und am späten Nachmittag kehren wir auf demselben Weg wieder zurück. Achte darauf, dass die Diener reichlich Proviant einpacken.«

»Verzeih, Katharina, aber ist dieser Ausflug nicht zu anstrengend für dich?«

»Nein, Piero. Ich muss nach Chenonceaux – dies ist der einzige Ort, wo ich zu einer Entscheidung kommen kann.«

Piero streifte die Cousine mit einem erstaunten Blick, hielt es aber für besser, keine Fragen zu stellen.

Am späten Vormittag des folgenden Tages ritt Katharina in Begleitung Pieros und einiger Reitknechte zum zweiten Mal die lange Platanenallee entlang zum Schloss. Während einer der Reitknechte den Verwalter holte, beobachtete Katharina, dass Piero fasziniert das Gebäude betrachtete.

»Katharina, die Schlösser und Herrensitze in Frankreich sind prachtvoller als in Italien, ihre Architektur ist fantasievoller. Unser Palazzo in Rom und der Palazzo Medici in Florenz sind wuchtig, groß, aber es fehlt die Eleganz.«

Katharina lächelte. »Du hast Recht, allerdings war Amboise ursprüng-
lich eine Festung, Chambord ist nach dem alten Muster einer Festung
gebaut, Chenonceaux ebenfalls. Die italienischen Baumeister, die im
Laufe der Jahre nach Frankreich kamen, haben diese Festungen mit
den Elementen unserer italienischen Architektur aufgelockert. Die
Schlösser, die mein Schwiegervater neu erbauen ließ, sind eine gekonnte
Mischung der französischen und italienischen Architektur; das gilt besonders für Fontainebleau.«
In diesem Augenblick kam der Verwalter ihnen entgegen.
»Hoheit, welche Überraschung! Womit kann ich Ihrer Hoheit die-
nen?«
»Ich möchte mich eine Weile ungestört im Erdgeschoss aufhalten, und
ich bitte Sie, meinem Vetter derweil das Schloss zu zeigen.«
Während Piero in der Vorhalle stehen blieb und sich umsah, huschte Katharina in jenes kleine Zimmer, von wo aus sie den Fluss Cher sehen
konnte. Sie stand am Fenster und sah eine Weile hinunter auf das stille
Wasser. Dann hob sie die Augen und ließ ihren Blick über den Fluss bis
zum Horizont schweifen.
Sie malte sich aus, wie sie vor dem König niederkniete und ihn bat, über
ihr weiteres Schicksal zu entscheiden. Sie musste die richtigen Worte
finden, sie musste ihre Bitte so geschickt formulieren, dass sie das Herz
des Mannes ansprach, nicht das Herz des Königs.
Sie hatte keine andere Wahl. Es war die einzige Möglichkeit, um diese
ungewisse Situation zu beenden. Nach Heinrichs Rückkehr würde sie
noch abwarten, ob sie nicht doch schwanger wurde, aber wenn bis Ende
Oktober nichts geschah, dann würde sie ihren Schwiegervater um eine
Entscheidung bitten, und zwar am 28. Oktober, ihrem fünften Hochzeitstag …
»Katharina …«
Sie schrak zusammen, als sie Pieros Stimme hörte.
»Katharina, die Mittagszeit ist lange vorüber. Hast du keinen Hun-
ger?«
»Verzeih, ich habe die Zeit wahrhaftig vergessen. – Wir müssen zurückreiten, wenn wir noch heute Abend in Blois sein wollen. Wir können un-
terwegs irgendwo rasten.«

An einem Nachmittag Ende September meldete ein Diener die Ankunft
des Hofes, und Katharina eilte herzklopfend die Ehrentreppe hinunter,

über den Innenhof zum Vorhof, wo der König eben vom Pferd stieg. Sie trat auf ihn zu und machte Anstalten zum Hofknicks, aber Franz hob sie auf und küsste sie auf die Stirn.

»Ma fille, du hast mir gefehlt. Bist du wieder völlig gesund?«

»Ja, Sire. Ich habe die Anordnungen der Ärzte befolgt.«

»Das freut mich. Nun begrüße deinen Gatten.«

Während der König sich mit dem Kanzler in sein Arbeitszimmer begab, trat Katharina zu Heinrich, der etwas verlegen neben seinem Pferd stand und die Zügel hielt.

Diana war nur wenige Schritte von ihm entfernt, und Katharina spürte fast körperlich, dass die Seneschallin ihre Begrüßung mit Heinrich gespannt beobachtete. Sie neigte lächelnd den Kopf zu ihrer Rivalin, dann sah sie den Gatten an. Anderthalb Jahre, dachte sie, so lange haben wir uns nicht gesehen, weil Krieg war. Er wich ihrem Blick aus, sah zu Boden, und um die peinliche Situation zu beenden, sagte sie: »Heinrich, ich bin so froh, dass du den Krieg überlebt hast. Ich freue mich über deine Rückkehr.«

Da sah er sie an und sagte leise: »Du weißt von Philippa Ducci?«

»Ja, aber das ist jetzt unwichtig.«

Sie sahen sich an, und dann zog Heinrich Katharina an sich und sagte halblaut, aber Diana hörte seine Worte: »Du hast mir manchmal gefehlt.«

Katharina sah Heinrich erstaunt an. War es möglich …? »Ich habe dir gefehlt?«

»Ja. Warum wundert es dich? Ich bin an dich gewöhnt.«

Er ist an mich gewöhnt, dachte sie, aber Gewöhnung ist nicht Liebe. Trotzdem, es war ein kleiner, ein winziger Silberstreif am Horizont.

»Katharina«, sagte Heinrich so leise, dass nur sie es hören konnte, »während der vergangenen Wochen haben die Hofleute immer wieder über die Annullierung unserer Ehe geredet, weil wir noch keine Kinder haben. Ich möchte keine Scheidung, und Diana ebenfalls nicht. Sie und die Herzogin haben sich bei meinem Vater sehr für dich eingesetzt, ich ebenfalls, aber du weißt ja, dass mein Vater sich nicht um meine Meinung kümmert. Indes, du sollst wissen, dass du Verbündete hast.«

»Danke, Heinrich. Es ist gut für mich, zu wissen, dass du hinter mir stehst.«

Diana beobachtete das Ehepaar und spürte instinktiv, dass sie Heinrich irgendwann verlieren würde. Es konnte noch Jahre dauern, aber jener

Tag würde kommen, und sie beschloss, bis zu diesem Tag X Heinrichs Liebe finanziell zu nutzen, soweit es möglich war.

Während Katharina die Königin begrüßte, gab Diana dem Dauphin einen Wink, ihr zu folgen, führte ihn in eine Ecke des Hofes, wo man sie nicht beobachten konnte und sagte ernst und eindringlich:

»Heinrich, du musst allmählich wieder an deine Pflichten als Gatte und Thronfolger denken. Ich wünsche, dass du ab jetzt, bis zu unserer Ankunft in Fontainebleau, deine Nächte mit Katharina verbringst. Sie muss schwanger werden. Es liegt mir viel daran, dass sie Dauphine bleibt.«

»Ich weiß«, erwiderte er kleinlaut, »aber du verlangst viel von mir. Ich kann nicht jede Nacht meine ehelichen Pflichten erfüllen.«

»Davon ist auch nicht die Rede. Du sollst die Nächte bei ihr verbringen, du sollst neben ihr liegen. Ihr müsst euch nach der langen Trennung wieder aneinander gewöhnen, alles Übrige ergibt sich dann irgendwann von selbst.«

»Das glaube ich nicht.«

»Wieso? Du hast vorhin gesagt, dass sie dir gefehlt hat.«

»Ja, ihre Gesellschaft hat mir gefehlt, aber ich hatte während der vergangenen Monate keine körperliche Sehnsucht nach ihr.«

Diana sah Heinrich eine Weile schweigend an. Sie rechnete nach, dass er inzwischen neunzehneinhalb Jahre alt war, und dachte, dass er noch wenig Lebenserfahrung hatte. In seinem Alter, ging es ihr durch den Kopf, denkt man, dass Liebe gleichbedeutend ist mit Sinnlichkeit. Er glaubt, dass er Katharina nicht liebt, weil er sie körperlich nicht begehrt, und er übersieht dabei, dass die Erotik manchmal erst ab einem bestimmten Lebensalter wichtig wird. Er hat sich an sie gewöhnt. Falls sie irgendwann Kinder haben, werden diese ein Band zwischen ihnen sein. Er bewegt sich innerlich auf sie zu, ohne dass er es merkt. Sollte sie ihm sagen, dass er Katharina wahrscheinlich eines Tages lieben würde? Nein, dachte sie, er muss diese Erfahrung selbst machen. Überdies besteht die Gefahr, dass ich mir selbst schade, wenn ich ihm meine Überlegungen hinsichtlich seiner Ehe auseinander setze. Wenn ich ihm jetzt sage, dass er seine Frau eines Tages lieben wird, dann könnte ihn dies so beeinflussen, dass er jetzt schon anfängt, sich von mir abzuwenden … Nein, das ist nun wirklich nicht nötig.

»Heinrich, seit deiner Ankunft in Nizza hast du die Nächte mit mir verbracht, nun ist Katharina an der Reihe. Denke an unsere Abmachung im Herbst 1536. Falls du während der kommenden Wochen deine ehelichen

Pflichten nicht erfüllst, bleibt meine Tür dir lange verschlossen. Du hast die Wahl …«

»Nun gut, ich werde meine Nächte mit Katharina verbringen – wegen der Thronfolge.«

Er ging zum Schloss, und sie sah ihm erleichtert nach, weil ihre eigenen Nächte jetzt einige Wochen lang geruhsamer verlaufen würden. So schmeichelhaft es war, dass ein zwanzig Jahre jüngerer Mann sie begehrte, es war eben manchmal auch anstrengend.

Katharina hoffte insgeheim, dass Heinrich nach der langen Trennung vielleicht doch aus eigenem Antrieb ihr Schlafzimmer aufsuchte, und sah ihm erwartungsvoll entgegen. Aber der Silberstreif, den sie am Nachmittag gesehen hatte, löste sich in Luft auf.

»Diana wünscht, dass ich bis zu unserer Ankunft in Fontainebleau die Nächte mit dir verbringe.«

Sie verbarg ihre Enttäuschung, so weit sie dies vermochte, und während Heinrich sich neben sie legte, sagte sie sich immer wieder, dass sie Geduld haben müsse, Geduld, Geduld. Diana wird mit jedem Jahr älter, während ich mich erst den besten Jahren einer Frau nähere. Geduld …

Am nächsten Tag fragte Katharina ihre Schwägerin Margarete über die Begegnung der beiden Monarchen in Aigues-Mortes aus.

»Es war wundervoll«, sagte Margarete, »so harmonisch … Wir kamen am 14. Juli an, und mein Vater begab sich sogleich zum Kaiser auf eine spanische Galeere. Sie umarmten sich, und dann sagte mein Vater gutmütig-boshaft, wie es seine Art ist: *Mein Bruder, von nun an bin ich Ihr Gefangener.* Der Kaiser – er ist übrigens nur mittelgroß, schmächtig, kein ansehnlicher Mann, er wirkt auch älter als Ende dreißig, er sieht aus wie Anfang fünfzig –, also der Kaiser lachte. Nun, immerhin waren wir zwar auf einem spanischen Schiff, aber auf französischem Boden.

Am nächsten Tag empfing mein Vater den Kaiser. Ich glaube, niemand war darüber glücklicher als meine Stiefmutter. Sie umarmte meinen Vater und ihren Bruder und rief: *Das ist die Sache und der Schatz, die ich auf der Welt am meisten lieb habe.* Die Szene war rührend und aufrichtig. Irgendwann hat der Kaiser deinen Mann umarmt und war ganz erstaunt, dass er einst das Kind war, das einige Jahre in spanischer Gefangenschaft verbracht hat. Heinrich hat übrigens keine Miene verzogen, als der Kaiser ihn umarmte. Ansonsten war nur die Rede von einem Kreuzzug, vom Kampf gegen die Häresie und vom immer währenden

Frieden. Beide versuchten, sich mit Geschenken zu überbieten. Mein Vater hatte einen Goldring mit kostbaren Diamanten anfertigen lassen, in die Edelsteine war eingraviert: *Dilectionis testis et exemplum*. Bei einem der Feste überreichte mein Vater dem Kaiser den Ring, woraufhin dieser seine Kette vom Goldenen Vlies abnahm und sie meinem Vater umhängte. Daraufhin nahm mein Vater sein Collier vom Orden des heiligen Michael vom Hals und legte es dem Kaiser um – es war ergreifend. Du hast etwas versäumt.«

Katharina überlegte einen Augenblick.

»Nein, ich habe nichts versäumt. Diese großartigen Fürstentreffen sind ein Schauspiel, mehr nicht. Im Augenblick herrscht Harmonie, aber wie lange? Dieses Treffen mit dem Kaiser hat bestimmt den Sultan verärgert, die protestantischen deutschen Fürsten, die frankophilen italienischen Staaten, wahrscheinlich ist auch der König von England verärgert. Haben wir Mailand dadurch zurückgewonnen? Nein! Irgendwann wird der Krieg wegen Mailand erneut ausbrechen, obwohl wir einen zehnjährigen Waffenstillstand haben. Verzeih, Margarete, aber ich kenne deinen Vater inzwischen.«

»Mailand, ja, das vergaß ich zu erzählen. Man sprach auch darüber, dass die Nichte des Kaisers, die Herzoginwitwe von Mailand, meinen Bruder Karl heiraten und Mailand als Mitgift in die Ehe einbringen könnte. Wie denkst du über diesen Vorschlag des Kaisers?«

Katharina sah Margarete entgeistert an. »Wie bitte? Der Kaiser hat eine Ehe zwischen … Dieser Vorschlag ist an Perfidie nicht zu überbieten! Denke genau darüber nach, Margarete. Mein Mann und sein Bruder mögen sich nicht besonders, wahrscheinlich, weil dein Vater die Zuneigung, die er früher deinem verstorbenen Bruder entgegenbrachte, nun auf Karl übertragen hat. Die Spannungen innerhalb unserer Familie hat der kaiserliche Gesandte wahrscheinlich längst bemerkt, und nun wird dies politisch ausgenutzt. Wenn Karl die Nichte heiratet und dadurch in den Besitz Mailands kommt – wohlgemerkt, der Herzog von Orléans, nicht der König von Frankreich –, so wird er dadurch zu einem Vasall des Kaisers, den der Habsburger immer gegen Frankreich ausspielen kann.«

Margarete dachte nach. »Du hast Recht, Katharina. Wie kommt es, dass du so weit vorausschaust?«

»Als mein Vetter Ippolito mir vor vielen Jahren das Schachspiel erklärte, sagte er zu mir, bei diesem Spiel müsse man immer einige Züge vorausdenken. Das habe ich mir im Laufe der Zeit angewöhnt, und die Politik ist ein Gebiet, wo man immer nach einem Zug den nächsten und die folgenden bedenken muss, bevor man eine Entscheidung trifft.«

Während der folgenden Wochen wartete Katharina mit ängstlicher Spannung auf die ersten Anzeichen einer Schwangerschaft, und als diese bis zum 20. Oktober ausblieben, beschloss sie, sich am 28. des Monats, an ihrem fünften Hochzeitstag, zum König zu begeben und ihn zu bitten, über ihr weiteres Schicksal zu entscheiden, weil die Ungewissheit über ihre Zukunft allmählich unerträglich wurde.

Der 28. Oktober war kühl, aber sonnig, und der König verbrachte den Tag auf einer Wildschweinjagd ohne die Begleitung seiner *petite bande*, worüber Katharina ganz froh war, weil sie so in Ruhe noch einmal überdenken konnte, was sie dem König nach dessen Rückkehr sagen wollte. Es dämmerte bereits, als sie sich mit klopfendem Herzen zum Appartement ihres Schwiegervaters begab. Ihre rechte Hand umklammerte das Medaillon.

Franz verbrachte die Dämmerstunde in Gesellschaft Annas, schilderte voller Stolz, wie er den Eber erlegt hatte und kam dann plötzlich auf seinen Leibarzt zu sprechen. »Ich habe dir noch gar nicht erzählt, dass Fernel vor einigen Tagen bei mir war und mich um Erlaubnis bat, Heinrich und Katharina untersuchen zu dürfen. Er hat eine Therapie entwickelt, die dem Paar zum Kindersegen verhelfen soll. Ich habe ihm die Erlaubnis sofort erteilt, weil ich während des Sommers den gleichen Gedanken hatte. Er ist ein tüchtiger Arzt, und ich ärgere mich, dass ich nicht schon längst auf die Idee gekommen bin.«

In diesem Augenblick wurde Katharina gemeldet. Sie ließ das Medaillon in die Tasche ihres Kleides gleiten, betrat zögernd das Zimmer, sah unsicher vom König zur Herzogin und senkte dann verlegen den Blick.

»Tritt näher, ma fille. Was gibt es?«

Da begann Katharina zu weinen, ging rasch zu ihrem Schwiegervater und kniete vor ihm nieder. »Sire, ich bin so unglücklich! Ich weiß, dass der Hof die Annullierung meiner Ehe fordert, weil ich noch keinen Erben geboren habe. Ich weiß auch, dass ich deswegen nicht würdig bin, Dauphine von Frankreich zu sein. Ich bitte Sie demütig, Sire, über mein künftiges Leben zu entscheiden. Ich bin es nicht wert, länger Dauphine zu sein. Ich bin bereit, in ein Kloster zu gehen, oder aber, das wäre mir noch lieber, weil ich dann an Ihrem Hof bleiben könnte, bin ich mit Freuden bereit, der neuen Dauphine zu dienen. Sire, ich flehe Sie an, entscheiden Sie zum Wohle Frankreichs. Es ist mein innigster Wunsch, dass dieses Land auch künftig vom Haus Valois regiert wird.«

Anna glaubte, nicht richtig zu hören, kam aber nach einigen Augenblicken zu der Überzeugung, dass Katharina raffinierter war, als sie bisher vermutet hatte. Nun, das war gut. Mit ihrer Raffinesse würde sie eines Tages über Diana triumphieren. Die meisten Hofleute unterschätzen die Florentinerin, dachte Anna, und sie beglückwünschte sich, dass sie ein freundschaftliches Verhältnis zu Katharina hatte.

Sie beobachtete verstohlen die Miene ihres königlichen Liebhabers, die Betroffenheit widerspiegelte, und im gleichen Augenblick wusste sie, dass Katharina gewonnen hatte, weil sie indirekt an die Ritterlichkeit des Königs appelliert hatte.

Franz betrachtete seine Schwiegertochter und dachte, dass sie, trotz der Vorurteile, sich bis jetzt eine gewisse Achtung erworben hatte. Einige Hofleute waren ihr wohlgesonnen, zum Beispiel Montmorency. Sie ließ sich nach außen nicht anmerken, wie sehr sie unter Heinrichs Verhältnis zu Diana litt und begegnete der Seneschallin mit der größten Liebenswürdigkeit. Sie war überdies klug, sie war politisch klüger als der Dauphin, das war ihm schon oft aufgefallen, wenn er sich mit ihr unterhielt. Heinrich würde ein schwacher König sein. Es war gut, wenn eine kluge Frau ihn unterstützte, und irgendwann würde er sich bestimmt von der Seneschallin lösen. Die Thronfolge ... Karl würde in absehbarer Zeit die Nichte des Kaisers heiraten und Kinder haben; überdies, er wollte Katharina nicht verlieren. Sie war eine kultivierte Italienerin, allein das war Grund genug, sie nicht zu verstoßen.

Franz stand auf und hob Katharina empor. »Ma fille, Gott hat gewollt, dass du meine Schwiegertochter wirst und die Gattin des Dauphins, und ich will es nicht anders haben. Strenge dich weiterhin an, Kinder zu bekommen, eines Tages wirst du gewiss welche haben. Mein Leibarzt wird dich in den nächsten Tagen untersuchen und behandeln. Er ist davon überzeugt, dass du Kinder gebären wirst, und ich bin es auch. Gehe jetzt, und betrachte deine Zukunft an der Seite des Dauphins optimistisch.«

Katharina sah ihren Schwiegervater an. Sie war überrascht und war es auch nicht. Sie hatte ihre Worte genau überlegt und das Herz des Königs erreicht. »Ich danke Ihnen, Sire. Ich verspreche Ihnen, dass ich nichts unterlassen werde, um Frankreich Söhne zu schenken!«

Nachdem Katharina gegangen war, herrschte einige Minuten Schweigen im Zimmer des Königs.

»Ich danke dir, Franz, dass du die Ehe nicht annullieren lässt«, sagte Anna dann leise.

In ihrem Appartement fand Katharina einen Brief der Königin von Navarra vor. Margarete schrieb:

Mein Bruder wird diese Scheidung niemals zulassen, wie es böse Zungen behaupten. Aber Gott wird Ihnen, wenn Sie das Alter erreicht haben, in dem die Frauen des Hauses Medici niederkommen, einen königlichen Stammhalter schenken. Der König und ich werden uns dann trotz all solcher elenden Verleumdungen mit Ihnen freuen.

Katharina legte den Brief zur Seite, holte das Medaillon aus der Tasche ihres Kleides und betrachtete es lange. Vor über dreizehn Jahren hatte der florentinische Goldschmied Leonardo ihr den Schmuck geschenkt und ihr Glück gewünscht. An jenem 28. Oktober des Jahres 1538 hatte das Medaillon ihr zum ersten Mal Glück gebracht: Sie durfte am Hof bleiben, ihre Ehe wurde nicht annulliert. Ich werde Kinder haben, dachte sie, Ruggieri hat mir zehn Kinder prophezeit, und ich werde Königin von Frankreich werden.

5

Im Frühjahr 1543 war der Bau von Katharinas Schloss in Ancy-le-France so weit, dass sie es bewohnen konnte, und so übersiedelte sie Anfang Mai dorthin, um die Einrichtung persönlich zu überwachen.

Das Schloss war eine raffinierte Verschmelzung der französischen und italienischen Architektur. Ihre privaten Räume waren in dem Flügel, der dem Schloss Chenonceaux ähnelte, und da sie lauwarme Mahlzeiten nicht mochte, lag die Küche direkt unter ihren Appartements im Kellergeschoss; darüber war ein Saal, den sie für Feste und Bankette nutzen wollte. Ein anderer Flügel erinnerte an den Palazzo Medici; hier gab es einen geräumigen Innenhof mit einer inneren Treppe zur Galerie und einem Garten hinter dem Hof.

Nach ihrer Ankunft wurden täglich Gobelins aus Flandern geliefert, aus Florenz trafen Keramik- und Silbergeschirr ein, goldene Gabeln, Servietten und Tischtücher aus Damast. Katharina ließ auch einen Teil der

Möbel aus Florenz kommen, darunter ein Bett ohne Baldachin und Vorhänge. Falls es Heinrich nicht gefiel, würde sie ein traditionelles Himmelbett in ihrem Schlafzimmer aufstellen.

Katharina war während der zehn Jahre, die sie nun in Frankreich lebte, daran gewöhnt, dass sie stets mit Möbeln, Kleidern und was sie sonst noch besaß, im Laufe eines Jahres von Schloss zu Schloss zog, aber sie fand es unpraktisch, und so ließ sie ihr eigenes Palais mit allen Bequemlichkeiten ausstatten. Wenn sie Lust verspürte, sich dort aufzuhalten, würde sie sich ohne großen Gepäcktross dorthin begeben können.

Anfang Juli war das Schloss fertig eingerichtet, und sie bat den König, ihre Residenz zu besichtigen, und schrieb, dass sie den Landsitz nur im engsten Familienkreis einweihen wollte. Der wahre Grund für diese Familienfeier war die Tatsache, dass sie, die Dauphine, nach fast zehnjähriger Ehe im Alter von vierundzwanzig Jahren zum ersten Mal schwanger war. Seit Mitte Mai wusste sie, dass sie ein Kind erwartete, aber sie beschloss, dieses Geheimnis vorerst für sich zu behalten. Zum einen, weil sie sich ihrer Schwangerschaft sicher sein wollte, zum anderen fand sie, dass der König und ihr Gatte diese Neuigkeit zuerst erfahren sollten.

Mitte Juni vertraute sie sich dem Hofarzt an, erzählte ihm auch von den morgendlichen Übelkeiten, unter denen sie im Mai gelitten hatte. Der Arzt bestätigte die Schwangerschaft, berechnete den Zeitpunkt der Niederkunft, wahrscheinlich die zweite Januarhälfte des kommenden Jahres, und empfahl ihr, während der kommenden Monate weder zu reiten noch zu tanzen und ihren Wein mit möglichst viel Wasser zu verdünnen. Sie solle täglich zwei Stunden spazieren gehen, weil regelmäßige Bewegung wichtig sei. Wenn ihre Schwangerschaft äußerlich sichtbar würde, solle sie keine einschnürenden Kleider mehr tragen, sondern weite, wallende Gewänder. Katharina versuchte, die Empfehlungen des Arztes zu befolgen, wobei ihr der Verzicht auf Reiten und Tanzen schwer fiel, aber sie sagte sich, dass es im Interesse des Kindes war, und sie wollte ein lebensfähiges, gesundes Kind zur Welt bringen. Sie hatte stets einen gesunden Appetit gehabt, aber nun bekam sie hin und wieder Heißhunger auf Kutteln und andere Innereien, und so wurden, zum Entsetzen ihres Hofstaates, mittags und abends Innereien serviert: Kutteln, Leber, Herz, Nieren, Kalbsbries, Kalbshirn …

Hin und wieder bekam sie auch Heißhunger auf Marzipankonfekt.

Am Morgen des 20. Juli stand Katharina früher auf als sonst, nahm das Stundenbuch, worin sie ihren monatlichen Zyklus aufzeichnete und überlas ihre Eintragungen seit Januar: 14.–17. Januar, 13.–16. Februar, 12.–15. März, 13.–17. April …, Mai …, Juni …, Juli …

Es bestand kein Zweifel, sie war schwanger. Am Spätnachmittag würde ihr Schwiegervater eintreffen, und sie würde ihn damit überraschen, ihn und Heinrich. Sie musste beide in ihr Appartement locken, weil sie es zuerst erfahren sollten.

Nach dem Frühstück begab sie sich hinunter in die Küche, um mit Giacomo noch einmal das Diner zu besprechen. Im Erdgeschoss kam ihr Piero entgegen.

»Katharina, der *Chianti* ist endlich eingetroffen, aber es wurden nicht hundert, sondern zweihundert Fässer geliefert. Überdies Seide und Duftwässer aus Mailand und Mantua, das verstehe ich nicht.«

Katharina lächelte. »Höre, Piero. Frankreich ist mein neues Vaterland, ich liebe dieses Land, und wenn ich einmal Königin sein sollte, so werde ich alles tun, damit die Franzosen glücklich in ihrem Land leben können. Aber ich weiß inzwischen, dass ich nie eine Französin sein werde. Ich bin in Italien geboren und werde immer eine Italienerin, eine Florentinerin, eine Medici bleiben. Ich habe beschlossen, Waren, die ich persönlich benötige, zum Beispiel Seide, künftig aus Italien zu beziehen. Überdies soll Ancy mich immer etwas an meine alte Heimat erinnern – der Innenhof zum Beispiel, der Wein. Wenn ich in Ancy weile, möchte ich italienischen Wein trinken. Das ist der Grund, weshalb ich statt hundert zweihundert Fässer bestellte.

Aber wir reden und reden, spute dich, Piero, es gibt noch viel Arbeit bis zur Ankunft des Königs. Er kann leider nur drei Tage bleiben wegen der Staatsgeschäfte. Ich hatte gehofft, dass er sich wenigstens eine Woche hier aufhält. Piero, du weißt genau, wie sehr ich meinen Schwiegervater verehre und liebe. Er könnte so lange hier bleiben, wie es ihm beliebt. – Aber nun eile, sage den Dienern, sie sollen die Tafel im Innenhof aufbauen und acht Gedecke auflegen.«

»Acht Gedecke? Aber die königliche Familie …«

»Ich weiß, Piero, zur königlichen Familie gehören zurzeit nur sechs Personen. Aber da du mein Vetter bist, gehörst du ebenfalls zur Familie und wirst mit uns speisen, und Mingo ebenfalls. Im Palazzo Medici hat sie immer an meiner Tafel gesessen. – Der heutige Abend wird ein italienischer Abend mit florentinischen Spezialitäten. Giacomo wird die Speisen zubereiten, die ich an meinem ersten Abend in Florenz aß. Wir werden *Chianti* trinken und unter freiem Himmel tafeln wie in Italien. Sage Mingo, sie soll aufpassen, dass die Bestecke richtig neben den Tellern liegen.«

»Katharina, was ist passiert? Während der vergangenen Jahre hatte ich immer den Eindruck, dass du dich anpasst, unterordnest. Jetzt betonst du auf einmal deine italienische Herkunft – warum?«

Katharina lächelte erneut. »Du fragst zu viel, Piero, aber du sollst wissen, dass meine Stellung am Hof nicht mehr erschüttert werden kann, ich bin unangreifbar geworden.«

Sie eilte in die Küche hinunter, während der Vetter ihr verständnislos nachsah. Er würde nie klug aus ihr werden …

In der Küche ging Katharina zu einem riesigen Topf, nahm den Deckel ab und aß einige Löffel von der kalten *ribollita*, die Giacomo bereits am Vortag gekocht hatte und die am Abend aufgewärmt serviert werden sollte.

»Der Eintopf schmeckt köstlich, du hast dich selbst übertroffen, Giacomo.«

Giacomo lächelte geschmeichelt. »Mit Verlaub, Hoheit, die Speisenfolge ist üppig, und ich verstehe, dass Sie Seiner Majestät die Spezialitäten der florentinischen Küche servieren lassen. Die *ribollita* indes, sie ist schwer verdaulich und ein Gericht der einfachen Leute. Ich weiß nicht. Ich könnte eine Fleischbouillon kochen …«

»Giacomo, ich kenne meinen Schwiegervater und weiß, dass er hin und wieder gerne die Speisen des einfachen Volkes isst. Du wirst die *ribollita* heute Abend aufwärmen.«

»Gut. Um acht Uhr kann aufgetragen werden.«

Sie eilte hinauf in ihr Arbeitszimmer, um Montmorency und Fernel ihre Schwangerschaft mitzuteilen. Der Arzt hatte sie und Heinrich im Herbst 1538 gründlich untersucht und diagnostiziert, dass eine Krümmung ihrer Gebärmutter wahrscheinlich die Empfängnis verhindert hatte. Er verordnete ihr Myrrenpillen und bestimmte gymnastische Übungen, die sie sorgfältig durchgeführt hatte.

An Montmorency schrieb Katharina:

Ich möchte Ihnen so gerne schreiben, um Ihnen zu berichten, dass es Hoffnung gibt, dass ich schwanger bin, denn ich weiß, dass es niemanden gibt, der glücklicher als Sie sein wird.

Sie legte die Feder nachdenklich zur Seite. Montmorencys Rezepte gegen ihre Unfruchtbarkeit waren letztlich erfolglos geblieben, aber er hatte Anteil an ihrem persönlichen Schicksal genommen, und dafür würde sie ihm immer dankbar sein. Ob der König ihn noch einmal an den Hof rief? Wieso war er überhaupt in Ungnade geraten? Er hat stets für einen Frieden mit dem Kaiser plädiert und versucht, ihrem Schwiegervater Mailand auszureden – das war sein Verderben.

Sie rief sich noch einmal die Ereignisse ab 1539 ins Gedächtnis, jene Entwicklung, die in einen neuen, einen vierten Krieg zwischen Franz I. und Karl V. mündete. Damit nicht genug, kämpfte nun auch England an des Kaisers Seite gegen Frankreich. Im Juni war ein Ultimatum Heinrichs VIII. eingetroffen, worin der englische König forderte, dass Frankreich das Bündnis mit der Türkei aufgab, die rückständigen Pensionen zahle, und Pfänder für die künftigen gebe; würden diese Forderungen nicht binnen vierzehn Tagen erfüllt, so werde man neue Forderungen stellen und sie mit 20 000 Fußsoldaten und 5000 Reitern durchsetzen.

Ihr Schwiegervater schien indes nicht sonderlich beunruhigt. In dem Brief, in dem er ihre Einladung annahm, schrieb er zwar, dass er wegen der Staatsgeschäfte nur drei Tage bleiben könne, aber dann kamen einige spöttische Bemerkungen über das englische Ultimatum. Heinrich fühle sich jetzt wohl als starker Mann, weil er die Schotten besiegt habe.

Nach dem Treffen in Aigues-Mortes, überlegte Katharina, stabilisierte sich die Harmonie zwischen den beiden Monarchen. Im Sommer 1539 rebellierte die Stadt Gent gegen die Regentin der Niederlande, Karls Schwester Maria, weil sie nicht bereit war, Gelder, die der Kaiser forderte, zu zahlen. Karl wollte die Rebellen persönlich aburteilen und ließ bei dem König anfragen, ob er ihm freies Geleit durch Frankreich gewähre, weil dies von Madrid aus der kürzeste Weg nach Flandern sei. Er war sofort bereit, dem Habsburger die Durchreise zu gestatten; wahrscheinlich hatte der kaiserliche Gesandte angedeutet, dass sein Herr bereit sei, über Mailand zu verhandeln. Überdies war natürlich die Reise des Kaisers ein willkommener Anlass für Festlichkeiten und Prachtentfaltung, wie der König sie liebte.

Am 27. November 1539 kam Karl in Frankreich an, wo ihn Heinrich und Montmorency erwarteten. Franz war noch mit der Vorbereitung der Festlichkeiten in Paris beschäftigt, und sie trafen den Habsburger dann in Loches.

Ab Loches gab es eine unendliche Kette von triumphalen Einzügen, Ansprachen der Bürgermeister, Kirchengeläute, Salutschüsse.

Während der ersten Monate des Jahres 1540 war das Ehebündnis zwischen Valois und Habsburg das wichtigste Thema der Verhandlungen, die zwischen Montmorency und den spanischen Räten geführt wurden. Montmorency bemühte sich ernstlich um einen dauerhaften Frieden und wurde von Heinrich und Diana unterstützt, die gegen Bündnisse des Königs mit den lutherischen Fürsten und dem Sultan waren und die Einheit der Christenheit gegen die Ketzer propagierten.

Der Habsburger, überlegte Katharina, hat ein raffiniertes diplomatisches Spiel getrieben, und irgendwie war ihr Schwiegervater ihm nicht gewachsen, oder aber Mailand war zu einer derart fixen Idee geworden, dass er darüber alles vergaß.

Zunächst hatte Karl lautstark verkündet, er und der König von Frankreich seien Freunde geworden und würden demnächst gemeinsam gegen die Türken kämpfen. Und was waren die Folgen? Der König von England wurde misstrauisch gegenüber Frankreich, der Sultan betrachtete Franz als Verräter und das Misstrauen der lutherischen deutschen Fürsten verstärkte sich. Ihr Schwiegervater war also außenpolitisch isoliert.

Am 11. Oktober 1540 gab der Kaiser Mailand an seinen Sohn Philipp – ab jetzt war das Herzogtum auf friedlichem Weg nicht mehr zu gewinnen. Der Infant Philipp in Mailand, das bedeutete eine dauerhafte Verbindung Mailands mit Spanien, aber auch eine Verbindung Neapels und Siziliens mit Spanien. Ab Herbst 1540 sank der Einfluss von Montmorency täglich mehr, schließlich wurde er von den Staatsgeschäften ausgeschlossen.

Der König begann aufzurüsten, und vor allem suchte er fieberhaft nach Verbündeten. Irgendwie überredete er den Sultan zu einem neuen Bündnis. Die Situation mit den deutschen Fürsten war schwieriger, hier gelang ihm ein Bündnis mittels einer Heirat: der protestantische Herzog von Kleve, Jülich und des katholischen Geldern war bereit, die Nichte des Königs von Frankreich, Johanna von Albret, die dreizehnjährige Erbin von Navarra, zu heiraten. Die Königin Margarete und ihr Mann waren gegen diese Verbindung, weil sie Johanna mit einem spanischen Granden verheiraten wollten, damit auch der spanische Teil Navarras zu ihrem Königreich kam. Johanna lehnte den Herzog ab, weil sie aus Liebe heiraten wollte.

Sie erinnerte sich noch einmal an die große, magere Johanna, die altklugen, asketischen Gesichtszüge, die frommen, blauen Augen, den schmalen, verkniffenen Mund, an ihr hochmütiges Auftreten. Sie ähnelte weder ihrer liebenswerten Mutter noch dem lebenslustigen Vater.

Heinrich von Albret war kein schöner Mann; er war klein, die Nase war zu lang, die Hautfarbe zu dunkel, auf seinem Kopf wuchsen die braunen Haare wie Gestrüpp, aber er war liebenswürdig, temperamentvoll und schlagfertig.

Johanna wurde am 14. Juni 1541 in der Kapelle der düsteren Festung von Chatellerault mit dem deutschen protestantischen Fürsten vermählt. Während der Hochzeitsmesse wurde deutlich, dass Montmorency in Ungnade gefallen war. Als Johanna zum Altar schritt, taumelte sie plötzlich unter der Last des Hermelinmantels, der Juwelen und der Krone, und Franz befahl seinem Konnetabel, die Erbin von Navarra zum Altar zu tragen. Montmorency gehorchte, aber nachdem die Festlichkeiten vorüber waren, bat er um seinen Abschied und zog sich nach Chantilly zurück.

Abgesehen von diesem Zwischenfall war die Hochzeit eine einzige Peinlichkeit gewesen. Bereits am Morgen hatte Johanna ihren Protest gegen diese Heirat vor Zeugen aufzeichnen lassen. Später, bei der Prozedur des »öffentlichen Beilagers«, die sich nach alter Sitte in Gegenwart zahlreicher Höflinge abspielte, bekam sie einen Nervenzusammenbruch, schrie, tobte, schluchzte. Schließlich begnügte der deutsche Herzog sich damit, sein entblößtes Bein unter die Bettdecke zu schieben, wie bei einer Eheschließung *per procurationem*, die restliche Nacht verbrachte er allein in seinem Appartement. Auch während der folgenden Nächte gelang es ihm nicht, die Ehe mit Johanna zu vollziehen, weil sie sich ihm verweigerte. Nach dem Ende der Festlichkeiten reiste der Herzog ohne seine Gattin nach Deutschland zurück, und Johanna begab sich nach Navarra.

Katharina musste unwillkürlich lachen, als sie an diese Hochzeit dachte. Dann dachte sie wieder an die politischen Ereignisse im Sommer 1541: Im Juli marschierte der Sultan in die Donauebene ein und besetzte die Festung Buda. Im gleichen Monat wurden Rincon, der französische Botschafter in Konstantinopel, und zwei seiner Begleiter auf der Rückreise in die Türkei von zwei Spaniern in der Nähe von Pavia erschlagen. Franz verlangte vom Kaiser die Bestrafung der Mörder und ließ durchblicken, dass der Kaiser den Mord befohlen habe, was Karl natürlich leugnete.

Der Mord blieb ungeklärt, verschlechterte aber die Beziehungen der beiden Souveräne.

Im Oktober erlitt Karl bei einer Expedition in Algier große Verluste durch die mit Frankreich verbündeten Türken. Während der folgenden Monate wurde auf beiden Seiten aufgerüstet, und am 10. Juli 1542 erklärte Franz dem Kaiser erneut den Krieg und versuchte, den Vertragsbruch von Aigues-Mortes mit den Argumenten zu rechtfertigen, der Kaiser habe ihn bedroht und seine Gesandten ermorden lassen.

Der Krieg verlief für Frankreich unerfreulich: Die Luxemburger Armee unter dem Oberbefehl ihres Schwagers Karl eroberte zwar das Herzogtum Luxemburg, aber nicht die großen Städte in den Niederlanden: Antwerpen, Brüssel, Löwen. Im September war eine militärische Patt-Situation, und Karl begab sich nach Süden, um seinem Bruder Heinrich bei der Belagerung von Perpignan beizustehen, weil er ihm den zu erwartenden Ruhm nicht gönnte. Heinrich indes war gezwungen, wegen der heftigen Regenfälle die Belagerung Anfang September aufzugeben. Auch in der Lombardei gab es für Frankreich nur militärische Rückschläge.

Die militärische Bilanz des Jahres 1542, überlegte Katharina, war für Frankreich gleich null. Die Kosten waren enorm, 4,7 Millionen Livres, und ihr Schwiegervater dachte nicht daran, Montmorency zurückzurufen. Im Frühjahr 1543 hatte der Krieg im Norden erneut begonnen, bis jetzt erfolgreich, dann kam das Ultimatum aus London.

Jetzt, dachte Katharina, wo ich mein erstes Kind erwarte, sieht die Zukunft für Frankreich mehr als düster aus. Wir müssen den Vormarsch der kaiserlichen Truppen in der Champagne aufhalten und wahrscheinlich die Bretagne und die Normandie gegen die Engländer verteidigen. Indes, die innenpolitische Lage ist auch nicht besser. Seit 1539 gibt es zwar jenes große gesetzgeberische Werk, das den Pfarrern vorschreibt, Taufen und Beerdigungen zu registrieren, auch sollen die Verwaltungsakte künftig nicht mehr in Latein, sondern in Französisch formuliert werden, aber was die Religion betrifft, so wird mein Schwiegervater immer intoleranter.

Das Edikt von Coucy, das im Juli 1535 erlassen worden war und die Anhänger des neuen Glaubens begnadigte und ihre Rückkehr nach Frankreich erlaubte, sofern sie ihren Irrtümern abschworen, jenes Edikt war aufgehoben und am 24. Juni 1539 durch ein neues Edikt ersetzt worden, das die Irrtümer in Frankreich ausrotten sollte. Das letzte Edikt wurde am 1. Juni 1540 in Fontainebleau erlassen und eröffnete den Kampf gegen die Häresie. Die Befugnisse der kirchlichen Gerichte wurden reduziert, weil sie dem König zu langsam vorgingen. Das Ziel war, die reformierten Gruppen in Frankreich zu desorganisieren. Der König hörte nur noch auf den Kardinal Tournon, der eine gnadenlose Verfolgung der Ketzer empfahl. Es hatte zwar zahlreiche Unterwerfungen unter den katholischen Glauben gegeben, aber insgeheim tuschelte man, dass die Anhänger des neuen Glaubens inzwischen ganze Städte beherrschten: Caen, La Rochelle, Poitiers und mehrere Orte der Provence.

Katharina dachte an ihren kränkelnden Schwiegervater, der 1539 einen Blutsturz erlitten hatte.

Überhaupt waren die Familienverhältnisse belastet: Margarete war noch nicht verheiratet, es fand sich kein passender Freier.

Ihr Schwager Karl und Heinrich befehdeten sich bei jedem Anlass. Das Verhältnis zwischen ihr und Heinrich war unverändert, die Ehe zu dritt funktionierte vor allem durch ihre Stillhalte-Taktik.

Dann dachte sie über das Verhältnis von Heinrich und Diana nach: In der Öffentlichkeit benahmen sie sich wie zwei Menschen, die eine geistige Freundschaft verbindet. Manchmal versuchte sie, sich einzureden, dass das Liebesverhältnis inzwischen wieder platonisch geworden war, aber sie und der Hof wussten genau, dass dies nicht der Fall war. Heinrich weilte, sofern es seine Pflichten als Dauphin erlaubten, oft in Anet, und bei den Gegenständen seines persönlichen Besitzes hatte er inzwischen jenes Monogramm anbringen lassen, jene zwei »D«, Rücken an Rücken, mit dem Querbalken in der Mitte. Sie sah das Monogramm auf Sätteln, Satteldecken, Mänteln, auf dem Degengriff, sein persönliches Silbergeschirr war damit verziert, und sie hatte gehört, dass man jenes Monogramm auch in Schloss Anet in jedem Zimmer sehen konnte.

Diana hatte sie etliche Male nach Anet eingeladen, aber sie war fest entschlossen, nie dorthin zu gehen und hatte bis jetzt jedes Mal eine plausible Ausrede gefunden. Sie musste unwillkürlich lächeln, wenn sie daran dachte, dass Diana und sie nach außen hin wie Freundinnen auftraten. Diana war stets freundlich und liebenswürdig zu ihr – nun ja, sie war sich Heinrichs Liebe sicher und sah in der legitimen Gattin keine Rivalin. Sie hingegen war freundlich zu der Seneschallin, weil Heinrich es so wünschte und sie sich wenigstens seine Sympathie erhalten wollte. Aber sie hasste diese Frau seit zehn Jahren, sie war eifersüchtig. Allerdings konnte sie jetzt besser mit ihrem Hass umgehen, sie hatte gelernt, zu warten. Vielleicht musste sie noch zehn Jahre warten, aber die Zeit arbeitete für sie. Sie war fast zwanzig Jahre jünger als Diana. Die Seneschallin wurde im September vierundvierzig Jahre alt und sah zehn Jahre jünger aus. Aber irgendwann, dachte Katharina, wird sie anfangen zu altern, irgendwann werde ich über sie triumphieren, und dann werde ich mich rächen, subtil, liebenswürdig. Aber sie wird dann spüren, dass ich ihr im Rang überlegen bin, dass ich die Dauphine oder Königin bin. Sie wusste, dass allein jene Hoffnung auf Rache sie die Ehe zu dritt ertragen ließ.

Diana war inzwischen mehrfache Großmutter, aber Katharina hatte längst verdrängt, wie viele Enkelkinder ihre Rivalin hatte, und ob es Jungen oder Mädchen waren, interessierte sie überhaupt nicht. Für sie, die Dauphine, waren nur die eigenen, noch ungeborenen Kinder wichtig.

Heinrichs Verhältnis zur Familie von Guise war nach wie vor innig und herzlich und sie hatte sich insgeheim gefreut, dass der dynastische Höhenflug jener Familie inzwischen zu Ende war. Maria von Guise, die Königin von Schottland, hatte zwei Söhne geboren, die kurz hintereinander gestorben waren. Im Jahre 1542 erwartete sie wieder ein Kind. In jenem Jahr kam es zu einem Konflikt zwischen Heinrich VIII. und seinem Neffen Jakob V., weil der König von Schottland sich weigerte, den Onkel beim Kampf gegen die katholische Kirche zu unterstützen. Im Herbst brach der Krieg zwischen England und Schottland aus, und die Schotten erlitten bei Solway Moss eine vernichtende Niederlage. Jakob zog sich nach Schloss Falkland zurück, wo er entweder in Melancholie versank oder gegen sein Schicksal wütete. Seine hysterischen Nervenzusammenbrüche waren zu viel für seine Gesundheit und er erkrankte. Dann überbrachte ein Bote die Nachricht, dass die Königin am 8. Dezember auf Schloss Linlithgow eine Tochter geboren habe, die den Namen Maria erhalten sollte. Der König kommentierte diese Nachricht mit den Worten: »Adieu, lebt wohl! Von einer Frau ist die Krone auf uns gekommen, mit einer Frau wird sie dahingehen.«

Am 14. Dezember starb Jakob V. im Alter von dreißig Jahren, und seine neugeborene Tochter Maria war nun Königin von Schottland. Die Regentschaft wurde von ihrer Mutter und dem Grafen von Arran ausgeübt. Arran war erbrechtlich Kronprätendent und besaß somit einen legitimen Anspruch auf die Regentschaft.

Der französische Gesandte in London hatte allerdings im Winter 1543 über Entwicklungen auf der nördlichen Insel berichtet, die König Franz nachdenklich stimmten: Ein Teil der schottischen Adeligen, die bei Solway Moss in englische Gefangenschaft geraten waren, sympathisierten inzwischen mit dem neuen Glauben und waren bereit, den englischen König bei seinem Kampf gegen Rom zu unterstützen und seine Interessen in Schottland zu fördern; und Heinrichs VIII. Interesse war eine Heirat zwischen seinem Sohn Eduard und Maria Stuart.

An der Seine beschloss man zunächst, die weitere Entwicklung abzuwarten. Ein Bericht des Gesandten im Frühjahr gab dem französischen Hofklatsch neue Nahrung: Heinrich VIII. wolle im Juli wieder heiraten – Madame Katharina Parr, eine Witwe von ungefähr dreißig Jahren.

Katharina rechnete nach, dass diese Verbindung die sechste Ehe des englischen Königs war. Im Januar 1540 hatte Heinrich die protestantische deutsche Prinzessin Anna von Kleve geheiratet. Diese Ehe wurde jedoch annulliert, weil Heinrich keinen Gefallen an seiner neuen Gattin fand. Anna lebte seither unbehelligt auf irgendeinem Schloss. Der Kanzler Cromwell indes wurde wegen dieser glücklosen Eheanbahnung hingerichtet. Die fünfte Gattin, Katharina Howard, entstammte einer der vornehmsten englischen Familien. Sie wurde im Februar 1542 wegen Ehebruchs enthauptet. Katharina konnte sich noch gut an die empörte Reaktion des französischen Hofes erinnern. Es war unglaublich, eine Königin wurde hingerichtet wegen einiger belangloser Liebschaften, die verständlich waren bei einem Gatten, der immer dicker und unbeweglicher wurde. Man fand, dass eine Verbannung auf irgendein Schloss als Strafe genügt hätte.

Die gegenwärtige Lage ist unerfreulich, dachte Katharina. Wir führen wieder Krieg gegen den Kaiser, die religiöse Frage schwelt vor sich hin, das Verhältnis zwischen meinem Schwiegervater und Heinrich ist äußerst gespannt, ich muss mich nach wie vor mit Diana arrangieren.

Im Augenblick gibt es nur zwei erfreuliche Perspektiven: Der Bau der neuen Schlösser geht voran und ich bin schwanger.

Nach dem Mittagessen ruhte sie eine Stunde und begann sich dann für den Besuch des Königs umzukleiden. Während Isabella das lindgrüne Kleid mit dem cremefarbenen Unterkleid zurechtlegte, betrachtete Katharina sich verstohlen im Spiegel. Ihre Schwangerschaft war noch nicht sichtbar, und sie war immer noch mager, ohne weibliche Rundungen. Sie wäre gerne etwas voller gewesen, um Heinrich zu gefallen. Vielleicht wurde ihre Figur nach dem ersten Kind weiblicher. Während René sie schminkte, überlegte sie, ob sie die Ruggieris bitten sollte, in den Sternen nach dem Geschlecht des Kindes zu forschen. Sie wünschte sich einen Sohn, aber es war auch möglich, dass sie eine Tochter gebar. Nein, dachte Katharina, ich werde die Ruggieris nicht fragen. Es ist unwichtig, ob das erste Kind ein Sohn oder eine Tochter ist. Nach diesem Kind werde ich noch mehr Kinder bekommen, darunter auch Söhne.

Als sie angekleidet und geschminkt war, ging sie durch die Appartements, wo die königliche Familie wohnen sollte und überprüfte, ob man ihre Anordnungen befolgt hatte. Waren die Betten frisch bezogen, standen überall Blumen, Konfekt und Wein, lag in jedem Appartement genügend Lektüre, wurde im Baderaum heißes Wasser bereitet, waren die Kerzenleuchter geputzt und mit frischen Kerzen versehen?

Dann ging sie in den Innenhof und inspizierte die Tafel. Lagen die Gabeln links neben dem Teller, lag die Serviette neben der Gabel, waren die Rosen, die auf der Mitte des Tisches kunstvoll arrangiert waren, noch frisch?

In diesem Augenblick wurde die Ankunft des Königs gemeldet, und Katharina eilte herzklopfend in den Vorhof. Während sie vor ihrem Schwiegervater den Hofknicks begann, hob er sie, wie gewohnt, zu sich empor und küsste sie auf die Stirn.

»Ma fille, ich danke dir für die Einladung. Wir alle sind gerne gekommen, um dein Schloss zu besichtigen.«

Nachdem Katharina den Gatten, die Königin, Margarete und Karl begrüßt hatte, sagte sie zu Franz: »Sire, ich möchte Ihnen und Heinrich in meinem Appartement etwas zeigen.« Zu Piero, der inzwischen herbeigeeilt war, sagte sie: »Führe Ihre Majestät und die Hoheiten in ihre Appartements.«

Dann ging sie mit Schwiegervater und Gatten in ihren Wohnraum und zeigte ihnen einen Blumenstrauß. Franz und sein Sohn betrachteten sieben weiße Lilien, eine rote Lilie und eine rote Rose und wussten nicht recht, warum Katharina ihnen diese Blumen zeigen wollte.

»Als ich sechs Jahre alt wurde«, erklärte sie, »schenkte mein seliger Vetter Ippolito mir einen solchen Strauß.« Ich muss jetzt auf meine Schwangerschaft kommen, überlegte sie, aber wie …

Der König betrachtete die Lilien und die Rose und sagte plötzlich: »Weißt du, welche Bedeutung diese Blumen haben, ma fille? Die rote Lilie ist die Blume der Stadt Florenz, eine rote Rose symbolisiert die Liebe, die weiße Lilie ist die Blume der französischen Könige.«

»Sire, ich wollte Ihnen und Heinrich nicht nur die Blumen zeigen, sondern ich habe Sie, Sire, und dich, Heinrich, in mein Appartement gebeten, um euch zu sagen, dass ich ein Kind erwarte, ich bin im dritten Monat. Ich wollte sicher sein, dass ich schwanger bin, deshalb sage ich es erst jetzt. Sie, Sire, und du, Heinrich, ihr seid die ersten Menschen, die es erfahren. Bis zu diesem Augenblick wussten nur der Arzt und ich davon.«

Franz fasste sich zuerst, umarmte seine Schwiegertochter und rief: »Ein Kind, ein Sohn, unsere Geduld hat sich gelohnt!« Zu Heinrich sagte er: »Umarme deine Gemahlin und küsse sie! Mein Gott, ein Enkel ... Ich werde Großvater ...«

Heinrich hatte sich inzwischen von der ersten Überraschung erholt und umarmte Katharina. »Ich freue mich auf unser Kind, ich liebe Kinder!«

Der König sah seinen Sohn erstaunt an. »Seit wann liebst du Kinder?«

Heinrich zögerte etwas: »Wenn ich in Anet weile, spiele ich immer mit der kleinen Diana.«

Es entstand eine peinliche Gesprächspause.

Um das Thema zu wechseln, wies Katharina auf die florentinischen Möbel hin und zeigte Heinrich das Bett ohne Baldachin. Dieser zeigte sich nicht sehr begeistert und beharrte auf seiner Gewohnheit: Ein Bett musste Vorhänge und einen Baldachin haben.

»Ich werde dafür sorgen, Heinrich«, entgegnete Katharina hastig, »dass in meinem Schlafzimmer ab morgen ein Bett steht, wie du es wünschst.«

»Es eilt nicht, Katharina«, erwiderte Heinrich.

Innerlich war er fest entschlossen, bis zur Geburt des Kindes nicht mit ihr zu schlafen. Er hatte seine ehelichen Pflichten erfolgreich erfüllt, das genügte.

Sie gingen zusammen zurück zum Speisesaal, wo sich die anderen Gäste schon versammelt hatten.

Nachdem die Diener Wein eingeschenkt hatten, hob Franz seinen Pokal. »Vorhin hat Katharina meinem Sohn Heinrich und mir gesagt, dass sie ein Kind erwartet. Sie ist im dritten Monat, ich werde also, nach menschlichem Ermessen, im Januar 1544 Großvater. Ma fille, ich hoffe, dass es dir während der kommenden Monate gut geht und du ein gesundes Kind zur Welt bringst.«

»Ein Kind!«, rief Mingo. »Warum haben Sie mir davon nichts gesagt, Hoheit?«

»Mingo, ich wollte sicher sein, dass ich ein Kind erwarte, und ich glaube, der König und mein Gatte haben das Recht, zuerst davon zu wissen.«

»Natürlich, Hoheit«, sagte Mingo, aber Katharina spürte die Enttäuschung in der Stimme ihrer Amme. Bei den künftigen Schwangerschaften, überlegte sie, wird Mingo die Erste sein, die davon erfährt.

»Ich freue mich«, sagte Eleonore.

»Wie fühlst du dich?«, wollte Margarete wissen.

»Die Dynastie Valois ist gesichert«, sagte Karl. »Ich hoffe, dass meine künftige Gattin, die Tochter oder Nichte des Kaisers, auch zum Fortbestand des Hauses Valois beiträgt. Die Habsburgerinnen sollen fruchtbar sein … Wie denkst du darüber, Heinrich?«

Die Brüder sahen einander an, und Katharina spürte fast körperlich die Spannung zwischen ihnen. In diesem Augenblick wurden die Früchte und Vorspeisen serviert, und sie atmete auf, weil ihre Gäste damit beschäftigt waren, den ersten Hunger zu stillen.

Der Tisch war nach florentinischer Sitte gedeckt und Katharina zeigte den Valois, dass man die Gabel auch beim Verzehr einer Fleischportion verwenden konnte. Sie stieß die Zacken in das *bistecca*, hielt es damit fest und schnitt mit dem Messer ein kleines Stück ab.

»Das ist wunderbar!«, rief Margarete. »Wenn man Fleisch mit der Gabel isst, bleiben die Finger sauber. Vater, können wir nicht an der Hoftafel künftig Gabeln verwenden?«

»Gewiss, mein Kind. Gabeln und Servietten.« In diesem Augenblick bemerkte er, dass Heinrich seine Fleischportion mit dem Messer zerteilte und mit den Fingern aß. »Willst du nicht die Gabel benutzen, mein Sohn?«

»Nein, Vater, wenn man mit den Fingern isst, schmeckt es am besten.« Dann wischte er sich den Mund am Tischtuch ab.

»Heinrich«, sagte der König, »du solltest die Serviette benutzen.«

»Warum, Vater? Warum soll ich plötzlich eine Gabel benutzen, wenn ich Fleisch esse? Warum soll ich meinen Mund an einem kleinen Tuch abwischen?«

»Mein Sohn, Gabel und Serviette verfeinern unsere Tischsitten. Ein König muss aufgeschlossen sein, was Neuerungen betrifft, und das fängt bei Gabel und Serviette an.«

Katharina atmete erleichtert auf. Ihr Schwiegervater akzeptierte die Neuerungen, die sie am kultiviertesten Hof Europas einführen wollte.

Am nächsten Vormittag zeigte Katharina ihren Gästen den Garten, der allerdings noch nicht fertig angelegt war. »Das Vorbild für die Anlage«, erklärte sie, während sie von den Kräutern zu den Gemüsebeeten und von dort zu den Blumen gingen, »sind die Gärten von Villandry.«

»Villandry?«, rief Heinrich erstaunt. »Diana hat den Garten in Anet auch nach dem Vorbild von Villandry anlegen lassen. Es freut mich, dass ihr den gleichen Geschmack habt.«

Katharina schwieg; sie hatte den Garten so anlegen lassen, damit der Gatte sich in Ancy so wohl fühlte wie in Anet.

Heinrich dachte im Stillen, dass der Garten in Anet prachtvoller und größer war, mit mehr Gemüse, Kräutern, Blumen. Ancy wirkte armselig, aber er schwieg, um Katharina nicht unnötig zu verletzen. Sie erwartete ein Kind und durfte sich wahrscheinlich nicht aufregen oder über etwas grämen.

Franz und Katharina weilten noch einen Augenblick im Liebesgarten, während die anderen zum Schloss zurückgingen.

»Sire, ich bin so glücklich über die Schwangerschaft, ich kann es Ihnen nicht beschreiben. Meine Kinderlosigkeit hat mich so bedrückt und deprimiert. Ich habe mir vorgenommen, eine gute Mutter zu sein und jedem Kind die gleiche Liebe entgegenzubringen, ich werde keines bevorzugen und so viel Zeit wie möglich mit ihnen verbringen.«

Franz schwieg eine Weile und überlegte, wie er der Schwiegertochter schonend beibringen konnte, dass sie zuerst Dauphine und irgendwann Königin war und erst dann Mutter.

»Ma fille, deine Vorsätze sind löblich, aber ich glaube, du verkennst die Realität. Es ist unmöglich, alle Kinder in gleichem Maße zu lieben – ich spreche aus Erfahrung. Sobald sie anfangen zu laufen und zu sprechen, entwickelt man zu jedem eine andere Beziehung, und es gibt ein Kind oder auch zwei, die man mehr liebt als die anderen. Auch du wirst dies merken.«

»Das verstehe ich nicht, Sire. Wieso liebt man ein Kind mehr als das andere?«

Franz überlegte. »Ich kann nur von mir sprechen. Ich habe deinen verstorbenen Schwager und Karl mehr geliebt als deinen Gatten, weil ich mich in diesen beiden Söhnen wiedererkannte. Vielleicht liebt man das Kind, das einem am meisten ähnelt, besonders. Abgesehen davon können natürlich auch äußere Umstände, zum Beispiel eine schwierige Geburt, Gefühle bestimmen, oder auch …, nun ja, der Augenblick der Zeugung kann auch eine Rolle spielen.« Er machte eine Pause, bevor er fortfuhr. »Ich kann verstehen, dass du viel Zeit mit deinen Kindern verbringen willst, aber dies wird kaum möglich sein. Deine Kinder werden einen eigenen Haushalt haben; dazu gehören Kammerherren, Haushofmeister, Stallmeister, Ehrenpagen, nicht zu vergessen das Küchenpersonal, schließlich die Amme, die Wärterinnen, die Gouvernante, die Lehrer und andere Bedienstete. Deine Kinder werden von einem kleinen Hofstaat umgeben sein, der Dauphin wird überdies, wenn er volljährig ist, seinen eigenen Hofstaat haben; sie werden mit ihrem Haushalt ebenso von Schloss zu Schloss ziehen wie du und dein Gatte. Das bedeutet, dass du sie manchmal mehrere Wochen, vielleicht sogar Monate nicht siehst, weil du an Heinrichs Seite deine Repräsentationspflichten erfüllen musst.«

Während der folgenden Wochen war Katharina damit beschäftigt, die Geburt ihres Kindes vorzubereiten. Sie ließ sich von Mingo ausführlich beraten, wie viele Dutzend Windeln, Häubchen, Jäckchen benötigt wurden und begann dann eine ausführliche Korrespondenz mit Diana über diese praktischen Fragen, weil sie wusste, dass dies in Heinrichs Sinn war.

Diana versprach, sich um alles zu kümmern und informierte ihrerseits Katharina, wie viele Ballen Seide, Leinen, wie viele Ellen Spitze sie bestellt hatte, wie viele Näherinnen beschäftigt wurden, welche Frauen sie sich angesehen hatte, die als Amme in die engere Wahl kamen und welche der adeligen Damen als Erzieherinnen brauchbar waren.

Katharinas weitere Schwangerschaft verlief ohne Komplikationen, und sie fühlte sich so gesund wie nie zuvor.

Der Krieg ihres Schwiegervaters gegen den Kaiser entwickelte sich weniger erfreulich. Im August rückte Karl V. mit einer gewaltigen Armee gen Westen, eroberte bis Anfang September das gesamte Herzogtum Jülich und zwang Herzog Wilhelm, das Bündnis mit Frankreich zu widerrufen. Der Herzog musste auf Geldern und Zytphen verzichten und in seinen Territorien die Reformation rückgängig machen. Diese Niederlage ihres Schwiegersohnes war für Margarete von Navarra ein willkommener Anlass, ihren Bruder zu bitten, die nicht vollzogene Ehe ihrer Tochter vom Papst annullieren zu lassen. Das königliche Gesuch wurde binnen kurzem von Paul III. positiv entschieden, und Johanna von Albret war frei für eine neue Verbindung.

Im September eroberte die vereinigte französische und türkische Flotte

Nizza, und die französischen Generäle mussten hilflos erleben, dass die Stadt von den Türken unbarmherzig geplündert wurde. Damit nicht genug, entschied der König, dass die türkische Flotte im Hafen von Toulon überwintern sollte. Die einfachen Bürger wurden evakuiert, weil sie keinen Kontakt mit den Ungläubigen haben sollten, die Kaufleute indes blieben in der Stadt und arbeiteten mit den Türken zusammen.

Die Empörung in Frankreich und der übrigen christlichen Welt darüber, dass eine französische Stadt in eine islamische verwandelt wurde, bewog Franz, mit Barbarossa über einen Abzug der Truppen zu verhandeln. Der Türke forderte 800 000 Ecus, Franz gab nach und erließ der Stadt für die nächsten zehn Jahre die Steuer.

Katharina war entsetzt, als sie von den Türken in Toulon erfuhr, weil sie wusste, dass der Kaiser dies propagandistisch gegen ihren Schwiegervater verwenden würde. Im November standen sich das kaiserliche und das französische Heer an der Sambre gegenüber, aber Franz wagte nicht, die starken Stellungen des Feindes anzugreifen und zog sich zurück.

Das Jahr 1543 hatte ebenfalls keine militärische Entscheidung gebracht.

Franz hatte nicht vergessen, dass Katharina ihr erstes Kind in Schloss Fontainebleau zur Welt bringen wollte, und so übersiedelte der Hof im Dezember von Paris zum Schloss, dessen Bau immer noch nicht fertig war. Als Katharina sich am Morgen des 19. Januar 1544 zur Messe begeben wollte, spürte sie einen stechenden Schmerz im Unterleib. Sie wartete einen Augenblick und schickte dann nach Fernel. Der Arzt untersuchte sie, sagte, ihre Stunde sei gekommen und sie solle sich zu Bett begeben. »Wie lange dauert es noch, Monsieur Fernel?«

»Das kann ich nicht genau sagen, Madame, einige Stunden … Ich schätze, dass Sie gegen Abend entbunden haben.«

Einige Stunden …, gegen Abend …, dachte Katharina fassungslos.

Fernel benachrichtigte den König, Heinrich, die Würdenträger, und es dauerte nicht lange, so hörte Katharina, wie sich im Vorraum ihres Appartements die Hofleute versammelten. In ihr Schlafzimmer kamen nach und nach die Hebamme und die Kammerfrauen. Alle versuchten, möglichst leise zu sein und flüsterten nur. Katharina lag und wartete, dass der Schmerz sich wiederholte, aber nichts dergleichen geschah.

»Wie geht es jetzt weiter, Mingo? Eine Geburt kann doch nicht Stunden dauern.«

»Beim ersten Mal kann es sogar einen ganzen Tag dauern, Hoheit. Die

Wehen kommen jetzt in immer kürzeren Abständen; zuletzt sind sie sehr stark, das sind die Presswehen, dann müssen Sie pressen.«

Pressen, dachte Katharina, sie hatte sich die Geburt einfacher vorgestellt. Sie sah zum Baldachin empor, wartete auf die nächste Wehe und begann schließlich ungeduldig zu werden. »Mingo, lass Margarete holen, sie soll mir etwas vorlesen.«

Die Schwägerin kam sofort mit einigen Büchern. »Ich habe Ritterromane mitgebracht und die Balladen von Villon. Was möchtest du hören?«

»Lies mir Villon vor.«

Margarete blätterte. »Ich beginne mit der *Ballade des Dames du temps jadis*:

> *Dictes moy ou, n'en quel pays,*
> *Est Flora la belle Rommaine,*
> *Archipiades, ne Thaïs,*
> *Qui fut sa cousine germaine,*
> *Echo parlant quant bruyt on maine*
> *Dessus riviere ousus estan,*
> *Qui beaulté ot trop plus qu'humaine.*
> *Mais ou sont les neiges d'antan?*

> Ballade von den Frauen vergangener Zeit:
> O sagt mir, wo, in welchem Land
> Ich Flora, Romas Schönste, finde,
> Archipiada, wohin verbannt,
> Mit Thaïs, ihrem Schwesternkinde
> Echo, die widersprach, wenn Töne
> Man über Fluss und Teich ließ ziehn,
> Die mehr besaß als Menschenschöne?
> Wo schmolz der Schnee des Winters hin?

Als Margarete die zweite Strophe vorlesen wollte, spürte Katharina erneut Wehen und stöhnte leise. »Margarete, ich …, ich kann dir nicht länger zuhören. Geh bitte wieder.« Ab diesem Augenblick konzentrierte sie sich nur auf die Geburt und stellte fest, dass Fernels Prognose, es würde noch Stunden dauern, richtig war. Es dämmerte bereits, als die Wehen in immer kürzeren Abständen auftraten. Katharina nahm ihre

Umgebung nur noch halb wahr. Irgendwann sah sie Fernel neben dem Bett stehen.

»Sie müssen pressen, Madame.«

»Ich presse doch, Monsieur.«

In diesem Augenblick war alles vorbei, Fernel nabelte das Kind ab, übergab es lächelnd den Kammerfrauen, wartete auf die Nachgeburt und übergab sie den Astrologen. Dann sandte er einen Diener zum König und wandte sich an Katharina, die erschöpft in den Kissen lag. »Madame, Sie haben einen gesunden Sohn geboren. Seine Majestät wird soeben benachrichtigt, und nachher wird der Prinz nackt dem Kanzler gezeigt, damit er das Geschlecht des Kindes bestätigt.«

Katharina hörte nur drei Worte: Ein gesunder Sohn, die Dynastie Valois war gerettet.

»Sie müssen jetzt ruhen, Madame. Seine Majestät und der Dauphin werden Sie nachher noch besuchen, ansonsten empfehle ich Ruhe und viel Schlaf.«

»Ich habe Hunger, Monsieur Fernel. Darf ich heute noch etwas essen?«

Der Arzt überlegte. »Nun ja«, erwiderte er zögernd, »etwas Fleischbrühe wäre angebracht, etwas Taube, ein kleines Stückchen Brot, ein Becher Wein mit Wasser verdünnt.«

Als Fernel gegangen war, rief Katharina Mingo zu sich. »Ich sterbe vor Hunger und Durst. Sorge dafür, dass ich eine große Portion Taube, ein großes Stück Brot und einen Pokal Rotwein bekomme, aber unverdünnt. Ich habe während der vergangenen Monate genug verwässerten Wein getrunken.«

In diesem Augenblick wurden der König und Heinrich gemeldet. Franz eilte freudestrahlend auf seine Schwiegertochter zu und küsste sie auf die Stirn. »Ma fille, ein Enkel, ich habe also nicht umsonst gehofft. Er wird noch heute Abend die Nottaufe erhalten. Möchtest du immer noch, dass er den Namen Franz erhält?«

»Selbstverständlich, Sire.«

»Ich habe noch zwei gute Nachrichten für dich. Die Astrologen haben inzwischen die Zukunft deines Kindes aus der Nachgeburt gedeutet: Die Herren Ruggieri weissagen, dass der kleine Franz noch viele Geschwister haben wird. Meine Astrologen sagen, er habe eine kräftige Konstitution und werde lange leben. – Und jetzt …, ich habe von Cellini ein Geschenk für dich fertigen lassen. Das Pfeffer- und Salzfass, das er im letzten Jahr für mich schuf, hat mich so fasziniert, dass ich ihn

beauftragte, ein Geschmeide aus Gold für dich zu arbeiten.« Er überreichte ihr eine Kette, Armreifen, Broschen und Ohrringe, in die sehr
kunstfertig die Lilie und das Medici-Wappen hineingearbeitet waren,
und ein Kästchen mit Edelsteinen.

Katharina dankte dem König mit vielen Worten. Seine Großzügigkeit
überraschte sie immer wieder, weil sie wusste, dass die Staatsfinanzen
durch die Kriege und eine schleichende Inflation, die mit dem überseeischen Import an Gold und Silber zusammenhingen, fast zerrüttet
waren.

»Du wirst mit meinem Sohn jetzt gern allein sein wollen«, sagte Franz.
»Ich besuche dich morgen nach der Messe.«

Als der König gegangen war, trat Heinrich zögernd zu Katharina und
überreichte ihr sein Geschenk – eine dreireihige Perlenkette, ein Perlen-
armband und Ohrringe aus Perlen. »Du hast bereits Perlen«, sagte er
verlegen, »aber etwas anderes ist mir nicht eingefallen.«

»Heinrich, die Geschenke anlässlich der Geburt unseres Sohnes sind nicht
so wichtig. Er ist gesund, und das ist im Augenblick die Hauptsache.«

»Ja, natürlich. Hast du viel gelitten während der vergangenen Stunden?«

»Nein, es war zu ertragen.«

»Ich danke dir für unseren Sohn.« Er beugte sich über sie, küsste sie auf
den Mund, und für den Bruchteil einer Sekunde hatte sie den Eindruck,
dass sein Kuss zärtlicher war als sonst. Sie sahen sich einen Augenblick
an, und zum ersten Mal wurde es Heinrich bewusst, dass Katharina die
Mutter eines legitimen Sohnes war. Er hatte eine illegitime Tochter,
aber mit der Mutter dieses Kindes verband ihn nichts. Katharinas Kinder
hingegen, die sie noch bekommen würde, waren die Kinder Frankreichs,
sie sicherten die Dynastie. Diana ermahnte ihn stets, an die Thronfolge
zu denken. Bisher hatte dies für ihn die Erfüllung seiner ehelichen
Pflichten bedeutet, nun hatten sie ein Kind. Ein Kind, das auch ein Teil
von Katharina war, das vielleicht das Erbe der Medicis in sich trug. – Unsere Kinder, dachte Heinrich, halb Valois und halb Medici.

Katharina unterbrach seine Gedanken. »Werde ich unseren Sohn heute
noch zu sehen bekommen?«

»Gewiss, Diana wird ihn dir nachher zeigen. Sie hat auch schon eine
Gouvernante ausgesucht.«

Diana, dachte Katharina. Wie lange würde sie diesen Namen noch hören
müssen? Nachdem Heinrich gegangen war, kamen die Königin, Karl

und Margarete. Dann erhielt Katharina einen Glückwunschbrief der Herzogin, und zuletzt wurde Diana gemeldet. Sie war in Begleitung der Amme, die Katharina den Säugling in den Arm legte.

»Ich freue mich mit Ihnen und Ihrem Gatten über die Geburt des Prinzen«, sagte Diana. »Ich habe als Gouvernante Ihrer Kinder Madame d'Humières ernannt; sie hat selbst zwölf Kinder geboren und großgezogen. Sind Sie damit einverstanden, Madame?«

»Ja, Madame«, erwiderte Katharina resigniert. Die Seneschallin bestimmt sogar, wer meine Kinder erziehen soll, dachte sie verärgert, nahm sich aber zusammen und lächelte Diana an. »Madame, der König ist damit einverstanden, dass ich meine Kinder bis zum Beginn des offiziellen Unterrichts selbst unterrichte. Ich werde damit anfangen, sobald sie das vierte Lebensjahr vollendet haben.«

»Ich bin Ihrer Meinung, Madame«, erwiderte Diana lächelnd, »man kann nicht früh genug mit dem Unterricht beginnen.«

Katharina betrachtete ihren kleinen Sohn, und streichelte vorsichtig das runzlige Gesicht. Dann sah sie Diana an. »Monsieur Fernel behauptet, er sei gesund, aber er … er wirkt so schmächtig.«

»Madame, alle Neugeborenen sehen schmächtig aus. In wenigen Wochen werden Sie über seine Entwicklung staunen.«

»Gewiss, Madame.« Sie gab der Amme das Kind zurück und dachte im Stillen, dass der Kleine auf sie, die Mutter, nicht nur schmächtig, sondern kränklich wirkte. Hoffentlich überlebte er die Kinderjahre …

An jenem Abend lag sie noch lange wach und dachte glücklich daran, dass sie jetzt Mutter war und noch weitere Kinder haben würde, Söhne, Töchter. Wie würden sie sich entwickeln? Sie musste die Erziehung steuern, so weit es möglich war.

In der Nacht hatte sie einen merkwürdigen Traum: Es war früher Morgen. Sie beugte sich über die Wiege ihres Sohnes, der kläglich wimmerte und versuchte, ihn zu beruhigen. Plötzlich betrat eine hoch gewachsene, junge, schlanke Frau den Raum und ging zur Wiege. Katharina wich unwillkürlich zurück und betrachtete die Unbekannte. Sie hatte dichtes, rotgoldenes Haar, dunkle Augen, sie war eine Schönheit. Sie nahm das Kind auf den Arm, und im gleichen Augenblick hörte es auf zu wimmern. Die Unbekannte streifte Katharina mit einem hochmütigen, herablassenden Blick und wies mit dem Arm zur Tür.

Katharina verstand, sie sollte das Zimmer verlassen. Innerlich sträubte sie sich dagegen, aber sie wusste, dass ihr keine andere Wahl blieb, und sie spürte, dass die Unbekannte ihr an Macht überlegen war. Sie ging hinaus und eine unendlich lange Galerie entlang, die zunächst nur vom morgendlichen Zwielicht erhellt wurde. Aber je länger sie ging, desto heller wurde es. Zu beiden Seiten der Galerie gab es keine Türen, und wenn sie durch ein Fenster sah, so erblickte sie nur eine öde, leblose Landschaft, ohne Häuser, Bäume, Sträucher, keinen Berg, keinen Hügel, es war eine trostlose Ebene, die sich bis zum Horizont erstreckte. Katharina ging weiter und weiter, irgendwo musste die Galerie enden, musste es einen Ausgang geben. Hin und wieder blieb sie stehen und ruhte sich aus. Geduld, dachte sie, ich muss Geduld haben.

Irgendwann sah sie eine Tür, und als sie davor stand, hörte sie das Mittagsläuten. Wie sonderbar, dachte sie, als ich das Zimmer verließ, war es früher Morgen – bin ich so lange gegangen?

Jetzt, wo sie am Ziel angekommen war, empfand sie den zurückgelegten Weg gar nicht mehr so lang. Sie öffnete vorsichtig die Tür, betrat einen riesigen, hohen Saal und blieb erschrocken stehen. In der Mitte war ein Sarg aufgebahrt, und als Katharina zögernd dorthinging, sah sie, dass darin ein junger Mann von ungefähr sechzehn oder siebzehn Jahren lag. Das Gesicht war rundlich, blass und fahl; sie vermutete, dass er lange krank gewesen war und ging zurück zu der Tür, durch die sie den Saal betreten hatte. Sie wollte diesen unheimlichen Raum so schnell wie möglich verlassen.

Als sie die Tür öffnen wollte, bemerkte sie erschrocken, dass selbige inzwischen verschlossen war. Es führt kein Weg zurück, dachte sie. Sie drehte sich um, vermied es, zu dem Sarg zu blicken und entdeckte auf der gegenüberliegenden Seite eine Tür, ging entschlossen dorthin, öffnete sie und sah eine Art Arbeitskabinett. Bücherschränke an den Wänden, in der Mitte stand ein Schreibtisch und darauf lag eine Landkarte. Katharina ging neugierig zu dem Tisch und sah erstaunt, dass es eine Karte von Frankreich war. Noch erstaunter war sie, als sie sah, dass außer Flüssen nur drei Städte auf der Karte zu sehen waren: Orléans, Bayonne, Paris. Merkwürdig, nur diese drei Städte. Warum nicht Lyon, Marseille, Bordeaux? Orléans, Bayonne, Paris … Sie ging nachdenklich zu einem der Fenster, sah hinaus und erblickte den Fluss Cher. Es war derselbe Blick, den sie von Chenonceaux aus auf den Cher gehabt hatte. Verwirrt trat sie einen Schritt zurück. Sie war doch gar nicht in Chenonceaux, sondern in Fontainebleau …

In diesem Augenblick erwachte Katharina, setzte sich auf und sah sich um. Es bestand kein Zweifel, sie war in ihrem Schlafzimmer in Fontainebleau, das in diesem Augenblick nur vom Schein eines Kaminfeuers und einer Nachtlampe erhellt war.

Sie sank zurück in die Kissen und dachte über jenen merkwürdigen Traum nach. War der tote junge Mann identisch mit dem Kind in der Wiege? Nein, dachte sie, die Astrologen haben ihm ein langes Leben prophezeit. Sie würde noch mehr Kinder zur Welt bringen, und nach menschlichem Ermessen starb bestimmt eines davon, vielleicht auch zwei oder drei während der Kindheit.

Wahrscheinlich hatte sie, nach vielen Jahren, wieder ein »zweites Gesicht« gehabt und den Tod eines ihrer Kinder vorhergesehen, oder auch den Tod eines Enkels … Ja, das ist die Lösung, überlegte Katharina. Wahrscheinlich war die hoch gewachsene, junge Frau eine Schwiegertochter, die ihr Kind hochhob, das in jungen Jahren starb. Aber welche Bewandtnis hatte es mit der Landkarte Frankreichs und den drei Städten? Vielleicht bilde ich mir etwas ein, dachte Katharina, vielleicht war es ein ganz harmloser, normaler Traum.

Sie konnte lange nicht einschlafen, und je länger sie an den Traum dachte, desto unbehaglicher fühlte sie sich.

Als sie am anderen Morgen erwachte, erschien der Traum ihr wie der Spuk einer Nacht, und im Laufe des Tages trat er völlig in den Hintergrund. Unter den zahlreichen Glückwünschen, die während der folgenden Wochen am Hof eintrafen, waren auch zwei Briefe an Katharina persönlich gerichtet. Das eine Schreiben war von ihrem alten Freund Montmorency, der bedauerte, den jungen Prinzen nicht sehen zu können, das andere Schreiben war von des Königs Schwester Margarete und begann mit einem Gedicht, das die Königin von Navarra selbst verfasst hatte:

Ein Sohn! Ein Sohn! Oh holdes Wort
Das wir vor allen anderen Gott zu danken haben.
Oh glücklicher Sohn! Glücklichen Vaters Lust,
Zufriedener Mutter höchstes Gut!
Glücklich' Vertrau'n, das nach langem Warten
Die Frucht gab dem bestellten Garten.

Während Katharina ihr Mutterglück genoss, ging der Krieg weiter. Am Ostermontag des Jahres 1544 gelang den Franzosen bei Ceresole in Oberitalien ein überwältigender Sieg über die kaiserlichen Truppen. An der Nordfront entwickelten sich die Dinge ungünstiger. Am 13. Juli begannen die feindlichen Truppen mit der Belagerung der Festung Saint-Dizier an der Marne, die ihnen den Weg nach Paris versperrte. Am 17. August kapitulierte die Stadt, und der Kaiser begann mit dem Marsch auf die Hauptstadt. Einige Tage nach der Kapitulation tauchten Gerüchte auf, dass Verrat in den eigenen Reihen zur Eroberung der Stadt geführt hätten. Der König ließ die Angelegenheit untersuchen, aber sie verlief im Sande. Franz begab sich, obwohl schwer krank, in die Hauptstadt, um den Parisern Mut einzuflößen.

Unterdessen waren am 14. Juli englische Truppen in Calais gelandet, rückten indes nicht, wie der Kaiser es wünschte, auf Paris zu, sondern begannen mit der Belagerung Boulognes.

Anfang September erreichten die kaiserlichen Truppen Meaux, wo der Dauphin Heinrich ihnen den Weg versperrte. Dort begannen die feindlichen Söldner auseinander zu laufen, und Karl zog sich nach Soissons zurück und begann, über einen Frieden zu verhandeln.

Am 16. September wurde der Friede von Crépy-en-Valois geschlossen. Der König von Frankreich widerrief sein Bündnis mit den Türken und verzichtete auf das Eingehen neuer Bündnisse, zumal mit den Protestanten. Er verzichtete auf seine Ansprüche auf Flandern, das Artois und das Charolais, auf Neapel und Mailand, während der Kaiser seinen Verzicht auf Burgund bestätigte. Franz versprach auch, seine Truppen aus Savoyen und Piemont abzuziehen, aber erst nach der Hochzeit seines Sohnes mit einer Tochter oder Nichte des Kaisers. Dieser verlangte als Apanage für den Herzog von Orléans die Herzogtümer Orléans, Bourbon, Angoulême und Chatellerault. Überdies erbat er vier Monate Bedenkzeit, um eine Entscheidung bezüglich der Braut zu treffen.

Katharina war glücklich über den Friedensvertrag. Heinrich würde sein Leben nicht mehr in einem nutzlosen Krieg riskieren müssen und konnte sich der Zeugung weiterer Kinder widmen.

Sie war inzwischen zum zweiten Mal schwanger und hatte mit Fernels Hilfe errechnet, dass das Kind Ende März oder Anfang April zur Welt kommen würde.

Der Krieg mit England war allerdings noch nicht beendet. Am 18. September 1544 zog Heinrich VIII. in Boulogne ein. Er wies die Aufforderung, sich dem Frieden anzuschließen, empört zurück, ließ seine Truppen in Boulogne und segelte zurück nach England.

Während der folgenden Wochen wurde dem Dauphin Heinrich zum ersten Mal bewusst, dass durch den Vertrag von Crépy die Krone Frankreichs geschwächt wurde. Es war völlig unerheblich, ob sein Bruder die Tochter oder die Nichte des Kaisers heiratete, er würde dadurch ein Machtfaktor werden, der den künftigen König von Frankreich bedrohte. Am 12. Dezember gab Heinrich feierlich, wenn auch vorerst noch geheim, seinen Protest gegen die mit dem Vertrag vorgesehene Abtrennung französischen Kronlandes zu Protokoll. Die Prinzen von Vendôme und Enghien unterzeichneten das Dokument als Zeugen.

Anfang des Jahres 1544 kam es zum völligen Bruch zwischen dem König und seinem Sohn, als Heinrich sich weigerte, an den Sitzungen des Kronrates teilzunehmen, mit der Begründung, er wolle nicht später für die Fehler seines Vaters die Verantwortung übernehmen.

Katharina litt unter dem Zerwürfnis und fragte sich, wie es weitergehen solle. Ihr Schwiegervater und ihr Gatte ignorierten einander – an der Hoftafel, bei Festlichkeiten und Jagden wechselten sie kein Wort. Wenn die Familie, was selten vorkam, abends unter sich war, fehlte entweder der König oder Heinrich.

Mitte Februar traf die Nachricht ein, dass Karl V. beschlossen hatte, seine Nichte mit dem Herzog von Orléans zu vermählen. Als Mitgift würde sie Mailand erhalten.

Franz atmete auf: Mailand würde zwar nicht zu Frankreich gehören, aber es würde immerhin von einem Valois regiert werden. Und irgendwann, wer wusste, was passieren konnte? Vielleicht, eines Tages …

Heinrich hoffte inständig, dass es nicht zu dieser Ehe kam, weil der Bruder dadurch ein Vasall des Habsburgers wurde und vielleicht eines Tages ein Feind Frankreichs.

Katharina schwieg zur Entscheidung des Kaisers, innerlich jedoch war sie froh, dass der Schwager Herr über Mailand wurde. Der Herzog von Mailand würde die Grenzen von Frankreich nicht bedrohen. Er war zwar ein Vasall des Kaisers, aber nach menschlichem Ermessen würde es zwischen Frankreich und dem Habsburger vorerst keine Kriege mehr geben. Das Problem Mailand war somit gelöst, und der Kaiser vollauf beschäftigt mit den lutherischen deutschen Fürsten, mit Spanien und den überseeischen Besitzungen.

Am 2. April 1545 gebar Katharina in Fontainebleau ihr zweites Kind, eine Tochter, die auf den Namen Elisabeth getauft wurde.

Einige Tage später verließ Benvenuto Cellini den Hof und kehrte nach Italien zurück, weil er befürchtete, eines Tages das Opfer der ständigen Intrigen zu werden.

Anfang Mai konnte Katharina zum ersten Mal wieder an einer Jagd teilnehmen. Am Morgen versammelten sich wie gewohnt die Höflinge und die *petite bande*, angeführt von der Herzogin, im Schlosshof. Als der König erschien, sprengte ein Reiter in den Schlosshof. »Sire!«, rief er, »die Städte Mérindol und La Côte wurden zerstört! Männer, Frauen und Kinder wurden getötet, 800 Menschen wurden auf die Galeeren gebracht. Am 21. April hat sich die Stadt Cabrières ergeben. Frauen oder Mädchen, die sich in die Kirche flüchteten, wurden vergewaltigt oder erdrosselt. Die schlimmsten Gräuel beging man an schwangeren Frauen. Die Getreideschober, in die die Überlebenden sich flüchteten, wurden angezündet, in den Bergen wurden die Flüchtlinge wie wilde Tiere abgestochen. – Mindestens 20 000 Waldenser sind gestorben.«

Katharina beobachtete, dass ihr Schwiegervater bleich wurde. Im Schlosshof herrschte Schweigen.

»Man hat meinen Befehl missverstanden«, sagte Franz dann. »Diese bestialische Abschlachtung von Menschen wollte ich gewiss nicht!«

Er gab Pierrot das Zeichen zum Beginn der Jagd.

Sein Gefolge beobachtete erstaunt, dass der König an diesem Tag wohl nicht die Absicht hatte, Wild zu erlegen, weil er durch die Wälder galoppierte, ohne nach links oder rechts zu sehen.

Gegen Mittag erreichten sie einen Hain. Hier stieg der König vom Pferd. »Ich möchte zwei Stunden hier verweilen und mich ausruhen«, sagte der König zu Pierrot. Er ließ sich einen Pokal Wein bringen und setzte sich, abseits von der Hofgesellschaft, auf einen Baumstumpf.

Anna beobachtete ihren Liebhaber und wusste, dass er nicht gestört werden wollte. Sie versammelte die *petite bande* um sich und befahl den Dienern, Salate, kaltes Fleisch, Pasteten und andere Leckerbissen zu servieren. Katharina beobachtete erstaunt, dass ihr Schwiegervater abseits von der Hofgesellschaft saß und nachdenklich vor sich hin sah. Die Nachricht über die Ermordung der Waldenser scheint ihn zu beschäftigen, dachte sie.

Während Katharina eine Fleischpastete aß, sah sie hinüber zu Heinrich und den Guisen. Franz von Guise, überlegte sie, ist mit Leib und Seele

Soldat und wetteifert mit Coligny um militärischen Ruhm. Franz kann ich einschätzen, er ist Soldat und kümmert sich nicht um die Politik. Sein jüngerer Bruder Karl hingegen … Er ist siebzehn Jahre und bereits Erzbischof, er wird irgendwann Kardinal sein. Er ist ehrgeizig, er wird versuchen, die Politik meines Gatten zu beeinflussen. Sie beobachtete den hoch gewachsenen, schmalen, jungen Kirchenfürsten, der stets verbindlich lächelte und dessen Miene nie widerspiegelte, was er wirklich dachte. Auf einmal vermisste sie Coligny, der gewöhnlich auch zu dieser Gruppe gehörte. Sie sah sich um und entdeckte ihn unter einem Baum. Er saß, genau wie der König, auf einem Baumstumpf, trank Wein und schien seine Umgebung vergessen zu haben. Katharina stand auf und ging zu ihm.

»Sie sitzen hier und trinken Wein – wollen Sie nicht etwas essen?«

Coligny sah auf. »Die Nachricht von der Ausrottung der Waldenser hat mir den Appetit verdorben, Madame.«

»Ich verstehe nicht, Coligny, warum mein Schwiegervater den Beschluss des Parlaments von Aix, den er im Jahre 1540 aussetzte, nun hat vollziehen lassen.« Sie setzte sich neben ihn auf einen Stein.

»Die Bischöfe der Provence und der Kardinal von Tournon beschwören den König stets, an sein Seelenheil zu denken. Man hat ihm eingeredet, dass die Waldenser gegen ihn revoltieren und eine Republik errichten wollen. Deshalb hat der König die Vollziehung des Parlamentsbeschlusses des Jahres 1540 gestattet.«

»Warum sind die Waldenser Ketzer, Coligny?«

Der junge Mann überlegte einen Augenblick. »Madame, da müssen wir weit in die Vergangenheit zurückgehen. – Um die Mitte des 12. Jahrhunderts gab es einen reichen Kaufmann namens Petrus Valdes, der eines Tages im Evangelium des Matthäus las: *Und willst du vollkommen sein, so verkaufe alles, was du hast und gib's den Armen, so wirst du und dein Haus selig.* Valdes war bereit, diese Aufforderung wortwörtlich zu erfüllen; er verteilte sein Vermögen an die Familie, Freunde und Bettler, lebte fortan in Armut, zog umher, predigte und verkündete das Wort Gottes. Petrus Valdes wollte den christlichen Glauben weder verändern noch revolutionieren, aber er und seine Anhänger beanspruchten das Recht auf Predigt für jeden Menschen, und das widerspricht der herkömmlichen Lehre, und deshalb waren sie Ketzer in den Augen Roms. Sie wurden jahrhundertelang quer durch ganz Europa verfolgt, sie zogen durch die Lombardei und Deutschland, durch die Schweiz und

Flandern. In Deutschland und Flandern konnten sie sich zeitweise niederlassen, und schließlich siedelten sie sich in den provençalischen Gebieten zwischen den Hautes Alpes und Aux und im Vaucluse an. Es waren insgesamt vierzig Dörfer und drei kleine Städte, Cabrières, La Côte und Mérindol. Ihre Einwohner waren zum größten Teil Bauern und Schäfer, die sich nie viel um Politik kümmerten. In diesem Gebiet lebten sie lange friedlich und unbeachtet. Die Laienbruderschaft der Waldenser verwarf das Dogma der Transsubstantiation, der kirchlichen Lehrautorität, und die kirchliche Hierarchie. Sie lehnten Fegefeuer, Ablass und Heiligenverehrung ab und sahen in der Güte die Voraussetzung des Heils. Auf ihrer Synode in Chauferon im Jahr 1532 beschlossen sie, sich der Reformation anzuschließen. Bis zum Edikt von Fontainebleau am 1. Juni 1540 störte sich niemand daran.« Er schwieg einen Augenblick und trank einen Schluck Wein. »Jenes Edikt befahl, alle, die nicht zu den Rechtgläubigen gehören, unverzüglich zu verfolgen. Das Parlament von Aix verurteilte daraufhin am 18. November 1540 siebzehn Einwohner von Mérindol zum Flammentod, beschlagnahmte ihr Vermögen und befahl die Zerstörung der Stadt. Die Verurteilten flehten den König um Gnade an, und der König erhörte sie und gewährte ihnen Freibriefe, sofern sie sich binnen drei Monaten zum richtigen Glauben bekehrten. Er hat damals die Exekution des Urteils verhindert. Unter dem Einfluss der Bischöfe der Provence und des Kardinals von Tournon hat er jetzt gestattet, den Beschluss des Parlaments von 1540 zu vollziehen.« Coligny sah hinüber zu Franz, bevor er fortfuhr. »Ich bin davon überzeugt, dass der König diese Ausrottung der Waldenser, dieses sinnlose Vergießen von Blut, diese Abschlachtung von unschuldigen Menschen nicht wollte, aber irgendwie wurde er von den Ereignissen überrollt. Dort, wo die Waldenser ihre Dörfer hatten, gab es bestimmt Einheimische, die sich deren Besitz aneignen wollten.«

Sie schwiegen eine Weile.

»Ich bewundere die Menschen«, sagte Coligny dann, »die bereit sind, für ihren Glauben den Tod eines Märtyrers zu sterben.«

»Ich bewundere diese Menschen auch«, sagte Katharina, »aber ich begreife nicht, was in ihnen vorgeht. Was fasziniert sie an dem neuen Glauben? Wieso ist es Calvin in den vergangenen drei Jahren gelungen, die wohlhabende Stadt Genf und ihre lebenslustigen Einwohner in einen, sagen wir ›Gottesstaat‹ zu verwandeln, der keinen Freiraum mehr lässt für Freude und Genuss? In Genf ist fast alles verboten –

Würfel- und Kartenspiele, Trunkenheit, Wirtshausbesuch, Tanzen, unanständige Lieder, verschwenderische Lebensführung. Kostbare Kleidung, Schmuck und Spitzen sind verpönt, eine Frau, die ihre Haare hochfrisiert, muss ins Gefängnis, theatralische Aufführungen sind verboten, die neugeborenen Kinder sollen alttestamentarische Namen tragen, Druckerzeugnisse werden zensiert, respektlose Äußerungen gegen Calvin gelten als Verbrechen, und wer gegen diese Vorschriften verstößt, muss mit Geldstrafen, Gefängnis oder Verbannung rechnen. Calvin fordert Fleiß, Enthaltsamkeit, einfache Lebensführung und Sparsamkeit, und die Bevölkerung von Genf akzeptiert seine Forderungen. Warum? Letztlich ist er genauso intolerant wie der Papst in Rom.«

»Ich will versuchen, es Ihnen zu erklären«, sagte Coligny. »Zunächst müssen Sie die verworrene politische Situation der Stadt sehen, als Calvin sie im Sommer 1536 zum ersten Mal betrat. Es gab eine teils bischöfliche, teils herzogliche Regierung und einen Stadtrat, den die Patrizier wählten. Eine Anzahl prominenter Bürger versuchte sich von der bischöflichen und savoyischen Oberhoheit zu befreien und verständigte sich mit dem protestantischen Bern. Im Jahr 1520 lag die Macht der Stadt hauptsächlich bei den großen Handelsherren. Um 1526 errichtete die Bürgerschaft einen Großen und einen Kleinen Rat, der immer öfter in Konflikt mit Bischof und Herzog geriet und schließlich, im Jahr 1536, die Einführung des neuen Glaubens und die Unterstellung des Klerus unter die weltliche Herrschaft beschloss. In jenem Jahr traf Calvin in Genf ein. Damals wirkte dort bereits Farel, ein fanatischer Anhänger des neuen Glaubens. Farel sah in Calvin den Mann, der sein Werk fortsetzen konnte. Während der folgenden Monate kam es zwischen Farel und Calvin auf der einen Seite und dem Rat der Stadt immer wieder zu Meinungsverschiedenheiten, und im Frühjahr 1538 mussten sie Genf binnen drei Tagen verlassen. Calvin begab sich nach Straßburg, heiratete im Jahr 1540 eine mittellose Witwe mit mehreren Kindern und schlug sich als Seelsorger recht und schlecht durch. In Genf gab es inzwischen wieder einen Bischof und ständige Differenzen mit den Patriziern und dem Rat. Schließlich wurde Calvin zurückgerufen. Am 13. September übersiedelte er nach Genf und begann mit der Einführung der Reformation – einer Reformation, wie er sie für richtig hält. Und bis jetzt, das muss man ihm lassen, war er erfolgreich.«

»Ich habe immer noch nicht verstanden«, sagte Katharina, »was die lebenslustigen Genfer an Calvin so fasziniert, dass sie bereit sind, sich schlicht zu kleiden und auf alle Freuden des Lebens zu verzichten.«

»Es ist ganz einfach, Madame. Calvin geht davon aus, dass Gott die Zukunft jedes Menschen vorherbestimmt hat. Gott weiß, wer zur Seligkeit oder zur Verdammnis bestimmt ist und er fordert zum demütigen Gebet auf. Jedes Gebet wird beantwortet, weil Anrufung und Antwort ebenfalls vorherbestimmt sind. Diejenigen, die Gott zur Seligkeit bestimmt hat, gehören zu den Auserwählten, und der Beweis ihrer Auserwähltheit ist einfach ihr frommer Lebenswandel. Ich glaube, Madame, dass, wenn ein Mensch in dem Bewusstsein lebt, zu den Auserwählten Gottes zu gehören, zu den wenigen, die zur ewigen Seligkeit bestimmt sind, dieser Mensch wird Verfolgung, Folter und Verbrennung erdulden im Hinblick auf das Jenseits.«

»Ich kann diese Überlegung nicht nachvollziehen«, sagte Katharina, »es kommt mir absurd vor. Aber gleichviel, ich finde, jeder soll glauben, was er für richtig hält. Ich bin bereit, auch die merkwürdigsten theologischen Spitzfindigkeiten zu tolerieren, weil der Glaube auch irgendwie eine sehr emotionale Angelegenheit ist. – Ja, die Religion ist emotional. Der Glaube hat mir bei meinen Problemen bis jetzt noch nicht weitergeholfen, Coligny. Der Glaube ist eine persönliche Angelegenheit, und die gegenwärtige Intoleranz in Europa finde ich entsetzlich. Und dieser Calvin mit seinen Vorstellungen vom alltäglichen Leben: seine Familie war bestimmt arm, sonst könnte er nicht versuchen, so absurde Pläne zu realisieren: kein Tanz, schwarze Kleider, kaum Schmuck, bei Tisch nur drei Gänge und ansonsten beten und arbeiten, beten und arbeiten …«

Coligny lächelte. »Mit Verlaub, Madame, Calvin entstammt keineswegs ärmlichen Verhältnissen. Er wurde im Sommer 1509 in Noyon geboren; sein Vater war der Sekretär des Bischofs und der Finanzminister des kleinen Bistums. Er wuchs mit den Kindern der adeligen Familie de Montmor auf und wurde zusammen mit ihnen unterrichtet. Als es so weit war, dass er seine Studien in Paris fortsetzen konnte, verschaffte der Bischof ihm eine Pfründe, die seinen Lebensunterhalt sicherten. Da Calvin sich noch nicht zwischen dem Studium der Theologie und der Jurisprudenz entscheiden konnte, begann er mit allgemeinen Studien, wodurch er sich alle Wege offen hielt. In jenen Pariser Jahren geriet sein Vater in Konflikt mit der geistlichen Elite des Bistums wegen Unregelmäßigkeiten in der Finanzverwaltung und er wurde exkommuniziert. Calvin begann auf väterlichen Wunsch das Studium der Jurisprudenz in

Orléans und Bourges. Dort begegnete er Theodor von Beza, der jetzt in Genf sein Mitstreiter ist und begann, sich mit den Gedanken und Schriften Luthers zu beschäftigen. Im Jahre 1531 starb sein Vater, ohne vom Kirchenbann befreit zu sein. Ich vermute, Madame, dass von diesem Zeitpunkt an Calvins Verhältnis zur Kirche gestört war. Drei Jahre später verkaufte er seine Pfründe. Nach dem Tod des Vaters kehrte er nach Paris zurück, beschäftigte sich erneut mit dem Humanismus und veröffentlichte einen Seneca-Kommentar, wodurch Nicolas Cop auf ihn aufmerksam wurde und ihn bat, eine Universitätsrede für ihn zu entwerfen. Es war jene berühmte Rede, die Cop am 1. November 1533 hielt. Calvin musste nach dieser Rede Paris verlassen und ging nach Angoulême, wo die Königin von Navarra ihm Schutz gewährte. Im Dezember 1534 ging er nach Basel und vollendete sein Werk *Christianae religionis institutio*. 1541 erschien es in französischer Sprache, wurde aber vom französischen Parlament beschlagnahmt und verbrannt. Im Frühjahr 1536 begab Calvin sich nach Ferrara, um die protestantische Herzogin Renée, die Tochter Ludwigs XII., um Hilfe für die verfolgten französischen Protestanten zu bitten. Im Mai reiste er nach Straßburg ab, musste aber die Reise – wegen der Kriegswirren – in Genf unterbrechen. Was weiter geschah, wissen Sie bereits.« Coligny schwieg einen Augenblick. »Calvin hat die Kirche in Genf neu organisiert. Es gibt vier Aufgabenbereiche: Den Pastoren obliegt die Predigt und die Verwaltung der Sakramente; die Ältesten überwachen die Moral; den Diakonen obliegt die öffentliche Fürsorge; die Doktoren wachen über die Reinheit der neuen Lehre. Das Leben der Familien hängt vom Geist ab, der im Ältestenrat herrscht. Er hat die Möglichkeit, sanft und gütig zu führen oder drakonisch zu strafen und kleinliche Bespitzelungen zu unterstützen. Genf hat 16 000 Einwohner, bisher gab es ungefähr fünfzig Hinrichtungen, weil gegen die religiöse Ordnung verstoßen wurde. Hinrichtung bedeutet in Genf Verbrennung auf dem Scheiterhaufen. Außerdem wurden ungefähr siebzig Personen aus der Stadt verbannt.«

Katharina überrieselte ein kalter Schauer bei Colignys letzten Worten. Calvin ist ein religiöser Fanatiker und ebenso intolerant wie der Papst und die katholischen Fürsten, dachte sie. Sie betrachtete verstohlen Colignys Miene und überlegte, ob er vielleicht mit dem neuen Glauben sympathisierte. Es war zwecklos, ihn direkt zu fragen, weil er wahrscheinlich nicht ehrlich antwortete, falls er insgeheim Lutheraner oder Calvinist war.

Während dieser Unterhaltung kreisten die Gedanken des Königs um die Vernichtung der Waldenser. Er wollte Ruhe im Staat, und Ruhestörer mussten bestraft werden, aber die Vernichtung der Waldenser war keine Bestrafung. Hier hatten Menschen ihre Zerstörungswut, ihre Aggression, vielleicht ihren Neid an anderen Menschen ausgelassen. Er hatte dieses Massaker nicht gewollt, aber die unberechenbare Volkswut war über ihn hinweggerollt, und zum ersten Mal dachte er darüber nach, wie das religiöse Problem in Frankreich gelöst werden konnte. Die Ketzer mussten maßvoll verfolgt werden, man musste ihnen die Rückkehr zum alten Glauben ermöglichen. Maßvolle Toleranz … Aber wenn Heinrich erst regierte, würde es damit vorbei sein. Sein Sohn war, was den Glauben betraf, intolerant.

Unterdessen ging der Krieg gegen England weiter, und im September gelang es dem Admiral Annebaut, die »Mary Rose« zu entern. Damit nicht genug, landete er auf der Isle of Wight, und Heinrich VIII. begann, über einen Frieden zu verhandeln. Er hatte zwar den französischen Admiral durch die Taktik der verbrannten Erde zum Rückzug gezwungen, aber der Franzose hatte, wenn auch nur für Stunden, seinen Fuß auf englisches Territorium gesetzt.

Am 9. September traf eine Hiobsbotschaft bei Hof ein, die Franz persönlich und politisch erschütterte: sein Sohn Karl war gestorben. Während einer Reise gab man ihm ein Zimmer, das nicht seinen Vorstellungen entsprach. Er suchte und fand eine neue Bleibe, wobei er hörte, dass in diesem Haus Leute gerade an der Pest gestorben seien. Er erwiderte, noch nie sei »ein Sohn Frankreichs« an dieser Krankheit verschieden, hatte das Bettzeug mit dem Degen aufgeschlitzt und sich von den Federn einhüllen lassen …

Beim Anblick des Leichnams wurde Franz ohnmächtig, und das Beileidsschreiben des Kaisers beantwortete er mit den Sätzen: *Ich bitte Gott, Ihnen die Gnade zu gewähren, dass Sie niemals über einen solchen Verlust getröstet zu werden brauchen und nie den Kummer empfinden, den der Tod eines Sohnes mit sich bringt.*

Politisch war durch Karls Tod das Problem Mailand wieder akut geworden, aber Franz verspürte wenig Lust, dieses Problem noch zu lösen, das überließ er seinem Nachfolger. Er hatte nur noch einen Wunsch – sich Zeit zu lassen, das Leben zu genießen und den Bau seiner Schlösser vollendet zu sehen.

Anfang des Jahres 1547 verschlechterte sich der Gesundheitszustand des Königs von Tag zu Tag, das Geschwür brach immer wieder auf, und die Ärzte waren ratlos. Da befahl Franz eine Reise durch seine Wälder. »Wenn ich einmal alt und krank bin«, sagte er zu Fernel, »will ich noch in einer Sänfte zur Jagd getragen werden; aber wenn ich erst tot bin, dann will ich auch noch in meinem Sarge mit dabei sein.«

So begab der Hof sich von Fontainebleau nach Saint-Germain, von dort nach La Muette, dann nach Villepreux, nach Dampierre, Chevreuse, Limours und Rochefort. Bei der Ankunft in Rambouillet war der König so krank, dass eine Fortsetzung der Reise nicht mehr möglich war. In seinem Zimmer durften sich nur noch Anna, Katharina und Fernel aufhalten.

Im Laufe des Februar traf die Nachricht ein, dass Heinrich VIII. von England in der Nacht vom 27. zum 28. Januar 1547 gestorben war, und dass ein Rat, dessen Mitglieder Heinrich noch kurz vor seinem Tod ernannt hatte, für den minderjährigen König Eduard VI. die Regentschaft führte. Franz war erschüttert, als er vom Tod des englischen Königs hörte. Sie waren ungefähr im gleichen Alter, sie waren sich persönlich begegnet, hatten sich zuletzt bekriegt. Sie hatten beide Prunk, Tafelfreuden, die Jagd, Turniere, ihre Mätressen und Ehefrauen geliebt … Und nun, dachte Franz, ist er tot.

»Ma fille«, sagte er zu Katharina, die bei ihm war, als die Nachricht eintraf, »er war, betrachtet man seine gesamte Regierungszeit, ein großer König. Gewiss, er hat manchmal falsch entschieden.«

Dann erzählte Franz Episoden, die Katharina längst kannte, aber sie hörte teilnahmsvoll zu, weil sie ahnte, dass die Tage ihres Schwiegervaters gezählt waren und weil sie es als Ehre empfand, dass sie als Einzige der königlichen Familie jetzt bei ihm sein durfte.

Während Franz vom Goldbrokatlager erzählte, saß Heinrich mit dem zwanzigjährigen Karl von Guise zusammen. Sie unterhielten sich ebenfalls über England, allerdings nicht über den verstorbenen König, sondern darüber, wie es auf der Insel weitergehen würde. Claudius von Guise hatte, seit England um die Hand seiner Enkelin Maria Stuart warb, seine Spione am englischen Hof, die alle Neuigkeiten sofort nach Frankreich und nach Edinburgh berichteten, damit die Regentin sich darauf einstellen konnte. Am Abend zuvor war wieder ein Bericht eingetroffen, der den Herzog veranlasste, seinem ältesten Sohn Franz und dessen jüngerem Bruder Karl seine Pläne bezüglich der kleinen Königin von

Schottland mitzuteilen – Pläne, über die er mit seiner Tochter schon seit einiger Zeit eine Geheimkorrespondenz führte.

In der Familie von Guise wusste man, dass der junge Karl zu den engsten Beratern des neuen Königs gehören würde; schließlich hatte Heinrich oft genug davon gesprochen. So fiel ihm die Aufgabe zu, den Dauphin und künftigen König allmählich mit dem Plan der Familie von Guise, was die Zukunft Maria Stuarts betraf, vertraut zu machen.

»Der verstorbene König«, begann Karl von Guise, »hat einen Regentschaftsrat eingesetzt, dem Cranmer, der Erzbischof von Canterbury, angehört, ferner die Onkel des jungen Königs, Eduard und Thomas Seymour, und ein gewisser Lord Lisle. Cranmer und Thomas Seymour sind für uns uninteressant; Letzterer ist jetzt Lordadmiral, erhielt von seinem Bruder Ländereien und scheint ein Weiberheld zu sein. Lord Lisle ist, nach Meinung unserer Agenten, eine interessante Figur – eine schillernde, undurchsichtige Persönlichkeit, der Mann im Hintergrund, der auf seine Stunde wartet. Unsere Agenten prophezeien Machtkämpfe im Regentschaftsrat, weil Eduard Seymour, der Graf von Hertford, inzwischen die Macht im Rat an sich gerissen, sich selbst zum Lordprotektor und Herzog von Somerset ernannt hat.« Hier schwieg der Erzbischof von Reims zunächst, um seine Gedanken zu ordnen. »Die Machtkämpfe im Regentschaftsrat müssen wir abwarten. Für uns ist jetzt im Augenblick die Person des Lordprotektors wichtig: Eduard Seymour ist ein überzeugter, um nicht zu sagen fanatischer Protestant; er möchte England in ein protestantisches Land verwandeln. Bisher, unter Heinrich VIII., wurde ja immer noch unsere Religion praktiziert, trotz der Trennung von Rom. Heinrich hat Protestanten sogar verfolgen lassen, andererseits ließ er seinen Sohn aus unerfindlichen Gründen protestantisch erziehen, so dass es für Seymour nicht schwer sein wird, die Zustimmung des jungen Königs zur Einführung der neuen Religion zu bekommen. Diese Entwicklung berührt auch die Interessen Schottlands. Seit Mai 1544 sind die Engländer immer wieder in Schottland eingefallen, um sich meiner Nichte zu bemächtigen. Sie wissen, dass der verstorbene König die kleine Maria unbedingt am englischen Hof erziehen lassen wollte, was meine Schwester abgelehnt hat. In diesem Sommer ist erneut ein Überfall auf Schottland geplant, mit dem Ziel, sich meiner Nichte zu bemächtigen. Bisher war sie auf Schloss Stirling in Sicherheit – die schottischen Schlösser sind ja wahre Festungen, jedenfalls beschreibt meine Schwester sie so. Aber wer weiß, wie lange sie ihre

Tochter noch vor den Engländern verstecken kann …« Abermals machte Karl von Guise eine Pause. »Wir machen uns große Sorgen. Meine Schwester wäre glücklich, wenn Frankreich Schottland mit Geld, Waffen und Truppen unterstützen würde, aber Seine Majestät ist dazu nicht bereit. Die Situation ist fast aussichtslos. Wir sind entsetzt bei dem Gedanken, dass unsere Nichte nach England entführt und dort im ketzerischen Glauben erzogen wird.« Hier schwieg Karl von Guise, damit der Dauphin seine Worte verarbeiten konnte.

»Exzellenz«, sagte Heinrich nach einer Weile mit feierlichem Unterton, »mein Vater wird nicht mehr lange leben, und ich verspreche Ihnen und Ihrer Familie, dass Schottland unter meiner Regierung angemessen unterstützt wird.« Er ging eine Weile nachdenklich auf und ab. »Das arme, kleine Mädchen. Ein entsetzlicher Gedanke, dass die Engländer sie nach London entführen und sie mit einem Ketzer verheiraten. Abgesehen davon ist eine Vereinigung beider Königreiche durch eine Heirat nicht im Interesse Frankreichs. Das Bündnis Frankreichs mit Schottland muss erhalten bleiben – nur so können wir die Engländer in Schach halten. – Diese Heirat muss verhindert werden.«

Karl von Guise beobachtete den Dauphin und atmete erleichtert auf. Der Plan seines Vaters war vielleicht rascher zu verwirklichen, als gedacht, aber er musste diplomatisch vorgehen, es durfte nichts überstürzt werden. »Ich teile die Meinung Ihrer Hoheit und werde über eine Lösung nachdenken. Allerdings, wenn die Sicherheit meiner Nichte in Schottland nicht mehr gewährleistet ist, wäre es möglich, dass sie hier in Frankreich eine vorübergehende Heimat findet?«

»Selbstverständlich, sie ist an meinem Hof jederzeit willkommen, und ich bin gerne bereit, die kleine Königin zusammen mit meinen Kindern erziehen zu lassen.«

»Ich danke Ihrer Hoheit. Warten wir die Entwicklung in Schottland in Ruhe ab. Vielleicht verzichtet Seymour auch auf seinen Feldzug.«

Im März verschlechterte sich der Zustand des Königs von Tag zu Tag, und gegen Ende des Monats war sein Geschwür so verfault, dass Fernel ihm am Abend des 28. schonend beibrachte, dass er nur noch wenige Tage zu leben habe. Franz nahm die Nachricht gefasst auf. Innerlich hatte er sich längst auf seinen Tod vorbereitet.

Am Vormittag des 29. März leisteten ihm Anna und Katharina wie gewohnt Gesellschaft. Er beobachtete die beiden Frauen eine Weile, dachte noch einmal an die vielen harmonischen Stunden, die er in ihrer Gegenwart verbracht hatte und bat Katharina, ihn einen Augenblick mit Anna allein zu lassen.

Sie ging ins Vorzimmer und musste plötzlich weinen, weil sie wusste, dass ihr Schwiegervater von der Frau, die er seit über zweiundzwanzig Jahren liebte, Abschied nahm.

Irgendwann erschien die Herzogin tränenüberströmt im Vorzimmer, und Katharina hörte, wie sie leise sagte: »Erde, verschlinge mich …«

Sie ging zu Anna. »Madame, mein Gott …«

Da sah Anna sie mit einem verzweifelten Blick an. »Madame, der König empfiehlt mir, den Hof sofort zu verlassen. Ich reise noch heute zu meinem Schloss Limours. Ach Gott, Madame, ich habe Angst. Was werden Ihr Gatte und die Seneschallin mir antun? In ihren Augen bin ich doch eine Ketzerin!«

»Madame, seien Sie unbesorgt. Ich werde mich bei meinem Gatten für Sie einsetzen. Überdies glaube ich, dass Sie nichts zu befürchten haben. Nach dem Tod meines Schwiegervaters wird die Seneschallin wahrscheinlich vollauf damit beschäftigt sein, für sich und ihre Familie Ämter, Pfründe und Ländereien zu sichern. – Leben Sie wohl, Madame, Sie haben nicht viel Zeit. Ich danke Ihnen für die Güte und Freundschaft, die Sie mir seit meiner Ankunft in Frankreich erwiesen haben.«

Da brach Anna in Tränen aus. »Leben Sie wohl, Madame«, stammelte sie, »ich hoffe und wünsche, dass Sie als Königin glücklich werden.« Sie eilte hinaus.

Katharina sah ihr nach und dachte daran, dass die Herzogin inzwischen neununddreißig Jahre alt war. Dann ging sie wieder zu ihrem Schwiegervater und setzte sich neben das Bett.

Er schlief, und während Katharina auf seinen gleichmäßigen Atem hörte, erinnerte sie sich noch einmal an die vergangenen Jahre. Seit fast vierzehn Jahren war sie mit Heinrich verheiratet, sie hatten zwei Kinder und seit einigen Tagen war sie sicher, dass sie ein drittes Kind erwartete – das musste sie ihrem Schwiegervater noch sagen. An ihrer Ehe zu dritt würde sich zunächst nichts ändern.

Eine Stunde nach der anderen verging, hin und wieder sah Fernel nach dem König. Als es zehn Uhr schlug, sagte der Arzt, sie solle sich zur Ruhe begeben, der König werde diese Nacht auf jeden Fall überleben.

Als sie am anderen Vormittag das Vorzimmer betrat, erfuhr sie, dass ihr Schwiegervater gerade beichte und die letzte Ölung empfange. Sie ging unruhig auf und ab und versuchte sich an den Gedanken zu gewöhnen, dass sie nun bald Königin von Frankreich sein würde. Wie langsam ein Mensch stirbt, dachte sie. Bei ihren Vettern war der Tod plötzlich gekommen, ebenso bei ihren Schwägern. Endlich durfte sie zu Franz.

»Ma fille, du hast mir als Schwiegertochter nur Freude bereitet – ich bin froh, dass Heinrich mit dir verheiratet ist. Du wirst deine Pflichten als Königin bestens erfüllen, und ich hoffe, dass er eines Tages erkennt, welche Stütze du ihm sein kannst. Versuche, so weit es dir möglich ist, seine Politik zu beeinflussen. Ich wünsche und hoffe, dass er eines Tages der Seneschallin überdrüssig wird.«

»Das hoffe ich schon lange, Sire. Ich erwarte wieder ein Kind, Sire. Ich rechne im Spätherbst mit der Niederkunft und hoffe, dass ich einen Sohn zur Welt bringe. Die Dynastie Valois ist gesichert, Sire.«

Franz sah seine Schwiegertochter lange an, dann sagte er leise: »Leb wohl, ma fille«, und dann befahl er einem der Diener, Heinrich zu holen. Der Dauphin ging langsam zum Bett des Königs, und als die Augen seines Vaters auf ihm ruhten, sah er verlegen zu Boden.

»Mein Sohn«, sagte Franz, »nun dauert es nicht mehr lange, dann wirst du über Frankreich herrschen. Ich bitte dich, meine Ratschläge im Interesse des französischen Volkes zu beherzigen. – Mein Sohn, verhalte dich ritterlich gegenüber der Herzogin von Etampes, richte dich nie nach dem Willen einer Dame, sei tolerant gegenüber den Anhängern des neuen Glaubens, rufe Montmorency nicht an den Hof zurück, behalte den Kardinal von Tournon als Ratgeber …« Hier schwieg der König einen Augenblick. Dann richtete er sich etwas auf und sagte feierlich: »Mein Sohn, hüte dich vor dem Haus von Guise. Die Guisen werden deine Kinder bis auf die Weste ausplündern und deine Untertanen bis aufs Hemd.« Franz sank in die Kissen zurück und sagte nach einer Weile: »Mein Sohn, ich möchte dich segnen.«

Heinrich kniete am Bett seines Vaters, und während der König die Hand auf das Haupt seines Sohnes legte, wusste dieser, dass er keinen der Ratschläge befolgen würde. Nach dem Tod seines Vaters war er der Herrscher und konnte regieren, wie er es für richtig hielt.

Schließlich betraten die Königin und Margarete das Zimmer, und während Franz sich von Gattin und Tochter verabschiedete, dachte Katharina über die letzten Worte ihres Schwiegervaters an ihren Gatten nach: *Hüte dich vor dem Haus von Guise.*

»Lasst mich jetzt allein«, sagte Franz.

Eleonore und Margarete fingen an zu weinen, Katharina indes unterdrückte ihre Tränen. Sie wusste, dass die Würdenträger und vornehmsten Edelleute sich inzwischen im Vorzimmer versammelt hatten und wollte ihnen nicht ihre Gefühle zeigen. Beim Verlassen des Zimmers blieb Katharina einen Augenblick stehen und sah zum Bett ihres Schwiegervaters. Er hatte die Augen geschlossen und schien zu schlafen. Sie ging rasch ins Vorzimmer und setzte sich in einen der hohen Lehnstühle. Sie betrachtete die Hofleute und sah hin und wieder zur Uhr. Gegen Mittag begaben sich viele zur Tafel, nur die Familie Guise und Diana blieben im Vorzimmer. Einige Stunden später wiederholte sich das Spiel bei der Abendtafel. Heinrich ging langsam auf und ab, blieb hin und wieder am Fenster stehen und sah hinunter in den Hof.

Katharina war fest entschlossen, trotz Müdigkeit im Vorzimmer zu bleiben, bis ihr Schwiegervater gestorben war. Irgendwann servierte ein Diener ihr einen Imbiss und Wein. Im Laufe des Abends begaben die Hofleute sich nacheinander zur Ruhe, und als es Mitternacht schlug, waren außer der königlichen Familie nur noch Diana und die Guisen im Vorzimmer. Katharina betrachtete Diana und überlegte, dass die Seneschallin im September achtundvierzig Jahre wurde. Man sieht auf den ersten Blick nicht, wie alt sie ist, dachte Katharina. Plötzlich stutzte sie. Die blonden Haare der Seneschallin schimmerten im Kerzenlicht silbrig – ihre Haare werden allmählich grau, dachte sie triumphierend, und an jenem Abend fiel ihr auch zum ersten Mal auf, dass Diana hochgeschlossene Kleider trug. Ihr Hals wird allmählich faltig, dachte Katharina.

Mitternacht war längst vorüber. Gegen halb eins öffnete sich die Tür des königlichen Schlafzimmers, und Katharina hörte, wie Fernel leise zu Heinrich sagte: »Seine Majestät liegt im Koma.«

Im Koma, dachte Katharina, er ist ohne Bewusstsein, aber er lebt noch. Während der folgenden Stunden beobachtete sie, wie nacheinander Heinrich, die Königin, Margarete, Diana und die Guisen einschliefen. Nur Karl von Guise blieb wach und sie, die künftige Königin. Sie sahen sich hin und wieder an. Katharina empfand den Erzbischof als undurchdringlich, er war eine schillernde Figur. Karl von Guise seinerseits fand, dass man Katharina keine Aufmerksamkeit schenken müsse; sie war unwichtig und nur dazu da, um dem König Kinder zu gebären.

Am Vormittag des 31. März versammelten sich die Hofleute erneut im Vorzimmer. Eine Stunde nach der anderen verstrich. Katharina sah hin und wieder verstohlen zur Uhr … Zehn, elf, zwölf … Gegen halb eins betrat Fernel den Vorraum. Sie stand instinktiv auf und die anwesenden Damen erhoben sich ebenfalls. Der Arzt wartete noch einen Moment.

»*Le roi est mort, vive le roi!*«, rief er dann.

Einen Augenblick herrschte Totenstille. Alle Anwesenden hatten gewusst, dass Franz I. im Sterben lag, und doch dauerte es Sekunden, bis die Höflinge begriffen, dass sie ab jetzt einem neuen König dienten. Ein lautes Weinen durchschnitt jäh die Stille – es war die Königinwitwe Eleonore. Und zum ersten Mal wurde es den Hofleuten bewusst, dass sie den Gatten geliebt hatte. Margarete weinte still vor sich hin, und mit Katharinas Beherrschung war es nun auch vorbei. Die Tränen stürzten aus ihren Augen und sie schluchzte heftig auf. Dann sah sie, dass die Herren das Knie beugten und die Damen im Hofknicks versanken. Sie holte rasch ein Spitzentaschentuch hervor und trocknete ihr Gesicht. Sie war nun Königin und nahm die erste Huldigung des Hofes entgegen. Sie musste Haltung bewahren. Es war das erste Mal, dass sie vor den Hofleuten ihre Gefühle gezeigt hatte, und es würde das letzte Mal sein.

Sie betrachtete Heinrich. Sein Gesicht war ernst und feierlich und seine Haltung würdevoll, aber sie spürte, dass er keine Trauer für den toten König empfand, was sie nicht weiter wunderte.

Er ging zu Karl von Guise. »Exzellenz, die Arbeit wartet«, sagte er, und zu Diana: »Ich möchte auf Ihren Rat nicht verzichten, Madame.« Während sie das Zimmer verließen, sahen sich die Hofleute an, und jeder wusste, dass es ratsam war, sich weder mit der Seneschallin noch mit der Familie von Guise zu verfeinden.

Katharina verzog keine Miene, gab ihren Damen einen Wink, ihr zu folgen und ging hinter Eleonore zur Tür, wie sie es gewohnt war. Dort trat die Königinwitwe zur Seite.

»Ihnen gebührt jetzt der Vortritt, Madame«, sagte sie leise.

Die junge Königin begab sich in ihr Appartement, wo Mingo und Isabella sie erwartungsvoll ansahen.

»Frankreich hat einen großen König verloren, und ich einen väterlichen Freund«, sagte Katharina leise und begann erneut zu weinen.

»Hoheit!«, rief Mingo. »Sie sind Königin, Königin von Frankreich! Ach Gott, ich muss mich erst an die neue Anrede gewöhnen, Majestät.«

»Mingo«, sagte Katharina und trocknete ihre Tränen, »hast du in all den Jahren nicht bemerkt, dass die Königin mit Madame angeredet wird?«

»Nein, Majestät, das heißt, ich weiß es nicht, Majestät ... Verzeihung, Madame.«

»Mingo, sorge dafür, dass mein Hofstaat noch heute Abend in Trauerkleidung bei der Tafel erscheint. – Königin von Frankreich ... Offiziell wird man mir die gebührenden Ehren erweisen, inoffiziell aber ist Diana die wahre Königin.« Sie begann erneut zu weinen.

Nachdem Katharina eine Stunde geruht, gebadet und sich umgezogen hatte, begab sie sich zum Appartement ihrer Kinder. Im Gegensatz zu Heinrich und dem verstorbenen König ließ sie sich nie offiziell ankündigen, sondern betrat die Räume ohne Voranmeldung, weil sie, zumindest während der ersten Lebensjahre, ihren Kindern als Mutter gegenübertreten wollte, nicht als Dauphine oder Königin.

Franz, Elisabeth und alle, die noch folgen würden, sollten zunächst die Mutter kennen lernen. Es genügte, wenn sie irgendwann erfuhren, dass ihre Mutter gleichzeitig die Königin von Frankreich war.

An der Türschwelle hielt sie einen Augenblick inne und betrachtete die idyllische Szene: Madame d'Humières beugte sich über den Stickrahmen, während der dreijährige Franz in einem Bilderbuch blätterte und die zweijährige Elisabeth mit einer Puppe spielte. Katharina betrachtete das rundliche Gesicht ihrer Tochter, das von dunklen Locken umrahmt war, sie ließ die schräg stehenden Augen auf sich wirken, die Lebensfreude ausstrahlten. Elisabeth war nicht ausgesprochen schön, aber liebenswürdig, aufgeweckt und sie interessierte sich für ihre Umwelt. Der Dauphin hingegen war klein und schmächtig, mit einem großen, runden Kopf, und Katharina bedauerte wieder einmal, dass er ihre blasse Haut und die etwas vorstehenden Augen geerbt hatte. Sein Gesicht ähnelte den Medici, nicht den Valois, und sie hatte sich so sehr gewünscht, dass ihr ältester Sohn dem Vater oder dem verstorbenen Großvater ähnlich sah.

Ihre Augen wanderten zwischen den Kindern hin und her, und wieder einmal fragte sie sich, warum sie Elisabeth mehr liebte als Franz. Als die Kleinen anfingen zu laufen und zu sprechen, hatte sie erstaunt beobachtet, dass ihre Muttergefühle sich wandelten, dass sie ein Kind mehr liebte als das andere, und inzwischen wusste sie auch, warum das so war: Ihre Tochter war intelligenter und aufgeweckter als der ältere Bruder. Der kleine Franz sah meist stumpf vor sich hin, er begriff langsamer als die Schwester. Es hatte lange gedauert, bis er sprechen konnte. Überdies war er schwächlich und kränkelte oft, andererseits scheute er keine körperliche Anstrengung und ritt wild sein Schaukelpferd. Dann lebte er auf, und seine Augen glänzten und strahlten. Wie wird er sich entwickeln, überlegte Katharina, er ist jetzt Frankreichs künftiger König.

In diesem Augenblick legte der Kleine das Buch zur Seite, sprang auf, lief zu seinem Schaukelpferd, kletterte flink hinauf und begann zu Katharinas Entsetzen wild zu schaukeln. Sie hatte ihn schon oft ermahnt, das Spielzeug langsam zu bewegen, weil sie befürchtete, dass er sich überanstrengte, aber bisher waren ihre Ermahnungen erfolglos geblieben. »Franz«, rief sie, »komm her!«

Die Erzieherin zuckte zusammen, als sie Katharinas Stimme hörte und versank in einen Hofknicks. »Madame …« Sie wusste längst vom Tod des Königs und hatte vom neuen Herrscher den Befehl erhalten, den königlichen Kindern zunächst zu verschweigen, dass der Großvater verstorben war. Es sei der Königin vorbehalten, wann und wie sie dem Dauphin und seiner Schwester die traurige Nachricht mitteilte.

Die kleine Elisabeth sprang auf und lief zu Katharina, die sie hochhob und küsste. »Na, mein Liebling? Hast du den ganzen Nachmittag mit deiner Puppe gespielt?«

»Nein, Mama, Madame d'Humières hat uns auch etwas vorgelesen.«

Inzwischen war Franz von seinem Schaukelpferd gestiegen, ging zögernd zu seiner Mutter und sah verlegen zu Boden. Er wusste, dass sie seine wilden Ritte missbilligte, und wie immer, wenn er vor ihr stand, empfand er eine unbestimmte Furcht. Sie war zwar freundlich zu ihm, tadelte ihn nur sanft, aber er hatte Angst vor ihr. Sie tauchte immer unverhofft im Kinderzimmer auf; sein Vater und Großvater hingegen wurden offiziell gemeldet. Wenn sie das Zimmer betraten, fühlte er sich sicher.

»Franz«, sagte Katharina, »sieh mich an.«

Er hob ängstlich die braunen Augen zu ihr empor.

»Ich habe dich schon oft ermahnt, nicht so wild zu schaukeln. Du sollst dich nicht überanstrengen. Versprichst du mir, künftig dein Schaukelpferd langsam zu reiten?«

»Ja, Mama.«

Eine Erziehung ist das, dachte die Gouvernante, unmöglich. Bei dem jungen Herrn wäre eine Tracht Prügel angebracht, wenn er nicht hören will, und das ständige Bettnässen würde dann wahrscheinlich auch aufhören. Sie bedauerte manchmal, dass es ihr verboten war, die Kinder körperlich zu züchtigen, und fand, dass sie übermäßig behütet und verwöhnt wurden. Wahrscheinlich war der Grund dafür die lange Kinderlosigkeit der jetzigen Königin. Indes, war es notwendig, dass die Kinder von vier Kammerherren, fünf Ärzten, siebenunddreißig Pagen, vier Garderobenverwaltern, achtundzwanzig Dienern, zweiundzwanzig Damen, drei Apothekern und vier Barbieren umgeben waren, abgesehen von den Stallknechten, dem Küchenmeister und den vielen Küchenjungen? Der neue König hatte zwar verboten, weiteres Personal für die Kinder einzustellen, aber Madame d'Humières wusste, dass mit jedem Kind, das die Königin gebar, der Hofstaat der Prinzen und Prinzessinnen größer wurde.

Katharina setzte sich in einen der hohen Lehnstühle, zog die Kinder an sich, legte die Arme um sie und überlegte, wie sie ihnen erklären sollte, dass Franz I. tot war.

»Ihr wisst, dass euer Großvater krank war und starke Schmerzen hatte. Vor einigen Stunden hat Gott ihn davon erlöst. Es geht ihm jetzt sehr gut, aber ihr werdet ihn nie mehr sehen. Sein Geist und seine Seele werden immer bei uns sein.«

»Wo ist Großvater jetzt, Mama?«, wollte Franz wissen.

»Er ist bei Gott, und da er von uns gegangen ist, werdet ihr alle am Hof ab jetzt schwarze Kleider tragen. Nach einiger Zeit darf das Schwarz mit anderen Farben etwas aufgelockert werden, und in einem Jahr tragen wir alle wieder bunte Kleider.« Sie schwieg und beobachtete die Mienen der Kinder, aber der tote Großvater schien sie nicht weiter zu beeindrucken.

»Ihr wisst«, fuhr sie fort, »dass euer Großvater König war. Jetzt ist euer Vater König, König von Frankreich. – Und du, Franz, bist der Dauphin, der Thronfolger.«

Seine Erwiderung überraschte Katharina: »Ja, Mama, das hat Madame d'Humières schon oft gesagt, dass ich Dauphin sein werde, und Sie, Mama, sind jetzt die Königin von Frankreich.«

Er weiß also schon jetzt, welchen Rang er hat, überlegte Katharina. Das ist natürlich richtig, schließlich wird er zum künftigen König erzogen. In diesem Augenblick wurde Heinrich gemeldet, und während die Gouvernante erneut in einen Hofknicks versank und »Sire« murmelte, befreiten die Kinder sich aus Katharinas Umarmung und eilten zu ihrem Vater.

Sie spürte eine leichte Enttäuschung, erhob sich und beobachtete, wie ungezwungen der Gatte mit den Kindern umging. Er hob zunächst Elisabeth hoch und wirbelte sie durch die Luft, dann war Franz an der Reihe, und während die Kinder vor Vergnügen lachten und Heinrich baten, sie noch einmal hochzuheben, fragte Katharina sich, warum sie mit den Kindern nicht so ungezwungen spielen konnte. Sie achtete auf die Manieren, sie achtete darauf, dass sie ordentlich und richtig sprachen. Schließlich waren es keine gewöhnlichen Kinder, sondern ein künftiger König und Königin.

»Genug für heute!«, rief Heinrich lachend. »Madame«, sagte er zur Gouvernante, »lassen Sie alles für die Übersiedelung meiner Kinder nach Schloss Saint-Germain vorbereiten. Ich wünsche, dass sie Ende April dort eintreffen. Der Hof wird einige Wochen später ebenfalls nach Saint-Germain übersiedeln.«

»Gewiss, Sire. Erlauben Sie, dass ich den Dauphin und seine Schwester in ihr Speisezimmer bringe, sie müssen jetzt ihre warme Honigmilch trinken.«

Als Katharina mit ihrem Gatten allein war, sagte sie: »Ich habe ihnen erzählt, dass ihr Großvater tot ist. Ich glaube, es hat sie nicht weiter berührt. Nun ja, sie sind noch zu klein, um das Phänomen des Todes zu begreifen. Warum übersiedeln wir nach Saint-Germain? Wäre Fontainebleau nicht besser? Von dort ist es nicht so weit nach Reims.«

»Gewiss, aber in Saint-Germain möchte ich den Parisern ein Schauspiel bieten, auf das sie seinerzeit verzichten mussten. Anfang Juli wird im Wald von Saint-Germain der Zweikampf zwischen François de Vivonne, Sieur de la Châtaignerie als Angreifer, und Guy Chabot, Sieur de Monlieu als Angegriffenem, stattfinden.«

Katharina glaubte, nicht richtig zu hören. »Heinrich, dein Vater hat diesen Zweikampf seinerzeit verboten. Willst du dich über den Wunsch eines Toten einfach hinwegsetzen?«

»Ja, jetzt bin ich der König und entscheide so, wie ich es für richtig halte. Überdies ist der Zweikampf ein Gottesurteil.«

Sie schwieg resigniert, weil sie wusste, dass es keinen Zweck hatte, ihn umzustimmen.

Heinrich begann, unruhig auf und ab zu gehen. »Es gibt so viel zu regeln, Katharina, ich weiß nicht, wo ich anfangen soll. Man hat meinem Vater inzwischen die Totenmaske abgenommen, ihn einbalsamiert und in einen Zinksarg gelegt. Morgen und übermorgen wird der Hof vorbeidefilieren und von ihm Abschied nehmen, dann wird er nach Saint-

566

Denis gebracht. Die Beisetzung wird Ende Mai sein. Die Herolde sind inzwischen unterwegs, um die Todesnachricht im Land zu verkünden, die ausländischen Gesandten sind benachrichtigt. Ein Kurier reitet zu meiner Tante nach Navarra, ein anderer zu Montmorency – der Konnetabel muss unverzüglich an den Hof zurückkehren. Nach seiner Ankunft werde ich mit ihm, Diana und Karl von Guise über die Ämterverteilung beraten. Der Kardinal von Tournon und der Marschall von Annebault sind ihrer Ämter bereits enthoben.«

Er setzt sich tatsächlich über die Ratschläge seines Vaters hinweg, dachte Katharina. Mein Schwiegervater war gegen eine Rückkehr Montmorencys an den Hof.

»Eines habe ich vergessen«, sagte Heinrich. »Ich muss einen Kurier zur Herzogin schicken. Das unverschämte Weibsbild hat die Kronjuwelen mitgenommen. Sie muss das Geschmeide natürlich zurückgeben.«

»Es war bestimmt keine böse Absicht«, sagte Katharina vorsichtig. »Sie hat den Hof so rasch verlassen, da kann man nicht an alles denken … Was soll denn aus ihr werden?«

»Diana und ich, wir sind der Meinung, dass die Herzogin an der Seite ihres Gatten auf einem ihrer Landsitze geruhsam altern soll. Sie ist eine völlig unwichtige Person, und Diana und ich, wir müssen jetzt über andere Probleme nachdenken.«

Katharina atmete auf. Das Leben der Herzogin war also nicht in Gefahr.

»Ich möchte dich noch um etwas bitten, Katharina. Kümmere dich doch ein bisschen um Eleonore, besuche sie hin und wieder mit Margarete. Eleonore trägt bereits die weißen Kleider der Königinwitwe und hat sich in das Sterbezimmer meines Vaters zurückgezogen. Nach der Beisetzung will sie Frankreich verlassen und in Brüssel bei ihrer Schwester Maria leben.«

Katharina überrieselte ein kalter Schauer bei diesen Worten. Die französischen Königinwitwen mussten vierzig Tage lang zurückgezogen im Sterbezimmer des Königs leben und durften während der ersten zwei Wochen nur die nächsten Anverwandten empfangen. Sie hoffte, dass ihr dieses Schicksal erspart blieb und sie vor Heinrich starb.

Als sie in ihr Appartement zurückkehrte, war Piero anwesend. »Madame«, sagte er, als er das Knie beugte.

»Lass den Unsinn, Piero, du bist mein Vetter. Für dich bin ich nicht die Königin, sondern deine Cousine aus Florenz.« Dann erzählte sie, dass

Montmorency zurückkehren würde, und dass jener Zweikampf stattfinden solle.

»Ich habe gehört, dass der verstorbene König den Kampf verboten hat. Wer hat damals überhaupt wen beleidigt, Katharina?«

»Ich kenne die Geschichte auch nur aus zweiter Hand. Die Affäre passierte im Frühjahr 1543, als wir in Ancy weilten. Also: Guy Chabot ist mit einer Schwester der Herzogin von Etampes verheiratet. Er ist nicht sehr vermögend, war aber immer standesgemäß gekleidet. Eines Tages fragte ihn mein Gatte, warum er sich kostbare Kleider leisten könne. Chabot erwiderte, seine Schwiegermutter unterhalte ihn. Er meinte natürlich, dass sie ihn finanziell unterstütze, aber am Hof kursierte bald das Gerücht, dass er ein Liebesverhältnis zu seiner Schwiegermutter habe. Wahrscheinlich haben Heinrich und Diana dieses Gerücht inszeniert, um sich an der Herzogin zu rächen, weil diese gegen Montmorency gearbeitet hat. Chabot wies die Beleidigung öffentlich zurück und erklärte, wer so rede, sei ein Lügner. Mein Gatte konnte sich nicht duellieren, weil seine Stellung als Dauphin dies verbot, und er musste die Behauptung, er sei ein Lügner, stillschweigend dulden, falls sich nicht jemand fand, der für ihn kämpfte. In dieser Situation sah Franz von Vivonne, Herr von la Châtaignerie, eine Möglichkeit, sich beim künftigen König beliebt zu machen. Er erklärte, Chabot habe ihm etliche Male anvertraut, dass er ein Liebesverhältnis zu seiner Schwiegermutter habe, und er werde für den Dauphin kämpfen. Mein seliger Schwiegervater verbot den Zweikampf, und jetzt wird er doch stattfinden. Über den Ausgang gibt es keinen Zweifel: Vivonne ist ein Haudegen, der den schwächlichen Chabot besiegen wird.«

Piero hatte aufmerksam zugehört und dachte einen Augenblick nach. »Katharina«, erwiderte er dann, »bei einem Zweikampf entscheidet nicht immer die körperliche Überlegenheit, sondern auch die Taktik. Unter der italienischen Fechtmeistern am Hof gibt es einen, der einen ganz neuen Stoß beherrscht – ein Stoß, der den Gegner nicht tötet, sondern kampfunfähig macht. Der Italiener könnte Chabot auf den Kampf vorbereiten.«

Katharina schwieg zu diesem Vorschlag und kam auf die Krönung in Reims zu sprechen.

Am Beginn der zweiten Aprilwoche kehrte Montmorency in Begleitung seiner Neffen Odet und Gaspard an den Hof zurück.

Katharina sah ihren alten Freund nur kurz beim offiziellen Empfang. Während der folgenden Tage war er ständig in Besprechungen mit Heinrich, den Guisen und Diana. Seine Neffen blieben in ihrem Appartement und erschienen nur zur Hoftafel.

An einem Spätnachmittag in der zweiten Aprilhälfte wurde zu Katharinas Überraschung Montmorency gemeldet.

»Ich bitte um Vergebung, Madame, dass ich einfach hier erscheine, aber Sie wissen, dass eine Besprechung der anderen folgt. Mit Verlaub, Madame, ich habe den Dauphin und die Prinzessin Elisabeth noch nicht gesehen …«

»Selbstverständlich, Montmorency«, erwiderte Katharina, die sich stets freute, wenn jemand ihre Kinder sehen wollte. »Sie spielen im Garten, folgen Sie mir.« Sie führte ihn zu einer Rasenfläche, wo Elisabeth und Franz unter Aufsicht ihrer Erzieherin mit zwei jungen Hunden balgten. »Die beiden Schoßhunde«, erklärte Katharina, »sind heute Morgen angekommen. Im Laufe der Zeit werden meine Kinder noch Jagdhunde bekommen, Falken, zahme Vögel, Pferde. Sie sollen sich möglichst früh mit Tieren anfreunden, weil sie manchmal treuer sind als Menschen.«

»Da haben Sie Recht, Madame.«

Katharina rief die Kinder und machte sie mit dem Konnetabel von Frankreich bekannt. Dann liefen die beiden wieder zu den Hunden.

»Madame, der Dauphin und die Prinzessin sind reizend«, sagte Montmorency. »Darf ich Ihnen einen Rat geben?«

»Gewiss.«

»Madame, Sie sollten, so weit es überhaupt möglich ist, die Entwicklung Ihrer Söhne beobachten und die Erziehung steuern, und zwar aus folgendem Grund: Während der vergangenen Tage habe ich beobachtet, dass der verstorbene König die Regierung des Landes so gestaltet hatte, dass er der absolute Herrscher war. Das ist weder in England der Fall – dort ist der König bei wichtigen Entscheidungen auf die Zustimmung des Parlaments angewiesen –, noch in Deutschland – dort sind die Fürsten zwar Vasallen des Kaisers, aber sie sind absolute Herrscher in ihrem Territorium. Das beste Beispiel ist die Einführung der lutherischen Lehre in manchen Fürstentümern – der Kaiser ist machtlos, wenn deutsche Fürsten den neuen Glauben anerkennen. In Frankreich hingegen ist der König der alleinige Herrscher, weil während der letzten Jahrzehnte der Adel allmählich entmachtet wurde. Das bedeutet aber, dass das Schicksal Frankreichs von der Persönlichkeit des Herrschers abhängt. Es gibt

Monarchen, die auf seriöse Ratgeber hören, und es gibt solche, die Schmeichlern ihr Ohr leihen. – Madame, Frankreich wird künftig mehr denn je einen starken Herrscher benötigen, und deshalb sollten Sie die Entwicklung Ihrer Söhne beobachten. Jeder von ihnen kann eines Tages König werden, Sie haben es selbst erfahren, wie rasch die Thronfolge wechseln kann.«

»Sie haben Recht, Montmorency. Indes, meinem Einfluss sind Grenzen gesetzt. Ich sehe meine Kinder manchmal wochenlang nicht, und wenn sie am Hof weilen, verbringe ich höchstens zwei Stunden täglich mit ihnen; während der Krankheit des Königs habe ich sie nur wenige Minuten am Abend bei ihrem Nachtgebet gesehen.«

Sie gingen eine Weile schweigend durch den Garten, und Katharina spürte, dass Montmorency nicht nur die Kinder hatte sehen wollen, sondern dass er ihr etwas anvertrauen wollte.

»Haben Sie sich wieder eingelebt? Sechs Jahre fern vom Hof, das ist eine lange Zeit.«

»Madame, der äußere Rahmen hat sich nicht verändert. Ich will offen sein, Madame, am liebsten würde ich wieder nach Chantilly zurückkehren.«

Da blieb Katharina stehen und sah den Konnetabel prüfend an. »Was ist während der vergangenen Tage passiert? Hat man Sie bei der Neuverteilung der Ämter nicht berücksichtigt?«

»Nein, Madame, ich darf mich nicht beklagen. Der König hat mich zum Gouverneur des Languedoc ernannt, ich habe für die Jahre der Verbannung eine Entschädigung von 100 000 Talern erhalten, meine Ämter sichern mir ein jährliches Einkommen von 25 000 Talern, mein Neffe Odet hat viele Kirchengüter erhalten, überdies die Bischofs- und Pairswürde von Beauvais, mein Neffe Gaspard wurde zum Generaloberst der Infanterie ernannt. Es wäre undankbar, Madame, wenn ich mich beklagen würde ... Aber mit Verlaub, Madame, der König wird sehr stark von der Familie von Guise und der Seneschallin beeinflusst. Karl von Guise wurde zum Kardinal ernannt und ist engster Berater des Königs. Im Augenblick hört er nur auf ihn, und ich fürchte, daran wird sich in absehbarer Zeit nichts ändern. Der Schwiegersohn der Seneschallin, Graf von Aumale, wurde zum Herzog ernannt und überdies zum Gouverneur der Bretagne und der Normandie. Der Kronrat ist mit den Anhängern der Familie von Guise und der Seneschallin besetzt. Meine Hoffnung ruht zurzeit auf den Bourbonen. Der König will sie an den Hof zurückrufen, was ich unterstütze. Der erste Prinz von Geblüt muss am Hof in der Nähe des Königs leben. Vielleicht gelingt es ihnen, die Macht der Guisen in Grenzen zu halten. Die Macht der Guisen und der Seneschallin ... Ich möchte Sie nicht peinigen, Madame, aber ich denke, es ist für Sie interessant zu erfahren, über welche Einkünfte Diana von Poitiers inzwischen verfügt.«

»Sprechen Sie, Montmorency.«

»Der König hat ihr zunächst den einstigen Besitz ihres Vaters zurückgegeben, samt den dazugehörigen Lehen. Sie soll irgendwann zur Herzogin von Valentinois ernannt werden, das ist noch akzeptabel. Aber der König hat ihr auch alle Ländereien, deren Eigentümer nicht festzustellen sind, übereignet, außerdem den enteigneten Besitz verurteilter Juden und Häretiker – auch dies ist noch halbwegs akzeptabel, aber das ist noch nicht alles.« Montmorency schwieg einen Moment, bevor er fortfuhr. »Die Abgaben, die jeder Amtsinhaber bei Regierungsantritt eines neuen Königs an den Kronschatz abführen muss, hat sie erhalten, nämlich 300 000 Taler. Sie hat dafür gesorgt, dass die Kirchenglocken des Landes besteuert werden und die Einnahmen dieser Steuer ihr überschrieben werden. Als Rabelais dies hörte, kommentierte er mit den Worten, dem König habe es gefallen, alle Glocken des Reiches seiner Stute um den Hals zu hängen.«

Als Katharina das Wort »Stute« hörte, musste sie unwillkürlich lachen. »Die Seneschallin ist eine Geschäftsfrau, Montmorency, und versteht zu handeln – diese Kunst beherrscht nicht jeder.«

»Da haben Sie Recht, Madame. – Sie lässt sich jeden Morgen von einem Schatzmeister des Königs über den Stand ihrer Einkünfte berichten, aber alles hat seine Grenzen, und sie fängt allmählich an, den Bogen zu überspannen. Der König ist anscheinend bereit, ihr jeden Wunsch zu erfüllen. Es tut mir Leid, Madame, dass ich es Ihnen sage, aber besser Sie hören es von mir als von anderen: Die Herzogin hat die Kronjuwelen zurückgeschickt, und der König hat sie der Seneschallin gegeben.«

Katharina zuckte zusammen. Die Kronjuwelen, dachte sie, es ist das Recht der Königin, sie zu tragen.

»Wundert es Sie, Montmorency? Mein seliger Schwiegervater hat die Kronjuwelen der Herzogin anvertraut und nicht seiner legitimen Gattin. Ich mache mir keine Illusionen über meine faktische Stellung am Hof.«

»Gewiss, Madame, aber die Kronjuwelen ... Eines habe ich noch vergessen, der König hat der Seneschallin auch Schloss Chenonceaux geschenkt.«

»Chenonceaux? Montmorency, das Schloss ist unveräußerliches Krongut!«

»Ich weiß, Madame, indes, wo ein Wille ist, ist auch ein Weg.«

»Chenonceaux«, sagte Katharina leise. Ausgerechnet dieses Schloss. Im Stillen hatte sie gehofft, dass der verstorbene König es vielleicht eines Tages ihr schenken würde, aber irgendwie schien er das Schloss vergessen zu haben.

»Wissen Sie, Montmorency, wie es der Herzogin jetzt geht?«

»Ja. Ihr Gatte hat sie gezwungen, ihm den gesamten Grundbesitz, den der selige König ihr im Laufe der Jahre schenkte, zu überschreiben. Sie lebt allein in dem düsteren Schloss La Hardouinaye und pflegt wahrscheinlich die Erinnerungen an ihre glänzende Vergangenheit.«

Sie gingen eine Weile schweigend nebeneinander her.

»Madame«, fragte Montmorency vorsichtig, »interessiert es Sie, was Sie als Apanage bekommen?«

»Meine Apanage …, die hatte ich völlig vergessen – es wird nicht viel sein.«

»Es sind 200 000 Livres jährlich, Madame.«

»Für meine Bedürfnisse reicht es, Montmorency. Überdies sind für mich andere Dinge wichtiger als Geld. Sie sprachen davon, dass die Bourbonen an den Hof zurückkehren sollen. Es sind wohl die drei Brüder, die Söhne von …, von …, helfen Sie mir weiter, ich kenne mich nicht so genau in ihrem Stammbaum aus.«

»Die Bourbonen, die jetzt die Prinzen von Geblüt sind, gehören zur jüngeren Linie. Die ältere Linie ist mit dem Tod des Konnetabels 1525 erloschen. Aber auch diese jüngere Linie sind die direkten Nachfahren Roberts von Clermont, dem jüngeren Sohn Ludwigs des Heiligen. Die Bourbonen, die jetzt an den Hof zurückkehren, sind die drei Söhne Karls von Bourbon, des Grafen von Vendôme, der 1537 starb: Anton ist der Älteste, ungefähr neunundzwanzig Jahre alt. Er ist der erste Prinz von Geblüt und Thronprätendent; er soll ein liebenswürdiger, gut aussehender Mann sein. Dann kommt Karl, der Kardinal von Bourbon. Der Jüngste ist Ludwig, der Prinz von Condé; er müsste inzwischen achtzehn Jahre alt sein. Man erzählt, dass er abstoßend hässlich ist.«

»Sind die drei Brüder vermögend?«

»Nein, Madame. Der Kardinal besitzt natürlich Pfründe, aber seine Brüder sind durch den Verrat des Konnetabels arm geworden; arm, verglichen mit dem vorherigen Besitz der Familie.«

»Glauben Sie, dass sie die Macht und den Einfluss der Familie von Guise zurückdrängen können?«

»Madame, das ist wahrscheinlich eine langfristige Entwicklung, die man nur in aller Ruhe abwarten kann.«

Ende April traf die Königin von Navarra mit Gatten und Tochter ein. Die neunzehnjährige Johanna erregte Aufsehen ob ihrer Schlichtheit: Die Haare trug sie glatt gestrafft unter einer engen schwarzen Haube, das schwarze Seidenkleid war mit schwarzen Perlen bestickt, ansonsten trug sie keinen Schmuck und war auch nicht geschminkt.

»Sie hat Stil«, sagte Coligny zu Katharina. »Alle anderen Damen am Hof tragen zwar jetzt schwarze Kleider, sind aber von oben bis unten mit Schmuck behängt, und die Schminke kann man von manchen Gesichtern fast abkratzen.«

Katharina musterte Johannas klare, blaue Augen und den ernsten, zusammengepressten Mund. »Der Stil der Erbin von Navarra ist provinziell, Coligny.«

»Sie scheinen sie nicht besonders zu mögen, Madame.«

»Sie irren sich; ich mag Johanna, aber zwischen unseren Wertvorstellungen liegen Welten.« Coligny hat Recht, dachte sie im Stillen, ich mag Johanna nicht. Ich mag sie nicht wegen ihrer Frömmigkeit und ihrer Schlichtheit. Und vor allem mag ich sie nicht, weil sie tatsächlich Stil hat. Sie ist eine Persönlichkeit, die weiß, was sie will. Sie ist absolut geradlinig …, man muss sie beobachten.

Während der folgenden Tage musste Katharina immer wieder der Königin von Navarra die letzten Wochen von Franz I. schildern. Margarete hörte aufmerksam und schweigend zu, und Katharina gewann allmählich den Eindruck, dass sie nicht nur etwas über die letzten Wochen ihres Bruders hören wollte, sondern noch etwas anderes.

An einem Nachmittag saßen Margarete und Katharina wieder zusammen. »Ich bedaure es«, sagte Margarete zu Katharina, »dass Sie während seiner letzten Stunden nicht bei ihm waren. So haben Sie das Abscheiden der Seele vom Körper nicht wahrgenommen.«

»Wie meinen Sie das?«, fragte Katharina irritiert.

»Madame, je älter ich werde, desto mehr beschäftige ich mich mit religiösen Problemen. Vor einiger Zeit saß ich am Sterbebett einer meiner Hofdamen und hoffte, das Abscheiden der Seele vom Körper wahrzunehmen. Ich hoffte, ein Rauschen in der Luft zu hören, irgendein Zeichen des entschwebenden Geistes, aber ich hörte nur einen Seufzer. Ich weiß manchmal nicht, was ich glauben soll. Die jungen Leute, die ich nach Genf schickte, kehren voll Glaubenseifer zurück und sprechen nur noch von Reformen. Nun ja, seit dem Beginn des Konzils in Trient vor zwei Jahren fordern auch Bischöfe und Kardinäle eine Reform der Kirche. Die jungen Leute aus Genf sprechen unter freiem Himmel, sie predigen gegen den Heiligenkult, gegen die Leichtgläubigkeit, die von den Heiligen Sonne und Regen oder Heilung erwartet; sie lehren die einfachen Gesetze der Bibel, und die Neugeborenen werden auf alte biblische Namen getauft: Ruben, Jakob, Rahel, Lea … Ich bin in Unruhe über diese Entwicklung, gleichzeitig fasziniert sie mich. Einmal ließ ich das Abendmahl in meiner Hauskapelle nach dem Genfer Ritus feiern, aber als ich die Schritte meines Gatten hörte, versteckten wir rasch Brot und Wein und holten die Rosenkränze hervor. Ich habe mich in Klöstern aufgehalten und wie eine Nonne gelebt, um endlich zu erfahren, welcher Glaube der richtige ist. Ich weiß es immer noch nicht.« Katharina hörte zu, schwieg dann lange und dachte nach, bevor sie antwortete. »Manchmal denke ich, dass es weder einen richtigen noch einen falschen Glauben gibt. Was der einzelne Mensch glaubt, ist richtig. – Ich wurde im katholischen Glauben erzogen und werde immer Katholikin bleiben. Aber wenn jemand sagt, dass bei der Kommunion sich Hostie und Wein nicht in den Leib und das Blut von Christus verwandeln, sondern nur Leib und Blut von Christus symbolisieren, wenn die Kommunion nur eine Gedächtnisfeier ist, so kann ich damit leben. Es ist unwichtig, wie die Menschen an Gott glauben – wichtig ist, dass sie glauben. Und wenn es Menschen gibt, die nicht an unsern Gott glauben, sondern an einen anderen Gott, auch das stört mich nicht. Jeder soll das glauben, was er für richtig hält.«

Kurz nach der Ankunft der Königin von Navarra übersiedelte der Hof nach Saint Germain-en-Laye, jenem neu erbauten Schloss aus grauem Stein oberhalb des Flussufers der Seine. Hier empfing Heinrich II. am Ende der ersten Maiwoche die Bourbonen im Kreis der Familie und der Seneschallin. Katharina saß neben Heinrich und beobachtete voller Spannung den ersten Auftritt der Prinzen von Geblüt.

Anton von Bourbon betrat den Raum, und als er sich dem Königspaar näherte, dachte Katharina, dass sie sich in diesen Mann während ihrer Mädchenzeit sofort verliebt hätte. Er war mittelgroß, die Schultern waren breit, die Beine gerade und gut gewachsen, das ovale Gesicht wirkte liebenswürdig und offen, die dichten, braunen Haare waren leicht gewellt, der gestutzte Bart war gepflegt. Nun beugte er elegant vor dem König das Knie, und Katharina hörte, wie ihr Gatte sagte: »Mon Cousin, seien Sie willkommen an meinem Hof.«

Dann beugte Anton sich über ihre Hand und sie wiederholte Heinrichs Worte.

Sein jüngerer Bruder Karl, der Kardinal von Bourbon, wirkte auf Katharina langweilig. Schließlich wurde Ludwig, der Prinz von Condé, gemeldet, und als er den Raum betrat, erschrak Katharina ob seiner Hässlichkeit: Er war klein und hatte einen Buckel, sein Gesicht war nicht oval, wie das seiner Brüder, sondern eckig mit scharf blickenden Augen, und seine Miene strahlte Verbitterung und Unzufriedenheit aus. Katharina betrachtete den Prinzen von Condé und dachte im Stillen, dass unzufriedene Höflinge gefährlich werden konnten.

Nach der Begrüßung wandte er sich zu der Königin von Navarra, und während er sich über ihre Hand beugte, wanderten Katharinas Augen zu Anton. Wie unterschiedlich Brüder sein können, dachte sie und lauschte dem Gespräch zwischen dem Thronprätendenten und ihrem Gatten. Sie unterhielten sich über das Wetter und stimmten überein, dass es schon lange kein Frühjahr mehr gegeben hatte, das so warm war. Das Wetter ist ein harmloses Thema, dachte Katharina und sah wieder zu dem Prinzen von Condé, der dem Königspaar von Navarra beredt schilderte, wie sehr das französische Volk den verstorbenen König betrauerte. Sie musterte Condé und stutzte plötzlich beim Anblick von Johanna: Die Erbin von Navarra betrachtete Anton, den ersten Prinzen von Geblüt, mit verliebten Augen … Katharina musste sich beherrschen, um nicht laut zu lachen. Sie sah wieder hinüber zu ihrer Cousine, amüsierte sich über deren verliebte Augen und stutzte erneut, als ihr Blick den Prinzen von Condé streifte: Er unterhielt sich mit der Königin von Navarra und beobachtete gleichzeitig deren Tochter Johanna. Er hat ebenso wie ich bemerkt, dass die Erbin von Navarra sich in Anton verliebt hat, ging es Katharina durch den Kopf, und sie beschloss, die Entwicklung dieser Romanze zu beobachten.

Für Johanna von Albret war Anton von Bourbon der schönste Mann, den sie je gesehen hatte, und zum ersten Mal in ihrem Leben spürte sie das Gefühl der Verliebtheit.

Johanna betrachtete Anton und überlegte, wie sie ihn auf sich aufmerksam machen konnte. Sie wusste, dass er unverheiratet war und verspürte nur einen Wunsch: sie wollte seine Gattin werden.

Am Tag vor der Beisetzung Franz I. wurde Montmorency bei Katharina gemeldet. Beim Anblick des aufgeregten Konnetabels wusste sie, dass etwas Unerhörtes passiert war.

»Madame«, sagte er atemlos, »ich vermag es noch nicht zu glauben, aber die Seneschallin hat es erreicht, dass ihr Schwiegersohn, der Herzog von Aumale, im Rang Anton von Bourbon, dem ersten Prinzen von Geblüt, gleichgestellt wird. Die Lothringer sind Ausländer! Es ist unglaublich, aber diese Familie kann ab jetzt für einen unmündigen König die Regentschaft beanspruchen. Sie sind noch keine Thronprätendenten, aber die Regentschaft ist auch etwas.«

Katharina sah Montmorency einen Moment fassungslos an. »Die Regentschaft«, sagte sie leise. »Ich hoffe, dass dieser Fall nie eintreten wird. Ich bete jeden Abend, dass mein Gatte noch lange leben wird. Montmorency, haben Sie den König von diesem verhängnisvollen Entschluss nicht abbringen können?«

»Nein, Madame. Diana hat irgendwie herausgefunden, dass Anton und Ludwig ein bewegtes Liebesleben haben und jede Nacht mit einer anderen Hofdame verbringen. Gewiss, sie sind dabei diskret vorgegangen, aber an diesem Hof gibt es eben tausend Augen.«

»Wie bitte, Montmorency? Die Bourbonen …? Bei Anton kann ich mir vorstellen, dass er hinter jedem Rock herläuft, aber Ludwig …? Ich kann nicht glauben, dass eine Frau diesen hässlichen Gnom anziehend findet.«

»Madame, es gibt Frauen, die einen hässlichen Mann einem Adonis vorziehen. – Jedenfalls hat Diana den König wohl überzeugt, dass Antons Liebesleben nicht mit seinem Rang als Prinz von Geblüt vereinbar ist, und dass außer ihm noch ein anderes Mitglied des Hochadels seinen Rang haben müsse. Und wer kommt in Frage? Natürlich ein Guise, am besten ihr Schwiegersohn. Es war bestimmt nicht schwer, den König zu überzeugen – Sie wissen, Madame, dass er es ablehnt, Frauen wie die Hemden zu wechseln.«

»Gütiger Himmel! Durch diese Entscheidung meines Gatten werden die Bourbonen nicht nur zu Feinden der Guisen, sie werden auch zu Feinden des Hauses Valois, weil sie gedemütigt werden. Es ist eine politische Fehlentscheidung, deren Folgen man nur ahnen kann.« Vor ihrem inneren Auge erschien das verbitterte Gesicht des Prinzen von Condé.

Zur selben Stunde gingen Anton und Ludwig im Garten spazieren. Johanna stand oben am Fenster und beobachtete die Brüder, was diese indes nicht bemerkten.

»Es ist eine Unverschämtheit«, sagte Ludwig, »dass der Herzog von Aumale den gleichen Rang hat wie wir. Aber ich bin entschlossen, diese Schmach zu rächen. Ich sage dir, Anton, der Tag wird kommen, an dem ich den Valois diese Beleidigung heimzahlen werde, das schwöre ich bei Gott, der Jungfrau Maria und allen Heiligen!«

»Wie willst du dich rächen?«

»Das weiß ich noch nicht, aber ich bin geduldig, Anton, und ich werde auf eine passende Gelegenheit warten, selbst wenn es Jahre dauern sollte.« Eine Weile gingen sie schweigend auf und ab.

»Vergiss die Familie von Guise«, sagte Anton, »wir sind die Prinzen von Geblüt. – Erzähle endlich, wie dir die Dame der letzten Nacht gefallen hat.«

»Sie hat meine Erwartungen erfüllt«, erwiderte Ludwig, sah zufällig zum Schloss empor und bemerkte, dass Johanna seinen Bruder verliebt ansah. Während er die Liebesnacht schilderte, überlegte er, dass jetzt der geeignete Moment war, um den Bruder auf die Erbin von Navarra aufmerksam zu machen.

»Ich bin noch unentschlossen«, sagte Anton, »ob ich noch eine zweite Nacht mit Madame …«

»Nein, Anton«, unterbrach ihn Ludwig, »du wirst keine Nächte mehr mit den Damen des Hofes verbringen – zumindest einige Monate nicht. Sieh einmal diskret hinauf zum zweiten Stock, dort steht deine Herzensdame und beobachtet uns, das heißt dich, schon seit geraumer Zeit. Du solltest allmählich anfangen, um sie zu werben.«

Anton sah vorsichtig zu den Fenstern empor und ging weiter. »Bist du verrückt, Ludwig? Ich soll um die Erbin von Navarra werben? Dieses Mädchen, das sich nicht putzt und schminkt und die Augen immer fromm niederschlägt. Wie kommst du auf diese absurde Idee?«

»Die Idee ist nicht absurd, sondern in unserer gegenwärtigen Situation sehr vernünftig. Bedenke, Karl hat als Kardinal seine Pfründe, aber wir beide besitzen nicht viel. Eine Verbindung mit der Cousine des Königs würde unsere Stellung am Hof aufwerten, eines Tages bist du König von Navarra. Gewiss, es ist ein kleines Königreich, aber es ist autonom. Johanna hat sich anscheinend schon am Tag unserer Ankunft in dich verliebt, jedenfalls verfolgt sie dich mit ihren Augen, was dir natürlich noch nicht aufgefallen ist, weil du mit anderen Damen beschäftigt bist. Du wirst nicht lange um sie werben müssen, sie wird dir wie eine reife Frucht zufallen.«

Anton überlegte. Der Bruder hatte Recht, am Hof standen sie im Schatten der mächtigen Familie von Guise, und es war nicht abzusehen, dass sich dieser Zustand rasch ändern würde. Indes, das abgelegene Navarra …

»Ich verspüre wenig Lust, den Rest meines Lebens im ländlichen Navarra unter Bauern zu verbringen.«

»Das verlangt niemand von dir. Als Thronprätendent wirst du den größten Teil des Jahres am Hof, in der Nähe des Königs, leben und nur einige Wochen in deinem künftigen Königreich. Und nach der Hochzeit kannst du dich auch wieder mit anderen Damen amüsieren – eheliche Treue ist an diesem Hof ein Fremdwort. Ich glaube, der König ist der einzige hier am Hof, der seinen beiden Damen treu ist.«

Anton lachte. »Diese Ehe zu dritt ist ein Phänomen, und die Florentinerin scheint nicht einmal darunter zu leiden.«

»Das weiß man nicht, sie ist schwer einzuschätzen. Aber zurück zu Johanna: Du hast die besten Chancen. Sie ist in dich verliebt, der König hat bestimmt nichts dagegen, dass Frankreich und Navarra eng verbunden bleiben, und die Eltern sind wahrscheinlich froh, wenn ihre Tochter endlich heiratet – schließlich wird sie im kommenden Jahr zwanzig.«

Anton seufzte. »Neunzehn Jahre und wahrscheinlich noch Jungfrau. Bevor sie das Ehebett besteigt, wird sie sich wahrscheinlich bekreuzigen … Du mutest mir allerhand zu, Ludwig!«

»Eine Ehe, mein Lieber, dient nicht dem Vergnügen, sondern soll wirtschaftliche oder andere Vorteile bringen. Außerdem sind bei Nacht alle Katzen grau, und ob die Erbin von Navarra sich bekreuzigt, möchte ich bezweifeln. Ich habe mich unter dem Gefolge des Königspaares vorsichtig umgehört. Also, die Königin sympathisiert mit der neuen Religion, was jeder weiß und was auch toleriert wird. Johanna wurde zwar im katholischen Glauben erzogen und ist Katholikin, aber sie erhielt auch Unterricht in Calvins Lehre und scheint sich ernsthaft damit auseinander zu setzen. Das muss dich indes nicht beunruhigen, sie ist, wie gesagt, gläubige Katholikin.«

Während des restlichen Tages dachte Anton über den Vorschlag seines Bruders nach, und je mehr er nachdachte, desto mehr gefiel er ihm. König von Navarra …, das war mehr, als Herzog von Guise, König von Navarra – er beschloss, am nächsten Tag während der langweiligen Zeremonie der Beisetzung behutsam den Kontakt zu der Erbin von Navarra aufzunehmen. Ein viel sagender Blick, ein Lächeln … Die Häuser von Guise und Valois täten gut daran, das Haus Bourbon nicht zu unterschätzen, dachte er.

Als der Sarg mit den sterblichen Überresten Franz I. in die Gruft versenkt wurde, ergab es sich, dass Anton und Johanna einen Blick wechselten, weil das verliebte, junge Mädchen auch bei diesem traurigen Anlass hin und wieder den Bourbonen betrachtete. Und dann geschah ein Wunder – jedenfalls kam es Johanna so vor: der erste Prinz von Geblüt lächelte sie an, und Johanna lächelte unwillkürlich zurück.

Katharina betrachtete die Gruft, dachte daran, dass sie und Heinrich im Alter von achtundzwanzig Jahren König und Königin von Frankreich waren und dass er, nach menschlichem Ermessen, noch dreißig Jahre regieren konnte. Sie hoffte im Stillen, dass es ihr erspart blieb, als Königinwitwe hier in Saint-Denis zu stehen. Sie hob die Augen und sah, dass Anton und Johanna sich anlächelten. Es ist unerhört, dachte sie, was fällt ihnen ein, sie können sich bei einem Ball oder Bankett verliebt anlächeln, aber nicht, wenn ein Valois zu Grabe getragen wird. In diesem Augenblick traten die Beamten des Hofstaates an die Gruft, und während sie ihre zerbrochenen weißen Stäbe hinunterwarfen, rief der Herold: »König Franz ist nicht mehr. Lang lebe unser gnädiger Souverän Heinrich II., den Gott beschützen möge!«

Jene Szene mit dem Herold und der verliebte Blick zwischen dem ersten Prinzen von Geblüt und der Erbin von Navarra waren die einzigen Augenblicke der Beisetzung, die sich in Katharinas Gedächtnis eingruben.

Am anderen Morgen besorgte sich Anton den *Spiegel der sündigen Seele*, jene Sammlung von 1700 mystischen Versen, die Margarete von Navarra verfasst und anonym veröffentlicht hatte; sie waren inzwischen in die französische Sprache übersetzt worden, wobei jeder am Hof wusste, wer die Verfasserin der Verse war. Er las einige, um sich notfalls über das Buch unterhalten zu können und begab sich nach der Messe mit seiner Lektüre zu jener Stelle im Garten, wo Johanna sich um diese Zeit gewöhnlich mit ihren Damen aufhielt. Alles verlief so, wie Anton es geplant hatte. Es ergab sich ein Gespräch mit Johanna und den Damen über das Buch, wobei die Damen redeten und Anton zuhörte, man ging gemeinsam zurück zum Schloss, und während der folgenden Tage und Wochen beobachtete der Hof erstaunt, dass Anton ernsthaft um Johanna warb.

Die Guisen, Diana und Montmorency waren der Meinung, dass eine weitere Verbindung zwischen Frankreich und Navarra nur vorteilhaft war und betrachteten Navarra schon als künftiges französisches Territorium, Heinrich schloss sich ihrer Meinung an, Katharina dachte genauso, Heinrich von Albret wünschte eine Sicherung der Erbfolge, nur seine Gattin Margarete beobachtete die Romanze mit gemischten Gefühlen.

So verging der Juni, und auf einmal war der 10. Juli gekommen, der Tag, an dem auf der Wiese neben dem Schloss von Saint-Germain der Zweikampf zwischen Vivonne und Chabot stattfinden sollte.

Für die königliche Familie und den Hof waren Tribünen errichtet, die reich mit bunten, seidenen Fahnen geschmückt waren. Unterhalb der Tribüne des Königs standen fünf schwarz gekleidete Männer mit Gesichtsmasken; es waren der Henker und seine Gehilfen. Sie sollten, wenn einer der Kämpfer erschlagen würde, seinen Körper an den Galgen hängen wie den eines Verbrechers.

Hinter den Schranken wartete seit den frühen Morgenstunden eine riesige Menschenmenge auf das Schauspiel des Gottesurteils. Halb Paris war nach Saint-Germain geströmt, Handwerker, entlassene Soldaten, Künstler, Marktfrauen, Hausierer, Dirnen, Vagabunden … Händler mit Tragekörben bahnten sich einen Weg durch die Zuschauer und priesen ihre Waren an: Wein, Most, Obst, Kuchen, geräucherten Fisch und gebratenes Fleisch. Es war ein heißer Hochsommertag, und die Menge musste bis zum Spätnachmittag auf den König und den Hof warten. Endlich erschien der Herold, schritt die Länge der Schranken ab und verkündete mit lauter Stimme:

»An diesem Tag, dem zehnten des Monats Juli des gegenwärtigen Jahres, hat unser oberster Herr, der König, freies und offenes Feld für einen Zweikampf auf Leben und Tod zwischen François de Vivonne, Sieur de la Châtaignerie als Angreifer, und Guy Chabot, Sieur de Monlieu als Angegriffenem, gewährt und befohlen, um den Ehrenhandel, der zwischen ihnen besteht, durch die Waffen zu entscheiden. Daher gebe ich allen im Namen des Königs bekannt, dass es bei Strafe des Todes verboten ist, in dem folgenden Kampf irgendeine Wendung herbeizuführen, den Kämpfenden Hilfe zu leisten oder sie zu behindern!«

Was außer Piero niemand wusste: Chabot war von einem italienischen Fechtmeister auf den Kampf vorbereitet worden und wusste, wie man den Gegner kampfunfähig machen konnte, ohne ihn zu töten, indem man die Kniesehnen des Gegners durchtrennte.

So kam es, dass Vivonne, des Königs Favorit, nach kurzer Zeit torkelte, fiel und in einer Blutlache zu Boden sank.

Chabot, der Rivale, begab sich zur Tribüne des Königs und bat, wie es Brauch war, um die Wiederherstellung seiner Ehre.

Er musste lange bitten. Der König stand wie versteinert, bis er endlich mit hölzerner Stimme dem Ritus Genüge tat.

Was für das Volk ein willkommenes Spektakel war, endete für Vivonne mit dem Tod. Er verblutete noch am selben Abend.

Während Katharina Mingo vom Verlauf des Zweikampfes berichtete, wurde die Königin von Navarra gemeldet. Diese wirkte etwas verlegen und bat, die Störung zu entschuldigen.

Dann erzählte sie Katharina, dass Anton von Bourbon um die Hand von Johanna angehalten habe. Als Mutter war sie nicht begeistert von dieser Liaison, weil Anton zwar »Prinz von Geblüt« und Thronprätendent war, aber andererseits für seine Frauengeschichten und seinen wenig zur Vertiefung neigenden Lebensstil bekannt war. Ihr schien das ernste Gemüt ihrer Tochter nicht passend für eine solche Verbindung, zumal die finanzielle Situation der Bourbonen seit der Geschichte mit dem Konnetabel auch nicht gerade zum Besten bestellt war.

Katharina beruhigte Margarete und erklärte ihr die Vorteile dieser Heirat für Navarra, das als Verbündeter Frankreichs dann hinfort vor Spanien sicher sei. Insgeheim dachte sie dabei auch an ihren eigenen Vorteil: eine Erweiterung des Reiches im Südwesten …

Die Königin von Navarra entschied sich nach diesem aufmunternden Gespräch, dem persönlichen Glück ihrer Tochter nichts in den Weg zu legen; jeder konnte inzwischen sehen, wie verliebt Johanna in ihren Traumprinzen war.

Zur selben Stunde unterhielten sich der Kardinal Karl von Guise und der König über die Zukunft der kleinen schottischen Königin Maria von Stuart.

»Der Lordprotektor Seymour wird noch diesen Sommer erneut in Schottland einfallen«, sagte der Kardinal. »Meine Nichte wird zwar in ein absolut sicheres Versteck gebracht – es ist die kleine Insel Inchmahone, im See von Menteith, wenige Stunden von Stirling entfernt. Dort ist eine Priorei der Mönche des Augustinerordens, und die Mönche sind absolut zuverlässig und loyal, indes ist es natürlich möglich, dass meine Nichte permanent vor den Engländern versteckt werden muss.«

»Sie haben Recht«, erwiderte Heinrich. »Seit dem Tod meines Vaters wird Schottland mit Geld und Waffen unterstützt, aber ich glaube, jetzt ist der Zeitpunkt gekommen, um Ihre Nichte nach Frankreich zu bringen; hier wäre sie sicher vor den Engländern. Eine Ehe zwischen der kleinen Maria und Eduard Tudor ist nicht in meinem Sinn; dies würde bedeuten, dass Schottland langfristig protestantisch würde, und eine protestantische Großmacht in Nordeuropa kann nicht im Interesse Frankreichs sein.«

Der Kardinal erfasste blitzschnell, dass jetzt der geeignete Moment war, um den Plan, den er schon seit längerer Zeit verfolgte, seinem König zu unterbreiten.

»Sire, ich wüsste eine Möglichkeit, wie man die Heirat zwischen der Königin von Schottland und dem König von England unterbinden kann: Wäre es nicht außenpolitisch sinnvoll, sie mit Ihrem Sohn, dem Dauphin, zu verheiraten?«

Heinrich sah den Kardinal überrascht an. »Mit dem Dauphin? Daran habe ich noch gar nicht gedacht …«

Die Königin von Schottland würde ihr Land als Mitgift einbringen, Schottland würde durch diese Ehe Bestandteil Frankreichs, und von dort aus könnte man das protestantische England in Schach halten.

»Eine Ehe zwischen meinem Sohn und der Königin von Schottland – die Idee gefällt mir, Eminenz. Ich muss die Angelegenheit natürlich überdenken; nach der Krönung sprechen wir noch einmal darüber.«

Karl von Guise atmete auf. Sein Plan ließ sich rascher verwirklichen, als er gedacht hatte.

Am späten Abend sprach Heinrich mit Diana über die geplante Ehe, und sie, die schon länger in die Absichten der von Guisen eingeweiht war, befürwortete die Verbindung mit Schottland.

Am Abend jenes Tages war der König fest entschlossen, den Dauphin mit Maria Stuart zu verheiraten, Katharina würde erst wenige Wo-

chen vor der Ankunft der schottischen Königin in Frankreich davon erfahren.

Am 25. Juli 1547 wurde Heinrich II. in der Kathedrale von Reims gekrönt. Bereits nach den ersten Morgengebeten versammelten sich die
königliche Familie, die Würdenträger, die ausländischen Gesandten und
der hohe Adel im Kirchenschiff.
Diana saß in der ersten Reihe, während Katharina ihren Platz auf der
Tribüne hatte, was ihr ganz recht war, weil sie von dort alles besser überblicken konnte. Sie betrachtete die Samt- und Seidenbehänge und die
Teppiche, mit denen das Kirchenschiff geschmückt war, und sie dachte
daran, dass die Krönung in Reims der Auftakt einer Reihe anstrengender
Festlichkeiten war. In Reims wurde der König von Frankreich zum Gesalbten des Herrn geweiht, in Saint-Marcoul mit wundertätigen Kräften
begabt, in Notre-Dame de Liesse gereinigt und in Saint-Denis inmitten
der Gräber seiner königlichen Vorfahren erneut gekrönt, dann kam
noch der feierliche Einzug in Paris, was den Einzug des Königs in sein
Reich symbolisieren sollte.
Irgendwann würde sie ebenfalls in Saint-Denis gekrönt werden und
hielt ihren Einzug in Paris, dachte Katharina.
Das Gemurmel verstummte plötzlich, als Heinrich, in weiße Seide gekleidet, die Kathedrale betrat und in Begleitung zweier geistlicher Pairs
zu seinem Sessel schritt, der im Chor dem erzbischöflichen Sessel gegenüberstand.
Katharina und auch die übrigen Anwesenden erstarrten, als sie auf dem
Rücken des Königs jenes Monogramm sahen, das seine Verbundenheit
mit Diana symbolisierte.
Am Tag seiner Krönung bekennt er sich vor aller Welt zu ihr, denn
die ausländischen Gesandten werden dies natürlich ihren Höfen berichten, dachte sie entsetzt und im Herzen spürte sie einen schneidenden
Schmerz.
Sie beobachtete, wie der Abt von Saint-Denis auf dem Altar die königlichen Gewänder und die Insignien niederlegte: die violette, mit goldenen
Lilien besäte Tunika, die seidenen Schulterstreifen, den großen Mantel,
die Krone Karls des Großen, das Schwert, das Zepter, die Hand der
Gerechtigkeit und die goldenen Sporen. Sie sah den Abt von Saint-Rémi
als Wächter des heiligen Salbgefäßes auf der rechten Seite des Altars
stehen.

Inzwischen waren der Erzbischof und seine Ministranten von der Sakristei zurückgekehrt, und die Krönungsfeierlichkeiten begannen. Heinrich legte die Hand auf die Bibel und gelobte:

Im Namen Jesu Christi gelobe ich dem christlichen Volke, das mir untertan ist, feierlich das Folgende: Erstens, dass das ganze meiner Gewalt übergebene, christliche Volk der Kirche Gottes allzeit wahrhaften Frieden halten werde. Item, dass ich jedermann, wes Standes und welcher Art er auch sei, jegliche Raubsucht und jegliche Sittenverderbnis untersagen werde. Item, dass ich in allen meinen Urteilssprüchen Billigkeit und Barmherzigkeit gebieten und befehlen werde. Item, dass ich mit allen meinen Kräften und Machtvollkommenheiten danach trachten werde, aus den meiner Hoheit und Gerichtsbarkeit unterstehenden Ländern alle mir von der Kirche als Ketzer genannten und mir kenntlich gemachten Personen zu vertilgen und zu verjagen. Ich schwöre und beteuere, alles soeben Gesagte zu halten und zu erfüllen.

Dann überreichte der Erzbischof dem König das Schwert, das dieser auf dem Altar niederlegte.
Der Erzbischof gab es ihm zurück, und Heinrich legte es in die Hand des Konnetabels Montmorency.
Nun kam der zweite Abschnitt, die Salbung mit dem heiligen Öl. Der Erzbischof öffnete das Salbgefäß, entnahm mit einer goldenen Nadel einen Tropfen Öl und mischte ihn auf dem Hostienteller mit der heiligen Salbe, wobei er das Gebet des heiligen Remigius sprach.

Und dies zur Kunde, dass besagtes, in dem heiligen Salbgefäß enthaltenes Öl, wiewohl es dessen nur eine geringe Menge gibt, und wenn auch bei jeder Salbung eines Königs von Frankreich ein wenig davon entnommen wird, sich dennoch nicht vermindert, was wiederum ein großes Wunder ist.

Dann kniete Heinrich nieder, während Karl von Guise Haupt, Brust und Schulter salbte, dann erneut die Schultern und die Armgelenke, und bei jeder Salbung auf Lateinisch sagte:

Ungo te in regem de oleo sacrificato, in nomine Patris et Filii et Spiritus sancti.

Alle Anwesenden antworteten jedes Mal mit »Amen«.

Der Oberkammerherr bekleidete Heinrich mit dem violetten Gewand, mit dem Königsmantel, es folgte dann die Salbung der Hände, schließlich segnete der Erzbischof den Königsring und legte ihm den Monarchen an den Finger: »Nach dem Gebete legt der König Handschuhe an, ähnlich wie bei der Bischofsweihe, auf dass die Hand nicht nackt an irgendetwas rühre.«

Im nächsten Akt folgte die Krönung, wobei der König die Krone von den Pairs von Frankreich empfing – in Erinnerung an die alte Königswahl – und nicht allein vom Erzbischof. Katharina hörte, wie die geistlichen und die weltlichen Pairs aufgerufen wurden, sie sah, wie der Erzbischof die schwere, mit Edelsteinen geschmückte goldene Krone Karls des Großen mit den vier Lilien nahm, er hob sie über Heinrichs Haupt, sie wurde von den Pairs gehalten, und während der Chor im Hintergrund eine Hymne sang, die jetzt in wallendes Crescendo überging, wurde sie auf sein Haupt gesenkt.

Nun geleiteten ihn der Erzbischof und die Pairs zum Thron, Katharina betrachtete ihren Gatten in dem violetten Mantel mit den goldenen Lilien, sie sah, wie er das Zepter und die Hand der Gerechtigkeit hielt. Die Zeremonie hatte ihn in das zivile, militärische und religiöse Oberhaupt des Gemeinwesens verwandelt, denn der geweihte König von Frankreich war nun auch eine geistliche Person. Der Erzbischof nahm die Mitra ab, verneigte sich vor Heinrich, küsste ihn und rief dreimal zusammen mit den Pairs: »*Vivat rex in aeternum!*«

Die Trompeten schmetterten, die Orgelklänge brausten durch das Kirchenschiff, ein Ruf erschallte aus tausend Kehlen zugleich: »*Vive le roi!*«

Dann die Huldigung, der Abschluss der Zeremonie: der Erzbischof intonierte das *Tedeum*. Nun begann die Salbungsmesse, die feierlichste Messe, die ein König von Frankreich je zu hören bekam, Opfergabe des Königs: ein silbernes Brot, eine Silberkanne voll Wein und dreizehn Goldstücke, anschließend folgte das Krönungsmahl im erzbischöflichen Palais.

Katharinas Augen wanderten an den Fahnen entlang, auch hier sah sie wieder jenes Emblem …

Diana hat den Zenit ihrer Macht erreicht, dachte sie, aber so, wie die

Sonne nur kurze Zeit im Zenit verweilt und dann allmählich untergeht, so wird es auch bei Diana sein. Sie steht im Zenit, aber morgen hat sie ihn bereits überschritten.

Katharina schob ihre rechte Hand langsam in die Tasche ihres Kleides und berührte das Medaillon ...

Drittes Buch
Die Königin
(1548–1559)

1

An einem Spätnachmittag Anfang Juli 1548 ritten Montmorency und sein Neffe Coligny von der alten Festung Carrières zurück nach Saint-Germain-en-Laye, wo der Hof sich seit dem Frühjahr aufhielt, weil Saint-Germain das einzige der größeren Schlösser war, wo gerade nicht gebaut wurde.

Coligny streifte den Konnetabel hin und wieder mit einem Seitenblick und hätte sich gerne mit ihm über dies und jenes unterhalten, aber die finstere Miene seines Onkels schüchterte ihn ein. Seit einigen Tagen ist er denkbar schlecht gelaunt, dachte Coligny, braust beim geringsten Anlass auf, was mag geschehen sein? Er zögerte etwas und nahm dann seinen ganzen Mut zusammen. »Verzeihen Sie, Onkel, wenn ich Sie so direkt frage, aber … ich habe den Eindruck, dass Sie etwas belastet.«

Montmorency zügelte sein Pferd und sah den Neffen verwundert an. »Du hast Recht«, sagte er nach einer Weile. Plötzlich verspürte er das Bedürfnis, mit einem Menschen über jenes Problem zu reden, das ihn seit einigen Tagen beschäftigte. »Höre, Gaspard, ich vertraue dir jetzt ein Staatsgeheimnis an. Du darfst mit niemandem darüber reden. Im Augenblick wissen außer mir nur der König, die Guisen und die Seneschallin davon, auch die Königin ist noch nicht informiert.«

»Die Seneschallin, Onkel? Sie ist jetzt die Herzogin von Valentinois.«

»Meinetwegen«, brummte Montmorency, »für mich ist und bleibt sie die Seneschallin. – Also, der Dauphin wird die kleine Königin von Schottland, Maria Stuart, heiraten. Nach der vernichtenden Niederlage der Schotten bei Pinkie Cleugh im September letzten Jahres ist man in Edinburgh wohl zu der Meinung gekommen, dass man sich künftig nur mit der Unterstützung Frankreichs gegen England behaupten können wird. Seit Januar wird über eine Ehe zwischen unserem Dauphin und der kleinen Stuart verhandelt. Ich hoffte im Stillen, dass das schottische Parlament seine Einwilligung verweigern würde, aber vor einigen Tagen erfuhr ich, dass die Abgeordneten zugestimmt haben. Kein Wunder, schließlich hat unser König ein hervorragend ausgerüstetes Heer von 6000 Mann nach Schottland gesandt. Die Truppen werden dort stationiert, und es sieht ganz so aus, als ob der Lord-Protektor Seymour keine Lust mehr verspürt, Schottland noch einmal zu überfallen.«

»Warum ist diese Heirat ein Staatsgeheimnis?«

»Man befürchtet, dass England versuchen wird, sich der kleinen Königin während ihrer Reise nach Frankreich zu bemächtigen. Unser König ist von dieser geplanten Ehe so begeistert, dass er sogar seine Flotte nach Schloss Dumbarton – dort hält seine zukünftige Schwiegertochter sich jetzt auf – gesandt hat, um sie abzuholen. Maria Stuart wird ihre Heimat wahrscheinlich in einigen Tagen verlassen und irgendwann im August in Frankreich an Land gehen. Zeitlich ist es ungünstig, weil wir morgen nach Piemont aufbrechen und wahrscheinlich erst im Herbst zurückkehren werden, aber der König hat genaue Anweisungen erteilt, wie die Kleine hier empfangen werden soll. Mit diesem Kind wird ein Aufwand getrieben, unglaublich! Die letzte Reiseetappe nach Saint-Germain soll sie auf dem Wasserweg zurücklegen, in einer Barke, die an Luxus nicht mehr zu überbieten ist. Es gibt dort eine Küche, einen Speiseraum mit goldenem Geschirr und sogar Abortkammern, die mit rotem Samt verhängt sind. Ich darf nicht an die Kosten denken, die noch auf uns zukommen werden. Sie wird natürlich von einem schottischen Gefolge begleitet. Die kommenden Jahre wird sie im Haushalt der königlichen Kinder leben, aber irgendwann wird sie einen eigenen Haushalt haben. Diese Kosten …!«

»Nun, Onkel, Schottland wird wohl auch finanziell etwas dazu beitragen. Aber ich verstehe nicht ganz, weshalb Sie sich über diese geplante Heirat so viele Gedanken machen.«

Da zügelte Montmorency erneut sein Pferd. »Gaspard«, erwiderte er langsam, »hast du vergessen, dass die Königin von Schottland die Nichte der Guisen ist? Sollte es tatsächlich zu dieser Ehe kommen, dann ist die Familie von Guise die mächtigste Familie in Frankreich, dann ist sie mit den Valois verwandt. Die Kinder unseres Dauphins sind dann die Großneffen und Großnichten des Kardinals von Guise. Wir Montmorencys gehören zwar zum Hochadel, aber was ist das, verglichen mit den Guisen, die zur königlichen Familie gehören werden?« Er schwieg unvermittelt und dachte daran, dass er sich bei den Sitzungen des Kronrates stets dem geschmeidigen Kirchenfürsten von Guise unterlegen fühlte. Gewiss, er, der Konnetabel, gehörte zum engsten Kreis um den König, aber er hatte manchmal das Gefühl, als ob sich am Hof allmählich zwei Parteien bildeten: Auf der einen Seite Diana und die Familie von Guise, auf der anderen Seite er, der Konnetabel, irgendwo dazwischen der Marschall de Saint-André. »Ich hatte gehofft«, fuhr Montmorency fort, »dass die Bourbonen als Prinzen von Geblüt sich zu einem Gegengewicht gegen die Guisen entwickeln würden, aber Anton ist nach der Hochzeit mit Johanna nach Navarra abgereist, und der König hat ihm erlaubt, dort zu bleiben, bis Johanna ihr erstes Kind zur Welt gebracht hat. Er wird also frühestens in einem Jahr an den Hof zurückkehren, und seine Brüder Karl und Ludwig halten sich im Hintergrund.«

»Was nicht ist, kann noch werden, Onkel. Ich habe den Eindruck, dass die Bourbonen versuchen, allmählich, ohne Hast, am Hof Fuß zu fassen, besonders Ludwig – er scheint intelligent zu sein. Und was die Ehe des Dauphins betrifft, Franz ist jetzt viereinhalb Jahre, Maria Stuart ist ein Jahr älter. Es dauert mindestens noch zehn Jahre, bis sie im heiratsfähigen Alter sind. In zehn Jahren kann so viel geschehen, Onkel – Sie sollten optimistisch in die Zukunft blicken.«

Der Konnetabel schwieg, und bis sie das Schloss erreichten, wurde kein Wort mehr gewechselt.

Coligny dachte an seine künftige militärische Laufbahn. Er war jetzt Generaloberst der Infanterie, aber was nützte ein militärischer Rang, wenn es keinen Krieg gab und keine Gelegenheit, Ruhm zu erwerben? Sein Ziel war es, ein bedeutender Heerführer wie sein Onkel zu werden, und insgeheim hoffte er, dass es wegen Mailand noch einmal Krieg geben würde. Im Augenblick freilich sah es nicht so aus. Er wollte vor allem mehr Ruhm als Franz von Guise gewinnen. Während der vergangenen Kriege hatte sich eine Rivalität zwischen ihnen entwickelt und sie hatten einander argwöhnisch beobachtet. Im Augenblick war noch unklar, wer von beiden tüchtiger war.

Beim Schloss angekommen, überließen sie die Pferde den Reitknechten und gingen langsam hinüber zu einem der Wirtschaftshöfe. An einem Ziehbrunnen stand eine junge Magd und ließ langsam einen Eimer hinunter. Beim Näherkommen hörten die Männer, dass sie ein Lied sang und blieben unwillkürlich stehen.

Trotz ihres großen Alters
Ist heute Abend in Blois
Diana auf der Jagd,
Einen König zu erlegen.
Ach Kathrinchen!
Welcher Jammer!
Nachts wird die unweise Göttin,
Die Alte, Halali blasen im Bette.
Ach Kathrinchen!
Welcher Jammer!

Montmorency und sein Neffe sahen sich vielsagend an.

»Während des Winters habe ich dieses Lied oft in den Straßen von Paris gehört«, sagte Coligny beim Weitergehen. »Das Volk missbilligt anscheinend die Liaison des Königs mit der Herzogin von Valentinois, und ich frage mich, warum. Der verstorbene König hatte auch eine Mätresse und außerdem unzählige Liebschaften.«

»Was die Liebschaften betrifft, Gaspard, so hat der König sie sehr diskret behandelt. Die Herzogin von Etampes …, gewiss, es war allgemein bekannt, dass sie seine Mätresse war, aber er hat sie nicht so hofiert, wie jetzt sein Sohn die Seneschallin, und vor allem hat sie seine politischen Entscheidungen nicht beeinflusst. Unser jetziger König hingegen … Seitdem die Krönungsfeierlichkeiten zu Ende sind, verbringt er täglich mindestens acht Stunden mit ihr, vor allem die Abende.«

»Die arme Königin«, sagte Coligny, »ich bewundere oft, wie sie ohne zu klagen im Schatten der Lilie lebt und ihrer Rivalin mit der größten Liebenswürdigkeit begegnet.«

»Gaspard, die Seneschallin und die Königin sind, jede auf ihre Weise, klug, und die Königin ist jung, sie hat die Zeit auf ihrer Seite. Diana ist über vierzig, in zehn Jahren ist sie eine alte Frau, und dann …, na, ich bin gespannt, wie diese Ehe zu dritt sich noch entwickeln wird.«

Inzwischen waren sie auf der Galerie angekommen, die von etlichen Hofleuten bevölkert war. Plötzlich blieb Coligny stehen und machte den Konnetabel auf zwei Herren aufmerksam, von denen einer seinen Fuß auf den anderen gestellt hatte und dem anderen aufmerksam zuhörte.

»Er steht auf einem Bein wie ein Storch, weil der andere einen höheren Rang hat und er ihm versichern will, welche Ehrfurcht er empfindet. Ist das nicht höchst albern, Onkel? Manchmal habe ich den Eindruck, dass dieser Hof sich langsam, aber sicher in ein Tollhaus verwandelt. Es ist neuerdings Mode, sich wie die vornehmen Italiener in der Umgebung der Königin zu benehmen. Warum unterstützt die Königin diese gekünstelten Manieren?«

»Gaspard, die Italienisierung des Hofes begann schon unter dem verstorbenen König, und die Königin fördert dies. Aber sie verfolgt damit noch ein besonderes Ziel: Diese neuen Anstandsregeln vertiefen den Graben zwischen Leuten von Stand und dem Volk. Der Adel wird dadurch einerseits herausgehoben, andererseits soll er dadurch begreifen, dass es eine Auszeichnung ist, am Hof zu leben, in der Nähe des Königs. Die Königin legt Wert auf die Etikette, weil sie so die Macht des Königs stärken will. Je steifer das Hofleben wird, desto mehr Nimbus umgibt den König.«

»Mich wundert, dass der König diesen Firlefanz toleriert.«

»Ich glaube, es kommt seiner Wesensart entgegen. Abgesehen davon ist er vollauf mit anderen Dingen beschäftigt – da sind die neuen Schlösser, deren Bau vollendet werden muss, da ist die Unterstützung Schottlands, die den Staatshaushalt belastet, da ist die *Chambre Ardente*, im Kronrat ist man sich immer noch nicht darüber einig, wie die Ketzer abgeurteilt werden sollen, ob sie auch verbrannt werden sollen, wenn sie dem neuen Glauben abschwören.«

Coligny überlief es kalt, als er an die *Chambre Ardente* dachte. Die Verbrennungskammer, jenes Sondergericht, war einige Monate zuvor errichtet worden, um Ketzer anzuklagen, ihnen den Prozess zu machen und sie zu verurteilen.

»Wenn ein Ketzer seinem Glauben abschwört, Onkel«, begann er vorsichtig, »müsste er doch freigesprochen werden.«

»Ich befürchte, dass man anders verfahren wird. Vor einigen Tagen plädierte Karl von Guise dafür, alle Ketzer zu verbrennen, auch wenn sie ihren Glauben widerriefen. Denen, die nicht bereit sind, abzuschwören, soll vor dem Feuertod die Zunge abgeschnitten werden. Alle Franzosen, die Anhänger des neuen Glaubens wären, täten gut daran, sofort in den Schoß der alten Kirche zurückzukehren.«

Coligny erbleichte und er versuchte, sein Entsetzen über das Gehörte zu verbergen.

»Ich kann mir nicht vorstellen, Onkel, dass der König einem derartigen Vorschlag zustimmt. Wenn die Protestanten sowieso verbrannt werden, wozu dann ein Prozess?«

»Gewisse Formen müssen gewahrt werden, und, Gaspard, Karl von Guise hat den Vorsitz im Kronrat, der König hört auf seine Empfehlungen. Außerdem hat die Verfolgung der Protestanten auch einen wirtschaftlichen Aspekt: im Falle ihrer Verurteilung fällt Hab und Gut an den Staat, und der König kann darüber verfügen.«

Coligny schwieg, und nach einer Weile blieb Montmorency stehen.

»Wir sehen uns an der Abendtafel, Gaspard. Ich muss jetzt zum König und ihm sagen, dass die Festung Carrières sauber ist und bereit, die königlichen Kinder zu beherbergen, so lange dieses Schloss ausgemistet wird.« Missbilligend betrachtete er den Unrat auf dem Steinfußboden. Coligny musste unwillkürlich lächeln bei den letzten Worten seines Onkels. Der Konnetabel scheute sich nicht, derbe Worte auszusprechen – zum Entsetzen vieler Hofleute, was der König indes nicht verübelte. Er sieht in meinem Onkel wohl so etwas wie einen Vater, ging es Coligny durch den Kopf. Dann dachte er wieder an die *Chambre Ardente* … Es wird viele Tote geben, dachte er, weil die von Guisen um ihre kirchlichen Pfründe fürchten. Aber vielleicht gibt es noch einmal Krieg in Italien, dann wäre der König abgelenkt. Außenpolitische Probleme sind wichtiger als innenpolitische.

Der Tag war gekommen, wo Heinrich seiner Frau endlich erklären musste, dass das Schicksal des Dauphins an der Seite Maria Stuarts beschlossene Sache war. Er begab sich also auf direktem Weg in Katharinas Gemächer.

Als Heinrich gemeldet wurde, stand Katharina spontan auf und ging dem Gatten entgegen, wobei sie im Stillen hoffte, dass er vielleicht an diesem Abend darauf verzichtete, Diana holen zu lassen. Ihr Schwiegervater hatte nie nach Anna geschickt, wenn er in Eleonores Gemächern weilte …

»Ich freue mich, dass wir endlich einmal einen Abend für uns haben«, sagte sie, und während sie zu der Sitzecke gingen, fand sie, dass Heinrich sich seit der Thronbesteigung zu seinem Vorteil verändert hatte. Er war nicht mehr so verschlossen und schwermütig wie zu Lebzeiten seines Vaters, er strahlte Heiterkeit aus, lachte hin und wieder, war gesprächiger geworden. Er genoss offensichtlich seine Stellung als König. Er verweigert nie eine Audienz, dachte sie, hört alle Bittsteller höflich an, er lässt sich nie vom Zorn überwältigen, er nimmt seine Pflichten als Monarch ernst, vor allem seine religiösen Pflichten. An hohen kirchlichen

Feiertagen schreitet er in der Prozession und legt seine Hand auf die Skrofulosekranken, die dadurch angeblich geheilt werden. Er wird vielleicht nie so populär werden wie sein Vater, spann Katharina den Faden weiter; aber er könnte das Volk für sich gewinnen, wenn er in der religiösen Frage toleranter wäre und sich bei politischen Entscheidungen weniger von den Guisen lenken lassen würde. Und er müsste, was Diana betrifft, diskreter sein. Sie kannte das Lied, das die Magd am Brunnen gesungen hatte, und es schmeichelte ihr, dass die öffentliche Meinung die Beziehung des Gatten zu Diana missbilligte. Andererseits schadeten solche Spottverse dem Haus Valois. Anna ist dem Volk nie so gegenübergetreten wie Diana. Sie tritt auf wie eine Königin, Anna hingegen hielt sich bei offiziellen Anlässen immer zurück.

»Katharina«, sagte Heinrich zögernd, »ich bin gekommen, um dir etwas mitzuteilen; es geht um unseren Sohn. Ich bitte dich schon jetzt um Vergebung, dass ich es dir nicht längst gesagt habe, indes, ich wollte keine unnötigen Hoffnungen in dir wecken. Seit einigen Tagen weiß ich, dass es keine Hindernisse mehr gibt.« Er zögerte, suchte nach Worten.

Katharina sah ihn erstaunt an, und während sie überlegte, um was es sich handelte, wurden die königlichen Kinder gemeldet. Wenig später erschien Madame d'Humières mit Franz und Elisabeth und die Amme mit der kleinen Claudia, die am 12. November 1547 in Fontainebleau zur Welt gekommen war. Katharina war enttäuscht, dass sie statt eines zweiten Sohnes eine zweite Tochter geboren hatte, aber sie beruhigte sich bei dem Gedanken, dass Claudia nicht ihr letztes Kind sein würde.

Die Amme zeigte den Eltern das kleine Mädchen und berichtete, dass die Prinzessin die ganze Nacht schlafe, bei bester Gesundheit sei und von Tag zu Tag kräftiger würde.

»Wir freuen uns, dies zu hören«, sagte Heinrich, bevor er sich an die Erzieherin der beiden älteren Kinder wandte. »Madame, wie haben der Dauphin und seine Schwester den Nachmittag verbracht?«

Die Erzieherin knickste. »Sire, Madame, der Dauphin hat seine Lektionen in Schreiben und Rechnen geübt, Prinzessin Elisabeth hat mit den Schlössern gespielt.«

Katharina hatte angeordnet, dass die Schlösser Fontainebleau, Chambord, Blois und Amboise als Spielzeug für die Kinder nachgebaut wurden. Zunächst sollten sie damit spielen, aber später würden sie natürlich etwas über die Geschichte und die Architektur erfahren und vor allem über die Geschichte des Hauses Valois. Meine Kinder, dachte Katharina, müssen ein Familiengefühl entwickeln, ein Gefühl für die Bedeutung der Dynastie, sie müssen bereit sein, für diese Dynastie zu kämpfen und sie zu erhalten.

»Nun, Elisabeth«, sagte Katharina, »mit welchem Schloss hast du heute gespielt?«

»Mit Fontainebleau, Mama.«

»Mit Fontainebleau? Es scheint dein Lieblingsschloss zu sein. Warum?«

»Mama, Fontainebleau ist das größte und schönste unserer Schlösser.«

»Du hast Recht«, erwiderte Katharina. Dann wandte sie sich an Franz. »Welches Schloss gefällt dir am besten?«

Der kleine Junge überlegte lange. »Amboise«, erwiderte er schließlich.

»Warum gefällt dir Amboise, Franz?«

Er überlegte lange. »Ich weiß es nicht, Mama«, antwortete er dann.

Heinrich hatte bis jetzt stumm die Unterhaltung zwischen seiner Gattin und dem Dauphin verfolgt und fand es nun an der Zeit, sich einzumischen. »Katharina, du unterrichtest seit Anfang Februar. Was kann er rechnen, schreiben, lesen?«

Sie zögerte etwas, weil sie wusste, dass er nur langsam und widerwillig lernte. »Er beherrscht die Zahlen von eins bis zehn und kann sie addieren. Er kennt auch das Alphabet und kann einige Namen schreiben, aber er kann noch nicht fließend lesen. Ich hoffe, dass er nach unserer Rückkehr aus Piemont lesen kann. Madame d'Humières wird jeden Tag mit ihm üben.«

»Er kann bis zehn zählen und beherrscht das Alphabet – das ist sehr viel für sein Alter. Katharina, ich bewundere dich, dass du unserem Sohn dies alles in relativ kurzer Zeit beigebracht hast.«

Sie lächelte gequält und dachte im Stillen, dass ihr Sohn dank des täglichen intensiven Unterrichts bis hundert zählen und fließend lesen müsste …

»Franz, dein Vater ist stolz auf deine Fortschritte, nun zeige ihm, was du gelernt hast. Eins und eins ergibt …?«

Der Dauphin sah sie an und schwieg.

»Franz«, wiederholte sie verzweifelt, »eins und eins ergibt …?«

Er sah sie immer noch an und sie winkte einem Diener, dass er ihr die Schale mit den Früchten bringe.

Sie nahm einen Pfirsich und zeigte ihm die Frucht. »Franz, wenn du diesen Pfirsich isst und dann noch einen Pfirsich – wie viele Früchte hast du dann gegessen?«

Der kleine Junge überlegte erneut lange und antwortete endlich zu ihrer Erleichterung: »Zwei Pfirsiche, Mama.«

Sie atmete auf und gab ihm den Pfirsich. »Du kannst gut rechnen, Franz, aber du musst noch besser rechnen können. Irgendwann wirst du König von Frankreich sein, und ein König muss rechnen können, weil er immer wissen muss, ob er genügend Geld hat, um neue Schlösser zu bauen.«

»Ja, Mama«, erwiderte er und sah gleichzeitig zu seinem Vater, fand aber dort keine Unterstützung.

»Deine Mutter hat Recht, Franz, ein König muss rechnen können, weil er über die Ausgaben des Staates entscheidet. Und nun, mein Sohn, schreibe die Namen auf, die du inzwischen gelernt hast.«

Katharina stand auf, führte das Kind zu ihrem Schreibtisch, schob ihm einige Kissen unter und gab ihm eine Feder. »Nun schreibe den Namen deines Vaters.«

Der Dauphin schrieb in großen, ungelenken Buchstaben: Heinrich. Auf Befehl der Mutter schrieb er dann seinen eigenen Namen – Franz –, dann Diana, weil Katharina annahm, dass es den Gatten freuen würde, und zuletzt schrieb er den Namen seiner Mutter: Katharina.

Heinrich betrachtete das Papier mit den Namen. »Mein Kompliment«, sagte er zu Katharina, »du hast ihm mehr beigebracht als ein Lehrer.« Dann wandte er sich an seinen Sohn. »Willst du eine Königin heiraten?«

»Ja, Vater.«

Katharina sah irritiert auf. Was für eine merkwürdige Frage, dachte sie.

»Mein Sohn, du wirst eine Königin heiraten, aber jetzt ist es Zeit, dass du dich zur Ruhe begibst.«

Er küsste den Dauphin und Elisabeth und Claudia, und dann verabschiedeten sich die Kinder von ihrer Mutter. Während die Kinder mit der Erzieherin und der Amme das Zimmer verließen, befahl der König einem der Diener, die Seneschallin zu holen.

Katharina versuchte, sich nichts von ihrem Ärger anmerken zu lassen. Seit Heinrichs Thronbesteigung hatte sie manchmal resigniert und sich gesagt, dass sich nichts ändern würde. Diana würde ihn beherrschen, so lange sie lebte. Es gab Augenblicke, wo sie in Versuchung war, der Rivalin zu sagen, wie sehr sie sie hasste, aber wenn sie eine Nacht darüber geschlafen hatte, dann war sie erneut bereit, sich in Geduld zu üben. Eines Tages wird er ihrer überdrüssig sein, eines Tages wird er zu mir finden. Seit der Geburt des Dauphins war Heinrich zärtlicher, wenn er sie besuchte …

Unsere Kinder werden uns im Laufe der Zeit verbinden!

Während Katharina über ihre Ehe nachdachte, überlegte Heinrich, wie er seiner Gattin die schottische Heirat schmackhaft machen konnte.

»Katharina, du hast gehört, dass unser Sohn eine Königin heiraten wird. Ich kann es dir erst jetzt sagen, die geplante Heirat musste so lange wie möglich geheim bleiben wegen der Engländer – sie dürfen nicht wissen, wann die Königin von Schottland ihre Heimat verlässt und in Frankreich an Land geht.«

»Unser Sohn soll die Königin von Schottland heiraten?«

»Ja, eines Tages wird Schottland zum französischen Territorium gehören, und vielleicht gelingt es uns dann, England wieder unter die Oberhoheit des Papstes zu bringen. Das bedeutet natürlich Krieg gegen England.«

»Heinrich, du hast eben gesagt, die Engländer dürfen nicht wissen, wann die Königin von Schottland nach Frankreich segelt. Wie willst du dieses Geheimnis wahren? Es dauert noch mindestens zehn Jahre, bis Franz im heiratsfähigen Alter ist.«

»Du hast Recht, und deswegen wird seine Braut noch im Laufe dieses Sommers, wahrscheinlich im August, in Frankreich an Land gehen und zusammen mit unseren Kindern aufwachsen und erzogen werden.«

»In diesem Sommer? Aber wir sind doch in Italien …«

»Beunruhige dich nicht, es ist bereits alles geregelt für den Empfang unserer Schwiegertochter. Wenn wir übermorgen das Schloss verlassen, werden unsere Kinder nach Carrières gebracht, Saint-Germain wird gereinigt, und Diana wird nach unserem Einzug in Lyon nach Saint-Germain eilen und uns beim Empfang der Königin von Schottland würdig vertreten.« Er schwieg einen Augenblick, bevor er fortfuhr. »Es ist mein Wunsch, dass unsere Schwiegertochter, die Königin von Schottland, den Vortritt vor unseren Töchtern hat – zum einen, weil sie die künftige Königin von Frankreich ist, zum anderen, weil sie die gesalbte und gekrönte Königin eines unabhängigen Landes ist. Ich wünsche, dass man sie als Königin ehrt und dass man ihr dient.«

Katharina spürte einen feinen Stich. Dieses Kind aus dem armen, rückständigen Schottland sollte also den Vortritt vor Elisabeth und Claudia haben. Sie merkte, dass in ihr Abneigung gegen die künftige Schwiegertochter keimte, gleichzeitig wusste sie, dass dieses Kind mit ihrem Sohn verheiratet wurde, wie sie seinerzeit mit Heinrich. Die kleine Königin kann nichts dafür, dass sie mit Franz vermählt wird. Sie beschloss, der Kleinen mütterlich gegenüberzutreten.

»Katharina, du schweigst. Bist du nicht auch glücklich und stolz, dass der Dauphin eine Königin heiraten wird?«

Sie überlegte, ob sie den Gatten auf die außenpolitischen Nachteile aufmerksam machen sollte. Die Heirat war zwar geplant, aber bis dahin konnte allerhand geschehen, die Gesundheit des kleinen Franz war nicht die allerbeste … Sie lächelte den Gatten an. »Ich bin über diese Verbindung genauso stolz und glücklich wie du, aber außenpolitisch ist diese Ehe wertlos.«

»Wie meinst du das?«

»Heinrich, während der vergangenen Jahre hat es immer wieder Kriege zwischen England und Schottland gegeben. Die Engländer möchten, was verständlich ist, Schottland ihrem Reich einverleiben. Es wird auch in Zukunft Kriege auf der Insel geben, und diese künftigen Kriege zwischen Schottland und England wird Frankreich bezahlen, weil die schottische Königin in unsere Familie einheiratet. Wir werden Schottland nicht nur mit Geld und Waffen unterstützen, sondern auch mit Truppen. Franzosen werden in Schottland sterben – für Schottland, nicht für Frankreich!« – Es entstand eine Pause.

»Die Königin von Schottland ist die beste Partie für unseren Sohn«, sagte Heinrich dann.

»Er ist noch nicht fünf Jahre«, sagte Katharina, »seine Verheiratung hat noch Zeit. Eine Verbindung mit einer Habsburgerin wäre meiner Meinung nach außenpolitisch wertvoller.«

»Ach, die Habsburger, hat die zweite Ehe meines seligen Vaters Frankreich den Frieden gebracht?«

Katharina schwieg und dachte im Stillen, dass die Kriege gegen den Kaiser von ihrem Schwiegervater ausgegangen waren, nicht von Karl V. Diana wurde gemeldet, und Katharina überlegte, ob sie wohl erneut nach einer kurzen Zeit weggeschickt würde, damit das Paar allein war. Sie zwang sich, Diana anzulächeln.

»Ich habe Katharina über die Heirat des Dauphins informiert«, sagte Heinrich. »Sie glaubt, dass diese Verbindung außenpolitisch wertlos ist.«

»Oh, Madame«, sagte Diana lächelnd zu Katharina. »Ihre Meinung überrascht mich. Ihr Gatte und der Kardinal von Guise haben die Vor- und Nachteile dieser Verbindung genau erwogen. Sie können sicher sein, Madame, Ihr Gatte und der Kardinal verstehen etwas von Politik.«

Ja, dachte Katharina wütend, der Kardinal versteht vor allem etwas von

Familienpolitik. Sie versuchte, sich ihren Ärger nicht anmerken zu lassen. »Gewiss, Madame. Ich werde immer die Entscheidungen meines Gemahls respektieren, aber ich glaube, dass ich das Recht habe, meine eigene Meinung zu äußern.«

»Selbstverständlich, Madame.«

»Katharina«, sagte Heinrich, der endlich mit Diana allein sein wollte, »du solltest an deine Gesundheit denken und dich jetzt zur Ruhe begeben.«

Wie lange werde ich dies alles noch ertragen müssen, dachte Katharina, stand auf, wünschte dem Gatten und Diana angenehme Ruhe und ging hinaus.

»Die Königinwitwe von Schottland«, sagte Diana, »hat ihre Mutter gebeten, sich um neue Kleider für die kleine Königin zu kümmern. Da die Herzogin von Guise ihre Enkelin während der Reise nach Saint-Germain begleitet, werde ich mich um die Kleider deiner künftigen Schwiegertochter kümmern.«

Heinrich überlegte einen Augenblick. »Maria Stuart soll mit Franz und Elisabeth aufwachsen. Ich wünsche, dass sie und meine Tochter in einem Zimmer schlafen. Diana, sorge dafür, dass Elisabeths Schlafzimmer nicht nur gesäubert, sondern auch neu eingerichtet wird.«

Nachdem Katharina das Zimmer verlassen hatte, sah sie sich im Vorraum um, und als sie nirgendwo einen Diener bemerkte, gab sie zunächst einem Stuhl einen Fußtritt, dann einer Truhe und eilte weiter, wobei sie bis zu ihrem Appartement den Möbeln Fußtritte versetzte. Sie wusste nicht, ob Diener sie sahen, aber es war im Augenblick für sie die einzige Möglichkeit, ihren Zorn loszuwerden.

Als Katharina in ihren Gemächern angekommen war, hatte sich zwar ihr Ärger darüber, dass man sie wie ein kleines Kind zu Bett schickte, gelegt, nicht aber die Empörung über die geplante schottische Heirat. Sie war nicht gefragt worden, nun gut, aber sah Heinrich die außenpolitischen Nachteile?

Während Isabella ihr beim Auskleiden behilflich war, erzählte sie ihr von der geplanten Verbindung und ihren Bedenken.

Isabella versuchte, sie zu beruhigen. »Madame, bis es so weit ist, fließt noch viel Wasser die Seine und die Loire hinunter.«

Als Katharina endlich allein war, nahm sie das Stundenbuch und überprüfte ihren Monatszyklus. Es bestand kein Zweifel, sie war wieder schwanger, das Kind würde Ende Januar oder Anfang Februar zur Welt kommen. Heinrich wusste noch nichts davon, und sie beschloss, es ihm erst in Italien zu sagen, nicht jetzt; sonst bestand die Gefahr, dass er, mit Rücksicht auf ihren Zustand, anordnete, dass sie in Frankreich bleiben musste, während er mit Diana nach Piemont reiste. Nein, dachte sie, ich werde ihn und Diana nach Turin begleiten. Hoffentlich gebar sie jetzt einen Sohn, zwei Töchter waren genug, sie wollte nur noch Söhne haben.

Zwei Tage später verließ der Hof Saint-Germain und begab sich nach Süden, während die königlichen Kinder mit ihrem Hofstaat nach Carrières reisten. In Amboise angekommen, wünschte Diana, dass sie dort einige Tage verweilten, weil sie Heinrich das Schloss Chenonceaux zeigen wollte.
Heinrich hatte den Landsitz noch nie gesehen, teils aus Desinteresse, teils weil sich seit seiner Thronbesteigung noch keine Gelegenheit ergeben hatte. Als er im Hof absaß, war er vom Anblick des Schlosses enttäuscht. Chenonceaux war ein Adelssitz wie jeder andere, aber kein Schloss für einen König. Er ließ sich nichts anmerken und folgte Diana nach links entlang der Mauer.
»Sieh, Heinrich, die Brücke über den Cher ist fertig, jetzt können wir in den Wäldern auf der anderen Seite jagen.«
Er betrachtete das Schloss und die Brücke über den Cher.
»Diana, wo willst du hier den Hof unterbringen?«, fragte er sie nach einer Weile.
»Liebster, dieses Schloss soll für uns beide ein Ort der Ruhe und Erholung sein. Du sollst dich hier von den Staatsgeschäften erholen. In Anet ist dies nicht mehr möglich, seit du König bist – das soll kein Vorwurf sein, aber Anet wird allmählich zu einem Taubenschlag. Kuriere, Gesandte, Kronräte kommen und gehen, wir haben dort keine Zeit mehr für uns.«
Dann führte sie Heinrich durch das Schloss, und er sah erstaunt, dass alle Räume möbliert waren und an den Wänden Gobelins hingen.
»Wenn wir nach Chenonceaux reiten«, sagte Diana, »möchte ich keinen schwerfälligen Gepäcktross hinter mir haben. In Chenonceaux sollten wir uns aufhalten, wenn wir allein sein wollen.« Im ersten Stock ging sie mit ihm zu einem Balkon und zeigte ihm den Garten, der rechts vom Schloss lag. »Sieh, Heinrich, die besten Gärtner der Touraine haben seit

dem letzten Sommer hier gearbeitet. Sie haben Moschusrosen ange-
pflanzt, Obstbäume, Melonen und Artischocken; sie pflegen auch die
Weinberge in der Umgebung. Links vom Schloss will ich einen Ballspielplatz anlegen lassen. Du sollst dich hier so wohl fühlen wie in Anet.«
Heinrichs Augen wanderten nach links, wo Gras und Unkraut wucher-
ten. Er betrachtete das Wirtschaftsgebäude auf der linken Seite und
fühlte sich eingeengt – er vermisste die Weitläufigkeit der königlichen
Schlösser.

Diana beobachtete seine Miene und erriet, was in ihm vorging. »Wird es
dir hier gefallen?«, fragte sie nach einer Weile vorsichtig.

»Natürlich, aber Anet gefällt mir besser. Es ist größer und …, dort haben
wir unsere erste gemeinsame Nacht verbracht.«

Die erste gemeinsame Nacht, dachte Diana, das war vor fast zwölf Jahren. Er war ein ziemlich unerfahrener, junger Mann, jetzt ist er ein zärtlicher, leidenschaftlicher Liebhaber; ich habe mich an ihn gewöhnt. Es ist
mir gelungen, ihn zwölf Jahre lang zu fesseln – wie lange wird unser
Verhältnis noch dauern? Gewiss, auf den ersten Blick sieht man mir
nicht an, dass ich bald fünfzig bin, aber es gibt untrügliche Zeichen: die
blauen Adern, die auf meinem Handrücken sichtbar sind, die Falten am
Mund und an den Augen … Irgendwann nach den Krönungsfeierlichkeiten war ihr bewusst geworden, dass ihr Liebhaber ein Mann in den
besten Jahren war und sie eine alternde Frau. Der Tag, an dem er sich
von ihr abwenden würde, weil sie körperlich unattraktiv für ihn war,
rückte unaufhaltsam näher. Sie würde nicht nur Macht und Einfluss
verlieren, sondern auch den Mann. Was ihr blieb, war der bis dahin erworbene Reichtum.

»Es wird Zeit, dass wir zurückreiten«, sagte Heinrich.

Da wandte Diana sich um und legte die Arme um ihn. »Liebster, ich
wollte dir nicht nur das Schloss zeigen, ich möchte eine erste Nacht mit
dir hier verbringen.«

»Hier, in diesem Schloss?«, fragte er erstaunt.

»Ja, es ist eine letzte Gelegenheit, dass wir allein sind. Während der
Reise nach Italien sind wir vollauf mit unseren Repräsentationspflichten
beschäftigt.«

»Du hast Recht.« Er zog sie an sich und küsste sie, und während sie seinen Kuss erwiderte, spürte sie, dass er ihr immer noch verfallen war.

Heinrich erwachte in der Nacht von einem diffusen Licht im Schlafzimmer. Er stand auf, ging zu dem weit geöffneten Fenster und betrachtete den vollen Mond am nachtklaren Himmel. Das Mondlicht hat also den Raum erhellt, dachte er und sah hinunter auf den Cher. Er fließt von der Quelle bis zur Mündung, genau wie das Leben der Menschen, wie mein Leben … Ich wurde Dauphin und König. Seit meiner Geburt hat sich viel verändert, nur meine Liebe zu Diana ist gleich geblieben. Ich liebe sie. Werde ich sie bis zu meinem Tod lieben? Unsere erste Nacht in Chenonceaux …

Bezüglich Chenonceaux hatte er heute ihre Wünsche erfüllt – zwar gerne, aber er wäre genauso gerne nach Amboise zurückgeritten, um mit Montmorency zu plaudern oder Schach zu spielen. Er liebte Diana noch, aber er hatte sich an sie gewöhnt. Es gelüstete ihn nicht nach anderen Frauen, aber die Spannung in ihrem Verhältnis fing an, sich zu lockern. Er bemerkte nicht, wie die Nacht verging und sah erstaunt, dass der schwarze Himmel allmählich dunkelblau und dann sehr rasch immer heller wurde, der Mond wurde immer blasser und undeutlicher, und plötzlich war es Tag. Einen Augenblick horchte er auf das Vogelgezwitscher, dann ging er zurück zum Bett, betrachtete kurz die schlafende Diana und sah in der Morgensonne, dass ein Teil ihrer blonden Haare silbrig schimmerte; es war ihm noch nie zuvor aufgefallen. Er überlegte, ob er noch eine Stunde schlafen sollte, und begab sich dann kurz entschlossen in den Baderaum. Als er zurückkehrte, war Diana wach und sah ihn erstaunt an. »Du bist ja schon angekleidet.«

»Ja, es wird Zeit, dass wir nach Amboise zurückreiten. Der Weg nach Turin ist noch weit.«

Sie schwieg und spürte einen leisen, feinen Stich. Es war das erste Mal, seit er ihr Liebhaber geworden war, dass er vor ihr das Bett verließ. Sie lächelte ihn an. »Du hast Recht, es wird höchste Zeit, dass wir Chenonceaux verlassen.«

Er lächelte zurück, und für den Bruchteil einer Sekunde wussten beide, dass etwas sich verändert hatte. Er verließ das Schlafzimmer, ging hinunter, und er sehnte sich nach dem höfischen Trubel und hatte im Augenblick keinerlei Bedürfnis nach Zweisamkeit.

Am Nachmittag des 15. Oktober 1548 trafen die königlichen Kinder und ihr Hofstaat in Saint-Germain ein, wo sie von Diana empfangen wurden. »Es war ein Wunsch des Königs«, erklärte sie der erstaunten Madame d'Humières, »dass ich dem Hof vorausreise, um die kleine Königin von Schottland gebührend zu empfangen. Ihre Reise nach Frankreich war bis jetzt ein Staatsgeheimnis, weil man verhindern wollte, dass die Engländer sich ihrer bemächtigten, aber vor einiger Zeit erhielt ich einen Brief der Herzogin von Guise, dass die Königin und ihr Gefolge am 13. August wohlbehalten in dem Fischerdorf Roscoff in der Bretagne an Land gegangen sind. Die Herzogin begleitet ihre Enkelin jetzt nach Saint-Germain.« Ehe die Erzieherin etwas sagen konnte, hob Diana die kleine Elisabeth auf ihren Schoß, zog den Dauphin zu sich heran, und bei ihren folgenden Worten wusste die Erzieherin nicht, ob sie wachte oder träumte. »Morgen«, sagte Diana, »wird Ihre neue Spielgefährtin hier eintreffen. Sie ist fünfeinhalb Jahre alt und heißt Maria Stuart. Sie müssen ihr helfen, dass sie rasch Französisch lernt, in ihrer Heimat Schottland spricht man nämlich eine andere Sprache. Ihr Vater war der König von Schottland; er starb, als sie noch in der Wiege lag, und so ist sie die gesalbte und gekrönte Königin Schottlands.« Sie schwieg und betrachtete die Gesichter der Kinder, die ihr aufmerksam zuhörten.

»Sie ist Königin«, sagte Franz, »genau wie unsere Mama.«

Diana lächelte und fuhr fort. »Ab morgen werden Sie mit ihr zusammen leben, spielen, lernen, Frankreich ist die neue Heimat der kleinen Königin.« Sie wandte sich zu Elisabeth. »Für Sie wird sie eine neue Schwester sein, Ihr Vater wünscht, dass sie in Ihrem Zimmer schläft.« Sie schwieg und wartete auf Elisabeths Reaktion.

»Fein!«, rief die Kleine zu ihrer Erleichterung. »Dann bin ich nach dem Nachtgebet nicht mehr so allein.«

Nun wandte Diana sich an den Dauphin. »Für Sie ist die kleine Königin nicht nur Spielgefährtin, sie ist auch Ihre Braut. In einigen Jahren werden Sie sie heiraten, dann ist sie die Dauphine, und wenn Sie König von Frankreich sind, dann ist sie die Königin von Frankreich.«

Franz überlegte eine Weile. »Königin von Frankreich«, erwiderte er dann, »genau wie unsere Mama … Darf ich jeden Tag mit ihr spielen?«

Diana lächelte erneut. »Selbstverständlich, Sie sollen sogar mit ihr spielen.«

»Fein«, sagte Franz. »Komm, Elisabeth!« Er zog sie von Dianas Schoß, lief mit ihr in eine Zimmerecke, und Diana hörte, wie sie berieten, was sie mit der kleinen Königin spielen wollten.

Am nächsten Vormittag liefen Franz und Elisabeth immer wieder in Begleitung eines Dieners zum Flussufer und hielten nach der königlichen Barke Ausschau, weil sie gehört hatten, dass die neue Gefährtin den letzten Teil der Reise auf dem Wasserweg zurücklegte.

Nach dem Essen versuchte die Erzieherin vergeblich, ihre Zöglinge zum gewohnten Mittagsschlaf zu überreden. Franz und Elisabeth behaupteten, sie seien nicht müde, und sie wollten keinesfalls die Ankunft ihrer neuen Gespielin versäumen. Schließlich entschied Diana, dass sie ausnahmsweise aufbleiben dürften, aber nach der Ankunft der kleinen Königin müssten sich alle sofort zur Ruhe begeben.

Als die kleine Schottenkönigin am Nachmittag des 16. Oktober 1548 die Landungsbrücke von Saint-Germain betrat und langsam zu dem grauen Schloss hinaufritt, wusste sie, dass sie den Dauphin heiraten und irgendwann Königin von Frankreich sein würde. Sie wusste auch, dass die Herzogin von Valentinois die mächtigste und wichtigste Dame am Hof war, deren Gesellschaft der König besonders schätzte, und dass die Königin keine Rolle spielte. Ihr musste sie keine besondere Aufmerksamkeit widmen, zumal sie noch nicht einmal fürstlicher Abstammung war.

Als Maria Stuart in Begleitung ihres schottischen Gefolges die Halle an der Westseite des Innenhofes betrat, die gleichzeitig als Festsaal genutzt wurde, blieb sie überrascht stehen. Noch nie zuvor hatte sie einen so großen, hohen und hellen Raum gesehen; durch zahlreiche Fenster flutete die nachmittägliche Herbstsonne und beschien die rosa und hellblauen Wandbemalungen. Sie sah zahlreiche Kerzenleuchter und einen riesigen Kamin. Die Herzogin von Guise geleitete ihre Enkelin bis zur Mitte des Saales und trat dann einen Schritt zurück. Die Herzogin von Valentinois wurde gemeldet.

Als Diana den Saal betrat, fiel ihr zunächst der hohe, schlanke Wuchs der jungen Königin auf – schließlich war sie noch nicht einmal sechs Jahre alt. Das Erbteil der Guisen, ging es ihr durch den Kopf, während sie den Hofknicks vollführte. Weil sie nicht wusste, wie gut die Kleine die französische Sprache inzwischen beherrschte, sprach sie dann so langsam wie möglich.

»Willkommen am Hof von Frankreich, Madame. Seine Majestät der König ist untröstlich, dass er Sie nicht persönlich begrüßen kann, aber seine Reise nach Italien ließ sich nicht verschieben. Er bat mich, ihn zu vertreten und Sie und Ihr Gefolge hier zu empfangen.« Während dieser

Worte betrachtete sie das Kind genauer und fand die künftige Dauphine ausgesprochen apart. Sie wird einmal eine Schönheit werden, ging es Diana durch den Kopf. Ein ovales Gesicht, eine makellose, zarte, weiße, perlmuttschimmernde Haut, eine hohe, runde Stirn, die Nase harmoniert mit den Konturen des Gesichts, die mandelförmigen Augen schimmern goldbraun und passen gut zu den dichten, glänzenden, rotgoldenen Haaren … Die Kleine trug ein schlichtes, weißes Samtkleid, und Diana fand, dass Weiß zu dem Kind passte und die Farbe der Haare und Augen vorteilhaft zur Geltung brachte.

»Hast du alles verstanden, Maria?«, fragte die Herzogin ihre Enkelin.

»Ja, Großmama. – Guten Tag, Madame«, sagte sie dann zu Diana.

Diese wenigen Worte waren von einem Lächeln begleitet, das Diana eigentümlich berührte. Die kleine Schottin strahlt einen Liebreiz aus, dachte sie, dass man sich sofort zu ihr hingezogen fühlt.

»Als meine Enkelin in Roscoff an Land ging«, sagte die Herzogin, »verstand sie kein Wort Französisch. Während der Reise hierher hat sie so viel gelernt, dass sie sich mit dem Dauphin verständigen kann. Sie versteht schon viel Französisch, aber ihr Wortschatz ist noch gering. Ich hoffe, dass sich dies bald ändert, wenn sie täglich mit ihrem künftigen Gatten zusammen ist.«

»Gewiss, in diesem Alter lernt man leicht«, sagte Diana und ließ die königlichen Kinder holen.

Sie trat etwas zur Seite, damit sich die Kleinen ungezwungen begrüßen konnten und betrachtete das schottische Gefolge. Die drei Jungen dort, dachte sie, sind wahrscheinlich die Halbbrüder der Königin. Sie schätzte den größten auf ungefähr fünfzehn Jahre, die beiden anderen waren zwei bis drei Jahre jünger. In einiger Entfernung standen vier kleine blonde Mädchen; wahrscheinlich die Gespielinnen, überlegte Diana. Dann musterte sie die große, schlanke, blonde Dame, die hinter den Kindern stand. Das ist wahrscheinlich Madame Fleming; sie sieht apart aus und um das dichte, goldblonde Haar kann man sie beneiden. Sie ist höchstens Mitte zwanzig …

Nun wurden die königlichen Kinder gemeldet, und Schotten und Franzosen beobachteten gespannt die erste Begegnung zwischen dem Dauphin und seiner Braut.

Maria Stuart sah einen kleinen, schmächtigen Jungen, dessen Kopf erstaunlich groß und rund war, auf sich zueilen. Ein kleines Mädchen versuchte, mit ihm Schritt zu halten, was indes nicht ganz gelang. Den beiden Kindern folgte eine Dame, die ein winziges Mädchen führte, das mit unsicheren Schritten neben ihr trippelte.

Der künftige Gatte gefiel Maria nicht besonders, sie fand ihn zu schmächtig und schwächlich, sie verhielt sich jedoch freundlich und liebenswürdig, so wie ihre Großmutter es ihr aufgetragen hatte.

Franz dagegen überraschte alle Anwesenden mit einer spontanen Herzlichkeit und Mitteilsamkeit, die bei seinem sonstigen Naturell überaus erstaunlich wirkte. Er erzählte seiner »Herzensdame« sofort, dass er sie immer lieb haben werde.

Ein guter Anfang, dachten die Guisen, Schotten und Franzosen einvernehmlich aus unterschiedlichen Perspektiven heraus.

Maria stellte jetzt ihre drei Brüder James, John und Robert vor, sowie ihre Freundinnen, die allesamt Maria hießen.

Der Dauphin hieß alle herzlich willkommen.

Diana bemerkte unterdessen, dass es Zeit war für das Abendritual, und wandte sich an Maria: »Madame«, sagte sie langsam und freundlich, »ich zeige Ihnen jetzt Ihre Gemächer. Dort ist eine Mahlzeit vorbereitet, und anschließend werden Sie, der Dauphin, Prinzessin Elisabeth und Ihre Freundinnen sich zur Ruhe begeben und bis morgen schlafen und träumen. Sie sind wahrscheinlich sehr müde von der Reise.« Maria Stuart blickte Diana an, und diese sah zu ihrer Überraschung, dass sich in dem Kindergesicht und in den Augen ein leichter Hochmut spiegelte. Anscheinend hatte die Kleine ihre Worte verstanden. Sie winkte James mit einer herrschaftlichen Geste herbei und sagte einige Sätze auf Schottisch zu ihm. Er verbeugte sich dann vor Diana, und diese glaubte, nicht richtig zu hören.

»Madame, die Königin ist nicht müde. Sie befiehlt, dass man ihr nach der Mahlzeit das Schloss und die Gartenanlagen zeigt.«

Sie befiehlt, dachte Diana und überlegte, wie sie reagieren sollte. Sie ist ein Kind, allerdings ist sie auch eine gesalbte und gekrönte Königin, und Heinrich wünscht, dass wir sie ehren und ihr dienen. Eine Kindkönigin – so etwas hat es an diesem Hof noch nicht gegeben … Sie lächelte Maria an. »Madame, selbstverständlich können Sie sich nachher das Schloss und die Gärten ansehen. Mit Ihrer gütigen Erlaubnis zeige ich Ihnen jetzt Ihr Appartement.« Sie überlegte, wie sich das künftige Zusammenleben der Kinder gestalten würde, wenn die kleine Schottin ständig ihren hohen Rang zur Schau trug. Hoffentlich kam es nicht zu Konflikten mit dem Dauphin, der sich seines Ranges ebenfalls bewusst war. Die königlichen Kinder, überlegte sie, werden zwar behütet und verwöhnt, aber sie werden auch zum Gehorsam erzogen. Ihnen werden viele Wünsche erfüllt, aber keine, die ihrer Gesundheit schaden könnten. Heinrich, Katharina und auch die Erzieherin sind unnachgiebig, was die Schlafenszeiten betrifft – wie hätten Heinrich und Katharina vorhin reagiert?

Als Maria ihr neues Schlafgemach betrat, sah sie sich entzückt um: Die Wände waren mit sandfarbenem Holz getäfelt, die beiden Betten, aus dem gleichen Holz, waren üppig mit Schnitzereien verziert, und sie erkannte Vögel, Blumen und Früchte. Der Baldachin und die Bettvorhänge waren aus blauem, golddurchwirktem Samt. Sie ging zu einem der Betten und betrachtete staunend die vielen kleinen weißen Seidenkissen und die weiße, weiche Seidendecke.
»Die Kissen und die Decke sind mit feinsten Daunen gefüllt, Madame«, sagte Diana. »Kommen Sie, ich möchte Ihnen noch etwas zeigen.« Sie führte das kleine Mädchen in den Ankleideraum, öffnete Schränke und Truhen, und Maria Stuart glaubte, zu träumen. Sie ging langsam näher und betrachtete die Kleider aus changierendem roten und gelben Taft, aus Goldbrokat und aus schwarzer Seide mit Silber gesäumt. Sie betrachtete die Strümpfe aus weißer florentinischer *Serge*, den Reifrock und die Unterröcke aus orangefarbenem Taft, die mit roter *Serge* gefüttert waren. Sie sah Hauben aus schwarzer Seide mit eingewebten Silberfäden, orangefarbene Wolle, die zu Strümpfen verarbeitet werden sollte, sie sah Pelze als Besatz für ihre Kleider und viele Schuhe: drei Paar weiße, drei purpurfarbene, zwei schwarze und zwei rote Paar Schuhe aus weichem Saffianleder, außerdem weiße, rote, schwarze und gelbe Samtschuhe. Dann betrachtete sie die übrigen Accessoires: Handschuhe aus Rehleder, eine schwarze Samttasche für die Kämme, ein Kristallspiegel mit Bändern aus Samt und Seide, Gold- und Silberpailletten für ihre Kleider, Ketten, Halsschmuck und goldene Gürtel, drei Kassetten aus Bronze für ihre Juwelen, und als sie eine öffnete, sah sie darin eine Kette aus Perlen und grünem Email, einen goldenen Ring mit einem Rubin und edelsteinbesetzte Knöpfe. Nachdem Maria alles genau betrachtet hatte, atmete sie tief durch. »Gehört dies alles mir?«
»Selbstverständlich, Madame. Ich habe, im Auftrag Ihrer Großmutter, die Roben und Accessoires für Sie anfertigen lassen.«
Während die Mädchen und der Dauphin sich unter der Aufsicht von Madame d'Humières die Hände wuschen und Janet Fleming, die hüb-

sche, blonde Erzieherin der Schottenkinder, den Dienerinnen Anweisungen beim Auspacken erteilte, zogen Diana und Antoinette von Guise sich zurück, weil sie sich ungestört unterhalten wollten. Die Kinder gingen unterdessen in den Speiseraum, wo eine üppige Tafel gerichtet war. Franz ergriff Marias Hand und führte sie zu dem oberen Ende des langen Tisches. »Dies ist mein Platz«, sagte er, »aber ab heute wirst du hier sitzen. Elisabeth, ich sitze rechts von Maria, dein Platz ist links von ihr.« Dann wandte er sich an die schottischen Mädchen. »Ihr könnt euch links und rechts neben meine Schwester und mich setzen.« Maria betrachtete mit hungrigen Augen, was die Diener inzwischen aufgetragen hatten: es gab dunkelrote und gelbe Weintrauben, goldgelbe Birnen, violette Pflaumen und rote Äpfel, frisches, duftendes Weißbrot, verschiedene Kuchen und süße Torten, goldgelbe Butter, die zu kleinen Kugeln gerollt war, Konfitüren, Honig und eine Platte mit kleinen, runden, weißen Käsebällchen, die sie während der Reise durch die Normandie kennen gelernt hatte. Beim Anblick des milden, sahnigen Käses lief ihr das Wasser im Mund zusammen, aber bevor sie sich den kulinarischen Genüssen hingeben konnte, musste sie warten, bis die französische Erzieherin das Tischgebet gesprochen hatte. Sie betrachtete die silbernen Gabeln und die blütenweißen Damastservietten. Es war kultiviert, diese Dinge zu benutzen, das hatte sie von ihrer Großmutter gelernt.

Nach dem Tischgebet kamen die Diener und füllten die Silberbecher der Kinder mit dampfender, heißer Honigmilch.

»Was wünschen Sie zu essen, Madame?«, fragte einer der Diener, und nachdem Maria erneut den Tisch überblickt hatte, sagte sie: »Brot, Butter und drei Käse.«

Der Diener verzog keine Miene, während er sie bediente. Madame d'Humières war starr vor Staunen über den Appetit der kleinen Königin, der Dauphin indes sah seine Braut bewundernd an. Sie konnte drei Käselaibchen essen, während er nur mit Mühe ein halbes hinunterwürgte.

Unterdessen schilderte Antoinette von Guise ihrer Freundin Diana die Reise. »In Morlaix wurden wir vom bretonischen Adel empfangen und in einem Dominikanerkloster untergebracht. Am nächsten Morgen wurde in der Kirche ein *Tedeum* als Dank für unsere glückliche Ankunft gesungen. Leider passierte auf dem Rückweg ein Unglück: Die Zugbrücke zur Stadt brach unter dem Gewicht der Reiter zusammen, und die Schotten riefen sofort: ›Verrat!‹, woraufhin der Chevalier de

Rohan erwiderte: ›Kein Bretone ist je ein Verräter gewesen!‹ – Das war der einzige unglückliche Vorfall während der Reise. Hoffentlich ist es kein böses Vorzeichen.«

»Mein Gott, seit wann bist du abergläubisch wie die Königin? Dieser Vorfall hat nichts zu bedeuten. Erzähle mir noch etwas über die kleinen Mädchen und Madame Fleming.«

»Die Schotten nennen die vier Marias ›das Kleeblatt‹. Ihre Familien gehören zum schottischen Hochadel; die Mütter von Seton, Beaton und Lusty sind Französinnen und von klein auf mit meiner Tochter befreundet. Sie begleiteten sie seinerzeit nach Schottland und haben in den dortigen Adel eingeheiratet.« Sie schwieg einen Augenblick. »Flaminas Mutter ist die Witwe Lord Malcom Flemings, der im vergangenen Jahr bei Pinkie Cleugh fiel. Sie ist die illegitime Tochter Jakobs IV., also eine Tante meiner Enkelin.«

Diana dachte einen Augenblick nach. »Sie kann keine Tochter Jakobs IV. sein. Er starb 1513, und Madame Fleming ist höchstens fünfundzwanzig oder sechsundzwanzig Jahre alt.«

Die Herzogin von Guise lächelte amüsiert. »Janet Fleming ist Mitte dreißig – sie versteht es, ihre Schönheit zu erhalten, genau wie du.«

»Wie, sie ist schon Mitte …? Das sieht man ihr nicht an.«

Madame d'Humières wurde gemeldet. »Ich bitte, die Störung zu verzeihen, Mesdames, ich wollte nur sagen, dass die Kinder jetzt schlafen, auch Ihre Majestät, die Königin von Schottland.«

»Sieh an!«, rief Diana. »Die Natur hat über den Willen der kleinen Königin gesiegt.«

Maria Stuart lebte sich bald in der ungewohnten Umgebung ein, und da sie ständig mit Franz und Elisabeth zusammen war, lernte sie schnell die Sprache ihrer neuen Heimat.

Diana achtete darauf, dass sie ihre schottischen Gespielinnen nur eine Stunde am Tag sah, weil sie nicht wusste, ob Heinrich die Mädchen zurückschicken würde. Eine allmähliche Trennung, dachte Diana, ist für ein Kind leichter zu verkraften als eine plötzliche Trennung.

Die Herzogin von Guise beobachtete erleichtert, dass die Zuneigung des Dauphins zu ihrer Enkelin sich vertiefte. Er bestand darauf, vom Morgen bis zum Abend mit ihr zusammen zu sein, und Diana sorgte dafür, dass dieser Wunsch erfüllt wurde.

Als der Oktober sich dem Ende zuneigte, brachte sie die Kinder nach

Anet. Nachdem Maria Stuart, ihre Brüder und Gespielinnen die kunstvolle Uhr über dem Portal bestaunt hatten, deren Stundenschläge durch das Gebell von vier Jagdhunden verkündet wurde, die einen unwillig aufstampfenden Hirsch zu verfolgen schienen, wollte der kleine Franz seiner Braut die Fensterseite zeigen, wo sich die Gemächer seines Vaters befanden, wenn er in Anet zu Gast war.

»Sieh, Maria, dort oben, hinter diesen Fenstern liegt das Appartement meines Vaters. Dort wohnt er, wenn er in Anet ist. Einmal war hier ein großer Ball, da durfte ich in seinem Bett schlafen. Das Bett ist wundervoll, so groß und breit. Ich habe während der ganzen Nacht allein darin gelegen – so viel Platz hatte ich noch nie zuvor in einem Bett.«

Maria überlegte einen Augenblick. »Irgendwann ist ein Ball zu Ende – wo hat dein Vater denn geschlafen?«

»Das weiß ich nicht, in irgendeinem anderen Zimmer.«

James Stuart hörte beiläufig die Unterhaltung der Kinder und grinste süffisant. »Ich weiß, wo der König die restliche Ballnacht verbracht hat, kleine Schwester«, sagte er auf Schottisch zu Maria, »nämlich im Schlafzimmer der Herzogin von Valentinois.«

Ehe Maria etwas fragen konnte, rief Janet Fleming entsetzt: »Was fällt Ihnen ein, Mylord, es ziemt sich nicht, solche Reden vor der Königin zu führen.« Sie wandte sich an Maria. »Kümmern Sie sich nicht um das dumme Geschwätz von Lord James.«

Der kleine Franz, der kein Wort Schottisch verstand, fing an, sich zu langweilen, und nahm Marias Hand. »Komm, ich zeige dir jetzt das Schloss.« Sie eilten davon, gefolgt von dem »Kleeblatt«, John und Robert.

»Was regen Sie sich auf, Mylady?«, fragte James nach einer Weile. »Sie wissen genauso gut wie ich und alle anderen, dass der König zwei Gemahlinnen hat.«

»Sie wird die lockeren Sitten dieses Hofes noch früh genug kennen lernen, und die Königinwitwe legt Wert darauf, dass ihre Tochter zu einer tugendhaften Herrscherin erzogen wird.«

»Sie ist zur Hälfte eine Stuart, und diese Familie war nie besonders tugendhaft. Sie, Mylady, und ich, wir sind die besten Beispiele dafür. Maria wird also bis zu ihrem Tod in Frankreich leben. Wer wird in Schottland regieren, wenn sie volljährig ist?«

Janet Fleming sah James erstaunt an. »Nach der Volljährigkeit wird die Königinwitwe für ihre Tochter regieren wie bisher, und nach ihrem Tod natürlich der Thronprätendent, der Graf von Arran, und wenn er nicht mehr lebt, sein Sohn.«

»Man hört, dass der Sohn nicht ganz richtig im Kopf ist. Einem solchen Mann kann man kein Land anvertrauen. Genau betrachtet, würde nach dem Tod der Königinwitwe mir die Macht zustehen – schließlich bin ich Marias ältester Halbbruder.«

»Sie sind ehrgeizig, Mylord, das ist verständlich. Aber vergessen Sie nie, dass Sie – ebenso wie ich – nur ein königlicher Bastard sind.«

Mitte November kehrte der Hof nach Saint-Germain zurück. Als Katharina und Heinrich auf die Halle zugingen, die an der Westseite des Innenhofes lag, hörten sie verwundert helle Mädchenstimmen, die Weihnachtslieder sangen, wobei der schottische Akzent nicht zu überhören war. Beim Betreten der Halle gab Heinrich dem Türsteher einen Wink, dass er das Königspaar nicht melden solle, und dann betrachteten er und Katharina die fünf kleinen Mädchen, die im Halbkreis vor dem Kamin standen und sangen. Rechts von ihnen saß eine große blonde Dame am Spinett, während Madame d'Humières neben ihr stand und die Noten umblätterte.

»Warum singen sie jetzt schon Weihnachtslieder?«, fragte Katharina leise.

»Ich weiß es nicht, vielleicht ist es ein schottischer Brauch. – Sieh, jenes groß gewachsene Mädchen in der Mitte, das muss unsere künftige Schwiegertochter sein, jedenfalls trifft Dianas Beschreibung auf sie zu. Sieht sie nicht entzückend aus?«

Katharina gab dem Gatten innerlich widerwillig Recht.

»Sie hat ein apartes, viel versprechendes Gesicht«, erwiderte sie.

»Wie meinst du das – ›viel versprechend‹?«

»Ich weiß nicht, wie ich es dir erklären soll. Die Kleine ist noch ein Kind, aber in ihrem Gesicht spiegelt sich die künftige Frau. Ich glaube, sie wird auf Männer sehr anziehend wirken.«

»Sie wird nur einen Mann kennen lernen, unseren Sohn, den künftigen König von Frankreich.«

Katharina schwieg und dachte im Stillen, dass die kleine Schottin den Dauphin als Mann wohl kaum anziehend finden würde, aber dieses Problem lag Gott sei Dank noch in ferner Zukunft. Sie sah zur linken Seite des Saales, wo auf einer Bank drei halbwüchsige Jungen, Franz und Elisabeth saßen und gebannt den Mädchenstimmen lauschten. Als das

Lied zu Ende war, sah Franz auf, entdeckte die Eltern und lief ihnen entgegen, seine Schwester folgte ihm.

»Vater!«, rief er, und Heinrich fing ihn in seinen Armen auf.

»Mama!«, rief Elisabeth, blieb aber wenige Schritte vor Katharina stehen und betrachtete erstaunt das weite, wallende Gewand. Bis jetzt hatte sie die Mutter nur in eng geschnürten Kleidern gesehen.

»Nun, mein Liebling, willst du mir nicht Guten Tag sagen?«, fragte Katharina und betrachtete amüsiert die fragenden Augen ihrer Tochter.

»Guten Tag, Mama. Was ist das für ein Kleid? Es sieht anders aus als die Kleider, die Sie sonst tragen.«

Katharina strich ihrer Tochter über die Haare. »Wenn du groß bist, erkläre ich dir, warum ich hin und wieder weite Gewänder trage.« Sie nahm das Kind an die Hand, trat zu Heinrich und wandte sich an ihren Sohn. »Gefällt dir die kleine Königin von Schottland?«

»Ja, Mama, ich liebe Maria. – Komm, Elisabeth!« Die beiden eilten zurück zur Bank und sahen erwartungsvoll zu den kleinen Sängerinnen.

»Eine Kinderliebe«, sagte Katharina nachdenklich. »Heinrich, glaubst du, dass eine Kinderliebe dauerhaft ist?«

»Ja. Die Gefühle, die man als Kind für einen Menschen empfindet, ändern sich selten. Für ein Kind ist ein Mensch entweder ein Vorbild, das er verehrt und liebt, oder ein Ungeheuer, vor dem er sich fürchtet.«

Inzwischen waren die kleinen Mädchen und die Erzieherinnen auf das Königspaar aufmerksam geworden und beobachteten teils gespannt und teils neugierig, wie sie langsam durch die Halle schritten und näher kamen. Marias Halbbrüder erhoben sich und traten zu ihr und dem Kleeblatt. Als Heinrich und Katharina vor den Kindern standen, beugten die Jungen das Knie, die Erzieherinnen und das Kleeblatt versanken im Hofknicks. Maria Stuart zögerte eine Sekunde und machte Anstalten, dem Beispiel ihrer Gespielinnen zu folgen, aber Heinrich nahm lächelnd ihre Hand. »Mein Kind, du bist gesalbt, gekrönt und somit der Königin und mir ebenbürtig. Willkommen in deiner neuen Heimat und in der Familie Valois. Wir alle freuen uns und sind glücklich, dass du ab jetzt in unserer Mitte lebst.«

Maria lächelte ihren künftigen Schwiegervater an. »Sire, ich bin gerne nach Frankreich und an Ihren Hof gekommen. Es gefällt mir sehr gut hier und ich verspreche Ihnen, dass ich Ihnen stets gehorchen werde.« Sie wandte sich zu Katharina. »Verzeihen Sie, Madame, auch Ihnen werde ich natürlich gehorchen.«

Sie ist wirklich reizend, dachte Katharina, und sie kann nichts dafür, dass sie meine Schwiegertochter werden soll.

»Willkommen in Frankreich, Maria.« Sie war mit Heinrich übereingekommen, die Kleine, trotz ihres hohen Ranges, zu duzen wie ihre eigenen Kinder.

Das ist also die florentinische Krämerstochter, die am Hof keine Rolle spielt, dachte Maria. Folglich musste sie ihr nicht unbedingt gehorchen.

Nun wandte Heinrich sich zu den Erzieherinnen, und Katharina beobachtete erstaunt, dass seine Augen überrascht und gleichzeitig bewundernd Janet Fleming betrachteten. Nanu, ging es ihr durch den Kopf, sollte Heinrich inzwischen empfänglich sein für die weiblichen Reize anderer Damen? Aber vielleicht hatte sie sich auch nur getäuscht …, aber die Schottin war wirklich apart.

»Madame«, begann Heinrich, »Sie sind wahrscheinlich die Erzieherin der kleinen Königin. Haben Sie sich schon etwas eingelebt?«

»O ja, Sire, ich liebe Frankreich. Die Reise durch die Normandie war ein einziger Genuss – die gut genährten Kühe, die Speisen … Pfannkuchen mit *Calvados*, Eiercreme mit Äpfeln und Karamell, der erfrischend spritzige *Cidre* … Ich bitte um Vergebung, ich rede und rede.« Ihre Wangen röteten sich leicht, als sie die Augen des Königs sah. Sie schien ihm zu gefallen. Hoffentlich durfte sie am Hof bleiben – sie verspürte keine Lust, in das unwirtliche Schottland zurückzukehren.

»Ich freue mich, Madame, dass Ihnen mein Reich gefällt«, erwiderte Heinrich liebenswürdig. Dann fragte er Madame d'Humières: »Wie kommt es, Madame, dass die Kinder bereits im November Weihnachtslieder singen?«

»Sire, es ist eine Idee der Herzogin von Guise – es sollte für Ihre Majestät eine Überraschung am Weihnachtstag sein, wenn die kleine Königin und ihre Gespielinnen französische Weihnachtslieder singen. Dieser musikalische Vortrag muss natürlich eingeübt werden …« Sie schwieg einen Augenblick, bevor sie verlegen fortfuhr. »Jetzt ist es natürlich keine Überraschung mehr, Sire.«

»Seien Sie unbesorgt, Madame, am Weihnachtstag wird niemand merken, dass ich davon gewusst habe. – Katharina, du bist sicherlich müde und erschöpft. Komm, ich begleite dich zu deinem Appartement.« Er reichte ihr den Arm, und während sie die Galerie entlanggingen, dachte sie, dass er der fürsorglichste Gatte war, wenn sie ein Kind erwartete. Er achtete darauf, dass sie sich schonte, ließ sie regelmäßig von seinem

Leibarzt untersuchen und freute sich stets von neuem, wenn sie ihm sagte, dass sie guter Hoffnung war und schenkte ihr Schmuck. Die Kinder haben uns einander wirklich näher gebracht, dachte sie dann, aber er hat mir nach fünfzehnjähriger Ehe immer noch nicht gesagt, dass er mich liebt; vielleicht sollte man Worte nicht überbewerten, vielleicht verlangte sie zu viel von einer fürstlichen Ehe. In ihrem Appartement angekommen, wartete er, bis sie auf dem Diwan lag, und fachte das Kaminfeuer noch einmal an. »Ich gehe jetzt zu Diana. Es muss eine Entscheidung getroffen werden, ob das schottische Gefolge hier bleibt oder zurückgeschickt wird. Wir sehen uns an der Abendtafel.«
Sie schloss die Augen, genoss die Ruhe, hörte das Knacken der Holzscheite im Kamin und döste vor sich hin.
Irgendwann öffnete sich leise die Tür. Isabella brachte eine Lampe, und Katharina öffnete irritiert die Augen. »Verzeihung, Madame. Haben Sie einen Wunsch, Madame?«
»Bringe mir ein Glas Rotwein ohne Wasser.«
Während sie den samtigen, vollmundigen Geschmack des Weines genoss, dachte sie über das Verhältnis ihres Sohnes zu der kleinen Schottenkönigin nach. Er liebt sie, daran ist im Augenblick nichts zu ändern. Hoffentlich verwandeln sich diese kindlichen Gefühle im Laufe der Jahre in Gleichgültigkeit, dann besteht die Chance, dass er als König nicht völlig unter dem Einfluss der Guisen steht. Im anderen Fall, wenn diese Kinderliebe beständig ist, wird Frankreich, was Gott verhüten möge, nicht von den Valois, sondern von dieser lothringischen Familie regiert. Es hieß, in Ruhe abzuwarten; angenommen, sie heiraten, vielleicht stirbt die Schottin im ersten Kindbett, dann werden die Guisen hoffentlich an Macht einbüßen und Franz wäre frei für eine neue Verbindung, die außenpolitisch wertvoller ist, dachte Katharina, während sie sanft in den Schlaf hinüberglitt.
Unterdessen sprachen Diana und Heinrich über das schottische Gefolge. »Da deine künftige Schwiegertochter sich zur Französin entwickeln soll, wäre es angebracht, ihre Halbbrüder und die Lords zurückzuschicken. Es genügt, wenn Madame Fleming und die Kinderfrau St. Clare bei der Königin bleiben. Was das ›Kleeblatt‹ betrifft, bin ich unentschlossen; Maria Stuart scheint sehr an ihren Freundinnen zu hängen.«
Heinrich überlegte. »Du hast Recht«, erwiderte er schließlich. »Es genügt, wenn Madame Fleming und eine Kinderfrau hier bleiben, und natürlich die Leibgarde und die Bogenschützen. Das ›Kleeblatt‹ …, sie

sollen bei ihrer Herrin bleiben. Ich möchte, dass die kleine Königin sich am Hof wohl fühlt, aber es wäre angebracht, wenn die jungen Damen für eine Weile nach Poissy in das Kloster der Dominikanerinnen zu schicken. Dort kann der Prior de Vieuxpont sie in Französisch unterrichten und auch ansonsten ihre Erziehung überwachen. Sie können in regelmäßigen Abständen einige Wochen im Jahr bei der Königin verbringen, und wenn Maria alt genug ist für einen eigenen Haushalt, kann das ›Kleeblatt‹ bei ihr leben oder auch nach Schottland zurückkehren, das müssen die jungen Damen dann selbst entscheiden. Was Marias Unterricht betrifft, so wird sie von Ronsard in der Literatur unterwiesen, Amyot erteilt ihr Unterricht in Latein und Danès Griechisch.« Er sah einen Augenblick nachdenklich vor sich hin. »Diana«, sagte er dann, »die kleine Königin von Schottland ist das vollkommenste Kind, das ich je gesehen habe. Erzähle mir von ihrer Ankunft. Wie verlief die erste Begegnung mit dem Dauphin?«

»Du hast Recht, Heinrich, sie ist vollkommen würdig, eines Tages die Krone von Frankreich zu tragen.« Dann schilderte sie die Ankunft der Schotten und die Begegnung der Kinder in allen Einzelheiten, wobei sie verschwieg, dass die Kleine befohlen hatte, ihr Schloss und Garten zu zeigen. Sie war nicht sicher, wie Heinrich reagieren würde, und es war im Interesse der Guisen unbedingt notwendig, dass er seiner künftigen Schwiegertochter gegenüber wohlgesonnen blieb.

Wenn die Kinder am Hof weilten und es ihre Zeit erlaubte, begab Katharina sich nach der Abendtafel noch einmal zu ihnen, um sich ihre kindlichen Erlebnisse, Sorgen und Wünsche anzuhören. So auch an jenem Novemberabend. Sie besuchte zuerst den Dauphin, saß eine Weile neben dem Bett und betrachtete sein Medici-Gesicht, das zum ersten Mal in seinem jungen Leben glücklich wirkte. Sie strich ihm die Haare aus der Stirn. »Hast du dein Nachtgebet gesprochen?« – »Ja, Mama.« – »Die kleine Königin von Schottland gefällt dir also?« – »Ja, Mama, sie ist groß und schön. Seit sie bei uns ist, sind die Tage nicht mehr so langweilig. Ich werde sie immer lieben.«

Katharina schwieg und spürte einen feinen Stich. Sie spürte zum ersten Mal, dass ein Sohn eine andere Frau oder ein Mädchen ihr, seiner Mutter, vorzog, und sie ahnte instinktiv, dass diese Kinderliebe von Dauer war. Ihr Sohn würde an der Seite der Schottin glücklich sein, ob die Franzosen unter diesem Paar glücklich lebten, war eine andere Frage. Zum ersten Mal wurde ihr bewusst, dass sie das künftige Leben ihrer

Kinder immer im Zusammenhang mit dem Wohl Frankreichs sah, aber war es nicht die Pflicht und Aufgabe einer Dynastie, stets für das Wohl des Landes zu sorgen?

»Sie sind so still, Mama«, unterbrach Franz ihre Überlegungen.

»Ich habe über dein künftiges Leben nachgedacht, mein Kind. Es ist richtig, dass du Maria liebst …, so sollte es in einer Ehe sein. Gute Nacht.« Sie küsste ihn auf die Stirn und ging hinüber zum Schlafzimmer ihrer Tochter. Elisabeth lag bereits im Bett, während Maria noch im Baderaum war. Katharina hörte, wie die Kinderfrau St. Clare die Schottin in holprigem Französisch ermahnte, die Zähne gründlich zu reinigen und war froh, einige Minuten mit ihrer Tochter allein zu sein. Elisabeth setzte sich auf und strahlte Katharina an, als sie das Zimmer betrat. »Ich bin so froh, Mama, dass Sie endlich wieder bei uns sind.«

Katharina nahm die Kleine in die Arme und presste sie an sich. »Du hast mir sehr gefehlt, mein Liebling, aber vorerst werden dein Vater und ich keine weiten Reisen mehr unternehmen.« Sie legte das Kind in die Kissen zurück und fragte vorsichtig: »Verträgst du dich mit Maria?«

»Ja, Mama. Sie kennt viele Spiele und befiehlt immer, was gespielt wird; wir gehorchen ihr, auch Franz; aber das ist auch richtig so – Franz ist nur Dauphin, aber Maria ist Königin. Franz und ich, wir bewundern sie, weil sie größer und auch viel klüger ist als wir.«

Katharina war sprachlos – Königin hin oder her, das Mädchen aus dem rückständigen Schottland erdreistete sich, ihren Kindern, in deren Adern das Blut der Valois und Medici floss, zu befehlen, was gespielt wurde …? Wie soll das weitergehen, wenn sie erst Dauphine oder Königin ist? Heinrich wird diese Allüren bestimmt unterstützen und die Guisen erst recht, ging es Katharina durch den Kopf. Am meisten jedoch schmerzte es sie, dass ihre intelligente Tochter sich der kleinen Schottin unterordnete und sie selbst dies alles schweigend dulden musste. Mit Diana hatte sie sich irgendwie arrangiert, aber die Seneschallin war eine erwachsene Frau und – auf ihre Art – klug. Aber dieses dumme kleine Mädchen … Sie streichelte das Gesicht ihrer Tochter. »Elisabeth, mein Kind, Maria ist nicht klüger als du und dein Bruder, sie ist nur etwas älter als ihr. Wenn ihr das sechste Lebensjahr vollendet habt, wisst ihr genauso viel wie sie, und dann werdet ihr auch so groß sein wie sie.«

Elisabeth sah ihre Mutter an und atmete erleichtert auf. »Mama, werde ich eines Tages auch Königin sein?«

Katharina zuckte zusammen. Ja, dachte sie, ja …, meine Töchter müssen Königinnen werden. »Wenn du einen König heiratest, wirst du Königin, und ich verspreche dir, dass ich alles versuchen werde, dass du mit einem König vermählt wirst.« Im Augenblick, dachte sie, gibt es keine Prinzen, die in Frage kämen, aber wer weiß … Es ist noch lange hin, bis Elisabeth im heiratsfähigen Alter ist. Allerdings, einen Kandidaten gibt es, den kleinen Don Carlos. Er ist so alt wie Elisabeth und der Enkel Karls V. Er wird bestimmt König von Spanien, vielleicht sogar Kaiser. Sie musste für ihre Tochter eine Verbindung mit den Habsburgern im Auge behalten.

Der Gedanke an Don Carlos hob ihre Stimmung etwas, und sie küsste Elisabeth auf den Mund. »Gute Nacht, Liebes, schlafe gut und träume schön.« – »Gute Nacht, Mama.« Im nächsten Augenblick war Elisabeth eingeschlafen.

Nun betrat Maria Stuart das Zimmer. Sie trug ein langes Nachthemd aus weißer Seide, und Katharina gestand sich widerwillig ein, dass das Kind eine Schönheit war.

»Guten Abend, Madame«, sagte Maria und sah die Königin unsicher an. Katharina zwang sich zu einem Lächeln. »Es ist spät, du solltest jetzt schlafen. Hast du schon dein Nachtgebet gesprochen?«

»Ja, Madame. Nach dem Abendessen dürfen wir noch eine Weile spielen, dann erzählt uns Madame Fleming oder Madame d'Humières eine Geschichte, dann beten wir gemeinsam, manchmal singen wir auch noch ein Lied, und dann begeben wir uns zur Ruhe.«

Bevor die Schotten kamen, dachte Katharina, war das abendliche Ritual etwas anders, aber bei so vielen Kindern konnten die Erzieherinnen natürlich nicht mit jedem einzelnen Kind beten. Als Maria im Bett lag, trat Katharina zu ihr. »Wenn meine Kinder am Hof weilen und es meine Zeit erlaubt, besuche ich sie am Abend und lasse mir erzählen, was sie tagsüber erlebt haben. Sie können mir dann auch anvertrauen, was sie bekümmert und was sie sich wünschen. Ich versuche, die Wünsche meiner Kinder zu erfüllen, sofern sie vernünftig sind. Wenn sie mich um etwas bitten, was ihnen schaden würde, erkläre ich ihnen, warum dieser Wunsch nicht erfüllt wird. Du lebst nun in unserer Familie und sollst die gleichen Rechte wie unsere Kinder genießen. Du kannst mir alles erzählen, was dich bewegt.«

Da setzte Maria sich auf und rief mit funkelnden Augen: »Madame, in Schottland hat man mir jeden Wunsch erfüllt, weil ich die Königin bin!

Ich erwarte, dass man auch hier, in Frankreich, meine Wünsche vorbehaltlos respektiert!«

Katharina war einen Augenblick sprachlos über diese Anmaßung und den herrischen Ton. Dann wallte unbändige Empörung in ihr auf, und am liebsten hätte sie der Kleinen eine Ohrfeige gegeben, es gelang ihr jedoch im letzten Augenblick, sich zu beherrschen. Sie sagte langsam und mit eisigem Unterton, den sie nicht bemerkte, wohl aber das Kind: »Du bist zwar die Königin von Schottland, aber du lebst jetzt am Hof des Königs von Frankreich. Der König hat dich in seine Familie aufgenommen, du wirst irgendwann den Namen Valois tragen, und es ist in unserer Familie üblich, dass alle dem König gehorchen. Der König und auch ich, wir wissen, was für Kinder gut ist und was ihnen schadet. Du wirst dich also in unseren Familienkreis einfügen; das schließt nicht aus, dass man dir am Hof die Ehren erweist, die dir als Königin gebühren, ist das klar?«

Maria musterte Katharina mit trotzigen Augen und überlegte, ob sie ihr sagen sollte, dass sie nicht bereit war, ihr zu gehorchen, eben weil sie nur eine Krämerstochter aus Florenz war, aber die dunklen Augen der Königin sahen sie so ernst und eindringlich an, dass sie kleinlaut schwieg.

»Ich habe Sie verstanden, Madame«, erwiderte das Kind mit hochmütigem Unterton in der Stimme, der Katharina erneut ärgerte, aber sie beherrschte sich.

»Gute Nacht, Maria«, sagte sie nur.

Da warf die Kleine sich laut weinend in die Kissen zurück, drehte sich zur Wand und würdigte Katharina keines Blickes mehr. Diese stand verblüfft neben dem Bett, versuchte, die kindliche Reaktion einzuordnen und kam zu dem Schluss, dass ihre künftige Schwiegertochter überempfindlich, um nicht zu sagen hysterisch war. Sie versuchte, sich an ihre eigene Kindheit zu erinnern. Clarissa Strozzi hatte sie bestimmt hin und wieder getadelt, aber sie hatte immer alleine für sich geweint und nie ein Gefühl des Zorns nach außen gezeigt. Vielleicht war Selbstbeherrschung eine Veranlagung, aber man konnte ein unbeherrschtes Kind auch zur Selbstdisziplin erziehen, und dies war bei der kleinen Königin offensichtlich versäumt worden. Ob es nachgeholt werden konnte …, vielleicht, aber sie hatte ein unbestimmtes Gefühl, dass dieses Kind von Natur aus sehr emotional veranlagt war. Eine Königin, die sich von Gefühlen leiten lässt, dachte Katharina, und ein König, der seine Frau anbetet; Gott bewahre Frankreich vor der Herrschaft dieses Paares! Solche

Gedanken sind Sünde, überlegte sie, aber sie drängen sich auf, und Gott wird sie hoffentlich verzeihen. Ich werde diese Gedanken beichten und einen Rosenkranz beten. Sie wartete, bis Maria eingeschlafen war und wollte eben das Zimmer verlassen, als die Tür leise geöffnet wurde und Madame Fleming hereinkam.

»Ich bitte um Vergebung, Madame«, stammelte sie, »ich wusste nicht …, ich wollte nur nachsehen, ob alles in Ordnung ist und die Kinder schlafen.«

Katharina betrachtete die Schottin und fand, dass sie irgendwie Diana ähnelte – der Diana, der sie bei ihrer Ankunft in Frankreich im Herbst 1533 begegnet war. »Madame Fleming, es ist alles in bester Ordnung.« Auf dem Weg zu ihrem Appartement reagierte sie ihren Ärger über die Schottenkönigin wieder an den Möbeln ab. Dieses hochmütige Balg aus dem rückständigen Schottland, dachte sie. Die Guisen haben uns einen richtigen kleinen Kuckuck ins Nest gesetzt; sie wird warten, bis sie die Krone Frankreichs trägt. Heinrich ist Gott sei Dank gesund und wird hoffentlich noch viele Jahre regieren.

Während der folgenden Wochen eroberte Maria Stuart sich die Zuneigung, Bewunderung und Verehrung der Höflinge. Alle rühmten ihren Liebreiz und ihre Anmut, alle bedauerten die kleine Königin, die gezwungen war, vor den grausamen Engländern nach Frankreich zu flüchten. Für die Hofleute war sie eine romantische Gestalt, und wenn sie durch die Säle und Galerien lief oder ausritt, wurde sie von tausend bewundernden Augen verfolgt.

Als der Dauphin und seine Braut bei der Hochzeit des Franz von Guise mit Anna von Este im Dezember 1548 zusammen tanzten, hatte der Hof Gesprächsstoff für einige Wochen. Montmorency bemerkte, die Gefühle des Dauphins für die kleine Königin seien so stark, als wäre sie seine Geliebte und seine Frau. Katharina beobachtete dies alles schweigend und dachte im Stillen, dass sie die Einzige am Hof war, die Maria Stuart differenzierter beurteilte. Allerdings erlebte sie die Kleine nicht nur im Ballsaal, sondern auch im Kinderzimmer, und ihr Eindruck vom ersten Abend, nämlich eine gewisse Überempfindlichkeit, vertiefte sich. Maria begann zu weinen, wenn etwas nicht nach ihren Wünschen verlief. Viel schlimmer noch, fand Katharina, war der Umstand, dass sie auf ihrem Willen beharrte und keinen noch so gut gemeinten Rat annahm. Überdies hatte sie eine flinke, lockere, freche Zunge. Einmal hörte Katharina, wie der Dauphin seiner Braut erzählte, dass Bianca Strozzi eine neue

Hofdame seiner Mutter sei, und er erklärte ihr, dass Biancas Gatte, Leo Strozzi und dessen Bruder Piero Strozzi die Vettern seiner Mutter wären, woraufhin Maria in verächtlichem Ton erwiderte: »Strozzi? Das sind doch nur italienische Flüchtlinge.«

Italienische Flüchtlinge, dachte Katharina schmerzlich, hoffentlich lernt das schottische Balg das Leben auch noch von einer anderen Seite kennen. Ihr entging auch nicht, dass Heinrich seine künftige Schwiegertochter vergötterte.

Hin und wieder, während er mit Montmorency über etwas verhandelte, ließ Heinrich Maria Stuart kommen und unterhielt sich mit ihr. Janet Fleming stand daneben, und der Konnetabel beobachtete nach einiger Zeit, dass die Augen des Königs bewundernd und auch begehrlich die Schottin streiften. Interessant, dachte Montmorency, er hat also nicht nur Augen für die Seneschallin.

Am 3. Februar 1549 brachte Katharina ihren zweiten Sohn zur Welt, der auf den Namen Ludwig getauft wurde und von seinem überglücklichen Vater das Herzogtum Urbino als Geschenk erhielt.

Diese Gabe ermutigte Leo und Piero Strozzi, den König zu einem neuerlichen Krieg gegen den Kaiser aufzustacheln. Das Ziel war die Entmachtung Cosimos und die Rückeroberung der Toskana oder zumindest der Stadt Florenz für Katharina. Heinrich hörte sich die Pläne der Strozzis an und versprach, darüber nachzudenken. Er verspürte wenig Lust, den militärischen Abenteuern seines Vaters in Italien nachzueifern.

Bianca Strozzi gehörte seit kurzem zu Katharinas Hofdamen, und sie erzählte ihrer Herrin von den Plänen der Strozzis. Katharina schwieg, dachte aber in ihrem Wochenbett über diese Pläne nach.

Im April begab Katharina sich mit ihrem Hofstaat nach Monceaux-en-Brie, wo der Architekt Philibert de l'Orme ein Landhaus für sie errichtet hatte. Katharina war, was ihre Schlösser betraf, bescheidener als Diana; teils aus Bedürfnis – schließlich gab es genug prachtvolle Residenzen – teils, weil sie bestrebt war, mit ihrer Apanage auszukommen und keine Schulden zu machen, um Heinrich nicht zu erzürnen. Einen Luxus allerdings leistete sie sich, nämlich große Ställe für ihre Pferde und einen großen Saal für Bankette und Tanz, weil sie nach wie vor Reiten und Tanzen über alles liebte. In Paris bewohnte sie das alte Palais Les Tournelles, weil der Louvre immer noch nicht fertig war, und dieses Schloss hatte sie, weil es ihr dort gefiel, erweitern lassen; Philibert de l'Orme

hatte einen Garten mit Springbrunnen, einen Marstall und einen Tanzsaal angelegt. Für Katharina war dieses Palais ihr künftiger Witwensitz,
dort wollte sie nach Heinrichs Tod, der noch in weiter Ferne lag, wohnen, abseits vom Trubel des Hofes. Dort wollte sie geruhsam leben, lesen, Dichter und Gelehrte empfangen, Les Tournelles sollte in ferner
Zukunft ein Musenhof werden.

In Monceaux unterhielt sie sich mit Piero über die Pläne einer Rückeroberung von Florenz. »Was hast du zum König gesagt, Piero?«

»Ich habe ihm erklärt, dass Cosimo ein Despot ist. Vor einigen Tagen erfuhr ich übrigens, dass Cosimo seinen Feind Lorenzino hat ermorden
lassen. Er hätte genauso gut die Republik Venedig bitten können, ihn
auszuliefern, um ihn vor ein Gericht zu stellen – stattdessen lässt er ihn
ermorden …«

»Piero, es ist heute üblich, dass man Menschen, von denen man glaubt,
dass sie Feinde sind, ermorden lässt, und was den Despoten betrifft, so
regiert Cosimo in Florenz so absolut wie mein Gatte in Frankreich. Weshalb willst du ihn stürzen?«

»Weshalb? Katharina, er ist nicht der rechtmäßige Herrscher von Florenz. Nach Alessandros Ermordung hätte der Kaiser dich zur Herzogin
ernennen müssen, du bist die Erbin, weil du zur älteren Linie gehörst. Er
hat Cosimo anerkannt, weil es wohl die bequemste Lösung war, aber du
bist nach wie vor die rechtmäßige Erbin von Florenz.«

Katharina schwieg und dachte einen Augenblick über die Strozzis nach.
Cosimo hatte die Vettern um ihr Vermögen gebracht, folglich hassten
sie ihn. Aber es war ihnen gelungen, sich in Frankreich, dank ihrer Unterstützung, eine neue Existenz aufzubauen, die ihnen natürlich von
vielen Edelleuten am Hof geneidet wurde. Leo war inzwischen der Befehlshaber der königlichen Levante-Flotte, Roberto besaß Banken in
Lyon, Rom, Venedig. Er lieh nicht nur dem Gatten Geld, sondern er verstand es auch, durch Spenden die Räte des Königs zu gewinnen, vor allem Montmorency. Lorenzo besaß nicht nur Gewinn bringende kirchliche Pfründe, er würde irgendwann zum Kardinal ernannt werden. Piero
genoss nicht nur ihre, sondern auch Heinrichs Gunst. Kurz nach der
Krönung hatte Heinrich ihrem Vetter und Coligny die Kette des Ordens
von Sankt-Michael verliehen; von den vierundsiebzig Ehrengehältern
der Krone, dachte sie, werden dreiundsiebzig an die Italiener am Hof gezahlt – kein Wunder, dass man die italienischen Flüchtlinge missgünstig
beobachtete. Heinrich ist mit Ottavio Farnese, einem Sohn des Papstes,

verbündet; Ottavio ist der Herzog von Parma und Piacenza, wir könnten in Italien auf Unterstützung zählen …

»Piero, die Feldzüge meines seligen Schwiegervaters in Italien haben Frankreich wenig Glück gebracht.«

»Ich weiß, Katharina, aber dein Gemahl hat meiner Meinung nach bessere Heerführer als der verstorbene König: Coligny, Franz von Guise, der Prinz von Condé, der Konnetabel und …, nun ja, Leo und ich sind bereit, Florenz für dich zurückzuerobern.«

»Florenz … Seit ich in Frankreich bin, habe ich nicht mehr an Florenz gedacht. Ich habe mich mit dem Verlust dieser Stadt abgefunden, ich habe den Gedanken an Florenz verdrängt. Es gab für mich so viele andere Probleme … Ich hasse Kriege, Piero. Andererseits, wenn es gelänge, Florenz für mich zurückzuerobern, dann könnte ich die Stadt irgendwann einem meiner Kinder als zusätzliche Mitgift geben. Ich hoffe, dass meine Tochter Elisabeth einen König heiratet; wenn sie Florenz in die Ehe einbrächte, würde es ihre Stellung am Hof des Gatten stärken … Piero, ich werde mit dem König über Italien sprechen.«

Während der folgenden Tage dachte sie immer wieder über das Gespräch mit dem Vetter nach, und der Gedanke, dass sie eines Tages doch noch über Florenz würde herrschen können, faszinierte sie so stark, dass sie sofort nach ihrer Rückkehr an den Hof die Rede darauf brachte. Sie störte sich nicht daran, dass Diana bei dem Gespräch anwesend war, und schilderte dem Gatten beredt, dass Cosimo zu Unrecht über Florenz herrsche. Zu Katharinas Verwunderung wurde sie von Diana unterstützt. Heinrich hörte in Ruhe die Damen an. »Der Konnetabel ermahnt mich mindestens einmal wöchentlich, mit dem Kaiser Frieden zu halten, und ein Krieg in Italien ist gleichbedeutend mit einem Krieg gegen den Kaiser.«

»Höre nicht auf den Konnetabel«, sagte Diana, »Montmorency wird langsam alt. Überdies geht es nicht nur um Florenz. Der Herzog von Guise und ich, wir haben ebenfalls Ansprüche in Italien.«

»Genug davon!«, rief Heinrich. »Ich will nichts mehr von Italien hören.« Er begann, über Katharinas Krönung zu reden.

Während der folgenden Wochen wurde Heinrich zu seinem Verdruss immer wieder an einen Krieg mit Italien erinnert. Katharina, Diana und die Guisen redeten von ihren Gebietsansprüchen, Montmorency hingegen plädierte für Frieden. Schließlich verbot Heinrich, dass in seiner Gegenwart über dieses Thema gesprochen wurde.

Am 10. Juni 1549 wurde Katharina in Saint-Denis zur Königin von Frankreich gekrönt; sechs Tage später, am 16. Juni, zogen sie und Heinrich offiziell in die Stadt Paris ein. Katharina genoss den Einzug in die Hauptstadt und den Jubel der Bevölkerung in vollen Zügen. Vor ihnen ritten 2000 Pagen. Abgesehen von den städtischen Behörden, dem Parlament und den Zünften von Paris erschienen auch 3500 Buchdrucker; sie waren in Schwarz gekleidet und gepanzert, und Katharina hörte beiläufig, dass sie bereit waren, alle königlichen Eingriffe in ihr Gewerbe abzuwehren … Diana ritt hinter dem Königspaar, und Katharina empfand eine Genugtuung wie nie zuvor. Sie erinnerte sich an ihren Einzug in Lyon am 23. September 1543; damals war Diana an der Seite des Gatten in die Stadt eingezogen, sie selbst hingegen erst, als es dunkel wurde und nur noch wenige Leute die Straßen säumten.

Am nächsten Tag erfuhr Heinrich, dass sich unter den in Paris verhafteten Personen auch einige Ketzer befanden. Er befahl, einen von ihnen vorzuführen, um sich seinen Fall anzuhören und ihn eventuell zu begnadigen, weil er der Meinung war, dass es zu den Pflichten eines Fürsten gehörte, hin und wieder Milde walten zu lassen.

Der Kardinal von Guise suchte einen armen Schneider aus, in der Hoffnung, dass dieser in seiner Unwissenheit sich nicht würde verteidigen können. Zum Erstaunen des Hofes beantwortete er jedoch alle Fragen, mit denen man ihm eine Falle stellen wollte, zufriedenstellend. Heinrich war beeindruckt und gab dem Kardinal ein Zeichen, dass der Schneider begnadigt werden sollte.

In diesem Augenblick mischte sich Diana ein. »Wie wollen Sie beweisen«, sagte sie zu dem Mann, »dass bei der Kommunion sich Hostie und Wein nicht doch in den Leib und das Blut Christi verwandeln? Sie leugnen diese Wandlung, beweisen Sie Ihre These.«

Die Anwesenden verstummten und warteten gespannt auf die Antwort des Schneiders. Dieser sah Diana in die Augen. »Madame!«, rief er. »Sie sollten damit zufrieden sein, Frankreich zu Grunde gerichtet zu haben und sollten nicht noch Ihre schmutzigen Gemeinheiten über Dinge ausgießen, die so geheiligt sind wie der Glaube an Gott!«

Eine Sekunde lang war der Saal von einem unheimlichen Schweigen erfüllt, dann sprang Heinrich auf. »Sie wagen es, die Herzogin von Valentinois zu verleumden? Das ist Majestätsbeleidigung!«, schrie er wutentbrannt. »Schafft den Ketzer aus meinen Augen! Morgen Vormittag soll er, zusammen mit drei anderen Ketzern, in der Rue Saint-

Antoine bei lebendigem Leib verbrannt werden! Der Kronrat und ich werden der Verbrennung zusehen.« Er wandte sich Diana zu. »Kommen Sie, Madame, verlassen wir die Stätte, wo Sie so schimpflich beleidigt wurden.«

Er ging hinaus, gefolgt von Katharina und ihren Damen, dem Konnetabel und den Guisen.

Mein Gott, dachte Katharina, will er wirklich zusehen? Als Königin muss ich natürlich auch bei diesem grausigen Schauspiel anwesend sein.

Am nächsten Tag drängte sich seit den frühen Morgenstunden eine unübersehbare Menschenmenge in der Rue Saint-Antoine. Alle wollten den Mann sehen, der es gewagt hatte, die Mätresse des Königs zu beleidigen, wobei die meisten den Schneider bedauerten und stattdessen auf Diana schimpften, weil sie sich schamlos bereichere, und hin und wieder hörte man auch Bemerkungen wie diese: »Die arme Königin Katharina, sie tritt viel bescheidener auf als die Herzogin und ist nicht so hochmütig ….« Diana stand neben Heinrich an einem Fenster, betrachtete den Scheiterhaufen und machte sich Vorwürfe, den Schneider mit ihrer Frage provoziert zu haben. Sie hatte nicht die Absicht gehabt, mit ihm ein theologisches Streitgespräch zu führen. Sie wollte, dass er sich und seine Glaubensanhänger blamierte, indem er ihre Frage nicht überzeugend beantwortete; stattdessen hatte er sie angegriffen, beleidigt, und seine Worte spiegelten wahrscheinlich die Meinung des Volkes wider. Heinrichs Reaktion war im ersten Moment eine Genugtuung für sie gewesen, sie hätte es jedoch vorgezogen, die Verbrennung der Ketzer nicht mit ansehen zu müssen, aber Heinrich hatte darauf bestanden.

Nun wurden die vier Verurteilten zu dem Scheiterhaufen geführt, und Diana senkte die Augen. Sie wollte nicht sehen, wie die Flammen langsam die Körper zerfraßen. Da das Fenster schmal war, stand Katharina hinter Heinrich und Diana. Sie konnte den Scheiterhaufen nicht sehen und war zum ersten Mal dankbar, dass sie im Hintergrund bleiben musste. Irgendwann hörte sie laute Schreie und hätte sich am liebsten die Ohren zugehalten, aber das ging nicht. Sie versuchte, an etwas anderes zu denken, aber die Schmerzensschreie der brennenden Menschen ließen sich nicht verdrängen. Meine Krönung stand unter einem schlechten Stern, dachte sie. Wie soll dies alles weitergehen? Die Protestanten sind von ihrem Glauben überzeugt, sonst würden sie nicht für ihn sterben. Verfolgung ist die schlechteste Methode, um das religiöse

Problem in Frankreich zu lösen, Verfolgung wird die Verbreitung des neuen Glaubens nicht verhindern können. Man müsste ihnen mit maßvoller Toleranz begegnen, dann könnte man die Ausbreitung des Protestantismus besser kontrollieren und in vernünftige Bahnen lenken. Warum kann es in Frankreich nicht zwei Glaubensrichtungen geben wie in Deutschland?

Irgendwann war alles zu Ende, die Menge verlief sich, und während Katharina den Gatten und Diana zu der wartenden Sänfte begleitete, hörte sie Heinrich sagen: »Diana, ich werde nie mehr einer Verbrennung beiwohnen. Dieser Schneider, mein Gott …, während die anderen schrien, blieb er stumm und sah mich dauernd an. Ich werde diese Augen, die durch Feuer und Rauch auf mich gerichtet waren, nie vergessen, nie …«

Diana schwieg und war froh, dass es ihr gelungen war, nicht zur Richtstätte zu sehen, ohne dass Heinrich es merkte.

Am Nachmittag dachte Katharina immer wieder an den Tod des Schneiders und vor allem über den lapidaren Grund seiner Hinrichtung. Gegen Abend rief sie Montmorency zu sich, um zu hören, wie er die Situation beurteilte, wobei sie nicht seine Meinung zum neuen Glauben hören wollte, sondern seine Einschätzung des Verhältnisses Heinrichs zu Diana.

»Ich habe den Eindruck«, begann sie vorsichtig, »dass der König darunter leidet, den Befehl zu dieser Hinrichtung gegeben zu haben. Ich bitte Sie, Montmorency, achten Sie darauf, dass mein Gatte nicht schwermütig wird.«

»Selbstverständlich, Madame.« Er fragte sich, ob sie ihn nur gerufen habe, um ihm dies mitzuteilen. Er schwieg.

»Montmorency«, sagte Katharina nach einer Weile zögernd, »der Schneider wurde nicht wegen seines Glaubens verurteilt, sondern weil er die Seneschallin beleidigt hat. Wie denken Sie darüber?«

»Madame, der Schneider war ein Ketzer.«

»Montmorency, Sie wissen so gut wie ich, dass der König ihn wahrscheinlich begnadigt hätte, wäre nicht der Disput mit der Seneschallin gewesen.«

Sie sahen einander an.

»Montmorency«, fragte Katharina leise, »wo soll das noch enden? Ich darf nicht daran denken, dass Heinrich ihr so verfallen ist, dass er Menschen zum Tode verurteilen lässt, nur weil sie es wagen, an Diana Kritik zu üben. Ich glaube, es ist zwecklos, zu hoffen, dass er sich eines Tages von ihr lösen wird. Seit über fünfzehn Jahren hoffe ich …, ich gebe die Hoffnung allmählich auf.«

»Madame, Sie sollten die Hoffnung nicht aufgeben. Der äußere Schein trügt manchmal.«

»Wie meinen Sie das?«

»Madame, Gefühle verändern sich, weil der Mensch sich ändert. Gewiss, nach außen hin ist die Seneschallin immer noch die mächtigste Frau am Hof, und dieser Eindruck wird auch noch lange währen. Denn wenn etwas zerfällt, beginnt der Zerfall im Innern und wird äußerlich zunächst nicht sichtbar. Betrachten Sie ein Gebäude – die Räume sind längst nicht mehr bewohnbar, die äußeren Mauern stehen noch.«

»Sie glauben also, dass mein Gatte sich doch irgendwann von Diana lösen wird?«

Montmorency lächelte. »Madame, er hat sich bereits von ihr gelöst, genauer gesagt, er hat angefangen, sich innerlich von ihr zu entfernen.«

Katharina starrte den Konnetabel einen Augenblick fassungslos an. »Das müssen Sie mir erklären.«

»Während der vergangenen Monate hat der König, wenn ich zu einer Unterredung bei ihm weilte, hin und wieder die Königin von Schottland bringen lassen, um sich mit ihr zu unterhalten. Er mag das Kind offensichtlich. Die kleine Königin wurde stets von ihrer Gouvernante, Madame Fleming, begleitet, und ich habe beobachtet, dass die Schottin dem König sehr gut gefällt, jedenfalls betrachtet er sie mit verliebten Augen. Falls es zu einer Affäre kommt, wird sie wahrscheinlich nicht von Dauer sein, obwohl, man kann sich täuschen …, aber allein die Tatsache, dass der König sich nach so vielen Jahren für eine andere Frau als die Seneschallin interessiert, ist bemerkenswert. Glauben Sie mir, Madame, die Tage der Seneschallin sind gezählt. Ist es nicht denkbar, dass der König über eine kurzlebige Affäre mit Madame Fleming allmählich zu Ihnen findet?«

Sie sahen sich an, und Katharina wusste, dass Montmorency entschlossen war, die Schottin mit ihrem Gatten zusammenzubringen, um Dianas Einfluss und damit auch den Einfluss der Guisen zu untergraben. Und Montmorency wusste, dass die Königin seine Kuppelei wohlwollend verfolgte, in der Hoffnung, dass es auf diesem Weg zu einer Trennung zwischen dem König und Diana kam.

Einige Tage später kehrte der Hof nach Saint-Germain zurück, und nun begann der Sommer mit Banketten, Turnieren, Bällen und Jagden.

Anfang Juli stürzte Diana bei einer Jagd vom Pferd und verletzte sich ihr rechtes Bein so stark, dass sie nicht mehr laufen konnte. Nachdem Fernel die Wunde behandelt und das Bein bandagiert hatte, hörte sie zu ihrem Entsetzen, dass der Heilungsprozess einige Wochen dauern würde, wahrscheinlich bis Mitte August. Als der Arzt gegangen war, dachte Diana über ihre missliche Situation nach. Sie würde wochenlang an den höfischen Vergnügungen nicht teilnehmen können. Viel schlimmer aber war, dass Heinrich sie als kranke Frau erlebte. Nein, dachte sie, ich werde mich nach Anet zurückziehen, bis ich genesen bin und wieder reiten, tanzen und lieben kann. Gleichzeitig hoffte sie, dass Heinrich sie mit seinem Gefolge nach Anet begleiten würde. Wenig später erschien er und erkundigte sich besorgt nach den Verletzungen.

»Sie werden verheilen, aber es kann dauern, vielleicht sogar bis Mitte August, und deshalb werde ich morgen nach Anet abreisen. Ich bin im Augenblick nur eine Belastung für meine Umgebung, und ich möchte nicht, dass die Damen und Herren meinetwegen auf Jagden und Ausritte verzichten, weil sie sich verpflichtet fühlen, mir Gesellschaft zu leisten.«

»Anet«, sagte Heinrich langsam, und vor seinem inneren Auge tauchte Janet Fleming auf. »Du hast Recht, du solltest dich in Anet pflegen, damit du so rasch wie möglich gesund wirst. Ich werde dich regelmäßig besuchen.« Diana schwieg überrascht und enttäuscht; er würde sie nicht begleiten, sondern nur hin und wieder besuchen.

»Es ist reizend von dir, dass du mich besuchen willst, aber ich glaube, es ist besser, wenn ich niemanden empfange. Deine Ausflüge nach Anet würden den täglichen Ablauf des Hoflebens nur stören«, erwiderte sie leicht gereizt. Heinrich sah seine Geliebte überrascht an. Es war das erste Mal seit jenem Besuch vor fast dreizehn Jahren, dass er nicht nach Anet kommen durfte. Nun ja, vielleicht wollte sie sich einmal vom Hofleben erholen, was durchaus verständlich war, und ihre Bitte, sie nicht zu besuchen, kam ihm ganz gelegen. So konnte er ungestört den Anblick von Madame Fleming genießen, ihr ein bisschen den Hof machen, und wer weiß, vielleicht ergab sich noch etwas mehr …

»Ich respektiere selbstverständlich deine Wünsche. Nun ja, dann werden wir eben in den kommenden Wochen korrespondieren wie seinerzeit unter der Herrschaft meines Vaters. Ich komme nach der Abendtafel noch einmal.« Er beugte sich über sie, küsste sie flüchtig auf den Mund und verließ das Zimmer.

Sie sah ihm lange nach und fühlte sich unbehaglich. Sie hatte gehofft, dass er ihrer Weigerung, ihn zu empfangen, mehr Widerstand entgegensetzen würde, dass er sie inständig bat, sie besuchen zu dürfen, stattdessen … Etwas ist nicht in Ordnung, überlegte sie. Fing er an, ihrer überdrüssig zu werden?

Nach der Abendtafel kam er, und sie unterhielten sich eine Stunde lang über belanglose Dinge.

»Du musst jetzt ruhen, gute Nacht.«

Ein Kuss auf den Mund, und sie war erneut allein. Vielleicht war es ganz gut, wenn sie sich eine Weile nicht sahen. Sie lag lange wach und erinnerte sich an die ersten Jahre nach seiner Eheschließung, an sein beharrliches Werben. Merkwürdig, dachte sie, man lernt Zuneigung erst zu würdigen, wenn man merkt, dass sie schwächer wird …

Heinrich ging ziellos durch Säle und Galerien und bemerkte plötzlich erstaunt, dass er vor Katharinas Appartement stand. Er öffnete die Tür, sah sie im Kreise ihrer Damen und hörte belustigt, dass sie sich lebhaft über Kleider unterhielten. Er blieb stehen und ließ die Szene auf sich wirken. Es war irgendwie wohltuend, die lebhaften, lachenden jungen Frauen zu sehen. Auch Katharina wirkte heiter und gelöst. »Meine kleine Elisabeth«, hörte er sie sagen, »ist schon richtig eitel. Sie sucht jeden Morgen selbst die Kleider aus, die sie anziehen möchte.« Meine Elisabeth, dachte er, nein, unsere Elisabeth …

In diesem Augenblick sah Katharina zur Tür und stand auf. »Heinrich, was für eine Überraschung!«

»Ich würde gerne eine Partie Schach mit dir spielen, Katharina.«

Sie entließ ihre Damen und erkundigte sich nach dem Befinden von Diana.

»Die Verletzungen werden in einigen Wochen verheilt sein. Sie möchte unbedingt nach Anet …, nun ja, ich lasse sie ziehen.«

Einige Sekunden lang sah Katharina den Gatten irritiert an. Er schien ganz froh zu sein, dass Diana den Hof für einige Zeit verließ. War dies ein Silberstreif, oder bahnte sich etwas mit der Schottin an? Gleichviel, wichtig war vor allem, dass Diana anscheinend nicht mehr die Hauptperson in seinem Leben war.

Heinrich war unkonzentriert beim Schach und verlor die Partie, was ihn allerdings nicht zu interessieren schien. »Es war ein schöner, erholsamer Abend«, sagte er und zog sie an sich, »ich danke dir.« Er küsste sie auf den Mund, und sie bemerkte erstaunt, dass seine Lippen etwas länger als gewöhnlich verweilten.

Sie sah ihm lange nach und fühlte sich verwirrt. Irgendwie kam Bewegung in ihre Ehe zu dritt, nun, es wurde auch allmählich Zeit.

Heinrich ging noch lange unruhig in seinem Zimmer auf und ab und dachte abwechselnd an Katharina, Diana und Janet Fleming. Er begehrte die Schottin körperlich, er wollte sie schon lange besitzen. Jetzt wäre die Gelegenheit, sich ihr zu nähern, aber wie? Sie wirkte etwas unnahbar. Aber was würden Diana und Katharina sagen, wenn die Dame aus dem Norden seine Geliebte wurde? Andererseits war er schließlich der König und musste weder auf die Gattin noch auf die Geliebte Rücksicht nehmen. Er war inzwischen dreißig Jahre und hatte, verglichen mit seinen Altersgenossen, wenig Erfahrung mit Frauen. Warum sollte er nicht auch einmal seinen Wünschen nachgeben?

Am anderen Morgen begleitete er Diana zu ihrer Sänfte, sah, wie sie durch das Tor getragen wurde, dachte erneut an Janet Fleming und ging unentschlossen und nachdenklich hinauf in sein Arbeitszimmer.

Montmorency beobachtete von einem Fenster aus Dianas Abreise und war fest entschlossen, während ihrer Abwesenheit seinem königlichen Herrn die Schottin zuzuführen. Aber wie? Er hatte nicht viel Zeit und musste rasch handeln. Als er Heinrichs Arbeitszimmer betrat, sah der König gerade die eingetroffene Kurierpost durch und las hin und wieder auch einen Brief etwas genauer. Das letzte Schreiben kam aus dem Nonnenkloster Poissy, wo das »Kleeblatt« weilte. Heinrich überflog den Brief.

»Monsieur de Vieuxpont schreibt«, sagte er gut gelaunt zu Montmorency, »dass die kleinen Mädchen inzwischen fließend Französisch sprechen und auch die Orthografie ganz gut beherrschen. Sie haben eine Belohnung für ihren Fleiß verdient, sie dürfen den Monat August bei ihrer Königin am Hof verbringen.«

Da blitzte bei dem Konnetabel ein Gedanke auf – dies war der Augenblick, den er nutzen musste. »Die Königin von Schottland, Sire, wird darüber sehr glücklich sein. Wollen Sie es ihr nicht jetzt sofort sagen? Vorfreude ist angeblich immer die schönste Freude.«

»Sie haben Recht.« Er schickte einen Diener nach Maria.

Wenig später betrat sie in Begleitung Janet Flemings das Zimmer, und als sie hörte, dass ihre Freundinnen den August am Hof verbringen durften, strahlten ihre Augen und sie dankte Heinrich mit vielen Worten, und er war überrascht, dass sie inzwischen fast akzentfrei sprach.

Während das Kind elegante Sätze formulierte, streiften seine Augen immer wieder sehnsüchtig und begehrlich die Gestalt der Erzieherin. Montmorency beobachtete seinen Herrn und beschloss, einen Vorstoß zu wagen. Er ging dabei kein großes Risiko ein, weil er wusste, dass er für seinen Herrn nicht nur der Konnetabel war, sondern auch ein väterlicher Freund. Als Maria und die Gouvernante das Zimmer verlassen hatten, wandte er sich an Heinrich. »Mit Verlaub, Sire, ich habe schon seit einiger Zeit den Eindruck, dass Madame Fleming Ihnen sehr gut gefällt.«

Heinrich sah Montmorency überrascht an. Er war es gewohnt, dass der Konnetabel offen zu ihm sprach, aber wie kam es, dass dieser seine Neigung für die Schottin bemerkt hatte? Er überlegte und beschloss, ehrlich zu antworten. »Ja, Montmorency, sie gefällt mir, aber ich halte viel von Treue und habe es für mich immer abgelehnt, jede Frau zu nehmen, die mir gerade gefällt. Ich habe eine legitime Gattin und eine Geliebte, ich fühle mich beiden irgendwie verpflichtet. Unsere Ehe zu dritt verlief bisher harmonisch, eine weitere Frau würde nur stören.«

»Sire, die Herzogin weilt zurzeit in Anet, die Königin hat bestimmt Verständnis für eine kleine Affäre. Warum wollen Sie Ihre Neugier nicht befriedigen? Sie sind jung, und es ist völlig natürlich, dass aparte Frauen Ihre Aufmerksamkeit erregen. Und was die Treue betrifft – körperliche Untreue ist ohne Bedeutung, solange Sie mit der Königin und der Herzogin geistig und seelisch verbunden bleiben.«

Er schwieg und suchte nach weiteren Argumenten, die Heinrich überzeugen könnten.

»Ich weiß nicht, Montmorency, irgendwie …«

Der Konnetabel merkte am Tonfall seines Herrn, dass dieser nachgiebig wurde. »Sire, es gibt eine Lösung, die es Ihnen erlaubt, Ihrer Gattin und der Herzogin körperlich treu zu bleiben und dennoch die Gegenwart der Madame Fleming zu genießen«, sagte er rasch. »Sie kennt bestimmt eine Menge schottische Lieder. Fordern Sie die junge Dame doch auf, heute nach der Abendtafel vor Ihnen zu singen.«

»Das ist eine gute Idee!«, rief Heinrich lebhaft. »Ich wollte den Abend mit der Königin verbringen, jetzt wird Madame Fleming uns in meinen Gemächern Lieder vortragen, und Sie werden auch anwesend sein. Das ist ein Befehl.«

Der Konnetabel atmete auf, allerdings war es noch immer fraglich, ob es ihm gelang, den König in das Schlafzimmer der Schottin zu locken. Am Nachmittag informierte Montmorency Katharina über den Stand der

Dinge, und sie wartete voller Spannung auf die weitere Entwicklung, die indes enttäuschend verlief. Irgendwann am Abend, als sie sich mit Heinrich und Montmorency über dieses und jenes unterhielt, wurde Janet Fleming gemeldet und begann mit ihrem musikalischen Vortrag. Katharina fand die schottische Sprache unmelodisch und die Melodien schwermütig. Sie streifte hin und wieder Heinrich mit einem Seitenblick und beobachtete, dass er Janet nicht nur begehrlich, sondern auch nachdenklich ansah. Sie war verwundert, dass er sie nicht wie sonst in ihr Appartement schickte und überlegte, wie sie sich verhalten sollte. Sie wollte ihn auf keinen Fall verärgern. Kurz nach zehn Uhr erhob sie sich kurz entschlossen, wünschte eine gute Nacht und verließ das Zimmer.

Am nächsten Morgen erfuhr sie von Montmorency, dass Heinrich die Schottin bald nach ihrem Weggang verabschiedet hatte. Am Abend sang Janet Fleming erneut die Lieder ihrer Heimat, und als Katharina sich kurz nach zehn Uhr zurückzog, fragte sie sich, an wie vielen Abenden sie noch die schwermütigen Melodien hören musste.

Am anderen Tag teilte Montmorency ihr aufgeregt mit, dass er den König kurz nach Mitternacht zu dem Gemach der Schottin begleiten und in einem der angrenzenden Räume auf ihn warten solle.

Montmorency wandte sich an Katharina: »Sie kennen das Appartement der kleinen Königin, Madame. Ist ein Stelldichein dort nicht zu riskant? Madame d'Humières könnte etwas merken.«

»Seien Sie unbesorgt, sie bewohnt das Appartement neben dem Dauphin auf der anderen Seite, und zwischen dem Schlafzimmer meiner Tochter und dem Zimmer von Madame Fleming liegen der Baderaum und das Ankleidezimmer. Dort können Sie warten.«

Am folgenden Tag teilte Montmorency Katharina freudestrahlend mit, dass sein Plan gelungen sei; der König werde jede zweite Nacht mit Madame Fleming verbringen.

Am Nachmittag des letzten Julitages erschien der Kardinal von Guise ziemlich verstört im Appartement seines älteren Bruders Franz und forderte ihn zu einem Spaziergang im Park auf.

An einem Springbrunnen blieb der Kardinal stehen und sah sich vorsichtig um. »Hier wird uns wohl niemand belauschen«, sagte er. »Höre, Franz, in den Räumen unserer Nichte geschehen merkwürdige Dinge. Mein neuer Spion, der seit ein paar Tagen das Appartement bewacht, hat mir vorhin erzählt, dass er jetzt schon zwei Mal beobachtet hat, dass kurz nach Mitternacht der Konnetabel, begleitet von einem großen, maskierten Mann, das Appartement betritt, und nach zwei oder drei Stunden verlassen sie es wieder. Mein Spion hielt es für seine Pflicht, mir dies mitzuteilen, was völlig in Ordnung ist. Er ist leider noch nicht lange am Hof, sonst hätte er den maskierten Mann vielleicht identifiziert. Ich frage dich, was hat der alte Lustgreis Montmorency im Appartement unserer Nichte zu suchen?«

Franz überlegte einen Augenblick. »Vielleicht hat Madame Fleming einen Liebhaber und der Konnetabel hat ihm den Weg gezeigt«, erwiderte er. »Nein. Unsere Mutter sagt immer, Madame Fleming sei die Tugend in Person.«

»Keine Frau ist tugendhaft, und die Schottin ist jetzt seit fast zwei Jahren verwitwet. Ist es da verwunderlich, dass es sie nach einem Mann gelüstet?«

»Ich weiß nicht, Franz. Ich vermute, dass vielleicht ein Komplott geschmiedet wird mit dem Ziel, unsere Nichte zu entführen. Nein, man mag über den Konnetabel denken, was man will, aber er ist dem König aufrecht ergeben. Er würde sich nie an einer solchen Verschwörung beteiligen.«

»Das ist wahr. Gleichviel, wir müssen wissen, was diese geheimnisvollen nächtlichen Besuche bedeuten, und deshalb sollten wir uns heute Nacht in dem Gang, wo das Appartement liegt, verstecken. Es gibt dort eine tiefe Türnische, von wo aus wir alles beobachten können, ohne selbst gesehen zu werden. Hinter der Nische gibt es eine innere Treppe, die zum nächsten Stockwerk hinunterführt, die können wir benutzen.«

Eine Stunde vor Mitternacht gingen die Brüder leise die innere Treppe zu jenem Gang empor, wo die Gemächer der königlichen Kinder lagen. Nach ungefähr einer Stunde hörten sie Schritte sich nähern, und bald sahen sie im Schein der Fackeln, die an den Steinwänden angebracht waren, den Konnetabel und einen großen Mann, dessen Gesicht mit einer schwarzen Maske bedeckt war.

Die Brüder glaubten, nicht richtig zu sehen, und als Montmorency und sein Begleiter in dem Appartement verschwunden waren, packte Franz den Kardinal am Ärmel und eilte mit ihm die Treppe hinunter, die zu einem spärlich möblierten Zimmer führte. Dort blieben sie stehen und atmeten tief durch. »Vielleicht täusche ich mich«, sagte Franz nach einer Weile, »aber ich glaube, in dem maskierten Mann den König erkannt zu haben.«

»Du täuschst dich nicht, der Mann bewegt sich wie der König – der Gang, die Haltung ... Wir sollten später noch einmal hinaufgehen und ihn beim Verlassen des Zimmers beobachten. Das Rätsel ist also gelöst«, sagte Franz, »der König hat ein Rendezvous mit Madame Fleming, und der Konnetabel soll wahrscheinlich aufpassen, dass kein Besucher das Paar stört.« Er lachte leise auf. »Vielleicht hat der Konnetabel unseren König sogar zu diesem Seitensprung animiert.«

»Falls der König wirklich eine Liaison zu der Schottin unterhält, so kann es für Diana und uns natürlich problematisch werden.«

Dann wurde kein Wort mehr gewechselt; Franz döste vor sich hin, während der Kardinal vergeblich versuchte, seine Gedanken zu ordnen. Als es zwei Uhr schlug, gingen sie wieder hinauf in den Gang. Gegen drei Uhr morgens öffnete sich die Tür, der Mann mit der Maske schlich hinaus und lief den Gang hinunter, während der Konnetabel die Tür zuzog und ihm nacheilte.

Wenig später begaben die Brüder sich in das Arbeitszimmer des Kardinals, wo sie erschöpft in die Lehnstühle sanken und sich stumm ansahen.

»Der maskierte Mann ist der König, daran besteht kein Zweifel«, sagte Franz nach einer Weile. »Ja«, erwiderte sein Bruder. »Wir sollten jetzt einige Stunden schlafen, in Ruhe über unser nächtliches Erlebnis nachdenken und dann entscheiden, wie wir uns verhalten. Heute Nachmittag gegen vier Uhr habe ich Zeit; ich erwarte dich an dem Springbrunnen, dort sind wir ungestört.«

Als Franz sich zur festgesetzten Stunde dem Brunnen näherte, sah er schon von weitem seinen Bruder nachdenklich auf und ab gehen. Das nächtliche Rendezvous scheint ihn sehr zu beschäftigen, dachte er belustigt, indes ist die Affäre natürlich wichtig für unsere Familie, weil Diana zu uns gehört.

»Nun«, fragte der Kardinal, »was ist das Ergebnis deiner Überlegungen?«

»Ich bin mit Heinrich seit über siebzehn Jahren befreundet und habe die Entwicklung seiner Beziehung zu Diana verfolgt. Ich glaube auch, dass er zu den Menschen gehört, die sich nur schwer von etwas trennen, an das sie sich gewöhnt haben, das sie einmal geliebt haben. Kurz, ich halte die Liaison mit der Schottin für eine vorübergehende Affäre. Irgendwann wird Heinrich zu Diana zurückkehren. Allerdings ist die Sache insofern problematisch, weil es das erste Mal seit zwölf Jahren ist, dass Heinrich Diana und Katharina untreu ist. Das beweist, dass er allmählich anfängt, sich für andere Frauen zu interessieren, und er hat einen günstigen Zeitpunkt gewählt: Diana weilt in Anet, er möchte sie also nicht verletzen und empfindet vielleicht sogar Gewissensbisse. Gleichviel, die Affäre ist ein Signal, dass ihre Herrschaft über ihn brüchig wird. Welche Konsequenzen es für unsere Familie hat, bleibt abzuwarten.«

»Ich bin grundsätzlich deiner Meinung, aber vergiss nicht, dass es noch mindestens zehn Jahre dauert, bis Maria den Dauphin heiraten kann. So lange muss Diana die Favoritin des Königs bleiben. Bedenke, dass sie eine Fürsprecherin unserer Interessen ist; wenn der König sich allmählich von ihr abwendet, wird Montmorency an Einfluss gewinnen, und dies kann nicht unser Interesse sein. Bedenke, dass er bei jeder Gelegenheit salbadert, wir sollten keinen neuen Krieg gegen den Kaiser beginnen. Ein neuer Krieg würde dir zu neuem militärischem Ruhm verhelfen, und vielleicht könntest du dann endlich beweisen, dass du ein besserer Heerführer als Coligny bist. Abgesehen davon müssen wir mächtig bleiben, damit die Anhänger des neuen Glaubens ausgerottet werden. Die *Chambre Ardente* sichert uns nicht nur unsere kirchlichen Pfründe, sondern verhilft uns darüber hinaus auch zu neuen Besitztümern. Wenn wir weiterhin mächtig bleiben, können wir auf diese Weise unser Vermögen mehren.«

Franz überlegte. »Deine Gedanken sind zwar richtig, aber die Voraussetzung ist, dass die Gefühle des Königs für Diana nicht erkalten, und Gefühle kann man nicht lenken. Ich denke schon die ganze Zeit darüber nach, ob wir ihr von der Schottin erzählen, oder ob wir es arrangieren, dass sie den König in flagranti ertappt – erfahren wird sie es sowieso irgendwann. Wir sollten Diana bitten, uns morgen zu der Nische zu begleiten, um ihr etwas zu zeigen. Sie wird den König bestimmt identifizieren – eine Frau, die seit fast dreizehn Jahren mit einem Mann schläft, muss ihn auch unter einer Maske erkennen. Alles weitere wird sich ergeben. Glaube mir, sie weiß, wie sie Heinrich behandeln muss, wir gehen kein Risiko ein.«

»Nun gut. Was übrigens die Heirat unserer Nichte betrifft, so bin ich sehr zuversichtlich, vorausgesetzt, der Dauphin lebt so lange. Die Lehrer loben ihre Intelligenz, sie lernt rasch und leicht. Der König ist immer entzückt, wenn er sich mit ihr unterhält, und ich habe beschlossen, sie, sobald sie ihren eigenen Haushalt hat, in der Politik zu unterrichten und sie auf ihre künftige Stellung als Königin von Frankreich vorzubereiten.«

Am frühen Abend des folgenden Tages kehrte Heinrich gut gelaunt von der Jagd zurück. Er hatte etliches Wild erlegt und freute sich auf einen geruhsamen Abend mit Montmorency und eine leidenschaftliche Nacht mit Janet Fleming. Als er im Schlosshof absaß, erfuhr er zu seiner Bestürzung, dass die Herzogin von Valentinois zurückgekehrt sei und ihn in seinem Appartement erwarte. Er ging wie betäubt die Treppe empor und blieb in einer Galerie stehen, um nachzudenken. Sie war früher zurückgekehrt als vermutet, und er war auf einmal mit der Frage konfrontiert, ob und wie er das Verhältnis zu Janet Fleming fortführen sollte. Er hatte noch nicht darüber nachgedacht. Nun, manchmal lösten sich solche Probleme von selbst. Er würde auf jeden Fall, wie geplant, diese Nacht mit ihr verbringen, daran änderte auch Dianas Ankunft nichts.

Merkwürdig, dachte er, während er langsam die Galerie entlangging, wie das Leben sich ändert. Vor vielen Jahren konnte ich ihre Rückkehr kaum erwarten, mein Herz wäre vor Freude zersprungen über eine frühzeitige Rückkehr; heute ist es mir gleichgültig, auch ohne die Affäre mit Janet. Ich freue mich natürlich, aber es ist eine andere Freude. Ich freue mich, dass wir unser gewohntes Leben wieder aufnehmen können. Warum hat sie mich nicht benachrichtigt, dass sie früher zurückkehrt?

Er ärgerte sich plötzlich, dass sie unverhofft auftauchte und betrat in gereizter Stimmung sein Appartement.

Diana eilte ihm freudestrahlend entgegen und umarmte ihn. »Heinrich, die Wunden sind rascher verheilt, als ich dachte. Ich kann wieder reiten und tanzen wie vor dem Sturz.«

Er küsste sie flüchtig auf den Mund. »Ich freue mich, dass du so rasch genesen bist«, erwiderte er, »aber warum hast du keinen Boten geschickt?«

»Ich wollte dich überraschen.«

»Das ist dir gelungen. Ich freue mich sehr, dass du wieder in meiner Nähe weilst, indes, heute Abend musst du auf meine Gesellschaft verzichten. Ich will mit dem Konnetabel noch einmal über Italien reden, ein Gespräch unter vier Augen ist tagsüber fast unmöglich, und ab morgen findet jeden Abend ein Ball oder ein Konzert oder ein Maskenspiel statt. Du bist zum richtigen Zeitpunkt zurückgekehrt, um die abendlichen Vergnügungen zu genießen.«

Je länger Heinrich sprach, desto mehr spürte Diana, dass irgendetwas nicht stimmte, und sie löste sich langsam aus seinen Armen. Das Gespräch mit dem Konnetabel ist anscheinend wichtiger für ihn als ich, dachte sie. Sie war enttäuscht über den flüchtigen Kuss und darüber, dass er die Gesellschaft des Konnetabels vorzog. Während ihrer Abwesenheit war etwas geschehen, aber was? War der Tag X gekommen? Begann er, ihrer überdrüssig zu werden? Ich muss ruhig bleiben, dachte Diana, ab jetzt darf mir kein Fehler unterlaufen. »Heinrich, ich verstehe und akzeptiere es, dass deine Pflichten als Herrscher allen übrigen Pflichten übergeordnet sind. Wie lange wird dein Gespräch mit Montmorency dauern?«

»Ich weiß es nicht. Vor ein paar Tagen haben wir die halbe Nacht über Italien debattiert.« Es war die Wahrheit, allerdings waren bei jener Diskussion auch die Guisen zugegen gewesen und hatten auf einen Krieg in Italien gedrängt.

»Die halbe Nacht? Nun, dann werde ich mir von der Herzogin von Guise den neuesten Hofklatsch berichten lassen.« Sie eilte in ihr Appartement und begann, sich für die Abendtafel umzuziehen. Als sie vor dem Spiegel stand und sich kritisch musterte, wurde der Kardinal von Guise gemeldet. Sie sah unwillig auf, weil sie noch etwas Rouge auflegen wollte, aber der Kirchenfürst hatte ihr Gemach schon betreten.

»Was für eine angenehme Überraschung, Madame, Sie sind früher genesen, als erwartet. Ich freue mich sehr über Ihre Rückkehr.«

»Ich freue mich auch«, erwiderte sie und überlegte, warum der Kardinal sie aufsuchte.

»Mein Bruder und ich möchten Sie um eine kleine Gefälligkeit bitten. – Vor dem Appartement unserer Nichte geschehen seit einiger Zeit merkwürdige Dinge.« Er schilderte die nächtlichen Besuche Montmorencys und seines maskierten Begleiters, wobei er den Verdacht, dass der maskierte Mann der König sei, verschwieg. »Wir vermuten, dass der maskierte Mann Madame Fleming besucht, und wir möchten natürlich wissen, wer ihr Liebhaber ist. Wir konnten ihn bisher nicht identifizieren, aber sechs Augen sehen mehr als vier, und deshalb bitte ich Sie, Madame, uns heute Nacht Gesellschaft zu leisten. Vielleicht erkennen Sie den Mann mit der Maske.«

»Gerne, Eminenz. – Montmorency begleitet den Unbekannten?«

»Ja, Madame.«

Montmorency, dachte sie. Heinrich unterhält sich heute Abend mit ihm über Italien. Mein Gott, besucht Heinrich die Schottin?

»Eminenz, wann wollen wir uns zum Appartement Ihrer Nichte begeben?«

»Gegen elf Uhr, Madame.«

Nach der Abendtafel zogen Heinrich und der Konnetabel sich in das Arbeitszimmer des Königs zurück, um zum soundsovielten Male über Italien zu sprechen. »Ich weiß nicht, wie ich mich entscheiden soll«, begann Heinrich. »Die Königin, obwohl sie nichts so sehr hasst wie den Krieg, drängt mich seit Monaten, in die Toskana einzumarschieren und Florenz für sie zurückzuerobern, weil sie als letztes Glied der älteren Linie die rechtmäßige Erbin ist. Ihre Vettern Leo und Piero Strozzi versprechen mir, nicht nur Florenz und das Herzogtum Urbino zurückzuerobern, sondern die gesamte Toskana … Die Familie Guise erinnert mich ständig daran, dass das Haus Lothringen einst auch über Neapel und Sizilien geherrscht hat und sie folglich Ansprüche auf diese Territorien besäßen … Diana erinnert sich, dass die Familie Saint-Vallier und die Herren von Valentinois alte Rechte auf das Marquisat Cortona besitzen, und alle wollen unbedingt ihre Rechte geltend machen. Wie denken Sie darüber?«

»Mit Verlaub, Sire, ich habe es schon öfter gesagt und ich wiederhole meine Worte: Die Ansprüche der Familie Guise und der Herzogin von Valentinois liegen Jahrhunderte zurück und sind einfach unrealistisch. Die Ansprüche der Königin sind zwar berechtigt, aber wollen Sie deswegen mit dem Kaiser Krieg anfangen? Herzog Cosimo ist juristisch vielleicht nicht der legitime Herrscher, aber faktisch regiert er seit zwölf Jahren in Florenz und der Toskana, das allein zählt. Überdies, erinnern Sie sich, als Sie dem Kaiser geboten haben, zu Ihrer Krönung nach Reims zu kommen und Ihnen die schuldige Ehre zu erweisen, weil der Kaiser als Graf von Flandern Ihr Vasall ist, da erwiderte der Habsburger, dass er Ihnen an der Spitze eines Heeres von 50 000 Mann gegenübertreten werde. – Sire, ich beschwöre Sie, halten Sie Frieden mit dem Kaiser, er verfügt über mehr Ressourcen als Sie.«

Heinrich dachte lange nach. »Die Angelegenheit muss ja nicht heute oder morgen entschieden werden«, erwiderte er. »Lassen Sie uns jetzt Schach spielen.«

Diana begab sich nach der Abendtafel in ihr Appartement, um vor der anstrengenden Nacht noch etwas zu ruhen und befahl Régine, sie um halb elf Uhr zu wecken. Sie versuchte zu schlafen, aber die Gedanken in ihrem Kopf hielten sie wach. Angenommen, Heinrich würde nach dem Gespräch mit dem Konnetabel in ihr Schlafzimmer kommen, sie nicht vorfinden und die halbe Nacht auf sie warten? Nun, sie würde ihm erklären, dass sie mit der Herzogin von Guise geplaudert und die Zeit darüber vergessen habe. Angenommen, er hatte eine Liaison mit der Schottin, wie sollte sie reagieren? Die Guisen erschienen zur festgesetzten Stunde, und sie folgte ihnen mit Herzklopfen durch Säle und Galerien bis zu jener Geheimtreppe, die zu den Räumen der königlichen Kinder führte. Als sie sich mit den Brüdern in der Nische verbarg, schlug es halb zwölf. Dann verging eine Minute nach der anderen, irgendwann schlug es viertel vor zwölf, und Diana kam es vor, als ob sie schon seit Stunden wartete.

Endlich schlug es Mitternacht, und wenig später hörten sie Schritte sich nähern. Diana wagte sich einen Schritt vor und erstarrte: Sie sah Montmorency und erkannte fast im gleichen Augenblick seinen Begleiter – es war unzweifelhaft Heinrich. Sie trat etwas zurück, und als die Männer in dem Appartement verschwunden waren, sagte sie leise zu den Guisen: »Folgen Sie mir.« Sie eilte hinunter in das Zimmer, sank in einen der Lederstühle und sah verzweifelt vor sich hin. Heinrich betrog sie also, und nun? Ich darf jetzt nicht die Nerven verlieren, dachte sie.

Die Guisen warteten einen Augenblick. »Madame«, fragte Franz, »haben Sie den maskierten Mann erkannt?«

»Ja, es ist der König.«

Die Brüder sahen sich viel sagend an, ihre Vermutung war also richtig. Der Kardinal gab seinem Bruder ein Zeichen, vorerst zu schweigen. Die Seneschallin sollte in Ruhe nachdenken und allein entscheiden, wie sie mit der delikaten Affäre umging. Die Liaison, überlegte Diana, hat wahrscheinlich erst nach meiner Abreise begonnen, also vor ungefähr vier Wochen. »Eminenz, Sie sind immer bestens informiert. Haben Sie den Eindruck, dass am Hof schon etwas durchgesickert ist?«

»Nein, Madame, bis jetzt weiß noch niemand davon. Vielleicht hat der Konnetabel der Königin etwas erzählt, aber Sie wissen so gut wie ich, Madame, dass die Königin schweigen kann.«

Diana atmete auf – sie war also noch nicht zum Gespött des Hofes geworden, und selbst wenn Katharina etwas wusste, war sie letztlich von der Untreue des Gatten genauso betroffen. Es gibt zwei Möglichkeiten, überlegte Diana, stand auf und ging langsam auf und ab. Sie konnte die Affäre ignorieren und so tun, als ob sie nichts wüsste, aber irgendwann sickerte es am Hof durch, und es gab viele Höflinge und vor allem Hofdamen, die ihr Heinrichs Seitensprung von Herzen gönnen würden. Man würde über sie spötteln. Und Heinrich? Es bestand die Gefahr, dass ihm dann der Altersunterschied richtig bewusst wurde und er sich von ihr abwandte. Die andere Möglichkeit war, ihm jetzt, in dieser Nacht gegenüberzutreten und ihm zu sagen, dass sie verletzt und enttäuscht war. Sie musste ihre Worte sorgfältig überlegen, weil sie ihn zu sich zurückführen wollte. Die Affäre musste sofort beendet werden, bevor der Hof etwas merkte. Auch in diesem Fall riskierte sie, ihn an die Schottin zu verlieren, aber das Risiko war doch etwas geringer … »Ich habe mich entschieden«, sagte sie zu den Guisen. »Ich werde dem König nachher gegenübertreten. Wenn es halb zwei schlägt, gehen wir hinauf, ich möchte ihn keinesfalls verpassen.«

Der Kardinal sah seinen Bruder fragend an, aber Franz nickte ihm aufmunternd zu.

Kurz nach zwei Uhr öffnete sich die Tür des Appartements, und Montmorency kam heraus, gefolgt von seinem Begleiter. Diana ging auf die beiden zu und sagte zu dem maskierten Mann: »Guten Morgen, Heinrich.« Der Konnetabel und Heinrich sahen Diana erschrocken an und wussten sekundenlang nicht, ob sie wachten oder träumten. Diana löste behutsam die Maske vom Gesicht ihres Liebhabers und sagte langsam: »Du warst bei Madame Fleming, nicht wahr?«

»Ja«, stammelte Heinrich und sah Diana unsicher an.

Sie schwieg einige Sekunden, musterte ihn von oben bis unten und sagte dann langsam und feierlich: »Heinrich, ist das der Dank für die Liebe, die ich dir während vieler Jahre entgegengebracht habe?«

Er hörte nur das Wort Liebe, es war das erste Mal, dass er aus ihrem Mund hörte, dass sie ihn liebte. »Diana, ist es …, ist es wahr? Du liebst mich?«

»Ja, Heinrich.«

Franz bemühte sich, nicht laut loszulachen. »Habe ich es dir nicht gesagt?«, flüsterte er seinem Bruder zu. »Sie weiß, wie man den König behandeln muss.«

Inzwischen hatte Heinrich sich etwas gefasst. »Diana, bitte, verzeihe mir, ich werde dir alles erklären, ich …«

»Es ist spät, Heinrich, wir reden morgen darüber. Überdies verdankst du es der Familie von Guise, dass sie dich davor bewahrt haben, zum Gespött des Hofes zu werden.« Daraufhin näherten sich der Kardinal und sein Bruder.

»Ich bitte um Vergebung, Sire«, säuselte der Kardinal, »aber wir waren beunruhigt, als wir erfuhren, dass ein fremder Mann nachts das Appartement unserer Nichte aufsucht.«

»Ja, natürlich«, murmelte Heinrich und streifte Montmorency mit einem ärgerlichen Seitenblick.

Sie gingen alle bis zum Ende des Ganges, wünschten einander eine gute Nacht und begaben sich zu ihren Gemächern.

Die Guisen waren erleichtert, dass Diana die Favoritin bleiben würde, das hatte die Reaktion des Königs bewiesen. Montmorency ärgerte sich, dass er nicht daran gedacht hatte, dass der Kardinal das Appartement seiner Nichte bewachen ließ. Diana beschloss, zunächst Heinrichs Reaktion abzuwarten, und der König selbst empfand eine unsägliche Scham über seine erotische Unbeherrschtheit.

Als sie vor ihren Appartements ankamen, die nebeneinander lagen, sah Heinrich Diana unsicher an. »Ich weiß nicht, was mit mir los war während der vergangenen Wochen. Kannst du mir verzeihen?« Sie lächelte ihn viel sagend an. »Lass uns darüber reden, wenn wir ausgeschlafen sind. Gute Nacht.«

Sie verschwand hinter der Tür. Er sah ihr einige Sekunden lang unschlüssig nach und begab sich dann endlich in sein Schlafgemach. Er lag die halbe Nacht wach, schalt sich einen Narren und verspürte in jenen Stunden nur einen Wunsch, nämlich dass Diana ihm verzeihen möge.

Vor der Messe begab er sich zu ihr, bat sie zerknirscht erneut um Entschuldigung und versicherte ihr, dass er sie nach wie vor liebe. Sie ließ sich Zeit mit der Antwort. Schließlich lächelte sie ihn an. »Ich verzeihe dir, Heinrich, allerdings nur unter zwei Bedingungen: du wirst ab sofort die Beziehung zu Madame Fleming abbrechen, und du wirst mich noch heute nach Anet begleiten, dort werden wir gemeinsam die letzten Sommerwochen allein verbringen und versuchen, die leidige Affäre zu vergessen. Bist du damit einverstanden?«

»Ja, natürlich!«, rief er erleichtert. »Ich erfülle dir jeden Wunsch.«

Sie erhob sich und strich mit ihrer Hand leicht über seinen Bart. »Lass uns jetzt zur Messe gehen.«

Zur selben Zeit erfuhr Katharina von Montmorency die Ereignisse der vergangenen Nacht. »Mein Plan ist fehlgeschlagen, Madame«, sagte er kleinlaut, »der König hat sie um Verzeihung gebeten, sie werden sich versöhnen, und sie wird nach wie vor die mächtigste und einflussreichste Frau am Hof bleiben. Ach Gott, hoffentlich falle ich bei meinem königlichen Herrn nicht in Ungnade!«

»Nein, Montmorency, der König wird Sie wegen dieser Affäre nicht fallen lassen. Überdies können Sie stets auf meine Fürsprache rechnen. –

Was nun die Seneschallin betrifft, Versöhnung hin oder her, die Zeit arbeitet für uns. Noch vor zwei Jahren wäre es undenkbar gewesen, dass der König auf eine andere Frau aufmerksam wird. Wir sollten zuversichtlich sein.«

Nach der Messe wurde ihre Zuversicht indes jäh erschüttert, als Heinrich ihr eröffnete, dass er Diana nach Anet begleiten und dort den restlichen Sommer mit ihr verbringen wolle. »Es gibt natürlich einen Grund für unsere plötzliche Abreise, Katharina.« Zu ihrem Erstaunen erzählte er ihr von Madame Fleming und den Ereignissen der vergangenen Nacht, und je länger er redete, desto mehr gewann sie den Eindruck, dass er sich aussprechen wollte. »Ich erzähle dir dies alles, Katharina, weil du seinerzeit gewünscht hast, dass Offenheit zwischen uns herrscht, und überdies möchte ich auch dich um Verzeihung bitten. Ich habe nicht nur Diana betrogen, sondern auch dich.« Er sah sie hilflos und zugleich flehend an, und sie musste unwillkürlich lächeln. Es gibt immer noch Augenblicke, dachte sie, da wirkt er nicht wie ein reifer Mann, sondern wie ein unbeholfener Junge. Sie will nach Anet und er folgt ihr wie ein Hündchen. Mein Gott, wird sich nie etwas ändern? Sie verspürte erneut Eifersucht bei dem Gedanken an Anet, ließ sich natürlich wie üblich nichts anmerken und blieb freundlich. »Ich verzeihe dir, Heinrich, und ich werde beten, dass du gesund zurückkehrst.«

Heinrich und Diana kehrten Mitte September an den Hof zurück, und Heinrich verbrachte die folgenden Nächte mit Katharina.

Irgendwann sagte er: »Es ist wohltuend, wenn man die Nacht mit der Frau verbringt, mit der man vor Gott und der Welt vermählt wurde. Diese heimlichen Rendezvous mit anderen Frauen – ich meine Madame Fleming – sind nichts für mich.«

Katharina horchte auf. »Was hat dich denn an der Schottin so gereizt?«

Heinrich überlegte lange. »Ich wollte endlich mal eine andere Frau kennen lernen«, erwiderte er schließlich. »Ich kenne dich und Diana seit vielen Jahren, vielleicht war es der Wunsch nach Abenteuer. Ja, ich glaube, es war der Reiz des Neuen. Meine Neugier ist befriedigt, nun kann das gewohnte Leben wieder beginnen.«

Das gewohnte Leben, dachte Katharina, Diana ist tatsächlich für ihn zur Gewohnheit geworden. Sie erinnerte sich an Mingos Worte und überlegte, ob die Schottin für sie, die Königin, nicht doch ein Silberstreif war … Vielleicht begann er sich innerlich von der Seneschallin zu lösen, ohne es zu merken.

Am 24. Oktober starb der kleine Ludwig. Katharina war schockiert darüber, dass eines ihrer Kinder tot war, aber sie tröstete sich mit dem Gedanken, dass sie wahrscheinlich erneut schwanger war.

Janet Fleming wusste nicht, dass Diana und die Guisen dem König in jener Augustnacht aufgelauert hatten, und sie ahnte nicht, dass Heinrich inzwischen reumütig zu seiner Mätresse zurückgekehrt war. Sie fand es verständlich, dass er einige Wochen mit der Seneschallin in Anet verbrachte und nach der Rückkehr zunächst seine ehelichen Pflichten erfüllte. Als jedoch ein Oktobertag nach dem anderen verstrich, ohne dass Heinrich ihr Schlafzimmer aufsuchte, begann sie unruhig zu werden, zumal sie inzwischen wusste, dass sie ein Kind erwartete. Sie überlegte, wann und wie sie es dem König sagen sollte und beschloss schließlich, es ihn indirekt wissen zu lassen, in der Hoffnung, dass er sie dann endlich aufsuchte.

Anfang November nahm sie wie gewöhnlich an einem Mittag an der Hoftafel Ihren Platz ein, und nachdem der erste Gang aufgetragen und ihre Nachbarn damit beschäftigt waren, den Hunger zu stillen, sagte sie plötzlich laut: »Ich habe alles getan, was ich kann, und Gott sei gedankt, ich bin schwanger vom König, was für mich eine Ehre und ein Glück bedeutet.«

Das Klappern der Bestecke verstummte und die Hofleute sahen die Schottin erstaunt und unsicher an. Niemand hatte etwas von dieser Affäre gewusst, und vielen erschien es unwahrscheinlich, dass der König seiner langjährigen Mätresse untreu wurde.

»Madame«, sagte eine der Damen, »habe ich richtig gehört? Sie sind die Geliebte des Königs?«

»Ja«, erwiderte Janet Fleming und sah sich stolz und herausfordernd um, »ich bin die Geliebte des Königs.«

Ihre Tischnachbarn schwiegen und versuchten, sich an den Gedanken zu gewöhnen, dass es am Hof eine neue Favoritin gab, obwohl Diana nach außen hin immer noch ihre Rolle als mächtigste Frau am Hof spielte. Zu Janets Tischnachbarn gehörte auch Bianca Strozzi, und sie war die Einzige, die von der Liaison wusste und auch darüber informiert war, dass die Schottin dem König inzwischen gleichgültig war, weil Katharina ihr in einer stillen Stunde dies anvertraut hatte. Bianca legte die Gabel zur Seite und sah Janet eindringlich und fragend an. »Sind Sie Ihrer Schwangerschaft sicher, Madame?«

»Selbstverständlich. Das Kind des Königs wird Ende April oder Anfang Mai zur Welt kommen.«

Ende April, überlegte Bianca, dann hat sie den Bastard also Anfang August empfangen, während einer der letzten Nächte, die sie mit dem König verbracht hatte.

»Weiß der König, dass er Vater wird?«

»Nein, und auch die Seneschallin und die Königin wissen nichts davon – wozu auch; weder die Königin noch die Seneschallin geht meine Schwangerschaft etwas an.«

»Ich bin anderer Meinung, Madame«, erwiderte Bianca und begann genüsslich, die gedünsteten Champignons zu verspeisen.

Nach der Tafel begab sie sich zu Katharina und erzählte, was sie gehört hatte. Diese sah ihre angeheiratete Cousine entsetzt an.

»Sie bekommt ein Kind? Sie brüstet sich vor den Hofleuten damit? Nein, das muss ein Ende haben. Lass mich allein, Bianca, ich möchte in Ruhe darüber nachdenken.« Sie ging eine Weile nervös im Zimmer auf und ab und setzte sich dann in ihren Lehnstuhl.

Die Mutter dieses Kindes, überlegte sie, ist kein Landmädchen, wie seinerzeit Philippa Ducci. Janet Fleming ist die illegitime Tochter Jakobs IV., also eine Halbschwester Jakobs V. und somit eine Verwandte der Königinwitwe. Man muss damit rechnen, dass sie das Kind benutzt, um Heinrich zu erpressen – politische Zugeständnisse an Schottland, Besitztümer in Frankreich, vielleicht muss er dem Bastard Ländereien überschreiben, die unseren Kindern zustehen – nein, das kommt nicht in Frage. Die Schottin muss den Hof sofort verlassen. Wird es mir gelingen, Heinrich davon zu überzeugen? Gewiss, er hat das Interesse an ihr verloren … Ich muss mit Diana reden. Wenn wir eine gemeinsame Front gegen die Schottin bilden, haben wir wahrscheinlich Erfolg.

Diana sah erstaunt auf, als die Königin gemeldet wurde. Seit Katharinas Ankunft in Frankreich war es das erste Mal, dass diese sie besuchte. Sie versank im Hofknicks, weil sie wusste, dass Heinrich Wert darauf legte, dass der Königin die Ehren erwiesen wurden, die ihr gebührten.

»Madame, welche Überraschung und Freude für mich, Sie hier zu sehen.«

»Ich weiß nicht, ob es eine Freude für Sie ist«, erwiderte Katharina und erzählte von Janet Flemings Schwangerschaft und ihrem Auftritt an der mittäglichen Tafel. »Madame«, sagte Katharina zuletzt, »Madame Fleming macht Sie zum Gespött des Hofes, sie tut, als ob sie Ihre Nachfolgerin ist, und diese Anmaßung ist unverzeihlich. Sie muss sofort den Hof und Frankreich verlassen. Wenn Sie den König darum bitten, wird er Ihren Wunsch bestimmt erfüllen, und ich werde Sie dabei unterstützen.« Diana sah Katharina einige Sekunden lang fassungslos an. »Ein Kind ... Mein Gott! Sie haben Recht, Madame, die Schottin muss verschwinden. Wenn der König von der Jagd zurück ist, gehen wir gemeinsam zu ihm.«

Heinrich sah überrascht auf, als Diana und Katharina gemeldet wurden – sie waren noch nie gemeinsam bei ihm erschienen. Die beiden Damen redeten abwechselnd, und er hörte immer wieder die Worte: »Skandal, die Ehre des Hauses Valois, Skandal ...«

»Nun gut«, sagte er, »Madame Fleming wird den Hof und Frankreich morgen bei Tagesanbruch verlassen und das Kind in Schottland zur Welt bringen, dann werde ich weitere Entscheidungen treffen. Aber meine künftige Schwiegertochter muss eine neue Erzieherin bekommen ..., ich denke, Madame de Parois ist geeignet, sie soll sehr tugendhaft sein.«

Diana und Katharina atmeten erleichtert auf.

Am Hof wurde noch einige Tage über die plötzliche Abreise der Madame Fleming getuschelt, dann geriet sie in Vergessenheit. Maria Stuart erfuhr von ihrer neuen Gouvernante, dass Madame Fleming aus gesundheitlichen Gründen nach Schottland zurückgekehrt sei.

Als das Jahr 1549 zu Ende ging, wusste Katharina, dass sie ihr fünftes Kind erwartete.

Das Jahr 1550 begann mit einer Trauerbotschaft. Am 21. Dezember 1549 war die Königin von Navarra gestorben, und Anton schrieb, dass er und Johanna im Frühjahr an den Hof zurückkehren würden. Johanna bedürfe nach zwei Fehlgeburten der Abwechslung.

Mitte Mai erhielt Heinrich die Nachricht, dass Madame Fleming einen Sohn zur Welt gebracht habe und entschied, dass dieser Sohn den Namen Heinrich von Angoulême tragen sollte, weil er zu der Linie Valois-Angoulême gehörte. Überdies sollte das Kind, wenn es volljährig war, in Frankreich leben.

Am 27. Juni 1550 gebar Katharina ihren dritten Sohn, der den Namen Karl Maximilian erhielt.

Diana weilte schon seit einiger Zeit wieder in Anet, und Heinrich, der, wie es üblich war, während der letzten Tage vor der Niederkunft in der Nähe der Gattin geblieben war, wurde nach der Geburt von plötzlicher Sehnsucht nach Diana ergriffen. Als er Katharina am Abend des 30. Juni aufsuchte, um sich nach ihrem Befinden zu erkundigen, teilte er ihr etwas verlegen mit, dass er am nächsten Tag bei Sonnenaufgang nach Anet reiten werde. Im ersten Augenblick war sie fassungslos, weil es unüblich war, dass der König seine Gemahlin während des Wochenbettes allein ließ, es sei denn, er befehligte eine Armee im Feindesland, aber sie beherrschte sich wie immer.

»Komm gesund zurück, Heinrich«, sagte sie daher nur.

Als er gegangen war, ließ sie sich ihren neugeborenen Sohn bringen. Die Amme war noch im Vorzimmer, als Katharina das laute Gebrüll ihres jüngsten Kindes hörte.

Was hat er nur, dachte sie beunruhigt. Seine älteren Geschwister haben in der Wiege auch hin und wieder geweint oder geschrien, wenn sie Hunger hatten, aber er schreit auch, wenn er gerade gestillt wurde.

Als die Amme das Zimmer betrat, sah Katharina erschrocken, dass der Kleine wild mit den Ärmchen in der Luft ruderte, und sie fragte besorgt, ob er vielleicht krank sei.

Darauf antwortete die Amme, dass der kleine Prinz äußerst lebhaft und ungeduldig sei. Beim Stillen beiße er oft richtig schmerzhaft zu. Vermutlich sei das einfach eine Temperamentsfrage, sie liebe ihn jedenfalls wie ihr eigenes Kind.

Katharina beschloss also, sich nicht weiter zu sorgen, und die Amme verließ den Raum.

Heinrich kam am frühen Abend in Anet an und begab sich sofort in den Garten, weil er wusste, dass Diana sich bei schönem Wetter um diese Stunde dort aufhielt. Sie saß dann auf einer Bank und las oder ging an den Blumenrabatten entlang, schnitt verwelkte Blüten ab oder erteilte dem Gärtner ihre Anweisungen. Er ging langsam die Treppe hinunter zu den zwei Springbrunnen, die das unsterbliche Leben symbolisierten und weiter zum Diana-Springbrunnen, in dessen Mitte sich eine Marmorstatue erhob, die die nackte Göttin der Jagd darstellte. Er blieb einen Augenblick stehen und dachte, dass in diesem Schloss alles – die Gobelins an den Wänden, buntes Fensterglas, Emailarbeiten – an die antike Göttin Diana erinnerte. Überall sah man sein Emblem, die beiden D mit dem Querbalken. Hier hatte er die schönsten Tage und Wochen seines bisherigen Lebens verbracht, er erinnerte sich an die Federballspiele, die Jagden, die weiten Ausritte über Land zusammen mit Diana. Manchmal waren sie stundenlang schweigend nebeneinander geritten, und trotz des Schweigens war eine vollkommene Harmonie zwischen ihnen gewesen. An manchen Nachmittagen hatte er auf dem Rasen neben dem

Springbrunnen in der Sonne gelegen und vor sich hin geträumt oder Verse für sie gedichtet, an den Abenden hatten sie dem Lautenspiel des Italieners Alberto de Ripa gelauscht oder der Musik Palestrinas, oder sie hatten sich die liturgischen Kompositionen des Flamen Jehan Ockeghem angehört, des Musikmeisters Ludwigs XI., und während des letzten Aufenthaltes in Anet hatte sogar der Dichter Ronsard seine Verse vorgetragen. Er ging weiter zum Blumengarten, und dort sah er Diana zwischen den Rosenstöcken. Er beobachtete eine Weile, wie sie dunkelrote, fast schwarze Rosen abschnitt und in einen Korb legte, den Régine trug. Er trat lautlos näher. »Diana …«

Sie schrak auf, und als sie ihn ansah, spiegelten sich in ihren Augen Überraschung und Freude. »Heinrich, du bist nicht bei der Königin? – Régine, bringe die Rosen in das Appartement des Königs und lasse die Räume richten.« Sie wartete, bis die Zofe außer Hörweite war. »Wie geht es Katharina?«

»Es geht ihr gut. Sie hat am 27. Juni einen gesunden Sohn zur Welt gebracht, und Mutter und Kind sind wohlauf.«

»Heinrich, es wird sie kränken, dass du sie während des Wochenbettes allein lässt.«

»Ich weiß, aber ich hatte auf einmal solche Sehnsucht nach dir, eine Sehnsucht …« Er schwieg plötzlich, er hatte sagen wollen: eine Sehnsucht, wie ich sie schon lange nicht mehr empfunden habe. Diana sah ihn an und erriet den Rest des Satzes, und als er sie nun leidenschaftlich umarmte und küsste, dachte sie flüchtig daran, dass ihre Freude über seinen unerwarteten Besuch vor der Affäre mit der Schottin ungetrübter gewesen wäre. Ihr Schatten stand zwischen ihnen und erinnerte sie stets daran, dass er sich heute oder morgen einer anderen Frau zuwenden konnte.

Nachdem Diana sich für die Abendtafel umgezogen hatte, ging sie in ihr Arbeitszimmer und öffnete die Kassette, worin sie Heinrichs Briefe und Gedichte aufbewahrte. Zuoberst lag sein Vers, den er kurz nach der Krönung verfasst hatte:

Kein Lehnsmann trug je treuern Sinn
Als meine Liebe dir, du meines Herzens Königin.
Stets folg ich deinem lieblichen Gebot,
Standfest im Angesicht von Zeit und Tod.

Sie nahm die Briefe und las hin und wieder einige Zeilen: *Meine Liebe, ich danke Dir ergeben dafür, dass Du die Unruhe von mir genommen hast, indem Du mir Nachricht über Dich hast zukommen lassen, die mir mehr Freude bereitet, als alles andere in der Welt … Ich glaube, Du kannst Dir vorstellen, wie wenig es mir in Fontainebleau ohne Dich gefällt, denn fern von der, die mein ganzes Glück ist, ist es sehr schwer für mich, echte Freude zu empfinden …* Sie schloss die Kassette, sah nachdenklich vor sich hin und dachte daran, dass diese Briefe alle geschrieben worden waren, bevor er Madame Fleming begegnete. Sie freute sich über seinen unverhofften Besuch, aber sie hatte das unbestimmte Gefühl, dass die leidenschaftliche Umarmung wie eine Kerzenflamme war, die noch einmal emporstieg und aufleuchtete, bevor sie langsam erlosch.

2

Mitte September 1550 weilte der Hof in Rouen und wartete auf die Ankunft der Königinwitwe von Schottland, die Anfang des Monats in Dieppe an Land gegangen war.

Am Vormittag des 25. September begab sich der Kardinal von Guise zum Studierzimmer im Appartement seiner Nichte, wo Amyot die junge Königin und den Dauphin in Latein unterrichtete. Beim Eintritt des Kardinals sprangen die Kinder auf und sahen den Kirchenfürsten unsicher an. Obwohl beide sich ihres Ranges durchaus bewusst waren und ihn den Hofleuten gegenüber stets zum Ausdruck brachten, begegneten sie den Mitgliedern der Familie Guise mit Ehrfurcht und Respekt und waren bestrebt, nie deren Missfallen zu erregen.

Der Kardinal verharrte einen Augenblick an der Türschwelle und musterte die Kinder. Maria, inzwischen fast achtjährig, war während des Sommers stark gewachsen, und Karl von Guise fand, dass sie äußerlich mehr einem jungen Mädchen als einem Kind ähnelte, aber dieser Eindruck entstand natürlich durch ihren hohen Wuchs. Der Dauphin hingegen …, er zählte jetzt fast sieben Jahre und war ebenfalls während der vergangenen Monate gewachsen, aber er reichte seiner Braut nur knapp bis zur Schulter und seine Gesundheit war nach wie vor schwach und labil. Was seine Geistesgaben betraf – nun ja, Maria ist viel intelligenter als er, dachte der Kardinal mit Genugtuung. Er ordnet sich seiner Braut völlig unter, als König wird er sich der Familie Guise unterordnen. Ein König und eine Königin, die von mir gelenkt werden – was für eine erfreuliche Perspektive! – Wichtig ist, dass sie so früh wie möglich heiraten und Maria bald Söhne zur Welt bringt.

Er trat lächelnd zu den Kindern. »Vorhin erhielt ich die Nachricht, dass die Königinwitwe von Schottland heute im Laufe des Nachmittags in Rouen eintreffen wird. Mein Kind«, sagte er zu Maria, »ich bin gekommen, um zu hören, ob du dich noch an die Fragen erinnerst, die du deiner Mutter stellen sollst. Wir sprachen vor ein paar Tagen darüber.«

Er hatte die Fragen schriftlich formuliert und sie Maria auswendig lernen lassen. Maria überlegte einen Moment. »Es waren vier Fragen«, erwiderte sie dann. »Welche Familien des schottischen Adels sind dem alten Glauben treu geblieben? – Versuchen die Engländer immer noch, Schottland zu erobern? – Ist der Gottesdienst in Schottland in reiner Form erhalten? – Sind die schottischen Kirchenfürsten und die Geistlichkeit sich ihrer Pflichten bewusst geblieben?«

»Sehr gut, mein Kind, du hast deine Lektion gelernt. Deine Mutter wird sich freuen, dass du dich auch als künftige Königin von Frankreich für das Schicksal Schottlands interessierst. Du und dein künftiger Gemahl, ihr dürft heute ausnahmsweise an der königlichen Abendtafel speisen. Dort sitzen heute nur die königliche Familie und die Familie von Guise. Ich werde dir während des Banketts ein Zeichen geben, wann du deiner Mutter diese Fragen stellen sollst.« Er wandte sich an Amyot. »Monsieur, ich möchte den Fortgang des Unterrichts nun nicht weiter stören.« Er nickte den Kindern zu und ging hinaus.

Auf dem Weg zu seinem Arbeitszimmer dachte er mit gemischten Gefühlen an den Besuch seiner Schwester. Er wusste, dass sie nicht nur nach Frankreich kam, um ihre Tochter nach zweijähriger Trennung zu sehen, sondern vor allem, um den König um finanzielle Unterstützung zu bitten.

Was sie zu diesem Zeitpunkt nicht wusste: Sie würde völlig veränderte Familienverhältnisse vorfinden. Inzwischen waren zwölf Jahre vergangen, und damals war er noch ein Kind gewesen.

Seitdem war viel geschehen: Johann, der Kardinal von Lothringen, war gestorben und Karl war an seine Stelle getreten. Franz war nun das Familienoberhaupt. Man nannte ihn wegen seiner vielen Kriegsnarben »das Narbengesicht.«

Annas erstes Kind war nach wenigen Tagen gestorben, nun würde sie im

Dezember ihr zweites Kind gebären, und Karl hoffte inständig, dass es ein Sohn würde.

Die Mutter hatte sich nach dem Tod des Gatten völlig zurückgezogen, sie schien mit dem Leben bereits abgeschlossen zu haben, obwohl sie nach wie vor das Familienerbe mit Umsicht verwaltete.

Karl war zufrieden mit der in jeder Hinsicht günstigen Situation seiner Familie; die Pfründe waren gesichert, die Schwestern Äbtissinnen in Klöstern, alle waren gesunde, intelligente und starke Persönlichkeiten.

Am Spätnachmittag versammelten sich die Familien Valois, Bourbon, Guise, die ausländischen Gesandten und die hohen Würdenträger im Festsaal jenes weitläufigen alten Palais, wo der Hof während des Aufenthaltes in Rouen untergebracht war und warteten gespannt auf die Ankunft der Königinwitwe von Schottland.

Währenddessen wanderten Katharinas Augen zur linken Seite des Saales, wo die Familie Guise stolz und selbstbewusst stand, und in den Augen des jetzigen Familienoberhauptes spiegelte sich das Bewusstsein, er sei der fähigste königliche Heerführer, der als Stratege sowohl dem Konnetabel als auch dessen Neffen Coligny überlegen war.

Katharina sah zur rechten Seite, wo ihre Kinder, Maria Stuart, das Kleeblatt und die Bourbonen standen. Sie musterte das Gesicht der Cousine Johanna und fand, dass diese von Tag zu Tag unglücklicher aussah. Kein Wunder, dachte Katharina, sie wartet wahrscheinlich sehnlichst auf einen Erben für Navarra, und Anton, statt seine ehelichen Pflichten zu erfüllen, verbringt die Nächte mit irgendwelchen Weibern. Sie betrachtete den ersten Prinzen von Geblüt, der stets heiter und gut gelaunt war und dachte an die zwei Spitznamen, die die Hofleute ihm gegeben hatten: »Wachtel« und »Wechsler«. Diese Namen beschrieben eine Eigenschaft, die Katharina manchmal nachdenklich stimmte: genau wie die Wachtel ihr Gefieder mit den Jahreszeiten wechselte, so wechselte Anton seine Meinung. Gewiss, es war unerheblich, ob er an der Mittagstafel sagte, der Rhônewein schmecke samtig und am Abend behauptete, der Rhônewein sei ungenießbar und viel zu schwer, oder ob er an einem Tag erklärte, Pferd X sei hervorragend zugeritten und am nächsten Tag das gleiche Pferd als schäbigen Gaul bezeichnete. Solche Äußerungen waren unwichtig, was den Gegenstand betraf, aber sie waren charakteristisch für Anton, und Katharina, die immer weit vorausdachte, fragte sich besorgt, ob er eines Tages auch seine Meinung in politischen Fragen wechseln würde wie eine Wachtel das Gefieder. Schließlich war nicht ausgeschlossen, dass er eines Tages bei politischen Entscheidungen mitredete. Abgesehen davon liebte er den Klatsch, prahlte gern und liebte protzige, auffällige Kleidung. Innerlich dachte Katharina manchmal, dass der erste Prinz von Geblüt kein Mann von Format war, im Gegensatz zu seinem Bruder Ludwig. Allerdings konnte man Anton einschätzen, Ludwig nicht …

Der kleine, hässliche, bucklige Mann hielt sich bescheiden im Hintergrund, hin und wieder hörte man von Weibergeschichten, das war alles. Jene bescheidene Zurückhaltung indes war es, die Katharina nachdenklich stimmte. Genauso hatte sie sich während der ersten Jahre am Hof verhalten, und genau betrachtet stand sie als Königin immer noch im Hintergrund und hoffte, dass die Zeit für sie und gegen Diana arbeitete. Und manchmal, wenn sie die verschlossene Miene des Prinzen von Condé sah, spürte sie fast körperlich, dass auch er auf seine Stunde wartete, wobei sie trotz allen Grübelns noch nicht wusste, worauf er letztlich wartete. Er konnte nicht so unrealistisch sein und hoffen, dass die Bourbonen eines Tages die Krone Frankreichs trugen – dazu war er zu intelligent. Überdies war sie Mutter zweier Söhne und würde hoffentlich noch mehr Söhne gebären …

In diesem Augenblick verkündete der Herold die Ankunft der Königinwitwe und ihres Gefolges.

Katharina konnte sich nur undeutlich an Maria von Guise erinnern. Sie war eine hoch gewachsene, schlanke Frau gewesen, und als sie jetzt den Saal betrat und langsam auf das Königspaar zuschritt, sah Katharina, dass sie sich äußerlich in den vergangenen zwölf Jahren kaum verändert hatte. Sie war immer noch sehr groß und schlank. Als sie jedoch näher kam, sah Katharina, dass sie gealtert war. In dem blassen, ovalen Gesicht spiegelten sich Kummer und Sorgen – kein Wunder, dachte Katharina, sie wurde früh Witwe, sie muss sich gegenüber den Clans behaupten, sie muss ständig mit einem Überfall der Engländer rechnen. Dann musterte sie erstaunt die schlichte Robe der Königinwitwe aus silbergrauer Seide, die weder mit Borten noch mit Spitzen verziert war. Als Schmuck trug sie nur eine schlichte Goldkette um den Hals. Sie wirkt geradezu dürftig, verglichen mit ihrer Schwägerin Anna, und Katharina betrachtete die Gattin des Herzogs von Guise, die ein mit Perlen besticktes, weinrotes Gewand aus Samt trug und an deren Dekolleté und Fingern unzählige Edelsteine funkelten. Schottland ist zwar ein armes Land, ging es Katharina durch den Kopf, aber etwas prachtvoller könnte die Regentin schon gekleidet sein, schließlich ist ihre Familie unermesslich reich. Aber vielleicht ist es auch Berechnung … Sie erinnerte sich, dass Heinrich einige Tage zuvor beiläufig erwähnt hatte, dass die Königinwitwe finanzielle Schwierigkeiten habe.

In diesem Augenblick verließ Maria Stuart ihren Platz, eilte auf die Mutter zu und warf sich in deren Arme. »Mutter, ich bin so glücklich, Sie hier zu sehen. Seit dem Frühjahr warte ich auf diesen Augenblick.« »Mein Kind«, sagte Maria von Guise leise, »komm, der König wartet.« Die Anwesenden waren gerührt, soweit sie zu den Anhängern der Familie von Guise gehörten, und sie waren befremdet, soweit sie zu den Feinden der Familie zählten. Was für ein Benehmen! Es war unschicklich für eine Königin, ihren Gefühlen spontan nachzugeben; aber sie war noch ein Kind, und das entschuldigte ihr Benehmen in gewisser Weise. Katharina war empört. Hatte sie nicht Tage zuvor der Kindkönigin erklärt, dass der Besuch der Mutter zuerst ein offizieller und dann erst ein Familienbesuch war, und dass sie, die Tochter, sich entsprechend verhalten müsse, wie es bei offiziellen Anlässen üblich war? Die Königinwitwe würde zuerst den König begrüßen, einige Worte mit ihm wechseln und sich erst dann der Tochter zuwenden. Wann wird dieses Kind endlich Beherrschung und Selbstdisziplin lernen?

Nun standen die Braut des Dauphins und ihre Mutter vor Heinrich. Er hieß sie herzlich am Hof willkommen, erkundigte sich liebenswürdig, ob ihre Reise angenehm verlaufen sei, und Maria von Guise schilderte mit vielen Worten, wie sehr sie sich über das Wiedersehen mit ihrer Tochter und ihrer Familie freue.

Die Hofleute sahen sich vielsagend an – der König hatte die Mutter der künftigen Dauphine nicht geküsst, was bedeutete, dass, obwohl sie zur königlichen Familie gehörten oder gehören würden, die Guisen offiziell doch nicht den Rang der Bourbonen innehatten. Der königliche Kuss war demnach den Prinzen von Geblüt vorbehalten, und die Lothringer waren eben nicht von Geblüt, und ihre Feinde am Hof dachten, dass sie als Lothringer noch nicht einmal Franzosen, sondern Ausländer waren. Auch Katharina war überrascht, dass der Gatte die Mutter seiner künftigen Schwiegertochter ohne Kuss begrüßt hatte, und ihr gingen die gleichen Gedanken durch den Kopf wie den Hofleuten. Aber, dachte sie, dies sind Fragen der Etikette. Kuss hin oder her, faktisch sind die Guisen die mächtigste Familie im Land, und die Bourbonen, obwohl von Geblüt, stehen im Schatten der Lothringer. Sie sah unwillkürlich zu den Bourbonen. Anton wirkte heiter wie immer, Ludwig verschlossen wie immer. Auf der linken Seite des Saales stehen die Repräsentanten der faktischen Macht, dachte sie, ihnen gegenüber die Bourbonen, die Machtansprüche vom Stammbaum ableiten können, in ihren Adern fließt das Blut der kapetingischen Könige. Wer wird siegen, wenn es zum Konflikt kommt? Im gleichen Moment erschrak sie bei diesem Gedanken. Im Augenblick regierte das Haus Valois, die Erbfolge war gesichert durch zwei Söhne. Sie versuchte, ihre pessimistischen Gefühle zu verdrängen. Da hörte sie, wie Heinrich zu Maria von Guise sagte: »Sie sind bestimmt müde von der Reise, Madame, und werden vor der Abendtafel noch etwas ruhen wollen. Die Herzogin von Valentinois und Ihre Tochter werden Ihnen jetzt Ihr Appartement zeigen.«

Was für eine kurze Begrüßung, dachte Katharina, er hätte ruhig noch etwas länger mit ihr plaudern können, sie ist schließlich nicht irgendwer, sondern die Regentin von Schottland. Heinrich bot ihr den Arm und sie verließen, gefolgt von den Höflingen, den Saal.

»Ich möchte unseren kleinen Sohn besuchen, um zu sehen, wie es ihm geht.« – »Gern, Heinrich, das ist auch mein Wunsch.« Sie staunte erneut, wie ernst er seine Vaterpflichten nahm. Wenn die Kinder am Hof weilten, verbrachte er viel Zeit in ihrer Gesellschaft, spielte und scherzte mit ihnen. Ob er auch ihre Entwicklung beobachtet, wie ich? – Wahrscheinlich nicht, dachte sie. Für ihn sind die Kinder eine Erholung von den Staatsgeschäften, für mich sind sie eine Aufgabe, ich muss ihre Erziehung überwachen und steuern, soweit es möglich ist.

Wenig später beugten sie sich über die Wiege des kleinen Karl Maximilian, der zu Katharinas Erleichterung schlief und nicht brüllte. »Findest du nicht auch, Heinrich, dass sein Gesicht den Valois ähnelt? Es ist länglicher und ovaler als das Gesicht von Franz.«

Heinrich betrachtete den Säugling eine Weile. »Er sieht schwächlich aus; hoffentlich überlebt er die Kinderjahre.«

»Das hoffe ich auch, aber zwei Söhne genügen nicht zur Sicherung der Thronfolge, das beweist der frühe Tod deiner Brüder. Wir müssen mindestens drei Söhne haben oder sogar vier, damit das Haus Valois überlebt.« Er sah sie amüsiert an. »Sei unbesorgt«, erwiderte er lächelnd, »du wirst bestimmt noch zwei Söhne zur Welt bringen.« Sie horchte überrascht auf den Unterton in seiner Stimme. Täuschte sie sich oder musste er sich nicht mehr dazu zwingen, ihr Schlafzimmer aufzusuchen? Beim Verlassen des Zimmers fragte sie: »Wie lange wird die Königinwitwe wohl in Frankreich bleiben?«

Heinrich seufzte. »Ich hoffe, dass sie sich spätestens im Frühjahr wieder nach Schottland einschifft. Sie hat sich sozusagen selbst eingeladen, und da sie irgendwie zur Familie gehört, wollte ich nicht absagen. Aber der Zeitpunkt ihres Besuches ist denkbar ungünstig, weil ich vollauf mit dem Feldzug in Italien beschäftigt bin. Ich muss ihre finanziellen Erwartungen enttäuschen und weiß noch nicht, wie ich ihr das erklären soll.«

»Der gescheite Kardinal von Lothringen wird dir bestimmt einen Rat geben können«, erwiderte Katharina mit spitzem Unterton, der Heinrich jedoch entging.

Als an der Abendtafel der erste Gang aufgetragen wurde, wandte sich Heinrich an Maria von Guise. »Madame, wir werden Rouen in wenigen Tagen verlassen und zunächst nach Paris reisen. Vor einigen Monaten wurde in der Nähe der Hauptstadt, in Meudon, der Grundstein für ein neues Schloss Ihrer Familie gelegt. Es wird Sie bestimmt interessieren, wie weit der Bau inzwischen gediehen ist. Primaticcio ist übrigens der Baumeister. In Paris werden Sie im Palais Ihrer Familie wohnen, aber danach ..., nun ja, die Schlösser, die mein Vater errichten ließ, sind immer noch im Bau. In Fontainebleau sind die Handwerker nach wie vor mit dem Festsaal beschäftigt, Chambord gleicht auch mehr einer Baustelle als einem Schloss; dennoch werden Sie alles zu Ihrer Bequemlichkeit vorfinden.«

»Es stört mich nicht, wenn an den Schlössern noch gebaut wird, im Gegenteil. Ich finde es faszinierend, mitzuerleben, wie diese architektonischen Wunderwerke ihrer Vollendung zustreben. Wo werden wir das Weihnachtsfest verbringen?«

»In Fontainebleau, Madame, dort haben wir am meisten Platz.«

»Fontainebleau? Ich liebe dieses Schloss, aber ich liebe auch die Schlösser an der Loire, vor allem Amboise. Der weite Blick vom Schloss über die Loire hat mich schon als Kind beeindruckt. Ich habe die Landschaft der Touraine in Schottland immer vermisst. Können wir Weihnachten nicht in Amboise verbringen?«

Heinrich überlegte. Die Reise nach Amboise war im Herbst bei Nebel und Regen nicht angenehm, andererseits war auch dort genug Platz für den Hof. Überdies war die Königinwitwe sein Gast, und den Wünschen des Gastes musste er entgegenkommen. »Ich habe nichts dagegen, dass wir Weihnachten in Amboise verbringen, Madame.«

»Ich danke Ihnen.«

Amboise, überlegte Diana, das ist ganz gut. Von dort aus werde ich mich einige Tage nach Chenonceaux begeben, um den neuen Verwalter zu kontrollieren.

Ausgerechnet Amboise, dachte Katharina, Fontainebleau ist doch komfortabler und behaglicher im Winter, die Appartements sind größer. Der Blick über die Loire, gewiss, in der warmen Jahreszeit ist er schön, im Winter eher deprimierend.

Während man auf den Braten wartete, gab der Kardinal der Nichte ein Zeichen, und sie stellte der Mutter die einstudierten Fragen. Maria von Guise war überrascht und gleichzeitig erfreut über das Interesse ihrer Tochter an Schottland. Das Kind hatte die Heimat über dem Luxus, der es seit zwei Jahren umgab, anscheinend nicht vergessen. Indes gingen die innenpolitischen Verhältnisse Schottlands die Tischgesellschaft nichts an. Der protestantische Glaube, der sich in ihrem Königreich ausbreitete, der schottische Adel und seine Loyalität oder Illoyalität gegenüber den Stuarts, dies musste sie mit ihren Brüdern und König Heinrich unter vier Augen besprechen. »Mein Kind«, sagte sie deshalb lächelnd zu ihrer Tochter, »deine Fragen sind nicht mit einem Satz zu beantworten. Eine ausführliche Erörterung indes würde die hier Anwesenden wahrscheinlich nach kurzer Zeit langweilen. Bei Gelegenheit werden wir uns über Schottland unterhalten.«

Die Anwesenden streiften die kindliche Königin mit bewundernden Blicken ob ihrer Klugheit.

»Wie intelligent sie ist«, sagte Heinrich leise zu Katharina. »Sie spricht nicht wie ein Kind, sondern wie eine junge Frau von zwanzig Jahren, findest du nicht auch?«

»Ja«, erwiderte sie gottergeben. Diese Fragen, ging es ihr durch den Kopf, sind der Kleinen von ihrem Onkel Kardinal wahrscheinlich vorgebetet worden, und sie plappert die Sätze einfach nach. Aber es hat keinen Zweck, dies Heinrich zu sagen. Er würde es nicht glauben und mir wahrscheinlich zürnen.

Nach der Tafel zog die Königinwitwe sich in ihr Appartement zurück und bat ihren Bruder Karl um eine Unterredung. »Lieber Bruder, ich bin leider unzulänglich über die Erziehung meiner Tochter informiert. Im Frühjahr erhielt ich ihren ersten, eigenhändig geschriebenen Brief, ich habe ihn mitgebracht. Hat sie nicht eine klare und gut leserliche Handschrift?« Der Kardinal überflog die gleichmäßigen, abgerundeten Federzüge und lächelte. »Meine Nichte hat diesen Brief unter der Aufsicht ihrer Erzieherin geschrieben, und ich weiß, dass sie ihn etliche Male neu schreiben musste, bis er leserlich war.«

Maria nahm das Blatt Pergament und las jenen ersten Brief ihrer Tochter noch einmal still für sich.

Gnädige Frau!
Der König sendet Ihnen Herrn von Brézé, der mir, wie Sie wissen, gutwillig und in Ergebenheit zu Diensten war, alle Tage bemüht, mir Angenehmes anzutun. Dieser bittet mich, von Ihnen zu erfragen, dass Sie ihm freundlichen Empfang bereiten und ihm zu erkennen geben mögen, dass ich Sie darum ersuchte. Er hat Befehl vom König, Ihnen alle Neuigkeiten genauest zu berichten, was mich davon absehen lässt, meinen Brief zu verlängern, nur bescheidentlich möchte ich Sie bitten, mich immer erhalten zu wollen in Ihren Gnaden als Ihre sehr demütige und sehr gehorsame Tochter

Maria.

»Herr von Brézé«, fuhr die Königinwitwe fort, »konnte meine Fragen leider nur unvollständig beantworten, vor allem, was die religiöse Erziehung meines Kindes betrifft. Unsere Mutter schreibt in jedem Brief, dass Maria sehr fromm ist. Kannst du das bestätigen?«

»Ja, deine Tochter hört jeden Tag die Messe, wie du es gewünscht hast. Sie hat ihren eigenen französischen Kaplan, Guillaume de Laon, und der Prior von Inchmahone ist, wie du weißt, nicht nach Schottland zurückgekehrt, sondern aus Anhänglichkeit bei deiner Tochter geblieben.« Er schwieg einen Augenblick und sagte dann nachdenklich, fast feierlich: »Maria, deine Tochter liebt ihren Glauben, das findet man selten an diesem Hof. Man erfüllt gewissenhaft die religiösen Pflichten, ansonsten widmet man sich den Vergnügungen des Lebens – das gilt auch für unsere Familie, für die Montmorencys, die Bourbonen, sogar für die Valois und natürlich auch für die Herzogin von Valentinois. Ich bezweifle, ob ein Mitglied des Hochadels seinen Glauben wirklich liebt, so wie deine Tochter. Ich habe den Eindruck, dass sie ein sehr emotionaler Mensch ist.«

Die Königinwitwe sah ihren Bruder entgeistert an. »Karl, du bist Kardinal und Kirchenfürst, liebst du etwa deinen Glauben nicht?«

»Maria, in welcher Welt lebst du? Ein Kirchenfürst ist zuerst ein Fürst, der danach trachtet, seine Pfründe zu vermehren, und die *Chambre Ardente* verhilft vielen Bischöfen und Adligen zu Ländereien und Geld. Was mich betrifft, so bin ich, im Vertrauen gesagt, zuerst Staatsmann und dann auch noch Kardinal.«

Maria von Guise dachte lange über das eben Gehörte nach. »Ich bin glücklich«, sagte sie schließlich, »dass meine Tochter nicht oberflächlich ist, was den Glauben betrifft, und ich bitte dich, darauf zu achten, dass sie nach ihrer ersten Kommunion in zwei bis drei Jahren stets ihre heiligen Messgeräte mit sich führt, damit sie ohne eine Gefahr der Ansteckung die Sakramente empfangen kann. – Aber nun zu ihrem Unterricht. Monsieur de Brézé wusste nur, dass sie Latein, Italienisch und Spanisch lernt. Wie gut beherrscht sie diese Sprachen inzwischen?«

»Ich bin sehr zufrieden mit ihren Fortschritten. Sie übersetzt einen französischen Text inzwischen fehlerfrei ins Lateinische, und sie kann auch schon eine nicht allzu schwierige Unterhaltung auf Lateinisch führen. In Italienisch und Spanisch unterläuft ihr noch hin und wieder ein Fehler in der Grammatik, aber in ein bis zwei Jahren wird sie beide Sprachen fließend sprechen. Im kommenden Frühjahr beginnt der Unterricht in Griechisch. Die französische Sprache beherrscht sie inzwischen wie Schottisch, und Ronsard hat vor einigen Wochen angefangen, ihr beizubringen, wie man Verse schreibt. Er behauptet, sie sei sehr talentiert; sie kann auch gut zeichnen und sticken, und es ist ein Genuss, ihr Spiel auf der Laute zu beobachten, wenn ihre langen, weißen Finger über die Saiten gleiten, und ihre reine Stimme zu hören, wenn sie ein französisches oder ein schottisches Lied singt. Sie kann auch wunderbar tanzen – hin und wieder legt sie schottische Kleider an, und sogar, wenn sie in diesen groben, unförmigen Gewändern auftritt, sind alle von ihr entzückt und nennen sie liebevoll ›die kleine Wilde‹.«

Es entstand eine Pause.

»Es klingt alles sehr erfreulich, was du mir über meine Tochter erzählst«, sagte die Königinwitwe. »Aber ich habe den Eindruck, dass der Dauphin etwas in ihrem Schatten steht, und ich hoffe nur, dass er sich deswegen nicht eines Tages von ihr abwendet.«

»Sei unbesorgt. Es ist wahr, im Unterricht hat sie ihn längst überflügelt, aber der Dauphin lernt sehr langsam und es macht ihm keine Freude, zu lernen. Er ist kein geistiger Mensch, er liebt die körperliche Ertüchtigung über alles. Er reitet wild und verwegen, kann es nicht abwarten, bis er an Jagden teilnehmen darf. Im Frühjahr wird er anfangen, die Kunst des Bogenschießens zu erlernen. Alle wundern sich, dass sein schwächlicher Körper die wilden Ritte durchhält – wahrscheinlich will er seiner Umgebung zeigen, dass auch er zu Leistungen fähig ist. Und was deine Tochter betrifft, so liebt er sie nach wie vor abgöttisch, bewundert und verehrt sie. Der König bewundert sie ebenfalls – kurz, alle verehren und lieben deine Tochter.«

»Ich weiß, Brézé hat es erzählt, unsere Mutter schreibt es in jedem Brief. Aber wie ist Marias Verhältnis zur Königin? Darüber schweigen alle. Gibt es Spannungen zwischen ihnen?«

»Nein, das wüsste ich. Das Schweigen erklärt sich daraus, dass die Königin völlig unwichtig ist. Sie begegnet deiner Tochter freundlich und liebenswürdig, und was sie wirklich denkt, weiß niemand. Aber sie würde es nie wagen, deine Tochter zu tadeln, weil sie nichts mehr fürchtet als den Unmut des Königs. Du kannst völlig beruhigt sein, zwischen deiner Tochter und der Königin gibt es keine Spannungen.«

»Ich bitte dich, Karl, achte auf sie. Es ist übrigens ungesund, wenn sie so viel isst. – Indes, ich bin nicht nur wegen Maria nach Frankreich gekommen. Glaubst du, dass der König mich finanziell unterstützt?«

Der Kardinal schwieg einen Augenblick verlegen. »Ich weiß es nicht, Maria«, erwiderte er dann vorsichtig. »Ich rate dir, dieses Thema beim König erst anzusprechen, wenn du dich am Hof eingelebt hast. Denke daran, dass der König einen Feldzug finanzieren muss.«

»Gewiss, aber Frankreich ist Schottlands Verbündeter, und Verbündete pflegen sich gegenseitig zu helfen.«

Der Kardinal wechselte rasch das Thema und verabschiedete sich bald unter einem Vorwand.

Am nächsten Vormittag zeigten Maria, der Dauphin, Elisabeth und das »Kleeblatt« der Königinwitwe von Schottland voller Stolz die Tiere, die zum Haushalt der königlichen Kinder gehörten. Maria von Guise bewunderte vier große Hunde, zweiundzwanzig Schoßhunde, zahlreiche Falken und andere Vögel. »Jetzt gehen wir zu den Pferden«, sagte Maria und führte die Mutter zu einer Wiese, wo ungefähr ein Dutzend Pferde graste. »Die beiden Braunen hier, das sind die Lieblingspferde von Franz, sie heißen Fontaine und Enghien, und die beiden Rappen dort drüben, das sind meine Lieblingspferde, sie heißen Bravane und Madame la Réale.« Unterdessen war Franz unbemerkt über den Zaun geklettert, schwang sich auf Enghien und trieb das Pferd zum Galopp an.

Maria beobachtete den Dauphin. »Er ist ein leidenschaftlicher Reiter«, sagte sie zu ihrer Mutter, »am liebsten möchte er schon jetzt an jeder Jagd teilnehmen, aber der König erlaubt es nicht. Er meint, Franz müsste noch größer und kräftiger werden.«

Maria von Guise verfolgte besorgt den wilden Ritt und betete, dass der Kleine nicht vom Pferd stürzte.

»Franz, sei vorsichtig!«, rief Elisabeth in diesem Augenblick. »Du darfst nicht so wild reiten, denke an die Ermahnungen von Mama!«

Maria fuhr wütend herum. »Misch dich nicht ein! Du hast deinem Bruder nichts zu befehlen, er ist der Dauphin, und du, du bist nur seine Schwester!«

»Entschuldige, Maria«, stammelte das kleine Mädchen, »ich habe ihm nichts befohlen, sondern ihn nur gebeten, vorsichtig zu sein.«

Die Königin von Schottland überhörte die Worte ihrer künftigen Schwägerin. »Steig ab, Franz!«, rief sie. »Du bist genug geritten.«

Der Dauphin stieg gehorsam vom Pferd und ging zu der Gruppe am Zaun. »Danke, Maria. Du allein weißt, was gut für mich ist.«

Die Königinwitwe hatte erstaunt und befremdet die Szene verfolgt und beschloss, mit ihrer Tochter noch an diesem Vormittag unter vier Augen zu reden. »Jetzt zeige ich Ihnen noch unsere Bären«, sagte Maria. »Der Marschall de Saint-André hat sie uns geschickt.« Nachdem die Königinwitwe die Bären bewundert hatte, sagte sie zu ihrer Tochter: »Du hast hier viel Abwechslung, dafür musst du dem König dankbar sein.«

»Ja, Mutter, für Abwechslung wird gesorgt: einmal wöchentlich werden wir von fahrenden Komödianten und italienischen Akrobaten unterhalten.« Tiere, Komödianten, Akrobaten, dachte die Königinwitwe, diesen Luxus hätte ich meiner Tochter nicht bieten können, wäre sie in Schottland geblieben … Sie nahm die Hand der Kleinen und sagte zum Dauphin: »Ich habe Maria zwei Jahre nicht gesehen und möchte mich einen Augenblick allein mit ihr unterhalten. Ich hoffe, dass Sie meinen Wunsch verstehen.« – »Selbstverständlich, Madame.«

Während die Kinder zum Spielen davoneilten, gingen die Königinwitwe und Maria Stuart langsam zum Schloss.

Katharina war an jenem Vormittag mit der fast dreijährigen Claudia beschäftigt, die über Übelkeit klagte. »Was hat sie gestern Abend gegessen?«, fragte sie Madame d'Humières. »Es war das übliche Abendessen, Madame. Bouillon, Gemüse, Brot, mageres Fleisch und Früchte …, allerdings, jetzt erinnere ich mich, Madame, die Prinzessin hat drei Teller

Fleischbrühe gegessen – wahrscheinlich war dies zu viel.« – »Drei Teller Brühe?!«, rief Katharina entsetzt. »Wie konnten Sie das erlauben, Madame?«

»Madame, ich bitte um Verzeihung, aber die Prinzessin bestand darauf.« Katharina sah die Erzieherin einen Augenblick erstaunt an, dann fragte sie ihre Tochter, warum sie drei Teller Brühe gegessen habe. »Mama, Maria isst auch immer drei Teller, und Franz sagt, wir sollen ihrem Beispiel folgen.« Maria, dachte Katharina, immer Maria … »Claudia, du solltest dir Maria Stuart nicht zum Vorbild nehmen, zumindest, was die Mahlzeiten betrifft. Sie isst sehr viel, aber das ist nicht gesund. Iss, bis du satt bist, aber nie über deinen Hunger hinaus, versprichst du mir das?« »Ja, Mama.« – »Madame d'Humières, meine Tochter muss eine kleine Lektion erhalten. Sie soll drei Abende lang nur einen Becher Milch und ein Stück trockenes Brot bekommen. Das wird sie hoffentlich lehren, bei den Mahlzeiten Maß zu halten.«

Während Katharina in den Ankleideraum von Elisabeth und Maria ging, überlegte sie, wie dies alles weitergehen sollte. Die Königin von Schottland dirigierte offensichtlich die Kinder des Königs von Frankreich … Sie nahm Elisabeths Kleider und prüfte, ob sie noch modisch waren, weil sie Wert darauf legte, dass Elisabeth immer etwas besser gekleidet war als die Königin von Schottland, was natürlich nicht auffallen durfte. Für den Winter, überlegte Katharina, müssen noch mindestens drei Dutzend neue Roben angefertigt werden. Dann öffnete sie die Schatulle, in der Elisabeths Schmuck aufbewahrt wurde. Seit dem Frühjahr, als ihre Tochter das fünfte Lebensjahr vollendet hatte, hatte sie angefangen, eine Schatulle mit Schmuck für sie anzulegen, und diese Kostbarkeiten wurden in Florenz von Signor Leonardo gefertigt. Sie nahm ein Kästchen, öffnete es und betrachtete das Medaillon, das vor kurzem angekommen war und für Elisabeth ein Talisman sein sollte. Das Medaillon war von purem Gold umschlossen, und auf der Oberseite war nur ein einziger Edelstein eingearbeitet, ein meisterhaft geschliffener Rubin, der einzigartig funkelte und strahlte. Die Tochter war glücklich über den Besitz des Medaillons und hatte ihr versprochen, das Medaillon nur an Sonn- und Feiertagen zu tragen. Für Elisabeth, dachte Katharina, ist der beste Schmuck gerade gut genug. Sie schloss die Schatulle und wollte eben das Appartement verlassen, als sie hörte, dass im Nebenraum eine Tür geöffnet wurde, und an den Stimmen erkannte sie die Königinwitwe und ihre Tochter. Sie überlegte rasch, ob sie das Zimmer durch einen Nebenausgang verlassen sollte, aber dann siegte ihre Neugier. Sie wollte wissen, worüber Mutter und Tochter sich unterhielten. »Mein Kind«, hörte sie die Königinwitwe sagen, »der Dauphin ist dir sehr zugetan, der König ebenfalls. Aber wie ist dein Verhältnis zu Elisabeth, verträgst du dich mit ihr?«

»Ja, Mutter. Elisabeth und Claudia ordnen sich mir unter, sie erfüllen meine Wünsche und befolgen meine Anordnungen.« Katharina glaubte, nicht richtig zu hören …, ihre Töchter ordneten sich dem schottischen Balg unter! Bevor sie noch weiter darüber nachdenken konnte, hörte sie wieder die Stimme der Königinwitwe. »Maria, wie ist dein Verhältnis zur Königin?«

»Mein Verhältnis zur Königin ist gut, aber dieses Verhältnis ist völlig unwichtig. Sie spielt am Hof keine Rolle, weil sie nur eine Krämerstochter aus Florenz ist.« Als sie dies hörte, spürte Katharina, wie ihr Herz sich verkrampfte. »Eine Krämerstochter aus Florenz« …, die Medici waren keine Krämer, sondern Bankiers, und überdies waren sie eine kultivierte Familie, kultivierter als die Stuarts! Sie begann unwillkürlich zu weinen – eine Krämerstochter! Wie aus weiter Ferne hörte sie die Stimme der Königinwitwe.

Diese forderte sanft, aber bestimmt den gebührenden Respekt gegenüber der französischen Königin ein, und nachdem beide das Zimmer verlassen hatten, rekapitulierte Katharina noch einmal ihre Ehe zu dritt und fand, dass im Vergleich Diana eine wesentlich leichter zu verkraftende Rivalin war. Wo sollte das alles enden?

Einige Tage später verließ der Hof die Stadt Rouen und reiste gemächlich nach Süden, während Franz von Guise seine Gattin nach Joinville begleitete, um bei der Niederkunft der jungen Frau anwesend zu sein.

Ab Mitte Oktober begann Maria von Guise, über ihre finanzielle Situation zu sprechen und klagte über die Unkosten, die der Unterhalt der französischen Truppen in ihrem Land verursachte. Heinrich hörte sich die Klagen an und erwiderte, er werde bei Gelegenheit mit dem Kardinal darüber reden.

Mitte Dezember kam der Hof in Amboise an, und bereits am nächsten Tag begab Diana sich nach Chenonceaux, um zu sehen, ob dort alles in Ordnung war.

Am Vormittag des 21. Dezember überreichte Montmorency seinem königlichen Herrn eine Aufstellung über die Ausgaben des Haushaltes der königlichen Kinder. Heinrich überflog die Zahlen und sah den Konnetabel fragend an.

Dieser sah endlich die Zeit gekommen, dem König bei allem Respekt gebührend die »Leviten zu lesen«. Mit engagiertem Ton erklärte er dem König, dass ein zweiter Hofstaat, wie er den Kindern zugesprochen sei, Unmengen von Bediensteten erfordere, ganz zu schweigen von den Kosten für Unterhalt und Nahrung und dem finanziellen Aufwand für den ständigen Standortwechsel von zwei kompletten Hofstaaten. Kurzum, all dies sei geeignet, die königlichen Finanzen auf Dauer zu ruinieren. Zudem unterhalte die Königin einen eigenen Zwergen-Hofstaat mitsamt Gauklern, Komödianten und Akrobaten.

Angesichts des bevorstehenden Krieges in Italien sei es unumgänglich, die Hofhaltung zusammenzulegen und die Königin von Schottland zu veranlassen, ihren Aufenthalt und den ihrer Tochter Maria aus der schottischen Staatskasse zu tragen.

Montmorency war ein erfahrener und dem König treu ergebener Mann, und so nahm der König sich seine Worte zu Herzen.

Zwar waren die Klagen der Königinwitwe über die finanzielle Lage der Schotten nicht zu überhören, aber der Konnetabel hielt ihre Darstellung für weit übertrieben und überdies ihren Aufenthalt in Frankreich für klare Berechnung.

Nach dieser Unterredung entschied sich Heinrich, noch am gleichen Tag mit der Schottin ein Gespräch zu führen.

Nachmittags wurde der König in den Gemächern der schottischen Königin gemeldet.

Nach einer belanglosen Plauderei über das Wetter, die Reise und den bisherigen Aufenthalt kam Heinrich zur Sache: Maria solle einen eigenen Hofstaat erhalten. Dieser Idee gegenüber war die Schottin grundsätzlich nicht abgeneigt, doch die Tatsache, dass die schottische Staatskasse für dieses Ansinnen herhalten sollte, schockierte sie.

Die Königinwitwe starrte Heinrich entgeistert an. »Das ist unmöglich«, erwiderte sie in klagendem Ton, »meine finanzielle Lage ist verzweifelt. Ich bat Sie während der vergangenen Wochen um Geld, weil ich es benötige, um mich der Treue des schottischen Adels zu versichern. Überdies kann ich schon seit Monaten meiner Dienerschaft die Gehälter nicht zahlen. Ich bin gezwungen, Geld zu leihen, von meinen Freundinnen, von schottischen Kaufleuten. Die Franzosen sind inzwischen in Schottland verhasster als seinerzeit die Engländer. Die Schotten wollen nicht von den Franzosen nach deren Vorstellungen verwaltet werden, die Schotten können und werden im Augenblick keinen Haushalt ihrer Königin in Frankreich bezahlen.«

Je länger sie sprach, desto gereizter wurde Heinrich, aber er unterdrückte seinen Unmut. Er erkannte, dass es im Augenblick zwecklos war, die Königinwitwe umzustimmen. »Es war nur ein Vorschlag, Madame«, erwiderte er kühl. »Bei Gelegenheit werde ich darauf zurückkommen.«

Er begab sich in sein Arbeitszimmer und ging verärgert auf und ab. Sie will Geld, dachte er, sie will nur Geld, das ist der Hauptgrund für ihre Reise. Sie sollte froh sein, dass ihre Tochter Dauphine und Königin von Frankreich wird. Aber je mehr man den Menschen gibt, desto mehr verlangen sie. Ich halte es hier nicht länger aus, ich benötige dringend ein paar Tage Ruhe vor dem Weihnachtstrubel. Vielleicht finde ich in Chenonceaux Ruhe, ja, Chenonceaux …

Er begab sich zu Katharinas Appartement, um ihr seine Abreise mitzuteilen. Als er die Tür öffnete, hörte er die Klänge des Spinetts und ihre Stimme. Er gab dem Diener ein Zeichen, ihn nicht zu melden und blieb an der Schwelle stehen. Er sah Katharina am Spinett sitzen, hörte sie ein italienisches Weihnachtslied singen und fühlte sich merkwürdig berührt. Seit ihrer Ankunft in Frankreich hatte er nur selten erlebt, dass sie Italienisch sprach. Mit seinem Vater hatte sie hin und wieder in ihrer Muttersprache gesprochen, aber mit den Italienern am Hof sprach sie, zumindest in seiner Gegenwart, Französisch. An jenem Abend, als er sie in ihrer Muttersprache singen hörte, wurde ihm zum ersten Mal bewusst, wie angenehm ihre Stimme klang, voll, rein und weich. Wenn sie Französisch sprach, war immer noch ein leichter Akzent hörbar.

Als das Lied zu Ende war, klatschte er spontan Beifall. Katharina wandte sich halb erschrocken, halb überrascht um, und als sie den Gatten erblickte, sprang sie auf und ging ihm freudestrahlend entgegen. »Heinrich, was für eine Überraschung, du bist schon zurück von der Jagd!«

»Ich bin heute nicht ausgeritten, ich war bei der Königinwitwe.« Er schilderte ihr zunächst das Gespräch mit Montmorency und dann die Unterhaltung mit der Regentin.

Bei dieser Gelegenheit flocht er in das Gespräch ein, dass er am nächsten Tag nach Chenonceaux reiten wolle – er habe mit Diana über die Kürzung des königlichen Haushalts zu reden. Er machte eine kurze Pause, bevor er fortfuhr. »Ja, und dann ist da noch eine Affäre, die ich mit dir

besprechen möchte.« Er zögerte etwas und beschloss, Katharina einzuweihen. Sie war schließlich die Königin und die Mutter seiner Kinder
und hatte ein Recht, zu erfahren, welche Heiratspläne im Gespräch waren. Abgesehen davon interessierte ihn auch ihre Meinung zu jenem
konkreten Heiratsplan, weil er inzwischen gemerkt hatte, dass sie vieles
differenzierter beurteilte als der Konnetabel oder Diana.

»Katharina, bei dem gestrigen Ball fragte der englische Gesandte den
Kardinal, ob es für Frankreich denkbar wäre, dass König Eduard unsere
Tochter Elisabeth heiratet. Der Kardinal erwiderte, dass dies mit mir und
dem Kronrat erörtert werden müsse, und der Engländer war natürlich
mit dieser Antwort zufrieden, weil er nicht mehr erwarten konnte. Diese
Anfrage signalisiert zunächst, dass England die Hoffnung auf eine Ehe
zwischen Eduard und Maria Stuart aufgegeben hat. Was nun die Verbindung mit Elisabeth betrifft …« Er dachte einen Augenblick nach und
fuhr fort. »Der Kardinal meint, man müsse die Politik von der Religion
trennen. Ein Bündnis mit England sei wichtig wegen des Krieges in
Oberitalien, und in der religiösen Frage würde man eine Lösung finden,
die für beide Länder akzeptabel ist. Kurz, er ist davon überzeugt, dass die
Anfrage des englischen Gesandten ein offizieller Heiratsantrag ist.«

Heinrich schwieg, und Katharina spürte, dass er auf ihre Antwort wartete. »Der Kardinal beurteilt die Situation richtig, Heinrich. In Italien hast
du keinen Verbündeten mehr, seit Ottavio Farnese, der Sohn des verstorbenen Papstes, sich unter den Schutz des Kaisers gestellt hat. Die lutherischen deutschen Fürsten waren immer fragwürdige Verbündete,
weil sie immerhin Vasallen des Kaisers sind. Eine Allianz mit dem Sultan ist auch problematisch, weil wir uns damit den Papst zum Feind machen. England hingegen …, es ist zwar ein protestantisches Land, aber in
Europa hat man sich inzwischen damit abgefunden, dass England, was
die Religion betrifft, seinen eigenen Weg geht. Wer weiß, wie lange der
Krieg in Oberitalien dauert; vielleicht bist du froh, wenn England dich
irgendwann mit Gold unterstützt. – Falls es zu einer Heirat zwischen
Elisabeth und Eduard kommt, muss natürlich gewährleistet sein, dass
unsere Tochter ihren Glauben beibehalten und ausüben darf, aber das
sind Kleinigkeiten. Es wäre zu schön – Elisabeth, die Königin von England.« Sie schwieg unvermittelt. »Eines verstehe ich nicht«, sagte sie
nach einer Weile. »Der Lord-Protektor Seymour ist ein überzeugter, um
nicht zu sagen fanatischer Protestant. Wieso ist er daran interessiert,
dass sein König eine katholische Prinzessin heiratet?«

»Aus den Berichten meines Gesandten und den Berichten der Spione, die der Kardinal unterhält, geht eindeutig hervor, dass im Regentschaftsrat eine Umverteilung der Macht stattgefunden hat. Seymour ist zwar noch Lord-Protektor, aber der wichtigste Mann im Rat ist augenblicklich der Graf von Warwick, früher Lord Lisle. Unter Heinrich VIII. war er Katholik, unter dem protestantischen Eduard ist er konvertiert. Wahrscheinlich benötigt er außenpolitisch Ruhe, auch was Schottland betrifft, um seine eigene Machtposition auszubauen und seine Verwaltungsreformen durchzuführen. Er steckt hinter der Anfrage des Gesandten, nicht der Lord-Protektor.« Heinrich ging eine Weile auf und ab. »Du und der Kardinal, Ihr seid für dieses Heiratsprojekt. Ich werde nachher den Konnetabel um seine Meinung fragen und morgen Diana, und dann werde ich eine Entscheidung treffen.«

»Wie lange willst du in Chenonceaux bleiben?«

»Diana und ich werden spätestens am Nachmittag des 24. Dezember wieder hier sein.« Als Heinrich gegangen war, schlug Katharina nachdenklich einige Akkorde auf dem Spinett an. Wie merkwürdig, dachte sie, ich empfinde keine Eifersucht darüber, dass er morgen Diana besucht. Irgendwie trete ich allmählich aus dem Hintergrund hervor, es ist das erste Mal, dass er mich vor Diana in eine halb politische, halb familiäre Angelegenheit einweiht und wissen will, was ich darüber denke. Die Zeit scheint tatsächlich für mich zu arbeiten.

Später am Abend fragte Heinrich den Konnetabel über seine Meinung zu dem Heiratsprojekt, und Montmorency befürwortete eine Ehe zwischen Elisabeth und Eduard, weil er auf eine Wiederbelebung des Bündnisses zwischen England und Frankreich hoffte.

Als Heinrich am frühen Morgen des folgenden Tages mit einigen Dienern und Bewaffneten Amboise verließ, begann es leicht zu schneien, und als sie am späten Vormittag Chenonceaux erreichten, war das Schneegestöber so dicht, dass sie nur die Umrisse des Schlosses erkannten.

Heinrich betrat das Vestibül, überreichte einem der Diener seinen schneebedeckten Mantel und gab Anweisung, ihn nicht anzumelden. Dann ging er zu jenem Saal, wo die Diener nachts zu schlafen pflegten und in dem tagsüber Bittsteller entweder auf die Hausherrin oder auf den Verwalter warteten. An jenem Vormittag war der Saal leer. Heinrichs Augen wanderten über die flandrischen Gobelins. Er sah, dass am Kaminsims jenes Monogramm angebracht war, das seine Verbundenheit mit Diana symbolisieren sollte. Dann ging er zu der Tür, die in ihr Arbeitszimmer führte. Er wollte sie eben öffnen, als er hörte, dass jemand das Zimmer betrat. Einem plötzlichen Impuls folgend, blieb er stehen und horchte.

»Madame«, hörte er eine Männerstimme sagen, »meine Leute haben soeben einen Wilderer erwischt, der ein Reh in Ihren Wäldern erlegte. Ich bringe ihn, damit Sie entscheiden, was mit ihm geschehen soll.«

»Bertrand!«, schrie Diana, und beim Klang ihrer wütenden Stimme zuckte Heinrich zusammen – er hatte sie noch nie schreien hören. Bertrand, das ist der neue Verwalter, dachte Heinrich.

»Bertrand, ich habe Sie nicht eingestellt, damit Sie Wilderer aufspüren. Sie sollen verhindern, dass die Dorfleute wildern!« – »Gewiss, Madame, aber dies ist fast unmöglich. Ihre Wälder sind weitläufig, man müsste hinter jedem Baum einen Bewaffneten aufstellen, der aufpasst.« – »Reden Sie kein dummes Zeug. Was hat der Mann außer dem Reh noch erlegt?« – »Nichts, Madame. Ich kenne den Mann, er ist rechtschaffen und hilft vom Frühjahr bis zum Herbst bei den Feldarbeiten. Im Winter gibt es für ihn nicht viel zu tun – er muss eine Familie ernähren. Es war das erste Mal, dass man ihn beim Wildern erwischte.« – »So, er muss eine Familie ernähren …!«, rief Diana. Der höhnische Unterton in ihrer Stimme berührte Heinrich erneut unangenehm. »Man kann eine Familie auch mit Milchsuppe und Brot ernähren, man muss nicht in den Wäldern des Grundherrn Rehe, Hirsche und Wildschweine stehlen. Merken Sie sich eines, Bertrand: das edle Wild ist für die Tafel der Herren bestimmt – für das Volk ist Schweinefleisch an hohen Feiertagen gerade gut genug. Wenn so etwas noch einmal vorkommt, entlasse ich Sie aus meinen Diensten. – Es sind noch fünfzehn Tage bis zum Dreikönigstag. Der Wilderer soll fünfzehn Peitschenhiebe erhalten und anschließend mit seiner Familie das Dorf verlassen.« – »Madame, haben Sie Erbarmen! Bei allen adeligen Grundherren wird in den Wäldern gewildert. Ihr Forst am anderen Ufer ist so wildreich – was bedeutet für Sie der Verlust eines einzigen Rehes?« – »Haben Sie den Verstand verloren? Ein Reh ist ein Reh! Wenn ich diesen Wilderer nicht bestrafe, werden meine Wälder ein Tummelplatz für Wilderer.« – »Madame, Ihre adeligen Nachbarn lassen die Wilderer laufen, sofern es rechtschaffene Leute sind.« – »Bertrand, ich bin nicht irgendwer, ich bin die Herzogin von Valentinois, und ich habe meine Grundsätze. Wer in meinen Wäldern wildert, wird bestraft.« – »Madame, in einigen Tagen feiern wir das

Weihnachtsfest, es ist das Fest der Liebe. Wollen Sie nicht wegen dieses Festes dem Mann die Peitschenhiebe und die Vertreibung erlassen? Wo soll er hin, jetzt im Winter?«

»Diese Konsequenzen hätte Ihr Wilderer vorher bedenken müssen. Hören Sie endlich mit dieser Gefühlsduselei auf, ich habe wichtigere Dinge mit Ihnen zu besprechen.«

Heinrich hörte, wie sie befahl, den Mann in den Wirtschaftshof zu bringen, und er fragte sich, ob er wache oder träume. Er versuchte, seine Gedanken zu ordnen, aber Dianas Stimme hinderte ihn daran.

»Bertrand, ich habe die Liste der Ausgaben überprüft. Sie müssen sparen, und am einfachsten spart man bei den Mahlzeiten. Ab sofort werden mittags und abends an der Gesindetafel nicht drei Gänge serviert, sondern nur noch zwei, außerdem müssen die Portionen verkleinert werden. Fleisch gibt es nur noch einmal wöchentlich – an drei Tagen Fleisch, das ist zu teuer. Während der Fastenzeit und an den wöchentlichen Fastentagen gibt es keinen Fisch, sondern Gemüse, Eier- und Mehlspeisen, das ist billiger.«

Sie kann rechnen, ging es Heinrich durch den Kopf. Sie muss nicht sofort erfahren, dass ich das Gespräch mit dem Verwalter unfreiwillig gehört habe. Ich muss diese Unterhaltung zunächst für mich verarbeiten. Kurz entschlossen ging er zurück in das Vestibül und befahl dem erstaunten Diener, ihn der Herzogin zu melden.

Als er das Arbeitszimmer betrat, kam Diana ihm strahlend entgegen, und für einen Augenblick vergaß er das belauschte Gespräch. Bertrand war inzwischen gegangen, was er als angenehm empfand. Er würde also sofort mit Diana über die Probleme sprechen können, die ihn bewegten.

»Heinrich, was für eine angenehme Überraschung, du vernachlässigst deine Gastgeberpflichten in Amboise und kommst hierher. Hast du dich wieder einmal über die Königinwitwe geärgert?«

»Ja. Ich will mich hier ein paar Tage von ihrer Gegenwart erholen und mich innerlich auf das Weihnachtsfest vorbereiten.«

»Ich freue mich, dass wir ein paar Tage für uns haben. Allerdings habe ich bis zur Mittagstafel keine Zeit für dich, ich muss unbedingt noch einige Ausgaben überprüfen. Ich bringe dich zu der Bibliothek neben dem Saal, dort findest du die neuesten Ritterromane.« Sie wandte sich zu dem Diener. »Servieren Sie Seiner Majestät in der Bibliothek Rotwein und Gebäck und lassen Sie die Räume des Königs richten.«

Sie gingen zu einem kleinen Zimmer, von wo aus man die Brücke über den Cher sehen konnte und in die daneben liegende Bibliothek. Es war ein fünfeckiger Raum, von dem aus man durch drei kleine Fenster über den Fluss sah.

Heinrich trat zu einem der Fenster und sah über das stille, dunkle Wasser. So ist das also, dachte er, ihre Ausgabenliste ist wichtiger als ich. Er fühlte sich deprimiert und enttäuscht, vor allem enttäuscht. Er erinnerte sich noch einmal an das belauschte Gespräch mit dem Verwalter und musste Bertrand innerlich Recht geben. Wilderei war an der Tagesordnung, und die meisten Grundherren sahen darüber hinweg, wenn es gelegentlich vorkam. Warum sollten die armen Leute sich nicht auch einmal an Fleisch satt essen? Er hätte es nie für möglich gehalten, dass Diana so hart reagieren würde. Sie besitzt so viel, dachte er, kann sie noch nicht einmal ein Reh entbehren? Er ging auf und ab und trank den Rotwein, den der Diener ihm inzwischen lautlos serviert hatte. Schließlich ging er wieder zum Fenster, sah über den Cher und ließ seine Gedanken wandern. Er verehrte und liebte Diana seit über vierundzwanzig Jahren, seit vierzehn Jahren war sie seine Geliebte. Seine Leidenschaft für sie war irgendwann ruhiger geworden, die Gewohnheit hatte sich im Laufe der Jahre eingeschlichen, aber dies war normal. Jedenfalls liebte er sie immer noch. Die Affäre mit Madame Fleming war ein leidenschaftliches Zwischenspiel gewesen, mehr nicht. Aber was wusste er wirklich über Diana, die er seit seiner Kindheit liebte? Für ihn war sie stets die vollkommene Frau gewesen – schön, gebildet, eine kluge Ratgeberin. War dies nur die äußere Fassade gewesen? Hatte er heute, bei jener Unterhaltung mit dem Verwalter, die wahre Diana gesehen, die nicht bereit war, von ihrem Überfluss etwas abzugeben? Er dachte an die Ländereien und den Schmuck, den er ihr geschenkt hatte, an die Verschönerungen und den Ausbau von Anet, den er finanziert hatte. Er hatte sie gerne beschenkt. War seine Großzügigkeit von ihr ausgenutzt worden? Er dachte lange darüber nach und fand keine Antwort. Stattdessen drängten sich neue Fragen hervor. Liebte sie ihn wirklich? Hatte sie ihn jemals geliebt? War vor vierzehn Jahren, als sie seiner Werbung endlich nachgab, nicht vor allem Berechnung im Spiel gewesen? Sie hatte ihn erst erhört, als er Dauphin und künftiger König von Frankreich geworden war … Je länger er über den Fluss sah und über seine Beziehung zu Diana nachdachte, desto mehr spürte er eine innere Leere in sich aufsteigen. Der Gedanke, dass er die besten Jahre seines Lebens, seine Gefühle, seine Zuneigung einer Frau geschenkt hatte, die es vielleicht nicht wert war, streifte ihn, aber er verdrängte diesen Gedanken sofort. Nein, er durfte sie jetzt nicht zu negativ beurteilen, aber er war heute von ihr tief enttäuscht worden. An diesem Vormittag hatte seine Liebe zu Diana einen Sprung bekommen, der bleiben würde … Er entschied, das Schloss sofort zu verlassen, er konnte und wollte hier nicht länger bleiben, er musste, fern von Diana, in Ruhe über alles nachdenken, musste Abstand zu dem belauschten Gespräch gewinnen und dann entscheiden, wie es mit ihnen weitergehen sollte. Aber wie sollte er ihr seine plötzliche Abreise erklären?

In diesem Augenblick meldete ein Diener, dass die Mittagstafel gerichtet war, und er ging zögernd hinüber in den Speisesaal. »Haben dir die neuen Ritterromane gefallen?«, fragte Diana, während die Vorspeisen aufgetragen wurden. »Ja«, erwiderte er einsilbig und begann zu essen. Er verspürte nicht die geringste Lust, sich mit ihr über die politischen Probleme zu unterhalten, die ihn bewegten und die er mit ihr hatte besprechen wollen.

Während sie auf die Suppe warteten, konnte er das Schweigen zwischen ihnen nicht länger ertragen und fragte, ob sie mit dem neuen Verwalter zufrieden sei. »Das weiß ich noch nicht. Ich glaube, Sparsamkeit ist nicht seine Stärke, aber das muss ich noch eine Weile beobachten. Wenn er sich nicht bewährt, wird er entlassen. Es gibt Tausende, die es als eine Ehre betrachten, mir zu dienen.« Heinrich schwieg und dachte im Stillen, dass sie ihre Stellung als königliche Favoritin anscheinend sehr genoss.

Diana beobachtete ihn und fühlte sich auf einmal verunsichert. Nachdem die Hirschkeule serviert war, hielt sie es nicht länger aus. »Heinrich, du bist so merkwürdig. Etwas stimmt nicht, das spüre ich. Was ist geschehen?« Er betrachtete einen Augenblick ihr Gesicht, sah die feinen Falten um die Augen und den Mund. »Diana, ich danke dir für deine Gastfreundschaft«, sagte er zögernd, »aber ich werde heute noch nach Amboise zurückreiten. Ich muss noch einige Dinge mit Montmorency besprechen.« Er trank hastig ein paar Schlucke Wein, um seine Verlegenheit zu verbergen, aber die Notlüge war notwendig, weil er ihr jetzt unmöglich sein Gedankenlabyrinth anvertrauen konnte.

Bei dem Namen »Montmorency« spürte Diana Eifersucht – er fragt den Konnetabel um Rat, nicht mich, dachte sie. Sie versuchte, sich nichts anmerken zu lassen. »Ich bin traurig, dass du sofort wieder abreist, aber politische Probleme sind natürlich vorrangig.«

»Ich wusste, dass du Verständnis hast, Diana.« Er befahl den Dienern, die Pferde satteln zu lassen. Während der restlichen Mahlzeit wurde kein Wort mehr gesprochen.

Nach dem *hippokras* ließ Heinrich sich den Mantel umlegen und küsste Diana flüchtig auf den Mund. »Leb wohl, ich erwarte dich am Spätnachmittag des 24. Dezember in Amboise.« Dann bestieg er sein Pferd und ritt mit seinem Gefolge die Allee hinunter.

Es hatte inzwischen zu schneien aufgehört, und Heinrich genoss die klare Winterluft und betrachtete die kahlen, verschneiten Äste der Bäume. Nach dem Schneegestöber war alles wieder klar erkennbar, übersichtlich.

Diana stand allein im Hof und wartete darauf, dass er sich noch einmal umdrehte und zuwinkte, wie sonst, aber sie wartete vergeblich. Sie sah den Reitern nach, bis sie verschwunden waren, und während sie langsam zu ihren Gemächern ging, wusste sie plötzlich, dass die Unterredung mit dem Konnetabel nur ein Vorwand für den plötzlichen Aufbruch war. Es ist etwas vorgefallen während meiner Abwesenheit von Amboise, überlegte sie. Aber was könnte dies sein? Eine neue Affäre? – Nein, dann wäre er nicht plötzlich hier aufgetaucht. – Nun, in Amboise würde sie vielleicht erfahren, was geschehen war. Eines indes war sicher, ihre Macht über ihn fing an zu zerbröckeln, sie hatte es von Anfang an gewusst. Jetzt ging es für sie vor allem darum, die endgültige Trennung so lange wie möglich hinauszuzögern.

Unterdessen ritt Heinrich durch die verschneite Landschaft und ließ seine Gedanken wandern. Diana war die eine Frau in seinem Leben, Katharina, die legitime Gattin und Königin die andere. Er überlegte, wie Katharina im Falle des Wilderers reagiert hätte. Vor seinem inneren Auge erschien die kleine, schlanke Gestalt seiner Frau und er hörte ihre sanfte Stimme. »Monsieur, genießen Sie den Rehbraten im Kreis Ihrer Familie und denken Sie daran, dass es Diebstahl ist, wenn Sie in meinen Wäldern dem Wild nachstellen. Ich bestrafe Sie nicht, weil Sie zum ersten Mal gewildert haben. Sollten Sie noch einmal wildern, so kürze ich Ihren Lohn.« Ja, dachte Heinrich, so hätte Katharina reagiert, ein Reh mehr oder weniger ist unwichtig für sie. Er erinnerte sich an die verflossenen Ehejahre. Sie hatte ihn menschlich noch nie enttäuscht, sich mit der Rolle abgefunden, die er ihr in seinem Leben zuwies, war immer freundlich zu Diana und liebte ihn um seiner selbst willen. Plötzlich wurde ihm bewusst, wie leichtfertig er mit ihrer Zuneigung umgegangen war. Ihre Liebe hatte ihm nichts bedeutet wegen Diana, und er dachte beschämt daran, wie oft er die Gattin verletzt und gedemütigt hatte. Gewiss, er hatte es immer sofort bereut, aber seine nachträgliche Reue änderte nichts an den Tatsachen. Wir sind jetzt über siebzehn Jahre verheiratet, überlegte er, und ich weiß nicht einmal, ob ihre Gefühle mir gegenüber sich in diesen Jahren gewandelt haben, weil es mich bisher nicht interessiert hat. Aber jetzt interessiert es mich …

Plötzlich überkam ihn Angst, dass Katharinas Gefühle für ihn inzwischen erkaltet waren. Er wollte sie nicht verlieren, er brauchte sie. Sie war der einzige Mensch am Hof, der nicht an die persönlichen Vorteile dachte, sondern an das Wohl Frankreichs. Er begann zu galoppieren, weil er so rasch wie möglich in Amboise sein wollte. Er musste wissen, ob sie ihn noch liebte, und er beschloss, sie nie mehr zu verletzen oder zu demütigen. Sie war schließlich die legitime Gattin und Königin, die Mutter des künftigen Königs von Frankreich.

Während Heinrich nach Amboise galoppierte, betrachteten Katharina und Mingo den Goldschmuck, der an jenem Nachmittag aus Florenz eingetroffen war und den Katharina ihrer Tochter Elisabeth am Neujahrstag schenken wollte. Es war eine Idee von Heinrich gewesen, den Kindern nicht nur zum Geburtstag, sondern auch am Beginn eines neuen Jahres etwas zu schenken, und zwar nach ihrem dritten Geburtstag. »Ich habe nie ein Geschenk von meinem Vater erhalten. Meine Kinder sollen es einmal besser haben«, sagte er zu Katharina, und sie war einverstanden. Überdies bereitete es ihr Freude, die eigenen Kinder zu verwöhnen und zu beschenken. »Ist das Geschmeide nicht wundervoll gearbeitet, Mingo?«

»Ja, Madame. Das können nur die Florentiner.«

Katharina begann, den Begleitbrief zu lesen und sah bestürzt auf. »Mingo, der Schmuck ist nicht von Signor Leonardo, sondern von seinem Sohn gefertigt. Signor Leonardo ist vor einigen Wochen gestorben. Elisabeths Medaillon war also seine letzte Arbeit …«

Mingo sah Katharina erstaunt an. »Welches Medaillon, Madame?«

»Habe ich es dir nicht erzählt? Nun ja, bei den ständigen Reisen vergisst man bestimmte Ereignisse. Der verstorbene Signor Leonardo hat für Elisabeth ein Medaillon gefertigt, mit einem einzigartigen Rubin.« Sie wandte sich an die Dienerin. »Bring mir die Schmuckschatulle meiner Tochter.«

Wenig später bestaunte Mingo den kostbaren Schmuck, die Ringe, Armreifen, Ketten und Ohrgehänge. Katharina öffnete eine Schublade, wo das Kästchen mit dem Medaillon aufbewahrt wurde und erstarrte: die Schublade war leer. »Mingo, das Medaillon ist weg! Ich verstehe es nicht. Ich habe zu Elisabeth gesagt, sie dürfe es nur an Sonn- und Feiertagen tragen …« – »Madame, für ein Kind ist es reizvoll, Gebote zu übertreten.« – »Nein, Elisabeth ist ein gehorsames Kind.«

Sie eilte zum Spielzimmer, während Mingo den neuen Schmuck verwahrte und die Dienerin die Schatulle in das Ankleidezimmer trug. Als Katharina das Spielzimmer betrat, sah sie zunächst Madame d'Humières, die der kleinen Claudia halblaut eine Geschichte vorlas. In der anderen Zimmerecke erblickte sie den Dauphin, Elisabeth und Maria Stuart. Die Mädchen sahen den Dauphin erwartungsvoll an, der zwei schwarze Samtmützen betrachtete, die mit Borten aus Goldbrokat besetzt waren.

»Maria hat die Borten feiner angenäht als du«, sagte er zu seiner Schwester, »du solltest dir ein Beispiel an ihr nehmen.«

Bei den letzten Worten ihres Sohnes spürte Katharina, wie der Hass auf die künftige Schwiegertochter erneut in ihr emporstieg. Sie ging zu den Kindern hinüber. »Franz, deine Schwester hat erst vor wenigen Wochen angefangen, die Kunst des Nähens zu erlernen. Irgendwann wird sie die Kunst ebenso beherrschen wie Maria.« Dann sah sie Elisabeth an. »Mein Kind, ich möchte dich etwas fragen. Folge mir.« Sie beobachtete, dass die Tochter errötete und ahnte, dass etwas nicht stimmte. Elisabeth ging mit klopfendem Herzen in das angrenzende Zimmer. Sie wusste, dass ihre Mutter peinliche Fragen stets unter vier Augen stellte, weil sie den Missetäter vor den anderen Kindern nicht blamieren wollte. Sie wird mich bestimmt nach dem Medaillon fragen, überlegte Elisabeth. Was sollte sie antworten? Katharina setzte sich in den Lehnstuhl und sah ihre Tochter einige Sekunden lang schweigend an.

»Elisabeth, vorhin wollte ich Mingo dein Medaillon zeigen, aber es war nicht in der Schatulle. Du weißt sicherlich, wo es ist.«

Die Kleine sah verlegen zu Boden und begann zu weinen.

»Elisabeth, mein Gott, was ist geschehen?«

»Mama, ich kann es Ihnen nicht sagen. Wenn ich Ihnen sage, wo das Medaillon ist, dann wird Franz, wenn er König ist, mich in einem der Schlösser gefangen halten.«

Katharina war einen Augenblick sprachlos und überlegte, wieso die Tochter auf derartige Ideen kam. »Elisabeth, ich verspreche dir, dass du keine Strafe fürchten musst, vorausgesetzt, du sagst mir, wo das Medaillon ist.«

Das Kind sah die Mutter an und spürte, dass sie ihr vertrauen konnte. »Mama, mein Medaillon gefällt Maria. Vor einigen Tagen bat sie mich, es ihr zu schenken. Ich erwiderte, dass ich es nie verschenken würde, weil es ein Geschenk von Ihnen ist. Daraufhin sagte sie, ich müsse es ihr geben, weil sie eine Königin ist und ich nur eine Prinzessin. Ich weigerte mich erneut, es ihr zu geben, und dann …, dann sagte sie, wenn ich ihr den Schmuck nicht gebe, würde sie dafür sorgen, dass Franz, sobald er König ist, mich in ein Schloss einsperrt, bis ich sterbe. Ich würde in einem Kerker leben, bekäme nur Wasser und Brot … Mama, ich hatte solche Angst, als sie dies sagte, also gab ich ihr das Medaillon.«

In diesem Augenblick begann das Kind hemmungslos zu weinen, und Katharina zog die Tochter an sich und versuchte, sie zu beruhigen. »Du musst keine Angst haben, mein Kind. Dein Bruder würde dich nie in ein finsteres Verlies sperren. Maria hat eine lebhafte Fantasie und übertreibt. Du bekommst dein Medaillon wieder, das verspreche ich dir.«

Sie wartete, bis Elisabeth sich beruhigt hatte und ging mit ihr in das Spielzimmer zurück.

»Maria, ich muss mit dir reden. Folge mir.« Im Nebenzimmer kam Katharina sofort zur Sache. »Maria, Elisabeth hat mir, nachdem ich sie mehrmals darum gebeten hatte, von dem Verbleib des Medaillons erzählt. Warum hast du es von ihr erpresst? Anders kann man es wohl nicht bezeichnen.«

Die Königin von Schottland errötete und überlegte, wie sie sich herausreden konnte, aber es fiel ihr nichts ein. »Madame«, erwiderte sie zögernd, »das Medaillon gefiel mir, ich wollte es einfach besitzen, nein, ich musste es besitzen, das ist der Grund.«

Katharina musterte das Kind und überlegte: Besitzgier also, was ihr gefällt, will sie haben … »Maria, du bist Königin von Schottland und wirst, sofern es Gottes Wille ist, irgendwann die Königin von Frankreich sein. Ein König trägt die Verantwortung für sein Land, das heißt, er muss zuerst an das Wohl des Landes und des Volkes denken. Dies bedeutet, dass er seine persönlichen Wünsche dem Wohl des Reiches, das er regiert, unterordnet. Dies bedeutet, dass ein König bereit sein muss, Verzicht zu üben. Ein Herrscher darf sich nicht seinen Gefühlen hingeben und sich ihnen unterordnen. Ich meine damit, dass du allmählich anfangen musst, deine Gefühle und Wünsche zu beherrschen. Hast du mich verstanden, Maria?« – »Ja, Madame.« Manchmal ist diese Krämerstochter einfach unerträglich, dachte Maria.

»Du wirst das Medaillon sofort in die Schatulle legen und dich bei Elisabeth entschuldigen. Sollte ein derartiger Vorfall noch einmal vorkommen, werde ich den König informieren.«

»Madame«, rief Maria, »den König, ich bitte Sie, nein …!«

»Das liegt bei dir.« Katharina begab sich erneut in das Spielzimmer und flüsterte ihrer Tochter zu, dass Maria sie im Ankleidezimmer erwarte, um sich zu entschuldigen. Dann bat sie die Erzieherin, sich zu entfernen, weil sie mit dem Dauphin sprechen wollte. »Franz, deine Braut ist ohne Zweifel vielseitig begabt, aber ich wünsche, dass du sie künftig deinen Geschwistern nicht als Vorbild darstellst. Sie hat, wie alle Menschen, ihre Fehler und Schwächen. Hast du mich verstanden?« – »Ja, Mama.« – »Hast du heute Nachmittag deine Lektionen wiederholt?« – »Ja, Mama, das heißt, ich habe einige Lektionen wiederholt, nicht alle.« – »Du begibst dich jetzt sofort in dein Studierzimmer, ich möchte von deinen Lehrern keine Klagen hören.« – »Ja, Mama.«

Beim Verlassen des Raumes dachte er mit gemischten Gefühlen an den Bericht, den seine Lehrer monatlich an die Königin schickten. In diesem Aktenstück wurde detailliert aufgelistet, was er gelernt hatte und wie seine Fortschritte zu beurteilen waren. Jeden zweiten Monat war seine Mutter nicht zufrieden mit seinen Leistungen. Dann befahl sie ihn zu sich und ermahnte ihn eindringlich, fleißiger zu sein, besser zu lernen … Er empfand jene Gespräche unter vier Augen als Tortur. Seine Mutter schimpfte nie, wurde nie laut, aber in ihrer Stimme schwang ein Vorwurf mit, und er schämte sich, dass er ihre Erwartungen nicht erfüllte, gelobte Besserung. Aber es gelang ihm nur kurze Zeit, seine guten Vorsätze durchzuhalten. Gott sei Dank kümmerte sich sein Vater nicht um seinen Unterricht … Katharina sah ihrem Ältesten bekümmert nach und überlegte, ob es nicht irgendeine Möglichkeit gab, ihn Maria Stuart etwas zu entfremden. Gleichzeitig wusste sie, dass dies unmöglich war. Er ähnelt seinem Vater, dachte sie. Heinrich hat ebenfalls als Kind sein Herz an eine Frau verloren. Es wäre alles kein Problem, wenn wir eine Familie von Kaufleuten wären oder zum Landadel gehörten, aber wir sind die regierende Dynastie … Sie zuckte zusammen, als sie die Stimme des Dieners hörte. »Madame, Seine Majestät, der König.« Der König, dachte sie verwirrt, er ist doch in Chenonceaux … Im gleichen Augenblick betrat Heinrich das Zimmer, ging einige Schritte auf sie zu und lächelte sie halb liebevoll, halb schüchtern an, jedenfalls empfand sie es so. »Heinrich …« Sie ging ebenfalls auf ihn zu, und er bemerkte erleichtert, dass ihre dunklen Augen aufleuchteten, wie immer, wenn er ihre Gemächer aufsuchte. Gott sei Dank, dachte er, sie scheint mich immer noch zu lieben.

»Heinrich, wolltest du nicht ein paar Tage in Chenonceaux bleiben?«

»Ja, aber nach meiner Ankunft habe ich es mir anders überlegt.«

Sie horchte auf – spontane Entscheidungen entsprechen nicht seiner Natur, es musste etwas vorgefallen sein. »Ist Diana unpässlich?«, fragte sie vorsichtig.

»Nein, sie ist bei bester Gesundheit …« Er zögerte etwas, aber das Bedürfnis, mit einem Menschen über das, was er an diesem Vormittag erlebt hatte, zu sprechen, war übermächtig. »Bei meiner Ankunft war sie mit ihren Rechnungsbüchern beschäftigt. Ich wartete also in irgendeinem Raum, sah über den Cher und beschloss, am gleichen Tag zurückzureiten. Wir aßen noch gemeinsam, dann brach ich auf.«

Das klingt wie Abschied und Trennung, dachte Katharina. Aber er hat doch bestimmt nicht beschlossen, sich von ihr zu trennen? Sollte sie ihn fragen, was vorgefallen war? Andererseits ging ein Streit zwischen Heinrich und Diana sie nichts an. Wenn er das Bedürfnis verspürte, etwas zu erzählen, würde er es tun.

»Katharina«, sagte Heinrich, »stelle dir einmal vor, dein Verwalter in Monceaux-en-Brie erwischte einen Tagelöhner auf dem Gut beim Wildern in deinen Wäldern. Der Mann hat ein Reh erlegt, und es ist das erste Mal, dass er überführt wird. Der Verwalter bringt den Mann vor dich, damit du entscheidest, ob und wie er bestraft wird. Wie würdest du reagieren?«

Katharina sah Heinrich erstaunt an. »Der Grundherr wird die Wilderei nie beseitigen können, weil es in den Wäldern unmöglich ist, so viele Wachposten aufzustellen«, erwiderte sie spontan. »Überdies gibt es so viel Wild, auf ein Reh mehr oder weniger kommt es wahrhaftig nicht an. Beim ersten Mal würde ich den Wilderer ermahnen und ihn daran erinnern, dass er seinen Herrn bestiehlt, wenn er ein Reh, einen Hirsch oder ein Wildschwein erlegt. Das Stück Wild würde ich ihm lassen, damit er und seine Familie sich einmal an Fleisch satt essen können. Wird er wiederholt beim Wildern ertappt, dann würde ich ihm eine Woche lang den Lohn kürzen.« – »Würdest du ihn aus deinen Diensten entlassen?« – »Nein, vorausgesetzt, er ist loyal und erfüllt seine Pflichten zu meiner

Zufriedenheit. Bin ich indes mit seinen Leistungen unzufrieden, so wäre er längst entlassen, auch ohne Wilderei.«

Heinrich schwieg eine Weile. »Ich würde genauso reagieren wie du«, sagte er dann langsam. »Diana indes …« Er zögerte noch einige Sekunden und schilderte dann das belauschte Gespräch. »Ich hätte es nie für möglich gehalten, dass sie so kalt und herzlos reagiert!«

Katharina horchte auf, schwieg aber. War es möglich, dass er allmählich doch die wahre Natur der Seneschallin erkannte?

»Ich bin enttäuscht von ihr.« Er nahm Katharina spontan in die Arme und presste sie an sich. »Du hast mich noch nie menschlich enttäuscht.«

Sie wagte kaum zu atmen, weil dieser Augenblick, da er sich allmählich von der Rivalin löste, dieser Moment, auf den sie seit siebzehn Jahren wartete, so plötzlich und so unerwartet für sie gekommen war. Sollten die Jahre der Zurückhaltung und der Geduld sich endlich gelohnt haben? Er gab sie frei, und dann standen sie einander gegenüber und sahen sich an. Sie sah in seinen Augen eine gewisse Verlegenheit, Reue und die Bitte, ihm zu verzeihen. Er las in ihren Augen, dass sie seine Situation verstand und ihn trotz der demütigenden, bitteren Jahre immer noch liebte. Ohne ein weiteres Wort verließ er das Zimmer und dachte zum ersten Mal darüber nach, woher sie die Kraft genommen hatte, jahrelang im Schatten Dianas zu stehen und ihr in der Öffentlichkeit freundlich zu begegnen. Und er, er hatte es als Selbstverständlichkeit hingenommen … An jenem Tag wurde Heinrich die Problematik seiner Ehe zu dritt zum ersten Mal richtig bewusst.

Katharina verweilte noch einen Augenblick in dem Zimmer und genoss das Glücksgefühl, das sie jäh durchflutete. Dann raffte sie die Röcke und rannte zu ihrem Appartement, ohne die erstaunten Blicke der Diener zu beachten, die einander aufgeregt zutuschelten, dass der König unerwartet von Chenonceaux zurückgekehrt sei, ohne die Seneschallin.

»Mingo, Mingo!« Katharina blieb in ihrem Wohnraum stehen und presste die Hand auf ihr klopfendes Herz. »Mingo …« – »Madame, mein Gott, ist etwas geschehen?« – »Ja, Mingo.« Sie sank in einen Lehnstuhl, atmete tief durch und erzählte von Heinrichs überraschender Rückkehr und seinen Erlebnissen in Chenonceaux. »Mingo, ich entsinne mich noch genau an jene Unterredung zwischen meinem Schwiegervater, Heinrich und mir im Herbst 1533, nach jenem ominösen Turnier. Mein Schwiegervater sagte damals zu Heinrich: *Lerne sie kennen, lerne den Menschen in ihr kennen. Du wirst dich eines Tages von dieser Frau ent-*

täuscht abwenden. Mingo, ich glaube, dieser Moment ist jetzt gekommen. Was meinst du?«

Mingo überlegte, wie sie ihrer Herrin schonend beibringen konnte, dass sie sich wahrscheinlich immer noch in Geduld üben musste. »Madame, ich teile Ihre Meinung, dass der König allmählich anfängt, sich von der Seneschallin zu lösen. Indes, ein Prozess der Trennung braucht seine Zeit, das geht nicht von heute auf morgen. Bedenken Sie, dass sie seit vierzehn Jahren seine Geliebte ist, dass er sie seit seiner Kindheit verehrt. Diese Jahre hinterlassen ihre Spuren und werden nicht von heute auf morgen gelöscht. Überdies wird die Seneschallin, wenn sie merkt, dass seine Zuneigung anfängt zu erkalten, um ihn kämpfen. Ich fürchte, Madame, dass Sie auch jetzt noch, trotz der glücklichen Wendung, viel Geduld aufbringen müssen. Es kann Jahre dauern, bis Ihr Gatte sich restlos von der Seneschallin gelöst hat.«

»Jahre«, sagte Katharina und stand auf. »Nun gut, ich habe gelernt zu warten. Ich verstehe, dass Heinrich Zeit braucht. Wahrscheinlich fängt er jetzt erst an, sich mit dem Charakter Dianas auseinander zu setzen. Ich werde ihm Zeit lassen und auf ihn warten.« Sie verspürte plötzlich das Bedürfnis nach frischer Luft, ließ sich von Mingo den pelzgefütterten, warmen Samtmantel umlegen, ging hinunter in den verschneiten Hof und weiter zu der Mauer, von wo man hinüber zur Loire blicken konnte. Sie betrachtete die schneebedeckten Dächer unterhalb der Schlossmauer. Sie sah, dass an dem blauschwarzen Himmel inzwischen einige Sterne aufgegangen waren, es würde also eine klare, kalte Winternacht geben. Sie dachte daran, wie oft sie während der vergangenen siebzehn Jahre hier gestanden war und über die Loire geblickt hatte, aber sie konnte sich nur an zwei Augenblicke erinnern: An jenen Oktobermorgen im Jahre 1534 nach der Plakataffäre. Ihr Schwiegervater hatte angeordnet, die Protestanten zu verfolgen. Sie war ein Jahr verheiratet und hatte instinktiv gewusst, dass die Plakataffäre eine Zäsur für Frankreich war, und sie hatte Recht behalten. Das religiöse Problem schwelte vor sich hin und konnte sich plötzlich zu einem Flächenbrand entwickeln. – Der zweite Augenblick, Juni 1536, der Tag der Sommersonnwende … Irgendwie hatte es ein Missverständnis zwischen Heinrich und Diana gegeben, und sie war hier gestanden und hatte gehofft, dass er sich von ihr trennen würde. Das Gegenteil war eingetreten, er wurde im gleichen Sommer Dauphin und sie im Herbst seine Geliebte. Und jetzt, dachte Katharina, jetzt stehe ich wieder hier, sehe über den Fluss und hoffe erneut. Mingo hat Recht, ich muss die Lage realistisch sehen. Sie erinnerte sich noch einmal an die vergangenen Ehejahre und wunderte sich nachträglich über ihre Geduld, aber vielleicht war es auch Gewöhnung?

An jenem Abend fanden, wegen der Festlichkeiten, die am Weihnachtstag begannen und bis zum Dreikönigstag dauerten, weder ein Konzert noch eine Maskerade oder ein Ball statt. Heinrich hatte angeordnet, dass der Hof die letzten drei Abende vor Weihnachten nutzen sollte, um sich innerlich auf das Christfest vorzubereiten. Nach der Abendtafel begab er sich in Katharinas Appartement und leistete ihr und seiner Schwester Margarete Gesellschaft. Die Damen beugten sich über ihre Stickrahmen und unterhielten sich halblaut, während Heinrich einen Ritterroman las.

Margarete flüsterte Katharina zu, wie sehr ihr der neue Sekretär Monsieur de L'Hospital gefalle, dass dieser sich zu Calvins Lehre hingezogen fühle, wiewohl er katholisch sei; Katharina müsse ihn unbedingt kennen lernen.

Diese ihrerseits beschrieb die Geschenke zum Neujahrstag: Schmuck aus Florenz für Elisabeth, einen Jagddolch aus Silber mit einem Ebenholzgriff für Franz, für Claudia eine Puppenfamilie und für Maria? Sie würde ihr bei Hof ein Medaillon mit Perlen fertigen lassen. Margarete wies darauf hin, dass Perlen ein Symbol für Tränen seien.

Ehe Katharina etwas erwidern konnte, sagte Heinrich: »Darf ich eure Unterhaltung unterbrechen?« Er wandte sich an Katharina. »Ich habe noch einmal über den englischen Heiratsantrag nachgedacht. Die Anfrage ist wohl faktisch ein Antrag. Ich erwärme mich allmählich für die Idee, dass unsere Elisabeth den protestantischen Eduard heiratet. Du hast Recht, wir brauchen einen starken, zuverlässigen Verbündeten.«

Katharina strahlte. »Ich freue mich, Heinrich. Es ist mein sehnlichster Wunsch, dass unsere Tochter Königin wird. England ist eine aufstrebende Macht, das hat dein seliger Vater zu mir auf dem Sterbebett gesagt. Königin Elisabeth von England …, es wäre zu schön!«

Margaretes Augen wanderten erstaunt zwischen Bruder und Schwägerin hin und her, dieser Heiratsplan war für sie völlig neu. Erst Franz, dachte sie, jetzt Elisabeth … Plötzlich sprang sie auf und funkelte den Bruder zornig an. »Heinrich, du bist nur damit beschäftigt, deine unmündigen Kinder zu verheiraten. Aber was ist mit mir, deiner Schwester? Ich bin schon siebenundzwanzig Jahre alt und immer noch ledig! In wenigen Jahren werde ich eine alte Jungfer sein, die für keinen Mann mehr reizvoll ist! Du weißt nicht, wie sehr ich mich manchmal nach einem Mann und Kindern sehne, nach einer eigenen Familie.«

Heinrich und Katharina sahen einander betroffen an. Heinrich sah verlegen zu seiner Schwester, denn er wusste, dass sie Recht hatte; er hätte sich schon längst um ihre Verheiratung kümmern müssen.

Heinrich und Katharina beruhigten die Unglückliche und versprachen, sich alsbald um einen passenden Gatten für sie zu kümmern.

Als Katharina an jenem Abend vor ihrem Frisiertisch saß und sich von Isabella die Haare bürsten ließ, während Mingo den Schmuck in die kleine, goldene Truhe legte, erzählte sie von Margaretes Wunsch nach einem Gatten und Kindern. »Ich kann meine Schwägerin verstehen. Der wahre Grund dafür, dass noch kein Freier um ihre Hand angehalten hat, ist die außenpolitische Situation Frankreichs. Eine familiäre Verbindung mit den Valois ist für die Habsburger uninteressant, weil sie die Vormachtstellung in Europa innehaben. Viele italienische Fürsten sind offiziell oder inoffiziell mit dem Kaiser verbündet, die katholischen deutschen Fürsten ebenfalls, und von den protestantischen deutschen Fürsten, die an einem Bündnis mit uns gegen den Kaiser interessiert sind, hat der eine oder andere vielleicht sogar um die Hand meiner Schwägerin angehalten, aber der König würde seine Schwester nie mit einem deutschen Protestanten verheiraten. Einmal wegen des Glaubens, zum anderen würde er sich dadurch indirekt politisch zu den rebellierenden Vasallen bekennen, und das widerstrebt ihm ebenso wie seinem Vater. Nun, ich hoffe dennoch, dass sie eines Tages heiratet. – Du hast genug gebürstet, Isabella, lass mich mit Mingo allein.« Sie wartete, bis die Zofe verschwunden war. »Mein seliger Schwiegervater hätte seinerzeit nicht seine Nichte Johanna mit dem Herzog von Kleve verheiraten sollen, sondern Margarete. Wohin hat diese Heirat geführt? Zu einer Annullierung.«

»Gewiss, Madame, aber durch diese Annullierung wurde die Erbin von Navarra frei für eine neue Verbindung, und Sie, Madame, haben seinerzeit für die Heirat mit dem Thronprätendenten plädiert.«

»Ja, diese Ehe kann für die Valois nur von Vorteil sein. Angenommen, Johanna stirbt, ohne Nachkommen zu hinterlassen, dann würde Navarra, nach Antons Tod, zu Frankreich gehören. Hinterlässt sie eine Tochter, dann könnte diese einen meiner Söhne heiraten. Hinterlässt sie einen Sohn, könnte er Claudia heiraten. In beiden Fällen würde Navarra zunächst faktisch und irgendwann juristisch zu Frankreich gehören, das müsste in den Eheverträgen geregelt werden. Dieses kleine Königreich wäre eine wunderbare Abrundung unseres Territoriums, ein Landgewinn ohne Krieg, wie seinerzeit, als die Bretagne an uns fiel.«

»Mit Verlaub, Madame, warum liegt Ihnen so viel an Navarra?«

»Es geht nicht um Navarra, Mingo, sondern darum, dass meine Kinder und Enkel über ein großes Land herrschen. Je größer ihr Territorium, desto mächtiger sind sie. Seit ich hier lebe, gehört meine Anteilnahme der Zukunft Frankreichs, und seit ich Königin bin, interessiert mich die innen- und außenpolitische Entwicklung noch mehr. Das Wohl meiner neuen Heimat liegt mir mehr am Herzen als es vielleicht den Anschein hat, nicht zuletzt auch wegen meiner Kinder. Wenn es dem Land und den Franzosen gut geht, können meine Kinder unbesorgt ihr Leben genießen. – Um noch einmal auf Navarra zurückzukommen, unter uns, Mingo: Ich gönne es der bigotten Johanna, dass sie noch keinen Erben geboren hat …«

In diesem Augenblick lief Violetta herbei und rief: »Madame, der König kommt!«

Während Mingo und Violetta das Zimmer verließen, stand Katharina überrascht auf. Der König … Sie hatte zwar insgeheim gehofft, dass er die Nacht mit ihr verbringen würde, aber nicht ernstlich damit gerechnet, weil sie sich keinen Illusionen hingeben wollte. Schließlich war sie nicht mehr das romantische junge Mädchen von einst, sondern eine Frau von fast zweiunddreißig Jahren. Aber obwohl sie versuchte, die Situation rational zu betrachten, konnte sie den Gedanken nicht verdrängen, dass Heinrich jetzt zu ihr kam, ohne dass Diana ihn an seine ehelichen Pflichten gemahnt hatte. Er kam von selbst, freiwillig. Sie hörte rasche Schritte und spürte, dass sie nervös wurde. Er öffnete die Tür und blieb lächelnd an der Schwelle stehen. »Ich hoffe, ich komme nicht ungelegen.«

»Nein, nein, du weißt doch, dass du jederzeit willkommen bist.« Sie gingen aufeinander zu, und er nahm sie schweigend in die Arme. »Ich bin so glücklich, dass du gekommen bist – eine richtige Überraschung.«

Er lachte leise auf. »Ich bin gekommen, um ein Versprechen einzulösen, erinnerst du dich? Vor einigen Wochen versprach ich dir an der Wiege unseres Sohnes, dass du noch weitere Söhne bekommen würdest.«

Sie spürte eine leichte Enttäuschung und löste sich langsam aus seinen Armen. Er war also gekommen, um seine ehelichen Pflichten zu erfüllen. Er war nicht ihretwegen gekommen, sondern wegen des Nachwuchses. »Ja, ich entsinne mich …« Sie ging langsam zu dem breiten Himmelbett, kletterte hinein und dachte, dass Mingo Recht hatte: sie würde weiterhin Geduld aufbringen müssen.

Heinrich spürte, dass er seine Frau, ohne es zu wollen, erneut verletzt hatte. Aber wieso, warum? Er zog den Schlafrock aus schwarzem Samt aus, warf ihn auf eine Truhe, bestieg verunsichert das Bett und betrachtete einige Sekunden lang hilflos die Augen seiner Frau, die enttäuscht zum Baldachin emporsahen. »Katharina, was ist geschehen? Was hast du? Du bist so …, so verändert.« Da sah sie ihn an. »Es ist nichts geschehen. Du bist heute Abend gekommen, um als Gatte deine ehelichen Pflichten zu erfüllen.«

In diesem Augenblick wusste er, was in ihr vorging. Er drehte vorsichtig ihr Gesicht zu sich. »Katharina«, sagte er leise, »heute bin ich nicht als Gatte gekommen, sondern als Liebhaber.«

Sie sah ihn einen Augenblick lang ungläubig an und vermochte es nicht zu glauben. »Als Liebhaber … Ist es wirklich so?« – »Ja, zweifelst du immer noch daran?« – »Es ist das erste Mal, nicht wahr?« – »Ja, aber es wird nicht das letzte Mal sein.«

Sie sahen sich einen Augenblick an, und dann lächelte Katharina. »Ich war bisher nur deine Gattin, ich wünsche mir schon lange, auch deine Geliebte zu sein. Aber ich weiß nicht, ob ich eine gute Geliebte bin, ich …« – »Das ist im Augenblick völlig unwichtig, man kann alles lernen, auch die Liebe, oder besser gesagt, das Spiel der Erotik.«

Erotik, dachte sie, nun ja, Diana hat ihn diese Kunst gelehrt. Wenn ich jetzt anfange, die Erotik kennen zu lernen, verdanke ich es letztlich Diana. Das Leben ist merkwürdig.

In diesem Augenblick beugte Heinrich sich über sie und küsste sie auf den Mund, und auf einmal wusste sie, dass es einen Kuss gab, den sie bisher noch nicht kennen gelernt hatte.

Als Diana am Spätnachmittag des 24. Dezember in Amboise ankam, brannten schon überall die Fackeln. Ihr Appartement war zu ihrem Empfang gerichtet, wie sie es gewohnt war, wenn sie an den Hof zurückkehrte. In den Kaminen loderte helles Feuer, und in ihrem Wohnraum standen auf dem Tisch Gebäck und eine Karaffe Rotwein.

Als sie den pelzgefütterten Mantel abstreifte, überbrachte ein Diener ein Billett des Königs mit der Nachricht, dass er mit Montmorency noch über den Feldzug in Italien sprechen müsse und sie erst an der Abendtafel sehen würde. Sie legte das Billett beunruhigt zur Seite. Es war nicht ungewöhnlich, dass Heinrich bei seiner Rückkehr mit Staatsangelegenheiten beschäftigt war, aber sie hatte bisher immer, zu jeder Tageszeit, sein Arbeitszimmer aufsuchen können. Dieses Billett verwehrte ihr erstmals den Zutritt. Warum …? Sie grübelte einige Minuten, dann befahl sie Régine, ihr ein Bad zu richten und sich bei der Dienerschaft umzuhören, ob es am Hof Neuigkeiten gäbe. Als sie fertig angekleidet vor ihrem Frisiertisch saß und in ihrer Schatulle nach dem passenden Schmuck suchte, kehrte Régine zurück. »Gibt es Neuigkeiten?«

»Nein, Madame. Ich habe nur erfahren, dass der König die beiden letzten Nächte mit der Königin verbracht hat.«

Diana erschrak. Ihr Liebhaber hatte zum ersten Mal, ohne Aufforderung, das Schlafzimmer der legitimen Gattin aufgesucht. Würde sie ihn jetzt verlieren? – Sie versuchte, sich nichts anmerken zu lassen. »Das ist wahrhaftig keine Neuigkeit. Der König muss seine ehelichen Pflichten erfüllen, damit die Thronfolge gesichert ist. – Bürste meine Haare.«

Während Régine die Frisur richtete, überlegte sie, ob sie ihrer Herrin sagen sollte, was Pierre, des Königs Kammerdiener, ihr anvertraut hatte, nämlich dass der König anfange, sich für seine Gemahlin wirklich zu interessieren. Nein, dachte Régine, das geht mich nichts an. Die hohen Herrschaften müssen ihre Beziehungen selbst regeln.

An der Abendtafel saß Heinrich wie gewohnt zwischen Diana und Katharina, aber die Hofleute spürten die Spannung zwischen ihm und seinen »Gemahlinnen«, er plauderte nicht wie sonst über dies und jenes. Die Königin war zwar liebenswürdig wie immer, aber die Seneschallin lächelte verkrampft und unterhielt sich mit der Königinwitwe von Schottland. »Haben Sie Nachrichten von Ihrer Schwägerin, Madame?«

»Ja, es geht ihr gut, sie erwartet die Niederkunft Ende Dezember.«

Nach der Abendtafel sagte Diana zu Heinrich, sie sei müde und wolle sich zurückziehen, worauf er erwiderte, er habe Verständnis dafür und ihr eine gute Nacht wünschte. In ihrem Appartement versuchte Diana, einen Roman zu lesen, konnte aber nicht verhindern, dass sie darüber nachdachte, wie diese Ehe zu dritt weitergehen sollte.

Heinrich begab sich an jenem Abend wie gewohnt zu Katharina und seiner Schwester Margarete, und da er in Ruhe über seine Beziehung zu Katharina und Diana nachdenken wollte, bat er seine Frau, am Spinett italienische Weihnachtslieder zu spielen und zu singen.

Margarete hörte andächtig zu, Heinrich beobachtete seine Frau, fühlte sich zu ihr hingezogen und überlegte, wie er jenen Zwiespalt der Gefühle lösen sollte.

Diana wartete unterdes auf Heinrich, aber als Mitternacht vorüber war, wusste sie, dass er nicht mehr kommen würde.

Als Régine ihre Herrin am Weihnachtsmorgen frisierte, flüsterte sie ihr zu, dass der König die Nacht mit seiner Gemahlin verbracht habe. Drei Nächte, überlegte Diana, das hat nichts weiter zu bedeuten. Wenn er seine ehelichen Pflichten erfüllt, verbringt er stets zwei bis drei Nächte bei ihr. Aber während sie dies dachte, wusste sie instinktiv, dass es nicht die ehelichen Pflichten waren, die ihren Liebhaber zu Katharina trieben. Sie fühlte sich auf einmal hilflos und beschloss, die weitere Entwicklung zunächst abzuwarten.

Am Abend des 25. Dezember gab es wie üblich ein festliches Bankett mit anschließendem Ball. Heinrich eröffnete den Tanz mit Diana, und nach *Pavane*, *Gaillarde* und *Corralto* brachte er sie an ihren Platz zurück. Der nächste Tanz war die Volta, und Diana verzichtete darauf, seit sie ihr fünfzigstes Lebensjahr vollendet hatte. Die Volta war ihr zu anstrengend und überdies ein Tanz für junge, verliebte Paare, aber sie hatte Heinrich die Weisung erteilt, die erste Volta eines Balles mit Katharina zu tanzen und die folgenden mit seiner Schwester Margarete. Vielleicht wurde doch noch ein Gesandter auf sie aufmerksam und man konnte sie endlich verheiraten.

An jenem Weihnachtsabend tanzte Heinrich die erste Volta mit Katharina, die folgende mit seiner Schwester, die dritte Volta indes zum Erstaunen des Hofes wieder mit Katharina und danach abwechselnd mit Schwester und Gattin. Die Hofleute tuschelten, dass die Königin an Bedeutung gewann, während die Seneschallin allmählich an Macht einbüßte … Diana versuchte, sich nichts anmerken zu lassen, und verwickelte die Königinwitwe von Schottland in ein Gespräch über den schottischen Winter. Katharina genoss den Tanz mit Heinrich, überlegte, ob er tatsächlich anfing, sich von Diana zu lösen, und beschloss, sich zunächst weiterhin bescheiden im Hintergrund zu halten.

Der Kardinal von Guise beobachtete die Ballszene und dachte nach, ob die Stellung seiner Familie gefährdet war, wenn Heinrich sich von Diana trennte. Der König, überlegte er, benötigt meinen Bruder Franz als Heerführer und mich als Ratgeber, unsere Nichte wird den Dauphin heiraten. Unsere Familie wird nichts an Macht einbüßen, es ist für uns unwichtig, ob Diana die Favoritin bleibt. Vielleicht ist es angebracht, künftig der Königin mehr Aufmerksamkeit zu widmen.

Auch der Prinz von Condé beobachtete die Szene und wandte sich seiner noch immer kinderlosen und eifersüchtigen Schwägerin Johanna zu, die den Eskapaden ihres Mannes seit geraumer Zeit tatenlos zusehen musste.

Der Prinz munterte sie auf; der Einfluss der Guisen scheine abzunehmen, die Königin dagegen an Achtung und Wert zu gewinnen.

Johanna quittierte dies mit Genugtuung, es nährte ihre Hoffnung auf mehr Macht und Geltung für die protestantische Sache.

Während der folgenden Nächte wartete Diana vergeblich auf Heinrich und erfuhr jeden Morgen von Régine, dass der König bei seiner Gemahlin gewesen sei. Am Morgen des 6. Januar beschloss Diana, eine Entscheidung herbeizuführen, weil sie die Ungewissheit nicht länger ertragen konnte. Ihr Liebhaber hatte insgesamt fünfzehn Nächte bei seiner Gattin verbracht, das war höchst ungewöhnlich. Sie musste jetzt wissen, ob er noch etwas für sie empfand. Sie schickte ihm ein Billett und bat um eine Unterredung. Wenig später überbrachte ein Diener die Nachricht, dass der König sie nach der Messe in seinem Arbeitszimmer erwarte.

Diana begab sich mit gemischten Gefühlen zum Arbeitszimmer, weil sie wusste, dass ihr künftiges Schicksal von dieser Unterredung abhing. War es ein schlechtes Zeichen, dass er sie im Arbeitszimmer und nicht in seinen privaten Räumen empfing? Sie hörte, dass der Diener sie meldete, und während sie gemessen den Raum betrat, sagte Heinrich zu dem Diener, dass er keine Störung wünsche. Dann wandte er sich zu Diana und lächelte sie an. Zum ersten Mal wurde ihr bewusst, dass es das verbindliche Lächeln eines Herrschers gegenüber einem Besucher war, ein Lächeln ohne Intimität. So empfängt er wahrscheinlich die ausländischen Gesandten, ging es ihr durch den Kopf, und sie beschloss, um seine Zuneigung zu kämpfen, sofern dies überhaupt möglich war, weil sie nicht schon jetzt von der Bühne abtreten wollte.

»Bitte«, sagte er und wies auf einen Lehnstuhl. »Ich bin froh, dass du um diese Unterredung gebeten hast. Ich glaube, wir haben einiges zu besprechen.« Das klingt nicht sehr verheißungsvoll, dachte Diana und nahm graziös Platz. Sie sahen einander einen Augenblick schweigend an. »Du willst wahrscheinlich wissen, warum ich Chenonceaux neulich plötzlich verließ?« – »Ja. Ich grübele seit deiner Abreise darüber nach und kann es mir nicht erklären.«

Er trat zum Fenster und überlegte, was er antworten sollte. Er rechnete seit Dianas Rückkehr mit dieser Frage, hatte sie aber immer wieder verdrängt. Ich könnte sagen, dachte er, dass meine plötzliche Abreise eine Laune war, aber dies erklärt nicht, weshalb ich die letzten Nächte nicht mit ihr, sondern mit Katharina verbracht habe. – Es ist wohl am besten, wenn ich offen rede. Er ging zurück in das Zimmer und setzte sich. »Diana, ich wollte dich neulich mit meinem Besuch überraschen, und dann hörte ich unfreiwillig dein Gespräch mit dem Verwalter wegen des Wilderers. Deine Reaktion hat mich nachdenklich gestimmt. Du bist die reichste Frau Frankreichs und gönnst einem armen Mann kein Reh.« Er schwieg und wartete auf ihre Antwort.

Diana erschrak. Es war ihr unendlich peinlich, dass Heinrich jenes Gespräch gehört hatte, und sie überlegte blitzschnell, dass er vielleicht an jenem Vormittag zum ersten Mal geahnt hatte, dass sie sich ihm seinerzeit nicht aus Liebe hingegeben hatte, sondern aus Berechnung. Sie wusste auch, dass sie gegen diesen Verdacht machtlos war. Sie konnte ihn abschwächen, aber nicht auslöschen. »Heinrich, ich gebe zu, dass ich neulich überempfindlich reagiert habe, aber die Wilderei ärgert mich schon immer. Aber was hat dies mit unserer Beziehung zu tun?«

»Ich habe zum ersten Mal über unsere Ehe zu dritt nachgedacht. – Katharina hätte anders reagiert.«

Diana schwieg betroffen. Sie hätte es nie für möglich gehalten, dass er sie mit der Italienerin verglich und positive Charaktereigenschaften bei ihr entdeckte. Dies bedeutete, dass die Florentinerin allmählich zur Gefahr für sie wurde. – Nun, dachte Diana, lieber ein Ende mit Schrecken als ein Schrecken ohne Ende. »Du hast also über deine Beziehung zu deiner Frau und mir nachgedacht. Zu welchem Ergebnis bist du gekommen?« Wenn er sich zu seiner Frau bekannte, würde sie den Hof noch heute verlassen. Das war erträglicher, als noch länger in Ungewissheit zu leben.

»Ergebnis«, sagte Heinrich und stand auf und ging hin und her. »Du stellst dir meine Situation einfacher vor, als sie ist. Seit meiner Hochzeit stehe ich zum ersten Mal gefühlsmäßig zwischen dir und Katharina. Ich liebe dich immer noch, aber du bist für mich nicht mehr die Göttin von einst. Und Katharina …, ich fange an, sie menschlich zu schätzen. Sie ist klug, denkt an das Wohl Frankreichs und sie ist die Mutter meiner

Kinder. – Ich denke, es ist am besten, wenn wir unser gemeinsames Leben zu dritt fortführen. Für die Öffentlichkeit wird sich nichts ändern, alles Übrige muss man abwarten.«

Diana war einerseits erleichtert, dass sie ihre bisherige Rolle am Hof auch künftig spielen konnte, andererseits fühlte sie sich von Heinrich gedemütigt. Er konnte sich noch nicht zwischen ihr und Katharina entscheiden, und je mehr Jahre ins Land gingen, desto mehr würde sich die Waagschale zu Katharinas Gunsten senken. Aber sie, die Seneschallin, hatte im Moment keine andere Wahl, sie musste Heinrichs Vorschlag akzeptieren.

Die folgenden Nächte verbrachte Heinrich allein, um sich über seine Gefühle klar zu werden, allerdings ohne Erfolg.

Diana und Katharina waren über die einsamen Nächte des Königs durch ihre Spione unterrichtet und warteten gespannt auf seine Entscheidung. Würde er zur Mätresse zurückkehren oder zur Gattin?

Mitte Januar begegneten Katharina und Diana sich auf dem Weg zur Messe. Katharina sah, dass die Augen der Rivalin triumphierend strahlten und wusste, dass sie die letzte Nacht mit Heinrich verbracht hatte. Mingo hat Recht, dachte Katharina, ich werde mich weiterhin gedulden müssen. Aber sie wusste auch, dass die Zeit nun tatsächlich für sie arbeitete. Die äußere Fassade war unverändert, aber im Innern des Hauses begann die Verwitterung.

Ende Januar erfuhr der Hof, dass die Herzogin von Guise am 31. Dezember 1550 einen gesunden Sohn geboren hatte, der auf den Namen Heinrich getauft worden war, Heinrich von Guise.

Der Winter verging, und an einem Märztag nahm Katharina wieder einmal ihr Stundenbuch zur Hand und rechnete. Januar, Februar, März … Es bestand kein Zweifel, sie erwartete ihr sechstes Kind. Sie rechnete aus, dass es im Laufe des September zur Welt kommen würde und sah glücklich vor sich hin. Dieses Kind war in den zwölf heiligen Nächten gezeugt worden, allein dadurch war es ein besonderes Kind. Überdies hatte sie es an einem Wendepunkt ihrer Ehe empfangen, an einem glücklichen Wendepunkt. Dieses Kind, das wusste sie, würde sie mehr lieben als die übrigen Kinder. In jenen Nächten hatte Heinrich nicht seine ehelichen Pflichten erfüllt, sondern sie zum ersten Mal in ihrer langjährigen Ehe mit der Erotik vertraut gemacht.

Zu Heinrichs Missvergnügen beschloss die Königinwitwe von Schottland, auch noch den Sommer in Frankreich zu verbringen, begab sich aber zu seiner Erleichterung mit ihrer Tochter für einige Wochen nach Lothringen zu ihrer Familie, und er konnte sich nun endlich voll auf Oberitalien konzentrieren.

Bereits im Winter hatte Papst Julius III. Ansprüche auf das Herzogtum Piacenza erhoben, was für Frankreich eine Herausforderung war, weil Heinrich sich verpflichtet hatte, die Interessen des Hauses Farnese zu schützen. Aber er zögerte immer noch, ein französisches Heer nach Italien zu schicken, gab lediglich den Strozzis 12 000 Goldtaler, damit sie Söldner anwerben konnten.

Als der Papst auf dem Herzogtum Piacenza bestand, drohte Heinrich, mit dem Vatikan zu brechen und eine unabhängige gallikanische Kirche zu gründen. Gleichzeitig ließ er in Frankreich die für Rom bestimmten Kirchensteuern beschlagnahmen und stellte ein Heer von 10 000 Mann auf, um notfalls in die päpstlichen Staaten einzufallen.

Im Herbst entsandte der Papst einen Legaten nach Paris, der Heinrich des päpstlichen Friedenswillens versichern sollte. Heinrich akzeptierte das Einlenken des Papstes, begann aber, bedrängt von den Guisen, Diana und Katharina, erneut, über einen Krieg gegen den Kaiser nachzudenken, dessen Ziel es war, Mailand, Florenz und Neapel in den Besitz Frankreichs zu bringen. Militärische Aktionen in Oberitalien hielt Heinrich für zu riskant, seit im Sommer die Söldnerheere der Strozzis von den kaiserlichen Truppen besiegt worden waren. Leo Strozzi floh mit zwei königlichen Galeeren von Marseille nach Malta, woraufhin der Konnetabel bei Heinrich die Unzuverlässigkeit dieses italienischen Abenteurers anprangerte, ihn sogar des Verrats bezichtigte, was Heinrich veranlasste, Leo seines Kommandos zu entheben. Die Ungnade dauerte indes nicht lange, da Katharina sich sehr diplomatisch für ihren Vetter einsetzte. Sie gab zu, dass er in Italien militärische Fehler begangen habe, aber nicht aus bösem Willen; sein Verhalten sei entschuldbar.

In jenem Sommer überbrachte Lord Northampton den Hosenbandorden für Heinrich II. und hielt bei dieser Gelegenheit offiziell um die Hand der kleinen Elisabeth für König Eduard an.

Katharina war überglücklich, als während der folgenden Wochen die Verhandlungen wegen des Ehevertrages begannen. Ansonsten beschäftigte sie sich mit ihrer Schwangerschaft, die problemlos verlief und konnte es kaum erwarten, dieses Kind, auf das sie sich besonders freute, in den Armen zu halten.

Mitte September schiffte die Königinwitwe von Schottland sich endlich ein, und ihre Tochter war – abgesehen von der Familie von Guise – die Einzige am Hof, die die Abreise bedauerte.

Der Hof weilte in jenen Tagen in Fontainebleau, weil Katharina dort ihr Kind zur Welt bringen wollte. Am Vormittag des 20. September 1551 begannen die Wehen, und einige Stunden später gebar sie einen gesunden, allerdings zarten und etwas schwächlichen Sohn. Kaum hatte sie sich etwas erholt, betrat Heinrich das Zimmer, küsste sie liebevoll und überreichte ihr ein kostbares Geschmeide aus Perlen und Smaragden. »Ein Sohn, Katharina, unser dritter Sohn!« – »Unser vierter Sohn«, verbesserte sie ihn lächelnd. »Hast du ihn schon gesehen?« – »Ja, du wirst staunen, er ist ein ausgesprochen schönes Kind.« – »Heinrich, ich finde, es ist an der Zeit, dass einer deiner Söhne nach dir benannt wird!«

Er zögerte etwas, weil er sie wieder enttäuschen musste. »Ich bin zwar damit einverstanden, aber im Hinblick auf die Eheverhandlungen mit England wäre es wahrscheinlich diplomatischer, wenn wir unseren Sohn auf den Namen Eduard taufen. Als zweiter Name würde vielleicht Alexander passen – Eduard Alexander, wäre es dir recht?«

»Ja, natürlich.« Sie dachte daran, dass junge Männer bei der Firmung manchmal den Vornamen wechselten, vielleicht wurde bei dieser Gelegenheit aus Eduard Alexander Heinrich.

Endlich erschien die Amme, überreichte ihr das Kind und Katharina betrachtete den Kleinen überrascht und fasziniert. Er war tatsächlich schön, die schwarzen Augen glänzten süß und sanft unter den langen Wimpern, die Haut war sehr weiß und rein, und bereits jetzt konnte man die feinen Gesichtszüge erkennen. Er sieht den Valois ähnlich, dachte Katharina zufrieden. Er war allerdings sehr zart, und sie hoffte inbrünstig, dass er die Kinderjahre überlebte und beschloss, ihn besonders zu behüten. Er würde nicht an der frischen Luft, bei kriegerischen Leibesübungen aufwachsen, sondern in ihren Gemächern inmitten ihrer Damen, umgeben von Samt und Seide, bis er kräftig genug war, um an den männlichen Vergnügungen wie der Jagd teilzunehmen.

»Madame«, unterbrach Mingo ihre Träume, »Madame Strozzi möchte zur Geburt des Kindes gratulieren.«

Bianca Strozzi betrat etwas verunsichert das Zimmer, ging zögernd zu dem Bett und beglückwünschte Katharina zu der glücklichen Entbindung.

»Ich bin auch gekommen, Katharina, um dir zu danken. Vorhin erhielt ich von Leo die Nachricht, dass der König ihn wieder zum Generalkapitän der Galeeren und zum Oberkommandierenden der königlichen Levante-Flotte ernannt hat. Das verdanken wir nur dir.« – »Bianca, ich werde mich immer für die Italiener in Frankreich und besonders für meine Verwandten einsetzen. – Aber jetzt betrachte meinen Sohn. Gefällt er dir?« Bianca war entschlossen, dieses Kind zu bewundern, selbst wenn sie einen hässlichen Zwerg sah, aber der Anblick des Neugeborenen setzte sie in Erstaunen. »Katharina, ich will dir nicht schmeicheln, dieses Kind ist ein Kunstwerk, es ist einfach wunderschön. Wie soll es heißen?« – »Heinrich wünscht, dass er auf den Namen Eduard Alexander getauft werden soll.« – »Eduard Alexander –, das war der Name meines Vaters, Eduardo Alessandro.«

Als Bianca gegangen war, betrachtete Katharina erneut ihren Sohn und strich vorsichtig über die schwarzen Haare und die weiße Haut. »Eduardo Alessandro«, sagte sie leise, »für mich wirst du immer Heinrich sein. Warum bist du nicht als Dauphin geboren? Ich wünschte, du wärest der Dauphin.«

In jenem Herbst war Heinrich zwar fest entschlossen, Mailand, Neapel und Florenz zurückzuerobern, aber er zögerte nach wie vor, Truppen nach Italien zu schicken, weil er dort keine Alliierten mehr hatte. Die Bündnisverhandlungen mit den protestantischen deutschen Fürsten hatten sich seit seiner Thronbesteigung hingeschleppt, ohne dass ein Ergebnis in Sicht war.

Im Spätherbst jedoch erhielt Heinrich einen verlockenden Vorschlag aus Deutschland: Die protestantischen Fürsten boten Heinrich die Bistümer Metz, Toul und Verdun an, wenn er bereit war, ihre Ansprüche gegen den Kaiser zu verteidigen. Die Bistümer gehörten zwar dem deutschen Reich, aber ihre Bewohner waren nach Sprache und Sitte Franzosen.

Heinrich besprach die Sache mit Franz und Karl von Guise, und die Brüder redeten ihm zu, das Angebot anzunehmen, weil ein Krieg gegen den Kaiser an Frankreichs Ostgrenze weniger Risiken berge als in Oberitalien. Der Nachschub sei einfacher zu organisieren, überdies könne man auf die Hilfe der verbündeten deutschen Fürsten rechnen. Zuletzt versprach Franz von Guise seinem König feierlich, die Entscheidungsschlacht, die Frankreich wieder in den Besitz von Mailand bringe, werde im Osten stattfinden, in Flandern oder Lothringen oder sogar am Rhein.

»Sire, wenn wir mit diesem Feldzug an den Rhein Mailand und Neapel zurückgewinnen, so ist es nur noch eine Frage der Zeit, bis wir die Ansprüche der Königin auf Florenz durchgesetzt haben. Wir sollten das

Angebot der deutschen Fürsten annehmen. Überdies sind unsere Verbündeten, die Türken, auf dem Weg nach Ungarn. Der Kaiser wird von zwei Seiten bedroht, also: auf an den Rhein!«

Heinrich ließ sich von den Guisen überzeugen, zumal er selbst den Wunsch verspürte, Mailand, Neapel und Florenz seinem Reich einzuverleiben. Nun musste nur noch der Widerstand Montmorencys gegen einen Krieg mit dem Kaiser überwunden werden.

Die Guisen waren ratlos; schließlich empfahl Diana, dem Konnetabel den Krieg durch eine besondere Auszeichnung zu versüßen, nämlich durch seine Ernennung zum Herzog. Diese Auszeichnung war bisher Prinzen oder Ausländern vorbehalten; Montmorency würde der erste französische Edelmann sein, der ihn erhielt.

Dianas Rechnung ging auf: Montmorency änderte zwar nicht seine Meinung, widersetzte sich indes nicht mehr offen der Kriegspartei, traf die nötigen Vorbereitungen und behauptete sogar in einer Rede vor dem Parlament von Paris, dass der Krieg gegen den Kaiser unvermeidlich sei.

Am 15. Januar 1552 unterzeichnete Heinrich in Chambord den Vertrag mit den deutschen protestantischen Fürsten. Sie ernannten ihn zum *Verteidiger der deutschen Freiheiten und unterdrückten Fürsten* und räumten ihm das Recht ein, die Bistümer Metz, Toul und Verdun zu besetzen.

Anfang März fand eine Sitzung des Kronrates statt, wo über Steuern, Gesetze gegen die Protestanten und Ähnliches gesprochen wurde. Nachdem jeder Punkt der Tagesordnung ausführlich diskutiert worden war, bat Heinrich die Herren noch einen Augenblick um Aufmerksamkeit. Er erhob sich, sah in die Runde und sagte dann langsam und feierlich: »Meine Herren, ich werde mich in den nächsten Tagen persönlich an die Front begeben, und ich habe beschlossen, während meiner Abwesenheit der Königin die Regentschaft zu übertragen.« Hier schwieg er und beobachtete amüsiert die verdutzten Gesichter der Räte. Seine Überraschung war also gelungen.

Während die Herren versuchten, sich an den Gedanken zu gewöhnen, dass ihre Königin offensichtlich an Bedeutung gewann, fuhr Heinrich fort. »Ich habe diesen meinen Wunsch mit dem Kardinal von Lothringen und Monsieur Bertrand, dem Siegelbewahrer, erörtert, und wir haben beschlossen, dass Monsieur Bertrand zum Mitregenten ernannt wird, und dass der Kardinal von Bourbon und der Marschall von Annebault die Königin beraten sollen. Meine Herren, ich hoffe und erwarte, dass

Sie während meiner Abwesenheit der Königin ebenso loyal zur Seite stehen wie mir.«

Es entstand eine kurze Pause, und dann billigte der Rat einstimmig jenes Dekret, das Katharina die Regentschaft übertrug. Während Heinrich den Saal verließ, unterhielten sich die Räte. Die Königin würde regieren –, man musste ihr künftig mehr Aufmerksamkeit schenken. Die Seneschallin verlor an Macht und Einfluss, indes vertrat der Siegelbewahrer im Rat die Interessen der Seneschallin; folglich konnte die Königin nur im Einvernehmen mit der Seneschallin regieren. Aber allein die Tatsache, dass der König seiner Gemahlin die Regentschaft übertrug, sprach Bände.

Als Karl von Guise den Saal verließ, sagte einer der älteren Räte zu ihm: »Es war eine gute Idee von Ihnen, Eminenz, dem König seine Gemahlin als Regentin vorzuschlagen. Sie ist zwar unerfahren in Regierungsgeschäften, aber ich halte sie für geeignet.«

Der Kardinal lächelte maliziös und erwiderte: »Sie irren, Monsieur, es war die Idee Seiner Majestät, der Königin die Regentschaft zu übertragen. Ich habe diese Idee allerdings stark befürwortet, weil ich – ebenso wie Sie und viele andere – der Meinung bin, dass die Königin die Regierungsgeschäfte besser führen wird als der König von Navarra. Über ihre fehlende Erfahrung mache ich mir keine Gedanken; ich bin davon überzeugt, dass sie sich in ihre neue Aufgabe rasch einarbeiten wird. Guten Tag, Monsieur.«

Er war zwar davon überzeugt, dass Katharina mit Hilfe ihrer Ratgeber die laufenden Geschäfte führen konnte, aber er hatte sich vor allem für sie eingesetzt, weil er so eine Regentschaft der »Wachtel« verhindern konnte. Eine Regentschaft des ersten Prinzen von Geblüt hätte die Bourbonen nur aufgewertet; überdies hielt er es im Interesse der Guisen für angebracht, der Königin nach außen hin mehr Beachtung zu schenken als bisher, weil Heinrich ihr ganz offensichtlich mehr Beachtung widmete als früher.

In seinem Appartement schrieb er einen ausführlichen Brief an seine Mutter, teilte ihr die Neuigkeit von Katharinas Regentschaft mit und bat sie, darauf zu achten, dass die Familienmitglieder die Königin mit mehr Ehrerbietung behandelten als bisher.

Heinrich begab sich vom Ratssaal in Katharinas Appartement.

»Ich habe eine Überraschung für dich. Du wirst, während ich bei den Truppen bin, die Regierungsgeschäfte führen. Der Rat hat vorhin mein

Dekret einstimmig gebilligt, und die Bestätigung durch das Pariser Parlament ist nur eine Formsache.«

Katharina starrte den Gatten einen Augenblick ungläubig an. Sie sollte regieren? Er übertrug ihr die Verantwortung für sein Königreich? »Heinrich, ist das dein Ernst? Du glaubst, dass ich dieser Aufgabe gewachsen bin?« – »Ja. Wem sonst gebührt die Regentschaft, wenn nicht dir. Du bist die Mutter des künftigen Königs.« – »Ich bin so glücklich, Heinrich! Du hast mir einen geheimen Wunsch erfüllt. Zu Lebzeiten deines Vaters träumte ich manchmal davon, dass er mich bei Staatsangelegenheiten um meinen Rat bitten würde. Ich verspreche dir, dass ich mich deines Vertrauens würdig erweisen werde. Ich werde mich um alles kümmern und bei jeder Entscheidung abwägen, ob sie zum Wohle Frankreichs ist. Ich werde versuchen, zu deiner Zufriedenheit zu regieren und dich nicht enttäuschen.« – »Du wirst mich nicht enttäuschen.« Im Stillen dachte er, dass ihre Ratgeber Fehlentscheidungen schon verhindern würden. Er betrachtete die leicht geröteten Wangen und die glänzenden, dunklen Augen, und wieder einmal wurde ihm bewusst, wie wenig er über ihre Persönlichkeit wusste. Sie hat vom Regieren geträumt … Er hatte bisher nur eine Frau kennen gelernt, die sich zur Regierung berufen fühlte, seine Großmutter Louise von Savoyen. Ansonsten versuchten Frauen vielleicht, die Politik aus dem Hintergrund zu beeinflussen, das war alles. Eine Ausnahme allerdings gab es: seine Cousine Johanna. Wenn ihr Vater einmal tot ist, wird sie in Navarra regieren, nicht ihr Gatte.

»Katharina, ich werde in wenigen Tagen zu den Truppen abreisen. Du wirst mich mit einem Teil des Hofes bis Joinville begleiten und während einiger Wochen im Palast der Familie Guise leben. Die Kurierwege von dort zur Front sind kürzer als von Saint-Germain aus. Aber du musst als Regentin in Kriegszeiten stets in der Nähe der Hauptstadt bleiben.« – »Ja natürlich. Mein Gott, erst jetzt wird mir bewusst, dass du wieder in den Krieg ziehst. Ich habe Angst um dich!« Er lächelte und zog sie an sich. »Katharina, mein Vater war so oft im Krieg, hat an der vordersten Front gekämpft und ist letztlich friedlich in seinem Bett gestorben. Und auch ich werde in meinem Bett und nicht auf dem Schlachtfeld sterben.«

»Ich habe trotzdem Angst …« In diesem Augenblick fiel ihr ein, dass sie sich zum ersten Mal in ihrem Leben von dem kleinen Eduard Alexander trennen musste. Nein, dachte sie, das kann ich nicht, eine längere Trennung von diesem Kind ist für mich unerträglich. »Heinrich, unser jüngster Sohn ist zwar erst ein halbes Jahr alt, aber ich bringe es nicht übers Herz, ihn zurückzulassen. Ich habe keine ruhige Minute, wenn das Kind nicht in meiner Nähe ist. Bitte erlaube, dass er uns begleitet.« – »Seine Gesundheit ist zart …« – »Ich weiß. Ich verspreche dir, dass ich auf ihn aufpassen werde wie auf die Krone Frankreichs. Bitte, Heinrich.«

Er sah ihre flehenden Augen, er spürte schon seit der Geburt des Kleinen, dass sie dieses Kind aus irgendeinem Grund besonders liebte.

»Gut, ich habe nichts dagegen, wenn du ihn mitnimmst.«

Anlässlich der Abreise des Königs an die Front versammelte Katharina ihren Hofstaat und ordnete für die Dauer der Kämpfe schwarze Kleidung und maßvolles Schmuckwerk an.

Ihre Damen waren über diese Anordnung nicht gerade begeistert, doch die Königin bestand darauf.

Man begleitete den König nach Joinville, wo sich der Hofstaat von ihm verabschieden sollte.

Von Seiten der Herzoginwitwe war die Ankunft des Königspaares äußerst gewissenhaft vorbereitet worden. Auch für Abwechslung im Sinne von Banketten, Jagden und Ausritten war in jeder Hinsicht gesorgt. Die Räumlichkeiten waren blitzsauber und festlich geschmückt.

Innerlich jedoch schwankte Antoinette von Guise zwischen Neid und Empörung über die Ernennung Katharinas zur Regentin während der Abwesenheit ihres Gatten. Gleichwohl drückte sie in ihrer Begrüßungsrede Freude über ihre Gastgeberrolle aus. Auch die Präsentation ihres putzmunteren, vor Gesundheit strotzenden Enkels bei dieser Gelegenheit hatte sie eingeplant.

Dieser kam mit einem Veilchenstrauß auf das Königspaar zu, und seine Mutter Anna, die ihn begleitete, benutzte die Gelegenheit für eine Konversation von Mutter zu Mutter.

Der kleine Eduard und Heinrich von Guise, der nur einige Monate älter war, lachten sich an und schienen sich auf Anhieb prächtig zu verstehen.

Anna brachte ihre Hoffnung zum Ausdruck, dass ihre beiden Söhne immer Freunde bleiben würden und nicht, wie ihr eigener Gatte und Coligny, eines Tages Feinde würden. Bei dieser Gelegenheit erfuhr Anna, dass Coligny in aller Stille geheiratet hatte, eine entfernte Cousine, mehr war nicht bekannt. Sie hörte auch, dass der Prinz von Condé im Sommer Colignys Schwester Eleonore heiraten wolle.

Der Prinz von Condé sei schließlich ein »Prinz von Geblüt«, erklärte

Katharina. Anna wurde hier zum ersten Mal bewusst, dass die Familie von Guise zwar mächtig, doch nicht von königlicher Abstammung war.

Am Abend fand ein festliches Bankett statt, aber Katharina fühlte sich sterbenselend. Der Arzt Fernel wurde herbeigeholt, er diagnostizierte Scharlach-Fieber. Heinrich ergriff Panik, dass Katharina etwas zustoßen könne.

Diana machte sich erbötig, seine kranke Gattin zu pflegen; insgeheim wollte sie dadurch ihre eigene Position beim König stärken.

Nachdem die Krise Anfang April überstanden war, machte sich der König, der mit seiner Abreise bis dahin gewartet hatte, auf den Weg zu den Truppen.

Nachdem es Katharina nun besser ging, nahm sie die Regierungsgeschäfte in Angriff. Dabei stutzte sie über die ihr auferlegte Mitregentschaft des Siegelbewahrers Bertrand sowie des Marschalls von Annebeault.

Per Depesche forderte sie von Heinrich eine Rücknahme des Dekrets, da ja auch die selige Königin-Mutter in Abwesenheit ihres eigenen Gatten gewohnheitsgemäß die Regentschaft selbständig übernommen hatte.

Zu Katharinas Enttäuschung antwortete Heinrich, dass er die Veröffentlichung des Dekrets in der angegebenen Form wünsche. Sie spürte, dass sie sich etwas zu weit vorgewagt hatte, und schrieb an Montmorency, der inzwischen ebenfalls zur Armee abgereist war. *Ich bitte Sie, mein lieber Gevatter, mich hinfort stets und in allem besonders hinzuweisen auf das, was ich zu tun habe.* Sie siegelte den Brief und überlegte, wie sie ihre beschränkten Befugnisse zum Wohle Frankreichs nutzen konnte. Es war ganz einfach! Sie würde den Nachschub organisieren und Verpflegung, Munition und anderes Kriegsmaterial an die Front schicken.

Während der folgenden Tage saß Katharina am Schreibtisch und versuchte, den Nachschub zu organisieren. Es war für sie eine völlig neue, aber gleichzeitig auch faszinierende Aufgabe. Der kleine Eduard saß neben ihr in einem Kinderstuhl, und hin und wieder sah Katharina von ihren Papieren auf, betrachtete ihn und bedauerte, dass dieser Sohn nicht der Dauphin war. Nachmittags wurde hin und wieder der kleine Heinrich von Guise gebracht, dann ließ Katharina ihren Sohn auf dem Boden krabbeln und beobachtete, wie die Kinder spielten und zusammen balgten.

Im Mai erhielt sie einen Brief von Heinrich, worin dieser mitteilte, dass nichts von den angekündigten Lebensmitteln eingetroffen sei. Katharina ärgerte sich über die Panne und befahl, der Angelegenheit nachzugehen. Noch mehr ärgerte sie sich darüber, dass dies Heinrichs erster Brief seit seiner Abreise war – sie wusste, dass er regelmäßig an Diana schrieb, weil die Rivalin ihr mitteilte, wie es Heinrich gesundheitlich ging.

Die Franzosen hatten unterdes Metz, Toulon und Verdun ohne Widerstand seitens der kaiserlichen Truppen besetzt, und da die militärische Lage stagnierte, kehrte Katharina im Sommer nach Saint-Germain zurück.

Während der folgenden Wochen traf sie sich mit dem Rat des Königs und den Gesandten. Sie versuchte, Mittel für den Unterhalt der königlichen Armee aufzutreiben. In dieser Zeit gab es für sie nur eine Sorge, nämlich Heinrichs Gesundheit, und so schrieb sie an den Konnetabel, als dieser sich Ende Juni nach ihrem Befinden erkundigte:

Sie haben sich nach meiner Gesundheit erkundigt. Ich muss Ihnen sagen, dass es nicht das Wasser ist, das mich so sehr krank gemacht hat, sondern vielmehr das Ausbleiben von Nachrichten des Königs, denn ich fange allmählich an zu denken, dass Sie und er und alle anderen vergessen haben, dass ich noch am Leben bin. Es gibt nichts, das mich so krank machen könnte, wie das Gefühl, außerhalb seiner Gunst zu stehen.

Sie legte die Feder zur Seite, überlas das Geschriebene und dachte im Stillen, dass sie hoffte, Heinrichs Liebe dadurch zu gewinnen, dass sie sich völlig den Aufgaben der Regentschaft widmete. Abgesehen davon machte ihr das Regieren Spaß.

Am 10. April waren die Franzosen, angeführt von dem Herzog Franz von Guise, in Metz eingezogen. Metz war die wichtigste der drei Festungen, und es war zu erwarten, dass der Kaiser die Besetzung nicht dulden würde. Aber als eine Woche nach der anderen verstrich, ohne dass man von einem Anmarsch kaiserlicher Truppen hörte, übergab Heinrich im Juli dem Herzog das Kommando über Metz und kehrte nach Saint-Germain zurück, wo er Anfang August eintraf.

Der Sommer verging, es wurde Herbst, und Franz von Guise schickte regelmäßig Kuriere an den Hof mit Berichten, dass die schlecht befestigte Stadt Metz allmählich in eine Festung verwandelt würde, die jeder Belagerung standhalten konnte.

Anfang Dezember erschien der Kardinal von Guise mit heiterer Miene bei Heinrich. »Ich habe zwei Nachrichten für Euer Majestät: Eine gute und eine, die vielleicht gut ist. – Am 20. November ist der Kaiser mit einem Heer vor Metz aufmarschiert, hat die Außenwerke beschossen und in Trümmer gelegt. Aber als die feindlichen Truppen in die geschossenen Breschen drängten, empfing sie ein vernichtendes Feuer von den Erdwällen, die mein Bruder hat errichten lassen. Der Angriff wurde abgewehrt, damit nicht genug, wird jede Bresche, die die feindliche Artillerie schießt, sofort wieder geschlossen. Ich bin davon überzeugt, dass mein Bruder die Stadt Metz erfolgreich verteidigen wird, zumal er vier Verbündete hat, nämlich Regen, Schnee, Seuchen und Hunger. – Sie können die Entwicklung an der Front also gelassen abwarten, Sire …« Er zögerte etwas und fuhr fort. »Die Nachrichten aus England sind weniger erfreulich. Der Graf von Warwick, inzwischen zum Herzog von Northumberland ernannt, erfreut sich zwar nach wie vor der Gunst des Königs, und nach der Hinrichtung des Lord-Protektors Seymour im Januar dieses Jahres ist er der mächtigste Mann in England – ein Mann, der pragmatisch denkt und für den die Religion keine Weltanschauung ist. Überdies ist er ein geschliffener Verhandlungspartner – aber wie lange noch? – Unser Gesandter berichtet seit Wochen, dass der Gesundheitszustand des Königs sich permanent verschlechtert. Mit Hilfe von Bestechungsgeldern ist es mir gelungen, den Ärzten eine klare Aussage zu entlocken: König Eduard wird höchstens noch ein Jahr leben. Ich weiß nicht, ob es unter diesen Umständen sinnvoll ist, die Eheverhandlungen fortzuführen.« Hier schwieg der Kardinal, damit sein königlicher Herr nachdenken konnte.

Heinrich sah ihn betroffen an. »Meine Gattin wünscht und hofft, dass unsere älteste Tochter Königin von England wird«, erwiderte er nach einer Weile.

»Sire, ich kann Ihre Majestät verstehen. Indes, Prinzessin Elisabeth zählt sieben Jahre, es dauert mindestens noch sieben Jahre, bis sie das ehefähige Alter erreicht. König Eduard wird dann tot sein, selbst wenn die Ärzte sich irren und er die nächsten zwei oder drei Jahre überlebt … Außerdem, wer weiß, welche Möglichkeiten sich für Ihre Tochter in den nächsten Jahren ergeben? Ein zufälliger Tod eröffnet vielleicht ganz neue Perspektiven … Meiner Meinung nach sollten wir die Eheverhandlungen mit England allmählich versickern lassen.«

Heinrich überlegte einen Augenblick und gab dem Kardinal Recht.

»Der Tod Eduards«, fuhr Guise fort, »eröffnet für Frankreich neue Perspektiven: Nach seinem Tod wird die älteste Tochter Heinrichs VIII., Maria, neue Königin von England. Sie ist Katholikin geblieben und wird wahrscheinlich versuchen, England wieder unter die päpstliche Oberhoheit zu bringen. – Das ist wünschenswert, aber letztlich nebensächlich.« Er überlegte kurz und fuhr dann fort. »Maria Tudor ist inzwischen sechsunddreißig Jahre alt. Wenn sie Königin wird, ist sie siebenunddreißig, vielleicht noch älter. Sie muss bald heiraten und einen Erben gebären, um die Thronfolge zu sichern. Vielleicht gelingt es ihr, vielleicht auch nicht. Es ist jedenfalls anzunehmen, dass sie ohne Kinder stirbt – und dann? Gemäß dem englischen Thronfolgegesetz würde ihre Halbschwester Elisabeth Englands neue Königin, aber sie ist vor dem englischen Gesetz noch immer ein Bastard. Ein Bastard kann nicht gleichzeitig gesalbter und gekrönter König sein, sie hat also keinen Anspruch auf die englische Krone.«

Heinrich sah den Kardinal erstaunt an. »Sie haben Recht, aber was geht uns die englische Thronfolge an?«

»Sire, angenommen, Maria Tudor, Englands künftige Königin, stirbt ohne Nachkommen, dann hat Ihre künftige Schwiegertochter, die Königin von Schottland, einen berechtigten Anspruch auf die Krone Englands, weil sie die Urenkelin Heinrichs VII. ist; ihre Großmutter Margarete ist die ältere Schwester Heinrichs VIII. – Der Stammbaum erlaubt ihr also, Ansprüche auf die englische Krone zu erheben. Sire, Ihr Sohn, der Dauphin, wird eines Tages nicht nur König von Frankreich und Schottland sein, sondern auch König von England. Es ist eine langfristige Perspektive, aber Sie sollten sie im Auge behalten, Sire.«

»König von Frankreich, Schottland und England«, sagte Heinrich, »eine verlockende Aussicht. – Aber wir sollten in Ruhe abwarten, noch lebt König Eduard.«

Nach der Abendtafel begab er sich zu Katharina und teilte ihr schonend mit, dass Elisabeth Eduard nicht würde heiraten können.
Sie sah ihn entgeistert an und fing an zu weinen. »Das arme Mädchen, was soll aus ihr werden? Ich hatte so gehofft und gewünscht, dass sie eine Königin wird.«
Einen Augenblick lang fühlte Heinrich sich hilflos, mit dieser Reaktion hatte er nicht gerechnet. Dann nahm er seine Frau in die Arme. »Katharina, unsere Elisabeth ist sieben Jahre alt. Wer weiß, welche Möglichkeiten sich eröffnen, irgendwann eine gute Partie für sie zu arrangieren.«

Katharina trocknete ihre Tränen und erwiderte leise: »Heinrich, ich erwarte unser siebtes Kind, es wird wahrscheinlich im nächsten Mai zur Welt kommen. Ich hoffe und wünsche, dass es ein Sohn und keine Tochter ist – du siehst ja, wie schwer es ist, Töchter zu verheiraten.«

»Wie, du bist wieder guter Hoffnung? Ich freue mich! Ob Sohn oder Tochter, das ist mir gleich. Für mich ist wichtig, dass es ein gesundes, kräftiges und lebensfähiges Kind ist.«

Am letzten Tag des Jahres 1552 überbrachte ein Kurier die Nachricht, dass es Franz von Guise gelungen war, die Festung Metz erfolgreich gegen die kaiserlichen Truppen zu halten. Am Tag nach Weihnachten war der Feind auf kaiserlichen Befehl hin abgezogen.

Der Sieg der Franzosen über den Kaiser bei Metz erregte nicht nur in Frankreich, sondern in ganz Europa Aufsehen. Von da an galt Franz von Guise als tüchtigster Heerführer Europas, tüchtiger als der Konnetabel, und bei Hof hielt man ihn für weit genialer als Coligny oder Condé.

Im Frühjahr 1553 weilte der Hof in Saint-Germain-en-Laye.

Am Morgen des 14. Mai begannen zu Katharinas Erleichterung die Wehen. Diese Schwangerschaft war für sie beschwerlicher gewesen als die vorigen, weil das Kind anscheinend größer war als seine Geschwister. Bei den früheren Schwangerschaften hatte sie meist erst im siebten Monat eine gewisse Leibesfülle bemerkt, bei diesem Kind war ihr Zustand schon im fünften Monat deutlich sichtbar gewesen. Überdies war es ein überaus lebhaftes Kind, und sie verfolgte die heftigen Bewegungen in ihrem Körper mit gemischten Gefühlen.

Als am 14. Mai die Mittagsglocken läuteten, hatte Katharina alles überstanden, aber sie war so erschöpft, dass sie sofort einschlief, ohne zu wissen, ob das Neugeborene ein Sohn oder eine Tochter war. Als sie erwachte, saß Heinrich neben ihrem Bett, lächelte sie strahlend an und überreichte ihr ein schweres Geschmeide aus Rubinen, Saphiren, Smaragden und Brillanten.

»Du hast eine kräftige, gesunde Tochter geboren, Katharina, ich danke dir. Es ist unser erstes Kind, bei dem wir nicht um sein Leben bangen müssen.« – »Eine Tochter …, ich hatte mir so sehr einen Sohn gewünscht.« Heinrich hörte erstaunt die Enttäuschung in der Stimme seiner Frau. »Wir haben drei Söhne, und wenn Gott will, so werden wir noch einen vierten Sohn haben. Aber die Kleine ist so kräftig, dass es eine Lust ist, sie zu betrachten.«

Die Amme kam und zeigte Katharina das Bündel und übergab es dann dem König.

»Sie ist tatsächlich kräftig. Kein Wunder, dass die Schwangerschaft nicht einfach war.« Im Stillen bedauerte sie, dass Eduard Alexander nicht die Konstitution der kleinen Schwester besaß.

Unterdessen betrachtete Heinrich verzückt seine jüngste Tochter und bewunderte die fast schwarzen Augen und Haare. Er strich vorsichtig über die weiße, schimmernde Haut und sagte nach einer Weile: »Ich glaube, sie wird eine schöne, begehrenswerte Frau werden, voll, rund. Sie ist jetzt schon richtig dick, findest du nicht auch?« – »Ja«, erwiderte Katharina gottergeben. »Welchen Namen soll sie tragen?«, fragte Heinrich. »Margarete, nach deiner Schwester und Tante.« – »Margarete ist zwar ein klangvoller, aber auch ein langer Name. Man müsste einen kürzeren Rufnamen finden …, vielleicht Margot, ja, Margot ist der Rufname für die kleine Dame. Bist du einverstanden?« – »Ja, natürlich.« Heinrich strich über den schwarzen Haarflaum und sagte: »Margot, meine dicke, kleine Margot, ich werde dich glänzend verheiraten, du sollst Königin werden.«

Katharina beobachtete, dass der winzige Mund sich zu einem Lächeln verzog. Sie verspürte jetzt das Bedürfnis, allein zu sein.

»Heinrich, ich bin müde und möchte ruhen.« Tatsächlich hatte sie sich auf einen Sohn fixiert und verbarg ihre Enttäuschung. Er sprang sofort auf. »Verzeihung, ich habe nicht daran gedacht, dass du erschöpft bist. Nach der Nottaufe am Nachmittag werden die Familien Bourbon und von Guise dir gratulieren. Ich habe einen kleinen Empfang vorbereiten lassen.«

Katharina sah dem Gatten erstaunt nach. Ein Empfang nach der Nottaufe? Das hatte sie noch nie zuvor erlebt, noch nicht einmal nach der Geburt des Dauphins. Er freut sich aus irgendeinem Grund über die Geburt dieses Kindes besonders, obwohl es nur eine Tochter ist. Aber sie ist wohl tatsächlich unser erstes kräftiges Kind.

Heinrich trug das Neugeborene zum Appartement seiner Kinder und präsentierte die Kleine voller Vaterstolz. »Eure neue Schwester Margarete, genannt Margot.«

Der Dauphin, seine Braut, Elisabeth und Claudia betrachteten die Kleine ohne sonderliches Interesse. Maria Stuart spürte aber, dass ihr künftiger Schwiegervater diesem Kind eine besondere Zuneigung entgegenbrachte und sagte daher nach einer Weile: »Margot ist schön.«

Karl und Eduard betrachteten die Schwester interessierter, und auf einmal sagte Karl: »Sie gehört mir.«

»Nein, sie gehört mir«, erwiderte sein Bruder.

Heinrich lachte und rief: »Kinder, streitet euch nicht um sie, Margot gehört uns allen!«

Am Spätnachmittag fand in der Schlosskapelle die Nottaufe statt, und während Margarete ihre Nichte über das Taufbecken hielt, dachte sie wieder einmal daran, ob es ihr je vergönnt sein würde, selbst eine Familie zu haben. Anschließend versammelten sich die Familien Valois, Bourbon, von Guise, Diana und der Konnetabel im Zimmer der Wöchnerin, gratulierten und überreichten kleine Geschenke.

Unterdessen hatten die Diener Rotwein serviert, und Heinrich hob feierlich seinen Pokal. »Ich trinke auf das Wohl meiner Gemahlin und unserer Tochter Margot.«

In diesem Augenblick sackte Johanna von Bourbon zusammen, der Becher entfiel ihrer Hand. Katharina sah verärgert, dass der blutrote Wein sich auf dem weißen Wollteppich ergoss. So etwas kann auch nur der Provinzprinzessin passieren, dachte sie gereizt.

Die Anwesenden betrachteten einige Sekunden lang erschrocken die ohnmächtige Johanna. »Ein Arzt, wo ist ein Arzt?«, rief Anna von Guise. Fernel, der sich im Nebenraum aufhielt und der Amme Anweisungen für das Stillen erteilte, hörte den Ruf und kam herbei. Er beugte sich über Johanna, fühlte den Puls und befahl, sie in ein Nebenzimmer zu bringen. Als er nach wenigen Minuten wieder erschien, umspielte ein amüsiertes Lächeln seinen Mund. Er trat zu Heinrich, flüsterte ihm einige Worte zu, woraufhin dieser ebenfalls lächelte und zu Anton von Bourbon so laut sagte, dass jeder es hören konnte: »Mon Cousin, die Ohnmacht hat nichts weiter zu bedeuten. Ihre Gattin ist guter Hoffnung, und Monsieur Fernel rechnet, dass sie im Dezember niederkommt.«

Die Anwesenden schwiegen überrascht, dann hob Anton von Bourbon seinen Pokal. »Ich werde Vater! Trinken wir auf das Wohl des ungeborenen Kindes, trinken wir auf den künftigen König von Navarra!«

Der König von Navarra, dachte Katharina, er ist zugleich Thronprätendent. Man müsste Margarete mit ihm verheiraten – sie sind gleichaltrig. So könnte man Navarra an Frankreich binden.

Drei Jahre später, am 24. Juni 1556, ging Heinrich unruhig in seinem Arbeitszimmer in Fontainebleau auf und ab. Je mehr der Zeiger der Uhr vorrückte, desto nervöser wurde er. – War es notwendig geworden, nach der Geburt des vierten Sohnes Herkules am 18. März 1555, ein weiteres Kind zu zeugen? Vier Söhne sicherten den Fortbestand der Dynastie Valois. Diesmal war es nicht der Gedanke an die Dynastie gewesen, sondern der spontane Wunsch, einige Nächte mit Katharina zu verbringen. Die Lust, nicht die Pflicht hatte jenes neunte Kind gezeugt. Die Wehen hatten gegen Mittag eingesetzt, und bald danach war ein Diener mit einer Nachricht von Fernel erschienen. Die Geburt würde schwierig werden, und es war ungewiss, ob die Königin diese Geburt überleben würde.

Die Stille im Raum war für Heinrich kaum zu ertragen. – Was wäre, wenn seine Frau nicht überlebte?

Er hatte etliche Male einen Diener zu Katharinas Appartement geschickt, aber Fernel verweigerte jede weitere Auskunft. Er sah erneut zur Uhr, es war bald fünf … Sie darf nicht sterben, dachte Heinrich, ich kann ohne sie nicht leben. – Er stutzte. Es war das erste Mal, dass er diesen Gedanken im Stillen formulierte, und auf einmal wusste er, dass dieses Gefühl der Verbundenheit wahrscheinlich schon lange in ihm vorhanden war, sich aber erst jetzt in sein Bewusstsein emporgearbeitet hatte. Der Diener meldete den Arzt, und Fernel betrat mit ernster Miene das Zimmer. Er hatte die Sechzig längst überschritten und hätte sich gerne zur Ruhe gesetzt, aber er hielt es für seine Pflicht, den Wunsch der Königin zu erfüllen, nämlich bei den Niederkünften die Oberaufsicht zu führen. Es gab zwar Geburtshelfer und Hebammen, aber Katharina hatte nur zu Fernel Vertrauen. Als Heinrich das ernste Gesicht des Arztes sah, fühlte er, wie Angst seine Kehle zuschnürte. »Die Königin«, stammelte er, »was ist mit meiner Frau, lebt sie?« – »Ja, Sire, Ihre Majestät hat die Geburt überstanden. Sie ist allerdings sehr geschwächt, aber sie wird sich erholen. Sie hat Zwillinge getragen, zwei Mädchen. Ein Kind kam tot zur Welt, die andere Tochter lebt. Wie lange, das weiß allein Gott, einige Tage, vielleicht auch einige Wochen oder Monate. Das Kind muss so rasch wie möglich die Nottaufe empfangen.«

Heinrich schwieg einen Augenblick erschüttert. Ein totes Kind und ein kaum lebensfähiges Kind. Wir haben genug Kinder … »Kann ich meine Frau jetzt sehen, oder ist sie zu geschwächt?«

Der Arzt betrachtete den König und las in seinen Augen den Wunsch, die Gattin zu sehen. Er dachte an die Geschichte dieser Ehe, und obwohl es aus ärztlicher Sicht besser war, wenn die Königin jetzt keine Besuche empfing, überwand er seine Bedenken. »Sie können die Königin besuchen, aber verweilen Sie nicht zu lange, sie ist wirklich sehr schwach.« Er zögerte einen Moment und fuhr vorsichtig fort: »Sire, ich bin Ihr Untertan, und es ziemt sich nicht, dass ich mich in Ihr Privatleben einmische. Es ist der ärztlichen Kunst zwar gelungen, das Leben Ihrer Majestät bei dieser Geburt zu retten, ich bezweifle aber, ob dies bei einer neuen Niederkunft gelingen wird. Mit anderen Worten, die Königin darf keine Kinder mehr bekommen. Ich bitte um Vergebung, Sire, aber dies sind die Worte eines Arztes.« – »Sie müssen sich nicht rechtfertigen. Meine Frau hat vier Söhne geboren, das genügt zur Sicherung der Thronfolge.«

Nachdem Fernel gegangen war, begab Heinrich sich zunächst in das Studierzimmer des Dauphins, wo, wie er wusste, seine Kinder und der junge Heinrich von Guise seit einigen Stunden ängstlich und ungeduldig auf Nachrichten über die Königin warteten. Heinrich wusste, dass seine Kinder Katharina sehr liebten und ihr aufs Wort gehorchten, manchmal zwar widerwillig, aber sie war für die jungen Valois die Respektperson schlechthin. Im Studierzimmer waren, außer dem jungen Guise, seine Kinder Franz, Elisabeth, Claudia, Karl und Eduard versammelt. Maria Stuart, die nun dreizehn Jahre zählte, hatte inzwischen ihren eigenen Haushalt, der 1554 endlich von Schottland genehmigt worden war.

Seit 1554 verbrachte sie zum Kummer des Dauphins und zur Freude Katharinas einige Monate im Jahr fern vom Hof auf den Schlössern in der Touraine oder auf den Gütern ihrer mütterlichen Verwandten. In jenem Juni war sie in Joinville und repetierte unter der Aufsicht ihrer Großmutter die Lektionen in Staatskunst, worin sie der Kardinal seit zwei Jahren regelmäßig unterwies, weil er Wert darauf legte, ihren Charakter so zu formen, dass sie als künftige Königin der Familie Guise nützlich sein würde. Zu seiner Freude war seine Nichte eine gelehrige Schülerin, die alles akzeptierte, was er ihr vortrug.

Margot und der kleine Herkules wuchsen in Amboise auf, wohin man sie einige Monate nach ihrer Geburt gebracht hatte. Heinrich bedauerte es, dass er seine jüngsten Kinder nur dann sah, wenn der Hof in Amboise weilte, aber Katharina war der Meinung, es sei wenig sinnvoll, dass die Kleinen jetzt schon am Hof lebten. Sie könne sich ihnen nicht so widmen, wie es nötig wäre, weil sie voll ausgelastet sei mit der Erziehung der älteren Kinder und ihren Repräsentationspflichten; vor allem müsse sie sich ihren Aufgaben als Regentin widmen, wenn er an der Front sei.

Die Argumente überzeugten Heinrich, wobei sie ihm verschwieg, dass es noch einen Grund gab, die Kinder in Amboise zu lassen. Sie verspürte, ohne dass sie eigentlich wusste warum, kein Bedürfnis, Margot und Herkules ständig um sich zu haben.

Beim Betreten des Zimmers betrachtete Heinrich unwillkürlich den jungen Heinrich von Guise, der wie stets neben seinem Freund Eduard saß; der fünfeinhalbjährige Heinrich wirkte anziehend auf seine Umgebung, nicht nur, weil er ein hübscher Junge war, sondern auch aufgeweckt, lebhaft, neugierig, lustig, immer zu Streichen aufgelegt und eine Lebensfreude ausstrahlte, der man sich kaum entziehen konnte. Seine gleichaltrigen Kameraden bewunderten ihn, weil er ihnen körperlich überlegen war; keiner konnte so schnell laufen und so behände klettern, bei Ringkämpfen war er stets der Sieger. Aber keiner der anderen Jungen verübelte ihm dies, im Gegenteil, man war stolz darauf, ein Kamerad von ihm zu sein. Er war der Anführer jener Pagen und Edelknaben, deren Väter zu der Partei der Familie von Guise gehörten.

Der König betrachtete den großen und kräftigen Jungen, die blitzenden, dunklen Augen in dem von der Sonne gebräunten, kantigen Gesicht, das schon jetzt den künftigen Mann ahnen ließ und spürte einen Stich, als er nun zu seinen eigenen Söhnen sah: Der Dauphin, inzwischen zwölfeinhalb Jahre alt, war zwar ein Stück gewachsen, aber immer noch kleiner als seine Braut. Sein rundes Gesicht bildete nach wie vor einen merkwürdigen Kontrast zu dem schmächtigen Körper. Karl und Eduard waren zwar groß für ihr Alter, aber sehr dünn, und dies, obwohl Katharina sorgfältig über ihre Ernährung wachte. Beide hatten das längliche, ovale Gesicht der Valois, aber während der fast fünfjährige Eduard seine Umgebung mit seinem Lächeln und seinem anmutigen, graziösen Gang bezauberte, betrachteten die Hofleute den sechsjährigen Karl mit gemischten Gefühlen. Seine Miene war meist ernst und nachdenklich, konnte sich aber von einer Minute zur anderen verändern, und man wusste nie, ob er im nächsten Augenblick liebenswürdig lächeln würde, oder ob sich seine Züge vor Wut über irgendeine Kleinigkeit verzerren würden. Abgesehen davon waren beide nicht robust; Heinrich und Katharina ängstigten sich bei jeder Erkältung ihrer Söhne und befürchteten das Schlimmste.

Der Anblick der Töchter war für Heinrich erfreulicher: Die Schwestern sahen auf den ersten Blick gesünder aus als die Brüder, weil sie dicker waren. Bei der elfjährigen Elisabeth begannen sich die ersten weiblichen

Rundungen abzuzeichnen, und ein Frauenkenner wie Anton von Bourbon behauptete, dass ihr Körper einmal formvollendet proportioniert sein würde. Ihre achteinhalbjährige Schwester Claudia war noch ein Kind, weder besonders hübsch noch hässlich, eher unauffällig. Was Heinrich immer wieder erstaunte, wenn er die Mädchen sah, das war ihr Ernst. Er hatte noch nie erlebt, dass sie fröhlich und unbeschwert lachten; sie strahlten eine merkwürdige Melancholie aus. Er ging zu den Kindern. »Eure liebe Mutter hat euch eine kleine Schwester geschenkt.« Er verschwieg, dass es noch ein zweites, totes Kind gab. Seine Söhne und Töchter würden den Tod noch früh genug kennen lernen.

»Eine Schwester!«, rief Elisabeth. »Wie soll sie heißen?« – »Ich weiß noch nicht, für welchen Namen sich deine Mutter entschieden hat.« – »Dürfen wir jetzt zu Mama?«, fragte Eduard.

Heinrich zögerte, dachte daran, dass Katharina noch sehr geschwächt war, und erwiderte vorsichtig: »Es ist wohl besser, wenn ihr sie erst morgen besucht.« – »Vater, bitte, ich möchte Mama jetzt sehen und ihr gratulieren«, bettelte Eduard, und als Heinrich in die flehenden, dunklen Augen sah, die ihn anlächelten, gab er nach.

»Ich werde eure Mutter fragen, wer von euch sie jetzt besuchen darf. Es ist unmöglich, dass ihr alle gleichzeitig zu ihr geht, weil sie sich noch schonen muss.«

Die Kinder sahen ihrem Vater enttäuscht nach, als er das Zimmer verließ.

Unterdessen hatte Katharina von Fernel erfahren, dass sie zwei Mädchen geboren hatte und dass eines tot zur Welt gekommen war. Eine Tochter, dachte sie, warum keinen Sohn? Als Heinrich das Zimmer betrat, gelang es ihr nur mit Mühe, ihre Enttäuschung zu verbergen. Er küsste sie liebevoll und setzte sich neben das Bett. »Fühlst du dich sehr schwach?«

»Nein, es geht mir ganz gut. Aber ich hätte so gerne einen Sohn geboren. Stattdessen – zwei Töchter, und ein Kind ist schon tot.« – »Katharina, das ist völlig unwichtig. Es geht jetzt um dich, du musst wieder zu Kräften kommen. Wir haben vier Söhne, die Thronfolge ist gesichert.« Er gab Mingo einen Wink, und sie überreichte Katharina ein Kästchen. »Es ist vielleicht nicht sehr originell, dir nach jeder Geburt Schmuck zu schenken«, sagte Heinrich etwas verlegen, »aber ich denke, dass kostbarer Schmuck nach einer Niederkunft angemessen ist.«

Katharina öffnete das Kästchen und fragte sich einen Augenblick, ob sie träumte: Auf rotem Samt lag eine goldene Halskette, von der Lilien herabhingen, und zwar weiße und rote. Als sie genauer hinsah, erkannte sie, dass die weißen Lilien aus Brillanten bestanden, die roten aus Rubinen. Eine Erinnerung drängte sich ihr auf an jenen Blumenstrauß, den Ippolito ihr zum sechsten Geburtstag geschenkt hatte: sieben weiße Lilien, eine rote Lilie, eine rote Rose … Sie verdrängte die Erinnerung und sagte zu Heinrich: »Dies ist der schönste Schmuck, den du mir je geschenkt hast – die weiße und die rote Lilie, Frankreich und Florenz. – Du bist also bereit, Florenz und die Toskana für mich zurückzuerobern?«

»Ja, ich werde es noch einmal versuchen, aber noch ist es nicht so weit.« Er zögerte, suchte nach Worten. »Katharina«, sagte er dann, »dein Leben bei dieser Geburt hing an einem seidenen Faden; Fernel hat dich vor dem Tod gerettet. Er bezweifelt, ob dies noch einmal möglich ist und empfiehlt uns, keine weiteren Kinder zu bekommen.«

Sie erschrak. Keine weiteren Kinder! Bedeutete dies, dass Heinrich ihr Schlafgemach nicht mehr aufsuchte? Sie sah ihn fragend an, und er las in ihren Augen, was in ihr vorging. »Katharina, ich bin entschlossen, dein Leben nicht noch einmal durch eine Schwangerschaft aufs Spiel zu setzen. Aber unser Eheleben wird dadurch nicht beeinträchtigt.« Er spürte fast körperlich, wie sie sich bei seinen letzten Worten entspannte. »Fernel empfiehlt, dass unsere Töchter nachher die Nottaufe empfangen. Hast du inzwischen überlegt, welchen Namen sie tragen sollen?«

»Ja. Das tote Kind soll auf den Namen deiner Cousine in Navarra getauft werden, Johanna. Ihre Schwester soll den Namen Viktoria tragen, vielleicht gelingt es deinen Truppen jetzt, Mailand, Neapel und die Toskana für Frankreich zurückzuerobern.«

Heinrich schwieg lange nach diesen Worten. »Ich zweifle daran«, erwiderte er endlich, »ob dieser Krieg uns wieder in den Besitz von Mailand und Neapel bringt, von der Toskana ganz zu schweigen.«

»Heinrich, Frankreich ist im Augenblick vom Haus Habsburg umzingelt: im Süden Spanien, im Osten die deutschen katholischen Fürsten, im Südosten Mailand und Neapel, und im Norden sind die Engländer unsere potenziellen Gegner. Wir müssen versuchen, Mailand, Neapel und die Toskana zurückzuerobern, dann können wir mit den benachbarten italienischen Staaten Bündnisse abschließen und so ein Gegengewicht zum Haus Habsburg aufbauen.«

Er schwieg erneut. »Der künftige Krieg gegen Habsburg wird ein Zweifrontenkrieg werden, weil England natürlich König Philipp unterstützt.

Ich werde Franz von Guise nach Italien schicken und Montmorency an unsere Ostgrenze, in die Champagne. Dort kann er den feindlichen Truppen Einhalt gebieten. – Es ist fatal, dass England durch eine Heirat unser Gegner wurde, aber wer weiß? Vielleicht wird England plötzlich vom Gegner zum Verbündeten, vielleicht gehört es eines Tages zu Frankreich.« – »Wie kommst du denn auf diese Idee?« – »Katharina, seit dem Tod Heinrichs VIII. hat es in England keine stabile, zuverlässige Regierung mehr gegeben, weil der König unmündig war und die Herren im Regentschaftsrat sich gegenseitig bekämpften. Zuerst verhandelten wir mit dem Lord-Protektor Seymour, dann mit dem Grafen Warwick, der irgendwann zum Herzog von Northumberland ernannt wurde. Im Juli 1553 starb König Eduard früher als erwartet. Nachdem Northumberlands Versuch, seine Schwiegertochter Jane Grey zur neuen Königin zu proklamieren, gescheitert war, bestieg Maria Tudor den englischen Thron.« Er schwieg einen Augenblick. »Heinrichs Tochter verdankt es einem glücklichen Zufall, dass sie jetzt über England herrscht. Unser Gesandter und die Spione des Kardinals haben seinerzeit übereinstimmend berichtet, dass Verrat im Spiel war. Maria wurde gewarnt und konnte Truppen sammeln – das sind Zufälle, die über das Schicksal eines Landes entscheiden. Der Herzog wurde hingerichtet, sie bestieg den Thron, führte die katholische Religion wieder ein und brachte England erneut unter die Oberhoheit des Papstes. Diese Entwicklung war für Frankreich erfreulich – bis zu ihrer Vermählung mit König Philipp von Spanien, dem Sohn des Kaisers. Sie ist jetzt zwei Jahre mit ihm verheiratet, seit zwei Jahren ist England unser Feind. Wie lange noch? Maria hat noch keinen Erben geboren, und ob sie je ein Kind zur Welt bringen wird, ist fraglich. Philipp lebt seit einem Jahr fern von ihr abwechselnd in Brüssel oder Madrid, er scheint keine Sehnsucht nach ihr zu haben. Man erzählt, dass sie kränkelt, und man muss damit rechnen, dass sie in einigen Jahren ohne Nachkommen stirbt. Und dann werde ich unsere Schwiegertochter zur künftigen Königin von England proklamieren lassen.«

Katharina glaubte, nicht richtig zu hören – diese absurde Idee hat ihm wahrscheinlich der gescheite Kardinal von Guise eingeredet, überlegte sie. »Heinrich, du vergisst, dass die englische Königin eine Halbschwester hat. Nach Marias Tod wird Elisabeth den Thron besteigen.« – »Elisabeth ist ein Bastard, das Parlament hat sie – trotz des Thronfolgegesetzes von 1544 – immer noch nicht für legitim erklärt. Überdies ist sie eine Ketzerin. Nun ja, England geht seit langem eigene Wege, was die Religion betrifft, aber Elisabeth ist nach wie vor ein Bastard, und ein Bastard kann nicht König sein. Unsere künftige Schwiegertochter kann Ansprüche auf den Thron Englands erheben, weil sie eine Urenkelin Heinrichs VII. ist.« – »Heinrich, unsere künftige Schwiegertochter kann juristisch vielleicht die Krone Englands beanspruchen, aber faktisch wird Elisabeth ihrer Schwester auf den Thron folgen, und du wirst sie nicht daran hindern können. Im Gegensatz zu ihrer Schwester soll sie beim englischen Volk sehr beliebt sein. Aber noch lebt Maria, und vielleicht lebt sie länger, als du hoffst.« – »Ja, noch lebt sie … Mein Gott, wir reden und reden! Ich habe unsere Kinder völlig vergessen, sie haben um dein Leben gebangt und möchten nun wissen, ob sie dich heute noch besuchen dürfen. Ich habe ihnen erklärt, dass du höchstens zwei empfangen kannst, weil du noch geschwächt bist. Welche deiner Kinder möchtest du jetzt sehen?« – »Eduard und Elisabeth.«

Heinrich befahl einem Diener, die Kinder zu holen und verabschiedete sich von seiner Gattin, um mit dem Kardinal von Bourbon Einzelheiten bezüglich der Taufe zu besprechen.

Seit der Rückkehr der Bourbonen an den Hof gehörte es zu den Aufgaben des Kardinals, die königlichen Kinder und die Kinder seiner Brüder zu taufen.

Als Heinrich gegangen war, dachte Katharina noch einmal über seine Absicht nach, Maria Stuart zur Königin von England zu proklamieren …

Es ist Unsinn, überlegte sie, nach Marias Tod wird ihre Halbschwester den Thron besteigen und diese Tatsache kann man nicht ignorieren. Es wäre in Frankreichs Interesse, dass die englische Königin bald stirbt, der Thronwechsel würde England neutralisieren, wir hätten einen Feind weniger. Seit König Heinrich sich von Rom lossagte, wechselt in England die Religion von einem Tag zum anderen, Heinrich verfolgte die Protestanten, der Lord-Protektor Seymour verfolgte die Katholiken, Königin Maria verfolgt die Protestanten … Katharina erinnerte sich an die Berichte des Gesandten und schauderte: wie konnte eine Frau so unbarmherzig Menschen verbrennen lassen, nur weil sie anders an Gott glaubten? Seit anderthalb Jahren wurde jeder Protestant in England zum Feuertod verurteilt.

In Frankreich hält die Verfolgung der Protestanten sich in Grenzen, überlegte sie, die *Chambre Ardente* wurde nach drei Jahren aufgelöst, die Ketzerprozesse fanden jetzt wieder vor geistlichen Gerichten statt, während der *Chambre Ardente* wurden ungefähr fünfhundert Menschen verhaftet, das war wenig, verglichen mit England. Am 27. Juni 1551 wurde das Edikt von Chateaubriant erlassen, worin die Einzelheiten der Verfolgung geregelt waren.

Das Edikt war bis jetzt nur ein Stück Papier, und als sie einmal mit Montmorency darüber sprach, meinte der Konnetabel, der König sei im Augenblick zu sehr mit dem Krieg in Italien beschäftigt und könne sich nicht der religiösen Frage in seinem Land widmen.

Der Krieg gegen das Haus Habsburg, sinnierte Katharina, verlief bis jetzt erfolglos. Toul und Metz wurden zwar besetzt, aber die Belagerung von Straßburg musste aufgegeben werden; der Konnetabel nahm zwar Brüssel und Dinant ein, zog sich jedoch über Cambrai und Calais zurück. In Italien kämpften die Franzosen noch glückloser.

Der Sohn des Kaisers, Prinz Philipp, beanspruchte die Herrschaft über Mailand und Neapel, ihre Vettern, Leo und Piero Strozzi, sicherten sich den Oberbefehl über die Truppen, die in Italien kämpfen sollten, Piero wurde sogar zum Generalstatthalter der Toskana ernannt. Im August 1554 fiel Leo in der Schlacht bei Marciano, Piero wurde schwer verwundet, sein Heer von den kaiserlichen Truppen vernichtend geschlagen …

Am 5. Februar 1556 wurde der Frieden zu Vaucelles geschlossen: Heinrich verpflichtete sich, alle Feindseligkeiten einzustellen und dafür zu sorgen, dass auch seine Verbündeten Frieden hielten; Metz, Toul und Verdun blieben in seinem Besitz.

Dieser Friede war das Werk von Coligny, und er hatte ihn in Vaucelles, nahe bei Brüssel, in Gegenwart des Kaisers unterzeichnet.

Coligny berichtete, dass der Kaiser ein schwacher und hinfälliger alter Mann sei, der aber Weisheit und klare Urteilskraft besitze.

Diese Weisheit, überlegte Katharina, hat ihn wahrscheinlich bewogen abzudanken, im Oktober 1555 übertrug er die Niederlande seinem Sohn Philipp, im Januar 1556 verzichtete er zugunsten Philipps auf Spanien, die italienischen Besitzungen und die überseeischen Kolonien, und im kommenden September würde er zugunsten seines Bruders Ferdinand auf die Kaiserwürde verzichten, um sich in das spanische Kloster San Yuste zurückzuziehen, um zu beten und zu meditieren.

Der Kaiser, überlegte Katharina, war der Feind des Hauses Valois, aber er hatte es geschafft, in Deutschland die religiöse Frage so zu regeln, dass alle damit leben konnten; im Augsburger Religionsfrieden vom 25. September 1555 galt der Grundsatz: *cuius regio, eius religio*. Die Untertanen mussten zwar den Glauben des Landesherrn annehmen, wer dies jedoch nicht wollte, durfte auswandern. Die Protestanten, welche das Augsburger Bekenntnis des Jahres 1530 anerkannten, wurden reichsrechtlich den Katholiken gleichgestellt, die Katholiken sollten mit ihnen in »ewigem Frieden« leben. In den Reichsstädten mit gemischter Konfession wurde den Bürgern die Glaubensfreiheit zugebilligt ...

Im Studierzimmer des Dauphins betrachtete Heinrich von Guise abwechselnd Elisabeth und Eduard. Dieser ging nach einer Weile in eine Ecke, wo ein Körbchen mit einem Schoßhund stand, den seine Mutter ihm einige Tage zuvor geschenkt hatte. Eduard streichelte das Hündchen und sagte: »Mignon, es gibt Neuigkeiten, ich habe eine neue kleine Schwester.« Der Hund, es war ein Rüde, richtete sich auf und wedelte mit dem Schwanz. Eduard begann das Fell zu kraulen, zuckte jedoch nach einigen Sekunden zusammen, als er die spöttische Stimme seines Bruders Karl hörte. »Mignon, das ist ein Mädchenname, es ist einfach albern, einen Rüden mit einem Mädchennamen zu rufen, Mignon, Mignon, Mignon, stellt euch vor, man würde mich Maria oder Elisabeth rufen.«
Seine Schwestern und der Dauphin begannen zu lachen, Eduard indes rief: »Es geht dich nichts an, welchen Namen ich meinem Hund gebe, Mignon klingt gut und er passt zu dem Hund.« – »Der Name passt vor allem zu dir, du Weichling, die Damen unserer Mutter verwöhnen dich, du lebst nur zwischen Samt und Seide, du wirst nie ein Mann werden!«
Eduard betrachtete den Bruder mit spöttischen Augen und überlegte, was er erwidern konnte, in diesem Augenblick trat Heinrich von Guise vor und sagte: »Hört auf zu streiten, überlegt, wer von euch nachher die Königin besuchen darf.«
Er sah sich erwartungsvoll in der Runde um, und als die jungen Valois schwiegen, rief er triumphierend: »Ich weiß, wer die Königin besuchen darf. Eduard und Elisabeth!«
Das Mädchen senkte verlegen die Augen, Eduard war glücklich und seine Augen strahlten triumphierend.
»Warum dürfen ausgerechnet Elisabeth und Eduard unsere Mutter besuchen?«, fragte Karl gereizt. »Warum? Hast du keine Augen im Kopf? Eduard und Elisabeth sind die Lieblingskinder deiner Mutter.«
Nach diesen Worten herrschte einige Sekunden lang ein unheilvolles Schweigen, der junge Guise hatte ausgesprochen, was die Valois schon lange wussten. Der Dauphin und Claudia nahmen es gleichmütig zur Kenntnis, für Franz war nur die Zuneigung seiner Braut wichtig und

Claudia hatte sich damit abgefunden, dass ihre Schwester von der Mutter bevorzugt wurde. Einmal hatte sie sich bei ihrer Tante Margarete beklagt und diese hatte erwidert, es sei völlig natürlich, dass eine Mutter ihre Kinder unterschiedlich liebe, Claudia solle in die Zukunft sehen, wichtig sei die Zuneigung des Gatten, mit dem man sie vermählen würde und so tröstete sich das Kind mit dem Gedanken an eine glückliche Ehe.

Karls Gesicht verfinsterte sich, als er zum ersten Mal hörte, dass der jüngere Bruder von der Mutter mehr geliebt wurde als er. Er stürzte sich auf Eduard, packte und schüttelte ihn und schrie: »Ich hasse dich, ich hasse dich, ich werde dich umbringen!« Er zog den kleinen Degen, den er seit einiger Zeit bei sich trug und schlitzte die Ärmel des seidenen Hemdes auf.

Eduard erbleichte, ging einige Schritte zurück und überlegte, wie er reagieren sollte. Er verabscheute körperliche Gewalt …

Elisabeth hatte entsetzt die Szene beobachtet und flüsterte dem Dauphin zu, dass er etwas unternehmen solle. Franz trat zögernd einige Schritte vor und sagte zu Karl: »Lass Eduard in Ruhe, wir sind schließlich Brüder.«

In diesem Augenblick erschien, angelockt von dem Lärm, Madame d'Humières. »Ist etwas passiert?« Sie sah die Kinder nacheinander an, aber alle schwiegen, weil es für sie ein ungeschriebenes Gesetz war, dass nie etwas von ihren Streitereien nach außen dringen sollte, sie wussten, dass sie in der Öffentlichkeit als harmonische Familie auftreten mussten, und zur Öffentlichkeit zählte auch die Erzieherin. Den scharfen Augen der Gouvernante entging indes nicht das zerrissene Hemd des kleinen Eduard. Wahrscheinlich hat es Streit zwischen ihm und Karl gegeben, überlegte sie. Madame d'Humières beobachtete ihre Zöglinge stets und wusste genau Bescheid über die Beziehungen der Geschwister untereinander, wobei sie es vermied, sich in ihre Streitereien einzumischen, das mussten die jungen Herrschaften unter sich regeln. So sagte sie nur: »Sie müssen sich umkleiden, Hoheit.«

»Nein, Madame!«, rief Heinrich von Guise, trat zu Eduard und legte schützend den Arm um ihn. »Eduard wird jetzt in wenigen Minuten die Königin besuchen, und die Königin soll ruhig erfahren, dass Karl das Hemd mit seinem Degen aufgeschlitzt hat, damit er bestraft wird.« Heinrich von Guise hielt es nicht für nötig, die Uneinigkeit zwischen den beiden jüngeren Prinzen zu verschleiern.

Die Erzieherin sah Karl verunsichert an, seine Zerstörungswut war ihr manchmal unheimlich, und um ihn nicht noch mehr zu reizen, sagte sie so ruhig wie möglich: »Es war nicht richtig von Ihnen, das Hemd aufzuschlitzen.«

Inzwischen hatte Eduard überlegt, wie er den Bruder beschämen konnte, trat zu ihm und sagte feierlich: »Ich vergebe dir, was du getan hast, Gott wird dich strafen.«

Ein reizendes Kind, dachte die Erzieherin, wie klug er den Bruder besänftigt – jetzt redet er von Gott, am Vormittag hatte er sich geweigert, zur Messe zu gehen. Sie wurde manchmal nicht klug aus seinem Verhalten, aber von den königlichen Kindern war er am liebenswürdigsten, machte ihr und den Damen seiner Mutter Komplimente, wenn sie neue Roben trugen. Sie hatte noch keinen kleinen Jungen erlebt, der sich so sehr für die Kleider der Damen interessierte …

Kurz nachdem sie das Zimmer verlassen hatte, erschien ein Diener und bat Elisabeth und Eduard, ihn zur Königin zu begleiten.

Wenig später standen sie neben Katharinas Bett und betrachteten die Mutter mit ängstlichen Augen.

»Wie fühlen Sie sich, Mama?«, fragte Elisabeth. Katharina lächelte die Tochter an: »Im Augenblick ganz gut. – Ihr werdet keine Geschwister mehr bekommen.«

»Hatten Sie starke Schmerzen, Mama?«, wollte Eduard wissen. »Mingo sagt immer, wenn ein Kind zur Welt kommt, hat die Mutter Schmerzen.«

Katharina nahm Eduards kleine linke Hand, und Elisabeth beobachtete wieder einmal, dass die Augen der Mutter besonders zärtlich glänzten, wenn sie ihren dritten Sohn ansah. Es störte sie indes nicht weiter, weil sie in dem Bewusstsein lebte, dass die Mutter sie nicht nur mehr liebte als die jüngeren Schwestern, sondern vor allem mehr als Maria Stuart und vor allem würde ihre Mutter dafür sorgen, dass sie eines Tages Königin war.

»Die Schmerzen sind vorüber, mein Liebling.« Dann schob sie vorsichtig den linken Hemdsärmel etwas nach oben und betrachtete besorgt ein Geschwür am Unterarm, das sich vor einiger Zeit gebildet hatte und hin und wieder eiterte. Sie ärgerte sich, dass die Ärzte sich weigerten, das Geschwür zu behandeln, weil sie der Meinung waren, dass Eiterfluss den Patienten vor einer allgemeinen Entzündung bewahrte. Sie streifte den Ärmel wieder herunter, und dabei fiel ihr auf, dass Eduards Hemd zerrissen war. »Wie ist denn das passiert? Warum hat Madame d'Humières

dir kein frisches Hemd gegeben?« – »Es war keine Zeit mehr zum Umkleiden, Mama«, stammelte der Kleine, wobei er leicht errötete. Katha-
ina erriet, dass etwas passiert war, und schickte Elisabeth hinaus. »Nun,
Heinrich«, und sie streichelte sein Gesicht, »was ist passiert?« Wenn sie
mit ihm allein war, nannte sie ihn stets Heinrich, ermahnte ihn aber
gleichzeitig, dies für sich zu behalten, weil es ein Geheimnis sei, und
Eduard war stolz darauf, mit seiner Mutter ein Geheimnis zu teilen. Er
zögerte noch und erwiderte dann stockend, wobei er die Augen gesenkt
hielt, weil er nicht die ganze Wahrheit sagen wollte, aus Angst vor dem
Zorn des Bruders: »Karl und ich, wir hatten Streit und dabei …, dabei hat
er das Hemd zerrissen.«
»Ich dachte es mir.« Sie befahl einem Diener, den kleinen Karl zu holen.
Er betrat zögernd das Zimmer und blieb an der Schwelle stehen. Katha-
ina winkte ihn zu sich und sagte halb ermahnend, halb vorwurfsvoll: »Du
weißt doch, dass du dich mit deinen Geschwistern vertragen sollst. Un-
frieden in einer Familie ist das Schlimmste, was einer Familie passieren
kann, und wir Valois müssen mit gutem Beispiel vorangehen, weil wir
über das Land herrschen. Du wirst zur Strafe morgen in deinem Zimmer
bleiben. Jetzt entschuldigst du dich bei deinem Bruder, bittest ihn um
Verzeihung, und dann werdet ihr euch umarmen.«
Karl sah Eduard an und fing an zu kichern, weil er die Situation als komisch empfand, es war immer das Gleiche: nach einem Streit mussten
sie sich umarmen und so beweisen, dass sie sich versöhnt hatten.
Nach dem Versöhnungsritual schickte Katharina sie hinaus, um sich innerlich noch etwas auf die Nottaufe vorzubereiten.
Irgendwann war auch dies überstanden und Heinrich sagte, dass Diana
sie nach der Abendtafel kurz besuchen würde, und später werde er noch
einmal nach ihr sehen …

Katharina atmete auf, als sie endlich allein war. Alle redeten immer
davon, dass eine Wöchnerin der Schonung und Ruhe bedürfe, aber in
ihrem Zimmer war es nach jeder Geburt wie in einem Taubenschlag zu-
gegangen.
Sie dachte wieder einmal über ihre Ehe nach: seit fast sechs Jahren, seit
Heinrichs überraschender Rückkehr von Chenonceaux im Dezember
1550, konnte sie mit der Entwicklung zufrieden sein; gewiss, Diana war
immer noch Heinrichs Geliebte, und am Hof spielte sie nach wie vor die
dominierende Rolle, aber das waren Äußerlichkeiten; Heinrich ver-

brachte nicht mehr viel Zeit bei der Seneschallin. Er hielt sich am Abend, wenn nicht gerade ein Konzert oder ein Ball stattfand, oft bei ihr und den Kindern auf, aus dem pflichtbewussten Gatten war ein zärtlicher Liebhaber geworden und anscheinend war sie eine gute Geliebte, sonst würde Heinrich nicht immer wieder ihr Gemach aufsuchen. Sie spürte, dass Diana ihm weniger bedeutete als früher, und doch brachte er es nicht fertig, einen Schlussstrich zu ziehen.

Heinrich trug bei Turnieren immer noch die Farben Dianas und grüßte die Seneschallin zuerst, vor ihr, der Königin, und sie fragte sich manchmal, ob dies Bedürfnis oder Gewohnheit war.

In diesem Augenblick wurde Fernel gemeldet, und als er das Zimmer betrat, wusste Katharina, dass er keine gute Nachricht überbrachte.

»Madame, Prinzessin Viktoria ist vor wenigen Minuten gestorben.«

Katharina starrte den Arzt an, und dann begann sie heftig zu weinen, weniger aus Trauer um das Kind, sondern weil sie sich restlos erschöpft fühlte.

Diana, die zur gleichen Zeit den Raum betreten hatte, gab dem Arzt ein Zeichen, sich zu entfernen und beugte sich über die Königin.

»Madame, beruhigen Sie sich, ich weiß, dass es für Sie ein schwerer Verlust ist; indes, Sie haben sieben Kinder, darunter vier Söhne.«

Katharina trocknete die Tränen, gewann allmählich ihre Fassung wieder und sagte nach einer Weile zu Diana: »Ich danke Ihnen für Ihren Besuch und Ihre Anteilnahme, aber ich bin jetzt sehr müde und möchte ruhen.«

Als sie endlich allein war, sah Katharina durch das geöffnete Fenster hinaus in die Abenddämmerung. Es war ein stiller, warmer Juniabend, und der Duft der Rosen drang bis in das Wochenbettzimmer.

Ruggieri hat mir vor einunddreißig Jahren zehn Kinder prophezeit, und seine Voraussage war richtig: Ich habe zehn Kinder zur Welt gebracht und sieben haben überlebt, vier Söhne und drei Töchter ... Der Dauphin war kränklicher denn je; seit einiger Zeit hatte er Wucherungen in der Nasenhöhle, die ihn zwangen, durch den Mund zu atmen, der Schleim aus Nase und Rachen fand Ausgang durch einen Abszess im Ohr. Seine Lernfaulheit brachte die Lehrer zur Verzweiflung, und sie hatte sich inzwischen damit abgefunden, dass der Thronfolger sich nur für zwei Dinge interessierte, dies waren die Jagd und seine Braut. Er liebte und verehrte Maria Stuart nach wie vor, und Katharina gestand sich widerwillig ein, dass die Königin von Schottland das schönste Mädchen am Hof war, das überdies alle durch seine Intelligenz beeindruckte.

Katharina beobachtete auch, dass die junge Königin von Schottland sich nach wie vor von Gefühlen leiten ließ, in manchen Situationen hochmütig auftrat, sie wusste inzwischen, dass die künftige Schwiegertochter nicht mehr zu formen war, und das Einzige, was ihr Sorge bereitete, war der politische Unterricht des Kardinals; sie hätte zu gerne gewusst, was er dem Mädchen beibrachte. Ihr Sohn Karl war sprunghaft, launisch, beeinflussbar, und seine plötzlichen Wutausbrüche versetzten seine Umgebung jedes Mal von neuem in Angst und Schrecken. In solchen Augenblicken kam es vor, dass er die Peitsche ergriff und nach den Dienern schlug. Er wurde zwar jedes Mal mit Arrest bestraft, aber es nutzte nichts, und Katharina hatte das unbestimmte Gefühl, dass diese Ausbrüche im Laufe der Jahre schlimmer werden würden. Falls der Dauphin sterben würde und er König würde, könnte niemand ihm mehr Einhalt gebieten, außer ihr vielleicht, sie war die Einzige, auf die er hörte, aber wie lange würde sie noch leben? Seine Gesundheit war zwar besser als die des Dauphins, aber auch er war nicht robust …

Dann dachte sie an Eduard Alexander – den Herzog von Anjou. Insgeheim hoffte sie, dass ihr »Heinrich« eines Tages über Frankreich herrschen würde. Auch seine Gesundheit war zart, aber er bezauberte schon jetzt den Hof durch seine eleganten Manieren und Gebärden, und er war zweifellos der intelligenteste ihrer Söhne, er lernte leicht und rasch, war wissbegierig, freilich oft impulsiv, aber auch intuitiv. Er allein ist fähig, über Frankreich zu herrschen, dachte sie. Die Entwicklung ihres jüngsten Sohnes – des Herzogs von Alençon – lag noch im Dunkeln, der kleine Herkules war bis jetzt ein ruhiges Kind.

Elisabeth war hübsch, intelligent, gleichzeitig fügsam und manchmal furchtsam. Sie fürchtete sich vor Coligny, unbeeindruckt davon, dass er loyal zur Krone stand, und wenn man sie fragte warum, erwiderte sie stets, er sei so ernst und verschlossen, er lache nie.

Claudia war vor allem wissbegierig, und beide Mädchen schienen gesünder als die Brüder zu sein. Das gesündeste ihrer Kinder war zweifellos die dreijährige Margot, ein sehr lebhaftes und fröhliches Kind. Die Herren meinten, dass sie eine Schönheit werden würde, so weit, so gut, aber die jüngste Tochter war eigensinnig, das unterschied sie von den Schwestern, und Katharina dachte besorgt an die Auseinandersetzungen, die es geben würde, wenn man Margot verheiratete. Elisabeth und Claudia würden wahrscheinlich widerspruchslos die Männer akzeptieren, mit denen die Eltern sie verlobten, Margot indes – sie war die Einzige, die fast verlobt war, sie musste natürlich den Gatten nehmen, den die Eltern ihr bestimmt hatten …

Inzwischen war es völlig dunkel, aber Katharina bemerkte es nicht, und als Mingo mit einer Lampe kam, erschrak sie.

»Haben Sie noch einen Wunsch, Madame?«

»Nein, Mingo. Setze dich nur und leiste mir Gesellschaft.«

Während Mingo sich über ihren Stickrahmen beugte, wanderten Katharinas Gedanken nach Navarra: Am 13. Dezember 1553 hatte Johanna endlich den ersehnten Erben geboren, der auf den Namen seines Großvaters getauft wurde: Heinrich von Bourbon, später König Heinrich III. von Navarra. Sie erinnerte sich noch einmal an Johannas Sturheit während der Schwangerschaft: Heinrich von Albret hatte nach dem Tod seiner Gattin die Tochter mehrfach aufgefordert, nach Navarra zu kommen; er brauche sie, doch Anton verspürte keine Lust, an dem kleinen Hof zu leben, und immer wenn er andeutete, abreisen zu wollen, sagte sein königlicher Vetter jedes Mal: »Mon Cousin, Ihr Platz ist in Frankreich.«

Heinrich hat Recht, dachte Katharina, der erste Prinz von Geblüt muss in der Nähe des Königs weilen.

Da der Erbe im Land geboren werden müsse, drohte d'Albret seinerseits, sich erneut zu verheiraten, um einen männlichen Nachkommen zu zeugen.

Dies wirkte Wunder, und im Herbst, wenige Wochen vor der Niederkunft, begab Johanna sich endlich in die Heimat.

Am letzten Tag des Jahres 1553 erhielt Katharina einen Brief von der Cousine, worin diese recht anschaulich das Geburtsritual im Schloss zu Pau beschrieb. »Mingo, du weißt, in welchem Fach des Schreibtisches ich meine Briefe aufbewahre, hole das Päckchen des Jahres 1553.« Sie rückte die Lampe näher heran und überflog die Zeilen:

… Am späten Abend des 12. Dezember begannen die Wehen, ich lag in meinem geschnitzten Himmelbett und sang das alte Lied:
Nouste daune deu cap deu poun
Adjudat me a d'aqueste hore …
Unsere liebe Frau vom Brückenkopf
Steh mir bei in dieser Stunde …
In den Morgenstunden des 13. Dezember erblickte mein Sohn das Licht der Welt, der Kammerdiener Collin weckte meinen Va-

ter, dieser hob freudestrahlend das Kind hoch, rieb ihm die Lip-
pen mit einer Knoblauchzehe ein und ließ ihn aus seinem golde-
nen Becher den Duft von ein paar Tropfen Wein des Jurançon
einatmen, dann zeigte er das Kind den Anwesenden und rief:
»Er wird ein Löwe werden!«
Die Hofherren sahen meinen Vater erstaunt an, er lachte und
sagte:
»Das Wappen unseres Hirtenlandes zeigt zwei Kühe mit vollen
Eutern. Als seinerzeit meine Tochter Johanna geboren wurde,
spotteten die Spanier und sagten, Navarra habe eine Kuh zur
Welt gebracht, jetzt antworte ich ihnen: die Kuh hat einen Löwen
geboren, und der Löwe wird Navarra vor den Spaniern schützen,
die schon das halbe Land geraubt haben und nach dem Rest gie-
ren, in dem schönen Navarra, wo die Könige einfach sind wie die
Bauern, und die Bauern stolz wie die Könige, hier soll das Kind
die Sprache, Sitten, Geheimnisse und Mysterien seiner Heimat
kennen lernen; in einigen Jahren wird mein Enkel mit mir zu-
sammen den goldenen Becher schwingen und wie die Hirten des
Landes die tausend Jahre alten Strophen der Eskaldunias sin-
gen ...«

Katharina erinnerte sich, dass sie anlässlich der Taufe die Gelegenheit
genutzt hatte und zum ersten Mal von einer Heirat zwischen ihrer Toch-
ter Margot und Heinrich von Bourbon gesprochen hatte. Die Väter der
Kinder waren sofort einverstanden, Johanna hatte sich bisher zu dem
Heiratsprojekt nicht geäußert, aber ihre Meinung zählte sowieso nicht.
Diese Heirat würde die Bourbonen stärker an das Königshaus binden.
Katharina dachte mit gemischten Gefühlen an die Herrschaft ihrer Cousine in Navarra. Seit dem Tod Heinrichs von Albret regierte Johanna als
Königin den Zwergenstaat und das Vicomté Béarn, und nach dem, was
man hörte, sympathisierte sie noch stärker als ihre Mutter mit der neu-
en Religion. Sie schickte junge Leute aus guten Familien nach Genf, und
bei der Rückkehr predigten sie die Lehre Calvins. Bald waren Trinkgelage verboten, die Dorftanzereien am Abend nach einer Prozession, die
schwangeren Frauen beteten nicht mehr zur Heiligen Jungfrau vom
Brückenkopf, und Johanna selbst empfing Theodor von Beza, den Rektor
der Genfer Akademie und Jugendgefährten Calvins, um stundenlang
mit ihm über theologische Fragen zu diskutieren.

Wahrscheinlich wird sie den kleinen Grafen von Viane im neuen Glauben erziehen lassen; das muss unterbunden werden. Heinrich von Bourbon wird einmal Prinz und Thronprätendent sein und als solcher muss er im katholischen Glauben erzogen werden oder sich zumindest nach außen hin dazu bekennen. Wenn er noch etwas älter war, musste sie dafür sorgen, dass der kleine »Löwe« an den Hof kam und zusammen mit ihren jüngeren Söhnen aufwuchs. Über diesen Gedanken war sie eingeschlafen.

An einem trüben Nachmittag im Spätherbst 1556 begab Montmorency sich zu Katharina, um sich von ihr zu verabschieden, weil er am andern Morgen bei Sonnenaufgang zu seinen Truppen in die Champagne abreisen wollte. Franz von Guise war mit seinem Heer bereits unterwegs nach Oberitalien, und der König selbst war mit seinen Ratgebern in Compiège, um von dort aus die militärischen Operationen zu steuern. Die Regentschaft hatte er erneut Katharina übertragen, und sie war stolz und glücklich über diesen Vertrauensbeweis.

»Beten Sie für uns, Madame«, sagte Montmorency, »es wird ein harter Kampf werden. Die feindlichen Truppen werden in den nächsten Wochen unter der Führung Herzog Philiberts von Savoyen, der ein hervorragender Feldherr sein soll, in die Champagne und in die Picardie einfallen. Ich habe meinem Neffen Gaspard befohlen, sich der Stadt Douai zu bemächtigen, um einem englischen Manöver zugunsten Spaniens zuvorzukommen. Ich bitte um Vergebung, Madame, aber dieser Zweifrontenkrieg wird Frankreich teuer zu stehen kommen, es wäre besser gewesen, den Herzog nicht nach Italien zu schicken, seine Truppen fehlen uns.«

Die letzten Worte waren von einem vorwurfsvollen Unterton begleitet, den Katharina nicht übel nahm. Sie wusste, dass der Konnetabel es missbilligte, dass sie zusammen mit den Guisen Heinrich zu einem erneuten Krieg in Italien gedrängt hatte.

»Gehen Sie mit Gott, Montmorency, ich bin überzeugt, Sie werden den Sieg davontragen.« Sie reichte ihm lächelnd ihre Hand, Montmorency beugte sich stumm darüber, dann sah er seine Königin ernst an, und sie spürte, dass er ihr noch etwas sagen wollte, was nicht den Krieg betraf.

»Madame, dieser Krieg, sosehr ich ihn verabscheue, bewahrt Frankreich zunächst vor einem größeren Problem, nämlich die Lösung der religiösen Frage. Sobald der König den Friedensvertrag unterschrieben hat, wird er die Hugenotten unbarmherzig verfolgen.« – »Wer sind die ›Hugenotten‹?« – »Madame, die Anhänger der calvinistischen Lehre in

Frankreich nennen sich seit einiger Zeit so, der Ausdruck leitet sich ab von den *Eyguenots*, den schweizerischen Eidgenossen. Mit diesen war in Genf seinerzeit die antiherzogliche Partei verbunden; die Hugenotten sind also die französischen Calvinisten. Vor einiger Zeit wurden im Kronrat verschiedene Edikte diskutiert, die im Laufe der Zeit in Kraft treten sollen. In einem Edikt wird Folgendes geregelt: wer sich öffentlich oder geheim zur neuen Lehre bekennt, wird zum Tod verurteilt; das ist letztlich die Einführung der Inquisition. Seit vergangenem Jahr lassen sich immer mehr in Genf geschulte Prediger in Frankreich nieder, in Paris, Angers, Poitiers, Meaux, Bourges. Die Bewegung erhält immer mehr Zulauf, nicht nur vom einfachen Volk; auch Juristen, Kaufleute, Ärzte, Angehörige des Landadels lassen sich von Calvins Lehre faszinieren, es gibt sogar schon einige reformierte Gemeinden im Land, und ihre Zahl wird steigen. Der König ist äußerst beunruhigt über diese Entwicklung, die reichen Kirchenfürsten noch mehr.«

»Eines verstehe ich nicht, Montmorency, was fasziniert die lebenslustigen Franzosen an Calvins Lehre, die alles verbietet, was den Menschen Freude bereitet?«

»Madame, es gibt viel Unzufriedenheit im Land wegen der Kriege und der steigenden Preise; hinzu kommt der Hass auf den Klerus. Viele sehen im Augenblick im Calvinismus das Heil, andere hoffen, sich an die Spitze einer neuen Partei setzen zu können.« Er schwieg unvermittelt und sah etwas verlegen zu Boden. Katharina horchte auf, der Konnetabel war nicht nur gekommen, um sich zu verabschieden, sondern … »Montmorency, wir kennen uns jetzt dreiundzwanzig Jahre, sprechen Sie offen aus, was Sie beschäftigt, Sie wissen, dass ich schweigen kann wie ein Grab.«

Er sah sich vorsichtig um, trat näher zu Katharina und sagte leise: »Madame, auch Angehörige des Hochadels bekennen sich inzwischen zum Calvinismus, mein Neffe Gaspard, seine beiden Brüder und der Prinz von Condé.«

Katharina starrte den Konnetabel sekundenlang fassungslos an. »Coligny, Odet, der Kardinal, Condé; ich begreife es nicht, sind Sie sicher?«

»Ja, Madame. Sie haben sicherlich gehört, dass Gaspard seit einigen Monaten versucht, für unsere Flotte Stützpunkte in Brasilien auszuhandeln. Er führt diese Verhandlungen mit Genfer Protestanten; es sind natürlich Handelsabkommen, die der König, oder sagen wir besser, der Kardinal unterstützt, weil sie sich davon einen wirtschaftlichen Gewinn versprechen. Das überseeische Gold lockt nicht nur die Spanier, aber diese Stützpunkte sollen natürlich auch Zufluchtsorte für verfolgte Hugenotten sein.«

Es entstand eine Pause, dann sagte Katharina langsam: »Coligny und Condé sind also Hugenotten, Ihr Neffe ist wahrscheinlich ein überzeugter Protestant, es passt zu seiner Mentalität und ich glaube, er hat lange darüber nachgedacht. Aber Condé? –, ich hatte bisher den Eindruck, dass ihn religiöse Fragen nicht sonderlich interessieren; was ist mit Anton? Sie wissen sicherlich, was man über die Königin von Navarra erzählt?«

»Ja Madame, bei dem ersten Prinzen von Geblüt weiß niemand, was er glaubt, er redet heute dies und morgen jenes und legt sich nicht fest. Selbst wenn er sich zum neuen Glauben bekennen würde, so sollte man diesem Übertritt keine Bedeutung beimessen, gewiss, er ist Thronprätendent, aber da die Thronfolge gesichert ist, so sollte man sich nicht weiter um das kümmern, was er sagt und tut. Was nun Condé betrifft, so gebe ich Ihnen Recht, Madame: er interessiert sich nicht für religiöse Fragen, aber die Hugenotten sind für ihn ein …, wie soll man es nennen, ein politisches Forum, eine Art Hausmacht. Er war schon immer ehrgeizig.« – »Eine Art Hausmacht«, wiederholte Katharina nachdenklich, »und mit dieser Hausmacht will er wahrscheinlich den Einfluss der Guisen zurückdrängen.« – »Madame, Condé ist unantastbar, weil er Prinz von Geblüt ist, man wird ihn nie zum Tod verurteilen, weil er sich zum neuen Glauben bekennt – indes, ich sorge mich um meine Neffen, besonders um Gaspard, er hat Familie, zwei kleine Töchter, und ich bin überzeugt, dass er sich eines Tages öffentlich zum Calvinismus bekennen wird. Und dann?«

»Montmorency, ich schätze Ihren Neffen menschlich und ich weiß, dass er unserem Haus loyal dient, sein Glaube interessiert mich nicht und ich verspreche, dass ich beim König für sein Leben bitten werde, falls es jemals so weit kommt.«

»Ich danke Ihnen, Madame, Sie haben mich von einer großen Sorge befreit.«

Nun, vorerst waren Coligny, die Bourbonen und die Guisen mit Krieg beschäftigt, vielleicht fiel ja einer von ihnen, und die Probleme, die der Konnetabel angedeutet hatte, lösten sich so von selbst, dachte Katharina. Sie verabschiedete den alten, treuen Freund herzlich und sah ihm lange nach. Während der folgenden Monate errang Franz von Guise in Italien zwar einige Siege, die aber keine militärische Entscheidung zugunsten Frankreichs brachten; dann wurden Niederlagen gemeldet, die dem Ansehen seiner Familie schadeten, und im Laufe des Sommers zeichnete sich ab, dass er in Italien als Heerführer versagt hatte, was zum Teil auch damit zusammenhing, dass er seine Entscheidungen mit zu vielen anderen Armeeführern abstimmen musste und sich überdies Piero Strozzi in alles einmischte. An der Ostgrenze Frankreichs entwickelte sich die militärische Situation noch ungünstiger.

Im Sommer entwich der Konnetabel mit seinem Heer nach Saint-Quentin, um sich dort, wie seinerzeit in der Provence, zu verschanzen. Die Stadt lag jedoch auf dem flachen Land, ohne natürlichen Schutz, von baufälligen Stadtmauern abgesehen war sie unbefestigt. Philibert von Savoyen ergriff die Chance der Belagerung. Montmorency erkannte, dass die königliche Armee verloren war und kapitulierte am 10. August 1557. Der größte Teil des französischen Heeres war bereits durch die Belagerung vernichtet worden; die Überlebenden, darunter auch Montmorency, seine Söhne, der Marschall von Saint-André, der Herzog von Longueville und andere Heerführer, gerieten in spanische Gefangenschaft und wurden nach Gent und Brüssel gebracht; Coligny leistete den Spaniern noch einige Tage Widerstand, dann musste auch er sich ergeben und wurde zum Gefangenen. Die Niederlage von Saint-Quentin wurde in Frankreich als die schwerste Niederlage nach Pavia im Jahre 1525 empfunden, aber sie war noch dramatischer, weil die feindlichen Truppen nun ungehindert auf Paris zumarschieren konnten.

In der Hauptstadt brach eine Panik aus und die Pariser verließen scharenweise die Stadt. Sie schlugen sich bis Orléans durch; Heinrich, noch immer in Compi ègne, ließ den königlichen Schmuck aus Saint-Denis an die Loire bringen und ordnete an, dass der größte Teil des Hofes nach Saint-Germain übersiedeln sollte. Den Dauphin ließ er in die Touraine bringen, dann befahl er Franz von Guise aus Italien zurück, damit dieser rettete, was noch zu retten war.

Am Abend des 12. August saß Katharina mit ihren Damen zusammen, hörte der Unterhaltung zu und ärgerte sich, dass alle Montmorency kritisierten und ihn allein für die Niederlage verantwortlich machten. Gewiss, es war wahrscheinlich ein Fehler gewesen, sich nach Saint-Quentin zurückzuziehen; es war auch richtig, dass Frankreich sich von dieser Niederlage nur schwer erholen würde, aber jetzt war nicht die Zeit für Vorwürfe, es ging jetzt um die Rettung des Königreiches.

Ein Diener näherte sich ihr diskret und überreichte einen Brief von Heinrich. Katharina las das Schreiben und wusste instinktiv, dass jetzt die Stunde gekommen war, wo sie beweisen konnte, dass sie als Regentin nicht nur verwaltete und den Nachschub organisierte, sondern auch regierte; dies war die Stunde der Bewährung. Sie überlegte einen Augenblick, dann sah sie sich im Kreis der schwarz gekleideten Damen um und sagte feierlich: »Der König bittet mich, Geld aufzutreiben, damit er den Krieg fortführen kann. Wir werden morgen vor der Messe zum Magistrat von Paris gehen und um finanzielle Unterstützung bitten; wir werden alle keinen Schmuck tragen. – Im Übrigen verbitte ich mir künftig jede Kritik am Konnetabel.«

Die Damen sahen einander an: Sie sollten sich ohne Schmuck zeigen? Andererseits waren sie inzwischen daran gewöhnt, dass die Königin in Kriegszeiten, wenn sie Regentin war, gerne bei bestimmten Gelegenheiten theatralisch auftrat, sie inszenierte dann das Königtum.

Am Morgen des 13. August 1557 nahm Katharina das Medaillon, das ihr einst Ippolito geschenkt hatte, und betrachtete es lange. Seit sie Königin war, hatte sie es nicht mehr in der Öffentlichkeit getragen, weil sie Wert darauf legte, ihrem Rang gemäß jeden Tag von neuem zu repräsentieren, und dazu gehörte, dass sie kostbaren Schmuck trug. So verwahrte sie es bei bestimmten Anlässen, die ihr wichtig schienen, in der Tasche ihres Kleides. Würde der Talisman ihr jetzt helfen, die richtigen Worte zu finden? Denn das kennzeichnete den guten Diplomaten und Staatsmann: er musste sich auf jede Situation und jeden Gesprächspartner einstellen können. Ihre Situation vor dem Magistrat war die einer Bittstellerin, also waren Demut und Bescheidenheit angebracht und vielleicht auch ein paar Tränen … Sie ließ das Medaillon in ihre Tasche gleiten, betrachtete sich noch einmal prüfend im Spiegel, dank Renés Kunst sah sie blass und abgehärmt aus. Dann begab sie sich zu ihren Damen.

Die Stadtväter von Paris debattierten an jenem Vormittag erregt über die Situation der Hauptstadt. Sollte man vor dem Feind sofort kapitulieren, sollte man sich verteidigen?

»Der König ist entschlossen, diesen Krieg fortzuführen, also muss Paris verteidigt werden!«, rief einer der Herren. In diesem Augenblick meldete ein Herold die Königin, und die Herren sahen einander verblüfft an. Die Königin … Bevor sie sich jedoch von ihrer Überraschung erholen konnten, betrat Katharina, gefolgt von ihren Damen, den Ratssaal. Die Stadtväter erhoben sich ehrerbietig, Katharina ging langsam bis zur Mitte des Saales, betrachtete die Herren einige Sekunden lang und hielt

dann mit fester Stimme eine flammende Rede, die mit den Worten endete: »Das Königreich ist in großer Gefahr. Wenn es uns nicht gelingt, den
Feind aus unserem Land zu vertreiben, dann wird es künftig kein Frankreich mehr geben, dann müssen wir alle unter dem spanischen Joch leben. Der König ist fest entschlossen, seinem Land diese Erniedrigung zu
ersparen, aber dazu benötigt er Geld. Meine Herren, ich bitte Sie demütig um die Summe von einhunderttausend Goldtalern, retten Sie Frankreich vor dem Untergang!« Sie schwieg, und einen Augenblick lang
herrschte ergriffenes Schweigen.

Dann trat der Bürgermeister vor und sagte: »Madame, der Rat wird sofort eine Entscheidung fällen.«

Katharina verstand und zog sich mit ihren Damen in den Vorsaal zurück. Sie versuchte, ruhig zu scheinen, aber ihr Herz klopfte zum Zerspringen; von der Entscheidung der Stadtväter hing alles ab, alles. Sie
mussten das Geld nicht bewilligen, es war den reichen Bürgern freigestellt, ob sie in einer solchen Situation spendeten, ja, es war eine Spende,
ein Almosen. Sie war nur einmal in ihrem bisherigen Leben derart nervös gewesen: damals, vor fast neunzehn Jahren, als sie ihren Schwiegervater gebeten hatte, über ihr Schicksal zu entscheiden. Sie umklammerte
das Medaillon und begann ein Ave Maria zu beten.

Es dauerte nicht lange, da kam der Bürgermeister persönlich, beugte vor
der Königin das Knie und sagte: »Madame, der Magistrat von Paris hat
entschieden, dass wir Seiner Majestät nicht einhunderttausend, sondern
dreihunderttausend Goldtaler zur Verfügung stellen werden.«

Katharina glaubte nicht richtig zu hören: Dreihunderttausend Taler, das
Dreifache von dem, was sie gefordert hatte. Sie versuchte ruhig zu bleiben, konnte aber die nervliche Anspannung der letzten Tage nicht länger
verbergen und antwortete mit zitternder Stimme und Tränen in den Augen: »Der König und ich und alle künftigen Könige, wir sind hinfort den
Bürgern der Stadt Paris zu Dankbarkeit verpflichtet und ich verspreche
Ihnen, dass ich mich beim König für die Privilegien der Hauptstadt einsetzen werde.«

Umgehend schickte sie einen Kurier mit der glücklichen Botschaft zu
Heinrich.

Heinrich war gerade in einer Besprechung mit dem Kardinal von Lothringen, als Katharinas Brief überbracht wurde. Einen Augenblick starrte er
ungläubig auf die bewilligte Summe, dann sagte er langsam zu dem Kardinal: »Der Pariser Magistrat hat dreihunderttausend Goldtaler bewilligt,

die dreifache Summe dessen, was die Königin gefordert hat; jetzt kann ich sofort zehntausend Mann ausrüsten und die Spanier mit Hilfe Ihres Bruders vertreiben. Ich muss meinem seligen Vater nachträglich dankbar sein, dass er mich mit dieser Frau vermählt hat! Sorgen Sie dafür, Eminenz, dass eine neue Goldmünze geprägt wird. Auf der einen Seite soll der Kopf der Königin zu sehen sein, auf der anderen Seite der meinige.«
»Sehr wohl Majestät«, erwiderte der Kardinal und erinnerte sich, dass auf den Münzen der vergangenen Jahre stets Heinrich und Diana zu sehen waren.

3

Am Vormittag des 4. April 1558 saß Maria Stuart im Arbeitszimmer des Königs und las drei Urkunden, die der Kardinal von Guise ihr soeben zur Unterschrift vorgelegt hatte.
Von ferne hörte man den Lärm der Arbeiter, die schon seit Wochen damit beschäftigt waren, im Vorhof des Louvre Tribünen und Galerien aufzubauen, damit die Edelleute die Festlichkeiten anlässlich der Hochzeit des Dauphins verfolgen konnten. Heinrich betrachtete seine künftige Schwiegertochter und dachte beiläufig an einen Vers, den Ronsard einige Tage zuvor verfasst hatte.

Wie man blassweiß und leuchtend rot
Aurora aufgehn sieht und Vesper in der Nacht,
So strahlt an Schönheit unvergleichlich
Weit über allen die Prinzessin Schottlands.

Er sah hinüber zu dem Kardinal, dessen Augen zufrieden und wohlgefällig auf der Nichte ruhten und überlegte besorgt, ob das junge Mädchen widerstandslos die drei Dokumente unterzeichnen würde; es waren geheime Klauseln zusätzlich zu dem offiziellen Ehevertrag, die außer ihm nur dem Kardinal von Guise und seinem Bruder Franz bekannt waren. Weder die schottischen Unterhändler wussten davon, noch die Königinwitwe oder ihre Mutter, die Herzoginwitwe. Die Unterschrift der jungen Königin würde Schottland in französisches Herrschaftsgebiet verwandeln und er rief sich noch einmal die drei Klauseln ins Gedächtnis: Erstens verpflichtete sich Maria Stuart, Schottland und ihren Erbanspruch auf den englischen Thron der französischen Krone zu vermachen, falls sie kinderlos sterben sollte. Zweitens wurden Schottland und seine sämtlichen Staatseinkünfte dem König von Frankreich und seinen Nachfolgern übereignet, bis das Geld zurückgezahlt war, das Frankreich für die Verteidigung Schottlands ausgegeben hatte. Drittens widerrief die junge Königin bereits im Voraus jedes Abkommen, das sie möglicherweise auf Drängen der schottischen Regierung unterzeichnen und das die beiden anderen Vereinbarungen durchkreuzen würde.

Sie ist intelligent genug, überlegte Heinrich, um zu merken, dass sie ihr Königreich preisgibt. Wenn sie sich weigert, dann …, dann, nun, der Kardinal würde einen Ausweg wissen.

Im Unterschied zu Heinrich hegte Karl von Guise nicht den geringsten Zweifel am Gehorsam des jungen Mädchens. Er hatte sie so geformt, dass sie das für richtig hielt, was er und sein Bruder Franz für richtig hielten. Der Kardinal war mit der Entwicklung der letzten Monate mehr als zufrieden: Franz hatte am 4. Januar 1558 die Stadt Calais, die als uneinnehmbar galt und Englands letzter Besitz auf dem Festland war, für Frankreich zurückerobert. Nach diesem überwältigenden Sieg, der den militärischen Ruhm des Bruders wiederherstellte, war es nicht schwer gewesen, den König von der Notwendigkeit einer baldigen Heirat zwischen dem Dauphin und der jungen Königin zu überzeugen; da der Krieg sich hinschleppte und kein Ende abzusehen war, würde Frankreich nach der Heirat über die schottischen Streitkräfte im Kampf gegen England verfügen können; außerdem musste die Unzufriedenheit der Pariser über den Krieg und anhaltende Teuerung besänftigt werden. Was eignete sich besser, als eine prachtvolle Hochzeit, bei der Gold- und Silbermünzen unter die gaffende Menge gestreut wurden, wo aus den öffentlichen Brunnen Wein floss, auf den Plätzen Ochsen am Spieß gedreht wurden und die Pariser einige Tage lang auf Staatskosten unentgeltlich schmausen und trinken konnten …

Im Laufe des Winters erschienen neun schottische Unterhändler, um den Ehevertrag aufzusetzen, darunter drei Protestanten: James Stuart, der Halbbruder der jungen Königin, der Graf von Cassilis und John Erskine von Dun.

Die drei Protestanten waren eine Geste der Versöhnlichkeit der Königinwitwe gegenüber dem reformierten Glauben, der sich in Schottland, unter dem Einfluss des fanatischen John Knox, immer mehr ausbreitete. Da die Königinwitwe ihr Land nicht verlassen wollte, wurde sie bei den

Verhandlungen von ihrer Mutter vertreten; der offizielle Vertrag enthielt einmal die üblichen Bestimmungen, wenn eine weibliche Thronfolgerin den Erben eines mächtigen Königreiches heiratete, zum anderen enthielt er Bestimmungen, welche die schottischen Abgesandten zufrieden stellen sollten: die junge Königin gelobte, die alten Freiheiten und Rechte Schottlands zu wahren. Solange sie nicht in ihrem Land weilte, sollte die Königinwitwe das Königreich verwalten; der König von Frankreich und der Dauphin verpflichteten sich – auch für ihre Nachkommen –, den Anspruch des nächsten Blutsverwandten der Stuarts auf die Krone Schottlands zu unterstützen, falls Maria kinderlos sterben sollte. Ihr wurde eine angemessene Witwenpension zugebilligt, ferner sollte der Dauphin den Titel »König von Schottland« tragen und, sobald er König von Frankreich war, sollten beide Reiche unter einer Krone vereinigt werden.

Bis zum Tod Heinrichs II. sollten Franz und Maria »Roi Dauphin« und »Reine Dauphine« genannt werden. Falls Franz vor Maria starb, sollte sie wählen dürfen, ob sie in Frankreich bleiben oder nach Schottland zurückkehren wollte. Ihre Apanage sollte sechshunderttausend Goldstücke betragen; falls das Paar Söhne hatte, sollte der Älteste beide Kronen erben, falls sie nur Töchter hinterließen, sollte die älteste Tochter wegen des in Frankreich geltenden Salischen Gesetzes nur die Krone Schottlands erben.

Nach der Heirat, überlegte der Kardinal, werden die amtlichen Schriftstücke Schottlands von Franz und Maria gemeinsam unterzeichnet, wobei die Unterschrift des Dauphins auf der linken Seite steht, die der Dauphine rechts, wobei die linke Unterschrift wichtiger ist, weil sie immer zuerst gelesen wird. Es ist alles bestens geregelt, dachte er. Am 19. April wird sich das Paar offiziell im Großen Saal des neuen Louvre verloben. Ich gebe ihnen meinen Segen, dann wird der Verlobungsvertrag verlesen, worin der Dauphin erklärt, dass er nach seinem eigenen freien Willen die Königin von Schottland zur Ehefrau nehmen und sie am folgenden Sonntag, dem 24. April, zu heiraten verspricht.

Nachdem Maria die Urkunden gelesen hatte, betrachtete sie noch einen Augenblick nachdenklich das beschriebene Pergament, und für den Bruchteil einer Sekunde ging ihr durch den Kopf, dass ihre Unterschrift die ererbte schottische Krone vielleicht an Frankreich auslieferte. Indes, war Frankreich nicht schon längst mehr Heimat für sie als Schottland? Sie erinnerte sich nur undeutlich an die Schlösser Stirling und Holyrood, an die Abtei mitten in einem See … Überdies würde sie mit Franz etliche Söhne haben; einer würde bestimmt überleben und irgendwann König über Frankreich und Schottland sein. Sie hob langsam die Augen, sah zunächst den König an, der ihr aufmunternd zulächelte, dann blickte sie zum Kardinal, der ebenfalls lächelte und da wusste sie, dass sie die Dokumente ruhig und mit gutem Gewissen unterschreiben konnte, hier in Frankreich wollten alle nur ihr Bestes.

»Nun, mein Kind«, sagte der Kardinal, »hast du die Urkunden gelesen?«

»Ja, lieber Onkel.«

Sie nahm die Feder und unterschrieb. Während sie Sand über die Tinte streute, sahen Heinrich und der Kardinal sich erleichtert an. Der Kirchenfürst hüstelte etwas und bemerkte, dass es jetzt an der Zeit war, von England zu sprechen. »Mein liebes Kind, ich habe während der vergangenen Jahre versucht, dich auf deine Rolle als künftige Dauphine und Königin von Frankreich vorzubereiten. Bedenke, es ist möglich und sogar wahrscheinlich, dass du irgendwann nicht zwei, sondern sogar drei Kronen trägst.« Er schwieg zunächst, damit das junge Mädchen die Neuigkeit verarbeiten konnte.

Maria sah ihren Onkel erstaunt an und überlegte, welche Krone er wohl meinte … Etwa England? Nein, dachte sie, das ist unmöglich. Ihre Augen wanderten verstohlen zu ihrem künftigen Schwiegervater, aber Heinrich verzog keine Miene. Er war froh, dass der Kardinal es übernahm, dieses heikle Thema mit der schottischen Königin zu besprechen.

»Mein Kind«, fuhr der Kardinal von Guise fort, »der Gesundheitszustand der Königin von England hat sich während der vergangenen Wochen drastisch verschlechtert. Man rechnet damit, dass sie in wenigen Monaten stirbt; da sie keine Nachkommen hinterlässt, wärest du die neue Königin von England.«

Maria glaubte, nicht richtig zu hören, und es dauerte einen Augenblick, bis sie sich gefasst hatte. »Das verstehe ich nicht, lieber Onkel. Königin Maria hat eine Halbschwester, Prinzessin Elisabeth, sie wird die neue Königin von England sein.«

»Elisabeth zählt nicht, weil sie nach wie vor ein Bastard ist. Geht man vom Stammbaum aus, so bist du die Einzige, die einen rechtmäßigen Anspruch auf die Krone Englands hat; du solltest dich innerlich auf diese Möglichkeit vorbereiten. Selbst wenn die englische Königin sich erholt und noch einige Jahre lebt, so wird sie mit Sicherheit keine Nachkommen haben.«

Maria überlegte und gab ihrem Onkel innerlich Recht; dann sah sie fragend den König an, der sie anlächelte. »Der Kardinal hat Recht, Maria, und du solltest dich ab jetzt allmählich an den Gedanken gewöhnen, dass du eines Tages Königin von England bist.« Königin von England, dachte sie, Königin von Schottland, Frankreich und England! Es ist zu schön, um wahr zu sein. Aber schließlich war es Gottes Wille, er hatte sie dazu ausersehen, drei Kronen zu tragen. Der Gedanke beglückte sie, und sie kam sich sehr bedeutend vor.

In diesem Augenblick erschien ein Diener, meldete, dass der Hofschneider das fertige Hochzeitskleid gebracht habe, dass auch die Juwelen angekommen seien und die Königin sie bitte, so bald wie möglich zu ihr zu kommen, um sich alles anzusehen.

»Geh nur, mein Kind«, sagte Heinrich, »Kleid und Geschmeide sind für dich jetzt wichtiger als irgendwelche Urkunden.«

Sie verließ erleichtert das Arbeitszimmer und eilte zu Katharinas Gemächern. Als sie den Wohnraum betrat, blieb sie einen Augenblick überrascht stehen, dann ging sie langsam und etwas benommen bis zur Mitte des Zimmers, wo über einem hölzernen Gestell das Kleid und der Mantel hingen, die sie am Hochzeitstag tragen sollte.

Sie betrachtete glücklich die feine weiße Seide und das perlenbesetzte Mieder und war froh, dass sie bei der Farbe des Brautkleides ihren Willen durchgesetzt hatte; sie würde in Weiß ihrem Franz ewige Treue bis zum Tod geloben.

Sie befühlte mit den Fingerspitzen vorsichtig die weiße Seide und betrachtete dann den Mantel aus blaugrauem Samt, der mit unzähligen Perlen bestickt war, darüber hinaus war er mit so vielen Juwelen geschmückt, dass mindestens zwei Herren die Schleppe hinter ihr würden tragen müssen. Zuletzt betrachtete sie das mit Edelsteinen besetzte Halsband und die mit Smaragden, Diamanten, Rubinen und Perlen besetzte goldene Krone, die eigens für ihren Hochzeitstag angefertigt worden war, und den »Great Harry«, jenes Erbstück ihrer Großmutter Margarete Tudor, das sie erstmals an ihrem Hochzeitstag tragen durfte: eine goldene Brosche mit einem großen roten Rubin.

Maria hielt das Schmuckstück in die Sonne und erschauerte, als der Edelstein funkelte, blitzte und aufleuchtete.

Sie legte die Brosche wieder in die Schatulle aus Elfenbein, sah auf und bemerkte erst in diesem Augenblick die Königin, das »Kleeblatt« und Elisabeth.

Katharina beobachtete das glückliche junge Mädchen, während Elisabeth und die Schottinnen gebannt Kleid, Mantel und den Schmuck betrachteten. Maria atmete tief durch und sah ihre künftige Schwiegermutter an.

»Madame, mein Hochzeitskleid ist unbeschreiblich schön. Gefällt es Ihnen auch?«

Katharina musste unwillkürlich lächeln und erinnerte sich kurz an ihr Entzücken vor fast fünfundzwanzig Jahren, als sie ihr eigenes Brautkleid sah. »Es ist elegant geschneidert, Maria, und du wirst reizend darin aussehen; ich an deiner Stelle hätte allerdings eine andere Farbe als Weiß gewählt, aber es war nun einmal dein Wunsch. Hoffentlich ist es kein böses Omen.« Sie lächelte das Mädchen an, das die letzten Worte überhörte.

Die Stimme ihrer Tochter Elisabeth unterbrach diese Gedanken.

»Maria, dein Brautkleid ist ein Traum, deine Hochzeit wird eine Märchenhochzeit werden.«

Maria wandte sich ostentativ an Elisabeth: »Elisabeth, meine Vermählung mit deinem Bruder ist die Hochzeit des Jahrhunderts.«

»Die Hochzeit des Jahrhunderts«, wiederholte Elisabeth leise, und die Mutter spürte eine leichte Enttäuschung in der Stimme der Tochter.

Katharina schaltete sich ein: »Elisabeth, man bezeichnet eine Heirat nicht nur wegen der besonderen Prachtentfaltung als Hochzeit des Jahrhunderts, sondern weil die Vermählung des betreffenden Paares aus irgendeinem Grund bedeutend ist. Die Heirat deines Bruders zum Beispiel ist für die Franzosen wichtig, weil seit über zwei Jahrzehnten kein Dauphin mehr auf französischem Boden geheiratet hat, und weil durch diese Eheschließung Frankreich und Schottland vereint werden. Ich bin davon überzeugt, mein Liebling, dass deine Hochzeit aus irgendeinem Grund auch eine besondere Bedeutung haben wird, auch deine Vermählung wird eine Hochzeit des Jahrhunderts sein.«

Elisabeth lächelte ihre Mutter dankbar an; zwischen ihr und Katharina herrschte ein emotionales Einverständnis besonderer Natur.

Maria Stuart schwieg zu den letzten Worten Katharinas, instinktiv spürte sie schon lange, dass die »florentinische Krämerstochter« sie nicht mochte, aber es war ihr letztlich gleichgültig; was bedeutete die Antipathie eines einzigen Menschen, wenn man von allen anderen geliebt und verehrt wurde.

Katharina öffnete ihre Schmuckschatulle, nahm einige Perlenhalsbänder und ein Geschmeide aus Smaragden, das mit großen Perlen geschmückt war, worunter eine birnenförmige besonders auffiel, und winkte ihre künftige Schwiegertochter zu sich.

»Sieh, Maria, diesen Schmuck schenkte mir mein Onkel, der selige Papst Clemens VII., als ich heiratete. Es ist ein Wunsch des Königs, dass du das Geschmeide nach der Vermählung tragen sollst. Ich gebe dir den Schmuck schon jetzt, er ist mein Hochzeitsgeschenk.«

Es fiel ihr nicht weiter schwer, die Perlen herzugeben, weil jenes Geschmeide sie immer an Clemens und ihre ersten wenig glücklichen Jahre in Frankreich erinnerte. Während Maria Stuart Dankesworte stammelte und verzückt die birnenförmige Perle betrachtete, sah Katharina zur Uhr und schloss eilig die Schatulle. »Mein Gott, wir reden und die Zeit vergeht, zieht euch rasch um, damit ihr fertig seid zum Empfang der Königin von Navarra, wahrscheinlich ist sie schon auf dem Weg zum Louvre.«

Seit Wochen legten täglich Schiffe an den Kais der Seine an, die beladen waren mit Ballen von Samt, Seide, Brokatstoff, Gold, Silber, Juwelen, Leder, Gewürzen und duftenden Essenzen; die Gold- und Silberschmiede, die Schneider, Sticker und Schuster arbeiteten Tag und Nacht, um alle Aufträge bis zur Hochzeit erfüllen zu können. Im Vorhof von Notre-Dame waren ganze Kolonnen von Arbeitern damit beschäftigt, Tribünen und Galerien für die Zuschauer bei der Hochzeit zu errichten.

Am Vormittag jenes 4. April beobachteten einige Arbeiter, dass eine Reisegesellschaft sich dem Vorhof näherte, und neugierig ließen sie Hämmer, Sägen und Äxte einen Augenblick ruhen …

Zunächst erschien ein Trupp Bewaffneter zu Pferd, der die Richtung zum Louvre einschlug, dann folgte eine schlichte Kutsche, an deren Türen das Wappen von Navarra angebracht war, weitere Kutschen, worin Damen saßen, einige vornehme Reiter, Gepäckpferde, Karren mit Gepäck, zuletzt ein weiterer Trupp Bewaffneter ebenfalls zu Pferd.

»Die Königin von Navarra und ihr Gefolge«, sagte einer der Arbeiter, griff nach dem Hammer, ließ ihn aber sofort wieder sinken, als er sah, dass die Kutsche auf dem Vorhof hielt.

Ein Wagenfenster wurde geöffnet, und dann erschien der Kopf eines Jungen von ungefähr vier bis fünf Jahren.

Die Arbeiter musterten die dunklen Locken, die sich wild und ungebändigt um das ovale, bräunliche Kindergesicht ringelten; die Nase des Kleinen war vielleicht etwas zu lang, aber die dunklen Augen blickten lebhaft, keck und fröhlich umher, und als er die Arbeiter auf ihren Gerüsten entdeckte, winkte er ihnen lächelnd zu und die Männer winkten zurück. »Willkommen in Paris!«, rief einer, und zu dem Nachbarn: »Der Junge da unten muss der Sohn Antons von Bourbon sein, der Erbe von Navarra. Ist er nicht ein reizendes, unbefangenes Kind, ohne Dünkel und Hochmut?«

»Ja, und sieh, wie einfach er gekleidet ist, sein Hemd ist nicht aus Seide, sondern aus grobem Leinen, er ist ein künftiger König, aber er tritt anders auf als unsere Prinzen. Gewiss, wenn sie durch die Straßen reiten, lächeln sie auch, aber man spürt den Abstand zwischen ihnen und dem Volk. Der kleine Bourbone aber scheut nicht den Kontakt zum Volk.«

Die Königin von Navarra zeigte ihrem Sohn von der Kutsche aus die Sehenswürdigkeiten von Paris, insbesondere die Kirchen: Notre-Dame, Saint-Germain L'Auxerrois … Heinrich jedoch dachte während all der Erläuterungen nur an sein geliebtes Navarra. Die riesigen Dimensionen der Stadt ängstigten ihn und er wollte nur zurück nach Hause, zurück in seine kleine Idylle mit ihren Bergen, den Kiefern, Korkeichen und Kastanien-Wäldern, zu seinen Freunden, den Schäfern und Hirten.

Schließlich kam es zu der Begegnung mit dem Vater. Anton war entsetzt über die »unzivilisierte« Kleidung seiner Familie, und sofort begann zwischen ihm und Johanna eine Auseinandersetzung um dieses Thema. Letztlich gelang es Anton dann, den Hintergrund zu erläutern, der eine Anwesenheit Johannas und Heinrichs bei Hofe erforderlich machte: es ging um die Erziehung des Sohnes am französischen Hof, denn wie er selbst, war sein Sohn Thronanwärter in weiterer Linie und eine kultivierte Erziehung entsprach den Erfordernissen der Zukunft.

Johanna zeigte sich empört über diese Pläne. Ihre Erregung steigerte sich noch mehr, als sie hörte, dass ihr kleines »Naturkind« eine französische Prinzessin heiraten sollte, nämlich Margot. Sie gab ihrer Entrüstung Ausdruck, dann schwieg sie unvermittelt.

Plötzlich sagte Johanna leise: »Ich habe die Italienerin nie gemocht, ich halte sie für falsch, und es wird ihr nie gelingen, mir mein Kind wegzunehmen; überdies, warum soll ich mich mit ihr arrangieren?«

»Warum? Mein Bruder Ludwig ist heimlicher Hugenotte, Sie dulden die Hugenotten in Navarra. Ich glaube, die Königin gehört zu denen, die keine religiösen Fanatiker sind; wenn über die Religion gesprochen wird, schweigt sie. Wäre sie eine fanatische Katholikin, so hätte sie schon längst den König aufgefordert, energischer gegen die Hugenotten vorzugehen. Vielleicht interessiert sie sich nicht für religiöse Fragen, aber was unsere Familie betrifft, so ist religiöses Desinteresse besser als Fanatismus.«

Johanna sah den Gatten ernst an. »Ludwig bekennt sich heimlich zu den Hugenotten, und Sie? Haben Sie sich inzwischen entschieden?«

»Nein, ich kann mich nicht entscheiden. Einerseits reizt es mich, zu den Anführern der Hugenotten zu gehören wie Ludwig, andererseits habe ich Angst. Gewiss, ich genieße Immunität als Prinz von Geblüt, aber …, ich habe Angst. Überdies weiß ich nicht, welches der richtige Glaube ist.«

»Reden Sie keinen Unsinn, der Glaube interessiert Sie doch nicht, ebenso wenig wie Ihren Bruder Ludwig. Sie haben Angst, weil Sie nicht wissen, welche Partei in Frankreich siegen wird, die Hugenotten oder die Katholiken.«

»Die Katholiken werden siegen, weil ihr Glaube der menschlichen Mentalität mehr zusagt als der Calvinismus, der nur Arbeit predigt und Verzicht auf die Freuden des Lebens. – Trotzdem, versuchen Sie, sich mit der Königin zu arrangieren. Ronsard hat sogar einen Vers über sie veröffentlicht, den er dichtete, solange sie noch Dauphine war:

> *Quelle dame a la practique*
> *De tant de mathematique?*
> *Quelle princesse entend mieux*
> *Du grand monde la peinture*
> *Les chemins de la nature*
> *Et la musique des cieux?*

> Welche Prinzessin hat sich so gut angeeignet
> Die Kunstfertigkeit in der Mathematik
> Welche Prinzessin versteht so gut
> Die werte Welt der Malerei
> Die Wege der Natur
> Und die Musik des Himmels?

In diesem Augenblick erschien der Kammerdiener mit Heinrich von Bourbon. Anton betrachtete zufrieden seinen Sohn, der nun ein weißes, seidenes Hemd trug, das am Hals von einer steifen, weißen Krause abgeschlossen wurde, das Wams und die kurzen Pluderhosen waren aus sattgrünem Samt, der üppig mit Goldstickereien verziert war, die Beinkleider aus weißer Seide und die Schuhe aus schwarzem Samt.

In diesem Augenblick öffneten sich die Flügeltüren des Festsaales vor ihnen und Heinrich ließ herzklopfend die Hände der Eltern los.

Er wusste, dass er in diesem Saal zum ersten Mal dem König und der Königin begegnen würde und dem Hof, und er wusste auch, dass diese Begegnung ein wichtiger Moment in seinem jungen Leben war.

Während er zwischen den Eltern den Saal betrat, streckte er sich etwas, legte die linke Hand auf den Degenknauf und sah geradeaus.

Er hörte, wie der Herold erst den Vater ankündigte, dann die Mutter, dann: »Prinz Heinrich von Bourbon, Graf von Viane.« Während er langsam durch den Saal schritt, spürte er die neugierigen Blicke der Hofleute. Endlich stand er vor einem großen, massigen Mann und einer kleinen Frau, die er, verglichen mit seiner überschlanken Mutter, als rundlich empfand.

Johanna ihrerseits war überrascht, als sie nun nach fünf Jahren Heinrich und Katharina erblickte. Heinrichs Haupthaar und Bart waren inzwischen grau meliert, und er fing an, dick zu werden. Er ist gealtert, ging es Johanna durch den Kopf; nun, im kommenden Frühjahr wird er vierzig Jahre alt. Katharina hingegen ist so alt wie er und ist während der vergangenen Jahre hübscher geworden, voller, ihr ernstes Gesicht wirkt heiterer. Johanna fiel aber noch etwas anderes auf, sie spürte, dass zwischen dem Paar Harmonie herrschte, eine Harmonie, die sich zwischen ihr und Anton nie mehr entwickeln würde, auch wenn sie zusammenlebten. Dann sah sie, dass Diana etwas im Hintergrund stand; es stimmte also, dass Katharina am Hof deutlich an Ansehen gewonnen hatte, dass sie jetzt auch faktisch die Königin war, und für den Bruchteil einer Sekunde beneidete Johanna ihre angeheiratete Cousine und bewunderte sie auch: sie hat es geschafft, die allmächtige Mätresse zu verdrängen, ging es ihr durch den Kopf, das spricht für ihre Klugheit, das bedeutet aber auch für mich, dass ich aufpassen muss, wenn wir uns unterhalten. Ich darf ihr nicht trauen.

Während die Erwachsenen einander begrüßten, hatte der Kleine die Kinder des Königs und Maria Stuart entdeckt, die in einiger Entfernung von Katharina standen und ihn neugierig beobachteten. Heinrich hielt den Blicken stand; plötzlich indes stutzte er und betrachtete fasziniert ein rundliches Mädchen, das ungefähr in seinem Alter, aber etwas größer war als er. Noch nie zuvor hatte er ein solch hübsches Mädchen gesehen. Wie weiß ihre Haut war, makellos weiß, die Wangen schimmerten rosig, die glänzenden, dichten, schwarzen Haare fielen leicht gelockt auf die Schultern, und das Kleid war ein Traum aus weißer Seide, mit Goldfäden bestickt und übersät mit Rubinen und Perlen, das Mieder lag straff am Oberkörper, ab der Taille bauschte sich weit und füllig der Rock.

Sie ist ein Engel, dachte Heinrich, ob sie je mit ihm reden würde?

Katharina hatte den Kleinen beobachtet, seit er den Saal betreten hatte, und war angenehm überrascht; der Sohn der bigotten Johanna und des oberflächlichen Anton schien aufgeweckt und intelligent zu sein. Sie beugte sich zu ihm hinab und küsste ihn auf die Wangen und den Mund. »Mein liebes Kind, sei herzlich willkommen an unserem Hof.« Während sie ihn küsste, merkte sie, dass er nach Knoblauch und Käse roch und seit Tagen oder Wochen nicht mehr gebadet worden war. Nun, dachte sie, es gibt Wasser und Seife, und Knoblauch bekommt er hier nicht zu essen. Sie selbst aß gerne Knoblauch, aber mit Rücksicht auf die Etikette war es dem Hofkoch untersagt, dieses Gewürz zu verwenden.

Sie betrachtete das gesunde Kind, das intelligenter schien als ihre Söhne, Eduard natürlich ausgenommen, und sie erinnerte sich, gehört zu haben, dass er in einer Bauernhütte in Navarra von einer Ziege gesäugt worden war. Sie streifte ihre hoch gewachsene, magere Cousine Johanna mit einem Blick und überlegte, ob diese tatsächlich so überspannt und weltfremd war und ihr Kind nicht von einer Amme, sondern von einer Ziege säugen ließ.

Heinrich indes dachte daran, dass seine Cousine den künftigen Thronprätendenten und König von Navarra von hugenottischen Lehrern erziehen ließ, so hatte man es ihm berichtet. Nun, es war tatsächlich Zeit, die Erziehung dieses Kindes zu überwachen, und so winkte er den Kleinen zu sich, streichelte die Locken und fragte: »Willst du mein Sohn sein?«

Heinrich sah den König erstaunt an, ging zu Anton, nahm seine Hand und erwiderte: »Aber dies ist doch mein Vater.«

Der König, Katharina, Diana, Anton und die Hofleute lachten, nur Johanna presste die Lippen aufeinander. Ich lasse ihn mir nicht wegnehmen, dachte sie.

Dem König gefiel der Junge und so fragte er: »Also, willst du dann mein Schwiegersohn sein?« – »Ja!«, rief der Kleine spontan. Er wusste zwar nicht, was ein Schwiegersohn war, aber er spürte, dass es unhöflich war, diese Frage mit Nein zu beantworten.

731

»Du willst also mein Schwiegersohn sein – dann werde ich dir jetzt deine Braut vorstellen. Du wirst meine jüngste Tochter heiraten, wenn ihr beide alt genug seid, und mit ihr zusammenleben, bis der Tod euch scheidet – Margot, begrüße deinen künftigen Gemahl!«

Der kleine Heinrich glaubte zu träumen, als das weiß gekleidete Mädchen sich ihm langsam näherte, wobei sie graziös den weiten Rock um sich schwingen ließ, und wie aus weiter Ferne hörte er die Stimme des Königs. »Das ist meine jüngste Tochter, sie heißt Margarete, aber im Familienkreis nennen wir sie Margot.«

Margot, Margot – er würde mit diesem Engel zusammenleben … Heinrich glaubte zu träumen.

Sie blieb einige Schritte vor ihm stehen, lächelte ihn an und sagte: »Guten Tag, Heinrich.«

»Guten Tag, Margot«, stammelte er und war zum ersten Mal an diesem Tag froh, dass er Kleider aus Samt und Seide trug. Es wäre beschämend gewesen, vor dieser Prinzessin in Leinen und Tuch zu erscheinen.

Die Kinder sahen sich an, und Johanna beobachtete, dass Margot den Erben von Navarra kritisch musterte, sie sah auch, dass ihr Sohn das Mädchen fasziniert betrachtete und dachte mit gemischten Gefühlen an diese Heirat; indes, beruhigte sie sich, es sind Kinder, wer weiß, ob es zu dieser Heirat kommt.

Der kleine Heinrich verspürte plötzlich das Bedürfnis, seine Braut zu umarmen und sie auf den herzförmigen roten Mund zu küssen, er wollte ihr körperlich nahe sein, und so trat er kurz entschlossen auf sie zu, umarmte sie und wurde von ihr zurückgestoßen. »Pfui!«, rief sie. »Ich mag dich nicht.«

»Margot!«, rief Katharina entrüstet. »Was soll das, warum darf dein Verlobter dich nicht küssen?« – »Er stinkt, Mama.«

Katharina war sprachlos, ihr Gatte, ihre Kinder, Anton und die Hofleute lachten, Johanna presste verärgert die Lippen aufeinander. Dieses hochmütige Balg wagte es, ihr geliebtes Kind zu beleidigen!

Nachdem Katharina sich gefasst hatte, sagte sie freundlich, aber streng zu Margot: »Du wirst deinen Vetter jetzt um Verzeihung bitten.«

Das kleine Mädchen kannte den Tonfall der Mutter, wusste, dass sie gehorchen musste, und sagte zu Heinrich: »Entschuldige bitte.«

Er sah sie an und erwiderte: »Ich wollte dich nicht erschrecken.«

Katharina nahm Heinrichs Hand, führte ihn zu ihren Kindern, stellte ihn als neuen Spielkameraden vor, dann machte sie Heinrich mit den

Kindern bekannt, wobei sie nicht nur die Namen sagte, sondern auch deren Alter erwähnte.

An Heinrich rauschte alles vorbei.

»Mein ältester Sohn Franz, vierzehn Jahre, meine künftige Schwiegertochter, die Königin von Schottland, fünfzehn Jahre, meine Töchter Elisabeth und Claudia, dreizehn und zehn Jahre alt, mein Sohn Karl, fast acht Jahre, mein Sohn Eduard, sechs Jahre, Margot ist fast fünf Jahre und Herkules drei Jahre.« Katharina sah sich um, winkte Heinrich von Guise herbei, stellte ihn vor; er war sieben Jahre alt und erwähnte, dass er mit Eduard befreundet sei.

Der kleine Heinrich betrachtete die königlichen Kinder in ihren Brokatkleidern, er roch, dass sie parfümiert waren und sehnte sich nach Navarra. Dort konnte man sich frei und natürlich bewegen, man trug Hemd und Hose, ging barfuß und parfümierte sich nicht.

Unterdessen meldete ein Diener, dass die Mittagstafel gerichtet sei.

Katharina nahm Heinrichs Barett und Mantel, und Johanna hörte erstaunt, dass die Kleidungsstücke in das Appartement der Königin gebracht werden sollten.

Während der kleine Herkules und die Erzieherin zum Essraum der Kinder gingen, betraten seine beiden älteren Brüder und Margot erwartungsvoll den Speisesaal. Karl, Eduard und Margot durften zum ersten Mal an der königlichen Tafel teilnehmen, weil Katharina fand, dass ihre jüngeren Kinder in einem Alter waren, wo sie die höfischen Gepflogenheiten kennen lernen sollten. Die Tischmanieren der Kleinen waren inzwischen untadelig, nun sollten sie lernen, dass man an der königlichen Tafel nicht nur den Hunger stillte, sondern auch geistreiche Gespräche führte. An einem der folgenden Tage sollten sie zum ersten Mal ein mehrstündiges Bankett erleben, wo zwischen den einzelnen Gängen allerlei Unterhaltung geboten wurde. Sie mussten jetzt auch lernen, mehrere Stunden stillzusitzen, weil sie am Hochzeitsbankett des Dauphins teilnehmen sollten. Katharina hatte angeordnet, dass Margot, Heinrich und Karl ihr gegenübersitzen sollten, weil sie die im Auge behalten wollte. Elisabeth und Claudia saßen neben den Geschwistern, Eduard indes neben seiner Mutter. Der kleine Heinrich betrachtete das Goldgeschirr, die Serviette neben seinem Teller und die Gabel. Seine Mutter benutzte die Gabel, er jedoch hatte sie bisher ignoriert, weil er es zu umständlich fand, mit ihr Fleischstücke aufzuspießen.

In diesem Augenblick kündigte der Herold den ersten Gang an, eine

Gemüsesuppe mit Fleisch, und der kleine Heinrich hörte erstaunt, dass seine Umgebung ergeben seufzte.

Es handelte sich nämlich um eine jener »berühmt-berüchtigten« aufgewärmten Gemüse-Suppen nach einem alten florentinischen Rezept. Katharina hatte dies im Zuge ihrer Sparmaßnahmen eingeführt, nicht alle jedoch waren davon begeistert.

Der kleine Heinrich allerdings war kargeres Essen gewöhnt, und als er so seinen Blick über die reich gedeckte Tafel wandern ließ, gingen ihm die Augen über und er genoss Gang um Gang, wobei es ihm offensichtlich nicht in den Sinn kam, Essbesteck zu benutzen. Von Zeit zu Zeit streifte er Eduard mit einem Seitenblick.

Heinrich betrachtete die langen, schmalen, feingliedrigen Hände Eduards, der nun mit eleganten Bewegungen Messer und Gabel neben dem übrig gebliebenen Fleisch arrangierte, dann tupfte er mit der Serviette den Mund ab und trank einen kleinen Schluck verdünnten Rotwein.

»Du musst einmal nach Navarra kommen, Eduard«, sagte Heinrich. »Wenn du dort einen Tag lang durch die Wälder streifst oder auf einem schmalen Weg hinauf in die Berge steigst, oder wenn du Vögel fängst, dann wirst du bestimmt hungrig werden.«

Eduard lächelte den Vetter müde an. »Ich werde nie in den Bergen Navarras umhersteigen.«

Heinrich sah Eduard erstaunt an. Für ihn gab es nichts Schöneres und Aufregenderes, als den ganzen Tag in der freien Natur umherzustrolchen. Er verspeiste die Keule, wischte mit einem Stück Brot den Teller blank, säuberte zur Belustigung Katharinas und zum Entsetzen Margots seine fettigen Hände am Tischtuch, wischte auch den Mund am Tischtuch ab und lehnte sich dann wohlig seufzend zurück.

Nun, dachte Katharina, seine Tischmanieren lassen zu wünschen übrig, aber dies war eine Sache der Erziehung.

»Es ist unfein«, flüsterte Margot ihm zu, »das Tischtuch zu benutzen, du hast doch eine Serviette.«

»In Navarra«, begann er, unterbrach aber den Satz, weil er erst jetzt entdeckte, dass neben dem König eine große, blonde, schlanke Dame saß, die anscheinend nicht zur Familie gehörte, und er überlegte, warum diese Dame und nicht seine Mutter oder sein Vater neben dem Monarchen saßen.

Nach beendeter Mahlzeit winkte Katharina einen Diener herbei, und Heinrich hörte erstaunt, dass er in das Appartement der Königin gebracht werden solle, um zu baden und dann zu schlafen. »Ich komme nachher noch einmal zu dir, Heinrich. – Margot, ich habe mit dir zu reden.« Sie gingen in einen Nebenraum, und dort nahm Katharina ihren Fächer und gab Margot links und rechts einen Schlag auf die Wange. »Das ist für deine Ungezogenheit von vorhin, du besitzt keinerlei Taktgefühl, du solltest dich schämen.«

Margot sah ihre Mutter trotzig an und erwiderte: »Er hat fürchterlich gerochen, und er benimmt sich wie ein Bauer, er kann noch nicht einmal mit Messer und Gabel umgehen und benutzt das Tischtuch statt der Serviette.«

»Er wird alles lernen, er wird sich auch angewöhnen, regelmäßig zu baden und die Wäsche zu wechseln.«

»Er ist nicht hübsch, ich will später nicht mit ihm zusammenleben.«

Katharina glaubte, nicht richtig zu hören, und verlor zum ersten Mal in ihrem Leben die Beherrschung. »Kein Wort mehr, du dummes Ding!«, rief sie wutentbrannt. »Dein Vater und ich bestimmen, wen du heiratest, und du wirst eine Ehe eingehen, die im Interesse Frankreichs ist, und was heißt überhaupt hübsch? Du solltest Gott danken, dass wir dich mit einem Mann vermählen, der dir anscheinend Zuneigung entgegenbringt, überdies scheint er intelligent und aufgeweckt zu sein, das ist viel wichtiger als die äußere Erscheinung, außerdem wirst du eines Tages Königin sein, ist das etwa nichts? Navarra ist nur ein kleines Königreich, aber es ist ein Königreich. – Geh jetzt, verschwinde vor meinen Augen!«

Margot eilte hinweg, sie hatte längst gemerkt, dass die Mutter sie strenger behandelte als die älteren Schwestern, aber sie wusste, dass sie der Liebling ihres Vaters war und dass ihre Brüder, auch der kleine Herkules, sie vergötterten und bewunderten.

Johanna beobachtete, dass die Königin und Margot in ein Nebengemach gingen, dann sah sie, wie das kleine Mädchen davonlief, und als Katharina erschien, trat sie ihr entgegen. »Mit Verlaub, Madame, warum haben Sie meinen Sohn in Ihr Appartement bringen lassen?«

Katharina lächelte. »Ich möchte Heinrich näher kennen lernen, damit ich weiß, an welchem Punkt mit seiner Erziehung begonnen werden muss. Ihr Gatte hat Ihnen sicherlich gesagt, dass es der Wunsch des Königs ist und auch der meinige, dass der künftige Thronprätendent zusammen mit meinen Kindern aufwächst. Ich denke, Madame, dass es in Ihrem Interesse ist, ebenfalls am Hof zu bleiben und die Entwicklung Ihres Sohnes zu beobachten.«

»Nein, Madame, Heinrich und ich kehren nach Navarra zurück, mein Sohn gehört seinem Königreich.«

»Ihr Sohn, Madame, gehört dem König von Frankreich. Aber warum regen Sie sich auf? Nach den Hochzeitsfeierlichkeiten können wir uns noch einmal in Ruhe darüber unterhalten.« Sie nickte Johanna lächelnd zu und entfernte sich.

Die Königin von Navarra sah ihr hasserfüllt nach. Diese Italienerin, dachte sie, wie schlangenfreundlich sie ist, ja, sie ist eine Schlange; während Johanna sich ebenfalls in ihre Räume begab, nannte sie Katharina immer wieder leise: »Frau Schlange«.

In ihrem Appartement wurde Katharina von einer aufgeregten und erschöpften Isabella empfangen. »Oh, Madame, ich habe noch kein Kind erlebt, das so eigensinnig ist wie der kleine Prinz von Navarra. Er ist wasserscheu wie eine Katze und wollte sich partout nicht baden lassen, aber ich habe ihn abgeschrubbt und anschließend eingeölt. Dann wollte er nicht schlafen, ich habe ihn nur mit Mühe überreden können, sich ins Bett zu legen. Mit Verlaub, Madame, Sie werden Ihre Last mit ihm haben.«

»Das glaube ich nicht. Er muss sich an die neue Umgebung gewöhnen, das dauert natürlich eine Weile, dann wird er entsprechend erzogen. Er soll am Hof eine Rolle spielen und zu einer wichtigen Stütze des Königs werden, ein Gegengewicht zur Familie Guise.«

Sie betrat den Raum neben ihrem Schlafzimmer, wo Heinrich untergebracht war, setzte sich an sein Bett und betrachtete eine Weile seine Augen, die trotzig zum Betthimmel emporsahen.

Sie streichelte sein Gesicht und die wirren Locken und fragte leise: »War das Baden so schlimm?« Er sah sie an und antwortete kurz: »Ja, Madame.«

»Du wirst dich schon daran gewöhnen, du wirst auch lernen, mit Messer und Gabel umzugehen, ich bin überzeugt, dass du in einigen Monaten ein vollendeter kleiner Kavalier sein wirst.«

Da setzte er sich auf und sah sie erstaunt an. »In einigen Monaten Madame? Meine Mutter und ich kehren nach Navarra zurück.« – »Nein Heinrich, ihr werdet hier bleiben, und du wirst zusammen mit meinen Kindern erzogen. Du willst doch sicherlich in der Nähe von Margot leben, sie gefällt dir doch, nicht wahr?« – »Ja, sie ist ein Engel. Kann ich sie nicht nach Navarra mitnehmen? Dort ist es sehr schön, es wird ihr bestimmt gefallen.« – »Warum willst du unbedingt nach Navarra zurückkehren? Hier an unserem Hof gibt es für dich doch mehr Luxus und Bequemlichkeiten als in Pau, kostbare Kleider, Bälle und andere Vergnügungen.«

»Ja, Madame, aber in Navarra laufe ich im Sommer barfuß umher, spiele mit den Bauernkindern, besuche die Hirten in den Bergen, ich kann Knoblauch essen, so viel ich will, ich werde nicht ständig gebadet und muss am Nachmittag nicht schlafen, ich kann machen, was ich will.«

Gütiger Himmel, dachte Katharina, was ist denn das für eine Erziehung, er muss doch Disziplin lernen. »Erlaubt deine Mutter denn, dass du so frei und ungebunden lebst?« – »Ja, sie sagt, ich darf machen, was ich will, bis der Unterricht beginnt, außerdem regiert sie und kann sich nicht ständig um mich kümmern. Das Einzige, worauf sie achtet, ist, dass ich regelmäßig bete, und am Sonntag muss ich in der Schlosskapelle die Predigt hören.«

Die Predigt, dachte Katharina, es stimmte also, der Kleine wurde im calvinistischen Glauben erzogen. »Verstehst du denn, was gepredigt wird?« – »Nein, und der Gottesdienst ist schrecklich langweilig, aber es ist Pflicht, an ihm teilzunehmen.«

Katharina lächelte und sagte: »Höre, Heinrich, wenn du hier am Hof bleibst, musst du keine langweilige Predigt mehr hören, dann nimmst du an der Messe teil, und die Messe ist immer wieder ein Erlebnis.«

Er sah sie nachdenklich an, überlegte und sagte nach einer Weile: »Ich würde doch lieber nach Navarra zurückkehren.« – »Darüber reden wir noch einmal, mein Kind. Hast du gebetet?« – »Nein, Madame.« Er faltete gehorsam die Hände und sprach ein Gebet im Dialekt seiner Heimat.

Er hat sich nicht bekreuzigt, dachte Katharina. Würde es schwierig werden, ihn religiös umzuerziehen? Es störte sie nicht, wenn er Hugenotte war, aber der künftige Thronprätendent musste – zumindest äußerlich – ein Katholik sein wie der König. »Du wirst jetzt zwei Stunden schlafen, Heinrich, und dann darfst du mit Margot und Herkules spielen, und morgen kommt der Hofschneider, um noch andere Kleider für dich anzufertigen, aus Gold- und Silberbrokat.«

Er lächelte sie an und fragte vorsichtig: »Glauben Sie, dass Margot mit mir spielen will?«

»Selbstverständlich, vorausgesetzt, du badest jeden Tag.«

Er stieß einen kleinen Seufzer aus. »Na schön.« Mit dieser Antwort gab Heinrich sich zufrieden, und wenige Minuten später war er eingeschlafen. Katharina verweilte noch einen Augenblick und betrachtete nachdenklich den Großneffen ihres Schwiegervaters. Er ist ein sehr wacher Junge, dachte sie, er weiß, was er will, er strahlt die gleiche Gesundheit und Lebensfreude aus wie Heinrich von Guise. Sie verdrängte die Gedanken an ihre beiden ältesten Söhne und den kleinen Herkules, der schwächlich war wie die Brüder und zudem nur langsam wuchs, sie versuchte, sich auf Eduard zu konzentrieren, er strahlte Liebenswürdigkeit aus, war allgemein beliebt, er erkannte sofort ein Problem und überlegte, wie man es lösen könnte. »Heinrich«, sagte sie leise, »mein Heinrich, Heinrich III. von Frankreich.« Nein, dachte sie, es ist unrealistisch, dies zu hoffen, er hat keine Aussicht, jemals König zu werden. Heinrich von Valois, Heinrich von Guise, Heinrich von Bourbon, drei Heinriche, dachte sie amüsiert; welch ein seltsames Spiel des Schicksals …

Während der folgenden Tage lebte der junge Heinrich sich rascher am Hof ein, als Katharina vermutet hatte: er war viel mit Karl, Eduard und Heinrich von Guise zusammen, sie lehrten ihn das Federballspiel, sie versuchten, ihm die Hoftänze beizubringen, weil er bei der Hochzeit mit Margot tanzen wollte; Eduard zeigte ihm seine Sammlung von Duftwässern und erklärte ihm, welcher Duft zu welchem Kleid passte, er zeigte ihm auch die Ringe, die er an Sonn- und Feiertagen und bei Hoffesten trug. Heinrich lernte – zum Entsetzen seiner Mutter – auch die Messe kennen, und sein kindliches Gemüt war sehr beeindruckt von den lateinischen Gesängen, den Prunkgewändern der Priester, den vielen Kerzen, den Messknaben, die während der Messe Gefäße schwenkten, denen ein eigentümlicher bittersüßer Duft entströmte; er lernte, dass dieser Duft Weihrauch genannt wurde. Am meisten beeindruckte ihn jedoch stets der Augenblick, wenn der Priester die Hostie emporhob, ein Klingelzeichen ertönte und die Anwesenden in die Knie gingen; das war die »Wandlung« hatte man ihm erklärt; er lernte auch, sich zu bekreuzigen und fand die Messe viel abwechslungsreicher und interessanter als die Predigten in der Heimat; bei der Messe gab es wenigstens etwas zu sehen, und vor allem verzichtete der Priester auf eine langatmige, unverständliche Predigt. Er beobachtete während der Messe seine königlichen Cousins und Cousinen, versuchte, sich so zu verhalten wie sie, und dabei hatte er den Eindruck, dass Eduard sich am meisten konzentrierte. Wenn dieser das Kreuz schlug oder die »Wandlung« begann, bekamen seine Augen einen verklärten Ausdruck, während es für seine Geschwister ein alltägliches Ritual zu sein schien, das sie absolvieren mussten.

Johanna, die zusammen mit ihrem Gatten ebenfalls an der Messe teilnahm, um nicht unnötig Aufsehen zu erregen, beobachtete besorgt die kindliche Freude ihres Sohnes am katholischen Gottesdienst und ihr Entschluss, so bald wie möglich nach Navarra zurückzukehren, verfestigte sich.

Wenn Heinrich nicht mit den Cousins zusammen war, umwarb er Margot, und der gesamte Hof verfolgte belustigt die rührende kindliche Werbung: Jeden Tag überreichte er ihr Blumen, die er im Schlossgarten pflückte, er bewunderte ihre Kleider, an der Tafel erzählte er ihr von Navarra und seinen Spielkameraden. Margot ließ sich seine Huldigungen gefallen und behandelte ihn freundlich und liebenswürdig, teils aus Angst vor ihrer Mutter, teils weil sie ihn nett und unterhaltend fand und er nicht mehr versuchte, sie zu küssen. Ihr kleiner Bruder Herkules bewunderte den Cousin aus dem fernen Navarra, lief wie ein Hündchen hinter ihm her und bat ihn immer wieder, etwas von den Hirten zu erzählen, von dem Schloss in Pau, von den steinigen Bergpfaden …

Allmählich gewöhnte Heinrich sich an die höfische Kleidung, lernte rasch die angemessenen Tischmanieren und genoss die Köstlichkeiten der königlichen Tafel, was ihn nicht hinderte, sich hin und wieder nach Knoblauch, Käse und Zwiebeln zu sehnen.

So verging ein Tag nach dem andern, und nach der Verlobung zwischen dem Dauphin und Maria Stuart am 19. April 1558, fieberten alle der Hochzeit am Sonntag, dem 24. April, entgegen.

Am Tag vor der Hochzeit erkundigte die Herzoginwitwe von Guise sich diskret bei Madame de Parois, ob ihre Enkelin inzwischen über ihre ehelichen Rechte und Pflichten aufgeklärt sei, und als die Erzieherin dies verneinte, begab die Herzoginwitwe sich mit gemischten Gefühlen zu der jungen Braut. Sie hatte gehofft, dass ihr diese Aufklärung erspart blieb, wie bei den eigenen Töchtern, die irgendwann von Erzieherinnen und Kammerfrauen alles erfahren hatten.

»Mein liebes Kind«, begann sie zögernd, »Morgen ist dein Hochzeitstag, es ist, wie du weißt, der wichtigste Tag in deinem Leben, einmal, weil im Leben jeder Frau mit der Heirat ein neuer Abschnitt beginnt, zum anderen wirst du morgen die Dauphine von Frankreich. Du bist zusammen mit Franz aufgewachsen, er war bisher für dich ein Kamerad, aber ab morgen wird er für dich eben auch der Gatte sein, das ist ein großer Unterschied.« Sie schwieg und überdachte die folgenden Worte.

Maria Stuart indes sah ihre Großmutter erstaunt an. Warum sprach sie so feierlich, sie wusste doch längst, dass der Hochzeitstag ein besonderer Tag war. »Du und dein Gemahl«, fuhr die Herzogin fort, »ihr werdet ab morgen einen eigenen Haushalt haben, eure eigenen Feste geben, kurz, ihr werdet viele Monate im Jahr getrennt vom Hof leben, aber das ist nicht alles, du wirst mit Franz in ehelicher Gemeinschaft leben, das bedeutet auch ein gemeinsames Schlafgemach.« Sie schwieg, weil sie erneut nachdenken musste.

»Ja, Großmama, Franz und ich werden zusammen schlafen, alle Ehepaare schlafen zusammen, das weiß ich doch.«

Die Herzogin atmete erleichtert auf. »Du weißt es, mein Kind, nun gut, das wollte ich dir nur sagen.« Sie verabschiedete sich von der Enkelin, und Maria Stuart sah ihr erstaunt nach und überlegte, warum die Großmutter ihr so umständlich und feierlich hatte sagen wollen, dass Franz und sie nach der Hochzeit in einem Bett liegen würden; sie würden nebeneinander liegen und dann würde sie irgendwann ein Kind erwarten, sie wusste nicht, warum dies so war, aber es war eine Tatsache, man wurde schwanger, wenn man neben einem Mann lag.

Katharina, die nach wie vor gegen diese Ehe war, teils auch, weil sie ihre künftige Schwiegertochter nicht mochte, war es gleichgültig, ob das junge Paar aufgeklärt war oder nicht. Was Maria Stuart betraf, so gab es eine Großmutter, die diese Aufgabe erfüllen konnte, und der Dauphin hatte einen Vater … Da sie jedoch wusste, dass die Ärzte über die Zeugungsfähigkeit des Thronfolgers unterschiedlicher Meinung waren, und ihr überdies die Bemerkung des spanischen Gesandten zugetragen wurde, fragte sie am Tag vor der Hochzeit den Gatten beiläufig, ob Franz über seine ehelichen Pflichten aufgeklärt sei.

»Er weiß, was er wissen muss, aber ich habe darauf verzichtet, dass ein Edelfräulein ihn in die ›Geheimnisse der Liebe‹ einführt, wie mein Vater es seinerzeit bei mir machte.«

Katharina nahm es zur Kenntnis und dachte nach: Sie musste wissen, ob diese Ehe jemals vollzogen wurde, denn, so mutmaßte sie, der Kardinal kennt natürlich auch die diversen Gerüchte, folglich sind die Guisen daran interessiert, dass diese Ehe nicht annulliert werden kann. Wenn die Dauphine nicht vom Dauphin schwanger wurde, so war es möglich, dass sie die junge Frau einem anderen Mann zuführten, dessen Verführungskünsten sie erlag, schwanger wurde und vor der Welt war natürlich dann der Dauphin der Vater. Das musste verhindert werden, und das bedeutete, dass sie einen Spion beauftragte, das junge Paar während der kommenden Monate zu beobachten; vor allem musste die Dauphine beobachtet werden, ein eventueller Ehebruch musste bewiesen werden, um dann reagieren zu können. Wenn sie im ersten Ehejahr schwanger wird, dann ist Franz der Vater, überlegte Katharina, wenn sie erst später ein Kind erwartet … An diesem Punkt endeten ihre Überlegungen, weil sie letztlich nicht wusste, wie sie Maria Stuart als Frau einschätzen sollte. Im Augenblick ist sie vom Ehebruch meilenweit entfernt, die Ehe ist für sie ein Sakrament, aber würde sich dies nicht ändern, wenn sie beim Gatten keine Befriedigung fand? Sie ist ein emotionaler Mensch, ein Ehebruch in späteren Jahren ist nicht ausgeschlossen, aber sie konnte die künftige Dauphine nicht ständig überwachen lassen.

Nein, dachte Katharina, meine Grübeleien komplizieren das Problem. Ich werde das Paar während der kommenden Monate beobachten lassen und dann weitere Entscheidungen treffen. Wahrscheinlich wird die Schottin während der nächsten zwei oder drei Jahre ihrem Mann treu bleiben. Wenn sie trotzdem kein Kind bekommt, wäre das, wie seinerzeit bei mir, ein Grund, um über eine Annullierung nachzudenken und so die Guisen aus ihrer Machtposition zu verdrängen. Andererseits, wer weiß, was passiert, vielleicht löst sich das Problem von selbst, vielleicht stirbt Franz … Sie verdrängte den Gedanken, weil er eine Sünde war und befahl die Zwergin »La Turque« zu sich.

»Meine Liebe, du wirst dich in der Brautnacht und während der folgenden Monate im Schlafgemach des Dauphins verstecken, das Paar beobachten und mir regelmäßig berichten. Ich möchte wissen, ob diese Ehe vollzogen wird. Das junge Paar wird nach der Hochzeit eines der Schlösser in der Touraine bewohnen, ich sorge dafür, dass du dich dort, ohne einen Verdacht zu erregen, mit deiner Familie aufhalten kannst. Du bekommst den doppelten Lohn, solange du im Haushalt der künftigen Dauphine lebst, hast du mich verstanden?«

»Jawohl, Madame«, erwiderte sie und trippelte davon.

Danach begab sich Katharina zu Maria Stuart und plauderte mit ihr über deren künftigen Wohnsitz. Gemeinsam erläuterten sie einige Möglichkeiten, doch als die Sprache auf Chaumont kam, war Maria spontan begeistert. Sie war erstaunt über die Großzügigkeit ihrer Schwiegermutter und sagte: »Sie sind zu gütig, Madame, ich danke Ihnen von ganzem Herzen, auch im Namen des Dauphins.«

Katharina verabschiedete sich nun und begab sich in ihre Gemächer.

Zur selben Zeit beauftragte der Kardinal von Guise einen seiner Spione, die Brautnacht zu beobachten und später dem jungen Paar als Reitknecht in die Touraine zu folgen. Er wollte die Berichte des Spions abwarten und dann weitere Entscheidungen treffen.

Am nächsten Morgen versammelten die Pariser sich bereits bei Tagesanbruch im Vorhof von Notre-Dame, damit ihnen keine Einzelheit der fürstlichen Hochzeit entging.

Zunächst erschienen die Schweizer Garden und bildeten, begleitet vom Klang der Tamburine und Pfeifen, ein Spalier vor einem Pavillon. Dann erschien Herzog Franz von Guise, der die Feierlichkeiten leitete, weil Montmorency und die anderen Heerführer immer noch in Brüssel in Gefangenschaft lebten. Dem Herzog folgten der Bischof von Paris und die Musikanten; sie waren in Rot und Gelb gekleidet und bildeten mit ihren Trompeten, Hackbrettern, Flageoletten und anderen Instrumenten die Vorhut des königlichen Zuges. Ihnen folgten die hundert Kammerherren des Königs, die Prinzen von königlichem Geblüt, die Bischöfe mit reich verzierten Kreuzen und juwelenbestickten Mitren, schließlich die hohen Kirchenfürsten, darunter die Kardinäle von Bourbon und Lothringen und der päpstliche Gesandte, der dem Brautpaar den erforderlichen päpstlichen Ehedispens gegeben hatte, weil sie Cousin und Cousine vierten Grades waren. Endlich erblickten die Zuschauer den Dauphin in Begleitung des Königs von Navarra und seiner jüngeren Brüder Karl und Eduard. Diese betraten den Pavillon, und wenig später ging ein Raunen durch das Volk, als Maria Stuart, die »Reine Dauphine«, begleitet von Heinrich II. und dem Herzog von Lothringen den Pavillon betrat.

Das Volk betrachtete staunend das weiße Hochzeitskleid – schließlich war Weiß die Trauerfarbe der französischen Königinnen –, noch mehr Aufsehen erregte die hohe Gestalt der Braut; sie war so groß wie der Herzog von Lothringen und Franz von Guise, während der Dauphin ihr nur bis zur Schulter reichte.

Hinter Maria Stuart schritt Katharina am Arm des Prinzen von Condé, gefolgt von ihrer Schwägerin Margarete, den jungen Prinzessinnen und der Königin von Navarra, die den kleinen Heinrich an der Hand führte, und den Hofdamen. Heinrich war benommen von der Pracht, die er an jenem Vormittag erlebte. Er bestaunte das Portal der Kathedrale, das mit roten Vorhängen bekleidet war. Diese waren mit der weißen Lilie bestickt. Von dort führte ein überdeckter Gang zur Residenz des Bischofs von Paris, und durch diesen Gang bewegte sich nun der Hochzeitszug bis zum Westportal. Heinrich II. streifte einen Ring vom Finger und gab ihn dem Kardinal von Bourbon, der dann, in Gegenwart des Bischofs von Paris, das junge Paar traute. Der Dauphin streifte den Ring auf den Finger seiner Braut, und nachdem der Kardinal das Paar gesegnet hatte, hielt der Bischof von Paris eine kurze Hochzeitsrede. Dann begaben sich alle in die Kathedrale, wo nun die Hochzeitsmesse zelebriert wurde.

Unterdessen verkündeten Fanfaren der Volksmenge, dass die Königin von Schottland nun die Dauphine von Frankreich war, zwei Herolde riefen: *Largesse! Largesse!* und begannen, Gold- und Silbermünzen unter das Volk zu werfen, woraufhin sich ein solcher Tumult erhob, dass einige ohnmächtig, andere verletzt zu Boden stürzten.

Durch ein Meer von jubelnden Menschen bewegte sich der Zug zum Justizpalast, in dem ein ausladendes Festbankett stattfand.

Nach dem Bankett begann der Tanz, den der König mit seiner Schwiegertochter und der Dauphin mit Katharina anführten.

Johannas Sohn Heinrich schritt glücklich neben Margot, machte ihr Komplimente, die sie sich lächelnd anhörte, wobei ihre Augen den jungen Heinrich von Guise suchten, der weiter vorne mit ihrer Schwester Claudia die Pavane tanzte. Zwischen den Jungverlobten, Heinrich und Margot, herrschte eine leidliche Harmonie bis zur Volta. In dem Augenblick, als er das Mädchen hochheben sollte, versagten seine Kräfte, weil Margot nicht nur rundlich, sondern auch etwas größer war als er. »Entschuldige bitte«, stammelte er. Margot indes musterte ihn und sagte: »Du bist und bleibst ein Bauer.«

Heinrich verließ unglücklich die Tanzfläche, Margot ging zu ihren Brüdern Karl und Eduard, die den Ball bisher nur beobachtet hatten, da sie wenig Lust verspürten, mit einem der kleinen Edelfräulein zu tanzen und sich deren Geschwätz anzuhören. Sie wiegte mit einer gewissen Koketterie ihre Hüften hin und her und sagte: »Heinrich kann die Volta nicht tanzen, ich bin überzeugt, dass ihr, meine Brüder, wisst, wie man sie tanzt.«

»Selbstverständlich«, riefen Karl und Eduard fast gleichzeitig und dann tanzten sie abwechselnd mit der Schwester.

Heinrich von Guise beobachtete die königlichen Kinder, und je länger er sie beobachtete, desto mehr gefiel ihm Margot. Sie war natürlicher als die anderen kleinen Mädchen.

Er wartete, bis sein Freund Eduard eine Volta mit Margot getanzt hatte und ging auf das Paar zu. »Der nächste Tanz gehört mir, Eduard.« – »Gerne, ich bin schon völlig erschöpft.«

Margot glaubte zu träumen: Heinrich von Guise, der Junge, der ihr am besten gefiel, wollte mit ihr tanzen. Als er sie hochstemmte, wusste sie sekundenlang nicht, ob es Traum oder Wirklichkeit war, was sie erlebte.

Der Ball dauerte bis fünf Uhr nachmittags, dann begab man sich in den Palast von Tournelles, um dort erneut zu speisen. Schließlich kam der Höhepunkt des Hochzeitstages, der Mummenschanz. Sieben junge, spärlich bekleidete Mädchen erschienen und schritten zu den Klängen eines Hochzeitsliedes durch den Saal. Nun kam die Stunde der königlichen Kinder; sie ritten auf Steckenpferden umher, die mit Schabracken aus Goldbrokat belegt waren, und schirrten ihre Pferdchen vor winzige Wagen, in denen Schauspieler saßen, die als Pilger verkleidet waren und die das Hochzeitspaar und die Ehe priesen. Nach diesem Auftritt mussten die königlichen Kinder und ihre Altersgenossen sich zur Ruhe begeben, während die Erwachsenen fröhlich weiterfeierten.

Als der kleine Heinrich Katharina eine gute Nacht wünschte, strich sie ihm lächelnd über die Locken. »Hat dir die Hochzeit gefallen, Heinrich?« – »O ja, Madame. Wird meine Hochzeit mit Margot auch so prachtvoll sein?« – »Sicherlich, dafür werde ich schon sorgen.« – »Dürfen meine Freunde aus Navarra auch mitfeiern?« – »Selbstverständlich.« – »Wann werde ich Margot heiraten?«

Katharina lachte. »Du wirst dich mindestens noch zehn bis zwölf Jahre gedulden müssen, so lange dauert es, bis ihr im heiratsfähigen Alter seid. Aber jetzt musst du schlafen, gute Nacht, Heinrich.«

»Gute Nacht, Madame.«

Den Höhepunkt bildete das Eintreffen von einigen Galeeren im Ballsaal, die auf rätselhafte Weise schlingerten und rollten.

In jedem Schiff saß ein maskierter Mann. Sie sprangen der Reihe nach heraus, ergriffen die Dame ihrer Wahl und segelten mit ihr davon. Der Dauphin wählte seine Braut, der Herzog von Lothringen die junge Claudia, der König von Navarra seine Gattin, worüber alle staunten, der Herzog von Nemours wählte Margarete, die Schwester des Königs, Heinrich ergriff Katharina, was für die Höflinge ein Signal war, dass der Einfluss der Seneschallin endgültig dahinzuschwinden begann.

Anschließend zog das Brautpaar sich diskret zurück, während der Ball noch dauerte … Eine Stunde später näherte sich ein Diener dem Kardinal von Guise und flüsterte ihm einige Worte zu, woraufhin der Kir-

chenfürst sich unauffällig in einen Nebenraum begab, wo sein Spion wartete. »Nun, was hast du beobachtet?«
Der Kardinal war nicht begeistert. Zwar war der Tag für das Brautpaar anstrengend gewesen, indes, erlag nicht jeder junge Mann allzu gern der Versuchung, seine jüngst Angetraute in die Kunst der Liebe einzuweihen? Sobald ein Betttuch beide bedeckte …
Warum hatte Franz gezögert? War seine Manneskraft zu schwach? Man würde die beiden weiter beobachten müssen, so viel war sicher. Er ging zurück in den Ballsaal und überbrachte die Nachricht dem Königspaar. Viel sagend sahen sie sich an. Würden sie in absehbarer Zeit Großeltern sein? Sie standen noch eine Weile Hand in Hand und genossen es, einander so nahe zu sein.

Der Ball dauerte bis zum frühen Morgen.
Bevor Katharina zu Bett ging, rüttelte sie die Zwergin wach.
»Nun?«
»Madame, die Ehe wurde nicht vollzogen.«
»Bist du sicher?«
»Ja, Madame.« La Turque fielen die Augen zu.
Der Kardinal hatte gelogen. Wozu?
Franz und Maria waren noch halbe Kinder und wahrscheinlich müde nach dem anstrengenden Tag. Diese Erklärung erschien ihr plausibel. Nun ja, die Sache mit dem Kardinal war im Auge zu behalten.
Drei Tage später reisten die letzten Gäste ab, das junge Paar begab sich nach Schloss Chaumont. Der entscheidende Akt hatte immer noch nicht stattgefunden. Der Kardinal und Katharina beschlossen abzuwarten, und Katharina versuchte, die Königin von Navarra davon zu überzeugen, dass es in ihrem und im Interesse des kleinen Heinrich sei, am Hof zu bleiben.
Diese Diskussion dauerte einige Tage, schließlich sagte Heinrich: »Wir können Johanna nicht zwingen, am Hof zu bleiben, sie soll mit ihrem Sohn nach Navarra zurückkehren, irgendwann lösen die Probleme sich von selbst.«
Doch am Abreisetag wurde Johanna von morgendlichem Erbrechen heimgesucht: Sie war wieder schwanger.
So verschob sie die Reise um einige Wochen, denn eine Frau musste sich während der ersten drei Monate schonen, und Navarras Erbfolge sollte gesichert sein.

So blieb sie im Louvre, während der Hof sich nach Saint-Germain begab und Margot und Herkules nach Amboise gebracht wurden.

Unterdessen dauerte der Krieg fort. Am 20. Juni eroberte Franz von Guise Thionville zurück, und Piero Strozzi fiel zu Katharinas Kummer bei diesen Kämpfen. Franz von Guise war zwar nun in den Augen des Volkes Frankreichs Held; aber die Entscheidungsschlacht fand nicht statt, die feindlichen Armeen verbrauchten ihre Kräfte in unbedeutenden Gefechten. Im September traf die Nachricht ein, dass die schottischen Unterhändler während der Rückreise plötzlich erkrankt waren und vier von ihnen in einer einzigen Nacht gestorben seien. James Stuart, der Halbbruder der Dauphine, erkrankte ebenfalls, blieb aber am Leben. Man sprach von Vergiftung, aber Heinrich II. verbot derlei Gerede.

Der Sommer verging, Johanna kehrte mit ihrem Sohn nach Navarra zurück, und Anfang Oktober traf die Nachricht ein, dass Karl V. am 21. September im Kloster San Yuste gestorben war.

Katharina und der Kardinal erhielten von ihren Spionen regelmäßig Nachrichten über das Eheleben des Dauphins: Ende Oktober war die Ehe immer noch nicht vollzogen. Katharina beschloss, weiter abzuwarten, der Kardinal indes begann Pläne zu schmieden. In den Briefen hieß es immer, dass der Dauphin versuchte, die Ehe zu vollziehen, es aber nicht schaffte.

Nun, dachte der Kardinal, meine Nichte wird irgendwann dieser Versuche überdrüssig sein, in diesem Augenblick muss man sie einem jungen Edelmann zuführen, der sie schwängert, das wird bestimmt noch zwei bis drei Jahre dauern, weil sie sich im Augenblick noch ihrem Franz verbunden glaubt. – Hoffentlich lebt der Dauphin so lange.

An einem Abend Ende November spielten Katharina und Heinrich eine Partie Schach.

»Gardez«, sagte Katharina und nahm dem Gatten die Dame weg.

In diesem Augenblick überbrachte ein Diener zwei Briefe und murmelte etwas von Eilkurieren.

Heinrich las die Briefe flüchtig und sagte gut gelaunt zu Katharina: »Es sind erfreuliche Nachrichten, König Philipp möchte Frieden schließen, er drängt geradezu auf einen Frieden, und in England ist Königin Maria am 17. November gestorben; ihre Halbschwester Elisabeth ist zur neuen Königin proklamiert worden, aber das ist völlig unwichtig, morgen werde ich unsere Schwiegertochter zur Königin von England proklamieren lassen; sie und der Dauphin werden die Krone Englands in ihr Wappen aufnehmen.«

Katharina sah den Gatten einen Moment an, dann nahm sie den Brief des französischen Gesandten in London, las ihn und sagte: »Heinrich, bitte, überdenk deinen Entschluss noch einmal, das Parlament hat Elisabeth inzwischen für legitim erklärt, im Januar soll sie gekrönt werden, sie ist faktisch Königin von England. Wie willst du die Ansprüche unserer Schwiegertochter durchsetzen?« – »Katharina, sie ist und bleibt ein Bastard, überdies ist sie Protestantin, der Papst wird sie exkommunizieren, wenn sie sich zum Oberhaupt der englischen Kirche erklärt wie ihr Vater.« – »Heinrich, es kann uns gleichgültig sein, wie Elisabeth die religiöse Frage in ihrem Land regelt, sie ist zur Königin proklamiert worden und das Volk verehrt sie. Willst du sie mit Waffengewalt vom Thron vertreiben? Das wäre die einzige Möglichkeit für unsere Schwiegertochter, die englische Krone zu bekommen.« – »Nein, ich werde Elisabeth nie den Krieg erklären, zumal wir uns finanziell einen neuen Krieg nicht erlauben können und befürchten müssen, dass Philipp seine Schwägerin militärisch unterstützt. In dem Schreiben wurde erwähnt, dass er um ihre Hand angehalten hat. Nein, kein Krieg, aber die Welt soll wissen, dass nicht Elisabeth Tudor, sondern Maria Stuart die rechtmäßige Königin von England und Irland ist. Morgen werde ich einen Eilkurier nach Chaumont schicken, das junge Paar muss unverzüglich an den Hof zurückkehren.«

»Heinrich, bitte, überstürze nichts, diese Proklamation wird Maria nie die Krone Englands verschaffen. Elisabeth ist die faktische Königin, daran wird auch der Kirchenbann des Papstes nichts ändern, sofern es überhaupt so weit kommt. Elisabeth soll klug sein, sie wird die religiöse Frage in ihrem Land so regeln, dass sie keine Schwierigkeiten bekommt. Ich bin davon überzeugt, dass kein europäischer Fürst ein Interesse daran hat, Krieg gegen England zu führen, um sie vom Thron zu verjagen, weil sie Protestantin ist. Ein solcher Krieg kostet nur Geld und bringt keinen Landgewinn, überdies sind viele Staaten am Handel mit England interessiert; an der englischen Wolle zum Beispiel, die in König Philipps Staaten, in Flandern, zu feinem Tuch verarbeitet wird. Außerdem importiert England viel vom Festland. Deine Proklamation, Heinrich, wird Elisabeth nur unnötig verärgern, und wir sollten uns England nicht zum Feind machen, sondern das alte Bündnis wiederbeleben; zudem müsste auch unsere Schwiegertochter zu deinem Plan gehört werden.«

»Sie wird einverstanden sein, es war nämlich eine Idee des Kardinals, seine Nichte zur Königin von England proklamieren zu lassen.«

Katharina schwieg. Gegen den Kardinal von Guise war sie immer noch machtlos.

»Was für einen Friedensvorschlag hat Philipp denn unterbreitet?«, fragte sie nach einer Weile.

»Die Bedingungen sind günstig; nach dem Beginn der Verhandlungen dürfen der Konnetabel und die anderen Gefangenen nach Frankreich zurückkehren, die Stadt Calais dürfen wir acht Jahre behalten, dann soll sie an England zurückfallen. Wenn wir Calais jedoch behalten wollten, müssten wir zwölfhundertfünfzigtausend Livres zahlen. Wir sollen auf Piemont und Savoyen verzichten, die mein Vater seinerzeit eroberte und diese Gebiete an Herzog Philibert von Savoyen zurückgeben, überdies sollen wir auf unsere Ansprüche in Mailand und Italien verzichten.«

Katharina sah den Gatten einen Augenblick entgeistert an. »Wie bitte? Das sollen günstige Bedingungen für Frankreich sein? Sehen wir einmal von Calais und Piemont ab, aber willst du wirklich unsere Ansprüche in Italien opfern? Philipps Forderungen bedeuten, dass Italien spanisch wird und ein spanisches Italien wird Frankreich immer bedrohen. Italien muss französisch bleiben, seit über einem halben Jahrhundert kämpfen die Franzosen in Italien um Gebiete, die ihnen zustehen, soll jetzt alles umsonst gewesen sein? Dein seliger Vater drehte sich im Grabe um, wenn er wüsste, dass du einen solchen schmählichen Frieden schließen willst.« – »Katharina, bitte, versuche die Realität zu sehen: die Staatskasse ist fast leer, ich kann diesen Krieg nicht länger finanzieren, ich muss Frieden schließen und ich will den Frieden; wenn es sein muss, einen Frieden um jeden Preis. Ich habe Italien satt, ich will endlich die Ketzerei in Frankreich wirkungsvoll bekämpfen, und das ist nur möglich, wenn wir einen Frieden mit Spanien geschlossen haben.«

»Du hast Recht, wir können nicht weiter kämpfen, aber Spanien ist genauso am Ende wie wir. Warum, glaubst du, will Philipp auf einmal Frieden? Er weiß genau, dass er nicht mehr mit englischer Unterstützung rechnen kann, trotz seines Heiratsantrages; Elisabeth hat jetzt andere Probleme zu bewältigen, und ob sie den Antrag annimmt, erscheint mir mehr als fraglich. Die Heirat ihrer Schwester mit dem Habsburger soll in England sehr unpopulär gewesen sein; sie wird genau überlegen, mit welchem Fürsten sie sich vermählt, und diese Überlegungen können sich über Monate, wenn nicht über Jahre hinziehen. Philipp benötigt den

Frieden genau wie wir, und deshalb sollte man Italien nicht einfach preisgeben, sondern feilschen.«

Nach einer Weile des Schweigens sagte Heinrich: »Ich habe jetzt deine Meinung gehört, ich werde mich mit den Guisen beraten, ich werde auch hören, was der Konnetabel und Diana zu Philipps Vorschlag sagen.«

Einige Tage später kehrte das Thronfolgerpaar zurück, und Maria Stuart war begeistert, als sie hörte, dass sie zur Königin von England und Irland proklamiert werden sollte.

»Franz und ich, wir werden bei jeder Gelegenheit ein Wappenschild mit den französischen und englischen Hoheitsabzeichen zur Schau tragen«, verkündete sie ihrer Umgebung, »wenn wir in eine Stadt einziehen, wird der Baldachin über uns mit den Wappen von Schottland, Frankreich und England geschmückt sein, ebenso unser Tafelgeschirr.«

Zu Katharinas Erleichterung nahm der englische Gesandte dies zur Kenntnis, protestierte zwar offiziell, und damit war diese Angelegenheit zunächst erledigt.

Während der folgenden Wochen waren der Hof und auch die Stadt Paris mit den Friedensverhandlungen beschäftigt.

Zu Heinrichs Überraschung widersetzten sich Franz von Guise und der Kardinal energisch den Vorschlägen König Philipps und argumentierten ähnlich wie Katharina.

Heinrich kümmerte sich nicht weiter um die Meinung seiner Umgebung und schickte Unterhändler nach Brüssel, wo König Philipp sich aufhielt.

Kurz vor Weihnachten kehrten die Kriegsgefangenen nach Frankreich zurück, Coligny begab sich zu seinen Gütern, ohne sich bei Hof blicken zu lassen; der Konnetabel reiste nach Paris und unterstützte Philipps Friedensvorschlag, was Heinrich nicht überraschte, weil Montmorency schon immer für Frieden mit dem Haus Habsburg plädiert hatte.

Nach der Unterredung mit Montmorency begab Heinrich sich zu Diana, um endlich auch ihre Meinung zu hören.

Zu seiner Überraschung unterstützte sie nicht die Guisen, sondern den Konnetabel. »Frankreich braucht dringend den Frieden, Heinrich, du solltest Philipps Vorschläge akzeptieren, dein Reich ist groß genug, auch ohne Italien.«

»Du hast Recht.« Sie sahen einander an, dann verließ er das Zimmer und Diana blickte ihm nachdenklich nach. Wenn er wüsste, dachte sie, dass mich dieser Friede überhaupt nicht interessiert. Ich unterstütze den

Konnetabel, weil sein Sohn meine älteste Enkelin heiraten will. Es ist eine gute Partie, ich muss sehen, dass ich meine Enkelkinder gut versorge, solange ich es noch kann.

Dann bedachte sie, wie lange sie ihre Stellung an der Seite des Königs noch würde halten können. Sie wusste, dass ihr ehemaliger Liebhaber die Abende und Nächte inzwischen mit der Königin verbrachte, und war froh, wenn er sie einmal wöchentlich am Abend besuchte. Vor allem war sie froh, dass nach außen hin der Schein gewahrt blieb; bis jetzt war zwischen ihr und Heinrich nie über das Ende ihrer Liebesbeziehung gesprochen worden, aber sie spürte, dass sie irgendwann darüber reden würden, und vor diesem Gespräch hatte sie Angst.

Am Weihnachtstag bat der junge, gut aussehende Herzog von Lothringen um die Hand der elfjährigen Claudia, wobei er vor ihren Eltern beredt ihre Intelligenz rühmte.

Heinrich war einverstanden, obwohl er sich seit Wochen über die Guisen ärgerte; Katharina hätte sich zwar eine bessere Partie als einen Herzog für ihre Tochter gewünscht, aber es gab in Europa wenig Auswahl an geeigneten Fürsten. Don Carlos von Spanien wäre eine gute Partie gewesen, aber es hieß, er sei geistig zurückgeblieben. Abgesehen davon warben alle Fürsten um die Hand der englischen Königin, die indes wählerisch zu sein schien. Da ein Bündnis mit Lothringen praktisch war im Hinblick auf das benachbarte deutsche Reich, gab Katharina ihre Zustimmung.

Claudia war überglücklich, dass sie einem Mann vermählt wurde, der sie liebte, und im Februar fand die Hochzeit statt. Wieder wurden Münzen unter das Volk geworfen, man feierte drei Tage lang, dann reiste das Paar nach Lothringen.

»Mein liebes Kind«, sagte Katharina und umarmte die Tochter, »ich hoffe, dass du glücklich wirst.« – »Ich bin davon überzeugt, Mama, dass ich eine gute Ehe führen werde.«

Katharina betrachtete die leuchtenden Augen der Tochter und wunderte sich im Stillen, dass Claudia der Abschied vom luxuriösen Hof der Eltern offensichtlich nicht allzu schwer fiel, schließlich war der herzogliche Hof kleiner, provinzieller.

Das Mädchen beobachtete die Mutter, ahnte, was in ihr vorging und sagte: »Mama, hat Cäsar nicht gesagt, er möchte lieber im kleinsten Dorf der Erste als in Rom der Zweite sein? In Lothringen bin ich die erste Dame und kann das Hofleben beeinflussen und gestalten, während

hier …« Sie schwieg und Katharina gab der Tochter innerlich Recht.
Was ihre eigenen Gefühle anging, so bedauerte sie einerseits, dass Claudia den Familienkreis verließ, andererseits würde dieses Kind keine Lücke hinterlassen. Von ihren Söhnen und Töchtern waren Claudia und der kleine Herkules am unauffälligsten, sie gingen in der Kinderschar unter, man bemerkte sie nicht weiter.

»Ich verstehe dich, mein Kind. – Auf Wiedersehen.«

Einige Tage später kehrte Mingo ziemlich aufgeregt von einem Ausgang zurück.

»Oh, Madame«, sagte sie zu Katharina, »es hat sich in Paris herumgesprochen, dass der König die Bedingungen Spaniens akzeptieren will, die Bevölkerung ist darüber empört, man fühlt sich von dem Habsburger überlistet, das Volk hat kein Vertrauen mehr zum König, man wirft ihm vor, dass er sich von den Parteien am Hof zu einem verhängnisvollen Krieg und einem schlechten Frieden habe überreden lassen, die Pariser verurteilen diesen Frieden, sofern es zur Unterzeichnung kommt. Überdies kursiert eine Schmähschrift in der Stadt, ich habe ein Exemplar mitgebracht, hören Sie Madame:

> *Der Kardinal von Lothringen zerstört alles*
> *Der Herzog von Guise verliert alles*
> *Madame de Valentinois reißt alles an sich*
> *Der Kardinal von Sens heißt alles gut*
> *Das Parlament bewilligt alles*
> *Der Kardinal von Chatillon hört auf alles*
> *Der König erträgt alles –*
> *Und der Teufel geht als Sieger von dannen!*

Ihr Name, Madame, wird nicht erwähnt, das bedeutet, dass Sie bei den Parisern beliebt sind. In der Tat, Madame, ich habe während meines Spazierganges nur wohlwollende Bemerkungen über Sie gehört.«

Katharina lächelte: »Mingo, ich weiß, dass die Pariser mich seit meinem Auftritt vor dem Magistrat achten und schätzen, ich bin natürlich nicht so populär wie mein Schwiegervater. Das französische Volk spürt instinktiv, was zum Wohle Frankreichs ist und was nicht. Eine eindeutige militärische Niederlage wie zum Beispiel Pavia oder Saint Quentin wird jedes Volk akzeptieren, auch wenn diese Niederlage auf Fehlern der eigenen Heerführer beruht, aber ein Friedensschluss, bei dem man das

Gefühl hat, dass man übervorteilt wird, kann nicht von Dauer sein und erzeugt nur neuen Hass. Mingo, wenn Heinrich diesen Frieden akzeptiert, dann verliert Frankreich für die nächsten zwei, vielleicht sogar drei Generationen seine Machtstellung in Europa, dann wird Europa von Spanien beherrscht. Die Guisen teilen übrigens meine Meinung, was beweist, dass sie politisch differenziert denken können. Vor einigen Tagen gab es zwischen Franz von Guise und meinem Gatten einen lautstarken Auftritt wegen des Friedensvertrages; es hat nicht viel gefehlt, und der König hätte seinen Jugendfreund vom Hof verbannt. Anschließend bat der Herzog mich, noch einmal mit dem König zu reden, ihn davon zu überzeugen, dass wir unsere Ansprüche in Italien nicht aufgeben sollten.«

Die Diskussion über den Friedensvertrag dauerte während des ganzen Winters an. Irgendwann im Februar traf aus Navarra die Nachricht ein, dass Johanna eine Tochter geboren hatte, die den Namen Katharina erhielt. Die Königin von Frankreich sah darin ein Zeichen, dass die Königin von Navarra anscheinend zu Konzessionen bereit war, einmal in der religiösen Frage, zum anderen, was die Erziehung des kleinen Heinrich betraf.

An einem Abend Mitte März wurde die fast vierzehnjährige Elisabeth zu ihrer Überraschung in das Arbeitszimmer des Königs befohlen.

Als sie verunsichert und herzklopfend den Raum betrat, sah sie ihren Vater gut gelaunt auf und ab gehen und hörte, dass er leise vor sich hin summte. Sie atmete erleichtert auf, es war also keine schlimme Nachricht, die er ihr mitteilen wollte, sie kam zögernd näher.

Heinrich beachtete sie nicht weiter und sah erst auf, als Katharina wenig später den Raum betrat.

Sie eilte auf Elisabeth zu und umarmte sie stürmisch. »Mein geliebtes Kind, es gibt gute Nachrichten, meine Hoffnungen haben sich erfüllt, komm.« Sie setzte sich mit Elisabeth auf eine Bank, nahm ihre Hand und fuhr fort: »Die Friedensverhandlungen mit Spanien sind nun abgeschlossen, Anfang April wird der Vertrag in Château Cambrésis von Spanien, England und Frankreich unterzeichnet werden. Dein Vater kann dir die Bedingungen besser erklären als ich.« Sie wollte sich noch etwas sammeln, bis sie der Tochter die überwältigende Nachricht mitteilte, die für sie als Mutter wichtiger war als der Friede: »Die einzelnen Bestimmungen des Friedensvertrages sind für dich unwichtig, mein Kind«, begann Heinrich, »nur so viel: Frankreich behält Metz, Toul,

Verdun, außerdem Calais für acht Jahre, dann sieht man weiter, Piemont und Savoyen, die Eroberungen deines seligen Großvaters, gehen wieder an den Herzog Philibert, der im Sommer deine Tante Margarete heiraten wird, außerdem verzichtet Frankreich auf alle Gebietsansprüche in Italien.«

Elisabeth hörte aufmerksam zu und überlegte, warum sie in die Bedingungen dieses Vertrages eingeweiht wurde.

Katharina indes dachte mit gemischten Gefühlen an die Zukunft Frankreichs. Sie wusste, dass Heinrich diesen Frieden vor allem deshalb akzeptiert hatte, weil er nun endlich die religiöse Frage im Land lösen wollte, was eine stringente, unnachsichtige Verfolgung der Hugenotten bedeutete. Sie wusste auch, dass inzwischen Angehörige des Hochadels verdächtigt wurden, Anhänger des neuen Glaubens zu sein: Coligny und seine Brüder Odet und Dandelot, ferner Anton und Ludwig von Bourbon; man konnte es ihnen nicht beweisen, aber wie lange noch ... Überdies begannen die Hugenotten zu erstarken. Coligny und seine Brüder hatten nur unter einer Bedingung eingewilligt, zur Trauung in Notre-Dame zu erscheinen: wenn mehrere Angehörige des Pariser Parlamentes, die wegen ihres Glaubens verhaftet worden waren, auf freien Fuß gesetzt würden. Heinrich hatte diese Bedingung widerwillig akzeptiert, weil Coligny und seine Brüder zum Hochadel gehörten. Mein Gott, dachte Katharina, sollte sich das Rad zurückdrehen? Wird der Hochadel versuchen, die Privilegien, die er unter den letzten Königen verloren hat, zurückzuerobern, unter dem Vorwand der Religion?

In diesem Augenblick sagte Heinrich: »Elisabeth, deine Mutter wird dich nun auf deine Zukunft vorbereiten.«

Das junge Mädchen fühlte sich auf einmal unbehaglich, was hatte der Vertrag mit ihrer Zukunft zu tun?

»Mein liebes Kind«, begann Katharina, »es ist üblich, einen Friedensvertrag durch eine Eheschließung zu festigen, sofern es möglich ist. Nun, König Philipp hat um deine Hand angehalten, und wir haben seinen Antrag angenommen, weil es in deinem und im Interesse Frankreichs ist. – Du wirst Königin von Spanien werden, dein ältester Sohn wird einmal über dieses riesige Reich herrschen.«

Elisabeth glaubte nicht richtig zu hören, und ihre dunklen Augen wanderten sekundenlang zwischen Katharina und Heinrich hin und her.

»Königin von Spanien«, sagte sie leise, »aber wie kann mein Sohn König von Spanien werden? Es gibt doch Don Carlos?«

»Don Carlos«, antwortete Katharina, »wird wahrscheinlich nicht regieren können, weil er – so wird erzählt – geisteskrank ist.« Es entstand eine längere Pause, dann griff Katharina nach Elisabeths Hand und fragte: »Du sagst nichts, freust du dich denn nicht? Du wirst den mächtigsten Fürsten Europas heiraten, vor dir liegt eine glänzende Zukunft.«

»Ja, Mama, aber …, der König von Spanien ist ein alter Mann, und man hört, dass er immer schwarz gekleidet ist und düster gestimmt.« Katharina musste unwillkürlich lächeln.

»Elisabeth, Philipp wird am 21. Mai zweiunddreißig Jahre, er ist also ein Mann im besten Alter; gewiss, du bist achtzehn Jahre jünger als er, aber es muss kein Nachteil sein, wenn man einen älteren, reifen, erfahrenen Mann heiratet, er wird dich bestimmt rücksichtsvoll behandeln. Sieh, die Herzogin von Valentinois war mit einem Mann verheiratet, der vierzig Jahre älter war als sie, und die Ehe soll sehr glücklich gewesen sein. Was nun die Düsterkeit betrifft«, fuhr Katharina fort, »so solltest du dies nicht überbewerten. Philipp ist ein ernster, nachdenklicher Mann, der jede Entscheidung sorgfältig überdenkt, dies ist kein Nachteil; er soll ein gut aussehender Mann sein, dunkelblond, mit angenehmen Gesichtszügen.«

Elisabeth überlegte eine Weile und erwiderte: »Ich werde natürlich den Mann heiraten, den Sie, Mama, und mein Vater für mich wählen. Wann soll die Hochzeit sein?«

»So bald wie möglich, mein Kind, in der zweiten Junihälfte. Deine Tante Margarete wird einige Tage nach dir den Herzog von Savoyen heiraten.« Diese Neuigkeit war bislang noch nicht offiziell.

»König Philipp wird sicher einige Tage oder Wochen vor unserer Trauung hier eintreffen, nicht wahr? Dann könnte ich ihn ein bisschen kennen lernen, bevor … nun ja, Mingo hat mir längst erklärt, Mama, was eine Ehe bedeutet.« Sie errötete leicht, senkte die Augen, und so merkte sie nicht, dass ihre Eltern sich verlegen ansahen. Der künftige Schwiegersohn hatte sie nämlich wissen lassen, dass es einem König von Spanien nicht zugemutet werden könne, seine Frau abzuholen und es vielmehr Brauch sei, ihm dieselbe zu bringen, er warte in Brüssel auf Elisabeth und werde als seine Stellvertreter den Herzog von Alba, den Prinzen von Oranien und den Grafen Egmont schicken.

Heinrich sah Katharina bittend an, und so übernahm sie es, der Tochter zu erklären, warum Philipp nicht nach Frankreich kommen würde.

»Mein Liebling, du wirst dich noch gedulden müssen. Es ist in Spanien üblich, dass die künftige Königin dem König in Madrid vermählt wird.

Hier wirst du nur *per procurationem* getraut werden; diese Zeremonie ist natürlich gültig vor Gott und der Welt, und anschließend wirst du mit einem prachtvollen Gefolge zu deinem Gatten reisen. Das bedeutet, dass du ihn erst einige Wochen nach der Hochzeit persönlich kennen lernen wirst.«

Elisabeth schwieg, sah nachdenklich vor sich hin, und Katharina wusste instinktiv, dass sie an die Brautnacht mit dem fremden, fast zwanzig Jahre älteren Mann dachte.

»Mein Liebling«, sagte sie nach einer Weile, »geh jetzt schlafen. Du hast genügend Zeit, um dich innerlich auf diese Ehe vorzubereiten. Ich komme nachher noch einmal zu dir.«

Als Heinrich mit Katharina allein war, sagte er: »Unsere Tochter scheint nicht sonderlich begeistert von dieser Heirat zu sein.«

»Sie weiß von klein auf, dass sie eine Ehe eingehen wird, die den Interessen Frankreichs dient. Sie ist wahrscheinlich nur überrascht, genau wie wir. Hattest du mit diesem Antrag gerechnet?« – »Nein.« – »Konnten wir ihn ablehnen?« – »Nein.«

»Ich freue mich, dass sie Königin von Spanien wird, und ich bin überzeugt, dass sie eine leidlich glückliche Ehe führen wird.« Sie überlegte und sagte dann: »Ich werde ab jetzt jeden Abend eine halbe oder auch eine Stunde mit unserer Tochter verbringen und sie auf ihr künftiges Leben und die Pflichten, die sie als Königin erfüllen muss, vorbereiten.«

Heinrich streifte Katharina mit einem erstaunten Seitenblick. Er wusste zwar, dass das Wohl ihrer gemeinsamen Kinder sie genauso interessierte wie ihre Pflichten als Königin oder Regentin, aber er staunte immer wieder, wie ernst sie die Erziehung der Töchter und Söhne nahm. Nun ja, seine leibliche Mutter war früh gestorben, und die Stiefmutter hatte sich seinem dominierenden Vater untergeordnet.

Am nächsten Vormittag begab er sich zu Diana.

»Welche Überraschung«, sagte sie und ging ihm lächelnd entgegen.

»Ich möchte dich um etwas bitten«, begann er ohne Umschweife und schilderte ihr das Gespräch mit Elisabeth.

»Wie, sie soll den König von Spanien heiraten? Was für eine Überraschung, das wusste ich noch nicht, die geplante Vermählung deiner Schwester war mir bekannt, aber dass Elisabeth …« Sie schwieg, weil ihr schmerzlich bewusst wurde, dass Heinrich sie längst nicht mehr über alles informierte.

»Ich hatte noch keine Gelegenheit, es dir zu sagen«, antwortete er verlegen, was sie sehr wohl wahrnahm, und sie verspürte erneut einen feinen Stich.

»Das Jahr 1559, Heinrich, ist ein gesegnetes Jahr, ein Jahr der Hochzeiten: erst Claudia, jetzt Elisabeth und Margarete.«

Es entstand eine Pause, und je länger sie dauerte, desto mehr spürte Diana, dass Heinrich nicht nur Elisabeths wegen zu ihr gekommen war, sondern dass er ihr noch etwas anderes sagen wollte, aber sie war nicht bereit, ihm eine Brücke zu bauen. Er war ein erwachsener Mann, der zwischenmenschlichen Problemen nicht mehr ausweichen durfte.

Heinrich überlegte, wie er jenes heikle Gespräch über ihre Beziehung beginnen sollte, aber es fiel ihm nichts ein, und er ärgerte sich, dass er sich nicht besser darauf vorbereitet hatte.

Diana kam ihm zuvor. In ausschweifenden Bildern beschrieb sie die Harmonie vergangener Tage, beschwor wortreich gemeinsame Erfahrungen von Zweisamkeit; je stiller Heinrich wurde, desto akrobatischer wurden ihre Wortkünste, denn intuitiv hatte sie erfasst, dass ihre Beziehung zu ihm auf dem Spiel stand.

Heinrich zögerte einen Augenblick, dann sah er Diana in die Augen. »Ich erinnere mich sehr wohl, Diana, und es sind angenehme Erinnerungen für mich, aber wozu sollen wir mit Gewalt die Vergangenheit heraufbeschwören? Die Vergangenheit kann die Gegenwart und die Zukunft nicht verdrängen. Ich werde an meinem Geburtstag mit Katharina ausreiten.«

»Mit Katharina?« Sie spürte Angst in sich aufsteigen.

»Ja, mit Katharina.« Jetzt, dachte er, jetzt ist der richtige Augenblick für eine Aussprache. »Diana, du hast dich bestimmt hin und wieder gefragt, warum ich seit meiner Rückkehr im Herbst 57 dein Schlafgemach nicht mehr aufgesucht habe. Nun, ich wollte mir endlich über meine Gefühle klar werden. Seit jenem Besuch in Chenonceaux, im Dezember 1550, habe ich gefühlsmäßig zwischen dir und Katharina gestanden und konnte mich nicht entscheiden. Vielleicht habe ich die Entscheidung auch vor mir hergeschoben, aber Katharinas Auftritt vor dem Magistrat im Sommer 1557 zwang mich, über unsere Ehe zu dritt nachzudenken. Es war nicht leicht für mich, schließlich habe ich dich viele Jahre geliebt, aber Gefühle ändern sich; ich hätte es nie für möglich gehalten, aber es ist so. In der Jugend liebt man anders als in reiferen Jahren, in der Jugend hat man andere Wünsche und Erwartungen. Nun, in den letzten anderthalb Jahren ist mir irgendwann klar geworden, dass ich Katharina liebe. Verzeih, dass ich es so offen sage, aber ich rede um die Dinge nicht gern herum!« Er schwieg erleichtert und ging auf und ab, damit er Diana nicht ansehen musste.

Sie glättete die Falten ihres Kleides und versuchte, sich nichts von ihrem Schmerz anmerken zu lassen. Sie musste jetzt Haltung bewahren – sie hatte jahrelang gewusst, dass dieser Tag einmal kommen würde und versucht, sich innerlich darauf einzustellen, trotzdem kam Heinrichs Geständnis jetzt doch überraschend. Sie kannte ihn gut genug, um zu wissen, dass er die Wahrheit sagte.

Er wandte sich abrupt ab, verließ das Zimmer, und Diana sah ihm einen Augenblick wie betäubt nach. Allmählich löste sich ihre innere Anspannung, sie sank auf einen Stuhl und weinte, weil es sie erleichterte, sie weinte auch, weil sie den Mann und ihre Stellung am Hof verloren hatte, und sie weinte, weil sie sich gedemütigt fühlte, weil sie das gleiche Schicksal ereilte wie unzählige Mätressen vor ihr – eine Mätresse wurde abgeschoben, wenn der Fürst ihrer überdrüssig war. Sie weinte auch, weil Heinrichs Entscheidung sie auf grausame Art an ihr Alter erinnert hatte: sie wurde im September sechzig Jahre, und sie tröstete sich mit dem Gedanken, dass sie Heinrich immerhin achtundzwanzig Jahre gefesselt hatte. Sie war, trotz des Altersunterschiedes, über zwanzig Jahre seine Geliebte gewesen. Wenn ich jetzt so alt wäre wie Katharina, hätte er sich vielleicht für mich entschieden, und vor ihrem Auge erschien die kleine, inzwischen rundliche Gestalt der Königin, sie hörte ihre sanfte Stimme, sie sah das liebenswürdige Lächeln, sie dachte daran, dass die Königin sich geistreich unterhalten konnte, belesen war …, und auf einmal fiel es ihr wie Schuppen von den Augen: Katharina war ihr geistig überlegen, sie war klug, diplomatisch, sie war für Heinrich eine echte Stütze, das hatte er inzwischen erkannt. Wahrscheinlich hätte er sich auch für seine Gattin entschieden, wenn sie, die Geliebte, zwanzig Jahre jünger wäre. Sie hatte die Italienerin unterschätzt, alle hatten sie unterschätzt.

Katharina hatte die Gewohnheit beibehalten, dem Gatten an seinem Geburtstag ein kleines Geschenk zu überreichen, ein Buch über die Jagd, einen kostbaren Dolch oder eine prachtvoll gearbeitete Satteldecke. Für den vierzigsten Geburtstag hatte sie eine Rüstung aus massivem Silber anfertigen lassen, die er bei Turnieren tragen sollte.

Heinrich seinerseits hatte zu ihrer Überraschung und Freude nach

Eduards Geburt ebenfalls angefangen, ihr am Geburtstag etwas zu schenken, ein Buch oder ein Schmuckstück, und für Katharinas vierzigsten Geburtstag im April hatte er ein edles Pferd, einen Araber, und kostbares Zaumzeug gekauft.

Am 31. März, vor der Messe, präsentierte Katharina ihrem Gatten das Geschenk und beobachtete erfreut, dass Heinrichs Augen beim Anblick der silbernen Rüstung aufleuchteten.

»Sie ist wundervoll gearbeitet, Katharina, und eigentlich zu schade für ein Turnier, aber ich werde sie heute Nachmittag tragen und auch den silbernen Helm, den du mir vor fünfundzwanzig Jahren an meinem Geburtstag geschenkt hast. Ich habe ihn sorgfältig aufbewahrt. – Hättest du Lust, mich nach der Messe auf einem Spazierritt zu begleiten?«

Sie sah ihn überrascht an, weil er sie noch nie in all den Jahren zu einem gemeinsamen Ausritt aufgefordert hatte. »Selbstverständlich, wo reiten wir hin?«

Er überlegte und erwiderte: »Heute ist der erste warme Tag, die Sonne scheint, am Himmel sieht man keine Wolken. Wir sollten nach Montmartre hinaufreiten, zu dem Benediktinerinnenkloster und die Aussicht über Paris genießen.«

Als sie nach der Messe, begleitet von einigen Bewaffneten, durch die engen Straßen ritten, jubelte die Bevölkerung ihnen zu. Nach einer Weile bemerkte Katharina, dass die Rufe »Es lebe die Königin!« zahlreicher waren als der Ruf »Es lebe der König!« Sie streifte Heinrich mit einem vorsichtigen Seitenblick, aber der Gatte war in Gedanken versunken und achtete nicht weiter auf das Volk.

Nachdem sie das Stadttor passiert hatten, galoppierten sie hinauf zum Kloster. Katharina sah sich neugierig um, sie war noch nie hier oben gewesen. Auf einem Platz spielten einige Kinder, ansonsten war kein Mensch zu sehen.

Heinrich gab den Kindern ein paar Goldmünzen, woraufhin sie wegeilten, um den Müttern das unerwartete Geldgeschenk zu überreichen. Unterdessen führte der König seine Gattin zu einem Platz, von wo aus man die Stadt Paris überblicken konnte.

Sie standen eine Weile schweigend nebeneinander und Katharina spürte, dass Heinrich ihr etwas sagen wollte, aber anscheinend nicht wusste, wie er beginnen sollte. »Ich bin jetzt vierzig Jahre«, sagte er plötzlich, »und ich frage mich manchmal, wo die Jahre geblieben sind. In wenigen Wochen wird ein drittes von unseren sieben Kindern verheiratet sein, wir beide sind seit über fünfundzwanzig Jahren verheiratet. Katharina, ich möchte unseren dreißigsten Hochzeitstag festlich begehen: ein Turnier, ein Bankett mit anschließendem Ball und Feuerwerk, was meinst du?« – »Ich bin mit deinen Plänen einverstanden, eine Jagd wäre mir allerdings lieber als ein Turnier.« – »Eine Jagd, warum nicht?« Er überlegte. »Wir könnten uns auf deinen Landsitz in Monceaux-en-Brie begeben und unseren Hochzeitstag allein feiern, ohne Familie und Würdenträger.«

Katharina sah Heinrich erstaunt an: einen solchen Wunsch hatte er noch nie zuvor geäußert.

Ihre Blicke begegneten sich, dann legte Heinrich den Arm um seine Gattin, rief den Bewaffneten zu, ihnen zu folgen und ging mit ihr zu einer Stelle, wo man sie nicht beobachten konnte. »Katharina, es ist nicht allein der 28. Oktober 1563, der mir etwas bedeutet; es ist unsere Ehe. Die Ehe mit dir bedeutet mir unendlich viel. Als wir vor über fünfundzwanzig Jahren heirateten, hätte ich es nie für möglich gehalten, dass Gefühle für einen Menschen sich ändern, aber meine Gefühle haben sich verändert. Ich weiß nicht, wann ich angefangen habe dich zu lieben, aber es ist eine Tatsache: ich liebe dich und ich bitte dich, mir zu glauben. Ich liebe dich von ganzem Herzen.«

Katharina sah Heinrich mit großen, dankbaren Augen an, sie hatte längst gespürt, dass er sie liebte, aber jenes Bekenntnis kam trotzdem unverhofft.

»Du liebst mich, o mein Gott …« Sie begann zu weinen, und Heinrich fühlte sich hilflos. Er hatte eine andere Reaktion erwartet. »Katharina, was ist, warum weinst du?«

Sie nahm ihr Taschentuch, wischte die Tränen weg und lächelte ihn an. »Heinrich, ich habe geweint, weil ich so unbeschreiblich glücklich bin!«

Er zog sie an sich. »Während der ersten Jahre unserer Ehe habe ich dich oft verletzt. Ich bitte dich jetzt, mir zu verzeihen, sofern du es kannst. Glaubst du, dass wir noch einmal von vorn beginnen können?«

»Ja, Heinrich, wir können es, weil wir jetzt reifer und erfahrener sind.«

Er begann sie zu küssen, und während Katharina die körperliche Nähe des Gatten genoss, amüsierten sich die Bewaffneten beim Anblick des Paares.

»Der König und die Königin sind ja ein richtiges Liebespaar«, sagte einer, woraufhin sein Kamerad erwiderte: »Was ist daran so sonderbar?

Die Königin ist zwanzig Jahre jünger als die Seneschallin, überdies soll sie klug sein.«

Nachdem ihre Lippen sich voneinander gelöst hatten, barg Katharina ihren Kopf noch einen Augenblick an Heinrichs Schulter.

In diesem Augenblick erinnerte sich Katharina an das Schloss Chenonceaux. Heinrich schien ihre Gedanken zu erraten: »Ich werde veranlassen, dass Chenonceaux wieder zum Kronbesitz gehört.«

Katharina atmete auf, nun würde sie doch noch Herrin in diesem Schloss sein. Was für ein bedeutungsvolles Geschenk, dachte sie.

Heinrich erzählte ihr, dass er das Verhältnis mit Diana beendet habe und diese mit den zugeeigneten Besitztümern abgefunden werde. Im Übrigen werde sie den Hof in absehbarer Zeit verlassen müssen.

Katharina hatte das Gefühl, als fiele ihr ein zentnerschwerer Stein vom Herzen. »Wir müssen uns allmählich auf den Heimweg machen«, sagte Heinrich, »die Mittagstafel wartet auf uns.«

Als sie zurückritten, war für Katharina die Sonne strahlender, die Wiesen schienen grüner, das Wasser blauer zu sein als je zuvor …

Die Rue Saint-Antoine war die breiteste Straße in Paris und ähnelte mehr einem lang gestreckten Platz als einer Straße.

Seit der Herrschaft Franz I. waren ihre Bewohner daran gewöhnt, dass das Pflaster hin und wieder aufgerissen und Stechbahnen für die Turniere gerichtet wurden; damit nicht genug, wurden die Tribünen unmittelbar vor ihren Fenstern und Türen errichtet. Die Bewohner hatten sich inzwischen damit abgefunden, weil nach jedem Turnier die Tribünen abgebaut und die Straße neu gepflastert wurde. In jenem Frühjahr 1559 hörten sie indes zu ihrem Entsetzen, dass die Rue Saint-Antoine bis nach den Hochzeitsfeierlichkeiten in diesem Zustand bleiben sollte.

Als Katharina an jenem Nachmittag die königliche Tribüne betrat, sah sie Diana auf ihrem gewohnten Platz links neben dem König sitzen. Da Heinrich an jedem Turnier aktiv teilnahm, war sein Sessel wie immer unbesetzt. Katharina nahm ihren Platz auf der rechten Seite ein und beobachtete Diana, die nach allen Seiten lächelte und grüßte. Sie kann sich fabelhaft beherrschen, dachte Katharina anerkennend, in diesem Augenblick würde kein Höfling auf den Gedanken kommen, dass ihre Beziehung zu Heinrich beendet ist.

Sie lächelte Diana an und unterhielt sich mit ihr über das schöne Frühlingswetter.

Als die Fanfaren ertönten, sahen beide gespannt zur Stechbahn. Heinrich ritt in die Bahn, und auf den Tribünen begann ein leises Murmeln. Katharina und Diana betrachteten verwundert den König: er trug die silberne Rüstung und den silbernen Helm, aber auf dem Helm prangte nicht wie sonst ein schwarz-weißer Federbusch, der Federbusch auf dem Helm war schwarz – er trug nicht mehr die Farben Dianas.

Auf den Tribünen wurde getuschelt und Katharina spürte, dass ihr Herz anfing, zu klopfen.

Sie beobachtete, wie Heinrich langsam entlangritt, sein Pferd wendete, auf sie zukam und Wimpel und Standarte vor ihr senkte: vor ihr, nicht vor Diana ... In diesem Augenblick wusste sie, dass sein Liebesgeständnis aufrichtig war.

Sein Gegner war Anton von Bourbon, und zum Erstaunen der Zuschauer hob der Thronprätendent den König aus dem Sattel.

Katharina versuchte ihren Ärger zu verbergen, ausgerechnet ein Bourbone muss Heinrich besiegen, dachte sie. Einige Stunden später war sie angekleidet und geschminkt für das Bankett und betrachtete sich prüfend vor dem Spiegel. In zwei Wochen würde sie vierzig Jahre alt sein; sah man ihr das Alter an? Heinrich und ich, wir sind jetzt vierzig Jahre alt, sinnierte sie, vierzig Jahre. Zwei Erinnerungen erwachten, die sie bis jetzt verdrängt hatte.

Im Jahr 1552, während ihrer ersten Regentschaft, hatte sie den bekannten italienischen Astrologen Lucas Gaurie Simeoni beauftragt, ihr Heinrichs Horoskop zu erstellen, weil sie wissen wollte, ob der Gatte gesund aus dem Krieg zurückkehrte. Simeoni hatte sie beruhigt, der König würde den Krieg überleben und bei einem Zweikampf ums Leben kommen, und zwar durch eine Verletzung, die ihn vorher blind machen würde, etwa im Alter von vierzig Jahren.

Es war ihr gelungen, den zweiten Teil der Vorhersage erfolgreich zu verdrängen, aber an jenem Abend zog Simeonis Prophezeiung wie eine dunkle Wolke auf; damit nicht genug, erinnerte sie sich an die Aussage eines anderen Astrologen aus dem Jahr 1556. Heinrich war damals wieder im Krieg, und sie befragte einen jungen Astrologen, der anfing berühmt zu werden, über das Schicksal ihres Gatten. Der junge Mann nannte sich Nostradamus und lebte im provençalischen Salon. Er schrieb Katharina, seine Berechnungen hätten ergeben, dass der König aus dem Krieg zurückkehren würde und er hatte einen Vierzeiler beigefügt, dessen Bedeutung sie ahnte, aber ebenfalls zu vergessen suchte. Sie hatte

den Brief des Nostradamus verbrannt, aber der Vers hatte sich ihr eingeprägt und sie sagte leise:

> *Der junge Löwe wird den alten überwinden*
> *Auf dem Schlachtfeld im Zweikampf*
> *Im goldenen Käfig ihm die Augen ausstechen*
> *Zwei Klassen eine, dann sterben grausamen Tod.*

Wer ist der junge Löwe, überlegte sie; ist mit dem alten Löwen Heinrich
gemeint?

»Auf dem Schlachtfeld?«, wir haben doch Frieden …, ach, es ist Unsinn,
dass ich mich beunruhige. Im Alter von etwa vierzig Jahren: das kann
auch neunundddreißig Jahre oder achtundddreißig Jahre bedeuten. Das
Schicksal wird nicht so grausam sein und mir Heinrich jetzt nehmen,
nein, das kann nicht Gottes Wille sein …

So versuchte sie sich zu beruhigen, und als sie den Bankettsaal betrat,
war sie davon überzeugt, dass die Vorhersagen der Astrologen falsch
waren.

In diesem Frühjahr 1559 war ihr Eheleben so intensiv wie noch nie zuvor. Katharina schwamm auf einer Welle des Glücks, das sie nie für
möglich gehalten hätte. Heinrich war der aufmerksamste, liebevollste
Gatte und stets rührend um seine Gattin bemüht.

Katharina hatte über dem neuen Eheglück ihre Tochter Elisabeth nicht
vergessen und verbrachte jeden Abend eine halbe Stunde unter vier Augen mit dem jungen Mädchen. Sie versuchte, sie auf ihre Rolle als Königin vorzubereiten, empfahl ihr Bescheidenheit und Zurückhaltung am
Anfang, um das Vertrauen der Spanier zu gewinnen, erklärte ihr, dass
Spanien ihre neue Heimat sei und sie versuchen müsse, die Interessen
dieses Landes zu ihren eigenen zu machen.

Elisabeth hörte aufmerksam zu und dachte beklommen an die erste Begegnung mit dem düsteren König Philipp.

So verging eine Woche nach der anderen und auf einmal war der 28. Juni
gekommen, der Tag, an dem Elisabeth von Valois *per procurationem* mit
dem König von Spanien vermählt wurde.

Bereits Mitte Juni waren Heinrich und Katharina mit ihrem Gefolge in
das Palais »Les Tournelles« übersiedelt, damit der Herzog von Alba und
seine Begleiter standesgemäß in dem halb fertigen Louvre wohnen
konnten. Das Palais war nicht weit entfernt vom Turnierplatz in der Rue

Saint-Antoine, und jedes Mal, wenn Heinrich dort vorbeiritt, freute er sich auf das Turnier, das am 30. Juni, einem Freitag, als Höhepunkt der Feierlichkeiten stattfinden sollte.

Als der Hochzeitszug sich am Vormittag des 28. Juni langsam nach Notre-Dame bewegte, beobachtete Katharina, dass die Anzahl der Zuschauer weitaus geringer war als bei der Hochzeit des Dauphins, und der Jubel der Pariser war verhalten. Kein Wunder, ging es ihr durch den Kopf, der Friedensvertrag ist ausgesprochen unpopulär, man wirft Heinrich vor, dass er sich von dem Habsburger hat übervorteilen lassen und dieser Missmut erstreckt sich natürlich auch auf Elisabeths Verheiratung.

Während der Hochzeitsmesse betrachtete sie den Herzog von Alba zum ersten Mal in aller Ruhe: bis zu diesem Tag war er in einfaches schwarzes Tuch gekleidet gewesen, jetzt trug er seidene Kleider aus Rot, Gold und Schwarz. Er kann den rauen Kriegsmann nicht verleugnen, ging es Katharina durch den Kopf; er soll Philipp treu ergeben sein und man erzählt, dass er hart und grausam sei, bei Verhandlungen ohne Umwege zur Sache komme, die Dinge beim Namen nenne, und sie war froh, dass sie nie mit einem Mann wie Alba würde verhandeln müssen; das war Gott sei Dank Männern wie dem geschmeidigen Kardinal von Guise vorbehalten.

Nach der Messe begab man sich in den Louvre, wo in Gegenwart der spanischen und französischen Würdenträger die Ehe vollzogen wurde: Elisabeth legte sich auf ein Bett und entblößte das rechte Bein. Dann legte der Herzog von Alba sich mit seinem nackten linken Bein neben sie, so dass seine Haut die des jungen Mädchens berührte. Mit dieser Zeremonie war die Ehe symbolisch vollzogen und Elisabeth Königin von Spanien. Katharina umarmte ihre Tochter und sagte leise: »Ich bin so stolz auf dich, nun bist du eine richtige Königin.«

Anschließend wurde der Ehevertrag zwischen dem Herzog von Savoyen und Heinrichs Schwester Margarete unterzeichnet. Die Trauung selbst sollte erst einige Tage nach Elisabeths Hochzeit stattfinden, sie war weniger wichtig und würde deshalb mit weniger Aufwand gefeiert werden. Diese Hochzeit verlief ähnlich wie die des Dauphins im Jahr zuvor: ein üppiges Bankett, Tanz, dann noch ein Bankett, Tanz, Mummenschanz, Feuerwerk. Am nächsten Tag gab es eine Fahrt auf der Seine in prachtvollen Barken, das Mittagsmahl wurde unter freiem Himmel eingenommen; wer wollte, konnte an einem kleinen Jagdausflug teilnehmen, am Abend wieder ein Bankett, ein Ball und Feuerwerk.

In der darauf folgenden Nacht hatte Heinrich sie zum ersten Mal über ihre Zeit in Florenz befragt und ihr Schicksal voller Anteilnahme aufgenommen. Sie hatten so viel seelisch-geistige Intimität geteilt wie nie zuvor.

In dieser Nacht hatte sie einen Traum: Sie sah, wie Heinrich in die Stechbahn ritt, sie grüßte und dann verschiedene Gegner aus dem Sattel hob. Mittags ritt er gegen einen neuen Gegner, dessen silberne Lanze zersplitterte, als sie Heinrichs Rüstung traf. Sekunden später sackte der König vornüber auf den Hals des Pferdes …

Schweißnass war Katharina aufgewacht und erleichtert in die Kissen zurückgesunken, als sie ihren friedlich schlafenden Gatten neben sich gesehen hatte. Gott sei Dank, es war nur ein Traum, dachte sie in diesem Moment und beschloss, ihren Gatten unter allen Umständen von dem geplanten Turnier abzubringen.

Stunden später stand dieser weiß gekleidet vor ihr. Sein Pferd »Gonzague« lahme, er müsse »Le Malheureux« reiten, doch zum Glück sei der Herzog von Savoyen ein leichter Gegner. Katharina ging auf den Gatten zu, legte die Arme um ihn und bat ihn inständig, das Turnier abzusagen. Sie erzählte ihren Traum und brachte ihre ganzen Überredungskünste auf, doch Heinrich blieb stur. Turniere waren eben nun einmal seine Leidenschaft …

So hatte dieser 30. Juni begonnen: ein ungewöhnlich heißer Frühsommertag, und als die Zuschauer auf den Tribünen ihre Plätze einnahmen, war die Sonnenglut fast unerträglich, obwohl es noch nicht Mittag war.

Heinrichs erster Gegner war sein künftiger Schwager, der Herzog von Savoyen. Während die Pferde gesattelt wurden, sagte Heinrich scherzend zu dem Herzog: »Halten Sie sich gut fest, denn ich will Sie wohl, ungeachtet unserer Familienbande und Verbrüderung, aus dem Sattel heben.«

Als die Gegner in die Bahn ritten, folgten Katharinas Augen ängstlich dem Gatten. Als er Wimpel und Standarte vor ihr neigte, brachte sie ein schwaches Lächeln zustande, dann beobachtete sie aufgeregt, wie die Gegner aufeinander zuritten; bereits nach wenigen Sekunden hatte Heinrich den Herzog aus dem Sattel gehoben und sie atmete erleichtert auf, der erste Waffengang war vorüber …

Dann trat Heinrich gegen den Herzog von Guise an, der dem Angriff seines königlichen Herrn standhielt.

Inzwischen war es Mittag geworden und Katharina schickte einen Pagen zu Heinrich und bat ihn, eine Pause zu machen. Sie sah, wie sehr er unter der Hitze litt, weil er sich den silbernen Helm abnehmen und das Gesicht trocknen ließ. Heinrich indes bestand auf einem dritten Waffengang. Sie schickte noch einmal einen Pagen zu ihm mit der Bitte, sich und den anderen Kämpfern eine Pause zu gönnen.

Da ritt er zur königlichen Tribüne, verneigte sich vor seiner Gattin und rief so laut er konnte: »Beim nächsten Waffengang kämpfe ich für die Königin und ich fordere den Hauptmann meiner schottischen Leibgarde, den Grafen von Lorge, Gabriel von Montgomery auf, gegen mich zu reiten!«

Montgomery ritt zögernd in die Bahn, er erinnerte sich, dass sein Vater einst Franz I. bei einem Kriegsspiel mit einem Feuerbrand so gefährlich verletzt hatte, dass dieser dem Tode nahe war. »Sire, ich bin kein würdiger Gegner.« – »Ich befehle Ihnen, gegen mich anzutreten.« – »Es ist für mich eine Ehre, Sire, und ich weiß diese Auszeichnung zu würdigen, aber ...« – »Kein Aber, Sie werden gegen mich kämpfen.«

Heinrich wendete den Rappen und ritt zum Anfang der Bahn, Montgomery begab sich mit unglücklichem Gesicht zur anderen Seite.

Katharina konnte kaum atmen. Sie schloss die Augen, hörte den Hufschlag der Pferde, sie hörte, wie die Lanzen krachten.

Als sie die Augen wieder öffnete, sah sie den Schotten und Heinrich unversehrt im Sattel sitzen und flüsterte ein Dankgebet. Ihr Traum war also doch bedeutungslos, denn jetzt war der Kampf für Heinrich zu Ende: er war gegen drei Gegner geritten und zwei Waffengänge waren unentschieden ausgegangen, er hat das Turnier überlebt, dachte sie immer wieder. Plötzlich zuckte sie zusammen, zwischen Montgomery und dem König gab es einen Wortwechsel, der bis zur Tribüne zu hören war.

»Ich fordere Sie zu einem weiteren Waffengang«, ertönte Heinrichs Stimme.

Katharina stockte der Atem ...

»Sire, ich bitte Sie, hören Sie auf, Sie haben bewiesen, dass Sie unbesiegbar sind.«

In diesem Moment erhob sich der Marschall Vielleville und rief laut: »Sire, ich schwöre beim lebendigen Gott, dass ich seit drei Nächten ein Unglück träume, das Ihnen heute zustoßen soll. Dieser letzte Tag des Monats Juni meint es nicht gut mit Ihnen.«

»Die Waffen sollen sprechen!«, rief Heinrich und ritt zum Anfang der Bahn zurück.

Nein, dachte Katharina, nein, nein! Sie fühlte sich so hilflos und verzweifelt wie noch nie zuvor.

Sie sah, wie die Gegner angaloppierten, sie sah, wie Montgomerys Lanze brach – Sekunden später fiel Heinrich vornüber auf den Hals des Pferdes, so dass der schwarze Federbusch seines Helmes sich mit dem auf dem Kopf des Pferdes vereinte.

Katharina hörte die entsetzten Rufe auf den Tribünen, dann verlor sie das Bewusstsein.

»Die Königin«, rief Montmorency, »bringt sie in das Palais des Tournelles!« Dann eilte er zusammen mit Franz von Guise auf den Turnierplatz.

»Mein Gatte ist ohnmächtig geworden!«, rief Maria Stuart, aber schon war der Kardinal von Guise an ihrer Seite, ordnete an, dass der Dauphin ebenfalls zum Palais gebracht werden sollte, und bestieg mit der Nichte eine Sänfte.

Diana hatte erschrocken alles beobachtet. Jetzt erhob sie sich, verließ die Tribüne und begab sich zu ihrem Palais, dort erzählte sie dem Haushofmeister, was in der Rue Saint-Antoine passiert war. »Wenn der König stirbt, müssen wir den Hof verlassen, bereiten Sie alles für eine baldige Abreise nach Anet vor.«

Als Katharina am frühen Nachmittag aus ihrer Ohnmacht erwachte, sah sie Mingo, Isabella, Violetta, René und Bianca um ihr Lager stehen, die sie ängstlich und unruhig ansahen. Katharina erinnerte sich sofort, dass Heinrich verletzt worden war und setzte sich erschrocken auf. »Der König …, was ist mit ihm? Lebt er noch?«

»Ja, Madame«, antwortete Mingo, »aber er wurde schwer verwundet.«

»Madame«, sagte die bucklige Violetta schüchtern, »der Dauphin ist immer noch nicht aus seiner Ohnmacht erwacht.«

»Die Dauphine wird sich um ihn kümmern.« Sie stand auf und eilte herzklopfend in Heinrichs Appartement. Im Schlafzimmer fand sie Montmorency und Franz von Guise, die Gesicht und Hände ihres Königs mit Essig abwuschen. Montmorency weinte leise vor sich hin, während der Herzog besorgt den König betrachtete.

Beim Näherkommen sah Katharina, dass im linken Auge des Gatten ein Holzsplitter steckte. Sie schrie auf, fühlte erneut, wie um sie herum alles dunkel wurde, aber sie nahm ihre letzte Kraft zusammen und versuchte, nicht noch einmal ohnmächtig zu werden, sie musste jetzt bei Bewusstsein bleiben, um Heinrich zu helfen. Sie setzte sich neben das Bett, betrachtete den ohnmächtigen Gatten und fragte mit tränenerstickter Stimme: »Wie wurde er verletzt?«

Der Herzog und der Konnetabel sahen einander an.

»Madame«, antwortete Franz von Guise zögernd, »Montgomerys Lanze brach, als sie auf die Rüstung des Königs prallte, die Spitze des zersplitterten Schafts riss den Helm auf, sie stach dem König das Auge aus und drang ihm ins Gehirn.«

»Nein«, rief Katharina, »nein, wenn er aus der Ohnmacht erwacht, wird er vor Schmerzen umkommen, o mein Gott, warum muss er, ausgerechnet er, so leiden?« Sie weinte hemmungslos und es dauerte eine Weile, bis sie sich halbwegs beruhigt hatte.

Franz von Guise sah hilflos und bekümmert vor sich hin; gewiss, nach Heinrichs Tod würde seine Familie, oder besser sein Bruder Karl, faktisch Frankreich regieren, er hatte sich maßlos über Heinrich geärgert während der Friedensverhandlungen, aber der König war auch ein Jugendfreund, und als er nun Katharina weinend neben dem Gatten sitzen sah, erinnerte er sich an seine erste Begegnung mit ihr, an den Anfang ihrer Ehe mit Heinrich.

Nach dem Tod des Königs würde für Frankreich eine neue Ära beginnen, ob sie besser war, blieb abzuwarten; er hatte seine Bedenken, ohne dies rational begründen zu können.

»Madame«, sagte er nach einer Weile zu Katharina, »ich bitte um Vergebung für meine eigenmächtigen Entscheidungen, aber ich habe einen Kurier zu dem berühmten Chirurgen Ambroise Paré geschickt, er hat seinerzeit eine Lanzenspitze aus meinem Gesicht heraus operiert. Er ist der einzige Arzt, der Ihren Gatten retten kann. – Außerdem ist ein Kurier nach Brüssel unterwegs zu König Philipp, ich habe ihn gebeten, Andreas Vesalius zu schicken, er ist ein berühmter Arzt und Anatom. – Sie sollten die Hoffnung nicht aufgeben, Madame.«

Seine Worte beruhigten Katharina etwas, sie nahm sich zusammen und sah den Herzog dankbar an: »Sie haben richtig gehandelt.«

In diesem Augenblick meldete ein Diener, dass der Dauphin aus seiner Ohnmacht erwacht sei und den König sehen wolle; fast im gleichen Augenblick betrat das Thronfolgerpaar den Raum. Maria Stuart war blass, wirkte aber gefasst. Franz dagegen, als er seinen Vater sah, begann laut zu weinen, und Katharina streifte flüchtig der Gedanke, was aus Frankreich werden sollte, falls Heinrich seinen Verletzungen erlag, nein, er muss leben, er wird leben, Paré wird ihn retten …

In diesem Augenblick betraten Elisabeth und die jüngeren Kinder das Zimmer. Katharina stand auf und ging zu ihnen. »Du kannst bleiben, Elisabeth.« Und zu den übrigen: »Geht in euer Appartement, ich hole euch später …«

Elisabeth trat zum Bett ihres Vaters und fing an zu weinen. »Oh, Mama, meine Hochzeit ist schuld, dass er …« – »Nein, mein Kind«, unterbrach Katharina, »deine Hochzeit hat mit dem Unfall nichts zu tun.«

In diesem Augenblick erwachte Heinrich, aus der Ohnmacht und als er ganz bei Bewusstsein war, fing an, vor Schmerzen laut zu stöhnen.

Katharina gab der Tochter ein Zeichen, sich zu entfernen und ließ die Hofärzte holen. Diese untersuchten den König und sagten ihr, dass sie die Holzsplitter herausziehen müssten und dann Eiweiß auf die Wunde legen würden. Sie ging in eine Ecke des Zimmers, um die Operation nicht mit ansehen zu müssen. Nach einer Weile hörte sie Heinrich vor Schmerzen laut schreien; es drang ihr durch und durch, und immer wieder sagte sie leise zu sich selbst: »Ich muss durchhalten, ich muss durchhalten.« Als die Ärzte gegangen waren, setzte sie sich wieder zu ihm und nahm seine Hand. Sie beobachtete, dass er ruhiger wurde und einschlief. Es dämmerte bereits, als er wieder zu sich kam und sich etwas erstaunt umsah.

»Katharina, was ist passiert?«

»Montgomery hat dich beim Turnier verwundet.«

»Ach ja, ich erinnere mich … Wo ist Montgomery jetzt?«

»Sire«, antwortete Franz von Guise, »man hat ihn eingekerkert.«

»Warum? Er hat nur meinen Befehl befolgt, ich habe ihn zu diesem Waffengang aufgefordert. Er ist unschuldig, man soll ihn sofort freilassen.«

»Natürlich, Sire.« Der Herzog verließ das Zimmer, um die nötigen Befehle zu geben.

Katharina und Montmorency wachten während der Nacht an Heinrichs Bett und warteten ungeduldig auf Paré, der am andern Vormittag eintraf. Er untersuchte die Wunde, ließ sich die Lanze zeigen und informierte sich genau über den Unfall. »Madame«, sagte er zu Katharina, »ich benötige einige frische Leichen, um Versuche anzustellen. Ich muss an ihnen eine Wunde verursachen, die der des Königs gleicht, erst dann kann ich eine genaue Diagnose stellen.«

Da Heinrich erneut bewusstlos war, befahl Katharina, einige zum Tod verurteilte Häftlinge sofort hinzurichten, dann saß sie wieder neben dem Bett und wartete. Die Stunden vergingen und sie vergaß die Zeit. Irgendwann traf Andreas Vesalius ein und versuchte, zusammen mit Paré zu einer Diagnose zu kommen. Katharina blieb während der folgenden Tage und Nächte bei Heinrich, aß kaum etwas und wartete ungeduldig auf die Ergebnisse der Ärzte.

Heinrich war hin und wieder bei Bewusstsein, und dann bestand er darauf, die Regierungsgeschäfte zu erledigen.

Irgendwann hörte sie, dass er einen Brief an den Papst diktierte, worin er mitteilte, dass er mehrere Angehörige des Parlaments als Rebellen und Häretiker habe verhaften lassen.

Sie lebte in jenen ersten Julitagen zwischen Furcht und Hoffnung, glaubte indes, dass es Paré und Vesalius gelingen würde, den Gatten zu retten.

Als sie sich am 8. Juli nach der Messe zu Heinrich begab, kam Paré ihr entgegen und bat sie um eine Unterredung unter vier Augen. Ihr Herz krampfte sich zusammen, weil sie ahnte, was der Arzt ihr anvertrauen wollte. »Madame, meine Experimente an den Leichen und die Besprechungen mit den Ärzten und Monsieur Vesalius haben eindeutig ergeben, dass die ärztliche Kunst den König nicht retten kann.«

Es dauerte eine Weile, bis Katharina begriff, dass sie umsonst um sein Leben gebangt hatte. Heinrich würde sterben ... Sie unterdrückte die aufsteigenden Tränen und fragte: »Wie lange wird der König noch leben?«

»Einige Tage, Madame, zwei oder drei Tage, vielleicht auch vier oder fünf Tage.«

Katharina überlegte einen Augenblick, dann begab sie sich zum Dauphin. Bei ihrem Eintritt erhob er sich, sah sie ängstlich an und sie fragte sich, wie dieses halbe Kind Frankreich regieren sollte. Er war zwar volljährig, aber noch völlig unreif.

»Franz, die Ärzte sagen, dass dein Vater nur noch einige Tage leben wird. Bereite dich innerlich darauf vor, dass du bald König von Frankreich bist.« – »Ja, Mama.« Er blickte verlegen zu Boden.

Sie schwieg einen Augenblick und fuhr fort. »Franz, ich weiß, dass ich als Witwe vierzig Tage im Sterbezimmer trauern muss, aber ich kann in diesem Palais nicht länger bleiben. Ich möchte in den Louvre übersiedeln und dort trauern und ich wünsche, dass ›Les Tournelles‹ abgerissen wird. Ferner ist es mein Wunsch, dass keine Turniere mehr stattfinden.«

»Ja, Mama.« – »Franz, eines noch. Die Königinwitwen von Frankreich tragen weiße Kleider, wenn sie um den verstorbenen Gatten trauern, für mich ist Schwarz die Farbe der Trauer. Nach dem Tod deines Vaters werde ich nur noch schwarze Kleider tragen.« – »Ja, Mama.«

Er fügt sich meinen Wünschen, dachte sie, er wird sich natürlich auch den Wünschen der Guisen fügen, aber darüber kann ich jetzt nicht nachdenken. Sie ging in ihr Appartement und dabei wurde ihr bewusst, dass Heinrich bis zu dieser Stunde noch nicht nach Diana geschickt hatte.

Kurz entschlossen schrieb sie der ehemaligen Rivalin einen Brief, worin sie die Seneschallin aufforderte, den Hof zu verlassen, die Kronjuwelen zurückzugeben und Schloss Chenonceaux zu räumen, weil es Kronbesitz sei; als Entschädigung bot sie ihr Chaumont an.

Dann begab sie sich wieder zu Heinrich, der inzwischen von den Ärzten erfahren hatte, wie es um ihn stand.

Sie sahen sich einen Augenblick an, dann sagte Heinrich: »Ich werde heute die letzte Ölung empfangen, dann möchte ich mich von unseren Kindern verabschieden. Katharina, ich wünsche, dass meine Schwester den Herzog heiratet, bevor ich sterbe und die Trauerzeit beginnt; arrangiere alles.«

Sie ordnete an, dass die Trauung ihrer Schwägerin in aller Stille am späten Abend des 9. Juli stattfinden solle, dann brachte sie ihre Kinder zu Heinrich, der sie segnete. Die Kinder wussten inzwischen, dass ihr Vater sterben würde. Karl, Eduard und Herkules weinten still vor sich hin, Margot indes brach in lautes Weinen aus, als Heinrich seine Hand auf ihre schwarzen Haare legte.

Katharina wies das Thronfolgerpaar und Elisabeth an, sich im Vorraum aufzuhalten, und befahl der Erzieherin, die Kinder in ihr Appartement zurückzubringen. Dann setzte sie sich neben Heinrichs Bett, hörte, wie die Hofleute allmählich in den Vorraum traten und wartete. Sie vergaß die Zeit, und hin und wieder übermannte sie der Schlaf. Irgendwann erwachte sie und hörte Paré sagen: »Madame, der König wird nur noch wenige Stunden leben.«

Sie fuhr hoch, starrte den Arzt an und fragte: »Welches Datum haben wir?«

»Madame, es ist der Abend des 9. Juli.«

Der neunte Juli, dachte sie, heute werden Margarete und der Herzog von Savoyen getraut. Sie setzte sich neben Heinrich, nahm seine Hand und sagte: »Margarete wird jetzt mit dem Herzog von Savoyen getraut.« Sie sah, dass er lächelte und dann einschlief, aber sie hatte das unbestimmte Gefühl, dass es kein gewöhnlicher Schlaf war, und sah Paré unsicher an.

Er verstand ihre Frage und erwiderte: »Madame, der König liegt im Koma, aber es ist möglich, dass er noch einmal zu Bewusstsein kommt.«

Im Koma, dachte Katharina und lauschte ängstlich Heinrichs Atemzügen. Kurz nach Mitternacht erwachte er und griff nach Katharinas Hand. »Ich möchte dir noch etwas sagen. Franz ist zwar volljährig, aber er kann noch nicht regieren. Ich möchte nicht, dass die Guisen über Frankreich herrschen. Ich bitte dich, lenke unseren Sohn. Während deiner Regentschaften hast du bewiesen, dass du regieren kannst, versprich mir, das Königreich und die Krone für unser Haus, für die Valois zu erhalten.« – »Ja Heinrich, ich verspreche es dir, ich werde für die Dynastie Valois kämpfen.«

Er lächelte sie an und sagte leise: »Ich hatte mich so sehr auf unsere künftigen gemeinsamen Jahre gefreut.«

Sie begann zu weinen und er wartete, bis sie sich etwas beruhigt hatte.

»Katharina, vergiss dein Versprechen nicht, nach meinem Tod wirst du die Verantwortung für das Wohl Frankreichs tragen und für unser Haus. Betraure mich die vorgeschriebenen vierzig Tage und widme dich dann dem Königreich.« – »Ich werde mein Versprechen halten, Heinrich, aber ich werde bis zu meinem Tod um dich trauern.«

Er schlief wieder ein, Katharina beobachtete die Atemzüge und sah den Arzt erneut fragend an. Ambroise Paré sah zu Boden, und da wusste sie, dass Heinrich aus dem Koma nicht mehr erwachen würde. Sie nahm das Medaillon, betrachtete es und fragte sich erneut, ob es ihr Glück gebracht habe. Ja, dachte sie, es hat mir Glück gebracht, Heinrich hat nach vielen Jahren endlich zu mir gefunden und er hat mir die Verantwortung für die Krone und die Valois übertragen. Das ist mehr, als ich jemals erhofft hatte. Wenn er tot ist, gebe ich ihm meinen Talisman mit ins Grab, es ist mein Dank für sein Vertrauen mir gegenüber.

Eine Stunde nach der andern verging. Als es tagte, sah Katharina, dass Heinrich nicht mehr atmete, Paré beugte sich über ihn und sagte leise: »Der König ist tot, Madame.«

Bis zu diesem Augenblick hatte Katharina sich beherrscht, so gut sie es vermochte, aber nun brach der Schmerz bei ihr hervor und sie weinte herzerschütternd.

Der Arzt wartete, bis sie sich etwas beruhigt hatte und fragte vorsichtig: »Darf ich den Tod des Königs bekannt geben, Madame?«

»Ja, Monsieur Paré.«

Sie erhob sich und betrachtete den Gatten zum letzten Mal, sie wusste, dass sie den aufgebahrten Leichnam nicht mehr sehen würde, weil jetzt die vorgeschriebene Trauerzeit von vierzig Tagen begann. Sie verließ den Raum, gefolgt von Paré und betrat das Vorzimmer. Sie sah die Hofleute und das neue Königspaar, dann hörte sie den Ruf: *Le roi est mort, vive le roi!* Sie sah, dass die Guisen und die Bourbonen keine Miene verzogen und hörte, wie der neue König laut weinte.

Sie nahm Haltung an und schritt zur Tür, gefolgt von dem neuen Königspaar. Sie sah, dass die Damen im Hofknicks versanken und die Herren die Knie beugten, und sie bemerkte betrübt, wie die Zeremonien sich wiederholten. Beim Tod ihres Schwiegervaters war es genauso gewesen. An der Tür trat sie einen Schritt zur Seite und sagte leise zu ihrer Schwiegertochter: »Die Königin hat den Vortritt vor der Königinwitwe.«

Maria Stuart sah ihre Schwiegermutter erstaunt an, dann wurde ihr bewusst, dass sie selbst nun die neue Königin war, und erhobenen Hauptes verließ sie den Audienzsaal.

Als Katharina ihr Gemach betrat, überreichte Mingo ihr ein kleines Paket. »Ein Kurier der Seneschallin hat es gebracht, Madame.«

Sie öffnete das Paket und sah die Kronjuwelen. Dann las sie den Brief ihrer einstigen Rivalin. Diana bat demütig um Vergebung und versicherte, dass sie Schloss Chenonceaux sofort räumen würde.

Katharina legte den Brief zur Seite und begann erneut zu weinen, wie unwichtig war dies alles jetzt, wo Heinrich tot war. Irgendwann trat sie vor den Spiegel und betrachtete ihr übernächtigtes Gesicht, die von den Tränen angeschwollenen Augen, und zum ersten Mal war sie dankbar über die vierzig Trauertage, die den Königinwitwen von Frankreich vorgeschrieben waren. Sie zog eine der schwarzen Roben an, ließ ihre Schwiegertochter kommen und übergab ihr wortlos die Kronjuwelen. Einige Stunden später war sie im Louvre und bezog die Räume im Erdgeschoss, die unter den Appartements des Königspaares lagen.

Es war erst Mittag, aber Katharina war so erschöpft, dass sie sich sofort zur Ruhe begab.

Als sie erwachte, schien die Sonne und sie sah Mingo neben ihrem Bett sitzen. »Habe ich lange geschlafen, Mingo?« – »Ja, Madame, fast zwei Tage, heute ist der 12. Juli.« – »Der 12. Juli, Heinrich ist jetzt schon zwei

Tage tot. Lass ein Bad richten und kümmere dich um meine Garderobe. Ich benötige zunächst drei Dutzend schwarze Roben, Hauben, Schleier, Handschuhe, Strümpfe und Schuhe.«

Vierzig Tage, dachte Katharina, während der ersten zwei Wochen dürfen mich nur die Familienangehörigen besuchen. Aber auch diese Wochen werden vorübergehen.

Am Spätnachmittag wurde der junge König gemeldet. »Wie geht es Ihnen, Mama?«

»Franz, ich habe plötzlich einen Menschen verloren, den ich über alles liebte, ich werde bis zu meinem Tod um ihn trauern.«

Der junge König sah verlegen zu Boden. »Mama«, sagte er nach einer Weile, »mein Vater wurde inzwischen in Saint-Denis beigesetzt, und ich habe den Herzog von Guise zum Generalstatthalter ernannt.«

Katharina erstarrte. »Du hast einen Guisen …, dieses Amt hätte dem König von Navarra gebührt!« – »Mama, er soll ein heimlicher Hugenotte sein.« – »Franz, die Bourbonen sind die Thronprätendenten, du solltest sie nicht unnötig verärgern.«

»Ja, Mama, aber ich kam, um Ihnen zu sagen, dass ich Sie an meiner Regierung beteiligen will, meine Dekrete werden so eingeleitet: *Da es der Königin, meiner Mutter und Dame beliebt, so auch ich einverstanden bin mit ihrem Belieben, gefällt es mir, und ordne ich also an …* Der Kardinal von Lothringen wird natürlich mein engster Berater sein. – Mama, und nun zu Ihrer Witwenpension: Sie erhalten die Schlösser Villers-Cotterêts und Monceaux, dazu das Herzogtum Alençon, eine Pension von 72 000 Livres, die Einkünfte der Güter von Dombes und Forez.«

Katharina war einen Augenblick sprachlos, sie war so reich wie sie es als Königin nie gewesen war.

»Vielen Dank, Franz, du bist so großzügig.«

Während der folgenden Tage besuchten die Kinder sie täglich, und ihre Anwesenheit lenkte sie stundenweise von der Trauer um Heinrich ab. Ende Juli erschien Maria Stuart in einem weiten, wallenden Gewand und teilte ihr freudestrahlend mit, dass sie ein Kind erwarte.

»Ich freue mich für dich und für Franz«, sagte Katharina und betrachtete erstaunt das weite Gewand, das offensichtlich noch nicht notwendig war. »Wann rechnest du mit der Niederkunft?«

»Anfang April nächsten Jahres.«

Anfang April, dachte Katharina, sie ist also jetzt im ersten Monat, nun, man muss abwarten. Die Schwangerschaft der Schwiegertochter war ihr in diesem Augenblick völlig gleichgültig, ihre Gedanken weilten bei Heinrich und dem Versprechen, das sie ihm gegeben hatte.

Gegen Ende der Trauerzeit ernannte sie Madame de Gondi, die Gattin eines italienischen Bankiers, zur Verwalterin ihres Vermögens, und um ihr bei Hof eine entsprechende Stellung zu sichern, ernannte sie sie auch zur Erzieherin des inzwischen neunjährigen Karl-Maximilian.

Am Tag nach der offiziellen Trauer wurde der Kardinal von Lothringen gemeldet.

Als er das Appartement der Königinwitwe betrat, sah er sich erstaunt um: die Räume waren völlig schwarz. Er sah zur Decke, die schwarz gestrichen war, er betrachtete die Wände und Fenster, die schwarz verhängt waren und als er Katharina gegenüberstand sagte er: »Madame, ich wollte Sie während der vierzig Tage nicht mit Staatsgeschäften behelligen, aber gewisse Entscheidungen können nicht länger aufgeschoben werden.« Er sah sich erneut um. »Wenn man die Finanzlage des Staates betrachtet, so kann man wirklich nur schwarz sehen; die Verschuldung der Krone beträgt inzwischen das Fünffache des jährlichen Steueraufkommens. Ich habe indes überlegt, wie man die Finanzen sanieren kann: erstens müssen die königlichen Subventionen drastisch verringert werden, zweitens muss die Zahlung der Richtergehälter eingestellt werden, sie werden schon hinreichend durch die Kläger entlohnt, drittens muss ein Teil des Heeres entlassen werden, viertens müssen die vom verstorbenen König ausgesetzten Ehrengehälter gestrichen werden, fünftens muss der Zinsfuß der Bankiers von sechzehn auf acht Prozent herabgesetzt werden.« Er schwieg und sah Katharina erwartungsvoll an. Er wusste, dass er zwar der engste Ratgeber des Königs war, gleichviel war es der Wunsch des Königs, dass die Königinmutter über seine Vorschläge entschied.

Sie überlegte und erwiderte: »Ihre Sparmaßnahmen, Eminenz, werden uns beide beim Volk unbeliebt machen, und zwar bei allen Parteien. Die Katholiken werden uns ebenso hassen wie die Hugenotten, aber ich sehe keine andere Möglichkeit, um die Staatskasse wieder zu füllen.« Der Kardinal verneigte sich, hüstelte und fuhr fort: »Es gibt da noch ein Problem, Madame, der protestantische Parlamentsgerichtsrat Anne du Bourg wurde vom verstorbenen König während seiner letzten Tage zum Feuertod verurteilt. Der rasche Regierungswechsel bewirkte, dass das Urteil noch nicht vollstreckt wurde. Der neue König könnte du Bourg begnadigen – dies würde allerdings die Hugenotten unnötig ermutigen.«

Katharina überlegte erneut. Ihr lag viel daran, dass die religiöse Frage in Frankreich friedlich geregelt wurde, deshalb wäre es vernünftig, den Mann zu begnadigen; andererseits musste sie mit den Guisen und der katholischen Partei zusammenarbeiten, und der Kardinal war nun einmal der Einzige, der fähig war, das Land nach dem Krieg wieder aufzubauen. »Eminenz, das Urteil soll vollstreckt werden, und zwar auf der Place de Gréve.«

Der Kardinal verbeugte sich erneut und fuhr fort: »Madame, der König möchte den restlichen Sommer in Saint-Germain und den Herbst in Fontainebleau verbringen. Werden Sie, Madame, den König begleiten?«

»Nein, ich möchte mich ein paar Wochen erholen, allein sein, Abstand gewinnen, ich werde mich bis ungefähr Anfang November in Chenonceaux aufhalten, es ist inzwischen geräumt worden. Von meinen Kindern sollen mich nur Eduard und Elisabeth begleiten. Sie wissen wahrscheinlich, dass der König von Spanien seiner Gattin erlaubt hat, während der ersten Wochen meiner Witwenschaft noch bei mir zu bleiben.«

Als der Kardinal gegangen war, befahl Katharina, alles für die Abreise am andern Morgen zu richten, dann ging sie nachdenklich auf und ab. Sie war vorerst auf die Guisen angewiesen und sie dienten der Krone bisher loyal, andererseits durfte sie sich die Bourbonen nicht zu Feinden machen, und dies war gut möglich, bei der derzeitigen Macht der Guisen. Es gibt nur eine Möglichkeit, überlegte sie, ich muss beide Familien bei passender Gelegenheit gegeneinander ausspielen. Die Bourbonen bekommen zunächst ein Stück Zucker: ich werde Anton, Ludwig und ihrem Vetter, dem Herzog von Montpensier, einen Sitz im Geheimen Rat des Königs anbieten; dann muss dafür gesorgt werden, dass dieser Rat so bedeutungslos wie möglich bleibt. Zunächst aber müssen Anton und Ludwig für längere Zeit vom Hof entfernt werden, bis die Lage sich konsolidiert hat. Ludwig werde ich nach Brüssel schicken, dort kann er über einige noch strittige, allerdings unwichtige Fragen des Friedensvertrages verhandeln, und Anton kann Elisabeth im Herbst zu ihrem Gatten bringen.

Der 28. Oktober 1559 war ein sonniger, warmer Herbsttag.

Am späten Vormittag nach der Messe saßen Katharina, Bianca und Eduard im Erdgeschoss des Schlosses Chenonceaux in der Bibliothek. Dies war jener fünfeckige Raum, von wo aus man durch drei kleine Fenster über den Cher blicken konnte und der Katharina bereits bei ihrem ersten

Besuch in Chenonceaux dreiundzwanzig Jahre zuvor so gut gefallen hatte. Katharina und Bianca beugten sich über die Stickrahmen, während der achtjährige Eduard lateinische Grammatik wiederholte.

Plötzlich sah Katharina auf und sagte: »Vor genau sechsundzwanzig Jahren haben Heinrich und ich geheiratet, und jetzt, jetzt liegt er schon in Saint-Denis …« Sie begann zu weinen.

Eduard ging zu seiner Mutter und schmiegte sich an sie. »Mama, bitte, weinen Sie doch nicht, es macht mich ganz traurig.«

Katharina trocknete die Tränen und strich ihrem Sohn liebevoll über den Kopf. »Du und deine Geschwister, ihr seid alles, was mir geblieben ist. – Ich werde Pilon beauftragen, eine Urne für Heinrichs Herz anzufertigen, dort kann dann auch mein Herz hinein; außerdem soll Primaticcio in Saint-Denis ein Grabmal für Heinrich errichten, das bin ich ihm schuldig. Es schmerzt mich immer noch, dass ich durch meine Ohnmacht versäumt habe, mein Medaillon in seinen Sarg zu legen, aber nach seinem Tod ging alles so rasch, als ich erwachte, war die Beisetzung schon vorüber …«

In diesem Augenblick überbrachte ein Diener einen Brief der jungen Königin. Katharina öffnete das Schreiben, überflog die Zeilen und bat Bianca und Eduard, sie allein zu lassen.

Sie ließ ihren Blick über das stille dunkle Wasser des Cher schweifen und spürte instinktiv, dass mit Heinrichs Tod ihr Leben nicht abgeschlossen war, sich vielmehr eine neue Perspektive abzeichnete.

Zweiter Band
Die letzten Valois

(1560–1589)

Erstes Buch
Der Rebell und der König
(1560)

1

Der junge König Franz II. von Frankreich und sein Hof verbrachten den Winter des Jahres 1560 in Blois, weil das Klima an der Loire milder war als in Paris und die schwache Gesundheit des Monarchen dort gestärkt werden sollte.

An einem warmen Nachmittag Ende Februar übte Heinrich von Guise im Schlossgarten das Bogenschießen. Sein Lehrer hatte ihm am Vormittag empfohlen, fünfundzwanzig Bogen abzuschießen, und Heinrich befolgte peinlich genau die Empfehlungen seiner Lehrer, weil er den Ehrgeiz der Familie von Guise geerbt hatte und dieser Ehrgeiz von seinem Vater, dem Familienoberhaupt und seinen Onkeln unterstützt wurde.

Die Frauen in seiner Familie bewunderten seine stattliche Gestalt, und hin und wieder hörte er, dass dereinst seine Männlichkeit auf Frauen eine starke Anziehungskraft ausüben werde.

Für den jungen Heinrich war dies im Augenblick uninteressant, er lebte im Bewusstsein, dass die Familie Guise die reichste und mächtigste Familie Frankreichs war, und dass er irgendwann das Oberhaupt dieser Familie sein würde und vielleicht noch mehr.

Wenn er in Joinville bei seiner Großmutter weilte, sagte sie stets: »Heinrich, vergiss nicht, dass wir von Karl dem Großen abstammen und ich eine geborene Bourbon bin. Unsere Familie hat die gleichen Anrechte auf den Thron wie die Prinzen von Geblüt. Gott allein weiß, für welche großen Aufgaben er dich ausersehen hat.«

Heinrich spürte, dass seine Großmutter, sein Vater und seine Onkel im Stillen hofften, dass er dereinst die Krone Frankreichs tragen würde, weil es wenig wahrscheinlich war, dass die junge Königin, seine Cousine, Kinder haben würde.

Diese Hoffnung auf die Krone war zwar im Augenblick unrealistisch, weil der kränkliche König drei jüngere, allerdings nicht sehr kräftige

Brüder hatte, aber schließlich gab es glückliche oder unglückliche Zufälle.

An jenem Februarnachmittag dachte Heinrich von Guise daran, dass er ein so tüchtiger und ruhmreicher Heerführer wie sein Vater werden wollte, den er abgöttisch liebte und verehrte. Er spannte den Bogen erneut, schoss den Pfeil ab und atmete auf, als er den schwarzen Punkt traf. Bis jetzt war jeder Schuss ein Erfolg gewesen, und er beschloss, dies seinem Vater zu sagen und dabei noch einmal um den Degen zu bitten.

Er betrachtete den Bogen und entschied, sein Glück noch dreimal zu versuchen. »Sechsundzwanzig«, sagte er leise und beobachtete, wie der Pfeil in der Mitte des schwarzen Punktes landete. »Siebenundzwanzig.« Und wieder traf er ins Schwarze.

Als er den Bogen erneut spannen wollte, hörte er Schritte, und als er sich umdrehte, sah er den Herzog von Anjou, der eilig herbeilief und einen schwarzen Schoßhund im Arm hielt. Heinrich rechnete nach, dass es der dreizehnte Schoßhund war, den der Herzog sich hielt. Die übrigen sind weiß, dachte er, jetzt wechselt er die Farbe. Beiläufig erinnerte er sich an die Reaktion seiner Großmutter, wenn er ihr von den Schoßhunden seines Freundes erzählte, die, obwohl sie Rüden waren, weibliche Namen trugen.

»Die Valois sind dekadent«, pflegte sie zu sagen. »Was für eine absurde Idee, einem Rüden einen weiblichen Vornamen zu geben.«

»Dekadenz«, jener Ausdruck wurde von den Guisen häufig gebraucht, wenn es um die königliche Familie ging. Dekadenz, das war gleichbedeutend mit Kraftlosigkeit, hier war kein Widerstand mehr möglich. Dekadenz, überlegte der junge Heinrich, der Herzog von Anjou wirkt – trotz der Schoßhunde – nicht dekadent, verglichen mit seinen Brüdern. Der sechzehnjährige König …, wenn er durch das Land fuhr, trieben die Dorfbewohner ihre Kinder ins Haus, weil das Gerücht umlief, dass er seine Schwäche durch ein tägliches Bad in Kinderblut behandelte. Das Gerücht ist Unsinn, dachte Heinrich, aber es stimmt, dass die Gesundheit des Königs sehr schwach ist, und seine wilden Ritte entkräften ihn noch mehr. Der Herzog von Orléans: sein Körperbau ist eckig und kantig, die Beine spindeldürr, seine Gesundheit ist auch nicht die beste. Am schlimmsten aber ist seine Unberechenbarkeit, sein Hang zur Grausamkeit; andererseits liebt er die Poesie und das Lautenspiel, schwärmt für Ronsard.

Der Herzog von Alençon: über ihn konnte man noch nicht viel sagen, er war klein für seine fast fünf Jahre und hässlich, obwohl er das ovale, längliche, fein geschnittene Gesicht der Valois geerbt hatte, aber seine Haut war nicht weiß, sondern bräunlich; deswegen und weil seine Haare schwarz waren, wurde er in der königlichen Familie scherzhaft »der Mohr« genannt. Am auffallendsten aber war seine lange, dicke, unförmige Nase, die sein Gesicht verunstaltete. Die Pocken, an denen er Anfang Januar erkrankte, überlegte Heinrich, hat Alençon zwar überlebt, aber die Narben in seinem Gesicht werden ihn noch hässlicher machen. Wann wird Margot zurückkehren? Sie liebt den jüngeren Bruder über alles, und als er wegen der Ansteckungsgefahr nach Amboise gebracht wurde, hat sie nicht aufgehört zu betteln, ihm dort Gesellschaft leisten zu dürfen. Schließlich hat die Königinmutter ihr die Abreise erlaubt.

Margot – ihr Lächeln, ihr anmutiger Gang, die blitzenden, schwarzen Augen, die makellose, weiße Haut … Je älter sie wurde, desto mehr gefiel sie ihm. Vor allem war sie nicht so albern wie die anderen kleinen Mädchen, man konnte sich ernsthaft mit ihr unterhalten. Margot – der Name war für ihn gleichbedeutend mit Licht und Wärme.

Heinrich musterte den achtjährigen Herzog von Anjou, der ebenfalls stark gewachsen war, aber das Wachstum ließ sein ovales Gesicht noch schmaler erscheinen und seinen Körperbau noch schlanker, feingliedriger, eleganter. Er wirkt gesünder als der König und die anderen Prinzen, ging es Heinrich durch den Kopf, er ist schon jetzt der vollendete Kavalier. Und wieder einmal bedauerte er, dass er selbst so robust und kräftig gebaut war. Anjou ist der schönste Prinz am Hof und alle vergöttern ihn, vor allem die allmächtige Königinmutter. Er spürte einen feinen Stich von Eifersucht. Anjou war in Purpur geboren, er nicht, obwohl seine Familie faktisch über Frankreich herrschte. Ob er je so beliebt sein würde, wie sein Freund, der Herzog von Anjou?

Er stutzte, weil er in jenem Moment zum ersten Mal bemerkte, dass der Prinz weiße Kleider aus Samt und Seide trug. Am Hof trug man noch Trauerkleidung, keine Volltrauer mehr, aber die Farbe Schwarz dominierte überall.

Nun stand der Herzog vor ihm und lächelte ihn glücklich an: »Sieh, Heinrich, Mama hat mir einen neuen Schoßhund geschenkt und dazu ein goldenes, perlenbesetztes Halsband, weil unsere Lehrer mich so gut beurteilen. Du darfst die Hündin einen Augenblick im Arm halten.«

Der junge Guise nahm den Hund, und während er das Fell kraulte, überlegte er, dass Anjou von der Königinmutter bei jeder Gelegenheit mit

Geschenken überschüttet wurde, während er, das künftige Oberhaupt der Familie von Guise, nur bei besonderen Anlässen ein Geschenk erhielt, und wieder dachte er an den Degen. »Hat die Hündin schon einen Namen?« – »Ja, ich werde sie ›Le Roi‹ nennen.« – »Le Roi? Aber sie ist eine Hündin …«

»Heinrich, hast du es immer noch nicht begriffen? Meine Rüden haben weibliche Namen, folglich müssen meine Hündinnen männliche Namen haben.« – »Ja, natürlich … Warum trägst du weiße Kleider? Die Trauerzeit ist noch nicht vorbei!«

»Mama wünscht, dass ich ab sofort so oft wie möglich in Weiß gekleidet bin wie mein seliger Vater. Ach, noch etwas …, bei meiner Firmung in etwa vier bis fünf Jahren werde ich offiziell den Namen ›Heinrich‹ annehmen, aber Mama wünscht, dass der Hof sich schon jetzt an meinen neuen Namen gewöhnen soll. Nenne mich bitte ab sofort nicht mehr Eduard, sondern Heinrich.«

»Gerne, Heinrich! Du bist also jetzt Heinrich von Valois. Es gibt noch Heinrich von Bourbon und mich, Heinrich von Guise. Hoffentlich verwechselt man uns nicht!« Er stutzte und roch irritiert am Fell der Hündin. »Täusche ich mich, oder riecht Le Roi nach Lilien?«

»Ich habe ihr Fell mit meinem Lilienduftwasser besprengt, weil ich es nicht mag, wenn ein Hund wie ein Hund riecht.«

»Das verstehe ich«, erwiderte Heinrich von Guise höflich.

Heinrich berichtete jetzt sein Anliegen: Der junge Guise solle ihn durch den dunklen Gang zum »alten Kabinett« begleiten. Er habe Angst, dieser Gang sei ihm schon immer unheimlich gewesen. Seine Mutter habe ihn beauftragt, dort die *Geschichte von Florenz* zu holen. Guise wunderte sich im Stillen über die Ängstlichkeit seines Freundes, doch er sagte: »Gerne, aber ich möchte vorher noch einen letzten Pfeil abschießen.« Er schoss und sah enttäuscht, dass der Pfeil am Rand der Zielscheibe stecken blieb. »Der achtundzwanzigste Versuch ist fehlgeschlagen. Schade, immerhin habe ich siebenundzwanzig Mal ins Schwarze getroffen.« Sie gingen schweigend zum Schloss zurück.

»Warum fürchtest du dich vor diesem dunklen Gang?«, fragte Heinrich nach einer Weile. Dieser Gang ist völlig harmlos, du musst keine Angst haben.«

»Du hast Recht.« Auf einmal war es ihm peinlich, seine Furcht offenbart zu haben. Inzwischen waren sie im zweiten Stock angekommen. Der junge Guise öffnete die Tür und Heinrich beobachtete, wie er erhobenen

Hauptes und ohne zu zögern den Gang durchschritt, um wenig später mit dem Buch zurückzukehren.

Während der junge Valois in den ersten Stock zum Appartement seiner Mutter ging, das direkt unter dem »Alten Kabinett« lag, begab Heinrich von Guise sich in den ältesten Teil des Schlosses, wo sein Vater und der Kardinal von Lothringen untergebracht waren. Unterwegs überlegte er, wie er den Vater davon überzeugen konnte, dass es gerechtfertigt war, ihm endlich einen silbernen Degen zu schenken.

Heinrich von Guise und Heinrich von Valois hatten von klein auf die silbernen oder versilberten eleganten, langen Degen der Hofleute bewundert und vor allem die Griffe, die je nach der finanziellen Situation des Einzelnen mit funkelnden Edelsteinen besetzt waren.

Herzog Franz von Guise ging in seinem Zimmer unruhig auf und ab, dachte noch einmal über das soeben geführte Gespräch mit seinem Bruder, dem Kardinal, nach und überlegte, wie die Königinmutter auf die Nachricht reagieren würde, die der Kardinal ihr jetzt überbrachte. Die Situation war fatal, er und sein Bruder hegten einen bestimmten Verdacht, aber, würden sie ihn beweisen können?

Wenn ihr Verdacht nur ein Verdacht blieb, dann, dann …

In diesem Augenblick wurde der junge Heinrich gemeldet. Franz von Guise sah überrascht auf. Es war ungewöhnlich, dass sein Sohn um diese Stunde bei ihm vorsprach.

»Tritt näher, Heinrich. Nun, hast du fleißig gelernt?«

»Ja, Vater, ich habe alle Lektionen wiederholt, bis auf Latein, und dann habe ich Bogenschießen geübt.« Er erzählte von seinem Erfolgserlebnis.

»Das freut mich, mein Sohn, nur weiter so.«

»Ja, Vater. Der Fechtmeister ist sehr zufrieden mit mir, ich beherrsche inzwischen Hieb und Parade, *stoccata*, *mandritto*, *stramazzone*, *caricado*. Morgen wird er anfangen, dem Herzog von Anjou und mir jenen Stoß beizubringen, der den Gegner nicht tötet, aber kampfunfähig macht. Dieser Stoß wird linkshändig am Knie durchgezogen, und wenn man ihn nicht pariert, dann werden die Fußsehnen durchtrennt.«

»Vater, ich habe Fortschritte in der Fechtkunst gemacht. Wären Sie jetzt bereit, mir einen kostbaren Degen zu schenken? Die Königinmutter hat dem Herzog von Anjou …«

»Ich weiß, mein Sohn, wenn die Königinmutter es für richtig hält, den Prinzen zu verwöhnen, so ist das ihre Entscheidung. Ich befolge andere

Prinzipien bei deiner Erziehung. Ich habe es bereits schon einmal gesagt und ich wiederhole es heute: Ich bin bereit, dir eine kostbare Waffe zu schenken, wenn du die Fechtkunst meisterhaft beherrschst; das ist mein letztes Wort in dieser Angelegenheit. Du musst Selbstdisziplin lernen, Heinrich, das ist eine wichtige Voraussetzung, wenn du ein guter Heerführer werden willst. Die Disziplin einer Truppe hängt vom Beispiel des Anführers ab. Du musst fähig und willens sein, in einer kritischen Situation die gleichen Entbehrungen zu ertragen wie der einfache Soldat, hast du mich verstanden?«

Franz von Guise lächelte und strich seinem Sohn liebevoll über die Haare. »Mach dir keine Gedanken. Du bist genauso intelligent wie Anjou, und ich und die ganze Familie Guise sind sehr stolz auf dich. Du wirst deinen Weg gehen. Es ist keine Schande, wenn man sich etwas erarbeiten muss, im Gegenteil, deine jetzige Arbeit bewahrt dich wahrscheinlich vor Oberflächlichkeit. Wenn dem Herzog jetzt alles zufliegt, so wird er nie im Stande sein, sich intensiv mit einem Problem auseinander zu setzen, weil er keine Ausdauer gelernt hat.«

Heinrich überlegte einen Augenblick. »Ich glaube, Sie haben Recht, Vater ... Ach, das habe ich fast vergessen, die Königinmutter wünscht, dass Anjou nicht mehr Eduard, sondern Heinrich genannt wird.«

»Interessant.« Der Herzog vermutete, dass die Königinmutter auf diese Weise versuchte, den tragischen Tod des Gatten zu verarbeiten.

Seit der Thronbesteigung Heinrichs II. wohnte Katharina in Blois in jenem Appartement im ersten Stock, wo zuvor die beiden Gemahlinnen ihres Schwiegervaters gelebt hatten. Die Räume lagen auf der Loggienfassade, von wo aus man weit über die Schlossgärten blicken konnte.

Von der »Galerie der Königin«, einer langen Balkonseite, kam man in das Ankleidezimmer, daneben lag der Wohn- und Schlafraum, in dem Katharina auch Gäste zu empfangen pflegte, daran fügte sich der Andachtsraum, und von dort gelangte man in das Arbeitszimmer.

Katharina hielt sich gerne in ihrem Appartement in Blois auf, zum einen, weil jener Schlossflügel von ihrem Schwiegervater erbaut worden war, zum andern liebte sie den Blick zu den Gärten und die Ruhe, die diese ausstrahlten. Außerdem war ihr Appartement zwar geräumig, aber trotzdem gemütlich und intim, vor allem das Arbeitszimmer: Die Wände und Decken waren mit kunstvollen Holztäfelungen verziert, und an den Wänden verbargen sich hinter der Täfelung vier Geheimschränke, worin Katharina, seit sie nach dem Tod des Gatten de facto zusammen mit den Guisen regierte, Abschriften aller wichtigen Dokumente aufbewahrte. Es war ihr eigenes kleines Staatsarchiv, und außer ihr wusste niemand, wie diese Geheimschränke zu öffnen waren. Sie war erleichtert gewesen, als das junge Königspaar beschloss, die Räume im zweiten Stock zu bewohnen. An jenem Nachmittag, während ihr Sohn Heinrich dem jungen Guise seinen neuen Schoßhund zeigte, saß Katharina in ihrem Arbeitszimmer am Schreibtisch und betrachtete nachdenklich ihr neues Wappen, das sie als Emblem ihrer Witwenschaft gewählt hatte: auf rotem Grund war die zerbrochene Lanze abgebildet, die Heinrich II. getötet hatte, und darunter standen die Worte: *LACRIMAE HINC, HINC DOLOR.* Jenes Emblem war inzwischen auf den meisten Gegenständen ihres persönlichen Besitzes zu sehen, so auch auf der Aktenmappe aus rotem Saffianleder, die vor ihr lag. Sie betrachtete die zerbrochene Lanze und begann zu weinen, wie stets in den vergangenen Monaten, wenn sie allein und unbeobachtet war. »Heinrich«, sagte sie leise, und wieder einmal fragte sie sich, warum ausgerechnet er so früh einen so sinnlosen Tod erleiden musste.

Schließlich erinnerte sie sich an ihr Versprechen an seinem Sterbelager, nämlich die Krone für die Valois zu erhalten. Sie trocknete die Tränen und öffnete zögernd die Aktenmappe. Sie wusste, dass darin die neuesten Berichte über Prozesse gegen Hugenotten enthalten waren.

Seit der Hinrichtung de Bourgs hatte der Kardinal von Lothringen unbarmherzig die Protestanten verfolgt und die Scheiterhaufen loderten überall im Lande mit dem Einverständnis des Königs. Ihre Bemühungen, den Kardinal von der Idee der Toleranz zu überzeugen, waren vergeblich gewesen, und sie spürte täglich, dass die Stimmung im Volk, der Hass zwischen Hugenotten und Katholiken, immer mehr eskalierte; aber im Augenblick war sie, was die religiöse Frage betraf, zur Untätigkeit verdammt. Sie musste notgedrungen die Ketzerprozesse dulden, weil die Guisen die stärkste Stütze der Krone waren und sie sich im Interesse der Krone mit ihnen verbündet hatte, obwohl ihr diese Familie seit jeher verhasst und suspekt war.

Nach einer Weile schloss sie angewidert die Mappe, stand auf, ging zum Fenster, sah hinüber zum Garten und dachte darüber nach, wie das religiöse Problem in Frankreich zufriedenstellend zu lösen wäre.

Während sie versuchte, ihre Gedanken zu ordnen, spürte sie, wie erneut jene Angst in ihr hochstieg, die sie seit Wochen hin und wieder

heimsuchte. Sie bangte um ihre Kinder und sie fürchtete die Hugenotten.

An jenem Nachmittag versuchte sie zum ersten Mal, ihre Furcht zu ana-
lysieren: Die Angst um ihre Kinder war völlig unbegründet; der König
und seine beiden jüngeren Brüder lebten bei ihr, wurden gut bewacht;
der kleine Herkules hatte die Pocken überlebt und würde demnächst zusammen mit Margot an den Hof zurückkehren. Claudia war glücklich an
der Seite des Herzogs von Lothringen und Elisabeth war glücklich in
Spanien; der französische Gesandte schrieb in jedem Bericht, wie beliebt
die junge Königin am Hof und bei der Bevölkerung war. Er schilderte detailliert, wie aufmerksam der König sich seiner jungen Frau gegenüber
benahm, und Elisabeth schrieb in jedem Brief, dass sie mit Philipp vollkommen glücklich sei und versuche, eine Spanierin zu werden.

Nein, dachte Katharina, ihre Sorgen um die Kinder waren unbegründet. – Und die Hugenotten? Ihre Anzahl war zwar seit Mitte der fünfzi-
ger Jahre gewachsen und wuchs weiter, trotz der Verfolgungen, aber
zahlenmäßig waren sie nur eine Minderheit. Frankreich hatte ungefähr
sechzehn Millionen Einwohner, darunter höchstens vierhunderttausend
Hugenotten, und die meisten von ihnen, wenn nicht alle, bekannten bei
jeder Gelegenheit ihre Loyalität zur Krone. Die Hugenotten sind in ihrer
Mehrzahl loyale Untertanen, dachte Katharina, das allein ist wichtig,
und plötzlich wurde ihr schlagartig bewusst, wovor sie sich in den letzten Wochen geängstigt hatte: Die Loyalität gegenüber der Krone, das
war der Kernpunkt ihrer Furcht.

Die Guisen waren loyal, zumindest solange ihre Nichte die Königin von
Frankreich war, aber wie war es um die Loyalität anderer Familien des
Hochadels bestellt? Waren die Prinzen von Geblüt, die Bourbonen, loyal? Der Kardinal von Bourbon gewiss. – Anton? Sein Königreich war
inzwischen faktisch hugenottisch, was den Glauben betraf, aber das war
das Werk Johannas; offiziell war das Königspaar von Navarra noch katholisch, aber Anton neigte sich mehr und mehr dem neuen Glauben
zu – nicht aus religiöser Überzeugung, sondern weil es seiner Eitelkeit
schmeichelte, dass die Hugenotten in ihm einen Anführer sahen. Andererseits musste er Rücksicht auf Spanien nehmen, weil König Philipp
schon lange Navarra seinem Reich eingliedern wollte.

Anton schwankte zwischen den Religionen, widmete seine Aufmerksamkeit nach wie vor mehr seinen Mätressen als seinem Königreich und
war letztlich nicht gefährlich; im Augenblick war er loyal gegenüber der

Krone, aber selbst wenn er nicht mehr loyal sein sollte, dachte Katharina, so ist dies ungefährlich, weil jeder weiß, dass man sich auf ihn nicht verlassen kann.

Sein Bruder Ludwig, der Prinz von Condé, könnte der Krone hingegen gefährlich werden. Er ist unzufrieden, weil er, verglichen mit seinen Brüdern, nur bescheidene Einkünfte bezieht. Er hat sich inzwischen öffentlich zum neuen Glauben bekannt, und da er als Prinz von Geblüt Immunität genießt, muss er nicht fürchten, als Ketzer verfolgt zu werden.

Sein Bekenntnis zu Calvin allein macht ihn nicht gefährlich, dachte sie, gefährlich ist er, weil er inzwischen den Landadel zu seinen Anhängern zählt. Der Landadel ist unzufrieden, weil die Preise langsam, aber stetig steigen, die Einkünfte der Grundbesitzer aber gleich bleiben. Sie hoffen auf eine Verbesserung ihrer wirtschaftlichen Situation, wenn sie sich Condé anschließen und zum neuen Glauben übertreten. Ihr Übertritt hat keine religiösen, sondern wirtschaftliche Gründe. Condé ist sozusagen der Anführer der unzufriedenen Grundbesitzer. Der Hochadel verbündet sich mit dem Kleinadel gegen die Krone. Die Bourbonen haben als mächtige Kronvasallen schon immer gegen die Valois gekämpft.

Sie erinnerte sich an den Verrat des Konnetabels von Bourbon an ihrem Schwiegervater. Franz I. hatte diese Familie vom Hof fern gehalten, sein Nachfolger hatte sich über die väterlichen Ratschläge hinweggesetzt und die Bourbonen zurückgerufen …

Es war ein Fehler, dachte Katharina, aber man kann ihn nicht mehr rückgängig machen, sondern nur versuchen, die Prinzen von Geblüt auf den Platz zu verweisen, der ihnen gebührt.

Sie hatte die Bourbonen zwar an der Regierung ihres Sohnes beteiligt und ihnen einen Sitz im Geheimen Rat des Königs angeboten, aber als Anton endlich in Paris eintraf, sah er sich im Rat dreißig Herren gegenüber, von denen ihm keiner sonderlich gewogen war. Überdies war der Rat zu zahlreich, um politische Beschlüsse fassen zu können. Zu den Mitgliedern zählten außer ihr die junge Königin, die Herzöge von Savoyen und Lothringen, Montluc, der Bischof von Valence, der ein bedeutender Diplomat war, Michel de L'Hospital, den ihre Schwägerin Margarete ihr als Berater überlassen wollte, außerdem einige Juristen. Der Rat war für sie bedeutungslos, und so hatte sie, als sie ihn im Herbst 1559 einberief, gleichzeitig eine Versammlung der Ritter des St- Michaels-Ordens einberufen. Sie hatte Anton kühl empfangen und weder eine Wohnung für ihn richten lassen, noch ihm eine Audienz gewährt. Die

Bourbonen und natürlich auch die Guisen sollten wissen, dass sie im Augenblick mit den Lothringern zusammenarbeitete. Anton war bald wieder nach Navarra abgereist.

War es richtig, die Bourbonen derart zu brüskieren?, überlegte Katharina. Im Augenblick hatte sie keine andere Wahl, aber sie durfte sich mit ihnen nicht verfeinden, weil sie die Prinzen von Geblüt waren und angesichts des schwachen Königs und dessen unmündiger jüngerer Brüder womöglich nach der Krone strebten.

Sie hatte sich das Lavieren zwischen den Bourbonen und den Guisen einfacher vorgestellt.

Condé – man muss ihn aufmerksam beobachten. Und was ist mit den anderen Familien des Hochadels, wie muss man die Sippe der Montmorency-Châtillon-Coligny einschätzen?

Der junge König hatte unter dem Einfluss der Guisen den Konnetabel Montmorency aufgefordert, das Siegel herauszugeben, das er als Gouverneur des königlichen Haushaltes besaß, ebenso die Schlüssel aller der Krone gehörenden Schlösser. Man hat ihm zwar das Amt des Gouverneurs des königlichen Haushaltes genommen, dachte Katharina, aber das Amt des Konnetabels hat man ihm belassen, man hat ihn beleidigt, ohne ihm die Macht zu nehmen. Er könnte sich rächen … Sie hatte versucht, diesen Fehler auszugleichen, und seinem Sohn den Titel eines Marschalls von Frankreich angeboten.

Montmorency hatte dem jungen König versichert, dass er stets bereit sei, für die Interessen Frankreichs zu kämpfen und sich auf seinen luxuriösen Landsitz nach Chantilly zurückgezogen. Montmorency war nach wie vor zweifellos loyal. Und seine Neffen?

Sie wusste, dass Coligny und seine Brüder Odet und Dandelot empört waren über die Behandlung des Konnetabels, trotzdem schienen sie im Augenblick zur Krone zu stehen. Über Coligny wurde erzählt, dass er sich inzwischen zum neuen Glauben bekannt hatte, allerdings noch nicht öffentlich, aber er hielt Hausandachten, versuchte, vor dem Abendmahl oder der Kommunion zerstrittene Hausgenossen zu versöhnen und er las angeblich täglich in einer französischen Bibel. Sein Glaube, dachte Katharina, ist unwichtig, wichtig allein ist seine Loyalität zur Krone.

Sie ging zurück zum Schreibtisch, öffnete die Aktenmappe und suchte nach einem Brief, den der König von Hugenotten nach der Hinrichtung Anne de Bourgs erhalten hatte. Schließlich fand sie ihn und las die Worte:

Wir bekennen vor der Göttlichen Majestät und Eurer Majestät,
dass wir niemals gewünscht haben – noch wünschen –, irgend-
etwas gegen Eure Majestät zu unternehmen; wir wünschen in
der Tat, zu leben und zu sterben in der Verehrung, im Dienst und
im ergebenen Gehorsam, den wir Euch schulden. Was die Streit-
kräfte anbelangt, die Eure Aufmerksamkeit hervorgerufen ha-
ben, so sind sie nur zu Eurem Dienst da. Wir haben uns nur be-
waffnet, um uns der Tyrannei der Guisen zu widersetzen, die im-
mer nur darauf bedacht waren, ihre eigene Macht zu verstärken,
selbst wenn es Euren Untergang und den aller derjenigen, welche
Euch zugetan sind, bedeuten würde.

Katharina legte den Brief nachdenklich zur Seite.

Eines war sicher: Die Mehrzahl der Hugenotten stand loyal zum König. Es musste doch möglich sein, einen Modus Vivendi für beide Glaubensrichtungen zu entwickeln … Die deutsche Lösung – *cuius regio, eius religio* war in Frankreich nicht durchzuführen, weil es keine autonomen Fürsten gab wie in Deutschland und England.

Elisabeth hat das religiöse Problem in ihrem Land elegant gelöst, dachte Katharina. Sie hat eine neue englische Kirche geschaffen, die, was die Glaubensinhalte betrifft, eine Mischung zwischen dem alten und neuen Glauben ist. Katholiken und Protestanten können mit diesen Dogmen leben, sie selbst ist offiziell »Gouverneuse der Kirche von England«, faktisch natürlich ihr Oberhaupt wie der selige Heinrich VIII.; aber jeder Engländer, der sich offiziell zu dieser Kirche bekennt, deren Oberhaupt die Königin ist, kann im Übrigen glauben, was er will, niemand hindert ihn, nach dem Besuch des offiziellen Gottesdienstes in den eigenen vier Wänden noch eine private Messe zu zelebrieren. Zugegebenermaßen, sinnierte sie weiter, ist die englische Lösung für Frankreich unrealistisch, weil sie die Trennung von Rom bedeuten und auf erhebliche Widerstände stoßen würde. Überdies wollte sie keine Trennung von Rom, sondern eine praktische Lösung, die es ermöglichte, dass zwei Glaubensrichtungen unter einem König friedlich nebeneinander existierten.

Sie musste versuchen, die Guisen in diese Richtung zu überreden – gemäßigte Toleranz und Glaubensfreiheit für die Hugenotten.

In diesem Augenblick wurde der Herzog von Anjou gemeldet. Katharina ging dem Sohn lächelnd entgegen, strich ihm über die Haare und dankte ihm für das Buch. »Hast du meinen Rat befolgt und dir von einem Diener durch den Gang leuchten lassen?«

Heinrich schwieg verlegen. Er überlegte, ob er seiner Mutter die Wahrheit sagen sollte, aber da er sie auf seine kindliche Art liebte und zudem auch wusste, dass am Hof nichts verborgen blieb, und da er nicht durch eine Lüge ihre Liebe und Zuneigung verlieren wollte, erwiderte er: »Mama, ich habe Angst vor diesem Gang, ich hätte mich auch geängstigt in Begleitung eines Dieners. So bat ich meinen Freund Heinrich, das Buch für mich zu holen.«

Katharina schwieg, betrachtete den Sohn und dachte nach.

»Habe ich einen Fehler gemacht, Mama?«, fragte Heinrich.

Sie umarmte ihn, küsste ihn und erwiderte: »Ja und nein, mein Liebling. Ich kann deine Angst vor diesem düsteren Gang gut verstehen, aber es wäre besser gewesen, einen Trupp Wachsoldaten zu bitten, dich zu begleiten, anstatt Heinrich von Guise.«

»Warum, Mama? Heinrich ist mein Freund.«

»Gewiss, aber es ist für das Mitglied eines regierenden Hauses – und du bist der Bruder des Königs – immer gefährlich, sich in die Abhängigkeit des Hochadels zu begeben. Die Guisen gehören zum Hochadel, und der Hochadel, mein Sohn, wird immer versuchen, die Macht des Königs und seiner Familie zu schwächen. Deine heutige Bitte war harmlos, aber im Laufe der Jahre wirst du deinen Freund vielleicht um Gefälligkeiten bitten, die nicht mehr harmlos sind und dich in Abhängigkeit bringen, Heinrich. Versprich mir, dass du dich nie in die Abhängigkeit der Familie von Guise begeben wirst.« – »Ja, Mama.« – »Hast du heute Nachmittag fleißig gelernt?« – »Ja, Mama.«

Das war nicht ganz die Wahrheit, er hatte nur eine knappe Stunde lang die Lektionen des Vormittags wiederholt, dann mit seinen Hunden gespielt und jeden mit einem anderen Duftwasser parfümiert. Dann hatte er für seinen Gouverneur Villequier aufgeschrieben, wie viele neue weiße Wämser, Hemden, Beinkleider, Schuhe, Strümpfe, Umhänge, Barette, Handschuhe und andere Accessoires angefertigt werden sollten zusätzlich zu den Kleidern, die seine Mutter bereits in Auftrag gegeben hatte. Schließlich hatte er einige Schacheröffnungen nachgespielt.

Er empfand keine Gewissensbisse, wenn er der Königinmutter gegenüber behauptete, dass er fleißig gelernt habe, schließlich waren seine Leistungen im Unterricht überdurchschnittlich, und seine Lehrer lobten ihn stets vor seiner Mutter, besonders der Humanist Amyot, der die alten Sprachen lehrte.

»Willst du mir ein bisschen Gesellschaft leisten, Heinrich?«

»O ja, Mama, sehr gerne.«

Das war aufrichtig gemeint, weil er die Gespräche mit seiner Mutter immer interessant und spannend fand. Manchmal erklärte sie ihm eine staatspolitische Entscheidung, und er staunte stets von neuem, wie viele Gesichtspunkte man bei einem politischen Problem berücksichtigen musste. »Wir könnten Schach spielen, Mama.«

Katharina betrachtete die glänzenden, dunklen Augen des Sohnes und freute sich, dass er ihre Interessen teilte.

Am Neujahrstag hatte sie ihm einen Schachtisch aus massivem Silber geschenkt, dazu Figuren aus Elfenbein und Ebenholz, und während des Winters hatte sie ihm die Regeln des königlichen Spiels beigebracht. Zu ihrer Freude hatte er rasch gelernt, zwei bis drei Züge vorauszudenken und seit Anfang Februar spielten sie richtige Partien, die sie zwar stets gewann, aber sie merkte von Spiel zu Spiel, dass der Sohn seine Taktik weiterentwickelte. Es wurde immer schwieriger, gegen ihn zu gewinnen, und es würde nicht mehr lange dauern, bis er ein ebenbürtiger Partner war.

»Heinrich spielt schon jetzt besser Schach als Ippolito seinerzeit in Florenz«, sagte sie nach jeder Partie zu Mingo, wobei ihr entging, dass die alte Amme stets schwieg, wenn die Rede auf die königlichen Kinder kam.

Mingo beobachtete das Verhältnis ihrer Herrin zu den Söhnen und Töchtern mit einiger Besorgnis; sie konnte verstehen, dass Katharina den intelligenten, hübschen und gesunden Herzog von Anjou mehr liebte als die drei anderen Söhne, aber sie war immer wieder von neuem erstaunt, dass Katharina, die gewöhnlich ihre Gefühle verbarg, keinen Hehl daraus machte, dass sie den Herzog von Anjou mehr liebte als die anderen Kinder, vielleicht sogar mehr als Elisabeth.

»Wir spielen nach der Abendtafel Schach, jetzt lesen wir in einem Buch meines Landsmannes Machiavelli.«

Sie nahm einen schmalen Band aus dem Bücherschrank, ging mit Heinrich zu der Bank gegenüber der Tür und zog ihn an sich, als er neben ihr saß.

»Sieh, Heinrich, dieses Buch trägt den Titel *Der Fürst*. Machiavelli gibt hier Empfehlungen, wie ein Fürst regieren sollte. Du wirst dich irgendwann mit seinen Thesen und Empfehlungen auseinander setzen müssen.« – »Warum, Mama? Ich werde bestimmt nie König von Frankreich sein.« – »Das weiß man nicht, aber auch wenn du nicht über Frankreich herrschen solltest, so ist es durchaus möglich, dass du König eines anderen Landes wirst.« – »Das verstehe ich nicht, Mama.« – »Nun, du könntest die Königin eines anderen Landes heiraten. Denke an Anton von Bourbon, er hat die Erbin von Navarra geheiratet und ist jetzt König von Navarra. Außerdem gibt es auch heute noch Länder in Europa, wo der König gewählt wird, zum Beispiel in Polen.«

»Polen …« Er wusste, dass Polen in Osteuropa lag, unendlich weit entfernt seinem Heimatland. »Ich möchte lieber in Frankreich bleiben, Mama, bei Ihnen.« – »Darüber musst du dir jetzt noch keine Gedanken machen, zur rechten Zeit werden sich Lösungen finden.«

Sie blätterte bis zum siebzehnten Kapitel, und Heinrich las die Überschrift:

Von der Grausamkeit und der Milde und ob es besser sei, geliebt als gefürchtet zu werden.

Seine Augen glitten über die Zeilen und verweilten an den Passagen, die seine Mutter markiert hatte:

… Ein Fürst darf daher die Nachrede der Grausamkeit nicht scheuen, um seine Untertanen in Treue und Einigkeit zu erhalten; denn mit einigen Strafgerichten, die du verhängst, bist du menschlicher, als wenn du durch übertriebene Nachsicht Unordnungen einreißen lässt, die zu Mord und Raub führen – Hieraus entsteht eine Streitfrage, ob es besser sei, geliebt oder gefürchtet zu werden? Die Antwort lautet, man soll nach beidem trachten; da aber beides schwer zu vereinen ist, so ist es weit sicherer, gefürchtet als geliebt zu werden, sobald nur eins von beiden möglich ist. Nichtsdestoweniger muss der Fürst sich derart gefürchtet machen, dass er, wenn er auch keine Liebe erwirbt, doch auch nicht verhasst wird; denn gefürchtet und nicht gehasst zu werden, ist wohl vereinbar … Ein Fürst muss daher sowohl den Menschen wie die Bestie zu spielen wissen.

»Diesen Satz musst du dir gut merken, Heinrich.«

Dann kam das neunzehnte Kapitel: *Verachtung und Hass sind zu meiden.*

Katharina überflog die Zeilen und las ihrem Sohn laut vor, was sie für wichtig hielt: *Verächtlich wird der, welcher für wankelmütig, leichtsinnig, weibisch, feig und unentschlossen gilt; davor muss ein Fürst sich also hüten wie vor einer Klippe und danach trachten, dass in seinen Handlungen Größe, Mut, Ernst und Stärke zu Tage treten ... Ich schließe also, dass ein Fürst sich vor Verschwörungen wenig zu fürchten braucht, solange das Volk ihm gewogen bleibt; ist es ihm aber feindlich gesinnt und hasst es ihn, so muss er alles und jedes fürchten ...*

»Das ist ein ganz wichtiger Satz, Heinrich, und er ist richtig, das beweist die Familiengeschichte der Medici in Florenz.«

Katharina schloss das Buch und sah einen Augenblick nachdenklich vor sich hin.

»Machiavelli hat dieses Werk meinem Vater gewidmet. Sein Aufruf zur Einigung Italiens war an die Medicis gerichtet, aber es gelang meiner Familie nicht, Italien zu einen. – Heinrich, in deinen Gebeten musst du jeden Tag Gott von neuem danken, dass Frankreich ein einheitlicher Staat ist und die Dynastie Valois hat viel zu dieser Einheit beigetragen. Als Machiavelli *Der Fürst* schrieb, regierten dein Urgroßvater Ludwig XII. und dann dein Großvater Franz I. in Frankreich. Ich glaube, die Franzosen waren damals glücklich – es war eine Zeit des wirtschaftlichen Aufschwungs, und die italienischen Architekten, Bildhauer, Maler brachten neue Ideen in das Land ...« Sie schwieg unvermittelt, weil sie spürte, dass jene goldenen Jahre unwiderruflich vorbei waren, und sie wusste nicht, ob es ihr gelingen würde, die Einheit des Landes zu wahren. Wie es aussah, bildeten sich langsam, aber sicher zwei Parteien: ein hugenottischer Hochadel und ein katholischer Hochadel; beide versuchten, die Schwäche des jugendlichen Königs für ihre Interessen zu nutzen und als Vorwand diente ihnen die Religion. Sie selbst würde in Zukunft vollauf damit beschäftigt sein, die Interessen der Krone zwischen den gegnerischen hochadeligen Familien zu wahren, und dies bedeutete in der Praxis, dass sie sich keine der Parteien zum Feind machen durfte, weil sie nicht wusste, welche der Parteien den Sieg davontragen würde. Sie musste aufpassen, wann der Moment gekommen war, sich von der einen Partei zu distanzieren und sich der anderen anzunähern und umgekehrt.

Inzwischen war es im Zimmer dämmerig geworden; ein Diener erschien und zündete die Kerzen an.

In diesem Augenblick wurde der Kardinal von Lothringen gemeldet. Sie erschrak und zog Heinrich fester an sich.

Es war ungewöhnlich, dass der Kardinal um diese Stunde bei ihr auftauchte, ihre tägliche Besprechung war meistens nach der Messe am Vormittag. Es muss etwas passiert sein, dachte sie. Man durfte ihr die Unsicherheit nicht anmerken, sie musste ruhig und souverän wirken …

Als Karl von Guise den Raum betrat und Mutter und Sohn einträchtig nebeneinander sitzen sah, kräuselten sich seine schmalen Lippen zu einem spöttischen Lächeln, aber er wurde sofort wieder ernst, als er an die Nachricht dachte, die er überbrachte.

»Madame, ich bitte um Vergebung, dass ich Sie jetzt störe, aber die Angelegenheit duldet keinen Aufschub.«

Inzwischen hatte Katharina sich etwas gefasst: »Sie sind jederzeit willkommen, Eminenz.« Sie wandte sich an Heinrich. »Geh zu Mingo, Liebling.«

Heinrich erhob sich zögernd. Er hätte zu gerne gewusst, was der Kardinal mit seiner Mutter zu besprechen hatte, er sehnte manchmal den Augenblick herbei, wo er so alt war und so verständig, dass seine Mutter ihn in die Angelegenheiten des Staates einweihte, ihn vielleicht sogar um Rat fragte, aber er wusste, dass er sich noch einige Jahre würde gedulden müssen. Plötzlich fiel ihm etwas ein und er rannte zur Tür. »Mama, mein Gott, ich habe die Andacht völlig vergessen!«

Im nächsten Augenblick war er verschwunden, und der Kardinal sah ihm leicht irritiert nach. »Mit Verlaub, Madame, welche Andacht meint er?«

Katharina musste unwillkürlich lächeln. »Seit Beginn der Fastenzeit zieht mein Sohn sich am Spätnachmittag in seinen Andachtsraum zurück, um ein Paternoster und ein Ave-Maria zu beten. Die Fastenzeit ist im Augenblick sehr wichtig für ihn, Sie wissen, dass an meiner Tafel auch während der Fastenzeit Fleisch serviert wird, aber er hält sich streng an die Vorschriften und isst nur Fisch und andere Fastenspeisen.«

»Ich wusste nicht, dass er so fromm ist«, erwiderte der Kardinal verwundert.

»Ich glaube, es ist eine Laune, die man nicht überbewerten sollte. Er hat hin und wieder Anwandlungen von tiefer Frömmigkeit, dann fastet und betet er, aber es gibt auch Zeiten, da muss man ihn fast zwingen, die

Messe zu besuchen. – Aber, Eminenz, Sie kamen, um mir eine wichtige Nachricht mitzuteilen.«

»Ja.« Er zögerte etwas, nahm Haltung an und sagte langsam: »Madame, es ist eine Verschwörung im Gang. Man plant, Seine Majestät, Sie, Madame, meinen Bruder Franz und mich zu entführen und in Gewahrsam zu nehmen mit dem Ziel, den König zu veranlassen, zum protestantischen Glauben calvinischer Prägung überzutreten. Wir, die Familie Guise, sollen entmachtet werden, und die Regierungsgeschäfte soll der Prinz von Condé führen.«

Katharina erschrak und spürte die gleiche Angst, die sie schon seit Wochen hin und wieder überkam.

Sie versuchte, ihre Fassung wiederzugewinnen.

»Madame«, hörte sie den Kardinal sagen, »es gibt noch ein anderes Ziel der Verschwörung, nämlich den König abzusetzen, ihn und uns – meinen Bruder und mich – zu ermorden und Frankreich in autonome Kantone aufzuteilen, wie die Schweiz, und in diesen Kantonen einen Gottesstaat nach dem Genfer Vorbild aufzubauen. Aber ich glaube, dieser Plan spukt nur in den Köpfen einiger fanatischer Hugenotten, die in Calvin ihren Heiland sehen.« Er schwieg und beobachtete Katharina, die noch blasser aussah als sonst. Er spürte ihre Angst und hoffte, dass sie vielleicht unter diesen Umständen die rigorose Verfolgung der Hugenotten gutheißen würde. Sie hatte zwar während der vergangenen Monate kein Wort gegen die Ketzerprozesse gesagt, aber sein politischer Instinkt sagte ihm, dass sie innerlich sein Ziel, nämlich Ausrottung der Häresie in Frankreich, nicht gutheiß.

»Eine Verschwörung, Eminenz, mein Gott, eine Rebellion gegen den König, gegen die Krone …« Sie stand abrupt auf und ging nervös auf und ab. »Es ist einfach ungeheuerlich.« Sie blieb stehen, sah den Kardinal an, und dieser merkte, dass sie sich allmählich fasste. »Eminenz, sind Sie sicher, dass eine solche Verschwörung wirklich existiert?«

»Ja, Madame. Sie wissen, dass ich ausgezeichnete Agenten habe. – Ich will offen zu Ihnen reden, Madame. Bereits Anfang Januar erhielt ich erste Nachrichten über das Komplott, aber ich beschloss, zunächst abzuwarten und Sie erst zu informieren, wenn ich Gewissheit über die Pläne hatte. Den ersten Hinweis erhielt ich von meinem Londoner Agenten: englische Katholiken hatten erfahren, dass Königin Elisabeth bereit war, die Verschwörer mit Geld zu unterstützen. Einige Zeit später warnte mich der Bischof von Arras, dem ein befreundeter deutscher Fürst geraten hatte, sich auf einen Umsturzversuch gefasst zu machen. Einzelheiten erfuhr ich aber erst heute Vormittag von einem Pariser Advokaten namens Pierre d'Àvenelle; er ist zwar Protestant, aber königstreu. Vor einigen Tagen erschien bei ihm ein gewisser La Renaudie und erzählte ihm haarklein und prahlerisch, was sich demnächst in Frankreich alles ändern würde: Im Laufe des Januar hat er in der Gegend um Nantes bewaffnete Truppen gesammelt, die sich aus staatsverdrossenen Protestanten der Normandie, Bretagne und Gascogne zusammensetzen. Zu diesen Truppen gesellten sich dann noch Lutheraner aus Holland und Württemberg; von Nantes aus zogen sie auf unterschiedlichen Wegen nach Tours und marschieren jetzt nach Blois. Das ist der Stand der Dinge.«

»La Renaudie? Der Name kommt mir bekannt vor, Eminenz.«

Der Kardinal lächelte. »Er ist ein Edelmann aus dem Périgord und hasst meine Familie und mich aus persönlichen Gründen. Er wurde in Dijon als Urkundenfälscher verurteilt und gab uns die Schuld daran. Einige Zeit lebte er dann in Genf, wo er sich von Calvin über die administrative Organisation des Staates nach Einführung der neuen Religion als Staatsreligion beraten ließ; er verfolgt das Ziel, Frankreich in Kantone aufzuteilen. Zu d'Àvenelle sagte er: Es ist eine große Narrheit, dass das Land von einem Souverän regiert werden solle.«

»Er ist ein Hochverräter, gleichzeitig aber auch ein Fantast, vielleicht ein religiöser Fanatiker.« Sie schwieg unvermittelt, sah den Kardinal an und beide dachten das Gleiche: La Renaudie ist nur ein Werkzeug, wer ist das Haupt der Verschwörung? Condé?

»Madame, mein Bruder ist der Meinung, dass Blois nicht geeignet ist, um sich gegen die Verschwörer zu verteidigen. Er empfiehlt den Umzug nach Amboise – von dort aus kann man einen Angriff besser abwehren.«

»Gut, ich bin einverstanden, wir reisen morgen ab. Aber …, vielleicht kann man das Komplott noch verhindern, wenn man den Hugenotten Zugeständnisse macht.«

»Wie bitte, Madame?«

»Eminenz, eines ist mir während unseres Gespräches klar geworden: Ich glaube, wir müssen künftig unterscheiden zwischen den Hugenotten, denen es nur um den Glauben geht, die aber nach wie vor königstreu sind – bei diesen sollte man Milde walten lassen –, oder ob es Hugenotten sind, die den Glauben vorschieben, um ihre Rebellion gegen die königliche Autorität zu legitimieren. Man muss verhindern, dass die aufrichtigen Protestanten sich mit den rebellischen verbünden, und dies kann man nur durch ein Edikt erreichen, das ihnen Glaubensfreiheit zusichert.«

»Sie unterscheiden zwischen religiösen Hugenotten und politischen Hugenotten, Madame …« Er dachte wieder an Condé. »Es wäre vielleicht eine Lösung, um den Staatsstreich zu unterbinden«, sagte er dann zögernd.

Katharina atmete auf, der erste Schritt zur Lösung der religiösen Frage in Frankreich war ihr gelungen. Das Edikt musste natürlich fein gesponnen formuliert werden, damit niemand vor den Kopf gestoßen wurde. »Ich werde noch heute einen Kurier zum Admiral von Coligny schicken und ihn bitten, nach Amboise zu kommen.«

Der Kardinal glaubte, nicht richtig zu hören … »Coligny, Madame? Er soll Hugenotte sein …«

»Er ist Hugenotte, Eminenz, und eben darum soll er an den Hof kommen. Ich möchte ihn um Rat fragen, was den Inhalt des Edikts betrifft, er wird wissen, welche Zugeständnisse die religiösen Hugenotten erwarten.«

»Gewiss, Madame.« Es hatte keinen Zweck, der Königinmutter jetzt zu widersprechen, schließlich stand das Schicksal seiner Familie auf dem Spiel.

»Da ist noch etwas, Eminenz: Da wir nicht wissen, wie sich unsere innenpolitische Situation entwickelt, möchte ich vorerst keine weiteren Truppen nach Schottland schicken; wir benötigen hier jeden Mann. Wahrscheinlich wird es demnächst in Schottland zu Kampfhandlungen kommen; wenn unsere Truppen den Soldaten der aufständischen Lords unterliegen, muss eben verhandelt werden. Eine andere Lösung sehe ich im Augenblick nicht für das schottische Abenteuer.«

»Madame, es geht nicht nur um Schottland, es geht auch um England.«

»Eminenz, ich denke zuerst an Frankreich und an den Frieden in diesem Land und an die Krone. Lassen Sie mich jetzt allein.« Als der Kardinal das Zimmer verlassen wollte, rief Katharina: »Eines noch, Eminenz: Ich werde Condé nachher zum Hauptmann der königlichen Leibwache ernennen lassen.«

Hauptmann der königlichen Leibwache, ging es dem Kardinal durch den Kopf, das bedeutet, dass er die königlichen Gemächer nicht verlassen darf und praktisch unter Arrest steht. Er lächelte Katharina an. »Ich begrüße Ihre Entscheidung, Madame, keiner ist für dieses Amt besser geeignet als der Prinz von Condé.«

Allein geblieben, sank Katharina erschöpft auf einen Stuhl und versuchte, ihre Gedanken zu ordnen. Ausgerechnet jetzt, dachte sie, wo es innenpolitische Schwierigkeiten gibt, ist ein Teil unserer Truppen in Schottland, um der Regentin beizustehen, und warum?

Jeder Monarch oder Regent muss mit den Schwierigkeiten im eigenen Land fertig werden, oder er ist unfähig.

Ihre Gedanken wanderten zurück zum Frühsommer des Jahres 1559.

In Schottland war es zu blutigen Auseinandersetzungen zwischen Protestanten und Katholiken gekommen, und schließlich hatten einige Lords des Hochadels, die sich inzwischen zum protestantischen Glauben bekannten, ihre Anhänger gesammelt und sich gegen die Regentin erhoben.

Im Herbst hatte sich die Lage so zugespitzt, dass Frankreich Truppen nach Schottland schickte. Ihr Kommandeur, der Marquis von Elbœuf, ein Bruder des von Guise, konnte wegen der stürmischen See an der schottischen Küste nicht landen und musste nach Frankreich zurückkehren. Der englische General Winter hatte inzwischen den *Firth of Forth* besetzt und konnte von dort aus die aufständischen Schotten mit Vorräten versorgen.

Die englische Königin, war damals Katharinas Überlegung, unterstützt die protestantischen schottischen Lords wahrscheinlich mit Geld, auch wenn sie es öffentlich bestreitet. Im Frühjahr wird Elbœuf nach Leith segeln, es wird zu Kampfhandlungen kommen, aber wer auch immer der militärische Sieger ist, ich werde verhandeln. Im Interesse Frankreichs benötigen wir außenpolitisch Ruhe, um mit unseren innenpolitischen Schwierigkeiten fertig zu werden.

Wieder wanderten ihre Gedanken zu Condé. – Falls er wirklich das Haupt jener Verschwörung war, so hatte er sein Leben verwirkt, weil er gegen den König rebellierte; das musste natürlich bewiesen werden. Ein toter Condé war zwar ungefährlich für die Krone, aber auch nutzlos, was den Ehrgeiz der Guisen betraf. Die Bourbonen durften politisch nicht ausgeschaltet werden, weil sie ein Gegengewicht zu den Guisen bildeten. Wenn Condé wegen Rebellion zum Tod verurteilt würde, dann war sie völlig von den Guisen abhängig. Anton war unwichtig, und der Kardinal von Bourbon ebenso.

Ich kann im Augenblick nur abwarten, dachte Katharina; bis jetzt habe ich alle Probleme meines Lebens gelöst, auch für dieses Problem wird sich eine Lösung finden.

2

Am Spätnachmittag des 1. März ging Pierre Morin in Schloss Amboise durch die Appartements der jungen Herzöge von Orléans und Anjou und überprüfte, ob die Räume so gerichtet wären, wie die Königinmutter es wünschte.

Morin war offiziell der Garderobenmeister der kleinen Margot und ihres Bruders Herkules, inoffiziell aber war er der Haushofmeister, dem die Diener des Haushalts der beiden königlichen Kinder zu gehorchen hatten. Ihm oblag die Aufsicht über den Haushalt der beiden jüngsten königlichen Kinder, der insgesamt 120 Personen umfasste. Er musste darauf achten, dass die Beamten, Diener, Zofen, Hofdamen, Edelfräulein, die Pagen und Küchenjungen immer so beschäftigt waren, dass sie den Tag nicht nutzlos vertrödelten; er musste dafür sorgen, dass ihnen alle vier Monate eine Rate ihres Jahresgehalts gezahlt wurde; er musste die Reisen der Kinder von einem Schloss zum anderen organisieren.

War jetzt alles für die Ankunft des Hofes vorbereitet? Er musste noch einmal überprüfen, ob die erforderliche Menge an Eiern, Fisch, Brot, Kräutern, Butter und so weiter für die Abendtafel inzwischen geliefert worden war.

Er befand sich gerade in den Gemächern der jungen Herzöge. Als er das Zimmer des Herzogs von Anjou verlassen wollte, wurde ihm bewusst, dass er in der Konfektschale Krümel gesehen hatte. Im gleichen Moment sah er, dass sich hinter einem Vorhang etwas bewegte. Er ging hin, zog den Vorhang zurück und sah den kleinen Herzog von Alençon. Er wich unwillkürlich zurück, als er das Gesicht des jungen Prinzen sah, das von Pockennarben übersät war. Was für ein hässlicher Zwerg, dachte Morin angewidert. Nun, ich muss gerecht sein, er kann nichts für seine äußere Erscheinung, aber er ist irgendwie ein kleines Scheusal. Sein Bruder, der König, ist äußerlich auch wenig ansprechend, aber er ist irgendwie anders, er wirkt aufrichtig, man glaubt ihm, was er sagt. »Mit Verlaub, Hoheit, was machen Sie im Zimmer ihres Bruders?«

Das Kind sah ihn mit unschuldigen Augen an, aber Morin spürte, dass ihm eine Komödie vorgespielt wurde.

»Monsieur Morin, ich bin gerne im Appartement meines Bruders Anjou, es ist viel größer als meines und besser möbliert, hier gibt es mehr Stühle und auf allen liegen weiche Kissen, hier stehen mehr Truhen, auf dem Fußboden liegen dicke weiche Teppiche, überall stehen Kerzenleuchter.«

Morin wusste, dass in den Räumen des jüngsten Königssohnes keine Teppiche lagen, nur wenige Kerzenleuchter standen und zum Mobiliar nur das Bett, ein Tisch, zwei Truhen und drei Stühle gehörten, was verständlich war, weil er nur wenige Stunden am Tag dort verbrachte und meistens in dem größeren Appartement seiner Schwester Margot weilte.

»Hoheit, ich kann verstehen, dass es Ihnen hier gefällt, aber Sie sollten jetzt wieder zu Prinzessin Margot gehen. Ihr Bruder, der Herzog von Anjou, sieht es nicht gerne, wenn Sie sich ohne seine Erlaubnis hier aufhalten. Ich werde Sie jetzt zu ihrer Gouvernante bringen.«

Morin hatte die Kekskrümel auf dem Wams des Jungen wohl entdeckt, er schwieg jedoch. Herkules folgte dem Haushofmeister ohne Widerspruch. Er fürchtete die Gouvernante nicht, die ihn und Margot erzog.

Madame Charlotte von Curton strafte selten, und bis jetzt war es ihm stets gelungen, sie von seiner Unschuld zu überzeugen.

Als er zusammen mit Morin den Wohnraum Margots betrat, sah er ein vertrautes Bild: Die Schwester beugte sich mit geröteten Wangen über einen Stickrahmen, während Madame von Curton neben ihr saß und Ratschläge erteilte.

»Ich bitte die Störung zu entschuldigen, Madame«, sagte Morin, »aber im Appartement des Herzogs von Anjou …« Er schilderte seine Beobachtungen, ohne den kleinen Herkules direkt der Lüge zu bezichtigen und sagte zuletzt: »Sie, Madame, sind die Erzieherin, Sie wissen besser als ich, was jetzt zu geschehen hat.«

Während er das Zimmer verließ, betrachtete Madame von Curton halb mitleidig, halb verärgert den kleinen Herzog. Sie war davon überzeugt, dass er das Konfekt gegessen hatte. Sie wusste, dass er log, wenn es um seinen Vorteil ging, aber bis jetzt hatte sie der Königinmutter seine Lügen stets verschwiegen. Er war als jüngster Bruder des Königs irgendwie unwichtig oder bestenfalls auch ein Heiratsobjekt. Beide Kinder mussten politisch möglichst gut vermarktet werden, das, so spürte die Gouvernante, war das Ziel der Königinmutter.

Sie sah den kleinen Herkules an. »Sie können mir ruhig die Wahrheit sagen, haben Sie das Konfekt gegessen?«

»Nein, Madame.«

»Die Krümel auf Ihrem Wams …«

Da stampfte der Kleine mit dem Fuß auf: »Ich habe das Konfekt nicht angerührt, Madame!«, schrie er.

Die Erzieherin betrachtete den hässlichen kleinen Jungen und fühlte sich auf einmal hilflos. Er log jetzt bei unwichtigen Dingen, irgendwann würde er bei wichtigen Angelegenheiten lügen. – Es half nichts, sie musste die Königinmutter informieren und ihr weitere Entscheidungen überlassen.

»Es ist gut, Hoheit. Sie wissen, dass Seine Majestät und der Hof noch heute in Amboise eintreffen werden. Sobald sich eine Gelegenheit ergibt, werde ich Ihre Majestät, die Königinmutter, über den Vorfall unterrichten. Ihre Frau Mutter wird entscheiden, ob und wie Sie bestraft werden.«

Madame von Curton rief nach den Kammerzofen Guillette von Corbie und Jacqueline von Burgense und befahl, die Kinder für den Empfang des Königs umzukleiden.

Als der kleine Herkules ungefähr eine Stunde später das Appartement der Schwester betrat, blieb er überrascht stehen.

Margot trug ihre kostbarste Robe aus dunkelroter Seide, die üppig mit Goldstickereien und Perlen verziert war, das Kleid war weit ausgeschnitten und die Kleine nutzte diesen Umstand und trug ihre dreireihige Perlenkette, das letzte Neujahrsgeschenk ihres Vaters. Die kleinen Ohren schmückten kurze Gehänge aus Perlen, die schwarzen Haare waren zu dicken Zöpfen geflochten, kunstvoll um den Kopf gelegt und mit Perlenschnüren verziert.

»Margot, du siehst wunderbar aus.« Er lief auf sie zu, und als er vor ihr stand, staunte er erneut. Täuschte er sich, oder schimmerten ihre Wangen rosiger als sonst? – Und der herzförmige, volle Mund sah irgendwie roter aus. »Warum hast du dein schönstes Kleid angezogen? Die Ankunft unseres Bruders ist doch kein besonderer Anlass.«

»Herkules, ich …, ich möchte Mama gefallen.«

»Mama? Sie beachtet uns doch kaum.«

»Vielleicht wird sie durch mein Kleid aufmerksam.«

Sie selbst wusste schon lange, dass sie nicht das Lieblingskind der Mutter war, sie hatte sich daran gewöhnt und war nur bestrebt, nicht unnötig das mütterliche Missfallen zu erregen.

»Komm, Herkules, wir gehen jetzt auf meinen Balkon, von dort aus können wir die Ankunft des Hofes beobachten.«

Sie bestiegen das Podest, das eigens für Margot errichtet war, damit sie über die Brüstung blicken konnte, und sahen einen Augenblick schweigend über die Loire, die in der Ferne träge dahinfloss.

»Warum kommt der König so unverhofft nach Amboise, Margot?«

»Ich weiß es nicht. Am Vormittag hörte ich, dass man sich in Amboise besser verteidigen kann als in Blois.«

»Wir müssen uns verteidigen? Wird es einen Krieg geben?«, fragte Herkules aufgeregt, und Margot beobachtete erstaunt, dass seine Augen plötzlich aufleuchteten.

»Ich glaube nicht, dass es einen Krieg geben wird, dann hätte man uns bestimmt in eine andere Provinz gebracht.« – »Schade, dass es keinen Krieg gibt, in einem Krieg kann man berühmt werden.«

Margot streifte den Bruder mit einem erstaunten Seitenblick; sie hatte bis jetzt nicht gewusst, dass er nach Ruhm strebte. Sie selbst hatte nur einen Wunsch: Sie wollte geliebt werden.

Sie sahen wieder einige Minuten schweigend über den Fluss und horchten, ob sie aus der Ferne nicht das Getrappel von Pferden hörten.

»Margot«, sagte Herkules plötzlich leise, »ich muss dir etwas anvertrauen, du wirst schweigen, nicht wahr?« – »Selbstverständlich, du weißt doch, dass du mir alles sagen kannst, was dich bewegt.« – »Margot, ich …, ich habe vorhin gelogen, ich habe das Konfekt gegessen, das Anjou bekommen sollte. Mein Gott, was soll ich sagen, wenn Mama mich fragt? Sage ich die Wahrheit, wird sie mich bestimmt bestrafen. Ich habe Angst, Margot, was soll ich machen?«

»Herkules.« Sie umarmte ihn spontan und zog ihn an sich. »Du musst keine Angst haben, mein kleiner Mohr, ich werde dich immer beschützen, ich werde immer zu dir halten, das verspreche ich dir.« Sie wusste im Augenblick zwar nicht, wie sie ihn vor dem Zorn ihrer Mutter schützen könnte, aber irgendetwas würde ihr einfallen. »Herkules, du solltest Mama die Wahrheit sagen, wenn du sie anlügst und sie erfährt es, wirst du noch strenger bestraft.«

Er überlegte einen Augenblick. »Du hast Recht, Margot«, erwiderte er dann seufzend.

Sie sahen wieder über den Fluss.

In diesem Augenblick hörten sie Fanfaren, Pferdegetrappel, und Sekunden später ritten Bewaffnete in den Schlosshof.

Inzwischen war es dämmerig geworden, aber als Diener mit Fackeln herbeieilten, erkannten die Kinder den Herzog von Guise zu Pferd und neben ihm seinen Sohn Heinrich, der stolz darauf war, die Wegstrecke von Blois nach Amboise zu Pferd bewältigt zu haben.

Margot betrachtete den jungen Heinrich von Guise, der sich elegant vom Pferd schwang und sich zu einem der hinteren Höfe entfernte.

»Sieh, Margot, jetzt kommt Mama.«

Sie betrachteten die schwarz gekleidete Mutter, sie sahen, dass ihr Bruder Anjou neben ihr ritt, und Margot traute ihren Augen nicht.

»Herkules, unser Bruder trägt weiße Kleider! – Nun ja, dann kann ich auch in einer roten Robe Mama gegenübertreten.«

»Margot, du bist nicht unser Bruder Anjou, was sie ihm erlaubt, erlaubt sie uns bestimmt nicht.«

Katharina hatte ihre Kinder mehrere Wochen lang nicht gesehen, sie waren ihre erste Sorge bei der Ankunft: schließlich musste sie wissen, ob sie gesund waren und was sie gelernt hatten.

Als sie an jenem Abend Margots Appartement betrat, blieb sie überrascht stehen und betrachtete entsetzt das pockennarbige Gesicht ihres jüngsten Sohnes und die rote Robe ihrer jüngsten Tochter. Sie ging in Begleitung Heinrichs langsam auf die Kinder zu

Nun stand sie vor ihnen, küsste Herkules flüchtig auf die Stirn, sah ihn einen Augenblick lang besorgt an und sagte dann: »Mein armes Kind, ich bin froh, dass du die Krankheit überstanden hast, aber wie siehst du aus, die Narben …«

Inzwischen war Madame von Curton zu den Kindern getreten. »Mit Verlaub, Madame, Sie sollten sich wegen der Narben keine Sorgen machen, Sie werden fast unkenntlich im Lauf der Jahre. Überdies kann der Herzog sich einen Bart wachsen lassen und die Narben darunter verbergen.«

»Ein Bart, Sie haben Recht, Madame.« Katharina wandte sich zu Margot und musterte sie einen Augenblick missbilligend.

Das kleine Mädchen senkte ängstlich die Augen vor dem strengen Blick der Mutter und wagte kaum zu atmen. Es war ein Fehler gewesen, die elegante rote Robe anzulegen. Warum hatte sie nicht auf die Erzieherin gehört?

Katharina spürte, wie ihre Missbilligung sich allmählich in Zorn verwandelte und hätte die Tochter am liebsten geohrfeigt, aber sie nahm sich zusammen, weil sie mit Margot nicht unter vier Augen war. »Dein seliger Vater liegt noch kein Jahr in Saint-Denis«, sagte sie so streng wie möglich, »und du wagst es, die Trauerkleidung abzulegen und dem König und mir in einer roten Festrobe entgegenzutreten. Was soll der Unsinn?« Und zu der Gouvernante: »Wie konnten Sie das erlauben?«

»Madame, ich bitte um Vergebung, die Prinzessin bat so flehentlich, ich konnte ihr den Wunsch nicht abschlagen.«

Katharina musterte die Erzieherin, deren Milde ihr bekannt war. »Ich weiß, Madame, dass Sie ein gutes Herz haben, und ich weiß auch, dass meine Tochter eigenwillig ist – diese Eigenschaften kann man nicht austreiben, sondern nur mit allen Mitteln unterdrücken.«

Sie trat näher zu Margot, betrachtete das Gesicht der Kleinen etwas genauer und traute ihren Augen nicht: das Kind hatte auf die Wangen und die Lippen Rouge aufgelegt! Sie fuhr mit den Fingern über Gesicht und Mund und betrachtete verärgert die rote Farbe, die daran hängen blieb. »Was soll der Unsinn, Margot? Du bist knapp sieben Jahre alt und schminkst dich wie eine Dame? Wie bist du an das Rouge gekommen?«

»Meine Zofe, Jacqueline Burgense, hat es mir besorgt.«

Katharina wandte sich zur Gouvernante. »Haben Sie nicht gesehen, dass meine Tochter sich geschminkt hat?« – »Verzeihung, Madame, nein, es ist mir nicht aufgefallen.« – »Sie lassen sich unverzüglich von der Zofe das Rouge geben, ich möchte meine Tochter nicht noch einmal angemalt sehen, anders kann man es wohl nicht bezeichnen.«

Während die Gouvernante das Zimmer verließ, betrachtete Katharina erneut die Tochter und fragte sich, warum sie sich über eine solche Belanglosigkeit ärgerte, es gab im Augenblick wichtigere Probleme … Sie ist eine Schönheit, dachte Katharina, ich war nie schön … Sie spürte einen feinen Stich von Eifersucht auf die Tochter. In wenigen Jahren würde sie von Kavalieren umschwärmt und der Mittelpunkt des Hofes sein; der Mittelpunkt wegen ihrer Schönheit. Sie, die Mutter, war im Augenblick der Mittelpunkt wegen der Macht; ohne Macht würde sie am Rande stehen. Ich muss ihr zeigen, wer hier das Sagen hat, dachte Katharina.

Der Herzog von Anjou hatte die Szene aufmerksam verfolgt, und er fand die jüngere Schwester reizend in dem roten Kleid.

»Verzeihung, Mama«, mischte er sich ein, »Margot ist ein Naturwun-

der, sie ist so wunderschön, so gesund.« Er trat zu der Schwester, zog sie
an sich und betrachtete ihr Gesicht. »Margot«, sagte er leise, »du gefällst
mir, ich liebe dich, du bist einzigartig.«

Das kleine Mädchen glaubte nicht richtig zu hören. In der Familie gab es
außer Herkules noch jemanden, der sie liebte!

Sie sah den Bruder an, und in diesem Augenblick verspürte Heinrich das
Bedürfnis, den herzförmigen, rot geschminkten Mund der Schwester zu
küssen. Er berührte leicht ihre Lippen, küsste sie auf die Stirn, verspürte
dabei das Bedürfnis, sie erneut auf den Mund zu küssen und verzichtete
darauf, weil es irgendwie nicht schicklich war. »Du siehst wundervoll
aus, Margot. Wenn du ein paar Jahre älter bist, werde ich dir zeigen, wie
man sich schön macht.«

»Ich danke dir, neben Herkules bist du mein liebster Bruder.«

Sie betrachtete sein längliches ovales Gesicht, die weiße, wie Perlmutt
schimmernde Haut, die schwarzen Augenbrauen, die sich wie zwei
Halbmonde über den dunklen Augen wölbten, die langen, schwarzen,
seidigen Wimpern, sie atmete genießerisch den Duft des Rosenparfüms
ein, der ihren Bruder umgab. Ihre Augen wanderten zu den vollen, sinn-
lichen Lippen, und sie verspürte nur einen Wunsch in jenem Moment,
sie wollte von ihm noch einmal geküsst werden.

Katharina beobachtete amüsiert und zufrieden die Geschwister, freute
sich über ihre Einigkeit und sagte etwas gnädiger gestimmt zu Margot:
»Du solltest die Ratschläge deines Bruders Heinrich befolgen.« – »Heinrich? Wieso Heinrich, Mama?« – »Kleine Schwester, Mama hat beschlossen, dass ich ab jetzt den Namen Heinrich trage. Und nun beeile
dich und ziehe schwarze Kleider an, damit der König dir nicht zürnt.«

Am anderen Vormittag begab sich Madame von Curton mit gemischten
Gefühlen zur Königin, um diese über die Fortschritte der Kinder zu unterrichten, wobei sie den Lernwillen Margots hervorkehrte. Sie betonte
vor allem den ausgeprägten religiösen Eifer Margots, musste jedoch
feststellen, dass Katharina über diese Tatsache nicht besonders begeistert schien.

In der Tat war Katharina nicht daran gelegen, ihre Tochter zu einer
katholischen Frömmlerin zu erziehen, da ihr politisches Kalkül eine
mögliche Ehe mit einem protestantischen Adligen nicht ausschloss. Das
bedingte eine religiöse Unterweisung, die jeglichen Fanatismus ausschloss.

Nun kam das Gespräch auf den kleinen Herkules, und die Gouvernante berichtete Katharina die Lügengeschichte um das Konfekt. Dabei wies sie darauf hin, dass dies nur eine von vielen Lügen war, die sie im Laufe der Zeit beobachtet hatte. Katharina ließ daraufhin Herkules holen und sagte dann freundlich, aber sehr bestimmt: »Mein liebes Kind, bis jetzt hat man deine Lügen durchgehen lassen. Das ist jetzt vorbei. Du musst lernen, die Wahrheit zu sagen, und wenn du einen Fehler gemacht hast, musst du dazu stehen und nicht versuchen, dich durch Leugnen aus der Affäre zu ziehen. Künftig wirst du bestraft, wenn man dich einer Lüge überführt, und damit du weißt, was dies bedeutet, wirst du drei Tage lang dein Appartement nicht verlassen – das ist die Strafe dafür, dass du Madame von Curton wegen des Konfektes angelogen hast – du hast doch gelogen, nicht wahr?«

Herkules überlegte, dass es zwecklos war, noch weiter zu leugnen, und so antwortete er kleinlaut: »Ja, Mama, ich habe gelogen.«

Katharina sah ihm bekümmert nach, wie er das Zimmer verließ und dachte, dass ihre Söhne, Heinrich ausgenommen, ihr bis jetzt wenig Freude bereitet hatten. Ihr Jüngster war also verlogen, und sie wusste genau, dass alle Strafen der Welt ihm diese Verlogenheit nicht austreiben würden.

Unterdessen näherte Coligny sich, begleitet von seinem Diener und einigen Bewaffneten, der Stadt Amboise.

Als das Schloss am Horizont auftauchte, zügelte er sein Pferd, betrachtete nachdenklich die Festung oberhalb der Stadt und überlegte erneut, warum der König plötzlich von Blois nach Amboise übergesiedelt war, und warum er völlig überraschend an den Hof gebeten wurde. Ja, es war kein Befehl und keine Aufforderung, es war eine Bitte gewesen. Der König hat den Brief unterschrieben, dachte Coligny, aber formuliert hat ihn die Königinmutter, und es ist nun mal ihr Stil, zu bitten, nicht zu befehlen.

»Von allen Schlössern des Königs eignet Amboise sich am besten für eine Verteidigung«, hörte er einen der Bewaffneten sagen und fühlte sich auf einmal etwas unbehaglich.

Er ritt rasch weiter, und als sie am Stadttor ankamen, war es verschlossen. Ein geschlossenes Stadttor am helllichten Tag, dachte Coligny, merkwürdig ... Er zeigte dem Wachposten das königliche Schreiben, woraufhin das Tor sofort geöffnet wurde.

»Sind alle Stadttore geschlossen?«, fragte Coligny.

»Ja, Befehl des Herzogs von Guise.«

Befehl des Herzogs, dachte Coligny, gütiger Himmel, hatte man ihn in eine Falle gelockt? Aber jetzt war es zu spät … Das Schlosstor war ebenfalls geschlossen und wurde geöffnet, als er den Brief zeigte. »Warum darf niemand in das Schloss?« – »Befehl des Herzogs von Guise.«

Coligny zögerte den Bruchteil einer Sekunde, dann ritt er die breite Rampe hinauf und dachte im Stillen, dass sein Schicksal sich so erfüllen würde, wie es Gott gefiel. Während er absaß, kam ihm der greise Kanzler François Olivier entgegen und bat ihn, ihm zur Königinmutter zu folgen, die ein Gespräch unter vier Augen mit dem Admiral wünsche.

Coligny folgte dem Kanzler verwundert durch Säle und Galerien, überlegte, weshalb Katharina ihn allein sprechen wollte, ob vielleicht doch etwas von der Verschwörung durchgesickert war … Er kannte den Plan, er wusste, dass Condé das Haupt der Verschwörung war; er seinerseits versuchte, im Hintergrund zu bleiben. Er bezweifelte, dass es gelingen würde, den König zum neuen Glauben zu bekehren, aber wenn der Staatsstreich gelang, dann waren die Guisen entmachtet, und dies war im Augenblick die Hauptsache. Eine Entmachtung der Guisen war ein wichtiger Schritt zur Regelung der religiösen Frage in Frankreich.

Vor Katharinas Appartement angekommen, verschwand Olivier unauffällig, die Tür öffnete sich wie von selbst und Coligny ging mit gemischten Gefühlen durch die Räume bis zum Arbeitszimmer der Königinmutter.

An der Türschwelle blieb er überrascht stehen. Katharinas Augen sahen ihn freundlich an, und auf einmal wusste Coligny, warum sie auf ihn so fremd wirkte: Vor ihm stand nicht nur eine trauernde Witwe, sondern eine Königinmutter, die zusammen mit den Guisen das Königreich Frankreich regierte, und er atmete auf. Man hatte ihm keine Falle gestellt, sondern diese Unterredung verfolgte irgendein politisches Ziel.

Katharina rechnete nach, dass der Admiral im Februar einundvierzig Jahre geworden war, dass sie selbst im April ebenfalls das einundvierzigste Lebensjahr vollendete und dass sie beide in wenigen Jahren anfangen würden, zu altern. Dann ließ sie seine männliche Erscheinung auf sich wirken: er war von großer, kräftiger Statur, die dichten, dunklen Haare hatten bereits graue Strähnen, ebenso der sorgfältig gestutzte Bart. Er war wie stets in einfaches Schwarz gekleidet, die Halskrause war weiß, und Katharina erinnerte sich flüchtig an ihre erste Begegnung im

Herbst 1533, wenige Tage vor ihrer Hochzeit. – Er hat sich nicht verändert, dachte sie, oder doch?

Sein Gesichtsausdruck ist noch ernster als früher, überlegte sie, ernster und fest entschlossen, seine Ziele zu verfolgen. »Guten Tag, Coligny, Sie sind gern gesehen am Hof des Königs von Frankreich.«

Er ging auf sie zu und beugte das Knie. »Madame, es ist für meine Familie und mich eine Ehre, dem König dienen zu dürfen. Ich versichere Ihnen, Madame, dass meine Familie und ich dem Haus Valois stets loyal dienen werden. Unser Interesse gilt nur dem Wohl Frankreichs.«

»Ich weiß, Coligny, und deswegen habe ich Sie kommen lassen.« Sie wies auf einen hohen Lehnstuhl, setzte sich auf den Stuhl vor ihrem Schreibtisch und betrachtete den Admiral eine Weile nachdenklich. »Wann haben wir uns zuletzt gesehen, Coligny?« – »Vor ungefähr vier Jahren, Madame. Ich kehrte aus Brüssel zurück mit dem Friedensvertrag von Vaucelles.« – »Vier Jahre, das ist keine lange Zeit, aber Sie und ich, wir haben allerhand erlebt – Saint-Quentin, Ihr Aufenthalt bei den Spaniern, der Friede von Château-Cambrésis, die Hochzeit meiner Tochter mit dem König von Spanien, das Turnier …«

Sie schwieg unvermittelt und Coligny wusste nicht recht, wie er reagieren sollte. Sie hatte ihn bestimmt nicht hergebeten, um mit ihm über alte Zeiten zu plaudern.

»Mit Verlaub, Madame, mein Aufenthalt bei den Spaniern war eine Gefangenschaft, nicht mehr und nicht weniger, aber ich möchte diese Zeit nicht missen. Ich habe die Spanier beobachtet, glauben Sie mir, Madame, Frankreich hat nur einen einzigen Feind, nämlich Spanien. Ich habe viel nachgedacht, es war eine Zeit der Ruhe und Muße.«

»Ich glaube Ihnen, dass Sie viel nachgedacht haben, und was Spanien betrifft, König Philipp ist mein Schwiegersohn, ich glaube an die Freundschaft Spaniens, ich weiß, dass er am liebsten jeden Hugenotten auf dem Scheiterhaufen sehen möchte, aber ich bin fest davon überzeugt, dass man über jedes Problem verhandeln und zu einer für beide Seiten annehmbaren Lösung kommen kann. – Das religiöse Problem in unserem Land ist der Grund, weshalb ich Sie nach Amboise kommen ließ. Ich möchte unter vier Augen einige Dinge klären, bevor Sie dem König und dem Kronrat gegenübertreten.« Sie überlegte und fuhr fort: »Der Kardinal von Lothringen hat aus sicherer Quelle erfahren, dass gegen den König eine Verschwörung im Gange ist. Wir wissen auch, dass ein gewisser

La Renaudie den Staatsstreich durchführen soll, deswegen hielt der Herzog von Guise es für notwendig, nach Amboise zu übersiedeln und Schloss und Stadt auf eine Verteidigung vorzubereiten. Falls La Renaudie mit seinen Truppen vor Amboise erscheint, wird er von einem Kugelhagel empfangen werden.«

Coligny erschrak. Die Verschwörung war also zum Scheitern verurteilt, und Condé?

Katharina fuhr fort. »Die Truppen La Renaudies bestehen aus Hugenotten, aus solchen, die sich nur wirtschaftliche Vorteile von der Rebellion erhoffen, und aus solchen, denen es wirklich einzig und allein um ihren Glauben geht. Der König ist bereit, den Hugenotten, die nur aus religiösen Gründen inhaftiert sind, Amnestie und Glaubensfreiheit zu gewähren – mit anderen Worten: Kein Franzose soll künftig wegen seines Glaubens verfolgt werden, vorausgesetzt, er dient loyal seinem König. Für Hugenotten, die gegen ihren König rebellieren, wird es auch in Zukunft kein Pardon geben. – Wie denken Sie darüber?«

Coligny fühlte, dass jetzt der Moment gekommen war, Forderungen zu stellen, weil die Krone offensichtlich in einer schwachen Position war. »Madame, ich bin glücklich über die tolerante Einstellung Seiner Majestät, allerdings bedarf diese neue, freiheitliche Politik noch gewisser Ergänzungen. Ich schlage vor, die Familie von Guise aus allen Ämtern zu entfernen. Sie, Madame, sollten die Macht übernehmen und Edikte erlassen des Inhalts, dass die katholische und reformierte Kirche in Frankreich nebeneinander bestehen und die Hugenotten ihren Glauben überall im Land öffentlich ausüben dürfen.«

Katharina ging zum Fenster und sah hinüber zur Loire. Colignys Vorschlag war vernünftig. Am liebsten hätte sie ihm sofort in allen Punkten zugestimmt, aber sie konnte es sich noch nicht leisten, die Guisen politisch völlig auszuschalten, dann wäre sie von den Bourbonen abhängig, und sie musste ihre eigene Machtposition erst so weit festigen, dass sie von beiden Familien unabhängig war. Sie drehte sich um. »Sie verlangen im Augenblick zu viel, Coligny. Ich persönlich hätte nichts dagegen, wenn die Hugenotten ihren Glauben überall frei ausübten, aber der König ist noch nicht so weit mit seinen Überlegungen. In zwei Stunden wird der Rat zusammentreten und eine Entscheidung fällen. Ich erwarte Sie im Ratszimmer.«

Coligny verbeugte sich und wollte das Zimmer verlassen, als ihm noch etwas einfiel. »Verzeihung, Madame, ich bin dem Prinzen von Condé noch nicht begegnet. Sein kleiner Sohn, mein Neffe, lebt zurzeit in meinem Haus; er bat mich, seinem Vater einen Brief zu übergeben.«

»Condé ist seit kurzem Hauptmann der königlichen Leibwache und darf die königlichen Gemächer nicht verlassen. Geben Sie mir den Brief, ich lasse ihn zu dem Prinzen bringen.«

Während Coligny in Begleitung eines Dieners zu seinem Appartement ging, dachte er über die Lage nach: Condé hatte keine Möglichkeit, die Verschwörer zu warnen. – Abgesehen davon, wenn man die Edelleute, die in das Komplott verwickelt waren, ergriff und sie folterte, was würden sie über Condé aussagen?

Ich muss abwarten, dachte Coligny, und auf Gott vertrauen.

Zwei Stunden später trat der Kronrat zusammen, und es gelang Katharina, unterstützt von Coligny und dem Kanzler Olivier, gegen den Kardinal von Lothringen ein Edikt durchzusetzen, das unterschied zwischen »religiösen Hugenotten«, also denjenigen, welche religiöse Toleranz erstrebten sowie ihre Grundrechte als Bürger Frankreichs, und »aufrührerischen Hugenotten«, also denjenigen, die aktive Staatsfeinde waren und sich gegen den König und das Haus Valois verschworen. Letztere wurden verfolgt, die anderen anerkannt, und seitens der Krone wurde ihnen Amnestie gewährt. Jenes Edikt von Amboise wurde noch am Abend des 2. März 1560 mit Eilkurier nach Paris gesandt, um so schnell wie möglich vom Parlament verabschiedet zu werden.

Beim Verlassen des Ratszimmers sagte Coligny beiläufig zu Katharina: »Madame, ich gehöre schon seit einigen Jahren zu den Anhängern Calvins, und ich werde mich nachher öffentlich dazu bekennen.«

»Ich weiß, dass Sie Hugenotte sind, Coligny, und Ihr Glaube interessiert mich nicht, für mich zählt nur Ihre Loyalität der Krone gegenüber. – Sie sind übrigens, ebenso wie die Familie von Guise, nachher zur königlichen Tafel geladen. Der König wünscht, dass Eintracht und Harmonie zwischen den Familien des Hochadels herrscht.«

Der König, dachte Coligny amüsiert, die Königinmutter wünscht Eintracht und Harmonie zwischen den Guisen und mir. Auf dem Weg zu seinem Appartement überlegte er, wie er unauffällig Kontakt zu Condé aufnehmen konnte, kam aber zu dem Ergebnis, dass es fast unmöglich und zu gefährlich war, und beschloss abzuwarten.

Während er sich zur Abendtafel begab, inspizierte er unauffällig die

Mauern und stellte fest, dass der Herzog von Guise alle nur erdenklichen Maßnahmen für eine Verteidigung getroffen hatte.

An der königlichen Tafel herrschte zunächst ein Schweigen, das Coligny als unheimlich empfand.

Franz II. sah mürrisch auf seinen Teller, und Maria Stuart versuchte, mit Bemerkungen über das warme Frühlingswetter eine Unterhaltung in Gang zu bringen.

Während der erste Gang serviert wurde, wanderten Katharinas Augen vom König zu ihren jüngeren Söhnen, zu Margot, dann weiter zu dem Herzog von Guise, seinem Sohn Heinrich, zu dem Kardinal, Condé und schließlich zu Coligny.

Als die Suppe serviert war, fragte sie Coligny nach dem Befinden des Konnetabels und der übrigen Familie, und der Admiral erwiderte höflich-reserviert, dass es allen gut gehe.

Wieder herrschte Schweigen.

Beim gebratenen Fisch hielt Franz von Guise die Stille nicht länger aus und versuchte eine scherzhafte Unterhaltung über das Privatleben der Königin von England in Gang zu bringen. Die Gerüchte, die über die Verheiratung der englischen Königin an den europäischen Höfen umherschwirrten, waren ein unverfängliches Gesprächsthema. »Ich bin gespannt«, begann er, »für welchen Freier Elisabeth sich entscheiden wird. Eine Verbindung mit dem Erzherzog Karl wäre für England außenpolitisch am wertvollsten – der Habsburger ist zwar katholisch, aber mit einigem guten Willen wird man sich in diesem Punkt bestimmt einigen können.«

»Elisabeth wäre vielleicht zu Zugeständnissen bereit«, erwiderte Katharina, die froh war, dass endlich eine Unterhaltung in Gang kam, »aber sie muss Rücksicht auf das englische Volk nehmen. Die Engländer waren seinerzeit gegen eine Verbindung der verstorbenen Königin Maria mit Philipp von Spanien. Ich glaube nicht, dass sie einen katholischen König an der Seite ihrer geliebten Königin sehen wollen.«

»Ich bitte um Vergebung, Madame, es gibt einen entscheidenden Unterschied zwischen Philipp und Karl: Philipp war der Erbe eines großen Reiches, und die Engländer befürchteten zu Recht, dass sie eines Tages zu einem Vasall Spaniens würden; Karl hingegen ist der zweitgeborene Sohn ohne Erbansprüche – durch eine Verbindung mit ihm würde England autonom bleiben und einen mächtigen Verbündeten gewinnen. –

Aber wer weiß, vielleicht folgt Königin Elisabeth auch ihrem Herzen und heiratet ihren Pferdeknecht.«

Der König sah gelangweilt vor sich hin, Maria Stuart begann zu kichern, Katharina und der Kardinal unterdrückten ein Lächeln. Karl, Heinrich und Heinrich von Guise spitzten die Ohren – es war unglaublich: eine Königin konnte einen Pferdeknecht heiraten?

Coligny funkelte Franz von Guise hasserfüllt an. »Soweit ich weiß, Monsieur, ist Lord Robert Dudley, den Sie als Pferdeknecht bezeichnen, der Oberstallmeister der Königin. Er ist außerdem verheiratet und ein überzeugter Protestant!«

Er schwieg unvermittelt und Katharina sah Coligny erschrocken an. Seine Stimme und seine Augen offenbarten einen Hass gegenüber dem Herzog, den sie nie für möglich gehalten hätte. Sie wusste, dass zwischen den ehemaligen Jugendkameraden eine starke Rivalität bestand, weil jeder der bessere Heerführer sein wollte. Guise ist der bessere Armeeführer, dachte Katharina, und deswegen hasst Coligny ihn; hinzu kommt, dass Guise überzeugter Katholik und Coligny überzeugter Hugenotte ist. In diesem Augenblick hörte sie erneut Colignys Stimme, und jetzt klang sie fest und ruhig. »Die Ratgeber der Königin von England sind überzeugte Protestanten, nicht nur Lord Dudley, auch ihr Kanzler, Lord Cecil. – Was mich betrifft, nun, ich glaube, jetzt ist der richtige Augenblick gekommen, um vor Ihnen, Majestät, zu bekennen, dass ich Hugenotte bin.«

Die Tischgesellschaft war, Condé und Katharina ausgenommen, fassungslos.

Franz II. starrte Coligny ungläubig an, der Herzog und der Kardinal wechselten einen ratlosen Blick, Condé widmete sich den gebratenen Fischen und tat so, als interessiere ihn dies alles nicht. Katharina lächelte den Admiral an. »Der König nimmt Ihren Glauben zur Kenntnis; das Edikt von Amboise, das er vorhin unterzeichnete, schützt die religiösen Hugenotten vor Verfolgung.«

Nun begannen die Diener die Platten abzuräumen, und Franz von Guise kam erneut auf Dudley zu sprechen, um die peinliche Situation, die durch Colignys Bekenntnis entstanden war, zu überbrücken.

Katharina indessen sah hinüber zu dem jungen Guise und beschloss, das unerfreuliche Gespräch über die Heirat der englischen Königin zu beenden. Sie fragte ihren Sohn Heinrich, der, wie immer, neben ihr saß: »Was ist mit deinem Fechtunterricht? Hast du Fortschritte gemacht?«

»Ja, Mama. Heinrich und ich, wir beherrschen inzwischen alle Hiebe und Stöße.«

»Das ist erfreulich. Bisher habt ihr immer nur gegen euren Lehrer gefochten, wann wirst du gegen deinen Freund antreten können?«

Heinrich zögerte, der junge Guise aber rief: »Wir können uns schon morgen duellieren – es wird natürlich nur ein Scheinduell, Madame.« Und zu Heinrich: »Was meinst du, hättest du Lust, morgen Nachmittag gegen mich anzutreten?«

»Ja, mit dem größten Vergnügen. Die Fechtstunde beginnt um drei Uhr, dann werden wir uns zum ersten Mal als Gegner gegenüberstehen.«

Als die beiden Freunde am folgenden Tag zum Übungsplatz gingen, war jeder von ihnen fest entschlossen, den anderen zu besiegen.

Gewöhnlich unterhielten sie sich auf dem Weg zum Platz, aber an jenem Nachmittag schwiegen beide und bereiteten sich innerlich auf das Scheinduell vor. Der Fechtmeister war mit dem Vorschlag seiner Schüler, gegeneinander zu kämpfen, einverstanden.

»Man kann nicht früh genug anfangen, den Ernstfall zu proben«, sagte er. »Ich werde Ihren Kampf beobachten, aber Sie sollten bei einem gefährlichen Stoß sofort innehalten, um sich nicht gegenseitig zu verletzen. Derjenige, der zuerst den Stoß führt, der für den Gegner tödlich sein könnte, der ist der Sieger. – Stellen Sie sich jetzt nebeneinander auf, achten Sie darauf, dass ein Abstand von ungefähr zwölf Fuß zwischen Ihnen liegt …, gut! – Jetzt kreuzen Sie die Klingen …, gut! – Ich werde jetzt bis drei zählen, dann beginnt der Kampf. – Eins, zwei, drei …«

Die beiden Jungen wechselten spontan die Stellung und standen sich nun gegenüber. In diesem Augenblick streifte ein Sonnenstrahl den Degengriff des Herzogs von Anjou, der junge Guise sah das Aufleuchten der Edelsteine und der Krone, und er verspürte nur einen Wunsch: er wollte dem Valois diesen Degen wegnehmen, aber da dies unmöglich war, wollte er ihn besiegen, ja, er musste ihn besiegen, und er konzentrierte sich voll auf den Gegner.

Für Heinrich von Valois war dieses Scheinduell mehr ein Spiel. Er war davon überzeugt, dass er den Freund mit wenigen Stößen bezwingen würde.

Der Kampf begann, und der Fechtmeister beobachtete seine Schüler genau. Anjou ficht gut, dachte er, aber der junge Guise ist ihm überlegen, seine Stöße sind taktisch raffinierter.

Lehrer und Schüler waren vollauf mit dem Duell beschäftigt und merkten nicht, dass der Dauphin, Karl von Valois, sich näherte, in einiger Entfernung stehen blieb und den Kampf gespannt verfolgte.

Der junge Guise ist meinem Bruder überlegen, dachte er, und wünschte ihm von Herzen Erfolg. Hoffentlich unterlag sein Bruder, den er von Jahr zu Jahr mehr hasste.

Seit Beginn des Kampfes waren ungefähr fünfzehn Minuten vergangen, da rief der Fechtmeister: »Das Duell ist beendet!« An Franz von Guise gewandt sagte er: »Sie haben soeben den Stoß geführt, der den Gegner im Ernstfall getötet hätte. – Sie sind der Sieger in diesem Duell!«

Heinrich von Valois glaubte nicht richtig zu hören – er war der Besiegte, er hatte verloren? Es war die erste Niederlage in seinem jungen Leben, sie war schmerzlich, aber ein Instinkt riet ihm, sich nichts anmerken zu lassen. Er war ein Valois, sein Freund hingegen nur ein Diener der Krone. Gleichzeitig spürte er ein Gefühl von Abneigung gegen den Freund in sich aufsteigen.

»Ich gratuliere dir zu deinem Sieg, Heinrich von Guise«, hörte er in diesem Augenblick die Stimme seines Bruders Karl.

Der Herzog von Anjou wandte sich um, sah die spöttischen Augen des Bruders und beschloss, so zu tun, als ob die Niederlage ihn nicht berührte. Er ging auf Heinrich von Guise zu, gab ihm die Hand und lächelte. »Du hast hervorragend gefochten.« Gleichzeitig beschloss er, beim nächsten Duell den Freund zu besiegen, und zwar um jeden Preis.

»Messieurs«, sagte der Fechtmeister, »Sie haben beide gut gefochten. Der Unterricht ist für heute beendet, morgen geht es weiter; ich werde mit Ihnen eine Woche lang verschiedene Stöße und Hiebe üben, und dann können Sie erneut gegeneinander antreten.«

Während er den Platz verließ, sahen der junge Guise und der Herzog von Anjou einander schweigend an, und beide spürten, dass an jenem Nachmittag etwas zwischen ihre Freundschaft getreten war. Sie würden Freunde bleiben, gewiss, aber sie waren jetzt auch Konkurrenten geworden. Sie waren zwar auch im Unterricht Konkurrenten, aber es war eine andere Situation, denn der Erfolg im Unterricht hing ab von Begabung und vor allem von Fleiß; beim Fechten hingegen kam es auf die Beobachtung des Gegners an.

Es war selten, dass der Unterricht ausfiel, und diese freien Stunden hatten der junge Guise und der junge Valois bisher immer gemeinsam verbracht, hatten Federball gespielt oder waren ausgeritten. Meistens jedoch waren sie schweigend durch die Schlossgärten spaziert und hatten die vollkommene Harmonie genossen, die zwischen ihnen herrschte.

An jenem Nachmittag verspürte keiner von beiden den Wunsch, die unverhoffte Freizeit mit dem andern zu verbringen.

Heinrich von Guise stieß den Degen in die Scheide. »Ich würde gerne Federball mit dir spielen«, sagte er dann zögernd, »aber die Mathematikaufgaben warten auf mich.«

Heinrich von Valois atmete innerlich auf. »Das verstehe ich«, erwiderte er liebenswürdig, »ich muss auch noch etwas lernen – auf mich wartet ein griechischer Text, den ich noch übersetzen muss.«

Dies war eine Lüge, der Text war längst übersetzt, aber schließlich konnte er dem Freund nicht sagen, dass er sich bei der Königinmutter ausweinen wollte.

Er wandte sich brüsk ab und ging, begleitet von Karl, zum Schloss, während der junge Guise zu den Wirtschaftsgebäuden lief, in deren Nähe er untergebracht war. In einem der Höfe begegnete er seinem Vater, der soeben von einem Inspektionsritt durch die Stadt zurückkehrte, und er beschloss, die Gelegenheit zu nutzen und erneut um den Degen zu bitten.

»Vater, Vater, warten Sie bitte einen Augenblick.«

Franz von Guise blieb überrascht stehen und betrachtete verwundert seinen Sohn, der auf ihn zulief. »Heinrich, was treibst du hier um diese Zeit? Hast du jetzt nicht Fechtunterricht?« – »Ja, Vater, aber der Lehrer hat uns beurlaubt. Ich habe soeben mein erstes Duell gegen den Herzog von Anjou gewonnen.« Er schilderte ausführlich den Verlauf des Kampfes. »Ich habe den Herzog besiegt, Vater, ist das nicht wunderbar?«

Franz von Guise umarmte den Sohn und strich ihm über die Haare. »Ich bin stolz auf dich«, sagte er leise, damit die anwesenden Stallknechte ihn nicht hörten. »Heinrich, ich kann verstehen, dass du über deinen Sieg glücklich bist, aber du solltest ihn im Interesse unserer Familie nicht so laut ausposaunen. – Merke dir, am Hof gibt es zu viele Augen und Ohren.« – »Ich bitte um Vergebung, Vater, daran habe ich nicht gedacht. – Vater, jetzt …, ich habe den Herzog besiegt. Das ist doch ein Beweis, dass ich die Fechtkunst beherrsche. Hab ich nicht jetzt einen kostbaren Degen verdient?«

Franz von Guise überlegte. »Nein, mein Sohn«, erwiderte er, »ein einziger Sieg sagt nichts aus über die Qualitäten eines Heerführers. Wer weiß, vielleicht besiegt Anjou dich beim nächsten Mal. Wenn du mindestens drei Mal den Herzog besiegt hast, werde ich über einen neuen Degen nachdenken.«

Heinrich von Guise sah enttäuscht dem Vater nach, der zum Schloss ging. Dann eilte er in sein Appartement und beschäftigte sich mit den Mathematikaufgaben.

Karl sah dem Bruder nach und fühlte sich glücklich, weil dieser das Duell verloren hatte. Er ist ein Verlierer, dachte er, ging gut gelaunt zu den Gärten und sagte immer wieder laut zu sich selbst: »Anjou ist ein Verlierer, Anjou ist ein Verlierer, Anjou ist …« Er blieb überrascht stehen, weil er die junge Königin mit ihren Damen kommen sah. Sie hat meine Worte bestimmt gehört, dachte er und spürte, wie er beim Anblick der Schwägerin errötete.

Maria Stuart trat zu Karl. »Warum ist mein Schwager Anjou ein Verlierer?« – »Er hat sein erstes Duell gegen Heinrich von Guise verloren, und diese Niederlage gönne ich ihm von ganzem Herzen.« – »Karl, er ist dein Bruder, du solltest ihn bedauern, du musst deinen Bruder lieben und ihm alles Gute wünschen.«

Er betrachtete seine hoch gewachsene, schlanke Schwägerin. »Ich werde versuchen, ihn zu lieben, weil Sie es wünschen, Madame«, erwiderte er leise. Innerlich wusste er, dass er Heinrich stets hassen würde.

»So ist es recht, Karl. Willst du mich und die Damen begleiten?«

»Ja, Madame, sehr gerne.«

Maria Stuart nahm seine Hand, und in diesem Augenblick fühlte er sich glücklich. Er hasste seinen Bruder Heinrich, weil dieser das Lieblingskind der Mutter war, er beneidete seinen Bruder Franz, weil dieser mit der schönsten Frau am Hof verheiratet war; er gehorchte seiner Mutter, weil es sich gehörte und er manchmal etwas Furcht vor ihr hatte; in der schwarzen Witwentracht erschien sie ihm fremder und unnahbarer als vor dem Tod seines Vaters. Aber er verehrte und liebte seine Schwägerin, die Königin aus dem unbekannten Schottland, und er liebte seine kleine Schwester Margot und war fest entschlossen, sie immer zu beschützen.

Unterdessen rannte Heinrich weinend zum Appartement seiner Mutter, und während der Türsteher noch damit beschäftigt war, ihn zu melden, stürzte er in ihr Arbeitszimmer und barg sein Gesicht in ihrem Kleid.

»Mama«, stammelte er, »Mama …«

Katharina sah erschrocken von ihren Akten auf und hob vorsichtig sein tränennasses Gesicht zu sich empor. »Heinrich, Kind, mein Gott, was ist passiert?«

Er antwortete nicht, sondern fuhr fort, leise vor sich hin zu weinen und Katharina nahm ihn in die Arme, strich beruhigend über die halblangen, gelockten schwarzen Haare und wartete darauf, dass er sich beruhigte. Die Tränen flossen noch eine Weile, und je länger er weinte, desto unruhiger wurde Katharina; einen solchen Gefühlsausbruch hatte sie noch nie bei ihm erlebt. Irgendwann versiegten die Tränen. Sie nahm ihr Spitzentaschentuch und trocknete sein Gesicht. »Was ist passiert, Liebling?«

»Oh, Mama, es ist mir peinlich und ich schäme mich, aber …, nun ja, Heinrich hat mich im Duell besiegt, und Karl behauptet, ich hätte zu Recht verloren, er freut sich über meine Niederlage.«

Katharina atmete erleichtert auf, ihr Sohn hatte sein erstes spielerisches Duell gegen den jungen Guise verloren, mehr nicht, die Tränen hatten sie Schlimmeres befürchten lassen. Wäre er ein erwachsener Mann und kein Kind gewesen, hätte sie angenommen, dass er einen Krieg oder gar den Thron verloren hätte, aber sie nahm Heinrichs kleine Kümmernisse und Sorgen stets ernst, und auch sie ärgerte sich, dass ein Guise jenes Duell gewonnen hatte, ausgerechnet ein Guise. Beiläufig dachte sie, dass sie sich nicht ärgern würde, wenn der kleine Heinrich von Bourbon gesiegt hätte, er war immerhin ein Prinz von Geblüt, der junge Guise hingegen …

»Du wirst dich mit deinem Freund Guise noch öfter duellieren, solange ihr Unterricht habt, und beim nächsten Mal wirst du gewinnen«, versuchte die Mutter, den Sohn zu trösten.

Heinrich überlegte. »Das nächste Duell soll in ungefähr einer Woche stattfinden. Ich weiß nicht, ob ich dann schon so weit bin, dass ich ihn besiegen kann.«

»Sieben Tage sind eine lange Zeit, Heinrich, und ich werde dir helfen.« Er sah sie erstaunt an. »Sie wollen mir helfen, Mama? Aber, Sie …, Sie können nicht fechten.«

Katharina lächelte. »Das spielt keine Rolle. Beim Fechten kommt es nicht auf körperliche Kraft an, sondern auf Schnelligkeit und Wendigkeit, man muss den Gegner immer im Auge behalten und flexibel reagieren. Du hast heute wahrscheinlich taktische Fehler gemacht. Ich werde ab morgen unauffällig euren Unterricht beobachten und dir anschließend sagen, worauf du achten musst. Es ist vor allem wichtig, dass du erkennst, wo die Schwächen deines Gegners liegen, diese Schwächen musst du zu deinem Vorteil nutzen. Ich als Beobachter erkenne die Schwächen des jungen Guise leichter als du. Gemeinsam werden wir es schaffen, dass du beim nächsten Mal Heinrich von Guise besiegst.«

Der Herzog von Anjou atmete erleichtert auf. »Ich danke Ihnen, Mama, ohne Ihre Unterstützung wäre ich hilflos.« – »Du kannst immer auf meine Hilfe rechnen. Du – und natürlich auch deine Geschwister.«

In diesem Augenblick wurde ein Kurier der Königin von Navarra gemeldet, der einen Brief überreichte.

Katharina nahm das Schreiben und betrachtete befremdet die Handschrift ihrer angeheirateten Cousine. Es war selten, dass Johanna ihr schrieb. »Erwartet die Königin von Navarra eine Antwort?«, fragte sie den Kurier. »Nein, Madame.«

Als der Bote gegangen war, öffnete Katharina zögernd den Brief. Er musste eine wichtige Nachricht enthalten und sie spürte, dass es keine angenehme Nachricht war.

Sie las die ersten Zeilen, ließ das Schreiben sinken und las dann weiter.

Wie jedermann weiß, gefiel es Gott in seiner Gnade, mich im Jahre 1560 aus dem Irrtum des Götzendienstes zu befreien, dem ich verfallen war, um mich in die wahre Kirche aufzunehmen. Sie wissen, dass ich Theodor Beza bei mir aufgenommen habe, in seine Hand habe ich dem alten Glauben feierlich abgeschworen und der neuen Lehre die Treue gelobt; meine Kinder begleiteten mich, ich habe die Hand meines Sohnes Heinrich ebenfalls auf die Bibel gelegt und dann die Hand meiner Tochter Katharina. Meine Kinder und ich sind offiziell zum neuen Glauben, das heißt zur Lehre Calvins übergetreten, Calvin ist darüber inzwischen informiert. In meinem Königreich habe ich alle Spuren des Götzendienstes entfernen lassen, also Bilder und Statuen, die Heiligenbilder an Gassenecken und Kreuzwegen dürfen nicht mehr mit Blumen geschmückt werden, die Wöchnerinnen dürfen nicht mehr zur Heiligen Jungfrau am Brückenkopf beten, Mönche und Nonnen haben inzwischen die Klöster verlassen und wandern mit ihren Reliquien nach Frankreich und Spanien aus; in den Klöstern werde ich Schulen einrichten, wo die Kinder von Navarra in der wahren Lehre unterrichtet werden. Die Kirchenglocken verkünden weder den Tagesanbruch noch den Sonnenuntergang, ein Staatsgesetz hat inzwischen meine Religion, also die Lehre Calvins,

zur Staatsreligion bestimmt. Mein Gemahl ist noch unentschlos-
sen, er tendiert zu meinem Glauben, bekennt sich offiziell aber
noch zum katholischen; ich habe ihm erlaubt, in seinen privaten
Gemächern die Messe zu hören und zu beichten, dafür muss
er mich am Sonntag zum Gottesdienst begleiten und die Predigt
hören ...

Das ist typisch für die »Wachtel«, dachte Katharina, er ist jetzt also halber Hugenotte und halber Katholik, aber als sie weiterlas, wurde sie
nachdenklich.

Anton korrespondiert seit einigen Wochen mit Calvin in Genf.
Der Reformator versucht ihn von der Notwendigkeit zu überzeu-
gen, der Führer der französischen Protestanten, also der Huge-
notten zu werden. Calvins Vorschlag schmeichelt zwar Antons
Eitelkeit, aber er kann sich nicht entschließen, weil er befürchtet,
dass wir ernsthafte Schwierigkeiten mit Spanien bekommen. Er
hofft immer noch, dass wir den spanischen Teil Navarras eines
Tages zurückerhalten, was unwahrscheinlich ist.

Katharina sah auf und dachte nach. Der oberflächliche, wankelmütige,
vergnügungssüchtige Anton korrespondiert mit dem gelehrten, ernsthaften Calvin, der seine Prinzipien hat, der erwartet, dass die Menschen
spartanisch leben, arbeiten und beten? Eine merkwürdige Korrespondenz ..., nun ja, Calvin kennt Anton nicht persönlich, sonst würde er nie
auf die Idee kommen, in der »Wachtel« einen Führer der Hugenotten zu
sehen. Anton ist zwar noch unentschlossen, aber man muss auch damit
rechnen, dass er auf Calvins Angebot eingeht. Es ist ein raffinierter
Schachzug des Reformators: Wenn die Prinzen von Geblüt Hugenotten
sind und noch einige Familien des Hochadels, dann hat der Protestantismus günstige Voraussetzungen, zu einer Art zweiten Staatsreligion zu
werden. Das allein wäre nicht weiter schlimm, wenn Frankreich von einem starken König regiert würde, aber Franz II. ist nicht Franz I., und
der gesamte Hochadel nutzt die Schwäche der Krone natürlich aus. Wie
kann man verhindern, dass Anton Calvins Vorschlag annimmt?
Sie dachte wieder an die geplante Verschwörung und Condés Rolle dabei, die im Moment noch undurchsichtig war. Falls seine Mitschuld bewiesen wird, werden die Guisen den König drängen, sein Todesurteil zu

unterzeichnen. Gab es für sie Möglichkeiten, dies zu verhindern? Sie konnte und wollte Frankreich nicht den Guisen ausliefern.

Dann las sie weiter.

Meine Kinder bereiten mir viel Freude, vor allem Heinrich. Beza hat seine Lehrer ausgewählt, Monsieur de la Gaucherie und Monsieur Gayet. Beza wünscht, dass Heinrich nach neuen Methoden erzogen werden soll, Methoden, die ihn kräftig und ausdauernd machen und ihn abhärten gegen Hitze, Kälte und Ermüdung. Er soll die Lebensregeln der Bibel lernen und sie als Motto über seine Aufsätze schreiben. Beza wünscht, dass Heinrich das Land, das er einmal regieren soll, kennen und lieben lernt, dass er die Landessprache spricht, mit den jungen Edelleuten spielt, aber ohne zu große Vertraulichkeit mit den Mädchen. Da er einmal oberster Gerichtsherr in Navarra sein wird, soll er schon jetzt von den Ungerechtigkeiten erfahren, die die Hugenotten in Frankreich erdulden müssen. Vor allem lernt er, dass er jetzt einem von Gott auserwählten Volk angehört. Heinrich soll ein König von Juda werden ohne Fehl und Tadel. Seine Lehrer und ich, wir setzen große Hoffnungen in ihn. Gewiss, er ist kein besonders fleißiger Schüler, er geht lieber auf die Jagd als ins Schulzimmer, aber er ist aufgeweckt, anhänglich, lustig, er hört gerne Erzählungen über kriegerische Heldentaten und ist begeistert von dem Spruch: »aut vincere aut mori«.

Katharina legte den Brief zur Seite und dachte erneut nach. Der junge Heinrich von Bourbon schien völlig anders zu sein als ihre Kinder, das war ihr schon vor zwei Jahren aufgefallen. Wenn er in Navarra blieb, würde er zu einem überzeugten Hugenotten erzogen werden, der Frankreich vielleicht entfremdet wurde. Als künftiger Thronprätendent aber musste er sich Frankreich und seinem König verbunden fühlen.

Johannas Übertritt zum neuen Glauben ist nicht nur ein Bruch mit dem Hof, sie wertet dadurch ihre politische Bedeutung auf; als hugenottische Königin des kleinen Navarra kann sie zum Haupt einer neuen Partei werden. Sie wird in Frankreich Unterstützung finden: Condé, Coligny und seine beiden Brüder, der Kardinal Odet und Dandelot … Ihr Bekenntnis zu Calvin hat eine neue Situation geschaffen, dachte Katharina.

Heinrich hatte seine Mutter genau beobachtet und fragte eindringlich nach dem Inhalt des Briefes, woraufhin Katharina versuchte, ihm in einfachen Worten das Problem praktisch zu verdeutlichen. Sie hob die Unterschiede der beiden Glaubensrichtungen hervor.

Die calvinische Lehre zum Beispiel erlaube keinen Marienkult, aber auch keine Messen, keine Beichte und keine Kommunion. Eben diese heiligen Sakramente, zusammen mit der Muttergottesverehrung, bildeten ja das Kernstück der katholischen Glaubenspraxis.

Sie versuchte, Heinrich klar zu machen, dass nicht der Inhalt des Glaubens das Problem darstelle, sondern die Tatsache, dass der Gatte von Johanna und deren Sohn in zweiter Linie Anwärter auf den immer noch katholischen Königsthron seien.

Heinrichs Anteilnahme und Interesse berührten Katharina, und sie entschied, ihn an dem Gespräch mit dem Kardinal von Lothringen, das jetzt angesagt war, teilnehmen zu lassen.

Der Kardinal wurde gemeldet, und beim Betreten des Zimmers sah er überrascht, dass der Herzog von Anjou noch anwesend war. »Ich habe meinem Sohn erlaubt, bei unserem Gespräch anwesend zu sein, Eminenz.«

Karl von Guise lächelte maliziös. »Selbstverständlich, Madame.«

Ausgerechnet der intelligente Anjou, dachte der Kardinal. Wird er jetzt immer bei Unterredungen dabei sein? Er ist zwar noch ein Kind, aber seine Mutter wird ihn politisch so formen, wie sie es für richtig hält, und in wenigen Jahren wird er mitreden.

Katharina unterbrach seine Überlegungen. »Eminenz, vorhin erhielt ich dieses Schreiben der Königin von Navarra.« Sie überreichte ihm den Brief.

Karl von Guise las, ohne eine Miene zu verziehen, legte den Brief zur Seite und schwieg einen Augenblick.

»Nun, Eminenz, was halten Sie von der Entscheidung meiner Cousine?«

»Madame, es lag seit langem in der Luft, dass die Königin von Navarra sich irgendwann zu Calvin bekennen würde, obwohl, ich bitte um Vergebung, Madame, aber es ist eine …, wie soll ich es sagen, es ist irgendwie dreist, um nicht zu sagen unverschämt gegenüber dem katholischen König von Frankreich, ich meine, es ist politisch unverschämt, weil Königin Johanna genau weiß, dass sie auf die Unterstützung Frankreichs zählen kann, wenn ihr Zwergstaat von Spanien bedroht wird. Sie kann auf uns zählen, weil es in unserem Interesse ist, dass Spanien sein Territorium nicht noch weiter nach Norden ausdehnt.« Der Kardinal wusste, dass er so offen sprechen konnte, weil er über das gespannte Verhältnis zwischen den beiden Königinnen bestens informiert war. »Wie werden Sie reagieren, Madame?«

»Ich werde im Augenblick überhaupt nicht reagieren, sondern den Inhalt des Briefes kommentarlos zur Kenntnis nehmen. Wir haben im Augenblick wahrhaftig andere Probleme. – Ich werde die Entwicklung der Verschwörung abwarten und dann weitere Entscheidungen treffen, unabhängig davon, was aus der Verschwörung wird, so ist es im Augenblick eine Tatsache, dass Anton von Bourbon offiziell noch katholisch ist. Es ist wichtig, dass er offiziell katholisch bleibt und nicht Führer der Hugenotten wird. Deshalb werde ich versuchen, ihn während der kommenden Monate nach Frankreich zu holen. Dies dürfte nicht weiter schwierig sein – unser Hof hat ihn immer mehr angezogen als sein bäuerliches Königreich; das ist der erste Schritt. Wenn er am Hof weilt, dürfte es nicht weiter schwierig sein, ihn davon zu überzeugen, dass auch die Anwesenheit seines Sohnes notwendig ist, und meine Cousine wird die Bitte des Gatten, der seinen Sohn sehen möchte, schwerlich abschlagen können. Der kleine Heinrich wird im Dezember sieben Jahre alt, er ist noch formbar. Ich habe die Absicht, ihn zusammen mit dem Herzog von Anjou und Ihrem Neffen erziehen zu lassen, und dies bedeutet, dass er auch im katholischen Glauben unterwiesen wird; er wird lernen zu beichten, zur Messe zu gehen, und ich bin überzeugt davon, dass er nach kurzer Zeit die Lehre Calvins vergessen hat.« Sie schwieg einen Augenblick und fuhr fort. »Wenn es gelingt, die Thronprätendenten in der katholischen Kirche zu halten, dann werden die ›politischen Hugenotten‹ keine Führer haben und die Krone nicht mehr bedrohen.«

Nach diesen Worten herrschte eine lange Zeit Schweigen im Raum.

»Sie sind der Meinung, Madame, dass die Hugenotten zu einer gefährlichen politischen Partei werden könnten, wenn sie einen Führer finden?«

»Ja, wenn die Hugenotten einen Führer finden, werden auch diejenigen, denen es nur um die Religion geht, sich ihm anschließen, deswegen war jenes Edikt vom 2. März notwendig, das eindeutig zwischen religiösen und politischen Hugenotten unterscheidet.«

»Ich verstehe, Madame, aber welche Eigenschaften müsste der Mann besitzen, dem es gelingt, eine so heterogene Gruppe wie die Hugenotten zu einen?«

»Er müsste Charisma haben und zugleich ein Demagoge sein …, nun, das ist etwas übertrieben ausgedrückt. Er müsste ein Heerführer sein wie Ihr Bruder und die rhetorische Begabung eines Cicero besitzen.« Der Kardinal lächelte. »Madame, der König von Navarra ist weder ein Heerführer noch ein Cicero.« – »Er hat einen Sohn, Eminenz. Der Brief meiner Cousine hat mich nachdenklich gestimmt.« – »Heinrich von Bourbon ist ein Kind, Madame. Er wird in wenigen Jahren erwachsen sein.«

Es entstand eine längere Pause, die plötzlich von dem Herzog von Anjou unterbrochen wurde. »*Quousque tandem abutere, Catilina …*«

Der Kardinal zuckte irritiert zusammen. »Wie bitte, Hoheit?«

»Ich habe vor einer Woche diese Rede Ciceros gegen Catilina auswendig gelernt. Die *Oratio prima* Ciceros gegen Catilina hat dreizehn Abschnitte, und ich habe diese fünfzehn Seiten in meinem Lehrbuch innerhalb von einer Woche gelernt. Ich hoffe, dass ich bis Pfingsten die ersten vier Reden gegen den Verschwörer Catilina beherrsche.« Er begann erneut, zu deklamieren. *Quo usque tandem abutere, Catilina, patientia nostra?*

»Heinrich«, sagte Katharina, »das genügt; es ist allgemein bekannt, dass du fließend Latein sprichst.«

»Ich habe den Eindruck, Hoheit, dass Cicero Sie sehr beeindruckt.«

»Ja, Eminenz, ich möchte einmal ein so großer Redner werden wie Cicero, das ist wichtig, wenn man zur königlichen Familie gehört.«

»Selbstverständlich, Hoheit.« Er wird, Gott sei es gedankt, nie König werden, dachte der Kardinal im Stillen. »Madame, der Herzog von Anjou ist *puer bonae spei*.«

Katharina nahm das Kompliment wortlos zur Kenntnis, innerlich aber war sie von Stolz über Heinrich erfüllt. Sie strich ihm über die dunklen Locken. »Würde es dir gefallen, wenn Heinrich von Bourbon an den Hof zurückkehrt? Dann hättest du noch einen weiteren Spielkameraden.« »Ja, Mama!«, rief er lebhaft. »Ich mag ihn, er war vor zwei Jahren immer lustig und zu Streichen aufgelegt.« Und außerdem, dachte er im Stillen, ist es ganz gut, wenn ich einen Kameraden habe, der mich vor Karls Wutanfällen schützt, und Guise kann ruhig merken, dass er nicht mein einziger Freund ist.

Während der folgenden Tage beobachtete Katharina jeden Nachmittag unauffällig den Fechtunterricht und sagte ihrem Sohn anschließend, welche taktischen Fehler er gemacht habe, auf welche Stöße des Gegners er besonders achten und welche Stöße er noch einmal üben solle.

Heinrich befolgte die Ratschläge der Mutter, und am 10. März sagte der Fechtmeister am Schluss der Stunde zu dem jungen Valois: »Sie haben in den letzten Tagen erstaunliche Fortschritte gemacht, Hoheit. Hätten Sie Lust, morgen noch einmal gegen den Herzog von Guise anzutreten?«

»O ja, sehr gerne.« Er brannte darauf, den Freund zu besiegen, und Heinrich von Guise hatte den gleichen Ehrgeiz. Der junge Valois eilte sofort zu seiner Mutter, erzählte ihr stolz vom Lob des Lehrers und dass er am nächsten Tag erneut gegen Heinrich von Guise kämpfen würde.

»Morgen wirst du ihn besiegen«, sagte Katharina, »davon bin ich überzeugt.« – »Gewiss, Mama.« Er zögerte. »Könnten Sie bei dem Duell anwesend sein, Mama? Dann würde ich mich sicherer fühlen.«

Katharina dachte an den Aktenberg auf ihrem Schreibtisch, dann sah sie Heinrichs bittende Augen. Ihr Kind brauchte sie, ihre Anwesenheit bei dem Kampf sollte ihn moralisch gegen den jungen Guise stärken, das künftige Oberhaupt dieser Familie. Ihr Kind war wichtiger als die Akten; überdies würde das Duell bestimmt nicht lange dauern. »Ich werde dich morgen Nachmittag begleiten, Heinrich.«

Er atmete erleichtert auf. »Vielen Dank, Mama, Sie sind die beste Mama der Welt.«

3

Als Katharina und Heinrich am Nachmittag des 11. März auf dem Übungsplatz erschienen, war der junge Guise bereits anwesend und erschrak etwas beim Anblick der Königinmutter. Warum ist sie mitgekommen, dachte er verunsichert, und flüchtig streifte ihn der Gedanke, ob sie den Kampf mit Zaubersprüchen beeinflussen wollte. In Joinville hatte er oft von den Dienern gehört, dass die Italienerin sich mit unheimlichen Landsleuten umgab, mit Astrologen und Giftmischern. Auch ihr Parfumeur René sollte ein Giftmischer sein. Seine Großmutter, der Vater und die übrige Familie nannten diese Verdächtigungen nur dummes Geschwätz, und er selbst glaubte auch nicht daran, aber das einfache Volk liebte nun einmal solche gruseligen Geschichten.

Er schob den Gedanken an Zauberei beiseite, aber die Anwesenheit der Königinmutter schüchterte ihn ein.

Katharina spürte, was in dem jungen Guise vorging und ging lächelnd zu ihm. »Ich bin sehr neugierig auf euren Kampf, und anschließend gibt es eine Belohnung für euch beide.«

Eine Belohnung, dachte Heinrich von Guise, vielleicht würde der Vater ihm nach diesem zweiten Sieg endlich den heiß ersehnten, juwelenbesetzten Degen schenken, und in seiner Fantasie sah er Rubine, Smaragde, Saphire, Brillanten, Perlen und eine goldene Krone.

Dann begann das Duell. Der Anblick der funkelnden Edelsteine und der Krone stachelten den Ehrgeiz des jungen Guise noch stärker an als beim ersten Kampf, aber bereits nach wenigen Minuten merkte er, dass Heinrich von Valois ihm diesmal taktisch überlegen war. Warum, dachte er verzweifelt, wie kommt es, dass er in diesen wenigen Tagen so viel gelernt hat? Ich muss Ruhe bewahren, er wird mich nicht besiegen.

In diesem Augenblick rief der Fechtmeister: »Halt! Das Duell ist beendet!« Zu dem jungen Valois sagte er dann: »Sie haben soeben den entscheidenden Stoß geführt, der den Gegner im Ernstfall getötet hätte. Sie sind der Sieger.«

Heinrich von Guise glaubte, nicht richtig zu hören – er hatte den Kampf nach nur wenigen Minuten verloren, was würde sein Vater sagen? Er fühlte sich deprimiert und so unglücklich wie noch nie zuvor in seinem Leben; er war dem jungen Valois unterlegen, was würden die anderen jungen Edelleute über seine Niederlage denken? Und Margot? Es würde sich rasch am Hof herumsprechen, dass der Herzog von Anjou das künftige Oberhaupt der Familie Guise besiegt hatte; diese Blamage … Wäre er doch nur tot, wenn er jetzt tot umfiel, würden alle um ihn trauern, seine Niederlage war vergessen, und vielleicht würde man sogar dem Herzog von Anjou die Schuld an seinem Tod geben. Der Gedanke an den Tod tröstete ihn und linderte seinen Kummer, aber die Stimme des Freundes brachte ihn sofort in die reale Welt zurück. »Mama, Mama, haben Sie gehört? Ich habe gesiegt! Ich bin so glücklich, Mama!«

Heinrich von Guise sah den Freund auf die Königinmutter zueilen, er sah, wie sie ihn umarmte, und er versuchte seine Tränen zu unterdrücken. Niemand durfte merken, wie deprimiert er sich fühlte.

»Ich bin auch glücklich, mein Liebling«, sagte Katharina leise, es war nicht nötig, dass jemand ihre Worte hörte. »Ich bin stolz auf dich, dass du einen Guise besiegt hast. Mein Augapfel, warum trägst nicht du die Krone Frankreichs?«

Heinrich sah seine Mutter erstaunt an. Sie wünschte also oder hoffte …?

»Mama, Sie würden es gerne sehen, wenn ich …« – »Ja, aber das bleibt unter uns. Mein Wunsch ist unrealistisch, aber ich werde nichts unversucht lassen, um deine Stellung als Bruder des Königs zu stärken, das verspreche ich dir.« Sie schwieg, weil Heinrich von Guise langsam auf sie zukam.

Er zwang sich zu einem Lächeln, reichte dem jungen Valois die Hand und sagte: »Ich gratuliere dir zu deinem Sieg, Heinrich, jetzt sind wir also quitt.«

»Nun«, erwiderte Katharina, »es war bestimmt nicht euer letzter Kampf gegeneinander.« Sie wandte sich an den Fechtmeister. »Der Unterricht geht morgen weiter, die jungen Herren haben jetzt eine Belohnung verdient.« Dann sagte sie zu den Kindern: »Ich weiß, dass ihr gerne gefrorenes Dessert esst. Mein Koch Giacomo hat eine Eistorte mit kandierten Früchten für euch zubereitet, die ihr allein verzehren dürft.«

»Eine Eistorte nur für uns, Madame?«, fragte Heinrich von Guise ungläubig, weil er diese Großzügigkeit in seinem reichen Elternhaus nicht gewohnt war.

»Ja«, erwiderte Katharina, »ihr dürft die Torte allein aufessen, lauft rasch zu Mingo, sonst schmilzt das Kunstwerk noch.«

»Vielen Dank, Madame!«

»Vielen Dank, Mama.«

Die Kinder sahen sich an und vergaßen Duell, Sieg und Niederlage. Eine Torte für uns allein, dachten sie und eilten durch Gänge und Galerien zu dem Naschwerk.

Katharina sah ihnen nach und lächelte: Mingo würde schon dafür sorgen, dass die Kinder nicht alles auf einmal vertilgten und womöglich Magenschmerzen bekamen, morgen und übermorgen war auch noch ein Tag.

Sie ging langsam zurück zum Schloss, genoss die warme Frühlingssonne und dachte einige Minuten lang nicht an die Akten auf ihrem Schreibtisch.

»Madame, Madame …«

Sie schrak zusammen und sah einen der königlichen Pagen auf sich zueilen.

»Madame«, keuchte er, »Gott sei Dank, dass ich Sie endlich gefunden habe, Madame, der König bittet Sie, sofort zu ihm zu kommen. Im Hof unter seinem Fenster haben sich ungefähr drei Dutzend Bauern aus der Umgebung versammelt, die Seine Majestät sprechen wollen, aber Seine Majestät verweigert ihnen eine Audienz.«

»Bauern aus der Umgebung?« – »Ja, Madame, die Soldaten des Herzogs von Guise haben sie in den Wäldern gefunden.« – »Die Soldaten des Herzogs?«

Sie raffte ihre Röcke und eilte zum Appartement ihres Sohnes.

Als sie das Arbeitszimmer betrat, hörte sie Franz sagen: »Nein, ich zeige mich nicht dem Volk, mein Volk hasst mich.«

Sie blieb einen Augenblick an der Tür stehen und betrachtete das Bild: ihr Sohn, der König, saß am Schreibtisch und war den Tränen nahe, neben ihm standen Franz und Karl von Guise und redeten auf ihn ein.

»Sire, Sie müssen sich zeigen, das Volk liebt Sie, sonst würden die Bauern nicht den Wunsch äußern, Sie zu sehen. Sire, diese Leute sind loyale Untertanen Eurer Majestät.«

In diesem Augenblick sah Franz seine Mutter. »Mama, Mama!«, rief er, »Sie müssen mir helfen, was soll ich nur machen? Ich will nicht zu den Bauern da unten sprechen, sie hassen mich.«

Katharina ging zu ihrem Sohn und strich ihm über die Haare. »Beruhige dich. – Was ist passiert?«, fragte sie dann den Herzog von Guise.

»Madame, sehen Sie hinunter in den Hof, ich werde Ihnen alles erklären.« Er führte sie zu einem Fenster, und als Katharina hinuntersah, erblickte sie Männer und Frauen, in grobes Tuch gekleidet, und darunter zwei Männer und eine Frau, die schwarz gekleidet waren. Sie tragen Trauer, war ihr erster Gedanke, aber dann sah sie die weißen Halskrausen der Männer und das weiße Band, das unter der Haube der Frau hervorlugte. Hugenotten, dachte sie …

»Madame«, begann der Herzog von Guise, »sofort nach unserer Ankunft in Amboise habe ich meine Soldaten in die umliegenden Wälder geschickt, um Rebellen, die sich dort wahrscheinlich verstecken, aufzustöbern. Heute begegneten ihnen diese Bauern. Sie waren auf dem Weg hierher, um dem König zu sagen, dass hinter ihnen ein Heer und mehrere Edelleute auf dem Weg nach Amboise seien, um den König zu sprechen. Sie wussten auch, dass sich auf Schloss Noizay, in der Nähe von Tours, Edelleute aufhalten, darunter auch der Schlosseigentümer, Baron von Castelnau. Diese seien ebenfalls dabei, nach Amboise zu marschieren, um den König zu sprechen. Ich habe vorhin einige Truppen nach Noizay geschickt, mit dem Befehl, die Edelleute und ihre Truppen zu verhaften und hierher zu bringen, weil sie wahrscheinlich zu den Rebellen gehören. Die Bauern hier im Hof sind königstreu.«

Der Baron von Castelnau, dachte Katharina, ist er nicht ein entfernter

Verwandter Colignys? »Franz«, sagte Katharina zu ihrem Sohn, »die Bauern unten im Hof sind gekommen, um dich vor den Rebellen zu warnen, du musst zu ihnen sprechen und ihnen danken.«

»Rebellen? Das verstehe ich nicht.«

Katharina sah den Kardinal hilflos an.

»Sire«, erwiderte dieser rasch, »wir haben Ihnen in Blois gesagt, dass eine Übersiedelung nach Amboise notwendig ist, weil eine Verschwörung gegen Eure Majestät geplant ist.«

»Ja, ich erinnere mich, was soll ich jetzt tun?«

Katharina nahm seine Hand. »Komm, Franz, wir beide gehen jetzt auf den Balkon, und dort wirst du die Worte wiederholen, die ich dir zuflüstere.«

»Ich danke Ihnen, Mama.« Er ging auf den Balkon und betrachtete misstrauisch das Landvolk im Hof. Katharina stellte sich so hinter ihn, dass sie für die Bauern unsichtbar blieb.

Die Männer und Frauen starrten einen Augenblick ihren Monarchen an, den sie noch nie zuvor gesehen hatten.

»Es lebe der König!«, rief einer der Männer dann. Fast im gleichen Augenblick war der Hof von einem einzigen Ruf erfüllt: »Es lebe der König!«

Katharina beobachtete, dass ihr Sohn wie eine Puppe auf dem Balkon stand. »Du musst ihnen zuwinken, Franz, und du musst lächeln«, sagte sie leise.

»Ich kann nicht, Mama.«

Sie seufzte unhörbar. »Du wirst jetzt laut wiederholen, was ich dir souffliere.«

»Ja, Mama.«

Sie überlegte einen Augenblick. »Ihr lieben Leute«, flüsterte sie, »ich danke euch, dass ihr gekommen seid, um mich vor den Rebellen zu warnen.« Sie gab dem Sohn einen Rippenstoß und er wiederholte ihre Worte. »Ich werde euch Wegzehrung und einige Goldstücke als Dank geben. Geht jetzt wieder nach Hause und dient mir so treu wie zuvor.« Franz wiederholte ihre Worte und hoffte, dass er sich danach wieder zurückziehen konnte.

»Es lebe der König!«, riefen die Männer und Frauen und verließen den Hof. Katharina und die Guisen atmeten auf und bemerkten im gleichen Moment, dass die drei schwarz gekleideten Personen zurückblieben.

Die zwei Männer und die Frau fielen auf die Knie und einer der Männer rief: »Sire, wir sind Hugenotten, wir haben uns den Bauern angeschlossen, um Eurer Majestät unsere Bitten vortragen zu können.«

»Sire!«, rief die Frau, »treten Sie zum protestantischen Glauben über, er ist der einzig wahre und richtige Glaube.«

»Sire!«, rief der andere Mann, »trennen Sie sich von der Familie von Guise, diese Familie ist zu mächtig.«

Katharina glaubte, nicht richtig zu hören: diese Hugenotten forderten die Entmachtung der Guisen, gleichzeitig waren sie dem König treu ergeben, also religiöse, keine politischen Hugenotten.

Während sie noch überlegte, wie ihr Sohn reagieren sollte, rief Franz zu den Soldaten hinunter: »Ergreift die Ketzer, werft sie in den Kerker!«

Katharina beobachtete entsetzt, dass die Bewaffneten dem Befehl des Königs gehorchten. Da trat sie vor. »Der König hat seine Meinung geändert«, sagte sie, »er wünscht, dass diese Hugenotten unbehelligt an ihren Heimatort zurückkehren.«

Sie beobachtete zufrieden, dass die Soldaten ihren Anweisungen gehorchten, und erinnerte ihren Sohn an das Edikt von Amboise.

»Sie haben Recht, Mama«, erwiderte er kleinlaut.

Der Kardinal von Lothringen hatte die Szene von einem der Fenster aus beobachtet, und dachte unbehaglich daran, dass die Königinmutter die Ketzer zu beschützen schien.

Am nächsten Morgen wurden der Baron von Castelnau, einige andere Edelleute und eine Schar bewaffneter Hugenotten nach Amboise gebracht.

Der Kardinal schlug vor, die Edelleute sofort zu foltern, damit man etwas mehr über die Verschwörung erfuhr. Katharina war dagegen und sagte zu Franz II.: »Diese Leute werden verdächtigt, gegen dich zu rebellieren, aber ein Verdacht ist kein Beweis. Lass sie in die Kerker bringen und bewachen, foltern kann man sie später.«

Der König akzeptierte den Rat der Mutter, weil er die Situation nicht mehr überblickte. Der Kardinal gab nach, weil er spürte, dass die Macht seiner Familie irgendwie erschüttert wurde.

Während der folgenden Tage stöberten die Soldaten des Herzogs von Guise immer wieder kleine Gruppen von Verschwörern auf. Bei den Verhören stellte sich heraus, dass die meisten gar nicht wussten, worum es eigentlich ging; einige glaubten, es handele sich um nichts anderes, als den König um eine Audienz zu bitten und ihre Klagen vorzubringen, andere nahmen an, dass die Guisen festgenommen und der König dadurch von ihnen befreit werden sollte. Als klar wurde, dass es sich bei den Gefangenen um Landleute handelte, die nicht wussten, was sie wollten, da schickte man sie nach Hause und kündigte Strafen an, falls sie erneut ihre Dörfer verließen und zu einem königlichen Schloss marschierten.

Am Spätnachmittag des 15. März erhielt Katharina die Nachricht, dass die Königin von England am 27. Februar ein Bündnis mit den protestantischen schottischen Lords geschlossen hatte und sie militärisch unterstützen würde. Das war zu erwarten, dachte sie, wahrscheinlich hat Elisabeth die schottischen Protestanten schon längst heimlich finanziell unterstützt. Dieses schottische Abenteuer muss beendet werden, nicht auf dem Schlachtfeld, sondern am Verhandlungstisch.
Dann besprach sie die Lage mit den Guisen und dem jungen Königspaar.
»Die Königin von England«, begann Katharina, »hat sich mit den protestantischen schottischen Lords verbündet; das bedeutet für uns, dass wir Krieg gegen England führen werden, einen Krieg, den ich lieber vermieden hätte. – Wie ist die gegenwärtige militärische Situation?«, fragte sie den Herzog von Guise.
»Madame, die Situation ist günstig. Die schottischen und unsere Truppen sind in der Festung von Leith. Schottische Festungen sind uneinnehmbar, vorausgesetzt, sie verfügen über genügend Proviant und Waffen, und das ist bei Leith der Fall. Die englischen Truppen werden Leith wahrscheinlich belagern und irgendwann versuchen, die Festung in einem Sturmangriff zu nehmen. Ob es ihnen gelingt, weiß Gott allein. – Bei einer Belagerung muss man immer verschiedene Faktoren bedenken, Seuchen zum Beispiel: wenn eine Seuche bei den Belagerern ausbricht, ist die Festung gerettet; ein Sturmangriff des Gegners kann erfolgreich oder nicht erfolgreich sein.«
Katharina dachte einen Augenblick nach. »Ich schließe aus Ihren Worten, dass wir sowohl mit einem militärischen Erfolg als auch mit einem Misserfolg rechnen müssen. Angesichts unserer innenpolitischen Lage aber können wir keine weiteren Truppen mehr nach Schottland schicken; das bedeutet, dass wir auch bei einem Sieg verhandeln werden.«
Der Kardinal und sein Bruder sahen sich ratlos an.
»Madame«, rief Maria Stuart, »wollen Sie meine Mutter den ketzerischen Engländern preisgeben?«
Katharina sah die junge Schwiegertochter an und spürte, wie erneut der Hass gegen diese vom Schicksal verwöhnte Frau in ihr emporstieg.

»Maria, deine Mutter ist selbst schuld an ihrer Situation, mit etwas mehr Toleranz hätte sie die Clans nicht gegen die Krone aufgebracht.«

»Der schottische Adel neigt zur Aufsässigkeit gegen die Krone«, erwiderte Maria Stuart trotzig.

Nach diesen Worten senkte sich Schweigen über den Raum.

»Du darfst keine Truppen mehr nach Schottland schicken«, sagte Katharina zu ihrem Sohn.

Der Kardinal hatte bisher geschwiegen, aber nun fand er es angebracht sich einzumischen. »Madame, es geht bei diesem Krieg nicht nur um die religiösen Probleme in Schottland, sondern vor allem um die Krone Englands. Es ist eine günstige Gelegenheit, England zu erobern, Elisabeth abzusetzen, das Land von der Ketzerei zu befreien und die Kronen von Frankreich, Schottland und England unter einem Herrscher zu vereinen, nämlich dem König von Frankreich.«

Katharina versuchte, ihre Beherrschung nicht zu verlieren. Am liebsten hätte sie den Kardinal angeschrien, er solle realistisch bleiben und keinen Hirngespinsten nachjagen. Stattdessen lächelte sie ihn an und erwiderte in einem Ton, der keinen Widerspruch duldete: »Eminenz, die Krone Englands interessiert mich nicht, mich interessiert nur die Krone Frankreichs und ich werde nichts unversucht lassen, sie für das Haus Valois zu erhalten. – Franz, wenn du weitere Truppen nach Schottland schickst, so setzt du deine Krone aufs Spiel, weil dir dann die Soldaten fehlen, die dich vor den inneren Feinden schützen sollen. Und du willst doch bestimmt nicht die Krone verlieren?«

»Nein, Mama«, antwortete er ängstlich und war froh, dass ihm die Entscheidungen abgenommen wurden.

»Du wirst keine Truppen mehr nach Schottland schicken?«

»Nein, Mama, die Soldaten bleiben hier.«

Da sprang Maria Stuart wütend auf, ging zu ihrer Schwiegermutter und rief empört: »Sie rauben mir die Krone Englands, Madame!«

Katharina musterte die junge Königin und erwiderte spöttisch: »Wie kann ich dir etwas rauben, das dir nicht gehört?« Dann blickte sie zu den Guisen. »Sie haben den Befehl des Königs gehört: keine weiteren Truppen nach Schottland. Wenn eine militärische Entscheidung gefallen ist, wird verhandelt.« Sie nickte den Brüdern hoheitsvoll zu und rauschte aus dem Zimmer.

Maria Stuart brach in Tränen aus, und während der Gatte versuchte, sie zu trösten, sagte Franz von Guise leise zu seinem Bruder: »Die Königinmutter hat Recht, Karl, wir müssen zunächst die Lage hier in den Griff bekommen.«

Der Kardinal überlegte und stimmte dem Bruder widerwillig zu, war aber fest entschlossen, den Anspruch auf die Krone Englands aufrechtzuerhalten.

Katharina schlief schlecht in dieser Nacht, erhob sich bei Tagesanbruch und ging zu der Stelle an der Schlossmauer, von wo aus man die Loire überblicken konnte.

An jenem Morgen des 16. März sah sie allerdings nur Nebel über dem Fluss; allmählich lichtete er sich.

Sie dachte an die Verschwörung.

Die Nebelschwaden trieben davon und sie betrachtete müßig die Schiffer auf dem Fluss. Plötzlich begannen die Schiffer zu schreien und deuteten auf die andere Seite des Flusses. Dort erblickte Katharina in dem grauen Licht des Märztages ungefähr zweihundert mit weißen Schärpen geschmückte Reiter, die sich in scharfem Trab näherten.

Die Rebellen, dachte Katharina und alarmierte die Schlosswache. Im gleichen Augenblick kamen Soldaten, die die Stadttore bewachten und berichteten entsetzt, dass eine Vorhut der Aufständischen inzwischen bis zum »Gutleuttor«, das zu Füßen des Schlosses lag, vorgedrungen war.

Katharina schickte den Hauptmann der Schlosswache zum Herzog von Guise und eilte in ihre Gemächer, wo sie auf einen Stuhl sank und sich völlig hilflos fühlte. Der Herzog ließ sofort alle Männer, mit Ausnahme des Königs, der königlichen Familie und der Geistlichen, aufsitzen, und bereits nach kurzer Zeit erhielt Katharina die Nachricht, dass »die weißen Schärpen« geflohen seien. Sie atmete auf.

Wenig später erschien Franz von Guise.

»Madame, wir haben bei der Verfolgung einige der Flüchtlinge gefangen und verhört. Sie sagen, dass ein Heer von zweitausend Pferden und viertausend Mann Fußvolk aus dem Berry heranmarschiert und ein weiteres Heer von zehntausend Mann aus der Gascogne. Die Zahlen sind vielleicht übertrieben, aber ich habe inzwischen alle Maßnahmen für eine langfristige Belagerung getroffen.«

Katharina war fassungslos. »Ich kann es nicht glauben, ich habe versucht, den Protestanten durch das Edikt von Amboise entgegenzukommen; wir haben bisher Milde walten lassen, wenn in den Wäldern

Bauern aufgegriffen wurden, die offensichtlich von der Verschwörung wussten, und nun werden wir angegriffen!«

Ein Tumult im Schlosshof unterbrach das Gespräch, und fast im gleichen Augenblick stürzte ein Hauptmann in das Zimmer und meldete, dass La Renaudie und seine Streitkräfte die Stadt umzingelten und La Renaudie den König zu sprechen wünsche. Katharina sah Franz von Guise an. »Teilen Sie dem Rebellen mit, dass der König nicht zu sprechen ist.«

Der Herzog verschwand, erschien erneut und sagte: »Madame, La Renaudie wünscht den Prinzen von Condé zu sprechen.«

»Teilen Sie ihm mit, dass der Prinz durch sein Amt daran gehindert ist.«

Kurze Zeit später erschien der Herzog erneut. »La Renaudie wird jetzt das Schloss angreifen, Madame.«

Katharina nahm es wortlos zur Kenntnis und begab sich in ihren Andachtsraum.

Sie hörte von ferne den Kanonendonner und dachte daran, dass es Franzosen gab, die es wagten, die Krone ihres Sohnes anzutasten, und in jenem Augenblick beschloss sie, keine Milde gegenüber den Rebellen walten zu lassen. Wenn der Kardinal deren Hinrichtung forderte, würde sie ihre Zustimmung geben – was nicht bedeutete, dass sie religiöse Hugenotten verfolgen würde. Glaubensfreiheit ja, Illoyalität gegenüber der Krone – nein.

Am frühen Nachmittag wurde der Herzog von Guise gemeldet.

»Madame, die Rebellen sind besiegt! Ihr Angriff wurde abgewehrt, und als sie den Rückzug antraten, fanden sie die Stadt von königlichen Truppen umstellt, die sie am Entkommen hinderten. – La Renaudie wurde im Handgemenge getötet. Ich habe, Ihr Einverständnis voraussetzend, Madame, seinen Leichnam vierteilen und auf der Brücke über dem Fluss ausstellen lassen, daneben steht ein Plakat mit der Inschrift ›La Renaudie, Haupt der Rebellen‹. – Die Leichen der gefallenen Hauptleute, darunter Chandieu, Maligny, La Mathe, Cocqueville, Des Champs, Villemongis, La Force und ein Laienbruder der Abtei von Marmoutier, habe ich an den Zinnen der Terrasse über der Gasse, die zum Schloss führt, aufhängen lassen, als Abschreckung sozusagen. Ein Teil der Gefangenen, zumeist Bauern und Handwerker, wurde in Säcke eingenäht und im Schlossgraben oder in der Loire versenkt. – Mein Bruder, der Herzog von Aumale, ist inzwischen mit einem Kontingent nach dem Süden aufgebrochen, um weitere Rebellen abzufangen und hierher zu bringen.«

Hier schwieg der Herzog zunächst, damit die Königinmutter die schrecklichen Nachrichten verarbeiten konnte.

Mein Gott, dachte Katharina, unter den Verschwörern sind Männer, die ich immer für loyal hielt: Maligny, der Fähnrich des Prinzen von Condé – seine Teilnahme beweist, dass Condé zumindest von dem Komplott wusste; Villemongis; La Force – er hat sich seinerzeit in den Kriegen meines Mannes ausgezeichnet; der Laienbruder ist ein Diener des Kardinals von Lothringen.

»Ich billige Ihre Entscheidung, die Leichen für die Zurschaustellung freizugeben. Es ist entsetzlich, aber die Franzosen müssen wissen, was sie erwartet, wenn sie es wagen, sich gegen den König zu erheben. – Was ist mit Castelnau?«

»Madame, Castelnau und die anderen Anführer, insgesamt zweiundfünfzig, darunter Raunay und Mazères, fielen lebend in die Hände meiner Soldaten und wurden sofort in die Verliese des Schlosses gebracht; nachher wird man mit den Verhören beginnen, und wenn die Verhöre zu keinem Ergebnis führen, wird man die Folter anwenden müssen.«

Nein, dachte Katharina erschrocken, nicht die Folter; sie war grundsätzlich gegen die Folter, weil die so erzwungenen Geständnisse oft keine echten Geständnisse waren, aber in diesem Augenblick dachte sie vor allem an das Schicksal von Condé.

»Wozu Verhöre und Folter?«, fragte sie vorsichtig, »die Schuld der Gefangenen ist erwiesen, sie haben gegen den König rebelliert und sich eines Majestätsverbrechens schuldig gemacht, das genügt, um sie zum Tod zu verurteilen.«

Franz von Guise zögerte. Auch er verabscheute zutiefst im Innern die Folter, aber war es nicht im Interesse des Staates und seiner Familie notwendig, etwas Licht in diese dubiose Angelegenheit zu bringen? Es war wichtig zu wissen, wer das Haupt dieser Verschwörung war, wer im Hintergrund die Fäden zog.

»Madame, die Verhöre sind notwendig, sie gehören zu einem ordentlichen Prozess. Eine Hinrichtung ohne vorheriges Verhör schadet dem Ansehen der Krone; was die Folter betrifft, so muss das nicht heute oder morgen entschieden werden, vielleicht erübrigt sich die peinliche Befragung.«

Er hat Recht, dachte Katharina, Verhöre sind notwendig.

In diesem Augenblick wurde der Kardinal von Lothringen gemeldet, und als er das Zimmer betrat, erschrak Katharina: er strahlte über das ganze

Gesicht, als ob er eine Freudenbotschaft überbrächte. »Madame, die Verhöre haben soeben begonnen und die Hinrichtungen der einfachen Leute nehmen ihren Fortgang. Ich habe befohlen, die Gefangenen zuerst zu rädern, dann enthaupten zu lassen; ihre Köpfe werden an den Ecken des Schlosses aufgespießt. Den braven Bürgern von Amboise muss schließlich ein Spektakel geboten werden.«

Katharina spürte, wie Übelkeit in ihr aufstieg, und am liebsten hätte sie dem Kardinal die Tür gewiesen, aber sie bezwang sich. »Ich bin glücklich, dass die Rebellen besiegt sind«, sagte sie, ohne eine Miene zu verziehen, »aber ist es notwendig, die Folter anzuwenden?«

»Madame«, rief der Kardinal, »die Folter ist das einzige Mittel, um in Erfahrung zu bringen, wer die tatsächlichen Rädelsführer sind! Ist es nicht auch im Interesse der Krone, Madame, dies zu wissen?«

Katharina überlegte blitzschnell, dass sie, wenn sie sich weiterhin gegen Folterungen aussprach, womöglich in den Verdacht geriet, die Verbündete Condés und seiner Anhänger zu sein. Der Kardinal hatte dem Edikt vom 2. März nur widerwillig und unter dem Druck der äußeren Verhältnisse zugestimmt. »Eminenz, tun Sie, was Sie für richtig halten.«

Als die Guisen gegangen waren, trat sie zu einem der Fenster, überlegte, was besser für Frankreich und die Krone sei: ein lebendiger oder ein toter Condé? Dann dachte sie daran, dass jenes Edikt vom 2. März durch ein weiteres Edikt ergänzt werden musste, das feiner gesponnen war. Offene Sympathie für die Hugenotten wäre zu gefährlich, aber sie mussten vor weiterer Verfolgung verschont werden. Das strahlende Gesicht des Kardinals kündigte an, dass er die Hugenotten weiterhin erbarmungslos verfolgen würde, unter dem Vorwand, sie rebellierten gegen die Krone.

Sie war so vertieft, dass sie nicht hörte, wie der Herzog von Anjou gemeldet wurde. »Mama, ich habe Angst.«

Sie fuhr zusammen, dann sah sie Heinrich und zog ihn an sich. »Du musst keine Angst mehr haben, es ist alles vorbei.«

»Nein Mama, es ist noch nicht vorbei. Ich habe die aufgehängten Leichen gesehen und die Köpfe an den Zinnen, ich habe beobachtet, wie Menschen im Schlossgraben ertränkt wurden ..., und der Geruch, Mama, überall ist dieser widerliche, süßliche Geruch.«

»Das ist die beginnende Verwesung. – Ich weiß, dass dies für dich und deine Geschwister alles schrecklich und unbegreiflich ist, ich hätte es euch gerne erspart. Wir werden Amboise so bald wie möglich verlassen, von hier aus reisen wir nach Chenonceaux und dann weiter nach Montceaux. In diesen beiden Schlössern können wir uns am besten von den Aufregungen erholen. – Was ist aus Amboise geworden? Vor zweiundvierzig Jahren war es ein königliches Lustschloss und die prachtvolle Kulisse für die Hochzeit meiner Eltern. Heute ist es ein Ort des Schreckens.«

Karl von Valois betrat erregt und mit geröteten Wangen das Zimmer. »Mama, was für ein Schauspiel, haben Sie die Leichen gesehen, ist es nicht faszinierend?«

Katharina und Heinrich sahen den Dauphin befremdet an.

»Es ist nicht faszinierend, sondern schrecklich«, erwiderte Katharina kühl, »ich muss schon sagen, du hast einen merkwürdigen Geschmack.«

Karl achtete nicht weiter auf ihre Worte und fuhr fort. »Die Gefangenen sind inzwischen nacheinander in die Folterkammer gebracht worden. Darf ich bei den Folterungen zusehen?«

Katharina erschrak, die Folter hatte also schon begonnen, waren bereits Geständnisse erpresst worden? Sie verbarg ihre Nervosität so gut sie es vermochte und sah Karl streng an.

»Was sind das für Ideen? Weißt du etwa nicht, was ein Mensch in der Folterkammer an körperlichen Schmerzen erdulden muss? Viele werden halb tot in ihren Kerker zurückgebracht, manche sterben unter der Folter. Was geht nur in dir vor? Für das gemeine Volk sind grausame Hinrichtungen, wie Rädern, Verbrennungen und was es sonst noch alles gibt, vielleicht ein aufregendes Spektakel; ein gebildeter Mensch jedoch sollte Abscheu davor empfinden. Wenn die Hofleute bei einer Hinrichtung anwesend sein müssen, dann aus protokollarischen Gründen und nicht, weil es ihnen besonderes Vergnügen bereitet. Kurz, ich verbiete dir, dich auch nur in die Nähe der Folterkammer zu begeben, und wenn du mein Verbot missachtest und ich erfahre, dass du es übertreten hast, so wirst du von mir eigenhändig körperlich gezüchtigt. – Geh jetzt.«

Sichtlich erschüttert wandte sie sich an Heinrich: »Dein Bruder hat manchmal merkwürdige Ideen, hat er irgendwann schon einmal den Wunsch geäußert, bei Folterungen anwesend zu sein?« Heinrich überlegte lange. »Nein, Mama.« – »Geh zu Margot und Herkules und achte darauf, dass sie keinen Unfug treiben. Ich muss noch arbeiten.«

Sie wollte einen Augenblick allein sein und in Ruhe über die Gesamtsituation nachdenken.

Währenddessen braute sich weiteres Unheil zusammen.

Karl, der seit frühester Kindheit wegen seiner hysterischen Wutausbrüche bekannt war, folgte, von einer geheimen Kraft in seinem Inneren gezogen, dem Schreien und Stöhnen, das aus den dunklen Gewölben heraufdrang. Immer näher tastete er sich an das grausame Geschehen heran, wobei er von einer seltsamen Erregung ergriffen wurde, die ihn zum Zentrum der verbotenen Zone vorantrieb. Schließlich hatte er die Folterkeller erreicht. Die wimmernden Schmerzensschreie der Gemarterten klangen qualvoll in seinen Ohren und wurden immer lauter, um unvermittelt zu ersterben.

Karl wurde jetzt plötzlich bewusst, dass er das Verbot seiner Mutter übertreten hatte und schlich sich wieder nach oben. Er hatte allerdings nicht bemerkt, dass er von René, dem Parfumeur seiner Mutter, beobachtet worden war.

Dieser war von Katharina beauftragt worden, die Wärter zu bestechen, um das Ergebnis der Verhöre herauszulocken. Sie wollte unbedingt wissen, wer der Kopf der Verschwörung war.

Inzwischen strebte andernorts die Welle der Gewalt an diesem Tag ihrem Höhepunkt zu.

Karl war entdeckt worden, und die Nachricht war zu seiner Mutter gelangt. Diese zitierte ihn zu sich und züchtigte ihn, wie angedroht, mit der Weidenrute. Dies war das erste Mal in seinem Leben, und Karl hatte dafür nur eine Erklärung: sein verhasster Bruder Heinrich, der Liebling seiner Mutter, musste ihm gefolgt sein, um ihn zu verraten. Abgrundtiefer Hass, über viele Jahre angestaut, bemächtigte sich jetzt seiner und er sann auf wirkungsvolle Rache, die seinem jetzt als Todfeind empfundenen Bruder und Rivalen eine unvergessliche Wunde zufügen sollte.

Sofort hatte er Heinrichs wunde Stelle erkannt: es handelte sich um dessen Lieblingshündin. Er passte also einen unbeobachteten Moment ab, schlich sich in das Zimmer seines Bruders, band der Hündin das Maul zu, ergriff das Federmesser und erstach das arme Tier auf grausame Weise, während er sich an dessen Todeskampf weidete. Die Tat erfüllte ihn mit seltsamer Genugtuung, er hörte nicht einmal, wie Heinrich das Gemach betrat. Erst als dieser vor Entsetzen aufschrie, kam Karl zu sich. Heinrich war außer sich vor Schmerz und Wut, beugte sich über das tote Tier, weinte, schluchzte und fragte immer wieder unter Tränen, warum Karl diese schreckliche Tat begangen habe.

Dieser schrie den Bruder wegen des angeblichen Verrats an und drohte immer wieder und wieder, dass er ihn eines Tages umbringen werde.

Katharina, von dem Geschrei alarmiert, kam herbeigeeilt, sah, was geschehen war und wurde von einem ohnmächtigen Zorn ergriffen. Gleichwohl beherrschte sie sich, denn sie wollte den Neid und Hass von Karl nicht noch weiter steigern.

Katharina war verzweifelt, sie konnte die seltsame Veranlagung ihres Zweitältesten nicht verstehen und fühlte sich vom Gang der Ereignisse in jeder Hinsicht überrollt. Sie erteilte Karl drei Tage Stubenarrest bei Wasser und Brot, aber das würde nicht auf Dauer helfen; was sollte nur mit ihm werden?

Nun versuchte sie, den unglücklichen Heinrich mit der Aussicht auf neue Hunde zu trösten, aber dieser war untröstlich über den Tod seines Lieblings. Da fiel Katharina das schöne Federmesser ein, das sie einst von Mingo zu ihrem sechsten Geburtstag bekommen hatte. Sie schenkte es ihm, und wie es aussah, schien es dem Schmerz die Spitze zu nehmen.

Unterdessen saß der Dauphin in seinem Appartement und weinte leise vor sich hin.

Er bereute, dass er den unschuldigen Hund umgebracht hatte und überlegte, dass er sich auch unblutig an dem Bruder hätte rächen können, der ihn überdies ja gar nicht verraten hatte.

Plötzlich wurde ihm bewusst, wie allein er war. Wer an diesem Hof liebte ihn überhaupt? Alle, auch die eigene Familie, behandelten ihn gleichgültig, lieblos. Der König hatte nur Augen für die Königin, Anjou versuchte, sich bei allen beliebt zu machen, Margot war mit Herkules beschäftigt, seine Mutter … »In ihrem Herzen ist nur Platz für Anjou«, sagte er halblaut vor sich hin und begann erneut zu weinen.

Nach einer langen Zeit versiegten die Tränen, er nahm seine Laute, setzte sich auf eine Truhe, strich mit den Fingern spielerisch über die Saiten und begann, eine Ballade von François Villon zu singen, die ihm schon immer besonders gefallen hatte. Es war die Ballade der kurzen Redensarten.

> *Je congnois bien mouches en let,*
> *Je congnois a la robe l'homme,*
> *Je congnois le beau temps du let,*
> *Je congnois au pommier la pomme,*
> *Je congnois l'arbre a veoir la gomme,*
> *Je congnois quant tout est de mesmes,*
> *Je congnois qui besogne ou chomme,*
> *Je congnois tout, fors que moy mesmes.*

Ich kenne gut die Flieg im Rahm,
Ich kenn den Mann an seinem Kleid,
Ich kenn den Apfel an dem Stamm,
Ich kenn Gut- und Schlechtwetterzeit,
Ich kenn den Baum am harzigen Schaft,
Ich kenn des Ganzen Gleichgewicht,
Ich kenn wer feiert und wer schafft,
Ich kenne alles, mich nur nicht.

Er überging die beiden nächsten Strophen und sang den Schluss der Ballade.

Prince, je congnois tout en somme,
Je congnois coulourez et blesmes,
Je congnois Mort qui tout consomme,
Je congnois tout, fors que moy mesmes.

Fürst, alles kenn ich überhaupt,
Ich kenne rot und bleich Gesicht,
Ich kenne den Tod, der alles raubt,
Ich kenne alles, mich nur nicht.

In den Wäldern um Amboise wurden während der folgenden Tage immer wieder Rebellen aufgegriffen und nach einem kurzen Verhör zum Tod verurteilt und in der Loire ertränkt, weil es meistens Landleute waren.

Katharina ließ den Kardinal gewähren, weil sie wusste, dass sie im Augenblick keine andere Wahl hatte und überdies bemerkte, dass er sich, zumindest bei den Einwohnern von Amboise, allmählich unbeliebt machte – das hörte sie von Mingo, Isabella und René, wenn sie von einem Ausgang zurückkehrten. Katharina erhoffte sich Aufschluss über die Rädelsführer durch die Verhöre der gefangenen Edelleute, aber es war wie ein Wunder, die Gefangenen schwiegen, keiner verriet den Namen ihres Anführers.

Innerlich war Katharina erleichtert, dass Condé, den sie im Stillen für den Anführer der Hugenotten hielt, nicht belastet worden war, denn sie brauchte die Bourbonen als Gegengewicht zu den Guisen.

Als sie nun die schwarzen Kapuzen des Henkers und seiner Gehilfen sah, stieg erneut jene Furcht in ihr hoch, die sie damals bei der Vierteilung

Montecuccolis überfallen hatte. Ihren Kindern und der Schwiegertochter ging es wohl nicht anders.

Nun erschien der Prinz von Condé an der Spitze der königlichen Leibwache, und während die Soldaten sich neben der Tribüne postierten, stellte Condé sich neben den Kanzler und behielt seine Bewaffneten im Auge.

Der Kardinal von Lothringen gab einem der Herolde ein Zeichen, und während er seine Fanfare blies, wurden die zweiundfünfzig Edelleute von einigen Bewaffneten in den Hof geführt. Sie gingen paarweise nebeneinander und stellten sich im Halbrund vor der Tribüne auf.

Als Katharina die Gestalten in den langen Umhängen aus grauem Sackleinen und die kahl geschorenen Köpfe sah, empfand sie unwillkürlich Mitleid mit den Verurteilten, aber sofort sagte sie sich, dass diese Männer sich gegen die Krone der Valois verschworen hatten und ihre Hinrichtung moralisch gerechtfertigt war. Es gab bestimmt auch von ihrem Glauben überzeugte Hugenotten darunter, aber sie müssen ja nicht wegen ihres Glaubens sterben, sagte Katharina sich immer wieder und versuchte so, ihre unguten Vorahnungen zu bekämpfen.

Plötzlich zuckte sie zusammen – auf der Tribüne verstummte jedes Wort und alle beobachteten fassungslos, wie die zweiundfünfzig Verurteilten sich tief vor dem Prinzen von Condé verneigten.

Also doch, dachte Katharina, er ist ihr heimlicher Anführer, und diese Geste bedeutet, dass sie sich von ihrem Führer verabschieden. Sie sah verstohlen zu dem Bourbonen, aber der verzog keine Miene, sein Gesicht war förmlich zu einer Maske erstarrt.

Der Kardinal von Lothringen spürte, wie Wut in ihm hochstieg. Das Haupt der Verschwörer stand auf der königlichen Tribüne und man konnte ihm nichts nachweisen! Die Edelleute hatten ihn nicht verraten, und die Papiere des Prinzen, die man beschlagnahmt hatte, waren harmlos. Man konnte ihn verdächtigen und beobachten, mehr war im Augenblick nicht möglich.

Trompetengeschmetter zerriss die Stille, und dann ritt der Herzog von Guise in den Hof, präsentierte vor dem König, wandte das Pferd zu dem Gerüst, zog seinen Degen, hielt ihn für den Bruchteil einer Sekunde in die Luft und senkte ihn dann langsam nach unten. Der Henker und seine Gehilfen traten neben den Richtblock, die Hinrichtungen konnten beginnen.

Einer der Wachleute sagte halblaut etwas zu den Verurteilten, woraufhin sie sich hintereinander aufstellten, und während sie langsam zu der Treppe gingen, hörten die Zuschauer erstaunt, dass die Rebellen einen Psalm anstimmten.

Lobe den Herrn, meine Seele,
und was in mir ist, seinen heiligen Namen!
Lobe den Herrn, meine Seele,
und vergiss nicht, was er dir Gutes getan hat;
der dir alle deine Sünden vergibt und heilet alle deine Gebrechen,
der dein Leben vom Verderben erlöst,
der dich krönet mit Gnade und Barmherzigkeit ...

Katharina spürte, wie bei diesem Psalm Davids eine Andacht über sie kam wie noch nie zuvor bei einer Messe. Dieser Psalm forderte geradezu auf, in sich zu gehen. Der erste Verurteilte stand inzwischen oben auf dem Gerüst, der Henker und seine Gehilfen knieten nieder und baten ihn und die anderen um Vergebung. Dies war der Augenblick, wo Katharina bei Hinrichtungen gewöhnlich nach oben sah, um die Exekution nicht direkt miterleben zu müssen.

Barmherzig und gnädig ist der Herr, geduldig und von großer Güte.
Er wird nicht immer hadern noch ewiglich Zorn halten.
Er handelt nicht mit uns nach unseren Sünden
und vergilt uns nicht nach unserer Missetat ...

Sie schauderte, betete, dass die Exekutionen bald vorüber waren und versuchte sich auf den Gesang zu konzentrieren, der allmählich immer schwächer wurde.

So ferne der Morgen ist vom Abend,
lässt er unsre Übertretungen von uns sein ...
Ein Mensch ist in seinem Leben wie Gras,
er blühet wie eine Blume auf dem Felde,
wenn der Wind darüber geht,
so ist sie nimmer da,
und ihre Stätte kennt sie nicht mehr.

In diesem Augenblick sagte Maria Stuart leise: »Das war die siebte Hinrichtung«, und begann still vor sich hin zu weinen.

Der immer schwächer werdende Gesang berührte nicht nur Katharina, sondern auch andere Zuschauer auf der Tribüne, und einige der Damen begannen ebenfalls zu weinen.

Plötzlich hörte Katharina nur noch eine Stimme, sah zu dem Gerüst und erblickte Castelnau, der Letzte, auf den der Henker wartete.

Auf der Tribüne wurde es unruhig. »Sire, haben Sie Erbarmen, schenken Sie ihm das Leben!«, riefen einige. »Sire, lassen Sie Gnade walten!«

Franz sah unsicher zu dem Kardinal von Lothringen, der unmerklich den Kopf schüttelte und »Nein« murmelte.

»Ich gewähre kein Pardon«, sagte Franz zum Herzog von Guise und dieser gab dem Henker ein Zeichen.

Nach der Enthauptung Castelnaus legte sich eine merkwürdige Stille über den Hof, die jäh vom Prinzen von Condé unterbrochen wurde. Er wandte sich zum päpstlichen Nuntius und sagte so laut, dass alle Hofleute es hören konnten: »Sie können dem Papst sagen, Eminenz, dass, wenn französische Edelleute eine Verschwörung anzuzetteln wissen, sie auch zu sterben wissen.«

Katharina zuckte unwillkürlich zusammen: Condé hatte die Verurteilten nicht als Hugenotten, sondern als Edelleute bezeichnet. War dies nicht ein Indiz, dass die gescheiterte Verschwörung weniger ein religiöses, als vielmehr ein adeliges Unternehmen war?

Inzwischen war er König aufgestanden, sah sich um und sagte: »Jetzt ist wohl alles vorbei, ich möchte zur Messe gehen.«

Als er die Hubertuskapelle betreten wollte, sank er ohnmächtig zu Boden.

Man brachte ihn in sein Appartement und rief die Ärzte.

Die Guisen, Katharina und Maria Stuart warteten im Vorraum ungeduldig auf die Diagnose und überlegten, wie es weitergehen sollte, falls der König überraschend sterben würde.

In diesem Augenblick betrat einer der Ärzte das Vorzimmer.

»Der Schwächeanfall Seiner Majestät hängt wahrscheinlich mit den Aufregungen der letzten Wochen zusammen, nach einigen Tagen Bettruhe wird er sich erholt haben. Ich empfehle, das Schloss so bald wie möglich zu verlassen, auch wegen der drohenden Seuchengefahr.«

»Es besteht also keine unmittelbare Gefahr für das Leben des Königs?«, fragte Maria Stuart.

»Nein, Madame, er bedarf der Ruhe.«

4

Während der folgenden Tage wurden immer wieder Rebellen, die man in der Umgebung aufstöberte und die der Herzog von Aumale als Gefangene mitbrachte, teils ertränkt, teils gerädert, und die Edelleute unter diesen wurden mit dem Schwert hingerichtet.

Während der König wieder zu Kräften kam, erkrankte der Kanzler Olivier. Die Ärzte diagnostizierten Altersschwäche. Die Höflinge indes flüsterten, der wahre Grund für seine Krankheit seien die Hinrichtungen. Was hatte der Kanzler zu dem Kardinal von Lothringen gesagt, als dieser ihn besuchte?

»Verruchter Kardinal, nicht nur Sie sind verdammt, sondern Sie haben uns alle miteinander verdammt.«

Die Worte des todkranken Kanzlers schienen die Volksmeinung widerzuspiegeln. Die Hinrichtungen in Amboise waren inzwischen zum Tagesgespräch in Paris geworden, und die Nachrichten aus der Hauptstadt beunruhigten die Guisen von Tag zu Tag mehr: In Paris war der Kardinal *in effigie* an den Galgen gehängt worden, und von Straßburg aus verbreiteten sich Schmähschriften gegen ihn im ganzen Land; der Verfasser war ein gewisser Franz Hotman, der, so wurde gemunkelt, in den Diensten des Prinzen von Condé stand.

In diesen Pamphleten wurde der Kardinal nur »Der Tiger« genannt.

Katharina verfolgte gespannt, wie Karl von Guise bei den Franzosen immer unbeliebter und verhasster wurde, was bedeutete, dass diese Familie schwächer wurde und an Macht verlor.

Am 30. März starb der Kanzler Olivier, und obwohl Katharina den Tod des rechtschaffenen Mannes bedauerte, so eröffneten sich für sie dadurch neue Perspektiven, ihre eigene Macht zu festigen: sie konnte nun einen Kanzler benennen, der ihr genehm war, und die Guisen waren in der gegenwärtigen Situation gezwungen, ihren Vorschlag zu akzeptieren.

Dann überdachte sie noch einmal die Situation: Die Institutionen des Königreiches boten ihr eine Möglichkeit, selbst zu regieren, und zwar durch eine Mittelsperson, den Kanzler von Frankreich; er verkörperte das bürgerliche Recht und war der Stellvertreter des Monarchen. Sein Vorrang gegenüber allen anderen Mitgliedern der Regierung war rechtmäßig verbrieft. Mit dem betagten Olivier hatte sich das Recht in der Wirklichkeit nicht durchgesetzt, die Guisen waren die tatsächlichen Herren gewesen, aber nun hatte sich das Rad zu ihren Ungunsten gedreht.

Der Kanzler, überlegte Katharina, hat die Aufgabe, Ordonanzen und Edikte zu formulieren, nach dem König ist er der Höchste von allen – Minister, Staatssekretäre und Parlamentsmitglieder unterstehen ihm, er ist auf Lebenszeit in sein Amt eingesetzt. Er kann natürlich in Ungnade fallen und verbannt werden, seinen Titel jedoch kann man ihm nur im Falle des Hochverrats entziehen. Er ist oberster Richter und lediglich vom König abhängig, er ist nicht dessen Diener, sondern sein Vertreter. – Auf dem Weg über den Kanzler konnte sie sich also die Macht, die die Guisen sich angeeignet hatten, zurückerobern.

Katharina wusste längst, wer der richtige Mann für dieses Amt war: Michel de L'Hospital. Im Augenblick stand er noch in den Diensten ihrer Schwägerin Margarete, der Herzogin von Savoyen, aber Margarete hatte ihn ihr seinerzeit als Berater angeboten und Katharina beschloss nun, dieses Angebot zu nutzen. Dann überlegte sie, welche Argumente sie zugunsten ihres Kandidaten im Kronrat vorbringen konnte: Er war in der Auvergne geboren, stammte aus derselben Gegend wie ihre Mutter, er hatte das richtige Alter, dreiundfünfzig Jahre, seine Familie war den Bourbonen ergeben ..., nun ja, das war nur für sie wichtig. Und für den Kronrat, was gab es für Argumente, die ihn geneigt stimmen würden? Michel de l'Hospital hatte in Padua und Rom studiert, war Jurist und Gelehrter, er hatte als Abgesandter des französischen Königs am Konzil von Trient teilgenommen, er war Schatzmeister und Berater ihrer Schwägerin gewesen, 1554 war er zum ersten weltlichen Vorsteher der Rechnungskammer ernannt worden, er war ein Humanist, hatte ein gutes Verhältnis zum Herzog von Lothringen und zu Franz von Guise, er war auch ein Dichter, hatte die Siege des Herzogs von Guise und die Heirat Franz II. in Verse gefasst, er war menschlich, klug, belesen, der Gewalt abgeneigt, dabei gleichzeitig politisch bedachtsam.

Die Guisen waren mit Katharinas Vorschlag einverstanden, weil ihnen angesichts ihrer geschwächten Position nichts anderes übrig blieb, und auch der Kronrat stimmte vorbehaltlos zu.

Der verstorbene Olivier war noch nicht beigesetzt, da galoppierte ein Eilkurier mit einem königlichen Schreiben nach Savoyen, worin Michel de L'Hospital mitgeteilt wurde, dass der König von Frankreich ihn zu seinem Kanzler ernannt habe.

Unterdessen waren die Höflinge mit den Ereignissen während der Hinrichtungen beschäftigt, und überall wurde getuschelt, dass der Prinz von Condé wahrscheinlich das Haupt der Verschwörung gewesen sei.
Condé sah schließlich nur noch eine Möglichkeit, die Gerüchte zum Verstummen zu bringen, nämlich eine Audienz beim König, um sich zu rechtfertigen. Franz gewährte sie und forderte den Prinzen auf, am letzten Märztag vor dem Kronrat zu erscheinen.
Beim Eintritt des Bourbonen in den Saal verstummten die Gespräche und alle lauschten gespannt, was er zu seiner Rechtfertigung vortrug.
»Sire«, begann Ludwig von Bourbon, »Sie wissen, dass ich meine Ahnen bis zu Ludwig dem Heiligen zurückverfolgen kann. Ich bin ein Nachkomme des jüngeren Sohnes dieses großen Königs, und allein deswegen ist es für mich eine heilige Pflicht, dem König von Frankreich mit absoluter Loyalität zu dienen. Sie wissen, Sire, dass ich der Krone in Krieg und Frieden mannigfache Dienste geleistet habe.« Hier machte er eine kurze Pause, bevor er in seiner Rede fortfuhr. »Ich weiß, dass es am Hofe heißt, ich wäre der Anführer der Verschwörer gegen die Person des Königs, unseren erhabenen Herrn. Niemals ist mir auch nur etwas Ähnliches in den Sinn gekommen, und ich erkläre, mit Erlaubnis des Königs, dass, wer auch immer solches gesagt hat, heimtückisch falsches Zeugnis abgelegt hat.«
Aha, dachte Katharina, das ist eine Beschuldigung der Guisen.
»Sire«, fuhr Condé fort, »ich bin unschuldig an der Verschwörung, und ich bitte Euer Majestät, einem anderen Edelmann das Amt des Hauptmannes der königlichen Leibwache zu übertragen und mich zu beurlauben, damit ich im Béarn in Ruhe meine Ländereien verwalten kann.«
Franz erwiderte nichts, dann sah er fragend den Kardinal von Lothringen an, der unmerklich nickte, er sah hinüber zu seiner Mutter, die ebenfalls unmerklich zustimmte, räusperte sich und sagte so herablassend und gnädig wie möglich zu dem Bourbonen: »Ich erlaube Ihnen, den Hof zu verlassen, mon Cousin.«
Die Zustimmung des Kardinals zu Condés Abreise, überlegte Katharina, zeigt, wie schwach die Position der Guisen im Augenblick ist; noch vor

845

wenigen Wochen hätten sie mit allen Mitteln versucht, Condé an der Reise zu hindern. – Die Schwäche der Lothringer muss genutzt werden, um die religiöse und die schottische Frage zu regeln.

Auch Coligny bat, sich auf seine Güter zurückziehen zu dürfen, was ebenfalls gewährt wurde. Bevor er abreiste, schlug er Katharina vor, die religiöse Frage auf einer Notabelnversammlung zu beraten, und man einigte sich darauf, dass diese in der zweiten Augusthälfte in Fontainebleau stattfinden sollte.

Anfang April übersiedelte Katharina mit dem Königspaar und den jüngeren Kindern nach Chenonceaux, während der größte Teil des Hofstaates auf den umliegenden Schlössern untergebracht wurde.

In der zweiten Maihälfte traf Michel de L'Hospital in Chenonceaux ein, wo Katharina ihn sofort empfing.

Nach den üblichen Begrüßungsfloskeln, und nachdem er ihr ausführlich von ihrer Schwägerin Margarete und ihrer glücklichen Ehe mit Herzog Philibert berichtet hatte, sagte Katharina: »Ich möchte in den nächsten Tagen mit Ihnen, dem Kardinal und einigen Legisten ein neues Edikt schaffen, das die religiöse Frage für alle Franzosen so regelt, dass sie damit leben können. Der König und meine Kinder werden nach meinem Schloss Montceaux weiterreisen, ich möchte mich unterdessen mit Ihnen und den anderen Räten nach Romorantin begeben. Chenonceaux ist für mich ein Lustschloss und kein Ort für so ernste und wichtige Verhandlungen.«

Kurz nachdem der Kanzler gegangen war, erhielt Katharina die Nachricht, dass der Sturmangriff der Engländer auf die Festung Leith unter dem Kommando Lord Greys am 7. Mai zwar erfolglos verlaufen war, die Festung sich aber trotzdem bald werde ergeben müssen, weil es ihr an Vorräten mangele und mit keiner militärischen Unterstützung seitens der Spanier zu rechnen sei; diese seien mit den Türken beschäftigt. Überdies sei die Regentin todkrank.

Katharina lächelte, als sie die Nachricht las. Sie wusste, dass die Guisen in den vergangenen Wochen versucht hatten, Philipp zu überreden, Truppen nach Schottland zu schicken. Philipps Antwort war zweideutig gewesen, was Katharina nicht weiter wunderte. Der König von Spanien hatte wenig Interesse an einem französischen Sieg in Schottland, weil er wenig Interesse an einem mächtigen Frankreich hatte; allerdings war er nun tatsächlich mit den Türken beschäftigt. Die militärische Lage, dachte Katharina, ist zweideutig und somit die beste Grundlage, um dieses Abenteuer mit Verhandlungen zu beenden. Sie ließ den englischen Gesandten, Sir Nicholas Throgmorton, noch am gleichen Tag kommen. Throgmorton war schon seit Wochen bestens auf diese Unterredung vorbereitet, weil er von London, seit Beginn der Belagerung von Leith im April, genaue Anweisungen erhalten hatte, wie er im Fall von Sieg oder Niederlage verhandeln sollte. Verhandlungen waren für seine Königin das Wichtigste in diesem Krieg, Verhandlungen, die zu einem dauerhaften Frieden zwischen England, Schottland und Frankreich führten. »Monsieur Throgmorton«, begann Katharina und lächelte ihn auf eine Weise an, dass der Engländer für einige Sekunden bereit war, auf jede Bedingung einzugehen. Im letzten Augenblick fiel ihm ein, dass er die Interessen Englands vertreten sollte und versuchte, so kühl wie möglich zu wirken.

»Monsieur Throgmorton, ich bin froh, dass die Belagerung von Leith zu einem militärischen Ergebnis geführt hat. Der Angriff von Lord Grey ist fehlgeschlagen, nun müssen wir eben verhandeln. Welchen Ort würden Sie für eine Friedenskonferenz vorschlagen?«

Throgmorton sah Katharina irritiert an. War es möglich? Der Sieger Frankreich überließ es dem Verlierer England, den Ort der Verhandlungen zu bestimmen? Er wusste, dass Cecil für Edinburgh war und erwiderte: »Madame, Edinburgh wäre ein geeigneter Ort.«

»Gut, Monsieur, dann werden meine Unterhändler die Hauptstadt Schottlands kennen lernen.« Sie schwieg einen Moment und fuhr fort: »Monsieur Throgmorton, der König von Frankreich möchte, dass zwischen England und Frankreich gute nachbarliche Beziehungen herrschen.«

»Madame, ich werde meiner Königin den Wunsch Seiner Majestät mitteilen.«

»Monsieur Throgmorton, haben Sie eine Vermutung, wen Ihre Königin als Vertreter Englands nach Edinburgh schicken wird?«

Der Gesandte wusste längst, dass William Cecil die Interessen Englands vertreten würde und erwiderte vorsichtig: »Madame, ich vermute, dass Sir Cecil in Edinburgh verhandeln wird.«

Cecil, dachte Katharina, es ist verständlich, dass Elisabeth ihren besten Diplomaten nach Schottland schickt. Wen sollte sie beauftragen? Der Kanzler und der Kardinal wären Cecil ebenbürtig als Verhandlungspartner, aber beide waren unabkömmlich; mit dem Kanzler wollte sie die

Notabelnversammlung vorbereiten, und den Kardinal wollte sie im Auge behalten. Überdies war das Ergebnis dieser Verhandlungen für Frankreich zweitrangig, das schottische Abenteuer musste beendet werden, damit man sich der Lösung der inneren Konflikte widmen konnte, und so beschloss sie, Monsieur de Montluc, Monsieur de Pelve und Monsieur de la Brosse nach Edinburgh zu schicken.

Während der folgenden Wochen beobachtete Katharina entsetzt, dass ihre Bemühungen, die feindlichen religiösen Lager zu versöhnen, erfolglos waren: Die Angriffe der Protestanten gegen die katholische Kirche mehrten sich nach dem Aufstand von Amboise, Kirchen wurden geplündert, Geistliche ermordet, Reliquien in die Flüsse geworfen, und vor allem in der Provence wurden die Katholiken unbarmherzig verfolgt.
Im Laufe des Frühsommers erkannte Katharina, dass die Hinrichtungen von Amboise Kräfte entfesselt hatten, die nicht mehr zu bändigen waren.

Am 28. Juni erfuhr Maria Stuart, dass ihre Mutter am 11. Juni gestorben war und brach zusammen.
Am 6. Juli wurde der Vertrag von Edinburgh geschlossen, dessen Bestimmungen für Frankreich ein Kompromiss waren, für England und die schottischen Protestanten ein Sieg: Man vereinbarte, dass sich die englischen und französischen Truppen aus Schottland zurückziehen sollten, ferner wurde dem französischen Königspaar die Bedingung auferlegt, nicht mehr das englische Wappen zu führen und damit Elisabeth als Königin von England anzuerkennen.
Franz und Maria weigerten sich, diesen Vertrag zu ratifizieren, und Katharinas Überredungskünste waren ohne Erfolg.
Am 11. August verkündete das schottische Parlament die *Confessio Scotica*, hob einige Tage später die Zuständigkeit des Papstes auf und verbot die Zelebrierung der Messe unter Androhung der Todesstrafe beim dritten Verstoß.
Katharina versuchte, ihrer Schwiegertochter die Tragweite dieses Beschlusses beizubringen. »Maria, die schottische Reformation ist zwar eine rein parlamentarische Angelegenheit, aber diese Willensäußerung des Parlaments kann das Bild der Monarchie in den Augen des Volkes grundlegend wandeln. Du musst damit rechnen, dass das Volk nicht bereit ist, von einer katholischen Königin regiert zu werden.«

»Madame«, antwortete Maria, »ich bin katholisch und ich werde katholisch bleiben, und was Schottland betrifft …, nun ja, ich bin die Königin von Frankreich und England, Schottland ist für mich unwichtig.«
Katharina dachte an den Gesundheitszustand ihres Sohnes Franz und daran, dass Schottland für die Schwiegertochter vielleicht doch eines Tages wichtig werden könnte. »Wenn ihr euch weiterhin weigert, den Vertrag von Edinburgh zu ratifizieren«, erwiderte sie vorsichtig, »so verärgert ihr nur unnötig die Königin von England. Du solltest gutnachbarliche Beziehungen zu deiner Cousine pflegen.«
»Ich werde Elisabeth nie als Königin von England anerkennen.«
»Maria, als Königin von Frankreich sollte dir ebenfalls an guten Beziehungen zu England liegen.« Sie verließ, verärgert über den Starrsinn der Schwiegertochter, das Zimmer und schickte nach dem englischen Gesandten. »Monsieur Throgmorton, ich möchte Ihnen noch einmal versichern, dass der Friede mit England für mich unendlich wichtig ist – er ist die Basis für Wohlstand und kulturelle Blüte. Ich hoffe, dass der König und seine Gemahlin bald den Friedensvertrag ratifizieren werden.«
Der Gesandte war bestens informiert über das gespannte Verhältnis zwischen der Königinwitwe und ihrer Schwiegertochter. Er wusste auch, dass Katharina Marias Anspruch auf die Krone Englands für töricht hielt, und er erwiderte liebenswürdig lächelnd: »Madame, meine Königin weiß, dass Sie an guten Beziehungen zu England interessiert sind, meine Königin schätzt Sie sehr, Madame.«

Am 21. August versammelten sich die Notabeln in Fontainebleau. Es waren Mitglieder des Kronrates, Kronoffiziere und Prinzen von Geblüt, aber von diesen erschien nur der Kardinal von Bourbon, seine Brüder hielten es für ratsamer, dieser Versammlung fern zu bleiben.
Als Katharina ihren Platz einnahm, dachte sie mit einiger Bitterkeit an den Brief, den sie Anton zwei Wochen zuvor geschrieben hatte.

Mehr als ein Jahr nun habe ich beim Anblick dieses armen Königreichs gelitten, das von einem Unglück nach dem andern heimgesucht wird, und jetzt bin ich Zeuge jener bedeutsamen Affären, in die der König, mein Sohn, sich verwickelt findet. Mir scheint, dass alle seine treuen Diener keine besseren Mittel zum Handeln finden können, als sich gemeinsam zu versammeln, wobei ich überzeugt bin, dass Sie, da Sie der Erste dem Blute nach

*sind, der Erste sein werden in der Hingabe, die Sie immer gegen-
über meinem Herrn gezeigt haben.*

Anton und Ludwig haben die Einladung nach Fontainebleau abgelehnt.
Warum? Fürchten sie sich vor unangenehmen Fragen wegen der Verschwörung im März? Wollen sie eine Begegnung mit den Guisen vermeiden?
Michel de L'Hospital hieß die Anwesenden willkommen und erinnerte
sie noch einmal daran, dass der Zweck dieser Versammlung war, die innere religiöse Ruhe in Frankreich wiederherzustellen.
Dann ergriff Coligny das Wort und verlas zwei Bittschriften der Hugenotten aus der Normandie und Picardie, zwei Provinzen, die ihm als Admiral und Gouverneur unterstanden. In beiden Schriften wurde der Bau
von Kirchen gefordert, damit die Gläubigen ungestört ihre Religion ausüben konnten. Er erinnerte erneut daran, dass man unterscheiden müsse
zwischen den überzeugten Anhängern der Lehre Calvins und Rebellen
gegen den König, für die die neue Religion nur ein Vorwand war. »Mein
Ziel«, rief Coligny, »ist die religiöse Toleranz und eine Reform der Verwaltung und der kirchlichen Angelegenheiten, die durch die Generalstände geregelt werden müssen. Ich schlage deshalb eine Einberufung
der Generalstände vor!«
Katharina war innerlich mit Coligny einverstanden und wollte ihn unterstützen, aber da erhob sich der Herzog von Guise und musterte Coligny von oben bis unten. »Herr Admiral«, erwiderte er kühl, »Sie sprechen nur für sich selbst, Sie sind von niemandem bevollmächtigt.«
Einige Augenblicke lang war der Saal von peinlichem Schweigen erfüllt
und die Anwesenden dachten daran, dass der Herzog, als Generalstatthalter des Königreiches, sich – im Gegensatz zu Coligny – auf königliche
Vollmachten berufen konnte und dass seine Antwort signalisierte, dass
er keine andere Autorisierung als legitim anzuerkennen gewillt sei.
Plötzlich verließ Coligny seinen Platz, ging zu dem Herzog von Guise
und musterte ihn von oben bis unten mit einem solchen Hass in den Augen, der Katharina erschauern ließ.
Er hasst den Herzog, ging es ihr durch den Kopf, und warum? Er miss-
gönnt ihm die militärischen Erfolge – Franz von Guise ist der Sieger von
Metz und Calais, Coligny hingegen der Verlierer von Saint-Quentin,
obwohl, der eigentliche Verlierer war sein Onkel, der Konnetabel. Warum sind für Männer gewonnene Schlachten so wichtig? Warum findet

Coligny sich nicht damit ab, dass seine Stärken nicht auf militärischem Gebiet liegen, sondern im Bereich der Organisation? Es war ihr nicht entgangen, dass er seine Provinzen vorbildlich verwaltete.

»Herr Herzog«, sagte Coligny in einem scharfen Ton, der Katharina erneut beunruhigte, »ich kann zehntausend Unterschriften beibringen, die die sofortige Einstellung der Verfolgung der Hugenotten fordern.«

»Herr Admiral«, erwiderte Franz von Guise ruhig, »ich kann hunderttausend Unterschriften beibringen, die fordern, dass die Hugenotten weiterverfolgt werden.«

Die Anhänger der neuen Religion waren zwar zahlenmäßig eine Minderheit, aber auf Seiten dieser Minderheit standen die Prinzen von Geblüt, also Ludwig von Bourbon, sein Bruder Anton – nun ja, er schwankte hin und her –, ein Teil des Hochadels und vor allem der Landadel, hauptsächlich im Süden, aber auch in der Normandie, im Poitou, im Angoumois, im Saintonge. Diese Adeligen hatten Vasallen und Geld, sie zu bewaffnen. Außerdem waren die Hugenotten von ihrer Religion leidenschaftlich überzeugt, im Gegensatz zu vielen Katholiken, die ihre religiösen Pflichten erfüllten, ohne sich der Kirche besonders verbunden zu fühlen.

Den Hugenotten stehen überdies Streitkräfte zur Verfügung, überlegte der Herzog von Guise, die den königlichen Truppen sogar überlegen sein können. Man muss es realistisch sehen, Zahlenverhältnis und tatsächliches Kräfteverhältnis zwischen Katholiken und Hugenotten sind nicht identisch. Die Königinmutter besitzt die Schriften Luthers in einer französischen Übersetzung, die sie auch ihren Bedienten zu lesen gibt. Sie ist zu religiösen Zugeständnissen bereit. Für unsere Machtstellung ist es im Augenblick wahrscheinlich taktisch klüger, Coligny entgegenzukommen und einen Teil seiner Forderungen zu erfüllen.

Am Abend sprach er mit seinem Bruder darüber, und der Kardinal war derselben Meinung.

Während der folgenden Tage wurde eifrig debattiert, Katharina verhandelte hinter dem Rücken der Guisen mit den Hugenotten, versicherte sie ihrer religiösen Toleranz, und am 26. August wurde die Versammlung beendet, der Kanzler verkündete feierlich das Ergebnis: Den Hugenotten wurde zwar nicht der Bau eigener Gotteshäuser gestattet, aber es war ihnen erlaubt, in Privathäusern Predigten zu hören, sofern es dabei um ihr Seelenheil ging und sie nicht zu staatsfeindlichen Umtrieben angeregt wurden.

Die Generalstände sollten für den 10. Dezember 1560 nach Orléans einberufen werden mit dem Ziel, die gallikanische Kirche so zu reformieren, dass künftig keine staatliche Macht sich mehr in religiöse Fragen einmischen konnte.

Montmorency und Coligny kehrten auf ihre Güter zurück, und der Hof begab sich nach Saint-Germain-en-Laye, um dort den Spätsommer zu verbringen. Anfang Oktober wollte man dann nach Orléans weiterreisen.

Gegen Ende der ersten Septemberwoche trafen der König und sein Gefolge in Saint-Germain ein.

Unter den Hofleuten herrschte eine gelockerte, fröhliche Stimmung, weil alle sich auf die erholsamen Wochen freuten, die vor ihnen lagen. Sogar der König wurde von dieser Atmosphäre angesteckt und sagte gut gelaunt bei der Abendtafel: »Solange wir hier weilen, wird jeden Tag eine Jagd stattfinden und am Abend ein Ball.«

Katharina hatte während des Trauerjahres auf beide Vergnügen verzichtet, und nachdem die offizielle Trauerzeit vorüber war, hatte sie keine Lust verspürt, an den Jagden und Bällen teilzunehmen, weil die innenpolitischen Unruhen sie zu sehr beschäftigten.

Nun herrschte Ruhe im Land, und die Generalstände würden die religiösen und wirtschaftlichen Probleme lösen.

Sie freute sich zwar auf Jagden und Bälle, hielt es aber für angebracht, den König auf seine schwache Gesundheit hinzuweisen.

Sie ermahnte den König zu maßvollen Festlichkeiten, damit er sich nicht zu stark strapaziere. Anschließend erörterte man die Feierlichkeiten zu Heinrichs neuntem Geburtstag am 19. September, und dieser nutzte die Gunst der Stunde, das rauschende Fest in allen Farben auszumalen. Dies wiederum stimmte seinen Bruder Karl neidisch, da dieser sich ohnehin wie ein Stiefkind behandelt fühlte.

Katharina erging sich in Berechnungen über die Unmengen von Seide, Samt, Brokat, Taft und Spitzen, Hüten, Schuhen und allem, was auch für den Winter an stattlicher Garderobe für sie und den Hof benötigt wurde.

An diesem Abend war es spät geworden, und über ihren Tabellen war sie eingeschlafen.

»Madame, Madame, bitte, Madame, wachen Sie auf!«
Katharina kam allmählich aus einem Tiefschlaf zu sich, öffnete die
Augen und sah Isabella im Nachtgewand mit einer Lampe in der Hand
neben ihrem Bett stehen. »Ist etwas passiert?«
»Nein, Madame, das heißt, ich weiß es nicht genau, Madame. Soeben
kam ein Diener des Kardinals. Der Kardinal bittet Sie, sofort in den klei-
nen Konferenzsaal zu kommen zu einer Besprechung.«
»Eine Besprechung? Mitten in der Nacht? Wie spät ist es?«
»Halb eins, Madame.«
Während Isabella ihrer Herrin beim Ankleiden half, überlegte Kathari-
na fieberhaft, was der Grund für die nächtliche Ruhestörung war. Ein
Krieg, eine neue Verschwörung …? Gütiger Himmel, sollte Condé ein
neues Komplott angezettelt haben …?
Als sie gegen ein Uhr den Konferenzraum betrat, waren der König, der
Kanzler, der Kardinal und der Herzog bereits anwesend. Franz II. wirkte
verschlafen und unterdrückte mühsam ein Gähnen, der Kanzler wirkte
besorgt, in den Augen der Guisen spiegelte sich eine Mischung aus
Grimm und Triumph. Der Kardinal bat Katharina um Entschuldigung
wegen der Ruhestörung, aber die Angelegenheit dulde keinen Aufschub,
es müssten noch in dieser Nacht wichtige Entscheidungen getroffen
werden.
Sie setzte sich wortlos an ihren Platz, die andern folgten ihrem Beispiel,
dann holte der Kardinal aus seiner Dokumentenmappe einige Schriftstücke hervor, sah nacheinander den König, Katharina und den Kanzler
an und sagte langsam und genießerisch: »Ich will mich kurz fassen. Der
Prinz von Condé ist seit ungefähr Anfang Juli in eine neue Verschwörung verwickelt, eine Verschwörung, die weitverzweigter ist als die von
Amboise.«
Er schwieg zunächst und betrachtete die Mienen. Der König war bei dieser Nachricht anscheinend aus seinem Halbschlaf aufgewacht, die Königinmutter und der Kanzler wirkten bestürzt und auch etwas ratlos.
»Haben Sie Beweise, Eminenz?«, fragte Katharina.
»Selbstverständlich, Madame, ohne Beweise würde ich nie wagen, einen
Prinzen von Geblüt der Rebellion gegen den König zu bezichtigen. Als
der Prinz von Condé Amboise verließ, haben mein Bruder und ich ihn
sofort von Spionen beobachten lassen, und noch während der Notabelnversammlung in Fontainebleau erhielten wir erste Hinweise auf das
Komplott. Heute Vormittag fingen unsere Leute einen Mann namens

Jacques de La Sague ab, er ist ein Kurier in den Diensten Condés, und man fand bei ihm Briefe an den Prinzen, aus denen eindeutig hervorgeht, dass eine Verschwörung geplant ist. Der Kurier wurde in die Folterkammer gebracht, und der Anblick der Werkzeuge ließ ihn alles gestehen: Der Plan verfolgt das Ziel, Lyon, Tours und Orléans zu erobern und uns, also meinen Bruder und mich, zu ermorden. Condé scheint zwei Ziele zu verfolgen; zum einen will er Seine Majestät unter seinen Einfluss bringen, das nächste Ziel ist es, Seine Majestät vom Calvinismus zu überzeugen. Frankreich soll also von einem hugenottischen König regiert werden.«

»Ich werde nie meinen Glauben verleugnen!«, rief Franz.

»Sire, Madame«, fuhr der Kardinal fort, »der Kurier gestand noch, dass er dem Vidame von Chartres Briefe übergeben hat. Der Vidame kehrt gerade von Genf zurück. Wir haben, Ihr Einverständnis voraussetzend, alles zu seiner Verhaftung vorbereitet.«

Franz nickte gnädig und lobte den Kardinal wegen seiner Umsicht, in Katharina aber stieg wieder jener Verdacht hoch, den sie bisher immer unterdrückt hatte, aber jetzt war keine Zeit, sich damit auseinander zu setzen. »Lyon«, sagte sie schließlich, »Lyon ist eine wohlhabende Handelsstadt, die Einwohner sind größtenteils hugenottisch gesinnt. Wenn die Rebellen Lyon erobern, haben sie den idealsten Ausgangspunkt für einen Marsch auf Paris. – Lyon darf nicht in die Hände Condés fallen.«

»Seien Sie unbesorgt, Madame«, mischte sich Franz von Guise ein, »es sind bereits Truppen unterwegs, um Lyon, Orléans und Tours zu verteidigen. Die Verschwörung wird im Keim erstickt werden. Mich wundert nur, dass der Prinz von Condé nicht weiß, dass wir ein hervorragendes Spionagesystem haben.«

»Er weiß es bestimmt, aber er scheint ein Fanatiker zu sein. Solche Leute denken und handeln nicht mehr rational. – Was ist mit dem König von Navarra, gehört er auch zu den Rebellen?«

»Ja und nein, Madame, er weiß bestimmt von der Verschwörung, aber man kann ihm nichts nachweisen, im Gegenteil, er distanziert sich im Augenblick etwas von den Hugenotten, weil er mit dem König von Spanien über eine Rückgabe des spanischen Teils von Navarra verhandelt. Der spanische Gesandte, Monsieur de Chantonnay, hat mir anvertraut, dass es natürlich nur Scheinverhandlungen sind, um den Thronprätendenten von Genf abzulenken, man befürchtet in Madrid, dass ein hugenottischer Thronanwärter die Ausbreitung der Häresie in Frankreich fördern würde.«

Typisch Anton, dachte Katharina. Und Ludwig, dieser Schwachkopf, schürt mit seinen Komplotten nur die Unruhe im Land und untergräbt damit meine Politik der religiösen Toleranz.

»Die wichtigste Frage«, fuhr der Kardinal fort, »lautet im Augenblick: Was soll mit den Prinzen von Geblüt geschehen? Ich schlage vor, den Kardinal von Bourbon in das Béarn zu schicken mit einem königlichen Befehl, dass seine Brüder am Hof erscheinen sollen. Falls sie sich weigern, muss der Kardinal sie davon überzeugen, dass dies ein Akt der Rebellion wäre, der im günstigsten Fall mit Verbannung und Konfiszierung ihrer Güter bestraft wird. Bei ihrer Ankunft wird der König von Navarra streng bewacht werden, der Prinz von Condé hingegen … Man muss ihn verhaften, vor Gericht stellen und ihn des Hochverrats anklagen.«

Katharina erschrak, eine Verhaftung Condés würde das Machtgleichgewicht, das sich während der vergangenen Monate eingependelt hatte, wieder zugunsten der Guisen verschieben, und falls er zum Tod verurteilt wurde, besaßen die Guisen die gleiche Machtfülle wie eh und je, und sie war erneut von ihnen abhängig. Aber sie konnte es nicht wagen, sich einer Verhaftung Condés zu widersetzen, er war ein Hochverräter. Sie sah fragend den Kanzler an, und dieser sagte zu dem Kardinal: »Sie haben Recht, der Prinz von Condé muss verhaftet und vor Gericht gestellt werden, juristisch gibt es keine andere Möglichkeit.«

»Ich bin einverstanden«, sagte Katharina. Wenn die beiden erst am Hof sind, überlegte sie, können sie sich vielleicht herausreden; überdies sind auch Richter bestechlich, man kann das Verfahren verzögern.

Plötzlich stand Franz auf und sagte teils verärgert, teils hochmütig: »Ich weiß sehr wohl, wie ich die Bourbonen zu der Erkenntnis bringen werde, dass ich der König bin. Wenn sie kommen, wie es Untertanen geziemt, vor ihrem Fürsten zu erscheinen, dann werde ich sie empfangen und willkommen heißen, wenn nicht, dann werde ich sie spüren lassen, dass ich es bin, der König ist, und dass ich über die Gewalt und die Mittel verfüge, mir Gehorsam zu verschaffen und jene meiner Untertanen zu bestrafen, die so kühn sind, mir ihren Gehorsam zu verweigern.«

»Sire«, sagte der Kardinal, »der Prinz von Condé ist ein Hochverräter, er muss verhaftet und vor Gericht gestellt werden.«

Der König sah den Kardinal unsicher an. »Ein Hochverräter«, sagte er leise, »er ist Prinz von Geblüt und ein Hochverräter; ein Prinz von Geblüt rebelliert gegen mich, gegen seinen König ...« Er sah der Reihe nach die Anwesenden an und rief: »Ich befehle, dass der Prinz bei seiner Ankunft verhaftet und vor Gericht gestellt wird!« Nach diesen Worten verließ er hastig das Zimmer.

Katharina sah ihrem Sohn nach und fühlte sich merkwürdig berührt. Auf dem Weg zu ihren Räumen wiederholte sie im Stillen immer wieder seine Worte: »Er ist Prinz von Geblüt und ein Hochverräter.«

In ihrem Appartement wurde sie von der inzwischen erwachten Mingo erwartet. »Madame, was ist passiert?«

Katharina erzählte von der aufgedeckten Verschwörung, in die Condé verwickelt war. Mingo hörte erstaunt zu. »Ich verstehe den Prinzen nicht, Madame«, erwiderte sie nach einer Weile, »weiß er nicht, dass eine Rebellion gegen den König Hochverrat ist?«

»Er weiß es natürlich, aber er ist ein Fanatiker, und solche Leute handeln nicht mehr rational. Condé ist kein religiöser Fanatiker, sondern ein politischer Fanatiker, der die Religion als Vorwand benutzt, um selbst an die Macht zu kommen. Er möchte zunächst die Guisen aus dem Weg räumen und irgendwann später die Valois.«

»Madame, die Valois, wie ist das möglich?«

»Mingo, mein Sohn ist ein schwacher König, und seine jüngeren Brüder sind alle unmündig. – Es hat schon immer Möglichkeiten gegeben, unliebsame Verwandte beiseite zu schaffen. Hat Richard III. seine Neffen nicht im Tower ermorden lassen? Es ist eine dunkle Geschichte, wo es nur Indizien gibt, aber keine Beweise. Ich glaube nicht, dass Condé so weit gehen würde, obwohl, ich weiß es nicht. Er ist vom Ehrgeiz besessen. Ich verspüre schon seit langem eine unbestimmte Angst, dass die Valois eines Tages die Krone an die Bourbonen verlieren werden. Ich habe keine rationale Erklärung für diese Angst, schließlich ist die Thronfolge bestens gesichert. Ich habe Heinrich, kurz bevor er starb, versprochen, die Krone für unsere Familie zu erhalten, und ich werde dieses Versprechen einlösen, koste es, was es wolle. – Andererseits, Condé ist zwar gefährlich, aber er allein ist ein Gegengewicht zu den Guisen. Falls er doch nicht zum Tode verurteilt wird, werde ich wahrscheinlich versuchen, zu einer Verständigung mit ihm zu gelangen. Ich möchte nicht, dass er ein Feind unseres Hauses bleibt.«

Mingo schwieg und überlegte im Stillen, worum es eigentlich ging. Auf der einen Seite der hugenottische Condé, unterstützt von Coligny, auf der anderen Seite die katholischen Guisen. Ging es den hochadeligen Familien um die Religion oder um die Macht?

Die folgenden Tage verliefen eintönig und ohne besondere Vorkommnisse. Dann kam der 19. September, der Geburtstag des Herzogs von Anjou.

Katharina hatte angeordnet, dass der Unterricht an diesem Tag ausfiel und ritt nach der Messe mit ihren Söhnen Karl, Heinrich und dem jungen Guise an der Seine entlang. Der Dauphin galoppierte ziellos umher, während die beiden Heinriche rechts und links neben Katharina ritten und interessiert hörten, was sie von ihrer Jugend in Florenz erzählte.

Die Spannung in der Freundschaft zwischen dem jungen Valois und dem jungen Guise war im Laufe des Sommers zwar verschwunden, aber die alte Harmonie hatte sich nicht wieder eingestellt, und sie wetteiferten täglich, wer der Bessere im Bogenschießen und beim Fechten war. Sie entwickelten sich in jenem Sommer zu ebenbürtigen Gegnern, im Unterricht allerdings war Katharinas Sohn dem jungen Guise immer noch überlegen.

An jenem Vormittag erzählte Katharina von Alessandro und wie sie dafür gesorgt hatte, dass er am Abend Spinnen, Kröten und einen Salamander in seinem Bett fand. Die Jungen lachten bei ihrer Schilderung.

»Sie haben sich sehr geschickt an ihm gerächt, Madame«, sagte Heinrich von Guise.

»Ich habe seine Schwäche ausgenutzt, nämlich seine Angst vor harmlosen Tieren. Wenn man einen Gegner besiegen will, muss man seine Schwächen erforschen und sie ausnutzen, jeder Heerführer befolgt dieses Prinzip im Krieg.«

Sie ritten schweigend weiter; der junge Valois dachte über die Worte der Mutter nach und beschloss, sie sich zu merken. Der junge Guise hingegen war mit seinen Gedanken bei dem Ball, der am Abend stattfinden sollte. Er dachte an Margot und daran, dass er mit ihr die Volta tanzen würde.

Am Nachmittag saßen Katharina, ihre Schwiegertochter, die Hofdamen und der Herzog von Anjou auf einer der Schlossterrassen.

Die Damen waren mit Stickarbeiten beschäftigt und unterhielten sich über dies und jenes, während Heinrich mit den zwei neuen Schoßhunden spielte und überlegte, wie er sie nennen sollte.

In diesem Augenblick erschien ein Diener und überreichte zwei Briefe. Einer war aus Spanien von Elisabeth, der andere von ihrem Gesandten in London. Sie öffnete den Brief der Tochter zuerst, und nachdem sie ihn gelesen hatte, sah sie sich freudestrahlend in der Runde um.

»Die Königin von Spanien ist guter Hoffnung, im kommenden April wird sie niederkommen! Mein Gott, wie ich mich freue, hoffentlich wird es ein Sohn! Allerdings, ich werde Großmutter, es ist so ungewohnt, ich fühle mich noch gar nicht so alt.«

Die Damen begannen zu lachen, weil sie wussten, dass ihre Herrin derartige Reaktionen nicht verübelte, und Katharina musste ebenfalls lachen. Großmutter …

Dann öffnete sie den Brief aus London, las ihn und legte ihn kopfschüttelnd zur Seite.

»Am englischen Hof passieren merkwürdige Dinge. Sie wissen, meine Damen, dass an allen Höfen Europas über die Beziehung der Königin Elisabeth zu ihrem verheirateten Oberstallmeister, Lord Dudley, getratscht wird. Nun, am 8. September war Madame Dudley allein in ihrem Haus, und als die Dienstboten von einem Jahrmarkt oder Fest zurückkehrten, fanden sie ihre Herrin tot am Fuß der Treppe liegend. Sie war wohl beim Hinuntergehen gestürzt und hatte sich dabei das Genick gebrochen.«

Die Damen sahen einander bestürzt an, Maria Stuart aber lächelte spöttisch. »Wie schön für meine Cousine«, rief sie, »nun kann sie endlich ihren Pferdeknecht heiraten.«

»Lord Dudley ist kein Pferdeknecht, sondern der Oberstallmeister«, erwiderte Katharina gereizt. »Überdies wird Elisabeth ihn jetzt nicht mehr heiraten können. Es wird behauptet, dass er schuld ist am Tod seiner Frau, er wird des Mordes bezichtigt, obwohl er an jenem 8. September nicht in seinem Haus, sondern in Windsor weilte; die Königin hat ihn sofort vom Hof verbannt und eine Kommission eingesetzt, die den mysteriösen Tod von Madame Dudley aufklären soll. Meiner Meinung nach war dies die einzig richtige Reaktion. Wahrscheinlich wird Dudley rehabilitiert, ich kenne ihn nur aus den Berichten meines Gesandten, er ist vielleicht leichtfertig, aber kein Verbrecher; allerdings wird der Verdacht des Gattenmordes ihn wie ein Schatten verfolgen, auch wenn man ihn rehabilitiert. Und deswegen wird Elisabeth ihn nicht heiraten, wenn sie klug ist, und ich halte sie für klug. Sie hat mein volles Mitgefühl, weil sie auf den Mann verzichten muss, den sie wahrscheinlich liebt.« Die Damen schwiegen und konzentrierten sich erneut auf ihre Stickarbeit.

Plötzlich wurde die Stille durch eine fröhliche Mädchenstimme gestört.

»Wie romantisch, vielleicht heiratet die englische Königin doch noch Lord Dudley, er soll ein gut aussehender Mann sein. Ach, wenn es an unserem Hof einen solchen Mann gäbe, so würde ich versuchen, ihn zu verführen.«

Katharina sah auf und betrachtete erstaunt die junge Baronin de Sauves, die verträumt vor sich hinsah. Charlotte de Sauves war die jüngste Hofdame Katharinas, zwölf Jahre alt, und wenige Wochen zuvor war sie mit dem gleichaltrigen Baron de Sauves vermählt worden, weil die Eltern des jungen Paares die beiden Vermögen vereinigen wollten. Der junge Baron gehörte zum Hofstaat des Königs. Katharina betrachtete die schlanke Figur des Mädchens, das ovale Gesicht, den makellosen Teint, der wie Perlmutt schimmerte, und die großen, grünen Augen, die mit dem dichten, glänzenden, kupferfarbigen Haar harmonierten. Sie lächelte Charlotte an. »Wissen Sie, wie man einen Mann verführt?«

»Nein, Madame, aber das kann man lernen.«

»Sind Sie schon einmal von Ihrem Gatten verführt worden?«

Die Damen sahen neugierig von ihren Stickrahmen auf, Charlotte errötete.

»Nein, Madame«, erwiderte sie leise.

Die Damen beugten sich wieder über ihre Arbeiten, und Katharina hatte erfahren, was sie wissen wollte.

Die Kleine ist also noch unberührt, dachte sie. Nun, man muss ihr im richtigen Augenblick den richtigen Mann zuspielen, der sie in die Erotik einführt. Danach – wird sie zu meiner *Escadron Volant* gehören. Mein Schwiegervater hat sich mit seinen *filles de joie* selbst vergnügt oder sie hohen ausländischen Gästen für eine Nacht überlassen. Meine Damen werden gezielt auf Herren angesetzt, die ich beobachten und politisch ausschalten will.

Jene Idee beschäftigte sie schon seit einigen Monaten und jetzt war der Augenblick gekommen, die *Escadron Volant* allmählich aufzubauen. Sie überlegte, dass es angebracht war, die Guisen über ihre »Schwadron« zu informieren. Die Guisen hatten die verlorene Macht zurückgewonnen, seit bekannt war, dass Condé in eine neue Verschwörung verwickelt war. Sie betrachtete die jungen Damen: Mademoiselle de la Limaudière konnte zur *Escadron* gehören, Mademoiselle de la Bérandieré, Mademoiselle de Limeuil ebenso. Die älteren Hofdamen, überlegte Katharina, werde ich unter einem Vorwand entlassen; finanziell werden sie entschädigt, und künftig werde ich nur noch junge, hübsche, intelligente Frauen als Hofdamen einstellen, Frauen, die in der Liebeskunst erfahren sind und die ich bei politischen Gegnern einsetzen kann.

5

Am Spätnachmittag des 30. Oktober trafen der König von Navarra und der Prinz von Condé in Orléans ein.

Am Haupteingang des Schlosses wurde ihnen der Zutritt verwehrt. Ein Hauptmann befahl ihnen abzusitzen und führte sie zu einem schmalen Pförtchen und über den Hof zum Arbeitszimmer des Königs. Im Audienzraum wurden sie nur flüchtig begrüßt, und die Brüder hatten den Eindruck, dass man sie nicht wie Verwandte des Monarchen, sondern wie Verbrecher behandelte.

Im Arbeitszimmer des Königs waren sie einen Augenblick allein, dann kam Franz II. in Begleitung seiner Mutter, des Kanzlers und der Guisen.

Die Bourbonen versuchten, in den Mienen zu lesen, aber die Gesichter des Kanzlers und der Königinmutter ähnelten einer Maske, in den Augen der Guisen spiegelte sich ein gewisser Triumph, und der König wirkte aufgebracht und ärgerlich. Man sah sich an, und dann gingen der König und seine Mutter auf Anton zu und küssten ihn auf den Mund, wie es üblich war, den Prinzen von Condé übersahen sie. In diesem Augenblick wusste Ludwig von Bourbon, was ihn erwartete, nämlich Anklage, Todesurteil und Hinrichtung.

Franz II. musterte die Brüder und fragte, wann sie das Béarn verlassen hätten.

»Am 17. September, Sire«, antwortete Anton. Er wusste, dass die Guisen überall ihre Spione hatten und war entschlossen, zumindest bei Daten, die man überprüfen konnte, die Wahrheit zu sagen.

»Am 17. September«, wiederholte Franz. »Sie haben sich nicht beeilt, an den Hof zu kommen, Mes Cousins. – Warum? Hatten Sie Angst vor unbequemen Fragen? Diese Fragen wird man Ihnen nicht ersparen.« Er wandte sich nun direkt an Condé. »Welche Rolle haben Sie bei der Verschwörung von Amboise wirklich gespielt?«

Katharina spürte, dass sie anfing, nervös zu werden. Wenn es Condé nicht gelang, sich herauszureden, wenn er zum Tode verurteilt wurde, dann war es ihr misslungen, zwischen den Bourbonen und den Guisen ein Machtgleichgewicht herzustellen, dann würde sie künftig von den Guisen abhängig sein.

»Sire«, sagte in diesem Augenblick Anton, »ich bin auf Ihren Befehl an den Hof gekommen, und ich habe meinen Bruder mitgebracht, um seinen Namen von jedem Verdacht zu befreien. Die Anschuldigungen, die gegen ihn erhoben werden, kann man leicht widerlegen.«

»Mon Cousin«, erwiderte Franz, »ich habe Beweise, dass Ihr Bruder ein Hochverräter ist.« Er drehte sich um und sah Condé in die Augen. »Sie sind verhaftet. Man wird Sie morgen vor Gericht stellen; die Anklage lautet auf Rebellion gegen den König.« Abrupt sah er wieder zu Anton. »Ihre Rolle bei dieser neuen Verschwörung ist undurchsichtig, Sie werden sich vorerst unter Bewachung in Ihrem Appartement aufhalten.«

Anton war sprachlos, der Brief der Königinmutter hatte einen freundlichen Empfang angekündigt, stattdessen wurden er und Ludwig wie Verbrecher behandelt. Er sah, wie der Bruder von den Soldaten aus dem Zimmer geführt wurde, er sah, wie der König, der Kanzler und die Guisen den Raum verließen und war überrascht, dass er plötzlich mit der Königinmutter allein war.

Diese verwickelte ihn in eine belanglose Plauderei über familiäre Dinge und redete dabei so laut, dass die Guisen es noch hören konnten. Sie fragte nach der Erziehung des Sohnes und seiner Lernfortschritte, bekräftigte erneut, dass der kleine Heinrich am französischen Hof willkommen sei.

Als die Guisen außer Hörweite waren, kam Anton auf die Verhaftung seines Bruders zu sprechen. Katharina antwortete ihm, dass es sich dabei um den Willen ihres Sohnes gehandelt hätte, doch es bestünde durchaus Hoffnung auf Begnadigung oder lebenslange Haft; außerdem könne die Vollstreckung des Urteils lange aufgeschoben werden, sie selbst wolle sich in diesem Sinne einsetzen.

Tatsächlich wirkte sie in den folgenden Tagen in dieser Richtung, ließ sogar zu diesem Zweck die Richter bestechen, doch nach einiger Zeit bemerkten die Guisen die Verzögerung und erinnerten an ihre Pflicht.

Am Vormittag des 26. November verurteilten sie Ludwig von Bourbon wegen Hochverrates zum Tod, die Hinrichtung sollte am 10. Dezember stattfinden, also an dem Tag, wo die Generalstände zusammentrafen. Franz II. unterschrieb das Urteil sofort und begab sich auf einen Jagdausflug. Katharina sah ihm nach und beschloss, ihn bei seiner Rückkehr so zu bearbeiten, dass die Vollstreckung des Urteils zunächst aufgeschoben wurde. Dann befahl sie, im ganzen Schloss ordentlich zu heizen, weil während der vergangenen Tage die Temperaturen stark gesunken waren und eine Kälte herrschte, die für den Monat November unnatürlich war.

Bei Einbruch der Dämmerung kehrte Franz von der Jagd zurück, klagte über heftige Ohrenschmerzen und begab sich zu Bett.

Im Laufe des Abends bekam er Schüttelfrost und Fieber. Die Ärzte untersuchten ihn und fanden hinter seinem rechten Ohr ein walnussgroßes Geschwür, ließen ihn zunächst zur Ader, und dann stachen sie die Geschwulst auf und die Schmerzen ließen tatsächlich nach. Katharina, ihre Schwiegertochter und die Guisen warteten derweil ungeduldig im Vorzimmer. Endlich kam Miron, der primär den Herzog von Anjou ärztlich betreute, aber auch dessen jüngere Geschwister und den Dauphin.

Der Arzt stellte eine Ohrenentzündung fest, die in das Gehirn wandern könne.

Die bange Frage nach der Bedeutung dieser Diagnose stand im Raum, doch ließ sich der Arzt nicht dazu überreden, eine Prognose zu erstellen, sondern regelte das Naheliegende: absolute Ruhe für den König, Besuche nur von den Königinnen und dem Kardinal.

Es sollte auch Geheimhaltung bezüglich seines wahren Zustandes erfolgen, um Aufregung und Klatsch zu vermeiden.

Katharina entschied auf Anraten des Arztes, Ambroise Paré holen zu lassen.

Am frühen Nachmittag des 30. November traf Paré in Orléans ein und begann sofort mit einer eingehenden Untersuchung des Patienten.

Die Guisen, Katharina und die Königin warteten nervös im Vorraum auf die Diagnose. Endlich erschien der Chirurg. »Mesdames, Eminenz, Herr Herzog; meine Untersuchungen haben ergeben, dass sich die Entzündung inzwischen bis zum Gehirn ausgeweitet hat. Es gibt nur eine Möglichkeit, das Leben Seiner Majestät noch zu retten, nämlich eine Trepanation, das bedeutet, eine operative Öffnung der Schädeldecke, um die Geschwulst zu entfernen und eine weitere Ausbreitung der Entzündung zu verhindern.«

Die Anwesenden sahen einander sekundenlang entsetzt und ratlos an.

Dann sagte Katharina zu ihrer Schwiegertochter: »Du bist die Königin und Gattin, du musst entscheiden, ob operiert werden soll.«

Da brach Maria Stuart in Tränen aus und rief: »Nein, Madame, ich kann und will diese Entscheidung nicht treffen!«

Katharina sah zu den Guisen, woraufhin die Brüder verlegen zu Boden blickten.

»Madame«, sagte der Kardinal leise, »Sie sind die Mutter des Königs, die Entscheidung liegt nun bei Ihnen.« Katharina überlegte und fragte dann Paré: »Die Operation ist sehr schmerzhaft, nicht wahr? Wird mein Sohn die Schmerzen überleben?« – »Man könnte versuchen, den König zu betäuben, Madame. Ob es gelingt, ist fraglich.« – »Monsieur Paré, wie hoch schätzen Sie den Erfolg der Trepanation ein?« – »Mit Verlaub, Madame, die Operation kann gelingen oder misslingen, die Möglichkeit eines Erfolges liegt bei höchstens fünfzig Prozent. Bei der Amputation eines Körperteiles kann man davon ausgehen, dass der Patient, sofern er kräftig ist, überlebt, aber bei dieser Operation muss man mit allem rechnen, hinzu kommt, dass Seine Majestät insgesamt geschwächt ist, meiner Meinung nach wurde er in den letzten Tagen zu oft purgiert und zur Ader gelassen.«

Katharina erinnerte sich an Heinrichs Schmerzensschreie, als der Holzsplitter aus seinem Auge entfernt wurde. Ihr Sohn würde bei der Trepanation bestimmt ähnlich leiden müssen, der Erfolg war zweifelhaft. Ohne Operation wird er sterben, überlegte sie, mit Operation wahrscheinlich auch, und selbst wenn er die Trepanation überlebte, bestand nicht die Gefahr, dass sein Gehirn verletzt wurde und er einen geistigen Schaden behielt, vielleicht dem Wahnsinn verfiel? Sie schauderte bei dem Gedanken …, nein, dachte sie, er soll friedlich sterben. Sie sah Paré an und sagte leise: »Ich möchte nicht, dass mein Sohn trepaniert wird, aber lassen Sie nichts unversucht, um seine Schmerzen zu lindern. Wie lange, glauben Sie, wird er noch leiden müssen?«

»Das weiß ich nicht, Madame, der Verlauf einer Krankheit hängt von vielen Faktoren ab. Vielleicht lebt Seine Majestät bis Weihnachten oder länger, vielleicht auch nicht.«

Katharina saß, wann immer es möglich war, an Franz' Bett. Sie versuchte, sich mit dem Unabänderlichen zu befreunden. Schon oft hatte sie inzwischen den Tod als ihren Begleiter akzeptieren müssen, aber hier war es das erste Mal, dass eines ihrer Kinder, das sie hatte aufwachsen sehen, an der Schwelle des Todes stand.

Während der Visite des Arztes hatte sie im Vorzimmer gewartet.

Sie erhob sich, öffnete langsam die Tür zum Schlafzimmer und betrat leise den Raum, der im Halbdunkel lag. Paré saß neben dem Bett und horchte auf die Atemzüge des schlafenden Königs.

Katharina trat einige Schritte näher und erschrak auf einmal: Das bleiche Gesicht ihres Sohnes hatte sie schon einmal gesehen, aber wo? Langsam tauchte eine verdrängte Erinnerung auf; es handelte sich um jenen Traum, den sie in der Nacht nach der Geburt von Franz gehabt hatte.

Die junge, hoch gewachsene Frau, die das weinende Kind aus der Wiege genommen und sie, die Mutter, fortgeschickt hatte; die lange Galerie, die öde Landschaft, schließlich das Zimmer, wo ein junger Mann aufgebahrt lag, dessen Züge ihrem sterbenden Sohn ähnelten; die verschlossene Tür, als sie zurückgehen wollte, schließlich das Arbeitszimmer und die Landkarte Frankreichs, wo nur drei Städte eingezeichnet waren: Orléans, Bayonne, Paris …

Dieser Traum, überlegte sie, war also wieder ein zweites Gesicht, die junge Frau war ihre Schwiegertochter, die ihr den Sohn nahm, der junge Mann ihr sterbenskranker Sohn, aber was bedeuteten die drei Städte? Orléans …, ihr Sohn würde in Orléans sterben und dann bestieg der Dauphin den Thron. Bayonne, Paris …? Sie fand keine Erklärung. Orléans …, der neue König war unmündig, folglich musste jemand die Regentschaft führen. Aber vielleicht hatte Orléans im Traum noch eine ganz andere Bedeutung gehabt? Es war müßig, jetzt darüber nachzudenken, es gab andere Probleme. Sie ging langsam zum Bett des Sohnes. »Monsieur Paré …«

Der Arzt zuckte zusammen und sah Katharina unsicher an. »Ich bitte um Vergebung, Madame, ich habe Sie nicht kommen hören …«

»Monsieur Paré, Sie sind ein erfahrener Arzt. Wissen Sie wirklich nicht, wie lange mein Sohn noch leben wird?«

»Madame, ich bin sehr vorsichtig mit solchen Prognosen, weil man sich leicht irrt. Im Falle Seiner Majestät …, die allgemeine Konstitution des Königs ist schwach. Heute ist der 30. November – Madame, ich befürchte, dass Seine Majestät nur noch wenige Tage leben wird, vielleicht bis zum Beginn der zweiten Dezemberwoche.«

»Nur noch eine Woche?« Sie sank auf einen Stuhl und weinte. Nur eine Woche, dachte sie immer wieder, nur noch eine Woche. Es war das dritte Mal in ihrem Leben, dass sie auf den Tod wartete: erst ihr Schwiegervater, dann der Gatte, jetzt der Sohn.

Sie saß, schluchzte und bemerkte nicht, dass es draußen inzwischen dunkel geworden war. Irgendwann kamen Diener, zündeten die Kerzen an und gingen lautlos wieder hinaus. In dem hell erleuchteten Raum kam Katharina allmählich wieder zu sich, trocknete ihr Gesicht, stand auf und betrachtete eine Weile den schlafenden Sohn.

»Leb wohl, Franz«, sagte sie leise. »Monsieur Paré, bitte verstehen Sie, dass ich Ihre ärztlichen Anordnungen ignoriert und meinen Sohn besucht habe. Ich wollte noch einmal einige Augenblicke mit ihm allein sein, ab morgen ist dies wahrscheinlich nicht mehr möglich, weil die Königin und ihre Verwandten hier weilen werden.«

»Madame, ich verstehe Sie vollkommen.«

Während sie zu ihrem Appartement ging, wanderten ihre Gedanken in die nahe Zukunft. Der Dauphin Karl war unmündig, folglich musste die Regentschaft geregelt werden.

Sie überlegte, wie das salische Gesetz zu umgehen sei, und ließ den Kanzler kommen.

»Monsieur, was ich Ihnen jetzt anvertraue, muss unter uns bleiben. Paré hat angedeutet, dass der König nur noch wenige Tage leben wird. Sie wissen, dass nach dem salischen Gesetz die Regentschaft für einen unmündigen König vom ältesten Thronprätendenten ausgeübt wird. Das ist zurzeit Anton von Bourbon, der König von Navarra. Er hat, wie alle Menschen, seine Vorzüge und seine Nachteile; ich denke immer an die Interessen Frankreichs, und ich bezweifle, ob der König von Navarra diese Interessen vertreten wird und vertreten kann. Es erscheint mir leichtfertig, einem solch wankelmütigen Mann das Schicksal eines Königreiches anzuvertrauen. In friedlichen Zeiten könnte man es vielleicht wagen, aber Sie wissen, dass in unserem Land Unruhe herrscht; es gibt fast keine Provinz mehr, wo sich Hugenotten und Katholiken nicht gegenseitig umbringen. Man kann diesen gegenseitigen Hass nur durch Toleranz kanalisieren, diese Politik der Toleranz muss aber für jeden Franzosen nachvollziehbar sein, sie muss geradlinig sein, es müssen klare Grenzen geschaffen werden, die Hugenotten müssen wissen, was ihnen erlaubt ist und was nicht. – Abgesehen von diesem religiösen Problem gibt es noch andere, die Staatsverschuldung zum Beispiel. Kurz, ich bezweifle, dass der König von Navarra den Aufgaben eines Regenten gewachsen ist. Was meinen Sie dazu?«

Der Kanzler lächelte und erwiderte: »Madame, machen Sie sich selbst zur Herrin und begeben Sie sich nicht in die Abhängigkeit von üblen Beratern.« Aha, er meint damit die Guisen, ging es ihr durch den Kopf. »Ich kann also auf Ihre Unterstützung rechnen?«

»Ja, Madame, ich werde den Kronrat davon überzeugen, dass nur Sie, die Königinmutter, den unmündigen König bei der Regierung unterstützen können. Was den König von Navarra betrifft, so müsste er freiwillig auf die Regentschaft verzichten.«

»Ich verstehe«, sagte Katharina. Sie musste Anton also überreden, freiwillig auf seine Rechte zu verzichten. Gewöhnlich fiel er auf Schmeicheleien und Versprechungen herein, aber in diesem besonderen Fall?

Als der Kanzler gegangen war, schrieb sie an den Konnetabel und an Coligny, schilderte kurz die Situation, wobei sie nur auf die Krankheit des Königs einging und bat beide, an den Hof zurückzukehren und dem künftigen König zu dienen.

Später bei der Abendtafel richtete sie etliche Male das Wort an Anton, was diesen überraschte, weil sie ihn nach dem kurzen Gespräch am Tag seiner Ankunft ignoriert hatte.

Dieser fühlte sich durch die plötzliche Aufmerksamkeit geschmeichelt und dachte nicht weiter über ihre Motive nach. Er kehrte in gehobener Stimmung in sein Appartement zurück, ließ Wein bringen und wollte sich eben in einen Ritterroman vertiefen, als ein Page erschien und ihn aufforderte, sich in das Arbeitszimmer der Königinmutter zu begeben. Anton folgte dem Pagen überrascht durch Säle und Galerien und überlegte, was passiert war, dass man sich plötzlich seiner erinnerte.

Katharina empfing ihn liebenswürdig lächelnd, wies auf einen Lehnsessel, ließ Wein bringen und sprach über das ungewöhnlich kalte Novemberwetter. Anton hörte ehrerbietig zu. »Sie wissen wahrscheinlich, mon Cousin, dass der König an einer fiebrigen Erkältung leidet. Heute Nachmittag vertraute mir der Arzt an, dass er nicht mehr lange leben wird.« Sie schwieg und ließ die Nachricht zunächst auf den Bourbonen wirken. Anton sah Katharina entgeistert an. »Madame«, stammelte er, »das ist …, es ist entsetzlich! Der König ist noch so jung! Madame, ich leide mit Ihnen, bitte glauben Sie mir.«

Sie seufzte und sagte leise: »Die Anfälligkeit meines ältesten Sohnes war schon seit langem eine große Sorge für mich, aber mit einem solch raschen Ende habe ich nicht gerechnet. Erst der Gatte, jetzt der Sohn – mir bleibt wahrhaftig nichts erspart, aber es ist der Wille Gottes, dem wir uns fügen müssen.«

Anton sah verlegen zu Boden, weil er nicht wusste, was er nun antworten sollte. Es war das erste Mal, dass er Katharina nicht als Königin erlebte, sondern als Mutter, die um das Leben ihres Sohnes bangte. Sie beobachtete verstohlen sein Mienenspiel und atmete auf; bisher war das Gespräch erfreulich verlaufen, nun war es an der Zeit, von der Rolle der Mutter in die Rolle der Politikerin zu wechseln.

»Mon Cousin, wir müssen damit rechnen, dass der König nicht mehr lange leben wird. Der künftige König ist minderjährig, nach dem salischen Gesetz sind Sie berechtigt, statt seiner zu regieren, und ich bin davon überzeugt, dass die Regentschaft bei Ihnen in den besten Händen liegen würde.«

Anton sah überrascht auf. »Die Regentschaft? – Ja, natürlich, daran habe ich bisher noch gar nicht gedacht.«

Katharina ließ ihm jetzt keine Zeit mehr zum Nachdenken.

»Mon Cousin, falls der König vor dem 10. Dezember stirbt, würde Ihr Bruder begnadigt werden und der Herzog von Guise müsste das Amt des Generalstatthalters an Sie abtreten. Sie haben sicherlich Schulden, ich würde sie bezahlen.«

Anton glaubte nicht richtig zu hören, Begnadigung, Generalstatthalter …

»Sie sind zu gütig, Madame, womit habe ich diese Gunstbeweise verdient?«

»Mon Cousin, Sie müssen sich diese Gunstbeweise noch verdienen: Wenn Sie auf die Regentschaft verzichten, werde ich meine Versprechen erfüllen.«

Anton sah Katharina überrascht an und überlegte, was wertvoller war.

Katharina beobachtete ihn und sagte nach einer Weile: »Ich würde auf den Titel ›Regentin‹ verzichten. Sie würden natürlich bei Entscheidungen des Rates mitwirken, faktisch würden wir gemeinsam regieren. Für mich als Mutter ist es wichtig, dass ich meinen Sohn noch etwas erziehen und lenken kann; offiziell würde ich den Titel *Gouvernante de France* annehmen. – Überdenken Sie meinen Vorschlag in Ruhe, mon Cousin, und bedenken Sie: der Regierungswechsel würde die Familie Guise aus ihrer bisherigen Machtposition verdrängen – die Guisen sind nach dem Tod des Königs eine Familie des Hochadels wie die Montmorencys, nicht mehr und nicht weniger, aber die Familie Bourbon würde faktisch endlich die Stellung einnehmen, die den Prinzen von Geblüt gebührt. Ist es vor diesem Hintergrund nicht unwichtig, ob Sie Regent sind oder ich die Statthalterin Frankreichs? Denken Sie in Ruhe nach, morgen nach der Messe erwarte ich Ihre Antwort.«

Anton kehrte benommen in sein Appartement zurück, fühlte sich einen Augenblick völlig verwirrt und versuchte dann seine Gedanken zu ordnen. Regieren, überlegte Anton, das bedeutet einerseits angenehme Repräsentationspflichten, andererseits aber auch stundenlange ermüdende Debatten im Kronrat, Aktenstudium, Gespräche mit dem Kanzler, der Regent musste Entscheidungen treffen. Regentschaft, überlegte Anton, bedeutet Arbeit und Ärger, und in der gegenwärtigen Situation des Reiches wird es noch mehr Arbeit und Ärger geben, allein schon wegen der gespannten religiösen Lage. War es nicht besser, der Königinmutter diese Rolle und den damit verbundenen Ärger zu überlassen und auf ihr Angebot einzugehen? Sein Bruder würde leben, das Amt des Generalstatthalters war eines der bedeutendsten Ämter neben dem Konnetabel und dem Kanzler – es genügte seinem Ehrgeiz, weil die Bourbonen durch den Regierungswechsel ohnehin aufgewertet wurden. Als Generalstatthalter würde er genügend Zeit für seine privaten Vergnügungen haben, als Herrscher nicht.

An jenem Abend beschloss Anton von Bourbon, Katharinas Vorschlag anzunehmen, und weil er es ernst meinte, schickte er sofort einen Boten zum Kanzler und bat ihn, der Königinmutter am anderen Morgen das Staatssiegel zu übergeben. Damit wollte er ihr äußerlich beweisen, dass er auf die Regentschaft verzichtete.

Als Katharina sich zur Ruhe begeben wollte, erhielt sie die Nachricht vom Tode ihrer Astrologen Lorenzo und Cosimo Ruggieri.

Katharina erschrak. Sie hatte zwar gewusst, dass ihre Landsleute seit der Ankunft in Orléans kränkelten, aber dies war durch die politischen Ereignisse und die Krankheit ihres Sohnes in den Hintergrund getreten.

Dann fiel ihr ein, dass die Ruggieris zwei Söhne hinterließen, Cosimo und Lorenzo, die den Beruf der Väter erlernt hatten. Beide waren inzwischen Mathematiker und wurden nun im provençalischen Salon von Nostradamus in die Astrologie eingeführt.

Ein Regierungswechsel und keine Astrologen, die etwas über die Zukunft sagen können, dachte sie, das hat gerade noch gefehlt, und sie schickte noch am gleichen Abend einen Eilkurier in den Süden mit dem Befehl, dass die Ruggieris sofort nach Orléans aufbrechen sollten.

»Madame, wachen Sie auf, Madame.«

Katharina erwachte aus ihrem Tiefschlaf und sah Mingo neben ihrem Bett stehen. »Ist etwas passiert, ist Franz gestorben?«

»Nein, Madame, beruhigen Sie sich, die Astrologen sind eingetroffen, sie möchten Ihnen jetzt sofort etwas zeigen.«

»Die Astrologen? Aber der Kurier ist doch erst vor wenigen Stunden losgeritten ... Wie spät ist es, Mingo?«

»Eine halbe Stunde vor Mitternacht, Madame. Vielleicht sind die Herren aus eigenem Antrieb hierher gekommen, Madame.«

Katharina kleidete sich hastig an, und während Mingo ihr die Haare richtete, empfand sie eine innere Spannung und Nervosität, wie kaum zuvor in ihrem Leben. Es musste irgendeinen Grund für die überraschende Ankunft der Astrologen geben.

Im Vorzimmer wurde sie von den jungen Ruggieris, Nostradamus, Ogier Ferrier und dem Italiener Simeoni erwartet, den man in Frankreich Luc de Gaurie nannte. »Madame«, begann Nostradamus, »wir bitten um Vergebung, dass wir Sie mitten in der Nacht stören, aber wir haben die Horoskope des Hauses Valois betrachtet, und das Ergebnis können wir Ihnen nur in der Nacht demonstrieren; würden Sie die Güte haben, uns zu folgen?«

Die Zukunft des Hauses Valois, dachte Katharina und ging schweigend mit den Astrologen durch Säle und Galerien bis zu einem der Schlosstürme. Sie stiegen empor bis zum obersten Stock und betraten einen Raum, dessen Wände und Decke schwarz waren. An einer Wand hing ein Spiegel, in dessen vier Ecken der Name Gottes mit hebräischen Buchstaben geschrieben war. Nostradamus zeichnete einen Kreis auf den Boden und bat Katharina, in die Mitte zu treten. »Madame, Sie wissen, dass ich ein getaufter Jude bin. Als Jude kenne ich die Kabbala. Ich werde jetzt Beschwörungsformeln singen, irgendwann sehen Sie aus dem Dunkel des Spiegels Nebelschwaden aufsteigen, die sich allmählich zum Bild Ihres Sohnes, des Königs, verdichten werden. Das Bild des Königs wird sich drehen, jede Umdrehung bedeutet ein Jahr seiner Regierung.«

Katharina trat in den Kreis und hatte für den Bruchteil einer Sekunde das Gefühl, nicht mehr atmen zu können. Die Zukunft der Valois, dachte sie ...

Als Nostradamus anfing, seine Beschwörungsformeln zu singen, lockerte sich ihre Anspannung, und nach einer Weile sah sie Nebelschwaden aufsteigen, in denen allmählich das Gesicht ihres Sohnes Franz erschien.

Dann begann das Bild sich zu drehen. Es drehte sich einmal und blieb stehen.

Nun ja, dachte Katharina, seine Regierungszeit ist abgelaufen, vor knapp fünfzehn Monaten wurde er König.

Das Bild verschwand, und aus dem Nebel tauchte das Gesicht des zehnjährigen Karl auf, und Katharina zählte gespannt die Umdrehungen. Es waren vierzehn … Er wird vierzehn Jahre regieren, bis 1574, dachte Katharina. Und dann?

Aus dem Nebel tauchte der Herzog von Anjou auf, und in diesem Augenblick war Katharina so glücklich wie schon lange nicht mehr. Der Sohn, den sie über alles liebte, würde doch noch König von Frankreich werden, und sie flüsterte die Zahl der Umdrehungen: »Eins, zwei, drei …«

Das Rad drehte sich fünfzehn Mal und blieb stehen. Heinrich würde also fünfzehn Jahre regieren. Hoffentlich erlebte sie seine Thronbesteigung noch.

Sein Bild verschwand und sie atmete erleichtert auf, das folgende Bild war unwichtig, entweder sah sie seinen ältesten Sohn, oder, falls er keine männlichen Erben hinterließ, den kleinen Herkules oder dessen Sohn.

Die Nebel verdichteten sich erneut, und dann tauchte das nächste Gesicht auf: der junge Heinrich von Bourbon.

Katharina war entsetzt: Würden die Bourbonen eines Tages die Krone Frankreichs tragen?

»Nein!«, rief sie. »Nein!«

Das Bild begann sich zu drehen, aber sie war nicht fähig, die Umdrehungen zu zählen. Irgendwann verschwand das Kindergesicht des kleinen Heinrich.

»Nein«, sagte sie leise, und zu Nostradamus: »Wie oft hat sich das letzte Bild gedreht?«

»Zwanzig Mal, Madame.«

»Er wird also zwanzig Jahre regieren, nein, nein, das darf nicht sein. Ich habe, nach dem Tod des Königs, noch drei Söhne. Einer von ihnen muss doch männliche Erben haben! – Ihre Berechnungen stimmen nicht, die Valois dürfen nicht untergehen! – O mein Gott, ich möchte den Untergang unseres Hauses nicht erleben. Befragen Sie den Spiegel, wann ich sterben werde.«

Nostradamus begab sich mit den anderen Astrologen in einen Nebenraum. Nach ungefähr einer halben Stunde kehrten sie zu Katharina zurück und teilten ihr mit, dass der Spiegel die Aussage, wann sie sterben würde, verweigere.

»Madame«, sagte Nostradamus, »ich bedauere, dass ich Ihnen das Datum Ihres Todestages nicht nennen kann, aber wir haben herausgefunden, dass Saint-Germain eine Gefahr für Sie ist. Hüten Sie sich vor Saint-Germain.«

Im nächsten Augenblick waren die Astrologen verschwunden, Katharina stand allein in dem Zimmer. – Sie sollte sich vor Saint-Germain hüten … Würde sie in dem Schloss sterben, würde sie dort ermordet werden?

Sie erwachte langsam, öffnete die Augen und sah verwundert, dass sie in ihrem Bett lag. Es dauerte einige Sekunden, bis sie begriff, dass sie geträumt hatte.

Sie sah zum Betthimmel, überlegte, ob dies ein gewöhnlicher Traum gewesen war oder wieder ein zweites Gesicht und entschied, dass es ein normaler Traum war. Zwischen dem jungen Heinrich von Bourbon und dem Thron standen drei Valois, einer von ihnen wird bestimmt männliche Nachkommen haben, dachte sie und schlief beruhigt wieder ein.

Am anderen Morgen nach der Messe wurde Anton gemeldet, und sie hörte erleichtert, dass er auf den Thron verzichtete.

Sie schickte nach dem Kanzler und einigen Juristen, und nachdem sie das königliche Siegel erhalten hatte, wurde in diesem kleinen Kreis dokumentiert, dass Anton künftig das Amt des Generalstatthalters bekleiden sollte. Dabei wurde vereinbart, dass der Thronprätendent nur die bereits von der Statthalterin gewürdigten Berichte der Provinzgouverneure zur Einsicht erhalten und Meinungen dazu nur auf deren Wunsch äußern würde.

Nachdem das Problem der Regentschaft gelöst war, begab Katharina sich in das Appartement ihres sterbenden Sohnes und wachte abwechselnd mit ihrer Schwiegertochter am Bett.

Franz war während der folgenden Tage noch hin und wieder bei Bewusstsein, aber am Abend des 5. Dezember begann das Koma.

Katharina und die junge Königin verbrachten die Nacht bei dem Sterbenden, und als der Morgen des 6. Dezember heraufdämmerte, sagte Paré leise zu den Frauen, dass der König diesen Tag nicht überleben würde. Katharina schickte nach ihren Kindern, damit sie von dem Bruder und König Abschied nahmen.

Die Guisen hatten versucht, den Zustand des Königs, so weit es möglich war, zu verheimlichen, aber irgendwie waren doch Nachrichten durchgesickert, und als Karl, Heinrich, Margot und Herkules das Krankenzimmer betraten, erzählten sie aufgeregt, dass die Hofleute sich zum Vorzimmer des Königs begaben.

Margot und Herkules saßen in einer dunklen Ecke des Zimmers und klammerten sich ängstlich aneinander, der Dauphin Karl saß auf einer Seite des Bettes und versuchte sich an den Gedanken zu gewöhnen, dass er bald König von Frankreich war. Heinrich saß neben Katharina und beobachtete ängstlich die Atemzüge des Bruders.

Irgendwann legte Katharina den Arm um Heinrich und flüsterte: »Es dauert nicht mehr lange, dann bist du der Dauphin von Frankreich und nicht mehr weit vom Thron entfernt.«

Eine Stunde nach der anderen verstrich, es wurde dämmerig und irgendwann dunkel. Die Diener zündeten die Kerzen an, und auf einmal beugte sich Paré über den König, betrachtete ihn, hielt eine kleine Feder vor seinen Mund, dann sah er die Königin und Katharina an und sagte leise: »Der König ist tot.«

Maria Stuart schrie auf und begann laut zu weinen, und in diesem Augenblick konnte Katharina den Gefühlsausbruch der Schwiegertochter verstehen. Franz war für sie ein Gefährte gewesen, ein Freund. Sie wartete, bis die Schwiegertochter sich beruhigt hatte, dann gab sie dem Arzt ein Zeichen, dass er den Tod des Königs bekannt geben sollte.

Paré ging in das Vorzimmer, und Katharina hörte zum dritten Mal den Ruf *Le roi est mort, vive le roi!*

Sie erhob sich und ging mit der Schwiegertochter und den Kindern zur Tür. Als Maria Stuart zuerst die Schwelle überschreiten wollte, sagte Katharina leise: »Die ältere Königinwitwe hat den Vortritt vor der jüngeren Königinwitwe.«

»Verzeihung, Madame.« Während Maria Stuart hinter Katharina den Vorsaal betrat, wusste sie, dass sie sich entscheiden musste, ob sie in Frankreich blieb oder nach Schottland zurückkehrte, und sie war insgeheim dankbar, dass sie vierzig Tage lang im Sterbezimmer des Königs trauern musste und in Ruhe über ihre Zukunft nachdenken konnte.

Eine Stunde später wurde eine Messe gelesen, dann trat der Kronrat zusammen, und Katharina verkündete, sie werde ihren Sohn Karl bei sich behalten, um ihn bei der Regierung des Staates zu unterstützen, das sei die Pflicht einer liebenden Mutter.

Der Kronrat war sofort damit einverstanden, dass sie die Regierungsgeschäfte übernahm.

Am 9. Dezember wurden die sterblichen Überreste des Königs nach Saint-Denis überführt, und am gleichen Tag wurde ein Brief mit der Signatur »Karl IX.« den Provinzen, den europäischen Souveränen und den Gesandten zugestellt.

In dem Brief wurde ausdrücklich gesagt, dass während der Minderjährigkeit des Königs seine Mutter als Regentin wirken würde. Katharina hielt ihr Versprechen und begnadigte den Prinzen von Condé, der aber vorerst noch in Orléans bleiben musste.

Am 14. Dezember traten die Generalstände zusammen. Als die Abgeordneten den Saal betraten, sahen sie zum ersten Mal ihren neuen König – ein Kind von zehn Jahren, das auf einem hohen Stuhl saß und von der königlichen Familie umgeben war. Links von ihm saß seine Mutter, zu beiden Seiten die jüngeren Brüder und die Schwester Margot, deren künftige Schönheit jeder Abgeordnete ahnte, der etwas von Frauen verstand.

Der Kanzler eröffnete die Versammlung und hielt eine lange Rede, deren versöhnlicher Ton die Katholiken verärgerte und die Hugenotten nicht befriedigte, weil sie zu glatt war und keine konkreten Versprechungen hinsichtlich der Religionsfreiheit enthielt. Je länger der Kanzler sprach, desto mehr begann sich Unmut in der Versammlung auszubreiten, weil immer wieder die königliche Vormachtstellung betont wurde, der König war der Höchste, so weit, so gut, aber warum sollte der König durch seine italienische Mutter herrschen? Sie würde die Entscheidungen treffen, und die einzige Aufgabe der Generalstände war, Geld für die Krone zu beschaffen.

Ein aufkeimender Tumult wurde vom Kanzler diplomatisch entschärft. Katharina beschloss, mit wichtigen Vertretern einzeln zu verhandeln und deren Zustimmung zu ihrer Regentschaft zu gewinnen.

Am Abend überredete sie zunächst Anton, eine formelle Verzichtserklärung auf den Thron zu unterzeichnen und ernannte ihn sofort zum Generalstatthalter. Dann begab sie sich zu Condé, versprach ihm eine Revision seines Urteils, was ihm ermöglichte, wieder offiziell bei Hof zu erscheinen, und auch er unterzeichnete eine Verzichtserklärung.

Während der folgenden Tage verhandelte sie mit den wichtigsten Abgeordneten, und als sie sich am 21. Dezember in den Saal begab, wo die

Generalstände tagten, flüsterte der Kanzler ihr zu, dass Frankreich ab heute von ihr regiert werde.

Sie setzte sich aufgeregt an ihren Platz, sah, dass ein Vertreter des Klerus, also des ersten Standes, an das Rednerpult trat und hörte, dass er ihre absolute Macht als Regentin verkündete.

Der Herzog von Guise und der Kardinal von Lothringen versuchten, ihren Ärger zu verbergen. Coligny betrachtete Katharina und erinnerte sich an seine erste Begegnung mit ihr in Marseille im Oktober 1533.

Vor siebenundzwanzig Jahren, dachte Coligny, hätte niemand damit gerechnet, dass die Herzogin von Orléans einmal die mächtigste Frau in Frankreich sein würde. Aber es ist für die Hugenotten nur von Vorteil, wenn sie regiert; sie wird es ermöglichen, dass wir in Ruhe arbeiten und beten können.

Katharina überblickte die Versammlung und fühlte sich so glücklich wie im Frühjahr 1559, als Heinrich ihr auf dem Montmartre sagte, dass er sie liebe. Sie besaß mehr Macht als Blanka von Kastilien, die für den unmündigen Ludwig IX. die Regentschaft geführt hatte, und sie besaß mehr Macht als Anna von Beaujeu und Louise von Savoyen. Das Schicksal Frankreichs lag jetzt in ihren Händen, und sie war fest entschlossen, ihre Macht nur zum Wohl des Landes und ihrer Familie zu gebrauchen.

Zweites Buch
Die Hugenotten
(1561–1571)

1

Am Palmsonntag des Jahres 1561 strömten die Hofleute scharenweise in die geräumige Kapelle des Schlosses Fontainebleau, und es dauerte nicht lange, so mussten diejenigen, die sich etwas verspätet hatten, am Eingang stehen bleiben. Der Grund für den Andrang an jenem Vormittag war weniger Frömmigkeit als vielmehr Neugier auf Jean von Montluc, den Bischof von Valence, der auf Wunsch der Königinmutter die Fastenpredigt halten sollte.

Der Bischof war ein Bruder des Marschalls Blaise von Montluc, der zu den fanatischen Gegnern der Hugenotten zählte, während der Bischof selbst bekannt war für seine tolerante Haltung gegenüber der neuen Lehre; es lief sogar das Gerücht um, er sei ein heimlicher Calvinist.

Während man auf die königliche Familie wartete, unterhielt man sich über die zweideutige religiöse Lage am Hof, die sich unter dem neuen König im Zuge der Regentschaft seiner Mutter entwickelt hatte.

»Ich habe mich inzwischen daran gewöhnt«, sagte einer der Herren, »dass in den Räumen Condés und Colignys gepredigt wird. Es ist auch nicht ungewöhnlich, dass ›die Wachtel‹ abwechselnd die Messe und den Gottesdienst in den Räumen seines Bruders besucht, aber gestern hörte ich, dass die Königinmutter den König in der neuen Lehre unterrichtet. Will sie einen Hugenotten aus ihm machen?«

»Das ist doch dummes Geschwätz«, erwiderte eine der Damen. »Die Königinmutter hat gar nicht die Zeit, den König zu unterweisen, außerdem bezweifele ich, dass sie die calvinistischen Dogmen so genau kennt. Wahr ist indes, dass sie den König hin und wieder zu den protestantischen Gottesdiensten geleitet und auch selbst die Predigt hört. Seit unserer Ankunft in Fontainebleau war der König bestimmt zweimal wöchentlich bei Condé und nach dessen Abreise bei Coligny. Ich müsste endlich auch einmal einen protestantischen Gottesdienst besuchen, es gehört inzwischen ja fast zum guten Ton.«

»Wenn man Ihnen zuhört, gewinnt man den Eindruck, dass ein Übertritt der Königinmutter zum Calvinismus durchaus möglich ist, zumal zwei ihrer Hofdamen, die Gräfin von Roye und Madame von Crussol Hugenottinnen sind. Wenn die Florentinerin sich zum Calvinismus bekennt, wird der König ihr bald folgen. Ein Hugenotte auf Frankreichs Thron, das hat es noch nie gegeben.«

»Das wird es auch nicht geben«, sagte ein anderer Höfling, »die Königinmutter weiß ganz genau, dass es dann zu einem Aufruhr käme, vor allem in der Hauptstadt. Die Pariser hassen die Hugenotten wie die Pest, weil sie allmählich zu einer ernsthaften wirtschaftlichen Konkurrenz geworden sind. Ich möchte nicht wissen, zu welchem Reichtum viele hugenottische Kaufleute es inzwischen gebracht haben.«

»Ist es ein Wunder? Wenn man nur arbeitet, betet, sparsam lebt und sich nichts gönnt, wird man natürlich im Laufe der Zeit wohlhabend.«

Katharinas tolerante Haltung gegenüber den Hugenotten, die sie seit Beginn ihrer Regentschaft nicht länger verhehlte, war für die Hofleute zu einem unerschöpflichen Gesprächsthema geworden. Ein Liebhaber der Königinmutter wäre weniger sensationell gewesen als ihre religiöse Einstellung – schließlich entstammte sie einer Familie, die zwei Päpste hervorgebracht hatte.

Eine Fanfare unterbrach die Unterhaltung, und während der Herold das Erscheinen des Königs und seiner Familie ankündigte, bildeten die Hofleute ein Spalier und beobachteten, wie die Valois und die Bourbonen zur ersten Reihe auf der linken Seite schritten und in ihren Gebetsstühlen Platz nahmen; auf der rechten Seite saßen bereits die Vertreter des Hochadels.

Dann begann der Bischof die Messe zu zelebrieren.

Endlich kam der Augenblick, in dem er langsam und feierlich die Kanzel bestieg, die Hände faltete und scheinbar konzentriert auf die Bibel sah. In Wirklichkeit wanderten seine Augen während des monotonen Orgelspiels langsam die erste Reihe entlang, und er dachte beiläufig, dass der Hochadel nur spärlich vertreten war: Von den Guisen waren nur der Herzog und sein Sohn Heinrich anwesend, die Brüder des Herzogs hatten sich auf ihre Güter und Pfründen zurückgezogen, der Kardinal von Lothringen begleitete seine Nichte, die junge Königinwitwe, nach Joinville, wo sie sich erholen und gemeinsam mit den Verwandten ihre

Zukunft planen wollte. Neben dem jungen Heinrich saß der Marschall von Saint-André Jacques von Albon, seinerzeit ein Günstling Heinrichs II. und ein fanatischer Katholik, neben ihm Montmorency, kein Fanatiker, aber vom katholischen Glauben nach wie vor überzeugt, schließlich seine drei hugenottischen Neffen: Coligny, der Kardinal Odet, der, obwohl er sich inzwischen offen zu Calvin bekannte, immer noch seine Pfründe hatte, schließlich d'Andelot, Generalleutnant der Infanterie. Beim Hochadel gibt es inzwischen wahrhaftig eine katholische und eine protestantische Partei, dachte der Bischof.

Seine Augen wanderten weiter zur königlichen Familie. Der König war ohne Nachkommen gestorben, und es würde bestimmt noch acht bis zehn Jahre dauern, bis der junge Karl IX. Kinder hatte. Der König war begeistert von der neuen Lehre und ein Verehrer Colignys, die Königinmutter war, um des inneren Friedens willen, zu allen Zugeständnissen bereit, der Herzog von Anjou bewunderte ebenfalls den Admiral, war schon völlig von der neuen Lehre durchdrungen und weigerte sich seit einiger Zeit, die Messe zu besuchen, allerdings ohne Erfolg. Die Königinmutter, überlegte der Bischof, erlaubt ihren Söhnen zwar, protestantische Predigten zu hören, aber sie müssen nach wie vor ihre religiösen Pflichten erfüllen, beichten und die Kommunion empfangen. Anfang Februar war der Herzog von Anjou auf seinen Wunsch hin zum ersten Mal zur Kommunion gegangen, und nun dieser Umschwung, dachte der Bischof.

Seine Augen wanderten weiter zu Margot, Herkules und den Bourbonen. Merkwürdig, dachte er, die Valois sind offiziell zwar noch katholisch, inoffiziell aber calvinistisch, die Bourbonen sind offiziell teils katholisch, teils calvinistisch, was sie wirklich glauben, ist unklar, zumindest bei dem König von Navarra.

Montluc betrachtete die Versammlung in der Kapelle und fühlte sich plötzlich verwirrt – woran glaubte er eigentlich?

Er war katholischer Bischof und gleichzeitig von der neuen Lehre überzeugt, die leugnete, dass bei der Eucharistie Brot und Wein sich in Leib und Blut Christi verwandele. Klang es nicht einleuchtender und verständlicher, dass Brot und Wein Leib und Blut Christi symbolisierten?

Inzwischen war der letzte Orgelton verklungen und Montluc begann mit seiner Predigt.

Der Herzog von Anjou hörte eine Weile aufmerksam zu, dann begann er sich zu langweilen. Die Predigt war offenkundig calvinistisch, aber warum war sie so lang? Das war das Einzige, was ihn bisher an der neuen Lehre störte, die langen Predigten, die einen Bibelspruch Wort für Wort auslegten; war das nötig? Seine Mutter hatte ihm erklärt, dass für die Hugenotten die Predigt der wichtigste Teil des Gottesdienstes sei und nicht, wie bei der Messe, die Wandlung.

Er sah vorsichtig nach links, wo die Bourbonen und seine jüngeren Geschwister saßen. Er beobachtete die Miene des Königs von Navarra, der mit seinen Gedanken irgendwo weilte, aber nicht bei der Predigt; dann betrachtete er den langen Perlenohrring, der seit einigen Wochen am rechten Ohr des Königs baumelte, und fand ihn recht kleidsam. Er wusste, dass es zwecklos war, Katharina darum zu bitten, ihm auch einen Ohrring zu schenken, weil sie bisher bei jeder Gelegenheit über den neuen Schmuck der »Wachtel« gespöttelt hatte, aber eines Tages, wenn er erwachsen war, dann würde er auch einen Ohrring tragen, an jedem Tag der Woche einen anderen und an Sonn- und Feiertagen besonders kostbare Steine.

Dann betrachtete er den kleinen Herkules, der vor kurzem das sechste Lebensjahr vollendet hatte und für den nach Ostern der Unterricht in den alten Sprachen begann. Der Bruder würde wahrscheinlich versuchen, sich mit wenig Lernaufwand durchzumogeln. Für ein paar Goldmünzen fertigten die jungen Söhne der Edelleute bestimmt eine Übersetzung.

Er wollte sich eben wieder auf die Predigt konzentrieren, da sah er, dass Margot andächtig ihren Rosenkranz durch die Finger gleiten ließ, und wieder einmal dachte er ärgerlich daran, dass die kleine Schwester als Einzige in der Familie immer noch dem papistischen Irrglauben verfallen war. Er hatte sie schon etliche Male ermahnt, Gebetbuch und Rosenkranz zur Seite zu legen und nicht mehr zu der Heiligen Jungfrau Maria zu beten, sondern Gott direkt anzurufen, aber seine Bemühungen, die Schwester vom neuen Glauben zu überzeugen, waren bis jetzt erfolglos geblieben.

»Gib ihn her«, flüsterte er und entwand ihren kleinen Fingern geschickt die schwarze Holzperlenkette.

Margot sah den Bruder erstaunt an, dann begriff sie: Er wollte erzwingen, dass sie ihren Glauben verleugnete. Ihre großen, schwarzen Augen füllten sich langsam mit Tränen.

Das kümmerte Heinrich nicht weiter, er ließ den Rosenkranz in die Tasche seiner kurzen Pluderhose gleiten, betrachtete nachdenklich seine schwarzen, seidenen Beinkleider und die passenden Samtschuhe und dachte daran, dass seit dem Tod seines Vaters am Hof die Farbe Schwarz vorgeherrscht hatte. Volltrauer, Halbtrauer, Vierteltrauer, einige Monate ging man normal gekleidet, dann wieder Volltrauer. Wann würde seine Mutter ihm erlauben, wieder weiße Kleider zu tragen? Wahrscheinlich mit Beginn der Halbtrauer. Er streifte sie mit einem Seitenblick und beobachtete, dass sie den Bischof ansah und aufmerksam zuhörte.

Die schwarzen Kleider, überlegte er, sind noch halbwegs erträglich, und die Trauerflore an den Hüten der Damen sehen sogar elegant aus, aber es ist ja alles schwarz, die Sänften und Kutschen sind schwarz ausgeschlagen und verhängt, man sieht nur noch schwarze Satteldecken, Zaumzeug, Federbüsche. Nicht genug damit, dass die Hofleute Trauer tragen, auch die Diener, die Köche und Küchenjungen, die Stallmeister und Reitknechte. Hoffentlich dauerte es jetzt einige Jahre, bis wieder Hoftrauer angesagt war. Er sah vorsichtig zu seinem Bruder, dem König, und überlegte, wie lange er wohl regieren würde. Hoffentlich lenkte seine Mutter den Bruder auch noch, wenn er volljährig war, hoffentlich ließ er sich lenken, sein unberechenbarer Jähzorn lässt ihn sonst vielleicht Befehle erteilen und Entscheidungen treffen, die schädlich sind für Frankreich. Er ist jetzt König und kann in manchen Bereichen tun und lassen, was ihm gefällt, er nennt Coligny »Vater«, und er überlegte, dass er den Admiral auch gern so anreden würde, aber er traute sich nicht, weil er nur Dauphin und nicht König war.

Plötzlich stutzte er: In der Reihe des Hochadels standen der Herzog von Guise, sein Sohn und der Marschall von Saint-André plötzlich auf und verließen raschen Schrittes die Kapelle. Einige Hofleute sahen ihnen nach, wunderten sich aber nicht, weil allgemein bekannt war, dass die Guisen und auch der Marschall die Erzfeinde der neuen Lehre waren.

Katharina hatte nichts bemerkt, weil ihre Gedanken schon seit geraumer Zeit nicht mehr bei der Predigt weilten, sondern bei den Generalständen, die im Sommer erneut zusammentreten würden, und bei dem religiösen Colloquium, das sie plante.

»Mama«, wisperte Heinrich, »die Guisen und Saint-André haben die Kapelle verlassen.«

Katharina sah überrascht auf, fühlte sich einen Augenblick merkwürdig berührt, fasste sich aber sofort. »Das hat nichts zu bedeuten«, sagte sie leise, »manche Leute wissen nicht, was sich gehört.«

Während der Bischof mit seiner Predigt fortfuhr, dachte sie noch einmal über das merkwürdige Verhalten des Herzogs nach und kam zu dem Schluss, dass es eine Demonstration war, eine Demonstration gegen die calvinistische Fastenpredigt und die Duldung der Hugenotten. Nun, die Guisen würden sich damit abfinden müssen.

Unterdessen beobachtete Heinrich interessiert die Reihe des Hochadels – vielleicht verließ noch jemand die Kapelle.

Es dauerte nicht lange, so erhob sich Montmorency und ging mit vor Zorn gerötetem Gesicht ebenfalls hinaus. Unter den Zuhörern entstand Unruhe. Der Konnetabel war zwar gut katholisch, aber kein fanatischer Gegner des neuen Glaubens, überdies ein Feind der Guisen. Warum solidarisierte er sich jetzt mit dieser Familie?

Katharina erschrak, als sie ihn hinausgehen sah, und stellte sich die gleichen Fragen.

»Mama«, wisperte Heinrich, »warum verlässt Montmorency den Gottesdienst?«

»Der Inhalt der Predigt gefällt ihm wahrscheinlich nicht, aber jetzt müssen wir wieder zuhören.«

Irgendetwas, überlegte sie, braut sich zusammen. War es Zufall, dass die drei die Kapelle verlassen haben, oder hatten sie sich verabredet? Wahrscheinlich war es eher Zufall. Montmorency ist ja auch erst einige Minuten später gegangen. War sie den Hugenotten in den letzten Wochen vielleicht doch zu weit entgegengekommen? Sie hatte Condé begnadigt, sie hörte sich aufmerksam Colignys Empfehlungen an, sie hatte de l'Hospital zum Kanzler ernannt, einen Mann, der die Toleranz predigte – sie wusste, dass nicht nur ihr Schwiegersohn Philipp, sondern auch ihr Schwager, der Herzog von Savoyen, ihre Duldsamkeit misstrauisch beobachtete und sein Bündnis mit Spanien aufrechterhielt, und sie beschloss, nach der Messe an ihre Schwägerin Margarete zu schreiben und ihr kurz zu schildern, mit welchen Widerwärtigkeiten sie während der vergangenen Wochen zu tun gehabt hatte. Toleranz war die einzige Möglichkeit, um den inneren Frieden zu wahren.

Unterdessen ging Montmorency von der Kapelle zu den Wirtschaftsgebäuden und hinunter in den weitläufigen Küchentrakt, wo, wie er wusste, an hohen Feiertagen und besonderen Sonntagen wie dem Palmsonntag, einer der Hofgeistlichen eine Predigt für die Dienerschaft hielt. Die Teilnahme war freiwillig, aber da die meisten froh waren, ihre Arbeit für einen Augenblick unterbrechen zu können, fanden sich immer zahlreiche Zuhörer ein. Auch an jenem Sonntag war die riesige Haupt-küche bis auf den letzten Stehplatz gefüllt.

Montmorency blieb am Eingang stehen und entdeckte plötzlich die Guisen und den Marschall.

Nanu, dachte er, der vornehme Herzog zwischen Küchenjungen, Tür-stehern und Reitknechten?

Er hatte wohl gesehen, dass die drei die königliche Kapelle verließen, aber nicht angenommen, dass sie in die Schlossküche gingen. Dann fiel ihm ein, dass der Herzog von Guise es liebte, sich volkstümlich zu geben. Als die Predigt zu Ende war, bildeten die Bediensteten ehrerbietig ein Spalier, durch das Franz von Guise, sein Sohn und der Marschall zum Ausgang gingen. Plötzlich rief jemand: »Es lebe der Herzog von Guise!« Fast im gleichen Moment war die Kirche von dem vielstimmigen Ruf erfüllt: »Es lebe der Herzog von Guise!«

Das klingt ja wie »Es lebe der König!« sinnierte Montmorency und fühl-te sich einen Augenblick merkwürdig berührt.

Inzwischen waren die drei am Ausgang angekommen und sahen er-staunt, dass der Konnetabel ebenfalls die Kapelle verlassen hatte, um in der Schlossküche eine katholische Fastenpredigt zu hören.

»Was für eine Überraschung«, sagte Franz von Guise lächelnd. »Ich vermute, dass die Predigt des Bischofs Ihnen so wenig konveniert hat wie uns.«

»Nicht konveniert?«, schnaubte Montmorency. »Das dumme Ge-schwätz des Bischofs hat mir äußerst missfallen – was sind das für Zustände am Hof!«

Der Herzog wartete, bis die Dienerschaft sich zerstreut hatte, und sagte: »O tempora, o mores! Wie soll man sich gegen das Vordringen der Ket-zerei wehren, wenn die Königinmutter und ihre Söhne derart infiziert sind? Ich glaube zwar nicht, dass der König seinem Glauben abschwören wird, dazu ist die Florentinerin zu klug, aber ganz ausschließen würde ich es auch nicht mehr. Neulich haben meine Spione Briefe geöffnet, die zwischen Beza und Calvin gewechselt werden. Darin bezeichnen sie die Florentinerin als ›unsere Königin‹.«

»Gütiger Gott!«, rief Montmorency entsetzt, »so weit sind wir also schon?«

Hier mischte sich Saint-André ein. »Das ist der verderbliche Einfluss Ihres Neffen, des Admirals von Coligny. Die Königinmutter schätzt ihn, und ihre Söhne sind von ihm fasziniert.«

»Ihr Neffe scheint eine charismatische Ausstrahlung zu besitzen. Solche Leute sind gefährlich für einen Staat, man muss sie bekämpfen«, sagte Franz von Guise langsam. Er musterte den Konnetabel einige Sekunden. »In der Vergangenheit gab es zwischen uns öfter Differenzen. Sollten wir dies nicht vergessen, uns auf die Gegenwart und Zukunft konzentrieren und die Ketzerei bekämpfen?«

Montmorency überlegte. »Sie haben Recht, es gibt da noch ein Problem, das mich seit der Vertagung der Generalstände beschäftigt und worüber ich mich gerne einmal unterhalten würde. Wäre es den Herren genehm, mich heute nach der Abendtafel zu besuchen? Bei einem Pokal Wein könnten wir alles bereden.« Und zu Heinrich von Guise: »Sie sind natürlich ebenfalls eingeladen.« Und zu dem Herzog: »Unsere Kinder können nicht früh genug die Probleme Frankreichs kennen lernen.«

Man vereinbarte, sich um neun Uhr bei dem Konnetabel zu treffen. Im Weitergehen sagte Franz von Guise plötzlich: »Ich glaube, diese Zusammenkunft heute Abend ist sehr wichtig für Frankreichs weitere Entwicklung.«

Nach der Messe gingen Heinrich, Margot und Herkules gemeinsam zu ihren Gemächern, während der junge König seine Mutter begleitete. Seit der Ankunft in Fontainebleau wohnte er direkt neben ihrem Appartement, was ihn nicht sonderlich freute, weil sie ihn so ständig kontrollieren konnte.

Unterwegs zupfte Margot ihren Bruder Heinrich schüchtern am Ärmel. »Warum hast du mir den Rosenkranz weggenommen?«

»Rosenkränze, Weihrauch und Heiligenbilder sind nicht mehr zeitgemäß, kleine Schwester, sie sind veraltet. Man glaubt heute anders an Gott – jeder Christ kann direkt zu Gott beten, die Jungfrau Maria ist überflüssig geworden. Wenn man so glaubt, wie die Hugenotten, dann gehört man zu einem auserwählten Volk. Willst du nicht auch dazu gehören, Margot?«

»Ich verstehe nicht, was du meinst, Heinrich. Ich möchte meinen Rosenkranz wiederhaben, bitte, gib ihn mir zurück.«

Er blieb stehen, betrachtete ihre flehenden, großen schwarzen Augen und war versucht, ihre Bitte zu erfüllen, aber nein, sie war eine Valois und sie musste, ebenso wie seine Mutter, die Brüder und er, sich vom papistischen Götzendienst abwenden. »Margot.« Er strich liebevoll über die schwarzen Haare. »Du kannst von mir ein Schmuckstück, Duftwässer, Bänder oder Bücher bekommen, aber den Rosenkranz gebe ich dir nicht zurück, den werfe ich ins Kaminfeuer.«

Margot sah den Bruder entgeistert an und wandte sich Hilfe suchend an Herkules. »Was meinst du dazu?«

Zu ihrem Entsetzen antwortete er: »Heinrich hat Recht, Margot, du solltest dem papistischen Aberglauben abschwören.«

»Nein!«, rief sie, »nein, ich werde nie meinen Glauben verleugnen, ich werde immer Katholikin bleiben!« Weinend lief sie zu Madame von Curton. Die Erzieherin, eine gläubige Katholikin, würde ihr bestimmt einen neuen Rosenkranz besorgen.

Unterdessen saß Katharina an ihrem Schreibtisch, überdachte noch einmal die Ereignisse der letzten Wochen und versuchte, sie so objektiv wie möglich der Schwägerin zu schildern.

Schloss Fontainebleau, am Palmsonntag anno domini 1561

Meine liebe Margarete,
endlich habe ich eine ruhige Stunde, um dir ausführlicher die Lage am Hof zu beschreiben, und ich hoffe, dass dein Gatte, wenn du ihm den Brief vorliest, meine Toleranzpolitik gegenüber den Hugenotten besser versteht. In Frankreich bekennt ein Teil des Hochadels sich inzwischen offen zum Calvinismus; diesem Umstand muss ich Rechnung tragen, wenn ich den inneren Frieden erhalten will.
Zunächst jedoch eine traurige Nachricht: Meine Cousine Bianca Strozzi starb vor einigen Tagen an einem Herzschlag, ich war zutiefst betroffen: Wieder ein Mensch weniger, dem ich voll vertrauen konnte.
Aber nun zu den Ereignissen der letzten Wochen:
Anfang Februar verließen wir Orléans und begaben uns nach Fontainebleau. Ich war froh, dass wir Orléans hinter uns ließen, in dieser Stadt gab es für mich seit unserer Ankunft im Oktober nur Aufregung, Ärger und Kummer. Ich freute mich auf ein paar erholsame Wochen im Schloss deines Vaters und dachte unterwegs nur über die Frühjahrsanpflanzungen und die Bestellung der Obstgärten nach.
In der dritten Februarwoche begann der Ärger, als Anton in einer

Sitzung des Rates mehr Macht für sich selbst und die Entlassung des Herzogs von Guise forderte, weil dieser angeblich für Condés Verhaftung verantwortlich sei.

Ich war wie vor den Kopf geschlagen, bis dahin hatte er sich mir gegenüber nämlich loyal und folgsam benommen.

Als ich ihm erklärte, dass ich auf seine Forderungen nicht eingehen könne, drohte er, den Hof zu verlassen.

Ich weiß nicht, ob du dir mein Dilemma vorstellen kannst: Wenn Anton ginge, würde er sich Condé anschließen, und beide zusammen wären dann mächtige Feinde der Krone, die man nicht unterschätzen sollte.

Eine Entlassung des Herzogs von Guise indes würde diesen in einen starken Feind verwandeln.

Ich versuchte, Anton davon zu überzeugen, dass Guises Stellung seine Anwesenheit am Hof erforderlich mache – umsonst. Anton bereitete seine Abreise vor. Die Lage verschärfte sich, als der Konnetabel entschied, sich ihm anzuschließen.

Am 28. Februar stand ich am Fenster und sah hilflos zu, wie die beiden ihre Pferde bestiegen und auf das Tor zuritten. Plötzlich eilte mein Sohn, der König, auf Montmorency zu, ich öffnete das Fenster und hörte, wie er laut den Konnetabel anflehte, uns nicht zu verlassen, er erinnerte ihn an die beiden Könige, denen er gedient, und an seine Heldentaten, und plötzlich saß Montmorency ab und ging schweigend zum Schloss zurück. Anton folgte ihm, aber ich musste ihm versprechen, dass Condé an den Hof geladen würde, um sich selbst zu rechtfertigen.

Mein Sohn hat also die Situation gerettet.

Am Beginn der zweiten Märzwoche erschien Condé, und der Ärger ging weiter. Nach seiner Ankunft zog er sich in Antons Appartement zurück und weigerte sich, den König oder mich zu begrüßen, solange der Herzog von Guise am Hof weilte.

Montmorency erbot sich, zu vermitteln, und lief stundenlang zwischen Condé und Guise hin und her und überbrachte irgendwelche »Ehrenerklärungen«: Zuletzt einigten sie sich, dass Condé den Herzog zwar treffen, aber nicht mit ihm sprechen würde, Guise seinerseits verbot Condé, ihn anzusehen.

Sie trafen sich also, Condé nickte dem Herzog zu und wandte ihm den Rücken, Guise nahm es wortlos zur Kenntnis; manchmal benehmen Männer sich richtig kindisch.

Am 13. März schwor Condé vor dem Rat, dass er niemals gegen den König rebelliert habe. Der Rat schenkte ihm Vertrauen und rehabilitierte ihn, am 17. März verließ er Fontainebleau denkbar schlecht gelaunt und begab sich nach Paris.

Einige Tage später traf die Nachricht ein, dass auf einer Zusammenkunft der Prévôté in Paris – du weißt, es ist jene Körperschaft mit unmittelbarer Jurisdiktionsgewalt über die Stadt –, also, bei dieser Zusammenkunft wurde mein Recht auf die Regentschaft angezweifelt, die Versammlung bestand darauf, dass die Regentschaft dem Gesetz nach unübertragbar Anton gebühre und dass er kein Recht habe, darauf zu verzichten; sollte er es ablehnen, dieser Verpflichtung nachzukommen, dann würde sie auf Condé übergehen, meine Rolle habe sich auf die Sorge für meine Kinder zu beschränken.

Hinter dieser Versammlung steckte natürlich Condé.

Anton bestand erneut auf seinen Rechten und darauf, dass Guise den Hof verlassen müsse.

Der Herzog drohte mit Gewalt und erklärte, dass, bevor er gehe, vierzigtausend Mann zu seinen Füßen sterben würden.

Mein erster Impuls war, Antons Forderungen abzulehnen, aber dann traf die Nachricht ein, dass Condé Truppen zusammenzog, und so beschloss ich, erneut zu verhandeln, um Frankreich vor einem Bürgerkrieg zu bewahren.

Nach vier Tagen wurde meine Regentschaft erneut bestätigt und Anton war einverstanden, dass der Herzog am Hof bleibt.

Diese Narren wollten mich der Regierung berauben und mir einfach nur die Sorge für meine Kinder belassen, aber diese Dinge sind jetzt Gott sei Dank friedlich geregelt, und ich bereite mich innerlich auf die Generalstände vor. Ich hoffe, dass jetzt endlich die leidige Finanzfrage gelöst wird; im Januar, als die Stände vertagt wurden, empfahlen sie mir, das dem Staatsschatz fehlende Geld von denen zurückzufordern, die während der Regierung meines verstorbenen Gatten dem Staatsschatz große Summen für private Zwecke entnommen haben, das betrifft vor allem die Guisen, den Marschall von Saint-André, die Montmorencys und natürlich auch Diana von Poitiers. Ich habe bisher darauf ver-

zichtet, von den Herrschaften etwas zurückzufordern, weil dies
wahrscheinlich zu einem Bündnis der bisher verfeindeten Fami-
lien – also Guise und Montmorency – gegen die Krone führen
würde.
Mit dem Kanzler habe ich vereinbart, dass Anfang September im
Dominikanerkloster in Poissy ein Colloquium zwischen der ka-
tholischen und der protestantischen Geistlichkeit stattfinden soll,
mit dem Ziel, in dogmatischen Fragen zu einem Kompromiss zu
gelangen. Ich finde, dass man über alles verhandeln kann, auch
über die Frage, ob Brot und Wein sich bei der Kommunion in Leib
und Blut Christi verwandeln oder nur Leib und Blut symbolisie-
ren.

Sie legte die Feder einen Augenblick zur Seite und überlegte erneut, warum der Herzog, der Marschall und der Konnetabel die Kapelle verlassen
hatten, kam aber zu keinem Ergebnis. In diesem Augenblick wurde der
Parfümeur René gemeldet.

»Madame, verzeihen Sie die Störung, aber vorhin, ich hörte in der
Schlossküche die Predigt, trafen dort der Herzog von Guise, sein Sohn,
der Marschall von Saint-André und der Konnetabel ein. Beim Verlassen
der Küche sah ich sie noch zusammenstehen, versteckte mich und hörte,
dass sie sich nach der Abendtafel beim Konnetabel treffen wollen. Ich
dachte, dass diese Neuigkeit Sie vielleicht interessiert, Madame.«

Katharina sah den Parfumeur einen Augenblick fassungslos an. War
etwa eine neue Verschwörung im Gang?

»Die Neuigkeit interessiert mich sehr, sorge dafür, dass die Unterhaltung belauscht wird.«

Besagtes Treffen begann pünktlich.

Nachdem die Kristallpokale mit rotem Burgunder gefüllt waren, erhob
sich der Konnetabel.

»Meine Herren«, sagte er feierlich, »die Milde der Regentin gegenüber
den Anhängern Calvins hat zu beklagenswerten Zuständen geführt:
Viele exilierte Hugenotten sind nach Frankreich zurückgekehrt, weil
sie ihre Religion hier jetzt offen ausüben können, in Rouen zum Beispiel, im Süden, in Nérac, Agen, Lectour, Cahors, Carcassonne. Diese
Städte sind inzwischen fast rein hugenottisch; damit nicht genug, es gibt
nicht eine einzige Stadt im ganzen Königreich, die nicht ihren Prediger
und ihr Gotteshaus hat. Die Hugenotten fordern überall das Recht auf

öffentliches Bekenntnis, behaupten, dass die Privathäuser zu klein für ihre Gottesdienste sind, und fordern den Bau von Kirchen. Abgesehen davon, werden sie immer frecher, zerstören katholische Kirchen, bedrohen Bischöfe und begehen Verbrechen: Viele hugenottische Edelleute in der Gascogne und im Languedoc überfallen die Güter ihrer katholischen Nachbarn unter dem Vorwand, sie bekehren zu wollen, in Wirklichkeit, um sie zu berauben und auszuplündern. In Montpellier, Montauban und Agen sind sechzig Kirchen zerstört und 2200 Menschen getötet worden. Bekehrt sich der Gutsherr, so schlachtet man nur seinen katholischen Pächter ab, ist der Gutsherr unbelehrbar, so tötet man diesen zuerst, wie zum Beispiel den Baron von Fumel im Agenais. Vor kurzem hörte ich, dass auch in Paris die Hugenotten immer frecher werden. – Meine Herren, zum Wohl des Landes sollten wir uns auf ein gemeinsames Ziel einigen: die Bewahrung der katholischen Religion in Frankreich!« Nach dieser Ansprache leerte er seinen Pokal und sah sich erwartungsvoll in der Runde um.

Der Herzog von Guise lächelte, trank dem Konnetabel zu und erwiderte: »Ich bin völlig Ihrer Meinung, die Hugenotten müssen bekämpft werden. Wir sollten deshalb ein Bündnis schließen mit dem Ziel, die Häresie in Frankreich auszurotten. Mit dem Bündnis meine ich ein Bündnis militärischer Art. Condé hat Truppen zusammengezogen, auch wir sollten gerüstet sein, falls es zu einem Krieg kommt; der Papst und Spanien werden uns bestimmt militärisch unterstützen. – Wir sollten eine katholische Liga bilden, die alle Katholiken unter ihren Fahnen vereint.«

Der Marschall von Saint-André rief: »Ja, trinken wir auf die katholische Liga!«

Montmorency schenkte Wein nach, und dann erhoben sich alle und riefen: »Auf die katholische Liga!«

Der junge Heinrich verfolgte die Szene interessiert »Es ist wie im alten Rom«, sagte er plötzlich, »Sie bilden ein Triumvirat.«

Die Herren lachten und der Herzog rief: »Mein Sohn hat Recht, wir sind ein Triumvirat.«

Man setzte sich, und dann kam Montmorency auf den Punkt zu sprechen, der ihn genauso beschäftigte wie die religiöse Frage.

»Es gibt noch ein Problem – Sie wissen, dass die Generalstände der Königinmutter empfohlen haben, die Modalitäten zu untersuchen, unter denen wir seinerzeit – unter der Regierung Heinrichs II. – unsere Vermögen erworben haben. Bisher ist nichts geschehen, aber falls die Generalstände der Krone erneut die finanzielle Unterstützung verweigern, wird die Königinmutter diese Modalitäten vielleicht doch untersuchen lassen.«

»Ich habe auch schon darüber nachgedacht«, erwiderte der Herzog, »wir müssen diese Untersuchungen irgendwie unterdrücken.«

Darüber herrschte bald Einigkeit, und zur Bekräftigung wurden bis Mitternacht noch etliche Pokale Burgunder geleert; der Herzog und Montmorency kamen überein, den Hof am anderen Tag zu verlassen.

Heinrich von Guise konnte lange nicht einschlafen, weil er immer wieder über das Gespräch bei dem Konnetabel nachdenken musste. Ein Satz hatte sich ihm eingeprägt, ohne dass er wusste, warum: »Auf die katholische Liga!«

Am nächsten Morgen erfuhr Katharina von René den Inhalt des abendlichen Gesprächs und erschrak.

Der Konnetabel hatte sich mit Männern verbündet, die er immer als Gegner betrachtet hatte. Das Bündnis, überlegte sie, richtet sich gegen die Hugenotten und vor allem gegen deren hochadelige Anführer; und es richtet sich gegen meine Toleranzpolitik. Vielleicht kam es bei dem religiösen Colloquium zu einem Kompromiss, und was die privaten finanziellen Interessen der Herren betraf, so musste sie versuchen, die Generalstände davon zu überzeugen, dass es ihre Aufgabe sei, die Krone finanziell zu unterstützen.

In diesem Augenblick wurden der Herzog von Guise und der Konnetabel gemeldet.

Katharina zwang sich zu einem liebenswürdigen Lächeln und erschrak an jenem Morgen zum zweiten Mal, als der Konnetabel erklärte, er und der Herzog müssten den Hof für einige Zeit verlassen, es sei dringend erforderlich, dass sie sich um ihre Ländereien kümmerten.

Katharina spürte, dass es zwecklos war, sie zum Bleiben zu überreden, und wünschte eine angenehme Reise.

Doch Franz von Guise sah die Königinmutter eindringlich an und sagte bedächtig: »Madame, wenn Sie fortfahren, aus zwei Brunnen zu trinken, werden Sie eines Tages für den Ruin Frankreichs verantwortlich sein.«

Sie horchte innerlich auf. Es war eine deutliche Warnung. Die Guisen waren nicht bereit, ihre Toleranz zu akzeptieren.

Sie erwiderte: »Herzog von Guise, man kann die Qualität eines Wassers erst beurteilen, wenn man es getrunken hat.«

Als sie fort waren, trat sie zum Fenster, sah hinaus in den Garten, beobachtete, wie ein Wasserbecken mit Fischen gefüllt wurde, und dachte daran, wie sehr sie sich auf ein paar erholsame Wochen im Schloss ihres Schwiegervaters gefreut hatte. Stattdessen gab es nun neue Probleme durch das Bündnis Guise–Montmorency.

Die Macht des Königs muss untermauert werden, dachte sie, und es gibt im Augenblick nur eine Möglichkeit, nämlich seine baldige Krönung in Reims.

Wenig später ritt ein Kurier nach Lothringen mit dem Befehl, dass Karl von Guise alles für die Zeremonie in Reims vorbereiten solle. Als Datum der Krönung war der 15. Mai festgesetzt.

Während der folgenden Tage besprach Katharina mit dem Kanzler immer wieder Einzelheiten des religiösen Kolloquiums, und dabei reifte in ihr der Entschluss, die Königin von Navarra und ihre Kinder einzuladen.

Am 3. Mai verließen der König und sein Gefolge Fontainebleau und kamen zwei Tage später auf Schloss Nanteuil an, das dem Herzog von Guise gehörte.

Sie hoffte, dass die Anwesenheit des Königs, die für jeden Adeligen eine Ehre war, die feindselige Haltung des Herzogs besänftigen würde, stattdessen vertiefte sich der Riss.

An der Abendtafel sprach man über die Krönung, und der Kardinal schilderte dem jungen König den Ablauf der Zeremonie.

Karl hörte gebannt zu. »Werden alle Herrscher so gekrönt und gesalbt?« fragte er dann.

»Sire, die Zeremonie ist, was die Einzelheiten betrifft, in den europäischen Ländern unterschiedlich, aber alle Könige Europas sind gesalbt und gekrönt, sogar die Königin von England, obwohl sie nicht katholisch ist.«

Da mischte sich Katharina ein. »Du musst wissen, Karl, dass die Weihe eines Herrschers ein Ritual ist, das nicht unmittelbar mit seinem Glauben zusammenhängt. Die ersten römischen Kaiser glaubten an ihre Götter und nicht an unseren Gott, trotzdem gab es eine feierliche Zeremonie, die sie als Herrscher legitimierte.« Sie wandte sich dem Herzog zu: »Was würden Sie tun, wenn der König seine Religion ändern würde?« Sie wollte wissen, woran sie war.

Nach dieser Frage wurde es plötzlich ganz still an der Tafel.

»Meine ganze Familie, meine zahlreichen Freunde und ich selbst sind entschlossen, uns einer solchen Wendung der Dinge zu widersetzen«, antwortete Franz von Guise. »Sie würden in uns die stärksten Verteidiger des Glaubens finden, der von allen früheren Königen seit Beginn der Christianisierung gehütet worden ist. Deshalb, Madame, seien Sie sehr vorsichtig bei allem, was Sie tun, denn Sie könnten sich selbst überrascht sehen.«

Katharina schwieg. Das katholische Frankreich würde also niemals einen protestantischen König dulden, Karl würde also katholisch bleiben; aber vielleicht gelang es, bei dem Kolloquium die gallikanische Kirche davon zu überzeugen, einen Teil der calvinschen Dogmen zu übernehmen.

An jenem Abend unterhielten sich Karl und Franz von Guise noch lange über Katharinas tolerante Haltung gegenüber den Hugenotten.

»Ich glaube nicht«, sagte der Kardinal, »dass sie den König zur Abkehr von der katholischen Kirche überreden wird, das verbietet ihr die italienische Klugheit. Aber man kann nie wissen, ich werde in meine Krönungspredigt noch eine Warnung einfließen lassen.«

Der Herzog überlegte eine Weile und erwiderte: »Die Valois werden niemals Hugenotten werden, das verbietet ihnen die Tradition des französischen Königtums; gewiss, die Königinmutter und ihre Söhne beschäftigen sich zur Zeit mit dem Calvinismus, aber der König und seine Brüder sind Kinder, kindliche Launen gehen vorüber. Was die Italienerin betrifft, so hofft sie, mittels der Toleranz den inneren Frieden zu erhalten; das ist zwar löblich, aber auch bedenklich. Wird sie nicht versuchen, den König mit hugenottischen Ratgebern zu umgeben? Werden diese Ratgeber nicht versuchen, der gallikanischen Kirche einen Teil der Einkünfte wegzunehmen? Das ist meine größte Sorge, das muss verhindert werden.«

Es entstand eine Pause, dann sagte der Kardinal: »Ich weiß nicht, wie man den augenblicklichen Einfluss der Hugenotten unterbinden kann.«

Sein Bruder dachte einen Augenblick nach und fragte: »Wie lange wird Karl IX. wohl regieren? Ein Jahr? Zwei Jahre? Drei Jahre? Er wirkt nicht gesund und robust; wir müssen damit rechnen, dass Anjou ihm auf den Thron folgt, solange er noch minderjährig ist; in diesem Fall wird erneut die Frage der Regentschaft wichtig. Der König von Navarra wird nicht noch einmal auf seine Rechte verzichten, zumal er auf die Unterstützung der Generalstände rechnen kann. Wir sollten versuchen, den König von Navarra auf unsere Seite zu ziehen, so schwächen wir Condé und seine Partei. Wir müssen die ›Wachtel‹ in unsere Abhängigkeit bringen, das ist unsere einzige Chance, um wieder an Macht zu gewinnen. Der Thronprätendent muss katholisch sein, dann ist er nicht mehr länger der Führer der Hugenotten. Eine religiöse Spaltung der Bourbonen schwächt die calvinistische Partei.«

»Du hast Recht, Franz, aber wie willst du die ›Wachtel‹ in unser Lager ziehen?«

»Das ist ganz einfach. Die Königinmutter hat inzwischen etliche junge Damen in ihrem Gefolge, die politisch agieren sollen. Ich werde sie bitten, eine der Damen auf die ›Wachtel‹ anzusetzen mit dem Ziel, ihn von der Politik abzulenken. Abgesehen davon werde ich ihn ebenfalls ködern, und zwar mit unserer Nichte Maria, der Königinwitwe.«

Karl von Guise war mit allem einverstanden, weil ihm keine bessere Lösung einfiel.

Am anderen Morgen bat der Herzog von Guise Katharina, eine ihrer Damen auf den König von Navarra anzusetzen, damit er von der Politik abgelenkt wurde. Katharina war sofort einverstanden, weil sie befürchtete, dass Anton erneut seine Rechte als Regent einfordern würde, und sie beauftragte Louise de la Béraudière, sich um den König von Navarra zu kümmern.

Der Herzog begab sich zu Anton, plauderte eine Weile über dies und jenes, kam schließlich auf die Ehe des Thronprätendenten zu sprechen und fragte, ob er noch nie an eine Annullierung gedacht habe; er sei ja jetzt mit einer Ketzerin verheiratet, und in diesem Fall sei eine Annullierung unproblematisch. – Gewiss, seine Kinder würden dadurch zu Bastarden, aber er könne ja eine neue Ehe schließen, und die Kinder aus dieser Ehe wären dann die legitimen Thronprätendenten.

Anton sah den Herzog überrascht an: »Eine Annullierung meiner Ehe? Ich habe noch nie daran gedacht; überdies, wen sollte ich heiraten?«

Franz von Guise lächelte: »Es gibt nur eine Frau am Hof, die Ihrer würdig ist: meine Nichte, die Königinwitwe. Denken Sie in Ruhe darüber nach.«

Nachdem der Herzog gegangen war, versuchte Anton seine Gedanken zu ordnen: Er liebte Johanna nicht, aber sie hatten zwei Kinder – sollten diese Kinder zu Bastarden werden? Nein, dachte er, andererseits, eine Ehe mit der jungen Königinwitwe wäre verlockend. Er ging in den Park, dachte über das Angebot des Herzogs nach und hörte plötzlich die Stimmen junger Frauen.

Louise de la Béraudière verwickelte ihn in eine Unterhaltung, und auf einmal merkte er, dass er mit ihr allein war. Sie gefiel ihm und er bat sie, den Abend mit ihm zu verbringen. Sie zierte sich zunächst etwas und willigte dann ein.

Am 15. Mai 1561 wurde Karl IX. in Reims gesalbt und gekrönt.

Katharina erinnerte sich an die Krönung des Gatten, vor vierzehn Jahren war es eine eindrucksvolle Zeremonie gewesen, und jetzt?

Sie sah ihren Sohn, der klein wirkte im Verhältnis zu den Säulen der Kathedrale und zu den Männern, die ihn umgaben, seine zeremoniellen Gewänder, die seine Würde betonen sollten, brachten seine Jugend zum Ausdruck; sie betrachtete seine engen, bereits gebeugten Schultern und seinen dünnen Hals, der sich unter dem Gewicht der Krone bog.

Sie beobachtete, wie er weinte, und versuchte sich von der peinlichen Szene abzulenken, indem sie über die Reihen der Anwesenden sah, stellte fest, dass der hugenottische Adel der Zeremonie fern geblieben war, und konzentrierte sich auf die Predigt des Kardinals von Lothringen.

Irgendwann hörte sie, wie er sagte: »Wer immer Eurer Majestät rät, die Religion zu wechseln, der würde Ihnen damit unvermeidlich die Krone vom Haupt reißen.«

Aha, dachte sie, das ist eine Warnung an mich, die bedeutet, dass das katholische Frankreich niemals einen protestantischen König dulden würde. Nun ja, das wusste sie genauso gut wie der Kardinal. Sie hatte mit dem Gedanken gespielt, den Sohn zu überreden, zum neuen Glauben überzutreten, aber sie hatte von Anfang an gewusst, dass der König von Frankreich katholisch sein musste. Sie hatte ihn mit dem Calvinismus vertraut gemacht, weil er begreifen musste, dass die Hugenotten keine Staatsfeinde waren, nur weil sie anders an Gott glaubten. Sie beschloss, nach dem Colloquium ein Edikt zu erlassen, das es den Hugenotten ermöglichte, ihre Religion frei auszuüben.

Nach den Krönungsfeierlichkeiten begab der Hof sich gemächlich nach Saint-Germain. Katharina dachte noch einige Tage lang an den Traum und die Warnung der Astrologen vor Saint-Germain, verdrängte das aber zugunsten der Überlegung, wie es mit ihrer Schwiegertochter Maria Stuart weitergehen sollte. Sie muss nach Schottland zurückkehren – aus den Augen, aus dem Sinn. Von Edinburgh aus ist es für sie schwieriger, eine politische Heirat zu arrangieren, die für Frankreich gefährlich werden könnte.

Sie erinnerte sich an die Heiratsgerüchte, die bereits während der vierzigtägigen Trauer an den europäischen Höfen umherschwirrten: Erzherzog Karl von Österreich, der schottische Thronprätendent Graf von Arran, die Könige von Dänemark und Schweden, der verwitwete Herzog von Ferrara und der junge Lord Darnley, in dessen Adern englisches Königsblut floss.

Sie hatte sich nicht weiter um die Gerüchte gekümmert, weil sie über andere Probleme nachdenken musste und weil die Kandidaten für Frankreich ungefährlich waren. Eines Tages jedoch schwirrte der Name Don Carlos unter den Höflingen umher und sie wurde hellhörig.

Don Carlos, der Sohn ihres Schwiegersohnes Philipp, der Erbe eines Reiches, in dem die Sonne nicht unterging; eine Verbindung mit Don Carlos würde bedeuten, dass Spanien Frankreich vom Norden her bedrohte damit nicht genug, würden die Spanier irgendwann England erobern.

Sie versuchte gleich im Vorfeld, diese Ehe zu verhindern; sie beschwor ihre Tochter Elisabeth, den König von Spanien davon zu überzeugen, dass diese Ehe nur Schwierigkeiten mit sich bringen würde: Philipp würde nur mit Waffen seine künftige Schwiegertochter auf den Thron Schottlands bringen, weil sie katholisch, ihre Untertanen aber protestantisch seien, seine gegenwärtig guten Beziehungen zu England würden durch diese Ehe gestört werden, überdies biete es sich an, die familiären Bande zum Haus Habsburg noch enger zu knüpfen – war Margot nicht eine gute Partie für Don Carlos?

Ende April schrieb Elisabeth, der Gatte sei nicht mehr an einer Verbindung seines Sohnes mit Maria Stuart interessiert, über eine Ehe zwischen Margot und dem Infanten müsse er noch intensiv nachdenken.

Sie atmete auf, als sie dies las, legte den Brief einen Augenblick zur Seite, nahm ihn wieder und erfuhr zu ihrem Kummer, dass Elisabeths erstes Kind, ein Sohn, bereits nach wenigen Stunden gestorben war, und sie tröstete sich damit, dass die Tochter noch weitere Kinder zur Welt bringen würde.

Anfang Juni traf der Hof in Saint-Germain ein.

Als René seine Herrin für die Abendtafel schminkte, sagte er leise: »Madame, der König von Navarra erzählt, dass er seine Ehe annullieren lassen will, um Maria Stuart zu heiraten.«

Katharina erschrak. Eine Ehe des Thronprätendenten mit der ungeliebten Schwiegertochter würde die Familie Guise erneut stärken, weil Johannas Kinder durch die Annullierung zu Bastarden wurden, die Kinder aus der neuen Ehe aber zu Thronprätendenten. – Nein, dachte sie, nein, ich mag Johanna zwar nicht, aber diese Ehe darf nicht annulliert werden.

Sie beobachtete, wie René kunstvoll Rouge und Puder auf ihrem Gesicht verteilte, und sagte nach einer Weile: »Der König von Navarra hat manchmal merkwürdige Ideen.«

»Mit Verlaub, Madame, vielleicht hat man ihm diese Ideen eingeflüstert.«

René diente seiner Herrin seit dreißig Jahren und in dieser Zeit hatte sich zwischen ihnen ein Vertrauensverhältnis entwickelt, das es ihm erlaubte, auch seine eigene Meinung zu äußern.

Katharina überlegte eine Weile und erwiderte: »Ich glaube, du hast Recht, wahrscheinlich stecken die Guisen hinter diesem Vorschlag.«

Während Isabella die Haare ihrer Herrin richtete, beschloss Katharina, die Schwiegertochter zu überreden, nach Schottland zurückzukehren.

Am Nachmittag des 10. Juni saß Katharina in ihrem Arbeitszimmer und las Berichte ihrer Gesandten, hin und wieder sah sie hinüber zu der Fensterecke, wo der junge König mit geröteten Wangen einen lateinischen Text übersetzte. Seit Beginn seiner Regierung verbrachte er viele Stunden am Tag bei seiner Mutter, weil sie ihn so besser beaufsichtigen und lenken konnte. Der junge Karl empfand die ständige mütterliche Kontrolle als lästig und unangenehm, aber er wusste auch, dass es zwecklos war, sich dagegen aufzulehnen.

Katharina ahnte, dass er wahrscheinlich einen Text von Cäsar oder Livius übersetzte, weil Kriegsbeschreibungen ihn faszinierten, und er hatte schon öfter zu ihr gesagt, er wolle ein Kriegerkönig werden, ein Heerführer wie der Konnetabel, der Herzog von Guise, Condé oder Coligny, und diese Vorstellungen stimmten sie nachdenklich. Es wäre ihr lieber gewesen, wenn er ein Friedensfürst werden wollte.

Nach einer Weile sah Karl auf und legte die Feder zur Seite. Die Übersetzung war fertig und er verspürte den Wunsch, im Garten mit den Altersgenossen zu raufen und zu spielen oder seinen Jagdhund zu dressieren. Nach der Krönung hatte Katharina ihm endlich seinen sehnlichsten Wunsch erfüllt und ihm einen hübschen, kräftigen Hund geschenkt, dessen schwarzweißes, glattes Fell seidig glänzte; er war noch jung und würde einmal sehr groß werden.

Karl war überglücklich, nannte ihn »Bolko« und verbrachte fast jede freie Minute mit dem Tier.

»Mama, darf ich zu Bolko?«

Katharina sah erstaunt auf. »Bist du schon fertig mit deinen Aufgaben, was ist mit Mathematik?«

Karl überlegte, ob er einfach sagen sollte, er müsse heute keine Gleichungen lösen, aber er sah keine Möglichkeit, sich heimlich nach der Abendtafel damit zu beschäftigen, weil ausgerechnet heute seine Mutter den Abend mit ihm und den Geschwistern verbringen wollte, außerdem hatte er Angst, sie anzulügen, weil sie immer alles wusste und alles erfuhr, und so antwortete er kleinlaut: »Ich könnte vor der Abendtafel die Algebraaufgaben lösen.«

»Das könnte dir so passen, du bleibst hier und beschäftigst dich jetzt damit. Hast du immer noch nicht begriffen, dass die Arbeit vor dem Vergnügen kommt?«

Er seufzte, holte das Mathematikbuch hervor, überflog die Aufgaben und tauchte verzweifelt die Feder in das Tintenfass, es waren zwölf Gleichungen mit zwei Unbekannten und er wusste, dass er den ganzen Nachmittag in Gesellschaft von x und y verbringen würde.

Als er zwischen zwei Aufgaben aus dem Fenster sah, erblickte er seinen Bruder Heinrich, der, gefolgt von einigen hübschen, kräftigen Edelknaben, zum Ballspielplatz ging.

Der hat es gut, dachte Karl wütend, der wird nicht ständig kontrolliert, der ist natürlich schon fertig mit den Aufgaben, und um sich zu trösten, dachte er daran, dass er in zwei Jahren volljährig war und dann tun und lassen konnte, was er wollte. Er sah verstohlen zu Katharina und überlegte resigniert, dass er bei dieser Mutter nie würde tun und lassen können, was ihm beliebte.

Als er mit der dritten Aufgabe beginnen wollte, hörte er, dass im Hof eine merkwürdige Unruhe entstand, und als er aus dem Fenster sah, erblickte er seine Schwägerin, die junge Königinwitwe.

Er bekam Herzklopfen, sprang auf und beobachtete, wie die hoch gewachsene, schlanke, schwarz gekleidete Gestalt elegant vom Pferd stieg und zum Eingang schritt. »Mama, Mama, die Königin ist soeben gekommen.«

Katharina sah irritiert von ihren Akten auf. »Wen meinst du denn?«

»Meine Schwägerin, Maria Stuart, die Königin von Frankreich.«

»Karl, deine Schwägerin ist nicht mehr die Königin, sondern nur noch die jüngere Königinwitwe von Frankreich.«

»Irgendwann wird sie wieder die Königin dieses Landes sein, ich liebe sie und werde sie in einigen Jahren heiraten.«

Katharina glaubte nicht richtig zu hören, erhob sich, ging langsam zu ihrem Sohn und betrachtete ihn einige Augenblicke lang verwundert.

»Was sind das für Hirngespinste? Du bist viel zu jung, um zu wissen, was wahre Liebe ist, abgesehen davon spielen bei der Heirat eines regierenden Fürsten nicht die Gefühle eine Rolle, sondern die Staatsräson. Du wirst die Prinzessin heiraten, die ich für dich aussuche, und du kannst gewiss sein, dass ich eine Verbindung arrangieren werde, die für Frankreich außenpolitisch vorteilhaft ist.«

Karl überlegte und erwiderte: »Eine Verbindung mit Schottland wäre außenpolitisch sinnvoll.«

»Nein«, erwiderte Katharina gereizt und ungeduldig, »du bist noch zu jung, um das zu verstehen. Überdies ist deine Schwägerin fast acht Jahre älter als du, überlege einmal: in einigen Tagen bist du elf Jahre alt, du wirst frühestens in fünf Jahren heiraten können, dann ist die Königin von Schottland fast Mitte zwanzig und fängt allmählich an zu verblühen, und wenn du ein Mann in den besten Jahren bist, wird sie anfangen zu altern, hast du daran schon einmal gedacht?«

»Nein, und es würde mich auch nicht stören. – Diana von Poitiers war schließlich zwanzig Jahre älter als mein Vater.«

Katharina starrte den Sohn an und auf einmal verlor sie die Beherrschung und gab ihm eine Ohrfeige. »Wage es nicht noch einmal, das Andenken deines seligen Vaters zu besudeln!«, schrie sie ihn an.

Karl wich erschrocken vor seiner Mutter zurück, und erst in diesem Augenblick wurde ihm bewusst, was er gesagt hatte.

Inzwischen hatte Katharina sich gefasst, ärgerte sich, dass sie ihre Gefühle nicht beherrscht hatte, und fragte: »Woher weißt du es?«

»Am Hof haben alle darüber geredet, Mama.«

In diesem Augenblick wurde Maria Stuart gemeldet.

»Nimm deine Bücher und gehe in dein Appartement.«

Karl raffte seine Sachen zusammen und eilte hinaus, froh, der mütterlichen Aufsicht für den restlichen Nachmittag entronnen zu sein. Statt in sein Zimmer ging er hinunter zu Bolko, um einen Augenblick mit ihm zu spielen; die restlichen Aufgaben würde er hoffentlich bis zur Abendtafel schaffen.

Während Karl mit seinem Hund herumtollte, saßen Katharina und ihre Schwiegertochter sich einen Augenblick schweigend gegenüber.

»Du warst jetzt über drei Monate bei deinen Verwandten«, sagte Katharina schließlich, »hast du dich etwas erholt?«

»Ja, Madame, ich habe die Wochen sehr genossen; zuerst weilte ich einige Tage in Nanteuil, von dort reiste ich nach Reims und verbrachte drei Wochen im Kloster bei meiner Tante Renée, dann ging es weiter nach Nancy zu meiner Schwägerin Claudia; Sie wissen sicherlich, wie glücklich sie an der Seite des Herzogs von Lothringen lebt. Die letzten Wochen war ich in Joinville bei meiner Großmutter.«

»Du hast mit deinen Verwandten sicherlich über deine Zukunft gesprochen. Bist du inzwischen zu einem Entschluss gekommen?«

»Nein, Madame, jeder rät mir etwas anderes. Meine Tante Renée meint, ich solle auf einem der Schlösser meiner Verwandten leben, Claudia hat mich daran erinnert, dass ich durch meine Heirat Herzogin von Touraine sei und dort und im Poitou ansehnliche Ländereien besäße, die mir ein standesgemäßes Leben ermöglichen; meine Großmutter drängt mich, an den Hof zurückzukehren und die ehrenhafte Stellung einzunehmen, die meinem Rang als Königinwitwe gebührt; alle aber sind der Meinung, dass ich mich bald wieder verheiraten soll, natürlich vorteilhaft für die Familie Guise. Aber eine Heirat ist für mich im Augenblick zweitrangig; Don Carlos wäre eine vorteilhafte Partie gewesen, aber, nun ja, es hat nicht sollen sein.«

Katharina musterte die junge Frau und hatte den Eindruck, dass die Unentschlossenheit nicht gespielt war. Es war natürlich eine schwierige Entscheidung, aber dachte Maria Stuart überhaupt nicht an Schottland?

»Ich kann verstehen, dass du im Augenblick noch kein Interesse an einer neuen Heirat hast, aber vergiss für einen Augenblick die Ratschläge deiner Familie, wo möchtest du denn am liebsten leben?«

»Ich weiß es nicht, jede Möglichkeit hat ihre Vor- und Nachteile.«

»Hast du während der vergangenen Wochen nie daran gedacht, nach

Schottland zurückzukehren? In deinem Ehevertrag wurde festgelegt, dass es dir nach dem Tod deines Gatten erlaubt ist zu wählen, ob du in Frankreich bleibst oder in deine Heimat zurückkehrst.«

Maria Stuart schwieg und sagte dann leise: »Meine Heimat … Ich will offen zu Ihnen sprechen Madame; ich habe natürlich daran gedacht, ich habe die schottischen Stände noch von Orléans aus vom Tod meines Gatten unterrichtet, und während meiner Reise nach Nancy besuchten mich zwei Schotten, die allerdings unterschiedlichen politischen Lagern angehören, nämlich John Leslie, der Bischof von Ross, im Auftrag der katholischen Partei und mein Halbbruder James als Vertreter der protestantischen Regierung. Aus den Gesprächen mit ihnen ging hervor, dass das schottische Volk anscheinend meine Rückkehr wünscht. Mein Halbbruder versicherte mir, dass ich in meinen privaten Räumen ungehindert meinen Glauben ausüben darf, sofern ich bereit sei, den protestantischen Glauben meiner Landsleute zu respektieren.«

»Das klingt vernünftig, Maria. Warum zögerst du?«

»Schottland und die Schotten sind fremd für mich, ich bin in Frankreich aufgewachsen, hier ist meine wahre Heimat; überdies soll Schottland rückständig und unkultiviert sein.«

»Ist es für eine Königin nicht eine reizvolle Aufgabe, ihr Land aufzubauen, wirtschaftlich und kulturell zu entwickeln? Schottland bietet dir andere Lebensperspektiven als Frankreich – wenn ich an deiner Stelle wäre, so würde ich in die Heimat zurückzukehren, dort bist du die Königin. Hier in Frankreich hingegen … Was hat Cäsar gesagt? *Ich möchte lieber im kleinsten Dorf der Erste als in Rom der Zweite sein.* Wenn du am Hof bleibst, bist du im Augenblick die Zweite, und wenn der König in einigen Jahren heiratet, nur noch die Dritte. Willst du das?«

Maria Stuart schwieg lange und sagte dann leise: »Nein, Madame.«

Dann erzählte Katharina von den Heiratsabsichten des Königs von Navarra. Maria Stuart starrte ihre Schwiegermutter entgeistert an.

»Wie bitte? Anton von Bourbon will mich heiraten? Nein und nochmals nein! Er ist politisch keine gute Partie – ein Thronprätendent, der nach menschlichem Ermessen nie König von Frankreich werden wird – und außerdem ist er mir zu oberflächlich und unzuverlässig. Ein Mann, der die Frauen wie die Hemden wechselt, ist kein Mensch, der fähig ist, eine Frau aufrichtig zu lieben, und ich will geliebt werden, so wie Franz mich geliebt hat.«

Katharina unterdrückte ein Lächeln, die Schwiegertochter hatte anscheinend noch nicht begriffen, dass Liebe und Staatsraison meistens nicht vereinbar waren.

»Ich muss noch einmal in Ruhe über eine Rückkehr nach Schottland nachdenken, Madame. Erlauben Sie, dass ich mich jetzt zurückziehe.«

Katharina war zufrieden mit dem Verlauf des Gespräches. Zwischen den Worten der Schwiegertochter war spürbar gewesen, dass sie eine Rolle spielen wollte, und das war künftig nur in Schottland möglich.

Einige Tage später erzählte Maria Stuart ihrer Schwiegermutter, dass inzwischen ein Brief ihres Halbbruders eingetroffen sei, der sie im Namen der protestantischen Lords förmlich ersuchte, nach Schottland zurückzukehren und dass sie beschlossen habe, Frankreich zu verlassen.

Katharina atmete auf, weil das schottische Abenteuer endlich abgeschlossen war. »Ich freue mich über deine Entscheidung. Denke daran, jetzt den Vertrag von Edinburgh zu ratifizieren, du wirst durch England reisen und die englische Königin um freies Geleit bitten müssen. Sie wird kaum dazu bereit sein, solange der Vertrag nicht ratifiziert ist.«

»Die Ratifizierung muss ich mit den schottischen Ständen besprechen, und wenn die englische Königin mir kein freies Geleit durch ihr Land gewährt, so gibt es immer noch den Seeweg.«

Katharina schwieg und dachte im Stillen, dass die Schwiegertochter ihre Erfahrungen im Umgang mit anderen Monarchen selbst machen musste.

An einem Abend Mitte Juli begaben sich die Königin von Navarra, ihr Sohn Heinrich und die Damen und Herren des Hofes zur Tafel.

Heinrich war zwar ein gutes Stück gewachsen, aber immer noch kleiner als seine Altersgenossen. Ansonsten hatte er sich äußerlich nicht verändert, nur die dunklen Locken ringelten sich noch ungebärdiger um seinen Kopf, und in seiner Miene spiegelte sich hin und wieder ein unkindlicher Ernst, eine Nachdenklichkeit, die jedoch nur seinen Lehrern auffiel. Er trug wie die übrigen Herren schwarze Kleider aus einfachem Tuch, der einzige Schmuck war die weiße steife Halskrause.

Johanna und ihre Damen trugen ebenfalls Schwarz, die Haare waren nicht wie früher zu mehr oder weniger kunstvollen Frisuren hochgesteckt, sondern straff zurückgekämmt und von einer engen weißen Haube bedeckt.

Während eine der Damen das Tischgebet sprach, wanderten Heinrichs

Augen verstohlen über die Tafel, und an jenem Abend wurde ihm die spartanische Einfachheit zum ersten Mal ganz deutlich bewusst; gewiss, am Hof von Navarra hatten nie Luxus und Überfluss geherrscht, aber man speiste von Silbergeschirr, es wurden immer drei Gänge serviert, es gab täglich ein Fleischgericht, an Sonn- und Feiertagen zwei, der Wein wurde unverdünnt getrunken, man unterhielt sich. Im Hintergrund spielten die Hofmusikanten Hirtenlieder, man trug farbige Kleider, an den Fingern der Damen funkelten juwelenbesetzte Ringe – und jetzt?

Das Tischtuch war nicht aus feinem, glänzendem Damast, sondern aus einfachem weißem Leinen, Teller, Bestecke und die Becher waren aus Zinn, es wurden nur noch zwei Gänge serviert, an gewöhnlichen Wochentagen eine Gemüsesuppe, worin einige Fleischbrocken schwammen, dann wurden noch Obst und Käse aufgetragen, an Sonn- und Feiertagen gab es Suppe, gekochtes oder gebratenes Fleisch und ebenfalls Käse und Obst, der kräftige Landwein wurde immer mit viel Wasser verdünnt.

Heinrich hatte sich inzwischen an die frugalen Mahlzeiten gewöhnt, aber er vermisste eine interessante Tischunterhaltung und die Musik im Hintergrund. Nach der Abendtafel zog seine Mutter sich mit den Damen zurück, und dann wurde eine Stunde lang aus der Bibel vorgelesen und er musste an diesen Bibelstunden teilnehmen. Die Geschichten des Alten Testamentes waren zwar oft interessant und spannend, aber manchmal langweilte er sich auch und hatte die ständige Bibellektüre schlicht satt.

An solchen Abenden überzeugte er seine Mutter, dass er noch lernen müsse, und bis jetzt hatte die Königin seine Ausrede oder Lüge immer geglaubt.

Inzwischen waren die Suppe und Brot serviert worden, und während Heinrich hungrig löffelte, erinnerte er sich wieder einmal an den Aufenthalt am französischen Hof drei Jahre zuvor. Manches hatte er vergessen, aber an die üppige Tafel erinnerte er sich noch genau, und als er nun ein Bröckchen Hammelfleisch langsam kaute, um den Genuss zu erhöhen, sah er einen gebratenen Kapaun vor sich und glaubte, den Bratenduft zu riechen.

Seine Mutter übte stets Kritik am französischen Hof, seinen Sitten und tadelte den Prunk. Vielleicht hat sie Recht, dachte Heinrich, aber hier lebt man zu spartanisch – schließlich ist unser Hof auch ein Königshof. Er beschloss, wenn er einmal in Navarra regierte, etwas mehr Aufwand zu treiben; er würde üppiger tafeln, man würde Musik hören, sich unterhalten, es würden auch wieder Feste, Bälle und Bankette stattfinden wie früher, bevor sie zum Calvinismus übergetreten waren.

Er sah nicht ein, dass man nur arbeiten und beten und auf alle angenehmen Dinge des Lebens verzichten sollte. Früher waren Tanz und Kartenspiel keine Sünde gewesen – warum jetzt?

Während die Diener Ziegenkäse und Pfirsiche servierten, sah Johanna sich in der Tischrunde um.

»Vorhin erhielt ich einen Brief des Königs von Frankreich«, sagte sie dann, »er lädt meine Kinder und mich zu einem religiösen Colloquium ein, das im Spätsommer in der Nähe von Saint-Germain stattfinden soll, und zwar im Dominikanerkloster in Poissy. Ich bin entschlossen, die Einladung anzunehmen, einmal, weil mich die religiöse Diskussion interessiert, zum anderen, weil mein Gatte in jedem Brief schreibt, dass er seine Kinder sehen möchte und im Augenblick am Hof nicht abkömmlich ist.«

Je länger Johanna über Katharinas tolerante Haltung nachdachte, desto rätselhafter und unheimlicher wurde ihr die Königinmutter.

»Ein religiöses Colloquium, wie ist das zu verstehen?«, fragte einer der Herren Theodor von Beza, den engsten Mitarbeiter Calvins.

»Das Colloquium ist eine Idee der Königinmutter. Von katholischer Seite werden sechs Kardinäle daran teilnehmen, ich selbst werde eine Delegation von zwölf Predigern führen. Man wird über die Dogmen disputieren, mit dem Ziel, dass man sich gegenseitig besser versteht und vielleicht in der einen oder anderen Frage zu einer religiösen Einigung kommen kann. – Was mich betrifft, so glaube ich nicht, dass man in dogmatischen Fragen Kompromisse schließen kann. Ein Dogma ist eine Glaubenssache: Entweder man glaubt daran oder nicht. Aber in Poissy wird vielleicht das Verständnis für die Reformation geweckt und ich hoffe, dass dann der König ein Edikt erlässt, das die Ausübung unseres Glaubens großzügig regelt.«

Heinrich hörte aufmerksam zu und überlegte, ob er nach diesem Colloquium seinen Glauben, den er liebte, würde aufgeben müssen. Vielleicht änderte der Gottesdienst sich etwas; seine Erinnerung an die Messen, die er besucht hatte, waren nur verschwommen, aber die prachtvollen Gewänder des Priesters und die Messknaben, die Weihrauchfässer schwenkten, hatten ihn beeindruckt. – Hoffentlich war das Ergebnis von Poissy, dass die Predigt nicht mehr so lange dauerte …

901

»Mutter, wann verlassen wir Navarra?«

»Das Colloquium beginnt am 9. September, es genügt, wenn wir am Tag vorher eintreffen.« Zu den Damen und Herren sagte sie: »Ich werde dafür sorgen, dass unsere Räume dicht beieinander liegen. Am Sonntag werden wir in meinem Appartement die Predigt hören; die Teilnahme an der Messe ist Ihnen streng untersagt, ebenso die Teilnahme an irgendwelchen Festen. Vermeiden Sie auch nach Möglichkeit jeden Kontakt mit den Hofleuten; soweit ich es weiß, herrschen noch die gleichen lockeren Sitten wie eh und je. Die abendliche Bibelstunde wird natürlich auch in Saint-Germain stattfinden. – Meine Damen, wir sollten uns innerlich auf die Tage in Frankreich vorbereiten, deshalb werden ab heute, bis zu unserer Ankunft in Saint-Germain abends nur noch Psalmen gelesen. – Und nun, Madame von Audouins, sprechen Sie das Tischgebet.«

Die Gräfin von Audouins war mit Johanna befreundet, hatte den jungen Heinrich über das Taufbecken gehalten und war mit ihrer Tochter Corisande, die am Hof in Pau aufwuchs, ebenfalls zum Calvinismus übergetreten.

Heinrich hörte entsetzt, dass Psalmen gelesen werden sollten. Jeden Abend eine Stunde lang Psalmen, ab heute schon, dachte er. Sollte er die Mutter bitten, ihn zu beurlauben, weil er noch lernen musste?

Er war erst vor ein paar Tagen unter diesem Vorwand der Bibelstunde ferngeblieben und hatte sich wie gewöhnlich heimlich mit seiner kleinen Freundin Corisande getroffen. Sie war ein Jahr jünger, etwas größer als er und schlank, aber was ihn seit dem Frühjahr faszinierte, waren ihre großen, dunkelblauen Augen und die dichten glänzenden goldblonden Haare. Sie gefiel ihm so gut wie Margot, und er überlegte lange, wer von den beiden schöner war, und entschied, dass beide gleich hübsch aussahen. Er verglich auch ihr Wesen: Corisande wirkte auf ihn sanfter als Margot, aber Margot schien ihm geheimnisvoller mit ihren schwarzen Haaren und Augen. Er fühlte sich zu beiden hingezogen, dachte darüber nach, welches Mädchen er mehr liebte; entschied schließlich, dass man auch zwei Mädchen gleichzeitig und mit gleicher Intensität lieben konnte, und zu seiner freudigen Überraschung erwiderte Corisande seine Zuneigung. Er erinnerte sich an Margots Benehmen ihm gegenüber – nun, er würde sie eines Tages heiraten und irgendwann würde sie ihn auch lieben, davon war er überzeugt.

»Amen«, sagte in diesem Augenblick die Gräfin, Heinrich schrak aus seinen Gedanken auf und der Wunsch, Corisande zu sehen und ihr von der Reise nach Frankreich zu erzählen, wurde so übermächtig, dass er darüber alles andere vergaß.

»Mutter, ich bin mit der lateinischen Übersetzung noch nicht fertig. Darf ich der Bibelstunde fernbleiben?«

»Schon wieder? Mir scheint, du trödelst am Nachmittag bei deiner Arbeit.«

»Livius ist nun mal schwieriger als Cicero«, murmelte Heinrich leise und resigniert.

Da mischte sich Theodor von Beza ein.

»Mit Verlaub, Madame, der Prinz hat Recht. Ich habe die Lehrer vor einigen Tagen gebeten, mit der Lektüre des Livius zu beginnen, er ist im Anfang tatsächlich schwieriger, Grammatik und Satzbau sind …, nun ja, man muss sich daran gewöhnen.«

»Gut«, erwiderte Johanna, »ich glaube Ihnen. – Du darfst dich mit Livius beschäftigen«, sagte sie dann zu Heinrich.

»Danke, Mutter.« Erleichtert eilte er in sein Appartement, das zugleich Wohn-, Studier- und Schlafzimmer war.

Seine Bücher würdigte er keines Blickes, er hatte wie so oft Spannenderes im Sinn.

Flugs eilte er in den Garten, wo er sich in einer idyllischen, versteckten Nische mit Corisande traf, wenn es ihm unter einem Vorwand gelang, der Bibelstunde fernzubleiben.

Er mochte die langweiligen Psalmen nicht, und jetzt war er wieder einmal rundum glücklich, als er Corisande in die Arme schließen konnte.

Aufgeregt erzählte er ihr von der Reise nach Frankreich, vom französischen Hof, den Menschen, Schlössern, Sitten und Gebräuchen und natürlich – von Margot.

Immer noch fand er seine Verlobte wunderschön und betete sie an.

Das gefiel nun Corisande gar nicht, es stimmte sie sehr traurig, und es kostete Heinrich viel Mühe, ihr das Dasein einer Mätresse an seinem Hof schmackhaft zu machen, wenn er mit Margot verheiratet und irgendwann König sein würde.

Er verabschiedete sich zärtlich von ihr und wusste zugleich, dass er sie nun lange nicht würde sehen können, einmal wegen der Reise, zum andern, weil er jetzt keine Bibelstunde mehr schwänzen konnte, ohne dass sein kleines Geheimnis herauskam.

Er lief so schnell er konnte ins Haus. Als er sein Zimmer betrat, wartete seine Mutter im Halbdunkel bereits auf ihn, entsetzt, dass der Sohn es gewagt hatte, sie anzulügen. Sie gab ihm eine Ohrfeige, maßregelte ihn scharf und setzte ihm eine gehörige Strafe in Aussicht. Corisande ade – nun hatte er für die nächste Zeit Hausarrest, und dann kam Frankreich …

Freudig erregt einerseits und tief betrübt andererseits, begab er sich heute zu Bett.

2

Am 21. Juli begannen in Saint-Germain die Abschiedsfeiern zu Ehren Maria Stuarts, und am 25. Juli verließ sie den französischen Hof in Begleitung ihrer Onkel und ihres Gefolges und begab sich nach Calais, um sich dort nach Schottland einzuschiffen.

Katharinas Abschied von der Schwiegertochter war liebenswürdig-kühl – sie wünschte ihr eine glückliche Reise und alles Gute für ihre Zukunft als Königin von Schottland und ermahnte sie noch einmal, den Vertrag von Edinburgh endlich zu ratifizieren und dadurch das Verhältnis zur Königin von England zu entspannen.

Maria Stuart verzog keine Miene, dankte der Schwiegermutter für die Ratschläge und verließ das Zimmer.

Katharina trat an eines der Fenster, und als sie die junge Frau durch das Tor reiten sah, empfand sie eine gewisse Genugtuung bei dem Gedanken, dass sie Recht behalten hatte, was das freie Geleit betraf. Als die Schwiegertochter trotz der Anfragen Throgmortons sich nach wie vor weigerte, den Vertrag zu unterzeichnen, und erklärte, diese Angelegenheit müsse sie mit den schottischen Ständen beraten, hatte die Königin von England sich geweigert, ihr freies Geleit durch ihr Reich zu gewähren. So war Maria Stuart gezwungen, über das Meer in die Heimat zurückzukehren, und konnte nur auf einen günstigen Wind hoffen, so dass sie nicht genötigt war, an der englischen Küste zu landen.

Hoffentlich sehe ich sie nie wieder, dachte Katharina und überlas noch einmal die Namen der Kardinäle, die an dem Colloquium teilnehmen sollten. Es waren sechs Vertreter der römischen Kirche, Männer unterschiedlichen Charakters und unterschiedlicher Denkungsart, die sie aus verschiedenen Gründen ausgewählt hatte: den Kardinal von Bourbon, weil sie ihn persönlich schätzte und weil er, wie sie selbst, bemüht war, zu einer Verständigung mit den Hugenotten zu kommen; den Kardinal von Tournon, weil er den Valois treu ergeben war; den Kardinal von Châtillon, weil er zwar noch Prälat der römischen Kirche, aber Calvinist war und von ihm deshalb keine Einwendungen zu befürchten waren, wenn sie gezwungen war, den Hugenotten weiter entgegenzukommen als geplant; den Kardinal von Armagnac, der sich durch Geschmeidigkeit auszeichnete. Den Kardinal von Lothringen und seinen Bruder, den Kardinal von Guise, hatte sie notgedrungen ausgewählt, damit die etwaigen Kompromisse des Colloquiums auch bei der katholischen Partei Anerkennung finden würden.

Am 27. August traten die Generalstände erneut zusammen, und nach heftigen Debatten war der Klerus bereit, die Krone finanziell zu unterstützen. Dann zogen sie sich nach Poissy in das Dominikanerkloster zurück, um das Colloquium inhaltlich vorzubereiten; es herrschte Einigkeit darüber, dass man nicht gewillt war, in dogmatischen Fragen nachzugeben.

Während der ersten Septembertage trafen Theodor von Beza, als Vertreter Calvins, und seine zwölf Prediger ein.

Noch vor der offiziellen Eröffnung erhielt Katharina einen schriftlichen Protest des Papstes: Pius IV. warf ihr Anmaßung vor, weil sie es sich herausnahm, eine Art Konzil zu berufen, das Vollmacht hätte, das katholische Dogma mit einer häretischen Lehre abzustimmen; dazu sei allenfalls ein von ihm selbst einberufenes ökumenisches Konzil befugt. Katharina legte das Schreiben aus Rom zur Seite und dachte daran, dass seit 1545 in Trient ein vom Vatikan einberufenes Konzil tagte und über eine Reformation der Kirche und dogmatische Fragen disputierte und dass nicht abzusehen war, wann die Herren zu einem Ergebnis kommen würden. Sie war fest davon überzeugt, dass ihr religiöses Colloquium zu einem Kompromiss in dogmatischen Fragen fand.

Am Nachmittag des 8. September traf die Königin von Navarra in Saint-Germain ein. Sie hatte die letzte Etappe der Reise auf dem Wasserweg zurückgelegt, weil die Flussfahrt für ihre angegriffene Gesundheit angenehmer war als die holprige Kutsche.

Heinrich saß vor dem Zelt, das auf der Barke errichtet war, und beobachtete mit Herzklopfen, wie allmählich Schloss Saint-Germain am Horizont auftauchte.

Als der Steuermann den Befehl gab, anzulegen, lief er in das Zelt, wo seine Mutter zusammen mit der zweieinhalbjährigen Katharina auf einem Ruhebett lag und fragte, ob er sofort zum Schloss gehen dürfe.

»Ja«, erwiderte Johanna müde, »aber am Eingang wartest du auf uns.«

Heinrich verließ das Zelt, sprang an Land und rannte hinauf. Vor dem Eingang blieb er einen Augenblick stehen, atmete tief durch und sah zurück zum Landungssteg: Seine Mutter und die kleine Schwester hatten die Barke noch nicht verlassen. Noch mindestens eine halbe Stunde würde es dauern, bis sie am Schlosstor ankamen; genug Zeit also, um sich umzusehen.

Er sah die Bediensteten im Trauerflor – seit dem Tode Franz' II. war noch kein Jahr vergangen.

Als er zum Ballspielplatz kam, hörte er aufgeregte Kinderstimmen und sah, dass offensichtlich ein Spiel zwischen Anjou und Guise im Gange war. Er ging auf Karl zu, den er wie früher vertraulich grüßte, bis ihm plötzlich bewusst wurde, dass Karl jetzt König war. Es folgte eine herzliche Begrüßungsszene zwischen den drei Heinrichen, man hatte sich viel zu erzählen, und die Freude über das Wiedersehen war bei allen Kindern gleichermaßen groß.

Anjou führte den Vetter durch das Schloss, bis sie bei Margots Gemächern ankamen. Drei Jahre waren vergangen, und Navarra blieb wie angewurzelt stehen, so gebannt war er von Margots aparter Schönheit.

Er beobachtete, wie sie ernsthaft in ein Buch vertieft war, wie sich ihr Körper vom rundlichen Mädchen zu einer grazilen, jungen Frau geformt hatte, und er war vollkommen hingerissen.

Er verglich sie mit Corisande und fand, dass diese unbeschwerter wirkte als Margot.

»Margot, unser Cousin aus Navarra ist heute angekommen.«

Sie sah auf, legte das Buch zur Seite, lächelte und ging zu Heinrich. »Ich freue mich, dich wieder zu sehen.«

Heinrich spürte die spröde Höflichkeit und erwiderte: »Guten Tag, Margot.«

Sie betrachteten einander und Margot dachte im Stillen, dass Heinrich von Guise wesentlich besser aussah als der Bauernjunge aus dem Süden.

»Margot«, sagte ihr Bruder, »unser Cousin gehört zur Familie, du musst ihn auf den Mund küssen.«

Sie gehorchte und trat einen Schritt zurück: »Du riechst ungewaschen.«

Heinrich errötete und erwiderte: »Ich hatte heute noch keine Gelegenheit, mich zu waschen.«

Anjou lächelte und sagte: »Du riechst nach Knoblauch, na ja, Mama stört der Knoblauch nicht, aber sie hasst es, wenn jemand ungewaschen riecht. Bevor wir zu ihr gehen, wirst du dich bei mir erfrischen.«

»Ja.« Er starrte Margot an, und irgendwann entdeckte er in einer Ecke Madame von Curton und den jungen Herkules.

Die Erzieherin war mit einer Näharbeit beschäftigt, während der Prinz offensichtlich lernte. Er beugte sich über ein Buch und schien die Umgebung nicht wahrzunehmen.

»Herkules«, rief Anjou, »unser Vetter aus Navarra ist angekommen!«

Der Kleine sah auf und lief freudestrahlend zu Heinrich. »Ich freue mich, dass du uns wieder einmal besuchst. Wie lange wirst du bleiben?«

»Das weiß ich noch nicht.«

Inzwischen hatte Margot sich wieder in ihr Buch vertieft, merkte nicht, dass ihr Bruder hinter sie getreten war, und erschrak, als er ihr die Lektüre entriss und in eine Ecke des Zimmers warf.

»Du liest also immer noch papistische Gebetbücher – schämst du dich nicht? Von wem hast du das Buch?«

»Der Kardinal von Tournon hat es mir gegeben.«

»Margot, ich warne dich zum letzten Mal, wenn du weiterhin in deinem papistischen Aberglauben verharrst, dann erzähle ich es Mama und sie wird dich verprügeln lassen!«

Margot sah den Bruder unsicher an. Er würde es der Mutter erzählen, und sie fürchtete nichts so sehr wie deren Zorn.

Heinrich von Bourbon beobachtete die Szene, holte das Buch und überreichte es wortlos Margot.

Sie presste es an sich und sagte leise: »Vielen Dank, Heinrich, das …, das ist sehr lieb von dir.«

Ein Glücksgefühl überkam ihn wie noch nie zuvor und er antwortete: »Margot, du kannst immer auf meine Hilfe zählen.«

Sie sah ihn an, wusste instinktiv, dass es aufrichtig gemeint war, und erwiderte: »Ich danke dir, Heinrich, du wirst mein Freund sein und ich deine Freundin. Auch ich werde dir helfen, wenn es notwendig ist.«

Der Herzog von Anjou beobachtete die Szene und fühlte sich eigentümlich berührt, seine Schwester und Navarra versprachen einander, sich zu helfen, wenn es notwendig war. Dieser Fall wird nie eintreten, überlegte er, aber es ist irgendwie romantisch.

»Komm, Navarra, ich zeige dir jetzt meine Schoßhunde, dann wäschst du dich und dann gehen wir zu Mama.«

Während sie zu Anjous Appartement gingen, fragte der junge Heinrich den Vetter, warum er Margot das Gebetbuch entrissen hatte.

»Warum? Sie soll endlich den papistischen Aberglauben vergessen und Hugenottin werden.«

»Du solltest ihr Zeit lassen und sie nicht zwingen, den neuen Glauben anzunehmen. Wenn sie Katholikin bleiben will, soll sie Katholikin bleiben, sie glaubt an Gott, wie die Hugenotten. Wir glauben an denselben Gott, das allein ist wichtig, die äußeren Rituale sind doch unwichtig.«

Der Herzog von Anjou schwieg, weil er über die Bedeutung der äußeren Rituale noch nicht nachgedacht hatte.

In seinem Appartement zeigte er dem Vetter die Schoßhunde und der junge Heinrich bewunderte die Tierchen, weil er spürte, dass die kleinen Hunde zum Leben Anjous gehörten und ihm viel bedeuteten. Insgeheim fand er die Hündchen lächerlich. Warum umgab Anjou sich nicht mit Jagdhunden?

Dann wusch er sich Gesicht und Hände und bekam Herzklopfen, als er an die Königinmutter dachte. Er wusste aus der Tischunterhaltung in Pau, dass sie die mächtigste Person am Hof war.

Die Königin von Navarra war inzwischen am Schlosstor angekommen, hielt nach ihrem Sohn Ausschau und befahl schließlich einigen Dienern, nach ihm zu suchen.

In ihrem Appartement fand sie einen Brief des Gatten, worin Anton mit vielen Worten bedauerte, dass er sie nicht persönlich empfangen könne, aber seine Verpflichtungen als Thronprätendent seien vorrangig, an der Abendtafel würden sie sich sehen.

Seine Verpflichtungen, dachte sie und legte den Brief schmerzlich enttäuscht zur Seite. Wahrscheinlich ist er mit seinen Mätressen beschäftigt. Er hat so sehr nach den Kindern verlangt, und jetzt hat er keine Zeit, sie zu sehen.

Während sie sich umzog, dachte sie daran, dass sie gehofft hatte, ihn von den Mätressen trennen zu können, und begrub diese Hoffnung nun endgültig.

Sie überließ ihre Tochter der Amme und begab sich zur Regentin.

Katharina empfing die Cousine des verstorbenen Gatten so herzlich, dass Johanna sofort misstrauisch wurde und überlegte, was die Italienerin plante. Katharina fragte nach dem Verlauf der Reise, ob die Königin von Navarra mit der Unterkunft zufrieden sei, und kam schließlich auf das Colloquium zu sprechen: »Ich hoffe, dass man auch, um des lieben Friedens willen, in dogmatischen Fragen Kompromisse schließen kann.« Johanna sah die Königinmutter befremdet an und dachte, dass diese wenig Verständnis für den Sinn dogmatischer Differenzen hatte.

Sie versteht das Wort Dogma nicht, überlegte Johanna, und sie hält Dogmen und Riten für das Gleiche, ihr Glaube ist oberflächlich. Aber es muss doch einen Grund geben, dass sie die Hugenotten plötzlich nicht mehr verfolgt.

»Madame, ich freue mich sehr, dass die Protestanten in Frankreich nicht länger verfolgt werden, aber was ist der Grund für diesen plötzlichen Umschwung?«

»Sie wissen, Madame, dass ich unter der Regierung meines seligen Gatten und meines ältesten Sohnes keinen Einfluss besaß hinsichtlich der religiösen Frage. Ich persönlich war immer gegen die Verfolgungen, weil sie nur zu inneren Unruhen führen. Solange die Franzosen ihrem König loyal dienen, kann von mir aus jeder Franzose glauben, was er will, weil der Glaube eine sehr persönliche Angelegenheit ist. Ich gewähre den Hugenotten Glaubensfreiheit, weil nur so der innere Friede gewährleistet ist, und der innere Friede ist die Voraussetzung für Wohlstand und kulturelle Entwicklung.«

Es entstand eine Pause und Johanna hatte zum ersten Mal den Eindruck, dass Katharina aufrichtig war, obwohl sie die tolerante Haltung der Cousine nicht nachvollziehen konnte. Es gab ihrer Ansicht nach nur einen richtigen Glauben, nämlich den der Protestanten, folglich mussten alle dazu bekehrt werden, und wer sich nicht bekehren ließ, musste mit Verfolgung rechnen.

»In Genf und in Navarra herrscht auch innerer Friede, obwohl nur eine Religion toleriert wird.«

Katharina wusste, dass Johanna inzwischen bei einem großen Teil ihrer Untertanen nicht sonderlich beliebt war, weil sie den reformierten Glauben fanatisch und unbarmherzig durchsetzte, und erwiderte: »Madame, in einem Stadtstaat wie Genf oder in einem Zwergstaat wie Navarra kann man den inneren Frieden notfalls durch Repressalien aufrechterhalten, aber in einem so großen, weiten Land wie Frankreich ist dies unmöglich. Die Mentalität der Bevölkerung in den einzelnen Provinzen, das ist manchmal wie Feuer und Wasser; die Bretonen sind anders als die

Provencalen, die Gascogner trennen Welten von den Bewohnern der Normandie, ganz abgesehen von den Parisern, die beim geringsten Anlass bereit sind, sich gegen die Regierung zu erheben. Deshalb ist Toleranz die einzige Möglichkeit, um die Gemüter zu beruhigen. Das Colloquium wird ja zu einem Ergebnis in dogmatischen Fragen führen, und dann wird durch ein Edikt geregelt, in welcher Form die Hugenotten künftig ihren Glauben ausüben dürfen.«

Johanna war sprachlos – dieses Religionsgespräch war also keine Falle für die Calvinisten, sondern verfolgte das Ziel einer Verständigung! Trotzdem schien es ihr angebracht, Katharina auch weiterhin mit Misstrauen zu begegnen.

Ein Diener meldete den Herzog von Anjou und den Prinzen von Navarra, und in diesem Augenblick fiel Johanna ein, dass ihr Sohn irgendwo im Schloss verschwunden war, und sie atmete erleichtert auf, als sie ihn gesund und wohlbehalten vor sich sah. »Wo warst du, Heinrich? – Er sollte am Eingang auf mich warten, und als ich kam, war er nicht da«, sagte sie entschuldigend zu Katharina.

»Sie sollten ihm nicht zürnen, Madame, er war wohl neugierig, und eine gesunde Neugier ist positiv. – Heinrich, tritt näher, mein Kind, willkommen am Hof. Bist du gerne nach Frankreich gekommen?«

»Ja, Madame.«

Katharina betrachtete ihn und spürte einen feinen Stich beim Anblick des gesunden, kräftigen kleinen Jungen. Sie überlegte, dass seine eigenmächtige Erkundung der neuen Umgebung weniger Ungehorsam war, als vielmehr die Neigung, eigene Wege zu gehen. Das musste natürlich beobachtet und kanalisiert werden.

Sie streichelte seine ungebändigten Locken, küsste ihn auf die Stirn und sagte: »An der Abendtafel erwartet dich eine Überraschung.«

»Eine Überraschung, Madame? Ist es ein knuspriger Kapaun?«

Da begann Katharina zu lachen und es dauerte eine Weile bis sie sich beruhigt hatte.

Johanna beobachtete ihre Cousine und dachte, dass sie die Florentinerin noch nie zuvor lustig und unbeschwert erlebt hatte. Sie kann heiter sein, überlegte sie, wer hätte das gedacht. Gleichzeitig fand sie es unpassend, eine Dame lachte nicht laut, sondern lächelte nur.

»Nein, mein Kind, die Überraschung kannst du nicht essen, es ist eine Neuigkeit, die dein Vater dir eröffnen wird. – Mein Sohn zeigt dir jetzt dein Appartement.«

Eine Neuigkeit, dachte Johanna, fühlte sich auf einmal unbehaglich und spürte instinktiv, dass es um die Zukunft ihres Sohnes ging, verdrängte den Gedanken aber sofort wieder und sprach von Anton. »Seit Wochen verlangt er von mir, dass ich ihm endlich die Kinder bringe, und bei unserer Ankunft ist er nicht da.«

Katharina verstand die unausgesprochene Frage und empfand hin und wieder Mitleid für Johanna, wenn sie sah, wie Anton seinen Liebesabenteuern nachging. Sie ist wahrscheinlich noch unglücklicher als ich seinerzeit, dachte sie dann.

»Ihr Gatte, Madame, hat seit einiger Zeit eine neue Geliebte, die ihn voll beansprucht, und Sie sollten darüber froh sein, Madame. Die Dame hat ihn nämlich von einer Annullierung seiner Ehe und einer neuen Heirat abgelenkt. Er war einige Wochen lang entschlossen, meine verwitwete Schwiegertochter zu ehelichen. Das Problem hat sich inzwischen gelöst, weil meine Schwiegertochter auf dem Weg nach Schottland ist und überdies kein Interesse an dieser Ehe hatte; die neue Geliebte hat ihn dann endgültig von dieser Idee abgebracht.«

Johanna starrte Katharina einige Sekunden fassungslos an.

»Eine neue Geliebte, damit habe ich mich inzwischen abgefunden, aber eine Ehe mit Maria Stuart? Das ist doch absurd, sie ist Katholikin!«

»Ja, und Ihr Gatte gehört offiziell immer noch zur römischen Kirche – und nicht nur offiziell. Ihr Gatte ist wieder zum gläubigen Katholiken geworden, seit einigen Wochen besucht er nur noch die Messe und nicht wie zuvor abwechselnd den protestantischen Gottesdienst und die Messe. So wie es aussieht, wird Ihr Gatte nie zum reformierten Glauben übertreten.«

Johanna schwieg und dachte erbittert, dass es den Guisen und der Florentinerin irgendwie gelungen war, Anton in das katholische Lager zu ziehen. Sollte er doch dort bleiben, es gab noch Condé und Coligny. – Dann dachte sie an ihren Sohn. Was hatten sie mit ihm vor? Sie würde sich ihr Kind nicht wegnehmen lassen!

Sie sah Anton erst an der Abendtafel, wo er sie förmlich begrüßte und sich mit vielen nichts sagenden Worten entschuldigte, dass er bei ihrer Ankunft nicht anwesend war.

»Es ist nicht so wichtig«, erwiderte sie kühl, und an ihrem Tonfall merkte er, wie verletzt sie war.

Während die Vorspeisen serviert wurden, verkündete der König an seiner Tafel, dass man die drei Heinriche, um sie besser auseinander halten zu können, Anjou, Navarra und Guise nennen solle.

Dann betrachtete er den kleinen Herkules und sagte: »Meinen jüngsten Bruder soll man künftig Alençon nennen.«

Katharina sah den König irritiert an: »Warum Alençon? Wenn du ihm einen anderen Namen gibst, solltest du beim Vornamen anfangen. Herkules passt nicht zu ihm, er sollte bei der Firmung offiziell den Namen Franz annehmen, und damit man sich daran gewöhnt, sollten wir ihn ab sofort so nennen.«

»Wie Sie wünschen, Mama.« Er wandte sich an den jüngsten Bruder: »Gefällt dir der neue Name?«

»O ja«, rief der Kleine, »mein Großvater und mein Bruder hießen Franz und beide waren Könige von Frankreich, Franz I., Franz II. …« Er schwieg plötzlich, weil er bemerkte, dass seine Mutter ihn beobachtete. Hatte sie etwa seinen letzten Gedanken erraten? Franz III.?

Er nahm hastig ein Stück Brot und tunkte das Öl auf seinem Teller auf. Er träumte oft davon, nicht mehr unbeachtet neben der königlichen Familie zu leben, sondern im Vordergrund zu stehen, wie seine älteren Brüder oder der junge Guise.

Franz I., Franz II., dachte Katharina, der kleine Mohr scheint ehrgeiziger zu sein, als ich dachte. Hofft er etwa auf die Krone Frankreichs? Diese Hoffnung sollte er rasch begraben, zwischen ihm und der Krone stehen seine älteren Brüder und deren künftige Söhne.

Der nächste Gang war eine fette, kräftige, aromatische Hühnersuppe, und der junge Navarra sah nach einigen Löffeln auf, seufzte und sagte: »Das ist die köstlichste Suppe, die ich je gegessen habe, sie schmeckt nach Fleisch, obwohl keine Fleischstücke in ihr schwimmen, das ist merkwürdig.«

»Wie«, sagte Katharina, »hast du noch nie eine Bouillon gegessen? Bei einer Bouillon wird ein Fleischstück gekocht, deswegen schmeckt sie nach Fleisch.« Das Hühnerragout wurde aufgetragen und Heinrich aß langsam und genüsslich, wobei er recht manierlich Messer und Gabel handhabe und sich den Mund mit der Serviette abwischte.

Tischmanieren hat er inzwischen gelernt, dachte Katharina.

Dann lehnte er sich wohlig seufzend zurück. »Das Huhn im Topf war einfach köstlich, es ist noch schmackhafter als Kapaun.«

Katharina lächelte. »Heinrich, das ist kein Huhn im Topf, sondern Hühnerragout.«

»Madame, für mich ist es Huhn im Topf«, und er winkte einem Diener und ließ seinen Teller erneut füllen.

Katharina beobachtete ihn, wie er schmauste, und anscheinend wusste er, was er wollte, und war nicht leicht von etwas abzubringen. Er scheint selbstbewusst und auch etwas eigensinnig zu sein, überlegte sie.

»Ich wünschte«, sagte sie zu Johanna, »meine Kinder hätten einen solch gesunden Appetit wie Ihr Sohn. Margot ist die Einzige, bei der ich nicht aufpassen muss, ob sie genügend isst.«

»Heinrich hat mir bisher nur Freude bereitet«, erwiderte Johanna stolz, betrachtete verstohlen die königlichen Kinder und gab ihrer Cousine Recht: Der König und seine Brüder stocherten lustlos in dem Ragout herum, nur Margot und der junge Guise ließen es sich schmecken.

Nach dem gekochten Fleisch gab es stets eine längere Pause, bis der Braten aufgetragen wurde, und Katharina hatte mit Anton vereinbart, dass er dann seinem Sohn die Neuigkeit mitteilen sollte.

»Jetzt kommt die Überraschung, von der ich vorhin sprach, Heinrich.« Sie nickte Anton unauffällig zu.

Er hüstelte und lächelte den Kleinen liebenswürdig an. »Mein Sohn, du bist jetzt in einem Alter, wo man an die Vollendung deiner Erziehung denken muss. Der Unterricht, den du bisher genossen, war zwar gut, aber es ist an der Zeit, dass deine Bildung den letzten Schliff bekommt. Deshalb habe ich beschlossen, dass du nach dem Dreikönigstag des kommenden Jahres in Paris das ›Collegium Navarra‹ bis zu deiner Volljährigkeit besuchen wirst. Es ist die vornehmste Schule in der Hauptstadt, du wirst dort viel lernen.«

Eine neue Schule, dachte Heinrich enttäuscht, das ist also die Überraschung. Er sah auf seinen Teller und schwieg.

»Nun«, fragte sein Vater nach einer Weile, »du sagst nichts, freust du dich nicht? Du wirst in Frankreich bleiben, in der Hauptstadt leben – Paris ist eine faszinierende Stadt.«

Heinrich sah den Vater an. »Ich werde dort sehr allein sein«, erwiderte er kläglich.

»Nein, Kind«, widersprach Katharina, »mein Sohn Anjou wird auch ab Januar in diesem Kollegium sein und der älteste Sohn des Herzogs von Guise ebenfalls.«

»Werde ich meinen Glauben ausüben dürfen, Madame?«

»Selbstverständlich, du musst nicht zur Messe gehen, du wirst hugenottische Lehrer haben, und am Sonntag kannst du die Predigt hören. – Ihr drei Heinriche werdet bestimmt viel Spaß zusammen haben.«

Spaß?, dachte Heinrich von Guise, die Italienerin weiß anscheinend nicht, dass dieses Kollegium nicht nur die vornehmste, sondern auch die strengste Schule ist – jede Minute des Tages ist eingeteilt, nur am Sonntagnachmittag kann man sich erholen. – Nun, auch diese Jahre würden vorübergehen. Von seinem Vater hörte er immer wieder, dass die beste Schule gerade gut genug für einen Guise war.

Auch der Herzog von Anjou dachte mit gemischten Gefühlen an die Fortsetzung seiner Studien in Paris. Er verließ den prachtvollen, luxuriösen Hof, wo es jeden Tag Neuigkeiten gab, nur ungern. Immerhin durfte er seine Schoßhunde mitnehmen, und die Ferien würde er natürlich bei der Familie verbringen.

Heinrich von Bourbon war einerseits froh, dass er nicht mehr an den spartanischen, mütterlichen Hof zurückkehren musste, andererseits würde ihm Navarra fehlen. Einerseits reizte ihn die Hauptstadt Paris, andererseits musste er eine Schule besuchen, die ihm wahrscheinlich wenig Freizeit ließ.

Margot und der König waren die Einzigen, die gerne das Kollegium besucht hätten – Margot, weil sie dann in der Nähe des jungen Guise war, und der König, weil eine Schule ihn vor der täglichen mütterlichen Aufsicht bewahrte.

Johanna vermutete, vor allem Katharina wünscht, dass ihr Sohn diese Schule besuchte – Anton hatte sich noch nie für die Erziehung seines Sohnes interessiert. Sie beschloss, nach der Tafel mit Katharina zu reden, während des Colloquiums würde sich wahrscheinlich keine Gelegenheit mehr ergeben.

Später saßen die beiden schwarz gekleideten Frauen zusammen und fanden zum ersten Mal Muße, um sich gegenseitig genauer zu betrachten.

Katharina rechnete nach, dass Johanna inzwischen vierunddreißig Jahre zählte, und fand, dass sie im Laufe der Zeit immer dürrer und unweiblicher geworden war. – Kein Wunder, dass Anton sich anderweitig vergnügt, dachte sie.

Sie wird im kommenden Frühjahr dreiundvierzig, ging es Johanna durch den Kopf. Man sieht ihr das Alter an – sie hat inzwischen ein Doppelkinn und fängt an, korpulent zu werden. Kein Wunder, vorhin bei der Tafel hat sie keinen Gang ausgelassen und mindestens ein halbes Dutzend Becher unverdünnten Weins getrunken. Diese Schlemmerei ist einfach widerlich – wie kann man sich nur so den Tafelfreuden hingeben?

Katharina wartete geduldig, dass Johanna das Gespräch eröffnete, schließlich hatte die Cousine um eine Unterredung gebeten.

»Madame«, begann die Königin von Navarra zögernd, »als Mutter möchte ich natürlich, dass mein Sohn die beste Erziehung genießt, aber er ist zuerst der künftige König von Navarra und muss deshalb unter seinen Landsleuten aufwachsen, und nicht in Paris, zumal die Gefahr besteht, dass er sich dort vom protestantischen Glauben abwendet wie sein Vater. Madame, Sie sind selbst Mutter, verstehen Sie meine Sorgen?«

»Selbstverständlich, und ich kann Sie beruhigen, was die Religion betrifft. Ihr Sohn muss nicht die Messe besuchen und er kann am Sonntag im Louvre, in seinen Gemächern, die Predigt hören. Er und Anjou werden im Louvre wohnen, der junge Guise im Palais seiner Familie. Im Louvre kann natürlich nicht öffentlich zweierlei Gottesdienst abgehalten werden, und Ihr Sohn kann auch nicht in ein öffentliches protestantisches Bethaus gehen, weil er als Prinz von Geblüt dann sofort als ein potenzieller Führer der hugenottischen Partei gelten würde. Überdies glaube ich nicht, dass er die leichtfertige Ader seines Vaters geerbt hat, er wirkt auf mich ernsthafter.« Sie schwieg, um ihre Gedanken zu sammeln. »Madame, Ihr Sohn ist der Thronprätendent, das bedeutet, er muss zuerst dem König von Frankreich dienen, das heißt auch, er muss das Leben des Königs teilen, ihm folgen, die gleiche Luft mit ihm atmen. Fürstendienst kann man sich nicht aus der Entfernung aneignen, er muss in Fleisch und Blut übergehen; die Thronanwärter, also Ihr Gatte und Ihr Sohn, müssen am Hof präsent sein, damit ihr Rang sich den Hofleuten und dem Volk einprägt, das ist die einzige Möglichkeit, ihren Rang zu wahren und gegen Nebenbuhler zu verteidigen. – Sie wissen wahrscheinlich genau wie ich, dass es Nebenbuhler gibt. – Madame, die Bourbonen sind die legitimen Thronprätendenten und ich möchte, dass sie es bleiben, deshalb muss ihr Sohn ab jetzt in Frankreich erzogen werden. Sie wünschen bestimmt nicht, dass er eines Tages im Schatten der Familie Guise lebt?«

Johanna wusste, dass Katharina die Guisen hasste und deren Macht zurückdrängen wollte, so weit, so gut, sie war damit einverstanden, aber ihr Sohn sollte nicht dem König von Frankreich dienen, sondern seinem Land an der spanischen Grenze.

»Madame, mein Sohn soll einmal in seinem Land regieren, er muss in Pau sein, nicht in Paris …«, und sie begann zu weinen.

Katharina wartete, bis die Cousine sich beruhigt hatte. »Er soll in Navarra regieren«, erwiderte sie sanft, »aber bis es so weit ist, fließt noch viel Wasser die Seine hinunter. Der König ist nur wenig älter als Ihr Sohn; wenn Heinrich jetzt bis zur Volljährigkeit in der Nähe des Königs weilt, wird der König es verinnerlichen, dass der Cousin aus Navarra ihm loyal dient, dann wird er auch bereit sein, Navarra gegen spanische Ansprüche zu verteidigen, zumal seine Schwester die Königin von Navarra sein wird.«

»Das verstehe ich nicht, Madame, die Schwester des Königs …«

»Sie erinnern sich, Madame, dass mein verstorbener Gatte seine jüngste Tochter Margot mit Ihrem Sohn vermählen wollte, und ich möchte den Wunsch meines Gatten erfüllen. Was spricht gegen diese Verbindung? Ihr Sohn heiratet in die Dynastie Valois ein, es gibt keine bessere Partie für ihn. Der Herzog von Guise wäre glücklich über eine solche Verbindung.«

»Margot ist katholisch.«

»Na und? Das ist doch kein Hindernis. – Die geplante Verbindung zwischen Heinrich und Margot ist auch ein Grund, weshalb er am Hof bleiben muss. Mein verstorbener Sohn und Maria Stuart wuchsen zusammen auf, und ich habe beobachtet, dass es bei fürstlichen Verbindungen vorteilhaft sein kann, wenn die Partner sich von klein auf kennen. Ihr Verhältnis ist vertrauter, sie werden vielleicht sogar glücklich. Warum sollen Margot und Heinrich nicht auch zusammen aufwachsen?«

Johanna wusste nicht mehr, was sie erwidern konnte, und stand auf. »Ich muss alles in Ruhe überdenken, Madame.«

»Gewiss, wir sollten nichts überstürzen.«

Als sie allein war, dachte Katharina noch einmal über ihr Verhältnis zu den Bourbonen und den Guisen nach. Langfristig mussten die Guisen zurückgedrängt und die Bourbonen gestärkt werden. Die Guisen waren ehrgeiziger Hochadel, trotz der erworbenen Verdienste, die Bourbonen Prinzen von Geblüt. Wenn man sie – also Anton und seinen Sohn – rechtzeitig an die Krone band, stärkte man die Krone. – Obwohl, Anton war zwar im katholischen Lager, auf der Seite der Guisen; sein Sohn hingegen … Wenn man ihn richtig erzog, würde er ihren Söhnen einmal loyal dienen und sie gegen den aufsässigen Hochadel unterstützen. –

Was seinen Glauben betraf, so musste man abwarten. Vielleicht konnte man ihn im Laufe der Zeit doch noch zur römischen Kirche bekehren.

Am andere Morgen fanden vor der Eröffnung des Colloquiums eine Messe in der Schlosskapelle und ein protestantischer Gottesdienst im Appartement der Königin von Navarra statt.

Anton, der die Nacht bei seiner Geliebten verbracht hatte, war auf dem Weg zur Kapelle, kehrte aber plötzlich um und ging zum Appartement seiner Gattin, um ihr und dem Sohn den Besuch der Messe zu befehlen. Der Grund war seine Abneigung gegen die bigotte, unattraktive Gattin, eine Abneigung, die im Laufe der Jahre immer stärker geworden und am Abend zuvor bei der Tafel erneut genährt worden war.

Er stürmte in das Appartement, wo der Geistliche soeben angefangen hatte zu predigen, und schrie: »Aufhören, sofort aufhören!«

Der Geistliche schwieg erschrocken, die Anwesenden sahen einander unsicher an. Johanna erhob sich empört, ging zu Anton und zischelte: »Was fällt Ihnen ein?«

»Madame«, sagte Anton so laut, dass alle es hören konnten, »Sie und alle Anwesenden begeben sich sofort in die Kapelle zur Messe.«

»Nein!«, rief Johanna und ihre Stimme bebte vor Wut. »Ich bin Hugenottin und werde nie meinen Glauben verleugnen!«

Inzwischen war der junge Heinrich zu den Eltern getreten, beobachtete das Paar mit ernsten Augen und überlegte, warum sie immer stritten.

Plötzlich wandte Anton sich zu seinem Sohn und befahl ihm, ihn zur Kapelle zu begleiten.

»Auch mich wird selbst Gott nicht dazu bringen, zur Messe zu gehen!«, rief Heinrich.

Da packte Anton den Arm des Kleinen und schrie: »Ich enterbe dich! Wenn du nicht zur Messe gehst, wirst du niemals König von Navarra!«

»Sie können unseren Sohn nicht enterben«, entgegnete Johanna. »Ich habe Navarra von meinem Vater geerbt und werde es an unseren Sohn weitervererben. Sie sind nur durch die Heirat mit mir König dieses Landes geworden!«

Anton schwieg betroffen und stürmte wortlos hinaus. Johanna bat den Geistlichen, mit seiner Predigt fortzufahren, aber keiner der Anwesenden hörte richtig zu, weil der Auftritt des Thronprätendenten die Gemüter zu stark beschäftigte.

»In der Familie von Bourbon herrscht ja ein richtiger Religionskrieg«, sagte einer der Herren leise zu seinem Nachbarn.

»Sie haben Recht und ich bezweifle, ob das Religionsgespräch zum gegenseitigen Verständnis beitragen wird.«

Zwei Stunden später wurde das Colloquium im Refektorium des Dominikanerklosters zu Poissy feierlich eröffnet.

Am oberen Ende des Saales war eine Tribüne für die königliche Familie errichtet worden, dort saßen vor einer mit den königlichen Lilien gemusterten Tapisserie Katharina, der elfjährige König, seine jüngeren Geschwister und die Königin von Navarra mit Gatte und Sohn.

Rechts und links von der Tribüne saßen die Prälaten und Doktoren der römischen Kirche, dahinter die ausländischen Gesandten; Theodor von Beza und die reformierten Prediger standen hinter einer Barriere der Tribüne gegenüber.

Der König eröffnete die Sitzung und verlas eine Rede, die seine Mutter und der Kanzler formuliert hatten; sie endete mit den Worten:

»Was ich mir wünsche, und der Grund, weshalb ich mich entschlossen habe, Sie hier zusammenzurufen, ist, dass Sie irgendeinen Beschluss fassen, auf Grund dessen meine Untertanen in Frieden und Einigkeit miteinander leben können. Das ist es, was ich mir im Namen Frankreichs von Ihnen erhoffe.«

Während Karl die Rede herunterleierte, wanderten Katharinas Augen verstohlen zu dem päpstlichen Legaten Kardinal von Este und dem spanischen Geistlichen, der neben ihm saß. Der Spanier hieß Diego Lainez und trat sehr zurückhaltend auf, aber Katharina wusste, dass er mächtiger war, als es schien; dieser Mann war der General der Gesellschaft Jesu und der Nachfolger ihres Gründers Ignatius von Loyola. Im Jahre 1543 hatte Papst Paul III. die Statuten des neuen Ordens der Jesuiten anerkannt, und da sie – im Gegensatz zu den älteren Orden – dem Vatikan direkt unterstanden, war ihr Einfluss ständig gewachsen.

In Frankreich war der Orden der Jesuiten noch nicht zugelassen, weil der gallikanische Klerus in allen außerdogmatischen Entscheidungen Wert auf die Unabhängigkeit von Rom legte, inzwischen war aber allgemein bekannt, dass einzig die Jesuiten rhetorisch befähigt waren, in dogmatischen Fragen den Protestanten entgegenzutreten, so dass die gallikanische Geistlichkeit inzwischen bereit war, die Niederlassung dieses

Ordens in Frankreich zu tolerieren. Auch diese Frage wird jetzt zu einer Entscheidung kommen, dachte Katharina.

Nach dem König sprach Theodor von Beza, und dabei griff dieser die katholische Eucharistie in einem so scharfen Ton an, dass Katharina erschrak und überlegte, ob eine Verständigung unter solchen Voraussetzungen überhaupt möglich war. Statt zu verhandeln, verteidigte de Beza leidenschaftlich die protestantische Lehre.

Dann diskutierte man über die reale Gegenwart des Leibes und Blutes Christi und Beza räumte ein, dass die Realpräsenz zwar zum Sakrament gehöre, aber nicht das Ergebnis einer Verwandlung sei, was die katholische Kirche lehre und die Katholiken bei der Wandlung in der Messe glaubten. Als sich beim katholischen Klerus Unruhe verbreitete, ließ Katharina die Sitzung vertagen.

Während der folgenden Woche diskutierte der gallikanische Klerus über die Jesuiten, schließlich war man mit ihrer Niederlassung einverstanden und stellte gewisse Bedingungen, die Diego Lainez akzeptierte: Die Jesuiten mussten sich der Autorität der Bischöfe unterstellen, die Rechte der Pfarrer und Universitäten respektieren und sollten als einfache Priester der gallikanischen Hierarchie verpflichtet sein.

Eine Woche nach der Rede Bezas ergriff der Kardinal von Lothringen das Wort und verteidigte beredt die von den Protestanten angefochtenen Dogmen der Realpräsenz vom Messopfer bis zur Heiligenverehrung und rechtfertigte die Autorität der Kirche in allen strittigen Fragen des Dogmas.

Nach der Rede des Kardinals erkannten alle, auch Katharina, dass diese Zusammenkunft weder zu einer Versöhnung der abweichenden Lehren noch zu einer gegenseitigem Wertschätzung ihrer Vertreter führen würde, aber Katharina gab die Hoffnung noch nicht auf.

Am 19. September wurde der Herzog von Anjou zehn Jahre alt. Katharina hatte nicht vergessen, dass er diesen ersten runden Geburtstag entsprechend feiern wollte, aber Heinrich erklärte, er habe an Festen kein Interesse mehr, er wünsche, dass man diesen Tag ignoriere.

Schließlich überredete sie ihn, wenigstens den Nachmittag mit den Geschwistern und Freunden zu verbringen. Dann beauftragte sie ihren Koch, eine riesige Torte herzustellen; es sollte eine Überraschung an jenem Nachmittag sein, weil sie wusste, dass die Kinder eine Schwäche für diese Süßigkeit hatten.

Nach dem Mittagsmahl überlegten die Kinder, wie sie die freie Zeit verbringen sollten.

»Wir könnten Krieg spielen«, sagte der junge König, »Krieg der Hugenotten gegen die Katholiken.«

»Nein«, erwiderte Anjou, »Mama sagt immer, Krieg ist das größte Unglück für den Staat. – Wir sollten eine Maskerade aufführen.«

Navarra mit seiner spitzbübischen Art schlug vor, den Kardinal Karl von Lothringen zu spielen. Es dauerte nicht lange, da hatten die Kinder die nötigen Utensilien beisammen – schließlich gab es jede Menge davon in der Schlosskapelle – Chorknabengewänder zum Beispiel. Karl bekam eine Bischofsmütze aus Goldpapier, und das Theater konnte beginnen.

Bald ging es ziemlich laut her, die Kinder wälzten sich vor Lachen, man sang banale Texte, die latinisiert wurden, und der Spaß hatte keine Grenzen.

Nur zwei der Kinder standen am Rand und distanzierten sich von der Szene: die fromme Margot und ihr heimlich Angebeteter, Heinrich von Guise.

Letzterer fand seine Familienehre sehr verletzt und hinterbrachte die Geschichte seinem Vater und seinem Onkel. Diese fanden die Tendenzen, die darin zum Ausdruck kamen, bedenklich; sie sahen vor ihrem inneren Auge schon einen hugenottischen König, der den Adel entmachtete, ähnlich wie in England Heinrich VIII., der auf diese Weise seine Staatsfinanzen saniert hatte.

Man beschloss, sich etwas Entsprechendes einfallen zu lassen, um einer solchen Entwicklung vorzubeugen.

An einem der folgenden Tage erhielt Katharina einen Brief ihrer Schwiegertochter, worin Maria Stuart schrieb, sie sei am 19. August, einem Dienstag, wohlbehalten und gesund in der Hafenstadt Leith an Land gegangen.

Es folgte eine ausführliche Beschreibung des Nebels, der über dem Hafen lag, sie habe die erste Nacht in dem Haus eines Kaufmanns verbracht, da man mit ihrer Ankunft noch nicht gerechnet und Holyrood für ihren Empfang nicht vorbereitet war. Sie sei auf einem schäbigen Ackergaul nach der Hauptstadt geritten und von den Einwohnern jubelnd begrüßt worden. Der Palast von Holyrood gefalle ihr, er liege außerhalb der Stadtmauern in der freien Natur und sie habe Gelegenheit, sich den Regierungsgeschäften zu widmen, ohne auf die

Jagd und Ausritte verzichten zu müssen. Sie habe inzwischen die königlichen Gemächer an der nordwestlichen Ecke des Schlosses bezogen, für ihre Sicherheit sei gesorgt, man könne Holyrood nur über eine eiserne Zugbrücke erreichen und die Fenster der Prunksäle seien vergittert.

Holyrood ist wohl mehr Gefängnis als Palast, dachte Katharina, überflog die letzten Zeilen und las, dass Maria Stuart in der ersten Nacht in Edinburgh von einem nächtlichen Chor von etlichen hundert Musikanten geweckt wurde, die ihr mit Dudelsäcken und Pfeifen ein Ständchen brachten und dazu Psalmen und fromme Lieder sangen.

Sie legte den Brief in die Schatulle, wo sie ihre private Korrespondenz aufbewahrte, überlegte flüchtig, dass für die verwöhnte Schwiegertochter nun die Stunde der Bewährung gekommen war, weil eine katholische Königin über ein protestantisches Volk herrschte.

Dann dachte sie über ihre eigenen Probleme nach: Das Religionsgespräch war nicht so verlaufen, wie sie es erhofft hatte: Einige Bischöfe waren bereits in ihre Diözesen zurückgekehrt, die Hugenotten zogen es vor zu bleiben und forderten ein Edikt, das die Ausübung ihrer Religion großzügig regelte; ihr Schwiegersohn Philipp drängte sie, die Hugenotten zu vernichten; schließlich kam noch ein Schreiben des Papstes, worin er sie ermahnte, alle bei dem Colloquium getroffenen Entscheidungen zurückzustellen und über die Rechtsstellung der Häretiker in ihrem Reich nicht eher zu befinden, als bis die Entscheidungen des Konzils über deren verschiedene Irrtümer vorlägen. Katharina dachte lang nach und entschied, sich über die Rechtsstellung ihrer häretischen Untertanen von Rom keine Vorschriften machen zu lassen, aber sie beschloss, die theologischen Debatten abzubrechen.

Am 18. Oktober 1561 wurde das Colloquium von Poissy offiziell beendet.

Am Abend jenes Tages sagte Franz von Guise zu seinem Bruder Karl: »Der Konnetabel will diesen häretischen Hof verlassen und wir sollten uns anschließen. Ich habe Befehl gegeben, alles für unsere Abreise vorzubereiten, wir können am 31. Oktober nach Joinville aufbrechen und von dort aus in Ruhe die weitere Entwicklung beobachten.«

»Die weitere Entwicklung ..., willst du wirklich von Joinville aus verfolgen, wie der König zum protestantischen Glauben übertritt?«

»Wie können wir das verhindern? Abgesehen davon scheint die Florentinerin nachdenklich geworden zu sein. Ich weiß, dass Spanien und der Vatikan Druck auf sie ausüben.«

»Das weiß ich auch, aber die Gefahr, dass der König Hugenotte wird, besteht immer noch. Es gibt jedoch eine ganz einfache Lösung, dies zu unterbinden: Wir entführen den Herzog von Anjou und spielen ihn als Geisel aus; er ist der Liebling der Königinmutter, sie wird zu allen Konzessionen bereit sein, wenn sie ihn nur lebend wieder sieht.«

Franz von Guise überlegte. »Deine Idee ist gut, aber ich sehe Schwierigkeiten bei der Durchführung. Der Herzog wird bewacht, und ich bezweifele, dass er uns freiwillig folgen wird.«

»Ich habe bereits alles durchdacht: Er muss überredet werden, uns zu begleiten; der Herzog von Nemours hat sich dazu bereit erklärt – du weißt, dass er das Vertrauen der Königinmutter und folglich auch ihrer Söhne besitzt. Falls es ihm nicht gelingt, müsste dein Sohn Heinrich den Prinzen überzeugen – soviel ich weiß, ist er der Freund Anjous. Wir verlassen den Hof am 31. Oktober, die Entführung müsste in der folgenden Nacht stattfinden, dann sind wir vielleicht schon auf eigenem Boden, und bis man das Verschwinden des Herzogs bemerkt, wird es Mittag.«

Franz von Guise überlegte erneut und willigte schließlich ein.

Während der folgenden Tage beobachtete der Herzog von Nemours unauffällig den jüngeren Bruder des Königs, um herauszufinden, wann die beste Tageszeit war, um ihn allein zu sprechen. Viel Zeit blieb nicht, um den Prinzen zu überreden, nach Joinville zu reisen. Mit den Guisen hatte er vereinbart, das Gespräch erst einen, höchstens zwei Tage vor deren Aufbruch zu führen, damit Anjou nicht viel Zeit zum Nachdenken blieb. Der 30. Oktober war ein milder, sonniger Herbsttag, und Nemours beobachtete, dass der junge Herzog sich am Nachmittag, begleitet von einigen Dienern und den Schoßhunden, in den Garten begab.

Währen die Diener auf die herumspringenden Hunde aufpassten, beschäftigte sich Anjou mit dem Hunde-Pärchen namens Lorenzo und Clarissa, warf kleine Bälle in verschiedene Richtungen, und die Hunde hatten inzwischen gelernt, dass sie die Bälle suchen und ihrem Herrn zurückbringen sollten.

Nemours ging langsam über den Rasen, wartete, bis Lorenzo und Clarissa die Bälle vor den Prinzen legten, näherte sich so weit, dass Anjou ihn hören konnte, und rief: »Was für prachtvolle Hunde, Hoheit, und wie gut sie inzwischen dressiert sind!«

Heinrich drehte sich um, und als er Nemours sah, lächelte er. Von Katharina hatte er irgendwann gehört, dass der Herzog einer der wenigen Höflinge war, denen man vertrauen konnte.

»Die Kleinen haben sich prächtig entwickelt, von allen meinen Hunden sind sie am intelligentesten.«

Nemours holte eine Schachtel hervor, die er vorsorglich eingesteckt hatte, öffnete sie und sagte: »Ich habe etwas Gebäck dabei, Hoheit, darf ich es den Hunden geben?«

»Selbstverständlich, sie fressen Süßigkeiten lieber als Fleisch.«

Während Nemours abwechselnd Lorenzo und Clarissa fütterte, überlegte er, wie er zur Sache kommen konnte, ohne dass der intelligente Prinz etwas merkte. Er schloss langsam die Schachtel und fragte beiläufig: »Haben Sie keine Angst, noch länger in Saint-Germain zu bleiben, Hoheit?« Heinrich sah den Herzog verblüfft an. »Wovor sollte ich Angst haben?«

»Nun ja, es ist so …, vielleicht müssen Sie auch keine Angst haben, sind Sie nicht Calvinist?«

»Ich habe die Religion meiner Mutter.«

Nemours überlegte kurz, um welche Religion es sich dabei wohl handelte, aber Toleranz hin oder her, die Italienerin war offiziell immer noch Katholikin und ihre Söhne gehörten auch noch zur römischen Kirche.

»Sie sind in Gefahr, Hoheit. Die Hugenotten planen eine Verschwörung gegen die Krone und die königliche Familie. Sie sind der Dauphin, man wird Sie töten. Es gibt nur eine Möglichkeit, wenn Sie die Krone und Ihr Leben retten wollen: Begleiten Sie den Herzog von Guise nach Joinville, dort sind Sie in Sicherheit.«

Heinrich sah Nemours erschrocken an, dachte nach und spürte instinktiv, dass die Geschichte von der Verschwörung irgendwie unglaubwürdig klang.

»Ich kann mir nicht vorstellen, dass die Hugenotten eine Verschwörung gegen uns planen. Meine Mutter und mein Bruder versuchen doch, sich mit ihnen zu arrangieren. Sie werden nicht mehr verfolgt, warum sollten sie sich gegen uns verschwören?«

Verflixt, dachte Nemours, es ist mir nicht gelungen, ihn zu übertölpeln. Und nun? In diesem Augenblick sah er, dass einige von Katharinas Hofdamen sich lachend näherten. Sie gaben zwar nicht weiter auf ihn Acht, aber er hielt es trotzdem für besser zu verschwinden. »Denken Sie in Ruhe über meine Worte nach, besprechen Sie die Sache mit Ihrem

Kameraden, dem jungen Herzog von Guise«, sagte er im Weggehen zu Anjou. »Glauben Sie mir, Hoheit, Sie sind in Gefahr.« Er verbeugte sich und war bald im Labyrinth der Gartenwege verschwunden. Heinrich sah ihm verblüfft nach und überlegte, was er von dieser Warnung halten sollte.

Er hob Lorenzo und Clarissa hoch, befahl den Dienern, die anderen Hunde in sein Appartement zu bringen, und ging nachdenklich zurück zum Schloss. Angenommen, die Hugenotten planten eine Verschwörung, angenommen, die Guisen wussten davon, warum informierten sie nicht den König und seine Mutter? Warum wollten sie ausgerechnet ihn, den Dauphin, in Sicherheit bringen?

In seinem Appartement ging er unruhig auf und ab und schwankte zwischen Furcht und Zweifel.

Es dämmerte bereits, als Heinrich von Guise gemeldet wurde.

Anjou empfand Misstrauen gegen ihn, wie noch nie zuvor, das aber bald beschwichtigt wurde durch das unbeschwerte Auftreten des Freundes.

»Verzeihe die Störung, Heinrich. Du weißt, dass wir morgen bei Sonnenaufgang abreisen. Ich bin gekommen, um mich von dir zu verabschieden. Wir werden uns erst in dieser grässlichen Schule wiedersehen. Ich habe Dinge über dieses Collegium gehört, schrecklich, wir gehen keinen rosigen Zeiten entgegen. Angeblich lernen die Schüler die halbe Nacht, um das Pensum zu bewältigen. Ich bin froh, dass ich mich in Joinville noch etwas erholen kann, bevor die Tortur im Collegium beginnt.« Er schwieg und beobachtete die Wirkung seiner Worte auf den jungen Valois.

Den schien die neue Schule nicht weiter zu interessieren.

»Wir sollten in Ruhe abwarten, und wenn es wirklich unerträglich ist, werde ich Mama bitten, die Lehrer zur Raison zu bringen.«

»Ja, natürlich.« Und wieder einmal wurde ihm der Rangunterschied bewusst: Hinter dem Kameraden stand die Königinmutter, hinter ihm nur eine mächtige Familie, die im Rang den Bourbonen unterlegen war.

»Höre, Heinrich, willst du uns nicht nach Joinville begleiten? Dort könnten wir die Wochen vor dem Collegium Navarra gemeinsam genießen. Das Weihnachtsfest wird bei uns immer prachtvoll gefeiert, wir könnten ausreiten, spazieren gehen …, nun ja, das wird dir am Hof auch alles geboten, aber wer bist du hier? Du bist nur der Dauphin, der im Schatten des Königs lebt. In Joinville hingegen würde man dir königliche Ehren erweisen, dich wie den künftigen Monarchen behandeln, und vor allem wärest du bei uns vor den Attentaten der Hugenotten sicher.«

Heinrich überlegte und erwiderte zögernd: »Das klingt sehr verlockend, und Nemours hat mich auch schon vor den Hugenotten gewarnt, aber ich kann den Hof nicht einfach verlassen, ich muss bei meiner Mutter und dem König bleiben.«

Heinrich von Guise schwieg irritiert. Er hatte es sich einfacher vorgestellt, den Freund von der Notwendigkeit der Abreise zu überzeugen.

»Du musst natürlich auf deine Mutter Rücksicht nehmen, du kannst ihr doch von Joinville aus einen langen Brief schreiben und deine Abreise begründen. Und was den König betrifft, verzeih, aber auf ihn musst du keine Rücksicht nehmen, du weißt so gut wie ich, dass er dich hasst. – Also, was hindert dich, uns zu begleiten?«

»Wie soll ich unbemerkt das Schloss verlassen?«

»Dieses Problem ist bereits geklärt: Morgen, kurz vor Mitternacht wird man dich durch das Fenster deines Schlafzimmers herausholen, in eine wartende Kutsche schmuggeln und nach Joinville bringen. Bevor man dein Verschwinden bemerkt, bist du auf einem unserer Güter und in Sicherheit.«

»In Sicherheit, ich weiß nicht …«

Da legte der junge Guise seine Hände auf die Schultern Anjous und sagte eindringlich: »Heinrich, ich bin immer noch dein treuer Freund. Es gab im vergangenen Jahr kleine Differenzen, die man aber nicht überbewerten sollte. Glaube mir, am Hof ist dein Leben in Gefahr, in Joinville nicht, und man würde dir die Ehren erweisen, die einem König gebühren.«

Die Ehren, die einem König gebühren, dachte Anjou, es klang verlockend. Vielleicht war er wirklich in Gefahr, überdies hatte die Familie Guise der Krone stets loyal gedient.

»Ich bin einverstanden, Heinrich, ich begleite euch, weil ich zu dir und deiner Familie Vertrauen habe.«

Inzwischen war es dunkel geworden und er erkannte nur noch die Umrisse der kräftigen Gestalt des Kameraden.

»Danke, Heinrich.« Im nächsten Augenblick war Guise verschwunden. Einige Augenblicke lang stand Anjou in der Dunkelheit und versuchte, seine Gedanken zu ordnen.

Dann kam ein Diener, zündete nacheinander die Kerzen an, und je heller es im Raum wurde, desto undurchsichtiger und mysteriöser empfand Anjou die geplante Flucht.

Er setzte sich vor das Kaminfeuer und dachte nach. – Er sollte bei Nacht und Nebel in Sicherheit gebracht werden, das war vielleicht notwendig, falls die Hugenotten tatsächlich eine Verschwörung gegen die königliche Familie planten, aber warum kümmerten die Guisen sich nur um ihn? Der König, seine Mutter und sein jüngerer Bruder waren genauso wichtig. Warum wussten weder sein Bruder Karl noch die Mutter von dieser Verschwörung?

Irgendetwas stimmt nicht, überlegte er und eine unbestimmte Angst stieg langsam in ihm empor, schnürte ihm fast die Kehle zu und plötzlich hielt er es nicht mehr aus, rannte zum Appartement der Königinmutter und stürmte ohne weitere Voranmeldung hinein.

Katharina unterhielt sich mit dem Kanzler über den Inhalt des neuen Edikts und sah erschrocken auf, als ihr Sohn plötzlich atemlos im Zimmer stand. »Heinrich, Kind, ist etwas passiert?«

»Mama, kann ich Sie allein sprechen?«

»Natürlich.« Und zu dem Kanzler: »Warten Sie nebenan.«

»Mama, ich habe Angst.« Er schilderte die Gespräche mit Nemours und seinem Freund Guise.

Katharina war fassungslos, und je länger sie zuhörte, desto mehr wuchs ihr Zorn über die Guisen, aber sie ließ sich vor dem Sohn nichts anmerken, zog ihn an sich und strich beruhigend über die dunklen Haare.

»Du musst keine Angst haben, Liebling, du bist hier in Saint-Germain völlig sicher. Ich werde sofort veranlassen, dass die Palastwache verstärkt und die Fenster deines Zimmers zugemauert werden. Du wirst die folgenden Nächte in meinem Schlafzimmer verbringen, dort bist du ganz sicher, und die Wachen vor meinem Appartement werden ebenfalls verstärkt. – Du kannst beruhigt sein, die Guisen können dich jetzt nicht mehr entführen.«

Heinrich hob den Kopf und sah seine Mutter entgeistert an: »Ich sollte entführt werden? Warum?«

»Ich vermute, dass man dich entführen wollte, und der Grund ist so klar wie reines Wasser: Die Guisen sind die Erzfeinde der Hugenotten, es passt dieser Familie nicht, dass ich die protestantische Religion dulde. Da inzwischen einige Familien des Hochadels Hugenotten geworden sind, befürchten die Guisen, dass auch der König zum neuen Glauben übertritt, was nie der Fall sein wird. Jedenfalls haben sie Angst, dass die

Hugenotten erstarken und sie dadurch Macht, Einfluss und ihren Reichtum verlieren, und so wollten sie dich entführen, um dich als Geisel gegen den König und mich auszuspielen.«

Anjou schwieg lange Zeit, dann sagte er leise: »Heinrich von Guise hat mein Vertrauen missbraucht, das hätte ich nie von ihm gedacht.«

»Mein armes Kind, es schmerzt mich, dass du so jung eine solch bittere Erfahrung machen musstest. Es gibt nur wenige Menschen, denen man vertrauen kann. – Das ist zwar traurig, aber die Realität.« Zu einem der Diener sagte sie: »Bringe den Herzog zu Madame Mingo und sage ihr, sie soll ihn keine Sekunde allein lassen bis zur Abendtafel.«

Dann erzählte sie dem Kanzler die Geschichte und verhehlte dabei ihren Zorn nicht im Geringsten.

»Ich habe immer gewusst, dass die Lothringer nichts unversucht lassen würden, um die politische Entwicklung zu manipulieren, aber ich hätte nie gedacht, dass sie es wagen würden, sich an einem Mitglied der königlichen Familie zu vergreifen. Sie wollen meinen Kindern Schaden zufügen, mein Gott, ich kann es noch nicht glauben, sie haben die Hand nach meinem geliebten Kind ausgestreckt …!« Sie schwieg, weil sie selbst vor dem Kanzler nicht völlig ihren Hass auf die Guisen offenbaren wollte, aber im Stillen dachte sie: »Ich hasse diese Familie wie die Pest, am liebsten würde ich sie auslöschen, sie sind die wahren Feinde der Valois, ich hasse, hasse, hasse sie, ich verfluche sie … Lieber Gott, vergib mir diese Gedanken, aber ich kann nicht anders, und das Schlimmste ist, dass ich ihnen meinen Hass nicht zeigen darf, nein, ich muss im Interesse der Krone immer freundlich zu ihnen sein. – Lieber Gott, gib mir die Kraft, dies alles durchzustehen …«

»Madame«, begann de l'Hospital vorsichtig, »das neue Edikt wird die Religionsausübung der Hugenotten regeln, Condé und Coligny wissen ja, dass wir zu Zugeständnissen bereit sind, und die Familie Guise wird immer ein machtpolitischer Faktor bleiben, mit dem man rechnen muss. Vielleicht wäre es jetzt an der Zeit, dass Seine Majestät sich wieder etwas mehr von den Protestanten entfernt, um so die katholische Partei zu beruhigen.«

»Sie haben Recht, aber es ist ein schwieriger Balanceakt – die Hugenotten werden enttäuscht sein. Wird es nicht zu neuen Unruhen kommen?«

»Madame, auch dieses Edikt wird nicht sämtliche Hoffnungen der Protestanten erfüllen, jede Partei muss eben zu Kompromissen bereit sein, das ist die einzige Möglichkeit, um den inneren Frieden herzustellen. Es wird noch Jahre dauern, bis die religiöse Lage in Frankreich zur Zufriedenheit aller geregelt ist. Das neue Edikt ist ein erster Schritt, mehr nicht. – Mit Ihrer gütigen Erlaubnis, Madame, würde ich versuchen, Seine Majestät wieder der römischen Kirche näher zu bringen.«

»Sie haben mein volles Vertrauen.«

Als der Kanzler gegangen war, befahl sie Nemours und Franz von Guise zu sich, erzählte, was Anjou ihr berichtet hatte, und sagte zu Guise: »Warum versuchten Sie, meinen Sohn zu entführen?«

Sie wusste, dass er sich herausreden würde, aber er sollte wissen, dass sie seine Absichten durchschaute.

»Madame«, erwiderte Guise liebenswürdig lächelnd, »Sie irren sich, ich habe keine Sekunde daran gedacht, Ihren Sohn zu entführen, es war ein übermütiger Ulk, mehr nicht.«

Katharina musterte den Herzog kühl von oben bis unten, dachte erbost daran, dass sie sich erneut verstellen musste, und lächelte den Lothringer liebenswürdig an.

»Ein Ulk also …, ich vergaß, dass auch erwachsene Männer sich manchmal wie Kinder benehmen. Leben Sie wohl, Herr Herzog, und gute Reise.« Sie nickte den Herren zu und rauschte hoheitsvoll aus dem Zimmer.

Nemours atmete erleichtert auf, die Sache war glimpflich abgelaufen, sie waren noch einmal davongekommen, weil man ihnen nichts beweisen konnte, allerdings hatte er die Gunst der Königinmutter wahrscheinlich verscherzt, aber damit musste man an einem Hof immer rechnen.

Der Herzog von Guise ärgerte sich, dass er auf seinen Bruder gehört hatte. Die Florentinerin war ihnen immer mit Skepsis begegnet, das wusste und spürte er schon seit Jahren, aber durch diese fehlgeschlagene Entführung war sie endgültig zu einer Erzfeindin seiner Familie geworden, und er wusste, dass sie sich irgendwann rächen würde. – Nicht jetzt, nicht am nächsten Tag, es konnte Jahre dauern bis zum Tag X, und wahrscheinlich kam ihre Rache in einem Augenblick, wo sie nicht damit rechneten. Von nun an musste er doppelt wachsam sein.

Am anderen Morgen beobachteten Katharina und Heinrich von einem Fenster aus den Aufbruch der Guisen: Der Herzog ritt an der Spitze einer Truppe von sechshundert Kürassieren, und wieder einmal bewunderte sie die vorbildliche Ordnung, die alle von ihm geführten Truppen auszeichnete.

»Mama, bleiben die Guisen jetzt auf ihren Landgütern, oder werden sie noch einmal an den Hof zurückkehren?«

»Ich weiß es nicht, mein Kind, aber mein Gefühl sagt mir, dass sie irgendwann zurückkehren werden. Eine so mächtige Familie verlässt den Hof in unruhigen Zeiten nur vorübergehend.«

»Mama, seit gestern hasse ich Heinrich von Guise, er ist nicht mehr mein Freund. Wie soll ich mich im Collegium Navarra ihm gegenüber verhalten?«

Katharina zog den Sohn an sich und sagte leise: »Du musst ab jetzt lernen, dich zu verstellen und zu heucheln. Lächele ihn liebenswürdig an, tue so, als ob er nach wie vor dein Freund ist, das ist wichtig in deinem eigenen Interesse. Er darf keine Sekunde spüren, was du wirklich empfindest. Denke immer daran, dass diese Familie der Erzfeind unseres Hauses ist, aber zeige nie, dass du es weißt, hast du mich verstanden?«

»Ja, Mama, aber ich weiß nicht, ob ich heucheln kann.«

»Du wirst es lernen, ich musste es auch lernen, und ich war damals jünger als du.«

Heinrich von Valois beobachtete, wie Heinrich von Guise in stolzer Haltung durch das Tor ritt, und als er die kräftige Gestalt des ehemaligen Freundes sah, spürte er fast körperlich, wie der Hass von ihm Besitz ergriff, und auf einmal wusste er instinktiv, dass er den jungen Guise nicht nur hasste, weil dieser sein Vertrauen missbraucht hatte, sondern weil er ihm irgendwie überlegen war, er besaß eine gewisse Ausstrahlung. – Er besitzt eine Ausstrahlung ähnlich wie Navarra, überlegte Heinrich und fühlte sich plötzlich verwirrt und ratlos. Er überlegte, ob er diese Gedanken seiner Mutter anvertrauen sollte, und entschied, diese konfusen Überlegungen für sich zu behalten, weil seine Mutter ihn wahrscheinlich nicht verstehen würde.

Der November verging, es wurde Dezember, und irgendwann tuschelten die Hofleute, dass der junge König sich wieder ganz dem katholischen Glauben zuwende.

»Er geht nur noch zur Messe, nicht mehr zur Predigt.«

»Er empfängt Coligny nicht mehr in seinen Privatgemächern und redet ihn nicht mehr mit ›Vater‹ an.«

Karl befand sich in äußerster Erregung und brandmarkte die Calvinisten als Ketzer, die auf den Scheiterhaufen gehörten. Johanna war empört darüber und schilderte Katharina den Vorfall, den diese mit lapidaren

Sätzen über die »kindliche Unreife« ihres Sohnes zu beschwichtigen suchte, was indes misslang.

Die folgenden Tage brachten viel Streit und Unruhe mit sich über die Frage, ob Navarra am Hofe bleiben solle oder mit Johanna nach Navarra ausreisen dürfe. Johanna unterlag schließlich und schweren Herzens verabschiedete sie sich unter Tränen von ihrem Sohn, nicht ohne ihn zu beschwören, dem Calvinismus treu zu bleiben.

Als sie in der Kutsche saß, sah sie noch einmal zurück, winkte ihm zu und spürte schmerzlich, dass er offensichtlich recht gern in Frankreich blieb. Sie dachte daran, dass er während des Aufenthaltes in Saint-Germain nie den Wunsch geäußert hatte, nach Navarra zurückzukehren, und sie fragte sich im Stillen, ob er vielleicht für Navarra und die Hugenotten schon verloren war.

Heinrich winkte erleichtert der Kutsche nach. Er war zwar entschlossen, die Ratschläge der Mutter zu beherzigen, aber gleichzeitig freute er sich auf ein etwas luxuriöseres Leben.

Am nächsten Tag musste er erneut Abschied nehmen. Katharina ermahnte ihn, fleißig zu lernen und dem Namen Bourbon keine Schande zu machen. Als sie ihn dann umarmte, spürte der Kleine fast körperlich, dass sie mehr Wärme ausstrahlte als seine Mutter, und dachte im Stillen, dass sie Katharina falsch beurteilte. Eine Frau, die ihn so mütterlich und liebevoll behandelte, konnte nicht falsch sein.

Dann begab er sich zu Margot, die ihn liebenswürdig lächelnd empfing. Insgeheim bedauerte sie die Abreise von Bruder und Vetter, weil sie und Franz nun wahrscheinlich stärker als bisher von der Mutter kontrolliert wurden. Überdies hatte sie sich an Heinrichs Bewunderung gewöhnt und genoss das Gefühl, dass sie für ihn anscheinend wichtig war. Wer sonst beachtete sie an diesem Hof?

»Wann sehen wir uns wieder, Heinrich?«

»Ich weiß es nicht«, und er spürte, wie sein Herz klopfte. Ihre Frage verriet, dass sie auf seine Rückkehr wartete.

»Darf ich dir schreiben, Margot?« – »Ja, natürlich.« – »Wirst du meine Briefe beantworten?« – »Ja, wenn ich Zeit und Lust habe.«

Er spürte einen feinen Stich. – Zeit und Lust, dachte er …, anscheinend bedeutete er ihr doch nicht so viel.

»Auf Wiedersehen, Margot. Darf ich …, darf ich dich auf den Mund küssen?«

Sie lächelte und nickte. Seit er am Hof war, das wusste sie, musste er auf Befehl ihrer Mutter regelmäßig baden und die Zähne reinigen.

Er berührte vorsichtig ihre Lippen und eilte fort.

Margot sah ihm verwundert nach und überlegte, warum er sie nicht zum Abschied stürmisch umarmt hatte. Anscheinend bedeutete sie ihm doch nicht so viel.

Unterwegs fiel Heinrich ein, dass er, seit er in Frankreich weilte, noch nicht an Corisande geschrieben hatte, er hatte sie irgendwie über den neuen Eindrücken vergessen und er beschloss, ihr von Paris aus einen langen Brief zu schreiben.

Für Katharina kam an jenem Vormittag einer der schwersten Augenblicke ihres Lebens, nämlich der Abschied von Anjou. Seit seiner Geburt war sie nie mehr als einige Tage von ihm getrennt gewesen, und nun würde sie ihn wochenlang nicht sehen. Aber seine Erziehung war wichtiger als ihre Muttergefühle.

Als er in seinen weißen Samtkleidern vor ihr stand, betrachtete sie ihn einen Augenblick, dann zog sie ihn an sich und küsste ihn auf die Stirn.

»Mein Liebling, mein Augapfel, du weißt, dass ich dich ungern ziehen lasse, aber es muss sein. An Ostern sehen wir uns wieder, in Fontainebleau. Du wirst in Paris zwar genügend Geld haben, aber wenn du irgendeinen Wunsch hast oder Geld benötigst, dann lass es mich wissen – als Dauphin musst du entsprechend auftreten. Du und dein Vetter Navarra werdet im Louvre gut bewacht werden, du musst in dem Palast keine Angst haben. – Nun noch etwas: Ich habe beobachtet, dass du dich mit Navarra gut verstehst, darüber freue ich mich, denn dein Namensvetter ist das liebenswürdigste Kind der Welt. Achte darauf, dass er im Collegium integriert wird, ich möchte nicht, dass er wegen seines Glaubens zum Außenseiter wird. Eure Kameraden müssen begreifen und akzeptieren, dass er ein Prinz von Geblüt ist und zur königlichen Familie gehört.«

»Ja, Mama.«

»Heinrich, du weißt, dass Karl sich inzwischen von den Hugenotten abgewendet hat. Als Dauphin solltest du seinem Beispiel folgen und keine calvinistischen Predigten mehr hören. Du wirst zur Messe gehen, beichten, die Kommunion empfangen, kurz, du wirst dich nach außen hin zur römischen Kirche bekennen.«

»Warum, Mama? Ich verehre den Admiral von Coligny.«

»Du darfst ihn ruhig weiter verehren, aber ich wünsche, dass du dich nach außen hin zu unserem katholischen Glauben bekennst, das ist aus politischen Gründen wichtig.« »Was sind das für Gründe?« »Ich habe jetzt keine Zeit, dir das zu erklären, es ist sehr kompliziert und vielschichtig, du musst mir einfach vertrauen. Versprichst du mir, dich öffentlich zur römischen Kirche zu bekennen und nur zu ihr?« Ja, Mama.«

Am 17. Januar 1562 unterschrieb Karl IX. jenes Edikt, das seine Mutter den Hugenotten versprochen hatte.

Das Edikt von Saint-Germain stellte eine Zukunft in Aussicht, da der innere Frieden wieder hergestellt sein würde durch eine staatliche Autorität, die von den Bürgern kein Bekenntnis zu einer bestimmten Religion, sondern nur die friedliche Duldung anderer Bekenntnisse forderte. Katharina hatte persönlich die einleitenden Sätze formuliert.

»Es handelt sich hier nicht darum, festzustellen, welche die bessere Religion ist, sondern um die möglichst zufrieden stellende Einrichtung des Staats. Man wird Bürger sein können, ohne Christ zu sein, ja selbst im Zustand der Exkommunikation.«

Die einzelnen Bestimmungen sollten einen Modus Vivendi herstellen, der die Katholiken nicht vor den Kopf stieß und die Protestanten besänftigte: Die eroberten Gebäude und Besitzungen der Katholiken sollten von den Protestanten zurückgegeben werden, die Hugenotten sollten nicht mehr das Recht öffentlicher oder privater Versammlung innerhalb der Städte haben, dafür wurden tägliche Versammlungen außerhalb der Städte zum Zwecke der Predigt und des Gebets erlaubt. In den Städten sollten beschränkte häusliche kultische Übungen und Lehrveranstaltungen erlaubt sein, die Regierung genehmigte Synodien, wenn die reformierten Geistlichen sie ankündigten. Die Geistlichen wurden offiziell anerkannt, die staatlichen Beamten durften an den Predigten teilnehmen.

Wie nicht anders zu erwarten, erklärte der spanische Gesandte Chantonnay, dass König Philipp diese Bestimmungen zutiefst missbillige.

Sie schrieb an ihren Schwiegersohn und verteidigte das Edikt.

Was Sie mir aber von dem Unheil schreiben, das man uns aus der Verschiedenheit der Religionen in diesem Königreich prophezeit, so glaube ich wirklich, dass es Leute gibt, die sehr betrübt sein werden, so viel Frieden mit anzusehen, wie hier gestiftet wird, und dass wir so weise waren, die Unruhen zu beenden, die so lange gedauert haben.

Die katholische Partei protestierte gegen das Edikt, während der päpstliche Nuntius es als vernünftig bezeichnete.

Zu Katharinas Überraschung opponierte das Pariser Parlament und verweigerte die Registrierung.

Katharina begab sich sofort nach Paris und versuchte, das Parlament von der Notwendigkeit des Edikts zu überzeugen, woraufhin der Präsident kühl erwiderte: »Madame, Sie und Ihre Kinder werden die ersten sein, die es zu bedauern haben, denn es wird der Anlass sein, der zum Verlust der Krone und des Königreichs Frankreich führt.«

Nach einigen heftigen Diskussionen war das Parlament endlich bereit, das Edikt zu veröffentlichen, wobei es dessen Gültigkeit ausdrücklich bis zur Volljährigkeit des Königs beschränkte.

Katharina war damit einverstanden, weil sie wusste, dass der junge Karl nur so entschied, wie sie es wollte.

Während der folgenden Tage wurde ihr schmerzlich bewusst, dass ihr Toleranzedikt den religiösen Konflikt weiter verschärfte, täglich trafen neue schreckliche Nachrichten ein. Die Bürger von Sens massakrierten ihre reformierten Mitbürger, die Hugenotten töteten die Mönche in der Abtei Saint-Jean und warfen die Leichen in den Fluss Yonne, in Tours ertränkte man Hugenotten in der Loire, in Angers hängte man sie auf, in der Dauphiné wurden die Katholiken von den Hugenotten getötet, einige wichtige Städte fielen den Protestanten in die Hände: La Rochelle, Poitiers, Le Havre, Dieppe und Caen.

Die Guisen beobachteten aus der Ferne die Entwicklung und fragten den König von Spanien, ob er gewillt sei, die katholische Partei mit Bewaffneten und Geld zu unterstützen, falls es zum offenen Krieg käme.

Anton von Bourbon war an diesen Verhandlungen beteiligt und der König von Spanien versprach ihm seine Unterstützung, wenn Anton seine Rechte auf die Regentschaft geltend machte, vorausgesetzt, es würde ihm gelingen, Coligny vom Hof zu entfernen.

Am Vormittag des 12. Februar erschien Anton bei Katharina und forderte, dass Coligny den Hof verlassen müsse.

»Der König von Spanien unterstützt meine Forderung«, sagte er und maß die Regentin mit einem verächtlichen Blick.

Katharina erschrak, fasste sich aber sofort und erwiderte mit fester Stimme: »Der Admiral von Coligny bleibt am Hof, und Sie, mon cousin, verlassen sofort mein Zimmer.«

Allein geblieben, sank sie auf einen Stuhl und überdachte ihre Lage. Coligny war im Augenblick der einzige Mann, auf den sie sich stützen konnte: Er war Soldat und Verwalter, er war dem König loyal ergeben, erkannte aber auch die Notwendigkeit von Kompromissen an, und er war inzwischen der faktische Führer der Hugenotten; Condé hatte bei seinen Glaubensbrüdern inzwischen an Glaubwürdigkeit verloren, Coligny hingegen verehrten sie. – Er muss am Hof bleiben, dachte sie, er ist der Einzige, der die Hugenotten zur Vernunft bringen kann.

Unterdessen hatte Anton in Gesprächen mit Höflingen seine Verärgerung darüber, dass Coligny am Hof bleiben sollte, offen zum Ausdruck gebracht.

»In diesem Land gibt es erst Frieden, wenn Coligny den Hof verlässt. Wenn er noch länger bleibt, schickt König Philipp Truppen nach Frankreich. Coligny muss verschwinden!«

Die Hofleute lachten, weil niemand den König von Navarra ernst nahm, Coligny indes wurde nachdenklich, als er hörte, dass der Thronprätendent seine Entfernung vom Hof forderte.

Er wusste längst, dass die Guisen mit dem König von Spanien verhandelten, er wusste auch, dass Condé, mit dessen Einwilligung, bei der Königin von England um finanzielle Unterstützung bat.

Er dachte lange über seine Lage und die Situation der Hugenotten nach und begab sich bei Einbruch der Dämmerung zur Königinmutter.

»Sie kommen gerade recht«, rief sie, als er das Zimmer betrat, »ich wollte eben nach Ihnen und dem Kanzler schicken, damit wir gemeinsam überlegen, wie der innere Friede hergestellt werden kann. Sie wissen sicherlich von den Ausschreitungen auf beiden Seiten – die Franzosen fangen an, verrückt zu werden. Es muss doch möglich sein, einen Modus Vivendi zu erreichen.«

»Madame, ich bin gekommen, um mich zu verabschieden. Ich werde morgen beim Sonnenaufgang den Hof verlassen, ich muss mich um meine Ländereien kümmern.«

Katharina glaubte, nicht richtig zu hören, und starrte Coligny einige Sekunden lang fassungslos an. »Sie wollen den Hof verlassen? Sie sind im Augenblick meine einzige Stütze, ich brauche Sie, Sie allein können Ihre Glaubensbrüder zur Vernunft bringen! – Sie wissen doch, dass in diesem Land Hugenotten und Katholiken sich gegenseitig umbringen, trotz meines Ediktes …«

»Madame, Ihr Edikt hat den Hugenotten eine Religionsfreiheit gewährt, die für Europa ein Beispiel sein sollte. Sie haben getan, was Sie konnten, aber dieses Edikt kam zu spät.«

»Wie meinen Sie das?«

»Es hätte nach dem Tod Heinrichs II. erlassen werden müssen, damals wurden die Hugenotten noch nicht so streng verfolgt wie unter Franz II., der Hass zwischen den Anhängern der beiden Religionen war noch nicht entbrannt. Vor zweieinhalb Jahren wären die Hugenotten glücklich über ein solches Edikt gewesen, heute hingegen …, sie fühlen sich hintergangen, sie hatten mehr erwartet. – Ich weiß, Madame, dass Sie keine größeren Zugeständnisse machen konnten mit Rücksicht auf Rom und auf Spanien, aber wir, die Hugenotten, hofften einige Zeit, dass der König sich zu unserem Glauben bekennen würde, doch er wird wohl der römischen Kirche treu bleiben.«

Es entstand eine Pause, dann sagte Katharina langsam: »Sie wissen, dass ich nach dem Tod meines Gatten keine Gelegenheit hatte, die Politik zu beeinflussen – Frankreich wurde im Jahre 1560 von der Familie Guise regiert. Seit mein Sohn Karl König ist, habe ich als Regentin versucht, den Hugenotten so viele Freiheiten zu gewähren, wie möglich sind. Ich kann im Augenblick keine weiteren Zugeständnisse machen, und was meine Familie betrifft, so werden die Valois der römischen Kirche treu bleiben.«

»Das habe ich geahnt, Madame, der König bleibt katholisch, deswegen möchte ich den Hof verlassen, hier ist kein Platz mehr für mich.«

»Der König benötigt Ihre Dienste.«

»Madame, die religiöse Situation in Frankreich ist so gespannt, dass ein winziger Tropfen genügt, um das Fass überlaufen zu lassen. In diesem Augenblick müssen Sie sich zu einer Partei bekennen. Was mich betrifft, ich bin Hugenotte und werde es bleiben. Sie, Madame, werden sich zur katholischen Partei bekennen müssen, weil Ihnen keine andere Wahl bleibt. Meine Glaubensbrüder haben das Vertrauen zu Ihnen verloren.«

Katharina spürte, dass Coligny Recht hatte, war aber nicht bereit, dies anzuerkennen, und erwiderte: »Man kann über alles verhandeln.«

»Mit Verlaub, Madame, über dogmatische Fragen kann man nicht verhandeln. Ich bin davon überzeugt, dass mein Glaube der richtige Glaube ist, und ich werde nichts unversucht lassen, die Lehre Calvins in Frankreich als Staatsreligion zu etablieren.«

Katharina war einen Augenblick sprachlos. »Sie sind ein religiöser Fanatiker, das hätte ich von Ihnen nie gedacht.« Sie schwieg unvermittelt und dachte, dass es zur Persönlichkeit Colignys irgendwie passte.

Sie sahen sich einen Augenblick schweigend an und spürten, dass ihr Verhältnis einen Sprung bekommen hatte.

»Sie können den Hof verlassen und sich Ihren Ländereien widmen«, sagte Katharina abschließend.

Als sie wieder allein war, trat sie zum Fenster und sah hinunter in den Hof, der inzwischen von Fackeln erhellt war.

Colignys Fanatismus, überlegte sie, verwandelt ihn zu einem Gegner des Königs. Er ist ein gefährlicher Gegner, gefährlicher als Condé, weil die Hugenotten in ihm ihren Führer sehen.

In diesem Augenblick erschien Coligny im Hof und ging hinüber zu den Wirtschaftsgebäuden, wo die Pferde bereitstanden.

Er verlässt uns noch heute Abend, dachte sie, und als Coligny im Dunkel des Torbogens verschwand, fühlte sie sich so hilflos wie noch nie zuvor. Gleichzeitig spürte sie, wie Groll in ihr gegen den Admiral aufstieg, der sie jetzt, in einem Augenblick, wo sie auf seine Unterstützung gehofft hatte, verließ.

Nach der Abendtafel befahl sie, alles für eine sofortige Abreise nach Fontainebleau zu richten. Im Schloss ihres Schwiegervaters würde sie hoffentlich die nötige Ruhe finden, um die Lage zu überdenken.

3

Am Nachmittag des 8. März traf der Hof in Fontainebleau ein.

Nachdem Katharina sich etwas ausgeruht hatte, ging sie in die Galerie ihres Schwiegervaters, erinnerte sich noch einmal an den Tag, als sie das Schloss zum ersten Mal betreten hatte. Dann überlegte sie, ob das Edikt von Saint-Germain den Hugenotten nicht doch zu wenig Freiheiten einräumte. – Wie hätte ihr Schwiegervater an ihrer Stelle gehandelt?

Er hätte den Reformierten auch nicht mehr Freiheiten eingeräumt, dachte sie. Sie trat an ein Fenster, sah über den Garten, bemerkte, dass im Vorhof das Pflaster erneuert werden müsste; die Badezimmer müssten auch renoviert werden. Die Instandhaltung der Schlösser verschlang

Unsummen. – Wann würde sie endlich in Chenonceaux eine Galerie über der Brücke errichten und jene kleine Residenz neben dem Louvre bauen können? Es sollte ein Witwensitz sein, in den sie übersiedeln wollte, sobald der König eine eigene Familie hatte. Sie wollte zwar in einiger Entfernung von ihm wohnen, aber doch so nah, dass ihr nichts entging.

Sie war so in Gedanken, dass sie nicht hörte, wie ein Diener die Galerie betrat. Sie schrak innerlich zusammen, als er sie ansprach.

»Madame, draußen wartet ein Kurier des Herzogs von Guise, er wirkt sehr verstört und besteht darauf, Sie sofort zu sprechen.«

Sie spürte, wie sie von einer unbestimmten Angst ergriffen wurde, und ließ den Mann eintreten.

Er eilte auf sie zu, sank in die Knie und stammelte: »Madame, es ist entsetzlich, gestern in Wassy kam es zu einem Massaker zwischen Hugenotten und den Soldaten des Herzogs. Die Hugenotten haben Steine nach dem Herzog geworfen, so etwas habe ich noch nicht erlebt.«

Für den Bruchteil einer Sekunde glaubte Katharina, ohnmächtig zu werden, aber sie nahm sich zusammen und bat den Kurier leise um einen detaillierten Bericht.

»Der Herzog von Guise hatte einige Tage in Joinville bei seiner Mutter verbracht und ritt am gestrigen Sonntag zurück nach Nanteuil. Am späten Vormittag erreichte er Wassy und hielt an, um die Messe zu hören. – Sie wissen, Madame, dass Wassy zu den Ländereien des Herzogs gehört. – In der Nähe der Kirche befindet sich eine Scheune, und dort hatten sich die ortsansässigen Hugenotten zu einem Gottesdienst versammelt. Dies war ein Verstoß gegen die Bestimmungen des königlichen Ediktes, worin ausdrücklich protestantische Predigten in den Städten untersagt sind. Der Herzog indes war so großmütig und kümmerte sich nicht weiter um die Protestanten. Plötzlich wurde die Messe durch lautes Singen gestört – es waren die Hugenotten, die sich vor der Kirche versammelt hatten. Der Herzog schickte einen Bewaffneten vor die Tür und ließ um Ruhe bitten, ohne Erfolg. Schließlich ging er selbst hinaus und forderte die Protestanten zornig auf, Ruhe zu geben und in ihre Scheune zurückzukehren. Daraufhin brach unter den Hugenotten ein Tumult aus, sie verfluchten den Herzog und die römische Kirche und fingen an, Steine nach ihm zu werfen. Inzwischen hatten sich auch die Soldaten des Herzogs um ihn versammelt in Erwartung seiner Befehle. Plötzlich traf ein Stein den Herzog und riss seine Narbe im Gesicht auf.

Als die Soldaten ihren Herrn bluten sahen, stürzten sie sich auf die Hugenotten und feuerten Schüsse auf sie ab, woraufhin die Protestanten Steine nach den Soldaten warfen und mit Stöcken auf sie einschlugen. Irgendwann flüchteten sie vor uns. Vor der Kirche blieben ungefähr sechzig tote und hundert verletzte Protestanten zurück. Der Herzog befahl, sich um die Verwundeten zu kümmern, und eilte nach Nanteuil. Sofort nach seiner Ankunft schickte er Boten zum Konnetabel und dem Marschall von Saint-André. – Mich schickte der Herzog zu Ihnen, Madame, um Sie von dem schrecklichen Vorfall zu unterrichten.«

Es entstand eine Pause. Schließlich sagte Katharina: »Warten Sie im Vorzimmer auf meine Befehle.«

Dann ging sie unruhig auf und ab und fragte sich, inwieweit dieser Bericht wohl der Wahrheit entsprach. Eines stand fest: Die Hugenotten hatten sich gesetzwidrig verhalten. Und der Herzog? Er war der Grundbesitzer und hatte Geduld bewiesen, sehr viel Geduld sogar, warum? Er hasste die Hugenotten. Hatte er geahnt, dass sein Erscheinen und seine Soldaten die Protestanten in Aufruhr versetzen würden? Hatte er die Versammlung in der Scheune geduldet, weil er wusste, dass die religiösen Spannungen unaufhaltsam auf eine Krise zusteuerten?

Falls die Schilderung des Kuriers der Wahrheit entsprach, so lag die Schuld an dem Massaker bei den Hugenotten. Und nun? Die Versammlung des Triumvirats in Nanteuil war verdächtig, sehr verdächtig, und sie beschloss, zunächst den Kanzler zu informieren. Beim Ausgang der Galerie kam ihr ein Diener entgegen.

»Madame, der Prediger von Wassy bittet Sie um eine Audienz, er sagt, es sei dringend.«

Sie befahl, den Prediger in ihr Arbeitszimmer zu führen und dem Kanzler Bescheid zu sagen.

»Madame«, begann der Hugenotte, »ich bin auf dem Weg nach Paris, wo der Prinz von Condé sich gerade aufhält, um ihn über das entsetzliche Blutbad zu informieren, das gestern in Wassy stattfand, und zwar auf Befehl des Herzogs von Guise.«

Katharina horchte auf – natürlich, jeder schob dem anderen die Schuld zu.

»Ich hielt es für meine Pflicht, Madame, Sie von den Vorgängen in Kenntnis zu setzen. Wir Hugenotten versammelten uns gestern in der Scheune neben der Kirche, um die Predigt zu hören. Unsere Versammlung hat nicht gegen das Edikt verstoßen, weil es ursprünglich eine häusliche Veranstaltung sein sollte, aber mein Haus ist zu klein für so viele Menschen ...«

»Ich verbitte mir juristische Spitzfindigkeiten«, unterbrach Katharina gereizt den Prediger. Seine letzten Worte hatten auf einmal Groll in ihr gegen die Hugenotten geweckt, weil sie sich offensichtlich frech über die Bestimmungen des Edikts hinwegsetzten.

Der Prediger sah sie erstaunt an und fuhr fort. »Während unseres Gottesdienstes drangen auf einmal Soldaten des Herzogs von Guise in die Scheune und störten die Predigt. Sie forderten uns auf, die Scheune zu verlassen, und beriefen sich auf einen Befehl des Herzogs von Guise. Als wir sie nicht beachteten, fingen sie eine Schlägerei an und trieben uns mit Gewalt hinaus. Wir wehrten uns mit Stöcken und Steinen, andere Waffen hatten wir nicht. Plötzlich tauchte der Herzog von Guise auf, und in diesem Augenblick begannen seine Soldaten, auf uns zu schießen. Ich habe nicht gehört, wie er einen Schießbefehl gegeben hat, aber er hat bestimmt das Blutvergießen gewollt und angeordnet.«

Katharina musterte den Prediger. »Ich habe Ihren Bericht zur Kenntnis genommen«, erwiderte sie, »Sie können gehen.«

»Soll ich dem Prinzen von Condé eine Botschaft überbringen, Madame?«

»Es ist nicht nötig. Ich werde Kontakt zu ihm aufnehmen, wenn es erforderlich ist.«

Als der Prediger gegangen war, ließ Katharina den Kurier des Herzogs holen und forderte ihn auf, noch einmal die Vorgänge in Wassy zu schildern. Als er fertig war, befahl sie ihm, auf weitere Anordnungen zu warten, und fragte dann den Kanzler, wie er die beiden verschiedenen Berichte einschätze.

»Madame, es ist völlig natürlich, dass jede Partei versucht, den Gegner für das Massaker verantwortlich zu machen. Man wird wahrscheinlich nie wissen, wer angefangen hat.«

»Ich teile Ihre Meinung. Trotzdem, eines steht fest: Die Hugenotten haben gegen das Edikt verstoßen, und was den Herzog betrifft ..., ich betrachte ihn nach wie vor als Feind meiner Familie, aber man muss ihm zubilligen, dass er ein intelligenter, gebildeter Mann ist, ein tapferer Soldat und genialer Feldherr. Ich glaube nicht, dass er dieses Massaker wollte, er ist kein Menschenschlächter.« Sie dachte einen Augenblick nach und sagte dann leise: »Monsieur de l'Hospital, jenes Gemetzel in Wassy war der winzige Tropfen, der das Fass zum Überlaufen bringen wird.«

Sie schilderte ihm kurz ihre Unterredung mit Coligny. »Gestern, am 7. März 1562, ist in Frankreich der Bürgerkrieg ausgebrochen.«

»Mit Verlaub, Madame, ist es nicht ein Religionskrieg?«

»Gewiss, aber die Religion ist, meiner Meinung nach, nur ein Element des Kampfes, es ist auch ein Krieg der Familien des Hochadels um die Macht, und es ist vor allem ein Krieg des Hochadels gegen die Krone. Man will die Jugend meines Sohnes ausnutzen und ihn so beeinflussen, wie es den hohen Herren beliebt, aber ich bin fest entschlossen, mit allen Mitteln um die Einheit des Reiches zu kämpfen und meiner Familie den Thron zu erhalten.«

Während dieser Worte versuchte sie, vor dem Kanzler zu verbergen, wie schwach und hilflos sie sich in diesem Augenblick fühlte. Am schlimmsten aber war die Erkenntnis, dass ihre aufrichtigen Versuche, die beiden Konfessionen miteinander zu versöhnen, fehlgeschlagen waren, und die Hugenotten waren auch schuld daran, dass es so weit gekommen war.

»Wie soll es weitergehen, Madame?«

Katharina überlegte. »Die Versammlung des Triumvirats in Nanteuil beunruhigt mich. Der König wird dem Herzog von Guise noch heute einen Befehl schicken, dass er unverzüglich nach Fontainebleau kommen soll.«

Am nächsten Tag ließ Katharina ihre beiden jüngsten Kinder nach Amboise bringen, dort waren sie in Sicherheit, wenn es zu Unruhen kam – und es würde zu Unruhen kommen, dessen war sie gewiss.

Die folgenden Tage verliefen ruhig. Sie wartete auf die Ankunft des Herzogs von Guise, aber als er nach einer Woche immer noch nicht am Hof eingetroffen war, wusste sie, dass er die Weisung seines Königs ignorierte.

Während sie noch überlegte, wie sie reagieren sollte, trafen Nachrichten aus Paris ein. Am Spätnachmittag des 16. März war der Herzog von Guise, begleitet von seinen Brüdern, dem Konnetabel und dem Marschall von Saint-André, unter dem Jubel der Bevölkerung in Paris eingezogen. Die Pariser feierten ihn als »Held von Wassy«, und immer wieder ertönte der Ruf »Lang lebe der Herzog von Guise!«.

Katharina war entsetzt, als sie dies hörte. Der Herzog schien sich als Herr von Frankreich zu fühlen! Hinzu kam, dass Condé sich mit seinem Gefolge ebenfalls in der Hauptstadt befand, und sie wagte nicht daran zu denken, was geschehen würde, wenn es zwischen den beiden zu einem

Zusammenstoß kam. Kurz entschlossen ernannte sie den Kardinal von Bourbon zum neuen Gouverneur von Paris.

Der Kardinal war ein rechtgläubiger Kirchenfürst und besaß als Bruder des Königs von Navarra und des Prinzen von Condé auch das Vertrauen der Hugenotten. Sie beauftragte ihn, Guise und Condé zu bitten, die Hauptstadt zu verlassen, und tatsächlich zog sich Condé zurück. Vor der Stadt wurde er von einem protestantischen Heer erwartet und begab sich nach Meaux, wo Coligny ihn an der Spitze eines zweiten Heeres bereits erwartete.

Der Grund für Condés Rückzug war die Erkenntnis, dass sein Plan gescheitert war. Die Begeisterung der Pariser für den Herzog von Guise bewies, dass er, ein Prinz von Geblüt, nicht auf die Unterstützung der Hauptstadt zählen konnte.

Sein Plan verfolgte das Ziel, die königlichen Truppen zu besiegen, anschließend wollte er seinem Bruder Anton den Rang des Thronprätendenten absprechen lassen, die Valois und die Königinmutter aus Frankreich verjagen, um selbst als Ludwig XIII. den Thron zu besteigen.

Da Fontainebleau schwer zu verteidigen war, beschloss er, sich jetzt der Person des Königs und seiner Mutter zu bemächtigen.

Seine Befehle in Meaux waren faktisch eine Kriegserklärung, und der Herzog von Guise ließ ihn zum Rebellen erklären und schickte Montmorency mit tausend Reitern nach Fontainebleau, um den König und die Regentin sicher nach Paris zu geleiten.

Katharina wusste, dass sie dem Triumvirat ausgeliefert waren, wenn sie und der König in Paris weilten. Sie versuchte zu verhandeln, aber es war zwecklos: Das Triumvirat wünschte die Anwesenheit des Königs in Paris, um ihn so besser schützen zu können.

Am 31. März verließen der König, seine Mutter und ihr Gefolge Fontainebleau und begaben sich in die Hauptstadt.

Als Condé sah, dass sein Staatsstreich missglückt war, zog er sich nach Orléans zurück, nahm die Stadt ein und erklärte sie zur provisorischen Hauptstadt des calvinistischen Frankreich.

Katharina gab sich keinen Illusionen hin. Sie wusste, dass sie augenblicklich dem Triumvirat ausgeliefert war, und beschloss, sich entsprechend zu verhalten: Sie befahl ihren Damen, regelmäßig die Messe zu besuchen, verbot ihnen, protestantische Predigten zu hören, und nahm selbst öffentlich in Notre-Dame die Kommunion. Sie wusste, dass sie bei den Hugenotten unglaubwürdig wurde, aber sie hatte keine andere Wahl.

Da sie mit einem Krieg rechnete, unterstützte sie die Guisen bei der Aufstellung eines Heeres. Binnen kurzer Zeit waren 28 000 Mann Infanterie und 6000 Reiter angeworben, der Adel musste 300 000 Taler aufbringen. Sie erreichte, dass der Papst, Florenz und Venedig den König von Frankreich im Kampf gegen die Häresie finanziell unterstützten, und sie ließ mit dem Geld Landsknechte aus Deutschland und der Schweiz anwerben. Der König von Spanien und der Herzog von Savoyen schickten Infanterie und Kavallerie.

Gleichzeitig versuchte sie, den Frieden zu bewahren, und verhandelte während der folgenden Wochen mit Condé.

Sie forderte ihn auf, die Waffen niederzulegen, woraufhin er antwortete, er habe nur zu den Waffen gegriffen, um die königliche Autorität, die Regierung, die Königinwitwe und die Ruhe des Reiches zu verteidigen. Sie schickte einen Unterhändler nach dem andern nach Orléans, und als keiner etwas erreichte, begab sie sich selbst dorthin, und nach mehreren Unterredungen war Condé bereit, um des lieben Friedens willens Frankreich zu verlassen.

Katharina reiste erleichtert nach Paris zurück, aber unterwegs erreichte sie eine Botschaft des Bourbonen, dass er seine Meinung geändert habe. Coligny habe ihn davon überzeugt, dass eine bewaffnete Auseinandersetzung unvermeidlich sei.

Katharina war enttäuscht, gab aber die Hoffnung nicht auf. Am 9. Juni traf sie sich erneut mit ihm, in der Nähe eines Dorfes zwischen Etampes und Orléans.

Jeder wurde von hundert Reitern begleitet, die königlichen Soldaten waren rot uniformiert, Condés Leute waren völlig in Weiß gekleidet, um ihre calvinistische Gesinnung zu zeigen.

Katharina wusste nicht, was die weiße Kleidung bedeutete, und fragte scherzhaft: »Warum sehen Ihre Leute aus wie Müller, mon cousin?«

Condé erwiderte gereizt: »Um zu zeigen, dass sie Ihre Esel schlagen können, Madame.«

Als er sich weigerte, vom Pferd zu steigen, erkannte Katharina, dass er ihr nicht traute und anscheinend einen Hinterhalt befürchtete. Sie versuchte, ihn versöhnlich zu stimmen – umsonst. Er war inzwischen von Coligny überzeugt worden, dass die Reformierten den Katholiken die neue Glaubenslehre mit Gewalt aufzwingen konnten.

Während der folgenden Tage traf sie sich noch dreimal mit Condé, und zuletzt erklärte er sich bereit, seine Armee zurückzuziehen; Coligny indes weigerte sich erneut und bestand auf Krieg.

Ende Juni erkannte Katharina, dass Verhandlungen keinen Frieden bringen würden, und schrieb an das Parlament in Paris.

Sie haben mich die Demütigung spüren lassen, mich selbst bedingungslos preisgegeben zu haben, und sie haben mir zu verstehen gegeben, wie wenig Wert sie auf mich legen und welch armselige Entschädigung sie mir gewähren würden für all die Pein, die ich auf mich genommen habe, um sie davor zu bewahren, in Stücke gerissen zu werden. Aber mir bleibt wenigstens der eine Trost: Ich glaube, dass ich vor unserem Herrn gerechtfertigt dastehen werde sowie vor aller Welt, nachdem ich alles getan habe, was ich konnte.

Während der Rückreise nach Paris versuchte sie sich an den Gedanken zu gewöhnen, dass sie und der König jetzt dem Triumvirat ausgeliefert waren, dass die Hugenotten sie als ihre Feindin betrachteten, dass der Krieg unvermeidlich geworden war und die königlichen Truppen siegen mussten, um die Einheit des Reiches und die Krone zu retten. Trotzdem war sie nach wie vor entschlossen, mit Condé und auch mit Coligny zu verhandeln, wenn es dafür eine Möglichkeit gab.

Während der folgenden Wochen kam es in einzelnen Provinzen zu Kämpfen. In der Provence eroberten die Hugenotten das päpstliche Avignon, während die Katholiken das calvinistisch besetzte Orange zurückeroberten. Die gesamte Provinz Languedoc wurde von den Calvinisten beherrscht, in Burgund hingegen gelang es dem Marschall von Tavannes, die Calvinisten zu vertreiben. Die Kampfhandlungen waren begleitet von ständigem Regen, sodass der Weizen nicht geerntet werden konnte. Der Himmel war immer dunstig und die Straßen aufgeweicht.

Als dieser kalte, verregnete Sommer sich dem Ende zuneigte, erfuhr Katharina, dass auch die Hugenotten vom Ausland unterstützt wurden. Die protestantischen deutschen Fürsten schickten Landsknechte nach Frankreich und gewährten Kredite gegen das Versprechen, dass ihre Soldaten plündern durften, so viel sie wollten.

Katharina nahm diese Nachricht gelassen zur Kenntnis, es war normal in Kriegszeiten. Der Vertrag von Hampton Court jedoch empörte sie und alle Katholiken: In jenem Vertrag hatten Coligny und Condé mit der englischen Königin vereinbart, dass England 6000 Mann nach Frankreich schickte und den Hugenotten 100 000 Kronen lieh; als

Gegenleistung hatten die Hugenottenführer Le Havre, Dieppe, Rouen und Calais an England abgetreten. Laut Vertrag war es zwar nur eine vorübergehende Abtretung, aber Katharina und die katholische Partei waren empört, dass die Hugenotten sich anmaßten, französisches Territorium an eine ausländische Macht zu verschachern. Katharina vermutete, dass Coligny bei den Verhandlungen der Wortführer gewesen war und sie erschrak bei dem Gedanken, dass er um des Glaubens willen sogar bereit war, die Interessen Frankreichs zu opfern. Allmählich festigte sich in ihr die Überzeugung, dass Coligny zu einer echten Gefahr für Frankreich werden konnte – nicht wegen seines Glaubens, sondern weil er ein Fanatiker war. Mit Condé konnte man verhandeln, mit Coligny nicht.

Da mit einer englischen Invasion zu rechnen war, befahl Katharina dem Konnetabel Anfang Oktober die Belagerung Rouens, weil diese Stadt ein wichtiger Stützpunkt der Hugenotten war.

Sie begleitete die Truppen, nahm am Kriegsrat teil und begab sich zum Entsetzen des Konnetabels und des Herzogs von Guise sogar in die Laufgräben, ohne sich um die Kugeln und Schüsse zu kümmern, die von allen Seiten niedergingen.

Am 20. Oktober kapitulierte Rouen. Anton von Bourbon war bei den letzten Kämpfen verwundet worden und bestand darauf, auf einer Bahre durch die eroberte Stadt getragen zu werden.

Katharina ordnete an, dass die alte Stadt von Zerstörung und Plünderung verschont bleiben sollte, und erinnerte an die *Gros Horloge*, eine der größten und ältesten Uhren im christlichen Raum, an die Kathedrale, die seit über dreihundert Jahren im Bau war, an den Donjon, wo Johanna von Arc vernommen und zum Scheiterhaufen abgeführt worden war.

Einige Tage später begleitete sie den jungen König bei seinem Einzug in die Stadt und war entsetzt über die Plünderungen. Ihr Sohn schritt nicht durch reich geschmückte Straßen, sondern ritt über Leichen, die von den Soldaten ausgeraubt worden waren.

Am Tag nach dem königlichen Einzug besuchte Katharina Anton und sah an seinem Krankenbett zu ihrem Erstaunen nicht nur den Bischof von Mans, sondern auch einen hugenottischen Prediger.

Nachdem die Herren sich entfernt hatten, sagte sie: »Wie soll ich das verstehen, mon cousin? An Ihrem Bett treffe ich einen katholischen Bischof und einen hugenottischen Prediger. – Was glauben Sie nun wirklich?«

Da sah Anton Katharina lange an und antwortete schließlich leise: »Madame, kümmern Sie sich nicht darum, was ich glaube, ich weiß es selbst nicht.«

Katharina war einen Augenblick sprachlos, dann sagte sie sich, dass es in diesen verworrenen Zeiten kein Wunder war, wenn die Menschen nicht mehr wussten, was sie glauben sollten.

Es entstand eine Pause und sie überlegte, worüber sie sich mit dem eitlen, oberflächlichen Anton unterhalten sollte.

»Sie waren sehr tapfer, mon cousin«, sagte sie schließlich, weil sie das Schweigen nicht mehr ertragen konnte.

»Tapfer, Madame? Nun ja, man tut als Soldat seine Pflicht, aber mein Sohn, Madame, ist wichtiger als ich. Erzählen Sie mir von Heinrich, hat er sich inzwischen am Hof eingelebt?«

»Ich habe ihn seit meiner Rückkehr nach Paris leider nicht oft gesehen wegen der Verhandlungen mit Ihrem Bruder, aber ich glaube, das Hofleben gefällt ihm. Er besitzt ein leichtes, heiteres Gemüt, neigt zum Spott und liebt mutwillige Streiche, aber sie sind nicht bösartig. Er macht sich gern über Leute lustig und liebt es, sie an der Nase herumzuführen. Er ist ein liebenswürdiges und sehr aufgewecktes Kind, andererseits ist er sehr verschlossen. Sein Lieblingsspruch lautet: *aut vincere aut mori*. Ich habe ihn schon etliche Male gebeten, mir zu sagen, was er darunter versteht, aber er will es mir nicht erklären. – Manchmal frage ich mich, was in ihm vorgeht, er ist offen und gleichzeitig sehr schweigsam.« Sie überlegte, was sie noch erzählen könnte, aber ihr fielen nur belanglose Dinge ein, Äußerlichkeiten, die über das Wesen eines Menschen nicht allzu viel aussagten.

»Er versteht sich gut mit meinen Söhnen, vor allem mit Anjou, er hält sich jetzt Vögel und Windspiele, beklagt sich über die strenge Zucht im Collegium und darüber, dass er so viel lernen muss. Was seine Studien betrifft, wird er ständig kontrolliert und überwacht. Ich lege Wert darauf, dass er als Prinz von Geblüt eine umfassende Bildung erhält, er gehört ja zur königlichen Familie und soll meinem Haus keine Schande machen. Er begleitet meine Söhne zur Messe, bleibt aber vor der Kapelle stehen und wartet auf sie. Ich toleriere, dass er Hugenotte ist …« Sie schwieg und wartete gespannt, ob Anton sich zum Glauben eines Sohnes äußern würde, aber der Thronprätendent sah nur nachdenklich vor sich hin, und Katharina dachte im Stillen, dass sie Anton, seit sie ihn kannte, und das waren jetzt schon fünfzehn Jahre, noch nie so ernst und in sich

945

gekehrt erlebt hatte. Wahrscheinlich denkt er über seinen Sohn nach, überlegte sie, und plötzlich sah sie ihre eigenen Söhne vor sich und verglich sie mit dem Erben von Navarra.

Karl, der junge König, litt zunehmend an plötzlichen Schwächeanfällen und unberechenbaren Zornausbrüchen, die sich immer mehr auch gegen seinen Bruder Anjou richteten. Er fluchte manchmal, als ob er vom Teufel besessen wäre.

Anjou wurde von allen am Hof geliebt, aber er war so feingliedrig, wirkte irgendwie zerbrechlich.

Der kleine Herkules, der ja seit einiger Zeit Franz genannt wurde, war ein schwieriges, unberechenbares Kind, eifersüchtig auf die älteren Brüder, dabei ehrgeizig und ein Wortverdreher. Wenn er größer ist, wird er wahrscheinlich intrigieren, dachte Katharina, man musste ihn im Auge behalten und so bald wie möglich durch eine vorteilhafte Heirat vom Hof entfernen.

Der Erbe von Navarra hingegen war kräftig, gesund, unkompliziert und – verschlossen. Seine Liebenswürdigkeit war gleichzeitig eine Barriere, und sie ärgerte sich manchmal, dass es ihr trotz aller Zuwendung noch nicht gelungen war, diese Barriere zu überwinden.

Anton unterbrach ihre Gedanken. »Madame, ich werde Rouen verlassen und mich auf dem Wasserweg nach meinem Landgut Saint-Maur-des-Fosses begeben. Die gute Luft der Ile de France ist meiner Genesung bestimmt förderlich. – Ich bin müde, Madame, und würde jetzt gerne schlafen. Ich danke Ihnen für Ihren Besuch, Sie haben so wenig Zeit und so viele Probleme, und Sie haben mich trotzdem aufgesucht. Leben Sie wohl, Madame, Gott sei mit Ihnen.«

Katharina fühlte sich merkwürdig berührt bei Antons letzten Worten. Sie betrachtete ihn einen Augenblick lang, und dann stand sie auf. »Ich habe Sie gerne besucht. Ich hoffe, dass Sie bald völlig genesen sind und wir uns in einigen Wochen in Paris wiedersehen werden. Leben Sie wohl und beten Sie, dass wir bald Frieden haben.«

Auf dem Rückweg fragte sie sich, ob sie Anton zum letzten Mal gesehen hatte. Seine Stimme hatte so geklungen, als ob er sich für immer von ihr verabschiedete.

Am nächsten Tag verließen Katharina und der König die zerstörte Stadt und gingen nach Paris zurück.

Katharina erklärte dem jungen Heinrich von Bourbon so schonend wie möglich, dass der Vater verwundet war, aber bald wieder völlig gesund sein werde.

Das Kind verzog keine Miene, was Katharina merkwürdig berührte. Er hat zu seinem Vater keine innere Beziehung, überlegte sie; das war nicht weiter verwunderlich, weil der Junge ihn nur selten gesehen hatte.

Heinrich indes dachte in stillen Stunden darüber nach, was aus ihm werden würde, wenn der Vater starb. Der Vater hatte gewünscht, dass er am Hof blieb. Würde er nun nach Navarra zurückkehren müssen?

Manchmal sehnte er sich nach der Mutter, der kleinen Schwester und der Heimat, aber inzwischen hatte er sich an den luxuriösen Hof gewöhnt, und das freudlose, spartanische Leben in Pau reizte ihn nicht.

So verging ein Herbsttag nach dem anderen.

An einem Spätnachmittag in der dritten Novemberwoche hielt er sich in Katharinas Arbeitszimmer auf und spielte mit Anjou eine Partie Schach, während die Königinmutter einen längeren Brief an ihre Schwägerin Margarete schrieb.

Nachdem sie den Brief gesiegelt hatte, ging sie zu dem Schreibtisch, betrachtete den Stand des Spiels und stellte fest, dass ihr Sohn Heinrich die Partie wahrscheinlich gewinnen würde.

Gleichzeitig überlegte sie, wie lange ihr Sohn dem Vetter aus Navarra wohl noch überlegen war. Heinrich von Bourbon hatte erst im Winter begonnen, das Schachspiel zu erlernen, und seine Fortschritte waren erstaunlich.

Einige Minuten später hatte Anjou das Spiel gewonnen.

»Verflixt!«, rief Navarra. »Irgendwann habe ich einen Fehler gemacht.«

»Heinrich«, erwiderte Anjou, »du musst immer einige Züge vorausdenken.«

Da betrat ein Diener das Zimmer und meldete den Leibarzt des Königs von Navarra, Raphael de la Mézière.

Katharina erschrak, weil sie ahnte, dass der Arzt ein Trauerbotschaft überbrachte; in diesem Augenblick betrat de la Mézière das Zimmer und beugte das Knie.

»Madame, Hoheit, Anfang November entzündeten sich die Wunden des Königs von Navarra und am 17. November ist er in Andelys verstorben. Als er seinen Tod nahen fühlte, empfing er die Sakramente aus der Hand des Bischofs von Mans. Zu mir hat er gesagt, er sterbe im Glauben an die Augsburger Konfession.«

»Er war also zuletzt weder Katholik noch Calvinist, sondern Lutheraner«, sagte Katharina.

»Madame«, erwiderte der Arzt, »ich weiß nicht, woran der König von Navarra geglaubt hat, aber einige Minuten vor seinem Tod hat er sich noch einmal aufgerichtet und zu mir gesagt: *Du sollst treu meinem Sohne dienen, und mein Sohn treu dem König.*«

Katharina zuckte innerlich zusammen. ... mein Sohn treu dem König ..., dachte sie, das ist viel wichtiger als Antons religiöse Überzeugung.

Sie sah zu Heinrich von Bourbon, der leise vor sich hin weinte, ging zu ihm, nahm ihn in die Arme und flüsterte: »Mein armes Kind.«

Da sah Heinrich auf. »Madame, was wird jetzt aus mir? Muss ich nach Navarra zurückkehren?«

Katharina spürte, dass der Kleine lieber am Hof bleiben wollte. »Du musst nicht nach Navarra zurückkehren, wenn du nicht willst«, erwiderte sie, »du bleibst vorerst hier.« Sie wandte sich an ihren Sohn. »Heinrich, kümmere dich um deinen Vetter, tröste ihn.« Dann sagte sie zu dem Arzt: »Benachrichtigen Sie Seine Majestät vom Tod des Königs von Navarra.«

Als sie endlich allein war, setzte sie sich vor den Schachtisch, betrachtete die Figuren und dachte über Antons letzte Worte nach.

Der junge Heinrich soll treu dem König dienen. Er ist jetzt Erster Prinz von Geblüt, und wenn er volljährig ist, ist er auch das Familienoberhaupt der Bourbonen. Er ist noch in der Entwicklung begriffen und kann für die Valois nützlich oder gefährlich werden, das hängt von seiner künftigen Umgebung ab. Er muss am Hof bleiben, in der Umgebung des Königs, er muss die höfische Luft atmen, nur so wird er meinem Sohn treu dienen und nicht zu seinem Feind werden. Er muss Johannas hugenottischem Einfluss entzogen werden, sie würde ihn zu einem Feind der Valois erziehen; es genügt, dass sie, die Nichte Franz' I., sich durch ihren Glaubenswechsel von Frankreich losgesagt hat. Heinrich ist jetzt Thronprätendent, und als solcher muss er sich nach außen hin zum selben Glauben bekennen wie sein König. Johanna wird nicht einverstanden sein, dass ihr Sohn am Hof bleibt. – Nun, man kann sie unter Druck setzen, ihr drohen mit der Provinz Guyenne; Heinrich ist jetzt zwar Gouverneur von Guyenne, aber er muss natürlich von einem Statthalter vertreten werden. Wer wäre geeignet? – Der Marschall von Montluc, er ist ein Gegner der Hugenotten und wird hoffentlich dafür sorgen, dass es wenigstens in dieser Provinz nicht zu neuerlichen religiösen Unruhen kommt.

Dann schrieb sie einen liebenswürdigen Kondolenzbrief an Johanna, lobte Antons Tapferkeit bei der Belagerung von Rouen und erwähnte zuletzt, es sei ein Wunsch ihres Sohnes, des Königs, dass Heinrich vorerst am Hof bleiben und nicht nach Navarra zurückkehren solle.

Die religiöse Umerziehung des Kindes erwähnte sie nicht, das würde Johanna noch früh genug erfahren.

Nach der Abendtafel erschien Mingo bei Heinrich und forderte ihn auf, sie zur Königinmutter zu begleiten.

Heinrich mochte Mingo und vertraute ihr, aber als er an jenem Abend neben der alten Italienerin – sie war inzwischen über sechzig – durch die Säle und Galerien ging, fühlte er sich unbehaglich. Es gab bestimmt einen Grund, weswegen die Königinmutter ihn rief, und er spürte, dass es mit dem Tod seines Vaters zusammenhing.

Endlich waren sie in Katharinas Appartement und er hörte Mingo sagen:

»Madame, Seine Hoheit, der Prinz von Navarra.«

Der Prinz von Navarra, dachte er, das war jetzt also sein offizieller Titel, solange die Mutter noch regierte. Wie rasch Titel sich ändern können: vor wenigen Stunden war er noch der Graf von Viane gewesen.

Er blieb reglos an der Türschwelle stehen und sah unsicher zu Boden.

Dann hörte er die sanfte, einschmeichelnde Stimme der Königinmutter.

»Komm her, mein Kind, nimm Platz.«

Der liebevolle Tonfall zerstreute sein Unbehagen, und er ging langsam zu Katharina und setzte sich auf den niedrigen roten Samtschemel zu ihren Füßen. Dort saß er immer, wenn sie ihre Kinder um sich versammelte.

Katharina nahm eine Konfektschale, die immer in Reichweite stand, legte einige große Marzipanstücke auf einen Teller und reichte ihn Heinrich.

»Ich weiß, dass du gerne Marzipan isst.«

»Vielen Dank, Madame.«

Während er das erste Stück Konfekt verspeiste, überlegte er erneut, weshalb sie ihn hatte rufen lassen. Seit ihrer Rückkehr in den Louvre im Frühjahr war er mit ihr noch nie unter vier Augen gewesen. Sie wollte ihn bestimmt nicht nur mit Konfekt füttern.

Er sah sie forschend an und stellte überrascht fest, dass er nicht wusste, was sie dachte. Bei seiner Mutter spiegelten sich die Gedanken immer in ihrem Gesicht, bei dieser Frau hingegen – sie lächelte ihn an, und je länger er Marzipan aß, desto stärker verspürte er jenes Unbehagen, das ihn auf dem Weg zu ihrem Appartement überkommen hatte.

Katharina beobachtete ihn und überlegte, wie sie reagieren sollte, wenn er sich ihren Plänen widersetzte. Es war gut möglich, dass er die Sturheit der Mutter geerbt hatte – nun, sie würde ihn zu nichts zwingen, sondern langsam weich klopfen, notfalls immer wieder verhandeln.

Nachdem Heinrich das letzte Stück Marzipan verspeist hatte, verspürte er eine leichte Übelkeit. Waren es die Süßigkeiten oder seine Angst? Er hatte Angst, war aber fest entschlossen, sich nichts anmerken zu lassen.

»Nun, Heinrich, hast du dich inzwischen etwas gefasst? Ich kann verstehen, dass der plötzliche Tod deines Vaters ein Schock für dich war. Du bist drei Tage lang vom Unterricht beurlaubt, um diese Nachricht zu verarbeiten. – Du hast deinen Vater sicherlich sehr geliebt, nicht wahr?«

Heinrich sah Katharina erstaunt an. Wie kam sie denn auf diese Idee? Er hatte seinen Vater so selten gesehen, aber es gehörte sich, dass ein Sohn den Vater liebte, und so erwiderte er: »Ich habe ihn sehr gern gehabt, Madame, er war immer lustig und vergnügt, nicht so ernst wie meine Mutter, aber ich will offen sein, Madame: Ich habe meine Mutter immer mehr geliebt als meinen Vater, auch wenn sie strenger war.«

Das habe ich mir gedacht, überlegte Katharina. Ein Grund mehr, dass er am Hof bleibt. Sie streichelte Heinrichs Locken und erwiderte: »Ich kann verstehen, dass du deine Mutter mehr liebst, schließlich bist du bei ihr aufgewachsen und sie hat dich erzogen. Und jetzt, nach dem Tod deines Vaters hast du sogar zwei Mütter.«

Sie schwieg und beobachtete das erstaunte Gesicht des Kindes. Ab jetzt musste sie jedes Wort genau überlegen.

»Zwei Mütter, Madame? Das verstehe ich nicht.«

»Heinrich, mein liebes Kind, ich bin ab jetzt deine zweite Mutter und du bist mein fünfter Sohn. Du kennst den letzten Willen deines seligen Vaters, nämlich dass du treu dem König dienen sollst. Es ist unsere moralische Pflicht, den letzten Wunsch eines Verstorbenen zu respektieren. Du wirst also ab jetzt am Hof leben, denn das ist die einzige Möglichkeit, dem König zu dienen, und als Thronprätendent ist es überdies deine Pflicht, dem Monarchen zu dienen und so mit den Regierungsgeschäften vertraut zu werden. Es gibt viele Zufälle im Leben – auch ein Thronprätendent kann König werden.« Sie schwieg und wartete gespannt auf die Reaktion des Kindes.

Er sah nachdenklich zu Boden. Die Aussicht, noch lange an diesem luxuriösen Hof zu leben, war verlockend, aber was wurde aus Navarra? – König von Frankreich? Das war doch absurd, zwischen ihm und dem Thron standen der König, Anjou und Alençon, und ganz leise keimte in ihm der Verdacht, dass sie ihn aus irgendeinem Grund ködern wollte, deshalb stellte sie ihm Krone Frankreichs in Aussicht. Eine innere Stimme riet ihm zur Vorsicht. Er sah sie an und erwiderte mit fester Stimme: »Madame, es ist unwahrscheinlich, dass ich jemals König von Frankreich werde, aber irgendwann werde ich König von Navarra sein, und dann werde ich nach Pau zurückkehren, um dort zu regieren.«

Katharina überlegte, dass es am besten war, in diesem Punkt nachzugeben, weil sie die Glaubensfrage noch mit ihm besprechen musste.

»Du wirst natürlich irgendwann nach Navarra zurückkehren, aber vergiss nicht: Dein Dienst als Thronprätendent ist wichtiger als Navarra.«

Es entstand eine Pause und Heinrich beschloss, sich zunächst zu fügen, weil er keine Wahl hatte. Aber irgendwann würde er nach Navarra zurückkehren und dort so regieren, wie er es für richtig hielt.

»Eines noch, mein Kind. Der König hat bisher deinen calvinistischen Glauben toleriert. Du weißt, dass dein Vater bis zu seinem Tod der römischen Kirche angehörte. Als Thronprätendent bist du verpflichtet, dich zum gleichen Glauben zu bekennen wie der König. Deine hugenottischen Lehrer haben den Hof vorhin verlassen, du wirst ab morgen keine Predigt mehr hören, sondern die Messe besuchen, und ein Priester wird dich im katholischen Glauben unterweisen.«

Heinrich starrte Katharina entgeistert an, er sollte seiner Religion untreu werden, das also war das Ziel dieser Unterredung.

»Madame«, stammelte er, »das …, das ist unmöglich, ich werde nie meinen Glauben verleugnen, das wird auch meine Mutter nicht zulassen.«

»Beruhige dich, mit deiner Mutter wird der König sich arrangieren. Du kannst privat glauben, was du willst, aber nach außen hin musst du dich zur katholischen Religion bekennen.«

»Das ist Heuchelei, Madame.«

»Heinrich, Kind, wenn du dein Leben in der heutigen Zeit meistern willst, musst du heucheln und dich verstellen, auch was den Glauben betrifft. Was meinst du, wie genau die Familie von Guise dich beobachtet? Sie neiden dir deinen Rang. Wenn du als Thronprätendent weiterhin

Hugenotte bleibst, werden sie dies eines Tages gegen dich wenden. Es ist in deinem eigenen Interesse, wenn du die Messe besuchst.«

Heinrich überlegte: Verstellung und Heuchelei fand er widerwärtig, aber er spürte, dass ihm in seiner gegenwärtigen Situation nichts anderes übrig blieb. Sein Vater war tot, die Mutter weit weg, er durfte sich das Wohlwollen des Königs und der Königinmutter nicht verscherzen.

»Nun, Heinrich, wirst du mich morgen zur Messe begleiten?«

»Ja, Madame«, antwortete er leise und vermied es, sie dabei anzusehen, weil er fest entschlossen war, seinem protestantischen Glauben innerlich treu zu bleiben.

»Madame, darf ich meiner Mutter schreiben, dass ich zur Messe gehe? Ich möchte, dass sie es nicht nur vom König, sondern auch von mir erfährt.«

»Du darfst es ihr selbstverständlich mitteilen, am besten noch heute Abend, dann kann der Kurier deinen Brief zusammen mit dem meinigen nach Navarra bringen.«

Allein geblieben, dachte sie über seine Reaktion nach. Anscheinend hatte er nichts von der Sturheit seiner Mutter geerbt, vielleicht war er so beeinflussbar wie Anton; andererseits wusste er im Gegensatz zu seinem Vater genau, was er wollte. Man musste seine weitere Entwicklung in Ruhe abwarten, es war irgendwie schwierig, dieses Kind einzuschätzen.

Unterdessen saß Heinrich in seinem Studierzimmer und dachte über den Brief an seine Mutter nach. Er hatte es sich angewöhnt, vorsichtig und nichts sagend zu formulieren, weil seine hugenottischen Lehrer erfahren hatten, dass die Briefe nach Navarra hin und wieder geöffnet wurden.

Er durfte nicht schreiben, dass man ihn genau genommen zwang, die Messe zu besuchen. – An dieser Tatsache änderten auch die Überredungskünste der Königinmutter nichts. – Schließlich schilderte er ausführlich, was er vom Tod des Vaters wusste, und teilte zuletzt in wenigen neutralen Worten mit, dass er ab jetzt die Messe besuchte und in der katholischen Lehre unterrichtet wurde.

Während er beobachtete, wie der Streusand auf der Tinte trocknete, hoffte er, dass seine Mutter zwischen den Zeilen lesen würde.

Dann ging er zum Fenster, sah hinunter in den dunklen Innenhof und dachte noch einmal über sein Gespräch mit Katharina nach. Er hatte längst gemerkt, dass sie regierte und der König ihr widerspruchslos gehorchte.

Sie hatte ihm Heuchelei und Verstellung empfohlen, wenn er sich behaupten wollte. Vielleicht hatte sie Recht, aber aus dieser Empfehlung musste er schlussfolgern, dass sie ebenfalls heuchelte. Er erinnerte sich an die Warnung der Mutter beim Abschied im Januar: Sie hatte die Königinmutter eine falsche Schlange genannt.

War ihre Freundlichkeit ihm gegenüber falsch? Nein, dachte er, sie mag mich, aber er musste trotzdem ab jetzt aufpassen. Hätte sie ihn zu sich befohlen und angeordnet, dass er ab jetzt die Messe besuchen müsse, so hätte er sich widersetzt, aber bei diesem Gespräch mit ihr war es unmöglich gewesen, sich strikt zu widersetzen. Die Atmosphäre war familiär gewesen: etwas Konfekt, etwas tröstlicher Zuspruch, und ganz allmählich, fast unbemerkt, war sie zum entscheidenden Thema gekommen, nämlich seiner Religion.

An jenem Herbstabend wusste er, dass er ihr nicht mehr vertrauen durfte, weil sie wahrscheinlich die Kunst der Verstellung perfekt beherrschte. Er empfand keinen Groll ihr gegenüber, aber er bekam auf einmal eine ihm selbst unerklärliche Angst, Angst vor Intrigen, die überall lauerten. Er fühlte sich plötzlich eingesperrt in diesem riesigen Palast mit den vielen Gängen, Treppen, Galerien, Sälen, es gab unzählige versteckte Kammern, verborgene Winkel, und plötzlich überkam ihn ein Heimweh nach Navarra wie noch nie zuvor, seit er am Hof lebte. Er sehnte sich nach dem überschaubaren Schloss in Pau, nach der reinen, klaren Luft, den Landsleuten, die offen und ehrlich waren, er sehnte sich nach seiner Mutter und der kleinen Schwester. In Pau musste er sich nicht verstellen, dort war er vor Intrigen sicher. Jenes Heimweh wurde so übermächtig, dass er, ohne weiter nachzudenken, aus dem Zimmer eilte, Treppen hinauf- und hinunterlief und nur einen Gedanken hatte: fort, fort aus dem Louvre, fort von diesem Hof.

Irgendwann öffnete sich am Ende eines Ganges eine Tür, die Königinmutter trat heraus und er blieb erschrocken stehen. Sein Fluchtversuch war missglückt. Katharina winkte ihn heran, und als er vor ihr stand, hob sie sein Kinn etwas in die Höhe und betrachtete ihn prüfend.

»Es ist schon spät, Heinrich. Wo wolltest du hin?«

»Ich …, ich weiß es nicht, Madame.«

»Der Tod deines Vaters hat dich wohl etwas durcheinander gebracht. Eines solltest du dir merken: Am Hof gibt es tausend Augen und Ohren. – Komm, ich bringe dich zurück, allein findest du den Weg nicht.«

Als sie sein Schlafzimmer betraten, waren die Fenster weit geöffnet, um frische Luft hereinzulassen, und er hörte erstaunt das Läuten von Kirchenglocken in unmittelbarer Nähe.

»Madame, das sind die Glocken der Kirche Saint-Germain-l'Auxerrois, warum läuten sie jetzt? Es dauert noch einige Stunden bis zur Frühmesse.«

Katharina trat zum Fenster, sah prüfend hinaus, winkte Heinrich herbei und sagte: »Die Glocken läuten, weil in der Nähe ein Feuer ausgebrochen ist. Siehst du den roten Schein am Himmel?«

»Ja, Madame.« Er horchte auf den schweren, getragenen Glockenklang und spürte eine Furcht, die er sich nicht erklären konnte.

»Ich habe Angst, Madame.« – »Wovor, mein Kind?« – »Ich weiß es nicht, Madame.«

»Du bist übermüdet und musst jetzt schlafen.«

Als sie gegangen war, trat er noch einmal zum Fenster, betrachtete den roten Feuerschein am Himmel, und auf einmal wusste er, was ihn ängstigte: das dumpfe Geläut der Kirche Saint-Germain-l'Auxerrois.

Am andern Morgen hatte er seine Ängste vergessen und begleitete die königliche Familie herzklopfend zur Messe.

Als er in der Kapelle neben Katharina Platz nahm, spürte er förmlich die erstaunten Augen der Hofleute und hörte das Getuschel im Hintergrund.

»Ist der junge Hugenottenprinz Katholik geworden?«

»Man hat ihn wahrscheinlich überredet zu konvertieren.«

»Das Kind kann einem Leid tun, er begreift doch noch gar nicht, worum es geht.«

Ihr irrt euch, dachte Heinrich, ich weiß sehr wohl, worum es geht. Er erinnerte sich an die Tischgespräche in Pau, die katholische Lehre über die Transsubstantiation war ein wichtiges Thema gewesen, und Beza hatte ihm dieses Dogma und die davon abweichende Lehre der Protestanten genau erklärt.

Dann begann die Messe, und während Katharina ihm zuflüsterte, wann er niederknien und sich bekreuzigen sollte, ließ er die Kerzen, den Gesang des Priesters, den Duft des Weihrauches auf sich wirken und fand, dass die Messe feierlicher war als der hugenottische Gottesdienst. Hier wurde wenigstens den Augen und den Sinnen etwas geboten; die Predigt war Gott sei Dank kurz, und dann allmählich kam der Höhepunkt, die

Wandlung. Ein leises Klingeln ertönte, er kniete gehorsam nieder, senkte die Augen und beobachtete dann verstohlen, wie der Priester zuerst die Hostie emporhob und dann den Kelch mit Wein.

Angeblich verwandelten sich in diesem Augenblick Hostie und Wein in Christi Leib und Blut. Das ist doch absurd, dachte er, wie sollen sie sich in Leib und Blut verwandeln? Nein, die Hostie und der Wein symbolisieren Leib und Blut von Christus, das ist wenigstens logisch. In diesem Augenblick wusste er, dass er innerlich nie seinem Glauben untreu werden würde.

Irgendwann klingelte es erneut, die Wandlung war vorüber, die Messe nahm ihren Fortgang, er bekreuzigte sich noch etliche Male und kam sich etwas lächerlich dabei vor, aber er wusste, dass er im Augenblick keine andere Wahl hatte.

Der Krieg ging weiter. Das hugenottische Heer war inzwischen durch deutsche Landsknechte verstärkt worden und bewegte sich durch die Normandie, um sich mit dem englischen Expeditionskorps zu vereinigen.

Die königlichen Truppen versuchten, dies zu verhindern, und schnitten dem Feind im Dezember nordwestlich von Paris bei der Stadt Dreux den Weg ab.

Die Hugenotten wurden von Coligny und Condé geführt, die königlichen Truppen unterstanden Montmorency, aber der Herzog von Guise hatte sich den Oberbefehl über die Reiterei vorbehalten.

Katharina befolgte den Rat des Herzogs und begab sich mit dem Hof nach Schloss Rambouillet, das ungefähr fünfundzwanzig Meilen von Dreux entfernt war.

Am 19. Dezember 1562 kam es zur ersten Schlacht in diesem Krieg. Katharina versammelte am Vormittag ihre Damen um sich und versuchte, in deren Gegenwart nicht an die Kämpfe zu denken, aber ihre Gedanken wanderten immer wieder nach Dreux und sie überlegte, welches Schicksal sie im Falle eines hugenottischen Sieges erwartete.

Am Nachmittag trafen erste Nachrichten ein: die königlichen Truppen waren vor dem Angriff der hugenottischen Reiterei unter Colignys Oberbefehl zurückgewichen, und man musste befürchten, dass sie beim nächsten oder übernächsten Angriff vernichtet wurden. Bei dieser Nachricht fielen einige Damen in Ohnmacht, andere fingen an zu weinen, Katharina selbst war zu Tode erschrocken, aber sie beherrschte sich und sagte: »Warum regen Sie sich auf, meine Damen? Dann gehen wir in Zukunft zur Predigt statt zur Messe.«

Wenn die Hugenotten siegen, werden sie die Macht für sich beanspruchen, überlegte sie. Karl muss den neuen Glauben annehmen und Condé wird die Regentschaft beanspruchen. – Nun, noch ist nichts entschieden. Eine Stunde nach der anderen verging, es wurde dämmerig und die Diener zündeten die Kerzen an.

Katharina versuchte, sich auf ihren Stickrahmen zu konzentrieren und sich ihre Nervosität nicht anmerken zu lassen.

Plötzlich wurde ein Kurier des Herzogs von Guise gemeldet. Er stürzte in das Zimmer, und noch während er vor Katharina das Knie beugte, rief er triumphierend: »Madame, die königlichen Truppen haben gesiegt, und diesen Sieg verdanken wir nur dem Herzog von Guise! Er hatte sich mit seiner Reiterei in einem Wald versteckt und die Hugenotten in der Flanke angegriffen. Der Prinz von Condé ist unser Gefangener, allerdings ist der Konnetabel der Gefangene der Hugenotten, der Marschall von Saint-André ist gefallen. Admiral Coligny ist mit den Resten seines Heeres auf dem Weg nach Orléans, und der Herzog von Guise ebenfalls; er will vor den Rebellen Orléans erreichen, die Stadt erobern und dann Coligny zur Entscheidungsschlacht zwingen. – Der Herzog empfiehlt Ihnen, Madame, sich mit dem Hof nach Blois zu begeben.«

Nachdem Katharina sich von der ersten freudigen Überraschung erholt hatte, überdachte sie die neue politische Konstellation: Von dem Triumvirat war im Augenblick nur Guise übrig, das bedeutete einen Machtzuwachs dieser Familie. Diese neuerliche Macht konnte nur durch einen baldigen Frieden zurückgedrängt werden.

Sie versuchte, ein Gespräch zwischen Condé und Guise zu arrangieren mit dem Ziel, dass Frieden geschlossen wurde, aber jene Unterhaltung artete in Zank aus, weil beide nicht den Frieden, sondern eine Fortführung des Krieges wünschten.

Das Ergebnis war, dass Condé in Gefangenschaft blieb, während Guise weiter nach Orléans marschierte.

Die Königin von Navarra war empört, als sie Katharinas Kondolenzbrief erhielt und las, dass ihr Sohn am französischen Hof bleiben sollte. Als sie von Heinrich erfuhr, dass er die Messe besuchte, geriet sie in Panik und beschloss, incognito an den Hof zu reisen und den Sohn nach Navarra zu holen.

Ende Januar 1563 traf sie mit einigen Dienern und Bewaffneten in Blois ein, bezog Quartier im besten Gasthof der Stadt und begab sich sofort zum Schloss.

Katharina sah überrascht auf, als die Königin von Navarra gemeldet wurde. Zwar empfand sie den unangemeldeten Besuch als unhöflich. Sie empfing Johanna jedoch so herzlich wie möglich.

Seit Johanna den Raum betreten hatte, wusste Katharina, dass sie gekommen war, um Heinrich zu holen, und während die Cousine ihr Ansinnen vortrug, formulierte Katharina im Stillen eine Antwort, die der Hugenottin den Wind aus den Segeln nehmen sollte.

Sie zwang sich zu einem Lächeln und sagte sanft: »Madame, als Mutter von mehreren Kindern verstehe ich Sie, und als Mutter würde ich gerne Ihren Wunsch erfüllen; aber ich bin auch Regentin und muss an das Wohl Frankreichs denken. Ihr Sohn ist nicht nur der Prinz von Navarra, sondern vor allem der französische Thronprätendent, der dem König von Frankreich dient, und dies bedeutet, dass er am Hof, in der Nähe des Königs leben muss. Die Knoblauchzehe und der Wein von Jurançon haben Ihren Sohn zum Navarresen gemacht, Sie, Madame, haben entschieden, dass er Hugenotte wird, aber nach dem Tod seines Vaters ist ein winziger Tropfen des Öls, das seinen Ahnherrn Ludwig den Heiligen einst weihte, auch auf seine Stirn gefallen, und dieser kleine Tropfen Öl ist wichtiger als Navarra. Sein Vater hat dies auf dem Sterbebett erkannt, als er sagte, dass sein Sohn treu dem König dienen solle.«

»Madame, in Navarra wird man ihn lehren, wie man Gott richtig dient, und wer Gott richtig dient, dient damit auch dem König …« Ihre Stimme brach und sie fing an zu weinen. »Madame, wollen Sie eine verwitwete Mutter wirklich des einzigen Sohnes berauben? Heinrich ist meine einzige Hoffnung, mein einziger Trost.«

In diesem Augenblick empfand Katharina etwas Mitleid mit Johanna, aber sie durfte und wollte sich durch Tränen nicht erweichen lassen.

»Ich verstehe Sie sehr gut, Madame, als Mutter leide ich mit Ihnen, aber wir sind beide nicht nur Mütter, sondern Königinnen und müssen unsere Gefühle der Staatsraison unterordnen. Der König wünscht, dass sein Vetter am Hof bleibt.«

Johanna spürte, dass sie im Augenblick nichts erreichen konnte. Nun, sie würde nicht locker lassen. Dann kam sie auf Montluc zu sprechen.

»Madame, mein Sohn war nicht der einzige Grund für meine Reise. Ich möchte offiziell eine Beschwerde über den Marschall von Montluc vortragen. Er ist ein Mörder und Henker, beim geringsten Zwischenfall greift er ein, nimmt gegen die Hugenotten Partei und lässt sie wie Vogelscheuchen an den Bäumen aufhängen. Er schürt den Feuerofen des Zornes; für ein Nichts, eine entwendete Heiligenfigur, ein umgestürztes Kreuz lässt er die Hugenotten aufhängen oder steckt ein Dorf in Brand. Ich habe mich etliche Male bei Ihrem Gesandten beschwert, Madame, aber der König von Frankreich hat bis jetzt geschwiegen.«

Es entstand eine Pause und Katharina überlegte, was sie erwidern konnte. Am Hof waren die Zustände in der Provinz Guyenne natürlich bekannt, aber sie hatte beim König und im Kronrat durchgesetzt, Montluc gewähren zu lassen, weil Johanna ihrerseits in Navarra die Katholiken unbarmherzig verfolgte.

»Madame, der Marschall ist Statthalter während der Minderjährigkeit Ihres Sohnes, als Statthalter kann er tun und lassen, was er für richtig hält. Überdies sind Sie nicht ganz unschuldig an den Zuständen in Guyenne – üben Sie etwa Toleranz gegenüber den Katholiken? Etwas mehr Nachsicht von Ihrer Seite würde den Marschall wahrscheinlich besänftigen.«

»Wozu Toleranz? Der calvinistische Glaube ist der einzig wahre Glaube.«

Dieses fanatische Weib mit der Bibel in der Hand ist einfach widerlich, dachte Katharina und erwiderte lächelnd: »Wie Sie meinen, Madame, der König von Frankreich denkt großzügig, und als Zeichen seines guten Willens wird er dem Marschall empfehlen, die Hugenotten milde zu behandeln.«

»Danke, Madame. – Kann ich jetzt meinen Sohn sehen?«

»Selbstverständlich.« Sie befahl einem der Diener, den Prinzen von Navarra zu holen.

Wenig später erschien Heinrich, blieb einen Augenblick überrascht stehen, als er seine Mutter sah, dann stürzte er auf sie zu und barg den Kopf in ihrem Kleid. »Mutter …«

»Mein Kind«, sagte Johanna leise und streichelte die dunklen Locken.

Katharina zog sich diskret in einen Nebenraum zurück, ließ aber vorsorglich die Wachen am Ausgang verstärken und ordnete an, dass die Königin von Navarra nur allein das Schloss verlassen dürfe.

»Ich freue mich so, dass Sie gekommen sind, Mutter. Ich hatte während der letzten Wochen oft Sehnsucht nach Ihnen und meiner Schwester.«

Johanna atmete auf. Ihr Kind wollte also nicht an diesem verderbten Hof bleiben, sondern in die Heimat zurückkehren. »Du fehlst uns sehr, Heinrich. Katharina und Corisande lassen dich grüßen, sie hoffen, dass du bald nach Pau zurückkehrst.«

Er erschrak, als er den Namen Corisande hörte. Er hatte ihr schreiben wollen, es aber über den vielen neuen Eindrücken vergessen.

»Das Hofleben hier gefällt dir also nicht besonders?«

Heinrich sah seine Mutter erstaunt an, wie kam sie auf diese Idee? Das Leben hier war viel kurzweiliger, interessanter und luxuriöser als in Navarra.

»Ich bin gekommen, um dich nach Navarra zu bringen.«

Er sah sie überrascht an und wusste einen Moment lang nicht, wie er reagieren sollte: Einerseits verspürte er Sehnsucht nach der Heimat, nach Mutter und Schwester, andererseits wäre er lieber an dem unterhaltsamen französischen Hof geblieben, und so erwiderte er vorsichtig: »Ich weiß nicht, ob es dem König recht ist, wenn ich ihn verlasse.«

»Das werden wir sehen. – Nun zeige mir dein Appartement.«

Heinrich führte sie in den geräumigen Wohn- und Schlafraum, in das Studierzimmer und den anschließenden Andachtsraum, und als Johanna durch die Zimmer ging, überlegte sie, dass ihr Sohn an diesem Hof verweichlicht wurde: Sie sah ein Himmelbett, das mit kunstvollen Schnitzereien verziert war, überall lagen Samtkissen, auf dem Tisch stand eine Schale mit Gebäck, im Kamin prasselte ein Feuer, der Steinfußboden war mit dicken Teppichen bedeckt. Ihr Entschluss, den Sohn aus dieser luxuriösen Umgebung zu entfernen, verstärkte sich.

Während sie Heinrich von der Entwicklung der kleinen Schwester erzählte, wurde eine Einladung zur königlichen Abendtafel überbracht, die sie unter dem Vorwand ablehnte, dass sie von der Reise zu ermüdet sei. Sie wusste, dass sie den König mit dieser Ablehnung brüskierte, aber sie war nicht bereit, an dieser papistischen Tafel auch nur einen einzigen Bissen zu essen.

Am anderen Tag versuchte sie erneut, die Königinmutter davon zu überzeugen, dass Heinrich in seiner Heimat leben müsse, aber Katharina blieb unnachgiebig.

Als die Königin von Navarra am darauf folgenden Tag erneut gemeldet wurde, sah Katharina gereizt von ihren Akten auf. Diese bigotte Hugenottin ist lästig wie eine Wespe, dachte sie und beschloss, nun die zwei Trümpfe auszuspielen, die sie noch hatte.

Nachdem Johanna erneut erklärt hatte, ihr Sohn müsse in Navarra leben, lächelte Katharina liebenswürdig.

»Ich habe über die Angelegenheit noch einmal mit dem König gesprochen«, antwortete sie; dies war eine Lüge, Karl wusste nichts von den Streitereien der beiden Mütter über den jungen Heinrich von Bourbon. »Er ist einverstanden, dass sein Vetter nach Navarra abreist, allerdings behält er sich in diesem Fall vor, die Ämter, Herzogtümer und Einkünfte seines Vaters zu widerrufen. Bleibt er indes im Dienst des Königs am Hof, so verbleiben ihm alle Einkünfte des Thronprätendenten.«

Johanna starrte Katharina einen Augenblick fassungslos an. Diese nutzte die Überraschung der Cousine und spielte den zweiten Trumpf aus.

»Sie wissen wahrscheinlich, dass der König von Spanien in diesem Krieg der Verbündete meines Sohnes ist. Mein Schwiegersohn erwartet natürlich eine angemessene Entschädigung für seine Unterstützung – man kann ihn mit Gold bezahlen oder mit Territorien. Er möchte schon seit langem Navarra seinem Reich einverleiben.«

Johanna erschrak: Wenn Frankreich nicht mehr hinter ihr stand, würde ihr kleines Königreich sofort von den Spaniern erobert werden.

Katharina beobachtete zufrieden die Miene der Cousine. Sie war zwar fest entschlossen, Navarra weiterhin gegen Spanien zu verteidigen, aber das musste Johanna nicht wissen.

»Sie drohen mir, Madame«, sagte Johanna.

»Sie irren sich«, erwiderte Katharina lächelnd, »ich drohe Ihnen nicht, ich mache Sie nur auf gewisse Kleinigkeiten aufmerksam, die in Ihrem Interesse sein dürften.«

Es entstand eine Pause und Katharina beobachtete, dass Johanna innerlich mit sich kämpfte, und sie überlegte, mit welchen Argumenten sie die Cousine zum Nachgeben zwingen konnte, falls die Drohungen ihre Wirkung verfehlten.

»Sie haben gewonnen, Madame«, sagte die Königin von Navarra, »ich bin damit einverstanden, dass mein Sohn an Ihrem Hof bleibt, aber was ist mit seiner religiösen Erziehung? Ich weiß, dass er die Messe besucht, und ich wünsche, dass er wieder von Hugenotten in der Religion unterwiesen wird.«

Katharina atmete auf: Johanna hatte nachgegeben, das Kind würde am Hof unter ihrer Aufsicht heranwachsen und erzogen werden, was die Religion betraf, musste sie einen Kompromiss aushandeln.

»Madame, Ihr Sohn muss als Thronprätendent nach außen hin den gleichen Glauben haben wie der König. Es ist unmöglich, dass er wieder von Hugenotten unterrichtet wird, und er muss auch weiterhin die Messe besuchen. Ich bin bereit, seinen Unterricht im katholischen Glauben zu unterbrechen, bis er volljährig ist, dann sehen wir weiter.«

Johanna war einverstanden, weil sie spürte, dass Katharina im Augenblick keine weiteren Zugeständnisse machen würde, und bat darum, sich von ihrem Sohn verabschieden zu dürfen, weil sie noch am gleichen Tag abreisen wollte.

Als Heinrich das Zimmer betrat, umarmte Johanna den Sohn und begann zu weinen.

»Mein geliebtes Kind, die Königinmutter und ich haben beschlossen, dass du noch am Hof bleibst. Du wirst nicht mehr in der papistischen Lehre unterwiesen, aber du musst nach wie vor zur Messe gehen. Irgendwann wirst du nach Pau zurückkehren, nicht wahr? Du musst mich bei den Regierungsgeschäften unterstützen.«

In diesem Augenblick wurde Heinrich bewusst, dass er einmal König von Navarra sein würde, ein König wie Karl IX., ein Monarch, der so regieren konnte, wie er es für richtig hielt. Am französischen Hof war er das fünfte Rad am Wagen, in Navarra hingegen der König.

»Ich werde zurückkehren Mutter, das verspreche ich Ihnen, ich muss nur den richtigen Zeitpunkt abwarten.« Er sah sich um, ob kein Diener in der Nähe war, und flüsterte: »Irgendwann werde ich fliehen.« – »Sei vorsichtig, du wirst hier wahrscheinlich Tag und Nacht beobachtet.« – »Ich weiß, man muss der Königinmutter eine Komödie vorspielen.« – »Unterschätze sie nicht, mein Kind …«

»Seien Sie unbesorgt, Mutter, ich fürchte mich nicht vor der Italienerin. Grüßen Sie meine Schwester und Corisande.«

Als die Tür sich hinter Johanna schloss, sah er der Mutter noch lange nach und dachte, dass er das Leben eines Königs führen wollte und nicht das Leben eines Thronprätendenten.

Unterdessen marschierten die feindlichen Armeen nach Orléans, und es gelang Coligny nicht, mit dem Rest seines Heeres die Stadt vor dem Herzog von Guise zu erreichen. Er wusste, dass dieser versuchen würde, die Stadt zu erobern, um zu verhindern, dass die Hugenotten sich in ihre Hauptstadt zurückziehen konnten. Erbittert dachte er daran, dass wieder einmal Guise der Sieger war und Coligny der Besiegte.

Mitte Februar traf am Hof die Nachricht ein, dass die königlichen

Truppen Orléans belagerten und die Stadt am 18. Februar angegriffen werden sollte. Katharina ordnete einen Bittgottesdienst an und verbrachte die beiden folgenden Tage nervös und unruhig. Sie war davon überzeugt, dass Franz von Guise die Stadt Orléans erobern würde, aber immer wieder wurde ihre Zuversicht von einem unguten Gefühl untergraben.

Der 18. Februar 1563 war ungewöhnlich mild und warm. Am späten Vormittag nach der Messe spielte der König mit Heinrich von Bourbon Federball.

Katharina und Anjou beobachteten das Spiel, während einige Damen und Herren unweit des Platzes spazierten und den Vorfrühling genossen.

Inzwischen waren der König und Navarra zu ihnen getreten und Katharina wollte Letzteren zu seinem Sieg beglückwünschen, als ein Diener herbeieilte.

»Sire, Madame, ich bringe Ihnen einen Kurier des Herzogs von Guise, der Mann hat eine wichtige Nachricht.«

Die Hofleute verstummten, und Katharina verspürte eine Angst wie noch nie zuvor. Heute wollte Guise die Stadt angreifen, dachte sie.

In diesem Augenblick beugte der Kurier das Knie vor ihr und dem König.

»Sire, Madame!« rief er, »am gestrigen Abend wurde auf den Herzog von Guise ein Attentat verübt, er wurde plötzlich in den Rücken geschossen und stürzte aus dem Sattel.«

Die Hofleute sahen einander erschrocken an, Katharina versuchte sich zu fassen. »Ist der Herzog tot?« – »Ich weiß es nicht, Madame, als ich aufbrach, lebte er noch. – Der Attentäter ist entkommen.«

Sie überlegte einen Augenblick, befahl dem Diener, alles für ihre und des Königs sofortige Abreise zu rüsten, und ging mit Anjou langsam zum Schloss zurück.

»Die Angelegenheit ist mysteriös, Heinrich«, sagte sie nach einer Weile, »der Attentäter ist entkommen; er hat wahrscheinlich nur einen Auftrag ausgeführt. Wir müssen herausfinden, wer der Mann im Hintergrund ist. Der Gegner des Herzogs von Guise hat hoch gezielt, und wir müssen damit rechnen, dass er irgendwann noch höher zielt – und über den Guisen gibt es nur noch die Valois. Ich werde die exemplarische Bestrafung des Täters fordern und zweitausend Taler zahlen für Hinweise auf seinen Verbleib und die doppelte Summe für seine Verhaftung.«

Heinrich überlegte und sagte nach einer Weile: »Mama, ich weiß, wer der Mann im Hintergrund ist. Ich verfolge schon lange die Unterhaltungen an unserer Tafel; der Herzog von Guise hat nur einen Feind, es ist …«
»Heinrich, bitte schweige jetzt, in Orléans wird sich hoffentlich alles klären.« Sie wusste, wen ihr Sohn verdächtigte, und verdrängte den Gedanken.

Am späten Abend traf sie mit dem König im Lager des Herzogs vor Orléans ein. Franz von Guise lebte noch und die Ärzte waren der Meinung, dass er die Verwundung überleben würde.
Dann stand sie vor seinem Lager und dachte daran, dass er noch wenige Tage zuvor in gewisser Weise der mächtigste Mann in Frankreich gewesen war, mächtiger sogar als der König, und nun lag er verwundet vor ihr und kämpfte um sein Leben.
Sie setzte sich neben das Bett. »Haben Sie starke Schmerzen?«, fragte sie.
»Ich kann sie ertragen, Madame. Man hat übrigens heute Morgen den Attentäter gefasst, er hat sich auf der Flucht verirrt und wurde von meinen Leuten eingeholt. Er ist knapp zwanzig Jahre alt und angeblich kleinwüchsig. Sein Name ist Poltrot de Méré; er soll ein Vetter von dem Verschwörer La Renaudie sein und stand früher in den Diensten des Admirals von Coligny. Man hat ihn bereits verhört und er sagte, dass er mich umbringen wollte, weil er mich hasst.«
Katharina überlegte. »Glauben Sie«, fragte sie vorsichtig, »dass er aus eigenem Antrieb gehandelt hat? Vielleicht wurde er beauftragt, Sie zu töten.« »Wie will man ihm das beweisen? Und ein Geständnis, das unter der Folter erpresst wird, ist so gut wie wertlos.«
»Ich werde diesen Poltrot de Méré morgen persönlich verhören, in Gegenwart des Königs und Ihres Bruders, des Herzogs von Aumale. Fühlen Sie sich kräftig genug, um mir zu erzählen, was gestern Abend passiert ist?«
Der Herzog überlegte und begann zu berichten.
»In Kriegszeiten, Madame, trage ich jeden Tag ein Kettenhemd. Gestern verzichtete ich darauf, weil ich fast den ganzen Tag in meinem Zelt verbrachte und mit den Offizieren die Einzelheiten des Angriffs besprach. Am Spätnachmittag ritt ich aus, um die Befestigungen und die Stellung unserer Truppen zu inspizieren. Ein Page und Poltrot de Méré ritten in einiger Entfernung vor mir. Ich vermute, dass Méré bemerkt hat, dass

ich das Kettenhemd nicht anlegte. Ich war vollauf mit der Inspektion beschäftigt und merkte nicht, dass Méré sich in der Abenddämmerung entfernte. Auf dem Rückweg kam ich an einem Gebüsch vorbei, und wenig später hörte ich einen Schuss und spürte, wie eine Kugel in meinen Rücken eindrang; ich glitt aus dem Sattel und verlor das Bewusstsein. Als ich wieder zu mir kam, lag ich auf meinem Bett, umgeben von Ärzten, und man erzählte mir, was vorgefallen war. Die Kugel war während meiner Bewusstlosigkeit herausoperiert worden.«

»Ich bin entsetzt und verstört«, sagte Katharina, »aber ich verspreche Ihnen und Ihrer Familie, dass ich all meine Macht darauf verwenden werde, dass diese Bluttat gesühnt wird. Ich bin sicher, dass Gott mir alles, was ich dazu tun werde, vergeben wird.«

»Ich danke Ihnen, Madame, dass Sie und Seine Majestät so rasch gekommen sind. Ich habe einen Kurier nach Joinville geschickt und hoffe, dass meine Mutter, meine Gattin und mein Sohn Heinrich so rechtzeitig eintreffen, dass ich Heinrich noch segnen kann, bevor ich sterbe.«

Katharina erschrak. Wenn er stirbt, verliert die königliche Armee ihren besten Feldherren und der Konnetabel ist noch in Gefangenschaft, ging es ihr durch den Kopf. »Sie dürfen nicht an den Tod denken. Die Ärzte sind davon überzeugt, dass Sie bald genesen werden.«

»Die Ärzte, Madame, die Ärzte wissen nicht, wie es um mich steht. Ich spüre, dass ich sterben werde.«

In dieser Nacht konnte Katharina lange nicht einschlafen, schließlich stand sie auf, ging im Schein der Nachtlampe im Schlafraum ihres Zeltes auf und ab und versuchte, ihre wirren Gedanken zu ordnen.

Falls Guise tatsächlich starb, verlor Frankreich zwar seinen fähigsten Heerführer, aber sein Tod bedeutete auch das Ende des Triumvirats; mit dem Konnetabel würde sie sich einigen können. Jedenfalls würde sie durch Guises Tod ihre verlorene Handlungsfreiheit wiedererlangen, und dann konnte sie mit Condé über einen Frieden verhandeln. Der Tod ihres Oberhauptes schwächte die Familie Guise empfindlich. Der junge Heinrich stand jetzt im dreizehnten Lebensjahr, und es würde noch einige Jahre dauern, bis er die Aufgaben des Familienoberhauptes übernehmen konnte.

Allmählich mischte sich in ihre Bestürzung die Hoffnung, dass sich beim Tod des Herzogs die innenpolitische Lage entspannen würde.

Am anderen Vormittag wurde Poltrot de Méré vorgeführt.

Katharina musterte seine kümmerliche Erscheinung, beobachtete, dass seine Augen ängstlich umherirrten, und dachte im Stillen, dass dieser junge Mann wahrscheinlich nicht aus eigenem Antrieb gehandelt hatte. Dann begann sie das Verhör.

»Warum haben Sie auf den Herzog von Guise geschossen?«

Méré hob den Kopf, sah Katharina an und antwortete mit fester Stimme: »Madame, als der Krieg ausbrach, wechselte ich von der katholischen zur hugenottischen Partei. Sie wissen wahrscheinlich, dass dies beim Landadel des Poitou häufig vorkommt. Der Admiral von Coligny schleuste mich als Spion in das Heer des Herzogs von Guise. Nach der Niederlage der Hugenotten bei Dreux beauftragte mich der Admiral, den Herzog zu ermorden.«

Während Méré detailliert seine Unterredungen mit Coligny, Beza und anderen hugenottischen Predigern schilderte, verfinsterte sich das Gesicht des Herzogs von Aumale immer mehr, während in Katharina eine Angst hochstieg, die ihr selbst unerklärlich war. Sie hatte das Gefühl, dass durch dieses Attentat ein Stein ins Rollen gekommen war, den niemand mehr aufhalten konnte. Als Méré mit seinem Bericht fertig war, wusste sie, dass der Religionskrieg langsam, aber sicher zu einer bewaffneten Auseinandersetzung zwischen den Familien des Hochadels wurde mit dem Ziel, die Herrschaft über den König zu gewinnen und über diesen Umweg zu regieren.

Als Méré abgeführt wurde, sagte der Herzog von Aumale: »Madame, ich verlange im Namen meiner Familie, dass dieses Attentat mit der ganzen Strenge des Gesetzes geahndet wird.«

Der junge König rief: »Coligny muss noch heute verhaftet werden!«

»Karl«, erwiderte Katharina vorsichtig, »man darf nie überstürzt handeln. Der Admiral muss sich vor einem ordentlichen Gericht rechtfertigen; im Augenblick führen wir Krieg gegen ihn, das erschwert die Situation.« Und zu Aumale: »Sie und Ihre Familie können sicher sein, dass Coligny vor Gericht gestellt wird, aber wir sollten zuerst die Genesung Ihres Bruders abwarten.«

Der Herzog war mit dieser Zusicherung einverstanden, und dann diktierte Katharina ihrem Sohn einen Brief an Coligny, worin sie ihn aufforderte, sich zu Mérés Geständnis zu äußern. Sie rechnete nicht mit einer Antwort, aber es war in dieser gespannten Situation wichtig, das unberechenbare Temperament des jungen Königs zu zügeln.

Später schrieb sie an ihre Schwägerin Margarete, und während sie das Geständnis in wenigen Sätzen zusammenfasste, versuchte sie Klarheit über Coligny zu gewinnen: Er war ein religiöser Fanatiker, aber auch ehrgeizig, machthungrig – in gewisser Weise ähnelte er den Guisen, aber wahrscheinlich würde er nie so populär werden wie Franz von Guise. Er war nicht so liebenswürdig, leutselig, lebenslustig; die Hugenotten verehrten ihn zwar wie einen Heiligen, aber die katholischen Franzosen lehnten seine strenge asketische Lebenshaltung ab. Ein populärer Mann wie Guise konnte den Valois gefährlich werden, Coligny hingegen? Auch er konnte der Krone gefährlich werden, deshalb musste jetzt jeder Schritt genau überlegt werden.

Dies alles ging ihr durch den Kopf, während sie wie im Fieber an die Schwägerin schrieb, dann überflog sie noch einmal den Inhalt des Briefes.

Er hat mir vollkommen freiwillig, und ohne sich bitten zu lassen, gestanden, dass der Admiral ihm hundert Taler gegeben hat, diese Untat zu begehen, und dass er sie nicht tun wollte, dass aber Beza und ein anderer Prediger ihn überredet und ihm versichert hätten, dass er, wenn er sie übernähme, geradewegs in den Himmel käme. Da er das gehört habe, hätte er sich entschlossen, den Plan auszuführen. Er hat mir überdies gesagt, dass es nötig sei, mit der größten Sorgfalt meine Kinder zu bewachen sowie auch auf meine Person sehr Acht zu geben, weil der Admiral mich unendlich hasse. Das ist der Ehrenmann, der sagt, dass er alles nur um der rechten Religion willen tue, und uns in Wahrheit alle umbringen will. Ich bin darauf gefasst, dass er es während dieses Krieges schließlich noch so weit bringen wird, meine Kinder zu töten und meine besten Männer auszumerzen.

Während der folgenden Tage verschlimmerte sich der Zustand des Herzogs von Guise; zu dem Wundschmerz kam Fieber und die Ärzte gaben die Hoffnung auf, sein Leben retten zu können.

Katharina und der junge König besuchten ihn jeden Tag, und Katharina erinnerte sich wieder an die ersten Jahre ihrer Ehe. Damals hatte es für sie nur zwei Probleme gegeben: ihre Kinderlosigkeit und Diana. Coligny und Guise waren noch keine Rivalen gewesen – und jetzt? Jetzt tobte in Frankreich der Bürgerkrieg, der Religionskrieg, der Krieg des Hochadels. In jenen Tagen erinnerte sie sich an ein Gedicht Ronsards, das er einige Monate zuvor verfasst und ihr persönlich gewidmet hatte.

Ach, Madame, in dieser Zeit, da ein grausamer Sturm.
Die Franzosen mit einem erbarmungswürdigen Schiffbruch bedroht,
Da Hagel und Regen sowie die Raserei der Himmel
Die See durch Gegenwinde aufgewühlt haben
Und da das Zwillingsgestirn sein Licht nicht mehr wirft,
Nimm und lenke dieses arme Schiff
Und führe es trotz des Unwetters
Und des gnadenlosen Ansturms
Der See und ihres Tobens
Zu einem sicheren Hafen.

Ronsard hat Recht, dachte sie, der Krieg muss beendet werden.

»Das Massaker in Wassy geschah gegen meinen Willen«, sagte der sterbende Herzog zu Katharina und dem König. »Der daraus entstandene Krieg wird Frankreich zerstören, Sire, versuchen Sie den inneren Frieden wiederherzustellen und vereinen Sie die Franzosen gegen die fremden Heere, die in das Land eingedrungen sind. Die Spanier, die Engländer und die Deutschen kämpfen nur für ihre eigenen Interessen.«

Wenig später fiel er ins Koma.

Katharina saß neben dem Bett und dachte lange über seine letzten Worte nach. Es waren nicht nur fromme Wünsche eines Sterbenden, sondern Konsequenzen aus seiner politischen Sicht, Konsequenzen, die sie schon lange verfolgte.

Franz von Guise starb am 24. Februar 1563. Es war Aschermittwoch, der erste Tag der Fastenzeit.

Am frühen Abend trafen seine Mutter, seine Gattin und sein ältester Sohn im Lager ein und hörten entsetzt, dass der Sohn, Gatte und Vater wenige Stunden zuvor verstorben war. Der Herzog von Aumale berichtete auch von Mérés Geständnis, und dann bat er die Familie in das Zelt der Königinwitwe. Dort lag der Tote auf dem mit schwarzem Damast bespannten Bett Katharinas. Es war eine Ehre, die in diesem Augenblick nur Antoinette von Guise bemerkte, und sie schlussfolgerte, dass ihre Familie durch den Tod des Oberhauptes nichts an Macht und Ansehen eingebüßt hatte. Folglich konnte die Familie Forderungen stellen.

Katharina erhob sich und ging zu den Angehörigen, um ihnen zu kondolieren. Da eilte der junge Heinrich von Guise zu dem Bett, kniete nieder und weinte verzweifelt. »Vater«, stammelte er, »Vater …«

Der Herzog von Aumale ging zu ihm und legte ihm die Hand auf die Schulter, um ihn zu trösten. Da erhob Heinrich sich, barg sein tränennasses Gesicht am Wams des Onkels und rief: »Gott verfluche mich, wenn ich Coligny am Leben lasse!«

Katharina erschrak. Die Stimme des zwölfjährigen Jungen verriet, dass er es ernst meinte. Sie griff instinktiv an ihr Medaillon, als ob sie sich vor einem künftigen Unheil schützen wollte.

»Bei Gott, ich hätte dich getötet, wenn ich dich anderen Sinnes gefunden hätte«, hörte sie Aumale sagen.

Sie werden sich rächen, dachte Katharina. Mein Gott, es geht nicht mehr nur um die Religion und die Macht, jetzt kommt noch die persönliche Familienrache hinzu. Wo würde dies enden? Nach der Beisetzung musste sie Friedensverhandlungen einleiten.

Da trat Antoinette von Guise zu Katharina, musterte sie von oben herab und sagte in einem Ton, der mehr Befehl als Bitte war: »Madame, als Oberhaupt der Familie von Guise verlange ich, dass der Admiral von Coligny vor das Parlament von Paris befohlen wird.«

»Selbstverständlich, Madame. Es ist im Interesse Frankreichs, dass der Mord an Ihrem Sohn aufgeklärt wird.«

Katharina verließ Orléans am gleichen Tag und reiste mit dem König zurück nach Paris. Unterwegs reifte in ihr der Entschluss, das Verfahren gegen Coligny aufzuschieben, solange es möglich war – nicht, um ihn zu schützen, sondern um die Hugenotten nicht noch mehr zu reizen. Der innere Frieden war vorrangig und gleichzeitig musste verhindert werden, dass die Guisen durch die Ermordung des Herzogs an Popularität gewannen.

Bei der Ankunft im Louvre überreichte man ihr einen Brief Colignys, der an sie persönlich gerichtet war, und nachdem sie ihn gelesen hatte, informierte sie den König und den Kanzler über den Inhalt.

»Er schreibt, dass er den Herzog von Guise seit Wassy als Feind des Königs und des Reiches betrachtet, sein Tod bereite ihm keinen Kummer, aber er habe auch niemanden beauftragt, ihn zu töten. Er schreibt wörtlich: *Glauben Sie aber nicht, Madame, dass ich damit ein Bedauern über den Tod des Herzogs aussprechen will. Ich halte es vielmehr für das Beste, was diesem Königreich, der Kirche Gottes und im Besonderen mir und meiner Familie zustoßen konnte.* Er gibt zu, dass Méré sein Spion war, dass der junge Mann ihm seinen Plan, den Herzog zu ermorden, offenbart habe und dass er nichts getan habe, ihn davon abzubringen. Keineswegs aber habe er ihm den Auftrag zu dem Mord gegeben. Die hundert Taler? Damit habe er die Spitzeldienste des jungen Mannes bezahlt. Das teure, gute Pferd? Er lässt sich einen effizienten Nachrichtendienst gern etwas kosten.«

»Coligny ist unschuldig«, rief der König, »ein so ehrenwerter Mann wird nie den Auftrag zu einem so schändlichen Mord geben!«

»Du hast Recht, Karl«, antwortete sie, um keinen Wutausbruch zu provozieren, »trotzdem müssen wir die Bitte der Guisen erfüllen und den Admiral auffordern, sich dem Parlament zu stellen. Lass mich jetzt bitte mit Monsieur de L'Hospital allein.«

Der König gehorchte widerspruchslos, und als er gegangen war, gab Katharina dem Kanzler den Brief, damit er ihn lese.

»Wie beurteilen Sie die Situation? Aussage steht gegen Aussage.«

»Mit Verlaub, Madame, ich bin anderer Meinung. Der Admiral leugnet seine Schuld an der Ermordung des Herzogs ganz offensichtlich, ohne jedoch jemanden von seiner Unschuld überzeugen zu wollen. Ich bin davon überzeugt, dass er Méré nicht beauftragt hat, dafür ist er zu klug, aber er hat wahrscheinlich angedeutet, dass er den Tod des Herzogs wünscht, und Méré hat dies als Auftrag interpretiert; ähnlich wie bei der Ermordung von Thomas Becket, dem Erzbischof von Canterbury, vor vierhundert Jahren unter der Regierung Heinrichs II. von England. So ähnlich könnte es sich im Fall des Herzogs von Guise abgespielt haben: Coligny übergibt Méré einen Beutel mit Geld und erwähnt beiläufig, dass er dem Herzog von Guise den Tod wünscht.«

Katharina überlegte einen Augenblick und erwiderte: »Ja, so könnte es gewesen sein, wahrscheinlich werden wir nie die Wahrheit erfahren, aber ist es letztlich nicht unwichtig, was wirklich passiert ist? Es ist doch belanglos, ob Coligny den Auftrag direkt oder indirekt gegeben hat, die Öffentlichkeit und die Guisen sehen in ihm den Mörder des Herzogs, das allein zählt, das ist die Situation, mit der ich fertig werden muss. Die Lage ist günstig für Friedensverhandlungen: Condé ist gefangen, Coligny kompromittiert, wir haben keinen Heerführer mehr, also verhandeln wir, es wird schon etwas dabei herauskommen. Anschließend kann man Coligny zur Rechenschaft ziehen; ich möchte etwas Gras über diesen Mord wachsen lassen, im Interesse des Friedens.«

Sie verschwieg, dass sie Coligny für gefährlich hielt und auch deshalb das Verfahren gegen ihn aufschieben wollte.

Während der folgenden Tage wurde Poltrot de Méré noch etliche Male verhört und widerrief zunächst sein Geständnis, im Auftrag Colignys gehandelt zu haben. Als er wusste, dass er zum Tod verurteilt war, beschuldigte er Coligny erneut, ihn zu diesem Verbrechen angestiftet zu haben.

Am Tag vor der Beisetzung des Herzogs von Guise wurde er auf der Place de Grève in Paris in Stücke gerissen.

Am Tag der Beisetzung des Herzogs von Guise drängelte sich das Volk seit Tagesanbruch in den Straßen, damit ihnen nichts von dem Schauspiel entging. Für die Pariser war der Herzog von Guise ein Held gewesen und alle Augen richteten sich nun auf seinen Sohn, den neuen Herzog von Guise, der an der Spitze des Trauerzuges ging.

Man tuschelte, dass er seinem Vater ähnlich sah, man lobte seine würdige Haltung, man ahnte, dass er eines Tages den Vater rächen würde.

Katharina beobachtete ihn, während des Trauergottesdienstes verstohlen spürte instinktiv, dass mit ihm eine neue Bedrohung für ihre Familie heranwuchs.

Am Tag nach der Beisetzung begab sie sich mit dem König zurück an die Loire und traf sich mit Condé auf der »Ile aux Boeufs«, die mitten in der Loire bei Orléans lag, und verhandelte über einen Frieden. Condé war kompromissbereit, weil er wusste, dass sie ihn als Rebellen auch vor ein Gericht hätte stellen können, das ihn wahrscheinlich zum Tod verurteilt hätte. Am 12. März wurde in Amboise ein Friede unterzeichnet, worin den Franzosen erneut die Freiheit gewährt wurde, sich zum protestantischen Glauben zu bekennen. Allerdings wurde die Versammlungsfreiheit eingeschränkt, mit dem Ziel, Vorkommnisse wie das Massaker in Wassy zu verhindern. Künftig war es nur Herren mit eigener Gerichtsbarkeit erlaubt, in ihren Häusern reformierte Gottesdienste abzuhalten, und auch dann nur für die eigenen Familien. Vasallen, Bauern und Bürgern wurde in ihrem Amtsbezirk nur ein einziges Versammlungshaus gestattet, und in Paris und der Grafschaft der Stadt war die Ausübung der reformierten Religion verboten.

Condé versprach im Namen der hugenottischen Partei, die Bestimmungen des Friedens von Amboise zu respektieren, und erhielt seine Freiheit.

Katharina versuchte erneut, ihn an die Krone zu binden, und da das Amt des Generalstatthalters durch Antons Tod vakant geworden war, ernannte sie Ludwig von Bourbon zum neuen Generalstatthalter. Dieser fühlte sich geschmeichelt und versprach, das Oberkommando über die hugenottischen Truppen zu übernehmen, sich mit dem königlichen Heer zu vereinen und so gemeinsam die Engländer aus Le Havre zu vertreiben, falls dies notwendig werden sollte.

Coligny und Calvin waren empört, als sie hörten, welche Zugeständnisse Condé der römischen Kirche gemacht hatte.

Coligny warf dem Prinzen vor, er habe mit einem Federstrich mehr Gotteshäuser der wahren Gläubigen zerstört, als alle Katholiken bisher zusammen und er habe darüber hinaus die Bekehrung des einfachen Volkes zum wahren Glauben schwer behindert. Er hätte der Königinmutter keineswegs so weit entgegenkommen dürfen, und Calvin bezeichnete den Bourbonen als einen *Elenden, der in seiner Eitelkeit Gott verraten hat.*

Condé kümmerte sich nicht weiter um diese Vorwürfe. Er war froh, sein Leben gerettet zu haben, und überdies entschlossen, sich bei der nächsten Gelegenheit nicht an die Bestimmungen von Amboise zu halten, weil er diesen in seiner Notlage als Gefangener zugestimmt hatte.

Während der folgenden Wochen versuchte Katharina, die innen- und außenpolitischen Probleme Frankreichs zu lösen.

Coligny wurde vor das Pariser Parlament geladen, und als er dieser Aufforderung nicht nachkam, verzichtete Katharina darauf, ihn zwangsweise vorführen zu lassen, und ließ ihm mitteilen, dass er einstweilen auf seinen Gütern bleiben solle. Sie wollte in diesem Fall keine übereilte Entscheidung treffen, zumal es wichtigere Probleme gab, nämlich die Sanierung des Staatshaushaltes und die immer noch anwesenden Engländer in Le Havre.

Katharina sanierte die Finanzen, indem sie rigoros ihr Recht als Herr über den weltlichen Besitz der gallikanischen Kirche nutzte und Kirchengüter beschlagnahmte, die immerhin drei Millionen zweihunderttausend Livres einbrachten.

Der Papst nahm die Beschwerden des französischen Klerus zur Kenntnis, das Konzil von Trient protestierte gegen die Enteignungen, was Katharina nicht weiter interessierte.

Mit dem Geld bezahlte sie ihre Schulden beim König von Spanien, während sie den Herzog von Savoyen mit den letzten französischen Besitzungen in Italien abfand.

Die Verhandlungen mit der Königin von England waren schwieriger. Am 30. April schrieb Karl IX. an Elisabeth und bat sie, die Stadt Le Havre wieder an Frankreich zurückzugeben.

Elisabeth berief sich auf den Vertrag von Hampton Court, forderte Calais und weigerte sich, Le Havre herauszugeben. Condé bat sie, von ihrer Forderung zurückzutreten – vergeblich. Schließlich befahl Katharina die Belagerung Le Havres.

Im Laufe des Sommers brach bei den Engländern die Pest aus und sie verloren wöchentlich zweihundert Mann.

Am 23. Juli kapitulierten die Engländer, Katharina gewährte ihnen freien Abzug und begann dann mit Elisabeth erneut über Calais zu verhandeln.

Am 27. Juni 1563 vollendete Karl IX. das dreizehnte Lebensjahr und war nun nach dem salischen Gesetz volljährig.

Katharina beschloss, den Sohn durch das Parlament von Rouen auch offiziell für volljährig erklären zu lassen, und ignorierte den Protest des Pariser Parlaments.

Der feierliche Akt sollte am 17. August stattfinden.

Am Abend vorher befahl sie den König, Anjou und Navarra in ihr Appartement und entrollte eine Landkarte.

Sie erklärte Karl das alte Prinzip der Capetinger, stets die Nähe des Volkes zu suchen, indem der König mit seinem Hofstaat durch das Land reiste und dabei auch die abgelegenen Regionen besuchte. Dieser emotionale Rückhalt sei eine wesentliche Basis für Frieden und Zusammenhalt im Inneren, was es erleichtere, an der äußeren Front den Feinden zu trotzen.

Auf der Karte zeigte sie die Stationen der Reise: Fontainebleau, Lothringen (mit Besuch bei Claudia und ihrem ersten Kind), Lyon, Avignon, Marseille, Toulouse, Bordeaux, Bayonne, dann durch die Auvergne an die Loire und zurück nach Paris.

Navarra entschied anlässlich der langen Reise, dass er als zukünftiger König von Navarra mit einem eigenen Gefolge unterwegs sein werde.

Nachdem Anjou und Navarra das Zimmer verlassen hatten, sagte sie zu Karl: »Die Guisen haben mich darüber informiert, dass sie dir morgen offiziell ein Ultimatum stellen werden, was die Aburteilung Colignys betrifft. Ich habe mir folgende Lösung des Problems überlegt: Du wirst ein außerordentliches Gericht einberufen, das zur Hälfte aus Mitgliedern des Parlaments besteht, dies kommt den Guisen entgegen, die andere Hälfte wird aus Mitgliedern des Kronrats bestehen, das kommt den Châtillon-Colignys entgegen, und du wirst dir zur Urteilsfindung eine dreijährige Frist einräumen. Coligny und die Guisen werden so lange auf ihren Gütern bleiben und uns nicht auf der Rundreise begleiten.« Sie ging zu ihrem Schreibtisch, nahm einige Bogen Pergament und überreichte sie dem Sohn. »Ich habe hier aufgeschrieben, wie du regieren sollst. Lies es in einer ruhigen Stunde.«

»Vielen Dank, Mama.« Er nahm das Dokument, begab sich in sein Appartement und fing an zu lesen.

Ratschlag, erteilt von Katharina von Medici an Karl IX. für die Politik Seines Hofes und für die Regierung Seines Staates.

Er überflog das Dokument und legte es gereizt zur Seite: Er sollte einen Morgenempfang abhalten wie sein Vater, weil es für den Hof wichtig war, den König zu sehen und Gelegenheit zu haben, mit ihm zu sprechen. Nach der Messe sollte er seine Mittagsmahlzeit einnehmen und anschließend spazieren gehen. Er sollte wöchentlich mehrmals ausreiten und sich dem Volk zeigen. Er sollte dem Beispiel seines Großvaters folgen und dafür sorgen, dass mindestens zweimal wöchentlich ein Ball stattfand, um die Franzosen glücklich zu stimmen.

Er las noch einmal den letzten Satz.

Es ist von voranstehender Bedeutung, dass alle deine Untertanen – sowohl nah als auch fern – das Gefühl haben, du kümmerst dich um sie.

Er sollte sich um die Untertanen kümmern? Sie hatten zu gehorchen! Mama ist weltfremd, dachte er.

Am nächsten Tag erklärte ihn das Parlament von Rouen für volljährig, anschließend nahm Karl die Huldigung seines jüngeren Bruders Heinrich entgegen. Dann stieg er vom Thron, ging zu Katharina, die vor ihm kniete, hob sie empor, versicherte ihr, dass er sie liebe und sich auch künftig von ihrem überlegenen Urteil leiten lassen wolle.

Die Höflinge und Gesandten sahen einander an: Der König war zwar jetzt offiziell volljährig, aber seine Mutter würde nach wie vor über Frankreich regieren.

Man begab sich zur Messe, und anschließend erlebte der Hof eine unangenehme Überraschung: Alle Mitglieder der Familie Guise traten vor Karl IX., und dann forderte Antoinette von Guise, die jetzt das Familienoberhaupt war, mit lauter Stimme die Aburteilung des Admirals von Coligny.

Der junge König betrachtete die schwarz gekleideten Gestalten zu seinen Füßen und empfand eine unbestimmte Angst.

Unter Tränen sagte er leise, was seine Mutter ihm am Tag zuvor aufgetragen hatte.

Katharinas Augen wanderten flüchtig über die trauernde Familie, und dann betrachtete sie den jungen Heinrich von Guise. Er sieht gut aus, dachte sie, aber er ist auch stolz und herrschsüchtig. Er ist der Einzige von dieser Familie, der uns gefährlich werden kann, man muss ihn im Auge behalten.

4

Am 15. Juni 1566 versammelten sich die Pariser Bürger bereits am frühen Morgen in den Straßen der Hauptstadt, weil niemand den Einzug des Königs versäumen wollte, der nach zweieinhalb Jahren von seiner Rundreise zurückkehrte.

Die Luft war schwül und drückend trotz des grauen, wolkenverhangenen Himmels, und in der Rue Saint-Antoine wischte sich ein beleibter Metzger stöhnend den Schweiß von der Stirn.

»Heute wird es noch ein Gewitter geben«, sagte er zu seinem Nachbarn, einem Bäcker.

Dieser sah prüfend zum Himmel. »Gewitter gehören zum Sommer. Ich bin gespannt, wie das außerordentliche Gericht über Coligny entscheidet. Der König hat sich eine dreijährige Frist vorbehalten, bis er ein Urteil fällt, und die drei Jahre sind bald um.«

»Coligny wird für schuldig erklärt und verurteilt werden«, sagte der Metzger. Dann erhob er seine Stimme und rief so laut, dass alle es hören konnten: »Die gottverdammten Hugenotten werden bestimmt ab jetzt verfolgt werden. Man hört, dass die Königinmutter vor einem Jahr in

Bayonne mit dem Herzog von Alba verhandelt hat, der König von Spanien fordert schon lange die Vernichtung der Protestanten in unserem Land.«

Es entstand eine Unruhe und dann rief jemand: »Ich bin auch dafür, dass die Hugenotten verfolgt werden, aber warum mischt der König von Spanien sich in unsere Angelegenheiten? Warum überlässt er unserem König nicht die Lösung der religiösen Frage? Und die Vernichtung unserer Expeditionsschiffe auf dem Weg nach Florida ist ein Skandal! Der Handel ist immer noch frei, wir haben das gleiche Recht, in Übersee Kolonien zu gründen, wie Spanien!«

»Ihr habt Recht, aber auf den vernichteten Schiffen waren nur Hugenotten, sie sollten in Florida nicht nur ansässig werden, sondern auch Zufluchtsorte gründen, falls ihre Glaubensgenossen in Frankreich wieder verfolgt werden. Es soll ein Plan von Coligny sein. Aber die Selbstherrlichkeit Spaniens wird allmählich wirklich unerträglich. Kein Wunder, dass es auch in den Niederlanden anfängt zu gären.«

»Eines steht fest«, sagte der Metzger, »ohne die Hugenotten hätten wir ein besseres Verhältnis zu Spanien. Die Hugenotten sind schuld, dass König Philipp sich in unsere Angelegenheiten mischt.«

Zwei schwarz gekleidete Männer standen am Fenster im ersten Stock eines Hauses unweit der diskutierenden Bürger, hörten jedes Wort, und als das Gespräch verstummte, traten sie einige Schritte zurück und sahen einander bestürzt an.

»Die Gespräche der Italienerin mit Alba sind irgendwie mysteriös, niemand weiß genau, über was verhandelt wurde. Alle vermuten, dass irgendetwas über unsere Zukunft beschlossen wurde, aber ich halte es für ausgeschlossen, dass sie Alba versprochen hat, uns zu vernichten. Das ist doch ein Widerspruch zu ihrer bisherigen Politik der Toleranz.«

»Man wird uns nicht töten, aber vielleicht aus dem Land weisen, sofern wir uns nicht zur römischen Kirche bekennen. Vor einigen Wochen war ich in La Rochelle. Unsere Glaubensgenossen sind äußerst aufgebracht, weil die Florentinerin sich mit Alba getroffen hat. Man hat kein Vertrauen mehr zu ihr seit Bayonne, aber im Augenblick können wir nur abwarten.«

»Ich weiß nicht, ob es richtig ist abzuwarten. Die Pariser hassen uns. Manchmal, wenn ich durch die Straßen gehe, spüre ich, dass sie mich sofort töten würden, wenn man es ihnen erlaubte.«

Eine Stunde nach der anderen verging, aber die Bürger harrten geduldig aus, sie waren neugierig auf den fast sechzehnjährigen König. Als er die Hauptstadt im Januar 1564 verließ, war er noch ein halbes Kind gewesen. Jetzt kehrte er als junger Mann zurück. Man war auch neugierig auf den Thronprätendenten Heinrich von Bourbon. Er war beliebt wegen seines unkomplizierten, leutseligen Auftretens, er war ein Prinz »zum Anfassen«, und als sich herumsprach, dass er die Messe besuchte, wurde er über Nacht populär und man verglich ihn mit seinem Großonkel Franz I., aber leider hatte er wenig Aussicht, jemals König von Frankreich zu werden.

Man wartete, unterhielt sich über dies und jenes, und die fliegenden Händler, die Getränke, Früchte und Backwerk verkauften, machten an jenem Vormittag gute Geschäfte.

Als die Sonne im Zenit stand und alle Kirchenglocken von Paris den Mittag einläuteten, rannten einige Straßenjungen die Rue Saint Antoine hinunter und riefen: »Der König kommt, er ist in Blau und Silber gekleidet und eine weiße wallende Feder schmückt seinen Hut. Der Herzog von Anjou ist in weißen Goldbrokat gekleidet, seinen Hut ziert eine schwarze wallende Feder, der Prinz von Navarra trägt ein schlichtes, schwarzes Kleid, seinen Hut schmückt eine Reiherfeder. Die Königinmutter sitzt in einer Sänfte, aber ihr folgen eine riesige Kutsche und sechs prächtige Pferde ...!«

Die Gespräche verstummten und die Bevölkerung beobachtete ehrerbietig den Zug, der sich näherte.

Man sah unzählige Edelleute zu Pferd, die Herren der königlichen Hofhaltung, die Pagen, die Schweizergarde mit ihren Pfeifen und Tambourins, die Schotten, die den Dudelsack spielten, außerdem Bogenschützen zu Fuß und zu Pferd, es folgten die ausländischen Gesandten, der Kanzler und die Räte, unzählige Ehrendamen, schließlich kam die Sänfte der Königinmutter.

Man betrachtete etwas desinteressiert die schwarz gekleidete Katharina, die liebenswürdig nach allen Seiten lächelte, und dann konzentrierte man sich auf ihre Söhne, die zu beiden Seiten der Sänfte ritten.

Der König war anscheinend etwas gewachsen, ansonsten enttäuschte er die Pariser, er war immer noch schmächtig, wirkte kindlich und unmännlich. Man verglich ihn mit seinem Vater und Großvater und mutmaßte, dass aus ihm nie ein richtiger Herrscher werden würde. Man verglich ihn auch mit seinem jüngeren Bruder, dem Herzog von

Orléans, der nach wie vor Herzog von Anjou genannt wurde. Er stand jetzt in seinem fünfzehnten Lebensjahr, war hoch gewachsen und man fand, dass er ein schöner junger Mann war, der viel königlicher wirkte als der Bruder, aber bei beiden fehlte die Nähe zum Volk. Man spürte, dass die jungen Valois sich nicht wirklich für die Sorgen und Nöte der Franzosen interessierten, und bei Anjou war dieses Desinteresse noch ausgeprägter als beim König. Er sah weder nach rechts noch nach links und schien irgendwie in einer anderen Welt zu leben.

Dann kam die Kutsche des Prinzen von Condé, des Generalstatthalters, am meisten aber staunte das Volk über den Tross, der folgte: Auf Karren und Maultieren sah man unzählige, mit goldenen Nägeln beschlagene schwarze Lederkoffer, worin das persönliche Gepäck der königlichen Familie untergebracht war; man sah Jäger mit Hunden an der Leine, Falkner mit ihren vermummten Vögeln, Zwerge und Kutscher, Maultiertreiber zur Beaufsichtigung der Sänften, Gepäckwagenlenker zur Betreuung der Fahrzeuge, die beladen waren mit Draperien, Küchengeschirr und Silbergefäßen, man sah Köche, Obsthändler, Salatanrichter, Bäcker, Tischler, Goldschmiede, Lederarbeiter, Sporenmacher, Schneider und Barbiere. Zuletzt kamen Wagen, worauf riesige Käfige standen, die die Menagerie des Königs beherbergten, und das Volk betrachtete fasziniert Löwen, Tiger und Affen.

»Gütiger Himmel«, rief der Metzger, »das ist ja eine ganze Stadt auf Reisen. Wie viele Pferde mögen den König wohl begleiten?«

»Achttausend Pferde, Monsieur!«, rief einer der Straßenjungen, aber der Metzger überhörte die Antwort, weil seine Aufmerksamkeit erneut beansprucht wurde. Er sah einen schwarz gekleideten Jungen von ungefähr dreizehn Jahren, der einen Schimmel ritt und fröhlich den Bürgern an der Straße zuwinkte. Sein Gefolge war ebenfalls schwarz gekleidet, und die Zuschauer wussten, dass jetzt der Thronprätendent Heinrich von Bourbon an ihnen vorüberritt.

»Es lebe der Prinz von Navarra!«, rief jemand, und bald war die Rue Saint Antoine von diesem Ruf erfüllt.

Katharina hörte aus weiter Ferne den Jubel des Volkes. Sie ahnte, wem er galt, und spürte Enttäuschung und Trauer, weil die Pariser dem jungen Heinrich von Bourbon mehr zujubelten als ihren Söhnen.

Zuletzt kam der Begleitschutz des königlichen Reisezuges, nämlich vier Kompanien Infanterie, eine Kompanie leichte Reiter und ein Regiment französischer Garden, die alle unter Condés Oberbefehl standen.

Inzwischen war es Nachmittag geworden, und die Pariser begaben sich nach diesem aufregenden Schauspiel in die Schenken und unterhielten sich bei einem Wein über die Kosten dieser königlichen Rundreise, über die Steuern, die Hugenotten, die jungen Valois, die so anders waren als ihre Vorfahren, und über den leutseligen Prinzen von Navarra.

Katharina hatte während der langen Reise mit ihrer Familie in der Öffentlichkeit und für die Öffentlichkeit gelebt, und sie sehnte sich schon seit Monaten danach, mit ihren Kindern einen Abend allein zu verbringen, ohne Hofleute und ausländische Gesandte.

Sie ließ also die Abendtafel in ihrem Appartement aufbauen und freute sich darauf, mit ihren beiden Söhnen und Navarra einige Stunden unter vier Augen zu sein.

Margot und Franz waren während der Rückreise in Amboise geblieben, wo sie unterrichtet werden sollten, bis Margot ihr fünfzehntes Lebensjahr vollendet hatte. Dann sollte sie am Hof leben und Franz noch zwei bis drei Jahre das Collegium Navarra besuchen.

Während die Vorspeisen serviert wurden, erzählte Katharina von ihren Bauplänen, die sie nun endlich realisieren wollte, nämlich ein Schloss im Garten, der hinter dem Louvre lag, und eine Ufergalerie auf der alten Stadtmauer entlang der Seine, die den Louvre mit den Tuilerien, so nannte sie das neue Schloss, verbinden sollte. Sie hatte sich für den Namen »Tuilerien« entschieden, weil dort, wo das neue Schloss gebaut werden sollte, alte Ziegeleien standen, die abbruchreif waren.

»Ein wunderbarer Plan, Mama!«, rief Anjou. »In der Galerie werden wir prachtvolle Feste feiern können, Bälle, Bankette, ich sehe die Hofgesellschaft vor mir, wie sie durch die Galerie tanzt, tafelt, wieder tanzt …«

»Von der Galerie aus kann man über die Seine sehen«, sagte Navarra verträumt. »Während eines Balles steht man mit der Frau, die man liebt, an einem Fenster, wirbt um sie, während man auf das dunkle Wasser sieht, und tagsüber kann man den Blick über den Fluss genießen und dabei über ein Problem nachdenken.«

Katharina sah Heinrich von Navarra überrascht an. Sie hatte längst bemerkt, dass er sich sehr für das andere Geschlecht interessierte – es war wohl ein Erbe seines Vaters, aber dieser Hang zur Besinnlichkeit war ihr neu.

»Du hast Recht, Heinrich, der Blick über einen Fluss ist beruhigend, manchmal findet man eine Lösung für ein Problem oder man findet wieder zu sich selbst. Das ist auch ein Grund, weshalb ich diese Galerie errichten lasse. Im ersten Stock werden natürlich Appartements eingerichtet.«

Der König interessierte sich weniger für die Galerie als für das neue Schloss. »Werden Sie in den Tuilerien wohnen, Mama? Sie sprachen einmal davon.«

»Ich weiß noch nicht, ob ich dort wohnen werde, ich habe noch ein anderes Bauprojekt im Auge, aber in den Tuilerien kann man wichtige ausländische Gäste unterbringen.«

Karl schwieg resigniert. Seine Mutter würde also weiter im Louvre residieren und ihn bevormunden. Er wechselte abrupt das Thema: »Mama, in diesem Monat wird meine Schwägerin Maria Stuart ihr erstes Kind zur Welt bringen, wir sollten allmählich über ein würdiges Taufgeschenk nachdenken. Ich möchte nicht, dass unser Geschenk weniger kostbar ist als das der Königin von England. Ich möchte demonstrieren, dass wir die Königin von Schottland immer noch als zur Familie Valois gehörig betrachten.«

Er schwieg und war selbst erstaunt über seinen Mut, weil er wusste, dass für seine Mutter Schottland ein abgeschlossenes Kapitel war.

Katharina legte gereizt den Löffel zur Seite und trank einen Schluck Wein. Am liebsten hätte sie den Sohn angefahren, er solle kein dummes Zeug reden, aber sie wollte sich den Abend nicht verderben.

»Das Taufgeschenk eilt nicht, Karl«, erwiderte sie so ruhig wie möglich. »Zunächst einmal müssen wir die Niederkunft abwarten, und wenn das Kind die ersten Wochen überlebt hat, können wir anfangen, über ein Geschenk nachzudenken. Was wir schenken, hängt auch davon ab, ob es ein Sohn oder eine Tochter ist. – Und was Marias Zugehörigkeit zu unserer Familie betrifft, nun ja, es ist inzwischen eine sehr lockere Zugehörigkeit. Wir sollten nach außen hin nicht so tun, als ob sie noch eine Valois ist, das würde nur unnötig unser Verhältnis zu England belasten, im Gegenteil, wir sollten uns möglichst von Maria distanzieren.«

Karl verstand, dass seine Mutter mit ihren letzten Worten auf die Ehe seiner geliebten Schwägerin anspielte.

»Sie hat sich mit ihrem Gatten inzwischen wieder versöhnt«, sagte er vorsichtig.

»Das will nichts besagen, sie hatte keine andere Wahl; die Ermordung ihres italienischen Sekretärs Riccio im März war ein Skandal. Maria tafelte mit ihm und einem kleinen Kreis von Freunden und Verwandten in ihren Privatgemächern in Holyrood. Der König, ihr Gatte, wurde nicht dazu eingeladen, und dann wurde Riccio von einigen Lords ermordet. Die Hintergründe wurden vertuscht, aber an allen europäischen Höfen wusste man, dass der König von Schottland den Mord befohlen hatte, weil er auf Riccio eifersüchtig war und in seiner Eifersucht sogar behauptete, der Italiener sei der Vater des Kindes, das Maria trägt.«

»Was für eine absurde Behauptung, Madame!«, rief Navarra, »das Kind kommt in den nächsten Tagen zur Welt, sie hat es also zu einem Zeitpunkt empfangen, als ihre Ehe mit dem König noch glücklich war, so hat es Ihr Gesandter berichtet, Madame.«

Katharina musste unwillkürlich lächeln und fragte sich, wann Antons Sohn anfangen würde, seine ersten Erfahrungen mit Frauen zu machen, und beschloss, sich nicht einzumischen.

Zu dem König gewandt sagte sie: »Die Frist von drei Jahren, die du dir in dem Streit zwischen Coligny und den Guisen eingeräumt hast, läuft im August ab; du solltest allmählich zu einer Entscheidung kommen.«

Karl sah seine Mutter erstaunt an: »Ich verstehe Sie nicht, Mama, ich werde ein außerordentliches Gericht einberufen, das, wie Sie mir empfahlen, zur Hälfte aus Mitgliedern des Pariser Parlaments besteht, zur Hälfte aus Angehörigen des Kronrats, und diese Herren werden zusammen ein Urteil fällen.«

Katharina sah resigniert vor sich hin und ärgerte sich über die Naivität ihres Sohnes. Ihm fehlt jedes Gefühl für Politik, dachte sie. »Karl, das Gericht ist schön und gut, aber du bist der König, du entscheidest.«

Karl sah seine Mutter verständnislos an und begann Hühnerragout zu essen.

Anjou beobachtete seinen Bruder spöttisch und sagte nach einer Weile: »Karl, Mama meint, dass du als König entscheiden musst, ob Coligny verurteilt oder freigesprochen wird, und diese Entscheidung musst du dem Gericht diskret und verschlüsselt signalisieren.«

Der König betrachtete entsetzt die Mutter und den Bruder. Ihre Art zu denken verstand er nicht und er wusste, dass er sie nie verstehen würde, und auf einmal überkam ihn eine ohnmächtige Wut. Er schlug mit der Faust auf den Tisch und schrie: »Wie soll ich beurteilen, ob Coligny für Frankreich eine Gefahr ist oder nicht, wenn ich über nichts informiert werde? Sie haben in Bayonne mit dem Herzog von Alba verhandelt, Mama, aber ich weiß bis heute nicht, worüber Sie mit ihm gesprochen haben!«

Bei dem Namen »Alba« zuckte Navarra zusammen und begann, sorgfältig einen Hühnerknochen abzunagen.

Katharina sah etwas irritiert auf ihren Teller. Karl hatte Recht, er war volljährig und musste als König über wichtige Dinge informiert werden, er musste an Entscheidungen beteiligt werden.

»Ich habe mit Alba über deine, Anjous und Margots Verheiratung gesprochen. Du weißt, dass Kaiser Maximilian einverstanden ist, dass du seine ältere Tochter Anna heiratest; über eine Verbindung seines Erben, des Erzherzogs Rudolf, mit Margot will er nachdenken. Ich habe den König von Spanien über Alba bitten lassen, dass er deine Verbindung mit Anna befürwortet, außerdem habe ich meinem Schwiegersohn vorgeschlagen, dass sein Erbe Don Carlos Margot heiratet und dass Anjou Philipps Schwester Johanna, die Königinwitwe von Portugal, ehelicht. – Man muss immer mehrere Eisen im Feuer haben.«

Navarra erstarrte. Margot sollte also den Erzherzog oder den Infanten heiraten, und was wurde aus ihm? Immerhin hatte er sie bisher als seine Verlobte betrachtet. Dann dachte er daran, dass er Margot während der Rundreise zwar oft, aber immer nur aus der Entfernung gesehen hatte. Sie und ihr jüngerer Bruder waren die ganze Zeit bei ihrer Mutter und deren Damen gewesen.

Seine Gedanken wurden durch Karls zornige Stimme unterbrochen:

»Mama, Sie haben mit Alba bestimmt nicht nur über Hochzeiten gesprochen.«

Katharina lächelte. »Du hast Recht, die religiöse Frage war natürlich auch ein Thema. Der König von Spanien wünscht die Unterdrückung der Häresie in deinem Reich. Ich habe ihm nichts versprochen, es geht ihn überdies nichts an, wie wir die religiöse Frage in unserem Land lösen.«

In diesem Augenblick spürte Navarra, dass er leicht errötete, und beugte sich tiefer über den Teller, damit man seine Verlegenheit nicht bemerkte.

Was die Unterdrückung der Häresie betrifft, so sagt sie nicht die Wahrheit, ging es ihm durch den Kopf, sie hat Alba etwas versprochen, und er erinnerte sich an das letzte Gespräch zwischen Katharina und dem Spanier, das er hinter einem Vorhang belauscht hatte. Leider hatte er damals in Bayonne nur einen einzigen Satz verstanden.

Als sie damals an ihm vorübergingen, hörte er, wie Alba sagte: *Ein fetter Lachs ist mehr wert als zehntausend Frösche.*

Ihre Antwort konnte er leider nicht hören, aber er hatte lange über Albas Ausspruch nachgedacht: Die Frösche, damit waren die Hugenotten gemeint, und der fette Lachs? Der Lachs symbolisierte Coligny, weil er jetzt der einzige Anführer der Hugenotten war, seit Condé das Amt des Generalstatthalters bekleidete. Er überlegte, was sie Alba geantwortet haben mochte, und kam zu dem Schluss, dass irgendein Plan gegen die Hugenotten geschmiedet wurde, ein Plan, dem sie notgedrungen zustimmte, weil Spanien mächtiger war als Frankreich. Jedenfalls hatte er seit Bayonne jegliches Vertrauen zu ihr verloren, versuchte, sich nichts anmerken zu lassen und war ihr gegenüber der loyale Thronprätendent. Aber er wusste auch, dass er diese Rolle nicht mehr lange würde spielen können, er konnte sich nicht sein ganzes Leben lang verstellen, aber es fiel ihm auch keine Lösung ein, und so wartete er ab.

Nach dem Disput zwischen Katharina und dem jungen König wurde in der Tischrunde kein Wort mehr gesprochen.

Später zog Katharina sich in ihr Arbeitszimmer zurück und begann in ihrem Reisetagebuch zu lesen, worin sie alles aufgezeichnet hatte, was ihr wichtig schien oder sie beeindruckt hatte. Schon nach kurzer Zeit legte sie es wieder zur Seite und ließ Anjou rufen.

»Heinrich, ich muss mit dir über Coligny reden, dein Bruder ist unfähig, eine Entscheidung in dieser Angelegenheit zu treffen. Wir müssen überlegen, was Frankreich langfristig mehr schadet: eine Verurteilung oder ein Freispruch Colignys, was meinst du?«

Heinrich überlegte lange Zeit und antwortete: »Mama, ich empfehle Ihnen, den Admiral schuldig sprechen zu lassen, das wird den Zorn der Guisen beschwichtigen und das ist wichtig, sie sind immer noch die mächtigste Familie im Land. Ich kenne Heinrich von Guise, er wird den Tod seines Vaters rächen und den Admiral ermorden lassen im Falle eines Freispruchs. Die Folgen dieser Ermordung sind vielleicht schlimmer, als wenn er jetzt von einem Gericht zum Tod verurteilt wird.«

»Du hast Recht, aber wenn Coligny jetzt schuldig gesprochen wird, fängt der Krieg von neuem an. Während der Rückreise habe ich die feindselige Haltung der Hugenotten gespürt. Ich befürchte einen Aufstand, wenn das Gericht gegen den Admiral entscheidet, zumal wir letztlich keinen Beweis haben, dass er wirklich den Herzog von Guise hat ermorden lassen. Mérés widersprüchliche Aussagen sind kein Beweis.«

»Mama, ohne Coligny haben die Hugenotten keinen Führer mehr, und ohne Führer sind sie machtlos, dann können wir uns mit ihnen arrangieren, zumal Condé zu unserer Partei gehört.«

»Condé, der hängt sein Mäntelchen doch nur nach dem Wind. Allerdings, man müsste überlegen, wie man ihn noch stärker an die Krone binden könnte. – Mein Gott, es muss doch möglich sein, die Guisen und Coligny zu versöhnen!«

Es entstand eine Pause, dann sagte Heinrich langsam:

»Mit Verlaub, Mama, es gibt Situationen, die so verfahren sind, dass eine Versöhnung unmöglich ist, und das ist der Fall bei den Guisen und Coligny. Ich weiß längst, dass die Guisen die Feinde unseres Hauses sind. Wenn man ihnen im Fall Coligny nicht entgegenkommt, wird diese Feindschaft sich vertiefen.«

Katharina überlegte und erwiderte: »Ich muss noch einmal in Ruhe darüber nachdenken.«

Sie beschloss, das Thema für heute zu beenden, und brachte die Sprache auf ihr Reisetagebuch und fing an, Heinrich daraus vorzulesen:

Schloss Fontainebleau, 12. März 1564,
spät am Abend (Sonntag)

Morgen beginnt die Rundreise. Meine Kutsche, eine Spezialanfertigung, ist Gott sei Dank vor einigen Tagen fertig geworden. Sie ist so groß wie ein Zimmer und muss von sechs Pferden gezogen werden, aber ich möchte und muss während der Reise Staatsgeschäfte erledigen, und ich möchte meine Kinder um mich haben, deshalb habe ich dieses Monstrum bauen und mit grünem Samt ausschlagen lassen. Grün ist die Farbe der Hoffnung, und ich erhoffe mir viel von dieser Reise. Ein Heer von mehreren tausend Personen begleitet uns: Zum Hof des Königs gehören ungefähr viertausend Menschen, hinzu kommen die Haushalte seiner Geschwister und mein eigener Haushalt. Es ist ein gigantisches Unternehmen, und ich hoffe nur, dass der Aufwand sich lohnt.

Am 24. Januar haben wir Paris verlassen, um in Fontainebleau die Karnevalszeit zu verbringen. Für mich waren die vergangenen sechs Wochen eine Periode der Ruhe und Erholung, wie ich sie seit Heinrichs Tod noch nicht erlebt habe. Ich nutzte die Zeit und gab mich den Vergnügungen eines glänzenden Hofes hin:

Bankette, Bälle, Maskenfeste, Schäferspiele und Konzerte wechselten einander ab, und ich hoffte insgeheim, den zerstrittenen Hochadel dadurch miteinander zu versöhnen.

Auf meinen Wunsch hin veranstalteten der Konnetabel und der Kardinal von Guise – in Vertretung seines Bruders, des Kardinals von Lothringen, der ja in Joinville bleiben muss, bis der Rechtsstreit mit Coligny entschieden ist –, diese beiden Herren veranstalteten die ersten Feste.

Montmorencys Bankett war eindrucksvoll, aber die Speisen schwer verdaulich. Das dritte Fest arrangierte ich selbst. Zunächst gab es ein Gastmahl, dann ließ ich eine Komödie aufführen, zuletzt folgte noch ein Ball.

Mein Sohn Anjou war der Gastgeber des vierten Festes. Es war sein erster offizieller Auftritt als Bruder des Königs bei gesellschaftlichen Anlässen, und er hat wahrhaftig seinen Bruder in den Schatten gestellt. Als er den Festsaal betrat, hätte man meinen können, er sei der König.

Nach dem Bankett gab es ein Scheingefecht, bei dem man hohe Offiziere gegen eine Festung aus Pappe anrennen sah, die von jungen Edelleuten zu Fuß verteidigt wurde; bei der Einnahme der Festung flohen leicht bekleidete Nymphen und Göttinnen daraus, um sich dann, von den Siegern verfolgt, erobern zu lassen.

Am besten von allen Darbietungen gefiel mir das Schäferspiel, das Ronsard in meinem Auftrag verfasste. Alle meine Kinder traten darin auf, und ich selbst spielte die Rolle der Schäferin. Ich stand mit dem Hirtenstab inmitten meiner Kinder, um sie zu beaufsichtigen und zu verteidigen. Margot hat in diesem Spiel ihrem Bruder Anjou einen hübschen Vers deklamiert:

> Mon doux souci, mon oeillet et ma rose,
> Qui peux de mes troupeaux et de moi disposer,
> Le Soleil tous les soirs dedans l'eau se repose
> Mais Margot pour t'amour ne saurait reposer.

Meine süße Qual, meine Nelke, meine Rose,
Verfüge über meine Herde und über mich.
Jeden Abend sinkt die Sonne ins Wasser, um dort zu ruhn,
Nie aber könnte Margots Liebe für dich ruhn.

Am 19. Februar wurde der arrogante spanische Gesandte de Chantonnay von Don Francis d'Alava abgelöst.

Mein Schwiegersohn Philipp weiß inzwischen, dass ich mich gerne mit ihm und Elisabeth während der Reise in Bayonne treffen würde. Ich deute die Auswechslung der Gesandten als gutes Omen, obwohl Philipp noch nicht entschieden hat, ob er kommt; man muss abwarten. Alava ist leider ebenso arrogant wie sein Vorgänger.

Troyes, 12. April 1564

Heute wurde der Friedensvertrag mit England unterzeichnet: Le Havre und Calais bleiben französisch, und wir müssen nicht 300 000 Kronen, sondern nur 125 000 Kronen für den Loskauf der seit Cateau-Cambrésis festgehaltenen Geiseln zahlen. Morgen wird in der Kathedrale anlässlich des Vertrages eine feierliche Messe stattfinden, an der auch der neue englische Gesandte Sir Thomas Smith teilnimmt.

Wir sind jetzt schon drei Wochen hier, und der Aufenthalt war ein gelungener Auftakt der Reise: Troyes ist katholisch, beim Einzug des Königs war die Stadt mit Teppichen ausgelegt worden, worauf die Devise meines Sohnes »Justitia et Pietas« prangte.

Auf dem Marktplatz kam uns eine Schar von »Satyrn« entgegen, sie ritten auf Ziegen und Eseln und wurden von einem Einhorn angeführt, das mit Efeu bedeckt war.

Da wir uns während der Karwoche dort aufhielten, wusch Karl am Karfreitag nach altem Brauch zwölf armen Männern die Füße, und ich wusch die Füße von zwölf armen Mädchen. Karl hat auch die Skrofulösen mit der heilenden Hand des Königs von Frankreich berührt.

Wir wurden hier herzlich empfangen und ich verlasse Troyes nur ungern.

Bar-le-Duc, 14. Mai 1564

Morgen reisen wir weiter nach Lyon. Wir waren nur zwei Tage hier, um die Taufe meines ersten Enkels Karl Philipp zu feiern, der einmal das Herzogtum Lothringen erben wird.

Ich war glücklich, als ich Claudia nach fünf Jahren wieder sah, allerdings gab es auch Meinungsverschiedenheiten zwischen dem Herzogspaar und mir. Claudia und ihr Gatte sind der Meinung, dass der Friede von Amboise zu günstig für die Hugenotten ist. Ich habe nicht weiter darüber diskutiert, um mir das Wiedersehen nicht zu verderben.

Lyon, 15. Juni 1564, am späten Abend

Endlich sind wir in Lyon. Die Reise hierher verlief teils erfreulich, teils unerfreulich: Am 22. Mai zogen wir feierlich in Dijon ein, und der dortige Statthalter, der Marschall von Tavannes, mein alter Freund, empfing und bewirtete uns in großem Stil. Es gab Schaukämpfe, Bankette, Festreden, Triumphbögen und Geschenke. Mein Sohn, der König, erhielt dort eine Goldschmiedearbeit von unschätzbarem Wert, auf der die Taufe Chlodwigs durch den heiligen Remigius eingraviert ist.

Von Dijon aus reisten wir weiter nach Chalon, schifften uns dort auf der Saône ein und gingen in Mâcon an Land.

Die Stadt ist katholisch, und bei unserer Ankunft begegneten wir der Königin von Navarra, die auf der Rückreise von Genf war. Sie hatte am Leichenbegängnis von Calvin teilgenommen, der am 27. Mai verstorben ist. Zu ihrem Gefolge gehörten zwölf reformierte Pastoren; ich wies sie darauf hin, dass deren Anwesenheit in der Stadt gegen das Edikt von Amboise verstieß und ermahnte sie, ihren katholischen Untertanen in Navarra die Gewissensfreiheit nicht vorzuenthalten. Sie versprach es, aber am 3. Juni wurde unsere katholische Prozession von den Hugenotten angepöbelt, und sie schritt nicht dagegen ein.

Ich verzichtete auf Repressalien gegen die Hugenotten, um keinen neuen Krieg zu provozieren, und ließ am nächsten Tag alle Kinder der Stadt je zwei und zwei – ein katholisches neben einem *protestantischen – an Karl vorbeidefilieren, um so dem Volk zu zeigen, dass der König von Frankreich der König aller Franzosen sei, ohne Unterschied der Religion.*

Johanna wollte uns bis Navarra das Geleit geben, aber ich überredete sie, ihre Besitzungen in Anjou und in der Picardie zu besuchen. Sie willigte sogar ein, ihren Sohn in meiner Obhut zu lassen, vergoss aber viele Tränen.

Ich war überrascht über den freundlichen Empfang in Lyon. Vor zwei Jahren waren die Katholiken von den Calvinisten aus der Stadt gejagt worden, aber der Gouverneur, der Marschall von Vielleville, den ich vor einem Jahr dorthin sandte, hat inzwischen für Ordnung gesorgt. Trotzdem ist die calvinistische Gemeinde in Lyon immer noch stark, auch hier wird ein Umzug stattfinden, bei dem ein katholisches und ein protestantisches Kind Seite an Seite gehen.

16. Juni 1564

Heute haben die verschiedenen ausländischen Kolonien dieser kosmopolitischen Handelsstadt dem König gehuldigt, die Italiener waren vorherrschend. Ich habe die Stadtstaaten an den Farben erkannt: Die Florentiner trugen Violett, die Genuesen und Lucchesen Schwarz, und um sie zu unterscheiden, trugen die Bürger von Lucca Roben, die Genuesen Wams und Hosen.

15. Juli 1564

Wir mussten Lyon am 9. Juli verlassen, weil die Pest ausbrach. Vorher hatte ich das Vergnügen, meine Schwägerin Margarete und ihren Gatten dort zu empfangen. Der Herzog versuchte mich zu überreden, auf Pignerol zu verzichten – es ist unsere letzte Festung, die wir noch in Italien besitzen. Ich blieb unnachgiebig und ernannte ihn zum Hauptmann einer Kompanie. Nun sind wir in Roussillon und beschließen eine Reihe von Gesetzen, die den König stärken sollen: Es werden Strafen festgesetzt für Verstöße gegen das Verbot, calvinistische Gottesdienste an nicht genehmigten Orten abzuhalten; das Urteil des Konzils zu Trient über die Priesterehe wird in die Gesetzgebung Frankreichs übernommen, alle von Priestern geschlossenen Ehen werden annulliert; aber die königlichen Beamten werden auch angehalten, den reformierten Kultus an den Orten, wo er genehmigt ist, nicht nur zu dulden, sondern auch vor Störungen zu schützen.

Marseille, 7. November 1564

Gestern kamen wir hier an und wurden von der königstreuen katholischen Bevölkerung begeistert begrüßt.

Die Reise entlang der Rhône war aufregend, weil hier überall Hochburgen der Hugenotten sind, mit Ausnahme von Avignon, das zum Territorium des Papstes gehört.

In Valence wurden wir freundlich empfangen, obwohl die katholische Bevölkerung hier vom Baron von Adrets terrorisiert wurde. Wir durchquerten rasch Montélimar und Orange und kamen am 23. September in Avignon an. Der päpstliche Nuntius hat uns glänzend empfangen, mein Sohn Karl hat erklärt, dass er die Hugenotten in Avignon schützen werde, und der Nuntius versprach, die Protestanten, die wegen ihres Glaubens eingekerkert waren, zu amnestieren und ihnen ihr Eigentum zurückzugeben.

Dann reisten wir weiter nach Salon, wo die Pest wütete.

Ich blieb in dieser Stadt, weil ich Nostradamus sprechen wollte. Ich erzählte ihm meinen Traum und fragte ihn, ob wirklich der Prinz von Navarra König von Frankreich würde.

Nostradamus beantwortete meine Frage eindeutig mit »ja«. Daraufhin ersuchte ich ihn, die Zukunft auf einem dritten Weg zu erforschen, und er untersuchte die Disposition der Leberflecken auf dem Körper meines Sohnes Heinrich und kam zum gleichen Ergebnis: Die Konfiguration der Leberflecken entspreche vollkommen der Schrift der Sterne, ohne Zweifel werde der Prinz von Navarra König von Frankreich werden.

Ich kann und will es nicht glauben; auch Astrologen sind nur Menschen und können sich irren.

Carcassonne, 13. Januar 1565

Gestern kamen wir in dieser Stadt an, die noch erfüllt ist von den schrecklichen Ereignissen der letzten Monate, der Henker hat mehrere Reformierte lebendigen Leibes geschunden und angeblich einen armen Mann, den er hasste, lebendig entzweigesägt. Hier schneit es seit Tagen. Ich nutze die Zeit zum Lesen, während meine Söhne und Navarra sich mit Schneebällen bewerfen.
Unsere Reise hierher war sehr beschwerlich. In Arles wurden wir vom Hochwasser an der Weiterreise gehindert und waren gezwungen, einen Monat am Ufer der Rhône zu lagern. Bei Tarascon konnten wir endlich den Fluss überqueren; dort ist der reformierte Glaube verboten. Auf der anderen Seite des Flusses, im Languedoc, wurden wir mit Geschrei und Schmähungen empfangen. Ich riet dem König, dies zu ignorieren. In der protestantischen Stadt Nîmes hingegen wurden wir herzlich empfangen. Über Aigues – Mortes reisten wir weiter nach Montpellier, wo wir am 17. Dezember eintrafen und das Weihnachtsfest feierten.

2. Februar 1565

Gestern sind wir in Toulouse angekommen, und heute teilte mir der spanische Gesandte mit, dass sein König damit einverstanden ist, dass ich mich mit Elisabeth in Bayonne treffe; ob Philipp meine Tochter begleitet, ist noch ungeklärt.

Bayonne, 3. Juni 1565, am späten Abend

Heute sind wir in Bayonne angekommen. Der spanische Gesandte war vorausgeritten, um zu kontrollieren, ob auch alles für die Ankunft seiner Königin und ihres Gefolges gerichtet sei. Vorhin teilte er mir mit, dass sein König unter den gegebenen Umständen keine persönlichen Unterredungen mit mir wünsche. Als ich ihn fragte, was genau er damit meine, erwiderte er: »Madame, es ist für meinen königlichen Herren unzumutbar, der Königin von

Navarra persönlich zu begegnen – schließlich ist sie eine Ketze-
rin.«

Ich fragte Alava, ob man mich in Madrid für eine Verrückte hal-
te, und erklärte ihm, dass die Königin ihre Besitzungen in der Pi-
cardie besuche.

Darauf erwiderte Alava kühl, dass der Herzog von Alba meine
Tochter begleite und die nötigen Verhandlungen führen werde.
Ausgerechnet Alba.

Im Mai verweilten wir einige Tage in Navarra. Der junge Hein-
rich residierte im Schloss als regierender Fürst, nahm die Huldi-
gungen des Adels entgegen und sprach seinen heimatlichen Di-
alekt. Johannas Abwesenheit macht sich in Navarra bemerkbar:
Ihre Untertanen kehren allmählich zum katholischen Glauben
zurück. Es finden Wallfahrten statt, Trinkgelage nach kirchli-
chen Feiern, es wird auch wieder getanzt und gesungen.

Elisabeth darf bis zum 2. Juli in Frankreich weilen. Bis zu ihrer
Ankunft habe ich hoffentlich alle Festlichkeiten arrangiert. Die
Spanier sollen geblendet werden durch die Pracht des französi-
schen Hofes.«

Hier brach Katharina ab, klappte das Reisetagebuch zu und bat Heinrich,
sie jetzt allein zu lassen. Sie fühlte sich etwas unwohl und zugleich unruhig und entschied sich, ein wenig zu ruhen. Bilder stiegen auf: Am Vormittag des 14. Juni 1565 sprengte damals ein staubbedeckter Kurier in
den Hof des Palais, das die königliche Familie in Bayonne bewohnte, und
meldete, dass die Königin von Spanien im Laufe des Nachmittags am
französischen Ufer des Grenzflusses an Land gehen werde.

Katharina brach sofort auf und ritt in Begleitung des Königs, Navarras
und eines kleinen Gefolges nach Hendaye, wo sie sich mit Elisabeth treffen wollte. Margot und Franz blieben auf ihren Befehl in Bayonne, weil
sie Wert darauf legte, dass ihre jüngste Tochter dem Herzog von Alba
prächtig gekleidet und ausgeruht gegenübertrat; schließlich wollte sie
Margot dem Spanier als Gemahlin für den Thronfolger Don Carlos anbieten.

Der 14. Juni war ein ungewöhnlich heißer Frühsommertag, aber sie
spürte die Sonnenglut nicht, weil sie innerlich so nervös und aufgeregt
war, wie zweiunddreißig Jahre zuvor bei ihrer Ankunft in Frankreich.
Seit Wochen und Monaten fieberte sie dem Wiedersehen mit Elisabeth

entgegen, aber seit der Ankunft in Bayonne wurde ihre Vorfreude durch ein Gefühl der Unsicherheit getrübt; sie fühlte sich unbehaglich und wusste nicht, warum.

Die Stimme des Königs unterbrach damals ihre Überlegungen.

»Mama, wird meine Schwester sich über den weißen Zelter freuen? Ich habe ihn aus den Stallungen von Tournelles kommen lassen, allein das Zaumzeug ist viertausend Goldstücke wert.«

»Sie wird sich über deine Aufmerksamkeit bestimmt freuen.«

»Mama, warum begleitet der König von Spanien meine Schwester nicht nach Bayonne?«

»Dein Schwager wäre gern gekommen, aber die Staatsgeschäfte erlauben es nicht, so hat er den Herzog von Alba als Stellvertreter geschickt. Wie seinerzeit zu Elisabeths Hochzeit, erinnerst du dich noch daran?«

»Ja, Mama, aber Philipp könnte doch auch von Bayonne aus regieren. Ich weile seit über einem Jahr nicht mehr in meiner Hauptstadt und erledige die Staatsgeschäfte trotzdem.«

»Karl, du kannst Frankreich nicht mit Spanien vergleichen. Spanien ist ein Weltreich wie seinerzeit das Römische Reich.«

Mit dieser Antwort gab der König sich endlich zufrieden und sie hörte erleichtert, dass er Navarra in aller Ausführlichkeit und Anschaulichkeit von den geplanten Festlichkeiten erzählte.

Am frühen Nachmittag erreichten sie Hendaye. Die Soldaten errichteten ein Zeltdach, das etwas Schutz vor der Sonne bot, und dann begann das Warten auf die spanische Barke.

Die Hitze war inzwischen so unerträglich, dass einige Soldaten in ihren Rüstungen erstickten und diskret fortgeschafft wurden.

Am Fluss Bidassoa sah Katharina im Geiste den kleinen Heinrich, ihren künftigen Gemahl, am Ufer stehen, neben ihm Diana, die ihn mütterlich tröstete, denn auf Heinrich wartete ein herbes Schicksal – er war auf dem Weg in die spanische Gefangenschaft.

An ebendieser Stelle stand Katharina nun und erwartete ihre Tochter. Deren spanischer Gatte wollte seine Frau nicht begleiten und schickte an seiner statt den Herzog von Alba.

Sie blickte über den Fluss und beschloss, bei den Gesprächen mit Alba das Thema Religion elegant zu umschiffen und sich mit ihm stattdessen vor allem über ihre geplanten ehelichen Verbindungen zwischen den Häusern Valois und Habsburg zu unterhalten. So vergingen ungefähr zwei Stunden.

Plötzlich erschien am Horizont eine große Barke, an deren Bug die spanische Flagge flatterte, und hinter dieser Barke sahen die Wartenden unzählige kleinere Barken und Boote.

Katharina sprang auf, sah die Königsbarke in schneller Fahrt flussabwärts gleiten und schritt gemessen hinunter zum Anlegeplatz.

Am liebsten wäre sie gerannt, aber sie war bei diesem Empfang nicht nur Mutter, sondern vor allem Königinwitwe.

Als sie am Ufer ankam, konnte sie Einzelheiten erkennen: In der Mitte der königlichen Barke war ein weißes Sonnensegel gespannt, und dort saß Elisabeth auf einem hochlehnigen Stuhl unter einem kleinen Baldachin aus rotem Samt. Sie trug ein olivgrünes Kleid, das üppig mit weißen Perlen verziert war, und Katharina fand, dass jener dunkle Grünton die weiße Haut und die dunklen, hochgesteckten Haare der Tochter vorteilhaft zur Geltung brachte.

Hinter Elisabeth stand ein ungewöhnlich großer, magerer Mann, der steif, stolz und unnahbar wirkte. Sein schmales Gesicht war bleich, fahl und wurde durch einen spitz zulaufenden schwarzen Bart noch in die Länge gezogen. Die dunklen Augen funkelten wachsam und der dünne Mund wirkte scharf und grausam. Er war völlig in Schwarz gekleidet, und diese düstere Kleidung wurde nur durch einen Orden, es war das Goldene Vlies, etwas aufgelockert. Der Herzog von Alba, dachte Katharina, er steht wie ein Wächter, nein, wie ein böser Geist hinter meiner Tochter. Er hat sich während der vergangenen sechs Jahre äußerlich nicht verändert, und sie rechnete nach, dass der Spanier fast neunundfünfzig Jahre alt war.

Er ist in erster Linie Soldat, ging es ihr durch den Kopf, kein Diplomat. Die Verhandlungen mit ihm werden schwierig sein, Soldaten denken meist geradlinig. Warum, zum Teufel, hatte Philipp keinen seiner geschmeidigen Kirchenfürsten geschickt? Mit diesen Herren konnte man reden, reden und am Schluss wusste niemand, worüber eigentlich geredet worden war.

In diesem Augenblick legte die Barke an. Katharina stellte fest, dass Elisabeth in den vergangenen Jahren noch gewachsen und ungefähr einen Kopf größer war als sie selbst. Sie sah auch, dass die Tochter stark geschnürt war und ihre schlanke Taille verloren hatte. Die Figur war üppig, man konnte sie noch als vollschlank bezeichnen, aber, dachte Katharina, sie sollte nicht weiter an Leibesfülle zunehmen, dafür ist sie noch zu jung.

Dann stand Elisabeth vor ihr, beugte sich hinunter und umarmte sie.
»Mama, endlich, ich konnte diesen Augenblick kaum erwarten.«
Katharina versuchte, die aufsteigenden Tränen zu unterdrücken, weil sie
Alba kein Schauspiel bieten wollte, und sagte nur leise: »Mein geliebtes
Kind, willkommen in deiner alten Heimat.«
Dann sah sie Alba an, zwang sich zu einem Lächeln und sagte: »Ich freue
mich, dass Sie meine Tochter begleiten und beschützen, und ich hoffe,
dass es Ihnen hier gefallen wird. Bayonne ist nur eine kleine Stadt, aber
Bankette, Konzerte und Bälle kann man hier genauso gut veranstalten
wie in Paris.«
Der Spanier verbeugte sich und erwiderte ernst: »Sie sind sehr liebens-
würdig, Madame, aber ich bin nicht nur hier, um mich zu amüsieren.«
Das fängt ja gut an, dachte Katharina, wandte sich an Elisabeth, und um
die etwas peinliche Situation zu überbrücken, sagte sie: »Heinrich konn-
te es kaum erwarten, dich wiederzusehen.«
Elisabeth streifte den Bruder mit einem bewundernden Seitenblick.
»Ich habe Heinrich zuerst nicht wieder erkannt, Mama. Als ich Frankreich verließ, war er ein achtjähriges Kind, und jetzt ist er ein junger
Mann von fast vierzehn Jahren und ein vollendeter Kavalier. Die jungen
Hofdamen verehren ihn bestimmt alle heimlich.«
Heinrich lächelte geschmeichelt. »Vielleicht hast du Recht, liebe Schwester, aber die jungen Damen interessieren mich nicht sonderlich, ich fühle
mich viel wohler in der Gesellschaft junger Männer.«
Darauf wusste Elisabeth nichts zu erwidern. Katharina aber atmete erleichtert auf, denn insgeheim fürchtete sie den Tag X, an dem Heinrich
sich ernsthaft in eine junge Dame verlieben würde, weil sie als Mutter
dann in den Hintergrund treten würde. Gegen wechselnde Mätressen
hatte sie nichts, solange sie als Mutter die Bezugsperson blieb, und die
künftige Gattin musste sie emotional wahrscheinlich auch nicht fürchten, weil es eine politische Verbindung sein würde.
In diesem Augenblick begannen die Kanonen Salut zu schießen und man
begab sich zu dem jungen König, der die Schwester umarmte, küsste und
dann zur Begrüßung einen Vers deklamierte:

O glückliches Zeitalter, wert, genannt zu werden
Das goldene Zeitalter, wenn es überhaupt je eines gegeben hat,
Da der Spanier in loyaler Freundschaft
Frankreich liebt, so dass beide eins werden.

»Wunderbar!«, rief Elisabeth, »hast du den Vers gedichtet?«

»Nein, es war Ronsard, ich hatte während der Reise keine Zeit.«

Dann geleitete er die Gäste in ein Zelt, wo Wein und Früchte als Erfrischung serviert wurden. Während Elisabeth der Mutter und den Brüdern den Verlauf ihrer Reise schilderte, nahm Katharina wahr, wie der Herzog von Alba sie immer wieder verstohlen musterte. Sie ahnte plötzlich, dass ihr von seiner Seite eine unangenehme Wendung des Besuches bevorstand.

Am frühen Abend, als es kühler geworden war, ritt man zurück nach Bayonne, und Alba arrangierte es so, dass er einen Augenblick allein neben Katharina ritt.

»Madame«, sagte er, »es ist ein Wunsch König Philipps, dass ich möglichst bald mit Ihnen über die Probleme spreche, die Frankreich und Spanien belasten. Er wünscht auch, dass die Königin bei unserer ersten Unterredung anwesend ist. Wann wäre ihnen ein erstes Gespräch genehm?«

»Morgen nach der Messe«, antwortete sie, »ich erwarte Sie in dem großen Saal meines Palais, dort ist es immer angenehm kühl, und wir sind ungestört.«

Es dämmerte schon, als sie in Bayonne einzogen. In den Straßen drängten sich die Zuschauer und manche hielten Fackeln hoch, um die Königin von Spanien besser sehen zu können.

Als die Franzosen Elisabeth auf dem weißen Zelter sahen, jubelten sie ihr und der königlichen Familie zu, und Katharina beobachtete zufrieden, dass der Jubel abrupt aufhörte, als der Herzog von Alba und sein Gefolge erschienen.

Nach der Abendtafel hatte Katharina endlich Zeit, um sich mit Elisabeth ungestört unterhalten zu können.

Sie saßen sich eine Weile gegenüber, und Katharina wartete darauf, dass die Tochter anfing, von Spanien zu erzählen, aber Elisabeth schwieg, trank hin und wieder einen Schluck Wein und aß etwas Konfekt.

Irgendwann hielt Katharina die Stille nicht mehr aus. »Aus deinen Briefen habe ich herausgelesen, dass du glücklich bist, aber, nun ja, Papier ist geduldig. Bist du wirklich glücklich in Spanien?«

Elisabeth sah ihre Mutter erstaunt an. »Was für eine merkwürdige Frage, Mama. Ich wurde seinerzeit mit Philipp verheiratet, es war eine politische Ehe, und ich bin so glücklich, wie man es in einer solchen Ehe sein kann. Er achtet und liebt mich, aber ich bin viele Tage allein und verlasse kaum meine Gemächer. Ich würde ihn gerne öfter sehen, aber ich wünsche, ihm zu gefallen, und passe mich vollkommen an.«

Sie will nur das, was er will, dachte Katharina, so ähnlich hatte sie selbst jahrelang neben Heinrich gelebt, mit dem Unterschied, dass es in Elisabeths Leben keine Diana gab. »Ich finde es nicht richtig, dass du dich in deinen Gemächern einschließt ...« »Mama«, unterbrach Elisabeth sie ungeduldig, »es ist so Sitte am spanischen Hof.« »Ich verstehe, andere Höfe, andere Sitten. Aber bist du während deiner Schwangerschaften auch in deinen Gemächern geblieben?«

»Selbstverständlich, die Ärzte haben es mir sogar empfohlen und gesagt, dass ich mich während der neun Monate möglichst wenig bewegen soll, um das Leben des Kindes nicht zu gefährden.«

»Die spanischen Ärzte haben noch nie viel getaugt. Die französischen Ärzte empfehlen regelmäßige Bewegung, Spaziergänge, weil dadurch die Geburt erleichtert wird; außerdem ist Bewegung gut für die Figur. – Ich habe dich vorhin bei der Tafel beobachtet, du hast anscheinend meinen Appetit geerbt. Du musst dich bewegen, sonst bist du bald so wohlbeleibt wie ich. In meinem Alter spielt es keine Rolle, zumal ich keinem Mann mehr gefallen will, aber du bist noch jung, und ich möchte, dass du deinem Gatten noch lange gefällst.«

Elisabeth streifte ihre Mutter mit einem ärgerlichen Seitenblick und erwiderte gereizt: »Verzeihen Sie, Mama, überlassen Sie es bitte mir, ob und wie ich meinem Mann gefalle.«

Katharina verstand: ihre Ratschläge waren unerwünscht, nun ja, Elisabeth war inzwischen erwachsen.

Es entstand eine ungemütliche Pause, und dann sagte Katharina: »Ich hoffe, dass du mich morgen bei dem Gespräch mit Alba unterstützt, es geht schließlich um die Zukunft deiner Geschwister, um ihre Verheiratung.«

Elisabeth sah ihre Mutter befremdet an. »Sie wollen mit dem Herzog über Hochzeiten sprechen?«

»Ja, ich möchte Margot mit deinem Stiefsohn Don Carlos verheiraten und Heinrich mit deiner Schwägerin, der Königinwitwe von Portugal.«

»Don Carlos? Ich bezweifele, dass Margot mit ihm glücklich würde, er ist ..., er ist manchmal seltsam.«

»Dein Bruder Karl ist auch manchmal seltsam, überdies ist das persönliche Glück bei dynastischen Verbindungen unwichtig.«

Es entstand wieder eine Pause, und dann bat Elisabeth die Mutter, den bisherigen Verlauf der Reise zu schildern.

Am nächsten Tag kam Alba sofort auf die religiöse Frage zu sprechen.

»Madame, mein König sieht den katholischen Glauben durch die Hugenotten ebenso bedroht wie durch die Türken. Sie haben versucht, das religiöse Problem in Ihrem Reich durch ein Edikt zu lösen, das letztlich den gegenseitigen Hass nur angestachelt und zu einem Krieg geführt hat. Der Krieg wurde durch den Frieden von Amboise beendet, aber der religiöse Konflikt schwelt weiter.«

Er schwieg und wartete auf Katharinas Antwort.

Bei Albas ersten Sätzen fühlte sie sich überrumpelt, fasste sich aber sofort und erwiderte: »Der Friede von Amboise sichert den französischen Protestanten zwar die Gewissensfreiheit zu, aber die Freiheit der Religionsausübung wurde drastisch eingeschränkt.«

Es entstand eine Pause, dann verzogen sich Albas Lippen zu einem spöttischen Lächeln. »Madame, hat die neue Religion seit dem Frieden von Amboise gewonnen oder verloren?«

Katharina überlegte blitzschnell, dass der Spanier über die gleichen Informationen verfügte wie sie selbst, und erwiderte: »Sie hat gewonnen.«

»So, sie hat gewonnen! Sie hat gewonnen, obwohl die Freiheit, ihren Kultus auszuüben, angeblich drastisch eingeschränkt wurde. Diese verruchte Sekte muss aus Frankreich vertrieben werden!«

»Nein!«, rief Katharina in ungewöhnlich scharfem Ton, der sie selbst überraschte. Sie versuchte, sich zu beherrschen, und fuhr so sanft wie möglich fort: »Der innere Friede in Frankreich kann nur gewahrt bleiben, wenn es jedem Franzosen freisteht, sich zu dem Glauben zu bekennen, von dem er innerlich überzeugt ist. Die Protestanten müssen auch die Möglichkeit haben, ihre Predigt zu hören, natürlich nicht überall. Ich stelle nur eine Bedingung, nämlich Loyalität gegenüber dem König.«

Alba starrte Katharina einen Augenblick fassungslos an. »Madame, die Hugenotten sind Ketzer, sie sind fast so gefährlich wie die Moslems, kein Ketzer kann seinem Souverän loyal dienen.«

»So? Was ist mit England, mit Schweden, mit den lutherischen deutschen Fürsten, mit den Türken? In den Berichten meiner Gesandten war noch nie davon die Rede, dass diese Völker ihrem Fürsten nicht loyal dienen.«

Alba kniff verärgert seine schmalen Lippen zusammen, weil er nicht wusste, was er antworten sollte und Katharina insgeheim Recht gab.

Dann versuchte er sie von einer anderen Seite her anzugreifen: »Mit Verlaub, Madame, Sie umgeben sich mit schlechten Ratgebern. Die religiöse Einstellung Ihres Kanzlers beeinflusst Ihre Politik. Es war nicht klug von Ihnen, Madame, einen Mann wie Monsieur de L'Hospital zum Kanzler zu ernennen. Sie sollten sich von ihm trennen.«

Katharina unterdrückte nur mühsam ihre Wut. Was fiel Alba ein? Spanien maßte sich an, ihr und dem König Vorschriften zu machen, wem sie das Siegel anvertrauten – es war unerhört.

»Monsieur de L'Hospital ist nicht so schlecht, wie Sie denken«, erwiderte sie kühl.

Elisabeths dunkle Augen waren während des Gesprächs aufmerksam zwischen ihrer Mutter und Alba hin- und hergewandert, nun fand sie es angebracht, sich einzumischen. »Mama, sogar zu Lebzeiten meines seligen Vaters galt er als Hugenotte. Solange er Kanzler ist, werden die Katholiken unterdrückt und die Hugenotten begünstigt werden.«

Katharina fuhr unmerklich zusammen, sah Elisabeth bestürzt an und versuchte zu begreifen, dass ihre eigene Tochter die Partei des Spaniers ergriff. Waren die Interessen Frankreichs ihr so gleichgültig geworden?

Sie spürte, dass die beiden versuchten, sie in die Enge zu treiben, und dass sie, die Königinmutter, die Schwächere war, aber sie war nicht gewillt, auch nur einen Schritt zurückzuweichen. Gleichzeitig fühlte sie sich als Mutter durch den kühlen, herablassenden Tonfall der Tochter verletzt. Dann dachte sie daran, dass sie nach Bayonne gekommen war, um Heiratsprojekte zu erörtern, und zwang sich, den Spanier und die Tochter anzulächeln. »Ich habe eine Idee, wie man das religiöse Problem lösen könnte, aber ich glaube, heute ist nicht der richtige Zeitpunkt, um darüber zu sprechen. Wir sind wohl alle etwas überanstrengt von der Reise hierher und sollten einige Tage ruhen und uns bei den diversen Festlichkeiten erholen. Wäre es Ihnen recht, Herr Herzog, wenn wir uns in einigen Tagen unter vier Augen noch einmal über das religiöse Problem unterhalten?« – »Selbstverständlich, Madame.«

»Der Tag, an dem die mehrstündige Komödie aufgeführt wird, wäre geeignet. Ich erwarte Sie am Nachmittag gegen fünf Uhr hier in diesem Saal, Herr Herzog, und nun lassen Sie mich mit meiner Tochter allein.«

»Ich bin stets zu Ihren Diensten, Madame.«

Als er gegangen war, herrschte einige Sekunden lang ein peinliches Schweigen zwischen Mutter und Tochter.

Katharina betrachtete die junge Frau, die es vermied, sie anzusehen. »Du bist sehr spanisch geworden, mein Kind.«

Da sah Elisabeth ihre Mutter an und antwortete mit einem vorwurfsvollen Unterton: »Ich bin Spanierin, ich gebe es zu, das ist meine Pflicht, aber ich bin immer noch Ihre Tochter, genauso wie ich es auch war, als Sie mich nach Spanien gesandt haben.«

Katharina verstand die feine Rüge. Die Tatsache, dass Elisabeth Spanierin geworden war, war das Ergebnis ihrer Empfehlungen und Ratschläge, die sie ihr vor sechs Jahren gegeben hatte, und diese Ratschläge kehrten sich nun gegen sie selbst. Trotzdem, die Tochter war die Schwester des Königs von Frankreich und in dieser Rolle zur Familiensolidarität verpflichtet.

Bei der Rückkehr in ihr Appartement konnte Katharina sich nicht länger beherrschen, fing an zu weinen und beklagte sich bei Mingo darüber, dass Elisabeth sie, die Mutter, nicht gegen Alba unterstütze.

»Ich kann Ihren Kummer verstehen, Madame«, erwiderte die alte Erzieherin, »aber Ihre Tochter hat sich innerlich ebenso von Frankreich gelöst wie Sie, Madame, seinerzeit von Florenz.«

»Man kann die Situation meiner Tochter und meine Situation zum Zeitpunkt unserer Heirat nicht vergleichen. Elisabeth hat sich von einer Familie getrennt, während ich eine Familie bekam. Sie hätte heute zumindest neutral bleiben können.«

Unterdessen berichtete der Herzog von Alba seinem königlichen Herrn detailliert über das Gespräch mit der »Florentinerin« und schrieb zuletzt: »Ihre Majestät, Königin Elisabeth, entledigte sich ihrer Pflicht aufs vortrefflichste.«

Zwei Tage später wurde die Ankunft des Gesandten Suleimans des Prächtigen gemeldet, und Katharina begab sich persönlich mit ihrem Gefolge zum Stadttor, um die Türken zu begrüßen.

Die neuen Gäste wurden in der Abtei Saint-Bernard untergebracht, und dort hörte sie sich die Wünsche des Gesandten an, wobei sie es vermied, sich festzulegen.

Sie wusste, dass Alba von ihren Besuchen bei dem Türken erfuhr, sie wusste auch, dass Philipps Misstrauen gegen sie dadurch genährt wurde, aber sie hoffte, den Schwiegersohn dadurch auch unter Druck zu setzen.

Ein Bündnis zwischen der französischen und türkischen Flotte gegen die spanische Flotte war bestimmt keine angenehme Perspektive für den Habsburger.

Schließlich war es so weit: Heute war der Tag, an dem die Komödie aufgeführt wurde, heute fand auch die zweite Unterredung zwischen Katharina und dem Herzog von Alba statt, und sie kam bei dieser Gelegenheit sofort auf ihre Heiratspläne zu sprechen.

»Sie wissen wahrscheinlich, dass Kaiser Maximilian bereit ist, den Erzherzog Rudolf mit meiner Tochter Margarete zu verheiraten und die Erzherzogin Anna mit meinem Sohn Karl. Für Karl hat sich inzwischen noch eine andere Möglichkeit ergeben, nämlich Königin Elisabeth von England; ich stehe in Verhandlungen mit ihr, und sie scheint nicht abgeneigt zu sein, den König von Frankreich zu ehelichen.«

Hier schwieg Katharina, damit Alba über die Folgen einer Ehe zwischen Karl und Elisabeth I. nachdenken konnte. Diese Folgen konnten für Spanien unangenehm werden, weil die Niederländer dann mit der Unterstützung Englands und Frankreichs rechnen konnten bei ihren Versuchen, sich von der spanischen Herrschaft zu befreien.

Alba schwieg und dachte im Stillen, dass die Verhandlungen mit Elisabeth über eine Ehe mit dem König von Frankreich geradezu absurd waren. Abgesehen davon, dass Elisabeth siebzehn Jahre älter als der Freier war, sah es nicht so aus, als ob sie sich jemals vermählen würde. Die Eheverhandlungen der englischen Königin, dachte er, sind ein diplomatischer Trumpf, den sie ausspielt.

Alba schwieg beharrlich, und so sah Katharina sich gezwungen fortzufahren, ohne zu wissen, woran sie mit dem Spanier war.

»Herr Herzog, ich war immer zuerst Mutter und dann erst Königin und Regentin. Als Mutter möchte ich, dass meine Kinder glücklich werden, und glücklich werden sie nur durch eine Verstärkung der familiären Bande zwischen Spanien und Frankreich. Denkbar wäre eine Vermählung meiner Tochter Margarete mit dem Infanten Don Carlos und meines Sohnes Heinrich mit der Königinwitwe von Portugal, also mit der Schwester König Philipps. Diese familiären Verbindungen würden eine Basis schaffen, auf der man die religiöse Frage erledigen könnte.«

Alba fühlte sich einen Augenblick verwirrt angesichts dieser vielfältigen Ehepläne, aber dann erinnerte er sich, dass er primär über die religiöse Frage verhandeln sollte, und fragte schroff: »Madame, Sie wollen durch familiäre Verbindungen die religiöse Frage regeln, wie stellen Sie sich das konkret vor?«

»Herr Herzog, ich werde auf meine Weise dafür sorgen, dass wir alle zufrieden sind.«

In diesem Augenblick hatte Alba genug von Katharinas Liebenswürdigkeit, er hasste unverbindliche Erklärungen.

Während er überlegte, ob er ihr schon jetzt Philipps Ultimatum stellen sollte, sagte Katharina: »Wenn die Kinder verheiratet sind, können wir die religiöse Frage lösen.«

Alba erwiderte scharf: »Madame, kümmern Sie sich erst einmal darum, die Ketzer loszuwerden, die Ihr Königreich bedrücken, dann können wir vielleicht von Hochzeiten reden. Ich unterbreite Ihnen nunmehr die Wünsche meines Königs: Er erwartet, dass Sie innerhalb eines Monats alle reformierten Geistlichen aus dem Land weisen und dass Sie umgehend alle Beamten, die man verdächtigt, Hugenotten zu sein, ihrer Ämter entheben.«

Katharina stand wie vom Donner gerührt. Die Wünsche ihres Schwiegersohnes waren faktisch ein Ultimatum. Sie dachte verzweifelt über eine Erwiderung nach.

»Madame«, sagte Alba, »denken Sie in Ruhe über die Wünsche meines Königs nach, ich erwarte Ihre Antwort.«

Während der folgenden Tage überlegte Katharina, wie sie Philipp beruhigen konnte, ohne sich festlegen zu müssen, aber es fiel ihr keine Lösung ein. Ein Tag nach dem anderen verging, und dann kam der kulturelle Höhepunkt der Reise, der Ausflug zu der kleinen Insel Aiguemeau. Alles verlief nach Plan, bis die Nypmhen anfingen, das Ballett zu tanzen. In diesem Augenblick zog ein Gewitter herauf mit Donner und Blitz und einem starken Regenguss. Die Hofgesellschaft begab sich mitten in der Nacht auf Kähnen zurück nach Bayonne, was indes die fröhliche Stimmung nur noch steigerte.

Nach diesem Fest waren es nur noch wenige Tage bis zur Abreise der Königin von Spanien, und Alba wartete ungeduldig auf eine Antwort Katharinas. Am Vormittag des 1. Juli bat er um eine Audienz und am Nachmittag traf er sich erneut mit ihr in dem großen kühlen Saal.

Alba schilderte zunächst die verworrene Lage in Frankreich, woraufhin Katharina fragte, ob er wisse, wie man das religiöse Problem lösen könne.

»Madame, Sie müssen auf Ihre Politik des Verhandelns verzichten. Sie sollten nicht länger versuchen, die Hugenotten mit Hilfe von Zugeständnissen zu beschwichtigen. Das bestärkt sie nur in ihren religiösen Irrtümern und Sie gewinnen durch diese Politik nicht die Loyalität der Calvinisten, im Gegenteil, Ihre Toleranz Madame, fordert die Hugenotten nur heraus, noch mehr zu fordern.«

»Was erwartet der König von Spanien? Soll ich die Hugenotten mit Waffengewalt aus Frankreich vertreiben?«

»Madame, das ist eine Möglichkeit, die ich nicht ausschließen will, aber im Augenblick würde es genügen, wenn Sie die Prediger aus dem Land weisen.«

»Eine Vertreibung der Prediger bedeutet Krieg, ich will keinen Krieg, ich bin froh, dass in Frankreich Frieden herrscht.«

»Ich verstehe Sie, Madame, kein Herrscher wünscht Krieg zwischen seinen Untertanen. Sie können diesen Krieg vermeiden und die Prediger des Landes verweisen, wenn Sie die Hugenotten ihres Führers berauben.«

Ihr Führer, dachte Katharina, das ist im Augenblick Coligny. Sein Tod wird erst recht zu inneren Unruhen führen.

In diesem Augenblick sagte Alba: »Ein fetter Lachs ist mehr wert als zehntausend Frösche.«

Katharina schwieg und überlegte, wie sie dem Spanier erklären konnte, dass die Lage nicht so einfach war, wie Philipp es annahm.

Inzwischen hatten sie das Ende des Saales erreicht und gingen langsam zurück.

»Herr Herzog«, sagte Katharina, »mit einem fetten Lachs kann ich verhandeln, mit zehntausend Fröschen sind Verhandlungen unmöglich. Vielleicht könnte man die religiöse Frage lösen, wenn Spanien, Österreich und Frankreich ein Bündnis schließen.«

Alba wartete, bis sie das Ende des Saales erreicht hatten, verbeugte sich und antwortete: »Madame, ein derartiges Bündnis ist unter den gegenwärtigen Umständen unmöglich.«

Während Katharina sich zu ihrem Appartement begab, beschloss sie, den Herzog von Alba am nächsten Tag zu einer neuerlichen Audienz zu bitten, um einen Kompromiss in der religiösen Frage auszuhandeln.

Als Katharina sich an jenem Abend zur Ruhe begeben wollte, wurde Elisabeth gemeldet.

»Verzeihen Sie die Störung, Mama, aber vorhin erhielt der Herzog von

Alba einen Brief meines Gatten und er bat mich als Königin von Spanien, Ihnen den Inhalt mitzuteilen.«

Königin von Spanien, dachte Katharina, offizieller geht es nicht.

»Was will dein Gatte mir mitteilen?«

»Philipp lehnt Ihre Heiratspläne ab, Margot wird den Infanten Don Carlos nicht ehelichen und Anjou wird meine Schwägerin nicht heiraten. Überdies will der Herzog von Alba nicht weiter mit Ihnen verhandeln, er verspricht sich nichts von weiteren Gesprächen. Mama, ich werde mich der Entscheidung meines Gatten nicht widersetzen und nicht für meine Geschwister bitten, für mich zählt nur der Wille meines Gemahls.«

Katharina betrachtete nachdenklich ihre Tochter, erinnerte sich, dass auch für sie immer Heinrichs Wille wichtig gewesen war, und sagte: »Gute Nacht, Elisabeth, ich hoffe, dass wir den kommenden Tag noch unbeschwert genießen können, es ist dein letzter Tag in Frankreich.« Als Elisabeth gegangen war, weinte sie bitterlich.

Ihre Heiratspläne hatten sich in Luft aufgelöst, das Verhältnis zu Spanien war gespannt, um nicht zu sagen feindselig, ihre Lieblingstochter war zur Spanierin geworden und nur noch das Sprachrohr König Philipps.

Katharina schreckte auf, sie fühlte sich unruhig und nahm erneut ihr Reisetagebuch, schlug es auf, um sich abzulenken:

Bergerac, 10. August 1565

Diese Stadt ist eine Hochburg des Calvinismus im Perigord, trotzdem bereitete man uns einen freundlichen Empfang: als Karl am 8. August hier einzog, fand er eine Kapelle aus grünen Zweigen am Anfang der Magdalenenvorstadt. Nach der Ansprache des Statthalters Poynet begaben wir uns in die Kapelle, und anschließend paradierten die Kinder für uns. Sie waren in blauen Satin gekleidet, trugen Hirtenstäbe und sangen das Lob des Königs, aus den Brunnen der Stadt floss während unserer Anwesenheit Wein, und Karl gewährte der Lateinschule eine jährliche Rente und sammelte auch bei seinem Gefolge Zuschüsse. Heinrich von Bourbon war am großzügigsten, er wird jährlich zweihundert Livres spenden.

Der Empfang in Bergerac war wohltuend nach dem Abschied von Elisabeth. Nach dem Gespräch mit Alba wollte ich ihm zeigen, dass ich mir keine Vorschriften machen lasse, so berief ich den Großen Rat, damit er die Spanier verabschiede, und bat Montmorency, meine Toleranzpolitik zu verteidigen. Seit dem Tod des Herzogs von Guise ist Montmorency der Anführer einer Partei, die Toleranz und eine Koexistenz der Religionen befürwortet. Seine Rede war eindeutig: Frankreich wird sich keine Vorschriften von Spanien machen lassen und die Politik der Toleranz fortsetzen.

Karl begleitete Elisabeth bis nach Saint-Jean-de-Luz, ich war an ihrer Seite bis nach Irun, Heinrich leistete ihr Gesellschaft bis nach Spanien.

Ich weinte beim Abschied, weil Elisabeth für mich immer die Tochter bleiben wird. Elisabeth weinte nicht, sie schien froh zu sein, dass sie nach Spanien zurückkehren konnte.

Wann werde ich sie wiedersehen?

Tours, 30. November 1565

Heute Nachmittag kamen wir in der Hauptstadt der Touraine an und wurden von den Seidenwebern prächtig empfangen. Hier herrscht Eintracht zwischen den Konfessionen und vor allem Treue zum König.

Wenn ich zurückblicke, so wurden wir überall freundlich empfangen: in Angoulême (eine Hochburg der Calvinisten), in Cognac (dort leben die Konfessionen einträchtig nebeneinander), in La Rochelle jubelte man uns nicht zu, aber diese Hochburg der Hugenotten hat uns würdig empfangen. In La Rochelle erfuhren wir, dass Maria Stuart am 29. Juli Lord Heinrich Darnley geheiratet hat. Im Frühsommer bat sie uns um unsere Zustimmung, die ich sofort erteilte. Dieser Darnley ist ein entfernter Vetter meiner ehemaligen Schwiegertochter, überdies katholisch, diese Ehe ist für Frankreich politisch ungefährlich. Die Königin von England ist empört über diese Verbindung, der Himmel weiß, warum, angeblich hat sie ihren Günstling Leicester Maria als Gatte offeriert und diese hat ihn abgelehnt. – Gott sei Dank müssen wir uns nicht mehr um die Verhältnisse in Schottland kümmern.

Moulins, 31. März 1566

Morgen verlassen wir die alte Hauptstadt Burgunds und reisen durch die Auvergne zurück nach Saint-Maur, von wo wir seinerzeit aufbrachen. Bei der Abreise aus Tours teilte sich unsere Reisegesellschaft, ein Teil begleitete mich nach Chenonceaux, ein Teil begab sich nach Blois, der Rest reiste nach Amboise. Ende Dezember vereinigten wir uns in Moulins und überwinterten dort.

Ich habe die Wochen in Moulins genutzt und eine Anzahl von Verordnungen erlassen, insgesamt sechsundachtzig, die die Autorität des Königs festigen und erweitern sollen, so dass er eines Tages über den Parteien regieren kann. Der Zweck dieser Verordnungen ist die Stärkung der Zentralgewalt, nicht die Zentralisierung des Staates. Das Einspruchsrecht der Parlamente gegen königliche Edikte wird beschränkt, die Provinzgouverneure dürfen keine Steuern mehr erheben und Druck auf die Gerichte ausüben, die traditionellen Freiheiten der Städte und Provinzen werden nicht angetastet.

Saint-Maur, 1. Mai 1566

Gestern Abend kamen wir hier an. Die Reise ist beendet, von hier aus werden wir uns gemächlich nach Paris bewegen und uns vor dem Einzug in die Hauptstadt in Fontainebleau erholen.
Bei meiner Ankunft fand ich eine Nachricht aus Anet vor: Diana ist am 25. April 1566 verstorben; sie wäre im September siebenundsechzig Jahre alt geworden.

Heinrich, der die innere Unruhe seiner Mutter gespürt hatte, war inzwischen unbemerkt zurückgekehrt. Katharina stand auf und verwahrte das Reisetagebuch in einer Schublade ihres Schreibtisches.
Dann setzte sie sich wieder zu Heinrich und beide schwiegen eine Weile und erinnerten sich noch einmal an die Augenblicke der Reise, die sie besonders beeindruckt hatten.
»Mama«, sagte Heinrich nach einer Weile, »ich befürchte, dass der Friede von Amboise kein stabiler Friede ist. Wollen Sie nicht den Rat des

Herzogs von Alba befolgen und Coligny beseitigen? Ohne Führer sind die Hugenotten machtlos. Jetzt wäre ein günstiger Moment, weil das außerordentliche Gericht ein Urteil fällen muss.«

Katharina, die den Sohn über den Inhalt ihrer Gespräche mit Alba informiert hatte, betrachtete Heinrich und war innerlich erfreut, dass er so regen Anteil an wichtigen Entscheidungen nahm, aber ihm fehlte natürlich die Erfahrung. Sie lenkte das Gespräch auf Maria Stuart.

Vor kurzem hatte sie die Nachricht erreicht, dass Maria Stuart am 19. Juni, einem Mittwoch, zwischen zehn und elf Uhr morgens in Edinburgh einen Sohn zur Welt gebracht hatte, der den Namen Jakob erhielt. Die feierliche offizielle Taufe sollte erst im Dezember stattfinden, und so schob Katharina die Entscheidung über das Taufgeschenk auf. In Frankreich gab es wichtigere Probleme.

Anfang Juli kehrte die Königin von Navarra nach Paris zurück. Sie war fest entschlossen, den Sohn in ihr kleines Reich mitzunehmen. Heinrich wurde im Dezember dreizehn Jahre und damit volljährig, und seine Anwesenheit in Navarra war notwendig. Seine Jugend, sein liebenswürdiges, heiteres Auftreten würde sie – die Königin – bei den Untertanen hoffentlich wieder beliebter machen.

Unterwegs reifte in ihr der Entschluss, bei den Unterredungen mit Katharina nicht wie früher um den Sohn zu bitten und zu betteln, sondern die Italienerin zu überlisten. Dieser Plan war natürlich nur zu verwirklichen, wenn Heinrich bereit war, in die Heimat zurückzukehren, und dieser Punkt in ihren Überlegungen beunruhigte sie etwas.

In Paris stieg sie im Palais Bourbon ab und fragte bei Katharina an, wann sie ihren Sohn besuchen könne.

Wenig später überbrachte der Bote die Nachricht, sie sei jederzeit im Louvre willkommen.

Am Nachmittag begab Johanna sich zu ihrer Cousine, die sie mit der gewohnten Liebenswürdigkeit empfing und ihr beredt versicherte, wie glücklich sie über das Wiedersehen war.

»Wir haben beide anstrengende Reisen hinter uns«, sagte Katharina, »aber, nun ja, diese Strapazen sind notwendig, im Interesse unserer Untertanen.« Ich muss aufpassen, ging es ihr dabei durch den Kopf. Johanna wird bestimmt Heinrich nach Navarra mitnehmen wollen.

Zu ihrer Überraschung erzählte die Cousine von ihrer Rundreise durch die Picardie. Die Ländereien würden alle trefflich verwaltet, die Einkünfte seien nach dem Frieden von Amboise wieder gestiegen und sie könne beruhigt in den Süden zurückkehren.

»Ich möchte den Sommer hier in Paris in Heinrichs Nähe verbringen. Ich weiß, dass seine Pflichten als Thronprätendent ihn beanspruchen, aber vielleicht lässt es sich arrangieren, dass ich ihn jeden Tag sehe. Ich will auch die neue Druckerei von Jodelet besuchen, die hugenottische Künstler fördert; Sie wissen wahrscheinlich, dass du Bartas, Palissy und Goujon in Paris leben. Und ich möchte auch Spitäler besuchen.«

Katharina hörte erstaunt zu. Die Worte Johannas klangen so, als ob sie künftig etwas weltoffener sein würde – nun ja, jeder Mensch war lernfähig.

»Sie können Heinrich natürlich jeden Tag sehen, Madame. Kommen Sie, wir wollen ihn überraschen, er spielt mit dem König Federball.«

Während sie in den Garten gingen, erzählte Katharina von der großen Reise, schilderte die Witterungsverhältnisse und die begeisterten Empfänge verschiedener Städte, sie erzählte auch von Bayonne, dem Wiedersehen mit Elisabeth, und erwähnte beiläufig, dass sie mit dem Herzog von Alba über verschiedene Heiratsprojekte gesprochen habe. Johanna hörte sich alles an und dachte, dass Katharina wahrscheinlich auch Ereignisse verschwieg.

Wenig später umarmte Johanna den überraschten Heinrich und ging dann mit ihm zu einer Bank unweit des Platzes. Dort waren sie in Sichtweite der Königinmutter und konnten sich trotzdem ungestört unterhalten.

Katharina sah gelegentlich zu der Bank, beobachtete, dass Heinrich sprach und Johanna zuhörte, dann verfolgte sie das Ballspiel und hoffte, dass Anjou siegen würde.

»Die Königinmutter«, begann Johanna, »hat mir von der Reise erzählt, aber ich vermute, dass sie auch gewisse Ereignisse verschwiegen hat. Hast du einen ungewöhnlichen Vorfall beobachtet?«

»Ja, Mutter, in Bayonne war ich Zeuge eines Gespräches zwischen ihr und dem Herzog von Alba.« Er schilderte, was er gehört und gesehen hatte.

»Es ist unglaublich«, sagte Johanna, »aber es passt zu der falschen Schlange. Sie gibt sich tolerant und verhandelt mit dem erzkatholischen Spanier.«

»Mutter, glauben Sie, dass Katharina mit dem Herzog eine Vereinbarung getroffen hat, die sich gegen die Hugenotten richtet?«

»Das würde ich ihr zutrauen. Aber nun erzähle von Navarra, in deinen Briefen hast du kaum etwas von deinem Aufenthalt berichtet.«

»Mutter, Navarra ist faktisch wieder ein katholisches Land, überall sieht man die Bilder von Heiligen, man veranstaltet Wallfahrten, Prozessionen, man singt und tanzt.«

»Mein Land ist wieder katholisch«, sagte sie erbittert, »ein Grund mehr, um sofort in den Süden zurückzukehren.« Sie schwieg, weil sie jetzt den Sohn davon überzeugen musste, dass er sie begleitete. »Heinrich, du bist bald volljährig. Es ist an der Zeit, dass du nach Navarra kommst, ich brauche dich dort.«

Er schwieg, scharrte mit den Schuhspitzen auf dem sandigen Boden und überlegte: Navarra … Er verließ den glänzenden Hof nur ungern, zumal er als Thronprätendent eine besondere Stellung genoss. »Man wird mich nicht gehen lassen.«

»Dafür werde ich schon sorgen. Ich habe einen Plan entwickelt, auf den sogar die Italienerin hereinfallen wird. Höre, wir müssen sie zunächst in Sicherheit wiegen. Ich habe vorhin nicht die Bitte geäußert, dass du mich nach Navarra begleiten sollst, ich will dich vorerst nur sehen. Dann unternehmen wir Ausflüge in die Umgebung, von denen du stets zurückkehrst. Irgendwann werde ich ihr sagen, dass ich dir die Ländereien deines Vaters zeigen möchte, diese Reise kann sie schwerlich abschlagen, schließlich hat sie ihrem Sohn auch sein Reich gezeigt, und während dieser Rundreise setzen wir uns nach Navarra ab. Sie wird erbost und wütend sein, wenn sie erfährt, dass wir ihr ein Schnippchen geschlagen haben, aber deine Anwesenheit in Navarra wird für die Valois kein Grund sein, unser kleines Königreich an Spanien auszuliefern, weil dies zu ihrem eigenen Schaden wäre.«

Heinrich überlegte: Der Plan war gewagt, aber er konnte gelingen, und es war irgendwie reizvoll, die Königinmutter zu überlisten. Dann überdachte er seine Stellung am Hof: Er war zwar Thronprätendent, aber in dieser Stellung immer nur das fünfte Rad am Wagen. In Navarra hingegen würde er der künftige König sein, seine Mutter brauchte ihn, nun gut, es würde eine Gelegenheit sein, die Kunst des Regierens zu erlernen und sein Reich so zu formen, wie es ihm vorschwebte. In Navarra musste der Calvinismus wieder zur Staatsreligion werden, aber daneben sollten seine Untertanen das Leben auch genießen. Er würde dafür sorgen, dass die kleinen alltäglichen Freuden, Tanz, Gesang, Spiel, wieder erlaubt waren.

Er stand auf und stellte sich vor Johanna hin. »Mutter«, sagte er feierlich, »ich bin bereit, Sie nach Navarra zu begleiten, aber ich möchte mitregieren. Ich möchte, dass Sie mich an Ihren Entscheidungen beteiligen, ich möchte meine eigenen Ideen einbringen und mein künftiges Reich so gestalten, wie ich es für richtig halte.«

Johanna glaubte nicht richtig zu hören, aber sie spürte, dass sie nachgeben musste, sonst würde er an diesem verderbten Hof bleiben. »Ich bin einverstanden, mein Sohn. – Komm, jetzt werden wir die Italienerin zunächst einlullen und ihr einige Komplimente machen.«

Während sie langsam zu dem Spielplatz zurückgingen, sagte Heinrich: »Ein Erlebnis muss ich Ihnen noch erzählen, Mutter, meine Begegnung mit dem Astrologen Nostradamus in Salon. Die Königinmutter und der König besuchten ihn an einem Nachmittag; am andern Morgen, ich war noch völlig unbekleidet, mein Diener reichte mir gerade das Hemd, öffnete sich die Tür und Nostradamus betrat in Begleitung meines Hofmeisters den Raum. Ich erschrak, weil er mich so düster und eindringlich betrachtete. Ich kleidete mich an; der Sterndeuter stand derweil im Zimmer, beobachtete mich, aber ich wagte nicht, ihn wegzuschicken. Als ich den Degen umschnallte, sagte er zu dem Hofmeister: *Dieser wird das Erbe antreten, und wenn wir es durch Gottes Gnade noch erleben, werden wir einen König von Frankreich und Navarra haben.* Was sagen Sie dazu, Mutter?«

»Ich wünschte, es würde wahr werden, aber ich glaube nicht daran, es ist unwahrscheinlich, dass deine Vettern ohne männliche Nachkommen sterben.«

»Sie haben Recht, Mutter, allerdings treffen diese Leute auch manchmal die Wahrheit.«

Er war fest entschlossen, nicht an die Vorhersage des Nostradamus zu glauben, aber er konnte trotzdem davon träumen, einmal über Frankreich und Navarra zu herrschen.

Unterdessen waren sie bei Katharina angekommen, und Johanna rief so begeistert wie möglich: »Madame, es war eine kluge Entscheidung von Ihnen, Heinrich am Hof zu behalten. Sie hatten Recht, die Hofluft formt einen jungen Menschen, er ist reifer geworden, verständiger und die Reise hat seinen Horizont erweitert, seinen Blick geschärft, überdies ist er ein richtiger kleiner Kavalier geworden. Ich glaube, es wird ihm gut tun, wenn er noch eine Weile unter Ihrer Obhut bleibt, vorausgesetzt, es ist für Sie keine zu große Belastung.«

Katharina glaubte nicht richtig zu hören, das war eine neue Melodie, aber sie klang aufrichtig, und so lächelte sie Johanna an. »Die Gegenwart Ihres Sohnes bereichert das Hofleben, Madame. Er kann unter meiner Obhut bleiben, solange er will. Sie haben übrigens richtig beobachtet, er ist ein Kavalier geworden. Sie werden bestimmt einmal erleben, welche reizenden Komplimente er meinen Damen macht, sie sind begeistert von seiner Liebenswürdigkeit, seinem Witz, seiner Schlagfertigkeit.«

Die letzten Worte waren keine leeren Komplimente, sondern entsprachen der Wahrheit.

Nun fand Johanna, dass es Zeit war, die Königinmutter von dem jungen Heinrich abzulenken, und so sah sie zufällig zum Spielfeld, wo Anjou und der König Federball spielten.

»Madame«, bemerkte sie, »ich verstehe nicht viel vom Ballspiel, aber der Herzog von Anjou spielt so elegant, so harmonisch, und was für ein gut aussehender junger Mann er geworden ist, ich könnte mir denken, dass alle jungen Damen am Hof heimlich in ihn verliebt sind.«

Dies war aufrichtig gemeint und ohne Hintergedanken, aber Katharina wurde wieder einmal daran erinnert, dass sie ihren Lieblingssohn irgendwann an eine Frau verlieren würde. »Heinrich interessiert sich Gott sei Dank noch nicht für junge Damen, aber er ist sehr verständig und hat zu staatspolitischen Fragen schon eine eigene Meinung. Es wird nicht mehr lange dauern, dann kann er mich bei politischen Entscheidungen fast so gut beraten wie der Kanzler. – Wie steht das Spiel?«, fragte sie einen der jungen Edelmänner.

»Der Herzog von Anjou wird gewinnen, Madame. Da, sehen Sie, Seine Majestät konnte den Ball nicht zurückschlagen, es lebe der Herzog von Anjou!«

»Es lebe der Herzog von Anjou!«, riefen die anderen, während die Brüder sich wortlos die Hand reichten und zu ihrer Mutter gingen.

»Sie haben wunderbar gespielt«, sagte Johanna zu Anjou, woraufhin dieser galant erwiderte: »Madame, Ihr Sohn hätte meinen Bruder auch besiegt.«

Karl stand etwas abseits, und als er die Worte Anjous hörte, drehte er sich wortlos um, rannte zum Marstall, ließ das schnellste Pferd satteln und galoppierte aus Paris hinaus und an der Seine entlang.

Die anderen begaben sich zum Schloss, und es blieb zunächst unbemerkt, dass der König nicht anwesend war.

Sehr viel später, Johanna war in ihr Palais zurückgekehrt und Katharina studierte Akten, hörte sie plötzlich einen ohrenbetäubenden Lärm in ihrer Nähe, und nach einer Weile wusste sie, dass der König in sein Waldhorn blies. Es war ein klagender Ton, der plötzlich abbrach, und sie eilte beunruhigt in sein Appartement. »Karl, mein Gott, ist etwas passiert, warum hörst du plötzlich auf zu spielen?«

»Ich hatte keine Lust mehr, Mama.« Er vermied es, sie anzusehen, weil er ihr den wahren Grund verschweigen wollte, um nicht von Ärzten belästigt zu werden: ihm war plötzlich der Atem ausgegangen und er hatte etwas Blut gespuckt. Es war nicht das erste Mal gewesen, aber er hielt es für besser, dies vor der Umgebung zu verschweigen.

»Wo warst du nach dem Spiel? Wir haben dich nicht mehr gesehen.«

»Ich bin an der Seine entlanggaloppiert, anschließend habe ich auf den Amboss geschlagen und dann in das Waldhorn geblasen.«

Katharina setzte sich auf eine Bank und winkte Karl zu sich.

Als er neben ihr saß, betrachtete sie eine Weile das schmale Gesicht. »Karl«, fragte sie vorsichtig, »warum verausgabst du dich körperlich derartig, du schadest deiner Gesundheit.«

»Ich weiß es nicht, Mama, es kommt manchmal über mich, und dann muss ich mich abreagieren.«

»Was kommt über dich?«

»Wut, Zorn, ich verstehe es selbst nicht.«

Es entstand eine Pause, dann legte Katharina ihre Hand auf die Schulter des Sohnes und sagte leise: »Karl, du bist jetzt sechzehn Jahre – in deinem Alter war dein Vater schon anderthalb Jahre verheiratet. Soweit ich es weiß, hast du noch keine Erfahrungen mit jungen Frauen, vielleicht ist dies der Grund für deine Wutanfälle. Ich glaube, es wird allmählich Zeit, dass eine meiner jungen Damen dich in die Geheimnisse der Erotik einführt. Wie soll sie aussehen? Der Sultan hat mir einige hübsche Haremsdamen geschenkt, die natürlich inzwischen katholisch geworden sind, zu meiner *fliegenden Schwadron* gehören inzwischen sogar einige junge Zigeunerinnen. Welche würde dir gefallen?«

Karl starrte seine Mutter für den Bruchteil von Sekunden entgeistert an, dann sprang er auf, stellte sich vor sie hin und schrie: »Verschonen Sie mich mit Ihren parfümierten Huren! Ich will keine dieser Damen, ich will auch nicht die raffinierten erotischen Künste dieser Dirnen kennenlernen, sonder wahre, aufrichtige Liebe. Ich wünsche mir ein einfaches Mädchen aus dem Volk, das mich um meiner selbst willen liebt.«

»Schon gut«, sagte Katharina beschwichtigend, »ich will nur dein Bestes, es war nur ein Vorschlag.«

»Mama, ich weiß selbst, was gut für mich ist.«

Im nächsten Augenblick hatte er das Zimmer verlassen.

Katharina sah ihm nach, fühlte sich gekränkt, spürte, dass er anfing, sich ihrem Einfluss zu entziehen, und beschloss, diesen unberechenbaren Sohn so lange wie möglich zu lenken und zu beaufsichtigen.

Während der folgenden Tage verbrachte Johanna jeden Nachmittag mit Heinrich. Sie besuchten die Druckerei von Jodelet, und Johanna betrachtete die neuen Drucktypen und beschloss, die Schriften von Beza so drucken zu lassen. Sie empfingen die hugenottischen Künstler, besuchten Spitäler, sie unternahmen Ausfahrten in die Umgebung von Paris, und Heinrich erschien nach solchen Ausflügen immer pünktlich bei der Abendtafel.

Als der Juli sich dem Ende zuneigte, bat Johanna Katharina um die Erlaubnis, ihrem Sohn die Ländereien seines Vaters zeigen zu dürfen.

»Madame, Sie sind mit Ihrem Sohn durch sein Königreich gereist. Auch ich möchte Heinrich die Gebiete zeigen, über die er einmal herrschen wird.«

Katharina zögerte, sie spürte, dass sie der Cousine Zugeständnisse machen musste, sonst kam der Verdacht auf, dass der Thronprätendent als Gefangener am französischen Hof lebte. Aber es war auch gefährlich, ihn der Mutter zu überlassen, er würde in eine rein hugenottische Umgebung kommen.

Katharina wusste, dass sie keine überzeugenden Argumente gegen Heinrichs Rundreise vorbringen konnte, erklärte sich notgedrungen einverstanden, und Johanna versprach, den Sohn im Laufe des Septembers an den Hof zurückzubringen. Ungefähr eine Woche später erhielt Katharina von Johanna einen Brief aus La Fleche, dort war die Königin von Navarra bereits auf eigenem Grund und Boden.

Johanna schrieb, dass sie den Sohn behalten würde, sie wollte ihn in ihrer schwierigen Lage um sich haben, er konnte an ihrer Seite Gott dienen und damit dem König.

Katharina ärgerte sich maßlos, dass sie auf die »Provinzkönigin« hereingefallen war, aber nun war nichts mehr zu ändern. Der Thronprätendent war dem Einfluss des Hofes entzogen und würde wieder zum Hugenotten werden, daran zweifelte sie keine Sekunde.

Einige Tage später trat der Kronrat zusammen und sprach Coligny von der Anklage, Méré beauftragt zu haben, den Herzog von Guise zu ermorden, frei. Katharina hatte beide Parteien überredet, sich öffentlich zu versöhnen, und so umarmten Coligny und der Kardinal von Lothringen sich nach der Urteilsverkündung im Beisein Katharinas, des Königs, des Kanzlers und anderer Würdenträger.
Als Heinrich von Guise Coligny umarmen sollte, trat er vor den König.
»Sire«, rief er, »ich weigere mich, diese Komödie mitzuspielen, und ich bin nach wie vor fest entschlossen, meinen Vater zu rächen.«
Nach diesen Worten wandte er sich brüsk ab und verließ den Saal. Sein Onkel war entsetzt über diese Offenheit, der König sah hilflos zu Katharina und diese überlegte, ob es richtig gewesen war, Coligny freisprechen zu lassen.

5

Im Spätsommer des Jahres 1567 reiste der Hof nach Schloss Montceaux, weil die Königinmutter dort den Herbst verbringen und sich bei Gastmählern und Jagden in den umliegenden Wäldern von den vergangenen Monaten erholen wollte.
An einem Nachmittag Anfang September weilte Anjou im Arbeitszimmer seiner Mutter und betrachtete zusammen mit ihr aufmerksam einen großen Stadtplan von Paris.
»Ich habe die Straße gefunden«, sagte Katharina nach einer Weile und wies mit dem Federmesser auf die Kirche Saint-Eustache. »Sieh, Heinrich, hier werde ich eine Residenz bauen und meine letzten Lebensjahre verbringen. Die Straße liegt nah genug beim Louvre, sodass ich dort jederzeit nach dem Rechten sehen kann.«
Karl wird entzückt sein, dachte Heinrich amüsiert, wenn Mama unverhofft im Louvre auftaucht und sich in Staatsangelegenheiten mischt, und er wird wahrscheinlich ihre Ratschläge befolgen, weil er immer noch unfähig ist, eigene Entscheidungen zu treffen.
»Vor einigen Wochen habe ich das Stadthaus des Herrn von Mortiers erworben«, fuhr Katharina fort, »das ist der Anfang. Jetzt muss ich nach

und nach einige Häuser dazukaufen, bis das Grundstück groß genug ist für ein Palais und einen Garten mittlerer Größe.«

Heinrich nahm ein Vergrößerungsglas und betrachtete die Umgebung der Kirche etwas genauer.

»Sie werden viele Häuser kaufen müssen, Mama, bis Sie ein Grundstück haben, das groß genug ist für Ihre Residenz.«

»Ich weiß, die Enge in dieser Stadt hat mich schon immer gestört und ich vermisse noch heute die großen Plätze meiner Vaterstadt Florenz, aber vielleicht kann ich mit der Kirche über ein Grundstück verhandeln.«

Dann wechselte sie das Thema, holte eine Akte und gab sie Heinrich.

»Von unserem Gesandten in Navarra erhielt ich heute diesen Bericht. Wie denkst du darüber?«

Heinrich las und ging dann nachdenklich auf und ab.

»Mein Vetter imponiert mir. Die Garnisonen, die Monluc und mein Bruder an die Grenzen von Navarra gelegt haben, beeindrucken ihn nicht weiter. Er versucht, Land und Leute kennen zu lernen, unternimmt Inspektionsreisen, hört sich Beschwerden der Bevölkerung an, verhindert Duelle unter den Edelleuten, er unterhält Verbindungen zu uns, zu Condé und Coligny und versucht, in der religiösen Frage für Navarra einen Mittelweg zu finden. Er ist inzwischen wieder Hugenotte geworden, und in seinem Reich ist der Calvinismus wieder die Staatsreligion, aber er scheint Gott sei Dank nicht so ein Fanatiker zu sein wie seine Mutter. Er übersieht heimliche Messen in den Waldlichtungen, er gibt sich selbst den alltäglichen Freuden hin, spielt das baskische Ballspiel, geht auf Bärenjagd, veranstaltet Ringelstechen und Bälle. Er scheint Geschmack am Regieren zu finden und ist für einen Hugenotten ungeheuer lebenslustig.« Er überflog noch einmal das Schriftstück. »Er ist mit dem jungen Rosny befreundet, macht den jungen Edeldamen den Hof und verführt Bauernmädchen. Er war Gast bei der Hochzeit der Corisande von Audouins, sie ist Hugenottin und hat einen Katholiken geheiratet, den Herzog von Gramont. Unser Gesandter hat den Eindruck, dass mein Vetter in diese Corisande verliebt ist.« Er sah nachdenklich vor sich hin. »Mama, wollen Sie meinen Vetter in Navarra immer noch mit Margot verheiraten?«

»Ja und nein, es war ein Wunsch deines seligen Vaters, und ich fühle mich moralisch verpflichtet, seine Wünsche auch nach seinem Tod zu erfüllen. Aber es gibt natürlich bessere Partien für Margot; eine Verbindung mit den Habsburgern wäre mir im Augenblick lieber.«

Es entstand eine Pause.

»Was meinst du, Heinrich«, sagte Katharina dann, »sollten wir die sechstausend Schweizer Söldner nicht doch entlassen? Sie belasten die Staatskasse.«

»Nein, Mama. Erinnern Sie sich: Am 15. August des vergangenen Jahres revoltierten die Einwohner Antwerpens gegen die spanische Herrschaft. Als König Philipp und der Herzog von Alba meinen Bruder baten, den Spaniern freies Geleit durch Frankreich nach Flandern zu gewähren, haben Sie, Mama, dieses Ansinnen abgelehnt, und, da Ihnen die Spanier an unserer Nordgrenze unheimlich waren, hat der Kronrat beschlossen, die Schweizer anzuwerben. Während der folgenden Wochen haben Coligny und Condé meinen Bruder bearbeitet, die Spanier in Flandern anzugreifen. Gott sei Dank ist es Ihnen, Mama, gelungen, den König davon zu überzeugen, dass ein Krieg gegen König Philipp unseren Untergang bedeuten würde. Daraufhin verließ Coligny den Hof und zog sich auf sein Landgut zurück. Ein Grund für diesen Rückzug waren wahrscheinlich auch die Gerüchte, dass Sie mir in einem künftigen Krieg den Oberbefehl erteilen wollten, weil der Konnetabel inzwischen zu alt ist. – Sie wissen, dass Condé versucht hat, durch Intrigen den Oberbefehl zu erhalten. Sie wissen auch, dass ich in Saint-Germain anlässlich eines Festes öffentlich zu ihm sagte: *Lassen Sie sich gesagt sein, dass ich Sie genauso klein machen kann, wie Sie groß tun.* Condé erwiderte: *Mir bleibt also nichts, als Ihnen Platz zu machen, und das tue ich gern.* Am nächsten Tag verließ er ebenfalls den Hof und versuchte zusammen mit Coligny, beim König die Entlassung der Schweizer durchzusetzen. Sie haben die Entlassung verweigert, Mama, und daraufhin haben Coligny und Condé den Konnetabel bearbeitet – ohne Erfolg. Mama, warum wollen Coligny und Condé, dass wir die Schweizer entlassen? Sie verstärken das königliche Heer. Ich vermute, dass die zwei Hugenotten eine neue Rebellion planen und uns durch die Entlassung der Schweizer empfindlich schwächen wollen.«

Es entstand eine Pause.

»Du hattest Streit mit Condé wegen des Oberbefehls«, sagte Katharina, »aber ich glaube nicht, dass er deswegen erneut rebelliert. Wenn du glaubst, dass es vernünftig ist, die Schweizer weiterhin zu bezahlen, so bezahlen wir sie. In einem künftigen Krieg wirst du den Oberbefehl haben.«

»Es ist eine Ehre für mich, Mama, aber, warum liegt Ihnen so viel daran, dass ich der Oberbefehlshaber bin?«

»Du weißt, dass Heinrich von Guise im kaiserlichen Heer dient und dort das Kriegshandwerk erlernt. Es ist mein Wunsch, dass auch du ein Heerführer wirst, deswegen schicke ich dich bei einem künftigen Krieg an die Front. Ich hoffe, dass du ein besserer Armeeführer wirst als Heinrich von Guise. Außerdem möchte ich den Konnetabel am Verhandlungstisch haben. Er ist während des letzten Jahres zum Führer einer Partei geworden, deren Ziel es ist, mit den Hugenotten zu einer langfristigen Verständigung zu kommen. Der Friede von Amboise war für die Calvinisten von Anfang an unbefriedigend.«

In diesem Augenblick wurde der König gemeldet.

Karl IX. betrat das Zimmer sichtlich erregt und warf einen Brief auf den Schreibtisch seiner Mutter.

»Meine geliebte Schwägerin Maria Stuart hat abgedankt, ihr Sohn Jakob wurde am 29. Juli zum König von Schottland gekrönt und am 22. August wurde Marias Stiefbruder Jakob, der Graf von Moray, zum Regenten Schottlands ausgerufen. Wir müssen etwas unternehmen, wir müssen sie befreien.«

Katharina musterte ihren Sohn und erwiderte kühl: »Wie willst du sie befreien? Die Insel Loch Leven ist wahrscheinlich Tag und Nacht bewacht; überdies sehe ich keinen Grund, dass wir uns in die innenpolitischen Verhältnisse Schottlands einmischen, zumal auch die Königin von England sich bis jetzt sehr zurückhaltend verhält. Sie hat zwar dagegen protestiert, dass ihre Cousine entmachtet wird, aber sie hat Schottland deswegen nicht den Krieg erklärt.«

»Mama, meine Schwägerin ist eine gesalbte, gekrönte Königin von Gottes Gnaden. Wo soll das hinführen, wenn die Untertanen einfach ihren Fürsten absetzen und gefangen halten, nur weil ihnen seine Regierung nicht passt? Schottland kann zum Präzedenzfall werden! Wir müssen etwas unternehmen! Am liebsten würde ich Schottland den Krieg erklären! Meine arme Schwägerin, das hat sie weiß Gott nicht verdient.«

Katharina ging zum König, nahm seine Hände in die ihren und erwiderte so sanft wie möglich: »Karl, wir werden Schottland nicht den Krieg erklären, sondern dem Beispiel Englands folgen und schriftlich protestieren, das genügt. Ich stimme dir zu, wenn du meinst, dass Schottland zum gefährlichen Präzedenzfall wird, aber Maria Stuart hat ihr Unglück selbst verschuldet. Sie hätte die Ermordung ihres Gatten rücksichtslos aufklären und sich von Bothwell, der wahrscheinlich der Auftraggeber war, öffentlich distanzieren müssen. Stattdessen inszeniert sie einen Scheinprozess, lässt Bothwell freisprechen und heiratet ihn wenige Wochen später unter dem Vorwand, er habe sie entführt. So benimmt eine Königin sich nicht. Kein Wunder, dass die Schotten sie als Gattenmörderin bezeichnen. Wahrscheinlich hat sie von dem Mordplan gewusst, aber nach außen hin hätte sie das Gesicht wahren müssen. – Und was Bothwell betrifft, so verstehe ich diese überstürzte Heirat überhaupt nicht. Diese Eheschließung war eine politische Dummheit *comme il faut*, nicht nur wegen der Mordgeschichte, aber sie lebt inzwischen lange genug in Schottland und müsste wissen, dass die Adelsfamilien sich untereinander befehden und es nicht dulden, wenn einer aus ihren Reihen durch Heirat zum König von Schottland wird. Sie hat meinen gut gemeinten Rat nicht angenommen, und ich weiß von unserem Gesandten, dass die Königin von England sie brieflich beschworen hat, die Mörder von König Heinrich rücksichtslos zu verfolgen. Königin Elisabeth soll fassungslos gewesen sein, als sie dann von der Heirat erfuhr. Ich kann die Reaktion der Schotten verstehen. Maria hat den Bogen überspannt, und sie verdankt es letztlich nur ihrem Stiefbruder, dass die Stuarts auch künftig über Schottland herrschen werden. Gewiss, er hat die Macht an sich gerissen, aber die Proklamation des kleinen Jakob zum König hat die Krone für die Stuarts gerettet und das Land vor religiösen Wirren bewahrt. Jakob wird im protestantischen Glauben erzogen und über protestantische Untertanen herrschen.«

Es entstand eine Pause.

»Einerseits gebe ich Ihnen Recht, Mama«, sagte Karl dann, »andererseits versuche ich meine Schwägerin zu verstehen. Sie hat Bothwell aus Liebe geheiratet, das kann man doch nicht einfach verurteilen.«

»Fürsten müssen ihre Gefühle immer der Staatsraison unterordnen, das ist nun mal der Preis, den sie für ihre hohe Stellung zahlen, das war immer so und wird immer so bleiben.«

Heinrich musterte den König spöttisch und sagte: »Du redest von Liebe, du weißt doch noch gar nicht, was Liebe ist. Soviel mir bekannt ist, hast du noch keine Frau im Bett gehabt, obwohl du schon siebzehn bist.«

Da stürzte Karl sich auf den Bruder, packte ihn am Wams und schrie: »Schweig! Weißt du denn, was Liebe ist? Bist du überhaupt fähig zu lieben? Du hast doch nur Augen für deine jungen Männer, die dich begleiten. Ich finde deine …, deine *Mignons* ekelhaft, ich schäme mich, dass mein Bruder, der Thronfolger, sich mit diesen parfümierten, widerlichen Stutzern umgibt, mit Schmeichlern, die nur an ihren eigenen Vorteil denken!«

»Karl!«, rief Katharina entsetzt, »was fällt dir ein! Gib deinen Bruder frei! Mein Gott, warum müsst ihr immer streiten?«

Der König trat gehorsam einen Schritt zurück.

Heinrich zupfte sein Wams zurecht, musterte den Bruder herablassend und sagte kühl: »Ich habe es nicht nötig, handgreiflich zu werden, meine Waffe ist die Rhetorik. Überdies weiß jeder am Hof, dass die Herzogin von Montpensier dich neulich geneckt hat, weil du dich anscheinend immer noch nicht für Frauen interessierst.«

»Die Damen sollen sich vor mir in Acht nehmen«, rief Karl, »wenn ich anfange, mich auf galante Abenteuer einzulassen, werde ich allen so zu schaffen machen, dass sie es bereuen werden, den schlafenden Löwen geweckt zu haben!«

»Höre endlich auf zu prahlen«, erwiderte Katharina gereizt. »Denkst du, ich wüsste nicht, dass meine jungen Damen sich alle bemüht haben, den schlafenden Löwen zu wecken, leider ohne Erfolg? – Und jetzt entschuldigst du dich bei Heinrich. Es steht dir nicht zu, seine Kameraden zu beleidigen, und es geht dich nichts an, wen er zu seinen Freunden zählt.«

Karl schwieg und betrachtete voller Hass den jüngeren Bruder.

Katharinas Augen wanderten zwischen den Söhnen hin und her, und sie fragte sich bekümmert, warum ausgerechnet ihre Kinder so zerstritten waren.

Unterdessen ging Heinrichs Gouverneur Villequier, der ihn auch unterrichtet hatte und jetzt den Haushalt des Thronfolgers führte, mit einem jungen Mann im Garten spazieren.

Der junge Mann war Ludwig von Bérenger, Herr von Guast. Er stammte aus der Dauphiné, war Mitte zwanzig, mit dichten, kupferroten Haaren. Er galt als großzügig, hochmütig, ausschweifend, abenteuerlustig und tapfer, er hatte zur Eskorte Franz II. gehört und war nach dessen Tod aus familiären Gründen in seine Heimat zurückgekehrt.

Im Frühsommer war der Hauptmann der Eskorte des Herzogs von Anjou plötzlich verstorben und Villequier – der längst wusste, dass Heinrich eine Schwäche für athletische junge Männer hatte und sie ihm bewusst zuführte, um sich selbst unentbehrlich zu machen – der

Gouverneur erinnerte sich an Herrn von Guast und rief ihn an den Hof zurück, um ihn als Hauptmann der Eskorte des Thronfolgers einzusetzen.

Katharina und Heinrich, denen er den Vorschlag unterbreitet hatte, waren einverstanden.

Bérenger traf am frühen Nachmittag in Montceaux ein, und der Gouverneur nutzte die Zeit bis zur offiziellen Audienz bei Katharina und Heinrich, um Guast auf seine künftige Aufgabe vorzubereiten.

»Sie werden Ihre Entscheidung, an den Hof zurückzukehren, nicht bereuen. Die Königinmutter liebt den Dauphin nach wie vor abgöttisch und hat im letzten Sommer dafür gesorgt, dass er Einkünfte bezieht, die ihm ein königliches Leben erlauben. Im vergangenen Sommer wurde er zum ersten Fürsten Frankreichs nach dem König ernannt und als Thronfolger anerkannt. Der Herzog von Anjou hat dann offiziell den Titel des Herzogs von Orléans angenommen, aber am Hof nennt man ihn nach wie vor Herzog von Anjou, sein jüngerer Bruder Franz ist jetzt offiziell Herzog von Anjou, aber er wird weiterhin Herzog von Alençon genannt. Der Dauphin bezieht nun nicht nur die Einkünfte seines Herzogtums Anjou, sondern auch folgender Gebiete: die Freiherrschaft von Bauge, das Herzogtum von Bourbonnais, die Grafschaften Montferrand und Montfort-L'Amaury, die Herrschaft von Usson. Abgesehen von diesen Einkünften kann man damit rechnen, dass er in einigen Jahren unser neuer König sein wird.«

Von Guast blieb stehen. »Wieso? Karl IX. ist jung, er wird irgendwann heiraten und Söhne haben.«

»Das bleibt abzuwarten. Die Gesundheit des Königs ist nicht stabil, wann er heiraten wird, ist zurzeit völlig ungewiss, weil die Königinmutter natürlich eine vorteilhafte außenpolitische Partie arrangieren will; das kann noch Jahre dauern. Die gegenwärtige Machtverteilung am Hof ist ungefähr so: Der König ist inzwischen zwar volljährig, aber alle wichtigen Entscheidungen werden nach wie vor von der Königinmutter getroffen, sie ist im Besitz der Macht. Die beiden Hugenottenführer Coligny und Condé genießen wieder die Gunst und das Vertrauen des Königs und seiner Mutter, leben allerdings zur Zeit auf ihren Gütern, die Familie von Guise hat sich, nach der Rehabilitation Colignys, vom Hof zurückgezogen, was allerdings nicht viel besagen will, sie sind nach wie vor eine mächtige Familie und sie beobachten wahrscheinlich von Lothringen aus die weitere Entwicklung. Seit der Rückkehr des Hofes von der

Rundreise hat sich um den Konnetabel und seine Söhne eine neue, gemäßigte Partei gebildet, die den Guisen feindlich gesinnt ist und für eine Verständigung mit den Calvinisten plädiert. Am Hof nennt man sie ›die Politiker‹, und sie stehen in großer Gunst bei der Königinmutter, der nichts so sehr am Herzen liegt wie der innere Friede und natürlich auch der Friede mit unseren Nachbarn.«

Es entstand eine Pause und von Guast überlegte, dass sich an diesem Hof während seiner Abwesenheit nichts geändert hatte: Man musste nach wie vor zur richtigen Partei gehören, wenn man es zu etwas bringen wollte. Nun, er gehörte zum Hofstaat des Dauphins und er beschloss, sein Amt so weit wie möglich zu seinem Vorteil zu nutzen. Er musste das Vertrauen und die Gunst Anjous gewinnen, dann würde er irgendwann einflussreich und wohlhabend sein.

»Warum haben Sie ausgerechnet mich als Hauptmann der herzoglichen Eskorte vorgeschlagen? Mein Ruf war damals nicht der beste, ich galt als Raufbold und Weiberheld und daran hat sich nichts geändert.«

»Am französischen Hof war es noch nie eine Schande, wenn jemand eine gute Klinge führte und es verstand, die Damen elegant zu umwerben. Ich habe Sie vorgeschlagen, weil ich glaube, dass Sie einer der wenigen Männer sind, denen es gelingen wird, die Aufgaben dieses Amtes zu bewältigen. Sie sollen nämlich vor allem Sorge tragen, dass der Dauphin nicht heimtückisch ermordet wird, das ist eine große Sorge der Königinmutter.«

Von Guast blieb stehen und sah seinen Begleiter erstaunt an. »Das verstehe ich nicht. Soweit ich mich entsinnen kann, war der Herzog von Anjou als Kind bei allen Hofleuten beliebt, und seit meiner Ankunft habe ich den Eindruck, dass er immer noch beliebt ist, beliebter als der König.«

»Genau hier liegt das Problem: Anjou ist allgemein beliebt, und es gibt am Hof nur einen einzigen Menschen, der ihn tödlich hasst, das ist sein Bruder, der König. Letztlich handelt es sich um es Spannungen, wie sie in jeder Familie vorkommen, aber bei der königlichen Familie können sie natürlich gefährlich für den Staat werden. So weit ist es bei den Valois noch nicht, trotzdem ähnelt das Verhältnis zwischen König und Dauphin einem Pulverfass.«

»Gütiger Himmel, glauben Sie wirklich, dass der König den eigenen Bruder heimtückisch ermorden lässt?«

»Ja und nein. Sie müssen wissen, dass Karl IX. zu unkontrollierten Wutausbrüchen neigt, dann wird er gefährlich, und dann will ich nicht ausschließen, dass er auch den Befehl gibt, ihm nicht genehme Personen zu ermorden. Wenn er einen Anfall hat, schlägt er seine Diener mit der Peitsche, und da er der König ist, wehrt sich niemand. Auch hat man am Hof den Eindruck, dass es ihm Vergnügen bereitet, Tiere zu töten. Bei der Jagd scheint es für ihn eine Lust zu sein, das Wild zu töten, aufzuschlitzen und mit den Händen in den blutigen Eingeweiden zu wühlen. Andererseits scheint er diesen Trieb zur Grausamkeit und zum Töten auch zu bekämpfen: Er galoppiert, bis er vor Erschöpfung aus dem Sattel gleitet, er schlägt auf den Amboss, bis keine Kraft mehr in ihm ist – das ist die eine Seite seines Wesens. Andererseits schmiedet er Verse, hübsche Verse; ich entsinne mich an einen, den er Ronsard gewidmet hat:

> Tous deux également nous portons des couronnes
> Mais roi, je la reçus, poète, tu la donnes.
> Ta lyre, qui ravit par de si doux accords,
> Te soumet les esprits dont je n'ai que les corps.
> Elle amollit les coeurs et soumet la beauté
> Je pius donner la mort, toi l'immortalité.

> Kronen tragen wir beide
> Doch als König empfing ich sie, du gibst sie als Dichter.
> Deine Leier, die mit so süßen Akkorden entzückt,
> Unterwirft dir die Geister, deren Leiber allein ich habe.
> Sie erreicht die Herzen und unterwirft die Schönheit;
> den Tod geben könnte ich, du aber Unsterblichkeit.

Der König liebt auch die Musik und komponiert Jagdlieder, außerdem diktiert er seinem Sekretär zur Zeit eine *Abhandlung über das königliche Weidwerk*.«

»Er scheint ein in sich zerrissener Mensch zu sein, voller Widersprüche«, sagte von Guast nach einer Weile, »ich verstehe die Besorgnis der Königinmutter. Was den Dauphin betrifft, Gott sei Dank scheint dieser nicht so schwierig zu sein wie der König.«

»Wie man es nimmt, er hat keine Wutausbrüche, aber er neigt zur Übertreibung. Es ist allgemein bekannt, dass er sich zur römischen Kirche bekennt, aber bei jedem Anlass inszeniert er seine Frömmigkeit sehr theatralisch, hält sich streng an die Regeln des Fastens, tut Buße, kurz, er tritt in der Öffentlichkeit als frommer, um nicht zu sagen, fanatischer Katholik auf, und ich glaube auch, dass er es ist. Aber etwas Zurückhaltung wäre angebracht, weil er andererseits den Luxus und kostspielige Feste liebt. Während der Karnevalszeit hat er etliche Bankette gegeben, die in Orgien ausarteten, und was seine Kleidung betrifft, so ist ihm nichts zu teuer: Er kleidet sich immer nach der neuesten Mode, zieht sich etliche Male am Tage um, weil er immer der Tageszeit gemäß gekleidet sein will; er badet täglich, und in seinem Ankleidezimmer hat sich inzwischen ein Heerlager von Duftwässern, Ölen und Seifen angesammelt – er braucht täglich mindestens drei Stunden für seine Körperpflege. Aber wir plaudern und die Zeit vergeht, ich werde Sie jetzt Ihrem neuen Herren und der Königinmutter vorstellen.«

Katharina betrachtete gereizt den König und sagte schließlich ungeduldig: »Hast du nicht gehört, was ich gesagt habe? Du sollst dich bei deinem Bruder entschuldigen.«
Da ging Karl zögernd auf Heinrich zu, gab ihm die Hand und murmelte: »Entschuldige, es war nicht so gemeint.«
Heinrich nickte nur. Er fand die Situation albern, weil er genau wusste, dass die von der Mutter befohlenen Versöhnungsszenen das Verhältnis zwischen ihm und dem älteren Bruder nicht verbesserten, sondern eher noch verschlechterten. In diesem Augenblick wurden Villequier und von Guast gemeldet.
Der Gouverneur stellte den neuen Hauptmann vor, und nachdem dieser vor dem König und Katharina das Knie gebeugt hatte, verneigte er sich tief vor Heinrich.
»Monsieur, ich werde immer Ihr ergebener Diener sein.«
Monsieur, dachte Heinrich; er genoss die neue Anrede, die das Protokoll vorschrieb, seit er offiziell den Titel des Herzogs von Orléans trug.
Dann betrachtete er den Hauptmann seiner Eskorte genauer und fühlte sich merkwürdig berührt.
Karl musterte von Guast gelangweilt, während Katharinas Augen wohlwollend auf dem kräftigen jungen Mann ruhten: er war der richtige Beschützer für Heinrich.
Nachdem Villequier und Guast gegangen waren, begab Katharina sich mit dem König in dessen Arbeitszimmer, um ihm das Schreiben an die schottische Regierung zu diktieren. Heinrich ging nachdenklich in sein

Appartement, legte sich auf das Bett und erinnerte sich noch einmal an die Gestalt von Guasts. Nach einer Weile stand er auf, trat zum Fenster und sah gedankenverloren hinunter in den Hof.

Er strahlt eine animalische Kraft aus, sinnierte er und gestand sich zögernd ein, dass er sich körperlich zu von Guast hingezogen fühlte.

Es darf nicht sein, dachte er, eine Frau müsste mich körperlich anziehen. Er hatte den Anblick der jungen Edelleute seines Gefolges bisher genossen, aber bei keinem hatte er jenes merkwürdige Gefühl verspürt wie bei von Guast. Er sehnte sich nach seiner Nähe, scheute sich aber, ihn ohne Grund zu sich zu befehlen.

Während der folgenden zwei Tage bekam er immer Herzklopfen, wenn er seinen neuen Hauptmann sah, und am dritten Tag hielt er es nicht länger aus, er wollte ihn in seiner Nähe haben, sich mit ihm unterhalten, etwas über ihn erfahren und befahl ihn in sein Appartement.

Er versuchte seine Nervosität zu überspielen, was ihm indes nicht ganz gelang und was von Guast bemerkte; während er von seiner Kindheit erzählte, beobachtete er das Mienenspiel seines neuen Herrn und wusste bald, woran er war. Während er fortfuhr, kleine Erlebnisse zu schildern, überlegte er, wie er sich verhalten sollte, falls der Herzog sich ihm körperlich näherte. Einerseits wollte er sich die Gunst des Dauphins nicht verscherzen, andererseits war ihm der Gedanke an eine homosexuelle Beziehung zuwider.

Irgendwann entstand eine Gesprächspause, und dann fragte Heinrich: »Sind Sie verheiratet?« – »Ich war verheiratet, aber meine Frau starb im Kindbett und mein Sohn lebte nur einige Tage.« – »Werden Sie wieder heiraten?«

Von Guast überlegte, jetzt musste er diplomatisch antworten. »Im Augenblick verspüre ich wenig Lust. Ich kann jede Frau haben, die ich will, aber die meisten Damen sind mir zu oberflächlich, ernsthafte Gespräche kann man nur mit Männern führen. Ich lege viel Wert auf geistige Beziehungen und die sind mit Frauen unmöglich.« Er schwieg und hoffte, dass er dem Dauphin die Richtung gewiesen hatte.

Heinrich überlegte und erwiderte: »Sie haben Recht, die seelische Übereinstimmung ist am wichtigsten.«

Während der folgenden Tage befahl er Guast öfter zu sich, ritt mit ihm aus, ging mit ihm im Garten spazieren, unterhielt sich mit ihm über Literatur, Malerei, Architektur, und am Ende der zweiten Septemberwoche wusste er, dass er in ihn verliebt war, und überlegte, wem er sich anvertrauen konnte. Seiner Mutter? Sie würde entsetzt sein. Seinem Beichtvater? Nein. Dem gütigen Kardinal von Bourbon? Nein …

Sein Vetter Heinrich würde ihn vielleicht verstehen, aber der war weit weg, in Navarra.

Zuletzt beschloss er, sich seinem Leibarzt Miron anzuvertrauen.

Er beschrieb seine Gefühle und sagte schließlich: »Ich weiß nicht, was ich davon halten soll, es ist nicht normal, ich müsste mich in eine der jungen Damen verlieben, nicht wahr?«

Der Arzt betrachtete den jungen Mann eine geraume Zeit und überlegte, was er antworten sollte. Es war ihm nicht entgangen, dass der Dauphin eine Schwäche für junge Männer hatte, andererseits war dies in seinem Alter – er war jetzt fast sechzehn – nicht ungewöhnlich, und so erwiderte er vorsichtig: »Monsieur, Sie sollten sich über Ihre Gefühle keine Sorgen machen, sondern die Dinge nehmen, wie sie sind. In Ihrem Alter ist es nicht ungewöhnlich, dass man sich in einen Mann verliebt oder ein junges Mädchen in eine Frau. Sie sind wahrscheinlich auf der Suche nach einem Vorbild und glauben, es in dem Herrn von Guast gefunden zu haben. Warten Sie die weitere Entwicklung in Ruhe ab, irgendwann begegnet Ihnen eine junge Dame, für die Sie die gleichen Gefühle empfinden werden.«

»Würden Sie mir raten, es meinem Beichtvater zu sagen? Seine Absolution wurde mich beruhigen.«

»Wozu wollen Sie beichten? Ihre Gefühle sind doch keine Sünde, Zuneigung kann sich vielfältig äußern, warten Sie in Ruhe ab.«

Heinrich dachte lange über dieses Gespräch nach und beschloss, um sein eigenes Gewissen zu beruhigen, einen Rosenkranz zu beten.

Am Nachmittag erschienen einige Bauern bei Katharina und berichteten, dass sie unweit vom Landsitz Colignys bewaffnete Truppen gesehen hätten.

»Das hat nichts zu bedeuten, zwischen dem König und Coligny besteht vollkommene Harmonie. Geht wieder nach Hause.«

Er wird es nicht wagen, erneut zu rebellieren, weil er weiß oder wissen muss, dass dies dann ernste Konsequenzen für ihn hat, dachte sie.

Am nächsten Morgen wurde wieder ein Bauer gemeldet, er kam aus Rosay-en-Brie, einem Ort nahe bei Montceaux, und er erzählte, dass sich seit einigen Tagen dort protestantische Edelleute in kleinen Gruppen zu zweit oder dritt trafen.

»Ich danke Euch für die Nachricht, aber die Versammlung der Hugenotten hat nichts zu bedeuten.«

Als sie allein war, dachte sie noch einmal über die zwei Meldungen nach und spürte eine gewisse Unruhe. Sollte Coligny doch einen Aufstand planen? Kurz entschlossen schickte sie einen Kundschafter nach Châtillon-sur-Loing, der unauffällig in Erfahrung bringen sollte, was der Admiral auf seinem Landsitz trieb.

Am Spätnachmittag kehrte der Bote zurück und berichtete, er habe Coligny, in einen Bauernkittel gekleidet, auf einem seiner Weinberge gefunden, wo er sich mit den Reben beschäftigte.

Katharina atmete auf, es war Gott sei Dank alles in Ordnung.

Wenig später wurde gemeldet, dass man in einem nahe gelegenen Wald, wo der König zu jagen pflegte, bewaffnete Reiter gesehen habe.

Sie wurde erneut verunsichert und beriet sich mit den Räten, aber die Herren fanden die Nachricht nicht weiter beunruhigend und sie glaubte ihnen nur zu gern.

An der abendlichen Tafel wurden die Meldungen der letzten Tage eifrig diskutiert, und als einige Herren den Verdacht äußerten, dass eine neuerliche Verschwörung sich zusammenbraue, erklärte der Kanzler, dieser Verdacht sei eine üble Verleumdung der Hugenotten.

Am nächsten Tag jagte die Hofgesellschaft in den umliegenden Wäldern, ohne dass auch nur ein einziger bewaffneter Reiter gesichtet wurde, und Katharina ärgerte sich, dass sie den Meldungen der vergangenen Tage überhaupt Aufmerksamkeit geschenkt hatte.

Auf dem Heimweg ritt sie neben Montmorency, der die Königinmutter hin und wieder amüsiert betrachtete und sich an ihre erste Zeit am Hof erinnerte. Da unterbrach Katharina seine Erinnerungen.

»Ich besitze Montceaux schon viele Jahre, aber einen so schönen, unbeschwerten Herbst habe ich hier noch nie erlebt. Während meiner Ehe hat Diana lange Zeit mein Leben überschattet, nach Heinrichs Tod haben die innenpolitischen Unruhen meine Tage hier beeinträchtigt, jetzt endlich kann ich Montceaux unbeschwert genießen.«

»Ich gönne es Ihnen von ganzem Herzen, Madame. Wenn jemand in diesem Land Ruhe und Erholung verdient, so sind Sie es.«

»Sie sind der Einzige«, sagte Katharina nach einer Weile, »der den Valois immer treu und ohne an seinen Vorteil zu denken, gedient hat, man hat es Ihnen leider nicht immer gelohnt.«

»Die Gnade oder Ungnade gehört zum Hofdienst, Madame, ich habe den Valois immer gern gedient.«

Dann ritten sie wieder schweigend nebeneinander, spürten, wie es allmählich kühler wurde, und freuten sich auf die Abendtafel und einen geruhsamen Ausklang dieses Tages beim Kartenspiel.

Irgendwann galoppierte ein Reiter an ihnen vorbei, den sie nicht weiter beachteten. Sie sahen nicht, dass er eine spanische Uniform trug …

Es dämmerte schon, als sie beim Schloss ankamen. Katharina saß ab, übergab ihr Pferd einem Reitknecht und wollte eben zu ihrem Appartement gehen, als ein Mann auf sie zueilte, und als er das Knie beugte, erkannte sie erstaunt den Reiter, der sie überholt hatte.

Sie erschrak, ohne zu wissen, warum.

»Madame«, sagte der Spanier, »ich bin ein Kurier des Herzogs von Alba. Mein Herr lässt Ihnen ausrichten, dass sofortiges Handeln notwendig ist, sonst verliert der König von Frankreich seinen Thron. Alle weiteren Einzelheiten stehen in diesem Brief.«

Katharina sah den Mann einen Augenblick fassungslos an, dann öffnete sie das Schreiben, las und erbleichte.

Nach einigen Sekunden hatte sie sich so weit erholt, dass sie den Inhalt des Briefes mitteilen konnte. Sie sah den König an und sagte zu ihm und den umstehenden Damen und Herren: »Der Herzog von Alba teilt uns mit, dass eine erneute Verschwörung der Hugenotten im Gang ist, mit dem Ziel, die Macht im Staat zu erobern. Zunächst sollen der König, der Dauphin, der Kardinal von Lothringen und ich verhaftet werden, sodann sollen die Schweizer Soldaten vernichtet und die Städte Lyon, Toulouse und Troyes erobert werden. Dann soll der Prinz von Condé die Macht übernehmen und als Ludwig XIII. über Frankreich herrschen. Das Schicksal meiner Söhne, des Kardinals und mein eigenes Schicksal ist ungewiss, aber ich zweifele nicht daran, dass man uns töten wird.«

Katharina schwieg, und im Hof breitete sich eine lähmende Stille aus.

»Was sollen wir tun?«, fragte der König nach einer Weile.

»Ich weiß es nicht«, erwiderte Katharina, »ich fühle mich wie gelähmt.«

In diesem Augenblick sprengte ein Reiter in den Hof.

»Sire, Madame!«, rief er, »die Hugenotten haben Montereau, Lagny, Péronne und Melun erobert!«

Das ist der Ausbruch des zweiten Religionskrieges, dachte Katharina, wir müssen uns in Sicherheit bringen. Sie befahl die sofortige Abreise nach Meaux, weil sie dort nicht wehrlos jedem Angriff der Feinde ausgesetzt waren.

Der König und sein Gefolge kamen am anderen Morgen in Meaux an, und während die Hofleute sich zur Ruhe begaben, inspizierte Montmorency die Stadt und deren Befestigung.

Nach der Messe ging er zu Katharina, sagte offen, dass die Stadt weder für einen Angriff noch für eine längere Belagerung gerüstet sei, und empfahl, die Schweizer, die in Château-Thierry weilten, unverzüglich nach Meaux zu beordern, damit sie den König während seiner Reise nach Paris schützten.

»Madame, in Paris ist Seine Majestät sicher, weil die Bevölkerung der Hauptstadt immer loyal und katholisch war.«

Katharina überlegte und erwiderte: »Ich stimme Ihnen zu, aber die Reise nach Paris ist gefährlich. Wenn die hugenottische Reiterei uns angreift, so sind wir verloren.«

»Gewiss, Madame, aber wenn Sie in Meaux bleiben, so werden wir in kurzer Zeit von den Hugenotten belagert, und das bedeutet die Kapitulation, weil die Stadt auf eine längere Belagerung nicht vorbereitet ist. Wenn wir Meaux unter dem Schutz der Schweizer rechtzeitig verlassen, können wir Paris erreichen, wo Seine Majestät in Sicherheit ist. – Ich gebe zu, dass es ein Wagnis ist, aber wer nicht wagt, Madame, gewinnt auch nicht.«

Katharina überdachte die Möglichkeiten, die ihr blieben, um die Krone zu retten, und entschied sich für Montmorencys Vorschlag.

Dann wartete sie ungeduldig auf die Ankunft der Schweizer und dachte hin und wieder, dass sie und ihre Kinder jetzt ohne Schutz wären, hätten sie Colignys Vorschlag befolgt und die Schweizer Soldaten entlassen.

Die Stunden schlichen dahin, und Katharina überlegte, dass Frankreich nach einem protestantischen Staatsstreich ein calvinistisches Land würde und wahrscheinlich unter dem Protektorat Englands und der deutschen protestantischen Fürsten stehen würde.

Nein dachte sie, nein, sie musste den Valois die Krone erhalten.

Kurz nach Mitternacht trafen die Schweizer ein, und unter ihrem Schutz brach der Hof nach Paris auf.

Katharina saß mit ihren Söhnen in einer Kutsche und beobachtete durch das Wagenfenster, wie der Himmel nach einigen Stunden allmählich heller wurde.

»Die Hugenotten werden ihre Rebellion büßen«, sagte Karl, »ich lasse sie alle umbringen.«

Sie sah zum Fenster hinaus und erstarrte: »Mein Gott, hugenottische Reiter …, sie ziehen sich zurück, ich glaube, wir sind gerettet.«

Am Abend des 23. September kamen sie in Paris an.

Der König befahl, nur eine kleine Tafel zu decken, für ihn, seine Mutter, den Bruder und den Konnetabel.

Angekommen, ließ Katharina sich ein Bad richten, und während sie in dem warmen Wasser lag, spürte sie, wie die Anspannung der letzten Stunden nachließ, aber gleichzeitig tauchte ein merkwürdiges Schuldgefühl in ihr auf.

Als Isabella ihr die Haare richtete, wurde dieses Schuldgefühl stärker und sie musste weinen.

Sie spürte, wie die Tränen aufstiegen, und schickte Isabella hinaus.

Als Isabella den Raum verlassen hatte, weinte Katharina hemmungslos.

Sie fühlte eine Ohnmacht, die sie an manche Zeit ihrer Kindheit erinnerte, sie spürte, wie dünn das Seil war, auf dem sie ihre politischen Balanceakte vollführte. Um ein Haar wäre die Krone an die Bourbonen verloren gewesen. Das erzeugte in ihr ein Gefühl tiefer Schuld.

Jetzt hörte sie im Korridor hastige Schritte.

Da stand Katharina auf, ging zu einem der Fenster, blickte einen Augenblick hinunter in den Hof und sagte zu Heinrich, der, von Isabella informiert, herbeigeeilt war: »Komm her, ich will versuchen, dir alles zu erklären.«

Als er neben ihr stand, sah sie ihn lange an und sagte zögernd: »Ich habe früh gelernt, den Menschen zu misstrauen, und in meinem Leben gab es nur wenige, die mein Vertrauen verdienten: dein Großvater, dein Vater, Montmorency. Lange Zeit glaubte ich, auch Coligny trauen zu können, ich habe ihn immer geschätzt. Nun weiß ich, dass er eine Gefahr für den Staat ist, und ich habe keine Ahnung, wie ich dieses Problem lösen soll. Ich verstehe auch nicht, warum er gegen die Krone rebelliert. Wir sind ihm, weiß Gott, weit genug entgegengekommen, was die Glaubensfreiheit betrifft.«

Heinrich überlegte und erwiderte: »Sie dürfen nicht vergessen, Mama, dass Coligny kein Lutheraner, sondern Calvinist ist.«

»Wo liegt der Unterschied? Protestant ist Protestant.«

»Erlauben Sie, dass ich Ihnen widerspreche, Mama. Als ich vor einigen

Jahren noch ein Anhänger des neuen Glaubens war, habe ich mich intensiv mit den Schriften der beiden Reformatoren beschäftigt. Was das Verhältnis der Untertanen zu ihrem Fürsten betrifft, so gibt es einen gravierenden Unterschied zwischen Luther und Calvin: Luther fordert die Protestanten zu striktem Gehorsam gegenüber ihrem Landesherrn auf, Calvin hingegen sieht es geradezu als Pflicht an, gegen einen Fürsten zu rebellieren, der sich nicht zum protestantischen Glauben bekennt. Dieses Postulat Calvins spielt für Coligny wahrscheinlich eine wichtige Rolle. Daher ist es notwendig, dass in dem bevorstehenden Krieg die Hugenotten in einer Entscheidungsschlacht besiegt werden und ihr Heer vernichtet wird. Sie können noch so viel zugestehen, Mama, Coligny wird sich nie zufrieden geben und immer wieder rebellieren.«

Es entstand eine Pause.

»Ich verstehe seinen Fanatismus nicht«, sagte Katharina dann, »und ich hoffe und bete, dass er in einer Schlacht den Heldentod findet, dann wären alle Probleme gelöst.«

»Sie müssen damit rechnen, Mama, dass er alle Schlachten überlebt, wie wollen Sie dann reagieren? Es ist denkbar, dass wir die Hugenotten besiegen und Coligny unser Gefangener wird, dann können wir ihn vor Gericht stellen und als Rebellen aburteilen lassen. Es ist aber auch möglich, dass es zu keiner entscheidenden Schlacht kommt und der Krieg sich hinzieht. Wie wollen Sie dann das Problem Coligny lösen?«

In diesem Augenblick begann es irgendwo in der Nähe zu läuten.

Katharina horchte und erkannte am Klang der Glocken die Kirche Saint-Germain l'Auxerrois. Wie schwer und dumpf die Glocken klingen, dachte sie, dann kehrten ihre Gedanken zu Coligny zurück.

»Wenn der Krieg sich hinzieht, Heinrich, dann sehe ich nur eine Möglichkeit, das Problem Coligny zu lösen, aber dazu bedarf es einer Notsituation. Vielleicht ist es doch noch möglich, sich mit ihm zu einigen.«

Sie schwieg, sah ihren Sohn an und Heinrich verstand, was in seiner Mutter vorging.

»Mama, wäre die Lösung, an die Sie denken, ein zweiter Poltrot de Méré?«

Katharina nickte unmerklich, und im gleichen Augenblick verstummten die Glocken.

Heinrich zuckte zusammen, weil es plötzlich totenstill im Zimmer war.

»Das Geläute unserer Pfarrkirche gefällt mir, ich habe es heute zum ersten Mal bewusst gehört, es klingt so voll und mächtig.«

»Ich möchte jetzt allein sein, Heinrich. Sage deinem Bruder, dass ich mich nicht wohl fühle.«

Katharina ging in ihrem Schlafzimmer auf und ab und überlegte, wie es weitergehen sollte: Sie musste vor allem Zeit gewinnen, um Truppen und Geld aufzutreiben, und Zeit gewann sie nur durch Verhandlungen.

Am nächsten Tag schickte sie den Kanzler und den Marschall Vielleville nach Saint-Denis zu Condé, bot den Rebellen eine vollkommene Amnestie an und fragte nach Condés Bedingungen.

Die Antwort Ludwigs von Bourbon überraschte sie nicht weiter: Er versicherte, dass es ein einziger Wunsch sei, das Reich vor der Bedrohung durch Spanien zu retten, und dann zählte er seine Bedingungen auf: freie Ausübung der protestantischen Religion im ganzen Reich, Steuersenkung und Einberufung der Generalstände, Entfernung aller Italiener aus der Regierung; als Entschädigung für seine Verhandlungsbereitschaft forderte er die Städte Metz, Le Havre und Calais.

Katharina war fest entschlossen, keine dieser Forderungen zu akzeptieren, verhandelte aber weiter.

Im Oktober erfuhr sie, dass Condé Münzen hatte schlagen lassen mit der Aufschrift »Ludwig XIII. von Gottes Gnaden, Erster König der Gläubigen des Evangeliums«. Sie erfuhr auch, dass seine Anhänger ihn den »Hugenottenkönig« nannten, und sie kommentierte die Neuigkeiten mit der Bemerkung: »Der Mann ist verrückt geworden.«

Inzwischen trafen aus Spanien zweitausend Mann Kavallerie ein, ihr Vetter Cosimo, der Herzog von Savoyen und der Papst schickten Geld, der Papst verlangte eine Sicherheit und sie bot ihm die Hälfte der Einkünfte aus den Kirchengütern in Frankreich an, was Pius V. akzeptierte.

Auch die Hugenotten baten um Hilfe aus dem Ausland, aber die deutschen Söldner wurden in der Champagne vom Herzog von Aumale aufgehalten, während Monluc die Hugenotten aus der Gascogne am Weitermarsch hinderte. Anfang November war das königliche Heer dem der Hugenotten zwar zahlenmäßig überlegen, aber schlechter geführt und schlechter organisiert. Am 10. November griffen die königlichen Truppen unter dem Oberbefehl Montmorencys die Hugenotten in Saint-Denis an, die Schlacht dauerte nicht lange, und bereits am Spätnachmittag traf im Louvre die Botschaft ein, dass die Hugenotten vertrieben seien und die Blockade von Paris damit beendet war, aber es gab

noch eine weitere traurige Nachricht: der Konnetabel war tödlich verwundet worden.

Anne de Montmorency starb zwei Tage später am 12. November 1567.
Katharina war fassungslos, sie trauerte drei Tage lang um den Konnetabel und erinnerte sich noch einmal an ihre Ankunft in Frankreich, an
den ersten Abend, den sie mit ihm und ihrem Onkel Clemens verbracht
hatte: Das lag jetzt vierunddreißig Jahre zurück, und in all diesen Jahren
hatte sie sich auf seine Loyalität verlassen können; zeitweise war er in
Ungnade, aber wenn der König ihn rief, war er zur Stelle. Sie erinnerte
sich an seine Unterstützung während der unfruchtbaren Jahre ihrer Ehe,
er war für sie ein Freund gewesen, auch wenn sie sich manchmal über
ihn geärgert hatte. Er war für sie das letzte lebende Symbol des alten
glücklichen Frankreich gewesen, und er verkörperte als Einziger am Hof
ihres Sohnes das Frankreich Franz' I.

In die Kapsel, die Montmorencys Herz enthielt, ließ sie folgende Inschrift eingravieren: *Hier ruht das Herz, dem unser Vertrauen galt, ein
Herz von Tapferkeit, ein Herz von Ehre, das Herz von drei Königen.*

Am Tag nach Montmorencys Beisetzung ernannte Karl IX. auf Wunsch
seiner Mutter den jüngeren Bruder Heinrich zum Generalstatthalter des
Reiches sowie zum Generalleutnant und Oberbefehlshaber des Heeres.
Das Amt des Konnetabels blieb unbesetzt.

Da der sechzehnjährige Heinrich noch zu jung und unerfahren war, um
eine Armee führen zu können, wurde er von den Herzögen von Nemours und von Montpensier unterstützt und von dem Finanzintendan-
ten von Cossé.

Katharina weinte beim Abschied von Heinrich und beschwor ihn, sich
keiner Gefahr auszusetzen.

»Mama, Sie möchten doch, dass ich ruhmreich zurückkehre, folglich
muss ich in der ersten Reihe kämpfen.«

Nach Heinrichs Abreise wartete sie ängstlich auf Nachrichten, und als
am 23. November ein Brief eintraf, worin er über seinen ersten Marsch
berichtete, schrieb sie ihm: *Mein Sohn, ich bin so glücklich gewesen, von
dir zu hören, aber ich fürchte, du musst ein wenig ermüdet gewesen sein
von diesem ersten Marsch, der sehr lang gewesen ist. Ich bitte dich,
daran zu denken, was du versprochen hast: dich so zu verhalten, dass
deine Gesundheit nicht leidet, damit du imstande bist, die Ehre und das
Ansehen zu gewinnen, die du dir so sehr wünschst.*

Während der folgenden Wochen schleppte sich der Krieg hin, ohne dass es zu einer Entscheidungsschlacht kam. Die Hugenotten und die deutschen Reiter zogen plündernd durch die Champagne. In der königlichen Armee wurde die Lage täglich chaotischer, weil der kriegsunerfahrene Heinrich unfähig war, ein strategisches Konzept zu entwickeln, und seine militärischen Berater über unwichtige Detailfragen stritten.

Philipp II. war bestens unterrichtet über die desolate Situation im königlichen Heer und empfahl Katharina, die Herzöge von Nemours und Montpensier durch den zwar betagten, aber kriegserfahrenen Marschall von Tavannes zu ersetzen. Katharina befolgte zwar den Rat ihres Schwiegersohnes, begann aber gleichzeitig mit den Hugenottenführern über einen Frieden zu verhandeln. Sie war sich bewusst, dass ein solcher Friede nur ein längerer Waffenstillstand sein konnte, aber sie benötigte eine Atempause, damit Tavannes die Armee reorganisieren konnte.

Die Pariser waren empört, als sie hörten, dass die Königinmutter in Chalons nicht nur die Streitereien ihrer Heerführer zu schlichten versuchte, sondern darüber hinaus mit Colignys Bruder Odet über einen Frieden verhandelte. Odet war in der Hauptstadt besonders verhasst, weil er, trotz der Exkommunikation durch den Papst, immer noch im Besitz seiner kirchlichen Pfründe war, außerdem hatte er inzwischen geheiratet und seine Gattin ließ sich mit »Frau Kardinal« anreden.

Als Katharina im Februar 1568 nach Paris zurückkehrte, schlug ihr eine Woge von Hass und Misstrauen entgegen wie noch nie zuvor; bei ihrer Ankunft in Frankreich im Jahre 1533 war man ihr zwar misstrauisch begegnet, hatte es aber nicht so offen gezeigt.

Als ihre Kutsche durch die Straßen der Hauptstadt fuhr, warf man faule Eier nach ihr und sie hörte Pfiffe und laute Anklagen. Schließlich stürzten sich einige junge Burschen auf den Kutscher und versuchten, ihn am Weiterfahren zu hindern. Im letzten Moment gelang es den Soldaten, die Angreifer mit Stockhieben auseinander zu treiben.

Katharina erschrak, als sie nun fast körperlich erfuhr, wie unbeliebt sie im Augenblick bei den Parisern war, und dachte entsetzt daran, dass der Hass auf die Mutter sich auf den Sohn übertragen konnte, und in einer rebellischen Stadt wie Paris war dies äußerst gefährlich für die Krone. Der König von Frankreich musste keinen Gegner fürchten, solange das Volk von Paris sich loyal verhielt, aber wenn Paris sich gegen seinen Herrscher stellte, so war dies fast gleichbedeutend mit dem Verlust des Thrones.

Einige Tage später ritt sie mit Karl am späten Abend durch die dunklen Straßen der Hauptstadt und erzählte ihm beiläufig, dass sie die Absicht habe, Margot und Alençon im Laufe des Sommers an den Hof zu holen. Karl schwieg und fragte sich wieder einmal, wie er sich von der Vorherrschaft seiner Mutter befreien konnte. In Katharina aber verfestigte sich die Überzeugung, dass die religiöse Frage nun endgültig gelöst werden musste, und wenn es gar nicht anders ging, dann eben auch mit Waffengewalt, aber es musste eine Regelung getroffen werden, die zwar die Glaubensfreiheit einschloss, aber ansonsten die Interessen der katholischen Mehrheit des französischen Volkes berücksichtigte. Nur so konnte das Haus Valois wieder an Ansehen in der Bevölkerung gewinnen.

Am 22. März 1568 wurde in Longjumeau Frieden geschlossen. Die Bedingungen schwächten die königliche Autorität noch mehr: Die Hugenotten durften alles behalten, was sie erobert hatten, einschließlich der von ihnen besetzten Festungen, von denen La Rochelle am wichtigsten war, wegen des freien Zugangs zum Meer; die Rebellen wurden nicht bestraft, sondern erreichten sogar, dass der König die Kosten ihrer Rebellion übernahm, indem er sich bereit erklärte, die deutschen Fürsten und ihre Landsknechte finanziell abzufinden.

Als die Herolde überall im Land den Frieden und seine Bestimmungen verkündeten, ging eine Welle des Unmuts durch die katholische Bevölkerung, und zum ersten Mal wurde im Volk offen erörtert, dass es dem Hochadel, der gegen den König rebellierte, wohl weniger um die Durchsetzung der neuen Religion, als vielmehr um die Erweiterung der eigenen Macht ging. Der Friede war auch bei den gegnerischen Parteien unpopulär und keine Seite fühlte sich verpflichtet, ihn einzuhalten. Coligny bezeichnete ihn als »saumäßig«, der Kardinal von Lothringen fand ihn »beschämend« und in der königlichen Familie kam es zu ständigen Streitereien. Karl plädierte für die Erfüllung der Bestimmungen, sein jüngerer Bruder, der Spaß am militärischen Oberbefehl gefunden hatte und sich nach Ruhm sehnte, bezeichnete den Frieden als unbedachte Kapitulation vor den Protestanten und erwarb sich so den Ruf, ein fanatischer Verteidiger der katholischen Partei zu sein.

Auch Katharina war mit diesem Frieden, der doch ihr Werk war, letztlich nicht zufrieden, aber sie wusste auch, dass es keine Alternative gegeben hatte und dass der Ausbruch des dritten Religionskrieges nur eine Frage der Zeit war. In diesem neuen Krieg musste die Entscheidung fallen, wer künftig in Frankreich regieren würde: Ludwig von Bourbon oder Karl von Valois.

Im Frühjahr begann sie mit der Beschaffung von Geld, um die Truppen auszurüsten: Der Papst bewilligte eine Unterstützung und auch die Bürger von Paris brachten weitere finanzielle Opfer. Katharina versetzte ihre Juwelen und führte eine neue indirekte Steuer auf den Wein ein, die sich bezahlt machte, weil die Franzosen sich nach wie vor ihren Wein leisteten.

Angesichts der gespannten militärischen Situation übersiedelte die königliche Familie im Frühsommer in das Château de Madrid, das inzwischen zu einer Festung ausgebaut worden war und von sechstausend Schweizern bewacht wurde, weil niemand dem im März geschlossenen Frieden traute.

Seit dem Ausbruch des zweiten Religionskrieges hatte Heinrich von Valois keine Muße mehr gehabt, über sein Verhältnis zu von Guast nachzudenken. Er war zwar nach wie vor in ihn verliebt und er wusste auch, dass von Guast ein Frauenheld war, aber er fand zunächst keine Lösung, zumal er innerlich vollauf mit seiner Rolle als Oberbefehlshaber und Generalstatthalter beschäftigt war. Nach der Übersiedelung in das Château de Madrid war er erneut mit seinen Gefühl konfrontiert, und da er wusste, dass eine körperliche Erfüllung unrealistisch war, redete er sich ein, dass eine geistige Liebe ihn ebenso befriedigen würde. Er suchte in der Antike nach Vorbildern. Damals hatten reife, lebenserfahrene Männer versucht, die Halbwüchsigen zu erziehen, sie auf das Leben vorzubereiten, und in diesen Beziehungen hatte irgendwann auch die Erotik eine Rolle gespielt. Sie war eine Beigabe, nicht die Hauptsache, und da Guast einige Jahre älter war, sah Heinrich in ihm einen Freund und Mentor.

Im Frühjahr bemerkte von Guast erstaunt, dass er nach wie vor in der Gunst des Thronfolgers stand. Er wurde mit Reitpferden, kostbarem Zaumzeug und Waffen beschenkt, und vor allem legte Heinrich Wert auf die Gesellschaft seines Günstlings.

Am frühen Nachmittag spazierten sie oft durch die Gartenanlagen und unterhielten sich über dies und jenes.

Einmal sagte von Guast: »Monsieur, die Welt ist voller Falschheit, ich empfehle Ihnen, niemandem zu trauen als sich selbst und niemanden an

Ihrem Glück – was es auch immer sei – teilnehmen zu lassen, auch nicht die eigene Familie.«

»Warum sparen Sie die Familie aus? Ich liebe meine Mutter, ich habe Vertrauen zu ihr und möchte sie natürlich an meinen künftigen militärischen Erfolgen teilnehmen lassen.«

Von Guast spürte, dass er zu weit gegangen war, und erwiderte: »Monsieur, mit Familie meine ich die Verwandten, also Cousins und Cousinen, die Onkel und Tanten und natürlich auch die Geschwister.«

»Die Geschwister? Da haben Sie Recht, mein Verhältnis zum König ist gespannt, aber zu meinem jüngsten Bruder und zu meinen Schwestern habe ich ein gutes Verhältnis. Gewiss, Elisabeth und Claudia leben in der Ferne, ich kenne sie nur flüchtig, aber Margot …, ich liebe meine jüngste Schwester und werde ihr immer vertrauen.«

Von Guast schwieg und merkte sich den letzten Satz.

Heinrich seinerseits dachte über den Ratschlag seines Freundes nach und fand, dass er Recht hatte: Man musste allen Menschen misstrauen, auch den Geschwistern.

Bei einem jener Spaziergänge ergab es sich, dass Heinrich seinem Freund das »Du« anbot.

Irgendwann sprachen sie über die Guisen und Heinrich erzählte von seiner Freundschaft mit Heinrich von Guise, von der misslungenen Entführung, und sagte offen, dass er den jungen von Guise seit damals hasse, es ihn aber nicht merken lasse. Er erzählte auch von Heinrich von Bourbon, und von Guast spürte, dass sein Herr den Prinzen von Navarra schätzte und dass diese Anerkennung völlig neidlos war.

Als das Frühjahr in den Sommer überging, wusste von Guast genug über seinen Herren, um dessen Gunst zu seinem eigenen Vorteil zu nutzen.

Mitte Juni saß Katharina an einem Nachmittag mit ihren Damen auf einer der Schlossterrassen, und während sie über die politische Situation nachdachte, unterhielten die Damen sich angeregt über den Ball, der einige Tage später stattfinden sollte und über die Roben, die sie tragen wollten.

Plötzlich erschien ein Diener und meldete die Prinzessin Margot, den Herzog von Alençon und Madame von Curton.

Die Hofdamen sahen sich überrascht an und Katharina erklärte die Situation: »Meine Tochter Margot ist im Mai fünfzehn Jahre alt geworden, es wird allmählich Zeit, dass sie am Hof lebt. Sie wird ab jetzt in unserem Kreis weilen; mein jüngster Sohn ist inzwischen dreizehn Jahre und volljährig, aber ich halte es für angebracht, dass er noch einige Zeit im Collegium Navarra verbringt, dort ist er tagsüber wenigstens unter Aufsicht.«

Sie gab dem Diener ein Zeichen, und dann erschienen Margot und ihr Bruder in Begleitung der Gouvernante.

Die Damen waren neugierig, wie sich das aparte Mädchen, das sie vor über zwei Jahren zum letzten Mal gesehen hatten, wohl entwickelt hatte, schließlich war es nicht ungewöhnlich, dass hübsche Kinder im jugendlichen Alter hässlich wurden und umgekehrt.

Als Margot neben ihrem Bruder die Terrasse betrat, starrten die Damen das junge Mädchen einen Augenblick fassungslos an, und dann überboten sie sich in bewundernden Ausrufen.

»Madame, die Prinzessin ist eine Schönheit«, sagte Charlotte von Sauves zu Katharina, »sind Sie nicht unendlich stolz auf Ihre Tochter?«

»Ich weiß noch nicht, ob ich stolz auf sie sein kann.« Sie musterte Margot kritisch von oben bis unten. Nun ja, dachte Katharina, sie sieht passabel aus, aber darauf allein kommt es nicht an; hoffentlich kann sie sich geistreich unterhalten und gut tanzen.

Die Damen bewunderten ihre perlenbestickte Robe. »So viele Perlen«, sagte eine der Damen leise zu ihrer Nachbarin; »Perlen bedeuten Tränen.«

Inzwischen war man auch auf den jungen Herzog von Alençon aufmerksam geworden und fand im Stillen, dass er noch hässlicher war als früher. – Gewiss, er war etwas gewachsen, aber für sein Alter immer noch zu klein. Die Pockennarben in seinem ovalen Gesicht waren nicht zu übersehen, und die Nase wirkte auf die Damen noch größer und unförmiger als früher.

Katharina hatte ihre jüngeren Kinder längere Zeit nicht gesehen. Sie hatte sie auch nicht vermisst, denn sie war mit der eskalierenden politischen Situation so hautnah konfrontiert und wusste andererseits auch ihre Kinder bei Madame Curton in Sicherheit.

Etwas steif ging sie nun auf die beiden zu, die erwartungsvoll im Raum standen. Sie strich den Kindern über die Haare, fragte sie nach den Reisemodalitäten und nach ihrem Befinden, doch ihr Herz war nicht so recht dabei – der subtile Neid auf die überaus schöne, charmante und graziöse Tochter machte sich nur in einer relativen Gleichgültigkeit bemerkbar, die sie auf die angespannte innenpolitische Situation schob.

Der kleine Herzog von Alençon war ihr indessen auch nicht gerade ans Herz gewachsen, und sein pockennarbiges Gesicht hatte ihn in den letzten Jahren nicht schöner gemacht – kurzum, der unwissende Beobachter der Szene wäre nicht unbedingt darauf gekommen, dass dieses relativ nüchterne Begrüßungsritual zwischen Blutsverwandten engsten Grades stattfand.

Den beiden Neuankömmlingen wurden die höfischen Zeremonien erläutert, man zeigte ihnen die Räumlichkeiten, erklärte, was von ihnen erwartet wurde, dann waren sie mit sich allein und fühlten sich sehr fremd.

Während der vergangenen Wochen waren Stürme über das Land gefegt und hatten das Getreide zu Boden gedrückt. Überdies herrschte eine Trockenheit wie noch nie zuvor, sodass es fast unmöglich war, das Korn zu ernten. Zu der bevorstehenden Missernte und den steigenden Brotpreisen kamen die permanenten Kämpfe zwischen Katholiken und Hugenotten.

Der im März geschlossene Friede war faktisch nur ein Stück Papier: Condé hatte sein Heer zwar aufgelöst, aber seine Soldaten zogen ohne Sold durch die Provinzen und plünderten die Bevölkerung aus, damit nicht genug, wurden Altäre geschändet, Statuen beschädigt, alte, wehrlose Priester misshandelt und gefoltert. Im Loiretal, einer Hochburg der Reformierten, kam es zu den entsetzlichsten und unmenschlichsten Ausschreitungen: in Orléans hatten die Hugenotten einem Kanonikus die Haut in Streifen vom Leib geschnitten, Salz und Essig in die Wunden gerieben und ihn dann verenden lassen; acht Tage lang hatte es gedauert, bis der Tod ihn von seinen Qualen erlöste.

Die Katholiken ihrerseits massakrierten die Hugenotten, in Toulouse wurde täglich gemordet und geplündert, und in der Provinz Guyenne verfolgte Monluc die Reformierten ohne Erbarmen.

Täglich trafen Beschwerden der Königin von Navarra über Monluc ein, sie selbst ließ die Katholiken verfolgen, und es war nur dem jungen Prinzen von Navarra zu verdanken, dass die Katholiken nicht ermordet, sondern nur des Landes verwiesen wurden.

Vielleicht, überlegte Katharina, sollte man versuchen, Condé zu umzingeln, ihn entführen, verhaften und vor Gericht stellen. Sie beschloss, dem Marschall von Tavannes diese heikle Aufgabe anzuvertrauen. Condé vor einem königlichen Gericht würde die Hugenotten vielleicht zur Vernunft bringen …

Das Problem Coligny war damit allerdings immer noch nicht gelöst. Eine Verhaftung oder Ermordung Colignys würde die Situation nur verschärfen, schließlich wurde Coligny von seinen Glaubensbrüdern wie ein Heiliger verehrt.

Margot beugte sich über ihren Stickrahmen, und während sie geschickt abwechselnd eine rote und eine weiße Lilie stickte, dachte sie über die vergangenen Jahre und die Zukunft nach. So weit ihre Erinnerung zurückreichte, war sie von ihrer Mutter nie besonders beachtet worden, und ihre Bemühungen, die mütterliche Zuneigung zu gewinnen, waren erfolglos gewesen. Während der Reise hatte sie Katharina zum ersten Mal als Regentin erlebt und war tief beeindruckt gewesen: Die Mutter war stundenlang mit dem Studium von Akten beschäftigt, empfing ausländische Gesandte, traf Entscheidungen, repräsentierte, und es dauerte nicht lange, so begriff Margot, dass nicht ihr Bruder Karl regierte, sondern die Mutter, und allmählich fing sie an, Katharina zu bewundern, und sah sie als Vorbild für sich selbst. Der Wunsch, einmal selbst so zu regieren wie die Mutter, verdichtete sich zu einem Ziel.

An ihrem fünfzehnten Geburtstag hatte sie erfahren, dass sie künftig am Hof leben sollte, und war überglücklich. Sie hatte keinen prachtvollen Empfang mit einem Bankett und einem Ball erwartet, aber eine herzliche, liebevolle Begrüßung. Wenn die Mutter sie in ihrer Nähe haben wollte, so bedeutete dies, dass auch sie, Margot, von ihr geliebt wurde. Stattdessen wurde sie kühl begutachtet wie ein edles Pferd und ermahnt wie ein kleines Kind. Sie war einerseits maßlos enttäuscht, andererseits war die Rückkehr an den Hof eine Gelegenheit, doch noch die Liebe der Mutter zu erringen. Margot sah hin und wieder verstohlen zu Katharina und beschloss, sich so zu verhalten, dass sie nie deren Missfallen erregte. In diesem Augenblick näherte sich ein Diener und überreichte Katharina einen Brief.

Sie betrachtete das Siegel, überlegte, was der Gesandte in London wohl zu berichten hatte. Wahrscheinlich unterstützte Elisabeth die Hugenotten … Dann öffnete sie das Schreiben, las und rief spontan: »Mon dieu, meine Schwiegertochter bereitet mir ständig neue Überraschungen!«

Die Damen sahen neugierig von ihren Stickrahmen auf. Sie wussten inzwischen, dass es Maria Stuart gelungen war, in der Nacht vom 1. auf den 2. Mai aus Loch Leven zu entfliehen, und dass die Schotten ihr zugejubelt hatten, als sie in Edinburgh einzog.

»Die schottischen Lords«, sagte Katharina, »haben sich erneut gegen ihre Königin verbündet. Am 13. Mai kam es zur Entscheidungsschlacht bei Langside, die Truppen der Königin wurden vernichtet, sie selbst floh nach England und bat ihre Cousine um Asyl. Die englische Königin weigerte sich, sie zu empfangen, bevor ihre Unschuld an der Ermordung ihres Gatten feststeht, eine neutrale Kommission solle den Sachverhalt klären. Maria Stuart lebt jetzt unter Bewachung in einem englischen Schloss.«

Die Damen schwiegen, weil sie nicht wussten, wie ihre Herrin über das Schicksal der ehemaligen Königin von Frankreich dachte. Nur Charlotte von Sauves, die genau wusste, dass Katharina ihr wohlgesinnt war, wagte ihre Meinung zu äußern. »Madame, ich bewundere den Mut der schottischen Königin: Sie wagt sich in die Höhle des Löwen, obwohl sie den Vertrag von Edinburgh immer noch nicht ratifiziert hat und ihr Verhältnis zur englischen Königin ziemlich gespannt war seit ihrer zweiten Eheschließung.«

»Ihre Flucht nach England ist nicht Mut, sondern Dummheit«, erwiderte Katharina und stand auf. »Ich muss die Angelegenheit mit meinen Söhnen besprechen.«

Margot atmete innerlich auf, als ihre Mutter gegangen war. Hoffentlich dauerte die Unterredung mit Karl und Heinrich bis zur Abendtafel …

Die Damen beugten sich wieder über ihre Stickrahmen, nur die Baronin von Sauves betrachtete Margot eine Weile, und da sie neugierig war, begann sie eine Unterhaltung mit dem jungen Mädchen.

»War die Reise von Amboise hierher sehr anstrengend, Madame?«

Margot sah auf, und da sie nicht wusste, was die Damen ihrer Mutter erzählen würden, erwiderte sie: »Die Reise war angenehm, Madame.«

»Sie werden sich in unseren Kreis bald einleben, wir sind immer lustig, lachen und scherzen.«

Margot sah die Baronin erstaunt an: »Hier wird gelacht und gescherzt? Aber …, ich meine, erlaubt meine Mutter Späße?«

»Selbstverständlich, Madame! Wenn Ihre Majestät unter uns weilt, erholt sie sich von den Staatsgeschäften und unterhält sich mit uns über alltägliche Dinge. Sie wissen es vielleicht nicht, aber Ihre Majestät besitzt einen trockenen Humor, der uns immer wieder zum Lachen bringt.«

Margot schwieg und versuchte sich ihre Mutter lachend vorzustellen; bis jetzt hatte sie diese nur schweigsam und ernst erlebt.

»War es in Amboise nicht manchmal langweilig, Madame?«, fragte die

Baronin. »Langweilig? Nein, mein Bruder und ich, wir wurden den ganzen Tag unterrichtet.«

»Mon dieu, haben Sie nur über den Büchern gesessen?«

»Nein, Madame, ich wurde nicht nur in den Wissenschaften unterrichtet, sondern auch in Musik, Malerei, Sticken, Tanzen, Reiten und Bogenschießen.«

Die Baronin betrachtete Margot und fand, dass sie für ihr Alter zu ernst war. Sie wirkte auch verschüchtert, und auf einmal empfand sie Mitleid für das junge Mädchen, das letztlich nur ein Heiratsobjekt der Mutter zu sein schien. »Sie sollten die kommenden Wochen, Monate, Jahre genießen, Madame, wenn Sie erst verheiratet sind, beginnen Pflichten, die erst enden, wenn Sie sterben.«

Margot horchte auf, die Baronin sprach von Heirat.

»Sie haben Recht, Madame, mit der Ehe beginnen die Pflichten. Meine Mutter hat wahrscheinlich schon konkrete Pläne, wen ich heiraten soll?«

»Das glaube ich nicht, Madame, Ihre Majestät hat schon lange nicht mehr über Ihre Verheiratung gesprochen.«

Margot schloss daraus, dass ihre Mutter im Kreis der Damen über Heiratspläne sprach, sie musste also das Vertrauen dieser Damen gewinnen, um etwas zu erfahren. Sie lächelte die Baronin an. »Ich denke noch nicht an Heirat, sondern an den nächsten Ball, wann findet er statt?«

»In drei Tagen, wenn der Sommer beginnt.«

Während dieser Unterhaltung lasen Karl und Heinrich den Bericht des Gesandten.

»Die Reaktion der englischen Königin auf die unerwartete Ankunft ihrer Cousine ist ein schlauer Schachzug«, sagte Heinrich.

»Hast du den Verstand verloren!«, schrie sein Bruder. »Der Bastard auf dem englischen Thron wagt es, unsere Schwägerin, die eine gesalbte und gekrönte Königin ist, in Gefangenschaft zu halten, es ist unerhört, man müsste England den Krieg erklären!«

»Es gibt wahrhaftig keinen Grund, dass du dich so aufregst, Karl«, sagte Katharina, »du solltest allmählich akzeptieren, dass Elisabeth kein Bastard ist. Überdies hat deine geliebte Schwägerin die Königin von England in eine überaus peinliche Situation gebracht.«

»Das verstehe ich nicht. Warum empfängt Elisabeth ihre Cousine nicht, wie es sich gehört?«

Heinrich lächelte süffisant und fragte: »Mein geliebter Bruder, würdest du einen Fürsten empfangen, der im Verdacht steht, am Mord seiner Gattin beteiligt zu sein?«

»Nein«, brummte Karl, überlegte einen Augenblick und fuhr fort: »Warum erlaubt die englische Königin unserer Schwägerin nicht, sich irgendwo in England einen Aufenthaltsort zu suchen?«

»Warum? Das fragst du? Dein Reich steht vor einem dritten Religionskrieg. Wenn Maria sich in England frei bewegen darf, wird sie sich natürlich im katholischen Norden niederlassen und versuchen, die Bevölkerung gegen die regierende Königin aufzuwiegeln.«

Karl überlegte und gab dem Bruder innerlich Recht. Katharina hatte bis jetzt schweigend zugehört und fand es nun an der Zeit, sich einzumischen. »Von Frankreich kann die schottische Königin keine Hilfe erwarten, wir sind vollauf mit unseren eigenen Problemen beschäftigt, und was die Ehrenhaft betrifft, nun ja, sie kommt unseren Interessen entgegen. Ich bin froh, dass Maria auch keine Gelegenheit hat, meinen Schwiegersohn Philipp um Hilfe zu bitten; er würde sofort Truppen nach Schottland schicken und versuchen, England zu erobern. Er muss nicht noch mächtiger werden. Denkt daran, dass der Freiheitskampf der Niederländer gescheitert ist: Am 5. Juni hat der Herzog von Alba die Grafen Egmont und Horn und andere Edelleute auf dem Marktplatz von Brüssel hinrichten lassen. Spanien ist mächtiger als der deutsche Kaiser, Spanien darf sich nicht auch noch England und Schottland einverleiben.«

Karl überlegte und erwiderte: »Sie haben Recht, Mama, Spanien darf sich nicht noch weiter ausdehnen, aber wir sollten England wissen lassen, dass wir mit der Ehrenhaft Maria Stuarts nicht einverstanden sind.«

»Karl, deine Schwägerin hat ihre Cousine in England um Asyl gebeten, Elisabeth hat ihr dieses Asyl gewährt. Es kann uns zunächst gleichgültig sein, welche äußere Form dieses Asyl beinhaltet, weil die englische Königin den mysteriösen Mord von Marias zweitem Gatten aufklären will. Eine Kommission soll die Schuld oder Unschuld deiner Schwägerin feststellen, und du wirst den Bericht unseres Gesandten ohne Kommentar zur Kenntnis nehmen und abwarten. Falls diese Kommission bis zum Jahresende noch nicht zusammengetreten ist, wirst du über unseren Gesandten bei Lord Cecil diskret nachfragen lassen.«

Karl sah seine Mutter erstaunt an. »Warum soll der Gesandte nicht bei Elisabeth nachfragen?«

»Ich möchte die Königin von England nicht unnötig verärgern.«

»Ich verstehe nicht, Mama, warum Sie auf die protestantische Päpstin so viel Rücksicht nehmen.«

»Ich habe meine Gründe«, erwiderte Katharina gereizt und Karl hielt es für besser, keine weiteren Fragen zu stellen.

Der Grund, weshalb Katharina ein gutes Verhältnis zu England wünschte, war ein Heiratsprojekt, das sie seit einiger Zeit beschäftigte: ihr sehnlichster Wunsch war, dass ihr Sohn Heinrich irgendwann eine Krone trug. Elisabeth konnte Heinrichs Mutter sein; aber war es nicht denkbar, dass Heinrich Gefallen an einer älteren Frau fand, wie seinerzeit der verstorbene Gatte an Diana von Poitiers? Abgesehen davon würde der gut aussehende Heinrich der englischen Königin bestimmt gefallen, und die Glaubensfrage ließ sich notfalls durch eine Konversion Heinrichs lösen.

Katharina betrachtete den Sohn und beschloss, im Laufe des Herbstes die Eheverhandlungen aufzunehmen.

»Wir sollten in aller Ruhe das weitere Schicksal Maria Stuarts abwarten«, sagte Katharina, »übrigens, eure Geschwister Margot und Franz sind vorhin angekommen. Ich wollte euch an der Abendtafel mit ihnen überraschen, aber ihr könnt sie auch jetzt schon begrüßen.« Sie befahl einem Diener, Margot und Franz zu holen.

Die Geschwister betraten das Zimmer und blieben schüchtern an der Schwelle stehen.

Karl und Heinrich betrachteten die Schwester und fühlten sich für den Bruchteil einer Sekunde wie verzaubert von ihrer Erscheinung.

Dann ging Karl auf Margot zu, umarmte sie und sagte: »Willkommen am Hof, meine Margot, ich will alles tun, damit du dich wohl fühlst. – Lass dich anschauen …, mon dieu, ich habe dich vor zwei Jahren zum letzten Mal gesehen, du bist inzwischen eine Frau geworden. Ich hoffe, dass ich mich noch einige Jahre an deinem Anblick erfreuen kann, irgendwann wirst du heiraten und meinen Hof verlassen, der Gedanke betrübt mich schon jetzt.«

»Sei unbesorgt, mein Sohn«, sagte Katharina, »es wird bestimmt noch einige Jahre dauern, bis Margot heiratet.«

Karl führte Margot zu Heinrich. »Nun, was sagst du zu unserer Schwester? Sie ist die schönste Frau am Hof, nicht wahr?«

Heinrich betrachtete Margot und zögerte, sie zu umarmen, weil er sich zu ihr auf eine ihm unbekannte Weise hingezogen fühlte, aber er musste sie als Bruder begrüßen, und so trat er zu ihr. »Sei willkommen, Margot, du …, du bist für mich eine Offenbarung.«

Margot sah Heinrich an und vermochte es nicht zu glauben, dass dieser junge, gut aussehende Mann ihr Bruder war. »Heinrich, ich bin glücklich, dass ich jetzt am Hof lebe, ich freue mich sehr, dich wiederzusehen.«

Da zog Heinrich die Schwester an sich, küsste sie sanft auf den Mund und Margot spürte bei der Umarmung des Bruders ein merkwürdig prickelndes Gefühl, wie sie es noch nie erlebt hatte.

Sie löste sich sacht aus seinen Armen, zog ihn zu Karl, legte ihre Arme um beide und rief: »Ihr seid meine Brüder; ich liebe euch und ich hoffe, dass wir alle glücklich sind, bis ich heirate.«

Katharina beobachtete die Szene und dachte im Stillen, dass es Margot vielleicht gelingen könnte, Karl und Heinrich zu versöhnen.

Dann lächelte sie Margot an und sagte zum König: »Deine Schwester ist klug und weiß, dass sie eine Ehe schließen muss, die für Frankreich vorteilhaft ist. Im Augenblick gibt es zwei Kandidaten, die in Frage kämen, nämlich den Erzherzog Rudolf und Sebastian von Portugal. Du solltest allmählich Verhandlungen aufnehmen, Karl.«

»Mit Verlaub, Mama«, mischte sich Heinrich ein, »ist unser Vetter in Navarra als Kandidat nicht mehr interessant?«

»Gewiss, aber von den dreien ist er im Augenblick die politisch am wenigsten interessante und attraktive Partie.«

Margot schwieg und dachte bedrückt, dass sie für ihre Familie anscheinend primär ein wertvolles Heiratsobjekt war. Das war zwar nicht neu für sie, aber nun wurde sie zum ersten Mal mit den Möglichkeiten einer politischen Ehe konfrontiert und sie beschloss, sich in keinen der jungen Edelleute am Hof zu verlieben, weil man ihr nie erlauben würde, einen solchen Mann zu heiraten.

Der dreizehnjährige Franz stand im Hintergrund, beobachtete die Szene und fühlte sich wieder einmal zurückgesetzt – nicht, weil die Brüder sich nur um Margot kümmerten, das konnte er verstehen. Er wusste auch, dass die Schwester künftig im Mittelpunkt des Hofes stehen würde, allein aus dem Grund, weil sie nach Katharina die ranghöchste Dame war, aber er hatte gehofft, dass seine Mutter ihn nun, wo er kein Kind mehr war, etwas mehr als früher beachtete.

Er fühlte sich einsam und verlassen und weinte.

Sofort eilte Margot zu ihm und nahm ihn tröstend in die Arme.

»Mein kleiner Mohr, was ist passiert?«

Nun stand auch Katharina auf und ging zu ihrem Jüngsten.

»Warum weinst du, Franz? Fühlst du dich nicht wohl?«

»Wie soll ich mich wohl fühlen, Mama? Ich bin doch nur Luft für meine Familie.«

Katharina war sprachlos.

»Das ist nicht wahr, Franz«, rief Margot, »wir lieben dich alle.«

Karl umarmte den Bruder. »Mein lieber Franz, du bist am Hof genauso willkommen wie Margot.«

»Franz«, sagte Katharina tadelnd, »es ist wahrhaftig kein Grund zum Weinen, wenn man sich einen Augenblick nicht um dich kümmert, dein Benehmen ist albern und kindisch und du bist kein Kind mehr.«

»Komm, Margot, meine Damen warten auf uns.«

Während sie zur Tür gingen, beobachtete Karl das Gesicht Anjous. Wie er Margot nachsieht, ging es ihm durch den Kopf, wenn ich nicht wüsste, dass er ihr Bruder ist, würde ich annehmen, er sei in sie verliebt.

An der Tür drehte Margot sich um, warf den Brüdern eine Kusshand zu, und Karl verspürte einen feinen Stich, als er sah, dass die Augen der Schwester nur Heinrich ansahen.

An der Abendtafel herrschte leidliche Harmonie, weil Katharina sich mit dem König und Anjou über die Kriegsvorbereitungen unterhielt.

»Tavannes meint«, sagte Katharina, »wir seien so gut gerüstet wie noch nie, allerdings sind mehr ausländische Truppen in unserem Heer als je zuvor, und so viele fremde Soldaten im Land, das gefällt mir nicht; wenn sie ihren Sold nicht erhalten, werden sie hemmungslos plündern.«

»Die Hugenotten haben das gleiche Problem, Mama«, erwiderte Karl. »Die englische Königin unterstützt zwar nur mit Geld, aber die deutschen lutherischen Fürsten schicken Söldner, und diese Barbaren haben wir ja im letzten Krieg bereits kennen gelernt. Mehr Sorge als die Ausländer bereitet mir die Organisation des Heeres; die hugenottischen Truppen sollen besser organisiert sein.«

»Dieses Problem, Mama, werde ich lösen, wenn ich erst an der Front bin«, mischte Anjou sich ein.

Karl presste die Lippen aufeinander, er ärgerte sich maßlos, dass Heinrich dank der Mutter die Gelegenheit erhielt, militärischen Ruhm zu erwerben, während er als König sich mit Ratssitzungen und Aktenstudium abplagen musste.

Katharina lächelte Heinrich an. »Ich bin davon überzeugt, dass du die organisatorischen Probleme bestens löst.«

»O Heinrich«, rief Margot, »ich bin so stolz, dass du den Oberbefehl führst.«

Karls Augen wanderten unwillkürlich zwischen Margot und dem Bruder hin und her. Wie sie sich ansehen, dachte er wütend, merkt Mama nicht, was hier vorgeht? Katharina indes war damit beschäftigt, die Tischmanieren der Tochter zu beobachten. Die Manieren sind untadelig, dachte sie, aber sie isst zu viel, sie muss auf ihre Figur achten. Dann fiel ihr Blick auf Franz, der sein Fleisch auf dem Teller hin und her schob.

»Warum isst du nicht? Schmeckt es dir nicht?«

»Ich habe keinen Hunger«, antwortete er mit trotzigem Unterton in der Stimme, der Katharina irgendwie reizte.

»Wenn man keinen Hunger hat, lässt man einen Gang aus. Das Fleisch auf deinem Teller wird weggeworfen, wenn du es nicht isst, das ist unnötige Verschwendung.«

Franz schwieg. Es war gelogen, dass er keinen Hunger verspürte, aber er wollte erreichen, dass Katharina sich um ihn sorgte und ihm gut zuredete, stattdessen wurde er scharf gerügt.

Nach der Abendtafel saß die königliche Familie auf dem geräumigen Balkon vor dem Appartement der Königinmutter.

Franz sah in die Gartenlandschaft hinaus und malte sich sein künftiges Leben im Kollegium Navarra aus. Dort würden ihm die Kameraden den Respekt erweisen, der dem Bruder des Königs gebührte; er würde ihr Anführer sein, der Befehle erteilte, er würde Freunde unter ihnen finden, mit ihnen zusammen würde er Pläne schmieden, wie er mittels eines Staatsstreichs König von Frankreich wurde.

Katharina beugte sich über ihren Stickrahmen und überlegte, ob die Entführung und Verhaftung Condés inzwischen geglückt war.

Karl blätterte in einem Buch über die Jagd und tat so, als ob er lese, in Wirklichkeit beobachtete er Heinrich und Margot, die einträchtig nebeneinander saßen. Heinrich hatte seine rechte Hand auf die linke Hand der Schwester gelegt, erzählte ihr von dem Fest, das anlässlich des Sommeranfangs stattfinden sollte, und die verliebten Augen des Bruders und Margots schüchternes Lächeln erbitterten den König nicht nur, sondern stimmten ihn auch traurig; dass Margot ihn, den König, zwar liebte, aber den widerlichen Stutzer – so nannte Karl den Bruder im Stillen –, diesen eitlen Gecken mehr liebte als ihn, das war zu viel des Guten.

»Jetzt sind es nur noch wenige Tage, Margot«, sagte Heinrich, »dann schreiben wir den 20. Juni, den längsten Tag im Jahr mit der kürzesten Nacht. Am 21. Juni beginnt die schönste Jahreszeit, deshalb wird am Abend des 20. Juni ein Fest gefeiert, das bis zum frühen Morgen dauert.«

»Ich liebe solche Feste, Heinrich. Vor allem liebe ich Bälle, weil ich leidenschaftlich gern tanze.« Sie schwieg, errötete etwas und sagte halblaut: »Die Volta tanze ich am liebsten, ich finde es herrlich, wenn man durch die Luft gewirbelt wird.«

Heinrich lächelte und berührte mit der Hand leicht die Wange der Schwester. »Darf ich die Volta mit dir tanzen, Margot? Jede Volta?«

»Ja.«

In diesem Augenblick war es mit Karls Geduld vorbei, er sprang auf und stellte sich gebieterisch vor die Geschwister:

»Du scheinst manchmal zu vergessen, Heinrich, dass ich der König bin. Als König werde ich mit Margot den Ball eröffnen, und ich werde alle Tänze mit ihr tanzen bis zum Beginn der Volta, dann erlaube ich dir, jede zweite Volta mit unserer Schwester zu tanzen, mehr wäre unschicklich. – Dies ist ein Befehl des Königs.«

Heinrich hielt es für besser, nicht zu widersprechen, außerdem würde es noch viele Bälle geben, bei denen er mit Margot tanzen konnte.

In diesem Augenblick sah Katharina auf und sagte zu Karl: »Wäre es nicht angebracht, auch den jungen Edelleuten und vor allem den ausländischen Gesandten Gelegenheit zu geben, mit Margot zu tanzen?«

Ehe der König etwas erwidern konnte, rief Heinrich: »Mama, dies ist der Ball, bei dem Margot zum ersten Mal offiziell als Schwester des Königs auftritt, es ist sozusagen ihre Einführung in die Hofgesellschaft. Da ist es nur recht und billig, wenn ausschließlich wir, die Brüder, mit ihr tanzen. So signalisieren wir den übrigen jungen Herren, dass wir unsere Schwester beschützen und nicht dulden werden, dass einer der Adeligen sich ihr nähert, um eine Liebelei anzufangen. Ich begrüße es, dass Karl mit Margot den Ball eröffnet, so kann ich Sie, Mama, endlich einmal zum Tanz führen, wenn es Ihnen recht ist.«

Katharina lächelte den Sohn glücklich an: »Deine Argumente überzeugen mich und ich freue mich, dass wir zusammen tanzen werden.«

Wenig später begab man sich zur Ruhe, und an der Tür küsste Heinrich Margot auf den Mund, was Katharina entging. Karl indes betrachtete neidisch den Bruder. Er will Margot für sich allein, ging es ihm durch den Kopf, er ist in sie verliebt, es ist ein Skandal.

Heinrich ging in seinem Appartement unruhig auf und ab, schließlich trat er zum Fenster, sah hinaus in die Dunkelheit und erinnerte sich noch einmal an die vergangenen Stunden.
Margot war die erste Frau in seinem Leben, die ihn körperlich anzog, und er war erstaunt, dass es offensichtlich möglich war, sich in einen Mann und in eine Frau gleichzeitig zu verlieben. Aber die Frau war seine Schwester, und sein Begehren war Sünde.
Wenn einer der jungen Edelleute sich ihr nähert, dann lasse ich ihn umbringen. – Und wenn Margot sich in einen Hofmann verliebt? Das ertrage ich nicht, dachte er, ich würde sie hassen und ihre Liebe zerstören; sie darf nur mich lieben und ihren künftigen Gatten. Ich muss auf die Erfüllung meiner Gefühle verzichten, also muss auch sie verzichten.

Am nächsten Tag ergab sich eine Gelegenheit, dass er Guast der Schwester vorstellte. Das steife »von« hatte Heinrich inzwischen aus der Anrede verbannt.
»Er ist mein Freund, Margot, und genießt mein volles Vertrauen, er soll dich am Hof ebenso beschützen wie Karl und ich.«
Margot lächelte Guast an und spürte instinktiv Misstrauen gegen diesen Mann, den sie überhaupt nicht kannte.
Während sie über belanglose Dinge redeten, wurde ihr Guast immer unsympathischer. Er ist nicht aufrichtig, dachte sie, er schmeichelt sich bei Heinrich ein.
Guast beobachtete die Geschwister, wusste nach kurzer Zeit, welche Gefühle Heinrich für die Schwester empfand, und sah in Margot eine Rivalin, die ihn womöglich aus seiner Favoritenrolle verdrängte, und er beschloss, dies zu verhindern. Er wusste zwar noch nicht, wie, aber das war im Augenblick unwichtig, er musste Margot vorerst beobachten und im richtigen Augenblick handeln.

Am frühen Abend des 20. Juni saß Margot halb angekleidet vor ihrem Frisiertisch und beobachtete, wie die Zofe ihre schwarzen Haare zu Zöpfen flocht, als Heinrich gemeldet wurde.
Sie bekam Herzklopfen, legte rasch den Schlafrock an, und als der Bruder das Zimmer betrat, spürte sie, dass sie errötete, und ärgerte sich über

sich selbst. Es gab keinen Grund für ihre Unsicherheit, Heinrich war der Bruder. Im nächsten Augenblick beugte er sich über sie und berührte mit seinen Lippen ihre Haare.

»Entschuldige die Störung, Margot, aber vorhin erinnerte ich mich, dass ich dir vor einigen Jahren versprochen habe, dir zu zeigen, wie man sich schön macht. Es war 1560 in Amboise, erinnerst du dich?«

Margot antwortete leise: »Ja Heinrich, ich erinnere mich.«

»Heute Abend«, sagte er, »wirst du am Hof offiziell eingeführt. Mama, der König und ich wünschen, dass du untadelig aussiehst, das fängt bei der Frisur an«, und zu der Zofe: »Meine Schwester ist kein Kind, sondern eine junge Dame. Ich wünsche, dass ihre Haare ab sofort nicht mehr zu langweiligen Zöpfen geflochten werden.« Dann flocht er die Haare auf, ließ sie durch seine Hände gleiten und erteilte der Zofe seine Befehle. »Bürste die Haare völlig zurück, verschlinge sie zu einem losen Knoten und dann lasse sie lose auf den Rücken fallen. Verziere den Knoten mit Perlenschnüren – ja, so ist es gut. Nun zum Kleid. Hast du inzwischen eine Wahl getroffen, Margot?«

»Nein, ich kann mich nicht entscheiden, am liebsten würde ich Rot tragen, aber es gibt dabei so viele Schattierungen.«

Heinrich befahl der Zofe, alle roten Kleider Margots zu holen und sie vor ihm auszubreiten.

Als die Dienerin in das Ankleidezimmer gegangen war, trat Heinrich hinter die Schwester, die vor dem Spiegel saß und in ihrer Schatulle nach dem passenden Schmuck suchte. Er betrachtete die glänzenden schwarzen Haare, beugte sich, einem plötzlichen Begehren folgend, über die Schwester und umarmte sie. Margot schrie leise auf, hob den Kopf und sah den Bruder ängstlich an.

»Was ist los, kleine Schwester, darf ich dich nicht umarmen?«

»Natürlich darfst du, ich bin nur erschrocken.«

Er lachte leise auf, wurde aber sofort wieder ernst, legte seine Hände auf ihre Schultern und sagte: »Margot, du bist die schönste Frau am Hof und die Schwester des Königs. Ich möchte nicht, dass du eine Liebelei mit einem der jungen Laffen anfängst, die hier am Hof umherschwirren und mit Albernheiten den Tag vertrödeln. Wir, also Mama, Karl und ich, wir erwarten, dass du deine Mädchenehre für deinen künftigen Gatten bewahrst.«

Margot schlug die Augen nieder und errötete angesichts der Tatsache, dass der Bruder dieses peinliche Thema so offen ansprach. Natürlich wollte sie sich nur ihrem Gatten hingeben, was immer das auch bedeuten mochte.

Im nächsten Moment fühlte sie sich seltsam berührt, als Heinrich ihr plötzlich Haare und Wangen liebkoste.

Wenig später waren ungefähr ein Dutzend rote Kleider aus Taft, Samt und Seide auf Stühlen, Truhen, Bänken und dem Tisch ausgebreitet, und Heinrich ging langsam von einer Robe zur andern und betrachtete sie kritisch. Schließlich nahm er ein Kleid aus blutroter Seide und brachte es Margot.

»Wie gefällt es dir? Der Farbton würde hervorragend zu deinen schwarzen Haaren und deiner weißen Haut passen. Ich werde es für dich anziehen und dir zeigen, wie man sich darin bewegt, kleine Schwester.«

Und ehe Margot etwas erwidern konnte, war er im Ankleidezimmer verschwunden. Es dauerte nicht lange, so erschien er in dem roten Kleid, tänzelte graziös durch das Zimmer und wedelte sich mit einem schwarzen Fächer Luft zu.

Die Zofe unterdrückte nur mühsam einen Lachanfall, Margot indes war peinlich berührt – es schickte sich irgendwie nicht, dass ein Mann Frauenkleider trug.

»Nun, Margot, kannst du dir vorstellen, in dieser Robe heute Abend die Volta mit mir zu tanzen?«

»Ja«, antwortete sie völlig verwirrt.

»Du solltest übrigens zu dieser Robe ein Geschmeide aus Saphiren und Perlen tragen, es harmoniert farblich am besten mit diesem Rot, und als Parfüm würde ein Lilienduft passen.«

Eine Stunde später begab sich die königliche Familie hinunter zum Fluss, wo die Barken bereit lagen, während die Zofen das Appartement aufräumten und sich kichernd über Heinrich unterhielten.

»Du hättest sehen sollen, wie er seine Schwester liebkost hat, und dann hat er eines ihrer Kleider angezogen und ist um sie herumgetanzt, das war vielleicht ein Anblick!«

»Das ist ja widerlich, überhaupt, ich finde, er ist sonderbar; ich verstehe nicht, warum die Königinmutter ihn so vergöttert.«

Während die Barken langsam über den Fluss glitten, begann das Bankett. Einige Stunden später eröffnete der König mit seiner Schwester den Ball, und Margot genoss die bewundernden Blicke der Zuschauer, die vom Rande des Saales aus die Szene beoachteten.

Heinrich schritt mit seiner Mutter hinter dem König, und Katharina nutzte die Gelegenheit, um den Sohn über die veränderte politische Lage zu informieren.

»Heute Abend«, sagte sie leise, »kurz bevor wir zu den Barken gingen, erhielt ich die Nachricht, dass Condés Entführung misslang. Er ist wahrscheinlich gewarnt worden und hat sich mit Sack und Pack nach La Rochelle begeben. Coligny hat sich ihm mit unzähligen Hugenotten angeschlossen.«

»In La Rochelle sind sie sicher, weil sie von der See aus mit Munition, Soldaten und Vorräten versorgt werden können, La Rochelle ist fast uneinnehmbar. Mama, wollen Sie nicht doch lieber verhandeln, statt Krieg zu führen?«

»Nein, Heinrich, meine Geduld mit den Hugenotten ist zu Ende. Sobald unsere Armee schlagkräftig genug ist, werde ich, das heißt, Karl, jene Proklamation veröffentlichen, die alle Konzessionen, die man den Hugenotten gemacht hat, zurücknimmt. Diese Proklamation wird sie zwar provozieren, erneut Krieg zu führen, aber ich hoffe, dass es jetzt endlich zur Entscheidungsschlacht kommt und Coligny und Condé in unsere Hände fallen oder den Heldentod sterben. Ohne ihre Anführer sind die Hugenotten machtlos und müssen die Bedingungen akzeptieren, die ihnen auferlegt werden, was nicht ausschließt, dass ich ihnen erneut die Glaubensfreiheit zugestehe. – Aber Condés misslungene Entführung war nicht die einzige Nachricht, die ich vorhin erhielt.«

Sie sah sich vorsichtig um und flüsterte Heinrich auf Italienisch zu: »Die Königin von Navarra ist mit ihren Kindern und ihrem Gefolge ebenfalls unterwegs nach La Rochelle. Ich habe sofort einen Kurier zu Monluc geschickt mit dem Befehl, Navarra zu besetzen und deinen Vetter Heinrich aufzuspüren und zu uns zu bringen, er ist im kommenden Krieg eine wertvolle Geisel.«

»Ihr Plan ist exzellent, Mama, aber ich befürchte, dass mein Cousin sich nicht so einfach fangen lässt, wir sollten ihn nicht unterschätzen.«

»Das muss man abwarten.«

Irgendwann begann die Volta, und Margot genoss es, dass sie abwechselnd von Karl und Heinrich hochgehoben und durch die Luft geschwenkt wurde, wobei ihr fliegender Rock den Zuschauern jedes Mal einen Blick auf ihre langen, schlanken, wohl geformten Beine erlaubte.

Kurz vor Mitternacht gab es eine längere Tanzpause, weil genau um vierundzwanzig Uhr das Feuerwerk begann, das den Beginn des Sommers ankündigen sollte.

Heinrich brachte Margot zu ihrem Stuhl, wo sie sich alsbald von Guast und den anderen jungen Edelleuten umringt fand.

Ein Diener servierte Wein, und Guast hob seinen Pokal.

»Ich trinke auf das Wohl des Herzogs von Orléans und der Prinzessin Margot!«

Nun schallte es aus allen Kehlen: »Auf das Wohl des Herzogs von Orléans und der Prinzessin Margot!«

Margot trank einen Schluck Wein und lächelte den Bruder an. »Das Fest ist einfach unbeschreiblich, Heinrich. Ich kann dir nicht sagen, wie sehr ich es genieße, vor allem die Volta. Du und Heinrich von Guise, ihr tanzt die Volta am besten, das habe ich schon als Kind gemerkt.«

Als Guast jetzt die finstere Miene seines herzoglichen Herren sah, wurde er nachdenklich. Der Dauphin hasst den jungen Guise, dachte er und beschloss, die Geschwister und Guise im Auge zu behalten. Heinrich von Guise, überlegte er, ist noch im Ausland, aber irgendwann wird er nach Frankreich zurückkehren.

Margot lebte sich rasch am Hof ein, und es dauerte nicht lange, da wurde sie von den Damen und Herren genauso bewundert wie zwanzig Jahre zuvor ihre Schwägerin Maria Stuart.

Man rühmte nicht nur ihre äußere Erscheinung, sondern auch ihre Bildung, ihre Fröhlichkeit, und die Dienerschaft war überrascht, dass Margot ihnen, den einfachen Leuten gegenüber, so liebenswürdig war, als ob sie Edelleute wären.

Katharinas Damen indes erlebten eine völlig andere Margot: Das junge Mädchen war schweigsam und in sich gekehrt, sobald die Mutter anwesend war. In solchen Augenblicken verkrampfte sich etwas in Margot, und sie hatte Angst davor, durch irgendeine Bemerkung die Mutter zu erzürnen. Sie war froh, dass Katharina sich nicht weiter um sie kümmerte und selten das Wort an sie richtete. Die Damen gewannen den Eindruck, dass Margot sich vor der Königinmutter fürchtete, und wenn sie unter sich waren, sprachen sie darüber.

Katharina hatte Margot während der ersten Tage genau beobachtet und war mit ihr zufrieden: Ihr Benehmen war untadelig, und bei offiziellen Anlässen repräsentierte sie die Familie Valois formvollendet. So wandte Katharina sich ihrem jüngsten Sohn zu, der ihr Sorgen bereitete.

Der junge Franz schlich am Hof umher, und immer wenn sie ihn sah, hatte sie das Gefühl, dass er eine Intrige gegen den König und den Dauphin vorbereitete. Er war zwar erst dreizehn, aber sie spürte, dass er seine älteren Brüder hasste, und versuchte mehrmals, ein Gespräch mit ihm anzufangen, was immer misslang, weil er trotzig schwieg.

An einem Nachmittag ließ sie ihn rufen und fragte, wie er sich sein Leben am Hof vorstellte, ob er Pläne für seine Zukunft habe.

Er erklärte ihr, er wolle auf jeden Fall berühmt werden, wie jedoch, sei sein Geheimnis.

Jetzt eröffnete ihm die Mutter, dass er die kommende Zeit am Hof verbringen und das Kollegium von Navarra nicht besuchen werde.

Franz glaubte nicht richtig zu hören, fing an zu weinen und sagte unter Tränen: »Mama, ich hatte mich so auf das Collegium gefreut.«

Katharina sah ihn erstaunt an und erwiderte: »Du bist merkwürdig. Dein Bruder Anjou, dein Vetter in Navarra und der junge Guise freuten sich überhaupt nicht darauf, diese strenge Schule zu besuchen.«

Sie ging zur Tür und Franz sah ihr hasserfüllt nach.

Er ging zum Fenster, sah hinunter in den Hof und träumte vor sich hin. Es war immer der gleiche Traum: Sein Bruder Karl würde demnächst sterben, weil seine Gesundheit labil war und er während der vergangenen Wochen hin und wieder Fieberanfälle gehabt hatte; sein Bruder Heinrich würde im kommenden Krieg den Heldentod sterben. Dann wurde er, der unbeachtete Herzog von Alençon, König von Frankreich.

Er würde das Kriegshandwerk erlernen, Siege erringen, die Hugenotten würden ihn zu ihrem Führer wählen. Er würde die Truppen des königlichen Bruders besiegen, seine Brüder und die Mutter fielen in seine Hände, er würde sie nach Loches in das finsterste Verließ bringen lassen. Dort würden sie wie Tiere dahinvegetieren, ohne Licht, einmal täglich würde der Wärter ihnen eine dünne Suppe bringen – und er, er würde in Frankreich regieren, zusammen mit Margot. Irgendwann würde jeder heiraten, Kinder haben und glücklich und zufrieden in Schlössern leben.

Franz sah auf, kehrte in die reale Welt zurück und überlegte, dass seine Chancen, König von Frankreich zu werden, tatsächlich nicht schlecht waren: Die Gesundheit seines königlichen Bruders war labil, Anjou konnte im kommenden Krieg den Heldentod sterben, und dann war er der König.

Während der Herzog von Alençon von einer Krönung in Reims träumte, kreisten Heinrichs Gedanken um Margot.

Er verbrachte jede freie Minute mit ihr, sie ritten zusammen aus, spazierten durch den Schlossgarten, spielten Schach, unterhielten sich über Literatur, und manchmal spielte Margot die Laute und sang ein Lied.

Heinrich saß dann zu ihren Füßen, fühlte sich als ihr Ritter, der sie beschützen musste und bedauerte, dass der höfische Minnegesang der Vergangenheit angehörte.

In den Nächten malte er sich aus, dass Margot bei ihm lag und er sie körperlich liebte.

Karl beobachtete Heinrich und Margot und litt immer mehr darunter, dass die Schwester dem verhassten Bruder mehr Aufmerksamkeit widmete als ihm.

An einem Nachmittag war er im Marstall und begutachtete neue arabische Pferde. Plötzlich hörte er die Stimmen von Margot und Heinrich, die von einem Ausritt zurückkehrten.

Während der Reitknecht die Pferde versorgte, schlich Karl zu einem Platz, von wo aus er seine Geschwister beobachten konnte, ohne dass sie ihn sahen.

Heinrich hob Margots Gesicht zu sich empor. »Der Ausritt mit dir war wunderbar«, dann küsste er Margot auf den Mund. Die erotisch unerfahrene Margot genoss die Zärtlichkeiten des Bruders und dachte nicht weiter darüber nach, so auch an diesem Nachmittag.

»Wir könnten Schach spielen«, sagte Heinrich.

»Ich habe keine Zeit, Mama erwartet mich.«

»Verzeih, das habe ich vergessen, deine Anwesenheit bei Mama ist natürlich wichtiger.« Er küsste sie erneut, dann eilte Margot zum Schloss.

Während Karl sich langsam zu seinem Appartement begab, überlegte er, ob er seiner Mutter von diesem merkwürdigen Verhältnis zwischen Bruder und Schwester erzählen sollte, und beschloss zu schweigen. Die Mutter würde ihm nicht glauben.

Ein Sommertag nach dem anderen verging.

Anfang August erfuhr Katharina, dass die Königin von Navarra mit ihren Kindern und ihrem Gefolge in La Rochelle angekommen war. Sie ärgerte sich, dass es ihr nicht gelungen war, Condé zu entführen oder den Prinzen von Navarra zu fangen. Sie zog sich nach Saint Maur zurück, um in Ruhe jene Proklamation zu formulieren, die die Hugenotten zwang, sich entweder zu fügen oder den Krieg zu erklären.

In dieser Proklamation bedauerte der König die den Reformisten in der Vergangenheit gemachten Konzessionen, da die Protestanten weiter Unruhe gestiftet hatten. Der König forderte jetzt die Herausgabe aller festen Plätze, die in hugenottischer Gewalt waren, vor allem La Rochelle und Montauban sowie eine Anzahl kleinerer Orte in Südfrankreich.

Ihr verdammtes Unternehmen will in diesem Königreiche ein anderes souveränes Fürstentum aufrichten, um unser von Gott eingesetztes abzuschaffen und durch dergleichen künstliche Veranstaltungen unsere guten Untertanen von uns zu trennen, formulierte Katharina.

Sie bezeichnete die protestantischen Gottesdienste als Vorwand für einen protestantischen Umsturz und verfügte die Ausweisung aller protestantischen Prediger: Sie mussten binnen vierzehn Tagen Frankreich verlassen, reformierte Gottesdienste wurden verboten, alle Justiz- und Finanzbeamten, die sich zur neuen Religion bekannten, wurden ihrer Ämter enthoben, Kirchengüter und Pfründen, deren Inhaber sich von der katholischen Religion abgewendet hatten, wurden eingezogen. Alle Rebellen, die innerhalb einer Woche die Waffen niederlegten, wurden begnadigt und es wurde ihnen erlaubt, sich weiterhin zum reformierten Glauben zu bekennen.

In jenen Tagen erhielt Katharina einen Brief vom Vatikan mit der Aufforderung, Michel de L'Hospital als Siegelbewahrer zu entlassen. Sie beugte sich dem Befehl des Papstes, weil sie einen Bruch mit Rom vermeiden wollte. Michel de L'Hospital blieb Kanzler, zum neuen Siegelbewahrer wurde Jean von Morvillier ernannt.

Die Proklamation wurde am 27. August 1568 veröffentlicht. Die in La Rochelle versammelten Calvinisten stürmten daraufhin die Stadt Angoulême und massakrierten Priester, Frauen und Kinder, die Bevölkerung von Pons wurde getötet und auch die Bevölkerung von Bourges und den umliegenden Dörfern wurde ein Opfer der Hugenotten.

So begann in Frankreich der dritte Religionskrieg.

6

Ende August traf eine Nachricht aus Madrid ein, die Katharina erschütterte: Am 24. Juli war Don Carlos gestorben. In dem Bericht ihres Gesandten stand, dass der Prinz wahrscheinlich Selbstmord verübt habe, weil er die Gefangenschaft nicht länger ertrug. Der König habe einige Zeit zuvor seinem geistig verwirrten Sohn selbst den Degen abgenommen und erklärt, er werde ihn hinfort nicht als Vater, sondern nur noch als König behandeln.

Katharina legte den Bericht nachdenklich zur Seite.

Zwischen den Zeilen konnte man deutlich lesen, dass ihr Schwiegersohn Philipp den Thronfolger stets mit der Strenge des Herrschers, aber nie mit väterlicher Güte behandelt hatte.

Das passt zu Philipp, dachte sie. Ist er überhaupt menschlicher Gefühle fähig? Mit einem solchen Mann war ihre Elisabeth verheiratet … Von ihren Kindern haben nur die beiden Töchter überlebt, die sie 1566 und 1567 gebar, Isabel und Catalina. Das Kind, das sie jetzt erwartet, wird Anfang Oktober zur Welt kommen; hoffentlich ist es ein Sohn.

Ende September wurden in einer Bittprozession die Reliquien des heiligen Dynoysius durch die Straßen von Paris getragen und Karl IX. legte Krone und Zepter vor ihnen nieder, um damit den Schutzpatron um Beistand für das königliche Heer anzuflehen.

Am 4. Oktober verließ der Generalstatthalter Heinrich Paris und begab sich in das Poitou und das Angoumois, wo die Hauptstreitmacht der Hugenotten stand.

Am 19. Oktober fand eine Sitzung des Kronrats statt. Als die Versammlung vollzählig war, stand der König auf, sah seine Mutter verlegen an und sagte: »Madame, ich muss Ihnen eine traurige Nachricht überbringen: Ihre Tochter und meine Schwester Elisabeth, die Königin von Spanien, ist am 3. Oktober im Wochenbett gestorben. Sie hat am Morgen dieses Tages einen Sohn geboren, der noch die Nottaufe erhielt und am gleichen Tag ebenfalls starb.«

Katharina starrte Karl an und dachte sekundenlang: Nein, es ist nicht wahr!

Sie sah nacheinander die Räte an, aber alle wichen ihrem Blick aus. Sie wussten, dass die Nachricht bereits am Tag vorher eingetroffen war, der König aber nicht gewagt hatte, seine Mutter zu informieren. Er konnte jedoch die Trauerbotschaft nicht länger verheimlichen, und da seine Schwester die Gattin des mächtigsten Fürsten Europas gewesen war, fand er, dass es angemessen war, die Mutter im Beisein des Kronrats zu informieren.

Es dauerte einige Sekunden, bis Katharina sich gefasst hatte, dann verließ sie wortlos den Saal und zog sich in ihre Privatkapelle zurück.

Die Räte schwiegen, und alle, auch der König, dachten über die außenpolitischen Konsequenzen nach.

Die familiären Bande zu Spanien waren durch Elisabeths Tod jäh zerstört worden. In dem nun beginnenden Krieg war Spanien zwar mit Frankreich verbündet, aber allen Anwesenden war klar, dass dieses Land auch gleichzeitig Frankreichs Feind war. Philipp würde jede Gelegenheit nutzen, um das Nachbarland zu schwächen, und während Katharina in ihrer Kapelle trauerte, ging es dem jungen König durch den Kopf, dass Spanien der Hauptfeind Frankreichs sei.

Unterdessen saß Katharina in ihrer Kapelle, weinte und versuchte sich an den Gedanken zu gewöhnen, dass sie Elisabeth nie mehr sehen würde. Nach ungefähr einer Stunde hatte sie sich so weit gefasst, dass sie anfing, über die politischen Konsequenzen von Elisabeths Tod nachzudenken. Dann begab sie sich zum Kronrat und sagte: »Gott hat mir alle Hoffnungen in dieser Welt genommen, doch ich werde meine Tränen trocknen und mich einzig der Verteidigung des Königs, meines Sohnes, und derjenigen Gottes widmen. Die Hugenotten werden nicht versäumen, sich zu freuen und anzunehmen, dass dieser Tod unsere Freundschaftsbande mit Spanien zerschneidet. Zweifellos wird König Philipp sich wieder verehelichen. Ich habe nur den einen Wunsch, dass meine Tochter Margot den Platz ihrer Schwester einnehmen möge.«

Die Herren sahen sich befremdet an: Vor einer Stunde hatte die Königinmutter erfahren, dass eine Tochter gestorben war, und schon plante sie die Verheiratung einer anderen Tochter … Andererseits hatte sie Recht, das Leben ging weiter. Am gleichen Tag schrieb sie einen Kondolenzbrief an Philipp, in dem sie andeutete, dass Margot den Platz der verstorbenen Schwester einnehmen könne. Sie schrieb auch an ihren Gesandten Fourqueveaux:

»Aber als Mutter möchte ich, wenn möglich, ihre Schwester gern an derselben Stelle sehen, selbstverständlich nicht um ihrer *selbst willen, sondern für das Wohl des Königreiches und die Wahrung des Friedens zwischen diesen beiden Königen.«*

Dann informierte sie ihn, dass der Kardinal von Lothringen bald in Madrid eintreffen würde, um König Philipp das Beileid auszusprechen. Schließlich riet sie ihm, die Dinge so zu regeln, dass es nicht so aussehe, als käme der formelle Heiratsantrag von ihrer Seite.

Im Laufe des Herbstes bezogen die feindlichen Heere ihre Stellungen: In der Picardie erwartete der Herzog von Cossé die spanischen Truppen, die Alba zugesichert hatte, an der lothringischen Grenze stand der Herzog von Aumale, um die Söldner der englischen Königin und des Herzogs von Zweibrücken aufzuhalten, die Hauptstreitmacht der Hugenotten stand südlich der Loire, und langsam rückte die königliche Armee unter dem Oberbefehl Anjous, faktisch geführt von dem kriegserfahrenen Marschall von Tavannes, immer näher an den Feind heran.

Katharina wusste, dass es in diesem dritten Krieg um die Erhaltung der Monarchie unter der Regierung des Hauses Valois ging. Wenn ihre Partei unterlag, würden die adeligen Herren, die unter dem Vorwand der Religion gegen den König kämpften, das Reich zerstückeln und ihre aristokratische Souveränität wieder herstellen. Das Lebenswerk ihres Schwiegervaters, nämlich die Stärkung der königlichen Macht gegen den Hochadel, stand auf dem Spiel.

Ein früher Wintereinbruch verhinderte indes Kampfhandlungen: Die alten Leute konnten sich nicht erinnern, jemals einen kälteren und schlimmeren Winter erlebt zu haben; es schneite viel, die Äste der Bäume waren total vereist und wirkten wie Geister in dem verwüsteten, flachen Land, und die Truppen sahen bei ihrem Zug durch die Provinzen viele erfrorene Menschen.

Am 22. Dezember standen die feindlichen Heere sich bei Loudon gegenüber, vermieden aber eine Schlacht, weil sich auf dem vereisten Boden weder die Reiterei noch das Fußvolk vorwärts bewegen konnten.

Im Osten führte der Prinz von Oranien Verstärkung für die Hugenotten bis in die Champagne, und man befürchtete, dass es ihm gelingen würde, sich mit Condé zu vereinigen, wodurch sich das Kräftegleichgewicht zu Gunsten der Rebellen verschob. Am Hof wurden Stimmen laut, die zu Friedensverhandlungen rieten, doch Katharina war fest entschlossen, diesmal nicht zu verhandeln, sondern die Entscheidung den Waffen zu überlassen.

Ende Januar 1569 wurde Karl IX. offiziell vom englischen Gesandten über das weitere Schicksal seiner Schwägerin Maria Stuart informiert.

Anfang Oktober 1568 war in York eine Kommission zusammengetreten, die untersuchen sollte, ob die schottische Königin an dem Mord ihres zweiten Gatten beteiligt war und ob der Regent Graf Moray, ihr Halbbruder, gegen die Königin rebelliert habe.

Am 10. Januar 1569 erließ die Königin von England ein Zwischenurteil folgenden Inhalts: In der Untersuchung habe nichts festgestellt werden können, was gegen die Ehre Morays spreche, und nichts, was die Königin von Schottland einer Schuld überführe. Da sie andererseits ihre Unschuld nicht bewiesen habe und der Verdacht der Mitschuld nach wie vor auf ihr laste, behalte die Königin von England sich alle weiteren Entscheidungen vor.

Maria Stuart wurde nach Schloss Wingfield gebracht und der Graf von Shrewsbury mit ihrer Bewachung beauftragt.

»Madame, Sire«, sagte der Gesandte, »Sie können völlig beruhigt sein, was die äußeren Lebensumstände der Königin von Schottland betrifft. Gewiss, sie wird bewacht, aber es ist eine milde Bewachung: Sie kann ausreiten, jagen, Besucher empfangen, korrespondieren. Man erweist ihr in England alle Ehren, die einer Königin gebühren.«

Katharina überlegte. Sie hatte ihre Schwiegertochter zwar nie gemocht, aber etwas an dem Zwischenurteil irritierte sie, es war irgendwie zu fein gesponnen.

»Wie kommt es«, fragte sie nach einer Weile, »dass der Verdacht der Mitschuld nach wie vor auf ihr lastet?«

»Nun ja«, erwiderte der Gesandte zögernd, »während der Untersuchung wurden Briefe vorgelegt, die man in einer Kassette fand und die von der schottischen Königin angeblich an Bothwell geschrieben wurden. Allerdings ist es unklar geblieben, ob die Briefe echt sind oder Fälschungen, jedenfalls haben sie die Königin von Schottland schwer belastet.«

Als der Gesandte gegangen war, sagte Katharina zu Karl: »Ich glaube, dass deine geliebte Schwägerin ihr restliches Leben in englischen Schlössern unter Bewachung verbringen wird.«

Innerlich war sie davon überzeugt, dass Maria Stuart von dem Mordkomplott gewusst hatte, und sie war auch davon überzeugt, dass die englische Königin und ihr Kanzler Cecil die dubiosen Briefe gegen die

Schottenkönigin verwendet hatte, aber dies alles war Gott sei Dank eine Angelegenheit zwischen England und Schottland und ging Frankreich nichts an.

Im Februar reiste der Hof nach Metz, weil Katharina über ihren herzoglichen Schwiegersohn in Erfahrung bringen wollte, ob Kaiser Maximilian II. geneigt war, seine jüngere Tochter Elisabeth mit dem König von Frankreich zu vermählen.
Zu Katharinas Enttäuschung hatte Philipp II. sich gegen Margot entschieden, und es stand inzwischen fest, dass er im folgenden Jahr Maximilians ältere Tochter Anna heiraten würde.
Am 4. März erkrankte Katharina an einem seltsamen Fieber, und die Ärzte vermuteten, dass sie sich bei einem Besuch in den Krankenhäusern der Stadt infiziert hatte.
Die Fieberanfälle waren so heftig, dass die Ärzte befürchteten, Katharinas Leben nicht retten zu können.
Der König, Margot, der Herzog von Lothringen, seine Gattin Claudia und die Damen der Königinmutter verließen das Lager nur, um einige Stunden zu schlafen.
In der Nacht vom 13. auf den 14. März saßen der König, Margot, Claudia, ihr Gatte und einige Hofdamen um das Bett und beobachteten ängstlich die Atemzüge der Schlafenden.
Kurz nach Mitternacht schreckten alle auf, weil Katharina plötzlich rief: *Seht ihr, wie sie fliehen! Mein Sohn hat den Sieg! Ha! Mein Gott, hebt meinen Sohn auf, er liegt am Boden. Seht, seht, in dieser Hecke ist der Prinz von Condé, tot!*
Man sah einander befremdet an, dann sagte Karl: »Es ist das Fieber, Mama fantasiert.«

Ungefähr eine Woche später traf mitten in der Nacht ein Bote ein und verlangte die Königinmutter zu sprechen.
»Madame«, rief er triumphierend, »der Herzog von Orléans hat bei Jarnac am 14. März einen überwältigenden Sieg über die Hugenotten errungen, der Prinz von Condé ist tot!«
Katharina war ungehalten über die nächtliche Störung und fuhr den Kurier an: »Ach, und deshalb reißen Sie mich aus dem Schlaf? Das wusste ich doch längst, ich habe es doch selbst mit angesehen!«
Am anderen Morgen ließ sie sich Einzelheiten berichten: 26 000 Katho-

liken hatten gegen 18 000 Protestanten gekämpft, Condé sei im Verlauf der Schlacht verwundet vom Pferd gestürzt und ein Edelmann aus dem Gefolge des Dauphins namens Montesquioeu hatte Condé mit einem Pistolenschuss ins Auge getötet. Auf Befehl des Dauphins sei die Leiche Condés auf einen Esel gebunden und zwei Tage lang zur Belustigung der Soldaten im Lager umhergeführt worden.

Katharina war schockiert, als sie hörte, wie ihr Sohn den toten Bourbonen hatte misshandeln lassen; abgesehen davon, dass dies die Kriegslust der Hugenotten nur weiter anstacheln würde, war es in ihren Augen moralisch unmöglich, einen toten Feind so zu behandeln. Condé war ein Rebell gewesen, aber nun war er tot, er war in der Schlacht gefallen, und es war nur recht und billig, ihn würdig zu behandeln, zumal er von Geblüt war. Zum ersten Mal in ihrem Leben spürte sie etwas wie Enttäuschung über Heinrich, aber schließlich überwogen Stolz und Freude über seinen Sieg ihre leichte Enttäuschung.

Mitte April war sie so weit genesen, dass sie Metz verlassen und in kleinen Etappen nach Orléans reisen konnte, wo sie und der König dem Kriegsschauplatz näher waren.

Kurz nach ihrer Ankunft traf dort ein Spion des Kardinals von Lothringen ein, der einige interessante Neuigkeiten aus Colignys Hauptquartier berichtete.

»Sire, Madame, seit dem Tod des Prinzen von Condé ist der Prinz von Navarra der nominelle Führer der Hugenotten. Die Königin von Navarra hat ihren Sohn und ihren Neffen Heinrich, den Sohn Condés, persönlich zur Armee begleitet und die jungen Männer vorgestellt. Beide haben der hugenottischen Armee den Treueid geschworen. Der faktische Führer der Protestanten ist Coligny und im Heer werden die beiden Prinzen nur »die Pagen des Admirals« genannt. Coligny ist ängstlich um ihr Leben besorgt, sie dürfen nicht am Kampf teilnehmen, sondern nur die Truppen besichtigen und von weitem kleinen Gefechten zusehen. Wenn man eine kleine Stadt erobert hat, dürfen sie die Schlüssel entgegennehmen, und hin und wieder sagt der Admiral, dass die beiden Prinzen nicht im Kampf fallen dürfen, weil ihr Leben wichtig ist für künftige Friedensverhandlungen. – Der Prinz von Navarra ist sehr temperamentvoll, erteilt Coligny Ratschläge, übt Kritik an Gefechten und erklärt, wie er selbst Schlachten schlagen und mit den deutschen Reitern sprechen würde. Er ordnet sich aber trotzdem der Befehlsgewalt Colignys unter.

Er sucht ihn jeden Morgen auf und findet ihn entweder bei der Arbeit oder beim Gebet.«

Katharina dachte lange über den Bericht des Spions nach.

Coligny herrschte jetzt über die Hugenotten, anders konnte man es wohl nicht bezeichnen. Heinrich von Bourbon war noch nicht sechzehn Jahre, sein Vetter Heinrich ungefähr im gleichen Alter. Man musste damit rechnen, dass Coligny seine faktische Herrschaft so lange beanspruchen würde wie möglich. Das konnte noch einige Jahre dauern, und das bedeutete Krieg, sofern seine Armee nicht vernichtet wurde, und im Augenblick sah es nicht danach aus, trotz des königlichen Sieges bei Jarnac. Anjou lag bei Cognac fest, die militärische Situation stagnierte, und Katharina beschloss, vorerst die weitere militärische Entwicklung abzuwarten, ehe sie gegen Coligny vorging.

Am 25. Juni kam es bei La Roche-l'Abeille zu einer kleinen Schlacht, die allerdings unentschieden ausging, weil beide Armeen sich zurückzogen, als ein heftiger Regen einsetzte. Allgemein war man der Meinung, dass die königlichen Truppen bei längerer Dauer der Gefechte gesiegt hätten. Der Krieg schleppte sich weiter hin, ohne dass eine Entscheidungsschlacht in Sicht war, und im Juli beschloss Katharina, die Sache zu beenden, und schickte einen Deutschen zu Coligny, der ihn vergiften sollte.

Der Anschlag misslang, und Katharina erreichte beim König, dass der Admiral vom Pariser Parlament wegen Verrates an Gott und dem König zum Verlust aller seiner Güter und zum Tod durch den Strang verurteilt wurde.

Eine Puppe, die ihn darstellte, wurde hingerichtet, und um das Urteil dem Volk bekannt zu machen, wurden diese Puppen an verschiedenen Galgen in Paris aufgehängt. Außerdem wurden 50 000 Goldtaler als Prämie für den Kopf des Admirals bestimmt.

Für Katharina bedeutete das Urteil des Parlaments vor allem eine juristische Rechtfertigung bei künftigen Anschlägen auf den Admiral.

Einige Tage später traf die Nachricht ein, dass die Brüder des Admirals, der Kardinal Odet und Dandelot, plötzlich gestorben waren.

Katharina war überrascht. Sie hatte zwar auch auf Dandelots Kopf 30 000 Taler Prämie gesetzt, aber weder für ihn noch für den Kardinal einen Mörder gedungen. Sie vermutete, dass dies das Werk der Guisen war, und hoffte, dass sie irgendwann ihre Rache an Coligny üben würden, was indes nicht einfach war, weil der Admiral wohl mit Attentaten rechnete und sich zu schützen wusste.

Inzwischen war Bewegung in den Krieg gekommen: Coligny kümmerte sich nicht um das Urteil des Pariser Parlaments, er nahm die Stadt Châtellerault ein und rückte dann auf Poitiers vor.

Diese Stadt war strategisch wichtig, aber schlecht befestigt, und ihr Verlust bedeutete eine Katastrophe für die königliche Partei.

Karl IX. verstärkte zunächst ihre Verteidigung durch spanische Truppen und übertrug dann das Kommando dem jungen Herzog Heinrich von Guise, der inzwischen nach Frankreich zurückgekehrt war.

Der junge Guise stand im neunzehnten Lebensjahr, hatte im österreichischen Heer gegen die Türken gekämpft und das Kriegshandwerk von der Pike auf gelernt.

Der französische Gesandte in Wien hatte hin und wieder über ihn berichtet, und so wusste man am Hof, dass der junge Guise ein begabter Heerführer war, überdies geistreich und gebildet, nie um ein treffendes Wort verlegen, dass er liebenswürdig war, gut aussah, dass die Damen ihn liebten, weil er ihnen elegant den Hof machte; man wusste auch, dass er stolz und ehrgeizig war und ein gefährlicher Feind seiner Feinde sein konnte.

Die Hugenotten schossen eine Bresche in die Stadtmauer und bauten eine Brücke über den Fluss, der die Mauern umspülte. Da es während des Brückenbaues dunkel geworden war, verschoben die Protestanten den Angriff auf den nächsten Morgen, und Heinrich von Guise nutzte die Zeit zu einem verwegenen Ausfall, bei dem er die Brücke zerstören und den Fluss aufstauen ließ, sodass er das feindliche Lager überschwemmte. Der Angriff war zwar zunächst abgewehrt, aber Guise wusste, dass er Poitiers nicht lange würde halten können, und bat Anjou, Châtellerault anzugreifen und so Coligny zu zwingen, die Belagerung von Poitiers aufzuheben, um der Garnison von Châtellerault zu Hilfe zu eilen.

Die Kriegslist war erfolgreich, Coligny zog nach Süden ab, und Anfang August begab sich Anjou nach Poitiers, um die erfolgreiche Verteidigung zu feiern.

Heinrich von Guise ritt dem Dauphin entgegen. Sie trafen sich beim Stadttor, stiegen vom Pferd und reichten sich wortlos die Hand, wobei sie einander unauffällig musterten.

Von Guise dachte im Stillen, dass Anjou zwar aparte Gesichtszüge hatte, intelligent und durchgeistigt wirkte, aber gleichzeitig auch übermüdet, kraftlos, unmännlich.

Anjou erschrak etwas, als er die große kräftige Gestalt des Herzogs sah, und fühlte sich körperlich fast von ihm erdrückt. Er erinnerte sich an die Berichte der Gesandten, dass die Frauen den Herzog schwärmerisch verehrten.

Seine Verteidigungsstrategie war genial. Er erinnerte sich an die Schlacht bei Jarnac. Gewiss, er galt als Sieger, aber wusste genau, dass die königliche Armee nicht ihm den Sieg verdankte, sondern dem greisen Marschall von Tavannes, der großmütig in den Hintergrund getreten war und ihm den Ruhm überlassen hatte. Er würde immer auf Männer wie Tavannes angewiesen sein, während der Herzog von Guise befähigt war, eine eigene strategische Konzeption zu entwickeln.

Er fühlte, wie erneut Hass in ihm aufstieg und Neid, aber es gelang ihm, seine Gefühle mit Liebenswürdigkeit zu überspielen. Von Guise durfte noch nicht ahnen, dass er, der Dauphin, einen Feind in ihm sah. »Ich entsinne mich noch genau an unsere letzte Begegnung«, sagte Anjou. »Es war im Sommer 1566, als Coligny rehabilitiert wurde. Sie haben die Versöhnungskomödie mit dem Admiral abgelehnt, es hat mich beeindruckt, dass Sie es – im Beisein des Königs und der Würdenträger – wagten, eine andere Meinung als Ihr Onkel, der Kardinal, zu vertreten. – Es verleitet zu dem Schluss, dass es in Ihrer Familie Unstimmigkeiten gibt.« Er schwieg und lächelte den Herzog liebenswürdig an.

Heinrich von Guise hörte erstaunt, dass der Jugendkamerad ihn plötzlich mit »Sie« anredete, und überlegte, was es wohl bedeutete. Nun ja, dachte er, Anjou ist jetzt offiziell der Thronfolger und möchte Distanz schaffen, aber eine innere Stimme sagte ihm, dass dies nicht der wahre Grund war, und er beschloss zunächst, sich der neuen Situation anzupassen, gleichzeitig aber wachsam zu bleiben. Wir sind nicht mehr die Freunde von einst, überlegte er, aber vielleicht war es natürlich, dass Jugendfreundschaften sich im Laufe der Jahre änderten. Man erzählte, dass Anjou sich mit jungen Männern umgab, die seine Günstlinge waren … Guise beschloss, vorsichtig zu sein und den Dauphin durch sein Verhalten nicht herauszufordern.

»Monsieur«, erwiderte er lächelnd, »in meiner Familie gibt es keine Unstimmigkeiten, wir sind so einig wie eh und je. Was nun den Admiral von Coligny betrifft, so bin ich nach wie vor fest entschlossen, die Ermordung meines Vaters, die er befohlen hat, zu rächen.«

Anjou beschloss, sich diesen Satz zu merken, und fragte: »Ist die Herzogin von Nemours derselben Meinung?«

Die verwitwete Herzogin von Guise hatte inzwischen den Herzog von Nemours geheiratet.

»Ja, Monsieur, auch meine Mutter ist der Meinung, dass Coligny für dieses Verbrechen büßen muss.«

Anjou merkte sich auch diesen Satz und erwiderte lächelnd: »Über Coligny kann man tagelang diskutieren, aber heute sollten wir die erfolgreiche Verteidigung von Poitiers feiern, und morgen müssen wir überlegen, wo wir die Hugenotten zu einer Entscheidungsschlacht stellen können.«

Seit dem Ausbruch des zweiten Religionskrieges missgönnte der König es dem jüngeren Bruder, dass dieser die Möglichkeit hatte, militärischen Ruhm zu erwerben, während er zwar regierte, de facto aber alle Entscheidungen seiner Mutter akzeptieren musste. Der Sieg von Jarnac machte ihn noch verbitterter und reizbarer, und er fragte sich jeden Tag von neuem, warum nicht er – der König – die Truppen befehligte, wie seinerzeit sein Vater und Großvater.

An dem Tag, an dem von Guise und Anjou sich in Poitiers trafen, begab Karl sich am frühen Morgen zur Jagd und kehrte am Nachmittag schlecht gelaunt nach Orléans zurück, weil er nicht ein Stück Wild erlegt hatte.

Er ritt mit finsterer Miene durch die Straßen, grübelte erneut, warum dem Bruder Kriegsruhm vergönnt war, während er selbst Akten studieren musste, und schrak plötzlich auf, als er eine fröhliche Mädchenstimme hörte: »Es lebe der König, hoch lebe der König, gebe Gott, dass er lange lebt!«

Karl zügelte sein Pferd, sah unwillkürlich nach oben, von wo er den Ruf gehört hatte, und erstarrte: Er hielt vor einem stattlichen Bürgerhaus, und dort stand an einem Fenster im ersten Stock ein junges Mädchen und winkte ihm zu. Er schätzte sie auf siebzehn oder achtzehn Jahre und betrachtete fasziniert ihre Gesichtszüge, die Wärme ausstrahlten, und die weizenblonden Haare, die zu Zöpfen geflochten und wie eine Krone um den Kopf gelegt waren. Es entging ihm, dass sie ein schwarzes Kleid trug, er sah nur, dass sie ihn anlächelte und ihm zuwinkte.

1063

»Es lebe der König!«, rief sie noch einmal; Karl wandte sich verwirrt ab und ritt langsam weiter bis zum Schloss.

Dort hatte er sich inzwischen so weit gefasst, dass er dem Jagdmeister befahl, herauszufinden, wer das Mädchen sei. Ungefähr eine Stunde später erschien dieser und sagte: »Sire, die junge Dame heißt Marie Touchet und ist die Tochter des Justizamtsverwesers von Orléans.«

Karl befahl dem Jagdmeister, ihm das Mädchen nach der Abendtafel zu bringen.

Ihre Begeisterung für ihn, den König, hatte ihn merkwürdig berührt und er wollte die Unbekante kennen lernen.

Während der Abendtafel war er schweigsamer als sonst, sodass Katharina schließlich beunruhigt fragte, ob er schlechte Nachrichten erhalten habe.

»Nein, Mama, aber der Jagdausflug war nicht erfolgreich.«

Katharina gab sich mit dieser Auskunft zufrieden und Karl fieberte der blonden Schönheit entgegen.

Nach der Abendtafel ging Karl nervös auf und ab und wartete auf Marie Touchet. Als es neun Uhr schlug, meldete ein Diener ihre Ankunft, und sie betrat das Zimmer. Als sie den König sah, errötete sie, was er nicht bemerkte; sie versuchte sich im Hofknicks, was nicht ganz gelang, aber im gleichen Augenblick hob Karl das junge Mädchen zu sich empor und sagte: »Ich freue mich, dass Sie gekommen sind, Mademoiselle Touchet, bitte, setzen Sie sich.« Er füllte zwei Becher mit Wein, reichte ihr einen und sagte: »Auf Ihr Wohl, Mademoiselle.«

Sie nahm den Becher, sah ihn schüchtern an und erwiderte leise: »Danke, Sire, ich trinke auf Ihr Wohl, Sire.«

Sie nippte an dem Wein, sah ihn an, und plötzlich wusste Karl, dass Marie Touchet das Mädchen war, das er gesucht hatte. Er setzte sich und betrachtete sie: Sie trug ein dunkelblaues Leinenkleid, und obwohl Karl nicht viel von Mode verstand, sah er, dass es alt war, was ihn aber nicht weiter interessierte. Er betrachtete ihre rosig schimmernde Haut, am meisten faszinierten ihn allerdings ihre Augen: Sie waren azurblau und erinnerten ihn an einen wolkenlosen Sommerhimmel.

»Wie alt sind Sie, Mademoiselle?«, fragte er nach einer Weile.

»Ich bin achtzehn Jahre, Sire.« – »Dann sind Sie ein Jahr jünger als ich.«

Er schwieg, betrachtete sie erneut, und unter seinem Blick senkte Marie die Augen und strich ihr Kleid glatt.

»Was haben Ihre Eltern gesagt, als ich Sie holen ließ?« »Sire, für meine Eltern ist jeder Befehl des Königs heilig, meine Eltern sind Ihre treuen Untertanen.«

»Sind Sie einem Mann versprochen, Mademoiselle?«

»Ich war verlobt, Sire, aber mein Verlobter ist in der Schlacht bei Jarnac gefallen.«

Es entstand eine längere Pause und Karl überlegte, dass der Tod des Verlobten für seine Werbung nicht ungünstig war. »Mademoiselle, Sie haben mich hochleben lassen, als ich an Ihrem Haus vorbeiritt. Warum haben Sie mir zugejubelt? Gewöhnlich jubeln meine Untertanen mir nur zu, wenn ich feierlich in eine Stadt einziehe.«

Marie errötete, senkte die Augen und antwortete leise: »Sire, ist es nicht die Pflicht der Untertanen, ihrem König zuzujubeln und ihn hochleben zu lassen, wenn sie ihn sehen?« – »Sie haben Recht, Mademoiselle. Erzählen Sie von Ihrer Familie, Sie haben sicherlich Geschwister?«

»Ja, Sire.« Sie begann zu erzählen, und je länger sie sprach, desto mehr fand Karl Gefallen an ihr.

Als es zehn Uhr schlug, sagte er: »Es ist spät, mein Diener wird Sie mit einigen Bewaffneten zu Ihrem Elternhaus bringen. Würden Sie mir am kommenden Abend wieder Gesellschaft leisten?« – »Gerne, Sire.«

Marie Touchet kam am nächsten Abend zur selben Stunde, und Karl erzählte ihr von seiner Familie. Je länger er sprach, desto mehr verdichtete sich in dem Mädchen der Eindruck, dass Karl allein war und einsam. Er war zwar der König, aber seine Mutter traf die politischen Entscheidungen, und dann gab es einen jüngeren Bruder, den die Mutter mehr liebte als die anderen Kinder.

Als Marie an jenem Abend das Schloss verließ, wusste sie, dass es in der königlichen Familie die gleichen Probleme gab wie in irgendeiner beliebigen Familie in Orléans.

Katharina war sofort über die Besuche des jungen Mädchens informiert worden und auch darüber, dass sie nur zusammengesessen und sich unterhalten hatten. Sie war froh, dass Karl endlich ein Auge auf eine Frau geworfen hatte.

Während der folgenden Abende trafen sich Karl und Marie regelmäßig, unterhielten sich über dies und jenes, und pünktlich um zehn Uhr brachten der Kammerdiener und einige Bewaffnete das junge Mädchen zu ihrem Elternhaus.

Marie empfand die Zurückhaltung des Königs als angenehm, erzählte man sich doch, dass die hohen Herren nur ihr Vergnügen suchten und sich von den gefallenen Mädchen abwandten, sobald diese schwanger waren.

Karl hatte sich bereits am ersten Abend in Marie verliebt, aber er wollte dieses Gefühl reifen lassen und nichts überstürzen.

Zehn Tage nach dem ersten Abend beschloss er, Marie seine Liebe zu gestehen und bat sie, ihn am nächsten Nachmittag auf einem Ritt entlang der Loire zu begleiten.

Sie dachte mit gemischten Gefühlen daran, was die Leute über sie reden würden, aber sie wagte nicht, Karls Bitte abzuschlagen.

Als sie am frühem Nachmittag in Begleitung einiger Bewaffneter durch die Straßen Orléans' ritten, sah das junge Mädchen herzklopfend geradeaus. Die Bürger, denen sie unterwegs begegneten, traten zwar respektvoll zur Seite und verbeugten sich tief, als der König vorüberritt, aber sie spürte fast körperlich, dass man hinter ihnen die Köpfe zusammensteckte und tuschelte. Ich muss es ihm endlich sagen, dachte sie, ich hätte es ihm längst sagen sollen, mein Gott, wie wird er reagieren? Wahrscheinlich schickt er mich weg, mein Ruf ist ruiniert, obwohl ich nicht seine Geliebte war. Sie fühlte sich so unglücklich wie noch nie zuvor.

Ihre Vermutung war richtig: Die Leute redeten über sie.

»Es ist eine Schande, seht nur, sie trägt ein dunkelblaues Kleid und verleugnet so ihren Glauben.«

»Das hat der alte Touchet wahrhaftig nicht verdient, dass seine Tochter sich mit einem Katholiken einlässt, auch wenn es der König ist.«

Marie atmete auf, als sie das Stadttor hinter sich ließen und sie nicht mehr den neugierigen und gehässigen Blicken ihrer Mitbürger ausgesetzt war. Sie streifte Karl mit einem Seitenblick und fragte sich ängstlich, warum er so schweigsam war.

Schließlich kamen sie zu einer Bank und Karl hielt an, stieg ab, hob Marie von ihrem Pferd, befahl den Bewaffneten, vorauszureiten und führte das Mädchen zu der Bank.

»Ich bin gerne hier«, sagte Karl, »ich liebe diesen Blick über den Fluss.«

»Wie ruhig und friedlich es hier ist, Sire.«

Dann saßen sie schweigend nebeneinander, sahen über die Loire und die Sandbänke und genossen die warme Augustsonne.

Karl sah hinauf zu dem wolkenlosen blauen Himmel, dann nahm er ihre

Hände und sagte leise: »Mademoiselle, Ihre Augen sind so blau wie der Himmel über uns, das fiel mir schon am ersten Abend auf.«

Marie sah den König erstaunt an, dann entzog sie ihm vorsichtig ihre Hände und sagte zögernd: »Sire, ich muss Ihnen etwas gestehen, ich hätte es Ihnen schon längst sagen sollen, aber ich brachte den Mut nicht auf. Ich bin Hugenottin.«

Karl sah das Mädchen überrascht an und erwiderte: »Sie sind Hugenottin? Ja, aber die Hugenotten tragen doch schwarze Kleider.«

»Ich hielt es für besser, kein schwarzes Kleid zu tragen, wenn ich Sie besuchte, ich wollte Aufsehen vermeiden. So zog ich ein altes Kleid meiner Mutter an.« Sie schwieg, vermied es, ihn anzusehen, und wartete herzklopfend auf seine Reaktion.

Sie spürte, wie er langsam ihr Gesicht zu sich emporhob, und hörte ihn sagen: »Es stört mich nicht, dass Sie Hugenottin sind, meine alte Amme ist auch Hugenottin. Auch ich muss Ihnen etwas gestehen. Als ich Sie neulich am Fenster sah, habe ich mich in Sie verliebt, und inzwischen weiß ich, dass es keine vorübergehende Laune war; ich liebe Sie, ich liebe Sie so aufrichtig, wie man lieben kann. Ich erwarte nicht, dass Sie meine Gefühle sofort erwidern, ich habe Geduld und kann warten.«

Marie war so überrascht über diese unerwartete Liebeserklärung, dass es einige Sekunden dauerte, bis sie sich gefasst hatte.

»Sire, Sie fragen mich, ob ich irgendwann Ihre Zuneigung erwidern werde? Ich erwidere sie schon jetzt, ich liebe Sie schon lange, Sire, seit Ihrem Einzug in Orléans, und ich muss Ihnen etwas gestehen: als ich Sie neulich hochleben ließ, da hatte ich die vage Hoffnung, dass Sie mich bemerken würden, und ich war überglücklich, als Sie mich am Abend holen ließen. Und jetzt, jetzt bin ich noch glücklicher.«

Sie sahen sich lächelnd an und dann umarmte Karl IX. Marie Touchet und küsste sie sanft auf den Mund.

»Es wird Zeit, dass wir zurückkehren«, sagte er nach einer Weile, »ich muss noch Dokumente unterzeichnen, und vor allem muss ich dafür sorgen, dass du neue Kleider bekommst und Schmuck.«

»Bitte, Karl, mein Glaube erlaubt keinen Luxus, ich kann gut auf Schmuck verzichten. Und was die Kleider betrifft, genügt Leinen, in kostbaren Stoffen würde ich mich wahrscheinlich nicht wohl fühlen.«

»Ich erfülle gern alle deine Wünsche, aber jetzt musst du mir einen Wunsch erfüllen: Du wirst auf meinem Pferd vor mir sitzen, wenn wir jetzt zurückreiten. Die Bürger Orléans' sollen wissen, dass der König von Frankreich liebt und geliebt wird.«

Auf dem Rückweg zum Schloss sah Marie vorsichtig nach rechts und nach links und stellte überrascht fest, dass man sie und den König wohlwollend betrachtete, und plötzlich rief jemand: »Es lebe der König!«

»Es lebe der König!«, riefen andere.

Karl sah sich erstaunt um, dann hob er die Hand und winkte lächelnd den Franzosen zu.

»Alle Achtung«, sagte ein beleibter Weinhändler zu seinem Nachbarn, »der König bekennt sich zu einer Hugenottin.«

»Er bekennt sich nicht nur zu einer Hugenottin«, erwiderte der Nachbar, »sondern auch zu einem einfachen Bürgermädchen. Sein Vater und sein Großvater hatten doch nur vornehme Damen als Geliebte, keiner von beiden hätte sich mit einem Mädchen aus dem Volk in der Öffentlichkeit gezeigt.«

Als sie in den Schlosshof ritten, sagte Karl: »Marie, kannst du heute nicht früher kommen, gegen acht Uhr? Wir könnten gemeinsam speisen.«

Sie spürte, dass ihr Herz wild zu klopfen begann, und erwiderte stockend: »Ja, Karl, ich komme gerne etwas früher.«

Sie eilte nach Hause und berichtete den Eltern von ihrem Ritt mit dem König und dass sie heute früher zum Schloss gehen würde. Die Eltern sahen sich an, und dann stand der Vater auf und umarmte sie.

»Es scheint Gottes Wille zu sein, dass du dem König gehörst, mein Kind. Ich hoffe nur, dass dir das Schicksal fürstlicher Mätressen erspart bleibt, die weggeschickt werden, wenn der Monarch ihrer überdrüssig ist. In diesem Fall mein Kind, kannst du immer zu uns zurückkehren.«

»Ich danke Ihnen, Vater.«

Sie ging hinauf in ihr Zimmer, öffnete eine Truhe, holte die bunten Kleider heraus, die sie dort verwahrte, seit ihre Eltern Hugenotten geworden waren, und probierte sie nacheinander an. Schließlich entschied sie sich für ein weißes Taftkleid, das einst ihr Feiertagskleid gewesen war, und sie fand es angemessen, dieses Kleid am Abend zu tragen. Sie strich den Stoff glatt und hängte es im Hof auf, damit es gut durchlüftete. Dann setzte sie sich vor ihren Frisiertisch, löste die Haare, bürstete sie und überlegte, wie sie sich ohne jegliches Hilfsmittel – sie besaß weder Schminke noch Puder oder Duftwasser – ein bisschen hübsch herrichten konnte. Sie sah sich im Zimmer um, sah, dass auf dem Tisch ein Strauß Sommerblumen stand, und überlegte, dass frische Blumen der einzige Schmuck waren, der zu ihr passte.

Als Karl sein Appartement betrat, fand er eine Nachricht von Katharina vor, er möge sich sofort zu ihr begeben.

Er spürte, wie Wut in ihm hochstieg, er war inzwischen neunzehn und sie befahl ihn immer noch zu sich wie einen kleinen Jungen. Dann dachte er an Marie und an den Abend und die Nacht, die vor ihnen lag, und seine Wut verebbte. Marie war jetzt der wichtigste Mensch in seinem Leben, wichtiger als seine Mutter, die inzwischen fünfzig Jahre zählte und deren Lebensuhr allmählich ablief. Hatten die Ärzte im März nicht um ihr Leben gebangt? Vor sich hin summmend und gut gelaunt betrat er Katharinas Appartement.

Bei seinem Eintritt sah sie von ihren Akten auf und musterte ihn kritisch von oben bis unten.

Seit das Mädchen ihn besucht, ging es ihr durch den Kopf, wirkt er heiterer, ausgeglichener, er hat angeblich in den letzten Tagen keine Wutanfälle mehr gehabt, schlägt die Diener nicht mehr. Das Mädchen scheint eine besänftigende Wirkung auf ihn auszuüben, und das ist natürlich wichtig im Hinblick auf Heinrich; vielleicht fängt er jetzt an, den Bruder weniger zu hassen.

»Vorhin erhielt ich einen Brief deines Bruders Heinrich: Er kann die Hugenotten in den nächsten Wochen irgendwo nördlich von Poitiers angreifen und er ist davon überzeugt, dass diese Schlacht den Krieg entscheiden wird. Er möchte seine Geschwister und mich vorher noch einmal sehen und sich mit Tavannes und mir beraten, und er bittet uns, sobald wie möglich nach Plessis les Tours aufzubrechen, wo er sich gerade befindet. Wir werden dort im Schloss Ludwigs XI. wohnen. Ich habe inzwischen die nötigen Anweisungen gegeben, sodass wir morgen am Abend aufbrechen können. Ein kleines Gefolge genügt, so kommen wir rascher voran.«

»Morgen Abend, Mama, wollen Sie während der Nacht reisen?«

»Ja, ich möchte so rasch wie möglich bei Heinrich sein.«

»Gewiss, Mama.« Eine Nacht mit Marie, dachte er, dann musste er sie für einige Zeit verlassen, wegen des gottverdammten Bruders. Nun, vielleicht fiel ihm eine Lösung ein, dass er sie mitnehmen konnte.

»Gut, dann reisen wir während der Nacht. Eines noch, Mama. Ich werde heute der Abendtafel fernbleiben und in meinem Appartement speisen, und jetzt entschuldigen Sie mich, die Arbeit ruft.«

Er eilte hinaus und Katharina sah ihm einige Sekunden verblüfft nach. Dann fiel ihr ein, dass er wahrscheinlich ein Rendezvous mit dem Bürgermädchen hatte, und dieses Rendezvous, dachte sie belustigt, wird wahrscheinlich die ganze Nacht dauern. Nun, es wurde auch allmählich Zeit, dass er Erfahrungen mit Frauen sammelte. Sein Vater, überlegte sie, war in seinem Alter schon fünf Jahre verheiratet und hatte überdies eine Mätresse.

Allerdings musste sie ab jetzt wachsam sein. Sie würde keinesfalls bereit sein, ihre Rolle preiszugeben.

Kurz vor acht Uhr ging Karl nervös in seinem Wohnraum auf und ab, inspizierte hin und wieder den gedeckten Tisch, arrangierte die Rosen und Lilien in der Vase, und in dem Augenblick, als er glaubte, die Spannung nicht länger ertragen zu können, wurde Marie gemeldet.

Sie blieb schüchtern an der Schwelle stehen und Karl betrachtete für den Bruchteil einer Sekunde fasziniert das weiße Kleid und die Kornblumen, die geschickt in den hochgesteckten blonden Haaren arrangiert waren. Dann eilte er auf sie zu und umarmte sie stürmisch.

»Marie, du bist die schönste Frau am Hof, du bist genau so hübsch wie meine Schwester Margot, mit dem Unterschied, dass Margot schwarze Haare und Augen hat.«

»Du darfst mich nicht mit deiner Schwester vergleichen, sie trägt Roben aus Samt und Seide, sie schminkt und parfümiert sich, sie ist viel anziehender als ich.«

Er presste sie an sich und vergrub sein Gesicht in den blonden Haaren, die an diesem Abend nicht zu Zöpfen geflochten waren, genoss den frischen Duft der Kornblumen und sagte leise: »Ich finde es wohltuend, dass du so natürlich und ungeschminkt bist.«

Er küsste sie und Marie gab seinen fordernden Lippen nach.

Dann sahen sie sich lange an, und schließlich sagte Karl: »Du bist bestimmt hungrig, ich werde auftragen lassen.«

Er gab dem Diener im Hintergrund einen Wink und füllte die Becher mit weißem Burgunder.

Sie tranken einander zu und Karl sagte: »Das Menü heute Abend ist einfach, es gibt nur drei Gänge: eine Gemüsesuppe, Hühnerragout, Käse und Obst. Heute Abend wird unser Essen in meinen Privatgemächern heiß serviert, und ich leiste mir den Luxus, auf den albernen Vorkoster zu verzichten.«

»Ein Vorkoster …, allmählich gewinne ich den Eindruck, Karl, dass du als König irgendwie eingeengt lebst, dein Leben wird von der Hofetikette bestimmt, nicht wahr?«

»Ja, Marie, die Etikette bestimmt mein Leben. Ich hasse diese Vorschriften, aber meine Mutter liebt sie, angeblich sind diese albernen Vorschriften notwendig, um den König zu erhöhen, ihn mit einem Nimbus zu umgeben. Wenn meine Mutter nicht mehr unter den Lebenden weilt, werde ich diesen Firlefanz abschaffen.«

Als das Hühnerragout aufgetragen wurde, sagte Karl: »Dies ist das Lieblingsgericht meines Vetters in Navarra, er nennt es immer ›Huhn im Topf‹. Ich mag meinen Vetter und bedauere es zutiefst, dass er auf der Seite der Hugenotten gegen seinen König kämpft, aber man kann ihm seinen Glauben nicht vorwerfen, er wurde so erzogen.«

Marie wusste, wer mit dem Vetter gemeint war, und erwiderte vorsichtig: »Heinrich von Bourbon soll ausgesprochen beliebt sein bei den Hugenotten; die jungen Edelleute, Agrippa d'Aubigné und Rosny, um nur zwei zu nennen, sind ihm treu ergeben und verehren ihn mehr als den Admiral.«

Karl betrachtete Marie nachdenklich und sinnierte, dass es also in Frankreich auch Hugenotten gab, die keine religiösen Fanatiker waren, wie das junge Mädchen, das er liebte, oder sein Vetter Heinrich. In den Berichten, die hin und wieder aus La Rochelle eintrafen, war immer die Rede davon, dass der junge Bourbone ein Spötter sei. Was hatte er kurz vor Ausbruch des dritten Religionskrieges gesagt? Er habe ein vorzügliches Mittel, um den sich entzündenden Brand zu löschen: »Ein Eimer Wasser genügt. Man muss ihn nur dem Kardinal zu saufen geben, bis er platzt.« Ein Spötter, dachte Karl, aber kein religiöser Fanatiker; überhaupt, über seinen Glaubenseifer hört man nicht viel.

Nach beendeter Mahlzeit nahm Karl die Laute und sang einige Liebesgedichte von Ronsard, die so genannten *Amours*, von denen die meisten inzwischen vertont waren.

»Ronsard«, sagte er nach einer Weile, »ist der Lieblingsdichter meiner Familie. Er ist inzwischen Mitte vierzig und kommt in die Jahre, aber als junger Mann hat er Cassandra Salviati, sie ist die älteste Tochter des italienischen Bankiers Salviati, seine Liebesgedichte gewidmet. Die Salviatis haben um 1517 Schloss Talcy erworben, und wahrscheinlich hat

Ronsard sich dort mit Cassandra heimlich getroffen. Er schreibt nicht nur Liebesgedichte, sondern arbeitet zur Zeit an einem Epos über die trojanische Herkunft des französischen Herrscherhauses. Ein Urvater *Francos*, der ein Sohn Hektors war, kam nach langen Irrfahrten an die Seine und gründete Frankreich. Ronsard nennt dieses Epos *La Franciade*.«

»Warum ist ausgerechnet Ronsard der Lieblingsdichter deiner Familie?« Karl überlegte und antwortete: »Es gibt eine Gruppe von sieben Dichtern, darunter Ronsard und Du Bellay, deren Ziel es ist, die französische Sprache zu verfeinern, sodass Französisch in Europa eines Tages den gleichen Stellenwert hat wie Latein und Griechisch. Diese Dichtergruppe, man nennt sie *Pleiade*, versucht, in ihren Versen antike Hymnen, Elegien und Oden so gut wie möglich nachzuahmen.« »Bist du Ronsard schon einmal begegnet?« »Ja, während meiner großen Reise durch Frankreich besuchten wir ihn im Herbst 1565 in Saint-Cosme bei Tours, wo er Prior ist. Dort fühlte ich mich wie in einem Paradies. Saint-Cosme ist in diesen unruhigen Zeiten ein Hort des Friedens, der Freundschaft und Poesie.«

Er nahm erneut die Laute, sang einige Lieder, überlegte, wie es weitergehen sollte, und zum ersten Mal bedauerte er, dass er noch keine Erfahrungen mit Frauen hatte.

Dann fiel ihm etwas ein. Er legte das Instrument zur Seite, ging zu dem Schreibpult in der Ecke, schrieb einige Worte auf ein Stück Papier, gab es Marie und sie las erstaunt: *Je charme tout.*

Sie sah ihn fragend an und er erwiderte lächelnd: »Die Buchstaben deines Namens sagen schon, dass du alles zu bannen verstehst. Dieser Satz ist ein Anagramm deines Namens Marie Touchet.«

»Ach so, jetzt verstehe ich.« Sie legte verlegen das Papier zur Seite und überließ sich dem Lauf der Dinge.

»Es ist spät geworden, Marie. Komm.«

Sie stand auf, sah ihn unsicher an und sagte leise: »Ich habe Angst, Karl …«

»Mache dir keine Gedanken, es ist …, ich meine …, nun, du bist die erste Frau in meinem Leben.« Dann nahm er ihre Hand und führte sie langsam hinüber in sein Schlafgemach.

Als es Mitternacht schlug, lagen sie nebeneinander in jenem Halbschlaf, der die äußere Welt nur aus der Ferne heranträgt, die Glockenschläge der Uhr jedoch brachten Karl in die Wirklichkeit zurück.

Er beugte sich über Marie, die nun ebenfalls hellwach war und ihn nachdenklich ansah.

Er küsste sie auf den Mund. »Bist du glücklich?« »Ja, Karl. Und du?«
»Ich bin der glücklichste Mensch der Welt. Marie, ich kann ohne dich nicht mehr leben, bitte, bleibe bei mir.«

»Wie sollte dies möglich sein, Karl? Irgendwann wirst du Orléans verlassen, mein Gott, ich darf nicht daran denken.«

»Marie, meine liebste Marie, ich will offen zu dir sein: Wenn es nach mir ginge, würde ich dich noch heute zur Königin von Frankreich machen, aber ein König muss eine Ehe schließen, die für sein Reich innen- oder außenpolitisch wertvoll ist. Meine Mutter wird irgendwann für mich eine Verbindung mit einer ausländischen katholischen Prinzessin arrangieren, aber diese politische Heirat wird nichts an meinen Gefühlen für dich ändern, das musst du mir glauben.«

»Ich glaube dir, aber wer weiß, vielleicht verliebst du dich in die Frau, die deine Mutter für dich aussucht.«

»Nein, niemals. Ich werde meine künftige Gattin respektieren, aber lieben werde ich immer nur dich. Du wirst am Hof bleiben, als …, du musst offiziell am Hof beschäftigt sein. Ich werde meine Schwester Margot fragen, ob sie bereit ist, dich unter ihre Kammerfrauen aufzunehmen. Wäre es dir recht?«

»Selbstverständlich, ich bin so glücklich, dass ich bei dir bleiben darf, aber was wird deine Mutter sagen? Es ist ihr bestimmt nicht recht, dass du ein einfaches Mädchen, wie ich es bin, als Geliebte gewählt hast.«

»Mein Privatleben geht meine Mutter nichts an. Du wirst ihr bestimmt gefallen, und wenn sie dich ablehnt, so ist das ihre Sache. Ich bin fest entschlossen, mir unser persönliches Glück nicht von meiner Mutter zerstören zu lassen. Schließlich bin ich der König und volljährig, und die Bevormundung durch meine Mutter bin ich schon lange leid. Du bleibst bei mir am Hof.«

Einige Stunden später frühstückten sie gemeinsam, und Marie genoss das feine Frühstück der Aristokratie.

»Als du vorhin gebadet hast«, sagte Karl, »war ich kurz bei Margot. Sie nimmt dich gerne unter ihre Kammerfrauen auf und kümmert sich auch um neue Kleider. Ich vergaß, dir zu sagen, dass wir noch heute nach Plessis les Tours aufbrechen werden.«

»Darf ich mich am Nachmittag von meinen Eltern verabschieden?«

»Natürlich, und wenn der Hof in Orléans weilt, kannst du sie stets besuchen. Vor der Messe werde ich dich dann meiner Mutter vorstellen.«
Sie spürte, wie ihr Herz klopfte. Wie würde die allmächtige Königinmutter ihr begegnen? Sie versuchte, ihre Ängste vor Karl zu verbergen.

Katharina sah überrascht von ihrer Korrespondenz auf, als Karl und Marie gemeldet wurden.
Das Mädchen scheint ihm viel zu bedeuten, überlegte sie, sonst würde er sie mir nicht vorstellen – es ist wohl mehr als eine flüchtige Liebelei. Sie beschloss, die Mätresse des Königs von Frankreich daran zu erinnern, dass sie nur das Bett mit dem König teilte, nicht mehr und nicht weniger. In diesem Augenblick überschritt das Paar die Schwelle, ging bis zur Mitte des Zimmers und dann vollführte Marie einen ungeschickten Hofknicks vor Katharina, wobei ihre Wangen sich vor Aufregung röteten. Dann erhob sie sich und sah verlegen zu Boden.
»Mama«, begann Karl, »die junge Dame heißt Marie Touchet, wir lieben uns und ich wünsche, dass sie künftig am Hof lebt. Margot ist bereit, sie unter ihre Kammerfrauen aufzunehmen. Mademoiselle Touchet ist Hugenottin, was Sie, Mama, bestimmt nicht stört, da Ihre Toleranz in Glaubensfragen allgemein bekannt ist.«
Katharina horchte auf, die Stimme des Sohnes klang anders als sonst, nicht fragend und unsicher, sondern fest, fast befehlend, und sie spürte, dass sie diese Liebesgeschichte wohl oder übel akzeptieren musste. Nun, letztlich war es egal, mit wem er seine Nächte verbrachte, vorausgesetzt, die Damen blieben ansonsten bescheiden im Hintergrund.
Sie musterte Marie und fand sie sympathisch. Das Mädchen wirkte sauber, frisch, gesund, bescheiden, und sie dachte daran, was man ihr über die Reaktion der Bürger erzählt hatte, als das Paar am Nachmittag zuvor durch die Straßen geritten war: Man hatte den König hochleben lassen.
Sie lächelte Marie an und sagte liebenswürdig: »Seien Sie willkommen, Mademoiselle Touchet, ich hoffe, dass Sie sich bald in der ungewohnten Umgebung eingelebt haben. Der König hat Recht, wenn er sagt, dass Ihr Glaube mich nicht stört.« Sie schwieg und betrachtete erneut das Mädchen. Sie ist hübsch, gut gewachsen – er hat Geschmack. Nun ja, die Valois hatten schon immer einen Blick für Frauen gehabt.
»Mademoiselle Touchet«, sagte Katharina langsam und nachdrücklich, »ich habe nichts dagegen, dass Sie am Hof leben und der König seine Mußestunden mit Ihnen verbringt, ich hoffe allerdings, dass Sie sich

keinen Illusionen hingeben, was Ihre Stellung am Hof betrifft. Der König wird Sie nie heiraten, und Sie werden sich bescheiden im Hintergrund halten und sich der Öffentlichkeit nicht zeigen, ist das klar?«

»Ja, Madame, Sie können unbesorgt sein, ich werde nie meine einfache Herkunft vergessen. Ich bin froh und dankbar, dass ich in der Nähe Seiner Majestät leben darf.«

Ihre Worte klingen aufrichtig, dachte Katharina und atmete erleichtert auf. Ihre Menschenkenntnis sagte ihr, dass die Geliebte des Sohnes keine Gefahr für sie war.

Katharina winkte einen Diener herbei und befal ihm, Marie zum Appartement Margots zu begleiten.

Dann sagte sie zu Karl: »Das Mädchen macht einen vernünftigen Eindruck und ich bin froh, dass du dich endlich für Frauen interessierst. Aber du hast gehört, was ich zu ihr gesagt habe, und das gilt auch für dich: Ich wünsche nicht, dass sie an deiner Seite als offizielle Mätresse auftritt wie seinerzeit die Herzogin von Etampes bei deinem Großvater oder Diana von Poitiers bei deinem Vater. Das hat weder etwas mit ihrer Herkunft noch mit ihrer Religion zu tun, aber eine offizielle Mätresse führt nur zu Parteibildungen am Hof, die dem Wohl des Landes schaden. Falls sie sich erdreistet, deine politischen Entscheidungen zu beeinflussen, wirst du dich von ihr trennen.«

»Mama, Marie interessiert sich nicht für Politik, es genügt ihr, dass sie am Hof in meiner Nähe leben kann, und selbst wenn sie versuchen würde, mich zu beeinflussen, so müssten Sie es akzeptieren. Ich werde mich nie von ihr trennen, weil Sie es wünschen, ich bin kein Kind mehr, Mama, ich bin der volljährige König von Frankreich.«

Katharina betrachtete das trotzige Gesicht des Sohnes und spürte, dass er sich ihrem Einfluss langsam, aber sicher entzog. Ihr wurde klar, dass sie künftig sehr diplomatisch vorgehen musste, wenn sie ihn von etwas überzeugen wollte. Sie musste künftig gezielt seine Schwächen nutzen, wenn er anderer Meinung war als sie.

»Sobald die militärische Lage entschieden ist, Karl, werde ich beim Kaiser um die Hand seiner Tochter Elisabeth anhalten. Eine Verbindung mit dem Haus Habsburg kann außenpolitisch, ich meine wegen Spanien, für Frankreich nur vorteilhaft sein.«

»Eine Erzherzogin – warum nur darf ein König nicht seinem Herzen folgen und die Frau heiraten, die er liebt?«

»Ein König, mein Sohn, muss seine Gefühle immer dem Wohl des

Staates unterordnen, das ist seine oberste Pflicht. Wenn er diese Regel verletzt, nun ja, du siehst ja, welche Konsequenzen es für Maria Stuart hatte.«

Kurz darauf verließ Katharina mit ihren Kindern und einem kleinen Gefolge Orléans und begab sich nach Süden.

Katharina fieberte dem Wiedersehen mit Heinrich entgegen, einmal, weil sie nun schon seit Monaten von ihm getrennt war, zum anderen, weil sie sich von der bevorstehenden Schlacht ein Ende des Krieges erhoffte.

Während der Kardinal versuchte, hin und wieder etwas zu schlafen, unterhielten sich Katharina und Charlotte von Sauves über Heinrich, das heißt, Katharina erzählte Begebenheiten aus der Kindheit des Sohnes, und die Hofdame hörte zu.

In der Kutsche, die ihnen folgte, saßen Margot und Katharina von Clermont Dampierre, die Herzogin von Retz. Sie war einige Jahre älter als Margot, gehörte zu den Damen der Königinmutter, und zwischen ihr und dem jungen Mädchen hatte sich im Laufe der Zeit eine vertrauensvolle Freundschaft entwickelt. Die dritte in der Kutsche war Henrietta, Margots neue Zofe. Henrietta war ungefähr so alt wie Margot und das einzige von Isabellas Kindern, das die ersten Jahre überlebt hatte. Katharina hatte, aus Dankbarkeit für die jahrelangen treuen Dienste ihrer italienischen Dienerin, das junge Mädchen Margots Haushalt zugewiesen, und die junge Italienerin gewann bald das Vertrauen ihrer Herrin, weil sie treu ergeben war, flink und zuverlässig ihre Pflichten erfüllte und weil sie etwas vom Frisieren verstand; dank ihrer geschickten Hand erschien Margot jeden Tag mit einer neuen Frisur. Auch in dieser Kutsche unterhielt man sich nur über den Sieger von Jarnac und Margot wiederholte immer wieder, wie sehr sie sich auf das Wiedersehen mit dem Bruder freue.

Am Nachmittag des dritten Tages kamen sie in Plessis les Tours an, wo sie von Heinrich und den übrigen Heerführern begrüßt wurden.

Er umarmte Mutter und Schwester, sagte zu Katharina, dass Margot mit jedem Tag schöner würde, und fragte den königlichen Bruder, ob es ihm recht sei, wenn er ihm sofort von den militärischen Aktionen der letzten Tage berichte. Karl hätte sich nach der anstrengenden Reise am liebsten zur Ruhe begeben, aber Katharina wollte sofort über die militärische

Lage beraten, und während der Kardinal von Bourbon, der den Tross begleitete, und die Damen sich zu ihren Appartements begaben, hielt Heinrich vor seiner Mutter, dem Bruder und den übrigen Offizieren eine Rede, worin er die militärische Entwicklung der letzten Wochen schilderte.

Nach ungefähr einer Woche hatte Tavannes die Königinmutter und ihren Sohn davon überzeugt, dass man Coligny nicht die Zeit lassen solle, sich mit den Truppen Montgomerys, die inzwischen Navarra besetzt hatten, zu vereinigen. Man müsse ihm zuvorkommen und einen Überraschungsangriff wagen.

Am Tag vor der Abreise gingen Heinrich und Margot nach der Mittagstafel im Garten spazieren und unterhielten sich über Karl und Marie Touchet.

Heinrich nutzte die Gelegenheit, Margot zu erklären, wie sehr er sie liebte und dass er wünsche, alle Macht mit ihr zu teilen. Er trug ihr allerdings auch ein Anliegen vor, dessen Hintergrund er verschwieg: Margot solle künftig ihre Tage an der Seite der Königinmutter verbringen und ihm regelmäßig Bericht erstatten.

Er wollte verhindern, dass sein Bruder während seiner Abwesenheit in deren Gunst stieg und seine Machtposition ihm selbst gegenüber ausbaute.

Heinrich malte sich verheerende Folgen für seine Karriere als Heerführer aus, abgesehen von einer eventuellen Bedrohung an Leib und Leben, wenn Neid und Hass des Bruders sich gegen ihn richten würden.

Margot war sehr berührt; geliebt und gebraucht zu sein war alles, was sie in ihrem jungen Leben bisher vermisst hatte, und die Worte ihres Bruders machten sie daher überglücklich. Sie versicherte ihn ihrer vollkommenen Loyalität und ihr Selbstvertrauen wuchs zusehends. Sie hoffte nun auf diesem Wege die lang ersehnte Zuneigung zu gewinnen.

Während Margot vor sich hin träumte, fand in Katharinas Arbeitszimmer eine letzte Besprechung über die militärische Situation statt.

Tavannes entrollte vor Katharina und Heinrich eine Landkarte und markierte mit dem Federmesser einen kleinen Ort namens Montcontour.

»Wir müssen die hugenottische Armee hierher locken, Madame, und sie dann überraschend angreifen. Ein Überraschungsangriff bedeutet für den Angreifer fast immer den Sieg, weil der Feind nicht damit rechnet und chaotisch reagiert.«

Als der Marschall gegangen war, sagte Katharina: »Ich verstehe nichts von Kriegführung, aber meiner Meinung nach solltest du, falls wir bei Montcontour siegen, Coligny verfolgen und sein Heer vernichten, das ist der einzige Weg, um Frieden zu erlangen.«

»Gewiss, Mama, aber erst müssen wir siegen.«

Er rollte die Karte zusammen und sagte dann: »Margot ist richtig erwachsen geworden, nicht wahr?«

»Es mag sein, es ist mir bisher nicht aufgefallen, vielleicht weil ich sie jeden Tag sehe.«

»Mama, Margot ist inzwischen sechzehn und kein Kind mehr. Andere Mädchen in ihrem Alter sind verheiratet und schon Mutter. Mama, bitte behandeln Sie meine Schwester künftig nicht mehr wie ein Kind, sie ist sehr verständig für ihr Alter und kann gut zuhören. Ich weiß nicht, wie lange ich noch bei der Armee bleiben muss; während meiner Abwesenheit wäre sie der ideale Gesprächspartner für Sie. Wem wollen Sie Ihre Sorgen anvertrauen, wenn nicht einem Mitglied unserer Familie? Franz ist noch zu jung und der König, nun ja, er muss nicht alles wissen.«

Katharina sah Heinrich erstaunt an, überlegte einen Augenblick und erwiderte: »Ich glaube, du hast Recht. Seit Montmorency tot ist, gibt es am Hof niemanden mehr, zu dem ich Vertrauen habe, dich ausgenommen. Ich werde deinen Wunsch erfüllen.«

»Ich danke Ihnen, Mama.«

Am nächsten Vormittag verließ die kleine Reisegesellschaft Tour les Plessis und reiste gemächlich zurück nach Orléans.

Heinrich und Guast sahen den Kutschen nach, bis sie am Horizont verschwunden waren, dann atmete Heinrich tief durch und sagte: »Ich hoffe, dass alles gut geht und während meiner Abwesenheit keine Intrigen gegen mich gesponnen werden, aber ich habe vorgesorgt. Margot wird den ganzen Tag bei meiner Mutter sein und mir alles berichten.« Er erzählte dem Freund von den Gesprächen, die er am Vortag mit Katharina und Margot geführt hatte.

Guast war innerlich von dem Bericht entsetzt, doch er ließ sich nichts anmerken. Äußerlich unterstützte er Heinrich, in dessen Gunst er seit einiger Zeit in verstärktem Maße stand. Insgeheim beschloss er jedoch, die Beziehung zwischen den Geschwistern auseinander zu bringen.

Er erfand also aus dem Stegreif eine Romanze zwischen dem Herzog von

Guise und Margot und berichtete seinem Herrn im Brustton der Überzeugung, Guise habe vor, um Margots Hand anzuhalten.

Heinrich war entsetzt und starte Guast entgeistert an. Er wollte und konnte diese unglaubliche Geschichte nicht glauben, aber die Eindringlichkeit von Guasts Schilderung ließen leise Zweifel in ihm keimen. Warum sollte eine Kinderliebe, und vielleicht war es eine solche, sich nicht eines Tages vertiefen?

Guast goss jetzt noch mehr Öl ins Feuer, indem er erwähnte, dass der Kardinal von Lothringen den Neffen in der Tat mit Margot verheiraten wolle. Bekanntermaßen seien die beiden Familien ja verfeindet.

Aus diesem Grunde solle Heinrich die Königinmutter anweisen, auf keinen Fall mit Margot über Staatsangelegenheiten zu sprechen.

Je länger Guast auf ihn einwirkte, desto mehr fruchteten die Zweifel bei Heinrich und schließlich war er fast geneigt, ihm zu glauben. Er beschloss, die nächste Gelegenheit zu nutzen, um nach dem Rechten zu sehen.

Während Heinrichs Gedanken um die Schwester und die militärische Situation kreisten, erlebte Margot die glücklichsten Wochen ihres bisherigen Lebens: Sie war vom frühen Morgen bis zum späten Abend in Katharinas Nähe und genoss es, dass die Mutter sie endlich beachtete und sich mit ihr manchmal stundenlang unterhielt, über Literatur, Philosophie, Architektur, Religion, über den verderblichen Krieg; immer wieder sprachen sie auch von Heinrich, und Margot berichtete dem Bruder regelmäßig, worüber sie sich mit der Mutter unterhalten hatte.

So verging eine Woche nach der anderen, und gegen Ende September traf die Nachricht ein, dass die Hugenotten seit dem 24. September bei Montcontour standen und die königlichen Truppen in einiger Entfernung nördlich von dieser Stadt. Die entscheidende Schlacht konnte jetzt jeden Tag stattfinden, und am Hof sprach man von nichts anderem mehr.

Am Abend des 6. Oktober spielten Katharina und Margot eine Partie Schach. Katharina hatte bei der ersten Partie mit der Tochter erstaunt festgestellt, dass diese mit viel Überlegung und taktisch raffiniert spielte, und so saßen sie sich jeden zweiten Abend am Schachtisch gegenüber; mal gewann Katharina, mal Margot.

An jenem Abend gewann Katharina und Margot legte enttäuscht die Figuren in den Kasten.

Katharina beobachtete sie amüsiert und sagte: »Mach dir nichts daraus, Margot, die nächste Partie gewinnst du wieder, und außerdem sagt man immer: Unglück im Spiel, Glück in der Liebe.«

In diesem Augenblick meldete Mingo einen Kurier, und dieser rief, während er das Zimmer betrat: »Madame, der Herzog von Orléans hat einen überwältigenden Sieg bei Montcontour errungen!«

Er beugte das Knie, überreichte Katharina einen Brief, den sie mit zitternden Fingern öffnete, dann sah sie Margot glücklich lächelnd an: »Die Schlacht war am 3. Oktober; es ist der Todestag deiner Schwester Elisabeth, ihre Fürsprache im Himmel hat wahrscheinlich auch zu diesem Sieg beigetragen, aber letztlich haben wir diesen Triumph dem militärischen Genie Heinrichs zu verdanken. Die Schlacht hat nur eine Dreiviertelstunde gedauert, 18 000 Hugenotten kämpften gegen 28 000 Katholiken. Anfangs war Coligny sogar im Vorteil, aber unsere Schweizer haben die Schlacht entschieden. Dies war die größte Niederlage der Hugenotten seit 1562. Von den 6000 deutschen Söldnern haben nur ungefähr 200 überlebt, Coligny zieht nach Süden ab, und Heinrich möchte uns sofort sehen. Er ist jetzt unterwegs nach Saint Jean d'Angely, um diese Stadt zu belagern.« Sie sah kurz von dem Brief auf. »Ich verstehe zwar nicht ganz, warum er Coligny nicht verfolgt, aber er wird schon wissen, warum. Wir brechen morgen bei Tagesanbruch auf.«

»Heinrich hat gesiegt, o Mama, das ist der glücklichste Tag in meinem Leben! Ich kann es kaum erwarten, ihn zu umarmen und zu beglückwünschen!«

Es dunkelte bereits, als die Reisegesellschaft in dem Zeltlager ankam, das vor der kleinen Stadt Saint Jean d'Angely errichtet war.

Nach der ersten offiziellen Begrüßung geleitete der Dauphin Mutter und Geschwister zu ihren Zelten, der König und der junge Franz wollten vor der Abendtafel ruhen, Katharina und Margot jedoch baten Heinrich, ihnen den genauen Verlauf der Schlacht zu schildern.

»Ich bin so stolz auf dich«, sagte Katharina, »du bist schon jetzt ein großer Heerführer, an allen europäischen Höfen wird man dich bewundern.«

Er lächelte gequält und dachte daran, dass die königliche Armee einzig und allein Tavannes diesen Sieg zu verdanken hatte und dass der Marschall sich erneut bescheiden im Hintergrund hielt.

»Heinrich, ich habe nie daran gezweifelt, dass du siegen wirst!«, rief

Margot. Sie wollte ihn umarmen, er aber trat einen Schritt zurück, musterte sie prüfend, und auf einmal fühlte sie sich unbehaglich; irgendetwas stimmt nicht, dachte sie. Er bat sie, ihn mit der Mutter allein zu lassen. Dann erzählte Katharina Heinrich, wie voll des Lobes sie über ihre Tochter sei, indem sie deren Klugheit, Besonnenheit und ihre Fähigkeit zuzuhören rühmte.

Heinrich intervenierte, gab aber zunächst vor, über diese Entwicklung erfreut zu sein. Nun kam er aber zur Sache: Er berichtete der Mutter brandheiß die neuesten Gerüchte über die Heirat zwischen Margot und Heinrich von Guise. Angesichts der angespannten Lage zwischen den Familien bat er seine Mutter inständig, der Tochter keine Geheimnisse mehr anzuvertrauen und mehr Distanz in der Beziehung zu Margot einkehren zu lassen.

Katharina, die ja nun die letzten Wochen über fast den ganzen Tag mit Margot verbracht hatte, versuchte Zug um Zug, die Argumente ihres Sohnes als absurd zu entkräften, denn sie schätzte Margots Zuverlässigkeit und Loyalität inzwischen ebenso wie ihre Klugheit. Ein Körnchen Misstrauen hatte sich jedoch inzwischen festgesetzt, und so entschied sich Katharina, für alle Fälle auf den Rat ihres Sohnes zu hören und die Geschäfte des Hofes von der Tochter fern zu halten.

Allerdings unterrichtete sie Margot über diese Verdächtigungen des Bruders. Diese war vollkommen entsetzt und betrübt gleichermaßen. Sie weinte bitterlich und unter Tränen erzählte sie der Mutter, wie glücklich sie zum ersten Mal in ihrem Leben die letzten Wochen über gewesen war. Die Lügen, denen ihr Bruder durch Guast, die falsche Schlange, aufgesessen war, wies sie entrüstet zurück. Voller Empörung stürzte es aus ihr heraus, dass sie niemals vergessen werde, was Heinrich ihr angetan hatte. Die Mutter verbat sich die Zorneswallungen ihrer Tochter und schickte Margot hinaus.

Margot weinte die halbe Nacht und überlegte immer wieder, wer Heinrich erzählt hatte, dass der junge Guise sie heiraten wollte. Am Hof schwirrten alle möglichen Gerüchte umher, aber keines, das sich mit ihr und dem Herzog beschäftigte.

Den folgenden Tag verbrachte sie in trübseliger Stimmung, und gegen Abend begann sie auf einmal zu fiebern.

Die Ärzte diagnostizierten ein Scharlachfieber, das in der Armee grassierte und einen Teil der Truppen bereits hinweggerafft hatte.

Da sie nicht transportfähig war, blieb man notgedrungen im Lager.

Katharina, der König und Heinrich wachten trotz der Ansteckungsgefahr abwechselnd am Bett der Schwester, und da Heinrich etwas
gutmachen wollte, war er besonders aufmerksam und liebevoll. Margot
musste, als es ihr etwas besser ging, sich stets von neuem zusammennehmen und ihre plötzliche Abneigung gegen den Bruder unterdrücken.

Nach ungefähr zwei Wochen war sie so weit genesen, dass sie das Feldlager verlassen konnte, und Katharina beschloss, die Tochter nach Angers
bringen zu lassen.

»Das trifft sich gut«, sagte Karl, der von den Spannungen zwischen Katharina, Margot und Heinrich nichts wusste. »Heute erhielt ich eine
Nachricht, dass Guise und sein Onkel, der Herzog von Aumale, dort inzwischen mit einem Teil unserer Truppen eingetroffen sind.«

Heinrich horchte auf: Guise war in Angers, und er beschloss, die Gelegenheit zu nutzen und herauszufinden, ob der ehemalige Freund plante,
Margot zu heiraten. Er musste ihn in eine Situation bringen, in der er
sich durch seine Reaktion verraten würde. So sagte er zu Katharina, dass
er es für seine Pflicht hielt, bei der Schwester zu bleiben, bis sie wieder
vollständig gesund sei, überließ Tavannes die weitere Belagerung von
Saint Jean d'Angely und begleitete die Familie nach Angers.

Am Tag nach ihrer Ankunft schrieb er an den Herzog von Guise. Er berichtete, dass Margot von einem Scharlachfieber nahezu genesen sei und
sich bestimmt freuen würde, wenn er sie besuchte.

Heinrich von Guise erinnerte sich noch genau an das kleine Mädchen
von einst und war einerseits neugierig zu sehen, ob sie wirklich so schön
war, wie alle behaupteten, andererseits wäre es ein Affront gegenüber
dem König gewesen, seine Schwester nicht zu besuchen.

Am Spätnachmittag des folgenden Tages saß Margot in ihrem Tragses-
sel und hörte dem Lautenspiel des Königs zu, als plötzlich Anjou und der
Herzog von Guise gemeldet wurden.

Karl legte das Instrument zur Seite, Margot aber wurde von einer jähen
Angst gepackt. Eine neue Bosheit von Heinrich, dachte sie und sah unsicher zur Tür, durch die der Bruder und Guise hereinkamen.

Margot konnte sich noch genau an den halbwüchsigen Jungen von einst
entsinnen, und als er nun vor ihr stand und sich über ihre rechte Hand
beugte, die sie ihm hinhielt, da fühlte sie sich auf eine merkwürdige Art
zu ihm hingezogen und spürte, dass sie Herzklopfen bekam. Ihre Augen
streiften verstohlen die große, kräftige Gestalt, die dichten, dunklen

Locken, den gestutzten Bart, der die untere Gesichtshälfte einrahmte, und sie bemerkte, dass er viel männlicher wirkte als ihre Brüder.

Guise betrachtete Margot aufmerksam und fand, dass die Berichte über ihre Schönheit der Wahrheit entsprachen, und insgeheim beneidete er den Mann, der sie einmal heiraten würde. »Ich freue mich, Madame, dass Sie diese schwere Krankheit überlebt haben. Ihr Bruder bat mich, Sie zu besuchen, und ich habe seine Bitte gerne erfüllt. Wenn man gezwungen ist, im Zimmer zu bleiben, so freut man sich über jede Abwechslung.«

Margot lächelte schwach. »Ja, da haben Sie Recht.«

Heinrichs Augen wanderten lauernd zwischen der Schwester und Guise hin und her, und dann hielt er den Augenblick für gekommen, um sich einzumischen. »Ich beglückwünsche Sie zu Ihrer Wahl, Herr Herzog, Sie haben sich die schönste Frau des Königreiches ausgesucht, die zudem die Tochter eines Königs und die Schwester eines Königs ist.«

Karl sah verwundert auf und überlegte, was das bedeuten sollte. Natürlich, er, der König war wieder einmal nicht informiert.

»Wie bitte?«, fragte Heinrich von Guise irritiert. »Ich verstehe Sie nicht …« – »Sie lieben doch meine Schwester und wollen Sie heiraten?« – »Wie kommen Sie darauf?« – »Es wird erzählt.« – »Das sind alles Lügen!«, rief Guise empört. »Mein Onkel, der Kardinal, versucht schon seit geraumer Zeit, für mich eine Ehe mit Katharina von Kleve, der Prinzessin von Porcian, zu arrangieren, ich bin so gut wie verlobt!«

Margot war erleichtert, als sie dies hörte, gleichzeitig spürte sie einen feinen Stich und beneidete die Prinzessin von Porcian.

»Schon gut, schon gut«, sagte Anjou, »regen Sie sich nicht unnötig auf, dann hat mein Freund Guast eben etwas Falsches gehört.«

Guast, dachte Guise, das ist doch der Günstling Anjous.

Guast, dachte Margot, er hat meinem Bruder dieses Märchen erzählt, und Heinrich hat es geglaubt.

Da wandte Guise sich zu Karl und sagte: »Sire, seien Sie versichert, dass ich es niemals wagen würde, Ihrer Schwester schöne Augen zu machen. Ich weiß, dass ich ihrer nicht würdig bin. Erlauben Sie, dass ich mich nach Joinville zurückziehe, bis die Gerüchte sich beruhigt haben. Gerüchte, die auch dem Ruf Ihrer Schwester schaden. Mein Onkel kann mich bei den Truppen vertreten.«

»Ich glaube Ihnen, Herr Herzog. Ich zweifele nicht an ihrer Gesinnung und erlaube Ihnen, nach Joinville zurückzukehren.«

»Ich danke Ihnen, Sire«, und zu Margot: »Madame, es ist mir unendlich peinlich, was hier erzählt wird. Ich hoffe, dass Sie bald völlig genesen sind, leben Sie wohl.«

»Leben Sie wohl«, sagte sie leise, sie sah ihm nach, wie er das Zimmer verließ, und fühlte sich allein.

Heinrich von Guise eilte die Treppen hinunter und rannte über den Hof zum Marstall, wo sein Reitknecht auf die Pferde Acht gab.

Er lehnte den Kopf an den Pferdehals und versuchte, sich zu beruhigen.

Er musste aufpassen, er hatte natürlich Feinde am Hof. Dann dachte er an Margot, versuchte, ihr Bild zu verbannen, aber im abendlichen Zwielicht tauchte es in seinem Innern immer wieder auf.

Er bestieg das Pferd, ritt langsam zum Tor hinaus und an einer Seite des Schlosses entlang; dann zügelte er den Rappen und sah hinauf zum ersten Stock; dort war das Zimmer von Margot. Er vergaß die Zeit, und auf einmal sah er einen schwachen Lichtschimmer in dem Raum.

»Ich darf nicht mehr an sie denken«, sagte er leise zu sich selbst. »Leb wohl, Margot.« Er wendete das Pferd und galoppierte hinweg.

Als Margot allein war, versank sie in einen tiefen, traumlosen Schlaf. Henrietta sah hin und wieder nach ihrer Herrin, wagte aber nicht, sie zu wecken.

Als Margot am anderen Morgen erwachte, fühlte sie sich ausgeruht und gesund und dachte noch einmal in Ruhe über die Ereignisse der vergangenen Wochen nach, besonders über Heinrich und die Mutter.

Der Bruder hatte ihre schwesterliche Zuneigung benutzt, um seine eigene Stellung am Hof und bei der Mutter zu festigen, und er hatte sich von ihr abgewandt, als Guast ihm einredete, dass der Herzog von Guise sie heiraten wollte. Er hat seinem Günstling blind vertraut, dachte Margot enttäuscht, warum hat er nicht selbst nachgeforscht, ob die Behauptungen überhaupt wahr sind? Sie musste diesem Guast künftig mit Misstrauen begegnen.

Ihre Mutter erfüllte jeden Wunsch ihres Lieblingssohnes – gegen diese Konstellation war sie, die Tochter und Schwester, machtlos, zumindest, solange Katharina lebte.

Sie, die Schwester des Königs, musste mit diesen familiären Strukturen leben, sich damit abfinden bis zu ihrer Heirat, und eine Heirat bedeutete, dass sie den Hof und Frankreich verlassen musste; eine Heirat konnte also Freiheit bedeuten, aber mit wem würde sie vermählt werden?

Es wird eine politische Ehe sein, dachte Margot.

Sie stand auf, trat zum Fenster und sah hinunter in den Hof, wo die Diener hin und her liefen.

Es war unwahrscheinlich, dass sie an der Seite des Gatten, dem man sie vermählte, glücklich wurde. Warum sollte sie nicht vorher die Liebe genießen, sofern es sich ergab? Warum sollte sie nicht die Werbung eines jungen Edelmannes erhören?

Für ihre Familie war sie nur ein Heiratsobjekt; nun gut, das war das Schicksal von Prinzessinnen. Sie würde sich nach außen hin anpassen, aber ansonsten so handeln, wie sie es für richtig hielt.

In diesem Augenblick betrat Henrietta das Zimmer und sah erstaunt, dass Margot am Fenster stand.

»Guten Morgen, Madame. Mit Verlaub, Sie erkälten sich, wenn Sie am Fenster stehen.«

Da wandte Margot sich um und sagte: »Nein, Henrietta, ich erkälte mich nicht, ich fühle mich so gesund wie noch nie zuvor.«

Die Zofe betrachtete Margot und sagte dann schüchtern: »Sie sehen glücklich aus, Madame, sie wirken so befreit.«

»Du beobachtest gut; ja, ich habe mich innerlich von meiner Familie gelöst.«

»Wie meinen Sie das, Madame?«

»Nun, ich bin nicht nur die Schwester des Königs von Frankreich, die irgendwann zum Wohle Frankreichs verheiratet wird, ich bin auch eine Frau; einmal möchte ich lieben und geliebt werden, und wenn es sich ergibt, Henrietta, so werde ich diese Gelegenheit nutzen, egal, welchem Stand der Mann angehört, und meine Familie wird sich damit abfinden müssen.«

»Sie haben Recht, Madame, Sie können immer auf meine Hilfe zählen.«

Katharina und ihre Söhne waren froh über Margots Genesung, und einige Tage später verließen sie Angers und reisten nach Paris zurück.

Katharina hatte gehofft, dass der Sieg bei Montcontour zu einem baldigen Ende des Krieges führen würde, aber diese Hoffnung erwies sich als Illusion, je näher sie der Hauptstadt kamen. Saint Jean d'Angely wurde zwar erobert, aber die Heerführer der königlichen Armee konnten sich nicht einigen, ob sie Coligny verfolgen oder La Rochelle besetzen sollten, und verbrauchten ihre Kräfte in unbedeutenden Manövern, die es Coligny ermöglichten, seine Truppen zu sammeln und in den Süden des

Landes zu marschieren, wo er erbarmungslos die Katholiken verfolgte und massakrierte.

Während der Rückreise nach Paris versuchte Katharina, zu einem Frieden mit Coligny zu kommen, aber er würdigte sie keiner Antwort und trug den Krieg in das Languedoc.

An einem Abend Mitte November beschloss Katharina, die aussichtslose Lage zu beenden, und beauftragte René, einen Mann zu finden, der mit allen Waffen umgehen konnte. Gleichzeitig sollte der Parfümeur, wenn es möglich war, aus dem Palais der Guisen eine Waffe entwenden, die das Wappen dieser Familie trug. Am nächsten Abend überreichte René seiner Herrin eine Büchse mit dem Familienwappen der Guise, und einen Tag später stellte er ihr einen gewissen Maurevert vor.

Katharina betrachtete den Mann: Er sah aus, als würde er sein Handwerk verstehen, und sie hatte Vertrauen in seine Skrupellosigkeit. Kurzerhand erzählte sie ihm, worin sein Auftrag bestehen sollte. Schnellstens solle er sich zur Festung Montauban begeben, wo Coligny weile, und mit der Waffe, die sie ihm hiermit überreichte, den Admiral zur Strecke bringen. Mit einem Beutel Gold als Reisegeld bewaffnet, schickte sie den Mann los.

Kurz vor Weihnachten kam dann die Nachricht, dass das Attentat missglückt sei, was Katharina als ein Urteil Gottes wertete und akzeptierte.

Der Mann erhielt seine Belohnung und damit war für sie der Fall abgeschlossen.

Während der folgenden Wochen versuchte Katharina immer wieder, sich mit Coligny zu einigen, aber sie musste sich bis zum Februar 1570 gedulden. Da offenbarte er, unter welchen Bedingungen er bereit wäre, Frieden zu schließen: freie Ausübung der reformierten Religion im ganzen Reich, Wiedererstattung der enteigneten Güter und Abtretung der Städte Calais und Bordeaux an die Hugenotten.

Katharina unterbreitete ein Gegenangebot: Statt der geforderten Städte sollten die Hugenotten La Rochelle, Montauban und Sancerre behalten dürfen.

Coligny ging darauf nicht ein, sondern begann, im Poitou einen hugenottischen Stützpunkt nach dem andern zurückzuerobern.

Katharina schickte erneut Unterhändler zu dem Admiral, während Tavannes und die Guisen dafür waren, den Krieg fortzusetzen.

Im Frühjahr standen die Hugenotten bei Charité-sur-Loire, und in Paris rechnete man mit einer Belagerung.

Da schickte Coligny seinen Schwiegersohn Téligny als Unterhändler in die Hauptstadt, und Katharina atmete auf: Der dritte Religionskrieg war also beendet, die Waffen würden schweigen, sie konnte endlich wieder verhandeln und sie war fest entschlossen, jetzt einen dauerhaften Frieden zu schließen, damit Frankreich sich wirtschaftlich erholen und sie selbst sich der Verheiratung ihrer Kinder widmen konnte.

7

Der 12. Mai 1570 war ein sonniger Frühlingstag, und über Paris spannte sich ein wolkenloser blauer Himmel.

Am frühen Nachmittag stand Karl IX. an einem Fenster seines Arbeitszimmers und beobachtete schlecht gelaunt das Leben und Treiben unten im Hof. Er dachte an die Verhandlungen mit Téligny und daran, dass sie den Hugenotten wahrscheinlich mehr Zugeständnisse machen mussten, als sie gehofft hatten. Es würde ein für die Katholiken teuer erkaufter Friede werden, und warum? Weil seine Armeeführer den Sieg von Montcontour nicht ausgenutzt hatten.

Er dachte auch daran, dass der Hof gewöhnlich im Frühling in Saint-Germain oder Fontainebleau oder an der Loire weilte, aber seine Mutter hatte darauf bestanden, dass die Verhandlungen zunächst in Paris geführt wurden. Er schloss das Fenster und begab sich zu Katharinas Appartement. Wie gerne wäre er an diesem sonnigen Tag zur Jagd gegangen, stattdessen musste er sich mit seiner Mutter über ihre Heiratsprojekte unterhalten. Als er ihr Arbeitszimmer betrat, ging sie auf und ab, diktierte dem Sekretär Briefe, und wieder einmal staunte er über ihre unverwüstliche Energie. Nach der Mittagstafel ruhte sie nie, sondern verfasste bis zu zwei Dutzend Briefe, die sich mit den unterschiedlichsten Staatsgeschäften befassten.

Bei seinem Eintritt sah sie auf, beurlaubte den Sekretär, nahm ein Schriftstück und hielt es triumphierend in die Höhe: »Dieser Brief kam vorhin aus Wien, deine Verlobung mit der Erzherzogin Elisabeth ist perfekt. Der Kaiser möchte wissen, wann die Heirat stattfinden kann. Ich werde ihm den November vorschlagen, bis dahin wird der Friedensvertrag hoffentlich unterzeichnet sein.«

Karl schwieg verdrossen, denn seine Heirat interessierte ihn nicht sonderlich, und von der Braut wusste er nur, dass sie im sechzehnten Lebensjahr stand und angeblich sanft und fromm war.

Katharina beobachtete den Sohn und sagte vorsichtig: »Du scheinst dich nicht sonderlich darüber zu freuen, dass ich eine so vorteilhafte Ehe für dich arrangiert habe.«

»Ich danke Ihnen, Mama, aber im Augenblick empfinde ich nur Gleichgültigkeit gegenüber der Habsburgerin; ich weiß noch nicht einmal, wie sie aussieht.«

»Dem kann abgeholfen werden; ich werde den Wiener Hof bitten, uns ein Porträt zu schicken. Eines noch, Karl, du solltest deine Geliebte während der Flitterwochen vom Hof entfernen.«

»Warum? Ich liebe Marie und werde sie immer lieben.«

»Es ist gegenüber der künftigen Königin von Frankreich und auch gegenüber dem Kaiser taktvoller, wenn sie nicht sofort von der Existenz der Demoiselle Touchet erfahren, und ich denke, auch für deine Marie ist es angenehmer, wenn sie nicht die Hochzeitsfeierlichkeiten erleben muss. Aber nun zu Margot. Dein ehemaliger Schwager Philipp hat nichts dagegen, dass deine Schwester König Sebastian von Portugal heiratet. Der junge Fürst – er ist etwas jünger als Margot – soll zwar eigenartig und unausgeglichen sein, aber es wird so viel geredet, und außerdem wird Margot in zwei Tagen siebzehn, es ist also höchste Zeit, dass sie endlich verheiratet wird; die Auswahl an passenden Kandidaten ist weiß Gott nicht groß. Ich möchte, dass du übermorgen, während des Balles, die Gelegenheit nutzt, um mit dem spanischen und portugiesischen Gesandten ein erstes vorsichtiges Gespräch zu führen. – Und nun zu deinem Bruder Anjou.«

Karl sah Katharina irritiert an. Er konnte verstehen, dass sie ihn verheiraten wollte wegen der Thronfolge, er konnte auch verstehen, dass sie eine Ehe für Margot arrangieren wollte, aber der jüngere Bruder?

»Mit Verlaub, Mama, Heinrich wird im September neunzehn, seine Eheschließung eilt nicht, und außerdem würde es doch für Sie bedeuten, dass Sie sich von ihm trennen müssten. Dies ist für Sie bestimmt nicht einfach.«

»Du hast Recht. Eine Trennung …, ich darf nicht daran denken, aber ich möchte, dass Heinrich glücklich wird.«

Natürlich, dachte er verärgert, Heinrich soll glücklich werden. Bei Margot und bei mir ist es ihr egal, ob wir glücklich oder unglücklich werden.

»Er soll also glücklich werden. Mit anderen Worten, Sie erlauben ihm, die Frau zu heiraten, die er liebt, unabhängig von ihrer Herkunft und ihrer Religion?«

»Nein, er muss natürlich – wie du und deine Geschwister – eine Ehe schließen, die für Frankreich vorteilhaft ist. Da er wahrscheinlich nie König von Frankreich sein wird, muss eben eine andere Lösung gefunden werden.«

Karl sah seine Mutter erstaunt an, und dann musste er sich beherrschen, um nicht laut zu lachen. Gütiger Himmel, dachte er, sie kann einfach nicht verleugnen, dass ihre Vorfahren Bankiers waren; sie sammelt Königskronen, so wie die Medicis einst Geld angehäuft haben.

»Mit Verlaub, Mama, die europäischen Königreiche haben alle einen Herrscher, ich wüsste nicht, wo für meinen Bruder ein Thron vakant ist, es sei denn, Sie beabsichtigen, ihn nach Asien zu schicken«, und im Stillen dachte er, dass dies keine schlechte Lösung wäre.

»Was denkst du, er muss natürlich in Europa bleiben, und es gibt eine Königskrone, die zu haben ist: Königin Elisabeth von England ist noch immer unvermählt und sucht einen Gatten.«

Karl glaubte nicht richtig zu hören: die protestantische Königin von England ...

»Mama, Sie wissen, dass Heinrich gut katholisch ist. Wollen Sie ihn wirklich mit einer Protestantin verheiraten? Außerdem ist Elisabeth achtzehn Jahre älter als mein Bruder, sie wird im September siebenunddreißig, und in einigen Jahren fängt sie an zu altern.«

»Das alles ist mir wohl bekannt. Was die Religion betrifft, so kann man sich mit etwas gutem Willen einigen, und der Altersunterschied, mein Gott, so problematisch ist dies nun wahrhaftig nicht. Eine reife, erfahrene Frau kann für einen jungen Mann reizvoller sein als ein junges Mädchen, ich spreche in dieser Hinsicht aus eigener Erfahrung. Durch diese Verbindung können wir uns handelspolitische Vorteile sichern und König Philipp ein bisschen ärgern. Elisabeths Piraten kapern ohne Hemmungen die spanischen Silberschiffe, und vielleicht fällt für uns dabei auch noch etwas ab.«

Karl überlegte: Die englische Königin verhandelte seit ihrer Thronbesteigung mit allen Fürsten, die um ihre Hand anhielten, über eine Heirat, ohne sich entschließen zu können. Er hielt es für unwahrscheinlich, dass sie sich ausgerechnet für seinen jüngeren Bruder entschied, aber man konnte nie wissen. Falls es zu einer Ehe zwischen ihr und Anjou kommen sollte, so war er den verhassten jüngeren Bruder los. England war eine Insel, eine Reise dorthin nicht ungefährlich, und außerdem war es möglich, dass Anjou am englischen Hof im Schatten des Grafen von Leicester leben musste; er war schon lange der Günstling der Königin, und es wurde allgemein angenommen, dass sie ein Verhältnis mit dem Grafen hatte. Der Lieblingssohn seiner Mutter im Schatten von Leicester, das wäre eine erfreuliche Perspektive.

»Mama, je länger ich über Ihren englischen Heiratsplan nachdenke, desto besser gefällt er mir: Diese Ehe würde uns wirtschaftliche Vorteile verschaffen, und über den Glauben kann man sich einigen.«

»Ich bin froh, dass du diesen Plan unterstützt, und werde noch heute einen Kurier nach England schicken. – Aber kein Wort über diese Angelegenheit zu Heinrich!«

In diesem Augenblick wurde ein Bote des Herzogs von Guise gemeldet. Katharina und Karl sahen sich erstaunt an, dann befahl Katharina, den Mann einzulassen.

Als er das Zimmer betrat, trat der König unwillkürlich einen Schritt zurück, weil der Bote ihm Angst einflößte. Er war groß, vierschrötig, dunkelhaarig, und die schwarzen Augen wirkten finster und grausam.

Katharina betrachtete den Mann gelassener als ihr Sohn und fühlte sich an Maurevert erinnert: Dieser Bote würde für Geld jedes Verbrechen begehen, dachte sie.

Der Mann beugte das Knie und sagte mit fremdländischem Akzent: »Sire, Madame, erlauben Sie, dass ich mich vorstelle: Mein Name ist Jannowitz, ich stamme aus Böhmen und werde hier in Frankreich ›Böhme‹ genannt. Als mein Herr, der Herzog von Guise, im österreichischen Heer gegen die Türken kämpfte, war ich sein Bursche. Er nahm mich mit nach Frankreich und ich bin jetzt sein Kammerdiener und ihm so treu ergeben, wie es in dieser Welt möglich ist.«

Katharina betrachtete Böhme und spürte instinktiv, dass er mehr war als nur der Kammerdiener. Vielleicht war er ein Spion von Guise, auf jeden Fall aber ein Mann, der wahrscheinlich auch Sonderaufgaben erledigte.

»Mein herzoglicher Herr«, fuhr Jannowitz fort, »ist gegen Mittag in Paris eingetroffen und bittet Sie, Sire, um eine Audienz.«

Karl sah Katharina hilflos an, und als sie kaum merklich nickte, erwiderte er: »Sagen Sie dem Herzog, dass ich ihn morgen um neun Uhr empfangen werde.«

»Ich danke Ihnen, Sire.«

Als Jannowitz gegangen war, ging Karl unruhig auf und ab und blieb schließlich vor Katharina stehen.

»Haben Sie eine Ahnung, was Guise von mir will, Mama?«

»Nein, das werden wir morgen hören; ich möchte bei der Audienz dabei sein.«

Karl spürte, dass Wut in ihm hochstieg, beherrschte sich aber und erwiderte kurz: »Wie Sie wünschen, Mama. Ich werde Marie jetzt mitteilen, dass ich heiraten werde.«

Er war schon an der Tür, als Katharina rief: »Einen Augenblick noch, Karl. Du solltest Guise zu dem Bankett und dem Ball einladen, der anlässlich Margots Geburtstag stattfindet.«

Er überlegte und antwortete: »Ich weiß nicht, Mama, ob dies angebracht ist, denken Sie an die Gerüchte im letzten Herbst.«

»Stell dich nicht so an; wenn Guise in Paris weilt, wird er Margot irgendwann am Hof begegnen, das lässt sich nicht verhindern, und außerdem hast du mir erzählt, dass der Kardinal versucht, seinen Neffen mit der Prinzessin von Porcian zu vermählen.«

»Ja, aber das war im letzten Herbst, seither habe ich davon nichts mehr gehört.«

»Es wäre ein Affront gegen die Guisen, den Herzog nicht zu Margots Geburtstag einzuladen, und ich möchte diese Familie nicht unnötig reizen.«

»Wie Sie wünschen, Mama«, und er ging langsam zurück in sein Arbeitszimmer und überlegte, wie er Marie schonend seine Eheschließung und ihre vorläufige Entfernung vom Hof beibringen sollte.

Schließlich ließ er sie holen, und als sie das Zimmer betrat, sah sie an seiner Miene, dass etwas passiert war.

Er zog sie an sich, umarmte sie und sagte zögernd: »Marie, wir müssen uns für einige Wochen trennen. Ich werde im November die Erzherzogin Elisabeth heiraten und meine Mutter wünscht, dass du während der Hochzeitsfeierlichkeiten und der folgenden Wochen nicht in meiner Nähe lebst. Du wirst den Hof so spät wie möglich verlassen und so bald wie möglich zurückkehren. Ich werde hier in Paris ein Haus mieten, wo du wohnen kannst, du wirst Diener haben und Zofen, es soll dir an nichts fehlen. Glaube mir, diese Trennung fällt mir unendlich schwer, aber in meiner Familie bestimmt meine Mutter nach wie vor, du musst mich verstehen, bitte.«

Da löste sie sich aus seinen Armen, trat einen Schritt zurück und sah ihn nachdenklich an. Seine Mutter, dachte sie, wird er sich je von ihr befreien? Aber das war im Augenblick nicht so wichtig und sie überlegte, ob sie es ihm jetzt sagen sollte. »Ich verstehe dich und ich glaube dir; trotzdem, ausgerechnet jetzt!« Sie begann zu weinen.

Karl betrachtete sie hilflos, nahm sie erneut in die Arme.

»Marie«, flüsterte er, »zwischen uns wird sich nichts ändern.«

Es dauerte eine Weile, bis sie sich beruhigte, dann sah sie ihn an: »Karl, ich werde nach Orléans zu meinen Eltern zurückkehren, in Paris würde ich mich nur vereinsamt fühlen. Außerdem …, ich muss dir auch etwas sagen, ich …, ich erwarte ein Kind.«

Er starrte sie für den Bruchteil einer Sekunde an. »Marie«, und er hob sie hoch und wirbelte sie durch die Luft, »ist das wahr? Ich werde Vater?«

»Ja, seit einigen Tagen bin ich mir ganz sicher. Unser Kind wird Anfang November zur Welt kommen. Verstehst du nun, warum ich nach Orléans zurückkehren will? Dort, bei meiner Familie und meinen Verwandten, fühle ich mich geborgen.«

»Ich werde Vater, ich kann es noch nicht glauben, ich werde Vater! Du musst dich jetzt sehr schonen.«

»Aber nein«, sagte sie lächelnd, »ich bin doch nicht krank. Ich hoffe, dass es ein Sohn wird, er müsste dann deinen Namen tragen, Karl, und bei einem Mädchen …, wäre dir der Name Margarete recht?« – »Ja.«

Als Marie gegangen war, eilte er zu Katharina und teilte ihr freudestrahlend mit, dass sie Großmutter wurde.

»Ich freue mich für dich, Karl, dann können wir ja hoffen.«

Sie freute sich, dass er zeugungsfähig war, und freute sich auch wieder nicht, weil die Krone Frankreichs für Anjou wieder in weite Ferne rückte. – Nun ja, vielleicht gebar die Habsburgerin nur Töchter.

Unterdessen beging Heinrich von Guise in Begleitung des Haushofmeisters langsam das Palais seiner Familie, inspizierte sorgfältig Haus und Garten und der Haushofmeister notierte eifrig, was renoviert werden musste.

Während sie die kiesbestreuten Wege an Hecken und Blumenrabatten entlanggingen, blieb Heinrich hin und wieder stehen, sah sich missbilligend um und sagte tadelnd: »Gewiss, das Palais war seit dem Tod meines Vaters nicht mehr bewohnt, trotzdem könnte es in einem besseren Zustand sein, ebenso der Garten. Warum wuchert überall Unkraut? Warum sind die Hecken nicht geschnitten?«

»Ich bitte um Vergebung, Herr Herzog, aber während der vergangenen drei Jahre war es schwer, Arbeiter zu bekommen, weil viele Männer im Krieg waren. Hätte ich rechtzeitig von Ihrer Rückkehr erfahren, nun, dann wären die Mängel jetzt schon beseitigt.«

»Es war eine spontane Entscheidung, zum jetzigen Zeitpunkt nach Paris zu kommen, aber Sie können davon ausgehen, dass ich ab jetzt jährlich einige Monate hier weilen werde, wahrscheinlich im Winter, auf jeden Fall aber, wenn der König in Paris ist.«

»Mit Verlaub, Herr Herzog, wie lange werden Sie jetzt in Paris bleiben? Werden Sie Feste geben? Es ist keine Neugier, aber ich muss es wissen, um ungefähr die Kosten kalkulieren zu können.«

»Feste finden in diesem Haus erst statt, wenn alles renoviert ist, und ich werde auf jeden Fall bis zum Ende der Renovierungsarbeiten bleiben. Ich möchte ab morgen Handwerker und Gärtner hier sehen. Sie können jetzt gehen.«

Während der Haushofmeister davoneilte, spazierte Heinrich langsam durch den Garten zum Palais zurück.

An der Toreinfahrt kam ihm Jannowitz entgegen.

»Herr Herzog, ich bringe gute Nachrichten, der König wird Sie morgen um neun Uhr im Louvre empfangen.«

Heinrich atmete erleichtert auf: Diese Hürde war genommen. Obwohl, warum hatte er befürchtet, dass ihm die Audienz verweigert würde? Es gab für Karl IX. keinen Grund, das Oberhaupt der Familie Guise nicht zu empfangen.

»Höre, Böhme«, sagte er gut gelaunt, »ich werde dir, soweit das Wetter und meine Zeit es erlauben, ab heute jeden Tag ein anderes Viertel von Paris zeigen, und ich erwarte, dass du dich nach einer gewissen Zeit hier genauso gut auskennst wie in Wien oder Prag. Du musst auch wissen, wo die Unterwelt sich aufhält, wo die Dirnen; du musst in den Schenken Kontakte knüpfen, kurz, du musst bekannt werden als der Diener des Herzogs von Guise, der das besondere Vertrauen seines Herrn genießt. Heute zeige ich dir die Ile de la Cité und die Ile Saint-Louis, und anschließend stärken wir uns irgendwo bei einem Becher Wein.«

»Sehr gerne, Herr Herzog. Sie können sicher sein, dass ich Paris bald so gut kenne wie meine Hosentasche.«

Er war stolz darauf, das besondere Vertrauen seines Herrn zu besitzen, ein Vertrauen, das sich während der gemeinsamen Zeit im österreichischen Heer und im Kampf gegen die Türken entwickelt hatte, und ihre

Beziehung war so, dass Guise, wenn es sich ergab, mit dem Böhmen auch über private Dinge sprach.

Während Heinrich von Guise seinem Diener die beiden Inseln in der Seine zeigte, saß Margot in ihrem neuen Appartement an ihrem Frisiertisch und überlegte, welche ihrer Masken farblich am besten zu dem silberblauen Seidenkleid passte, das sie an jenem Nachmittag trug.

Margot setzte eine schwarze Maske auf, betrachtete sich prüfend im Spiegel und stand auf.

An der Tür sah sie sich noch einmal im Schlafzimmer um: Sie bewohnte dieses Appartement erst seit kurzem, es war geräumig, und sie sah von den Fenstern aus nicht in irgendeinen Hof, sondern hinüber zur Kirche Saint-Germain l'Auxerrois. Das Glockengeläut weckte sie am Morgen und hin und wieder auch während der Nacht.

Henrietta band sich rasch eine lindgrüne Maske um, die zu ihrem grünen Kleid passte, und folgte ihrer Herrin.

»Wohin wollen Sie heute gehen, Madame? Das Quartier Latin hat Ihnen gut gefallen, und wir haben dort noch nicht alles erkundet.«

Margot überlegte: »Ich würde lieber an der Seine entlanggehen bis zu der alten Holzbrücke, von wo aus man zur ›Judeninsel‹ sieht und weiter über den Fluss. Diese Aussicht hat mir immer am besten gefallen.«

Als sie auf der Brücke standen, sagte Margot: »Mein seliger Großvater Franz I. wollte hier irgendwann eine neue steinerne Brücke erbauen, der Plan ist immer noch nicht verwirklicht.«

Sie sah flüchtig hinüber zur »Judeninsel« und dann weiter über die Seine.

»Der Blick über einen Fluss ist so beruhigend, nicht wahr, Henrietta, man kann dabei träumen, man vergisst die Zeit.«

»Ja, Madame.«

Inzwischen hatte Heinrich von Guise seinem Diener die Inseln und die Kathedrale Notre-Dame gezeigt, und Böhme freute sich schon auf einen Becher mit kühlem Wein, als Heinrich sagte: »Eine Sehenswürdigkeit muss ich dir noch zeigen, nämlich die ›Judeninsel‹, dort wurde 1314 der Großmeister der Templer verbrannt.« Er erzählte ihm die Geschichte von dem Fluch des Großmeisters. »Die dreizehnte Generation, Böhme, das ist die Generation der Königinmutter.«

Gleichgültig betrachtete Heinrich zwei Frauen, die bei der Brücke in die Ferne träumten.

Er wies auf die »Judeninsel« und dann genossen sie den Blick über die Seine.

»Es wird Zeit, dass wir in den Louvre zurückkehren«, sagte Margot, wandte sich um und erstarrte.

Auf der Brücke, nicht weit entfernt, stand Heinrich von Guise.

Er ist in Paris, dachte sie und wollte eben davoneilen, als er aufsah.

Margot blieb wie angewurzelt stehen, spürte, dass sie errötete, und war froh, dass die Maske ihre Erregung verbarg.

Heinrich von Guise betrachtete die Frauen und überlegte, ob sich unter der schwarzen Halbmaske tatsächlich Margot verbarg. Der Wuchs, die schwarzen Haare, die Nase, das ovale Gesicht, der herzförmige Mund …

Er musste es wissen, und kurz entschlossen ging er einige Schritte auf sie zu, zögerte, blieb stehen und sah sie an.

Sie ist die Schwester des Königs, dachte er, sie ist unerreichbar für mich.

Er ist ein Guise, dachte Margot, seine Familie ist aus irgendwelchen Gründen ein heimlicher Feind der Valois.

Sie gingen langsam aufeinander zu, bis sie nur noch wenige Schritte voneinander entfernt waren, blieben stehen, sahen sich erneut an, und dann nahm Heinrich seinen ganzen Mut zusammen, lächelte und fragte vorsichtig: »Irre ich mich oder sind Sie die Prinzessin Margot?«

Sie erwiderte sein Lächeln: »Sie irren sich nicht, Herr Herzog. Sind Sie schon lange in Paris?«

Inzwischen war Henrietta ihrer Herrin gefolgt, blieb zwar respektvoll einige Schritte hinter ihr, konnte aber trotzdem hören, was nun gesprochen wurde.

»Ich kam gegen Mittag hier an und werde wahrscheinlich einige Wochen bleiben, vielleicht auch Monate, das hängt davon ab, wie lange die Renovierung meines Palais dauert. Es war dringend notwendig, hier nach dem Rechten zu sehen.«

Einige Wochen, vielleicht auch Monate, dachte Margot, dann würde sie ihn also öfter bei Hof sehen.

Sie sah sich vorsichtig um, es wäre besser, wenn sie jetzt ginge. Die Passanten beachteten die kleine Gruppe zwar nicht weiter, aber man konnte nie wissen, Spione gab es überall.

»Ich …, ich muss jetzt zurück in den Louvre, ich habe mich sehr gefreut, Sie getroffen zu haben.« Sie reichte ihm ihre behandschuhte Rechte, und als Heinrich sich darüber beugte, merkte er, dass die weichen weißen Lederhandschuhe nach Lilienparfüm dufteten.

»Auf Wiedersehen, Madame, auch ich freue mich über unsere unverhoffte Begegnung. Ach, übrigens, der König hat mir für morgen um neun Uhr eine Audienz gewährt, ich möchte ihm eine Bitte vortragen.« Er zögerte etwas und fuhr fort: »Diese Bitte ist für mich sehr wichtig, ich hoffe, dass Seine Majestät sie erfüllt.«

»Ich werde beten, Herr Herzog, dass mein Bruder Ihnen gewährt, worum Sie bitten.«

»Ich danke Ihnen, Sie sind zu gütig.«

Margot neigte lächelnd den Kopf und schlug mit Henrietta den Weg zum Louvre ein.

Heinrich sah ihnen noch einen Augenblick nach und ging dann mit Böhme zum Quartier Latin auf dem linken Seineufer und in eine Weinschenke, die in einem riesigen Kellergewölbe untergebracht war.

An ihren Steinwänden waren Fackeln, die den Raum erhellten; er war zu dieser Nachmittagsstunde nur spärlich besetzt.

Heinrich bestellte einen großen Krug Weißwein, und Böhme betrachtete verstohlen die nachdenkliche Miene seines Herrn, der seit dem Abschied von den jungen Frauen stumm war.

Sie tranken einander zu, und dann sagte Heinrich plötzlich: »Die Prinzessin Margot ist die schönste Frau Frankreichs.«

»Da haben Sie Recht, Herr Herzog, ich habe zwar nur die untere Gesichtshälfte gesehen, wegen der Maske, aber ich konnte erkennen, dass sie eine ganz zarte, makellose, weiße Haut hat, und ihr Wuchs ist unvergleichlich, und die schlanke Taille …« Er schwieg unvermittelt, weil Heinrichs Gesicht während seiner Worte immer düsterer geworden war.

Er dachte, dass die Begegnung auf der Brücke zwar ein Zufall gewesen war, aber irgendwie war zwischen seinem Herrn und der Schwester des Königs eine merkwürdige Schwingung gewesen. Die beiden mögen sich, das spürt man, dachte Böhme.

Heinrich leerte den Becher in einem Zug, schenkte sich erneut ein und verspürte auf einmal das Bedürfnis, mit einem Menschen über das Problem zu reden, das ihn schon seit Monaten beschäftigte.

»Mein Onkel, der Kardinal«, begann er, »erwartet, dass ich mich in diesem Sommer entscheide, ob ich die Prinzessin von Porcian heirate oder nicht – ich kann mich nicht entscheiden, das heißt, eigentlich will ich sie nicht heiraten. Diese Katharina – ihre Patentante ist übrigens die Königinmutter – war mit dem Herzog von Kleve verheiratet, einem Protestanten, das stört mich; sie selbst ist Katholikin geblieben, sie ist einige Jahre älter als ich, das stört mich ebenfalls, und in ihrem Stundenbuch finden sich neben den Gebeten Andachtsbilder, wo das Gesicht des gekreuzigten Jesus jedes Mal das Gesicht einer ihrer zahlreichen Liebhaber darstellt, das stört mich am allermeisten; ansonsten soll sie umgänglich und liebenswürdig sein, aber ich weiß, dass ich sie nie werde lieben können.«

»Mit Verlaub, Herr Herzog, stört es denn Seine Eminenz nicht, dass die Dame mit einem Protestanten verheiratet war?«

»Nein, in meiner Familie werden Ehen unter zwei Gesichtspunkten geschlossen: Geld oder Macht, und am besten ist es natürlich wenn Geld und Macht vereint sind. Bei meinem seligen Vater und meiner Tante Maria waren es die Macht und der Einfluss, den man sich von den Verbindungen erhoffte: Mein Vater heiratete eine Cousine des damals regierenden Heinrichs II., meine Tante ehelichte den König von Schottland. Bei der geplanten Verbindung mit der Prinzessin von Porcian spielt Geld eine Rolle, was ich nicht ganz verstehe, schließlich sind wir die reichste Familie Frankreichs, und was die Macht betrifft, so kann man sie nicht erheiraten, Macht muss man sich erkämpfen, Macht gewinnt man nur, wenn man die anderen von den eigenen Ideen und Zielen überzeugt. Ich würde am liebsten die Frau heiraten, die ich liebe, aber da gibt es, abgesehen von meiner Familie, noch andere Hindernisse.« Er leerte auch den zweiten Becher und füllte ihn erneut.

»Herr Herzog, habe ich Sie richtig verstanden, Sie lieben eine Frau und können Sie nicht heiraten, weil es Hindernisse gibt?« »Ja, Böhme.«

»Herr Herzog, Hindernisse kann man überwinden.«

»In diesem Fall nicht, Böhme, die Familie der Frau ist gegen eine Verbindung mit mir.« »Herr Herzog, wenn die Frau Sie liebt, müsste es doch möglich sein, sich zu arrangieren.«

Heinrich sah Jannowitz lange an, dann beugte er sich etwas vor und sagte leise: »Dir will ich es anvertrauen, weil ich weiß, dass du verschwiegen bist: Ich liebe die Prinzessin Margot, ich weiß nicht, wie lange schon. Vor einigen Monaten besuchte ich sie, weil sie krank war. Damals wurde es mir zum ersten Mal bewusst, dass ich sie liebe, und ich verließ den Hof in der Hoffnung, dass ich sie im Laufe der Zeit vergessen würde, aber als sie heute plötzlich vor mir stand, da wusste ich, dass sich an meinen Gefühlen für sie nichts geändert hat. Ich weiß nicht, ob sie meine Zuneigung erwidert, und ich weiß auch nicht, wie ich es herausbekommen kann. Wenn sie nichts für mich empfindet, dann kann ich auch die Prinzessin von Porcian heiraten, verstehst du mich, Böhme? Ich muss wissen, was in Margot vorgeht. Wenn sie mich liebt, dann …, dann würde ich alles tun, um sie zu heiraten, ich würde über Leichen gehen.«

Jannowitz lächelte und erwiderte: »Herr Herzog, es war ein Zufall, dass Sie der Prinzessin vorhin auf der Brücke begegneten, ein glücklicher Zufall, betrachten Sie es als ein gutes Omen. Sie werden ihr bestimmt noch öfter am Hof begegnen, bei Banketten, Bällen und sonstigen Festen, und ein Ball ist die beste Gelegenheit, um herauszufinden, ob sie etwas für Sie empfindet, ob Sie hoffen dürfen.«

»Gewiss, aber wie oft ich mich im Louvre künftig blicken lasse, hängt auch von der morgigen Audienz beim König ab.«

»Seien Sie guten Mutes, Herr Herzog, und vertrauen Sie auf glückliche Zufälle.«

Heinrich überlegte und erwiderte: »Du hast Recht, Böhme, man soll die Hoffnung nicht aufgeben.«

Sie saßen noch eine Weile schweigend, dann bezahlte der Herzog. Als sie aus dem Kellergewölbe hinaufstiegen und auf der Straße die untergehende Sonne betrachteten, war Heinrich von Guise fest entschlossen, Margot zu erobern und sie zu heiraten, den Familien Guise und Valois zum Trotz.

Unterdessen eilte Margot zurück in den Louvre.

»Madame«, sagte Henrietta, »Sie wollten doch länger spazieren gehen?«

»Ich habe es mir anders überlegt.«

In ihrem Appartement warf Margot die Maske in eine Ecke und sank weinend auf eine Truhe.

Henrietta betrachtete ihre Herrin verwundert und setzte sich neben sie.

»Madame, was ist passiert?«

Margot betrachtete ihre Zofe einen Augenblick lang prüfend und sagte: »Ich weiß, dass ich dir vertrauen kann, du bist verschwiegen: Die Begegnung mit dem Herzog vorhin, ich darf nicht daran denken, dass ich ihm künftig noch öfter am Hof begegnen werde, Henrietta. Ich liebe ihn, ich weiß nicht, wie lange schon, mindestens aber, seit ich krank war und er mich besuchte; da wusste ich, dass ich ihn liebe. Ich habe versucht, ihn zu vergessen, aber vorhin, auf der Brücke wusste ich plötzlich, dass mir das nie gelingen wird. Ich weiß nicht, ob er meine Gefühle erwidert, ach, es ist alles so kompliziert! Angenommen, er erwidert meine Zuneigung, meine Familie jedoch würde nie erlauben, dass ich ihn heirate. Ich weiß nicht, was ich machen soll!«

»Madame, es ist nicht so schwierig, wie Sie denken. Zunächst wollen Sie wissen, ob der Herzog Sie liebt: Das kann man in Erfahrung bringen, und dann können Sie weitere Entscheidungen treffen.«

»Wie kann ich erfahren, ob der Herzog mich liebt oder ich ihm gleichgültig bin?«

»Es ist ganz einfach, Madame. Er kommt morgen zu einer Audienz, ich könnte beobachten, wann er das Zimmer des Königs verlässt, dann müssten Sie dem Herzog zufällig begegnen, natürlich nicht allein, sondern in Begleitung einer Dame, die Ihr Vertrauen genießt. Der Herzog wird überrascht sein, wenn Sie plötzlich auftauchen, und seine Reaktion wird seine Gefühle hoffentlich verraten.«

Margot überlegte und erwiderte: »Du hast vielleicht Recht, ich werde die Herzogin von Retz fragen, ob sie mich begleitet.«

Nach der Abendtafel erzählte Margot ihrer Freundin, was sie plante, und die Herzogin war begeistert von dem Plan: »Das ist ja eine richtige Romanze! Ich hoffe, dass sie glücklich endet und du bald die neue Herzogin von Guise bist. Du kannst dich auf mich verlassen, ich werde genau beobachten.«

Als Heinrich von Guise das Zimmer des Königs betrat, sah er zu seiner Überraschung, dass auch die Königinmutter und der Dauphin anwesend waren, und er dachte gereizt, dass Frankreich nicht von Karl IX., sondern von dessen Mutter und dem Dauphin regiert wurde.

»Herr Herzog, ich bin erstaunt über Ihre plötzliche Rückkehr nach Paris, die gleich bedeutend ist mit einer Rückkehr an den Hof. Sie wissen hoffentlich, dass Sie am Hof jederzeit willkommen sind.«

Heinrich beugte das Knie und erwiderte: »Sire, ich bin glücklich, dass Sie mich empfangen und anhören. Es gibt zwei Gründe für meine Rückkehr: Zum einen ist es dringend erforderlich, dass ich mich um unser Palais kümmere. Man merkt, dass es jahrelang nicht mehr bewohnt war, deshalb wird es jetzt renoviert, und ich werde künftig jährlich einige Wochen oder auch Monate in der Hauptstadt weilen, sozusagen im Zentrum der Macht.« Hier schwieg er zunächst, um noch einmal seine folgenden Worte zu überdenken.

Karl nickte beifällig, während Katharina und Anjou sich viel sagend ansahen.

»Der zweite Grund«, fuhr Guise fort, »ist wichtiger, weil es dabei auch um die Interessen und die Ehre meiner Familie geht. Sie erinnern sich wahrscheinlich, Sire, dass ich eine Versöhnung mit Coligny nach dessen Freispruch ablehnte, und ich sehe in ihm mehr denn je den ärgsten Feind meiner Familie und Frankreichs. Den zweiten und dritten Religionskrieg haben wir ihm und den Hugenotten zu verdanken, er und seine Glaubensbrüder haben unser blühendes Land verwüstet und Tausende von unschuldigen Menschen massakriert – aus dem einzigen Grund, weil diese Menschen sich beim Gebet bekreuzigen.« Er schwieg erneut und holte Luft, jetzt war er am entscheidenden Punkt angekommen. »Sire, der Admiral von Coligny ist vor einigen Monaten für vogelfrei erklärt worden, im Augenblick wird mit ihm über den Frieden verhandelt. Sire, ich frage Sie jetzt, auch im Namen meiner Familie: Wie soll es mit Coligny nach der Unterzeichnung des Friedensvertrages weitergehen?«

Der König schwieg und sah Hilfe suchend zu Katharina.

Sie überlegte einen Augenblick, sah Guise an und fragte: »Herr Herzog, warum haben Sie Ihre persönliche Rache nicht während der vergangenen Monate geübt?«

»Madame, es war unmöglich, an den Admiral heranzukommen. Ich möchte keinen gedungenen Mörder zu ihm schicken, ich möchte persönlich erleben, dass er getötet wird.«

Katharina betrachtete den jungen Mann und war innerlich entsetzt, als sie daran dachte, wie weit es mit Frankreich und seinem Hochadel gekommen war.

»Herr Herzog, jetzt, wo Gott sei Dank über einen Frieden verhandelt wird, ist nicht der richtige Zeitpunkt für ihre Rache. Eine Ermordung Colignys zum jetzigen Zeitpunkt würde unweigerlich zu einem neuen Krieg führen.«

»Mit Verlaub, Madame, ich bin anderer Ansicht. Ohne Coligny sind die Hugenotten führerlos und man würde rascher mit Ihnen fertig werden.«

Anjou war zwar derselben Meinung, aber sein Hass auf Guise verbot ihm, den ehemaligen Freund zu unterstützen.

»Sie irren, wenn Sie glauben, dass die Hugenotten führerlos sind ohne Coligny. Nominell ist der Prinz von Navarra der Führer der Protestanten, und nach dem Tod des Admirals wäre er es auch faktisch, und Sie sollten Heinrich von Bourbon nicht unterschätzen«, erwiderte Katharina, stand auf, ging zu Guise und sagte ernst: »Herr Herzog, ich bitte Sie, im Interesse Frankreichs und des Friedens: Verschieben Sie Ihre Rache auf einen späteren Zeitpunkt.«

»Das kann ich nicht, Madame.«

Ehe Katharina etwas erwidern konnte, rief der König, der sich inzwischen gefasst hatte. »Herr Herzog, ich verbiete Ihnen, Coligny zu töten, das ist ein Befehl, und wenn Sie diesem Befehl zuwiderhandeln, so betrachte ich Sie als Rebellen gegen die Krone, und Rebellion gegen den König wird mit dem Tode bestraft!«

Anjou lächelte spöttisch, so war es richtig, den Guisen musste gezeigt werden, wo ihre Grenzen lagen, er wird es nicht wagen, einen königlichen Befehl zu ignorieren, dachte der Dauphin zufrieden.

Heinrich von Guise erbleichte bei Karls Worten, seine dunklen Augen funkelten zornig, und er musste sich zusammennehmen, um dem König nicht ins Gesicht zu schreien, dass er ein Schwächling sei.

»Nun, Herr Herzog«, sagte Karl dann, »wir sollten uns erfreulicheren Dingen zuwenden. Sie wissen, dass meine Schwester Margot morgen Geburtstag hat, sie wird siebzehn. Ich habe ein Fest für sie vorbereiten lassen, ein Bankett mit anschließendem Ball. Sie sind herzlich eingeladen.«

Heinrich glaubte, nicht richtig zu hören.

»Sire, ich danke Ihnen, es ist eine große Ehre für mich.«

»Das Bankett beginnt um sieben Uhr, auf Wiedersehen, Herr Herzog.«

Anjou war von der Einladung genauso überrascht wie Guise, und als sich die Tür hinter dem Herzog geschlossen hatte, sagte er wütend zu dem Bruder: »Was fällt dir ein? Warum bittest du ausgerechnet einen Guisen zu diesem Fest?«

Ehe der König antworten konnte, sagte Katharina: »Es war meine Idee, Heinrich. Wir dürfen die Guisen nicht unnötig reizen, außerdem weiß Margot, was sie unserer Familie schuldig ist, sie wird kein Getändel mit dem Herzog anfangen.«

»Heinrich«, sagte Karl, »du erinnerst dich bestimmt an den Besuch des Herzogs während Margots Krankheit. Er hat mir damals versichert, dass er nie wagen würde, die Augen zu unserer Schwester zu erheben, weil er ihrer unwürdig ist. Ich halte ihn zwar für ehrgeizig, aber ich glaube auch, dass er sich wie ein Mann von Ehre verhalten wird, was unsere Schwester betrifft.«

Anjou schwieg und beschloss, die weitere Entwicklung abzuwarten.

Unterdessen ging Heinrich von Guise in Begleitung Böhmes durch den Vorsaal. Er beachtete die Hofleute nicht weiter, und so entging ihm, dass Guast, der sich mit einem Edelmann unterhielt, ihn und Jannowitz sah.

Henrietta hatte sich hinter einer Säule verborgen, und als sie Guise und seinen Begleiter erblickte, eilte sie zu der Nische, wo ihre Herrin wartete.

Unterdessen erzählte Heinrich seinem Begleiter von der Einladung des Königs.

»Sie sind vom Glück begünstigt, Herr Herzog, ein Ball ist die Gelegenheit, um zarte Bande zu knüpfen.«

»Gewiss, aber wie? Man wird uns beobachten.«

Plötzlich blieb Jannowitz stehen. »Herr Herzog, sehen Sie, die Prinzessin kommt uns entgegen.«

Heinrich sah auf und sein Herz begann wild zu klopfen. Margot unterhielt sich angeregt mit der Herzogin von Retz. Sie schien ihn nicht zu bemerken. Heinrich ging weiter und grüßte die Damen.

Sie sahen auf, erwiderten seinen Gruß, und dann sagte die Herzogin: »Was für eine Überraschung, ich habe Sie schon lange nicht mehr am Hof gesehen, Herr Herzog.«

»Ich war an der Front, Madame, aber jetzt werden Sie mich öfter am Hof sehen.«

Margot spürte, wie ihre Aufregung wuchs, und fragte hastig: »Ist die Audienz bei meinem Bruder schon beendet?« – »Ja, Madame.« – »Haben meine Gebete Ihnen geholfen?«

»Nein, Madame, aber aufgeschoben ist nicht aufgehoben. Seine Majestät war so gnädig und hat mich zu dem Fest eingeladen, das anlässlich Ihres Geburtstages stattfindet, Margot.«

Ehe Margot etwas erwidern konnte, fragte die Herzogin: »Werden Sie zu dem Fest kommen?«

»Selbstverständlich, diese Einladung ist eine Ehre für mich.«

Er bemerkte, dass Margots Wangen sich leicht röteten, ihre Augen strahlten glücklich. Er fühlte sich ermutigt und fragte: »Darf ich die Volta mit Ihnen tanzen?«

»Gern, aber es wird besser sein, wenn Sie den König und meine Mutter um Erlaubnis bitten.«

Heinrich zögerte kurz und erwiderte: »Sie haben Recht, Madame, auf Wiedersehen, bis morgen.« Er beugte sich über ihre Hand und eilte die Treppe hinunter.

In einem Nebenraum sank Margot auf einen Stuhl und sagte: »Es ist überstanden, Gott sei Dank, ich war so aufgeregt, ich bin immer noch aufgeregt!«

»Beruhige dich, ich habe den Herzog beobachtet, er ist in dich verliebt!«

»Ja.«

Inzwischen verließ Heinrich von Guise den Louvre und ritt mit Jannowitz gemächlich an der Seine entlang.

»Ich bin glücklich über diese Einladung«, sagte Heinrich nach einer Weile, »aber ich weiß nicht, wie es weitergehen soll, ich sehe keine Möglichkeit, ihr morgen zu sagen, was ich für sie empfinde. Man wird uns bestimmt beobachten, und ich weiß nicht, ob sie meine Zuneigung erwidert.«

»Herr Herzog, ich habe die Prinzessin beobachtet, sie ist in Sie verliebt. Die weitere Entwicklung würde ich dem Zufall überlassen, überdies, wo ein Wille ist, gibt es immer einen Weg; suchen Sie ihn.«

»Die Valois werden nie einer Ehe zwischen Margot und mir ihren Segen geben.«

»Sie sollten nicht vorzeitig aufgeben, nutzen Sie den Ball.«

Heinrich überlegte und sagte: »Ich möchte Margot etwas zu ihrem Geburtstag schenken, etwas Besonderes. Ein Schmuckstück wäre wohl angebracht.«

Er zügelte das Pferd und sah sich um.

»Böhme, hier in der Nähe gibt es einen italienischen Goldschmied, die Italiener verstehen etwas von Schmuck, dort werde ich ein Geschenk für sie finden.«

Heinrich begab sich auf direktem Wege dorthin und ließ sich von dem Mann seine »Schätze« zeigen: Von Halsketten über Broschen und Ringe zu Ohrringen war alles vorhanden, was Damen Freude macht, doch Heinrich von Guise wollte seiner Angebeteten ein unvergessliches und ganz einzigartiges Geschenk machen. So ruhte er nicht eher, als bis der Goldschmied ihm aus irgendeiner geheimen Nische ein Medaillon hervorzauberte, das Heinrich an Schönheit unübertrefflich fand. Er ließ, so wie es üblich war, das Geschenk verpacken und ließ sich Tinte und Feder geben.

Heinrich schrieb einen kurzen Brief, verschloss ihn und bat den Goldschmied, das Schreiben und den Schmuck am anderen Vormittag in den Louvre zu bringen, es sei ein Geschenk und für die Prinzessin Margot bestimmt.

In seinem Palais angekommen, ging er durch die Räume und träumte von einem Leben mit Margot an seiner Seite.

Ich muss den König und seine Familie von meiner Liebe zu Margot überzeugen, dachte Heinrich. Wenn sie wissen, dass ich Margot aus Liebe heirate, dass ich keine politischen Hintergedanken habe, dann müssten sie einverstanden sein, aber vorher muss ich genau wissen, was Margot wirklich für mich empfindet.

Er ging in die Kleiderkammer und betrachtete kritisch seine Gewänder. Schließlich nahm er eine Kombination aus weißer Seide, die er am liebsten trug: Das Wams, die kurze Pluderhose und die Beinkleider waren aus Seide, der kurze Umhang und die Schuhe aus weißem Samt.

Er betrachtete die dezente Goldstickerei auf Wams und Hose und fand die Kleidung angemessen, überdies würde sie seine dunklen Haare und den Bart besser zur Geltung bringen.

Als Margot am nächsten Morgen frühstückte, überlegte sie, warum ihr Bruder Karl anlässlich ihres Geburtstages ein Fest arrangiert hatte. Ihr Geburtstag war noch nie gefeiert worden, wenn sie zufällig am 14. Mai bei der Familie weilte, hatte man ihr gratuliert, wenn sie jedoch in Amboise war, hatte die Familie ihren Geburtstag vergessen. Gewiss, Madame Curton hatte versucht, den Tag etwas festlich zu gestalten, für die Familie war es immer ein Tag wie jeder andere gewesen.

In diesem Augenblick erschien Henrietta und überreichte ihr einen Brief und ein Päckchen.

»Dies wurde für Sie abgegeben, Madame.«

Margot betrachtete die gleichmäßigen Schriftzüge auf dem Kuvert; sie kannte diese Schrift nicht, sie öffnete zögernd den Brief und las:

>»Madame, empfangen Sie meine herzlichen Glückwünsche für das neue Lebensjahr, ich hoffe, dass es für Sie ein glückliches Jahr wird. Ich habe mir erlaubt, Ihnen ein kleines Geschenk zu übersenden; hoffentlich gefällt es Ihnen, es ist ein Talisman, der Ihnen Glück bringen und Sie vor Unglück bewahren soll. Heinrich von Guise.«

Margot legte den Brief zur Seite. Sie wusste nicht, ob sie wachte oder träumte, dann las sie ihn noch einmal und ein unbekanntes Glücksgefühl durchströmte sie. Heinrich von Guise dachte an ihren Geburtstag!

Sie öffnete das Päckchen, betrachtete einen Augenblick die kleine Schatulle, öffnete sie, erblickte den Schmuck, der dort auf schwarzem Samt
lag, schloss für einen Moment die Augen und genoss das Gefühl, so reich
beschenkt worden zu sein.

Beglückt und stolz zeigte sie das Schmuckstück Henrietta, die das perlenbesetzte Medaillon bestaunte und bewunderte. Dennoch musste sie
die Herrin darauf hinweisen, dass im Volksmund Perlen mit Tränen in
Verbindung gebracht wurden, und riet Margot daher zu einem strahlen-
den Rubinschmuck, den sie am Abend tragen sollte.

Margot zögerte; schließlich war ein solch aufwendiges Geschenk schon
sehr auffällig und ihre Mutter würde sie zur Rede stellen. Also entschied
sie sich, Henriettas Rat zu befolgen.

Vor der Messe gratulierte die Familie, dann traf man sich zur Mittagstafel. Endlich kam der Nachmittag und sie begann, sich auf den Abend
vorzubereiten.

Die Mutter hatte erlaubt, dass René sie schminkte.

Dann stand sie im Festsaal neben dem König und hörte, wie der Herold
die Gäste ankündigte.

Von Guise kam als Letzter, und als er nun gemessen auf Karl IX. zuschritt, bekam Margot Herzklopfen. Wie gut er aussieht in den weißen
Kleidern, dachte sie, er ist der attraktivste Mann am Hof; hoffentlich
merkte die Familie nicht, dass sie in ihn verliebt war.

Nun beugte der Herzog das Knie vor dem König, dann wandte er sich zu
ihr und sagte liebenswürdig reserviert: »Madame, ich wünsche Ihnen
für das neue Lebensjahr alles Gute, vor allem Gesundheit.«

»Ich danke Ihnen, Herr Herzog.«

Er trat zur Seite, hoffte, dass die Valois nicht merkten, was er für Margot
empfand, und betrachtete verstohlen die weiße Robe. Sie ist nicht nur
die schönste, sondern auch die eleganteste Frau im Saal, sie ist nicht so
aufgeputzt und grell geschminkt wie die anderen Damen.

Endlich gab Karl der Kapelle ein Zeichen, zum Tanz aufzuspielen, und
eröffnete mit seiner Schwester den Ball, hinter ihnen schritten Anjou
und Katharina, und Margot beobachtete, dass Heinrich von Guise die
Baronin von Sauves führte, und hoffte inständig, dass man ihm erlaubte,
die Volta mit ihr zu tanzen.

Nach der Pavane tanzte man den *Coranto*, dann die *Galliarde* und dann
folgte eine Pause, damit die jungen Leute Kräfte für die Volta sammeln
konnten.

Katharina tanzte sie seit Heinrichs Tod nicht mehr, aber sie fand es inzwischen genauso interessant, die Paare zu beobachten und die Aufmachung der jungen Damen zu kritisieren.

Margot saß neben ihrer Mutter, nippte nervös an ihrem Weinkelch und beobachtete Heinrich von Guise, der sich mit der Baronin unterhielt, und auf einmal kam er auf sie zu und Margot stellte zitternd den Kelch auf den Tisch.

Von Guise verbeugte sich vor dem König und Katharina und sagte: »Sire, Madame, erlauben Sie, dass ich mit der Prinzessin Margot die Volta tanze?«

Katharina war so verblüfft, dass sie unwillkürlich aufhörte, sich Luft zuzufächeln: »Ich habe nichts dagegen, dass Sie mit meiner Tochter die Volta tanzen«, und Karl rief: »Was für eine Frage, Herr Herzog, natürlich dürfen Sie mit meiner Schwester tanzen!«

Dann ging er zu dem portugiesischen Gesandten und bat ihn in einen Nebenraum.

Anjou beobachtete gereizt, wie Heinrich von Guise und Margot zur Tanzfläche gingen, und überlegte, warum der Herzog um die Tanzerlaubnis gebeten hatte. Irgendetwas stimmt nicht, dachte er. Nun, er würde das Paar beobachten, und er ging langsam näher zur Tanzfläche, machte den älteren Damen Komplimente und behielt die Schwester und den Herzog im Auge.

Die Musik spielte auf, und Anjou beobachtete Margot und Heinrich von Guise, die im Tanz völlig die Zeit zu vergessen schienen und sich liebevoll ansahen. Nun reichten sie sich sogar die Hände, eine allzu vertrauliche Geste, wie Anjou fand. Er sah seine Schwester in der Luft herumwirbeln und dabei laut und fröhlich lachen, er sah ihre wohl geformten Beine sich dabei entblößen.

Sie flog zum dritten Mal durch die Luft, und als sie wieder Boden unter den Füßen spürte, sagte sie: »Dies ist der schönste Ball, den ich bisher erlebt habe.«

»Sie machen mich glücklich, Margot«, erwiderte Heinrich leise.

Sie lächelten sich an, begannen erneut nach rechts und links zu hüpfen und genossen die körperliche Nähe.

Inzwischen hatte Anjou sich gefasst, beschloss nun ebenfalls zu tanzen und sah sich nach Renée von Rieux um. Sie stammte von den Herzögen der Bretagne ab, hatte wechselnde Liebhaber gehabt, und Heinrich wollte sie näher kennen lernen.

In diesem Augenblick hörte er, wie eine der älteren Damen zu ihrer Nachbarin sagte: »Sind die Prinzessin Margot und der Herzog von Guise nicht ein schönes Paar?«

»Ja, vielleicht heiraten sie irgendwann?«

In diesem Augenblick hatte Anjou genug. Er ging rasch zu der Tanzfläche und erreichte Guise und die Schwester in dem Augenblick, als der Herzog Margot erneut hochheben wollte.

»Margot, du hast genug mit ihm getanzt, jetzt bin ich an der Reihe.«

Sie zuckte zusammen und löste ihre Hände langsam aus denen des Herzogs. Heinrich von Guise aber erschrak, als er den kalten Hass in den Augen des Dauphins sah, verzog keine Miene, verbeugte sich vor Margot und sagte: »Vielen Dank, Madame.« Er verließ die Tanzfläche, stellte sich am Rand auf und überlegte, wie es nun weitergehen sollte. Er würde an diesem Abend bestimmt keine Gelegenheit mehr haben, sich Margot zu nähern, dafür sorgte der eifersüchtige Bruder.

Inzwischen war Karl zu Katharina zurückgekehrt und flüsterte ihr zu, dass berechtigte Hoffnung bestehe auf eine Heirat zwischen Margot und dem König von Portugal.

»Gott sei Dank, Karl, ich bin gespannt auf die Antwort aus London.« Sie schwieg, weil eben Margot und Anjou zurückkehrten.

»Du willst sicherlich auch die Volta mit unserer Schwester tanzen«, sagte Heinrich, und während der König Margot zur Tanzfläche führte, begab sein Bruder sich auf die Suche nach Renée von Rieux, die er auch bald fand und in eine Unterhaltung verwickelte. Die erfahrene junge Dame spürte, dass der Dauphin sie körperlich begehrte. Sie beschloss, ihn zu erhören, weil es nur von Vorteil sein konnte, die Geliebte des Thronfolgers zu sein.

Margot war einerseits erleichtert, als Anjou sie nach dieser Volta an den Bruder übergab, andererseits bewies sein Verhalten, dass er nicht mit ihr tanzen, sondern sie von Guise hatte trennen wollen, und als Karl sie nun hochhob und sie liebevoll fragte, ob ihr das Fest gefalle, da wurde ihr zum ersten Mal bewusst, wie unterschiedlich der Charakter ihrer beiden älteren Brüder war. Karl, überlegte sie, ist zwar immer noch unberechenbar, neigt immer noch zu spontanen Wutausbrüchen, aber er ist ehrlich, anständig, nicht hinterhältig und verschlagen wie Anjou, und sie spürte, wie eine unbestimmte Angst vor dem Dauphin sie erfasste.

Sie lächelte den König an und sagte: »Es ist ein wundervolles Fest, Karl, und ich weiß nicht, wie ich dir danken soll.«

Am liebsten hätte sie sich in ihr Appartement zurückgezogen, aber das ging nicht, weil der Ball ihr zu Ehren stattfand. Sie tanzte abwechselnd mit dem König, ihrem jüngeren Bruder Franz und anderen jungen Edelleuten; ihre Augen suchten aber stets verstohlen Heinrich von Guise, der sichtlich gelangweilt junge Edelfräulein durch die Luft schwenkte. Der Ball hat für ihn anscheinend ebenso an Reiz verloren wie für mich, dachte sie erleichtert.

Heinrich von Guise war inzwischen fest entschlossen, Margot an diesem Abend noch einmal unter vier Augen zu sprechen, und sann verzweifelt darüber nach, wie er sich ihr nähern konnte, ohne Anjous Argwohn zu erregen. Auf einmal wusste er, wie. Es war nicht ganz ungefährlich, aber es war die einzige Möglichkeit. Wer nicht wagt, gewinnt auch nicht, dachte er. Der Ball wird gegen Mitternacht zu Ende sein, überlegte er, weil dann der Geburtstag zu Ende ist.

Es war ungefähr elf Uhr.

Er wartete bis zur nächsten längeren Tanzpause, beobachtete erleichtert, dass die königliche Familie sich um Katharina versammelte, trat zu ihnen, dankte dem König noch einmal für das gelungene Fest, wünschte Margot noch einmal alles Gute und verabschiedete sich.

Margot tat so, als ob der frühe Abschied des Herzogs sie nicht interessierte, sie fächelte sich Luft zu, fragte ihren jüngeren Bruder, ob er sich amüsiere, trank Wein und überlegte traurig, wann sie Heinrich von Guise wiedersehen würde.

Kurz vor Mitternacht kündigte ein Herold den letzten Tanz an und Margot atmete auf, als sie wenig später der Familie eine gute Nacht wünschte und zu ihrem Appartement eilte.

Als sie die Tür öffnen wollte, war diese verschlossen, sie drückte die Klinke erneut hinunter – ohne Erfolg. Dann trommelte sie mit den Fäusten dagegen und rief halblaut: »Henrietta, öffne, ich bin es, Margot!«

Da wurde der Riegel zurückgeschoben, die Zofe öffnete vorsichtig und sagte leise: »Kommen Sie rasch herein, Madame.«

Margot betrat ihren Wohnraum und blieb wie angewurzelt stehen, als sie den Herzog von Guise in einem Lehnstuhl sitzen sah.

Er sprang sofort auf, eilte zu ihr und sagte: »Madame, ich muss mich entschuldigen, weil ich unerlaubt in Ihre Gemächer eingedrungen bin, Ihre Zofe hat mich eingelassen, Sie dürfen ihr deswegen nicht zürnen.«

Henrietta verließ diskret den Raum, weil sie draußen aufpassen wollte, dass kein unerwünschter Besucher kam. Sie dachte an Guast, Anjou, an einen Spion der Königinmutter.

Inzwischen hatte Margot sich gefasst.

»Herr Herzog, wissen Sie nicht, in welche Gefahr Sie sich begeben haben? Mein Gott, ich darf nicht daran denken, was passiert wäre, wenn meine Brüder Sie hier entdeckt hätten.«

Guise lächelte: »Madame, Ihre Brüder waren bis jetzt im Festsaal, und nun begeben sie sich zur Ruhe. Die Gefahr war nicht so groß, zumal Ihre Zofe die Tür verriegelt hat und außerdem …«, er ging noch einen Schritt vor, bis ihre Körper sich fast berührten, und sagte leise: »… habe ich diese Gefahr gerne auf mich genommen, weil ich nicht weiß, wann wir uns wieder begegnen, und ich Ihnen etwas sagen möchte. Ich will es Ihnen schon lange sagen, aber bisher fehlte mir der Mut. Ich liebe Sie und möchte Sie heiraten. Ich weiß, dass mein Geständnis und mein Antrag für Sie unverhofft kommen – ich erwarte nicht, dass Sie meine Zuneigung sofort erwidern und meinen Antrag sofort annehmen. Darf ich wenigstens hoffen? Sie können sich Zeit lassen mit Ihrer Entscheidung, ich habe Geduld.«

Margot glaubte, nicht richtig zu hören, er liebte sie, er wollte sie heiraten, war dies alles ein Traum oder war es Wirklichkeit?

Sie befühlte ihr Kleid, nein, sie träumte nicht.

»Sie fragen, ob Sie hoffen dürfen? Ich bin der glücklichste Mensch und zugleich der traurigste, denn meine Familie wird es nicht erlauben«, und sie begann zu weinen.

Er zog sie an sich, wartete, bis sie sich etwas beruhigt hatte, und sagte: »Ich weiß, dass wir Widerstände überwinden müssen, aber wir werden es schaffen, ich werde Ihre Familie davon überzeugen, dass ich Sie nur aus Liebe heirate und dass politische Überlegungen meine Entscheidung überhaupt nicht beeinflusst haben.«

Er hob ihr Gesicht zu sich empor, küsste sie sanft auf den Mund, und in diesem Augenblick spürte Margot die gleiche prickelnde Erregung wie zwei Jahre zuvor, als ihr Bruder Heinrich sie geküsst hatte.

Sie löste sich verwirrt aus Guises Armen und trat einen Schritt zurück.

»Was haben Sie?«, fragte er überrascht. »Ist es Ihnen unangenehm, wenn ich Sie küsse?«

»Nein, im Gegenteil, es war nur …, ich weiß es nicht«, sie ging zu ihm und schlang die Arme um seinen Hals. »Sie dürfen mich küssen, ich möchte, dass Sie mich küssen«, und dann genoss sie seine Lippen, die Barthaare und seinen muskulösen Körper.

Irgendwann sahen sie sich glücklich lächelnd an und Heinrich fragte: »Wann sehe ich dich wieder?«

»Ich weiß es leider nicht, Mama hat beim Bankett gesagt, dass ich mich wieder zu ihrer Verfügung halten soll, das bedeutet, dass ich während der nächsten Tage den Louvre nicht verlassen kann. Wenn sie mich sprechen will und ich bin nicht sofort bei ihr, dann macht sie mir eine Szene. Wenn wir uns treffen wollen, dann musst du in den Louvre kommen, aber man darf dich nicht sehen, du musst während der Abendtafel einen unbewachten Nebeneingang benutzen. Während der Tafel sieht dich keiner der Hofleute, und ein großer Teil der Dienerschaft speist ebenfalls. Es ist am besten, wenn du gegen acht Uhr kommst, dann dauert die Tafel zwar nicht mehr lange, aber du wirst bis zehn auf mich warten müssen, vorher kann ich mich nicht zurückziehen, weil es auffallen würde.«

»Ich warte gerne auf dich, und diese Lösung, dass ich dich im Louvre besuche, gefällt mir sehr gut, dann haben wir unendlich viel Zeit, eine ganze Nacht, und nicht nur zwei oder drei Stunden.«

In diesem Augenblick stürmte Henrietta in das Zimmer: »Verzeihung Madame, Herr Herzog, Sie müssen sofort das Schloss verlassen, die letzten Gäste brechen jetzt auf, und dann werden die Tore verschlossen. Kommen Sie, ich führe Sie auf einem geheimen Weg zum Ausgang, dort sieht man Sie nicht.«

»Heinrich, ich schicke im Laufe des Tages die Herzogin von Retz zu dir, sie wird dir sagen, welchen Eingang du benutzen kannst.«

Im nächsten Augenblick waren Henrietta und Heinrich verschwunden, Margot aber sank restlos glücklich in einen Lehnstuhl und auf einmal war sie davon überzeugt, dass die Valois einer Ehe zwischen ihr und dem Herzog zustimmen würden.

Es dauerte ziemlich lange, bis Henrietta zurückkehrte.

»Der Herzog hat das Schloss ungesehen verlassen, Madame.«

»Könnte er nicht immer durch dieses Tor heimlich zu mir kommen?«

»Nein, Madame, der Weg ist viel zu lang und völlig ungeeignet als Fluchtweg, auch an diese Möglichkeit sollten Sie denken, Madame. Ich hatte noch keine Zeit, die Kammer in Ihrem Schlafzimmer zu untersuchen, manchmal gibt es versteckte Treppen hinter diesen Kammern. Wenn nicht, nun, mir wird schon etwas einfallen.«

Beim Einschlafen dachte Margot noch einmal an Heinrichs Kuss und an das angenehme Schwächegefühl, das sie durchströmt hatte. Plötzlich erschrak sie, setzte sich auf und versuchte, die Erinnerung an den Bruder zu verdrängen. Das gleiche Gefühl hatte sie erfasst, als Anjou sie berührte … Gütiger Himmel, dachte sie entsetzt, Heinrich hat mich wahrscheinlich körperlich begehrt, aber da er mein Bruder ist, musste er natürlich verzichten. Er hasst Heinrich sowieso, und wenn er erfährt, dass wir uns lieben und heiraten wollen, wird er die Hölle bewegen, um dies zu verhindern. Er war bei dem Ball schon eifersüchtig, wer weiß, wozu ihn sein Hass treibt.

Angenommen, Karl und Mama wären einverstanden, dass ich Heinrich heirate, dann würde Anjou bestimmt das Ansinnen untergraben. Uns bleibt nur eine Möglichkeit: die Flucht. Wir müssen nach Lothringen zu meiner Schwester fliehen und dort abwarten, bis die Valois sich beruhigt haben.

Einige Stunden später untersuchten Margot und Henrietta die Kammer neben dem Schlafgemach. Sie war fensterlos und so hoch, dass Erwachsene darin stehen konnten. Henrietta holte eine Lampe und nun sahen sie, dass die Kammer ziemlich geräumig war und dass sich an der Wand gegenüber dem Eingang drei Türen befanden. Henrietta schloss die linke Tür auf.

»Madame, eine Treppe, eine richtige steinerne Treppe!«

Margot überlegte. »Der Louvre ist für mich immer noch ein Labyrinth, aber diese Treppe müsste zu einer Straße führen. Verriegele das Schlafzimmer und sorge dafür, dass künftig niemand außer dir diese Kammer betritt.«

Dann gingen sie vorsichtig die schmale Treppe hinunter und kamen schließlich zu einer Holztür.

Margot schob den Riegel zurück, öffnete und erblickte eine Straße, die auf der Seite des Louvre menschenleer war, auf der gegenüberliegenden Seite gingen einige Bürger. Henrietta wagte sich hinaus, sah sich um und sagte: »Jetzt weiß ich, wo wir sind, Madame. Sehen Sie dort drüben die Kirche Saint-Germain l'Auxerrois? Diese ist ein idealer Orientierungspunkt für den Herzog, sein Diener könnte dort unbeobachtet mit den Pferden warten und bei Regenwetter in der Kirche Schutz suchen, er könnte dort sogar schlafen.«

Margot lachte: »Du denkst wirklich an alles! Das Problem, wie Heinrich ungesehen in den Louvre kommt, wäre also gelöst. Ob sich hinter jedem Seiteneingang eine Treppe verbirgt? Es ist schon merkwürdig, ich sehe die Kirche jeden Tag von meinem Schlafzimmer aus, aber bisher ist sie mir nicht weiter aufgefallen.«

Sie eilte sofort zur Herzogin von Retz und weihte sie ein.

»Die Tür ist direkt unter meinem Appartement, er kann sie nicht verfehlen, Henrietta hält sich zur festgesetzten Zeit unten auf und wird ihm öffnen, aber er soll vorsichtshalber dreimal laut klopfen, damit sie weiß, dass er es ist und nicht irgendein Spion.«

Die Herzogin überlegte: »Ich glaube, du hast an alles gedacht. Noch etwas: Weißt du überhaupt, wie man eine Schwangerschaft verhindert?«

Margot errötete etwas und erwiderte: »Nein, kann man das denn?«

»Sicherlich, ist dir noch nicht aufgefallen, dass die Damen, die zur *Fliegenden Schwadron* gehören, nie schwanger werden? Wann warst du zum letzten Mal unwohl?« – »Vor ungefähr zehn Tagen.« – »Dann muss ich etwas besorgen, sonst ist es zu gefährlich.« – »Warum soll ich nicht schwanger werden? Wenn ich ein Kind erwarte, muss meine Familie einer Heirat mit Heinrich zustimmen.«

»Margot, bist du von Sinnen? Du gehörst zur königlichen Familie!«

»Na und? In dieser Familie bin ich nie geliebt worden, meinen Vater und meinen kleinen Bruder ausgenommen.«

»Margot, sei vernünftig, wenn du ein uneheliches Kind erwartest, werden sie dich nicht mit dem Herzog von Guise vermählen, sondern für den Rest deines Lebens in ein Kloster sperren, weil sich so ein Skandal natürlich an den Höfen herumspricht und du nicht mehr verheiratet werden kannst. Denke daran, wie streng deine Mutter die *Fliegende Schwadron* behandelt! Wenn eine der Damen schwanger wird, muss sie sofort und für immer den Hof verlassen. Gewiss, deine Mutter versorgt sie materiell, aber bei diesen Dingen hat sie ihre Grundsätze.«

Margot überlegte lange und erwiderte schließlich: »Vielleicht hast du Recht.«

Unterdessen ging Anjou in seinem Appartement auf und ab, dachte an Renée von Vieux und überlegte, wann es schicklich war, sie zu verführen. Sie war Gott sei Dank erfahren, während sie für ihn die erste Frau war; im September wurde er neunzehn, es war höchste Zeit, dass er anfing, Erfahrungen zu sammeln, und irgendwann würde er die Frau heiraten, die er liebte. Er würde sich auf keinen Fall von seiner Mutter verheiraten lassen, sie konnte Margot verkuppeln, aber nicht ihn.

Dann erinnerte er sich wieder an den Ball und den verliebten Blick zwischen Margot und Guise und an die Bemerkung, sie seien ein schönes Paar. Guise würde einige Wochen in Paris bleiben. Ob die beiden sich heimlich trafen? Er musste sie beobachten lassen und er ließ seinen Freund Guast holen.

»Höre, Ludwig, ich spüre, dass sich zwischen meiner Schwester und Guise eine Romanze entwickelt. Beobachte die beiden und sage mir, ob, wann und wo sie sich treffen. Wenn du dies herausfindest, werde ich dich fürstlich belohnen.«

Guast war wenig entzückt über diesen Auftrag; falls das Paar sich heimlich traf, waren sie bestimmt vorsichtig und wahrscheinlich waren von der Dienerschaft nur wenige eingeweiht. Dann überlegte er: Es war unwahrscheinlich, dass sie sich im Louvre trafen, dort gab es zu viele Augen und Ohren, zu viele Wachen.

So beschloss er, nach der Abendtafel zum Palais der Guisen zu gehen und das Eingangstor zu beobachten.

Für Margot schien jener Tag nicht enden zu wollen.

Nach der Mittagstafel gab die Herzogin von Retz ihr einen flachen Edelstein und erklärte ihr, wie sie ihn verwenden müsse. Den Nachmittag verbrachte sie mit den anderen Damen in Katharinas Appartement und sah nicht von ihrem Stickrahmen auf, vor Angst, dass die Mutter merken würde, dass sie am Abend Besuch empfing.

Endlich kam die Stunde, wo sie sich für die Abendtafel umkleiden musste, und sie entschied sich für ein rotes Seidenkleid und legte ihren Rubinschmuck an. Nach der Tafel begab die Familie sich in Katharinas Appartement, wo sie und Anjou sich an den Schachtisch setzten, Karl nahm die Laute, Margot und Franz lasen.

Nach ungefähr einer halben Stunde stand der König auf, wünschte eine gute Nacht und verschwand.

Jetzt geht er zu seiner Marie, dachte sie, er hat es gut, er muss sich nicht verstecken; sie versuchte sich wieder auf Dantes *Göttliche Komödie* zu konzentrieren, wobei sie hin und wieder verstohlen zur Uhr sah. Als es zehn Uhr schlug, ging sie zu Katharina und sagte: »Erlauben Sie, dass ich mich zurückziehe, Mama?«

Katharina sah flüchtig von den Schachfiguren auf. »Ja, gute Nacht, mein Kind.«

»Gute Nacht, Heinrich.«

Der Bruder erwiderte den Gruß nicht, und so winkte Margot dem jungen Franz zu und eilte hinaus.

Als sie ihr Appartement betrat, stand Guise am Fenster und sah hinüber zu der Kirche.

»Heinrich?«

Er drehte sich um und wenig später lag sie in seinen Armen und küssten sich innig.

»Es ist alles planmäßig verlaufen«, sagte er, »Böhme wartet mit den Pferden hinter der Kirche.«

Sie nahm sein Gesicht in ihre Hände und sagte lächelnd: »Wir können uns ungestört lieben, der König ist bei Marie Touchet und Mama und Anjou sitzen wahrscheinlich die halbe Nacht am Schachtisch.«

Er lachte leise auf, und sie gingen hinüber in das Schlafzimmer, wo auf dem Tisch kaltes Fleisch, Brot, Früchte und Wein standen.

»Ich habe Henrietta gebeten, einen Imbiss zu richten, du wirst hungrig sein.« »Ja, auf dich«, und er löste behutsam ihre Haare und küsste sie erneut. »Du bist der erste Mann in meinem Leben und du wirst der Einzige bleiben.« »Du bist zwar nicht die erste Frau für mich, aber du wirst die Letzte sein.« Sie sahen sich an, und dann begann Guise, Margot langsam zu entkleiden.

Während Margot unter Heinrichs erfahrenen Händen dahinschmolz, beobachtete Guast das Palais des Herzogs, aber niemand kam oder ging. Irgendwann verlöschten alle Lichter, Guast wartete, bis es fünf Uhr schlug und ging dann verärgert durch die Straßen von Paris und wartete, dass es sieben Uhr wurde, weil zu dieser Stunde gewöhnlich die Tore des Louvre geöffnet wurden.

Unterdessen erzählte Margot Heinrich von ihrer Idee, dass wahrscheinlich Flucht die beste Lösung sei.

»Ich muss darüber nachdenken«, sagte er, »eine Flucht muss gut vorbereitet werden, ich muss die Risiken gegeneinander abwägen.«

Gegen fünf Uhr verließ Heinrich Margot, sie sah ihm nach, wie er zu der Kirche eilte, dort drehte er sich um, winkte ihr zu und sie winkte zurück.

Dann stand sie noch lange am Fenster und versuchte, sich an den Gedanken zu gewöhnen, dass sie jetzt eine junge Frau und kein Mädchen mehr war.

»Sieht man mir an, dass ich eine Frau bin?«, fragte Margot die Herzogin von Retz, die gekommen war, um ihre Freundin zur Messe abzuholen.

Die Herzogin betrachtete Margots Gesicht.

»Du siehst glücklicher aus, entspannter.« Dann stutzte sie. »Du hast Ringe unter den Augen, lass sie dir von Henrietta wegschminken, sonst merkt deine Mutter womöglich etwas.«

Während der folgenden vier Nächte schlich Guast erfolglos um das Palais der Guisen.

Anjou bildet sich etwas ein, dachte er verstimmt und verließ am folgenden Abend nach der Tafel den Louvre, um sich in einem Bordell zu vergnügen. Sein Weg führte ihn an der Kirche Saint-Germain l'Auxerrois vorbei, und im Vorübergehen sah er dort an der Rückfront einen Mann auf und ab gehen. Der Mann wandte ihm den Rücken und Guast beachtete ihn nicht weiter, doch plötzlich wandte der Fremde sich halb um und Guast ging hastig einige Schritte zurück. Das war doch der Böhme. Aber vielleicht hatte er sich getäuscht, er wartete einen Augenblick und sah dann vorsichtig um die Ecke. Er hatte richtig gesehen, es war Jannowitz, der Diener des Herzogs von Guise.

Er scheint zu warten, überlegte Guast und sah hinüber zum Louvre. War der Herzog jetzt bei der Schwester des Königs?

Er beschloss, die Sache im Auge zu behalten, die versprochene fürstliche Belohnung war es wert, dass er auf sein eigenes Vergnügen verzichtete.

Er versteckte sich im Torbogen eines Hauses, von wo aus er die Schlossfassade beobachten konnte, und wartete.

Irgendwann wurden im Schloss die Lichter angezündet, irgendwann erloschen sie wieder, nur im zweiten Stock blieb es hinter zwei Fenstern hell. Er hörte die Kirchenglocken zur Frühmesse läuten und wartete. Als der Morgen dämmerte, erloschen die Lichter im zweiten Stock. Guast fröstelte und wickelte sich fester in den Mantel, er hörte, wie es fünf Uhr schlug, und kämpfte mit dem Schlaf. Als es Viertel nach fünf schlug, zuckte er zusammen, sah um sich, sah zum Louvre und traute seinen Augen nicht: im Erdgeschoss öffnete sich eine Tür, der Herzog von Guise erschien, rannte über die Straße zur Kirche, wandte sich um und winkte. Guast vergaß alle Vorsicht, trat etwas aus dem Torbogen hervor und sah die Schwester des Königs am Fenster stehen und dem Herzog zuwinken.

Guast verschwand wieder im Dunkel des Torbogens und versuchte seine Gedanken zu ordnen: Die Prinzessin hatte ein Verhältnis mit Guise, hinter der Tür gab es wahrscheinlich eine Geheimtreppe zu ihrem Appartement.

Er wartete ungeduldig, bis die Schlosstore geöffnet wurden, begab sich sofort zu Anjou und erzählte ihm, was er gesehen hatte.

»Die Schlampe!«, schrie Heinrich, »die Hure! Dieses Weibsstück ist meine Schwester! Und Guise, er will die Krone der Valois, deswegen hat er sie verführt! Ich bringe ihn um, ich werde ihn eigenhändig töten!«

Guast wartete, bis Anjou sich etwas beruhigt hatte, und sagte: »Wir müssen jetzt überlegen, wie wir sie *in flagranti* erwischen. Heute Morgen ist er um fünf Uhr gegangen, aber es ist auch möglich, dass er um vier Uhr geht oder um sechs Uhr.«

»Du hast Recht, in der kommenden Nacht wirst du hin und wieder an der Türe horchen, ob er noch da ist. Gegen Morgen werde ich den König und meine Mutter wecken, sie können sich mit Margot beschäftigen, und ich werde mir den Guise vornehmen. Aber jetzt zu deiner Belohnung, was möchtest du: einen Beutel Gold, ein edles Pferd, Ländereien?«

Guast lächelte süffisant und erwiderte: »Ich glaube, Heinrich, ich habe dir einen großen Dienst erwiesen, ich hätte gerne einen Beutel Gold, ein edles Pferd und Ländereien.«

»Du bekommst alles, was du möchtest, das ist mir die Rache an Guise wert, ich gerate nämlich allmählich in seinen Schatten. Neulich bei dem Ball hatten die Damen nur Augen für ihn, er ist bei seinen Truppen beliebt, er wagt es, mit meiner Schwester zu turteln, sie ist eine Valois und er, er ist noch nicht einmal ein richtiger Franzose, das passt mir alles nicht.«

Als Heinrich von Guise an jenem Abend Margot besuchte, sagte er: »Ich habe noch einmal über deine Fluchtidee nachgedacht und ich glaube inzwischen, dass uns wirklich keine andere Wahl bleibt. Der König will zur Sommersonnenwende ein großes Fest geben, es soll bis zum frühen Morgen dauern. Irgendwann in dieser Nacht werden die meisten halb betrunken sein, es wäre dann eine günstige Gelegenheit für unsere Flucht. Unterwegs lassen wir uns von einem Priester trauen, und in Joinville stellen wir unsere beiden Familien vor vollendete Tatsachen. Irgendwann werden sich die Gemüter beruhigt haben, und dann feiern wir eine prachtvolle Hochzeit.«

»Deine Idee ist großartig. Schade, dass ich die Gesichter meiner Familie nicht sehe, wenn unsere Flucht entdeckt wird.«

Henrietta verriegelte jeden Abend nach Heinrichs Ankunft sorgfältig das Appartement ihrer Herrin, und da sie stets befürchtete, dass die beiden trotz aller Vorsicht entdeckt würden, verbrachte sie die Nacht halb wachend, halb schlafend in einem Lehnstuhl neben der Tür, um beim geringsten Geräusch das Paar zu warnen.

Als sie sich an jenem Abend mit einer Näharbeit in den Stuhl setzte, ging ihr beiläufig durch den Kopf, dass es die siebte Nacht war, die ihre Herrin mit dem Herzog verbrachte. Sieben Nächte, wie lange sollte dieses Versteckspiel noch dauern? Die Prinzessin sollte sich dem König anvertrauen, dachte Henrietta, zu ihm hat sie schließlich ein recht gutes Verhältnis.

Gegen vier Uhr überkam sie ein leichter Halbschlaf, aus dem sie hochschreckte, als es halb fünf schlug. Gott sei Dank, dachte sie, noch eine halbe Stunde, dann geht der Herzog und sie konnte noch zwei Stunden schlafen.

Plötzlich stutzte sie, täuschte sie sich, oder näherten sich leise Schritte? Nein, sie täuschte sich nicht, ihr Herz begann wild zu klopfen und sie konnte vor Angst kaum atmen, als die Schritte vor der Tür Halt machten, sie spürte fast körperlich, dass draußen jemand stand. Nun wurde die Klinke vorsichtig heruntergedrückt, und Henrietta schloss vor Angst die Augen. Ich muss sie warnen, dachte sie, in diesem Augenblick hörte sie, wie Margot lachte, sie öffnete entsetzt die Augen, hörte, dass die Schritte sich rasch entfernten, und stürzte in das Schlafzimmer:

»Herr Herzog, Sie müssen sofort weg, man hat Sie entdeckt!«

Heinrich starrte die Zofe entsetzt an, dann löste er sich von Margot und kleidete sich hastig an, während sie ein Hemd überwarf und Henrietta hinuntereilte, um die Tür zu öffnen.

Heinrich umarmte die zitternde Margot. »Du musst jetzt ganz ruhig bleiben, ich verlasse Paris, sobald die Tore geöffnet sind, ich reite nach Joinville und rede mit meinem Onkel, es wird alles gut werden, ich schreibe dir, leb wohl, meine liebe Margot.«

Er küsste sie, riss sich los und eilte hinaus.

Margot trat zum Fenster, sah erleichtert, dass er zur Kirche hinüberlief. »Leb wohl, Heinrich«, sagte sie leise.

Als Guast Margots Lachen hörte, rannte er zu Anjou, der die Nacht angekleidet und halb schlafend im Lehnstuhl verbracht hatte, weil er keine Sekunde versäumen und Guise *in flagranti* erwischen wollte.

»Er ist noch bei ihr«, rief Guast, woraufhin Anjou seinen Degen umschnallte, zu Katharina rannte und sie wachrüttelte.

Katharina fuhr hoch und sah erstaunt, dass Anjou gestiefelt und gespornt neben ihrem Bett stand.

»Heinrich, mein Gott, was ist passiert?«

»Margot treibt es mit dem Guise, er ist noch bei ihr. Guast hat beobachtet, wie der Herzog gestern im Morgengrauen das Schloss verließ.«

»Was?«, schrie Katharina wutentbrannt und kletterte schwerfällig aus dem Bett, »dieses Luder! Isabella, rasch, hole den König! Unglaublich, ausgerechnet dieser Guise, ich versuche vorteilhafte Heiraten zu arrangieren, und das ist der Dank!«

In ihrer Empörung merkte sie nicht, dass Heinrich unauffällig verschwand.

Er rannte zu Margots Appartement und hämmerte mit den Fäusten gegen die Tür.

»Aufmachen!«, schrie er, »aufmachen, oder ich trete die Tür ein!«

Margot gab Henrietta ein Zeichen, den Riegel zurückzuschieben und fast im gleichen Augenblick stürzte Heinrich in das Appartement, weiter zum Schlafzimmer und zog den Degen: »Wo ist er?«, schrie er die Schwester an.

Margot schwieg ängstlich und Heinrich trat drohend zum Fenster, in diesem Augenblick sah er zwei Reiter weggaloppieren und steckte zornig den Degen in den Schaft.

»Diesmal ist der Hurensohn entkommen, ich hätte ihn sonst umgebracht!« Dann sah er Margot an und gab ihr rechts und links eine Ohrfeige.

Sie wich zurück und begann zu weinen.

»Du hast dich nicht wie eine Valois benommen, sondern wie eine gewöhnliche Dirne!«

Da fühlte Margot einen unbändigen Hass auf den Bruder in sich aufsteigen, sie wischte die Tränen weg und schrie: »Ich bin keine Dirne, ich liebe Heinrich von Guise und er liebt mich!«

In diesem Augenblick erschien Isabella: »Madame, Sie sollen sofort zum König und Ihrer Mutter kommen.«

Anjou ging zum Schrank, wühlte in den Kleidern, zerrte schließlich das weiße Seidenkleid hervor, das Margot an ihrem Geburtstagsball getragen hatte, warf es ihr zu und sagte: »Zieh das an und vergiss nicht, dich grell zu schminken, damit jeder sieht, was für ein liederliches Weibsstück du bist.«

Margot streifte schweigend das Kleid über ihr Hemd, ordnete flüchtig ihre Haare und ging erhobenen Hauptes hinaus, gefolgt von dem Bruder und Isabella.

Unterwegs war sie wild entschlossen, um Guise zu kämpfen.

Als sie Katharinas Appartement betrat, stürzte der König im Nachthemd auf sie zu, packte sie bei den Schultern, schüttelte sie, gab ihr eine Ohrfeige und stieß sie wutentbrannt in eine Ecke.

Als er von seiner Mutter erfahren hatte, dass seine Schwester mit Guise die Nacht verbracht hatte, hatte er zum ersten Mal seit langer Zeit einen Wutanfall und wäre sofort zu Margot geeilt, um sie zu verprügeln, wenn Katharina ihn nicht zurückgehalten hätte. Sie forderte ihn auf, kein großes Aufheben zu machen und die Angelegenheit in ihren Räumen zu regeln; es sei nicht nötig, dass der Hof und die ausländischen Gesandten von Margots Liebesverhältnis erfuhren.

Margot taumelte erschrocken an die Wand, mit diesem brutalen Empfang hatte sie nicht gerechnet.

Anjou verzog sich in eine Ecke und beobachtete genüsslich, wie sein Bruder Margots Kleid zerriss. Nun kam auch Katharina, ohrfeigte die Tochter, dann warf Karl die Schwester zu Boden und er und Katharina schlugen auf Margot ein, bis sie überall blaue Flecken hatte. Endlich ließen sie von ihr ab, und Katharina befahl ihr barsch, aufzustehen.

Inzwischen hatte Karl sich etwas beruhigt und sagte zu Margot: »Wie konntest du dich nur mit diesem Heuchler einlassen. Mir hat er versichert, dass er deiner unwürdig ist, und dann …«

»Er ist kein Heuchler, er liebt mich und ich liebe ihn.«

»Margot«, rief Katharina, »die Guisen waren immer ehrgeizig. Wahrscheinlich wollte er dich für seine politischen Ambitionen nutzen.«

»Margot«, sagte Anjou und kam langsam näher, »Guise liebt nicht dich, sondern die Krone Frankreichs. Hat er nicht gesagt, dass er dich heiraten will?«

»Ja, er will mich heiraten, aber nicht aus Ehrgeiz, sondern weil er mich liebt. Überdies könnte er nie König von Frankreich werden, weil er nicht von Geblüt ist, und wir werden heiraten.«

»Margot«, schrie Katharina empört, »du wirst den Guise nicht heiraten, der König verbietet es dir, du wirst den Mann heiraten, den Karl und ich für dich aussuchen.«

»Mama, wir lieben uns, er ist von edler Abstammung.«

»Schluss jetzt, ich kann das Wort Liebe nicht mehr hören. Als Schwester des Königs bist du verpflichtet, eine politisch vorteilhafte Ehe zu schließen. Wie viele Nächte hast du mit ihm verbracht?«

»Sieben Nächte.«

»Was?«, rief Katharina entsetzt, »sieben Nächte, gütiger Himmel, hoffentlich bist du nicht schwanger geworden, dann kann ich dich nicht mehr verheiraten.«

»Seien Sie unbesorgt, Mama, ich weiß, wie man eine Schwangerschaft verhindert.«

Nach diesen Worten entstand ein unbehagliches Schweigen und dann sagte Katharina: »Am Johannistag reisen wir nach Saint-Germain, so lange wirst du dein Appartement nur zu den Mahlzeiten und zur Messe verlassen, und du wirst keine Besuche empfangen, auch nicht deinen Bruder Franz. Ich hoffe, dass du in der Abgeschiedenheit begreifst, was du der Ehre deiner Familie schuldig bist. Und nun gehe, richte dich her, schminke dich, nachher bei der Messe werden wir uns als harmonische Familie präsentieren.«

Während Margot badete und sich umzog, beschloss sie, die Hoffnung noch nicht aufzugeben; vielleicht gelang es Heinrich, sie zu entführen.

Katharina dachte den ganzen Tag über Margots Liaison mit Heinrich von Guise nach und wies den König an, die Verhandlungen mit Portugal zu beschleunigen.

In der Nacht hatte sie einen merkwürdigen Traum: Margot und der Prinz von Navarra schritten nebeneinander zur Notre-Dame, wo sie von dem Kardinal von Bourbon getraut wurden. Dann begab Margot sich in die Kathedrale, um die Messe zu hören, während ihr Gatte draußen umherging; anschließend begab man sich zum Hochzeitsmahl in das bischöfliche Palais. Das Volk von Paris feierte in den Straßen, wo Ochsen am Spieß gebraten wurden und aus den Brunnen Rotwein floss.

Plötzlich strömten die Bürger von Paris in den Saal, die Wachen am Eingang des Palais versuchten, sie aufzuhalten, aber sie waren nicht mehr Herr der Lage.

»Aus den Brunnen fließt nicht Wein, sondern Blut«, rief jemand und andere bestätigten: »Aus den Brunnen fließt Blut«, dann kamen andere in den Saal: »Das Wasser der Seine hat sich in Blut verwandelt«, und einer rief: »Es ist eine Bluthochzeit und der König trägt die Verantwortung dafür, er ist Schuld, dass aus den Brunnen Blut fließt«, dann kamen andere Bürger und schrien: »In den Straßen von Paris fließt Blut!«

Plötzlich stand der König auf und schrie sie an: »Es ist nicht meine Schuld, dass Paris im Blut versinkt, es ist Ihre Schuld, Mama.«

Katharina saß an der Tafel, wusste, dass es ein schrecklicher Traum war, und versuchte verzweifelt, sich aus diesem Traum hochzukämpfen, und irgendwann erwachte sie schließlich. Sie war erschöpft, spürte, dass ihr Hemd vom Schweiß durchnässt war und an ihrem Körper klebte. Sie fühlte sich schmutzig, rief nach Isabella, befahl ihr, ein Bad zu richten und ein frisches Hemd zu bringen.

Dann stand sie am Fenster, atmete die kühle Nachtluft ein und versuchte, den schrecklichen Traum zu vergessen.

Ich habe mich zu sehr über Margot aufgeregt, dachte sie, Margot wird verheiratet und das Problem Guise ist gelöst.

Sie begab sich erneut zur Ruhe und hörte beim Einschlafen, dass die Glocken der Kirche Saint-Germain l'Auxerrois zur Frühmesse läuteten.

Der Kardinal von Lothringen war entsetzt, als sein Neffe in Joinville auftauchte und seine Liebesgeschichte mit Margot schilderte.

»Heinrich, was hast du dir nur gedacht? Kennst du die Verhältnisse am Hof nicht? Weißt du nicht, dass die Valois befürchten, du könntest durch eine Ehe mit Margot in ihre Dynastie eindringen, die Regierung übernehmen, kurz, durch einen Staatsstreich die Krone an dich bringen?«

»Lieber Onkel, ich möchte Margot heiraten, weil ich sie liebe, nicht weil ich nach der Krone strebe.« Er schwieg plötzlich und sagte dann langsam: »Lieber Onkel, wenn man eine Dynastie stürzen will, so ist eine Heirat die schlechteste Methode; ein Staatsstreich gelingt nur, wenn man genügend Anhänger hat. Wenn es mir gelingt, der Führer der katholischen Partei zu werden, dann besteht vielleicht die Chance, die dekadenten Valois zu entthronen.«

»Mein lieber Junge, du hast Recht und ich glaube dir, aber die Valois interpretieren diese Liebesgeschichte anders. Es gibt nur eine Möglichkeit, die königliche Familie zu beruhigen: Du musst so rasch wie möglich die Prinzessin von Porcian heiraten.«

Heinrich sah ein, dass sein Onkel die Argumente auf seiner Seite hatte. Die Position der Guisen war im Moment geschwächt, man konnte sich keinen Eklat leisten. Familieninteresse und Sicherheit konnten individuellem Glück nicht geopfert werden.

Widerwillig und traurig fügte Heinrich sich in das Unvermeidliche und schrieb Margot einen langen Brief, in dem er sie seiner ewigen Liebe versicherte und erklärte, er sei vom Kardinal von Lothringen gezwungen worden, die Prinzessin von Porcian zu heiraten.

»Henrietta, der Herzog wird heiraten!« Sie schluchzte bitterlich und rief: »Meine Familie hat mein Glück zerstört, ich hasse meine Mutter und meinen Bruder Heinrich!«

Am 8. August 1570 wurde in Saint-Germain der Friede unterzeichnet. Abermals wurde den Hugenotten Gewissensfreiheit und, innerhalb gewisser Grenzen, mit bestimmten Auflagen, auch die Ausübung ihrer Religion gestattet. Zukünftig sollten – eine neue Konzession – den Protestanten die Universitäten offen stehen. Die Herrschaft über die festen Plätze La Rochelle, Montauban, La Charité und Cognac wurde ihnen für eine Frist von zwei Jahren zugestanden, was letztlich eine Anerkennung des Staus quo war.

Den Hugenotten wurde eine Generalamnestie zugestanden, und sie erhielten ihre beschlagnahmten Besitzungen zurück.

Die Protestanten waren mit den Bestimmungen von Saint-Germain zufrieden, die Katholiken fanden, dass der Friede zu teuer erkauft sei, und Katharina begann zu überlegen, wie sie ihn festigen konnte. Ansonsten trieb sie die Heiratsverhandlungen mit England voran und vergab Bauaufträge: in Saint-Denis begann man mit der Errichtung der Grabdenkmäler für Heinrich II. und für Katharina selbst, in Paris wurde der Grundstein für ihre Witwenresidenz gelegt.

In jenem Sommer traf aus Florenz die Nachricht ein, dass Cosimo von Medici von Papst Pius V. zum Großherzog der Toskana ernannt und von ihm in Rom gekrönt worden war. Katharina war stolz, dass ihr Vetter jetzt ein souveräner Herrscher war, und der neue Großherzog wurde sofort von Frankreich und England anerkannt, von Spanien und dem deutschen Kaiser allerdings nicht.

Am 3. Oktober heiratete Heinrich von Guise die verwitwete Katharina von Kleve, Prinzessin von Porcian, und die Hochzeit wurde mit viel Pomp und Pracht im Palais der Guisen gefeiert.

Die königliche Familie war anwesend und Katharina genoss das Fest in vollen Zügen.

Margot und der Bräutigam tanzten die Volta, und Margot musste sich sehr beherrschen, um nicht in Tränen auszubrechen.

Heinrich sah unglücklich aus und die Gäste flüsterten einander zu, dass er eine Liaison mit der Schwester des Königs gehabt habe.

Als Heinrich Margot an ihren Platz zurückführte, sagte er leise: »Ich werde dich immer lieben.«

»Auch ich werde dich immer lieben.«

Anjou beobachtete das Paar mit Argusaugen, und während einer längeren Tanzpause näherte er sich Guise und flüsterte: »Wenn Sie in Zukunft noch einen Blick auf meine Schwester werfen, jage ich Ihnen ein Messer zwischen die Rippen.«

Marie Touchet war bereits im Spätsommer nach Orléans abgereist, und Anfang November begab der Hof sich nach Osten, nach Mezières, wo der König die Erzherzogin Elisabeth heiraten wollte.

Am 23. November zog die Braut feierlich ein und Karl fand, dass sie hübscher war als auf dem Bild, das man ihm geschickt hatte, aber sie konnte Marie Touchet nicht aus seinen Gedanken verdrängen.

Auch Katharina war mit der Schwiegertochter zufrieden: Die knapp Sechzehnjährige war sanft, fromm und fügsam und Katharina verglich sie im Stillen mit ihrer ersten Schwiegertochter Maria Stuart, die ihr stets hochmütig begegnet war. Die Habsburgerin würde am Hof keine Rolle spielen.

Am 26. November wurde das Paar getraut, und bei dieser Gelegenheit legte Katharina zum ersten Mal ihre Witwentracht ab und erschien in einer Robe aus Brokat und Goldgewebe, die mit Perlen und Diamanten geschmückt war. Während der folgenden Tage beobachteten die Höflinge belustigt, dass die junge Königin offensichtlich verliebt in ihren Gatten war, denn sie küsste ihn vor aller Augen auf den Mund.

Anfang Dezember erfuhr Karl, dass seine Geliebte einen gesunden Sohn geboren hatte, der auf den Namen Karl getauft worden war.

Der König war außer sich vor Freude, schickte kostbaren Schmuck nach Orléans und bat Marie, so bald wie möglich an den Hof zurückzukehren.

Inzwischen waren Katharinas Verhandlungen um die Hand der englischen Königin für Anjou so weit gediehen, dass sie überzeugt sein konnte, Elisabeth werde diesen Freier nicht abweisen.

Anfang 1571 informierte sie den Sohn über dieses Heiratsprojekt und erfuhr zu ihrer Bestürzung, dass er es ablehnte, die englische Königin zu heiraten.

»Mama, sie ist schon siebenunddreißig, also achtzehn Jahre älter als ich, es ekelt mich an, wenn ich daran denke, dass ich mit ihr das Lager teilen soll; außerdem würde ich immer im Schatten von Leicester stehen, mit dem sie ja ein Verhältnis haben soll. Außerdem ist sie Protestantin, ich werde nie eine Protestantin heiraten!«

»Heinrich, ich bitte dich, aus den Berichten meines Gesandten geht immer wieder hervor, dass Elisabeth apart und gut aussieht, dass sie zehn Jahre jünger wirkt. Ob du im Schatten ihres Günstlings stehen wirst, bezweifle ich. Sie soll dein Porträt, das ich ihr gegeben habe, verliebt angesehen haben, und was den Glauben betrifft, so wirst du bestimmt in deinen privaten Räumen die Messe hören können. Bedenke, Heinrich, du wirst König, es war immer mein Wunsch, dass du eine Krone trägst, außerdem würde diese Ehe auch handelspolitische Vorteile für uns haben.«

»Nein, Mama, Sie können mich nicht überzeugen, was nützt mir eine Krone, wenn ich nicht selbst regieren darf? Sie wird die Richtlinien der Politik bestimmen, das passt mir nicht, außerdem möchte ich in unserem schönen Frankreich bleiben.«

Er verschwieg, dass seine Geliebte Renée ein weiterer Grund war. »Karl befürwortet dieses Eheprojekt.«

»Natürlich«, erwiderte Anjou gereizt, »er will mich weit weghaben.«

Katharina schwieg und verhandelte weiter mit Elisabeth. Einige Wochen später teilte die englische Königin mit, dass sie keinen katholischen Fürsten heiraten könne und Anjou Protestant werden müsse. Katharina besprach die Angelegenheit mit ihren Söhnen und versuchte nochmals, Anjou von den Vorteilen dieser Verbindung zu überzeugen.

»Ich bleibe meinem Glauben treu, mein Gewissen verbietet mir, diese protestantische Londoner Amazone zu heiraten.«

In diesem Augenblick stieg in dem König eine Wut hoch, die er nicht mehr beherrschen konnte und er schrie den Bruder an: »Du schiebst das Gewissen als Grund vor, aber ich weiß, es ist eine spätere Rente, die dir vom Klerus angeboten worden ist, der dich gerne hier behalten möchte als Vorkämpfer des katholischen Glaubens. Ich sage dir klipp und klar, ich will hier keinen anderen Vorkämpfer haben als mich selbst. Und da ich sehe, dass du so sehr wünschst, unter solchen Umständen hier zu bleiben, so obliegt es mir umso mehr, genau auf dich aufzupassen.«

»Ich werde die Königin von England nicht heiraten, das ist mein letztes

Wort in dieser Angelegenheit!«, rief Anjou und stürmte aus dem Zimmer.

Katharina sah bekümmert vor sich hin und war zum ersten Mal zutiefst enttäuscht von ihrem Lieblingssohn.

Sie versuchte vor dem König ihren Kummer so gut es ging zu verbergen und sagte: »Ich möchte Heinrich nicht zu dieser Ehe zwingen und werde die Verhandlungen abbrechen, vielleicht biete ich Elisabeth bei passender Gelegenheit Alençon an.«

»Mit Verlaub, Mama, ich glaube, die englische Königin will überhaupt nicht heiraten. Seit fast dreizehn Jahren verhandelt sie mit allen möglichen Freiern über eine Ehe – das ist doch allmählich absurd und lächerlich! Aber da wir bei Heiratsprojekten sind: Die Verhandlungen mit Portugal stagnieren, ich habe den Eindruck, in Lissabon will man Margot nicht, oder Philipp torpediert meine Bemühungen, am liebsten möchte ich die Verhandlungen abbrechen.«

Katharina überlegte und erwiderte: »Du hast Recht, Margot wird achtzehn, es ist höchste Zeit, dass sie endlich heiratet. Ich trage mich schon seit geraumer Zeit mit dem Gedanken, sie so zu vermählen, dass der innere Friede dauerhaft gesichert wird, und würde sie am liebsten mit dem Prinzen von Navarra vermählen. Der Papst müsste zwar einen Dispens erteilen, wegen der nahen Verwandtschaft und der unterschiedlichen Religion, aber das dürfte kein Problem sein. Durch diese Ehe würden wir die Bourbonen fester an uns binden und der innere Friede wäre dauerhaft gesichert.«

Karl überlegte. »Heinrich von Bourbon … Er ist mit seiner Mutter immer noch in La Rochelle. Grundsätzlich habe ich nichts gegen Ihren Plan, Mama, zumal ich Heinrich immer gemocht habe, aber Sie werden viele Hindernisse überwinden müssen. Einer von beiden muss den Glauben wechseln und ich weiß, dass Margot gut katholisch ist.«

»Darüber muss eben verhandelt werden.«

Innerlich war Katharina fest entschlossen, diese Ehe zu arrangieren und sich dabei über alle Hindernisse hinwegzusetzen.

Einige Wochen später erhielt sie einen Brief ihres Vetters Cosimo, worin dieser fragte, ob er damit rechnen könne, dass Frankreich, wie zugesichert, dem Bündnis gegen Spanien und Deutschland beitrete und ihn, Cosimo, im bevorstehenden Krieg gegen diese beiden Staaten unterstützen werde. Katharina war wie vor den Kopf geschlagen, ließ den

König holen, zeigte ihm den Brief und fragte, was das alles bedeuten solle.

Karl zögerte etwas und antwortete verlegen: »Vor einiger Zeit erschien Cosimos Sonderbeauftragter Fregoso bei mir und fragte, ob Frankreich bereit wäre, zusammen mit den protestantischen deutschen Fürsten Cosimo in seinem Kampf gegen Spanien und den deutschen Kaiser zu unterstützen. Fregoso meint, Spanien sei erschöpft, weil es an zu vielen Fronten seine Kräfte verzettele, der Sieg sei uns so gut wie sicher. Da ich in Spanien unseren Hauptfeind sehe – Philipps Politik besteht doch nur darin, uns bei jeder Gelegenheit zu schwächen –, habe ich Cosimo zugesichert, dass ich gegen Spanien kämpfen werde.«

Katharina glaubte nicht richtig zu hören: »Bist du wahnsinnig geworden? Wir sind doch gar nicht gerüstet für einen Krieg gegen Spanien. Ich werde Cosimo noch heute schreiben, dass wir diesem Bündnis nicht beitreten werden, Krieg gegen Spanien, was für ein verrücktes Hirngespinst.«

»Wie Sie wünschen, Mama«, erwiderte Karl kleinlaut, »ich muss Ihnen noch etwas beichten: Coligny hat mir etliche Briefe geschrieben, hat seine Loyalität versichert und mich gebeten, ihn zu empfangen. Er habe ein neues außenpolitisches Konzept entwickelt, das den inneren Frieden dauerhaft sichere. Ich würde mich gerne mit ihm darüber unterhalten und wollte mich irgendwo mit ihm treffen.«

Katharina überlegte, sie zweifelte innerlich an Colignys Loyalität, andererseits brauchte sie Verbündete im Hinblick auf ihr Heiratsprojekt mit Margot, und Coligny würde sie bestimmt unterstützen.

»Du wirst dich nicht mit ihm treffen, er soll hierher nach Blois kommen.«

Am 12. September 1571 traf Coligny in Blois ein und wurde vom König herzlich, von Katharina höflich-liebenswürdig und von Anjou reserviert begrüßt.

Die Guisen hatten sich nach Joinville zurückgezogen, als sie hörten, dass Coligny vom König empfangen wurde.

Katharina betrachtete den Admiral, der in La Rochelle faktisch eine Gegenregierung bildete. Sein Heer vergötterte ihn, an Geld fehlte es ihm nicht, weil seine Piraten spanische Schiffe kaperten, die Silber und Gold aus Übersee transportierten, im protestantischen Ausland wurde er hoch verehrt. Er ist faktisch mächtiger als mein Sohn, dachte sie.

1126

»Coligny, jetzt da wir Sie haben, werden wir Sie behalten«, sagte Karl.
»Sire«, begann Coligny, »ich bin sehr froh, dass ich Ihnen vortragen
darf, wie man den inneren Frieden in unserem Vaterland dauerhaft
festigt. Die Franzosen müssen in einem gemeinsamen Unternehmen geeint werden. Ein auswärtiger Krieg ist bei dem Zustand allgemeiner
Überreiztheit, in dem sich das Land noch befindet, das einzige Mittel,
um dem Krieg im Innern ein Ende zu machen. Die Franzosen müssen
sich zusammenfinden, um den König von Spanien in Flandern zu bekriegen. Philipp mischt sich ständig in unsere inneren Zwiste. Durch-
schaut denn niemand, dass er nur danach trachtet, unser Vaterland zu
schwächen und unsere nördlichen Provinzen zu annektieren? Der Krieg
nach außen ist notwendig, Sire.«
Da umarmte Karl IX. den Admiral und sagte: »Mein Vater, wir werden
gemeinsam stark sein und siegen!«
Katharina war entsetzt, einmal wegen Colignys Kriegsplänen, zum
anderen, weil sie spürte, dass der König ihr entglitt und wahrscheinlich
unter Colignys Einfluss geraten würde, und sie beschloss diesen Krieg
gegen Spanien mit allen Mitteln zu verhindern.

Nach der Mittagstafel gingen Katharina und Coligny im Garten spazieren, sprachen über alte Zeiten und Katharina sagte: »Es sind fast zehn
Jahre her, dass wir uns unter vier Augen unterhalten haben, damals
waren meine Kinder noch klein, jetzt sind sie erwachsen, teilweise verheiratet. Ich hoffe, dass meine Ehepläne für Margot sich verwirklichen
lassen, ich möchte sie nämlich mit dem Prinzen von Navarra vermählen,
das ist mein Beitrag zur Erhaltung des inneren Friedens.«
»Eine wunderbare Idee, Madame, es wäre das erste Mal in Europa, dass
eine katholische Prinzessin einen hugenottischen Fürsten heiratet, allerdings müsste die Prinzessin zum neuen Glauben übertreten.«
»Darüber könnte man verhandeln«, erwiderte Katharina ausweichend.
»Würden Sie, Herr Admiral, diese Heirat prinzipiell befürworten und
mich unterstützen, wenn ich in dieser Angelegenheit Kontakt zur Königin von Navarra aufnehme?«
»Ja, Madame.«

Drittes Buch
Die Bartholomäusnacht
(1572)

1

Der 13. Februar 1572 war ein nasskalter, trüber Spätwintertag. Von ihrem Bett aus beobachtete Mingo den Schneeregen, der in den frühen Morgenstunden begonnen hatte und jetzt am Nachmittag stärker zu werden schien. Sie horchte auf die Geräusche, die vom Schlosshof heraufdrangen, und wartete auf Katharina. Mingo war jetzt fast siebzig Jahre und rüstig für ihr Alter, aber Anfang Februar hatte sie sich eine fiebrige Erkältung zugezogen und der Arzt hatte Bettruhe verordnet und einen Kräutertee, der das Fieber senken sollte. Der Tee half nicht, und der leichte Husten war immer stärker geworden. Sie sah hinüber zu Isabella und Violetta, die mit einer Näharbeit am Fenster saßen.

»Wie spät ist es, Violetta?«

»Fast zwei Uhr, Madame.«

»Wann wird Ihre Majestät heute kommen?«

In diesem Augenblick schlug eine Uhr die volle Stunde, und fast gleichzeitig betrat Katharina das Zimmer. Sie verbrachte jeden Tag eine Stunde an Mingos Krankenbett, mal am Vormittag, mal am Nachmittag oder Abend, je nachdem, wie ihre Zeit es erlaubte. Katharina nickte Isabella und Violetta zu, die bei ihrem Eintritt aufgesprungen waren und knicksten, dann setzte sie sich in ihren hohen Lehnstuhl neben das Bett und nahm Mingos rechte Hand.

»Wie fühlst du dich heute? Ich glaube, du fieberst immer noch.«

»Ach, Madame, ich fühle mich wie die Tage zuvor, manchmal möchte ich sterben.«

»So etwas darfst du nicht sagen.«

»Ich danke Ihnen, Madame, dass Sie jeden Tag kommen und mir Gesellschaft leisten, Sie haben doch so viel Arbeit.«

»Ich komme gerne, Mingo, die Stunde hier ist die einzige Stunde am Tag, wo ich mich nicht ärgern muss.«

Sie erzählte dann von der geplanten Hochzeit mit Heinrich von Navarra. Mingo hörte aufmerksam zu und fragte ab und zu nach.

Katharina erwähnte gewisse Hindernisse, die Glaubensfrage etwa – immerhin bestand Margot auf ihrem katholischen Glauben, und da Heinrich ja Hugenotte war, musste der Segen des Papstes eingeholt werden. Pius V. wurde die Konversion ihres Schwiegersohnes in Aussicht gestellt. Margot selbst wusste noch nichts von ihrer bevorstehenden Hochzeit – all diese Umstände erörterte Katharina nun am Bett der kranken Mingo.

In diesem Augenblick erschien ein Diener und überreichte Katharina zwei Briefe, einer war aus London, der andere aus Florenz.

Katharina öffnete hastig zunächst den Brief La Mothe-Fénelons, der ihr Gesandter in London war, überflog ihn und sagte dann lächelnd zu ihrer alten Amme: »Mingo, es sieht fast so aus, als ob die Königin von England eine Heirat mit Alençon ernsthaft in Erwägung zieht, zumindest hat sie Fénelon wohlwollend angehört.« Sie legte den Brief zur Seite, dachte einen Augenblick nach, dann öffnete sie das andere Schreiben, las und atmete erleichtert auf.

Die Nachricht von Cosimo war ebenso angenehm: Zwischen ihm, dem Kaiser und Philipp herrschte ein Burgfrieden, Coligny hatte also keinen Grund mehr für seine kriegstreiberischen Pläne.

An dieser Stelle erzählte sie ihrer alten, vertrauten Mingo von all ihrem Kummer bezüglich des Admirals, der sich neuerdings, vom König als »Vater« vertraulich angeredet, in alle Belange des Hofes einmische und Allüren eines Herrschers an den Tag lege, die ein tolerables Maß überschritten. »Mein Sohn ist diesem Mann hörig, Mingo, manchmal glaube ich, es nicht länger zu ertragen!«

Sie schwieg, und Mingo beobachtete, dass die dunklen Augen ihrer Herrin nicht nur zornig funkelten, sondern, dass sich in ihnen noch ein anderes Gefühl spiegelte.

»Mit Verlaub, Madame, ich habe den Eindruck, dass Sie den Admiral hassen«, sagte Mingo vorsichtig.

»Ja!«, rief Katharina, »ja, ich hasse ihn, ich hasse ihn wie die Pest! Manchmal wünschte ich, er wäre tot. Ich habe weiß Gott Gründe genug, um ihn zu hassen: Als ich ihn im Winter 1562 um Hilfe bat, hat er mich im Stich gelassen, er hat einen Vertrag unterzeichnet, worin französischer Boden an England abgetreten wurde, er hat versucht, meinen Sohn zu entthronen, er ist schuld daran, dass 1567 der Religionskrieg wieder ausbrach, er hat ganze Landstriche verwüstet, und jetzt hat er mir den eigenen Sohn entfremdet. – Oh, Mingo, wo wird dies alles enden?«

»Beruhigen Sie sich, Madame, vielleicht wird der König seiner eines Tages überdrüssig.«

»Das glaube ich nicht.«

Es entstand eine Pause, Katharina sah verdrossen vor sich hin und überlegte zum hundertsten Mal, wie man den Admiral vom Hof entfernen könnte, aber es fiel ihr keine Lösung ein. Nach einer Weile sah sie auf, und als sie bemerkte, dass Mingo eingeschlafen war, verließ sie leise das Zimmer und begab sich zum Arbeitszimmer des Königs.

Als sie gemeldet wurde, sahen Karl und Coligny nur flüchtig von einer Landkarte auf und Katharina hörte, wie der Admiral sagte: »Sire, man müsste Alba überraschend angreifen, Valenciennes zum Beispiel ist schlecht befestigt, es wäre leicht zu erobern. Von dort aus könnte man den Krieg nach Flandern hineintragen.«

Katharina glaubte, nicht richtig zu hören, ging zu dem Tisch und sagte: »Herr Admiral, soeben erhielt ich einen Brief meines Vetters Cosimo, er hat sich mit König Philipp und Kaiser Maximilian geeinigt, somit gibt es keinen Grund mehr für einen Krieg gegen Spanien, zumal wir für einen solchen Krieg nicht gerüstet sind.«

Coligny sah auf, musterte Katharina von oben herab und erwiderte kühl: »Madame, Spanien ist der Erzfeind Frankreichs, allein das ist Grund genug, um diese Papisten in Flandern anzugreifen und den Tyrannen Alba zu verjagen. Und was unsere Rüstung betrifft, so sind wir im Begriff aufzurüsten, Madame; außerdem werden wir von den deutschen protestantischen Fürsten unterstützt, und ich rechne auch fest mit der Hilfe Englands.«

Katharina zwang sich zu einem Lächeln und erwiderte: »Da wäre ich mir nicht so sicher, Herr Admiral; die Königin von England hat einen Handelsvertrag mit Alba geschlossen. Das beweist, dass sie primär an ihre wirtschaftlichen Interessen in Flandern denkt. Ein gutes Geschäft wird für Elisabeth immer wichtiger sein als andere Dinge, und soweit mir bekannt ist, verabscheut sie Kriege ebenso wie ich. Aber da wir von England sprechen, Karl, Elisabeth scheint ernsthaft zu erwägen, sich mit deinem jüngsten Bruder zu vermählen. Die Verhandlungen ziehen sich bestimmt noch über ein Jahr hin und ich habe mir überlegt, dass man als Vorstufe des Ehevertrages einen Beistandspakt mit England schließen könnte. Falls also Spanien England oder uns angreift, ist der andere zur Hilfeleistung verpflichtet, das wäre demnächst ein Verteidigungsbündnis; außerdem könnte man Artikel einbauen, die den Handel zwischen unseren Ländern regeln, was meinst du?«

Karl sah Coligny an. »Wie denken Sie darüber, Vater?«

»Der Vorschlag Ihrer Majestät ist ein Schritt in die richtige Richtung, Sire.«

»Gut, dann werden wir mit England einen Beistandspakt schließen.«

Es ist unglaublich, dachte Katharina und unterdrückte nur mühsam ihre Empörung, Frankreich wird tatsächlich von Coligny beherrscht, so wie seinerzeit nach Heinrichs Tod von den Guisen. Meine Söhne sind nur noch Schachfiguren, die hin und her geschoben werden, wie es dem Hochadel beliebt. Das muss ein Ende nehmen, aber wie …?

Sie wandte sich an ihren Sohn. »Dann ist da noch eine Angelegenheit. Ich habe während der vergangenen Tage über den polnischen Thron nachgedacht, der kürzlich vakant wurde. Es muss ein neuer König gewählt werden, und ich möchte deinen Bruder Anjou als Kandidaten vorschlagen. Ich glaube, dass er reelle Chancen hat, gewählt zu werden, vorausgesetzt, man verhandelt geschickt und zahlt entsprechende Bestechungsgelder an die richtigen Leute. Von den Mitbewerbern dürfte nur der Erzherzog Albert ein gefährlicher Konkurrent sein, der Schwede und der Brandenburger sind Lutheraner und haben wenig Aussicht, vom polnischen Reichstag, der mehrheitlich katholisch ist, gewählt zu werden, und der russische Zar Iwan wird in Polen gefürchtet. Würdest du die Kandidatur deines Bruders finanziell unterstützen?«

Karl sah seine Mutter überrascht an, er hatte die Nachricht vom Tod des polnischen Königs nur beiläufig zur Kenntnis genommen, aber dies war eine gute Gelegenheit, um den verhassten Bruder loszuwerden, der Himmel war hoch und Krakau weit weg.

»Wie denken Sie darüber, Vater?«

»Ich befürworte die Kandidatur, warum soll Ihr Bruder keine Krone tragen?« Es wäre eine Möglichkeit, dachte er im Stillen, dass der fanatische Katholik den Hof verlässt.

»Gut, Mama, ich werde Anjous Kandidatur finanziell unterstützen.«

Katharina atmete auf und lächelte Karl an. »Ich danke dir, mein Sohn, ich werde Monluc, den Bischof von Valence, nach Polen schicken, um zu verhandeln – aber kein Wort zu Anjou.«

Als sie gegangen war, sagte der König zu Coligny: »Ich glaube, mein

Bruder hat gute Chancen, zum König von Polen gewählt zu werden. Wenn er Frankreich verlässt, muss er nicht länger Oberbefehlshaber sein. In dem künftigen Krieg gegen Spanien werde ich Ihnen den Oberbefehl anvertrauen, Vater.«

An jenem Nachmittag spielten Margot und Franz Karten. Als ihre Mutter gemeldet wurde, sahen die Geschwister sich unsicher an und erhoben sich zögernd. Irgendetwas musste passiert sein, sonst würde die Mutter nicht Margots Appartement aufsuchen.

»Wie schön, dass ich euch beide antreffe«, sagte Katharina, »ich bringe gute Nachrichten. Ich habe vorteilhafte Ehen für euch arrangiert, das heißt, bei dir, Franz, ist das letzte Wort noch nicht gesprochen, aber die Königin von England scheint ernsthaft an einer Vermählung mit dir interessiert zu sein.«

Die Geschwister sahen sich überrascht an und dann rief Franz: »Die Königin von England! Dann werde ich also König von England?«

Katharina lächelte. »Ja, du hast gute Aussichten. Es könnte natürlich sein, dass du zum protestantischen Glauben übertreten musst.«

»Das stört mich nicht, Mama. Ich kann es noch nicht fassen, König von England!«

»Oh, Franz!«, rief Margot, »ich wünsche dir alles Glück der Erde und ich gönne dir den Thron von England, aber ich darf nicht daran denken, dass du mich dann verlässt.«

»Noch ist es nicht so weit«, sagte Katharina. »Nun zu dir, Margot. Du wirst den Prinzen von Navarra heiraten; diese Ehe soll den Frieden zwischen Hugenotten und Katholiken festigen und die Bourbonen stärker an die Krone binden. Überdies besitzt diese Familie bedeutende Ländereien in ganz Frankreich. Deine künftige Schwiegermutter wird in den nächsten Tagen hier eintreffen, und dann werde ich mit ihr die Einzelheiten des Ehevertrages aushandeln, also vor allem die Mitgift. Ich erwarte, dass du ihr freundlich und liebenswürdig begegnest.«

Margot sah zu Boden und kämpfte gegen die aufsteigenden Tränen an. Der Prinz von Navarra, dachte sie verzweifelt, ausgerechnet er, ein Hugenotte.

Katharina beobachtete ihre Tochter, sie wusste, dass Margot von dem künftigen Gatten nicht entzückt war, aber diese Verbindung war nun einmal politisch notwendig.

»Margot, es hat keinen Zweck, dass du ein Leben lang um den Herzog von Guise trauerst. Heinrich von Bourbon ist intelligent und gesund, er empfindet Zuneigung für dich, war sofort bereit, dich zu heiraten, obwohl er natürlich längst weiß, dass du eine Affäre mit dem Guise hattest, und was ihm an höfischem Schliff fehlt, nun, das wird er rasch lernen, wenn er hier am Hof lebt. Überdies wirst du Königin, und du musst Frankreich nicht verlassen, wie deine Schwestern. Ihr werdet hier am Hof leben, weil er der Thronprätendent ist.«

Da sah Margot auf und erwiderte leise: »Ich gehorche Ihnen natürlich, Mama, aber ich bin überzeugt von meinem Glauben. Es schmerzt mich, dass Sie mich ausgerechnet mit einem Hugenotten vermählen. Ich werde meinem Glauben treu bleiben.«

»Margot, niemand erwartet, dass du Hugenottin wirst, ihr werdet nach katholischem Ritus getraut, eure Kinder werden im katholischen Glauben erzogen und ich bin davon überzeugt, dass dein Gatte sich nach einiger Zeit ebenfalls zu unserem Glauben bekennen wird. Du musst nur ein wenig Geduld haben.«

In diesem Augenblick stürmte Isabella in das Zimmer.

»Madame, endlich finde ich Sie! Madame, kommen Sie rasch, Mingo ist tot!«

Katharina sah die Dienerin einen Augenblick fassungslos an, dann eilte sie hinaus.

Als die Mutter das Zimmer verlassen hatte, war es mit Margots Beherrschung vorbei und sie begann hemmungslos zu weinen. Franz ging zu der Schwester und streichelte ihre Haare.

Er tröstete sie, so gut er konnte, und Margot offenbarte ihm nun all ihre Ängste, vor allem das Lager mit Heinrich von Navarra zu teilen, schien ihr nahezu unmöglich, auch wenn dieser in der Zwischenzeit zivilisierter und kultivierter auftrat.

Margot ihrerseits wollte den Bruder vor der Heirat mit der viel älteren Elisabeth warnen, doch dieser schien mit seinem Schicksal vollkommen zufrieden zu sein, würde er doch König von England und damit eine wichtige und respektable Person werden.

Während dieses Gespräches saß Katharina neben Mingos Bett und weinte. Nach einer Weile trat Isabella zu ihrer Herrin und versuchte sie zu trösten.

»Madame, ich kann Ihren Kummer verstehen, aber bedenken Sie, Mingo hatte einen schönen Tod, sie ist friedlich eingeschlafen und musste keine lange Krankheit und Schmerzen erdulden.«

Da sah Katharina auf und trocknete ihre Tränen.

»Du hast Recht, Isabella, aber du kannst nicht verstehen, was in mir vorgeht: Solange meine Erinnerung zurückreicht, war Mingo immer da, sie gehörte zu meinem Leben, und seit Montmorency tot ist, war sie die Einzige am Hof, mit der ich offen reden konnte. Ich habe ihr meine politischen und privaten Sorgen anvertraut. – Isabella, ich habe im Laufe meines Lebens alle Menschen verloren, denen ich vertraute. Tante Clarissa und Onkel Filippo, meine Vettern Ippolito und Piero, meinen Schwiegervater, meinen Gatten, zuletzt Montmorency; meine Schwägerin Margarete lebt in Savoyen, den Admiral von Coligny hasse ich inzwischen, und jetzt hat auch Mingo mich verlassen.«

Katharina bat Isabella, sie allein zu lassen, zu sehr schmerzte sie der Verlust der treuen Amme, die für sie seit frühester Kindheit nahezu eine Mutter gewesen war.

Am 15. Februar rumpelte ein Wagen an der Loire entlang, bei dessen Anblick die Einwohner der Dörfer und Städte zusammenliefen und sich bekreuzigten.

»Gütiger Himmel, ich habe noch nie ein solches Gefährt gesehen.«

»Es trägt das Wappen von Navarra, die Königin von Navarra ist unterwegs nach Blois.«

Jener Wagen fiel nicht nur wegen seiner Größe auf, sondern weil durch einen Schornstein Rauch abzog und er von acht Pferden gezogen wurde. Er war mit geteerter Leinwand abgedichtet, und in seinem Innenraum brannte Tag und Nacht ein Feuer. Johanna lag dort auf einem Ruhebett und stöhnte jedes Mal, wenn der Wagen über Schlaglöcher fuhr. Neben ihrem Bett saß die dreizehnjährige Katharina. Sie war ein dünnes Mädchen, dessen aschblonde Haare straff zurückgekämmt waren und von einer schwarzen Haube bedeckt wurden. Sie trug ein schwarzes Kleid und das Gesicht ähnelte dem der Mutter: Ihre Augen waren blau, aber der Mund war genauso schmal und verkniffen wie bei Johanna.

Sie las in einem Gebetbuch, ebenso wie die anwesenden Hofdamen und die Prediger, die sich in der königlichen Kutsche aufhalten durften. Als Johanna erneut stöhnte, sah Katharina von dem Gebetbuch auf.

Es entstand eine Pause und dann fragte Katharina vorsichtig: »Mutter, warum wollen Sie meinen Bruder mit einer Katholikin verheiraten?«

»Mein Kind, ich will es nicht und ich habe lange nachgedacht, aber diese Heirat ist im Interesse Navarras und deines Bruders. Navarra ist auf das Bündnis mit Frankreich angewiesen. Dein Bruder wird Gouverneur in der Provinz Guyenne, er besitzt das Erbe seines Vaters, wird Schwager des Königs von Frankreich, und die Verbindung mit den Valois erhöht seine Stellung als Erster Prinz von Geblüt. Im Augenblick hat er nur die Wahl zwischen dieser Heirat und einer abenteuerlichen Zukunft, deswegen bin ich bereit, darüber zu verhandeln. Die Mitgift von Margot interessiert mich nicht weiter, ich habe diese anstrengende Reise unternommen, um mich mit ›Frau Schlange‹ über zwei Fragen zu unterhalten: Welcher Religion werden die beiden Gatten angehören, und: Wird die Ehe von einem papistischen Priester geweiht werden? Wenn es in diesen Punkten zu keiner Einigung kommt, wird dein Bruder diese Margot nicht heiraten. Der wahre Glaube, mein Kind, ist für mich wichtiger als die Staatsraison.«

Katharina gab sich mit der Antwort zufrieden. Das gleichmäßige Ruckeln des Wagens schläferte beide ein.

Es dämmerte schon, als sie in Blois ankamen.

Johanna und ihre Tochter wurden von der königlichen Familie herzlich begrüßt und auf den Mund geküsst, dann begleitete Katharina die Gäste zu ihren Gemächern.

Johanna dankte für die großzügige Unterbringung und erklärte Katharina, dass Heinrich, der noch wichtige Staatsgeschäfte von La Rochelle aus zu erledigen habe, rechtzeitig zur Hochzeit einträfe, falls man sich gegenseitig einig würde.

Man verabredete sich zur Abendtafel, und Johanna suchte mit der kleinen Katharina das Badezimmer auf, um sich frisch zu machen.

Während des Essens musterte Johanna ihre künftige Schwiegertochter und musste widerwillig zugeben, dass sie tatsächlich eine Schönheit war, fand aber auch, dass sie sich zu stark schnürte und schminkte. Ansonsten war die junge Frau sehr schweigsam, redete nur, wenn man sie ansprach, und Johanna gewann den Eindruck, dass Margot nicht besonders glücklich war. Nun, sie war bereit, der künftigen Schwiegertochter das Einleben in Navarra zu erleichtern, soweit es möglich war, allerdings würde sie auf manche Annehmlichkeit verzichten müssen.

Später saß sie zusammen mit Margot und Katharina im Wohnraum der Königinmutter, nippte an schwerem Rotwein und wartete darauf, dass Katharina das Gespräch über den Ehevertrag begann. Katharina schwieg, und so blieb Johanna nur die Möglichkeit, selbst das Gespräch zu eröffnen.

»Madame, bevor wir über die Mitgift sprechen, möchte ich Klarheit über zwei Punkte haben: Wird die Ehe meines Sohnes nach dem hugenottischen oder dem papistischen Ritus eingesegnet, und wann wird Ihre Tochter zum calvinistischen Glauben übertreten?«

Katharina erwiderte lächelnd: »Die erste Frage kann ich Ihnen beantworten, Madame: Ihr Schwager, der Kardinal von Bourbon wird die Ehe nach katholischem Ritus in Paris in der Kathedrale Notre-Dame einsegnen. »Wirst du irgendwann den neuen Glauben annehmen?«, fragte sie, zu Margot gewandt.

»Nein, Mama, ich werde immer Katholikin bleiben.« Und zu Johanna: »Das können Sie von mir nicht verlangen, Madame.«

»Madame, Sie heiraten einen Hugenotten, Sie müssen sich zum Glauben Ihres künftigen Gatten bekennen.«

Nun mischte Katharina sich ein: »Ihr Sohn, Madame, ist Thronprätendent, deswegen müsste er irgendwann katholisch werden.«

»Das ist unmöglich, er wird einmal in Navarra regieren, und in seinem Königreich ist der Calvinismus die Staatsreligion. Nach der Hochzeit werden Heinrich und Margot mich nach Navarra begleiten, Margot muss Hugenottin werden!«

»Nein, niemals!«, rief Margot.

»Nun«, sagte Katharina, »überdenken Sie noch einmal alles, Madame, besprechen Sie sich mit Ihren Predigern. Vielleicht gibt es eine Kompromisslösung hinsichtlich der Trauung. Wir haben ja noch Zeit. – Hat Heinrich inzwischen nach Rom geschrieben wegen des Dispenses?«

»Ja.« Johanna überlegte. »Er hat geschrieben, der Heilige Vater dürfe ihn als einen der Seinigen ansehen: *Ich trage das unauslöschliche Merkmal der Kirche, in deren Glauben ich getauft worden bin. Man darf mir meinen jetzigen Glauben nicht anrechnen, über den mir im Kindesalter kein Urteil und keine Wahl zustand.*«

Johanna schwieg und sah bedrückt vor sich hin. Während der vergangenen Jahre hatte sie in mancher stillen Stunde über den ihrer Meinung nach geringen Glaubenseifer des Sohnes nachgedacht.

Katharina beobachtete Johanna und dachte, dass die Cousine nicht sehr glücklich über diesen Brief war.

»Das Schreiben ist sehr diplomatisch und geschickt formuliert«, sagte sie und dachte im Stillen, dass der künftige Schwiegersohn dem Papst ruhig noch etwas mehr hätte entgegenkommen können.

Nach einer Weile bat Johanna, sich zurückziehen zu dürfen, und als sie gegangen war, sah Margot ihre Mutter an und fragte zögernd: »Muss ich Hugenottin werden, Mama?«

»Nein, du hast die Freiheit, deinen Glauben selbst zu wählen, und du kannst beruhigt sein: Wenn sie darauf besteht, dass du Hugenottin wirst, werde ich ihr eine Alternative präsentieren, die sie zwingt nachzugeben.«

»Mama, ich heirate Heinrich, weil Sie und der König es wünschen, aber ich werde mich in Navarra, unter lauter Hugenotten, unglücklich fühlen.«

Katharina sah ihre Tochter erstaunt an.

»Wer redet denn davon, dass du in Navarra leben sollst? Nach der Hochzeit wirst du mit deinem Mann natürlich hier am Hof leben, in der Nähe des Königs, wie es sich für den Thronprätendenten ziemt.«

Margot atmete erleichtert auf. Die Aussicht, weiterhin am glanzvollen Hof der Valois zu leben, versüßte ihr die befohlene Heirat.

Am nächsten Tag hatte Johanna eine lange Besprechung mit ihren Predigern über die Trauungszeremonie, und die Herren versprachen über eine Lösung nachzudenken, die für alle akzeptabel wäre. Dann schrieb sie an den Sohn.

Sie beschrieb ihm die Schönheit Margots und gab ihrer Hoffnung Ausdruck, dass Margot zum calvinistischen Glauben konvertiere.

Während der folgenden Tage versuchte Johanna immer wieder vergeblich, mit Katharina und Margot zu einer Einigung über die strittigen Fragen zu kommen.

Am 8. März schrieb sie verzweifelt an Heinrich.

Mein Sohn, ich bin hier in großen Nöten und dermaßen aufs Äußerste gebracht, dass ich viel leiden müsste, wenn ich mich nicht vorgesehen hätte. Man lässt mich weder mit dem König noch mit der Prinzessin sprechen, sondern mit der Königinmut-

*ter allein; diese begegnet mir sehr zweideutig und sehr spitz, so
wie der Bote es dir mündlich erzählen wird. Monsieur Herzog
von Anjou begegnet mir sehr zutraulich, aber immer halb
scherzhaft, halb verstellt, wie du ihn schon kennst. Die Prinzessin sehe ich nie, außer bei der Königin, von welcher sie sich nicht
entfernt. Sie geht nicht eher in ihr Zimmer, als zu einer für mich
sehr unbequemen Stunde, und selbst dann rührt Frau von Curton sich nicht von ihrer Seite, so dass ich ihr gar nichts sagen
kann, was diese nicht hören soll. – Ich will um keinen Preis, dass
du hier bleiben musst, darum wünsche ich sehr, dich vermählt zu
sehen, und dass du dich mit deiner Frau aus dieser Verderbnis zurückziehst, die ich noch größer finde, als ich sie vermutete. Ich
bleibe bei meiner Meinung, dass du wieder zurück nach dem
Béarn musst. Mein Sohn, du hast aus meinem vorigen Briefe
wohl schließen können, dass man im Sinne hat, dich zu trennen
von Gott und von deiner Mutter.*

Am 22. März bat Katharina die Cousine zu einer neuerlichen Unterredung in ihr Appartement. Sie war fest entschlossen, die Heiratsverhandlungen nun zum Abschluss zu bringen.
Als Johanna den Raum betrat, sah sie erleichtert, dass sie mit der Königinmutter und Margot allein war.
»Nun, Madame«, begann Katharina, »haben Sie mit ihren Predigern gesprochen?«
»Ja, meine Theologen haben mir versichert, dass die Ehe von den Protestanten unter folgenden Voraussetzungen als gültig betrachtet werden
kann: Mein Sohn darf weder die Kathedrale betreten noch die Braut-
messe hören, und der Kardinal von Bourbon segnet die Ehe nicht als
Priester ein, sondern in seiner Eigenschaft als Onkel.«
Katharina musste unwillkürlich über die theologischen Spitzfindigkeiten lächeln und erwiderte: »Gut, mit diesem Kompromiss können wir
alle leben.«
Johanna jedoch wollte nicht so schnell nachgeben und beharrte auf Margots Glaubenswechsel.
Margot ihrerseits blieb standhaft und Johannas Argumente versiegten
im Sand.
Noch einmal hob diese an, ihre Position wenigstens hinsichtlich des
Wohnortes der künftigen Eheleute zu behaupten. Diese müssten unbe-

dingt in Navarra leben, denn Heinrich sei schließlich dort König und sie selbst seit geraumer Zeit kränklich.

Katharina sei als Kronprätendent unabkömmlich, zudem könne man seinerseits angesichts dieses Ranges eine Konversion zum Katholizismus erwarten.

Sie stand auf und sagte mit fester Stimme zu Katharina: »Madame, unter solchen Voraussetzungen bin ich nicht bereit, meine Zustimmung zu dieser Ehe zu geben.«

Katharina erschrak. Sie hatte zwar gewusst, dass die Cousine stur und verbohrt war, aber dass sie um des Glaubens willen bereit war, eine für Navarra politisch vorteilhafte Verbindung abzulehnen, damit hatte sie nicht gerechnet.

Sie überlegte kurz und beschloss dann, ihren letzten Trumpf auszuspielen.

Sie stand ebenfalls auf, lächelte die Cousine an und sagte: »Madame, der König von Frankreich hat ein ausgesprochen gutes Verhältnis zum Heiligen Vater, es wäre nicht weiter schwierig, den Papst zu veranlassen, Ihre erste Ehe für gültig zu erklären. In diesem Fall würde Ihr Sohn Heinrich zum Bastard und wie jeder Bastard all seiner Erbrechte verlustig gehen, einschließlich seiner Stellung als Erster Prinz von Geblüt. Wollen Sie das? Wollen Sie Ihren Sohn in eine ungewisse Zukunft stoßen?«

Johanna glaubte, nicht richtig zu hören, man erpresste sie … Diese florentinische Schlange, dachte sie, wenn sie doch nur zur Hölle führe. Aber was blieb ihr anderes übrig?

Sie atmete tief durch und sagte dann leise zu Katharina: »Sie haben gewonnen, Madame.«

Katharina lächelte spöttisch und erwiderte: »Ich wusste, dass wir uns einigen würden, Madame«.

Der Ehevertrag enthielt eine stattliche Mitgift von 500 000 Talern, 50 000 Goldstücken und ein Witwengehalt von 40 000 Livres. Margot erhielt das Schloss Vendôme. Heinrich bekam 12 000 Livres von Johanna, das Erbe seines Vaters und das Gouvernement Guyenne. Der Kardinal von Bourbon verzichte auf alle Rechte, die ihm als Bourbone zustünden, so hieß es weiter im Vertrag.

Johanna unterrichtete den Sohn sofort von dem Ergebnis der Verhandlungen, die am 11. April zum Abschluss kamen.

1140

Ungefähr einen Monat später reiste der Hof zurück nach Paris um die Hochzeit vorzubereiten. Katharina ließ von ihren Astrologen ein günstiges Datum errechnen, und sie fanden heraus, dass Montag, der 18. August zu empfehlen sei.

Johanna zog es vor, nicht im Louvre zu wohnen, sondern im Palais des Bischofs von Chartres, Jean Gaillard, der sich öffentlich zum protestantischen Glauben bekannt hatte. Einige Tage nach ihrer Ankunft zeigte sie Margot ihren Schmuck und sagte: »Ich schenke Ihnen alles, Sie haben mehr Verwendung dafür als ich.«

Margot bedankte sich höflich, erfreut über die Großzügigkeit, obwohl er nicht ihrem Geschmack entsprach.

Anfang Juni kehrte sie von Einkäufen bei Goldschmieden zurück und fühlte sich völlig erschöpft. Sie legte sich zu Bett, ließ Ärzte rufen, und diese diagnostizierten eine Brustfellentzündung. Am 9. Juni starb die Königin von Navarra, und sofort verbreitete sich unter den Hugenotten das Gerücht, die Königinmutter sei schuld an ihrem Tod, sie habe der Verstorbenen Handschuhe geschenkt, die von dem Parfümeur René vergiftet worden seien.

Daraufhin ordnete der König eine Autopsie an, die ergab, dass die Lungenflügel entzündet waren und dies die Todesursache gewesen war, aber die Gerüchte wollten nicht verstummen.

2

Während der folgenden Tage trafen von überall her Hochzeitsgäste ein, die Guisen kamen und achteten darauf, dass ihre Leute in der Nähe ihres Palais wohnen konnten. Es kamen hugenottische Edelleute, die Quartier bezogen, wo sie eines fanden, denn die katholische Bevölkerung der Hauptstadt war wenig erbaut über die Gäste, weil plötzlich Gerüchte auftauchten, dass die Hugenotten einen Aufstand planten.

Je mehr Protestanten eintrafen, desto bedrohter fühlten sich die Pariser, überall in den Straßen und Schenken, in den Läden am Ufer der Seine, im Quartier Latin, überall sah die Bevölkerung von Paris schwarz gekleidete Gestalten, die sich aufführten, als ob sie die Herren in Frankreich wären, und ständig betonten, dass der papistische Saustall endlich gereinigt werden müsse. Einige bezeichneten Margot sogar als Hure und verfluchten die Hochzeit.

Zu der gereizten Stimmung unter der Bevölkerung kam eine Sommer-hitze, die täglich unerträglicher wurde, und man befürchtete den Aus-bruch von Seuchen, weil die sanitären Verhältnisse für so viele Men-schen nicht reichten.

Anfang Juli zog Heinrich von Bourbon, seit dem Tod der Mutter König Heinrich III. von Navarra, in Begleitung seines Vetters Condé und des-sen junger Frau Maria von Kleve in Paris ein. Ihnen folgten fünfhundert Edelleute und annähernd tausend hugenottische Reiter.
Die Pariser säumten neugierig die Straßen, weil sie den jungen König se-hen wollten, und waren etwas enttäuscht von seiner äußeren Erschei-nung: Der inzwischen achtzehnjährige Thronprätendent war klein und mager, wirkte aber drahtig. Die Nase schien noch länger geworden zu sein, und die untere Gesichtshälfte wurde von einem kurzen Backenbart umrahmt. Die Augen blickten ernst und nachdenklich, man verglich ihn mit dem jungen Herzog von Guise und fand, dass dieser wesentlich repräsentativer aussah, aber der junge Mann konnte nichts für seine äußere Erscheinung, und so ließ man ihn hochleben.
Aber als die Pariser nun den langen Zug der hugenottischen Edelleute und Reiter sahen, verstummten sie, und Heinrich empfand die plötzliche Stille als bedrohlich. Er hatte unterwegs vom raschen Tod der Mutter er-fahren, er kannte auch die Gerüchte, dass sie vergiftet worden sei, und fühlte sich ohne ihre Anwesenheit dem französischen Hof schutzlos preisgegeben. Er war fest entschlossen, sofort nach den Hochzeitsfeier-lichkeiten mit Margot nach Navarra abzureisen.

Die Valois empfingen das neue Familienmitglied mit großer Herz-lichkeit. Katharina und ihre Söhne umarmten Heinrich, und der König flüsterte dem Vetter freudestrahlend zu, dass die junge Königin guter Hoffnung sei und man gegen Ende September mit der Niederkunft rech-ne.
»Die Dynastie Valois ist gesichert«, sagte Karl voller Stolz.
»Das freut mich für dich und deine Familie«, erwiderte Heinrich höflich und sah verstohlen zu Margot, die sich im Hintergrund hielt und die Fa-milienszene beobachtete.
Sie betrachtete Heinrich, verglich ihn mit Guise und war den Tränen nahe. Er ist einen Kopf kleiner als ich, ging es ihr durch den Kopf. Mit diesem Mann sollte sie nun den Rest ihres Lebens verbringen …

Katharina folgte dem Blick des künftigen Schwiegersohnes, winkte Margot herbei und sagte zu ihren Söhnen: »Wir sollten das Brautpaar jetzt einen Augenblick allein lassen, sie haben sich sechs Jahre nicht gesehen und werden sich viel zu erzählen haben.«

Beim Hinausgehen dachte sie daran, dass Heinrich, so wurde es jedenfalls behauptet, eine Neigung für Frauen und den Spieltisch hatte, und sie überlegte, ob er vielleicht den wankelmütigen Charakter des Vaters geerbt hatte, dann würde man am Hof leichtes Spiel mit ihm haben.

Margot und Heinrich standen sich eine Weile schweigend gegenüber, und der junge Mann betrachtete fasziniert das rote Seidenkleid, das die weiße Haut und die schwarzen Haare vorteilhaft zur Geltung brachte.

»Deine Schönheit ist bereits zur Legende geworden, Margot, aber diese Legende entspricht der Wahrheit.«

Sie versuchte zu lächeln, dachte, dass Schönheit wahrscheinlich auch oft mit Unglück gepaart war, und erwiderte: »Soll ich dir die Gärten bei dem neuen Tuilerienschloss zeigen? Du hast sie noch nicht gesehen.«

Dann gingen sie über die kiesbestreuten Wege vorbei an Hecken und Rosenbeeten und schwiegen sich an, weil sie nicht recht wussten, worüber sie sich unterhalten sollten.

An einem Springbrunnen blieb Heinrich stehen, sah seine Braut an und sagte: »Margot, ich habe natürlich auch von den Gerüchten gehört, dass meine Mutter angeblich vergiftet wurde, und ich versichere dir, ich glaube kein Wort von dem, was geredet wird. Meine Mutter ist eines natürlichen Todes gestorben, sie war schon lange krank und es war abzusehen, dass es nicht mehr lange dauern würde.«

»Es kam alles so plötzlich.«

»Deine Mutter, Margot, hat mir einen Kondolenzbrief geschrieben und mir mitgeteilt, dass sie trotz des Todesfalles keine Verschiebung unserer Hochzeit wünscht, und ich habe mich einverstanden erklärt, weil es eine politische Hochzeit ist, die den inneren Frieden sichern soll. Coligny ist der gleichen Meinung. Eines noch, Margot: Ich habe dich schon als Kind geliebt und verehrt, und an meiner Zuneigung hat sich nichts geändert. Ich weiß, dass diese Zuneigung nicht gegenseitig ist, noch nicht, aber ich werde alles versuchen, um dich glücklich zu machen. Darf ich hoffen, dass du meine Gefühle eines Tages wenigstens etwas erwiderst?«

Margot sah ihren Bräutigam an, spürte, dass seine Worte aufrichtig gemeint waren, dachte daran, dass diese Hochzeit in erster Linie ein Werk ihrer Mutter war, und erwiderte: »Ich will dir nichts versprechen, Heinrich, aber ich werde mich bemühen, dir eine gute Gattin zu sein, und ich werde zu dir stehen, was auch geschehen mag. Schließlich werden wir am 18. August vor Gott und der Welt getraut. Ich glaube dir, dass du mich liebst, aber man hört immer wieder von deinen Frauengeschichten.«

Er sah etwas verlegen zu Boden und antwortete zögernd: »Ich gebe zu, dass Frauen mich faszinieren, aber es waren oberflächliche Abenteuer, ich war nicht mit dem Herzen dabei. Dein Bild hat keine der Frauen verdrängen können, die ich besessen habe.«

Er schwieg und dachte an Corisande, Corisande war die Einzige, die ihn außer Margot menschlich interessierte, aber Corisande war verheiratet und lebte weit entfernt in Navarra, und er war seit vier Jahren nicht mehr in der Heimat gewesen.

»Allerdings, Margot, ich weiß nicht, ob ich dir immer körperlich treu sein kann, aber die körperliche Treue ist schließlich nicht so wichtig, wichtig ist, dass wir geistig und seelisch harmonieren.«

»Natürlich, aber dann kannst du auch von mir nicht erwarten, dass ich dir körperlich immer treu bin. Gestehst du mir diese Freiheit zu?«

Er zögerte und antwortete dann: »Ja, allerdings ungern, aber es bleibt mir nichts anderes übrig, überdies glaube ich, dass sich dieses Problem in Navarra von selbst lösen wird, dort sind die Versuchungen nicht so groß wie am Hof deines Bruders.«

»Navarra? – Nein, Heinrich, wir werden nicht in deinem Königreich leben, sondern am Hof meines Bruders, das ist ein Wunsch meiner Mutter.«

»So? Davon weiß ich ja gar nichts. – Nun, ich werde mit deiner Mutter noch einmal darüber reden, am besten nach den Hochzeitsfeierlichkeiten, wenn der Trubel vorüber ist.«

An der Abendtafel sagte der König: »Ich hatte vorhin eine interessante Unterredung mit Walsingham, dem englischen Gesandten. Er hat detailliert geschildert, wie stark Maria Stuart in die so genannte Ridolfi-Verschwörung verwickelt war, und sie hat es nur der englischen Königin zu verdanken, dass sie nicht hingerichtet wurde, wie es vom Parlament gefordert wurde. Ach, die arme Närrin wird nicht eher aufhören, bis sie den Kopf verliert. Man wird sie bestimmt noch hinrichten.«

»Ich finde es nicht verwunderlich«, erwiderte Navarra, »dass sie Verschwörungen anzettelt, um ihre Freiheit wiederzuerlangen. Es muss entsetzlich sein, jahrelang in irgendeinem Schloss unter Bewachung zu leben.«

»Sie ist selbst schuld an ihrem Schicksal«, sagte Katharina, und da sie das Thema Maria Stuart nicht vertiefen wollte: »Hat Margot dir schon erzählt, welche Festlichkeiten anlässlich eurer Hochzeit geplant sind?«

»Nein, Madame.«

»Vier Tage lang, von Montag bis Donnerstag, werden wir in Bällen, Maskeraden, Banketten und Veranstaltungen von Musikern, Dichtern und italienischen Komödianten schwelgen. Am 18. August gibt es am Mittag ein Bankett im Palais des Bischofs, am Abend gibt der König ein Bankett im Louvre, dann folgt ein Maskenball im großen Saal des Justizpalastes, der unterbrochen wird von einem Ballett, worin der König, du und dein Vetter Heinrich eine Rolle spielen: Drei große Wagen in der Form von silbernen Felsen kommen herein, auf jedem sitzen fünf Musiker mit verschiedenen Instrumenten; zwei Wagen fahren zu beiden Seiten des Saales, der dritte Wagen bleibt in der Mitte, auf ihm steht der berühmte Sänger Le Roy. Dann kommen drei Wagen mit Nischen, die von vier silbernen Säulen getragen werden, in jeder ist eine Meernymphe. Dann kommen noch vier silberne Wagen, die Seetiere vorstellen mit einem Löwenkopf und einem Fischschwanz – auf diesen Wagen sitzen in Goldstoff gekleidete Gottheiten auf vergoldeten Muscheln. Zuletzt kommt ein vergoldetes Seepferd, das den Neptun mit seinem Dreizack auf einer goldenen Muschel trägt. Dieser Neptun ist der König von Frankreich. Auf dem ersten Wagen wirst du und dein Vetter Condé sitzen. Sobald die Wagen stehen, werden die Musiker Verse singen, die unsere Hofpoeten gedichtet haben. – Am nächsten Tag wirst du im Palais Anjous ein Bankett geben, anschließend folgt ein Ball im Louvre. Am Mittwoch aber folgt der Höhepunkt der Festlichkeiten: die Spiele im Palais Bourbon – doch es soll eine Überraschung sein, ebenso wie die Feierlichkeiten am Donnerstag im Louvre. Diese enden mit Scheinkämpfen und einem abschließenden Ball, so viel will ich verraten.«

Heinrich hatte aufmerksam zugehört. Welch ein Aufwand, dachte er.

»Madame, wie viel Arbeit und Mühe hat es Sie gekostet, dies alles zu planen und zu arrangieren! Es ist für mich eine große Ehre, dass ausgerechnet meine Hochzeit so prachtvoll gefeiert wird.«

»Deine Heirat mit Margot soll Katholiken und Hugenotten miteinander versöhnen, und um dies zu erreichen, ist mir nichts zu teuer.«

Während Katharina ihrem künftigen Schwiegersohn die Hochzeitsfestlichkeiten beschrieb, zogen an anderer, unvermuteter Stelle Wolken des Unheils herauf. Bereits im März war es Coligny gelungen, den König zu überreden, die aufständischen Niederländer gegen Spanien zu unterstützen, Valenciennes zu besetzen und die Spanier zu vertreiben. Es dauerte nicht lange, dann wurden die Franzosen von den Spaniern vertrieben und zogen sich nach Mons zurück, wo sie von Albas Truppen belagert wurden.

Katharina war entsetzt, als sie von der Einmischung Frankreichs in den Niederlanden erfuhr, und veranlasste Karl, den Einfall der Hugenotten in die Niederlande schriftlich zu missbilligen. Dieses Dokument übergab sie dem Botschafter des Kaisers und ersuchte ihn, den Zorn Philipps II. zu beschwichtigen.

Coligny indes gab nicht auf. Er entsandte 4000 Mann nach Mons, um die Belagerten zu befreien, und mobilisierte gleichzeitig mehrere Abteilungen des königlichen Heeres für den Krieg gegen Spanien.

Im Juli wurden die Hugenotten bei Quiévrain vernichtend geschlagen, und aus den bei den Gefangenen gefundenen Marschbefehlen Karls IX. ging für die Spanier eindeutig die Verantwortung des französischen Königs hervor.

Katharina versuchte, Karl zu überreden, erneut jede Verantwortung für die Vorkommnisse in den Niederlanden zu leugnen, aber er war diesmal fest entschlossen, Colignys Wunsch zu erfüllen und Spanien den Krieg zu erklären, weil der Admiral ihn davon überzeugt hatte, dass die Franzosen bestimmt von den deutschen protestantischen Fürsten und auch von England unterstützt würden.

Katharina versuchte dem Sohn klar zu machen, dass mit Unterstützung nicht zu rechnen sei, vor allem nicht mit der Hilfe Englands. Während dieser Diskussionen erhielt sie die Nachricht, dass ihre Tochter Claudia während der Reise nach Paris in Chalôns erkrankt war, und sie eilte besorgt zur Herzogin von Lothringen.

Nach ihrer Abreise bereitete Karl seine Kriegserklärung gegen Spanien vor. Katharinas italienische Vertraute am Hof, Gondi und Birague, hielten aber Augen und Ohren offen, und als sie wussten, was im Arbeitszimmer des Königs vorging, benachrichtigten sie die Königinmutter, woraufhin diese sofort zurückkehrte, zumal Claudia fast genesen war.

Sie eilte, so rasch es ihre Körperfülle erlaubte, die Gänge und Galerien im Louvre entlang und betrat unangemeldet das Arbeitszimmer des Sohnes, der Coligny gerade die Kriegserklärung an Spanien vorlas.

»Halt!«, rief Katharina, und als der König und Coligny zusammenfuhren und sie erstaunt ansahen, trat sie näher und sagte: »Du wirst Spanien nicht den Krieg erklären, Karl. Begreifst du nicht, dass dies den Untergang Frankreichs bedeuten würde? In Kürze wäre Paris von den Spaniern belagert! Wir sind militärisch überhaupt nicht gerüstet, wir sind ausgeblutet von unseren eigenen Kriegen, wir können nicht auf auswärtige Hilfe zählen. Frankreich muss wirtschaftlich wieder aufgebaut werden; ein Krieg gegen die Großmacht Spanien würde dich deine Krone kosten, mein Sohn. Frankreich würde zum Vasallen Spaniens werden, mein Gott, siehst du das nicht?«

Karl sah hilflos zu Coligny, und dieser erwiderte: »Mit Verlaub, Madame, ich weiß, dass Ihnen nichts so sehr am Herzen liegt wie der Friede, aber es gibt Augenblicke, da kann der innere Friede, die Einigkeit eines Volkes, nur durch einen gemeinsamen Krieg gegen einen äußeren Feind erhalten werden, und unser Hauptfeind ist Spanien, und wir werden gegen Spanien kämpfen. Einige Tage nach dem Ende der Hochzeitsfeierlichkeiten, am 24. August, am Tag des heiligen Bartholomäus, werden unsere Truppen nach Flandern marschieren und die Spanier in den Niederlanden besiegen. Dieser Krieg, Madame, ist für Frankreich ein heiliger Krieg.«

Katharina glaubte, nicht richtig zu hören, sie empfand Coligny gegenüber einen Zorn wie nie zuvor und hätte ihn am liebsten fortgejagt, aber sie beherrschte sich, so gut sie es konnte, und suchte verzweifelt nach weiteren Argumenten, um den Sohn zu überzeugen.

In diesem Augenblick sagte Karl: »Mama, mein Vater hat Recht, wir müssen diesen Krieg gegen Spanien führen und wir werden ihn führen.«

Bei dem Wort »Vater« verlor Katharina endgültig die Beherrschung und schrie: »Was fällt dir ein? Du wagst es, den Admiral ›Vater‹ zu nennen? Dein leiblicher Vater hätte nie einen Krieg erklärt, bei dem unsere Niederlage von vornherein feststand! Dein leiblicher Vater hätte nie so leichtfertig die Krone aufs Spiel gesetzt! Ich kann kaum glauben, dass du mir in dieser Weise dankst, nachdem ich so viel Schmerzen auf mich genommen habe, um dich aufzuziehen und dir die Krone zu retten, als Hugenotten wie auch Katholiken sie uns entreißen wollten, dies alles, nachdem ich mich selbst geopfert und so viele Risiken auf mich genommen habe.«

Sie holte tief Luft: »Du berätst dich mit deinen Feinden! Du entledigst dich der Waffen, die dich unterstützt haben, um dich auf jene zu verlassen, die dich gerne umbringen möchten! Ich weiß, dass du in geheime Beratungen mit dem Admiral verstrickt bist. Du möchtest dich selbst in einen Krieg mit Spanien stürzen, so dass dein Königreich die Beute Spaniens wie der neuen Religion werden wird. Nachdem ich das alles gesehen habe, bitte ich dich nur um eines: die Erlaubnis, mich vom Hofe zurückzuziehen, an den Ort meiner Geburt. Aber bevor ich gehe, höre meine letzte Warnung: Hüte dich vor dem Admiral, er hat bereits mehrfach den Beweis geliefert, dass er Frankreich seinen eigenen Interessen zuliebe verkaufen würde.«

Nach diesen Worten entstand einen peinliches Schweigen.

Der König sah unentschlossen zu Boden. Katharina versuchte, sich zu beruhigen, und war für den Bruchteil einer Sekunde über ihre eigene Unbeherrschtheit erstaunt. Während der vielen Jahre, da sie Diana erdulden musste, war es ihr immer gelungen, sich zu verstellen, zu beherrschen. Nun ja, dachte sie, damals ging es nur um meine persönlichen Probleme, aber jetzt, jetzt geht es um die Krone, um Frankreich.

Coligny musterte Katharina verstohlen und überlegte, wie es so weit zwischen ihnen hatte kommen können. Einst waren sie Freunde gewesen, und jetzt? Sie war gegen seinen Krieg, sie war gegen ihn, gegen alles, was seiner Meinung nach für Frankreich gut war. Sie wollte zwar den inneren Frieden, aber letztlich auf Kosten der Hugenotten; Frankreich und sein König sollten katholisch bleiben. Aber seine Vision von Frankreich war eine andere, ein protestantisches Land unter einem protestantischen König, und wenn dies nicht möglich war, ein Frankreich ohne König, eine Republik nach dem Genfer Vorbild, eine Republik, in der er die Richtlinien der Politik bestimmte. Gewiss, der König fügte sich seinen Wünschen, aber wie lange noch? Der Thronprätendent war nicht zuverlässig genug. In schwierigen Situationen war ihm die eigene Zukunft bestimmt wichtiger als sein Glaube ... Die Stadt war voll von Hugenotten, die ihm, Coligny treu ergeben waren. Und ein Gedanke blitzte in ihm auf, falls der König sich doch noch, im letzten Augenblick, einem Krieg widersetzen sollte.

Karls Stimme unterbrach seine Gedanken: »Mama, bitte, ich möchte nicht, dass Sie den Hof verlassen, es muss eine Möglichkeit geben, sich zu einigen.«

»Gewiss, eine solch schwer wiegende Entscheidung wie der Krieg gegen Spanien muss mit dem Kronrat erörtert werden, und zwar sofort, also morgen, am 10. August.«

»Mama, morgen ist Sonntag.«

»Na und? Staatspolitische Entscheidungen können an jedem Tag erörtert werden.«

Karl sah zu Coligny und dieser erwiderte: »Ihre Majestät hat Recht, Sire.«

»Also«, sagte Katharina, »morgen vor der Messe wird die Angelegenheit im Kronrat besprochen, und ich wünsche, Karl, dass auch einige erfahrene Heerführer anwesend sind und ihre Meinung äußern, also Montpensier, Nevers und Tavannes.«

Karl sah unsicher zu Coligny, und dieser erwiderte rasch: »Selbstverständlich Madame, die Heerführer können meinen Plan bestimmt besser beurteilen als die Räte.«

Bei diesen Worten lächelte er Katharina etwas herablassend an, was sie zwar bemerkte, aber nicht weiter störte, weil sie mehr denn je fest entschlossen war, diesen wahnwitzigen Krieg zu verhindern, auch wenn der Kronrat und die Armeeführer ihn befürworten sollten. Sie wusste zwar noch nicht, wie, aber etwas würde ihr schon einfallen.

Am nächsten Vormittag unterbreitete Coligny den Räten und Heerführern seinen Angriffsplan. Alle waren entsetzt, und es folgte eine erregte Debatte. Schließlich entschieden die Räte und die Armeeführer sich gegen den Krieg. Katharina atmete auf, denn gegen die einstimmige Ablehnung des Kronrats war auch der König machtlos.

In diesem Augenblick erhob sich Coligny und sagte zu den Räten: »Da ein dem meinen entgegengesetzter Rat die Oberhand gewonnen hat, habe ich nichts mehr zu sagen.« Und zu Katharina: »Nun, der König hat sich entschlossen, diesen Krieg nicht zu führen, Gott gebe, dass kein anderer über ihn komme, dem sich zu entziehen er nicht in der Lage sein wird.« Und zu Karl: »Ich kann mich dem, was Eure Majestät getan hat, nicht widersetzen. Doch bin ich überzeugt, dass Sie noch Gelegenheit haben werden, es zu bereuen.«

Katharina und die übrigen Anwesenden waren entsetzt, und alle dachten das Gleiche: Coligny ist jetzt zum Äußersten entschlossen; da man den König gehindert hatte, Spanien den Krieg zu erklären, hatte der Admiral seinem König den Krieg erklärt. Würde nun der Religionskrieg von neuem beginnen?

Katharina begab sich wie betäubt zur Messe und versuchte, ihre Gedanken zu ordnen. Coligny hatte von einem anderen Krieg gesprochen, dem der König sich nicht würde entziehen können. Der König würde seine Entscheidung gegen den Krieg mit Spanien noch bereuen ..., mit anderen Worten, dachte sie, Coligny wird bei nächster Gelegenheit einen weiteren Religionskrieg anzetteln. Dann dachte sie an die vielen bewaffneten Hugenotten, die zur Zeit in Paris weilten. Coligny war im Stande, seine Anhänger gegen den König aufzuhetzen.

Als die Messe am Punkt der Wandlung angekommen war, stand ihr Entschluss fest. Beim Verlassen der Kapelle bat Katharina ihren Sohn Heinrich, sie auf einem Spaziergang durch die Gärten der Tuilerien zu begleiten. Sie ging mit ihm zu einem Heckenweg, wo sie sicher sein konnte, dass niemand lauschte, und erzählte ihm von der Kronratssitzung, dass sogar Tavannes, der, wie jeder wusste, die Spanier verabscheute, gegen einen Krieg war, und dann schilderte sie ihm Colignys Reaktion und wiederholte seine Worte.

Heinrich schwieg einen Augenblick lang betroffen, dann sagte er: »Coligny wird Frankreich ins Unglück stürzen, Mama.«

»Ja, der Mann ist zu einer ernsten Gefahr für den Staat geworden, und das Schlimmste dabei ist, dass dein Bruder dies nicht erkennt oder erkennen will. Ich weiß nicht, was Coligny plant, vielleicht einen Krieg, vielleicht einen neuen Aufstand. Er muss daran gehindert werden, er muss sterben, und dies ist legitim, weil es Frankreich vor einem größeren Unglück bewahrt. Erinnerst du dich, was Machiavelli im 17. Kapitel seines *Fürsten* schreibt? – *Ein Fürst darf daher die Nachrede der Grausamkeit nicht scheuen, um seine Untertanen in Treue und Einigkeit zu erhalten, denn mit einigen Strafgerichten, die du verhängst, bist du menschlicher, als wenn du durch übertriebene Nachsicht Unordnungen einreißen lässt, die zu Mord und Raub führen. Diese treffen ein ganzes Gemeinwesen, wogegen die Strafgerichte, die der Fürst verhängt, nur dem Einzelnen schaden.«*

»Ich teile Ihre Meinung, Mama, der Tod des Admirals ist staatspolitisch notwendig, aber wie wollen Sie das bewerkstelligen? Coligny ist nicht einfach abzuschießen wie ein Kaninchen, er hat zwei Attentate überlebt

1150

und ist natürlich misstrauisch geworden. Er weiß genau, dass er Feinde am Hof hat, und er zählt, abgesehen von den Guisen, natürlich auch Sie und mich dazu. Unterwegs ist er immer von Leibwächtern umgeben, und selbst wenn ein Attentat gelingen sollte, dann würde mein Bruder sofort uns verdächtigen.«

»Genau das ist der Punkt; die Umstände der Ausführung müssen so geregelt sein, dass auch nicht der leiseste Verdacht auf das Haus Valois fällt. Was liegt näher, als den Verdacht auf die Guisen zu lenken? Seit neun Jahren brennen sie darauf, sich an Coligny zu rächen, und ich bin entschlossen, sie jetzt nicht länger zurückzuhalten. Es dürfte nicht schwierig sein, den Verdacht auf die Guisen zu lenken, weil sie ein Motiv haben, und für uns hat es einen weiteren Vorteil: Der Zorn und die Rache der Anhänger Colignys wird die Guisen zwar nicht vernichten, aber empfindlich schwächen. Sie werden uns künftig nicht mehr viel zu schaffen machen und ich wäre den Zielen deines Großvaters, nämlich Vorherrschaft der königlichen Zentralgewalt und Einheit des Volkes, ein Stück näher gekommen.«

»Vortrefflich, Mama, an die Guisen habe ich gar nicht gedacht. Wir entledigen uns Colignys und schwächen diese machthungrige Sippschaft.«

»Wir haben nicht viel Zeit. Ich werde die Herzogin von Nemours und ihren Sohn Heinrich bitten, am frühen Nachmittag hierher in die Gärten zu kommen. Die beiden haben wahrscheinlich in der Familie das größte Interesse, den Gatten und Vater zu rächen.«

Die Herzogin von Nemours und ihr Sohn Heinrich waren entsetzt, als Katharina ihnen den Verlauf der Sitzung im Kronrat schilderte.

»Coligny«, schloss Katharina ihren Bericht, »ist nicht nur der Feind der Katholiken, er ist der Feind Frankreichs. Der Dauphin und ich, wir sind uns einig, dass er sterben muss. Da ein ordentliches Gerichtsverfahren an der Haltung des Königs scheitert, muss der Admiral ermordet werden. Ich habe nichts dagegen, dass Sie jetzt Ihren Gatten und Vater rächen. Ich überlasse es völlig Ihnen, wann, wie, wo und von wem, ich sichere Ihnen zu, dass Colignys Mörder nicht gefasst werden wird. Ich stelle nur eine Bedingung: Es darf kein Verdacht auf die Valois fallen.«

Die Herzogin und ihr Sohn sahen Katharina und Anjou überrascht an, dann sagte die Herzogin: »Madame, es ist seit neun Jahren mein sehnlichster Wunsch, meinen Gatten zu rächen, und Sie können überzeugt sein, dass es meinem Sohn genauso geht.«

»Madame«, sagte Heinrich, »ich danke Ihnen von ganzem Herzen, dass Sie mir endlich gestatten, meinen Vater zu rächen.« Er überlegte einen Augenblick und fuhr fort: »Falls Coligny jetzt eine Rebellion plant, wird er bestimmt nach der Hochzeit losschlagen, solange seine Anhänger noch in Paris weilen. Es gilt also, rasch zu handeln. Das Attentat müsste am Tag nach den Hochzeitsfeierlichkeiten, also am Freitag, dem 22. August, ausgeführt werden. Wissen Sie, Madame, ob am Vormittag des 22. eine Sitzung des Kronrats stattfindet?« – »Ja.« – »Wann sind diese Sitzungen gewöhnlich zu Ende?« – »Gegen zehn Uhr.«

Guise dachte laut nach: »Wenn Coligny vom Louvre zu seinem Palais in der Rue de Bethisy geht, kommt er am Kreuzgang der Kirche Saint-Germain l'Auxerrois vorbei. Nahe bei diesem Kreuzgang steht ein Haus, wo einst der Kanonikus Villemur wohnte, der in unseren Diensten stand. Aus diesem Haus könnte der Schuss abgefeuert werden ...« Er führte weiter aus: »Seit einiger Zeit steht ein gewisser Maurevert in unserem Dienst. Dieser Mann kann mit allen Waffen umgehen. Ich denke, dass man ihn beauftragen soll, den Admiral zu erschießen, wenn er an dem Haus vorübergeht. Danach kann er leicht durch den Hinterausgang entkommen, seine Spur wird sich in dem Labyrinth der Straßen und Gassen rasch verlieren, und bei unserem Palais steht ein gesatteltes Pferd, sodass er Paris noch am selben Tag verlassen und irgendwo in der Provinz untertauchen könnte. – Was meinen Sie, Mama?«

»Ich glaube, Maurevert ist der geeignete Mann.«

Maurevert, dachte Katharina mit gemischten Gefühlen, er hat vor drei Jahren Coligny verfehlt, nun ja, die Situation war damals anders und ich habe es den Guisen überlassen, wie sie die Angelegenheit erledigen.

»Dann ist ja alles klar«, sagte sie, »also am Freitag, dem 22. August.«

»Der Tag, an dem Coligny tot vor mir liegt«, sagte Heinrich von Guise, »wird der glücklichste Tag in meinem bisherigen Leben sein.«

Während die Guisen in einer Sänfte zu ihrem Palais getragen wurden, dachte Heinrich noch einmal über den Auftrag der Königinmutter nach. Es war raffiniert von der Italienerin, ausgerechnet die Guisen als Werkzeug zu benutzen, der Verdacht würde sich also auf seine Familie oder besser auf ihn konzentrieren. Warum sollte der Verdacht nicht ein bisschen verteilt werden? Am gleichen Abend befahl er Böhme, für

Maurevert eine Büchse zu besorgen mit dem Wappen des Herzogs von Anjou.

In jenen Augusttagen des Jahres 1572 herrschte in Paris eine drückende, schwüle Hitze wie selten zuvor, und auch die Nächte brachten keine Abkühlung. Die Herbergen waren überfüllt, und es verging kein Tag, an dem es nicht zu Streitereien zwischen Hugenotten und Katholiken kam, wobei die Wirte meist die Partei der Katholiken ergriffen. In den Straßen fanden Schlägereien statt, und fast jeden Tag hörten die Protestanten, dass sie ein unverschämtes Pack seien, das sich zum Teufel scheren sollte.

Der Beistandspakt mit England wurde unterzeichnet und Katharina beschloss, im Frühjahr, wenn Alençon achtzehn Jahre war, die Eheverhandlungen mit Elisabeth I. voranzutreiben. Ansonsten konzentrierte sie sich auf die Hochzeitsvorbereitungen und versuchte, nicht an den 22. August zu denken. Hoffentlich kam im letzten Augenblick nicht noch etwas dazwischen.

In jenen letzten Tagen vor der Hochzeit versuchte Coligny immer wieder, den König zum Krieg gegen Spanien zu überreden, und zuletzt sagte Karl: »Gut, ich bin einverstanden, in der Sitzung am 22. August werden wir den Kronrat vor vollendete Tatsachen stellen.«

So verging ein Sommertag nach dem anderen, und Katharina wartete ungeduldig auf den päpstlichen Dispens. Pius V. war inzwischen gestorben, und sein Nachfolger Gregor XIII. ließ sich Zeit mit der Entscheidung. Schließlich beschloss Katharina, nicht länger auf den Dispens zu warten, und gab Anweisung, den päpstlichen Boten in Lyon aufzuhalten, falls er nicht die beantragten Genehmigungen, sondern ein Verbot mit sich führte.

Am 17. August unterzeichneten Heinrich und Margot den Ehevertrag, und die Braut verbrachte die letzte Nacht vor ihrer Hochzeit im erzbischöflichen Palais.

Am anderen Tag versammelten sich bereits in den frühen Morgenstunden die Schaulustigen an den Seiten des Vorplatzes von Notre-Dame, damit ihnen keine Einzelheit des Schauspiels entging. Gegen Mittag erschien der Brautzug und schritt feierlich über die Gerüste, die vom bischöflichen Palais bis Notre-Dame errichtet und mit Goldbrokat verhängt waren. Der König führte Margot, und das Volk schwieg ergriffen beim Anblick der Braut, und viele fanden, dass sie noch schöner und majestätischer wäre als vierzehn Jahre zuvor Maria Stuart. Man bewunderte die Krone, den großen blauen Mantel, dessen Schleppe drei Prinzessinnen trugen, und den kleinen Hermelinmantel.

Der König und seine Brüder waren in gelben Atlas gekleidet, der reich mit Perlen und Silber bestickt war, Katharina trug eine dunkelrote seidene Robe, die mit Diamanten übersät war, und zum Erstaunen der Zuschauer waren auch die Hugenotten prächtig gekleidet.

Vom anderen Ende des Gerüstes trat Heinrich von Bourbon der Braut entgegen. Er trug ein blaues Gewand aus golddurchwirktem Stoff, und den Hut zierte eine weiße Reiherfeder. Das Volk musterte den jungen König von Navarra und man fand, dass er königlich wirke, wenn auch nicht groß und stattlich.

»Das ist wenigstens ein Mann«, sagte jemand, »der weiß, was er will, der kann bestimmt regieren. Verglichen mit ihm war der selige Franz II. das reinste Kind.«

Inzwischen hatte der Kardinal von Bourbon mit der Einsegnung begonnen, und nachdem Heinrich sein Jawort gegeben hatte, stieg das junge Paar einige Stufen hinab und betrat einen erhöhten, mit Purpursamt überzogenen Steg im Mittelschiff der Kathedrale.

Im Chor angelangt, verließ der Zug das Gerüst und stieg hinab in das Kirchenschiff, Heinrich führte seine Braut zu dem Betschemel, wo sie niederkniete, um nun ihrerseits das Jawort zu geben.

Während die königliche Familie, der katholische Hochadel und die Würdenträger im Mittelschiff auf den bereitgestellten Stühlen Platz nahmen, verließen der König von Navarra und sein Gefolge die Kathedrale, wie es vereinbart worden war.

Der Kardinal von Bourbon sah Margot an und fragte: »Margarete von Valois, bist du bereit, Heinrich von Bourbon, den König von Navarra, zum Mann zu nehmen, so antworte mit Ja.«

Margot sah den Kardinal an und schwieg. Sie wusste, dass hinter ihr im Kirchenschiff Heinrich von Guise saß, und die Erinnerung wurde plötzlich übermächtig, und sie musste sich zusammennehmen, um nicht laut zu weinen.

Katharina sah unruhig zu der schweigenden Tochter hinüber und wechselte einen hilflosen Blick mit Anjou, während unter den Anwesenden Unruhe entstand.

Der Kardinal holte Luft und begann erneut: »Margarete von Valois …«

In diesem Augenblick sprang der König auf, ging zu seiner Schwester und stieß ihren Kopf nach unten. Der Kardinal deutete dies als Zustimmung der Braut und erklärte das Paar für verheiratet.

Unterdessen spazierten die Hugenotten auf dem Vorplatz auf und ab. Coligny unterhielt sich mit Heinrich von Bourbon über dies und jenes und überlegte, ob er dem jungen Mann sagen sollte, dass der König nun doch bereit war, gegen Spanien Krieg zu führen, und dass sie drei Tage nach dem Ende der Hochzeitsfeierlichkeiten, also am Bartholomäustag, nach Flandern aufbrechen würden, und entschied dann, den jungen Mann am Sonntag vor vollendete Tatsachen zu stellen.

Er war enttäuscht von Heinrichs Entwicklung, als die Königin von Navarra vier Jahre zuvor ihren Sohn zu ihm nach La Rochelle gebracht hatte, hatte er gehofft, dass der junge Bourbone sich zum leidenschaftlichen Vorkämpfer der Lehre Calvins entwickeln würde. Stattdessen musste er erleben, dass der Prinz von Navarra die Frauen und den Spieltisch liebte und auch sonstige Vergnügungen wie Gesang, Tanz und Tafelfreuden. Heinrich konnte diesen Neigungen in La Rochelle zwar nur in Grenzen frönen, aber seine Bemerkungen waren eindeutig, und was den Glauben betraf, so verleugnete er ihn zwar nicht und erfüllte gewissenhaft seine religiösen Pflichten, aber Coligny beobachtete eine gewisse Lauheit darin und fragte sich manchmal, ob Heinrich sich zu einem zweiten Anton von Bourbon entwickeln würde.

Ein lauter Ruf aus der gaffenden Menge unterbrach seine Gedanken.

»Man sollte die Hugenotten aus Paris verjagen, diese Heirat ist eine Schande für jeden Katholiken!«

»Diese Reaktion habe ich befürchtet, Herr Admiral, man kann den religiösen Frieden im Land nicht durch eine Heirat herstellen.«

Coligny sah Heinrich erstaunt an. »Warum haben Sie dann in diese Verbindung eingewilligt, Majestät?«

»Warum? Einmal, weil ich Margot schon seit langem liebe. Als ich ihr vor vierzehn Jahren zum ersten Mal begegnete, war ich fasziniert von ihr, und ich bin es heute noch. Der andere Grund sind politische Überlegungen; die Verbindung mit der Schwester des Königs ist für Navarra vorteilhaft, weil mein Land so einen sicheren Rückhalt gegenüber Spanien hat.«

»Die Idee der Königinmutter, durch diese Verbindung den religiösen Frieden zu sichern, hat also keine Rolle bei Ihrer Entscheidung gespielt?«

»Nun, sagen wir, eine geringe Rolle. Einen dauerhaften Frieden wird man nur durch Toleranz erreichen, und ich bin fest entschlossen, in Navarra die Katholiken zu tolerieren und in der Provinz Guyenne die Protestanten. Sehen Sie, Herr Admiral, seit nunmehr zehn Jahren erlebe ich Religionsstreitigkeiten und Glaubenskriege, aber keine wahre Religion.«

»Wie meinen Sie das? Wollen Sie damit etwa sagen, dass es Hugenotten gibt, die nicht überzeugt sind von ihrem Glauben?«

»Ja. Betrachten Sie Navarra – ich möchte nicht wissen, wie viele meiner Untertanen den neuen Glauben angenommen haben, nur um nicht Haus und Hof zu verlieren, und das gilt auch für die Guyenne: Unter Monluc sind bestimmt viele Hugenotten wieder katholisch geworden, um ihr Leben zu retten, und dies gilt für ganz Frankreich. Den wahren Glauben erreicht man nur durch Toleranz.«

»Die Lehre Calvins ist also für Sie nicht die einzige richtige Lehre?«

»Es gibt keine richtige Lehre. Ich werde meinen Glauben nie verleugnen, aber das schließt nicht aus, dass ich eine andere Auffassung toleriere. Ich bin dagegen, dass man den Menschen vorschreibt, wie sie an Gott glauben sollen, und in diesem Punkt unterscheidet sich Calvin nicht vom Papst. Beide glauben, dass ihre Kirche die allein selig machende ist, und das ist meiner Meinung nach falsch. – Ich mag fanatische Eiferer nicht.«

Heinrich beobachtete die finstere Miene des Admirals und überlegte, ob es klug gewesen war, so offen zu reden, aber in ihm hatte sich seit der Ankunft in La Rochelle so viel angesammelt, und immer hatte er schweigen müssen. Am Anfang hatte er Coligny bewundert und verehrt, aber im Laufe der Zeit fühlte er sich von dessen religiösem Fanatismus abgestoßen, seine Bewunderung wandelte sich in Kritik, aber er fühlte sich nach wie vor zu Loyalität verpflichtet.

Coligny wandte sich ab, ging zu einer Gruppe Hugenotten, die ihm treu ergeben waren, und unterhielt sich leise mit ihnen.

Der junge Rosny hatte seinen Freund Heinrich und Coligny beobachtet. Nun trat er zu Heinrich und fragte: »Was ist los mit dem Admiral?«

»Ich weiß es nicht, ich habe versucht, ihm zu erklären, was Toleranz ist.«

Rosny lachte. »Die Mühe hättest du dir sparen können.«

In diesem Augenblick öffnete sich das Portal der Kathedrale und der Kardinal von Bourbon, gefolgt von Margot, den Valois und den übrigen Hochzeitsgästen, kam heraus.

Heinrich ging auf Margot zu, lächelte sie glücklich an und sagte: »Nun sind wir also verheiratet.«

Sie erwiderte nichts, sondern schritt erhobenen Hauptes an seiner Seite zum erzbischöflichen Palais.

Kurz vor Mitternacht zog das Brautpaar sich in Margots Räume zurück. Als die Kammerfrauen gegangen waren, sagte Heinrich: »Margot, es ist zwar unsere Hochzeitsnacht, aber ich bin bereit zu warten. Ich möchte nicht, dass du dich zu etwas zwingst. Wenn es dir lieber ist, dass ich gehe, so lasse ich dich jetzt allein.«
Sie sah ihn lange an, dachte, wie sehr sie sich einst gewünscht hatte, ihre Hochzeitsnacht mit Heinrich von Guise zu verbringen, und wie sehr sie auch jetzt noch wünschte, dass er statt des Bourbonen hier stehen würde, aber es half nichts, sie musste sich endlich mit der Realität abfinden.
Sie setzte sich vor den Frisiertisch, legte langsam ihren Schmuck ab und sagte leise: »Ich möchte, dass du bleibst.« Die Ehe muss vollzogen werden, dachte sie, und es ist gleichgültig ob in dieser oder einer der folgenden Nächte, ich liebe ihn nicht und werde ihn nie lieben, ich finde ihn nett und sympathisch, mehr nicht, und Gott sei Dank riecht er nicht mehr nach Knoblauch. Mitternacht war lange vorüber und sie lagen etwas erschöpft nebeneinander, da sagte Margot: »Du bist ein guter Liebhaber.«
Bei diesen Worten spürte Heinrich einen feinen Stich, setzte sich auf und betrachtete Margots dunkle Augen, die ihn prüfend ansahen. »Hast du mich mit Guise verglichen?« – »Ja.«
Da ließ er sich in die Kissen zurückfallen, starrte wortlos zum Betthimmel empor und spürte, dass seine Zuneigung für Margot einen Sprung bekommen hatte. Er wusste, dass Guise ihr Liebhaber gewesen war, aber es war ein Unterschied, ob man es nur wusste oder ob sie sich dazu bekannte. Er fühlte sich durch ihre Offenheit gekränkt und verletzt, und er überlegte, wie Corisande auf seine Frage reagiert hätte.

Während der folgenden drei Tage verdrängte Katharina die Gedanken an das Attentat und genoss die Festlichkeiten in vollen Zügen. Dienstag, Mittwoch und Donnerstag vergingen, es wurde Abend, das Bankett begann, war irgendwann zu Ende, dann begann der Ball. Während einer Tanzpause nahm Katharina ihren Schwiegersohn zur Seite und fragte: »Hast du dir inzwischen überlegt, wo du mit Margot die Flitterwochen verbringen willst? Ich stelle euch gerne Chenonceaux oder eines meiner anderen Schlösser zur Verfügung.«

Heinrich sah seine Schwiegermutter erstaunt an und erwiderte: »Madame, ich möchte mit Margot so rasch wie möglich nach Navarra zurückkehren. Meine Anwesenheit dort ist erforderlich, und ich möchte auch meine Pflichten als Gouverneur in der Provinz Guyenne erfüllen.«

»Heinrich, du bist Thronprätendent, es ist deine Pflicht, am Hof in der Nähe des Königs zu bleiben.«

»Madame, ich bin König von Navarra, und als Herrscher habe ich die Pflicht, in meinem Land bei meinen Untertanen zu weilen.«

»Ich werde dafür sorgen, dass ein tüchtiger Statthalter deine Aufgaben in Navarra und in der Provinz Guyenne erfüllt.«

»Nein, Madame, ich werde den Hof zusammen mit Margot verlassen.«

Katharina schwieg und war erstaunt über den Widerstand des Schwiegersohnes. Sie hatte gehofft, dass es leichter sein würde, ihn zum Bleiben am Hof zu überreden. Sie spürte, dass es an jenem Abend zwecklos war, weiter zu diskutieren, lächelte ihn an und sagte: »Nun, es muss nicht heute oder morgen entschieden werden, wann du uns verlässt. Wir sollten in den nächsten Tagen mit dem König darüber reden und einen Kompromiss finden, der für alle tragbar ist.«

In diesem Augenblick fiel ihr auf, dass der König nicht anwesend war, und sie fragte Heinrich: »Wo ist Karl?«

»Er hat sich mit Coligny in sein Arbeitszimmer zurückgezogen.«

»Wie bitte? Er arbeitet? Heute Abend wird die Hochzeit seiner Schwester gefeiert.«

»Ich wundere mich auch, Madame, aber ich glaube, Coligny hat darauf bestanden, dass sie am heutigen Abend zusammen arbeiten.«

Was hat der Admiral vor, überlegte Katharina, und zu Heinrich: »Die Kapelle fängt an zu spielen, tanze mit Margot.«

Während die jungen Paare die Volta tanzten, begab Katharina sich zu Tavannes, der am Rand der Tanzfläche saß und mit wehmütigen Augen beobachtete, wie die jungen Herren ihre Damen durch die Luft wirbelten.

»Gefällt Ihnen der Ball, Monsieur?«, fragte Katharina und setzte sich neben den greisen Heerführer. Sie wusste, dass Tavannes am Freitag immer von seinem Palais, das in der Nähe des Louvre lag, gemächlich zum Palais seines ältesten Sohnes spazierte, das ebenfalls in der Rue de Bethisy, nicht weit von Colignys Palais, lag. Sie wusste auch, dass er die Kutsche oder Sänfte ablehnte, weil er sich Bewegung verschaffen wollte, und sie wusste, dass jeden Freitag im Haus seines Sohnes ein Familientreffen war, wo man tafelte und familiäre Probleme besprach.

»Madame«, sagte Tavannes, »erlauben Sie, dass ich ihnen tausend Komplimente mache: Sie haben alles vortrefflich arrangiert, die Hochzeit Ihrer Tochter Margot ist noch prachtvoller als seinerzeit die Hochzeit Franz' II.«

Katharina lächelte geschmeichelt. »Nun, ich habe mein Bestes getan. Überdies glaube ich nicht, dass diese Hochzeit prachtvoller ist, sie ist politisch bedeutsamer als die Hochzeit meines verstorbenen Sohnes; die Hugenotten und die Katholiken haben während der vergangenen Tage Frieden geschlossen.«

Sie sprachen weiter über dies und jenes und kamen dabei auch auf Coligny zu sprechen. Katharina fragte ihn nach seinen Kontakten zum Admiral, denn schließlich kam Tavannes auf dem Weg zu seinem Sohn direkt an Colignys Haus vorbei. Tavannes entgegnete auf ihre Frage:

»Ich begegne dem Admiral regelmäßig, wenn er vom Louvre zu seinem Palais geht, und ich achte auf einen gewissen Abstand, weil ich keine Lust verspüre, mich mit ihm zu unterhalten.«

»Das kann ich verstehen«, erwiderte Katharina, erhob sich, wünschte dem Marschall noch einen amüsanten Abend und suchte ihren Sohn Heinrich, der mit Maria von Kleve die Volta tanzte. Sie wartete die nächste Tanzpause ab, nahm ihn zur Seite und flüsterte ihm zu: »Tavannes wird morgen Augenzeuge sein.«

3

Am nächsten Tag ließ sie sich, begleitet von ihrem Sohn Heinrich, in einer Sänfte zum Hotel d'Orléans tragen, um mit der Kirche über den Kauf des Anwesens zu verhandeln. Weder sie noch Heinrich wollten im Louvre sein, wenn die Nachricht von Colignys Tod eintraf. Kurz nach acht Uhr verließen sie den Louvre. Heinrich betrachtete seine Mutter und hatte den Eindruck, dass sie unruhig war. Unterwegs fiel ihm auf, dass sie zum ersten Mal seit vielen Tagen keinen kostbaren Schmuck trug, sondern nur ihr Medaillon. Der Kaufvertrag war bald abgeschlossen, und kurz vor zehn Uhr saßen sie wieder in der Sänfte.

Sie wies die Sänftenträger an, auf der Seine-Brücke zu halten, von wo aus man einen schönen Blick zur »Judeninsel« hatte. Dort standen sie eine Weile und blickten schweigend über das Wasser. Schließlich erwähnte Heinrich, dass Coligny jetzt schon tot sein müsste, denn es hatte soeben zehn Uhr geschlagen.

So verging die Zeit, und als sie wieder im Louvre eintrafen, war die Mittagstafel schon bereitet.

Tavannes verließ sein Palais zur gewohnten Stunde, und als er sich dem Louvre näherte, sah er, dass Coligny in Begleitung einiger Hugenotten und Soldaten durch das Schlosstor kam. Er blieb einen Augenblick stehen, weil er dem Admiral nicht begegnen wollte In diesem Moment verließen zwei Herren, die zum Kronrat gehörten, ebenfalls den Louvre, und als sie Tavannes sahen, gingen sie zu ihm und erzählten ihm erregt von der Sitzung.

»Es ist unglaublich, Herr Marschall, heute wurde erneut über den Krieg gegen Spanien debattiert, aber wir haben zum zweiten Mal einstimmig dagegen votiert, und der Admiral hat es schweigend zur Kenntnis genommen. Dieses leidige Thema dürfte jetzt endgültig erledigt sein.«

»Ich freue mich über Ihre Botschaft, meine Herren«, erwiderte Tavannes und folgte langsam den Hugenotten. Coligny hat geschwiegen, überlegte er, das ist kein gutes Zeichen, ich müsste die Königinmutter darüber informieren.

Inzwischen hatte Coligny den Kreuzgang der Kirche Saint-Germain l'Auxerrois erreicht und bückte sich, um an seinem Schuh eine Schnalle zu schließen. Im gleichen Augenblick ertönte ein Schuss. Tavannes fuhr zusammen und sah, dass sich in einem Haus hinter einem Wäschestück etwas bewegte, und erinnerte sich, dass in diesem Haus ein Kanonikus gewohnt hatte, der in den Diensten der Familie Guise stand, und dass nach dessen Tod das Haus zum Besitz der Guisen gehörte. Er sah, dass einige Hugenotten in das Haus liefen, er hörte, dass der Admiral verwundet war, und während Coligny in sein Palais gebracht wurde, kamen die Hugenotten aus dem Haus, und Tavannes mischte sich unauffällig unter sie und hörte, worüber geredet wurde.

Nach der Sitzung des Kronrats begab der König sich mit Téligny, Navarra und Guise in den Garten, um mit Téligny eine Partie Federball zu spielen. Navarra und Guise standen am Rand des Platzes und beobachteten das Spiel.

Da erschien ein Hugenotte und rief: »Sire, man hat ein Attentat auf den

Admiral verübt, aber er wurde Gott sei Dank nur verwundet, er wurde am linken Arm verletzt und ein Finger wurde abgerissen, man hat ihn in sein Palais gebracht!«

Navarra erschrak. Ein Attentat auf den Admiral …! Wir sind in dieser Stadt unseres Lebens nicht sicher.

Gütiger Himmel, dachte Guise, wieso ist das Attentat misslungen?

Der König starrte den Boten an und schrie: »Was denn, werde ich denn niemals Frieden haben? Ambroise Paré soll sich sofort zu meinem ›Vater‹ begeben.« Er schleuderte den Schläger in eine Ecke, rannte in sein Appartement und sank weinend auf eine Truhe.

»Wir müssen zu Coligny«, rief Navarra und eilte mit Téligny davon.

Heinrich von Guise sah ihnen nach, begab sich zu seinem Palais, wo er von seiner Mutter erfuhr, dass es Maurevert gelungen war, aus Paris zu fliehen, weil das Attentat misslungen sei.

»Man wird uns verdächtigen, Heinrich, du musst Paris sofort verlassen.«

»Nein, Mama, Maurevert ist entkommen, und ich weiß, dass er die Waffe hat liegen lassen, wie ich es ihm befahl. Diese Waffe, Mama, trägt das Wappen des Herzogs von Anjou.«

»Heinrich, wir haben der Königinmutter versprochen, dass kein Verdacht auf die Krone fallen soll.«

»Versprechen sind dazu da, um gebrochen zu werden. Ich hasse Anjou, er hat verhindert, dass Margot und ich heiraten können, überdies haben die Valois dieses Attentat inszeniert, nicht wir, die Valois tragen die Verantwortung! Ich werde vorerst hier bleiben, bis die Lage sich geklärt hat.«

Als Katharina und Anjou an der Mittagstafel Platz nahmen, erfuhren sie, dass der König sich nicht wohl fühlte und es vorzog, in seinen Räumen zu bleiben.

»Das sind die Nachwirkungen der Feste während der vergangenen Tage«, sagte Anjou.

»Mit Verlaub, Monsieur, das misslungene Attentat auf den Admiral von Coligny scheint Seine Majestät zu beschäftigen.«

»Das misslungene Attentat?«, fragte Katharina. »Wie meinen Sie das?«

Der Diener erzählte zögernd, was er gehört hatte, und Katharina griff erschrocken an ihr Medaillon, sah Anjou entsetzt an, und dann verließen sie die Tafel.

Katharina begab sich mit Heinrich in ihr Appartement, sank auf eine Truhe und starrte einen Augenblick wortlos vor sich hin, während Anjou nervös auf und ab ging.

»Das hätte nicht passieren dürfen«, sagte sie dann. »Mein Gott, wieso hat Maurevert ihn verfehlt? Allerdings, als Guise davon sprach, ihm den Auftrag zu geben, hatte ich ein ungutes Gefühl, aber was sollte ich machen? Wir haben den Guisen freie Hand gelassen. Heinrich, ich habe Angst, Angst um dich.«

Da blieb Heinrich stehen und sagte: »Mama, wir müssen jetzt vor allem Ruhe bewahren und dürfen nicht den Kopf verlieren. Sagten Sie gestern beim Ball nicht, dass Tavannes Augenzeuge sein wird? Wir sollten ihn kommen lassen, damit er uns genau schildert, was er gesehen hat.«

Eine Stunde später erschien Tavannes und war sichtlich erregt.

»Madame, Monsieur, von meiner Sänfte aus konnte ich beobachten, dass Paris sich inzwischen in einen brodelnden Hexenkessel verwandelt hat. Die Nachricht von dem missglückten Attentat auf Coligny hat sich wie ein Lauffeuer in der Stadt verbreitet, die Handwerker, die Bäcker und Metzger haben ihre Läden verbarrikadiert, die Bevölkerung kann nichts mehr kaufen, überall in den Straßen kommt es zu Zusammenrottungen und Schlägereien, und hier im Louvre sucht das Gefolge des Königs von Navarra und des Prinzen Condé Streit mit den Wachen des Königs. Eines steht fest: Die Hugenotten fordern blutige Vergeltung, und man muss ihre blutige Vergeltung befürchten, wenn der König ihre Forderungen nicht erfüllt.«

Katharina hatte sich inzwischen so weit gefasst, dass sie Tavannes zuhören konnte, ohne eine Miene zu verziehen, aber der Schock, den sie empfunden hatte, als sie die Tafel verließ, hatte sich inzwischen in Angst verwandelt, die von Stunde zu Stunde wuchs.

Tavannes schilderte sodann seine Begegnung mit den beiden Räten vor dem Louvre und schloss seinen Bericht mit der Bemerkung: »Colignys Schweigen, nachdem der Kronrat erneut gegen einen Krieg mit Spanien votiert hat, stimmt mich nachdenklich. Gott allein weiß, was er vorhat.«

»Das werde ich erfahren«, erwiderte Katharina, »ich habe vor einigen Monaten zwei Spione in sein Haus geschleust. Erzählen Sie nun, wie das Attentat ablief, versuchen Sie sich an die geringste Kleinigkeit zu erinnern.«

»Das Attentat«, fuhr Tavannes fort, »also, ich ging in einiger Entfernung …«

Als er fertig war, sah Katharina verzweifelt vor sich hin. »Ich kann es nicht glauben«, sagte sie dann, »er hat sich nach seinem Schuh gebückt …«

»Ja, Madame, wenn er sich nicht mit seinem Schuh beschäftigt hätte, wäre er jetzt tot. – Ach, eines habe ich noch vergessen: Während man den Admiral wegbrachte, liefen einige Hugenotten in das Haus, wo der Attentäter gelauert hatte. Als sie zurückkamen, ging ich etwas näher und hörte, dass der Schütze entkommen sei, aber auf dem Tisch habe seine Büchse gelegen mit dem Wappen des Herzogs von Anjou; dieser Büchse schenkten die Hugenotten aber keine Aufmerksamkeit. Ganz Paris ist davon überzeugt, dass der Herzog von Guise für den Anschlag verantwortlich ist, und auf meinem Weg hierher habe ich etliche Male gehört, dass die Pariser ihn hochleben ließen.«

Anjou sah den Marschall entgeistert an, und Katharina gelang es nur mit Mühe, ihren Schrecken zu verbergen. Die Büchse …, dachte sie, und die Pariser lassen Guise hochleben. Wann endlich würde sie von dieser Familie befreit werden?

Sie lächelte Tavannes tapfer an und sagte: »Ich danke Ihnen, jetzt weiß man doch, was genau passiert ist.«

Als der Marschall gegangen war, ließ Heinrich seiner Wut freien Lauf.

»Guise ist ein Verräter!«, schrie er. »Haben seine Mutter und er uns nicht zugesichert, dass kein Verdacht auf die Krone fallen wird? Aber ich werde mich rächen, das wird er büßen, ich lasse ihn umbringen!«

»Heinrich, mein Gott, beruhige dich, du kannst Guise nichts beweisen. Viel wichtiger ist, wie wir verhindern, dass dein Bruder dich verdächtigt. Ich …, ich fühle mich so hilflos wie noch nie zuvor. Ein dummer Zufall hat Coligny das Leben gerettet, und man muss ihn und die Hugenotten jetzt mehr fürchten als zuvor.«

In diesem Augenblick wurde der König gemeldet, und Karl betrat sichtlich erregt das Zimmer.

»Sie werden es wahrscheinlich schon wissen, Mama, man hat versucht, meinen ›Vater‹ zu töten. Ich begebe mich jetzt zu ihm, ich will ihn trösten, ihn meines gänzlichen Vertrauens versichern, und ich werde ihm schwören, dass ich Gerechtigkeit walten lassen werde, gleichviel, wie hoch der Rang der wahren Schuldigen an diesem Anschlag ist. Ich empfinde dieses Attentat als Beleidigung meiner Person und als Herausforderung meiner königlichen Autorität.«

Katharina spürte, wie die Angst ihr fast die Kehle zusammenschnürte. Ich muss ihm etwas vorspielen, dachte sie und begann zu weinen.

»Es ist entsetzlich«, sagte sie und holte ihr Taschentuch hervor, »wie kann man einen Mann, der stets loyal der Krone diente, einfach abschießen? Vor fast neununddreißig Jahren habe ich ihn zum ersten Mal gesehen. Mein Schiff ankerte im Hafen von Marseille, und ich sah ihn, seinen Bruder Odet und den Konnetabel hoch zu Ross; dann kam Montmorency an Bord.« Die Erinnerung überwältigte sie, und die gespielten Tränen verwandelten sich in echte. »Wie ist es nur so weit gekommen?«

Karl und Heinrich sahen sich fragend an: Die Mutter redete von einer Zeit, die lange vor ihrer Geburt lag, und sie hörten zum ersten Mal, wie lange ihre Mutter und Coligny einander schon kannten. Katharina trocknete ihre Tränen und stand auf. »Heinrich und ich, wir werden dich begleiten, Karl. Ich möchte Coligny sehen und hören, wie es ihm geht.« Sie war entschlossen, am Krankenbett den König zu unterstützen und ebenfalls Vergeltung zu fordern, damit auch nicht der geringste Verdacht auf sie und Anjou fiel.

Beim Betreten von Colignys Palais sah Katharina nur Hugenotten, die in kleinen Gruppen zusammenstanden und erregt diskutierten, und sie spürte eine merkwürdige Furcht in sich aufsteigen. Als sie die Halle durchschritt, sah sie durch eine geöffnete Tür Navarra und Condé ebenfalls mit Protestanten diskutieren, aber sie sah auch einen ihrer beiden Spione und fühlte sich etwas erleichtert.

Colignys Bett war von Hugenotten umringt, die respektvoll zurückwichen, als die Valois das Zimmer betraten. In einer Ecke war Ambroise Paré damit beschäftigt, seine Instrumente zu reinigen.

Sie betrachtete den Admiral, der kraftvoller denn je schien, aber auf Katharina wirkte er auch gefährlicher und unberechenbarer.

»Wie fühlen Sie sich?«, fragte sie und versuchte ihre Stimme besorgt klingen zu lassen.

Coligny musterte die Königinmutter kühl und etwas von oben herab, als wolle er sagen: *Du kannst mich nicht täuschen, du würdest mich doch jetzt lieber tot sehen, du warst gegen meinen Krieg wider Spanien, du bist inzwischen mein ärgster politischer Feind, mehr noch als die Guisen.*

»Es geht mir den Umständen entsprechend, Madame. Monsieur Paré ist ein tüchtiger Chirurg, er hat die Kugel aus dem Arm herausoperiert und den abgerissenen Finger amputiert. In einigen Tagen werde ich hoffentlich genesen sein.«

»Ich wünsche es von ganzem Herzen«, erwiderte Katharina und begann erneut zu weinen. »Wie konnte es nur so weit kommen?«

»Die das Attentat veranlasst haben, müssen mit dem Tod bestraft werden«, sagte Anjou, und Katharina ergänzte: »Dieses Verbrechen an Ihnen, Herr Admiral, wird gründlich untersucht werden.«

Nun trat der König zu Coligny, umarmte ihn und sagte: »Mein Vater, Sie haben die Verletzung, ich den Schmerz. Ich will mein eigenes Heil einbüßen, wenn ich Sie nicht räche, und das möge man nie vergessen. Ich versichere Ihnen, mein Vater, dass ich eine Kommission einsetzen werde, die unnachsichtig nach den Schuldigen forscht, und wenn die Schuldigen gefunden sind, werden sie zum Tod verurteilt, egal, welchem Stand sie angehören.«

»Sire«, erwiderte Coligny, »ich weiß, wer schuld an diesem Attentat ist: der Herzog von Guise.«

»Mein Vater, in diesem Punkt irren Sie sich. Als die Kugel Sie traf, war der Herzog in meiner Nähe auf dem Ballspielplatz.«

Plötzlich hatte Katharina das Gefühl, dass sie es in diesem Haus unter all den Hugenotten nicht länger aushielt, trat zu Karl und sagte mahnend: »Der Admiral ist verwundet, wir müssen ihn ausruhen lassen, mein Sohn.«

In diesem Augenblick näherte sich ihr Ambroise Paré und überreichte ihr die Kugel, die er entfernt hatte. Katharina wog sie einen Augenblick in der Handfläche, dann lächelte sie Coligny an und sagte: »Es freut mich sehr, dass die Kugel nicht in Ihrem Körper verblieben ist, denn mir ist erinnerlich, dass, als der Herzog von Guise in Orléans getötet wurde, die Ärzte mir sagten, wenn man nur die Kugel hätte herausschneiden können, wäre sie, selbst wenn sie vergiftet gewesen wäre, nicht tödlich gewesen.«

Sie ging mit Anjou zur Tür, wandte sich dort um, betrachtete Coligny, und als sie sah, wie der König weinend den Admiral umarmte und »Vater« stammelte, da verließ sie fluchtartig das Palais, gefolgt von Anjou.

In der königlichen Sänfte herrschte auf dem Rückweg ein bedrohliches Schweigen, und als Katharina mit ihren Söhnen im Louvre ankam, konnte sie sich nicht länger beherrschen und fragte Karl: »Worüber hat Coligny mit dir gesprochen?«

Er erwiderte gereizt: »Mit Verlaub, Mama, das geht nur mich und den Admiral etwas an.«

Katharina war sprachlos, aber noch nicht bereit aufzugeben und erwiderte: »Mein Sohn, ich vermute, dass Coligny dir etwas gesagt hat, was ganz Frankreich betrifft, und deshalb habe ich, deine Mutter, ein Recht, es zu erfahren.«

Karl zögerte noch einen Augenblick, und dann schrie er: »Mein Gott, Mama, da Sie es denn wissen wollen, der Admiral hat gesagt, dass in Ihren Händen meine Macht in Stücke ginge, dass alles Unglück für mich und das Reich nur daher rühre. Da ist es, was er gesagt hat.« Er wollte eben hinwegeilen, als Navarra und Condé mit ihrem Gefolge erschienen. Heinrich von Bourbon trat vor Karl IX. und sagte so ruhig wie möglich: »Meine Hochzeit, die Hugenotten und Katholiken versöhnen sollte, die Feste, alles dieses war also eine Falle. Das missglückte Attentat auf Coligny ist für mich eine Warnung, wahrscheinlich will man uns alle umbringen, wir sind hier nicht mehr sicher, ich werde mit meinen Anhängern den Hof sofort verlassen.«

»Navarra«, rief Karl, »es gibt keine Verschwörung gegen die Hugenotten, ich werde das Attentat blutig rächen, ich werde Coligny in den Louvre bringen lassen, damit er in Sicherheit ist. Mon Cousin, verlassen Sie mich nicht!«

Navarra und Condé sahen sich an, Navarra nickte unmerklich und erwiderte: »Ich vertraue dem Wort des Königs, aber ich möchte nicht, dass der Admiral in den Louvre gebracht wird, in seinem Palais ist er sicherer. Ich fordere, dass sein Haus angemessen bewacht wird.«

Karl befahl sofort, dass ungefähr achtzig Hugenotten das Tor und den Hofraum bewachen sollten, und zog sich zurück. Navarra und seine Leute begaben sich zu ihren Appartements, und plötzlich standen Katharina und Anjou allein in der Galerie. Nach einer Weile gingen sie schweigend zu Katharinas Appartement. Dort stand sie lange am Fenster und sah hinunter in den Hof, während ihr Sohn unruhig auf und ab ging.

»Heinrich, du solltest Frankreich verlassen, dein Leben ist in Gefahr. Der Admiral und seine Anhänger misstrauen uns, das habe ich vorhin deutlich gespürt. Dein Bruder wird dieses Attentat gründlich untersuchen lassen. Was ist, wenn Maurevert gefasst wird und aussagt? Was ist, wenn die Guisen aussagen? Dann ist da noch die Büchse mit deinem Wappen …, kurz, ich befürchte, dass dein Bruder erfährt, wer letztlich hinter dem Anschlag steckt. Wir müssen rasch handeln. Du solltest unter einem Vorwand nach Florenz zu meinem Vetter Cosimo reisen, dort wärest du zunächst in Sicherheit.«

»Mama, wenn ich jetzt Frankreich ohne triftigen Grund verlasse, so wird mein Bruder erst recht misstrauisch. Womöglich kann ich dann nie mehr nach Frankreich zurückkehren, und ich möchte hier bleiben, es ist meine Heimat.«

»Ja, natürlich.« Sie dachte an ihre Bemühungen, dem Sohn die Krone Polens zu verschaffen, aber das war im Augenblick unwichtig. Sie musste eine Lösung finden, dass der Verdacht an den Guisen haftete. Sie dachte bis zum Abend nach, aber es fiel ihr nichts ein. An der Abendtafel fehlten die Prinzen von Geblüt und der König, die es vorzogen, in ihren Appartements zu speisen.

An der Tafel waren auch Hugenotten anwesend, die zum Gefolge Navarras gehörten, und plötzlich sagte einer von ihnen – er hieß Pardaillan und war ein Edelmann aus der Gascogne: »Der König sagt zwar, dass er eine Kommission einsetzen will, die die näheren Umstände des Attentats untersuchen soll, ich bezweifele indes, ob dies der Fall sein wird, aber dies ist auch unerheblich. Der Admiral und seine Anhänger wissen schon, wie sie diesen Mordversuch aus eigener Kraft rächen werden.«
Die Katholiken sahen sich unsicher an. Plante der Admiral etwa einen Aufstand?
Nach der Tafel zogen Katharina und Anjou sich erneut zurück.

»Diese Bemerkung von Pardaillan werde ich morgen deinem Bruder mitteilen«, sagte Katharina, »vielleicht kann ich ihn überzeugen, dass es wenig Sinn hat, eine Kommission einzusetzen.«
In diesem Augenblick meldete ein Diener die beiden Spione Bouchavannes und Gramont, die bei Coligny geblieben waren, nachdem die Valois sich verabschiedet hatten.

»Madame«, sagte Bouchavannes, »wir überbringen keine guten Nachrichten. – Gramont, berichten Sie zunächst, was der König von Navarra mit seinen Anhängern besprochen hat, das ist harmloser.«

»Madame, Monsieur, der König von Navarra fühlt sich nicht mehr sicher am Hof und möchte sofort in sein Land zurückkehren. Er und seine Leute sind entschlossen, den König zu bitten, dass der Gerechtigkeit Genüge getan und das Attentat strengstens geahndet wird.«

»Dies hat mein Schwiegersohn vorhin dem König vorgetragen, und Seine Majestät hat befohlen, dass Colignys Palais von Hugenotten bewacht wird.«

»Madame«, begann Bouchavannes zögernd, »ich wage fast nicht, Ihnen zu berichten, was der Admiral mit seinen Anhängern beschlossen hat, nachdem Sie und Seine Majestät gegangen waren, aber ich habe es selbst gehört, und ich war entsetzt: Da die Kriegspläne Colignys zweimal vom Kronrat einstimmig abgelehnt wurden und er nicht weiß, ob er dem König vertrauen kann – er befürchtet nämlich, dass der König letztlich doch Ihren Empfehlungen, Madame, Folge leisten wird, und er glaubt auch nicht, dass der König die Attentäter verfolgen wird –, aus diesen Gründen sieht Coligny nur noch eine Möglichkeit, Frankreich vor dem Untergang zu retten: Er plant am Bartholomäustag, also am Sonntag, einen Umsturz. Der König, Sie, Madame und die gesamte königliche Familie sollen ermordet werden, ebenso der König von Navarra, weil Coligny ihn für unzuverlässig hält. In Paris und Umgebung stehen calvinistische Streitkräfte, die nur auf das Zeichen zum Angriff warten. Nach der Liquidierung der königlichen Familie soll Frankreich in eine Republik nach dem Genfer Vorbild umgewandelt werden, mit Coligny an der Spitze.«

Katharina und Anjou waren einen Augenblick sprachlos über diese Enthüllungen, dann dankte Katharina den Spionen für ihre Arbeit und entließ sie.

»Mein Gott«, sagte Anjou nach einer Weile, »das hätte ich Coligny nie zugetraut.«

»Es wundert mich nicht«, erwiderte Katharina, »erinnerst du dich nicht an Colignys missglückten Staatsstreich im Jahre 1567? Er ist ein Fanatiker und möchte ein protestantisches Frankreich mit einem protestantischen König, und wenn dies nicht möglich ist, muss der König und mit ihm seine Familie getötet werden. – Ich muss sofort mit deinem Bruder sprechen, er muss über die Pläne seines ›Vaters‹ informiert werden.«

Karl sah unwillig auf, als Katharina gemeldet wurde.

»Was wollen Sie?«, fragte er schroff.

»Ich bin gekommen, um dir zu helfen, deinen Thron zu retten. Ich bin ebenso wie du dafür, die Attentäter zu verfolgen, aber ich habe inzwischen Nachrichten erhalten über die Absichten des Admirals …« Sie schilderte, was Pardaillan an der Abendtafel gesagt und was sie von den Spionen erfahren hatte.

»Das sind alles Lügen!«, schrie Karl. »Mein ›Vater‹ würde mir nie die Krone rauben! Ich habe mein Wort verpfändet, die Schuldigen zur Rechenschaft zu ziehen, die Schuldigen sind die Guisen, und vielleicht auch

Anjou – die Büchse, woraus der Schuss abgefeuert wurde, trug sein Wappen, was sagen Sie dazu, Mama?«

Katharina erschrak. Die Büchse war für ihn also ein Beweis, dass der Bruder mitschuldig war.

»Karl«, stammelte sie unsicher, »die Büchse, das …, das ist ein unglücklicher Zufall, du weißt, dass die Guisen unsere Feinde sind, deshalb wollen sie natürlich die Valois in den Anschlag verwickeln. Karl, glaube mir doch, meine Spione sind zuverlässig, Coligny plant den Untergang unseres Hauses, um selbst regieren zu können. Erinnere dich, vor fünf Jahren hat er es schon einmal versucht, damals in Meaux …«

»Nein!«, schrie Karl, »nein, ich kann es nicht glauben und ich will es nicht glauben! Mein ›Vater‹ würde mich nie des Thrones berauben wollen, das sind bösartige Unterstellungen von Ihnen und Ihren Spionen!«

»Karl, bitte, sei vernünftig.« – »Nein, ich lasse mich nicht länger von Ihnen beherrschen, Mama, verlassen Sie sofort mein Zimmer, verschwinden Sie, das ist ein Befehl des Königs!«

Katharina glaubte, nicht richtig zu hören, und versuchte sich zu fassen. Es war unglaublich, in welchem Ton sprach der Sohn mit ihr? Er erdreistete sich, ihr, seiner Mutter Befehle zu erteilen!

»Haben Sie nicht gehört?«, schrie Karl, »ich will allein sein!«

Katharina verließ schweigend das Zimmer und sank in ihrem Appartement erschöpft in einen Lehnstuhl.

»Man kann im Augenblick nicht vernünftig mit ihm reden«, sagte sie zu Anjou, »und ich bezweifle, ob es mir allein gelingen wird, ihn von Colignys Absichten zu überzeugen. Wir sollten die Situation morgen vor der Messe mit Tavannes, Gondi, Birague, Nevers und Guise besprechen und dann gemeinsam zum König gehen und ihm erklären, dass seine Krone in Gefahr ist.«

Wenig später waren Boten unterwegs, um die Herren zu benachrichtigen, dass die Königinmutter sie am anderen Vormittag gegen neun Uhr im Tuileriengarten erwarte.

Die Herren erschienen pünktlich, weil sie ahnten, dass sich etwas zusammenbraute. Katharina berichtete, was die Spione ihr zugetragen hatten.

»Wenn wir das Königreich retten wollen«, sagte sie dann, »müssen wir Coligny zuvorkommen. – Das bedeutet, dass er und die Anführer der Hugenotten getötet werden müssen.«

Es entstand eine Pause, und dann sagte der Kanzler Birague: »Ich bin Ihrer Meinung, Madame, aber eine Säuberungsaktion von diesem Ausmaß muss juristisch unanfechtbar sein, deshalb muss der König einwilligen oder den Befehl geben, man muss ihn von der Notwendigkeit dieser Aktion überzeugen.«

»Sie haben Recht«, erwiderte Katharina, »deshalb sollten wir nach der Messe gemeinsam zum König gehen.«

Karl sah unsicher auf, als seine Mutter und ihre Begleiter gemeldet wurden. Anjou und Guise hielten sich im Hintergrund, während die anderen vor den König traten.

Tavannes trat noch einen Schritt vor und sagte: »Sire, ich weiß aus einer zuverlässigen Quelle, wie hoch die Zahl der hugenottischen Streitkräfte ist, die um Paris lagern und nur auf ein Zeichen des Admirals warten, um in die Hauptstadt einzumarschieren und Sie und Ihre Familie und die Prinzen von Geblüt zu verhaften. Sie sollten diesem Staatsstreich zuvorkommen.«

Karl starrte Tavannes entsetzt an, er vermochte es nicht zu glauben, aber sein Instinkt sagte ihm, dass der greise Marschall die Wahrheit sprach.

»Nein!«, schrie er, »all das sind Lügen! Der Admiral liebt mich wie seinen Sohn. Er würde mir niemals etwas Böses tun!«

Katharina horchte auf, denn der Sohn sagte auf einmal nicht mehr Vater, sondern Admiral. War dies ein Zeichen, dass er nachgab?

Sie ging zu ihm, nahm seine Hände und sagte sanft: »Karl, erinnere dich an den Hinterhalt, den Coligny dir vor fünf Jahren in Meaux legte. Er wollte dich damals schon entthronen, und nur die Schweizer Landsknechte haben dich davor bewahrt, dass du ihm in die Hände gefallen bist. Du hast vor Scham damals geweint.«

»Mein Gott, Mama, so schweigen Sie doch! Ich will nichts mehr hören!«

Er eilte hinweg, und die Anwesenden sahen sich hilflos an.

»Wir dürfen nicht aufgeben«, sagte Katharina. »Heute Nachmittag versuchen wir es noch einmal, und wenn er sich weiterhin unseren Argumenten verschließt, dann …, dann werde ich ihm die Augen öffnen.«

Sie wusste inzwischen, wie sie ihn mürbe machen konnte.

Karl blieb der Mittagstafel fern, was Katharina und Anjou als angenehm empfanden.

Als Katharina und ihre Begleiter am Nachmittag erneut den König aufsuchten, fanden sie ihn in Gesellschaft der beiden jungen Bourbonen. Katharina trat auf ihren Sohn zu und sagte eindringlich: »Karl, ich habe deinem Vater auf dem Sterbebett versprochen, die Krone für unser Haus zu erhalten. Ich bitte dich, höre auf das, was erfahrene Menschen dir empfehlen.«

»Mit Verlaub, Mama, ich bin mit meinen Cousins auf dem Weg zu Coligny, wir wollen ihn trösten.«

Nein, dachte sie, nein, das muss verhindert werden.

»Karl, als Mutter befehle ich dir, hier zu bleiben und mich anzuhören!«

Er sah sie ängstlich an, wich einen Schritt zurück und sagte zögernd zu Navarra und Condé: »Reitet schon voraus.«

Die Bourbonen betrachteten unsicher die Königinmutter und ihre Begleiter und verließen wortlos den Raum.

»Karl«, begann Katharina von Neuem, »wir wissen, dass Coligny einen gewaltsamen Umsturz plant. Er will dich entthronen und Frankreich in eine Republik nach dem Vorbild Genfs verwandeln. Wenn du nicht sofort handelst, wirst du die Krone und wahrscheinlich auch dein Leben verlieren, und auch wir, deine Familie, werden wahrscheinlich sterben müssen. Ich kann nicht glauben, dass du dies willst.« »Das ist nicht wahr, ich weiß, dass Sie den Admiral hassen, deswegen beschuldigen Sie ihn.«

»Mein Gott, verstehst du nicht, warum Coligny versucht, uns zu entzweien?«

In diesem Augenblick mischte sich Tavannes ein und sagte: »Sire, stellen Sie sich den Admiral als einen wütenden Keiler vor, der Sie während einer Jagd anfällt. Wie würden Sie sich dann verhalten? Würden Sie ruhig stehen bleiben und sich wie ein Lamm zerreißen lassen?«

Karl schwieg. Er erinnerte sich daran, dass seine Mutter, seit er König war, versucht hatte, sich mit den Hugenotten zu einigen und den Frieden zu erhalten, er erinnerte sich an die Zugeständnisse, die er im Frieden von Saint-Germain gemacht hatte. Seine Mutter, das wusste er inzwischen, wollte ihrer Familie die Krone erhalten und die Einheit des Reiches sichern, andere am Hof waren nur an ihrem persönlichen Vorteil interessiert, seine Mutter nicht. Trotzdem, er hatte Coligny ein Versprechen gegeben.

Plötzlich überkam ihn eine unbändige Wut, weil er sich von allen Seiten bedroht fühlte, und er schrie: »Ich habe geschworen, ihn zu retten, ich will nicht, dass man ihn anfasst! Ich will, dass ihm Gerechtigkeit zuteil wird! Meine Truppen schützen die Stadt, und die Untersuchung wird so lange fortgesetzt, bis die Schuldigen an dem Anschlag auf den Admiral gefasst sind!«

Katharina beobachtete ihren Sohn und spürte, dass er misstrauisch wurde.

Sie überlegte kurz und beschloss, ihren letzten Trumpf auszuspielen. Sie ging zu ihm und sagte ernst: »Mein lieber Sohn, wer, glaubst du, hat Maurevert den Befehl gegeben, auf Coligny zu schießen?«

»Wer? Das wissen wir doch inzwischen alle, Mama, der Herzog von Guise hat den Befehl gegeben.«

»Nein, mein Sohn, hinter dem Herzog von Guise stecke ich.«

Karl glaubte nicht richtig zu hören. »Sie, Mama, Sie? Aber warum denn?«

»Weil ich Frankreich einen unfähigen König gegeben habe, der sein Reich an den Rand des Abgrunds gebracht hat, muss ich nun tun, was sich machen lässt, dessen gänzlichen Ruin zu verhindern.«

Karl starrte seine Mutter sekundenlang an, und dann fing er an zu schreien: »Nein, nein, das ist alles nicht wahr! Sie, Sie wollten Coligny töten, weil ich unfähig bin?«

Er sank auf eine Truhe und überließ sich seinen Tränen. Katharina betrachtete ihren Sohn und fragte sich zum soundsovielten Mal, warum er König war und nicht Anjou; unter der Regierung ihres Lieblingssohnes wäre es nie so weit gekommen.

Birague, Gondi und Tavannes sahen sich an und empfanden in diesem Augenblick Mitleid mit dem König, der immer noch völlig von seiner Mutter abhängig war.

In diesem Augenblick stand Karl auf, trat vor Katharina und sagte: »Ich bin nicht so unfähig, wie Sie glauben, ich habe dem Admiral mein Wort gegeben und ich werde dazu stehen.«

Katharina wich unwillkürlich zurück. Es ist alles verloren, dachte sie.

In diesem Augenblick fragte Karl: »Ich weiß nicht, was ich tun soll, was muss ich denn jetzt tun?«

Gondi und Birague sahen sich an und dann trat Gondi zu dem König und sagte: »Sire, wir müssen den Hugenotten zuvorkommen. Wenn wir nicht sofort handeln, reißen sie die Macht an sich und lassen alle Köpfe rollen, die ihnen im Wege sind, und Ihr Kopf, Sire, wird der erste sein.«

Karl starrte den Italiener entsetzt an und dann rief er: »Also, dann tötet sie alle! Tötet sie alle, aber verschont Navarra und Condé!« Dann stürzte er aus dem Zimmer.

Katharina atmete auf und sagte: »Sie haben den Befehl des Königs gehört, er hat natürlich nicht alle Hugenotten gemeint, sondern nur ihre Anführer.«

Dann setzte sie sich an den Tisch und begann zu schreiben: Coligny, Téligny, La Rochefoucauld, Pardaillan …

Schließlich standen zwanzig Namen auf der Liste. Dann trat Heinrich von Guise vor und sagte: »Madame, überlassen Sie mir Coligny, meine Leute werden sich um die anderen kümmern. Ich werde dafür sorgen, dass die Häuser der genannten Hugenotten bei Anbruch der Dunkelheit mit einem weißen Kreuz gekennzeichnet werden, und ich werde dort Posten aufstellen, die eine weiße Armbinde tragen. Ich möchte nicht, dass aus Versehen Katholiken getötet werden. Wann soll es losgehen?«

Katharina überlegte und erwiderte: »Bei Tagesanbruch, die Pariser schlafen dann noch, und sie sollen vorläufig nichts merken. Wenn die Glocke des Rathauses läutet, dann fangen Sie an, Herr Herzog.« Sie wandte sich an Gondi. »Die Rathausglocke ist das Zeichen, dass hier im Louvre das Gefolge der Prinzen von Geblüt vernichtet wird, dann sind die Bourbonen in unserer Gewalt.«

Sie verließ das Zimmer in Begleitung Anjous und schickte einen Boten zu Marcel, dem Vorsteher der Kaufmannschaft, und dessen Vertreter Charron. Es dauerte nicht lange, so erschienen die beiden Herren und erfuhren von Katharina, was geplant war. Marcel und Charron waren überzeugte Katholiken und versicherten der Königinmutter, dass die Pariser die Ermordung der hugenottischen Führer begeistert begrüßen würden.

»Meine Herren«, sagte Katharina, »ich wünsche, dass Sie als Befehlshaber der städtischen Bürgerwehr in der kommenden Nacht für Ruhe und Ordnung sorgen. Schließen Sie die Stadttore schon jetzt, lassen Sie die in der Seine liegenden Boote und Kähne anketten, stellen sie vor allen Häusern Wachen auf, kontrollieren Sie alle Passanten. Ich möchte einerseits, dass die Anführer ihrem Schicksal nicht entgehen, andererseits wünsche ich, dass die Bevölkerung ruhig bleibt.«

Als Marcel und Charron gegangen waren, sagte Katharina zu Anjou: »Ich werde Claudia einweihen, aber Margot und Franz dürfen nichts erfahren. Jetzt müsste alles planmäßig verlaufen, auf Guise können wir uns verlassen und auf Marcel und Charron ebenfalls. Trotzdem habe ich immer noch Angst um dich. Bitte, bleibe heute Nacht in meinem Appartement, dort bist du sicher, sicher vor dem König. Er wird nicht wagen, Mörder in mein Appartement zu schicken.«

Heinrich war sofort einverstanden, weil er die Situation als äußerst bedrohlich empfand. Die Liquidierung der Hugenottenführer war zwar bestens vorbereitet, aber wer konnte wissen, ob nicht im letzten Augenblick etwas nicht so lief wie geplant.

Während Heinrich von Guise sich zu seinem Palais begab, überlegte er, dass man mit der Liquidierung Colignys und der anderen Hugenottenführer nicht bis zum Tagesanbruch warten musste. Er brannte darauf, Coligny tot zu seinen Füßen zu sehen, und nachdem seine Anhänger sich im Palais Guise versammelt hatten, nachdem er jedem befohlen hatte, welchen Hugenottenführer er töten sollte, sagte er. »Ich werde mir den Admiral vornehmen, seit fast neun Jahren, warte ich auf diesen Tag, jetzt ist er endlich gekommen. Die Königinmutter wünscht, dass wir bei Tagesanbruch anfangen. Warum so spät? Wir werden früher beginnen. Wenn die Glocken der Kirche Saint-Germain l'Auxerrois zur Frühmesse läuten, fangen wir an.«
»Sie haben Recht, Herr Herzog, wir sollten so früh wie möglich anfangen!«
»Es lebe der Herzog von Guise!«
»Der Herzog von Guise lebe hoch! Er wäre der richtige König für Frankreich!«
»Ja, man sollte die Valois zum Teufel jagen und ihn zum König krönen!«
Heinrich von Guise hörte die Rufe und wandte sich angewidert ab. Die Krone Frankreichs war zwar verlockend, aber er wollte sie nicht aus den Händen des Pöbels empfangen. Er hatte sich innerlich immer von dem gemeinen Volk distanziert, obwohl er es stets genoss, wenn ihm die Pariser zujubelten.

Während Navarra und sein Vetter Condé zu Coligny ritten, zügelte Navarra plötzlich sein Pferd und sagte: »Es wäre vielleicht besser, wenn wir Frankreich sofort verlassen. Meine Schwiegermutter und ihre Italiener …, als sie vorhin plötzlich auftauchten, bekam ich Angst. Sie planen etwas gegen uns.« – »Heinrich, wir sollten dem Wort des Königs vertrauen, er wird das Attentat auf Coligny untersuchen lassen, er wird die Schuldigen bestrafen.« – »Ich hoffe, dass du Recht hast.«
Sie ritten weiter, und nach einer Weile zügelte Navarra erneut sein Pferd und sagte: »Ich habe ein ungutes Gefühl. Der König ist wahrscheinlich entschlossen, die Schuldigen zu bestrafen, aber was ist mit

seiner Umgebung? Einige Tage nach unserer Ankunft in Paris begegnete ich Montpensier, und er erzählte mir eine Begebenheit, die mich nachdenklich stimmte. – Im vergangenen Herbst traf Montpensier den Admiral in einer trüb erleuchteten Halle in Blois und fragte: *Was machen Sie hier allein – es ist sehr unklug!* Coligny erwiderte: *Bin ich nicht im Hause des Königs, und zwar auf sein Ehrenwort hin?* Montpensier erwiderte: *Der König ist nicht immer Herr im eigenen Haus.*« Es entstand eine Pause, und dann sagte Condé: »Ich verstehe.«

Eine Stunde nach der anderen verging, und Katharina und Anjou wurden immer unruhiger. Die Ermordung der Hugenottenführer war zwar bestens geplant und nach menschlichem Ermessen musste es gelingen, aber hin und wieder blitzte bei Katharina und ihrem Sohn der Gedanke auf, ob es nicht doch besser wäre, die Morde zu verhindern.

An der königlichen Abendtafel wurde nur wenig geredet, und anschließend begab sich jeder in sein Appartement.

Margot verbrachte den Abend zusammen mit ihrer Schwester Claudia bei Katharina. Sie saßen zusammen auf einer Truhe und beobachteten, dass die Mutter sich leise mit ihren Italienern unterhielt.

Margot spürte, dass etwas im Gange war, die Schwester schwieg bedrückt und sie bekam auf einmal Angst.

In diesem Augenblick sah Katharina zu ihren Töchtern hinüber und sagte zu Margot: »Es ist schon spät, geh zu deinem Mann.«

Margot erhob sich zögernd und wurde im gleichen Augenblick von der Schwester zurückgehalten. »Mein Gott, geh nicht in dein Appartement!«

Margot erschrak und hörte die zornige Stimme ihrer Mutter. »Claudia, was fällt dir ein? Ich verbiete dir, Margot etwas zu sagen!«

Da stand Claudia auf und ging zu Katharina. »Mama«, rief sie, »wollen Sie meine Schwester in dieser Nacht wirklich zu ihrem Gatten schicken? Wollen sie Margot der Wut der Hugenotten ausliefern? Wenn die Hugenotten Ihren Plan entdecken, Mama, so werden sie sich an meiner Schwester rächen!«

Mein Gott, dachte Margot, was geht hier vor? Dann hörte sie wie aus weiter Ferne die Stimme ihrer Mutter. »Wenn es Gottes Wille ist, wird ihr nichts Übles geschehen, aber sie muss jetzt zu ihrem Mann gehen, um keinen Verdacht zu erregen.« Und zu Margot: »Du begibst dich jetzt unverzüglich zu Heinrich.«

Margot sah die Tränen in den Augen der Schwester, rannte, von Panik ergriffen, in ihr Schlafgemach. Dort sah sie den Gatten angekleidet auf dem Bett sitzen, umgeben von vierzig bis fünfzig Hugenotten, von denen sie nur einige kannte. Sie blieb unentschlossen an der Schwelle stehen, hörte einen Augenblick der hitzigen Diskussion zu und wusste dann, dass es darum ging, den König noch einmal aufzufordern, die Attentäter unnachsichtig zu verfolgen.

Nach einer Weile wurde Heinrich auf Margot aufmerksam und rief: »Komm, lege dich, du musst müde sein.«

Sie sank erschöpft auf das Bett und versuchte zu schlafen, aber die Diskussion ging weiter. Sie dachte an die Szene im Schlafzimmer ihrer Mutter, und je länger sie darüber nachdachte, desto größer wurde ihre Angst.

Nachdem Margot gegangen war, zog sich auch Claudia zurück und Katharina ging in ihren Wohnraum, wo Heinrich am Fenster stand und in die Sommernacht hinaussah.

Karl IX. verbrachte den Abend zusammen mit dem Hugenotten La Rochefoucauld, den er sehr schätzte. Kurz vor Mitternacht stand dieser auf, um sich zu verabschieden.

Der König, der wusste, welches Schicksal den Freund erwartete, versuchte eindringlich, ihn zum Bleiben zu überreden. »Gehen Sie doch nicht, plaudern wir weiter bis zum Morgen.«

»Mit Verlaub, Sire, ich bin einfach zu müde, ich muss jetzt schlafen.«

»Bleiben Sie, Sie können hier bei meinen Kammerdienern schlafen.«

La Rochefoucauld lachte und erwiderte: »Mit Verlaub, Sire, die Füße Ihrer Diener riechen mir zu schlecht.«

Karl sah ihm nach, als er das Zimmer verließ, und begann zu weinen.

In diesem Augenblick begannen die Glocken der Kirche Saint-Germain l'Auxerrois zu läuten.

Beim ersten Glockenton verließ Heinrich von Guise, begleitet von Böhme und ungefähr zweihundert Bewaffneten, sein Palais und ritt in die Rue de Bethisy. Böhme war von Guise beauftragt, Coligny zu töten. Er schlug mit einem Gewehrkolben an das Tor und rief: »Aufmachen! Befehl des Königs!«

Ein Hugenotte öffnete, und als er die Bewaffneten sah, prallte er zurück und stammelte: »Was ist passiert?«

Im nächsten Augenblick sank er von einer Lanze durchbohrt tot zu

Boden. Seine Kameraden begriffen, dass dies ein Überfall war, und versuchten, den Eingang zum Palais zu verbarrikadieren, aber die Soldaten des Herzogs waren rascher, und bald war der Innenhof mit Leichen übersät.

Heinrich von Guise ritt in den Hof und blickte hinauf zu zwei Fenstern im ersten Stock. Er wusste, dass sich dort Colignys Schlafzimmer befand. Plötzlich sah er, dass einige Hugenotten versuchten, über das Dach zu flüchten, und befahl, auf sie zu schießen.

Inzwischen war Coligny von dem Lärm erwacht, und als er Schüsse und die Hilferufe seiner Leute hörte, da wusste er, dass seine Pläne fehlgeschlagen und die Königinmutter ihm zuvorgekommen war. Er rief seinen Kammerdiener und beschwor ihn, sich in Sicherheit zu bringen, aber der alte Mann bestand darauf, bei ihm zu bleiben. Nun polterten Schritte die Treppe empor, und einer Eingebung folgend stand Coligny auf, kniete an seinem Bett nieder und begann den 103. Psalm zu beten.

In diesem Augenblick wurde die Tür aufgestoßen und Böhme polterte mit einigen Bewaffneten in das Zimmer. Er blieb stehen, als er im schwachen Schimmer der Nachtlampe einen Mann im Nachthemd mit gefalteten Händen neben dem Bett knien sah. Er hörte, dass er ein Gebet murmelte, trat einen Schritt vor und fragte barsch: »Sind Sie der Admiral von Coligny?«

Coligny sah auf, musterte Böhme und erwiderte ruhig: »Ich bin es, aber lassen Sie mich durch die Hand eines Edelmannes sterben und nicht einer Kanaille, wie Sie es sind.«

Da stürzte Böhme sich auf den Admiral und durchbohrte ihn mit mehreren Messerstichen. Dann hob er ihn hoch und trug ihn zum Fenster. Die Bewaffneten hatten inzwischen den Kammerdiener getötet und begannen in Truhen und Schubladen nach schriftlichen Aufzeichnungen zu wühlen, wie Guise es ihnen befohlen hatte. Es dauerte nicht lange, so fanden sie ein Schriftstück, dessen Titel verriet, dass es um die Zukunft Frankreichs ging. Unten im Hof begann Heinrich von Guise allmählich ungeduldig zu werden und rief nach oben: »Bist du bald fertig, Böhme?«

In diesem Augenblick erschien Jannowitz mit der Leiche am Fenster, warf sie in den Hof und sagte: »Bin fertig, Herr Herzog.«

Heinrich von Guise stieg vom Pferd, trat zu dem Toten, betrachtete ihn einige Sekunden, dann wischte er mit seinem Taschentuch das Blut aus dem Gesicht und sagte leise: »Er ist es.«

Er presste seinen Stiefelabsatz auf Colignys Gesicht und rief seinen

Leuten zu: »Hier liegt der Mörder meines Vaters, ich überlasse ihn euch, macht mit ihm, was ihr wollt!«

Die Soldaten stürzten sich auf Coligny, rissen ihm das Hemd vom Leib, spuckten ihn an, schnitten ihm die Genitalien, den Kopf und die Arme ab, dann schleppten sie die blutigen Reste hinaus auf die Straße. Guise beobachtete seine Leute und fühlte sich angewidert, aber so war nun einmal der Pöbel.

Der Lärm hatte die Bewohner der umliegenden Häuser aufgeschreckt, und auf einmal füllte sich der Hof mit allerlei Volk, das anfing zu plündern.

Da trat Böhme zu seinem Herrn und übergab ihm das Schriftstück, Guise überflog den Inhalt und war entsetzt. Er wollte es eben wegstecken, als er sah, dass der Parfümeur der Königinmutter sich einen Weg zu ihm bahnte. René blieb erschöpft vor Guise stehen, wischte sich den Schweiß von der Stirn und sagte keuchend: »Endlich finde ich Sie, Herr Herzog. Ihre Majestät bat mich, die Lage zu erkunden.«

Guise erwiderte: »Melden Sie Ihrer Majestät, dass der Admiral von Coligny tot ist und dass die übrigen Hugenottenführer wahrscheinlich in diesem Augenblick sterben, und übergeben Sie Ihrer Majestät dieses Dokument.«

»Herr Herzog«, stammelte René, »ich weiß nicht, ob ich lebend zum Louvre komme. In den Straßen von Paris ist die Hölle los, ich habe den Eindruck, dass nicht nur die Anführer, sondern alle Hugenotten ermordet werden.«

Guise starrte den Parfümeur an und murmelte: »Mein Gott, ein Blutbad war nicht geplant.« Zu Böhme sagte er dann: »Bringe ihn mit einigen Bewaffneten sicher zum Louvre.«

Dann rief er seine Leute zusammen und befahl ihnen, Ruhe und Ordnung wieder herzustellen.

Als René den Louvre erblickte, sah er erleichtert, dass dort alles ruhig war. Er eilte zu Katharina, meldete, dass Coligny tot war, und rief: »Madame, Monsieur, die Bevölkerung von Paris ist in einem Blutrausch, überall in den Straßen werden Menschen verfolgt, niedergemetzelt, sie werden aus den Fenstern geworfen; wenn sie versuchen, über die Dächer zu fliehen, werden sie abgeschossen! Oh, Madame, ich weiß nicht, ob alle Toten wirklich Hugenotten sind. Manche Straßen sind verstopft mit Leichen, die Milizen sind nicht mehr Herr über die Wut des Volkes,

Paris ist zu einem Leichenhaus geworden und ich habe den Eindruck, dass der Zorn des Volkes sich nicht so bald beruhigt. Die Bevölkerung von Paris lässt ihrem Hass auf die Hugenotten freien Lauf. In den Gassen, die zur Seine herunterführen, fließen Bäche von Blut, als wenn es stark geregnet hätte.«

Katharina und Anjou starrten René erschrocken an, dann nahm Katharina das Schriftstück, das der Parfümeur ihr überreichte, und sagte: »Danke, René.«

Als er gegangen war, sah sie Heinrich an und fragte: »Begreifst du, was in der Stadt vorgeht? Die Hugenottenführer sollten getötet werden, wie kann es zu einem allgemeinen Blutbad kommen, wie erklärst du dir die Mordlust der Pariser?«

»Mama, wir haben bei unseren Überlegungen einen wichtigen Faktor vergessen, nämlich die Bevölkerung von Paris. Als die Pariser merkten, dass die Hugenottenführer getötet wurden, dachten sie, dies sei das Zeichen, dass alle Hugenotten getötet werden sollen.«

»Charron und Marcel haben mir versichert, dass sie für Ruhe und Ordnung sorgen werden.«

»Das war wahrscheinlich nicht mehr möglich, die Pariser hassen die Hugenotten, überdies war die Bevölkerung unserer Hauptstadt schon immer reizbar und aggressiv. Im Augenblick können wir nur abwarten, irgendwann werden sie sich ausgetobt haben.«

Dann nahm sie das Schriftstück, las es und sagte zu Heinrich: »Jetzt haben wir es schriftlich, dass Coligny weitreichende staatsfeindliche Ziele verfolgte: Er wollte die Monarchie abschaffen, die Valois und sogar deinen Schwager Navarra töten, er wollte Frankreich in eine Republik umwandeln, die von ihm regiert werden sollte ... Es war richtig, Coligny zu töten, aber ein allgemeines Massaker, das wollte ich nicht, nein, das wollte ich nicht. Diese Nacht, Heinrich, die Bartholomäusnacht, wird einen Schatten auf uns alle werfen, dem wir nie mehr entrinnen können.«

Irgendwann hellte sich der Himmel auf, und dann hörten sie die Glocke des Rathauses. Katharina horchte und sagte: »Das war das vereinbarte Zeichen. Guise hat früher angefangen – warum? Coligny konnte ihm doch nicht mehr entkommen.«

»Er hat es wahrscheinlich nicht erwarten können, ihn tot zu sehen.«

»Wir müssen genau überlegen, wie wir vor dem Ausland dieses Massaker rechtfertigen. Gott sei Dank haben wir Colignys Aufzeichnungen, so können wir sagen, dass der Grund für das Blutbad die fehlende Loyalität der Hugenotten gegenüber ihrem König war. Besonders bei den protestantischen Höfen müssen wir betonen, dass die Hugenotten den König und seine Familie ermorden wollten und dass es notwendig war, ihnen zuvorzukommen. Karl muss in den nächsten Tagen diese Erklärung auch dem Pariser Parlament vortragen und die volle Verantwortung auf sich nehmen.«

Heinrich überlegte und erwiderte: »Gewiss, aber die ausländischen Höfe werden sich irgendwann beruhigen. Viel wichtiger ist, wie es bei uns weitergeht; nach dieser Nacht werden die Protestanten kein Vertrauen mehr zum König und zur Regierung haben, sie sind unsere Feinde geworden. Die Macht des Königs kann sich ab heute nur noch auf die katholische Partei stützen, das heißt, wir müssen stärker denn je mit den Guisen paktieren, und das gefällt mir überhaupt nicht, zumal die Gefahr besteht, dass Heinrich von Guise seine Popularität nutzt und gegen uns arbeitet.«

»Ich sehe diese Gefahr auch, aber das sollten wir abwarten, und man kann die Guisen ja an die Seite drängen. Falls der Religionskrieg erneut ausbricht, werden sie kein Kommando erhalten, aber wie gesagt, man muss in Ruhe die weitere innenpolitische Entwicklung abwarten. Die Prinzen von Geblüt werden am Hof bleiben und gut bewacht werden und sie müssen jetzt natürlich konvertieren, denn dann haben die Hugenotten keine Anführer mehr und man wird vielleicht leichter mit ihnen fertig. Ohne Anführer sind die Protestanten machtlos.«

»Vorsicht, Mama, die reformierten Gemeinden sind bestens organisiert und man sollte den Einfluss der Prediger nicht unterschätzen.«

»Das Geschwätz der Pastoren ist keine Gefahr für uns.«

Während dieser Unterhaltung wurde in Margots Schlafzimmer immer noch erregt über das Attentat auf Coligny debattiert. Margot versuchte zu schlafen, aber das Stimmengewirr hinderte sie daran. Als der Morgen dämmerte, stand Heinrich auf und sagte: »Jetzt lohnt es nicht mehr, sich noch niederzulegen, ich werde warten, bis der König erwacht, und dann gehen wir gemeinsam zu ihm und fordern, dass er Guise zur Rechenschaft zieht.«

Margot war erleichtert, als ihr Gatte und sein Gefolge das Zimmer verließen. Sie dachte, dass die Gefahr in dieser Nacht, von der ihre Schwester gesprochen hatte, vorüber war und fiel in einen tiefen, traumlosen Schlaf.

Heinrich und seine Leute waren nur wenige Schritte gegangen, als ihnen einige Schweizer entgegentraten, ihn und Condé ergriffen und zum Appartement des Königs brachten. Karl saß im Nachthemd auf dem Bett und sah ihnen ängstlich entgegen. Als sie vor ihm standen, atmete er erleichtert auf und sagte: »Gott sei Dank, hier seid ihr in Sicherheit.« Navarra und Condé sahen sich an, und dann fragte Navarra: »Was geht hier vor?«

»Ihr müsst keine Angst haben, euch wird nichts passieren. Coligny wollte mich entthronen, deswegen mussten er und die anderen Anführer sterben, und auch eure Leute müssen sterben, aber euch wird nichts geschehen.«

Navarra und Condé wechselten einen entsetzten Blick.

»Coligny ist tot? Meine Freunde sollen sterben? Warum? Warum? Wir wissen nichts von diesem Staatsstreich, meine Leute sind unschuldig, sie dürfen nicht sterben!«

Karl sah Navarra und Condé an, er erinnerte sich, dass er La Rochefoucauld hatte retten wollen und dieser wahrscheinlich jetzt tot war. Seine Vettern hatten bestimmt Freunde unter den Hugenotten, die jetzt in den Hof gebracht wurden, um erschossen zu werden, und so sagte er: »Ich bin bereit, vier von euren Freunden zu begnadigen, nennt mir die Namen!«

»Rosny, d'Aubigné, du Bartas und Armagnac«, sagte Navarra.

Der König rief einen Offizier und befahl, diese vier Hugenotten in Sicherheit zu bringen.

Condé setzte sich auf eine Truhe und versuchte, seine Gedanken zu ordnen, Navarra hingegen trat zum Fenster, beobachtete, wie es Tag wurde, die Sonne aufging, und dachte über seine Zukunft nach. Coligny war tot, viele Hugenotten wurden im Augenblick ermordet. Er horchte auf den Lärm, der plötzlich im Louvre entstanden war, hörte Schreie und Schüsse. Er wollte überleben, und er konnte nur überleben, wenn er heuchelte und alle Bedingungen, die man ihm stellte, akzeptierte. – Er lebte, aber er war jetzt quasi ein Gefangener des Hofes; er musste sich sehr diplomatisch und geschickt verhalten, wenn er entkommen wollte, er musste vor allem Geduld haben.

Margot hatte ungefähr eine Stunde geschlafen, als heftig an ihre Tür geschlagen wurde. Sie glaubte, es sei der Gatte, befahl Henrietta zu öffnen und sah entsetzt, dass ein blutüberströmter Mann auf sie zustürzte und sie heftig umarmte. Während sie sich von ihm zu befreien versuchte, erschienen einige Schweizer und brachen in lautes Gelächter aus.

»Was geht hier vor?«, rief Margot entsetzt.

»Wie, Madame, das wissen Sie nicht? Alle Hugenotten, die sich hier im Louvre aufhalten, werden getötet, es ist ein Befehl des Königs.«

Margot starrte die Schweizer an, und dann fing sie an zu schreien.

»Nein! Nein! Warum? Warum? Wo ist mein Mann?«

In diesem Augenblick bemerkte sie den Lärm im Schloss und rief: »Nein, diesen hier werden Sie nicht töten! Verschwinden Sie! Dieser Mann steht unter meinem Schutz, vergessen Sie nicht, dass ich die Schwester des Königs bin!«

Die Schweizer zogen sich, immer noch lachend, zurück.

Margot betrachtete den Verwundeten, erkannte den Protestanten Leran und sagte zu ihrer Zofe: »Kümmere dich um ihn, mein Gott, was bedeutet der Lärm?«

»Madame, in der Stadt werden alle Hugenotten umgebracht, so habe ich es gehört. Der Admiral von Coligny soll schon tot sein, es war ein Befehl des Königs.«

»Der König? Aber er hat Coligny immer ›Vater‹ genannt.«

Sie kleidete sich hastig an und eilte zu Katharina. In den Gängen und auf den Treppen bot sich ihr ein schauriges Bild: Überall lagen Leichen, und die Diener waren damit beschäftigt, die Toten auszuplündern.

Sie stürzte in das Appartement ihrer Mutter und rief: »Wo ist mein Mann? Warum werden die Hugenotten getötet? Warum wurde Coligny getötet? – Sie haben mich verheiratet, Mama, um den religiösen Frieden zu sichern, und jetzt? Warum lässt mein Bruder die Protestanten umbringen?«

Katharina sah überrascht auf, als Margot vor ihr stand, und sagte ruhig: »Ich wollte dieses Blutbad nicht, auch dein Bruder wollte es nicht. Coligny musste sterben, weil er uns alle umbringen wollte, und das Massaker hat sich dann von selbst entwickelt.«

Margot starrte ihre Mutter ungläubig an; in diesem Augenblick mischte sich Heinrich ein: »Margot, es verhält sich so, wie Mama sagt. Geh jetzt zu deinem Mann, er ist im Appartement des Königs und in Sicherheit.«

Sie wandte sich wortlos ab, ging zu Karl und atmete erleichtert auf, als sie Heinrich sah. Sie trat zu ihm und sagte leise: »Ich wusste nichts von alldem. Ich werde zu dir halten, was immer auch passieren mag.«

Er sah sie an und erwiderte: »Ich glaube dir, aber seit dieser Nacht misstraue ich deiner Familie, und ich habe auch zu dir kein Vertrauen mehr.«

»Heinrich, ich …, ich bin unschuldig, ich wusste nichts! Ich werde zu dir halten, was auch geschehen mag!«

Sie betrachtete ihn, wie er unbeweglich in die Ferne sah, und wusste instinktiv, dass die vergangene Nacht ihn ihr entfremdet hatte, und sie beschloss, ihn zurückzugewinnen. Es gab für sie jetzt nur noch eine Perspektive, ein neues Leben, einen neuen Anfang zusammen mit ihm in Navarra, es war die einzige Möglichkeit, um diese schreckliche Nacht zu vergessen.

An jenem Sonntag blieb die königliche Familie in ihren Appartements und hoffte, dass der Blutrausch, der auch die Dienerschaft des Louvre erfasst hatte, ein Ende finden würde. Irgendwann erschien Heinrich von Guise und berichtete, dass der englische Gesandte Walsingham so viele Hugenotten wie möglich in der Gesandtschaft aufgenommen habe und dass er, Guise, versuche, mit seinen Soldaten und den städtischen Milizen Marcels und Charrons Ruhe und Ordnung herzustellen, dass dies aber unmöglich sei. Man könne im Augenblick nur abwarten, dass die Mordwut des Volkes von selbst verebbe.

Als Guise gegangen war, begann der König zu weinen und rief immer wieder: »Das wollte ich doch nicht, dieses Massaker wollte ich nicht!«

Da trat Margot zu ihrem Bruder, umarmte ihn und flüsterte: »Weine nicht, Karl, beruhige dich, wir alle, deine Familie, die Pariser, die übrigen Franzosen, die ausländischen Gesandten, alle ahnen oder wissen, dass nicht du die Ermordung Colignys wolltest, sondern Mama und Anjou und Guise, beruhige dich.«

Katharina und Anjou verbrachten den Sonntag damit, Briefe an die ausländischen Höfe zu entwerfen, worin das Massaker erklärt wurde.

Gegen Abend meldete der Hauptmann der Schweizer Garden dem König, dass alle Hugenotten, die im Louvre gewohnt hatten, tot seien und nun wieder Ruhe herrsche. Bei Anbruch der Dämmerung erschienen Marcel und Charron mit der Botschaft, dass die Pariser Bevölkerung anfange, sich zu beruhigen, das Schlimmste sei wohl überstanden. Karl überlegte einen Augenblick, dann rief er den Kanzler und befahl ihm, ein Schreiben an die Provinzgouverneure zu entwerfen mit der Weisung, dafür zu sorgen, dass es in ihren Provinzen nicht zu Ausschreitungen gegen die Hugenotten komme. Dann winkte er Navarra und Condé zu sich und sagte: »Ich will euch beschützen und ich werde euch auch beschützen, aber dazu ist es notwendig, dass ihr den katholischen Glauben annehmt.«

Navarra schwieg, weil er innerlich längst mit dieser Forderung gerechnet hatte, Condé aber rief wütend: »Lieber den Tod als Rom!«

Bei diesem Widerstand spürte Karl, wie der Zorn in ihm hochstieg, und er schrie: »Ihr könnt wählen zwischen der Messe und dem Tod, ich gebe euch drei Tage Bedenkzeit!« Dann ließ er die Bourbonen von Bewaffneten in ihr Appartement bringen.

Katharina war entsetzt, als sie von Karls Ultimatum hörte, die Bourbonen waren Prinzen von Geblüt und konnten deswegen nicht wegen ihres Glaubens hingerichtet werden, überdies war ihr Schwiegersohn ein König und allein deshalb war seine Person unantastbar, und sie beschloss, die beiden Heinriche, falls sie nicht bereit waren, den katholischen Glauben anzunehmen, mit Versprechungen zu überreden.

Unterdessen versuchte Navarra, den Vetter von der Notwendigkeit des Glaubenswechsels zu überzeugen.

»Unser Tod ist sinnlos, er nutzt niemandem, unser Leben liegt noch vor uns und ich möchte mein Leben leben und genießen. Gewiss, im Augenblick sind wir hier praktisch gefangen, aber wenn die Lage sich beruhigt hat, gibt es bestimmt eine Möglichkeit zu entkommen. Ich möchte zurück nach Navarra und dort so regieren, wie ich es für richtig halte, überdies können wir vor Gott und unserem Gewissen den Glaubenswechsel rechtfertigen, weil er erzwungen ist.«

Schließlich war Condé einverstanden und sie beschlossen, am anderen Morgen dem König ihre Entscheidung mitzuteilen. Karl und auch Katharina waren verwundert, dass die Bourbonen ohne weiteren Widerstand bereit waren zu konvertieren, und Karl entschied, dass der feierliche Akt am 29. September in Notre-Dame stattfinden sollte, weil an diesem Tag das Stiftungsfest des St.-Michael-Ordens gefeiert wurde, und Navarra sollte als neuer Ritter dieses Ordens eingeführt werden.

An jenem Vormittag verbreitete sich in der Stadt die Nachricht von einem Wunder: Ein Weißdornbusch am Fuße einer Statue der Heiligen Jungfrau auf dem Friedhof der Unschuldigen, der seit Jahren verdorrt zu sein schien, hatte plötzlich angefangen zu blühen.

Ein Teil der Bevölkerung deutete dies als Zeichen, mit der Ermordung der Hugenotten aufzuhören, andere hingegen sahen darin Gottes Einverständnis mit der Ausrottung der Ketzer, und es dauerte nicht lange, so wurden in allen Kirchen die Glocken geläutet und von überallher bewegten sich Prozessionen zu dem blühenden Busch.

Auch die königliche Familie begab sich zu dem Friedhof und sah nun zum ersten Mal entsetzt, was sich in der Nacht zum Sonntag und am folgenden Tag abgespielt hatte. Manche Straßen waren so mit Leichen verstopft, dass man einen anderen Weg suchen musste, viele Läden waren zerschlagen und geplündert. Überall sah man Blutlachen, und in der Sommerhitze begannen die Toten allmählich zu verwesen, und der Geruch verpestete die Luft.

Auf dem Rückweg befahl Katharina den Sänftenträgern, an der Seine zu halten, stieg aus und betrachtete entsetzt das Ufer, wo sich Berge von Leichen türmten. Dann sah sie über den Fluss, der sich rötlich verfärbt hatte, und plötzlich konnte sie sich nicht länger beherrschen und brach in Tränen aus. Das habe ich nicht gewollt, dachte sie immer wieder, das nicht. Irgendwann griff sie nach ihrem Medaillon, und dachte verzweifelt und resigniert, dass ihre Politik der Versöhnung gescheitert war. Die religiöse Spaltung hatte sich vertieft, die Hugenotten waren nun zu ihren Feinden geworden, sie würden ihr nie mehr vertrauen. Der König war jetzt mehr denn je auf die katholische Partei und damit auf die Guisen angewiesen. Dann dachte sie über die Heirat zwischen Margot und Navarra nach, eine Heirat, deren politischer Zweck offensichtlich verfehlt war.

Am Nachmittag ließ sie Margot rufen und sagte: »Es wäre vielleicht besser, wenn der Papst deine Ehe mit einem Hugenotten annullieren würde, unter bestimmten Voraussetzungen ist es unproblematisch …« Sie zögerte etwas und fuhr fort: »Ich weiß, dass ich dich gegen deinen Willen vermählt habe, hat …, hat Navarra dir bewiesen, dass er ein Mann ist?«

Margot errötete etwas und erwiderte: »Ich verstehe Ihre Frage nicht, Mama. Sie haben mich mit dem König von Navarra verheiratet, Mama, und ich will mit ihm verheiratet bleiben.«

Katharina begriff, dass die Ehe vollzogen war, und sagte kühl: »Nun gut, künftig wirst du hier an der Seite deines Gatten unter Bewachung leben.«

Am 26. August trat Karl vor das Pariser Parlament und übernahm die volle Verantwortung für das Blutbad, indem er erklärte, dass seine

Handlungsweise die einzig mögliche gewesen sei, um das hugenottische Komplott zur Ermordung der königlichen Familie zum Scheitern zu bringen. Unterdessen saß Katharina an ihrem Schreibtisch und schrieb persönlich an die auswärtigen Souveräne; gegenüber der englischen Königin, den deutschen protestantischen Fürsten und gegenüber Kaiser Maximilian, der ja auch über Protestanten herrschte, begründete sie die Vorkommnisse in Paris mit dem Verbrechen des versuchten Königsmords, an Philipp II. schrieb sie: *Mein Herr Sohn, ich zweifele nicht daran, dass Sie mit den gleichen Gefühlen wie wir selbst das Glück empfinden, das Gott uns geschenkt hat, indem er meinem Sohne die Mittel zeigte, sich der gegen Gott und den König aufrührerischen Untertanen zu entledigen und ihn und uns gnädig vor ihren grausamen Händen bewahrte.* Dem Papst gegenüber bezeichnete sie die Bartholomäusnacht als einen zweiten Sieg von Lepanto über die Ungläubigen.

Während der folgenden Tage wurden die Hugenotten trotz des königlichen Befehls auch in vielen Provinzen massakriert, am schlimmsten in Meaux, Troyes, Bourges, Angers, Lyon, Toulouse und Bordeaux, was damit zusammenhing, dass in diesen Städten der König nur wenig Autorität besaß und seine Gouverneure verhasst waren.

Ende August war Paris von den Leichen gesäubert, und eine Zählung ergab, dass 2000 Menschen in der Bartholomäusnacht und am folgenden Tag getötet worden waren. Im Laufe des Septembers trafen die Berichte der französischen Gesandten ein: Philipp II. und der Papst lobten das Massaker, womit Katharina gerechnet hatte, der katholische Kaiser Maximilian hingegen verurteilte das Blutbad und der Gesandte teilte mit, dass der Kaiser gemurmelt habe: »Zu blutig, zu blutig, wenn man etwas vollbringen will, dann kann man immer Gründe dafür finden.«

Der Gesandte in Venedig, du Ferrier, betonte, dass das Massaker auch viele unschuldige Leute getroffen habe und dass Anjou wenig Chancen hätte, jetzt noch zum König von Polen gewählt zu werden. Das befürchtete Katharina zwar auch, aber sie vertraute auf Monluc und hoffte, dass sich bis zum Frühjahr 1573, dann sollte die Wahl stattfinden, die Gemüter beruhigt hatten.

Zuletzt berichtete La Mothe-Fénélon aus London: Die englische Königin habe ihm tagelang keine Audienz gewährt; als er schließlich am Hof erscheinen durfte, hätten sie und ihre Damen und Herren Schwarz getragen, alle hätten geschwiegen und er sei sich wie ein Mörder vorgekommen. Er habe die Gründe für das Massaker vorgetragen, nämlich die geplante Ermordung der königlichen Familie, woraufhin Elisabeth erwidert habe, es wäre besser gewesen, die Hugenotten auf dem normalen Justizweg zu bestrafen. Zuletzt schrieb Fénelon, er habe den Eindruck, dass die englische Königin trotz des Massakers die diplomatischen Beziehungen zu Frankreich nicht abbrechen wolle.

Katharina atmete auf, das Bündnis mit England war gerettet, trotzdem hielt sie es für besser, die Heiratsverhandlungen wegen Alençon vorerst ruhen zu lassen.

Einige Tage später gebar die junge Königin von Frankreich eine Tochter, die den Namen Elisabeth erhielt, und Katharina ließ unverzüglich bei der englischen Königin anfragen, ob sie bereit sei, die Patenschaft für das Kind zu übernehmen.

Am 29. September wurden Navarra und Condé in Notre-Dame zum Hochaltar geleitet. Beide waren weiß gekleidet und trugen einen roten, perlenbestickten Samtumhang. Katharina beobachtete die Vettern und bemerkte, dass Condé ein protestantisches Gebetbuch als Zeichen seines Protestes aus dem Ärmel zog. Navarra hingegen verhielt sich untadelig, und während er seinem Glauben abschwor und sich zur katholischen Lehre bekannte, fragte sie sich, ob er ein zweiter Anton von Bourbon war.

Viertes Buch
Der Tag der Dolche
(1573–1589)

1

Am 9. Mai 1573 standen Katharina und der Bildhauer Germain Pilon in der Abteikirche Saint-Denis und betrachteten das Grabmal der Königinwitwe, das der Künstler am Tag zuvor vollendet hatte. Katharina war als reife Frau im Alter von ungefähr vierzig Jahren dargestellt und auf den ersten Blick gefiel ihr das steinerne Monument, aber je länger sie es betrachtete, desto unrealistischer fand sie die Darstellung ihrer Person.

Die Katharina, die Pilon aus Stein gemeißelt hatte, gab es seit vierzehn Jahren, seit dem Tod Heinrichs II., nicht mehr. Seit damals hatte sie gelernt, zu regieren, zu herrschen, sie hatte mit allen Mitteln versucht, die Einheit des Reiches zu wahren und ihren Söhnen die Krone zu erhalten, und dieser Kampf war noch lange nicht beendet.

»Monsieur Pilon«, sagte sie nach einer Weile, »Ihr Grabmal ist ein wahres Kunstwerk, es gefällt mir, aber es ist ein unrealistisches Bild meiner Person. Versuchen Sie es noch einmal und stellen Sie mich so dar, wie Sie mich jetzt sehen: beleibt, mit einem fetten Hals, einem Doppelkinn, beschönigen Sie nichts, die Augen sollen offen sein, die Hände gefaltet, ich möchte in vollem königlichen Staat dargestellt werden, mit der Krone auf dem Kopf. Haben Sie mich verstanden?«

»Ja, Madame.«

Sie ging zum Grabmal des Gatten, betrachtete die aus Marmor gemeißelte Gestalt, die lang ausgestreckt lag und hatte einen Augenblick lang das Gefühl, eine Leiche zu sehen.

Vierzehn Jahre, dachte sie, vierzehn Jahre ... Drei Künstler haben an dem Grabmal gearbeitet, zuerst Primaticcio, nach seinem Tod Jean Bullant und zuletzt Baptiste Androuet du Cerceau. Sie ging langsam zurück zur Kutsche, wo Isabella auf sie wartete, und dann fuhren sie gemächlich zurück nach Paris. Katharina sah gedankenverloren durch das Wagenfenster in die Landschaft und genoss den warmen, friedlichen Frühlingsnachmittag. Dann erinnerte sie sich an Monlucs letzten Bericht aus Polen: Das Wahlparlament war am 5. April eröffnet worden und heute, am 9. Mai, am Vorabend von Pfingsten, fand die offizielle Abstimmung statt.

»Isabella, in diesem Augenblick entscheidet es sich wahrscheinlich, ob Anjou König von Polen wird.«

»Madame, ich hoffe, dass Ihr Wunsch sich erfüllt und Monsieur zum König gewählt wird, ich habe jeden Abend dafür gebetet.«

»Ich habe auch gebetet, Isabella, aber inzwischen weiß ich nicht mehr, ob ich wirklich noch wünsche, dass er König von Polen wird. Karl hat sich zwar nach dem Blutsturz vor einigen Wochen wieder erholt, aber Miron und auch mein Arzt Cavriana sind der Meinung, dass sich ein Blutsturz wiederholen kann. Man muss damit rechnen, dass der König stirbt, während Anjou in Polen weilt, und ich befürchte, dass dann Alençon Ansprüche auf die Krone erheben wird.« Sie schwieg und dachte bedrückt über die Zukunft Frankreichs nach: Alençon war offensichtlich unfähig, er hatte sich weder bei der Belagerung von La Rochelle während der vergangenen Monate besondere Verdienste erworben, noch besaß er die Ausdauer, sich in Staatsakten zu vertiefen, wie seinerzeit sein Vater. Er konnte nur Unruhe stiften und intrigieren. Sie musste Karl überreden, dass er im Kronrat seinen Nachfolger selbst bestimmte, und dieser Nachfolger konnte nur Anjou sein.

Alençon darf nie König von Frankreich werden, dachte sie, abgesehen von seiner Unfähigkeit würde er sich von ihr nie so dirigieren lassen wie sein Bruder Karl. Er würde sie, seine Mutter, in den Hintergrund drängen und seine eigenen Entscheidungen treffen, die wahrscheinlich falsch waren und das Land in den Ruin trieben, zudem war er nicht nur ehrgeizig, sondern auch eitel; er liebte es, im Mittelpunkt zu stehen, und dies konnte leicht ausgenutzt werden. Ein weiterer Störfaktor war seine Zuneigung für seine Schwester Margot.

Katharina wusste, dass zwischen ihren beiden jüngsten Kindern eine innige, geschwisterliche Liebe herrschte. Wenn Alençon König wurde, dann war zu befürchten, dass Margot und wahrscheinlich auch ihr Gatte versuchen würden, die königliche Politik zu beeinflussen. Der Einfluss des Schwiegersohnes war vielleicht sogar günstig im Hinblick auf den religiösen Frieden, aber sie musste damit rechnen, dass Margot versuchen würde, sie, die Mutter, aus Frankreich auszuweisen, nach Florenz zu verbannen. Sie wusste, dass die Tochter sie nicht sonderlich liebte, vielleicht sogar hasste, weil sie die Affäre mit Guise beendet hatte und weil sie Anjou mehr liebte als seine Geschwister.

Alençon musste irgendwann Frankreich verlassen, und die eleganteste Lösung war immer noch, ihn über eine Heirat abzuschieben. Die Königin von England hatte ihn nie offiziell als Freier abgelehnt, und sie schien nach wie vor an guten Beziehungen zu Frankreich interessiert zu sein, sonst hätte sie im vergangenen Herbst nicht die Patenschaft von Karls Tochter angenommen, und Katharina beschloss, in absehbarer Zeit den jüngsten Sohn erneut der englischen Königin als Freier zu offerieren.

Dann dachte sie wieder an die Wahl in Polen. – Falls Heinrich zum König gewählt wurde, und den Berichten Monlucs entnahm sie, dass er gute Chancen hatte, dann war dies eine Gelegenheit, die erfolglose Belagerung von La Rochelle zu beenden, mit den Pastoren über einen Frieden zu verhandeln und so den vierten Religionskrieg zu beenden.

Nach der Bartholomäusnacht hatte die innenpolitische Lage sich anders entwickelt als erwartet: Heinrich von Guise war zwar von den Parisern als Befreier von den Hugenotten gefeiert worden, aber er hatte seine Popularität nicht zum eigenen Vorteil genutzt, sondern sich auf seine Ländereien zurückgezogen, wo er für Ruhe und Ordnung sorgte. Im Osten Frankreichs kam es nicht zu Ausschreitungen zwischen Katholiken und Protestanten, im Süden, im Languedoc, ließ der Gouverneur Damville-Montmorency, ein Sohn des verstorbenen Konnetabels, die Hugenotten gewähren, am schlimmsten aber war die Lage in La Rochelle: Die mächtige, reiche, gut befestigte Stadt, die Hochburg der Hugenotten, hatte sich im Spätsommer 1572 vom König losgesagt, ihm den Gehorsam gekündigt und die Königin von England zu ihrer Schutzherrin erklärt. Katharina hatte zweimal Unterhändler nach La Rochelle gesandt, die von den Pastoren zurückgeschickt wurden: »Man verhandelt nicht mit Mördern.«

Nachdem auch der kompromissbereite Katholik Biron ohne Erfolg aus La Rochelle zurückkehrte, war es Katharina klar geworden, dass sie es nun mit »neuen Hugenotten« zu tun hatte; die alten Anführer waren zwar tot und die Bourbonen waren katholisch geworden, aber die Protestanten hatten neue Anführer in ihren Predigern gefunden. Diese Pastoren besaßen – im Gegensatz zu Condé und auch zu Coligny – wenig Sinn für reale Politik, aber sie verstanden es, die Hugenotten für den

Kampf um ihre Religion zu begeistern. Da man mit ihnen nicht verhandeln konnte, wie mit den Angehörigen des Hochadels, ließ Katharina La Rochelle belagern; sie wusste zwar, dass Heinrich von Guise ein hervorragender Heerführer war, hielt es aber für besser, ihn von Staatsangelegenheiten fern zu halten, und so wurde Anjou erneut zum Oberbefehlshaber der königlichen Armee ernannt. Alençon und die beiden jungen Bourbonen unterstützten ihn.

Navarra und Condé hatten sich nach ihrer Bekehrung vorbildlich verhalten, waren inzwischen in das Hofleben integriert und Navarras Hauptbeschäftigung bestand darin, den Damen den Hof zu machen, woraus Katharina schloss, dass er tatsächlich ein zweiter Anton von Bourbon war. So hielt sie es für ungefährlich, ihm und Condé Truppen zu unterstellen; auch Tavannes und drei Söhne des verstorbenen Konnetabels Montmorency gehörten zu den Heerführern.

Außerdem versperrte eine Blockadeflotte die Hafeneinfahrt und schnitt die Stadt von den englischen Schiffen ab, die La Rochelle stets mit Nahrungsmitteln und Munition versorgten. Sie hatte gehofft, dass die Stadt sich bald ergeben würde, aber eine Woche nach der anderen verging, und es war kein Ende der Belagerung abzusehen. Die Sturmangriffe der königlichen Truppen blieben erfolglos, ebenso wie die Blockade des Hafens. Man wusste, dass in La Rochelle inzwischen Hungersnot herrschte und die Belagerten sich von Sumpfkräutern und Muscheln ernährten, man wusste auch, dass viele an Seuchen starben oder verhungerten, aber die Stadt ergab sich nicht.

Die monatelange erfolglose Beschießung demoralisierte die königliche Armee, die im Frühjahr ebenfalls von Seuchen heimgesucht wurde. Bei einem Angriff fiel der Marschall von Tavannes, und Katharina gewann allmählich durch Heinrichs Briefe den Eindruck, dass sich bei den Heerführern verschiedene Parteien gebildet hatten, die einander bekämpften. Außerdem beklagte er sich über die Untätigkeit, zu der er vor La Rochelle verdammt war und darüber, dass er hier keinen militärischen Ruhm erwerben konnte wie bei Jarnac oder Montcontour.

Wenn er zum König von Polen gewählt wird, überlegte Katharina, muss die Belagerung aufgehoben und mit den Pastoren verhandelt werden, und die Truppen können dann in den Süden geschickt werden, um im Languedoc für Ruhe und Ordnung zu sorgen.

Während Katharina über ihre Söhne und die militärische Situation nachdachte, stand der Kanzler Birague an einem Fenster im ersten Stock des Louvre, von wo aus er die Ankunft der Königinmutter beobachten konnte. Als die Kutsche in den Hof fuhr, eilte er hinunter.

»Madame«, rief er, »vor ungefähr einer Stunde traf der Herzog von Alençon ein, er wartet in Ihrem Arbeitszimmer auf Sie. Er ist nicht gekommen, um Nachrichten zu überbringen, sondern weil er mit Ihnen unter vier Augen sprechen will, ich hielt es für angebracht, Seine Majestät noch nicht von der Ankunft des Herzogs zu unterrichten.«

Katharina sah den Kanzler erstaunt an: »Er will mich allein sprechen? Merkwürdig … – Es war richtig von Ihnen, dem König noch nichts zu sagen.«

Als sie das Arbeitszimmer betrat, sah sie Alençon unruhig auf und ab gehen und ihr Gefühl sagte ihr, dass er irgendetwas plante, um seinen Ehrgeiz zu befriedigen.

Alençon gestand ihr, dass er seinen Posten verlassen habe, weil der Bruder ihm keinen Urlaub gewährt habe. Er sei aber derart verzweifelt, dass er nicht anders habe handeln können. Er weinte und schluchzte derartig, dass Katharina völlig irritiert war. Sie selbst hatte unter Schmerzen lernen müssen, sich meisterhaft zu beherrschen. Die Gefühlswallungen ihres Jüngsten fand sie daher eher befremdlich.

Der Hintergrund des Dramas war, wie sich herausstellte, dass Franz den Oberbefehl über die Blockadeflotte erhalten wollte und sich nicht länger damit abfinden mochte, im Schatten des Bruders und im Schatten der Familie zu leben. Er fühlte sich übergangen, vernachlässigt, gedemütigt, verkannt und verhindert.

Er hatte Ehrgeiz, das erkannte Katharina, aber mit der Blockadeflotte war kein Ruhm zu erwerben, sie diente nur der Verhinderung von Nachschub durch die Engländer. Das machte Katharina stutzig und sie beschloss, auf Karl einzuwirken, den rebellischen Sohn am Hof quasi unter Arrest zu stellen.

Sie eilte zu Karl, der in friedlicher Stimmung dabei war, Laute zu spielen. Als dieser aber hörte, dass sein Bruder fahnenflüchtig geworden war, geriet er außer sich, und es kostete Katharina ihr ganzes diplomatisches Geschick, Karl die Hintergründe dieser übereilten, unbedachten Aktion darzulegen, um ihn zu besänftigen.

Dieser spielte schon mit dem Gedanken, das Kriegsgericht einzuberufen, um den abtrünnigen Bruder angemessen zu bestrafen. Nun ließ er seinen Lieblingshengst satteln und stürmte von dannen.

Katharina wusste, dass Karl seine angeschlagenen Kräfte bis aufs

Äußerste strapazierte und zu Tode erschöpft zurückkehren würde. Manchmal fragte sie sich, wie lange diese Situation noch dauern würde. Seit der Bartholomäusnacht überließ er ihr alle Entscheidungen, was sie einerseits als angenehm empfand, andererseits wünschte sie manchmal, dass sie nur noch die Ratgeberin des Königs wäre. Sie zählte jetzt 54 Jahre und es gab Augenblicke, wo sie sich nach Ruhe und Muße sehnte, und dann malte sie sich aus, dass Anjou regierte, dass sie gemeinsam die Probleme besprachen und dass er ihre Ratschläge befolgte.

Unterdessen ging Margot mit ihrer Schwägerin Katharina und einigen ihrer Damen in den Tuileriengärten spazieren.

»Ich habe Sehnsucht nach Heinrich«, sagte Katharina, »er fehlt mir. Hoffentlich ist diese Belagerung bald zu Ende.«

»Ich empfinde wie du«, erwiderte Margot, »ohne deinen Bruder ist es irgendwie langweilig. Er ist immer heiter, umwirbt die Damen, spöttelt über die Hofleute, liebt die Jagden und die Feste. Er fehlt mir genauso wie dir.«

Dies war aufrichtig gemeint. Sie liebte ihn zwar immer noch nicht, aber nach der Bartholomäusnacht war sie seine Verbündete geworden und bereit, für ihn gegen die eigene Familie zu kämpfen. Sie lebte zwar unter Bewachung, aber als verheiratete Frau und Königin von Navarra hatte sie innerhalb des großen Hofes ihren eigenen kleinen Hof, wo sie in ihren Gemächern am Abend Gäste empfing, wo Konzerte stattfanden, wo sie sich ihrem Liebhaber widmen konnte, einem gut aussehenden, provenzalischen Edelmann, dem Grafen Boniface de Lérac de la Molle. Sie schätzte die Freiheit in ihrer Ehe und sie wusste, dass der Gatte die Freiheit ebenso genoss. Kurz bevor er nach La Rochelle aufbrach, hatte er eine leidenschaftliche Affäre mit der Baronin von Sauves begonnen, und sie vermutete, dass Katharina die junge Frau dem Gatten zugespielt hatte, um ihn von den politischen Angelegenheiten abzulenken.

»Margot, Margot!«

Sie zuckte zusammen, und als sie sich umwandte, sah sie ihren Bruder Franz auf sich zulaufen.

»Franz, warum bist du nicht bei der Armee?«

Er umarmte sie stürmisch, begann erneut zu weinen und sagte dann: »Mama und der König behandeln mich ungerecht, ich werde mein ganzes Leben schon ungerecht behandelt.«

Sie führte ihn zu einer Bank, wo sie sicher war, dass sie nicht belauscht wurden, und dann erzählte der Bruder von der Unterredung mit Katharina.

Margot dachte einen Augenblick nach und fragte: »Warum liegt dir so viel an dem Kommando über die Blockadeflotte?«

»Das ist eine längere Geschichte. Die erfolglose Belagerung von La Rochelle ist das Ergebnis der Uneinigkeit im königlichen Heer. Es haben sich verschiedene Parteien gebildet, die sich gegenseitig bekämpfen; Anjou auf der einen Seite, Navarra und Condé auf der anderen Seite. Sie verhalten sich zwar loyal, aber manchmal habe ich den Eindruck, dass sie an der Eroberung von La Rochelle kein großes Interesse haben. Zwischen diesen Parteien stehen die Montmorencys. Man nennt sie inzwischen ›die Politiker‹. Sie sind gegenüber dem König loyal, gut katholisch, aber sie befürworten eine Verständigung mit den Hugenotten und sie wollen mich als Führer ihrer Partei. Wenn es mir gelingt, eine Einigung mit den Protestanten zu erreichen, so wollen sie mich an die Spitze der königlichen Armee stellen und Anjou verjagen. Es wäre sogar denkbar, dass ich der neue Führer der Hugenotten werde, weil Navarra durch seine Bekehrung für viele Protestanten unglaubwürdig wurde. Vor einigen Wochen schlug ich den Pastoren in La Rochelle einen Ausfall vor. Ich hätte mich dann mit meinen und den Truppen der Bourbonen gegen die Truppen des Königs gestellt, aber die Pastoren misstrauten mir wohl, sie gingen auf meinen Vorschlag nicht ein. Dann kam ich auf die Idee, die Blockadeflotte zu nutzen: Als ihr Oberbefehlshaber hätte ich den englischen Schiffen, die von Montgomery kommandiert werden, den Zugang zum Hafen von La Rochelle geöffnet, die Stadt wäre mit Nahrungsmitteln und Munition versorgt worden und hätte weiter Widerstand leisten können. Ich wäre mit Montgomery nach England gesegelt und hätte, unterstützt von der englischen Königin, die meine Werbung ja nie definitiv abgelehnt hat, Mama und dem König Bedingungen diktieren können, vor allem hätte ich darauf bestanden, zum Generalstatthalter des Reiches ernannt zu werden, falls Anjou Frankreich verlässt.«

Margot überlegte und sagte nach einer Weile: »Montgomery befehligt also die englischen Schiffe … Das ist der Mann, Franz, der unseren Vater seinerzeit bei dem Turnier tödlich verwundet hat. Was nun deine Pläne mit der englischen Königin betrifft …« Sie schwieg, weil sie die Überlegungen des Bruders für unrealistisch hielt. Den Gesprächen zwischen ihrer Mutter und Karl an der königlichen Tafel hatte sie entnommen, dass Elisabeth I. an guten Beziehungen zu Frankreich interessiert war, folglich würde sie kaum Alençon gegen Karl IX. unterstützen.

»Mein kleiner Mohr, ich verstehe deine Enttäuschung, aber du solltest diesem Oberkommando nicht länger nachtrauern. Höre, ich glaube, Anjou hat gute Aussichten, zum König von Polen gewählt zu werden, das schreibt Monluc in jedem Bericht an Mama. Unser Bruder kann nicht gleichzeitig König von Polen und Generalstatthalter von Frankreich sein, so wärest du der nächste Anwärter für diesen Posten, und ich verspreche dir, dass ich bei Karl für dich bitten werde. Ich habe ein gutes Verhältnis zu ihm, er wird meinen Wunsch bestimmt erfüllen und dich zum Generalstatthalter ernennen. Überdies gibt es noch eine ganz andere Perspektive: Wenn Anjou König von Polen ist, dann bist du der Dauphin, Anjou kann nicht gleichzeitig König von Polen und von Frankreich sein. Nach Karls Tod würdest du also König von Frankreich, und dann werden wir Mama zwingen, dass sie sich auf einen Landsitz zurückzieht, und dann könntest du so regieren, wie du es für richtig hältst, und ich würde dich dabei unterstützen. Heinrich kann nach Navarra zurückkehren und alles wird gut.«

Franz überlegte: »Du hast Recht, Margot. König von Frankreich – ich hätte nie für möglich gehalten, dass es einmal so weit käme. Aber …, du sprichst, als ob der König nicht mehr lange leben würde. Steht es so schlimm um ihn?«

»Ja, leider. Ich glaube, er kann die Bartholomäusnacht nicht vergessen. Manchmal habe ich den Eindruck, dass er den Tod sucht, er reitet wie besessen, und wenn er zurückkommt, spuckt er oft Blut. Nach solchen wilden Ritten und Jagden liegt er oft tagelang wie gelähmt da, faktisch regiert er schon seit Monaten nicht mehr und überlässt alle Entscheidungen Mama. Die Ärzte geben ihm nur noch einige Monate.«

Es entstand eine Pause, und dann sagte Alençon: »Es ist irgendwie tragisch, wie unsere Familie wegstirbt – erst Franz, dann Elisabeth, jetzt Karl. ich bete zu Gott, dass Anjou König von Polen wird, dann sind wir ihn los. – Das einzig Erfreuliche an der gegenwärtigen militärischen Situation ist, dass Heinrichs Ruhm von Jarnac und Montcontour wegschmilzt wie der Schnee im Frühjahr. Bei der Belagerung dieser Stadt hat er keine Lorbeeren geerntet.«

»Du hast unter seinem Oberkommando viel gelitten, nicht wahr?«

»Es war zu ertragen, ich bin ihm aus dem Weg gegangen, so weit es möglich war. Er wird immer sonderbarer.

Franz beschrieb der Schwester in buntesten Farben das weibische Auftreten seines Bruders Heinrich, dessen skurrile Bekleidungen, damenhafte Schminkgewohnheiten, perlenbehängte Ohren und dass jener es liebe, in Gegenwart seiner *Mignons* Frauenkleider zu tragen. Heinrichs bisexuelle Neigungen seien weithin bekannt und seine schwärmerische Liebe zu Maria von Cleve, der Frau Condés, ein »faux pas par excellence«.

Briefe an seine Angebetete lasse er mit dem Blut seines siebzehnjährigen Liebhabers unterschreiben und dergleichen mehr.

Beim Volke sei er unbeliebt, denn er halte übermäßig Distanz, das nehme man ihm übel.

Inzwischen war es Abend geworden. Alençon erfuhr, dass seine weitere Gegenwart bei Hofe erwünscht war, und angesichts der neuen Perspektiven fand er dies akzeptabel.

Am 3. Juni tafelte Anjou wie gewöhnlich mit seinen »Mignons«, und während man über die militärische Lage debattierte, wurde ein Kurier aus Paris gemeldet, der Heinrich zwei Briefe überreichte. Ein Schreiben war von Katharina, das andere vom König. Heinrich öffnete den Brief der Mutter zuerst, überflog ihn und rief triumphierend: »Die Belagerung von La Rochelle ist beendet, ich bin am 9. Mai zum König von Polen gewählt worden!«

Katharina hatte den Sohn erst im späten Winter, als zuversichtliche Berichte von Monluc eintrafen, über die polnische Königswahl informiert, und Heinrich war überglücklich bei dem Gedanken, dass er bald eine Krone tragen und regieren konnte, und er beschloss, aus Polen das »Frankreich des Ostens« zu machen.

Die jungen Männer sahen sich überrascht an, dann hob Guast seinen Pokal und rief: »Auf den König von Polen!«

»Es lebe der König von Polen!«, riefen die anderen, Heinrich trank ihnen zu und las dann Katharinas Brief.

Ich weiß kaum, wie ich Gott danken soll, denn jetzt sehe ich dich in der Rolle, die ich mir immer für dich gewünscht habe. Ich bitte dich jetzt, sie in Seinem Dienst und dem deines Bruders wahrzunehmen, der glücklicher ist, als ich ihn, angesichts deines günstigen Geschicks, je gesehen habe. Wir haben das Tedeum gesungen und Freudenfeuer in Paris entzündet, und ich bitte dich von gan-

zem Herzen, dir von jetzt an zu erlauben, dich König nennen zu lassen, was du ja gottlob jetzt auch bist.

Der Brief des Königs wirkte auf Heinrich steif und verlegen: *Teurer Bruder, ich bin so erfreut, dass ich kaum etwas zu sagen weiß. Ich lobe Gott von ganzem Herzen. Bitte vergib mir, denn mein Glück hält mich davon ab, viel zu sagen. Ich weiß kaum, was ich sagen soll.* Nun, dachte Heinrich, er ist froh, dass er mich loswird. Dann las er die letzten Sätze, die zweideutig klangen, was die weitere Belagerung von La Rochelle betraf. Karl schrieb, dass er den Bruder beurlaube, für den Fall, dass seine Anwesenheit vor La Rochelle nicht mehr erforderlich sei.

Heinrich überlegte. Diesen letzten Satz hatte seine Mutter wahrscheinlich dem König diktiert, und er bedeutete, dass er La Rochelle nicht sofort verlassen sollte, sondern erst nach einem letzten Versuch, die Festung nach einem Sturmangriff zu nehmen.

Jener letzte Angriff schlug fehl, und am 26. Juni verließ Heinrich mit seinem Gefolge das Heerlager, am 6. Juli wurde die Belagerung aufgehoben, und es begannen die Friedensverhandlungen.

Als Heinrich in Paris ankam, wurde er von seinen Geschwistern und Katharina herzlich begrüßt, aber er wusste, dass nur die Umarmung seiner Mutter aufrichtig gemeint war.

Er verbrachte den Abend in Katharinas Appartement, schilderte ihr die erfolglose Belagerung, und dann sprachen sie über die Wahl in Polen.

»Dein Bruder hat hohe Bestechungsgelder gezahlt, und es war nicht leicht, dieses Geld aufzutreiben. Wir haben uns an den Klerus gewandt und die störrischen Prälaten daran erinnert, dass die Krone ihnen in der Bartholomäusnacht außergewöhnliche Dienste geleistet hat. Die Bestechungsgelder allein hätten die Polen wahrscheinlich nicht überzeugt; du verdankst das Wahlergebnis letztlich dem diplomatischen Geschick Monlucs. Er hat den Polen versprochen, dass sie, wenn sie dich wählen, auf ein langfristiges Bündnis mit Frankreich rechnen können, ferner wird Frankreich, sofern Polen angegriffen wird, militärische Hilfe leisten, außerdem vertreten wir die polnischen Interessen beim türkischen Sultan.«

Heinrich war entsetzt, als er hörte, was Monluc den Polen versprochen hatte. »Mama, ich glaube nicht, dass wir diese Versprechungen werden halten können.« – »Das ist nicht weiter wichtig, sie haben dich zu ihrem

König gewählt und das allein zählt. Im August wird eine polnische Delegation eintreffen, um dich in dein neues Reich zu geleiten, und ich bin vollauf damit beschäftigt, einen würdigen Empfang zu arrangieren: Alle Häuser in Paris werden neu gestrichen, jedes Haus in einer anderen Farbe, grün, gelb, blau, rot, außerdem lasse ich Porträts vom König, von dir und Alençon an Wände und Brücken malen, und kurz vor deiner Abreise gebe ich ein Fest im Tuilerienschloss, das die Polen lehren wird, dass der Hof des Königs von Frankreich der kultivierteste Hof Europas ist.«

Während sie redete, wurde es Heinrich zum ersten Mal bewusst, dass er seine Heimat verlassen musste, um irgendwo im östlichen Europa zu herrschen, und er empfand Angst bei dieser Perspektive. Er wollte in Frankreich bleiben, um Maria von Kleve werben und den Tod des Bruders erwarten, um ihm auf den Thron zu folgen. Dann hörte er erneut die Stimme der Mutter.

»Ich habe das Château de Madrid für dich richten lassen, denn als König von Polen musst du eine eigene Residenz haben, wo du die auswärtigen Gesandten empfangen kannst.«

Heinrich schwieg und dachte im Stillen, dass, sollte er jemals König von Frankreich werden, er sich von der mütterlichen Vormundschaft befreien würde. Er verließ den Louvre und übersiedelte in das Schloss im Bois de Boulogne, um in Ruhe darüber nachzudenken, ob er die Wahl akzeptieren und den Eid als König von Polen leisten solle. Seine *Mignons* begleiteten ihn und wurden am ersten Morgen im Château de Madrid mit einem ihnen bisher unbekannten Charakterzug ihres Herrn konfrontiert: Als sie die Kapelle betraten, um die Messe zu hören, sahen sie Heinrich in einer grauen Mönchskutte in seinem Betstuhl und hörten, wie er einen Rosenkranz betete.

Nach der Messe trat Heinrich zu ihnen und sagte: »Ich werde jetzt sieben Tage lang fasten und beten, und ich hoffe, dass ich während dieser Zeit zu einer Entscheidung komme, was Polen betrifft; ich wünsche, dass ihr, meine Freunde, drei Tage lang eine Kutte tragt wie ich, ihr werdet drei Tage lang fasten wie ich, dann könnt ihr wieder normal leben, ich möchte nicht zu viel von euch verlangen, drei Tage sind genug, aber ich werde sieben Tage lang keinen von euch empfangen, ich muss nachdenken.«

Die *Mignons* sahen sich erstaunt an, und jeder beschloss im Stillen, einen Diener zu beauftragen, Fleisch, Wein und Früchte zu besorgen.

Heinrichs Bedürfnis nach Einsamkeit war aufrichtig. Während der vergangenen Jahre hatte er sich widerwillig der Etikette gefügt, aber nun, als König von Polen, war er nicht länger bereit, so zu leben, wie die Etikette es vorschrieb. Er wollte sich von der Welt zurückziehen, wenn es ihm genehm war, er wollte Feste feiern, wenn es ihm genehm war, er wollte so leben, wie er sich fühlte.

Er betete, er fastete und geißelte sich, und am Abend des siebten Tages beschloss er, die Wahl zu akzeptieren, und überlegte, dass er, falls er es in Polen tatsächlich nicht aushielt, fliehen konnte, und dann malte er sich aus, wie seine *Mignons* und er sich als Frauen verkleideten und entwichen.

Am anderen Morgen befahl er die *Mignons* zu sich, und als die jungen Männer das Appartement ihres Herrn betraten, staunten sie nicht schlecht und waren unsicher, ob sie den Herzog von Anjou erblickten oder eine Hofdame.

»Er ist es«, flüsterte Guast, ging langsam zu Heinrich und betrachtete dessen merkwürdige Kostümierung: Der Dauphin war wie eine Frau in rosa und silbernen Damast gekleidet, um den Hals hatte er mehrere Perlenketten gelegt, an den Ohren baumelten schwere Ringe, die mit Smaragden und Diamanten besetzt waren, er trug eine Perücke, die violett gepudert war und in der Edelsteine glitzerten, die Augenlider waren violett, der Mund rot geschminkt und die Wangen waren von einem Hauch Rouge überzogen.

Heinrich amüsierte sich über die verwunderten Blicke seiner *Mignons* und sagte: »Ihr erkennt mich wohl nicht? Das ist gut. Es könnte sein, dass wir aus Polen fliehen müssen. Bei einer Flucht muss man sich wahrscheinlich verkleiden, und die beste Verkleidung für einen Mann sind die Roben der Damen. Ihr werdet ab jetzt sieben Tage lang Frauenkleider tragen, um zu lernen, wie man sich in weiten, wallenden Roben bewegt, ihr sollt euch auch schminken und frisieren wie die Damen.«

Während Heinrich und seine *Mignons* in Frauenkleidern durch den Schlosspark spazierten, beendete Karl IX. den vierten Religionskrieg durch das Edikt von Boulogne. Den Hugenotten wurde allgemeine Gewissensfreiheit zugestanden, und in den Städten La Rochelle, Nîmes und Montauban durften sie ihre Religion frei ausüben. Während der Friedensverhandlungen erhoben die Pastoren weitere Forderungen: Sie verlangten die Bestrafung der Schuldigen an dem Blutbad vom 24. August 1572, sie forderten die Rehabilitierung der Opfer, die Wiedererstattung des geraubten Eigentums sowie die Wiedereinsetzung in Ämter und Würden. Darüber hinaus forderten sie die Gleichstellung der Reformierten mit den Katholiken in den Schulen und Universitäten sowie den Unterhalt der reformierten Pastoren durch den Staat. Katharina war empört und erklärte den Geistlichen, dass der selige Prinz von Condé nie gewagt hätte, so unverschämte Forderungen zu stellen und dass sie nie diese Forderungen erfüllen werde; da der Friede inzwischen unterzeichnet war, ließ sie die Wünsche der Herren einfach auf sich beruhen.

Die Katholiken waren empört über diesen Frieden und befürchteten, dass die Hugenotten erneut die Macht im Staat übernehmen würden, und ganz allmählich begannen sie sich in ganz Frankreich zu kleinen Gruppen zusammenzuschließen mit dem Ziel, die Hugenotten endgültig auszurotten.

Die Führer dieser Gruppen hatten erkannt, dass die Stärke der Protestanten auf deren gut organisierten Gemeinden beruhte, und so versuchten sie ein Gegengewicht zu schaffen. Sie bezeichneten sich als »Heilige Liga«, und der niedrige Klerus übernahm es, für die Liga zu werben: Unzählige Mönche zogen durch das Land, predigten gegen die Protestanten und legten Listen aus, in die jeder Franzose sich eintragen konnte, der bereit war, die hugenottische Irrlehre zu bekämpfen. Rang und Stand des Einzelnen spielten bei der Eintragung keine Rolle, und die Handwerker und Bauern fühlten sich zum ersten Mal ernst genommen, weil ihre Stimme genauso zählte wie die Stimme eines adeligen Grundherrn.

Eines fehlte der »Heiligen Liga« noch, nämlich ein Führer. Irgendwann wurde der Herzog von Guise genannt, weil er als fanatischer Verteidiger des katholischen Glaubens galt. War er nicht bestimmt, der Führer der Liga zu sein?

Man schickte eine Abordnung nach Joinville, aber Heinrich von Guise verhielt sich abwartend.

Am 19. August traf die polnische Gesandtschaft in Paris ein, um ihren neuen König in sein Reich zu geleiten. Die Bevölkerung der Hauptstadt säumte die Straßen und betrachtete neugierig die 250 Wagen, die jeweils von acht Pferden gezogen wurden. Als die Polen im Hof des Louvre ihre Kutschen verließen und sich in den großen Saal begaben, wo der König sie empfing, verstummte jedes Gespräch, und alle Diener und Soldaten betrachteten erstaunt die Gäste: Die Polen waren die größten Männer, die sie je gesehen hatten, und die Bärte und die Mützen mit den hohen Federn ließen sie noch größer erscheinen. Man bewunderte die hohen, metallgeschmückten Stiefel, die Krummsäbel, die in langen, steifen Falten fallende Brokatkleidung, die kostbaren Pelze, man staunte über die langen Bärte und das kurze Nackenhaar.

Im großen Saal des Louvre wurden sie von dem Großkammerherrn Heinrich von Guise empfangen, der sie dem König vorstellte. Während dieser Zeremonie sahen die Polen sich vorsichtig um und bemerkten, dass auf einer Bühne zwei Throne aufgestellt waren. Über einem sah man die königliche Krone und die Lilie Frankreichs, über dem anderen den polnischen Adler. Die Gesandten verbeugten sich vor Karl IX. und stellten zu seinen Füßen ein rotes Kästchen ab, das die Urkunde enthielt, welche besagte, dass der polnische Reichstag den Herzog von Anjou zum König von Polen gewählt hatte. Dann baten sie Karl, seinen Bruder, der starr neben ihm stand, von der Wahl zu unterrichten. Karl IX. reichte seinem Bruder die Urkunde, woraufhin dieser auf dem zweiten Thron Platz nahm. Während die Trommeln und Trompeten erklangen, gab es für die Polen einen Augenblick der Ruhe, in dem sie ihren neuen König betrachten konnten, sie waren etwas befremdet über seine äußere Erscheinung und fragten sich, ob sie die richtige Wahl getroffen hatten: Ihr König war zwar groß, aber er wirkte nicht besonders kräftig, sie fanden ihn zu elegant und herausgeputzt, sie rochen das Parfüm, sahen, dass er geschminkt war und dass seine Haare gekräuselt und violett gepudert waren, aber sie hatten ihn gewählt und mussten sich mit ihm abfinden.

Adam Konarski, der Bischof von Posen, der die Delegation anführte, begrüßte sodann seinen neuen König mit einer längeren Rede auf Lateinisch, Heinrich dankte mit wenigen Sätzen und überließ es dann dem Grafen von Cheverny, fortzufahren, was die anwesenden Franzosen erstaunte, weil jeder wusste, dass der Dauphin fließend Lateinisch sprach und überdies ein brillanter Rhetoriker war, der seine Zuhörer von irgendwelchen Plänen überzeugen und fesseln konnte, aber Heinrich wollte durch sein Verhalten von Anfang an eine gewisse Distanz zu seinen neuen Untertanen schaffen. Leutseligkeit war ihm zuwider, und die Polen sollten merken, dass der König weit über ihnen stand. Ein Herrscher war immer ein König von Gottes Gnaden, auch wenn er von irgendeinem Reichstag gewählt worden war.

Nach Chevernys Rede entstand eine feierliche Pause, dann wandte der

Bischof von Posen sich erneut an Heinrich und bat ihn auf Lateinisch, so bald wie möglich abzureisen, man erwarte ihn im Laufe des September in Krakau, wo seine Anwesenheit zum Schutz Polens vor dem moskowitischen Erbfeind dringend erforderlich sei.

Heinrich erschrak, er hatte im Stillen gehofft, dass die Polen, nachdem er die Wahl angenommen hatte, noch ein paar Wochen in Paris verweilten, die Festlichkeiten genossen, die ihnen zu Ehren veranstaltet wurden, und dass sie dann ohne ihn nach Polen zurückreisten, mit seinem Versprechen, ihnen bald zu folgen.

Er versprach dem Bischof, unverzüglich mit den Reisevorbereitungen zu beginnen, wobei er innerlich entschlossen war, so lange wie möglich in Frankreich zu bleiben, weil es angesichts der schwachen Gesundheit des Königs möglich war, dass in Kürze der Thron frei wurde, und dann wollte er anwesend sein. Weilte er in Osteuropa, dann bestand die Gefahr, dass Alençon der neue König von Frankreich wurde.

Seine Befürchtungen waren nicht unbegründet. In jenem Sommer veröffentlichte der reformierte Rechtsgelehrte François Hotman in Genf eine Abhandlung, die sich mit der Thronfolge in Frankreich befasste: Hotman versuchte zu beweisen, dass die französische Monarchie nicht prinzipiell erblich sei, obwohl es so schien, sondern vielmehr eine Wahlmonarchie war, die den Generalständen das Recht vorbehielt, den König zu wählen und auch abzusetzen.

Katharina war entsetzt, als sie von dieser Schrift erfuhr, und obwohl sie davon überzeugt war, dass ihre Rechtsberater Hotman mühelos widerlegen konnten, geriet sie in Panik, weil sie wusste, wie sehr Alençon sich nach einer Krone sehnte. Sie wusste auch, dass die Partei der »Politiker«, also vor allem die Montmorencys, und die »Neuen Hugenotten« versuchten, Alençon zu ihrem Verbündeten und Anführer zu machen, nicht, weil sie von seinen Fähigkeiten überzeugt waren, sondern weil er ein Prinz von Geblüt war, der ihren Forderungen einen Anschein von Legitimität verleihen konnte. Sie befürchtete, dass, falls Karl starb, und Anjou in Polen weilte, die »Politiker« sich auf Hotmans Schrift berufen würden und Alençon dem Bruder auf den Thron folgte.

Während Anjou im Château de Madrid erst fastete, betete und sich dann mit seinen *Mignons* in Frauenkleidern vergnügte, bearbeitete Katharina den König, vor Heinrichs Abreise nach Polen die Thronfolge zu regeln, und Karl, der zeitweilig so schwach war, dass er in einem Sessel von einem Raum zum anderen getragen werden musste, gab schließlich nach. In einer Sitzung des Kronrats am 22. August erklärte er: Falls er sterbe, ohne einen männlichen Erben zu hinterlassen, würde sein Bruder Heinrich, Herzog von Orléans und König von Polen, den Thron Frankreichs erben, auch wenn er außerhalb des Königreiches residiere. Katharina atmete auf, die Krone Frankreichs war für Anjou gerettet.

Einige Tage später, nach diversen Bällen und Banketten, begannen die Polen mit ihrem neuen König die Bedingungen auszuhandeln, unter denen er herrschen sollte, und Heinrich war entsetzt, als er hörte, wie wenig Machtbefugnisse ihm als König von Polen zugestanden wurden. Er war empört, als die Gesandten an jenem Tag nicht wie Untertanen auftraten, sondern sich als Obrigkeit ihres Monarchen aufführten. Sie erklärten ihm, dass er als König erst anerkannt werden sollte, nachdem er sich verpflichtet habe, die ihm von seinen Wählern gestellten Bedingungen anzuerkennen, und er würde nur so lange als König anerkannt werden, solange er nicht gegen diese Bedingungen verstoße. Seine Untertanen schuldeten ihm, sofern er eine der Vereinbarungen brach, keinen Gehorsam mehr, außerdem bedürfe in Polen jede Entscheidung des Königs der Bestätigung durch die Adelsversammlung, um rechtskräftig zu werden.

Heinrich glaubte, nicht richtig zu hören, und seine Augen musterten gereizt und verdrossen die polnische Delegation.

Der Bischof von Posen merkte, was in dem jungen Mann vorging, und sagte begütigend: »Majestät, gemäß unserer Verfassung sind Sie machtlos, Unrecht zu begehen, aber Sie werden allmächtig sein, Gutes zu tun.«

Als Heinrich immer noch schwieg, mischte Katharina sich ein. Sie war ebenfalls entsetzt über die polnische Auffassung vom Königtum, die sich von der Auffassung der Valois weitgehend unterschied, aber sie war entschlossen, Heinrich zu überreden, die Bedingungen zu akzeptieren, weil sie hoffte, dass sein Aufenthalt in Osteuropa nicht lange dauern würde.

Sie wandte sich also an den Bischof von Posen und fragte, wer denn nach der polnischen Verfassung bestimme, was gut sei und was böse? Der König? Der Reichstag? Die Adelsversammlung? Der Klerus? Das Volk?

Zu ihrem und Heinrichs Erstaunen entbrannte daraufhin ein heftiger Streit zwischen den Polen über diese Frage, und Heinrich hörte, dass sie sich nicht einigen konnten, ob der Reichstag oder die Adelsversammlung befugt waren, über das Gute und das Böse zu entscheiden.

Nach einer Weile sagte er ungeduldig: »Meine Herren, ich werde nicht schwören, solange Sie sich untereinander nicht einigen können.«
Daraufhin musterte der Bischof von Posen seinen künftigen König und erwiderte kühl: *Si non jurabis non regnabis.* Er sollte also schwören, sonst würde er auch nicht regieren.
Heinrich war einen Augenblick sprachlos, dann fasste er sich und antwortete herablassend: »Meine Herren, ich benötige Bedenkzeit«, nickte Katharina zu, und gemeinsam verließen sie den Konferenzraum. Im Vorsaal ließ er seiner Wut freien Lauf: »Was fällt diesen Barbaren ein?!«, schrie er. »Ich bin ihr König und nicht gewillt, mich derart gängeln zu lassen! Wenn sie auf ihren Forderungen bestehen, werde ich die Wahl nicht annehmen. Ich verspüre wenig Lust, in einem Land zu leben, wo monatelang Schnee liegt und bittere Kälte herrscht, wo die Bevölkerung arm und rückständig ist, und dann die Sprache! Haben Sie einmal zugehört, wenn die polnischen Herren sich in ihrer Muttersprache unterhalten? Das ist keine Sprache, das ist Kauderwelsch, ich breche mir fast die Zunge ab, wenn ich die Polen mit ihrem Namen anrede! Nein, nein, ich gehe nicht nach Polen!«
»Heinrich!«, rief Katharina bekümmert, »so beruhige dich doch, wir können uns außenpolitisch im Augenblick keinen Skandal leisten, und deine Ablehnung der Wahl wäre ein Skandal. Überdies wirst du nach menschlichem Ermessen nicht lange im Osten bleiben, du kannst beruhigt abreisen, Karl hat dich zu seinem Nachfolger bestimmt. Ich weiß nicht, wie er reagieren wird, wenn du die Wahl ablehnst, vielleicht schließt er dich von der Thronfolge aus und bestimmt Alençon als Nachfolger, willst du das?«
Heinrich schwieg einen Augenblick betroffen und erwiderte: »Nein, ich will König von Frankreich werden, aber … es gibt noch einen Grund, weshalb ich hier bleiben will: Ich möchte irgendwie den Papst dazu bringen, dass er Condés Ehe mit Maria von Kleve annulliert, damit ich sie heiraten kann. Maria ist meine große Liebe, Mama, ich kann ohne sie nicht leben.«
Katharina war einen Augenblick sprachlos. Sie hätte nie vermutet, dass ihr Lieblingssohn persönliche Gefühle über die Staatsraison stellte.
»Heinrich, bitte, verliere dich nicht in Illusionen. Der Papst wird die Ehe deines Vetters nie annullieren, weil es überhaupt keinen Grund dafür gibt, und überhaupt, werden deine Gefühle von der jungen Frau erwidert?«

»Selbstverständlich, sie hat zwar keinen meiner Briefe beantwortet, aber
der Grund ist wahrscheinlich ihre Schüchternheit, und vielleicht hat sie
auch Angst vor Condé.«

Katharina überlegte, ob sie ihm sagen sollte, dass Maria von Kleve wahrscheinlich kein Interesse an seiner Werbung hatte, und beschloss zu
schweigen, weil sie ihm seine Illusionen im jetzigen Augenblick nicht
rauben wollte, jetzt war es vor allem wichtig, dass er die Wahl annahm.

»Heinrich, ich beschwöre dich, leiste den Eid und reise nach Polen ab.
Deine Wahl hat uns Unsummen gekostet, soll alles umsonst gewesen
sein? Außerdem kannst du deine Abreise noch einige Zeit aufschieben,
ich bin nämlich jetzt damit beschäftigt, Geld für die protestantischen
deutschen Fürsten aufzutreiben, damit sie dir freies Geleit durch ihre
Territorien gewähren. Die Bartholomäusnacht hat deinem Ruf bei den
deutschen Protestanten sehr geschadet, und die Herren lassen sich deine
Durchreise teuer bezahlen.«

Heinrich dachte daran, dass sein Bruder vielleicht starb, solange er noch
in Frankreich weilte, und erklärte sich schließlich bereit, erneut mit den
Polen zu verhandeln.

Am 10. September 1573 leistete Anjou im Beisein des königlichen Bruders den erforderlichen Eid: Er schwor, dass in Zukunft zwischen Polen
und Frankreich in militärischen Angelegenheiten enge Zusammenarbeit
stattfinden und die Handelsbeziehungen zwischen den beiden Reichen
verstärkt werden sollten. An den Universitäten der beiden Länder sollten französische und polnische Scholaren vor anderen ausländischen gewisse Privilegien genießen. Frankreich verpflichtete sich einseitig, Polen
alljährlich mit einer gewissen Summe Geldes behilflich zu sein. Abgesehen davon wurden die Güter, die Anjou in Frankreich besaß, durch seine
Erhebung auf den Thron von Polen polnische Krongüter, und Karl versprach den Polen, ihnen eine Ostseeflotte zu bauen. Einige Tage später
fand zu Ehren des neuen Königs in den Gärten der Tuilerien ein Fest
statt, das Katharina arrangiert hatte, zur Unterhaltung der Gäste hatten
Ronsard und Jean Dorat ein Maskenspiel gestaltet, das die königliche Familie darstellte: Katharina, mit einem Helm auf dem Kopf und einer
Hellebarde in der Hand, verkörperte die Pallas Gallica, Karl mit einem
Adler in der Hand und einem Drachen zu seinen Füßen war Jupiter Ser-
vator und Anjou, mit einer Leier, einem Köcher und Pfeilen, war Apollo
Gallicus. Die Polen waren tief beeindruckt und der Gesandte Josefowicz

schrieb nach Hause: »Am 15. September veranstaltete die Königinmutter ein wunderbares Bankett in ihrem sehr schönen Garten. Hier sahen wir sechzehn Nymphen, die die sechzehn Provinzen Frankreichs darstellten, wir sahen ein Gebirge, auf dessen Gipfel ein Eunuch mit einer wundervollen, süßen Stimme sang, während etwas tiefer eine Frau sang, von einer Laute begleitet. Sie beklagte den Weggang des Königs von Polen und wünschte ihm Glück.«

Die polnische Delegation erwartete, dass Heinrich nun, da alles geregelt war, in seine neue Heimat aufbrechen würde, aber er erklärte ihnen, dass die Gelder für seine Reise durch Deutschland noch nicht reichten, und so verließen sie am 23. September Paris ohne ihren König, allerdings hatte er ihnen versprechen müssen, spätestens am 10. Dezember in Krakau zu sein, weil die Krönung auf den 17. Januar 1574 festgesetzt war. Ende September war das Geld für die Reise durch Deutschland zwar vorhanden, aber Anjou verschob seine Abreise von Tag zu Tag.
Schließlich verlor Karl die Geduld und schrie den Bruder an, wenn er nicht sofort abreise, werde er ihn mit Soldaten über die Grenze abschieben lassen.
Dann hatte er einen Blutsturz und Heinrich hoffte, dass ihm die Reise nach Osten erspart bliebe, aber der König erholte sich wieder, und im Oktober brach Anjou in Begleitung der Familie und des Hofes endlich nach Polen auf.
In Vitry erkrankte Karl an den Blattern und befahl dem Bruder, die Reise in Begleitung Katharinas und des Hofes fortzusetzen.
Mitte November kamen sie in Nancy an und beschlossen, drei Tage am lothringischen Hof zu verbringen.

An der Abendtafel sah Heinrich zu seiner Überraschung ein junges blondes Mädchen mit sanften blauen Augen, und er konnte sich nicht erinnern, sie schon einmal am Hof seiner Schwester gesehen zu haben, sie hatte Claudia auch nicht anlässlich Margots Hochzeit nach Paris begleitet. Heinrich sah hin und wieder verstohlen zu dem Mädchen, das ihn irgendwie an Maria von Kleve erinnerte, und er beobachtete, dass sie schüchtern von ihrem Teller aufsah und von den Tischnachbarn offensichtlich ignoriert wurde. Zwischen zwei Gängen fragte er Claudia leise, wer die junge Dame am unteren Ende der Tafel sei.
»Sie heißt Louise de Vaudémont und ist eine Nichte meines Gatten, sie

entstammt einer unvermögenden Seitenlinie, und nach dem Tod ihrer Eltern haben wir sie und ihre zwei jüngeren Schwestern bei uns aufgenommen. Sie lebt sehr zurückgezogen in ihrem Appartement und zeigt sich nur bei der Tafel und in der Kapelle, sie ist sehr fromm und nimmt ihre religiösen Pflichten ernst.«

»Sie ist schön.«

»Ja, aber so unaufdringlich schön, dass man sie übersieht.«

»Nun, ich habe sie nicht übersehen, mir ist sie aufgefallen. Warum sitzt sie am unteren Ende der Tafel? Schließlich gehört sie zur herzoglichen Familie.«

»Ach, weißt du, wir haben sie zwar aufgenommen, aber sie ist keine königliche Prinzessin, sie ist weder vermögend, noch verfügt sie über wichtige politische Beziehungen.«

»Wie alt ist Louise de Vaudémont?«, fragte Heinrich nach einer Weile.

»Neunzehn Jahre.«

Als der Ball begann, beobachtete Heinrich, dass die Nichte des Herzogs sich unauffällig zu den älteren Damen setzte, die mit Argusaugen die tanzende Hofgesellschaft verfolgten. Als die Musiker zur Volta aufspielten, beobachteten die lothringischen Hofleute erstaunt, dass der König von Polen die Nichte ihres Herzogs zur Tanzfläche führte. Louise zitterte vor Aufregung, als Heinrich sie hochhob und durch die Luft schwenkte. Es kam selten vor, dass sie bei einem Ball tanzte, und dass ausgerechnet der König von Polen ihr seine Aufmerksamkeit schenkte, verwirrte sie völlig. Irgendwann war eine Tanzpause und Heinrich geleitete seine Partnerin zu ihrem Stuhl, ließ Wein bringen und sagte: »Ich danke Ihnen für den Tanz, Mademoiselle.«

Louise errötete und erwiderte: »Majestät, verzeihen Sie mir, wenn ich nicht gut getanzt habe, aber ich tanze zu selten.«

»Sie haben gut getanzt, überdies gibt es wichtigere Dinge im Leben.«

Heinrich betrachtete das junge Mädchen und fand, dass sie sich wohltuend von den anderen Damen abhob: Sie war nicht oberflächlich, man konnte sich mit ihr unterhalten und sie war hübsch.

»Sie sind bestimmt mit einem lothringischen Edelmann verlobt?«

Louise errötete erneut. »Nein, ich werde wahrscheinlich nicht heiraten, ich besitze kein Vermögen, welcher Edelmann sollte sich für mich interessieren? Irgendwann werde ich mich in ein Kloster zurückziehen und Nonne werden, eine andere Perspektive gibt es für mich nicht, schließlich möchte ich meinen Verwandten nicht zur Last fallen. In einem Klos-

ter finde ich alles, was ich benötige, dort wird man sich um mich kümmern, wenn ich alt bin und vielleicht krank werde.«
»Nein, Sie dürfen sich nicht in ein Kloster zurückziehen, das ist nicht der
richtige Ort für Sie.«
Louise sah Heinrich erstaunt an. »Wissen Sie eine bessere Lösung?«
»Vielleicht, lassen Sie mich nachdenken«, antwortete er lächelnd, und
als Louise ihn ansah, war sie merkwürdig berührt von seinem Blick und
spürte, dass er sie mochte, aber er war der König von Polen und würde
irgendeine Prinzessin heiraten.

Während der folgenden drei Tage beobachteten die französischen und
lothringischen Hofleute, dass Heinrich ständig mit Louise zusammen
war, man schenkte dem Paar jedoch keine Aufmerksamkeit, weil die
Nichte des Herzogs unbedeutend war und man inzwischen wusste, dass
Heinrich hin und wieder seltsame Launen hatte. Auch Katharina nahm
Heinrichs Interesse für das junge Mädchen nur beiläufig zur Kenntnis,
ihre Gedanken kreisten in jenen Tagen um den Abschied von ihrem
Lieblingssohn; sie fragte sich, wie lange sie ihn wohl nicht sehen würde.
Am 29. November erreichten sie die Stadt Blamont an der Grenze des
Herzogtums Lothringen, und hier verabschiedete sich Heinrich von sei-
ner Mutter und dem französischen Hof.
Als Katharina den Sohn umarmte, sagte sie leise: »Mach dir keine Sor-
gen, du wirst bald zurück sein.« Sie begann zu weinen, und auch Hein-
rich konnte seine Tränen nicht zurückhalten, er empfand Furcht vor
dem unbekannten Königreich, und er verließ zum ersten Mal in seinem
Leben die Menschen, die ihm nahe standen.
Katharina sah den Kutschen nach und beruhigte sich bei dem Gedanken,
dass Heinrich von seinen Freunden begleitet wurde: dem Herzog von
Nevers, dem Herzog von Mayenne, dem Abbé von Noailles, ferner
von seinen persönlichen Höflingen Villequier, Pibrac, Guast, Quélus,
Saint-Luc und vor allem von seinem Arzt Miron.

Mitte Dezember traf Katharina wieder in Vitry ein und fand einen König
vor, der zwar von den Blattern genesen, aber dennoch vom Tod gezeichnet war. Sie betrachtete den ausgemergelten Körper, die matten Augen
mit den geschwollenen Lidern, die pergamentfarbene Haut und fragte
sich, wie lange er noch leben würde und ob es richtig gewesen war,
Anjou nach Polen reisen zu lassen. Während der folgenden Wochen

musste sie schmerzlich erkennen, dass das Ansehen der Valois bei der Bevölkerung einen Tiefpunkt erreicht hatte. Fast täglich erhielt sie Schmähschriften, die gegen ihre Person und gegen den König gerichtet waren.

In allen Schriften wurde Katharina für das Massaker in der Bartholomäusnacht verantwortlich gemacht, und sie ärgerte sich zwar einerseits über die Angriffe auf ihre Person, andererseits wusste sie, dass die Franzosen ihr seit der Ankunft in Marseille vor vierzig Jahren misstrauisch begegnet waren. Viel besorgniserregender fand sie die Flugblätter, worin festgestellt wurde, dass die königliche Gewalt nicht absolut war insofern, als der König seinem Volk gegenüber zur Rechenschaft verpflichtet war; falls er seine Gewalt unverantwortlich ausübe, hätten die gesetzmäßigen Volksvertreter das Recht, sich solcher Tyrannei zu widersetzen. Immer wieder las Katharina Ausdrücke wie »Wahl«, »Recht des Volkes«, »Billigung durch das Volk«, und widerwillig musste sie erkennen, dass die Hugenotten eine Auffassung vom Königtum hatten, die stark der Genfer Republik ähnelte. Die Flugblätter verdeutlichten ihr auch, dass die Bartholomäusnacht einen grundlegenden Wandel der politischen Einstellung der Hugenotten zum Thron bewirkt hatte. Vor dem August 1572 hatten sie darauf bestanden, loyale Untertanen des Königs zu sein, die ihren Herrscher nur vor dem gefährlichen Einfluss der Guisen bewahren wollten, nach dem August 1572 fühlten sie sich von ihrem König verraten und begannen, über ihre Loyalität gegenüber der Krone nachzudenken und darüber, ob sie zur Loyalität überhaupt verpflichtet waren.

In jenen Wochen nach Anjous Abreise fühlte Katharina sich manchmal so hilflos wie noch nie zuvor, sie erkannte, wie gefährlich diese Schriften für das Haus Valois waren, und wusste nicht, was sie dagegen unternehmen konnte. Sie spürte nur, dass sich im Untergrund etwas zusammenbraute und es wahrscheinlich irgendwann zu einem weiteren Religionskrieg kommen würde.

Seit der Bartholomäusnacht kreisten die Gedanken Heinrichs von Bourbon um seine Rückkehr nach Navarra. Er entwickelte verschiedene Fluchtpläne und verwarf sie wieder, weil die Gefahr des Scheiterns zu groß war.

Er durfte sich zwar im Louvre frei bewegen, nahm an Jagden, Ausritten, Bällen und anderen Festen teil, aber er wusste auch, dass er ständig beobachtet und bespitzelt wurde, und fühlte sich täglich mehr wie ein Gefangener.

Seine Ehe mit Margot war harmonisch und ihr intimes Eheleben sogar glücklich, aber Heinrich spürte, dass er nicht nur dem König und Katharina misstraute, sondern auch Margot, obwohl die Gattin ihm keinen Anlass gab, an ihrer Loyalität zu zweifeln.

So verging eine Woche nach der anderen, und nach dem Dreikönigstag des Jahres 1574 übersiedelte der Hof nach Saint-Germain, weil man glaubte, dass die Landluft für die Gesundheit des Königs besser sei als die stickige Pariser Stadtluft.

2

Am Abend des 21. Februar saßen Margot, ihr Gatte und ihr Bruder Franz im Appartement des Königs von Navarra. Heinrich und Franz spielten Schach, während Margot versuchte, sich auf das *Heptameron* zu konzentrieren; die erotischen Geschichten ihrer Großtante Margarete waren unter diesem Titel im Jahre 1558 veröffentlicht worden, und Margot las das *Heptameron* gern, weil es flüssig geschrieben und unterhaltend war, aber an jenem Abend legte sie das Buch nach einer Weile zur Seite, beobachtete die Schachspieler und dachte nach.

Ihre Bitte, Alençon zum Generalstatthalter zu ernennen, war von Karl abgelehnt worden, und sie vermutete, dass Katharina ihn dazu überredet hatte. Sie dachte deprimiert, dass es für sie und den jüngeren Bruder an diesem Hof keine Zukunft gab.

Sie wandte sich an Franz: »Heute Nachmittag erhielt Mama den ersten Brief Anjous aus Polen und las ihn ihren Damen vor. Anjou ist todunglücklich in Krakau, er hasst die Kälte, die heftigen Schneefälle und die düstere Atmosphäre des Schlosses. Er ist zum Schweigen verurteilt, weil er die polnische Sprache nicht beherrscht, sein königlicher Haushalt wurde reduziert, seine Diener werden wie Leibeigene behandelt. Er klagt auch über das schlechte Essen, das seiner Meinung nach zu fett und schwer ist, es missfällt ihm, dass die Polen dauernd Schnaps trinken und manchmal tagelang besoffen umherliegen, seine Edelleute sind wütend, und es gibt täglich Auseinandersetzungen mit den Polen, die zum Glück bis jetzt immer ohne Blutvergießen beigelegt werden konnten. – Ich gönne es ihm, dass er jetzt um Anerkennung kämpfen muss, an unserem Hof war er immer beliebt, nun lernt er das wirkliche Leben kennen.«

Es entstand eine Pause.

Dann begann Margot zu weinen und erwiderte unter Tränen: »Ich fürchte, dass Anjou noch in diesem Sommer nach Frankreich zurückkehrt. Vor der Abendtafel besuchte ich Karl, es geht ihm täglich schlechter, er ist so schwach, dass er weder Löffel noch Gabel zum Mund führen kann. Seine Amme füttert ihn, und zwischendurch wischt sie das Blut ab, das aus seinem Körper kommt. Die Ärzte sagen schon seit einiger Zeit, dass er unter subkutanen Blutungen leidet, und heute habe ich es zum ersten Mal gesehen. Es ist schrecklich, aus allen Poren kommt Blut ... Die Ärzte sagen, dass er nur noch wenige Wochen leben wird, und dann, dann kehrt Anjou nach Frankreich zurück und wird zusammen mit Mama regieren. Was wird dann aus uns? Wir sind ihnen ausgeliefert.«

»Das muss man abwarten«, sagte Heinrich, »ich hatte immer ein gutes Verhältnis zu Anjou, vielleicht lässt er uns nach Navarra abreisen.«

Alençon stand auf, ging zu Margot und strich behutsam über ihre Haare. »Sorge dich nicht um deine Zukunft, wir werden Mama und Anjou nicht ausgeliefert sein, im Gegenteil, Mama ist wahrscheinlich übermorgen, am Karnevalsdienstag, unsere Gefangene.« Franz erklärte der Schwester seinen Befreiungsschlag, den er für Faschingsdienstag geplant habe. Das Schloss sei dann umzingelt, Karl und die Mutter würden gefangen genommen werden. Er selbst übernehme die Führung der Protestanten und lasse dann seine Herrschaft legitimieren. Sobald es so weit sei, könnten Margot und Heinrich nach Navarra abreisen.

Inzwischen war es spät geworden und Alençon verabschiedete sich. Heinrich und Margot sahen sich schweigend an, sie zweifelten, ob der Plan gelingen könne, aber die Aussicht, bald in Navarra zu sein, war vor allem für Heinrich sehr verlockend.

In jener Nacht lag Margot lange wach, überlegte, wie hoch die Wahrscheinlichkeit war, dass der Staatsstreich erfolgreich verlief und kam zu dem Schluss, dass sowohl Erfolg als auch Misserfolg möglich waren. Sie konnte den Misserfolg zwar nicht verhindern, aber seine Folgen abmildern, wenn sie die Mutter von dem Vorhaben unterrichtete und gleichzeitig für den Bruder und den Gatten um Milde flehte.

Am nächsten Morgen bat sie Katharina um eine Unterredung unter vier Augen und informierte sie über Alençons Pläne. Katharina war entsetzt, als sie hörte, was ihr jüngster Sohn plante, dann stieg Wut in ihr hoch.

»Es ist unglaublich!«, rief sie. »Der Bruder versucht, den Bruder zu entthronen! Mein Gott, wie weit ist es mit den Valois gekommen? Ich möchte Franz am liebsten bis zu seinem Tod einkerkern lassen!«

»Mama, bitte, beruhigen Sie sich, Sie können jetzt Vorsorge treffen, bitte, zürnen Sie meinem Bruder nicht länger, er hat unüberlegt gehandelt, er ist noch zu jung, um die Folgen seiner Handlung einzuschätzen.«

»Margot, er rebelliert gegen den König, darauf steht die Todesstrafe und dein Mann weiß von dieser Rebellion. Die Immunität der Prinzen von Geblüt hört auf, wenn sie gegen den König rebellieren.«

»Mama, bitte, ich habe mich Ihnen anvertraut, um das Leben meines Gatten und meines Bruders zu retten!«

Katharina betrachtete Margot und erwiderte: »Dein Geständnis hat wahrscheinlich die Krone für deinen Bruder Anjou gerettet. Ich gebe dir mein Wort, dass dein Gatte und dein Bruder Franz ihr Leben nicht verlieren werden.«

Margot atmete auf und sagte leise: »Danke, Mama.«

Am gleichen Tag befahl Katharina, die Wachen um das Schloss zu verstärken, und dann wartete sie in Ruhe ab, was am Dienstag passieren würde.

Am Nachmittag des letzten Karnevalstages stand Alençon an einem Fenster des Schlosses, von wo aus er den Haupteingang beobachten konnte, und wartete. Er hatte mit dem Hugenotten Chaumont-Vitry vereinbart, dass dieser um fünf Uhr mit seinen Truppen das Schloss stürmen sollte. Irgendwann schlug es vier Uhr und Alençon dachte befriedigt, dass er in spätestens zwei Stunden der neue König von Frankreich war. Er überlegte, dass er Katharina zur Festung Loches würde bringen lassen, dort konnte sie den Rest ihres Lebens in einem der Verliese verbringen, die seinerzeit Ludwig XI. für Staatsgefangene hatte bauen lassen. Als es halb fünf schlug, sah er entsetzt, dass Chaumont-Vitry mit seinen Truppen auf das Schloss marschierte, fast im gleichen Augenblick überwältigten die Schlosswachen die Angreifer. Alençon sah noch, dass Chaumont-Vitry flüchtete, und wusste, dass sein Staatsstreich misslungen war. Er wusste auch, dass es für ihn nur noch eine Möglichkeit gab, sein Leben zu retten. Er stürzte aus dem Zimmer und rannte durch Gänge und Galerien bis zum Appartement seines königlichen Bruders, stürzte hinein und fiel vor Karl auf die Knie. »Ich habe jede Strafe verdient, auch den Tod!«, rief er und berichtete die Einzelheiten des Komplotts.

Karl betrachtete den Bruder und wandte sich nach einer Weile angeekelt von ihm ab.

Franz hörte nicht auf zu reden, und nach einer Weile trat Katharina, die sich im Hintergrund des Zimmers aufgehalten hatte, zu ihm. »Genug.« Sie winkte einige Bewaffnete herbei und befahl ihnen, den Herzog von Alençon in sein Appartement zu bringen. Dann rief sie Heinrich von Bourbon zu sich und musterte ihn streng.

»Alençon hat gestanden, dass du von dem Komplott gewusst hast. Warum hast du ihn gedeckt? Du bist der erste Prinz von Geblüt, es wäre deine Pflicht gewesen, den König oder mich zu informieren.«

Heinrich überlegte einen Augenblick. »Madame, seit Monaten bin ich ein Gefangener. Ist es nicht der natürliche Wunsch jedes Gefangenen, wieder in Freiheit zu sein? Das Komplott war für mich eine Möglichkeit, mich nach Navarra zu begeben. Glauben Sie mir, Madame, ich habe keine Rebellion gegen den König beabsichtigt, ich habe nur den einen Wunsch: Ich möchte meine Freiheit!«

Katharina betrachtete ihren Schwiegersohn lange und sagte dann: »Ich verstehe deinen Wunsch, aber im Augenblick kann ich ihn nicht erfüllen. Du und dein Schwager, ihr verdankt euer Leben Margot, sie hat mir euren Plan gebeichtet und ich habe ihr versichert, dass man euch nicht vor ein Gericht stellen wird.«

Heinrich starrte seine Schwiegermutter fassungslos an: Margot hatte sie also verraten. Wie aus weiter Ferne hörte er die Stimme seiner Schwiegermutter: »Du wirst vorerst in deinem Appartement bleiben.« Dann erschienen Bewaffnete und führten ihn hinweg.

Katharina überlegte einen Augenblick und sagte zu Karl: »Wir sollten uns mit diesen Aussagen zufrieden geben, und Condé …, er hat wahrscheinlich von der Verschwörung nichts gewusst. Für unser aller Sicherheit ist es jedoch besser, wenn wir morgen Saint-Germain verlassen und uns nach Vincennes begeben, dort können Navarra und Alençon besser überwacht werden.«

»Tun Sie, was Sie für richtig halten, Mama«, erwiderte Karl müde, und im Stillen dachte er: Warum lassen sie mich nicht in Ruhe? Dies alles interessiert mich doch schon lange nicht mehr.

Als Heinrich sein Appartement betrat, eilte Margot ihm erwartungsvoll entgegen: »Nun, was hat Mama gesagt?«

Heinrich musterte die Gattin kühl von oben bis unten und erwiderte: »Sie hat meine Erklärung akzeptiert. – Margot, warum hast du uns verraten?«

Sie sah ihn einen Augenblick verwundert an und rief: »Ich habe euch nicht verraten, ich habe euer Leben gerettet!«

Er sah sie schweigend an und spürte, dass er sich innerlich immer mehr von ihr entfernte.

Als sie am anderen Morgen zu dritt in einer Kutsche nach Vincennes fuhren, machte Alençon der Schwester ebenfalls Vorwürfe und sie erwiderte ruhig: »Ich habe euer Leben gerettet und ich verspreche, dass ich euch weiterhin helfen werde, vom Hof zu fliehen, eine Flucht ist keine Rebellion.«

»Wie sollen wir jemals aus Vincennes entkommen?«, fragte Heinrich gereizt. »Man wird uns jetzt noch strenger bewachen als früher.«

»Henrietta wird sofort nach unserer Ankunft sämtliche geheimen Gänge und Treppen erkunden, und ich werde La Molle und seinen Freund Coconas bitten, dass sie uns helfen.«

Auf der Fahrt nach Vincennes dachte Katharina noch einmal über Alençons Staatsstreich nach und kam zu dem Schluss, dass Verschwörer sich nicht beim ersten Misslingen entmutigen ließen. Hatte Condé im Jahre 1560 nicht auch nach dem Scheitern der Verschwörung von Amboise sofort ein zweites Komplott in die Wege geleitet? Sie musste damit rechnen, dass Alençon, das heißt seine Hintermänner, einen zweiten Versuch wagten, und sie beschloss, ihre Zwerge überall in Vincennes als Spitzel einzusetzen, um rechtzeitig informiert zu sein. Und dann, wenn die Verschwörung vereitelt war, würde nicht Milde walten, sondern Gerechtigkeit. Gerechtigkeit bedeutete Verhaftungen, Prozesse und Hinrichtungen.

Einige Tage nach der Ankunft in Vincennes traf die Nachricht ein, dass der Prinz von Condé nach Deutschland geflüchtet war, sich zur reformierten Religion bekannt hatte und zusammen mit dem Prinzen Ludwig von Nassau und dem Prinzen von Sedan Truppen aufstellte, die gegen die katholische Monarchie in Frankreich kämpfen sollten. Am 11. März Landete Montgomery in der Normandie, brandschatzte das Land und ermunterte die Hugenotten, dem König den Gehorsam aufzukündigen. Katharina schickte den Marschall von Matignon in den Norden und befahl ihm, die Stadt Domfront zu belagern, wo Montgomery sich aufhielt.

Unterdessen schmiedete Margot Fluchtpläne. Navarra und Alençon durften sich zwar in der Festung frei bewegen, sie aber nicht verlassen. Nur Margot waren Ausfahrten gestattet, bei denen sie außer zwei Damen auch einen Edelmann als Begleitung mitnehmen durfte. Sie schlug dem Gatten und dem Bruder vor, dass einer von ihnen, in einen weiten Mantel gehüllt und den Hut tief in die Stirn gedrückt, an Stelle des Edelmannes, sie bei einer Ausfahrt begleiten und so entkommen könne. Heinrich und Franz sahen sich an und dann sagte Heinrich: »Nein Margot, wenn einer von uns zurückbleibt, wird er so unter Druck gesetzt, dass er den Aufenthaltsort des anderen verrät – und dieser Aufenthaltsort muss ihm natürlich bekannt sein, weil er sich ja mit dem Flüchtling treffen will –, nein, das bringt uns nicht weiter. Wenn wir fliehen, dann nur gemeinsam.«

Daraufhin beschloss Margot, ihren Liebhaber La Molle, der sie auch in Vincennes diskret besuchte, einzuweihen, und sie entwarfen einen Fluchtplan.

Am 6. April trafen Alençon und Navarra sich mit Méru und Thoré, den beiden jüngeren Brüdern des Marschalls von Montmorency, in einer abgelegenen Kammer in Vincennes, und Alençon erklärte, dass die Flucht am späten Abend des 9. April stattfinden sollte. Er beschrieb, an welchem Seitenausgang La Molle und Coconas sie mit Pferden und Bewaffneten erwarteten, um sie nach Dreux zu bringen, wo sie in Sicherheit waren, weil es zu seiner Apanage gehörte. Von dort aus würden Margot und Heinrich versuchen, sich nach Navarra durchzuschlagen, während er, Alençon, der Anführer der Hugenotten und der Partei der »Politiker« wurde, die ihn, nach dem Tod Karls IX., zum König von Frankreich proklamieren würden.

Die Montmorencys sicherten Alençon ihre Unterstützung zu, und dann trennte man sich.

Navarra verließ als Letzter den Raum, und als er die Tür schloss, sah er im Halbdunkel eine kleine Gestalt mit einer Schnelligkeit hinweghuschen, dass er den Eindruck gewann, es handele sich um einen größeren Hund. Am 9. April verlief alles wie geplant: Die Flüchtlinge erreichten ungesehen den Seitenausgang, saßen auf und wollten eben wegreiten, als sie plötzlich von Bewaffneten umzingelt wurden. Margot schrie auf, und während der folgenden Sekunden glaubte sie, einen bösen Traum zu träumen, aber es war kein Traum, sondern bittere Wirklichkeit: La Molle und Coconas wurden überwältigt, gefesselt und zu einer Kutsche geschleppt, die sofort abfuhr, Heinrich und Alençon wurden ergriffen und mussten ihre Degen abliefern, sie selbst wurde unter Bewachung in ihr Appartement gebracht.

Am anderen Morgen hörten sie, dass sie ihre Räume vorerst nicht verlassen durften. Die Dienerschaft der Gefangenen hielt Augen und Ohren offen, und so erfuhr Margot, dass ihr Liebhaber und sein Freund Coconas in die Bastille gebracht worden waren. Man hatte sie vor Gericht gestellt und dann wegen Rebellion gegen den König zum Tod verurteilt und auf dem Place de Grève enthauptet.

Margot weinte stundenlang und ihr Hass auf Katharina wurde immer größer.

Navarra und Alençon waren genauso entsetzt über die Nachrichten, die ihnen zugespielt wurden: Katharina hatte nicht nur Méru und Thoré verhaften lassen, sondern auch deren ältesten Bruder, den Marschall von Montmorency, dessen Loyalität gegenüber der Krone allgemein bekannt war, und den Marschall von Cossé.

Die Verhaftung dieser Heerführer wurde allgemein missbilligt, und Montmorency-Damville, der königliche Statthalter im Languedoc, nahm die ungerechte Behandlung seines Bruders zum Anlass, sich nunmehr offen für die Hugenotten zu erklären, und so gehörte diese Provinz nun zu den Gegnern der Regierung.

Katharina wusste, dass der Marschall von Montmorency und Cossé unschuldig an der Verschwörung waren, aber angesichts der geschwächten königlichen Macht hielt sie es für angebracht, hart durchzugreifen, um wenigstens etwas von der königlichen Autorität zu retten.

Am 13. April erschienen Beauftragte des Pariser Parlaments in Vincennes, um bei dem Verhör Alençons und Navarras als Zuhörer anwesend zu sein.

Alençon beteuerte seine Unschuld und bat um Gnade, dann begann Navarra zu reden, und bereits nach den ersten Sätzen horchte Katharina auf: Es war kein Geständnis, sondern eine Verteidigungsrede. Er zählte seine Lebensdaten auf und veränderte seinen Standpunkt dabei so, dass er die Monarchie anklagte, die seine Familie, seine Anhänger und ihn selbst immer wieder verraten hatte. Die Verschwörung, in die er sich eingelassen, war kein Verbrechen gegen den König, sondern eine Anstrengung seinerseits, einem Hof zu entfliehen, wo er in beständiger Furcht und unter dauerndem Verdacht lebte.

Während Heinrich von Bourbon sprach, überlegte Katharina im Stillen, dass sie ihn unterschätzt hatte, dass er wahrscheinlich doch nicht die Leichtfertigkeit und Unbeständigkeit seines Vaters geerbt hatte. Sie spürte während dieser Rede, dass ihr Schwiegersohn genau wusste, was er wollte, und dass er seine Ziele beharrlich verfolgte.

Nach dem Verhör von Sohn und Schwiegersohn war sie fest entschlossen, vor der Öffentlichkeit zu verschleiern, dass die Verschwörungen ihren Ursprung in der königlichen Familie hatten. Die öffentliche Würde Alençons und Navarras sollte unangetastet bleiben, und deswegen bezeichnete sie die beiden als die unschuldigen Opfer übler Leute. Zum spanischen Gesandten sagte sie: »Die Verschwörer haben nicht nur Gott und den König beleidigt, sondern sie haben zwei junge Prinzen missbraucht und getäuscht, die noch den Geschmack von Milch auf ihren Lippen haben.«

Alençon und Navarra waren zwar rehabilitiert, aber Katharina hielt es für angebracht, sie weiterhin streng zu bewachen. Jeder Zugang zur Welt außerhalb von Vincennes war ihnen verwehrt, weil Katharina versuchte, Anjous Anweisung aus Polen zu befolgen, und die lautete: »Alles muss geschehen, um den Herzog von Alençon davon abzuhalten, die Macht an sich zu reißen.«

Während der folgenden Wochen dachte Heinrich von Bourbon über sein bisheriges und noch mehr über sein künftiges Leben nach: Er wollte unter allen Umständen in sein Königreich zurückkehren. Er wollte sein Land wirtschaftlich aufbauen, die Bildung seiner Untertanen fördern, und vor allem wollte er, was die religiöse Frage betraf, einen Modus Vivendi schaffen, der für alle tragbar war.

Navarra war hugenottisch und er benötigte die Unterstützung der Hugenotten, aber er war entschlossen, die Katholiken weder zu verfolgen noch des Landes zu verweisen, sofern sie sich ihm, dem König gegenüber, als Untertanen loyal verhielten. Diese Ziele konnte er nur verwirklichen, wenn ein erneuter Fluchtversuch gelang; er dachte nach, warum sein Versuch zu entkommen zweimal missglückt war, und kam zu dem Ergebnis, dass an einem Fürstenhof zu viele Spione umherschlichen und natürlich irgendwann erfuhren, wer sich mit wem wann und wo verabredete. Er beschloss, den dritten Versuch allein zu organisieren, vor allem würde er keinen Menschen in seine Pläne einweihen, auch nicht Margot. Es war wichtig, dass sie glaubhaft versichern konnte, nichts gewusst zu haben; im anderen Fall bestand die Gefahr, dass man doch etwas aus ihr herauspresste, und er hoffte, dass seine Schwiegermutter so viel Menschenkenntnis besaß, dass sie Margot glaubte.

Diese Flucht musste langfristig vorbereitet werden, und das bedeutete zunächst Verstellung und Heuchelei. Es war unwahrscheinlich, dass Katharina ihn jahrelang in sein Appartement einsperrte, irgendwann würde sie ihm mehr Freiheit gewähren müssen, allein wegen der ausländischen Gesandten. Er wusste, dass der englische und der venezianische Gesandte bereits angefragt hatten, warum er und Alençon eingesperrt waren …

Er würde sich also irgendwann wieder freier bewegen dürfen, und diese Freiheit würde er nicht ausnutzen, um zu fliehen, nein, er würde den Valois und vor allem Katharina eine Komödie vorspielen; er war der Thronprätendent, der kein Interesse mehr an seinem kleinen Königreich hatte, im Gegenteil, das luxuriöse Leben am französischen Hof behagte ihm, sein Interesse galt den Damen, den Bällen, der Jagd. – Die Jagd …! Ein Jagdausflug war die einzige Möglichkeit zu entkommen. Er musste erreichen, dass er hin und wieder allein jagen durfte. Er würde natürlich stets pünktlich an der Abendtafel erscheinen, irgendwann verspätete er sich, weil er unbedingt einen Hirsch, ein Reh oder Wildschwein erlegen wollte, das er nun seinem königlichen Herrn überreichte. Dann würde er dem Küchenmeister befehlen, es so zuzubereiten, wie der König es wünschte. – Nach einigen Wochen würde er sich erneut verspäten. Sie mussten sich langsam daran gewöhnen, dass er hin und wieder nicht pünktlich bei der Abendtafel erschien, irgendwann war ihr Misstrauen eingeschläfert, und dann kam der Tag.

Alençon war ebenfalls fest entschlossen, einen weiteren Fluchtversuch zu wagen und sich mit den Hugenotten zu verbünden, und seine Überlegungen ähnelten denen seines Schwagers: Auch er war entschlossen, seine Flucht allein vorzubereiten und keinen Menschen, auch nicht Margot, einzuweihen.

Am 25. Mai eroberte der Marschall von Matignon die Festung Domfront und nahm Montgomery gefangen. Als Katharina den König davon unterrichtete und ihn fragte, was mit Montgomery geschehen solle, antwortete Karl: »Ich bin dem Tode schon so nahe, dass all diese menschlichen Gegebenheiten mich nicht mehr kümmern. Bestrafen Sie ihn, wie Sie wollen.«

Katharina hatte nie vergessen, dass Montgomerys Lanze schuld war am Tod Heinrichs II., und nach der Bartholomäusnacht hatte sie oft darüber sinniert, dass die innenpolitische Entwicklung wahrscheinlich anders verlaufen wäre, hätte Heinrich noch länger regiert, zumindest hätte er genug königliche Autorität besessen, um den aufsässigen Hochadel in seine Schranken zu weisen.

Montgomery wurde auf der Place de Grève in Paris enthauptet.

Während der letzten Maitage veranlasste sie Karl, ein Dekret zu unterzeichnen, das sie, die Königinmutter, mit Zustimmung des Herzogs von Alençon, des Königs von Navarra und des Kardinals von Bourbon, als Regentin einsetzte, bis Anjou aus Polen zurückgekehrt war. So war angesichts der inneren Unruhen gewährleistet, dass Anjou sofort nach seiner Ankunft die Regierung übernehmen konnte.

Als Katharina am frühen Morgen des 30. Mai 1574, es war der Pfingstsonntag, das Schlafzimmer Karls IX. betrat, sagte ihr Leibarzt Cavriana, der die letzten Nächte am Lager des Königs gewacht hatte, leise: »Madame, nach ärztlichem Ermessen wird seine Majestät den Abend nicht mehr erleben.«

Katharina starrte den Arzt einen Augenblick fassungslos an. Sie hatte zwar seit langem gewusst, dass Karls Tage gezählt waren, und doch war es in diesem Augenblick ein Schock für sie.

Sie ließ den Beichtvater holen, damit er die Letzte Ölung vornahm, und während der Priester bei dem König weilte, befahl sie den Kanzler Birague zu sich und erteilte ihm einige Anweisungen. Später setzte sie sich an das Bett des Sohnes, nahm seine Hand, hörte, wie sich im Vorzimmer die Hofleute versammelten, sie sah, dass ihre Schwiegertochter Elisabeth unauffällig das Sterbezimmer betrat, und dann wurde ihr bewusst, dass dies der vierte König von Frankreich war, dessen Tod sie miterlebte, und sie spürte erstaunt, dass diesmal ihre Trauer gemessen war. Sie spürte keine Verzweiflung, sondern eher Erleichterung, dass sein Todeskampf sich dem Ende näherte und mit Anjous Regierung für Frankreich ein neues Zeitalter begann.

Sie zuckte zusammen, als Karl plötzlich ihre Hand drückte. Sie sah ihn an, und in diesem Augenblick sagte er leise: *Ma mère*. Dann fiel sein Kopf zur Seite.

Katharina stand erschrocken auf, im gleichen Augenblick beugte Cavriana sich über das Bett, betrachtete Karl und sagte dann »Der König ist tot, Madame.«

Katharina gab dem Kanzler ein Zeichen, woraufhin Birague, gefolgt von Katharina und der jungen Königinwitwe, das Zimmer verließ. Im Vorzimmer blieb er stehen und rief: *Le roi est mort, vive le roi!* Dann nahm er seinen weißen Amtsstab, hob ihn hoch, zerbrach ihn, warf die beiden Hälften auf den Steinfußboden und rief: »König Karl IX. ist tot! Es lebe König Heinrich III.!«

Katharina atmete erleichtert auf – sie hatte alles getan, um die Herrschaft ihres liebsten Sohnes zu sichern, ihr sehnlichster Wunsch hatte sich nun endlich erfüllt: Anjou war der neue König von Frankreich!

Sie eilte in ihr Appartement, teilte Heinrich kurz den Tod des Bruders mit, und wenig später verließ ihr Kurier Chémerault Vincennes und galoppierte nach Krakau.

Dann erteilte Katharina ihre Anweisungen bezüglich der Einbalsamierung des Königs und ordnete an, dass sein Sarg bis zur Überführung nach Saint-Denis in Vincennes bleiben sollte, sie selbst wollte am übernächsten Tag mit dem Hof in den Louvre übersiedeln, um von dort aus die Stadt Paris im Auge zu behalten und die ersten Anzeichen von Unruhe zu unterdrücken, weil sie wusste, dass ihre Regentschaft bei den Parisern misstrauisch beobachtet wurde. Am nächsten Tag schrieb sie einen ausführlichen Brief an Heinrich, der auch Ratschläge beinhaltete, wie er sich als König verhalten sollte.

Dann empfahl sie ihm, die Polen so schonend wie möglich auf seine Rückkehr nach Frankreich vorzubereiten. Er solle ihnen sagen, dass er seinen Bruder schicken würde, da er selbst jetzt in Frankreich unabkömmlich sei. Dann schilderte sie ihm die Begebenheiten der letzten Zeit und wie sehr sie sich auf ein Wiedersehen mit ihrem geliebten Sohn freue.

Sie sah dem Kurier Neuvy nach, als er durch das Tor galoppierte, und überlegte, wann Heinrich in Frankreich eintreffen würde. Die Eilkuriere ritten ungefähr zweieinhalb Wochen bis Krakau, Heinrich würde wahrscheinlich noch eine Woche in Polen weilen, um die dortigen Angelegenheiten zu regeln, während der Rückreise würde er einige Tage in Wien und Italien verweilen und wahrscheinlich einen Monat benötigen, bis er in Paris eintraf. Er würde sich bestimmt beeilen, und sie rechnete aus, dass sie ihn wahrscheinlich Anfang August als König von Frankreich begrüßen konnte. Bereits Ende Juni erhielt sie einen Brief von Heinrich aus Österreich, worin er schrieb:

Ich bin der Sohn, der Ihnen stets gehorsam war, und ich bin es noch bestimmter und entschlossener denn je. Glück überströmt mich bei dem Gedanken, Sie zu sehen.

Katharina war überglücklich, als sie diese Zeilen las, und sie war davon überzeugt, dass es ihr und dem Sohn gelingen würde, die religiösen Zwistigkeiten beizulegen und auch eine Versöhnung innerhalb der königlichen Familie zu erreichen. Aus dem Datum schloss sie, dass es Heinrich gelungen war, Polen rascher zu verlassen, als sie geglaubt hatte, folglich würde er früher als erwartet in Frankreich eintreffen. Mitte Juli erhielt sie einen Brief ihres venezianischen Gesandten. Er schrieb:

Ich habe ihn gesund und fröhlich angetroffen, wie Sie es sich nur wünschen können, er wird von jedermann bewundert, nicht nur wegen seines freundlichen Wesens, sondern auch wegen seiner königlichen Liebenswürdigkeit und Menschlichkeit, die sein Gesicht erstrahlen lassen. Wenn die Prophezeiungen, die über ihn angestellt worden sind, wahr werden, dann wird er einer der größten Könige der Welt sein.

Am Morgen des 5. September ertönte in Lyon ein Kanonenschuss, der anzeigte, dass der König die Grenze seines Reiches überschritten hatte. Katharina ordnete an, dass Alençon und Navarra dem König entgegenritten, weil es der Brauch war, dass zwei Prinzen von Geblüt den König bei der Heimkehr in sein Reich empfingen. Die Prinzen wurden von einer militärischen Eskorte begleitet, um jeden Fluchtversuch zu verhindern.

Katharina ließ sich in einer Sänfte dem neuen König entgegentragen. Alençon und Navarra trafen Heinrich in Pont-de-Beauvoisin, und Alençon, der von Katharina ermahnt worden war, es dem Bruder gegenüber nicht an der gebotenen Ehrerbietung fehlen zu lassen, Alençon fiel vor dem König auf die Knie und küsste ihm als gehorsamer Untertan die Hand. Heinrich III. wusste zwar, dass der Bruder ihm eine Komödie vorspielte, aber da er froh war, wieder in Frankreich zu sein, und da er theatralische Auftritte liebte, umarmte er Alençon und Navarra und versprach ihnen die Freiheit, die Rückgabe ihrer beschlagnahmten Güter, ihre Titel und die Wiedereinsetzung in ihre Ämter am Hof und bei der Armee. Während dieser Versöhnungsszene saß Katharina in ihrer Sänfte und dachte mit gemischten Gefühlen an das Wiedersehen; ihr sehnlichster Wunsch hatte sich zwar erfüllt, er war jetzt König von Frankreich, aber er hatte während seines Aufenthaltes in Turin eigenmächtige außenpolitische Entscheidungen getroffen, die sie nicht billigte, er hatte sich von Philibert von Savoyen überreden lassen, die letzten italienischen Besitzungen, die Frankreich nach dem Frieden von Château-Cambrésis noch verblieben waren, nämlich die Festungen Pignerol, Savigliano und Perugia, an das Herzogtum Savoyen abzutreten. Die Abtretung war verbrieft, somit unwiderruflich, und es war für sie schwierig gewesen, den Kronrat von der Notwendigkeit dieser Abtretung zu überzeugen, aber als Mutter fühlte sie sich verpflichtet, den Sohn zu unterstützen. Gleichzeitig wusste sie, dass sie bei dem verstorbenen König versucht hätte, diese Abtretung rückgängig zu machen. Dann dachte sie an die Schwägerin Margarete, die während Heinrichs Aufenthalt in Turin verstorben war und die Damville-Montmorency hatte kommen lassen, um einen Frieden auszuhandeln. Sie hatte sofort Cheverney nach Turin gesandt, damit er Heinrich instruiere, weder großmütig noch kompromissbereit zu sein, und der Sohn hatte ihr wenigstens in diesem Punkt gehorcht und Damvilles Forderungen abgelehnt. Katharina sah hinaus in die Landschaft und spürte, dass Heinrich sich ihr wahrscheinlich nicht so unterordnen würde wie der verstorbene Bruder.

Am Spätnachmittag traf sie in Bourgoin ein und kletterte ungeduldig aus der Sänfte.

Dann sah sie Heinrich in schnellem Trab auf die Hofgesellschaft zureiten, sah, dass er vom Pferd sprang und auf sie zu eilte, und ohne sich weiter um die Etikette zu kümmern, raffte sie ihre Röcke, lief ihm entgegen, und dann umarmten sich Mutter und Sohn.

Die Hofleute beobachteten, dass beide anfingen zu weinen, und für einen Augenblick waren auch diejenigen, die Katharina und dem neuen König misstrauisch begegneten, ergriffen. Sie spürten das starke emotionale Band zwischen Mutter und Sohn und waren beruhigt über Frankreichs Zukunft: Heinrichs Allüren waren allgemein bekannt, aber wahrscheinlich würde er sich, ebenso wie Karl, der Mutter unterordnen, sie würde also faktisch das Land weiterhin regieren, und die Hofleute fanden, dass sie, im Großen und Ganzen, nach dem Tod Heinrichs II. den

Staat sicher durch alle Gefahren von außen und innen gelenkt hatte, und sie ließen die Königinmutter und Heinrich III. hochleben.

»Mein Augapfel«, sagte Katharina leise und streichelte das Gesicht des Sohnes, »dies ist der schönste Tag in meinem Leben. Seit deiner Geburt habe ich gewünscht, dass du einmal die Krone Frankreichs trägst, und nun ist dieser Wunsch in Erfüllung gegangen. Ich bin überzeugt davon, dass du weise und gut regieren wirst, die künftigen Generationen werden dir bestimmt den Beinamen »der Große« geben.«

»Mama, wir werden gemeinsam dem Land den inneren Frieden geben. Ich bin zwar zutiefst vom katholischen Glauben überzeugt, aber ich bin fest entschlossen, mit den Hugenotten zu einem Kompromiss zu kommen, der alle befriedigt, damit ich in Ruhe die Verwaltung reformieren kann. Ich will die Steuergesetze ändern, ich habe große Pläne, Mama, und ich kann sie nur verwirklichen, wenn Frieden herrscht.«

»Du hast meine volle Unterstützung und ich freue mich darauf, dir mit meinem Rat beistehen zu können und dich vor falschen Entscheidungen zu bewahren.«

Heinrich horchte auf, Katharinas letzte Worte klangen so, als ob sie sich in seine Entscheidungen einmischen wollte.

Er löste sich aus ihren Armen, trat einen Schritt zurück und sagte so laut, dass alle es hören konnten: »Madame, meine sehr liebe Mutter, der ich das Leben schulde, jetzt schulde ich Ihnen überdies meine Freiheit und meine Krone.« Dann kniete er, wie es das Protokoll vorschrieb, vor Katharina nieder und küsste ihr die Hände. Margot beobachtete die Begrüßung zwischen ihrer Mutter und dem Bruder, fragte sich zum soundsovielten Mal, warum Katharina ausgerechnet Heinrich am meisten liebte, und als sie die innige Umarmung sah, die Tränen, als sie beobachtete, dass beide sich leise unterhielten, da spürte sie auf einmal, dass sie – trotz der nachmittäglichen Hitze – anfing zu frieren, und sie dachte ängstlich daran, dass sie jetzt beiden ausgeliefert war. Wenn er sie verleumdete, würde die Mutter es glauben.

Dann trat Heinrich auf sie zu, umarmte sie wortlos, und Margot fühlte sich so deprimiert wie noch nie zuvor.

Während Katharina und der König in die Sänfte kletterten, betrachteten die Höflinge geruhsam die äußere Erscheinung des Herrschers und fühlten sich unangenehm berührt. Man fand ihn noch affektierter als früher und man vermisste die Natürlichkeit, Herzlichkeit und Wärme, die sein Großvater und sein Vater ausgestrahlt hatten, und auch seine verstorbenen Brüder waren zumindest offener und nicht so reserviert aufgetreten. – Ja, er wirkte reserviert, obwohl er lächelte, man spürte instinktiv, dass er sich innerlich von der Umgebung zurückzog, abkapselte, er war nicht leutselig, er wirkte fremd.

In der Sänfte sagte Katharina: »Ich habe angeordnet, dass wir heute Abend allein speisen, es ist dir doch recht?«

»Ja, Mama, das kommt meinen Wünschen sehr entgegen, ich hasse es, ständig von den Hofleuten umgeben zu sein.«

Katharina versäumte nicht, ihrem Sohn sofort das strenge Hofzeremoniell zu präsentieren, das den König als öffentliche Person vom Aufstehen bis zum Schlafengehen in eine Etikette einspannte, in der jeder Tag, jede Stunde, jede Handlung geregelt war.

Heinrich, der häufig ein starkes Bedürfnis nach Alleinsein verspürte, war insgeheim entsetzt. Da er jedoch gehört hatte, wie sehr die Königinmutter sich für den Erhalt seiner Krone eingesetzt hatte, stimmte er zu, um sie nicht vor den Kopf zu stoßen. Er wollte sie schonen und hielt es für klüger, mit seinen Plänen bezüglich seines Hofstaates und seiner Regentschaft zurückzuhalten, und so sagte er:

»Ich bin ihrer Meinung, Mama, auch ich habe den Wunsch, mich als König täglich neu zu inszenieren.« Im Stillen dachte er, dass er oft den Wunsch verspürte, ganz allein zu sein, um zu beten und zu fasten.

Da der feierliche Einzug in Lyon erst am nächsten Tag stattfinden sollte, übernachteten sie im Schloss eines adeligen Herren. Als die Diener in Katharinas Appartement anfingen aufzutragen, konnte sie ihre Ungeduld nicht länger bezähmen.

»Wie haben denn die Polen reagiert, als sie hörten, dass du sie verlassen wirst?«

Heinrich lachte. »Sie konnten nicht reagieren, weil sie betrunken unter dem Tisch lagen.« – »Wie bitte?« – »Ja, Mama, sie lagen betrunken umher.« Sein Gesicht verfinsterte sich und er fuhr fort. »Sie wissen, dass ich in Polen unglücklich war. Abgesehen von den äußeren Lebensumständen, der Kälte, der fremden Sprache kam noch ein entscheidender Punkt hinzu, den ich in meinen Briefen nicht erwähnte: Ich wurde als König permanent gedemütigt, ich habe nie meinen Willen durchgesetzt, keine einzige meiner Anordnungen wurde vom Reichstag bestätigt, ich war nur dem Namen nach der König, aber regiert, so wie der König von Frankreich regiert, habe ich nicht. Ich wusste, dass die Polen mich nicht ohne weiteres würden reisen lassen, so bin ich geflohen.«

»Du bist geflohen?«

»Ja, Mama, es war die einzige Möglichkeit. Ich beschloss, in der Nacht vom 18. auf den 19. Juni mit meinen Getreuen, also Villequier, Du Guast, Quélus, Pibrac, Bellegarde, Miron und dem Abbé von Noailles zu fliehen, und gab den Würdenträgern des Reichstages ein Festessen, bei dem Wein und Schnaps in Strömen flossen. Wir selbst blieben natürlich nüchtern, und als unsere Gäste betrunken unter den Tischen lagen, leerten wir die Truhe, wo meine persönlichen Juwelen und auch die polnischen Kronjuwelen aufbewahrt wurden, und galoppierten durch Nacht und Nebel davon. Am Morgen hatte man unsere Flucht bemerkt, und wir wurden von tatarischen Reitern verfolgt. Quélus, Pibrac und Bellegarde fielen den Tataren in die Hände, aber in der Lombardei stießen sie wieder zu uns, und da Bellegarde meinen Schmuck gerettet hatte, ernannte ich ihn zum Marschall von Frankreich.«

Katharina sah irritiert auf und fragte sich, wie man einen Mann, der keinerlei militärische Verdienste aufwies, zum Marschall ernennen konnte, aber sie schwieg, und Heinrich fuhr in seinem Bericht fort.

»Wir Übrigen entgingen den Verfolgern und kamen wohlbehalten in Wien an. Die Bevölkerung bereitete uns einen prachtvollen Empfang, und Kaiser Maximilian empfahl mir Toleranz gegenüber den Hugenotten.

Von Wien aus ging es weiter nach Italien, mein Ziel war Venedig. Am liebsten hätte ich inkognito dort geweilt, aber dies war leider nicht möglich: Bereits zehn Meilen vor der Stadt erwartete mich eine vergoldete Kutsche, die von annähernd dreitausend Bewaffneten eskortiert war, in Venedig folgte ein Fest dem anderen. Ich war überwältigt, von dem Licht, der Sonne, von den Gondelfahrten durch die Kanäle …«

Er schwieg, sah verträumt vor sich hin und nach einer Weile fragte Katharina vorsichtig: »Ich habe dir 30 000 Taler schicken lassen, hat das Geld gereicht? Du hattest bestimmt hohe Kosten, um standesgemäß auftreten zu können?«

»Machen Sie sich darüber keine Gedanken, Mama«, und er dachte etwas beunruhigt an seine horrenden Schulden. Er überlegte, wie er Katharina von der Geldfrage ablenken konnte.

»Der Doge hat sich öfter mit mir unterhalten und angedeutet, dass er an einem Bündnis mit uns interessiert ist. Bei einer künftigen Auseinandersetzung mit Spanien können wir mit der Unterstützung Venedigs rechnen, weil der Doge daran interessiert ist, dass Spanien nicht zu mächtig wird.«

Dieser Teil des Reiseberichtes entsprach der Wahrheit.

Katharina erwiderte: »Das Angebot des Dogen ist zwar erfreulich, aber ich hoffe, dass es zu keinem Krieg mit Spanien kommt.«

»Das hoffe ich auch. – Ich werde übrigens einige Änderungen am Hof einführen.«

»Wie meinst du das?«

»Mama, ich liebe es, allein zu sein, folglich werde ich künftig nicht an der königlichen Tafel speisen, sondern in meinem Appartement. Es werden nur wenige Hofleute Zugang zu mir haben, und auch für diese werde ich nur wenige Stunden täglich erreichbar sein. Der Kronrat wird verkleinert, künftig werden ihm nur acht Räte angehören und einige Posten werden neu besetzt. Ich bin bereit, Birague, Cheverney, Morvilliers und Monluc zu behalten, Monluc soll sich um die auswärtigen Angelegenheiten kümmern, ansonsten werde ich Pibrac in den Rat berufen, Bellièvre wird sich um die Finanzen kümmern, Villequier wird Gondi als Ersten Kammerherren ablösen. Ich erlaube Gondi, seinen Titel als Kammerherr weiterzuführen, Guast wird mein persönlicher Berater. Ich habe erfahren, dass die Staatssekretäre des Kronrats während der vergangenen Monate Geschäfte erledigt haben ohne die ausdrückliche Anweisung des Königs, damit ist jetzt Schluss. Künftig werde ich jede Anordnung unterschreiben. Der Finanzrat ist auch zu unabhängig. Er hat während der vergangenen Monate Steuern, Pensionen und Staatsausgaben geregelt, ohne die Genehmigung des Königs einzuholen. Der Finanzrat wird abgeschafft, künftig wird über alle finanziellen Fragen allmorgendlich in meiner Gegenwart im Rat diskutiert werden, in der Nachmittagssitzung soll der Rat dann die Eingaben und Anträge begutachten, die Entscheidung behalte ich mir vor.«

Es entstand eine Pause und dann sagte Katharina vorsichtig: »Heinrich, ich finde, dass du zu weit gehst.«

»Mama, ich verstehe Sie nicht, haben Sie mir nicht empfohlen, mir das Recht vorzubehalten, unabhängig von den Vorschlägen des Rates zu entscheiden?«

»Gewiss, ich finde es richtig, dass du den Rat verkleinerst und dich künftig selbst um Finanzfragen kümmern willst, aber du solltest dich bei der Führung der Staatsgeschäfte nicht nur auf deine persönlichen Anhänger stützen, sondern auch auf Angehörige des Hochadels, und du solltest deinen Untertanen, und dazu gehören auch die Edelleute, leutselig begegnen. Unter der Herrschaft deiner Brüder, deines Vaters und Großvaters hatten die Hofleute stets Zugang zum König. Er hat mit ihnen geplaudert, sich ihre privaten Sorgen angehört, und dieser Zugang zum Fürsten schuf die Basis für die Bereitschaft, ihm zu dienen. Willst du dir diese Bereitschaft verscherzen, indem du dich zurückziehst und nur noch deine Günstlinge empfängst?«

»Mama, ich bin der König, und ich entscheide so, wie ich es für richtig halte. Ich bin gerne bereit, Ihre Ratschläge anzuhören, ob ich sie immer befolgen werde, ist eine andere Frage.«

Katharina hielt es für besser zu schweigen. Sie hatte nichts dagegen, dass Heinrich von Anfang an als Herrscher auftrat und befahl. Seine Worte verrieten, dass er gewillt war, die zentrale Gewalt des Königs zu festigen, was im Sinne seines Großvaters war.

Am nächsten Tag, dem 6. September, zog Heinrich feierlich in die Stadt Lyon ein.

Katharina saß neben dem Sohn und beobachtete enttäuscht, dass nur wenige Einwohner die Straßen säumten und nur hin und wieder ein Franzose den neuen König hochleben ließ.

Sie überlegte, ob sie ihn ermahnen sollte, zu lächeln und zu winken, beschloss aber zu schweigen.

Sie spürte die Distanz zwischen dem neuen König und seinen Untertanen, sie spürte die feindseligen Blicke und sie wusste, dass ihr Lieblingssohn schon jetzt, am Beginn seiner Herrschaft, unpopulär war.

Am Abend besprach sie mit ihm, wie es im Languedoc weitergehen sollte, und empfahl ihm, nicht zu verhandeln, sondern die Rebellen niederzuwerfen. Sie hoffte insgeheim, dass der Sohn auf dem Schlachtfeld erneut Ruhm erränge und so seine königliche Autorität festigte. Heinrich war damit einverstanden und begann Schweizer Truppen anzuwerben.

Unterdessen stellte Damville dem König ein Ultimatum: Er beschuldigte die Krone, die Verbrechen der Bartholomäusnacht angeordnet und die Toleranzedikte verletzt zu haben; er forderte die sofortige Freilassung der Montmorencys, des Königs von Navarra und des Herzogs von Alençon; zuletzt prangerte er das Elend des Volkes an, rief das Volk auf, sich zu bewaffnen, und berief die Stände des Languedoc nach Montpellier ein.

Das Recht, die Provinzstände einzuberufen, stand nur dem König zu, und Heinrich reagierte sofort und berief die Provinzstände für den

4. November nach Avignon ein, einer Stadt jenseits der Grenzen der aufständischen Provinz. Als der Hof in Avignon eintraf, waren die Stände versammelt und Katharina atmete auf. Die königliche Autorität war also immer noch ungebrochen. In Avignon erfuhr man, dass es dem königlichen Heer gelungen war, Pezenas zu nehmen, und man rechnete mit einem Sieg über Damville.

An einem Vormittag vor der Ratssitzung sah sie wie gewöhnlich in Anwesenheit Heinrichs die Post durch, bevor er selbst sie las. Plötzlich warf sie einen der Briefe, nachdem sie ihn gelesen hatte, zu dem Haufen der bereits im Rat begutachteten Eingaben, als betreffe er eine bereits erledigte Angelegenheit. Heinrich beobachtete seine Mutter, wurde misstrauisch, nahm das Schreiben, las, dass Maria von Kleve im Kindbett gestorben war, und fiel in Ohnmacht.

Katharina rief Diener und Ärzte herbei, und nach einer Viertelstunde erwachte der König, verblieb aber während der folgenden drei Tage in einem Dämmerzustand. Als Katharina am Abend des dritten Tages sein Zimmer betrat, war er bei vollem Bewusstsein und wollte wissen, was vorgefallen war. Sie setzte sich an sein Bett, nahm seine Hand und sagte: »Heinrich, als du gelesen hast, dass Maria von Kleve tot ist, bist du in Ohnmacht gefallen.«

In diesem Moment sprang er auf und rief: »Wie, sie ist tot? Sie sagen, dass sie tot ist? Nein, sie ist nicht tot, sie darf nicht tot sein, sie soll die neue Königin von Frankreich werden! Ich glaube nicht, dass sie tot ist!«

»Heinrich, beruhige dich, glaube mir, sie ist tot.«

»Nein, nein, nein!« Er rannte mit dem Kopf gegen die Wand, weinte laut, und Katharina bekam allmählich Angst wegen seines Verhaltens. Sie ließ die Hofärzte rufen, die den König davon überzeugten, dass Maria von Kleve tot war.

Während der folgenden Tage gab Heinrich sich hemmungslos seiner Trauer hin, er weinte, klagte, und sowohl Katharina als auch die Hofleute waren peinlich berührt; es war unschicklich, dass der König von Frankreich so offen seine Gefühle bekannte.

Irgendwann beruhigte er sich, ordnete aber Volltrauer für den Hof an, und Katharina sah entsetzt, dass ihr Sohn und die Hofleute plötzlich alle in schwarzen Samt gekleidet waren. In den Kirchen wurden Trauergottesdienste abgehalten, und Heinrich verbrachte Stunden bei den Hofschneidern und beriet sich mit ihnen über neue Trauerkostüme; eines

1229

Tages erschien er in schwarzem Samt, der von oben bis unten mit silbernen Totenschädeln bestickt war.

In Avignon gab es unzählige Orden, und Heinrich begleitete jede Nacht die Bußprozession einer Brüderschaft und trat den »Schwarzen Büßern« bei, der Hof folgte ihm und Katharina trat den »Blauen Büßern« bei, um dem Sohn einen Gefallen zu tun.

Nachdem Heinrichs Trauer etwas nachgelassen hatte, hielt Katharina es für angebracht, ihn daran zu erinnern, dass er sich vermählen müsste, um die Thronfolge zu sichern, und schlug ihm eine Verbindung mit einer schwedischen Prinzessin vor. Heinrich war einverstanden, schickte aber am gleichen Tag einen Kurier zu seinem Schwager, dem Herzog von Lothringen, und bat um die Hand von Louise de Vaudémont.

Am 22. Dezember fand in Avignon die erste Sitzung der Provinzialstände statt, und Katharina erlebte voller Genugtuung, dass Heinrichs Rede die Anwesenden bewog, ihm alle Steuern zu bewilligen, die er forderte. Damville verschanzte sich unterdessen in der Festung Livron und unternahm von dort aus Raubzüge. Den königlichen Truppen gelang es nicht, die Rebellen aufzuspüren, und so beschloss Katharina, mit ihnen zu verhandeln, ohne dass der König etwas davon wusste.

Heinrich war in jenen letzten Wochen des Jahres 1574 vollauf mit den Bruderschaften beschäftigt und ordnete für den Weihnachtstag eine allgemeine Prozession an. Während dieser sollten nicht nur von allen Kirchtürmen die Glocken geläutet werden, sondern auch die Artillerie sollte ununterbrochen Salut schießen. Der 25. Dezember war kalt und frostig, und als die Prozession bei Anbruch der Dunkelheit das Schloss verließ, begann es zu schneien. Katharina war die Einzige, die in den warmen Räumen des Schlosses bleiben durfte, alle übrigen Hofleute mussten auf Befehl des Königs, nur mit einem Umhang aus grobem Sacktuch bekleidet und barfuß, diesem in die Winternacht folgen. Katharina stand am Fenster, betrachtete den König, der, eine Kerze in der Hand, an der Spitze des Zuges schritt und sinnierte, was in ihrem Lieblingssohn wohl vorgehen mochte, warum er ständig von einem Extrem ins andere fiel. Am nächsten Abend sollten ein Bankett und ein Ball stattfinden und eine Truppe italienischer Komödianten würde ein Stück aufführen.

Zwei Stunden später kehrten ihre Damen zurück und berichteten, dass viele während der Prozession von einer mystischen Begeisterung erfasst wurden und dem Beispiel des Königs gefolgt wären und sich gegeißelt hätten. Sie berichteten auch, dass der Kardinal von Lothringen und sie selbst sich Peitschenhiebe erspart hätten.

Katharina hörte zu und dachte mit gemischten Gefühlen an die Berichte der ausländischen Gesandten. Er macht sich lächerlich, dachte Katharina verzweifelt, und am meisten belastete sie der Gedanke, dass sie dem Treiben des Sohnes hilflos zusehen musste, weil er nicht bereit war, einen Rat von ihr anzunehmen. Er regierte jetzt seit fast vier Monaten, und die Bilanz dieser Wochen war deprimierend: In der Bevölkerung war er unbeliebt wegen seiner bizarren Lebensgewohnheiten, die Franzosen glaubten ihm seine Frömmigkeit nicht, seine Edelleute fühlten sich brüskiert, weil ihnen der Zutritt zu ihm fast verwehrt war, und die Partei der »Politiker« war verärgert, weil er es ablehnte, mit Damville zu verhandeln. Er muss so rasch wie möglich in Reims gekrönt werden, dachte Katharina manchmal, das ist das einzige Mittel, um seine königliche Autorität zu retten.

Doch der Kardinal von Lothringen starb am 26. Dezember 1574 sehr plötzlich.

Katharina war schockiert, als sie die Todesnachricht erhielt. Karl von Guise war zwar zeitweilig ihr Gegner gewesen, aber er hatte der Krone auch Dienste geleistet. Sie empfand seinen Tod als tragisch, sah es doch so aus, als sei er unmittelbar den Launen seiner Majestät zu verdanken. Nun war Heinrich von Guise nicht nur nominell, sondern auch de facto das Oberhaupt der Familie, und sie dachte beklommen daran, wie beliebt und populär er bei den Franzosen war, vor allem bei den Parisern. Seine Popularität erinnerte sie an ihren Schwiegervater und daran, dass seine Untertanen ihn geliebt und verehrt hatten.

Katharinas Verhandlungen mit Damville verliefen erfolglos, weil er ihr erklärte, er könne erst Abmachungen treffen, wenn er die Meinung des Prinzen von Condé gehört habe.

Sie wusste, dass Condé in Deutschland Truppen sammelte, um in Frankreich einzufallen, und sie ahnte, dass Damville Condés Sieg im Osten abwarten wollte, weil dadurch seine Macht im Süden unangreifbar würde. Sie wusste auch, dass, wenn beide Heere sich vereinigten, die Herrschaft des Hauses Valois in Frankreich beendet wäre, und so beschloss sie, erneut die Verhandlungen mit Damville aufzunehmen.

Am 10. Januar 1575 berief Damville eine Versammlung von Hugenotten und »friedlichen Katholiken« ein, um mit ihnen über eine neue Verfassung des Languedoc zu beraten. In dieser Versammlung wurde beschlossen, das Languedoc und einige benachbarte südfranzösische Provinzen zu einem unabhängigen Staat zu verbinden, der als Republik verwaltet werden sollte, die Regierung dieser Republik sollte Damville übernehmen, der von Condé damit beauftragt worden war. Dieser »Vereinigungspakt«, wie er genannt wurde, bedeutete eine Spaltung des Reiches, und Katharina war entsetzt, als Heinrich ohne zu zögern bereit war, dem Pakt zuzustimmen.

Sie versuchte, ihn davon zu überzeugen, dass es notwendig war, nicht sofort nachzugeben, sondern weiter zu verhandeln, um seine königliche Autorität wenigstens verbal zur Geltung zu bringen.

»Mama«, erwiderte er leicht gereizt, »ich bin froh, dass die Probleme im Süden sich ohne Blutvergießen von selbst gelöst haben. Wir verlassen Avignon morgen und reisen nach Norden. Ich beabsichtige nämlich, zu heiraten, den Ehevertrag habe ich vor einigen Tagen unterzeichnet.«

Katharina war sprachlos und starrte Heinrich einige Sekunden entgeistert an. »Ich verstehe dich nicht, du warst doch einverstanden, dass ich mit dem König von Schweden über eine Heirat verhandele?«

»Ich habe es mir anders überlegt, ich bin an der Verbindung mit einer schwedischen Prinzessin nicht mehr interessiert.«

»Warum hast du mir nichts davon gesagt?«

»Verzeihung, Mama, aber, meine Verheiratung geht nur mich persönlich etwas an. Sie müssen dem König von Schweden eben mitteilen, dass ich mich anders entschieden habe.«

Heinrich erklärte der Mutter ohne Umschweife, dass er Louise de Vaudémont heiraten werde, und Katharina fiel beinahe in Ohnmacht angesichts einer solch unstandesgemäßen Wahl. Sie fasste sich und sah ein, dass sie sich in das Unabänderliche fügen musste. So stellte sie nur eine Bedingung: Heinrich müsse vor der Hochzeit in Reims gekrönt werden. Er stimmte zu und Katharina leitete umgehend alle notwendigen Schritte dafür ein.

Als sie in Reims ankamen, war die Braut schon eingetroffen und Katharina unterhielt sich einen Abend lang mit ihr. Nach diesem Gespräch war sie der künftigen Schwiegertochter gegenüber freundlicher gesinnt: Das junge Mädchen war schüchtern, sanft, fromm und würde nie versuchen sie, die Schwiegermutter, in den Hintergrund zu drängen. Louise würde so bescheiden auftreten wie die junge Königinwitwe Elisabeth, die nach Karls Tod zurückgezogen in ihren Gemächern lebte und sich nur noch bei der Messe und an der königlichen Tafel zeigte. Überdies war es am wichtigsten, dass Louise baldmöglichst einen Dauphin zur Welt brachte.

Am 13. Februar 1575 wurde Heinrich III. von einem Neffen des Kardinals von Lothringen gesalbt und gekrönt. Als der Kardinal von Guise ihm die Krone aufs Haupt setzte, schwankte Heinrich etwas, die Krone verrutschte und der König wäre fast zu Boden gefallen. Man sah darin ein böses Vorzeichen, und nach der Zeremonie wurde getuschelt, die Weihe sei ohne Wirkung, weil das heilige Salböl trübe gewesen sei.

Katharina versuchte, die Bemerkungen zu überhören, aber tief in ihrem Inneren wusste sie, dass auch die Krönung Heinrichs königliche Autorität nicht gefestigt hatte. Zwei Tage später wurde er mit Louise de Vaudémont getraut, allerdings erst am Abend mit stundenlanger Verspätung, weil er mit seiner Bekleidung, dem Haarkräuseln der Königin und dem Fälteln ihrer Halskrause beschäftigt war.

Die späte Trauung am Abend wurde ebenfalls als böses Vorzeichen gedeutet. Zwei Wochen später traf die Nachricht ein, dass Claudia, die Herzogin von Lothringen, gestorben war.

Katharina erschrak; von ihren sieben überlebenden Kindern waren jetzt vier in jungen Jahren gestorben, und sie dachte beklommen daran und fragte sich, ob ein Fluch auf den Valois lag. Sie hatte erwartet, dass Heinrich Hoftrauer anordnete, aber er nahm die Todesnachricht nur beiläufig zur Kenntnis und vergnügte sich weiter auf Bällen und Jagden. Katharina war bestürzt und enttäuscht über diese Lieblosigkeit der toten Schwester gegenüber und verbrachte viele Stunden allein in ihrem Appartement, wo sie immer wieder weinte. Sie versuchte, Trost im Gebet zu finden, aber ihr klarer Verstand sagte ihr immer wieder, dass unter der Herrschaft Heinrichs III. Frankreich keinem neuen goldenen Zeitalter entgegenging, sondern eher dem Untergang. Es schmerzte sie, dass der Sohn zwar vernünftige Reformprojekte entwickelte, aber nicht die Ausdauer aufbrachte, sie zu verwirklichen. Er besaß zweifellos Talent zum Regieren, aber er regierte nur, wenn es ihm beliebte, und er war nicht bereit, auf sie oder den Kanzler zu hören, was zu Entscheidungen führte, die ihn bei der Bevölkerung noch unbeliebter machten.

Sie suchte nach Erklärungen und fand keine; sie überlegte krampfhaft, wie sie Heinrichs Autorität wieder herstellen konnte, aber es fiel ihr keine Lösung ein. Das ständige Schwanken des Sohnes zwischen ernsthafter Arbeit, religiösen Bußübungen und ausschweifenden Festen, seine Unbeliebtheit beim Volk, die Tatsache, dass er nur noch auf seine *Mignons* hörte, sich meistens in ihrer Gesellschaft aufhielt und seine Edelleute ignorierte, dies alles war nur ein Teil von Katharinas Sorgen, hinzu kam der familiäre Krieg zwischen dem König und seinen Geschwistern.

Alençon, der jetzt Herzog von Anjou hieß, war zum Generalstatthalter ernannt worden, jedoch wurde er ständig von dem Gefolge des Königs verhöhnt.

Navarra und Margot lebten nach wie vor am Hof, Heinrich berichtete von ständigen Duellen und Margot wurde bezüglich vermeintlicher Liebesabenteuer bespitzelt.

Katharina blieb angesichts dieser desolaten Situation nur die Hoffnung auf einen Thronfolger. Die Verhandlungen mit Damville zogen sich dahin, und da dieser schwer krank war, hoffte sie, dass er vor deren Abschluss sterben würde. Ohne ihren Führer würde sie mit den Hugenotten aus dem Languedoc leichter verhandeln können.

Seit Heinrichs Regierungsantritt konnten Alençon und Navarra sich wieder frei bewegen, sie nahmen an Jagden und Festen teil, an Ausflügen und Fahrten auf der Seine, aber beide wussten, dass sie ständig beobachtet wurden, was sie nicht abhielt, im Stillen ihren Fluchtplan zu schmieden. Aber während Navarra alles für sich behielt, vertraute Alençon sich schließlich doch Margot an und bat sie um Hilfe, weil er nicht wusste, wie er ohne Unterstützung entkommen konnte, und dieser Wunsch wurde umso stärker, je länger er am Hof weilte. Es gab Augenblicke, da glaubte er, seine Situation nicht länger ertragen zu können. Margot war bereit, ihm zu helfen, weil sie sich von seiner Flucht auch eine positive Veränderung ihrer eigenen Situation erhoffte.

Am Nachmittag des 15. September 1575 beobachteten die Diener und Bewaffneten beiläufig, dass die Kutsche der Herzogin von Nevers in einen Hof des Louvre fuhr, die Herzogin und eine andere Dame begaben sich dann zum Appartement der Königin von Navarra. Die Damen trugen Masken und schützten die kunstvollen Frisuren mit einem dichten Spitzenschleier. Nach ungefähr zwei Stunden kehrten sie in Begleitung Margots in den Hof zurück, Margot und ihre Freundin umarmten sich, und dann rollte die Kutsche durch das Tor. Margot sah dem Wagen nach, bis er verschwunden war, dann eilte sie in die Tuileriengärten, wo ihr Gatte mit Rosny Schlagball spielte. Als sie außer Sichtweite war, blieb sie einen Augenblick stehen, atmete tief durch und presste die Hände auf ihr klopfendes Herz. Gott sei Dank, dachte sie, ist alles gut gegangen: Nach einigen Stunden würde er ungefähr dreihundert berittene Anhänger finden, die ihn nach Dreux begleiteten, dort wäre er vorerst in Sicherheit, weil es zu seiner Apanage gehörte, und von dort aus würde er mit dem König über seine Forderungen verhandeln.

Sie ging langsam weiter bis zum Ballspielplatz und gab dem Gatten ein Zeichen, dass er zu ihr kommen solle. Als er vor ihr stand, sagte sie leise: »Franz ist entkommen. Ich wollte dich schon längst über seinen Plan unterrichten, aber er verbot es mir, er befürchtete, dass die Flucht misslingen könnte, wenn zu viele davon wüssten.«

Heinrich sah Margot überrascht an und erwiderte: »Das kann ich verstehen.«

Er wandte sich von ihr ab, und während er sein Ballspiel fortsetzte, überlegte er, dass ihm nicht viel Zeit blieb, um die eigene Flucht vorzubereiten. Der Schwager würde bestimmt die Führung der gegnerischen Partei übernehmen, zu der nicht nur die »Politiker«, sondern auch Hugenotten gehörten. Wenn er, der König von Navarra, Anhänger gewinnen wollte, musste er so rasch wie möglich ebenfalls den Hof verlassen.

Margot ging langsam zurück zum Schloss und überlegte, dass es noch ungefähr zwei Stunden bis zur Abendtafel waren, erst dann würde man bemerken, dass der Bruder verschwunden war. Man würde nach ihm suchen, das dauerte bestimmt eine, wenn nicht gar zwei Stunden, inzwischen wurde es allmählich dunkel, sodass die Verfolgung frühestens am anderen Morgen beginnen konnte, der Bruder hatte gute Chancen, unbehelligt bis Dreux zu kommen.

Als die Diener bei der Abendtafel anfingen, die Vorspeisen aufzutragen, fiel es Katharina auf, dass Alençon fehlte, und sie schickte einen Diener zu seinem Appartement. Kurze Zeit später kehrte der Mann zurück und berichtete, dass er Monsieur nicht angetroffen habe.

Katharina betrachtete verunsichert ihren Schwiegersohn und Margot und fragte, ob sie Alençon am Nachmittag gesehen hätten.

»Ich habe Schlagball gespielt«, erwiderte Heinrich.

»Ich hatte Besuch, Mama, aber vielleicht ist Franz noch bei einer Dame.«

Daraufhin befahl Katharina, in den Räumen der *escadron volant* nachzuforschen, und nach einiger Zeit wurde gemeldet, dass man ihn auch dort nicht gefunden habe.

Da stieg Angst in ihr hoch; sie befürchtete plötzlich, dass er ermordet worden war, und befahl dem Hauptmann der Schlosswache, alle Räume im Louvre genau zu durchsuchen.

Während die Diener einen Gang nach dem anderen auftrugen, überlegte Margot, wie der König reagieren würde, wenn er von der Flucht erfuhr. Würde er sie verdächtigen, dem Bruder behilflich gewesen zu sein?

Je länger die Mahlzeit dauerte, ohne dass eine Nachricht über Alençon eintraf, desto mehr verdichtete sich bei Katharina die Gewissheit, dass er geflohen war.

Als der *hippokras* serviert wurde, meldete der Hauptmann der Schlosswache, dass sie Monsieur nirgendwo gefunden hätten. Katharina verließ wortlos die Tafel und begab sich zum König, der wie gewöhnlich allein speiste.

»Heinrich, Franz ist verschwunden, man kann ihn nirgends finden und ich befürchte, dass er geflohen ist.«

Der König starrte für den Bruchteil einer Sekunde seine Mutter an, dann sprang er auf und schrie: »Er ist geflohen? Wissen Sie, was das bedeutet? Er wird sich auf die Seite meiner Gegner stellen und gegen mich kämpfen! Diese Flucht habe ich Ihnen zu verdanken, Mama, Sie sind schuld daran, Sie allein!«

Katharina glaubte nicht richtig zu hören.

»Heinrich, ich bitte dich, ich habe mit dieser Flucht nichts zu tun.«

»Schweigen Sie! Wer hat mich denn während der vergangenen Monate immer ermahnt, Alençon weniger zu misstrauen und ihm größere Bewegungsfreiheit zu gestatten? Sie, Sie allein, Mama, jetzt habe ich die Bescherung! Ab sofort werden Sie die eingehende Staatspost nicht mehr zuerst öffnen und lesen, und im Rat sind Sie nur noch ein Mitglied wie die anderen.«

Er schwieg, und Katharina fühlte sich so verletzt und gedemütigt wie noch nie zuvor. Sie überlegte, ob sie ihm sagen sollte, dass sie eine solche Behandlung nicht verdiente, dass sein Ton unangemessen war und beschloss zu schweigen. Ihr persönlicher Kummer über Heinrichs Benehmen war jetzt unwichtig angesichts der innenpolitischen Probleme, die durch Alençons Flucht entstanden waren.

»Ich werde sofort alle Häfen sperren lassen!«, schrie der König. »Ich werde Befehl geben, dass man Alençon sofort verhaftet, wenn man ihn findet und vor mich bringt!«

»Heinrich, wenn du ihn verhaften lässt, verschlimmerst du die Situation. Falls er sich wirklich mit Condé und Damville gegen dich verbünden sollte, so ist deine Krone in Gefahr. Wir müssen alles versuchen, um ihn von der gegnerischen Partei zu lösen und wieder in unsere Familie zu integrieren, und das gelingt nur, wenn wir ihm Zugeständnisse machen. Ein unzufriedener jüngerer Bruder ist immer eine Gefahr für den regierenden König, sein Ehrgeiz muss irgendwie befriedigt werden.«

Heinrich schwieg und im Stillen gab er widerwillig zu, dass seine Mutter Recht hatte.

Einige Tage später erließ Alençon ein Manifest, worin er dem königlichen Bruder die Gründe für seine Flucht nannte: Er versicherte dem König, dass er loyal sei, aber die schlechte Behandlung am Hof und die Tatsache, dass er über keine regelmäßigen Einkünfte verfüge, hätten ihn gezwungen, den Hof zu verlassen.

Das Manifest beruhigte weder Katharina noch den König, weil gleichzeitig Nachrichten eintrafen, dass Alençon ein Heer von Hugenotten um sich versammelte, unterdessen stand auch Condé mit deutschen Söldnern an der Ostgrenze und konnte täglich in die Champagne einfallen. Katharina beschloss, mit Franz zu verhandeln, und traf sich mit ihm in Chambord. Sie bewilligte feste Plätze für die Hugenotten, versprach ihm Geld und die sofortige Freilassung der Marschälle. Franz fühlte sich geschmeichelt und willigte ein, die Eröffnung der Kämpfe zunächst zu unterbinden. Inzwischen waren Condés Truppen in Frankreich einmarschiert, und am 10. Oktober kam es zur Schlacht bei Dormans, wo es Heinrich von Guise gelang, den Vormarsch des Feindes aufzuhalten.

In dieser Schlacht wurde Heinrich so ähnlich an der Wange verletzt wie sein Vater vor vielen Jahren, und seine Anhänger nannten ihn nun ebenfalls *La Balafré*. Der Sieg bei Dormans vergrößerte das Prestige des Guisen bei der katholischen Bevölkerung noch mehr, und gleichzeitig vertieften sich Neid und Eifersucht des Königs auf ihn, er sah in Heinrich von Guise allmählich einen Nebenbuhler.

Am 30. Oktober verlor Heinrich den Favoriten unter seinen *Mignons*: Du Guast wurde ermordet, als er am Abend ein Schwitzbad nahm. Der Mörder war der Baron von Vitteaux, der als Raufbold berühmt war und zu den Anhängern Alençons gehörte. Er konnte sich in Sicherheit bringen, doch seine Tat verschlechterte die Stimmung am Hof und in der königlichen Familie, weil Heinrich, obwohl er keinerlei Beweise hatte, innerlich davon überzeugt war, dass Margot den Baron beauftragt hatte, du Guast zu töten, und sein Hass auf die Schwester steigerte sich weiter.

Unterdessen hatte Katharina mit den »Politikern« und den Hugenotten einen provisorischen Frieden ausgehandelt, der vor allem Alençon befriedigen sollte: Er erhielt mehrere feste Plätze, darunter Angoulême und La Charité, der Prinz von Condé erhielt Mézières, und Johann Kasimir sollte mit 500 000 Livres für seine militärische Unterstützung Condés abgefunden werden.

Der inzwischen freigelassene Marschall von Montmorency bewies seine Loyalität gegenüber der Krone und überredete Alençon, diesen Frieden zu unterstützen. Am 21. November wurde der Waffenstillstand in Champigny unterzeichnet, er war auf sechs Monate befristet, danach würde man erneut verhandeln.

Katharina und der König waren im Stillen überrascht, dass Navarra nicht zusammen mit Alençon geflohen, sondern am Hof geblieben war, und dies war für sie der endgültige Beweis, dass der Bourbone sich mit seinem Schicksal abgefunden hatte: Er würde fortan als Erster Prinz von Geblüt dem König dienen, so wie es sich gehörte. Navarras Äußerungen nach der Flucht Alençons bestätigten ihre Meinung. Als das Manifest bekannt wurde, sagte er zu seiner Schwiegermutter und dem König: »Es wird bestimmt nicht lange dauern, bis Monsieur einsieht, wozu er von diesen Leuten missbraucht wird; erst wird er ihr Herr sein und dann ihr Knecht, ich kann ein Lied davon singen.«

Katharina und ihr Sohn sahen sich viel sagend an, und als sie allein waren, sagte Katharina: »Er spricht so vernünftig, ich glaube, wir können ihm jetzt vertrauen. Sollten wir ihm nicht mehr Bewegungsfreiheit einräumen? Er liebt die Jagd, man sollte ihm erlauben, sein Jagdgebiet bis nach Compiègne auszudehnen und ihn auch in den Wäldern von Fontainebleau so viel jagen lassen, wie er will.«

Der König war einverstanden, und von da an ritt Heinrich einen über den anderen Tag zur Jagd und kehrte pünktlich zur Abendtafel mit Fasanen, Hirschen, Rehen, Wildschweinen oder Hasen zurück und wachte persönlich darüber, dass der Küchenmeister das Wild so zubereitete, wie der König es wünschte.

Hin und wieder ließ er sich auch von Katharinas Damen begleiten und arrangierte nach der Jagd eine gesellige Tafelrunde im Wald, und am

Hof gewann man den Eindruck, dass die Jagd allmählich zu seinem Lebensinhalt wurde. Katharina beobachtete erleichtert und zufrieden diese Entwicklung ihres Schwiegersohnes, von ihm hatte die Krone künftig keine Schwierigkeiten zu befürchten.

So verging der Herbst und es wurde Winter. An einem Abend kurz vor Weihnachten erschien Heinrich verspätet zur Abendtafel und sagte, er habe nicht auf den Stand der Sonne geachtet und sich in der Dämmerung verirrt. Man nahm es zur Kenntnis, so etwas konnte jedem passionierten Jäger passieren. Am Dreikönigstag verspätete er sich erneut, weil er unbedingt einen Hirsch mit einem besonders großen Geweih erlegen wollte, da eine solche Trophäe als Glücksbringer galt, und tatsächlich legten die Diener dem König einen riesigen Hirsch zu Füßen. Katharina und ihr Sohn waren erfreut und gerührt über diese Aufmerksamkeit, und als Navarra während der folgenden Wochen hin und wieder verspätet zur Tafel erschien, dachte man nicht weiter darüber nach.

Wenn er wirklich fliehen will, dachte Katharina, hätte er fast jeden Tag die Gelegenheit, aber er kam immer wieder zurück. An einem Abend Ende Januar erschien Heinrich wieder nicht pünktlich zur Tafel, man achtete zunächst nicht weiter darauf, aber als der Braten serviert wurde und Navarra immer noch nicht aufgetaucht war, begann Katharina, unruhig zu werden.

Auf einmal hörte sie im Vorsaal Lärm, Stimmengewirr, eilige Schritte, und im nächsten Augenblick kam Navarra, gefolgt von Dienern, die unzählige Rehe und Rebhühner als Jagdbeute präsentierten.

»Gott sei Dank, Heinrich!«, rief Katharina, »ich dachte schon, dir wäre etwas zugestoßen.«

»Madame«, erwiderte Navarra lachend, »ich bin kein Kind mehr, das einer Amme bedarf, und überdies bin ich verantwortlich für Schnee und Eis auf den Straßen, für Wind und Wetter?« Und zu den Dienern: »Zeigt Seiner Majestät meine Beute!« Dann wandte er sich wieder an Katharina: »Madame, morgen werde ich wieder persönlich die Zubereitung des Wildes überwachen.«

Katharina atmete erleichtert auf, er war wieder zurückgekehrt. Dann beobachtete sie, wie er mit gesundem Appetit ein Gericht nach dem anderen verzehrte, wie er dabei lachte und scherzte. Später sah sie ihn zusammen mit einigen Edelleuten die Galerie entlanggehen und hörte, wie er laut Jagdgeschichten erzählte.

Am späten Abend des 4. Februar 1576 meldete Henrietta ihrer Herrin den Besuch des Gatten. Margot war überrascht und gleichzeitig glücklich. Während der vergangenen Wochen hatte Heinrich sie vernachlässigt und jede Nacht bei der Baronin von Sauves verbracht, und sie hatte schon befürchtet, dass er sie körperlich nicht mehr anziehend fand. Sie wusste allerdings, dass diese Furcht unbegründet war, weil sie jetzt, im Alter von fast dreiundzwanzig Jahren, noch schöner war als zum Zeitpunkt ihrer Heirat.

Irgendwann während der Nacht sagte Heinrich: »Ich werde mich von der Baronin trennen.« – »Gefällt sie dir nicht mehr?«

»Sie langweilt mich, man kann sich mit ihr nicht vernünftig unterhalten, und außerdem …«, er beugte sich über Margot und betrachtete im schwachen Schein der Nachtlampe sekundenlang ihre dunklen Augen, »… mein Königreich braucht einen Erben. Vielleicht erlaubt deine Familie meinem Sohn, eines Tages in Navarra zu regieren.«

»Ich hoffe es, Heinrich, glaube mir, ich wünsche oft, dass ich jetzt in Navarra wäre und nicht am Hof, wo man uns ständig demütigt. Ich möchte dem Hass meines Bruders irgendwann entfliehen.«

Als der Morgen des 5. Februar dämmerte, erhob Heinrich sich so leise wie möglich vom Bett und kleidete sich im Nebenraum an. Dann schrieb er einen kurzen Brief und legte ihn neben Margot. Er nahm Degen und Mantel und betrachtete sekundenlang die schlafende Gattin.

»Auf Wiedersehen, Margot«, sagte er leise, »auf Wiedersehen in Navarra«, und dann verließ er das Zimmer.

Ungefähr zwei Stunden später erwachte Margot und war überrascht, dass der Gatte das Bett bereits verlassen hatte. Sie wusste, dass er im Winter erst aufstand, wenn der Tag angebrochen war. Dann sah sie den Bogen Papier, nahm ihn und las: »Guten Morgen, Margot, ich bin heute früher zur Jagd aufgebrochen, weil ich für den König mehr Wild als sonst erlegen will. Ich jage in den Wäldern von Senlis. Ich küsse dich, Heinrich.«

Margot legte den Brief zur Seite und sank in die Kissen zurück. Dann dachte sie über die vergangene Nacht nach und über den Erben für Navarra. Sie war jetzt dreieinhalb Jahre verheiratet, hatte während dieser Zeit einen Liebhaber gehabt und noch nie auch nur das geringste Anzeichen einer Schwangerschaft bemerkt. Hin und wieder war ihr der Gedanke gekommen, dass sie unfruchtbar war, aber sie hatte diesen

Gedanken stets verdrängt, sie war nicht unfruchtbar, sie durfte nicht unfruchtbar sein. Dann dachte sie an ihre Mutter, die erst nach zehnjähriger Ehe ihr erstes Kind geboren hatte.

Der 5. Februar war ein milder, sonniger Spätwintertag, und nach der Messe ging Margot mit ihren Damen in den Tuileriengärten spazieren. Während die Damen sich über den neuesten Hofklatsch unterhielten, dachte Margot über Heinrichs frühen Aufbruch nach, und je länger sie nachdachte, desto unruhiger wurde sie und überlegte, ob er vielleicht geflohen war, wie ihr Bruder. Nein, dachte sie, das kann nicht sein, er hätte mich bestimmt in seine Pläne eingeweiht.

Nach der Mittagstafel nahm sie ein Buch, legte es aber bald zur Seite, weil sie sich nicht auf den Inhalt konzentrieren konnte. Sie holte ihre Laute, versuchte eine Melodie zu spielen und hörte mitten im einem Akkord auf, weil sie auf einmal wusste, dass sie nur aus einem Grund unruhig war: Sie wartete auf Heinrich.

Um sich die Zeit zu vertreiben, setzte sie sich vor ihren Frisiertisch, löste die Perlenschnüre aus den hochgesteckten Haaren und setzte vorsichtig die rote Perücke auf, die sie künftig bei Hoffesten tragen wollte. Sie betrachtete sich, fand, dass die Perücke ihr ein erotisches Aussehen verlieh, und probierte aus, welches Rouge am besten zu den künstlichen Haaren passte. Dann überlegte sie, dass ihre Pagen und Diener im Frühjahr neu eingekleidet werden mussten, und entschied sich für die Farben Taubenblau und Grün. Zu ihrem Haushalt gehörten 264 Personen und Margot wusste, dass sie hoch verschuldet war, weil ihre Apanage nicht gezahlt wurde, und sie konnte nicht bezahlt werden, weil der König kein Geld hatte, also musste sie sich erneut verschulden.

Auf dem Weg zur Abendtafel hoffte sie, dass Heinrich inzwischen zurückgekehrt war und sich sofort in den Speisesaal begeben hatte, aber sein Platz war leer.

»Dein Mann verspätet sich wieder«, sagte Katharina. »Wir werden nicht auf ihn warten, ich habe Hunger.«

»Er will heute besonders viel Wild für den König erlegen, das ist wahrscheinlich der Grund für seine Verspätung«, erwiderte Margot und sah nervös zur Saaltür. Inzwischen waren die Vorspeisen aufgetragen worden und Katharina aß genüsslich gedünstete Champignons und geräucherten Schinken und dachte, dass in einigen Tagen die Fastenzeit begann und sie dann sechs Wochen lang auf Fleisch verzichten musste.

Die Diener trugen einen Gang nach dem anderen auf, aber Katharinas Gedanken kreisten so intensiv um die königliche Familie und das Ausbleiben eines gesunden, kräftigen Erben, dass sie erst während der längeren Pause nach dem Braten wahrnahm, dass der Schwiegersohn immer noch nicht an der Tafel saß.

Sie spürte eine ungute Ahnung aufsteigen und verdrängte das Gefühl. Er war schon öfter verspätet heimgekehrt, es bestand kein Grund zur Sorge. Margot sah hin und wieder zur Saaltür und wurde immer nervöser.

Katharina sagte zu Margot: »Lass uns eine Partie Schach spielen, dein Mann wird schon irgendwann kommen.«

Dann saßen sie am Schachtisch und Katharina beobachtete, dass die Tochter völlig unkonzentriert war. Sie nahm ihr den Läufer und Springer weg, setzte dann den eigenen Springer vor Margots Dame und sagte: »Gardez.«

Da sah Margot auf und schob spontan die Schachfiguren zur Seite: »Mama, ich sorge mich um Heinrich.«

Katharina musterte die Tochter und erwiderte: »Du solltest dich um deine Person sorgen. Mein Gefühl sagt mir, dass Heinrich geflohen ist. Ich wage nicht, an die Reaktion deines Bruders zu denken, wenn er es erfährt.«

In diesem Augenblick schlug es neun Uhr und Katharina erhob sich.

»Margot, es ist sinnlos, noch länger auf Heinrich zu warten, wir müssen dem König sagen, dass dein Mann von der Jagd nicht zurückgekehrt ist.«

Als sie die Galerie vor dem Appartement des Königs betraten, sahen sie Heinrich in Begleitung seiner zwei neuen Favoriten auf und ab gehen. Als sie sich am Ende der Galerie umdrehten, erblickte der König seine Mutter und die Schwester und eilte zu ihnen. »Mama, Sie wirken verstört, ist etwas passiert?«

»Ja, dein Schwager, der König von Navarra, ist von der Jagd nicht zurückgekehrt und ich befürchte, dass er geflohen ist.«

Heinrich starrte Katharina einen Augenblick fassungslos an. Er erinnerte sich, dass der Schwager schon öfter verspätet zur Abendtafel erschienen war. Im gleichen Moment wusste er, dass Navarra sie übertölpelt hatte, und er und seine Mutter hatten ihm die Komödie, die er ihnen vorgespielt hatte, geglaubt. Er spürte wie eine unbändige Wut in ihm hochstieg, weniger wegen der Flucht des Schwagers, sondern weil es ihm gelungen war, die königliche Familie zu überlisten, und er trat zu

Margot, packte sie an den Schultern und schrie: »Du hast es gewusst, warum hast du nichts gesagt, es wäre deine Pflicht gewesen!

»Heinrich, bitte, ich habe nichts von seinen Plänen gewusst, glaube mir, er hat sich mir nicht anvertraut!« – »Du lügst!« – »Heinrich, bitte, ich habe nichts gewusst.«

Er beachtete sie nicht weiter, gab den Bewaffneten, die träge herumstanden, einen Wink und befahl ihnen, die Schwester in ihr Appartement zu bringen und sie dort Tag und Nacht bewachen zu lassen. Katharina sah hilflos zu, wie Margot weggeführt wurde und sagte vorsichtig: »Sie ist unschuldig, Heinrich.«

»Das spielt keine Rolle«, und zu den *Mignons*: »Lasst mich allein.«

Als die Edelleute sich entfernt hatten, sahen Katharina und der König sich eine Weile schweigend an, und dann fragte Katharina: »Wie wirst du auf die Flucht reagieren? Willst du ihn verfolgen lassen?«

Heinrich überlegte einen Augenblick und erwiderte: »Nein, sein Vorsprung ist zu groß, überdies wissen wir nicht, wohin er flieht. Nach Navarra? Begibt er sich zu Alençon? Geht er zu Condé? – Es ist wohl am besten, wenn wir abwarten. Wir sollten ihn genauso behandeln wie Alençon und seine Forderungen erfüllen. Es ist die einzige Möglichkeit, um zu verhindern, dass er endgültig zu unseren Feinden überläuft. Wir müssen beide, Alençon und Navarra, dazu bringen, dass sie wieder an den Hof, zur Familie zurückkehren.«

»Du hast Recht, wir müssen sie aus der gegnerischen Partei herauslösen, dafür ist kein Preis zu hoch.«

Einige Tage nach der Flucht des Königs von Navarra traf die Nachricht ein, dass am 9. Februar Condé und der deutsche Kurfürst Johann Kasimir mit einem starken Heer in Frankreich einmarschiert waren.

Katharina war entsetzt, dass der Waffenstillstand nur knapp drei Monate gedauert hatte, sie wusste, dass die königlichen Truppen zu schwach waren, um Widerstand zu leisten, und rechnete damit, dass sie nach Süden weiterzogen, um sich mit Damvilles Heer zu vereinigen. Am meisten aber belastete sie der Gedanke, dass ihr eigener Sohn in diesem fünften Religionskrieg gegen seinen Bruder, den König von Frankreich, kämpfen würde, und immer wieder fragte sie sich, wie es so weit hatte kommen können.

Gegen Ende Februar trafen Nachrichten aus Navarra ein, die Katharina und den König aufhorchen ließen: Heinrich von Bourbon war nicht zu Alençon und Condé geeilt, sondern in sein Königreich Navarra zurückgekehrt, dort hatte er sich unauffällig wieder zum reformierten Glauben bekannt, indem er der Taufe eines kleinen Hugenotten beiwohnte; dann begann er, sein Reich zu regieren, und gewährte den Katholiken Glaubensfreiheit.

Als Katharina dies erfuhr, wusste sie, dass der Schwiegersohn bei künftigen Auseinandersetzungen ein ebenbürtiger Gegner war, und sie ärgerte sich, dass sie ihn jahrelang unterschätzt hatte.

Anfang März ritt Heinrich von Guise von Joinville zu seinem Schloss in Nanteuil. Er hatte in Joinville die Truppen inspiziert, die gegen die Hugenotten kämpfen sollten, und seine Großmutter Antoinette besucht, die im dreiundachtzigsten Lebensjahr stand, sich der besten Gesundheit erfreute und nach wie vor in dem Stammschloss befahl.

Gegen Mittag erreichte er Wassy und beschloss, dort eine Stunde zu rasten. Als er durch das Stadttor ritt, dachte er daran, dass vor fast vierzehn Jahren in diesem Ort jenes Blutbad zwischen Hugenotten und Katholiken stattgefunden hatte, das zu den permanenten religiösen Kämpfen geführt hatte, und er fragte sich, wann in Frankreich endlich wieder innerer Friede herrschte, wann die Häresie endlich ausgerottet war. Als er den Marktplatz erreichte, sah er einen Dominikanermönch, der auf einem Podest stand und von viel Volk umringt war.

Er ritt neugierig näher und hörte, wie der Mönch die Einheimischen gegen Heinrich III. aufstachelte.

Als die Zuhörer, deren Zahl nicht gering war, Heinrich von Guise bemerkten, bereiteten sie ihm einen emphatischen Empfang, ließen ihn hochleben und baten ihn, Führer der »Heiligen Liga« zu werden, die es sich zum Ziel gesetzt hatte, die Häresie in Frankreich auszurotten. Heinrich, der selbst auch ein härteres Durchgreifen gegenüber den Hugenotten befürwortete, verhandelte mit Jacques Clément – so hieß der Mönch – und erklärte sich einverstanden, die Liga anzuführen, was von den Einheimischen von Wassy stürmisch gefeiert wurde.

4

Am 13. Juni 1584 ritten Katharina und ihr Gefolge in der Abenddämmerung nach Chenonceaux zurück. Sie hatten tagsüber in den Wäldern gejagt und freuten sich auf einen erholsamen Frühsommerabend in den Gärten. Man würde auf der Terrasse tafeln, danach durch die lange Baumallee spazieren, sich unterhalten, Karten spielen oder einfach nur den Blick über den Cher genießen. Als das Schloss in der Abendsonne auftauchte, zügelte Katharina ihr Pferd, blieb stehen und genoss jenen bizarren Anblick, der sie seit vier Jahren immer wieder von neuem fesselte, wenn sie in Chenonceaux weilte. Im Jahre 1580 hatte sie endlich ihren alten Traum verwirklicht und über der Brücke, die das Schloss mit dem anderen Ufer verband, eine zweistöckige Galerie errichten lassen. Bei klarem Wetter spiegelten sich die Galerie und das Schloss am Morgen und am Abend im Fluss, und es kam Katharina jedes Mal wie ein Traum vor, wenn das Schloss am Abend von der Sonne rötlich angestrahlt wurde und seine halbrunden Bögen zwischen den Pfeilern, auf denen die Galerie ruhte, wie eine ovale Öffnung wirkten, durch die man über das stille, dunkle Wasser sah.

Sie betrachtete nachdenklich das Gebäude im Licht der untergehenden Sonne und seine Spiegelung im Wasser und dachte an die Bälle und Bankette, die die Galerie während der vergangenen Jahre belebt hatten. Sie waren alle prächtig gewesen, aber keines hatte jenes Fest übertroffen, das sie am 9. Juni 1577 gegeben hatte, anlässlich Alençons Sieg bei La Charité am 1. Mai 1577 und der anschließenden Versöhnung ihrer Söhne.

An jenem Juniabend hatten Heinrich, Franz und Margot einträchtig nebeneinander an der Tafel gesessen und waren im Licht der Fackeln von halb bekleideten Damen bedient worden.

Seit diesem familiären Höhepunkt hatte Heinrich sich immer mehr zurückgezogen. Sein Hofleben gestaltete sich mehr und mehr zwischen den Extremen von Frömmelei, ausschweifenden Lustbarkeiten, Etiketten- und Modefragen, durchzogen von Phasen disziplinierter Arbeit und vernünftigen Regierens.

Heinrichs Rückzug in eine Welt, die ihr unbekannt war und wo sie ihn nicht erreichen konnte, belastete sie mehr als seine ausschweifenden Feste während der vergangenen Jahre. Irgendwann im Winter, als sie beide in Paris weilten, hatte sie ihn gebeten, sie in ihrer Witwenresidenz zu besuchen, in der Hoffnung, dass er sich bei ihr aussprechen würde, dass er ihr anvertraute, was ihn belastete, aber er hatte brieflich gebeten, ihn zu entschuldigen, und ihr auch nicht erlaubt, zu ihm in den Louvre zu kommen.

Unterdessen war sie beim Eingang zur Galerie angekommen, kletterte mühsam vom Pferd, gab ihrem Gefolge ein Zeichen, sie allein zu lassen, ging schwerfällig die Treppenstufen zur Galerie hinauf und diese entlang. Sie liebte es, hier auf und ab zu gehen und sich dabei an die Galerie ihres Schwiegervaters in Fontainebleau zu erinnern. Beide Galerien waren im Laufe der Jahre für sie zu einem Symbol der königlichen Autorität geworden, einer Autorität, die eigentlich schon seit Anfang des Jahres 1577 nicht mehr existierte, seit jener Entscheidung des Königs bei der Ständeversammlung in Blois.

Doch als Katharina an jenem Juniabend durch die Galerie ging, dachte sie nicht über die königliche Autorität nach, sondern über die Zukunft der Dynastie Valois.

Sie trat zu einer Fensternische, sah gedankenverloren über den Cher, und vor ihrem inneren Auge tauchten noch einmal Bilder jenes Festes vor sieben Jahren auf. Sie sah Alençon, von Kopf bis Fuß in Goldbrokat gekleidet, in einer der Barken sitzen, die auf dem Fluss schaukelten, er lachte und scherzte mit den Damen und schien an jenem Abend seine ehrgeizigen Pläne vergessen zu haben.

Plötzlich begann sie zu weinen. Er war ihre letzte Hoffnung für den Fortbestand der Dynastie, und als er im Herbst 1583 krank von seinem missglückten flandrischen Feldzug zurückkehrte, war sie bei seinem Anblick entsetzt gewesen: Er sah abgezehrt aus, seine Hautfarbe war gelb geworden, er hustete und spuckte Blut, und die Ärzte vermuteten die gleiche Krankheit wie bei Karl IX.

Es war ihr gelungen, eine Versöhnung zwischen den Brüdern zu arrangieren, dann war Alençon zu seinem Landsitz Château-Thierry abgereist. Sie hatte ihn im Frühjahr besucht und erlebt, dass er aus der Nase und dem Mund blutete. Ab Mitte April war seine Kehle angeschwollen, aber die Ärzte hatten sie beruhigt – es sei nur das Tertianfieber, er werde wieder genesen, und tatsächlich war es Alençon dann besser gegangen und sie war nach Chenonceaux gereist, um sich von den Aufregungen zu erholen.

Sie ging langsam bis zur Vorhalle und wollte sich eben in ihren Garten begeben, um nach den Rosenstöcken zu sehen, als sie einen Trupp Reiter erblickte, der durch die baumbestandene Allee zum Schloss galoppierte. Sie blieb verwundert stehen und erkannte dann in dem ersten Reiter Alençons Kammerherren Simier. Sie erschrak, sah, dass Simier vom Pferd sprang, auf sie zueilte, das Knie beugte und nach Luft rang. Dann stand er vor ihr und sagte immer noch keuchend: »Ich bitte um Vergebung, Madame, aber ich bin Tag und Nacht geritten.«

»Beruhigen Sie sich, Sie überbringen mir wahrscheinlich eine Nachricht von meinem Sohn.«

Simier atmete tief durch und erwiderte zögernd: »Ja, Madame, ich überbringe eine traurige Nachricht: Der Dauphin ist am 10. Juni gestorben.«

Katharina starrte Simier an, und es dauerte einige Sekunden, bis sie den Inhalt seiner Worte begriff. »Er ist tot«, sagte sie leise, »aber … es ging ihm doch besser, als ich ihn verließ.«

»Es war eine vorübergehende Besserung, Madame, die Ärzte sagen, dass dies nicht ungewöhnlich sei, bevor die Krankheit ihr Endstadium erreicht. Er war wohl krank an der Lunge wie der selige Karl IX.«

»Hat er sehr gelitten?«

»Nein, Madame, er ist friedlich eingeschlafen.«

Es entstand eine Pause.

»Mein Haushofmeister wird sich um Sie und Ihre Begleiter kümmern«, sagte Katharina dann und wandte sich abrupt ab, ging in ihre Bibliothek im Erdgeschoss und sank auf einen Stuhl.

Er ist tot, dachte sie immer wieder, er ist tot.

Sie war davon überzeugt gewesen, dass er wieder gesund würde, und war überrascht, dass sie in diesem Augenblick nicht weinen konnte und ihre Trauer als Mutter nicht übermäßig groß war. Nun ja, von ihren Kindern hatte sie Alençon und auch Margot am wenigsten geliebt. Alençon hatte, solange er lebte, nur Unruhe gestiftet, und sein Tod bedeutete erneut Unruhe für Frankreich. Sie stand auf, ging zu den Fenstern und sah über den Cher. Sie dachte daran, dass Alençons Tod gleichbedeutend war mit dem Erlöschen des Hauses Valois, und sie spürte, dass die Tränen kamen, und überließ sich ihnen.

Von ihren vier Söhnen waren drei gestorben, keiner hatte legitime männliche Nachkommen; ihr Schwiegersohn, der König von Navarra, war Thronprätendent …

Sie musste sofort nach Paris reisen und mit dem König über das Problem der Nachfolge reden.

Einige Tage später traf Katharina in der Hauptstadt ein und begab sich sofort zum Louvre, um mit ihrem Sohn über den künftigen Thronfolger zu reden, aber Heinrich war vollauf mit den Vorbereitungen für die Trauerfeier beschäftigt und konnte sie nicht empfangen. Sie kehrte verärgert zu ihrer Kutsche zurück und überlegte, ob sie im Louvre oder in ihrer Witwenresidenz warten sollte, bis der Sohn Zeit für sie hatte. Auf einmal verspürte sie das Bedürfnis, sich ihren Kummer über die Valois, den sie seit Jahren vor der Welt verschloss, von der Seele zu reden, und es gab nur einen Menschen, dem sie sich anvertrauen konnte, den Vater ihrer Kinder.

Sie befahl Isabella, beim Schlossgärtner einen Blumenstrauß zu holen, und entschied sich für den Strauß, den Ippolito ihr vor neunundfünfzig Jahren zu ihrem sechsten Geburtstag geschenkt hatte: eine rote Lilie, eine rote Rose und sieben weiße Lilien.

Dann begab sie sich nach Saint-Denis zu den Gräbern.

Sie betrachtete ihr eigenes Grabmal und war zufrieden mit Pilons Darstellung: Sie lag dort mit offenen Augen und gefalteten Händen, und der Bildhauer hatte sie realistisch abgebildet mit ihrem fetten Hals, den vollen Lippen und den vorstehenden Augen.

Dann trat sie neben Heinrichs Grabmal und betrachtete den Gatten. »Vor fast fünfundzwanzig Jahren versprach ich dir, die Krone für unsere Familie zu erhalten, dies ist mir bis jetzt gelungen, aber ich konnte nicht verhindern, dass von unseren vier Söhnen drei gestorben sind, ohne legitime männliche Nachkommen zu hinterlassen, und unser Sohn Heinrich, der jetzt über Frankreich herrscht, wird keine Kinder mehr haben. Das Haus Valois wird nach Heinrichs Tod erlöschen. Ich habe nur noch einen Wunsch, nämlich dass nach dem Tod unseres Sohnes unser Schwiegersohn, der König von Navarra, der neue König von Frankreich wird. Wenn es ihm nicht gelingt, sich als König zu behaupten, wird Heinrich von Guise die Krone an sich reißen. Während der vergangenen Jahre hoffte ich, dass unser jüngster Sohn irgendwann heiraten und Söhne zeugen würde, nun ist er tot. – Ich trauere um ihn, aber ich weiß auch, dass er dem König und mir viel Ärger bereitet hat – er war ehrgeizig, und sein Ehrgeiz hat ihn zu den tollsten Streichen verleitet.«

In diesen langen Jahren war viel Wasser die Seine herabgeflossen. Sie erinnerte sich noch einmal: Alençon hatte im 5. Religionskrieg gegen die königlichen Truppen gekämpft. Im Mai 1576 war der Friede von Etigny geschlossen und Franz zum »Monsieur« ernannt worden. Er hatte das

Anjou, die Touraine und das Bevy erhalten und war somit König im Reiche seines Bruders geworden. Man hatte gehofft, ihn dadurch zu »zähmen«, aber der Ehrgeiz Alençons kannte keine Grenzen. Immer wieder hatte er diverse flandrische Abenteuer angezettelt, die beinahe zu einem Krieg mit den Spaniern geführt hätten. Nur Katharinas unermüdlicher Vermittlungstätigkeit war es zu verdanken, dass die zerstrittenen Parteien immer wieder eine Lösung fanden.

Heinrich, immer noch kinderlos und inzwischen ärztlicherseits als zeugungsunfähig diagnostiziert, hatte sich während dieser Jahre von seiner Mutter gelöst. Er hatte seinem exzentrischen Hofleben gefrönt, hatte seine Günstlinge mit den Schwestern der Königin vermählt und diese zu Herzögen von Joyeuse und Epernon ernannt. Beim Volk schwand seine Beliebtheit immer mehr dahin und inzwischen wurde er nahezu ignoriert.

Der Thronprätendent Heinrich von Navarra war zum Statthalter der Provinz Guyenne ernannt und Damville war als Statthalter im Languedoc bestätigt worden.

Außer in Paris hatte der Frieden von Bergerac am 17. September 1577 den Protestanten Gewissensfreiheit beschert. Sie wurden mancherorts nahezu den Katholiken gleichgestellt, was Heinrich seinerseits als schmachvoll empfunden hatte. Erst nach langem Zureden seiner Mutter war er zur Unterzeichnung des Friedensdokuments bereit gewesen.

Alençon wollte man auf diese Weise wieder in die Familie eingliedern und damit verhindern, dass dieser in einem neuen Religionskrieg die Partei des Gegners ergreifen würde. Man hatte damals richtig erkannt, dass Alençon immer noch nach einer Krone strebte und gehofft hatte, sich diese mit englischer Unterstützung gegen die Spanier in Flandern zu sichern.

Nachdem er an den französischen Hof zurückgekehrt war, war er kurz darauf abermals mit Margots Hilfe entflohen, um sich in Flandern am 19. September 1580 zum Souverän ausrufen zu lassen. Er hatte im August 1581 Cambrai besetzt und im September Château Cambresis erobert. Zum Glück waren die Spanier damals mit Portugal militärisch beschäftigt und konnten sich um Flandern nicht weiter kümmern.

Er hatte unter dem Schutz Englands, dessen Parlament seiner Königin inzwischen eine Ehe mit dem Franzosen untersagt hatte, einige Siege errungen. Bei den Flamen war er wegen seines brutalen Regiments verhasst, und in der Niederlage von Antwerpen Mitte Januar 1583 hatte sich dann endgültig sein Schicksal besiegelt. Er hatte sich nach Dünkirchen zurückgezogen, und nur durch den unermüdlichen Einsatz seiner Mutter durfte die französische Besatzung am Ort verbleiben, und die Kriegsgefangenen wurden entlassen.

Nach der Unterzeichnung des Vertrages hatte Alençon Mitte Juni Dünkirchen verlassen, und die Stadt hatte sich umgehend den Spaniern ergeben. Der König hatte seine Rückkehr befohlen, Franz jedoch, bereits krank, hatte es vorgezogen, nach Château Thierry weiterzureisen. Anfang Februar war er dann nach Paris gekommen und hatte seinen Bruder um Vergebung gebeten. Nach Château Thierry zurückgekehrt, verschlimmerte sich seine Krankheit zusehends, so dass Katharina sich sofort veranlasst gesehen hatte, ihn zu besuchen und für seine Genesung zu sorgen. Allein, es war wohl bereits zu spät, obwohl er sich während ihres Aufenthaltes etwas erholte. Nachdem sie sich, überzeugt von seiner baldigen Gesundung, nach Chenoncaux begeben hatte, war er jedoch überraschend am 10. Juni gestorben.

Nun sah sich Katharina am Ende ihrer lebenslangen Bemühungen um den Fortbestand der Valois. Heinrich selbst hatte damals in der Ständeversammlung im Herbst 1576 einen politischen Kardinalfehler begangen. Auf Grund des Friedens von Etigny im Mai 1576, der die Klausel enthielt, dass innerhalb eines Jahres die Generalstände zusammentreten sollten, hatte sich Folgendes ereignet: Anfang Dezember war es so weit. Heinrich hatte sich bei der Versammlung als glänzender Redner erwiesen. Außerdem hatte er auch Katharinas lebenslange Verdienste um die Sicherheit der Einheit des Reiches ausführlich gewürdigt.

Es waren allerdings die Hugenotten gewesen, die auf der Einberufung der Generalstände bestanden hatten – sie waren nun in der Minderheit, und es war den Aktivitäten des Herzogs von Guise zu verdanken, dass die katholischen Abgeordneten so überaus zahlreich vertreten waren. Als Führer der »Heiligen Liga« hatte der Herzog unterdessen an Einfluss gewonnen und war entschlossen, die Minderheit der Reformierten in ihre Schranken zu weisen. Heinrich erkannte damals ganz richtig, dass seine Stellung durch die Liga gefährdet war, er konnte sich ihr weder widersetzen noch zulassen, dass der Herzog von Guise sie führte, und in dieser Situation beging er einen schwerwiegenden politischen Fehler; statt dem Prinzip der kapetingischen Monarchie treu zu bleiben und als König über den Parteien zu stehen, weil nach diesem Grundsatz der

König stets der Fürst aller seiner Untertanen zu sein hatte, bekannte Heinrich sich in Blois zur Liga und übernahm deren Führung. So neutralisierte er zwar den Herzog von Guise und unterwarf diesen Feind seinem Dienst, aber indem er sich zu einer Partei bekannte, verscherzte er seine Mittlerrolle und wurde zum Feind eines Teiles seines Volkes. Sein Bekenntnis zur Liga war eine Niederlage des Königtums, die bisher noch keine schwerwiegenden Folgen gezeitigt hatte, weil Guise sich mit der ihm zugewiesenen Rolle bis jetzt zufrieden gab. Man hatte damals beschlossen, dass es nur noch eine Religion in Frankreich geben solle, nämlich die römisch-katholische, was einer Kriegserklärung an die Hugenotten gleichkam. Katharina hatte derzeit versucht, sich von dieser Entwicklung öffentlich zu distanzieren, und aus diesem Grunde eine Rede gehalten.

Ich bin eine Katholikin und habe ein ebenso gutes Gewissen wie jeder andere. Zur Zeit des früheren Königs, meines Sohnes, bin ich manches große Risiko gegen die Hugenotten eingegangen und bin auch jetzt noch nicht bange vor ihnen. Ich bin jetzt achtundfünfzig Jahre alt und zum Sterben bereit, und ich hoffe, in den Himmel zu kommen. Aber ich werde den Katholiken nicht die Vollmacht geben, dieses Königreich zu zerstören. Wenn es welche gibt, denen es gleichgültig ist, ob der Staat Schaden nimmt, nur damit sie sagen können, sie hätten die katholische Religion behauptet, oder wenn es solche gibt, die vom Ruin des Staates zu profitieren hoffen, so habe ich weiter nichts zu sagen — aber ich will nicht eine von ihnen sein.

Im Frühjahr 1577 war der sechste Religionskrieg ausgebrochen, der mit dem Frieden von Bergerac beendet worden war.
Heinrich hatte sich inzwischen überzeugen lassen, den Hugenotten Gewissensfreiheit zu gewähren, was aber von der Liga misstrauisch beäugt wurde.

Katharina, die immer noch am Grab ihres geliebten Mannes verharrte, fröstelte inzwischen. Sie war ganz in ihrer melancholischen Stimmung versunken gewesen, aber jetzt kehrte sie in die Gegenwart zurück. Alençons Tod hatte sie aufgerüttelt, und sie wusste, dass sie Heinrich jetzt gegen die Ligisten unterstützen musste. Sie betrachtete noch einmal die weißen und roten Lilien mit der roten Rose, die sie am Grab niedergelegt hatte, und nahm Abschied von ihrem Mann, nicht ohne ihm noch einmal das Versprechen zu geben, sich bis zum letzten Atemzug für den Erhalt der Krone und ihren Fortbestand durch Navarra, einen echten Nachfolger der Kapetinger, einzusetzen.

Noch einmal beugte sie sich zu dem steinernen Antlitz des Gatten hinunter.

»Wir haben sieben Kinder aufgezogen«, sagte sie dann leise, »fünf von ihnen sind schon in jungen Jahren gestorben. 1560 Franz, er war fast siebzehn Jahre, 1568 Elisabeth im Alter von dreiundzwanzig Jahren, 1574 Karl, er war fast vierundzwanzig, 1575 Claudia, siebenundzwanzig Jahre, 1584 Herkules, neunundzwanzig Jahre.«

»Jetzt leben nur noch zwei von unseren Kindern. Ich bete jeden Tag, dass ich vor ihnen sterbe, ich könnte Heinrichs Tod nicht ertragen. – Und Margot … Ihr Bruder hat sie im August letzten Jahres vom Hof gejagt, was zu einem außenpolitischen Skandal führte. Er hat vielleicht übertrieben reagiert, aber Margot ist selbst schuld, dass es so weit kommen konnte.«

Bei ihrer Rückkehr in den Louvre erfuhr sie, dass der König Bilboquet spielte, und als sie langsam zu den Gärten ging, überlegte sie, warum dieses Spiel ihn seit Wochen fesselte. Es diente nicht der körperlichen Ertüchtigung, sondern war eher eine Konzentrationsübung, und Heinrich behauptete immer, dass diese Konzentration die beste Ablenkung für Menschen sei, die von schweren Sorgen belastet sind.

Als sie beim Spielplatz ankam, blieb sie einen Augenblick stehen und ließ die Szene auf sich wirken. Heinrich versuchte gerade, die Kugel mit der Spitze seines Elfenbeinstockes aufzufangen, was ihm auch gelang. An der Seite standen einige *Mignons*, die schweigend ihren König beobachteten, und diese Stille während eines Spiels irritierte Katharina. Sie erinnerte sich an ihren Schwiegervater, wenn er Federball spielte. Damals hatten die Zuschauer sich unterhalten und ihn am Ende hochleben lassen, er selbst hatte mit Freude gespielt, gelacht, sich anschließend den Schweiß abgewischt und einen Pokal Wein getrunken. Sie erinnerte sich an den Gatten bei Turnieren, er hatte die körperliche Ertüchtigung geliebt, vor dem Turnier die Dame seines Herzens gegrüßt. Damals, dachte Katharina, lebte der Hof, jetzt dämmert er vor sich hin, alle schweigen, weil der König es so will. Sie sah, dass Heinrichs Gesicht an jenem Tag weiß geschminkt und die Lippen dunkelrot gefärbt waren, seine Perücke und das Barett waren schwarz, und auf Katharina wirkte die Szene mit den schwarzen schweigenden Gestalten auf einmal unwirklich, weit entfernt von der Welt.

Der Hof wird immer merkwürdiger, dachte sie und war froh, dass sie seit einigen Jahren in ihrer Witwenresidenz wohnen konnte und nur noch in den Louvre kam, wenn es unumgänglich war. Sie wartete, bis Heinrich sein Spiel beendet hatte, und trat langsam näher. Der König stand reglos auf dem Platz, starrte nachdenklich vor sich hin und schien seine Umgebung vergessen zu haben.

Einer der *Mignons* bemerkte die Königinmutter, trat zu seinem Herrn, flüsterte einige Worte, woraufhin Heinrich aufsah und zu Katharina ging.

Als er vor ihr stand, erschrak sie über die düstere Melancholie, die sich in seinen Augen spiegelte, und empfand plötzlich Mitleid. Sie wusste, dass er seit Jahren verzweifelt auf einen männlichen Erben hoffte und nun schon seit Monaten versuchte, innerlich damit fertig zu werden, dass er keine Söhne haben würde, und Alençons Tod hatte dieses Problem verschärft.

Sie sahen sich einen Augenblick an, und dann fragte Katharina: »Hast du jetzt Zeit?«

»Gewiss, Mama, die Vorbereitungen für die Beisetzung meines Bruders sind abgeschlossen. Ich habe eine prunkvolle Trauerfeier arrangiert, die eines Valois würdig ist. Am 21. Juni wird sein Leichnam nach Paris gebracht und im Faubourg Saint-Jacques in einer Kapelle aufgebahrt, und dort werden wir beide ihn mit Weihwasser besprengen.« Er schilderte ebenso anschaulich wie ausführlich die prunkvollen Modalitäten rund um die Trauerfeierlichkeiten: kostbare Roben, ellenlange Schleppen, endlose Züge von Würdenträgern … Dann fuhr er fort: »Während seines kurzen Lebens hat Franz mir viel Verdruss bereitet, aber er war ein Valois und verdient ein würdiges Begräbnis. Überdies sollen die Trauerfeierlichkeiten dem Volk, der Liga und den auswärtigen Gesandten demonstrieren, dass in Frankreich nach wie vor unser Haus regiert.«

Das ist ja grotesk, dachte Katharina, die Trauerfeierlichkeiten für den toten Thronfolger sollen die königliche Autorität demonstrieren? Dieses Begräbnis demonstriert doch wohl eher den Untergang der Dynastie Valois.

»Heinrich, ich begrüße es zwar, dass du deinen Bruder würdig beisetzen lässt, aber wäre es, bei unseren dynastischen Problemen, nicht angebracht, etwas weniger Aufwand zu treiben? Die Trauerfeier in Notre-Dame wird deine Untertanen und die Liga daran erinnern, dass es im Augenblick keinen Thronfolger gibt.«

Heinrich sah seine Mutter erstaunt an: »Mama, es gibt einen Nachfolger, ich bin fest entschlossen, meinen Schwager, den König von Navarra, zum Thronfolger zu erklären. Nach dem Salischen Gesetz kann nur er nach meinem Tod der neue König von Frankreich sein.«

»Gewiss, aber er ist Hugenotte. Die katholische Bevölkerung, und die Mehrheit der Franzosen ist katholisch, wird niemals einen Hugenotten als König akzeptieren. Du musst unbedingt mit ihm über eine Konversion verhandeln.«

»Ich teile Ihre Meinung, Mama. Epernon wird in dieser Angelegenheit nach den Trauerfeiern in den Süden reisen, und ich bin überzeugt, dass es nicht weiter schwierig sein wird, Heinrich zu überreden. Nach allem, was man hört, ist er in Glaubensfragen eher lau.«

Katharina schwieg und dachte, dass der Sohn den Schwager zuletzt als Gefangenen der Valois erlebt hatte, das lag acht Jahre zurück. Sie indes hatte ihn Anfang Oktober 1578 während ihrer Reise durch die südlichen Provinzen getroffen und ihn acht Monate lang beobachtet, und als sie sich im Mai 1579 von ihm verabschiedet hatte, wusste sie, dass ihr Schwiegersohn sich zu einem geschickten Politiker entwickelt hatte, der wie beim Schachspiel immer einige Züge vorausdachte. Er war überdies ein Mensch, der nichts überstürzte, der die Dinge reifen ließ. Sie hatte dem Sohn zwar ausführlich die Begegnungen mit dem Bourbonen geschildert, aber kein noch so detaillierter Bericht wog die Erfahrung der persönlichen Begegnung auf.

»Der Glaube ist für ihn wahrscheinlich zweitrangig«, erwiderte sie dann vorsichtig, »aber er wird die politischen Vor- und Nachteile einer Konversion genau überdenken, du musst auch mit einer Ablehnung deines Angebotes rechnen.«

»Ich bin bereit, ihm Zeit zu lassen, und ich werde bei einer Absage nicht nachgeben, ich bin fest entschlossen, ihn zum Nachfolger zu ernennen, und werde nicht aufhören, mit ihm zu verhandeln. Er muss konvertieren, sonst … Sie kennen die Schriften, die schon seit Jahren in Frankreich verbreitet werden und worin behauptet wird, dass die Guisen ein Anrecht auf den Thron haben, weil sie von Karl dem Großen abstammen. Ich halte Heinrich von Guise zwar für zu klug, als dass er jemals

Ansprüche auf den Thron erheben wird, aber wenn mein Schwager sich weigert zu konvertieren, wird er diese Situation politisch für sich ausnutzen, und deshalb muss verhandelt werden. Notfalls müssen Sie, Mama, mit Heinrich reden.«

Natürlich, dachte Katharina, dafür bin ich gut genug, aber wenn es nicht anders geht, werde ich erneut in den Süden reisen.

»Wir sollten die Entwicklung in Ruhe abwarten, Heinrich. Ich glaube, es ist Zeit, dass du zu deinen Freunden zurückkehrst.«

Auf dem Weg zu ihrer Kutsche versuchte sie, ihre Gedanken zu ordnen, blieb plötzlich stehen, wandte sich um und betrachtete ihren Sohn, der sich voll darauf konzentrierte, die Kugel mit der Spitze seines Elfenbeinstockes aufzufangen. Sie betrachtete die schwarz gekleideten *Mignons*, und dann sah sie, dass die Sonne allmählich unterging. Sie wandte sich ab und eilte, so rasch sie konnte, zu ihrer Kutsche. An jenem Abend verspürte sie nur noch das Bedürfnis, mit sich und ihren Gedanken allein zu sein.

Nach der Abendtafel spazierte sie durch den Garten, den sie um ihre Witwenresidenz hatte anlegen lassen, dachte über Heinrich von Bourbon nach und überlegte, wie er auf das Angebot seines königlichen Schwagers reagieren würde. Sie erinnerte sich, dass er nach seiner Ernennung zum Gouverneur sein Königreich verlassen hatte, weil ihm dort das alltägliche Leben, so wurde gemunkelt, zu hugenottisch war. Er hatte sich nach Nérac, der Hauptstadt der Provinz Guyenne, zurückgezogen und sich darauf beschränkt, diese Provinz so gut wie möglich zu verwalten. Sein Ratgeber, Duplessis Mornay, ein frommer und aufrichtiger Mann, schickte gelegentlich Berichte an den französischen Hof über die Lage in der Provinz Guyenne, und sie hatte diese Berichte mit großer Aufmerksamkeit gelesen und immer wieder Neid verspürt, weil der Schwiegersohn bei der Bevölkerung offensichtlich beliebt war, während der König von Frankreich sich seinem Volk immer mehr entfremdete. Heinrich von Bourbon sorgte für Ordnung in seiner Provinz, er ermahnte die Fanatiker der beiden religiösen Parteien und drohte mit Strafen, falls sie den Frieden brachen. Er führte kein abgekapseltes Hofleben in Nérac und umgab sich nicht mit Günstlingen, er war überall gegenwärtig, er wollte beim katholischen oder hugenottischen Schlossherrn ebenso willkommen sein wie beim Bauern oder Handwerker. Wurde dem Adel ein Kind geboren, so schickte er seine Glückwünsche und Ermahnungen, die stets lauteten, das Neugeborene möge ein guter Franzose werden. Er kehrte zwanglos in den Schenken ein, trank einen Krug Wein, bei Dorffesten führte er oft selbst den Tanz an und die Bewohner der Provinz nannten ihn bald »unser Gouverneur« und später »unser Heinrich«.

»Unser Heinrich«, sagte Katharina leise zu sich selbst und dachte an das, was von ihrem Schwiegersohn erzählt wurde. Unterwegs fragte er die Bauern aus, wollte wissen, was sie vom Gouverneur hielten, hörte sich ihre Klagen über den Regen, den Hagel, das kranke Vieh und die schlechten Zeiten an. Er war ständig ohne Begleitung unterwegs und niemand wusste, ob nicht der Reiter im grauen Wams, der staubbedeckt durch die Dörfer jagte, der Gouverneur wäre. Einmal fragte ein Bauer ihn nach einer längeren Unterhaltung: »Woran erkennt man denn den König von Navarra?«

Heinrich antwortete: »Er sieht aus wie alle anderen, aber wenn er unter seinen Edelleuten ist, behält nur er seinen Hut auf dem Kopf. Komm, ich will ihn dir zeigen.«

Er ließ den Mann aufsitzen, und als in Nérac die Edelleute barhäuptig Heinrich umringten, der seinen schäbigen Hut auf dem Kopf behielt, da begriff der Bauer, wer der König von Navarra war.

Er ähnelt seinem Großonkel Franz I., dachte Katharina. Warum ist mein Sohn, der König, so …, so weit entfernt von seinem Volk?

Was hatte sie in den Berichten noch gelesen? Heinrich von Bourbon trank seinen eigenen Wein, war immer anwesend, wenn man in seiner Mühle in Barbaste das Korn drosch. Er hatte das von seiner Mutter ererbte Land, das ziemlich verwahrlost war, wieder aufgebaut. Er war umsichtig in finanziellen Angelegenheiten, als Gouverneur hatte er 70 000 Livres Einkünfte jährlich, den übrigen Geldbedarf deckte er aus eigenen Gütern, und sein Freund Rosny wachte über Soll und Haben.

Heinrich nahm auch Beziehungen zu den benachbarten Gouverneuren auf und schloss mit ihnen Freundschaftspakte. Er hat seine Macht im Süden Schritt für Schritt erweitert, dachte Katharina, und ist immer auf dem Boden der Wirklichkeit geblieben. Dann dachte sie an die Berichte über sein Privatleben. Er hatte zahllose Affären sowohl mit Frauen aus dem Volk als auch mit Damen von Stand, und sie wunderte sich nicht weiter, zumal er ohne die Gattin in seiner Provinz lebte.

Nach seiner Flucht hatte er mehrere Male den König gebeten, Margot in den Süden reisen zu lassen, aber Heinrich war unnachgiebig und erlaubte lediglich seiner Schwägerin Katharina, in die Heimat zurückzukehren. Im Sommer 1578, dachte Katharina, war die Situation in den südlichen Provinzen inzwischen unhaltbar geworden, weil keine Partei sich an den Frieden von Bergerac hielt. So war sie aufgebrochen, um für Ruhe und Ordnung zu sorgen, und Heinrich hatte Margot erlaubt, sie zu begleiten, in der Hoffnung, dass es der Schwester gelingen würde, den Schwager zur Rückkehr an den Hof zu überreden.

In der Provinz Guyenne war die Situation besonders schwierig, weil es dauernd zu Streitigkeiten kam zwischen dem Schwiegersohn und dem Herzog von Biron, dem Generalstatthalter des Königs. Bei ihrer Ankunft in Guyenne begann der Schwiegersohn ein merkwürdiges Spiel: er ließ es an galanten Aufmerksamkeiten nicht fehlen, schickte Abgesandte zur Begrüßung, versorgte sie mit selbst erlegtem Wildbret, Boten überbrachten Briefe und Geschenke, nur der Schwiegersohn selbst blieb unsichtbar und verlegte mindestens zehnmal den Ort der Begegnung: eine Stadt war ihm zu katholisch, eine andere zu hugenottisch, schließlich traf man sich in einem einsam gelegenen Schloss bei Casteras in der Nähe von La Réole.

Der Schwiegersohn wollte wissen, wer anwesend sei, und weigerte sich, mit dem Generalstatthalter Biron zusammenzutreffen, ansonsten verlief das Wiedersehen harmonisch. Heinrich war etwas stattlicher geworden, aber seine Augen blickten nach wie vor spöttisch, er hatte sich einen Spitzbart wachsen lassen, und dieser Bart ließ ihn pfiffig wirken.

Die Tage in Casteras waren ausgefüllt mit allerlei Festlichkeiten, und die Verhandlungen mit den protestantischen Delegierten begannen erst am 3. Februar 1579 in Nérac.

Sie erinnerte sich an die Ankunft der Protestanten und daran, dass sie die Herren komisch gefunden hatte, die schwarzen Anzüge, die flachen Hüte und die langsame, feierliche Redeweise. Sie versuchte sich ihnen anzupassen und übte sich in der biblischen Sprechweise, verglich ihren Schwiegersohn mit Salomon und die Abgeordneten waren die »Räte Gamaliels«.

Dann begann die Konferenz. Pibrac pries sie als Friedensengel, der von weit her gekommen war, um die Klagen und Beschwerden der Untertanen anzuhören. Dann hatte sie sich erhoben, die Arme ausgebreitet und ihre Rede begonnen. Diese hatte mit folgenden Worten geendet:

Meine Freunde, geben wir dem lebendigen Gott die Ehre und ent-
winden wir die eiserne Zuchtrute Seinen Händen! Wie schön
sind die Füße dessen, der uns den Frieden bringt!

Ihre Rede hatte die Abgeordneten nicht beeindruckt, sie übergaben dem
König von Navarra eine Liste ihrer Forderungen, worin sie fast sechzig
Städte zu ihrer Sicherheit verlangten, um dort ihre Kriegsleute zu ver-
teilen.

Der Schwiegersohn überreichte ihr das Papier und begab sich zu Tisch.
Dann begannen die Verhandlungen, und zuletzt einigte man sich darauf,
dass die Hugenotten nur vierzehn Städte als feste Plätze erhielten. Der
König war einverstanden, bat den Schwager aber, in den Louvre zurück-
zukehren, um der Welt zu demonstrieren, dass es nur einen Hof in
Frankreich gab. Heinrich von Bourbon antwortete mit einer förmlichen
Absage.

Dies war das eine Gesicht des Schwiegersohnes, aber es gab noch ein
zweites. Im Frühjahr 1579 verließ sie Nérac, und der Schwiegersohn und
Margot, die entschlossen war, bei dem Gatten zu bleiben, begleiteten sie
bis Castelnaudary, wo man voneinander Abschied nahm. In Carcassonne erschien Heinrich erneut, um sie ein letztes Mal zu umarmen, begleitete sie zur Messe, dann zog er sich mit ihr in ein Zimmer zurück,
reichte ihr eine Schere und bat sie, die zweite Locke abzuschneiden. Seit
der Flucht hatte er die hugenottische Haartracht angenommen und zwei
Locken wachsen lassen, die beiderseits über die Ohren fielen, eine Locke
hatte er bereits geopfert, nun bat er sie, mit eigener Hand die zweite abzuschneiden, dann wandte er sich zu seinem Gefolge und sagte: »Jetzt
müsst auch ihr alle sie euch abschneiden.«

Ihre weitere Reise durch den Süden war erfolgreich gewesen, sie hatte
das Land befriedet. Ihr Sohn Heinrich kam ihr bis Orléans entgegen, und
als sie sich am 14. November 1579 der Stadt Paris näherte, kamen die
Notabeln und das Volk ihr entgegen und jubelten ihr zu.

Ihre Gedanken wanderten zurück zu ihrem Schwiegersohn. Er besaß
mehrere Gesichter. In Nérac war er ein ebenbürtiger Verhandlungspartner gewesen, in Carcassonne der Schwiegersohn und später, als der König seine Schwester wegen ihres Lebenswandels vom Hof jagte, da hatte
Heinrich von Bourbon den Familienstreit geschickt für sich ausgenutzt.
Er hatte sich geweigert, seine entehrte Gattin in Empfang zu nehmen,
und hatte vom König von Frankreich Beweise für die gegen sie erhobe-

nen Vorwürfe gefordert, gleichzeitig hatte er erklärt, dass, falls Heinrich III. diese Beschuldigungen nicht widerrufe oder Lügen strafe, er seine Frau verstoßen werde. Dies wäre eine politische Katastrophe gewesen, eine Demütigung der Valois, und nach endlosen Verhandlungen erklärte sich der Schwiegersohn bereit, Margot bei sich aufzunehmen, wenn der König von Frankreich den Hugenotten eine Anzahl von Städten übergeben würde. Heinrich willigte ein, und am 13. April 1584 empfing Heinrich von Bourbon seine Gattin in Mont-de-Marsan und begab sich mit ihr nach Nérac.

Mein Schwiegersohn, überlegte Katharina, hat den familiären Streit genutzt, um seine politische Situation zu verbessern: Er regiert nun tatsächlich den Süden des Landes. Er wird einen Übertritt zum katholischen Glauben davon abhängig machen, ob es ihm politisch nützt, und seine Konversion ist nur sinnvoll, wenn seine Anhänger sich ebenfalls zum katholischen Glauben bekehren, weil er seine Truppen dem König zuführen muss, damit der König sich gegen die Liga behaupten kann. – Die Liga wird zum Feind meines Sohnes werden, nicht die Hugenotten.

Während Katharina in der Abenddämmerung durch ihren Garten ging und über den hugenottischen Schwiegersohn nachsann, saß Margot in Schloss Nérac in ihrem Schlafzimmer vor dem Frisiertisch und setzte vorsichtig eine rötlich-blonde Lockenperücke auf ihre schwarzen, hochgesteckten Haare, dann zupfte sie die Locken zurecht und betrachtete sich prüfend im Spiegel: Sie war jetzt einunddreißig Jahre alt und ihre Haut war immer noch makellos glatt. Sie erhob sich, trat zu dem hohen Standspiegel, drehte sich hin und her und betrachtete bekümmert ihre Figur: Im Winter 1583 hatte sie angefangen, rundlich zu werden, und für ihre Roben immer mehr Stoff benötigt, und der Gedanke, dass sie einmal so korpulent wie ihre Mutter werden würde, entsetzte sie. Sie versuchte, ihren Appetit zu zügeln, und ließ hin und wieder bei der Tafel einen Gang aus, was indes nicht viel nützte – sie war jetzt vollschlank, aber wie lange noch? »Henrietta, kleidet die Perücke mich?«

Die Zofe betrachtete ihre Herrin einen Augenblick und erwiderte: »Ja, Madame, mit Verlaub, ich finde, die neue Haarfarbe verjüngt Sie.«

Margot atmete erleichtert auf. »Ich hoffe, dass ich meinem Gatten so gefalle … Seine Geliebte, die Herzogin von Gramont, ist blond.« Sie schwieg unvermittelt, weil sie spürte, dass Tränen aufstiegen, und es gelang ihr nur mit Mühe, sie zu unterdrücken.

Henrietta beobachtete ihre Herrin, ahnte, was in ihr vorging, und sagte rasch: »Sie werden Ihrem Gatten bestimmt gefallen, Madame«, und dann beschäftigte sie sich mit den Blumen, die überall standen, arrangierte sie neu, zupfte die welken Blüten ab und hoffte, dass Margot nicht eine Unterhaltung über Corisande von Gramont begann. Sie, die Zofe, wusste mehr über die Geliebte des Königs von Navarra, behielt aber alles für sich, um ihre unglückliche Herrin nicht noch trauriger zu stimmen.

Sie wusste aus den Gesprächen der Diener, dass die verwitwete Corisande seit ungefähr zwei Jahren nicht nur die Geliebte des Königs war, sondern anscheinend seine große Liebe, er hatte zwar nach wie vor kurze Affären mit anderen Damen, Affären, die manchmal nur eine Nacht dauerten, aber er kehrte stets zu Corisande zurück.

Plötzlich unterdrückte Henrietta einen Lachanfall, als sie daran dachte, dass die Herzogin den König »Bübchen« nannte, »mein Bübchen«.

In diesem Augenblick wurde Heinrich gemeldet, und Margot sah überrascht und glücklich auf und gab der Zofe einen Wink, sich zurückzuziehen. Seit der Ankunft in Nérac hatte sie den Gatten nur bei öffentlichen Auftritten gesehen, wenn sie an seiner Seite repräsentieren musste.

Als Heinrich das Zimmer betrat, lächelte sie ihn erwartungsvoll an und bemerkte mit Genugtuung seine Überraschung, als er die Perücke sah. Er ging langsam auf sie zu, lächelte spöttisch und sagte: »Du hast dich äußerlich verwandelt, die Perücke kleidet dich.«

»Ich freue mich, dass du mich besuchst und wir endlich einen Abend für uns haben.«

Da wurde er ernst.

»Margot«, sagte er zögernd, »ich bin gekommen, um mich von dir zu verabschieden. Ich werde Nérac noch heute mit meinem Gefolge und meinen Räten verlassen. Ich weiß nicht, wann ich zurückkehren werde, du kannst hier bleiben, solange du willst, du kannst auch in jedem beliebigen anderen Ort in Guyenne oder in Navarra wohnen.«

Sie starrte ihn an und es dauerte einige Sekunden, bis sie begriff, was er gesagt hatte. »Heinrich, du …, du lässt mich hier allein zurück?«

»Du hast dein Gefolge und deine Damen, sie werden dir Gesellschaft leisten.«

»Mein Gefolge ist klein, es waren nicht viele, die mich begleiteten, als ich Paris verließ. Wo gehst du hin?«

Er zögerte etwas und erwiderte: »Ich begebe mich zu Corisande, ich liebe sie und ich kann nicht mehr ohne sie leben.«

Es entstand eine längere Pause und beide vermieden es, einander anzusehen.

»Wann hast du aufgehört, mich zu lieben, Heinrich?«, fragte sie dann leise.

Er überlegte und erwiderte: »Ich weiß es nicht, Margot, vielleicht schon in unserer Hochzeitsnacht, als du mich im Stillen mit dem Guise verglichen hast, vielleicht während der Bartholomäusnacht, obwohl du nicht in die Pläne deiner Familie eingeweiht warst, vielleicht, als du deiner Mutter von Alençons Verschwörung erzähltest und ich mein Vertrauen zu dir verlor; vielleicht, als du Nérac Ende Januar 1582 verlassen hast, um nach Paris zurückzukehren.« Er schwieg einen Augenblick und fuhr fort: »Vielleicht hörte ich auf, dich zu lieben, während der zwei Jahre, die wir gemeinsam in Nérac lebten. Ich wurde Vater von illegitimen Söhnen und Töchtern, während du, die Königin, keinen Sohn und Erben zur Welt brachtest.«

Margot starrte Heinrich fassungslos an, und dann war es mit ihrer Beherrschung vorbei.

»Du bist ungerecht!«, rief sie. »Falls ich unfruchtbar sein sollte, so kann ich nichts dafür, es ist Gottes Wille, überdies leide ich unter unserer Kinderlosigkeit ebenso wie du. Habe ich nicht alles versucht, um schwanger zu werden? Ich weiß nicht mehr, wie viele Ärzte ich konsultiert habe, wie oft ich mich zu einer Badekur begab, und was meine Abreise betrifft, so weißt du sehr wohl, dass deine Affäre mit der Fosseuse der Hauptgrund war; diese Affäre hat mich als Königin gedemütigt und lächerlich gemacht.«

»Margot, ich weiß, dass du unschuldig an unserer Kinderlosigkeit bist, du hast Recht, es ist Gottes Wille, überdies ist die Erbfolge in Navarra längst geregelt, dort gibt es Gott sei Dank kein Salisches Gesetz, so wird der älteste Sohn meiner Schwester nach meinem Tod über Navarra herrschen. – Und was die Fosseuse betrifft, so muss ich dich daran erinnern, dass wir uns seinerzeit, als wir heirateten, gegenseitig Freiheit zugestanden haben.«

»Ich weiß … Es gab noch andere Gründe für meine Abreise. Der Hof hier, er wirkte auf mich immer provinziell, ich habe versucht, aus deinem Hof einen Musenhof zu machen, aber er war und blieb irgendwie hugenottisch, und außerdem spürte ich im Laufe der Zeit, dass du kein Interesse mehr für mich hattest, die Stunden, die wir gemeinsam verbrachten, wurden immer weniger, ich kam mir überflüssig vor.«

1261

»Ich verstehe, dass es dir an meinem Hof nicht gefallen hat, glaube mir, ich persönlich habe mir auch mehr Glanz und Pracht gewünscht, aber aus politischen Gründen muss ich Rücksicht auf meine Anhänger nehmen. Die Pastoren kritisieren jeden Sonntag in ihren Predigten meinen Lebenswandel.« Er überlegte einen Augenblick und fuhr fort: »Irgendwann nach deiner Ankunft in Nérac merkte ich, dass wir uns seit meiner Flucht auseinander gelebt hatten, wir hatten nicht nur unterschiedliche Interessen und Ziele; du warst mit deinem Musenhof beschäftigt, ich war vollauf mit meinen Aufgaben als Gouverneur beschäftigt. Wir interessierten uns auch nicht für die Interessen und Ziele des anderen. Vielleicht hätte unsere Ehe sich anders entwickelt, wenn dir dein Bruder nach meiner Flucht erlaubt hätte, mir zu folgen.«

Margot schwieg und gab dem Gatten innerlich Recht.

Heinrich betrachtete seine Frau, dachte im Stillen, dass sie noch immer schön und anmutig war, und sagte nach einer Weile: »Es wundert mich, Margot, dass du fragst, wann ich aufgehört habe, dich zu lieben. Hast du mich jemals geliebt? Hat dein Herz nicht dem Guise gehört und später, nach deiner Rückkehr an den französischen Hof, dem Freund und Oberstallmeister deines Bruders Alençon, dem Sire de Champvallon?«

»Ja, ich habe beide geliebt, besonders Champvallon, aber jetzt, jetzt, liebe ich nur dich, Heinrich. Als du mich vor einigen Wochen empfingst, nachdem mein Bruder mich verstoßen hatte, da …, da habe ich dich lieben gelernt.«

Heinrich betrachtete die Gattin und dachte, dass Margots Worte im Augenblick aufrichtig waren, aber ihre plötzliche Liebe zu ihm war wahrscheinlich das Ergebnis ihrer verfahrenen Lebenssituation. An den französischen Hof konnte sie nicht zurückkehren, Champvallon war vor dem Zorn des Königs von Frankreich ins Ausland geflohen. Im Augenblick war er, der Gatte, ihr einziger Halt.

»Margot, deine Liebeserklärung kommt zu spät, aber wenn du Hilfe brauchst, bin ich immer für dich da, du kannst auf mich zählen.«

Margot starrte Heinrich an und hatte das Gefühl, immer mehr Boden unter den Füßen zu verlieren. Dann nahm sie ihren Mut zusammen und fragte: »Sage mir jetzt offen und ehrlich, was dich an Corisande fasziniert: Ist sie schöner, gebildeter, kleidet sie sich eleganter?«

Heinrich musste unwillkürlich lächeln und erwiderte: »Margot, warum sind Äußerlichkeiten so wichtig für dich? Sie ist so schön wie du, besitzt die gleiche Bildung und ist ebenso elegant gekleidet wie du.« Er schwieg und fuhr fort: »Corisande ist eine Frau, die an meinem Leben inneren Anteil nimmt, sie interessiert sich für die Probleme der Provinz, für die religiöse Spaltung Frankreichs, ich kann mich mit ihr darüber unterhalten. Für mich, Margot, sind die innenpolitischen Probleme Frankreichs während der letzten Jahre zum Lebensinhalt geworden und Corisande versteht mich. Du hingegen, du hast dich noch nie ernsthaft für die politischen Probleme Frankreichs interessiert, obwohl deine Familie über dieses Land herrscht.«

»Das ist nicht wahr, ich bin im Jahre 1577 nach Flandern gereist, um zu erkunden, ob für Alençon eine Chance besteht, dass die Flamen ihn, nach der Vertreibung der Spanier, als Herrscher akzeptieren.«

»Margot, diese Reise beweist, dass du dich nicht für die außenpolitische Situation Frankreichs interessiert hast, sondern nur für die Interessen deines Bruders. Sein flandrisches Unternehmen hätte Frankreich beinahe in einen Krieg mit Spanien verwickelt, und ein Krieg gegen Spanien wäre der Untergang deines Landes und deiner Familie gewesen. Margot, in meiner politischen Situation als autonomer König, der gleichzeitig Thronprätendent und Gouverneur, also Untertan des Königs von Frankreich, ist, in dieser Zwitterstellung hatte ich auf deine Unterstützung gehofft, aber du hast dich für diese Probleme nie interessiert.«

»Ich habe versucht, zwischen dir und meinem Bruder eine Mittlerrolle zu spielen«, erwiderte sie zögernd und musste ihm innerlich Recht geben.

Es entstand eine Pause und dann fragte Heinrich vorsichtig: »Wie geht es Alençon? Hast du inzwischen Nachrichten erhalten?«

»Er ist zu schwach, um zu schreiben, und diktiert Simier die Briefe, es scheint ihm besser zu gehen.«

In diesem Augenblick näherte sich ein Diener und überreichte Margot einen Brief. Sie erkannte die Handschrift Simiers, öffnete das Schreiben mit zitternden Fingern, las die Nachricht, sah starr auf die Buchstaben und begann dann laut zu weinen.

»Er ist tot! Er ist am 10. Juni gestorben, er ist tot, o mein Gott, mir bleibt nichts erspart. Ich hatte immer gehofft, dass er eines Tages König von Frankreich wird. Sein Tod bedeutet auch meinen Tod, es gibt für mich keine Perspektive, keine Hoffnung …«

»Margot, beruhige dich. Ich kann deinen Schmerz verstehen.«

In diesem Augenblick wurde es Heinrich bewusst, dass zwischen ihm und der Krone Frankreichs nur noch Heinrich III. stand.

»Margot, weißt du, was der Tod deines Bruders für dich bedeutet? Ich bin der Thronprätendent, nach dem Salischen Gesetz werde ich eines Tages König von Frankreich sein und du bist dann die Königin von Frankreich, zwischen der Krone und mir steht nur noch dein Bruder Heinrich, und es ist inzwischen allgemein bekannt, dass er wahrscheinlich keine Kinder mehr haben wird.«

Margot trocknete ihre Tränen, musterte den Gatten und erwiderte herablassend: »Zwischen dir und der Krone steht nicht nur mein Bruder, sondern vor allem der Glaube. Die Franzosen werden nie einen Hugenotten als König akzeptieren, und die Liga ebenfalls nicht. Die Liga ist gut organisiert, und ihr Führer ist der Herzog von Guise.«

Als Heinrich den Namen »Guise« hörte, spürte er eine leichte Eifersucht und versuchte, seine Gefühle mit Spott zu überspielen.

»Der Herzog von Guise …, du hast Recht, an den habe ich gar nicht gedacht. Nun ja, er ist ein gefährlicher Gegner, aber ich werde die weitere Entwicklung in Ruhe abwarten.«

Margot spürte mit Genugtuung die unterschwellige Eifersucht in der Stimme des Gatten und vermutete, dass sie ihm anscheinend doch noch etwas bedeutete.

»Heinrich, wenn du jemals König von Frankreich werden willst, musst du konvertieren und den katholischen Glauben annehmen.«

Er überlegte lange und erwiderte: »Du hast Recht, aber im Augenblick kann ich mir einen Glaubenswechsel nicht leisten, ich würde meine Anhänger verlieren, und ohne Anhänger bin ich machtlos. Ich benötige eine starke Gefolgschaft, um gegen die Liga kämpfen zu können.«

Margot sah den Gatten verwundert an: »Das verstehe ich nicht, du willst um die Krone kämpfen? Wenn du konvertierst, musst du nicht kämpfen.«

»Ich habe keine andere Wahl. Dein Bruder, Margot, ist der schwächste König seit Karl VII.; ihn hat Jeanne d'Arc gerettet, vielleicht wird dein Bruder auch von einer Jungfrau gerettet, wart's nur ab.«

Er betrachtete Margot und dachte an die Sicherung der Erbfolge, falls er König von Frankreich wurde. Es war unwahrscheinlich, dass Margot Kinder bekam, unter diesen Umständen wäre eine Annullierung seiner Ehe möglich, aber das war im Augenblick unwichtig; er musste jetzt abwarten, wie der König von Frankreich auf den Tod des Dauphins reagierte.

»Es wird Zeit, dass ich aufbreche. – Lebe wohl, Margot.«

»Lebe wohl, Heinrich«, sagte sie leise und vermied es, ihn anzusehen. Er ging zur Tür, drehte sich noch einmal um, aber Margot wandte ihm den Rücken zu, und so eilte er in den Hof, bestieg sein Pferd und galoppierte zu Corisande.

Margot las Simiers Brief noch einmal in Ruhe, dann ging sie in den Garten, den sie hatte anlegen lassen, sie betrachtete die Brunnen, die antiken Statuen, die Rasenplätze zum Ballspiel, die Uferpavillons zum Fischfang, den Tanzplatz, schließlich ging sie zu der langen Allee am Ufer der Bayse, betrachtete die Zypressen und den Oleander und dachte an ihr Leben, das seit der Flucht des Gatten ein Auf und Ab gewesen war.

Nach Heinrichs Flucht durfte sie seinerzeit zwei Monate lang ihr Appartement nicht verlassen, und sie hatte es nur den Drohungen Alençons zu verdanken, dass der König ihr die Freiheit schenkte. Sie durfte sogar die Mutter zu den Friedensverhandlungen nach Sens begleiten. Dann hatte Alençon sie gebeten, die politische Lage in den Niederlanden für sie zu sondieren, und es war ihr gelungen, vom König die Erlaubnis zu einer Badereise nach Spa zu erhalten. Anfang Juli 1577 verließ sie damals mit einem prachtvollen Gefolge Paris. Sie wurde in allen Städten königlich empfangen. Dann endlich Namur, wo Don Juan d'Austria, der Halbbruder des spanischen Königs und Statthalter der Niederlande, sie empfing. Sie erinnerte sich an die aufwendig dekorierten Appartements, an die Tapeten aus Samt und Atlas, die üppig mit Goldstickerei verziert waren; in Namur hatte sie einen Reigen von Bällen und Banketten genossen, auf der Rückreise traf ein Brief Alençons ein, worin er ihr mitteilte, dass der König plane, sie von den Spaniern ergreifen zu lassen, um mit dem König von Spanien keine Schwierigkeiten zu bekommen wegen seiner, Alençons, Absichten in den Niederlanden.

Es war ihr gelungen, vor den Spaniern zu fliehen, und Anfang September erreichte sie ihr Schloss La Fère, wo sich bald auch Alençon einfand. Mitte November kehrten sie in den Louvre zurück, wo das Leben für den jüngeren Bruder immer unerträglicher wurde wegen der *Mignons*, die ihn ständig verspotteten und mit seinen Anhängern Streit anfingen.

Am 15. Februar 1578 half sie ihm zu fliehen. An jenem Abend zog sie sich früh zurück, entließ ihre Damen bis auf die drei zuverlässigsten, dann warf sie ein schweres Seil aus, das sie mit Hilfe eines Bettkastens in ihr Zimmer geschmuggelt hatte, und befestigte es an ihrem Fensterflügel; an diesem Seil ließ sich zuerst der Bruder hinunter, dann Simier, zuletzt der Kammerdiener Cange. Der Graben unter dem Fenster war unbewacht, und so entkamen die Flüchtlinge zum linken Seineufer, wo Pferde bereitstanden, und sie galoppierten nach der Stadt Angers, die Alençon gehörte. Sie verbrannte das Seil im Kamin; jedoch die Flammen, die aus ihm hervorstießen, alarmierten die Bogenschützen, und bereits wenige Stunden später war die Flucht des Bruders entdeckt, sie wurde zum König befohlen, der sie der Mitwisserschaft beschuldigte.

Sie log, behauptete, über die Fluchtpläne nichts gewusst zu haben, und der König und die Mutter gaben sich damit zufrieden. Im Frühjahr versuchte Heinrich, sich mit ihr zu versöhnen, er überschrieb die Jahresrenten, die sie als Mitgift erhalten sollte, in Form von Ländereien, überließ ihr seine eigenen Ländereien im Agenais und im Rouergue, sowie die vier Gerichtsbarkeiten in Verdun, Rieux, Rivière und im Albigeois.

Sie war glücklich, dass sie nun über eigene Ländereien, Marktflecken und sogar Städte verfügte, und ihr Land grenzte an das des Gatten, was sie ebenfalls als Vorteil empfand. Sie wusste, dass der königliche Bruder eine Gegenleistung erwartete, nämlich, dass sie Alençon überredete, an den Hof zurückzukehren und seine flandrischen Pläne zu vergessen, und sie war entschlossen, dem König diesen Gefallen nicht zu tun.

Im Spätsommer durfte sie die Mutter damals in die Gascogne begleiten und bei dieser Gelegenheit zu ihrem Gatten zurückkehren.

Sie wusste, was man von ihr erwartete: Sie sollte den Gatten überreden, an den französischen Hof zurückzukehren, und sie wusste, dass dies aussichtslos war, weil Heinrich bei jeder Gelegenheit sagte: »Nur wenn man mich mit Gewalt hinschleppt, kehre ich in den Louvre zurück.«

Überdies war sie recht froh, den Hof des Bruders verlassen zu können, weil sie die täglichen Begegnungen mit dem König und der Mutter als unerträglich empfand. Sie war fest entschlossen, sich am Hof des Gatten einzuleben und sich mit weniger Prunk und Glanz zu arrangieren.

Am 2. August 1578 begann die Reise in den Süden, und Ende Mai 1579, nach dem Abschied von Katharina, begann ihr neues Eheleben mit Heinrich von Bourbon, das zunächst harmonisch verlief.

Sie zogen gemeinsam in Pau ein, und Heinrich ließ im Schloss einen Raum als Kapelle herrichten, wo ein Priester ihres Gefolges für sie und ihre Damen in aller Stille die Messe zelebrieren durfte; da sie die Königin von Navarra war, erlaubte sie auch den Katholiken, die es im hugenottischen Navarra immer noch gab, die Teilnahme an der Messe; beim Verlassen des Schlosses wurden ihre Gäste allerdings festgenommen und eingekerkert und auch der Gatte war machtlos gegen die Gesetze, die seine Mutter erlassen hatte und die immer noch gültig waren.

Sie beschloss, nach Guyenne zu übersiedeln, und Heinrich war einverstanden, weil auch er sich in dem calvinistischen Navarra nicht besonders wohl fühlte. Anfang Juli trafen sie in Nérac ein und es begann eine idyllische Zeit. Sie ließ das Schloss wohnlich herrichten mit den Möbeln, Wandteppichen und dem Silbergerät, das sie aus Pau mitgenommen hatte, sie studierte mit den jungen Mädchen der Stadt Chöre ein, die am Abend in den Schlossgärten aufgeführt wurden, sie ließ die Gärten verschönern und ausbauen und an Katharina schrieb sie: »Wir reden von nichts anderem als von Liebe, Vergnügen und dem dazugehörigen Zeitvertreib.«

Am kleinen Hof des Gatten erlebte sie zum ersten Mal, dass Katholiken und Hugenotten friedlich nebeneinander leben konnten: Am Sonntag begab sie sich vor aller Augen in die Kapelle, wo sie mit ihrem Gefolge die Messe hörte. Zur gleichen Stunde ging Heinrich mit seinem Gefolge zum protestantischen Gottesdienst, und wenn man sich auf diesem Wege begegnete, begrüßte man sich höflich.

Heinrich trug nach ihrer Ankunft seidene Wämser, farbige Beinkleider, er badete und verwendete Duftwässer. Sie bewohnten das gleiche Schlafzimmer, schliefen aber in getrennten Betten, sie erfüllten ihre ehelichen Pflichten und nahmen es beide mit der ehelichen Treue nicht genau. Der einzige Wermutstropfen war die Tatsache, dass der Gatte Bastarde zeugte, während sie selbst vergeblich hoffte, endlich schwanger zu werden. Dann begann seine Affäre mit der Fosseuse. Zu ihrem Gefolge gehörte damals ein junges, knapp fünfzehnjähriges Mädchen namens Françoise de Montmorency-Fosseux, das allgemein Fosseuse genannt wurde. Heinrich verliebte sich in das Mädchen, nannte sie »meine Tochter«, und am Beginn der Liaison hatte sie nichts gegen diese Liebschaft gehabt, weil sie glaubte, die Fosseuse sei ihr, der Königin, völlig ergeben. Dann wurde das Mädchen schwanger, und dies stieg ihr anscheinend zu Kopf, weckte vielleicht die Hoffnung, dass der königliche Liebhaber sich von der Gattin trennte, um sie zu heiraten.

Heinrich ließ seine Geliebte nach Navarra bringen, um ihren Zustand vor dem Hof zu verheimlichen, und befahl ihr, der Gattin, das Hoffräulein zu begleiten. Sie empfand es als Zumutung, in dem hugenottischen Staat zu leben, und blieb diesseits der Grenze.

Dann kehrte das verliebte Paar nach Nérac zurück, und da die Schwangerschaft sich nicht länger verheimlichen ließ, schlug sie vor, sich mit der Fosseuse bis zur Entbindung auf ein abgelegenes Gehöft zurückzuziehen, aber das Paar lehnte den Vorschlag ab. An einem Morgen weckte Heinrich sie mit der Nachricht, die Wehen hätten begonnen, und bat sie, seiner Geliebten beizustehen. Sie ließ das Mädchen in ein separates Zimmer bringen und holte ihren Leibarzt und einige erfahrene Frauen. Dann kam das Kind zur Welt, ein totes Mädchen. Sie war erleichtert, aber dann bestand die Fosseuse darauf, dass sie, die Königin, sie besuchte, wie es bei erkrankten Dienerinnen üblich war. Sie lehnte diese Demütigung ab und es kam zu einem lautstarken Streit zwischen ihr und Heinrich.

Während der folgenden Wochen und Monate kümmerte er sich nicht mehr um sie und sie beschloss, an den französischen Hof zurückzukehren und die Fosseuse mitzunehmen. Ende Januar 1582 verließ sie Nérac und kam im Herbst in Paris an.

Ihre Mutter war empört über die Affäre mit der Fosseuse, weil sie darin eine Demütigung sah, entließ das Mädchen aus ihren Diensten und schrieb dem Schwiegersohn, dass sein Betragen königliche Würde vermissen lasse.

Margot erwarb in Paris ein Stadtpalais und genoss das Leben in vollen Zügen; sie war verschuldet und verschuldete sich noch mehr, sie gab Unsummen aus für Kleider, Schmuck und Feste und hatte damals nur einen Wunsch: Sie wollte keine Rücksicht mehr nehmen auf den Hof, auf ihre Stellung, sie wollte nur genießen. Im Herbst 1582 tauchte Champvallon wieder auf …

Im Frühjahr 1580 war es zwischen ihrem Gatten und Biron immer wieder zu Streitigkeiten gekommen; schließlich hatte der Gatte die katholische Stadt Cahors erobert, und im Herbst kam Alençon, um einen Frieden zwischen dem Schwager und Biron auszuhandeln. Am 26. November 1580 wurde der Friede von Fleix geschlossen, der den Protestanten alles zugestand, was sie schon hatten, dann waren Alençon und Champvallon abgereist, und nun, zwei Jahre später, traf sie ihn in Paris.

Er sah gut aus, war tapfer, kultiviert, er konnte dichten, er war der vollkommene höfische Edelmann nach dem Vorbild Castigliones.

Vom Herbst 1582 bis zum August 1583 war er ihr Liebhaber, und sie lebten beide ihre Leidenschaft aus. Hin und wieder musste Champvallon Paris verlassen, um einen Auftrag Alençons auszuführen. Sie sorgte sich um ihn, wenn er irgendwo kämpfte, und schrieb: *Wenn jene, die*

ihre Zuneigung mehreren Dingen schenken, sich beklagen, wenn sie ei-
nes verlieren, darob erzürnt sind und es bedauern, wie viel mehr düstere
Ahnung, Freudlosigkeit und Schmerz müsste dann meine Seele beset-
zen, die nur eine Sache begehrt, der ihr ganzes Trachten gilt, wenn ich
die Gefahr sehe, dass diese mir genommen werden könnte.

Sie genoss die körperliche Liebe mit Champvallon, aber in ihren Briefen
an ihn forderte sie eine Verschmelzung der Seelen, weil sich nur darin
die Liebe realisieren könne, und sie war glücklich, als Champvallon ihre
Briefe in der gleichen Tonart beantwortete. In jenen Monaten erlebte sie
die Verbindung von geistiger Übereinstimmung und sinnlicher Lust,
und sie war so glücklich wie noch nie zuvor in ihrem Leben.

Sie wusste, dass am Hof des Königs über sie und ihren Liebhaber gesprochen wurde, aber sie kümmerte sich nicht weiter um den Hofklatsch.

Irgendwann wurde erzählt, sie erwarte ein Kind von Champvallon, weil
sie anfing, rundlich zu werden, dann wurde getuschelt, sie habe das Kind
abgetrieben.

Sie lächelte nur über den Hofklatsch und spöttelte über die Frömmigkeit
des königlichen Bruders und das anmaßende Benehmen seiner *Mignons*.

Am 7. August fand ein Ball im Louvre statt, und da die Königin wegen einer Brunnenkur vom Hof abwesend war, musste sie an Heinrichs
Seite repräsentieren und die Gäste begrüßen. Irgendwann im Laufe des
Abends beschimpfte der Bruder sie wegen ihres skandalösen Lebenswandels, fragte sie nach dem Kind, das sie angeblich Champvallon geboren hatte, und befahl Margot, Paris sofort zu verlassen.

Am gleichen Abend hatte sie eine Unterredung mit ihrer Mutter, die
versuchte, sie davon zu überzeugen, dass der Zorn des Königs weniger
ihrem Lebenswandel galt, sondern der Tatsache, dass sie mit Alençon
korrespondiere. Die Mutter beschwor sie, sich mit dem Bruder zu einigen, und sie hatte erwidert, dass die Anklage, sie hätte ein Kind zur Welt
gebracht, eine Lüge sei.

Am 8. August hatte sie mit einem kleinen Gefolge Paris verlassen und
war in den Süden gereist.

Ihr Gatte weigerte sich, sie in Empfang zu nehmen, und forderte von
dem Schwager Beweise für die gegen sie erhobenen Vorwürfe, und er erklärte zugleich, falls Heinrich III. diese Beschuldigungen nicht in aller
Öffentlichkeit widerrufe, gedenke er, seine Frau zu verstoßen.

Eine solche Verstoßung wäre eine politische Katastrophe und eine

Demütigung der Valois gewesen, und so begannen monatelange Verhandlungen zwischen dem Gatten und dem Bruder. Am 13. April 1584 hatte der Gatte sie wieder bei sich aufgenommen.

Margot kehrte mit ihren Gedanken in die Gegenwart zurück.
Inzwischen war es dämmerig geworden, und sie ging langsam zum Schloss zurück und dachte über ihr künftiges Leben nach. Sie wusste, dass sie Heinrich an Corisande verloren hatte, an den Hof des Bruders konnte sie auch nicht wieder zurückkehren.
Am Eingang des Schlosses blieb sie stehen, beobachtete, wie es allmählich dunkel wurde, und plötzlich sah sie ihr weiteres Leben vor sich: Sie besaß Ländereien und Städte, sie konnte sich dorthin zurückziehen und ihr eigenes Leben führen. Sie war unabhängig, sie war weder auf den Gatten noch auf den Bruder angewiesen. Sie konnte sich von beiden befreien und so leben, wie es ihr gefiel.

Im Spätsommer kehrte Epernon aus dem Süden zurück und berichtete Heinrich III. und Katharina über seine Verhandlungen mit dem König von Navarra.
»Wir haben drei Wochen lang verhandelt und ich glaube, Sire, dass Seine Majestät ernsthaft über Ihren Vorschlag nachgedacht hat, aber zuletzt hat er eine Konversion abgelehnt. Er sagte, in der Bartholomäusnacht habe man ihm den Dolch vorgehalten, damit er konvertiere, heute die Krone. Er habe genug an der ersten Erfahrung, sie habe ihm nur das Misstrauen der einen und die Entfremdung der anderen Partei eingetragen. Seine Anhänger seien im Moment nicht bereit, zugleich mitzukonvertieren, seine Konversion sei deshalb sinnlos, weil er dadurch seine Anhänger verlieren würde, statt sie dem König im Kampf gegen die Liga zur Verfügung zu stellen, und er wisse nicht, wie die katholische Partei ihn nach einer Konversion aufnehmen würde.«
Als Epernon schwieg, entstand eine Pause.
»Es war ein erster Versuch«, sagte Heinrich dann, »und ich bin fest entschlossen, mit meinem Schwager weiter über eine Konversion zu verhandeln.«
Katharina hatte kein anderes Ergebnis erwartet und sagte zu Epernon:
»Ich teile die Meinung des Königs, wir müssen mit dem König von Navarra weiter verhandeln. – Haben Sie meine Tochter gesehen, wie geht es ihr?«

Epernon sah Katharina verlegen an.

»Madame«, sagte er zögernd, »ich habe die Königin von Navarra nicht gesehen, sie lebt in Nérac. Ich hatte den Eindruck, dass sie …, dass sie getrennt vom König von Navarra lebt.«

Katharina schwieg und dachte bekümmert, dass ihr als Mutter nichts erspart blieb. Der Schwiegersohn hatte die Gattin offiziell aufgenommen, inoffiziell war die Ehe gescheitert.

Epernon hüstelte. »Sire, ich habe noch eine Nachricht für Sie vom König von Navarra. Der König von Spanien unterbreitete ihm im Frühsommer folgendes Angebot: Der König von Navarra sollte eine Erhebung der Hugenotten im südlichen Frankreich gegen Sie, Sire, anführen. Philipp II. erbot sich, diese Erhebung zu finanzieren, bei ihrem Erfolg sollten das Languedoc und die südwestlichen Provinzen mit den Ländern des Königs von Navarra vereinigt werden, sodass er künftig den größten Teil Südfrankreichs als unabhängiges Königreich beherrschen würde.«

Katharina und ihr Sohn sahen sich entsetzt an und Katharina erinnerte sich, dass viele Jahre zuvor Coligny sie vor Spanien gewarnt hatte: Spanien sei der Hauptfeind Frankreichs.

»Der König von Navarra«, fuhr Epernon fort, »hat das Angebot abgelehnt.«

Katharina und Heinrich atmeten auf.

»Ich bin beeindruckt und gerührt von der Loyalität meines Schwagers«, sagte Heinrich, »ich werde diese Loyalität demnächst honorieren.«

Er bot dem Schwager hunderttausend Taler an, die zu seinem Erstaunen abgelehnt wurden, Duplessis-Mornay teilte im Auftrag seines Herren mit, dass sie keine Belohnung begehrten. Sie hatten beweisen wollen, dass man sehr wohl zugleich guter Hugenotte und guter Franzose sein könne.

Nach dem Frieden von Bergerac im Jahre 1577 hatte Heinrich von Guise sich nach Joinville zurückgezogen, um die weitere Entwicklung in Ruhe abzuwarten. Als Alençon starb, verfolgte er gespannt, wie der König die Nachfolge regeln würde. Er wusste, dass Epernon mit dem König von Navarra verhandelte, und als durchsickerte, dass Heinrich von Bourbon nicht bereit war zu konvertieren, beschloss der Herzog von Guise zu handeln und begann, die Liga militärisch zu organisieren, vor allem in der Hauptstadt Paris. Im Herbst verfügte er über eine im ganzen Land verbreitete, disziplinierte Gefolgschaft, die nicht nur verlangte, dass der häretische König von Navarra von der Thronfolge ausgeschlossen werden sollte, sondern die auch propagierte, dass gegen einen häretischen König der bewaffnete Aufstand legitim sei. Für die Ligisten war Heinrich III. inzwischen ein Häretiker, weil er mit seinem Schwager über das Problem der Thronfolge verhandelte.

Heinrich III. erkannte, dass nicht die Hugenotten seine Feinde waren, sondern die Liga, und so dekretierte er am 11. November 1584, dass fortan die Anwerbung neuer Rekruten für die Liga als Majestätsbeleidigung verfolgt und mit der Strafe der Vierteilung bedroht sein sollte.

Heinrich von Guise kümmerte sich nicht um das Dekret, er wusste, dass die Liga hinter ihm stand. Er wusste aber auch, dass er keine Chance hatte, jemals König von Frankreich zu werden wegen des Salischen Gesetzes, aber er sah durchaus eine Möglichkeit, irgendwann, nach dem Tod des Königs, über Frankreich zu herrschen. Am 31. Dezember 1584 unterzeichnete er in Joinville einen Bündnisvertrag mit Spanien, worin die Ausrottung der Häresie in Frankreich und den Niederlanden beschlossen wurde, außerdem wurde der Onkel des Königs von Navarra, der Kardinal von Bourbon, zum Nachfolger Heinrichs III. erklärt. Dann gab es noch einen Geheimvertrag, worin Guise sich verpflichtete, dem König von Spanien bestimmte Gebiete zurückzuerobern, die dieser im Vertrag von Château-Cambrésis an Frankreich verloren hatte.

Als Gegenleistung für diese militärische Unterstützung gewährte Philipp II. der Liga jährliche Gelder, die Guise in seinem Krieg gegen die Häretiker unterstützen sollten. Jener Vertrag war bald allgemein bekannt, und Katharina war entsetzt, weil Heinrich von Guise in diesem Vertrag gegenüber dem König von Spanien als Verhandlungspartner aufgetreten war, als ob der Thron Frankreichs schon vakant sei. Sie versuchte, mit ihrem Sohn über die Lage zu reden, aber Heinrich III. hatte sich nach der Weigerung des Schwagers, zu konvertieren, zurückgezogen, um einen Plan für die Reform der Kleidung und der Etikette am Hof zu entwerfen. Angehörige seines Rates hatten sich von Oktober bis Mai in violetten Samt zu kleiden, im Sommer sollten sie violetten Satin tragen, Mitglieder seines Haushaltes sollten durch eine besonders gestaltete silberne Lilie hervorgehoben werden. Zuletzt bestimmte er das Ritual, wie ihm ein Glas Wasser zu reichen sei.

Katharina war verzweifelt, weil Guise sich mit der Unterstützung Spaniens französischer Städte bemächtigte und weil täglich neue Schmähschriften über ihren Sohn, den König, erschienen.

Als der Winter 1585 sich dem Ende näherte, herrschte der Herzog von Guise in der Champagne, der Picardie, der Normandie, der Bretagne, er herrschte in Burgund, in Lyon und vor allem in Paris.

Der König von Navarra herrschte in Béarn, in der Gascogne, in Guyenne, im Languedoc, in Poitou, in der Auvergne und in der Dauphiné.

Irgendwann merkte Heinrich III., dass er praktisch keine Macht mehr besaß, und da er befürchtete, ermordet zu werden, umgab er sich mit einer Leibwache von fünfundvierzig Männern, die bereit waren, jede verdächtige Person, die sich dem König näherte, umzubringen. Anfang März erwachte Heinrich III. aus seiner Lethargie und bat Katharina, mit seinem Feind, dem Herzog von Guise, zu verhandeln. Als Katharina die Kutsche bestieg, wusste sie, dass ihre Verhandlungen erfolglos sein würden, weil sie, im Gegensatz zu früher, nichts zu bieten hatte.

Am 7. Juli 1585 wurde der Vertrag von Nemours unterzeichnet, worin der König de facto seine Macht an die Liga abgab. In jenem Vertrag wurde Heinrich von Bourbon als Häretiker von der Thronfolge ausgeschlossen, und der König von Frankreich verpflichtete sich, mit Waffengewalt die Hugenotten zur Erfüllung der Forderungen der Liga zu zwingen. Die Liga forderte die Ausweisung aller häretischen Geistlichen, die Absetzung aller reformierten königlichen Beamten und die Beschlagnahme ihres Besitzes. Schließlich sollten alle Reformierten binnen einer Frist von drei Jahren zur katholischen Kirche zurückkehren oder wenn sie dies ablehnten, sollten sie alle Rechte verlieren.

Als Katharina den Vertrag unterzeichnete, erinnerte sie sich immer wieder an die Worte des Herzogs von Guise während der Verhandlungen.

»Madame, ich kann nichts allein entscheiden.«

Dieser Satz bewies, dass er von Spanien abhängig war, und für Katharina war die Erkenntnis, dass Spanien Frankreich dominierte, schmerzlicher als der Vertrag an sich.

Einige Tage später trafen Nachrichten von Margot ein, die bewiesen, dass innerhalb der königlichen Familie keine Loyalität mehr herrschte: Anfang April hatte Margot sich, mit Zustimmung ihres Gatten, nach Agen zurückgezogen, um sich innerlich auf Ostern vorzubereiten.

Agen gehörte zu Margots Besitz, und bald nach ihrer Ankunft begann sie, die Stadt langsam zu befestigen und zu einem sicheren Platz auszubauen. Agen gehörte auch zu den Städten, die sich der Liga verbunden fühlten.

Am 15. Mai führte Margot ihren Staatsstreich durch, sie versammelte die Notabeln, ließ sie den Treueid schwören und sich die Schlüssel zu den Toren der Stadt aushändigen, dann bekannte sie sich öffentlich zur Liga und deklarierte gleichzeitig ihren Aufstand gegen den König von Navarra und gegen den König von Frankreich.

Katharina war entsetzt. Abgesehen davon, dass Margot die Munizipalfreiheiten verletzte, bedeutete ihre Kriegserklärung einen offenen Bruch mit der Familie, war die Tochter zum Feind übergelaufen, weil Agen für die Liga eine wichtige Verkehrsader zum Südwesten war. Sie dachte lange über Margots Verhalten nach und fand keine Erklärung.

Heinrich III. nahm Margots Kriegserklärung teilnahmslos zur Kenntnis und zog sich zurück, um zu beten und zu meditieren.

Inzwischen war der Religionskrieg erneut ausgebrochen, beschränkte sich aber auf kleinere Gefechte in einzelnen Provinzen. Das Pariser Parlament fand die Konzessionen, die Heinrich III. im Vertrag von Nemours der Liga eingeräumt hatte, so gefährlich, dass tagelang darüber diskutiert wurde, ob es dem König zustand, das Salische Gesetz abzuschaffen, dem zufolge der König von Navarra der legitime Thronerbe war. Im Vertrag von Nemours war er als Häretiker von der Thronfolge ausgeschlossen worden.

Zuletzt sah Heinrich sich – unter dem Druck der Liga – genötigt, die Richter zu zwingen, den von ihnen missbilligten Vertrag für rechtskräftig zu erklären; er wusste keinen anderen Ausweg. Daraufhin erklärte Heinrich von Bourbon, der Vertrag von Nemours müsse verdammt werden, denn es sei: »… ein Friede, mit Fremden auf Kosten der Prinzen von Geblüt geschlossen: mit dem Haus Lothringen auf Kosten des Hauses von Frankreich, mit Rebellen auf Kosten gehorsamer Untertanen. Ich gedenke, mich dem von ganzem Herzen zu widersetzen und zu diesem Zweck alle wahren Franzosen ohne Rücksicht auf ihr religiöses Bekenntnis entsprechend meiner Stellung im Königreich um mich zu scharen, denn es geht in dieser Zeit um die Verteidigung des Staates gegen die Usurpation durch Fremde.«

Diese Erklärung wurde von vielen Franzosen begrüßt, weil das Bündnis der Liga mit Spanien, das inzwischen allgemein bekannt war, skeptisch beurteilt wurde.

Am 9. September verkündete Papst Sixtus V. offiziell die Bulle *Ab Immensa*, worin Heinrich von Bourbon und sein Vetter Condé exkommuniziert wurden, gleichzeitig ermahnte der Papst die Liga, sich gegenüber dem König von Frankreich loyal zu verhalten, was bedeutete, sie sollten sich ihres Königs nicht durch einen Mord entledigen.

Katharina beobachtete erfreut, dass die päpstliche Bulle ihren Schwiegersohn in Frankreich populär machte, weil alle Bevölkerungsschichten die Einmischung Roms in französische Angelegenheiten ablehnten. Während der folgenden Wochen erklärte sich Montmorency offen für die Hugenotten, und auch andere militärische Führer distanzierten sich von der Liga und näherten sich dem König von Navarra.

Im Spätherbst trafen neue Nachrichten von Margot ein. Die Einwohner von Agen empfanden Margots Herrschaft immer mehr als Tyrannei, wegen der Soldaten, der Zwangssteuern, der Zerstörung ihrer Häuser, und am 26. September musste Margot vor den aufgebrachten Bürgern fliehen und zog sich mit ihrem Gefolge nach der uneinnehmbaren, aber auch unwirtlichen Festung Le Carlat zurück.

Katharina und der König waren über die Flucht erleichtert, sahen nun eine Möglichkeit, die Tochter und Schwester von der Liga zu lösen, und so schrieb Katharina an Margot und bot ihr an, in das komfortablere Schloss Ibois zu übersiedeln, das in der Auvergne lag und zu ihrem Besitz gehörte. Margot lehnte ab und der überhebliche Ton ihres Briefes verärgerte Katharina erneut.

Ihrer Majestät danke ich ergebenst für das Schloss, das Sie mir anbieten wollen. Gott sei Dank benötige ich es nicht, denn ich bin an einem Ort, der mir gehört, und lebe dort, umgeben von vielen ehrenwerten Leuten, geehrt und in größter Sicherheit.

Katharina ärgerte sich auch darüber, dass dem König von Navarra das Schicksal der Gattin anscheinend gleichgültig war. Als sie im Frühjahr 1586 hörte, dass Margot erkrankt war, schrieb sie ihr erneut und bot ihr Chenonceaux als Wohnsitz an, was die Tochter ebenfalls ablehnte.

Im Laufe des Sommers starb der Gouverneur von Le Carlat, und Margot weigerte sich, seinen Bruder als Nachfolger zu akzeptieren. Dies bedeutete, dass sie die königliche Autorität des Bruders ablehnte, und jetzt war Heinrich III. plötzlich entschlossen, die Rebellion seiner Schwester zu beenden. Im Spätsommer schickte er den Marquis de Canillac nach Carlat mit dem Befehl, die Schwester nach der Festung Usson zu bringen und sie dort gefangen zu halten, weil er befürchtete, dass Margots Anwesenheit in der ligafreundlichen Auvergne beim dortigen Adel neuen Widerstand weckte und die Zahl der Parteigänger des Herzogs von Guise mehrte.

Katharina war mit dem Plan des Sohnes einverstanden und sagte über ihre Tochter: »Gott hat mir diese Kreatur als Strafe für meine Sünden gegeben, wenn ich sehe, wie viel Leid sie mir jeden Tag bringt. Sie ist meine Plage in dieser Welt.«

Dann diktierte Heinrich seine Befehle für Canillac:

> *Befehlen Sie Canillac, er solle sich nicht bewegen, solange wir nicht angemessen vorgesorgt haben. Schreiben Sie ihm, er solle sie zum Schloss Usson führen. Von dieser Stunde an bemächtige man sich ihrer Ländereien und ihrer Pensionen, um den Marquis wie auch ihre Wache zu entlohnen. Was ihre Frauen und Männer betrifft, so soll der Marquis sie unverzüglich wegjagen und ihr einige ehrbare Fräulein und Kammerzofen zu Diensten stellen, bevor die Königin, meine gute Mutter, die von ihr bestimmten Frauen entsenden wird; vor allem aber bewache er sie gut. In den Urkunden soll sie nur Schwester, nicht aber teure oder vielgeliebte Schwester genannt werden.*

Anfang November erschien Heinrich bei Katharina, um ihr mitzuteilen, dass Margot inzwischen als Gefangene in der Festung Usson lebte. »Sie hat irgendwie erfahren, dass sie in Carlat ergriffen werden sollte, die Festung Mitte Oktober verlassen und sich nach Ibois begeben. Sie hat sich dort verschanzt, aber Canillac drang in das Schloss ein und brachte sie nach Usson. Dieses Problem wäre gelöst, aber …« Er zögerte etwas, bevor er fortfuhr. »Sie wissen, Mama, dass sowohl Guise als auch mein Schwager aufrüsten, der eine wird von Spanien unterstützt, der andere von England. Sie wissen auch, dass ich seit zwei Jahren versuche, meinen Schwager zu überreden, den katholischen Glauben anzunehmen, meine Bemühungen waren bisher vergeblich. Der schwelende Religionskrieg wird im kommenden Jahr eskalieren und sich entscheiden; Heinrich von Bourbon kämpft gegen Heinrich von Guise, der Sieger in diesem Krieg wird künftig über Frankreich herrschen. Ich möchte nicht, dass Guise siegt, abgesehen davon, dass ich in ihm einen persönlichen Feind sehe, ist es mein Wunsch, dass der legitime Thronprätendent mein Nachfolger wird, aber er kann nur mein Nachfolger werden, wenn er konvertiert. Es gibt nur einen Menschen, der ihn davon überzeugen kann, dass eine Konversion notwendig ist, und das sind Sie, Mama. Bitte, begeben Sie sich in den Süden, verhandeln Sie mit meinem Schwager.«

Katharina schwieg, dachte daran, dass auch ihre Gesundheit nicht mehr die beste war, sie litt an Hüftschmerzen, an Asthma, Gicht, die Reise würde beschwerlich werden, aber es ging um die Zukunft Frankreichs. Sie dachte an ihr Versprechen am Sterbebett des Gatten, es ging darum, die Krone für die Kapetinger zu erhalten, und die Bourbonen gehörten zu den Kapetingern.

Am 13. Dezember 1586 traf sich Katharina mit ihrem Schwiegersohn in der kleinen Stadt Saint-Brice in der Nähe von Jarnac und Cognac.

Das Haus, wo sie und der König von Navarra untergebracht waren, lag auf offener Flur in einem hübschen Park an den Ufern der Charente und bot genügend Schutz vor einem Hinterhalt. Als Katharina durch das Tor in den Hof fuhr, spürte sie fast körperlich die Atmosphäre von Furcht und Feindschaft, die überall herrschte, sie sah, dass die Tore mit Wachen aus beiden Lagern besetzt waren, fünfzig Katholiken und fünfzig Hugenotten standen sich gegenüber, und der Anblick der Bewaffneten erinnerte sie wieder einmal daran, dass der Schwiegersohn nur zögernd einem Treffen zugestimmt und einen Treffpunkt nach dem anderen vorgeschlagen hatte, bis sie endlich an der Grenze seines Herrschaftsgebietes angekommen war.

Dann umarmten sie sich, und Heinrich spürte, dass die Hände seiner Schwiegermutter tastend an seinem Körper entlangfuhren. Er befreite sich aus ihrer Umarmung, knöpfte lachend sein Wams auf und rief: »Sie sehen, Madame, ich habe keine Waffe verborgen!«

Nun lachte auch Katharina, und dann betrachtete sie den Schwiegersohn. Sie rechnete nach, dass er an diesem Tag sein dreiunddreißigstes Lebensjahr vollendete; äußerlich hatte er sich nicht verändert seit ihrer letzten Begegnung im Frühjahr 1579. Für den Bruchteil einer Sekunde kam er ihr größer vor als damals, dann sah sie, dass der hohe Hut mit der weißen Reiherfeder ihn größer erscheinen ließ. Sie betrachtete den Hut und fand, dass eine einzige Feder eleganter aussah als die wallenden Federbüsche an den Hüten ihrer Hofleute. Er wirkte drahtig wie damals, aber seine Augen blickten verschlossener, misstrauischer, listiger, sie verrieten nicht, was in ihm vorging.

Katharina spürte, dass er aufrichtig war und wusste, was er wollte, und sie spürte auch, dass er nicht käuflich war. Die Verhandlungen mit ihm würden also nicht einfach werden.

Katharina schlug vor, er solle einem Waffenstillstand zustimmen bis zum Zusammentreten der Generalstände, Voraussetzung für den Waffenstillstand sei nur die Einstellung der reformierten Religionsausübung, im Übrigen sei seine Konversion sehr zu wünschen, um den Frieden zu sichern.

Heinrich erwiderte, ihre Gespräche seien zwecklos, da man bereits einige Armeen zusammengezogen habe, um ihn zu vernichten. Jene erste Unterredung verlief ohne Ergebnis, und zwei Tage später trafen sie sich erneut. Sie bot Heinrich alles, was er nur wollte, Pensionen, Land, eine Stellung am Hof, aber der König von Navarra blieb bei seiner Weigerung, zum katholischen Glauben überzutreten.

Katharina gab nicht auf, sie wusste, dass nur eine Konversion des Schwiegersohnes Frankreich davor bewahrte, eines Tages von Guise regiert zu werden, und die Herrschaft des Herzogs von Guise war gleich bedeutend mit der Herrschaft Spaniens über Frankreich.

Am 17. Dezember kam es zu einer letzten Unterredung. Als Heinrich den Saal betrat, sah er, dass die Edelleute seiner Schwiegermutter in einer Ecke standen, wo sie nichts von dem Gespräch hören sollten, er selbst legte Wert auf Zeugen und wurde von seinem Freund Rosny, dem Vicomte de Turenne und Monsieur de la Trémouille begleitet.

Während er zu dem Lehnstuhl ging, flüsterte er Rosny zu, sich alles zu merken und das Gespräch noch am gleichen Tag schriftlich aufzuzeichnen. Er nahm Platz, während die Herren hinter ihm stehen blieben, und betrachtete seine Schwiegermutter. Er rechnete nach, dass sie jetzt siebenundsechzig Jahre war, eine alte Frau; abgesehen von ihrer Körperfülle, war die Gesichtsfarbe fahl, blass, die Augen wirkten glanzlos, aber nach wie vor unergründlich. In den schlichten schwarzen Kleidern sah sie nicht aus wie eine Königinwitwe, sondern ähnelte mehr einer Kaufmannsfrau. Wenn ich nicht wüsste, sinnierte er, dass sie eine gebildete, kultivierte Florentinerin ist, würde ich sie für eine Frau halten, die zum einfachen Volk gehört.

»Also, mein Sohn, werden wir es zu etwas Gutem bringen?«, begann Katharina, und Heinrich straffte sich unwillkürlich, er musste sich jetzt auf das Gespräch konzentrieren.

»Meine Mutter, ich kann nichts Besseres wünschen, aber es hängt nicht von mir ab.«

»Lassen wir diese Umschweife, nenne mir deine Forderungen!«

»Madame, ich fordere nichts und bin nur gekommen, um Ihre Befehle entgegenzunehmen.«

»Ach was, mach mir nur einen Vorschlag.«

Heinrich schwieg und nach einer Weile sagte Katharina: »Fordere, was du willst, der König wird es dir bewilligen.«

»Madame, ich habe nichts zu fordern; wenn Sie etwas von mir wollen, werde ich mich mit meinen Freunden beraten.«

Katharina betrachtete die Edelleute hinter dem Schwiegersohn und scheute sich auf einmal, offen den Glaubenswechsel zu fordern. Sie überlegte und fuhr fort. »Der König liebt dich und hält dich in Ehren und wünscht dich wie einen Bruder an seiner Seite.«

»Madame, ich sage ihm meinen gehorsamsten Dank und versichere Ihnen, dass ich niemals die ihm schuldige Pflicht versäumen werde.«

»Aber hast du mir denn nichts mehr zu sagen? Willst du hartnäckig darauf beharren, die Ursache des Elends und Untergangs dieses Königreichs zu sein?«

»Dieses Reich, Madame, kann nie so zugrunde gehen, dass nicht ein kleines Fleckchen für mich übrig bliebe.«

»Du verweigerst also dem König den Gehorsam. – Fürchtest du nicht, dass er sich gegen dich erzürnen und erheben könnte?«

»Madame, um Ihnen die Wahrheit zu sagen: Es sind schon achtzehn Monate, dass ich dem König nicht mehr gehorche.«

»Mein Sohn, wie kannst du das sagen!«

»Madame, ich darf es sagen, denn der König, der mir wie ein Vater sein sollte, bekämpft mich wie ein Wolf, und Sie haben mich wie eine Löwin bekämpft.«

»Wie das? Bin ich dir nicht immer eine gute Mutter gewesen?«

»Ja, Madame, als ich noch klein war, aber seither musste ich erkennen, dass sich Ihr Wesen sehr gewandelt hat.«

»Glaube mir, mein Sohn, dass der König und ich nur dein Bestes wollen.«

»Madame, ich sehe täglich das Gegenteil.«

»Mein Sohn, lassen wir das. Willst du denn, dass alle Mühe, die ich mir seit nun fast sechs Jahren gebe, umsonst gewesen sei, und hast du diese ganze lange Zeit nur dein Spiel mit mir getrieben?«

»Madame, nicht meine Schuld ist es, im Gegenteil, es ist die Ihre. Ich hindere Sie nicht daran, ruhig in Ihrem Bett zu schlafen, aber Sie gönnen mir seit achtzehn Monaten keine ruhige Nacht.«

»Mein Gott«, sagte Katharina seufzend, »werde ich denn immer so geplagt sein müssen, ich, die ich nichts als Ruhe wünsche!«

»Madame, diese Plage ist für Sie Lust und Nahrung. Sie könnten gar nicht in Ruhe leben.«

»Ich habe dich so gut und umgänglich gesehen, und heute blickt der Zorn aus deinen Augen und spricht aus deinen Worten.«

»Madame, ich leugne nicht, dass die vielen Widerwärtigkeiten und die böswillige Behandlung mein früheres Wesen verändert und ausgelöscht haben.«

»Nun, wenn du es also selbst nicht tun willst, versuchen wir wenigstens, für eine Zeit zu einem Waffenstillstand zu kommen, damit du mit deinen Ministern und Anhängern über einen guten Frieden beraten kannst.« Sie nickte dem Schwiegersohn aufmunternd zu und wusste gleichzeitig, dass ihre Mission gescheitert war. Heinrich von Bourbon würde in absehbarer Zeit nicht konvertieren, und sie wusste auch, warum: Ihr Sohn, der König von Frankreich, war im Augenblick zu schwach, zu sehr abhängig von der Liga, um dem Schwager eine Stütze nach der Konversion sein zu können.

Navarra ist vorsichtig, dachte sie, das ist verständlich, aber wie soll es weitergehen?

Als sie Mitte März 1587 nach Paris zurückkehrte, erfuhr sie, dass Maria Stuart im Februar hingerichtet worden war.

Die Nachricht kam nicht überraschend, weil die Schwiegertochter schon Monate zuvor wegen einer Verschwörung gegen die englische Königin zum Tod verurteilt worden war, allerdings hatte Elisabeth lange gezögert, das Urteil vollstrecken zu lassen. Nun war die ungeliebte Schwiegertochter tot, und angesichts der innenpolitischen Lage hielten Katharina und der König es für angebracht, die Hinrichtung zu verurteilen, obwohl ihnen das Schicksal Maria Stuarts letztlich gleichgültig war, aber sie mussten Rücksicht auf die Familie der Guisen nehmen.

Katharina überlegte, ob die Hinrichtung der Schwiegertochter, die immerhin Königin von Gottes Gnaden gewesen war, nicht einen Präzedenzfall für die Zukunft schuf, aber dann verdrängten die Probleme im eigenen Land jene Überlegungen.

Am 24. Mai traf Katharina sich mit dem Herzog von Guise in Reims und versuchte, ihn zu einem Waffenstillstand mit den Hugenotten zu überreden, ohne Erfolg.

Am 4. Juli trafen sich der König und Guise. Der Herzog drängte Heinrich III. zum Krieg, und dieser gab nach, weil er im Augenblick keine andere Möglichkeit sah, um in den Augen der Liga nicht weiter der Häresie verdächtigt zu werden.

Der neue päpstliche Legat Morosini beobachtete den König von Frankreich und schrieb nach Rom: »Er ist ein König der Hoffnung und ein König der Tränen. Einerseits wünscht er die Niederlage der Hugenotten, fürchtet sich aber davor, andererseits fürchtet er die Niederlage der Katholiken, wünscht sie aber doch herbei.«

Im September 1587 begann der »Krieg der drei Heinriche«.

Guise verfügte über eine schlagkräftige Armee im Norden, die Armee des Königs stand in der Touraine und die Truppen des Herzogs von Joyeuse im Süden.

Im Vergleich mit den königlichen Truppen wirkte die Armee Heinrichs von Bourbon klein und bäuerisch. Aber was ihr an Aufmachung fehlte, ersetzte sie durch Energie und Beweglichkeit. Im Oktober war sie eingeschlossen in der kleinen Stadt Coutras, im Rücken gab es nur Flüsse, die zu tief und zu reißend waren, um sie zu überqueren, und da Heinrich sich mit den deutschen und schweizerischen Söldnern im Nordosten vereinigen wollte, gab es für ihn nur eine Möglichkeit: Er musste die Schlacht gegen die Truppen des Herzogs von Joyeuse wagen. Am 20. Oktober 1587 versammelten sich die Hugenotten im Morgengrauen und sangen einen Psalm: *Dies ist der Tag, den der Herr macht, lasset uns freuen und fröhlich darinnen sein!*

Als die Nebel sich gelichtet hatten, begann die Schlacht, und die königlichen Truppen erlebten einen Widerstand, mit dem sie nicht gerechnet hatten. Bereits nach wenigen Stunden waren sie auseinander gesprengt, der Herzog von Joyeuse lag tot auf dem Schlachtfeld und die Liga erfuhr bestürzt, dass die Hugenotten bei Coutras einen überwältigenden Sieg errungen hatten.

Heinrich von Bourbon ließ über der Leiche des Herzogs von Joyeuse katholische Totengebete sprechen und schickte den Leichnam dann dem König von Frankreich.

Zur Überraschung der Hugenotten nutzte er den Sieg nicht aus und verfolgte den Gegner, sondern ordnete den Rückzug an. Er wusste, dass nach dem Tod des Herzogs von Joyeuse Heinrich III. persönlich die Führung der Truppen hätte übernehmen müssen, er wusste, dass der König eine Verständigung mit ihm erstrebte, weil er in der Liga den Feind sah, nicht in den Hugenotten, und er wollte dem letzten Valois nicht mit der Waffe in der Hand gegenübertreten.

Heinrich III. freute sich im Stillen über den Sieg des Schwagers bei Coutras, weil er jede Schwächung der Liga begrüßte. Während der folgenden Wochen besiegte Heinrich von Guise die Söldner des Königs von Navarra, die aus Deutschland nach Süden zogen, zweimal: am 26. Oktober bei Vomory und am 24. November bei Auneau.

Als Heinrich III. von diesen Siegen hörte, steigerte sich sein Hass auf Guise derart, dass er seinem Günstling, dem Herzog von Epernon, freie Hand ließ, als dieser versuchte, die Schlagkraft des Herzogs von Guise zu schwächen, indem er die Reiterei aus dessen Heer abzog und versuchte, mit dieser Kavallerie und den Resten des königlichen Heeres eine neue Armee aufzustellen, die den Krieg in der Champagne weiterführen sollte.

Als Heinrich III. kurz vor Weihnachten nach Paris zurückkehrte, musste er erleben, dass die Pariser nicht ihn, sondern den Herzog von Guise als Sieger hochleben ließen; so begann das Jahr 1588.

5

Am 24. Januar 1588 lag über der Stadt Paris seit den frühen Morgenstunden ein dichter Nebel, der sich auch im Laufe des Tages nicht auflöste und die Straßen so verdunkelte, dass die Bürger sich nicht sahen und einander anrempelten, wenn sie sich begegneten.

In den Schenken unterhielt man sich leise darüber, dass dieser Nebel bestimmt ein »Zeichen« sei. Hatten nicht alle Astrologen das Jahr 1588 als ein Wunderjahr bezeichnet? Hatten sie nicht vorhergesagt, dass merkwürdige Unglücksfälle passieren würden, dass es zu einem Umschwung auf vielen Ebenen kommen würde?

Es gab Leute, die den Vorhersagen der Astrologen misstrauten, aber auch sie waren davon überzeugt, dass es im Jahre 1588 Veränderungen geben würde, weil der König von Spanien im Laufe des Sommers seine Flotte, die »Armada«, gegen England schicken würde. Dieser Kampf zwischen England und Spanien, aus dem Spanien sicherlich siegreich hervorgehen würde, könnte die Machtverhältnisse in Europa zu Gunsten Philipps II. verschieben.

Über die Folgen für Frankreich konnte man im Augenblick nur spekulieren.

Am Spätnachmittag stand Heinrich III. am Fenster seines Arbeitszimmers, sah hinaus in den Nebel und überlegte, wie er den König von Navarra dazu bringen konnte, doch noch zu konvertieren. Die Liga muss entscheidend geschwächt werden, sinnierte er, sie muss so schwach werden, dass sie für uns beide keine Bedrohung mehr ist, und es gibt nur eine Möglichkeit, sie zu entmachten.

Er ging langsam zum Kamin, wo Epernon mit einem Eisenhaken das Feuer schürte.

»Der Tag wird kommen, wo ich den Herzog von Guise tot zu meinen Füßen liegen sehe; dies wird der schönste Tag meines Lebens sein.«

Epernon legte den Schürhaken zur Seite und sah seinen Herrn überrascht an. »Sire«, fragte er dann vorsichtig, »wollen Sie den Herzog ermorden lassen?«

»Ja, Mord ist immer noch die einzige Möglichkeit, um sich eines politischen Gegners zu entledigen. Coligny musste seinerzeit sterben, weil er Frankreich in einen Krieg mit Spanien verwickeln wollte, Guise muss sterben, weil er im Besitz jener Macht ist, die dem König gebührt, und weil er nach meinem Tod Frankreich zum Vasallen Spaniens machen wird. Er hat keine andere Wahl, weil er schon seit Jahren finanziell von Philipp unterstützt wird. – Nach dem Tod des Herzogs von Guise wird es innerhalb der Liga zu Machtkämpfen kommen, wer der neue Führer sein soll, und diese Machtkämpfe werden die Liga so schwächen, dass sie mich nicht mehr bedroht. Dann kann ich mich von ihr befreien und mich mit meinem Schwager verbünden, dann kann ich mich öffentlich für ihn erklären, und vielleicht ist er dann bereit zu konvertieren. Er muss sich zum katholischen Glauben bekennen, sonst kann ich ihn nicht zu meinem Nachfolger ernennen.«

Epernon überlegte einen Augenblick.

»Ich teile Ihre Meinung, Sire, aber Sie dürfen die augenblickliche Stimmung in Paris nicht vergessen; das Volk liebt und verehrt den Herzog abgöttisch, seine Ermordung hätte wahrscheinlich einen Volksaufstand gegen Sie zur Folge. Gewiss, er weilt jetzt in Soissons und Sie könnten

Paris rechtzeitig verlassen, aber könnten Sie nach der Ermordung des Herzogs jemals nach Paris zurückkehren? Man würde die Tore vor Ihnen verschließen, und in diesem Fall ist der König von Frankreich entmachtet.«

»Ich bin schon seit dem Vertrag von Nemours entmachtet«, erwiderte Heinrich erbittert, »aber es stimmt natürlich, die Ermordung des Herzogs würde mich bei den Parisern noch verhasster machen. Mein Gott, gibt es denn keine Möglichkeit, die Liga kampfunfähig zu machen?«

Epernon überlegte erneut und sagte dann: »Man könnte die Anführer der Liga und so viele ihrer Anhänger wie möglich umbringen, ein solches Blutbad würde sie empfindlich schwächen.«

»Eine zweite Bartholomäusnacht …? Ich muss in Ruhe darüber nachdenken, lassen Sie mich allein.«

Als Epernon gegangen war, trat Heinrich erneut zum Fenster. Es war inzwischen dunkel geworden, und in dem Nebel sah er den umherirrenden Schein einiger Fackeln. Er überlegte, ob er Epernons Vorschlag mit seiner Mutter besprechen sollte, und entschied sich dagegen, denn sie würde bestimmt versuchen, ihn von diesem Vorhaben abzubringen.

Während der folgenden Wochen drängte Guise von Soissons aus den König immer wieder, den Vertrag von Nemours noch genauer zu erfüllen als bisher, er sollte die Inquisition einführen, die Hugenotten noch schärfer verfolgen, er sollte aus seinem Rat die Leute entfernen, die mit den Hugenotten sympathisierten, und er solle Epernon verbannen.

Heinrich wich aus und vertröstete Guise. Unterdessen kamen in Paris Gerüchte auf, dass die Anführer der Liga ermordet werden sollten, und Abordnungen von Bürgern begaben sich nach Soissons und flehten Guise um Hilfe an.

Der Winter verging, es wurde Frühling, und Heinrich III. beschloss zu handeln. Er hielt den Druck der Liga nicht länger aus. Am 23. April rief er Epernon zu sich und sagte: »Ich habe lange über Ihren Vorschlag nachgedacht, weil mich der Gedanke an das Blutbad erschreckte, aber die Liga wird immer unverschämter, und im Augenblick sehe ich keine andere Möglichkeit, sie kampfunfähig zu machen. – Ich befehle Ihnen, die Anführer der Liga und so viele ihrer Anhänger wie möglich zu ermorden.«

»Wann soll die Liquidierung beginnen, Sire?«

»Sie warten, bis die Armada auf dem Weg nach England ist, dann sind die spanischen Streitkräfte gebunden und können sich nicht in unsere Angelegenheiten einmischen, und wer weiß …«, er lachte leise auf, »vielleicht wird Spanien sich künftig überhaupt nicht mehr bei uns einmischen, weil Philipp mit seinen eigenen Angelegenheiten vollauf beschäftigt ist. Ich bin nämlich davon überzeugt, dass die Armada untergehen wird.«

Epernon starrte den König an und überlegte, wie er auf eine so absurde Idee kam.

»Mit Verlaub, Sire, die Armada ist der englischen Flotte zahlenmäßig überlegen und gilt als unbesiegbar. Spanien beherrscht die Meere.«

Heinrich lächelte. »Gewiss, Spanien beherrscht die Meere, aber der Kampf gegen England wird sich im Kanal abspielen, das ist ein Unterschied. Vor einigen Tagen hatte ich eine interessante Unterredung mit dem englischen Gesandten, er zeigte mir das Modell eines englischen Schiffes und erklärte mir, dass es zwar kleiner sei als ein spanisches Schiff, aber dafür wendiger und manövrierfähiger, und das ist wichtig bei einer Seeschlacht im Kanal. Die Spanier sind auf dem offenen Meer unschlagbar, aber im Kanal werden sie zu unbeweglich sein, und ich schloss aus den Andeutungen des Gesandten, dass die Engländer den Feind in den Kanal locken wollen. Nun ja, warten wir die Entwicklung ab, aber ich bin fest vom Sieg Englands überzeugt.«

In diesem Augenblick wurde Nicolas Poulain gemeldet. Der König und Epernon sahen sich viel sagend an. Poulain war ein angesehener Pariser Beamter, war Mitglied der »Sechzehn«, wie die Pariser Gruppe der Liga hieß, und ein Agent des Königs. Er betrat aufgeregt das Zimmer, und während er das Knie beugte, rief er: »Sire, leider habe ich erst seit kurzem Gewissheit, dass die Liga einen Staatsstreich plant; die Anführer der Pariser Liga wollen am 24. April den Louvre besetzen, der Herzog von Epernon soll verhaftet und vor Gericht gestellt werden, Sie, Sire, sollen ebenfalls in Haft genommen werden, man will der Königinmutter die Regentschaft übertragen, die sie zusammen mit dem Herzog von Guise ausüben soll. Der Herzog soll zum Generalstatthalter des Reiches ernannt werden.«

Heinrich und Epernon starrten ihren Spion einen Augenblick fassungslos an, dann war es mit des Königs Beherrschung vorbei und er schrie: »Verrat! Das ist Hochverrat! Die Anführer der Pariser Liga sollen sofort verhaftet werden und Guise …, Guise …« Er schwieg und sagte dann zu Epernon: »Guise hat diese Verschwörung angezettelt, aber im Hinblick auf die Bevölkerung muss man genau überlegen, wie man mit ihm verfährt. Die Anführer sollen zunächst nur eingekerkert und weder verhört noch gefoltert werden. Und Guise …«

Während der folgenden Tage erörterten der König und der Herzog von Epernon immer wieder, wie man mit Guise verfahren solle. Unter normalen Umständen hätte man einen Trupp Soldaten nach Soissons geschickt und den Herzog verhaften lassen, aber eine Verhaftung des Herzogs war gleichbedeutend mit einem Aufstand der Pariser. Anfang Mai beschloss Heinrich, dem Herzog von Guise zu verbieten, die Stadt Paris zu betreten, und in dem Brief wurde der Herzog gewarnt, dass jeder Versuch, nach Paris zu kommen, als bewusster Ungehorsam gegenüber der Krone angesehen wurde und dass er persönlich für jede Art Unruhe verantwortlich gemacht werden würde, zu der es kommen sollte.

Am Abend des 7. Mai ging Heinrich von Guise unruhig in seinem Arbeitszimmer in Schloss Soissons auf und ab und überlegte, ob er nicht doch den Bitten der Pariser Bevölkerung nachgeben und in die Hauptstadt reiten sollte, um seine Anhänger vor einem blutigen Massaker zu retten. An jenem Tag war wieder eine Abordnung aus der Hauptstadt erschienen und hatte ihn angefleht, sie zu retten. Es sind Gerüchte, dachte er, niemand weiß etwas Genaues, Paris war schon immer eine Gerüchteküche. Der König ist zwar exzentrisch, aber bestimmt nicht so verrückt, dass er Katholiken niedermetzeln lässt, er weiß genau, dass er machtlos ist, dass ein Blutbad unter den Katholiken ihn die Krone kosten würde. Dann dachte er daran, dass vierzig Mitglieder der Sorbonne den geheimen Beschluss gefasst hatten, dass man das Recht habe, die Regierungsgewalt unfähigen Fürsten aus der Hand zu nehmen. Es wäre jetzt relativ einfach, den König zu entthronen und den Kardinal von Bourbon zum neuen König zu proklamieren, dachte Heinrich, aber der König von Spanien wünscht jetzt keinen Umsturz und keine Unruhen in Frankreich, weil er mit seiner Armada und dem Angriff auf England beschäftigt ist. Die Anordnungen aus Madrid lauteten, dass er vorerst weiter mit dem König über den Vertrag von Nemours verhandeln sollte, nach dem Sieg Spaniens über England würden weitere Anordnungen eintreffen.

In diesem Augenblick meldete der Diener einen Kurier des Königs. Heinrich las den Brief und erstarrte. Wie, er sollte eine Verschwörung gegen den König angestiftet haben? Er wusste überhaupt nichts von dieser Verschwörung. Der König verbot ihm, Paris zu betreten? Er las das

Schreiben erneut, dachte kurz nach, und dann stand sein Entschluss fest: Er würde im Morgengrauen mit einem Dutzend Bewaffneter nach Paris aufbrechen, den König aufsuchen, ihm beweisen, dass er nichts von der Verschwörung gewusst hatte, und dann würde er erneut mit ihm über die Bestimmungen des Vertrages von Nemours verhandeln.

Am Morgen des 9. Mai ritten Guise und seine Begleiter unauffällig durch die Porte St. Martin in Paris ein. Es dauerte nicht lange, so wurden sie von der Bevölkerung erkannt und begeistert begrüßt.

Der Jubel des Volkes wurde Guise allmählich unheimlich, er dachte an die Anweisungen aus Madrid, dass ein Volksaufstand in Paris und ein Bruch der Liga mit der Krone vorerst zu vermeiden waren.

»Das reicht, liebe Leute!«, rief er, »das ist zu viel, lasst den König hochleben!«

Die Pariser kümmerten sich nicht um seine Worte und jubelten ihm weiter zu.

Guise überdachte seine Situation und beschloss, zunächst die Königinmutter aufzusuchen, weil er wusste, dass das, was an königlicher Autorität noch vorhanden war, allein in ihren Händen lag.

An jenem Vormittag saß Katharina in ihrem Arbeitszimmer und schrieb einen Brief an ihre Enkelin Christine von Lothringen, worin sie ihr mitteilte, dass die Verhandlungen über eine eheliche Verbindung mit Ferdinand von Medici erfolgreich abgeschlossen waren. Während sie Streusand auf die Tinte streute, ging ihr durch den Kopf, dass ihre Enkelin wahrscheinlich irgendwann Großherzogin der Toskana werden würde, weil Francesco, Ferdinands älterer Bruder, der seinem Vater Cosimo im Jahre 1574 als Großherzog gefolgt war, bis jetzt nur Töchter, aber noch keinen Sohn hatte.

Einer ihrer Zwerge stand auf einem Schemel am Fenster, sah müßig hinunter in den Hof und beobachtete die hin und her eilenden Diener. Plötzlich stutzte er und wusste für den Bruchteil einer Sekunde nicht, ob er wache oder träume, aber es war kein Traum: Soeben ritt der Herzog von Guise in den Hof.

»Madame, soeben steigt der Herzog von Guise vom Pferd!«

Katharina sah irritiert auf, dachte im ersten Moment, es sei ein schlechter Scherz ihres Zwerges, trat zum Fenster und traute ihren Augen nicht, als sie den Herzog über den Hof zum Eingang gehen sah. Sie erschrak, griff unwillkürlich an ihr Medaillon, und dann überstürzten sich ihre Gedanken: Guise verliert seinen Kopf, wenn Heinrich erfährt, dass er in Paris ist, ein toter Guise kann zu einem Volksaufstand führen, wer weiß, was die Pariser mit dem König machen, womöglich töten sie ihn.

In diesem Augenblick wurde der Herzog gemeldet; Katharina sah, wie er das Zimmer betrat und schweigend und respektvoll das Knie vor ihr beugte, dann sah er sie ernst an, und allmählich gewann sie ihre Fassung zurück.

»Ich begrüße Sie von ganzem Herzen, Herr Herzog, doch wäre meine Freude noch größer, wenn Sie überhaupt nicht gekommen wären und das Verbot des Königs nicht übertreten hätten.«

»Madame, ich bin aus drei Gründen hier, einmal, weil die Bevölkerung der Stadt mich gebeten hat, sie vor den Soldaten des Herzogs von Epernon zu schützen, die wohl unter den Katholiken ein Blutbad veranstalten sollen, außerdem möchte ich widerlegen, dass ich an einer Verschwörung gegen den König beteiligt war, und schließlich möchte ich mit dem König noch einmal über den Vertrag von Nemours verhandeln.«

Während er dies vortrug, spürte Katharina, dass er hoffte, dass sie zwischen ihm und dem König die Rolle der Vermittlerin übernahm, und sie war gerne bereit, weil es die einzige Möglichkeit war, das Leben des Herzogs zu retten.

Sie kannte den Hass des Sohnes auf Guise – wenn er sich jetzt in den Louvre begab, würde Heinrich ihn töten lassen, und so ließ sie René kommen und sagte zu ihm: »Begib dich zum Louvre, melde dem König, dass der Herzog von Guise bei mir ist und verhandeln möchte. Sage dem König, ich sei gesundheitlich so schwach, dass ich mich mit dem Herzog nicht zu ihm begeben kann, und dass ich ihn deshalb bitte, zu mir zu kommen.«

Einige Zeit später kehrte René zurück und überbrachte folgende Botschaft: Ihre Majestät möge ruhig in ihrem Palais bleiben, ihre Anwesenheit sei nicht erforderlich bei der Audienz, die der König dem Herzog zu gewähren gedenke.

Katharina überlegte kurz und sagte zu Guise, sie würden sich gemeinsam zum Louvre begeben.

Dann wurde sie in einer Sänfte durch die Straßen getragen, während Guise neben ihr schritt. Beim Anblick des Herzogs lief das Volk zusammen, versammelte sich um das königliche Schloss und immer wieder hörte Katharina den Ruf: »Lang lebe Heinrich, der Herzog von Guise!« Es berührte sie schmerzlich, dass die Bevölkerung der Hauptstadt einem Guisen zujubelte, als ob er der König wäre, und sie empfand es als Demütigung, dass sie dem Mann, der ihren Sohn entmachtet hatte, das Leben retten musste, um dem eigenen Sohn das Leben zu retten. Wie tief waren die Valois gesunken …

Im Schloss waren alle Eingänge mit Truppen besetzt, und sie fragte sich besorgt, ob der Herzog den Louvre wieder lebend verlassen würde. Es gab nur eine Möglichkeit, ihn vor dem Zorn des Königs zu schützen, sie musste die Verantwortung für sein Erscheinen in Paris auf sich nehmen. Heinrich würde nicht wagen, sie, die Mutter, zu töten.

Als Heinrich III. von René erfuhr, dass Guise in Paris weilte, überkam ihn ein Zorn wie noch nie zuvor, und als der Parfümeur gegangen war, schrie er: »Bei Gott, dafür soll er sterben!«

Dann gab er seine Anordnungen: Einige von seinen Leibwächtern sollten sich in einem Gelass neben dem Arbeitszimmer verborgen halten. Wenn sie ihn sagen hörten: »Sie sind ein toter Mann, Herr Herzog«, sollten sie sich auf ihn stürzen und ihn ermorden.

Während Katharina und Guise sich zum Louvre begaben, ging Heinrich III. auf und ab und malte sich aus, wie Guise tot zu seinen Füßen lag.

In diesem Augenblick wurden Katharina und der Herzog gemeldet und Heinrich traute seinen Augen nicht, als er die Mutter das Zimmer betreten sah. War sie nicht unpässlich?

Er trat zu Guise und schrie ihn an: »Warum sind Sie trotz meines ausdrücklichen Verbots in die Hauptstadt gekommen?«

Ehe Guise antworten konnte, sagte Katharina: »Ich habe Herrn von Guise gebeten, in die Hauptstadt zu kommen.«

Heinrich starrte seine Mutter an. Es war unglaublich, sie hatte sich über seinen Befehl hinweggesetzt. Nein, dachte er, sie hat ihn nicht gebeten zu kommen, sie sagt es, um ihn vor mir zu schützen, nun gut, heute ist es ihr gelungen, aber irgendwann wird sie ihn nicht mehr schützen können.

»Sire«, sagte in diesem Augenblick Guise, »ich wurde informiert, dass Sie, auf Anraten des Herzogs von Epernon, beschlossen haben, die Katholiken in Paris massakrieren zu lassen. Da mein Glaube mir aber teurer ist als mein Leben, bin ich gekommen, mit ihnen zu sterben.«

Heinrich fühlte sich einen Moment verunsichert, aber es gab nur eine

Möglichkeit, und so schrie er den Herzog an: »Das ist eine Lüge, ich würde nie meine treuen katholischen Untertanen töten lassen, aber Sie, Herr Herzog, Sie haben sich eines Majestätsverbrechens schuldig gemacht, Sie trachten nach meiner Krone, deshalb haben Sie eine Verschwörung gegen mich angezettelt! Sie sind ein Hochverräter!«

»Sire, ich bitte Sie, mir zu glauben, ich wusste nichts von der Verschwörung, ich habe es nicht nötig, mich gegen Sie zu verschwören, weil …« Er schwieg. Er hatte sagen wollen, dass er es nicht nötig hatte, sich gegen den König zu verschwören, weil er, der Herzog von Guise, ohnehin die Macht besaß.

»Sie sind ein Hochverräter!«, schrie Heinrich III. »Glauben Sie etwa, ich wüsste nicht, dass der König von Spanien Sie finanziell unterstützt? Sie haben Frankreich an Spanien verraten, ich sollte Sie verhaften und vor Gericht stellen lassen, ja, ich werde Sie vor Gericht stellen!«

Katharina hatte besorgt den Disput verfolgt, nun trat sie zu ihrem Sohn und sagte leise: »Heinrich, zügele deinen Zorn, versuche, klar zu denken.«

»Mama, ich habe noch nie so klar gedacht wie jetzt; mein Feind hat sich ohne Begleitung in meine Gewalt begeben, jetzt ist der Zeitpunkt gekommen, um ihn zu vernichten.«

Da zog Katharina ihn zum Fenster, wies auf die Volksmenge, die nach dem Herzog rief und anscheinend erwartete, ihn an einem der Fenster des Schlosses zu sehen, und sagte: »Wenn du wirklich bei Verstand bist, wirst du wissen, dass der Herzog von Guise sich keineswegs ohne Begleitung in deine Gewalt begeben hat. Sieh nur die Leute da unten an. Wenn Guise den Louvre nicht lebend verlässt, werden die Pariser dafür sorgen, dass auch du und ich nicht mehr lange leben.«

Heinrich betrachtete die Volksmenge.

»Sie haben Recht, Mama«, sagte er resignierend.

»Guise möchte mit dir über den Vertrag von Nemours verhandeln.«

»Heute nicht mehr, Mama, morgen ist auch noch ein Tag.«

Die Verhandlungen am nächsten Tag blieben ohne Ergebnis, ebenso die Verhandlungen am 11. Mai.

Am Abend des 11. Mai bekam Heinrich II. Angst. Er sah, dass die Bevölkerung von Paris hinter Guise stand, und so befahl er, dass die 6000 Schweizer, die sein Schwager ihm überlassen hatte, in die Hauptstadt einrücken sollten. Als die Pariser Bevölkerung am Vormittag des 12. Mai sahen, dass die Schweizer durch die Straßen der Hauptstadt gingen und offensichtlich bereit waren, jeden Widerstand niederzumetzeln, da regte sich ihr Wille, die verbrieften Rechte von Paris zu verteidigen, worin ihnen zugesichert war, ihre Verteidigung aus eigener Autorität zu besorgen.

An jenem 12. Mai fühlten die Pariser sich bedroht und begannen, Barrikaden gegen die Schweizer zu errichten. Katharina eilte in ihrer Sänfte zu Guise und beschwor ihn, einen Aufstand der Bevölkerung zu verhindern. Er versicherte sie seiner Loyalität gegenüber dem König und bezweifelte gleichzeitig, dass er die Wut des Volkes würde eindämmen können.

Katharina verbrachte eine unruhige Nacht, und als sie am Morgen des 13. Mai erwachte, wusste sie instinktiv, dass ihr Sohn aus Paris fliehen musste. Seine Flucht konnte ihn nicht mehr entehren, da er ohnehin seine Macht eingebüßt hatte, aber die Liga brauchte einen König, dem sie ihre Macht aufzwingen konnte, ohne König war sie machtlos, die Flucht des Königs beraubte die Liga und den Herzog von Guise ihrer Legitimität.

Ohne den König war Heinrich von Guise in Paris nicht mehr als ein Majestätsverbrecher; sie wusste, dass der Hochadel den Herzog von Guise schon lange misstrauisch beobachtete und ihm unterstellte, dass er nach der Krone trachtete. Nach der Flucht des Königs würde man sagen, dass Guise den Pöbel aufgehetzt hätte, den König zu ermorden, die Flucht des Königs würde letztlich den Herzog von Guise entehren.

Am Vormittag des 13. Mai befahl Katharina René zu sich. Sie zeigte ihm einen Plan des Louvre und sagte: »Dieser Ausgang ist nicht bewacht, dort wartet eine Kutsche, die dich und meinen Sohn zu dem Stadttor bringt, von wo aus er nach Chartres reiten kann, dort werden Pferde bereitstehen. Sage meinem Sohn, er soll Frauenkleider anziehen, und du musst ihn so schminken, dass niemand ihn erkennt.«

Gegen Mittag kehrte René zurück und berichtete, dass die Flucht geglückt war und der König unterwegs nach Chartres sei.

Katharina atmete auf und griff instinktiv nach ihrem Medaillon am Hals. Sein Leben ist gerettet, dachte sie, nun kann das Volk den Louvre stürmen.

Im Laufe des Nachmittags verbreitete sich in Paris die Nachricht, dass der König die Hauptstadt verlassen hatte, und die Bürger waren plötzlich ratlos. Als Heinrich von Guise erfuhr, dass der König geflohen war, rief er spontan: »Das ist mein Tod!«

Er veröffentlichte eine Proklamation, worin er im Namen des Königs die Wiederherstellung der öffentlichen Ordnung befahl, er wies jede Verantwortung für die Flucht des Königs von sich und erklärte, mit Freuden dem König dienen zu wollen, sobald dieser geruhe, in die Hauptstadt zurückzukehren. Während der folgenden Stunden kehrte in Paris Ruhe ein, und niemand dachte daran, den Louvre, das Arsenal oder den Staatsschatz zu stürmen, weil alle den Anordnungen des Herzogs gehorchten.

Katharina war daran gelegen, dass ihr Sohn und Guise sich versöhnten, und so verließen sie gemeinsam einige Tage später Paris und begaben sich nach Chartres. Katharina wusste, dass die Liga die Macht besaß und sich ihr Sohn dieser Macht fügen musste, andererseits musste die Liga auch die Wünsche des Königs respektieren, weil sie der Legitimierung durch den König bedurfte.

Heinrich III. war inzwischen zu jedem Zugeständnis bereit, weil er König bleiben wollte, und nur als König konnte er seinen Feind, den Herzog von Guise, vernichten.

Am 1. Juli 1588 versöhnten sich der König und Guise und unterzeichneten das Unionsabkommen, das Katharina ausgearbeitet hatte. In diesem Vertrag übertrug der König dem Herzog von Guise alle Vollmachten und war nun nur noch dem Namen nach der König von Frankreich. Heinrich III. weigerte sich, nach Paris zurückzukehren, und berief für den 15. September die Generalstände nach Blois.

In stillen Stunden dachte der König daran, dass Guise jetzt Generalstatthalter des Reiches war, der König von Navarra war von der Thronfolge ausgeschlossen, der Günstling Epernon war in Ungnade und seiner Ämter enthoben, aber er war fest entschlossen, den Herzog von Guise töten zu lassen.

Eine Sommerwoche nach der anderen verging, und Ende August traf eine Nachricht ein, die nicht nur Frankreich, sondern ganz Europa erschütterte: Die spanische Armada war von England besiegt worden, sie war in den Fluten der Nordsee untergegangen.

Der Herzog von Guise war entsetzt, er ahnte, dass er ab jetzt keine finanzielle Unterstützung von Spanien mehr erhalten würde, weil Philipp II. vollauf mit seinen eigenen Angelegenheiten beschäftigt war.

Heinrich III. triumphierte, weil der Untergang der Armada die Liga schwächte. In der Sitzung des Rates am 8. September in Blois entließ er acht Räte, die alle Katharina treu ergeben gewesen waren, und ersetzte sie durch Männer, die ihm ergeben waren. Gleichzeitig wurde Epernon in alle Ämter wieder eingesetzt. Der Hof erschrak über diesen Bruch des Königs mit der Politik seiner Mutter, aber Heinrich erklärte, er habe mit der Absetzung jener Räte nicht seine Mutter desavouieren wollen, er habe sie ausgeschlossen, weil sie Parteigänger des Königs von Navarra seien.

Der Hof gab sich mit dieser Erklärung zufrieden und die meisten erkannten nicht, dass die neuen Räte geschworene Feinde des Herzogs von Guise und für ein Bündnis mit dem König von Navarra waren. Katharina war außer sich, als sie von der Entlassung der Räte hörte, aber Heinrich erwiderte ihr kühl, er sei jetzt siebenunddreißig Jahre alt und wolle künftig allein regieren, um so vielleicht ein besseres Resultat zu erzielen.

Am 16. Oktober wurde die Sitzung der Generalstände eröffnet.

Der Herzog von Guise geleitete den König feierlich zu seinem Sitz, und als der König mit seiner Ansprache begann, dachte Guise, dass er sich schon äußerlich von allen Anwesenden abhob: Er war gänzlich in weißen Satin gekleidet, trug den juwelenbesetzten Ritterorden um den Hals, er trug einen Stab in der Hand, dessen Griff mit Edelsteinen verziert war, und abgesehen von diesen Äußerlichkeiten war er im Augenblick der mächtigste Mann in Frankreich und der König eine Puppe, die nach dem Wort der Liga tanzte.

Er hörte, wie der König die Stände willkommen hieß und wie er Katharina ehrte:

Ich kann nicht wohl die unendlichen Mühen mit Schweigen übergehen, welche die Königin, meine Mutter, auf sich genommen hat, den Übeln zu begegnen, die das Königreich bedrängen, und ich denke, es ist gut, dass ihr bei Gelegenheit dieser illustren Versammlung in meinem eigenen Namen und demjenigen der Nation öffentlich Dank gesagt wird. Wenn ich welche Erfahrung, wenn ich gute Prinzipien erhalten habe, was immer ich an Frömmigkeit besitze und vor allem den Eifer, mit welchem ich den katholischen Glauben hochhalte und die Reform des Königreichs, all das schulde ich ihr. Was hat sie nicht alles unternommen, die

Unruhen zu stillen und überall den wahrhaften Gottesdienst und den öffentlichen Frieden wiederherzustellen? Hat sie nicht zu diesem Ende ihre Gesundheit geopfert? Ihr Beispiel und ihr Unterricht haben mich die Sorgen gelehrt, die mit jeder Regierung verbunden sind. Ich habe die Generalstände einberufen, als das gewisseste und gesündeste Heilmittel für die Übel, die mein Volk quälen, und meine Mutter hat mich in diesem Beschluss bestärkt.

Katharina freute sich über die Worte des Sohnes, aber seine weitere Rede ließ sie Schlimmes ahnen: Der König kündigte zwar an, dass künftig in Frankreich die Ketzerei ausgerottet werden sollte, aber er schloss mit den Worten: »Unnachsichtig werde ich aber alle Bünde strafen, welche sich unterstehen, Männer und Geld anders als unter meiner Hoheit zu sammeln, und erkläre deshalb schon jetzt für alle Zukunft des Staats- und Majestätsverbrechens überführt alle, die dergleichen ohne meine Einwilligung unternehmen.«
In diesem Moment wusste Heinrich von Guise, dass der König ihm den Krieg erklärt hatte. Nun, er war bereit, gegen den König zu kämpfen.

Am 24. Oktober unterschrieb Katharina den Ehevertrag zwischen ihrer Enkelin Christine und Ferdinand von Medici und vermachte der Enkelin ihren gesamten persönlichen Besitz in der Toskana. Zur Feier des Ehevertrages gab sie einen Ball in Blois, bei dem sie sich eine Erkältung zuzog. Ab Mitte Dezember verschlechterte sich ihr Zustand und sie wurde bettlägerig.
Heinrich besuchte sie jeden Tag und beklagte sich, dass die von der Liga beherrschten Generalstände zwar forderten, dass er die Häretiker vernichte, sich aber weigerten, ihm dafür Geld zu bewilligen.
Er ärgerte sich auch, dass er die geringe Summe, die er schließlich erhielt, dem Herzog von Guise zu verdanken hatte.
Katharina hörte sich die Klagen des Sohnes an und empfahl ihm, Guise eine Weile in Gefangenschaft zu halten und so die königliche Macht zu demonstrieren.
Sie wusste, dass am Hof Gerüchte umliefen, der König plane die Ermordung des Herzogs, und sie hoffte, ihn durch ihre Ratschläge davon abzubringen.
Heinrich von Guise wurde in jenen Tagen öfter vor einem Mordkomplott des Königs gewarnt, aber er hielt es für ausgeschlossen, dass er dies

wagen würde, und empfahl den Generalständen, den Herzog von Epernon und seinen Bruder als Hugenotten zu ächten.

Die Generalstände befolgten diese Empfehlung nicht, aber der König fand, dass Guise den Bogen überspannt hatte, und beschloss, sich seiner zu entledigen.

Am 22. Dezember suchte er Guise auf, plauderte mit ihm und bat ihn am folgenden Tag um acht Uhr zu einer Sitzung mit den Räten in das Konferenzzimmer, um zu besprechen, wie man Weihnachten festlich begehen könne.

Am 23. Dezember erhob der König sich früher als sonst, und nachdem er angekleidet war, verließ er sein Appartement und ging zu einem der Fenster, von wo aus er den Schlosshof überblicken konnte. Kurz vor acht Uhr sah er, wie der Herzog von Guise den Flügel Ludwigs XII., wo er untergebracht war, verließ und über den verschneiten Hof zum Eingang des Flügels ging, den Franz I. errichtet hatte.

Der König sah, dass Guise in weißen Satin gekleidet war und einen schwarzen Samtumhang trug. Er dachte daran, dass sie einst Freunde gewesen waren, und überlegte, wann diese Freundschaft zerbrochen war. Es war wohl vor achtundzwanzig Jahren, als er ihn in ihrem ersten Duell besiegte.

Inzwischen war der Herzog beim Eingang angekommen, und als er die Treppen emporstieg, ging der König zurück in sein Schlafzimmer. Als Guise den Saal betrat, waren die anderen Räte bereits versammelt und unterhielten sich über dies und jenes.

»Es ist kalt«, sagte Guise und befahl einem der Diener, ein Feuer zu entfachen. Dann verspürte er Hunger, weil er noch nicht gefrühstückt hatte, holte seine Konfektdose hervor und aß einige getrocknete Pflaumen.

Kurz nach acht Uhr erschien ein Diener und sagte: »Herr Herzog, Seine Majestät möchte Sie allein sprechen.«

Die Räte achteten nicht weiter auf den Diener, Guise sah erstaunt auf und begab sich zu dem dunklen Gang, der das Ratszimmer mit dem Appartement des Königs verband. Er betrat den Gang und zögerte einen Moment, weiterzugehen, weil er spürte, dass er nicht allein war. Er ging drei Schritte und wurde überwältigt und zu Boden geworfen, er spürte, dass Dolche in ihn eindrangen. Es gelang ihm, sich zu erheben und einen seiner Gegner mit der Konfektdose zu verletzen. Dann sah er am Ende des Ganges die offene Tür, taumelte dorthin, schleppte sich zum Bett des

Königs und stöhnte: »Mein Gott, haben Sie Erbarmen mit mir«, dann sank er nieder und starb.

Heinrich III. saß auf dem Bett, beobachtete, wie sein Feind in das Zimmer taumelte, dann trat er neben ihn und sagte: »Ich wusste nicht, dass er so groß ist.«

Dann befahl er, die Leiche des Herzogs zu verbrennen, den Kardinal von Guise zu ermorden und den Kardinal von Bourbon einzukerkern. Er ließ sich schminken und begab sich zu seiner Mutter.

»Wie fühlen Sie sich, Mama?«

»Ich habe schlecht geschlafen, und vorhin hörte ich in deinem Zimmer einen merkwürdigen Lärm, es klang, als ob jemand zu Boden fiel.«

Heinrich lächelte und erwiderte: »Sie haben richtig gehört, Mama: Ich bin endlich König von Frankreich, gerade habe ich den Herzog von Guise getötet. Gott hat mir dazu geraten, und jetzt gehe ich in die Kirche, ihm dafür feierlich Dank zu sagen.«

Katharina sah Heinrich entsetzt an und erwiderte: »Wolle Gott, dass es sei, wie du hoffst, und dass man nicht dich selbst eines Tages den ›König von Nichts‹ nennt.«

Heinrich verließ wortlos das Zimmer, und Katharina versuchte, sich von ihrem Schrecken zu erholen. Die Ermordung des Herzogs von Guise, das wusste sie, bedeutete die Ermordung ihres Sohnes.

Der Tod des Herzogs von Guise verbreitete sich wie ein Lauffeuer durch das Land, und in den ersten Tagen des Jahres 1589 trafen in Blois Berichte aus Paris ein: Die Pariser zogen durch die Straßen und schrien: »So verderbe das Geschlecht der Valois!«

Am Morgen des 5. Januar 1589 fühlte Katharina sich so schwach, dass sie ihr Testament machte: Sie wollte in Saint-Denis bestattet werden, dann gewährte sie ihrem Personal Pensionen, das Schloss Chenonceaux vermachte sie ihrer Schwiegertochter Louise, ihren Besitz in Frankreich sollte ihr Enkel Karl von Valois erben; sie überging in diesem Testament ihre Tochter Margot. Dann verlangte sie nach ihrem Beichtvater.

Nach der Ermordung des Herzogs von Guise hatten viele Hofleute das Schloss Blois verlassen, so auch Katharinas Beichtvater, und sie sah einen fremden Mann an ihrem Sterbebett.

Nachdem sie die Letzte Ölung empfangen hatte, fragte sie ihn nach seinem Namen und hörte entsetzt, dass er Saint-Germain hieß.

Saint-Germain …, hatte man ihr nicht prophezeit, dass sie bei Saint-Germain sterben würde?

»Isabella«, sagte Katharina, »gib mir das Medaillon.«

Sie betrachtete den Schmuck eine Weile, dachte daran, dass sie das Medaillon einst ihrem Sohn Heinrich hatte vererben wollen, aber der Sohn hatte sie enttäuscht, er hatte sie als König enttäuscht und als Mensch.

Ich werde das Medaillon mit ins Grab nehmen, dachte sie, legte es auf die Decke und faltete ihre Hände darüber.

Gegen Mittag erschien Heinrich und setzte sich an das Bett der Mutter. Er wusste, dass sie nur noch wenige Stunden leben würde, und er fühlte sich schon jetzt befreit bei dem Gedanken, dass sie tot war, dann endlich konnte er allein über Frankreich herrschen.

Er betrachtete ihre fleischigen Hände, die etwas verbargen, und entdeckte das Medaillon.

Kurz vor zwei Uhr spürte Katharina, dass eine große Müdigkeit sie überkam. Sie schlief ein und hatte einen merkwürdigen Traum: Sie lag tot auf dem Bett und sie sah, dass ihr Sohn Heinrich sich näherte und versuchte, das Medaillon an sich zu nehmen. Sie wusste, dass es ein Traum war, und versuchte, sich aus diesem Traum zu befreien. Irgendwann spürte sie, dass es unmöglich war, und sie gab es auf. In diesem Augenblick war das Traumbild verschwunden und sie glitt hinüber in eine andere Welt.

Heinrich III. beobachtete seine Mutter und winkte kurz nach zwei Uhr den Arzt an das Bett.

Cavriana beugte sich über Katharina und sagte: »Ihre Majestät ist tot, Sire.«

»Ich möchte mit meiner Mutter einen Augenblick allein sein«, sagte er zu den Anwesenden, und als der Arzt und die Diener das Zimmer verlassen hatten, ging er zu ihr und nahm das Medaillon aus ihren Händen. Er betrachtete es, überlegte, ob es ihm und Frankreich Glück bringen würde, dann verließ er das Zimmer.

Epilog
Sommer 1589

Nach der Ermordung des Herzogs von Guise ernannte das Pariser Parlament einen jüngeren Bruder des Herzogs, den Herzog von Mayenne, zum Generalleutnant des Staates und der Krone von Frankreich.
Heinrich III. blieb keine andere Wahl, als sich dem König von Navarra anzunähern. Sie vereinigten ihre Heere und marschierten nach Paris.
Am 31. Juli standen Heinrich von Bourbon und Heinrich III. auf der Terrasse des Schlosses Saint-Cloud und blickten über Paris.
»Ich habe beschlossen, Paris nicht zerstören zu lassen«, sagte Heinrich III. »Ich habe meine Beziehungen, die Stadt wird in den nächsten Tagen übergeben werden.«

Am anderen Morgen gegen sieben Uhr erschien der Generalprokurator des Pariser Parlaments in Begleitung eines Dominikanermönchs beim König und erklärte, dass der Mönch eine wichtige Nachricht für den König habe. Heinrich ging auf den Dominikaner zu und fragte: »Wie heißen Sie?«
»Jacques Clément, Sire.«
»Sie überbringen mir eine Botschaft?«
»Sire, ich will den Herzog von Guise rächen.« Im gleichen Augenblick stieß er ein Messer in den Unterleib des Königs.
Heinrich schrie auf und taumelte zurück, die Diener fingen ihn auf und ließen Miron holen. Inzwischen hatten die Wachen den Mönch überwältigt, getötet und in den Hof geworfen.
Als der König wieder bei Bewusstsein war, befahl er, unverzüglich seinen Schwager zu holen.
Heinrich von Bourbon betrat das Zimmer und sah alle Räte versammelt. Er ging zum Bett des Schwagers.
Der König richtete sich etwas auf und sagte: »Meine Herren, ich muss sterben, und ich proklamiere meinen Schwager Heinrich von Bourbon, den König von Navarra und Ersten Prinzen von Geblüt, zu meinem

Nachfolger. Ich hoffe, dass Sie ihm ebenso loyal dienen werden wie mir.«

Dann fiel er in die Kissen zurück und verlor das Bewusstsein. Eine Stunde nach der anderen verging, es wurde Abend, dann dämmerte der Morgen des 2. August herauf.

Heinrich III. erwachte noch einmal und sagte zu seinem Schwager: »Mon Cousin, du musst dich zum katholischen Glauben bekehren, sonst wirst du nie König von Frankreich sein. Die Stadt Paris wird nur einem katholischen König ihre Tore öffnen, denke daran, mon Cousin, Paris ist eine Messe wert.«

Das bleibt abzuwarten, dachte Heinrich von Bourbon.

In diesem Augenblick beugte Miron sich über den König und sagte zu den Anwesenden: »Seine Majestät ist tot.«

Heinrich von Bourbon sah auf, aber keiner der Anwesenden rief: *Le roi est mort, vive le roi!*

Man musterte ihn, dann trat einer der Herren vor und fragte ihn, wann er zum katholischen Glauben übertreten würde.

»Ich benötige Bedenkzeit«, erwiderte er und verließ das Zimmer. Im Hof warteten die Hugenotten auf ihn. Sie wussten bereits, dass Heinrich III. ihn zum Nachfolger bestimmt hatte.

»König Heinrich III. ist tot«, sagte er, und für den Bruchteil einer Sekunde herrschte Schweigen.

Dann rief Rosny: *Le roi est mort, vive le roi!*

Der Bann war gebrochen, und Heinrich hörte, wie man ihm zujubelte.

»Es lebe König Heinrich, unser guter König Heinrich, er lebe hoch!«

Dann eilten einige auf ihn zu, hoben ihn auf ihre Schultern, trugen ihn im Hof umher, und in diesem Augenblick wurde ihm bewusst, dass er jetzt der König von Frankreich war.

»Meine Freunde!«, rief er. »Unter meiner Regierung wird jeder Franzose am Sonntag sein Huhn im Topf haben!«

Der Jubel verstärkte sich, und nach einer Weile vereinigten sich die Stimmen zu einem einzigen Ruf: »Es lebe König Heinrich IV. von Frankreich! Es lebe das Haus Bourbon!«

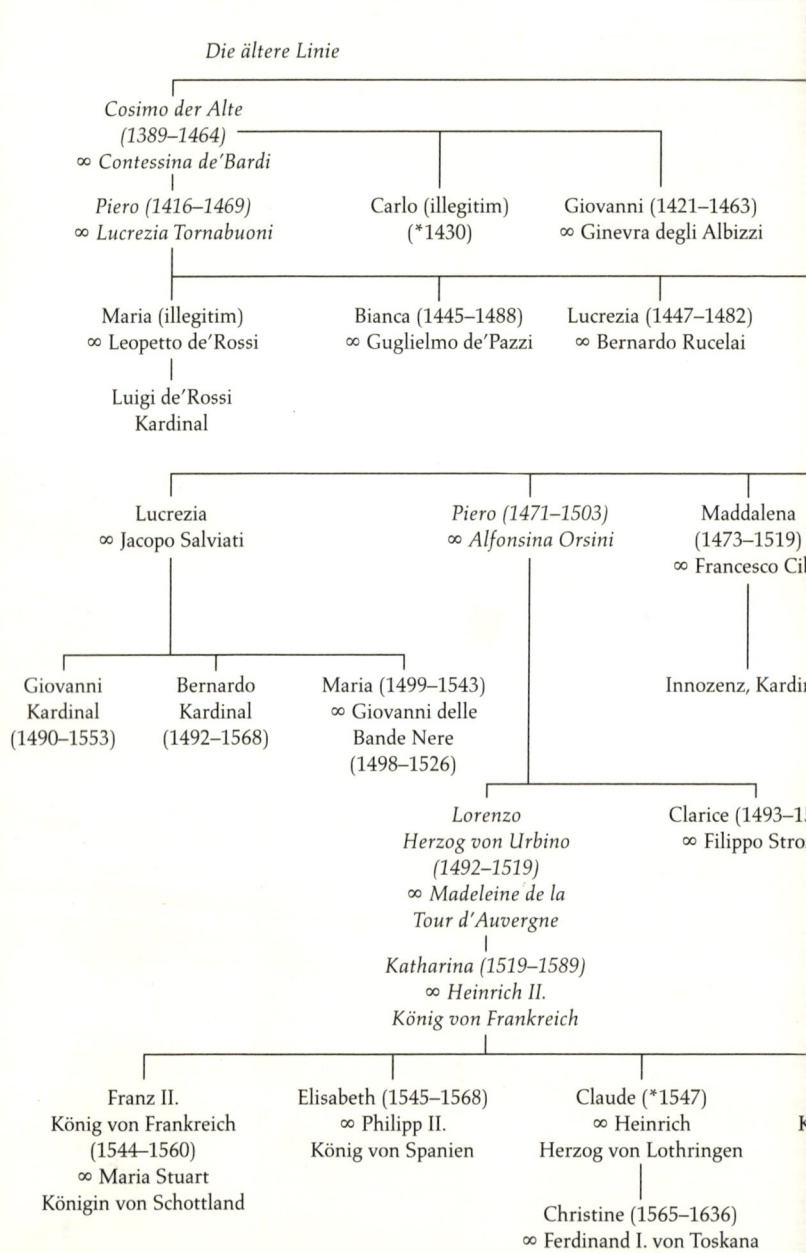

Stamml

Giovanni A

Die ältere Linie

Cosimo der Alte
(1389–1464)
∞ *Contessina de'Bardi*

Piero (1416–1469)
∞ *Lucrezia Tornabuoni*

Carlo (illegitim)
(*1430)

Giovanni (1421–1463)
∞ Ginevra degli Albizzi

Maria (illegitim)
∞ Leopetto de'Rossi

Luigi de'Rossi
Kardinal

Bianca (1445–1488)
∞ Guglielmo de'Pazzi

Lucrezia (1447–1482)
∞ Bernardo Rucelai

Lucrezia
∞ Jacopo Salviati

Piero (1471–1503)
∞ *Alfonsina Orsini*

Maddalena
(1473–1519)
∞ Francesco Ci

Giovanni
Kardinal
(1490–1553)

Bernardo
Kardinal
(1492–1568)

Maria (1499–1543)
∞ Giovanni delle
Bande Nere
(1498–1526)

Innozenz, Kardi

Lorenzo
Herzog von Urbino
(1492–1519)
∞ *Madeleine de la*
Tour d'Auvergne

Clarice (1493–1.
∞ Filippo Stro

Katharina (1519–1589)
∞ *Heinrich II.*
König von Frankreich

Franz II.
König von Frankreich
(1544–1560)
∞ Maria Stuart
Königin von Schottland

Elisabeth (1545–1568)
∞ Philipp II.
König von Spanien

Claude (*1547)
∞ Heinrich
Herzog von Lothringen

Christine (1565–1636)
∞ Ferdinand I. von Toskana